汉英双解

新华字典

XINHUA DICTIONARY
WITH
ENGLISH TRANSLATION

商务印书馆国际有限公司
2000 年·北京

《汉英双解新华字典》编译人员

总　监　制	程孟辉
主　　编	姚乃强
副　主　编	李绍山
1975 年版译者	杜仲明
1998 年版编译者	姚乃强　李绍山　赵翠莲
	赵小江　赵国梅　郑庆珠
	孙会军　潘志高
英　语　审　校	曾越麟
英　语　顾　问	Daniel Hsiung
汉　语　审　校	金惠淑
责　任　编　辑	高英东

总　目　录
CONTENTS

出版说明……………………………………………………… 3

Foreword ……………………………………………………… 5

编译者序……………………………………………………… 7

Adapting Translator's Preface ……………………………… 9

《新华字典》1998 年版修订说明 …………………………… 11

Notes on the 1998 Revised Edition of
Xinhua Dictionary ……………………………………… 12

凡例 ………………………………………………………… 14

Guide to the Use of *Xinhua Dictionary* ………………… 16

汉语拼音规则说明 ………………………………………… 20

Notes on the Rules of Hanyupinyin ……………………… 22

英语缩略语表 ……………………………………………… 24

English Abbreviations Used in the Dictionary

新旧字形对照表 …………………………………………… 25

Old and New Forms of Chinese Characters

汉语拼音音节索引 ………………………………………… 27

Index of the Syllables of the Chinese Phonetic System

部首检字表 ………………………………………………… 31

Radical Index

　（一）部首目录……………………………………………… 31
　　　　List of Radicals

　（二）检字表………………………………………………… 33
　　　　Character Index

　（三）难检字笔画索引……………………………………… 81
　　　　Stroke Index for Difficult Characters

字典正文 ●●●●●●●●●●●●●●●●●●●●●●●●●●●●●●●●●●●●●● 1

The Dictionary

附录●● 884

Appendixes

汉语拼音方案 ●●●●●●●●●●●●●●●●●●●●●●●●●● 884

The Chinese Phonetic System

常用标点符号用法简表 ●●●●●●●●●●●●●●●● 887

A Brief Table of Usage of Common Signs and Punctuations

我国历史朝代公元对照简表 ●●●●●●●●●● 899

A Brief Chronology of the Dynasties in the History
of China

我国少数民族简表 ●●●●●●●●●●●●●●●●●●● 902

A Brief Table of Chinese Minority Nationalities

我国各省、直辖市、自治区及省会(或首府)名称表 ●●●●●●● 906

A Table of Provinces and Autonomous Regions with their
Capitals, and Municipalities of China

世界各国和地区面积、人口、首都(或首府)一览表 ●●●●●●●● 908

A Table of Area, Population and Capitals of Countries and
Regions

计量单位简表 ●●●●●●●●●●●●●●●●●●●●●●●● 922

Brief Tables of Units of Weights and Measures

节气表 ●●●●●●●●●●●●●●●●●●●●●●●●●●●●●●● 926

A Table of Solar Terms

二十四节气歌 ●●●●●●●●●●●●●●●●●●●●●●●● 928

A Rhyme of the Twenty-four Solar Terms

元素周期表 ●●●●●●●●●●●●●●●●●●●●●●●●●●● 后环衬

A Table of Chemical Elements ●●●●●●●●●●●● (Back Lining Papers)

出 版 说 明

《汉英双解新华字典》是商务印书馆国际有限公司根据《新华字典》1998 年修订本翻译、编辑而成。它完整地保存了《新华字典》的全部原文和所有功能,并在此基础上对原字典中的字、词、句、文及其他资料用英文逐一解释,使其集汉英两种释义于一体,一书两用、汉英互补、相得益彰。

《新华字典》1957 年出版至今已整整 43 年了,其间九次修订,百余次重印,发行量累计已高达三亿八千余万册,创造了我国乃至世界图书出版、发行史上的众多"之最"。这些纪录充分说明,这部汉语字典具有强大的生命力、无与伦比的优点和无法替代的地位。其权威性、科学性、实用性和适用性已为时间所证明,为海内外读者所公认。

《汉英双解新华字典》的英文释义由我国资深英语专业人员完成并延请英美语言学家审校。全书既保持了原《新华字典》的语言风格、特点,又汲取了现代英语之精华,译文流畅,语言精湛。此外,书中的每条汉语例句都加注了汉语拼音注音,这就为使用者尤其是汉语初学者和外国人学习汉语提供了极大的便利。由于参与本书翻译、审订、编校工作的人员均为国内外从事语言教学研究的专家、学者以及辞书编辑、出版界的权威人士,因此,本字典不仅是一部汉语语言的权威之作,同时也是一部学习英语的可资信赖的工具书。

汉语是目前世界上使用人数最多的语言。随着我国现代化事业的迅速发展和综合国力的不断增强,汉语的影响和学习汉语的需求与日俱增。英语是当今世界进行各种交流和交际的首选语言,其地位和重要性不言而喻,因此,无论是学习汉语还是学习英语,一本可靠、实用、便捷的汉英双功能字典是不可或缺的。商务印书馆国际有限公司正是考虑到读者的这一需求,顺应时代的大趋势,精心筹划,倾注全力,在新世纪来临之际,终于将这部精品辞书奉献给了读者。

《汉英双解新华字典》的诞生是《新华字典》在新的历史时期的发展

与延伸。对《新华字典》这样一部具有广泛普及性和极高学术价值的权威字典进行英文解释是语言辞书编纂史上的一次探索性尝试。由于中西语言、文化所固有的差异,本书编纂工作所遇到的难度是可想而知的,因此,尽管我们已竭尽全力,但书中仍难免会存在疏漏、遗憾和不足。我们衷心希望国内外各界读者对此提出宝贵意见,以便在今后再版时使其更加完善。我们期盼这部字典能像《新华字典》一样成为一部深受国内外读者欢迎的必备的语言工具书。

商务印书馆国际有限公司

编辑部

2000 年 5 月

Foreword

Xinhua Dictionary With English Translation is completed and edited by the Commercial Press International Co., Ltd. according to the 1998 revised edition of *Xinhua Dictionary*. The bilingual version retains the whole text and function of the original one, and on the basis, it defines words, phrases, sentences and writings as well as other materials one by one in English. It is a dictionary with Chinese and English translation in one, perfectly compatible and mutually complemented, so that it has become a handy and useful reference book for learners of English as well as Chinese.

Xinhua Dictionary was first published in 1957. Since then 43 years passed, and it has been revised nine times and reprinted more than one hundred times, with a total accumulative circulation of over 3.8 hundred million copies. It is a very high number in book market. It has created several records in the publication history of China and even maybe of the world. It also created several "the most" in the world of publication. All these records are strong evidences to prove the very merits of the dictionary — its authoritative, scientific, practical and applicable characteristics. Also these merits have been tested by time and recognized by readers in domestic and abroad.

Xinhua Dictionary With English Translation were completed by our senior specialists in English and examined and revised by the English and American linguists. The whole book not only keeps intact the original dictionary's language style and characteristics, but absorbed the essence of modern English. Besides, with its exquisite expressions, the translated text reads fluently. The Chinese example sentences were added to the Chinese phonetic notations. So as that may be useful to Chinese learners, especially foreigners. Due to the excellent works of translators, examiners and editors, the dictionary may be deemed a reliable reference book.

Today, Chinese is one of the most important languages in world in terms of the population using it. With the rapid advance of China and her general national strength enhanced, Chinese will have more and more influence and the numbers of learners also will become larger and larger. On the other hand, English is the most important language of communication in the world. A reliable and practical bilingual dictionary is necessary both for learners of Chinese and of English. Considering the necessity of readers, the Commercial Press International Co., Ltd. takes up the responsibility and dedicates this excellent present — *Xinhua Dictionary With English Translation* to our readers at the moment of the coming of New Century.

That *Xinhua Dictionary With English Translation* comes into being is no doubt the development and extension of *Xinhua Dictionary* in the new historial epoch. As to *Xinhua Dictionary*, which has extensively popularization and very high academical value and authority, to add English definitions to its entries is a probing attempt starting in the history of lexicographical work. Besides, there are innate differentials between Sino-West languages and cultures, so it is thinkable that the editorial work meets with how much great difficulties. Although we have done our utmost, it is unavoidable that there is still some inadquacy in the book. We are sincerely looking forward to getting any criticisms, suggestions and opinions from every user of it for improving it in next edition. Moreover, we wish this new dictionary with English translation will win the readers' favour and become a necessary reference book both in domestic and abroad as well as the original one.

The Editorial Department of
the Commercial Press International Co., Ltd.
May 2000

编译者序

　　1996 年春,商务印书馆国际有限公司的两位编辑与我商议出版《汉英双解新华字典》一事。我接过他们带来的作为编译蓝本的 1992 年版《新华字典》,沉思了片刻,便答应承担该字典的英文编译工作。我之所以如此欣然应允,其主要原因是我们这一辈人对《新华字典》怀有一种特殊的感情。

　　我第一次接触《新华字典》是在 70 年代那个"文化饥渴"的时代。当时,可供人们学习、使用的图书少得可怜,《新华字典》劫后余生,生机犹存,成了人们的常用工具书,更是孩子们书包里的常备书。它伴随着一代又一代人的成长,被人们称之为学习祖国语言和文化的良师益友。随着时代的发展,《新华字典》几经修订、重印,内容日臻完善,信誉与日俱增。可以毫不夸张地说,中国哪个读书人家里没有一本《新华字典》! 又有多少人心系几分难分难解的"《新华字典》情结"!《新华字典》迄今已发行三亿多册,这一事实足以说明它在读者中的影响和地位。

　　随着我国建设事业的蓬勃发展,国际影响的不断扩大以及科学技术和文化教育的昌明,外国人和旅居海外的炎黄子孙对学习汉语和了解中国文化的兴趣愈来愈大。在国内,愈来愈多的人希望在掌握好汉语的同时学好外语,尤其是学好英语。正是在这一时代需求的启迪和推动下,商务印书馆国际有限公司不失时机地将《新华字典》发展为《汉英双解新华字典》,集汉英两种语言于一典。这无疑是一个远见卓识、功德无量之举。

　　《新华字典》虽是一部基础性的汉语字典,但我们在翻译时发现其工作难度很大。这不仅是因为汉语和英语属于两种不同的语系以及中西两种文化间存在着的巨大差异,更重要的是《新华字典》本身的内容十分宽泛,中外古今,无所不包,尤其是许多字、词蕴涵着深厚的中国文化,如姓氏称谓、职业头衔、民俗礼仪、器具饰物、人名地名以及各种动植物名称等等。同时,对于该字典例证中所援引的大量古代诗词、典故、成语、谚语乃至歇后语等，我们很难找到完全与之对应的字或词来贴切顺当地将其译成英语。为了忠实于原文，保持字典的"原汁原味"，我们的翻译原则是：达意通顺，尽可能把原文的含义准确地表达出来，让读者看懂、会意。由于上述原因，我们的译文有时也难免会有点"直译"的味道，但是，如果读者仔细对照原文和译文，定会深切地感受到编译者的苦心与无奈。

《汉英双解新华字典》不仅将《新华字典》的正文全部译出，而且还翻译了该字典的 9 个附录。这些附录大多与中国的历史、文化和语言有着密切的关系，是学习汉语和了解中国文化的重要参考资料。然而，翻译这些蕴涵独特中国文化意味的材料并非易事。就以《节气表》后的《二十四节气歌》为例，原拟略去不译，但考虑到它是中国农民对气象、农事、历法三者关系几千年观察的经验之总结，在民间广为流传，颇有参考价值，因此，我们还是将其译成了英语，并反复推敲，几经易稿，尽量赋予其英语诗歌的韵味。

经过四年多的艰辛工作，其间因《新华字典》1998 年修订本的出版而又相应地做了两次修改、补充工作。今天，《汉英双解新华字典》终于和广大读者见面了，作为编译者，我们的心情是既兴奋又惶恐，既喜悦又不安，正如前面所述，这部字典的编译工作难度之大超乎想象，加之我们本身水平的限制，字典中的不完善之处实恐难免。我们恳请广大读者批评指正，更希望辞书界的同行们不吝赐教。

谨向在艰苦岁月中辛勤工作，曾将 1975 年版《新华字典》译成英文的己故杜仲明先生致意。

谨向在本字典编辑、出版过程中给予过关心和支持的徐式谷先生、钱王驷先生以及出版社的领导和诸位编辑表示由衷的感谢。

姚乃强

2000 年 5 月

Adapting Translator's Preface

In the spring of 1996 two editors of the Commercial Press International Co. , Ltd. paid me a visit to explore the possibilities of rendering *Xinhua Dictionary* into a Chinese-English dictionary. I picked up a copy of *Xinhua Dictionary*(1992 edition), which they had brought with them as a source book for translation, and weighed up the proposal for a while. Then I told them that I would gladly take responsibility for the work.. One of the reasons for my quick acceptance is that I, like many of my contemporaries, have a special feeling for this dictionary. I made my first acquaintance with *Xinhua Dictionary* in 1970's. At that time there were very few reference books available to us. We referred to it for it handy and helpful, so it soon became our favorite companion. Since then, with many revisions and reprints the dictionary has been greatly improved and won greater credit with the readers. Indeed, no families with school-age children in China couldn't afford a copy of the *Xinhua Dictionary*. And what a "*Xinhua Dictionary*-complex" we all have!. The fact that the diction-ary has so far enjoyed a circulation of more than three hundred million copies is a strong evidence of its popularity in China.

Today, with the rapid development of the reconstruction work in our country, its everincreasing influence in world affairs, and the fast advance of science and technology, more and more foreigners and overseas Chinese are interested in learning Chinese and Chinese culture, while at home there is also a growing awareness of the importance of having a good command of the mother tongue and learning foreign languages, English in particular. Therefore, it is really a wise and timely decision of the Commercial Press International Co. , Ltd. to publish *Xinhua Dictionary With English Translation* to meet the urgent need of the readers.

Xinhua Dictionary is a pocket dictionary, but we find it not an easy job to make it a bilingual Chinese-English dictionary. The difficulty lies not only in the fact that Chinese and English belong to different language systems and there are great gaps between Chinese and Western cultures, but also in the fact that the *Xinhua Dictionary* embraces all kinds of knowledge, Chinese and foreign, ancient and modern. It includes a large number of words which are peculiar to the Chinese language or characteristic of Chinese culture, such as words of addresses and appellations, biographical and geographical names, terms of fauna and flora, customs and institutions. And there are thousands of proverbs, idioms, allegorical sayings, and quotations and allusions from Chinese poetry and other classic works. It is very hard to find their equivalent or counterpart in English.

Besides the dictionary itself, we also have translated into English all its appendices, as they are very useful and helpful to the learners of the Chinese language and Chinese culture. Take "the Twenty-four Solar Terms" as an example. It scientifically sums up the experiences of the Chinese people in meteorology, agriculture, and making the Chinese lunar calendar. Although it seems impossible to translate, we have tried with great effort to render the appendix into English and the verse as well.

During the course of compiling the dictionary, we received invaluable advice, encouragement, support and critical help from many friends and colleagues. First of all, we would like to pay tribute to late Mr. Du Zhongming, who first made an attempt to translate the *Xinhua Dictionary* into English in the 1970's. A special thanks is due to Mr. Xu Shigu, Mr. Qian Wangsi and other leaders and editors of the press, from whom we have benefited much from their patience and diligence.

Yao Naiqiang

May 2000

《新华字典》1998 年版修订说明

1. 本字典是一部小型语文工具书,主要供中小学教师和学生使用,中等文化程度以上的读者也可参考。

2. 本次修订是在 1992 年重排本的基础上进行的。保持字典原有规模和特点,同时,全面认真地贯彻执行国家颁布的语言文字法令、法规以及有关规范的国家标准,注意吸收了语言文字研究及相关学科的最新成果,对字形、字音、释义、例证、体例以及附录内容作了较为全面的修改和调整。

3. 本次修订根据《简化字总表》、《现代汉语通用字表》、《第一批异体字整理表》增删、调整了字头,明确区分了字头后的繁体字、异体字;根据《普通话异读词审音表》改动了少数字音;根据《现代汉语通用字笔顺规范》调整了部首的排列顺序、检字表和字头的字的排列顺序。

4. 本次修订还根据最新资料修改了附录,增加了《我国各省、直辖市、自治区及省会(或首府)名称表》。

5. 修订后的字典计收单字(包括繁体字、异体字)10000 余个,带注解的复音词 3500 余个,附录 9 种,综合插图 9 幅。

6.《新华字典》原由新华辞书社编写。1956 年,新华辞书社并入当时的中国科学院语言研究所词典编辑室。中国社会科学院语言研究所负责本次修订。

1998 年 5 月

Notes on the 1998 Revised Edition
of *Xinhua Dictionary*

1. The dictionary is a small-sized reference book for learning Chinese, chiefly for teachers and students in primary schools and middle schools, and for intermediate-educated readers as well.

2. This revised edition is based on the 1992 reprinted version of the dictionary. A relatively overall revision and adjustment has been made to update the dictionary on word-forms, pronunciations, definitions, examples as well as its layout and appendices. The scope and other features of the original dictionary are well kept. At the same time, great attention is paid to a comprehensive and conscientious implementation of the decrees, statues and criteria concerning the standardization of the Chinese language issued by the government of our country on one hand and to the application of the new achievements in the studies of linguistics and language and other related disciplines on the other hand.

3. The addition or deletion and readjustment of the entries of headwords in the new edition are all done on the basis of *Complete Table of Simplified Chinese Characters*, *Table of Frequently Used Characters in Modern Chinese*, and *Table of the First Batch of Processed Chinese Characters of Variant Forms*; thus all the complex-formed characters and variant-formed characters after the entries of headwords being definitely distinguished. The pronunciations of a few words are altered according to *Table of Censured Sounds of Chinese Characters with Variant Pronunciations in Common Speech (putonghua)*. Some changes are made in the arrangement of the order of radicals, *Radical Index*, and the headwords according to *Criteria for the Stroke Order of Frequently Used Characters in Modern Chinese*.

4. The appendices in the dictionary are also revised on the basis of

the latest material. *Table of China's Provinces and Autonomous Regions* together with their Capitals, and Municipalities Directly under the Central Government is a new addition to the dictionary.

5. The revised dictionary contains a collection of over 10,000 characters (including the characters of complex forms and variant forms) and over 3,500 disyllabic characters with definitions, nine appendices, and nine comprehensive illustrations.

6. *Xinhua Dictionary* was first compiled by the Xinhua Lexicographical Book Press. The press was annexed into the Dictionary Editing Department of the Institute of Linguistics of the then Chinese Academy of Sciences in 1956. The Institute of Linguistics of the Chinese Academy of Social Sciences is responsible for the editing work of the present version of the dictionary.

May 1998

凡　例

一、本字典的字头用大字排印。繁体字、异体字附在字头后面，外加圆括弧。不带＊号的为繁体字，带一个＊号的为《第一批异体字整理表》中的异体字，带两个＊号的是《第一批异体字整理表》以外的异体字。有些异体字的左上方附有义项数码，表示只适用于某义项；有些繁体字、异体字的左上方带个小三角(△)，表示另外也做字头。

二、一个字头因意义不同而有几个音的，就列为几个字头，各在注音前面分别用㊀㊁㊂等表明次第，注解之末附列有其余的音及其所见页码。

三、字头下所收的带注解的复音词或词组，外加[ ]号。

四、本字典的字音依据普通话的语音系统，用汉语拼音字母标音。字头标音除用汉语拼音字母外，并附有注音字母。字头按同声同调排在一起，如350页的"侃"字的汉语拼音是 kǎn，和它排在一起的同音字有"坎"、"砍"、"莰"、"槛"、"顑"，在这六个字中，只要会读其中一个字（如砍柴的"砍"），就能读出其他五个字的音了。

五、有些字头连注两个音，第二个音后面附注"(又)"字，表示"又音"。有时某义项内注"又某音"，表示"又音"用于某义。

六、有些字头注有"旧读"，表示旧来读法不同。有时某义项内注"旧读"，表示某义旧读不同。

七、行文中有些生僻字、多音字或复音词中读轻声的字补注读音。

八、字头的意义不止一项的，分条注解，用❶❷❸等表示义项。一个义项下如再分条，用 1、2、3 等表示。[ ]中的复音词或词组，如分条注解，也用 1、2、3 等表示。

九、注解中㊟、㊖、㊕的用法如下：

　㊟　表示由原义引申出来的意义。如283页"急 jí"字条❶义下，"气恼，发怒"是由"焦躁"引申出来的。

　㊖　表示由比喻形成的意义。如328页"晶 jīng"字条[结晶]下注

"⑩成果"。

⑭　表示由原义、故事、成语等转化而成的意义。如 300 页"简 jiǎn"字条❶义下注"⑭书信"，659 页"推 tuī"字条❶义下[推敲]条注"⑭斟酌文章字句"。

十、注解中的(—子)、(—儿)、(—头)表示本字可以加上这类词尾，构成大致同义的词，不另加注解。

十一、注解中的(叠)表示本字可以重叠起来构成大致同义的词，不另加注解。如 201 页"哥"字条下"(叠)"表示"哥"可以重叠，即"哥哥"。

十二、注解中的⑯表示本字可以跟一个意义相同或相近的字并列起来构成大致同义的词，不另加注解。

十三、注解中的〈方〉表示本字是方言地区用的字或者本义项所注的是方言地区的用法。〈古〉表示本字是古代用的字或者本义项所注的是古代的用法。

十四、从兄弟民族语言中来的词，加注民族简称。如 235 页"哈 hǎ"字条[哈达]是从藏语来的，注"(藏)"。

十五、有些词的后面注"(外)"字，表示是近代的外来语。历史上相沿已久的外来语，一般不注来源。

十六、在注解后举例中，用"～"号代替本字。一个"～"号只代替一个字。

十七、"—"和"-"(短横)的用法如下：

1. 在"—子、—儿、—头"中，在⑯字后，"—"代替本字。

2. 在拼音字母标音中，"—"代替省略的音节，"-"(短横)表示联接转行的音节。

十八、"·"(圆点)表示一个例词或一个例句完了，用在字的右下方；或用于注音字母的标音，表示后面的音节读轻声。

Guide to the Use of *Xinhua Dictionary*

1. The entries of headwords in the dictionary are printed in bigger type. The complex forms or variant forms of Chinese characters are attached to the entry headwords and put in round brackets ( ) Characters there without an asterisk * are complex-formed characters; those with one asterisk are variant-formed characters in *Table of the First Batch of Processed Chinese Characters of Variant Forms*; those with two asterisks are variant-formed characters not included in the table mentioned above. Some of variant-formed characters with serial numbers for definition on the left side indicate that it is only used in a certain sense. Some complex-formed characters with a small triangle (△) on the left side indicate that they may appear as entries of headwords somewhere else in the dictionary.

2. An entry headword which has several pronunciations because of different senses is listed as separate entries with marks ⊝⊜⊛ etc. before each pronunciation to indicate the sequence while at the end of the definition of the headword, the other pronunciations and their page numbers therein are listed for cross reference.

3. The disyllabic characters or word combinations with definitions after an entry headword are put in square brackets [　].

4. The pronunciation system adopted by this dictionary is the pronunciation system of the common speech of the Chinese language (*putonghua*) and the Chinese characters are marked by the phonetic transcription (*hanyupinyin*). Entries of headword are also transcribed by the *Phonetic Symbols of the Chinese Language* (*hanyuzhuyin*). For convenience's sake, entries of headword are grouped and arranged in line with the pronunciation and tone of the same kind. For instance, the character "侃"(See p. 350) is pronounced kǎn in *hanyupinyin* and

along with it, there are other characters of the same pronunciation such as "坎","砍","莰","槛","顑". If one can read one of the six characters, then he will be able to read all the others.

5. Some entries of headword have two phonetic transcriptions and the second one is marked by (又also), which means also pronounced. Sometimes, in a certain definition there is the label "又某音", which indicates that the pronunciation is only applicable to this sense of the character.

6. Some entries of headword are marked by 旧读 early pronounce, denoting that there was a different pronunciation in earlier times. When this label appears in a certain sense of a character, then it denotes that the early pronunciation is only applicable to this sense of the character.

7. Rarely used characters, polysyllabic characters or disyllabic characters read in the neutral tone in the context are given special note on pronunciation.

8. When there are more than one senses in the definition of the entry of headword, senses are respectively marked by ❶❷❸, etc. indicating the sense items. In case there are sub-items under a sense, they are marked by 1,2,3,etc. Disyllabic characters and word combinations in the square brackets [ ] are also marked by 1,2,3, etc.

9. The use of the labels "㥽 ext.","喻 fig.", and "转 trans." in the definitions is as follows:"㥽 ext." denotes that the meaning of the character here is extended from its original meaning. For instance, in the definition under the entry headword of "急 jí"(See p. 283) "㥽 ext. 气恼，发怒"is extended from "焦躁"."喻 fig." denotes that the meaning of the character here is used figuratively. For instance, under the entry of the character "晶 jīng"(See p. 328), [结晶 jié—] is defined as "喻 fig. 成果 crystallization.". "转 trans." denotes that the meaning of the character here is transferred from its original meaning, or from a story, or from a proverb, etc. For instance, under the definition of the entry"简 jiǎn"(See p. 300),"转trans. 书信 letter"means that the meaning of the character is transferred from the original meaning of the

character "简". And again, under the entry of "推 tuī"(See p. 659), the phrase [推敲－qiāo] under the definition ❶ means "⑭trans. 斟酌 文章字句 deliberate; weigh".

10. The （－子）,（－儿）,（－头）in the definition mean the characters can use these as suffixes to form synonymous words. No further definition is given.

11. （叠 redup.）in the definition means the character can be reduplicated to form a synonymous expression. No further definition is given. For instance,（叠 redup.）in entry "哥" on page 201 means "哥" can be reduplicated to form "哥哥".

12 "⑭comb." in the definition means the character can combine with a synonymous or near synonymous character to form a near synonymous expression. No further definition is given.

13. 〈方 dial.〉in the definition means the character is used in a dialect area, or this sense defines its use in a dialect area. 〈古 arch.〉means the character is an archaic character, or this sense defines its archaic use.

14. Characters borrowed from languages of minority nationalities of China are provided with simplified names of the nationalities. For instance, on page 235,[哈达－dá] in the entry "哈 hǎ" is borrowed from Tibetan, so it is defined as (藏 Tibetan).

15. The definition (外 foreign) that follows some characters means that these are modern loanwords. Loanwords that have become common through long usage are not given their origin.

16. In the illustration after a definition, the sign"～" replaces the illustrated character. One"～" replaces one character only.

17. The use of "－" and "-" is as follows:

〈1〉In "－子、－儿、－头" and after "⑭comb.", the sign "－" replaces the entry of headword.

〈2〉The sign

"－" in transcriptions replaces an omitted syllable, and the hyphen "-" connects the syllable(s) moved to the next line or some combined words.

18. The period " · " follows the right foot of the word at the end of an illustrative expression or sentence. It is also used in the phonetic symbols of the Chinese characters to show that the following symbol is in the neutral tone.

汉语拼音规则说明

（一）

1. 用汉语拼音拼写中文，基本上按汉字的本音拼写，不标变调，如"上声""一""不"等按本音标调。但是"ABB"式词语，按照实际读音标变调。例如：

表姐 biǎojiě（biǎo 变调为 biáo）（见 317 页）

表叔 biǎoshū（biǎo 变调为"半上"）（见 42 页）

一心一意 yīxīn-yīyì（yìxīn-yíyì，yī 变调为 yí 或 yì）（见 758 页）

不过 bùguò（bù 变调为 bú）（见 52 页）

乱蓬蓬 luànpēngpēng（"蓬"本调 péng）（见 499 页）

2. 轻声词的轻声音节不标调号。例如：

他自己不小心，还埋怨别人。Tā zìjǐ bù xiǎoxīn，háimáiyuan biéren.（见 437 页）

把帽子抹下来 bǎ màozi mā xialai（见 433 页）

3. 儿化词的儿化音节末尾用 r 标示，书面上没有写"儿"的，在儿化音节末尾也用 r 标示出。例如：

小孩儿码积木。Xiǎoháir mǎ jīmù.（见 435 页）

打铺盖卷 dǎ pūgai juǎnr（见 106 页）

你给他带个口信去。Nǐ gěi tā dài ge kǒuxìnr qu.（见 109 页）

（二）

用汉语拼音拼写中文，依据国家标准 GB/T 16159－1996《汉语拼音正词法基本规则》的规定拼写。有关要点简要说明如下：

1. 拼写中文基本上以词为拼写单位。例如：

这本书内容很好，况且也很便宜，买一本吧。Zhè běn shū nèiróng hěn hǎo，kuàngqiě yě hěn piányi，mǎi yī běn ba.（见 367 页）

如入无人之境 rú rù wú rén zhījìng（见 330 页）

2. 动词和"着""了""过"连写；语气助词"了"分写。例如：

夹着书包 jiāzhe shūbāo（见 292 页）

肩负着建设祖国的使命 jiānfùzhe jiànshè zǔguó de shǐmìng（见 592 页）

落了一个字 làle yīgèzì（见 374 页）

你见过他吗？Nǐ jiànguo tā ma？（见 234 页）

孩子困了，该睡觉了 Háizi kùn le，gāi shuìjiào le.（见 371 页）

3. 动词（或形容词）和补语，两者都是单音节的，连写；其余情况下则分写。例如：

把井口垒高一些 bǎ jǐngkǒu lěigāo yīxiē（见 386 页）

举出一件事实来 jǔchu yī jiàn shìshílai（见 338 页）

把东西赎回来 bǎ dōngxi shú huilai（见 602 页）

4. 四言成语可以分为两个双音节来念的，中间加短横；不能按两个双音节来念的，全部连写。例如：

融会贯通 rónghuì-guàntōng（见 558 页）

唾手可得 tuòshǒu-kědé（见 663 页）

百无聊赖 bǎiwúliáolài（见 403 页）

肺腑之言 fèifǔzhīyán（见 172 页）

5. 句子开头的第一个字母、专有名词（人名、地名、书刊名称等）开头的第一个字母和每一分写单位开头的第一个字母均大写。例如：

火车从北京直达上海。Huǒchē cóng Běijīng zhídá Shànghǎi.（见 104 页）

炎黄子孙 Yán-Huáng zǐsūn（见 267 页）

见《史记·陈涉世家》。Jiàn《Shǐjì·Chénshè Shìjiā》（见 301 页）

6. 移行要按音节分开，在没有写完的地方加上连字符。例如：

……………………心无二用 xīn-
wú'èryòng（见 159 页）

Notes on the Rules of Hanyupinyin

(I)

1. Transliterating Chinese characters into the Chinese Phonetic Alphabet, basically transliterates according to the Chinese characters' sound, and no tonal modification is needed. For example, the words in falling-rising tone "一" "不" and so on, modified tone mark according to orginal sound. But in "ABB" type terms, the modification varies in actual pronunciation, for example:

表姐 biǎojiě (biǎo modified to biáo) (See p. 317)

表叔 biǎoshū, (biǎo modified to "half falling-rising tone") (See p. 42)

一心一意 yīxīn-yīyì (yì modified to yì or yì) (See p. 758)

不过 bùguò (bù modified to bú) (See p. 52)

乱蓬蓬 luànpēngpēng (péng is the original tone) (See p. 499)

2. Unstressed syllable in light tone characters modifies no tone marks, for example:

他自己不小心，还埋怨别人。Tā zìjǐ bù xiǎoxīn, háimáiyuan biéren. (See p. 437)

把帽子抹下来 bǎ màozi mā xialai (See p. 433)

3. Suffixation of a nonsyllabic r to some characters used to be modified r tone. If there no suffix r in writing word, it still needs to add r to the suffix, for example:

小孩儿码积木。Xiǎoháir mǎ jīmù. (See p. 435)

打铺盖卷 dǎ pūgai juǎnr (See p. 106)

你给他带个口信去。Nǐ gěi tā dài ge kǒuxìnr qu. (See p. 109)

(II)

Transliterating Chinese characters should follow the stipulations of the National Standard GB/T 16159—1996 *Basic Rules For Hanyu Pinyin Orthography*. The main points of the stipulations introduce in briefing as follows:

1. Transliterating Chinese into the Chinese Phonetic Alphabet basically takes expressions as units, for example:

这本书内容很好，况且也很便宜，买一本吧。Zhè běn shū nèiróng hěn hǎo, kuàngqiě yě hěn piányi, mǎi yī běn ba. (See p. 367)

如入无人之境 rú rù wú rén zhī jìng (See p. 330)

2. "zhe" "le" "guo" joining of syllables of verbs, but auxiliary word "le" seperating, for example：

夹着书包 jiāzhe shūbāo (See p. 292)

肩负着建设祖国的使命 jiānfùzhe jiànshè zǔguó de shǐmìng (See p. 592)

落了一个字 làle yīgezì (See p. 374)

你见过他吗？ Nǐ jiànguo tā ma? (See p. 234)

孩子困了，该睡觉了。 Háizi kùn le, gāi shuìjiào le. (See p. 371)

3. Joining of syllables of verb (or adjective) and complement are needed if each of them is single syllable; otherwise seperating, for example：

把井口垒高一些 bǎ jǐngkǒu lěigāo yīxiē (See p. 386)

举出一件事实来 jǔchu yī jiàn shìshílai (See p. 338)

把东西赎回来 bǎ dōngxi shú huilai (See p. 602)

4. A four-word phrase may be divided into double syllables in reading, but it is necessary to add a half-dash between the two syllables. If some phrase can not read in double syllables, it must be joining together, for example：

融会贯通 rónghuì-guàntōng (See p. 558)

唾手可得 tuòshǒu-kědé (See p. 663)

百无聊赖 bǎiwúliáolài (See p. 403)

肺腑之言 fèifǔzhīyán (See p. 172)

5. Capital letter must be used in the first word of a sentence, proper noun (name of person, place or book and magazine) and some sperating writing unit, for example：

火车从北京直达上海。 Huǒchē cóng Běijīng zhídá Shànghǎi. (See p. 104)

炎黄子孙 Yán-Huáng zǐsūn (See p. 267)

见《史记·陈涉世家》。 Jiàn《Shǐjì · Chénshè Shìjiā》(See p. 301)

6. At the end of a line, dividing a word should fall on a syllable and a hyphen should be used to join the two seperated word in two line, for example：

·············心无二用 xīn-
wú'èryòng (See p. 159)

英语缩略语表
English Abbreviations Used in the Dictionary

adj. adjective 形容词
adv. adverb 副词
arch. archaic 古义
archaeol. archaeology 考古
archit. astronomy 建筑
astron. astronomy 天文学
aux. auxiliary 助词
biol. biology 生物学
bot. botany 植物学
chem. chemistry 化学
com. commerce 商业
comb. combination 组合
conj. conjunction 连词
derog. derogatory 贬义
dial. dialect 方言
econ. economics 经济
electron. electronics 电子学
esp. especially 专门地
etc. et cetera 等等
euph. euphemistic 婉辞
ext. extend 引申
fig. figurative 比喻
geol. geology 地质
geom. geometry 几何
gram. grammar 语法
hist. history 历史
honor. honorific 尊称
hum. humble 谦辞
inf. informal 口语
inter. interrogative 疑问代词(副词)
interj. interjection 叹词

leg. legal 法律
linguis. linguistics 语言学
lit. literal(ly) 字面意义
liter. literary 文学语言
log. logic 逻辑学
meas. measure word 量词
math. mathematics 数学
mech. mechanics 机械
med. medicine 医学
metall. metallurgy 冶金学
mil. military 军事
min. mining 矿业
mus. music 音乐
onom. onomatope 象声词
part. particle 助词
pharm. pharmacy 药物
philos. philosophy 哲学
phonet. phonetics 语音学
photog. photography 摄影
phys. physics 物理学
physiol. physiology 生理学
prep. preposition 介词
pol. polite 客套语
pron. pronounce 发…的音
psychol. psychology 心理学
redup. reduplication 重叠
text. textile 纺织
theat. theatre 戏剧
trans. transferred meaning 转义
usu. usual 通常的
vulg. vulgar 粗野话

新旧字形对照表
Old and New Forms of
Chinese Characters

（字形后圆圈内的数字表示字形的笔数）

(The number in circle refers to strokes of the word)

旧字形 Old Form	新字形 New Form	新字举例 Example of New Form	旧字形 Old Form	新字形 New Form	新字举例 Example of New Form
卜②	卜②	仆外卦	反④	反④	板贩
丂②	了②	函函	丑④	丑④	纽狃
八②	丷②	平胜	爫④	爫④	爱舀
八②	丷②	兑遂益	殳④	殳④	没殁
儿②	八②	空詹稷	牙④	牙④	邪玡穿
刀②	夕②	免色赖	瓦⑤	瓦④	瓶瓷
冂②	冂②	禹离偶	比④	比④	昆毕
匸②	匚②	匹匾	丏⑤	㒳④	鬲亭郭
工③	ユ②	敢侯	巨⑤	巨④	拒渠
口③	ム②	兖滚	卬④	卬④	印抑
彐③	彐③	浸彗雪	示⑤	礻④	礼社
叉③	刃③	仞韧	氐⑤	氐⑤	低抵
小③	⺌③	尚稍	冬⑤	冬⑤	佟螽
艹④	艹③	花英	犮⑤	发⑤	拔祓
艹④	艹③	垂贲	术⑤	术⑤	怵术
卝④	卝③	卉莽	令⑤	令⑤	苓领怜
冎④	冎③	骨涡	斥⑤	斥⑤	拆诉
牛④	牛③	舜伟	半⑤	永⑤	榫遲
辶④	辶③	这连	冉⑤	冉⑤	苒再苒
及④	及③	吸级	业⑥	业⑤	普虚碰
攵④	夂③	修务	皀⑦	艮⑤	即溉
夂③	夂④	致缴	羽⑥	羽⑥	翔翎
天④	天④	吞忝添	羽⑥	羽⑥	羿翟耀
丰④	丰④	蚌沣艳	灰⑥	灰⑥	盔炭恢
手④	扌④	邦绑	产⑥	产⑥	彦铲
屯④	屯④	纯顿	耒⑥	耒⑥	耕耙
开④	开④	研钘	糸⑥	糸⑥	纺绵
戸④	户④	启肇	次⑦	次⑥	盗羡

旧字形 Old Form	新字形 New Form	新字举例 Example of New Form	旧字形 Old Form	新字形 New Form	新字举例 Example of New Form
甫⑦	甫⑦	敞蔽	直⑧	直⑧	置殖
吕⑦	吕⑥	营宫	黾⑧	黾⑧	绳渑
羊⑦	羊⑥	羌羞养	录⑧	录⑧	剥绿
杀⑦	杀⑥	殺搬	食⑨	食⑧	馏馅
良⑦	良⑥	郎朗	俞⑨	俞⑨	输愈
并⑧	并⑥	屏瓶	盈⑩	盈⑨	温蕴
争⑧	争⑥	净铮	鬼⑩	鬼⑨	魁魏
吴⑦	吴⑦	蜈娱	蚤⑩	蚤⑨	骚搔
呈⑦	呈⑦	逞程	真⑩	真⑩	滇填
角⑦	角⑦	解确	备⑩	备⑩	摇飘
奂⑨	奂⑦	换焕	敖⑪	敖⑩	傲遨
免⑧	免⑦	挽冤	麦⑪	麦⑪	麪麸
卑⑨	卑⑧	碑牌	黄⑫	黄⑪	潢横
青⑧	青⑧	清静	象⑫	象⑪	像橡
非⑧	非⑧	腓霏	奥⑬	奥⑫	澳懊
者⑨	者⑧	渚都	鼠⑬	鼠⑬	鼬鼯

汉语拼音音节索引
Index of the Syllables of the Chinese Phonetic System

1. 每一音节后举一字做例，可按例字读音去查同音的字。

There is an example character after every syllable, and one may look up other same sound character according to sound of example character.

2. 数字指本字典正文页码。

Numberal after example character indicate the text page numbers of the Dictionary.

A			ce	策	60	dai	呆	107
			cen	岑	61	dan	丹	110
a	啊	1	ceng	层	61	dang	当	114
ai	哀	2	cha	插	61	dao	刀	116
an	安	4	chai	拆	64	de	德	119
ang	肮	7	chan	搀	65	dei	得	121
ao	熬	7	chang	昌	67	den	扽	121
B			chao	超	70	deng	登	121
			che	车	71	di	低	123
ba	八	10	chen	尘	72	dia	嗲	128
bai	白	14	cheng	称	74	dian	颠	128
ban	班	16	chi	吃	78	diao	刁	131
bang	帮	19	chong	充	82	die	爹	133
bao	包	20	chou	抽	83	ding	丁	134
bei	杯	25	chu	初	85	diu	丢	137
ben	奔	28	chua	欻	88	dong	东	137
beng	崩	30	chuai	揣	88	dou	兜	140
bi	逼	31	chuan	川	89	du	都	142
bian	边	37	chuang	窗	90	duan	端	145
biao	标	40	chui	吹	91	dui	堆	147
bie	别	43	chun	春	92	dun	吨	149
bin	宾	44	chuo	戳	93	duo	多	151
bing	兵	45	ci	词	94	**E**		
bo	玻	47	cong	聪	96			
bu	不	51	cou	凑	98	e	鹅	154
C			cu	粗	98	ê	欸	156
			cuan	撺	99	ei	喓	157
ca	擦	55	cui	崔	100	en	恩	157
cai	猜	55	cun	村	101	eng	鞥	157
can	餐	57	cuo	搓	102	er	儿	157
cang	仓	58	**D**			**F**		
cao	操	59	da	搭	104	fa	发	160

fan	帆	162	huai	怀	262	lai	来	374
fang	方	166	huan	欢	263	lan	兰	377
fei	非	170	huang	荒	265	lang	狼	379
fen	分	173	hui	灰	268	lao	捞	381
feng	风	176	hun	昏	273	le	勒	383
fo	佛	179	huo	活	274	lei	类	385
fou	否	179				leng	冷	387
fu	夫	180	**J**			li	里	388
			ji	机	278	lia	俩	396
G			jia	加	291	lian	连	396
ga	嘎	191	jian	尖	296	liang	良	399
gai	该	192	jiang	江	304	liao	疗	402
gan	干	193	jiao	交	307	lie	列	405
gang	钢	197	jie	阶	313	lin	林	406
gao	高	199	jin	今	320	ling	玲	409
ge	哥	201	jing	京	325	liu	留	413
gei	给	205	jiong	迥	331	lo	咯	416
gen	根	205	jiu	究	332	long	龙	416
geng	耕	206	ju	居	334	lou	楼	418
gong	工	208	juan	捐	340	lu	卢	420
gou	沟	212	jue	决	342	lü	吕	424
gu	姑	214	jun	军	345	luan	乱	426
gua	瓜	220				lüe	略	427
guai	乖	222	**K**			lun	抡	427
guan	关	222	ka	咖	347	luo	罗	429
guang	光	226	kai	开	347			
gui	归	227	kan	刊	349	**M**		
gun	棍	231	kang	康	351			
guo	锅	231	kao	考	352	m	呣	433
			ke	科	353	ma	妈	433
H			kei	剋	358	mai	埋	435
ha	哈	235	ken	肯	358	man	蛮	437
hai	孩	235	keng	坑	359	mang	忙	439
han	含	237	kong	空	359	mao	猫	440
hang	杭	240	kou	抠	361	me	么	443
hao	蒿	241	ku	枯	362	mei	眉	443
he	喝	243	kua	夸	363	men	门	446
hei	黑	248	kuai	快	364	meng	蒙	447
hen	痕	248	kuan	宽	365	mi	迷	449
heng	恒	248	kuang	筐	366	mian	面	452
hm	噷	250	kui	亏	368	miao	苗	455
hng	哼	250	kun	昆	370	mie	灭	456
hong	烘	250	kuo	阔	371	min	民	456
hou	喉	252				ming	明	458
hu	呼	254	**L**			miu	谬	460
hua	花	259	la	拉	373	mo	摸	460
						mou	谋	465

mu	木 465	piao	飘 505	se	涩 567
N		pie	撇 506	sen	森 568
		pin	拼 506	seng	僧 568
n	嗯 469	ping	乒 507	sha	杀 568
na	那 469	po	坡 509	shai	筛 570
nai	乃 471	pou	剖 512	shan	山 571
nan	男 472	pu	扑 512	shang	商 574
nang	囊 473	**Q**		shao	烧 577
nao	闹 473			she	奢 578
ne	讷 475	qi	七 515	shei	谁 581
nei	内 475	qia	恰 523	shen	深 581
nen	嫩 476	qian	千 523	sheng	升 585
neng	能 476	qiang	枪 528	shi	诗 588
ng	嗯 476	qiao	敲 530	shou	收 598
ni	泥 477	qie	切 533	shu	书 600
nia	嚙 478	qin	亲 534	shua	刷 605
nian	年 478	qing	青 537	shuai	衰 605
niang	娘 480	qiong	穷 540	shuan	闩 606
niao	鸟 480	qiu	秋 541	shuang	双 607
nie	捏 481	qu	区 543	shui	水 608
nin	您 482	quan	圈 546	shun	顺 608
ning	宁 482	que	缺 548	shuo	说 609
niu	牛 483	qun	群 550	si	思 609
nong	农 483	**R**		song	松 613
nou	耨 484			sou	搜 614
nu	奴 484	ran	然 551	su	苏 615
nü	女 485	rang	嚷 551	suan	酸 617
nuan	暖 485	rao	饶 552	sui	虽 618
nüe	虐 485	re	热 553	sun	孙 620
nuo	挪 485	ren	人 553	suo	梭 621
O		reng	扔 556	**T**	
		ri	日 556		
o	哦 487	rong	容 556	ta	他 624
ou	欧 487	rou	柔 558	tai	胎 626
P		ru	如 559	tan	贪 628
		ruan	软 561	tang	汤 631
pa	怕 489	rui	锐 561	tao	涛 634
pai	拍 490	run	润 562	te	特 637
pan	潘 491	ruo	弱 562	teng	疼 637
pang	旁 493	**S**		ti	梯 638
pao	抛 494			tian	天 642
pei	胚 496	sa	撒 564	tiao	挑 644
pen	喷 497	sai	赛 565	tie	贴 646
peng	烹 497	san	三 565	ting	听 647
pi	批 499	sang	桑 566	tong	通 649
pian	偏 503	sao	搔 567	tou	偷 653

tu	突	655	xue	靴	732	zha	扎	815
tuan	团	658	xun	勋	734	zhai	摘	818
tui	推	659				zhan	沾	819
tun	吞	660	**Y**			zhang	章	822
tuo	拖	661				zhao	招	825
			ya	呀	738	zhe	遮	828
W			yan	烟	741	zhei	这	831
			yang	央	748	zhen	针	831
wa	挖	664	yao	腰	751	zheng	征	835
wai	歪	665	ye	爷	755	zhi	之	839
wan	弯	665	yi	一	758	zhong	忠	849
wang	汪	668	yin	音	769	zhou	州	852
wei	危	670	ying	英	774	zhu	朱	855
wen	温	677	yo	唷	778	zhua	抓	861
weng	翁	680	yong	拥	778	zhuai	拽	861
wo	窝	680	you	优	781	zhuan	专	861
wu	污	682	yu	于	787	zhuang	庄	863
			yuan	渊	795	zhui	追	864
X			yue	约	799	zhun	准	866
			yun	云	801	zhuo	捉	866
xi	西	688				zi	资	869
xia	虾	695	**Z**			zong	宗	874
xian	先	698				zou	邹	875
xiang	香	704	za	匝	805	zu	租	876
xiao	消	708	zai	栽	805	zuan	钻	878
xie	些	712	zan	赞	807	zui	最	879
xin	心	716	zang	脏	808	zun	尊	880
xing	星	719	zao	遭	809	zuo	作	880
xiong	兄	722	ze	则	812			
xiu	休	724	zei	贼	813			
xu	需	726	zen	怎	814			
xuan	宣	730	zeng	增	814			

部首检字表
Radical Index

〔说明〕

Directions：

1. 本字典采用的部首跟一般字典用的部首基本相同，略有改并。

The radicals adopted in this dictionary are basically the same as in other ordinary dictionaries, with only a few modifications or combinations.

2.《检字表》共有 189 部。部首次序按部首笔画数目多少排列。检字时，先按要查的字的部首在《部首目录》内查出页码，然后查《检字表》。《检字表》内，同一部的字按除去部首笔画以外的画数排列。

In the *Character Index*, there are altogether 189 radicals arranged according to the number of strokes they contain. To look up a character, first find the page number corresponding to its radical in the *List of Radicals*, and then look up the *Character Index*, in which characters under the same radical are arranged according to their number of strokes minus the strokes of the radical.

3. 对于难检的字，解决的办法是：(1)有些字分收在几个部首内。如"思"字、"对"字等。(2)分不清部首的字，按起笔(即书写时的第一笔)的笔形，收入横(一)直(丨)撇(丿)点(丶)折(乙，包括→乛乚等笔形)五个单笔部首内。(3)《检字表》后另有《难检字笔画索引》备查。

For characters which are difficult to look up, the following solutions are suggested：(1) some characters are listed under separate radicals, e. g., "思" and "对". (2) characters with no distinct radicals are listed under the five single-stroke radicals of horizontal (一), vertical (丨), left-falling stroke (丿), dot (丶), and the turning stroke (乙, including →乛乚), according to the shape of the starting stroke (i. e., the first stroke in the order of writing). (3) Following the *Character Index*, a *Stroke Index for Difficult Characters* is provided

（一） 部首目录
List of Radicals

（部首右边的号码指检字表的页码）

(The number to the right of each radical
refers to page number in the Character Index)

一 画		十	35	人(入)	38
一	33	厂	35	勹	38
丨	34	匚	35	⺈(见 40 页刀)	
丿	34	刂	35	儿	38
丶	34	卜(⼘)	36	几(几)	38
乙(→乛乚)	35	冂	36	亠	38
二 画		亻	36	冫	39
二	35	八(丷)	37	冖	39

讠(言)　39
卩(㔾)　39
阝(在左)　40
阝(在右)　40
凵　40
刀(⺈)　40
力　41
厶　41
又(又)　41
廴　41
㔾(见39页卩)

三　画

士　41
土　41
工　42
扌　42
艹　44
寸　46
卅(在下)　46
大　46
尢　46
弋　46
小(⺌)　46
口　46
囗　49
山　49
巾　49
彳　50
彡　50
犭　50
夕　50
夂　50
饣(食)　50
丬(爿)　51
广　51
门(門)　51
氵　51
忄(心)　54
宀　54
辶(辶)　55
彐(彐彑)　55
尸　55
己(巳)　55
弓　56
子(孑)　56
屮　56

女　56
马(馬)　57
纟(糸)　57
幺　58
巛　58

四　画

王　58
韦(韋)　58
木　59
犬　60
歹　60
车(車)　61
戈　61
比　61
瓦　61
止　61
支　61
小(见54页忄)
日　61
曰(日)　62
贝(貝)　62
水(氺)　62
见(見)　62
牛(牛牜)　63
手　63
毛　63
气　63
攵　63
片　63
斤　63
爪(爫)　63
父　64
月(月)　64
欠　65
风(風)　65
殳　65
文　65
方　65
火　65
斗　66
灬　66
户　66
礻(示)　66
心　66
聿(聿⺻)　67
爿(见51页丬)

母(母)　67

五　画

示(礻见66页礻)　67
石　67
龙(龍)　67
业　67
水(见62页水)
目　67
田　68
罒　68
皿　68
钅(金)　68
矢　70
禾　70
白　70
瓜　70
用　70
鸟(鳥)　70
疒　71
立　71
穴　71
衤　72
聿(见67页聿)
艮(见75页艮)
疋(⺪)　72
皮　72
矛　72
母(见67页母)

六　画

耒　72
老　72
耳　72
臣　72
西(覀)　72
页(頁)　72
虍　73
虫　73
缶　74
舌　74
竹(⺮)　74
臼　75
自　75
血　75
舟　75
衣　75
羊(⺷⺶)　75

米	75	豸	77	風(见 65 页风)		
聿(见 67 页聿)		角	77	音		79
艮(艮)	75	言(言见 39 页讠)	77	韋(见 58 页韦)		
羽	75	辛	77	**十 画**		
糸(纟见57页纟)	76	**八 画**		門		79
七 画		青	78	髟		79
麦(麥)	76	其	78	馬(见 57 页马)		
走	76	雨(⻗)	78	**十一画**		
赤	76	齿(齒)	78	麥(见 76 页麦)		
車(见 61 页车)		黾(黽)	78	鹵(见 76 页卤)		
豆	76	隹	78	鳥(见 70 页鸟)		
酉	76	金(钅见68页钅)	78	魚(见 78 页鱼)		
辰	76	食(见 50 页饣)		麻		79
豕	76	鱼(魚)	78	鹿		79
卤(鹵)	76	門(见 51 页门)		**十二画以上**		
里	76	**九 画**		黽(见 78 页黾)		
貝(见 62 页贝)		革	79	黑		79
見(见 62 页见)		頁(见 72 页"页")		鼠		80
足(𧾷)	77	骨	79	鼻		80
身	77	鬼	79	齒(见 78 页齿)		
釆	77	食(食见50页饣)	79			
谷	77					

（二） 检字表
Character Index

（字右边的号码指字典正文的页码）

(The number to the right of each character refers to
page number in the body of the dictionary)

一部		丈	824	韦	671	**四画**		丘	541	在	807
		兀	685	专	861	末	462	丕	499	百	15
一	758	与	788	丐	192	未	675	右	785	有	784
一画			790	廿	479	击	279	布	52	而	158
丁	134	万	462	五	684	正	835	册	60	死	611
	835		668	币	805		837	平	508	互	206
七	515	**三画**		丏	453	甘	195	东	137	夹	191
二画		丰	176	卅	564	世	594	丝	610		292
三	565	井	328	不	52	本	28	**五画**			293
干	193	开	347	不	149	且	334	考	352	夷	760
	197	夫	180	行	441		533	老	382	丞	76
于	787		181	友	784	可	355	共	211	尧	752
上	575	天	642	丑	84		356	亚	740	至	845
	576	元	795	牙	739	冊	60	亘	206	**六画**	
才	55	无	683	屯	660	丙	46	吏	394		
下	696			互	257	左	881	再	806	丽	621

第一列

严	743
巫	682
求	542
甫	185
更	206
	207
束	604
两	400
丽	388
	394
夹	191
	292
	293
来	374

七画

奉	179
武	684
表	41
忝	643
长	68
	823
亚	740
其	517
東	137
画	261
事	595
兩	400
棗	810
面	454
來	374
並	46
亞	283
	522

八画

奏	876
毒	143
韭	333
甚	583
	584
巷	240
	707
柬	299
歪	665
甫	30
面	454
昼	854

九画

| 艳 | 747 |
| 泰 | 628 |

第二列

秦	535
恭	210
彧	793
哥	201
鬲	203
	396
孬	473
夏	698

十画以上

焉	742
董	322
爽	607
甦	615
棘	284
棗	810
昪	9
麗	35
尠	702
壽	376
爾	599
暨	158
奭	290
爽	598
赜	813
萧	870
夐	781
黇	643
整	837
矗	156
臻	833
鼺	185
釐	388
囊	759
	473
	473
蠹	119

丨部

二画

上	575
	576
也	756

三画

丰	176
韦	671
中	849
内	475

第三列

| 弔 | 132 |
| 书 | 600 |

四画

卡	347
	523
北	26
凸	655
旧	333
归	227
且	334
甲	533
申	294
电	581
由	130
冉	782
央	551
史	748
半	18
凹	7
出	85

五至七画

师	588
曳	757
曲	543
	545
肉	559
芈	451
县	702
串	90
非	170
果	232
畅	70
肃	616

八画以上

韭	333
临	407
将	304
	306
禺	789
幽	781
艳	747
畢	34
鼎	136
鼟	276
	276
暢	70
曡	312
冀	291

第四列

| 幽 | 45 |

丿部

一至二画

	560
入	764
义	332
九	31
匕	471
乃	523
千	519
乞	89
川	163
九	765
义	435
么	443
	751

三画

久	333
丸	666
及	282

三画

午	684
壬	554
升	585
夭	752
长	68
	823
币	33
反	164
爻	752
乏	161
氏	593
	840
丹	110
乌	682
	686

四画

生	585
生	191
失	588
乍	817
丘	541
史	592
卮	841
乎	254
用	780
甩	606
氐	25
	123

第五列

	124
乐	384
	800
册	60
处	86
	87
冬	86
务	138
	686

五画

	478
年	855
朱	137
丢	531
乒	507
乓	493
乔	422
向	706
囟	718
后	253
角	422
杀	568
兆	827
氽	99
危	670
各	204
	204
色	567

六画

我	681
每	445
兵	45
兔	658
囷	96
卮	841
希	689
龟	228
	345
	541
卵	427
系	288
	694

七画

垂	91
乖	222
秉	46
奥	788
卑	25
阜	188

第六列

质	847
肴	752
籴	124
周	853

八画

拜	16
禹	62
重	83
	852
复	188
禹	791
帅	606
乌	682
	686
胤	179
胤	774

九画

乘	77
	588
师	588
胤	611
粤	70

十画以上

馗	369
甥	586
乔	531
粜	852
粤	801
弑	595
舞	685
舱	795
辜	199
肅	471
疑	762
孵	180
睾	353
舉	338
馘	174
儎	228
歸	227
蠡	636
譽	363
釁	252
釁	719
釁	100

丶部

二至三画

丫 738	尹 772	昼 854	卉 270	295	靥 746
义 765	尺 72	咫 844	古 216	睪 199	鴈 747
丸 666	80	飛 170	㞢 594	寋 849	歷 392
之 839	夬 222	胤 774	考 352	憲 849	曆 392
卞 39	弔 132	圅 238	毕 34	翰 240	赝 747
丹 110	丑 84	癸 229	华 259	韓 238	歴 738
为 675	巴 10	**十画以上**	260	蠹 88	740
四画	孔 360	乾 193	261		厱 745
主 857	以 763	526	协 713	**厂部**	靥 742
半 18	予 788	發 160	华 451	厂 69	龐 493
头 653	书 790	蕭 616	克 356	**二至六画**	曆 745
必 33	600	亂 427	卑 811	厅 647	礜 344
永 779	**四画**	曁 290	字 26	厃 813	赝 747
五画以上	司 610	豫 793	**六画**	历 392	曆 758
州 852	民 456	龡 706	卓 867	厄 155	魇 745
农 483	弗 181	**二部**	直 842	厉 392	靥 746
良 399	疋 502	**二画**	卑 25	压 738	靥 745
卷 341	电 130	二 159	阜 188	740	**匚部**
341	出 85	干 193	卒 98	厌 746	**二至四画**
並 46	氹 116	197	877	库 579	区 487
亲 535	发 160	亍 87	丧 566	励 393	543
540	162	于 787	566	厓 739	匹 502
叛 492	610	亏 368	協 713	厔 845	巨 338
為 672	**五画**	五 684	卖 436	厕 60	匜 510
675	艮 206	井 328	**七至十画**	**七至八画**	匝 805
举 338	206	开 347	南 472	厘 388	匹 760
益 768	乱 142	亓 516	真 832	厚 253	匡 366
㶚 70	丞 321	元 795	隼 620	厝 103	匠 306
矍 341	322	无 683	丧 566	原 797	**五画以上**
乙部	乱 279	802	566	566	匣 695
(→乛乚)	丞 76	专 861	索 622	**九至十画**	医 759
乙 762	买 436	互 257	乾 193	厢 704	匦 229
一至三画	**六至九画**	丕 499	526	厣 745	匲 354
才 131	君 345	亚 740	啬 568	厩 334	匵 478
了 384	即 283	亙 206	博 50	厥 8	匪 171
404	乱 427	互 206	韓 516	厨 86	匮 370
九 332	甫 780	些 712	韩 238	厦 570	區 487
乜 456	肃 616	亞 740	丧 566	698	543
481	隶 395	4	雁 747	麻 392	匾 38
孑 314	承 77	嬜 110	辛 215	雁 747	匯 270
孓 342	函 283	**十部**	**十一画**	厩 344	匷 813
也 756	522	十 590	**以上**	**十二画**	匲 396
乞 519	函 238	**一至五画**	幹 197	**以上**	**刂部**
飞 170	畅 70	千 523	啬 568	厨 86	**二至三画**
习 692	虱 589	午 684	準 866	厮 611	刘 764
乡 704	乳 560	升 585	赣 197	厲 392	刊 349
幺 751	既 289	支 840	榦 682	厰 69	
	叚 294		兢 328	厭 746	
			嘏 216	厴 758	
				魇 745	

刂部					卜(⺊)部		冂部		亻部			
四画		剋	356	剳 815			冈 197	仪 760		侂 483	
刑	720		358	816			内 475	仔 806		估 214	
列	405	剌	374	剹 531			丹 110	869		2l9	
划	259		374	劃 259			冊 60	871		体 638	
	261	剞	418	261			冉 551	他 624		640	
	263	到	328	263	**卜(⺊)**		册 60	切 555		何 245	
则	812	削	708	剧 274	**部**		再 806	**四画**		佐 881	
刚	197		732	劇 230	卜	51	同 650	伏 180		伾 499	
创	90	剐	221	劇 339		51	653	伟 673		佑 786	
	91	剑	303	劍 303	上	575	网 669	传 89		佈 52	
刖	800	剗	103	剑 230		576	肉 559	862		佽 417	
刎	679	前	525	劉 413	卡	39	囚 331	休 724		伻 30	
刘	413	剃	641	剩 769	卡	347	周 853	伍 684		伔 347	
五画		**八画**		劑 289		523	岡 197	伎 288		佔 820	
刬	67	剒	280	劐 301	占	819	罔 669	伏 181		攸 781	
	67	剚	67	劘 462		820		伛 790		但 112	
刧	315		67	劙 390	外	665	**亻部**	优 781		伸 581	
刪	571	剗	173		处	86	**一画**	伲 544		佃 130	
别	43	剔	638			87	亿 764	伢 739		佖 643	
	44	剛	197		卢	420	**二画**	伐 161		佚 766	
钊	825	剮	221		卡	601	仁 554	仳 502		作 880	
利	394	剳	538		贞	831	什 583	㑊 664		881	
删	571	剖	512		半	451	仃 590	仲 851		伯 15	
刨	24	剝	573		卤	421	仆 135	件 684		48	
	494		745		卣	785	仉 512	任 554		伶 409	
判	492	剟	666		卦	221	化 512	555		佣 778	
刭	328	剥	21		卧	681	823	伤 574		781	
六画			48		卓	867	259	伥 67		低 123	
刲	368	剧	339		卤	715	260	价 295		你 477	
刺	94	剠	151		桌	867	仇 84	318		佝 213	
	96	**九至**			禼	715	542	319		佟 652	
刮	14	**十一画**			离	715	仍 384	伦 427		伯 854	
刳	362	割	274		**冂部**		仅 556	份 175		住 859	
到	118	副	189		冄	551	仪 321	伧 58		位 676	
刿	230	剩	349		冇	441	322	74		伴 18	
剀	349	剩	588				**三画**	华 259		佇 858	
制	847	創	90				仨 564	260		佗 661	
刮	220		91				仕 593	261		伺 95	
剑	230	割	202				付 187	仰 750		612	
刹	64	剷	364				仗 824	优 351		佛 179	
	569	剽	505				代 108	仿 169		181	
剎	152	剿	418				仙 698	伙 276		伽 191	
剐	152	剧	66				仟 524	伪 674		291	
剂	289	剹	424				亿 201	亡 858		533	
刻	357	剩	70				765	伊 759		**六画**	
刷	605		311				仫 467	似 595		佳 292	
	605	**十二画**					仅 282	612		侍 595	
七画		**以上**					们 447	**五画**		信 283	
荆	327	劂	344							佬 382	

侢 159	401	641	偲 55	像 707	儱 386
471	俪 394	867	610	儌 81	儵 601
供 210	侠 696	倬 644	傀 369	傭 778	儸 418
211	修 724	倏 601	偷 653	僚 424	儺 486
使 592	俏 532	俏 724	偬 875	**十二画**	儷 394
侑 786	俣 791	725	偺 807	僥 310	儼 745
佰 15	俚 390	倏 601	停 648	752	儹 432
侉 364	保 22	尚 69	偻 418	僖 692	儥 808
伩 625	傅 508	633	425	僅 625	儻 633
例 395	促 98	俱 339	伪 674	做 329	634
侠 696	俄 154	倮 430	偏 503	僡 272	儽 473
侥 310	俐 394	倡 70	假 294	僱 698	
752	侮 685	个 204	296	僳 617	**八(丷)部**
侄 843	俭 299	204	偓 682	僚 403	八 10
侦 831	俗 616	候 254	伟 673	僭 304	**一至二画**
侣 424	俘 183	俚 432	**十画**	僕 512	丫 738
侗 139	俛 186	倭 681	傣 107	僑 531	兮 688
651	係 694	倪 477	傲 9	僬 309	分 173
652	信 718	俾 33	備 27	僞 674	175
侃 350	悦 661	偷 427	傅 190	僦 334	公 209
侧 60	侵 535	保 56	傈 396	僮 652	六 415
813	侯 252	倜 641	傗 710	864	422
818	254	俗 27	條 634	僧 568	**三至六画**
侏 855	偪 336	倞 330	僧 634	催 220	兰 377
促 649	俑 780	401	傩 753	燈 122	半 18
侨 531	俟 519	俯 186	僾 691	**十三画**	只 841
侟 852	612	做 169		僾 691	843
佺 547	俊 346	倍 27		儇 305	并 45
佾 364	**八画**	倦 341	傑 315	價 295	46
俅 644	俸 179	倓 629	傯 854	319	关 222
俏 767	倩 527	倌 224	傲 711	儌 484	共 211
佩 496	债 819	倥 360	傍 20	僎 730	兴 719
侈 80	俵 43	健 302	像 293	傲 310	722
侪 64	俍 67	倨 339	傧 44	儉 299	兑 148
佼 310	俳 722	倔 343	储 87	儈 364	兵 45
依 759	借 755	345	傩 344	優 570	谷 216
㑇 95	偖 319	**九画**	傕 486	儋 111	792
伴 749	值 842	偰 715	**十一画**	儗 764	弟 126
併 46	俩 396	偾 176	僅 321	儀 760	卷 341
佗 63	倣 401	做 883	僻 322	儌 565	341
侬 484	俜 30	鹆 724	傳 89	僻 503	其 517
伻 465	倚 764	偃 745	862	**十四画以上**	並 46
七画	俺 6	偺 31	傴 790	儒 84	具 339
侮 84	倾 538	偕 714	僂 418	儒 559	单 65
俨 745	倒 117	偿 69	偿 425	儕 64	110
俅 542	118	偶 487	催 100	儐 44	573
便 39	俳 490	偈 290	傷 574	儘 321	典 128
504	俶 87	偬 317	傻 570	優 781	
俩 396		假 671	偬 875	儥 69	

延　668
七至八画
差　62
　　64
　　64
　　94
养　750
翔　91
叛　492
前　525
酋　542
首　599
兹　94
　　870
粉　91
真　832
益　768
兼　298
九画以上
着　825
　　826
　　831
　　868
黄　267
兽　600
普　513
尊　880
奠　131
孳　870
曾　61
　　814
巽　737
義　765
與　788
　　790
　　791
養　750
　　790
黇　643
冀　291
興　719
　　722
巂　174
黉　252
馘　232
轟　67
夒　369
蠲　341
爨　252

人(入)部
人　553
入　560
一至三画
个　204
　　204
亻　813
介　318
从　97
仑　427
今　320
以　763
仝　58
全　650
　　650
丛　97
令　412
　　412
四至六画
全　547
会　271
　　364
合　204
　　244
企　520
余　660
余　99
众　852
伞　565
佘　579
余　788
巫　682
夹　191
　　292
　　293
金　524
含　238
舍　579
　　580
來　374
命　427
命　460
臾　788
贪　628
七至十画
俞　604

舁　789
　　745
舁　878
俎　469
拿　58
倉　535
衾　350
龛　245
舒　600
龠　579
龛　579
　　788
翕　691
傘　565
禽　536
十一画以上
僉　524
會　271
　　364
　　50
棘　514
舖　224
館　303
劒　801
龢　244
龕　350

勹部
勺　577
勿　685
勾　802
　　212
　　213
句　212
　　339
匆　96
包　20
旬　735
匈　723
甸　130
匍　512
匐　251
夠　85
匐　184
匏　495
够　214
夠　214
衡　174

儿部
儿　157
兀　685
元　795
允　803
兄　723
　　752
光　226
先　698
兇　722
兆　827
充　82
克　356
児　612
兒　442
兔　658
免　453
兑　148
兒　157
廷　668
兔　658
兗　745
党　115
竞　330
兜　140
競　328
競　330

亠部
一至四画
亡　669
　　683
卞　39
六　415
　　422
亢　351
市　594
玄　730
齐　516
交　307
亦　765
产　66
亥　237
充　82
五至六画
亩　466
亨　248
弃　522
变　39
京　326
享　706
夜　757
卒　98
　　877
兖　745
氓　439
　　447
七画
弯　665
哀　2
亭　648
亮　401
峦　757
弈　765
奕　766
彦　747
帝　127
玅　455
八画
衰　100
　　605
歆　466

鳳　178
㲲　509
凳　122

衷　850
高　199
亳　49
离　388
衮　231
旁　493
九画
毫　241
孰　602
烹　497
裒　847
産　66
商　574
率　426
　　606
裒　442
十画
褒　715
资　426
就　334
膏　539
裒　512
裒　522
十一至十四画
襄　390
禀　46
亶　112
稟　46
雍　779
裒　233
稾　200
豪　241
膏　199
　　200
齐　516
　　21
褒　152
褰　21
嬴　776
雍　779
十五画以上
襞　715
襄　705
齋　818
贏　776
嬴　430
贏　386

彈 152
竇 281
贏 430
豐 447
齏 281
饔 779
贏 430

冫部

一至七画

习 692
冬 138
冯 178
冱 257
冲 82
　 83
冰 45
次 95
决 342
尽 321
　 322
冻 139
况 367
冷 387
冶 756
冽 406
冼 701
净 330

八画以上

凌 411
凇 613
凍 139
凄 515
准 866
凋 131
凉 399
　 401
弱 563
凑 98
减 299
飡 57
凘 611
凛 408
凜 408
凝 482
凟 143

一部

冗 558
写 714
军 345
农 483
罕 238
冠 224
　 225
冢 851
冥 459
冤 795
幂 452
幕 452

讠(言)部

二画

计 287
订 136
讣 187
认 555
讥 278

三画

讦 315
讧 252
讨 636
让 552
讪 572
讫 522
託 661
训 736
议 765
讯 736
记 287

四画

讲 305
讳 272
讴 487
讵 338
讶 740
讷 475
许 728
讹 154
讼 718
论 428
讽 428
讻 723

讼 613
讽 178
设 579
访 169
诀 342

五画

证 838
诂 216
诃 243
评 508
诅 878
识 591
　 847
诇 724
诈 817
诉 616
诊 833
诋 124
诌 853
註 859
詠 779
词 94
诎 543
诏 827
诐 35
译 767
诒 761

六画

诓 366
诔 386
试 595
诖 221
诗 589
诘 283
　 315
诙 363
　 268
诚 76
诛 855
诜 582
话 262
诞 113
诟 214
诠 547
诡 229
询 735
诣 767
詾 723
诤 839

该 192
详 705
诶 450
诧 63
诨 274
诩 728

七画

诫 319
誌 846
诬 682
语 791
　 793
诮 532
误 686
诰 200
诱 786
诲 272
诳 367
说 608
　 609
诵 800
認 555
诶 614
诶 156
　 156
　 157
诶 157

八画

请 539
诸 856
诹 876
诺 486
读 142
　 143
诼 868
诽 171
课 358
诿 674
谀 788
谁 581
谂 608
谦 525
谝 428
　 428

译 619
谈 629
谊 768
谇 584

九画

谋 465
谌 74
谍 134
谎 268
谏 304
谐 714
谑 734
谒 758
谓 676
谔 156
谕 793
谥 597
谖 730
谗 65
谘 870
谙 6
谚 747
谛 127
谜 450
谝 730
谞 504
谟 272
谠 727

十画

講 305
諱 260
謨 460
谡 115
谩 617
谢 715
谣 753
谤 277
谪 853
谤 20
谧 597
谧 452

十一画

谨 322
謳 487
谩 437
谪 438
谪 829
谮 300

谬 460

**十二画
以上**

谰 71
谭 630
谮 814
谯 532
谲 154
谳 591
谴 847
谰 377
谱 513
谲 862
谱 838
　 838
谪 344
谶 278
谲 258
谳 748
谴 527
谱 811
谱 767
谲 270
谮 819
议 765
谲 852
谪 829
读 142
　 143
　 143
谱 300
谲 584
谱 748
雠 84
谱 263
谶 74
谱 552
谗 65
谱 765
谱 808
谱 115
谶 748
谱 143

卩(㔾)部

卫 675
卯 361
卮 841

卩(㔾)		阝部(在左)		阝部(在右)				凵部
印	773	陉	721	隐	773	邻	406	**九画**
卯	441	**六至八画**		隊	147	邸	124	邺 745
危	670	陋	419	**十画以上**		邹	875	鄂 341
却	549	陌	463	隔	203	郊	34	鄂 156
卵	427	陕	572	隙	695	邵	578	鄅 614
卲	578	降	306	隖	686	郎	626	鄌 444
即	283		705	隘	4	**六画**		鄉 704
卷	341	陔	192	际	288	邦	228	**十至十一画**
	341	限	702	隃	779	耶	755	鄭 442
卺	321	陡	141	障	825		756	鄔 682
卸	715	陕	572	随	619	郁	792	鄒 875
卻	549	陆	34	隣	406	郑	293	鄗 243
卿	538	陉	721	隧	619	郅	845	鄚 632
阝部		陟	848	险	701	邾	855	鄢 742
(在左)		陼	532	隔	693	郈	253	鄣 772
二至四画		陧	481	隐	773	郃	364	鄂 258
队	147	陨	803	隮	269	郄	245	鄜 33
阢	685	陛	585	隴	417	郇	534	鄘 779
阡	524	除	86	**阝部**		郇	263	鄣 180
阱	328	险	701	**(在右)**			735	鄞 822
阮	561	院	798	**二至四画**		郊	308	**十二画以上**
陙	155	陆	415	邓	122	郑	838	酆 111
阵	834		422	邝	238	郎	379	鄯 510
阯	843	陵	411	邛	540		381	鄭 838
阳	750	陬	876	邙	367	郓	803	鄯 574
阪	17	陈	74	邟	439	**七画**		鄰 406
阶	313	陲	91	邦	19	郝	242	鄧 122
阴	770	陴	501	邢	720	郚	683	鄴 757
阬	359	陰	770	邪	713	郛	394	鄶 364
防	167	陶	635		755	郏	293	酆 876
阼	141	陷	703	邨	101	郢	776	鄺 367
五画		陪	496	邦	19	郎	803	鄥 706
际	288	**九画**		邠	44	部	200	酇 102
陆	415	陕	696	邬	682	郜	689	酅 412
	422	隋	619	邡	167	郗	695	酄 178
阿	1	堕	153	邟	517	郓	183	酃 394
	154	随	619	那	469	郡	346	酆 706
陇	417	陲	771		470	**八画**		**刀(⺈)部**
陈	74	阶	313		475	都	140	刀 116
阽	130	隄	123	**五画**			142	刃 555
	743	阳	750	邯	238	郮	876	切 533
阻	878	隅	789	邴	46	郴	73	533
阼	882	限	671	邳	499	郪	515	分 173
附	187	隍	266	邶	26	郵	783	175
陀	661	隗	369	邺	757	郫	501	召 578
陂	25		674	邸	783	郭	231	827
	501	陰	770	邱	541	部	53	刍 85
	510	隆	417			郸	111	危 670
						郑	629	负 187

凵部

凶	722
击	279
凸	655
出	85
凹	7
函	116
画	261
函	238

幽 781
㔟 70
齰 810
齫 45

争 836
色 567
571
龟 228
345
541
奂 264
免 453
初 85
刔 315
兔 658
券 548
731
剡 485
剙 91
急 283
剏 91
象 707
剪 300
剶 175
赖 376
詹 819
麁 98
夐 724
劈 500
502
铫 747
剑 303
劈 719

力部

字	页
力	391

二至四画

字	页
办	18
劝	548
功	208
夯	29
	240
劢	436
加	291
务	686
幼	786
动	138
劣	406

五至六画

字	页
劼	315
劳	381
励	393
助	859
男	472
劬	544
努	484
劭	578
劲	324
	329
劻	366
劼	315
势	595
效	711
劾	246

七至九画

字	页
勃	49
勅	81
勁	324
	329
勋	734
勉	453
勇	780
勑	81
劼	204
脇	713
勐	538
勋	448
脅	713
务	686
勘	350
勚	768
勔	454

字	页
勖	729
勗	729
動	138

十画以上

字	页
募	467
甥	586
勝	587
勞	381
勛	290
勢	595
勤	536
勠	424
勦	70
	311
勘	436
勥	307
勰	714
勵	393
勭	734
勸	548
勲	551

厶部

字	页
厶	609
幺	751
允	803
去	546
弁	39
台	626
	626
牟	465
	467
厹	142
县	702
矣	763
叁	565
参	57
	61
	582
垒	386
龛	29
能	476
参	57
	61
	582
毿	565
毵	565

又（叉）部

字	页
又	785

一至四画

字	页
叉	61
	62
	63
支	840
友	784
反	164
收	598
邓	122
劝	548
双	607
圣	587
对	148
发	160
	162
戏	255
	694
观	223
	225
	263

六至十画

字	页
取	545
叔	601
受	599
变	39
艰	298
竖	604
叟	615
叙	729
爰	797
叛	492
段	294
难	472
	472
隻	841
叕	151
曼	438
胬	485
叜	607

十一画以上

字	页
竖	604
叡	815
叠	134

字	页
叕	340
叕	604
叙	562
燮	716
雙	607
叢	97
歠	94
矍	344

乂部

字	页
巡	736
廷	648
延	742
廼	269
廹	491
	511
逦	471
建	302

士部

字	页
士	593
壬	554
吉	283
壮	864
壳	355
	532
志	846
壯	864
声	586
毒	3
壶	256
壼	371
悫	549
喆	829
喜	693
壹	760
壶	256
鼓	218
壸	371
嘉	292
臺	626
橐	662
壽	599
賣	436
隶	395
熹	692
壴	502
壾	138
燾	634

字	页
囂	502
馨	718
聲	502
懿	769
蠹	145
鏊	637

土部

字	页
土	657

二至三画

字	页
圭	191
去	546
圣	587
圩	672
	726
圬	682
圭	227
寺	612
在	845
尘	73
圪	201
考	352
老	382
圳	834
圾	279
圹	367
圮	502
圯	760
地	120
场	68
	69

四画

字	页
坛	629
坏	262
坜	392
址	843
坚	297
坝	12
圻	517
坂	17
坐	882
垒	29
坎	350
坍	628
均	345
坞	686
坟	174

字	页
坑	359
坊	167
	168
坋	365
坠	865
圽	9

五画

字	页
坩	195
坓	775
坷	353
	356
坏	499
坯	53
坰	417
垄	418
坪	508
坫	130
垆	420
坦	630
坤	370
坰	331
坰	8
坵	541
坿	187
坼	72
坻	79
	124
垃	373
幸	722
坨	662
坭	477
坡	510
坳	9

六画

字	页
型	720
垚	752
垫	131
垭	739
	740
垩	155
垣	797
垮	364
垯	107
城	76
垤	133
垱	116
垌	139
	651
垲	349

堡	161	堂	633	塌	203	墙	529	甄	542		428
埏	572	场	68	塬	797	塾	281	壨	828	扮	18
	742	堌	219	塒	591	臻	833	**扌部**		抢	528
坰	289	塌	231	塲	624	墙	116	**一至二画**			529
垌	575	捶	152	塈	349	壁	358	扎	805	抵	845
垢	214	堆	147	埕	198	墂	379		815	抑	766
㟃	253	埠	501	塽	716	壇	629		816	抛	494
垜	152	埻	53	塢	686	雍	779	打	104	投	654
	152	埰	56	塍	77	壁	36		105	抃	39
垛	152	埝	480	塙	549	壓	738	扑	512	抆	679
	152	堋	498	塘	632		740	扒	10	抗	351
垴	474	塊	658	塑	617	壑	248	扔	489	扐	268
垓	192	埻	866	塆	866	塘	734		556	抖	140
垟	749	堃	370	塗	656	壕	241	**三画**		护	258
垞	62	培	496	塞	565	壞	367	扞	239	抉	342
坡	6	堉	793		565	**十五画以上**		扛	198	扭	483
垠	771	執	841		568	罍	386		351	把	11
垦	358	埤	573	堋	381	壢	392	扣	362		13
垒	386	埭	110	塑	381	壚	420	扦	524	报	23
七画		埽	567	塚	851	壌	629	托	661	拟	477
埔	53	堕	153	**十一画**		壞	262	执	841	抒	600
	513	**九画**		塾	131	壗	417	扩	371	拟	613
埂	207	堯	752	墈	351	壗	418	扪	447		8
埋	76	堪	350	墙	529	疆	305	扫	567		9
埘	591	堞	134	塸	727	壞	552		567		483
埋	435	塔	624	堅	605	壞	532	扬	748	**五画**	
	437	㙍	266	堤	438	壚	12	扨	61	抹	433
㙂	231	堰	747	塌	68	壩	665	**四画**			462
埙	734	埋	771		69	**工部**		扶	181		463
袁	797	城	300	塾	602	工	208	抚	185	拑	526
埒	406	堨	313	塘	779	左	881	抟	658	拽	757
埆	549	堤	123	塵	73	巧	532	技	288	拓	625
垸	799	场	68	境	330	邛	540	抔	512	拢	662
埌	381		69	墒	575	功	208	抠	361	拔	417
埃	2	塄	387	墮	153	式	594	扰	553	拨	11
垔	221	堠	146	墜	865	巩	210	㧑	155	抛	494
八画		堡	23	碣	534	贡	211	拒	338	抨	497
堵	144		52	**十二至十四画**		汞	210	抛	121	拣	299
堎	387		514	墳	174	攻	209	找	826	拌	523
埡	739	塊	365	墶	107	巫	682	批	499	拈	478
	740	堆	254	埋	573	项	707	扯	72	担	110
垩	155	塆	665	墨	464	差	62	抄	70		111
基	280	報	23	墺	9		64	抿	197		113
填	842	堅	290	墦	164		64	折	579	押	738
垫	756	堳	730	墩	149		94		828	抻	72
域	793	**十画**		墙	574	巯	542	抓	861	抽	83
堅	297	塄	210	增	814			扳	16	拐	222
埼	519	墓	467	墀	80			抢	427	拃	816
掩	6	填	643							拖	661
堑	527										

拊	186		116	换	265		758	搜	614		498
拍	490	搜	757	挽	668	捽	881	搋	92	搐	88
拆	55		861	捣	117	掊	512	搕	789	搤	155
	64		861	抄	565	接	314	搛	744	搛	298
拎	406	挺	649		570	掷	849	援	797	搠	609
拥	778	括	221		621	捲	341	揳	65	搢	260
抵	125		371	捃	346	掸	499	掏	250	搽	45
拘	335	拆	310	捅	652	掸	112	揞	6	搾	817
抱	24	拴	606	挨	2		573	搁	201	搞	572
拄	858	捼	564		3	掞	573		203	搉	550
拉	373	拾	591	八画		掭	360	搓	102		550
	373	挑	644	捧	499	揆	406	搂	418	摵	820
拦	377		646	捺	644	捐	526		419	搦	486
拌	18	指	844	掛	221	探	631	搅	311	搗	652
扭	364	挌	203	控	740	掃	567	揎	730	摊	628
拧	482	挣	836	掷	756		567	搭	355	搡	566
	482		839	措	103	据	335	握	682	十一画	
	483	挤	286	描	455		339	摒	47	搏	658
挖	661	拼	506	揑	3	掘	344	揍	369	搳	361
抿	457	挓	815	捺	470	掺	65	搔	567	摽	43
拂	181	挖	664	掎	286	掇	151	揉	558	搋	72
抽	866		6	掩	744	掼	225	掾	799	摏	815
抶	484	挥	268	捷	316	九画		十画		搂	418
招	825	挦	700	捌	117	搜	712	搆	213		419
披	500	挪	485	排	490	揍	876	搕	355	摆	405
拨	47	拯	837		491	搽	62	摄	581	摞	432
择	813	挼	805	捎	359	搭	104	摸	460	摑	222
	818		808	掉	133	揸	815	揩	324		232
拚	493	七画		掳	422	揠	741	搏	50	摧	100
	506	捞	381	捆	222	揀	299	摺	324	撄	774
拍	626	捄	334		232	揹	348	摅	601	撸	680
拇	466	捕	52	捵	72	揹	25	搅	268	摭	861
拗	8	捂	685	捆	197	揑	316	揭	625	摭	843
	9	振	835	捶	92	揽	378	撂	157	摘	818
六画		挟	713	推	659	搉	721	摆	15	撺	606
拭	595	捎	577	捭	15	提	123	携	714	撤	506
挂	221	捍	239	掀	699		639	揭	117		506
持	79	捏	481	捡	579	扬	748	搞	685	撖	240
拮	315	捉	866	掄	427	揖	760	撅	88	摺	829
拷	353	捆	371		428	揾	680	搬	17	掺	65
拱	211	捐	340	採	56	揭	314	撥	564	十二画	
挪	740	损	620	授	599	搇	565	摇	753	撵	479
挝	680	把	766	捻	479	揣	88	搯	634	撬	473
	861	捌	11	掏	634		88	搶	528	撷	714
挎	364	捡	299	捯	523		88		529	縫	625
挞	625	挫	102	掬	336	撤	537	捡	537	撕	611
挟	713	捋	424	掠	427	插	62	搞	200	撒	564
挠	473		429	掂	128	揪	332	搏	632		564
挡	115	授	562	披	755	揑	481	搒	20	揭	347

扌		扌		艹部		艹		艹		艹	
擖	112	擁	778	**艹部**		苁	96	茆	441	荞	531
撅	342	撒	615	**一至三画**		芩	535	莴	480	荻	182
撩	402		615	艺	765	苍	174	苑	798	荏	554
	403	攦	565	艾	3	苊	58	苞	21	莒	253
撲	512	擗	502		764	芘	517	范	165	荇	722
撑	75	**十四画**		艽	307	芴	685	苧	482	荃	547
撐	75	擤	626	节	313	芡	527		859	荟	271
撮	102	擣	117		314	芟	571	茕	733	茶	62
	881	擩	560	芳	471	茔	775	茎	775	荅	104
揞	112	擤	721	芊	792	苌	213	苾	34		105
	573	擬	477	芏	144	苄	39	苠	540	荀	735
撫	185	擷	371	共	211	芳	167	茛	457	茗	458
撟	533	擠	286	芊	524	芦	859	莆	181	荠	289
撋	310	擲	849	芍	577	芦	421	苗	867	荞	523
挦	121	擦	819	芄	498	芯	717	茄	291	茭	308
携	714	擯	45	芨	279		718		533	茨	94
播	48	擦	55	芄	666	劳	381	茗	578	荒	266
擒	536		482	芒	439	扤	361		645	荄	192
撾	268	撷	482	芝	839	芭	10	茎	325	芜	82
撸	420		483	芎	723	苏	615	苔	626	荘	304
撚	479	擺	868	苣	519	苡	763		627	茫	439
撖	149	**十五至**		芗	704	**五画**		茅	441	荡	116
撞	864	**十七画**		**四画**		茉	463	**六画**		荣	557
撤	72	攇	553	芙	181	苷	195	荆	327	荤	273
搏	880	攄	601	芫	743	苦	363	茸	557	荥	721
捞	381	撒	615		796	苯	29	茜	527		775
揎	99		615	芜	683	苟	353		688		
搗	700	擺	15	苇	673	荬	506	茬	62	荧	775
撰	862	擢	275	芸	802	若	562	荐	303	荨	525
撥	47	攦	128	芾	172	茂	442	莛	105		735
十三画		攒	99		182	茏	416	荇	240	莨	206
擀	196		808	芰	288	茇	11		707	莀	323
撼	240	攏	417	苯	182	苹	508	荚	293	荪	620
擭	364	攙	65	芳	392	苫	572	茛	639	莜	531
擂	385	攘	552	芘	155		572	荛	760	荫	773
	387	攔	377	苤	502	苴	467	荛	552	茹	559
據	339	**十八画**		苣	338	苴	335	荛	34	荔	392
擄	422	**以上**			545	苗	455	荟	382	荔	392
擋	115	攝	581	芽	739	英	774	茈	94	荬	437
	116	攜	714	芷	843	苒	551		872	荭	251
操	59	攍	613	芮	561	苜	764	草	60	莤	854
擇	813	攛	99	苋	702	苘	539	茧	299	药	754
	818	攥	628	苌	442	苲	816	莴	651	慈	870
擐	265	攪	115	芪	68	茌	79	莒	337	**七画**	
撎	861	攫	344	花	259	苻	183	莒	770	華	259
撿	299	攮	879	芹	535	苽	215	茵	270		260
擔	110	攬	311	芥	192	茶	481	茱	855		261
	113	攬	378	苟	318	苓	409	莛	648	莰	350
擅	574	攥	473			茆	773	苦	221	莒	64
						苟	213			莩	31

字	页	字	页	字	页	字	页	字	页	字	页	字	页	字	页
苕	722	菱	411	营	775		431		448	蘐	552
莆	513	莅	24	紫	776	萱	730		449	莲	105
荳	141	撵	663	萧	710	葵	656	冀	459	蕙	272
荚	293	萁	518	菰	215	蒿	37	蓥	776	蕈	737
莽	440	菥	690	菡	239	葭	293	蒥	563	蕨	344
莱	376	菘	613	萨	564	葦	673	蔱	620	蕤	561
莲	397	菫	322	菇	215	葵	369	陰	773	蕓	802
莖	325	菜	376	菑	870	**十画**		蒸	836	薤	561
莳	597	菁	519	**九画**		蓁	833	蒟	793	蕞	879
莫	464	黄	267	敻	523	蒜	618	**十一画**		截	285
莴	681	蔡	471	葑	178	著	589	萲	272	蕢	437
莪	154	菴	5		179	盖	192	蔫	478	薈	448
莉	394	菶	515	葚	556		204	蓺	769	蕪	683
莠	785	菲	170		584	蓐	561	蒂	127	藥	389
莓	444		171	葉	757	蓝	378	蔷	529	蕎	531
荷	246	菽	601	葫	256	蒔	597	蕈	93	蕉	309
	247	菓	232	葳	671	萆	34	蔽	617	蕃	162
莜	784	菖	67	惹	553	墓	467	蕡	539		164
苴	393	萌	447	葳	67	幕	467	慕	468	獚	782
茶	656	菇	647	葬	809	蔂	464	暮	467	蕲	517
莶	699	萝	429	菖	349	蒽	157	摹	461	蕩	116
埀	103	菌	345	韮	333	夢	449	蔓	418	蕰	678
莩	183		346	募	467	倩	527	蔓	437	蕊	561
	505	萵	681	葺	522	蓀	132		438	蕁	525
姜	618	萎	674	萬	668	蓧	646		668		735
荻	277	黄	788	葛	204	蓓	27	蔑	456	蔬	601
莸	782	萑	263		204	蓜	36	蔩	448	蕴	804
荻	123	萆	36	賁	370	蒝	430	蕙	96	**十三画**	
荼	132	䓖	127	葸	694	蒼	58	蒔	693	蕻	252
莘	582	菜	56	尊	156	蓊	680	蓯	96		252
	717	菜	174	葺	216	蒯	364	斂	398	薔	529
莎	569	膀	184	萩	541	蓟	290	蓏	51	薑	305
	621	菀	657	董	138	蓬	498	蔸	140	蕗	643
莞	224	葆	658	葆	23	蓑	621	蔡	56	薤	716
	668	菊	635	蒐	614	蒿	241	蔗	831	薈	386
劳	540	苕	113	蒌	582	蓆	692	蔴	433	薇	507
莹	775	菊	337	葩	489	蒺	284	蔟	99	薜	423
莨	381	萃	100	葎	426	蒿	389	蒄	409	薯	602
莺	774	菩	513	萀	877	蒴	337	蔽	35	薹	251
莙	345	菼	741	葡	513	蒡	20	蕫	545	薙	641
莊	863	葵	630	葱	96	蓄	729	蔻	362		642
莼	93	菏	246	蒋	306	蒹	298	蕕	730	薛	733
八画		萍	509	葶	649	蒴	609	蕅	3	薇	671
菁	327	萑	877	蒂	127	蒲	513	蔚	677	薮	699
菾	643	菝	47	葵	418	菈	393	蕤	794	薈	271
菺	68	莕	116	蒮	252	蒗	381	蒋	306	薜	716
菝	11	菅	298	蒗	491	蔓	582	蓼	404	薦	303
著	860	菀	667	落	374	蓉	557	鄉	704	薪	718
	868	萤	775		383	蒙	447	**十二画**		薏	768

薙 680
薮 615
薄 22
　 50
　 51
萧 710
薛 36
薩 564
薤 241

十四画
藉 285
　 319
薹 627
蓝 378
藏 58
　 809
薵 560
藕 39
薰 734
舊 333
藐 455
蘚 702
藥 200
齊 289
　 523
濟 505
　 505
寧 482
盡 323

十五画
藕 488
燕 563
藝 765
蘴 64
薮 615
蘭 299
藜 389
藟 313
藤 638
藷 602
蘪 41
藩 162
藭 540
藥 754

十六画
攢 663
蘇 525
蘜 660
麤 392

藿 277
蘋 507
　 508
蓬 545
蘆 421
蠹 149
蘄 517
孽 481
蘅 249
蘇 615
蘐 730
蘑 462
龑 416
藻 811
藥 561

十七画以上
蠹 244
蘩 164
蘗 481
蘞 398
蘘 552
蘭 377
蘺 389
蘸 821
蘿 429
蘽 481
廳 451

寸部
寸 102

二至七画
对 148
寺 612
寻 735
导 117
寿 599
封 177
耐 471
将 304
　 306
尅 356
　 358
辱 560
射 580

八画以上
專 861
尉 676
　 794

将 304
　 306
尊 880
尋 735
對 148
導 117
爵 344

廾部
开 347
卉 270
弁 39
异 766
弄 418
　 484
弃 522
昪 39
异 789
弇 745
弈 765
羿 767
葬 809
弊 35
彝 762
彞 762

大部
大 106
　 107

一至四画
夫 180
　 181
天 642
夭 752
太 627
央 748
失 588
头 653
夯 29
　 240
夸 363
夹 191
　 292
　 293
夺 151
尖 296
夼 367
夷 760

买 436
夾 123
　 157
夾 396
夾 191
　 292
　 293
奂 264

五画
奉 179
奈 471
奔 28
　 29
奇 279
　 518
卖 436
奄 744
奋 176
奅 495

六画
契 522
　 715
奏 876
奎 369
牵 104
奓 816
　 817
奖 306
奕 766
美 445
牟 525
癸 229

七至八画
套 636
奘 690
奜 809
　 864
奅 495
奢 579
爽 607

九画以上
奭 516
奧 9
奠 131
盦 396
奪 151
獎 306
樊 164
奭 598

奮 176

九部
尢 782
尤 782
龙 416
尥 404
尪 668
就 192
　 334
尲 195
尵 195
尷 195

弋部
弋 764
式 760
弎 159
弎 565
弒 594
弑 637
　 659
弐 109
鳶 795
貳 159
弑 595

小(⺌)部
小 710

一至三画
尔 158
尕 191
尘 73
尖 296
光 226
耒 601
劣 406
当 114
　 115

四至七画
肖 708
尚 711
尚 577
籴 191
省 587
　 721

尝 68
党 115

八画以上
雀 531
　 532
　 549
堂 633
常 69
辉 269
棠 633
掌 823
麨 702
趔 702
当 114
　 115
嘗 68
裳 69
　 577
耀 755
黨 115

口部
口 361

二画
叶 713
　 757
古 216
叮 135
可 355
　 356
右 785
号 241
　 242
叵 510
占 819
　 820
叱 51
只 841
　 843
叩 10
史 592
叱 81
叽 278
兄 723
句 212
　 339
司 610
叼 131

叩 361	吭 433	呂 536	咆 494	咻 724	哽 207
叫 311	吃 765	呷 759	咛 482	哗 259	唔 469
叻 384	呆 107	君 345	咏 779	260	476
加 291	杏 722	呎 80	呢 475	咱 807	683
叨 116	呸 469	呌 772	477	呻 759	唡 401
634	476	吼 253	咝 151	响 706	唇 93
另 412	吾 683	吧 10	哑 283	哌 491	哔 456
召 578	吱 840	13	522	哙 364	哨 578
827	869	邑 766	哎 473	哈 235	唢 622
叹 631	邑 52	呓 608	咖 191	235	哩 388
台 626	否 179	**五画**	347	235	390
626	502	味 675	嗋 433	635	396
三画	吠 172	咁 104	433	哚 152	哭 362
吁 726	呔 107	哎 2	呦 781	喋 152	唰 665
792	呕 487	咕 214	咝 610	咯 201	哦 154
吐 657	呖 392	呵 1	**六画**	347	487
657	呃 155	2	哐 366	416	487
吉 283	呀 738	243	哪 19	哆 151	啤 811
吓 247	呷 741	啢 805	哇 664	咬 753	唣 811
697	吨 149	呸 496	665	哀 2	啼 689
时 102	吡 32	咙 416	咭 280	咨 869	唑 882
更 394	吵 70	咮 347	哉 806	咳 235	唤 265
叽 469	咀 71	咀 337	哄 250	355	啾 124
477	呐 470	879	252	哶 456	喧 747
同 650	呙 231	呷 695	252	咪 711	哼 249
653	呗 15	呻 581	咩 739	449	250
吕 424	28	呪 854	咪 739	咤 818	632
吊 132	员 796	咒 854	咤 584	哝 484	嗳 536
吃 78	802	咼 231	咸 700	哼 735	唧 280
吒 815	803	知 841	哼 364	哪 469	啊 1
818	咔 250	咋 805	咴 268	470	2
向 706	告 200	咗 813	哒 104	475	唉 2
后 253	听 648	哒 815	咧 405	475	4
合 204	谷 216	咧 244	405	唆 206	唆 621
244	792	和 247	哏 406	哞 465	**八画**
各 204	吟 771	咦 255	哞 760	哟 778	啈 178
204	含 238	哓 275	哟 710	778	喷 813
名 458	吩 174	哔 276	哔 34	**七画**	啪 489
吸 689	呛 528	咗 190	咥 133	唛 436	啦 373
吆 752	呱 530	呱 215	695	唗 140	374
吗 433	吻 679	220	呲 869	哥 201	啐 249
434	吹 91	221	咣 226	唝 212	啞 739
435	鸣 682	呼 254	虽 618	嗊 78	739
呒 752	吝 409	命 460	品 507	唏 815	啥 319
四画	呒 240	呤 413	咽 741	唽 829	喏 486
呈 76	359	周 853	746	哲 711	553
呋 180	叫 311	咎 333	758	哮 381	喵 455
吴 683	启 521	咚 138	哕 799	唠 383	营 775
吞 660	叱 536	鸣 459	味 854	哺 52	啉 407

48 口

字	页	字	页	字	页	字	页	字	页	字	页
唡	401		497	喧	730	嘈	237	嘅	342	噫	760
唵	6	喜	693	咯	347	啮	78	嘹	403	營	775
啄	868	喋	134	喔	681	嗵	650	嚕	808	嚏	565
哗	862		816	呗	349	嗓	566	嘆	512	嘯	712
啡	170	嗒	104	喙	273	嚳	497	嘬	88	噼	500
唷	358		625	**十画**		**十一画**			880	**十四画**	
啇	481	喪	566	嗦	536	嘉	292	嚚	522	嚇	247
唬	257		566	噉	8	嘆	631	嘽	67		697
	698	喃	472	嗦	616	嘞	387		628	嚏	642
唈	232	喳	62	喇	142	槑	444	嘿	248	嚅	560
唱	70		815	嗜	597	嘏	216		464		68
啰	429	喇	374	嗑	358		295	嘸	433	嚎	241
	430	喊	239	嘩	481	嘈	59	噍	313	嚈	239
	432	喱	388	嘩	259	嗽	615	嘷	241	嚓	55
喎	665	喹	369		260	嘌	506	噢	487		62
唾	663	喈	313	嘀	244	嘔	487	噙	691	嚀	482
唯	673	嗟	478	嗔	73	喊	515	噲	536	嚭	706
售	600	喁	779	嗦	623	嘎	191	噜	420	**十五至**	
啤	501	喝	244		203		191		90	**十七画**	
啥	570		247	嗄	1		191	噂	61	囂	772
唵	771	喂	676		570	嘜	436	嘮	381	囂	710
唸	479	喟	370	號	241	嘘	590		383	嚯	443
啁	825	單	65		242		727	喝	735	嚵	746
	853		110	嗶	34	嘡	632	嘱	858	壓	392
唒	635		573	嗣	612	嗖	419	噢	737	嚯	277
咯	113	邑	743	嗯	469		420	噔	122	嚴	743
唿	255	喏	295		469	嘓	232	噙	610	嚧	416
崒	100	喘	90		469	嘣	30	噭	278	嚳	363
唛	570	喞	700		476	嚶	774	**十三画**		嚼	309
商	574	啼	16		476	嗝	119	嚄	274		313
唷	778	喥	805		477	曼	312		487		344
啴	67	啾	332	嗅	726	嘤	831	嚆	241	嚷	551
	628	喬	531	嗓	241	嘛	435	嚻	156		552
兽	600	嗖	614	鳴	682	嘀	124	噤	325	**十八画**	
唻	113	喤	266	嗙	640	嘴	615	噸	149	**以上**	
啵	51	喉	252	嗲	128	嗌	452	噦	799	囑	481
啶	137	喻	794	嗳	3	噉	113	嘴	879	囔	765
唪	379	嗒	807		3	**十二画**		噱	344	嗶	862
唤	395	喷	157		4	嘵	710		734	嚜	615
敫	521	嘵	401	喻	528	嘻	692	噹	114	囊	473
啓	521	暗	770		530	嘭	498	器	522		473
啸	712	啼	640	嗡	680	嗟	104	嚷	484	鼺	67
唰	605	啻	81	嗙	494	喧	755	噪	811	囉	429
啜	88	善	573	嗌	4	噁	155	噲	598		430
	93	嗟	314		768	嘶	611	噲	364		432
九画		喽	419	嗛	527	嘎	191	噯	3	轡	497
喫	78		420	嗍	621	嘲	71		3	囒	481
喆	829	嗞	870	嗨	235		826		4	囑	858
喷	497	誉	363		248	嗽	250			囔	473

口部

○ 409

二至三画

囚 542
四 612
团 658
因 769
回 269
凼 718
囝 299
　 472
囟 472

四画

国 232
园 796
围 672
困 371
囤 150
　 660
囵 269
囫 154
囟 96
囹 428
囱 255

五至七画

围 232
固 219
囷 550
图 409
图 656
囿 786
圃 513
圄 791
圊 274
圆 796
圅 238

八画以上

圉 537
圈 791
嗇 568
國 232
圇 428
圈 340
　 341
　 546
圍 362
園 672
園 796

嗇 568
圑 658
圖 656
圈 264
　 798
圖 784

山部

山 571

三至四画

屿 790
屹 765
岌 282
岁 619
屺 519
岂 519
岍 524
岐 517
岖 543
岈 392
岏 739
岗 197
　 198
岘 702
呑 8
坂 17
岑 61
岔 63
岚 377
岛 117
岜 10

五画

岵 258
岢 356
岸 6
岩 743
岽 138
岿 368
岨 335
岬 294
岫 726
冈 197
岞 882
岳 800
岱 108
岭 412
峋 213
峁 441
峥 652

岢 733
岷 457
岩 645
峄 767

六至七画

峥 596
　 848
峝 145
　 861
炭 631
峡 696
峣 752
峒 139
　 651
峤 311
　 531
峋 735
峥 836
峥 426
峧 308
幽 781
峣 418
崁 351
崂 382
豈 519
峯 578
峡 696
峧 376
峭 532
峨 154
羕 154
峪 792
岛 117
峰 178
峯 178
崀 381
峻 346

八画

峻 387
　 411
崧 613
崠 138
崖 739
崎 519
崦 742
峡 376
崭 820
崑 370

崮 219
崗 197
　 198
崔 100
崚 771
崟 771
崙 427
崤 710
崩 30
崝 232
崒 877
崒 877
崇 83
崆 360
崀 422
崛 335
崛 344

九画

嵌 527
岾 134
嵘 557
嵧 63
崴 619
崴 665
　 671
嵎 789
崽 806
嵒 743
嵚 534
嵬 673
嵛 789
嵯 102
嵝 419
嵫 870
嵋 444

十画

嶅 8
嵗 619
嵷 588
嵲 481
嵩 613
崿 285

十一至十二画

嶙 134
嶇 543
嶁 419
嶂 825
嵺 692

嶢 752
嶠 311
　 531
嶲 692
嶨 8
嶙 408
嶒 61
嶗 382
嶝 122

十三画以上

嶺 473
嶧 767
嶼 790
嶜 733
嶇 45
嶺 412
嶷 762
嶽 800
嶒 557
巅 128
嵺 392
巇 692
巍 671
嶭 65
巋 368
巑 474
巖 743
巒 426

巾部

巾 320

一至四画

币 805
币 33
布 52
帅 606
市 594
师 588
吊 132
帆 162
帏 672
帐 824
希 689
呇 845

五画

帖 646
　 647

　 647
帜 847
帙 847
帕 489
帛 48
帘 397
帚 854
帔 496
帑 633

六至九画

帮 19
带 109
帧 832
帅 606
帝 127
帡 509
帱 84
　 118
师 588
帨 608
席 692
帬 550
帻 813
帐 824
帶 109
常 69
幅 232
帷 673
帵 666
幅 184
帽 442
稀 531
幄 682
幯 509
幛 672

十画以上

幕 467
幌 268
幔 438
幗 232
幛 825
幣 33
幞 185
縣 453
幡 162
幢 90
　 864
幟 847
幪 448

幫　19
幬　84
　　118
歸　227

彳部

彳　81
三至五画
行　240
　　720
彻　72
役　766
彷　169
　　493
征　835
徂　98
往　670
佛　181
彼　33
径　329
六至七画
衍　351
待　107
　　109
徊　262
徇　736
徉　749
衍　745
律　425
很　248
後　253
徒　657
徕　376
徑　329
徐　728
八画
徜　249
術　604
徛　290
徕　376
徘　490
徙　693
徜　69
得　119
　　121
　　121
衒　700
從　97
衔　732

九至十画
街　314
衙　418
衞　653
御　794
復　188
徨　266
循　736
徧　40
衛　739
微　671
徭　753
徬　691
徠　493
十二画以上
衝　255
德　120
徵　835
　　845
衝　82
　　83
徹　72
衛　675
衡　866
徽　311
　　313
衡　249
衛　675
徽　269
禦　794
徽　444
衢　545

彡部
形　720
杉　569
　　571
彤　652
钐　571
　　573
衫　571
参　57
　　61
　　582
须　726
彦　747
彧　793
彬　45

彪　41
彩　56
彫　132
参　57
　　61
　　582
彭　498
婆　726
彰　822
影　777
鬱　792

犭部
二至四画
犰　542
犯　165
犴　6
　　237
犷　227
犸　434
狂　367
犹　782
狈　26
狄　123
狉　483
狁　803
五至六画
狉　499
狙　335
狎　695
狐　255
狝　701
狗　213
狍　494
狞　482
狄　786
狒　172
狨　556
狭　696
狮　589
独　767
独　143
狯　364
狗　736
狰　836
狡　310
狩　600
狱　793

狠　248
狲　620
七画
获　277
狭　696
狸　34
狸　388
犴　239
狷　341
猁　394
狳　788
猃　701
猎　771
狼　380
猫　473
狻　617
八画
猜　55
　　856
猪　406
猎　440
猫　441
猗　760
猇　710
猖　67
猡　430
猊　477
猞　579
猓　326
猝　98
猕　450
猛　448
九画
猢　741
猢　256
猩　719
猥　675
猬　676
猾　260
猴　253
猹　791
猨　797
猶　782
猵　444
猱　474
十至十三画
獉　833

猿　797
獅　589
猻　620
獄　793
獐　822
獍　331
獗　344
獠　403
獲　277
獴　448
　　449
獭　625
猥　341
獨　143
獠　701
獝　364
獬　716
十四画以上
獬　701
獯　734
獷　227
獰　482
獾　406
玀　263
玁　450
玁　701
玁　430

夕部
夕　688
外　665
舛　90
名　458
岁　619
多　151
夜　757
罗　429
梦　449
够　214
夠　214
飧　620
夢　449
夥　276
夤　772

夊部
处　86
　　87

处　86
　　87
冬　138
务　686
各　204
　　204
条　644
咎　333
备　27
昝　808
复　188
夏　698
惫　27
复　724
夏　781
蠡　851
夔　369

夆(食)部
二至四画
饤　136
饥　278
饦　661
饧　721
饨　660
饪　694
饪　556
饫　792
饬　81
饭　166
饮　773
　　773
五至六画
饯　302
饰　596
饱　22
饲　612
饴　152
饴　761
饵　159
饶　552
蚀　592
饸　556
饷　706
饹　245
饸　385
饺　310
依　690

饼 46
七至八画
馂 48
馇 142
饿 156
馀 788
餘 788
馂 475
馋 346
馕 302
餜 233
馄 273
馂 676
馂 752
馅 703
馆 224
九至十一画
鯝 256
馇 62
餳 721
餲 4
　 246
馈 370
餶 676
馎 218
馊 614
馂 253
馋 65
馐 758
馍 461
餺 50
馕 694
餽 370
馏 414
　 416
馂 725
馂 199
馑 322
馒 437
十二画以上
饶 552
馓 566
饎 574
饌 863
饿 278
馕 461
馕 706

饕 65
饢 473
　 473
爿(丬)部
爿 491
壮 864
壯 864
妆 863
妝 863
牀 90
状 864
狀 864
戕 528
斨 528
牁 354
将 304
　 306
牂 808
將 304
　 306
牆 529
广部
广 4
二至五画
庀 502
庂 367
庄 863
庆 540
庑 684
床 90
庋 229
库 363
庇 34
应 774
庐 421
序 728
庞 493
店 130
庙 456
府 186
底 121
庖 495
庚 207

废 173
六至八画
庤 848
度 145
　 152
庭 648
麻 724
庠 705
席 692
座 882
唐 632
庶 604
庹 662
庵 5
庼 539
庚 791
庫 25
　 35
廊 380
康 351
庸 779
九至十一画
廂 704
厠 60
廇 794
廋 614
廒 207
廐 334
廏 8
廎 570
廓 372
廉 398
廕 773
廛 321
廣 227
廞 769
廥 186
廖 405
十二画
廚 86
廝 611
廟 456
廠 69
廛 66
廡 684
慶 540

廢 173
十三画以上
廦 716
廪 409
廫 409
膺 775
應 774
　 777
鷹 775
廬 421
龐 493
廳 647
廲 98
门(門)部
门 446
門 446
一至四画
闩 606
闪 572
闫 743
闭 239
　 35
问 680
闯 91
闱 562
開 347
闲 672
闲 699
闵 251
间 297
　 301
開 297
　 301
　 699
闶 457
闷 351
　 352
闳 446
　 447
五至六画
闸 816
闹 474
阂 34
闺 228
闻 679

囷 625
闽 457
闾 424
阃 349
阀 161
阅 202
阁 202
阁 202
　 244
阁 202
闸 839
阂 246
阕 222
七至八画
闻 371
阃 88
阄 332
阅 771
阅 800
阅 380
　 381
阈 142
　 579
阉 793
阊 742
阋 68
阌 695
阍 679
阎 273
阏 744
阐 742
阑 67
九画
阒 771
阔 377
阕 546
阖 273
阗 17
阘 7
阙 372
阚 672
阜 549
十画以上
阛 246
阞 643
队 625
阡 349
阠 549
阢 550

阤 368
阥 505
阦 239
　 351
阧 222
阨 625
阩 67
阪 264
阫 503
氵部
二画
汀 647
汁 841
汇 270
氿 229
汈 131
汉 239
氾 166
三画
汗 238
　 239
汙 682
污 682
污 682
江 304
汕 572
汔 522
汐 688
汊 666
汍 166
汲 282
汛 736
氿 611
池 79
汝 560
汤 574
　 631
汉 63
四画
沣 176
汪 668
汧 524
沅 796
沅 684
沄 802
沐 466
沛 496
沔 453

汰	627		607	洼	664	㳿	451	洞	302	淮	262			
沤	487	沾	819	洁	315	洲	853	涕	641	淦	197			
	488	泸	420	洱	159	浑	273	浣	265	渝	428			
沥	392	沮	337	洪	252	浒	257	浪	381	湝	710			
沌	150		339	洹	263		728	浸	324	渊	795			
沘	32	泪	386	洒	564	浓	484	涨	823	淫	771			
沍	257	油	783	洧	674	津	320		825	淝	171			
沏	515	泱	748	洊	158	浔	735	涩	568	渔	788			
汕	843	况	367	洚	625	泧	323	涌	780	淘	635			
沙	569	洞	331	洌	406	涌	561	涘	612	湢	742			
	570	泗	542	浃	292	**七画**		浚	346	潋	255			
汨	217	泗	612	浇	308	涛	634		737	凉	399			
汩	451	洗	766	泚	95	浙	830	**八画**			401			
冲	82	泡	153	渍	832	涝	383	清	537	淳	93			
汭	561	泊	48	浉	589	浮	49	渍	873	液	758			
汽	522		510	洸	227	浦	513	添	643	淬	100			
沃	681	泝	617	洩	715	涑	617	渚	858	涪	185			
沂	761	泠	409	浊	867	浯	683	凌	411	淤	787			
沦	428	泜	841	洞	139	鸿	251	鸿	251	淯	793			
洇	723	泺	431	洇	770	浃	292	淇	518	淡	113			
汾	175		510	洄	270	涞	376	淋	407	淙	97			
泛	166	洵	335	测	60	涟	397		409	淀	131			
沧	58	沿	744	洙	855	泾	325	渐	690	涫	226			
沨	177	泖	441	洗	693	涉	580	淞	613	涴	682			
沟	212	泡	494		701	消	708	渼	143	淚	386			
没	443		495	活	275	涅	481	涯	739	深	582			
	463	注	522	浓	859	浬	390	淹	742	渌	422			
汴	39	泣	732		522	涠	672	涞	376	渊	606			
汶	680	泫	492	涎	700	泥	868	涿	867	涵	238			
沆	240	泮	483	洎	289	涓	340	渠	544	渗	585			
沩	672	泞	662	洢	759	溃	803	凄	515	淄	870			
沪	258	泻	715	洫	729	涡	231	渐	298	**九画**				
沉	73	泌	34	派	491		681		304	凑	98			
沈	73		451	洽	365	泡	766	浅	296	湎	252			
	583	洽	523		523	浛	61		526	溃	175			
沁	536	泳	780	洿	61	浩	243	淑	601	湛	821			
决	342	泥	477	洮	635	海	236	淖	474	港	198			
渤	384		478	洦	735	浜	19	淌	634	渫	715			
五画		泯	457	淘	723	洰	393	渓	243	滞	849			
沫	463	沸	172	浲	306	涂	656	混	274	渚	625			
浅	296	泓	251	洺	458	浠	689		274	溁	776			
	526	沼	826	洛	431	浴	792	润	232	湖	256			
法	161	波	47	净	330	浮	183	湮	503	湘	705			
泔	195	泼	510	浏	413	涀	238	涠	246	湓	815			
泄	715	泽	813	济	286	涣	265	滝	454	渤	49			
沽	215	泾	325	浤	289	浼	445	渦	231	湮	742			
沭	604	治	848	洨	710	涤	124		681		771			
河	246	**六画**		浐	66	流	414	渑	830	减	299			
泷	416	洭	366	洋	749	润	562			湎	454			

湆	313	滟	747	溯	617	漏	419	濛	448	濺	219
溴	337	溱	536	滨	44	涨	823	潲	265	潴	856
湜	592		833	溶	557		825	溢	568	瀘	426
渺	455	溝	212	滓	872	渗	585	瀨	376	瀑	24
湯	574	溢	358	溟	459	潍	673	濒	45		514
	631	溲	581	滔	312	**十二画**		濾	340	溅	296
湿	589	满	437	溺	478	潔	315	灕	618		302
温	677	游	440		481	涩	489	灑	454	鸿	691
渴	356	漠	464	潢	849	潜	526		586	澍	413
渭	676	滢	776	滩	628	浇	308	潞	423	潭	66
溃	273	滇	128	滪	793	澍	605	澧	391	瀘	41
	370	溥	513	滗	779	澎	498	濃	484	澄	776
湍	658	满	204	**十一画**		澡	498	澡	811	瀉	715
溅	296	溧	396	澈	312	澾	625	澤	813	瀋	583
	302	溽	561	汉	239	渐	611	澴	264	溁	431
滑	260	減	456	潢	267	澈	564	浊	867		510
湃	491	滙	270	满	437	潮	71	激	281	**十六至**
湫	311	源	797	滞	849	潸	572	渝	365	**十七画**
	541	淫	589	潆	776	清	572	澹	114	瀚	240
渊	795	滤	426	潇	710	潭	630		630	瀟	710
溲	614	滥	379	溇	378	潦	383	澌	716	瀝	392
湟	266	滉	268	漆	516		403	澶	66	澄	716
溆	729	溻	624	漕	59	溅	344	濂	398	瀘	420
渝	789	滔	274	漱	605	漫	802	澱	131	瀧	416
済	742	澈	671	沤	487	潘	526	潲	503		607
	745	滗	36	澄	488	澄	77	**十四画**		瀛	776
湲	797	滌	124	漂	505	圃	672	涛	634	瀠	776
滄	57	瀚	725		505	潕	684	滥	379	灌	226
溢	497	準	866		506	溻	578	濡	560	渝	801
湾	666	漠	726	滴	421	滓	36	清	346	激	399
渟	649	狮	589	淳	255	潟	695		737	潢	176
渡	145	漱	771	溇	419	漾	98	盏	116	瀣	301
游	784	滏	185	漫	438	澳	9	湿	589	瀾	450
溠	818	滔	635	澡	432	渝	695	溥	684	**十八画**
溇	419	溪	691		626	潘	491	濮	513	**以上**
湎	298	滄	58	酒	232	涡	672	淳	37	灃	176
滋	870	瀚	680	潓	265	潼	652	濠	241	灒	581
溈	672		680	激	399	澈	72	济	286	灝	243
滟	643	溜	413	潲	856	澜	377		289	灘	389
湼	732		416	漪	760	潜	512	濮	751	灘	628
溉	193	滦	426	瀧	423	涝	383	濼	776	灄	564
渥	682	滳	243	漳	822	浔	735	滨	44	滟	747
溍	457	溽	276	溚	66	潺	65	溽	483	瀍	378
湄	444	滴	389	滴	123	潠	737	澧	323	灞	13
涓	728		231	漩	731	澄	77	潤	372	湾	666
	729	溏	632	漾	751		122	澀	568	灤	426
滁	86	滂	493	演	746	澂	510	濯	869	艳	747
湧	780	滳	88	滬	258	瀟	794	**十五画**		灔	197
十画		溢	768	澈	196	**十三画**		瀆	143		

忄（小）部

一至四画

忆	764
忉	116
忖	102
忏	67
忙	439
忝	643
忧	684
忮	847
怀	262
怄	488
忧	781
忡	82
忤	684
忾	349
怅	69
忻	718
忪	613
	850
怆	91
饮	699
忭	39
忼	351
忧	73
快	365
忸	483

五画

怔	836
怯	534
怙	258
怵	87
怖	53
怦	497
怗	646
怛	105
怏	751
怳	267
性	722
怍	882
怕	489
怜	397
怡	854
怩	477
怫	172
	181

六画

恸	653
恃	596
恭	210
栖	688
恢	742
恞	222
恢	268
恆	249
恍	267
恫	139
恺	349
恻	60
恬	643
恰	523
恼	409
恉	844
恂	735
恪	357
恼	474
恽	803
依	473
恨	248

七画

悖	26
悟	686
悚	613
悭	525
悄	530
	532
悍	239
悞	686
悝	368
悃	371
悒	766
悔	270
悯	457
悦	800
悌	641
悢	402
悛	546

八画

情	539

悻	534
悵	69
悼	722
惜	689
悽	515
惭	57
悱	172
悼	118
惝	69
	634
惧	339
惕	642
惇	644
惘	669
悰	288
惟	673
惆	84
惛	273
惚	255
惊	326
惇	149
惦	130
悴	100
惓	548
惮	113
悰	97
惋	667
惨	57
慔	93
惯	225

九画

惬	534
愤	176
慌	266
惰	153
愠	804
惺	719
愦	370
愕	156
惴	865
愣	388
愀	532
復	36
惶	266
愧	370
愉	789
惇	540
愔	770
慨	349

悟	458
惱	474

十画

愫	616
慑	581
慕	468
慎	585
慄	396
慥	349
慊	349
慆	811
愴	91
惚	854
慷	528
	534

十一画

慪	488
慳	525
慓	505
慢	439
慟	653
慵	779
慷	351
慴	581
惨	57

十二画

懂	138
憓	272
憖	329
憚	113
憮	684
憔	532
懊	9
憧	82
憐	397
憎	814

十三画

憀	449
懞	448
憹	88
懒	379
憾	240
懆	473
懌	767
憷	716
懔	409
懍	409
懚	764

十四画

懔	

以上	
懰	742
懦	486
懵	449
懷	262
懂	263
懺	67
儸	581
懼	339
懑	82

宀部

二至四画

宁	482
	482
宄	229
宂	558
它	624
宇	790
守	599
宅	818
安	5
字	873
完	666
宋	614
宏	251
牢	382
灾	805

五至六画

宝	22
宗	874
定	137
宕	116
宠	83
宜	761
审	584
宙	854
官	223
宛	667
实	591
宓	451
宣	730
宦	265
宥	786
宬	76
室	597
宫	210
宪	703
客	357

七画

害	237
宽	365
宧	761
宸	73
家	292
	320
宵	708
宴	747
宾	44
容	557
宰	806
案	6

八画

寇	362
寅	772
寄	290
寂	290
宿	617
	725
	726
寀	56
宛	795
密	452

九至十一画

寒	238
賨	97
富	189
寔	591
	592
寓	794
甯	482
	482
寐	446
塞	565
	565
	568
寨	525
寞	464
寘	849
寝	536
寨	819
寨	565
寮	525
寶	44
宽	365
寡	221
察	63

蜜	452	近	323	逍	708	遗	696	**彐(彐彑)部**		鸤	588
寧	482	返	165	逞	78	違	671	归	227	屈	543
	482	迎	775	造	811	**十画**		刍	85	屍	588
瘟	687	这	830	透	655	遨	8	寻	735	屋	683
寢	536		831	途	656	遘	214	当	114	昼	854
寥	403	迍	240	逛	372	遠	798		115	咫	844
實	591	迟	79	逑	227	遢	626	灵	411	屏	46
十二画以上		**五画**		逑	642	遣	527	录	422		509
寮	403	述	604	逢	178	遝	625	帚	854	屎	593
寫	714	迪	124	這	830	遞	126	彖	658	**七画以上**	
審	584	迴	331		831	遙	753	彗	272	展	820
寉	5	迭	133	递	126	遛	416	寻	735	屑	715
憲	703	迮	813	通	649	遡	617	彘	849	屐	280
寨	525	進	761		653	遜	737	彟	423	屙	154
寰	264		764	逡	550	**十一画**		彝	270	屠	657
賽	300	迫	491	**八画**		遭	809	彝	762	屎	142
寶	301		511	逵	369	遜	150	彝	799	屋	641
寵	83	迩	159	逴	29	遮	828	彝	390	犀	691
寶	22	迦	635	逴	93	適	597		391	属	603
		迤	291	逻	642	**十二画**		彝	799		858
辶(辶)部		迢	645	逻	430	遳	110			屛	342
		追	109	逻	231	遶	553	**尸部**		屢	425
二至四画		**六画**			233	邁	436	尸	588	屛	58
辽	402	迺	471	透	671	遷	524	**一至三画**			65
边	37	迴	269	進	323	遼	402	尹	772	屨	425
迂	787	选	731	逸	768	遲	699	尺	72	屣	693
达	104	适	372	道	265	遵	408		80	屢	340
过	231	追	865	逮	107	遵	880	尻	352	層	61
	233	迮	253		110	遲	79	尼	477	履	425
迈	436	逃	493	逯	422	選	731	屄	142	履	340
迁	524	逄	761	**九画**		遵	794	尽	321	屬	342
迄	522	迹	289	達	104	**十三画以上**			322	屬	603
迅	736	进	31	逼	31	遽	340	**四至六画**			858
池	761	送	614	遇	794	邂	236	层	61	屛	67
	764	迷	450	遏	156		263	屁	503	屬	694
巡	736	逆	478	遗	677	邀	752	屄	694		
进	323	退	659		762	避	716	屎	480	**己(巳)部**	
远	798	逊	737	逼	90	遵	820		618		
违	671	**七画**		遄	266	避	36	尾	674	己	286
运	803	逝	597	遑	150	邋	159		763	已	763
还	236	逑	542	逾	789	邌	455	局	336	巳	611
	263	逋	51	遊	784	邃	620	屉	641	巴	611
连	396	速	617	道	542	邊	37	居	335	邑	10
迓	740	逗	142	道	118	邋	373	届	319	包	20
迤	866	逦	391	遂	619	邐	391	届	319	导	117
迓	684	逐	856	遂	619	邏	430			异	766
		逻	329	運	803					岂	519
				遍	40					色	567
											571

字	页码
巵	841
忌	287
巷	240
	707
艳	747

弓部

字	页码
弓	209
弔	132
引	772
弗	181
弘	251
弘	231
弛	79
张	822
弟	126
弧	255
弥	450
弦	700
弢	635
弩	485
弨	70
弭	451
弯	665
弱	563
張	822
艴	181
強	307
弹	113
	629
强	307
	529
	530
弸	35
强	307
	529
	530
粥	853
發	160
彀	214
彎	44
彈	113
	629
彊	307
	529
	530
彌	450
彍	231

字	页码
疆	305
鸞	795
彎	665

子(孑)部

字	页码
子	870
孑	314
孓	342

一至五画

字	页码
孔	360
孕	803
存	101
孙	620
孖	433
	869
孝	711
孜	26
孚	869
孛	183
孟	733
孤	449
孢	215
享	21
学	706
孥	733
孳	484

六画以上

字	页码
李	426
孩	236
孙	620
孰	602
孵	870
學	180
孺	733
孀	560
孽	152
孿	481
孿	426

屮部

字	页码
屯	660
	866
屮	60
蚩	78
芻	85
孽	481
蘖	481
蘖	482

女部

字	页码
女	485

二至三画

字	页码
奶	471
奴	484
奸	297
如	559
妁	609
妆	863
妄	670
妇	188
妃	170
好	242
	243
她	624
妈	433

四画

字	页码
妍	743
妩	684
妓	288
妪	792
妣	32
妙	455
妊	556
妖	752
妥	662
妗	324
姊	872
妨	168
妫	228
妒	145
妞	483
妝	863
妠	612
妤	788

五画

字	页码
妹	463
妹	445
姑	215
妬	145
妻	515
	522
娌	391
姐	317
姐	105
姗	853
姓	722
委	671

字	页码
	674
姁	728
姗	571
妾	534
妮	477
始	592
姆	466

六画

字	页码
契	316
娃	664
姑	283
姥	383
	466
娅	740
姮	249
要	752
	754
娆	671
	605
姨	760
娇	553
	553
娟	843
姻	770
娣	601
娇	308
姘	556
姪	753
姚	229
娩	229
娈	426
姣	308
姿	869
姜	305
姳	507
娄	418
姹	63
娜	470
	486
姦	297

七画

字	页码
姬	280
娠	582
娭	473
娌	391
娱	790
娉	508
婷	93
娟	340
娟	664

字	页码
娥	154
娩	453
娴	700
娣	126
娿	477
娑	621
娘	480
娓	674
婀	154

八画

字	页码
婌	684
婧	331
婊	42
婷	722
娅	740
嫩	336
婆	545
婼	563
婪	377
婳	262
婕	316
娼	68
婁	418
婴	774
婚	601
婢	35
婬	771
婚	273
婵	65
婆	510
婶	584
婉	667
娜	380
婦	188
翕	485

九画

字	页码
媒	444
媪	8
嫂	567
媸	770
媿	370
嫚	726
媮	653
媛	797
	799
婷	649
媯	228
媚	446
婿	730

字	页码
婆	687

十画

字	页码
媾	214
媸	461
嫄	798
媳	693
媲	503
媛	4
嫉	284
嫌	701
嫁	296
嫔	507
嫋	480
媸	78

十一画

字	页码
嫠	389
嫣	742
嫱	529
嫩	476
嫗	792
嫖	505
嫦	69
嫚	439
嫘	385
嫚	312
嫜	823
嫡	124
嫪	383

十二画以上

字	页码
嬈	553
	553
嬉	692
嬋	65
嬀	684
嬌	308
媽	228
嬝	262
嫻	700
嬙	529
嬡	264
嬡	480
嫒	4
嬗	574
嬴	776
嬖	36
嫺	471
嬲	480
嬤	461

嫔	507	骁	440	骟	616	纩	859	绞	310	卷	548
嫱	584	骋	78	骤	854	纽	483	统	652	综	814
嫩	379	骒	221	骥	291	纼	834	丝	610	绽	874
嬬	607	验	747	骦	424	纾	600	**七画**		绽	821
嬢	480	骍	720	骥	263	**五画**		绠	207	绾	668
孌	426	骎	535	骦	607	线	703	绑	401	绿	422
马(馬)部		骏	3	骦	3	绀	197	经	325		426
马	434	骏	346	骧	705	绁	715	绡	708	缀	865
馬	434	骐	518	骦	388	绂	184	绢	299	缂	870
二至四画		骓	519	**纟(糹)部**		练	398	绨	371	**九画**	
冯	178	骓	171	**二至三画**		组	878	绢	341	缂	358
驭	792	骒	358	纠	332	绅	581	绞	221	缃	705
驮	152	骓	221	纤	787	细	694	绣	725	缄	398
	661	骓	865	红	209	绌	84	绨	79	缅	299
驯	736	骏	747		251		84	绥	695	缆	454
闯	91	骒	874	纣	854	绐	841	绦	619	缆	378
驰	79	骗	616	纤	527	绝	331	绦	634	缇	640
驱	543	骖	57		698	绒	589	继	290	缈	455
驳	49	骘	274	纥	201	终	850	绨	639	缉	281
驴	424	骙	60		245	绉	854		641	缉	516
驮	342	骚	640	纠	736	绊	18	绪	290	缊	804
五画		骛	874	纨	666	绋	859	绪	729	缋	273
驵	809	飘	162	约	752	绌	181	绫	411	缌	611
驶	592	骗	504		799	绌	87	缁	876	缎	146
驲	435	骛	848	级	282	绍	578	绸	401	缏	40
驷	612	骙	369	纩	367	绎	767	续	729	缐	23
驸	187	骚	567	纪	286	绐	325	绮	521	缑	703
驹	335	骜	687		287		109	绫	703	缒	213
驻	875	骛	9	纫	555	**六画**		绯	171	缓	865
驼	662	骥	260	**四画**		绑	19	绰	70	缔	264
驾	484	腾	637	纬	673	绒	557		93	缕	127
驾	295	骝	414	纭	802	结	313	绳	577	缕	425
驿	767	骟	875	纰	252		316	绳	231	总	874
驰	627	骞	525	纯	92	绔	363	维	587	编	38
六至十画		骝	573	纱	500	绕	107	绷	197	缗	457
骁	710	**十一画以上**		纱	569		553	绸	669	缘	673
骂	435	骝	543	纲	197	经	134	绸	221		798
骃	770	骠	41	纳	470	绐	715	维	673	**十画**	
骄	308		506	纴	556	绁	556		453	缙	324
骅	260	骡	430	纵	875	绗	240	纶	223	缙	324
骆	431	骢	97	纶	223	绘	271		428	缜	834
骇	49	骣	57		428	给	205	綵	56	缚	190
骏	237	骥	710	纷	174		286	绶	600	缛	561
骈	504	骥	326	纸	845	绚	732	绷	30	缜	497
骊	388	骢	308	纹	679	绛	306		30	缴	845
		骟	67		680	络	383	绸	84	缬	634
		骟	767	纺	169	绝	431	绚	635	缭	634
		骢	747			绚	343	绐	415		

缝 178	绎 767	**一至四画**	珥 159	瑄 224	璺 156
179	缥 264	玉 791	珙 211	琬 667	璠 164
绡 854	缴 311	主 857	莹 775	瑯 380	璘 408
缤 100	868	玎 135	顼 727	琛 73	璣 278
缩 200	绘 271	全 547	珧 739	琚 335	**十三画**
缠 66	绣 725	玑 278	珰 115	**九画**	**以上**
缡 389	缙 727	玕 194	珠 855	瑟 568	璨 58
缢 768	缱 773	弄 418	珽 649	瑃 108	璩 545
缥 298	缳 367	484	珩 249	聖 587	瑞 115
缤 44	44	788	珧 753	瑚 256	璐 423
十一画	缵 290	玙 333	珮 496	瑊 299	璪 811
缥 505	缬 729	玖 519	玺 693	瑒 749	環 263
505	缠 66	玘 749	珣 735	瑂 442	瑷 788
缕 425	辔 497	玚 434	珞 431	瑞 562	4
缦 439	缵 879	玛 666	珵 75	瑰 229	璿 731
缧 385	变 39	玩 673	班 16	瑀 791	瓊 540
缬 30	纛 119	玮 263	珲 269	瑜 789	璧 37
30	纤 698	环 739	273	瑗 799	璽 693
维 620	缝 55	玡 507	**七画**	瑄 730	璛 396
缨 774	缵 426	现 702	琎 323	瑕 696	璒 776
总 874	缵 378	玫 443	球 542	瑋 673	瓛 808
纵 875		玠 318	琏 398	瑙 474	璺 680
缚 527	**幺部**	玑 96	琐 622	**十至**	瓃 229
缤 746	幺 751	延 668	理 391	**十二画**	瓏 417
缩 617	乡 704	玢 44	琇 725	璈 8	瓘 226
621	幻 264	玱 174	望 670	瑶 776	瓕 705
缪 456	幼 786	玲 528	琉 415	瑱 835	
460	兹 870	玥 800	琅 380	瑄 528	**韦（韋）**
465	幽 781	玦 342	珺 346	瑶 753	**部**
缫 567	兹 94	**五画**	**八画**	瑷 4	韦 671
十二画	870	珏 343	琫 30	璃 396	韋 671
绕 553	纱 455	珐 162	琵 501	瑭 632	韧 555
缅 714	幾 278	珂 353	琴 535	瑢 557	韌 555
缝 107	樂 384	珑 417	琶 489	瑾 322	帐 70
缴 565	畿 281	玷 130	琪 518	璜 267	韍 184
总 620		坤 581	琙 774	瓘 100	韨 184
缭 403	**巛部**	玳 108	琳 407	瓔 774	韠 674
织 841	災 805	珀 511	琦 519	瓋 323	韎 70
缮 574	甾 805	皇 266	琢 868	甕 268	韩 238
缯 814	邕 779	珍 832	881	甈 97	韓 238
815	巢 71	玲 410	琲 28	璁 96	韪 674
缰 530	雕 779	珜 832	琥 257	璋 823	韠 674
十三画		珊 571	琨 371	璇 731	韫 804
以上	**王部**	珉 457	珺 132	瑩 775	韫 804
缰 305	王 669	珈 291	琼 540	璆 543	韝 213
绳 587	670	玻 47	斑 17	璞 513	韝 213
缲 527		**六画**	琰 745	璟 329	韡 674
缫 531		珪 227	琺 162		
567			琭 97		

字	页	字	页	字	页	字	页	字	页	字	页
辅	16	杧	439	杷	489		817	梃	649	梨	389
輔	16	杞	519	杼	860	柳	415		649	梅	444
韬	635	李	390	**五画**		枹	183	栝	221	桪	44
韜	635	杨	749	标	40	柱	860	桥	531		45
韂	664	权	62	柰	471	柿	594	栿	182	梟	709
木部			63	柭	821	亲	535	柏	333	栀	841
木	466	**四画**		柑	195		540	栻	161	检	299
一画		枉	669	某	465	栏	377	條	644	桴	183
本	28	林	407	荣	557	桦	18	桦	261	椭	343
末	462	枝	840	枯	840	柒	515	桁	249	梓	872
未	675	杯	25	栀	362	染	551	桂	606	梳	601
术	604	枢	600	栖	848	柠	482	桧	230	梲	867
	856	枥	392	柯	354	柁	153		271	梯	639
札	816	柜	230	柄	46		662	桃	635	渠	544
二画			337	柏	830	柑	152	桅	673	杪	621
朽	725	枒	738	桅	417	枷	291	枸	735	梁	400
朴	505	枇	501	柩	334	架	295	桀	315	棍	411
	509	枧	257	枰	509	柽	74	格	203	椴	536
	510	杪	455	栋	139	树	604	栾	426	桶	652
	513	杳	753	栌	420	枭	693	桨	306	梭	621
朱	855	果	232	相	704	柔	558	桩	863	棻	805
机	10	東	137		707	**六画**		校	311		815
杀	568	枏	472	查	62	框	368		711	**八画**	
机	278	枘	561		815	栔	522	核	246	棒	20
朵	152	枫	198	查	815	梆	19		257	根	77
杂	152	枧	299	柙	696	桂	230	样	751	楮	87
	805	枣	810	栲	709	桔	316	栟	28	梭	387
权	547	杵	87	柚	786		337		45		412
三画		枚	443	柵	817	栳	353	桼	341	椏	738
杆	194	枨	77	枬	472	栲	383	桉	5	棋	518
	195	析	690	枳	844	栽	806	案	6	棻	518
杇	682	板	17	柤	613	棋	211	根	205	椰	755
杜	144	枞	96	枌	222	郴	73	栩	728	植	842
杠	198	采	56	束	299	桓	263	桑	566	森	568
材	55		56	柞	817	桑	515	**七画**		焚	175
村	101	松	613		882		688	梼	636	棟	139
杖	824	枪	528	柏	15	栗	396	械	715	械	793
杌	685	枫	177		48	栢	15	梽	846	樏	143
杙	764	欣	699		51	桡	553	彬	45	椅	760
杏	722	枭	709	析	663	桎	845	梵	166		764
束	604	构	213	栀	841	柴	64	梓	512	株	376
杉	569	枑	240	柃	410	桌	867	梗	207	椓	868
	571	枋	167	柢	125	桢	832	梧	683	棲	515
杓	40	枓	141	栎	395	桃	227	梾	376	蓺	528
	578	杰	315		800		227	桵	34	棧	821
条	644	枕	834	枸	213	档	116	梢	577	排	490
极	282	杻	85		213	桐	651	桯	195	椠	172
床	90		483		337	桤	515	桯	648	椒	309
				栅	571	株	855	梧	220		

棹	827	楷	313	槛	303	橡	708	檢	299	欖 378
棠	633		349		350	橥	856	檜	230	欄 13
棵	354	榄	378	榻	625	榭	257		271	欐 411
棍	231	業	757	槑	444	樺	351	檐	744	鬱 792
棘	284	楊	749	橙	515	樟	823	檞	318	**犬部**
棗	810	楣	285	榫	620	樣	751	標	409	
椤	430	楹	677	榰	880	樱	400	檀	630	犬 548
椆	198	楬	314	榭	716	橄	196	檁	409	狀 864
椸	841	楯	507	棒	199	橢	662	檥	764	戾 395
椏	92	楞	387	槃	492	樂	306	橥	51	狀 864
棃	389	楜	218	槍	528	**十二画**		**十四画**		猷 548
椎	92	槊	337	榴	414	橈	553	檉	626	哭 362
	865	楸	541	榠	100	橛	801	檣	636	臭 85
集	284	椴	146	槁	200	樹	604	檟	230		726
棉	453	槐	262	棐	200	橄	539	檻	303	獻 704
椑	25	槌	92	槳	233	檠	539		350	獸 784
楸	699	楢	150	榜	19		97	檗	539	獒 8
弑	595		608	椠	609	橱	662	檳	44	獸 107
棚	498	榆	789	椹	557	橱	86		45	獸 600
椋	400	楥	732	槟	44	橛	344	檪	63	獻 704
椑	233	椽	74		45	樸	513	檸	482	**歹部**
棬	547	榪	761	榨	817	蠹	145	欋	827	
棕	874	棄	522	榕	557	橰	531	檈	122	歹 107
椗	137	桐	424	椠	381	橋	531	檵	291	**二至四画**
棺	224	槎	63	楮	856	樺	199	**十五画**		列 405
椀	667	楼	419	権	550	橇	880	**以上**		死 611
椰	380	楢	296	椆	715	樵	532	檳	143	歿 616
棨	521	樺	338	樋	650	橢	536	檗	856	歼 297
楗	303	楦	732	**十一画**		橹	422	欂	395	妖 752
棣	127	概	193	槽	272	檀	652		800	殳 463
椐	335	楣	444	椿	863	樽	880	橱	86	**五至六画**
椭	662	楹	776	槿	322	檠	583	欉	663	残 57
極	282	椽	90	横	249	橉	691	蘗	481	殂 98
九画		**十画**			250	橙	78	櫖	392	殃 748
楔	712	椁	316	橘	529	橘	337	櫨	420	殇 574
椿	92	榛	833	槽	59	橼	798	欅	338	殄 644
楳	444	構	213	橿	600	機	278	欏	163	殆 109
楛	584	榧	172	標	40	**十三画**		欖	74	毙 34
	833	槙	198	械	522	隸	395	櫳	417	殊 601
楠	472	橐	662	楞	85	檉	74	櫨	702	殉 736
禁	321	穀	219	植	815	藁	200	欒	481	**七画以上**
	324	榸	355	橙	633	檬	448	權	547	殒 803
楂	63	椲	261	樓	419	檣	529	檔	411	殓 399
	815	模	461	樱	774	榴	385	欐	299	殍 505
楷	630		465	樂	384	檮	422	欖	606	殖 598
楚	87	榗	197		800	檔	116	欄	377		842
楝	399	楳	294	槭	96	戴	285	欅	430	残 57
			867		874	檞	848	欞	99	殚 111
				樊	164	橄	693	欏	426	

歹		车(車)部	
殂	283	车	71
殍	642		334
殒	273	車	71
殓	620		334
殡	45	**一至四画**	
殚	325	轧	191
殪	642		740
殇	574		816
殖	769	轨	229
殚	111	军	345
殭	305	轩	730
殓	399	轪	108
毙	34	轫	555
殡	45	转	862
殲	297		862

车(車)部			
轭	155		
斩	820		
轮	428		
软	561		
轰	250		
五画			
轱	215		
轲	354		
轳	424		
轴	853		
	854		
轵	844		
轶	766		
轷	215		
轻	255		

轸	833	辄	829
轺	395	辅	185
轳	753	辆	402
轻	537	輶	537
六画		辇	668
轼	595	辈	479
载	806	辌	829
	807	辋	402
轾	845	辇	28
辁	801	辉	269
	803	辊	231
轿	311	辋	669
辀	852	辆	428
辂	547	辌	400
辂	423	辍	93
较	312	辐	870
七至八画			

九至十画			
辏	98	辕	558
毂	219	辖	497
辐	185	辕	797
辏	561	毂	219
辑	285	轝	790
辒	677	辖	696
输	602	辗	820
辔	784		

十一画 以上			
转	862		
轈	862		
蕫	808		
辚	423		
轎	311		
辙	829		
辚	408		
辕	265		
蠾	250		
辔	497		
轠	395		
轣	424		

戈部			
戈	201		
一至二画			
戈	296		
戊	686		
戌	800		
戎	556		
划	259		
	261		
	263		
戊	726		
戍	604		
成	75		
戏	255		
	694		

三至七画			
戒	318		
我	681		
戋	296		
或	276		
戗	528		
	530		
戕	528		
哉	806		
战	821		
咸	700		
威	671		
栽	806		
载	806		
	807		
盏	820		
或	793		
戚	515		
戛	293		

		八至九画	
盛	76	戟	286
	587	戴	873
		裁	56
		戛	293
		戟	286
		戝	276
		戢	285
		幾	278
			285
		裁	350
		盏	820
		戥	122
		戡	193

十画以上			
戢	300		
截	317		
戗	528		
戮	530		
臧	809		
戢	255		
	694		
戮	424		
戳	281		
戦	821		
戡	232		
戴	110		
戲	255		
	694		
戳	93		

比部			
比	31		
毕	34		
昆	370		
毗	501		
毘	501		
皆	313		
毖	34		
毙	34		
琵	501		

瓦部			
瓦	664		
	664		
瓩	524		

瓯	487		
瓮	680		
瓴	410		
瓷	94		
瓶	509		
瓹	79		
甌	198		
甍	53		
甄	833		
甓	854		
甏	95		
甀	396		
甈	862		
甌	487		
甏	31		
甗	815		
甕	680		
甓	503		
甖	775		
甗	746		

止部			
止	843		
正	835		
	837		
此	95		
步	53		
武	684		
歧	517		
肯	358		
齿	80		
些	712		
歪	665		
耻	81		
齿	873		
歲	619		
齒	837		
整	392		
歷	227		
歸	507		

支部			
战	128		
敆	729		
敊	655		
敤	712		
敠	151		

日部			
日	556		
一至三画			
旦	112		
旧	333		
早	810		
旯	373		
旮	191		
旭	728		
旨	844		
旬	735		
旰	197		
旱	239		
时	590		
旷	367		
旸	749		

四画			
旺	670		
昊	243		
县	629		
者	830		
昔	689		
杲	200		
杳	753		
昃	813		
昆	370		
昌	67		
昇	585		
昕	718		
明	458		
昏	273		
吻	255		
易	767		
昀	802		
昂	7		
旻	457		
昉	169		
炅	230		
	331		
昝	590		

五画			
春	92		
昧	445		
是	596		

晄 417	晢 690	曝 516	负 187	赅 192	齑 281
显 701	暂 808	曛 735	贡 211	赆 323	黸 323
映 777	昊 331	曠 367	财 55	赇 542	赎 602
星 719	晶 328	曜 755	员 796	赈 835	赝 747
眛 133	智 849	曝 24	802	赍 376	赃 808
766	暑 229	514	803	赊 579	赣 197
昨 880	晾 402	疊 134	厕 694	宾 44	
昫 730	景 329	矓 417	责 812	实 591	**水(氺)部**
昂 441	晔 879	曦 692	贤 700	**八画**	水 608
晳 808	普 513	曩 473	败 15	赋 189	冰 45
昱 793	**九画**	曬 571	账 824	赌 539	永 779
昶 69	暐 674		货 276	赍 808	汆 116
昵 478	暏 702	**日曰(日)部**	质 847	赈 824	求 542
昭 825	暘 749	日 799	贩 166	卖 436	氽 660
昪 39	喝 755	曲 543	贪 628	赌 144	佘 99
六画	暖 485	545	贫 507	贤 700	凶 116
时 590	暗 7	曳 757	贬 38	赎 602	汞 210
晋 324	暄 208	更 206	购 214	赍 376	隶 395
晒 731	暄 730	207	贮 859	赉 281	尿 480
晟 587	眼 696	杳 105	贯 225	贱 302	618
晓 711	暎 369	625	**五画**	赏 575	杳 105
晋 324	**十至十二画**	智 255	贰 159	赐 96	625
晃 267	暲 478	冒 442	贱 302	赑 35	泰 628
268	瞱 758	463	贲 28	质 847	荥 721
眸 758	暮 467	曷 246	贳 35	赒 853	775
昫 575	嘗 68	書 600	贳 594	赓 .207	泵 30
晁 71	暢 70	曹 59	贴 646	赔 496	泉 548
晏 747	暖 4	曷 729	贵 230	赕 112	浆 305
晖 269	暠 243	曼 438	贶 368	贲 97	306
晕 801	暝 459	冕 453	买 436	**九画以上**	淼 455
803	題 640	替 642	贷 108	赖 376	颖 776
七画	暴 24	最 879	贸 442	赗 179	黎 389
匙 80	514	量 400	贮 859	赘 866	滕 638
598	暴 706	402	费 172	购 214	榮 721
晡 51	曉 711	曾 61	贺 247	赙 190	775
晤 686	曆 392	814	贻 761	赉 281	漦 80
晨 73	曇 629	會 271	**六至七画**	赚 862	389
晰 829	曌 828	曶 364	贼 813	879	桨 305
晢 829	暾 660	揭 534	贽 848	赛 565	306
晦 272	652		贾 218	赘 848	
睎 689	**十三画以上**	**贝(貝)部**	294	赜 813	**见(見)部**
晗 238	朦 448	贝 26	贿 272	赝 747	见 301
晚 668	曙 603	貝 26	赀 869	赞 808	見 301
昼 854	曖 4	**二至四画**	赁 869	赟 802	**二至七画**
八画	矔 674	贞 831	赉 409	赠 815	观 223
晴 539	矗 71	资	赈 729	赡 574	225
暑 602		则 812	赂 423	赢 776	
晰 690			资 808	赃 808	
				赖 197	

尫	746	牤	439	**四至八画**		氅	565	故	219	徽	444

尫 746
规 228
觅 451
觅 451
视 596
觇 65
览 378
觇 430
觉 311
343
觇 612
觊 290
舰 301
觌 692
八画以上
觇 144
规 124
觎 644
觌 454
644
觊 789
亲 535
540
214
觊 290
觎 325
觑 546
觐 546
觑 430
觎 546
觉 311
343
觌 229
览 378
觌 430
觐 124
觐 223
225

牛(牛牜)部
牛 483
二至四画
牝 507
牟 465
467
牡 466
告 200

牤 439
牠 624
牣 555
牦 440
牧 467
物 685
五至六画
荦 431
牯 216
牵 525
牲 586
牮 301
牴 125
牳 466
特 637
牺 688
牷 547
牸 873
七至八画
牾 685
犁 440
犆 389
㹳 98
牽 525
㹨 143
犄 280
犋 339
犇 28
㹼 389
犍 298
526
犀 691
九画以上
犇 178
犏 504
犗 439
犙 353
犌 319
犨 431
犛 696
犝 440
犡 353
犩 307
犊 143
犫 84
犪 688

手部
手 598

四至八画
拜 16
挲 469
挈 534
挚 849
拿 469
挛 426
拳 548
掌 565
570
621
掌 823
掣 72
弄 489
掰 14
十画以上
摹 461
搴 525
挚 849
摩 433
461
擎 539
擘 149
擎 279
举 338
擘 14
擎 51
掌 378
攀 491
攀 426

毛部
毛 440
尾 674
763
毡 819
毯 557
毳 442
毪 465
毵 542
毫 241
毹 558
毳 101
毵 630
毽 303
毹 565
毹 602
氅 440
麾 269

氅 565
斃 69
氈 424
氈 514
氈 558
氈 819
氍 819
氌 545
氂 134

气部
气 521
气 506
氕 117
氘 471
氙 698
氚 89
氛 174
氡 138
氟 181
氢 538
氩 740
氤 688
氦 770
氧 237
氨 751
氪 521
氮 5
氰 357
氲 538
氯 539
氢 740
氮 113
氯 426
氲 802

女部
二至五画
奻 352
收 598
攻 209
攸 781
改 192
孜 869
败 15
牧 467
放 16
放 169
政 838

故 219
败 643
六至七画
敖 8
致 845
敌 124
效 711
赦 580
教 309
312
救 334
敕 81
敛 791
敏 458
敍 729
敛 398
敝 35
敢 521
敢 196
八画以上
散 566
566
敬 331
敞 69
敦 148
521
胬 529
敫 748
敩 311
数 603
605
609
釐 389
嫠 80
389
斄 440
𤲃 440
敷 180
数 603
605
609
敵 124
整 837
辙 829
敛 398
釐 388
敷 790
变 39

徽 444

片部
片 503
504
版 17
牍 143
牋 296
牌 490
牒 134
牖 816
牒 90
牖 785
牘 143

斤部
斤 320
斥 81
斩 820
所 621
斧 185
欣 718
斫 528
颀 517
断 147
斯 611
新 717
斸 867
断 147

爪(爫)部
爪 826
861
孚 183
妥 662
采 56
56
觅 451
受 599
爬 489
乳 560
爱 797
舀 754
爱 4
奚 690
彩 56
舄 672

字	页	字	页	字	页	字	页	字	页
舜	609	肺	675	胤	774	腱	142	腱	303
爱	4	肢	172	胖	491	唇	93	䐴	336
乱	427	肽	840	豚	494	豚	660	**九画**	
爰	4	肱	627	脉	436	腓	121	腻	478
孵	180	胱	210		463		637	膝	98
虢	232	肫	782	胥	726	胫	330	腩	472
爵	344	肯	866	胫	330	腼	430	腰	752
爨	4	肾	358	胎	626	腜	444	腼	454
父部		肿	584	**六画**		脸	398	肠	68
父	185	胸	851	胯	364	脞	102	腽	664
	186	胀	470	脮	761	腥	494	腥	720
爷	756	胯	824	胱	227	腩	679	腮	565
斧	185	肴	690	胴	139	脖	249	腭	156
爸	13	朋	752	胭	741	望	670	腫	851
釜	185	肷	498	胸	485	腫	661	腹	188
爹	133	股	526	脉	436	脱	639	腺	703
爺	756	肮	217		463	脘	668	腺	865
月(月)部		肪	7	脸	365	脲	480	腯	657
月	799	育	168	脉	564	胲	340	腧	604
一至三画		肩	793	脁	646	**八画**		脚	311
肮	769	肥	298	脆	100	腈	327		344
有	784	服	171	脂	841	脹	824	鹏	498
	786		184	胸	723	期	281	膣	77
刖	800		188	胥	723		515	腠	778
肌	279	胁	713	脬	493	菁	281	腾	637
肋	383	**五画**		胳	201	腊	374	腿	659
	386	胨	593	脏	808	腩	690	脑	474
肝	194	胠	544		809	朝	71	**十画**	
肟	681	胡	255		286		826	滕	616
肛	198	胚	496	脐	517	腖	139	膜	461
肚	144	胧	417	胶	308	腎	584	膊	50
	144	胨	11	脑	474	腌	1	膈	204
肘	853	胨	139	胲	236	膈	742	膁	526
肖	708	胖	347	胼	504	腓	171	膏	199
	711	背	25	朕	835	腘	232		200
肜	201		26	脒	451	腴	644	膀	19
育	265	胪	420	朔	609	腽	430		493
肠	68	胆	111	胲	7	腴	788		493
四画		胛	294	朗	380	脾	501	膂	425
胖	494	胂	584	脓	484	觳	710	膝	45
胼	328	胄	854	胁	713	腋	758	**十一画**	
肤	180	胃	676	脔	476	脐	186	䐤	101
阮	561	胜	586	**七画**		脺	101	膦	692
肸	862		587	脚	311	勝	587	膊	862
		胙	882		344	腙	874	膘	41
		胍	220	脖	49	腚	137	膚	180
		胗	832	脯	186	腔	528	膣	633
		胝	841	脊	513	腕	668	膕	232
		胸	544			臒	521		
		胞	21						

字	页
十二画	
膨	498
膰	164
膪	89
膳	574
膻	638
膝	638
膦	409
膹	306
十三画	
臊	218
朦	448
膿	484
臊	567
臉	567
臉	398
膾	365
膽	111
膻	572
膺	775
臁	398
臆	769
臃	779
膳	588
膰	638
臀	660
臂	28
	37
十四画以上	
臑	475
臍	517
臏	638
臁	41
臏	45
臟	374
臘	741
臚	420
臜	805
朧	417
臟	809
臝	430
臞	545

字	页
膛	88
滕	638
膣	846
膠	308

欠部

字	页
欠	527

二至七画

字	页
次	95
欢	263
欤	788
欧	487
软	561
欣	718
炊	91
饮	244
欬	349
欷	689
欲	792
欸	366
欻	3
	156
	157

八画以上

字	页
款	366
欺	515
欿	88
	727
歇	713
歃	570
歆	718
歌	202
歉	528
歎	631
歐	487
歔	727
歙	581
	691
赇	788
歠	94
歡	263

风(風)部

字	页
风	176
風	176
飏	820
飑	41
飒	564
飓	626
飔	220
飕	339
飖	748
颸	611
飗	615
飙	753
飚	414
飘	505
飘	505
飖	505
飗	403
	416
飙	41
飚	41
	157

殳部

字	页
殳	600
殴	487
殁	463
段	146
殷	742
	770
般	17
殺	568
殻	355
	532
殺	142
殽	710
發	160
殼	219
彀	214
毁	270
殿	131
毅	219
	216
毂	362
毆	487
毅	767
縠	257
縠	219
縠	257
盩	759

文部

字	页
文	678
刘	413
齐	516
吝	409
孛	733
斋	818
虔	526
紊	679
斑	17
斌	45
斐	172
斎	281
斓	377

方部

字	页
方	166
邡	167
放	169
於	683
	787
	788
房	168
施	589
斾	496
旄	441
旂	518
	519
旅	425
旆	819
旁	493
旌	328
族	877
旎	478
旋	731
	732
旒	415
旗	518
旖	764
旛	162

火部

字	页
火	275

一至三画

字	页
灭	456
灰	268
灯	121
灶	811
灿	58
灼	867
炙	333
灾	805
灵	411
炟	715
炀	749
灾	805

四画

字	页
炜	673
炬	338
炖	150
炒	71
炅	230
	331
炝	530
炙	848
炊	91
炆	679
炕	352
炎	743
炉	421
炔	548

五画

字	页
荧	775
炳	46
炻	590
炼	398
炟	105
畑	643
炽	81
炭	631
炯	331
炸	816
焯	817
烀	541
烓	715
烊	255
烁	609
炮	21
	495
	495
	860
	732
烂	379
炤	827
烃	648
炱	627

六画

字	页
烤	353
栽	805
耿	207
烘	250
烜	731
烦	163
烧	577
烛	857
烔	651
烟	741
烨	758
烩	271
焰	383
	431
烊	749
	751
烃	634
烬	323

七至八画

字	页
焐	686
煙	648
焊	239
烯	689
焓	238
焕	265
烽	178
焖	447
烷	667
烺	381
焗	336
焌	346
	544
焚	175
焭	858
焯	70
	867
煦	331
焜	371
焦	718
	719
焰	747
焞	100
焙	27
欻	88
	727
焱	748
劳	381

九画

字	页
煤	444
煣	816
煳	256
煙	741
煉	398
煬	749
煜	793
煨	671
煅	147
煲	21
煌	266
煺	660
煖	485
垩	775
煢	540
煊	730
煇	269
煸	38
煺	660
煒	673
煐	558

十至十一画

字	页
熚	758
熄	690
熗	530
熘	413
熇	247
荣	557
荥	721
	775
辇	431
熒	775
熔	557
煽	572
熜	637
摮	660
熳	439
熄	97
熵	575
罄	775
熨	794
	804
熠	769

十二画

字	页
燒	577
燎	403
	404
燠	795
燔	164
镤	747
燃	551
燋	150
熾	81
燐	408
燧	619
燊	583
爇	769

营	775	点	129	肩	298	桃	644	愍	34	崽	806
萤	775	為	672	肩	258	祥	705	思	610	惩	77
繁	776	烋	675	房	168	祷	117	怎	814	惫	27
燙	634	热	406	扁	38	祸	277	想	628	九至十画	
燈	121	热	553		503	褉	324	忿	96	惷	93
燏	794	乌	682	扃	331	褛	412	怨	798	愿	534
十三画			686	扈	761	祺	518	急	283	想	706
燦	58	羔	199	扆	764	褙	818	总	874	感	196
燥	812	烝	836	扇	572	裸	226	怒	485	愚	789
燭	857	羹	118		573	禍	277	怼	148	愁	84
燴	271		634	扈	258	禅	65	怠	109	愆	525
熳	270	焉	742	扉	171		573	六画		愈	794
爌	7	烹	497	雇	220	禊	695	恝	293	爱	4
十四画		煮	858	扊	745	禐	185	恚	272	意	768
以上		無	683			禋	771	恐	360	慈	95
爕	702	焗	695	礻(示)		裖	127	恥	81	慇	458
爗	758	焦	309	部		褅	760	恶	155	愿	637
爌	734	焉	672	一至四画		褤	868		155	愍	549
爨	539		675	礼	390	褵	612		683	愿	799
爐	323	然	551	祁	517	褍	730	恖	686	恩	611
爚	755	九画以上		初	556	禧	694	恧	485	慂	770
爆	25	蒸	836	社	580	禪	65	恩	157	想	616
爍	609	煦	730	祀	612		573	恁	476	慅	780
爝	7	照	827	祃	435	禮	390	息	690	態	627
爐	421	煞	570	祆	699	禱	117	恋	399	十一画	
爡	692		570	祎	760	襕	450	恣	873	慧	272
爝	313	煎	298	社	843	襄	552	恙	751	慤	549
	344	熬	7	视	596	心部		恳	359	蕊	561
鸞	774	熙	691	祈	517	心	716	恕	604	慭	57
爛	379	罴	502	祇	517	一至四画		七至八画		慼	515
爨	100	熏	734		843	必	33	悫	549	憂	781
斗部			737	祊	30	志	846	悬	731	愁	774
			723	五画		忑	637	患	265	慮	426
斗	140	熊	553	祛	544	忒	637	悠	781	想	523
	141	熱	598	祜	258	忐	659	您	482	慫	613
斝	258	熟	602	祏	590	志	630	悤	96	慾	792
料	404	煮	692	祐	786	旨	536	悉	691	慶	540
斜	714	燕	742	被	184	忘	670	惠	780	憋	43
斛	257		748	祖	878	忌	287	恶	155	憨	237
斞	295	燾	118	神	583	忍	554		155	慰	677
斟	833		634	祝	860	态	627		683	十二至	
斡	682	麗	502	祚	882	忠	850	基	290	十三画	
斠	312	户部		祇	841	怂	613	惹	553	懋	774
灬部		户	257	祅	450	念	479	惡	120	想	523
四至八画		启	521	祕	34	忿	176	惠	272	懃	27
杰	315	戾	395		451	忽	255	惑	276	憨	148
炁	522			祠	94	五画		悲	25	憑	509
				六画以上						憲	703
				祯	832					懃	536

懋	442	崇	619	砟	816	碓	148	磚	862	襲	745
懇	359	票	506	硇	474	碑	25	礄	59	耇	417
應	774	祭	290	砼	650	硼	498	礅	359	耈	417
	777	禁	321	砥	125	碉	132	礓	421	聲	417
澊	447		324	砥	395	碎	619	磨	461	聾	417
十四画以上		禀	46	砲	474	碚	27		464	龔	210
懟	148	繁	30	砲	495	碰	499	磰	878	龕	210
瀇	447	禦	794	硅	860	碑	123	磯	732	龛	350
懲	77	**石部**		砬	373	碇	137	碌	545	龕	350
懸	731	石	112	砼	662	碗	667	磳	373	袭	692
懿	769	**二至四画**		础	87	碌	416	磢	416	襲	692
聽	648	矴	137	砮	485		423	磡	74	誉	829
戀	399	矶	279	破	511	碜	74	**十二画以上**		譽	829
戀	199	矸	194	砭	359	**九画**		礞	530	**业部**	
	864	岩	743	**六至七画**		碛	522	礤	824	业	757
聿(聿聿)部		矻	362	硎	720	碧	37	礓	123	邺	757
聿	792	矾	163	硅	228	磋	854	礴	531	凿	810
書	600	砂	688	硭	440	碟	833	礁	309	黹	845
肅	616	矿	367	硐	688	碟	134	礜	492	业	757
隶	395	砀	116	硕	609	碴	63	礅	149	黻	184
畫	854	码	434	硖	696	碱	300	礴	408	丛	97
畫	261	耆	259	硗	530	磁	817	礳	122	黼	186
肆	613		726	砦	819	碭	116		279	**目部**	
肄	769	研	743	硐	139	碣	317	礵	448	目	466
肅	616	砖	862	砲	673	碾	676	礐	87	**二至四画**	
肇	828	砗	72		676	碳	631	礓	305	盯	135
肇	828	砑	740	硃	855	碲	127	礑	385	盱	726
盡	322	砘	150	硚	531	磋	102	礴	55	盲	439
毋(母)部		砒	500	硇	474	磁	95	礮	393	相	704
毋	683	砌	522	砲	272	碹	732	礦	4		707
母	466	砂	570	硌	240	碥	39	礤	367	眄	454
每	445	泵	30	硌	204	**十画**		礵	55	眍	361
毐	3	砚	746		431	磕	355	礤	163	盹	149
毑	317	斫	867	硬	778	磊	386	礴	395	眇	455
毒	143	砭	37	硖	696	磴	673	礤	495	省	587
毓	795	矾	177	硁	359		676	礱	50		721
蠹	119	砍	350	硇	421	磐	492	礤	465	看	349
示部		**五画**		硝	709	磲	829	礴	417		350
示	593	砝	162	硭	74	磝	549	礤	607	眦	442
佘	579	砹	4	硪	682	磉	231	**龙(龍)部**		盾	150
奈	471	砢	354	硷	299	磅	20	龙	416	盼	695
奈	471		805	确	549		493	龍	416	盼	493
祘	618	砺	393	**八画**		确	549	垄	418	眨	817
		砉	417	碛	522	碴	479	龑	418	眈	111
		砰	497	碁	518	磉	566	龚	745	眍	85
		砧	833	碕	519	**十一画**				眉	443
		砷	581	碘	129	磬	540				

目部（续）

五至七画

字	页
	503
眹	596
眬	417
眚	587
智	795
眩	732
眠	452
眙	761
眶	368
眭	618
眦	873
眥	873
脉	463
眺	646
眵	79
睁	836
着	825
	826
	831
	868
眷	341
眯	450
	450
眼	746
眸	465
眹	572
睐	376
睏	371
睑	299
睭	609
睇	126
睆	264
鼎	136
睃	621

八画

字	页
睛	327
睹	144
睦	468
睖	387
瞄	455
睚	739
睐	376
睫	316
睎	820
督	142
睡	608
睨	478
睢	618
睥	35
睬	56
瞌	341
睽	572

九至十画

字	页
睿	562
瞅	85
瞍	615
睇	450
	450
睑	418
睒	369
督	442
瞒	355
瞒	437
瞀	448
瞋	73
	73
瞎	695
瞑	459

十一画以上

字	页
瞒	437
瞤	361
瞟	506
瞠	75
瞍	418
瞥	506
瞰	351
瞭	404
	405
瞧	532
瞬	609
瞳	652
瞵	408
瞩	858
瞩	122
瞽	219
矇	447
矍	545
瞼	299
瞻	820
矍	344
矓	417
矚	351
矘	858

田部

字	页
田	643
甲	294
申	581
电	130
由	782

二至三画

字	页
町	135
	649
甸	130
龟	228
	345
	541
亩	466
男	472
界	35
画	261
甽	834
备	27
甿	447
甾	805

四画

字	页
畎	548
畏	676
毗	501
毘	501
胃	676
禺	789
畋	643
畈	166
界	318
畇	802
思	610

五至六画

字	页
畢	34
畛	834
留	413
畝	466
畜	87
	729
畔	492
畚	29
畦	519
時	848
異	766
略	427
畧	427
累	385
	386
	387

七画以上

字	页
畤	84
畲	579
畬	579
	788
番	162
	491
畫	189
畯	261
畲	346
畸	630
當	280
	114
	115
畹	667
畿	281
奮	176
疄	575
疃	658
疆	480
疇	386
疊	84
	385
疂	386
疉	386
疊	162
疊	134

⺫部

字	页
四	612

三至八画

字	页
罘	7
罗	429
罘	182
罚	161
罟	198
罢	13
	14
罣	216
買	436
罥	341
罦	183
罨	396
署	602
置	849
罳	745
罪	880
罩	828
蜀	603

九画以上

字	页
累	502
羆	378
罳	611
屬	435
罳	161
罷	13
	14
羅	389
羈	282
羇	291
罾	814
羆	502
羅	429
羈	341

皿部

字	页
皿	457

三至五画

字	页
孟	787
孟	449
盂	25
盃	246
盅	850
盆	497
盈	776
盏	820
盐	744
盍	246
监	298
	303
益	7
盉	244
盘	667
益	768

六至九画

字	页
盔	368
盛	76
	587
蛊	218
盘	491
盒	245
盗	118
盖	192
	204
盞	820
盟	447
盏	423
监	298
	303
盡	322

十画以上

字	页
盤	491
盬	216
盧	420
盥	226
盒	6
盤	853
盪	116
蠱	218
蠲	341
鹽	744
豔	747

钅(金)部

字	页
金	320

一至二画

字	页
钆	191
钇	762
钉	135
	136
针	832
钊	825
钋	509
钌	404
	404

三画

字	页
	239
钍	657
钏	362
钎	524
钏	90
钐	571
	573
钓	132
钒	163
钉	447
钕	485
钖	749
钗	64

四画

字	页
钘	720
钛	180
钙	192
钚	52
钛	628
钜	338
钗	739
钝	150

字	页	字	页	字	页	字	页	字	页	字	页
铌	500	铄	609	铭	458	锕	1	锹	531	镖	41
钞	70	铅	525	铬	205	**八画**		鍾	850	镗	632
钟	850		744	铮	836	锖	529	锻	147		633
钡	26	鉤	212	铯	568	錶	41	镂	615	镀	419
钠	470	铆	442	铰	310	锗	830	锽	267	镘	439
钢	198	铇	24	铱	759	错	103	镍	704	镚	31
	198	铈	594	铲	66	锴	486	鎚	92	镛	506
钣	18	铉	732	铳	83	锚	441	输	653	镡	779
铃	525	铊	624	锡	631	锛	28	锾	264	镜	331
钥	754		662	铵	6	锜	519	锵	529	镞	66
	800	铋	34	银	771	铼	376	镀	145	镝	123
钦	534	铌	477	铷	559	錢	526	镁	445		124
钧	345	铍	501	**七画**		锝	120	镂	419	镟	878
钨	682	铎	510	铸	860	锞	358	磁	870	镠	732
钩	212	铎	152	铼	210	锟	371	锸	173	镠	529
钪	352	**六画**		铽	382	锡	691	锔	444	**十二画**	
钫	167	铏	720	铺	512	锢	219	**十画**		铙	473
钦	276	铐	353	铿	514	锣	430	镊	481	镡	718
钭	141	铑	383	锃	683	鋼	198	鐟	260	镢	344
	655	铒	159	锄	293		198	镆	464	镣	405
钮	483	铓	440	锂	376	鍋	231	镇	835	镁	513
钯	12	铔	785	铽	637	锤	92	铸	50	镌	341
	489	铖	76	链	399	锥	865	镉	204	镥	422
五画		铗	293	铿	359	锦	322	鐯	484	镦	148
钰	792	铘	647	销	709	锁	848	锐	634		149
钱	526	铙	473	锁	622	锹	699	锶	349	钟	850
钲	836	铚	846	锆	239	锶	274	锵	341	锏	377
	838	铛	755	锇	815	锫	496	镍	481	镨	574
钳	526	铜	115	锉	86	锩	341	鎢	682	错	514
钴	216	铝	651	锂	391	锬	629	鐶	569	镪	382
钵	47	铟	424	锭	868	锭	137	镎	469	锡	631
钸	604	铠	132	锅	231	锸	380	鎗	528	镨	99
钶	354	铡	770	锆	200	键	303	镏	414	锤	529
钜	510	铢	349	铙	154	录	422		416		530
铍	49	铣	816	锈	725	锯	336	镐	200	镫	123
钺	800	铥	856	锉	103		340		243	镱	510
钻	878	铦	693	铹	427	锰	449	镑	20	镭	344
	879	锌	701	锋	178	锱	870	镒	768	**十三画**	
铲	421	铦	137	锌	717	**九画**		镰	398	鐵	647
钼	467	铤	649	铳	415	锲	534	镨	696	镣	277
钽	630	铧	699	铜	348	锴	104	镓	293	镨	386
鉭	86	铨	65	铜	300	锾	398	镔	45	镚	75
钾	294	铪	260		302	锿	399	镕	558		115
钿	130	铫	547	锐	562	鎄	832	镐	573	鐇	152
	643	铬	569	锑	639	锴	349	**十一画**		镪	264
铀	783	铈	235	银	380	锡	749	镨	867	镯	868
铁	647	铫	133	锓	536	锶	611	镄	267	镰	398
铂	48		753	铜	336	锷	156	鏗	359	镠	769
铃	410				337	锢	62				

鳢	725	利	394	桃	635	**十一画**		魄	49	缺	342
十四画		秃	655	移	761	**以上**			511	**五画**	
鑄	860	秀	725	稬	484	积	280		663	鸶	774
鑑	303	私	610	稑	152	穑	568	跳	268	鸬	215
鑛	367	秆	195	梗	328	穆	468	豈	3	鸪	138
鑱	45	和	244	稭	281	稯	290	縣	453	鸮	420
镣	63		247	稍	577	穰	351	臬	243	鸭	738
十五画			255		578		346	簡	243	鸰	709
以上			275	稈	195		550	樂	384	莺	748
鑼	24		276	程	77	穆	58		800	鸻	410
鑴	848	秌	698	穄	689	穗	620	皤	510	鸱	78
镴	41	季	478	黍	603	黏	479			鸫	544
鑠	609	秉	46	稃	180	穉	849	**瓜部**		鸳	795
鑲	374	季	288	稅	608	穗	277			鸷	86
鑪	421	委	671	稂	380	穑	568	瓜	220	鸶	733
鑿	226		674	**八画**		穢	272	瓞	133	鸵	662
鑰	754	**四画**		稜	387	馥	189	瓠	258	鸶	610
	800	秕	32		412	穫	484	瓢	505	**六至七画**	
镵	65	秒	455	稙	841	穤	486	瓣	19	鸶	849
镶	705	香	705	稞	355	穏	679	瓤	552	鹇	158
鑷	481	种	83	稚	849	積	659			鵼	406
鑴	99		851	稗	16	稽	424	**用部**		鹁	221
鑼	430		851	稔	555	穌	244			鹈	724
钻	878	秭	872	稠	84	稻	636	用	780	鹆	249
	879	秔	328	颖	776	穰	552	甩	606	鹪	852
鑵	634	秋	541	稣	616			甪	422	鸽	202
馒	344	烁	541	稟	46	**白部**		甫	185	鸾	426
		科	354	稭	20			甬	780	鸡	308
矢部		**五画**		穇	58	白	14	甭	30	鸿	251
矢	592	秦	535	**九至十画**		**一至八画**		甮	179	鹈	747
矣	763	秣	463	稷	486	百	15			鹅	684
知	841	秫	602	稭	314	皁	811	**鸟(鳥)**		鸹	49
矩	337	秤	78	種	851	皂	811	**部**		鹌	388
矧	584	乘	77		851	兒	442			鹊	340
矫	309		588	稱	74	帛	48	鸟	480	鹐	218
	310	租	876		75	的	120	鳥	480		257
短	146	积	280		78		124	**二至四画**		鸂	155
矬	102	秧	748	稳	679		127	凫	182	鸳	155
矮	3	盉	244	穀	219	皇	266	鳧	182	鹆	792
雉	849	秩	847	稹	834	皆	313	鸠	332	鹇	700
疑	762	称	74	稽	281	泉	548	鸡	279	鹈	639
矯	309		75		521	皈	229	鸢	795	**八画**	
	310		78	稷	290	皋	199	鸣	459	鹉	685
矰	814	秘	34	稻	119	皑	3	鳳	178	鹈	327
矱	799		451	黎	389	皎	310	鸼	588	鸥	738
		六至七画		稿	200	皕	35	鸲	589	鹊	550
禾部		秸	314	稟	200	皓	243	鸥	487	鹋	455
禾	244	秱	424	稼	296	皖	668	鸦	738	鹈	138
二至三画		秒	272			皙	690	鸧	58	鹈	5
						九画以上		鸨	23		
								鸩	834		

字	页	字	页	字	页	字	页	字	页	字	页
鹃	371	鹜	748	症	836	瘃	857	瘰	430	彦	747
鹆	25	鹝	403	瘂	838	痱	173	瘘	777	飒	564
鹏	498	鹟	309	疳	195	痹	35	瘵	875	站	821
鹏	132	鸷	334	疴	354	瘤	219	療	819	竞	330
鸽	525	鹏	700	病	47	痴	79	瘴	825	竝	46
鹑	93	鸫	794	痁	572	瘦	674	瘤	419	竚	858
鹏	207	鹭	610	疸	112	瘦	791	癌	417	章	822
鹕	795	鹱	258	疽	335	痹	35	瘾	773	竟	330
鹈	616	鹳	448	痕	844	痒	101	癇	549	产	66
九画		鸷	423	疾	284	瘀	787	瘆	84	翊	767
鹛	256	鹥	264	痄	817	疹	113	瘆	585	翌	767
鹏	81	鹭	733	疹	834	痰	629	癍	17	七画以上	
鹝	337	鹭	820	痈	779	疹	585	癌	393	竦	613
鹍	246	鹰	775	疼	637	九至十画		療	402	童	652
鹍	156	鹇	691	疱	495	瘐	81	瘅	113	竢	612
鹟	218	鹬	616	痓	860	瘦	849	癌	3	竣	346
鹐	257	鹕	503	痃	731	瘩	629	癆	382	靖	331
鹜	541	鸮	774	痱	173	瘪	105	癎	700	竖	604
鹭	801	鸶	801	痂	291	瘤	107	癫	376	意	768
鹈	95	鸸	420	疲	501	瘌	374	瘅	313	竭	317
鹭	95	鹳	226	痉	330	瘗	769	癒	794	端	145
鹏	371	鹳	607	六至七画		瘥	485	癥	769	韻	197
鹧	444	鹏	388	痔	848	瘘	754	癥	131	競	330
鹭	687	鹭	426	痖	740	瘪	749	癣	502	赣	197
十画		疒部		痟	674	瘟	678	十四画以上		穴部	
毂	362	二至四画		痍	761	瘦	600	癀	43	穴	733
鹇	769	疔	135	痍	94	瘤	253	瘤	44	一至六画	
鹧	747	疖	313	痫	650	瘤	794	癣	731	窀	664
鹏	639	疗	402	痊	547	瘠	770	癥	79	究	332
鹍	755	疠	393	痰	152	瘗	64	瘭	836	穷	540
鸡	279	疟	485	痖	314	瘛	102	瘤	751	空	359
鹤	58	疝	754	痒	751	瘘	419	癫	128	窍	360
鹤	680	疝	572	痕	248	瘪	295	癥	392	帘	397
鹏	414	疙	201	痣	847	瘙	567	瘾	773	穸	688
鹆	86	疾	334	痨	382	瘛	81	瘫	545	穹	540
鹕	285	疡	749	痦	687	瘼	464	癰	779	窆	328
鹕	768	疬	392	痘	142	瘥	769	癱	629	突	656
鹈	298	疣	782	痞	502	瘥	224	立部		穿	89
鸳	774	疥	318	痉	330	瘪	43	立	393	窀	866
鹤	247	疯	875	痢	394	瘤	44	一画		窃	534
十一画以上		疝	90	痤	102	癥	17	产	66	宨	38
鹜	849	疡	687	痪	265	瘤	90	三至六画		窍	532
鹏	487	疯	177	痫	700	瘤	414	妾	534	窅	754
鹭	760	疫	767	痧	569	瘠	285	亲	535	窄	818
鹦	775	疚	74	痛	653	瘫	629	竑	540	窊	403
鹧	831	疳	287	痿	618	十一至十三画		竑	252	窎	132
鸳	868	疤	10	八画		瘭	267	竖	604	窛	754
鹩	416	五画		痣	740	瘭	41			窒	846
				麻	434	瘦	419				

72　穴　衤　疋(疋)　皮　矛　耒　老　耳　臣　西(覀)　页(頁)

穴

窑	753
宛	646
窗	90

七画以上

窜	99
窝	681
窨	312
窗	90
窨	331
窥	368
窦	142
窝	355
窝	681
窣	616
窬	362
窳	789
窨	735
	774
窦	340
窪	664
窮	540
窳	791
窨	753
窯	753
窶	340
窸	90
窿	691
窿	417
窾	366
竄	99
竅	532
竇	142
竈	811
竊	534

衤部

二至五画

补	51
初	85
衬	74
衫	571
衩	63
	63
袆	269
衲	470
衽	556
袄	8
衿	320
祇	843

袂	446
袜	664
祛	544
祖	630
袖	726
袗	834
袍	495
袢	493
被	27
袯	49

六至八画

袺	316
袴	363
裆	115
裀	770
袱	182
裎	556
袷	293
	523
袼	201
裈	371
裉	359
補	51
裋	604
袱	293
裢	399
裎	77
裡	390
裣	398
裕	792
裤	363
裥	300
裙	550
裱	42
褂	222
褚	87
	858
褙	359
裸	430
裼	642
	691
神	35
	502
裾	336
褓	151

九至十画

褙	104
裧	27
褐	247

禙	370
複	188
褛	23
褛	425
褊	39
褪	660
	661
褌	269
褥	561
褴	378
褟	624
褙	81
褡	319
褛	389
褴	471

十一画以上

褛	425
褶	830
襆	182
	185
襆	805
	8
襕	378
襁	620
襁	530
襟	49
襻	321
襦	115
襝	398
襜	65
襪	664
襤	378
襦	560
襬	598
襫	15
	74
襯	110
襶	552
襕	830
襷	493

疋(正)部

九至十画

疋	502
胥	726
蛋	113

蛋	114
疏	601
疏	601
楚	87
疐	849
疑	762

皮部

皮	500
皱	854
皰	495
颇	510
皲	345
皴	101
皵	854
皶	816

矛部

矛	441
柔	558
矜	224
	320
	535
務	686
矞	794
矠	535
矟	441

耒部

耒	386
耔	872
耕	207
耘	802
耖	71
耗	243
耙	13
	489
耢	613
耝	291
粘	274
耧	383
耡	86
耦	632
耤	634
耦	488
耧	419
耤	306

耨	484
耤	13
耪	494
耩	419
耰	383
耯	782
糯	13
	262
糖	465

老部

老	382
考	352
者	519
耄	442
耋	134

耳部

| 耳 | 159 |

二画

耵	135
耶	755
	756
取	545

三画

| 聇 | 104 |
| 闻 | 679 |

四画

耻	81
聅	111
耸	613
耽	81
耿	111
聊	207
聃	876
聂	481

五至十画

聱	417
职	843
聘	111
聆	410
聊	403
聍	482
聒	232
联	397
聖	587
聘	507
职	232

聚	340
聩	370
聪	97
聱	8

十一画以上

聲	586
聰	97
聳	613
聯	397
聶	481
職	843
聼	482
聽	648
聾	417

臣部

臣	73
卧	681
臥	681
竖	604
臧	809
竪	604
臨	407
臂	378
鹽	744

西(覀)部

西	688
要	752
	754
栗	396
贾	218
	294
票	506
覃	536
	630
粟	617
覆	188
覊	13
覉	246
覈	282

页(頁)部

| 页 | 757 |

頁 757

二至三画
頂 135
頃 539
預 237
項 707
順 608
須 726

四画
頊 727
頑 667
顧 220
頓 143
　150
頫 517
頒 16
頌 614
頍 240
煩 163
預 793

五至七画
碩 609
頎 421
領 412
頗 510
頸 207
　328
頡 316
　714
頦 293
頰 649
頜 202
　245
頻 186
頷 674
潁 776
頴 155
頰 355
頸 156
頤 762
頭 653
頩 293
頸 328
頻 507
頰 659
領 239
穎 776

八至九画
顆 516

顙 355
頼 100
顲 350
題 640
顛 779
顎 156
顳 862
顏 744
額 155

十至十二画
顥 481
顫 437
顛 128
願 799
類 386
額 566
顳 437
顢 718
顫 243
　710
顲 532
額 387
顧 220

十三画以上
顳 67
　821
顳 560
顯 701
顰 507
顱 421
顴 548
顳 481
　792

虍部
虎 257
虏 421
虐 485
虒 611
虓 710
虔 526
虑 426
虚 727
彪 41
虚 86

　87
處 86
　87
虞 790
號 241
　242
虜 421
戲 255
　694
觑 546
膚 180
慮 426
號 232
盧 420
戲 255
　694
虧 368
觑 546
觑 546
巇 746

虫部
虫 82

一至三画
虮 542
虱 286
虬 542
虱 589
虹 251
　306
虾 235
　695
虺 270
蚤 64
虽 618
屹 205
虹 447
闽 457
蚁 764
虵 579
蚤 810
蚂 433
　435
　435
蚤 706

四画
蚌 20
　31

蚨 181
蚕 57
蚘 270
蚜 739
虮 501
蚋 561
蚬 702
蚝 241
蚧 318
蚠 175
蚣 210
蚊 679
蚪 141
蚓 772
蚩 78

五画
蚶 237
萤 775
蛄 215
蛎 393
蛆 544
蚺 294
蚰 783
蚺 551
蛊 218
蚱 817
蛉 541
蛉 410
蛙 860
蛇 579
蜂 762
蜻 114
蛏 75
蛲 786

六画
蛙 664
蛰 540
蛰 829
蛱 293
蛲 473
蛭 846
蛳 611
蛐 543
蚴 270
蛛 856
蜓 648
蛣 372
蜒 743
蛤 202

　235
蛮 437
蛴 517
蛟 308
蜂 750
蛇 818
蜉 465

七画
蜇 828
　829
蜅 186
蜃 585
蜊 293
蛸 577
　709
蜈 684
蜎 795
蜗 681
蜀 603
蛾 155
蜩 396
蜍 86
蜉 183
蜂 178
蜕 528
蜕 660
蜋 380
蛹 780

八画
蜚 20
蜻 537
蜞 518
蜡 374
　818
蜥 690
蜮 793
蜷 134
蜚 171
　172
蜾 233
蝈 232
蜴 767
蝇 776
蜗 681
蜘 841
蜱 502
蜚 171
蜩 645
蜷 548

蝉 65
蜿 666
蜜 452
蠰 380
蜢 449

九画
蝽 92
蝶 134
蝾 557
蝴 256
蝻 472
蝗 745
蝠 185
蝾 560
蝰 369
蝎 713
蝌 676
蝌 354
蝮 188
蝼 615
蝗 267
蝓 790
蝅 447
蝣 784
蝼 419
蝤 542
蝻 784
蝙 38
蝦 235
　695
蝥 589
蝥 441

十画
蠓 536
螯 8
蟥 438
蟆 440
蟆 435
蠡 145
融 558
螈 798
蟋 764
螅 690
螄 611
螭 79
螗 632
螃 494
螠 768
螢 775

蜮 459	蠮 456	舒 600	**六画**	篋 534	篮 378
十一画	蠵 393	辞 95	筐 366	箝 526	篹 100
螯 598	蠛 560	舔 643	等 122	箍 216	筚 34
828	蠓 241	舗 514	筘 362	箸 860	簋 811
蛰 829	蠐 517	舘 224	筑 860	箪 663	篠 711
蟥 267	蠙 557	**竹(⺮)**	策 60	箕 281	篩 570
蝻 438	**十五画**	**部**	笔 34	箬 563	篴 36
蟓 710	**以上**	竹 856	筛 570	箋 296	簉 80
蟏 59	蠢 93	**二至四画**	筶 115	箑 570	篷 499
螺 505	蠹 390	竺 856	筒 652	莛 80	篓 621
螳 633	391	竻 384	筥 337	算 618	篱 199
蝼 419	蠼 374	竿 194	筌 701	算 35	篑 389
螺 430	蠹 145	竽 787	笶 161	筒 204	节 53
蟈 232	蠛 710	笈 283	筏 743	笋 430	篛 563
蟋 691	蠆 178	笆 80	筌 547	篁 92	**十一画**
蟓 708	蠹 218	笃 144	104	剳 815	簹 272
螽 851	蠋 341	笄 280	105	816	簕 384
蟛 831	蠹 145	笕 299	筋 320	箙 184	簧 267
蟑 606	蠹 57	笔 33	筍 620	笪 111	簌 617
蟑 823	蠷 545	笑 711	箔 836	箔 49	笾 419
蟊 441	蠻 437	笫 827	管 310	管 224	篾 456
蟄 706	蠻 545	第 872	筌 33	箜 360	簃 761
十二画	**缶部**	笏 258	笔	篦 795	篦 140
蟯 473	缶 179	笋 620	筹 84	箫 710	篮 423
蟢 694	缸 198	笈 11	筝 618	箓 423	簇 99
蟛 498	缺 548	**五画**	筋 829	箐 854	簖 147
蠢 64	钵 47	笺 296	筎 345	箒 58	簿 490
蟪 273	钘 818	笻 540	802	**九画**	篼 362
蟫 772	缾 509	笨 30	笺 489	篋 534	簋 230
蠱 82	罂 775	笸 510	笾 598	箓 757	篸 58
蟬 65	罄 540	笼 417	箄 199	箱 705	**十二至**
蟠 492	罅 698	笪 418	筻 60	範 165	**十三画**
蟮 574	罇 226	笛 105	筍 577	箴 833	簠 186
蟻 286	罈 629	笙 124	筋 860	箸 720	簟 131
十三画	罍 880	笮 586	筑 803	箦 370	簪 807
蟶 75	罏 386	符 813	筱 711	篑 90	簰 111
蠖 277	罋 420	筇 880	筷 880	箧 267	簦 122
蟆 449	罎 629	筑 183	筶 524	篌 253	箱 854
蠍 713	罐 226	笠 410	筒 300	箷 761	簸 50
蠅 776	**舌部**	筒 213	筷 365	篓 419	51
蠋 857	舌 579	笴 394	筦 224	箭 304	簝 801
蟾 66	乱 427	第 612	笼 60	箴 701	簕 377
蠏 716	舐 593	笤 127	篇 313	篇 504	簳 337
蟹 716	甜 643	笳 645	笪 314	篆 863	笪 115
蠊 398	鸹 221	筵 291	**八画**	**十画**	簽 524
蠃 430			筐 37	箐 540	篝 213	簷 744
蟻 764			笱 79	箦 813	篚 172	簾 397
十四画					築 860	簿 54
蠹 244					簇 396	

簫 710	魁 485	艪 529	襲 692	贏 386	糌 807
十四画以上	**血部**	艫 422	**羊(芈羊)部**	羹 207	糙 95
	血 714	艤 764	羊 749	**米部**	糟 728
籍 285	衃 734	艦 301	**一至六画**	米 451	糅 558
籌 84	衄 729	艟 422	羌 528	**二至六画**	糈 27
籃 378	衄 485	艫 421	差 62	籴 124	糙 59
纂 879	衅 496	**衣部**	64	类 386	糢 543
籐 638	衄 485	衣 759	64	籼 698	糖 632
籍 37	衅 719	衣 766	94	粝 582	糕 199
籖 663	衆 852	**二至六画**	美 445	屎 593	**十一画以上**
蓮 545	衇 436	表 41	羑 785	娄 418	糟 810
籙 423	衊 456	哀 2	养 750	籽 872	糞 176
籠 417	**舟部**	衰 100	姜 305	粃 32	糠 351
籀 418	舟 852	衷 605	殺 218	籹 451	糨 307
籯 776	舡 89	衾 850	羔 199	粉 175	糁 566
籥 801	舢 571	衾 535	恙 751	料 404	582
籤 524	舣 764	衽 231	羞 725	粑 11	糧 399
籩 37	舰 301	袅 480	胖 808	粝 393	糯 307
籬 389	舨 18	衮 764	粘 218	粘 479	類 387
籲 147	舲 89	袭 692	着 825	819	糯 393
籮 430	舱 58	袤 847	826	粗 98	糯 486
籯 801	般 17	袋 108	831	粕 511	糲 658
籲 776	航 240	袈 292	羡 868	粒 393	糵 481
籲 792	舫 169	袤 442	羥 176	粜 646	糴 124
白部	舸 204	襞 715	204	粪 176	糶 795
白 333	舻 421	裁 56	盖 192	粞 204	糶 481
皁 788	舳 857	裂 405	羚 410	粟 617	糶 646
兒 157	盘 491	裒 406	羝 123	粤 801	**艮(㠯)部**
皋 789	舴 813	袠 512	羟 530	粦 408	艮 206
面 62	舶 49	裝 863	羡 751	粧 863	206
皆 754	船 89	**七画以上**	羢 557	粲 870	良 399
春 82	艄 852	袴 542	羨 703	粥 853	即 283
舄 695	舷 700	裏 390	善 573	**七至十画**	艰 298
舅 333	舵 153	裔 766	翔 706	粳 328	垦 358
舉 338	艏 688	裝 569	**七画以上**	粢 58	既 289
學 338	艇 649	装 863	翌 530	粱 400	恳 359
舊 333	艄 577	裴 496	義 765	粮 399	暨 290
自部	艅 788	裘 69	群 550	精 327	艰 298
自 872	艋 449	褁 577	羣 550	粼 408	**羽部**
臬 481	艘 615	裹 233	羧 621	粹 101	羽 791
臭 85	艎 267	製 847	鲨 817	粽 875	**三至八画**
臭 726	盤 491	褒 21	養 750	糁 566	羿 767
息 690	艙 58	褻 331	羯 317	582	翇 81
皋 199	艚 59	賽 525	獤 632	糊 255	翅 81
舉 880	艟 82	褻 715	羱 798	256	翀 82
鼻 31	艨 448	裏 705	義 692	258	
		褒 21	羶 572	糇 253	
		壁 37		糌 875	

第一列

字	页
翁	680
扇	572
	573
習	692
翎	410
翊	767
翌	767
翘	531
	532
翔	272
翛	710
翁	691
翔	706
翠	269
翥	860
翡	172
翟	124
	818
翠	101

九画以上

字	页
翫	666
翦	300
翩	504
翰	240
翻	247
翱	8
翯	247
翯	767
翳	767
翼	531
翘	532
	8
翱	162
翻	272
翾	730
耀	755
糴	646

糸部

一画

字	页
系	288
	694

四至七画

字	页
素	616
紫	805
	815
索	622
紧	321
紊	679

第二列

字	页
紫	776
紫	805
累	815
	385
	386
	387
絜	714
絷	842
紫	872
絮	729

八画以上

字	页
綦	518
綮	321
綟	164
綮	540
縣	453
縠	257
縣	702
縢	638
繁	776
繁	842
繇	760
繁	164
	510
繇	753
	784
	854
縻	450
繭	299
纇	387
繄	288
	694
篆	879
辮	40
纍	385
	386
蘱	119
纞	426

麦(麥)部

字	页
麦	436
麦	436
麸	180
麶	454
麹	543
麰	180
麴	180
麯	543

第三列

字	页
	544
麴	544
麵	454

走部

字	页
走	876

二至五画

字	页
赴	187
赵	827
起	332
赶	195
赳	572
起	520
越	800
趄	335
	534
趁	74
趋	544
超	70

六画以上

字	页
趔	406
趟	870
趙	827
趦	195
趑	621
趣	546
趟	632
	634
趣	544
趲	642
趱	808

赤部

字	页
赤	81
郝	242
赦	580
赧	472
赪	75
赫	247
赭	830
赯	633

豆部

字	页
豆	141
剅	418
豇	304
豈	519
豉	81

第四列

字	页
壹	760
短	146
登	121
蹅	64
豐	604
豌	666
頭	653
豐	176
艳	747
艳	747
豔	747

酉部

字	页
酉	785

二至五画

字	页
酊	135
	136
酋	542
酐	194
酎	854
酌	867
酒	333
配	496
酡	764
酝	803
酞	628
酕	441
酗	729
酚	174
酖	111
	834
酣	237
酤	215
酢	98
酽	882
酥	615
酡	662
酸	510

六至七画

字	页
酮	651
酰	698
酯	845
酪	459
酱	306
酬	84
酐	84
醇	312

第五列

字	页
酽	748
醋	513
酺	571
	589
醒	77
酷	363
酶	444
酸	657
酎	387
酿	480
酸	618

八至十画

字	页
醋	99
醃	742
醍	371
醄	636
醇	93
醉	879
醅	496
酥	423
醮	865
醛	547
醐	256
醍	640
醖	803
醒	721
醜	84
醚	450
醋	728
醢	236
醨	389
醴	632

十一画以上

字	页
醫	759
醬	306
醪	382
醱	51
醮	313
醯	692
酸	510
釀	340
醴	391
醹	84
醲	735
醮	747
醋	412
釀	480
醵	451

第六列

字	页
醾	571
	589
釅	748
霽	719

辰部

字	页
辰	73
辱	560
唇	93
晨	73
屑	93
屖	585
農	483
襛	483

豕部

字	页
豕	592
象	658
豗	269
家	292
	320
象	707
豢	265
豨	689
豪	241
豬	856
豵	875
豲	175
豶	293
豫	793
豳	45
燹	702

卤(鹵)部

字	页
卤	421
鹵	421
鹹	700
鹺	102
鹾	102
鹻	299
鹽	744
鹼	299

里部

字	页
里	390
厘	388
重	83
	852

野	756	跳	94	踶	128	躄	344	觯	152
量	400		95	踹	88	躁	402	**釆部**	
	402	踡	861	踵	851	蹽	514	悉	691
童	652	踥	701	踽	338	躤	342	番	162
釐	388	趽	699	踰	789	躦	530		491
足(足)		踮	646		789	蹯	164	釉	786
部		踩	152	踱	152	蹾	99	释	597
足	877	踝	152	蹄	640	蹾	99	釋	597
二至四画		跪	231	蹉	102	蹾	149	釀	162
趴	489	路	423	蹁	504	蹲	101	**谷部**	
趸	149	跻	281	踴	780	蹾	780	谷	216
趵	24	跤	308	踧	558	蹭	61		792
趿	624	跡	289	蹂	481	蹾	99	郤	549
趼	299	跟	206	蹒	492	蹬	122	郤	695
趺	180	**七至八画**		蹕	34	**十三画**		欲	792
跂	517	踌	84	蹋	625	**以上**		鹆	792
	522	踅	733	蹈	117	躁	812	豁	691
距	338	踁	330	蹊	516	躅	857	豁	274
趾	843	跟	399		691	躇	37		277
跃	801		402	蹑	530	躏	37	**豸部**	
跄	530	踘	336	蹰	413	躔	84	豸	847
朐	800	踞	288	蹁	416	躐	409	豺	64
五画		踊	780	踯	285	躑	281	豹	24
践	302	踖	285	蹇	300	躒	843	貂	132
跖	843	踦	764	蹀	479	躍	801	貆	263
跋	11	踐	302	**十一画**		躚	699	貊	463
跕	130	趄	99	蹟	289	躓	848	貅	724
跌	133	踔	93	蹜	86	躔	86	貉	241
跗	180	踹	632	蹣	492	躞	395		246
跱	663	踝	262	蹙	808	躔	431	貌	442
跥	395	踢	639	蹩	99	躐	66	貓	440
	431	踏	624	蹬	632	躏	406		441
跚	572		625	蹦	31	躜	879	貘	741
跑	495	踟	80	蹴	874	躞	716	貐	791
	495	踜	681	蹭	843	躏	481	貔	464
跎	662	踬	848	蹢	124	躐	99	貕	501
跏	292	踩	56		843	**身部**		貛	263
跛	50	踮	130	蹲	606	身	581	**角部**	
跆	627	踣	50	蹩	44	射	580	角	309
六画		郫	843	蹯	617	躬	209		342
跬	370	踠	548	蹰	530	躯	543	觚	320
跫	541	踪	874	**十二画**		躭	111		320
跴	56	踺	303	蹺	530	躲	209	斛	257
跨	364	踞	340	蹰	107	躱	152	觖	342
跶	107	**九至十画**		蹙	149	躲	152	觔	574
跷	530	蹍	90	蹰	86	躺	634		
跸	34	踔	134	蹰	344	躴	235		
		踵	63	蹰	344	躯	543		
		蹄	665						

觚 215 / 觥 125 / 觜 869 / 觞 879 / 觥 210 / 触 88 / 鲜 317 / 319 / 解 317 / 319 / 716 / 觫 617 / 觯 849 / 觴 37 / 觳 257 / 觶 574 / 觸 849 / 觸 88

言部
言 743 / 訇 251 / 訄 542 / 閒 771 / 這 830 / 831 / 詟 829 / 詈 396 / 訾 869 / 872 / 詹 819 / 謇 638 / 誉 795 / 誓 597 / 誊 63 / 警 8 / 譬 638 / 謦 539 / 警 329 / 謦 795 / 讐 503 / 讎 84 / 讋 829 / 讟 143

辛部
辛 717

辛 215	雱 392	**齿(齒)部**	532	鉴 687	鲚 289	
辞 95	雰 174	齿 80	549	鋬 808	鲛 308	
辜 880	174	齩 80	600	鏊 531	鲜 699	
辟 36	雯 679	齕 74	售 284	鉴 465	702	
503	雳 493	啮 481	集 747	鑿 9	鲞 817	
辣 374	電 130	齗 245	雁 723	鏊 776	鲟 706	
辨 95	雷 385	断 772	雄 740	鎏 415	鲠 5	
辨 40	零 410	齜 13	雅 341	鏖 8	鲡 736	
辩 40	雾 686	齟 337	雋 346	鏖 28	鲢 207	
辩 18	雹 21	齟 411	焦 309	鑒 303	鲣 388	
辫 40	需 727	齡 85	雇 220	鑫 718	鲤 397	
辩 19	霆 648	齠 21	雎 335	鑾 426	鲥 297	
辭 95	霁 289	齙 645	雌 849	鑿 810	鲦 591	
辯 40	震 835	齠 481	雉 86		鲧 391	
	霄 709	齜 869	雄 779	**鱼(魚)部**	鲩 454	
青部	霉 444	齜 753	雍 94	鱼 788	鲪 645	
青 537	雪 818	龈 359	雌 432	魚 788	鲫 231	
靓 331	霈 496	771	雏 124	二至七画	鲬 706	
402		龉 791	818	魛 116	鲨 569	
鹊 327	八至十二画	龈 93		魢 286	鳇 265	
靖 331	霖 407	龉 156	八画以上	鱿 782	鳈 345	
静 331	霏 171	齫 546	雕 132	鲀 660	鳉 290	
靛 131	霓 477	齷 682	雐 368	鲁 422	鳊 780	
	霍 277	齼 753	雞 618	鲂 169		
其部	雯 570		雙 545	鲃 11	八至十画	
其 517	霜 819	**黾(黽)部**	雙 607	鲅 13	鲭 537	
甚 583	霜 607	黾 458	雞 279	鲆 509	鲮 412	
584	霰 437	黽 458	雛 86	鲇 479	鳀 518	
基 280	霞 696	鼋 796	雜 805	鲈 421	鳂 876	
萁 518	蕾 416	鼋 796	離 388	鲉 783	鳃 171	
菁 281	霧 686	鼂 71	雠 84	鲊 817	鲲 371	
斯 611	霾 772	鼇 8	雌 779	稣 616	鲳 68	
期 281	霭 3	鼇 43	難 472	鲋 187	鲴 220	
515	戴 704	鼈 662	难 472	鲌 13	鳄 477	
欺 515		鼉 662	耀 755	49	鲶 479	
綦 518	十三画以上		耀 124	卿 773	鲷 132	
掛 702	霸 13	**隹部**	矍 84	鲍 24	鲸 327	
綦 518	露 420	隹 864	矍 84	鲏 231	鲴 589	
	424	二至六画	糴 646	鲎 254	鲹 582	
雨(⻗)部	霹 500	隼 620		鲐 501	鲺 870	
雨 791	霾 436	隽 341	**金部**	鲐 627	鳍 92	
792	霹 289	难 472	金 320	鲑 228	鳎 176	
三至七画	靆 110	472	嵤 771	鲒 316	鳒 134	
雩 790	靆 392	隻 841	嵤 771	鲔 674	鳐 31	
雪 734	靈 411	雀 531	銮 776	鲖 652	鳌 69	
雲 802	靉 4		銮 303	鲗 814	鳗 640	
			銮 541	鲙 365	鳏 678	
			銮 426		鳐 671	
			銮 493		鳃 565	
			銮 802		鳄 156	

字	页	字	页	字	页	字	页	字	页	字	页
鳅	541	鲈	421	鞫	336	**鬼部**		彭	141		461
鳆	188	鲡	388	鞬	542	鬼	229	閂	141	庶	269
鳇	267	**革部**		鞣	558	彭	446	閃	474	磨	461
鳈	548	革	202	**十画**		魂	274	閉	252		464
鳉	305		283	鞲	213	魁	369	閏	695	麻	445
鳊	542	**二至四画**		鞴	732	魅	446	閑	141		450
鳋	38	靪	135	鞳	27	魃	11	闌	332	廉	450
鳌	265	勒	384	鞽	714	魆	728	**影部**		靡	451
鳍	8		385	鞯	680	魄	49	髡	371		451
鳎	519	靴	685	**十二画以上**			511	髦	371	魔	462
鳏	591	靰	564		105		663	髻	124		445
鳐	625	靳	555	韂	531	魇	745	髹	724	**鹿部**	
鳑	224	靸	732	韁	305	魈	401	髦	441	鹿	423
鳒	645	靬	324	韄	67	魉	709	髣	169	麗	286
鳓	753	靶	12	韅	523	魍	793	髪	162	麀	782
鳔	638	**五画**		韆	299	魋	401	髯	551	麂	98
鳕	494	靺	463	**骨部**		魍	669	髫	181	麃	180
鳖	298	靼	105	骨	216	魑	677	鬢	645	麈	73
十一画以上		鞅	748		217	魒	659	鬖	291	麇	346
鳗	384		751	骭	197	魓	79	髭	869		550
鳘	297	鞑	18	骰	655	魔	462	鬃	724	麋	494
鳙	43	鞁	28	骱	7	魇	745	鬎	394	麑	858
鳚	734	勒	754	骷	362	**食部**		鬏	861	麒	451
鳛	437	**六画**		骶	125	食	592	鬐	641	麚	408
鳜	458	鞋	714	骼	218		612	鬆	613	麝	518
鳝	779	鞏	210		257	飧	57	鬅	498	麛	423
鳞	351	鞑	105	骺	253	飨	620	鬏	548	麗	388
鳟	43	鞒	531	骸	203	飨	706	鬓	874		394
鳠	677	鞍	5	骾	236	飧	620	鬍	374	麇	550
鳡	305	鞌	5	髁	207	餍	746	鬎	255	鏖	477
鳢	692	**七至八画**		髀	355	资	95	鬏	332		8
鳣	582	鞘	532	髆	35	餐	57	鬐	519	麝	580
鳤	736		577	髌	789	餮	647	鬒	834	麚	822
鱼	231	鞓	648	髅	419	饔	706	鬃	45	麟	408
鱽	574	鞓	374	髑	523	饕	635	鬐	437		98
鱾	574	鞘	577	髋	366	饔	779	鬎	726	**黑部**	
鱿	408	鞞	46	髌	45	餍	746	鬓	264	黑	248
鲀	880	鞠	336	髅	419	**音部**		鬒	45	墨	464
鲁	736	鞚	361	髑	403	音	770	鬚	406	默	464
鲂	197	鞬	298	髓	808	歆	718	**麻部**		黔	525
鲃	391	**九画**		髅	619	韵	804	麻	433	點	129
鲄	254	鞲	299	體	638	韶	578	麽	443	黛	108
鲅	365	鞴	123		640	韵	804		461	黝	785
鲆	820	鞳	246	髑	144	響	706	摩	433	黜	87
鲇	69	鞿	541	髅	45					點	696
鲈	225		542	髓	366					黡	745
鲉	289	鞭	38							黥	601
鲊	156	鞯	157								

										鼻部			
黪	760	黵	7	鼠	603	鼧	662				鼿	485
黢	544	黰	834	鼢	175	鼫	683			鼩	252
黩	143	黴	444	鼥	590	鼥	328	鼻	31	鼿	680
黨	115	黸	820	鼣	11	鼹	746	劓	769	齁	816
黧	389	黶	745	鼬	786	鼹	746	鼾	237	齇	473
黥	538	黷	143	鼩	544	鼹	691				
黮	630										
		鼠部									

（三）　难检字笔画索引
Stroke Index for Difficult Characters

（字右边的号码指字典正文的页码）

(The number to the right of each character refers to page number in the body of the dictionary)

一画	丸 666	屯 660	戈 296	斥 81	成 75	斫 621
○ 409	及 282	屯 866	正 835	厎 841	夹 191	严 743
乙 762	亡 669	互 257	正 837	乎 254	夹 292	巫 682
二画	亡 683	卅 551	甘 195	丛 97	夹 293	求 542
丁 134	丫 738	中 849	世 594	用 780	夷 760	甫 185
丁 835	义 765	中 851	本 28	甩 606	尧 752	更 206
七 515	之 839	内 475	术 604	氐 123	至 845	更 207
乂 764	已 763	午 684	术 856	氐 124	乩 279	東 604
九 332	巳 611	壬 554	可 355	乐 384	师 588	两 400
匕 31	卫 675	升 585	可 356	乐 800	曳 757	丽 388
刁 131	子 314	夭 752	丙 46	匆 96	曲 543	丽 394
了 384	孓 342	长 68	左 881	册 60	曲 545	来 374
了 404	也 756	长 823	丕 499	包 20	网 669	半 451
乃 471	飞 170	反 164	右 785	玄 730	肉 559	串 90
也 456	习 692	爻 752	布 52	兰 377	年 478	邑 766
也 481	乡 704	乏 161	戌 686	半 18	朱 855	我 681
三画	**四画**	氏 593	卡 347	头 653	丢 137	兔 658
三 565	丰 176	平 508	北 26	必 33	乔 531	卤 96
干 193	井 328	东 840	凸 655	司 610	乒 507	卣 841
干 197	开 347	戊 800	归 227	民 456	兵 493	希 689
亍 87	亓 516	乌 682	且 334	弗 181	向 706	坐 882
于 787	夫 180	乌 686	申 581	疋 502	囟 718	龟 228
亏 368	夫 181	卞 39	甲 294	出 85	后 253	岛 345
才 55	天 642	为 672	电 130	氹 116	角 422	卵 427
下 696	元 795	为 675	由 782	丝 610	兆 827	兕 117
丈 824	无 683	尹 772	史 592	**六画**	舛 90	兑 148
与 788	云 802	尺 72	央 748	戎 556	产 66	弟 126
与 790	专 861	尺 80	冉 551	考 352	关 222	君 345
与 791	丏 192	夬 222	凹 7	老 382	州 852	**八画**
万 462	廿 479	夬 342	生 585	亚 740	兴 719	奉 179
万 668	不 149	弔 132	失 588	亘 206	兴 722	武 684
上 575	五 684	丑 84	乍 817	吏 394	农 483	表 41
上 576	币 805	巴 10	丘 541	再 806	乩 142	長 68
千 523	支 840	以 763		戌 726	尽 321	者 830
乞 519	丐 453	予 788		至 807	在 322	亞 740
川 89	卅 564	予 790		在 191	丞 76	其 517
么 435	不 52	书 600		百 15	艸 60	直 842
么 443	右 441	**五画**		而 158	买 436	丧 566
么 751	牙 739	末 462		成 604	**七画**	
久 333		未 675		死 611	戒 318	
		击 279		互 206		

	566	東	299	師	588		566	**十四画**		隶	395	䣊	660
東	137	咸	700	屍	611	甦	615	淩	4	䴴	643	輔	186
或	276	威	671	㢮	70	棘	284	㷫	292	翰	240	艳	747
事	595	歪	665	㹴	710	棗	810	臺	626	䍃	156	嚴	743
兩	400	面	454	璽	693	昇	9	截	317	整	837	酇	659
束	810	韭	333	歃	466	丽	35	赫	247	臻	833	簸	636
卖	436	卣	715	高	199	敔	516	壽	599	亹	291	贏	430
面	454	临	407	离	388	脊	873	揭	534	嚳	828	贏	386
來	374	禺	789	㧌	91	弼	845	聚	340	舉	338	護	799
非	170	幽	781	弱	563	輝	269	榦	197	舘	224	疆	305
些	712	拜	16	智	204	鼎	136	兢	682	镂	747	**二十画**	
果	232	重	62	能	476	單	65	兢	328	燔	174	**以上**	
畅	70	重	83	㡀	238		110	叚	216	鼄	228	馨	718
尚	231		852	**十一画**			573		295		345	耀	755
垂	91	禹	791	焉	742	甥	586	爾	158		541	礜	363
乖	222	俎	878	執	841	黍	603	鼋	849		152	䰰	502
秉	46	旭	542	董	322	喬	531	胾	809	贏	776	鑿	507
臾	788	胤	774	黃	267	㼆	852	瓻	542	**十七画**		贛	197
卑	25	钞	455	乾	193	粤	801	夥	276			贏	430
阜	188	养	750		526	舒	600	暢	70	壡	502	戇	769
延	668	籾	91	啬	568	就	334	舞	685	戴	110	囊	473
乳	560	叛	492	專	861	訾	363	毓	795	韓	238	戁	473
周	853	首	599	戚	515	巯	542	睪	199	隸	395	矔	67
枭	709	举	338	㪍	495	發	160	鼐	471	黝	45	稻	636
氓	439	段	294	爽	607	㿫	849	疑	762	虩	368	鸞	795
	447	昼	854	离	715	幾	278	孵	180	戴	184	鍵	110
卷	341	咫	844	匙	80		285	暨	290	黏	479	齋	281
	341	飞	170		598	**十三画**		鞏	696	爵	344	贏	430
单	65	癸	229	臬	709	鼓	218	**十五画**		贏	776	爨	341
	110	**十画**		象	707	聖	587	犛	440	馘	232	矗	119
	573	艳	747	够	214	㲔	702	氂	440	斃	34	蠹	532
肃	616	袁	797	馗	369	幹	197	奭	598	隮	269	艷	747
隶	395	衮	566	夠	214	嗇	568	犍	110	繑	706	矗	88
承	77		566	孰	602	號	241	頤	813	**十八画**		贏	252
亟	283	彧	793	產	66		242			釐	388	整	637
	522	哥	201	兽	600	赖	376	蕭	870	襁	229	纛	4
卺	321	鬲	203	艴	181	業	757	寰	849	鼕	138	䙝	799
九画		㐭	396	嘼		趣	702	憂	781	鼙	759	鸝	719
奏	876	**十二画**			485	嗣	612	韋	353		97	骨	747
哉	806	尭	473	尭	752	亂	427	㲈	268	叢	189	䶑	792
甚	583	㐬	715	喆	829	粲	540	舖	514	複	227	鬱	100
	584	畢	34	戴	873	肅	616	號	232	歸	67		
巷	240	乘	77	報	23	叠	134	䌁	714	**十九画**			
	707		588	喪	566	彙	270	豫	793	嚭	502		
		島	117					**十六画**					

Ａ　Ｙ

Ａ　Ｙ

阿 ㊀ ā Ｙ 〈方 dial.〉词头 a prefix 1. 加在排行、小名或姓的前面 used before seniority, names or surnames：～大 Ā Dà *the eldest* / ～根 Ā Gēn *A Gen* / ～王 Ā Wáng *A Wang* 2. 加在某些亲属称谓的前面 used before some appellation terms addressing relatives：～妹 āmèi *younger sister* / ～姨 āyí *aunt* / ～公 āgōng *grandfather*
[阿昌族－chāngzú]我国少数民族,参看附表。Achang nationality, an minority nationality in China. See Appendix.
　㊁ ē 见 154 页 See p. 154

呵 ㊀ ā Ｙ 同"啊㊀" Same as "啊㊀".
　㊁ á 见本页 See the same page.
　㊂ ǎ 见本页 See the same page.
　㊃ à 见本页 See the same page.
　㊄ a 见 2 页 See p. 2
　㊅ hē 见 243 页 See p. 243

啊 ㊀ ā Ｙ 叹词,表示赞叹或惊异 *interj.* expressing admiration or surprise：～, 这花多好哇! Ā, zhè huār duō hǎo wa! *Oh what a beautiful flower*! / ～, 下雪了! Ā, xià-xuě le! *Oh, it's snowing*!
　㊁ á 见本页 See the same page.
　㊂ ǎ 见本页 See the same page.
　㊃ à 见 2 页 See p. 2
　㊄ a 见 2 页 See p. 2

锕 ā Ｙ 一种放射性元素,符号 Ac-tinium, a radioactive element; symbol Ac.

腌 ㊀ ā Ｙ [腌臜－za] 不干净 filthy; dirty; unclean
　㊁ yān 见 742 页 See p. 742

呵 ㊀ á Ｙ 同"啊㊁" Same as "啊㊁".
　㊁ ā 见本页 See the same page.
　㊂ ǎ 见本页 See the same page.
　㊃ à 见本页 See the same page.
　㊄ a 见 2 页 See p. 2
　㊅ hē 见 243 页 See p. 243

啊 ㊁ á Ｙ 叹词,表示疑问或反问 *interj.* expressing doubt or asking for an answer or repetition of sth. just said：～, 你说什么? Á, nǐ shuō shénme? *Eh, what did you say*? / ～,你再说 Á, nǐ zài shuō! *Pardon, say it again*!
　㊀ ā 见本页 See the same page.
　㊂ ǎ 见本页 See the same page.
　㊃ à 见 2 页 See p. 2
　㊄ a 见 2 页 See p. 2

嘎 ㊀ á Ｙ 同"啊㊁"Same as "啊㊁".
　㊁ shà 见 570 页 See p. 570

呵 ㊂ ǎ Ｙ 同"啊㊂"Same as "啊㊂".
　㊀ ā 见本页 See the same page.
　㊃ à 见本页 See the same page.
　㊄ a 见 2 页 See p. 2
　㊅ hē 见 243 页 See p. 243

啊 ㊂ ǎ Ｙ叹词,表示疑惑 *interj.* expressing doubt：～, 这是怎么回事? Ǎ, zhè shì zěnme huí shì ? *Well, what's the matter*? or *Well, how did it all come about*?
　㊀ ā 见本页 See the same page.
　㊁ á 见本页 See the same page.
　㊃ à 见 2 页 See p. 2
　㊄ a 见 2 页 See p. 2

呵 ㊃ à Ｙ同"啊㊃"Same as "啊㊃".

㊀ā 见1页 See p. 1
㊁á 见1页 See p. 1
㊂ǎ 见1页 See p. 1
㊃à 见本页 See the same page.
㊄hē 见243页 See p. 243

啊 ㊃à ㄚ 叹词 *interj.* 1. 表示应诺或醒悟(音较短)expressing agreement or coming to realize (which is comparatively shorter when pronounced):～，好吧 À, hǎo ba. *Er, OK*! / ～，原来是你呀! À, yuánlái shì nǐ ya! *Ah, so it's you*! 2. 表示惊异或赞叹(音较长)expressing surprise or praise (which is comparatively longer when pronounced):～，伟大的祖国! À, wěidà de zǔguó! *Oh, our great motherland*!
㊀ā 见1页 See p. 1
㊁á 见1页 See p. 1
㊂ǎ 见1页 See p. 1
㊄à 见本页 See the same page.

呵 ㊄a ·ㄚ 同"啊㊄"Same as "啊㊄".
㊀ā 见1页 See p. 1
㊁á 见1页 See p. 1
㊂ǎ 见1页 See p. 1
㊃à 见本页 See the same page.
㊄hē 见243页 See p. 243

啊 ㊄a ·ㄚ 助词 *aux.* 1. 用在句末，表示赞叹、催促、嘱咐等语气(常因前面字音不同而发生变音，可用不同的字来表示)used at the end of a sentence to express marvel, urge or enjoinment (often be replaced by a different words because of the change of pronunciation of the word before it):快些来～(呀) Kuài xiē lái a (ya)! *Come here quickly*! / 您好～(哇)? Nín hǎo a(wa)? *How do you do*? / 同志们加油干～(哪) Tóngzhìmen jiāyóu gàn a (na)! *Comrades, work harder*! or *Comrades, work with added vigor*! 2. 用在列举的事项之后 used after a list of items:纸～、笔～、摆满了一桌子 Zhǐ a, bǐ a, bǎimǎnle yī zhuōzi. *The

table is covered with things like paper, pens and pencils.*
㊀ā 见1页 See p. 1
㊁á 见1页 See p. 1
㊂ǎ 见1页 See p. 1
㊃à 见本页 See the same page.

AI ㄞ

哎 āi ㄞ 叹词，表示不满或提醒 *interj.* expressing dissatisfaction or reminding sb. of sth.:～，你怎么能这么说呢? Āi, nǐ zěnme néng zhème shuō ne! *Hey, how can you say so*? or *How can you say like that*? / ～，你们看，谁来了! Āi, nǐmen kàn, shéi lái le! *Look, who is coming*! [哎呀—yā]叹词，表示惊讶 *interj.* expressing surprise [哎哟—yō]叹词，表示惊讶、痛苦 *interj.* expressing surprise and agony

哀 āi ㄞ ❶ 悲痛 grieved; sorrowful (⬦comb. 悲—bēi— *sad*):喜怒～乐 xǐnù'āilè *happiness, anger, grief and joy, e.i. the gamut of human feelings* ❷ 悼念 mourn for:默～ mò'āi *stand in silent mourning*

锿 āi ㄞ 一种人造的放射性元素，符号 Es einsteinium, a kind of man-made radioactive element; symble Es

埃 āi ㄞ 灰尘 dust (⬦comb. 尘—chén'— *dust*)

挨 ㊀āi ㄞ ❶ 依次，顺次 follow a regular order or sequence; do sth. in sequence or by turns:～家问 āijiā wèn *ask from door to door*; *ask from house to house* / ～着号头叫 āizhe hàotóur jiào *call one by one according to order* ❷ 靠近 be or get close to; be next to:你～着我坐吧 Nǐ āizhe wǒ zuò ba. *Please sit next to me.*
㊁ái 见3页 See p. 3

唉 ㊀āi ㄞ ❶ 答应的声音 a sound-pronounced as an answering

voice ❷ 叹息的声音 a sighing sound
（三）ài 见 4 页 See p. 4

娭 āi 见 [娭㜅—jiě]〈方 dial.〉1. 称祖母 a term to address one's faternal grandma 2. 尊称年老的妇人 a term of respect for an elderly woman

嗳（嗳） （一）āi 艻 同"哎"Same as "哎"
（二）ǎi 见本页 See the same page.
（三）ài 见 4 页 See p. 4

挨（捱）** （一）ái 艻 ❶遭受，亲身受到 suffer；endure：～饿 ái'è be hungry / ～打 áidǎ take a beating；get a thrashing / ～骂 áimà be scolded；get a dressing down ❷困难地度过（岁月）struggle to pull through (hard times)：～日子 ái rìzi suffer day after day；drag out a miserable existence ❸拖延 delay；put off：别～磨了，快走吧 Bié áimó le，kuài zǒu ba. Get going and stop dawdling. or Stop stalling.
（一）āi 见 2 页 See p. 2

骏 ái 艻 傻 silly：痴～ chī'ái very foolish

皑（皚） ái 艻 白 pure white（叠 redup.）：～～白雪 ái'ái báixuě an expanse of white snow

癌 ái 艻（旧读 early pronounced yán）生物体细胞由于某些致癌因素的作用，变成恶性增生细胞，形成的恶性肿瘤 a malignant tumor which forms in the body cells，affected by some cancer-causing factors，becomes malignant proliferative cells：胃～ wèi'ái stomoch cancer / 肝～ gān'ái liver cancer

毒 ǎi 艻 见于人名 used in a person's name

欸 （五）ǎi 艻 [欸乃—nǎi] 拟声词 onom. 摇橹声 the creak of an oar while rowing：～～一声山水绿 ǎináiyī shēng shānshuǐ lǜ With creakings oar comes the green river and moun-

tain.
（一）ě 见 156 页 See p. 156
（二）见 157 页 See p. 157
（三）见 157 页 See p. 157
（四）见 157 页 See p. 157

嗳（嗳） （一）ǎi 艻 叹词，表示否定或不同意 interj. expressing negation or disagreement：～，别那么说 Ǎi，bié nàme shuō. No, dont say that. / ～，不是这样放 Ǎi，bù shì zhèyàng fàng. No, don't put it like that. or No, don't put it that way.
（二）āi 见 4 页 See p. 4
（三）āi 见本页 See the same page.

矮 ǎi 艻 人的身材短 short (of stature)：他比他哥哥～ Tā bǐ tā gēge ǎi. He is shorter than his elder brother. 引 ext. 1. 高度小的 short in height：几棵小～树 jǐ kē xiǎo ǎi shù a few short trees 2. 等级、地位低 low in grade and position：我比他～一级 Wǒ bǐ tā ǎi yī jí. I am one grade lower than him in rank.

蔼 ǎi 艻 和气，和善 amiable，polite，and friendly：对人很和～ duì rén hěn hé'ǎi be very amiable to people / ～然可亲 ǎirán kěqīn be amiable；be friendly

霭 ǎi 艻 云气 mist；haze：云～ yún'ǎi thin，floating clouds；misty clouds / 暮～ mù'ǎi evening mist

艾 （一）ài 艻 ❶多年生草本植物，开黄色小花，叶制成艾绒，可供灸病用 Chinese mugwort（Arlemisia argyi），a perennial plant with small yellow flower in bloom；its leaves can be made into moxa，and used for moxibustion ❷止，绝 end；stop：方兴未～ fāngxīng-wèi'ài be on the rise；just start to grow；be in the initial stages of development with no sign of weakening ❸漂亮，美 pretty，handsome：少～（年轻漂亮的人）

shào'ài *a young and handsome person* ❹ 姓 a surname

㊁ yì 见 764 页 See p. 764

砹 ài 历 一种放射性元素,符号 At astatine, a radioactive element; symbol At

唉 ㊀ ài 历 叹词,表示伤感或惋惜 *interj.* expressing sadness or regret: ～,病了两个月,把工作都耽搁了 Ài, bìngle liǎng ge yuè, bǎ gōngzuò dōu dānge le. *Oh, I have been ill for two months, so the work is delayed.*

㊁ āi 见 2 页 See p. 2

爱(愛) ài 历 ❶ 喜爱,对人或事物有深挚的感情 love, deep feeling for people or things: 拥军～民 yōngjūn àimín *support the army and cherish the people*/ ～祖国 ài zǔguó *love one's country*/ ～人民 ài'rénmín *love the people* /友～ yǒu'ài *friendly love* ❷ 喜好;enjoy; be fond of:～游泳 ài yóuyǒng *be fond of swimming* /～干净 ài gānjìng *like cleanness* /～劳动 ài láodòng *love labour* ❸ 爱惜,爱护 cherish; treasure; hold dear; take good care of:～集体荣誉 ài jítǐ róngyù *cherish the good name of the collective* ❹ 容易 be apt to; tend to:铁～生锈 Tiě ài shēngxiù. *Iron rusts easily.*

嗳(嗳) ㊀ ài 历 叹词,表示懊恼、悔恨 *interj.* expressing annoyance, regret:～,早知道是这样,我就不来了 Ài, zǎo zhīdào shì zhèyàng, wǒ jiù bù lái le. *Oh! If I had known this, I would not have come.*

㊁ ǎi 见 3 页 See p. 3

㊂ āi 见 3 页 See p. 3

嫒(嬡) ài 历 [令嫒][令爱]对对方女儿的尊称 [lìng —] your beloved daughter, respectful name for the someone's daughter

瑷(璦) ài 历 [瑷珲—huī]地名,在黑龙江省。今作"爱辉" name of a place in Heilongjiang Province. Now it is written as "爱辉".

叆(靉) ài 历 [叆叇—dài]云彩很厚的样子 thick clouds; very cloudy

暧(曖) ài 历 日光昏暗(of daylight) dim (叠 redup.) [暧昧—mèi] 1. 态度不明朗 ambiguous attitude 2. 行为不光明 dubious act

饹 ㊀ ài 历 食物经久而变味(of food) becoming spoiled after a long time

㊁ hé 见 246 页 See p. 246

隘 ài 历 ❶ 险要的地方 a place strategically located and difficult of access:要～ yào'ài *a narrow pass* ❷ 狭小 narrow(⦾ comb. 狭～xiá'ài narrow):气量狭～ qìliàng xiá'ài *narrow-minded*

嗌 ㊀ ài 历 噎,食物塞住嗓子 choke, with food choking the throat

㊁ yì 见 768 页 See p. 768

碍(礙) ài 历 妨害,阻挡 hinder; obstruct; be in the way of:～口(不便说)àikǒu (not suitable to say) / ～事不～事 Àishì bù àishì? *Is it in the way?* / ～手脚 àishǒu-àijiǎo *to encumber the free movement of the limbs; be a hinderance; be in the way*

AN 弓

厂 ㊀ ān 弓 同"庵"(多用于人名) Same as "庵", (mostly used as a person's name)

㊁ chǎng 见 69 页 See p. 69

广 ㊀ ān 弓 同"庵"(多用于人名) Same as "庵", (mostly used as a person's name)

安 ān ㄢ ❶平静，稳定 calm；stable：～定 āndìng *calm down*；suppress／～心(心情安定)ānxīn *feel at ease*；*set one'e mind at rest*／～居乐业 ānjū-lèyè *live and work in peace and contentment* ❷使平静，使安定(多指心情)tranquilize；stabilize (usu. in mood)：～神 ānshén *soothe the nerves*／～民告示 ānmín gàoshi *a notice to pacify the people* ❸安全，平安，跟"危"相反 safe, antonym of "危"：～康 ānkāng *safe and healthy*／治～ zhì'ān *public security*／转危为～ zhuǎnwēiwéi'ān *take a turn for the better and be safe again* ❹安置，装设 find a place for；install (⸺comb.－装 ān—install)：～排 ānpái *arrange*／～营扎寨 ānyíng-zhāzhài *pitch a camp*；*camp*／～电灯 āndiàndēng *install electric lights* ❺存着，怀着(多指不好的念头)harbour (usu. a bad intention)：～心不良 ānxīn bùliáng *harbour bad intentions* ❻疑问词，哪里(an interrogative word) where, how：而今～在 Ér jīn ān zài? *Where is it now?*／～能如此 Ān néng rúcǐ? *How can you behave like this?* ❼电流强度单位名安培的简称，符号 A。unit name (as a standard for measuring the strength of current)；the short form for ānpéi (ampere)；symbol A

桉 ān ㄢ 桉树，常绿乔木，树干高而直，木质坚韧，供建筑用，树皮和叶都可入药，叶又可提桉油，树皮可提鞣料。也叫"有加利树" eucalyptus, evergreen arbor, with tall and straight trunk, hard and tensile wood texture which can be used in construction；bark and leaves used for extracting volatile oil；and bark also used in extracting tanning material；also called yǒujiālìshù

氨 ān ㄢ 一种无机化合物，分子式 NH₃，是无色而有剧臭的气体。在高压下能变成液体，除去压力后吸收周围的热又变成气体，人造冰就是利用氨的这种性质制成的。氨又可制硝酸、肥料和炸药 ammonia, a kind of organic compound, whose molecular formula is NH₃. It is a strong colorless gas with a sharp smell. It can be converted to liquid under high pressure. It can absorb the surrounding heat and turn into gas again when the pressure is removed. Man-made ice is made by employing this quality of ammonia. It also can be used for making nitric acid, fertilizers and explosives.

鮟 ān ㄢ [鮟鱇－kāng]鱼名。生在深海里，体前半部平扁，圆盘形，尾部细小，头大，口宽，全身无鳞，能发出像老人咳嗽的声音。俗叫"老头儿鱼" anglerfish, fishing frog, a plate-shaped fish living in deep sea, with a flat front, a small tail, a big head, a wide mouth. It is scaleless all over and it can produce sounds like the cough of an old man, so it is popularly called 'old-man-fish'.

鞍(＊鞌) ān ㄢ (－子-zi)放在骡马等背上承载重物或供人骑坐的器具 ānzi, saddle, a kind of utensil put on the back of a mule or a horse to carry weights or for a person to ride on

庵(＊菴) ān ㄢ ❶圆形草屋 round thatched hut ❷小庙(多指尼姑住的)small temple (mostly used to refer to a nunnery)：～堂 āntáng *nunnery*；*Buddhist convent*

鹌 ān ㄢ [鹌鹑－chun]鸟名。头小尾短，羽毛赤褐色，杂有暗黄色条纹，雄的好斗。肉、卵可以吃 quail, name of a kind of bird which has a small head, a short tail, and russet feathers with dark-yellow stripes. The male ones are bellicose. Its meat and eggs are edible.

⊝ guǎng 见 227 页 See p. 227

A

谙 ān ㄢ 熟悉 know well；be familiar with：不～水性 bù ān shuǐxìng cannot swim［谙练—liàn］熟习，有经验 skilled；proficient

盦 ān ㄢ ❶古代一种器皿 a kind of container of ancient times ❷同"庵"（多用于人名）Same as ān (mostly used in a person's name)

垵 ǎn ㄢˇ 同"埯" Same as"埯".

铵 ǎn ㄢˇ 铵根，化学中一种阳性复根，以 NH$_4^+$ 表示，在化合物中的地位相当于金属离子，如化肥硫铵和碳酸铵的分子中，都含有它 ammonium，ammonium radical，a positive compound radical；symbol NH$_4^+$，which serves as a metallic ion among chemical compounds. For example，the molecules of chemical fertilizers of thiamine and ammonium carbonate both contain it

俺 ǎn ㄢˇ〈方 dial.〉我，我们 I，we，or my，our：～村 ǎn cūnr my village / ～们 ǎnmen we / ～那里出棉花 Ǎn nàli chū miánhua. Our native place abounds in cotton.

埯 ǎn ㄢˇ ❶点播种子挖的小坑 a hole to dibble seeds ❷挖小坑点种 dibble into the dug holes：～瓜 ǎn guā dibble in the melon seeds / ～豆 ǎn dòur dibble in the beans ❸（—儿r）量词 meas. 用于点种的植物(ǎnr) for crops planted by dibbling：一～儿花生 yī ǎnr huāshēng a cluster of peanut seedlings

俺 ǎn ㄢˇ ❶把食物放在手里吞食 eat food from one's hand：～了几口炒米 ǎnle jǐ kǒu chǎomǐ eat fried rice from the hand ❷佛教咒语的发声词 the first sound of the Buddhist Mantra (instrument of thought)

揞 ǎn ㄢˇ 用手指把药粉等按在伤口上 apply (medical) powder to a wound with one's fingers

犴 ⊖ àn ㄢ 见 34 页"狴"字条"狴犴 (bì—)"See "bì' àn" under entry of "bì"，p. 34

⊜ hān 见 237 页 See p. 237

岸 àn ㄢ ❶江、河、湖、海等水边的陆地 the ground bordering a river，lake，or sea：河～ hé' àn river bank ❷高大 lofty；伟～ wěi' àn tall and sturdy

按 àn ㄢ ❶用手压或摁(èn)press or push down with hand：～脉 ànmài feel (or take) the pulse /～电铃 àn diànlíng ring a doorbell［按摩—mó]一种医术，推、按、揉或抚摩病人身体的一定部位，帮助血液循环。也叫"推拿" massage，a kind of medical skill，used to enhance blood circulation by pushing，pressing or stroking certain parts of a patient's body；also called "tuīná" ❷止住，压住 stop；keep under control：～兵不动 ànbīng-bùdòng not throw the troops into battle；take no action / 一下此事先不表 ànxia cǐ shì xiān bù biǎo Leave this aside undisclosed for the moment. ❸依照 on the basis of；according to：～理说你应该去 ànlǐ shuō nǐ yīnggāi qù Reasonably speaking，you should go. / 一人数算 àn rénshù suàn calculate according to the number of people /～部就班(依照程序办事)ànbù-jiùbān (follow the prescribed order) keep to conventional ways of doing things /～图索骥(本喻拘泥，转为根据线索去寻求)àntú-suǒjì look for a steed with the aid of its picture；try to locate sth by following up a clue (originally it means rigidly sticking to sth；figuratively means following suit) ❹经过考核研究后下论断，也作"案" draw a conclusion after investigation and research，can also be replaced by àn，also "案" (àn)：～语 ànyǔ note；comment / 编者～ biānzhě' àn editor's note

案 àn ㄢ ❶长形的桌子 a long narrow desk ❷机关或团体中记事

的案卷 documents of institutions or organizations：备～ bèi'àn *put on record* (or on file) / 有～可查 yǒu'àn-kěchá *be a matter of record*; *be documented* ❸提出计划、办法等的文件 a plan or proposal submitted for consideration：提～ tí'àn *motion*; *proposal* / 议～ yì'àn *proposal*; *motion* ❹事件 incident；case：五卅惨～ Wǔ-sà Cǎn'àn *the May 30th Massacre*. 特指涉及法律问题的事件 particularly used to refer to law cases：～情 ànqíng *details of a case* / 犯～ fàn'àn (of a criminal) *be found out and brought to justice* / 破～ pò'àn *solve a case*; *clear up a case* ❺古时候端饭用的木盘 wooden plate used to serve food in ancient times：举～齐眉（形容夫妇互相敬重）jǔ'àn-qíméi *holding the plate level with the brows* (refered to the husband and wife treating each other with courtesy) ❻同"按❹" Same as "按❹".

胺 àn ㄢ 有机化学中，氨(NH₃)的氢原子被烃(tīng)基代替所成的化合物，通式是 R·NH₂ amine, a compound in organic chemistry, which forms after the hydrogen atoms of ammonia (NH₃ are replaced by hydrocarbon. Its general formular is R·NH₂.

暗(❶❸*闇) àn ㄢ ❶不亮，没有光，跟"明"相反 not bright, without light, antonym of "明"：～中摸索 ànzhōng mōsuǒ *grope in the dark* / 这间屋子太～ Zhè jiān wūzi tài àn. *This room is too dark.* [暗淡－dàn]昏暗，不光明 dim；gloomy：颜色～ yánsè àndàn *a dull colour* / 前途～～ qiántú àndàn *dismal future* ❷不公开的，隐藏不露的，跟"明"相反 secret；hidden, antonym of míng：～号 ànhào *a secret signal* / ～杀 ànshā *assassinate* / 心中～喜 xīnzhōng ànxǐ *keep pleasure in the heart*; *feel happy furtively*

❸愚昧，糊涂 ignorant；benighted；muddled：明于知彼，～于知己 Míng yú zhī bǐ, àn yú zhī jǐ. *To know are opponent well but has a muddled idea of oneself.*

黯 àn ㄢ 昏黑 dim；dark[黯然－rán]昏暗的样子 dim；dusky ⑩*fig.* 心神沮丧 feel dejected：～～泪下 ànrán lèi xià *shed teers out of grief*

ANG ㄤ

肮(骯) āng ㄤ [肮脏－zāng]不干净 unclear

昂 áng ㄤ ❶仰，高抬 hold high：～首挺胸 ángshǒu-tǐngxiōng *hold one's head high and throw out one's chest* ❷高，贵 high，expensive：～贵 ángguì *costly*; *be highly-priced* / 价～ jià áng *costly*; *be highly-priced* ❸情绪高 high-spirited (叠 redup.)：斗志～扬 dòuzhì ángyáng *be full of fighting will* / 慷慨激～ kāngkǎi-jī'áng *impassioned*; *vehement* / 气～～ qì'áng'áng *full of mettle*; *full of dash*

盎 àng ㄤ ❶古代的一种盆，腹大口小 a kind of basin in ancient times, with a big belly and a small mouth ❷盛(shèng) abundant；full：春意～然 chūnyì àngrán *Spring is in the air.*

AO ㄠ

凹 āo ㄠ 洼下，跟"凸"相反 sunken, antonym of "凸" (protruding；raised)：～透镜 āotòujìng *concave lens* / ～凸不平 āotū bù píng *uneven, full of bumps and holes*

熬(**燆、**煰) ⊜āo ㄠ 煮 stew in water：～菜 āo cài *stewed cabbage*

A

㊀ áo 见本页 See the same page.

敖 áo ㄠ ❶ 同"遨" Same as "遨" ❷ 姓 a surname

熬 áo ㄠ [熬阳—yáng] 地名，在山东省新泰 name of a town in Xintai County, Shandong Province

遨 áo ㄠ 遨游，游逛 stroll；saunter

嗷 áo ㄠ 拟声词，嘈杂声，喊叫声 onom. sound imitating noise or the sound of crying (certain birds or animals, or of human beings in pain or suffering (叠 redup.)：～～待哺 áo'áo-dàibǔ (of hungry children or young animals) cry for food

廒（**㡼**） áo ㄠ 收藏粮食的仓房 storehouse for grain, etc.；barn：仓～ cāng'áo barn

璈 áo ㄠ 古代的一种乐器 a kind of musical instrument in ancient times

獒 áo ㄠ 一种凶猛的狗，比平常的狗大，善斗，能帮助人打猎 a kind of fierce dog, larger than any other, good at fighting, may become good hound after training

熬 ㊀ áo ㄠ ❶ 久煮 long boiling：～粥 áozhōu cook (cereals, etc.) into congee／～药 áoyào decoct Chinese medicine by boiling and simmering medical herbs, etc., in water ❷ 忍受，耐苦支撑 endure；hold out：～夜 áoyè stay up late or all night／～红了眼睛 áohóngle yǎnjing The eyes became blood shot through staying up late.

㊁ āo 见 7 页 See p. 7

聱 áo ㄠ 话不顺耳 words that do not appeal to the ear [聱牙—yá] 文句念着不顺口 sentences that do not make smooth reading

螯 áo ㄠ 螃蟹等甲壳动物变形的第一对脚，形状像钳子，能合开，用来取食、自卫 chelae, the first pair of claws of crustacea such as crabs in their transformation process, in the shape of pincers, used for picking up food and self-defence

謷 áo ㄠ 诋毁 slander：訾（zǐ）～ zǐ'áo defame [謷謷——] 1. 不考虑别人的话 ignore other people's words 2. 悲叹声 sound of lament

鳌（*鼇） áo ㄠ 传说中海里的大鳖 (of legend) a huge turtle in the sea

翱（*翶） áo ㄠ [翱翔—xiáng] 展开翅膀回旋地飞 hover；soar：雄鹰在天空～～ Xióngyīng zài tiānkōng áoxiáng. Eagles are hovering in the sky.

鏖 áo ㄠ 鏖战，激烈地战斗 fight hard；engage in fierce battle：赤壁～兵 chìbì-áobīng fight hard in Chibi (name of a place in present day Hubei province)

拗（*抝） ㊀ ǎo ㄠ （方 dial.）弯曲使断，折 bend or twist so as to break：竹竿～断了 Zhúgān ǎoduàn le. The bamboo pole was bent and broken into two.
㊁ ào 见 9 页 See p. 9
㊂ niù 见 483 页 See p. 483

袄（襖） ǎo ㄠ 有衬里的上衣 lined Chinese-style coat or jacket：夹～ jiá'ǎo a lined jacket／棉～ mián'ǎo cotton-padded jacket／皮～ pí'ǎo fur-lined jacket

媪 ǎo ㄠ 年老的妇人 an old woman

岙（**嶴**） ào ㄠ 浙江、福建等沿海一带把山间平地叫"岙" low-lying land between higher points in a mountain range；(col.) In the coastal areas of Zhejiang and Fujian, people call it ào.

坳 ào ㄠ 地名用字 used in a place's name：黄～ Huáng'ào Huang'ao

坳（*㘭） ào ㄠˋ 山间平地 low-lying land between or amidst higher points in a mountain range：山～ shān'ào low-lying land among mountains

拗（*抝） ㊀ ào ㄠˋ 不顺，不顺从 disobey；defy［拗口令—kǒu ìng］用声、韵、调相近的字编成的话，说得快了容易错，也叫"绕口令"tongue twister, phrases or sentences formed by words which are similar in tone, rhyme and tune, and therefore likely to be read wrongly when spoken fast, also ràokǒul ìng

㊁ ǎo 见 8 页 See p. 8

㊂ niù 见 483 页 See p. 483

夐 ào ㄠˋ ❶同"傲" Same as "傲" ❷矫健 vigorous：排～（文章有力）pái'ào (of writings) vigorous and forceful ❸上古人名 name of a person in ancient times

傲 ào ㄠˋ ❶自高自大 proud；haughty（圈comb. 骄—jiāo'—conceited；arrogant）；～慢无礼 àomàn wúlǐ overbearing insolence ❷藐视，不屈 defy；refuse to yield to：红梅～霜雪 Hóngméi ào shuāngxuě. In defiance of snow and frost, the red plums blossomed.

骜 ào ㄠˋ ❶快马 a good horse；steed ❷马不驯良 a stubborn and intractable horse ⓯ fig. 傲慢，不驯顺 haughty, intractable：桀～不驯 jié'ào-bùxùn stubborn and intractable；obstinate and unruly

鏊 ào ㄠˋ 一种铁制的烙饼的炊具，平面圆形，中间稍凸 griddle, a flat round iron surface or pan with the middle part slightly, on which cakes are cooked by low heat

奥 ào ㄠˋ 含义深，不容易懂 profound and difficult to undersand：深～shēn'ào abstruse；profound／～妙 àomiào profound and subtle

墺 ào ㄠˋ yù ㄩˋ（又 also）可居住的地方 a place that is fit to live in

澳 ào ㄠˋ ❶海边弯曲可以停船的地方 an inlet of the sea where ships can berth ❷指澳门 Macao：港～（香港和澳门）同胞 Gǎng-Ào tóngbāo compatriots in Hong Kong and Macao ❸（外 foreign）指澳洲（现称大洋洲），世界七大洲之一 Australia (Oceania), one of the seven continents of the world

懊 ào ㄠˋ 烦恼，悔恨 remorseful；regretful：～悔 àohuǐ feel remorse；repent［懊丧—sàng］因失意而郁闷不乐 feeling sorry and unhappy for being disappointed

B ㄅ

B ㄅ

BA ㄅㄚ

八 bā ㄅㄚ 数目字 the Chinese numeral 'eight'

扒 ⊖ bā ㄅㄚ ❶抓住，把着 hold on to; cling to: ~着栏杆 bāzhe lángān hold on to the railing/ ~着树枝 bāzhe shùzhī cling to the branch of the tree ❷刨开，挖 rake; dig up: 城墙~了个豁口 chéngqiáng bāle ge huōkǒu a breach was made in the city wall [扒拉—lɑ]拨动 push lightly: ~算盘 bālɑ suànpɑn move the beads of an abacus up and down / ~~开众人 bālɑ kāi zhòngrén push aside the crowd of people ❸剥，脱 strip off; take off: ~皮 bāpí shell; peel / ~下衣裳 bāxiɑ yīshɑng take off the clothes

⊜ pá 见 489 页 See p. 489

叭 bā ㄅㄚ 拟声词 onom.: ~的一声，弦断了 Bā de yī shēng, xián duàn le. The string broke with a snap.

朳 bā ㄅㄚ 无齿的耙子 rakes without the tooth-like part

巴 bā ㄅㄚ ❶黏结着的东西 something that clings to: 锅~ guōbɑ crust ❷〈方 dial.〉粘住，依附在别的东西上 cling to, stick to sth else: 饭~锅了 Fàn bāguō le. The rice stuck to the rust to the pot. / 爬山虎~在墙上 Páshānhǔ bā zài qiángshang. The ivy clings to the wall. ❸〈方 dial.〉贴近 be close to; be next to: 前不~村，后不~店 qián bù bā cūn, hòu bù bā diànr with no village ahead and no inn behind i. e. be stranded in an unin-habited area [巴结—jie]奉承，谄媚 curry favor with; fawn on ❹巴望，盼，期望 look forward to; earnestly wish: ~不得马上返回战斗岗位 bābude mǎshàng fǎnhuí zhàndòu gǎngwèi be only too anxious to go back to one's fighting post ❺Ba，古代国名，在今重庆市一带 name of an ancient state in the area around present day Chongqing ❻(bɑ) 词尾 word 1. 在名词后 as the ending of a noun: 尾~ wěibɑ tail 2. 在动词后 as the ending of a verb: 眨~眼 zhǎbɑ yǎn blink; wink / 试~试~ shìbɑ shìbɑ have a try 3. 在形容词后 as the ending of an adjective: 干~ gānbɑ shrivelled; withered / 皱~ zhòubɑ wrinkled ❼压强单位名，符号 b unit of pressure intensity; symbol b

芭 bā ㄅㄚ [芭蕉—jiāo]多年生草本植物，叶宽大，叶和茎的纤维可编绳索。果实也叫芭蕉，跟香蕉相似，可以吃 banana, a kind of perennial herb with wide and large leaves. The fibre of its leaves and stem can be used to make strings. Its fruit is also called bājiāo, which is similar to a banana.

吧 ⊖ bā ㄅㄚ 拟声词，同"叭" onom. Same as "叭": ~嗒 (dā) bādā click / ~唧 (jī) bājī squelch/ ~的一声 bā de yī shēng with a snap

⊜ ba 见 13 页 See p. 13

岜 bā ㄅㄚ (壮 of the Zhuang Nationality) 石山 rock mountain [岜关岭—guān Lǐng]地名，在广西壮族自治区扶绥 name of a place in Fusui County in the Guangxi Zhuang Autonomous Region

疤 bā ㄅㄚ ❶疤瘌(la)，伤口或疮平复以后留下的痕迹 scar, the mark left by healed wound or a skin ulcer: 疮~ chuāngbā scar / 好了伤~忘了疼(喻不重视经验教训) hǎo le shāngbā wàngle téng forget the pain once the wound is healed (fig. forget the bitter past when released from one's suffering) ❷器物上像疤的痕迹 scar-like marks on implements

笆 bā ㄅㄚ 用竹子、柳条等编成的一种东西，用途和席箔差不多 sth. made of bamboo and willow branches，much the same as a mat：～门 bāmén *bamboo or twig door* / ～篓 bālǒu *round-bottomed basket*

粑 bā ㄅㄚ 〈方 dial.〉饼类食物 cakes(叠 redup.)：玉米～～ yùmǐ bāba *corn cake*

鲃 bā ㄅㄚ 鱼名。体侧扁或略呈圆筒形，生活在淡水中，分布在我国华南和西南地区 Chinese dace (Garra Orientalis) a kind of fish of flat or somewhat cylindrical body, living in fresh water in South China and South-east China.

捌 bā ㄅㄚ "八"字的大写 capital of the character of eight (used for the numeral bā on cheques etc. to avoid mistakes or alterations)

拔 bá ㄅㄚ ❶抽，拉出，连根拽(zhuài)出 pull；pull out；uproot：～草 bá cǎo *pull up weeds* / ～牙 bá yá *pull out a tooth* / 一毛不～ yīmáo-bùbá *unwilling even to give up a hair* (喻吝啬)(*fig.* very stingy) / 不能自～ bù néng zìbá *unable to extricate oneself* (from one's plight)⑨ ext. 夺取军事上的据点 capture or seize a military stronghold；连～数城 lián bá shù chéng *take several cities successively* / ～去敌人的据点 báqu dírén de jùdiǎn *seize the stronghold of the enemy* [拔河—hé]一种集体游戏，人数相等的两队，对拽一条大绳，把对方拽过界线(代替河)，就算胜利 tug of war, a kind of collective game between two groups of people pulling against each other at opposite ends of a rope. If one group pulls the other group over the dividing line, (as the boundary river), it wins ❷吸出 suck

out：～毒 bádú *draw out pus by applying a plaster to the affected part* / ～火罐 bá huǒguàn *cupping* ❸挑选，提升 select；promote：选～人才 xuǎnbá réncái *select talented people* [提拔 tí—]挑选人员使担任更重要的职务 promote a person to a more important position ❹超出 surpass：出类～萃(人才出众)chūlèi-bácuì *stand out from one's fellows* (a person of exceptional ability or striking appearance)[海拔 hǎi—]地面超出海平面的高度 elevation；height above sea level

茇 bá ㄅㄚ 草根 grass root

胈 bá ㄅㄚ 大腿上的毛 hair on one's thigh

菝 bá ㄅㄚ [菝葜—qiā]落叶藤本植物，叶子多为卵圆形，茎有刺，花黄绿色，浆果红色。根茎可入药 chinaroot greenbrier, a kind of deciduous liana with mostly egg-shaped leaves，thorny stem，yellow-green flowers and red berries. The roots and stems can be used in medicine.

跋 bá ㄅㄚ ❶翻过山岭 cross mountains：长途～涉 chángtú báshè *make a long, arduous journey；trudge a long distance；trek a long way* (喻行路辛苦)(*fig.* the hardships of traveling) ❷写在文章、书籍等后面的短文，多是评介内容的 postscript (to an article or a book, mostly comment and review of the article or book) [跋扈—hù]骄傲而专横 proud and bossy；arrogant and domineering

魃 bá ㄅㄚ [旱魃 hàn—]传说中造成旱灾的鬼怪(in legend) the demon of drought

鮁 bá ㄅㄚ 见 662 页"鼧"字条"鼧鮁(tuó—)"See tuóbá under entry of "tuó", p. 662

把 ⊖ bǎ ㄅㄚ ❶拿，抓住 hold；grasp：两手～住门 liǎng shǒu

bǎzhù mén *hold the door with both hands* ❷控制，掌握 control；monopolize：～舵 bǎduò *hold the rudder*；*steer* / ～犁 bǎlí *handle a plough* [把持—chí]专权，一手独揽，不让他人参予 dominate；monopolize：～财权 bǎchí cáiquán *hold the string* [把握—wò] 1.掌握，控制，有效地处理 grasp；control；to deal with sth. effectively：～～时机 bǎwò shíjī *seize the opportunity*；*seize the right time* 2.事情成功的可靠性 assurance；certainty：这次试验，他很有～～ Zhè cì shìyàn，tā hěn yǒu bǎwò. *He feels confident of this experiment this time.* ❸把守，看守 guard；watch：～门 bǎmén *guard a gate* / ～风(守候，防有人来) bǎfēng *keep watch*；*be on the lookout* (in case someone should come this way) ❹手推车、自行车等的柄 handle of a push cart，a bicycle，etc：车～ chēbǎ *the handlebars of a bicycle* ❺(一儿一r)可以用手拿的小捆 bundle；bunch：草～儿 cǎobǎr *a bundle of straw* ❻介词，和"将"相当 prep. Same as "jiāng"：～一生献给党 bǎ yīshēng xiàngěi Dǎng *devote one's whole life to the Party* / ～更多的工业品供应给农民 bǎ gèngduō de gōngyèpǐn gōngyìng gěi nóngmín *provide more industrial products to the farmers* ❼量词 meas. 1.用于有柄的 for sth. with a handle：一～刀 yī bǎ dāo *a knife* / 一～扇子 yī bǎ shànzi *a fan* 2.用于可以一手抓的 for sth. that one hand can hold：一～粮食一～汗 yī bǎ liángshi yī bǎ hàn *A handful of grain is gained by shedding a handful of sweat.* 3.用于某些抽象的事物 for sth. abstract：努一力 nǔ bǎ lì *make an effort*；*step up one's efforts* ❽放在量词或"百、千、万"等数词的后面，表示约略估计 (used after meas. or "hundred，thousand，and ten thousand"，etc.) about；or so：丈一高的树 zhàngbǎ

gāo de shù *a tree about one "zhang"* (a unit of length in old Chinese measurement，about 3.3 meters) *high*/个一月以前 gèbǎ yuè yǐqián *about one month ago* / 有百～人 yǒu bǎibǎ rén *There are one hundred people or so.* ❾旧时指拜把子(结为异姓兄弟)的关系 become sworn brothers：～兄 bǎxiōng *sworn brother*

[把势—shi][把式—shi] 1.武术 martial arts 2.专精一种技术的人 a person skilled in a trade：车～～(赶车的) chēbǎshi *skillful cart-driver*

[把头—tóu] 1.旧时香会(迷信组织)的头目 master of an organization for leading a company of pilgrims in old times 2.旧社会里把持某一种行(háng)业，从中剥削工人的人 a labor contractor who dominated a certain trade in the old society，and exploited the workers

[把戏—xì] 1.魔术、杂要一类的技艺 skills like acrobatics or variety show 2. 喻 fig. 手段，诡计 cheap trick；game：你又想玩什么～～ Nǐ yòu xiǎng wánr shénme bǎxì？ *What tricks are you up to again?*

㊀ bà 见 13 页 See p.13

钯 ㊀ bǎ ㄅㄚˇ 一种金属元素，符号 Pd，银白色，富延展性，能吸收大量的氢，可用来提取纯粹的氢气。又可制催化剂。它的合金可制电器仪表等 palladium，a silvery-white metallic element；it is highly malleable，can absorb a large amount of hydrogen，and can be used to extract pure hydrogen and to make catalyst. Its alloy can be used for making electrical equipment and meters；symbol Pd

㊁ pá 见 489 页 See p.489

靶 bǎ ㄅㄚˇ (一子—zi)练习射击用的目标 bǎzi target for shooting practice：打～ dǎbǎ *target practice*；*shooting practice*

坝(壩) bà ㄅㄚˋ ❶截住河流的建筑物 a barrier pre-

B

venting the flow of water；拦河～ lánhébà　*a dam for holding back water or for flood control* ❷河工险要处巩固堤防的建筑物 a structure built to strengthen dangerous section of river conservancy works ❸（一子 —zi）平地。常用于西南各省地名 bàzi flatland；plain usu. used in a place name in provinces of southwest China

把（**欛）　⊖ bà ㄅㄚˋ（一儿一r）物体上便于手拿的部分，柄 grip handle：刀～儿 dāobàr *the handle of a knife* / 茶壶～儿 cháhúbàr *the handle of a teapot.* [话把儿 huà—r]被人作为谈笑资料的言论或行为 speech or action that has become the subject of people's ridicule

⊝ bǎ 见 11 页 See p. 11

爸　bà ㄅㄚˋ 称呼父亲 father (a term of address)(叠 redup.)

耙　⊖ bà ㄅㄚˋ ❶把土块弄碎的农具 harrow ❷用耙弄碎土块 draw a harrow over (a field)；to break earth clod into small pieces with a harrow：地已经～过了 Dì yǐjing bàguo le. *That piece of land has been harrowed.*

⊝ pá 见 489 页 See p. 489

妿　bà ㄅㄚˋ〈方 dial.〉牙齿外露 extruding tooth；bucktooth：～牙 bàyá *bucktooth*

罢（罷）　⊖ bà ㄅㄚˋ ❶停，歇 stop；rest(叠 comb.)：休～ xiū *give up；let the matter drop*；～工 bàgōng *go on strike* / ～手 bàshǒu *give up* / 欲～不能 yùbà-bùnéng *try to stop but cannot；cannot refrain from going on* ❷免去(官职) dismiss from office(叠 comb.)：免～ bàmiǎn *dismiss from office*)；～官 bàguān *dismiss from office* / ～职 bàzhí *remove from office；dismiss* ❸完了，毕 finish：吃～饭 chībà fàn *with the dinner finished；after finish-*

ing the dinner

〈古 arch.〉又同"疲"(pí)Also the same as "疲".

⊝ ba 见 14 页 See p. 14

糶（糬）　bà ㄅㄚˋ 同"耙⊖" Same as "耙⊖".

鲅　bà ㄅㄚˋ 鲅鱼，鱼名。背部黑蓝色，腹部两侧银灰色，生活在海洋中 Spanish mackerel, a kind of fish in the sea with dark blue back, silver grey on both sides of the belly.

鉑　⊖ bà ㄅㄚˋ 同"鲅"Same as "鲅"
⊝ bó 见 49 页 See p. 49

霸（*覇）　bà ㄅㄚˋ ❶依靠权势横行无忌，迫害人民的人 tyrant；bully：他过去是码头上的一～ Tā guòqù shì mǎtou shang de yī bà. *He used to be a despot in the wharf.* ㊥ext. 以武力或经济力量侵略、压迫别国，扩大自己势力的国家 hegemonist power；hegemony[霸道 —dào] 1. 蛮横 rule by force；overbearing；横行～ héngxíng-bàdào *tyrannize* 2. (—dao) 猛烈的，利害的 strong；potent：这药够～～的 Zhè yào gòu bàdao de. *This medicine is pretty strong.* ❷强占 forcibly occupy；seize：～住不让 bàzhù bù ràng *forcibly occupy a certain place and do not retreat* ❸我国古代诸侯联盟的首领 leader of feudal lords：春秋五～ Chūnqiū Wǔbà *the Five Overlords of the Spring and Autumn Period* (770—476 B.C.)

灞　bà ㄅㄚˋ 灞河，水名，在陕西省 Bahe, name of a river in Shaanxi Province

吧　⊝ ba・ㄅㄚ 助词，用在句末，也作"罢" aux. used at the end of a sentence, also written as "罢" 1. 表示可以，允许 indicating consent or approval：好～，就这么办 Hǎo ba, jiù zhème bàn ba. *OK, let's do it this way.* 2. 表示推测，估量 indicating inference and estimation：今天不会下雨～Jīntiān bù huì xiàyǔ ba. *Maybe*

it will rain today. 3. 表示命令，请求 indicating a command or a request：快出去～Kuài chūqu ba！ *Get out quickly!* / 还是你去～Háishì nǐ qù ba！ *It would be better for you to go.* 4. 用于停顿处 used as a mark of pause：说～，不好意思；不说～，问题又不能解决 Shuō ba，bù hǎoyìsi，bù shuō ba，wèntí yòu bù néng jiějué. *If I say it, I will feel embarrassing；if I don't say it, the problem cannot be solved.*

㊀ bā 见 10 页 See p. 10

罢（罷）㊁ ba ·ㄅㄚ 同"吧（ba）" *Same as* "吧（ba)".

㊀ bà 见 13 页 See p. 13

BAI ㄅㄞ

刓 bāi ㄅㄞ [刓划—huai]〈方dial.〉1. 处置，安排 arrange；deal with 这件事让他～～吧 Zhè jiàn shì ràng tā bāihuai ba. *Leave this matter to him to deal with.* 2. 修理，整治 repair；renovate：这孩子把闹钟～～坏了 Zhè háizi bǎ nàozhōng bāihuai huài le. *The child tried to repair the alarm clock, but in the end the clock was totally out of order.*

掰 bāi ㄅㄞ 用手把东西分开或折断 break apart with hand：～老玉米 bāi lǎoyùmǐ *break off corncobs* / 把这个蛤蜊～开 bǎ zhège géli bāikai. *Break this clam apart.*

擘 ㊀ bāi ㄅㄞ 同"掰" *Same as* "掰"
㊁ bò 见 51 页 See p. 51

白 bái ㄅㄞ ❶雪或乳汁那样的颜色 white，the color of snow or milk：～面 báimiàn *flour* / 他头发～了 Tā tóufa bái le. *His hair has turned gray.* ㊧trans. 1. 有关丧事的 concerning a funeral：办～事 bàn báishì *make funeral arrangements* 2. 反动的 as a symbol of reaction：～军

báijūn *the White army*（the reactionary army，in China referring to the Kuomintang army during the Second Revolutionary Civil War）/ ～匪 báifěi *White bandits* ❷清楚 understand clearly；clear（㊧comb. 明—míngbai *clearly understand*)：真相大～ zhēnxiàng dàbái *The whole truth has become clear.* / 蒙受不～之冤 méngshòu bùbáizhīyuān *be greatly wronged* ❸亮 bright：东方发～ Dōngfāng fā bái. *Day is breaking.* ❹空空的，没有加上其他东西的 blank，pure：～卷 báijuànr *a blank examination paper* / ～水 báishuǐ *plain water* / ～地（没有庄稼的地）báidì *a piece of land with nothing planted on* ㊟ext. 1. 没有成就的，没有效果的 in vain；for nothing：这话算～说 Zhè huà suàn báishuō. *Take what has been said for nothing.* / 烈士们的鲜血没有～流 Lièshìmen de xiānxuè méiyǒu báiliú. *The martyrs did not shed their blood in vain.* 2. 不付代价的 free of charge：～给 báigěi *give away free* / ～饶 báiráo *give sth extra free of charge* / ～吃 báichī *eat sth without paying for it* ❺陈述，说明 state，explain：自～ zìbái *make clear one's meaning or position* / 表～ biǎobái *express or state clearly* / 道～（戏曲中不用唱的语句）dàobái *spoken parts in an opera* [白话—huà]口头说的话，跟"文言"相对 vernacular，antonym of wényán，also simplified as bái ❻指字形或字音有错（of words）wrongly written or spoken：写～了 xiě bái le *write certain characters wrongly* / 说～了 shuō bái le *mispronounce a character* / 念～了 niàn bái le *mispronounce a character* [白字—zì]别字 a character miswritten or mispronounced through confusion with one that sounds or looks like

[白族—zú]我国少数民族，参看附表 a

minority group in China. See Appendix.

百 bǎi ㄅㄞˇ 数目,十个十 hundred ㊩ext. 众多,所有的 numerous; all kinds of:～花齐放,～家争鸣 bǎihuā qífàng, bǎijiā zhēngmíng *let a hundred flowers blossom and a hundred schools of thought contend* / ～战～胜 bǎizhàn-bǎishèng *Fight a hundred battles, win a hundred victories*. [百分率－fēnlǜ] 百分之几,符号为"％",如百分之七十五写作 75％; percentage [百姓－xìng] 人民 common people

佰 bǎi ㄅㄞˇ "百"字的大写 the capital form of the Chinese numeral bǎi (hundred)

伯 ㊀ bǎi ㄅㄞˇ [大伯子dà—zi]丈夫的哥哥 husband's elder brother
㊁ bó 见 48 页 See p. 48

柏(*栢) ㊀ bǎi ㄅㄞˇ ❶常绿乔木,有侧柏、圆柏、罗汉柏等多种。木质坚硬,纹理致密,可供建筑及制造器物之用 cypress, evergreen arbor with many varieties such as oriental arborvitae, round cypress, thujopsis. Its wood has hard quality, compact texture, and can be used in construction and in making implements. ❷姓 a surname
㊁ bó 见 48 页 See p. 48
㊂ bò 见 51 页 See p. 51

捭 bǎi ㄅㄞˇ 分开 separate apart:～阖 manueuo manoeuvre between political groups bǎihé (开合 kāihé) *open and close*

摆(擺、❺襬) bǎi ㄅㄞˇ ❶陈列,安放 display exhibit; arrange:把东西～整齐 bǎ dōngxi bǎi zhěngqí *Put things in an apple-pie order.* ㊧trans. 故意显示 assume; put on airs:～阔 bǎikuò *parade one's wealth* / ～架子 bǎi jiàzi *put on airs give oneself airs* [摆布－bù]任意支配 order about;

manipulate:受人～～ shòu rén bǎibù *be ordered about by others; be at the mercy of others* ❷陈述,列举 state clearly; lay bare:～事实,讲道理 bǎi shìshí, jiǎng dàolǐ *present the facts and reason things out* ❸来回地摇动 sway; wave:～手 bǎishǒu *wave one's hand; beckon* / 摇头～尾 yáotóu-bǎiwěi *shake the head and wag the tail* / 大摇大～ dàyáo-dàbǎi *strutting; swaggering* [摆渡 －dù] 1.用船运载过河 ferry; help persons cross a river by boat　2.过河用的船 ferry boat [摆脱 －tuō] 挣脱,甩开 break away from; cast off:～～贫困 bǎituō pínkùn *be lifted out of poverty; be freed from poverty* ❹摇动的东西 sth. that sways:钟～ zhōngbǎi *pendulum* ❺衣裙的下边 the lower hem of a gown, jacket or shirt:下～xiàbǎi *the lower hem of a gown, jacket or shirt* (图见 759 页"衣")(See picture under entry of "yī", p. 759)

唄 ㊀ bài ㄅㄞˋ [梵唄 fàn—]佛教徒念经的声音 sounds produced by Buddists when reciting or chanting sutra
㊁ bei 见 28 页 See p. 28

败 bài ㄅㄞˋ ❶输,失利,跟"胜"相反 antonym of "shèng"; be defeated; fail:一～涂地 yībài-túdì *suffer a crushing defeat; be defeated completely* / 敌军～了 Díjūn bài le. *The enemy were defeated.* ❷打败,使失败 beat; cause to fail:人民军队大～侵略军 Rénmín jūnduì dàbài qīnlüèjūn. *The people's army gave the aggressors' troops a fatal blow.* ❸做事没有达到目的,不成功 fail; do not succeed:功～垂成 gōngbàichuíchéng *fail on the verge of success* ❹败坏,毁坏 ruin; spoil:～血症 bàixuèzhèng *septicaemia* / 身～名裂 shēnbàimínglièjūn *lose all standing and reputation* ❺解除,消散 relieve; make disappear:～火 bàihuǒ *relieve inflamma-*

B

tion or internal heat / ～毒 bàidú re-
lieve internal heat or fever ❻衰落
wither；花开～了 Huār kāibài le. *The
flower faded.* / ～兴(xìng)(情绪低
落) bàixìng *feel disappointed* (in low
spirits)

拜 bài ㄅㄞˋ ❶过去表示敬意的礼节
an old etiquette to show one's re-
spect for sb else ⟨敬⟩trans. 恭敬地
courtesily；～托 bàituō *request sb. to
do sth* / ～访 bàifǎng *pay a visit* / ～
望 bàiwàng *call to pay one's respects*；
call on / ～请 bàiqǐng *appoint with
courtesy* [礼拜 lⁱ一]宗教徒对神敬礼
或祷告 religious service ⟨转⟩trans. 周、
星期的别称 an alternative name of
week ❷行礼祝贺 do obeisance；con-
gratulate (on a certain occasion)；
年 bàinián *wish sb. a Happy New
Year* / ～寿 bàishòu *congratulate an
elder person on his birthday* ❸用一定
的礼节授与某种名义或结成某种关系
(In old times) confer a title on sb. or
get into certain relationship：～将
(jiàng) bàijiàng *confer the title of
General on sb* / ～把子 bài bǎzi *be-
come sworn brothers*

稗 bài ㄅㄞˋ (一子－zi)一年生草本
植物，长在稻田里或低湿的地方，
形状像稻，但叶片毛涩，颜色较浅，主
脉清楚，是稻田的害草。果实可以做
饲料、酿酒 barnyard grass, an annual
paddy-like herb, growing in paddy
fields or low and damp places with
unsmooth leaves which are lighter in
color and have clear veins, a kind of
harmful grass in paddy fields ⟨喻⟩*fig.*
微小的，琐碎的 insignificant；petty：
～史(记载轶闻琐事的书) bàishǐ *un-
official history* (books of anecdotes)

辅(辅) bài ㄅㄞˋ〈方 dial.〉风箱
bellows：风～ fēngbài
bellows / ～拐子(风箱的拉手)
bàiguǎizi *handle of a bellows*

嗐 bai ·ㄅㄞ 助词，相当于"呗"(bei)
aux. Same as "呗".

BAN ㄅㄢ

扳 bān ㄅㄢ ❶把一端固定的东西往
下或往里拉，使改变方向 pull
sth. which is fixed at one end, so as
to change its angle：～枪栓 bān
qiāngshuān *pull the trigger* / ～着指
头算 bānzhe zhǐtou suàn *count on
one's fingers* ❷把输了的赢回来 re-
verse：～回一局 bānhuí yī jú *reverse
the tide once after being defeated*

放 bān ㄅㄢ 分给，发给 distribute；
issue

颁 bān ㄅㄢ 发下 promulgate；is-
sue：～布命令 bānbù mìnglìng
promulgate a decree / ～发奖章 bānfā
jiǎngzhāng *award a medal*

班 bān ㄅㄢ ❶一群人按次序排成的
行(háng)列 a row formed in or-
der by a group of people：排～ páibān
arrange in order ❷工作或学习的组
织 groups organized for the sake of
study or work：学习～ xuéxíbān
class / 机修～ jīxiū bān *machine-re-
pairing team* ❸工作按时间分成的段
落，也指工作或学习的场所 shift；du-
ty；place of work or study：上～
shàngbān *go to work*；*be on duty* / 下
～xiàbān *off duty* / 值～ zhíbān *be
on duty* ❹定时开行的 regularly-run；
scheduled：～车 bānchē *regular bus* /
～机 bānjī *regular air liner* ❺军队编
制中的基层单位，在排以下 squad，
basic unit in the military establish-
ment, under 'platoon' ❻量词 *meas.*
1. 用于人群 used to refer to a group
of people：这～年轻人真有力气 Zhè
bān niánqīngrén zhēn yǒu lìqi. *This
bunch of young people are really
strong.* 2. 用于定时开行的交通运输
工具 used to refer to means of trans-
portation that are regularly run：我搭
下一～飞机走 Wǒ dā xiàyībān fēijī
zǒu. *I'll take the next flight.* ❼调回

或调动(军队)withdraw or manipulate (troops):～师 bānshī *withdraw troops from the front* / ～兵 bānbīng *return after victory*

斑 bān ㄅㄢ 一种颜色中夹杂的别种颜色的点子或条纹 spots or stripes of a color that is different with the color they are mingled with (⑱comb. 一驳一bó *mottled*):～马 bānmǎ *zebra* / ～竹 bānzhú *mottled bamboo* / ～白 bānbái (grey) *grizzled*(花白)/脸上有雀～ liǎn shang yǒu quèbān *There are freckles on the face.* [斑斓—lán]灿烂多彩 brilliant and colorful:色彩～～ sècǎi bānlán *brilliant and colorful*

癍 bān ㄅㄢ 皮肤上生斑点的病 abnormal pigmentary deposits on the skin

般 bān ㄅㄢ ❶样,种类 thus; kinds: 如此这～ rúcǐ zhèbān *thus and thus* / 百～照顾 bǎibān zhàogù *show sb. every consideration* / 兄弟～的友谊 xiōngdì bān de yǒuyì *fraternal feelings* [一般 yī—] 1. 同样 same as; just like:我们两个人～～高 Wǒmen liǎng ge rén yībān gāo. *The two of us are the same height.* 2. 普通的,普遍的 general; ordinary; common:～～的读物 yībān de dúwù *ordinary readings* / ～～人的意见 yībānrén de yìjiàn *the opinions of ordinary people* ❷同"搬" Same as "搬".

搬 bān ㄅㄢ 移动,迁移 move, remove:～家 bānjiā *move* (house) / 把这块石头～开 bǎ zhè kuài shítou bānkai *remove this stone*

癍 bān ㄅㄢ 疤瘌(bāla)scar:～痕 bānhén *scar*

阪 bǎn ㄅㄢ ❶同"坂" Same as "坂". ❷[大阪 Dà—]地名,在日本 name of a place in Japan Osaka

坂(*岅) bǎn ㄅㄢ 山坡,斜坡 hillside; slope:～上走丸 bǎnshang-zǒuwán *balls rolling rapidly down a slope* (喻迅速)(fig.

a rapidly developing situation)

板(❹闆) bǎn ㄅㄢ ❶(一子—zi,一儿—r)成片的较硬的物体 sth. comparatively hard and in the shape of a flat, thin piece:～材 bǎncái *panel*; *slab* / 铁～tiěbǎn *iron plate* / 玻璃～bōlibǎn *glass plate* / 黑～ hēibǎn *blackboard* ❷演奏民族音乐或戏曲时打节拍的乐器 rhythmic comic monologue accompanied with clappers, ie., a kind of Chinese folk art forms / 檀～tánbǎn *hardwood-clappers* ⑨ext. 歌唱的节奏 rhythms of songs:一～三眼 yībǎn-sānyǎn *following a prescribed pattern in speech or action* / 离腔走～ líqiāng-zǒubǎn *off the standard*; *of the beam* [板眼—yǎn]民族音乐或戏曲中的节拍 metres in national music or traditional opera, or accented and unaccented beats in traditional Chinese music ⑳fig. 做事的条理 orderliness in doing things [快板儿 kuài—r]曲艺的一种,词句合辙押韵,说时用竹板打拍子 clappers, used to beat metre while playing national music or traditional opera ❸不灵活,少变化 stiff; lack of change:表情太～biǎoqíng tài bǎn *stiff expression* / ～起面孔 bǎnqi miànkǒng *put on a stern expression* ❹[老板 lǎo—] 1. 私营工商业的业主 owner of a private enterprise; boss 2. 过去对著名戏曲演员的尊称 a respectful title to a famous actor or actress of a certain traditional opera in old times

版 bǎn ㄅㄢ ❶上面有文字或图形,用木板或金属等制成供印刷用的东西 a printing plate, made of wood plate or metal with words or pictures on it:木～书 mùbǎnshū *a book of block printer* / 活字～ huózìbǎn *letter board* ⑨ext. 底版,相片的底片 negative, photographic plate:修～ xiūbǎn *mend a photographic plate* ❷印刷物排印的次数 edition, the number of times that a printed matter is printed；第一～ dì-yī bǎn *the first edition* / 再～ zàibǎn *the second edition* [出版 chū—]书刊杂志等编印发行 publishing books and magazines ❸报纸的一面叫一版 a page of a newspaper is called a bǎn；头～头条新闻 tóubǎn tóutiáo xīnwén *publishing front-page headline* ❹打土墙用的夹板 boards for pressing mud together while building mud walls：～筑 bǎnzhù *build mud walls with boards* ❺户籍 household register [版图—tú]户籍和地图 household register and map 鈦trans. 国家的疆域 territory；domain

钣 bǎn ㄅㄢˇ 金属板材 metal plate：铅～ qiānbǎn *lead plate* / 钢～ gāngbǎn *steel plate*

舨 bǎn ㄅㄢˇ 见 571 页"舢"字条"舢舨"(shān—)See shānbǎn under entry of "shān", p. 571

办(辦) bàn ㄅㄢˋ ❶处理 handle：～公 bàngōng *handle official business；work* (usu. in an office) / ～事 bànshì *handle affairs* / 好，就这么～ Hǎo, jiù zhème bàn. *OK, let's do it in this way.* 鈦ext. 处分，惩治 punish；mete out punishment to：首恶者必～，立功者受奖 Shǒu'èzhě bì bàn, lìgōngzhě shòujiǎng. *The chief criminal will be punished, and the followers who has performed meritorious service will be rewarded.* ❷创设 setup；run：兴～成人教育 xīngbàn chéngrén jiàoyù *carry out adult education*/校～工厂 xiào-bàn gōngchǎng *a factory run by a school* ❸置备 preparation；buy；purchase：～货 bànhuò *purchase goods*

半 bàn ㄅㄢˋ ❶二分之一 half；十个的一～是五个 Shí ge de yībàn shì wǔ ge. *Half of ten is five.* / ～米布 bàn mǐ bù *half a meter of cloth*/ 一吨～ yī dūn bàn *one and a half tons* / 分给他一～ fēngěi tā yībàn *Give him half of it (them).* ❷在中间 in the middle：～夜 bànyè *midnight* / ～路上 bànlù shang *halfway* / ～途而废 bàntú/érfèi *give up halfway* ❸不完全的 partly，not completely：～透明 bàntòumíng *semitransparent* / ～脱产 bàntuōchǎn *partly released from one's regular work*

伴 bàn ㄅㄢˋ ❶(—儿—r)同在一起而能互助的人(bànr) partners that can help each other when they are together(鈦comb. —侣—lǚ *companion；partner*)：找个～儿学习 zhǎo ge bànr xuéxí *find a companion to study with* ❷陪着，伴随 accompany；follow：～游 bànyóu *accompany sb to travel*/～奏 bànzòu *accompany* (with musical instruments)

拌 bàn ㄅㄢˋ 搅和 mix：搅～ jiǎobàn *mix* / ～种子 bàn zhǒngzi *seed dressing* / ～草喂牛 bàn cǎo wèi niú *mix the grass to feed the oxen*

绊 bàn ㄅㄢˋ 行走时被别的东西挡住或缠住 stumble over or be tied up by sth else while walking：～马索 bànmǎsuǒ *a horse-stumbling rope* / 走路不留神被石头一倒了 zǒulu bù liúshén bèi shítou bàndǎo le *stumble over a stone while walking carelessly* [羁绊 jī—]束缚 fetters；yoke：不受～ bù shòu jībàn *free of fetters*

样 bàn ㄅㄢˋ (—子—zi)大块的木柴 large pieces of firewood

靽 bàn ㄅㄢˋ 驾车时套在牲口后部的皮带 belt around the rear part of a draught animal when driving

扮 bàn ㄅㄢˋ 化装成(某种人物)be disguised as (鈦comb. 装—zhuāng— *play the part of*)：～老头儿 bàn lǎotóur *be disguised as an old man* / ～演(化装成某种人物出场表演)bànyǎn *play the part of* [扮打—]1. 化装，装饰 dress up；make up 2. 装束穿戴 way or style of dressing

瓣 bàn ㄅㄢˋ ❶（一儿一r）花瓣，组成花冠的各片 petals, pieces that form the corolla：梅花五～ méihuā wǔ bànr *five petals of a plum blossom* ❷（一儿一r）植物的种子、果实或球茎可以分开的片状物 clove, one of the small bulbs developed in the axiles of the scales of a large bulb：豆～儿 dòubànr *bean cloves* / 蒜～儿 suànbànr *cloves of a garlic* / 橘子～儿 júzibànr *cloves of an orange*

BANG ㄅㄤ

邦(****邦**) bāng ㄅㄤ 国 state; country；友～ yǒubāng *friendly country* (or *nation*)/盟～ méngbāng *ally; an allied country*［邦交—jiāo］国与国之间的正式外交关系 diplomatic relations between two countries：建立～～ jiànlì bāngjiāo *establish diplomatic relation*

帮(**幫**) bāng ㄅㄤ ❶辅助 assist（⊕comb. 一助—zhù help）：～你做 bāng nǐ zuò *help you do* (sth.)［帮忙—máng］帮助别人做事 give a hand：请大家来～～ Qǐng dàjiā lái bāngmáng. *Ask everyone to come to give a hand.*［帮凶—xiōng］帮助坏人行凶作恶的人 a accomplice; accessary［帮手—shǒu］帮助工作的人 a assistant; helper ❷集团，帮会 clique；匪～ fěibāng *bandit gang* / 青红～ Qīnghóngbāng *Green Gang and Red Gang* ❸（一子—zi、儿一r）旁边的部分 the side of sth. the outer leaf；船～ chuánbāng the side of a boat / 鞋～儿 xiébāngr *upper of a shoe* / 白菜～子 báicài bāngzi *outer leaf of cabbage* ❹ 量词，群，伙 meas. a group; a gang; a band：大～人马 dàbāng rénmǎ *a big band of forces*

梆 bāng ㄅㄤ 拟声词，敲打木头等的声音 onom. the sound produced by hitting a piece of wood：～～的敲门声 bāngbāng de qiāomén shēng *bangs on the door*

梆 bāng ㄅㄤ ❶打更用的梆子 watchman's clapper［梆子—zi］1. 打更用的响器，用竹或木制成 clapper of a watchman, made of bamboo or wood 2. 戏曲里打拍子用的两根短小的木棍，是梆子腔的主要乐器 wooden clappers with two short bars, used to beat rhythm in traditional operas, main musical instrument in clapper operas［梆子腔—ziqiāng］戏曲的一种，敲梆子加强节奏。有陕西梆子、河南梆子、河北梆子等。简称"梆子" a kind of traditional opera, beat clappers to enhance rhythm, such as Shanxi Clapper Opera, Henan Clapper Opera and Hebei Clapper opera. Its simpler name is "bangzi". ❷拟声词，同"梆" onom. Same as "梆".

浜 bāng ㄅㄤ 〈方 dial.〉小河沟 creek; streamlet

绑 bǎng ㄅㄤˇ 捆，缚 bind；tie：把两根棍子～在一起 bǎ liǎng gēn gùnzi bǎng zài yīqǐ *tie two sticks together*

榜 bǎng ㄅㄤˇ 张贴出来的文告或名单 a notice or a list of name posted up：张～招贤 zhāngxián *put up a notice to summon a talented person* / 光荣～ guāngróngbǎng *honor roll; a roster of honor*［榜样—yàng］样子，行动的模范 example; model of action：雷锋是我们学习的～～ Léi Fēng shì wǒmen xuéxí de bǎngyàng. *Lei Feng is a fine example for us to follow.*

膀 ㊀ bǎng ㄅㄤˇ ❶（一子—zi）胳膊的上部靠肩的部分 upper arm：他的两～真有劲 Tā de liǎng bǎng zhēn yǒu jìnr. *His two arms are really strong.* ❷（一儿一r）鸟类等的翅膀

wings of birds

㊀ pāng 见 493 页 See p. 493

㊁ páng 见 493 页 See p. 493

蚌(**蜯) ㊀ bàng ㄅㄤˋ 生活在淡水里的一种软体动物，贝壳长圆形，黑褐色，壳内有珍珠层，有的可以产出珍珠 freshwater mussel, a kind of mollusk living in fresh water with dark brown oval shells in which there is a pearl layer possibly with pearls

㊁ bèng 见 31 页 See p. 31

棒 bàng ㄅㄤˋ ❶棍子 rod; stick; 棍~gùnbàng club [棒子-zi] 1.棍子 rod; stick 2.(方 dial.)玉蜀黍的俗称 local name of corncob; ~~面 bàngzimiàn corn flour ❷体力强，能力高，成绩好等 (of one's body) strong; excellent; 这小伙子真~ Zhè xiǎohuǒzi zhēn bàng. This young fellow is really strong. / 画得~huà de bàng The painting is excellently done.

傍 bàng ㄅㄤˋ ❶靠 be close to; near: 依山~水 yī shān bàng shuǐ under the shetter of a mountain and close to a river ❷临近(多指时间); ~亮 bàngliàng close to dawn / ~晚 bàngwǎn early evening

谤 bàng ㄅㄤˋ 恶意地攻击别人 attack sb. viciously (⊕comb. 诽-、毁-fěi-, huǐ- slander)

搒 ㊀ bàng ㄅㄤˋ 摇橹使船前进，划船 scull to make a boat advance; row a boat

㊁ péng 见 498 页 See p. 498

蒡 bàng ㄅㄤˋ [牛蒡 niú-]多年生草本植物，叶子是心脏形，很大，夏季开紫红色小花，密集成头状。果实瘦小，果、根、叶可入药 great burdock, perennial herb with large heart-shaped leaves, bearing small purplish-red flowers of capitulum in summer, and thin and small fruits. Its fruits, roots and leaves can be used as medicine.

磅 ㊀ bàng ㄅㄤˋ (外 foreign) ❶英美制重量单位。1 磅等于 453.6 克，0.9072 市斤 pound, weight unit in British and American systems. One pound is equal to 453.6 grams, 0.9072 jin. ❷磅秤 scale; 过~guòbàng weigh sth on a scale

㊁ páng 见 493 页 See p. 493

镑 bàng ㄅㄤˋ (外 foreign) 英国、爱尔兰、埃及等国家的货币单位 pound, unit of currency of Briton, Ireland, Egypt and so on

稖 bàng ㄅㄤˋ [稖头-tóu]〈方 dial.〉玉米。也作"棒头" corn, also written as "bàngtóu"

BAO ㄅㄠ

包 bāo ㄅㄠ ❶用纸、布等把东西裹起来 wrap sth. up with paper, cloth, etc.; 把书~起来 bǎ shū bāo qilai wrap up a book with a piece of paper ❷(一儿-r)包好了的东西 sth. wrapped up; 邮~ yóubāo postal parcel / 行李 ~xínglibāo a bundle of luggage [包裹-guǒ] 1.缠裹 wrap; 把伤口~~起来 bǎ shāngkǒu bāoguǒ qilai bandage up the wound 2.指邮寄的包 a bundle of luggage ❸装东西的袋 a bag that holds things; 书~ shūbāo schoolbag / 皮~ píbāo briefcase ❹量词，用于成包的东西 meas. used for a bundle or a pack of things; 一 ~ 花 生 米 yī bāo huāshēngmǐ a pack of peanuts ❺(一子-zi,一儿-r)一种带馅蒸熟的食物 a kind of steamed fun with stuffing in it / 糖~子 tángbāozi steamed bun stuffed with sugar / 肉~子 ròubāozi steamed bun stuffed with meat ❻肿起的疙瘩 swelling; 腿上起个大~tuǐ shang qǐle ge dà bāo have a bump on the leg ❼容纳在内，总括在一起 include; contain (⊕comb. 一含-hán、

一括一kuò）：无所不～wúsuǒbùbāo all-inclusive；all-embracing／这几条都～括在第一项里 Zhè jǐ tiáo dōu bāokuò zài dì-yī xiàng li. *There articles are all included in the first item.* ［包涵一han］客套话，请人宽容，原谅 polite expressions，ask to be excused ❽总揽，负全责 undertake the whole thing；take full responsibility：～销 bāoxiāo *have exclusive selling rights*／～换 bāohuàn *take the responsibility to change the product for another if the buyer is not satisfied with it* ［包办一bàn］总负全责 take full responsibility 働 trans. 专断独行，不让别人参与 monopolize；do not take into account the opinions of the others ❾保证 guarantee：～你喜欢 Bāo nǐ xǐhuan. *I'm sure you will like it.*／～你玩得痛快 Bāo nǐ wánr de tòngkuai. *I guarantee you will have a good time.* ❿约定的，专用的 reserved；chartered：～饭 bāofàn *get or supply meals at a fixed rate*／～场 bāochǎng *make a block booking；book the whole theatre for a performance*

苞 bāo ㄅㄠ ❶花苞，苞片，植物学上称花萼或花序下面像叶的小片 bud，in botany referring to a small lateral or terminal protuberance on the stem of a plant that may develop into a flower：含～未放 hánbāo wèi fàng *a bud that has not yet burst* ❷茂盛 luxuriant；profuse：竹～松茂 zhúbāo-sōngmào *bamboos and pines growing in profusion*

孢 bāo ㄅㄠ 孢子，植物和某些低等动物在无性繁殖或有性生殖中所产生的生殖细胞 spore，a primitive usu. unicellular resistant or reproductive body produced by plants and some invertebrates

胞 bāo ㄅㄠ ❶胞衣，包裹胎儿的膜和胎盘 after birth，the placenta and fetal membranes that wrap up a fetus ［细胞 xì一］生物体的基本结构和功能单位 cell，the basic structure and function unit of organism ❷同一父母所生的 born of the same parents：～兄 bāoxiōng *blood brothers*／～叔（父亲的同父母的弟弟）bāoshū *full uncle*（an uncle born of the same parents with one's father）［同胞 tóng一］1. 同父母的兄弟姊妹 full brothers and sisters 2. 同祖国的人 fellow countryman；compatriot

炮 ⊖ bāo ㄅㄠ ❶把物品放在器物上烘烤或焙 dry sth. by heat：把湿衣服搁在热炕上～干 bǎ shī yīfu gē zài rèkàng shang bāogān *put the damp clothes on the hot kang for drying* ❷烹调方法，在旺火上急炒：～羊肉 bāo yángròu *saute；quick fry；sauted mutton*
　⊜ páo 见 495 页 See p. 495
　⊜ pào 见 495 页 See p. 495

齙 bāo ㄅㄠ 齙牙，突出唇外的牙齿 bucktooth，tooth that protrudes out of one's lips

剥 ⊖ bāo ㄅㄠ 去掉外面的皮、壳或其他东西（常用于口语）shell；peel；get rid of the shell or skin（usu. in spoken Chinese）：～花生 bāo huāshēng *shell peanuts*／～皮 bāo pí *peel；skin*
　⊜ bō 见 48 页 See p. 48

煲 bāo ㄅㄠ（方 dial.）❶壁较陡直的锅 a kind of deep pot：沙～shābāo *earthenware pot*／瓦～wǎ bāo *tile pot*／电饭～diànfànbāo *electric（ricecooker）* ❷用煲煮或熬 use this kind of pot for cooking：～粥 bāozhōu *cook porridge*／～饭 bāofàn *cook rice*

褒(*襃) bāo ㄅㄠ 赞扬，夸奖，跟"贬"相反 praise；commend；opposite to biǎn（働 comb. 一奖一jiǎng *praise and honour*）：～扬 bāoyáng *praise；commend*／～义词 bāoyìcí *commendatory term*

雹 báo ㄅㄠ（一子一zi）空中水蒸气遇冷结成的冰粒或冰块，常在夏

B

季随暴雨下降 hail, precipitation in the form of small balls or lumps usu. consisting of concentric layers of clear ice and compact snow, falling in summer with storm

薄 ⊖ báo ㄅㄠˊ ❶厚度小的 thin：～片 báopiàn *sheet* / ～饼 báobǐng *thin pancake* / ～纸 báozhǐ *flimsy paper* / 这块布太～ Zhè kuài bù tài báo. *The cloth is too flimsy.* ❷（感情）冷淡（of emotions）lacking in warmth ❸（味道）淡（of taste）weak；light：酒味很～ Jiǔwèi hěn báo. *This is a light wine.* ❹不肥沃 infertile；poor：土地～ Tǔdì báo. *poor land；infertile land*

⊜ bó 见 50 页 See p. 50

⊜ bò 见 51 页 See p. 51

饱 bǎo ㄅㄠˇ ❶吃足了，跟"饿"相反 have eaten one's fill, antonym of "è" ㊀ext. 足，充分 enough；adequate：～学 bǎoxué *learned；erudite；scholarly* / ～经风霜 bǎojīngfēngshuāng *weather beaten；having experienced the hardships of life* [饱和—hé]在一定的温度和压力下，溶液内所含被溶解物质的量已达到最大限度，不能再溶解 saturation, a state in which under certain temperature and pressure, the amount of dissolved matter in solution has reached the maximum and can not be dissolved any longer ㊀ext. 事物发展到最高限度 things have reached the ultimate limit [饱满—mǎn]充实，充足 full；plump：精神～～ jīngshén bǎomǎn *energetic；full of vigor* / 谷粒长得很～～ Gǔlì zhǎng de hěn bǎomǎn. *plump-eared grains* ❷满足 satisfy：大～眼福 dàbǎo-yǎnfú *be lucky enough to see sth. wonderful*

宝（寶、＊寳） bǎo ㄅㄠˇ ❶珍贵的 precious：～刀 bǎodāo *a precious sword* / ～石 bǎoshí *precious stone；gem* / 敬辞 term of respect：～地 bǎodì *treasured land* / ～眷 bǎojuàn *your respectable family* ❷珍贵的东西 sth. precious：珠～ zhūbǎo *pearls and jewels；jewelry* / 国～ guóbǎo *national treasure* / 粮食是～中之～ Liángshi shì bǎo zhōng zhī bǎo. *Grain is the treasure of treasures.* [宝贝—bèi] 1.珍贵的东西 treasured object 2.（一儿—r）对小孩儿亲昵的称呼 darling, used to address a baby [元宝 yuán—] 一种金、银锭，两头翘起，中间凹下 a shoe-shaped gold or silver ingot used as money in feudal China

保 bǎo ㄅㄠˇ ❶看守住，护着不让受损害或丧失 defend；protect from damage or loss（㊀comb. —卫-wèi，-护-hù *defend；protect*）：～家卫国 bǎojiā-wèiguó *protect our homes and defend our country* / ～健 bǎojiàn *health protection；health care* [保持—chí]维持，使持久 maintain；make sth endure：～～艰苦奋斗的作风 bǎochí jiānkǔ fèndòu de zuòfēng *preserve the style of plain living and hard struggle* [保守—shǒu] 1.保持，使不失去 guard；keep：～～机密 bǎoshǒu jīmì *guard secrets* 2.守旧，不改进 conservative；lacking improvement：打破～～思想 dǎpò bǎoshǒu sīxiǎng *break free from conservative ideas* [保育—yù]对幼儿的抚养教育 child care [保障—zhàng] 1.维护 ensure；guarantee：婚姻法～了男女双方和下一代儿女的利益 Hūnyīnfǎ bǎozhàngle nán-nǚ shuāngfāng hé xiàytdài érnǚ de lìyì. *The Marriage Law guarantees the interests of both men and women, as well as the interests of children.* 2.作为卫护的力量 serve as the guarantee power of sth or sb.：强大的中国人民解放军是祖国安全的～～ Qiángdà de Zhōngguó Rénmín Jiěfàngjūn shì zǔguó ānquán de bǎozhàng. *The powerful PLA of China is the guar-*

antee of safety of our homeland. ❷负责，保证 take responsibility；guarantee：一荐 bǎojiàn recommend sb. with guarantee / 我敢一他一定做得好 Wǒ gǎn bǎo tā yīdìng zuò de hǎo. I can guarantee that he will certainly do it well. [保险一xiǎn] 1.参与保险的个人或企业按期向保险公司交纳保险费，发生灾害或遭受损失时，由保险公司按预定保险数额赔偿 insurance, an agreement according to which a person or a business pays a certain sum of money to an insurance company, and the insurance company undertakes to indemnify or guarantee the person or the business against loss by a specified contingency or peril sum of money 2.靠得住 can be depended upon：这样做～～不会错 zhèyàng zuò bǎoxiǎn bùhuì cuò I can assure you that nothing will go wrong if it is done in this way. [保证一zhèng]担保做到 pledge；ensure：～～完成任务 bǎozhèng wánchéng rènwu pledge to fulfil the task ❸旧时户口的一种编制，若干户为一甲，若干甲为一保 an old administrative system organized on the basis of household. Several households constituted a "Jia", and several "Jia" constituted a "Bao". [保安族—ānzú]我国少数民族，参看附表 The Baoan nationality, a national minority in China. see Appendix.

葆 bǎo ㄅㄠˇ ❶草木繁盛 luxuriant growth (of grass) ❷保持 maintain：永～青春 yǒngbǎo qīngchūn always keep one's spirits young

堡 ㊀ bǎo ㄅㄠˇ ❶堡垒 fort；fortress：桥头～ qiáotóubǎo bridgehead [堡垒一lěi]军事上防守用的建筑物 stronghold, a structure constructed for military defence：打下敌人最坚固的～～ dǎxia dírén zuì jiāngù de bǎolěi capture the most heavily fortified stronghold of the enemy ㊝fig. 难于攻破的事物：攻克科

学～～ gōngkè kēxué bǎolěi tackle key scientific problems / 顽固～～ wángù bǎolěi fortress difficult to capture ❷小城 a town

㊁ bǔ 见 52 页 See p. 52
㊂ pù 见 514 页 See p. 514

褓(＊緥) bǎo ㄅㄠˇ 见530页 "襁"字条"襁褓" (qiǎng—) See qiǎngbǎo under entry of "qiǎng", p. 530

鸨 bǎo ㄅㄠˇ ❶大鸨，一种鸟，比雁略大，背上有黄褐色和黑色斑纹，不善于飞，而善于走 bustard, a kind of bird with tawny and black stripes on its back, which is a little bit larger than a wild goose, and good at walking rather than flying ❷指鸨母 procuress：老～（开设妓院的女人）lǎobǎo woman who runs a brothel

报(報) bào ㄅㄠˋ ❶传达，告知 announce；report：～捷 bàojié announce a victory；report a success / 信 bàoxìn notify；inform/ [报告—gào]对上级或群众的陈述 notify；inform：～～领导 bàogào lǐngdǎo report to the leader / ～～大家一个好消息 bàogào dàjiā yī ge hǎo xiāoxi Now I will tell you all a piece of good news. ❷传达消息和言论的文件或信号 papers or signals that transmit news or speech：电～ diànbào telegram / 情～ qíngbào information / 警～ jǐngbào alarm；warning ❸报纸，也指刊物 newspaper；publication：日～ rìbào daily / 晚～ wǎnbào an evening newspaper / 画～ huàbào pictorial / 黑板～ hēibǎnbào blackboard news transmitter ❹回答 respond：～恩 bào'ēn pay a debt of gratitude / ～仇 bàochóu revenge [报酬—chou] 1.由于使用别人的劳动或物件而付给的钱或实物 money or object paid to reward other's labor or objects 2.答谢 reward [报复—fu]用敌对的行动回击对方 make reprisals；retaliate

刨（*鉋、＊鑤）

〇 bào ㄅㄠ ❶（－子－zi）推刮木料等使平滑的工具 plane，a carpenter's tool used to plane sth smooth [刨床－chuáng]推刮金属制品使平滑的机器 planer，a machine used to plane the surface of hardware ❷用刨子或刨床推刮 plane the surface of sth. with a plane or a planing machine：～得不光 bào de bù guāng not well planed / ～平 bàopíng plane sth. smooth

〇 páo 见 494 页 See p. 494

抱（❸＊＊菢）

bào ㄅㄠ ❶用手臂围住 hold or carry in the arms（通comb. 拥－yōng － embrace）：～着孩子 bàozhe háizi hold a child in one's arms / ～头鼠窜 bàotóu-shǔcuàn cover the head and scurry off like a rat 引ext. 围绕 surround：山环水～ shānhuán-shuǐbào surrounded by mountains and rivers [抱负－fù]愿望，志向 aspiration；ambition：做有志气有～～的青年 Zuò yǒu zhìqì yǒu bàofù de qīngnián. be a youth of high aspirations [合抱 hé －]两臂围拢（多指树木、柱子等的粗细）surround sth with one's two arms（mostly referring to the girth of a tree or a pillar）❷心里存着 harbor；cherish：～不平 bào bùpíng be outraged by an injustice（done to sb. else）/ ～歉 bàoqiàn be sorry / ～着必胜的决心 bàozhe bìshèng de juéxīn full of confidence in success ❸孵（fū）：～窝 bàowō hatch / ～小鸡 bào xiǎojī sit (on eggs)；brood

鲍

bào ㄅㄠ 鲍鱼 abalone 1. 盐腌的干鱼 salted fish 2. "鳆（fù）鱼"的俗名 the popular name of "fùyú"

趵

bào ㄅㄠ 跳 jump：～突泉（在山东省济南）Bàotū Quán Baotu Spring（in Jinan，Shandong Province）

豹

bào ㄅㄠ 像虎而比虎小的一种野兽，毛黄褐或赤褐色，多有黑色斑点，善跳跃，能上树，常捕食鹿、羊、猿猴等。毛皮可制衣，褥 leopard；panther；an animal like tiger，but smaller，with tawny or russet hair with black spots，good at jumping and capable of climbing trees，often catching deer，sheep，apes and so on for food. Its hide can be made for clothing and mattress.

暴

〇 bào ㄅㄠ ❶强大而突然来的，又猛又急的 sudden and violent：～风雨 bàofēngyǔ storm；rainstorm / ～病 bàobìng sudden attack of a serious illness [暴动－dòng]为推翻原有的国家政权，破坏当时的政治制度和社会秩序而采取的集体武装行动 riot，collective armed action taken to overthrow the existing state power or sabotage the existing political system and social order ❷过分急躁的，容易冲动的 short tempered；irritable：这人脾气真～ Zhè rén píqi zhēn bào. This guy is really quick-tempered. ❸凶恶残酷的 fierce；cruel（通comb. －虐－nüè outrageous 凶－xiōng－ brutal）：－行（xíng）bàoxíng savage act；outrage / ～徒 bàotú ruffian；thug / ～虐的行为 bàonüè de xíngwéi brutal act；tyrannical act ❹糟蹋，损害 spoil；ruin：自～自弃 zìbào-zìqì give oneself up as hopeless；be resigned to one's backwardness ❺姓 a surname

[暴露－lù]显露 expose：～～目标 bàolù mùbiāo give away one's position

〇 pù 见 514 页 See p. 514

瀑

〇 bào ㄅㄠ ❶暴雨 torrential rain；rain storm ❷瀑河（Bào Hé），水名，在河北省 the Baohe river，a river in Hebei Province

〇 pù 见 514 页 See p. 514

曝

〇 bào ㄅㄠ [曝光－guāng]使感光纸或摄影胶片感光 exposure，the act of exposing a sensitized photographic material 喻fig. 隐蔽的事情

B

暴露出来,被众人知道 make sth. bad public;expose

㈠ pù 见 514 页 See p. 514

爆 bào ㄅㄠ ❶猛然破裂 burst violently (֍comb. —炸 —zhà burst):豆荚熟得都~了 Dòujiá shú de dōu bào le. *The pods burst open because of overripe.* ❷ 突然发生 burst:~冷门 bào lěngmén *produce an unexpected winner* ❸ 烹调方法,用滚水稍微一煮或用滚油稍微一炸 way of cooking, quick-fry or quick-boil:~肚(dǔ)儿 bàodǔr *quick-fried tripe* / ~炒 bàochǎo *quick-fry* [爆发—fā]突然发生 erupt; burst out:火山~~ huǒshān bàofā *volcanic eruption* [爆竹—zhú]用纸卷火药,燃点引线爆裂发声的东西。也叫“爆仗”、“炮仗” firecracker, a paper cylinder containing explosive and a fuse and usu. discharged to make a sharp sound. It is also called "bàozhang" or "pàozhang"

BEI ㄅㄟ

陂 ㈠ bēi ㄅㄟ ❶池塘 pond:~塘 bēitáng *pond* / ~池 bēichí *pond* ❷池塘的岸 waterside; bank ❸山坡 mountain slope

㈡ pí 见 501 页 See p. 501

㈢ pō 见 510 页 See p. 510

杯(*盃) bēi ㄅㄟ (一子—zi)盛酒、水、茶等的器皿 glass, a utensil used to contain wine, water, tea, etc.:酒~ jiǔbēi *wine glass* / 玻璃~ bōlibēi *glass* / ~水车薪(用一杯水救一车着火的柴。喻无济于事)bēishuǐ-chēxīn *trying to put out a blazing cartload of faggots with a cup of water,* (*fig.* an utterly inadequate measure)

卑 bēi ㄅㄟ 低下 low:地势~湿 dìshì bēishī *low lying and damp* / 自~感 zìbēigǎn *inferiority*

complex 引ext. 低劣 dīliè *mean* / 下流 xiàliú *base* (֍comb. —鄙—bǐ *base*):~劣 bēiliè *mean; despicable* / ~鄙无耻 bēibǐ wúchǐ *base and shameless*

库 bēi ㄅㄟ bǐ ㄅㄧˇ (又)❶低下 low:堕高堙~(削平高丘,填塞洼地) duògāo-yānbēi *leveling the mounds and filling up the low-lying land* ❷矮 low

椑 bēi ㄅㄟ [椑柿—shì]柿子的一种,果实小,色青黑,可制柿漆 a kind of persimmon with small black fruits which can be used for making lacquer

碑 bēi ㄅㄟ 刻上文字纪念事业、功勋或作为标记的石头 a steal; a stone tablet on which there is an inscription carved in memory of cause or certain exploit as a symbol:人民英雄纪念~Rénmín Yīngxióng Jìniànbēi *the Monument to the Memory of People's Heroes* / 里程~ lǐchéngbēi *milestone* / 有口皆~(喻人人都说好)yǒukǒu-jiēbēi *win universal praise* (*fig.* be praised by everyone)

鹎 bēi ㄅㄟ 鸟名。羽毛大部分为黑褐色,腿短而细,吃昆虫、果实等 bulbul, a kind of bird with most of the feathers dark brown, and with short and slender legs. It preys on insects and seeds.

背(*揹) ㈠ bēi ㄅㄟ 人用背(bèi)驮(tuó)东西 carrying sth on one's back:把小孩儿~起来 bǎ xiǎoháir bēi qǐlai *carrying the child on the back* / ~包袱 bēi bāofu *bear a heavy burden; have a load on one's mind* / ~枪 bēi qiāng *shoulder a gun*

㈡ bèi 见 26 页 See p. 26

悲 bēi ㄅㄟ ❶伤心,哀痛 sorrowful; sad (֍comb. —哀—āi *sorrowful*):~喜交集 bēixǐ-jiāojí *mixed feelings of grief and joy* ❷怜悯 compassion:慈~ cíbēi *mercy; benev-*

olence

北 běi ㄅㄟ ❶方向,早晨面对太阳左手的一边,跟"南"相对 the direction of north; the direction to the left of one facing the sun in the morning, which is the opposite of "nán" (south):~门 běimén *the north gate* / 由南往~ yóu nán wǎng běi *from south to north* ❷打了败仗往回跑 run back after being defeated:三战三~ sān zhàn sān běi *be defeated in one battle after another* / 追奔逐~(追击败走的敌人) zhuībēn-zhúběi *give chase to a routed enemy*

贝(貝) bèi ㄅㄟ ❶古代称水中有介壳的动物,现在称软体动物中蛤蜊、珠母、刀蚌、文蛤等为贝类 shellfish, in ancient times, any water creatures with shells were called shellfish; but nowadays, molluscs such as clams, pearl oysters, knife-shaped clams are called shellfish ❷古代用贝壳做的货币 a kind of currency made of shells in ancient times

狈 bèi ㄅㄟ 传说中的一种兽 a kind of animal in the legend:狼~ lángbèi *wolf and bei*, (*fig.* in a difficult position)

钡 bèi ㄅㄟ 一种金属元素,符号 Ba,颜色银白,燃烧时发黄绿色火焰 barium, a kind of metalic element, silvery-white in color, giving out yellowish-green flame; symbol Ba

孛 bèi ㄅㄟ 古书上指彗星 comet in ancient texts

悖 bèi ㄅㄟ 混乱,违反 confusion; go against:并行不~ bìngxíng-bùbèi *both can be accomplished without coming into conflict; not be mutually exclusive*

邶 bèi ㄅㄟ 周代诸侯国名,在今河南省汤阴东南 a state in Zhou Dynasty, in the southeast of Tangyin, Henan Province

背 ㊀ bèi ㄅㄟ ❶背脊,脊梁,自肩至后腰的部分 the back of the body, from one's shoulder to the small of the back(图见 641 页"体" See picture under entry of tǐ, p. 641)[背地—dì] 不当人面 behind one's back:不要当面不说,~~乱说 Bùyào dāngmiàn bù shuō, bèidì luànshuō. *Don't remain silent to one's face and make irresponsible remarks behind his back.* or *Don't gossip behind one's back but say nothing to his face.* [背景—jǐng] 1. 舞台上的布景 setting on the stage 2. 图画上或摄影时衬托主体事物的景物 part of a view or scene which sets off the chief object or person in pictures or photographs; background ㊗ *fig.* 对人物、事件起作用的环境或关系 conditions or relations that can affect a person or an event:政治~~ zhèngzhì bèijǐng *political back-ground* / 历史~~ lìshǐ bèijǐng *historical background* [背心—xīnr]没有袖子和领子的短上衣 a sleeveless garment ❷物体的反面或后面 the back or reverse side of an object:~面 bèimiàn *the back; the reverse side* / 手~ shǒubèi *the back of one's hand* / 刀~ dāobèi *the back of a knife blade* ❸用背部对着,跟"向"相反 with the back towards, antonym of "xiàng":~水作战 bèishuǐ zuòzhàn *fight with one's back to the river* (*fig.* fight to win or die) / ~光 bèiguāng *be in a poor light; against the light* / ~灯 bèidēng *with one's back to the light* ㊗ext. 1. 向相反的方向 towards the opposite direction:~道而驰 bèidào érchí *run in the opposite direction* / ~地性(植物向上生长的性质) bèidìxìng *the characteristics of plants growing upward* / 2. 避 evade; behind one's back:~着人说话 bèizhe tā shuōhuà *talk behind his back* 3. 离开 leave:离乡~井 líxiāng-bèijǐng *leave one's native place; be away* from home ❹凭记忆读出 recite from memory;repeat a lesson：诵 bèisòng recite；repeat from memory/～书 bèi-shū recite a lesson from memory；repeat a lesson ❺违背，违反 act contrary to；violate：～约 bèiyuē break an agreement /～信弃义 bèixìn-qìyì break faith with sb. [背叛一pàn]投向敌对方面，反对原来所在的方面 betray；forsake，to give away to the enemy，to oppose the original side ❻不顺 unlucky：～时 bèishí unlucky ❼偏僻，冷淡 out-of-the-way；slack：这条胡同太～ Zhè tiáo hútòngr tài bèi. This alley is off the beaten track. /～月（生意清淡的季节）bèiyuè slack bussiness season ❽听觉不灵 weak in hearing：耳朵有点儿～ ěrduo yǒudiǎnr bèi be a bit hard of calligraphy writing or a hearing

㊂ bāi 见 25 页 See p. 25

褙 bèi ㄅㄟˋ 把布或纸一层一层地粘在一起 stick layers of cloth or paper together：裱～ biǎobèi mount a picture

备（備、*俻） bèi ㄅㄟˋ ❶具备，完备 get everything necessary ready：德才兼～ décái-jiānbèi have both ability and integrity /求全～ qiúquán-zébèi demand perfection /爱护～至 àihù bèizhì take care of sth. or sb to the utmost ❷预备，防备 provide against；take precautions against：～耕 bèigēng prepare for ploughing and sowing /～荒 bèihuāng prepare for natural disasters /～课 bèikè prepare lessons /准～ zhǔnbèi prepare /有～无患 yǒubèi-wúhuàn Preparedness averts peril. or Where there is precaution，there is no danger. [备案一àn]向主管机关做书面报告，以备查考 put on record (or file)，report to the responsible institution for the record ❸设备 equipment：装～ zhuāngbèi equipment /军～ jūnbèi

military equipment

惫（憊） bèi ㄅㄟˋ 极度疲乏 tired；exhausted：疲～ píbèi exhausted

糒 bèi ㄅㄟˋ 干饭 cooked rice

鞴 bèi ㄅㄟˋ 把鞍鞯(pèi)等套在马身上 put a saddle on the back of a horse：～马 bèimǎ saddle a horse

倍 bèi ㄅㄟˋ ❶跟原数相同的数，某数的几倍就是用几乘某数 times as many；to be multiplied by：二的五～是十 Èr de wǔ bèi shì shí. Five times two is ten. /精神百～（精神旺盛）jīngshén-bǎibèi full of vigor ❷加一倍 two times：事半功～ shìbàn-gōngbèi get twice the result only with half the effort

焙 bèi ㄅㄟˋ 把东西放在器皿里，用微火在下面烘烤 bake over a slow fire：把花椒～干研成细末 bǎ huājiāo bèigān yánchéng xìmòr bake prickly ash dry and then grind it into powder

蓓 bèi ㄅㄟˋ [蓓蕾一lěi](一lěi)花骨朵儿，还没开的花蕾 a flower bud，that has not blossomed

碚 bèi ㄅㄟˋ [北碚 Běi一]地名，在重庆市 a place in Chongqing

被 bèi ㄅㄟˋ ❶(一子一zi)睡觉时覆盖身体的东西 quilt，sth. to cover one's body when sleeping：棉～ miánbèi quilt with cotton wadding 夹～ jiābèi double-layered quilt ❷盖，遮盖 cover：～覆 bèifù cover；natural vegetation cover ❸介词，引进主动的人物并使动词含有受动的意义 prep. used in a passive sentence to introduce either the doer of the action or the action if the doer is not mentioned：他～大家评选为生产能手 Tā bèi dàjiā píngxuǎn wéi shēng-chǎn néngshǒu. He was elected a production crackajack (an advanced worker) by all. ❹放在动词前，表示受动 used before verbs，as a symbol of passive-

B

ness：～压迫 bèi yāpò be oppressed／～批评 bèi pīpíng be criticized

〈古 arch.〉又同"披"（pī）Also same as "pī".

鞁 bèi ㄅㄟ ❶古时套车用的器具 sth used to harness a horse to a cart in ancient times ❷同"鞴"Same as "bèi".

琲 bèi ㄅㄟ 珠子串儿 strings of beads

辈 bèi ㄅㄟ ❶代，辈分 generation；order of seniority in the family or clan：长～ zhǎngbèi a member of elder generation／晚～ wǎnbèi the younger generation／革命前～ gémìng qiánbèi revolutionaries of the older generation ［辈子—zi］人活着的时间 life time：活了半～～了 huóle bànbèizi le have lived half of one's lifetime ❷类（指人）people of a certain kind：无能之～ wúnéng zhī bèi incompetent persons；powerless people ❸ext. 表示多数（指人）the majority of people：彼～ bǐbèi most of them／我～ wǒbèi most of us

鐾 bèi ㄅㄟ 把刀在布、皮、石头等物上反复摩擦几下，使锋利 grind or sharpen a knife on a piece of cloth，skin or a stone：刀～ dāobèidāo sharpen a knife／刀布 bèidāobù a piece of cloth with which to sharpen a knife

呗 ⊖ bei ·ㄅㄟ 助词 aux. 1. 表示"罢了"、"不过如此"的意思 indicating that sth. is obvious：这就行了～ Zhè jiù xíngle bei. This is good enough. 2. 表示勉强同意的语气，跟"吧"相近 indicating agreement，similar with "ba"：你愿意去就去～ Nǐ yuànyi qù jiù qù bei. You go if you like.

⊖ bài 见 15 页 See p. 15

臂 ⊖ bei ·ㄅㄟ 见 201 页"胳"字条"胳臂"（gē—）See "gēbei" under entry of gē, p. 201

⊖ bì 见 37 页 See p. 37

BEN ㄅㄣ

奔（*犇） ⊖ bēn ㄅㄣ 急走，跑 walk quickly；run（⸢comb. —跑—pǎo run quickly）：狂～ kuángbēn run wildly／～驰 bēnchí gallop；run quickly／东～西跑 dōngbēn-xīpǎo run around here and there；bustle about ［奔波—bō］劳苦奔走 be busy running about；rush about

⊜ bèn 见 29 页 See p. 29

锛 bēn ㄅㄣ ❶（—子—zi）砍平木料的一种工具，用时向下向内用力 adze，a tool used to level wood by chopping downward and backward with great force ❷用锛子一类东西砍 to chop sth. with an adze：～木头 bēn mùtou cut wood with such a tool／用镐～地 yòng gǎo bēn dì dig earth with a pickaxe

贲 ⊖ bēn ㄅㄣ ［虎贲 hǔ—］古时勇士（in ancient times）the brave ［贲门—mén］胃与食管相连的部分 cardia

⊜ bì 见 35 页 See p. 35

栟 ⊖ bēn ㄅㄣ ［栟茶—chá］地名，在江苏省如东 a place in Rudong in Jiangsu Province

⊜ bīng 见 45 页 See p. 45

本 běn ㄅㄣ ❶草木的根，跟"末"相反 the root of a plant，antonym of mò：无～之木 wú běn zhī mù a tree without root／木～水源 mùběnshuǐyuán the root of a plant，the source of a river ❷ext. 事物的根源 the origin of sth.：翻身不忘～ fān shēn bù wàng běn not forget one's origin after being emancipated［本末—mò］头尾，始终，事情整个的过程 the whole course of an event from beginning to end：～～倒置 běnmò-dàozhì have no idea of ins and outs／纪事～～（史书的一种体裁）jìshì běnmò his-

B

tory presented in separate accounts of important events (a kind of historical literature)［根本 gēn—］1. 事物的根源或主要的部分 the origin or main part of sth. ⑱trans. 彻底 thoroughly：～～解决 gēnběn jiějué a thorough settlement；solve some problems once and for all 2. 本质上 in essence；in nature：～～不同 gēnběn bùtóng be distinct from［基本 jī—］1. 主要的部分 the main part of sth.：～～建设 jīběn jiànshè capital construction 2. 大体上 on the whole：大坝～～上已经建成 Dàbà jīběn shang yǐjing jiànchéng. the building of the embankment has been completed on the whole ❷草的茎或树的干 the stem of a blade of grass or the trunk of a tree：草～植物 cǎoběn zhíwù herbs／木～植物 mùběn zhíwù woody plant ❸中心的，主要的 central；principal：校～部 xiào běnbù the central part of the school ❹本来，原来 original：～意 běnyì real intention／这本书～来是我的，后来送给他了 Zhè běn shū běnlái shì wǒ de，hòulái sònggěi tā le. Originally，this book belonged to me，and then I gave it to him. ❺自己 这方面的 one's own；native：～国 běn guó one's own country／～厂 běn chǎng this factory［本位—wèi］1. 自己的责任范围 one's own job；one's responsibility：做好～～工作 zuòhǎo běnwèi gōng-zuò do well the work of one's own department 2. 计算货币用做标准的单位 the basic monetary unit of a currency：～货币 běnwèi huòbì the basic monetary unit of a currency ❻现今的 current：～年 běnnián this year／～月 běnyuè this month ❼（一儿一r）本钱，用来做生意、生利息的资财 capital used to do business and bear interest：老～儿 lǎoběnr principal capital／够～儿 gòuběnr make enough money to cover the cost；break even ❽根据 according to；in

line with：有所～ yǒu suǒ běn have certain principles to follow／～着上级的指示去做 běnzhe shàngjí de zhǐshì qù zuò act in accordance with the instructions from the higher authority ❾（一儿一r，一子—zi）册子 book；notebook：日记～ rìjìběnr diary book／笔记～bǐjìběnr notebook ❿（一儿一r）版本或底本 edition or master copy：刻～ kèběn block-printed edition／稿～ gǎoběn manuscript／剧～儿 jùběnr script；scenario ⓫量词 meas.：一～书 yī běn shū a book

苯 běn ㄅㄣˇ 一种有机化合物，分子式 C_6H_6，无色液体，有特殊的气味，工业上可用来制染料，是多种化学工业的原料和溶剂 benzene，an organic compound；a colorless liquid with special smell；and is used in industry for making dyestuff，and as a raw material and solvent in a variety of chemical industry. Its molecular formula is C_6H_6.

畚 běn ㄅㄣˇ 簸箕，用竹、木、铁片等做的撮土器具 dustpan or a scoop made of bamboo，wood or iron sheet

夯 ⊖ bèn ㄅㄣˋ 同"笨"（见于《西游记》、《红楼梦》等书）Same as "笨" "foolish"（used in such books as Pilgrimage to the West， and A Dream of the Mansions）
　　⊖ hāng 见 240 页 See p. 240

坌 bèn ㄅㄣˋ ❶灰尘 dust ❷聚集 gather

奔(*逩) ⊖ bèn ㄅㄣˋ ❶直往，投向 head for；go straight to：投～tóubèn go to a friend or a certain place to seek shelter and help／直～工厂 zhíbèn gōngchǎng head directly for the factory／党指向哪里，就～向哪里 Dǎng zhǐxiàng nǎli，jiù bènxiàng nǎli. Go along in the direction where the Party has pointed out. ❷为某种目的而尽力去做 try one's best for certain purpose：

～材料 bèn cáiliào *busy oneself procuring materials /* ～命 bènmìng *in a desperate hurry*

㊀ bēn 见 28 页 See p. 28

俸 bèn ㄅㄣˋ [俸城—chéng]地名,在河北省滦南 name of a place in Luannan, Hebei Province

笨 bèn ㄅㄣˋ ❶不聪明 foolish; unintelligent; unclever (遼comb. 愚—yú— *stupid*) ❷不灵巧 clumsy:嘴～zuǐbèn *slow of speech /* ～手一脚 bènshǒu-bènjiǎo *clumsy* ❸粗重,费力气的 awkward; unwieldy:箱子太～xiāngzi tài bèn *The trunk is cumbersome. /* ～活 bènhuór *heavy manual labor*

BENG　ㄅㄥ

伻 bēng ㄅㄥ 〈古 arch.〉使,使者 messenger

祊(**𥛱) bēng ㄅㄥ ❶古代宗庙门内的祭祀,也指门内祭祀之处 in old times, the offering sacrifices to ancestors inside the gate of ancestral temple, also referring to the spot of putting sacrifices ❷祊河 Bēng Hé,水名,在山东省 a river in Shangdong Province

崩 bēng ㄅㄥ ❶倒塌 collapse:山～地裂 shānbēng-dìliè *mountains collapsing and the earth cracking up* [崩溃—kuì]垮台,彻底失败 crumble; fall apart:敌军～～了 Díjūn bēngkuì le. *The enemy collapsed.* ❷破裂 burst:把气球吹～了 bǎ qìqiú chuībēng le *cause a balloon to burst by filling it with too much air* ❸被弹(tán)射出来的东西突然打中 hit by sth. that ejected from somewhere:放爆竹～了手 fàng bàozhú bēngle shǒu *The firecracker went off in one's hand.* ❹崩症,一种妇女病。也叫"血崩"metrorrhagia, a kind of women's disease, also called "xuèbēng" ❺封

建时代称帝王死(of an emperor) die

嘣 bēng ㄅㄥ 拟声词,东西跳动或爆裂声 onom. the sound of bouncing or explosion:气球～的一声破了 Qìqiú bēng de yī shēng pò le. *The balloon burst with boom.*

绷(*繃) ㊀ bēng ㄅㄥ ❶张紧,拉紧 stretch (or draw) tight:衣服紧～在身上 Yīfu jǐnbēng zài shēnshang. *The clothes are tight on sb. /* 紧绳子 bēngjǐn shéngzi *stretch the rope tight* [绷带—dài]包扎伤口的纱布条 bandage or gauze strips used to dress a wound [绷子—zi]刺绣用的架子,把绸布等材料张紧在上面,免得皱缩 embroidering frame, which stretches tight the satin or silks, lest it should shrink or crumple ❷粗粗地缝上或用针别上 stitch loosely or pin:～被头 bēng bèitóu *stitch a slipcover onto the upper end of a quilt*

㊁ běng 见本页 See the same page.

甮 béng ㄅㄥˊ 〈方 dial.〉不用 don't; needn't:你一说 Nǐ béng shuō. *You needn't say anything. /* ～惦记他 béng diànjì tā *Don't worry about him.*

绷(*繃) ㊀ běng ㄅㄥˇ ❶板着 look serious:～着个脸 běngzhe ge liǎn *pull a long face* ❷强忍住 try hard to prevent from:他～不住笑了 Tā běng bu zhù xiào le. *He can't help laughing.*

㊁ bēng 见本页 See the same page.

琫 běng ㄅㄥˇ 古代刀鞘近口处的装饰 decorations near the opening of an ancient sword sheath

泵 bèng ㄅㄥˋ 〈外 foreign〉把液体或气体抽出或压入用的一种机械装置 pump (foreign) a kind of mechanical equipment used to draw out or push down liquid or gas:气～ qìbèng air pump / 油～ yóubèng oil pump

迸 bèng ㄅㄥ 爆开，溅射burst forth；
strafe：火星儿乱～　huǒxīngr
luànbèng sparks flying in all directions

蚌 ㊀ bèng ㄅㄥ [蚌埠－bù]地名，
在 安徽省 a city in Anhui
Province

㊁ bàng 见 20 页 See p. 20

甏 bèng ㄅㄥ〈方 dial.〉瓮、坛子一类
的器皿 a kind of container like
an urn or a jar

锛 bèng ㄅㄥ（－子-zi、－儿-r）原
指清末发行的无孔的小铜币，今
泛指小的硬币 originally referring to a
kind of small copper coines without
holes, now small coins：金～子
jīnbèngzi gold coin / 钢～儿 gāng-
bèngr small coin

蹦 bèng ㄅㄥ 两脚并着跳 to jump
with two feet up at the same
time：欢～乱跳　huānbèng-luàntiào
healthy-looking and happily jump-
ping / ～了半米高 bengle bàn mǐ
gāo jump as high as half a meter [蹦
跶－da] 蹦跳jump⟨喻 fig.⟩挣扎strug-
gle for existence in the verge of
death：秋后的蚂蚱～～不了几天了
Qiūhòu de màzha bèngda bùliǎo jǐ
tiān le. be near one's end just like a
grasshopper at the end of autumn

BI ㄅㄧ

逼（*偪） bī ㄅㄧ ❶强迫，威胁
force, compel（⟨叠 comb. －迫－pò）：～债 bīzhài press
for payment of debt / ～上梁山
bīshàng-liángshān be driven to join
the Liangshan rebels (the broad mass-
es of oppressed peasants arose to
rebel against the authorities of the
Song Dynasty, who had their
stronghold on Liangshan Mountain)；
be driven to revolt / 寒气～人 hánqì-

bīrén There is a cold nip in the air. ❷
切近，接近 close in on：～近 bījìn
press on towards / ～真 bīzhēn life-
like；true to life ❸狭窄 narrow；
cramped

鲾 bī ㄅㄧ 鲾鱼，鱼名。体小而侧扁，
青褐色，鳞细，口小。生活在近海
中 slipmouth, a kind of livid-brown
fish of small body, flat sides, fine
scales and small mouth, living in
costal waters

荸 bī ㄅㄧ [荸荠－qi]多年生草本
植物，生在池沼或栽培在水田里。
地下茎也叫荸荠，球状，皮赤褐色，肉
白色，可以吃 water chestnut, a kind
of perennial herb growing in large
ponds or planted in paddy fields；with
ball-shaped, underground tuber hav-
ing russet skin and white flesh,
which is edible and also called bíqi

鼻 bí ㄅㄧ ❶（－子-zi）嗅觉器官，
也是呼吸的孔道 nose, organ of
smelling, as well as passage of breath
（图见 654 页"头"See picture under
entry of "tóu" p.654）❷（－儿-r）
器物上面突出带孔的部分或带孔的零
件 a hole in an implement, utensil
etc. for sth. to be inserted into：门～
儿 ménbír bolt staple / 针～儿
zhēnbír the eye of a needle / 扣～儿
kòubír buttonhole
[鼻祖－zǔ]始祖，创始人 the earliest
ancestor；originator（of a tradition,
school of thought, etc.）

匕 bǐ ㄅㄧ 古代一种类似汤勺的餐
具 an ancient tableware like a
spoon [匕首－shǒu]短剑 dagger

比 bǐ ㄅㄧ ❶比较，较量 compari-
son；competition：～干劲 bǐ
gànjìn vie with each other in working
vigorously / ～大小 bǐ dàxiǎo com-
pare the size or age of two objects or
people / ～优劣 bǐ yōuliè compare
which is better [比赛－sài]用一定的
方式比较谁胜谁负 match；competi-
tion ❷表示比赛双方得分的对比

B

sports score：三∶二 sān bǐ èr *The score is 3 to 2.* ❸两个数相比较，前项和后项的关系是被除数和除数的关系，如3∶5,3 是前项,5 是后项,比值是 3／5 When two numbers are compared，the relationship between the antecedent and the consequent is the relationship between dividend and the divisor. For example，in 3∶5，3 is the antecedent，and 5 is the consequent，the ratio is three fifths. [比例—lì] 1.表示两个比相等的式子,如6∶3＝10∶5 two formulae of the same ratio，such as 6∶3＝10∶5。2.数量之间的关系 relationship between different amounts [比重—zhòng] 1.某物体的重量跟在4℃时同体积的纯水重量的比值 specific gravity，the ratio between the weight of a certain object and the weight of pure water of the same volume when the temperature is 4 degrees centigrade。2.某一事物在整体中所占的分量 the proportion of a certain object accounted for in the whole ratio；proportion：青年工人在基本建设队伍中的～～迅速上升 Qīngnián gōngrén zài jīběn jiànshè duìwu zhōng de bǐzhòng xùnsù shàngshēng. *The proportion of young workers in the army of capital construction is increasing rapidly.*／我国工业在整个国民经济中的～～逐年增长 Wǒguó gōngyè zài zhěnggè guómín jīngjì zhōng de bǐzhòng zhúnián zēngzhǎng. *The proportion of our country's industry in the national economy increases year by year.* ❹比方,摹拟,做譬喻 analogy；simulated；simile（叠comb. 一 喻—yù simile)：～拟不伦 bǐnǐbùlún *an illogical analogy*／用手～了一个圆形 yòng shǒu bǐle yī ge yuánxíng *form a circle with one's hands* [比画—hua] 用手做样子 gesture；gesticulate：他一边说一边～～ Tā yībiān shuō yībiān bǐhua. *He made himself un-* derstood with the help of gestures. [比照—zhào]大致依照 according to；in the light of：你～～着这个做一个 Nǐ bǐzhàozhe zhège zuò yī ge. *You take this as a model while making one.* ❺介词,用来比较程度或性状的差别 *prep.* used to compare the difference in degree or properties between two：他～我强 Tā bǐ wǒ qiáng. *He is better than me.*／今天的雨～昨天还大。Jīntiān de yǔ bǐ zuótiān hái dà. *It is raining harder than it did yesterday.* ❻(旧读 early pronounced bì)靠近,挨着 close to；nearby：～邻 bǐlín *near neighbor*／～肩 bǐjiān *shoulder to shoulder* [比比——]一个挨一个 can be found everywhere；one by one：～～皆是 bǐbǐ-jiēshì *can be found everywhere；such is the case everywhere* [比及—jí]等到 when；by the time：～～敌人发觉,我们已经冲过火线了 Bǐjí dírén fājué，wǒmen yǐjing chōngguo huǒxiàn le. *When the enemy found us，we had already broken through the firing line of the enemy.* [比来—lái]近来 recently [朋比—bǐ]互相依附,互相勾结 gang up；act in collusion：～～为奸 péngbǐ-wéijiān *conspire*

吡 bǐ ㄅㄧ [吡啶—dìng]有机化合物,无色液体,有臭味,用做溶剂、化学试剂 pyridine，an organic compound，colourless liquid，used as solvent and chemical reagent

沘 bǐ ㄅㄧ 沘江,水名,在云南省 the BiJiang River in Yunnan

妣 bǐ ㄅㄧ 原指母亲,后称已经死去的母亲 originally referring to one's mother，now referring to one's mother who has passed away：先～ xiānbǐ *my late mother*／如丧考～(像死了父母一样)rúsàng-kǎobǐ *(look) as if one had lost one's parents；(look) utterly wretched*

秕(*粃) bǐ ㄅㄧ 子实不饱满（of grain）not

plump；blighted [秕子—zi]不饱满的子实 blighted grain

彼 bǐ ㄅㄧˇ ❶那，那个，跟"此"相反：that，that one，opposite of "cǐ"：～岸 bǐ'àn the other side or bank of a river；the opposite shore／～处 bǐchù that place／顾此失～ gùcǐ-shībǐ cannot attend to one thing without neglecting the other ❷他，对方 the other party；知己知～ zhījǐ-zhībǐ know both your opponent and yourself [彼此—cǐ]那个和这个。特指对方和自己两方面 each other；that one and this one (especially used to refer to oneself and one's interlocutor)：～～有深切的了解 bǐcǐ yǒu shēnqiède liǎojiě know each other well／～～互助 bǐcǐ hùzhù help each other

笔(筆) bǐ ㄅㄧˇ ❶写字、画图的工具 a writing or painting tool；pen or pencil：毛～ máobǐ writing brush／画～ huàbǐ a painting brush／钢～ gāngbǐ pen ❷笔画，组成汉字的点横直撇等 strokes that form Chinese characters，such as dot stroke，horizontal stroke，vertical stroke and left falling stroke："天"字有四～ "tiān" zì yǒu sì bǐ. The character "天" has four strokes. ❸写 write：亲～ qīnbǐ in one's own handwriting／代～ dàibǐ write for sb／～之于书 bǐ zhī yú shū put down in black and white [笔名—míng]著作人发表作品时用的别名 pen name；the name of a writer printed on the published works ❹(写字、画画、作文的)笔法(skill in calligraphy，drawing or writing)：败～ bàibǐ a faulty stroke in calligraphy or painting；a faulty expression or flaw in writing／伏～ fúbǐ a hint foreshadowing later developments in a story，essay，etc.；foreshadowing／工～画 gōngbǐhuà traditional Chinese realistic painting characterized by fine brush work and close attention to detail ❺像笔一样

(直)(as straight as) a writing brush：～直 bǐzhí perfectly straight／～挺 bǐtǐng sitting (standing) very straight ❻量词 meas.：收到一～捐款 shōudào yī bǐ juānkuǎn receive a sum of donated money／写一～好字 xiě yī bǐ hǎo zì being a good calligrapher

俾 bǐ ㄅㄧˇ 使 in order to；so that：便考查 bǐ biàn kǎochá so as to make it easy for investigation

鄙 bǐ ㄅㄧˇ ❶品质低劣 low；mean (働comb. 卑—bēi—contemptible) 谦词 humble expression：～人 bǐrén your humble servant；～意 bǐyì my humble opinion／～见 bǐjiàn humble opinion ❷轻蔑 dispise；distain：可～kěbǐ contemptible／～视 bǐshì look down upon ❸边远的地方 a remote place：边～ biānbǐ remote district

币(幣) bì ㄅㄧˋ 钱币，交换各种商品的媒介 money；currency；a medium used to exchange goods：银～ yínbì silver coin／纸～ zhǐbì paper currency／硬～ yìngbì coin／人民～ rénmínbì RMB

必 bì ㄅㄧˋ ❶必定，一定 surely：～能成功 bì néng chénggōng can surely succeed／骄兵～败 jiāobīng-bìbài An army puffed up with pride is bound to lose. [必需—xū]不可少的 essential；indispensable：～～品 bìxūpǐn necessities；necessaries [必然—rán]必定如此 inevitable；certain：种族歧视制度～～要灭亡 Zhǒngzú qíshì zhìdù bìrán yào mièwáng. The system of racial discrimination will certainly perish. ❷必须，一定要 must；need：事～躬亲 shì bìgōngqīn attend to everything personally／不～着急 bùbì zháojí You need'nt worry. [必须—xū]一定要 must：个人利益～服从整体利益 Gèrén lìyì bìxū fúcóng jítǐ lìyì. Personal interests must be subordinated to the interests of the collective.

B

邲 bì ㄅㄧˋ 古地名,在今河南省郑州以东 an ancient name of a place in the east of today's Zhengzhou, Henan Province

苾 bì ㄅㄧˋ 芳香 fragrance

闷 bì ㄅㄧˋ ❶闭门,关闭 (of a door) closed; shut ❷谨慎 prudent

泌 ⊖ bì ㄅㄧˋ [泌阳—yáng]地名,在河南省 a county of Henan Province
⊜ mì 见 451 页 See p. 451

毖 bì ㄅㄧˋ 谨慎 caution:惩前～后 chéngqián-bìhòu *learn from past errors to avoid future mistakes*

铋 bì ㄅㄧˋ 一种金属元素,符号 Bi。银白色或粉红色。合金熔点很低,可做保险丝和汽锅上的安全塞等 bismuth, a kind of metallic element, silvery white or pink. Its alloy is low in melting point, can be used to make fuse and safty piston on a steam-boiler and so on; symbol Bi.

秘(*祕) ⊖ bì ㄅㄧˋ ❶姓 a surname ❷[秘鲁—lǔ]国名,在南美洲 Peru, a country in South America
⊜ mì 见 451 页 See p. 451

毕(畢) bì ㄅㄧˋ ❶完,完结 finish; accomplish:话犹未～ huà yóu wèi bì *It seems that he has not spoken his whole mind.* [毕竟—jìng]究竟,到底 after all; all in all:他的话～～不错Tā de huà bìjìng bù cuò. *After all, what he has said is not wrong.* [毕业—yè]学生学习期满,达到一定的要求 (of a student) graduate; complete one's term of study and meet certain requirements ❷完全 complete:真相～露 zhēnxiàng-bìlù *the whole truth has been exposed* ❸星宿名 Bi,二十八宿之一 the name of a star which is one of the 28 constellations

荜(蓽) bì ㄅㄧˋ ❶[荜拨—bō]多年生藤本植物,叶卵状心形,雌雄异株,浆果卵形。果穗入药 piper longum, a kind of dioecious perennial vine, with heart-shaped leaves, egg-shaped berries. The ear of the berries are used as medicine. ❷同"筚" Same as "筚".

哔(嗶) bì ㄅㄧˋ [哔叽—jī](外foreign)一种斜纹的纺织品 a kind of twill texture, serge

筚(篳) bì ㄅㄧˋ 用荆条、竹子等编成的篱笆或其他遮拦物 bamboo or twig fence or other fencings:蓬门～户(喻穷苦人家) péngmén-bìhù (a house with) a wicker door (fig. a humble abode)

跸(蹕) bì ㄅㄧˋ ❶帝王出行时清道,禁止行人来往 clear the road for the emperor, preventing pedestrians from walking onto it:警～ jǐngbì (of the police) *clear the road to perform official duties* ❷帝王出行的车驾 emperor's carriage on tours:驻～(帝王出行时沿途停留暂住) zhùbì (of emperor on a tour) *stay temporarily; stop over*

庇 bì ㄅㄧˋ 遮蔽,掩护 shelter; protect(龜comb. —护—hù *shelter*):包～bāobì *cover up*

陛 bì ㄅㄧˋ 宫殿的台阶 steps of a palace [陛下—xià]对国王或皇帝的敬称 Your Majesty, a term of respect for a king or an emperor

毙(斃) bì ㄅㄧˋ 死 die:～命—mìng *die* / 击～ jībì *shoot sb*

狴 bì ㄅㄧˋ [狴犴—àn]传说中的一种走兽。古代牢狱门上常画着它的形状,因此又用为牢狱的代称 name of a legendary animal, often drawn on the door of a prison, also used to refer to prison

梐 bì ㄅㄧˋ [梐枑—hù]古代官署前拦住行人的东西,用木条交叉制成。也叫"行马" barrier formed with intersecting wood stakes in front of ancient government office for preventing pedestrians from getting near; also called "xíngmǎ"

闭 bì ㄅㄧˋ ❶关，合 shut；close：~上嘴 bìshang zuǐ *shut up* / ~门造车(喻脱离离实际)bìmén-zàochē *Make a cart behind closed doors* (*fig. lose contact with reality*). ⑲ext. 结束，停止 draw to a close；stop：~会 bìhuì *close a meeting* ❷塞，不通 obstruct；inaccessible：~气 bìqì *stop breathing* [闭塞—sè]堵住不通 obstruct；inaccessible ⑲ext. 交通不便，消息不灵通 inconvenient in transportation；ill informed：这个地方很~~ Zhège dìfang hěn bìsè. *This place is hard to get to.* or *This place is quite out-of-the-way.*

诐 bì ㄅㄧˋ 偏颇，邪僻 biased；(of character) eccentric

界 bì ㄅㄧˋ 给与 give

痹(*痺) bì ㄅㄧˋ 中医指由风、寒、湿等引起的肢体疼痛或麻木的病 according to the Chinese medicine, the disease of limbs-trunk pain or numbness caused by wind, cold, damp, etc.

算 bì ㄅㄧˋ (一子—zi)有空隙而能起间隔作用的片状器物，如竹算子、铁算子、纱算子、炉算子 grate, a framework to hold sth. with a space between every two adjoining bars, such as bamboo grate, iron grate, gauze grate and furnace grate

贲 ㊀ bì ㄅㄧˋ 装饰得很好 beautifully adorned：~临(客人盛装光临) bìlín (of distinguished guests) honour my house, firm, etc. with your presence

㊁ bēn 见 28 页 See p. 28

库 bì ㄅㄧˋ (又also)见 25 页 bēi See bēi, p. 25

婢 bì ㄅㄧˋ 旧社会被迫供有钱人家役使的女孩子 a girl forced into slave labour for the wealthy family in the old society：~女 bìnǚ *servant girl*/ 奴~ núbì *slave girl*

睥 bì ㄅㄧˋ (又 also)见 503 页 pì See pì, p. 503

裨 ㊀ bì ㄅㄧˋ 益处 benefit：无~于事 wúbìyúshì *It won't do any good.* / 对工作大有~益 duì gōngzuò dà yǒu bìyì *be of great benefit to the work*

㊁ pí 见 502 页 See p. 502

髀 bì ㄅㄧˋ 大腿，也指大腿骨 thigh, also thighbone

敝 bì ㄅㄧˋ 破旧 shabby；worn-out：~衣 bìyī *ragged clothing* / 谦辞 Humble words, my；our；this：~姓 bìxìng *my name* / ~处 bìchù *my place*

蔽 bì ㄅㄧˋ ❶遮，挡 cover；shelter；hide (⑱comb. 遮—zhē — *hide* / 掩—yǎn — *screen*；*shelter*)：旌旗~日 jīngqí-bìrì *There the countless banners and flags are fluttering and screening off the sun.* ❷概括 generalize；summarize：一言以~之 yī yán yǐ bì zhī *to sum up in a nutshell*

弊 bì ㄅㄧˋ ❶欺蒙人的行为 fraud；abuse；malpractice：作~ zuòbì *cheat* / 营私舞~ yíngsī-wǔbì *engage in fraud for selfish end* ❷弊病，害处，跟"利"相反 disadvantage；harm, antonym of "利"：兴利除~ xīnglì-chúbì *promote what is beneficial and abolish what is harmful* / 流~ liúbì *prevalent corrupt practices；abuses*

丽 bì ㄅㄧˋ 二百 two hundred

弼 bì ㄅㄧˋ 辅助 assistance

赑 bì ㄅㄧˋ [赑屃—xì] 1. 用力的样子 straining hard 2. 传说中的一种动物，像龟。旧时大石碑的石座多雕刻成赑屃形状 a legendary animal like a tortoise. In former times, the bases of many heavy stone tablets were carved like such an animal.

愎 bì ㄅㄧˋ 乖戾,固执 wilful; self-willed; 刚～自用(固执己见) gāngbì-zìyòng *headstrong; opinionated*

蓖(**蓖) bì ㄅㄧˋ [蓖麻—má] 一年生或多年生草本植物。种子可榨油,医药上用做轻泻剂,工业上用做润滑油等 castor-oil plant, an annual or perennial herb; oil can be extracted from its seeds to be used as a laxative in medicine and a lubricant oil in industry

篦 bì ㄅㄧˋ ❶(—子—zi)齿很密的梳头用具 a fine-toothed double-edged comb ❷用篦子梳 comb (hair) with a such comb; ～头 bìtóu *trim one's hair with such a comb*

滗(潷) bì ㄅㄧˋ 挡住渣滓或泡着的东西,把液体倒出 decant; drain; 壶里的茶～干了 Hú li de chá bìgān le. *The teapot has been drained dry.* / 把汤～出去 bǎ tāng bì chuqu *strain out the soup*

辟 ㊀ bì ㄅㄧˋ ❶君主 monarch; sovereign [复辟 fù—]失位的君主恢复君位 restore a dethroned monarch or the old regime ㊍ext. 被打垮的统治者恢复原有的统治地位或被推翻的制度复活(of a ruler) restore the original ruling position, or revive the toppled system ❷旧指君主召见并授予官职 in early times referred to the monarch calling in a subordinate and vesting him with an official post

〈古 arch.〉又同"避" also same as "避"

㊁ pì 见 503 页 See p.503

薜 bì ㄅㄧˋ [薜荔—lì]常绿灌木,爬蔓,花小,叶卵形,果实球形,可做凉粉,叶及乳汁可入药 climbing fig, evergreen bush, with climbing vines, small flowers, egg-shaped leaves, round fruit used to make bean jelly;

leaves and milky juice used in medicine

壁 bì ㄅㄧˋ ❶墙 wall(叠comb. 墙—qiáng— *wall*); 四～ sìbì *the four walls of a room* / 报 bìbào *wall newspaper* / 铜墙铁～ tóngqiángtiěbì *a bastion of iron* (fig. an impregnable fortress) [壁虎—hǔ]爬行动物,身体扁平,尾巴圆锥形,四肢短,趾上有吸盘,捕食蚊、蝇等 house lizard, a kind of reptile, with a flat body, circular cone tail, short limbs, and a sucking disc on the foot-nail; preying on mosquitoes, flies and so on ❷陡峭的山石 cliff; 绝～ juébì *precipice* / 峭～qiàobì *steep; cliff* ❸壁垒,军营的围墙 rampart; military barrier; 坚～清野 jiānbì-qīngyě *strengthen defence works, evacuate noncombatants, and hide provisions and live-stock; strengthen the defences and clear the fields* / 作～上观(坐观双方胜败,不帮助任何一方) zuòbìshàngguān *watch the fighting from the ramparts —— sit by and watch; be an on-looker* ❹星宿名,二十八宿之一 name of one of the 28 constellations

避 bì ㄅㄧˋ ❶躲,设法躲开 avoid; manage to keep away from (叠comb. 躲—duǒ—*hide* (oneself)); ～暑 bìshǔ *be away for the summer holidays; go somewhere or do sth to escape the summer heat* / ～雨 bìyǔ *take shelter from the rain* / 不～艰险 bùbì-jiānxiǎn *shrink* (or flinch) *from no difficulty or danger; make light of difficulties and dangers* ❷防止 prevent; ～孕 bìyùn *contraception* / ～雷针 bìléizhēn *lightning rod*

嬖 bì ㄅㄧˋ ❶宠幸 show favor to; ～爱 bì'ài *show favor to* ❷被宠幸 enjoy favor; ～臣 bìchén *monarch's favorite official* / ～人 bìrén *a person enjoying favor*

臂 ㊀ bì ㄅㄧˋ 胳膊，从肩到腕的部分 arm, the part from one's shoulder to the wrist [臂助－zhù] 1. 帮助 help 2. 助手 assistant

㊁ bei 见 28 页"胳"字条"胳臂(gē－)" See "gēbei" under entry of "gē", p. 28

璧 bì ㄅㄧˋ 古代玉器，平圆形中间有孔 jade articles in ancient times, flat and round, with a hole in the middle [璧还－huán] ⑯trans. 敬辞，用于归还原物或辞谢赠品 polite terms, used when returning a borrowed object or declining a gift with thanks：谨将原物～～ jǐn jiāng yuánwù bìhuán I am returning the borrowed object to you with many thanks.

襞 bì ㄅㄧˋ 古代指给衣裙打褶(zhě)子，也指衣裙上的褶子 in old days, referred to making folds for garments or skirts; also referred to folds in the above-said dresses

躄(＊＊躃) bì ㄅㄧˋ ❶腿瘸(qué)，不能行走 be lame in legs ❷仆倒 fall forward

碧 bì ㄅㄧˋ ❶青绿色的玉石 jade of bluish green ❷青绿色 bluish green：～草 bìcǎo green grass / ～波 bìbō blue waves / 金～辉煌 jīnbìhuīhuáng magnificent and splendid

觱(＊＊篳) bì ㄅㄧˋ [觱篥－lì] 古代的一种管乐器 a kind of wind instrument in ancient times

滭 bì ㄅㄧˋ [漾滭 Yàng－] 地名，在云南省 a place in Yunan Province

BIAN ㄅㄧㄢ

边(邊) biān ㄅㄧㄢ ❶（一儿 －r）物体周围的部分 the part near the edge of an object：纸～儿 zhǐbiānr margin / 桌子～儿 zhuōzi biānr the edge of a desk ⑰ext. 旁边，近旁，侧面 side, edge, flank：身～ shēnbiān by one's side / 马路～ mǎlùbiān on the side of a street ❷国家或地区之间的交界处 border between countries or regions：～防 biānfáng frontier (or border) defence/ ～境 biānjìng border; frontier/ ～疆 biānjiāng border area; borderland ❸几何学上指夹成角的射线或围成多边形的线段 side of a geometrical figure; lines that form an angle or a multi-angle figure in geometry ❹方面 sides; parties：双～会谈 shuāngbiān huìtán bilateral talks / 两～都说定了 Liǎngbiān dōu shuōdìng le. The two sides have reached an agreement. ❺（一）边…（一）边…，用在动词前，表示动作同时进行 used before verbs, expressing the simultaneous progression or development of two actions：～干～学 biān gàn biān xué learn while working / ～走～说 biān zǒu biān shuō keep talking while walking ❻（bian）表示位置，方向，用在"上"、"下"、"前"、"后"、"左"、"右"等字后(suffix of nouns of locality) side, used after "shàng"、"xià"、"qián"、"hòu"、"zuǒ"、"yòu" etc., indicating position or direction：东～ dōngbian east side / 外～ wàibian outside / 左～ zuǒbian left

笾(籩) biān ㄅㄧㄢ 古代祭祀或宴会时盛(chéng)果品等的竹器 a bamboo container for fruit or other things on occasions of banquets or offered sacrifices in ancient times

砭 biān ㄅㄧㄢ 古代用石针扎皮肉治病 perform acupuncture with stone needles in ancient times [针砭 zhēn－] ⑯fig. 指出过错，劝人改正 point out sb's errors and offer salutary advice

萹 biān ㄅㄧㄢ [萹蓄－xù] 又叫"萹竹"。多年生草本植物，叶狭长，略似竹叶，夏季开小花。全草可入药 poly-gonum aviculare, also called "biān-zhú", a kind of perennial herb, with long and narrow leaves (somewhat like bamboo leaves) and small flowers in summer; all parts of the herb can be used for medicine

编 biān ㄅㄧㄢ ❶用细条或带子形的东西交叉组织起来 forming threads, twigs, etc. by drawing one of them and putting anther over it, repeating till a material is completed. weave; plait：草帽 biān cǎomào weave a straw hat/ ～筐子 biān kuāngzi weave baskets ❷按一定的次序或条理来组织或排列 organize or arrange according to certain order：～号biānhào number / ～队biānduì form into columns; organize into teams/ ～组 biānzǔ organize into groups [编辑—jí] 1. 把资料或现成的作品加以适当的整理、加工做成书报等 to prepare some material or ready writings by deciding what shall be included or left out and putting right mistakes, then printing books, newspapers, etc.; compile 2. 编辑书报的人 editor [编制—zhì] 军队或机关中按照工作需要规定的人员或职务的配置 authorized size or position arrangement of the body of a government or an army unit as required by work ❸成本的书，书里因内容不同自成起讫的各部分 book; due to the difference of contents, some parts being divided into volumes：正～zhèngbiān the first part; Book I / 下～xiàbiān the second part; Book II / 简～(缩写本) jiǎnbiān simplified version ❹创作 creation；～歌 biān gēr compose songs / ～剧本 biān jùběn write a play; playwright ❺捏造，把没有的事情说成有 fabricate; make up：～了一套瞎话 biānle yī tào xiāhuà make up a lie

煸 biān ㄅㄧㄢ 把蔬菜、肉等放在热油里炒 stir-fry vegetable or meat

蝙 biān ㄅㄧㄢ [蝙蝠—fú] 哺乳动物，头和身体的样子像老鼠。前后肢都有薄膜和身体连着，夜间在空中飞，捕食蚊、蛾等 bat, a flying mammal with a mouse-like body and thin skin wings that join with the body. It flies at night, feeds on insects such as mosquitoes and moths.

鳊 biān ㄅㄧㄢ 鳊鱼，鱼名。身体侧扁，头尖，尾巴小，鳞细，生活在淡水中，肉可以吃 bream, edible fresh water fish, with a pointed head, small tail, fine scales and flat flanks

鞭 biān ㄅㄧㄢ ❶(一子—zi)驱使牲畜的用具 whip, sth used to drive a livestock; lash ❷用鞭子抽打 lash with a whip [鞭策—cè] 喻 fig. 督促前进 spur on; urge on ❸一种旧式武器，用铁做成，没有锋刃，有节 an iron staff made up of several joints without blade, used as a weapon in ancient China ❹连成串的爆竹 small firecrackers woven into strings：～炮 biānpào a string of firecrackers

贬 biǎn ㄅㄧㄢ ❶给予不好的评价，跟"褒"相反 depreciate; play down, antonym of "bāo"：一字之一 yīzìzhībiǎn one word clearly expressing censure [褒贬 bāo—] 1. 评论好坏 praise or censure; comment on sth good or bad 2. (—bian) 指出缺点 speak ill of; point out the shortcomings of sb or sth ❷减低，降低 reduce; devalue：～价 biǎnjià reduce the price/ ～值 biǎnzhí devalue / ～职 biǎnzhí demote

窆 biǎn ㄅㄧㄢ 埋葬 bury

扁 ㊀ biǎn ㄅㄧㄢ 物体平而薄 (of objects) flat and thin：鸭子嘴～ Yāzi zuǐ biǎn. The beak of a duck is flat.
㊁ piān 见 503 页 See p. 503

匾 biǎn ㄅㄧㄢ 匾额，题字的横牌在门、墙的上部 a horizontal inscribed board hanging over a door or on the upper part of a wall：金字红～jīnzì hóng biǎn *a horizontal inscribed board with gold letters on it*/ 光荣～guāngróngbiǎn *hornor board*

匾 biǎn ㄅㄧㄢˇ 在水旁斜着伸出来的山石 a rock sticking obliquely out by the side of a river

褊 biǎn ㄅㄧㄢˇ 狭小，狭隘（ài）narrow；cramped

藊 biǎn ㄅㄧㄢˇ ［藊豆—dòu］就是扁豆，一年生草本植物，爬蔓，开白色或紫色的花，种子和嫩荚可以吃 lentil, annual herb, climbing vine, with white or purple flowers；seeds and fresh pods edible

卞 biàn ㄅㄧㄢˋ 急躁 irritable（億comb. —急—jí *testy*）

抃 biàn ㄅㄧㄢˋ 鼓掌 applause

苄 biàn ㄅㄧㄢˋ ［苄基—jī]结构为

的有机化合物的基 benzyl, an organic compound radical structure

汴 biàn ㄅㄧㄢˋ 河南省开封的别称 another name for Kaifeng, a city in Henan Province

忭 biàn ㄅㄧㄢˋ 高兴，喜欢 happy；glad

弁 biàn ㄅㄧㄢˋ ❶古代男子戴的一种帽子 a kind of cap for men in ancient times［弁言—yán]书籍或长篇文章的序文，引言 forword；preface；used at the beginning of a book or a long article ❷旧时称低级武官 low ranking military officer in former times：马～mǎbiàn *bodyguard*

昪 biàn ㄅㄧㄢˋ ❶日光明亮(of sunlight) bright ❷欢乐 joy

变(變) biàn ㄅㄧㄢˋ 性质、状态或情形和以前不同，改 sth becoming different in quality, state, or situation and changing into other state or situation（億comb. —更—gēng *change*，一化—huà *change*)：沙漠～良田 Shāmò biàn liángtián. *The deserts have been turned into farmland.*/ 天气～了 Tiānqì biàn le. *The weather changed.*/ 他的思想～了 Tā de sīxiǎng biàn le. *His viewpoints changed.* 㘎ext. 事变，突然发生的非常事件 incident，a sudden turn of events：政—zhèngbiàn *coup d'état*[变卦—guà] 㘎*fig.* 已定的事忽然改变 break an agreement；go back on one's word [变通—tōng]改动原定的办法，以适应新情况的需要 accommodate sth to suit new circumstances

便 ㊀ biàn ㄅㄧㄢˋ ❶方便，顺利，没有困难或阻碍 convenient；smooth；no difficulty or no obstruction（億comb. —利—lì *convenient*)：行人称～xíngrén chēngbiàn *All passers-by praise the convenience.*/ 于携带 biànyú xiédài *easy to carry* ❷简单的，非正式的 simple；informal：家常～饭 jiācháng biànfàn *a homely meal；a simple meal*/ ～衣 biànyī *plain clothes；civilian clothes* / ～条 biàntiáor *note* [便宜—yí]根据实际需要而灵活、适当地 convenient；advantageous：～行事 biànyí-xíngshì *act as one sees fit* (另 piányí，见 "便" pián also piányi under entry of "pián")[随便 suí—]不勉强，不拘束 casual；at ease ❸便利的时候 time of convenience：～中请来信 biànzhōng qǐng láixìn *Please write me at your convenience.* / 得—就送去 débiàn jiù sòngqu *I'll send it to you when it is convenient.* ❹屎尿或排泄屎尿 piss or shit；urine or excrement：粪～fènbiàn *excrement* / 小～xiǎobiàn *urine* ❺就，然后；在那种情形下 then；in that case：没有一个人民的军队，～没有人民的一切 Méiyǒu yī ge rénmín de jūnduì，biàn méiyǒu rénmín de yīqiè. *The people will have none of what they have now if there is not an army of the people.*

㊁ pián 见 504 页 See p.504

缳 biàn ㄅㄧㄢ [草帽缳 cǎomào—]用麦秆等编成的扁平的带子。用来编草帽、提篮、扇子等。也作"草帽辫" flat belt plaited with wheat straw for making straw hats, hand-baskets and fans, also written as "cǎomàobiàn"

遍(*徧) biàn ㄅㄧㄢ ❶全面,到处 all over; everywhere:我们的朋友～天下 Wǒmen de péngyou biàn tiānxià. *We have friends all over the world.* / 满山～野 mǎnshān-biànyě *over hill and field; all over the mountains and plains* ❷量词,次,回 meas. a time; once through:念一～ niàn yī biàn; *read sth once* / 问了两～wènle liǎng biàn *ask sb for sth two times*

辨 biàn ㄅㄧㄢ 分别,分析 distinguish; differentiate (燼comb. —别—bié *distinguish*, 分 —fēn— *differentiate*):明 ～ 是非 míngbiàn-shìfēi *make a clear distinction between right and wrong* / 不～真伪bù biàn zhēnwěi *make no distinction between what is true and what is false* / ～认笔迹 biànrèn bǐjì *try to make out whose handwriting*

辩 biàn ㄅㄧㄢ 说明是非或真假,争论 argue; make clear what is right or wrong, what is true or false, (燼comb. —论—lùn *argue*):～驳 biànbó *dispute; refute* / ～护 biànhù *defense* [辩证法—zhèngfǎ] 事物矛盾的运动、发展、变化的一般规律,也指阐明这种规律的科学。唯物辩证法是与形而上学对立的无产阶级的世界观和方法论。唯物辩证法认为,事物都是一分为二的。事物永远处于运动和发展之中,彼此之间互相联系着。运动和发展的根本原因在于事物内部的矛盾性。对立统一规律是宇宙的根本规律,是唯物辩证法的实质和核心 dialectics: the general law of the motion, development and change of contradiction in things; also referring to the science of expounding this law. Dialectial materialism is the world outlook and methodology of the proletariat, which is antagonistic to metaphysics. According to dialectical materialism, everthing divides into two. Things are always in the state of movement and development and are connected with each other. The basic reason for the movement and development lies in the conflict inside things. The law of the unity of opposites is the fundamental law of the universe, as well as the essence and kernel of dialectical materialism.

辫(辮) biàn ㄅㄧㄢ ❶(—子—zi) 把头发分股编成的带状物 plait, string-like hair style done by dividing the hair into several bands and weaving them together ❷(—子—zi、—儿—r)像辫子的东西 sth like a plait:草帽～儿 cǎomàobiànr *plait for a straw hat* / 蒜～子 suànbiànzi *a braid of garlic*

BIAO ㄅㄧㄠ

杓 ㊀ biāo ㄅㄧㄠ 古代指北斗柄部的三颗星 the ancient name for the three stars forming the handle of the Big Dipper

㊁ sháo 见 578 页 See p.578

标(標) biāo ㄅㄧㄠ ❶树木的末梢 the upper-most top of a tree ㊁ext. 表面的,非根本的 superficial, not essential:治～不如治本 zhì biāo bùrú zhì běn *To take stopgap measures is less efficient than to get at the root of a problem.* ❷记号 mark:商～ shāngbiāo *trade mark* / ～点符号 biāodiǎn fúhào *punctuation mark* [标榜—bǎng]吹嘘,夸耀 flaunt; advertise:互相～～hùxiāng biāobǎng boast about each other / ～～民主 biāobǎng mínzhǔ *flaunt the banner of democracy* [标的—dì]目标 aim [标语—yǔ]用文字写出的有鼓动宣传作用的口号 slogan, a word or phrase written out for the purpose of agitation and propaganda [标准—zhǔn]衡量事物的准则 criterion used to measure things: 实践是检验真理的惟—～～Shíjiàn shì jiǎnyàn zhēnlǐ de wéiyī biāozhǔn. *Practice is the only criterion of truth.* [锦标 jǐn—]授给竞赛优胜者的锦旗、奖杯等 silk banner and cup as an award given to winners in a contest [指标 zhǐ—]计划中规定的必须达到的目标 target: quota, norms are to be fulfilled according to the plan: 数量～～shùliàng zhǐbiāo *the norms of quantity*/ 质量～～zhǐliàng zhǐbiāo *the norms of quality* ❸用文字或其他事物表明 mark sth with words or other things: ～题 biāotí *title*/ ～价 biāojià *mark a price*/ ～新立异 biāoxīn-lìyì *start sth new just to be different* [标本—běn]保持原样供学习研究参考的动物、植物、矿物 animals, plants and ores are kept in the original form as examples for scientific research and study; specimen; sample ❹发奖包工程或买卖大宗货物时公布的标准和条件 bid, tender, standards and conditions offered for a project or a batch of goods: 投～tóubiāo *enter a bid; submit a tender*/ 招～zhāobiāo *invite tenders; public bidding* [标致—zhì]容貌美丽, 多用于女子(*usu. of a girl or a woman's appearance*) beautiful

飑 biāo ㄅㄧㄠ 气象学上指风向突然改变, 风速急剧增大的天气现象 the phenomenon of sudden change of wind direction or abrupt increase of the wind speed in meteorology

彪 biāo ㄅㄧㄠ 小虎 a young tiger 喻 *fig.* 躯干魁梧 hefty: ～形大汉 biāoxíng-dàhàn *hefty fellow; burly chap*

骠 ㊀ biāo ㄅㄧㄠ [黄骠马 huáng—mǎ]一种黄毛夹杂着白点子的马 a horse with a yellow coat marked with white spots

㊁ piào 见 506 页 See p. 506

膘(*臕) biāo ㄅㄧㄠ 肥肉(多指牲畜)(of a domestic animal) fat: ～满肥 biāo mǎn ròu féi *plump and fat*/ 上～(长肉) shàngbiāo (of animals) *become fat*

镖 biāo ㄅㄧㄠ 旧时以投掷方式杀伤敌人的武器, 形状像矛的头 a dart hurled out to hurt or kill the enemy in former times

瘭 biāo ㄅㄧㄠ [瘭疽—jū]手指头肚儿或脚指头肚儿发炎化脓的病, 症状是局部红肿, 剧烈疼痛, 发烧 pyogenic infection of the pad of a finger with the symptoms of red and swollen locality, acute pain and fever

飙(**飇、**飈) biāo ㄅㄧㄠ 暴风 violent wind: 狂～kuángbiāo *fierce wind*

薰 biāo ㄅㄧㄠ 薰草, 多年生草本植物, 茎可织席、编草鞋, 又可用来造纸及人造纤维等 scirpus triqueter, a perennial herb; its stem can be used in making mats, shoes, paper and man-made fibre, etc.

瀌 biāo ㄅㄧㄠ [瀌瀌——]形容雨雪大 big rain or snow

镳 biāo ㄅㄧㄠ ❶马嚼子两头露在嘴外的部分 bit bar: 分道扬～(喻趋向不同) fēndào-yángbiāo (*fig.* go different ways; part company) ❷同"镖" Same as "镖".

表(❺錶) biāo ㄅㄧㄠ ❶外部, 跟"里"相反 surface; outside, antonym of "里": 1. 在外的 outside: ～面 biāomiàn *appearance*; *surface*/ ～皮 biāopí *epidermis* 2. 外面, 外貌 look; appearance: 外～wàibiāo *outward appearance*/ ～里如一 biǎolǐ-rúyī *think and act in one and*

the same way/ 虚有其～xūyǒu-qíbiǎo appear better than it is; look impressive but lack real worth ❷表示,显示 show; indicate; 略～心意 lüè biǎo xīnyì It is only a token of our regard. [表白— bái]说明自己的心意对人进行解释 express or state clearly one's mind, 分清责任 make clear everyone's duties[表决— jué]会议上用举手、投票等方式取得多数意见而做出决定 decide by vote or by putting up one's hand to show approval; 这个议案已经～～通过了 Zhè ge yì'àn yǐjing biǎojué tōngguò le. This motion has been voted through. [表现— xiàn] 1. 显露 display; show; 医疗队的行动充分～～了救死扶伤的人道主义精神 Yīliáoduì de xíngdòng chōngfèn biǎoxiànle jiùsǐ-fúshāng de réndào zhǔyì jīngshén. The action of the medical team fully displayed the humanitarianism of healing the wounded and rescuing the dying. 2. 所显露出来的行为,作风 performance; 他在工作中的～～还不错 Tā zài gōngzuò zhōng de biǎoxiàn hái bùcuò. He is doing quite well in his work. [表扬— yáng]对集体或个人,用语言、文字公开表示赞美、夸奖 say or write sth to praise sb in public; ～～好人好事 biǎoyáng hǎorén hǎoshì praise good people and good deeds ❸中医指用药物把感受的风寒发散出来(of Chinese medicine) administer medicine to bring out the cold ❹分类分项记录事物的东西 table; form; 历史年～lìshǐ niánbiǎo chronological table of history/ 时间～ shíjiānbiǎo time-table/ 统计～tǒngjìbiǎo statistic table ❺计时间的器具,通常比钟小,可以带在身边 watch, a timepiece, smaller than a clock, and easy to carry; 手～ shǒubiǎo a wrist watch/ 怀～ huáibiǎo pocket watch ❻计量某种量的器具 metre; gauge; 温度～ wēndùbiǎo thermometre/ 电～diàn-

biǎo any meter for measuring electricity/ 水～ shuǐbiǎo water metre ❼树立的标志 model[表率— shuài] 榜样 model; 他是新中国青年的～～Tā shì xīn Zhōngguó qīngnián de biǎoshuài. He is the model of the youths of New China. [华表 huá—]古代宫殿、陵墓等大建筑物前面做装饰用的巨大石柱,柱身多雕刻龙凤等图案,顶端有云板和蹲兽,是我国民族形式的艺术建筑物的一种 ornamental columns erected in front of palaces, tombs, etc, mostly engraved with patterns of dragons and phoenixes, and with cloud plates and squating animals on the top of the columns. They are one kind of national art of architecture in China. ❽称呼父亲或祖父的姊妹、母亲或祖母的兄弟姊妹生的子女,用来表示亲属关系 cousin; cousinship, the relationship between the children or grandchildren of a brother and sister or of sisters; ～兄弟 biǎoxiōngdì cousin/ ～叔 biǎoshū uncle of one's mother's side/ ～姑 biǎogū aunt of one's mother's side ❾封建时代称臣子给君主的奏章 memorial to an emperor in ancient times

婊 biǎo ㄅㄧㄠˇ [婊子—zi]对妓女的称呼。多用作骂人的话 derogatory name for a prostitute, mostly used as a curse

裱 biǎo ㄅㄧㄠˇ 用纸、布或丝织物把书、画等衬托装饰起来 mount a calligraphical writing or a picture on paper, cloth or silk to furnish it; 双～纸 shuāngbiǎozhǐ double mount/ 揭～字画 jiēbiǎo zìhuà buy a work of calligraphy and painting, and then mount it [裱糊—hú]用纸或其他材料糊屋子的墙壁或顶棚 paper the walls or ceilings of a room; 把这间屋子～一下 bǎ zhè jiān wūzi biǎohú yíxiàr paper this room

B

俵 biào ㄅㄧㄠˋ〈方 dial.〉俵分,把东西分给人 divide sth among;give sth. to sb. else

摽 biào ㄅㄧㄠˋ ❶紧紧地捆在器物上 tie sth. tightly to sth else;把口袋～在车架子上 bǎ kǒudai biào zài chējiàzi shang *fasten the sack to the frame of the bike* ❷用手、胳膊钩住 hand in hand or arm in arm;他俩～着膀子走 Tā liǎ biàozhe bǎngzi zǒu. *The two of them are walking arm in arm.* ❸由于利害相关而互相亲近、依附或纠结 lock together;be glued to;他们老～在一块儿 Tāmen lǎo biào zài yīkuàir. *They are always locked together.*

鳔 biào ㄅㄧㄠˋ ❶鱼体内可以涨缩的气囊,通称"鱼泡",鱼上浮时气囊涨,鱼下沉时气囊缩。有的鱼类的鳔有辅助听觉或呼吸等作用 swim bladder, air bladder in the body of a fish, which is capable of swelling and shrinking; generally called "yúpào". When the fish floats up, the bladder will swell; and when the fish sinks, the bladder will shrink. Air bladders of some kinds of fish help listen or breathe. ❷鳔胶,用鳔或猪皮等熬成的胶,很黏 fish glue, a kind of glue made from air bladder, very sticky ❸用鳔胶粘上 paste with glue;把桌子腿儿～一～ bǎ zhuōzituǐr biào yī biào *glue the leg of the desk*

BIE ㄅㄧㄝ

瘪(癟) ㊀ biē ㄅㄧㄝ [瘪三— sān]〈方 dial.〉旧时上海人对城市中无正当职业而以乞讨或偷窃为生的游民的称呼 an appellation for a wretched-looking tramp who lived by begging or stealing in Shanghai before Liberation

㊁ biě 见44页 See p. 44

憋 biē ㄅㄧㄝ ❶气不通 suffocate; feel oppressed;门窗全关着,真～气 Ménchuāng quán guānzhe, zhēn biēqì. *All the doors and windows are shut. It's suffocating.* [憋闷—men] 心里不痛快 feel oppressed; be dejected;这事真叫人～～ Zhè shì zhēn jiào rén biēmen. *This matter is so depressing.* ❷勉强忍住 suppress; hold back;把嘴一闭,～足了气 bǎ zuǐ yī bì, biēzú le qì *Shut one's mouth, and be bursting with energy.* / 心里～了许多话要说 xīnli biēle xǔduō huà yào shuō *be bursting with unspoken words*

鳖(*鼈) biē ㄅㄧㄝ 也叫"甲鱼"、"团鱼",俗叫"王八"。爬行动物,形状像龟,背甲无纹,边缘柔软。肉供食用,甲可入药 soft-shelled turtle, also called "jiǎyú", "tuányú", and "wángba", a reptile like a tortoise, enclosed in a lineless hard shell with a soft edge; flesh used for food, shell used in medicine

别 ㊀ bié ㄅㄧㄝˊ ❶分离 seperation (⑱comb. 分—fēn— part, 离—lí— part);告～ gàobié *say goodbye to sb* / 临～赠言 línbié zèngyán *words of advice at parting; parting advice* ❷分辨,区分 distinguish; differentiate (⑱comb. 辨—biàn—differentiate);分门～类 fēnmén-biélèi *classify; put into different categories* / 分～清楚 fēnbié qīngchu *draw a clear distinction* ⑨ext. 差别,差异 difference; distinction;天渊之～ tiānyuān-zhībié *great difference; as far apart as between heaven and earth* [区别 qū—] 1. 划分 differentiate;正确～～和处理敌我矛盾和人民内部矛盾 Zhèngquè qūbié hé chǔlǐ dí-wǒ máodùn hé rénmín nèibù máodùn. *Correctly distinguish and handle the two different types of contradictions; contradictions between ourselves and the enemy, and contradictions among the people* 2. 差异 difference;～～不大 qūbié bùdà *The difference is not*

remarkable. ❸类别,分类 category; kind:性～ xìngbié *sex; sexual distinction* 职～ zhíbié *official rank* ❹另外的 other:～人 biérén *someone else; others; other people* / ～名 biémíng *alternative name* / ～开生面 biékāishēngmiàn *break a new path; break fresh ground* [别致—zhì]跟寻常不同的,新奇的 unique; unconventional:式样～～ shìyàng biézhì *The style is very unique.* [别字—zì]写错了的或念错了的字。也叫"白字"a character that is mispronounced or wrongly written, also called "báizì"[特别 tè—]与众不同 special:这人真～～Zhè rén zhēn tèbié. *This person is so particular.* / ～～好 tèbié hǎo *particularly good* ❺副词,不要 adv. don't (表示禁止或劝阻)(used in giving commands or advice against doing sth.) don't; had better not:～动手 Bié dòngshǒu! *Don't touch me!* or *Hands off!* / ～开玩笑 bié kāi wánxiào *Don't joke!* or *No kidding!* ❻绷住或卡(qiǎ)住 fasten or pin:用大头针把两张表格～在一起 Yòng dàtóuzhēn bǎ liǎng zhāng biǎogé bié zài yīqǐ. *Clip the two forms together with a pin.* / ～针 biézhēn *pin; brooch* / 腰里～着旱烟袋 yāoli biézhe hànyāndài *with a pipe stuck in one's belt* ❼姓 a surname
㊀biè 见本页 See the same page.

蹩 bié ㄅㄧㄝˊ 扭了脚腕子 sprain (one's ankle)[蹩脚—jiǎo]〈方 dial.〉质量不好,本领不强 inferior; shoddy:～～货 biéjiǎohuò *inferior goods; poor stuff; shoddy*

瘪(癟) ㊀biě ㄅㄧㄝˇ 不饱满,凹下 shrivelled; shrunken:～花生 biě huāshēng *blighted peanuts* / 干～ gānbiě *wizened* / 车带～了 Chēdài biě le. *The tyre is flat.*
㊁biē 见 43 页 See p. 43

别(彆) ㊁biè ㄅㄧㄝˋ [别扭—niu]1. 不顺,不相投 awkward; difficult:心里～～ xīnli bièniu *feel depressed* / 闹～～ nào bièniu *be at odds with sb* 2. 难对付 hard to get along with; hard to deal with:这人脾气很～～ Zhè rén píqi hěn bièniu. *This person is very difficult to get along with.*
㊀bié 见 43 页 See p. 43

BIN ㄅㄧㄣ

邠 Bīn ㄅㄧㄣ 邠县,在陕西省。今作"彬县"a county in Shaanxi Province; now written as "彬县"

玢 ㊀bīn ㄅㄧㄣ 玉的纹理 the veins of jade
㊁fēn 见 174 页 See p. 174

宾(賓) bīn ㄅㄧㄣ 客人 guest (㊧comb. 一客—kè guest):来～ láibīn *visiting guest* / 外～ wàibīn *foreign guest* / ～馆 bīnguǎn *guest house; hotel* / 喧～夺主(喻次要事物侵占主要事物的地位) xuānbīn-duózhǔ *a presumptuous guest usurps the role of the host;* (fig. the secondary supersedes the primary)

傧(儐) bīn ㄅㄧㄣ [傧相—xiàng]旧指为主人接引宾客的人,今指婚礼时陪伴新郎新娘的人 person who receives guests for the host in old days; attendants of the bride bridegroom at a wedding

滨(濱) bīn ㄅㄧㄣ ❶水边 bank; shore:湖～ húbīn *the bank of a lake* / 海～ hǎibīn *seaside; seashore* ❷靠近 close to:～海 bīnhǎi *bordering on the sea*

缤(繽) bīn ㄅㄧㄣ [缤纷—fēn]繁盛而交杂的样子 in riotous profusion:五彩～～ wǔcǎibīnfēn *colorful; blazing with color*

槟(檳、****梹)** ㊀bīn ㄅㄧㄣ 槟子,苹果树

B

的一种，果实比苹果小，熟的时候紫红色，味酸甜 binzi, a species of apple which, when ripe, is purplish red and slightly sour and sweet

⊜ bīn 见本页 See the same page.

镔（鑌） bīn ㄅㄧㄣ ［镔铁—tiě］精炼的铁 wrought iron

彬 bīn ㄅㄧㄣ ［彬彬——］形容文雅 elegant：文 质 ～ ～ wénzhì-bīnbīn *gentle; urbane*

斌 bīn ㄅㄧㄣ ［斌斌——］同"彬彬" Same as "彬彬".

濒 bīn ㄅㄧㄣ ❶接近，将，临 be close to；be on the point of：～ 危 bīnwēi *be in imminent danger* / ～死 bīnsǐ *be dying* ❷紧靠（水边）be close to (water side)：～海 bīnhǎi *border on the shores of the sea*

豳 bīn ㄅㄧㄣ 古地名，在今陕西省旬邑一带 ancient name of a place in today's Xunyi county in Shaanxi Province

摈（擯） bìn ㄅㄧㄣ 排除，遗弃 discard；get rid of：～斥异己 bìnchì yìjǐ *dismiss those who hold different opinions*

殡（殯） bìn ㄅㄧㄣ 停放灵柩或把灵柩送到墓地去 lay a coffin in a memorial hall or carry a coffin to the burial place：出～ chūbìn *carry a coffin to the cemetery* / ～仪馆（代人办理丧事的场所）bìnyíguǎn *funeral parlour; the undertaker's*

膑（臏） bìn ㄅㄧㄣ 同"髌" Same as "髌".

髌（髕） bìn ㄅㄧㄣ ❶膝盖骨（图见217页"骨"）knee-cap；patella（see picture under entry of gǔ, p.217）❷古代削去膝盖骨的酷刑 a punishment of chopping off the kneecaps

鬓（鬢） bìn ㄅㄧㄣ 脸旁边靠近耳朵长（zhǎng）头发的部位，也指长在这个部位的头发 temples；hair on the temples：两～斑白 liǎngbìn bānbái *greying at the temples*

BING ㄅㄧㄥ

冰（*氷） bīng ㄅㄧㄥ ❶水因冷凝结成的固体 ice, the solid state of water under zero degree centigrade ❷使人感到寒冷 make one feel very cold：河里的水有点～手 Hé li de shuǐ yǒudiǎn bīngshǒu. *The water in the river is somewhat icy.* ❸用冰贴近东西使变凉 put sth on the ice to make it cool；ice：把汽水～上 bǎ qìshuǐ bīngshang *ice the soda water*

并 ⊖ bīng ㄅㄧㄥ 山西省太原的别称 alternative name of Taiyuan, Shanxi Province

⊖ bìng 见46页 See p.46

枡 ⊖ bīng ㄅㄧㄥ ［枡桐—lú］古书上指棕榈 an old name of palm

⊜ bēn 见28页 See p.28

兵 bīng ㄅㄧㄥ ❶武器 weapons；arms：～器 bīngqì *weapons; arms* / 短～相接 duǎnbīng-xiāngjiē *fight at close quarters; engage in hand-to-hand fighting* ❷战士，军队 soldier；army：官～一致 guān-bīng yīzhì *unity between officers and men* / 步～bùbīng *infantry* / ～民是胜利之本 Bīng-mín shì shènglì zhī běn. *The army and the people are the foundation of victory.* ❸与军事或战争有关的 military：～法 bīngfǎ *art of war; military strategy and tactics* / 纸上谈～ zhǐshang-tánbīng *be an armchair strategist; engage in idle theorizing*

槟（檳、**梹） ⊖ bīng ㄅㄧㄥ ［槟榔—lang］常绿乔木，生长在热带、亚热带。果实也叫"槟榔"，可以吃，也可入药 areca；evergreen arbor, growing in tropical and subtropical zone；fruits also called "bīngláng", which are used in medicine

⊖ bīn 见 44 页 See p. 44

丙 bǐng ㄅㄧㄥ ❶天干的第三位，用作顺序的第三 the third of the ten Heavenly Stems；third in order：～等bǐngděng the third grade；grade C ❷指火 fire：付～(烧掉)fùbǐng throw sth. to the fire (burn sth.)

邴 bǐng ㄅㄧㄥ 姓 a surname

柄 bǐng ㄅㄧㄥ ❶器物的把(bà)儿 handle of sth.：刀～ dāobǐng the handle of a knife [把柄 bǎ—]可被人作为要挟或攻击的事情 anything affording an advantage or pretext of coerce by the opponent [笑柄 xiào—]被人当做取笑的资料 laughingstock：一时传为～～ yīshí chuánwéi xiàobǐng become a standing joke for a period of time ❷植物的花、叶或果实跟枝或茎连着的部分 (of a flower, leaf or fruit) the part combined with the twig or stem：花～huābǐng the small stem of a flower / 叶～yèbǐng the small stem of a leaf/ 果～guǒ-bǐng the small stem of a fruit ❸执掌control：～国 bǐngguó rule a country / ～政 bǐngzhèng hold political power ❹权 power；authority：国 ～ guóbǐng state power

炳 bǐng ㄅㄧㄥ 光明，显著 bright；remarkable

秉 bǐng ㄅㄧㄥ ❶拿着，持 grasp；hold：～ 烛 bǐngzhú hold a candle / ～笔 bǐngbǐ hold a pen ⑪ext. 掌握，主持 control；preside over：～公处理 bǐnggōng chǔlǐ act with justice；handle a matter impartially ❷古代容量单位，合十六斛(hú) measure unit used in old times，equal to 16 hu

饼 bǐng ㄅㄧㄥ ❶扁圆形的面制食品 a round flat cake：肉～ròu-bǐng meat pie / 大～ dàbǐng a kind of big flat pie ❷像饼的东西 sth. shaped like a cake：铁 ～ tiěbǐng discus

(throw)豆～ dòubǐng bean cake

屏 ⊖ bǐng ㄅㄧㄥ ❶除去，排除 (⊕comb. — 除—chú brush aside)：～ 弃不用 bǐngqì bù yòng throw away；abandon / ～退左右 bǐngtuì zuǒyòu one orders attendants to clear up ❷抑止(呼吸)hold (one's breath)：～ 气 bǐngqì hold one's breath/ ～息 bǐngxī hold one's breath
⊜ píng 见 509 页 See p. 509

禀 (*稟) bǐng ㄅㄧㄥ ❶承受，生成的 receive；be endowed with (⊕comb. —受—shòu possess)：～性 bǐngxìng natural disposition ❷旧时下对上报告 report to one's superior or senior：～明一切 bǐngmíng yīqiè explain everything to one's superior or senior

鞞 bǐng ㄅㄧㄥ 刀鞘 sheath

并 (❶*併、❷—❹*並、❷—❹*竝) ⊖ bìng ㄅㄧㄥ ❶合在一起 combine together (⊕comb. 合—hé— merge)：～案办理 bìng'àn bànlǐ merge the cases into one，and then deal with it ❷一齐，平排着 simultaneously；side by side：～驾齐驱 bìngjià-qíqū run neck and neck；keep abreast with sb / ～肩作战 bìngjiān zuòzhàn fight side by side / ～排坐着 bìngpái zuòzhe sit side by side ❸连词，表示进一层 conj. besides；furthermore：讨论～通过了这项议案 Tǎolùn bìng tōngguòle zhè xiàng yìàn. The motion has been discussed and got through. [并且—qiě]连词，表示进一层，常跟"不但"相应 conj. and (indicating increased degree，often used collocatively with bùdàn)：他不但赞成，～～ 愿意帮忙 Tā bùdàn zànchéng， bìngqiě yuànyi bāngmáng. He not only is in favor of it，but also has agreed to give his help. ❹副词，放在否定词前面，表示不像预料

的那样 *adv.* used before a negative, indicating sth. is less serious in degree than expected：～不太冷 bìng bù tài lěng *not so cold* /～非不知道 bìng-fēi bù zhīdào *It is actually not the case that he (or she) does not know it.*

㊂ bǐng 见 45 页 See p. 45

摒 bìng ㄅㄧㄥˋ 排除 get rid of (⑭comb. —除—chú *dismiss*; *brush aside*)

病 bìng ㄅㄧㄥˋ ❶生物体发生不健康的现象 ill, (of organism) having the phenomenon of poor health (⑭comb. 疾—jí—*illness*)：害了一场～ hàile yī chǎng bìng *fell seriously ill* / 他—了 Tā bìng le. *He is ill.* [毛病 máo—] 1. 疾病 disease 2. 缺点 shortcoming 3. 指器物损坏或发生故障 mishap；trouble；勤检修，机器就少出～～Qín jiǎnxiū, jīqì jiù shǎo chū máobing. *Examined and repaired constantly, the machine will seldom break down.* ❷弊端，错误 fault；defect：语—yǔbìng *faulty wording or formulation* / 通—tōngbìng *common mistake* ❸损害，祸害 do harm to；injure：祸国～民 huòguó-bìngmín *do harm to the country and the people*

BO ㄅㄛ

拨(撥) bō ㄅㄛ ❶用手指或棍棒等推动或挑动 move or adjust with one's fingers or a stick：～灯 bō dēng *adjust the lamp-wick with a stick or a needle* / 把钟～一下 bǎ zhōng bō yīxiàr *set the clock* [拨冗—rǒng]推对杂事，抽出时间 find time in the midst of pressing affairs：务希～～出席 wù xī bōrǒng chūxí *Your presence is cordially requested.* ❷分给 allocate：～款 bōkuǎn *allocate funds* / ～点儿粮食 bō diǎnr liángshi *allocate some food* ❸（一儿一r）量词，用于成批的，分组的 *meas.*

batch；group：一～儿人 yī bōr rén *a batch of people*；*a group of people* / 分～儿进入会场 fēn bōr jìnrù huìchǎng *go into the meeting place in batches*

波 bō ㄅㄛ ❶江、河、湖、海等因振荡而一起一伏的水面 wave；ripple on the surface of a river, lake, or sea as a result of vibrations or motions (⑭comb. —浪—làng *wave*, —涛—tāo *billows*；*great waves*, —澜—lán *great waves*)[波动—dòng]⑭*fig.* 事物起变化，不稳定 fluctuate；undulate [波及—jí]⑭*fig.* 牵涉到，影响到 spread to；affect ❷物理学上指振动在物质中的传播，是能量传递的一种形式 the spread of vibration in matter, which is a way of energy transmission：光～guāngbō *light wave* / 声～shēngbō *sound wave* / 电～diànbō *electromagnetic wave*

玻 bō ㄅㄛ [玻璃—li] 1. 一种质地硬而脆的透明物体，是用细砂、石灰石、碳酸钠等混合起来，加高热熔解，冷却后制成的 glass, a hard transparent substance that breaks easily；made through melting sand with soda, lime and so on, and then cooling 2. 透明像玻璃的质料 transparent and glass-like material：～～牙刷 bōli yáshuār *plastic tooth-brush* / ～～雨衣 bōli yǔyī *glass fibre raincoat*

菠 bō ㄅㄛ [菠菜—cài]一年生或二年生草本植物，根带红色，果实分无刺和有刺两种，茎叶可以吃 spinach, annual or biennial herb, with red root；yielding two kinds of fruits, one with thorn and the other kind without；stems and leaves edible

钵(*缽) bō ㄅㄛ ❶盛饭、菜、茶水等的陶制器具 earthen bowl or cup used to contain food, or, tea, etc. 饭～fànbō *bowl* [乳钵 rǔ—]研药使成细末的器具 mortar (a vessel for grinding medical herbs into powder ❷梵语"钵多罗"的

省称,和尚用的饭碗 short form for "钵多罗" in Sanscript, alms bowl of a Buddhist monk；～盂 bōyú *alms bowl of a Buddhist monk* [衣钵 yī—] 原指佛教中师父传授给徒弟的袈裟和钵盂,后泛指传下来的思想、学术、技能等 a Buddhist monk's mantle and alms bowl which he hands down to his favorite disciple. Later, the meaning of the word is extended to mean the legacy of one's thought, academic learning, skill, etc.

饽 bō ㄅㄛ [饽饽—bo]〈方dial.〉1. 馒头或其他块状的面食 steamed bun or other pastry 2. 甜食,点心 sweets；light refreshments

剥 ㊀ bō ㄅㄛ 义同"剥㊁",用于复合词 Same as "剥㊁", used in a compound word [剥夺—duó] 1. 用强制的方法夺去 deprive sth. by force 2. 依照法律取消 deprive sb. of sth. through the law：～～政治权利bōduó zhèngzhì quánlì *deprive sb of his political rights* [剥削—xuē]凭借生产资料的私人所有权,政治上的特权无偿地占有别人的劳动或产品 exploit, claim to own others' labor or products without payment by virtue of the private ownership of means of production or political privileges

㊁ bāo 见 21 页 See p. 21

播 bō ㄅㄛ ❶撒种 sow：条～ tiáobō *drilling* /点～ diǎnbō *dibble seeding*/ 加宽～幅(把垄放宽)jiākuān bōfú(bǎ lǒng fàngkuān) *enlarge the width of a row of planted seeds* (widen the row of planted seeds) ❷传扬,传布 broadcast：～音 bōyīn *broadcast；transmission* [广播 guǎng—]利用电波播送新闻、文章、文艺节目等 broadcast, send out programs such as news, article, and entertainment by means of electromagnetic wave

嶓 bō ㄅㄛ [嶓冢—zhǒng]古山名。在甘肃省成县东北 name of an ancient mountain in the northeast of Chengxian County, Gansu Province

伯 ㊀ bó ㄅㄛ ❶兄弟排行(háng)常用"伯"、"仲"、"叔"、"季"做次序,伯是老大 oldest (In the order of seniority among brothers, the first one is "bó", and then come "zhòng" (second), "shū" (third), "jì" (the youngest) [伯仲—zhòng]㊟ trans. 不相上下,好坏差不多 the first and the second；with no difference；about the same ❷伯父,父亲的哥哥,大爷(ye) 又对年龄大辈分高的人的尊称 father's elder brother；uncle, a term of address for a man of one's father's generation who is older than one's father：老～ lǎobó *uncle* (used in addressing a friend of one's father or the father of one's friend) ❸我国古代五等爵位的第三等 earl；count, the third rank of nobility in the ancient times of China

㊁ bǎi 见 15 页 See p. 15

帛 bó ㄅㄛ 丝织品的总称 a general term for silks

泊 ㊀ bó ㄅㄛ ❶停船靠岸 anchor alongside the shore(㊉comb. 停 tíng — *berth*)：～船 bóchuán (of a boat) *be at anchor* ❷恬静 quiet [淡泊 dàn—]不贪图功名利禄。也作"澹泊" not seek fame and wealth, also "澹泊" ❸见 431 页"落"字条"落泊"(luò—)See "luòbó" under entry of "luò", p. 431

㊁ pō 见 510 页。

柏 ㊀ bó ㄅㄛ [柏林—lín]德国城市名 Berlin, a city in Germany

㊁ bǎi 见 15 页 See p. 15

㊂ bò 见 51 页 See p. 51

铂 bó ㄅㄛ 白金,一种金属元素,符号 Pt,富延展性,导电传热性能很好,熔点很高。可制坩埚、蒸发皿。化学上用作催化剂 platinum, an extensible metallic element, very good for conducting electricity and heat with a very high melting point, and used to make crucibles, evaporating containers; used as catalyst in chemistry; symbol Pt.

舶 bó ㄅㄛˊ 大船 a big ship：船～ chuánbó *boats and ships* / ～来品(旧称外国输入的货物) bóláipǐn *imports*（old term for goods from abroad）

鲌 ⊖ bó ㄅㄛˊ 鱼名。身体侧扁，嘴向上翘，生活在淡水中 culter alburnus, a kind of fish living in fresh water with flat flanks and upward-sticking mouth

　⊜ bà 见 13 页 See p. 13

箔 bó ㄅㄛˊ ❶用苇子、秫秸等做成的帘子 screen（of reeds, corn or sorghum stalk and so on）❷养蚕的器具，多用竹制成，像筛子或席子。也叫"蚕帘"a bamboo tray for rearing silkworms, also called "cánlián" ❸金属薄片 tinsel：金～ jīnbó *gold foil* / 铜～ tóngbó *copper foil* ❹敷上金属薄片或粉末的纸 paper applied with metal tinsel or powder：锡～ xībó *tin foil paper*

魄 ⊜ bó ㄅㄛˊ "落魄"(luòpò)的"魄"的又音 an alternate pronunciation for "魄" in "落魄"

　⊖ pò 见 511 页 See p. 511
　⊜ tuò 见 663 页 See p. 663

驳（❶❸ *駁）bó ㄅㄛˊ ❶说出自己的理由来，否定别人的意见 state one's own opinions to refute other's points：真理是～不倒的 Zhēnlǐ shì bó bu dǎo de. *Truth fears no refutation.* / 反～ fǎnbó *refute* / 批～ pībó *refute；criticize* ❷大批货物用船分载转运 transport by barge：起～ qǐbó *start shipment by barge* / 把大船上的米～卸到堆栈里 Bǎ dà chuán shang de mǐ bóxiè dào duīzhàn li. *unload the rice in the big ship and transport it to the storehouse by barge* [驳船—chuán]转运用的小

船。也叫"拨船"lighter；barge, also "拨船" ❸马的毛色不纯。泛指颜色不纯，夹杂别的颜色(of the colour of a horse) parti-colored；parti-colour（⊛comb. 斑—bān *mottled*）

勃 bó ㄅㄛˊ 旺盛 vigorous；thriving（叠 redup.）：～起 bóqǐ *erection* / 蓬～ péngbó *full of vitality* / 生气～～ shēngqì-bóbó *dynamic；full of vitality* / 英姿～～ yīngzī-bóbó *vigorous*[勃然—rán] 1. 兴起旺盛的样子 vigorously：～～而兴 bórán ér xīng *rise as a vigorous new force* 2. 变脸色的样子 agitatedly：～～大怒 bórán dànù *fly into a rage*

浡 bó ㄅㄛˊ〈古 arch.〉兴起，涌出 rise；spring up

脖 bó ㄅㄛˊ ❶(一子—zi)颈，头和躯干相连的部分 neck, the part of the body that joins one's head and the trunk ❷像脖子的 sth shaped like a neck：脚～子 jiǎobózi *ankle*

鹁 bó ㄅㄛˊ [鹁鸪—gū]鸟名。羽毛黑褐色，天要下雨或天刚晴的时候，常在树上咕咕地叫。有的地方叫"水鸪鸪" wood-pigeon, a kind of bird with dark brown plumage；often found crying on a tree before or immediately after a rain；called "shuǐgūgū" in some places

渤 bó ㄅㄛˊ 渤海，由辽东半岛和山东半岛围抱着的海 the Bohai Sea, a sea surrounded by the Liaodong Peninsula and the Shandong Peninsula

钹 bó ㄅㄛˊ 铜质圆形的乐器，中心鼓起，两片相击作声 cymbals, one of a pair of brass plate used as a musical instrument, producing a loud ringing sound when struck together

亳 bó ㄅㄛˊ [亳州—zhōu]，地名，在安徽省 a place in Anhui Province

袯（襏）bó ㄅㄛˊ [袯襫—shì] 1. 古蓑衣 straw or palm-bark raincape (in ancient times) 2. 粗糙结实的衣服 clothes that are coarse but durable

B

博 bó ㄅㄛˊ ❶多，广 abundant; plentiful (㊀comb. 广—guǎng— *extensive; broad*)：地大物～ dìdà-wùbó *vast territory and abundant resources* / ～学bóxué *learned* / ～览bólǎn *read widely* [博士—shì] 1. 学位名 doctor's degree 2. 古代掌管学术的官名 name of official with the duty in charge of academic studies in ancient times [博物—wù]动物、植物、矿物、生理等学科的总称 general name for zoology, botany, mineralogy, physiology, etc. ❷知道得多 erudite; well-informed：～古通今 bógǔ-tōngjīn *possess a wide knowledge of things ancient and modern* ❸用自己的行动换取 win; gain：～得同情 bódé tóngqíng *win sympathy* ❹古代的一种棋戏，后泛指赌博 a kind of chess game in ancient times; now referring to gamble in general

搏 bó ㄅㄛˊ ❶对打 wrestle; combat：～斗 bódòu *wrestle* / ～击 bójī *wrestle* / 肉～(打交手仗) ròubó *fight hand-to-hand; bayonet fighling* ❷跳动 beat：脉～ màibó *pulse*

馎 bó ㄅㄛˊ [馎饦—tuō]古代的一种面食 name of a kind of food in ancient times

膊 bó ㄅㄛˊ 胳膊(bo) arm, the part of the body near the shoulder [赤膊 chì—]光膀子，赤裸上身 stripped to the waist, barebacked：～～上阵 chìbó-shàngzhèn *go to the battle field barebacked*

镈 bó ㄅㄛˊ ❶大钟，古代乐器，形圆 a large round bell used as a musical instrument in ancient times ❷古代锄一类的农具 a hoe-like tool in ancient times

薄 ㊁bó ㄅㄛˊ ❶同"薄㊀"用于合成词或成语，如厚薄、单薄、淡薄、浅薄、薄田、薄弱、尖嘴薄舌、厚古薄今等 Same as báo, used in compound words or idioms, such as hòubó (thickness), dānbó (thin), dànbó (think little of), qiǎnbó (shallow), bótián (infertile land), bóruò (frail), jiānzuǐ-bóshé (have a caustic and flippant tongue) and hòugǔ-bójīn (stress the past, not the present) ❷轻微，少 slight; meagre：～技 bójì *my slight skill* / ～酬 bóchóu *small reward* ❸不庄重 frivolous：轻～ qīngbó *philandering* ❹看不起，轻视，慢待 look down upon; despise：鄙～ bǐbó *scorn; despise* / 厚此～彼 hòucǐ-bóbǐ *favour one and be prejudiced against the other* / 不可妄自菲～ bùkě wàngzì-fěibó *Don't despise yourself blindly.* ❺迫近 approach：～暮(天快黑) bómù *dusk; twilight* / 日～西山 rìbó-xīshān *The sun is setting beyond the western hills —— declining rapidly; nearing one's end* ❻姓 a surname

㊀ báo 见 22 页 See p. 22

㊂ bò 见 51 页 See p. 51

礴 bó ㄅㄛˊ 见 493 页"磅"字条"磅礴"(páng—) see pángbó under entry of "páng" p. 493

僰 bó ㄅㄛˊ 我国古代西南地区的少数民族 a minority nationality in the southest of ancient China

踣 bó ㄅㄛˊ 跌倒 fall：屡～屡起 lǚ bó lǚ qǐ *fall down and get up repeatedly*

跛 bǒ ㄅㄛˇ 瘸(qué)，腿或脚有毛病，走路身体不平衡 lame; not walking steadily because of sth wrong with one's leg or foot：一颠一～ yī diān yī bǒ *walk with a limp* / ～脚 bǒjiǎo *lame*

簸 ㊀ bǒ ㄅㄛˇ ❶用簸(bò)箕颠动米粮，扬去糠秕和灰尘 winnow with a fan to get rid of chaff and dust ❷颠动得像米粮在簸箕里簸起来一样 roll just like grain rolling in a fan;

rock；船在海浪中颠～起伏 Chuán zài hǎilàngzhōng diānbǒ qǐfú. *The ship was rolling heavily in the sea.*

㊀ bò 见本页 See the same page.

柏 ㊁ bò ㄅㄛˋ［黄柏 huáng一］即黄檗 Phellodendron
㊂ bǎi 见 15 页 See p. 15
㊃ bó 见 48 页 See p. 48

薄 ㊁ bò ㄅㄛˋ［薄荷—he］多年生草本植物，叶和茎有清凉香味，可入药 peppermint, a kind of perennial herb, having stems and leaves with a cool fragrance；usually used as medicine
㊁ báo 见 22 页 See p. 22
㊂ bó 见 50 页 See p. 50

檗 bò ㄅㄛˋ 黄檗，落叶乔木，羽状复叶，开黄绿色小花，木材坚硬，茎可制黄色染料。树皮入药 Phellodendron, a deciduous arbor with feather-shaped compound leaves and small yellowish green flowers；having hard wood；stem used in making yellow dyestuff；bark used in medicine.

擘 ㊀ bò ㄅㄛˋ 大拇指 thumb［巨擘 jù—］比喻杰出的人物 an outstanding person；an authority in a certain field
㊁ bāi 见 14 页 See p. 14

簸 ㊀ bò ㄅㄛˋ［簸箕—ji］扬糠除秽的用具 a fan used to winnow away the chaff
㊁ bǒ 见 50 页 See p. 50

卜（蔔） ㊁ bo ·ㄅㄛ 见 429 页 "萝"字条"萝卜" see luóbo under entry of "luó", p. 429
㊀ bǔ 见本页 See the same page.

啵 bo ·ㄅㄛ ❶助词，同"吧"aux. Same as "吧". ❷［嘚啵 dē—］见 119 页"嘚" See "嘚", p. 119

BU ㄅㄨ

逋 bū ㄅㄨ ❶逃亡 flee（⊕comb. —逃—táo *flee*）❷拖欠 owe：～租

būzū *owe a rent*

哺 bū ㄅㄨ〈古 arch.〉申时，指下午三点到五点 late afternoon；three to five in the afternoon

醭 bú ㄅㄨˊ（旧读 early pronounced pú）（一儿—r）醋、酱油等表面上长(zhǎng)的白色的霉 white mould on the surface of vinegar, soy sauce, etc.

卜 ㊀ bǔ ㄅㄨˇ ❶占卜，古时用来决定生活行动的一种迷信的举动 divine, superstitious act in ancient times to decide one's action in life（㊉trans.）料定，先知道 predict；guess：预～ yùbǔ *foretell* ／ 吉凶未～ jíxiōng-wèi bǔ *It is hard to tell whether the person is alive or not.*［卜辞—cí］商代刻在龟板兽骨上记录占卜事情的文字 oracle inscriptions of the Shang Dynasty on tortoise shells or animal bones ❷姓 a surname
㊁ bo 见本页 See the same page.

卟 bǔ ㄅㄨˇ［卟吩—fēn］有机化合物，结构式为

是叶绿素、血红蛋白等的重要组成部分 porphin(e), organic compound, an important component part of chlorophyll, haemoglobin and so on；structural formula is

补（補） bǔ ㄅㄨˇ ❶把残破的东西加上材料修理完整 put a patch on sth and mend it：～衣服 bǔ yīfu *mend* (or *patch*) *clothes* ／ ～锅 bǔ guō *mend a pot* ❷把缺少的充实起来或添上 supply；make up for（⊕comb. —充—chōng *replenish* 贴—tiē—*replenish*）：～空(kòng)子 bǔ kòngzi *fill a vacancy* ／ ～习 bǔxí *take*

lessons after school or work；*take a make-up course*；*take a remedy course*/ 候～委员 hòubǔ wěiyuán *an alternate member* / 滋～ zībǔ *nourish* [补白—bái]书报上填补空白的短文 filler (in a newspaper or a magazine) ❸ 益处 benefit：不无小～ bùwúxiǎobǔ *be of some help；not be without some advantage*

捕 bǔ ㄅㄨ 捉，逮 catch；seize：～获 bǔhuò *capture* / ～风捉影(喻言行没有事实根据) bǔfēng-zhuōyǐng *chase the wind and clutch at shadows speak or act on hearsay evidence*

哺 bǔ ㄅㄨ ❶ 喂不会取食的幼儿 feed (a baby)：～养 bǔyǎng *feed；rear*/～育 bǔyù *feed；nurture* / ～乳 bǔrǔ *breast-feed* ❷ 嘴里嚼着的食物 the food in one's mouth

堡 ㊀ bǔ ㄅㄨ 堡子，有围墙的村镇。又多用于地名，如：吴堡(在陕西省)、柴沟堡(在河北省)a town or village surrounded with earthen walls；also often used as part of a place name，for example，Wubu (in Shaanxi Province)，Chaigoubu (in Hebei Province)

㊁ bǎo 见 23 页 See p. 23
㊂ pù 见 514 页 See p. 514

不 bù ㄅㄨ 副词 adv. 1. 表示否定的意义 a word that means 'no'：他～来 Tā bù lái. *He is not coming.* / ～好 bù hǎo *not good* / ～错 bùcuò *not bad* / ～简单 bù jiǎndān *not simple* 2. 表示否定对方的话 no，negating what the other(s) has (have) said：他刚来农村吧? ～，他到农村很久了 Tā gāng lái nóngcūn ba? Bù, tā dào nóngcūn hěnjiǔ le. *Is he a newcomer in the countryside? No, he has been there for a long time.* 3. 表示否定效果，跟"得"相反(used before a verb and its complement) cannot，indicating negative effect，antonym of "得"：拿～动 ná bu dòng *find sth too heavy to carry* / 说～明白 shuō bu

míngbai *cannot make oneself understood* / 跑～很远 pǎo bu hěn yuǎn *cannot run very far* 4. 跟"就"搭用，表示选择 used correlatively with "jiù"，indicating a choice between two：他休息的时候，～是看书，就是看报 Tā zài xiūxi de shíhou, bù shì kàn shū, jiùshì kàn bào. *When he is having a rest, he either reads a book or read a newspaper.* 5.〈方 dial.〉用在肯定句末，构成问句 used at the end of a sentence to indicate that it is a question：他来～ Tā lái bu? *Is he coming?* / 你知道～ Nǐ zhīdào bu. *Do you know?* [不过—guò] 1. 副词，仅仅，不超过 adv. no more than：一共～五六个人 yīgòng bùguò wǔ-liù ge rén *There are only five or six people altogether.* 2. 连词，但是，可是 conj. but；however：困难虽然很多，～～我们能克服它 Kùnnan suīrán hěn duō, bùguò wǒmen néng kèfú tā. *There are many difficulties，but we can overcome them.*

吓 bù ㄅㄨ 见 212 页"唝"字条"唝吓(gòng—)" See "gòngbù" under entry of "gòng"，p. 212

钚 bù ㄅㄨ 一种放射性元素，符号 Pu，化学性质跟铀相似，是原子能工业的重要原料 plutonium，a kind of radioactive element，similiar in chemical property with uranium；an important raw material in the industry of atomic energy；symbol Pu

布 (❷-❹ * 佈) bù ㄅㄨ ❶用棉纱、麻纱等织成的、可以做衣服或其他物件的材料 cloth，a kind of material made of cotton yarn，linen，etc. and used to make clothes and other articles[布匹—pǐ]布的总称 cloth；piece goods ❷ 宣布，宣告，对众陈述 declare；announce；state to the public：发～ fābù *issue；release* / 开诚～公 kāichéng-bùgōng *frank and sincere；openhearted*[布告—gào]张贴出来通知群

众的文件 notice；bulletin ❸散布，分布spread；阴云密～yīnyún mìbù *The sky is covered with dark clouds.* / 星罗棋～ xīngluó-qíbù *scattered all over like stars in the sky or men on a chessboard；spread all over the place* ❹布置，安排 arrange；～防 bùfáng *organize a defence；place troops on garrison duty* / 一局 bùjú *layout；overall arrangement* ❺古代的一种钱币 an ancient coin

[布朗族— lǎngzú]我国少数民族，参看附表 the Blang nationality, an national minority in China. see Appendix.

[布依族—yīzú]我国少数民族，参看附表 the Bouyei nationality, an national minority in China. see Appendix.

祐 Bù ㄅㄨ [茶祐 Chá—]地名，在福建省建阳 a place in the county of Jianyang in Fujian Province

怖 bù ㄅㄨ 惧怕 fear（⊕comb. 恐—kǒng — *terror*）：情景可～qíngjǐng kěbù *The scene is horrible.* / 白色恐～(反动统治者迫害人民造成的情势) báisè kǒngbù *white terror (a situation brought about by reactionary rulers' persecution of the people)*

步 bù ㄅㄨ ❶脚步，行走时两脚之间的距离 step；pace；跑～ pǎobù *march at the double* / 稳～前进 wěnbù qiánjìn *advance steadily* [步伐—fá]队伍行进时的脚步 step；pace；～～整齐 bùfá zhěngqí *march in step* ❷阶段 stage：初～ chūbù *the first stage* [步骤—zhòu]事情进行的程序 step；move；measure ❸行，走 walk；go on foot：～其后尘(追随在人家后面) bùqíhòuchén *follow in sb's footsteps* [步兵—bīng]陆军里步行作战的兵种 infantry ❹用脚步量地面 measure by paces：～一～看这块地有多长 Bù yī bù kàn zhè kuài dì yǒu duōcháng. *Pace out this piece of land and see its size.* ❺旧制长度单位，一步

等于五尺 old measure unit, equal to five Chinese *chi* ❻地步，境地，表示程度 state；situation，indicating degree：没想到他竟会落到这一～ Méi xiǎngdào tā jìng huì luòdào zhè yī bù. *We have never expected that he should have got into such a state.* ❼古同"埠" Same as"埠"in old times.

埔 ⊖ Bù ㄅㄨ [大埔 Dà—]地名，在广东省 a place in Guangdong Province

⊖ pǔ 见 513 页 See p. 513

部 bù ㄅㄨ ❶部分，全体中的一份 part；section：内～ nèibù *inner part* / 南～ nánbù *the southern part* / 局～ júbù *locality* [部位—wèi]位置 position；location ❷机关企业按业务范围分设的单位 unit；ministry；department：农业～ nóngyèbù *ministry of agriculture* / 编辑～ biānjíbù *editorial department* / 门市～ ménshìbù *sales department* [部队—duì]军队 troops [部首—shǒu]按汉字形体偏旁所分的门类，如"山"部、"火"部等 radicals by which characters are arranged in traditional Chinese dictionaries such as the radicals of"shān"，"huǒ"，etc. ❸统属 control：～领 bùlǐng *command* / 所～三十人 suǒbù sānshí rén *the thirty people under sb.* [部署—shǔ]布置安排 dispose；deploy ❹量词 meas. 1. 用于书籍 for books：一～小说 yī bù xiǎoshuō *a novel* / 两～字典 liǎng bù zìdiǎn *two dictionaries* 2. 用于车辆或机器 for automobiles or machines：一～收割机 yī bù shōugējī *a reaper* / 三～汽车 sān bù qìchē *three cars*

瓿 bù ㄅㄨ 小瓮 a small jar

篰 bù ㄅㄨ〈方 dial.〉竹篓 bamboo basket

埠 bù ㄅㄨ 埠头，停船的码头。多指有码头的城镇 wharf, a place to berth a ship or boat；usu. a town with a wharf：本～ běnbù *this town or*

city / 外~ wàibù *a town or city other than where one is* [商埠 shāng—]旧时与外国通商的城镇 a town or a city in former times trading with other countries; trading port

簿 bù ㄅㄨˋ（一子—zi）本子 notebook；账~ zhàngbù *account book* / 发文~ fāwénbù *register of outgoing documents*，*letters*，*etc.* [簿记—jì]根据会(kuài)计学原理记账的技术 bookkeeping，the technique of keeping accounts according to the principles of accounting riddle/ 你~他来不来 Nǐ cāi tā lái bù lái *Do you suppose he will come or not?* ❷疑心 suspect（叠comb. 一疑一 yí *be suspicious*）：~忌 cāijì *be suspicious and jealous*/ ～嫌 cāixián *be suspicious*

才(❸纔) cái ㄘㄞˊ ❶能力 ability（叠comb. 一 能 cáinéng *ability; talent*）：口~kǒucái *eloquence*/ 这人很有～干 Zhè rén hěn yǒu cáigàn. *This man has high ability.* ❷从才能方面指称某类人 people of a certain type of special talent and ability：干(gàn)～ gàncái *a capable person; an energetic doer*/ 奇~qícái *an outstanding talent; genius*/ 庸 ～ yōngcái *a mediocre person; mediocrity* ❸副词 adv. 1. 方，始 a moment ago; just now（叠comb. 刚 — gāng — *just now; a moment ago*,方 — fāng — *just now*)：昨 天 ～ 来 zuótiān cái lái *did not come until yesterday; came only yesterday*/ 现在 懂得这个道理 xiànzài cái dǒngde zhège dàoli *do not understand the reason until now* 2. 仅仅 only：~用了 两元 cái yòngle liǎng yuán *cost only two yuan*/ 来了～十天 láile cái shí tiān *have been here only ten days*; *came only ten days ago*

材 cái ㄘㄞˊ ❶木料 timber；美木良 ～ měimù-liángcái *good timber* 引ext. 材料，原料或资料 material, raw material or study material；器~ qìcái *equipment; material* /教～ jiàocái *teaching material* ❷资质，能 力 natural endowments；talent；ability：因 ～ 施 教 yīncái-shījiào *vary teaching methods according to the different capabilites of the individual students* ❸棺木 coffin：一口~yī kǒu cái *a coffin*

财 cái ㄘㄞˊ 金钱或物资 money or goods（叠comb. 一 产 一 chǎn *property*, 资 —zī — *assets* 钱—qián — *money*)：理～lǐcái *manage money*

C ㄘ

CA ㄘㄚ

拆 ㊁ cā ㄘㄚ〈方dial.〉排泄(大 小 便) discharge (faeces or urine)：~烂污(喻不负责任,以致把 事情弄糟)cā lànwū *do sloppy work* (*fig.* make a mess of things out of negligence)
㊀ chāi 见 64 页 See p. 64

擦 cā ㄘㄚ ❶抹(mā),揩拭 wipe; mop：~桌子 cā zhuōzi *wipe a table*/ ~脸 cā liǎn *wipe one's face* ❷摩,搓 rub：摩拳 ～ 掌 móquán-cāzhǎng *rub one's fists and palms be eager for a fight* ❸贴近 near；close to：~黑儿(傍晚)cāhēir *dusk*/ ～着 屋檐飞过 cāzhe wūyán fēiguo *sweep the eaves*

嚓 ㊀ cā ㄘㄚ 拟声词 onom. 摩托车 ~的一声停住了 Mótuōchē cā de yī shēng tíngzhù le. *The motorcycle screeched to a stop.*
㊁ chā 见 62 页 See p. 62

礤 cā ㄘㄚ [礤礤儿 jiāng—r]台阶 steps

礤 cǎ ㄘㄚˇ 粗石 coarse stone [礤床 儿—chuángr]把瓜、萝卜等擦成 丝的器具 shredder, a tool to cut melon, radish, etc into fine shreds

CAI ㄘㄞ

偲 ㊀ cāi ㄘㄞ 有才能 talented, capable
㊁ sī 见 610 页 See p. 610

猜 cāi ㄘㄞ ❶推测,推想 guess; conjecture：~谜 cāimí *guess a*

matters/ ～务 cáiwù *financial affairs* [财富－fù]具有价值的东西 wealth；sth. of value；物质～～wùzhì cáifù *material wealth*/ 精神～～jīngshén cáifù *spiritual wealth* [财政－zhèng]国家的收支及其他有关经济的事务 finance；revenue and expenditure and other related economic affairs of a state

裁 cái ㄘㄞˊ ❶用剪子剪布或用刀子割纸 cut cloth or paper into parts with a pair of scissors or a knife：～衣服 cái yīfu *cut out clothes*/ 对－（把整张纸平均裁为两张）duìcái *cut a sheet of paper into two of exactly the same size* [裁缝－feng]以做衣服为职业的人 tailor, a person whose work is to make dresses for people ❷削减，去掉一部分 cut down；reduce：～军 cáijūn *reduce armaments*/ ～员 cáiyuán *reduce the staff* ❸决定，判断 make a decision or judgement：～夺 cáiduó *consider and decide*/ ～判 cáipàn *judge* ❹安排取舍 make one's choice；accept or reject：独出心～ dúchū-xīncái *be original；show originality*/《唐诗别～》《Tángshī Biécái》 *The Special Selections from Tang Poetry.*

采 (❶❷*採) ⊖cǎi ㄘㄞˇ ❶摘取 pick：～莲 cǎilián *pick lotus*/ ～茶 cǎichá *pick tea* ❷选取 choose；select：～用 cǎiyòng *adopt*/ ～矿 cǎikuàng *mining* [采访－fǎng]搜集寻访，多指记者为搜集材料进行调查访问 interview；(usu reporters) investigate together materials [采纳－nà]接受(意见)accept (opinions)：～～群众的意见 cǎinà qúnzhòng de yìjiàn *accept suggestions made by the masses* ❸神采，神色，精神 demeanour；countenance；spirits：兴高～烈 xìnggāo-cǎiliè *in high spirits；excited* ❹同"彩" Same as "彩".

彩 (❷*綵) cǎi ㄘㄞˇ ❶各种颜色 colours of all kinds：～色影片 cǎisè yǐngpiàn *a colour film*/ ～排(化装预演)cǎipái *dress rehearsal* [挂彩 guà－] 喻 fig.在战斗中受伤 to be wounded in a battle ❷彩色的绸子 coloured silk：悬灯结～ xuándēng-jiécǎi *hang up lanterns and festoons；adorn with lanterns and colour streamers* ❸指赌博或某种竞赛中赢得的东西 prize in a gamble or certain contest：得～ décǎi *win a prize*/ ～金 cǎijīn *money won in a game* ❹称赞、夸奖的欢呼声 applause；cheer：喝(hè)～hècǎi *acclaim；cheer*

睬 (*保) cǎi ㄘㄞˇ 理会，管理 pay attention to；take notice of：不理不～ bùlǐ-bùcǎi *take no notice of；ignore*/ ～也不～ cǎi yě bùcǎi *pay sb no attention at all*

踩 (*跴) cǎi ㄘㄞˇ 用脚登在上面，踏 step on；trample：～了一脚泥 cǎile yī jiǎo ní *step into the mud and dirty one's shoes*

采 (**埰、寀) ⊖cài ㄘㄞˋ 采地，采邑 古代卿大夫的封地 fief, a piece of land owned by the feudal lord, given to a minister or high official in ancient times
⊖cǎi 见本页 See the same page.

菜 cài ㄘㄞˋ ❶蔬菜，供作副食品的植物 vegetable, plant used as non-staple food ❷主食以外的食品，如经过烹调的鱼、肉、蛋等 non-staple food, such as cooked fish, meat or egg etc.

蔡 cài ㄘㄞˋ ❶周代诸侯国名，在今河南省上蔡、新蔡一带 One of duke states in Zhou dynasty in ancient China, its manor includes Shangcai and Xincai counties in Henan province. ❷〈古 arch.〉大龟 big turtle；蓍(shī)

～(迷信占卜用的东西)shīcài *a turtle-shell used in fortune telling*

CAN ㄘㄢ

参(參) 〔一〕cān ㄘㄢ ❶参加,加入 join; take part in:～加工作 cānjiā gōngzuò *begin to be engaged in an occupation*/～军 cānjūn *join the Army*/ ～战 cānzhàn *enter a war; take part in a battle*[参半—bàn]占半数 half-and-half;疑信～～ yíxìn-cānbàn *half believing, half doubting*[参天—tiān]高入云霄 reach to the sky:～～古木 gǔmù cāntiān *towering old trees*[参观—guān]实地观察(事业、设施、名胜等) on-the-spot visit of (an institution, facility, or scenic spot)[参考—kǎo]用有关的材料帮助了解、研究某事物 refer, try to know sth or make one's research into sth with the help of some related material ❷旧指进见 pay one's respects to sb in old times:～谒 cānyè *pay one's respects to*/ ～拜 cānbài *pay one's respects to* ❸封建时代指弹劾(tánhé)impeach an official in the presence of the emperor in feudal times:～他一本 cān tā yī běn *impeach an ill-deed-official in a memorial to the throne*

〔二〕shēn 见 582 页 See p. 582
〔三〕cēn 见 61 页 See p. 61

骖(驂) cān ㄘㄢ 古代驾在车前两侧的马 horses harnessed at the two sides of a cart in ancient time

餐(**飡、**湌) cān ㄘㄢ ❶吃 eat:饱～一顿 bǎocān yī dùn *eat and drink to one's fill*/ 聚～jùcān *dine together* ❷饭食 food; meal:一日三 yī rì sān cān *three meals a day*/ 午～wǔcān *lunch*/ 西～xīcān *Western-style food*

残(殘) cán ㄘㄢ ❶毁坏,毁害 damage; injure(®comb. —害—hài *cruelly injure or kill*):摧～cuīcán *impose damage on sb* ❷凶恶 savage(®comb. —暴—bào *cruel and ferocious*,—忍—rěn *cruel; ruthless*) ❸不完全的,有毛病的 incomplete, imperfect; deficient(®comb. —缺—quē *deficient*):～疾 cánjí *deformity*/ ～品 cánpǐn *damaged article; defective goods*/ ～破不全 cánpò-bùquán *fragmentary* 〔引ext. 余下的(®comb. —余—yú *remnants*):～局 cánjú *the final phase of a chess game; the final phase of the overall situation*/ ～茶剩饭 cánchá-shèngfàn *remains of a meal; leftovers*

蚕(蠶) cán ㄘㄢ 家蚕,又叫"桑蚕"。昆虫,吃桑叶长大,蜕(tuì)皮时不食不动,俗叫"眠"。蚕普通经过四眠就吐丝做茧,蚕在茧里变成蛹,蛹变成蚕蛾。蚕吐的丝可织绸缎。另有"柞(zuò)蚕",也叫"野蚕",吃柞树的叶子。柞蚕的丝可织茧绸 silkworm, also called 'mulberry silkworm', living on mulberry leaves; when casting off its skin, neither eating nor moving, entering a state of 'sleep'; after four 'sleeps', spinning silk to form a cocoon in which the silkworm first changes into a pupa, and then into a silk moth; the silk can be used in making silks and satins. There is another kind of silkworm called tussah an or wild silkworm; tussah silk is used in making pongee.

惭(*慙) cán ㄘㄢ 羞愧 be ashamed(®comb. —愧—kuì *feel ashamed*):自～zìcán *feel ashamed of oneself*/ 大言不～dàyán-bùcán *talk big shamelessly; bray unblushingly*

惨(慘) cǎn ㄘㄢ ❶凶恶,狠毒 cruel; brutal:～无人道

cǎnwúréndào *inhuman*；*brutal* ❷使人悲伤难受 miserable；tragic（遭comb.）凄—qī－*wretched*；*miserable*，悲—bēi－*tragic*）：她的遭遇太～了 Tā de zāoyù tài căn le. *She really met with great misfortune.* [惨淡—dàn]1.暗淡无色 gloomy 2.指辛苦 taking great pains：～～经营（现多用于贬义）cǎndàn jīngyíng *keep（an enterprise, etc）going by painstaking effort*（now often used in a derogatory sense）❸程度严重 serious in degree：敌人～败 Dírén cǎnbài. *The enemies were crushingly defeated.*

穆（穆）cǎn ㄘㄢˇ 穆子，一种谷类植物，子实可以吃，也可以做饲料 billion-dollar grass, a cereal crop with edible seeds, usu used as forage

篸（篸）cǎn ㄘㄢˇ〈方 dial.〉一种簸箕 a kind of dustpan

灿（燦）càn ㄘㄢˋ [灿烂—làn] 鲜明，耀眼 magnificent；brilliant：阳光～～ yángguāng cànlàn *brilliant sunshine*/ 光辉～～ guānghuī-cànlàn *brilliant and dazzling*

屏 ⊖ càn ㄘㄢˋ 同"屏⊖"，只用于"屏头" Same as "屏⊖", used only in càntou (weakling；coward) [屏头（—tou）〈方 dial.〉软弱无能的人 coward
⊖ chán 见 65 页 See p. 65

粲 càn ㄘㄢˋ 鲜明的样子 [粲然—rán] 笑的样子 smile beamingly：～～一笑 cànrán yī xiào *give a beaming smile*

璨 càn ㄘㄢˋ ❶美玉 fine jade ❷同"粲" Same as "粲"

CANG ㄘㄤ

仓（倉）cāng ㄘㄤ 收藏谷物的建筑物 a building for storing grain：米～mǐcāng *barn*/ 谷～gǔcāng *granary*；*barn*[仓库—kù] 储藏东西的房子 warehouse, a place for storing things
[仓促—cù][仓猝—cù]匆忙 hurry

伧（傖）⊖ cāng ㄘㄤ 古代讥人粗俗，鄙贱 a word used by ancient people to show contempt for a person who is vulgar：～俗 cāngsú *vulgar*
⊖ chen 见 74 页 See p. 74

苍（蒼）cāng ㄘㄤ ❶青色 the colour of blue：～天 cāngtiān *the blue sky*；*Heaven* ❷草色，深绿色 the colour of grass；dark green：～松 cāngsōng *green pine trees* ❸灰白色 pale；grey：面色～白 miànsè cāngbái *look pale*/ 两鬓～～ liǎngbìn cāngcāng *be grey at the temples*[苍老—lǎo]1.容貌、声音老 old in appearance and voice 2.书画笔力雄健（of calligraphy and painting）vigorous；forceful

沧（滄）cāng ㄘㄤ ❶暗绿色（指水）（of water）dark green：～海 cānghǎi *the deep blue sea* [沧海桑田—hǎi-sāngtián]大海变成农田，农田变成大海 seas changed into mulberry fields and mulberry fields into seas 喻 *fig.* 世事变化很大 time brings great changes to the world ❷寒，冷 cold：～～凉凉 cāngcāng-liángliáng *bleak*

鸧（鶬）cāng ㄘㄤ [鸧鹒—gēng]黄鹂。也作"仓庚" oriole, also "仓庚"

舱（艙）cāng ㄘㄤ 船或飞机的内部，用于载人或物 cabin of a ship or a plane for carrying people or goods：货～huòcāng *cargo hold*；*cargo bay* 客～kècāng *passenger cabin*/ 底～dǐcāng *bottom cabin*

藏 ⊖ cáng ㄘㄤ ❶隐避 hide：埋～máicáng *bury*；*lie hidden in the earth*/ 他～在树后头 Tā cáng zài shù hòutou. *He hid himself behind the tree.* ❷收存 store：～书处 cángshūchù *a storehouse of collected books*／储～室 chǔcángshì *storeroom*／把这些东西收～起来 bǎ zhèxiē dōngxi shōucáng qilai. *Store up these things.*

㊁ zàng 见809页 See p. 809

CAO ㄘㄠ

操 cāo ㄘㄠ ❶拿，抓在手里 grasp；hold：～刀 cāodāo *grasp a knife*／～戈 cāogē *hold a dagger-axe* ⑨ext. 掌握，控制 operate；control：～舟 cāozhōu *steer a boat*／必胜之券 cāo bìshèng zhī quàn *be certain of success*；*be sure to win* [操纵—zòng]随着自己的意向来把持支配 manipulate；operate according to one's own will ❷拿出力量来做 operate；make an effort to do：～劳 cāoláo *work hard*／持家务 cāochí jiāwù *manage household affairs* [操作—zuò]按照一定的程序和技术要求进行活动，也泛指劳动 operate according to certain procedure and technical requirements；labour：田间～～ tiánjiān cāozuò *work in the field* ❸从事，做某种工作 be engaged in；do：重～旧业 chóngcāo-jiùyè *take up one's old trade again* ❹用某种语言或方言说话 speak (a language or dialect)：～俄语 cāo Éyǔ *speak Russian*／～闽语 cāo Mǐnyǔ *speak the dialect of Fujian Province* ❺操练，指体力上的锻炼，军事演习等 drill；physical exercises；military manoeuvre：体～ tǐcāo *gymnastics*／徒手～ túshǒucāo *free-standing exercises*／下～ xiàcāo *have drills or finish drilling* ❻行为，品行 behaviour，conduct：节～ jiécāo *moral integrity*／～行 cāoxíng *behaviour or conduct*

糙 cāo ㄘㄠ ❶糙米，脱壳未去皮的米 brown rice；unpolished rice ❷不细致，粗（⊛comb. 粗—cū—coarse）：这活做得太～ Zhè huór zuò de tài cāo. *This work is done too quickly and carelessly.*

曹 cáo ㄘㄠ ❶等，辈 people of the same generation or same rank：尔～ ěrcáo *all of you*；*you*／吾～ wúcáo *all of us* ❷古代分科办事的官署 government offices that were in charge of different affairs in ancient times：部～ bùcáo *office*；*department*／功～ gōngcáo *administration*

嘈 cáo ㄘㄠ 杂乱（多指声音）noisy (mostly of people's voices)：人声～杂 rénshēng cáozá *a hubbub of voices*

漕 cáo ㄘㄠ 利用水道转运食粮 transport grains by waters：～运 cáoyùn *transport of grain by water to the capital in former times*／～河（运粮的河道）cáohé *a river for transporting grain to the capital in former times*

槽 cáo ㄘㄠ ❶一种长方形或正方形的较大的器具 a big rectangular or square container：石～ shícáo *a stone trough*／水～ shuǐcáo *water trough*／特指喂牲畜食料的器具 specially a trough for livestock's feed：猪食～ zhūshícáo *pig trough*／马～ mǎcáo *horse trough* ❷（一儿一）东西上凹下像槽的部分 the part of sth like a trough；a notch：挖个～儿 wā ge cáor *dig a notch*／河～ hécáo *riverbed*

磑 cáo ㄘㄠ 地名用字 used as part of a place name [硴磑 Zhuó—]地名，在湖南省 name of a place in Hunan Province

蛴 cáo ㄘㄠ 见517页"蛴"字条"蛴螬"（qí—）See "qícáo" under entry of "qí", p. 517

艚 cáo ㄘㄠ （一子—zi）载货的木船 a wooden boat for shipping

goods

草(❶*艸、❺**騲) cǎo ㄘㄠˇ

❶普通对高等植物中除了树木、庄稼、蔬菜以外茎干柔软的植物的统称 grass, a general term for plants with soft stems besides trees, crops and vegetables[草本植物—běn zhíwù]茎比较柔软的植物,如小麦、豌豆等 herbs, plants with soft stems, such as wheat, pea ❷草率,不细致 careless; rough (叠 redup.):～～了(liǎo)事 cǎocǎo-liǎoshì get a job done in a perfunctory way/ 率从事 cǎoshuài-cóngshì get a job done carelessly[草书—shū]汉字形体的一种,汉代初期就已经流行,笔画牵连曲折(in Chinese calligraphy) cursive script popular ever since the Han Dynasty ❸草稿,文稿 rough draft; preliminary draft: 起～ qǐcǎo draft ㊁ext.还没有确定的(文件等)preliminary draft:～约 cǎoyuē draft treaty; draft agreement/ ～案 cǎo'àn draft (of a plan, law, etc)/ ～图 cǎotú sketch ❹打稿draft:～拟 cǎonǐ draw up; draft/ ～檄 cǎoxí draft a war proclamation [草创—chuàng]开始创办或创立 start (an enterprise) ❺雌性的(指某些家禽、家畜)female livestock:～鸡 cǎojī a hen/ 驴 cǎolú jenny ass; jenny

CE ㄘㄜˋ

册(*冊) cè ㄘㄜˋ

❶古时称编串好的许多竹简,现在指装订好的纸本子 ancient bamboo slips strung together; now referring to exercise book:第三～ dì-sān cè the third volume; volume 3/纪念～ jìniàncè autograph album ❷量词,用于书籍 meas. for books

厕(*廁) cè ㄘㄜˋ

❶厕所 lavatory; toilet:公～ gōngcè public toilet; rest room ❷参与(yù),混杂在里面 mingle with; take part in:～身其间 cèshēn qíjiān occupy place amony them

侧 ㊀ cè ㄘㄜˋ

❶旁 side:楼～lóucè the side of the building/～面 cèmiàn side; aspect; flank ❷斜着 incline to one side:～耳细听 cè'ěr xìtīng incline the head and listen attentively/ ～身而入 cèshēn ér rù enter through sideways[侧目—mù]斜着眼睛看,表示畏惧而又愤恨 cèmù cast sidelong look to show one's fear and indignation:世人为之～～ Shìrén wéi zhī cèmù. The world cast sidelong glances at it.[侧重—zhòng]偏重 lay special emphasis on

㊁ zhāi 见 818 页 See p. 818

㊂ zè 见 813 页 See p. 813

测 cè ㄘㄜˋ

❶测量,利用仪器来度量 measure; fathom with instruments:～角器 cèjiǎoqì angle finder/ ～绘 cèhuì survey and drawing/ ～一下高度 cè yīxiàr gāodù measure the height of sth[测验—yàn]用一定的标准检定 put to the test; test according to certain criteria ❷推测,料想 infer; conjecture:预～yùcè forecast/ 变幻莫～ biànhuàn-mòcè unpredictable

恻 cè ㄘㄜˋ

悲痛 grief[恻隐—yǐn]对遭难(nàn)的人表示同情 feel compassion for sb who has suffered disaster

策(*筞、*筴) cè ㄘㄜˋ

❶计谋,主意 plan; scheme (叠comb. 计—jì—scheme):决～ juécè policy decision/献～ xiàncè offer proposals/ 下～ xiàcè the worst move/ 束手无～ shùshǒu-wúcè be at one's wit's end [策动—dòng]设法鼓动或促成 instigate; manage to stir up or agitate[策略—lüè]根据形势发展而制定的行动方针和方法 tactics, the principles or methods of action determined in line with specific conditions ❷古代的一种马鞭子，头上有尖刺 a whip in old times with a pointed thorn on the tip ❸鞭打 whip with a riding crop：～马 cè mǎ *whip a horse*／鞭～ biāncè *spur on* ❹古代称编连好的竹简 a string of compiling bamboo slips：简～jiǎncè *bamboo slip* ❺古代考试的一种文体 a genre tested in imperial exams in ancient China：对～duìcè *an essay on the tactics to deal with a situation presented in imperial exams in ancient China; counter measure*／～论 cèlùn *an essay on current affairs presented to the emperor as advice on government policy*

CEN ㄘㄣ

参（參） ㊀cēn ㄘㄣ［参差－cī］长短不齐 uneven; not uniform in length：～～不齐 cēncī-bùqí *uneven*

㊁ cān 见 57 页 See p. 57

㊂ shēn 见 582 页 See p. 582

岑 cén ㄘㄣ 小而高的山 a small but high mountain

涔 cén ㄘㄣ 连续下雨，积水成涝 raining continuously to cause waterlogging［涔涔－－］1.雨多的样子 rainy 2.流泪的样子 the appearance of tears streaming down

CENG ㄘㄥ

噌 cēng ㄘㄥ 拟声词 *onom.* (imitating a screeching sound)：～的一声，火柴划着了 Cēng de yī shēng, huǒchái huázháo le. *With a scratch, the match was kindled.*

层（層） céng ㄘㄥ ❶重复，重叠 repeatedly：～出不穷 céngchū-bùqióng *emerge in an endless stream*／～峦叠翠 céngluán-

diécuì *range upon range of greenhills*［层次－cì］事物的次序 orders of things：～～分明 céngcì fēnmíng *clearly arranged* ❷量词，重(chóng) *meas.* layer; storey：二～楼 èr céng lóu *a two-storey building*／三～院子 sān céng yuànzi *a compound with three rows of houses in depth*／絮两～棉花 xù liǎng céng miánhua *padding two layers of cotton*／还有一～意思 hái yǒu yī céng yìsi *(of what has been said or written) have further implication*

曾 ㊀céng ㄘㄥ 曾经，表示从前经历过 indicating that an action once happened or a state once existed：未～wèicéng *never*／何～hécéng *did ever*／他～去北京两次 Tā céng qù Běijīng liǎng cì. *He has been to Beijing twice.*／～几何时(表示时间过去没多久)céngjǐhéshí *not before long; not long after* (indicating that something has happened not long ago)

㊁ zēng 见 814 页 See p. 814

嶒 céng ㄘㄥ［崚嶒 léng－］形容山高(of a mountain)very high

蹭 cèng ㄘㄥ 摩擦 rub; scrape：～了一身泥 cèngle yīshēn ní *The clothes were stained with mud all over.*／～破了皮 cèngpòle pí *graze one's skin* 㖡ext. 拖延 delay：快点，别～了 Kuàidiǎnr, bié cèng le. *Hurry up, don't dawdle, please.*／走路老磨～(ceng)zǒulù lǎo mócéng *walk dawdlingly*

［蹭蹬－dèng］(－dèng)遭遇挫折 meet with setbacks; be down on one's luck

CHA ㄔㄚ

叉（❷＊＊扠） ㊀ chā ㄔㄚ ❶(－子－zi)一头有两个以上长齿便于扎取东西的器

具 fork, an instrument with one end divided into branches for picking or stabbing sth：鱼～yúchā *fish spear*；*fishgig*／三齿～sānchǐchā *a fork with three branches*／粪～子 fènchāzi *manure fork* ❷用叉子扎取 get sth with a fork；fork；～鱼 chā yú *spear fish* ❸交错 cross：～着手站着 chā zhe shǒu zhànzhe *stand with crossing hands*

　　㊁ chá 见本页 See the same page.
　　㊂ chǎ 见 63 页 See p. 63

杈 ㊀ chā 彳 一种用来挑(tiāo)柴草等的农具 wooden fork, an agricultural tool used to pick up hay
　　㊁ chà 见 63 页 See p. 63

差 ㊀ chā 彳 ❶不同，不同之点 difference；dissimilarity(叠comb. －别－bié *difference*，－异－yì *diversity*，偏－piān－ *deviation*) ❷大致还可以 barely；only just：～强人意 chāqiáng-rényì *just passable* ❸错误 error：～错 chācuò *error*／阴错阳～yīncuò-yángchā *a strange mistake* ❹差数，两数相减的余数 difference, the balance after one number subtracted another
　　㊁ chà 见 64 页 See p. 64
　　㊂ chāi 见 64 页 See p. 64
　　㊃ cī 见 94 页 See p. 94

插 chā 彳 扎进去，把细长或薄的东西扎进，放入 stick sth which is long and thin into sth else：～秧 chāyāng *transplant rice seedlings (or rice shoots)*／把花～在瓶子里 bǎ huār chā zài píngzi li *put the flower into the bottle* ㊉ext. 加入，参与 join；take part in：～班 chābān *join a class in the middle of a course*／～嘴 chāzuǐ *chip in; interrupt*

锸(**臿) chā 彳 铁锹(qiāo)，掘土的工具 spade, a tool to dig earth

喳 ㊀ chā 彳 [喳喳－－]拟声词：打～～(低声说话) onom.：dǎchācha：*talk in a low voice*

馇 ㊁ zhā 见 815 页 See p. 815

馇 chā 彳 拌煮猪、狗的食料 cook and stir feed for pigs or dogs：猪食 chā zhūshí *cook feed for pigs*

嚓 ㊀ chā 彳 [喀嚓 kā－]拟声词，折断的声音 onom. the sound sth broken
　　㊁ cā 见 55 页 See p. 55

叉 ㊀ chá 彳 挡住，堵塞住，互相卡住；block up, jam；车把路口～住了 Chē bǎ lùkǒu cházhùle. *Traffic was held up by cars.*
　　㊁ chā 见 61 页 See p. 61
　　㊂ chǎ 见 63 页 See p. 63

垞 chá 彳 小土山。多用于地名 mound, usu used as part of a place name

茬 chá 彳 ❶(－儿－r)庄稼收割后余留在地上的短根和茎 stubble, the root and lower part of stalks left in the ground after crops are cut：麦～儿 màichár *wheat stubble*／豆～儿 dòuchár *bean stubble* ❷(－儿－r)在同一块土地上庄稼种植或收割的次数 the number of crops that a piece of land plants or harvests every year：换～huànchár *change of crops*／头～tóuchár *the first crop*／二～èrchár *the second crop* ❸短而硬的头发、胡子 short and stiff hair or moustache

茶 chá 彳 ❶茶树，常绿灌木，开白花。嫩叶采下经过加工，就是茶叶 tea tree, evergreen shrub with white blossom；the delicate leaves of the tree processed into tea leaves ❷用茶叶沏成的饮料 a drink made with tea ㊉ext. 某些饮料的名称 certain kinds of drink or liquid food：果～guǒchá *fruit juice*／杏仁～xìngrénchá *almond milk*

搽 chá 彳 涂抹 apply；put on the skin：～药 chá yào *apply lotion*／～粉 chá fěn *powder one's face*

查 ㊀ chá 彳 ❶检查 look into；examine：～账 cházhàng *check*

accounts ❷翻检着看 look through；～地图 chá dìtú refer to a map/ ～字典 chá zìdiǎn consult a dictionary

⊜ zhā 见 815 页 See p. 815

嵖 chá ㄔㄚˊ [嵖岈山—yá Shān]山名，在河南省遂平 a mountain in Suiping，Henan Province

猹 chá ㄔㄚˊ 獾类野兽，喜欢吃瓜（见于鲁迅小说《故乡》）badger-like wild animal fond of melons（talked about in Lu Xun's novel *Old Home*）

楂 ⊖ chá ㄔㄚˊ 同"茬"Same as"茬"
⊜ zhā 见 815 页 See p. 815

碴 chá ㄔㄚˊ ❶（—儿—r）小碎块 fragment；冰～儿 bīngchár small pieces of ice/玻璃～儿 bōlichár fragments of glass ❷（—儿—r）东西上的破口 sharp edge of broken glass or sth else；碗上还有个破～儿 Wǎn shang hái yǒu ge pòchár. There is still a sharp edge on the bowl. ❸皮肉被碎片碰破 be cut by broken glass，china，etc；手让碎玻璃～破了 Shǒu ràng suì bōli chápò le. The hand was cut by the fragments of glass.

槎 chá ㄔㄚˊ ❶木筏 raft；乘～chéng chá travel by raft/浮 ～ fúchá float on a raft ❷同"茬"Same as"茬"

察(＊詧) chá ㄔㄚˊ 仔细看，调查研究 examine carefully；investigate；考～kǎochá investigation/视～shìchá inspection

檫 chá ㄔㄚˊ 落叶乔木，木材坚韧，供建筑、造船等用 sassafras，deciduous tree，hard in quality，used in construction and boat-making，etc.

叉 ⊖ chǎ ㄔㄚˇ 分开，张开 separate；part；～腿 chǎ tuǐ with one's legs apart
⊜ chā 见 61 页 See p. 61
⊜ chá 见 62 页 See p. 62

衩 ⊖ chǎ ㄔㄚˇ [裤衩 kù—]短裤 underpants；undershorts；三角～～sānjiǎo kùchǎr panties；briefs

⊜ chà 见本页 See the same page.

踅 chǎ ㄔㄚˇ 踩，在泥水里走 trudge in mud；～雨 chǎyǔ trudge in rain water/鞋都～湿了 Xié dōu chǎshī le. The shoes got soaked as one trudged along.

镲 chǎ ㄔㄚˇ 钹（bó），一种打击乐器 small cymbals, a kind of percussion instrument

汊 chà ㄔㄚˋ 河流的分支 a branch of a river；tributary

杈 chà ㄔㄚˋ（—子—zi、—儿—r）植物的分枝 a branch of a tree or a trunk；树～儿 shùchàr crotch of a tree/打棉花～～dǎ miánhuāchàr prune cotton plants
⊜ chā 见 62 页 See p. 62

衩 ⊖ chà ㄔㄚˋ 衣服旁边开口的地方 vent or slit in the sides of a garment
⊜ chǎ 见本页 See the same page.

岔 chà ㄔㄚˋ ❶分歧的，由主干分出的 branching off；forked；～道 chàdào fork in a road/ 三 － 路 sānchàlù a road branching into three ❷转移主题 change a topic；拿话～开 ná huà chàkai say sth different to change the subject/打～dǎchà interrupt；cut in ❸互相让开（多指时间）stagger（usu time）；把这两个会的时间～开 Bǎ zhè liǎng ge huì de shíjiān chàkai. arrange these two meetings at different times ❹（—子—zi、—儿—r）乱子，事故 accident；trouble；别出～子 Bié chū chàzi. Avoid any accident.

侘 chà ㄔㄚˋ [侘傺—chì]形容失意 frustrated

诧 chà ㄔㄚˋ 惊讶，觉着奇怪 be surprised；be astonished

姹 chà ㄔㄚˋ 美丽 beautiful；～紫嫣红（形容百花艳丽）chàzǐ-yānhóng deep-purple and bright-red beautiful flowers

刹 ㊀ chà 彳丫 梵语,原义是土或田,转为佛寺 from Sanskrit, originally meaning earth or field, and later transferred to mean temple:宝～bǎochà a treasured temple/ 古～gǔchà an old temple

[刹那—nà]梵语,极短的时间 from Sanskrit, a split second

㊁ shā 见 569 页 See p. 569

差 ㊀ chà 彳丫 ❶错误 fault:说～了 shuōchà le be wrong somewhere in one's speech ❷不相当,不相合 differ from; fall short of:～得远 chà de yuǎn fall far short of/ ～不多 chàbuduō about the same ❸缺欠 be less than; be short of:～一道手续 chà yī dào shǒuxù There should be another formality to go through. / 还～一个人 hái chà yī ge rén one person short ❹不好,不够标准 not good enough; not up to the standard:成绩～chéngjì chà get low grades in studies

㊁ chā 见 62 页 See p. 62
㊂ chāi 见本页 See the same page.
㊃ cī 见 94 页 See p. 94

CHAI 彳历

拆 ㊀ chāi 彳历 把合在一起的弄开,卸下来 take apart; strip; open:～信 chāi xìn open a letter/ ～卸机器 chāixiè jīqì disassemble a machine

㊁ cā 见 55 页 See p. 55

钗 chāi 彳历 妇女发髻上的一种首饰 hairpin (formerly worn by women for adornment):金～jīnchāi a gold hairpin/荆～布裙(旧喻妇女装束朴素)jīngchāi-bùqún thornwood hairpins and cloth skirts (fig. referring to a plain and simply dressed woman)

差 ㊁ chāi 彳历 ❶派遣去作事 assign sb to do certain things (逛comb. —遣—qiǎn send sb on an errand or mission) ❷旧时称被派遣的人,差役 formerly referring to a person sent on an errand ❸差事,被派遣去做的事 errand; assignment:兼～jiānchāi hold two or more posts concurrently/ 出～chūchāi on a business trip

㊀ chà 见本页 See the same page.
㊂ chā 见 62 页 See p. 62
㊃ cī 见 94 页 See p. 94

侪(儕) chái 彳历 同辈,同类的人们 people of the same generation; fellows:吾～(我们)wúchái we; fellows

柴 chái 彳历 烧火用的草木 firewood[火柴 huǒ—]用细木条蘸上磷、硫等制成的能摩擦生火的东西 match, a short, slender piece of wood or pasteboard tipped with a mixture of phosphorous, sulphur and so on which catches fire when rubbed on a specially prepared surface

豺 chái 彳历 一种像狼的野兽,耳朵比狼的短而圆,性贪暴,常成群侵袭家畜 jackal, a wolf-like wild animal, with ears shorter and rounder than those of a wolf, insatiable and fierce by nature, hunting in packs[豺狼—láng]逾fig. 贪心残忍的恶人 jackals and wolves (fig. cruel and wolfish people)

茝 chǎi 彳历 古书上说的一种香草,即白芷(zhǐ)an aromatic plant mentioned in ancient books, eg. báizhǐ the root of Dahurian angelica

䅟 chǎi 彳历 (—儿—r)碾碎了的豆子、玉米等 ground beans or maize:豆～儿 dòuchǎir ground beans

虿(蠆) chài 彳历 古书上说的蝎子一类的毒虫 a kind of scorpion mentioned in classical books

瘥 ㊀ chài 彳历 病愈 be recovered:久病初～jiǔbìng chūchài have just recovered from a long illness

㊁ cuó 见 102 页 See p. 102

CHAN 彳ㄢ

规 chān 彳ㄢ 看,窥视 observe; survey [规标－biāo] 一种测量标志。标架用几米到几十米的木料或金属制成,架在被观测点上作为观测目标 surveyor's beacon, a sign for measuring. The frame of such a sign is made of wood or metal, and set up at the site of an observation post as an observation target.

掺(摻) chān 彳ㄢ 同"搀❷" Same as "搀❷"

搀(攙) chān 彳ㄢ ❶用手轻轻架住对方的手或胳膊 support sb by the arm; support sb with one's hand (⊕comb. 一扶一fú *support sb by the arm*):你～着那位老人吧 Nǐ chānzhe nàwèi lǎorén ba. *Please support that old man by the arm.* ❷混合 mix (⊕comb. 一杂一zá *mix up*):里面～糖了 lǐmiàn chān táng le *There is some sugar mixed in it.*

襜 chān 彳ㄢ 古称衣裳前襟为襜 the front part of an ancient Chinese robe or jacket

单(單) ⊖ chán 彳ㄢ [单于－yú] 古代匈奴的君主 the chief in ancient Hun (Xiongnu)
　　⊖ dān 见 110 页 See p.110
　　⊜ shàn 见 573 页 See p.573

婵(嬋) chán 彳ㄢ [婵娟－juān] 1.(姿态)美好(of a woman's manners) beautiful; graceful 2.旧时指美人 a beauty (in ancient times)

禅(禪) ⊖ chán 彳ㄢ ❶梵语"禅那"的省称,佛教指静思 from Sanskrit, short for chánnà in Buddhism meaning deep meditation:坐～zuòchán *sit in meditation* ❷关于佛教的 relating to Buddhism:～杖 chánzhàng *a Buddhist monk's*

staff/～师 chánshī *honorific title for a Buddhist monk*
　　⊜ shàn 见 573 页 See p.573

蝉(蟬) chán 彳ㄢ 昆虫名,又叫"知了"。雄的腹面有发声器,叫的声音很大 cicada, an insect, with a sound producer on the belly of the male which produces loud sound; also called "zhīliǎo"
[蝉联－lián] ⑩*fig.* 接续不断 continue to hold (a post or a title)

铤(鋋) chán 彳ㄢ 一种铁把儿(bàr)的短矛 a kind of ancient short spear with an iron handle

谗(讒) chán 彳ㄢ 在别人面前说陷害某人的坏话 slander sb in order to have him(her) persecuted:～言 chányán *slanderous talk; slanderous words*

馋(饞) chán 彳ㄢ ❶贪吃,专爱吃好的 greedy; gluttonous:嘴～zuǐ chán *fond of good food; greedy*/ 涎欲滴 chánxiányùdī *mouth watering with greed* ❷贪,羡慕 be greedy for sth; admire:眼～yǎnchán *covet; cast covetous eyes at sth*

巉 chán 彳ㄢ 山势险峻 precipitous:～岩 chányán *an overhanging rock*

镵(鑱) chán 彳ㄢ ❶古代铁制的一种刨土工具 trowel, an ancient tool to dig earth with ❷刺 sting:以刃～腹 yǐ rèn chán fù *stab one's belly with the blade of a knife*

孱 ⊖ chán 彳ㄢ 懦弱,弱小 frail; weak (⊕comb. 一弱一ruò *frail; delicate*)
　　⊜ càn 见 58 页 See p.58

潺 chán 彳ㄢ [潺潺－－]拟声词,溪水、泉水等流动的声音 *onom.* the sound produced by a stream or a spring when flowing:～～流水 chánchán liúshuǐ *a murmuring stream* [潺湲－yuán]水慢慢流动的样

子 the motion of slow flowing of water：溪水～～ xīshuǐ chányuán *The brook murmured.*

缠（纏） chán ㄔㄢˊ ❶绕，围绕 twine；wind （連comb.—绕—rào *twine*）：头上～着一块布 Tóushang chánzhe yī kuài bù. *There is a piece of turban twining around the person's head.* ［缠绵—mián］纠缠住不能解脱（多指感情或疾病）(usu of an illness or emotion) be lingering ❷搅扰 pester：不要胡～bùyào húchán *Don't plague me with unreasonable demands.*

廛 chán ㄔㄢˊ 古代指一户人家所住的房屋 housing ground alloted to a commoner in a city in ancient times ［市廛 shì—］集市 stores in a market or street；market

瀍 chán ㄔㄢˊ 瀍河，水名，在河南省 the Chanhe River, a river in Henan Province

躔 chán ㄔㄢˊ ❶兽的足迹 footprints of beasts ❷日月星辰的运行 the course of the stars

澶 chán ㄔㄢˊ ［澶渊—yuān］古地名，在今河南省濮阳西南 name of an ancient place, in today's southwest of Puyang, Henan Province

蟾 chán ㄔㄢˊ 指蟾蜍 toad：～宫（指月亮） chángōng *Toad Palace eg. the moon* ［蟾蜍—chú］俗叫"癞蛤蟆"或"疥蛤蟆"。两栖动物，皮上有许多疙瘩，内有毒腺。吃昆虫等，对农业有益 popularly called "làiháma", an amphibious animal, having on the skin much pimple with poison gland inside. It preys on insects, therefore, can do good to agriculture ［蟾酥—sū］蟾蜍表皮腺体和耳后腺的分泌物，可入药 the dried venom of toad used as medicine

产（產） chǎn ㄔㄢˇ ❶人或动物生子 (of human beings or animals) give birth to a child：～子 chǎnzǐ (of a mammal) *give birth to its young*/ 母鸡～卵 mǔjī chǎnluǎn (of a hen) *lay eggs*［产生—shēng］生give rise to ⑨ext. 由团体中推出选取出来的一个代表 Měige xiǎozǔ chǎnshēng yī ge dàibiǎo. *select a representative from each group* ❷有关生孩子的 relating to child-bearing：～科 chǎnkē *maternity department*/妇 ～ 医院 fùchǎn yīyuàn *midwifery hospital* ❸制造、种植或自然生长 produce, plant or grow naturally：沿海盛～鱼虾 Yánhǎi shèngchǎn yúxiā. *Coastal areas are abound in fishes and shrimps.*/ 我国～稻、麦的地方很多 Wǒguó chǎn dào、mài de dìfang hěn duō. *In China, many places abound in rice and wheat.*/ 增～大量工业品和粮食 zēngchǎn dàiliàng gōngyèpǐn hé liángshi *greatly increase the production of industrial products and grain* ❹制造、种植或自然生长的东西 produce；product：土特～tǔtèchǎn *local produce*；special local products/ 出口鱼虾等水～chūkǒu yúxiā děng shuǐchǎn *export aquatic products such as fish and shrimp* ❺财产 property；estate：房～fángchǎn *estate*/地～dìchǎn *property*/遗～yíchǎn *legacy*；heritage［产业—yè］1. 家产 estate；property 2. 生产事业，特指工业生产 production, especially industrial production：～～革命 chǎnyè gémìng *industrial revolution*/～ ～ 工 人 chǎnyè gōngrén *industrial worker*

浐（滻） chǎn ㄔㄢˇ 浐河，水名，在陕西省 the Chanhe River, a river in Shaanxi Province

铲（鏟、*剗） chǎn ㄔㄢˇ ❶（—子—zi、—儿—r）削平东西或把东西取上来的器具 shovel, a tool to level, lift and throw some loose matter：铁～tiěchǎn *iron shovel*/饭～儿 fànchǎnr *rice spoon* ❷用锹（qiāo）或铲子削平

或取上来 level or lift sth with a shovel or a spade；把地～平 bǎ dì chǎnpíng level the ground even with a spade/～土 chǎn tǔ level the earth/～菜 chǎn cài ladle dish from the pot [铲除—chú]去掉 eradicate

划（剗） ㊀chǎn ㄔㄢˇ 同"铲❷" Same as "铲❷".

㊁ chàn 见本页 See the same page.

诌 chǎn ㄔㄢˇ 巴结，奉承 fawn on；curry favour with：～媚 chǎnmèi fawn on；toady to/不骄不～ bù jiāo bù chǎn neither proud nor obsequious

啴（嘽） ㊀chǎn ㄔㄢˇ 宽舒，和缓 spacious and comfortable；gentle：～缓 chǎnhuǎn slow and gentle

㊁ tān 见 628 页 See p. 628

阐（闡） chǎn ㄔㄢˇ 说明，表明 explain；clarify：～述 chǎnshù expound/～明 chǎnmíng clarify；expound [阐发—fā]深入说明事理 elucidate

蒇 chǎn ㄔㄢˇ 完成，解决 accomplish；solve：～事（把事情办完）chǎn shì have finished work

骣 chǎn ㄔㄢˇ 骑马不加鞍辔 ride a horse without a saddle or a bridle on：～骑 chǎnqí ride a horse barebacked

辗（輾） chǎn ㄔㄢˇ 笑的样子 smiling：～然而笑 chǎnrán ér xiào break into a smile

忏（懺） chàn ㄔㄢˋ 梵语"忏摩"的省称。佛教指请人宽恕。又指佛教、道教讽诵的一种经文 from Sanskrit，short for Chànmó；in Buddhism，meaning asking sb to forgive；also referring to a kind of sutra of Buddhism or a kind of scriptures of Taoism[忏悔—huǐ]悔过 repent

刬（剗） ㊀ chàn ㄔㄢˋ〈方 dial.〉[一刬 yī—]全部，一律 all，every：～～新 yīchàn xīn totally new；brand-new/～～都是平川 yīchàn dōushì píngchuān Plains are everywhere to meet the eye

㊁ chǎn 见本页 See the same page.

颤 ㊀ chàn ㄔㄢˋ 物体振动（of objects）vibrate：这条扁担（dan）担上五六十斤就～了 Zhè tiáo biǎndan dānshang wǔ-liùshí jīn jiù chàn le. The shoulder pole begins to shake when it carries a load of fifty to sixty jin./～动 chàndòng quiver；vibrate

㊁ zhàn 见 821 页 See p. 821

屩 chàn ㄔㄢˋ 搀杂 mix：～入 chànrù mix up

韂 chàn ㄔㄢˋ 马鞍子下面垫的东西 saddle blanket；鞍～ānchàn saddle blanket

CHANG ㄔㄤ

伥（倀） chāng ㄔㄤ 古时迷信传说被老虎咬死的人变成鬼又助虎伤人 the ghost of one devoured by a tiger，then it helps the tiger to devour others：为（wèi）虎作～（喻帮恶人作恶）wèihǔ-zuòchāng play the jackal to the tiger (fig. help villains do evil)

昌 chāng ㄔㄤ 兴盛 prosperous：祖国繁荣～盛 Zǔguó fánróng-chāngshèng. The country is very prosperous./科学～明 Kēxué chāng míng. Science is developing.

菖 chāng ㄔㄤ [菖蒲—pú]多年生草本植物，生在水边，地下有根茎，花穗像棍棒。根茎可作香料，也可入药 calamus，a perennial herb growing by waters. It has stick-like spikes，and its underground roots and stems are used as spice and medicine.

猖 chāng ㄔㄤ 凶猛，狂妄 savage；arrogant[猖狂—kuáng]狂妄而放肆 savage；furious：打退了敌人的～～进攻 dǎtuìle dírén de chāngkuáng jìngōng *beat back the enemy's savage onslaught*[猖獗一－jué]放肆地横行，闹得很凶 rampant；raging；running wild；～～一时 chāngjué yīshí *be rampant for a while*

阊 chāng 彳 [阊阖－hé] 1. 传说中的天门 (of legend) the gate of heaven 2. 宫门 the gate of a palace [阊门－Mén]苏州城门名 name of a city gate of Suzhou

娼 chāng 彳 妓女 prostitute（叠 comb. －妓－jì*whore；prostitute*）

鲳 chāng 彳 鲳鱼，鱼名。身体短，没有腹鳍，背部青白色，鳞小。肉细腻鲜美。也叫"镜鱼"、"平鱼" silvery pomfret；butterfish, a fish with pale-blue back, a short body and small scales without ventral fin. Its meat is fine and delicious；also called "jìngyú" or "píngyú".

长（長）⊖ cháng 彳 ❶长度，两端的距离 length；the distance between two ends；这块布三米～Zhè kuài bù sān mǐ cháng. *This piece of cloth is 3 meters long.* /那张桌子～一米，宽七十厘米 Nà zhāng zhuōzi cháng yī mǐ, kuān qīshí límǐ. *That desk is one metre long and 70 centimetres wide.* ❷长度大，跟"短"相反 long, antonym of "duǎn" (short) 1. 指空间 (of space) long；这条路很～ Zhè tiáo lù hěn cháng. *This road is very long.* /～篇大论 chángpiān- dàlùn *a lengthy speech or article* 2. 指时间 (of time) long；天～夜短 Tiān cháng yè duǎn. *The day is long while the night is short.* /～远利益 chángyuǎn lìyì *long-term interest* [长短－duǎn] 1. 长度 length 2. 意外的变故 accident；mishap；万一有什么～～ wànyī yǒu shénme chángduǎn *if anything should happen* ❸长处，专精的技能，优点 strong point；special technique or skill；特～tècháng *speciality；strong point* /各有所～gèyǒusuǒcháng *Everyone has his (her)*

strong point. ❹对某事做得特别好 be good at；他～于写作 Tā chángyú xiězuò. *He is good at writing.*
　　⊜ zhǎng 见 823 页 See p. 823

苌（萇）cháng 彳 姓 a surname

场（場，*塲）⊖ cháng 彳 ❶平坦的空地，多半用来打庄稼 a level open ground or yard（often used as a threshing ground）：打～dǎcháng *thresh grain*，～院里堆满了粮食 Chángyuàn li duīmǎnle liángshi. *The threshing ground is piled with grain.* ❷量词，常用于一件事情的经过 meas. spell；period；经过一～激烈搏斗 jīngguò yī cháng jīliè bódòu *after a hard struggle* /下了一～大雨 xiàle yī cháng dàyǔ *There was a heavy fall of rain.*
　　⊜ chǎng 见 69 页 See p. 69

肠（腸）cháng 彳 （－子－zi）内脏之一，呈长管形，是消化和吸收的主要器官，分大肠、小肠两部分 intestines, one of the internal organs, in the shape of long tube；the main organs for digestion and absorption；classified into large intestines and small intestines；断～(喻非常悲痛) duàncháng *heartbroken* (*fig.* very sad) /牵～挂肚(喻挂念) qiāncháng-guàdù (*fig.* feel deep anxiety；be very worried.) (图见 809 页 "脏" See picture under entry of "zàng" p. 809)

尝（嘗、❶*嚐）cháng 彳 ❶辨别滋味 try the flavour of sth：～～咸淡 chángchang xiándàn *try the flavor to see whether it is salty or flat* /(喻)*fig.* 经历 experience：备～艰苦 bèicháng-jiānkǔ *suffer untold hardships*[尝试－shì]试 attempt；try：～～一下 chángshì yīxiàr *have a try* ❷曾经 once；未～wèicháng *never before*

偿(償) cháng 名 ❶归还，补还 repay；compensate（圈comb. 赔—péi *make good a loss*）：～还 chánghuán *pay back*/赔～损失 péicháng sǔnshī *compensate for a loss*/得不～失 débùchángshī *The loss outweighs the gain.* ❷满足 fulfil：如愿以～ rúyuàn-yǐcháng *have one's wish fulfilled*

鲿(鱨) cháng 名 毛鲿鱼，鱼名。侧扁，体长1米多，头较大，眼小，产在海中。也叫"大鱼" megalonibea fusca, a kind of sea fish with flat flanks, and a body of over one metre long, a big head and small eyes；also called "dàyú" (big fish)

倘 ⊖cháng 名 [倘佯—yáng]同"徜徉" Same as "徜徉"
⊜ tǎng 见633页 See p. 633

徜 cháng 名 [徜徉—yáng]自由自在地来回走 wander about unhurriedly；roam leisurely：～～湖畔 chángyáng húpàn *roam leisurely by the lake*

常 cháng 名 ❶长久 constant：～绿树 chánglǜshù *evergreen trees*/冬夏～青 dōngxià chángqīng *evergreen*；*remain green through out the year* ❷经常，时时 often；frequently（叠 redup.）：～～见面 chángcháng jiànmiàn *meet with each other frequently*/～和工人一起劳动 cháng hé gōngrén yīqǐ láodòng *often work together with the workers* ❸平常，普通的，一般的 ordinary；normal：～识 chángshí *common sense*；*general knowledge*/～态 chángtài *normal behaviour or state*/～事 chángshì *a common happening*/反～ fǎncháng *unusual*；*abnormal*/习以为～xíyǐwéicháng *be used to sth*

嫦 cháng 名 [嫦娥—é]神话中月宫里的仙女（of legend）the beautiful goddess in the Moon

裳 ⊖ cháng 名 遮蔽下体的衣裙 skirt (worn in ancient China)
⊜ shang 见577页 See p. 577

厂(廠、**厰) ⊖chǎng 名 ❶工厂 factory：机械～jīxièchǎng *a mechanical factory*/造纸～zàozhǐchǎng *a paper mill*/纱～ shāchǎng *cotton mill* ❷有空地可以存货或进行加工的场所 depot；a place with unoccupied space to store or process sth：木～ mùchǎng *timber yard*/煤～méichǎng *coal yard* ❸跟棚子类似的房屋 houses similar to shacks
⊜ ān 见4页 See p. 4

场(場、*塲) ⊖ chǎng 名 ❶（—子—zi，—儿—r）处所，许多人聚集的地方 a big square where many people gather：会～ huìchǎng *meeting hall*/市～ shìchǎng *market place*/广～guǎngchǎng *square* [场合—hé]某时某地或某种情况 occasion；situation ❷戏剧的一节 scene：三幕五～sān mù wǔ chǎng *three acts and five scenes* ❸量词，用于文体活动 meas. used to count recreational and sports activities：一～电影 yī chǎng diànyǐng *a film*/一～球赛 yī chǎng qiúsài *a match*
⊜ cháng 见68页 See p. 68

昶 chǎng 名 ❶白天时间长 a long day ❷舒畅，畅通 unimpeded；unblocked

惝 chǎng 名（又 also）见634页 tǎng, see p. 634

敞 chǎng 名 ❶没有遮蔽，宽绰 spacious；roomy：～亮 chǎngliàng *bright and spacious*/这房子很宽～ Zhè fángzi hěn kuānchang. *This house is very spacious.* ❷打开 open：～开大门 chǎngkai dàmén *leave the gate open*

氅 chǎng 名 大氅，大衣 cloak；overcoat

怅(悵) chàng 名 失意，不痛快 disappointed；sorry

(叠 redup.);～～离去 chàngchàng líqù *leave unhappily*/～然 chàngrán *disappointed*; *upset*

铤(韔) chàng 彳尢 古代盛 (chéng)弓的袋子 bow case in ancient times

畅(暢) chàng 彳尢 ❶没有阻碍 地 unimpeded;～达 chàngdá *fluent*; *smooth*/～行 chàng xíng *proceed without hindrance*/～销 chàngxiāo *best selling*; *have a ready market* ❷痛快,尽情地 free; to one's heart's content:～谈 chàngtán *talk freely and to one's heart's content*/～饮 chàngyǐn *drink one's fill*; *drink to one's heart's content*

倡 chàng 彳尢 发动,首先提出 initiate; advocate:～议 chàngyì *propose*/～导 chàngdǎo *initiate*

唱 chàng 彳尢 ❶歌唱,依照音律发 声 sing; produce sounds according to musical temperament:～歌 chànggēr *sing a song*/～戏 chàngxì *sing and act in a traditional opera*/～曲 chàngqǔr *sing a song* 彳引ext. 高呼 shout; call in a loud voice:～名 chàngmíng *read out a list of names* ❷(一儿-r)歌曲 songs:唱个～儿 chàng ge chàngr *sing a song*

鬯 chàng 彳尢 ❶古代祭祀用的一种 酒 a wine for ancient sacrificial ceremonies ❷同"畅"Same as "畅":一夕～谈 yī xī chàngtán *have a happy and smooth long talk overnight*

CHAO 彳幺

抄 chāo 彳幺 ❶誊写,照原文写 copy:～文件 chāo wénjiàn *make a fair copy of a document*/～书 chāo shū *copy from a book* ❷把别人的文章或作品照着写下来当自己的 plagiarize, copy another person's article or work as one's own:～袭 chāoxí *plagiarism* ❸搜查并没(mò)收 search out and confiscate:～家 chāojiā *search sb's house and confiscate his property* ❹走近便的路 take a shortcut:～小道走 chāo xiǎodào zǒu *take a shortcut* ❺同"绰㊀"Same as "绰㊀":～起镰刀就去割麦子 chāoqǐ liándāo jiù qù gē màizi *grab a sickle to harvest wheat*

吵 ㊁ chāo 彳幺 [吵吵—chao]吵嚷 make a row; kick up a fuss
　㊀ chǎo 见 71 页 See p. 71

钞 chāo 彳幺 ❶同"抄❶"Same as "抄❶" ❷钞票,纸币 bank not; paper money:外～ wàichāo *foreign bank note*

怊 chāo 彳幺 悲伤失意 sad; sorrowful

弨 chāo 彳幺 ❶弓解弦后弓背反going 来(of the back of the bow) reversed when the string is removed ❷弓 bow

超 chāo 彳幺 ❶越过,高出 surpass; exceed:～龄 chāolíng *overage*/～额 chāo'é *above quota*/～声波 chāoshēngbō *supersonic wave* ❷在某种范围以外,不受限制 go beyond; out of bondage:～现实 chāoxiànshí *transcend realism*/～自然 chāozìrán *supernatural*

绰 ㊀ chāo 彳幺 ❶同"焯㊀"Same as "焯㊀" ❷匆忙地抓起 grab; take up:～起一根棍子 chāoqǐ yī gēn gùnzi *grab a stick*
　㊁ chuò 见 93 页 See p. 93

焯 ㊀ chāo 彳幺 把蔬菜放在开水里略微一煮就拿出来 dip vegetables in boiling water for a few seconds; scald:～菠菜 chāo bōcài *scald the spinach*
　㊁ zhuō 见 867 页 See p. 867

剿(*勦) ㊀ chāo 彳幺 因袭采用别人的语言文句作为自己的 plagiarize, take words, ideas etc from sb else's work and use them in one's work as if they were his own:～说 chāoshuō *plagiarize*

㊀ jiāo 见 311 页 See p. 311

晁(**鼂) cháo ㄔㄠˊ 姓 a surname

巢 cháo ㄔㄠˊ 鸟搭的窝,也指蜂蚁等动物的窝 nest of birds, bees, ants, etc.

朝 ㊀ cháo ㄔㄠˊ ❶向着,对着 facing; towards:～前看 cháo qián kàn look forward/坐南－北 zuò nán cháo běi facing north/～着宏伟的目标奋勇前进 cháozhe hóngwěi de mùbiāo fènyǒng qiánjìn advance bravely towards a great objective ❷封建时代臣见君 the officials have a formal audience with the king in the feudal times ㊐ext. 宗教徒参拜 make a pilgrimage to:～圣团 cháoshèngtuán a group of religious people who make a pilgrimage to a sacred place ❸朝廷,皇帝接见官吏、发号施令的地方 royal court, a place where the emperor receives officials or issues orders [在朝 zài—]㊧trans. 当政 hold office at court ❹朝代,称一姓帝王世代连续统治的时代 dynasty, the period of time during which a series of rulers who belong to the same family rule:唐～ Tángcháo the Tang Dynasty/改～换代 gǎicháo-huàndài change of dynasties ❺姓 a surname [朝鲜族—xiǎnzú]1. 我国少数民族,参看附表 Korean nationality, a minority nationality of China. See Appendix. 2. 朝鲜和韩国的主要民族 the main nationality of North Korea and South Korea

㊁ zhāo 见 826 页 See p. 826

嘲(**謿) ㊀ cháo ㄔㄠˊ (旧读 early pron zhāo)讥笑,取笑 ridicule; laugh at [嘲-comb. —笑—xiào laugh at, —讽—fěng ridicule]:冷～热讽 lěngcháo-rèfěng casting sarcastic comments and ironical remarks

㊁ zhāo 见 826 页 See p. 826

潮 cháo ㄔㄠˊ ❶海水因为受了日月的引力而定时涨落的现象 tide, the regular rise and fall of the ocean, caused by the attraction of the moon and the sun:～水 cháoshuǐ tidewater/～汐 cháoxī morning and evening tides ❷像潮水那样汹涌起伏的 rising and falling like the tide:思～ sīcháo trend of thought/风～ fēngcháo agitation; unrest/革命高～ gémìng gāocháo climax of revolution ❸湿(程度比较浅)damp (lower in degree than "wet"):～气 cháoqì moisture in the air/受～了 shòucháo le become damp/阴天返～ yīntiān fǎncháo Things get damp easily in overcast days. ❹成色差,技术低 low in the percentage of gold or silver in a coin, etc, or unskilled:～金 cháojīn gold that is not pure/手艺～ shǒuyì cháo unsatisfactory skill

吵 ㊀ chǎo ㄔㄠˇ ❶声音杂乱搅扰人 make a noise:～得慌 chǎo de huang terribly noisy/把他～醒了 Bǎ tā chǎoxǐng le. The noise has woken him. ❷打嘴架,口角 quarrel; wrangle:～架 chǎojià have a row/争～ zhēngchǎo quarrel/他俩一起来了 Tā liǎ chǎo qilai le. The two of them began to quarrel.

㊁ chāo 见 70 页 See p. 70

炒 chǎo ㄔㄠˇ 把东西放在锅里搅拌着弄熟 stir-fry:～鸡蛋 chǎo jīdàn scrambled eggs/～菜 chǎocài make dishes/糖～栗子 tángchǎo lìzi roast sugar-coated chestnuts

耖 chào ㄔㄠˋ ❶在耕、耙(bà)地以后用的一种把土弄得更细的农具 a harrow-like implement for pulverizing soil ❷用耖弄细土块,使地平整 level land with such an implement

CHE ㄔㄜ

车(車) ㊀ chē ㄔㄜ ❶陆地上有轮子的交通工具 vehicle:火～ huǒchē train/汽～ qìchē car/马～ mǎchē carriage/轿～ jiào-chē sedan ❷用轮轴来转动的器具 a wheeled instrument：纺～ fǎngchē spinning wheel/水～ shuǐchē water wheel/滑～huáchē trochlea ⑤ ext. 指机器 machine：开～kāichē run a machine/试～ shìchē test run［车间—jiān]工厂里在生产过程中能独立完成一个工作阶段的单位 workshop, a place in a factory in which certain work can be done independently as a part of the production procedure：翻砂～～fānshā chējiān foundry workshop / 加工～～jiāgōng chējiān processing workshop / 装配～～zhuāngpèi chējiān assembling workshop ❸用旋(xuàn)床旋东西 lathe with a turning lathe：～圆 chēyuán round sth on a lathe/～光 chēguāng smooth sth on a lathe ❹用水车打水 lift water by waterwheel：～水 chēshuǐ supply the land or crop with water by waterwheel ❺姓 a surname

㊁ jū 见 334 页 See p. 334

砗 chē 彳 [砗磲—qú]一种软体动物，比蛤蜊大，生活在热带海中。壳略呈三角形，很厚，可做饰品 tridacna, a giant mollusc clam in tropical seas, bigger than clams with a very thick triangular shell which can be used as an ornament

尺 ㊀ chě 彳 旧时乐谱记音符号的一个，相当于简谱的"2"a note of the scale in gongchepu, corresponding to 2 in numbered musical notation

㊁ chǐ 见 80 页 See p. 80

扯（*撦） chě 彳 ❶拉 pull：～住他不放 chězhù tā bù fàng hold onto him ❷不拘形式不拘内容地谈 chat; gossip：闲～ xiánchě chat; engage in a chitchat/不要把问题～远了 Bùyào bǎ wèntí chěyuǎn le. Don't wander from the subject. ❸撕，撕破 tear：～几尺布 chě jǐ chǐ bù buy several chi of cloth/他把

信～了 Tā bǎ xìn chě le. He has torn the letter into pieces.

彻（徹） chè 彳 通，透 through; penetrating：冷风～骨 lěngfēng chègǔ The bitter wind chills one to the bone. /～头～尾(自始至终，完完全全)chètóu-chèwěi out and out (through and through; downright)/～夜(通宵)chèyè all night; from dusk to dawn [彻底—dǐ]根本的，不是表面的 thorough; thorough in degree; not superficial：～～解决问题 chèdǐ jiějué wèntí solve the problem completely

坼 chè 彳 裂开 split open; crack：天寒地～ tiānhán-dìchè The weather is so cold that the ground splits open.

掣 chè 彳 ❶拽(zhuài)，拉 pull; tug：～后腿 chè hòutuǐ hold sb back by one's leg; be a hindrance to sb/风驰电～(喻迅速)fēngchí-diànchè swift as the wind and quick as lightning [掣肘—zhǒu]拉住别人的胳膊 hold sb back by the elbow ⑩ fig. 阻碍旁人做事 impede sb from doing sth ❷抽 draw：～签 chèqiān draw lots; cast lots

撤 chè 彳 ❶除去，免除 remove; take away：～职 chèzhí dismiss sb from office/～销 chèxiāo cancel ❷向后移转，收回 withdraw; pull out：～兵 chèbīng withdraw troops/～回 chèhuí withdraw

澈 chè 彳 ❶水清 (of water) clear：清～可鉴 qīngchè kě jiàn The water is so clear that you can see your reflection in it. ❷同"彻" Same as "彻"

CHEN 彳

抻（**拚） chēn 彳 扯，拉 tug; pull：～面(抻面条或抻的面条)chēnmiàn hand-pulled noodles; *make noodles by drawing out the dough by hand*/把衣服～～bǎ yīfu chēnchen *Stretch and smooth out your clothes.* /把袖子一出来 bǎ xiùzi chēn chulai *draw out the sleeve*

郴 chēn ㄔㄣ 郴州,地名,在湖南省 Chenzhou, name of a place in Hunan Province

琛 chēn ㄔㄣ 珍宝 treasure

嗔(△*瞋*) chēn ㄔㄣ 生气 be angry (匯comb. 一怒—nù *be angry with sb*)：～怪 chēnguài *blame*/～责 chēnzé *blame; rebuke*/转一为喜 zhuǎn chēn wéi xǐ *change from fury to happiness*[嗔着一zhe]对人不满,嫌 *blame sb for sth; dislike*：～～他多事 chēnzhe tā duōshì *blame him for being meddlesome*

瞋 chēn ㄔㄣ ❶睁大眼睛瞪人 stare with one's eyes wide open; glare：一目而视 chēnmù ér shì *stare at sb angrily* ❷同"嗔" Same as "嗔"

臣 chén ㄔㄣ ❶奴隶社会的奴隶 slaves in the slave society ❷帮助皇帝进行统治的官僚 officials in feudal society who helped an emperor to rule ❸封建时代官吏对君主的自称 a form of self-address used by a subject when speaking to an emperor in the feudal age

辰 chén ㄔㄣ ❶地支的第五位 the fifth of the Twelve Earthly Branches ❷辰时,指上午七点到九点 the period of the day from 7 to 9 a.m. ❸指时日 time; time of the day：生～shēngchén *the time of birth*/诞～dànchén *the time of birth*[辰光—guāng]〈方 dial.〉时候,时间 time, time of the day ❹日、月、星的总称 the general name for celestial bodies

宸 chén ㄔㄣ ❶屋宇,深邃(suì)的房屋 room, a great mansion ❷旧指帝王住的地方 imperial palace

❸ext. 王位、帝王的代称 the throne; the emperor

晨 chén ㄔㄣ 清早,太阳出来的时候 early morning when the sun rises：清～qīngchén *early morning*/～昏（早晚）chénhūn *morning and evening*

尘(塵) chén ㄔㄣ ❶尘土,飞扬的灰土 dust; dirt in the air ❷尘世(佛家道家指人间,和他们所幻想的理想世界相对)this world; this mortal life (in Buddhism and Taoism, the human world, opposite to the super-natural world of fantacy)

沈 ㊀ chén ㄔㄣ 同"沉" Same as "沉"

㊁ shěn 见 583 页 See p.583

忱 chén ㄔㄣ ❶真实的心情 sincere feeling：热～rèchén *devotion; warm heartedness*/谢～xièchén *gratitude*; thankfulness ❷诚恳 sincere：挚 chénzhì *cordial*

沉 chén ㄔㄣ ❶没(mò)入水中,跟"浮"相反 sink into water, antonym of fú (float)：船一了 Chuán chén le. *The boat sank.* ㊉ext. 落下,陷入 lower; sink：地基下一 Dìjī xiàchén. *The foundation sank.* [沉淀—diàn]1.液体中不溶解的物质往下沉 the undisolved material in liquid sink to the bottom to form sediment 2.沉在液体底层的物质 sediment at the bottom of the liquid ❷重,分量大 heavy in weight：～重 chénzhòng *heavy*/铁比木头～ Tiě bǐ mùtou chén. *Iron is heavier than wood.*[沉着—zhuó]镇静,不慌张 calm; composed：～～应（yìng）战 chénzhuó yìngzhàn *meet the attack calmly* ❸深入,程度深 deep; profound：～思 chénsī *deep in thought*/～醉 chénzuì *get drunk; become intoxicated*/天阴得很～ Tiān yīn de hěn chén. *The sky is overcast.*

陈(陳)

chén ㄔㄣˊ ❶排列，摆设 lay out；put on display (遒comb. 一列—liè *display*，一设—shè *display；set out*)：古物～列馆 gǔwù chénlièguǎn *exhibition hall of antiquities* ❷述说 state；explain (遒comb. 一述—shù *state*)：详～xiáng chén *explain in details* ❸旧的，时间久的 old；stale (遒comb. 一旧—jiù *old*)：～腐 chénfǔ *old and decayed*/～酒 chénjiǔ *old wine；mellow wine*/新～代谢 xīnchén-dàixiè *metabolism* ❹周代诸侯国名，在今河南省淮阳一带 Chen State：a duke's state in the Zhou Dynasty, around the area of today's Huaiyang county in Henan Province ❺朝代名，南朝之一，陈霸先所建立(公元 557—589 年)Chen Dynasty：one of the Southern Dynasties, founded by Chen Baxian (A.D. 557—589)

〈古 arch.〉又同"阵"(zhèn) Also same as"阵"(zhèn)

谌

chén ㄔㄣˊ ❶相信 believe ❷的确，诚然 indeed；truly

碜(磣、＊＊硶)

chěn ㄔㄣˊ ❶东西里夹杂着砂子(of food) be gritty [牙碜 yáchen]食物中夹杂着砂子，嚼起来牙不舒服(of food) gritty, making one feel uncomfortable when chewing the food；面条有些～～Miàntiáor yǒuxiē yáchen. *The noodles are a bit gritty.* ❷丑，难看 ugly；unsightly [寒碜 hánchen][寒伧 hánchen] 1. 丑，难看 ugly；unsightly 2. 使人没面子 disgraceful；说起来怪～～人的 shuō qilai guài hánchen rén de. *I feel quite ashamed to say this.*

衬(襯)

chèn ㄔㄣˊ ❶在里面再托上一层 line；place a layer underneath；～绒 chènróng *lining cotton flannel*/～上一张纸 chènshang yī zhāng zhǐ *place a piece of paper underneath* ❷搭配上别的东西 provide a background for；set off：红花～着绿叶 Hónghuā chènzhe lǜyè. *This flower is set off by green leaves.*

疢

chèn ㄔㄣˊ 热病。也泛指病 acute disease accompanied by fever；diseases in general

龀

chèn ㄔㄣˊ 小孩儿换牙(乳齿脱落长出恒齿)the period in which a child changes the milk teeth and grows permanent teeth

称(稱)

㊀ chèn ㄔㄣˋ 适合 fit；match：～心 chènxīn *find sth satisfactory*/～职 chènzhí *be fit for；be equal to one's job*/相～xiāngchèn *match with each other* [对称 duì—]两边相等或相当 symmetry

㊁ chēng 见 75 页 See p.75
㊂ chèng 见 78 页 See p.78

趁

chèn ㄔㄣˋ ❶利用机会 take advantage of an opportunity：～热打铁 chènrè-dǎtiě *Strike the iron while it is hot.* /～着没下雨打场 (cháng) chènzhe méi xiàyǔ dǎcháng *thresh the grain before it rains* ㊀ext. 顺便搭乘 take a lift：～车 chènchē *take a lift* ❷〈方 dial.〉富有 be rich：～钱 chènqián *be rich with money*

榇(櫬)

chèn ㄔㄣˋ 棺材 coffin

谶(讖)

chèn ㄔㄣˋ 迷信的人指将来要应验的预言、预兆 augury, a prophecy or an omen that a superstitious man believes to be confirmed in the future

伧(傖)

㊀ chen ·ㄔㄣ [寒伧 hán—]同"寒碜"。见本页"碜"(chěn) Same as"寒碜", see "碜", on the same page.

㊀ cāng 见 58 页 See p.58

CHENG ㄔㄥ

柽(檉)

chēng ㄔㄥ 柽柳，又叫"三春柳"或"红柳"。落叶小乔木，老枝红色，花淡红色，性耐

C

碱抗旱,适于盐碱地区造林防沙。枝叶可入药 Chinese tamarisk, also called "three-spring willow", or "red willow", a small deciduous tree with red branches and light red flowers; alkalinity-resistent and drought-enduring, planted in saline or alkaline area to prevent sand; branches and leaves used in medicine

蛏(蟶) chēng ㄔㄥ (一子—zi) 一种软体动物,贝壳长方形,淡褐色,生活在沿海泥中,肉味鲜美 razor clam, a kind of light brown clam living in coastal mud, with rectangular shell and delicious flesh

琤 chēng ㄔㄥ 拟声词,玉石碰击声、琴声或流水声 onom. a jangling, twanging or gurgling sound (叠 redup.)

称(稱) ⊖ chēng ㄔㄥ ❶量轻重 weigh:把这包米一一~Bǎ zhè bāomǐ chēng yī chēng. *Weigh this bag of rice in the balance.* ❷叫,叫做 call; name:自~zìchēng *call oneself; claim to be*/~得起英雄 chēng de qǐ yīngxióng *deserve to be called a hero* ❸名称 title:简~jiǎnchēng *the abbreviated form of a name*/别~biéchēng *alternative name* ❹说 say; state:~病 chēngbìng *claim to be ill*/连声~好 liánshēng chēnghǎo *be profuse in one's praise; say "good" again and again*/拍手~快 pāishǒu chēngkuài *clap hands in high glee* ❺赞扬 praise:~许 chēngxǔ *praise; commendation*/~道 chēngdào *speak approvingly of* ❻举事 start:~兵 chēngbīng *start military operations*

⊜ chèn 见 74 页 See p. 74

⊜ chèng 见 78 页 See p. 78

铛(鐺) ⊖ chēng ㄔㄥ 烙饼或做菜用的平底浅锅 a shallow, flat pan used to make cakes or dishes

⊖ dāng 见 115 页 See p. 115

赪 chēng ㄔㄥ 红色 red colour

撑(*撐) chēng ㄔㄥ ❶抵住,支持 prop up, support:~竿跳高(田径运动项目之一) chēnggān tiàogāo *pole vault (one kind of track and field sports; pole jump)*/~腰 chēngyāo *stand behind; support* ❷用篙使船前进 punt, advance by pushing or moving a ship with a pole:~船 chēngchuán *push or move a boat with a pole* ❸充满到容不下的程度 fill to the point of bursting:少吃些,别~着 Shǎo chī xiē, bié chēngzhe. *Don't eat too much, otherwise you will be too full.*/麻袋装得太满,都~圆了 Mádài zhuāng de tài mǎn, dōu chēngyuán le. *The sack is so full that it is on the point of bursting.* ❹使张开 open; unfurl:~伞 chēngsǎn *open an umbrella*/把口袋~开 bǎ kǒudai chēngkai *hold open the sack*

瞠 chēng ㄔㄥ 直看,瞠着眼 stare; glare:~目结舌 chēngmù-jiéshé *stare tongue-tied; stare dumb founded*/~乎其后(喻赶不上) chēnghū-qíhòu *stare helplessly at the vanish-ing back of the runner ahead — despair of catching up*

成 chéng ㄔㄥ ❶做好了,办好了 accomplished; successfully finished (叠 comb. 完—wán— *accomplish*):~事 chéngshì *succeed*/大功告~ dàgōng-gàochéng *be brought to a successful completion; be accomplished*/完~任务 wánchéng rènwu *accomplish one's task* ❷事物生长发展到一定的形态或状况 fully developed or fully grown:~虫 chéngchóng *adult insect*/~人 chéngrén *an adult*/五谷~熟 wǔgǔ chéngshú *The grains have matured.* ❸成为,变为 turn into; become:他~了飞机驾驶员了 Tā chéngle fēijī jiàshǐyuán le.

He has become a pilot. /雪化→水 xuě huàchéng shuǐ *Snow has thawed into water.* ❹成果,成绩 fruit; achievement:坐享其～zuòxiǎng-qíchéng *sit idle and enjoy the fruits of other's efforts*/到头来一事无～dàotóulái yīshì-wúchéng *amount to nothing in the end* ❺可以,能行 all right; O. K.:这么办可不～Zhème bàn kě bù chéng. *Doing this in such a way will not work.* /～,就那么办吧 Chéng, jiù nàme bàn ba. *All right, do it this way.* ❻称赞人能力强 able; capable:你们小组真～,这个月又超额了 Nǐmen xiǎozǔ zhēn chéng, zhège yuè yòu chāo'é le. *People in your group are really good fellows, they have surpassed the production target once again.* ❼够,达到一定的数量 in considerable numb-ers or amounts:～千上万 chéngqiān-shàngwàn *thousands of*/～车的慰问品 chéng chē de wèiwènpǐn *gifts for extending regards full loaded a car* [成年累月—nián-lěiyuè]形容经历的时间长 after a long period of time ❽已定的,定形的 established; ready-made:～规 chéngguī *set rules; established rules*/～见 chéngjiàn *preconceived idea; prejudice* ❾(一儿一r)十分之一 10 percent:八～bā chéng *80 percent*/提出一～做公益金 tíchū yī chéng zuò gōngyìjīn *draw ten percent as public welfare fund*

诚 chéng ㄔㄥ ❶真心 true feeling (⑲comb. 一实一shí *honest*):～心～意 chéngxīn-chéngyì *sincerely*/～恳 chéngkěn *sincere* ❷实在,的确 indeed; truly:～然 chéngrán *indeed*/～有此事 chéng yǒu cǐ shì *There actually was such a thing.*

城 chéng ㄔㄥ ❶城墙 city wall:万里长～Wànlǐ Chángchéng *the 10,000 li Great Wall* ❷城市,都市 city; capital:～乡互助 chéng-xiāng hùzhù *mutual help between town and country*

宬 chéng ㄔㄥ 皇帝的藏书室 a room for keeping emperor's books:皇史～(明清两代保藏皇室史料的处所,在北京)Huángshǐchéng *the Imperial Library* (located in Beijing during the Ming and Qing Dynasties)

盛 ㊀ chéng ㄔㄥ ❶把东西放进去 put sth into a container:～饭 chéng fàn *fill a bowl with rice* ❷容纳 contain:这礼堂能～几千人 Zhè lǐtáng néng chéng jǐ qiān rén. *This hall is large enough for several thousand people.* or *This auditorium can hold seveal thousand people.*
㊁ shèng 见 587 页 See p. 587

铖 chéng ㄔㄥ 用于人名 used in a person's name

丞 chéng ㄔㄥ ❶帮助,辅佐 help; assistance:～辅 chéngfǔ *assistance* [丞相—xiāng]古代帮助皇帝处理政务的最高一级官吏 prime minis-ter; highest ranking official who helped the emperor to rule in ancient times ❷封建时代帮助主要官员做事的官吏 an assistant to an official (in ancient China):县～xiànchéng *county magistrate's assistant*/府～fǔchéng *an assistant in a government office*

呈 chéng ㄔㄥ ❶显出,露出 dis-play; reveal:皮肤～红色 Pífū chéng hóngsè. *(His/Her) skin is rosy.* /～现一片新气象 chéngxiàn yīpiàn xīn qìxiàng *present a new ap-pearance; take on a new look* ❷恭敬地送上去 respectfully present:送～sòngchéng *deliver to*/谨～jǐnchéng *present respectfully* ❸称下级报告上级的书面文字 a report or document submitted to a superior:～文 chéngwén *petition*/辞～cíchéng *written resignation*

埕 chéng ㄔㄥ ❶蛏埕,福建、广东沿海一带饲养蛏类的田 field of

razor clam in the coastal areas around Fujian and Guangdong provinces ❷〈方 dial.〉酒瓮 wine jar

程 chéng 名ㄥ ❶里程，道路的段落 journey; stage of a journey（运comb. 路－lù－ journey）：起－qǐchéng start on a journey/登－dēngchéng start (off) on a journey/送他一－sòng tā yī chéng seeing him off by going with him some distance[过程 guò－]事物变化、发展的经过 procedure ❷进度，限度 rate of process; limit：日 ～ rìchéng program; schedule/～序 chéngxù procedure ❸法式 chéngshì pattern; formula（运comb. －式－shì pattern; formula）：操作规～cāozuò guīchéng operation method ❹计量，计算 measure; calculate：计日 ～ 功 jìrì-chénggōng estimate exactly how many days are needed to complete a project

裎 chéng 名ㄥ 脱衣露体 nude; naked

醒 chéng 名ㄥ 喝醉了神志不清 feel dizzy after getting drunk：忧心如 ～ yōuxīn-rúchéng extremely worried

枨(根) chéng 名ㄥ ❶古时门两边竖的木柱，泛指支柱 wooden pillars standing at both sides of the door; pillar ❷触动 touch with sth：～触 chéngchù touch

承 chéng 名ㄥ ❶在下面接受，托着 support underneath; carry：～尘（天花板）chéngchén ceiling ❷承当，担当 undertake; contract to do a job：～应（yìng）chéngyìng agree to do sth; promise/这工程由建筑公司～包 Zhè gōngchéng yóu jiànzhù gōngsī chéngbāo. The construction company has contracted to undertake this project./责任由我～当 Zérèn yóu wǒ chéngdāng. I'll take the responsibility. 引ext. 蒙，受到，接受（别人的好意）be indebted; be granted a favour：～情 chéngqíng be much obliged/～

教（jiào）chéngjiào Thanks for your advice./～ 大家热心招待 chéng dàjiā rèxīn zhāodài be grateful to you for the warm treatment you accorded me[承认－rèn]1.表示肯定，同意，认可 admit; agree：～～错误 chéngrèn cuòwù admit one's mistake/他～～有这么回事 Tā chéngrèn yǒu zhème huí shì. He admitted that there was really such a thing. 2.国际上指肯定新国家、新政权的法律地位 give diplomatic recognition; recognize the lawful position of a new country or a new regime ❸继续，接连 continue; carry on：～上启下 chéngshàng-qǐxià form a connecting link between what comes before and after/继～ jìchéng inherit/～接 chéngjiē carry on

乘 ⊖ chéng 名ㄥ ❶骑，坐 ride; sit on：～马 chéng mǎ ride a horse/～ 车 chéng chē take a bus/～飞机 chéng fēijī take a plane ❷趁，就着 take advantage of time or chance：～便 chéngbiàn at one's convenience/～机 chéngjī seize the opportunity/～势 chéngshì take advantage of a favourable situation/～ 兴 chéngxìng wh-ile in highspirits ❸算术中指一个数使另一个数变成若干倍 multiply：五 ～二等于十 Wǔ chéng èr děngyú shí. Five times two is ten. ❹姓 a surname

⊖ shèng 见 588 页 See p. 588

惩(懲) chéng 名ㄥ 处罚，警戒 punish; penalize：严 ～ yánchéng punish severely/～ 前 毖（bì）后 chéngqián-bìhòu learn from past errors to avoid future mistakes

塍 chéng 名ㄥ 田间的土埂子 a path between fields

澄(*澂) ⊖ chéng 名ㄥ 水清（of water) clear[澄清－qīng]清澈，清亮 clear; transparent：溪水～～Xīshuǐ chéngqīng. The stream is very clear. 喻fig. 搞清

楚，搞明白 make clear；clear up：把问题～—下 bǎ wèntí chéngqīng yīxiàr *clarify some facts*

㊁ dèng 见 122 页 See p. 122

橙 chéng ㄔㄥˊ ❶常绿乔木，果实叫橙子，品种很多，可以吃，果皮可入药 orange，evergreen tree producing fruits which are varied in kinds and are called chéngzi；fruits edible，and the fruit peel used as medicine ❷红和黄合成的颜色 orange，the color mixed by red and yellow

逞 chěng ㄔㄥˇ ❶炫耀，卖弄 show off；flaunt：～能 chěngnéng *show off one's skills or ability*/～强 chěngqiáng *flaunt one's superiority* ❷施展，实现 carry out；succeed：决不让敌人的阴谋得～ Jué bù ràng dírén de yīnmóu déchéng. *We we must not let the enemy have their plot succeed.*

骋 chěng ㄔㄥˇ 骑马奔驰，奔跑 speed on a horse；gallop（㊦comb. 驰—chí— gallop）：汽车在公路上驰～ Qìchē zài gōnglù shang chíchěng. *Cars are flying on the roads.* ㊧ext. 放任，尽量展开 give free rein to；indulge：～目 chěngmù *look as far as the eye can see*；*look into the distance*/～望 chěngwàng *look into the distance*

秤 chèng ㄔㄥˋ 衡量轻重的器具 balance，a tool to weigh things

称(稱) ㊂ chèng ㄔㄥˋ 同"秤" Same as "秤"

㊀ chēng 见 75 页 See p. 75
㊁ chèn 见 74 页 See p. 74

掌 chèng ㄔㄥˋ ❶斜柱 slanting pillar for supporting an unstable wall ❷（～儿—r）桌椅等腿中间的横木 chèngr *horizontal bars between every pair of legs of a desk or achair*

CHI ㄔ

吃(*喫) chī ㄔ ❶咀嚼（jǔjué）食物后咽下（包括喝、吸）eat；swallow sth after chewing it：～饭 chī fàn *have meals*/～奶 chī nǎi *drink milk*/～药 chī yào *take medicine* ❷靠某种事物生活 live on：～老本 chī lǎoběn *live off one's past gains*/靠山～山，靠水～水 Kào shān chī shān, kào shuǐ chī shuǐ. *make use of local resources* ❸吸 suck：～墨纸 chīmòzhǐ *paper that absorbs ink*，*blotting paper* ❹感受 feel：～惊 chījīng *be surprised*/～紧 chījǐn *be in a critical situation*；*be hard pressed* [吃力—lì]费力气 entail strenuous effort ❺承受，支持 suffer；bear：这个任务很～重 Zhège rènwu hěn chīzhòng. *This task is arduous.*/～不住太大的分量 chībuzhù tài dà de fènliang *fail to bear too heavy a burden* ❻消灭 wipe out：～掉敌人一个团 chīdiào dírén yī ge tuán *wipe out a regiment of the enemy* ❼被（宋元小说戏曲里常用）a word indicating passiveness（used in novels or operas of the Song or Yuan Dynasty）：～那厮骗了 chī nà sī piàn le *be deceived by that fellow*

[吃水—shuǐ]船身入水的深度。根据吃水的深浅可以计算全船载货的重量 have a draught of（the load of a whole ship can be calculated according to the draught of a river）

[口吃 kǒu—]（"吃"旧读 jī early pron "jī"）结巴 stutter；stammer

哧 chī ㄔ 拟声词 onom.：～～地笑 chīchī de xiào *giggle*；*titter*

蚩 chī ㄔ 无知，痴愚 ignorant；stupid

嗤 chī ㄔ 讥笑 laugh at：～之以鼻 chīzhīyǐbí *give a snort of contempt*；*despise*

媸 chī ㄔ 面貌丑（of one's features）ugly

鸱 chī ㄔ 鹞（yào）鹰 sparrow hawk [鸱鸮—xiāo] 1. 猫头鹰一类的鸟 accipiter nisus，the family of birds to which owls belong 2. 古代指"鹪

鹟"（jiāoliáo）formerly referring to wren[鸤鹩—xiū] 一种凶猛的鸟，俗叫"猫头鹰"或"夜猫子"。眼大而圆，头上有像耳的毛角。昼伏夜出，捕食小鸟、兔、鼠等，是益鸟 owl, a kind of beneficial bird usu. call "māotóuyīng"; also called "yè māozi", a ferocious bird with big and round eyes, and ear-like feather horn on the head; hiding by day and coming out at night, preying on small birds, rabbits, mice, etc.

绨 chī 彳 细葛布 fine linen

瓻 chī 彳 古代的一种酒器 an ancient wine pot

眵 chī 彳 眼眵，眼睛分泌出来的液体凝结成的淡黄色东西。也叫"眵目糊"或"眼屎"gum in the eye, also called "chīmùhū" or "yǎnshǐ"

笞 chī 彳 用鞭、杖或竹板打 beat with a whip, cane or bamboo clapper

痴（*癡）chī 彳 傻 silly：～人说梦（喻完全胡说）chīrén-shuōmèng An idiot tells sth in his dream as reality. （fig. idiotic nonsense）

螭 chī 彳 古代传说中一种没有角的龙。古代建筑或工艺品上常用它的形状作装饰 a dragon without horns in ancient legend, often seen on ancient buildings or works of art as an ornament

魑 chī 彳 [魑魅—mèi]传说中山林里能害人的怪物 a lengendary ghost in mountains which eats human beings

池 chí 彳 ❶（—子—zi）水塘，多指人工挖的 pool；pond（⊛comb. —沼—zhǎo, a large pond）：游泳～ yóuyǒngchí swimming pool/养鱼～ yǎngyúchí fishpond ❷ 像水池的 pond-like places：便～biànchí urinal/花～ huāchí flower bed ❸ 护城河 moat：城～ chéngchí city wall and

moat/金城汤～（喻极为坚固，不易攻破）jīnchéng-tāngchí ramparts of metal and a moat of boiling water （fig. an impregnable fortress）

弛 chí 彳（旧读 early pronounce shǐ）放松，松懈，解除 relax；slacken：一张一～ yīzhāng-yīchí tension alternating with relaxation/废～ fèichí cease to be binding/～禁 chíjìn lift a ban

驰 chí 彳 ❶ 快跑（多指车马）（usu. cars or horses）speed；gallop（⊛comb. —骋—chěng gallop）：背道而～bèidào-érchí run in the opposite direction；run counter to/风～电掣 fēngchí-diànchè swift as the wind and quick as lightning ⑩ext. 向往 long for：神～shénchí (of thoughts) turn eagerly towards/情～ qíngchí have a deep longing for ❷ 传播 spread：～名 chímíng be known far and wide；be famous

迟（遲）chí 彳 ❶ 慢，缓 slow；tardy：说时～，那时快 shuō shí chí, nà shí kuài in the twinkling of an eye；in an instant/行动～缓 xíngdòng chíhuǎn slow in action/～～不去 chíchí bù qù take a long time to leave ⑩ext. 不灵敏 slow：心～眼钝 xīn chí yǎn dùn be slow in reacting [迟疑—yí]犹豫不决 hesitate ❷ 晚 late：不～到，不早退 bù chídào, bù zǎotuì never be late for work and never leave early

坻 ㊀ chí 彳 水中的小块高地 a small piece of elevation in waters ㊁ dǐ 见 124 页 See p.124

茌 chí 彳 [茌平—píng]地名，在山东省 Chiping, a place in Shandong Province

持 chí 彳 ❶ 拿着，握住 grasp；hold：～笔 chíbǐ hold a pen/～枪 chíqiāng hold a gun ❷ 遵守不变 maintain：坚～真理 jiānchí zhēnlǐ stick to truth [持久—jiǔ]保持长久

long-lasting：～～战 chíjiǔzhàn protracted war／绿肥肥效能～～，还能松地抗旱 Lǜféi féixiào néng chíjiǔ, hái néng sōngdì kànghàn. *green manure not only has long-lasting effect, but also can loosen the soil and resist drought* [持续—xù]延续不间断 sustain；continue [相持 xiāng—]各不相让 be locked in a stalemate：～～不下 xiāngchí-bùxià *each sticks to his own stand* ❸治理，主管 manage；run；勤俭～家 qínjiǎn-chíjiā *run one's home in an industrious and thrifty way*／这件事由你主～好了 Zhè jiàn shì yóu nǐ zhǔchí hǎo le. *You can take charge of this matter.*

匙 ⊖ chí ㄔ 舀（yǎo）汤用的小勺子。也叫"调羹"（tiáogēng）soup spoon, also called "tiáogēng"
⊜ shi 见 598 页 See p. 598

鰫 chí ㄔ ㄌㄧ ㄌ（又 also）涎沫 saliva

埵 chí ㄔ 台阶上面的空地。又指台阶 a vacant lot on the top of a flight of steps；also steps

踟 chí ㄔ [踟蹰—chú]心里犹豫，要走不走的样子 hesitate；waver：～～不前 chíchú-bùqián *hesitate to move forward*

篪（**箎、**竾） chí ㄔ 古代一种用竹管制成的乐器 bamboo flute, an ancient musical instrument

尺 ⊖ chí ㄔ ❶市制长度单位，10 寸是 1 尺，10 尺是 1 丈 a traditional unit of length. One *chi* is equal to 10 *cun*. And 10 *chi* is equal to one *zhang*：1 米等于 3 市～Yī mǐ děngyú sān shìchǐ. *One meter is equal to three chi.* [尺牍—dú]书信（因古代的书简长约 1 尺）letters in ancient times as long as about one *chi* [尺寸—cun]衣物的大小长短 measurement：开个～～好照着做 kāi ge chǐcun hǎo zhàozhe zuò *take one's measurements and the garment made a to measure*／～～要量得准确 Chǐcun yào liáng de zhǔnquè. *The exact measurements should be taken.* ❷尺子，一种量长短的器具 ruler, sth used to measure length ❸画图的器具 a scale used in drawing；放大～fàngdàchǐ *pantograph* ❹像尺的东西 sth like a ruler：计算～jìsuànchǐ *slide rule*
⊜ chě 见 72 页 See p. 72

呎 chǐ ㄔ 也读作 yīngchǐ。英美制长度单位，1 呎是 12 吋，约合 0.914 市尺。现写作"英尺"foot, also pronounced as yīngchǐ, a length unit in Britain and the U. S., roughly equal to 0.914 Chinese *chi*；now written as "英尺"（yīngchǐ）

齿（齒） chǐ ㄔ ❶牙齿，人和动物嘴里咀嚼食物的器官 tooth, organs in the mouths of human beings and animals for chewing food [挂齿 guà—]谈及，提及（只用在否定的句子里）talk about；mention (only used in negative sentences)：不足～～bùzú-guàchǐ *not worthy of being mentioned*／何足～～hézú-guàchǐ *not worth mentioning*；*Don't mention it.* ❷（—儿—r）排列像牙齿形状的东西 sth arranged in the shape of teeth：锯～jùchǐ *sawtooth*／梳子～儿 shūzichǐr *the teeth of a comb*／～轮 chǐlún *gear wheel* ❸年龄 age：马～徒增（自谦年长无能）mǎchǐ-túzēng：*just like a horse increasing its number of teeth with the years— grow old with nothing accomplished* (used in self depreciation) [不齿 bù—]⟨敬⟩trans. 不认为是同类的人，表示鄙弃 despise；hold in contempt

侈 chǐ ㄔ ❶浪费，用财物过度 waste；extravagant (⟨敬⟩comb. 奢—shē— *excessively extravagant*)：生活奢～shēnghuó shēchǐ *live in*

luxury ❷夸大 exaggerate：～谈 chǐtán talk glibly about；prattle about

耻（＊恥） chǐ ㄔ 羞愧，耻辱 shame；disgrace(⑤comb. 羞—xiū—shameful)：雪～xuěchǐ avenge an insult/浪费可～làngfèi kěchǐ It is shameful to waste.

豉 chǐ ㄔ 豆豉，一种用豆子制成的食品 fermented soya beans, a kind of food made of soya beans

褫 chǐ ㄔ 剥夺 deprive：～职 chǐzhí remove sb from office；discharge sb from his post/～夺 chǐduó deprive sb of sth

彳 chǐ ㄔ [彳亍—chù]慢慢走路的样子 walk slowly

叱 chì ㄔ 呼呵(hē)，大声斥骂 shout at sb；bawl at [叱咤—zhà]发怒吆喝 shout or bawl angrily：～～风云 chìzhà-fēngyún have power in hand to command the wind and the cloud；very powerful

斥 chì ㄔ ❶责备 blame(⑤comb. 责—zé reprimand)：遭到～责 zāodào chìzé be denounced/痛～这种荒谬的论调 tòngchì zhè zhǒng huāngmiù de lùndiào sharply denounce a fallacy ❷使退去，使离开 repel；dismiss：排～páichì repel；reject/～退 chìtuì shout at sb to go away ❸多，广 a great number of；great in size[充斥 chōng—]多得到处都是(含贬义)flood；be full of (with a derogatory meaning)
[斥候—hòu]旧时军队称侦察(敌情)也指进行侦察的士兵 referring to the act of scouting in old times；Also referring to scouting soldiers
[斥资—zī]支付费用，出资 fund：～～百万 chìzī bǎiwàn provide a fund of one million dollars

赤 chì ㄔ ❶比朱红稍暗的颜色。泛指红色 a colour with a little darker than bright red, generally referring to red colour：～小豆 chìxiǎodòu red bean/～铜矿 chìtóng kuàng copper ore [赤心—xīn]诚心 sincerity [赤子—zǐ]初生婴儿 a newborn baby [赤字—zì]财政上亏空的数字 deficit in finance ❷空无所有 empty：～手空拳 chìshǒu-kōngquán barehanded；unarmed/～贫 chìpín in abject poverty ❸裸露 bare：～脚 chìjiǎo bare-footed/～背(bèi) chìbèi barebacked

饬 chì ㄔ ❶整顿，使整齐 put in order；readjust (⑤comb. 整—zhěng—strengthen)：整～纪律 zhěngchì jìlǜ strengthen discipline ❷旧时指上级命令下级 order from a superior in ancient times：～知 chìzhī order/～令 chìlìng order

炽（熾） chì ㄔ 旺盛 flaming；ablaze：～热 chìrè scorching heat

翅（＊翄） chì ㄔ ❶翅膀，鸟和昆虫等用来飞行的器官 wing, an organ of birds or insects for flying ❷鱼翅，指沙鱼的鳍，是珍贵的食品 shark's fin, a delicacy
〈古 arch.〉又同"啻(chì)"Also same as "啻(chì)"

敕（＊勅、勑） chì ㄔ 帝王的诏书，命令 imperial order；edict

鶒 chì ㄔ 见 691 页"鸂"字条"鸂鶒" See "xīchì" under entry of "鸂" p. 691

啻 chì ㄔ 但，只 only[不啻 bù—]1. 不只,不止 not only；not less than：～～如此 bùchì rúcǐ There is much more than this. 2. 不异于,如同 like；as good as：～～兄弟 bùchì xiōngdì just like brothers

傺 chì ㄔ [侘傺 chà—]形容失意 be disappointed

瘛 ㊀ chì ㄔ 同"瘲" Same as "瘲"
㊁ zhì 见本页 See the same page.

瘲 chì ㄔ [瘛疭—zòng]手脚痉挛、口眼歪斜的症状。也叫"抽风" clonus, clonic convulsions with the symptoms of spasm of hands and feet and facial paralysis, also called "chōufēng" (convulsions)

CHONG　ㄔㄨㄥ

冲(❸❹衝、❶❷**沖)

㊀ chōng ㄔㄨㄥ ❶用开水等浇，水流撞击 pour boiling water on：～茶 chōngchá make tea/用水～服 yòng shuǐ chōngfú take (the medicine) after mixing it with water/这道堤不怕水～Zhè dào dī bù pà shuǐ chōng. This dyke is not likely to be smashed by water. [冲淡—dàn]加多液体，降低浓度 dilute the solution by adding water into it ㊧fig. 使某种效果、气氛等减弱 play down certain effect or atmosphere ❷向上钻 dash upward：～入云霄 chōngrù yúnxiāo shoot up into the sky ❸通行的大道 thoroughfare：要～yàochōng a strategically important place/这是～要地方 Zhè shì chōng yào dìfang. This is a strategically important place. ❹快速向前闯 charge forward quickly：～锋 chōngfēng charge；assault/～入敌阵 chōngrù dízhèn charge toward the enemy's position/横～直撞 héngchōng zhízhuàng push one's way by shoving or bumping [冲动—dòng]没经过仔细思考而突然产生的情绪或行动 impulse, some feelings or actions that emerge suddenly without careful consideration [冲突—tū]1. 互相撞击或争斗 clash；conflict 2. 意见不同，互相抵触 be ready to yield to the other ❺互相抵消 opposition：～账 chōngzhàng strike a balance

㊁ chòng 见 83 页 See p. 83

伸(**㣽)
chōng ㄔㄨㄥ 忧虑不安 laden with anxiety (叠 redup.)：忧心～～yōuxīn-chōngchōng careworn

翀
chōng ㄔㄨㄥ 鸟向上直飞 (of a bird) fly upwards

充
chōng ㄔㄨㄥ ❶满，足 sufficient；full (㊧comb. 一足 — zú sufficient)：～其量 chōngqíliàng at most/内容～实 nèiróng chōngshí substantial in content ❷填满，装满 fill；stuff：～电 chōngdiàn charge with electricity/～耳不闻 chōng'ěr-bùwén turn a deaf ear to/～满愉快的心情 chōngmǎn yúkuài de xīnqíng be imbued with pleasure ❸当，担任 serve as；act as：～当 chōngdāng serve as；act as/～任 chōngrèn hold the position of ❹假装 pretend to be：～行家 chōng hángjia pretend to be an expert/～能干 chōng nénggàn pretend to be good at doing sth.

茺
chōng ㄔㄨㄥ [茺蔚—wèi]就是益母草，一年或二年生草本植物，茎方柱形，叶掌状分裂，花红色或白色，茎、叶、子实都入药 motherwort, annual or biennial herb, with square-column shaped stems, cut palm-like leaves and red or white flowers；stems, leaves and seeds used in medicine

舂
chōng ㄔㄨㄥ 把谷类等的皮捣掉 pound grains to get rid of the husk：～米 chōngmǐ husk rice with mortar and pestle/～药 chōngyào pound medical substances into powder

憧
chōng ㄔㄨㄥ 心意不定 flickering [憧憧——]往来不定，摇曳不定 flickering；moving to and from：人影～～rényǐng-chōngchōng shadows of people moving about [憧憬—jǐng]向往 long for；look forward to

艟
chōng ㄔㄨㄥ 见 448 页"艨"字条"艨艟"(méng —) See "méng chōng" under entry of "méng". p.448

虫(蟲)
chóng ㄔㄨㄥ 虫子，昆虫 worm；insect [大虫 dà—]老虎 tiger

C

种 ⊖chóng ㄔㄨㄥˊ 姓 a surname
　　⊖ zhǒng 见 851 页 See p. 851
　　⊜ zhòng 见 851 页 See p. 851

重 ⊖ chóng ㄔㄨㄥˊ ❶重复，再 repeat；duplicate：书买 ～ 了 shū mǎi chóng le *buy two copies of the same book by mistake*/旧地～游 jiùdì chóngyóu *revisit a place*/～整旗鼓 chóngzhěng-qígǔ *rally one's forces*（after a defeat）/～来一次 chónglái yī cì *do it once again* [重阳—yáng][重九—jiǔ]夏历九月九日。是我国传统节日 the 9th lunar month，a traditional festival in China ❷层 layer：双～领导 shuāngchóng lǐngdǎo *dual leadership*/～～围住 chóngchóng wéizhù *be encircled ring upon ring*
　　⊖ zhòng 见 852 页 See p. 852

崇 chóng ㄔㄨㄥˊ ❶高 high：～山峻岭 chóngshān-jùnlǐng *lofty ridges and towering mountains*/～高的品质 chónggāo de pǐnzhì *lofty character* ❷ 尊重 respect：推～ tuīchóng *hold in esteem* / ～ 拜 chóngbài *worship*/尊～zūnchóng *revere；worship*

宠（寵） chǒng ㄔㄨㄥˊ 偏爱，过分的爱 dote on；indulgent love

冲（衝） chòng ㄔㄨㄥˋ ❶对着，向 facing；towards：～南的大门 chòng nán de dàmén *a door facing south*/别～着我说 Bié chòngzhe wǒ shuō. *Don't aim your remarks at me.* ❷猛烈 vigorously：这小伙子有股～劲儿 Zhè xiǎohuǒzi yǒu gǔ chòngjìnr. *This young fellow does things with vim and vigor.* /水流得真～ Shuǐ liú de zhēn chòng. *The water flows with great force.* /大蒜气味～ Dàsuàn qìwèi chòng. *The garlic has a strong smell.* ❸凭，根据 on the basis of；because：～他这股子钻劲儿，一定能完成这项技术革新任务 Chòng tā zhè gǔzi zuānjìnr，yīdìng néng wánchéng zhè xiàng jìshù géxīn rènwu. *With such drive，he will surely be able to accomplish the task of technical innovation.*
　　⊖ chōng 见 82 页 See p. 82

铳 chòng ㄔㄨㄥˋ ❶旧时指枪一类的火器 referring to fire arm as blunderbuss in ancient times ❷（一子—zi）用金属做成的一种打眼器具 a metal tool used to punch a hole ❸用铳子打眼或除去 punch holes or remove sth with such a tool

CHOU ㄔㄡ

抽 chōu ㄔㄡ ❶从事物中提出一部分 take a part from a whole：～签 chōuqiān *draw lots*/调干部 chōudiào gànbù *transfer cadre*/空儿 chōukòngr *manage to find time* [抽象—xiàng]1. 从各种事物中抽取共同的本质特点成为概念 to form an abstract concept from same essential particularity extracted from various things 2. 笼统，不具体 abstract；not concrete：问题这样提太～～了，最好举一个实例 Wèntí zhèyàng tí tài chōuxiàng le，zuìhǎo jǔ yī ge shílì. *Such questions are too abstract. You'd better give us one concrete example.* ❷长出 put forth：谷子～穗 gǔzi chōusuì. *The millet is earing up.* ❸吸 suck：～水 chōushuǐ *draw*（or pump）*water*/气机 chōuqìjī *air exhauster；air pump*/～烟 chōuyān *smoke* ❹减缩，收缩 shrink：这布一洗～了一厘米 Zhè bù yī xǐ chōule yī lími. *The cloth shrank by one centimeter after being washed.* [抽风—fēng] 手足痉挛，口眼歪斜的症状 convulsions ❺用细长的、软的东西打 whip：他不再用鞭子～牲口了 Tā bùzài yòng biānzi chōu shēngkou le. *He did not whip livestocks any more.*

绅 ㊀ chōu ㄔㄡ 引出，缀辑 draw out; compile [绅绎—yì][抽绎—yì]引出头绪 expound; set forth

㊁ chóu 见本页 See the same page.

瘳 chōu ㄔㄡ ❶病愈 recover from an illness ❷损害 harm

犨 chōu ㄔㄡ ❶ 牛喘息声 sound produced by a bull or a cow when breathing ❷突出 stand out

仇（*讐） ㊀ chóu ㄔㄡ 深切的怨恨 hatred; enmity; ～人 chóurén enemy; foe/报～ bàochóu revenge/恩将～报 ēnjiāngchóubào return hate for love; requite kindness with enmity/～视侵略者 chóushì qīnlüèzhě be hostile to the aggressors

㊁ qiú 见 542 页 See p.542

䌷 ㊀ chóu ㄔㄡ 同"绸" Same as "绸"

㊁ chōu 见本页 See the same page.

俦（儔） chóu ㄔㄡ 同伴，伴侣 companion, people of the same generation or class

帱（幬） ㊀ chóu ㄔㄡ ❶ 帐子 bed curtain ❷车帷 carriage curtain

㊁ dào 见 118 页 See p.118

畴（疇） chóu ㄔㄡ ❶田地 fields; farmland ❷类，同类 kind; division
[畴昔—xī]过去，以前 in former times; in the past

筹（籌） chóu ㄔㄡ ❶计数的用具，多用竹子制成 chip; counter (usu made of bamboo) ❷谋划 prepare; plan; ～款 chóukuǎn raise funds/～备 chóubèi prepare/统一～tǒngchóu plan as a whole/一～莫展 yīchóu-mòzhǎn can find no way out; be at one's wit's end

踌（躊） chóu ㄔㄡ [踌躇—chú] 1. 犹豫，拿不定主意 hesitate; shilly-shally；他～～了半天

才答应了 Tā chóuchúle bàntiān cái dāying le. He hesitated for quite a while before he agreed. 2. 自得的样子 enormously proud；～～满志 chóuchú-mǎnzhì complacent; smug

惆 chóu ㄔㄡ [惆怅—chàng]失意，伤感 disappointed; sad; melancholy

绸 chóu ㄔㄡ （—子—zi）一种薄而软的丝织品 silk fabric

稠 chóu ㄔㄡ ❶密 dense（働comb. —密—mì dense）；人烟～密 rényān chóumì densely populated; populous/棉花棵很～miánhuakē hěn chóu densely planted cotton stalks ❷浓 thick；这粥太～了 Zhè zhōu tài chóu le. The porridge is too thick.

酬（*酧、*醻） chóu ㄔㄡ ❶向客人敬酒 propose a toast to guests [酬酢—zuò]主客互相敬酒。泛指交际往来 [应酬 yìngchou] 1. 交际往来 have social intercourse with 2. 表面应付 do sth after a fashion ❷用财物报答 reward; payment; ～劳 chóuláo repay; reward ❸报酬 reward; 同工同～tónggōng-tóngchóu equal pay for equal work

愁 chóu ㄔㄡ 忧虑 worry（働comb. 忧—yōu— worried）；发～fāchóu worry; be anxious/不～吃，不～穿 bù chóu chī, bù chóu chuān not have to worry about food and clothing

雠（*讐） chóu ㄔㄡ ❶校(jiào)对文字 proof read（働comb. 校—jiào— collate）❷同"仇㊀" Same as "仇㊀"

丑（❹❺醜） chóu ㄔㄡ ❶地支的第二位 the second of the twelve Earthly Branches ❷丑时，指夜里一点到三点 the period of the day from 1 a.m. to 3 a.m. ❸（—儿—r）戏剧里的滑稽角色 comedian; clown ❹相貌难看 ugly-looking; 长得～zhǎng de chǒu bad-looking ❺可厌恶的，可耻的，不光彩的 disgraceful; shameful; scandalous;～态 chǒutài ugly performance/～名 chǒumíng infamous/出～chūchǒu make a fool of sb

杻 ㊀ chǒu ㄔㄡˇ 古代刑具，手铐之类 instruments of torture in ancient times, such as handcuffs

㊁ niǔ 见 483 页 See p. 483

瞅(*盯) chǒu ㄔㄡˇ〈方 dial.〉看 look;我没～见他 Wǒ méi chǒujiàn tā. I didn't see him.

臭 ㊀ chòu ㄔㄡˋ ❶气味难闻的，跟"香"相反 foul; stinking; antonym of "xiāng" (fragrant):～气熏人 chòuqì xūn rén stinking ⑩fig. 惹人厌恶的 disgusting disgraceful:遗～万年 yíchòu-wànnián leave a name that will stink to eternity/放下～架子 fàngxia chòujiàzi, 甘当小学生 gāndāng xiǎoxuéshēng give up one's high and mighty airs, and be as modest as a pupil ❷狠狠地 severely:～骂 chòumà a tongue-lashing

㊁ xiù 见 726 页 See p. 726

CHU ㄔㄨ

出(❿齣) chū ㄔㄨ ❶跟"入"、"进"相反 antonym of "rù" or "jìn" 1. 从里面到外面 go or come out:～门 chūmén go out; go on a journey/从屋里～来 cóng wū li chū lai get out of the room/～汗 chūhàn sweat 2. 支付，往外拿 pay out; expend:～一把力 chū yī bǎ lì put in one'seffort/～主意 chū zhǔyi make suggestions; offer advice/量入为～ liàngrù-wéichū keep expenditures below income ❷来到 attend:～席 chūxí be present; attend/～勤 chūqín turn out for work ❸离开 leave:～轨 chūguǐ go off the rails; be derailed ❹产，生长 produce; turn

out:～品 chūpǐn make; manufacture/这里～米 Zhèli chū mǐ. This area produces rice. ❺发生 happen:～事 chūshì have an accident/～问题了 chū wèntí le Something has gone wrong. ❻显得量多 rise well:这米很～饭 Zhè mǐ hěn chūfàn. This kind of rice rises well when it is cooked. ❼显露 distinguish:～名 chūmíng become well-known/～头 chūtóu to be the fore ❽超过 surpass:～众 chūzhòng extraordinary; outstanding/～人头地 chūrén-tóudìbecome an outstanding person [出色—sè]特别好，超出一般的 particularly good; outstanding:～～地完成了任务 chūsè de wánchéngle rènwu have accomplished the task with flying colours ❾放在动词后，表示趋向或效果 used after a verb to indicate completion or succeeding:提～问题 tíchu wèntí put forward a problem/作～贡献 zuòchu gòngxiàn make a contribution ❿传(chuán)奇中的一回，戏曲的一个独立剧目 an opera; a play

初 chū ㄔㄨ 开始，表示时间、等级、次序等都在前的 the beginning; the early part of:～～ chūyī the first days of each lunar month/～伏 chūfú the first fu—the first of the three 10-day periods of the hot season; the first day of the first fu/～稿 chūgǎo the first draft/～学 chūxué be a beginner/～等教育 chūděng jiàoyù elementary education/红日～升 hóngrì chūshēng The red sun has just risen. ㊂ext. 原来的，原来的情况 original; original situation:～衷 chūzhōng the original thought/和好如～ héhǎo rúchū restore good relations; be on good terms again

榋 chū ㄔㄨ 榋树，即臭椿树 tree of heaven, also called chòu chūn shù

刍(芻) chú ㄔㄨ ❶喂牲畜的草 hay ❷割草 cut grass

鸰（鶵）chú ㄔㄨˊ ❶同"雏"Same as "雏" ❷见795页"鹓"字条"鹓鸰"（yuān—）See yuānchú under entry of "yuān", p.795

雏（雛）chú ㄔㄨˊ 幼小的鸟，生下不久的 young bird, newborn bird：～鸡 chújī *chick*; *chicken*/～莺乳燕 chúyīng rǔyàn *new born wabler and young swallow* [雏形—xíng]⑩*fig.* 事物初具的规模 a rudimentary, undeveloped form of an organism; an embryonic form；略具～～lüè jù chúxíng *basically come into form*; *almost come into shape*

除 chú ㄔㄨˊ ❶去掉 get rid of; remove：～害 chúhài *eliminate sb or sth harmful*/斩草～根 zhǎncǎochúgēn *cut the weeds and dig up the roots — stamp out the source of trouble* ❷不计算在内 except：～此以外 chú cǐ yǐwài *with the exception of this*/～了这个人，我都认识 Chúle zhè ge rén, wǒ dōu rènshi. *I know everybody except this person.* [除非—fēi]1.连词，表示惟一的条件，只有 conj. only if; only when；若要人不知，～～已莫为 Ruò yào rén bù zhī, chúfēi jǐ mò wéi. *If you don't wish anyone to know what you've done, it is better not to have done it in the first place.* 2.表示不计算在内，除了 (not)... unless; except：那条山路，～他，没人认识 Nà tiáo shānlù, chúfēi tā, méi rén rènshi. *No one except him knows the mountain path.* [除夕—xī]一年最后一天的夜晚，也指一年最后的一天 New Year's Eve; also the last day of a year ❸算术中用一个数去分另一个数 division in arithmetic：用二～四得二 Yòng èr chú sì dé èr. *Four divided by 2 is 2.* ❹台阶 door steps; steps to a house：庭～tíngchú *courtyard*

滁 chú ㄔㄨˊ 滁州，地名，在安徽省 Chuzhou, a place in Anhui Province

蜍 chú ㄔㄨˊ 见66页"蟾"字条"蟾蜍"（chán—）See "chánchú" under entry of "chán", p.66

厨（*廚、*厨）chú ㄔㄨˊ 厨房，做饭做菜的地方 kitchen, a place in which meals are cooked or prepared

橱（*櫥）chú ㄔㄨˊ （—子—zi、—儿—r）一种放置东西的家具，前面有门 cupboard for storing things：衣～yīchú *wardrobe*/碗～儿 wǎnchúr *kitchen cupboard*

躇（*蹰）chú ㄔㄨˊ 见80页"踟"字条"踟躇"（chí—）See "chíchú" under entry of "chí", p.80

锄（*鉏、*耡）chú ㄔㄨˊ ❶弄松土地及除草的器具 hoe, a tool to loosen the soil or weed：三齿耘～sānchǐ yúnchú *a hoe with three teeth* ❷耪（pǎng），弄松土地，除草 hoe the fields; loosen the soil or weed with a hoe：～田 chútián *hoe the fields*/～草 chúcǎo *hoe up weeds* ❸铲除 eliminate; wipe out：～奸 chújiān *eliminate traitors*

蹰 chú ㄔㄨˊ 见84页"踌"字条"踌蹰"（chóu—）See "chóuchú" under entry of "chóu", p.84

处（處、**虔、**処）⊖chú ㄔㄨˊ ❶居住 dwell：穴居野～xuéjū-yěchǔ *dwell in caves in the wilds* [处女—nǚ]没有发生过性行为的女子 virgin, a girl who has had no sex experience ❷存在，置身 exist; be situated in：设身～地 shèshēn-chǔdì *put oneself in sb else's position*/～在有利位置 chǔzài yǒulì dìwèi *be in a favourable position* ❸跟别人一起生活，交往 get along with：他们相～得很好 Tāmen xiāngchǔ de hěn hǎo. *They are on good terms with each other.* or *They get along well with each other.* ❹处定，决断 make one's decision [处分—

fèn]对犯错误或有罪过的人给予相当的惩戒 punish；take disciplinary action against sb for making an error or committing a crime or sin [处理—lǐ]办理，解决 manage；handle：这事情难～～ Zhè shìqing nán chǔlǐ. *This matter is hard to handle.*

⊖ chù 见本页 See the same page.

杵 chǔ ㄔㄨˇ ❶舂米或捶衣的木棒 a wooden club used to pestle rice or beat clothes in washing ❷用长形的东西戳或捅 poke with sth long；用手指头～他一下 yòng shǒuzhǐtou chǔ tā yīxiàr *give him a poke*

础（礎） chǔ ㄔㄨˇ 础石，垫在房屋柱子底下的石头 the stone base of a column of a house[基础 jī—] 1. 柱脚石 plinth 2. 事物的根本或起点 base；foundation：～～教育 jīchǔ jiàoyù *elementary education*

楮 chǔ ㄔㄨˇ 就是穀树。参看"穀"（gǔ）paper mulberry，see "gǔ" for reference ⟨转 trans.⟩ 纸 paper

储 chǔ ㄔㄨˇ（旧读 early pronounce chú）❶储备，积蓄 save and preserve：～存 chǔcún *store*；lay in/～藏 chǔcáng *store*；keep/～备 chǔbèi *store for future use* ❷已经确定为继承皇位等最高统治权的人 crown prince：立～ lìchǔ *choose sb as the crown prince*/王～ wángchǔ *crown prince*

褚 ⊖ chǔ ㄔㄨˇ 姓 a surname
⊖ zhǔ 见 858 页 See p. 858

楚 chǔ ㄔㄨˇ ❶牡荆，落叶灌木，开青色或紫色的穗状小花，鲜叶可入药 vitex negundo var, deciduous shrub with small blue or purple spike-like flowers；fresh leaves used as medicine ❷周代诸侯国名，它的疆域在今湖北省，后来扩展到湖南省北部，河南省南部及江西、安徽、江苏、浙江等省 Chu, one of the Warring States in the Zhou Dynasty, its original territory is in the present-day Hubei, then extending to northern Hunan, southern Henan, Jiangxi, Anhui, Jiangsu and Zhejiang Provinces ❸痛苦 pang；suffering（⟨合 comb.⟩ 苦—kǔ— *misery*；*suffering*，凄—qī— *desolate and miserable*）

[楚楚——]1. 鲜明，整洁 tidy；neat：衣冠～～ yīguān-chǔchǔ *be immaculately dressed* 2. 娇柔，秀美 delicate and charming：～～动人 chǔchǔ-dòngrén（of a woman）*delicate and charming*

丁 chù ㄔㄨˋ 见 81 页"彳"字条"彳丁"（chì—）"See "chìchù" under entry of "chì", p. 81

处（處、处**、**处**）** ⊖chù ㄔㄨˋ ❶地方 place：住～ zhùchù *residence*；dwelling place/各～ gèchù *everywhere* ⟨引 ext.⟩ 部分，点 points；part：长（cháng）～ chángchu *strong points*/好～ hǎochu *benefit*；advantage/益～ yìchu *benefit* ❷机关，或机关、团体里的部门 department；office：办事～ bànshìchù *agency*/总务～ zǒngwùchù *general affairs department*

⊖ chǔ 见 86 页 See p. 86

怵 chù ㄔㄨˋ 恐惧 fear：～惕（恐惧警惕）chùtì *feel apprehensive*

绌 chù ㄔㄨˋ 不足，不够 inadequate；insufficient：经费支～ jīngfèi zhīchù *insufficient funds*/相形见～ xiāngxíng-jiànchù *prove inferior by comparison*；pale by comparison

黜 chù ㄔㄨˋ 降职或罢免 demote sb or remove sb from office：～退 chùtuì *dismiss from office*/～职 chùzhí *dismiss from one's post*

偖 ⊖ chù ㄔㄨˋ〈古 arch.〉开始 start
⊖ tì 见 641 页 See p. 641

畜 ⊖ chù ㄔㄨˋ 禽兽，有时专指家养的兽类 beast or domestic animal：家～jiāchù *domestic animal*/牲～shēng chù *livestock*/幼～ yòuchù *young animal*/～力 chùlì *animal power*

㿎 ⊖ xù 见 729 页 See p. 729

搐 chù ㄔㄨ 牵动 jerk; twitch[抽搐 chōu—]肌肉不自主地、剧烈地收缩(of muscles) have a spasm

滀 chù ㄔㄨ 水聚积(of water) accumulate

触(觸) chù ㄔㄨ ❶抵,顶 prop; sustain: 羝羊～藩 dǐyáng-chùfān The ram butts at a fence — unable to move forward or backward. ❷碰,遇着 touch; contact: ～礁 chùjiāo run up on rocks/～电 chùdiàn get an electric shock/～景生情 chùjǐng-shēngqíng It (the sight) strikes a chord in one's heart. /一～即发 yīchù-jífā possibly break out at any moment; be on the verge of breaking out[触觉—jué]皮肤、毛发等与物体接触时所产生的感觉 tactile sensation; sense of touch

慉 chù ㄔㄨ 害怕,畏缩 fear; shrink from: 他遇到任何难事,也不发～Tā yùdào rènhé nánshì, yě bù fāchù. He never shrinks from any difficulty.

蠢 chù ㄔㄨ 直立,高耸 stand tall and upright: ～立 chùlì tower over/高～ gāochù stand tall and upright

CHUA ㄔㄨㄚ

㰦 ⊖ chuā ㄔㄨㄚ 拟声词 onom.
⊜ xū 见 727 页 See p. 727

CHUAI ㄔㄨㄞ

揣 ⊖ chuāi ㄔㄨㄞ 藏在衣服里 hide or carry in one's clothes: ～手 chuāishǒu tuck each hand in the opposite sleeve/～在怀里 chuāi zài huáili hide in the bosom; tuck into the bosom
⊜ chuǎi 见本页 See the same page.
⊜ chuài 见本页 See the same page.

搋 chuāi ㄔㄨㄞ 用拳头揉,使挼入的东西和匀 rub; knead; ～面 chuāimiàn knead dough/～米饭饼子 chuāi mǐfàn bǐngzi knead rice into dough to make cakes

膗 chuái ㄔㄨㄞˊ〈方 dial.〉肥胖而肌肉松弛 fat and flabby: 看他那～样 kàn tā nà chuáiyàng See how fat and flabby he is.

揣 ⊖ chuǎi ㄔㄨㄞˇ 估量,忖度 estimate; conjecture: 我～测他不来 Wǒ chuǎicè tā bù lái. I'd guess is that he will not come. /不～浅陋 bùchuǎi qiǎnlòu I venture to; may I take the liberty to.[揣摩—mó]1. 研究,仔细琢磨 try to fathom; try to figure out: 仔细～～写作的方法 zǐxì chuǎimó xiězuò de fāngfǎ try to fathom the methods of writing carefully 2. 估量,推测 surmise, conjecture: 我～～你也能做 Wǒ chuǎimó nǐ yě néng zuò. I guess you can do it as well.
⊜ chuāi 见本页 See the same page.
⊜ chuài 见本页 See the same page.

圌 chuài ㄔㄨㄞˋ 见 839 页"圳"字条"圳圌"(zhèng—) See "zhèngchuài" under entry of "zhèng", p. 839

啜 ⊖ chuài ㄔㄨㄞˋ 姓 a surname
⊜ chuò 见 93 页 See p. 93

搋 ⊖ chuài ㄔㄨㄞˋ[挣搋 zhèng—]挣扎 struggle; strive hard
⊖ chuāi 见本页 See the same page.

踹 chuài ㄔㄨㄞˋ 践踏,用脚底踢 kick with one's foot: 一脚把门～开 yī jiǎo bǎ mén chuàikai kick the door open

嘬 ⊖ chuài ㄔㄨㄞˋ 咬,吃 bite; eat
⊜ zuō 见 880 页 See p. 880

膪 chuài ㄔㄨㄞˋ[囊膪 nāng—]猪的胸腹部肥而松软的肉 streaky-pork，the flabby meat from a pig's breast and belly

CHUAN ㄔㄨㄢ

川 chuān ㄔㄨㄢ ❶河流 river：高山大～gāoshān-dàchuān *high mountains and big rivers*/～流不息 chuānliú-bùxī *flowing past in an endless stream*；*never-ending* ❷平地，平原 plains：平～píngchuān *plain*；*level land*/米粮～mǐ liángchuān *rich rice-producing area* ❸ 指四川 Sichuan Province：～马 chuānmǎ *horses of Sichuan origin*/～贝 chuānbèi *tendril-leaved fritillary bulb of Sichuan origin*

[川资—zī]旅费 travelling expenses

氚 chuān ㄔㄨㄢ 氢的同位素之一，符号 T，质量数 3，有放射性，应用于热核反应 tritium，one of hydrogen's radioactive isotope；mass number 3；applied in thermonuclear reaction；symbol T

穿 chuān ㄔㄨㄢ ❶破，通透 penetrate；pierce through：屋漏瓦～wūlòu-wǎchuān *the roof is leaking and the tiles are broken*/用锥子～一个洞 yòng zhuīzi chuān yī ge dòng *pierce a hole with an awl* ❷放在动词后，表示通透或揭开（used after a verb）pierce through or uncovered：说～shuōchuān *tell what sth really is*；*to put it bluntly*/看～kànchuān *see through* ❸通过孔洞 pass through a hole：～针 chuānzhēn *thread a needle* 把这些铁环用绳子～起来. Bǎ zhèxiē tiěhuán yòng shéngzi chuān qilai. *stringing all the iron hoops（string all the iron hoops）*⑨ext. 通过 pass：从这个胡同～过去 cóng zhège hútòngr chuān guoqu *pass through this alley*/横～马路 héngchuān mǎlù *cross a street* ❹把衣服鞋袜等套在身上 put on a dress，shoes，socks，etc.：～衣服 chuān yīfu *put on a dress*

传（傳）㊀ chuán ㄔㄨㄢˊ ❶递，转授 pass；pass on（㉑comb. 一递—dì transmit；deliver）：～令 chuánlìng *deliver an order*/言～身教（jiào）yánchuán-shēnjiào *teach by personal example as well as verbal instruction*；*teach by precept and example*［传统—tǒng］世代相传，具有特点的风俗道德、思想作风等 tradition，characteristic customs，values and ways of thinking passed from generation to generation：发扬艰苦奋斗的优良～～Fāyáng jiānkǔ fèndòu de yōuliáng chuántǒng. *carry on the good tradition of hard struggle and plain living* ❷推广，散布 popularize；spread：～单 chuándān *leaflet*；*handbill*/宣～xuānchuán *propaganda*/胜利的消息～遍了全国 Shènglì de xiāoxi chuánbiànle quánguó. *The news of triumph has spread throughout the country.*［传染—rǎn］因接触或由其他媒介而感染疾病 infect；be contagious；cause diseases through contact or other media ❸叫来 call for；summon：～人 chuánrén *summon sb*/～呼电话 chuánhū diànhuà *neighbourhood telephone service* ❹传导 conduct：～电 chuándiàn *the conduction of electricity*/～热 chuánrè *the conduction of heat* ❺表达 express：～神 chuánshén *vivid*；*lifelike*/眉目～情 méimù-chuánqíng *flash amorous glances*

㊁ zhuàn 见 862 页 See p. 862

船（＊舩、＊＊舡）chuán ㄔㄨㄢˊ 水上的主要交通工具，种类很多 boats，main means of transportation on water which can be classified into various kinds：帆～fānchuán *sailing boat*

C

or ship/轮～lúnchuán steamship

遄 chuán ㄔㄨㄢˊ ❶往来频繁 travel quickly between two places ❷快，迅速 quickly；speedily：～往 chuánwǎng go to a place quickly

篅 chuán ㄔㄨㄢˊ 一种盛粮食等的器物，类似囤(dùn)a grain container, similar to a grain bin

椽 chuán ㄔㄨㄢˊ （一子—zi）放在檩上架着屋顶的木条 rafter（图见168页 See picture on p. 168）

舛 chuǎn ㄔㄨㄢˇ ❶舛错，错误，错乱 error；mistake ❷违背 run counter

喘 chuǎn ㄔㄨㄢˇ ❶急促地呼吸 breathe heavily；gasp for breath：～息 chuǎnxī pant；gasp for breath/累得直～lèi de zhí chuǎn gasp for breath after working hard/苟延残～gǒuyán-cánchuǎn be on one's last legs；linger on in a steadily worsening condition [喘气—qì]呼吸 pant；gasp ❷气喘的简称 the short form for qìchuǎn（gasp for breath；asthma）

踳 chuǎn ㄔㄨㄢˇ 同"舛" Same as "舛". [踳驳—bó]舛谬杂乱 full of mistakes and errors

串 chuàn ㄔㄨㄢˋ ❶许多个连贯成一行(háng)的 a string of：～珠 chuànzhū a string of beads ❷互相勾结、勾通 gang up；collaborate；collude：～通 chuàntōng collude；gang up/～骗 chuànpiàn conspire in a fraud [串供—gòng]互相串通，捏造口供 act in collusion to make each other's confessions tally ❸由这里到那里走动 go from place to place：～亲戚 chuàn qīnqi go about visiting one's relatives/～门儿 chuànménr drop in；call at sb's home ❹旧指演戏剧、杂耍等 play a part in a play or variety show：客～kèchuàn be a guest performer/反～fǎnchuàn play a reversed role

钏 chuàn ㄔㄨㄢˋ （一子—zi）用珠子或玉石等穿起来做成的镯子 a bracelet made up with beads or small pieces of jades

CHUANG ㄔㄨㄤ

创（創） ㊀ chuāng ㄔㄨㄤ 伤 wound（⊛comb.伤—shāng wound）：刀～dāochuāng a wound inflicted with a knife or sword/予以重（zhòng）～yǔyǐ zhòngchuāng inflict a bad injury

㊁ chuàng 见91页 See p. 91

疮（瘡） chuāng ㄔㄨㄤ 皮肤上肿烂溃疡的病 skin ulcer

窗（＊窓、＊牎、＊牕） chuāng ㄔㄨㄤ （一子—zi、一儿—r）窗户，房屋通光透光的装置 window, an opening in the wall for ventilation：～明几(jī)净 chuāngmíng-jījìng with bright windows and clean tables；bright and clean（图见168页 See picture, p. 168）

床（＊牀） chuáng ㄔㄨㄤˊ ❶床铺 bed. ❷像床的东西 sth like a bed：车～chēchuáng lathe/河～（河身）héchuáng river-bed/琴～qínchuáng a musical instrument stand

噇 chuáng ㄔㄨㄤˊ 〈方 dial.〉毫无节制地大吃大喝 eat and drink extravagantly

幢 ㊀ chuáng ㄔㄨㄤˊ ❶古代原指支撑帐幕、伞盖、旌旗的木杆，后借指帐幕、伞盖、旌旗 originally the poles used to support a tent, an umbrella or a pennant；later extending to refer to the top of a tent, of an umbrella, of a pennant or a streamer ❷刻着佛号或经咒的石柱子 a stone pillar inscribed with Buddha's name or Buddist scripture

㊂ zhuàng 见 864 页 See p. 864

闯 chuǎng ㄔㄨㄤˇ ❶ 猛 冲 dash; charge：往里～ wǎng lǐ chuǎng break in; force one's way in/刀山火海也敢～ dāoshān-huǒhǎi yě gǎn chuǎng dare to climb a mountain of swords or plunge into a sea of flames [闯祸—huò]惹祸，招乱子 get into trouble; bring disaster ❷ 历练，经历 experience：～练 chuǎngliàn leave home to temper oneself [闯荡—dàng]旧时指离家在外谋生 make a living away from home；～～江湖 chuǎngdàng jiānghú make a living wandering from place to place

创(創、＊剏、＊剙) ㊀ chuàng ㄔㄨㄤˋ 开始，开始做 start; start doing sth：～办 chuàngbàn initiate/～造 chuàngzào create/首～ shǒuchuàng originate [创举—jǔ]从未有过的举动或事业 pioneering work [创刊号—kānhào]报刊开始刊行的一期 first issue

㊁ chuāng 见 90 页 See p. 90

怆(愴) chuàng ㄔㄨㄤˋ 悲伤 sadness；sorrow：凄～ qīchuàng pathetic; wretched/～然泪下 chuàngrán lèi xià burst into sorrowful tears

CHUI ㄔㄨㄟ

吹 chuī ㄔㄨㄟ ❶合拢嘴唇用力出气 blow with force：～灯 chuīdēng blow out the lamp/～笛 chuīdí play the flute ❷夸口 talk big; boast：瞎～ xiāchuī boast in most fantastic terms [吹牛—niú]说大话，自夸 boast; brag [吹嘘—xū]自夸或替人夸张 lavish praise on oneself or others ❸奉承 flatter：～捧 chuīpěng lavish praise on sb ❹类似吹的动作 action

similar to the action of blowing：～风机 chuīfēngjī blower/氢氧～管 qīngyǎng chuīguǎnr oxyhydrogen blowpipe/不怕风一日晒 bù pà fēngchuī-rìshài fear neither the wind nor the scorching sun ❺(事情)失败，(感情)破裂 (of things) fail; (of affection) break up：事情～了 Shìqing chuī le. The matter has fallen through. /他俩～了 Tāmen liǎ chuī le. The couple have broken up.

炊 chuī ㄔㄨㄟ 烧火做饭 cook a meal：～烟 chuīyān smoke from kitchen chimneys/～事员 chuīshìyuán a cook or the kitchen staff/～帚(zhou)(刷洗锅碗等的用具)chuīzhou a brush for cleaning pots and bowls, etc.

垂 chuí ㄔㄨㄟˊ ❶东西一头挂下来 hang down：～杨柳 chuíyángliǔ weeping willow/～钓 chuídiào fish with a hook and line; go angling/～涎（喻羡慕）chuíxián drool; covet (fig. envy)/敬辞 term of respect：～询 chuíxún condescend to inquire into sth/～念 chuíniàn concern from an elder or a superior [垂直—zhí]几何学上指两根直线、两个平面或一根直线和一个平面相交成直角 vertical. In geometry, if two lines, two planes, or a line and a plane form an angle of 90 degrees, the two are vertical with each other. ❷传下去，传留后世 hand down; bequeath to posterity：永～不朽 yǒngchuí-bùxiǔ be immortal/名～千古 míngchuí-qiāngǔ be crowned with eternal glory ❸接近，快要 approaching; nearing：～危 chuíwēi be critically ill/功败～成(快要成功的时候遭到失败)gōngbài-chuíchéng fail on the verge of success; suffer defeat when victory is within reach

陲 chuí ㄔㄨㄟˊ 边疆，国境，靠边界的地方 frontiers; borders：边～ biānchuí borders

捶(*搥) chuí ㄔㄨㄟˊ 敲打 beat with a stick or fist：衣裳 chuī yīshang wash and beat clothes with a wooden club/～腿 chuí tuǐ beat on the leg with one's fist to alleviate the pain

棰(❸❹*箠) chuí ㄔㄨㄟˊ ❶短棍子 short stick ❷用棍子打 beat with a stick ❸鞭子 whip ❹鞭打 beat with a whip

锤(❷❸*鎚) chuí ㄔㄨㄟˊ ❶秤锤，配合杆秤称分(fèn)量的金属块 the sliding weight of a steelyard ❷(一子一zi、一儿一r)敲打东西的器具 hammer：铁～tiěchuí iron hammer/木～mùchuí wood hammer ❸用锤敲打 beat with a hammer：千～百炼 qiānchuí-bǎiliàn thoroughly tempered

椎 ⊖ chuí ㄔㄨㄟˊ ❶敲打东西的器具 hammer：铁～tiěchuí iron hammer ❷敲打 beat with a hammer：～鼓 chuígǔ beat drums ❸愚钝 stupid：～鲁 chuílǔ dull-witted ⊜ zhuī 见 865 页 See p. 865

槌 chuí ㄔㄨㄟˊ (一子一zi、一儿一r) 敲打用具 mallet；beetle：棒～(chui)bàngchui wooden club/鼓～儿 gǔchuír drumstick

CHUN ㄔㄨㄣ

春 chūn ㄔㄨㄣ ❶春季，四季的第一季 spring，the first season of a year[春秋—qiū]1.春和秋季，泛指岁月 spring and autumn；time in general：不知过了多少～～bùzhī guòle duōshao chūnqiū It is not known how many years have passed. 2. 年龄，年岁 year；age：～～已高 chūnqiū yǐ gāo (of a person) grow old 3. 我国古代编年体的史书 the Spring and Autumn Annals，an ancient historical book 4. 泛指历史 history in general 5. 我国历史上的一个

时代(公元前 770—公元前 476 年)。因鲁国编年体史书《春秋》而得名 the Spring and Autumn Period (770 B. C.— 476 B. C.) The period got its name from the chronicle the Spring and Autumn Annals compiled by Lu State. [青春—chūn]青年时代 youth ❷指男女情欲 love；lust：～情 chūnqíng stirrings of love/～心 chūnxīn stirrings of love ❸生气，生机 life；vitality：大地回～dàdì-huíchūn Spring returns to the earth. /妙手回～miàoshǒu-huíchūn (of a doctor) effect a miraculous cure and bring the dying back to life

椿 chūn ㄔㄨㄣ 植物名 name of a plant 1. 香椿，落叶乔木，叶初生时，有香气，可作菜吃 Chinese toon，deciduous tree with fragrant，edible tender leaves 2. 臭椿，又叫"樗"(chū)。落叶乔木，夏天开花，白色。叶子有臭味，木材不坚固 tree of heaven，also called "chū"，deciduous tree with stinking leaves，unsolid wood and flowers in summer

蝽 chūn ㄔㄨㄣ 椿象，昆虫，圆形或椭圆形，头部有单眼。种类很多，有的能放出恶臭，多数是害虫 stinkbug，a round or oval insect，with one single eye on the head. Stinkbugs are classified into many kinds. Some of them give out a stink smell；and most of them are harmful.

鰆 chūn ㄔㄨㄣ 鰆鱼，鱼名。形状像鲅鱼而稍大，尾部两侧有棱状突起。生活在海中 chorinemus (scomberomorus sinensis)，a fish living in the sea，shaped like but bigger than a Spanish macherel，having ridges on both sides of the tail

纯 chún ㄔㄨㄣˊ ❶专一不杂 pure；unmixed (圈comb. —粹—cuì pure)：～洁 chúnjié pure；clean and honest/～钢 chúngāng clean steal；pure steel/～蓝 chúnlán pure blue

❷熟练 skillful：～熟 (shú) chúnshú skilled／工夫不～gōngfu bùchún not skilled enough

莼(＊蓴) chún ㄔㄨㄣˊ 莼菜，多年生水草，叶子椭圆形，浮生在水面，开暗红色的小花。茎和叶表面都有黏液，可以做汤吃 water shield, a perennial water plant floating on the surface of water, with oval leaves, and small dark-red flowers. The stems and leaves have mucus on the surface and can be used in making soup.

唇(＊脣) chún ㄔㄨㄣˊ 嘴唇，嘴的边缘红色部分 lip. [唇齿—chǐ] 喻 fig. 关系密切 be closely related：～～相依 chúnchǐ xiāngyī be as close as lips and teeth

淳 chún ㄔㄨㄣˊ 朴实，淳厚 honest；unsophisticated：～朴 chúnpǔ simple；honest

鹑 chún ㄔㄨㄣˊ 鹌(ān)鹑 quail [鹑衣—yī] 喻 fig. 破烂的旧衣服 ragged clothes

醇 chún ㄔㄨㄣˊ ❶酒味浓厚，纯(of wine) mellow and pure：～酒 chúnjiǔ mellow wine／大～小疵(优点多，缺点少) dàchún-xiǎocī sound on the whole though defective in details (with more strong points and less shortcomings) ❷同"淳" Same as "淳" ❸有机化合物的一大类，主要的通式是 $C_nH_{2n+1}OH$，医药上常用的酒精，就是醇类中的乙醇 alcohol, a kind of organic chemical with the main general formula $C_nH_{2n+1}OH$; ethyl alcohol which is commonly used in medicine and is one kind of alcohol

蠢(＊惷) chǔn ㄔㄨㄣˇ ❶愚笨，笨拙 stupid；clumsy(叠comb. 愚—yú— stupid)：～才 chǔncái idiot；fool ❷虫子爬动 (of worms) wriggle [蠢动—dòng] 喻 fig. 坏人的扰乱活动 create disturbances；carry on disruptive activities

CHUO ㄔㄨㄛ

逴 chuō ㄔㄨㄛ 远 far

踔 chuō ㄔㄨㄛ ❶跳 jump：～腾 chuōténg jump ❷超越 surpass

戳 chuō ㄔㄨㄛ ❶用尖端触击 poke with sth pointed；用手指头～了一下 yòng shǒuzhítou chuōle yīxià give a poke with one's finger ❷因猛触硬物而受伤 sprain；blunt：打球伤了手 dǎqiú chuōshāngle shǒu sprain one's wrist while playing basketball or volleyball ❸竖立 stand sth on end：把秫秸～起来 bǎ shújiē chuō qilai stand the bundle of sorghum stalks on end ❹(—子—zi，—儿—r) 图章 stamp：盖～子 gài chuōzi put a stamp on (a document)

娖 chuò ㄔㄨㄛˋ 谨慎 cautious (叠 redup.)

齪 chuò ㄔㄨㄛˋ 见 682 页"龌"字条"龌齪"(wò—)See under entry of "wò", p.682

啜 ㊀ chuò ㄔㄨㄛˋ ❶饮，吃 drink；eat：～茗(喝茶) chuò míng sip tea／～粥 chuò zhōu have some porridge ❷哭泣的时候抽噎的样子 sob：～泣 chuòqì sob
㊁ chuài 见 88 页 See p.88

惙 chuò ㄔㄨㄛˋ ❶忧愁 dejected；mournful (叠 redup.) ❷疲乏 tired；exhausted

辍 chuò ㄔㄨㄛˋ 中止，停止 stop；cease：～学 chuòxué drop out of school／岂能中～qǐ néng zhōng chuò How could you stop halfway.

绰 ㊀ chuò ㄔㄨㄛˋ 宽裕 ample；spacious：～～有余 chuòchuò-yǒuyú more than enough／这间屋子很宽 (chuo)Zhè jiān wūzi hěn kuānchuo. This room is spacious. [绰号—hào] 外号 nickname
㊁ chāo 见 70 页 See p.70

C

歠 chuò ㄔㄨㄛˋ ❶吸，喝 suck; drink ❷指可以喝的汤、粥等 sth. like soup or porridge that is drinkable

CI ㄘ

刺 ⊜ cī ㄘ 拟声词 onom.：～棱(－lēng)(动作迅速的声音)cīlēng the sound of a quick movement/～溜(－liū)(脚底下滑动的声音)cīliū the sound of slipping, sliding, etc. /～～地冒火星儿 cīcī de mào huǒxīngr spatter sparks

⊖ cì 见 96 页 See p. 96

差 ㊃ cī ㄘ 见 61 页"参"字条"参差"(cēn－)See "cēncī" under entry of "cēn", p. 61

⊖ chà 见 64 页 See p. 64

⊜ chā 见 62 页 See p. 62

㊂ chāi 见 64 页 See p. 64

疵 cī ㄘ 毛病 fault：吹毛求～(故意挑剔)chuīmáo-qiúcī find fault; pick holes

趄 ⊖ cī ㄘ 脚下滑动 slip：登～了(脚没有踏稳)dēng cī le a slip underfoot

⊖ cì 见 95 页 See p. 95

词 cí ㄘ ❶在句子里能自由运用的最小的语言单位，如"人"、"马"、"水"、"商品"、"竞争"等 word, the smallest language unit that can be used independently in a sentence, such as person, horse, water, commodity, and competition ❷语言，特指有组织的语言、文字 language, especially organized language：歌～gēcí words of a song/演讲～yǎnjiǎngcí words of a speech/义正～严 yìzhèng-cíyán speak with the force of justice ❸一种长短句押韵的文体 cí, a kind of poetry written to certain tunes with strict tonal patterns and rhyme schemes in fixed numbers of lines and words

祠 cí ㄘ 封建制度下供奉祖宗、鬼神或有功德的人的庙宇或房屋 ancestral hall (or temple)：～堂 cítáng ancestral hall / 先贤～xiānxiáncí memorial temple; temple in memory of past sages

茈 ⊖ cí ㄘ 凫(fú)茈，古书上指荸荠(in ancient texts) water chestnut, the plant or its tuber

⊖ zǐ 见 872 页 See p. 872

雌 cí ㄘ (旧读 early pron cī)母的，阴性的，跟"雄"相对 female, opposite to "xióng"：～花 cíhuā pistillate flowers/～鸡 cíjī hen/～蕊 círuǐ pistil [雌黄－huáng]矿物名。橙黄色，可做颜料，古时用来涂改文字 orpiment, a mineral with orange-colour, and used as a pigment. In former times, it was used to cover sth written and make some alteration：妄下～～(乱改文字，乱下议论)wàngxià-cíhuáng make irresponsible comments; make wrong corrections/信口～～(随意讥评)xìnkǒu-cíhuáng make irresponsible remarks [雌雄－xióng] male and female 喻 fig. 胜负 victory and defeat：一决～～yījué-cíxióng fight to see who is stronger

茨 cí ㄘ ❶用茅或苇盖房子 thatch a roof ❷蒺藜 puncture vine; puncture weed

瓷 cí ㄘ 用高岭土(景德镇高岭产的黏土，现泛指做瓷器的土)烧成的一种质料，所做器物比陶器细致而坚硬 porcelain; china made of porcelain clay (formerly referring to the clay produced in Kaolin, Jingdezhen, Jiangxi Province, one of the leading porcelain-manufacturing centres in China; now referring to porcelain clay in general). Objects made of porcelain clay are finer and harder than earthenwares.

兹(＊＊玆) ⊖ cí ㄘ 见 541 页"龟"字条"龟兹"(Qiū－)See "Qiūcí" under entry of "qiū", p. 541

㈡ zī 见 870 页 See p. 870

瓷 cí ㄘ 同"瓷" Same as"瓷"

慈 cí ㄘ ❶慈爱，和善 kind; love; 敬老—幼 jìnglǎo-cíyòu *respect the aged and cherish the young*／心～面善 xīncí-miànshàn *kindhearted and benign in appearance* ❷指母亲 mother：家～ jiācí *my mother*

磁 cí ㄘ ❶磁性物质，能吸引铁、镍等的性质 magnetic material, or magnetism, the nature to attract iron, nickel, etc. [磁石—shí]一种带有磁性的矿物，又叫"吸铁石"、"天然磁铁"。化学成分是四氧化三铁 magnetite, a magnetic mineral, also called "iron-attracting stone", or "natural magnetite"; chemical composition: tri-iron tetroxide ❷同"瓷" Same as"瓷"

鹚（＊鷀） cí ㄘ 见 420 页"鸬"字条"鸬鹚"(lú—)See "lúcí" under entry of "lú", p. 420

糍（＊餈） cí ㄘ 一种用江米（糯米）做成的食品 a food made of glutinous rice：～粑(bā)cíbā *glutinous rice cake*／团～cítuán *dumpling made of glutinous rice*

辞（辭、＊辤） cí ㄘ ❶告别 take leave：～行 cíxíng *say goodbye to sb before leaving or setting out on a journey* ❷不接受，请求离去 decline; resign：～职 cízhí *resign* 躲避，推托 shirk; escape：虽死不～suǐsǐ-bùcí *never shirk even at the cost of one's life*／不—辛苦 bùcí-xīnkǔ *spare no efforts; take pains* ❸解雇 fire; dismiss：他被老板—了 Tā bèi lǎobǎn cí le. *He was fired by the boss.* ❹同"词❶❷"Same as"词❶❷"：～藻 cízǎo *flowery language* ❺古典文学的一种体裁 a form of poetry in classical Chinese literature：～赋 cífù *a style of composition like that of the fu*

此 cǐ ㄘˇ ❶这，这个，跟"彼"相反 this; this one, antonym of "彼"：彼～bǐcǐ *each other*／～人 cǐ rén *this person*／～时 cǐshí *now; at present*／特～布告 tècǐ bùgào *it is hereby announced that* ❷这儿，这里 this place; here：由～往西 yóu cǐ wǎng xī *go west from here*／到～为止 dào cǐ wéi zhǐ *stop here and now*

泚 cǐ ㄘˇ ❶清，鲜明 clear; bright ❷用笔蘸墨 dip brush in ink：～笔作书 cǐ bǐ zuò shū *wet one's brush and start to write*

跐 ㈠ cǐ ㄘˇ 踩，踏 step on：脚—两只船 jiǎo cǐ liǎng zhī chuán *straddle on two boats — have a foot in either camp*

㈡ cī 见 94 页 See p. 94

次 cì ㄘˋ ❶第二 the second：～日 cìrì *the second day*／～子 cìzǐ *the second son* ❷质量或品质较差 poor in quality：～货 cìhuò *inferior goods*／～品 cìpǐn *defective goods*／这东西太 Zhè dōngxi tài cì. *This thing is really no good.* ❸等第，顺序 order; position in a series; place in sequence (缀comb. 一序—xù order; sequence)：名～míngcì *place in a contest*／车～chēcì *train number*／依～前进 yīcì qiánjìn *advance in order* ❹量词，回 meas. time：第一～来北京 dì-yī cì lái Běijīng *come to Beijing for the first time* ❺出外远行所停留的处所 stopping place on a journey; stopover：舟～zhōucì *a stopping place on one's journey*／旅～lǚcì *a stopover on one's journey*

佽 cì ㄘˋ 帮助 help：～助 cìzhù *help*

伺 ㈠ cì ㄘˋ 同"伺㈠"，用于"伺候" Same as"伺㈠", used in cìhou [伺候—hou] 1. 旧指侍奉或受役使

wait on sb or be used as a servant in former times 2. 照料 look after：～～病人 cìhou bìngrén *look after a patient*

（二）sì 见 612 页 See p. 612

刺 （一）cì ㄘ ❶用有尖的东西穿进或杀伤 stab or prick with sth pointed：～绣 cìxiù *embroidery；embroidery*/～杀 cìshā *assassinate*[刺激－jī]1. 光、声、热等引起生物体活动或变化的作用 forces such as light, sound, heat and so on that cause the activity or change of an organism 喻 ext. 一切使事物起变化的作用 all kinds of function that can cause the change of things 2. 精神上受到挫折、打击 spiritual setback；这件事对他～～很大 Zhè jiàn shì duì tā cìjī hěn dà. *He was deeply upset about this matter.* ❷暗杀 assassinate：～客 cìkè *assassin*/被～bèi cì *be assassinated* ❸打听，侦探 ask about；spy：～探 cìtàn *pry；spy* ❹用尖刻的话指摘、嘲笑 criticize or laugh at other's shortcomings or mistakes with biting sarcasm：讽～fěngcì *satirize* ❺尖锐像针的东西 sth as sharp as a needle：鱼～yúcì *fishbone*/～猬 cìwei *hedgehog*/～槐 cìhuái *locust* ❻名片 namecard：名～míngcì *visiting card；calling card*

[刺刺－－]说话没完没了 chatter on and on：～～不休 cìcì-bùxiū *talk incessantly*

（二）cī 见 94 页 See p. 94

赐 cì ㄘ ❶给，指上级给下级或长辈给晚辈 bestow；confer（逮comb. 赏－shǎng－ *grant；bestow*）：恩～ēncì *bestow*. 敬辞 term of respect：～教（jiào）cìjiào *condescend to teach*/希～回音 xī cì huíyīn *look forward to receiving your answer* ❷赏给的东西，给与的好处 gift；benefit bestowed：皆受其～jiē shòu qí cì *Every one is bestowed a gift*./受－良多 shòu cì liáng duō *have been granted many gifts*

CONG ㄘㄨㄥ

匆（*怱、*悤）cōng ㄘㄨㄥ 急促 hastily；hurriedly（叠 redup.）：～忙 cōngmáng *in a hurry；in haste*/来去～～láiqù cōngcōng *come and go in a hurry*

葱（*蔥）cōng ㄘㄨㄥ ❶多年生草本植物，叶圆筒状，中空，开白色小花。茎叶有辣味，是常吃的蔬菜 spring onion, a perennial herb, with hollow tubular leaves and small white flowers；its peppery stems and leaves are often used in cooking ❷青色 green：～翠 cōngcuì *fresh green*

苁（蓯）cōng ㄘㄨㄥ [苁蓉－róng] 植物名 a plant name 1. 草苁蓉，一种寄生植物，叶、茎黄褐色，花淡紫色 desert cistanche（Cistanche deserticola）, a parasitic plant, with tawny leaves and stems, as well as light-purple flowers 2. 肉苁蓉，一种寄生植物，茎和叶黄褐色，花紫褐色，茎可入药 saline cistanche（Cistanche salsa）, a parasitic plant, with tawny leaves and stems and purplish-puce flowers；stems used as medicine

玜（璁）cōng ㄘㄨㄥ [玜瑢－róng] 拟声词，佩玉相碰的声音 onom. tinkling of jade

枞（樅）（一）cōng ㄘㄨㄥ 又叫"冷杉"，常绿乔木，果实椭圆形，暗紫色。木材供制器具，又可做建筑材料 fir, also called "lěngshān", evergreen tree, with dark-purple oval fruits；the wood used to make utensils and as construction material as well

（二）zōng 见 874 页 See p. 874

囪 cōng ㄘㄨㄥ 烟囪，炉灶、锅炉等烟的通路 chimney, a passage to

let out smoke from a cooking range or a furnace

騘 cōng ㄘㄨㄥ 青白色的马 a green-white-piebald horse

璁 cōng ㄘㄨㄥ 像玉的石头 a jade-like stone

熜 cōng ㄘㄨㄥ ❶微火 slow fire ❷热气 steam

聪(聰) cōng ㄘㄨㄥ ❶听觉灵敏 sharp in hearing：耳～目明 ěrcōng-mùmíng *have good ears and eyes*，(fig. *have a clear understanding of the situation*) ❷聪明,智力强 bright；intelligent：～颖 cōngyǐng *bright*；*intelligent*/～慧 cōnghuì *intelligent*

从(從) cóng ㄘㄨㄥ ❶跟随 follow：愿～其后 yuàn cóng qí hòu *wish to follow sb.* ❷依顺 obey：服～fúcóng *obey an order*/胁～xiécóng *cooperate with*/言听计～yántīng-jìcóng *act upon whatever sb. says* ❸参与 participate：～政 cóngzhèng *be engaged in political affairs*；*take up a government post* / ～军 cóngjūn *join the army* ❹介词,自,由 prep. from：～南到北 cóng nán dào běi *from south to north*/～古到今 cóng gǔ dào jīn *from ancient times to the present* [从来－lái]向来,一向 always；at all times：他～～不为个人打算 Tā cónglái bù wèi gèrén dǎsuan *He never has his own calculations.* [从而－ér]连词,由此 conj. thus；thereby：坚持改革开放,～～改变了贫穷和落后的面貌 Jiānchí gǎigé kāifàng, cóng'ér gǎibiànle pínqióng hé luòhòu de miànmào. *We have stuck to the reform and opening-up policy and changed the poor and backward face situation* ❺采取某种态度或方式 in a certain manner；according to a certain principle：～速解决 cóngsù jiějué *deal with the matter as soon as possible*/一切～简 yīqiè cóngjiǎn *conform to the principle of simplicity*/～宽处

理 cóngkuān chǔlǐ *treat with leniency* ❻跟随的人 follower：仆～púcóng *footman*；*retainer*/随～suícóng *entourage* ❼指堂房亲属 relationship between cousins, etc., of the same paternal grandfather or great-grandfather：～兄弟 cóngxiōngdì *cousins on the paternal side*/～伯叔 cóngbóshū *brothers of one's father* ❽次要的 secondary：主～zhǔcóng *primary and secondary*/分别首～fēnbié shǒucóng *differentiate the primary from the secondary* (❻❼❽三义旧读 zòng the three definitions ❻❼❽ former pronounce zòng)

[从容－róng]不慌不忙 calm and unhurried：举止～～jǔzhǐ cóngróng *deport oneself in a calm, unhurried manner*/～～不迫 cóngróng-bùpò *calm and unhurried* 旬 ext. 充裕 well off：手头～～shǒutóu cóngróng *There is sufficient money to spend.* / 时间～～shíjiān cóngróng *There is plenty of time yet.*

〈古 arch.〉又同纵横的"纵" Same as "纵" in zònghéng

丛(叢、＊＊菆) cóng ㄘㄨㄥ ❶聚集,许多事物凑在一起 gather；crowd together：草木～生 cǎomù cóngshēng *be overgrown with plants and trees*/百事～集 bǎi shì cóngjí *all kinds of things crowding together* ❷聚在一起的人或物 crowd of people or things：人～réncóng *crowd of people*/草～cǎocóng *a thick growth of grass*

淙 cóng ㄘㄨㄥ 拟声词,流水声 onom. gurgling (叠 redup.)

悰 cóng ㄘㄨㄥ ❶快乐 joy ❷心情 mood

琮 cóng ㄘㄨㄥ 古时的一种玉器,简状,外边八角,中间圆形 a long hollow piece of jade with rectangular sides

賨 cóng ㄘㄨㄥ 秦汉时期今湖南、重庆、四川一带少数民族所缴的一

种赋税。后也指这部分少数民族 a kind of tax that minority groups in today's Hunan, Chongqing and Sichuan had to pay in the period of Qin and Han dynasties; later also referring to the minority nationalities concerned

漴 cóng ㄘㄨㄥˊ ❶小水汇入大水 a small river flowing into a bigger one ❷水声 gurgling

COU ㄘㄡ

凑(*湊) còu ㄘㄡˋ ❶聚合 gather together；～在一起 còu zài yīqǐ gather together／～钱 còuqián pool money [凑合—he] 1. 同"凑❶"Same as "凑❶" 2. 将就 make do with it；～～着用吧 còuhezhe yòng ba make do with it ❷接近 approach；move close to：～上去 còu shangqu get nearer／往前～wǎng qián còu get closer [凑巧—qiǎo] 碰巧 as luck would have it

辏 còu ㄘㄡˋ 车轮的辐聚集到中心 converge like the spokes of a wheel at the hub

腠 còu ㄘㄡˋ 肌肤上的纹理 veins on one's skin

CU ㄘㄨ

粗(*觕、*麤、**麁) cū ㄘㄨ ❶coarse，crude 跟"细"相反 antonym of "细 (small)" 1. 颗粒大的 coarse；crude：沙子 cū shāzi coarse sand／～面 cū miàn red dog 2. 长条东西直径大的 sth long with a big diameter：～线 cū xiàn thick thread／这棵树长(zhǎng)得很～ Zhè kē shù zhǎng de hěn cū. This tree has a thick trunk./～枝大叶(喻疏忽) cūzhī-dàyè (fig. crude and

careless) 3. 毛糙，不精致的 coarse；crude：板面很～Bǎnmiàn hěn cū. The surface of the board is carelessly planed. /～瓷 cūcí crude porcelain/～布 cūbù coarse cloth/去～取精 qùcū-qǔjīng discard the dross and select the essential 4. 声音低而大 gruff；husky：嗓音很～sǎngyīn hěn cū a husky voice 5. 疏忽，不周密 careless；negligent：～心 cūxīn careless/～～一想 cūcū yī xiǎng do a little thinking ❷鲁莽 rough(⑱comb. —鲁 cūlǔ rough)：～暴 cūbào brutal/～人 cūrén an unrefined person/这话太～ Zhè huà tài cū. The words are too rude.

徂 cú ㄘㄨˊ ❶往 go ❷过去 pass ❸开始 start ❹同"殂" Same as "殂"

殂 cú ㄘㄨˊ 死亡 die

卒 ⊖ cù ㄘㄨˋ 同"猝" Same as "猝"
⊜ zú 见 877 页 See p. 877

猝 cù ㄘㄨˋ 忽然 suddenly：～生变化 cù shēng biànhuà Changes have taken place suddenly. /～不及防 cùbùjífáng be taken by surprise

促 cù ㄘㄨˋ ❶靠近 close to；near：～膝谈心 cùxī-tánxīn sit side by side and talk intimately；have a heart-to-heart talk ❷时间极短，急迫 urgent；hurried：急～jícù hurried/短～ duǎncù short of time ❸催，推动 urge；promote：督～dūcù supervise and urge/～进 cùjìn promote；accelerate

酢 ⊖ cù ㄘㄨˋ 同"醋"Same as "醋" [酢浆草—jiāngcǎo]多年生草本植物，匍匐茎，掌状复叶，开黄色小花，结蒴果，圆柱形。全草可入药 creeping oxalis, a perennial herb with stolon stems, palm-shaped compound leaves, small yellow flowers, and cylinder capsules; all parts of the plant can be used as medicine

C

○ zuò 见 882 页 See p. 882

醋 cù ㄘㄨˋ 一种调味用的液体，味酸，用酒或酒糟发酵制成，也可用米、麦、高粱等直接酿制 vinegar, a sour liquid condiment, made of fermented wine or distillers' grains, or made of rice, wheat, or Chinese sorghum directly

蔟 cù ㄘㄨˋ 蚕蔟，用麦秆等做成，蚕在上面做茧 a small bundle of straw, etc. for silkworms to spin cocoons on

簇 cù ㄘㄨˋ ❶丛聚，聚成一团 form a cluster：～拥 cùyōng cluster round／花团锦～ huātuán-jǐncù bouquets of flowers and piles of silks ❷量词，用于聚成团的东西 meas. bunch：一～鲜花 yī cù xiānhuā a bunch of flowers

踧 cù ㄘㄨˋ ❶形容惊惧不安 frightened [踧踖—jí]恭敬而不安的样子 respectful but uneasy ❷同"蹙" Same as "蹙"

蹙 cù ㄘㄨˋ ❶急促 pressed：气～qì cù almost out of breath ❷困窘 in a difficult situation：穷～qióngcù in dire straits ❸缩小，收敛 shrink; knit：～眉 cùméi knit one's brows／蹙～(皱眉头)píncù knit the brows

蹴(*蹵) cù ㄘㄨˋ ❶踢 kick：～鞠 (jū)(踢球) cùjū kick a ball ❷踏 step on：一～而就(一下子就成功)yīcù'érjiù reach the goal in one step; accomplish one's aim in one move

CUAN ㄘㄨㄢ

氽 cuān ㄘㄨㄢ ❶把食物放到开水里稍微一煮 put food into boiling water to a quick-boil：～汤 cuāntāng quick-boiled soup／～丸子 cuān wánzi quick-boiled meatballs with soup ❷(一子-zi，一儿-r)烧水用的薄铁筒，能很快地把水烧开 a small, cylindrical pot which can be thrust into a fire to boil water quickly ❸用氽子把水烧开 boil water with cylindrical pot：～了一氽子水 cuānle yī cuānzi shuǐ boil a pot of water quickly

撺(攛) cuān ㄘㄨㄢ 〈方 dial.〉❶抛掷 throw; fling ❷匆忙地做，乱抓 do in a hurry：事先没准备，临时～shìxiān méi zhǔnbèi, línshí xiàn cuān improvise as a result of nopreparation ❸(一儿-r)发怒，发脾气 be angry; lose one's temper：他～了 Tā cuānr le. He flew into a rage.

[撺掇—duo]怂恿，劝诱别人做某种事情 urge; egg on：你就是～～他，他也不去 Nǐ jiùshì cuānduo tā, tā yě bù qù. Even if you egg him on, he is not going. ／你自己不干，为什么～～我呢 Nǐ zìjǐ bù gàn, wèishénme cuānduo wǒ ne? Why do you egg me on to do what you won't do yourself?

镩(鑹) cuān ㄘㄨㄢ 冰镩，一种铁制的凿冰器具 ice pick; an iron tool used to cut ice

蹿(躥) cuān ㄘㄨㄢ 向上跳 jump upward：猫～到房上去了 Māo cuāndào fáng shang qù le. The cat has jumped onto the roof

攒(**欑) ○cuán ㄘㄨㄢˊ 聚，凑集，拼凑 gather; collect together：凑～cuáncòu gather closely together／钱 cuán qián pool money／电视机 cuán diànshìjī assemble a TV set

○ zǎn 见 808 页 See p. 808

窜(竄) cuàn ㄘㄨㄢˋ ❶逃走，乱跑 flee; scurry：东跑西～dōngpǎo-xīcuàn flee in all directions／打得敌人抱头鼠～dǎ de dírén bàotóu-shǔcuàn strike so relentless blows at the enemy that they scurry like frightened rats ❷放逐，驱逐 expel; exile ❸修改文字 change the wording in an article or book：～改

cuàngǎi *alter*；*falsify*/点～diǎncuàn *make some alterations in wording*

篡 cuàn ㄘㄨㄢˋ ❶封建时代指臣子夺取君位 usurp the crown in feudal times ❷用阴谋手段夺取地位或权力 usurp power or seize position by means of scheme

爨 cuàn ㄘㄨㄢˋ ❶烧火做饭 cook；分～(旧时指分家)fēncuàn *cook separately*（formerly referring to a large family break up and the family members live apart）/同居各～tóngjū gè cuàn *live together*, *but cook separately* ❷灶 an earthen cooking stove

CUI ㄘㄨㄟ

衰 ⊖ cuī ㄘㄨㄟ 〈古 arch.〉❶等衰，等差，等次，等级 place in a series；grade ❷同"缞" Same as "缞"
⊖ shuāi 见 605 页 See p. 605

缞 cuī ㄘㄨㄟ 古时用粗麻布制成的丧服。也作"衰" mourning apparel in ancient times, also written as "衰"

榱 cuī ㄘㄨㄟ 古代指椽子 referring to rafter in ancient times

崔 cuī ㄘㄨㄟ 姓 a surname

[崔嵬—wéi]山高大不平(of a mountain) high and uneven

催 cuī ㄘㄨㄟ ❶催促，使赶快行动 urge；make sb take action quickly：～办 cuībàn *urge sb to deal with sth in a hurry*；*press sb to do sth.* /他早点动身 Cuī tā zǎodiǎn dòngshēn. *urge him to set off early* ❷使事物的产生、发展变化加快 hasten or speed up the appearance and development：～生 cuīshēng *expedite child delivery*；*induce labor* /～化剂 cuīhuàjì *catalyst*

摧 cuī ㄘㄨㄟ 破坏，折断 break；destroy：～毁 cuīhuǐ *devastate*/～残 cuīcán *wreck*；*devastate*/无坚不～wújiān-bùcuī *be all-conquering*/枯拉朽(喻腐朽势力很容易打垮) cuīkū-lāxiǔ *crushing dry weeds and smashing rotten wood*（*fig.* inflict a fatal defeat upon the enemy easily）

璀 cuī ㄘㄨㄟ [璀璨—càn]形容玉石的光泽鲜明夺目（of jades）bright；resplendent

脆 cuì ㄘㄨㄟˋ ❶容易折断，容易碎，跟"韧"相反 fragile；crisp antonym of "tough（韧）"：～枣 cuìzǎo *crisp dates*/这纸太～Zhè zhǐ tài cuì. *This paper is too fragile.* [脆弱—ruò]懦弱，不坚强 fragile；frail ❷声音响亮、清爽（of high-pitched voice）clear and sharp：嗓音挺～Sǎngyīn tǐng cuì. *The voice is very crisp.* ❸(方 dial.)干脆，说话做事爽利痛快 neat；efficient：办事很～bànshì hěn cuì *do a neat job*

萃 cuì ㄘㄨㄟˋ 草丛生(of grass) grow thickly 㪇 ext. 聚在一起的人或物 a gathering of people or a collection of things：出类拔～(超出同类) chūlèi-bácuì *stand out from one's fellows*；*be pre-eminent*

啐 cuì ㄘㄨㄟˋ 用力从嘴里吐出来 spit with force：～一口痰 cuì yī kǒu tán *throw out some sputum*

淬(**✳✳焠**) cuì ㄘㄨㄟˋ 淬火，金属和玻璃的一种热处理工艺，把合金制品或玻璃加热到一定温度，随即在水、油或空气中急速冷却，一般用以提高合金的硬度和强度。通称"蘸火" quench, also "zhànhuǒ", a technology for heat-treating metal and glass；a means to harden an alloy by heating it to a certain point of temperature and then cooling it quickly in water, oil or air [淬砺—lì] 㪇 *fig.* 刻苦锻炼，努力提高 temper oneself through severe trials

悴(✳頓) cuì ㄘㄨㄟˋ 见 532 页 "憔"字条"憔悴"(qiáo

一）See "qiáocuì" under entry of "qiáo", p.532

瘁 cuì ㄘㄨㄟˋ 过度劳累 overworked; tired: 鞠躬尽～ jūgōng-jìncuì *spare no effort in the performance of one's duty*/心力交～ xīnlì-jiāocuì *be mentally and physically exhausted*

粹 cuì ㄘㄨㄟˋ ❶不杂 pure: 纯～ chúncuì *pure* ❷精华 cream; essence（⑳comb. 精 － jīngcuì *cream*）：国～（旧指我国文化的精华，有时含有盲目崇拜旧文化的保守意味）guócuì *the quintessence of a country's culture* (Originally the word referred to the quintessence of Chinese culture. Since people did not inherit it critically, the word had a sense of conservativeness as a result of blind worship of old culture.)

翠 cuì ㄘㄨㄟˋ ❶翠鸟，鸟名，又叫"鱼狗"。羽毛青绿色，尾短，捕食小鱼 kingfisher, name of a bird, also called "yúgǒu", which has green feathers, short tail and preys on small fish ❷绿色的硬玉，翡翠 emerald; jadeite: 珠～ zhūcuì *pearls and jades* ❸绿色 green: ～绿 cuìlǜ *emerald green*/ ～竹 cuìzhú *green bamboo*

膵(**膵) cuì ㄘㄨㄟˋ 膵脏(zàng)，胰腺的旧称 old term for pancreas

毳 cuì ㄘㄨㄟˋ 鸟兽的细毛 fine hair of birds or beasts [毳毛－máo] 就是寒毛，人体表面生的细毛 the hair on the surface of human beings' skin

CUN ㄘㄨㄣ

村(*邨) cūn ㄘㄨㄣ ❶（－子 －zi，－儿－r）乡村，村庄 village, hamlet ❷粗俗 vulgar: ～话 cūnhuà *vulgar words*

皴 cūn ㄘㄨㄣ ❶皮肤因受冻或受风吹而干裂（of skin）be chapped from the cold or wind: 手都～了 Shǒu dōu cūn le. *The hands were chapped from the cold and wind.* ❷皮肤上积存的泥垢和脱落的表皮 dirt accumulated on the skin: 一脖子～ yī bózi cūn *one's neck covered with accumulated dirty* ❸中国画的一种画法，涂出山石的纹理和阴阳向背 the method of showing the shades and texture of rocks and mountains by light ink strokes in traditional Chinese landscape painting

存 cún ㄘㄨㄣˊ ❶在，活着 exist; live; survive: ～在 cúnzài *exist*/ ～亡 cúnwáng *live or die* ❷保留，留下 maintain; reserve: ～留 cúnliú *reserve*/去伪～真 qùwěi-cúnzhēn *discard the false and reserve the true*/除支净～ chú zhī jìng cún *balance* [存心－xīn]居心，怀着某种想法 on purpose; cherish certain intentions: ～不良 cúnxīn bùliáng *cherish evil intentions* ❸储蓄 save: ～款 cúnkuǎn *deposit money in a bank*/整～整取 zhěngcún zhěngqǔ *deposit a sum and withdraw the principal and interest in a lump sum upon expiration of the deposit period* ❹寄放 leave with: ～车 cún chē *put one's bike in a bike park* ❺停聚 stuff; accumulate: 小孩儿～食了 Xiǎoháir cúnshí le. *The child is suffering from indigestion.* / 下水道修好，街上就不～水了 Xiàshuǐdào xiūhǎo, jiēshang jiù bù cún shuǐ le. *Water will not accumulate in the street if the sewer is repaired.*

蹲 ㊀cún ㄘㄨㄣˊ 脚、腿猛然落地受伤 injure one's foot or leg by bringing them down too heavily: 他跳下来～了腿了 Tā tiào xialai cúnle tuǐ le. *He hurt his leg when he jumped down.*

㊁ dūn 见 149 页 See p.149

忖 cǔn ㄘㄨㄣˇ 揣度(chuǎiduó)，思量 turn over in one's mind；ponder：～度(duó)cǔnduó *speculate*；*conjecture*/自～zìcǔn *think to oneself*

寸 cùn ㄘㄨㄣˋ 市制长度单位，一尺的十分之一 a traditional unit of length, equal to one tenth of one *chi* ⑱ *fig.* 短小 very little；very short：～阴 cùnyīn *a very short time*/～步 cùnbù *a single step*/手无～铁 shǒuwúcùntiě *bare-handed*/鼠目～光 shǔmù-cùnguāng *be short-sighted*；*see only what is under one's nose*

吋 cùn ㄘㄨㄣˋ 也读作yīngcùn。英美制长度单位，一呎的十二分之一。现写作"英寸"inch，also read as "yīngcùn"，a unit of length in the British and U. S. system，one twelfth of one foot；now written as "yīngcùn"

CUO ㄘㄨㄛ

搓 cuō ㄘㄨㄛ 两个手掌相对或把手掌放在别的东西上反复揉擦 run one's hands together or rub with one's hands on sth repeatedly：～手 cuō shǒu *rub one' hands together*/～绳子 cuō shéngzi *make cord by twisting hemp fibres between the palms*

磋 cuō ㄘㄨㄛ 把骨、角磨制成器物 grind bones or horns into utensils [磋商—shāng]商量 consult

蹉 cuō ㄘㄨㄛ ❶跌，倒 tumble；fall ❷失误，差错 error；mistake [蹉跎—tuó]把时光白耽误过去 waste time and achieve nothing：岁月～su ìyuè-cuōtuó *idle away one's time*；*let time slip by without accomplishing anything*

撮 ⊖ cuō ㄘㄨㄛ ❶聚起，现多指把聚拢的东西用簸箕等物铲起 gather；scoop up with sth like a dustpan：～成一堆 cuōchéng yī duī *bring it to-gether*/把土～起来 bǎ tǔ cuō qilai *scoop up the dust* [撮合—he]给双方拉关系 make a match；act as go-between [撮口呼—kǒuhū] ü 韵母和拿 ü 开头的韵母叫做"撮口呼"a class of syllables with ü as the final "yùnmǔ" or a final beginning with ü ❷取，摘取 extract；summarize：～要(摘取要点)cuōyào *abstract* ❸容量单位，一升的千分之一 unit of capacity, one thousandth of one litre ❹(一儿—r)量词 *meas.*：一～米 yī cuō mǐ *a small pinch of rice*/一～儿土 yī cuōr tǔ *a small pinch of dust*

⊜ zuǒ 见 881 页 See p. 881

嵯 cuó ㄘㄨㄛˊ [嵯峨—é]山势高峻 (of mountains) lofty and rugged

瘥 ⊖ cuó ㄘㄨㄛˊ 病 disease
⊖ chài 见 64 页 See p. 64

醝(醝) cuó ㄘㄨㄛˊ ❶盐 salt ❷咸 salty：～鱼 cuóyú *salty fish*

矬 cuó ㄘㄨㄛˊ 〈方 dial.〉矮 short：他长得太～Tā zhǎng de tài cuó. *He is too short.*

痤 cuó ㄘㄨㄛˊ 痤疮，一种皮肤病，多生在青年人的面部，通常是有黑头的小红疙瘩。俗称"粉刺"acne, popularly called "fěncì"，a skin disease usually producing black-tipped red pimples on the face of young people

鄼 cuó ㄘㄨㄛˊ [鄼阳—yáng][鄼城—chéng]地名，都在河南省永城西 names of two places both in Yongcheng, Henan Province

脞 cuǒ ㄘㄨㄛˇ trivial 小而繁 small and [丛脞 cóng—]细碎，烦琐 tedious；trivialism

挫 cuò ㄘㄨㄛˋ ❶挫折，事情进行不顺利，失败 setback；defeat：经过了许多～折 jīngguòle xǔduō cuòzhé *experience many setbacks*/事遭～shì zāo cuòzǔ *The plan met with setbacks.* ❷按下，使音调降低 depress so as to lower the tone:语音抑扬顿～yǔyīn yìyáng-dùncuò (*He*) *spoke in measured tones.*

莝 cuò ちㄨㄛˋ 莝草,铡碎的草 chopped fodder

锉(*剉) cuò ちㄨㄛˋ ❶用钢制成的磨铜、铁、竹、木等的工具 file, a steel tool used to grind copper, iron, bamboo, wood, and so on ❷用锉磨东西 grind with a file:把锯一一～bǎ jù cuò yī cuò *grind the saw with a file* ❸折伤 bruise

厝 cuò ちㄨㄛˋ ❶放置 place:～火积薪(把火放在柴堆下,喻隐患) cuòhuǒ-jīxīn *patting a fire beneath a pile of faggots*, (*fig.* a hidden danger) ❷停柩(jiù),把棺材停放待葬,或浅埋以待改葬 place a coffin in a temporary shelter pending burial or buried temporary under shallow earth, then picking it up and moving to other place to bury formally and build a tomb

措 cuò ちㄨㄛˋ ❶安放,安排 place; arrange;～辞 cuòcí *wording*/手不及(来不及应付)cuòshǒu-bùjí *be caught unprepared*; *be caught unaware so as to fail to deal with sth or sb in time* ❷筹划办理 make plans so as to deal with:～借 cuòjiè *raise money or sth else*/筹～款项 chóucuò kuǎnxiàng *raise funds*/～施(对事情采取的办法)cuòshī *measure*; *methods to deal with things*

错 cuò ちㄨㄛˋ ❶不正确,不对,与实际不符 incorrect; wrong; erroneous (⊛comb. 一误 cuòwù *error*):你弄～了 Nǐ nòng cuò le. *You've got it wrong.*/没～儿 méi cuòr *I'm quite sure.* or *You can rest assured.* [错觉一jué]跟事实不符的知觉,视、听、触各种感觉都有错觉 wrong impression; illusion of things. People's sense of feeling, sense of sight, sense of hearing and sense of touch all can have illusions ❷差、坏(用于否定式) (used in negative sentences) bad; poor:今年的收成～不了 Jīnnián de shōucheng cuòbùliǎo. *This year's harvest is sure to be good.*/他的身体真不～Tā de shēntǐ zhēn bùcuò. *He is healthy indeed.* ❸交叉着 interlocked;～杂 cuòzá *mixed*; *heterogeneous*/～落 cuòluò *scatter and interlock*/～综复杂 cuòzōng-fùzá *intricate*; *complex*/犬牙交～quǎnyá-jiāocuò *jigsaw-like*; *interlocking* ❹岔开 alternate:～车 cuòchē *one vehicle gives another the right of way*/～过机会 cuòguo jīhui *miss a chance* ❺磨玉的石 jade grindstone:他山之石,可以为～tā shān zhī shí, kěyǐ wéi cuò A stone from other mountain may be used as a jade grindstone, other people's advice maybe fo help.

D 分

DA 分丫

吙 dā 分丫 (发音短促)吆喝牲口前进的声音 the sound uttered by a person driving a draft animal, directing it to go faster

奤 dā 分丫 大耳朵 big ear[奤拉—la]向下垂 droop; hang down: 狗～～着尾巴跑了 Gǒu dālazhe wěiba pǎo le. *The dog ran away with a drooping tail.* /饱满的谷穗～～着头 Bǎomǎn de gǔsuìr dālazhe tóu. *The plumpy grain ears hang down.*

哒(噠) dā 分丫 同"嗒㊀" Same as "嗒㊀".

搭 dā 分丫 ❶支起,架起 put up; build: ～棚 dā péng *set up a mat-awning* / ～架子 dā jiàzi *build a framework* / ～桥 dā qiáo *put up a bridge* (fig. act as a matchmaker) [搭救—jiù]帮助人脱离危险或灾难 rescue; save sb from danger or disaster ❷共同抬 lift sth together: 把桌子～起来 bǎ zhuōzi dā qilai *Let's carry this desk together.* ❸相交接 come into contact; join 1. 连接,接触 come into contact: 两根电线～上了 Liǎng gēn diànxiàn dāshang le. *The two wires are touching.* 2. 凑在一起 join 1. 连接, 接触 join as partners 3. 搭配,配合 arrange in pairs or groups: 两种材料～着用 Liǎng zhǒng cáiliào dāzhe yòng. *The two kinds of materials are used collocatively.* 4. 放在支撑物上 hang over; put over: 把衣服～在竹竿上 bǎ yīfu dā zài zhúgān shang *hang the clothes on a bamboo pole* /身上～着一条毛毯

shēnshang dāzhe yī tiáo máotǎn *have a blanket thrown over one's shoulders* ❹乘坐车船、飞机等 take a train, ship, plane, etc: ～载(zài) dāzài *pick up extra passengers or freight* / 车～车 get a lift / ～船 dā chuán *take a ship* / ～班机 dā bānjī *take a regular plane*

嗒 ㊀ dā 分丫 拟声词,马蹄声、机关枪声等 onom. clatter of horses' hoofs or rattling of a machine gun, and so on(叠 redup.)
　㊁ tà 见 625 页 See p. 625

耠 dā 分丫 铁锵,翻土的农具 a kind of farm rake made of iron

褡 dā 分丫 [褡裢—lian]一种口袋,中间开口,两头装东西 a long bag sewn up at both ends with an opening in the middle

答(**荅) ㊀ dā 分丫 同"答㊀",用于口语"答应""答理"等词 Same as "答㊀", used in spoken Chinese, such as dāying [答理—li]打招呼,理睬 acknowledge one's greeting [答应—ying] 1. 应声回答 answer; respond 2. 允许 permit; agree: 我们坚决不～ Wǒmen jiānjué bù dāying. *We will not permit it.*
　㊁ dá 见 105 页 See p. 105

打 ㊀ dá 分丫 (外 foreign)量词,12个为1打 meas. dozen, equal to 12
　㊁ dǎ 见 105 页 See p. 105

达(達) dá 分丫 ❶通,到达 reach; get to; 抵～ dǐdá *reach* /四通八～ sìtōng-bādá *extend in all directions* /火车从北京直～上海 Huǒchē cóng Běijīng zhídá Shànghǎi. *The train travels from Beijing directly to Shanghai.* ❷通达,对事理认识得透彻 understand thoroughly: 通～事理 tōngdá shìlǐ *showing good sense; sensible* /通权变(不拘常规,采取变通办法) tōngquán-dábiàn *act as the occasion requires; adapt oneself to circum-*

stances [达观 —guān]对不如意的事情看得开 take things philosophically ❸达到，实现 realize；attain：目的已～mùdì yǐ dá The aim has been attained./～成协议 dáchéng xiéyì reach an agreement ❹告知，表达 express；communicate：转～zhuǎndá pass on；convey/传～命令 chuándá mìnglìng transmit an order/词不～意 cíbùdáyì The words fail to convey the idea. ❺旧时称人得到有权有势的地位（used in former times, of one's position）distinguished；eminent(遱comb. 显— xiǎn— distinguished)：～官 dáguān high officials [达斡尔族—wò'ěrzú]我国少数民族，参看附表 the Daur nationality, an ethnic minority in China. See Appendix.

莶（薘）dá ㄉㄚˊ 莙(jūn)莶菜，就是"恭(tián)菜"。参见 345 页"莙"(spinach beet) See "jūn", p. 345

鞑（韃）dá ㄉㄚˊ [鞑靼 —dá]我国古代对北方少数民族的统称 Tartar, a general term for the northern minorities in ancient China.

沓 ⊖ dá ㄉㄚˊ (一子—zi、一儿—r)量词，用于叠起来的纸张或其他薄的东西 meas. pile；pad：一～子信纸 yī dázi xìnzhǐ a pad of letter paper

　　⊝ tà 见 625 页 See p. 625

怛 dá ㄉㄚˊ 忧伤，悲苦 sadness；sorrow

妲 dá ㄉㄚˊ 用于人名。妲己，商纣王的妃子 used in people's names. E. g. Dájǐ, a concubine of Zhou, the King of the Shang Dynasty

炟 dá ㄉㄚˊ 用于人名。刘炟，东汉章帝 used in people's names. E. g. Liú Dá, emperor of the Eastern Han Dynasty

笪 dá ㄉㄚˊ ❶用粗竹篾编的像席的东西，用来晾晒粮食等 rough bamboo mat for drying grain in the sun ❷拉船的竹索 bamboo rope for pulling a boat ❸姓 a surname

靼 dá ㄉㄚˊ 见本页"鞑"字条"鞑靼(Dá —)"See same page Dádá under entry of dá

答（**＊＊荅**）⊖ dá ㄉㄚˊ ❶回答，回复 answer；respond(遱comb. —复 —fù reply)：问～wèndá questions and answers/～话 dáhuà answer；reply ❷还报 return：报～bàodá repay/～谢 dáxiè express one's appreciation(for one's kindness or hospitality)/～礼 dálǐ return a solute

　　⊝ dā 见 104 页 See p. 104

瘩 ⊖ dá ㄉㄚˊ [瘩背 —bèi]中医称生在背部的痈。也叫"搭手"a carbuncle on the back；also called "dāshǒu"

　　⊝ da 见 107 页 See p. 107

打 ⊖ dǎ ㄉㄚˇ ❶击 strike：～铁 dǎtiě forge iron/ ～门 dǎmén knock at a door/～鼓 dǎgǔ beat a drum/ ～靶 dǎbǎ shooting practice；target practice/ ～夯 dǎhāng ramming/ ～垮 dǎkuǎ rout；defeat completely (⑨ext. 放射 shoot：～枪 dǎqiāng shoot/ ～闪 dǎshǎn (of lightening) flash [打击 —jī]使受到挫折 attack；strike：～～侵略者 dǎjī qīnlüèzhě. strike blows at the invaders ❷表示各种动作，代替许多有具体意义的动词 indicating various kinds of action（in place of many specific verbs）1. 除去 get rid of：～虫 dǎchóng take medicine to get rid of roundworms/ ～沫(把液体上面的沫打掉)dǎmò remove the foam from the surface of liquid/ ～食(服药帮助消化)dǎshí use medicine to aid digestion or ease constipation 2. 毁坏，损伤，破碎 damage；injure：衣服被虫～了 Yīfu bèi chóng dǎ le. The

clothes have been spoiled by worms. /
碗 ～ 了 Wǎn dǎ le. The bowl was
broken. 3. 取,收,捕 catch；hunt：～
鱼 dǎyú catch fish/～ 粮 食 dǎ
liángshi reap grains/ ～ 柴 dǎchái
gather firewood/ ～ 水 dǎshuǐ fetch
water 4. 购买 purchase：～ 车票 dǎ
chēpiào buy a train ticket/ ～ 酒 dǎ
jiǔ buy some wine 5. 举 lift；raise：～
伞 dǎ sǎn hold up an umbrella/ ～灯
笼 dǎ dēnglong carry a lantern/ ～旗
子 dǎ qízi hold up a flag 6. 揭开,破
开 open；uncover：～帐子 dǎ zhàngzi
open a bed-curtain/ ～西瓜 dǎ xīguā
cut open a watermelon/ ～ 鸡 蛋
jīdàn beat an egg 7. 建造 build：～井
dǎ jǐng dig a well/～墙 dǎ qiáng
build a wall 8. 制做,编织 make；
knit：～ 镰 刀 dǎ liándāo make a
sickle/ ～桌椅 dǎ zhuōyǐ make desks
and chairs/ ～ 毛衣 dǎ máoyī knit a
sweater 9. 捆扎 tie up；pack：～铺盖
卷 dǎ pūgàijuǎnr pack up/ ～裹腿 dǎ
guǒtuǐ wind a leg 10. 涂抹 spread：～
蜡 dǎ là wax sth/ ～桐油 dǎ tóngyóu
paint tung oil on the surface of sth
11. 玩耍,做某种文体活动 play with：
～秋千 dǎ qiūqiān have a swing/ ～
球 dǎqiú play a ball game 12. 通,发
dial；send：～一个电报去 dǎ yī ge
diànbào qù go to send a telegram/ ～
电话 dǎ diànhuà make a telephone
call 13. 计算 calculate：精 ～ 细算
jīngdǎ-xìsuàn careful calculation
and strict budgeting/设备费～二百元
shèbèifèi dǎ èrbǎi yuán estimate the
cost of the equipment at 200 yuan 14.
立,定 set：～下基础 dǎxia jīchǔ lay a
foundation/ ～主意 dǎ zhǔyi think of
a plan/ ～草稿 dǎ cǎogǎo work out
a draft 15. 从事或担任某些工作 do；
engage in：～杂儿 dǎzár do odds and
ends/ ～前站 dǎ qiánzhàn act as an
advance party 16. 表示身体上的某些
动作 indicating some physical action：
～手势 dǎ shǒushì make a gesture/

gesticulate/ ～冷战 dǎ lěngzhàn
shake with cold/ ～哈欠 dǎ hāqian
yawn/ ～ 前失(马前腿跌倒)dǎ
qiánshī (of the front legs of horses
or mules) stumble/～滚儿 dǎgǔnr
roll about ❸与某些动词结合为一个
动词 used with some verbs to form
new verbs：～扮 dǎban dress up/～
扫 dǎsǎo clean/ ～搅 dǎjiǎo disturb/
～扰 dǎrǎo disturb；trouble ❹从,自
from；since：～去年起 dǎ qùnián qǐ
from last year on/ ～哪里来 Dǎ nǎli
lái? Where are you from?

㊁ dá 见 104 页 See p. 104

大 ㊀ dà 分丫 ❶跟 "小" 相反
cntonym of "小"：1. 占的空间较
多,面积较广,容量较多 large；vast；
huge：～山 dà shān a big mountain/
～树 dà shù a big tree/这间房比那间
～ Zhè jiān fáng bǐ nà jiān dà. This
room is bigger than that one. 2. 数量
较多 in great numbers：～众 dàzhòng
the masses/ ～ 量 dàliàng a great
number (or amount) 3. 程度深,范围
广 deep in degree；vast in range：
冷天 dàlěngtiān a cold day/～干社
会 主 义 dàgàn shèhuì zhǔyì work
energetically for socialism/～快人心
dàkuài-rénxīn to the immense satis-
faction of the people 4. 声音较响
loud：～声说话 dàshēng shuōhuà
speak in a loud voice 5. 年长,排行第
一 eldest：～ 哥 dàgē the eldest
brother/老 ～ lǎodà the eldest child
6. 敬辞 term of respect：～作 dàzuò
masterpiece/尊 姓 ～ 名 zūnxìngdà-
míng your name [大夫—fū]古代官
职名称 a senior official in feudal
China. (另 dàifu, 见 "大 dài" also
dàifu；See "dài")[大王—wáng]1.
古代尊称国王(term of respect in
ancient times) king 2. 指最长于某种
事情的人 a person of the highest
class or skill in sth；ace：爆破～～
bàopò dàwáng demolition hero 3. 指
垄 断 某 种 行 业 的 人 monopoly

capitalist：钢铁～～gāngtiě dàwáng steelking（另 dàiwang，见 "大" dài also dàifu，see dài.）❷ 时间更远 farther in time：～前年 dàqiánnián three years ago／～后天 dàhòutiān three days from now on ❸不很详细、不很准确 not detailed；not very precise：～略 dàlüè general idea／～概 dàgài general idea；rough；approximate／～约 dàyuē about；approximately ❹〈方 dial.〉称父亲或伯父 father or one's father's elder brother in some dialect

〈古 arch.〉又同 "太"、"泰"(tài)，如 "大子"、"大山" 等 also same as "太"、"泰"，such as tàizǐ (crown prince)，tài shān (Mount Tai)

㊂ dài 见本页 See the same page.

垯（墶） da·ㄉㄚ 见 201 页 "圪" 字条 "圪垯" See gēda under entry of gē, p. 201

嗒（繨） da·ㄉㄚ 见 201 页 "疙" 字条 "疙瘩" See gēda under entry of "gē", p. 201

跶（躂） da·ㄉㄚ 见 31 页 "蹦" 字条 "蹦跶" See bèngda under entry of "bèng", p. 31

瘩 ㊀ da·ㄉㄚ 见 201 页 "疙" 字条 "疙瘩" See gēda under entry of "gē", p. 201

㊁ dá 见 105 页 See p. 105

DAI ㄉㄞ

呆（*獃） dāi ㄉㄞ ❶傻、愚蠢 stupid；silly ❷死板、发愣 blank；wooden：两眼发～liǎngyǎn fādāi with a dull look in one's eyes／他～～地站在那里 Tā dāidāi de zhàn zài nàli. He stood there with a stony expression on his face.／～板 dāibǎn stiff and awkward；rigid ❸同 "待㊀" Same as "待㊀"

呔 dāi ㄉㄞ 叹词，突然大喝一声，使人注意 interj. shout suddenly to call attention

待 ㊀ dāi ㄉㄞ 停留，逗留，迟延，也作 "呆" stay, also written as "呆"：你一会儿再走 Nǐ dāi yīhuǐr zài zǒu. You stay here for a while before you go.

㊁ dài 见 109 页 See p. 109

歹 dǎi ㄉㄞ 坏，恶 bad；vicious：～人 dǎirén villain；ganster or robber／～意 dǎiyì malice；malicious intent／为非作～wéifēi-zuòdǎi do evil；commit crimes；perpetrate outrages [好歹 hǎo—]1.好和坏 good and bad；kind and evil；不知～～bùzhī-hǎodǎi do not know what is good and what is bad 2.无论如何 no matter how：～～你得(děi)去一趟 Hǎodǎi nǐ děi qù yī tàng. You have to go there once anyhow.

逮 ㊀ dǎi ㄉㄞ 捉，捕，用于口语 (used in spoken Chinese) catch；hunt：～老鼠 dǎi lǎoshǔ catch mice／～蝗虫 dǎi huángchóng locust

㊁ dài 见 110 页 See p. 110

傣 dǎi ㄉㄞ [傣族—zú] 我国少数民族，参看附表 the Dai nationality. See Appendix.

大 ㊀ dài ㄉㄞ [大城—chéng] 地名，在河北省 a place in Hebei Province [大夫—fu] 医生 doctor（另 dàfū，见 "大 dà" also dàfū, See dà.）[大黄—huáng] 又叫 "川军"。多年生草本植物，夏季多数开黄白色小花，根及根状茎粗壮，黄色，可入药 Chinese rhubarb, also called chuān-jūn, a perennial herb, with small yellowish white flowers in summer, and yellow thick roots and root-shaped stems that can be used in medicine [大王 —wang] 旧戏曲、小说中对国王、山寨头领或大帮强盗首领的称呼 great king (a term of address for a king, head of a fortified mountain or a bandit chief, used in traditional operas and novels (另 dàwáng，见 "大 dà" See also dàwáng under dà)

㊀dà 见 106 页 See p. 106

软　dài ㄉㄞˋ 包在车毂端的铜皮、铁皮 copper or iron plate covering the end of a nave boss

代　dài ㄉㄞˋ ❶替 replace(⑲comb.—替—tì、替—tì—replace)：～理 dàilǐ agent/～办 dàibàn act on sb's behalf/～耕 dàigēng make a living by doing sth other than farming[代表—biǎo]1.受委托或被选举出来替别人或大家办事 on behalf of；我～～他去 Wǒ dàibiǎo tā qù. I'll go on behalf of him. /他～～一个单位 Tā dàibiǎo yī ge dānwèi. He represents a unit. 2.被选派的人 representative：工 会 ～ ～ gōnghuì dàibiǎo representative of the trade union/全权～ quánquán dàibiǎo plenipotentiary[代价—jià]获得某种东西所付出的价钱 price；cost ㊉ext. 为达到某种目的所花费的精力和物质 energy and materials spent in trying to achieve a certain goal[代词—cí]代替名词、动词、形容词、数词或量词的词，如"我、你、他、谁、什么、这样、那么些"等 pronoun, a word that can replace a noun, an adjective, and a numeral-classifer, such as wǒ, nǐ, tā, shéi, shénme, zhèyàng, nàmexiē and so on ❷历史上划分的时期，世 historical period(⑲comb. 世—shì—from generation to generation，时—shí—times)：古～ gǔdài ancient times/近～jìndài modern times/现～xiàndài modern times；contemporary times/清～qīngdài the Qing Dynasty[年代 nián—]1.泛指时间 age；years：～～久远 niándài jiǔyuǎn long passages of time 2.十年的时期(前面须有确定的世纪) a decade of a century：20 世纪 50 ～ ～ (1950—1959)èrshí shìjì wǔshí niándài the 1950s or the 1950's ❸世系的辈分 generation：第 二 ～ dì-èr dài the second generation/下一～xiàyīdài the younger generation

岱　dài ㄉㄞˋ 五岳中东岳泰山的别称，又叫"岱宗"、"岱岳"，在山东省 another name for Mount Tai, the Eastern Mountain among the Five Sacred Mountains; also called Dàizōng, Dàiyuè；located in Shandong Province

玳（*瑇）dài ㄉㄞˋ [玳瑁—mào] (旧读 early pron.—mèi)一种爬行动物，跟龟相似。甲壳黄褐色，有黑斑，很光滑，可做装饰品，也可入药 hawksbill turtle, a tortoise-like reptile with a smooth tawny shell dotted with black. Its shell can be used for decoration as well as in medicine

贷　dài ㄉㄞˋ ❶借贷，借入或借出(簿记学上专指借出)loan；borrow or lend (esp. lend in bookkeeping)：～款 dàikuǎn provide (or grant) a loan ❷贷款 loan：农～nóngdài agricultural loans ❸推卸给旁人 shift responsibility：责 无 旁 ～ zéwú-pángdài there is no shirking the responsibility；be duty-bound ❹宽恕，饶恕 pardon；forgive：严惩不～yánchéng-bùdài punish without leniency；punish with severity

袋　dài ㄉㄞˋ （—子—zi、—儿—r)衣兜或用布、皮等做成的盛(chéng)东西的器物 bag；pocket：布～bùdài a sack made of cloth/衣～yīdài the pockets of one's clothes/面口～miànkǒudai a flour sack [烟袋 yān—]抽旱烟或水烟的用具 pipe：水～shuǐyāndài water pipe/～～锅儿 yāndàiguōr pipe

黛　dài ㄉㄞˋ 青黑色的颜料，古代女子用来画眉 a black pigment used by women in ancient times to paint their eyebrows：～眉 dàiméi：black eye brows/粉～fěndài face powder and eyebrow pigment (cosmetics for women in ancient China)

貳 dài ㄉㄞ 有机化合物的一类,多存在于植物体中。中药车前、甘草、陈皮等都是含貳的药物。也叫"苷"(gān)glucoside, also called gān, an organic chemical, usu existing in the organism of plants such as traditional Chinese herbs; Asiatic plantain, licroice root, dried orange peel, etc. ;also called gān

迨 dài ㄉㄞ ❶等到,达到 wait till ❷趁 take the chance before sth. happens

绐 dài ㄉㄞ 欺哄 fool; cheat

殆 dài ㄉㄞ ❶几乎,差不多 almost; nearly;敌人伤亡～尽 Dírén shāngwáng dàijìn. *The enemy were practically wiped out.* ❷危险 danger;危～ wēidài *danger*/知彼知己,百战不～ Zhī jǐ zhī bǐ, bǎi zhàn bù dài. *Know the enemy and know yourself, and you can fight a hundred battles without defeat.*

怠 dài ㄉㄞ 懒惰,松懈 idle; slack (靟comb. —惰—duò,懒—lǎn—、懈—xiè— *idle; lazy; indolent*)

带(帶) dài ㄉㄞ ❶(—子—zi,—儿—r)用皮、布或纱线等物做成的长条 belt; girdle; stripes of hide, cloth or gauze;皮～ pídài *leather belt*/腰～ yāodài *belt; girdle*/鞋～儿 xiédài *shoelace* 勁ext. 轮胎 tyre;外～ wàidài *outer tyre*/里～ lǐdài *inter tyre* ❷地带,区域 belt; region;温～ wēndài *temperate zone*/寒～ hándài *frigid zone*/沿海一一 yánhǎi yīdài *coastal area* ❸携带 carry;腰里～着盒子枪 yāo li dàizhe héziqiāng *with a Mauser pistol tucked under one's belt*/～着行李 dàizhe xíngli *carry with sb. the luggage* ❹捎,顺便做,连着一起做 do sth. incidentally;你给他一个口信去 Nǐ gěi tā dài ge kǒuxìnr qù. *You take her a messsage.*/把门～上 bǎ mén dàishang *Close the door after you.*/连送

信～买菜 lián sòngxìn dài mǎicài *buy some vegetable when going out to send a letter* ❺显出,有 wear; have;面～笑容 miàn dài xiàoróng *wear a smile*/～花纹的 dài huāwénr de *figured* ❻领,率领 lead; head (靟comb. —领—lǐng *lead*);～路 dàilù *lead the way*/～兵 dàibīng *be in command of troops*/起～头作用 qǐ dàitóu zuòyòng *play a leading role* ❼白带,女子阴道流出的白色黏液,如量过多是阴道或子宫发炎的一种症状,白带有血的叫"赤带" leucorrhoea; whites, a white mucas flowing out of woman's vagina. Too much leucorrhoea is regarded as a symptom of vaginitis or womb inflammation. And leucorrhoea with blood is called red leucorrhoea [带下一xià]中医指女子赤、白带症 morbid leucorrhoea in Chinese medicine

待 ⊖ dài ㄉㄞ ❶等,等候 wait (靟comb. 等—děng— *wait*);～业 dàiyè *wait for employment*/～机出击 dài jī chūjī *await an opportunity to attack the enemy*/尚～研究 shàng dài yánjiū *remain to be studied* ❷对待,招待 treat; deal with;～人接物 dàirén-jiēwù *the way one treats people and conducts oneself in society*/大家～我太好了 Dàjiā dài wǒ tài hǎo le. *You are so kind to me.*/客 dàikè *entertain a guest* [待遇—yù]在社会上享有的权利、地位等 treatment, rights and social positions people enjoy in society;政治～～ zhèngzhì dàiyù *political treatment*/物质～～ wùzhì dàiyù *material treatment.* 特指工资、食宿等 esp. wage or accomodations;调整～～ tiáozhěng dàiyù *adjust one's wages and conditions* ❸需要 need;自不～言 zìbùdàiyán *be self-evident* ❹将,要(古典戏曲小说和现代某些方言的用法)be going to; about to (used in classical operas and in some modern dialects）：正～出门，有人来了 Zhèng dài chūmén, yǒu rén lái le. *He was about to go out when someone came.*

　　㊁ dāi 见 107 页 See p. 107

埭 dài ㄉㄞˋ 土坝 earthen dam

逮 ㊀ dài ㄉㄞˋ ❶到，及 to; till；力有未～lì yǒu wèi dài *beyond one's power* (reach)/～乎清季（到了清代末年）dàihū Qīngjì *by the end of the Qing Dynasty* ❷逮捕，捉拿 arrest；take into custody

　　㊁ dǎi 见 107 页 See p. 107

瓍（瓍） dài ㄉㄞˋ 见 4 页 "嗳" 字条 "嗳瓍 ài—" See àidài under entry of "ài" p. 4

戴 dài ㄉㄞˋ ❶加在头、面、颈、手等处 put on；wear；～帽子 dài màozi *put on a cap*/～眼镜 dài yǎnjìng *wear glasses*/～红领巾 dài hónglǐngjīn *wear a red scarf*/～笼头 dài lóngtou *put on a headstall*/披星～月（喻夜里赶路或在外劳动）pīxīngdàiyuè *under the canopy of the moon and the stars* (fig. travel by night or work from before dawn till after dark) ❷尊奉，推崇 respect；honor；推～tuīdài *support sb. assuming leadership*/拥～yōngdài *support sb. as leader*/爱～àidài *love and esteem*

襶 dài ㄉㄞˋ 见 471 页 "褦" 字条 "褦襶 nài—" See nàidài under entry of "nài", p. 471

DAN ㄉㄢ

丹 dān ㄉㄢ ❶红色 red：～心 dānxīn *a loyal heart*；*loyalty*/～砂（朱砂）dānshā *cinnabar* ❷一种依成方配制的中药，通常是颗粒状或粉末状的 a kind of traditional Chinese medicine, usu pellets or powder, prepared according to a certain set of prescriptions：丸散青～wán-sǎn-gāo-dān *pill, pulvis, plaster and pellet* / 灵～妙药 língdān-miàoyào *medicine of magic effect*

担（擔） ㊀ dān ㄉㄢ ❶用肩膀挑 carry on a shoulder pole：～水 dānshuǐ *carry water* (with a shoulder pole and buckets)/～着两筐青菜 dānzhe liǎng kuāng qīngcài *carry two buckets of vegetables on a shoulder pole*[担心—xīn]忧愁，顾虑 worry；feel anxious：我～～他身体受不了 Wǒ dānxīn tā shēntǐ shòubu liǎo. *I worry that he cannot stand it for his health.* ❷担任，担负，承当 undertake；assume：～风险 fēngxiǎn *be ready to face any danger in doing things*/～责任 dān zérèn *take responsibility*

　　㊁ dàn 见 113 页 See p. 113

　　㊂ dǎn 见 111 页 See p. 111

单（單） ㊀ dān ㄉㄢ ❶种类少，不复杂 limited in variety；simple：简～jiǎndān *simple*/～纯 dānchún *simple*；*pure*/～式簿记 dānshì bùjì *single entry bookkeeping* ㊟ext. 只，仅 only；alone；做事～靠热情不够 zuòshì dān kào rèqíng bùgòu *It's not enough to rely on one's enthusiasm in doing things.* /不提别的，～说这件事 bù tí biéde, dān shuō zhè jiàn shì *Don't talk about anything else. Let's center on this matter.* [单位—wèi]1. 计算物体轻重、长短及数量的标准 unit, standard for measuring weight, length or number of things 2. 指机关、团体或属于一个机关、团体的各个部门 unit (as an organization, department, division, section, etc)：那里有五个直属～～Nàli yǒu wǔ ge zhíshǔ dānwèi. *There are five directly subordinate units.* ❷独，一 alone；single：～身 dānshēn *be single*/～打一 dāndǎyī *concentrate on one thing only*/～枪匹马 dānqiāng-pǐmǎ *single* handed/～数(跟"复数"相对)dānshù odd number(opposite to complex number)❸奇(jī)数的 odd in number：～日 dānrì odd-numbered days/～号 dānhào odd-numbered days/～数(一、三、五、七等,跟"双数"相对)dānshù odd-numbers(such as one, three, five, seven, antonym of even numbers [单薄—bó]1.薄,少 thin：穿得很～～ chuān de hěn dānbó be thinly clad 2.弱 weak：他身子骨太～～Tā shēnzigǔr tài dānbó. He has a thin and weak physique./人力～～ rénlì dānbó a shortage in man-power❹(—子—zi、—儿—r)记载事物用的纸片 bill；list：～据 dānjù documents attesting to the giving or receiving of money, goods, etc/传～chuándān leaflet; handbill/账～儿 zhàngdānr bill/清～儿 qīngdān detailed list; detailed account/药～yàodān medical prescription❺衣服被褥等只有一层的(of clothes or bedding) unlined：～衣 dānyī unlined garment/～裤 dānkù unlined pants❻覆盖用的布 sheet；被～bèidān bed sheet/床～chuángdānr sheet/褥～rùdānr bed sheet

㈡ shàn 见573页 See p. 573

㈢ chán 见65页 See p. 65

郸(鄲)dān 力ㄢ [郸城]地名,在河南省 a place in Henan Province

殚(殫)dān 力ㄢ 尽,竭尽 exhaust；use up：～力 dānlì do one's utmost；strive/～心 dānxīn devote one's entire mind/～思极虑 dānsī-jílǜ tax one's ingenuity；rack one's brains

箪(簞)dān 力ㄢ 古代盛(chéng)饭的圆竹器 round bamboo utensil for containing cooked rice：～食(sì)壶浆(古代百姓用箪盛饭、用壶盛汤来慰劳所爱戴的军队)dānsì-hújiāng welcome(a beloved army) with food and soup

眈 dān 力ㄢ 看,视 look；watch[眈眈 ——]注视的样子 look attentively：虎视～～(凶狠贪婪地看着)hǔshì-dāndān glare like a tiger eyeing its prey(fig. eye covetously or menacingly)

耽(❶*躭)dān 力ㄢ ❶迟延 delay[耽搁—ge]迟延,停止没进行 delay：这件事～～了很久 Zhè jiàn shì dānge le hěn jiǔ. This matter has been delayed for a long time. [耽误—wu]因耽搁或错过时机而误事 delay；hold up or miss an opportunity：不能～～生产 bù néng dānwu shēngchǎn Production should not be held up. ❷沉溺,入迷 indulge in；abandon oneself to：～乐 dānlè indulge in pleasure/～于幻想 dān yú huànxiǎng indulge in fantacies

酖 ㈠ dān 力ㄢ 同"耽❷" Same as "耽❷"

㈡ zhèn 见834页"鸩" See zhèn, p.834

聃(**冉)dān 力ㄢ 古代哲学家老子的名字 used in lǎodān, another name for lǎozǐ (the philosopher) in ancient China

儋 dān 力ㄢ 儋州,地名,在海南省 Danzhou, a place in Hainan Province

担 ㈢ dǎn 力ㄢ 拂,拂拭。后作"掸" whisk；wipe off (later written as 掸)

㈠ dān 见110页 See p. 110

㈡ dàn 见113页 See p. 113

胆(膽)dǎn 力ㄢ ❶胆囊,俗叫"苦胆",是一个梨状的袋子,在肝脏右叶的下部,内储黄绿色的汁液,叫胆汁,味很苦,有帮助消化、杀菌、防腐等作用 gallbladder, popularly called 'bitter gallbladder', a pear-shaped sac, located under the right side of the liver, which stores a yellowish green bitter juice, or bile, to help digestion, kill bacteria and prevent corrosion（图见 809 页"脏" See picture under entry of "zàng", p. 809）❷（一子 -zi，一儿 -r）胆量 guts；courage：～怯 dǎnqiè timid/～子小 dǎnzi xiǎo cowardly；timid/～大心细 dǎndà-xīnxì bold but cautious ❸某些器物的内层 the inner layer of some utensils：球～qiúdǎn bladder of a ball/暖瓶～nuǎnpíngdǎn the glass liner of a vaccum flask

疸 dǎn ㄉㄢ ❶黄疸，病人的皮肤、粘膜和眼球的巩膜等都呈黄色，是由胆红素大量出现在血液中所引起的，是多种病（肝脏病、胆囊病、血液病等）的症状 jaundice；icterus, an unhealthy bodily condition caused by too much bile in the blood, causing yellowness of the skin, the mucosa, and the sclera of the eyes, a symptom of some diseases and ailments such as liver diseases, ballbladder diseases or blood diseases ❷植物病名 plant disease name 1. 黄疸病，又叫"黄锈病"，大麦、小麦和其禾本科植物都能感染。先起黄色条斑，逐渐膨大，成熟后破裂，散出黄色粉末 yellow rust, also called huángxiùbìng, an unhealthy condition of such plants as barley and wheat, starting from yellow stripes, then swelling and finally bursting into a yellow powder upon its maturity 2. 黑疸病，又叫"黑穗病"，小麦、燕麦等都能感染，受病的子实里面都是黑色的粉末 smut, also called hēisuìbìng, a plant disease infecting plants such as wheat and oats. The infected seeds are filled with black powder.

掸(撣、**撢) ⊖ dǎn ㄉㄢ 拂，打去尘土 brush lightly；brush off dust：～桌子 dǎn zhuōzi dust the desk/～衣服 dǎn yīfu brush the dust off one's clothes

⊜ shàn 见 573 页 See p. 573

赕 dǎn ㄉㄢ （傣 of the Dai nationality）奉献 devote：～佛 dǎnfó donate money or property to Buddhist temples

亶 dǎn ㄉㄢ 实在，诚然 indeed；truly

石 ⊖ dàn ㄉㄢ 我国容量单位，1石是 10 斗（此义在古书中读 shí，如"二千石"）dan, a unit of dry measure for grain （= 1 hectolitre）（pronounced as shí in ancient texts，eg. èrqiān shí）

⊜ shí 见 590 页 See p. 590

旦 dàn ㄉㄢ ❶早晨 morning：～暮 dànmù morning and evening/枕戈待～zhěngē-dàidàn lie with one's head pillowed on a spear, waiting for day to break ⑨ext. 天，日 day；daytime：元～Yuándàn New Year's Day/一～发现问题，立刻想法解决 yīdàn fāxiàn wèntí, lìkè xiǎng fǎ jiějué Once any problem is noticed, we should find a way out immediately. ［旦夕 -xī］1. 早晨和晚上 morning and night 2. 在很短的时间内 in a very short period of time：危在～～wēizài-dànxī in imminent danger；on the verge of death or destruction ❷传统戏曲里扮演妇女的角色 a female role in traditional opera

但 dàn ㄉㄢ ❶只，仅，只要 only；merely：～愿能成功 dànyuàn néng chénggōng Let's hope for success. /我们不一保证完成任务，还要提高质量 Wǒmen bùdàn bǎozhèng wánchéng rènwu, háiyào tígāo zhìliàng. We not only guarantee to accomplish the task, but also improve the quality. ［但凡 -fán］只要 as long as：～～我有工夫，我就去看他 Dànfán wǒ yǒu gōngfu, wǒ jiù qù kàn tā. I will go to see him as long as I have time. ❷连词，但是，不过 conj. but；nevertheless：我们热爱和平，～也不怕战争 Wǒmen rè'ài hépíng, dàn yě bù pà zhànzhēng. *We love peace, but we don't fear wars.*

担(擔) ⊖ dàn ㄉㄢˋ ❶扁担，挑东西的用具，多用竹、木做成 shoulder pole, a utensil usu made of bamboo or wood for carrying load on the shoulder ❷(一子 —zi)一挑儿东西 yī tiāor dōngxi shoulder load；货郎～ huòlángdàn *street vendor's load* 喻 fig. 担负的责任 responsibility；重～ zhòngdàn *heavy task*/不怕～子重 bù pà dànzi zhòng *not be afraid of the heavy task* ❸重量单位，1 担为 100 斤 unit of weight, one dàn is equal to 100 *jin* ❹量词 *meas.* shoulder-pole load；一～水 yī dàn shuǐ *two buckets of water*（on a shoulder pole）

　⊖ dān 见 110 页 See p. 110
　⊜ dǎn 见 111 页 See p. 111

疍 dàn ㄉㄢˋ [疍民—mín]过去广东、广西、福建内河和沿海一带的水上居民。多以船为家，从事渔业、运输业 boat dwellers on inland rivers and around the inner and coastal areas of Guangdong, Guangxi, and Fujian in former times. Most of them lived in boats and were engaged in fishing and transportation.

诞 dàn ㄉㄢˋ ❶诞生，人出生 be born；～辰（生日）dànchén *birthday* ❷生日 birthday；华～ huádàn *your birthday* ❸荒唐的，不合情理的 absurd；wildly arrogant；荒～不经 huāngdàn-bùjīng *fantastic；absurd*/怪～guàidàn *weird；strange*

莟 dàn ㄉㄢˋ 见 239 页"菡"字条"菡莟 hàn —" See hàndàn under entry of "hàn", p. 239

啖(*啗、噉) dàn ㄉㄢˋ ❶吃或给人吃 eat or feed ❷拿利益引诱人 entice with some benefit；以私利 dàn yǐ sīlì *lure sb with some benefit*

淡 dàn ㄉㄢˋ ❶含的盐分少，跟"咸"相反 bland；without enough salt, antonym of xián（salty）：菜太～ Cài tài dàn. *The dish is too bland.*/～水湖 dànshuǐhú *freshwater lake* ❷含某种成分少，稀薄，跟"浓"相反 thin or light, antonym of "nóng"（thick）：～绿 dànlǜ *light green*/～酒 dànjiǔ *light wine*/云～风轻 yúndàn-fēngqīng *The clouds are pale and a light breeze is blowing.* ❸不热心 indifferent；cool；态度冷～ tàidu lěngdàn *coldly；cold in attidude*/他～～地说了一句话 Tā dàndàn de shuōle yī jù huà. *He said something drily.* ❹营业不旺盛（of business）slack；dull；～月 dànyuè *slack month*/～季 dànjì *dull season；off season*

氮 dàn ㄉㄢˋ 一种化学元素，在通常条件下为气体，符号 N，无色、无臭、无味，化学性质不活泼。可制氮肥 nitrogen, a chemical element that is gaseous in normal conditions, without color, taste, or odor, is nonactive in chemical property, and is used to make nitrogenous fertilizer；symbol：N

惮(憚) dàn ㄉㄢˋ 怕，畏惧 be afraid of；fear：不～烦 bùdàn fán *not be afraid of trouble*/肆无忌～ sìwújìdàn *unbridled；impertinent*

弹(彈) ⊖ dàn ㄉㄢˋ ❶可以用弹（tán）力发射出去的小丸 small ball that can be shot out by means of elastic force：～丸 dànwán *pellet* ❷装有爆炸物可以毁人、物的东西 bullet；bomb；炮～ pàodàn *shell*/炸～ zhàdàn *bomb*/手榴～ shǒuliúdàn *grenade*

　⊖ tán 见 629 页 See p. 629

瘅(癉) dàn ㄉㄢˋ ❶因劳累造成的病 illness caused by overwork ❷憎恨 hate；detest：彰善～恶 zhāngshàn-dàn'è *praise the good and denounce the evil*

蛋 dàn ㄉㄢˋ ❶鸟、龟、蛇等生的带有硬壳的卵,受过精的可以孵出小动物 egg, a round or oval shelled body laid by the female of birds, turtles and snakes, from which young animals can be hatched if the egg is fertilized:鸡~jīdàn *egg*/鸭~ yādàn *duck's egg*/蛇～ shédàn *snake's egg* ❷(—子 —zi、—儿 —r) 形状像蛋的东西 an egg-shaped thing:山药～shānyaodàn *potato*/驴粪～儿 lǘfèndànr *donkey's dropping*

澹 ㊀ dàn ㄉㄢˋ ❶ 水波起伏的样子 (of ripples) dancing gently ❷ 安静 quiet:恬～tiándàn *indifferent to fame or gain*

㊁ tán 见 630 页 See p. 630

DANG ㄉㄤ

当(當、❼噹) ㊀dāng ㄉㄤ ❶充,担任 work as; serve as:开会～主席 kāihuì dāng zhǔxí *work as the chairman in the meeting*/人民～了主人 rénmín dāngle zhǔrén *The people have become the masters of the country.* ㊿ext. 承担 assume;担～dāndāng *take on; undertake*[当选—xuǎn]选举时被选上 be elected:他～～为人民代表 Tā dāngxuǎnwéi rénmín dàibiǎo. *He was elected a deputy of the people.* ❷掌管,主持 run; manage:～家 dāngjiā *manage household affairs* / ～权 dāngquán *hold power; be in power* / ～局 dāngjú *the authorities* ❸正在那时候或那地方 just at the time or place:～学习的时候,不要做别的事 Dāng xuéxí de shíhou, bùyào zuò biéde shì. *When you are studying, do not do anything else.*/～街 dāngjiē *facing the street; in the street*/～院 dāngyuànr *the courtyard*/～中 dāngzhōng *in the middle; in the*
centre/～面(面对面)dāngmiàn *face to face; in the presence of*/～初 dāngchū *originally; at the outset* [当年—nián][当日—rì]从前 in those years (days):想～～我离家的时候,这里还没有火车 Xiǎng dāngnián (or rì) wǒ lí jiā de shíhou, zhèlǐ hái méiyǒu huǒchē. *In those days when I left, there was no railway here.* (另 dàng—,见"当 dàng" Also dàng—, See dàng—) [当即—jí]立刻 immediately:～～散会 dāngjí sànhuì *The meeting was dismissed immediately.* [当前—qián]目前,眼下,现阶段 at present; nowadays:～～任务 dāngqián rènwu *the present task*[当下—xià]马上,立刻 instantly; at once:～～就去 dāngxià jiù qù *go at once* ❹相当,相称(chèn),相配 be equal; match with:旗鼓相～qígǔ-xiāngdāng *be matched in strength; be well-matched*/门～户对 méndāng hùduì (of two people) *be well-matched in social and economic status* ❺应当,应该 ought to; should:～办就办 dāng bàn jiù bàn *What ought to be dealt with will be dealt with.* /不～问的不问 bù dāng wèn de bù wèn *Do not ask what you should not ask.* ❻顶端,头 top; head:瓜～(瓜蒂)guādāng *the base of a melon*/瓦～(屋檐顶端的盖瓦头,俗叫"猫头")wǎdāng *eaves tile, popularly called* māotóu ❼拟声词,撞击金属器物的声音 onom. clank; clang, the sound of a gong or a bell:小锣敲得～～响 Xiǎo luór qiāo de dāngdāng xiǎng. *The clang of the small gong is resounding.* [当啷—lāng]拟声词,摇铃或其他金属器物撞击的声音 onom. clank; clang:～～～～,上课铃响了 Dānglāng dānglāng, shàngkèlíng xiǎng le. *The bell rang dingdong for class.*

[当心—xīn]留心,小心 be careful; watch out

㊀dàng 见本页 See the same page.

珰（璫）dāng ㄉㄤ ❶妇女戴在耳垂上的装饰品 eardrop；earring ❷汉代武职宦官帽子上的装饰品。后来借指宦官 decoration on the hats of military eunuches in the Han Dynasty；an enunch ❸见 135 页"玎"字条"玎珰 dīng—" See dīng-dāng under entry of dīng, p. 135

铛（鐺）dāng ㄉㄤ 同"当❼" Same as "当❼".

㊀chēng 见 75 页 See p. 75

裆（襠）dāng ㄉㄤ 裤裆，两裤腿相连的地方 crotch of trousers：横～héngdāng transverse crotch/直～zhídāng straight crotch/开～裤 kāidāngkù open-seat split pants for little child（图见 759 页"衣"See picture under entry of "衣", p. 759)㋑ext. 两腿相连的地方 crotch, the part connecting one's two legs

筜（簹）dāng ㄉㄤ 见 803 页"筼"字条"筼筜"（Yún—）See yúndāng under entry of yún, p. 803

挡（擋、*攩）㊀dǎng ㄉㄤ ❶阻拦，遮蔽 keep off；ward off（龜comb. 阻—zǔ—bar,拦—lán—block)水来土～shuǐ lái tǔ dǎng use earth to block the coming water/把风～住 bǎ fēng dǎngzhù keep out the wind/拿芭蕉扇～着太阳 ná bājiāoshàn dǎngzhe shut out the sun with a palm-leaf fan ❷（—子—zi、—儿—r)用来遮蔽的东西 fender；blind：炉～lúdǎng fire screen / 窗户～儿 chuānghudǎngr window blind (or shade)

㊁dàng 见 116 页 See p. 116

党（黨）dǎng ㄉㄤ ❶政党 political party 在我国特指中国共产党(in China) esp. the Communist Party ❷由私人利害关系结成的集团 a gang of people getting together for private interests：死～sǐdǎng diehard followers/结～营私 jiédǎng-yíngsī form a clique to pursue selfish interests［党羽—yǔ］附从的人（指帮同作恶的）members of a clique engaged in evil things ❸偏袒 be biased for：～同伐异 dǎngtóng-fáyì defend those who belong to one's own faction and attack those who don't ❹旧时指亲族（early use）kinfolk；relatives：父～fùdǎng father's kin-folk/母～mǔdǎng mother's kin-folk/妻～qīdǎng wife's kinfolk

谠（讜）dǎng ㄉㄤ 正直的（言论）(of words or comments) honest：～言 dǎngyán honest words/～论 dǎnglùn proper and honest comments

当（當）㊀dàng ㄉㄤ ❶恰当，合宜 proper：处理得～chǔlǐ dédàng properly treated/用词不～yòng cí búdàng improperly use words/妥～的办法 tuǒdàng de bànfǎ an appropriate way/适～的休息 shìdàng de xiūxi rest for an appropriate period of time ❷抵得上，等于 equal；match：一个人～俩人用 yī ge rén dàng liǎ rén yòng (of one person) be equal to work needing two people ❸当做，作为 regard as；serve as：安步～车 ānbù-dàngchē walk rather than ride/不要把他～外人 Bùyào bǎ tā dàng wàirén. Don't regard him as an outsider. ㋑ext. 认为 consider；think：你～我不知道吗？Nǐ dàng wǒ bù zhīdào ma? Do you think I don't know it? ❹表示在同一时间 simultaneous；that very day，etc：他～天就走了 Tā dàngtiān jiù zǒu le. He left the very day. ［当年—nián］本年，在同一年 the same year；that very year：～～种，～～收 Dàngnián zhòng, dàngnián shōu. We can harvest the same year we plant. /～～受益 dàngnián shòuyì be rewarded the same year；provide benefits the same year（另 dāng—，见"当 dāng" also dāngnián. See dāng)[当日—rì]本日,在同一天 the very day；the same day；～～的火车票 dàngri de huǒchēpiào *a train ticket of the very day*（另 dāng一,见"当 dāng" also dāngrì, see dāng）❺用实物作抵押向当铺借钱 pawn ❻押在当铺里的实物 sth. pawned

[上当 shàng—]吃亏,受骗 be taken in；be fooled

㊁ dāng 见 114 页 See p. 114

垱（壋）dàng ㄉㄤ〈方 dial.〉为便于灌溉而筑的小土堤 dyke built for convenient irrigation

挡（擋）㊀ dàng ㄉㄤ[摒挡 bìng—]收拾,料理 arrange；put in order

㊁ dǎng 见 115 页 See p. 115

档（檔）dàng ㄉㄤ ❶存放案卷用的带格子的橱架 shelves for files：归～ guīdàng *place on file* ❷档案,分类保存的文件、材料等 files；archives：查～chádàng *consult the files* ❸等级 grade；class：～次 dàngcì *grade*/高～商品 gāodàng shāngpǐn *expensive goods；goods of high class* ❹（—子 —zi,—儿 —r）量词,件、桩 meas.（for affairs or matters）：一～子事 yī dàngzi shì *one matter*

凼（**氹）dàng ㄉㄤ塘,水坑 pond；pool：水～ shuǐdàng *waterpool*/～肥 dàngféi *wet compost；water-logged compost*

砀（碭）dàng ㄉㄤ[砀山—shān]地名,在安徽省 a county in Anhui Province

荡（蕩、❶-❸*盪）dàng ㄉㄤ ❶清除,弄光 clear away；sweep off：倾家～产 qīngjiā-dàngchǎn *be reduced to poverty and ruin* ❷洗涤 wash：涤～ dídàng *wash away* ❸摇动 swing；sway；wave（叠comb. 摇—yáo—sway)：～舟 dàng zhōu *scull a boat*/～秋千 dàng qiūqiān *play on a swing*

[荡漾—yàng]水波一起一伏地动(of ripples) dancing gently ❹不受约束或行为不检点 loose in morals（叠comb. 浪—làng— *loaf about* 放—fàng— *to debauch；to dissipate*）❺浅水湖 a shallow lake：芦花～ lúhuādàng *reed marshes*/黄天～ Huángtiāndàng *Huangtian Marshes*

宕 dàng ㄉㄤ延迟,拖延 delay；wait to be solved：延～yándàng *delay*

菪 dàng ㄉㄤ 见 381 页"莨"字条"莨菪"làng— See làngdàng under entry of "làng", p. 381

DAO ㄉㄠ

刀 dāo ㄉㄠ ❶（—子 —zi,—儿 —r）用来切、割、斩、削、刺的工具 a cutting tool such as a knife or a sword：镰～ liándāo *sickle*/菜～ càidāo *kitchen knife*/刺～ cìdāo *bayonet*/旋～xuándāo *turning knife*/铅笔～儿 qiānbǐdāor *pencil sharpener* ❷量词,纸张单位,通常为 100 张 meas. for paper（＝100 sheets）❸古代的一种钱币 an ancient coin shaped like a knife

叨 ㊀ dāo ㄉㄠ[叨叨—dao]话多 talk on and on [叨唠—lao]翻来覆去地说 chatter away

㊁ tāo 见 634 页 See p. 634

忉 dāo ㄉㄠ[忉忉——]忧愁,焦虑 worried；anxious

鱽 dāo ㄉㄠ 鱽鱼,也作"刀鱼" hairtail，also written as "刀鱼" 1.我国北方也称带鱼为刀鱼,体长而侧扁,银白色,无鳞,牙齿发达,肉可吃 hairtail（another name for 带鱼 in northern China），a long and laterally flat fish with sharp teeth and without scales. Its flesh is edible. 2.就是"凤尾鱼",头小,尾尖,身体灰色,牙齿细小,肉可吃,多用来制罐头 long-tailed anchovy，a grey fish with a small head，a pointed tail and small teeth. Its flesh is edible and usu used to make canned food.

氘 dāo ㄉㄠ 氢的同位素之一，符号 D，质量数 2，用于热核反应 deuterium, one of hydrogen's isotopes, nuclear number 2, used in thermonuclear reaction; symbol; D

捯 dáo ㄉㄠ 两手不住倒换着拉回 线、绳子等 wind (thread, string) with one's two hands; 把风筝一下来 bǎ fēngzheng dáo xialai Pull in the kite. 〈引〉ext. 追溯，追究原因 find the clue to sth; 这件事到今天还没～出 头儿来呢 Zhè jiàn shì dào jīntiān hái méi dáochu tóur lái ne. We have not found the clue to this matter even till today.

[捯饬 —chì]〈方 dial.〉打扮，修饰 dress up; decorate

导（導） dǎo ㄉㄠ ❶指引，带领 lead; head; 领～lǐngdǎo leader/ ～师 dǎoshī tutor; supervisor/ 航～dǎoháng navigate [导言 —yán]绪论 introduction; introductory remarks [导演—yǎn]指导排 演戏剧或指导拍摄电影，也指担任这 种工作的人 direct, plan and direct the performance of a play, a motion picture or a show on television or radio; also director, the person who does such work ❷传导，引导 conduct; ～热 dǎorè conduct heat/～ 电 dǎodiàn conduct ele-ctricity/～体 dǎotǐ conductor/～淮入海 dǎo Huái rù hǎi channel the Huaihe River into the sea ❸指引，教诲 instruct; give guidance to; 开～kāidǎo help sb to straighten out his wrong or muddled thinking

岛（島） dǎo ㄉㄠ 海洋或湖泊里 四面被水围着的陆地叫 岛。三面被水围着的陆地叫半岛 island, a body of land surrounded by water; peninsula, a body of land extending into water

捣（搗、*擣） dǎo ㄉㄠ ❶砸，捶打 pound with a pestle, etc; ～蒜 dǎosuàn pound garlic/～米 dǎomǐ husk rice with a pestle and mortar/～衣 dǎoyī wash clothes by pounding them with a pestle 〈引〉ext. 冲，攻打 charge; attack; 直～敌巢 zhí dǎo dícháo charge directly towards the enemy's lair ❷搅扰 disturb; ～乱 dǎoluàn make or cause trouble/～鬼 dǎoguǐ play tricks

倒 ㊀ dǎo ㄉㄠ ❶竖立的东西躺下来 fall; topple; 墙～了 Qiáng dǎo le. The wall fell. /摔～shuāidǎo fall over 〈引〉ext. 指工商业因亏累而 关门 close down; bankrupt; ～闭 dǎobì go bankrupt [倒霉—méi][倒 楣—méi]事情不顺利，受挫折 have bad luck; be out of luck ❷转移，更 换 change; exchange; ～手 dǎoshǒu change hands/～车 dǎochē change trains or buses/～换 dǎohuàn rotate; take turns ❸倒买倒卖，进行投机活动 scalp; keep buying and selling so as to gain profit; ～汇 dǎohuì scalp foreign exchanges/～邮票 dǎo yóu-piào scalp stamps so as to make money ❹指食欲变得不好 spoil one's appetite; 老吃白菜，真～胃口 Lǎo chī báicài, zhēn dǎo wèikǒu. Too much Chinese cabbage spoils the appetite.

㊁ dào 见 118 页 See p. 118

祷（禱） dǎo ㄉㄠ 教徒或迷信的人 向天、神求助 pray to God for help; 祈～qídǎo pray 敬辞（书信 用语）term of respect (used in letters); 为～wéidǎo pray for your answer/盼～pàndǎo pray for your answer

蹈 dǎo ㄉㄠ 跳动，踩，践踏 jump; tread; step on; 手舞足～ shǒuwǔ-zúdǎo dance for joy/～白刃 而不顾（喻不顾危险）dǎo báirèn ér bùgù not hesitate a bit before stepping *onto naked sword*; *take no notice of danger*/赴汤 ~ 火 fùtāng-dǎohuǒ *go into boiling water and walk on fire* (*fig. defy all difficulties and danger*)⑤ext. 实行，遵循 adopt；follow：循规 ~ 矩 xúnguī-dǎojǔ *observe rules*; *obey orders docilely*; *toe the line*

到 dào ㄉㄠˋ ❶ 达到，到达 arrive；reach：~北京 dào Běijīng *arrive in Beijing*/ ~十二点 dào shí'èr diǎn *up to 12 o'clock*/ 不~两万人 bù dào liǎngwàn rén *be short of 20 thousand people*; *no more than 20 thousand people*/ 坚持~底 jiānchí dàodǐ *stick to the end* [到处 ~chù]处处，不论哪里 everywhere；anywhere ❷往 go to；leave for：~ 祖国最需要的地方去 Dào zǔguó zuì xūyào de dìfang qù. *leave for a place of our motherland where one is most needed* ❸周到，全顾得着 considerate：有不~的地方请原谅 Yǒu bù dào de dìfang qǐng yuánliàng. *Please excuse me if I have been inconsiderate in any way.* ❹表示动作的效果 used as a verb complement to show the result of an action：办得~ bàn de dào *can be done*/ 做不~zuò bu dào *cannot do sth*/ 达~先进水平 dádào xiānjìn shuǐpíng *reach the advanced level*

倒 ㊀ dào ㄉㄠˋ ❶上下或前后颠倒 upside down；inverted；reverse：这面镜子挂~了 Zhè miàn jìngzi guàdào le. *This mirror has been hung upside down.* / 把那几本书~过来 bǎ nà jǐ běn shū dào guolai *Put those books upside down.* / ~数第一 dàoshǔ dìyī *the last one*[倒粪 —fèn]把堆着的粪来回翻动弄碎 turn over a heap of manure or a compost heap and break it into pieces ❷把容器反转或倾斜使里面的东西出来 pour：~茶 dàochá *pour a cup of tea*/ ~水 dàoshuǐ *pour some water* ❸向后，往回退 move backwards：~退 dàotuì *go backwards* / ~车（车向后退）

dāochē *back a car* ❹副词，反而，却，相反 adv. but；yet（indicating contrast）：这~好了 Zhè dào hǎo le. *On the contrary, this would be better for things.* / 跑了一天，~不觉得累 Pǎole yī tiān, ~ bù juéde lèi. *Although I have run about for a whole day, I do not feel tired.*

㊁ dǎo 见 117 页 See p. 117

帱（幬） ㊀ dào ㄉㄠˋ 覆盖 cover
㊁ chóu 见 84 页 See p. 84

焘（燾） dào ㄉㄠˋ tāo ㄊㄠ（又also）覆盖 cover

盗 dào ㄉㄠˋ ❶偷 steal（㊒comb. 窃 — qiè *steal*）：~ 卖 dàomài *steal and sell*/~取 dàoqǔ *steal*/掩耳 ~ 铃 yǎn'ěr-dàolíng *plug one's ears while stealing a bell*（*fig.* deceive oneself）；*bury one's head in the sand*⑤ext. 用不正当的方法谋得 embezzle；usurp：欺世 ~ 名 qīshì-dàomíng *gain fame by deceiving the public*；*fish undeserved fame*[盗汗 — hàn]因病在睡眠时出汗 night sweat out of illness：患肺病的人常常夜间 ~ ~ Huàn fèibìng de rén chángcháng yèjiān dàohàn. *People suffering from lung diseases break into a sweat at night.* ❷偷窃或抢劫财物的人 thief or robber（㊒comb. 贼 — zéi *robber*；*bandits*）

悼 dào ㄉㄠˋ 悲伤，哀念 mourn；grieve（㊒comb. 哀 — āi *mourn*）：追 ~（追念死者）zhuīdào *mourn over a person's death*

道 dào ㄉㄠˋ ❶（—儿 —r）路 road（㊒comb. —路 —lù *road*）：火车 ~ huǒchēdào *railway*/水 ~ shuǐdào *water course* ❷方向，途径 way；path：志同 ~ 合 zhìtóng-dàohé *cherish the same ideals and follow the same path*；*have a common goal* ❸道理，正当的事理 doctrine；principle：无~wúdào *be without principles*；*not follow the way*/治世不一~ zhì shì bù yī dào *run a state with different lines*[道具 — jù]佛家修道用的物品 sth. used by Buddhists when cultivating themselves according to the religious doctrine ⑲ trans. 演剧等用的一切设备和用具 stage property ❹ (—儿 —r)方法,办法,技术 way; method; technique:门 ~ méndao *knack*; *way to do things*/医 ~ yīdào *art of healing*; *medical knowledge*/照他的~儿办 Zhào tā de dàor bàn. *do it according to his methods* ❺ 道家,我国古代的一个思想流派,以老聃和庄周为代表 Taoist, one school of ideological systems in ancient China, with Laodan and Zhuangzhou as the representatives ❻ 道教,我国主要宗教之一,创立于东汉 Taoism, one of the chief religions in ancient China founded in the Eastern Han Dynasty:~ 观(guàn)(道教的庙)dàoguàn *Taoist temple* ❼ 指某些迷信组织 certain reactionary superstitious sect:一贯 ~ yīguàndào *a secret cult society which, under the cover of religious activities, served the Japanese invaders and Kuomintang reactionaries*/会 ~ 门 huìdàoménr *superstitious sects and secret societies* ❽ 说 speak:说长 ~ 短 shuōcháng-dàoduǎn *gossip*/一语 ~ 破 yīyǔ-dàopò *lay bare the truth with one remark*/常言 ~ chángyán dào *as the saying goes* ㊉ ext. 用话表示情意 express certain feelings with words:~ 贺 dàohè *congratulate*/~ 谢 dào-xiè *thank*/歉 dàoqiàn *apologize*; *make an apology*/~ 喜 dàoxǐ *congratulate sb. on a happy occasion* ❾ 历史上的行政区域 an administrative division in history 1. 唐太宗时分全国为十道 an administrative division of the country during the region of Emperor Taizong of the Tang Dynasty when the country was divided into 10 such

administrative divisions 2. 清代和民国初年每省分成几个道 an administrative division of a province in the Qing Dynasty and in the early years of the Republic of China ❿ (—子 —zi、—儿 —r)线条 line:红 ~ 儿 hóngdàor *a red line*/铅笔 ~ 儿 qiānbǐdàor *a line drawn with a pencil* ⓫ 量词 meas. 1. 用于长条状的(for long and narrow objects):一 ~ 河 yī dào hé *a river*/画 — ~ 红线 huà yī dào hóngxiàn *draw a red line* 2. 用于路上的关口,出入口(for doors, walls, etc):两 ~ 门 liǎng dào mén *two successive doors*/过一 ~ 关 guò yī dào guān *pass a barrier* 3. 则、条(for orders, questions, etc):三 ~ 题 sān dào tí *three questions*/一 ~ 命令 yī dào mìnglìng *an order* 4. 次 time:洗了三~ xǐle sān dào *have washed it for three times*

稻 dào ㄉㄠˋ (—子 —zi)一种谷类植物,有水稻、旱稻之分,通常指水稻。子实椭圆形,有硬壳,经碾制就是大米(paddy or upland, usu paddy)rice, a cereal crop having oval-shaped seeds (coated with husks) which become rice after being husked

纛 dào ㄉㄠˋ 古代军队里的大旗 a big army banner in ancient times

DE ㄉㄜ

嘚 dē ㄉㄜ 拟声词,马蹄踏地声 onom. the clatter of horses's hoofs [嘚啵 — bo]〈方 dial.〉唠叨 chatter:别瞎~~了,赶紧干活儿吧 Bié xiā dēbo le, gǎnjǐn gànhuór ba. *Why not stop chattering and go on with your work?*

得 ㊀ dé ㄉㄜˊ ❶ 得到 obtain(⑲comb. 获—huò— *gain*):大~人心 dà dé rénxīn *be very popular*; *enjoy popular support*/~ 奖 déjiǎng *win a prize*/~ 胜 déshèng *win a*

victory ⑦ext. 遇到 have；get；～空 (kòng) dékòngr *have leisure；be free*/～便 débiàn *when it's convenient* ❷ 适合 fit；proper；～当（dàng）dédàng *apt；proper；suitable*/～法 défǎ *get the knack*/～手（顺利）déshǒu *go smoothly；do fine*/～劲 déjìnr *feel well* ❸ 得意，满意 satisfied；pleased；扬扬自～ yángyáng-zìdé *be very much pleased with oneself* ❹ 完成 accomplish；finish：衣服做～了 Yīfu zuò dé le. *The clothes have been made.*/饭～了 Fàn dé le. *Dinner is ready.* ❺用于某种语气 expressing certain tones 1. 表示禁止 expressing no：～了，别说了 Dé le，bié shuō le. *That's enough. Let it go at that.* 2. 表示同意 expressing approval：～，就这么办 Dé，jiù zhème bàn. *All right，just do it this way.* 3. 表示无可奈何 expressing helplessness：～，今天又迟到了 Dé，jīntiān yòu chídào le. *Oh，dear！I'm late again today.* ❻可以，许可 permit；allow：不～随地吐痰 Bùdé suídì tǔtán. *No spitting.*/正式代表均～参加表决 Zhèngshì dàibiǎo jūn dé cānjiā biǎojué. *Every full member should take part in the vote.*

　　⊜ děi 见 121 页 See p. 121
　　⊜ de 见 121 页 See p. 121

锝 dé ㄉㄜˊ 一种放射性元素，符号 Tc，是第一种人工制成的元素 technetium，the first man-made radioactive element；symbol：Tc

德(*惪) dé ㄉㄜˊ ❶好的品行 good conduct：～才兼备 décái-jiānbèi *have both ability and integrity* ❷道德，人们共同生活及其行为的准则、规范 morals，principles and standards that people abide by in their life and action in the public：公～ gōngdé *public morality；social ethics* ❸信念 heart；mind：同心同～ tóngxīn-tóngdé *be of one heart and*

one mind；*be dedicated to the same cause* ❹恩惠 favor：感恩戴～ gǎn'ēn-dàidé *be deeply grateful* ❺指德国 Germany

[德昂族－ángzú]原名"崩龙族"，我国少数民族，参看附表 the De'ang Nationality，formerly called the Benglong Nationality，an ethnic minority in China. See Appendix.

地 ⊖ de ㄉㄜ 助词，用在词或词组后表明副词性 aux. (used after a word or a phrase to indicate that the word or phrase is an adverb)：胜利～完成任务 shènglì de wánchéng rènwu *finish the task with triumph*

　　⊖ dì 见 125 页 See p. 125

的 ⊖ de ㄉㄜ 助词 aux. ❶用在词或词组后 used after a word or phrase 1. 表明形容词性 indicate that the word or phrase is an adjective；美丽～风光 měilì de fēngguāng *beautiful scenery* / 宏伟～建筑 hóngwěi de jiànzhù *grand-looking buildings*/ 光荣而艰巨～任务 guāngróng ér jiānjù de rènwu *glorious and hard task* 2. 同"地⊖" Same as "地⊖" 3. 表示所指的人或物 used to form a noun phrase or nominal expression：卖菜～màicài de *a person who sells vegetables*/吃～chī de *sth. to eat*/穿～chuān de *clothes* 4. 表示所属的关系的词，有时也写作"底" indicating the preceding word or phrase is attributive，sometimes also written as"底"：我～书 wǒ de shū *my book*/社会～性质 shèhuì de xìngzhì *the nature of a society* ❷用在句末，表示肯定的语气，常跟"是"相应 aux. used at the end of a declarative sentence for emphasis，often used correspondingly with shì：他是刚从北京来～Tā shì gāng cóng Běijīng lái de. *He has just come from Beijing.*

　　⊖ dì 见 127 页 See p. 127
　　⊖ dí 见 124 页 See p. 124

底 ⊜ de ·分さ 助词，同"的"⊜❸
aux. Same as "的"⊜❸
⊖ dǐ 见 125 页 See p.125

得 ⊜ de ·分さ 助词 *aux.* ❶在动词后表可能 used after a verb to indicate possibility 1. 再接别的词 followed by other words：冲～出去 chōng de chūqu *It is quite possible to dash out of here.* /拿～起来 ná de qǐlái *can lift sth* 2.不再接别的词 not followed by any other words：要～ yàode *good*；*desirable*/要不～ yàobude *be not good*；*be intolerable*/说不～ shuōbude *unspeakable*；*unmentionable* ❷用在动词或形容词后连接表结果或程度的补语 used to link a verb or an adjective to a complement which describes the result or degree：跑～快 pǎo de kuài *run fast*/急～满脸通红 jí de mǎnliǎn tōnghóng *blush with anxiety*/香～很 xiāng de hěn *very delicious*
⊖ dé 见 119 页 See p.119
⊜ děi 见本页 See the same page.

赋 de ·分さ te ·去さ（又 also）见 383 页"肋"字条"肋赋 lē一" See lēde under entry of "lē", p.383

DEI 分乁

得 ⊜ děi 分乁 ❶必须，需要 must；have to：你～用功 Nǐ děi yònggōng. *You have to study hard.* /这活儿～三个人才能完成 Zhè huór děi sān ge rén cáinéng wánchéng. *Three people are needed to finish this job.* ❷表示揣测的必然 certainly will (indicating the certainty of a guess)：时间不早了，要不快走，就～迟到 Shíjiān bù zǎo le, yào bù kuài zǒu, jiù děi chídào. *It is late. We will be late if we do not hurry.* ❸〈方 dial.〉满意，高兴，舒适：挺～ tǐng děi quite satisfied
⊖ dé 见 119 页 See p.119

⊜ de 见本页 See the same page.

DEN 分ㄣ

扽（**㩐）dèn 分ㄣ 用力拉 pull with force：把绳子～一～bǎ shéngzi dèn yī dèn *Pull the rope tight.* /～线 dèn xiàn *pull the thread tight*

DENG 分ㄥ

灯（燈）dēng 分ㄥ 照明或利用光线达到某种目的的器具 lamp；lantern；light：电～ diàndēng *electric light*/路～lùdēng *street lamp*/探照～tànzhàodēng *searchlight*

登 dēng 分ㄥ ❶上，升 mount；ascend：～山 dēngshān *mountainclimbing* /～高 dēnggāo *ascend a height*/～峰造极（喻达到顶峰）dēngfēng-zàojí *reach the peak of a mountain*（*fig.* reach the peak of perfection）❷踩，践踏，也作"蹬"（also written as "蹬"）step on；tread：～在凳子上 dēng zài dèngzi shang *step on the stool* ㊂ext. 脚向下用力踏，press down with the foot：～三轮车 dēng sānlúnchē *pedal a pedicab*/～水车 dēng shuǐchē *pedal a watercart* ❸刊载，记载 publish；record：～报 dēngbào *publish in the newspaper*/把这几项～在簿子上 bǎ zhè jǐ xiàng dēng zài bùzi shang *record these items on the registry*[登记一jì]为了特定的目的，向主管机关按表填写事项 register；check in；enter one's name：～～买票 dēngjì mǎi piào *register at the booking-office for a ticket* ❹（谷物）成熟 (of grains) ripen：五谷丰～wǔgǔ-fēngdēng *an abundant harvest of all food crops；a bumper grain harvest*

[登时 — shí] 即时，立刻 at once；immediatelly

噔 dēng ㄉㄥ 拟声词，重东西落地或撞击物体的响声 onom. thump, a sound produced by heavy objects when falling to the ground or hitting each other；thud

簦 dēng ㄉㄥ 古代有柄的笠，类似现在的雨伞 a large umbrella-like bamboo or straw hat, with a conical crown, a broad brim and a handle

蹬 ⊖ dēng ㄉㄥ 同"登❷" Same as "登❷"

⊜ dèng 见 123 页 See p. 123

等 děng ㄉㄥ ❶数量一般大，地位或程度一般高（of two or more people or objects）equal in quantity, status or degree；相 — xiāngděng equal／一加二 — 于三 Yī jiā èr děngyú sān. One plus two is equal to three.／男女权利平 — Nán-nǚ quánlì píngděng. Men and women enjoy equal rights. [等闲 — xián] 平常 ordinary 喻fig. 轻易地，不在乎地 lightly；casually；莫作～～看 mò zuò děngxián kàn Don't treat him lightly! ❷级位，程度的分别 class；rank（⸗comb. — 级 — jí rank）：立了一～功 lìle yīděnggōng have won a first class merit citation／特 ～ 英雄 tèděng yīngxióng special class hero／何～快乐 héděng kuàilè How happy (we are)! ❸类，群 kind；group 1. 表示多数 indicating a plural number of people：我 ～ wǒ děng we／你 ～ nǐ děng you／彼 ～ bǐ děng they 2. 列举后煞尾 indicating the end of an enumeration：北京、天津、武汉、上海、广州～五大城市 Běijīng，Tiānjīn，Wǔhàn，Shànghǎi，Guǎngzhōu děng wǔ dà chéngshì the five major cities of Beijing，Tianjin，Wuhan，Shanghai，and Guangzhou 3. 表示列举未完（indicating an unfinished enumeration）and so on；and so forth（叠 redup.）：张同志、王同志～五人

Zhāng tóngzhì，Wáng tóngzhì děng wǔ rén five comrades including Mr Zhang，Mr Wang，and so on／煤、铁 ～ ～ 都很丰富 méi，tiě děngděng dōu hěn fēngfù be rich in coal，iron and so on ❹ 待，候 wait；await（⸗comb. — 待 — dài wait，— 候 — hòu await）：～一下再说 děng yīxiàr zàishuō Put it off for a moment.／～不得 děngbude This matter cannot wait. ❺同"戥" Same as "戥"

戥 děng ㄉㄥ ❶（—子 — zi）一种小型的秤，用来称金、银、药品等分量小的东西 a small steelyard used to weigh sth that is small in amount such as gold，silver，medicine ❷用戥子称 weigh with such a steelyard：把这包药～一～bǎ zhè bāor yào děng yī děng weigh this bag of medicine in the small steelyard

邓（鄧） dèng ㄉㄥ 邓州，地名，在河南省 Dengzhou，a place in Henan Province

僜 dèng ㄉㄥ 僜人，住在我国西藏自治区察隅一带 people inhabiting Chayu in the autonomous region of Tibet

凳（*櫈） dèng ㄉㄥ（—子 — zi，— 儿 — r）有腿没有靠背的坐具 stool；bench／板～ bǎndèng wooden bench or stool／小 ～ 儿 xiǎodèngr stool

嶝 dèng ㄉㄥ 山上可攀登的小路 hill path

澄 ⊖ dèng ㄉㄥ 让液体里的杂质沉下去（of a liquid）settle；become clear：水～清了再喝 Shuǐ dèngqīngle zài hē. Wait till the water settles before you drink it.

⊜ chéng 见 77 页 See p. 77

磴 dèng ㄉㄥ ❶石头台阶 stone steps ❷量词，用于台阶或楼梯的层级 meas. for steps or stairs

瞪 dèng ㄉㄥ 睁大眼睛 open one's eyes wide：把眼一～ bǎ yǎn yī

dèng *stare at sth or sb with wide open eyes* / 你~着我作什么 Nǐ dèngzhe wǒ zuò shénme? *Why are you staring at me?* / 一眼 dèngyǎn *open one's eyes wide; glare; stare*

镫 dèng ㄉㄥˋ 挂在马鞍子两旁的东西,是为骑马的人放脚用的 stirrup

〈古 arch.〉又同"灯 dēng" also same as "灯"

蹬 ㊀dèng ㄉㄥˋ 见 61 页"蹭"字条"蹭蹬"cèng— See dèngcèng under entry of "cèng" p. 61

㊁dēng 见 122 页 See p. 122

DI ㄉ丨

氏 ㊀dī ㄉ丨 ❶我国古代西部的少数民族名 an ethnic minority in the west of ancient China ❷星宿名,二十八宿之一 a star constellation, one among the 28 constellations

㊁dǐ 见 124 页 See p. 124

低 dī ㄉ丨 ❶跟"高"相反 antonym of "高": 1. 矮 low: 这房子太~Zhè fángzi tài dī. *The house is too low.* / 弟弟比哥哥~一头 Dìdi bǐ gēge dī yī tóu. *The younger brother is a head lower than his elder brother.* 2. 地势洼下 low-lying: ~地 dìdì *lowland* 3. 声音细小 low in voice: ~声讲话 dīshēng jiǎnghuà *speak in a low voice* 4. 程度差 low or bad in degree: 眼高手~yǎngāo-shǒudī *have high standards but little ability; be fastidious but incompetent* / 政治水平~zhèngzhì shuǐpíng dī *of low political level* 5. 等级在下的 low in grade: ~年级学生 dīniánjí xuésheng *students of the junior years* (or *lower grades*) ❷俯,头向下垂 let droop: ~头 dītóu *lower one's head*

羝 dī ㄉ丨 公羊 ram; billy goat

堤(*隄) dī ㄉ丨 用土、石等材料修筑的挡水的高岸 embankment, a raised bank of earth or stones used to hold back water: 河~hédī *river embankment* / 修~xiū dī *build dykes* [堤防—fáng]堤 dyke; embankment

提 ㊀dī ㄉ丨 [提防—fang]小心防备 beware of; guard against [提溜—liu]手提(tí) carry by the hand

㊁tí 见 639 页 See p. 639

鞮 dī ㄉ丨 古代的一种皮鞋 a kind of ancient leather shoes

碮(磾) dī ㄉ丨 用于人名 used in people's names

滴 dī ㄉ丨 ❶落下的少量液体 drop of liquid: 汗~hàndī *beads of sweat* / 水~shuǐdī *drops of water* [点滴 diǎn—]零星,少 a bit ❷液体一点一点地落下,使液体一点一点地落下 drip: 汗水直往下~Hànshuǐ zhí wǎng xià dī. *Sweat kept dripping down.* / ~眼药 dī yǎnyào *put drops in one's eyes* [滴沥—lì]拟声词,雨水下滴的声音 onom. the sound of rain pattering

[滴溜—liū] 1. 滚圆的样子 round shaped: ~~圆 dīliūyuán *perfectly round* 2. 形容很快地旋转 turning round quickly: ~~转 dīliūzhuàn *be terribly busy*

镝 ㊀dī ㄉ丨 一种金属元素,符号 Dy,用于原子能工业等 dysprosium, a metallic element used in atomic energy industry; symbol: Dy

㊁dí 见 124 页 See p. 124

奀 ㊀dī ㄉ丨〈方 dial.〉小 small

㊁ēn 见 157 页 See p. 157

狄 dí ㄉ丨 我国古代对北部少数民族的统称 an ancient name for the northern tribes of China

荻 dí ㄉ丨 多年生草本植物,生长在水边,叶子长形,跟芦苇相似,秋天开紫花 a kind of perennial reed living by the side of waters, with long leaves (just like those of reeds) and purple flowers in autumn

迪 dí ㄉㄧˊ 开导 enlighten；guide(⑤comb. 启— qǐ— *enlighten*)

笛 dí ㄉㄧˊ （一子 —zi、—儿 —r)乐器名，通常是竹制的，有八孔，横着吹 bamboo flute, an eight-holed musical instrument that can be blown while being held horizontally ⑤ext. 响声尖锐的发音器 whistle；汽～qìdí *steam whistle*/警～jǐngdí *siren；police whistle*

的 ⊖ dí ㄉㄧˊ 真实，实在 indeed；truly：～当 dídàng *apt；appropriate*/～确如此 díquè rúcǐ *It's true indeed.*

　　⊜ dì 见 127 页 See p. 127
　　⊜ de 见 120 页 See p. 120

籴(糴) dí ㄉㄧˊ 买粮食 buy in (grains)：～米 dí mǐ *buy in husked rice*

敌(敵) dí ㄉㄧˊ ❶敌人 enemy：划清～我界限 huàqīng dí-wǒ jièxiàn *make a clear distinction between friends and enemies* ❷相当 match；equal：势均力～shìjūn-lìdí *match each other in strength* ❸抵挡 fight；resist：军民团结如一人，试看天下谁能～Jūn-mín tuánjié rú yī rén, shì kàn tiānxià shéi néng dí. *If the army and the people are united as one, who in the world can match them in strength?*

涤(滌) dí ㄉㄧˊ 洗 wash(⑤comb. 洗— xǐ— *wash*)：～除旧习 díchú jiùxí *give up an old habit；do away with old customs*

觌(覿) dí ㄉㄧˊ 相见 meet：～面 dímiàn *meet each other*

髢 dí ㄉㄧˊ (旧读 early pron. dì)假头发 wig (叠redup.)

嘀 (＊＊唙) dí ㄉㄧˊ [嘀咕 —gu] 1. 小声说私话 whisper；talk in whispers：他们俩～～什么呢 Tāmen liǎ dígu shénme ne? *What are the two of them*

whispering about? 2. 心中不安，犹疑不定 have misgivings about sth；have sth on one's mind：拿定主意别犯～nádìng zhǔyì bié fàn dígu *Make up your mind, and don't think about it all the time.*

嫡 dí ㄉㄧˊ ❶封建宗法制度中称正妻 wife (as distinguished from a concubine under the feudal-patriarchal system) ⑤ext. 正妻所生的 of or by the wife：～子 dízǐ *the wife's son*/～嗣 dísì *eldest son born of one's legal wife* ❷亲的，血统最近的 of lineal descent；closely related：～亲哥哥 díqīn gēge *elder blood brother*/～堂兄弟 dítángxiōngdi *cousins of the same paternal grandfather* ⑤ext. 系统最近的 one's own clique：～系 díxì *one's own troops*

镝 ⊖ dí ㄉㄧˊ 箭头 arrowhead：锋～fēngdí *swords and arrows (fig. weapons)*/鸣～(响箭) míngdí *whistling arrow*

　　⊜ dī 见 123 页 See p. 123

蹢 ⊖ dí ㄉㄧˊ 〈古 arch.〉蹄子 hoof
　　⊜ zhí 见 843 页 See p. 843

翟 ⊖ dí ㄉㄧˊ ❶长尾山雉 pheasant ❷古代哲学家墨子名翟 another name for the the ancient philosopher Mozi
　　⊜ zhái 见 818 页 See p. 818

氐 ⊖ dī ㄉㄧ 根本 foundation
　　⊜ dī 见 123 页 See p. 123

邸 dǐ ㄉㄧˇ 高级官员的住所，现多用于外交场合 the residence of a high official of old time (now often used on diplomatic occasions)：官～guāndǐ *official residence*

诋 dǐ ㄉㄧˇ 毁谤 slander(⑤comb. —毁 —huǐ *defame*)：丑～(辱骂) chǒudǐ *use bad language against (hurl insults at)*

坻 ⊖ dǐ ㄉㄧˇ 山坡 mountain slope

[宝坻—dǐ]地名，在天津市 a place in Tianjin

㊁ chí 见 79 页 See p. 79

抵(❷*牴、❷*觝) dǐ ㄉㄧˇ ❶挡，拒，用力支撑着 support；sustain；prop (㊧comb. 一挡 —dǎng *withstand*)：~挡一阵 dǐdǎng yīzhèn *withstand for a while*/~住门别让风刮开 dǐzhù mén bié ràng fēng guākai *prop sth against the door so that it won't be blown open by the wind* [抵制—zhì]抵抗，阻止，不让侵入 resist；boycott ❷牛、羊等有角的兽用角顶、触 (of animals with horns such as bulls or sheep) prop with one's horns[抵触—chù]发生冲突 conflict；他的话前后~ Tā de huà qiánhòu dǐchù. *What he said was self-contradicting.* ❸顶，相当，代替 be equal to：~债 dǐzhài *pay a debt in kind or by labor*/~押 dǐyā *mortgage* [抵偿—cháng]用价值相等的事物作为赔偿或补偿 give sth by way of payment for ❹到达 reach；arrive：~京 dǐ Jīng *reach Beijing* ❺抵消 offset；cancel out；counteract：收支相~ shōu-zhī xiāngdǐ *break even* [大抵 dà —]大略，大概 generally speaking；on the whole：~~是这样，详细情况我说不清 Dàdǐ shì zhèyàng, xiángxì qíngkuàng wǒ shuō bu qīng. *This is the case on the whole. I am not very clear about the details myself.*

底 ㊀dǐ ㄉㄧˇ ❶(—子—zi、—儿—r)最下面的部分 bottom：锅~ guōdǐ *the bottom of the pot*/鞋~儿 xiédǐr *sole of a shoe*/海~ hǎidǐ *the bottom of the sea* ㊂ext. 末了 end；月~ yuèdǐ *the end of a month*/年~ niándǐ *the end of a year* ❷(—子—zi、—儿—r)根基，基础，留作根据的 base；basis；foundation：~稿 dǐgǎo *draft；manuscript*/~账 dǐzhàng *a copy of the accounts*/刨根问~ páogēn-wèndǐ *get to the root (or*

bottom) *of things*/那文件要留个~儿 Nà wénjiàn yào liú ge dǐr. *Keep a copy of the document on file.* [底细—xì]内情，详情，事件的根底 ins and outs；each detail ❸(—儿—r)图案的底子 ground；background of patterns：白~儿红花碗 bái dǐr hóng huār wǎn *a white bowl with red flowers on it* ❹达到 end up with；come：终~于成 zhōng dǐ yú chéng *end up with success* ❺何，什么 what；which：~事 dǐ shì *what matter*/~处 dǐ chù *which place*

㊁ de 见 121 页 See p. 121

柢 dǐ ㄉㄧˇ 树木的根 root of a tree (㊧comb. 根—gēn— *root*)：根深~固 gēnshēn-dǐgù *deep-rooted*

砥 dǐ ㄉㄧˇ (旧又读 zhǐ early pron also zhǐ)细的磨刀石 whetstone [砥砺—lì]磨炼 temper：~~意志 dǐlì yìzhì *temper one's will*

骶 dǐ ㄉㄧˇ 腰部下面尾骨上面的部分 sacrum (图见 217 页"骨" See picture under entry of "骨", p.217)

地 ㊀dì ㄉㄧˋ ❶地球，太阳系九大行星之一，人类居住的星球 the earth, one of the nine planets in the solar system, where human beings live：天~ tiāndì *heaven and earth*/心~ dìxīn *the earth's core*/~层 dìcéng *stratum；layer* ㊂ext. 1. 指土地、地面 land, the surface of the earth：~大物博 dìdà-wùbó *vast territory and abundant resources；a vast land with rich resources*/草~ cǎodì *grassland*/两亩~ liǎng mǔ dì *two mu of land* 2. 指某一地区，地点 a certain area：此~ cǐdì *in this area*/华东各~Huádōng gèdì *everywhere in Eastern China*/目的~ mùdìdì *destination* 3. 指路程，用在里数或站名后 distance (used after number of stops or *li*)：三十里~ sānshí lǐ dì *thirty li in distance*/两站~ liǎng zhàn dì *a distance between two stops* [地方—fāng]1. 各省、市、

县，对全国和中央说 locality (as distinguished from the central administration)：~~各级人民代表大会 dìfāng gèjí rénmín dàibiǎo dàhuì *the people's congresses at different levels*/~~服从中央 dìfāng fúcóng zhōngyāng. *Local authorities obey the central authorities.* 2. (—fang)区域 space；place：飞机在什么~~飞 Fēijī zài shénme dìfang fēi? *Where does a plane fly?* /那 ~ ~ 出高粱 Nà dìfang chū gāoliang. *That place produces Chinese sorghum.* 3. (—fang)点，部分 part；respect：他这话有的~~很对 Tā zhè huà yǒu de dìfang hěn duì. *What he said is right in some respect.* [地道 —dào]1.地下挖成的隧道 tunnel：~ ~ 战 dìdàozhàn *tunnel warfare* 2. (—dao)有名产地出产的，也说"道地"(dàodì) genuine；from the place noted for the product, also dàodì：~~药材 dìdao yàocái *genuine crude drugs* 〈trans.〉 真正的，纯粹 pure；genuine：一口 ~ ~ 北京话 yī kǒu dìdao Běijīnghuà *speak a pure Beijing dialect* [地下 —xià]1.地面下，土里 underground：subterranean：~~铁道 dìxià tiědào *underground tunnel* 〈fig.〉秘密的，不公开的 secret；underground：~~工作 dìxià gōngzuò *underground work* 2. (—xia)地面上 on the ground：掉在~~了 diào zài dìxia le *have dropped to the ground* [地位—wèi]人在社会关系中所处的位置 social status ❷表示思想活动的领域 insight；mind：见~ jiàndì *insight*；*judgement*/心~ xīndì *a person's mind*；*character* ❸底子 ground；background 〈comb.〉质—zhì — *quality of some material*；*texture*：蓝~白花布 lán dìr bái huār bù *a piece of blue cloth with white flowers*

⊖ de 见 120 页 See p. 120

弟 dì ㄉㄧˋ ❶同父母的比自己年纪小的男子 younger brother of the same parents (叠 redup.)[弟兄 —xiong] 1.包括所有的兄和弟(口语里跟"兄弟(di)"有分别，"兄弟(di)"专指弟弟)blood brothers (different from xiōngdi one's younger brother in spoken Chinese)：我们~~三个 Wǒmen dìxiong sān ge. *we three brothers* 2.同辈共事的朋友间亲热的称呼 brother, a close friend, companion, or countryman of the same generation ❷称同辈比自己年纪小的男性 used to address a younger man of one's same generation：小~~ xiǎo dìdi *little brother*/师 ~ shīdì *junior (male) fellow apprentice* [弟子—zǐ]旧时学生对老师自称或别人指称 disciple；pupil

〈古 arch.〉又同"悌 tì"Also same as "悌 tì"

〈古 arch.〉又同"第❶❷❹"also same as "第❶❷❹"

递(遞) dì ㄉㄧˋ ❶传送，传达 hand over；pass 〈comb. 传—chuán — transmit〉：投 ~ tóudì *deliver*/你把书 ~ 给我 Nǐ bǎ shū dìgěi wǒ. *Pass the book to me.* /~ 眼色(以目示意)dì yǎnsè *tip sb. the wind；wink at sb.* ❷顺着次序 successively；in the proper order：补 dìbǔ *fill vacancies in the proper order*/~ 加 dìjiā *progressively (or successively) increase；increase by degrees* / ~进 dìjìn *go forward one by one*

娣 dì ㄉㄧˋ ❶古代称丈夫的弟妇 the wife of one's husband's younger brother：~姒(sì)(妯娌 zhóulǐ) *wives of brothers；sisters-in-law* ❷古时姐姐称妹妹为娣 (in ancient times) a woman's younger sister

睇 dì ㄉㄧˋ 斜着眼看 look askance；cast a sidelong glance

第 dì ㄉㄧˋ ❶次序 order；sequence（逮comb. 等－děng *grade in an imperial examination*，次－cì－order）⑨ext. 科举时代考中(zhòng)叫及第，没考中叫落第 grades for successful candidates in the imperial examinations（Passing the examinations is called jídì, and failing to pass is called luòdì）❷表次序的词头 used before numerals to form ordinal numbers：～一 dì-yī *the first*／～二 dì-èr *the second* ❸封建社会官僚贵族的大宅子 the residence of a high official in feudal times（逮comb. 宅－zhái－*mansion*，－宅－zhái *mansion house*）：府～fǔdì *mansion* ❹但 but；此物世上多有，～人不识耳 Cǐ wù shìshàng duō yǒu, dì rén bù shí ěr. *This kind of thing is very common in the world. Only people do not know it.*

的 ㊀ dì ㄉㄧˋ 箭靶的中心 target；bull's eye；中～zhòngdì *hit the target*／有～放矢 yǒudì-fàngshǐ *shoot the arrow at the target*［目的 mù－］要达到的目标、境地 goal；aim：我们的～～一定能够达到 Wǒmen de mùdì yídìng nénggòu dádào. *Our goal will surely be attained.*
㊁ dí 见 124 页 See p. 124
㊂ de 见 120 页 See p. 120

莳 dì ㄉㄧˋ〈古 arch.〉莲子 lotus seed

帝 dì ㄉㄧˋ ❶古代指天神(in ancient times) the Supreme Being：上～Shàngdì *God* ❷君主，皇帝 emperor；monarch：称～chēngdì *proclaim oneself emperor*／三皇五～Sān Huáng Wǔ Dì *the three August Ones and the Five Lords*（legendary rulers of remote antiquity）❸帝国主义的简称 a short form for imperialism

谛 dì ㄉㄧˋ ❶仔细 carefully；attentively：～听 dìtīng *listen attentively*／～视 dìshì *examine closely* ❷意义，道理（原为佛教用语）(from Buddhism) meaning；significance；妙～miàodì *subtlety*／真～zhēndì *true essence；true meaning*

蒂(＊蔕) dì ㄉㄧˋ 花或瓜果跟枝茎相连的部分 the base of a fruit：瓜熟～落 guāshú-dìluò *When a mellon is ripe, it falls off its stem*（fig. things are easily settled once conditions are ripe）［蒂芥－jiè］［芥蒂 jiè－］细小的梗塞，比喻嫌隙或不满 ill feeling；unpleasantness：毫无～～háowú dìjiè *There is no ill feeling against sb.*

缔 dì ㄉㄧˋ 结合 combine；unite（逮comb. －结－jié *conclude；establish*）：～交 dìjiāo *establish diplomatic relations*／～约 dìyuē *conclude a treaty*［缔造－zào］创立，组织 found；create：毛泽东同志和他的战友们～～和培育了伟大、光荣、正确的中国共产党 Máo Zédōng tóngzhì hé tā de zhànyǒumen dìzào hé péiyù le wěidà, guāngróng, zhèngquè de Zhōngguó Gòngchǎndǎng. *Mao Zedong and his comrades-in-arms founded and cultivated the great, glorious and correct Chinese Communist Party.*

裼 dì ㄉㄧˋ 古代一种祭祀 an ancient sacrifice

碲 dì ㄉㄧˋ 一种非金属元素，符号 Te，对热和电传导不良。用于炼铁工业。碲的化合物有毒，可作杀虫剂 tellurium, a non-metallic element that is of bad conductivity. Its chemical compounds are poisonous and can be used as insecticide. Symbol：Te

棣 dì ㄉㄧˋ ❶植物名 plant name 1. 唐棣，也作"棠棣"，古书上说的一种植物 Chinese bush cherry, also written as "棠棣", a plant mentioned in ancient Chinese books 2. 棣棠，落叶灌木，花黄色，果实黑色 kerria, a deciduous bush with yellow flowers and black fruits ❷同"弟",旧多用于书信 Same as "弟", usu used in letters in former times; 贤～xiándì *a term of respect for one's younger brother or a friend younger than oneself*

踶 dì ㄉㄧˋ 踢,踏 kick; step on

DIA ㄉㄧㄚ

嗲 diǎ ㄉㄧㄚˇ〈方 dial.〉形容撒娇的声音或态度(of voice) flirtatious; (of attitude) spoiled; ～声～气 diǎshēng diǎqì *speak in a coquettish voice* / ～得很 diǎ de hěn *affectedly sweet*

DIAN ㄉㄧㄢ

战 diān ㄉㄧㄢ[战敠 –duo]同"掂掇", 见本页"掂 diān" Same as 掂掇, see "diān", the same page.

掂 diān ㄉㄧㄢ 用手托着东西估量轻重 weigh in the hand; ～一～ diān yī diān *weigh in the hand* / ～着不轻 diānzhe bù qīng *It feels quite heavy in the hand.* [掂掇–duo]1. 斟酌 consider; deliberate 2. 估量 estimate

滇 diān ㄉㄧㄢ ❶滇池,湖名,在云南省。也叫"昆明湖"Diānchí, a lake in Yunnan Province, also called Kuming Lake ❷云南省的别称 another name for Yunnan Province

颠 diān ㄉㄧㄢ ❶头顶 crown (of the head); top: 华～(头顶上黑发白发相杂)huádiān *grey hair; grizzled hair* 旬 ext. 最高最上的部分 summit: 山～ shāndiān *mountain peak* / 塔～ tǎdiān *the top of a tower* ❷始 beginning: ～末 diānmò *beginning and ending* ❸倒,跌 fall; collapse

(旬 comb. — 覆 — fù *overturn; subvert*): ～扑不破(指理论正确不能推翻) diānpū-bùpò *be able to withstand heavy battering; be irrefutable* [颠倒–dǎo]1. 上下或前后的次序倒置 put sth upside down; invert: 书放～～了 Shū fàng diāndǎo le. *The book is put upside down.* / 这两个字～～过来意思就不同了 Zhè liǎng ge zì diāndǎo guolai yìsi jiù bùtóng le. *The meaning will change if we reverse the two characters.* 2. 错乱 mentally deranged: 神魂～～ shénhún-diāndǎo *lose one's heart to sb.* [颠沛–pèi]1. 倒下 fall; collapse 2. 穷困,受挫折 poor; frustrated: 他以前过着～～流离的生活 Tā yǐqián guòzhe diānpèi-liúlí de shēnghuó. *He used to lead a vagabond life.* ❹颠簸,上下震动 jolt; bump: 山路不平,车～得厉害 Shānlù bù píng, chē diān de lìhai. *As the mountain road was rough, the truck jolted badly.* ❺同"癫"Same as "癫"

攧 diān ㄉㄧㄢ 跌 fall

巅 diān ㄉㄧㄢ 山顶。也作"颠"mountain peak, also written as "颠"

癫 diān ㄉㄧㄢ 精神错乱、失常 mentally deranged; insane (旬 comb. — 狂 — kuáng, 疯 — fēng *crazy*)

典 diǎn ㄉㄧㄢ ❶可以作为标准、典范的书籍 standard work of scholarship; ～籍 diǎnjí *ancient books and records* / 词～cídiǎn *dictionary* / 字～zìdiǎn *character dictionary* / 引经据～yǐnjīng-jùdiǎn *quote the classics; quote the authoritative* 旬 ext. 标准,法则 standard; law: ～范 diǎnfàn *model; example* / ～章 diǎnzhāng *institutions* / 据为～要 jùwéi diǎnyào *quote sth as a standard* [典礼–lǐ]郑重举行的仪式 ceremony: 开学～～ kāixué diǎnlǐ *school-opening cere-*

mony/开幕～～kāimù diǎnlǐ *opening ceremony* [典型—xíng] 1. 有概括性或代表性的人或事物 typical case (or example); model 2. 文艺作品中，用典型化的方法创造出来的能够反映一定社会本质，表现人的阶级性而具有鲜明个性的艺术形象 typical character created through typification in artistic works, representing certain social nature and class nature of human beings, and having distinct characteristics ❷典故，诗文里引用的古书中的故事或词句 allusion, stories, words or sentences quoted from classic books in one's articles or poems: 用～ yòngdiǎn *allude; use allusions* ❸旧指主持，主管 manage; run: 试～ diǎnshì *the person who is in charge of certain examinations*/～狱 diǎnyù *prison warden* ❹活买活卖，到期可以赎 mortgage; pawn: ～当 diǎndàng *pawn*/～押 diǎnyā *pawn*

碘 diǎn ㄉㄧㄢˇ 一种非金属元素，符号 I，黑紫色鳞片状，有金属光泽，供制医药染料等用。人体中缺少碘能引起甲状腺肿 iodine, a dark purple scale-like non-metallic element that has metallic lustre and is used as dyestuff or in medicine; symbol: I. A lack of iodine in human body may result in goitre.

点（點） diǎn ㄉㄧㄢˇ ❶（—子—zi、—儿—r）细小的痕迹或物体 spot; dot; speck: 墨～儿 mòdiǎnr *ink spots*/雨～儿 yǔdiǎnr *rain drops*/斑～ bāndiǎn *spot*; stain ⑨ext. 少量 a little; a bit: 一～小事 yīdiǎn xiǎo shì *a small matter*/吃～儿东西 chī diǎnr dōngxi *eat sth* ❷几何学中指只有位置而没有长、宽、厚的图形 point, a geometric figure that occupies a position but has no length, width or thickness ❸一定的处所或限度 place; point: 起～ qǐdiǎn *starting point*/终～ zhōngdiǎn *terminal point; destination*/据～

jùdiǎn *stronghold*/沸～ fèidiǎn *boiling point* ❹项，部分 item; part: 优～ yōudiǎn *strong points*/重～ zhòngdiǎn *stress; emphasis*/要～ yàodiǎn *key points*/补充三～ bǔchōng sān diǎn *add three points; have three points to add* ❺（—儿—r）汉字的一种笔形（、）stroke（、）in Chinese characters: 三～水 sāndiǎnshuǐ *a basic structural part in Chinese characters formed by three dots* ❻加上点子 put a dot: ～句 diǎnjù *punctuate a sentence*/评～ píngdiǎn *comment*/画龙～睛 huàlóng-diǎnjīng *bring a picture of a dragon to life by adding eyeballs to it* (*fig.* add the touch that brings a work of art to life; add the finishing touch) [点缀—zhuì] 在事物上略加装饰 embellish; ornament; adorn: ～风景 diǎnzhuì fēngjǐng *embellish the scene* ❼一落一起地动作 move up and down; touch on briefly: ～头 diǎntóu *nod one's head*/蜻蜓～水 qīngtíng-diǎnshuǐ *like a dragonfly skimming the surface of the water* (*fig.* just touch on sth lightly without going into its depth) ❽使一点一滴地落下 drip: ～眼药 diǎn yǎnyào *put drops in the eyes*/～种牛痘 diǎnzhòng niúdòu *give or get smallpox vaccination*/～播种子 diǎnbō zhǒngzi *dibble seeding* ❾引火，燃火 light; burn; kindle: ～灯 diǎndēng *light a lamp*/～火 diǎnhuǒ *light a fire* ❿查数（shǔ）check one by one: ～收 diǎnshōu *check and accept*/～数（shù）diǎnshǔ *check the number; count*/～验 diǎnyàn *examine item by item* ⓫指示，指定 instruct; hint (⊕ comb. 指—zhǐ—*instruct*): ～破 diǎnpò *bring sth out into the open*/～菜 diǎncài *order a dish* ⓬旧时夜间计时用更点，一夜分五更，一更分五点 a period of 1/5 two-hour periods into which the night was divided in former times：三更三～sān gēng sān diǎn *about 2：12 am.* ⑬钟点，规定的时间点；appointed time；保证火车不误～ Bǎozhèng huǒchē bù wùdiǎn. *Make sure that the train will not run behind schedule.* ⑭点心 pastry：糕～ gāodiǎn *cake*；*pastry*；早～zǎodiǎn *light breakfast*

踮(**踮) diǎn ㄉ丨ㄢ也作"点" also written as "点" ❶跛足人走路用脚尖点地(of a lame person) stand on tiptoe：～脚 diǎnjiǎo *tiptoe* ❷提起脚跟，用脚尖着地 tiptoe；stand on tiptoe：～着脚向前看 diǎnzhe jiǎo xiàng qián kàn *stand on tiptoe and look ahead*

电(電) diàn ㄉ丨ㄢ ❶物质中存在的一种能，人利用它来使电灯发光、机械转动等 electricity, a kind of energy existing in matters which is used to give electric lamps light, and to start machines [电脑—nǎo]电子计算机 computer[电子—zǐ]物理学上称构成原子的一种带阴电的微粒子 electron, a tiny particle carrying one unit of negative electricity ❷阴雨天天空中云层放电时发出的光。俗叫"闪 shǎn"lightening, a flash of light in the sky caused by a discharge of electricity by cloud or clouds；popularly called shǎn ❸电流打击，触电 give or get an electric shock：电门有毛病，～了我一下 Diànmén yǒu máobing, diànle wǒ yīxiàr. *Something is wrong with the switch. I got an electric shock when touching it.* ❹指电报 telegram；急～jídiàn *urgent telegram*/通～tōngdiàn *publish an open telegram* ❺打电报 send a telegram：～汇 diànhuì *telegraphic transfer*/～告 diàngào *notify or report by telegraph*

佃 ㊀ diàn ㄉ丨ㄢ 一般指旧社会无地或少地的农民，被迫向地主、富农租地耕种 a peasant without land or with little land in the old society who

rent land from a landlord：～户 diànhù *tenant*/～农 diànnóng *tenant peasant*；*tenant farmer*
　　㊁ tián 见 643 页 See p. 643

甸 diàn ㄉ丨ㄢ 古时称郊外的地方(early use) suburb [甸子—zi]〈方 dial.〉放牧的草地 pasture

钿 ㊀ diàn ㄉ丨ㄢ ❶把金属、宝石等镶嵌(qiàn)在器物上作装饰 inlay pieces of metal or gems on utensils for ornament：宝～bǎodiàn *treasured objects inlaid with sth like gold or jade*/螺～(一种手工艺，把贝壳镶嵌在器物上)luódiàn *mother-of-pearl inlay* (a handicraft of inlaying shells on utensils) ❷古代一种嵌金花的首饰 woman's hair ornament inlaid with gold flowers in ancient times
　　㊁ tián 见 643 页 See p. 643

阽 diàn ㄉ丨ㄢ yán 丨ㄢ (又 also) 临近(危险) be close to (danger)

坫 diàn ㄉ丨ㄢ ❶古时室内放东西的土台子 an earthen platform to place objects on in the rooms of ancient times ❷屏障 protective screen

玷 diàn ㄉ丨ㄢ 白玉上面的污点 a flaw in a piece of jade [玷污—wū]使有污点 blemish；disgrace

店 diàn ㄉ丨ㄢ ❶商店，铺子 store；shop：书～shūdiàn *bookstore*/零售～língshòudiàn *a retail business*；*retail shop*/～员 diànyuán *salesman or saleswoman*；*shop assistant*[饭店 fàn —]1. 较大的卖饭食的铺子 restaurant 2. 都市中的大旅馆 hotel in big cities ❷旧式的旅馆 an old-fashion inn：住～zhùdiàn *stop at an inn*/大车～dàchēdiàn *an inn for carters*

惦 diàn ㄉ丨ㄢ 惦记，记挂，不放心 be concerned about；keep thinking about：请勿～念 qǐng wù diànniàn *Please don't worry yourself* (about sb)./心里老～着工作 xīnli lǎo diànzhe gōngzuò *His work is always in his mind.*

垫(墊) diàn ㄉㄧㄢ ❶衬托，放在底下或铺在上面 put sth under sth else；pad：～桌子 diàn zhuōzi *put sth under the legs of the table to make it level*/～上个褥子 diànshang ge rùzi *put a cotton-padded mattress on the bed*/路面～上点儿土 lùmiàn diànshang diǎn tǔ *put a layer of earth on the road*; *repair a road by filling the holes* ❷(—子 —zi, —儿 —r)衬托的东西 pad; cushion; mat：草～子 cǎodiànzi *straw mattress*/鞋～儿 xiédiànr *inner sole*/椅～子 yǐdiànzi *chair cushion* ❸替人暂付款项 pay for sb and expect to be repaid later：～款 diànkuǎn *advance money for sb and expect to be paid back later*/～钱 diànqián *advance in cash*; *advance money for sb and expect to be paid back later*

淀(❷澱) diàn ㄉㄧㄢ ❶浅的湖泊 shallow lake：白洋～Báiyángdiàn *Baiyangdian Lake* ❷渣滓，液体里沉下的东西 sediment formed in liquid [淀粉 —fěn]一种不溶于水、很微小的颗粒，米、麦、甘薯、马铃薯等含量很多 starch, particles that do not dissolve in water and are richly stored in rice, wheat, sweet potatoes, potatoes, etc.

靛 diàn ㄉㄧㄢ ❶靛青，靛蓝，用蓼蓝叶泡水调和石灰沉淀所得的蓝色染料 indigo blue; indigo, a dyestuff prepared by putting indigo plant in water for a period of time and then mixing this water with lime ❷蓝色和紫色混合而成的一种颜色 indigo-blue, a color prepared through mixing blue and purple

奠 diàn ㄉㄧㄢ ❶陈设祭品向死者致敬 make offerings to the spirits of the dead(⟨古⟩comb. 祭—jì— *hold a memorial ceremony for*)：～酒 diànjiǔ

pour out a libation of wine/～仪 diànyí *a gift of money made on the occasion of a funeral* ❷奠定，稳稳地安置 establish; settle：～基 diànjī *lay a foundation*/～都 diàndū *establish a capital*

殿 diàn ㄉㄧㄢ ❶高大的房屋，特称封建帝王受朝听政的地方，或供奉神佛的地方 hall; palace, esp imperial palace ❷在最后 at the rear：～后 diànhòu *bring up the rear* [殿军 —jūn]1.行军时走在最后的部队 rearguard 2.体育、游艺竞赛中的最末一名，也指入选的最末一名 person who comes last in a contest, or the last of the successful candidates

癜 diàn ㄉㄧㄢ 皮肤病名，常见的是白癜，俗叫"白癜风"，皮肤生斑点后变白色 a skin disease, usu white paches on the skin (popularly called báidiànfēng); starting from speckles on the skin which will turn into white patches in due time

簟 diàn ㄉㄧㄢ 竹席 bamboo mat

DIAO　ㄉㄧㄠ

刁 diāo ㄉㄧㄠ 狡猾，无赖 tricky; sly：～棍(恶人)diāogùn *unruly person; villain*/这个人真～Zhège rén zhēn diāo. *This man is so cunning and rude.* [刁难 —nàn]故意难为人 make things difficult on purpose

叼 diāo ㄉㄧㄠ 用嘴衔住 hold in the mouth：猫～着老鼠 Māo diāozhe lǎoshǔ. *The cat held a rat in its mouth.*

汈 diāo ㄉㄧㄠ [汈汊 —chà]湖名，在湖北省 a lake in Hubei Province

凋 diāo ㄉㄧㄠ 衰落 wither(⟨古⟩comb. —谢 —xiè、—零 —líng *wither*)：松柏后～sōngbǎi-hòudiāo *The pine*

and the cypress are the last to wither.

碉 diāo ㄉ一ㄠ 碉堡,防守用的建筑物 pillbox, a structure for defence

雕(❶*鵰、❷❸❹*彫、❷❸*琱) diāo ㄉ一ㄠ ❶老雕,又叫"鹫"(jiù)。一种凶猛的鸟,羽毛褐色,上嘴钩曲,能捕食山羊、野兔等 vulture, also called jiù, a strong and fierce bird that has brown feathers and an aquiline bill, preys on goats, hares, etc. ❷刻饰、木、玉、石、金属等 carve on bamboo, wood, jade, stone, metals and the like:木－泥塑 mù-diāo-nísù *modelled in clay or carved from wood* (*fig. as wooden as a dummy*) / 浮－fúdiāo *relief sculp-ture* / ～版diāobǎn *pholoxylo-graphy; wood block for printing* ❸用彩画装饰 decorate with colorful paintings:～弓 diāo gōng *an elab-orate bow* / ～墙 diāo qiáng *a wall with sculptures* ❹同"琱" Same as "琱".

鲷 diāo ㄉ一ㄠ [真鲷 zhēn－]鱼名,通称"加吉鱼"。身体红色,有蓝色斑点,是黄海、渤海重要的海产鱼之一,肉味鲜美 porgy, popularly called jiājíyú, a red fish dotted with blue speckles, one of the main marine products in the Yellow Sea and the Bohai Sea. Its meat tastes very delicious.

貂 diāo ㄉ一ㄠ 哺乳动物,嘴尖,尾巴长,毛皮黄黑色或带紫色,是很珍贵的衣料,为我国东北特产之一 marten, a mammal with a pointed mouth, a long tail and yellowish black or purple fur which is treasured material for clothes, and is one of the special local products of Northeast China

吊(*弔)diào ㄉ一ㄠ ❶祭奠死者或对遭到丧事的人家、团体给予慰问 condole; offer one's condolences to the dead or to families or group of the dead:～丧 diàosāng *visit the bereaved to offer one's condolences*/～唁 diàoyàn *condole; offer one's condolences* ❷悬挂 hang:～着四盏光彩夺目的大红灯 Fángliáng shang diàozhe sì zhǎn guāngcǎi-duómù de dà hóngdēng *Four dazzlingly bright red lanterns hang down from the beams of the house.* ❸把毛皮缀在衣面上 put in a fur lining:～皮袄 diào pí'ǎo *line a coat with fur* ❹提取,收回 revoke; withdraw:～卷 diàojuàn *withdrawn the exam paper*/～销执照 diàoxiāo zhízhào *revoke a licence* ❺旧时货币单位,一般是一千个制钱叫一吊 a former coinage unit, equal to 1,000 copper coins

锦 diào ㄉ一ㄠ 见 404 页"钌"字条"钌铞儿 liàodiàor" See liàodiàor under entry of liào, p. 404

钓 diào ㄉ一ㄠ 用饵诱鱼上钩 fish with a hood and line:～鱼 diào-yú *go fishing; angle* 喻fig. 施用手段取得 pursue sth. through certain means:沽名～誉 gūmíng-diàoyù *fish for fame and compliments*

蓧(蓨)diào ㄉ一ㄠ 古代除草用的农具 an ancient weeding implement

窎 diào ㄉ一ㄠ 深远 far; distant (叠comb.—远—yuǎn *distant*)

调 ⊖ diào ㄉ一ㄠ ❶调动,安排 allocate; arrange:～职 diàozhí *be transferred to another post*/～兵遣将 diàobīng-qiǎnjiàng *dispatch officers and men; deploy forces* ❷(—子 —zi)曲调,音乐上高、低、长、短配合和谐的一组音 tune; melody (叠comb. 腔 — qiāngdiào *tune; tone*):这个～子很好听 Zhège diàozi hěn hǎotīng. *This tune is very beautiful.* ❸多指调式类别和调式主音高度 key:C 大～ xī dàdiào *the key* of C ❹语言中字音的声调 tone or tune in phonetics：～号 diàohào *tone mark*；*key signature*/～ 类 diàolèi *tone category* [声调—diào]1.字音的高低升降。古汉语的声调是平、上、去、入四声。普通话的声调是阴平、阳平、上声、去声 the tone of Chinese characters. Classic Chinese had four tones：level tone，rising tone，falling tone and entering tone，while standard Chinese pronunciation has five tones：high and level tone，rising tone，falling-rising tone，falling tone and neutral tone 2. 读书、说话、朗诵的腔调 the tone of voice when reading，speaking and reciting

　㊁ tiáo 见 645 页 See p. 645

掉 diào ㄉㄧㄠ ❶落 fall：～眼泪 diào yǎnlèi *shed a few tears*/～在水里 diào zài shuǐ li *fall into water* ❷落在后面 fall behind：～队 diàoduì *drop out* ❸〈方 dial.〉漏，遗失 lose；be missing：文章～了几个字 Wénzhāng diàole jǐ ge zì. *Several characters are missing in the article.*/钱包～了 Qiánbāor diào le. *The purse is missing.* ❹减损，消失 reduce；lose：～膘儿 diàobiāor *lose weight*/～色 diàoshǎi *lose color*；*fade* ❺回转 turn：～头 diàotóu *turn around*/～过来 diào guolai *turn around or turn around* ❻摇摆 swing：尾大不～〈喻指挥不灵〉wěidàbùdiào *leader rendered ineffectual by recalcitrant subordinates* ❼ 对换 exchange；change：～一个个儿 diào yī ge gèr *exchange places* ❽在动词后表示动作的完成 used after certain verbs to indicate completion：丢～ diūdiào *throw away*/卖～ màidiào *sell*/改～坏习惯 gǎidiào huài xíguàn *give up bad habits*

铫 ㊀ diào ㄉㄧㄠ（—子—zi、—儿—r）煮开水熬东西用的器具 a container used to boil water or things：药～儿 yàodiàor *a small pot*

used to boil medicinal herbs / 沙～ shādiàor *earthenware pot*

　㊁ yáo 见 753 页 See p. 753

DIE ㄉㄧㄝ

爹 diē ㄉㄧㄝ ❶ 父亲 father（叠 redup.）❷对老人或长（zhǎng）者的尊称 a term of respect for an old man or an elder man：老 ～ lǎodiē *grandpa*；*pop*

跌 diē ㄉㄧㄝ 摔倒 fall；stumble：了一跤 diēle yī jiāo *stumble and fall*/～ 倒 diēdǎo *fall*；*tumble* ⑩ext. 下降，低落 drop；fall：～价 diējià *fall in price* [跌足—zú]顿足，跺脚 stamp one's foot（in bitter remorse，sorrow，or despair）

迭 dié ㄉㄧㄝ ❶ 交换，轮流 alternate；change：更 ～ gēngdié *alternate*；*change*/～ 为宾主 diéwéi bīnzhǔ *treat sb as a guest and then be treated like a guest alternatively* ❷屡，连着 repeatedly；again and again：～次会商 diécì huìshāng *repeatedly consult each other*/近年来，地下文物～有发现 Jìnnián lái，dìxià wénwù dié yǒu fāxiàn. *In recent years，archaeological finds have been made one after another.* ❸及，赶上 in time for：忙不～ máng bùdié *hasten to do sth.*

昳 ㊀ dié ㄉㄧㄝ〈古 arch.〉日过午偏西（of the sun）goes to the west after noon time

　㊁ yì 见 766 页 See p. 766

瓞 dié ㄉㄧㄝ 小瓜 small melon

垤 dié ㄉㄧㄝ 小土堆 little molehill；small mound（⑪comb. 丘 — qiū — *little molehill*）：蚁～ yǐdié *mound thrown up by ants*

咥 ㊀ dié ㄉㄧㄝ 咬 bite

　㊁ xì 见 695 页 See p. 695

绖 dié ㄉㄧㄝˊ 古代丧服用的麻带儿 hemp cloth of mourning in ancient times：首～shǒudié strip of cloth bound around one's head for mourning／腰～yāodié hemp cloth of mourning, usu. put around one's waist

D

耋 dié ㄉㄧㄝˊ 年老，七八十岁的年纪 old in age；in one's seventies or eighties

谍 dié ㄉㄧㄝˊ 秘密探察军事、政治及经济等方面的消息 espionage：～报 diébào information obtained through espionage [间谍 jiàn—]为敌方或外国刺探国家秘密情报的特务分子 intelligence agent；spy

堞 dié ㄉㄧㄝˊ 城上如齿状的矮墙 battlements

喋 ⊖ dié ㄉㄧㄝˊ [喋血—xuè]流血满地 bloodshed；bloodbath [喋喋——]啰唆，语言烦琐 chatter away；talk endlessly：～～不休 dié-dié-bùxiū rattle on；talk endlessly

⊜ zhá 见 816 页 See p. 816

牒 dié ㄉㄧㄝˊ 文书，证件 certificate；an official document or note：通～(两国交换意见用的文书)tōngdié diplomatic note between two countries

碟 dié ㄉㄧㄝˊ (—子—zi，—儿—r)盛（chéng）食物等的器具，扁而浅，比盘子小 small plate, a shallow food container smaller than a plate

蝶(*蜨) dié ㄉㄧㄝˊ 蝴蝶，昆虫名。静止时四翅竖立在背部，喜在花间、草地飞行，吸食花蜜。幼虫多对作物有害。有粉蝶、蛱蝶、凤蝶等多种 butterfly, an insect that puts up its four wings upright on the back when at rest, likes to fly among flowers and over grasslands, likes nectar, and has many species such as white butterflies, vanessas, and swallowtails. Most of the larvas are harmful to plants.

蹀 dié ㄉㄧㄝˊ 蹈，顿足 stamp；tread [蹀躞—xiè]迈着小步走路的样子 walk in small steps

鲽 dié ㄉㄧㄝˊ 鱼名。比目鱼的一类，体形侧扁，两眼都在身体的右侧，有眼的一侧褐色，无眼的一侧黄色或白色，常见的有星鲽、高眼鲽等。肉可以吃 right-eyed flounder, a laterally flat fish with its two eyes on the right side of the body. The side with eyes is brown, while the other side is yellow or white. Common flounders include star flounder, high-eyed flounder, etc. Its meat is edible.

嵽(嵽) dié ㄉㄧㄝˊ [嵽嵲—niè]形容山高（of mountain）high；towering

叠(*疊、*曡) dié ㄉㄧㄝˊ ❶重复地堆，累积 pile up(圃comb. 重—chóng— one on top of another；overlapping)：～床架屋（喻重复累赘）diéchuáng-jiàwū pile one bed upon another or build one house on top of another（fig. needless duplication)／～假山 dié jiǎshān range upon range of rockeries／～罗汉 diéluóhàn pyramid building ❷重复 repeat：层见～出 céngxiàn-diéchū occur frequently；appear repeatedly ❸折叠 fold：～衣服 dié yīfu fold the clothes／铺床～被 pūchuáng diébèi make the bed and fold up the quilt

氎 dié ㄉㄧㄝˊ 细棉布 fine cotton cloth

DING ㄉㄧㄥ

丁 ⊖ dīng ㄉㄧㄥ ❶天干的第四位，常用作顺序的第四 the fourth of the ten Heavenly Stems；the fourth in a sequence ❷成年男子 man：壮～zhuàngdīng able-bodied man 魯ext. 1.旧指人口（early use）

population；人～réndīng *population*；
number of people in a family；～口
dīngkǒu *man and woman* 2. 指从事
某种劳动的人 a person engaged in a
certain occupation：园 ～ yuándīng
gardener ❸ 当，遭逢 encounter；
incur：～兹盛世 dīng zī shèngshì *live
in the prosperous times*；*come across
this flourishing age*/～忧(旧指遭父
母丧)dīngyōu *be in mourning for a
parent* ❹ (一儿－r)小方块 small
cubes of meat or vegetable：肉～儿
ròudīngr *small cubes of meat*/咸菜～
儿 xiáncàidīngr *diced salted ve-
getables* [丁点儿－diǎnr]表示极少或
极小 a tiny bit：一～～～毛病都没有
yīdīngdiǎn máobing dōu méiyǒu
There isn't the slightest flaw. ❺[丁
当－dāng]拟声词，金属等撞击的声
音 ding-dong, sound produced
by sth like metals when striking each
otther ❻ [丁宁－níng]反复地嘱咐
urge again and again：～～再三
dīngníng zàisān *urge again and
again*

　　㊁ zhēng 见 835 页 See p. 835

仃 dīng ㄉㄧㄥ 见 409 页"伶"字条
"伶仃 líng－" See língdīng
under entry of "líng", p. 409

叮 dīng ㄉㄧㄥ ❶叮嘱，再三嘱咐
urge again and again；warn
repeatedly [叮咛－níng]同"丁宁"
Same as "丁宁" ❷蚊子等用针形口
器吸食 sting；bite：被蚊子～了一口
bèi wénzi dīng le yī kǒu *get a
mosquito bite* ❸追问 say or ask sth
to make sure：～问 dīngwèn *make a
detailed inquiry*；*question closely* ❹
[叮当－dāng]同"丁当" Same as "丁
当"

玎 dīng ㄉㄧㄥ ❶[玎玲－líng]拟声
词，玉石等撞击的声音 *onom.*
clink；jingle；tinkle：sounds usu
produced by jades when knocking
each other ❷[玎珰－dāng]同"丁当"
Same as "丁当".

盯 dīng ㄉㄧㄥ 注视，集中视力看，也
作"钉" fix one's eyes on；gaze at
(also written as"钉")：大家眼睛直
着他 Dàjiā yǎnjing zhí dīngzhe tā.
Everyone fixes his eyes on him.

町 ㊀ dīng ㄉㄧㄥ 见 667 页"畹"字
条"畹町"wǎn － See Wǎndīng
under entry of "wǎn", p. 667
　　㊁ tǐng 见 649 页 See p. 649

钉 ㊀ dīng ㄉㄧㄥ ❶(一子－zi、一
儿－r)竹、木、金属制成的可以
打入他物的细条形的东西 nail, a
slender strip of bamboo, wood, or
metal that can be driven into sth
else：螺丝～儿 luósīdīngr *screw*/碰～
子(喻受打击或被拒绝)pèng dīngzi
meet with a rebuff；*run one's head
against a brick wall* ❷紧跟着不放松
follow closely；tail：～住对方的前锋
dīngzhù duìfāng de qiánfēng *keep a
close watch on the forward of the
other side* ❸督促，催问 urge；press：
这事得～着他点儿 Zhè shì děi
dīngzhe tā diǎnr. *You must keep
reminding him of this matter.*
　　㊁ dìng 见 136 页 See p. 136

疔 dīng ㄉㄧㄥ 疔毒，疔疮，一种毒疮
malignant boil (or furuncle)

耵 dīng ㄉㄧㄥ [耵聍－níng]耳垢，
耳屎，皮脂腺分泌的蜡状物质
earwax；cerumen

酊 ㊀ dīng ㄉㄧㄥ (外 foreign)医药上
用酒精和药配合成的液剂
tincture, a liquid prepared with
alcohol and some medicine：碘 ～
diǎndīng *tincture of iodine*
　　㊁ dǐng 见 136 页 See p. 136

靪 dīng ㄉㄧㄥ 补鞋底 mend the sole
of a shoe

顶 dǐng ㄉㄧㄥ ❶(一儿－r)人体或
物体的最高最上的部分 crown；
top：头～ tóudǐng *the crown of the
head*/山～shāndǐng *mountain top*/
房～fángdǐng *the roof of a house* ❷
用头支承 support with one's head；
carry on the head：用头～东西 yòng

tóu dǐng dōngxi carry sth. on the head/~天立地（喻英雄气概）dǐngtiān-lìdì of gigantic stature; of indomitable spirit; dauntless（fig. heroic spirit）⟨转⟩ext. 1. 用东西支撑 prop up: 用门杠把门~上 yòng méngàng bǎ mén dǐngshang push from behind the door with a thick stick 2. 冒 brave; go against: ~着雨走了 dǐngzhe yǔ zǒule leave in spite of the rain; brave the rain ❸用头或角撞击 gore; butt: ~球 dǐng qiú head a ball/ 公牛~人 gōngniú dǐng rén The bull often gores people. ❹自下而上用力拱起 push from below; push up: 用千斤顶把汽车~起来 yòng qiānjīndǐng bǎ qìchē dǐngqilai jack up a car/ 麦芽~出土来了 Màiyá dǐngchu tǔ lái le. The malts have pushed up the earth. ❺相逆,对面迎着 against: ~风 dǐngfēng face the wind; brave the wind ❻顶撞（多指下对上）contradict; retort（usu one's elder or superior）: 他气冲冲地~了班长两句 Tā qìchōngchōng de dǐngle bānzhǎng liǎng jù. He was so furious that he said a few words to the monitor in retort. ❼代替 take the place of; substitute; replace（连comb. 一替 一tì take the place of）: ~名 dǐngmíng assume sb else's name/ 冒名~替 màomíng-dǐngtì take another's place by assuming his name ❽相当,等于 be equivalent to: 一个人~两个人工作 Yī ge rén dǐng liǎng ge rén gōngzuò. One can do two people's share of work. ⟨转⟩ext. 担当,抵得过 assume; stand up to: 他一个人去不~事 Tā yī ge rén qù bù dǐngshì. He will not serve the purpose if he goes there alone. ❾〈方dial.〉直到 until: 昨天~十二点才到家 zuótiān dǐng shí'èr diǎn cái dàojiā did not go back home until twelve o'clock yesterday ❿最,极 most; extremely: ~好 dǐng hǎo very

good/ ~多 dǐng duō at most/ ~会想办法 dǐng huì xiǎng bànfǎ be always ready with a way out ⓫量词 meas.: 两~帽子 liǎng dǐng màozi two caps

酊 ㊀ dǐng ㄉㄧㄥˇ 见 459 页"酩"字条"酩酊"míng — See mǐngdǐng under entry of "míng", p. 459
㊁ dǐng 见 135 页 See p. 135

鼎 dǐng ㄉㄧㄥˇ ❶古代烹煮用的器物,一般是三足两耳 an ancient cooking vessel with two loop handles and three legs [鼎立一lì]三方并立（of three antagonists confronting one another）tripartite confrontation: 三国~~ Sān Guó dǐnglì tripartite balance of the three states during the Warring States period ❷大 big（叠redup.）: ~力 dǐnglì great strength; herculean strength ~~大名 dǐng-dǐng-dàmíng famous; cele-brated ❸〈方dial.〉锅 pot: ~间（厨房）dǐngjiān kitchen ❹正当,正在 enter upon a period of: ~盛 dǐngshèng in a period of great prosperity

订 dìng ㄉㄧㄥˋ ❶改正,修改 revise; make corrections: ~正初稿 dìngzhèng chūgǎo revise the first draft / 考~ kǎodìng examine and correct; do textual research/ 校(jiào)~ jiàodìng revise; check against the authoritative text ❷立（契约）,约定 draw up; conclude: ~约 dìngyuē contract/~婚 dìnghūn be engaged; be betrothed ❸用线、铁丝等把书页连在一起 staple together: 装~ zhuāngdìng binding/~一个笔记本儿 dìng yī ge bǐjìběnr make a notebook by stapling the pages together

钉 dìng ㄉㄧㄥˋ 见 142 页"饾"字条"饾钉"dòu — See dòudìng under entry of dòu, p. 142

钉 ㊀ dìng ㄉㄧㄥˋ ❶把钉子或楔(xiē)子打入他物 drive a nail,

etc into sth；拿个钉子～—～ná ge dīngzi dìng yī dìng *bring a nail and drive it in* ／ 墙上～着木橛 qiáng shang dìngzhe mùjuér *There is a wood peg in the wall.* ❷连接在一起 sew on；～扣子 dìng kòuzi *sew a button on*

㊀ dīng 见 135 页 See p.135

定 dìng ㄉㄧㄥ ❶不可变更的，规定的，不动的 fixed；established；settled；～理 dìnglǐ *theorem* ／ ～论 dìnglùn *final conclusion* ／ ～量 dìngliàng *fixed quantity* ／ ～期 dìngqī *regular；at regular intervals* ㊋ext. 必然地 evitably；～能成功 dìng néng chénggōng *be sure to succeed* [定义—yì]对事物本质或范围的扼要说明 definition，a concise explanation of the nature or scope of a thing ❷使确定，使不移动 decide；fix；set；～案 dìng'àn *decide on a verdict*／～胜负 dìng shèngfù *decide which side has won and which side has failed*／否～ fǒudìng *negate*／决～ juédìng *make a decision*／～章程 dìng zhāngchéng *make rules*／～制度 dìng zhìdù *set regulations* ❸安定，平靖(多指局势)(usu. of situation) settle；大局已～ dàjú yǐ dìng *The outcome is a foregone conclusion.* ❹镇静，安稳(多指情绪)(usu. of one's mood) calm，stable；心神不～ xīnshén-bùdìng *feel uneasy；be disturbed*／～～神再说 dìngdìng shén zàishuō *wait till one calms down* ❺预先约妥 subscribe to；order；～货 dìnghuò *order goods*／～单(约购货物的单子) dìngdān *order form*／～做 dìngzuò *have sth. made to order*

啶 dìng ㄉㄧㄥ 见 452 页"嘧"字条"嘧啶 mì—"See mìdìng under entry of mì，p.452

腚 dìng ㄉㄧㄥ 〈方 dial.〉屁股 buttocks；光～ guāngdìng *naked*

碇(*椗，*矴) dìng ㄉㄧㄥ 系船的石礅 a heavy stone used as an anchor；下～(停船) xiàdìng *berth*/起～(开船) qǐdìng *weigh anchor*

锭 dìng ㄉㄧㄥ ❶(—子 —zi)纺车或纺纱机上绕纱的机件 spindle；纱～ shādìng *spindle* ❷(—子 —zi，—儿 —r)金属或药物等制成的块状物 ingot-shaped tablet of metal，medicine or sth. else；钢～ gāngdìng *steel ingot* ／ 金～儿 jīndìngr *gold ingot* ／ 紫金～ zǐjīndìng *a kind of medicine*

DIU ㄉㄧㄡ

丢 diū ㄉㄧㄡ ❶失去，遗落 lose；missing；～了一枝钢笔 diūle yī zhī gāngbǐ *have lost a pen*／～脸(失面子)diūliǎn *lose face；be disgraced*／～三落(là)四 diūsān-làsì *forget this and that；be always forgetting things* ❷放下，抛开 put aside；throw away；这件事可以～开不管 Zhè jiàn shì kěyǐ diūkai bù guǎn. *This matter can be put aside.*

铥 diū ㄉㄧㄡ 一种金属元素，符号 Tm thulium，a metallic element；symbol：Tm

DONG ㄉㄨㄥ

东(東) dōng ㄉㄨㄥ ❶方向，太阳出来的那一边，跟"西"相对 east，the direction in which the sun rises，antonym of xī；～方红，太阳升 Dōngfāng hóng，tàiyáng shēng. *The east is turning red，and the sun is rising.* /华～Huádōng *East China* [东西 —xi]物件，有时也指人或动物 thing；creature (sometimes also human beings or animals) ❷主人 owner；房～ fángdōng *landlord or landlady* ❸东道(请人吃饭，出钱的叫"东道"，也简称"东") host，one who invites sb. to dinner，also simplified as "东"：作～ zuòdōng *be the host*

[东乡族－xiāngzú]我国少数民族,参看附表 the Dongxiang Nationality, an ethnic minority in China. See Appendix

崠（崬） dōng 分ㄨㄥ [崠罗－luó] 地名,在广西壮族自治区扶绥。今作"东罗"*a place in Fusu, Guangxi Autonomous Region; now written as "东罗"*

鸫（鶇） dōng 分ㄨㄥ 鸟名。种类很多,羽毛多淡褐色或黑色,叫得很好听,食昆虫,是益鸟 thrush,a bird that has light brown or black feathers and a beautiful voice, preys on insects, is regarded as a beneficial bird, and is of many species

冬（❷鼕） dōng 分ㄨㄥ ❶四季中的第四季,气候最冷 winter, the fourth and the coldest season of the year：过～ guòdōng *pass the winter* / 隆～ lóngdōng *midwinter* ❷拟声词,敲鼓、敲门的声音 *onom*. (the sound of beating a drum or knocking at a door) rumble; boom (叠 redup.)

[冬烘－hōng]思想迂腐,知识浅陋 shallow but pedantic

咚 dōng 分ㄨㄥ 同"冬❷" Same as "冬❷".

氡 dōng 分ㄨㄥ 一种放射性元素,符号 Rn,无色无臭,不易跟其他元素化合,在真空玻璃管中能发萤光 radon, a colourless and odourless radioactive element that is not easy to conduct chemical combination with other elements and can give out a fluorescent light in a vaccum glass tube; symbol: Rn

董 dǒng 分ㄨㄥˇ 监督管理 direct; supervise[董事－shì]某些企业、学校等推举出来代表自己监督和主持业务的人,也省称"董"director; trustee, a person or one of a group of persons responsible for the property or the affairs of another person or of an institution, business firm, or the like; also simplified as "董"：～～会 dǒngshìhuì *board of directors; board of trustees*

懂 dǒng 分ㄨㄥˇ 了解,明白 understand; know：一看就～ yī kàn jiù dǒng *understand sth. at the first sight*/～得一点医学 dǒngde yīdiǎnr yīxué *know a little medicine*

动（動） dòng 分ㄨㄥˋ ❶从原来位置上离开,改变原来的位置或姿态,跟"静"相反 move from the original place; stir, antonym of jìng：站住别～ zhànzhù bié dòng *Stand still! or Don't move!*/风吹草～ fēngchuī-cǎodòng *the rustle of leaves in the wind* (*fig.* a sign of disturbance or trouble) 引ext. 1. 能动的 capable of movement：～物dòngwù *animal* 2. 可以变动的 movable：～产 dòngchǎn *movable property* [动弹－tan]身体动(of the body) move ❷行动,动作,行为 act; movement：一举一～ yījǔ-yīdòng *every act and every movement; every action* [动静－jing] 动作或情况 the sound of sth astir; activity：没有～～ méiyǒu dòngjing *Nothing is stirring. or There's no signof activity.* / 侦查敌人的～～ zhēnchá dírén de dòngjing *reconnaitre the activities of the enemy* [动词－cí]表示动作、行为、变化的词,如走、来、去、打、吃、爱、拥护、变化等 verb, a word denoting act, action or change, such as walk, come, go, hit, eat, love,support and change ❸使动,使有动作 cause to move or do：～手 dòngshǒu *start work; get to work*/ ～脑筋 dòng nǎojīn *use one's brain* [动员－yuán] 1.战争要发生时,把国家的武装力量由和平状态转入战时状态,把所有的经济部门转入供应战争需要的工作 mobilize, call the armed forces of a country into active military service and organize and adapt all the economic branches for service in time of war 2. 号召大家或说服别人做某种工作 arouse; call on the mass to do sth ❹ 感动,情感起反应 touch; arouse：～心 dòngxīn *one's mind is perturbed*／～人 dòngrén *moving* ❺ 开始做 start; set to：～工 dònggōng *start building*／～身(起行)dòngshēn *leave for; set out on a journey* ❻ 往往 frequently; easily：观众～以万计 guānzhòng dòng yǐ wàn jì *frequently draw an audience of tens of thousands of people* [动不动 —bù—] 表示很容易发生,常跟"就"连用(usu. used correspondingly with jiù) frequently; at every turn：～～就引古书 dòngbùdòng jiù yǐn gǔshū *be always citing from classic works* ／～～就争吵 dòngbùdòng jiù zhēngchǎo *be apt to quarrel* ❼ 放在动词后,表示效果 used after a verb to indicate result：拿得～ná de dòng *be able to carry*／搬不～bān bu dòng *be unable to carry*

冻(凍) dòng ㄉㄨㄥˋ ❶ 液体或含水分的东西遇冷凝结 (of liquids) freeze：河里～冰了 Hé li dòngbīng le *The river is frozen.*／天寒地～tiānhán-dìdòng *The weather is cold and the ground is frozen.* ❷ (一儿—r)凝结了的汤汁 jelly：肉儿 ròudòngr *meat jelly; aspic*／鱼～儿 yúdòngr *fish jelly*／果子～儿 guǒzidòngr *jelly* ❸ 感到寒冷或受到寒冷 feel very cold; freeze：外面很冷,真～得慌 Wàimiàn hěn lěng, zhēn dòngdehuang. *It's cold outside. I'm freezing.*／小心别～着 Xiǎoxīn bié dòngzhe. *Be careful and don't catch a cold.*

栋(棟) dòng ㄉㄨㄥˋ ❶ 古代指房屋的脊檩 (in ancient times) ridgepole [栋梁 —liáng] ⑯ fig. 担负国家重任的人 ridgepole and beam (*fig.* pillar of the state) ❷ 量词 *meas.* (for buildings)：一～房子 yī dòng fángzi *a building*

胨(腖) dòng ㄉㄨㄥˋ 蛋白胨,有机化合物,医学上用作细菌的培养基,又可以治疗消化道的病 peptone, an organic chemical used as a culture medium for bacteria and as a means to treat digestive diseases

侗 ㊀ dòng ㄉㄨㄥˋ [侗族—zú] 我国少数民族,参看附表 the Dong Nationality, an ethnic minority in China. See Appendix
㊁ tóng 见 651 页 See p. 651
㊂ tǒng 见 652 页 See p. 652

垌 ㊀ dòng ㄉㄨㄥˋ ❶ 田地 field：田～ tiándì *field* ❷ 广东、广西地名用字,如良垌、中垌等 used in the names of places in Guangdong Province and Guangxi Province, such as Liángdòng、Zhōngdòng.
㊁ tóng 见 651 页 See p. 651

峒 ㊀ dòng ㄉㄨㄥˋ 山洞,石洞 cave; cavern
㊁ tóng 见 651 页 See p. 651

洞 dòng ㄉㄨㄥˋ ❶ 洞穴,窟窿 hole; cavity：山～shāndòng *cave; cavern*／老鼠～lǎoshǔdòng *rats' cave*／衣服破了一个～Yīfu pòle yī ge dòng. *have a hole in one's clothes* ❷ 透彻,清楚 thoroughly; penetratingly：～察一切 dòngchá yīqiè *have a keen insight into matters*／～若观火 dòngruòguānhuǒ *see sth as clearly as one sees a blazing fire* ❸ 说数字时用来代替零 used in place of 零(zero) when speaking figures

恫 dòng ㄉㄨㄥˋ 恐惧,恐吓 fear; intimidate [恫吓—hè] 吓(xià)唬 threaten; intimidate

胴 dòng ㄉㄨㄥˋ ❶ 躯干,整个身体除去头部、四肢和内脏余下的部分 trunk; torso ❷ 大肠 large intestines

硐 dòng ㄉㄨㄥˋ 山洞、窑洞或矿坑 cave dwelling; pit

DOU 分又

都 ⊖ dōu 分又 副词 adv. ❶全，完全 all；completely：事情不论大小，～要做好 Shìqíng bùlùn dàxiǎo dōu yào zuò hǎo. Be the matter big or small, we should do it well. ❷表示语气的加重（used for emphasis）even；already：～十二点了还不睡 Dōu shí'èr diǎn le hái bù shuì. stay up when it is already 12 o'clock/连小孩子～搬得动 Lián xiǎoháizi dōu bān de dòng. Even a small child can carry it.

⊖ dū 见 142 页 See p. 142

啾 dōu 分又 斥责声，多见于旧小说或戏曲中 interj. expressing anger or scolding, usu. used in old novels or operas

兜 dōu 分又 ❶（一子 —zi，一儿 —r）作用和口袋相同的东西 pocket；bag：裤～ kùdōu pant pocket/～儿布 dōurbù cloth used to make inner pockets ❷做成兜形把东西拢住 wrap up in a piece of cloth folded like a bag, etc.：用手巾～着 yòng shǒujīn dōuzhe wrap it up in a towel/船帆～风 chuánfān dōufēng The sails can catch the wind. 引ext. 兜揽，招揽 canvass；solicit：～售 dōushòu peddle；hawk ❸承担 take responsibility：没关系，有问题我～着 Méi guānxi, yǒu wèntí wǒ dōuzhe. Take it easy. I will take responsibility if anything should go wrong. ❹环绕，围绕 move around：～抄 dōuchāo close in from the rear and both flanks；round up/～圈子 dōu quānzi go around in circles；circle

蔸 dōu 分又〈方 dial.〉❶指某些植物的根和靠近根的茎 root and stem of certain plants：禾～ hédōu root and stem of a standing grain/树～脑（树墩儿）shùdōunǎo tree stump

[坐蔸 zuò—]稻子的幼苗发黄，长不快 (of seedlings of rice) turn yellow, and grow very slowly ❷量词，相当于"丛"或"棵" meas. similar with cóng or kē：一～草 yī dōu cǎo a clump of grass/两～白菜 liǎng dōu báicài two heads of Chinese cabbage

篼 dōu 分又 ❶（一子 —zi）走山路坐的竹轿 a bamboo chair for one person carried on two poles by two men ❷竹、藤、柳条等做成的盛东西的器物 container made of bamboo, wicker or ratter, etc.

斗 ⊖ dǒu 分又 ❶我国容量单位，1 斗是 10 升 dou, a unit of dry measure for grain (= 1 decalitre) ❷量(liáng)粮食的器具，容量是 1 斗，多为方形 a dou measure, a square container for meting out grains 喻 fig. 1. 形容小东西的大 (of a small thing) big：～胆 dǒudǎn venture；be bold 2. 形容大东西的小 (of a big thing) small；limited：～室 dǒushì a small room/～城 dǒuchéng a small town ❸像斗的东西 an object shaped like a cup or dipper：漏～ lòudǒu funnel/熨～ yùndǒu iron［斗拱 —gǒng］［枓拱 —gǒng］拱是建筑上弧形承重结构，斗是垫拱的方木块，合称斗拱（in buildings）sets of supporting brackets（each set consisting of tiers of outstretching arms called gǒng, cushioned with trapezoidal blocks called dǒu）❹呈圆形的指纹 whorl (of a fingerprint) ❺星宿名，二十八宿之一 a star constellation, one of the twenty-eight constellations into which the celestial sphere was divided in ancient Chinese astronomy

⊖ dòu 见 141 页 See p. 141

抖 dǒu 分又 ❶使振动 shake；jerk：～床单 dǒu chuángdānr spread the sheet with a flick/～空竹 dǒu kōngzhú play with a diabolo/～～身上的雪 dǒudou shēnshang de xuě

D

shake the snow off one's clothes [抖搂 —lou] 1.同"抖❶" Same as "抖❶"：～～衣服上的土 dǒulou yīfu shang de tǔ shake the dust off one's clothes 2.任意挥霍 waste；squander：别把钱～～光了 Bié bǎ qián dǒulou guāng le. Don't waste all the money. 3. 揭露 expose：～～老底儿 dǒulou lǎodǐr expose sb's wicked deeds [抖擞—sǒu]振作，振奋 pull oneself together：～～精神 dǒusǒu jīngshen pull oneself together／精神～～jīngshen dǒusǒu vigorous；full of energy ❷哆嗦，战栗 tremble；shiver；quiver：冷得发～lěng defādǒu tremble with cold ❸讽刺人突然得势或生活水平突然提高(used sarcastically) become ostensibly successful and prosperous：他最近～起来了 Tā zuìjìn dǒu qilai le. He seems to be ostensibly prosperous recently.

科 dǒu ㄉㄡ [科栱]同"斗栱"，见140页"斗❶❸" Same as "斗栱"，see "斗❶❸" p.140

斜 dǒu ㄉㄡ tǒu ㄊㄡ（又 also）姓 a surname

蚪 dǒu ㄉㄡ 见354页"蝌"字条"蝌蚪 kē—" See kēdǒu under entry of kē, p.354

陡(**阧) dǒu ㄉㄡ ❶斜度很大，近于垂直 steep；precipitous：这个山坡太～Zhège shānpō tài dǒu. The hillside is too steep. ❷突然 suddenly：气候～变 Qìhòu dǒubiàn. The climate changed suddenly.

斗(鬥、鬭、鬪) ㊀ dòu ㄉㄡ ❶对打 fight (⊕comb. 战—zhàn—battle)：搏～bódòu wrestle [斗争—zhēng]1.矛盾的双方互相冲突，一方力求战胜另一方 struggle；combat，contend with an adversary for dominance：思想～～sīxiǎng dòuzhēng ideological struggle；mental struggle 2.用说理、揭露、控诉等方式打击 denounce：开～～会 kāi dòuzhēnghuì hold a meeting publicly denouncing sb. 3. 奋斗 struggle：为实现四个现代化而～～Wèi shíxiàn sì ge xiàn dàihuà ér dòuzhēng. Struggle for the realization of the Four Modernizations. [奋斗 fèn—] 为了达到一定的目的而努力干 work hard to achieve certain goals ❷比赛胜负 contest with；contend with：～智 dòuzhì fight a battle of wits／～力 dòulì fight a battle of strength ❸〈方 dial.〉拼合，凑近 fit together；dovetail：那条桌子腿还没有～榫(sǔn)Nà tiáo zhuōzituǐ hái méiyǒu dòu sǔnr. We haven't fit the tenon of the desk leg into the mortise. ／用碎布～成一个口袋 yòng suìbù dòuchéng yī ge kǒudai patch up a sack with small pieces of cloth

㊁ dǒu 见 140 页 See p.140

豆(❶*荳) dòu ㄉㄡ ❶豆科，双子叶植物的一科，草本木本都有，如绿豆、黄豆、落花生、槐树、紫檀等都属这一科。通常统称豆类植物，有大豆、豌豆、蚕豆等。又指这些植物的种子 the pulse family, a family of dicotyledon including both herbs and trees such as green grams, soybeans, peanuts, Chinese scholartrees, and red sandalwoods；usu a general term for legumes such as soybeans, peas and broad beans；also their seeds ❷(—儿—r)形状像豆粒的东西 a bean-shaped thing：山药～儿 shānyaodòur Chinese yam／花生～儿 huāshēngdòur shelled peanuts；peanut kernel ❸古代盛(chéng)肉或其他食品的器皿 an ancient vessel for containing meat or other food

[豆蔻—kòu]多年生草本植物，开淡黄色花，果实扁球形，种子有香味。果实和种子可入药 round cardamom, a perennial herb, with light yellow flowers, flat ball-shaped fruit and fragrant seeds. Its fruit and seeds can be used in medicine.

逗 dòu ㄉㄡ ❶停留 stay; stop (叠comb. —留 —liú *stay*) ❷引，惹弄 tease; play with：～笑 dòuxiào *funny*; *amusing*/～趣 dòuqù *set people laughing by funny remarks*; *amuse* ❸同"读 dòu" Same as "读"

饾 dòu ㄉㄡ [饾饤—dìng]供陈设的食品 various pastries arranged on alter 喻fig. 文辞堆砌 piling up of phrases for show

脰 dòu ㄉㄡ 脖子，颈 neck

痘 dòu ㄉㄡ 病名 disease 1. 水痘，一种传染病，小儿容易感染 pox, a contagious disease, infecting children easily 2. 痘疮，天花 smallpox (见 259 页"花") See huá, p. 259 [牛痘 niú —]牛身上的痘疮，制成牛痘苗，接种在人身上，可以预防天花。也省称"痘"cowpox, a virus disease. Vaccine for smallpox is obtained from cows that have variola, and can prevent smallpox if one gets smallpox vaccination; allso simplified as 痘

读(讀) ⊖ dòu ㄉㄡ 旧指文章里一句话中间念起来要稍稍停顿的地方 early use a slight pause in reading：句～jùdòu *the period and the comma*; *sentences and phrases*

⊖ dú 见 143 页 See p. 143

窦(竇) dòu ㄉㄡ 孔，洞 hole：鼻～bídòu *paranasal sinus*/狗～gǒudòu *hole in the wall for a dog to come in and out* [疑窦 yí—]可疑的地方 cause for suspicion; suspicion：顿生～～dùn shēng yídòu *suddenly feel suspicious*

DU ㄉㄨ

丢(**丟) dū ㄉㄨ 用指头、棍棒等轻击轻点 lightly touch with a finger, writing brush, stick, etc.：～一个点儿 dū yī ge diǎnr *make a dot* [点丢 diǎn—]画家随意点染 (of painters) add a few touches to a painting

都 ⊖ dū ㄉㄨ ❶首都，全国最高领导机关所在的地方 capital, a large city where the highest administrative departments are located：建～jiàndū *found a capital*; *make (a place) the capital* ❷大城市 major city (叠comb. —市 —shì *big city*; *metropolis*)：通～大邑 tōngdū-dàyì *a large city*; *a metropolis* ❸姓 surname

⊖ dōu 见 140 页 See p. 140

阇 ⊖ dū ㄉㄨ 城门上的台 a platform over a city gate

⊖ shé 见 579 页 See p. 579

嘟 dū ㄉㄨ 拟声词 onom. toot：喇叭～～响 lǎba dūdū xiǎng *The horn tooted.* [嘟囔—nang]连续地自言自语，常带有抱怨的意思 mutter to oneself in complaint：别瞎～～啦 Bié xiā dūnang le. *Don't mumble to yourself any more!* [嘟噜—lu]1. 向下垂着 hang：～～着脸，显得很不高兴 Dūluzhe liǎn, xiǎnde hěn bù gāoxìng. *He pulled a long face, looking very unhappy.* 2. 量词，用于连成一簇的东西 meas. used for a bunch or cluster of things：一～～钥匙 yī dūlu yàoshi *a bunch of keys*/一～～葡萄 yī dūlu pútao *a bunch of grapes* 3. (一儿—r)舌或小舌连续颤动发出的声音 trill：打～～儿 dǎ dūlur *pronounce with a trill; trill*

屁(**启) dū ㄉㄨ (一子—zi, —儿—r)〈方 dial.〉❶屁股 buttocks ❷蜂或蝎子等尾部的毒刺 spine; sting

督 dū ㄉㄨ 监督，监管，察看 superintend; direct：～师 dūshī *leader of troops* /～战 dūzhàn *supervise military operations* /～促 dūcù *supervise and urge*

毒 dú ㄉㄨˊ ❶对生物体有危害的性质,或有这种性质的东西 poison;toxin;～气 dúqì *poisonous gas*/ 中～zhòngdú *be poisoned*/ 消～xiāodú *disinfect*/ 砒霜有～Pīshuāng yǒu dú. *Arsenic is poisonous.* 〔引〕ext. 对思想品质有害的事物 harmful to one's mind;肃清流～sùqīng-liúdú *eliminate a pernicious influence* ❷毒品 drug;吸～xīdú *take addictive drugs*/ 贩～fàndú *traffic in narcotics* ❸用有毒的东西使人或物受到伤害 kill with poison;用药～老鼠 yòng yào dú lǎoshǔ *kill rats with poison*/ ～杀害虫 dúshā hàichóng *kill harmful insects with poison* ❹毒辣,凶狠,厉害 malicious;fierce;心～xīndú *cruel-hearted* / 一计 dújì *venomous scheme*/ 下一手 xià dúshǒu *resort to murderous scheme*/ 太阳真～Tàiyáng zhēn dú. *The sun is scorching.*

独(獨) dú ㄉㄨˊ ❶单一 only;single(〔叠〕comb. 单—dān— *single*);～唱 dúchàng *solo*/ ～幕剧 dúmùjù *one-act play*/ ～生子女 dúshēng zǐnǚ *the only child in a family*/ 无～有偶 wúdú-yǒuǒu *It is not unique, but has its counterpart.* ❷没有依靠或帮助 alone;by oneself(〔叠〕comb. 孤—gū— *lonely*)〔独立—lì〕自立自主,不受人支配 independent ❸没有子孙的老人 an old man without offspring;the childless;鳏寡孤～guānguǎ-gūdú *widowers, widows, orphans and the childless* ❹只,惟有 solely;only;大家都到了,～有他没来 Dàjiā dōu dào le, dú yǒu tā méi lái. *He's the only one who isn't here yet.*

〔独龙族—lóngzú〕我国少数民族,参看附表 the Tulung (Drung) nationality, an ethnic minority in China. See Appendix.

顿 ㊀ dú ㄉㄨˊ 见 463 页"冒"字条"冒顿 mò—" See mòdú under entry of mò, p. 463

㊁ dùn 见 150 页 See p.150

读(讀) ㊀ dú ㄉㄨˊ 依照文字念 read aloud;宣～xuāndú *read out (in public)* / 朗～lǎngdú *read out* / ～报 dúbào *read a newspaper* 〔引〕ext. 1.阅读,看书,阅览 read;～书 dúshū *read a book*/ ～者 dúzhě *reader* 2.求学 attend school;～大学 dú dàxué *study in a college*

㊁ dòu 见 142 页 See p.142

渎(瀆、❷**凟) dú ㄉㄨˊ ❶水沟,小渠 ditch;drain(〔叠〕comb. 沟—gōu—ditch) ❷亵渎,轻慢,对人不恭敬 show disrespect or contempt to sb〔渎职—zhí〕不尽职,在执行任务时犯错误 malfeasance;dereliction of duty

椟(櫝) dú ㄉㄨˊ ❶柜子 casket ❷匣子 case;box

犊(犢) dú ㄉㄨˊ(一子—zi,一儿—r)牛犊,小牛 calf;初生之～不怕虎 Chūshēng zhī dú bù pà hǔ. *New born calves are not afraid of tigers* (*fig.* Young people are fearless).

牍(牘) dú ㄉㄨˊ 古代在上面写字的木简 wooden tablets or slips for writing (in ancient times) 〔引〕ext. 1.文牍,公文 documents;archives;correspondence;文～wéndú *official documents and correspondence* / 案～àndú *official documents or correspondence* 2.尺牍,书信 correspondence (of an ancient writer);letters

讟(讟) dú ㄉㄨˊ 诽谤,怨言 complaint;slander

黩(黷) dú ㄉㄨˊ ❶污辱 disgrace;blacken ❷随随便便,不郑重 act wantonly〔黩武—wǔ〕好(hào)战 militaristic;warlike;反对穷兵～～,扩军备战 Fǎnduì qióngbīng-dúwǔ, kuòjūn-bèizhàn. *be against the act of wantonly engaging in*

military ventures as well as arms expansion and war preparations

髑 dú ㄉㄨˊ [髑髅—lóu]死人头骨 skull (of a dead person)

肚 ㊀ dǔ ㄉㄨˇ (—子 —zi、—儿 —r) 动物的胃叫食品时叫肚 tripe：猪~子 zhūdǔzi *pork tripe* / 羊~儿 yángdǔr *mutton tripe*

　㊁ dù 见本页 See the same page.

笃 dǔ ㄉㄨˇ ❶忠实，全心全意 sincere；earnest：~学 dǔxué *diligent in study*/~信 dǔxìn *sincerely believe in* ❷病沉重 (of an illness) serious；critical：病~ bìngdǔ *seriously ill*

堵 dǔ ㄉㄨˇ ❶阻塞(sè)，挡 block up；stop up：水沟~住了 Shuǐgōu dǔzhù le. *The ditch has been blocked up.* / ~老鼠洞 dǔ lǎoshǔdòng *stop up mouse holes* / 别~着门站着 Bié dǔzhe mén zhànzhe. *Don't stand in the doorway!* ⑪ fig. 心中不畅快 unhappy：心里一得慌 xīnli dǔdehuang *feel unhappy；feel a tightness in the chest* ❷墙 wall：观者如~ guānzhě-rúdǔ *There was a crowd of spectators.* [安堵 ān—]安定，不受骚扰 live in peace and security ❸量词，用于墙 *meas.* used for walls：一~高墙 yī dǔ gāo qiáng *a high wall*

赌 dǔ ㄉㄨˇ 赌博，用财物作注争输赢 gamble，game of chance for money or other valuable stakes：~钱 dǔqián *gamble* ⑪ext. 争输赢 bet：打~ bet [赌气—qì]因不服气而任性做事 feel wronged and act rashly：他~~走了 Tā dǔqì zǒu le. *He left in a fit of pique since he felt he had been wronged.*

睹(*覩) dǔ ㄉㄨˇ 看见 see：耳闻目~ ěrwén-mùdǔ *what one sees and hears*/熟视无~ shúshì-wúdǔ *pay no attention to a familiar sight；turn a blind eye to；ignore*

芏 dù ㄉㄨˋ 见 304 页"茳"字条"茳芏(jiāng—)" See jiāngdù under entry of jiāng, p. 304

杜(❷**＊**䕪) dù ㄉㄨˋ ❶杜树，落叶乔木，果实圆而小，味涩可食，俗叫"杜梨"。木材可做扁担或刻图章等 birch-leaf pear, a deciduous tree with a small and round sour fruit that is edible and is popularly called dùlí. Its wood is used to make shoulder-poles or seals. ❷阻塞(sè)，堵塞 prevent：以~流弊 yǐ dù liú bì *so as to put an end to abuses* [杜绝—jué]堵死，彻底防止 stop；put an end to：~~漏洞 dùjué lòudòng *stop all loopholes*/~~事故发生 dùjué shìgù fāshēng *put an end to accidents*

[杜鹃—juān]1. 鸟名。一般多指大杜鹃(又叫"布谷"、"杜宇"或"子规")。上体黑灰色，胸腹常有横斑点，吃害虫，是益鸟 cuckoo, name of birds, usu. big cuckoo, also called bùgǔ, dùyǔ or zǐguī, a bird that has a with a dark gray upper body and horizonal stripes on the belly, preys on harmful worms, and is regarded as a beneficial bird 2. 植物名，又叫"映山红"。常绿或落叶灌木，春天开花，红色，供观赏 azalea, also called yìngshānhóng, an evergreen or deciduous bush that is in beautiful red blooms in spring

[杜撰—zhuàn]凭自己的意思捏造 make up；fabricate

肚 ㊀ dù ㄉㄨˋ ❶(—子 —zi)腹部，胸下腿上的部分 belly, the part below one's chest and above one's legs ⑪ext. (—儿 —r)器物中空的部分 the hollow central part of some utensils：大~儿坛子 dà dùr tánzi *big-bellied earthen jar* ❷(—子 —zi、—儿 —r)圆而凸起像肚子的 a belly-shaped thing：腿~子 tuǐdùzi *calf of the leg* / 手指头~儿 shǒuzhǐtuodùr *the inner side of the fingertip*

㊀ dǔ 见 144 页 See p.144

妒(***妬**)dù ㄉㄨ 因为别人好而忌恨 be jealous of; envy;嫉~ jìdù envy

度 ㊀ dù ㄉㄨ ❶计算长短的器具或单位 linear measure;~量(liàng)衡 dùliànghéng length, capacity and weight ❷依照计算的标准划分的单位 degree, unit for measuring sth like temperature, etc.温~ wēndù temperature / 湿~shīdù humidity/经~jīngdù longitude /用了 20~电 yòngle èrshí dù diàn have consumed 20 kilowatt-hour electricity ❸事物所达到的程度 extent;degree;知名~zhīmíngdù popularity/高~的爱国热情 gāodù de àiguó rèqíng a high patriotic zeal ❹法则,应遵行的标准 law; regulation(⑯comb. 制—zhì—system/ 法—fǎ— law; moral standard)❺度量,能容受的量 tolerance; magnanimity;气~ qìdù tolerance/适~ shìdù moderate (degree) /过~guòdù excessive ❻过,由此到彼 pass; spend;~日 dùrì subsist (in hardship) ❼所打算或考虑的 consideration;置之~外 zhìzhī-dùwài put sth. out of consideration ❽量词,次 meas. time;一~ yīdù once/再~ zàidù another time; once again/前~ qiándù once before

㊁ duó 见 152 页 See p.152

渡 dù ㄉㄨ ❶横过水面 cross the (surface of a river);~河 dùhé cross a river/~江 dùjiāng cross a big river ⑯ext. 过,由此到彼 pass (⑯comb. 过—guò— transition):~过难关 dùguò nánguān tide over a difficulty; pull through/过~时期 guòdù shíqī transitional period ❷渡口,渡头,过河的地方 ferry crossing; point of crossing a river

镀 dù ㄉㄨ 用电解或其他化学方法使一种金属附着在别的金属或物体的表面上 plating, cover with a thin layer of metal by electrolysis or other chemical means;~金 dùjīn gold-plating/电~diàndù electroplate

蠹(****螙**、****蠧**)dù ㄉㄨ ❶蛀蚀器物的虫子 moth, an insect that eats into books, clothing, etc.木~ mùdù wood moth/书~shūdù bookworm/~鱼 dùyú fish moth; silverfish ❷蛀蚀,侵害 moth-eaten; worm-eaten;流水不腐,户枢不~ Liúshuǐ bù fǔ, hùshū bù dù. Flowing water never gets stale and a door-hinge never gets worm-eaten.

DUAN ㄉㄨㄢ

端(***耑**)duān ㄉㄨㄢ ❶端正,不歪斜 proper; upright;五官~正 wǔguān duānzhèng have regular features/~坐 duānzuò sit up straight ⑯ext. 正派 upright; honest; decent;品行不~ pǐnxíng bùduān having bad conduct ❷东西的一头 one end of sth.两~ liǎngduān the two ends of an object/末~ mòduān tip; end/笔~bǐduān tip of the brush ⑯ext. 1.事情的开头 beginning;开~kāiduān beginning 2.项目,点 item; point:不只一~ bùzhǐ yīduān not only one point / 举其大~jǔ qí dàduān just mention the main features; merely point out the salient points [端底—dǐ] [端的 —dí]1.事情的经过,底细 the ins and outs; the bottom of a matter:不知~~bùzhī duāndǐ do not know what it is all about 2.的确,果然 exactly; actually:~~是好 Duāndǐ shìhǎo! Truly remarkable! 3.究竟 actually; truly:~~是谁 Duāndǐ shì shéi? Who on earth is this person? [端详—xiáng] 1.从头到尾的详细情形 details:听~~tīng duānxiáng listen to a full and detailed account / 说~~shuō duānxiáng *give a full and detailed account* 2. 仔细地看 look closely：她静静地～～着孩子的脸 Tā jìngjìng de duānxiángzhe háizi de liǎn. *She looked closely at the child's face in a quiet manner.* ［端午—wǔ］［端阳—yáng］夏历五月初五日。民间在这一天包粽子、赛龙舟，纪念两千多年前的楚国诗人屈原 the Dragon Boat Festival, the 5th day of the 5th lunar month, a day on which people make glutinous rice dumplings and conduct dragon boat race in memory of QuYuan, the great poet of the Chu State over two thousand years ago ❸ 用手很平正地拿着 hold sth. level with both hands；carry：～ 碗 duān wǎn *carry a bowl* /～茶 duān chá *serve tea*

"耑"又 zhuān 见 861 页"专""耑" Also zhuān, see zhuān, p. 861

短 duǎn ㄉㄨㄢˇ ❶长度小，跟"长"相反 short, antonym of cháng 1. 空间 (of space)：～距离 duǎn jùlí *short distance* /～裤 duǎnkù *short pants* /～视（目光短浅）duǎnshì *short-sighted* 2. 时间 (of time)：～期 duǎnqī *short term* /天长夜～ tiān cháng yè duǎn *The days are long and the nights are short.* /～工（指短期雇用的工人、农民）duǎngōng *casual labourer* (workers or peasants who sold their labour on a short term basis) ❷ 缺少，欠 short；lack (⍟comb. —少—shǎo *shortage*)：别人都来了，就～他一个人了 Biéren dōu lái le, jiù duǎn tā yī ge rén le. *All the others are here; he is the only one missing.* ❸ 短处，缺点 weak point；fault：不应该护～bù yīnggāi hùduǎn *should not shield a shortcoming or fault* / 取长补～qǔcháng-bǔduǎn *learn from others' strong points to offset one's own weakness*

段 duàn ㄉㄨㄢˋ ❶量词，用于事物、时间的一节，截 *meas.* section；segment；part：一～话 yī duàn huà *a passage of words* /一～时间 yī duàn shíjiān *a period of time* /一～木头 yī duàn mùtou *a segment of wood* ［段落—luò］文章、事情等根据内容划分成的部分 paragraph；passage：工作一～～ Gōngzuò gào yī duànluò. *This phase of work has been completed.* or *The work has an end for the time being.* /这篇文章可以分两个～～ Zhè piān wénzhāng kěyǐ fēn liǎng ge duànluò. *This article can be divided into two parts.* ［段位—wèi］根据围棋棋手的技能划分的等级，共分九段，棋艺越高，段位越高 grade (*Weiqi* players are classified into 9 grades according to their skill, the better the skill, the higher the grade) ❷ 工矿企业中的行政单位 section，administrative unit in industrial and mining enterprises：工～ gōngduàn *a section of a construction project* / 机务～ jīwùduàn *a locomotive depot*

塅 duàn ㄉㄨㄢˋ〈方 dial.〉指面积较大的平坦地区，常用作地名(usu. used in place names) flat, open country；level land：田心～（在湖南省株洲以北）Tiánxīnduàn *a place in the north of Zhuzhou city in Hunan Province*

缎 duàn ㄉㄨㄢˋ（—子—zi）质地厚密，一面光滑的丝织品，是我国的特产之一 satin，a silk product of thick and close texture, very smooth on one side；one of the special local products of China

椴 duàn ㄉㄨㄢˋ 椴树，落叶乔木，像白杨，华北和东北出产。木材细致，可以制家具等 Tilia；Chinese linden, a deciduous tree like a white poplar, produced in Northern China and the northeast China. Its close-textured wood can be used for making furniture, etc.

煅 duàn ㄉㄨㄢ ❶同"锻" Same as "锻" ❷放在火里烧,减少矿石的烈性(中药的一种制法)calcine; burn sth over a fire so as to reduce the strength of medicines (a means of preparing traditional Chinese medicine): ～石膏 duàn shígāo plaster

锻 duàn ㄉㄨㄢ 把金属加热,然后锤打 forge, form (metals) by heating and hammering: ～件 duànjiàn *forging* / ～工 duàngōng *forger; blacksmith*/～造 duànzào *forge* [锻铁—tiě]用生铁精炼而成的含碳量在 0.15%以下的铁。也叫"熟铁" *wrought iron*, iron that is forged from pig iron and contains less than 0.15% carbon; also called shútiě [锻炼—liàn] 1.通过军体活动,增强体质 exercise: ～～身体,保卫祖国 Duànliàn shēntǐ, bǎowèi zǔguó. *build up a good physique to defend the motherland* 2.通过生产劳动、社会斗争和工作实践,使思想觉悟、工作能力提高 steel; temper oneself through productive labour, social struggle and working practice: 在工作中～～成长 zài gōngzuò zhōng duànliàn chéngzhǎng *become mature in the course of working*

断(斷) duàn ㄉㄨㄢ ❶长形的东西截成两段或几段 break; snap: 棍子～了 Gùnzi duàn le. *The stick snapped.*/风筝线～了 Fēngzheng xiàn duàn le. *The string of the kite broke.*/把绳子剪～了把 shéngzi jiǎnduàn le *scissored the rope apart* ❷断绝,不继续 break off; cut off: ～奶 duànnǎi *wean*/～了关系 duànle guānxi *break off relations* 🄓ext. 戒除 give up; abstain from: ～酒 duànjiǔ *give up drinking*/～烟 duànyān *give up smoking* [断送—sòng]丧失、毁弃、败坏原来所有而无可挽回 forfeit; ruin: ～～前程

duànsòng qiánchéng *forfeit one's future* ❸判断,决定,判定 judge; decide: 诊～zhěnduàn *diagnosis*/～案 duàn'àn *settle a lawsuit*/当机立～ dāngjī-lìduàn *decide quickly; make a prompt decision*/下～语 xià duànyǔ *jump to conclusions* ❹一定,绝对 surely; absolutely: ～无此理 duàn wú cǐ lǐ *absolutely untenable (or unreasonable)*/～然做不得 duànrán zuòbude *absolutely improper to do sth.*

簖(斷) duàn ㄉㄨㄢ 插在水里捕鱼、蟹用的竹栅栏 bamboo weir (for catching fish or crab)

DUI ㄉㄨㄟ

堆 duī ㄉㄨㄟ ❶(—子—zi、—儿—r)累积在一起的东西 heap; pile: 土～ tǔduī *mound* / 草～ cǎoduī *haystack*/柴火～ cháihuoduī *a stack of firewood* ❷累积,聚集在一块 accumulate; heap(⊕ comb.—积—jī *pile up; heap up*): 粮食～满仓 Liángshi duīmǎn cāng. *Storehouses are bursting with grain.* [堆肥—féi]聚集杂草、泥土等,腐烂发酵而成的肥料 compost [堆砌—qì]⊕ fig. 写文章用大量华丽而无用的词语 load one's writing with fancy but useless phrases [堆栈—zhàn]临时存放货物的地方 storehouse; warehouse

队(隊) duì ㄉㄨㄟ 有组织的群众团体或排成的行(háng)列 organized team or a row of people: 乐～ yuèduì *band; orchestra*/工程～ gōngchéngduì *construction brigade*/排～ páiduì *form a line; lineup* [队伍—wu] 1.军队 troops 2.有组织的群众行列 parade; contingent: 游行～～过来了 Yóuxíng duìwu guò lai le. *Here come the contingents of marchers.*

D

对（對）duì ㄉㄨㄟˋ ❶答话，回答

answer；respond：无词可～wúcíkěduì have nothing to say in reply/～答如流 duìdá-rúliú answer questions without hesitation ❷向着 facing：面～太阳 miànduì tàiyáng facing the sun [对象－xiàng]1.思考或行动（如研究、批评、攻击、帮助等）所及的事物或人 target；object 2.特指恋爱的对方 esp. boyfriend or girlfriend ❸对面的 opposing；the opposite：～门 duìmén（of two houses）face each other；the building or room opposite/～岸 duì'àn across the river；the opposite bank ❹互相 mutual：～调 duìdiào exchange/～流 duìliú convection [对比－bǐ]不同的事物放在一块比较 compare different things or people；contrast [对照－zhào]不同的事物放在一块，互相比较参照 compare；contrast ❺介词，跟，和 prep. with；to：可以～他说明白 kěyǐ duì tā shuō míngbai can make it clear to him/～人很和气 duì rén hěn héqi be amiable to others ❻介词，对于，说明事物的关系 prep. concerning；with regard to：我～这件事情还有意见 Wǒ duì zhè jiàn shì qing hái yǒu yìjiàn. I still have some different opinions with regard to this matter./他～祖国的历史很有研究 Tā duì zǔguó de lìshǐ hěn yǒu yánjiū. He is an expert in the history of our motherland. ❼对待，看待，对付 treat；counter：他～我很客气 Tā duì wǒ hěn kèqi. He treats me politely./刀～刀，枪～枪 dāo duì dāo，qiāng duì qiāng sword against sword and spear against spear [对得起－deqǐ][对得住－dezhù]不亏负 not let sb down；treat sb fairly ❽照着样检查 check against；compare；identify：～笔迹 duì bǐjì identify the handwriting/校～ jiàoduì proof-read；proof ❾相合，适合 fit：～劲 duìjìnr suit one；be to one's liking/～

症下药 duìzhèng-xiàyào prescribe the right remedy for an illness [对头－tóu]1.相合 get on well 2.（一tou）互相对立，有仇恨的人，合不来的人 enemy；opponent ❿正确 correct：这话很～ Zhè huà hěn duì. What you have said is quite true. 〈引〉ext. 用作答语，表示同意 used as a reply，indicating agreement：～，你说得不错 Duì，nǐ shuō de bùcuò. Right，what you have said is true! ⓫双，成双的 pair；couple：～联 duìlián pair；couplet（written on scrolls，etc）/配～pèiduì pair；make a pair 〈引〉ext. 1.（一子－zi，－儿－r）联语 a pair of antithetical phrases，etc.：喜～xǐduì wedding scrolls 2.平分，一半 half and half；fifty-fifty：～开 duìkāi divide into two halves；go fifty-fifty/～成 duìchéng one half ⓬搀和（多指液体）mix（usu liquid）：～水 duìshuǐ add some water into sth.

怼（懟）duì ㄉㄨㄟˋ 怨恨 resentment

兑 duì ㄉㄨㄟˋ ❶交换 exchange（⊛comb. －换－huàn exchange；convert）：～款 duìkuǎn exchange for ready money/汇～huìduì remittance/～现 duìxiàn cash a check，etc ❷八卦之一，符号为☱，代表沼泽 duì，one of the Eight Diagrams，symbol ☱，representing marsh

敦 ⊜ duì ㄉㄨㄟˋ 古时盛黍稷的器具 grain receptacle in ancient times
⊖ dūn 见 149 页 See p.149

憝 duì ㄉㄨㄟˋ ❶怨恨 resentment ❷坏，恶 evil：元凶大～yuánxiōng-dàduì prime culprit；arch-criminal

镦 ⊜ duì ㄉㄨㄟˋ 古代矛戟柄末的金属箍 rammer（at the end of an ancient lance handle，etc.）
⊖ dūn 见 149 页 See p.149

碓 duì ㄉㄨㄟˋ 捣米的器具，用木、石制成 a treadle-operated tilt

hammer for hulling rice; usually
made of wood or stone

DUN ㄉㄨㄣ

吨（噸）dūn ㄉㄨㄣ（外 foreign）❶
重量单位,公制 1 吨等于
1 000 千克(公斤)。英制 1 吨(长吨)
等于 2 240 磅,合 1 016.05 千克(公
斤),美制 1 吨(短吨)等于 2 000 磅,
合 907.18 千克(公斤)ton, a unit of
weight, equal to 1000 kg. In the
British system, one ton (long ton) is
equal to 2240 pound, or 1016.05 kg;
In the American system, one ton
(short ton) is equal to 2000 pound,
or 907.18 kg ❷指登记吨,计算船只
容积的单位,1 吨等于2.83立方米(合
100 立 方 英 尺)tonnage; shipping
ton, equal to 2.83 cubic meters (100
cubic foot)

惇 dūn ㄉㄨㄣ 敦厚 honest and
sincere

敦 ㊀ dūn ㄉㄨㄣ ❶敦厚,厚道
honest and sincere: ～ 睦邦交
dūnmù bāngjiāo *promote friendly
diplomatic relations between two
countries* ❷诚心诚意 sincere:～聘
dūnpìn *cordiallyinvite sb. (to serve
in some capacity)* / ～请 dūnqǐng
cordially invite; earnestly request ❸
姓 a surname

㊁ duì 见 148 页 See p. 148

墩 dūn ㄉㄨㄣ ❶土堆 mound ❷(一
子 －zi、一儿 －r)厚而粗的木
头、石头等,座儿 a big and heavy
wood or stone; stand:门 ～ 儿
méndūnr gate pier/桥～qiáodūnr *pier
of a bridge* ❸量词 meas.丛生的或几
棵合在一起的植物 meas. cluster:栽
稻秧两万～Zāi dàoyāng liǎngwàn
dūn. *transplant 20, 000 clusters of
rice seedlings.* /每一五株 měi dūn wǔ
zhū *Each cluster has five plants.*

撴 dūn ㄉㄨㄣ〈方 dial.〉揪住 hold
tight; seize

礅 dūn ㄉㄨㄣ 厚而粗的石头 a thick
and heavy stone:石～ shídūn *a
block of a stone used as a seat*

镦 dūn ㄉㄨㄣ 冲压金属板,使其变
形。不加热叫冷镦,加热叫热镦
upset, press metal plate so as to
deform it. The process is called cold
upset if no heating is involved, and
hot upset if heating is need
㊀duì 见 148 页 See p. 148

蹾（＊＊蟄）dūn ㄉㄨㄣ 猛地往下
放,着(zháo)地很
重 put down suddenly and heavily;
fling:篓子里是鸡蛋,别～Lǒuzi li shì
jīdàn, bié dūn. *Don't fling the
basket of eggs to the ground.*

蹲 ㊀ dūn ㄉㄨㄣ 两腿尽量弯曲,像
坐的样子,但臀部不着地 squat
on the heels:大家都一下 Dàjiā dōu
dūnxia. *Squat down, everyone.*
㊩ trans. 闲居 enjoy one's leisure in:
不能再～在家里了 bù néng zài dūn
zài jiāli le *should not stay at home any
longer* [蹲班一bān]留级(of pupils)
fail to go up to a higher grade;～～
生 liújíshēng *a student who has to
repeat the year's work because of poor
performance* [蹲点一diǎn]深入到基
层单位,参加实际工作,进行调查研
究 等 (of cadres) stay at a selected
grass-root unit to help improve its
work and gain first-hand experience
for guiding overall work
㊁ cún 见 101 页 See p. 101

不 dǔn ㄉㄨㄣ[不子 －zi]〈方 dial.〉
1.墩子 a block of wood or stone
2.特指做成砖状的瓷土块,是制造瓷
器的原料 a brick of porcelain clay

盹 dǔn ㄉㄨㄣ(一儿 －r)很短时间的
睡眠 short light sleep; doze:打
～儿(打瞌睡)dǎdǔnr *doze off; take
a nap*

趸（躉）dǔn ㄉㄨㄣ ❶整,整数
wholesale: ～ 批 dǔnpī
wholesale/～卖 dǔnmài *sell wholesale*
❷整批地买进 buy in batches:～货

D

dǔnhuò *buy goods wholesale*/～菜 dǔn cài *buy vegetables wholesale*/现～现 卖 xiàn dǔn xiàn mài *sell as one buys sth. wholesale*

囤 ㊀ dùn ㄉㄨㄣ 用竹篾、荆条等编成的或用席箔等围成的盛粮食等的器物 grain bin, a grain container woven with thin bamboo strips or twigs of chaste tree, or formed by mats：大～满，小～流 Dà dùn mǎn, xiǎo dùn liú. *All the grain bins, either big or small, are bursting with grains.*

㊁ tún 见 660 页 See p. 660

沌 dùn ㄉㄨㄣ 见 274 页"混"字条"混沌 hùn 一" See húndùn under entry of "hún", p. 274

炖(＊＊燉)dùn ㄉㄨㄣ ❶煨煮食品使熟烂 stew：清～鸡 qīngdùnjī *stew a chicken without soy sauce*/～肉 dùnròu *stew meat; stewed meat* ❷〈方 dial.〉把汤药、酒等盛在碗里，再把碗放在水里加热 warm sth by putting the container in hot water

砘 dùn ㄉㄨㄣ ❶(一子 一 zi)耩 (jiǎng)完地之后用来轧(yà)地的石磙子 stone-roller ❷用砘子轧地 ram the loose soil with a stone-roller

钝 dùn ㄉㄨㄣ ❶不锋利，不快 blunt; dull：这把刀真～ Zhè bǎ dāo zhēn dùn. *This knife is so blunt.*/镰刀～了，磨一磨吧 Liándāo dùn le, mó yī mó ba. *The sickle is dull. Sharpen it.* ❷笨，不灵活 stupid; dull-witted：脑筋迟～ nǎojīn chídùn *slow; dull-witted*/拙嘴～舌 zhuōzuǐ-dùnshé *clumsy-tongued; inarticulate*

顿 ㊀ dùn ㄉㄨㄣ ❶很短时间的停止 a short pause(⊕comb. 停—tíng 一 *pause*)：抑扬～挫 yìyáng-dùncuò *modulation in tone*/念到这个地方应该～一下 Niàndào zhège dìfang yīnggāi dùn yīxiàr. *Pause for a while when you come to the lines here.* ❷忽然，立刻，一下子 suddenly; immediately：～悟 dùnwù *be suddenly enlightened*/时紧张起来 dùnshí jǐnzhāng qǐlai *become nervous immediately* ❸叩，碰 touch the ground with one's head：～首 dùnshǒu *touch the ground with one's head* ㊧trans. 跺 stamp：～足 dùnzú *stamp one's feet* ❹处理，放置 handle; place：整～ zhěngdùn *arrange properly*/安～ āndùn *help settle down* ❺书法上指运笔用力向下而暂不移动(in calligraphy) pause in writing in order to reinforce the beginning or ending of a stroke ❻疲乏 tired; exhausted：劳～ láodùn *fatigued*/困～ kùndùn *tired out* ❼量词，次 meas. time：一天三饭 yī tiān sān dùn fàn *three meals a day*/说了一—shuōle yī dùn *gave sb a dressing down*/打了他一—dǎle tā yī dùn *gave him a good beating* ❽姓 a surname

㊁ dú 见 143 页 See p. 143

盾 dùn ㄉㄨㄣ ❶古代打仗时防护身体，挡住敌人刀、箭等的牌 shield, a piece of armor carried on the arm or in the hand to protect the body from being hurt by spears or arrows [后盾 hòu一]指行方护卫、支援的力量 backing; backing force ❷盾形的东西 sth in the shape of a shield：金～ jīndùn *gold coins in the shape of a shield*/银～ yíndùn *silver coins in the shape of a shield* ❸印度尼西亚等国的货币名 name of currency in Indonesia and some other countries

遁(＊遯)dùn ㄉㄨㄣ 逃走，逃避 flee; escape：～去 dùnqù *escape*/夜～ yè dùn *escape at night* [遁词—cí] [遁辞 一 cí]理屈词穷时所说的应付话 subterfuge; quibble

楯 ㊀ dùn ㄉㄨㄣ 同"盾" Same as "盾".

㊁ shǔn 见 608 页 See p. 608

DUO ㄉㄨㄛ

多 duō ㄉㄨㄛ ❶ 跟"少"相反 antonym of shǎo 1. 数量大的 many; much: 人很～ rén hěn duō *there are many people.* /生产 duō shēngchǎn *produce a great deal* 2. 有余,比一定的数目大 more; greater in number (围 comb. —余—yú *surplus*): 十～个 shí duō ge *more than ten*/一年～ yī nián duō *more than a year*/只预备五份,没有～的 Zhǐ yùbèi wǔ fènr, méiyǒu duō de. *Only five (copies, etc.) have been prepared. There is nothing more.* 3. 过分,不必要的 surplus; unnecessary: ～嘴 Duōzuǐ *shoot off one's mouth*/～心 Duōxīn *oversensitive* [多亏—kuī]幸亏 thanks to: ～～你来帮忙 Duōkuī nǐ lái bāngmáng. *Thanks to your help, (we have made it).* /～～他加一把力量,推动了这工作 Duōkuī tā jiā yī bǎ lìliang, tuīdòngle zhè gōngzuò. *Thanks to his extra effort, the work is pushed forward.* [多少—shao]1. 未定的数量 an unspecified number or amount: 你要～～拿～～ Nǐ yào duōshao ná duōshao. *Take as many as you like.* 2. 问不知道的数量 how much; how many: 这本书～钱 Zhè běn shū duōshao qián? *How much is this book?* /这班有～～学生 Zhè bān yǒu duōshao xuésheng? *How many students are there in this class?* 3. 许多 many; much: 没有～～ méiyǒu duōshao *not much; not many* 4. 或多或少 somehow; more or less: ～～有些困难 duōshao yǒuxiē kùnnan *It is difficult in a way.* or *It is more or less difficult.* ❷ 表示相差的程度大 much more: 好得～ hǎo de duō *much better*/厚～了 hòu duō le *much thicker* ❸ 副词 adv. 1. 多么,表示惊异、赞叹 (used in exclamations) to what an extent: ～ 好 Duō hǎo! *How wonderful!* / 大 Duō dà! *How large!* / ～香 Duō xiāng! *How delicious!* 2. 表疑问 (indicating doubt) how; to what extent: 有～大 Yǒu duō dà? *How old* or *How big?* [多会儿—huir][多咱—zan]什么时候,几时 when

哆 duō ㄉㄨㄛ [哆嗦—suo]发抖,战栗 shake; tremble: 冷得打～～ lěng de dǎ duōsuo *tremble with cold*

咄 duō ㄉㄨㄛ 表示呵叱或惊异 tut-tut (expressing dissatisfaction or astonishment [咄咄 ——]表示惊怪 indicating astonishment: ～～怪事 duōduō-guàishì *monstrous absurdity* [咄嗟—jiē]吆喝 loudly urge: ～～立办(马上就办到)duōjiē-lìbàn *can be done at once*

剟 duō ㄉㄨㄛ ❶ 刺,击 sting; stab; attack ❷削,删除 delete; erase

掇 duō ㄉㄨㄛ ❶ 拾取 pick up (围comb. —拾—shí *put in order*) ❷〈方 dial.〉用双手拿(椅子、凳子等),用手端 hold a chair or a stool with both hands

敠 duō ㄉㄨㄛ 见 128 页"敪"字条"敪敠 diānduo" See diānduo under entry of diān, p.128

裰 duō ㄉㄨㄛ ❶ 缝补破衣 mend clothing: 补—bǔduō *mend clothing* ❷直裰,古代士子、官绅穿的长袍便服,也指僧道穿的袍子 a loose robe worn by a Buddhist monk or a Taoist rectitude

夺(奪) duó ㄉㄨㄛ ❶ 抢,强取 take by force; seize (围 comb. 抢—qiǎng—*wrest*): 把敌人的枪～过来 bǎ dírén de qiāng duó guolai *wrest a gun from the enemy* [夺目—mù]耀眼 dazzle the eyes: 光彩～～ guāngcǎi-duómù *with dazzling brightness* ❷ 争取得到 strive for: 丰收 duó fēngshōu *strive for a good harvest* ❸ 冲出 rush out:

泪水～眶而出 Lèishuǐ duó kuàng ér chū. *Tears start from one's eyes.* or *Tears roll down from one's eyes.* ❹ 做决定 decide；定～dìngduó *make a final decision*/裁～cáiduó *consider and decide* ❺漏掉(文字)(of words in a text) be left out；be omitted；be missing：讹～éduó *error or omission* ❻失去,使失去(sth) be missing：勿～农时 wù duó nóngshí *Don't miss the farming season.*

度 ⊖ duó ㄉㄨㄛˊ 忖度,揣度,计算,推测 surmise；estimate：～德量力 duódé-liànglì *estimate one's own goal and material strength*
⊜ dù 见 145 页 See p. 145

踱 duó ㄉㄨㄛˊ 慢慢地走 walk slowly；pace：～来～去 duólái-duó qù *pace up and down*

铎(鐸) duó ㄉㄨㄛˊ 大铃,古代宣布政教法令时或有战事时用的 a kind of bell used in ancient China when issuing proclamations or in times of war

朵(*朶) duǒ ㄉㄨㄛˇ ❶花朵,植物的花或苞 flower or bud of a plant ❷量词,用于花或成团的东西 meas. for flowers or sth. in a cluster：三～花 sān duǒ huār *three flowers*/两～云彩 liǎng duǒ yúncai *two clouds*

垛(*垜) ⊖ duǒ ㄉㄨㄛˇ (一子 一zi)用泥土、砖石等建筑成的掩蔽物 buttress；battlements：门～子 ménduǒzi *buttress*/城墙一口 chéngqiáng duǒkǒu *crenel of battlements*
⊜ duò 见本页 See the same page.

哚(**跥**) duǒ ㄉㄨㄛˇ 见 772 页"吲"字条"吲哚"(yǐn 一) See yǐnduǒ under entry of yǐn, p.772

躲(**躲**) duǒ ㄉㄨㄛˇ 隐藏,避开 hide (oneself)；avoid (⑯comb. 一藏 一cáng, 一避 一bì hide oneself；go into hiding)：～雨 duǒyǔ *find shelter from a rain*/他～在哪里 Tā duǒ zài nǎli? *Where is he hiding?* / 明枪易～,暗箭难防 Míngqiāng yì duǒ, ànjiàn nán fáng. *It is easy to dodge a spear thrust in the open, but difficult to guard against an arrow shot from behind.*

埵 duǒ ㄉㄨㄛˇ 坚硬的土 hard clay

瘃 duǒ ㄉㄨㄛˇ 马疲劳 (of horses) be tired

嚲(嚲、**嚲**) duǒ ㄉㄨㄛˇ 下垂 hang down；droop

驮 ⊖ duò ㄉㄨㄛˋ (一子 一zi)骡马等负载的成捆的货物 a load carried by a pack-animal；pack：把一子卸来,让牲口休息一会儿 Bǎ duòzi xialai, ràng shēngkou xiūxi yīhuìr. *Unload the pack so that the horse (or mule) can have a rest.*
⊜ tuó 见 661 页 See p. 661

剁(**剁**) duò ㄉㄨㄛˋ 用刀向下砍 chop；cut：～碎 duòsuì *cut into fragments*/～饺子馅 duò jiǎozixiànr *chop up (or mince) meat for the stuffing of dumplings*

垛(*垜、**稞**) ⊖ duò ㄉㄨㄛˋ ❶整齐地堆放的堆 pile；stack：麦～màiduò *a stack of wheat*/砖～zhuānduò *a pile of bricks* ❷整齐地堆积 pile up neatly：柴火～得比房还高 Cháihuo duò de bǐ fáng hái gāo. *The pile of faggots is higher than the house.*
⊜ duǒ 见本页 See the same page.

跺(*跥) duò ㄉㄨㄛˋ 顿足,提起脚来用力踏 stamp one's foot：～脚 duòjiǎo *stamp one's foot*

蹾 duò ㄉㄨㄛˋ 见 218 页"馉"字条"馉饳"(gǔ 一) See gǔduò under entry of gǔ, p.218

柮 duò ㄉㄨㄛˋ 见 218 页"榾"字条"榾柮"(gǔ 一) See gǔduò under

entry of gǔ, p. 218

泡 duò ㄉㄨㄛ [淡泡 dàn—] 荡漾 ripple; undulate

柁 ⊖ duò ㄉㄨㄛ 同"舵" Same as "舵".

⊖ tuó 见 662 页 See p. 662

舵 duò ㄉㄨㄛ 控制行船方向的设备,多装在船尾 rudder, an instrument used to control the direction of a ship, usu installed at the rear of a ship; 掌~ zhǎngduò *operate the rudder*; *be at the helm* / ~手 duòshǒu *steersman*; *helmsman* ⑨ext. 飞机等交通工具上控制方向的装置 steering wheel, an instrument installed to control direction in means of transportation such as a plane

堕(墮) duò ㄉㄨㄛ 掉下来,坠落 drop; fall; ~地 duòdì *drop to the ground* [堕落—luò] ⑯fig. 思想行为向坏的方向变化 degenerate; sink low; ~~分子 duòluò fènzǐ *degenerate element* / 腐化 ~~ fǔhuàduòluò *degenerate and decadent*

惰 duò ㄉㄨㄛ 懒,懈怠,跟"勤"相反 (antonym of qín) lazy; indolent (⑱comb. 懒—lǎn— *lazy* 怠— dài — *idle*)

D

E ㄜ

E ㄜ

ā 见 E ㄜ

阿 ㊀ē ㄜ ❶迎合,偏袒 play up to; pander to:～附 ēfù *fawn on and echo* / ～其所好 ē'qí-suǒhào *play up to sb's whims; pander to sb's weakness*/～谀逢迎 ēyú-féngyíng *flatter and toady to; fawn upon* ❷凹曲处 low-lying place:山～shān'ē *col*

[阿胶 —jiāo]中药名,用驴皮加水熬成的胶,有滋补养血的作用,原产山东省东阿 E-gelatin, a traditional Chinese tonic that is made by boiling donkey's hide in water and can nourish the blood（named after its place of origin—Dong E County of Shandong Province）

㊁ā 见 1 页 See p. 1

厨 ē ㄜ 排泄大小便 excrement or urine:～屎 ēshǐ *excrement*

婀 ē ㄜ[婀娜— nuó]姿态柔美的样子（of a woman's carriage）lithe and graceful

讹(❶*譌) é ㄜ ❶错误 mistake:以 ～ 传 ～ yǐ'é — chuán'é *incorrectly relay an erroneous message*（so that it becomes increasingly distorted）❷敲诈,假借某种理由向人强迫索取财物或其他权利 blackmail:～人 érén *blackmail* /～诈 ézhà *extort under false pretences; blackmail*

囮 é ㄜ（—子 —zi）捕鸟时用来引诱同类鸟的鸟。也叫"囮(yóu)子"decoy bird, a bird used to seduce others of its kind, also called yóuzi

俄 é ㄜ ❶俄顷,短时间 very soon; presently:～而日出,光照海上 É'ér rìchū, guāng zhào hǎishang. *Presently the sun emerged, shining brightly over the sea.* ❷国名,指俄罗斯 Russia

[俄罗斯族—luósīzú]1. 我国少数民族,参看附表 the Russians, or the Russian nationality, an ethnic minionity in China. See Appendix. 2. 俄罗斯联邦的主要民族 the Russians, the main nationality in the Russian Federation

莪 é ㄜ [莪蒿—hāo]多年生草本植物,生在水边,开黄绿色小花,叶嫩时可吃 cowherb, a perennial herb growing by riverside, with small yellowish green flowers and edible tender leaves

哦 ㊂é ㄜ 吟哦,低声地唱 softly chant

㊀ó 见 487 页 See p. 487

㊁ò 见 487 页 See p. 487

峨(*峩) é ㄜ 高 high:巍～ wēi'é（of mountains）high/～冠 éguàn *a high topped hat*

[峨嵋—méi]山名,在四川省。也作"峨眉" Mount Emei, a mountain in Sichuan Province; also written as "峨眉".

娥 é ㄜ ❶美好（指女性姿态）（of a young woman's carriage）beautiful ❷指美女 a pretty young woman:宫～ gōng'é *maid of honor, a pretty young woman in the imperial palace* [娥眉—méi]指美女的眉毛,也指美女。也作"蛾眉"the beautiful eyebrows of a woman; a beautiful woman; also written as "蛾眉".

锇 é ㄜ 一种金属元素,符号 Os,青白色,很坚硬。工业上用来制造灯泡的灯丝,自来水笔的笔尖 osmium, a very hard bluish-white metallic element that is used to make filament in light bulbs and the tips of fountain pens in industry; symbol: Os

鹅(＊鵞)é ㄜ 一种家禽，比鸭子大，颈长，脚有蹼，头部有黄色或黑褐色的肉质突起，雄的突起较大 goose, a webfooted domestic fowl that is bigger than a duck and has a yellow or dark brown comb. Ganders (male ones) have larger combs than female ones

蛾 é ㄜ (一子 —zi、一儿 —r)像蝴蝶的昆虫，静止时，翅左右平放 moth, a butterfly-like insect with two wings spread out flat when at rest：灯～ dēng'é mothes that fly around a lamp/蚕～ cán'é silk moth/飞～投火 fēi'é-tóuhuǒ a moth darting into a flame (fig. bring destruction upon oneself; seek one's own doom) 〈古 arch.〉又同"蚁 yǐ" Also same as "蚁".

额(＊額)é ㄜ ❶俗叫"脑门子"，眉 上 发 下 的 部 分 forehead, the facial part between the hair and the eyebrow, popularly called nǎoménzi. (图见 653 页"头" See picture under "头", p. 653) ❷规定 的 数量 a specified number or amount：定 ～ dìng'é quota/名 ～ míng'é the number of people allowed / 超～完成任务 chāo'é wánchéng rènwu overfulfil the quota [额外—wài] 超出规定以外的 extra; additional；～～的要求 éwài de yāoqiú additional requirement ❸牌匾 an inscribed board：横 ～ héng'é a horizontal inscribed board / 匾～ biǎn'é a horizontal inscribed board

恶(恶、噁)㊂ě ㄜˇ [恶心—xin]要呕吐 feel like vomiting; feel sick ⓣtrans. 厌恶(wù) feel sb. or sth. disgusting

㊀ è 见本页 See the same page.
㊁ wù 见 686 页 See p. 686
㊃ wū 见 683 页 See p. 683

厄(＊阨)è ㄜˋ ❶困苦，灾难 adversity; hardship；～

运 èyùn adversity; misfortune ❷阻塞，受困 block; be stranded：～于海上 è yú hǎishang be stranded at the sea ❸险要的地方 a strategic point：险～ xiǎn'è a strategic pass

扼(＊搤)è ㄜˋ 用力掐着，抓住 clutch；grip：力能～虎 lì néng è hǔ be able to clutch at a tiger [扼守—shǒu]把守要地，防止敌人侵入 hold a strategic point; guard against the invasion of the enemy [扼要—yào]抓住要点 to the point：文章简明～～Wénzhāng jiǎnmíng-èyào. The article is brief and to the point.

苊 è ㄜˋ 有机化合物，分子式 $C_{12}H_{10}$，无色针状结晶，溶于热酒精，可作媒染剂 acenaphthene, an organic chemical that is a colorless needle-shaped crystal, can be dissolved in hot alcohol, and is used as a mordant; molecular formula：$C_{12}H_{10}$

呃 è ㄜˋ 呃逆，因横膈膜痉挛引起的打嗝儿 hiccups, an involuntary catching of the breath caused by a muscular spasm of the diaphragm

轭 è ㄜˋ 驾车时搁在牛颈上的曲木 yoke

垩(堊)è ㄜˋ ❶粉刷墙壁用的白土 chalk, a soft white powdery limestone used to whitewash a wall ❷用白土涂饰 write or whitewash with chalk

恶(惡)㊀è ㄜˋ ❶恶劣，不好 evil; bad; wicked：～感 ègǎn ill feeling; malice/～习 èxí a bad habit ❷凶狠 vicious; ferocious (⑬comb. 凶—xiōng— vicious)：狗 ègǒu a ferocious dog/～战 èzhàn a fierce battle/～霸 èbà a local tyrant ❸犯罪的事，极坏的行为，跟"善"相反 evil; wickedness, antonym of shàn：罪～zuì'è crime; evil/无～不作 wú'è-bùzuò stop at no evil; commit all manner of crimes

㊁ wù 见 686 页 See p. 686

㊂ě 见 155 页 See p. 155

㊃ wū 见 683 页 See p. 683

饿 è ㄜˋ 肚子空,想吃东西 hungry; feel like eating:肚子～了 Dùzi è le. *hungry*

鄂 è ㄜˋ 湖北省的别称 another name for Hubei Province

[鄂伦春族—lúnchūnzú]我国少数民族,参看附表 the Oroqen (Olunchun) Nationality, an ethnic minority in Heilongjiang Province. See Appendix

[鄂温克族—wēnkèzú]我国少数民族,参看附表 the Ewenki (Owenk) Nationality, an ethnic minority in Heilongjiang Province. See Appendix

谔 è ㄜˋ 正直的话 straightforward words; honest speech [谔谔——]直言争辩的样子 argue with sb. in a straightforward way

萼 è ㄜˋ 花萼,在花瓣下部的一圈绿色小片 calyx, the outer leaves that surround the unopened bud of a flower

愕 è ㄜˋ 惊讶 stunned; astounded:～然 èrán *stunned*; *astounded*/惊～ jīng'è *astounded*

腭 (＊齶) è ㄜˋ 口腔的上膛,分为两部,前面叫硬腭,后面叫软腭 palate, the top part of the inside of the mouth, divided into the hard palate and the soft palate

鹗 è ㄜˋ 鸟名,又叫"鱼鹰"。性凶猛,背暗褐色,腹白色,常在水面上飞翔,捕食鱼类 osprey, also called yúyīng (fish hawk *or* sea eagle), a fierce bird that has a dark-brown back and a white belly, preys on fish, and usu flies over the surface of water

锷 è ㄜˋ 刀剑的刃 the blade of a sword or a knife

颚 è ㄜˋ ❶某些节肢动物摄取食物的器官 mandible, an organ of arthropods for seizing and biting sth ❷同"腭" Same as "腭".

鳄 (＊鱷) è ㄜˋ 俗叫"鳄鱼"。一种凶恶的爬行动物,皮和鳞很坚硬,生活在热带河流池沼中,捕食小动物 crocodile, popularly called èyú, a ferocious reptile that has hard skin and scales, lives in rivers and marshes in tropical areas, and preys on small animals

遏 è ㄜˋ 阻止 check; hold back;怒不可～ nùbùkě'è *be beside oneself with anger*; *be in a towering rage*. [遏制—zhì]制止,控制 keep within limits; control:～～敌人的进攻 èzhì dírén de jìngōng *keep the enemy from attacking*/～～不住满腔的激情 èzhì bu zhù mǎnqiāng de jīqíng *fail to keep one's bursting emotions under control*

颔 è ㄜˋ 鼻梁 bridge of the nose

罍 è ㄜˋ 可怕而惊人的 shocking; upsetting:～梦 èmèng *nightmare*/～耗(指亲近或敬爱的人死亡的消息)èhào *sad news of the death of a beloved person*

E ㄝ

诶 ㊀ê ㄝ éi ㄟˊ(又 also)同"欸㊀" Same as "欸㊀".

㊁é ㄝˊ 见本页 See the same page.

㊂ě ㄝˇ 见 157 页 See p. 157

㊃è ㄝˋ 见 157 页 See p. 157

欸 ㊀ê ㄝ éi ㄟˊ(又 also)叹词,表示招呼 interj. calling attention:～,你快来 ê, nǐ kuài lái! *Hey, come over here quickly!*

㊁é ㄝˊ 见 157 页 See p. 157

㊂ě ㄝˇ 见 157 页 See p. 157

㊃è ㄝˋ 见 157 页 See p. 157

㊄ǎi 见 3 页 See p. 3

诶 ㊀ê ㄝ éi ㄟˊ(又 also)同"欸㊀" Same as "欸㊀".

㊁é ㄝˊ 见本页 See the smae page.

㊂ě ㄝˇ 见 157 页 See p. 157

㈣ê 见本页 See the same page.

欸 ㈠ê ㄝ éi ㄟ（又 also）叹词，表示诧异 *interj.* used to showing one's astonishment：～，怎么回事 É, zěnme huí shì! *Why, what's the matter with you!*

㈠ê 见 156 页 See p. 156
㈢ê 见本页 See the same page.
㈣ê 见本页 See the same page.
㈤ǎi 见 3 页 See p. 3

诶 ㈢ê ㄝ ěi ㄟ（又 also）同"欸㈢" Same as "欸㈢".

㈠ê 见 156 页 See p. 156
㈢ê 见 156 页 See p. 156
㈣ê 见本页 See the same page.

欸 ㈢ê ㄝ ěi ㄟ（又 also）叹词，表示不以为然 *interj.* showing disapproval：～，你这话可不对呀 É, nǐ zhè huà kě bùduì ya! *Now, you are wrong to say that.*

㈠ê 见 156 页 See p. 156
㈢ê 见本页 See the same page.
㈣ê 见本页 See the same page.
㈤ǎi 见 3 页 See p. 3

诶 ㈣ê ㄝ èi ㄟ（又 also）同"欸㈣" Same as "欸㈣".

㈠ê 见 156 页 See p. 156
㈢ê 见 156 页 See p. 156
㈣ê 见本页 See the same page.

欸 ㈣ê ㄝ èi ㄟ（又 also）叹词，表示应声或同意 *interj.* answering a call or showing agreement：～，我这就来 È, wǒ zhè jiù lái! *Yes, I'm coming!* ／～，就这么办 È, jiù zhème bàn! *All right. Let's do it this way!*

㈠ê 见 156 页 See p. 156
㈢ê 见本页 See the same page.
㈢ê 见本页 See the same page.
㈤ǎi 见 3 页 See p. 3

EI ㄟ

唉 éi ㄟ 叹词，表示诧异或忽然想起 *interj.* expressing surprise or sudden rememberance：～，他怎么病

了 Éi, tā zěnme bìng le! *Why, he is ill!* ／～，我三点钟还有一场电影呢 Éi, wǒ sān diǎnzhōng háiyǒu yī chǎng diànyǐng ne! *Oh, I am going to see a film at three o'clock!*

EN ㄣ

奀 ㈠ēn ㄣ〈方 dial.〉瘦小（多用于人名）small and thin (usu. used in people's names)

㈠dí 见 123 页 See p. 123

恩 ēn ㄣ 好处，深厚的情谊 favor; kindness; grace（遬comb. —惠 —huì *a favor bestowed or received*, —德 —dé *benevolence*)：共产党的～情说不完 Gòngchǎndǎng de ēnqíng shuō bu wán. *We can never say enough about our gratitude to the Communist Party.* ［恩爱—ài］形容夫妻亲爱 (of a married couple) be deeply in love with each other

蒽 ēn ㄣ 一种有机化合物，分子式 $C_{14}H_{10}$，无色晶体，发青色荧光，是染料工业的原料 anthracence, an organic chemical that is a colorless crystal, gives out a blue fluorescent light and is used as a raw material in dystuff industry, molecular formula: $C_{14}H_{10}$

摁 èn ㄣ 用手按压 press; push：～电铃 èn diànlíng *ring an electric bell*

ENG ㄥ

鞥 ēng ㄥ 马缰 reins

ER 儿

儿（兒） ér 儿 ❶ 小孩子 child （遬comb. —童 —tóng

child)：六一～童节 Liù-Yī Ertóngjié
June First, International Children's
Day/小～科 xiǎo'érkē department of
paediatrics/别把这件事当做～戏 Bié
bǎ zhè jiàn shì dāngzuò érxì. Don't
take this matter lightly. ❷年轻的人
（多指青年男子）youth (usu a young
man)：健～ jiàn'ér valiant；good
athelete ❸儿子，男孩子 son；boy
⑨ext. 雄性的 male：～马 ěrmǎ male
horse ❹父母对儿女的统称，儿女对
父母的自称 son or daughter, a
general term for children as is used
by parents, also a self-reference by a
son or a daughter ❺词尾，同前一字
连成一个卷舌音 suffix (added to the
preceding word to form a retroflex
sound)：1. 表示小 used to express
smallness：小孩～ xiǎoháir a little
child/乒乓球～ pīngpāngqiúr table
tennis ball；ping-pong ball/小狗～
xiǎo gǒur a little dog 2. 使动词形容
词等名词化 added to verbs or
adjectives to form nouns：没救～
méijiùr hopelessness/拐弯～guǎiwānr
turn a corner；make a turn/ 挡着亮
dǎngzhe liàngr shut out the light/ 叫
好～ jiàohǎor shout "well done！"；
shout "bravo"

而 ér 儿 连词 conj. ❶连接同类的
词或句子 and；as well as (used
to connect words or sentences of the
same kind) 1. 顺接 connecting an
adverbial element to a verb：通过实践
～发现真理，又通过实践～证实真理
和发展真理 Tōngguò shíjiàn ér
fāxiàn zhēnlǐ, yòu tōngguò shíjiàn ér
zhèngshí zhēnlǐ hé fāzhǎn zhēnlǐ.
discover the truth through practice
and verify and develop the truth
through practice 2. 转接 and yet；
but：有其名～无其实 yǒu qí míng ér
wú qí shí in name but not in reality，
[而已—yǐ]助词，罢了 aux. that is
all；nothing more：不过如此～～
bùguò rúcǐ éryǐ That's all there is to

it. [而且—qiě]连词 conj. 1. 表示平
列 and also：这些机器我们都能开，
～～还能修理 Zhèxiē jīqì wǒmen
dōu néng kāi, érqiě hái néng xiūlǐ.
All of us can run these machines and
we can repair them as well. /文章写
得长～～空，群众见了就摇头
Wénzhāng xiě de cháng érqiě kōng,
qúnzhòng jiànle jiù yáotóu. The
article is long-winded and lacks
contents, so that when people read it,
they will shake their heads with
disapproval. 2. 表示进一层，常跟"不
但"相应 but also, often used
correspondingly with bùdàn：鲁迅不
但是伟大的文学家，～～是伟大的思
想家和革命家 Lǔ Xùn bùdàn shì
wěidà de wénxuéjiā, érqiě shì
wěidà de sīxiǎngjiā hé gémìngjiā.
Lu Xun was not only a great writer,
but also a great thinker and
revolutionary. ❷把表示时间或情状的
词连接到动词上 connecting an
adverbial element to a verb：匆匆～来
cōngcōng ér lái come in a hurry/侃
侃～谈 kǎnkǎn'értán speak with
fervour and assurance/挺身～出
tǐngshēn'érchū step forward brave-
ly；come out boldly ❸(从)…到…
(from) … to …：自上～下
zìshàng'érxià from above to below；
from top to bottom/由小～大 yóu
xiǎo ér dà from small to large

洏 ér 儿 ❶流泪的样子 continuous
flow (of tears) ❷见 397 页"涟"
字条"涟洏"See liánér under entry of
lián, p.397

鸸 ér 儿 [鸸鹋—miáo]鸵鸟的一
种，嘴短而扁，有三个趾。善走，
不能飞，生活在大洋洲森林中 emu, a
large three-toed ostrich that has a
short flat mouth, cannot fly but runs
very fast, and lives in the forests of
Oceania

尔(爾) ěr 儿 ❶你，你的 you；
your：～辈 ěrbèi your

generation；you ／ ～父 ěrfù *your father*/出一反～（喻无信用）chū·ěr-fǎn'ěr *go back on one's word; contradict oneself* [尔汝一rǔ]你我相称，关系亲密 *on very close terms with each other*：相为～～ xiāngwéi ěrrǔ *be on close terms with each other*/～～交 ěrrǔjiāo *be close friends* ❷如此 *like that; so*（叠 redup.）：果～ guǒ·ěr *if so*/偶～ ǒu·ěr *once in a while*/不过一～ bùguò-ěr'ěr *merely mediocre; be only so-so* ❸那，其（指时间）that（referring to time）：～时 ěrshí *at that time*/～日 ěrrì *on that day*/～后 ěrhòu *thereafter* ❹同"耳 ❸"Same as "耳❸". ❺词尾，相当于"然"suffix same as 然：卓～ zhuó'ěr *rise above the common herd*/率～（轻率）shuài'ěr *rashly*

迩（邇） ěr ㄦ 近 near：遐～闻名 xiá'ěr-wénmíng *be known near and far*/～来（近来）ěrlái *recently*

耳 ěr ㄦ ❶耳朵，听觉器官 ear, organ of hearing：～聋 ěrlóng *deaf*/～熟（听着熟悉）ěrshú *familiar to the ear*/～生（听着生疏）ěrshēng *unfamiliar to the ear*/～语（嘴贴近别人耳朵小声说话）ěryǔ *whisper to one's ears* ❷像耳朵的 ear-like 1.指形状 referring to the shape of sth.：木～ mù'ěr *an edible fungus*/银～ yín'ěr *tremella* 2.指位置在两旁的 on either side; side：～房 ěrfáng *side rooms*/～门 ěrmén *side door* ❸（古 arch.）表示"罢了"的意思，而已 only; just; 前言戏之～ Qiányán xì zhī ěr. *What has been said is only a joke.* /此无他，唯手熟～ Cǐ wú tā, wéi shǒu shú ěr. *This requires nothing special. It is only the result of repeated practice.*

饵 ěr ㄦ ❶糕饼 cake：香～xiāng'ěr *savoury cakes* / 果～ guǒ'ěr *candies and cakes* ❷钓鱼用的鱼食（fish）bait：鱼～yú'ěr *fish bait* ❸引诱 seduce：以此～敌 yǐ cǐ ěr dí *use this as a bait to entice the enemy*

洱 ěr ㄦ [洱海一hǎi]湖名，在云南省 a lake in Yunnan Province

珥 ěr ㄦ 用珠子或玉石做的耳环 jade or pearl earrings

铒 ěr ㄦ 一种金属元素，符号 Er erbium, a metallic element; symbol: Er

二 èr ㄦ ❶数目字 two：十一个 shí èr gè *twelve*/两元一角 liǎng yuán èr jiǎo *two yuan and twenty cents*（"二"与"两"用法不同，参看"两"字注 for the differences between 二 and 两, refer to entry of 两）❷第二，次的 second; inferior：～等货 èr děng huò *second-rate goods*/～把刀（指技术不高）èrbǎdāo *have a smattering of a subject* [二手一shǒu] 1. 旧的，用过的 used; second-hand：～车 èrshǒuchē *a second-hand car*/～货 èrshǒuhuò *second-hand goods* 2. 间接的 indirect：～资料 èrshǒuzīliào *second-hand materials* ❸两样 different：心无～用 xīn-wú'èryòng *One cannot keep one's mind on two things at the same time.*

贰（＊＊弍） èr ㄦ "二"字的大写 two（used for the numeral "二" on checques, etc, to avoid mistakes or alterations）

佴 ㊀ èr ㄦ 置，停留 stay for a time
㊁ nài 见 471 页 See p. 471

F ㄈ

FA ㄈㄚ

发(發) ⊖ fā ㄈㄚ **❶**交付,送出,跟"收"相反 deliver, antonym of shōu：～选民证 fā xuǎnmínzhèng *distribute voter's certificate*/ ～货 fāhuò *deliver goods*/ 信已经～了 Xìn yǐjīng fā le. *The letter has been sent off.* [发落—luò]处理,处分 deal with an offender；从轻～～cóngqīng fāluò *deal with sb leniently* [打发 dǎfa] 1. 派遣 send；dispatch：～～专人去办 dǎfa zhuānrén qù bàn *dispatch a person to deal with it* 2. 使离去 send away：好不容易才把他～～走了 Hǎo bù róngyì cái bǎ tā dǎfa zǒu le. *It has been difficult to send him away.* 3. 消磨(时日)kill time：病人们靠聊天儿～～时光 Bìngrénmen kào liáotiānr dǎfa shíguāng. *The patients killed their time by chatting.* **❷**表达,说出 express；utter：～言 fāyán *make a speech*/ ～问 fāwèn *ask a question*/ ～誓 fāshì *vow；swear* [发表—biǎo]用文字或语言表达意见 express one's opinions through speech or writing；publish；issue **❸**放射 fire；radiate：～炮 fāpào *fire shells*/ ～光 fāguāng *give off light* ⑪ext. 枪弹、炮弹一枚称一发 measure word for bullets and shells：五十～子弹 wǔshí fā zǐdàn *fifty cartridges* **❹**散开,分散 disperse；emit：～汗 fāhàn *induce perspiration*/ 挥～ huīfā *volatilize*/ 蒸～ zhēngfā *evaporate* [发挥—huī]把意思尽量地说出,把力量尽量地用出 bring into play；借题～～jiètí-fāhuī *make use of*

the subject under discussion to put forward one's point/ ～～题意 fāhuī tíyì *elaborate the theme*/～～群众的智慧和力量 Fāhuī qúnzhòng de zhìhuì hé lìliang. *bring the intelligence and strength of the masses into full play* **❺**开展,扩大,膨胀 develop；expand；grow：～扬 fāyáng *keep up；carry on*/ ～展 fāzhǎn *develop*/ ～海带 fā hǎidài *puff up dried kelp*/ 面了 Miàn fā le. *The dough has risen.* [发达—dá]兴旺,旺盛 developed；flourishing：工业～～ gōngyè fādá *Industry is flourishing.* / 交通～～jiāotōng fādá *have a well-developed transportation system* [发展—zhǎn]事物内部的矛盾运动,通常指事物由小而大,由弱而强,由低级到高级,由简单到复杂的变化 develop；grow, the motion of contradicton inside a matter, usually the process of becoming larger, stronger, more advanced or complex；形势迅速～～Xíngshì xùnsù fāzhǎn. *The situation develops very rapidly.* / ～～生产 fāzhǎn shēngchǎn *develop production* [发育—yù]生物逐渐长成壮大 grow；develop：身体～～正常 Shēntǐ fāyù zhèngcháng. *physically normally developed* **❻**因得到大量资财而兴旺 get rich；make a fortune：暴～户 bàofāhù *upstart*/ 这几年他做买卖了 Zhè jǐ nián tā zuò mǎimai fā le. *He has made a fortune through business in recent years.* **❼**打开,揭露 open；expose：～掘潜力 fājué qiánlì *bring the potential into full play*/ 揭～阴谋 jiēfā yīnmóu *bring schemes to light* [发明—míng]创造出以前没有的事物 invent；invention：印刷术是我国首先～～的 Yìnshuāshù shì wǒguó shǒuxiān fāmíng de. *Printing was first invented by the Chinese.* [发现—xiàn]1. 找出原先就存在而大家不知道的事物或道理 discover sth whose existence has not been noticed before：～～新油田 fāxiàn xīn yóutián discover a new oil-field 2. 发觉 realize；notice：～～问题就及时解决 fāxiàn wèntí jiù jíshí jiějué solve a problem as soon as it is noticed ❽显现，显出 look；appear：脸上～黄 liǎnshang fāhuáng a sallow face ❾产生，发生 come or bring into existence：～芽 fāyá sprout/～病 fābìng come down with an illness ❿觉得 feel；～麻 fāmá tingle；feel numb；～烧 fāshāo have a fever；run a fever ⓫开始动作，起程 start：～端 fāduān make a start/朝～夕至 zhāofā-xīzhì start at dawn and arrive at dusk（fig. a day's journey）/～动机器 fādòng jīqì start a machine/队伍出～duìwu chūfā The troops have set out.

㊁ fà 见 162 页 See p. 162

乏 fá ㄈㄚˊ ❶缺少 lack（⑯comb. 缺－quē－lack）：～味 fáwèi tasteless/不～其人 bùfá-qírén Such people are not rare. or There is no lack of such people. ❷疲倦 tired（⑯comb. 疲－pí－tired）：人困马～rénkùn-mǎfá the men weary, their steeds spent（fig. tired out；exhausted）/跑了一天，身上有点～Pǎole yī tiān, shēnshang yǒudiǎnr fá. feel a bit tired after running about for a whole day

伐 fá ㄈㄚˊ ❶砍 chop；cut down：～树 fáshù cut down a tree/采～木材 cǎifá mùcái lumbering ❷征讨，攻打 send an expedition against；attack（⑯comb. 讨－tǎo－send armed forces to suppress；send a punitive expedition against）：北～běifá the Northern Expedition

垡 fá ㄈㄚˊ ❶耕地，把土翻起来 turn up soil：秋～地（秋耕）qiūfádì autumn ploughing. 也指翻起来的土块 also upturned soil：晒～shàifá sun the upturned soil ❷量词，相当于次、番 meas. time ❸地名用字，如

榆垡（在北京市）、落垡（在河北省）used in place names, such as Yúfá（in Beijing）, Luòfá（in Hebei Province）

阀 fá ㄈㄚˊ ❶封建时代指有权势的家庭、家族 a powerful and distinguished family in feudal society：门～ménfá a family of power and influence（in feudal China）/～阅之家 fáyuè zhī jiā a powerful and distinguished family ❷凭借权势造成特殊地位的个人或集团 a person or a group that has achieved special status through one's power：军～jūnfá warlord/财～cáifá tycoon；financial magnate ❸（外 foreign）又叫"活门"、"阀门"或"凡尔"。管道、唧筒或其他机器中调节流体的流量、压力和流动方向的装置 valve、also called huóménr, fámén or fán'ěr, a movable part that controls the flow of a liquid or gas through a pipe or out of an enclosed space by opening or closing a passage

筏（*栰）fá ㄈㄚˊ（－子 －zi）用竹、木等平摆着编扎成的水上交通工具 raft, a vehicle that is made of bamboo or wood and travels on water

罚（*罸）fá ㄈㄚˊ 处分犯错误的人 punish；penalize（⑯comb. 惩－chéng－ punish, 责－zé－ punish）：他受～了 Tā shòufá le. He was punished.

法 fǎ ㄈㄚˇ ❶法律，由立法机关制定、颁布的强制各种行为的规则的总称 law, a general term for the rules and regulations made and enforced by the legislative body of a country or state：婚姻～hūnyīnfǎ marriage law/犯～fànfǎ commit a crime/合～héfǎ legal [法院－yuàn] 行使审判权的国家机关 court of justice, a place where justice is administered；law court ❷（－子 －zi、－儿 －r）方法，处理事物的手段

method；way of dealing with things：写～ xiěfǎ *style of writing* / 办～ bànfǎ *method* / 用～ yòngfǎ *use；usage* ❸仿效 imitate：效～ xiàofǎ *follow the example of*；*learn from* / 师～ shīfǎ *model oneself after* ❹标准，模范，可仿效的 standard；model：～书 fǎshū *model caligraphy* / ～绘 fǎhuì *model painting* / ～帖 fǎtiè *model calligraphy* ［法宝－bǎo］⑯fig. 特别有效的工具、方法或经验 a magic weapon or formula：统一战线，武装斗争，党的建设，是中国革命的三大～～ Tǒngyī zhànxiàn, wǔzhuāng dòuzhēng, Dǎng de jiànshè shì Zhōngguó gémìng de sān dà fǎbǎo. *United front, armed struggle and the construction of the Party are the three big magic weapons in Chinese revolution.* ❺佛教徒称他们的教义，民间传说的所谓"超人力"的本领（Buddhism）the Law；dharma：～术 fǎshù *Buddha dharma；Buddhist doctrine* / 佛～ fófǎ *the Buddhist law and the methods of governing* ❻指法国 France

砝 fǎ ㄈㄚˇ ［砝码－mǎ］天平和磅秤上做重量标准的东西，用金属制成 weight（a piece of metal of standard heaviness used on a balance or a platform scale）

发（髮）⊖ fà ㄈㄚˋ 头发 hair：理～ lǐfà *have one's hair cut* / 脱～ tuōfà *loss of the hair；alopecia* / 令人～指（喻使人非常气愤）lìngrén-fàzhǐ *get one's hackles up；make one bristle with anger*
　⊖ fā 见 160 页 See p. 160

珐（*琺）fà ㄈㄚˋ ［珐琅－láng］用硼砂、玻璃粉、石英等加铅、锡的氧化物烧制成像釉子的物质。涂在铜质或银质器物的表面作为装饰，又可防锈。一般的证章、奖章等多为珐琅制品。珐琅制品景泰蓝是我国特产的手工艺品之一 enamel, a paint or varnish used to make a smooth, hard, glossy surface when dry；made through burning borax, glass powder, quartz together with the oxide of lead and tin；painted on the surface of copper and silver articles, serving as a decoration and preventing rust. Ordinary medals and badges are mostly made of enamel. The enamel product cloisonne is one of the handcraft specialties of China

FAN ㄈㄢ

帆（*颿）fān ㄈㄢ 利用风力使船前进的布篷 sail：一～风顺 yīfān-fēngshùn *smooth sailing*

番 ⊖ fān ㄈㄢ ❶称外国的或外族的 foreign；barbarian：～茄 fānqié *tomato* / ～薯 fānshǔ *sweet potato* / ～椒 fānjiāo *capsicum* ❷代换 replace：轮～lúnfān *take turns* / 更～gēngfān *by turns；alternately* ❸量词 meas. 1. 遍，次 time：三～五次 sānfān-wǔcì *time and again；repeatedly* / 费了一～心思 fèile yīfān xīnsi *have done a lot of thinking* / 解说一～ jiěshuō yīfān *give an explanation of sth.* 2. 倍 times；fold：产量翻了一～ Chǎnliàng fānle yī fān. *The output has doubled.*
　⊖ pān 见 491 页 See p. 491

蕃 ⊖ fān ㄈㄢ 同"番(fān)" ❶ Same as "番(fān) ❶".
　⊖ fán 见 164 页 See p. 164

幡（**旛）fān ㄈㄢ 用竹竿等挑起来直着挂的长条形旗子 a long narrow flag lifted with a bamboo pole

藩 fān ㄈㄢ 藩篱，篱笆 fence；hedge ⑯fig. 作保卫的，封建时代用来称属国、属地（in feudal times）vassal；feudatory：～国 fānguó *vassal state* / ～属 fānshǔ *vassal state*

翻（*飜）fān ㄈㄢ ❶歪倒(dǎo)，或上下、内外移位 turn

F

upside down or inside out; turn over: 车～了 Chē fān le. *The cart overturned.* / ～修马路 fānxiū mǎlù *repair a road*/把桌上的书都～乱了 bǎ zhuō shang de shū dōu fānluàn le *have rummaged through the books on the desk, and put them out of order as a result* [翻身—shēn] 1. 翻转身体 turn the body over 2. 比喻从被压迫 的情况下解放出来 free oneself; stand up:劳动人民～～当家做主人 Láodòng rénmín fānshēn dāngjiā zuò zhǔrén. *The labouring people have stood up and become the masters of their fate.* [翻砂—shā]把熔化的金属 倒(dào)入用潮湿砂子制成的模型 里,铸造成器具或机件 moulding; casting ❷改变 change:～改 fāngǎi *remake* (used clothes) /～案 fān'àn *reverse a verdict* ❸数量成倍增加 multiply; increase by a specified number of time:生 产 ～ 一 番 Shēngchǎn fān yī fān. *The production has doubled.* ❹翻译,把一种 语文译成另一种语文 translate; put a certain language into another: 把外国名著～成中文 bǎ wàiguó míngzhù fānchéng Zhōngwén *translate the foreign master pieces into Chinese* ❺(一儿)翻脸 suddenly turn hostile;闹～了 nàofān le *fall out; break up*

凡(*凣) fán ㄈㄢˊ ❶平常的,不 出奇的 common; ordinary:～人 fánrén *an ordinary person*/在平～的工作中做出惊人的 成绩 zài píngfán de gōngzuò zhōng zuòchu jīngrén de chéngjì *make extraordinary achievements in an ordinary position* ❷宗教、神话或迷信 的人称人世间 this mortal world (referred to in religion, legend, or by superstitious people):神仙下～ shénxiān xiàfán *A supernatural being comes to the mortal world.* ❸凡是,所 有的 all; every; any:～事要跟群众 商量 Fánshì yào gēn qúnzhòng shāngliang. *The masses should be consulted about every matter.* ❹大概, 要略 general idea; outline:大～dàfán *generally; in most cases* [凡例—lì]书 前面说明内容和体例的文字 notes on the use of a book, etc.; guide to the use of a book, etc. ❺旧时乐谱记音 符号的一个,相当于简谱的"4" a note of the scale in gongchepu, corresponding to 4 in numbered musical notation

矾(礬) fán ㄈㄢˊ 含水复盐的一 类,是某些金属硫酸盐的 含水结晶。最常见的是明矾(也叫"白 矾"),明矾带涩味,呈酸性反应,可供 制革、造纸及制颜料、染料等用 vitriol, a kind of water-bearing double salt, a water-bearing crystal of certain sulfates of metals. The most common vitriol is alum, which is also called báifán. Alum is puckery, has acid reaction, and is used in making leather, paper, paint, dyestuff, etc.

钒 fán ㄈㄢˊ 金属元素,符号 V,银白 色。熔合在钢中,能增加钢的抗 张强度、弹性和硬度,工业上用途很大 vanadium, a metallic silver-coloured element; symbol: V. Melted in steel, vanadium can increase the tensile strength, elasticity and hardness of steel, and is therefore widely used in industry

烦 fán ㄈㄢˊ ❶苦闷,急躁 be vexed; be irritated:～恼 fánnǎo *be vexed* / 心～意乱 xīnfán-yìluàn *be terribly upset* / 心里有点～ xīnli yǒudiǎn fán *be a little vexed* ❷厌烦 bored;不耐～bù nàifán *impatient* /这 些话都听～了 Zhèxiē huà dōu tīng fán le. *be bored with these words* ❸又 多又乱 superfluous and confusing;要 言不～yàoyán-bùfán *terse; succinct*/ 话多真絮～huà duō zhēn xùfán *(of sb) keeps talking, and people get* bored［烦琐—suǒ］琐碎，不拘要 loaded down with trivial details ❹敬辞，表示请托 term of respect，trouble（sb. to do sth.）；bother：～你做点事 Fán nǐ zuò diǎnr shì. *May I trouble you to do something?*

墦 fán ㄈㄢˊ 坟墓 tomb

蕃 ⊖ fán ㄈㄢˊ 茂盛 be luxuriant；grow in abundance：草木～盛 cǎomù fánshèng *The trees and grass are luxuriant.* 喻fig. 繁多 abundant：～衍（逐渐增多或增广）fányǎn *multiply；increase gradually in number or quantity*

⊜ fān 见 162 页 See p. 162

璠 fán ㄈㄢˊ 美玉 fine jade

膰 fán ㄈㄢˊ 古代祭祀时用的熟肉 sacrificial meat in ancient times

燔 fán ㄈㄢˊ ❶焚烧 burn ❷烤 roast

蹯 fán ㄈㄢˊ 兽足 animal's paw：熊～（熊掌）xióngfán bear's paw

樊 fán ㄈㄢˊ 篱笆 fence［樊篱—lí］喻fig. 对事物的限制 barrier；restriction

繁（*緐）⊖ fán ㄈㄢˊ ❶复杂，跟"简"相反 complicated，antonym of jiǎn（圙comb. 一杂—zá *many and diverse*）：删～就简 shānfán-jiùjiǎn *simplify sth by cutting out the superfluous* ❷许多，不少 many：实～有徒（这种人实在很多）shífán-yǒutú *There are truly many people of this kind.* /～殖（生长成许多）fánzhí reproduce；propagate［繁华—huá］市面热闹，工商业兴盛（of industry and commerce）flourishing；busy［繁荣—róng］兴旺发展或使兴旺发展 flourishing；prosperous；booming：市场～～shìchǎng fánróng *The market is brisk.* /～～经济 fánróng jīngjì *bring about a pros-*

perous economy

⊜ pó 见 510 页 See p. 510

蘩 fán ㄈㄢˊ 白蒿。二年生草本植物，嫩时可食 wormwood；artemisia，a biennial plant that is edible when tender

反 fǎn ㄈㄢˇ ❶翻转，颠倒 reverse；turn over：～败为胜 fǎn bài wéi shèng *turn defeat into victory；turn the tide*/～守为攻 fǎn shǒu wéi gōng *turn defence into offence*/易如～掌 yìrú-fǎnzhǎng *as easy as turning over one's hand；as easy as falling off a lock* 闭ext. 翻转的，颠倒的，跟正的相对 reversed；inside out，opposite to zhèng：这纸看不出一面正面 Zhè zhǐ kàn bu chū fǎnmiàn zhèngmiàn. *It is impossible to distinguish the reverse side from the obverse side of this paper.*/～穿皮袄 fǎnchuān pí'ǎo *wear the fur-lined jacket inside out*/放～了 fàng fǎn le *put sth upside down* /图章上刻的字是～的 Túzhāng shang kè de zì shì fǎn de. *The words engraved on the seal are reversed.*［反复—fù］1.翻来覆去 chop and change：～～无常 fǎnfù-wúcháng *behave capriciously；chop and change* 2.重复 repeatedly：～～练习 fǎnfù liànxí *practise repeatedly*［反间—jiàn］利用敌人的间谍，使敌人内部自相矛盾 sow distrust or dissension among one's enemies［反正—zhèng］1.指平定混乱局面，恢复原来秩序 restore things to order：拨乱～fǎnzhèng *bring order out of chaos* 2.敌方的军队或人员投到己方 come over from the enemy's side 3.副词，无论如何，不管怎么样 adv. in any case；anyway：～～我要去，你不去也行了 Fǎnzheng wǒ yào qù, nǐ bù qù yě xíng le. *Since I have to go there anyway, it is all right if you don't.*［反刍—chú］倒嚼（dǎojiào）牛、羊、骆驼等动物把粗粗吞下去的食物再回到嘴里细嚼 ruminate；chew the cud

❷和原来的不同,和预想的不同 different from the original or from what has been expected: ～ 常 fǎncháng *unusual*; *abnormal*/画虎不 成 ～ 类犬 Huà hǔ bùchéng fǎn lèi quǎn. *try to draw a tiger and end up with the likeness of a dog*(fig. attempt sth overambitious and end in failure)/我一劝,他一而更生气了 Wǒ yī quàn, tā fǎn'ér gèng shēngqì le. *He became even more angry after my soothing.* [反倒－dào]正相反,常 指和预期相反 on the contrary; instead: 希望他走,他 ～ ～ 坐下了 Xīwàng tā zǒu, tā fǎndào zuòxia le. *We hoped he would leave, but on the contrary, he took a seat.* ❸反对,反抗 against; oppose: ～ 浪费 fǎn làngfèi *combat waste* / ～ 腐败 fǎn fǔbài *combat corruption* / ～ 封建 fǎn fēngjiàn *combat feudalism*/～ 法西斯 fǎn fǎxīsī *anti-fascism* [反对－duì] 不赞成,抵抗 oppose; be against: 坚 决～ ～ 贪污、盗窃 Jiānjué fǎnduì tānwū, dàoqiè. *fight resolutely against corruption and theft* [反动－ dòng]1.指思想上或行动上维护旧制 度,反对新制度,反对革命的 reactionary: ～ ～ 势力 fǎndòng shìlì *reactionary power* /～ ～ 行为 fǎndòng xíngwéi *reactionary action* 2. 相反的 作用 counteraction:从历史来看,党八 股是对于"五四"运动的一个 ～ ～ Cóng lìshǐ lái kàn, dǎngbāgǔ shì duìyú Wǔ-Sì Yùndòng de yī ge fǎndòng. *From a historical point of view, Party Jargon is a conteraction against the May 4th Movement of 1919.* ❹类推 infer: 举一 ～ 三 jǔyī-fǎnsān *draw inferences about other cases from one instance* ❺ 回, 还 return; counter: ～ 攻 fǎngōng *counterattack*/～ 求诸己 fǎnqiúzhūjǐ *seek the cause in oneself instead of sb. else* [反省－xǐng]对自己的思想行为 加以检查 self-examination; soul-searching

返 fǎn ㄈㄢˇ 回,归 return: 往 ～ wǎngfǎn *journey to and from*/一 去不复～yī qù bù fù fǎn *gone for ever* [返工－gōng]工作没有做好再重做 do poorly done work over again

犯 fàn ㄈㄢˋ ❶抵触,违反 violate; offend: ～ 法 fànfǎ *commit a crime*/～ 规 fànguī *break the rules* ❷ 犯罪的人 violator; criminal: 战 ～ zhànfàn *war criminal*/要 ～ yàofàn *an important criminal*/贪污 ～ tānwūfàn *embezzler* ❸ 侵犯,进攻 attack; invade: 人不 ～ 我,我不 ～ 人,人若 ～ 我,我必 ～ 人 Rén bù fàn wǒ, wǒ bù fàn rén, rén ruò fàn wǒ, wǒ bì fàn rén. *If others let me alone; I'll let them alone, if others attack me, I'll certainly counterattack. or We will not attack unless we are attacked.* ❹ 发作,发生 recur; attack:～病 fànbìng *attacked by an illness*; *have an attack by one's old illness* / ～ 脾气 fàn píqi *fly into a temper*/～ 错误 fàn cuòwù *make a mistake* [犯不着－buzháo] [犯 不上 － bushàng] 不值得 not worthwhile: 你 ～ ～ ～ 和他生气 Nǐ fànbuzháo(shàng) hé tā shēngqì. *It is not worthwhile for you to be angry with him.*

范(範) fàn ㄈㄢˋ ❶模(mú)子 mould;钱 ～ qiánfàn *coin mould* [范畴－chóu]1.概括性最高的 基本概念,如化合、分解是化学的范 畴;矛盾、质和量等是哲学的范畴 category, a basic conception which has the highest generality. For instance, chemical combination and decomposition belong to the chemical category while contradiction, quality, quantity and so on belong to the philosophical category. 2. 类型,范围 kind; range [范围－wéi]一定的界 限 limits; scope; range:责任的 ～ zérèn de fànwéi *sphere of responsibility* / 活动 ～ ～ huódòng fànwéi *range of movement* ❷模范,榜

样 model；pattern：示～ shìfàn *demonstrate*；*set an example* / 师～ shīfàn *teachers' training college*/～例 fànlì *example*；*model*

饭 fàn ㄈㄢ ❶煮熟的谷类食品。多指大米饭 cooked rice or other cereals，usu cooked rice ❷每日定时吃的食物 meal：午～wǔfàn *lunch*/开～kāifàn *serve a meal*

贩 fàn ㄈㄢ ❶指买货出卖 buy to resell：～货 fànhuò *buy and sell goods*/～了一群羊来 fànle yī qún yáng lái *buy a herd of sheep to resell* ❷(一子-zi)买货物出卖的行商或小商人 trader；monger：菜～子 càifànzi *vegetable trader*/摊～ tānfàn *street pedlar*

畈 fàn ㄈㄢ〈方 dial.〉田地，多用于村镇名 field，usu. used in the name of a village or a town

泛(❶-❸*汎、❸❹*氾) fàn ㄈㄢ ❶漂浮 float：～舟 fànzhōu *go boating* 引 ext. 透出 spread out；脸上～红 liǎnshang fànhóng *with one's cheeks suffused with blushes* ❷浮浅，不深入 shallow；not deepgoing（叠 redup.）：～～之交（友谊不深）fànfàn zhī jiāo *a casual acquaintance*/这文章做得浮不切实 Zhè wénzhāng zuò de fúfàn bù qièshí. *This article is too superficial and not specific at all.* ❸广泛，一般地 extensive；general：～览 fànlǎn *read extensively*/～问 fànwèn *ask generally*/～论 fànlùn *a general survey or discussion*/～称 fànchēng *a general term* ❹泛滥，水向四处漫流 be in flood；overflow：黄～区（黄河泛滥过的地区）Huángfànqū *areas formerly flooded by the Yellow River*

梵 fàn ㄈㄢ 梵语"梵摩"的省称，意思是清静，常指关于佛教的 a short form for fànmó（in Sanskrit），meaning peace and quiet，often used to refer to sth related to Buddhism：～宫 fàngōng *Buddhist temple*/～刹 fànchà *Buddhist temple*［梵语-yǔ］印度古代的一种语言 Sanskrit，a language in ancient India

FANG ㄈㄤ

方 fāng ㄈㄤ ❶四个角全是直角的四边形或六个面全是方形的六面体 square，a plane figure with four sides and four right angles；cube，a solid with six square faces or sides，all equal：正～zhèngfāng *square*/长～ chángfāng *rectangle*/见～（长宽或宽高相等）jiànfāng *square*/平～米 píngfāngmǐ *square metre*/立～米 lìfāngmǐ *cubic metre* 引 ext. 乘方，求一个数目自乘若干次的积数 involution；power：平～（自乘两次，即本数×本数）píngfāng *square；the second power*（of a quantity）/立～（自乘三次，即本数×本数×本数）lìfāng *the third power*（of a quantity）［方寸-cùn］喻 fig. 心 heart：～～乱 fāngcùn yǐ luàn *with one's heart troubled and in turmoil；greatly agitated*［方圆-yuán］周围 circumference：这个城～～有四五十里 Zhège chéng fāngyuán yǒu sìwǔshí lǐ. *This city has a circumference of forty or fifty li.* ❷正直 upright；honest：品行～正 pǐnxíng fāngzhèng *righteous in conduct* ❸一边或一面 side；party：对～ duìfāng *the other side；the other party*/前～ qiánfāng *the front*/四～ sìfāng *the four directions；all sides*/四面八～ sìmiàn-bāfāng *all sides；everywhere* 引 ext. 一个区域的，一个地带的 local；regional：～言 fāngyán *dialect*/～志 fāngzhì *local records*［方向-xiàng］1. 东、西、南、北的区分 direction：航行的～～ hángxíng de fāngxiàng *the direction of sailing* 2. 目标 target：做事情要认清～～ Zuò shìqing yào rènqīng fāngxiàng.

People should have a clear understanding of their goal when doing things. ❹方法,法子 method; way:教导有～ jiàodǎo yǒufāng *have effective methods in instructing sb.* /千～百计 qiānfāng-bǎijì *in a thousand and one ways; by every possible means* 引 ext. (-子 -zi,一儿 -r)药方,配药的单子 prescription:偏～ piānfāng *folk prescription*/ 秘～ mìfāng *secret recipe*/开～子 kāi fāngzi *make a prescription* [方式 -shì]说话、做事所采取的方法和形式 way; fashion; pattern ❺副词,才 adv. only when; at the time when:书到用时～恨少 Shū dào yòng shí fāng hèn shǎo. *It is when you are using what you have learned from books that you wish you had read more books than you have.* ❻副词,正,正当 adv. just; still:来日～长 láir ì-fāngcháng *There will be ample time.* ❼量词 meas. 1.旧制 in the old system:a. 指平方丈(用于地皮、草皮)square zhang (for land or sod) b. 指一丈见方一尺高的体积,即十分之一立方丈(用于土、沙、石、碎砖)a cube which is one zhang in length, one zhang in width and one chi in height, and is equal to one tenth cubic zhang (used for earth, sand, stone, or fragmented bricks) c. 指一尺见方一丈长的体积,即百分之一立方丈(用于木材)a cube which is one chi in length, one chi in width, and one zhang in height. It equals one hundredth cubic zhang, (used for lumber) 2. 公制 in the metric system:a. 指平方米(用于墙、地板)square metre (for wall or floor) b. 指立方米(用于土、沙、石、木材)cubic metre (for earth, sand, stone or lumber) 3. 用于方形的东西 used to refer to square things:一～图章 yī fāng túzhāng *a stamp; a seal*/三～砚台 sān fāng yàntai *three inkstones*

邡 fāng ㄈㄤ [什邡 Shí—]地名,在四川省 a place in Sichuan Province

坊 ㊀ fāng ㄈㄤ ❶里巷,多用于街巷的名称 lane (usu. in a street or lane name)引 ext. 街市,市中店铺 downtown streets; shops in downtown streets:～间 fāngjiān *in the streets (esp. with reference to bookshops)* ❷牌坊,旧时封建统治阶级为旌表"功德"、宣扬封建礼教而建造的建筑物 me-morial archway (or gateway), sth built by the ruling class in memory of a person with merits and virtues in the hope of advocating feudal ethical code:忠孝牌～ zhōngxiào páifāng *a memorial archway of loyalty and filial piety*

㊁ fáng 见 168 页 See p. 168

芳 fāng ㄈㄤ 芳香,花草的香味 sweet-smelling; fragrant 喻 fig. 美好的德行或声名 wonderful virtues or fame:流～百世 liúfāng-bǎishì *leave a good name for posterity; leave one's mark on histroy*

枋 fāng ㄈㄤ 方柱形木材 a long thick piece of timber shaped like a square pillar[枋子 -zi]棺材 coffin

钫 fāng ㄈㄤ ❶一种放射性元素,符号 Fr francium, a radioactive element; symbol: Fr ❷古代一种酒壶,方口大腹 a square-mouthed and big-bellied wine vessel

防 fáng ㄈㄤ ❶防备,戒备 guard against; defend; guard:～御 fángyù *defend* / ～守 fángshǒu *defend; guard* / 预～ yùfáng *prevention* / 军民联～ jūnmín-liánfáng *joint defence by army and militia; army-civilian defence* / 冷不～ lěngbufáng *suddenly; unexpectedly*/谨～假冒 jǐn fáng jiǎmào *beware of imitations* [国防 guó一]为了保卫国家的领土、主权而部署的一切防务 national de-fence, all matters pertaining to de-fence deployed to guard the territory and sovereign rights of a country:

~~军 guófángjūn *national defence army*/~~要地 guófáng yàodì *strategic point in national defence* ❷堤，挡水的建筑物 dyke；embankment

坊 ㊀ fáng ㄈㄤ 作(zuō)坊，某些小手工业的工作场所 workshop，handicraftsmen's workplace：染~ rǎnfáng *dyehouse*/油~ yóufáng *oil mill*/粉~ fěnfáng *bean-noodle mill*/磨~ mòfáng *mill*

㊁ fāng 见 167 页 See p. 167

妨 fáng ㄈㄤ 妨害，阻碍 hinder；impede（⨀comb. —碍 —ài hinder)：这样做倒无~ zhèyàng zuò dào wúfáng *There is no harm to do it this way.*/开会太多反而~害生产 Kāihuì tài duō fǎn'ér fánghài shēngchǎn. *On the contrary，too many meetings will be harmful to production.* [不妨 bù—]没有什么不可以 there is no harm to；~~试试 bùfáng shìshì *There is no harm in trying.* [何妨—fáng]用反问语气表示"不妨" why not；might as well (used in a rhetorical question)：你~~去看看 Nǐ héfáng qù kànkan. *Why not go there and have a look?*

肪 fáng ㄈㄤ 厚的脂膏，特指动物腰部肥厚的油 fat，esp. thick and fertile waist fat of animals（⨀comb. 脂—zhī— *fat*)

房 fáng ㄈㄤ ❶（—子 —zi)住人或放东西的建筑物 house，a building in which people live or things are stored（⨀comb. —屋 —wū)：楼~lóufáng *building*/瓦~wǎfáng *tile-roofed house*（图见本页 See the picture on the same page.）库~ kùfáng *warehouse* ❷形状、作用像房子的 a house-like structure：蜂~ fēngfáng *any of the six-sided wax cells in a honeycomb*/莲~ liánfáng *lotus pod*/心~xīnfáng *atrium*（the heart）❸ 称家族的一支 a branch of an extended family：大~ dàfáng *the first branch，i. e. the eldest son and his family*/长~ zhǎngfáng *the first branch，i. e. the eldest son and his family* ❹星宿名，二十八宿之一 one of the twenty-eight constellations into which the celestial sphere was divided in ancient Chinese astronomy.

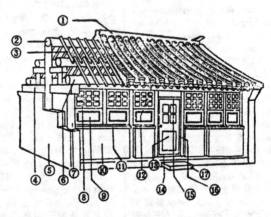

房屋的构造 the structure of house

① 屋脊 wūjǐ ridge
② 脊檩 jǐlǐn ridgepole
③ 椽子 chuánzi rafter
④ 梁 liáng roof beam

⑤ 山墙 shānqiáng gable
⑥ 檩 lǐn purlin
⑦ 柱子 zhùzi pillar
⑧ 窗格子 chuānggézi window lattice
⑨ 窗户 chuānghu window
⑩ 墙 qiáng wall
⑪ 窗台 chuāngtái windowsill

⑫ 檐 yán eaves
⑬ 门 mén door
⑭ 门坎 ménkǎn threshold
⑮ 门楣 ménméi lintel
⑯ 门框 ménkuàng doorframe
⑰ 台阶 táijiē steps

鲂 fáng ㄈㄤ 鲂鱼，跟鳊(biān)鱼相似，银灰色，腹部隆起 triangular bream, a similar to a bream, a silver grey fish with a protruding belly

仿(❶❷*倣❸*髣) fǎng ㄈㄤ ❶效法，照样做 imitate; copy(圇comb. 一效一效 xiào imitate)：～造 fǎngzào copy; be modelled on/～制 fǎngzhì make in imitation of ❷依照范本写的字 characters written after a calligraphy model：写了一张～ xiěle yī zhāng fǎng have written a page of characters after a calligraphy model ❸[仿佛—fú][彷彿—fú]1. 好像 seemingly; as if：这个字我～～在哪里见过 Zhège zì wǒ fǎngfú zài nǎli jiànguo. It seems that I once saw this character somewhere before. 2. 类似 be more or less the same; be alike：弟兄俩长得相～ Xiōngdì liǎ zhǎng de xiāngfǎng. These two brothers are look very much alike.

访 fǎng ㄈㄤ ❶向人询问调查 investigate：～查 fǎngchá investigate/～贫问苦 fǎngpín-wènkǔ investigate the poverty of people/采新闻 cǎifǎng xīnwén cover a news item ❷探问，看望 visit; call on：～友 fǎngyǒu visit a friend/～古(古迹) fǎnggǔ search for ancient relics [访问—wèn]有目的地看望，探问 visit; call on：～～劳动模范 fǎngwèn láodòng mófàn call on model workers/ 出国～ chūguó fǎngwèn pay a visit abroad; go abroad for a visit

彷 ㊀ fǎng ㄈㄤ [彷彿—fú]见本页"仿"字条"仿佛"See fǎngfú under entry of fǎng (same page)

㊁ páng 见 493 页 See p.493

纺 fǎng ㄈㄤ ❶把丝、棉、麻、毛或人造纤维等做成纱 spin：～纱 fǎngshā spinning / ～棉花 fǎngmiánhuā spin cotton into yarn ❷纺绸，一种绸子 a soft plain weaven silk fabric：杭(杭州)～ hángfǎng fabric made in Hangzhow/ 富春～ fùchūnfǎng Fuchun silk

昉 fǎng ㄈㄤ ❶明亮 bright ❷起始 in the beginning

舫 fǎng ㄈㄤ 船 boat：画～(装饰华美专供游览用的船) huàfǎng gaily-painted pleasureboat/游～ yóufǎng pleasureboat

放 fàng ㄈㄤ ❶解除约束，得到自由 let go; set free：～释～ shìfàng set free/～行 fàngxíng let sb pass ㊟ext. 1. 赶牲畜、家禽到野外去觅食 put out to feed：～牛 fàngniú put cattle out to pasture; graze cattle/～羊 fàngyáng put sheep out to pasture; look after sheep/～鸭子 fàngyāzi put ducks out to feed in a pond, stream, etc. 2. 散dismiss：～工 fànggōng the shift is over/～学 fàngxué classes are over; school lets out [放晴—qíng]阴雨后转晴 clear up (after rain) ❷任意，随便 indulge; let sb have his own way：～任 fàngrèn let alone; not interfere/纵 fàngzòng let sb have his own way; indulge/ ～肆 fàngsì unbridled; wanton ❸发出 let off：～枪 fàngqiāng fire a gun/～光 fàngguāng give off light / ～电 fàngdiàn electric discharge ㊟trans. 借钱给人，收取利息 loan; lend (money) at interest：～款 fàngkuǎn make loans; loan ❹点燃 light; kindle：～火 fànghuǒ set fire to/～鞭炮 fàng biānpào set off firecrackers ❺扩展 make larger or longer；let out：～大 fàngdà enlarge/～宽 fàngkuān relax restrictions；relax/把领子～出半寸 bǎ lǐngzi fàngchu bàn cùn let out the collar half a cun ⑪ext. 花开（of flowers）blossom；open：芦花～,稻谷香 Lúhuā fàng, dàogǔ xiāng. The reed catkins come into bloom, and the paddies are fragrant./心花怒～ xīn-huā-nùfàng burst with joy；be wild with joy ❻搁,置 place；put；lay：存～cúnfàng store/～在箱子里 fàng zài xiāngzi li put sth in the case［放心—xīn]安心,解除忧虑和牵挂 set one's mind at rest；be at ease；feel relieved：～～吧,一切都准备好了 Fàngxīn ba, yīqiè dōu zhǔnbèi hǎo le. You can rest assured that everything is ready. ❼流放,旧时把人驱逐到遥远的地方去（early use）exile；send into exile

FEI ㄈㄟ

飞（飛）fēi ㄈㄟ ❶鸟类或虫类等用翅膀在空中往来活动 fly：～行 fēixíng fly/～鸟 fēiniǎo flying bird/～虫 fēichóng winged insect ⑪ext. 物体在空中飘荡或行动 hover or flutter in the air：～沙走石 fēishā-zǒushí sand flying about and stones hurling through the air/飞机向东～Fēijī xiàng dōng fēi. The plane is flying eastward. ❷快,像飞似的 move swiftly：～奔 fēibēn dash；tear along/～跑 fēipǎo dash to some place ❸极,特别地 extremely；particularly：这把刀～快 Zhè bǎ dāo fēikuài. The knife is very sharp. ❹指无根据的,无缘无故的 groundless；unfounded：～语 fēiyǔ rumours；gossip / ～灾 fēizāi un-expected disaster

妃 fēi ㄈㄟ ❶古代皇帝的妾,地位次于皇后 imperial concubine ❷太子、王、侯的妻 the wife of a prince or a marquis：王～wángfēi princess

非 fēi ㄈㄟ ❶跟"是"相反 antonym of shì 1. 不,不是 no；not；莫～mòfēi can it be that；is it possible that/～卖品 fēimàipǐn articles not for sale/～但要生产得多,而且要提高质量 Fēidàn yào shēngchǎn de duō, érqiě yào tígāo zhìliàng. Not only the output should be increased, but the quality should be enhanced as well. 2. 不合理的,不对的 unreasonable；wrong：明辨是～míngbiàn-shìfēi distinguish clearly between what is right and what is wrong / 为～作歹 wéifēi-zuòdǎi do evil；perpetrate outrage / 痛改前～tònggǎi qiánfēi thoroughly rectify one's errors［非常—cháng]1.异乎寻常的 unusual；special：～～时期 fēicháng shíqī time of emergency 2.十分,极 very；extraordinarily：～～光荣 fēicháng guāngróng very glorious/～～高兴 fēicháng gāoxìng very happy ❷跟"不"搭用,表示必须,一定（有时后面没有"不"字）used collocatively with bù, expressing necessity, but sometimes without bù：～组织起来不能发挥力量 fēi zǔzhī qilai bù néng fāhuī lìliang If we do not get organized together, we can not bring our energy into full play./他～去不可 Tā fēi qù bùkě. He has to go. 不让他去,他～去 Bù ràng tā qù, tā fēi qù He was told not to go, but he insisted on going. ❸以为不对,不以为然 censure；blame：～笑（讥笑）fēixiào reproach and laugh at/～议 fēiyì reproach；censure［非难—nàn]责备 blame；censure ❹（外 foreign）指非洲,世界七大洲之一 Africa, one of the seven continents of the world

菲 ⊖ fēi ㄈㄟ 花草茂盛（of flowers and grass）luxuriant and rich；芳～fāngfēi the fragrance of flowers and plants；flowers and plants

⊜ fěi 见 171 页 See p.171

啡 fēi ㄈㄟ 见 434 页"吗"字条"吗啡（mǎ—）"、347 页"咖"字条"咖啡

(kā—)"See mǎiēi under entry of mǎ on p. 434 and kāfēi under entry of kā, on p. 347

骈 fēi ㄈㄟ 古时一车驾四马,中间两马叫服马,服马两旁的马叫骈马,也叫骖马(in ancient times) a team of four horses to a cart, among which the two in the middle were called fúmǎ while the other two were called fēimǎ

绯 fēi ㄈㄟ 红色 red;两颊～红 liǎngjiá fēihóng blush

扉 fēi ㄈㄟ 门 door; gate;柴～chái-fēi wicker gate/～页(书刊封面之内印着书名、著者等项的一页) fēiyè title page/～画(书籍正文前的插图) fēihuà illustrations before the content of a book

蜚 ⊖ fēi ㄈㄟ 〈古 arch.〉同"飞" Same as "飞".
⊜ fěi 见 172 页 See p.172

霏 fēi ㄈㄟ 飘扬 float;烟～云敛 yānfēi-yúnliǎn Smoke is floating and clouds are gathering.
[霏霏－－](雨、雪、烟云等)很盛的样子(of rain, snow, mist, cloud, etc) thick and fast;雨雪～～yǔxuě fēifēi rain and snow heavily

鲱 fēi ㄈㄟ 鲱鱼,鱼名。身体侧扁而长,背部青黑色,腹部银白色,生活在海洋中,肉可吃 Pacific herring, a sea fish with a long and flat body, a black back and a silvery belly. The meat is edible.

肥 féi ㄈㄟ ❶含脂肪多的,跟"瘦"相反 fat; rich in fat, antonym of shòu;～猪 féizhū a big porker/～肉 féiròu fat meat; speck; fat/牛～马壮 niú féi mǎ zhuàng The cows are fat and the horses are strong.[肥差－chāi]可以从中多得好处的差事 a mission accompanied by a lot of advantages ❷肥沃,土质含养分多的 fertile; rich;地很～Dì hěn féi. The soil is very fertile./土地～沃 Tǔdì féiwò. The land is rich and fertile. ❸

肥料,能增加田地养分的东西,如粪、豆饼、化学配合剂等 fertilizer, something that can enrich the soil, such as manure, bean cake, compound feed, etc;上～shàngféi apply manure to the fields/施～shīféi apply fertilizer/追～zhuīféi top application; topdressing/基～jīféi base manure/化～huàféi chemical fertilizer ❹使田地增加养分 fertilize;用草灰～田 yòng cǎohuī féitián fertilize the soil with plant ash ❺宽大(指衣服鞋袜等)loose-fitting; loose; large;袖子太～了 Xiùzi tài féi le. The sleeves are too loose.

淝 féi ㄈㄟ 水名,南淝河、北淝河、东淝河、西淝河等,都在安徽。东淝河古称淝水 name of rivers in Anhui Province, such as the Nanfei River, the Beifei River, the Dongfei River and the Xifei River. In ancient times the Dongfei River was called Féi Shuǐ;～水之战 Féi Shuǐ zhī zhàn the Battle of the Feishui River

蜰 féi ㄈㄟ 臭虫 bedbug

腓 féi ㄈㄟ 腓肠肌,胫骨后的肉,俗叫"腿肚子" calf of the leg, popularly called tuǐ dù zi [腓骨－gǔ]小腿外侧的骨头,比胫骨细小 fibula (图见 217 页"骨"See picture under entry of gǔ, p.217)

匪 fěi ㄈㄟ ❶强盗,抢劫财物的坏人 bandit; robber;惯～guànfěi hardened bandit; professional brigand/土～tǔfěi bandit ❷非,不是 no; not;获益～浅 huòyì fěiqiǎn benefit from sb or sth greatly; reap no little benefit/～夷所思(不是常人所能想到的)fěiyí suǒsī (of ideas) unimaginably queer; bizarre thought

诽 fěi ㄈㄟ 说别人的坏话 speak ill of sb; slander(⊕comb. —谤—bàng slander; libel;腹～心谤 fùfěi-xīnbàng unspoken criticism

菲 ⊖ fēi ㄈㄟ ❶微,薄 humble; unworthy (⊕comb. —薄—bó

humble；poor）：～礼 fěilǐ *a small gift*/～材 fěicái *my humble talent* ❷ 古书上说的一种像蔓菁的菜 radish or its like mentioned in ancient times

（一）fēi 见 170 页 See p. 170

悱 fěi ㄈㄟˇ 想说可是不能够恰当地说出来 be at a loss for words

棐 fěi ㄈㄟˇ 辅助 assistance 〈古 arch.〉又同"榧"、"筐"Also same as 榧、筐.

斐 fěi ㄈㄟˇ 有文采 with striking literary talent[斐然—rán]1. 有文采的样子 with striking literary talent；～～成章 fěirán-chéngzhāng *show striking literary merit* 2. 显著 striking：成绩～～ chéngjì fěirán *striking achievements*

榧 fěi ㄈㄟˇ 常绿乔木，种子叫榧子，种仁可以吃，可以榨油，又可入药。木材供建筑用 Chinese torreya, an evergreen tree whose seeds are called fěizi（Chinese torreya nut）. The kernels are edible, can be pressed for oil, and used as medicine；the lumber of the tree is used in construction.

蜚 （一）fěi ㄈㄟˇ [蜚蠊—lián]蟑螂（zhānglóng）的别称 another name for zhānglóng（roach）

（一）fēi 见 171 页 See p. 171

翡 fěi ㄈㄟˇ [翡翠—cuì]1. 翡翠鸟，嘴长而直，有蓝色和绿色的羽毛，捕食鱼和昆虫，羽毛可做装饰品 halcyon, a bird with a long and straight beak and green or blue feathers, preying on fish and insect；its feathers used for decoration 2. 绿色的硬玉，半透明，有光泽，很珍贵 jadeite, a valualbe hard green stone that is semitransparent and has a fine lustre

筐 fěi ㄈㄟˇ 古代盛（chéng）东西的竹器 a bamboo container in ancient times

芾 （一）fèi ㄈㄟˋ [蔽芾bì—]形容树干及树叶小（of trunk and leaves）small

（一）fú 见 182 页 See p. 182

肺 fèi ㄈㄟˋ 肺脏，人和某些高等动物体内的呼吸器官 lungs, respiratory organs inside a man or an animal's body. （图见 809 页"脏"See picture under entry of zàng, p. 809）[肺腑—fǔ]⑩fig. 内心 the bottom of one's heart；～～之言 fèifǔzhīyán *talk from the bottom of one's heart*；*words from the bottom of one's heart*

吠 fèi ㄈㄟˋ 狗叫 the bark of a dog：狂～kuángfèi *bark furiously*/蜀犬～日（喻少见多怪）shǔquǎn-fèirì *a dog of Shu, a misty region, barking at the sun（fig. an ignorant person making a fuss about sth that is very familiar to the others）*

狒 fèi ㄈㄟˋ [狒狒——]猿一类的动物，面形似狗，面部肉色，光滑无毛，体毛褐色，食果实及鸟卵等。多产在非洲 baboon, a kind of ape with a doglike, flesh-coloured, smooth and hairless face and brown hair, living on fruits and bird, eggs of birds most of which found in Africa

沸 fèi ㄈㄟˋ 开，滚，液体受热到一定温度时，内部汽化形成气泡，冲出液体表面的现象 boil, bubble up and give off steam after being heated to a certain temperature：在标准大气压下，水的～点是 100 摄氏度 Zài biāozhǔn dàqìyā xià, shuǐ de fèidiǎn shì yībǎi Shèshìdù. *Under standard atmospheric pressure, the boiling point of water is 100 degrees centigrade* / 热血～腾 rèxuè-fèiténg *one's blood boils；burning with righteous indignation*

佛 fèi ㄈㄟˋ（又 also）见 181 页（fú）See p. 181

费 fèi ㄈㄟˋ ❶花费，消耗 spend；consume：～力 fèilì *need or exert great efforts；be strenuous*/～心 fèixīn *give a lot of care*/～神 fèishén *need or exert mental efforts*/～事 fèishì *give*

or take a lot of trouble/～工夫 fèi
gōngfu time-consuming / 反浪～fǎn
làngfèi combat waste/这孩子穿鞋太
～Zhèháizi chuān xié tài fèi. The
child wears out his shoes much too
quickly. ❷费用,为某种需要用的款
项 expenses; fee:学～xuéfèi tuition
fee; tuition/办公～bàngōngfèi admi-
nistrative expenses

镄 fèi ㄈㄟ 一种人造的放射性元素,
符号 Fm fermium, a man-made
radioactive element; symbol: Fm

废(廢)fèi ㄈㄟ ❶停止,放弃
stop; give up:半途而
bàntú'érfèi give up halfway; leave
sth unfinished/～寝忘食 fèiqǐnwàng-
shí be forgetful of one's sleep and
meals/～除不平等条约 Fèichú bù
píngděng tiáoyuē. abrogate unequal
treaties ㊣ext. 失去效用的,没有用的
useless; disused; waste:～纸 fèizhǐ
waste paper/～物利用 fèiwù lìyòng
make use of waste material/修旧利～
xiūjiù-lìfèi repair and utilize old or
discarded things ❷荒芜,衰败 ruin;
abandon:～园 fèiyuán abandoned
garden/～墟 fèixū ruins ❸残疾 dis-
abled; maimed:～疾 fèijí disability

刖 fèi ㄈㄟ 古代把脚砍掉的酷刑
cutting off the feet as a pun-
ishment in ancient China

痱(*疿)fèi ㄈㄟ (一子 -zi)由
于暑天出汗过多,引起
汗腺发炎,皮肤表面生出来的小红疹,
很刺痒 prickly heat, a red, itching
rash on the skin, caused by inflam-
mation of the sweat glands

FEN　ㄈㄣ

分 ㊀ fēn ㄈㄣ ❶分开,区划开,跟
"合"相反 divide; separate; part;
contrary to hé:～离 fēnlí separate/～
类 fēnlèi classify/～工合作 fēngōng
hézuò share out the work and help one
another/～别处理 fēnbié chǔlǐ deal

with the cases in different ways ㊣
ext. 1. 由整体中取一部分 allot:他～
到了一千斤粮食 Tā fēndàole yī qiān
jīn liángshi. He has been alloted one
thousand jin of grain 2. 由机构分出
的部分 branch:～会 fēnhuì branch (of
a society, committee; association)/
～队 fēnduì a troop unit corresponding
to the platoon or squad/～局 fēnjú
branch bureau/～社 fēnshè branch
agency [分化—huà]由一种事物演变
成几种不同的事物 break up; become
divided:"他"字～～成"他"、"她"、
"它"Tā zì fēnhuà chéng tā, tā, tā.
The character 他 has three vari-
ants:他,她,and 它. [分解—jiě]1.
一种化合物分成两种以上的元素或化
合物 decompose; resolve 2. 调解,排
解 mediate; reconcile:～～纠纷 fēnjiě
jiūfēn mediate a dispute; reconcile a
quarrel/ 难以～～nán yǐ fēnjiě divert
oneself from loneliness or boredom 3.
细说 explain in detail:且听下回～～
Qiě tīng xià huí fēnjiě. Wait to listen
to the explanation in the next chapter.
[分析—xī]把事物、现象、概念等划分
成简单的部分,找出它的本质、属性或
相互联系 analyze, separate anything
complex such as an object, phenom-
enon and concept into its parts or
elements to find out its nature,
property or interrelationships:～～问
题 fēnxī wèntí analyze a problem/ 化
学～～huàxué fēnxī chemical analysis
❷分配 allot:～粮食 fēn liángshi allot
grains/～工作 fēn gōngzuò assign sb
a task ❸辨别 distinguish; tell (⊕
comb. 一辨一biàn differentiate):不
～青红皂白 bù fēn qīnghóngzàobái
make no distinction between right and
wrong/～清是非 fēnqīng shìfēi draw
a distinction between right and wrong
❹表示分数 used in spoken forms of
fractions and percentages:二～之一
èr fēn zhī yī one half/百～之八 bǎi
fēn zhī bā eight percent [分数—shù]

数学中表示除法的式子，画一道横线，把被除数写在线上面叫分子，把除数写在线下面叫分母 a fraction formed by a numerator, a horizontal line and a denominator [分子—zǐ] 1. 物体分成的最细小而不失原物性质的颗粒 molecule, the smallest particle into which a substance can be divided without loss of its characteristics；水的一个～～，含有两个氢原子和一个氧原子 Shuǐ de yī ge fēnzǐ, hányǒu liǎng ge qīngyuánzǐ hé yī ge yǎngyuánzǐ. *One molecule of water has two hydrogen atoms and one oxygen atom.* 2. 参看[分数 —shù] refer to [分数 —shù] (另 fènzǐ, 见 "分 fèn" also fènzǐ. See fèn). ❺计量单位名 *fen* (of the traditional Chinese systems of weights and measures) 1. 市制长度，10 分是 1 寸 a unit of length equal to 0.1 *cun* 2. 市制地积，10 分是 1 亩 a unit of area equal to 0.1 *mu* 3. 重量，10 分是 1 钱 a unit of weight equal to 0.1 *qian*. 4. 币制，10 分是 1 角 cent, a unit of money, equal to 0.1 *jiao* 5. 时间，60 分是 1 小时 minute, equal to one sixtieth of an hour 6. 圆周或角，60 分是 1 度 7. minute, equal to one sixtieth of a degree of angle or arc.（一儿 —r）表示成绩 point；mark：赛篮球赢了三～ Sài lánqiú yíngle sān fēn. *score three points in a basketball match* /考试得了一百～ kǎoshì déle yībǎi fēn *get 100 marks in the examination* 8. 利率，月利一分按百分之一计算，年利一分按十分之一计算 a unit of interest rate, reckoned in terms of a monthly interest rate of 1% and a yearly interest rate of 1/10 [分寸—cùn]❽fig. 说话或做事的适当标准或限度 proper limits for speech or action；sense of propriety：说话要有～～ Shuōhuà yào yǒu fēncùn. *should have a sense of propriety when speaking；know what to say and what not to say*

㈠ fèn 见 175 页 See p. 175

芬 fēn ㄈㄣ 芬芳，花草的香气 sweet smell；fragrance

吩 fēn ㄈㄣ [吩咐—fu] 口头指派或命令，也作"分付" tell；instruct，also written as 分付：母亲～～他早去早回 Mǔqīn fēnfu tā zǎo qù zǎo huí. *Mother told him to start off early and come back early.*

纷 fēn ㄈㄣ 众多，杂乱 many and various；tangled；disorderly（⑯comb. —乱—luàn *chaotic*, —杂—zá *numerous and disorderly*）（叠 redup.）：众说～纭 zhòngshuō-fēnyún *diverse and confused opinions* /大雪～飞 dàxuě fēnfēi *Snowflakes are falling thick and fast.* /议论～～ yìlùn-fēnfēn *all sorts of comments；wide-spread comments*

玢 ㈠fēn ㄈㄣ 见 565 页"赛"字条"赛璐玢"See sàilùfēn under entry of sài, p. 565

㈠ bīn 见 44 页 See p. 44

氛 (△*雰*) fēn ㄈㄣ 气 mist ㈲ext. 气象，情势 atmosphere：战～zhànfēn *the atmosphere of war* /会场充满团结的气～ Huìchǎng chōngmǎn tuánjié de qìfēn. *The meeting place is filled with an atmosphere of solidarity.*

棻 fēn ㄈㄣ 有香味的木头 a kind of fragrant wood

酚 fēn ㄈㄣ 苯酚，也叫"石炭酸"，是医药上常用的防腐杀菌剂 phenol, also called shítànsuān, frequently used as antiseptic and germicide in medicine

雰 fēn ㄈㄣ ❶雾气 mist ❷同"氛" Same as "氛".
[雰雰——]形容霜雪很盛的样子(of snow, frost, etc) heavy

𧑸 fēn ㄈㄣ〈方 dial.〉不曾，没 have not；did not

坟 (墳) fén ㄈㄣ 埋葬死人之后筑起的土堆 mound；tomb（⑯comb. —墓—mù *tomb*）

汾 fén ㄈㄣˊ　汾河，水名，在山西省　Fen He, a river in Shanxi Province

棼 fén ㄈㄣˊ　纷乱 confused；tangled：治丝益～（整理丝不找头绪，越理越乱。比喻做事没有条理，越搞越乱）zhì-sī-yìfén　try to sort silk threads only to tangle them further（fig. try to help but only hinder；make confusion worse confounded）

鼢 (＊＊**蚡**) fén ㄈㄣˊ　鼢鼠，哺乳动物，身体灰色，尾短，眼小。在地下打洞，损害农作物的根，甚至危害河堤。也叫"盲鼠"、"地羊" zokor, a mammal with a grey body, a short tail and a pair of tiny eyes. Zokors dig holes underground, damage the roots of crops, and even endanger the embankment of a river； also called mángshǔ or dìyáng

焚 fén ㄈㄣˊ　烧 burn：～毁 fénhuǐ destroy by fire；burn down／忧心如～yōuxīn-rúfén be greatly worried／玩火自～wánhuǒ-zìfén He who plays with fire will get burnt.

濆 fén ㄈㄣˊ　水边 bank；shore

豮 fén ㄈㄣˊ　〈方 dial.〉雄性的牲畜 male livestock：～猪 fénzhū a male pig

粉 fén ㄈㄣˊ　❶细末儿 powder：药～yàofén medicinal powder／藕～ǒufén lotus root starch／漂白～piǎobáifén bleaching powder／特指化妆用的粉 esp. cosmetics in powder form：香～xiāngfén face powder／涂脂抹～túzhī-mǒfén apply cosmetics ❷粉刷，用涂料抹刷墙壁 whitewash；paint a wall with paint：这墙是才～的 Zhè qiáng shì cái fěn de. The wall has just been whitewashed. ［粉饰shì］⊛fig. 装饰表面 gloss over；white wash：～～太平 fěnshì tàipíng present a false picture of peace and prosperity ❸使破碎，成为粉末 break into pieces；cause sth to become a

powder：～碎 fěnsuì broken into pieces／～身碎骨 fěnshēn-suìgǔ have one's body smashed to pieces and one's bones ground to powder；die the most cruel death ❹浅红色(pink)：这朵花是～的 Zhè duǒ huār shì fěn de. This flower is pink. ❺白色的或带粉末的 white or powdery：～蝶 fěndié white butterfly／～墙 fěnqiáng a white wall ❻用豆粉或别的粉做成的食品 noodles or vermicelli made from bean or sweet potato starch：～条 fěntiáor noodles made from bean or sweet potato starch／凉～liángfěn bean-starch noodles／米～mǐfěn rice-flour noodles

分 ⊖ fèn ㄈㄣˋ　❶名位、职责、权利的限度 what is within one's rights or duty：～所当然 fèn suǒ dāngrán That is what one ought to do as part of one's duties.／身～shēnfèn status；identity／本～běnfèn one's duty；honest；decent ❷成分 element：水～shuǐfèn moisture content／糖～tángfèn sugar content／养～yǎngfèn nourishing content ❸同"份"Same as "份". ［分子－zǐ］属于一定阶级、阶层、集团或具有某种特征的人 member；element：积极～jījí fènzǐ activist；active element（另 fēnzǐ 见"分 fēn"Also same as "分 fēn". ）
　　⊖ fēn 见 173 页 See p. 173

份 fèn ㄈㄣˋ　❶整体分成几部分，每一部分叫一份 share；part；portion：分成三～fēnchéng sān fènr be divided into three parts／每人一～měi rén yī fènr one share for everyone／股～gǔfèn stock ❷量词，用于成组成件的 meas. used for a set of things：一～报 yī fèn bào a newspaper／一～儿礼 yī fènr lǐ a gift ❸用在"省、县、年、月"后面，表示划分的单位 used after shěng, xiàn, nián and yuè to indicate units of differentiation：省～shěngfèn pro-vince／年～niánfèn year
　　〈古 arch.〉又同"彬 bīn"Also same as "彬".

忿 fèn ㄈㄣˋ 生气，恨 angry；indignant (働comb. — 怒 — nù angry，— 恨 — hèn indignant)(叠 redup.)：～～不平 fènfèn bùpíng be indignant；be resentful. 也作愤 also written as"愤"[不忿 bù—]不服气，不平 take offence；be resentful [气不忿儿 qì bu—r]看到不平的事，心中不服气 be jealous；take other people's success badly；unable to contain one's anger

奋(奮) fèn ㄈㄣˋ 振作，鼓劲 exert oneself；act vigorously：～翅 fèn chì flap the wings vigorourly / ～斗 fèndòu struggle / 兴～ xīngfèn excited/～不顾身 fènbùgùshēn dash ahead regardless of one's safety/～发图强 fènfā-túqiáng go all out to make the country strong；work hard for the prosperity of the country

偾 fèn ㄈㄣˋ 败坏，破坏 spoil；ruin：～事 fèn shì spoil an affair/～军之将 fèn jūn zhī jiàng a general that ruins the army

愤 fèn ㄈㄣˋ 因为不满意而感情激动，发怒 indignation；anger；resentment (叠 redup.)：气～ qìfèn indignant/～～不平 fènfèn-bùpíng be indignant；feel aggrieved [发愤 fā—]自己感觉不满足，努力地做 make a determined effort：～～图强 fāfèn-túqiáng work with a will to make the country strong 也作"发奋" also written as"发奋".

鲼 fèn ㄈㄣˋ 鱼名。身体扁平，呈菱形，尾部像鞭子，生活在热带及亚热带海洋中 eagle ray, a kind of fish living in tropical or subtropical ocean, with a flat diamond-shaped body and a whip-like tail

粪(糞) fèn ㄈㄣˋ ❶屎，粪便，可做肥料 excrement；dung；droppings used as fertilizer ❷施肥，往田地里加肥料 fertilize；add manure to fields：～地 fèn dì manure the fields/～田 fèn tián add manure to fields ❸扫除 clear away；wipe out (働comb. —除—chú wipe out)

灒 fèn ㄈㄣˋ 水从地面下喷出漫溢(of water) gush forth from underground and flow

FENG ㄈㄥ

丰(❷❸豐) fēng ㄈㄥ ❶容貌、姿态美好 fine-looking；handsome [丰采—cǎi][丰姿—zī]见本页"风"字条"风采"、"风姿"See fēngcǎi, fēngzī under entry of fēng, same page. ❷盛，多 abundant；plentiful (働comb. —盛 — shèng rich；sumptuous)：～年 fēngnián a good year；a bumper harvest year/～衣足食 fēngyī-zúshí have ample food and clothing；be well-fed and well-clothed ❸大 big；great：～功伟绩 fēnggōng-wěijì great achievements；signal contributions

沣(灃) fēng ㄈㄥ 沣水，水名，在陕西省 Fengshui, a river in Shaanxi Province

风(風) fēng ㄈㄥ ❶跟地面大致平行的流动着的空气 wind, flowing air largely parallel with the ground：北～běifēng north wind/旋～ xuànfēng whirlwind/刮一阵～ guā yízhèn fēng blow a gust of wind 囫ext. 像风那样快、那样普遍地 swift as the wind：～行 fēngxíng be in fashion；be popular [风头—tou]1. 指形势的发展方向或有关个人利害的情势 the trend of events (as affecting a person)：不要看～～办事 Bù yào kàn fēngtou bànshì. Don't act according to circumstances. 2. 出头露面，当众表现自己 the publicity one receives；show off in public：出～～chū fēngtou showing off in public [风化—huà]1. 风俗教化 morals and manners；有伤～～ yǒushāng-fēnghuà an offence against decency **2.**地质学上称岩石因长期受风雨侵蚀而分解崩溃（geology）weathering，（of rock）wearing away as a result of long term's exposure to wind and rain **3.**化学上称结晶体在空气中因失去结晶水而分解（chemistry）efflorescence，(of crystals) decom-posing as a result of the loss of crystal water in the air ❷消息 news：闻～而至 wénfēng'érzhì *come without delay upon hearing the news* ❸没有确实根据的 rumoured；unfounded：～传 fēngchuán (of news or rumours) *get about (or round)*/～闻 fēngwén *hearsay*；*rumour* ❹表现在外的景象或态度 scene；view：～景 fēngjǐng *scenery*/光 fēngguāng *scene*；*sight*/作～ zuòfēng *attitude*；*style*/～度 fēngdù *demeanour*；*bearing* [风采—cǎi]风度神采。也作"丰采"graceful bearing；also written as 丰采 [风姿—zī]风度姿态。也作"丰姿"graceful bearing；also written as 丰姿 ❺风气，习俗 tendency；custom：世～ shìfēng *public morals*/勤俭成～qínjiǎn chéng fēng *the common practice of thrift an hard work* /移～易俗 yífēng-yìsú *change prevailing habits and customs* /～土人情 fēngtǔ-rénqíng *local con-ditions and customs* ❻病名 name of diseases：抽～ chōufēng *convulsions*/羊痫～ yángxiánfēng *epilepsy* ❼古代称民歌 folk songs in ancient times：国～ guófēng *the folk songs of a country*/采～cǎifēng *collect folk songs*

〈古 arch.〉又同"讽（fēng）"Also same as "讽".

沨 fēng ㄈㄥ 水声 the sound of flowing water

枫 fēng ㄈㄥ 又叫枫香，落叶乔木，春季开花。叶子掌状三裂，秋季变红色 Chinese sweet gum，also called fēngxiāng，a deciduous tree with flowers in spring，and leaves in the shape of a palm with 3 fingers. The leaves turn red in autumn.

砜 fēng ㄈㄥ 硫酰（xiān）基与烃（tīng）基或芳香基结合成的有机化合物，如二甲砜、二苯砜 sulphone (or sulfone)，an organic compound containing the radical SO2 united to hydrocarbon radicals or aromatic radicals，such as dimethyl sulphone and dibenzyl sulphone

疯 fēng ㄈㄥ 一种精神病，患者精神错乱、失常 lunacy，a disease of mental disorder（㊀comb.—癫—diān，—狂—kuáng *insane*）㊋fig. 1.指农作物生长旺盛不结果实 (of a plant，grain crop，etc.) spindly and not likely to bear much fruit or seed：长～杈 zhǎng fēngchà *spindling branch*/棉花长～了 Miánhua zhǎngfēng le. *The cotton plants are growing too tall，and spindly.* 2.言行狂妄 mad；frenzied：～言～语 fēngyán-fēngyǔ *mad talk*；*ravings*/打退敌人的～狂进攻 dǎtuì dírén de fēngkuáng jìngōng *beat back the desperate attack of the enemy*

封 fēng ㄈㄥ ❶密闭 seal：～瓶口 fēng píngkǒu *seal a bottle*/～河（河面冻住）fēnghé *The rivers have frozen over.* [封锁—suǒ]采取军事、政治、经济等措施使跟外界断绝联系 block or seal off：～～港口 fēngsuǒ gǎngkǒu *blockade a port*/～～消息 fēngsuǒ xiāoxi *block the passage of information* / 军事～～线jūnshì fēngsuǒxiàn *military blockade* ❷(一儿)封起来的或用来封东西的纸袋、纸包 envelope；wrapper：信～xìnfēng *envelope*/ 赏～shǎngfēng *an envelope with money reward sealed in；an enveloped money reward* ❸古代帝王把土地或爵位给予亲属、臣属（of ancient kings）grant title and territories to their family members，relatives and nobles：～侯 fēnghóu *grant titles to the nobles* [封建社会—jiàn shèhuì]地主阶级依靠土地所有权和反动政权残酷剥削、统治农民的社会制度 feudal society，a social system in which the landlord class deprive and rule the peasantry because they have land ownership and a reactionary regime

葑 ⊖ fēng ㄈㄥ 即蔓(mán)菁。也叫 芜菁 turnip Also called wújīng
⊜ fèng 见 179 页 See p. 179

犎 fēng ㄈㄥ 一种野牛 buffalo, a kind of wild bull

峰(*峯) fēng ㄈㄥ 高而尖的山头 peak; summit; 山~ shānfēng peak; summit / 顶~dǐng-fēng peak; summit / ~峦 fēngluán ridges and peaks

烽 fēng ㄈㄥ 烽火,古时边防报警的烟火,有敌人来侵犯的时候,守卫的人就点火相告 beacon, a light or fire used to give border alarm in ancient times

锋 fēng ㄈㄥ 刃,刀剑等器械的锐利或尖端部分 a sharp point or cutting edge of a knife, sword, etc. (锤comb. —刃 —rèn cutting edge): 交~(双方作战或比赛)jiāofēng cross swords; engage in a battle/刀~dāo-fēng the cutting of a knife 锄ext. 1.器物的尖锐部分 a sharp point of sth.: 笔~bǐfēng the tip of a pen 2. 在前面带头的人 vanguard: 先~xiānfēng pioneer/前~qiánfēng forward; front

蜂(*蠭) fēng ㄈㄥ 昆虫名。会飞,多有毒刺,能蜇(zhē)人。有蜜蜂、熊蜂、胡蜂、细腰蜂等多种,多成群住在一起。特指蜜蜂 bee; honeybee, a flying insect. Most bees live in groups and have poisonous stings that can sting people. Bees are classified into many kinds, such as honeybee, bumblebee, wasp, and a bee with a slender waist. (referring to honeybee specially): ~糖 fēngtáng sediment of honey / ~蜡 fēnglà beeswax / ~蜜 fēngmì honey 锄fig. 众多 in swarms: ~起 fēngqǐ rise in swarms/ ~拥 fēngyōng swarm; flock

鄷 fēng ㄈㄥ [鄷都 —dū]地名,在重庆市。今作"丰都"a place in Chongqing; now written as 丰都

冯 féng ㄈㄥ 姓 a surname 〈古 arch.〉又同"凭 píng"also same as "凭".

逢 féng ㄈㄥ ❶遇到 meet; come upon: ~人便说 féng rén biàn shuō tell whoever happens to come one's way/每~星期三开会 měiféng xīngqīsān kāihuì have a meeting on every Wednesday ❷迎合 make up to; curry favour with [逢迎—yíng]迎合旁人的意思,巴结人 make up to; fawn on; curry favour with

缝 ⊖ féng ㄈㄥ 用针线连缀 stitch; sew;把衣服的破口~上 bǎ yīfu de pòkǒur féngshang sew up the opening on the dress [缝纫—rèn]裁制服装 sewing; tailoring: 学习~~ xuéxí féngrèn learn tailoring
⊖ fèng 见 179 页 See p. 179

讽 fěng ㄈㄥ (旧读 early pron. fèng)❶不看着书本念,背书 recite/ 一诵—sòng chant; intone)❷用含蓄的话劝告或讥刺 persuade or satirize with implicit words(锤comb. 讥— jī— mock; satirize): ~刺 fěngcì satirize/冷嘲热~ lěngcháo-rèfěng with freezing irony and burning satire; with biting sarcasm

唪 fěng ㄈㄥ 唪经,佛教徒、道教徒高声念经 (of Buddhists or Taoists) chant scriptures in a loud voice

凤(鳳) fèng ㄈㄥ 凤凰(huáng),传说中的鸟王。又说雄的叫"凤",雌的叫"凰"(古作"皇"),通常单称做"凤"phoenix, a legendary bird king. It is also said that a female phoenix is called fèng, while the male one is called huáng (written as 皇 in ancient times). The single character fèng is used as a general term for either a male or a female phoenix: 毛麟角(喻罕见而珍贵的东西)fèng-máolínjiǎo (precious and rare as) *phoenix feathers and unicorn horns; rarity of rarities*

奉 fèng ㄈㄥˋ ❶恭敬地用手捧着 hold with respect ⑪ext. 尊重, 遵守 esteem; revere; abide by: ～行 fèngxíng *pursue*/～公守法 fènggōngshǒufǎ *be law-abiding*/敬辞 term of respect: ～陪 fèngpéi *keep sb company*/～劝 fèngquàn *I offer a piece of advice.*/～送 fèngsòng *offer as a gift; give away free*/～还 fènghuán *return sth with thanks* [奉承-cheng] 恭维, 谄媚 flatter; toady to ❷献给 (多指对上级或长辈)present with respect (usu. to a senior or a superior): 双手～上 shuāngshǒu fèngshang *present respectfully with both hands* ❸接受(多指上级或长辈的) receive (orders from a superior or a senior): ～命 fèngmìng *receive orders*/昨～手书 zuó fèng shǒushū *have received orders from my respected superior (or an elder) yesterday* ❹信奉, 信仰 believe in: 素～佛教 sù fèng Fójiào *always believe in Buddhism* ❺供养, 伺候 wait on; attend to(④comb. 一养-yǎng *suppport and wait on*, 供-gòng- *enshrine and worship*, 侍一 shì- *support and wait on one's elders*)

俸 fèng ㄈㄥˋ 旧时称官员等所得的薪金 pay; salary: ～禄 fènglù *an official's salary; government salary*/薪～xīnfèng *salary; pay*

緳 fèng ㄈㄥˋ 〈方 dial.〉不用 needn't

葑 ㊀fèng ㄈㄥˋ 古书上指茭白的根 root of a wild rice in ancient texts

㊁fēng 见 178 页 See p.178

赗 fèng ㄈㄥˋ 古时指用财物帮助人办丧事 funeral gifts: 赙～ fùfèng *give funeral gifts*

缝 ㊀fèng ㄈㄥˋ ❶(一子 -zi、一儿 -r)缝隙, 裂开或自然露出的窄长口子 crank; crevice; fissure; slit; 裂

～lièfèngr *a crack*/墙～ qiángfèngr *a crack on the wall* ❷(一儿 -r)接合处的痕迹 seam: 这道～儿不直 Zhè dào fèng bù zhí. *This seam is not straight.*

㊁féng 见 178 页 See p.178

FO ㄈㄛ

佛 ㊀fó ㄈㄛˊ 梵语"佛陀"的省称, 是佛教徒对修行圆满的人的称呼。特指佛教的创始人释迦牟尼 Buddha, a short form for Fótuó, a person who has attained the Way esp. the founder of Buddhism — Sakyamuni. [佛教-jiào]释迦牟尼创立的宗教 Buddhism, a religion founded by Sakyamuni

㊁fú 见 181 页 See p.181

FOU ㄈㄡ

缶 fǒu ㄈㄡˇ 瓦器, 大肚子小口 a bigbellied and small-mouthed porcelain container

否 ㊀fǒu ㄈㄡˇ ❶不 no; not 1. 用在表示疑问的词句里 used in an interrogative sentence: 是～ shìfǒu *whether ... or not*; *if...?* 可～kěfǒu *Can I (or we)?* /能～néngfǒu *Can I (or we)?* 2. 用在答话里, 表示不同意对方的意思 used in a sentence of response to indicate disagreement: ～, 此非吾意 Fǒu, cǐ fēi wú yì. *No, that is not what I mean. or No, that is not my idea (or intention).* [否定-dìng]1. 反面的 opposite; reverse 2. 不承认, 作出相反的判断 negate [否决-jué]对问题作不承认、不同意的决定 vote down; veto[否认-rèn]不承认 deny ❷不如此, 不然 otherwise; if not: 必须确定计划, ～则无法施工 Bìxū quèdìng jìhuà, fǒuzé wúfǎ shīgōng. *The plan must be determined, otherwise the construction can not be carried out.*

㊀pǐ 见 502 页 See p. 502

FU ㄈㄨ

夫 ㊀ fū ㄈㄨ ❶旧时成年男子的通称 a general term for adult men in old times：农～nóngfū *farmer*/渔～yúfū *fisherman* ㊂ext. 旧时称服劳役的人,也作"伕"(in former times) a conscripted laborer, also written as "伕"(㊋comb. 一役 —yì *servants*; *coolies*) ❷丈夫(fu),跟"妻"、"妇"相对 husband, as opposed to qī, fù：～妻 fūqī *husband and wife*/～妇 fūfù *husband and wife*/姐～jiěfū *brother-in-law*/姑～gūfu *uncle, the husband of one's father's sister*

[夫人—rén]对别人妻子的敬称 a term of respect for another person's wife

[夫子—zǐ]1. 旧时尊称老师或学者 a respectful term of address for a scholar or a teacher 2. 旧时妻称丈夫(term of address used by a wife) my husband

㊁ fú 见 181 页 See p. 181

伕 fū ㄈㄨ 同"夫㊀❶㊂" Same as "夫㊀❶㊂"

呋 fū ㄈㄨ [呋喃—nán]有机化合物,分子式 C_4H_4O,无色液体。供制药用,也是重要的化工原料 furan, an organic compound, molecular formula C_4H_4O, a colourless liquid used as medicine or an important raw-material in chemical industry [呋喃西林—xīlín]有机化合物,分子式 $C_6H_6O_4N_4$,浅黄色粉末,对多种细菌有抑制和杀灭作用。外用药,可作皮肤、黏膜的消毒剂 nitrofurazone; furacin, an organic compound, molecular formula $C_6H_6O_4N_4$, a light yellow powder used to control and kill many kinds of bacteria. It is a medicine for external application, used as a disinfectant for one's skin and mucosa.

肤(膚) fū ㄈㄨ 皮肤,人体表面的皮 skin, the covering of the body of a human being：～色 fūsè *colour of skin*/肌～jīfū (human) *skin and muscle*/切～之痛 qièfūzhītòng *keenly felt pain* ㊋fig. 表面的,浅薄的 superficial; shallow：内容～浅 nèiróng fūqiǎn *shallow content*

铁 fū ㄈㄨ 铡刀 straw cutter; fodder chopper

麸(*麱) fū ㄈㄨ (一子 —zi)麸皮,小麦磨面过罗后剩下的皮儿 wheat bran

跗 fū ㄈㄨ 同"跗",脚背 Same as "跗"(instep).

跗 fū ㄈㄨ 脚背 instep：～骨 fūgǔ *tarsus; tarsal bones*/～面 fūmiàn *instep*/也作"趺"Also written as "趺".(图见 217 页"骨"See picture under entry of gǔ, p. 217)

稃 fū ㄈㄨ 小麦等植物的花外面包着的硬壳 wheat bran：内～nèifū *internal bran*/外～wàifū *external bran*

孵 fū ㄈㄨ 鸟类伏在卵上,使卵内的胚胎发育成雏鸟。也指用人工的方法使卵孵化 hatch; brood also artificial hatching

鄜 fū ㄈㄨ 鄜县,地名,在陕西省。今作"富县"Fu Xian, a place in Shaanxi Province, now written as 富县

敷 fū ㄈㄨ ❶涂上,搽上 apply：～粉 fū fěn *apply powder* / 外～药 wàifūyào *medicine for external application* ❷布置,铺开 spread; lay out：～设路轨 fūshè lùguǐ *lay a railway track* ❸足够 be sufficient for：～用 fūyòng *be sufficient for use*/入不～出 rùbùfūchū *unable to make ends meet*

[敷衍—yǎn]做事不认真或待人不真诚,只是表面应酬 act in a perfunctory manner：～～了事 fūyǎn-liǎoshì *muddle through one's work* / 这人不诚恳,对人总是～～ Zhè rén bù chéngkěn, duì rén zǒngshì fūyǎn. *This man is not sincere, for he always adopts a perfunctory attitude towards people.*

夫 ㊀ fú ㄈㄨ ❶文言发语词(in classical Chinese) used at the beginning of a sentence to introduce a new subject：～天地者 fú tiān dì zhě *the heaven and the earth* ❷文言助词 aux. in classical Chinese：逝者如斯～shìzhě rú sī fú *Thus do things flow away.*

㊁ fū 见 180 页 See p. 180

扶 fú ㄈㄨ ❶搀，用手持人或物使不倒 support with the hand：～老携幼 fúlǎo-xiéyòu *holding the old by the arm and the young by the hand*／～犁 fúlí *put one's hand on the plough* ❷用手按着或把持着 place a hand on sb. or sth. for support：～墙 fú qiáng *put one's hand on wall*／～栏杆 fú lángān *put one's hand on the banisters* [扶手—shǒu]手扶着可以当倚靠的东西，如楼梯旁的栏杆等 handrail；rail；armrest ❸帮助，援助 help；assist：～贫 fúpín *aid-the-poor programme*／救死～伤 jiùsǐ-fúshāng *heal the wounded and rescue the dying*／～危济困 fúwēi-jìkùn *help those in distress and aid those in peril*

芙 fú ㄈㄨ [芙蓉—róng] 1. 落叶灌木，花有红、白等色，很美丽，为别于荷花，也叫"木芙蓉" cottonrose hibiscus, a deciduous tree with beautiful red or white flowers. Cottonrose hibiscus is also called mù fúróng as a contrast to fúróng (lotus) 2. 荷花的别名 another name for héhuā (lotus)

蚨 fú ㄈㄨ 青蚨，古代用做铜钱的别名 qīngfú, another name for copper coins in ancient times

弗 fú ㄈㄨ 不 not：～去 fú qù *do not leave*／～许 fúxǔ *do not permit*

佛(*彿、*髴) ㊀ fú ㄈㄨ 见169 页"仿"字条"仿佛" See fǎngfú under entry of fǎng, p.169

㊁ fó 见 179 页 See p. 179

拂 fú ㄈㄨ ❶掸(dǎn)去，轻轻擦过 whisk；flick：～尘 fúchén *whisk the dust*／春风～面 chūnfēng-fúmiàn *a spring breeze stroking the face* [拂晓—xiǎo]天将明的时候 daybreak；dawn [拂袖—xiù]甩袖子，表示生气 leave with a flick of one's sleeve (fig. go off in a huff) ❷违背，不顺 go against：～意(不如意)fúyì *go against sb's wishes*

〈古 arch.〉又同"弼(bì)" Also same as "弼"

莆 fú ㄈㄨ 道路上草太多，不便通行 (of grass on the road) tangled or bushy, so that it is not convenient for people to walk through it

怫 fú ㄈㄨ fèi ㄈㄟ (又 also)忧郁或愤怒的样子 looking angry；glowering：～郁 fúyù *looking melancholy*；*dejected*／～然作色 fúrán zuòsè *looking angry*

绋 fú ㄈㄨ ❶大绳 a long, thick rope ❷旧指出殡时拉棺材用的大绳 long cord guiding the hearse in former times：执～(送葬)zhífú *take part in a funeral procession*

氟 fú ㄈㄨ 一种化学元素，在通常条件下为气体，符号 F，淡黄色，味臭，性毒。液态氟可作火箭燃料的氧化剂。含氟塑料和含氟橡胶有特别优良的性能 fluorine, a poisonous chemical element in the form of gas under normal conditions, with a light yellow colour and a stink；symbol：F. Liquid fluorine can be used as a kind of oxidizer for the fuel of rockets；fluorine-containing plastic and rubber are especially good in performance

魻 fú ㄈㄨ 魻然，生气的样子 looking angry

伏 fú ㄈㄨ ❶趴，脸向下，体前屈 lie prostrate：～在地上 fú zài dìshang *lie on the ground, face downwards*／～案读书 fú'àn dúshū *bend over or lean over a table reading* ❷低下去 fall：此起彼～cǐqǐ-bǐfú *As*

one falls, another rises. /时起时～ shíqǐ-shífú now rise, now fall; have ups and downs ❸隐藏 hide;～兵 fúbīng troops in ambush; ambush/～击 fújī ambush/潜～期 qiánfúqī latency period; incubation period ❹屈服, 承认错误或受到惩罚 yield; admit (defeat, guilt, etc);～罪 fúzuì plead guilty; admit one's guilt/～法 fúfǎ submit to the law ❺伏日, 夏至后第三个庚日叫初伏, 第四个庚日叫中伏, 立秋后第一个庚日叫末伏, 统称三伏。初伏到中伏相隔十天, 中伏到末伏相隔十天或二十天。通常也指夏至后第三个庚日起到立秋后第二个庚日前一天的一段时间 the hottest days of the year. The first fu is the first day of the first period of the hot season. The middle fu is the first day of the second period of the hot season; and the last fu is the first day of the last period of the hot season. These three periods together are called sānfú. The middle fu is ten days later than the first fu, and the last fu is ten or twenty days later than the middle fu. The character also refers to the hottest period of the year as a whole. ❻电压单位名伏特的简称, 符号 V electric potential; voltage; volt; symbol: V

茯 fú ㄈㄨˊ [茯苓—líng] 寄生在松树根上的一种菌类植物, 外形呈球状, 皮黑色, 有皱纹, 内部白色或粉红色, 包含松根的叫茯神, 都可入药 fuling (Poria coccus), a kind of parasitic mushroom on the root of a pine tree in the shape of a ball with wrinkled and black skin; the inner part of fuling is white or pink; the part that surrounds the pine root is called fúshén. Fuling can be used in medicine.

浀 ⊖ fú ㄈㄨˊ ❶水流回旋的样子 (of flowing water) whirl in eddies ❷旋涡 a whirl

⊜ fù 见 189 页 See p. 189

栿 fú ㄈㄨˊ 古书上指房梁 beam of a roof (in ancient texts)

袱 (＊＊襆) fú ㄈㄨˊ 包裹、覆盖用的布单 cloth-wrapper [包袱 bāo—] 1. 包裹衣物的布单 cloth-wrapper 2. 用布单包成的包裹 a bundle wrapped in cloth; 白布～～bái bù bāofu a bundle wrapped in white cloth ⑱ fig. 思想上的负担或使行动受到牵制的障碍 burden; millstone round one's neck; 放下～～, 轻装前进 Fàngxia bāofu, qīngzhuāng qiánjìn. put aside one's burden, and march with light packs 3. 指相声、快书等曲艺中的笑料 laughing stock, something funny in fork art forms such as cross talks and clapper talks; 抖～～dǒu bāofu treat the audience with sth funny in one's performance

凫 (鳬) fú ㄈㄨˊ ❶水鸟, 俗叫"野鸭", 形状像鸭子, 雄的头部绿色, 背部黑褐色, 雌的黑褐色。常群游湖泊中, 能飞 wild duck, a duck-like water bird. A male wild duck has a green head and a dark brown back, while a female one is dark brown all over. Wild ducks often swim in shools in lakes and can fly. ❷〈方 dial.〉同"洑⊖" Same as "洑⊖":～水 fúshuǐ swim

苻 ⊖ fú ㄈㄨˊ ❶草木茂盛 (of grass or trees) profuse; luxuriant ❷同"黻"Same as "黻". 宋代书画家米苻, 也作米黻 Mǐ Fú, the name of a painter and calligrapher in the Song Dynasty; also written as 米黻

⊜ fèi 见 172 页 See p. 172

芣 fú ㄈㄨˊ [芣苢—yǐ] 古书上指前, 多年生草本植物, 花淡绿色, 叶和种子可入药 (in ancient texts) Asiatic plantain, a perennial herb with light green flowers. Its leaves and seeds can be used in medicine.

罘 fú ㄈㄨˊ [罘罳—sī] [罦罳] 一种屋檐下防鸟雀的网。也指古代一种屏风 net for guarding against birds under the eaves of a house; also a wind screen in ancient times [芝罘 Zhī—][之罘 Zhī—]山名,靠渤海,在山东省烟台 Zhifu, a mountain by the Bohai Sea in Yantai, Shandong Province

孚 fú ㄈㄨ ❶信用 credit ❷使人信服 inspire confidence in:深～众望 shēn fú zhòngwàng enjoy high prestige

俘 fú ㄈㄨ ❶打仗时捉住的敌人 prisoner of war (⊕comb. 一虏—lǔ captive; captured personnel):战～zhànfú prisoner of war/遣～qiǎnfú repatriate prisoners of war ❷打仗时捉住敌人 capture; take prisoner (⊕comb. 一虏—lǔ capture; take prisoner):—虏—lǔ capture; take prisoner):被～bèifú be taken prisoner/～获 fúhuò capture; seize

郛 fú ㄈㄨ 古代城圈外围的大城 the outer wall of a city

莩 ⊖ fú ㄈㄨ 芦苇秆子里面的薄膜 thin membrane inside a reed stalk

⊜ piǎo 见 505 页 See p. 505

浮 fú ㄈㄨ ❶漂,跟"沉"相反 float, contrary to chén(⊕comb. 漂—piāo— float):～萍 fúpíng duckweed/～桥 fúqiáo floating bridge/～在水面上 fú zài shuǐmiàn shang float on the surface of water ❷表面的 superficial:～面 fúmiàn surface/～皮 fúpí outer skin; surface/～土 fútǔ surface dust; dust collected on furniture [浮雕—diāo]雕塑的一种,在平面上雕出凸起的形象 relief on the surface of a sculpture ❸暂时的 temporary:～记 fújì keep a tally of a transaction before entering it in the regular accounts; keep a temporary account / ～支 fúzhī temporary expenditure ❹不沉静,不沉着(zhuó) impetuous; impulsive:心粗气～ xīncū-qìfú hotheaded; thoughtless and impetuous/心～气躁 xīnfú-qìzào flighty and impetuous ❺空虚,不切实 on the surface;

superficial;～名 fúmíng an empty name / ～华 fúhuá showy; ostentatious / ～泛 fúfàn superficial; too abstract ❻超过,多余 excessive; surplus; 人～于事 rén-fúyúshì overstaffed; more staff than needed/～额 fú surplus number

[浮屠—tú][浮图—tú]1.佛教徒称释迦牟尼 a term used by Buddhists to address Sakyamuni 2. 古时称和尚 a term to address a monk in ancient times 3. 塔 pagoda:七级～～qī jí fútú a seven-tier pagoda

桴(❷**枹**) fú ㄈㄨ ❶小筏子 a small raft ❷鼓槌 a drumstick

罦 fú ㄈㄨ 古书上捕鸟的网 a net for catching birds (mentioned in ancient texts)[罦罳 —sī]同"罘罳", 见 182 页"罘(fú)" Same as "罘罳" under entry of fú, p.182

蜉 fú ㄈㄨ [蜉蝣—yóu]昆虫,幼虫生在水中,成虫褐绿色,有翅两对,在水面飞行。成虫生存期极短,交尾产卵后即死 mayfly, an insect. The larva is born in water. The adult mayfly is brownish green, has two pairs of wings and flies on the surface of water. The life of an adult insect is very short. It dies as soon as it finishes mating and egg-laying.

苻 fú ㄈㄨ ❶同"莩⊖"Same as "莩⊖". ❷姓 a surname

符 fú ㄈㄨ ❶朝廷传达命令或征调(diào)兵将用的凭证,用金、玉、铜、竹、木制成,刻上文字,分成两半,一半存朝廷,一半给外任官员或出征将帅 a tally issued by a ruler to generals, envoys, etc. as credentials in ancient China; usually made of gold, jade, copper, bamboo, or wood, and split in half (one half kept in the court, the other carried by the envoy or general):兵～bīngfú (in former times) military tally used as evidence of authority/虎～hǔfú a tiger-shaped tally issued to generals as imperial authorization for troop movement in ancient China ❷代表事物的标记，记号 symbol；mark；音～y īnfú note/星～x īngfú a star symbol [符号—hào]1. 同"符❷Same as "符❷" 2. 佩带在身上表明职别、身份等的标志 insignia，a symbol or mark to show one's rank or status ❸相合（⑧comb.—合—hé accord with）：言行相～yánx íng xiāngfú one's actions are in keeping with one's words/完全～合人民的利益 wánquán fúhé rénmín de lìyì be totally in keeping with the interests of the people ❹道士、巫婆等画的驱使鬼神的东西（迷信）magic figures drawn by Taoist priests to invoke or expel spirits and bring good or ill fortune：护身～hùshēnfú amulet

服 ⊖ fú ㄈㄨ ❶衣服，衣裳 clothes；dress（⑧comb.—装—zhuāng clothing）：制～zhìfú uniform/～装整齐 fúzhuāng zhěngqí be neatly dressed 旧时特指丧服（in old times）mourning apparel ❷穿（衣裳）wear or put on (clothees) ❸承当，担任 serve：～刑 fúxíng serve a sentence/～兵役 fú bīngyì serve in the army ❹信服，顺从 be convinced；obey（⑧comb.—从—cóng obey）：说～shuōfú convince；persuade/心悦诚～xīnyuè-chéngfú be completely convinced；feel a heart-felt admiration/心里不～xīnli bùfú be not convinced/～软（认输，认错）fúruǎn admit defeat/～从党的领导 fúcóng Dǎng de lǐngdǎo follow the leadership of the Party ❺习惯，适应 be accustomed to：水土不～shuǐtǔ bùfú not accustomed to the climate of a new place ❻吃（药）take (medicine)：～药 fúyào take medicine

⊜ fù 见 188 页 See p. 188

菔 fú ㄈㄨ [莱菔 lái—]萝卜 radish

箙 fú ㄈㄨ 古代盛（chéng）箭的器具 utensil for keeping arrows in ancient times

绂 fú ㄈㄨ 古代系（jì）印章或佩玉用的丝带 silk ribbon for holding a seal or a jade

韨（韍） fú ㄈㄨ ❶古代朝见或祭祀时遮在衣前的一种服饰，用熟皮制成 an ancient ceremonial or mourning dress，made with tanned leather ❷同"绂"Same as "绂".

祓 fú ㄈㄨ 古代迷信的习俗，用斋戒沐浴等方法除灾求福（an ancient superstitious practice in China) offer sacrifices to Gods for getting rid of disasters and begging blessings ⑤ext. 清除 wash away；get rid of

黻 fú ㄈㄨ ❶古代礼服上绣的半青半黑的花纹 an embroidered pattern of black and blue on ancient official gowns ❷同"韨"Same as "韨". ❸同"绂"(fú)Same as "绂".

匐 fú ㄈㄨ 见 512 页"匍"字条"匍匐（pú—)"See púfú under entry of pú, p. 512

幅 fú ㄈㄨ ❶幅面，布匹、呢绒等的宽度 width of cloth：这块布的面宽 Zhè kuài bù de fúmiàn kuān. This piece of cloth is wide. /这种布是双～的 Zhè zhǒng bù shì shuāngfú de. This kind of cloth has double width. [幅员—yuán]宽窄叫幅，周围叫员 the area of a country's territory；the size of a country. The width is called fu，and the circumference is called yuan. ⑯trans. 疆域 territory：我国～～广大 Wǒguó fúyuán guǎngdà. Our country has a vast territory. [幅度—dù]物体振动或摇摆所展开的宽度 the range within which an object reaches when swaying ⑯fig. 事物变动的大小 scope；extent：产品质量大～～提高 Chǎnpǐn zhìliàng dà fúdù tígāo. The quality of the products has improved greatly. [振幅 zhèn—]振动的物体，从往复运动的中点到运动能达到的最大距离 amplitude，one half of the range of a regular vibration. The distance between the position of rest and the highest position in the arc of a pendulum. ❷边缘 edge ❸量词 meas.（for cloth, picture, etc）：一一画 yī fú huà *a picture*

辐 fú ㄈㄨ 连结车辆和车毂的直条 spoke（of a wheel）（图见 428 页 "轮" See picture under headword lún, p. 428）[辐射—shè]光、热等向四周放射的现象（light or heat）radiate from a central point [辐辏—còu][辐凑—còu]车辐聚于车毂（the spokes of a wheel）converge at the hub ⑩fig. 人、物聚集（people, animals or things）gather together

福 fú ㄈㄨ 幸福，跟"祸"相反 happiness，antonym of huò：为人类造—wèi rénlèi zàofú *benefit the human race* [福利—lì]幸福和利益 welfare；material benefits：职工的～ zhígōng de fúlì *the material benefits of the staff and workers*/～～事业 fúlì shìyè *the cause of welfare*

蝠 fú ㄈㄨ 见 38 页"蝙"字条"蝙蝠（biān—）"See biānfú under entry of biān, p. 38

涪 fú ㄈㄨ 涪江，发源于四川省，入嘉陵江 the Fu Jiang River, a river rising in Sichuan Province and finally joining the Jialing Jiang River

幞（＊＊**襆）** fú ㄈㄨ 同"袱"Same as 袱。[幞头—tóu]古代男子用的一种头巾 a kind of headdress for men in ancient China

父 ⊖ fù ㄈㄨ ❶老年人 a term of respect for an elderly man：田～ tiánfù *an old farmer*/渔～yúfù *an old fisherman* ❷同"甫❶"Same as "甫❶".

⊖ fù 见 186 页 See p. 186

斧 fǔ ㄈㄨ ❶（一子—zi，一头—r）砍东西用的工具 a device for chopping things；axe；hatchet ❷一种旧式武器 a kind of old-fashioned arms

釜（＊＊**鬴）** fǔ ㄈㄨ ❶古代的一种锅 a kind of caul-

dron used in ancient China：～底抽薪（喻从根本上解决）fǔdǐ-chōuxīn *take away the firewood from under the cauldron*（fig. take drastic measures to deal with an emergency）/ 破～沉舟（喻下决心去干，不留后路）pòfú-chénzhōu *break the cauldron and sink the boats*（fig. cut off all means of retreat；burn one's boat）❷古代量器名 a measuring tool in ancient times

滏 fú ㄈㄨ [滏阳河—yáng Hé]水名，在河北省 a river in Hebei Province

抚（撫） fǔ ㄈㄨ ❶慰问 console：～恤 fǔxù *comfort and compensate a bereaved family* /～慰 fǔwèi *comfort*；*console* ❷扶持，保护 foster；protect：～养成人 fǔyǎng chéng rén *bring sb. up* /～育孤儿 fǔyù gū'ér *bring up an orphan* ❸轻轻地按着 stroke：～摩 fǔmó *stroke* ❹同"拊"Same as "拊".

甫 fǔ ㄈㄨ ❶古代在男子名字下加的美称。也作"父"（in ancient times）one's courtesy name, also written as 父 [台甫—fǔ]旧时询问别人名号的用语 your honoured style（used in asking sb's courtesy name in early times）❷刚，才 just now：～入门 fù rùmén *have just entered the house* 年～十岁 nián fǔ shí suì *have just reached the age of ten*

辅 fǔ ㄈㄨ ❶帮助，佐助 help；assist（⑩comb. —助—zhù *assist*）：～导 fǔdǎo *coach*；*give guidance in study or training*/相—而行 xiāngfǔ ér xíng *be complementary to each other*；*go together* [辅音—yīn]发音的时候，从肺里出来的气，经过口腔或鼻腔受到障碍所成的音，也叫"子音"。拼音字母 b、d、g 等都是辅音 consonant, a speech sound in which the breath is at least partly obstructed, for example, b, d, g are all consonants. Consonants are also called zǐyīn ❷人的颊

骨 cheekbone：～车相依(车：牙床。喻二者关系密切，互相依存) fǔchē-xiāngyī as dependent on each other as the jowls and the jawbone；as close as the jowls and the jaws

脯 ⊖ fǔ ㄈㄨ ❶肉干 dried meat；鹿～lùfǔ dried venison ❷果脯，蜜饯果干 sun-dried candied fruit；preserved fruit：桃～táofǔ preserved peach／杏～xìngfǔ preserved sweetened apricot

　　⊜ pú 见 513 页 See p. 513

蜅 fǔ ㄈㄨ ［鰵蜅鲞 míng－xiǎng］墨鱼干 dried inkfish；dried cuttlefish

簠 fǔ ㄈㄨ 古代祭祀时盛稻、粱的器具。长方形，有盖和耳 a square grain receptacle with a lid and ears, used at sacrificial ceremonies in ancient China

黼 fǔ ㄈㄨ 古代礼服上绣的半黑半白的花纹 an embroidered pattern of black and white on ancient official robes

拊 fǔ ㄈㄨ 拍，也作"抚" clap, also written as 抚：～掌大笑 fǔzhǎng-dàxiào clap hands and laugh heartily

府 fǔ ㄈㄨ ❶储藏文书或财物的地方 government repository（⊛ comb. 一库－kù government repository)：～库充实 fǔkù chōngshí The government repository is full.／天～(喻物产富饶的地方) tiānfǔ Nature's storehourse（fig. a land of abundance）❷贵族或高级官员办公或居住的地方 seat of government；government office：王～wángfǔ palace of a prince／总统～zǒngtǒngfǔ the residence of a president／相～xiàngfǔ the mansion of a chief minister ［府上－shang］对对方的籍贯、家庭或住宅的敬称 a term of respect for the home of sb. ❸旧时行政区域名，等级在县和省之间 prefecture which ranks lower than a province but

higher than a county

俯(＊頫、＊俛) fǔ ㄈㄨ 向下，低头，跟"仰"相反 bow one's head；lower one's head, contrary to yǎng：～视山下 fǔshì shānxià looking down at the foot of the mountain／～仰之间(很短的时间) fǔyǎng-zhījiān in the twinkling of an eye；in an instant；in a flash

腑 fǔ ㄈㄨ 脏腑，中医对人体胸、腹内部器官的总称。心、肝、脾、肺、肾叫"脏"，胃、胆、大肠、小肠、膀胱等叫"腑"（in Chinese medicine）a general term for internal organs. The heart, liver, spleen, lungs and kidneys are called zàng, while the stomach, gall, intestines and bladder are called fǔ.

腐 fǔ ㄈㄨ 烂，变质 rotten；stale（⊛ comb. 一败－bài corrupt，一烂－làn decompose，一朽－xiǔ rotten；decayed)：流水不～liúshuǐ bù fǔ Running water is never stale.／鱼～肉败 yú fǔ ròu bài The fish is rotten and the meat is stale.／这块木头已经～朽不堪了 Zhè kuài mùtou yǐjing fǔxiǔ bùkān le. This piece of wood has already rotted. ⑨ ext. 思想陈旧或行为堕落 corrupt；rotten in thought or action：观点陈～guāndiǎn chénfǔ His ideas are old and outworn.／生活～化 shēnghuó fǔhuà live a corrupted life ［腐蚀－shí］通过化学作用使物体逐渐消损或毁坏 corrode；wear away by chemical action：～～剂 fǔshíjì corrosive；corrodent ⑨ fig. 使人腐化堕落 cause to be corrupted ［豆腐 dòu一］用豆子制成的一种食品，也省称"腐" beancurd, also called simply 腐：～～皮 dòufupí skin of soya-bean milk；thin sheets of bean curd／～～乳 dòufurǔ fermented bean curd

父 ⊖ fù ㄈㄨ ❶父亲，爸爸 father；dad ❷对男性长辈的称呼 a term of respect to address a man of a senior generation：叔～shūfù uncle／姨～yífù uncle／师～shīfù master／～老 fùlǎo elders

㊁ fù 见 185 页 See p. 185

讣 fù ㄈㄨ 报丧，也指报丧的通知 announce sb's death；obituary：～闻 fùwén obituary ／ ～告 fùgào announce sb's death；obituary

赴 fù ㄈㄨ 往，去 go to；attend：～北京 fù Běijīng go to Beijing／～宴 fùyàn attend a banquet／～汤蹈火（喻不避艰险）fùtāng-dǎohuǒ go through fire and water；defy all difficulties and dangers

付 fù ㄈㄨ ❶交，给 hand over to；pay：～款 fùkuǎn pay a sum of money／～印 fùyìn send to the press／表决 fù biǎojué put to the vote／诸实施 fù zhū shíshī put into effect／出了辛勤的劳动 fùchūle xīnqín de láodòng put in a lot of hard work ❷量词 meas. 1. 同"副❹"Same as "副❹"：一～手套 yī fù shǒutào a pair of gloves／一～笑脸 yī fù xiàoliǎn a smiling face 2. 同"服㊁"Same as "服㊁".

附（*坿）fù ㄈㄨ ❶另外加上，随带着 add；attach：～录 fùlù appendix (to a book)／～设 fùshè have as an attached institution／注 fùzhù notes appended to a book／信里～着一张相片 xìn li fùzhe yī zhāng zhàopiàn with a photo attached in the letter [附和－hè]盲目地同意别人的主张 echo other people's views；不要随声～～bùyào suíshēng fùhè Don't echoother people's views. [附会－huì]把不相关连的事拉到一起，把没有某种意义的事物说成有某种意义，也作"傅会"draw wrong conclusions by false analogy；also written as 傅会：牵强～～qiānqiǎng-fùhuì draw a forced analogy [附议－yì]对别人的提议或动议表示同意 second a motion；support a proposal [附庸－yōng]古代指附属在诸侯大国下面的

小国 dependency；vassal ㊂ext. 从属的地位或依赖的关系 dependency ❷靠近 get close to；be near：～近 fùjìn nearby／～耳交谈 fù'ěr jiāotán talk by whispering in each other's ears

驸 fù ㄈㄨ 几匹马共同拉车，在旁边的马叫"驸"a horse hitched up by the side of the shafthorse (to assist the pulling of a vehicle) [驸马－mǎ]驸马都尉，汉代官名。后来帝王的女婿常做这个官，因此驸马专指公主的丈夫 government official in the Han Dyn-asty；later referring to the son-in-law of an emperor specially

鲋 fù ㄈㄨ 古书上指鲫鱼(in ancient books) crucian carp；涸辙之～（喻处在困难中急待援助的人）hézhézhīfù a fish stranded in a dry rut；a person in a desperate situation

负 fù ㄈㄨ ❶背 carry on the back or shoulder：～米 fù mǐ carry a sack of rice on the back／如释重～rú shì zhòngfù as if relieved of a heavy load ㊂ext. 担任 shoulder；bear：～责 fùzé take responsibility [负担－dān]1. 担当 undertake 2. 责任，所担当的事务 responsibility；duty：减轻～～jiǎnqīng fùdān lighten the burden ㊎fig. 感到痛苦的不容易解决的思想问题 mental burden；a load on one's mind ❷仗恃，倚靠 rely on：～险固守 fù xiǎn gùshǒu put up a stubborn defence by relying on one's strategic position／～隅顽抗 fùyú-wánkàng (of an enemy or a robber) fight stubbornly with one's back to the wall[负气－qì]赌气 do sth in a fit of pique [自负 zì－]自以为了不起 conceited；think highly of oneself ❸遭受 suffer：～伤 fùshāng be wounded／～屈 fùqū be wronged ❹具有 enjoy：～有名望 fùyǒu míngwàng enjoy a good reputation／素～盛名 sù fù shèngmíng have long enjoyed a good reputation ❺欠（钱）owe：～债

fùzhài *owe sb a debt* ❻违背，背弃 fail in one's duty, etc.；betray：~ 盟 fùméng *betray the ally*/忘 恩 ~ 义 wàng'ēn-fùyì *ungrateful*；*devoid of gratitude*/不 ~ 人民 的 希望 bù fù rénmín de xīwàng *stand up to the expectations of the people* ❼败，跟"胜"相反 fail，contrary to shèng；不 分胜~bù fēn shèngfù *draw*；*come out even*；(of score) *be tied* ❽小于零的 less than zero；minus；negative：~数 fùshù *negative number* ❾指相对的两 方面中反的一面，跟"正"相对 negative，contrary to zhèng：~极 fùjí *negative pole*/~ 电 fùdiàn *negative electricity*

妇（婦）fù ㄈㄨ ❶已经结婚的女子 a married woman ㊣ext. 女性的通称 a general term for women：~科 fùkē *gynaecology* / ~ 女 翻 身 fùnǚ fānshēn *women's emancipation* ❷妻，跟"夫"相对 wife，contrary to fū（husband）：夫 ~ fūfù *husband and wife* ❸儿媳 daughter-in-law；长~zhǎngfù *wife of the eldest son* / 媳~xífù *daughter-in-law*

阜fù ㄈㄨ ❶土山 mound ❷盛，多 abundant：物 ~ 民 丰 wùfù-mín-fēng *products abound and the people in plenty*

服㊀fù ㄈㄨ 量词，用于中药，也作 " 付 " *meas.* for traditional Chinese medicine，also written as 付：吃~药就好了 chī fù yào jiù hǎo le *You'll recover after a dose of Chinese medicine.*

㊁ fú 见 184 页 See p.184

复（❶-❺復、❺❻複）fù ㄈㄨ ❶回 去，返 turn around；turn over：反 ~ fǎnfù *relapse* / 循环往 ~ xúnhuán-wǎngfù *move in cycles* ❷回答，回报 reply；answer；return：~ 仇 fùchóu *revenge*/~命 fùmìng *report back after carrying out an order*/函 ~ hánfù *reply by letter*；*write a letter in reply*

❸还原，使如旧 recover；resume：光 ~ guāngfù *recover* (lost territory)；*re-store* (old glory, etc.)/身体 ~ 原 shēntǐ fùyuán *recover* / ~ 员军人 fùyuán jūnrén *a demobilized ser-viceman*；*an ex-serviceman* ❹又，再 once again：死灰 ~ 燃 sǐhuī-fùrán *dying cinders glowing again* (*fig.* resurgence；revival)/一去不~返 yī qù bù fù fǎn *gone for ever*；*gone never to return* ❺重复，重叠 again；repeat：~习 fùxí *go over*/~ 诊 fùzhěn *further consultation* (with a doctor)/旧病 发 jiùbìng fùfā *have an attack of an old illness*/山 重 水 ~ shānchóng-shuǐfù *mountains multiply and streams double back* ❻不是单一的，许多的 compound；complex：~姓 fùxìng *two character surname* / ~ 杂 fùzá *com-plicated*；*complex*/~ 分 数 fùfēnshù *complex fraction*/~式簿记 fùshì bùjì *double entry bookkeeping*

腹fù ㄈㄨ 肚子，在胸部的下面 belly：~ 部 fùbù *belly*/~ 背（前 后）受敌 fùbèi-shòudí *attacked by the enemy both from behind and in front* [腹地 — dì] 内地，中部地区 hinterland；central region；interior

蝮fù ㄈㄨ 蝮蛇，蛇名。体色灰褐，头 部略呈三角形，有毒牙 water moccasin，a poisonous snake with a taupe body，a triangular head and venomous fangs

鳆fù ㄈㄨ 鳆鱼，动物学上叫"石决 明"，俗叫"鲍鱼"，软体动物的一 种，生活在海中，有椭圆形贝壳。肉可 以吃，壳可以入药 abalone，also called shíjuémíng in zoology and bàoyú in popular Chinese，a kind of mollusc living in the sea. Abalones have edible meat and oval shell which can be used in medicine

覆fù ㄈㄨ ❶遮盖，蒙 cover：天~地 载 tiānfù-dìzài *all under heaven and upon earth*；*what is under heaven and borne by the earth*/大地被一层白

F

雪～盖着 Dàdì bèi yī céng báixuě fùgàizhe. *The earth is covered with a layer of white snow.* ❷翻，倒(dào) 过来 overturn; upset; ～舟 fù zhōu *capsized boat*/天翻地～ tiānfān-dìfù *tremendous changes; heaven and earth turning upside down* [覆没—mò]船翻沉(of a ship) capsize and sink ⑩ fig. 军队被消灭(of an army) be annihilated [覆辙—zhé]在那里翻过车的车辙 the track of an overturned cart ⑩fig. 失败的道路、方法 ways or methods that lead to failure [颠覆—fù]车翻倒(of a cart) overturn ⑩fig. 用阴谋推翻合法政权，也指政权垮台 subvert ❸同"复❶❷" Same as "复❶❷"

馥 fù ㄈㄨ 香气 fragrance [馥郁—yù]香气浓厚 strongly fragrant; sweet-smelling

洑 ㊀ fù ㄈㄨ 在水里游 swim; ～水 fùshuǐ *swim*
㊁ fú 见 182 页 See p. 182

副 fù ㄈㄨ ❶居第二位的，辅助的(区别于"正"或"主") deputy; assistant; vice (in contrast to zhèng or zhǔ): ～主席 fùzhǔxí *vice-chairman*/～排长 fùpáizhǎng *assistant platoon leader* ❷附带的或次要的 subsidiary: ～食 fùshí *non-staple food*/～业 fùyè *sideline*/～作用 fùzuòyòng *side effect; by-effect* /～产品 fùchǎnpǐn *by-product* [副本—běn] 1. 书籍原稿以外的誊录本 duplicate 2. 重要文件正式的、标准的一份以外的若干份 transcript; copy (of the formal and standard copy of an important document) [副词—cí] 修饰动词或形容词的词，如都、也、很、太、再三等 adverb, used to modify verbs or adjectives, such as dōu, yě, hěn, tài, zàisān, etc. ❸相称(chèn)，符合 correspond to; fit: 名不～实 míng-bùfùshí *the name falls short of the reality; be unworthy of the name or title*/名实相～ míng shí-xiāngfù *the name matches the reality; be worthy of the name* ❹量词 meas. 1. 用于成组成套的东西 for a group or set of objects: 一～对联 yī fù duìlián *a pair of antithetical couplet*/一～担架 yī fù dānjià *a stretcher*/全～武装 quánfù-wǔzhuāng *fully armed; in full battle array* 2. 用于面部表情、态度等 for facial expression or an attitude: 一～笑容 yī fù xiàoróng *a smiling face*/一～庄严而和蔼的面孔 yī fù zhuāngyán ér hé'ǎi de miànkǒng *a solemn but genial face*

富 fù ㄈㄨ ❶富有，跟"贫"、"穷"相反 rich, antonym of pín, qióng: ～人 fùrén *a rich man; the rich*/～豪 fùháo *tycoon; a rich and powerful man*/新中国走向繁荣～强 Xīn Zhōngguó zǒuxiàng fánróng fùqiáng. *The new China is developing into a prosperous and strong country.* [富丽—lì] 华丽 gorgeous; magnificent: ～～堂皇 fùlì-tánghuáng *beautiful and imposing* ❷资源、财产 resource; property: 资源 fùyuán *rich natural resources*/财～ cáifù *riches* ❸充裕，多，足 sufficient; plentiful; rich (⑭comb. 一裕 fùyù *rich*, 一足 fùzú *plentiful*, 一饶 fùráo *richly endowed*, 丰—fēngfù *sumptuous*): 我国人民富于创造精神 Wǒ guó rénmín fùyú chuàngzào jīngshén. *The people of our country are highly creative.* /西红柿的维生素 C 很丰～ Xīhóngshì de wéishēngsù C hěn fēngfù. *Tomatoes are rich in vitamin C.*

赋 fù ㄈㄨ ❶旧指田地税(in former times) land tax: 田～ tiánfù *land tax* [赋税—shuì]旧时田赋和各种捐税的总称 taxes including land tax and other taxes ❷我国古典文学中的一种文体，盛行于汉魏六朝 an intricate literary form in former times combining elements of poetry and prose which prevailed in such dynasties as the Han, the Wei and the Six Dynasties period ❸念诗或作诗 read or compose a poem：登高～诗 dēnggāo fùshī *ascend a height and compose a poem* ❹交给，给与 grant；bestow：完成党～予的任务 wánchéng Dǎng fùyǔ de rènwu *accomplish the task the Party has entrusted us*

傅 fù ㄈㄨˋ ❶辅助，教导 teach；instruct ❷师傅，教导人的人 instructor ❸附着，使附着 put；apply：～粉 fùfěn *put powder on；powder*

缚 fù ㄈㄨˋ 捆绑 tie up；bind fast；束～ shùfù *bind up；fetter*

赙 fù ㄈㄨˋ 拿钱财帮人办理丧事 present a gift（of money, etc.）to a bereaved family：～金 fùjīn *money presented to a bereaved family*／～仪 fùyí *a gift to a bereaved family*

咐 fu ·ㄈㄨ 见 174 页"吩"字条"吩咐"、858 页"嘱"字条"嘱咐"See fēnfu under entry of fēn on p. 174 and zhǔfu under entry of zhǔ on p. 858

GA 《Y

夹（夾） ⊜ gā 《Y ［夹肢窝—zhiwō］腋窝 armpit
　⊖ jiā 见 292 页 See p. 292
　⊜ jiá 见 293 页 See p. 293

旮 gā 《Y ［旮旯—lár］（—子—zi、—儿—r）角落 nook；corner：墙～～ qiánggālár *a corner formed by two walls*/门～～ménggālár *a corner behind a door* ⑩fig. 偏僻的地方 out-of-the-way place：山～～ shān gālár *a mountain recess*/背～～儿 bèi gālár *an out-of-the-way place*

伽 ⊜ gā 《Y ［伽马射线—mǎ shèxiàn］又叫"丙种射线"。镭和其他一些放射性元素的原子放出的射线，在工业和医学上用途很广。通常写作"γ射线" gamma ray, also called C ray, a kind of ray let out by radium atoms and atoms of other radioactive elements, widely used in industry and medicine；usu written as γ ray
　⊖ qié 见 533 页 See p. 533
　⊜ jiā 见 291 页 See p. 291

咖 ⊖ gā 《Y ［咖喱—lí］（外 foreign）用胡椒、姜黄等做的调味品 curry, a seasoning made of pepper and turmeric
　⊜ kā 见 347 页 See p. 347

嘎 ⊖ gā 《Y 拟声词 *onom.* a loud, high-pitched sound ［嘎吧—bā］［嘎叭—bā］拟声词 *onom.* a cracking or snapping sound ［嘎吱—zhī］拟声词 *onom.* the creaking sound of objects under great stress
［嘎巴—ba］1. 黏东西凝结在器物上（of sticky substances）form into a crust；crust 2.（—儿—r）凝结在器物上的东西 crust：衣裳上有好多～～ yīshang shang yǒu hǎoduō gāba. *There is much crust on the clothes.*
［嘎渣—zha］1. 疮伤结的痂 scab 2.（—儿—r）食物烤黄的焦皮 crust：饭～～ fàngāzhar *rice crust*/饼子～～儿 bǐngzi gāzhar *the crust of a cake*
　⊜ gá 见本页 See the same page.
　⊜ gǎ 见本页 See the same page.

轧 ⊜ gá 《Ý 〈方 dial.〉❶挤，拥挤 press hard against each other ❷结交（朋友）make friends ❸查对（账目）check (the accounts)
　⊖ yà 见 740 页 See p. 740
　⊜ zhá 见 816 页 See p. 816

钆 gá 《Ý 一种金属元素，符号 Gd，它的氧化物和硫化物都带淡红色 gadolinium, a metallic element, symbol: Gd. Both its oxide and nitrogen compounds are reddish in colour.

尜 gá 《Ý ［尜尜—ga］1. 一种儿童玩具，两头尖中间大。也叫"尜儿" a children's toy of a long slender shape with a bulging middle 2. 像尜尜的 olive-like；spindle-like：～～枣 gágazǎor *olive-like dates*/～～汤（用玉米面等做的食品）gágatāng *a soup made of maize flour*

嘎 ⊜ gá 《Ý ［嘎嘎—ga］同"尜尜" Same as "尜尜".
　⊖ gā 见本页 See the same page.
　⊜ gǎ 见本页 See the same page.

噶 gá 《Ý 译音用字 a character used in transliteration

玍 gǎ 《Ý 〈方 dial.〉❶乖僻 eccentric；odd ❷调皮 naughty；mischievous

尕 gǎ 《Ý 〈方 dial.〉小 small；little：～娃 gǎwár *a little boy (girl)*/～李 Gǎ Lǐ *Xiao Li*

嘎 ⊜ gǎ 《Ý 同"玍 gǎ" Same as "玍".

㊁ gā 见 191 页 See p. 191

㊂ gá 见 191 页 See p. 191

尬 gà 《丫 见 195 页"尴"字条"尴尬 gān —" See gāngà under entry of gān, p. 195

GAI 《历

该 gāi 《历 ❶应当,理应如此 ought to be; should be(逾 comb. 应 — yīng — should):～做的一定要做 Gāi zuò de yīdìng yào zuò. What ought to be done must be done. ❷表示根据情理或经验推测必然的或可能的结果 will probably; can be reasonably or naturally expected to:不学习,思想就～落后了 Bù xuéxí, sīxiǎng jiù gāi luòhòu le. If you do not study, you will fall behind in thoughts. ❸指前面说过的人或事物,多用于公文 that; this; the above-mentioned person or thing, usu. used in official documents:～地 gāi dì this (or the said) place /～员 gāi yuán this member /～书 gāi shū that book ❹欠,欠账 owe; owe a debt:～他几块钱 Gāi tā jǐ kuài qián. (I) owe him a few yuan ❺同"赅"Same as "赅".

陔 gāi 《历 ❶近台阶的地方 a place near the steps ❷级,层,台阶 steps ❸田埂 ridge, a low bank of earth between fields

垓 gāi 《历 ❶[垓下—xià]古地名,在今安徽省灵璧东南,是汉刘邦围困项羽的地方 name of an ancient place in today's southeast of Lingbi, Anhui Province, where Liu Bang besieged Xiang Yu ❷〈古 arch.〉数目,是京的十倍 (a numeral in ancient China) ten times of 京(jīng), which is equal to ten million

荄 gāi 《历 草根 grass root

赅 gāi 《历 完备 complete; full:言简意～ yǎnjiǎn-yìgāi concise and

comprehensive

改 gǎi 《历 ❶变更,更换 alter; change (逾 comb. 一革 —gé reform, 一变 — biàn change /更 — gēng — change):～天换地 gǎitiān-huàndì transform heaven and earth; change the world ❷修改 alter; revise:～文章 gǎi wénzhāng revise an article /～衣服 gǎi yīfu alter a dress ❸改正 correct; amend; put right:知过必～ zhīguò-bìgǎi always correct an error when one becomes aware of it

丐 gài 《历 ❶乞求 beg ❷乞丐,讨饭的人 beggar ❸给予 give; grant

钙 gài 《历 一种金属元素,符号 Ca,银白色晶体。动物的骨骼、蛤壳、蛋壳都含有碳酸钙和磷酸钙。它的化合物在工业上、建筑工程上和医药上用途很大 calcium, a silvery white crystalline metallic element; symbol: Ca. Animal bones, clam shells and eggshells are all rich in calcium carbonate and calcium phosphate. The compounds of calcium are widely used in industry, construction and medicine.

芥 ㊀ gài 《历 芥菜,也作"盖菜",是芥(jiè)菜的变种。叶子大,表面多皱纹,是普通蔬菜 a variant of leaf mustard, a common vegetable with big and wrinkled leaves. Also written as 盖菜。[芥蓝 —láncài]一种不结球的甘蓝,叶柄长,叶片短而宽,花白色或黄色。嫩叶和菜薹是普通蔬菜 cabbage mustard, a headless cabbage with a long leafstalk, short and wide leaves, and white or yellow flowers. Its tender leaves and flower stalks are common vegetables.

㊁ jiè 见 318 页 See p. 318

盖(蓋) ㊀ gài 《历 ❶(—子 zi、—儿 —r)器物上部有遮蔽作用的东西 cover; lid:锅～ guōgàir the lid of a cooking pot/瓶

píng gài a bottle-top ❷伞 canopy：华～(古代车上像伞的篷子) huágài canopy (as over an imperial carriage) ❸由上向下覆 put a cover on (㊎comb. 覆－fù－cover)：～上锅 gàishang guō put a lid over the pot/～被 gài bèi cover sb with a quilt ㊧trans. 1. 压倒 top；surpass：～世无双 gàishì-wúshuāng unparalleled anywhere on earth；matchless throughout the world 2. 用印打上 affix：～章 gài zhāng stamp；affix one's seal/～印 gài yìn affix one's seal ❹建造 build：～楼 gài lóu build a storied build-ing /～房子 gài fángzi build a house ❺动物的甲壳 shell：螃蟹～ pángxiègài the shell of a crab ❻文言虚词 a function word in classical Chinese 1. 发语词（to begin a sentence）：～有年矣 Gài yǒu nián yǐ. Years have passed since then. 2. 表不能确信，大概如此(to express uncertainty) approximately；about；around：～近之矣 Gài jìn zhī yǐ. about this much；approximately so 连词，表原因 conj. (to express reason) for；because：有所不知，～未学也 Yǒu suǒ bù zhī, gài wèi xué yě. If there are things we do not know, it is because we haven't learned them.

〈古 arch.〉又同"盍 hé" Also same as "盍".

㋁ gě 见 204 页 See p. 204

溉 gài 《ㄞ 浇灌 irrigate (㊎comb. 灌－guàn－irrigate)

概 gài 《ㄞ ❶大略，总括 general idea；broad outline：～论 gàilùn outline；introduction /大～ dàgài general idea；approximate；probably /不能一～而论 bù néng yīgài'érlùn not to be lumped together；cannot be treated as the same [概念－niàn]人们在反复的实践和认识过程中，将事物共同的本质特点抽出来，加以概括，从感性认识飞跃到理性认识，就成为概念 concept；conception；notion. In the process of repeated practice and cognition, people begin to abstract the common essential characteristics from the things concerned, and then generalize them, thus making a leap from perceptual knowledge to rational cognition ❷情况，景象 general situation；scenery：胜～ shènggài wonderful scenery ❸气度 the manner of carrying oneself；deportment：气～ qìgài lofty quality ❹平斗，斛用的小木板 a small wood plate used to level the top layer of grains in a dou or a hu (dry measures in former times)

戤 gài 《ㄞ 旧指冒牌图利（early use）counterfeit sth in order to make money

GAN 《ㄢ

干(❼-❽❹△乾)㊀gān 《ㄢ ❶关连，涉及 have to do with；be concerned with：不相～ bù xiānggān have nothing to do with/这事与你何～ Zhè shì yǔ nǐ hé gān? What has this to do with you? ❷冒犯，触犯 offend：～犯 gānfàn offend；violate/有～禁例 yǒu gān jìnlì offend the prohibitions [干涉－shè]过问或制止，常指不应管硬管 interfere；intervene：互不～～～内政 hù bù gānshè nèizhèng noninterference in each other's internal affairs ❸追求，旧指追求职位俸禄 seek (official positions, emoluments, etc.)：～禄 gānlù seek official emoluments ❹盾 shield：动～戈(喻战乱) dòng gāngē take up arms (fig. go to war)[干城－chéng] shield and city wall ㊧trans. 捍卫者 defender；defending army ❺天干，历法中用的"甲、乙、丙、丁、戊、己、庚、辛、壬、癸"十个字，也作编排次序用 the ten Heavenly Stems used in the calendar，namely jiǎ，yǐ，bǐng，dīng，wù，jǐ，gēng，xīn，rén，guǐ；Also used as sequence numbers. [干支－zhī]天干和地支，历法上把这两组字结合起来，表示日子或年份 two groups of Chinese characters called Heavenly Stems and Earthly Branches respectively，which are formed into combinations to designate days or years in the traditional Chinese calendar ❻水边 river bank：江～ jiānggān *riverbank*／河～ hégān *riverbank* ❼没有水分或水分少的，跟"湿"相反 dry，antonym of shī（⑱ comb. 一燥 －zào *dry*；*arid*）：～柴 gānchái *dry firewood*／～粮 gānliang *solid food*；*field rations* [干脆 －cuì] ⑩ fig. 爽快，简捷 clear-cut；straightforward：说话～～，做事也～～ shuōhuà gāncuì，zuòshì yě gāncuì *be frank in speaking and effficient in action* ❽（一儿 －r）干的食品或其他东西 dried food：饼～ bǐnggān *cracker*；*cake*／豆腐～儿 dòufugānr *dried beancurd* ❾枯竭，净尽，空虚 empty；hollow；dry：大河没水小河～ Dà hé méi shuǐ xiǎo hé gān. *When the main stream is low, the small streams run dry.*／～杯 gānbēi *drink a toast*；*cheers*／外强中～ wàiqiáng-zhōnggān *outwardly strong but inwardly weak*；*strong in appearance but weak in reality* ❿空，徒然 in vain；to no purpose：～着急 gān zháojí *be anxious but unable to do anything*／～等 gān děng *wait in vain*／～看着 gān kànzhe *watch but unable to do anything about it* ⓫拜认的亲属关系 taken into nominal kinship：～娘 gānniáng *godmother*；*adoptive mother* ⓬说怨恨、气愤的话使对方难堪 embarrass sb by making sarcastic，resentful or angry remarks：今天，我又～了他一顿 Jīntiān，wǒ yòu gānle tā yī dùn. *Today, I embarrassed him again.* ⓭慢待，不理

睬 leave sb out in the cold；give sb. the cold shoulder：没想到，他把咱们～起来了 Méi xiǎngdào，tā bǎ zánmen gān qilai le. *Unexpectedly, they gave us a cold shoulder.*

[干将－jiāng]古宝剑名 the name of a famous ancient sword

　　㊀ gàn 见 197 页 See p. 197
　　"乾"又 Also "qián" 见 526 页 See p. 526

玕　gān 《ㄢ [琅玕 láng－]像珠子的美石 a pearl-like stone

杆　㊀ gān 《ㄢ（一子 －zi、一儿 －r）较长的木棍 pole；staff，旗～ qígān *flagpole*；*flag post*／电线～子 diànxiàn gānzi *wire pole*／栏～儿 lángānr *railing*；*banisters*
　　㊁ gǎn 见 195 页 See p. 195

肝　gān 《ㄢ 肝脏，人和高等动物主要内脏之一。是分泌胆汁的器官，可储藏体内淀粉，调解蛋白质、脂肪和碳水化合物的新陈代谢及解毒等 liver，one of the main inner organ of a human being or a higher animal，which functions to secrete bile，store starch，regulate the metabolism of protein，fat and carbonhydrate，and detoxicate（图见 809 页"脏" See picture under entry of zàng，p. 809）[肝胆 －dǎn] ⑩ fig. 1. 诚心，诚意 sincerity；open-heartedness：～～相照（喻真诚相见） gāndǎn-xiāngzhào （of friends）*treat each other heart and soul* 2. 勇气，血性 courage；heroic spirit

矸　gān 《ㄢ 矸子，夹杂在煤里的石块 waste rock among coal

竿　gān 《ㄢ（一子 －zi、一儿 －r）竹竿，竹子的主干，竹棍 bamboo pole；the main stalk of a bamboo；a bamboo stick

酐　gān 《ㄢ 酸酐，是含氧的无机或有机酸缩水而成的氧化物，如二氧化硫、醋酸酐 acid anhydride，an oxide formed by abstraction of water in inorganic or organic acids containing oxygen, such as sulphur dioxide, acetic oxide

甘 gān ㄍㄢ ❶甜，味道好，跟"苦"相反 sweet; good in taste, antonym of kǔ: ~苦 gānkǔ *sweetness and bitterness*/~泉 gānquán *sweet spring water*/苦尽~来 kǔjìn-gānlái *the bitterness ends and the sweetness begins* ⑩fig. 美好 wonderful; pleasant: ~雨 gānyǔ *pleasant (or timely) rain* ❷甘心，自愿，乐意 do sth. willingly; be ready and willing: ~心情愿 gānxīn-qíngyuàn *willingly and gladly*/不~失败 bùgān shībài *do not resign oneself to defeat*

坩 gān ㄍㄢ 盛(chéng)东西的陶器 earthen container [坩埚—guō]用来熔化金属或其他物质的器皿，多用陶土或白金制成，能耐高热 a crucible, a container used to melt metal or other substances, usu made of pottery clay or platinum, and capable of resisting high temperature

苷 gān ㄍㄢ 有机化合物的一类，即甙(dài) another name for dài, glucoside, an organic chemical compound

泔 gān ㄍㄢ 泔水，洗过米的水 gānshuǐ waste water that has been used to wash rice ⑪ext. 洗碗洗菜用过的脏水 swill; slops; hogwash

柑 gān ㄍㄢ 常绿灌木或小乔木，初夏开花，白色。果实圆形，比橘子大，赤黄色，味甜。种类很多 mandarin orange, an evergreen bush or tree that bears white flowers in early summer and round yellow and sweet fruits bigger than tangerines. There are varieties of orange.

疳 gān ㄍㄢ 病名 name of diseases 1. 疳积，中医称小儿的肠胃病(in traditional Chinese medicine) infantile malnutrition due to digestive disturbances or intestinal parasites 2. 马牙疳，又叫"走马疳"。牙床和颊部急性溃疡，流脓和血，小儿容易患这种病 noma, also called zǒumǎgān, an acute ulceration of the gum and cheeks with festering and bleeding. Children are liable to this disease. 3. 下疳，性病的一种 chancre; primary lesion, a venereal disease

尴(尲、尴**)** gān ㄍㄢ [尴尬—gà] 1. 处境窘困，不易处理 (of situation) awkward; hard to deal with 2. 神态不自然 embarrassed

杆(杆**)** ⊖ gǎn ㄍㄢˇ ❶(一子—zi、一儿—r)较小的圆木条或像木条的东西(指作为器物的把儿的) the shaft or arm of sth: 笔~儿 bǐgǎnr *penholder* / 枪~儿 qiānggǎnr *the barrel of a rifle*/烟袋~儿 yāndàigǎnr *the holder of a pipe* ❷量词，用于有杆的器物 meas. for long and thin cylindrical objects: 一枪 yī gǎn qiāng *a gun*/一~笔 yī gǎn bǐ *a pen*
⊖ gān 见 194 页 See p. 194

秆(秆**)** gǎn ㄍㄢˇ (一子—zi、一儿—r)稻麦等植物的茎 stalk of a plant: 高粱~儿 gāoliánggǎnr *sorghum stalk*/高~作物 gāogǎnr zuòwù *crops with high stalks*

赶(趕) gǎn ㄍㄢˇ ❶追，尽早或及时到达 try to catch; try to arrive as early as possible or in time: ~集 gǎnjí *go to market; go to a fair*/~火车 gǎn huǒchē *catch a train*/学先进，~先进 Xué xiānjìn, gǎn xiānjìn. *learn from the advanced and try to catch up with the advanced* ⑪ext. 从速，快做 hurry; rush: ~写文章 gǎnxiě wénzhāng *dash off an article* / ~任务 gǎn rènwu *rush through one's job*/ ~活 gǎnhuó *rush through one's work in order to meet a deadline* ❷驱使，驱逐 drive; drive away: ~羊 gǎn yáng *herd the sheep*/~马车 gǎn mǎchē *drive a cart*/把侵略者~出国门 bǎ qīnlüèzhě gǎnchu guómén *drive the invaders out of one's country* ❸介词，等到（某个时候）*prep.* till：～明儿再说 gǎnmíngr zàishuō *Let's leave it till another day.* /～年下再回家 gǎn niánxia zài huíjiā *not go back home until the Lunar New Year* ❹遇到（某种情形）happen to：正～上他没在家 zhèng gǎnshang tā méi zài jiā *He happened to be out.*

撤 gǎn 《ㄢ 用棍棒碾轧(yà) roll sth with a stick：～面条 gǎn miàntiáor *make noodles*/～毡(制毡) gǎnzhān *make blankets*

敢 gǎn 《ㄢ ❶有勇气，有胆量 be courageous；have balls；have guts：～于斗争 gǎnyú dòuzhēng *dare to struggle* /～负责任 gǎnyú fù zérèn *have the courage to take responsibilities* /谦辞 polite term：～问 gǎnwèn *I venture to ask；May I ask.* /～请 gǎnqǐng *I venture to invite you.* ❷莫非 can it be that：～是哥哥回来了 Gǎnshì gēge huílai le. *Can it be that my brother has come back?* [敢情—qing][敢自—zi]〈方 dial.〉1.原来 why；so：～～是你 Gǎnqing shì nǐ! *Oh, so it's you!* 2.自然，当然 of course；indeed；really：那～～好了 Nà gǎnqing hǎo le. *That's really wonderful.* /～～你不冷了，穿上了新棉袄 Gǎnqing nǐ bù lěng le, chuānshangle xīn mián'ǎo. *Surely, you are not cold any longer, as you've put on your new cotton-padded jacket.*

潵 gǎn 《ㄢ [潵浦—pǔ]地名，在浙江省海盐 a place in Haiyan, Zhejiang Province

橄 gǎn 《ㄢ [橄榄—lǎn]1.橄榄树，常绿乔木，花白色。果实绿色，长圆形，也叫青果，可以吃。种子可榨油，树脂供药用 Chinese olive, an evergreen tree that bears white flowers and edible green egg-shaped fruits (also called qīngguǒ). The

seeds can be used to extract oil and the resin can be made into medicine. 2.油橄榄，又叫"齐墩果"，常绿小乔木，花白色，果实黑色。欧美用它的枝叶作为和平的象征 olive, also called qídūnguǒ, an evergreen tree with white flowers and black fruits. In Europe and America, people use its branch and leaves as a symbol of peace.

感 gǎn 《ㄢ ❶感觉，觉到 feel；sense：～想 gǎnxiǎng *impressions；reflections*/～到很温暖 gǎndào hěn wēnnuǎn *feel warm* [感冒—mào]一种传染病，病原体是一种滤过性病毒，症状是鼻塞、喉痛、发烧、头痛、咳嗽、打喷嚏等 common cold, a contagious disease with symptoms of stuffy nose, sore throat, fever, headache, cough, and sneezing. Its pathogen is a filterable virus. [感觉—jué]1.客观事物的个别性质作用于人的感官(眼、耳、鼻、舌、皮肤)所引起的直接反应 feeling；sense perception, direct reaction made by the senses of organs of human beings (the eye, ear, nose, tongue and skin) when particular attributes of objective things act on them 2.觉得 feel；perceive：我～～事情还顺手 Wǒ juéde shìqing hái shùnshǒu. *I feel things are going on smoothly.* [感性—xìng]指感觉和印象，是认识的初级阶段(sense) perception, the beginning stage of cognition：～～认识 gǎnxìng rènshi *perceptual knowledge* ❷使在意识、情绪上起反应 move；affect，to cause to make a response in consciousness or mood：解放军的英勇～动得他落了泪 Jiěfàngjūn de yīngyǒng gǎndòng de tā luòle lèi. *The bravery of the PLA men moved him to tears.* /用事实～化他 Yòng shìshí gǎnhuà tā. *persuade him with facts* ❸情感，感情，因受刺激而引起的心理上的变化 feelings；emotion， psychological changes brought about by stimuli：百 ～ 交集 bǎigǎn-jiāojí *have mixed feelings* / 自豪～ zìháogǎn *a sense of pride* ❹感谢，对人家的好意表示谢意 be grateful；be obliged for others' kindness：深 ～ 厚谊 shēn gǎn hòuyì *I'm deeply moved by your profound friendship.* /请寄来为～ Qǐng jìlái wéi gǎn. *I should be grateful if you would send it to me.*

鳡 gǎn ㄍㄢˇ 鱼名。体长，青黄色，吻尖。性凶猛，捕食其他鱼类。生活在淡水中。也叫"黄钻 zuàn" Elopichthys bambus, a long and greenish yellow freshwater fish with pointed lips. It is ferocious and lives on other fishes.

干（幹、❶*榦）㊀ gàn ㄍㄢˋ ❶事物的主体，重要的部分 trunk；the main part：树 ～ shùgàn *trunk* / 躯 ～ qūgàn *trunk*；*torso* /～线 gànxiàn *main line*；*trunk line* [干部－bù]1.指机关团体的领导或管理人员 cadre, a leader or a member of a managing personnel in an official organization 2.指一般公职人员 civil servant ❷做，搞 do；work：这件事我可以～ Zhè jiàn shì wǒ kěyǐ gàn. *I can do this.* /你在～什么 Nǐ zài gàn shénme? *What are you doing?* ㊀trans. 有才能的，善于办事的 capable；able：～ 才 gàncái *a capable person* / ～ 员 gànyuán *a capable official* [干练－liàn]办事能力强，很有经验 capable and experienced [干事－shi]负责某些事务的人 a secretary in charge of sth：宣传～～ xuānchuán gànshi *person in charge of propaganda* ❸〈方 dial.〉坏，糟（of things）going wrong；involving trouble：事情要 ～ shìqing yào gàn *It's going wrong!* /～了 gàn le *It's wrong. or It's finished.*

㊁ gān 见 193 页 See p. 193

旰 gàn ㄍㄢˋ 晚上 late at night：～食 gànshí *eat late*

骭 gàn ㄍㄢˋ ❶小腿骨 shank ❷肋骨 rib

绀 gàn ㄍㄢˋ 微带红的黑色 dark purple；dark red

淦 gàn ㄍㄢˋ 淦水，水名，在江西省 Gan Shui, a river in Jiangxi Province

赣（*贑、*灨）gàn ㄍㄢˋ ❶赣江，水名，在江西省 Gan Jiang, a river in Jiangxi province ❷江西省的别称 another name for Jiangxi Province

GANG ㄍㄤ

冈（岡）gāng ㄍㄤ 山脊 ridge of a hill：山 ～ shāngāng *low hill；hillock* / 景阳～ Jǐngyánggāng *the Jingyang Ridge* / 井山 Jǐng gāng Shān *the Jinggang Mountains*

刚（剛）gāng ㄍㄤ ❶坚强，跟"柔"相反 hard；rigid, antonym of róu（⊛comb. － 强 qiáng *staunch；unyielding*）：性情正 xìngqíng gāngzhèng *upright；honorable* ❷副词，正好，恰巧 adv. just；exactly（叠 redup.）：～～合适 gānggāng héshì *fit perfectly* / ～好一杯 gānghǎo yì bēi *exactly a glass of*（water, etc.）❸副词，才，刚才 adv. only a short while ago；just：～来就走 gāng lái jiù zǒu *take leave as soon as one has just arrived* /～说了一句话 gāng shuōle yī jù huà *have just said one word*

扛（摃）gāng ㄍㄤ 同"扛 gāng" Same as "扛".

岗（崗）㊀gāng ㄍㄤ 同"冈" Same as "冈".

㊁ gǎng 见 198 页 See p. 198

纲（綱）gāng ㄍㄤ ❶提网的总绳 the headrope of a fishing net ㊂ext. 事物的关键部分 key link；outline；the key part of sth.：大

G

~ 大纲 dàgāng *the general program*/~目 gāngmù *detailed outline* (of a subject)/~领 gānglǐng *guiding principle* ❷从唐朝起，转运大量货物时，把货物分批运行，每批的车辆、船只计数编号，叫做一纲 a convoy of numbered vehicles or ships for the transportation of large quantities of goods in batches since the Tang Dynasty：盐~ yángāng *salt convoy*/茶~ chágāng *tea convoy* / 花石~ huāshígāng *granite convoy*

枫（楓） gāng 《尢 青枫，又叫"槲栎 húlì"。落叶乔木，叶椭圆形，木质坚实，供建筑用 qīnggāng，also called húlì, a deciduous tree with oval leaves and hard wood that can be used in construction

钢（鋼） ⊖ gāng 《尢 经过精炼，不含磷、硫等杂质的铁，含碳量低于 2%，比熟铁更坚硬更富于弹性，是工业上极重要的原料 steel, refined iron that contains no impurities such as phosphorus or sulphur and less than 2% carbon, harder and more flexible than iron. It is an extremely important raw material in industry. [钢铁—tiě] iron and steel ❀fig. 坚强，坚定不移 strong；firm；staunch：~~的意志 gāngtiě de yìzhì *iron-will* [钢精—jīng][钢种—zhǒng]指制造日用器皿的铝 aluminium used to make utensils

⊜ gàng 见本页 See the same page.

扛 ⊖ gāng 《尢 ❶两手举东西 lift with both hands：~鼎 gāngdǐng *lift a tripod with both hands* ❷〈方dial.〉抬东西 (of two or more people) carry sth together

⊜ káng 见 351 页 See p. 351

肛 gāng 《尢 肛门，直肠末端的口儿 anus, the opening at the end of the rectum

缸（**甌） gāng 《尢 盛东西的陶器，圆筒状，底小口

大 a cylindrical pottery container with a big mouth and a small bottom

罡 gāng 《尢 [天罡星 Tiān-xīng]即北斗星 the Big Dipper

堽 gāng 《尢 [堽城屯—chéngtún] 地名，在山东省宁阳 a place in Ningyang, Shandong Province

岗（崗） ⊖ gǎng 《尢 ❶（—子zi，—儿—r）高起的土坡 hillock；mound：黄土~儿 huángtǔgǎngr *loess hills* ❷（—子 —zi，—儿—r）平面上凸起的一长道 ridge；welt：肉一子 ròugǎngzi *a ridge on one's flesh* ❸守卫的位置 post；sentry：站 — zhàngǎng *stand guard；be on sentry duty；stand sentry*/门 — méngǎng *gate sentry*/布 ~ bùgǎng *post sentries* [岗位—wèi]守卫、值勤的地方。也指职位 post；station；job：工作~~ gōngzuò gǎngwèi *working post*

⊜ gāng 见 197 页 See p. 197

港 gǎng 《尢 ❶江河的支流 a branching stream of a river ❷可以停泊大船的江海口岸 port；harbour：军 — jūngǎng *a military port*/商 ~ shānggǎng *a commercial port*/塘沽新 ~ Tánggū Xīngǎng *the Tanggu New Port* ❸指香港 Hong Kong：~澳（香港和澳门）同胞 Gǎng-Ào tóngbāo *compatriots in Hong Kong and Macao*/~人治~ Gǎngrén zhì Gǎng *Hong Kong be administered by the people of Hong Kong*

杠（*槓） gàng 《尢（—子 —zi）较粗的棍子 a thick stick：铁~ tiěgàng *a thick iron stick*/木~ mùgàng *a wooden bar*/双~（一种运动器具）shuānggàng *parallel bars* (a sports equipment) [杠杆—gǎn]一种简单助力器械，如剪刀、辘轳、秤，都是利用杠杆的原理制作的 lever, a bar used to transmit force. Scissors, well-pulley, scales are all made according to the lever principle

钢（鋼） ⊖ gàng 《尢 把刀在布、皮、石或缸沿上用力磨擦

几下使它锋利 sharpen，rub a knife on cloth, leather, stone or the rim of a jar so as to make it sharp；whet：这把刀钝了，要——～ Zhè bǎ dāo dùn le, yào gàng yī gàng! *This knife is dull. It needs sharpening.*

⊖ gāng 见 198 页 See p. 198

筻 gàng 《尢 [筻口—kǒu]地名，在湖南省岳阳 a place in Yueyang, Hunan Province

戆 ⊜ gàng 《尢 〈方 dial.〉鲁莽 rash; reckless：～头～脑 gàng-tóu-gàngnǎo *be rash; be reckless*

⊖ zhuàng 见 864 页 See p. 864

GAO 《幺

皋(*皐) gāo 《幺 水边的高地 highland on the banks of a river：汉～ Hàngāo *the highland on the banks of the Hanjiang River*/江～ jiānggāo *highland on the banks of a river*

槔(**橰) gāo 《幺 见 316 页 "桔"字条"桔槔 jié—" See jiégāo under entry of jié, p. 316

高 gāo 《幺 ❶跟"低"相反 antonym of dī. 1. 由下到上距离远的 high; tall：～山 gāoshān *a high mountain*/～楼大厦 gāolóu-dàshà *high buildings and large mansions* 2. 等级在上的 of a high level or degree：～年级学生 gāoniánjí xuésheng *students of senior grades; senior students*/～等学校 gāoděng xuéxiào *colleges and universities; tertiary schools* 3. 在一般标准或平均程度之上 above the average in standard or degree：质量～ zhìliàng gāo *good quality*/～速度 gāosùdù *high speed*/～价 gāojià *high price* 4. 声音响亮 loud：～歌 gāogē *chant in a loud voice*/～声 gāoshēng *a loud voice* [高低—dī] 1. 高低的程度 (degree of) height 2. 优劣 relative superiority

or inferiority 3. 深浅轻重(指说话或做事) sense of propriety：不知～～ bùzhī gāodī *not know what's proper* 4. 到底，终究 at long last；～～做好了 gāodī zuòhǎo le *get it finished at long last* 5. 无论如何 on any account; simply：再三请求，他～～不答应 Zàisān qǐngqiú, tā gāodī bù dāying. *He simply refused to agree despite our repeated request.* ❷敬辞 term of respect：～见(高明的见解) gāojiàn *your brilliant idea; your insightful opinion*/～寿(同老人的年纪) gāoshòu *your venerable age* [高山族—shānzú]我国少数民族，参看附表 the Gaoshan Nationality, an ethnic minority in China. See Appendix.

膏 ⊖ gāo 《幺 ❶肥或肥肉 fat：～粱(肥肉和细粮) gāoliáng *fat meat and fine grain* [膏腴—yú]土地肥沃 (of land) be fertile ❷脂，油 grease; oil ❸很稠的、糊状的东西 paste; cream; ointment：梨～ lígāo *pear syrup*/牙～ yágāo *toothpaste*/～药 gāoyao *plaster; medicated plaster*

⊜ gào 见 200 页 See p. 200

篙 gāo 《幺 用竹竿或杉木等做成的撑船的器具 punt-pole, a tool made of a bamboo pole or a piece of Chinese fir for punting a boat

羔 gāo 《幺 (—子—zi、—儿—r)羊羔，小羊 lamb; fawn：～儿皮 gāorpí *lambskin* /泛指幼小的动物 also a general term for baby animals：狼～ lánggāor *a baby wolf*

糕(*餻) gāo 《幺 用米粉或面粉等搀和其他材料做成的食品 cake; pudding：鸡蛋～ jīdàn gāo (sponge) *cake*/年～ niángāo *New Year cake (made of glutinous rice flour)*

睾 gāo 《幺 睾丸，雄性动物生殖器官的一部分，在阴囊内，能产生精子。也叫"精巢"或"外肾" testis, either one of the two reproductive glands of a male animal that secrete sperm；Also called jīngcháo or wàishèn

杲 gǎo ㄍㄠˇ 明亮 bright：～～出日 gǎogǎo chū rì *the bright rising sun*

搞 gǎo ㄍㄠˇ 做，弄，干，办 do；carry on；be engaged in：～工作 gǎogōngzuò *carry on one's work*／～通思想 gǎotōng sīxiǎng *straighten out one's idea*／～清问题 gǎoqīng wèntí *get a clear understanding of the question* (or problem)；*clear up the matter*

缟 gǎo ㄍㄠˇ 一种白色的丝织品 a thin white silk：～衣 gǎoyī *a white silk dress* [缟素 —sù]旧时丧服 white mourning apparel in former times

槁(*槀)gǎo ㄍㄠˇ 枯干 withered (逾comb. 枯—kū—withered)：～木 gǎomù *a withered tree*

镐 ⊖ gǎo ㄍㄠˇ 刨土的工具 pick；pickaxe, a tool used to dig the ground
　　⊜ hào 见 243 页 See p. 243

稿(*稾)gǎo ㄍㄠˇ ❶谷类植物的茎秆 the stalks of grain；straw：～荐(稻草编的垫子) gǎojiàn *straw mattress*；*pallet* ❷(一子 —zi，一儿 —r)文字、图画的草稿 the draft of an article or a picture：文～儿 wéngǎor *a rough draft*／打～儿 dǎgǎor *make a rough draft* 逾fig. 事先考虑的计划 idea；plan：做事没有准～子不成 Zuòshì méiyǒu zhǔn gǎozi bùchéng. *It won't do if you don't have a definite plan.*

薧 gǎo ㄍㄠˇ 薧城，地名，在河北省 Gaocheng, a place in Hebei Province

告 gào ㄍㄠˋ ❶把事情说给别人，通知 tell；notify(逾comb. —诉—su *tell*)：报～ bàogào *report*／你～我 Nǐ gàosu wǒ. *You tell me.* [告白—bái]对公众的通告 a public notice or announcement [忠告 zhōng —]规劝 sincere advice ❷提起诉讼 sue；go to law against sb. (逾comb. 控—kòng — *accuse*)：～发 gàofā *report* (an offender)；*inform against* / 原—yuángào *plaintiff* / 被～ bèigào *defendant* ❸请求 ask for；request：～假 gàojià *ask for leave*／～饶 gàoráo *beg for mercy*；*ask pardon* ❹表明 let know：～辞 gàocí *take leave*／自～奋勇 zìgào-fènyǒng *volunteer* (to do sth difficult) ❺宣布或表示某种情况的出现 announce；declare：大功~成 dàgōng-gàochéng *be completed or accomplished*／～急 gàojí *report an emergency*；*urgent appeal for help*

郜 gào ㄍㄠˋ 姓 a surname

诰 gào ㄍㄠˋ 古代帝王对臣子的命令 an imperial order：～命 gàomìng *imperial mandate*／～封 gàofēng *the conferment of honorary titles by imperial mandate*

锆 gào ㄍㄠˋ 一种金属元素，符号 Zr，灰色结晶体或灰色粉末。应用于原子能工业或在高温高压下用作耐蚀化工材料 zirconium, a grey crystalline or powdery metallic element. It is used in atomic energy industry and as an erosion-resistant chemical material under high temperature and high pressure；symbol：Zr

膏 ⊖ gào ㄍㄠˋ ❶把油加在车轴或机械上 lubricate：～油 gàoyóu *put some lubricant on*／～车 gàochē *lubricate the axle on a cart* ❷把毛笔蘸上墨汁在砚台边上掭 dip a writing brush in ink and smooth it on an inkstone before writing：～笔 gàobǐ *smooth a writing brush on the edge of an inkstone*／～墨 gàomò *moisten and smooth a brush on an instone*
　　⊜ gāo 见 199 页 See p. 199

GE ㄍㄜ

戈 gē ㄍㄜ 古代的一种兵器，横刃长柄 dagger-axe（an ancient weapon）

［戈壁—bì］(蒙 Mongolian)沙漠地区 gobi; desert area

仡 gē ㄍㄜ ［仡佬族—lǎozú］我国少数民族，参看附表 the Gelo（kelao）Nationality, an ethnic minority in China. See Appendix.

圪 gē ㄍㄜ ［圪塔—da］1. 同"疙瘩2"，多用于土块等 Same as "疙瘩2"（for lumps of earth, etc）:土～～ tǔgēda a lump of earth/冰～～ bīnggēda a lump of ice 2. 小土丘，多用于地名 mound, usu used in place names

纥 ㊀ gē ㄍㄜ ［纥繨—da］同"疙瘩2"，多用于纱线、织物等 Same as "疙瘩2"（for yarn, fabric, etc）knot:线～～ xiàngēda a knot in a thread/解开头巾上的～～ jiěkai tóujīn shang de gēda untie the knot in the scarf

㊁ hé 见 245 页 See p. 245

疙 gē ㄍㄜ ［疙瘩—da］1. 皮肤上突起或肌肉上结成的病块 a swelling on the skin; pimple:头上起了个～～ Tóu shang qǐle ge gēda. There is a swelling on the head. 2. 小球形或块状的东西 lump; clod 3. 不易解决的问题 hang-up; a knot in one's mind: 思想～～ sīxiǎng gēda a hang-up in one's mind/这件事有点儿～～ Zhè jiàn shì yǒudiǎnr gēda. This matter is a little bit hard to deal with. 4. 不通畅、不爽利的话（of language）not easy or smooth:文字上有些～～ Wénzì shang yǒuxiē gēda. The language is not very smooth. 5.〈方 dial.〉量词 meas.:一～～石头 yī gēda shítou a lump of stone/一～～

糕 yī gēda gāo a lump of cake

咯 ㊀ gē ㄍㄜ ［咯噔—dēng]拟声词 onom.（叠 redup.）:～～～的皮鞋声 gēdēng gēdēng de píxié shēng the click of leather shoes ［咯吱—zhī]拟声词 onom.（叠 redup.）:～～～地直响 gēzhī gēzhī de zhí xiǎng keep creaking ［咯嗒—da］同"疙瘩2" Same as "疙瘩2":面～～ miàngēda dough lump/芥菜～～ jiècài gēda rutabaga

㊁ kǎ 见 347 页 See p. 347

㊂ lo 见 416 页 See p. 416

胳（*肐）gē ㄍㄜ ［胳膊—bo］［胳臂—bei]上肢，肩膀以下手腕以上的部分 arm, the part between one's shoulder and wrist（图见 640 页"体"）See picture under entry of "体", p. 640）

袼 gē ㄍㄜ ［袼褙—bei]用纸或布裱糊成的厚片，多用来做鞋盒、布鞋等 pieces of paper or old cloth or rags pasted together to make paper box or cloth shoes

搁 ㊀ gē ㄍㄜ 放，置 place; put:把书～下 bǎ shū gēxià put the book down/盐～在水里就化了 Yán gē zài shuǐ li jiù huà le. Salt melts in water. ㊁ext. 耽搁，放在那里不做 put aside; leave over:这事～了一个月. Zhè shì gēle yī ge yuè. The matter was put aside for a month. ［搁浅—qiǎn]船停滞在浅处，不能进退 run aground; be stranded ㊏fig. 事情停顿 reach a deadlock

㊁ gé 见 203 页 See p. 203

哥 gē ㄍㄜ ❶兄，同父母或亲属中同辈而年龄比自己大的男子 elder brother; older male cousin（叠 redup.）:大～ dàgē the eldest brother/表～ biǎogē cousin; the son of one's father's sister or of one's mother's brother or sister, who is older than oneself; older male cousin ❷称呼年龄相近自己差不多的男子 a term of address for males about one's age:张

大～ Zhāng dàgē *Brother Zhang*

歌 gē 《ㄜ ❶(一儿一r)能唱的文词 song：诗～ shīgē *poem* / 山～ shāngē *folk song* / 唱～ chànggēr *sing a song* ❷唱 sing (⨂comb. 一唱一chàng *sing*，一咏一yǒng *singing*)：高～ gāogē *sing heartily*/～咏队 gēyǒngduì *singing group*；*chorus* [歌颂－sòng]颂扬 sing in praise of；praise (through songs，poems，etc)：～～伟大的祖国 gēsòng wěidà de zǔguó *sing in praise of the great motherland*

鸽 gē 《ㄜ (一子－zi)鸟名。有野鸽、家鸽等多种，常成群飞翔。有的家鸽能够传递书信。常用做和平的象征 pigeon；dove，with several types，wild or tame. They often fly in groups and are regarded as a symbol of peace. Some tame pigeons can deliver letters.

割 gē 《ㄜ 切断，截下 cut：～麦 gē mài *cut (or reap) wheat*/～草 gē cǎo *cut grass*；*mow*/阑尾～ lánwěi *have one's appendix cut off* ⨂ext. 舍去 give up；part with：～舍 gēshě *give up*/～爱 gē'ài *give up what one treasures*；*part with some cherished possession* [割据－jù]一国之内拥有武力的人占据部分地区，形成分裂对抗的局面 occupy an area and set up a separatist regime within a country by force of arms，resulting in division and confrontation [割线－xiàn]数学上称跟圆或曲线在两点或多点相交的直线 secant，a straight line that intersects a circle or curve at two or more points [交割 jiāo－]一方交付，一方接收，双方结清手续 complete a business transaction [收割 shōu－]把成熟的庄稼割下收起 reap and get in ripe crops

革 ⊖ gé 《ㄜ ❶去了毛，经过加工的兽皮 leather，hide that has undergone processing (⨂comb. 皮－pí－ *leather*)：制～ zhìgé *process hides* ❷改变 change；transform (⨂comb. 改－gǎi－ *reform*)：～新 géxīn *innovate* / 洗心～面 xǐxīn-gémiàn *turn over a new leaf*；*thoroughly reform oneself* ⨂ext. 革除，撤消（职务）remove sb. from office [革命－mìng]1. 被压迫阶级用暴力夺取政权，摧毁旧的腐朽的社会制度，建立新的进步的社会制度 revolution，the complete overthrow of a decayed government or social system by violence and the establishment of a new progressive social system by the oppressed class 2. 事物的根本变革 drastic or fundamental change：思想～～ sīxiǎng gémìng *ideological revolution* / 技术～～ jìshù gémìng *technical revolution*

⊜ jí 见 283 页 See p. 283

阁（閤）gé 《ㄜ ❶小门，旁门 small side door ❷见本页"阁" See gé，the same page.

"閤"又 hé 见 244 页"合" Also hé，See hé，p. 244

蛤 ⊖ gé 《ㄜ 蛤蜊(li)，软体动物，生活在近海泥沙中。体外有双壳，颜色美丽。肉可吃 clam，a kind of mollusc living in inshore silt，with a colourful shell in two halves joined by a hinge. Its meat is edible.
[蛤蚧－jiè]爬行动物，像壁虎，头大，尾部灰色，有红色斑点。中医用做强壮剂 red-spotted lizard，a gecko-like reptile with a big head，and a gray red-spotted tail；used as roborant in traditional Chinese medicine

⊜ há 见 235 页 See p. 235

颌 ⊖ gé 《ㄜ 口 mouth
⊜ hé 见 245 页 See p. 245

阁（*閤）gé 《ㄜ ❶类似楼房的建筑物 pavilion，a construction like a storeyed building：亭台楼～ tíngtáilóugé *pavilions，terraces and open halls* [阁子－zi]小木头房子 a small log cabin [内阁 nèi

一]明清两代大臣在宫中处理政务的机关。民国初年的国务院和现在某些国家的最高行政机关也叫内阁。省作"阁" cabinet, department in which ministers handled administrative affairs in the Ming and Qing dynasties. The State Council in the beginning years of the Repulic of China (1912—1949) and the highest administrative units of some countries nowadays are also called cabinet. Simplified as 阁: 组～ zǔgé *form a cabinet*/ 入～ rùgé *enter a cabinet; be a member of a cabinet* [阁下－xià]对人的敬称, 今多用于外交场合 Your Excellency or His or Her Excellency, a term of respect, now usu used on diplomatic occasions ❷闺房 boudoir: 出～ chūgé *(of a girl) get married; marry*

格(❹＊＊**挌**) gé 《さ ❶(一子－zi、一儿－r)划分成的空栏和框子 squares formed by crossed lines; check; chequer: 方～儿布 fānggérbù *checked fabric; check*/ ～子纸 gézǐzhǐ *paper with squares formed by crossed lines*/打～子 dǎ gézi *square off the paper*/架子上有四个～ Jiàzi shang yǒu sì ge gézi. *There are four shelves in the rack.* ❷规格, 标准 standard; pattern; style: ～言 géyán *motto*/合～ hégé *up to standard* ⑨ext. 人的品质 character; intrinsic quality (⑯comb. 品－pǐn－ *moral character*): 人～ réngé *personality; moral quality* [格外－wài]副词, 特别地 adv. especially; particularly: ～小心 géwài xiǎoxīn *be especially careful*/～～帮忙 géwài bāngmáng *be particularly helpful* ❸阻碍, 隔阂 impede; obstruct; bar (叠 redup.): ～～不入 gégé-bùrù *out of tune with; incompatible with* ❹击, 打 hit; fight: ～斗 gédòu *grapple; wrestle*/～杀 géshā *kill* ❺推究 examine; study: ～物 géwù

investigate things

搁 ㊀ gé 《さ 禁(jīn)受, 承受 bear; endure: ～不住这么沉 gēbuzhù zhème chén *cannot bear such a weight*/～不住揉搓 gēbuzhù róucuō *cannot stand rubbing*
㊁ gē 见 201 页 See p. 201

骼 gé 《さ 骨头 bone: 骨～ gǔgé bone

鬲 ㊀ gé 《さ [鬲津河－jīn Hé]古水名, 旧称四女寺减河, 即今漳卫新河, 是河北、山东两省的界河 an ancient river demarcating Hebei Province and Shandong Province, formerly called the Sinusijianhe River, but now called the Zhangweixinhe River
㊁ lì 见 396 页 See p. 396

隔 gé 《さ ❶遮断, 隔开 separate; cut off: ～着一条河 gézhe yī tiáo hé *be separated by a river*/～靴搔痒(喻不中肯) géxuē-sāoyǎng *scratch an itch from outside one's boots* (fig. fail to get to the root of the matter; fail to strike home) [隔膜－mó]1.情意不相通, 彼此有意见 lack of mutual understanding 2.不通晓, 外行 be unfamiliar with: 我对于这种技术实在～～ Wǒ duìyú zhè zhǒng jìshù shízài gémó. *I know very little about this technique* 3.同"膈膜" Same as "膈膜" (diaphragm). [隔阂－hé]义同"隔膜1" Same in meaning as "隔膜". 1.[隔离－lí]使互相不能接触, 断绝来往 keep apart; segregate ❷距, 离 be apart from: 相～很远 xiānggé hěn yuǎn *be far away from each other*

塥 gé 《さ 〈方 dial.〉水边的沙地。多用于地名, 如青草塥、芦塥, 均在安徽省桐城 sand ground by riversides. usu. used in place names, such as Qīngcǎogé, Lúgé, which are both in Tongcheng, Anhui Province

嗝 gé 《さ (一儿－r)胃里的气体从嘴里出来而发出的声音, 或横膈膜痉挛,气体冲过关闭的声带而发出的声音 hiccup; belch, sound produced by some gas in the stomach thrusting out of one's mouth or through the closed glottis because of convulsion of the diaphragm: 打～ dǎgér hiccup; belch

滆 gé 《さ 滆湖,湖名,在江苏省 Gé Hú, a lake in Jiangsu Province

膈 gé 《さ 膈膜,横膈膜,人或哺乳动物胸腔和腹腔之间的膜状肌肉 diaphragm, a partition of muscles between the cavity of the chest and the cavity of the abdomen

镉 gé 《さ 一种金属元素,符号 Cd, 银白色,在空气中表面生成一层保护膜。用于制合金、釉料、颜料,并用作原子反应堆中的中子吸收棒 cadmium, a silvery metallic element that has a protective coating formed in the air. It is used in making alloys, glazes and pigments and as the neutron absorption stick in the atomic reactor. Symbol: Cd.

葛 ⊖ gé 《さ 多年生草本植物,花紫红色。茎可编篮做绳,纤维可织葛布。根可提制淀粉,又供药用 kudzu vine, a perennial herb with purplish red flowers. Its stalks can be made into baskets and ropes, fibre weaven into ko-hemp cloth, and root used in making starch and in medicine.
　　○ gě 见本页 See the same page.

个 (個) ⊖ gě 《さ [自个儿 zì—r]自己 oneself
　　○ gè 见本页 See the same page.

合 ⊖ gě 《さ ❶我国容量单位,一升的十分之一 a unit of dry measure for grain (= 1/10 sheng.) ❷旧时量粮食的器具 a kind of container used to measure grain in old times
　　○ hé 见 244 页 See p. 244

各 ⊖ gě 《さ 〈方 dial.〉特别,与众不同 special; different from the others: 那人挺～ Nà rén tǐng gě. / That man is very special. [自各儿 zì—r]自己 oneself
　　○ gè 见本页 See the same page.

帤 gě 《さ 表示赞许,可嘉 (showing approval) good; praiseworthy

舸 gě 《さ 大船 barge, a large boat

盖 (蓋) ⊖ gě 《さ 姓 a surname
　　○ gài 见 192 页 See p. 192

葛 ⊖ gě 《さ 姓 a surname
　　○ gé 见本页 See the same page.

个 (個、*箇) ⊖ gè 《さ ❶量词 meas.: 洗～澡 xǐ ge zǎo have a bath／一～人 yī ge rén one person／一～不留神 yī ge bù liúshén out of carelessness／打他～落花流水 dǎ tā ge luòhuā-liúshuǐ shatter sb. or sth. into pieces ❷单独的 individual: ～人 gèrén individual (person)／～体 gètǐ individual ❸ (一子—zi、一儿—r)身材或物体的大小 size; height; stature: 高～子 gāo gèzi a tall person／小～儿 xiǎogèr a short person/馒头～儿不小 Mántou gèr bù xiǎo. The buns are quite big.
　　○ gě 见本页 See the same page.

各 ⊖ gè 《さ 每个,彼此不同的 each; different: ～种职业 gèzhǒng zhíyè various professions／～处都有 gèchù dōu yǒu can be found everywhere／～不相同 gè bù xiāng tóng different from one another
　　○ gě 见本页 See the same page.

硌 ⊖ gè 《さ 凸起的硬东西跟身体接触使身体感到难受或受到损伤 (of sth. hard or bulging) press or rub against the body to cause discomfort or injury: ～脚 gè jiǎo (of sth. under one's foot) hurt one's foot／～牙 gè yá (of grit in food) press against one's teeth

○ luò 见 431 页 See p. 431

铬 gè 《さ 一种金属元素，符号 Cr，颜色灰白，质硬而脆。主要用于制不锈钢和高强度耐腐蚀合金钢。铬又可用于电镀，坚固美观，胜于镀镍 chromium, a greyish white metallic element, hard and brittle, mainly used in making stainless steel and high-strength corrosion-resisting alloy steel. It is also used in electroplating, more solid and beautiful than nickle plating. Symbol: Cr

屹 gè 《さ [屹蚤—zao]见 810 页 "蚤 zǎo" See zǎo, p. 810

GEI 《乀

给 ○ gěi 《乀 ❶交付，送与 give; grant: ～他一本书 gěi tā yī běn shū give him a book /是谁～你的 Shì shéi gěi nǐ de? Who gave you this? ㊀ext. 把动作或态度加到对方 impose actions or attitudes upon sb; give: ～他一顿批评 Gěi tā yī dùn pīpíng. Give him a dressing-down. ❷介词 prep. 1. 替，为 for the benefit of; for the sake of: 医生～他看病 Yīshēng gěi tā kànbìng. The doctor examined and prescribed for him. / ～大家帮忙 gěi dàjiā bāngmáng do a favour to everyone 2. 被，表示遭受 (used in a passive sentence, denoting "suffering" or "being subjected to"): ～火烧掉了 gěi huǒ shāodiào le be burnt up /～拉走了 gěi lāzǒu le be dragged away ❸助词 aux. 1. 跟前面 "让"、"叫"、"把"相应，可有可无 (used correlatively with words such as ràng, jiào or bǎ in front, and sometimes it can be omitted): 窗户叫风（～）吹开了 Chuānghu jiào fēng (gěi) chuīkāi le. The window was blown open by the wind. /羊让狼（～）吃了 Yáng ràng láng (gěi) chī le.

The goat was eaten by the wolf. /狼把小羊（～）叼走了 Láng bǎ xiǎo yáng (gěi) diāozǒu le. The wolf snatched away the lamb. 2. 〈方 dial.〉把，将 (used to shift the object to before the verb): 请你随手一门关上 Qǐng nǐ suíshǒu gěi mén guānshang. Get the door shut after you, please. or Please shut the door after you.

○ jǐ 见 286 页 See p. 286

GEN 《ㄣ

根 gēn 《ㄣ ❶植物茎干下部长在土里的部分。它有吸收土壤里的水分和溶解在水中的无机盐的作用，还能把植物固定在地上。有的植物的根还有储藏养料的作用 root, the lower part of the stem of a plant that grows underground. It can absorb the water in the soil and the inorganic salts dissolved in the water, and fix the plant in the ground. The roots of some plants can store nourishment. (㊧comb. 一柢—dǐ root): 树～ shùgēn the roots of a tree /草～ cǎogēn grass root /直～（如向日葵、甜菜的根）zhígēn taproot (such as the root of a sunflower or a beet) /须～（如小麦、稻的根）xūgēn fibrous root (such as the root of wheat or rice) /块～（如甘薯等可以吃的部分）kuàigēn root tuber (such as the edible root of sweet potatoes) ㊀ext. (一儿 —r) 1. 比喻后辈儿孙 a male descendant (or heir): 他是刘家一条～ Tā shì Liú jiā yī tiáo gēnr. He is a male descendant of the Lius. 2. 物体的基部和其他东西连着的部分 the base or root of sth that is connected with sth else (㊧comb. 一基—jī basis; foundation): 耳～ ěrgēn the basal part (or root) of the ear /舌～ shégēn the root of the tongue /墙～儿 qiánggēnr the foot (or base) of a wall 3. 事物的本源

source；origin：祸～ huògēn *the root of the trouble*；*the cause of the disaster*／斩断穷～ zhǎnduàn qióng-gēnr *do away with the root cause of poverty* 4. 彻底 thoroughly：～绝 Gēnjué *thoroughly do away with*；*eradicate*／～治 gēnzhì *effect a radical cure* [根据—jù]凭依，依据 on the basis of；according to：～～什么 Gēnjù shénme? *What's your basis?*／有什么～～ Yǒu shénme gēnjù? *Do you have good grounds?* ❷量词，用于长条的东西 *meas.* for long，thin objects：一～木料 yī gēn mùliào *a piece of timber*／两～麻绳 liǎng gēn máshéng *two hempen ropes* ❸代数方程式中未知数的值 solution of an algebraic equation [方根 fāng—]数学上，任何次自乘幂(mì)的底数，也省称"根" root，a quantity that produces another quantity when multiplied by itself a certain number of times；Also shortened to 根 ❹化学上指带电的基（in chemistry）charged radical：氢～ qīnggēn *hydrogen radical*／硫酸～ liúsuāngēn *sulphuric acid radical*

跟 gēn 《ㄣ ❶（一儿 —r）踵，脚的后部 heel：脚后～ jiǎohòugēnr *heel* ⑨ext. 鞋袜的后部 the heel of a sock or a shoe：袜后～儿 wàhòugēnr *the heel of a sock* ❷随在后面，紧接着 follow：一个～一个别掉队 Yī ge gēn yī ge bié diàoduì. *Keep up with each other and don't fall behind.*／开完会～着就参观 Kāiwán huì gēnzhe jiù cānguān. *Right after the meeting，(we) had a visit of that place.* ⑨ext 赶，及 catch up with：后续部队也～上来了 Hòuxù bùduì yě gēn shanglai le. *The follow-up troops have caught up with us.* ❸连词，和，同 *conj.* with：我～他在一起工作 Wǒ gēn tā zài yīqǐ gōngzuò. *I work together with him.* ❹介词，对，向 *prep.* to；with：已经～他说过了 Yǐjing gēn tā shuōguo le. *I have talked with him* about it.

[跟头—tou]身体摔倒或向下翻转的动作 tumble；somersault：摔～～ shuāi gēntou *tumble*／栽～～ zāi gēntou *fall*；*tumble*／翻～～ fān gēntou *turn a somersault*

哏 gén 《ㄣ〔方 dial.〕❶滑稽，可笑，有趣 amusing；comical；funny：这话真～ Zhè huà zhēn gén. *The words are so funny.* ❷滑稽的话或表情 clownish speech or expression：捧～ pěnggén *play the fool to help make people laugh*／逗～ dòugén *crack jokes*

艮 gén 《ㄣ〔方 dial.〕食物韧而不脆 (of food) tough；leathery：～萝卜不好吃 gén luóbo bù hǎochī *Tough radish is not good to eat.*

㊀ gèn 见本页 See the same page.

亘(*亙) gèn 《ㄣ 空间或时间上延续不断 (of space) extend；stretch：绵～数十里 miángèn shùshí lǐ *stretch in an unbroken chain for as long as several dozens of li*／～古及今 gèngǔ-jíjīn *from time immemorial down to the present day*

艮 ㊀ gèn 《ㄣ 八卦之一，符号为☶，代表山 gen，one of the Eight diagrams，symbol：☶，representing mountain

㊁ gěn 见本页 See the same page.

茛 gèn 《ㄣ [毛茛 máo—]多年生草本植物，喜生在水边湿地，夏天开五瓣黄花，果实集合成球状。全草有毒，可作外用药 buttercup，a perennial herb usu growing on the damp land by water，with yellow five-petal flowers in summer and ball-shaped fruits. The whole herb is poisonous and can be used as external application medicine.

GENG 《ㄥ

更 ㊀ gēng 《ㄥ ❶改变，改换 change；transform ⑭comb. —

改－gǎi *alter*，一换－huàn *replace/* 变－biàn－ *change*)：～动 gēngdòng *change*；*alter*/万象～新 wànxiàng-gēngxīn *All things take on a new aspect. or Everything looks new and fresh.*/一番(轮流调换) gēngfān *by turns*；*alternately*/～正错误 gēng-zhèng cuòwù *make corrections of* (*errors*) ❷经历 *experience*；少(shào) 不～事 shàobùgēngshì *young and inexperienced* ❸旧时一夜分五更 one of the five two-hour periods into which the night was formerly divided；*watch*：三～半夜 sāngēng-bànyè *in the dead of night*/打～(打 梆敲锣报时巡夜) dǎgēng *sound the night watches*

㊁ gèng 见本页 See the same page.

庚 gēng 《ㄥ ❶天干的第七位，用作 顺序的第七 the seventh of the Heavenly Stems；the seventh ❷年龄 *age*：同～ tónggēng *of the same age*

赓 gēng 《ㄥ 继续 continue (通 comb. 一续－xù *continue*)〈古 arch.〉又同"续 xù" Also same as "xù".

鹒 gēng 《ㄥ 见 58 页"鸧"字条"鸧 鹒 cāng－"See cānggēng under entry of cāng, p. 58

耕 gēng 《ㄥ 用犁把土翻松 plough； till：深～细作 shēngēng-xìzuò *deep ploughing and meticulous cultivation*

羹 gēng 《ㄥ 煮或蒸成的汁状、糊 状、冻状的食品 cooked or steamed juicy, pasty or jellied food：鸡蛋～ jīdàngēng *egg custard*/肉～ ròugēng *a soup with minced meat in it*/豆腐～ dòufugēng *jellied bean curd*/橘子～ júzigēng *tangerine custard*.〔调羹 tiáo－〕喝汤用的小勺 子。也叫"羹匙 chí" spoon, Also called gēngchí

埂 gěng 《ㄥ ❶(一子－zi、一儿 一r)田间稍稍高起的小路 a low bank of earth between fields；ridge：田～儿 tiángěngr *a low bank of earth between fields*；*ridge* / 地～子 dìgěngzi *a ridge between fields* ❷地 势高起的地方 mound

哽 gěng 《ㄥ 声气阻塞 choke：～咽 (yè) gěngyè *choke with sobs*

绠 gěng 《ㄥ 汲水用的绳子 a well rope：～短汲深(喻才力不能胜 任) gěngduǎn-jíshēn *a short rope for a deep well* (*fig. ability inadequate for the task*)

梗 gěng 《ㄥ ❶(一子－zi、一儿一 r)植物的枝或茎 stalk；stem：花 ～ huāgěngr *the stalk of a flower*/荷 ～ hégěngr *the stem of a lotus*/高粱～ gāolianggěngr *the stalk of Chinese sorghum* 〔梗概－gài〕大略的情节 gist；main idea ❷直，挺立 straight；upright：～着脖子 gěngzhe bózi *straightening up one's neck* ❸阻塞，妨 碍 block；obstruct；hamper(通 comb. 一塞－sè) *clog*；从中作～ cóngzhōng zuògěng *hinder sb. from carrying out a plan*；put a spoke in sb's wheel

鲠(＊骾) gěng 《ㄥ ❶鱼骨 fishbone ❷骨头卡在嗓 子里(of a fishbone) get stuck in one's throat 〔骨鲠 gǔ－〕正直 upright；honest and frank

耿 gěng 《ㄥ ❶光明 bright ❷正直 upright：～介 gěngjiè *honest and frank* 〔耿直－zhí〕〔梗直－zhí〕〔鲠直 －zhí〕直爽，正直 honest and frank 〔耿耿 一一〕1. 形容忠诚 loyal：忠心 ～～ zhōngxīn-gěnggěng *loyal and devoted* 2. 心里老想着不能忘怀 having sth. on one's mind：～～于怀 gěnggěngyúhuái *brood on*；have sth. on one's mind all the time

颈 ㊀ gěng 《ㄥ 义同"颈㊁"，用于 "脖颈子" gěng，same in meaning as "颈㊁"，used in bógěngzi

㊁ jǐng 见 328 页 See p. 328

更 ㊀ gèng 《ㄥ 副词 *adv.* ❶再，重 (chóng) *again*；once more：～上

一层楼 gèng shàng yī céng lóu *climb one storey higher*（*fig.* attain a yet higher goal）❷ 越发，愈加 more；further：～好 gèng hǎo *better*／～明显了 gèng míngxiǎn le *become more evident*

㊀ gēng 见 206 页 *See p. 206*

暅 gèng 《ㄨㄥ 晒。多用于人名 dry under the sun. usu used in people's names

GONG 《ㄨㄥ

工 gōng 《ㄨㄥ ❶ 工人 *worker；workman*：矿～ kuànggōng *miner*／技～ jìgōng *skilled worker*／农联盟 gōngnóng liánméng *alliance of workers and peasants；worker-peasant alliance* ❷ 工业 *industry*：化～ huàgōng *chemical industry*／～商界 gōngshāngjiè *business circles；industrial and commercial circles* ❸ 工作，工程 *work；project*：做～ zuògōng *do manual work；workmanship*／～具 gōngjù *tool* ／手～ shǒugōng *handwork* ／兴～ xīnggōng *start construction* ［工程－chéng］关于制造、建筑、开矿等，有一定计划进行的工作 a project in relation to engineering, manufacturing, construction, mining etc, carried out according to a definite plan：土木～～ tǔmù gōngchéng *civil engineering* ／水利～～ shuǐlì gōngchéng *water conservancy project* ❹一个工人一个劳动日的工作 man-day, work done by one worker in one day：这件工程需要二十个～才能完成 Zhè jiàn gōngchéng xūyào èrshí ge gōng cái néng wánchéng. *This project needs 20 man-days to complete it.* ❺ 精细 exquisite；fine：～笔画 gōngbǐhuà *traditional Chinese realistic painting characterized by fine brushwork and close attention to detail* ❻善于，长于 be good at；be versed in：～

书善画 gōngshū shànhuà *be good at calligraphy and painting* ❼旧时乐谱的记音符号，相当于简谱的"3" a note of the scale in gong-chepu, corresponding to 3 in numbered musical notation ［工尺－chě］我国旧有的音乐记谱符号，计有合、四、一、上、尺（chě）、工、凡、六、五、乙，相当于简谱的 5、6、7、1、2、3、4、5、6、7。"工尺"是这些符号的总称 a traditional Chinese musical scale with the following notes：hé，sì，yī，shàng，chě，gōng，fán，liù，wǔ，yǐ，which correspond respectively to 5、6、7、1、2、3、4、5、6、7 in numbered musical notation，and gongche is the general term for all these notes

［工夫－fu］［功夫－fu］1. 时间（多用"工夫"）time.（usu. 工夫）：有～～来一趟 Yǒu gōngfu lái yī tàng. *Come over here if you have time.* 2. 长期努力实践的成果，本领（多用"功夫"）workmanship；skill gained through long-time efforts or long-term practice（usu. 功夫）～～深 gōngfu shēn（have）*superb skill*

功 gōng 《ㄨㄥ ❶ 功劳，贡献较大的成绩 merit；meritorious service：记大～一次 jì dàgōng yī cì *award sb a Citation for Merit*（First Class）／立～ lìgōng *do a deed of merit* ［功臣－chén］封建时代指为皇帝效劳有功的官吏，现在指对某项事业有特殊功劳的人（in feudal society）an official who did a deed of merit for the emperor；now referring to a person who has rendered outstanding service to a certain cause ❷ 功夫 effort；work：用～ yònggōng *put in efforts* ／下苦～ xià kǔgōng *put in painstaking efforts* ❸ 成就，成效 achievement；effect：成～ chénggōng *be a success；succeed*／徒劳无～ túláo-wúgōng *make a fruitless effort* ❹物理学上指量能量转换的量。在外力作用下物体顺力的方向移动，机械功的

大小就等于这个力和物体移动距离的乘积 work, a term in physics, referring to the transference of energy from one body or system to another, causing motion of the body acted upon in the direction of the force producing it and against resistance. It is equal to the product of the force and the distance through which the force moves.

红 ⊖ gōng 《ㄨㄥ ［女红 nǚ—］旧指女子所做的缝纫、刺绣等工作。也作"女工"(in former times) needlework (sewing, embroidery, etc.). Also written as 女工.

⊖ hóng 见 251 页 See p. 251

攻 gōng 《ㄨㄥ ❶攻击，打击，进击，跟"守"相反 attack; take the offensive, antonym of shǒu：～守同盟 gōngshǒu-tóngméng an offensive and defensive alliance (fig. an agreement between partners in crime not to give each other away；a pact to shield each other)/～势 gōngshì offensive/～城 gōngchéng attack cities ⑨ext. 指摘别人的错误 accuse；charge：～人之短 gōng rén zhī duǎn accuse sb. of certain shortcomings ❷致力研究 diligently study：～读 gōngdú assiduously study / 专～化学 zhuān-gōng huàxué major in chemistry; specialize in chemistry

弓 gōng 《ㄨㄥ ❶射箭或发弹(dàn)丸的器具 bow, a device that can shoot arrows or fire bullets：弹～ dàngōng catapult；slingshot/ ～箭 gōngjiàn bow and arrow ❷(—子 —zi)像弓的用具 sth. shaped like a bow：胡琴～子 húqínr gōngzi bow of a stringed instrument ❸旧时丈量地亩的器具，也是计量单位。1 号约等于 5 市尺。240 平方弓为 1 亩 (in early times) an instrument for measuring land, and also a unit of length, equal to five chi. 240 square gong is equal to one mu ❹弯曲 bend；

bow：～腰 gōngyāo bend over; bend down

躬(*躳) gōng 《ㄨㄥ ❶身体 body ⑨ ext. 自身，亲自 personally：～行 gōngxíng practise what one preaches/～耕 gōnggēng plough personally ❷弯曲身体 bend forward；bow：～身 gōngshēn bend at the waist

公 gōng 《ㄨㄥ ❶属于国家或集体的，跟"私"相反 public, belonging to the state or the collective, antonym of trary to sī：～物 gōngwù public property / ～务 gōngwù public affairs / 大～无私 dàgōng-wúsī selfless；unselfish ❷公平，公道 fair；impartial：～允 gōngyǔn just and sound / ～正 gōngzhèng fair；just / 秉～办事 bǐnggōng bànshì act with justice ❸让大家知道 make public：～开 gōngkāi make known to the public/～告 gōnggào announcement；proclamation / ～布 gōngbù promulgate；announce ❹共同的，大家承认的，大多数适用的 general；international；universal：～海 gōnghǎi high seas/爱国～约 àiguó gōngyuē patriotic public pledge/几何～理 jǐhé gōnglǐ gemometric axiom ［公司—sī］合股(或单股)经营的一种工商业组织，经营产品的生产、商品的流转或某些建设事业 company；corporation, an industrial or commercial organization formed by exclusive investment or through pooling capital，engaged in manufacturing，circulation of commodities or construction works：百货～～ bǎihuò gōngsī department store / 运输～～ yùnshū gōngsī transportation company/煤气～～ méiqì gōngsī gas works ❺公制的 metric：～里 gōnglǐ kilometre /～尺 gōng chǐ metre /～斤 gōngjīn kilogram ❻属于国家的或集体的事 public affairs or official business：～

文 gōngwén *official documents* / 办～bàngōng *handle public affairs* / 因～出差 yīn gōng chūchāi *on a business trip* ❼雄性的 male：～鸡 gōngjī *cock* / ～羊 gōngyáng *ram* ❽对祖辈和老年男子的称呼 a term of address for an elderly man（叠 redup.）；外～ wàigōng *one's mother's father；grandfather* / 老～～ lǎogōnggong *grandpa；grandfather* ❾丈夫的父亲 husband's father；father-in-law（叠 redup.）：～婆 gōngpó *husband's parents* ❿我国古代五等爵位（公、侯、伯、子、男）的第一等 duke, the first rank of nobility in ancient China（the other four ranks are gōng, hóu, bó, zǐ, nán.）

蚣 gōng 《ㄨㄥ 见 684 页"蜈"字条"蜈蚣 wúgong" See wúgong under entry of wú, p. 684

供 ㊀ gōng 《ㄨㄥ 供给(jǐ)，准备着东西给需要的人应用 provide sth for people who need it：～养 gōngyǎng *provide for；support* / 提～ tígōng *provide* / ～销 gōngxiāo *supply and marketing* / ～求相应 gōngqiú xiāngyìng *balanced supply and demand* / ～参考 gōng cānkǎo *for reference* [供给制－jǐzhì]对工作人员不给工资，只供给生活必需品的一种制度 a system of payment providing working personnel with the primary necessities of life, instead of salaries

㊁ gòng 见 211 页 See p. 211

龚(龔) gōng 《ㄨㄥ 姓 a surname

肱 gōng 《ㄨㄥ 胳膊由肘到肩的部分，泛指胳膊 the part of the arm from the elbow to the shoulder, the upper arm；referring to the arm generally：曲～ qūgōng *bent arms* [股肱 gǔ－]⑬ fig. 旧指得力的助手 competent assistant

宫 gōng 《ㄨㄥ ❶房屋，封建时代专指帝王的住所 house；(in feudal times) imperial palace：故～ gùgōng *the Imperial Palace* ❷神话中神仙居住的房屋或庙宇的名称（in mythology）a house or temple in which supernatural beings live；heavenly palace ❸一些文化娱乐场所的名称 a place for cultural activities and recreation：少年～ shàoniángōng *the Children's Palace* / 文化～ wénhuàgōng *the Cultural Palace* ❹宫刑，古代阉割生殖器的残酷肉刑 castration（a cruel punishment of removing the sexual organ of a man, practised in ancient times）❺古代五音"宫、商、角、徵（zhǐ）、羽"之一 a note of the ancient Chinese five-tone scale, corresponding to 1 in numbered musical notation. The other four notes are gōng, shāng, jiǎo, zhǐ and yǔ.

恭 gōng 《ㄨㄥ 肃敬，谦逊有礼貌 respectful；reverent（⊕ comb. 一敬 －jìng *respectful*）：～贺 gōnghè *congratulate* [出恭 chū－]排泄大小便 go to the lavatory（for a bowel movement）

塨 gōng 《ㄨㄥ 用于人名 used in people's names

觥 gōng 《ㄨㄥ 古代用兽角做的一种饮酒器皿 an ancient wine vessel made from an animal horn

巩(鞏) gǒng 《ㄨㄥˇ 坚固，结实，使牢固 consolidate；strengthen：基础～固 jīchǔ gǒnggù *solid foundation* / ～固学习成果 gǒnggù xuéxí chéngguǒ *solidify what one has learned* / ～固人民民主专政 gǒnggù rénmín mínzhǔ zhuānzhèng *consolidate the people's democratic dictatorship*

汞(** 錄) gǒng 《ㄨㄥˇ 通称"水银"。一种金属元素，符号 Hg，银白色的液体，能溶解金、银、锡、钾、钠等。可用来制温度表、气压计、水银灯等 mercury；hydrargyrum, a metallic element that is a silvery white liquid. It can dissolve gold, silver, tin, potassium and sodium, etc, and can be used in making thermometer, barometer, mercury-vapour lamp, etc. Also called shuǐyín; symbol: Hg.[汞溴红－xiùhóng] 俗叫"二百二"或"红药水",是敷伤口的杀菌剂 Mercurochrome, popularly called "220" or the Red Lotion, a bactericide generally applied to wounds

拱 gǒng ㄍㄨㄥˇ ❶拱手,两手向上相合表示敬意 cup one hand in the other before the chest (in salutation) ❷两手合围 surround with two arms：～抱 gǒngbào surround / ～木 gǒngmù surround one's arms around a tree ⑤ext. 环绕 surround；～卫 gǒngwèi surround and protect ❸肩膀向上耸 hunch up：肩膀 gǒng jiānbǎng hunch up one's shoulders ❹建筑物上呈弧形的结构,大多中间高两侧低 arch, a structure on a building, usu high in the middle and low at the two sides：～门 gǒngmén arched door/桥 gǒngqiáo arched bridge/连一坝 liángǒngbà multi-arch dam ❺顶动,向上或向前推 push upward or forward：～ 芽 gǒngyá sprout up through the earth/虫子～土 Chóngzi gǒng tǔ. The worms wriggled their way out, pushing up a lot of earth. / 猪用嘴～地 Zhū yòng zuǐ gǒng dì. Pigs dig earth with their snouts.

珙 gǒng ㄍㄨㄥˇ ❶大璧 a big jade ❷珙县,地名,在四川省 Gǒng xiàn, a place in Sichuan Province

栱 gǒng ㄍㄨㄥˇ [枓栱 dǒu－]同"斗拱",见 140 页"斗❸" Same as 斗拱 See "斗❸", p.140

共 gòng ㄍㄨㄥˋ ❶同,一齐 together (⑱ comb. 一同 －tóng together；jointly)：和平一处五项原则 Hépíng Gòngchǔ Wǔxiàng Yuánzé the Five Principles of Peaceful Coexistence / 干部和战士同甘一苦 Gànbù hé zhànshì tónggān-gòngkǔ. (of cadres) share the comforts and hardships of the soldiers ❷总,合计 altogether；in all (⑱ comb. 一总 － zǒng altogether)：一～二十人 yīgòng èrshí rén twenty people altogether /～计 gòngjì altogether；all in all ❸共产党的简称 a short form for 共产党 (the Communist Party)：中 ～ Zhōnggòng the Chinese Communist Party

〈古 arch.〉又同"恭(gōng)"Also same as "恭".

〈古 arch.〉又同"供(gōng)"Also same as "供".

供 ㊀gòng ㄍㄨㄥˋ ❶向神佛或死者奉献祭品 present offerings to gods or the dead；～佛 gòngfó present offerings to Buddha ❷指奉献的祭品 offerings：上 ～ shànggòng present offerings ❸被审问时在法庭上述说事实 confess in the court：招 ～ zhāogòng make a confession of one's crime；confess / 口～ kǒugòng a statement made by the accused under examination / ～状 gòngzhuàng written confession；deposition/～ 认 gòngrèn confess

㊁ gōng 见 210 页 See p. 210

贡 gòng ㄍㄨㄥˋ ❶古代指属国或臣民向君主献东西 (of a vassal state or a subject) pay tribute to the emperor in ancient times [贡献 － xiàn]1. 拿出力量或财物来给国家和人民 contribute one's energy, materials or money to the country and people：～～出自己的一切 gòngxiàn chū zìjǐ de yīqiè contribute everything that one has 2. 对人民、人类社会所做的有益的事 contribution, things done that are good to the people and human society：马克思、恩格斯创立的学说,是对人类的伟大～～ Mǎkèsī, Ēngésī chuànglì de xuéshuō, shì duì rénlèi de wěidà gòng-xiàn.*The theory founded by Marx and Engels is a great contribution to humanity.* ❷贡品 tribute ❸封建时代指选拔人才,推荐给朝廷 recommend a suitable person to the imperial court in feudal times;～生 gòngshēng *recommend a successful candidate from a prefecture or a county to study at the institution of Taixue in the imperial capital* /～举 gòngjǔ *the system of such recommendations*

G

唝 gòng ㄍㄨㄥˋ [唝吥—bù]地名,在柬埔寨 Kampot, a place in Cambodia

GOU ㄍㄡ

勾 ⊖ gōu ㄍㄡ ❶用笔画出符号,表示删除或截取 cross out; cancel; tick off;～了这笔账 gōule zhè bǐ zhàng *cancel the debt* /一笔～销 yībǐ gōuxiāo *liquidate*; tick off/把精彩的文句～出来 bǎ jīngcǎi de wénjù gōu chulai *underline the beautiful sentences* ❷描画,用线条画出形象的边缘 draw; delineate, draw the outline of a figure with lines;～图样 gōu túyàng *draw a draft* ⑱trans. 用灰涂抹建筑物上砖、瓦或石块之间的缝 fill up the joints of brickwork with mortar or cement; point;～墙缝 gōu qiángfèng *point a brick wall* /用灰～抹房顶 yòng huī gōumǒ fángdǐng *point and paint the roof with mortar* ❸招引,引 induce; evoke; call to mind (⑲comb. —引—yǐn *tempt*; *entice*);～结 gōujié *collude with*; *work hand in glove with* /～通 gōngtōng *communicate* /～搭 gōuda *gang up with*; *carry on with sb* /这一问～起他的话来了 Zhè yī wèn gōuqi tā de huà lái le. *This question started him talking* ❹我国古代称不等腰直角三角形中构成直角的较短的边 old

name for the shorter leg of a right angle
[勾留—liú]停留 stop over; break one's journey at;在那里～～几天 zài nàli gōuliú jǐ tiān *stop over there for a few days*
⊜ gòu 见 213 页 See p. 213

沟(溝) gōu ㄍㄡ ❶流水道 ditch; channel; trench; 阴～ yīngōu *sewer*; *covered drain* /阳～ yánggōu *open drain*; *ditch* [沟通—tōng]使两方通达 link up;～～文化 gōutōng wénhuà *cultural communication* ❷像沟的东西 ditchlike things; 车～ chēgōu *rut*

钩(*鈎) gōu ㄍㄡ ❶(—子 —zi,—儿 —r)悬挂或探取东西用的器具,形状弯曲,头端尖锐 hook, a device in the shape of a curve and with a pointed end used for hanging or reaching for sth; 秤～儿 chènggōur *steelyard hook* /钓鱼～儿 diàoyúgōur *fishhook* /挂～儿 guàgōur *hook* /火～子 huǒgōuzi *fire hook*; *crook* ❷(—子 —zi,—儿 —r)形状像钩子的 a hook-like thing; 蝎子的～子 xiēzi de gōuzi *the sting of a scorpion* ❸(—儿 —r)汉字的一种笔形(→ ㄑ ㄥ 等) hook stroke in Chinese characters, such as → ㄑ ㄥ ❹用钩状物探取 secure with a hook; hook; 把床底下那本书～出来 bǎ chuáng dǐxia nà běn shū gōu chulai *Hook out the book from under the bed.* ⑨ext. 研究,探寻 study; research;～深致远 gōushēn-zhìyuǎn *probe into the profound truth*; *go deeply into and proceed far for abstruse subjects* ❺同"勾⊖❷" Same as "gōu⊖❷". ❻一种缝纫法,多指缝合衣边 a way of sewing, crochet;～贴边 gōu tiēbiānr *sew on an edging*

句 ⊖ gōu ㄍㄡ 古同"勾" Same as "勾" in ancient times
[高句骊 Gāo—lí]古国名 name of an

ancient country

[句践—jiàn]春秋时越王名 the king of Yue State in the Spring and Autumn Period

⊖ jù 见 339 页 See p. 339

佝 gōu 《ㄡ [佝偻—lóu]佝偻病，俗称"小儿软骨病"。由于食物中缺少钙、磷和丁种维生素，并缺乏日光照射而引起的骨骼发育不良。症状有方头、鸡胸、两腿弯曲等 rickets，popularly called infantile osteomalacia, a bone dysplasia caused by a lack of calcium, phosphorus, Vitamin d and inadequate exposure to sunshine. The symptoms are square head, chicken breast, and bent legs.

枸 ⊖ gōu 《ㄡ [枸橘—jú]就是枳(zhǐ)。参看 844 页"枳"another name for trifoliate orange. Refer to zhǐ, p. 844

⊖ gǒu 见本页 See the same page.

⊜ jǔ 见 337 页 See p. 337

缑 gōu 《ㄡ 刀剑等柄上所缠的绳 cord wound around the handle of a knife or sword

韝(韝) gōu 《ㄡ 古代的套袖 ancient oversleeve

篝 gōu 《ㄡ 熏笼 a frame placed over a brazier for drying things or over a censer for scenting clothes [篝火 —huǒ]原指用笼子罩着的火，现指在野外或空旷的地方燃烧的火堆 formerly referring to fire covered with a cage, now campfire or bonfire

韝 gōu 《ㄡ [韝韝—bèi]活塞，唧筒里或蒸汽机、内燃机的汽缸里往复运动的机件 piston, a part moving back and forth inside the cylinders of pumps, steam engines and compressors

苟 gǒu 《ㄡ 姓 a surname

苟 gǒu 《ㄡ ❶ 姑且，暂且 temporary：～安 gǒu'ān seek a moment's peace however one can／～延残喘 gǒuyán-cánchuǎn be on one's

last legs ❷ 马虎，随便 careless; perfunctory：一丝不～ yīsī-bùgǒu not be the least bit negligent ❸假如 if；～非其人 gǒu fēi qí rén if this is not the person ❹姓 a surname

峋 gǒu 《ㄡ [峋嶁—lǒu]山名，即衡山，在湖南省 another name for Mount Heng in Hunan Province

狗 gǒu 《ㄡ 一种家畜，听觉、嗅觉都很灵敏，善于看守门户 dog, a domestic animal that has sharp senses of hearing and smelling and is very good at guarding houses [狗腿子—tuǐzi]⑩fig. 走狗，为有权势的人奔走做坏事的人 hired thug; lackey

枸 ⊖ gǒu 《ㄡ [枸杞—qǐ]落叶灌木，夏天开淡紫色花。果实红色，叫枸杞子，可入药 Chinese wolfberry, a deciduous bush that has light purple flowers in summer. The red fruits, called gǒuqǐzǐ, can be used in medicine.

⊖ gōu 见本页 See the same page.

⊜ jǔ 见 337 页 See p. 337

筍 gǒu 《ㄡ 竹制的捕鱼器具 a bamboo basket trap for fishing

勾 ⊖ gòu 《ㄡ ❶勾当(dang)，事情（多指坏事）(usu derogatory) business; deal ❷同"够"Same as"够"❸姓 a surname

⊖ gōu 见 212 页 See p. 212

构(構、❶—❸ *搆) gòu 《ㄡ ❶构造，组合 construct; compose：～屋 gòuwū con-struct a house／～图 gòutú composition (of a picture)／～词 gòucí word formation; form a word [构造—zào]各组成部分及其相互关系 structure; construction, the component parts and their interrelations：人体～～réntǐ gòuzào the structure of the human body／飞机的～～fēijī de gòuzào the construction of a plane/句子的～～jùzi de gòuzào the structure of a sentence ❷结成(用于抽

象事物)fabricate；make up (sth. abstract)：～怨 gòuyuàn *cause resentment between people*/虚～xūgòu *make up* [构思－sī]做文章或进行艺术创作时运用心思 think hard and draw up a mental outline in writing an article or in artistic creation ❸作品 literary composition：佳～jiāgòu *a good piece of writing* / 杰～jiégòu *an outstanding piece of writing* ❹构树，即榖(gǔ)树 paper mulberry，also called gǔshù

购(購) gòu 《ㄨˋ 买 buy(③comb. 一买一mǎi *purchase*)：～置 gòuzhì *buy*；*purchase* /采～原料 cǎigòu yuánliào *purchase raw materials*

诟 gòu 《ㄨˋ ❶耻辱 disgrace ❷辱骂 abuse

垢 gòu 《ㄨˋ ❶污秽，脏东西 dirt；filth：油～yóugòu *grease stain*/牙～yágòu *tartar*；*dental calculus*/藏污纳～cángwū-nàgòu *shelter evil things or people and countenance evil practices* ❷耻辱 disgrace 也作"诟" Also written as"诟".

够(*夠) gòu 《ㄨˋ ❶足，满足一定的限度 sufficient；adequate：～数 gòushù *enough*；*sufficient in quantity* / ～用 gòuyòng *enough* / ～多 gòuduō *enough in number or quantity* (⑤trans. 腻，厌烦 have enough of sb. or sth.；be tired of：这个话我真听～了 Zhège huà wǒ zhēn tīnggòu le. *I've really had enough of this kind of remarks*. ❷达到，及 reach：～得着 gòudezháo *within one's reach* / ～格 gòugé *up to standard*；*be qualified*

遘 gòu 《ㄨˋ 相遇 encounter

媾 gòu 《ㄨˋ ❶结合，交合 combination；coition：婚～(亲上做亲)hūngòu *marriage (between two relatives)*/ 交～(雌雄配合)jiāogòu mate；*sexual intercourse* ❷交好 reach an agreement：～和(讲和)gòuhé *make peace*

觏 gòu 《ㄨˋ 遇见 meet：罕～(很少见)hǎngòu *rarely meet*

觳 gòu 《ㄨˋ ❶同"够" Same as"够" ❷使劲张弓 draw a bow to the full [觳中 －zhōng]箭能射及的范围 shooting range ⑩fig. 牢笼，圈套 trap；snare [入觳 rù－]⑩fig. 进牢笼，入圈套 fall into a trap

GU 《ㄨ

估 ㊀ gū 《ㄨ 揣测，大致地推算 estimate；appraise：～计 gūjì *estimate* / ～量 gūliang *appraise*；*estimate*；*recon*/ 不要低～了群众的力量 Bùyào dīgūle qúnzhòng de lìliàng. *do not underestimate the strength of the masses*/一一～价钱 gū yī gū jiàqian *evaluate*

㊁ gù 见 219 页 See p.219

咕 gū 《ㄨ 拟声词 onom：布谷鸟～～地叫 Bùgǔniǎo gūgū de jiào. *The cuckoo is cooing.* [咕咚 －dōng]拟声词，重东西落下声 onom. the sound of a heavy thing falling down：thud；splash；plump [咕嘟 －dū]1. 拟声词，水的响声 onom. gurgle，the sound of flowing water 2. (－du)煮，煮得滚滚的 boil for a long time：东西～～烂了吃，容易消化 Dōngxi gūgū lànle chī, róngyì xiāohuà. *Overcooked foods are easy to digest.* 3. (－du)鼓起 purse；pout：他气得把嘴～～起来 Tā qì de bǎ zuǐ gūdu qilai. *He pouted his mouth out of unhappiness.* [咕唧 －ji]小声说话 whisper [咕噜 －lū]拟声词，形容水流动或东西滚动的声音 onom. the sound of flowing water or rolling things [咕哝 －nong]小声说话 whisper

沽 gū 《ㄨ ❶买 buy：～酒 gū jiǔ buy wine /～名钓誉(有意做些使人赞扬的事，捞取个人声誉) gūmíng-diàoyù fish for fame and compliments ❷卖 sell；待价而～(喻等候有了较高的待遇再贡献自己的才智) dàijià'érgū wait to sell at a good price；wait for the highest bid

姑 gū 《ㄨ ❶父亲的姊妹 aunt；father's sister (叠 redup.) ❷丈夫的姊妹 husband's sister：～嫂 gūsǎo a woman and her brother's wife；sisters-in-law/大～子 dàgūzi a woman's husband's elder sister ❸妻称夫的母亲 husband's mother；mother-in-law；翁～(公婆) wēnggū husband's parents ❹姑且，暂且 for the time being：～妄言之 gūwàngyánzhī tell sb. sth. for what it's worth/ ～置勿论 gū zhì wù lùn leave sth. aside for the time being [姑息 —xī]无原则地宽容 indulge；to lerate；对错误的行为绝不～～ duì cuòwù de xíngwéi juébù gūxī We won't tolerate any erroneous behavior.

轱 gū 《ㄨ [轱辘 —lu] 1. 车轮 wheel 2. 滚动，转 (zhuàn) roll；别让球～～了 Bié ràng qiú gūlu le. Don't let the ball roll any more.

鸪 gū 《ㄨ 见 831 页"鹧"字条"鹧鸪"(zhè—)、49 页"鹁"字条"鹁鸪"(bó—) See "zhègū" under entry of "zhè" on p. 831 and "bógū" under entry of "bó" on p. 49

菇 gū 《ㄨ 蕈 mushroom：香～ xiānggū mushroom/冬～ dōnggū dried mushroom

蛄 gū 《ㄨ 见 419 页"蝼"字条"蝼蛄"(lóu—)、273 页"蟪"字条"蟪蛄"(huì—) See "lóugū" under entry of "lóu" on p. 419 and "huìgū" under entry of "huì" on p. 273

辜 gū 《ㄨ ❶罪 crime；无～ wúgū innocent/死有余～ sǐyǒuyúgū even death would be too good for him；even death would not expiate all his crimes ❷亏负，违背 let down；fail to live up to：～负了他的一番好意 gūfùle tā de yīfān hǎoyì be unworthy of his kindness

酤 gū 《ㄨ ❶买酒 buy some wine ❷卖酒 sell wine

呱 (一) gū 《ㄨ [呱呱 ——] 古书上指小儿哭声 the cry of a baby (in ancient texts)

(二) guā 见 220 页 See p. 220
(三) guǎ 见 221 页 See p. 221

孤 gū 《ㄨ ❶幼年丧父或父母双亡 (of a child) fatherless or orphaned ❷单独 solitary (盦 comb. —独 —dú lonely；solitary)：～雁 gūyàn a solitary wild goose/～掌难鸣 (喻力量单薄，难以有所作为) gūzhǎng-nánmíng it's impossible to clap with one hand (fig. it's hard to succeed without support)/～立 gūlì isolated ❸古代君主的自称 I (used by emperors in ancient times)：～家 gūjiā I (used by emperors) /～王 gūwáng I (used by emperors) ❹同"辜❷" Same as "辜❷"：～恩负义 gū'ēn-fùyì let down；fail to live up to；be ungrateful

轱 gū 《ㄨ 大骨 big bone

菰 (❶**茲) gū 《ㄨ ❶多年生草本植物，生在浅水里，开淡紫红色小花。嫩茎经黑穗病菌寄生后膨大，叫茭白，果实叫菰米，都可以吃 wild rice, perennial herb growing in shallow water with small light purple flowers. The tender stem will swell as a result of the parasitism of smut viruses and become "jiāobái" (wild rice stem)；the fruit is called "gūmǐ." Both stem and fruit are edible. ❷同"菇" Same as "菇".

觚 gū 《ㄨ ❶古代一种盛酒的器具 an ancient wine vessel ❷古代写字用的木板 an ancient writing tablet；

操～(执笔写作)cāogū *hold a pen and write* ❸棱角 edges and corners

骨 ⊜ gū «ㄨ [骨朵 —duo](—儿—r)没有开放的花朵 flower bud [骨碌 —lu]滚动 roll [骨节 —jie]泛指长条形东西的一段 a section of a long narrow piece

⊖ gǔ 见 217 页 See p. 217

莩 gū «ㄨ [莩葖 —tū]1.果实的一种,如芍药、八角的果实 follicle, a kind of fruit, such as that of Chinese herbaceous peony, or star anise 2.骨朵儿 flower bud

箍 gū «ㄨ ❶用竹篾或金属条束紧器物 bind around with thin bamboo or metal strips;～木盆 gū mùpén *bind the wood basin* ❷(一儿—r)紧束器物的圈 hoop; band;铁～tiěgū *iron hoop*

古 gǔ «ㄨ ❶时代久远的,过去的,跟"今"相反 ancient; age-old; antonym of "jīn (present day)" (⑱comb. —老 —lǎo *ancient*):～书 gǔshū *ancient books*/～迹 gǔjì *sight of historical interest* / ～为今用 gǔwéijīnyòng *make the past serve the present* [古板 —bǎn]守旧固执,呆板 rigid [古怪 —guài]奇怪,罕见,不合常情 strange; odd; eccentric ❷古体诗 a form of pre-Tang (dynasty) Poetry, usu. having five or seven characters to each line;五 ～ wǔgǔ *pentasyllabic ancient-style poetry*/七 ～ qīgǔ *septasyllabic quatrain; a four-line poem with seven characters to a line and with not so strict tonal pattern and rhyme scheme* [古董 —dǒng][骨董—dǒng]古代留传下来的器物 antique; curio ⑱fig. 顽固守旧或过时的东西 old fogey

诂 gǔ «ㄨ 用通行的话解释古代语言文字或方言字义 explain archaic or dialectal words in current language:训 ～ xùngǔ *exegetical studies; exegesis* / 解～jiěgǔ *explain archaic or dialectal words in current language*/字 ～ zìgǔ *word for word explanation of a text in current language*

牯 gǔ «ㄨ 母牛。也指阉割后的公牛 cow or castrated bull

罟 gǔ «ㄨ〈古 arch.〉捕鱼的网 net for fishing

钴 gǔ «ㄨ 一种金属元素,符号 Co,灰白色,微带红色。有延展性,熔点高,可以磁化,是制造超硬耐热合金和磁性合金的重要原料。钴的放射性同位素钴60在机械、化工、冶金等方面都有广泛的应用,在医疗上可以代替镭治疗癌症 cobalt, a grey but a little reddish metallic element with a high melting point; symbol Co. Being ductile and capable of being magnetized, it is an important raw material for making superduty and magnetic alloys. Its radio active isotope cobalt 60 is widely used in machinery, chemical industry, metallury etc. In medicine, it can replace radium in treating cancer.

嘏 gǔ «ㄨ jiǎ ㄐㄧㄚˇ (又 also) 福 felicity; good fortune

蛊 gǔ «ㄨ (一子 —zi)烹饪用具,周围陡直的深锅 a deep pot for cooking:瓷 ～ 子 cíguzi *a porcelain deep pot* / 沙 ～ 子 shāguzi *a pottery deep pot*

谷(❷—❹穀) ⊖ gǔ «ㄨ ❶山谷,两山中间的水道。又指两山之间 valley; gorge; ravine:万丈深 ～ wànzhàng shēngǔ *an extremely deep valley* ❷庄稼和粮食的总称 a general term for crops and food;五 ～ wǔgǔ *the five cereals* (rice, two kinds of millet, wheat and beans) ❸(一子 —zi)一种禾本科植物,子实碾去皮以后就成小米,供食用,茎可喂牲口 millet, a plant of the grass family. The husked seeds will become millet and can be cooked into

food. The stalk can feed livestock. ❹
〈方 dial.〉稻，也指稻的子实 rice or
the seeds of rice；糯～nuògǔ *glutinous
rice* / 粳（jīng）～ jīnggǔ *polished
round-grained-non-glutinous rice* / 轧
（yà）～机 yàgǔjī *crusher*
　　㊁ yù 见 792 页 See p.792

汩 gǔ ㄍㄨˇ 水流的声音或样子（叠
redup.）（of running water）
gurgle

股 gǔ ㄍㄨˇ ❶大腿，自胯至膝盖的部
分 thigh，the part of the human
body from the hipbone to the knee（图
见 640 页"体"See picture under entry
of "tǐ(body)"，p.640）。❷事物的一
部分 one share of a thing 1.股份，指
集合资金的一份 share；stock；～东
gǔdōng *shareholder；stockholder*/～
票 gǔpiào *stock* 2.机关团体中的一个
部门 a section of（an office，
enterprise，etc.）；总务～zǒngwùgǔ
general affairs section/卫生～
wèishēnggǔ *hygiene section* 3.合成绳
线等的部分 strand；ply；合－线
hégǔxiàn *multi-ply thread*/三～绳
sāngǔshéng *a three-strand rope* ❸指
不等腰直角三角形中构成直角的长边
the longer leg of a right triangle ❹量
词 meas. 1.用于成条的东西 for a
long，narrow thing：一～道（路）yī gǔ
dào *a road*/一～线 yī gǔ xiàn *a skein
of thread*/一～泉水 yī gǔ quánshuǐ *a
stream of spring water* 2.用于气味、
力气 for strength，smell，etc.：一～
香味 yī gǔ xiāngwèi *a whiff of
fragrance*/一～劲 yī gǔ jìnr *a burst
of energy* 3.用于成批的人（多指匪徒
或敌军）for a group of people（mostly
referring to bandits or enemy）：一～
残匪 yī gǔ cánfěi *a group of remnants
of the bandits*

骨 ㊀ gǔ ㄍㄨˇ ❶骨头，脊椎动物身
体里面支持身体的坚硬组织 bone，
hard tissue forming the skeleton of a
vertebrate；脊椎～jǐzhuīgǔ *spine* [骨
骼 －gé]全身骨头的总称 skeleton，a

general term for the bones of the
whole body [骨节 —jié]两骨（或更多）

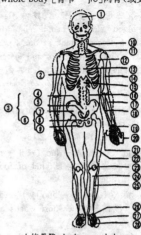

人体骨骼 the human skeleton

① 颅 lú skull
② 肋骨 lèigǔ rib
③ 骨盆 gǔpén pelvis
④ 骶骨 dǐgǔ sacrum
⑤ 尾椎 wěizhuī coccyx
⑥ 髋骨 kuāngǔ hipbone
⑦ 髂骨 qiàgǔ ilium
⑧ 耻骨 chǐgǔ pubic bones
⑨ 坐骨 zuògǔ ischium
⑩ 颈椎 jǐngzhuī skin bone
⑪ 锁骨 suǒgǔ collarbone
⑫ 肩胛骨 jiānjiǎgǔ scapula
⑬ 胸骨 xiōnggǔ breastbone
⑭ 肱骨 hónggǔ humerus
⑮ 胸椎 xiōngzhuī thoracic vertebra
⑯ 腰椎 yāozhuī lumbar vertebra
⑰ 桡骨 ráogǔ ulna
⑱ 尺骨 chǐgǔ ulna
⑲ 腕骨 wàngǔ carpal bone
⑳ 指骨 zhǐgǔ phalanx
㉑ 掌骨 zhǎnggǔ metacarpals
㉒ 股骨 gǔgǔ thighbone
㉓ 膝盖 bìngǔ kneecap
㉔ 胫骨 jìnggǔ tibia
㉕ 腓骨 féigǔ fibula
㉖ 跗骨 fūgǔ tarsus
㉗ 蹠骨 zhǐgǔ metatarsal bones
㉘ 趾骨 zhǐgǔ metatarsal bones

相连结的关节 joint [骨干 —gàn]
⑯fig. 中坚有力的 mainstay；～～分
子 gǔgàn fènzǐ *key member*/～～作用

gǔgàn zuòyòng be a mainstay [骨肉—ròu]圈fig.最亲近的有血统关系的人,指父母、子女、兄弟、姊妹 flesh and blood; kindred, people related by birth or descent, such as one's parents, children, brothers and sisters ❷像骨的东西 sth. like a bone:钢～水泥 gānggǔ shuǐní reinforced concrete ❸品格,气概 character; spirit:～气 gǔqì backbone; moral integrity/媚～mèigǔ obsequiousness

　⊜ gū 见 216 页 See p. 216

馉 gǔ ㄍㄨˇ [馉饳 —duò](—儿 —r)
一种面制食品 a kind of food made of flour

榾 gǔ ㄍㄨˇ [榾柮 —duò]截成一段一段的短木头 short woods by cutting

鹘 ⊖ gǔ ㄍㄨˇ [鹘鸼 —zhōu]古书上说的一种鸟,羽毛青黑色,尾巴短 a kind of bird with livid feathers and short tail, which is mentioned in ancient texts

　⊜ hú 见 257 页 See p. 257

贾 ⊖ gǔ ㄍㄨˇ ❶商人 merchant(遍comb. 商— shānggǔ merchant)古时特指坐商 tradesman (in ancient times)❷卖 sell:余勇可～(喻还有多余的力量可以使出) yúyǒng-kěgǔ with strength yet to spare

　⊜ jiǎ 见 294 页 See p. 294

羖(**䍽**)gǔ ㄍㄨˇ 公羊 ram

蛊(**蠱**)gǔ ㄍㄨˇ 把许多毒虫放在器皿里,使互相吞食,最后剩下不死的毒虫叫蛊,旧时传说可用来毒害人 a legendary venomous insect. According to ancient Chinese legend, among the many poisonous insects put into a container, the one surviving the ferocious fighting is called "gǔ", which is most poisonous and can kill manking.[蛊惑 —huò]使人心意迷惑 poison and bewitch

鹄 ⊖ gǔ ㄍㄨˇ 射箭的靶子 target in archery [鹄的 —dì]箭靶子的中心,练习射击的目标 target in archery for the practice of shooting

　⊜ hú 见 257 页 See p. 257

鼓 gǔ ㄍㄨˇ ❶乐器名。多为圆柱形,中空,两头蒙皮,有军鼓、腰鼓、拨浪鼓 等 多 种 drum, a musical percussion instrument, usu. cylindric in shape, hollow inside, with a hide covering stretched tightly over the ends. There are many kinds of drums such as drum for military use, waist drum, rattle-drum.[大鼓 dà—][大鼓书 dà—shū][鼓儿词 —r cí]曲艺的一种,一人打着鼓说唱故事,另一人弹弦子伴奏 a kind of folk art with one person singing a versified story to the accompaniment of a small drum manipulated by oneself and other instruments manipulated by another person for accompaniment ❷敲鼓 beat a drum:一～作气 yīgǔ-zuòqì get sth. done in one sustained effort; press onto the finish without letup 圆ext. 1. 击,拍,弹 clap; beat:～掌 gǔzhǎng clap one's hands/～琴 gǔqín play the zither 2. 发动,使振作起来 rouse; agitate; pluck up:～足干劲 gǔzú gànjìn pluck up one's enthusiasm/～励 gǔlì encourage / ～动 gǔdòng agitate; arouse / ～舞 gǔwǔ inspire [鼓吹 —chuī]1. 打击乐和管乐合奏 instrumental ensemble of percussion instruments and wind instruments 2. 传播,宣扬(现多用于贬义)play up (usu. in derogatory sense) ❸凸出,高起(叠 redup.)bulge; swell:口袋装得～～的 kǒudai zhuāng de gǔgǔ de a bulging pocket

膨 gǔ ㄍㄨˇ 膨胀,肚子胀起的病,通常有水膨、气膨两种。也作"鼓" distension of abdomen, classified into two kinds; ascites and distension of the abdomen caused by accumulation of gas, also written as "鼓"

瞽 gǔ 《ㄨˇ 瞎 blind：～者 gǔzhě a blind person

瞉（瞉）gǔ 《ㄨˇ 车轮中心，有窟窿可以插轴的部分 hub，the central part of a wheel through which the axle can be inserted.（图见428页"轮"See picture under entry of "lún"，p.428）

瞉 gǔ 《ㄨˇ 瞉树，落叶乔木，开淡绿色花。果实红色。树皮纤维可造纸。也叫"构"或"楮"（chǔ）paper mulberry，a deciduous tree with light green flowers and red fruits. The fibre of the bark can be used to make paper. Paper mulberry is also called "gòu" or "chǔ".

瀫 gǔ 《ㄨˇ［瀫水 —shuǐ］Gǔshuǐ 地名，在湖南省湘乡。也作"谷水"a place in Xiangxiang, Hunan Province；also written as "谷水"

估 ⊖ gù 《ㄨˋ［估衣 —yi］旧时贩卖的旧衣服。贩卖旧衣的行业叫估衣业 secondhand clothes on sale. The dealing of secondhand clothes is called "gùyīyè (the trade of second-hand clothes)"

⊖ gū 见214页 See p.214

故 gù 《ㄨˋ ❶意外的事情 incident：变～ biàngù an unforeseen event／事～ shìgù accident［故障 —zhàng］机器等发生的毛病 hitch；breakdown ❷缘故，原因 reason；cause：不知何～ bùzhī hégù out of unknown reason／无缘无～ wúyuán-wúgù without cause or reason ❸故意，有心，存心 on purpose；intentionally：明知～犯 míngzhī-gùfàn knowingly violate；deliberately break (a rule, etc.)～弄玄虚 gùnòng-xuánxū make a mystery of simple things on purpose ❹老，旧，过去的 old；dated；past：～书 gùshū an old book／～人（老朋友）gùrén old friends／～宫 gùgōng imperial palace ❺本来，原来的 former；old：～乡（老家）gùxiāng hometown ❻死（指人）(of

a person) die：～去 gùqù pass away／病～ bìnggù die of diseases［物故 wù—］指人死 the death of a person ❼连词，所以 conj. for this reason；therefore：他有坚强的意志，～能克服困难 Tā yǒu jiānqiáng de yìzhì, gù néng kèfú kùnnan. He has a strong will, so he can overcome the difficulty.

固 gù 《ㄨˋ ❶结实，牢靠 solid；firm（遞comb. 坚—jiān— solid）：稳～ wěngù stable ❷坚定，不变劲 firm；resolute：～请 gù qǐng insistently request／～守阵地 gùshǒu zhèndì defend the position tenaciously ❸本，原来 originally existent：～有 gùyǒu intrinsic；inherent；innate［固然 —rán］连词，表示先承认原来的意思，后面还要否定那个意思或者转到另一方面去 conj. no doubt；it's true：这项工作～～有困难，但是一定能完成 Zhè xiàng gōngzuò gùrán yǒu kùnnan, dànshì yīdìng néng wánchéng. It is true that it is a difficult task, but it will surely be completed. ❹坚硬 solid：一体 gùtǐ solid body；solid

堌 gù 《ㄨˋ 堤。多用于地名，如河南省有牛王堌，山东省有青堌集 dyke, often used in place names, such as Niúwánggù in Henan Province and Qīnggùjí in Shandong Province

崮 gù 《ㄨˋ 四周陡削，上端较平的山。多用于地名，如山东省有孟良崮、抱犊崮 a mountain which is steep all around and flat on the top；mostly used in place names such as Mèng liánggù and Bàodúgù in Shandong Province

锢 gù 《ㄨˋ ❶把金属熔化开浇灌堵塞空隙 plug cracks with molten metal ❷禁锢，禁闭起来不许跟人接触 confine；imprison

痼 gù 《ㄨˋ 痼疾，积久不易治的病 chronic illness ⑨ext. 长期养成

不易克服的 inveterate；deep-rooted：
~习 gùxí *inveterate habit*/~癖 gùpì
addiction；*deep-rooted liking for*

鲴 gù ㄍㄨ 鱼名，又叫"黄鲴"。体长约1尺，侧扁，口小无须，银白带黄色。以藻类等为食。生活在江河湖泊中 silver xenocypris, also called huánggù, *a silvery and yellow fish that has flat flanks, a small and palpusless mouth, about one chi in length, and lives in fresh waters*

顾（顧） gù ㄍㄨ ❶回头看，泛指看 turn around and look around；回~ huígù *retrospect*/huángù *look around* / 环~ huángù *look around*/~视左右 gùshì zuǒyòu *look right and left*；*look around* ❷照管，注意 look after；take care of；attend to；~全大局 gùquán dàjú *pay attention to the interests of the whole*；*consider the situation as a whole* / 奋不~身 fènbùgùshēn *dash ahead regardless of one's safety* 䌂 *trans.* 商店称来买货物 be a customer；惠~ huìgù *your patronage*/~客 gùkè *customer*/主~ zhǔgù *client*；*customer* [照顾 zhào—]1.照管，特别关心 look after；take care of：~~群众的生活 zhàogù qúnzhòng de shēnghuó *care for the life of the masses* 2.旧时商店称顾客来买货 patronize ❸文言连词，但，但是 *conj.* (in classical Chinese) but

梏 gù ㄍㄨ 古代束缚罪人两手的木制刑具 wooden handcuffs for offenders in ancient times

雇（*僱） gù ㄍㄨ ❶出钱让人给自己做事 hire；employ：~工 gùgōng *hire labour*；*hire hands*/保姆 gù bǎomǔ *hire a housemaid* ❷租赁交通运输工具 charter；hire（means of transportation）：~车 gùchē *hire a car*/~牲口 gù shēngkou *hire livestock*

GUA ㄍㄨㄚ

瓜 guā ㄍㄨㄚ 蔓生植物，叶掌状，花大半是黄色，果实可吃，种类很多，有西瓜、南瓜、冬瓜、黄瓜 melon, a tendrilled vine with palm-shaped leaves and yellow flowers and edible fruits. There are many kinds of melons, such as water melon, pumpkin, white gourd and cucumber. [瓜分— fēn]像切瓜一样地分割 divide up like cutting up a melon [瓜葛—gé] 䌂 *fig.* 亲友关系或相牵连的关系 connections or relationships between relatives

呱 ㊀ guā ㄍㄨㄚ [呱哒—dā] 拟声词 *onom.* clip-clop；clack [呱哒儿—dābānr] 1. 唱莲花落(lào)等打拍子的器具 bamboo clappers used as an accompaniment of a popular song liánhuālào and so on 2. 木拖鞋 clogs [呱呱——] 拟声词，鸭子、青蛙等的响亮叫声 the loud sound of a duck, a frog and so on 䌂 *trans.* 形容好 good：~~叫 guāguājiào *tiptop*/顶~~ dǐngguāguā *first-rate*；*excellent*

㊁ gū 见 215 页 See p.215

㊂ guǎ 见 221 页 See p.221

胍 guā ㄍㄨㄚ 有机化合物，分子式 CH_5N_3，无色结晶体，易潮解。是制药工业上的重要原料 guanidine, an organic compound, a colourless crystal which is easy to be deliquesced；molecular formula CH_5N_3. Guanidine is an important raw material in medicine making

刮（❷颳） guā ㄍㄨㄚ ❶用刀子去掉物体表面的东西 remove what in on the surface of things with a knife；scrape；shave：~脸 guāliǎn *shave* 䌂 *fig.* 搜刮民财 plunder；extort：贪官污吏只会~地皮 Tānguān-wūlì zhǐhuì guā dìpí. *corrupt officials do nothing but scrape*

off the earth-extort money from the people ❷风吹动(of the wind) blow：～倒了一棵树 guādǎole yī kē shù *A tree was blown down.*

括 ㊀ guā ㄍㄨㄚ [挺括 tǐng—]〈方 dial.〉(衣服、纸张等)较硬而平整(of clothes or paper) stiff and even; neat; smooth [一塌括子 yītā—zi]〈方 dial.〉一股脑儿，全部 entirely; altogether

㊁ kuò 见 371 页 See p. 371

栝(❷**苦**)guā ㄍㄨㄚ ❶就是桧(guì)树 Chinese juniper, also called guìshù ❷[栝楼—lóu][苦蒌—lóu]多年生草本植物，爬蔓(wàn)，开白花，果实卵圆形。块根和果实都可入药 Chinese trichosanthes, a perennial herb with vines, with white flowers and oval fruit. Both the root tuber and fruit can be used as medicine

鸹 guā ㄍㄨㄚ [老鸹 lǎo—]乌鸦的俗称 a popular name for a crow

骊(騧) guā ㄍㄨㄚ 黑嘴的黄马 yellow horse with a black mouth

绲(緺) guā ㄍㄨㄚ ❶古代青紫色的绶带 purple and blue ribbon in ancient times ❷比喻 fig. 妇女盘结的发髻 hair (of a woman) worn in a bun or coil in ancient times

呱 ㊀ guǎ ㄍㄨㄚ [拉呱儿 lā—r](lāguǎr)〈方 dial.〉聊天 chat

㊁ guā 见 220 页 See p. 220

㊂ gū 见 215 页 See p. 215

剐(剮)guǎ ㄍㄨㄚ ❶被尖锐的东西划破 cut; slit: 把手～破了 bǎ shǒu guǎpòle *cut one's hand*/裤子上～了个口子 Kùzi shang guǎle ge kǒuzi. *There is a tear in the trousers.* ❷封建时代一种残酷的死刑，把人的身体割成许多块 dismember, cut a person's body into pieces (a form of cruel capital punishment in ancient times)

寡 guǎ ㄍㄨㄚ ❶少，缺少 few; scant: ～言 guǎyán *taciturn*/优柔～断 yōuróu-guǎduàn *indecisive; irresolute and hesitant* / 多～不等 duōguǎ bùděng *vary in amount or number* ❷古代君主的自称 I, your unworthy king, a term used by an ancient king to call himself: 称孤道～ chēnggū-dàoguǎ *style oneself king* ❸妇女死了丈夫 widow, a woman who outlives her husband：～妇 guǎfu *widow*

卦 guà ㄍㄨㄚ 八卦，中国古代用来占卜的象征各种自然现象的八种符号，相传是伏羲氏所创 the Eight Trigrams, the eight signs symbolic of various natural phenomena used in divination in ancient China. They are said to have been originated by Fuxi — a legendary ruler of great antiquity [变卦 biàn—] ⑩ fig. 已定的事情忽然改变(含贬义)(derogatory) change one's original mind suddenly

诖(詿) guà ㄍㄨㄚ 失误 error; mistake [诖误—wù]1. 被牵连而受谴责或处分 get implicated and condemned or punished：为人～～ wèi rén guàwù *be punished for sb else's mistake* 2. 旧时也指撤职，失官 be removed from office (in former times)

挂(*掛、❷*罣) guà ㄍㄨㄚ ❶悬 hang (⑪comb. 悬—xuán—hang)：红灯高～ hóngdēng gāoguà *a high-hung red lantern* / ～图 guàtú *wall map; hanging chart* ❷惦记(⑪comb. 牵—qiān— be concerned about)：～念 guàniàn *miss; worry about sb who is absent*/～虑 guàlù *worry about*/记～ jìguà *worry about; keep thinking about* ❸登记 register：～号 guàhào *register* (at a hospital, etc); send by registered mail/～失 guàshī *report the loss of sth* ❹量词，多用于成串的东西 meas. usu for a string of things: 一～鞭 yī guà biān *a string of fire* *crackers*/一～珠子 yī guà zhūzi *a string of pearls*

褂 guà ㄍㄨㄚˋ（－子 －zi，－儿 －r）上身的衣服 a Chinese-style unlined garment；gown：大～子（长衫）dàguàzi *long gown* / 小～儿 xiǎoguàr *short gown*

GUAI ㄍㄨㄞ

乖 guāi ㄍㄨㄞ ❶ 不顺，不和谐 eccentric；irregular（鬱 comb. 一僻 －pì *odd；eccentric*）❷ 指小孩听话，懂事（of a little child）well-behaved；good：宝宝很～，大人省事多了 Bǎobao hěn huāi, dàren shěngshì duō le. *The well-behaved baby saved his parents a lot of trouble.* ❸ 机灵，伶俐 clever；ingenious（鬱 comb. 一巧 －qiǎo *cute；lovely*）：这孩子嘴～ Zhè háizi zuǐ guāi. *The child is so cute with words.*

掴（摑） guāi ㄍㄨㄞ guó ㄍㄨㄛˊ（又 also）打耳光 slap；smack

拐（❹*枴） guǎi ㄍㄨㄞˇ ❶ 转折 turn：～过去就是大街 Guǎi guoqu jiùshì dàjiē. *Make a turn and then you'll see the street.* /～弯抹角 guǎiwānr-mòjiǎo *talk in a roundabout way* / ～角 guǎijiǎo *corner；turning* ❷ 骗走人或财物 kidnap or make off with money：～骗 guǎipiàn *abduct；swindle* /～卖 guǎimài *kidnap and sell* ❸ 腿脚有毛病，失去平衡，走路不稳 limp, walk unsteadily because of imbalance resulting from trouble in the legs or feet：走道一瘸（qué）一～ zǒudàor yī qué yī guǎi *limp* ❹ 走路时帮助支持身体的棍子 crutch：～杖 guǎizhàng *walking stick*/～棍 guǎigùnr *walking stick*/架～ jiàguǎi *walk on crutches*

夬 ㊀ guài ㄍㄨㄞˋ 坚决，果断 resolute；determined

㊁ jué 见 342 页 See p. 342

怪（*恠）guài ㄍㄨㄞˋ ❶ 奇异，不平常 strange；odd；queer（鬱 comb. 奇一 qí－ *strange*）：～事 guàishì *strange things*/～模～样 guàimú-guàiyàng *queer-looking*；grotesque ㊁ ext. 惊奇 wonder at：大惊小～ dàjīng-xiǎoguài *make a fuss at* ❷ 怪物，神话传说中的妖魔之类（in mythology）monster；demon；evil being（鬱 comb. 妖－yāo－ *monster*）㊆ fig. 性情乖僻或形状异样的人 freak；an eccentric person ❸ 很，非常 quite；rather：～好的天气 guài hǎo de tiānqì *fine weather*/这孩子～讨人喜欢 Zhè háizi guài tǎorén xǐhuan de. *This child is quite lovely.* ❹ 怨，责备 blame：责～zéguài *blame*/～罪 guàizuì *blame*/这不能～他 Zhè bù néng guài tā. *He is not to blame.*

GUAN ㄍㄨㄢ

关（關、**関）guān ㄍㄨㄢ ❶ 闭，合拢 close；shut：～门 guānmén *shut the door*/上箱子 guānshang xiāngzi *close the case* ㊁ ext. 拘禁 lock up；shut in ❷ 古代在险要地方或国界设立的守卫处所（in ancient times）mountain pass or guarded passage at strategic points or the border：～口 guānkǒu *strategic pass* / 山海～ Shānhǎiguān *the Shanhai Pass* ㊁ ext. 征收出口、入口货税的机构 customs house：海～hǎiguān *customs house* ❸ 重要的转折点，不易度过的一段时间 a critical juncture；a difficult period of time：渡过难～dùguo nánguān *get over the difficulty*/紧要一头 jǐnyào guāntóu *a key moment* ❹ 起转折关联作用的部分 a part that has a transitional or connective function；joint；a key link：～节（两骨连结的地方）guānjié *joint*/～键 guānjiàn *crux（or heart）of the*

G

matter ❺牵连，联属 be related；be connected(⊛ comb. 一连 一 lián *interrelated*)：毫不相~háobù xiāng-guān *have nothing to do with*；*be totally irrelevant*/ 无~紧要 wúguān jǐnyào *of no importance* [关系－xi]1. 事物之间的关涉牵连 connections between things：这个电门和那盏灯没有～～ Zhège diànmén hé nà zhǎn dēng méiyǒu guānxi. *This electric switch has nothing to do with that lamp.* 2. 人事的联系 relations；relationship：同志～～ tóngzhì guānxi *the relationships between comrades*/亲戚～～ qīnqi guānxi *the relationships between relatives* 3. 影响 influence；significance：这件事～～太大 Zhè jiàn shì guānxi tài dà. *This matter is of great significance.* [关于－yú]介词，表示事物之间的关联 *prep.* with regard to；concerning：～～这个问题 guānyú zhège wèntí *with regard to this problem*/～～养蜂的书 guānyú yǎngfēng de shū *a book on beekeeping* ❻旧指发给或支领(薪饷)(in former times) give out or draw (pay) salary

观(觀) ⊖ guān ㄍㄨㄢ ❶看 watch(⊛ comb. 一看 －kàn *watch*)：坐井～天 zuòjǐng-guāntiān *look at the sky from the bottom of a well*－*have a very narrow view*/～摩 guānmó *inspect and learn from each other's work*/走马～花 zǒumǎ-guānhuā *look at flowers while riding a horse-gain a shallow understanding from a fleeting glance* [观光－guāng]参观别国或别处的文物、建设等 sight-seeing，visit the relics and constructions of other countries or places [观察－chá]仔细考查 observe：细心～～一切客观现象 xì xīn guāncháyīqiè kèguān xiànxiàng *observe all the objective phenomena closely* ❷看到的景象 sight；view(⊛ comb. 一瞻 －zhān

the appearance of a place and the impressions it leaves)：奇 ～ qíguān grand sight / 壮～ zhuàngguān magnificent sight ❸对事物的认识，看法 view；concept：乐 ～ lèguān optimistic / 人生～ rénshēngguān outlook on life/宇 宙 ～ yǔzhòuguān world view；world outlook [观点－diǎn]从某一角度或立场出发对事物的看法 point of view [观念 －niàn] 1. 思想，理性认识 thought；rational knowledge 2. 客观事物在意识中构成的形象 image formed by objective things in the consciousness

⊜ guàn 见 225 页 See p. 225

纶(綸) ⊖ guān 《ㄨㄢ 青丝带 black silk ribbon [纶巾 －jīn]古代配有青丝带的头巾。传说三国时诸葛亮平常戴这种头巾 a kind of kerchief with a black silk ribbon formerly worn by men. It is said that Zhuge Liang，a statesman and strategist in the period of the Three Kingdoms，used to wear this kind of kerchief.

⊜ lún 见 428 页 See p. 428

官 guān 《ㄨㄢ ❶政府机关或军队中经过任命的、一定级别以上的公职人员。我国现多用于军队和外交场 合 appointed personnel in government organizations or the army above a certain rank；government official；officer（often used on military or diplomatic occasions in China）❷旧时称属于国家的（in former times）belonging to the country；governmental；official：～办 guānbàn *run by the government*；*operated by official bodies* / ～款 guānkuǎn *funds owned by the government* [官话－huà]1. 旧时指通行于广大区域的普通话，特指北京话（in former times）official dialect popular over a wide area，Mandarin 2. 官腔 bureaucratic jargon ❸器官，生物体上有特定机能的部分 organ， part of the human body with a specific function：五～ wǔguān *the five sense organs*/感～gǎnguān *sense organ*

倌 guān 《ㄨㄢ ❶农村中专管饲养某些家畜的人 a keeper of domestic animals in the countryside：牛～儿 niúguānr *cow-herd*；*oxherd* ❷旧时称服杂役的人 a hired hand in certain trades：堂～儿(茶、酒、饭馆的服务人员)tángguānr *waiter*

棺 guān 《ㄨㄢ 棺材，装殓死人的器物 coffin, a container of a dead body

冠 ㊀ guān 《ㄨㄢ ❶帽子 hat；衣～整齐 yīguān zhěngqí *be neatly dressed* ❷(—子 —zi)鸟类头上的肉瘤或高出的羽毛 crest：鸡～子 jīguānzi *cockscomb*

㊁ guàn 见 225 页 See p. 225

矜 ㊀ guān 《ㄨㄢ〈古 arch.〉❶同"鳏"Same as"鳏" ❷同"瘝"Same as"瘝".

㊁ jīn 见 320 页 See p. 320

㊂ qín 见 535 页 See p. 535

瘝 guān 《ㄨㄢ 病，痛苦 disease；physical pain

鳏 guān 《ㄨㄢ 鳏夫，无妻或丧妻的男人 widower；an old wifeless man：～寡孤独 guānguǎ-gūdú *widowers, widows, orphans and the childless those who have no kith and kin and cannot support themselves*

莞 ㊀ guān 《ㄨㄢ [东莞 Dōng—]地名，在广东省 a place in Guangdong Province

㊁ wǎn 见 668 页 See p. 668

馆(*舘)guǎn 《ㄨㄢ ❶招待宾客或旅客食宿的房舍 a place where accommodation is provided for guests：宾～ bīnguǎn *hotel*/旅～lǚguǎn *inn* ❷一个国家在另一个国家办理外交的人员常驻的处所 the residence in a country where diplomats from another country stay to deal with diplomatic affairs；

embassy；legation；consulate：大使～ dàshǐguǎn *embassy* /领事～ lǐngshìguǎn *consulate* ❸某些服务性商店的名称 shop：照相～ zhàoxiàngguǎn *photo studio* / 理发～ lǐfàguǎn *barbershop*；*hairdresser's* /饭～儿 fànguǎnr *restaurant* ❹一些文化工作场所 a place of cultural activities：文化～ wénhuàguǎn *cultural centre* / 体育～ tǐyùguǎn *stadium*/图书～túshūguǎn *library*/博物～bówùguǎn *museum* ❺旧时指教学的场所(in former times) private school：家～jiāguǎn *a private school*/蒙～méngguǎn *a private elementary school*

琯 guǎn 《ㄨㄢ 玉管,古代管乐器 an ancient flute-like musical instrument

管(*筦)guǎn 《ㄨㄢ ❶吹奏乐器 wind instrument：丝竹～弦 sīzhú-guǎnxián *traditional stringed and woodwind instruments*/～乐器 guǎnyuèqì *wind instrument* ❷(—子 —zi、—儿 —r)圆筒形的东西 cylindrical things；pipe：～道 guǎndào *pipeline*/竹～儿 zhúguǎn *bamboo pipe* / 无缝钢～ wúfèng gāngguǎn *seamless steel tube*/～见(喻浅陋的见识)guǎnjiàn *my limited understanding* (*fig.* my humble opinion) ❸负责,经理 manage；run；take care of：红～家 hóngguǎnjiā *a good housekeeper*/～账 guǎnzhàng *keep accounts*/～伙食 guǎn huǒshí *take care of the meals* ㊉ext. 1.干预,过问 bother about；concern oneself with：工作要大家～ Gōngzuò yào dàjiā guǎn. *Everybody should concern himself with the work.*/这事我们不能不～. Zhè shì wǒmen bù néng bù guǎn. *We cannot leave this matter alone.* 2.负责供给 provide：～吃～住 guǎnchī guǎnzhù *provide meals and accommodation* / 生活用品都～ shēnghuó yòng-pǐn dōu guǎn *provide* all the necessities of life ❹管教，治理 discipline；correct：～孩子 guǎn háizi discipline a child/～山山低头 guǎn shān shān dītóu even a mountain can be brought under control [管制-zhì] 1. 监督，管理 control：～～灯火 guǎnzhì dēnghuǒ enforce a blackout 2.刑事处分的一种，对某些有罪行的人，由政府和群众监督教育，使能改过自新 (a form of criminal sanction) put (a criminal, etc) under surveillance of the government and the masses so as to make him turn a on new leaf [不管 bù—]⦅转⦆ trans. 连词，跟"无论"义相近 conj. no matter（how, what, when, where, who or whom）：～～多大困难，我们都能克服 Bùguǎn duōdà kùnnan, wǒmen dōu néng kèfú. We can overcome all kinds of difficulties no matter how great they are. ❺ 保证 guarantee：～用 guǎnyòng (of sth. or sb.) be helpful or effective/不好～换 bù hǎo guǎnhuàn We guarantee to change it if it isn't any good/～保有效 guǎnbǎo yǒuxiào guarantee the effectiveness of sth. ❻ 介词，把（与动词"叫"连用）prep. (used together with the verb jiào)：有的地区～玉米叫苞谷 Yǒude dìqū guǎn yùmǐ jiào bāogǔ. In some areas, corn is known as bāogǔ.

鳤 guǎn 《ㄨㄢˇ 鱼名。体长筒形，银白色，鳞小，无须。生活在淡水中 Ochetobius elongatus, a silvery fresh water fish that has a tube-shaped body and fine scales and has no tentacle.

观（觀） ⊜ guàn 《ㄨㄢˋ 道教的庙宇 a Taoist temple

⊖ guān 见 223 页 See p. 223

贯 guàn 《ㄨㄢˋ ❶ 连贯，穿通 pass through；pierce：语气～注 yǔqì guànzhù maintain one's manner of speaking/一直～串下去 yīzhí guànchuàn xiaqu run through；permeate/融会～通 rónghuì-guàntōng achieve

mastery through a comprehensive study of the subject；thorough mastery of all relevant materials [贯彻-chè] 使全部实现 carry out；carry through：～～执行 guànchè zhíxíng carry out consistently and thoroughly/～～党的政策和决议 guànchè Dǎng de zhèngcè hé juéyì carry out the policies and decisions of the Party consistently and thoroughly [一贯 yīguàn] 向来如此，始终一致 consistent；all along：艰苦朴素是他的～～作风 Jiānkǔ pǔsù shì tā de yīguàn zuòfēng. Hard work and plain living is characteristic of him. ❷旧时把方孔钱穿在绳子上，每一千个叫一贯 (in former times) a string of 1,000 cash ❸原籍，出生地 the place of one's birth or origin；native place：籍～ jíguàn native place

掼 guàn 《ㄨㄢˋ 〈方 dial.〉掷，扔 throw；toss；cast：往地下一～ wǎng dìxia yī guàn throw it to the ground

惯 guàn 《ㄨㄢˋ ❶习以为常的，积久成性的 be used to；be in the habit of：～技 guànjì customary tactic；old trick / ～例 guànlì convention；usual practice /穿～了短装 chuānguànle duǎnzhuāng be used to wearing Chinese-style jacket and trousers [惯性-xìng]物体没有受外力作用时保持原有的运动状态或静止状态，这种性质叫惯性 inertia, the tendency of all objects and matter in the universe to stay still, or, if moving, to go on moving in the same direction ❷纵容，放任 indulge；spoil：～坏了脾气 guànhuàile píqi spoil sb. to such an extent that he (or she) gets a bad temper / 娇生～养 jiāoshēngguànyǎng have been delicately brought up；be pampered and spoiled

冠 ⊖ guàn 《ㄨㄢˋ ❶把帽子戴在头上 put on a hat ❷超出众人，居第

一位 first place; the best; 勇 ~ 三军 yǒngguàn-sānjūn *the bravest of the brave in the whole army; distinguish oneself by peerless valour* [冠军—jūn]trans. 比赛的第一名 champion ❸ 在前面加上某种名号 crown with; ~ 以诗人的桂冠（guān）guàn yǐ shīrén de guìguān *be crowned with the laurel of a poet*

㊀ guān 见 224 页 See p. 224

涫 guàn ㄍㄨㄢ 沸 boil; ~ 汤 guàntāng *boil soup*

裸 guàn ㄍㄨㄢ 古代祭祀时把酒浇在地上的礼节 sacrificial rites by spilling wine over the ground

盥 guàn ㄍㄨㄢ 洗（手、脸）wash (one's hands or face); ~ 洗室 guànxǐshì *washroom*

灌 guàn ㄍㄨㄢ 浇，灌注 water; irrigate; 引水 ~ 田 yǐnshuǐ guàntián *channel water into fields*/~ 一瓶水 guàn yī píng shuǐ *fill a bottle with water*

[灌木—mù]主茎不发达，丛生而矮小的树木，如茶树、酸枣树等 bush, a woody plant smaller than a tree, usu with many separate stems starting from or near the ground, such as tea shrub and wild jujube shrub

瓘 guàn ㄍㄨㄢ 古玉器名 name for a kind of ancient jade article

鹳 guàn ㄍㄨㄢ 鸟名。羽毛灰色、白色或黑色，嘴长而直，形状像鹤。生活在江、湖、池、沼的近旁，捕食鱼、虾等 stork, a crane-like bird with grey, white or black feathers, long and straight beat. Storks live near rivers, lakes, ponds, or marshes, preying on fish, shrimps, etc.

罐（＊＊鑵、＊鑵）guàn ㄍㄨㄢ（—子—zi、—儿—r）盛东西或汲水用的瓦器。泛指各种圆筒形的盛物器 jar; pot; tin; 铁 ~ 儿 tiěguànr *an iron jar* [罐头—tou]指罐头食品，加工后装在密封罐子里的食品 *tinned (or canned) food*

GUANG ㄍㄨㄤ

光 guāng ㄍㄨㄤ ❶ 光线，照耀在物体上能使视觉看见物体的那种物质，如灯光、阳光等 light, matter that acts on the retina of the eye and enables one to see, such as lamp light, sunlight [光明—míng]亮 bright ⟨喻⟩fig. 襟怀坦白，没有私心 open-hearted; guileless; 心地～～ xīndì guāngmíng *upright and pure in mind* ❷ 光彩，荣誉 glory; honour; 为国增 ~ wèi guó zēngguāng *bring honour to the country*/~ 荣之家 guāngróng zhī jiā *the honoured family* 敬词 term of respect; ~ 临 guānglín *honour sb. with one's presence*/~ 顾 guānggù *patronize* ❸ 景物 scenery; 春 ~ chūnguāng *spring scenery* / 风~ fēngguāng *scenery; sight*/观~guānguāng *go sight-seeing* [光景—jǐng]1. 同 "光 ❸" Same as "光 ❸". 2. 生活的情况 living conditions; ~ ~ 一年好似一年 Guāngjǐng yī nián hǎosì yī nián. *The living conditions are becoming better every year.* ❹ 光滑，平滑 smooth; glossy; 磨～móguāng *polish sth so as to make it smooth*/~ 溜（liu）guāngliu *smooth; slippery* ❺ 完了，一点不剩 all gone; used up; nothing left; 把敌人消灭～bǎ dírén xiāomiè guāng *wipe out the enemy* ❻ 露着 bare; ~头 guāngtóu *shaven head*/膀子 guāng bǎngzi *be stripped to the waist* ❼ 副词，单，只 adv. only; alone; 大家都走了，～剩下他一个人了 Dàjiā dōu zǒu le, guāng shèngxia tā yī ge rén le. *Everyone was gone, and he was left alone.*

咣 guāng ㄍㄨㄤ 拟声词，撞击或振动的声音 onom. bang; ~的一声，门被关上了 Guāng de yī shēng, mén bèi guānshang le. *The door was shut with a bang.*

洸 guāng 《ㄨㄤ 见 238 页"浤"字条 "浤洸"(hán—）See hánguāng under entry of hán on p.238

桄 ⊖ guāng 《ㄨㄤ [桄榔—láng]常 绿乔木，大型羽状叶，生于茎顶。花序的汁可制糖，茎髓可制淀粉，叶柄的纤维可制绳 gomuti palm, an evergreen tree with large feather-shaped leaves on the top of the stem; the juice of the inflorescence used in making sugar; the pith of the stem used in making starch and the fibre of the leafstalk used in making rope

⊜ guàng 见本页 See the same page.

胱 guāng 《ㄨㄤ 见 493 页"膀"字条 "膀胱"(páng—）See pángguāng under entry of páng on p.493

广（廣） ⊖ guǎng 《ㄨㄤ ❶宽度 width：长五十米，～三十米 cháng wǔshí mǐ, guǎng sānshí mǐ *fifty meters long and thirty meters wide* [广袤—mào]东西叫广，南北叫袤，指土地的面积 the distance from east to west is called guǎng, and that from north to south mào, and guǎngmào is the area of a piece of land ❷宽，大 broad；vast：～场 guǎngchǎng *square*/我国地～人多 Wǒguó dìguǎng-rénduō. *Our country is a vast in area and dense in population.* [广泛—fàn]范围大，普遍 broad；widespread：～宣传 guǎngfàn xuānchuán *give wide publicity to*/意义～ yìyì guǎngfàn *wide-ranging significance* ❸多 numerous：大庭～众 dàtínguǎng-zhòng *on a public occasion* ❹扩大，扩充 extend；enlarge：～播 guǎngbō *broadcast*/推～先进经验 tuīguǎng xiānjìn jīngyàn *popularize advanced experience*

⊜ ān 见 4 页 See p.4

犷（獷） guǎng 《ㄨㄤ 粗野 rough；uncouth：粗～ cūguǎng *rough*；*boorish*；*rugged*/～悍 guǎnghàn *tough and intrepid*

桄 ⊖ guàng 《ㄨㄤ ❶绕线的器具 thread reel ❷量词，用于线 meas. are words for thread：一～线 yī guàng xiàn *a reel of thread*

⊜ guāng 见本页 See the same page.

逛 guàng 《ㄨㄤ 闲游，游览 stroll；roam：～公园 guàng gōngyuán *go for a walk in the park*

GUI 《ㄨㄟ

归（歸） guī 《ㄨㄟ ❶返回，回到 go back to；return：～家 guījiā *go back home*/～国 guīguó *go back to one's motherland* 釙ext.还给 return：～物～原主 wù guīyuánzhǔ *return sth to its rightful owner*/～本还原 guīběn huányuán *return to the original state* ❷趋向 tendency：殊途同～ shūtú-tóngguī *reach the same goal by different roads*/众望所～ zhòngwàng-suǒguī *enjoy popular support* ❸归并，合并 converge；come together：把书～在一起 bǎ shū guī zài yīqǐ *put all the books together*/这两个机构～成一个 Zhè liǎng ge jīgòu guī chéng yī ge. *The two organizations will be merged into one.*/～里包堆（总共）guīlǐbāoduī *in all*；*altogether* [归纳—nà]由许多的事例概括出一般的原理 induce；sum up ❹由，属于 turn over to；put in sb's charge：这事～我办 Zhè shì guī wǒ bàn. *I'm in charge of this matter.* ❺珠算中称一位数的除法 division on the abacus with a one-digit divisor：九～ jiǔguī *rules for doing division with a one-digit divisor on the abacus*

圭（❶××**珪）** guī 《ㄨㄟ ❶古代帝王、诸侯在举行典礼时拿的一种玉器，上圆（或剑头形）下方 an elongated pointed tablet of jade held in the hands by ancient rulers on ceremonial occasions. Its upper end is round or in the shape of a sword head while the lower end is square ❷古代测日影的器具 an ancient device for measuring shadows cast by the sun [圭臬 一niè]标准，法度 criterion；standard ❸古代容量单位名，一升的十万分之一 an ancient Chinese unit of dry measure for grain (equal to one hundred thousandth *sheng*)

邦 guī ㄍㄨㄟ [下邦 Xià一]地名，在陕西省渭南 a place in Weinan, Shaanxi Province

闺 guī ㄍㄨㄟ ❶上圆下方的小门 a small gate of which the upper end is semicircle and the lower end is square ❷旧时指女子居住的内室(in former times) lady's chamber：深~ shēnguī *boudoir* [闺女一nǚ]1. 未出嫁的女子 a maiden；a girl /女儿 daughter

硅 guī ㄍㄨㄟ 一种非金属元素，符号 Si，有褐色粉末、灰色晶体等形态。硅是一种极重要的半导体材料，能制成高效率的晶体管。硅酸盐在制造玻璃、水泥等工业上很重要。旧称"矽"(xī)silicon，with the old name of xī, a non-metallic element in the form of brown powder or grey crystal；symbol Si. Silicon is an extremely important semi-conductive material for making transistors of high efficiency. Silicate is essential in making glass，cement, etc.

鲑 guī ㄍㄨㄟ 鱼名。身体大，略呈纺锤形，鳞细而圆，肉味美 salmon, a fish with a big spindle-like body, fine and round scales. Its meat is delicious.

龟(龜) 〇 guī ㄍㄨㄟ 乌龟，爬行动物，腹背都有硬甲，头尾和脚能缩入甲中，能耐饥渴，寿命很长。龟甲也叫龟板，可以入药。古人用龟甲占卜(迷信)tortoise，a reptile with a hard shell both on its back and on its belly. The head, tail, and feet can be withdrawn into the space between the two shells. Tortoises can stand thirst and hunger, and have a long life. The shells of a tortoise, also called guībǎn (tortoise shell), can be used in medicine. In ancient times people used the shells of tortoises to divine：~ 卜 guībǔ *divination by the shell of the tortoise*/着~ shīguī *longevity* [龟鉴一jiàn] [龟镜一jìng]用龟卜，用镜照，比喻可资借鉴的事例或道理 lessons of the past held up as a mirror for the present and future

〇 jūn 见 345 页 See p. 345
〇 qiū 见 541 页 See p. 541

妫(嬀、**媯) guī ㄍㄨㄟ 妫河，水名，在北京市延庆 the Gui He river, a river in Yanqing County of Beijing

规 guī ㄍㄨㄟ ❶圆规，画圆形的仪器 compasses，a device used to draw a circle：两脚~ liǎngjiǎoguī *compasses；dividers* ❷法则，章程 regulation；rule(圐comb. 一则 一zé *rule*)：成~ chéngguī *set rules；established practice* / 常~ chángguī *convention；common practice* [规模一mó]1. 格局(多指计划、设备)scale；dimensions (mostly of plans or equipment)：略具~ lüè jù guīmó *have nearly taken shape*/这座工厂~宏大 Zhè zuò gōngchǎng guīmó hóngdà. *The factory is of great scale.* 2.范围 range：大~~的经济建设 dà guīmó de jīngjì jiànshè *large-scale economic construction* [规格一gé]产品质量的标准，如大小、轻重、精密度、性能等 specifications；standards；norms：合~~ hé guīgé *up to the standards* [规矩一ju]1. 标准，法则 standard；rule：守~~shǒu guīju *well behaved*/老~~lǎo guīju *convention；old rules* 2. 合标准，守法

则 be up to standards；observe rules：
～～老实 guīju lǎoshi *well-behaved and honest* ❸相劝 admonish；advise：
～劝 guīquàn *admonish*；*advise*／～勉 guīmiǎn *advise and encourage* ❹谋划 plan；map out：～定 guīdìng *stipulate*；*provide*；*prescribe*／～避（设法避开）guībì *evade*；*avoid* ［规划—huà]较长期的大致计划 a long-term programme；a plan：农业发展～～ nóngyè fāzhǎn guīhuà *a long-term programme for agricultural development*

鬶 guī 《ㄨㄟ 古代陶制炊具，嘴像鸟喙，有把柄和三个空心的短足 an ancient pottery cooking utensil that has a beak-like spout, a handle and three short hollow legs

皈 guī 《ㄨㄟ ［皈依—yī]原指佛教的入教仪式，后泛指信仰佛教或参加其他宗教组织。也作"归依" the ceremony of proclaiming sb a Buddhist；be converted to Buddhism or some other religion；Also written as"归依".

瑰（＊瓌）guī 《ㄨㄟ ❶一种像玉的石头 a jade-like stone ❷奇特，珍奇 rare；marvellous：～丽 guīlì *surpassingly beautiful*；*magnificent*／～异 guīyì *rare*；*marvellous*／～宝 guībǎo *rarity*；*treasure*

氿 guī 《ㄨㄟ 氿泉，从侧面喷出的泉 spring that spurts from the side

宄 guǐ 《ㄨㄟ 坏人 treacherous fellow：奸～ jiānguǐ *treacherous fellow*

轨 guǐ 《ㄨㄟ ❶车辙 rut ❷轨道，一定的路线 path；course：火车～道 huǒchē guǐdào *railway*；*rail*/特指铺设轨道的钢条 rail；track：钢～ gāngguǐ *steel rail*/铁～ tiěguǐ *rail (for trains)*；*tracks*/铺～ pūguǐ *lay a railway track* ❸fig. 应遵循的规则 rules that should be observed：步入正

～不入正轨 bùrù zhèngguǐ *get into the right track*／～外行动 guǐwài xíng-dòng *actions that are against the law or discipline*

匦 guǐ 《ㄨㄟ 箱子，匣子 box：票～ piàoguǐ *ballot box*

庋 guǐ 《ㄨㄟ ❶放东西的架子 shelf ❷搁置 keep；preserve：～藏 guǐcáng *store up*

诡 guǐ 《ㄨㄟ ❶欺诈，奸滑 deceitful；cunning：～辩（无理强辩）guǐbiàn *quibble*；*indulge in sophistry*／～计多端 guǐjì-duōduān *have a lot of tricks* ❷怪异，出乎寻常 weird；eerie：～秘 guǐmì *furtive*；*secretive*

姽 guǐ 《ㄨㄟ ［姽婳—huà]形容女子娴静美好 (of a woman) quiet and nice

鬼 guǐ 《ㄨㄟ ❶迷信的人以为人死之后有灵魂，叫鬼 ghost；spirit：妖魔～怪 yāomó guǐguài *demons and ghosts*；*all forces of evils* ❷阴险，不光明 stealthy；surreptitious：～话 guǐhuà *false words*；*lies*／～胎（喻不可告人之事）guǐtāi *sinister design*；*dark scheme* ❸机灵（多指小孩子）(usu. of a little child) smart；clever：这孩子真～ Zhè háizi zhēn guǐ. *The child is so smart.* ❹对小孩儿的爱称 a term of endearment addressing a child；～小 xiǎoguǐ *child*；*imp* ❺对人蔑称或憎称 an offensive expression：酒～ jiǔguǐ *drunkard*／吸血～ xīxuèguǐ *bloodsucker*；*vampire* ❻星宿名，二十八宿之一 one of the twenty-eight constellations into which the celestial sphere was divided in ancient Chinese astronomy

癸 guǐ 《ㄨㄟ 天干的第十位，用作顺序的第十 the last of the ten Heavenly Stems；tenth

晷 guǐ 《ㄨㄟ 日影 a shadow cast by the sun ⑲trans. 时间 time：日无暇～ rì wú xiáguǐ *with no time to* spare; busy from morning till night [日晷 rì—]按照日影测定时刻的仪器。也叫"日规" sundial, a device to tell time by measuring the shadows cast by the sun; also called rìguī

簋 guǐ ㄍㄨㄟˇ 古代盛食物的器具，圆口，两耳 a round-mouthed food vessel with two loophandles in ancient times

柜（櫃）〇 guǐ ㄍㄨㄟˇ（—子—zi）一种收藏东西用的器具，通常作长方形，有盖或有门 cupboard, a piece of rectangular furniture with a cover or a door for storing things; cabinet: 衣～ yīguì wardrobe / 保险～ bǎoxiǎnguì safe

　　〇 jǔ 见 337 页 See p. 337

刿（劌） guì ㄍㄨㄟˋ 刺伤 stab; cut

刽（劊） guì ㄍㄨㄟˋ 砍断 cut off; chop off ［刽子手 —zishǒu］旧指执行斩刑的人 executioner; headsman 働ext. 杀害人民的人 slaughterer of the people

桧（檜）〇 guì ㄍㄨㄟˋ 常绿乔木，幼树的叶子针状，大树的叶子鳞片状，果实球形，木材桃红色，有香气，可供建筑及制造铅笔杆等 Chinese juniper, an evergreen tree with needle-like leaves (when young) and scale-like leaves (when old) as well as cone fruits and peach-red fragrant wood which can be used in construction and making pencils

　　〇 huì 见 271 页 See p. 271

贵 guì ㄍㄨㄟˋ ❶价格高 expensive: 这本书不～ Zhè běn shū bù guì. This book is not expensive. /钢比铁～ Gāng bǐ tiě guì. Steel is more expensive than iron. ❷旧指社会地位高 of a high rank; noble: ～族 guìzú nobility; aristocrat / 达官～人 dáguān-guìrén high officials and noble

lords 敬辞 term of respect: ～姓 guìxìng your surname/～处 guìchù your residence / ～校 guìxiào your school / ～宾 guìbīn honoured guest; distinguished guest ❸特别好，价值高 highly valued; valuable (働comb. 宝—bǎo— treasured, 一重 guì—precious): 珍～的礼品 zhēnguì de lǐpǐn precious presents / 宝～的意见 bǎoguì de yìjiàn valuable opinions ❹重视，崇尚 attach importance to: 精不～多 guì jīng bù guì duō be valued for the quality, not for the quantity (or number)/这种见义勇为的精神是可～的 Zhè zhǒng jiànyìyǒngwéi de jīngshén shì kěguì de. The readiness to take up the cudgels for a just cause is very valuable.

桂 guì ㄍㄨㄟˋ ❶植物名 name of plant 1.桂花树，常绿乔木，花黄色，果亦黑色，树皮可入药，又可调味 cassia-bark tree, an evergreen tree with yellow flowers and black fruits. The bark can be used not only in medicine but also as a condiment. 2.肉桂，常绿乔木，花白色，树皮有香气，可入药，又可做香料 cinnamon tree, an evergreen tree with white flowers and fragrant bark which can be used not only in medicine but also as a spice 3.月桂树，常绿乔木，花黄色，叶可做香料 laurel, also called bay tree, an evergreen tree with yellow flowers. The leaves of the tree can be used as a spice. 4.桂花树，又叫"木犀"。常绿小乔木或灌木，花白色或黄色，有特殊香气，供观赏，又可做香料 sweet-scented osmanthus, also called mùxī, an evergreen short tree or shrub, with white or yellow flowers which give out a special fragrance. The flowers are not only used for decoration, but also as a spice. ❷广西壮族自治区的别称 another name for the Guangxi Zhuang Autonomous Region

跪 guì ㄍㄨㄟˋ 屈膝，使膝盖着地 kneel：～下射击 guìxia shèjī *kneeling fire*

鳜 guì ㄍㄨㄟˋ 鳜鱼，鱼名。体侧扁，尾鳍呈扇形，口大鳞细，体青黄色，有黑色斑点。肉味鲜美。是淡水鱼类之一。也作"桂鱼" mandarin fish，also written as "桂鱼"，a kind of fresh-water flat fish with a fan-shaped tail fin，a big mouth，fine scales and livid yellow skin with black dots. The flesh is delicious.

GUN ㄍㄨㄣ

衮 gǔn ㄍㄨㄣˇ 古代君王的礼服 ceremonial dress for royalty：～服 gǔnfú *imperial robe*

滚 gǔn ㄍㄨㄣˇ ❶水流翻腾 roll（叠 redup.）：白浪翻～ báilàng fāngǔn*white-crested waves rolling*/大江～～东去 Dàjiāng gǔngǔn dōng qù. *The Great River is flowing to the east.* 引ext. 水煮开（of water）boil：水～了 Shuǐ gǔn le. *The water is boiling.* ❷旋转着移动 roll；trundle：小球～来～去 Xiǎo qiúr gǔnlai gǔnqu. *The small ball is rolling.*/铁环 gǔn tiěhuán *trundle a hoop*/打～ dǎgǔnr *roll about* ❸走，离开（含斥责意）get away（used when re-primanding sb.）：～出去 gǔn chuqu *Get out of here!* ❹极，特 extremely；very：～烫 gǔntàng *boiling hot*/～圆 gǔnyuán *round as a ball*

磙 gǔn ㄍㄨㄣˇ（－子 －zi）用石头做的圆柱形的压、轧用的器具 stone roller

绲 gǔn ㄍㄨㄣˇ ❶织成的带子 ribbon ❷绳 string ❸沿衣服等的边缘缝上布条、带子等 bind；trim：～边儿 gǔnbiānr *an embroidered border*

辊 gǔn ㄍㄨㄣˇ 机器上圆筒状能旋转的东西 roller：皮～花 pígùnhuā

lap waste/～轴 gǔnzhóu *roll shaft*

鲧（**鮌）gǔn ㄍㄨㄣˇ ❶古书上说的一种大鱼 a kind of big in ancient texts ❷古人名，传说是夏禹的父亲 Gun，name of an ancient man，allegedly the father of Emperor Yu

棍 gùn ㄍㄨㄣˋ ❶（－子 －zi、－儿 －r）棒 rod；stick ❷称坏人 rascal；scoundrel：赌～ dǔgùn *professional gambler* / 恶～ègùn *ruffian*；scoundrel；bully

GUO ㄍㄨㄛ

过（過）㊀ guō ㄍㄨㄛ 姓 a surname
㊁ guò 见 233 页 See p. 233

犷（獷）guō ㄍㄨㄛ 拉满弩弓 draw a bow to the full

呙（咼）guō ㄍㄨㄛ 姓 a surname

埚（堝）guō ㄍㄨㄛ 见 195 页"坩"字条"坩埚（gān－）"See gānguō under entry of gān p. 195

涡（渦）㊀ guō ㄍㄨㄛ 涡河，水名，发源于河南省，流至安徽省注入淮河 the Guo He river，a river originating from Henan Province and flowing into the Huaihe River in Anhui Province
㊁ wō 见 681 页 See p. 681

锅（鍋）guō ㄍㄨㄛ ❶烹煮食物的器具 pan；pot [锅炉 －lú] 1. 一种烧开水的设备 boiler 2. 使水变成蒸汽以供应工业或取暖需要的设备。也叫"汽锅"steam boiler，equipment turning water into steam for industry or for heating，also called qìguō ❷（－儿 －r）像锅的 sth. like a pot：烟袋～ yāndàiguōr *the bowl of a pipe*

郭 guō ㄍㄨㄛ 城外围着城的墙 the outer wall of a city（圉comb. 城－ chéng－ *city walls*）

崞 guō ㄍㄨㄛ 崞县，地名，在山西省，1958 年改为原平 Guo county, name of a place in Shanxi Province, and was renamed Yuánpíng in 1958

啯（嘓）guō ㄍㄨㄛ 拟声词 onom.（叠 redup.）a gurgling sound

蝈（蟈）guō ㄍㄨㄛ [蝈蝈儿—guor]一种昆虫，身体绿色或褐色，翅短，腹大，雄的前翅根部有发声器，能振翅发声。对植物有害 katydid, an insect with a green or brown body, short wings, big belly. The male katydid has an acoustic generator at the end of its front wing which can produce sounds when flapping the wings. Katydids are harmful to plants.

聒 guō ㄍㄨㄛ 声音嘈杂，使人厌烦 noisy；clamorous：～耳 guō'ěr grate on one's ears/～噪 guōzào clamorous；noisy

国（國、＊＊国）guó ㄍㄨㄛ ❶国家 state；country：保家卫～bǎojiā-wèiguó protect our homes and defend our country/～内 guónèi domestic；home/祖～zǔguó motherland [国家—jiā]1. 阶级统治的工具，是统治阶级对被统治阶级实行专政的暴力组织，主要由军队、警察、法庭、监狱等组成。国家是阶级矛盾不可调和的产物和表现，它随着阶级的产生而产生，也将随着阶级的消灭而自行消亡 state, a tool of the ruling class, it conducts dictatorship against the ruled, being made up by the forces, the police and the court. As the product and expression of uncompromising class contradictions, it was engendered with the engendering of classes and will wither away with the abolition of classes. 2. 一个独立的国家政权所领有的区域 the armed territory owned by an independent country [国际主义—jìzhǔyì]各国无产阶级、劳动人民在民族解放的斗争中互相支持紧密团结在一起的思想 internationalism, the principle of cooperation between different countries in the struggle for national liberation of the proletariats and the working class ❷属于本国的 of the state；of our country；national：～货 guóhuò China-made goods；Chinese goods / ～歌 guógē national anthem

掴（摑）guó ㄍㄨㄛ（又 also）见 222 页（guāi）See "guāi" on p. 222

帼（幗）guó ㄍㄨㄛ 古代妇女包头的巾，帕（in ancient times）woman's headdress；巾～英雄（女英雄）jīnguó-yīngxióng heroine；heroic woman

涸（漍）guó ㄍㄨㄛ [北涸 Běi—]地名，在江苏省 a place in Jiangsu Province

腘（膕）guó ㄍㄨㄛ 膝部的后面 the back of the knee

虢 guó ㄍㄨㄛ 周代诸侯国名 Guo, a state in the Zhou Dynasty 1. 在今陕西省宝鸡东，后来迁到河南省陕县东南 in the east of Baoji, Shaanxi Province, and later moved to the southeast of Shanxian, Henan Province 2. 在河南省郑州西北 in the northwest of Zhengzhou, Henan Province

馘（＊＊聝）guó ㄍㄨㄛ 古代战争中割取敌人的左耳以计数献功。也指割下的左耳 in ancient wars, a warrior was awarded according to the number of left ears he had cut from the enemy

果（❶＊菓）guǒ ㄍㄨㄛ ❶（—子—zi）果实，某些植物花落后含有种子的部分 fruit：水～shuǐguǒ fruit/干～（如花生、栗子等）gānguǒ dried fruit or dry fruit, such as peanut and chestnut ❷结果，事情的结局或成效 result：成～chéngguǒ achievement/恶～èguǒ bad result; evil consequence/前因后～qiányīn-hòuguǒ cause and effect ❸果断，坚决 decisive；determined（⊕comb. 一决一决 —jué decisive；resolute/～敢 guǒgǎn courageous；resolute/他处理事情很决 Tā chǔlǐ shìqíng hěn guǒjué. handle affairs in a decisive manner ❹ 果然，确实，真的 really；as expected；～不出所料 guǒ bù chū suǒ liào just as one expected/他～真来了吗 Tā guǒzhēn lái le ma? Did he come as expected?

餜 guǒ ㄍㄨㄛˇ（－子 －zi）一种油炸的面食 a kind of fried dough

蜾 guǒ ㄍㄨㄛˇ［蜾蠃－luǒ］蜂类的一种，常用泥土在墙上或树枝上做窝，捕捉螟蛉等小虫存在窝里，留做将来幼虫的食物。旧时误认蜾蠃养螟蛉为子，所以有把抱养的孩子称为"螟蛉子"的说法 eumenid, a kind of bee that makes its home on walls or trees with mud. Eumenids often catch small insects such as corn earworms and store them in the nest as the food for their larvas. In old days, people thought that the eumenids took the corn earworms as their own larvas, so people called an adopted child mínglíngzi.

裹 guǒ ㄍㄨㄛˇ 包，缠 wrap；wind；～伤口 guǒshāngkǒu bind up the wound/用纸～上 yòng zhǐ guǒshang wrap it with paper/～足不前（喻停止不进行）guǒzú-bùqián hesitate to move forward ⑩fig. 搀杂在里头 be mixed in

椁（*槨）guǒ ㄍㄨㄛˇ 棺材外面的大棺材 outer coffin

过（過）⊖guò ㄍㄨㄛˇ ❶从这儿到那儿，从甲方到乙方 pass；cross；～江 guò jiāng cross the river/没有～不去的河 Méiyǒu guò bu qù de hé. There is no river that cannot be crossed. / ～户 guòhù transfer ownership / ～账 guòzhàng transfer items（as from a daybook to a ledger）⑨ext. 1. 传 conduct：～电 guòdiàn conduct electricity 2. 交往 associate：～从 guòcóng have friendly intercourse［过去－qù］1. 已经过去了的时间 time that has passed 2.（－qu）从这儿到那儿去 go over ❷经过，度过 spend（time）：～冬 guòdōng pass the winter/～节 guójié celebrate a festival/日子越～越好 Rìzi yuè guò yuè hǎo. The life is becoming better and better. ⑨ext. 使经过某种处理 go through；undergo a process：～秤 guòchèng weigh on the steelyard / ～目 guòmù look over（papers，lists，etc.）so as to check or approve/～一～数 guò yī guò shù take a count/把菜一一～油 bǎ cài guò yī guò yóu fry the vegetable in oil［过年－nián］1. 度过新年 celebrate the New Year 2.（－nian）明年，指说话时候以后的一个年头 next year ❸超出 exceed；go beyond 1. 数量 number：～半数 guò bànshù more than half/～了一百 guòle yībǎi exceed one hundred 2. 程度 degree：～分（fèn）guòfèn excessive/～火 guòhuǒ go too far；overdo；go to extremes/未免太～wèimiǎn tài guò go a bit too far ❹超越 overtake［过费－fei］〈方dial.〉1. 花费过多 go to undue expense 2. 辜负 let down［过逾－yu］过分 excessive：小心没～～xiǎoxīn méi guòyu I couldn't have been too careful. ❺（－儿 －r）量词，次，回，遍 meas. time：衣服洗了好儿～儿 Yīfu xǐle hǎo jǐ guòr. The clothes have been washed for several times. ❻错误 error（⊕comb. 一错－cuò mistake）：一错～改一自新 gǎiguò-zìxīn correct one's errors and make a fresh start /知～必改 zhīguò-bìgǎi always correct an error when one becomes aware of it ❼（guo）放在动词后 used after a verb 1. 助词，表示曾经或已经 aux.

indicating the completion of an action：看～ kànguo *have seen*/听～ tīngguo *once heard*/用～了 yòngguo le *be finished with*/你见～他吗 Nǐ jiànguo tā ma? *Have you ever seen him?* 2. 跟"来"、"去"连用，表示趋向 used together with lai（come）or qu to indicate direction：拿～来 ná guolai *take sth. over*/转～去 zhuàn guoqu *turn around*

⊖ guō 见 231 页 See p. 231

H 厂

HA 厂丫

哈(❷**蝦)　⊖hā 厂丫 ❶张口呼气 breathe out, with the mouth open [哈哈——]拟声词，笑声 onom. the sound of laughing ❷哈腰，稍微弯腰，稍微弯腰，表示礼貌 bend one's back, or stoop slightly to show courtesy

[哈喇—la]1. 含油的食物日子久了起了变化的味道 rancid；(of oil-bearing food) having a rank smell or taste after a long period of time 2. 杀死（元曲多用）kill; put to death (usu. used in *yuanqu*: the popular verses to present dramas in the Yuan Dynansty)

[哈尼族—nízú]我国少数民族，参看附表 the Hani nationality, or the Hanis, a national minority in China；See Appendix

[哈萨克族—sàkèzú]1. 我国少数民族，参看附表 the Kazak (Kazakh) nationality, a national minority in China. See Appendix 2. 哈萨克斯坦的主要民族 the main nationality in Kazakhstan

　　⊜ hǎ 见本页 See the same page.
　　⊜ hà 见本页 See the same page.

铪　hā 厂丫 一种金属元素，符号 Hf hafnium, a metallic element, symbol：Hf

虾(蝦)　⊖há 厂丫 [虾蟆—ma]义同"蛤蟆" Same as "蛤蟆"

　　⊖ xiā 见 695 页 See p. 695

蛤　⊖há 厂丫 [蛤蟆—ma]青蛙和癞蛤蟆的统称 a general term for frog and toad

　　⊜ gé 见 202 页 See p. 202

哈　⊖hǎ 厂丫 姓 a surname [哈达—dá]（藏 Tibetan）一种长形薄绢，藏族和部分蒙古族人用以表示敬意或祝贺 a piece of long thin silk, used as a sign of respect or congratulation among the Tibetans and some Mongolians

[哈巴狗—bagǒu]一种个儿小腿短的狗。也叫"狮子狗"，"巴儿狗"。常用来比喻驯顺的奴才 a breed of small dog with short legs；also called "shīzigǒu"or"bārgǒu", often metaphorically used as a docile slave

　　⊖ hā 见本页 See the same page.
　　⊜ hà 见本页 See the same page.

哈　⊜hà 厂丫 [哈什蚂—shimǎ]蛙的一种，灰褐色，生活在阴湿的地方，主要产在我国东北各省。雌的腹内有脂肪状物质，叫哈什蚂油，中医用做补品 a kind of greyish brown frog, living in dark and damp areas, the female having a kind of fat inside the belly, called hàshimǎyóu, which is a tonic in Chinese medicine

　　⊖ hā 见本页 See the same page.
　　⊜ hǎ 见本页 See the same page.

HAI 厂历

咳　⊖hāi 厂历 ❶叹息 sigh；～声叹气 hāishēng-tànqì *heave deep sighs*; *sigh in despair* ❷叹词 *interj*. 1. 表示惋惜或后悔 expressing pity or regret：～，我为什么这么糊涂 Hāi, wǒ wèishénme zhème hútu! *Dammit! How stupid I was!* 2. 招呼人，提醒人注意 calling somebody; calling somebody's attention：～，到这儿来 Hāi, dào zhèr lái. *Hey! Come here!*

　　⊖ ké 见 355 页 See p. 355

嗨　⊖hāi 厂历 ❶拟声词 *onom*. ❷叹词，同"咳⊖"*interj*. Same as

"咳⊜❷".

　　⊜ hēi 见 248 页 See p. 248

还（還）

⊖ hái ㄏㄞ 副词 adv. ❶仍旧，依然 still；yet：你～是那样 Nǐ háishì nàyàng. *You're still like that.* /这件事～没有做完 Zhè jiàn shì hái méi yǒu zuò wán. *This hasn't been finished yet.* ❷更 even more；still more：今天比昨天～热 Jīntiān bǐ zuótiān hái rè. *It is even hotter today than yesterday.* ❸再，又 also；too：另外～有一件事要做 Lìngwài háiyǒu yī jiàn shì yào zuò. *Besides, there is something else to do.* / 提高产量，～要保证质量 Tígāo chǎnliàng, háiyào bǎozhèng zhìliàng. *Not only the quantity of the products should be increased, but also the quality should be assured.* ❹尚，勉强过得去 passable；fairly：身体～好 shēntǐ hái hǎo *feel fairly well*；*be in a fairly good condition* /工作进展得～不算慢 Gōngzuò jìnzhǎn de hái bùsuàn màn. *The work is making a fairly fast progress.* ❺尚且 still；yet：他那么大年纪～这么干，咱们更应该加油干了 Tā nàme dà niánjì hái zhème gàn, zánmen gèng yīnggāi jiāyóu gàn le. *He is still working so hard despite his old age. We should work even harder.* [还是—shi] 1. 表示这么办比较好 expressing a preference for an alternative：咱们～～出去吧 Zánmen háishi chūqu ba. *We'd better go out.* 2. 连词，用在问句里表示选择 conj. (indicating analternative when used in a question)：是你去呢，～～他来 Shì nǐ qù ne, háishi tā lái? *Are you going there, or is he coming over here?* ❻表示对某件事物，没想到如此，而居然如此 expressing realization or discovery of sth. unexpected：他～真有办法 Tā hái zhēn yǒu bànfǎ. *He is really smart after all.*

　　⊖ huán 见 263 页 See p. 263

孩

hái ㄏㄞ （—子—zi，—儿—r）幼童 child；infant ⑨ ext. 子女 son or daughter；child：他有两个～子 Tā yǒu liǎng ge háizi. *He has two children.*

骸

hái ㄏㄞ ❶骨头 bones of the body；skeleton (㊧ comb. —骨—gǔ *bones of the dead*)：尸～ shīhái *bones of the dead* ❷指身体 body：病～ bìnghái *a sick body* / 残～ cánhái *remains of the body*

胲

hǎi ㄏㄞ 有机化合物的一类，通式 R—NH—OH，是 NH₂OH 的烃基衍生物的统称 hydroxylamine, an organic compound, a general term for the hydrocarbon radical derivatives of NH₂OH; general formula: R—NH—OH.

海

hǎi ㄏㄞ ❶靠近大陆比洋小的水域 sea；waters close to the continents and smaller than oceans：黄～ HuángHǎi *the Huanghai Sea*；*the Yellow Sea* / 渤～ Bó Hǎi *the Bohai Sea* / ～岸 hǎi'àn *seacoast*；*coast* ❷用于湖泊名称 name for lakes：青～ Qīng Hǎi *Qinghai Lake* / 洱～ Ěr Hǎi *Erhai Lake* ❸容量大的器皿 container of great capacity：墨～ mòhǎi *a very large inkstone* ❹比喻数量多的人或事物 a great number of people or things：人～ rénhǎi *a sea of faces, a huge crowd of people* / 文山会～ wénshān-huìhǎi *mountains of papers and seas of meetings* ❺巨大的 largest；of great capacity：碗～ wǎnhǎi *a very big bowl* / ～量 hǎiliàng *great capacity*；*magnanimity* / 夸下～口 kuāxià hǎikǒu *boast about what one can do；talk big*

[海报—bào]文艺、体育演出的招贴 playbills for theatrical or sports performance

醢

hǎi ㄏㄞ 〈古 arch.〉❶肉酱 meat paste；ground meat ❷古代的一种酷刑，把人杀死后剁成肉酱 (a se-

vere punishment in ancient China)
kill sb. and grind his muscle

亥 hài ㄏㄞˋ ❶地支的末一位 the last of the Earthly Branches ❷亥时,指晚九点到十一点 the period of the day from 9 to 11 p.m.

骇 hài ㄏㄞˋ 惊惧 be astonished; be shocked:惊涛～浪(可怕的大浪) jīngtāo-hàilàng *terrifying waves*; *a stormy sea*/ ～人听闻 hài rén tīng wén *shocking*; *appalling*

氦 hài ㄏㄞˋ 一种化学元素,在通常条件下为气体,符号 He,无色无臭,不易跟其他元素化合。很轻,可用来充入气球或电灯泡等 helium, a light, colorless, odorless chemical element, usually gaseous, not easily combined with other elements, and used for filling balloons or bulbs; symbol:He

害 hài ㄏㄞˋ ❶有损的 harmful; destructive:～虫 hàichóng *injurious (or destructive) insect*; *pest* ～鸟 hàiniǎo *harmful (or destructive) bird* ❷祸害,坏处,跟"利"相反 evil; harm, antonym of "lì":为民除～ wèimín-chúhài *eliminate the evil for people's sake*/ 喝酒过多对身体有～ Hē jiǔ guòduō duì shēntǐ yǒuhài. *Excessive drinking does harm to one's health.* ❸灾害,灾患 disaster; calamity:虫～ chónghài *insect pest* ❹使受损伤 do harm to; impair:～人不浅 hàirén-bùqiǎn *do people great harm* / 危～国家 wēihài guójiā *endanger the state* ❺发生疾病 contract an illness; suffer from:～病 hài bìng *fall ill* / ～眼 hàiyǎn *have eye trouble* ❻心理上发生不安的情绪 being psychologically uneasy:～羞 hàixiū *be bashful*; *be shy* / ～臊 hàisào *feel ashamed*; *be bashful*/ ～怕 hàipà *be afraid*; *be scared* 〈古 arch.〉又同"曷 hé" Also same as "曷 hé".

嗐 hài ㄏㄞˋ 叹词 interj.～！想不到他病得这样重 Hài! xiǎng bu dào tā bìng de zhèyàng zhòng. *Oh, I had no idea he was so seriously ill.*

HAN ㄏㄢ

犴 ㊀ hān ㄏㄢ 就是驼鹿,也叫"堪达罕"elk; moose (also called "kāndáhǎn").
㊁ àn 见 6 页 See p. 6

预 hān ㄏㄢ 粗,圆柱形的东西直径大的 thick;(of a cylinder-shaped article) having a long diameter:这线太～ Zhè xiàn tài hān. *This piece of thread is too thick.* / 拿根～杠子来抬 Ná gēn hān gàngzi lái tái. *Find a thick stick to lift it.*

鼾 hān ㄏㄢ 熟睡时的鼻息声 snore; sound emitted from the nose during sleep:～声如雷 hān shēng rú léi *snore thunderously*

蚶 hān ㄏㄢ(一子—zi)俗叫"瓦垄子",也叫"魁蛤"。软体动物,贝壳厚,有突起的纵线像瓦垄。生活在浅海泥沙中。肉味鲜美。blood clam, a mollusc having delicious meat, thick shells with protruding lines like rows of tiles, living in sand or mud in shallow sea; popularly called wǎlǒngzi, or kuígé

酣 hān ㄏㄢ 酒喝得很畅快 drink to one's heart's content:～饮 hānyǐn *drink to the full*; *carouse* ⑤ ext. 尽兴,痛快 to one's satisfaction; to one's heart's content:～睡 hānshuì *sleep soundly*; *be fast asleep*/ ～战(长时间紧张地战斗)hānzhàn *hard-fought battle*; *locked in fierce battle*

憨 hān ㄏㄢ ❶傻,痴呆 foolish; silly:～笑 hānxiào *smile fatuously*; *simper* ❷朴实,天真 simple; innocent:～直 hānzhí *honest and straightforward*/ ～态 hāntài *naive manner* [憨厚—hòu]朴实,厚道 straightforward and good-natured; simple and

H

honest

邗 hán ㄏㄢˊ [邗江—jiāng]地名，在江苏省 a place in Jiangsu Province

汗 ⊖ hán ㄏㄢˊ 指可汗，见 356 页"可"字条"可汗 Kè—" See "Kèhán" under entry of kè, p. 356

⊖ hàn 见 239 页 See p. 239

邯 hán ㄏㄢˊ [邯郸—dān]地名，在河北省 a place in Hebei Province

含 hán ㄏㄢˊ ❶嘴里放着东西，不吐出来也不吞下去 keep sth. in the mouth, neither spitting nor swallowing：嘴里～着块糖 Zuǐ li hánzhe kuàir táng. *with a candy in the mouth* ⑨ ext. 藏在眼眶里 keep in the eyes：～着泪 hánzhe lèi *eyes filled with tears；eyes grown moist* ❷带有某种意思、感情等，不完全表露出来 nurse or cherish some intentions or feelings, without exposing them completely：～怒 hánnù *be in anger*/ ～羞 hánxiū *with a shy look；bashfully*/ ～笑 hánxiào *with a smile on one's face* ❸里面存在着 contain inside：～水分 hán shuǐfèn *containing water or moisture*/ ～养分 hán yǎngfèn *containing nutrients* [含糊—hu][含胡—hu]1. 不明确，不清晰 ambiguous；vague 2. 怯懦，畏缩，常跟"不"连用 timid and overcautious；shrinking, often combined with "not" 绝不～～ juébù hánhu *not a bit equivocal；not afraid at all* 3. 不认真，马虎 careless；perfunctory：这事可不能～～ Zhè shì kě bù néng hánhu. *We'll have to handle the matter with great care.*

浛 hán ㄏㄢˊ [浛洸—guāng]地名，在广东省英德 a place in Yingde, Guangdong Province

晗 hán ㄏㄢˊ 天将明 before dawn

焓 hán ㄏㄢˊ 单位质量的物质所含的全部热能 a measure of the energy content of a system per unit mass

函(＊圅) hán ㄏㄢˊ ❶匣，套子 case；envelope：石～ shíhán *a stone case*/ 镜～ jìnghán *a case for a mirror*/ 全书共四～ Quán shū gòng sì hán. *The whole book is in four cases.* ⑨ trans. 信件(古代寄信用木函)letter (Letters were posted in wooden cases in ancient China.)：～件 hánjiàn *letters；correspondence*/ 来～ láihán *a letter received*/ 公～ gōnghán *official letter*/ ～授 hánshòu *teach by correspondence；give a correspondence course* ❷包容，包含 contain；hold

涵 hán ㄏㄢˊ 包容，包含 contain (倒comb. 包—bāo— *excuse；forgive*)：海～hǎihán *be magnanimous enough to forgive or tolerate；sb. 's impoliteness or errors*/ ～义 hányì *deeper meaning*/ ～养 hányǎng *ability to control oneself；self-restraint*

韩(韓) hán ㄏㄢˊ 战国国名，在现在河南省中部、山西省东南一带 a state in the Warring States period, located in the middle part of today's Henan Province and the south-east of Shanxi Province

寒 hán ㄏㄢˊ ❶冷 cold (倒comb. 一冷—lěng *cold；frigid*)：御～ yùhán *keep out the cold*/ 天～ tiān hán *The weather is cold.* [寒噤—jìn]因受冷或受惊而发抖 shiver with cold or fear[寒心—xīn]1. 害怕，战栗 be afraid；shiver 2. 灰心，痛心失望 be discouraged；be bitterly disappointed [胆寒 dǎn—]害怕 be terrified；be struck with fear ❷穷困 poor；needy：家里很贫 jiā li hěn pínhán *have an impoverished family.* 旧时谦辞 (old use, as a humble word) my：～门 hánmén *my family*/ ～舍 hánshè *my humble home*

罕 hǎn ㄏㄢˊ 稀少 rarely；seldom (倒comb. 稀—xīhan *rare；uncommon*)：～见 hǎnjiàn *seldom seen；*

rare/ ～闻 hǎnwén *seldom heard of*/ ～物 hǎnwù *a rare thing*; *a precious thing*

喊 hǎn ㄏㄢˇ 大声叫，呼 shout; call out: ～口号 hǎn kǒuhào *shout slogans*/ ～他一声 hǎn tā yī shēng *shout to him*

阚 ㊁ hǎn ㄏㄢˇ 虎叫声 the roaring of a tiger

㊀ kàn 见 351 页 See p. 351

嘲 hǎn ㄏㄢˇ 同"阚㊁"(柳宗元文《黔之驴》用此字。) Same as "阚㊁" (used in Liu Zongyuan's essay *The Donkey of Qian*. Qian is the other name of the Guizhou province)

汉（漢） hàn ㄏㄢˋ ❶汉水，上流在陕西南部，下流到汉口入长江 the Han River, beginning from the south of Shaanxi and pouring into the Changjiang River in Hankou [银汉 yín—]天河 the Millky Way ❷Hàn 朝代名 dynasty name 1. 刘邦所建立(公元前 206—公元 220 年) the Han Dynasty, founded by Liubang (206 B.C.—A.D. 220) 2. 五代之一，刘知远所建立(公元 947—950 年) the Later Han Kingdom, one of the Five Dynasties, founded by Liu Zhiyuan (A.D. 947—950) ❸(一子一zi)男人，男子 man: 老～ lǎohàn *old man*, or I (a self-reference)/ 好～hǎohàn *brave man*; *true man*; 英雄～yīngxiónghàn *hero* ❹汉族，我国人数最多的民族 the Han Nationality, the majority nationality of People's Republic of China [汉奸一jiān]出卖我们国家民族利益的败类 a Chinese traitor; a scum who betrays the Chinese national interests to the foreign invaders

闬 hàn ㄏㄢˋ ❶里巷门 entrance of a lane; gate ❷墙 wall

汗 ㊀ hàn ㄏㄢˋ 由身体的毛孔里排泄出来的液体 sweat; perspiration, the fluid excreted from the pores of the body

㊁ hán 见 238 页 See p. 238

旱 hàn ㄏㄢˋ ❶长时间不下雨，缺雨，跟"涝"相反 dry spell; drought, antonym of "涝" 防～fánghàn *take precautions against drought*/ 天～tiānhàn *a dry climate* ❷陆地，没有水的 on land; dry: ～路 hànlù *overland route*/ ～田 hàntián *nonirrigated farmland*; *dry land*/ ～稻 hàndào *upland rice*; *rice planted in dry land*; *dry-field rice*

捍(*扞) hàn ㄏㄢˋ 保卫，抵御 guard; defend: ～卫祖国 hànwèi zǔguǒ *defend one's motherland*/ ～海堰(挡海潮的堤) hànhǎiyàn *dykes that block the sea waves* [捍格一gé]相抵触 resist; withstand: ～～不入 hàngé-bùrù *resist; do not give in*

悍(*猂) hàn ㄏㄢˋ ❶勇敢 brave; bold: 强～ qiánghàn *fierce*; *intrepid*/短小精～ duǎnxiǎo-jīnghàn *not of imposing stature but strong and capable*; (of essay) *terse and forceful* ❷凶暴 fierce; ferocious (⊕ comb. 凶一 xiōng— *fierce and tough*): ～然不顾 hànrán-bùgù *in flagrant disregard of*; *in outrageous defiance of*

焊(*釬、*銲) hàn ㄏㄢˋ 用熔化的金属或某些非金属把工件连接起来，或用熔化的金属修补金属器物 weld; solder, join workpieces with melted metals or certain nonmetals, or repair metallic articles with melted metals: 电～diànhàn *electric welding*/ 铜～ tónghàn *copper welding*

菡 hàn ㄏㄢˋ [菡萏一dàn]荷花的别称 another name for lotus

颔 hàn ㄏㄢˋ ❶下巴颏 chin ❷点头 nod: ～首 hànshǒu *nod*/ ～之而已 hàn zhī éryǐ *greet with only a nodding*

撒 hàn ㄏㄢ 姓 a surname

撼 hàn ㄏㄢ 摇动 shake：震～天地 zhènhàn-tiāndì shake heaven and earth

憾 hàn ㄏㄢ 悔恨，心中感到有所缺欠 regret；not feel satisfied：～事 hànshì a matter for regret/遗～ yíhàn regret；pity

翰 hàn ㄏㄢ 长而坚硬的羽毛，古代用来写字 long and strong feather，used to write in ancient times 转 trans. 1. 毛笔 writing brush：～墨 hànmò brush and ink；writing，painting or calligraphy/ 染～rǎnhàn dye brush 2. 诗文，书信 poetry；letter：文～wénhàn essay；official correspondence/ 华～huáhàn your esteemed letter/ 书～shūhàn calligraphy；letter

瀚 hàn ㄏㄢ 大 vast：浩～(广大，众多)hàohàn vast and numerous

HANG ㄏㄤ

夯(**硙) ⊖ hāng ㄏㄤ ❶砸地基的工具 rammer，a tool used to ram the ground ❷用夯砸 pound with a rammer：～地 hāng dì ram the earth

⊜ bèn 见 29 页 See p. 29

行 ⊖ háng ㄏㄤ ❶行列，排 line；row：单～dānháng single line/ 双～ shuānɡhánɡ double lines ❷职业 occupation；profession：咱们是同～ Zánmen shì tónɡhánɡ. We are of the same trade.［行家—jiɑ］精通某种事务的人 expert in a certain occupation ❸某些营业性机构 certain business firms or setups：银～yínháng bank/ 车～chēháng vehicle company / 电料～ diànliàoháng electrical materials and appliances firm［行市—shi］市场上商品的一般价格 quotations or average prices on the market ❹兄弟、

姊妹长幼的次第 seniority among brothers and sisters：排～páiháng ranks of seniority among brothers and sisters/ 您～几 Nín háng jǐ? What's your rank of seniority among your sisters and brothers? / 我一三 Wǒ háng sān. I'm the third. ❺量词，用于成行的东西 meas. (for things in line) line：几～字 jǐ háng zì a few lines of words/ 两～树 liǎng háng shù two rows of trees

⊜ xíng 见 720 页 See p. 720

绗 háng ㄏㄤ 做棉衣、棉褥等，粗粗缝，使布和棉花连在一起 sew with rather long interval stitches when making quilt and cotton-padded clothes so that cloth and cotton are fixed

吭 ⊖ háng ㄏㄤ 喉咙，嗓子 throat：引～(拉长了嗓音)高歌 yǐnháng gāogē sing aloud；sing heartily

⊜ kēng 见 359 页 See p. 359

远 háng ㄏㄤ ❶野兽、车辆经过的痕迹 traces left by animals or vehicles ❷道路 pass；road

杭 háng ㄏㄤ 杭州，地名，在浙江省 Hangzhou，a place in Zhejiang Province

航 háng ㄏㄤ 行船 sail，navigate by water：～海 hánghǎi navigation 引 ext. 飞机等在空中飞行 (of aerocrafts) fly in the air：～空 hángkōng aviation

颃 háng ㄏㄤ 见 714 页"颉"字条"颉颃 xié —"See "xiéháng (contend with)" under entry "xié"，p. 714

沆 hàng ㄏㄤ 大水 a vast expanse of water［沆瀣—xiè］露气 mist ［沆瀣一气—xiè-yīqì］喻 fig. 气味相投的人勾结在一起 (of people who are of same kind) come together；be congenial to each other

巷 ⊖ hàng ㄏㄤ 同"巷" Same as "巷⊖"［巷道—dào］采矿或探矿

时挖的坑道 tunnel dug out when mining or prospecting

㊀ xiàng 见 707 页 See p. 707

HAO ㄏㄠ

蒿 hāo ㄏㄠ 香蒿，又叫"青蒿"。二年生草本植物，叶如丝状，有特殊的气味，花小，黄绿色。可入药。wormwood artemisia, also called "qīnghāo", a special-smelling biennial herbecuous plant with filiform foliage and small yellow-green flowers; used in medicine.

嚆 hāo ㄏㄠ 呼叫 call out；shout[嚆矢－shǐ]带响声的箭 an arrow with a whistle attached ⑯ fig. 发生在先的事物，事物的开端 forerunner；harbinger；beginning

薅 hāo ㄏㄠ 拔，除去 pull up：～草 hāo cǎo weeding

号(號) ㊀ háo ㄏㄠ ❶大声呼喊 hawl；yell⑱comb. 呼－hū－haul）[号叫－jiào] yell；hawl ❷大声哭 wail：悲～bēiháo cry piteously[号啕－táo][号咷－táo]大声哭喊 cry loudly；wail

㊁ hào 见 242 页 See p. 242

蚝(*蠔) háo ㄏㄠ 牡蛎(lì) oyster：～油(用牡蛎肉制成的浓汁，供调味用)háoyóu oyster source (thick edible source made from oyster meat, used as seasoning)

亳 háo ㄏㄠ ❶长而尖的毛 fine long hair；狼～笔 lánghófú a writing brush made of weasel's hair ❷秤或戥子上的提绳 loops on a steelyard for hanging from the user's hand：头－tóuháo first loop；二－èrháo second loop ❸计量单位名，10 丝是 1 毫，10 毫是 1 厘 a unit of weight (10 si equals 1 hao, and 10 hao equals 1 li.) ❹〈方 dial.〉货币单位：角，毛 a unit of currency; Same as jiao, or mao.

❺数量极少，一点 very limited；in the least：～无诚意 háowú chéngyì without the least sincerity／～不费力 háobù fèilì without any trouble

嗥(*嘷) háo ㄏㄠ 野兽吼 (hǒu)叫 (of animals) hawl：狼～lángháo the hawl of a wolf

貉 ㊀ háo ㄏㄠ 同"貉㊁"，用于"貉子、貉绒" Same as 貉㊁, used in háozi，háoróng.

㊁ hé 见 246 页 See p. 246

豪 háo ㄏㄠ ❶具有杰出才能的人 a person of extraordinary ability (⑱comb. －杰－jié hero)：文～wénháo literary giant；great writer／英～yīngháo heroes；prominent figures[自豪 zì－]自己感到值得骄傲 have a proper pride and dignity；feel proud of sth. 我们以有这样的英勇战士而～～Wǒmen yǐ yǒu zhèyàng de yīngyǒng zhànshì ér zìháo. We are proud to have such a brave soldier. ❷气魄大，直爽痛快，没有拘束的 bold and unconstrained；forthright：～放 háofàng bold and unconstrainged／性情－爽 xìngqíng háoshuǎng have a bold and uninhibited character／～迈的事业 háomài de shìyè gallant and magnificient cause ❸强横的，有特殊势力的 despotic；bullying：～门 háomén rich and powerful family；wealthy and influencial clan／土－劣绅 tǔháo-lièshēn local tyrants and evil gentry／巧取～夺 qiǎoqǔ-háoduó secure (sb.'s belongings, rights, etc) by force or trickery

壕 háo ㄏㄠ 沟 trench；moat：战～zhànháo trench；entrenchment

嚎 háo ㄏㄠ 大声哭喊 howl；cry aloud[嚎啕－táo][嚎咷－táo]同"号啕" same as "号啕"

濠 háo ㄏㄠ ❶护城河 city moat ❷濠水，水名，在安徽省 Háo Shuǐ, a river in Anhui province

好 ㈠ hǎo ㄏㄠˇ ❶优点多的或使人满意的,跟"坏"相反 virtuous; satisfying,antonym of "huài": ~人 hǎorén *nice person*/ ~汉 hǎohàn *brave man*; *hero*/ ~马 hǎo mǎ *excellent horse*/~东西 hǎo dōngxi *a good thing*/ ~事 hǎo shì *good deed*; *good turn* 㪇 ext. 指生活幸福、身体健康或疾病消失 living a happy life; be in good health: 您 ~ 哇 Nín hǎo wa! *How do you do!* / 他的病完全~了 Tā de bìng wánquán hǎo le. *He recovered completely from his illness.* [好手—shǒu]擅长某种技艺的人,能力强的人 good hand; one skilled in a certain technique; capable man ❷友爱,和睦 friendly; on good terms; 相~xiānghǎo *be friendly to each other*/ 我跟他~ Wǒ gēn tā hǎo. *He is my good friend.* / 友~yǒuhǎo *friendly*; *amicable* ❸易于,便于 be easy to; be good to: 这件事情~办 Zhè jiàn shìqing hǎo bàn. *This is easy to do.* / 请你闪开点,我~过去 Qǐng nǐ shǎnkai diǎnr, wǒ hǎo guòqu. *Please give me a way and let me get through.* or *Excuse me, please let me get through.* ❹完,完成 be ready; done: 我们的计划已经订~了 Wǒmen de jìhuà yǐjing dìnghǎo le. *Our plan is already completed.* / 我穿~衣服就去 Wǒ chuānhǎo yīfu jiù qù. *I will go when I dress up.* / 预备~了没有 Yùbèi hǎo le méiyǒu? *Is everything ready?* ❺ 很,甚 very; quite: ~冷 hǎo lěng *very cold*/ ~快 hǎo kuài *very quick*; *so soon*/~大的风 hǎo dà de fēng *what a strong wind* [好不—bù]很 very; quite: ~ 高兴 hǎobù gāoxìng *overjoyed*; *greatly happy* ❻表示赞许、应允或结束等口气的词 expressing a tone of exclamation, agreement, or conclusion: ~, 你真不愧是劳动英雄 Hǎo, nǐ zhēn bùkuì shì láodòng yīngxióng! *Well done! You are really worthy of a labour hero!* / ~,就照你的意见做吧 Hǎo, jiù zhào nǐ de yìjiàn zuò ba! *Ok, let's follow your suggestion.* / ~,不要再讨论了 Hǎo, bùyào zài tǎolùn le! *All right, no need to discuss about it any more!*

㈡ hào 见 243 页 p. 243

郝 hǎo ㄏㄠˇ 姓 a surname

号(號) ㈠ hào ㄏㄠˋ ❶ 名称 name: 国 ~ guóhào *the title of a reigning dynasty*/ 别 ~ biéhào *another name*; *alias*/ 牌 ~ páihào *the name of a shop*; *trade-mark* 㪇 trans. 商店 shop; business house: 本 ~ běnhào *my shop*; *this shop*/ 分 ~ fēnhào *a branch (of a store)* ❷记号,标志 sign; mark; 暗~ ànhào *a secret signal*; *countersign*/ 信~灯 xìnhàodēng *signal lamp*/ 做记~zuò jìhào *make a mark* ❸ 表示次第或等级 expressing order or rank: 挂~ guàhào *register*/ 第一~ dìyī hào *number one*/ 大~ dàhào *large size*/ 中~ zhōnghào *medium size* [号码—mǎ]代表事物次第的数目字 number showing the order of things [号外—wài]报社报道重要消息临时印发的报纸 extra; special edition of a newspaper printed temporarily to report sth. important ❹ 标上记号 mark the number on: 把这件东西~上 Bǎ zhè jiàn dōngxi hào shang. *Have this article marked.* ❺ 号令,命令 order: 发~施令 fāhào-shīlìng *issue orders*; *order people about* [号召—zhào]召唤(群众共同去做某一件事) call (the mass to do sth. together): 坚决响应党的~ Jiānjué xiǎngyìng Dǎng de hàozhào. *resolutely respond to the Party's call* [口号 kǒu—]号召群众或表示纪念等的语句 slogan or watchword calling people's attention or showing commemoration ❻军队或乐队里所用的西式喇叭 brass-wind instrument used in the armed forces or the bands：吹～chuīhào *sound the bugle*/ ～兵 hàobīng *bugler*; *trumpeter* ❼用号吹出的表示一定意义的声音 bugle call; any call made on a bugle to express a certain meaning：熄灯～ xīdēnghào *bugle call for lights-out*/ 冲锋～chōngfēnghào *a bugle call to charge*

㊁ háo 见 241 页 See p. 241

好 ㊀ hào ㄏㄠ 爱,喜欢 like; love（龜 comb. 爱－ài *interest*; *hobby*）：～学 hàoxué *be fond of learning*; *be eager to learn*/ 劳动 hào láodòng *be fond of working*; *like physical labor*/ 这孩子不～哭 Zhè háizi bù hào kū. *This kid seldom cries.*

㊁ hǎo 见 242 页 See p. 242

昊 hào ㄏㄠ 广大的天 vast and boundless sky

淏 hào ㄏㄠ 水清 (of water) clear

耗 hào ㄏㄠ ❶减损,消费 decrease; consume（龜comb. 一费－fèi *consume*, 消－xiāo－ *consume*; *use up*)：消～品 xiāohàopǐn *things to be consumed*/ 别～灯油了 Bié hào dēngyóu le. *Stop wasting the lamp oil.* or *Stop being idle and go sleeping.* ❷拖延 delay; dawdle：～时间 hào shíjiān *waste time dawdle* /别耗着了,快去吧. Bié hàozhe le, kuài qù ba. *Stop being idle and get going quickly.* ❸音信,消息 news：噩(è)～(指亲近或敬爱的人死亡的消息) èhào *news of the death of a relation or respected person*

浩 hào ㄏㄠ 广大（叠 redup.）great; vast（龜 comb. 一大－dà *huge*; *vast*)：声势～大 shēngshì-hàodà *great in strength and impetus*; *powerful and dynamic*/ 大队人马～～荡荡 dàduì rénmǎ hàohào-dàngdàng *a large contigent of troops marching in force*

皓(＊皜、＊暠) hào ㄏㄠ 洁白,明亮 white; bright and luminous：～齿 hàochǐ *white teeth*/ ～首(白发,指老人)hàoshǒu (of the old) *hoary head*/ ～月当空 hàoyuè-dāngkōng *a bright moon hanging in the sky*

鄗 hào ㄏㄠ 古县名,在今河北省柏乡 an ancient county, in today's Boxiang, Hebei province

滈 hào ㄏㄠ 水名,在陕西省 a river in Shaanxi province

镐 ㊀ hào ㄏㄠ 西周的国都,在今陕西省长安西北 capital of West Zhou, in the northwest of today's Chang'an, Shaanxi Province

㊁ gǎo 见 200 页 See p. 200

皞 hào ㄏㄠ 明亮 bright; luminous

颢 hào ㄏㄠ 白的样子 white

灏 hào ㄏㄠ 水势大 (of the flow of water) great in impetus; flooding

HE ㄏㄜ

诃 hē ㄏㄜ 同"呵㊅❶" Same as "呵㊅❶"

[诃子－zǐ]也叫"藏(zàng)青果"。常绿乔木,叶子卵形,果实像橄榄,可以入药 myrobalan, an ever-green arbor, with egg-shaped leaves and olive-like fruits which can be used as medicine; also called "zàngqīnguǒ".

呵 ㊅ hē ㄏㄜ ❶怒责 scold; reprove（龜comb. 一斥－chì *berate*)：～禁 hējìn *berate and forbid* ❷呼气 breathe out (with the mouth open)：～冻 hēdòng *breath out hot air to warm up frozen finers in winter*/ ～气 hēqì *give a puff* [呵呵－－]拟声词,笑声 onom. the sound of laughing：笑～～ xiàohēhē *laugh a bit loudly* ❸同"嗬" Same as "嗬"

㊀ ā 见1页 See p. 1
㊁ á 见1页 See p. 1
㊂ ǎ 见1页 See p. 1
㊃ à 见1页 See p. 1
㊄ a 见2页 See p. 2

喝(**飲) ㊀ hē ㄏㄜ 吸食液体饮料或流质食物,饮 drink; eat by sucking liquid drink or liquid food: ～水 hē shuǐ *drink water*/ ～酒 hē jiǔ *drink wine or have alcoholic drink*/ ～粥 hē zhōu *have gruel*

㊁ hè 见247页 See p. 247

嗃 hē ㄏㄜ 叹词,表示惊讶 interj. ah; expressing surprise: ～, 真不得了 Hē, zhēn bùdeliǎo! *Oh, how terrible!*

蠚 hē ㄏㄜ 〈方 dial.〉蜇(zhē),刺 sting

禾 hé ㄏㄜ ❶谷类植物的统称 a general term for cereal crops ❷古代特指粟(谷子)esp. referring to millet in ancient times

和(❶❷❼*龢) ㊀ hé ㄏㄜ ❶相安,谐调 on good terms; harmonious: ～睦 hémù *harmony; concord* 引 ext. 平静,不猛烈 gentle; mild: 温～ wēnhé *gentle; moderate* / 心平气～ xīnpíngqìhé *even-tempered and good-humored*; *calm* / 风～日暖 fēnghérìnuǎn *a bright sun and a gentle breeze*; *warm and sunny weather* [和平—píng]1. 没有战争的状态 peace; a state without war: ～～环境 hépíng huánjìng *peaceful environment* 2. 温和,不猛烈 mild; not strong: 药性～～ yàoxìng hépíng *The medicine is mild.* [和气—qi]态度温和(of attitude or manner) gentle; amiable: 他说话真～～ Tā shuōhuà zhēn héqi. *He is so gentle when speaking.* ❷平息争端 settle a dispute; achieve peace: 讲～ jiǎnghé *make peace*; *settle a dispute* / ～解 héjiě *become reconciled* ❸数学上指两个或两个以上的数加起来的总数(in mathematics) the sum of two or more numbers: 2跟3的～是5 Èr gēn sān de hé shì wǔ. *The sum of 2 and 3 is 5.* ❹连带 together with: ～盘托出(完全说出来)hépán-tuōchū *reveal everything; hold nothing back* / ～衣而卧 héyī ér wò *sleep all dressed* ❺连词,跟,同 conj. and: 我～他意见相同 Wǒ hé tā yìjiàn xiāngtóng. *My opinion and his are the same.* or *I have the same opinion with him.* ❻介词,对,向 prep. to; toward: 你～孩子讲话要讲得通俗些 Nǐ hé háizi jiǎnghuà yào jiǎng de tōngsú xiē. *When you speak to the child you should use a somewhat popular language.* ❼姓 a surname [和尚—shang]佛教男性僧侣的通称(in Buddhism)a general term for Buddhist monks

㊁ hè 见247页 See p. 247
㊂ huó 见275页 See p275.
㊃ huò 见276页 See p276.
㊄ hú 见255页 See p. 255

盉 hé ㄏㄜ 古代用来调和酒的器皿 a container used to mix alcoholic drinks in ancient times

合(❸閤) ㊀hé ㄏㄜ ❶闭,对拢 close; shut: ～眼 héyǎn *close the eyes*; *sleep* / ～抱 hébào *get one's arms around*(a tree, etc.)/ ～围(四面包围)héwéi *surround* [合龙—lóng]修筑堤坝或桥梁时从两端施工,最后在中间接合 start building a dam or bridge from the two ends, and finally join the two sections in the middle [合口呼—kǒuhū] u 韵母和以 u 开头的韵母叫做"合口呼"; the simple vowel of a Chinese syllable u or u used in the beginning of a syllable called "hékǒuhū" ❷聚,集 join; combine: ～力 hélì *join forces*; *pool efforts* / ～办 hébàn *operate or run jointly* / ～唱 héchàng *chorus* [合同—tong]两方或多方为经营事业或

在特定的工作中规定彼此权利和义务所订的共同遵守的条文 contract，an agreement commonly followed by two or more parties for running an operation or for prescribing rights and responsibilities of each in a special job：产销～～chǎnxiāo hétong *a production and marketing agreement*［合作－zuò］同心协力搞一件工作 cooperate；join minds and efforts to do one job［合作社－zuòshè］根据互相合作的原则自愿建立起来的经济组织，按经营业务的不同，可以分为生产合作社、消费合作社、供销合作社、信用合作社等 cooperative，an economic organization voluntarily formed according to a cooperative principle. Owing to the different operation businesses，it can be further classified into production，consumption，sales，credit cooperative，etc. ❸总共，全 whole；total：～计 héjì *amount to*；*total*／～家 héjiā *the whole family* ❹不违背，一事物与另一事物相应或相符 not contrary to，fitting or corresponding（between one thing and another）：～格 hégé *qualified*；*up to standard*／～法 héfǎ *legal*；*lawful*／～理 hélǐ *rational*；*reasonable* ⑨ ext. 应该 appropriate；necessary：理～声明 lǐhé shēngmíng *It is deemed necessary to make a statement.* ❺计，折算 be equal to；add up to：这件衣服做成了～多少钱 Zhè jiàn yīfu zuòchéngle hé duōshǎo qián？*How much does this coat cost when it is finished？*／一米～多少市尺 Yī mǐ hé duōshǎo chǐ？*How many* chǐ *is one meter equal to？* ❻旧时乐谱记音符号的一个，相当于简谱的低音的"5̣"a note of the music score in ancient times，corresponding to the low tone "5̣" in numbered musical notation ❼姓 a surname

　㊀ gé 见 204 页 See p. 204

　"閤"又 gé见202页"阁""hé" also

"gé"，see p. 202

郃 hé ㄏㄜˊ［郃阳－yáng］地名，在陕西省。今作"合阳" a place in Shaanxi Province；now written as 合阳

饸 hé ㄏㄜˊ［饸饹－le］一种条状食品，多用荞麦面轧（yà）成。有的地区叫"河漏" a kind of noodles，usually made from buckwheat；also called "hélòu" in some districts（of north China）

盒 hé ㄏㄜˊ（－子－zi，－儿－r）底盖相合的盛（chéng）东西的器物 box or container，a receptacle with a flat bottom and a lid：饭～儿 fànhér *lunch-box*／墨～儿 mòhér *ink box*（for Chinese calligraphy or painting）

颌 ㊀ hé ㄏㄜˊ 构成口腔上部和下部的骨头和肌肉等组织叫做颌，上部的叫上颌，下部的叫下颌 jaw，cartilaginous or bony structures that form the upper and lower parts of the mouth，the upper part being the upper jaw，and the lower part being the lower jaw

　㊁ gé 见 202 页 See p. 202

纥 ㊀ Hé ㄏㄜˊ 见 269 页"回"字条"回纥" See "Huíhé" under entry of "huí"，p. 269

　㊁ gē 见 201 页 See p. 201

龁 hé ㄏㄜˊ 咬 bite

何 hé ㄏㄜˊ 表示疑问 expressing doubt 1. 什么 what；which：～人 Hé rén？*Who？*／事 Hé shì？*What？*／为～Wèihé？*Why？* or *For what？*／有～困难 Yǒu hé kùnnan？／*Is there any difficulty？* 2. 为什么 why；for what：～不 Hé bù？*Why not？*／～必如此 Hébì rúcǐ？*Why act this way？* 3. 怎样 how：～如 Hérú？*How about？* or *Wouldn't it be better？*／如～Rúhé？*How about？* 4. 怎么 how：他学习了好久，～至于一点进步也没有 Tā xuéxíle hǎo jiǔ，hé zhìyú yīdiǎn jìnbù yě méiyǒu? *He has been studying for a long time. How can he make no progress at all?* 5. 哪里 where；欲～往 Yù hé wǎng? *Where to?*

〈古 arch.〉又同"荷㊀" Also same as "荷㊀"

河 hé ㄏㄜˊ ❶水道的通称 a general term for water routes；运～yùnhé *canal*/ 淮～HuáiHé *the Huaihe River*/ [河汉—hàn]银河，又叫"天河"。天空密布如带的星群 the Milky Way；also called "tiānhé" ❷专指黄河，我国的第二大河，发源青海省，流入渤海 esp. the Huanghe River, the second biggest river in China, beginning from Qinghai province and flowing into the Bohai Sea；～西 Héxī *the Hexi Corridor*/ ～套 Hétào *The great bend of the Huanghe River*/ 江淮～汉 Jiāng Huái Hé Hàn *refer to: the Changjiang River, the Huaihe River, the Huanghe River and the Han River*

荷 ㊀ hé ㄏㄜˊ 莲 lotus
㊁ hè 见 247 页 See p. 247

菏 Hé ㄏㄜˊ [菏泽—zé]地名，在山东省 a place in Shandong Province

劾 hé ㄏㄜˊ 揭发罪状 expose sb.'s misdeeds or crimes（⟨⟩comb. 弹—tán— *impeach*）

阂 hé ㄏㄜˊ 阻隔不通 cut off from；not in communication with；隔～géhé *estrangement；misunderstanding*

核（❹ *覈*）㊀ hé ㄏㄜˊ ❶果实中坚硬并包含果仁的部分 pit；stone, hard part (including the kernel) of the fruit ❷像核的东西 nucleus, sth. that resembles a pit；菌～ jūnhé *sclerotium*/ 细胞～xìbāohé *cell nucleus*[核心—xīn]中心，主要部分 core；kernel；领导～～ lǐngdǎo héxīn *the core of leadership*/

～～作用 héxīn zuòyòng *key role*[结核 jié—]传染病名，病原体是结核杆菌 tubercle, an infectious disease；the pathogen being tubercle bacillus ❸指原子核、核能、核武器等 referring to atomic nucleus, nuclear energy, nuclear weapons, etc.；～试验 héshìyàn *nuclear test*/ ～战争 hézhànzhēng *nuclear war* ❹仔细地对照、考察 check or examine closely；～算 hésuàn *examine and calculate；assess*/ ～实 héshí *verify；check*
㊁ hú 见 257 页 See p.257

曷 hé ㄏㄜˊ 文言中表示疑问的词 an interrogative word in classical Chinese literature 1. 怎么 how；why 2. 何时 when

饸 ㊀ hé ㄏㄜˊ 馓子，一种油炸的面食 sǎnzi, a kind of fried flour-made food
㊁ ài 见 4 页 See p.4

鹖 hé ㄏㄜˊ 古书上说的一种善斗的鸟 (in ancient texts) a bird that is good at fighting

貊 见 463 页"貃"字条"貊貊 mò— (an ethnic in the northeast part in ancient China)" See mòhé under entry of mò, p.463

盍（*盇*）hé ㄏㄜˊ 何不 why not；～往观之 Hé wǎng guān zhī. *Why not go and have a look* (at it)?

阖 hé ㄏㄜˊ ❶全，总共 entire；total；～家 hé jiā *the whole family*/ ～城 héchéng *the whole town* ❷关闭 close；shut；～户 héhù *close the door*/ ～口 hékǒu *shut the mouth；close the gap*

涸 hé ㄏㄜˊ 水干 dry up；～辙（水干了的车辙）hézhé *a dry rut*

貉 ㊀ hé ㄏㄜˊ 野兽名。毛棕灰色，耳小，嘴尖，昼伏夜出，捕食鱼类，很珍贵 racoon dog, an animal with brown hair, small ears, and pointed mouth, which sleeps in the day and is up and about during the night, lives on insects, and has expensive fur [一丘之貉 yīqiūzhī—] racoon dogs live in a same hill. ⑨ *fig.* 彼此相似，没什么差别，指坏人 jackals from the same hair; people (usu. bad) of the same ilk

〈古 arch.〉又同"貊 mò" Also same as "貊"

㊀ háo 见 241 页 See p.241

翮 hé ㄏㄜˊ ❶鸟翎的茎，翎管 shaft of bird feather; quill ❷ 翅膀 wing：奋～高飞 fèn hé gāo fēi *flap the wings and soar high into the sky*

吓(嚇) ㊁ hè ㄏㄜˋ ❶恫吓，恐吓 threaten; intimidate ❷ 叹词，表示不满 *interj.* showing disapproval：～，怎么能这样呢！Hè, zěnme néng zhèyàng ne! *Tut, how could it be like this?*

㊀ xià 见 697 页 See p.697

和 ㊁hè ㄏㄜˋ 声音相应。特指依照别人所作诗词的题材和体裁而写作；join in the singing; esp. compose a poem according to the theme and style of others'：～诗 héshī *compose a poem in reply*/ 唱～chànghè *write a poem in reply to another's, using the same rhyme scheme*

㊀ hé 见 244 页 See p.244
㊂ huó 见 275 页 See p.275
㊃ huò 见 276 页 See p.276
㊄ hú 见 255 页 See p.255

贺 hè ㄏㄜˋ 庆祝，祝颂 congratulate (⊛comb. 庆—qìng— congratulate)：～年 hènián *extend New Year Greetings; pay a New Year call*/ ～喜 hèxǐ *offer congratulations; congratulate sb. on a happy occasion*/ ～功 hègōng *congratulate sb. on an achievement*/ ～电 hèdiàn *message of congratulation; congratulatory telegram*

荷 ㊁ hè ㄏㄜˋ ❶独力负担，扛 carry by oneself; shoulder：～锄 hè chú *carry a hoe on one's shoulder*[电荷 diàn—]构成物质的许多基本粒子所带的电。有的带正电(如质子)，有的带负电(如电子)，习惯上也把物体所带的电叫电荷 electric charge or charge, electricity carried by the many elementary particles that form substances, some with positive charge (eg. proton), some with negative charge (eg. electron). Electricity carried by substances is also usu. referred to as diànhè：正～zhènghè *positive charge*/ 负～fùhè *negative charge* ❷承受恩惠(常用在书信里表示客气) grateful; obliged (usu. used in letter writing to show courtesy)：感～gǎnhè *much obliged* / 为～wéi hè *be appreciated*

㊀ hé 见 246 页 See p.246

喝 ㊁ hè ㄏㄜˋ 大声喊叫 shout loudly：～令 hèlìng *shout an order*/ 呼～hūhè *cry out loudly*/ 大～一声 dà hè yī shēng *give a loud shout*[喝彩—cǎi]大声叫好 shout 'bravo'; acclaim

㊀ hē 见 244 页 See p.244

褐 hè ㄏㄜˋ ❶粗布或粗布衣服 coarse cloth or clothing ❷ 黑黄色 dark yellow

赫 hè ㄏㄜˋ ❶显明，盛大(叠 redup.) conspicuous; grand：显～xiǎnhè *illustrious; celebrated*/ 声势～～ shēngshì hèhè *grand in strength and impetus; powerful and dynamic* ❷频率单位名，符号 Hz hertz, a unit of frequency; symbol: Hz

[赫哲族—zhézú]我国少数民族，参看附表 the Hezhe nationality, a national minority in China. See Appendix.

熇 hè ㄏㄜˋ [熇熇——]烈火燃烧的样子 in the way flames flare up

鹤 hè ㄏㄜˋ [鹤鹤——]羽毛洁白润泽的样子 feather looking like smooth and pure white

鹤 hè ㄏㄜˋ 仙鹤，鸟名，又叫"白鹤"、"丹顶鹤"。全身白色，头顶红色，颈、腿细长，翼大善飞，叫的声音很高、很清脆 crane; also 'white crane', 'red-topped crane', a bird with white feathers, a red top above the head, a long and thin neck and legs and big wings, which is good at flying and has high-pitched and clear singing

壑 hè ㄏㄜˋ 山沟或大水湾 gully; big pool; 沟～ gōuhè *gully*; *ravine*/以邻为～ yǐ lín-wéihè *use the neighbour's field as a drain*; (*fig.*) shift one's troubles onto others

HEI ㄏㄟ

黑 hēi ㄏㄟ ❶煤或墨那样的颜色，跟"白"相反 black, the color of coal or black ink, antonym of "bái": ～布 hēi bù *black cloth*/～头发 hēi tóufa *black hair* ❷暗，光线不充足 dark; (of light) dim; 天～了 Tiān hēi le. *It is dark now.* / 那间屋子太～ Nà jiān wūzi tài hēi. *That room is too dim* (or *dark*). ❸秘密的，隐蔽的 secret; covert; ～话 hēihuà *argot*; *cant*/～市 hēishì *black market* ❹恶毒，狠毒 malicious; wicked; ～心 hēixīn *black hearted*; *evil mind*

嘿 ㊀ hēi ㄏㄟ 叹词 *interj.* 1. 表示惊异或赞叹 showing surprise or acclamation: ～，这个真好 Hēi, zhège zhēn hǎo! *Oh, how nice this is!* / ～，你倒有理啦！Hēi, nǐ dào yǒulǐ la! *Well, so you thinkyou've got it.* [嘿嘿——]拟声词，多指冷笑 onom. usu. resembling the sound of sneering 2. 表示招呼或提醒注意 greeting or calling for attention: ～，老张，快走吧 Hēi, Lǎo Zhāng, kuài zǒu ba! *Hey, Lao Zhang, hurry up!* / 你小心点，别滑倒。Hēi, nǐ xiǎoxīn diǎnr, bié huádǎo. *Hey, be careful not to slip and fall!*
㊁ mò 见 464 页 See p. 464

嗨 ㊀ hēi ㄏㄟ 同"嘿㊀" Same as "嘿㊀".

㊁ hāi 见 235 页 See p. 235

HEN ㄏㄣ

痕 hén ㄏㄣˊ 痕迹，事物留下的印迹 mark; trace; stain; 水～ shuǐhén *water stains*/ 泪～ lèihén *tear stains*/ 伤～ shānghén *scar*; *bruise*

很 hěn ㄏㄣˇ 副词，非常，表示程度相当高 adv. very, indicating a rather higher degree; 好～ hǎo *very good*/好得～ hǎo de hěn *very good*

狠 hěn ㄏㄣˇ ❶凶恶，残忍 ruthless; relentless; 心～ xīnhěn *cruel*; *heartless*/ ～毒 hěndú *vicious*; *venomous* ㊋ trans. 勉强地抑制住难过的心情 harden (one's heart); supress one's sorrowful feelings with effort; ～着心送走了孩子 hěnzhe xīn sòngzǒule háizi *seeing the child off with hidden sentiment* ❷严厉地（叠 redup.）severely; firmly; ～～地打击敌人 hěnhěn de dǎjī dírén *strike relentless blows at the enemy*[狠命 mìng]拼命，用尽全力 go all out; ～地跑 hěnmìng de pǎo *runnig vigorously* ❸全力 with all one's strength; sparing no effort; ～抓科学研究 hěnzhuā kēxué yánjiū *pay all attention to scientific research* ❹同"很" Same as "很"

恨 hèn ㄏㄣˋ ❶怨，仇视 hate; resent（㊋comb. 怨—yuàn— *resent*）；～入骨髓 hènrùgǔsuǐ *hate sb. to the marrow of one's bones*; *bear a bitter hatred for sb.* ❷懊悔，令人懊悔或怨恨的事 regret; sth. that causes regret or resentment; 遗～ yíhèn *eternal regret*

HENG ㄏㄥ

亨 hēng ㄏㄥ ❶通达，顺利 go smoothly（㊋comb. —通—tōng

go smoothly)：万事～通 wànshì hēng-tōng *Everything is going smoothly.* ❷电感单位名亨利的简称，符号 H short for 亨利，henry，an inductance unit；symbol：H

〈古 arch.〉又同"烹 pēng" Also same as "烹"

哼 ⊖ hēng ㄏㄥ ❶鼻子发出痛苦的声音 groan, a sound from the nose, indicating pain or grief：他病得很重，却从不一一声 Tā bìng de hěn zhòng, què cóngbù hēng yī shēng. *He is seriously ill, but he never groans.* ❷轻声随口地唱 hum；sing casually in a low voice：他一面走一面～着歌 Tā yīmiàn zǒu yīmiàn hēngzhe ger. *He was humming a song while walking.*

⊖ hng 见 250 页 See p. 250

脝 hng ㄏㄥ [膨脝](péng一)见 498 页"膨"字条 See entry "膨", p. 498

哞 hēng ㄏㄥ 叹词，表示禁止的意思 interj. meaning to prohibit or forbid

恒(恆) héng ㄏㄥ ❶持久 lasting；permanent：～心 héngxīn *perseverence；constancy of purpose* ❷经常的，普通的 constant；common：～言 héngyán *common sayings*

姮 héng ㄏㄥ [姮娥一é]嫦娥 Chang'e(the beautiful goddess of the moon)

珩 héng ㄏㄥ 佩玉上面的横玉 the top gem of a girdle pendant

桁 héng ㄏㄥ 就是檩 purlin

鸻 héng ㄏㄥ 鸟名。身体小，嘴短而直，只有前趾，没有后趾。多群居在海滨 plover, a land bird having a small body, a short and straight beak, with only front toes (no back toes), usu. living in groups on marshy ground near the sea

衡 héng ㄏㄥ ❶称东西轻重的器具 weighing apparatus ❷称量 weigh；measure：～其轻重 héng qí qīngzhòng *measure its weight*[衡量一liáng]1. 称轻重 weigh 2. 评定高低好坏 measure；judge：测验只是一～学习成绩的一种办法 Cèyàn zhǐshì héngliáng xuéxí chéngjì de yī zhǒng bànfǎ. *Testing is only one way of judging one's academic achievements* ❸平，不倾斜 level, not tilting：平～pínghéng *ballance；equilibrium*/ 均～jūnhéng *ballance；equilibrium*

蘅 héng ㄏㄥ [杜蘅 dù一]多年生草本植物，开暗紫色的花。全草可入药 wild ginger, a perennial herb with dark purple flowers. All parts of the herb can be used in medicine.

横 ⊖ héng ㄏㄥ ❶跟地面平行的，跟"竖"、"直"相对 horizontal；parallel with the ground, antonym of "shù(vertical)" or "zhí(straight)"：～额 héng'é *a horizontal inscribed board*/～梁 héngliáng *crossbeam* ❷地理上指东西向的，跟"纵"相对 (in geography) east-westward or vice versa, antonym of "zòng (north-southward)"：～渡太平洋 héngdù Tàipíng Yáng *cross the Pacific eastc-westwardly* (or vice versa) ❸从左到右或从右到左的，跟"竖"、"直"、"纵"相对 from left to right or from right to left, antonym of "shù", "zhí", or "zòng"：～写 héngxiě *write across the page* ❹跟物体的长的一边垂直的，跟"竖"、"直"、"纵"相对 at a right angle to the longer side of sth., antonym of "shù", "zhí", or "zòng"：～剖面 héngpōumiàn *cross (or transverse) section*/ 人行一道 rénxíng héngdào *pedestrian crossing；zebra crossing* ❺使物体成横向 place sth. crosswise or horizontally：把扁担～过来 Bǎ biǎndan héng guòlai. *Put the carrying pole in a horizontal position.* ❻纵横杂乱 unrestrained；turbulent：蔓草

~生 màncǎo héngshēng *overgrown with creepers* ❼不合情理的 without reason； ~ 加阻拦 héngjiā zǔlán *wilfully obstruct* ❽汉字由左到右的笔形(一) horizontal stroke in a Chinese character (一)："王"字是三~一竖 "王 wáng" zì shì sān héng yī shù. *The character "王" has three horizontal strokes and a vertical one.* ［横竖—shù]反正，无论如何 in any case；anyway：~ ~ 我也要去 Héngshù wǒ yě yào qù. *I'll go there any way.*

⊖ hèng 见本页 See the same page.

横 ⊖ hèng ㄏㄥˋ ❶凶暴，不讲理 perverse；harsh and unreasonable (逾 comb. 蛮—mán— *rude and unreasonable*)：这个人说话很~Zhège rén shuōhuà hěn hèng. *This fellow speaks in a harsh manner.* ❷意外的 unexpected：~ 财 hèngcái *ill-gotten wealth；windfall*/ ~ 事 hèngshì *an untoward accident*/ ~ 死 hèngsǐ *die a violent death；meet a sudden death*

⊖ héng 见 249 页 See p. 249

HM ㄏㄇ

嗨 hm ㄏㄇ 〔h 跟单纯的双唇鼻音拼合的音〕对人申斥或禁止的声音 Humph 〔a syllable formed by h and a pure bilabial nasal consonant〕，expressing disapproval or reproach：~，你还闹哇 Hm, nǐ hái nào wa! *Humph, don't fool around.* / ~，你骗得了我 Hm, nǐ piàndeliǎo wǒ! *Humph, you can't cheat me!*

HNG ㄏㄤ

哼 ⊖ hng ㄏㄤ 〔h 跟单纯的舌根鼻音拼合的音〕表示不满意或不信任的声音 humph 〔a syllable formed by h and a pure nasal velar sound〕，expressing disapproval or suspicion：

~，你信他的 Hng, nǐ xìn tā de! *Humph, how can you believe what he says!*

⊖ hēng 见 249 页 See p. 249

HONG ㄏㄨㄥ

吽 hōng ㄏㄨㄥ 佛教咒语用字 a character of Buddhist incantation

轰(轟、❸＊＊揈) hōng ㄏㄨㄥ ❶拟声词，指雷鸣、炮击等发出的巨大声音 onom. imitating the great bang of thunder or shelling［轰动—dòng]同时引起许多人的注意 cause a sensation (among many people simultaneously)：~~全国 hōngdòng quánguó *cause a sensation throughout the country*［轰轰烈烈—— lièliè]形容气魄雄伟，声势浩大 vigorous；powerful and dynamic：职工们展开了~~~~的劳动竞赛 Zhígōngmen zhǎnkāile hōnghōng-lièliè de láodòng jìngsài. *The workers have started a vigorous labour emulation campaign.* ❷用大炮或炸弹破坏 attack with artillery or bombs (逾 comb. 一击一jī *shell*)：~炸 hōngzhà *attack with bombs；bomb*/ 炮~pàohōng *cannons boom* ❸驱逐，赶走 drive off；shoo away：把猫~出去 Bǎ māo hōng chuqu. *Drive away the cat.* or *Shoo the cat away.*

哄 ⊖ hōng ㄏㄨㄥ 好多人同时发声 roar；(of many people) utter sounds simultaneously：~ 传 hōngchuán *circulate widely*/ ~ 堂大笑 hōngtáng-dàxiào *the whole room rocking with laughters*

⊖ hǒng 见 252 页 See p. 252
⊖ hòng 见 252 页 See p. 252

烘 hōng ㄏㄨㄥ 用火烤干或靠近火取暖 dry or warm by the fire；衣裳湿了，~一~Yīshang shī le, hōng yī hōng. *The coat is wet. Dry it over the* fire. [烘托—tuō] 用某种颜色衬托另外的颜色，或用某种事物衬托另外的事物，使在对比下，表现得更明显 use one colour in contrast with another colour, or use one thing in contrast with another, to make the latter stand out

訇 hōng ㄏㄨㄥ 大声 loud sound [阿訇 ā—] 伊斯兰教主持教仪、讲经经典的人 ahung；imam (the official priest who presides over a creed and lectures over scriptures in Islamism)

薨 hōng ㄏㄨㄥ 古代称诸侯或有爵位的大官死去 (of dukes or high officials of nobility in ancient China) die；pass away

弘 hóng ㄏㄨㄥ ❶大 great；grand：～愿 hóngyuàn great aspirations；noble ambitions ❷扩充，光大 enlarge；expand：恢～ huīhóng broad；magnanimous

泓 hóng ㄏㄨㄥ 水深而广 (of water) deep and wide

红 ㊀ hóng ㄏㄨㄥ ❶像鲜血那样的颜色 red, the colour of blood ㊧ trans. 1. 喜庆 joyous；a happy event or occasion：办～事 bàn hóngshì celebrate a happy occasion 2. 革命的，觉悟高的 revolutionary；possessing sharp consciousness：～军 hóngjūn the Red Army/ ～色政权 hóngsè zhèngquán the Red political power/ 又～又专 yòuhóng-yòuzhuān both socialist-mind and professionally proficient 3. 象征顺利、成功 symbol of success or smoothness：开门～ kāiménhóng make a good beginning；get off to a good start ❷指人受宠信 refer to sb. being favoured by others：～人 hóngrén a favorite with sb. in power ❸红利 bonus；dividend：分～ fēnhóng draw (or receive) dividends；share profits

㊁ gōng 见 209 页 See p. 209

荭 hóng ㄏㄨㄥ 荭草，一种供观赏的草本植物 polygonum orientale, an ornamental herbacuous plant

虹 ㊀ hóng ㄏㄨㄥ 雨后天空中出现的彩色圆弧，有红、橙、黄、绿、蓝、靛、紫七种颜色。是由大气中的小水珠经日光照射发生折射和反射作用而形成的。这种圆弧常出现两个，红色在外，紫色在内，颜色鲜艳的叫"虹"，也叫"正虹"。红色在内，紫色在外，颜色较淡的叫"霓"，也叫"副虹" rainbow, a colourful arc in the sky after a rain, consisting of the seven colours of red, orange, yellow, green, blue, indigo and purple, formed opposite the sun by the refraction and reflection of the sun's rays in raindrops in the atmosphere. There often appear two kinds：the deep-coloured arc with red on the outside and purple on the inside, referred to as "hóng (rainbow)", or "zhènghóng (principal rainbow)"；the light-coloured one with purple on the outside and red on the inside, referred to as "ní (secondary rainbow)", or "fùhóng (secondary rainbow)"

㊁ jiàng 见 306 页 p. 306

鸿 hóng ㄏㄨㄥ ❶鸿雁，就是大雁 swan goose [鸿毛—máo] goose feather ㊧ fig. 轻微 sth. very light or insignificant：轻于～～ qīng yú hóngmáo lighter than a goose feather ❷大 grand；great：～图 hóngtú great plan；grand prospect [鸿沟—gōu] 楚汉 (项羽和刘邦) 分界的一条水 a gulf that divided Chu and Han (headed by Xiangyu and Liubang respectively) in about 206 B.C. after the Qin Dynasty was perished ㊧ fig. 明显的界限 an obvious gap

闳 hóng ㄏㄨㄥ ❶里巷门 gate of a lane ❷宏大 great；grand

宏 hóng ㄏㄨㄥ 广大 great；grand：～伟 hóngwěi grand；magnificent / 气量宽～ qìliàng kuānhóng broadminded；magnanimous / 规模～大 guīmó hóngdà grand in scale

纮 hóng ㄏㄨㄥˊ 古代帽子（冠冕）上的系带 the strings of a hat in ancient China

竑 hóng ㄏㄨㄥˊ 广大 great；grand.

洪 hóng ㄏㄨㄥˊ ❶大 big；vast：～水 hóngshuǐ flood；floodwater ❷大水 flood：山～ shānhóng mountain torrents／～峰 hóngfēng flood peak／溢～道 yìhóngdào (water conservancy) spillway

潢 hóng ㄏㄨㄥˊ 同"荭 hóng" Same as "荭".

蕻 ㊀hóng ㄏㄨㄥˊ [雪里蕻 xuělǐ—]也作"雪里红"。一种像芥菜的菜，茎叶可以吃 potherb mustard, also written as "xuělǐhóng", a mustard-like vegetable with edible stems and leaves

㊁hòng 见本页 See the same page.

黉(黌) hóng ㄏㄨㄥˊ 古代称学校 The Chinese called school Hong in ancient times

哄 ㊀hǒng ㄏㄨㄥˇ ❶说假话骗人 fool or cheat by telling lies （遗 comb. —骗—piàn cheat；kid)：你不要～我 Nǐ búyào hǒng wǒ. Don't kid me. ❷用语言或行动使人欢喜 keep sb. in good humour through words or performance：他很会～小孩 Tā hěn huì hǒng xiǎoháir He knows how to keep children in good humour. or He has a way with children.

㊁hōng 见 250 页 See p.250

㊂hòng 见本页 See the same page.

讧 hòng ㄏㄨㄥˋ 乱，溃败 in a mess；defeated：内～ nèihòng internal conflict；internal dissension

澒 hòng ㄏㄨㄥˋ [澒洞—dòng]弥漫无际 vast；spreading all over

哄(*閧) ㊂hòng ㄏㄨㄥˋ 吵闹，搅扰 uproar；horseplay：

一～而散 yìhòng'érsàn break up（or disperse）in a hubbub／起～（故意吵闹扰乱）qǐhòng（of a crowd of people）intentionally create a disturbance；boo and hoot

㊀hōng 见 250 页 See p.250

㊁hǒng 见本页 See the same page.

蕻 ㊁hòng ㄏㄨㄥˋ ❶茂盛 luxuriant；flourishing ❷〈方 dial.〉某些蔬菜的长茎 long stem of some vegetables；菜～càihòng vegetable stem

㊀hóng 见本页 See the same page.

HOU ㄏㄡ

齁 hōu ㄏㄡ ❶鼻息声 sound of breathing (of the nose) ❷很，非常（多表示不满意）very；awfully（usu. implying disapproval)：～咸 hōu xián too salty／～苦 hōu kǔ very bitter／～冷 hōu lěng awfully cold ❸太甜或太咸的食物使喉咙不舒服 make sick in the throat with too sweet or salty food：糖吃多了～人 Táng chīduōle hōu rén. Excessive sugar makes people feel uneasy in throat.

侯 ㊀hóu ㄏㄡˊ ❶我国古代五等爵位的第二等 marquis, the second of the five nobility ranks in ancient China：封～fēnghóu offer the title of marquis to sb. ❷泛指达官贵人 commonly referring to noblemen or high officials：～门 hóumén gate of a noble house；noble family ❸姓 a surname

㊁hòu 见 254 页 See the same page.

喉 hóu ㄏㄡˊ 喉头，颈的前部和气管相通的部分，通常把咽喉混称"嗓子"或"喉咙"throat, the part of the neck in front of the spinal column. Pharynx and larynx are usually collectively called "sǎngzi"eg. throat (sǎngzi or hóulóng)（图见 809 页"脏 internal organs" See picture under

entry zàng，p. 809）[白喉 bái一]一
种急性传染病，病原体是白喉杆菌。
症状是发热，喉痛，并生一层白色假
膜 An acute infectious disease, the
pathogen is diphtheria bacillus,
marked by fever, sore throat, and
the formation of a false white mem-
brane.

猴 hóu ㄏㄡ（一子—zi、一儿—r）哺
乳动物，种类很多。毛灰色或褐
色，颜面和耳朵无毛，有尾巴，两颊有
储存食物的颊囊 monkey, a mammal
of diversified species, with grey or
brown hair（no hair on the face and
ears）, having a tail and cheek pouch-
es in both cheeks

瘊 hóu ㄏㄡ（一子—zi）皮肤上长的
无痛痒的小疙瘩 wart, a horny
projection on the skin that causes no
pain or itch

篌 hóu ㄏㄡ 见 360 页"箜"字条"箜
篌 kōng一" See "kōnghóu "under
entry of kōng, p. 360

糇（*餱） hóu ㄏㄡ〈古 arch.〉
干粮 solid food；～粮
hóuliáng field rations

骺 hóu ㄏㄡ 骨骺，长形骨的两端
epiphysis, the two ends of a long
bone

吼 hǒu ㄏㄡ 兽大声叫（of animals）
roar；howl；牛～ niú hǒu the
howl of a cow/ 狮子～shīzi hǒu the
roar of a lion/也指人因愤怒而呼喊
（also of human）shout out of anger；
怒～ nùhǒu angry shouts

后（❸❹後） hòu ㄏㄡ ❶上古称
君 王 sovereign；
king（in ancient times）；商之先～（先
王）Shāng zhī xiānhòu previous
sovereign of the Shang Dynasty ❷皇
后，帝王的妻子 empress；queen，
wife of the emperor ❸跟"前"相反
antonym of "qián(front,before)" 1.
指空间，在背面的，在反面的（of
space）in the back；behind；～门

hòumén back door（or gate）/ 村一
cūn hòu behind the village 2. 指时间，
晚，未到的（of time）later；not yet；
～天 hòutiān day after tomorrow/ 日
～r hòu in the future；sometime later/
先来～到 xiānlái-hòudào in the order
of arrival；first come, first served 3.
指次序（of order）last：～排 hòupái
back row/ ～十名 hòu shí míng the
last ten（persons）[后备—bèi]准备以
后 使 用 的 in reserve：～ ～ 军
hòubèijūn reserve force ❹后代，子孙
offspring；～嗣 hòusì descendents

郈 hòu ㄏㄡ 姓 a surname

莙 hòu ㄏㄡ 见 716 页"薤
莙 xiè一" See "xièhòu"under en-
try of "xiè", p. 716

塛 hòu ㄏㄡ [神塛 Shén一]地名，在
河 南 省 a place in Henan
Province

逅 hòu ㄏㄡ 见 716 页"邂"字条"邂
逅 xiè一" See "xièhòu"under en-
try of "xiè", p. 716

厚 hòu ㄏㄡ ❶扁平物体上下两个面
的距离（of a flat article）the ex-
tent from one surface to the oppo-
site；thickness：长 宽 ～ cháng kuān
hòu length, width, and thickness/ 五
厘米～的木板 wǔ límǐ hòu de mùbǎn
a 5 cm thick plank/ 下了三厘米～的
雪 Xiàle sān límǐ hòu de xuě It
snowed 3 cm deep. ❷扁平物体上下
两个面的距离较大的，跟"薄"相反
thick；（of a flat article）having a
longer extent from one surface to the
opposite, antonym of "báo(thin)"：
～纸 hòu zhǐ thick paper/ ～棉袄 hòu
mián'ǎo heavy padded coat ❸深，
重，浓，大 deep；profound：～ 望
hòuwàng great expectations/ ～ 礼
hòulǐ generous gifts/ ～ 情 hòuqíng
deep affection/ ～味 hòuwèi savoury；
rich food/ 深～的友谊 shēnhòu de
yǒuyì profound friendship ❹不刻
薄(bó)，待人好 kind；magnanimous：

~道 hòudao *honest and kind*/ 忠~ zhōnghòu *honest and tolerant* ❺重视，注重 favour；stress：~今薄古 hòujīn-bógǔ *stress the present, not the past*/ 此薄彼 hòucǐ-bóbǐ *favour one and be prejudiced against the other*

侯 ㊀ hòu ㄏㄡˋ [闽侯 Mǐn—]地名，在福建省 a place in Fujian Province

㊁ hóu 见 252 页 See p. 252

候 hòu ㄏㄡˋ ❶等待 wait；await（逮 comb. 等一děng— *wait*）：~车室 hòuchēshì *waiting room* (in a railway or bus station) 你先在这儿一一~，他就来 Nǐ xiān zài zhèr hòu yī hòu, tā jiù lái. *Please wait a moment here. He is coming in no time.* ❷看望 inquire after（逮 trans. 问候，问好 send one's regard to；say hello to ❸时节 time；season：时~ shíhou (the duration of) *time；moment*/ 气~ qìhòu *climate*/ 季~风 jìhòufēng *monsoon* [候鸟—niǎo]随气候变化而迁移的鸟，像大雁、家燕都是 migratory bird, a bird that moves periodically from one region or to another with the change of climate, eg. wild geese, swallows ❹事物在变化中间的情状 condition or state (of sth. changing)：症~ zhènghou *disease；symptom*/ 火~huǒhou *duration and degree of heating, cooking, smelting, etc.*

堠 hòu ㄏㄡˋ 古代瞭望敌情的土堡 watchtower made of clay in ancient times

鲎（鱟） hòu ㄏㄡˋ ❶俗叫"鱼鲎"，节肢动物，甲壳类，生活在海中，全体黄褐色，剑状尾。肉可以吃 king (or horseshoe) crab, a crustacean arthropod living in the sea. It is yellowish brown all over, and has sword-like tail, and its meat is edible. ❷〈方 dial.〉虹 rainbow

HU ㄏㄨ

乎 hū ㄏㄨ ❶文言助词，表示疑问 (in classical Chinese) *aux.* expressing doubt 1.同白话的"吗"Same as "ma" in the vernacular：天雨~ Tiān yǔ hū? *Is it raining?* 2.同白话的"呢"，表选择答复的疑问 Same as "ne" in the vernacular, expressing an alternative question：然~Rán hū? *Is that correct?* / 否~Fǒu hū? *Is that not correct? or Yes or no?* 3.同白话的"吧"，表推测和疑问 Same as "ba" in the vernacular, expressing question and doubt：日食饮得无衰~Rì shí yǐn de wú shuāi hū? *Do you still have a good appetite?* ❷文言叹词，同白话的"啊" (in classical Chinese) *interj.* ection same as a in the vernacular：天~Tiān hū? *My God! or Good Heavens!* ❸于(放在动词或形容词后) (suffix of an adjective or verb) indicating comparison：异~寻常 yìhū-xúncháng *be out of the ordinary*/ 合~情理 héhū qínglǐ *stand to reason；be reasonable*/ 不在~好看，在~实用 bù zàihū hǎo kàn, zàihū shíyòng. *Application is more important than appearance.*

呼（*嘑） hū ㄏㄨ ❶喊 shout；cry out：高~万岁 gāohū wànsuì *shout long-life*/ 欢~ huānhū *hail；cheer* ❷唤，call：~之即来 hūzhījílái *have sb. at one's beck and call*/ ~应(彼此声气相通，互相照应)hūyìng *echo；work in concert with* [呼声—shēng]代表群众希望和要求的言论 voice that represents the hopes and demands of the masses [呼吁—yù]大声疾呼地提出要求 appeal；demand sth. by shouting vigorously ❸往外出气，跟"吸"相反 breathe out；exhale, antonym of "xī" ❹见 682 页"呜"字条"呜呼 wū

一" See **wūhū** under entry of "hū", p.682❺拟声词 *onom.*：风～～地吹 **Fēng hūhū de chuī.** *The wind is whistling.*

轷 hū ㄏㄨ 姓 a surname

烀 hū ㄏㄨ 半蒸半煮，把食物弄熟 putting the raw food into the pot and using a little water to stew：～白薯 hū báishǔ *stew sweet potatoes*

滹 hū ㄏㄨ [滹沱河－tuó Hé]水名，从山西省流入河北省 a river that flows from Shanxi province into Hebei province

戏(戲、*戲) ㊀ hū ㄏㄨ 见 683 页"於"字条"於戏 wū－" See "**wūhū**(alas)" under entry of wū, p.683

㊁ xì 见 694 页 See p.694

呼 hū ㄏㄨ [呼昕－xīn][呼爽－shuǎng]天快亮的时候 time before dawn

智 hū ㄏㄨ ❶疾速，转眼之间（of speed）fast; in a flash ❷古人名 name of an ancient person：～鼎（西周中期青铜器，作者名智）Hū dǐng *a cooking vessel（a bronze ware in the period of middle West Zhou dynasty, made by a man named Hū）*

忽 hū ㄏㄨ ❶粗心，不注意 careless; neglect：～略 hūlüè *neglect; overlook*／～视 hūshì *ignore; overlook* 疏～shūhu *carelessness; oversight* ❷忽然，突然地 suddenly; all of a sudden：工作情绪不要～高～低 Gōngzuò qíngxù bùyào hū gāo hū dī. *Don't be subject to sudden shifts of mood in working. or Don't be in high spirits one moment and in low spirits the next while working.* ❸计量单位名，10 忽是 1 丝，10 丝是 1 毫 a unit of weight（10 hu equals 1 si, and 10 si equals 1 hao.）

唿 hū ㄏㄨ [唿哨－shào]见 578 页"哨"字条"呼哨" See "**hūshào**" under entry of shào, p.578

滰 hū ㄏㄨ [滰浴－yù]〈方 dial.〉洗澡 bathe; have a bath

惚 hū ㄏㄨ 见 267 页"恍"字条"恍惚 huǎng－" See "**huǎnghū**" under entry of "huǎng", p.267

糊 ㊀ hū ㄏㄨ 涂抹或粘合使封闭起来 plaster; paste or stick to seal：用泥把墙缝～上 Yòng ní bǎ qiángfèng hūshang. *plaster up cracks in the wall*

㊁ hú 见 256 页 See p.256

㊂ hù 见 258 页 See p.258

囫 hú ㄏㄨ [囫囵－lún]整个的，完整 whole：～～吞枣（喻不加分析地笼统接受）húlún-tūnzǎo *swallow a date whole（fig. lap up information without analysis）*

和 ㊤ hú ㄏㄨ 打麻将或斗纸牌用语，表示赢了（term used in playing *mahjong* or cards）success

㊀ hé 见 244 页 See p.244

㊁ hè 见 247 页 See p.247

㊂ huó 见 275 页 See p.275

㊃ huò 见 276 页 See p.276

狐 hú ㄏㄨ 狐狸，野兽名。性狡猾多疑，遇见敌人时肛门放出臭气，乘机逃跑。皮可做衣服 fox, a cunning and suspicious animal which releases stinking air from the anus when encountering an enemy and escapes; its fur used in making clothes[狐媚－mèi]曲意逢迎，投人所好 bewitch by cajolery; entice by flattery[狐歂－qiǎn]毛皮业上指狐狸腋下和腹部的毛皮（in fur treating）the armpit and belly furs of the fox[狐疑－yí]多疑 doubt; suspicion

弧 hú ㄏㄨ ❶木弓 wood bow ❷圆周的一段 arc; part of a circle：～形 húxíng *arc; curve*／～线 húxiàn *pitch arc*

胡(❹鬍、❻*衚) hú ㄏㄨ ❶我国古代称北方和西方的少数民族（in ancient China）national minorities living in the north and west：~ 人 Húrén *the Hu's*/~服 húfú *clothes typically worn by the Hu's*/泛指外国或外族的（generally）*introduced from abroad or other nationalities*：~ 椒 hújiāo *pepper*. [胡萝卜—luóbo]草本植物。根也叫胡萝卜，长圆锥形，肉质，有紫红、橘红等多种，是一种蔬菜 *carrot, a herbecuous plant；also its long spindle-shaped and fleshy root, with varied colours such as purplish red, orange, red, etc.* [胡琴—qín]弦乐器，在竹弓上系马尾毛，放在两弦之间拉动 *stringed instrument with a horse-tail hair tied on a bamboo bow and placed between two strings, to be pulled to and fro* ❷乱，无道理 *reckless；unreasonable*：~ 来 húlái *mess things up*/ ~ 闹 húnào *be mischievous；make trouble*/ ~ 说 húshuō *talk nonsense*/ 说 ~ 话 shuō húhuà *rave；be delirious* ❸文言表示疑问的词，为什么，何故（in classical Chinese）*interj.* *why；for what*：~不归 Hú bù guī? *Why not return?* ❹（—子—zi—儿—r）胡须 *moustache, beard or whiskers* ❺古指兽类颔间下垂的肉 *referred to animals flesh dropping from the chin in ancient times* ❻[胡同—tòng]巷 *lane；alley*

葫 hú ㄏㄨ [葫芦—lu]一年生草本植物，爬蔓，夏天开白花。果实中间细，像大小两个球连在一起，可以做器皿或供观赏。还有一种瓢葫芦，也叫"匏"(páo)，果实梨形，对半剖开，可做舀水的瓢 *bottle gourd, an annual herb with tendriled vine to climb up bearing white flowers in summer and the fruits that look like small balls attached to large balls respectively, each has a trough part in between, which can be used for ornaments, or as untensils. Another kind is the piáo gourd, also "páo", with the pear-shaped fruits that can be sliced open from the middle and used as dippers to ladle water*

猢 hú ㄏㄨ [猢狲—sūn]猕猴的一种，生活在我国北部的山林中，能耐寒。也泛指猴 *a kind of cold-resistant macaque or rhesus monkey, living in forests of Notrh China；also a general term for monkey*

湖 hú ㄏㄨ 陆地上聚积的大水 *lake, large area of water surrounded by land*：洞 庭 ~ Dòngtíng Hú *the Dongting Lake*/ 太~ Tài Hú *The Tai Lake*[湖色—sè]淡绿色 *light green*

瑚 hú ㄏㄨ 见 571 页"珊"字条"珊瑚"shān—] *See "shānhú" under entry of shān, p.571*

煳 hú ㄏㄨ 烧得焦黑 *burnt black*：馒头烤~了 Mántou kǎo hú le. *The bread is burnt.*

鹕 hú ㄏㄨ 见 639 页"鹈"字条"鹈鹕 tí—" *See "tíhú" under entry of "tí", p.639*

蝴 hú ㄏㄨ [蝴蝶—dié(butterfly)]见 134 页"蝶 dié" *See "dié", p.134*

糊(❷ *餬)** ㊀ hú ㄏㄨ ❶黏合，粘贴 *stick with paste*：拿纸 ~ 窗户 ná zhǐ hú chuānghu *paste a sheet of paper over a lattice window*/裱~bi ǎohú *paper (a wall, ceilings, etc.)*[糊涂—tu]不清楚，不明事理 *muddled；confused* ❷粥类 *gruel；porridge* [糊口—kǒu]旧指勉强维持生活（in old use）*referring to barely enough to eke out one's living* ❸同"煳" *Same as "煳 hú"*

㊁ hù 见 258 页 *See p.258*

㊂ hū 见 255 页 *See p.255*

醐 hú ㄏㄨ 见 640 页"醍"字条"醍醐 tí—" *See "tíhú" under entry of "tí", p.640*

壶(壺) hú ㄏㄨ 一种有把儿有嘴的容器，通常用来盛茶、酒等液体 *kettle；pot, vessel with handle and spout, usu. for holding*

liquids such as tea and wine: 酒～
jiǔhú *wine pot*/ 茶～cháhú *teapot*

核 ⊜ hú ㄏㄨ (一儿一r)同"核⊖❶
❷",用于某些口语词,如杏核儿、
煤核儿等 Same as "核⊖❶❷", used
in some terms of dialect, eg. xìnghúr
(apricot stone), méihúr (partly-
burnt coals; cinder), etc.

⊖ hé 见 246 页 See p. 246

斛 hú ㄏㄨ 量器名。古时以十斗为
斛,后来又以五斗为斛 a dry
measure used in former times, origi-
nally equal to 10 *dou*, and then 5 *dou*

槲 hú ㄏㄨ 落叶乔木或灌木,花黄褐
色,果实球形。叶子可以喂柞蚕,
树皮可做染料,果壳可入药。木材坚
实,可供建筑或制器具用 Mongolian
oak, a deciduous arbor or shrub,
with yellowish brown flowers and
ball-shaped fruits. Its leaves can feed
tussah; barks can be used in making
dyestuff, and fruit shells in me-
dicine. Its wood is hard, used as
building material or in making house-
hold utensils

鹄 ⊖ hú ㄏㄨ 鸟名,也叫"天鹅"。形
状像鹅而较大,羽毛白色,飞得高
而快,生活在海边或湖边 swan, also
called "tiān'é", a bird like the goose
but a bit larger, with white feathers,
soaring high and fast, and living by
the sea or lake: ～立(静静地站着等
候)húlì *stand errect and wait in si-
lence*

⊖ gǔ 见 218 页 See p. 218

鹘 ⊖ hú ㄏㄨ 隼(sǔn) falcon.
⊖ gǔ 见 218 页 See p. 218

縠 hú ㄏㄨ 有皱纹的纱 gauze with
creases

觳 hú ㄏㄨ [觳觫一sù]恐惧得发抖
shiver out of fear.

虎 hǔ ㄏㄨ ❶老虎,野兽名。毛黄褐
色,有条纹。性凶猛,能吃人和兽
类 tiger, a fierce carnivorous animal
with yellowish brown and striped

fur, it used to capture other kind of
animal, even human being as food ⑩
fig. 威武,勇猛 brave; vigorous: 一
员～将 yī yuán hǔjiàng *a brave gen-
eral* [虎口一kǒu]1.⑩ *fig*. 危险境地
a dangerous situation: ～ ～ 余 生
hǔkǒu-yúshēng *be saved from the
tiger's mouth; have a narrow escape
from death* 2.手上拇指和食指相交
的地方 the part of the hand between
the thumb and the index finger ❷同
"唬" Same as "唬 hǔ"

唬 ⊖ hǔ ㄏㄨ 威吓(hè)或蒙混 in-
timidate; bluff: 你别～人了 Nǐ
bié hǔrén le. *Quit bluffing.*

⊜ xià 见 697 页 See p. 697

琥 hǔ ㄏㄨ [琥珀一pò]矿物名。黄褐
色透明体,是古代松柏树脂落入
地下所成的化石。可做香料及装饰品
amber, a yellowish-brown and trans-
parent fossil that comes from prehis-
toric pine gum underground, used
chiefly as spice or ornaments

浒 ⊖ hǔ ㄏㄨ 水边 waterside
⊜ xǔ 见 728 页 See p. 728

互 hù ㄏㄨ 彼此 mutually; each oth-
er: ～助 hùzhù *help each other* [互
生一shēng]植物每节长出一个叶子,
相间地各生在一边,叫"互生"alter-
nate(leaves), growing first one leave
on one side and then another on the
other side at different joints

沍(**冱) hù ㄏㄨ 寒冷凝结
cold and frozen

枑 hù ㄏㄨ 见 34 页"椐"字条"椐枑
bì一(fence)" See bìhù under en-
try of "bì", p. 34

户 hù ㄏㄨ ❶一扇门 a door ⑨ ext.
门 door: 夜不闭～yèbùbì hù *doors
are not bolted at night* (when law and
order prevail with people's morality
high) ❷人家 family; household: 千
家 万 ～ qiānjiā-wànhù *innumerable
households or families; every family*
[户口一kǒu]住户和人口 registered

permanent residence and total population：报户~簿bào hùkǒu *apply for a residence permit*／～～簿hùkǒubù (permanent) *residence booklet* ❸门第 family status：门当～对méndāng-hùduì *be well-matched in social and economic status（for marriage）*❹户头（bank）account：开~kāihù *open an account*／账~zhànghù *account*

护（護） hù ㄏㄨ 保卫 protect；shield（逶comb. 保—bǎo— *protect*）；爱～ àihù *cherish；take good care of*／～路 hùlù *patrol and guard a road or railway；road maintenance* ⑨ ext. 掩蔽，包庇 be partial to；shield from censure；indulge：～短 hùduǎn *indulging a shortcoming or fault*／不要一味地～着他 Bùyào yīwèi de hùzhe tā. *Don't be partial to him all the time.* [护照—zhào]1. 外交主管机关发给本国公民进入另一国停留时用以证明身分的执照 passport, a license issued by an authorited diplomacy institution of a country to for identifying his citizenship when he enters and resides in another country 2. 旧时旅行或运货时所带的政府机关证明文件（old use）certificate issued by the authorities to any person when he travelling or taking goods through the country [护士—shi]医院里担任护理工作的人员 nurse, person trained to help a doctor to look after the sick or injured in a hospital

沪（滬） hù ㄏㄨ ❶沪渎，松江的下流，在今上海 Hùdú, the lower reaches of the Song River, in today's Shanghai ❷上海的别称 another name for Shanghai：～剧 hùjù *Shanghai opera*／～杭铁路 Hù-Háng tiělù *the Shanghai-Hangzhou Railway（line）*

戽 hù ㄏㄨ ❶戽斗，灌田汲水用的旧式农具 hùdǒu, bailing bucket, old farm tool for bailing water to irri-gate fields ❷用戽斗汲水 bail

扈 hù ㄏㄨ 随从 retinue（逶comb. 一从—cóng *retinue；retainer*）

岵 hù ㄏㄨ 多草木的山 mountain rich in plants and trees

怙 hù ㄏㄨ 依靠，仗恃 rely on（advantage）：～恶不悛(quān)（坚持作恶，不肯悔改）hù'è-bùquān *be steeped in evil and refuse to repent*

祜 hù ㄏㄨ 福 blessing；bliss

糊 ㊀ hù ㄏㄨ 像粥一样的食物 paste；gruel-like food：辣椒 làjiāohù *chili paste* [糊弄—nong]1. 敷衍，不认真做 go through the motions；be slipshod in work；做事不应该～～Zuòshì bù yīnggāi hùnong *One shouldn't do his work in a careless way.* 2. 蒙混，欺骗 deceive or mislead people：你不要～～人 Nǐ bùyào hùnong rén. *You should not swindle people.*
㊁ hú 见 256 页 See p.256
㊂ hū 见 255 页 See p.255

笏 hù ㄏㄨ 古代大臣上朝拿着的手板 a tablet held（before the breast）by officials when received in audience by the emperor in past dynasties

瓠 hù ㄏㄨ（一子—zi）一年生草本植物，爬蔓，夏开白花，果实长圆形，嫩时可吃 gourd, a kind of annual climbing plant, bearing white blooms in summer and yielding long oval fruits which are edible when tender

鄠 hù ㄏㄨ 鄠县，在陕西省。今作"户县" Hù county, in Shaanxi Province；now written as "户县"

鸌 hù ㄏㄨ 鸟名。身体大，嘴的尖端略呈钩状，趾间有蹼，会游泳和潜水，生活在海边，吃鱼类和软体动物等 Puffinus leucomelas, a large bird that has webbed toes and a beak slightly nooked at the tip, can swim and dive, lives by the sea, and feeds on fish and mollusc

HUA ㄏㄨㄚ

化 ⊜ huā ㄏㄨㄚ 同"花❼" Same as "花❼(spend)".

⊖ huà 见 260 页 See p. 260

华(華) ⊜ huā ㄏㄨㄚ 〈古 arch.〉同"花" Same as "花".

⊖ huá 见 260 页 See p. 260

⊜ huà 见 261 页 See p. 261

哗(嘩) ⊖ huā ㄏㄨㄚ 拟声词 onom. imitating the sound of flowing water：水～～地流 Shuǐ huāhuā de liú. The water went gurgling.

⊖ huá 见 260 页 See p. 260

花 huā ㄏㄨㄚ ❶(—儿—r)种子植物的有性生殖器官，有各种的形状和颜色，一般花谢后结成果实 flower；blossom，the reproduction organ of seed plant，of various shapes and colours，usu. fructified after fading ㊑ext. 供观赏的植物 ornamentary plant ❷(—儿—r)样子或形状像花的 like or shaped as a flower：雪～儿 xuěhuār snowflake/ 浪～lànghuā the foam of breaking waves/ 火～儿 huǒhuār spark/ 葱～儿 cōnghuār chopped scallion/ 印～儿 yìnhuār printing；stamp duty[天花 tiān—]一种急性传染病，病原体是病毒，又叫"痘"或"痘疮"，也省称"花"。结痂后留下的疤痕就是麻子 smallpox，an acute contagious disease，caused by the pox virus；also called "dòu" or dòuchuāng (smallpox pustule)，or to simplify as "花"，which leaves permanent pockmarks[挂花 guà—]战士在战斗中受了伤 (of soldiers) be wounded in action ❸错杂的颜色或花样 multicoloured；multipatterned：～布 huābù cotton print；print/ 头发～白 tóufa huābái grey-

haired/ 一边 huābiānr decorative border；lace/ 那只猫是～的 Nà zhī māo shì huā de. The cat looks variegated. [花哨—shao]颜色鲜艳，花样多，变化多 bright-coloured；flowery：这块布真～～ Zhè kuài bù zhēn huāshao. This piece of cloth is flowery. ❹混杂的，不单纯的 interspersed；not pure：粗粮细粮～搭着吃 cūliáng xìliáng huādazhe chī diversify one's diet by eating both coarse and fine grain[花甲—jiǎ]天干地支配合用来纪年，从甲子起，六十年成一周，因称六十岁为花甲 the ten Heavenly Stems and the twelve Earthly Branched combined to designate years，from jiǎzǐ on to sixty years as a cycle. So the age of sixty is called huājiǎ (eg. a cycle of sixty years) ❺虚伪的、用来迷惑人的 hypocritical；tricky：耍～招 shuǎ huāzhāo play tricks/ ～言巧语 huāyán-qiǎoyǔ sweet-talkings；flattery ❻模糊不清 blurred；dim：～眼 huāyǎn presbyopia；be dazzled/ 眼～了 yǎn huā le The eyes are blurred. ❼用掉 spend；expend：～钱 huāqián spend money/ ～一年工夫 huā yī nián gōngfu spend one year [花消—xiao]费用，也作"花销" cost；expense. Also written as "花销".

荂 ⊖ huā ㄏㄨㄚ 拟声词 onom. imitating the sound of a swift motion：乌鸦～的一声飞了 Wūyā huā de yī shēng fēi le. The crow flew away with a flap.

⊖ xū 见 726 页 See p. 726

划(❶劃) ⊖ huá ㄏㄨㄚˊ ❶用刀或其他东西把别的东西分开或从上面擦过 scratch；cut sth with knife or sth else：把这个瓜用刀～开 Bǎ zhège guā yòng dāo huákāi. Take a knife to cut the mellon in two halves. / ～了一道口子 huále yī dào kǒuzi scratch；be scratched/ ～火柴 huá huǒchái strike a match ❷用桨拨水使船行动 paddle；row with

oars to move the boat：～船 huáchuán
paddle a boat[划子—zi]用桨拨水行
驶的小船 *a boat that is propeled with
oars* ❸合算，按利益情况计较相宜不
相宜 *pay；be to one's profit*：～不来
huá bu lái *be not worth it；do not pay*

㊀ huà 见 261 页 See p. 261
㊁ huai 见 263 页 See p. 263

华(華) ㊀ huá ㄏㄨㄚˊ ❶美丽有
　　　　光彩的 *magnificent；
splendid*(⊛comb. —丽—lì *magnifi-
cent*)：～灯 huádēng *colorfully deco-
rated laterns；colorful light*/ 光 ～
guānghuá *brilliance；splendour*/敬辞
(a term of respect) your：～诞(生日)
huádàn *your birthday*；函(书信)
huáhán *your esteemed letter* ❷繁荣昌
盛 *prosperous；flourishing*：繁 ～
fánhuá *flourishing* ❸事物最好的部
分 *best part；cream*：精 ～ jīnghuá
cream；essence；elite 英 ～ yīnghuá
*cream；the best or most outstanding
persons or things；elite* ❹指时光，岁
月 time；years：韶～sháohuá *glorious
youth*/ 似水年～sìshuǐ niánhuá *Time
passes like flowing water.* ❺指中华
民族或中国 Chinese or China：～夏
Huáxià （古 arch.）*China*/ 侨
huáqiáo *overseas Chinese*/ ～ 北
Huáběi *North China*

㊀ huà 见 261 页 See p. 261
㊁ huā 见 259 页 See p. 259

哗(嘩、*譁)㊀ huá ㄏㄨㄚˊ
　　　　　　人多声杂，乱吵
noise；clamour(⊛comb. 喧—xuān—
uproar)：全体大～quántǐ dà huá *The
whole audience burst into an uproar.* /
～众取宠(在别人面前夸耀自己，骗
取别人称赞)huázhòng-qǔchǒng *try
to please others with claptrap*

㊁ huā 见 259 页 See p. 259

骅(驊) huá ㄏㄨㄚˊ [骅骝—liú]
　　　　　古代称赤色的骏马
(used in early times) fine red horse

铧(鏵) huá ㄏㄨㄚˊ 犁铧，安装在
　　　　犁上用来破土的铁片
ploughshare；iron blade of a plough
for cutting and turning up the soil

猾 huá ㄏㄨㄚˊ 同"滑❸"，狡猾，奸诈
　　　Same as "滑❸"，cunning；sly

滑 huá ㄏㄨㄚˊ ❶滑溜，光溜，不粗涩
　　　slippery；smooth：下雪以后地很
～ Xiàxuě yǐhòu dì hěn huá. *The
ground is very slippery after the
snow.* / 桌面很光 ～ Zhuōmiàn hěn
guānghuá. *The tabletop is very
smooth.* ❷在光滑的物体表面上溜动
slip；slide：～ 了 一 跤 huále yī jiāo
slip and fall/ ～雪 huáxuě *skiing*/
冰 huábīng *ice-skating；skating*[滑翔
—xiáng]航空上指凭着大气浮力飘
行 glide；(in aviation) descend grad-
ually with buoyancy of the air：～～
机 huáxiángjī *glider；sailplane* ❸狡
诈，不诚实 cunning；dishonest：～头
huátóu *slippery fellow；sly customer*/
狡～jiǎohuá *sly；tricky*／这人很～
Zhè rén hěn huá. *This fellow is very
crafty.*

[滑稽—jī]诙谐，使人发笑 funny；hu-
mour：他说话很～～Tā shuōhuà hěn
huájī. *He's got a funny way of talk-
ing.* (在古书中读 gǔjī in classical lit-
erature pronounced as gǔjī.)

搳 huá ㄏㄨㄚˊ [搳拳—quán]饮酒时
　　　两人同时伸出手指并各说一个
数，谁说的数目跟双方所伸手指的总
数相符，谁就算赢，输的人喝酒。也作
"划拳" finger-guessing，a game be-
tween two friends when drinking (al-
coholic drinks)，both simultaneously
stretching out several fingers or not
and saying a number each. The one
whose number equals the sum of
their fingers produced wins the ga-
me，and the loser must drink；also
written as "划拳".

化 ㊀ huà ㄏㄨㄚˋ ❶性质或形态改变
　　　（of quality or form）change；
transform：～ 整 为 零 huàzhěngwéi
líng *break up the whole into parts*/ 变
～biànhuà *change；alternate*/ 感 ～

gǎnhuà *help* (a misguided or erring person) *to change by persuasion; reform a person by personal examples of moral uprightness* 开~kāihuà *become civilized* / 冰都~了 Bīng dōu huà le. *The ice has melted.* [化合－hé]两种或两种以上的物质互相结合变成一种性质跟原来物质都不相同的新物质 *chemical combination;* (of two or more substances) combine with each other to form a new compound that is different in nature with the original [化学－xué]研究物质的结构、组成、性质、应用及其变化规律的科学 *chemistry, the branch of science that deals with how substances are made up (their elements), how they combine, and how they are under different conditions* [化石－shí]埋藏在地下的古代生物的遗骸变成的石块,或带着古代生物遗迹的石块 *fossil, recognizable (part of a) prehistoric animal or plant once buried in earth and now hardened like rock, or rock that has marks of prehistoric animal or plant* ❷指化学 *chemistry;* ~工 huàgōng *chemical industry* / ~肥 huàféi *chemical fertilizer* ❸佛教道教徒募集财物 (of Buddhist monks or Taoist priests) beg alms; ~缘 huàyuán *beg alms* / ~斋(乞食)huàzhāi *beg a vegetarian meal* ❹放在名词或形容词后,表示转变成某种性质或状态 (suffix after a noun or adjective) change to a certain nature or form; 革命～gémìnghuà *revolutionize; revolutionization* / 农业机械～nóngyè jīxièhuà *mechnization of agriculture* / 工业现代～gōngyè xiàndàihuà *industrial modernization* / 科学～kēxuéhuà *resort to science; apply scientific knowledge to* 绿～lùhuà *make (a place) green by planting trees, grass, flowers, etc.; afforest*

㊀ huā 见 259 页 See p. 259

华(華) ㊁ huà ㄏㄨㄚˋ ❶华山,五岳中的西岳,在陕西省 Mount Hua, the Western Mountain of the Five Sacred Mountains, in Shaanxi Province ❷姓 a surname

㊂ huá 见 260 页 See p.260

㊀ huā 见 259 页 See p. 259

桦(樺) huà ㄏㄨㄚˋ 白桦树,落叶乔木,树皮白色,容易剥离,木材致密,可制器具 birch, a deciduous arbor with pale outer bark that peels easily. The wood is hard and close-grained and can be used in making appliances.

划(劃) ㊀huà ㄏㄨㄚˋ ❶分开 divide; ~分区域 huàfēn qūyù *divide a region into certain areas* / ~清界限 huàqīng jièxiàn *draw a clear line of demarcation* [划时代－shídài]由于出现了具有伟大意义的新事物,在历史上开辟一个新的时代 epoch-making; (of an important event) beginning a new period in history ❷设计 plan (⊕ comb. 计－jì－ plan / 筹－ chóu － plan and prepare): 工作计~gōngzuò jìhuà *working plan* / 你去筹～筹~这件事 Nǐ qù chóuhuà chóuhuà zhè jiàn shì. *Please work out a plan for this.* [划一－yī]使一致 standardize; uniform; ~~制度 huàyī zhìdù *standardize rules and regulations; make the system uniform*

㊁ huá 见 259 页 See p. 259

㊂ huai 见 263 页 See p. 263

画(畫) huà ㄏㄨㄚˋ ❶(－儿－r)图 picture (⊕ comb. 图－tú－ drawing; picture): 一张～儿 yī zhāng huàr *a picture* / 年～儿 niánhuàr *New year (or Spring Festival) pictures* / ~报 huàbào *illustrated magazine or newspaper; pictorial* ❷描画或写 draw; write: ~画儿 huà huàr *draw a picture* / ~个圈 huà gè quānr *draw a circle* / ~十字 huà shízì *mark a cross; cross oneself* / ~

押 huàyā *sign* ❸汉字的一笔叫一画 (of a Chinese character) stroke：“人”字是两～“人 rén”zì shì liǎng huà. *The character* “人” *is made up of two strokes.* “天”字是四～“天 tiān”zì shì sì huà *The character* “天” *is made up of four strokes.* ❹同“划 ⊖” Same as “划⊖”.

婳（嫿）huà ㄏㄨㄚˋ 见 229 页 “姽”字条“姽婳 guǐ—” See “guǐhuà” under entry of “guǐ”, p. 229

话 huà ㄏㄨㄚˋ ❶语言 word；talk：说 ～ shuōhuà *speak*/ 谈了几句～ tánle jǐ jù huà *have had a chat*[话剧 一jù]用平常口语和动作表演的戏剧 modern drama, or stage play, one that is performed in colloquial expressions or familiar motions ❷说，谈 speak about；talk about：～别 huàbié *say good-bye*/ 茶～ cháhuà *chat or talks at a tea party*/ 旧～ huàjiù *talk over old times*；*reminisce* [话本—běn]说书的底本，宋元以来民间口头文学 printed versions of the prompt-books used by popular storytellers in Song and Yuan times

HUAI　ㄏㄨㄞ

怀（懷）huái ㄏㄨㄞˊ ❶思念 keep in mind；cherish （働 comb. 一念一niàn *cherish the memory of*）：～友 huáiyǒu *think of a friend*/ ～念伟大的祖国 huáiniàn wěidà de zǔguó *yearn for one's great motherland* ❷包藏，心里存有 harbour；conceive：～胎 huáitāi *be pregnant；be with a child*/ ～疑 huáiyí *doubt；suspect*/ ～恨 huáihèn *nurse hatred；harbour resentment*/ 胸～壮志 xiōnghuái zhuàngzhì *harbour great ambitions；have lofty aspirations* ❸胸前 bosom：把小孩抱在～里 Bǎ xiǎoháir bào zài huáili. *hold a*

child in one's arms (or to one's bossom) ❹心意 mind；wish：无介于～wú jiè yú huái *do not mind*/ 正中下～ zhèngzhòng-xiàhuái *be just what one wishes*

徊 huái ㄏㄨㄞˊ 见 490 页“徘”字条 “徘徊 pái—” See “páihuái” under entry of “pái”, p. 490

淮 huái ㄏㄨㄞˊ 淮河，源出河南省，流经安徽省，至江苏省注入洪泽湖 The Huaihe River，beginning from Henan province，moving through Anhui province and pouring into Hongze Lake in Jiangsu Province

槐 huái ㄏㄨㄞˊ 槐树，落叶乔木，花黄白色。果实长荚形。木材可供建筑和制家具之用。花蕾可做黄色染料 Sophora japonica (pagoda tree)，a deciduous arbour with yellowish-white blooms and long pods．Its wood can be used in building and in making furniture，and buds made into yellow dye.

踝 huái ㄏㄨㄞˊ 踝子骨，脚腕两旁凸起的部分 ankle；anklebone，protruding part on either side of the ankle（图见 640 页“体” See picture in “tǐ”, p. 640）

糠 huái ㄏㄨㄞˊ 用糠耙翻土 turn up the soil with huáibà[糠耙—bà] 翻土用的一种农具 a farming tool for turning up the soil

坏（壞）huài ㄏㄨㄞˋ ❶跟“好”相反 bad，antonym of “hǎo”：坚决向～人～事作斗争 Jiānjué xiàng huàirén-huàishì zuò dòuzhēng. *firmly struggle against evildoers and evil deeds* ❷东西受了损伤，被毁 (of things) be damaged；be ruined （働 comb. 破一pò— *destroy*）：自行车～了 Zìxíngchē huài le. *The bicycle is broken.* ❸坏主意 evil idea；dirty trick：使～ shǐhuài *play a dirty trick* ❹放在动词或形容词后，表示程度深 used after a verb or an adjective, indicating a greater degree:真把我忙~了 Zhēn bǎ wǒ mánghuài le. *I was extremely occupied.*/气~了 qìhuài le *be beside oneself with rage*

〈古 arch.〉又同"坏 pī" *Also same as "坏"*

划(劃)

㊂ huai ·ㄏㄨㄞ 见 14 页 "刓"字条"刓划 bāi—" See "bāihuai" under entry of "bāi", p.14

㊀ huà 见 261 页 See p.261

㊁ huá 见 259 页 huá See p.259

HUAN ㄏㄨㄢ

欢(歡、*懽、*讙、*驩)

huān ㄏㄨㄢ ❶快乐,高兴 joyous; merry (㊍comb. 一喜—xǐ *joyful*):~庆胜利 huānqìng shènglì *celebrate the victory*/ ~呼声经久不息 Huānhū shēng jīngjiǔ-bùxī. *The loud cheers were prolonged.*/ ~天喜地 huān tiān-xǐdì *wild with joy*; *overjoyed*/ ~迎贵宾 huānyíng guìbīn *greet distinguished guests* ❷活跃,起劲 active; in full swing:孩子们真~ Háizimen zhēn huān. *The children are really lively.*/ 机器转得很~ Jīqì zhuàn de hěn huān. *The machine is running in full swing.* ㊈ ext. 旺盛 vigorous; prosperous:炉子里的火很~ Lúzi li de huǒ hěn huān. *The fire in the furnace is roaring.* ❸喜爱,也指所喜爱的人 liking; love:~心 huānxīn *favour*; *loving heart* / 喜~xǐhuan *like*; *love*/ 新~(新的相好)xīnhuan *new sweetheart*

獾(*貛)

huān ㄏㄨㄢ 野兽名。毛灰色,头部有三条白色纵纹。毛可制笔,脂肪炼油可入药 badger, grey-haired animal with three white vertical lines on the head. Its hair can be made into writing brush, and its fat refined and

used as medicine.

还(還)

㊀ huán ㄏㄨㄢ ❶回,归 go (or come) back; return:~家 huánjiā *return home*/~原 (恢复原状) huányuán *return to the original shape* ❷回报 give back; return:~礼 huánlǐ *return a salute*; *send a present in return*/ ~手 huánshǒu *strike (or hit) back*/ 以眼~眼,以牙~牙 Yǐ yǎn huán yǎn, yǐ yá huán yá. *an eye for an eye and a tooth for a tooth*; *tit for tat* ❸归还 repay (㊍comb. 偿—cháng—*repay*):~钱 huán qián *return the money* (borrowed) ❹姓 a surname

㊁ hái 见 236 页 See p.236

环(環)

huán ㄏㄨㄢ ❶(一儿r)圈形的东西 ring; hoop:连~liánhuán *a chain of rings*/铁~tiěhuán *iron ring* ❷围绕 surround; encircle:~城马路 huánchéng mǎlù *ring road*; *belt highway*/ ~视 huánshì *look around* [环境—jìng]周围的一切事物 environment; surroundings:优美的~~yōuměi de huánjìng *a beautiful environment* ❸指射击、射箭比赛中射中环靶的环数 ring, points scored in shooting or archery

郇

㊀ huán ㄏㄨㄢ 姓 a surname

㊁ xún 见 735 页 See p.735

洹

huán ㄏㄨㄢ 洹水,水名,在河南省,又名"安阳河"Huán Shuǐ, a river in Henan Province; also called Anyang River

桓

huán ㄏㄨㄢ ❶古代立在驿站、官署等建筑物旁作为标志的木柱,后称华表 (in ancient times) wooden column erected by courier stations, government office buildings, etc., as signs; later referred to as "huábiǎo" ❷姓 a surname

貆

huán ㄏㄨㄢ ❶幼小的貉 infant racoon dog ❷豪猪 porcupine

萑

huán ㄏㄨㄢ 古书上指芦苇一类的植物 referred to reed in ancient texts

锾 huán ㄏㄨㄢˊ 古代重量单位，也是货币单位（in ancient times）a unit of weight; also a unit of currency

圜 ㊀ huán ㄏㄨㄢˊ 围绕 surround
㊁ yuán 见 798 页 See p. 798

阛 huán ㄏㄨㄢˊ ［阛阓—huì］街市 street market

澴 huán ㄏㄨㄢˊ 澴水，水名，在湖北省 Huánshuǐ, a river in Hubei province

寰 huán ㄏㄨㄢˊ 广大的地域 extensive region ［寰球—qiú］［寰宇—yǔ］全世界。也作"环球"、"环宇" the whole world; also written as "环球"，"环宇"

嬛 huán ㄏㄨㄢˊ 见 380 页"嫏"字条"嫏嬛 láng—" See "lánghuán (stacks of heavenly emperor in myth)" under entry of "láng", p. 380

缳 huán ㄏㄨㄢˊ ❶绳套 noose: 投～（自缢）tóuhuán hang oneself ❷绞杀 strangle: ～首 huánshǒu strangle sb.

鹮 huán ㄏㄨㄢˊ 鸟名。嘴细长而向下弯曲，腿长。生活在水边 ibis, a bird with a long and thin beak bending downwards, long legs, living by the water

镮 huán ㄏㄨㄢˊ 圆形有孔可贯穿的东西 round object that has a hole and can be stringed

鬟 huán ㄏㄨㄢˊ 古代妇女梳的环形的发结(fàjié) bun of hair done by ancient women ［丫鬟 yāhuan］［小鬟 xiǎo—］旧时代称年轻的女仆 maid or maid servant in early times

皖 huǎn ㄏㄨㄢˊ ❶明亮 bright ❷美好 fine; glorious

缓 huǎn ㄏㄨㄢˊ ❶慢，跟"急"相反 slow; unhurried, antonym of "jí" (hurry): 轻重～急 qīngzhòng huǎnjí relative importance or urgency; order of priority/ ～步而行 huǎnbù ér xíng walk unhurriedly/ 不济急 huǎn bùjìjí The slow action cannot save a critical situation. ❷延迟 delay; postpone: ～兵之计 huǎnbīngzhījì measures to stave off an attack; stalling tactics/ ～刑 huǎnxíng probation; temporary suspension of the execution of a sentence/ ～两天再办 huǎn liǎng tiān zài bàn postpone sth. for one or two days; do sth. after a short time ［缓冲—chōng］把冲突的两方隔离开，使紧张的局势缓和 buffer; separate the two sides in a conflict so as to lessen tensions: ～～地带 huǎnchōng dìdài buffer zone ［缓和—hé］使紧张的情势转向平和 relax; ease up (tensions) ❸苏醒，恢复 come to; revive: 病人昏过去又～过来 Bìngrén hūn guòqù yòu huǎn guòlai. The patient fainted and then came to./ 下过雨，花都～过来了 Xiàguo yǔ, huār dōu huǎn guòlai le. The rain revived all the flowers./ ～气再往前走 huǎnhuǎnqì zài wǎng qián zǒu walk on after a short break

幻 huàn ㄏㄨㄢˋ ❶空虚的，不真实的 unreal; illusory: ～境 huànjìng dreamland; fairyland/ 打消一切～想 dǎxiāo yīqiè huànxiǎng cast away all the illusions ［幻灯—dēng］一种娱乐和教育用的器具。利用凸透镜和灯光把图片放大，映射在白幕上 slide projector, an instrument of recreation and education, showing enlarged pictures on a screen through lens and light ［幻灭—miè］幻想或不真实的事受到现实的打击而消灭 (of illusions or sth. unreal) vanish into thin air; illusions shattered by reality ❷奇异地变化 change magically (㊉comb. 变—biàn— change irregularly): ～术 huànshù magic; conjuring

奂(**奐**) huàn ㄏㄨㄢˋ ❶盛，多 abundant; plentiful ❷文彩鲜明 (of writing) bright-literary talent

换 huàn ㄏㄨㄢˋ ❶给人东西同时从他那里取得别的东西 exchange; trade;互～hùhuàn exchange/ 交～条件 jiāohuàn tiáojiàn conditions of exchange ❷变换，更改 change;～衣服 huàn yīfu change one's clothes/ ～汤不～药 huàn tāng bù huàn yào the same medicine with a different name; a change in form but not in content ❸兑换(用证件换取现金或用一种货币换另一种货币) exchange (coupon for money or one currency for another); convert

唤 huàn ㄏㄨㄢˋ 呼叫，喊 call out; summon (働comb. 呼－hū－call);～鸡 huàn jī call back the chicken/ ～狗 huàn gǒu call back the dog

涣 huàn ㄏㄨㄢˋ 散开 melt; vanish:士气～散 shì qì huànsàn The troops are demoralized./ ～然冰释 huànrán-bīngshì (of ice) melt away; disappear [涣涣－－]水势盛大 (of water) overflowing

焕 huàn ㄏㄨㄢˋ 光明 shining; glowing:～然一新 huànrán-yīxīn take on an entirely new look [焕发－fā]光彩外现的样子 radiate splendor;精神～～jīngshén-huànfā be full of vigour

痪 huàn ㄏㄨㄢˋ [瘫痪 tān－]见 629 页"瘫" See "tān", p. 629

宦 huàn ㄏㄨㄢˋ 官 official (働comb. 官－guān－ government official, 仕－shì－ be an official) [宦官－guān]封建时代经过阉割在皇宫里伺候皇帝及其家族的男人。也叫"太监" eunuch, castrated male serving the emperor and his family in the palace in the feudal society; also called "taijian"

浣(*澣) huàn ㄏㄨㄢˋ ❶洗 wash:～衣 huàn yī wash clothes/ ～纱 huàn shā wash yarn ❷旧称每月的上、中、下旬为上、中、下浣 (early use) any of the three ten-day divisions of a month

鲩(**鯇) huàn ㄏㄨㄢˋ 鲩鱼，鱼名。身体微绿色，鳍微黑色，生活在淡水中，是我国特产的重要鱼类之一。也叫"草鱼" grass carp, a shallow water fish with light-green scales and greyish black gill, one of the important species typical of China; also called "caoyu".

患 huàn ㄏㄨㄢˋ ❶灾祸 trouble; disaster(働comb. 一难－nàn trials and tribulations, 灾－zāi－ suffering; disaster, 祸－huò－ disaster):有备无～yǒubèi-wúhuàn Where there is a precaution, there is no danger./ 防～未然 fánghuàn-wèirán provide against possible trouble/ 免除水～miǎnchú shuǐhuàn prevent floods/ ～难之交 huànnànzhījiāo friends in adversity ❷忧虑 anxiety; worry:不要～得～失 bùyào huàndé-huànshī do not worry about personal gains or losses ❸害病 contract; suffer from:～病 huànbìng fall ill; suffer from an illness/ ～脚气 huàn jiǎoqì have beriberi

潓 huàn ㄏㄨㄢˋ [漫潓 màn－]文字图像等磨灭、模糊 (of picture, writing, etc.) blurred; indistinct

逭 huàn ㄏㄨㄢˋ 逃，避 escape; keep away from

豢 huàn ㄏㄨㄢˋ 喂养牲畜 feed or keep (animals) (働comb. 一养－yǎng feed; keep)

擐 huàn ㄏㄨㄢˋ 穿:～甲执兵 put on; wear: huànjiǎ-zhíbīng put on one's armour and take up arms

輭 huàn ㄏㄨㄢˋ 古代用车分裂人体的一种酷刑 a cruel torture in ancient times, in which housecars were used to sever a human body

HUANG ㄏㄨㄤ

育 huāng ㄏㄨㄤ [膏育 gāo－]我国古代医学把心尖脂肪叫膏，心脏和隔膜之间叫肓,认为膏肓之间是药力达不到的地方 In classical Chinese medicine, the fat at the tip of the heart is called *gao*, the part between the heart and the diaphragm is called *huang*, and the part between *gao* and *huang* is considered as a non-curable place;病入～～(指病重到无法医治的地步)bìngrùgāohuāng *The disease has attacked the vitals.* or *The disease is so serious that it is beyond cure.*

荒 huāng ㄏㄨㄤ ❶庄稼没有收成或严重歉收 famine; crop failure;备～ bèihuāng *prepare against natural disasters* 㽞 ext. 严重缺乏 serious shortage; scarcity;煤～ méihuāng *shortage of coal*/ 房～ fánghuāng *housing shortage* ❷长满野草或无人耕种 waste; uncultivated (㽞comb. 一芜—wú lie waste);～地 huāngdì *wasteland*/ 垦～ kěnhuāng *open up virgin soil*/ 开～ kāihuāng *open up wasteland* 㽞 ext. 1.废弃 neglect; discard;～废 huāngfèi *leave uncultivated; neglect* 2.荒凉,偏僻 desolate; out of the way;～村 huāngcūn *deserted village* / ～郊 huāngjiāo *wilderness*[荒疏—shū]久未练习而生疏 out of practice; rusty;学业还没～～ xuéyè hái méi huāngshū *The subjects learned are still fresh in mind.* ❸不合情理的,不正确的 unreasonable;～谬 huāngmiù *absurd*/ ～诞 huāngdàn *fantastic; absurd* [荒唐—táng]1.浮夸不实 absurd; fantastic;这话真～～ Zhè huà zhēn huāngtáng. *The words are ridiculous.* 2.行为放荡 loose; dissipated

塂 huāng ㄏㄨㄤ〈方 dial.〉开采出来的矿石 dug-out ore

慌 huāng ㄏㄨㄤ ❶慌张,急忙,忙乱 flurried; confused (㽞comb. 一忙—máng *hurriedly*);他做事太～Tā zuòshì tài huāng. *He does things too hurriedly.* / 一里～张 huānglǐ huāng-

zhāng *hurried and confused* ❷恐惧不安 frightened; uneasy;心里发～ xīnli fāhuāng *feel nervous*/ 惊～ jīnghuāng *scared; panic-stricken* ❸表示难忍受 unbearably; awfully;累得～lèidehuang *be tired-out; be dog tired*/ 闷得～mèndehuang *bored beyond endurance; too stuffy*

皇 huáng ㄏㄨㄤ ❶君主 emperor; sovereign (㽞comb. 一帝—dì emperor) ❷大 (叠 redup.) great; grand;～～巨著 huánghuáng jùzhù *a monumental works* ❸〈古 arch.〉同"遑" Same as "遑" ❹〈古 arch.〉同"惶" Same as "惶"

凰 huáng ㄏㄨㄤ ❶[凤凰 fèng一]见178页"凤 fèng" See fènghuáng under entry of "fèng", p.178 ❷传说中指雌凤 (legendary) female phoenix

隍 huáng ㄏㄨㄤ 没有水的城壕 dry moat round about a city wall

喤 huáng ㄏㄨㄤ 拟声词(叠 redup.) *onom.* 1.钟鼓声 sound of the clang of bell or drum beats 2.小儿啼哭声 sound of baby's crying

遑 huáng ㄏㄨㄤ ❶闲暇 leisure; break;不～(没有功夫)bù huáng *have no time; be too busy* ❷匆忙(叠 redup.) hurry; haste

徨 huáng ㄏㄨㄤ 见493页"彷"字条"彷徨 páng一" See "pánghuáng" under entry of "páng", p.493

湟 huáng ㄏㄨㄤ 湟水,水名,在青海省 Huáng Shuǐ, a river in Qinghai province

惶 huáng ㄏㄨㄤ 恐惧 fear; anxiety (㽞comb. 一恐—kǒng terrified);人心～～ rénxīn-huáng-huáng *popular anxiety*/ ～恐不安 huángkǒng-bù'ān *in a state of fear and alarm*

煌 huáng ㄏㄨㄤ 明亮(叠 redup.) bright; brilliant;星火～～ xīnghuǒ huánghuáng *bright with*

sparks/ 灯火辉～dēnghuǒ-huīhuáng brilliantly illuminated；ablaze with lights

锽 huáng ㄏㄨㄤˊ ❶古代的一种兵器 a weapon in former times ❷形容钟鼓声(叠 redup.) the clangs of bell and drum beats

蝗 huáng ㄏㄨㄤˊ 蝗虫，一种吃庄稼的害虫,常常成群飞翔。也叫"蚂蚱 mà-zha" locust, an insect that flies in swarms and destroyes crops and vegetables；also called màzha

篁 huáng ㄏㄨㄤˊ 竹林。泛指竹子 bamboo grove；(generally) bamboo

艎 huáng ㄏㄨㄤˊ 见 788 页"艅"字条"艅艎 yú—" See "yúhuáng" under entry of"yú", p. 788

鳇 huáng ㄏㄨㄤˊ 鳇鱼,鱼名。形状像鲟鱼,有五行硬鳞,嘴突出,半月形,两旁有扁平的须 Huso sturgeon；Huso dauricus, a sturgeon-like fish having five rows of hard scales and a protruding half-moon shaped mouth with flat barbels on both sides

黄 huáng ㄏㄨㄤˊ ❶像金子或向日葵花的颜色 yellow, the colour of gold or sunflower[黄色—sè]1.黄的颜色 (of colour) yellow 2.指淫朽堕落的 decadent；obscene：～～小说 huángsè xiǎoshuō pornographic novel ❷指黄河 the Huanghe River；引～工程 yǐn Huáng gōngchéng project of diverting the water of the Huanghe River ❸事情失败或计划不能实现 fail；come to nothing：这件事～不了 Zhè jiàn shì huángbuliǎo. This business will not fail. ❹指黄帝,传说中的中国上古帝王 referring to Huang Di, a legendary emperor in the remote ages of China：炎～子孙 Yán-Huáng zǐsūn descendents of Yan Di and Huang Di；the Chinese people

潢 huáng ㄏㄨㄤˊ ❶积水池 pool；pond ❷染纸 dye paper [装潢 zhuāng—]裱褙字画 mount (a picture)引 ext. 装饰货物的包装 packaging

璜 huáng ㄏㄨㄤˊ 半璧形的玉 semi-annular jade pendant

磺 huáng ㄏㄨㄤˊ 硫磺 sulphur：硝～ xiāohuáng nitre sulphur

锽 huáng ㄏㄨㄤˊ ❶大钟 big bell ❷钟声 the clang of a bell ❸同"簧"Same as "簧"

癀 huáng ㄏㄨㄤˊ 癀病,牛马等家畜的炭疽(jū)病 (of cattles such as cow, horse,etc.) anthrax

蟥 huáng ㄏㄨㄤˊ 见 435 页"蚂"字条"蚂蟥 mǎ—" See "mǎhuáng" under entry of mǎ, p. 435

簧 huáng ㄏㄨㄤˊ ❶乐器里用铜等制成的发声薄片 (of musical instruments) reed, thin part made of copper that vibrates to produce sound：笙～ shēnghuáng a reed pipe wind instrument/～乐器 huángyuèqì reed instrument ❷器物里有弹力的机件 spring；elastic device：锁～ suǒhuáng locking spring/ 弹～ tánhuáng spring

恍(*怳) huǎng ㄏㄨㄤˇ ❶恍然,忽然 all of a sudden；suddenly：～然大悟 huǎngrándàwù suddenly see the light；suddenly realize what has happened ❷仿佛 seem；as if：～若置身其境 huǎngruò zhìshēn qí jìng As if one is placed in the atmosphere. [恍惚—hū]1. 神志不清,精神不集中 in a trance；absent-minded：精神～～jīngshen huǎnghū be in a trance 2.(看得、听得、记得)不真切,不清楚 (of seeing, hearing, and memory) dimly；seemingly：我～～看见他了 Wǒ huǎnghū kànjian tā le. I was faintly aware of his sight.

晃 ㊀ huǎng ㄏㄨㄤˇ ❶明亮（叠 redup.）bright；gleaming：明～～的刺刀 mínghuǎnghuǎng de cìdāo gleaming bayonets ❷照耀 shine on；

dazzle：～眼（光线强烈刺激眼睛）huǎngyǎn dazzle；make（sb.）unable to see clearly because of too much light ❸很快地闪过 flash past：窗户上有个人影，一～就不见了 Chuānghu shang yǒu ge rényǐng，yīhuǎng jiù bùjiàn le. A man's shadow on the window flashed past.

㈢ huàng 见本页 See the same page.

幌 huǎng ㄏㄨㄤˇ 帐幔，帘帷 heavy curtain［幌子-zi］商店、饭店等门外的招牌或标志物（outside shops，restaurants，etc.）sign；signboard 喻 fig. 为了进行某种活动所假借的名义 pretence；guise

谎 huǎng ㄏㄨㄤˇ ❶谎话，不真实的话 lie；falsehood：撒～sāhuǎng tell a lie；lie 引 ext. 商贩要的虚价 exorbitant price asked by a seller：要～yàohuǎng ask an exorbitant price ❷ 说谎话 tell lies；lie：～称 huǎngchēng falsely claim to be；pretend to be

晃（提） ㈢ huàng ㄏㄨㄤˋ 摇动，摆动 shake；sway（叠 comb. 摇-yáo- rock；sway）：树枝来回～Shùzhī láihuí huàng. The branches are swaying to and fro.

㈠ huǎng 见 267 页 See p.267

潢 huàng ㄏㄨㄤˋ［潢漾-yǎng]形容水广大无边（of water）boundless

鳂 huàng ㄏㄨㄤˋ 用于人名 used in people's names

HUI ㄏㄨㄟ

灰 huī ㄏㄨㄟ ❶物体燃烧后剩下的粉末状的东西 ash，powder that remains after sth. has burned：炉～lúhuī stove ashes；烟～yānhuī tobacco or cigarette ash／～肥 huīféi ash fertilizer［石灰 shí-]一种建筑上常用的材料，俗叫"白灰"，又叫"生石灰"。是用石灰石烧成的，化学成分是氧化

钙。生石灰遇水变成氢氧化钙，叫熟石灰 lime，building material obtained by burning limestone，popularly called "báihuī"，or "shēngshíhuī（quick lime）"；chemical compound：calcium oxide. Quick lime is changed into calcium hydroxide，also called "shóushíhuī（slake lime）" when mixed with water[青灰 qīng-]一种含有杂质的石墨，青黑色，是建筑上常用的材料，也可做染料 a kind of impure graphite，dark blue in colour，often used as building material or in making dye stuff ❷灰尘 dust ❸灰色，黑白之间的颜色 grey，the colour between black and white ❹消沉，失望 depressed；disheartened：心～意懒 xīnhuī-yìlǎn be disheartened／～心丧气 huīxīn-sàngqì lose heart；be disheartened

诙 huī ㄏㄨㄟ 诙谐，说话有趣 banter；crack jokes；humour

咴 huī ㄏㄨㄟ［咴儿咴儿-r-r]拟声词，马叫声 onom. the neighing of horses

恢 huī ㄏㄨㄟ 大，宽广（叠 redup.）extensive；vast（叠 comb. 一弘-hóng broad）：～～有余 huīhuī yǒuyú large enough／天网～～tiānwǎng-huīhuī The net of heaven has large meshes.

[恢复-fù]失而复得 recover；regain：～～健康 huīfù jiànkāng restore one's health

㧑（撝） huī ㄏㄨㄟ ❶指挥 direct；command ❷谦逊 modest；unassuming：～谦 huīqiān modest

挥 huī ㄏㄨㄟ ❶舞动，摇摆 wave；wield：～刀 huīdāo wield a sword／～手 huīshǒu wave one's hand／大笔一～dàbǐ yī huī with one stroke of the writing brush［指挥 zhǐ-]1. 指导，调度 command；direct 2. 指导、调度的人 commander；director：工程总～～gōngchéng zǒng-zhǐhuī *general director of a project/* 乐队～～yuèduì zhǐhuī *conductor; bandmaster* ❷ 散出,甩出 scatter; disperse：～金如土 huījīn-rútǔ *spend money like dirt; spend money like water/* ～汗如雨 huīhàn-rúyǔ *dripping with sweat*[挥发—fā]液体或某些固体在常温中变为气体而发散 volatilize；（of a liquid and some solids）change into gas or vapor in normal atmospheric temperature[挥霍—huò]用钱浪费,随便花钱 waste money；squander money

珲 ㊀ huī ㄏㄨㄟ 见 4 页"瑷"字条"瑷珲 Ài—" See "Àihuī" under entry of "ài", p. 4
㊁ hún 见 273 页 See p. 273

晖 huī ㄏㄨㄟ ❶阳光 sunlight；sunshine：春～ chūnhuī *spring sunshine/* 朝～ zhāohuī *morning sunlight* ❷同"辉" Same as "辉"

辉（*煇） huī ㄏㄨㄟ 闪射的光彩 brightness；splendour（⊛comb. 光—guāng— *radiance; glory*）：落日余～luòrì yúhuī *sunset glow; the last of sunset brilliance/* 光～四射 guānghuī sìshè *radiate rays of brilliance*[辉煌 huī—]光彩夺眼 brilliant：金碧～～jīnbì-huīhuáng（of a building, etc.）*looking splendid and gorgeous; resplendent and magnificent* ⊛ *fig.* 极其优良,出色 splendid；outstanding：～～的成绩 huīhuáng de chéngjì *brilliant achievement*[辉映—yìng]光彩照耀 shine ㊟ *ext.* 事物互相对照（between things）reflect：前后～ qiánhòu huīyìng（objects in front and behind）*enhance each other's brilliance*

翚 huī ㄏㄨㄟ ❶飞 fly ❷古书上指具有五彩羽毛的雉（in ancient texts）a kind of pheasant known for its beautiful plumes

袆（褘） huī ㄏㄨㄟ 古代王后穿的祭服 ceremonial costume worn by queens in ancient times

叀 huī ㄏㄨㄟ 撞击 ram；strike[喧叀 xuān—]轰响声 roaring；rumbling

麾 huī ㄏㄨㄟ 古代指挥用的旗子（in ancient times）the standard of a commander ㊟ ext. 指挥 command：～军 huījūn *command an army*

徽 huī ㄏㄨㄟ ❶标志 emblem；badge：国～guóhuī *national emblem/* 校～xiàohuī *school badge* ❷美好的 fine；glorious：～号 huīhào *title of honour; good name* ❸指安徽省徽州 Huizhou of Anhui province：～墨 huīmò *Huizhou inkstick*

隳 huī ㄏㄨㄟ 毁坏 destroy；ruin

回（❸迴、❸*廻、**囘）

huí ㄏㄨㄟˊ ❶还,走向原来的地方 return；go back（to the original place）：～家 huíjiā *go back home/* ～国 huíguó *return to one's country/* ～到原单位工作 huídào yuándānwèi gōngzuò *go back to work in one's original unit* ❷掉转 turn round：～过身来 huíguo shēn lái *turn round*[回头—tóu]1. 把头转向后方 turn round；turn one's head：～～观望 huítóu guānwàng *turn round and look back* 2. 回归,返回 return；go back：一去不～～yīqù bù huítóu *never return after one's departure* 3. 等一会儿 later：～～再说吧 Huítóu zài shuō ba. *Let us discuss later.* 4. 改邪归正 repent：现在～～还不晚 Xiànzài huítóu hái bù wǎn. *It is still not late to repent now.* ❸曲折,环绕,旋转 wind；circle：～形针 huíxíngzhēn *paper clip/* 巡～xúnhuí *go the rounds；tour*[回避—bì]避免,躲避 evade；avoid ❹答复,答报 answer；reply：～信 huíxìn *write in reply；a letter in reply/* ～话 huíhuà *give sth. in reply/* ～敬 huíjìng *do or give sth. in return；return a compliment* ❺量词,指事件的次数 meas.

time；occasion：两～liǎng huí twice/他来过一一～Tā láiguo yī huí. *He has been here once.* ㊧ trans. 我国长篇小说分的章节（in Chinese novels）chapter：《红楼梦》一共一百二十～《Hónglóu Mèng》yīgòng yībǎi èrshí huí. *Dreams of the Red Chamber has altogether 120 chapters.*

[回族－zú]我国少数民族，参看附表 Hui, the Hui Nationality, national minority in China；see Appendix

[回纥－hé]唐代西北的民族，也称"回鹘(hú)" Huihe, a north-western nationality in the Tang Dynasty；also called "huíhú"

H

茴 huí ㄏㄨㄟˊ 1. 小茴香，多年生草本植物，叶分裂像毛，花黄色，茎叶嫩时可吃。子实大如麦粒，可作香料，又可入药 fennel, a perennial herb with hairlike foliage and yellow flowers. Its tender stalks and leaves are edible and its seeds are as big as wheat seeds and used as spice or medicine 2. 大茴香，常绿小乔木，叶长椭圆形，初夏开花，果实呈八角形，也叫八角茴香或大料，可作调料或入药 anise, a small evergreen tree with oval leaves, bearing white blooms in summer, with octagon fruit that is also called bājiǎo huíxiāng or dàliào (octagon anise) and used as seasoning or medicine

洄 huí ㄏㄨㄟˊ 水流回旋 (of water flow) whirl

蛔(*蚘) huí ㄏㄨㄟˊ 蛔虫，寄生在人或其他动物肠子里的一种蠕形寄生虫，像蚯蚓而没有环节。能损害人畜的健康 roundworm (or ascarid), a round-bodied unsegmented parasite that resembles earthworm and lives in the intestine, which can affect adversely the health of human and animals

虺 huí ㄏㄨㄟˊ 古书上说的一种毒蛇 (in ancient texts) a poisonous snake

[虺虺－－]〈古 arch.〉打雷的声音 sound of thunder

悔 huǐ ㄏㄨㄟˇ 后悔，懊恼 regret；repent：～过 huǐguò *repent one's error；be repentant*/～之已晚 huǐzhī-yǐwǎn *too late to repent*

毁(❶*燬、❹*譭) huǐ ㄏㄨㄟˇ ❶ 烧掉 burn up：烧～shāohuǐ *burn up*；*destroyed by fire* ❷破坏，损害 destroy；ruin：这把椅子是谁～的 Zhè bǎ yǐzi shì shéi huǐ de? *Who broke this chair?* 这样做就～了个人前途 Zhèyàng zuò jiù huǐle gè rén qiántú. *Doing things like this will ruin one's future life.* [毁灭－miè]彻底地消灭 destroy；exterminate：给敌人以～～的打击 gěi dírén yǐ huǐmièxìng de dǎjī *deal the enemy a crushing blow* ❸〈方 dial.〉把成件的旧东西改造成别的东西 make over (finished old clothes, etc.)：这两个小凳是一张旧桌子～的 Zhè liǎng ge xiǎo dèngr shì yī zhāng jiù zhuōzi huǐ de. *The two stools were made out of an old table.* ❹诽谤，说别人的坏话 defame；slander (㊧ comb. 诋－dǐ－ *slander* －谤－bàng *calumny；malign*)

卉 huì ㄏㄨㄟˋ 草的总称 a general term for grass：花～huāhuì *flowers and plants*

汇(匯、❷❸彙、*滙) huì ㄏㄨㄟˋ ❶河流会合在一起 (of rivers) come or flow together：～成巨流 huìchéng jùliú *converge into a mighty current* ❷会聚在一起的东西 things collected：总 ～ zǒnghuì *confluence；concourse*/词 ～ cíhuì *glossary；vocabulary* ❸聚合 assemblage；collection：～集 huìjí *collect；assemble*/～印成书 huìyìn chéng shū *have (articles on a given subject) collected and published in book form* ❹ 由甲地把款项寄到乙地 remit (from one place to another);～款 huìkuǎn *remit money*/ ～兑 huìduì *remittance*❺指外汇 foreign exchange：出口创～chūkǒu chuànghuì *earn foreign exchange through export*

会(會) ㊀ huì ㄏㄨㄟˋ ❶聚合,合拢,合在一起 get together; assemble：在哪儿～合 Zài nǎr huìhé? *Where shall we meet?* 就在这里－齐吧 Jiù zài zhèlǐ huìqí ba. *Let's assemble here.* ～审 huìshěn *joint hearing* (or *trial*); *make a joint check-up* (of some bill, etc.)/ ～话(对面说话)huìhuà *conversation*[会师—shī]从不同地方前进的军队,在某一个地方聚合在一起（of forces marching from different places) join at a certain place ❷多数人的集合 (of a majority of people) gathering 1.有一定目的的集会 meeting：纪念～jìniànhuì *commemoration meeting*/ 群众大～qúnzhòng dàhuì *mass rally*/ 开个～kāi ge huì *hold a meeting* 2.指某些团体 certain unions or associations：工～gōnghuì *trade* (or *labour*) *union*/ 学生～xuéshēnghuì *student union; student association* ❸城市(通常指行政中心) city or capital (usu. administrative center)：都～ dūhuì *capital*/ 省～ shěnghuì *provincial capital*❹彼此见面 meet; see：～客 huìkè *receive a visitor*/ ～一～面 huì yī huì miàn *come and meet*/ 你～过他没有 Nǐ huìguo tā méiyǒu? *Have you ever met him?* ❺付钱 pay; foot：～账 huìzhàng *pay* (or *foot*) *a bill*/ 饭钱我～过了 Fànqián wǒ huì guo le. *I've payed for the meal.* ❻理解,领悟,懂 understand; grasp：误～wùhuì *misunderstand; mistake*/ ～意 huìyì *understanding; knowing*/ 领～lǐnghuì *understand; comprehend* ❼能 can; be able to 1.表示懂得怎样做或有能力做 can; be able to：他～游泳 Tā huì yóuyǒng. *He can swim.* 2.可能 may：我想他不～不懂 Wǒ xiǎng

tā bùhuì bù dǒng. *I don't think he may not understand it.* 3. 能够 be likely to; be sure to：我们的理想一定～实现 Wǒmen de lǐxiǎng yídìng huì shíxiàn. *We will surely realize our ideals.* 4. 善于 be good at; be skilful in：能说～道 néngshuō-huìdào *have a gift of the gab; a talkative penson* ❽机会,时机,事情变化的一个时间 opportunity; occasion：适逢其～shìféngqíhuì *happen to be present at the right moment*/ 趁着这个机～chènzhe zhège jīhuì *take this opportunity* ❾(一儿－r)一小段时间 a moment：一～儿 yīhuìr *a little while; a moment*/ 这～儿 zhèhuìr *now; for the moment*/ 那～儿 nàhuìr *then; at that time*/ 多～儿 duōhuìr *when; ever*/ 用不了多大～儿 Yòngbuliǎo duōdàhuìr. *It will not take a long time.*

㊁ kuài 见 364 页 See p.364

荟(薈) huì ㄏㄨㄟˋ 草木繁多 (of plants) luxuriant growth[荟萃—cuì]聚集 gather together; assemble：人才～～réncái huìcuì *a galaxy of talents*

绘(繪) huì ㄏㄨㄟˋ 画,描画 draw; paint：～图 huìtú *charting; mapping*/～形－声 huìxíng-huìshēng *vivid; lively*

桧(檜) ㊀ huì ㄏㄨㄟˋ 用于人名。如秦桧,南宋奸臣 used in people's names, eg. Qín Huì, a treacherous court official of the Southern Song Dynasty

㊁ guì 见 230 页 See p.230

烩(燴) huì ㄏㄨㄟˋ 加浓汁或多种食物混在一起烹煮 braise, cook various food mixed together：～豆腐 huì dòufu *braise bean curd*/ ～饭 huìfàn *rice or shredded pancakes cooked with meat, vegetables, and water*/ 杂～záhuì *mixed stew*

H

讳(諱)

huì ㄏㄨㄟˋ ❶避忌,有顾忌不敢说或不愿说 avoidas taboo; *hide one's sickness for fear of treatment; conceal one's fault for fear of criticism*/ 直言不～ zhíyán-bùhuì *speak without reservation; mince no words*/ 忌～ jìhuì *taboo; avoid as taboo* ❷封建时代称死去的皇帝或尊长的名字（in feudal society）the name, regarded as taboo, of a deceased emperor or head of a family

海

huì ㄏㄨㄟˋ 教导,劝说 teach; instruct（圈comb. 教 — jiào — *teaching; instruction*）：～人不倦 huìrén-bùjuàn *be tireless in teaching*

晦

huì ㄏㄨㄟˋ ❶昏暗不明 dark; obscure [晦气—qì]1.不顺利,倒霉 unlucky 2.指人不顺利或生病时难看的气色 dark or gloomy complexion when one meets adversity or is ill：一脸～～ yīliǎn huìqì *with a gloomy complexion* ❷夜晚 night：风雨如～ fēngyǔ-rúhuì *wind and rain sweeping across a gloomy sky（fig. a grim situation）* ❸夏历每月的末一天 the last day of a lunar month

恚

huì ㄏㄨㄟˋ 恨,怒 hatred; anger

贿

huì ㄏㄨㄟˋ ❶财物(现指用来买通别人的财物) wealth（now wealth used to buy over sb. else）❷贿赂,用财物买通别人 bribe; offer sth. to sb. in order to get him to do sth.

彗(**篲)

huì ㄏㄨㄟˋ(旧读 early pronounced suì) 扫帚(sàozhou) broom [彗星—xīng] 俗叫"扫帚星"。拖有长光像扫帚的星体 comet, popularly called "sàozhouxīng", a heavenly body with a long bright tail that resembles a broom

篲

huì ㄏㄨㄟˋ（旧读 early pronounced suì）王篲,就是地肤,俗叫"扫帚菜"。一年生草本植物,夏天开花,黄绿色。嫩苗可以吃。老了可以做扫帚 summer cypress, popularly called "sàozhoucài", an annual herb in yellowish-green bloom in summer, its tender shoots edible and used to make broom when fully grown

槠

huì ㄏㄨㄟˋ〈古 arch.〉一种小棺材 a kind of small coffin

慧

huì ㄏㄨㄟˋ 聪明,有才智 intelligent; bright（圈comb. 智—zhì — *wisdom; intelligence*）：～眼 huìyǎn *insight; mental discernment*/ 明～mínghuì *bright; clever*/ 发挥工人的智～Fāhuī gōngrén de zhìhuì. *bring the wisdom of the workers into play*

硊

huì ㄏㄨㄟˋ [石硊 Shí—]地名,在安徽省芜湖 a place in Wuhu, Anhui province

秽(穢)

huì ㄏㄨㄟˋ 肮脏 dirty：～土 huìtǔ *rubbish; dirt* 圈 *fig.* 丑恶的 ugly; abominable：～行 huìxíng *immoral conduct*

翙(翽)

huì ㄏㄨㄟˋ [翙翙——]鸟飞的声音 sound of the flying of birds

惠

huì ㄏㄨㄟˋ 好处,给人财物 favour; benefit：根据互～的原则,建立贸易关系 Gēnjù hùhuì de yuánzé, jiànlì màoyì guānxì. *establish trade relations according to the principle of mutual benefits* 敬辞,用于对方对自己的行动（word of respect, used for what others have done for one）kind; gracious：～赠 huìzèng *your kind presents*/ ～临 huìlín *your gracious presence*

僡

huì ㄏㄨㄟˋ 同"惠" Same as "惠"

蕙

huì ㄏㄨㄟˋ 蕙兰,多年生草本植物,开淡黄绿色花,气味很香 huìlán, a species of orchid, a perennial herb with light yellowish-green flowers that are sweet-smelling

憓

huì ㄏㄨㄟˋ 同"惠" Same as "惠"

蟪　huì ㄏㄨㄟˋ [蟪蛄—gū]一种蝉，比较小，青紫色。也叫"伏天儿" a kind of cicada that is greenish-purple and smaller than other kinds of cicada; also called "fútiānr"

喙　huì ㄏㄨㄟˋ 嘴，特指鸟兽的嘴 mouth, esp. beak or snout; 毋庸置～(不要插嘴) wúyōng-zhìhuì no need to interrupt; do not interfere

阓　huì ㄏㄨㄟˋ 见 264 页"阛"字条"阛阓 huán—" See "huánhuì" under entry of "huán", p. 264

溃　㊀ huì ㄏㄨㄟˋ 同"殨 huì" Same as "殨"；～脓 huìnóng suppuration　㊁ kuì 见 370 页 See p. 370

缋　huì ㄏㄨㄟˋ 同"绘 huì" same as "绘"

殨　huì ㄏㄨㄟˋ 疮溃烂 festering;～脓 huìnóng suppuration

HUN ㄏㄨㄣ

昏　hūn ㄏㄨㄣ ❶黄昏，天将黑的时候 dusk time just before it gets quite dark; 晨～(早晚)chénhūn at dawn and dusk ❷黑暗 dark; dim (叠 comb. —暗—àn dim); 天～地暗 tiānhūn-dì'àn murky heavens over a dark earth; dark all around / 暗不明 hūn'àn bù míng dark and obscure ❸神志不清楚，认识糊涂 dizzy; dazed; 发～fāhūn feel giddy (or dizzy)/ 病人整天～～沉沉的 Bìngrén zhěngtiān hūnhūn-chénchén de. The patient was in a daze all day long. ㊧ trans. 失去知觉 faint; lose consciousness;～迷 hūnmí stupor; coma/ 他～过去了 Tā hūn guoqu le. He has fainted. ❹〈古 arch.〉同"婚" Same as "婚"

阍　hūn ㄏㄨㄣ ❶宫门 palace gate ❷看(kān)门 guard the entrance

惛　hūn ㄏㄨㄣ 糊涂 slow-witted; muddled

婚　hūn ㄏㄨㄣ 结婚，男女结为夫妇 marry, (of a man and a woman) join as husband and wife; 已～yǐhūn married/ 未 ～ wèihūn unmarried; single; 结～证 jiéhūnzhèng marriage certificate; marriage lines [婚姻—yīn]嫁娶，结婚的事 marriage; matrimony;～～自主 hūnyīn zìzhǔ marry on one's own; marriage decided by oneself

荤　hūn ㄏㄨㄣ ❶鸡鸭鱼肉等食物 chicken, duck, meat, fish, etc.:～素 hūnsù meat and vegetables/ ～菜 hūncài meat dish/ 不吃～bù chī hūn do not eat meat; be a vegetarian ❷葱蒜等有特殊气味的菜 strong-smelling vegetables such as onions, garlic, etc.: 五 ～ wǔhūn the five strong-smelling vegetables ❸粗俗的，下流的 vulgar; dirty;～话 hūnhuà vulgar remark; dirty words

浑　hún ㄏㄨㄣˊ ❶水不清，污浊 (of water) muddy; turbid;～水坑 húnshuǐkēng a muddy water pool ❷骂人糊涂，不明事理 (in cursing) foolish; stupid; ～ 人 húnrén an unreasonable person/ ～话 húnhuà impudent remark ❸全，满 whole; all over:～身是汗 húnshēn shì hàn sweat all over ❹天然的 simple and natural:～朴 húnpǔ simple and natural; unsophisticated/ ～ 厚 húnhòu simple and honest

珲　㊀ hún ㄏㄨㄣˊ [珲春—chūn]地名，在吉林省 a place in Jilin Province
　㊁ huī 见 269 页"瑷"字条"瑷珲 Ài—" See "Àihuī" under entry of ai, p. 269

馄　hún ㄏㄨㄣˊ [馄饨—tun]一种煮熟连汤吃的食品，用薄面片包上馅做成 won ton; dumpling soup, a kind of food that is made by wrapping some stuffing in a wrapper and cooked as soup

H

混 ㊀ hún ㄏㄨㄣˊ 同"浑❶❷" Same as "浑❶❷"

　　㊁ hùn 见本页 See the same page

魂 hún ㄏㄨㄣˊ 迷信的人指能离开肉体而存在的精神 soul; spiritual or non-material part of a person believed by superstitious people to exist apart from the human body（逄 comb. 一魄一pò *soul*）:～不附体 húnbùfùtǐ *feel as if one's soul had left one's body* [灵魂 líng—]㊀ *fig.* 1. 指人的精神、思想 mood; spirit:教师是人类～～的工程师 Jiàoshī shì rénlèi línghún de gōngchéngshī. *A teacher is an architect of man's soul.* 2. 事物的最精粹最主要的部分 the essence of the most succinct part

诨 hùn ㄏㄨㄣˋ 开玩笑的话 joke; jest; 打一dǎhùn *make comic remarks*/ ～名（外号）hùnmíng *nickname*

混 ㊀ hùn ㄏㄨㄣˋ ❶搀杂在一起 mixture; confuse:～合物 hùnhéwù *mix; mingle*/～杂 hùnzá *mix*/～入 hùnrù *infiltrated*; *sneak into*/～充 hùnchōng *pass oneself off as*; *palm sth. off as*/～为一谈 hùn wéi yī tán *lump*（or *jumble*）*together*; *confuse sth. with sth. else* ❷苟且度过 muddle on; drift along:～日子 hùn rìzi *drift along aimlessly*/鬼～guǐhùn *fool around* ❸蒙混 pass for; pass off as:～过去了 hùn guoqu le *have passed off*/ 鱼目～珠 yúmù-hùnzhū *pass off fish eyes as pearls* ❹胡乱 thoughtlessly; irresponsibly:～乱 hùnluàn *confusion*; *chaos*/ ～出主意 hùnchū zhǔyi *put forward irresponsible suggestions*

[混沌一dùn]1. 传说中指世界开辟前的状态 chaos, the primeval state of fear and the universe according to folklore 2. 糊涂，不清楚 ignorant; simple-minded

　　㊁ hún 见本页 See the same page.

溷（**圂**） hùn ㄏㄨㄣˋ ❶肮脏 dirty（逄comb. 一浊一zhuó *muddy*; *turbid*）❷厕所 lavatory; toilet ❸猪圈 pigsty; pigpen

HUO ㄏㄨㄛ

粇 huō ㄏㄨㄛ ❶（一子一zi）翻松土壤的农具 a hoeing implement ❷用粇子翻土，代替耕、锄或耩的工作 turn up the earth with a hoeing implement, in place of ploughing, hoeing, and drilling:～地 huōdì *hoe the field*/一个六至九厘米深就够了 Huō ge liù zhì jiǔ límǐ jiù gòu le. *It will do to hoe as deep as six to nine centimetres.*

骅（**劀**） huō ㄏㄨㄛ 用刀解剖东西的声音 the sound of a knife cutting things open

锪 huō ㄏㄨㄛ 一种金属加工方法。用专门的刀具对金属工件已有的孔进行加工，刮平端面或切出锥形、圆柱形凹坑 a way of processing metals, working on a hole in a metallic article with special cutting tools, scraping the surface or cutting it into a cone or cylinder-shaped sunken hole

劐 huō ㄏㄨㄛ ❶用耕具划开土壤或用剪刀等划开东西 cut the earth open with tillage implements or slit with a knife or scissors:铧是～地用的 Huá shì huōdì yòng de. *The ploughshare is used in ploughing the field*/ 用剪刀一开 yòng jiǎndāo huōkai *slit open with scissors* ❷同"粇" huō（hoeing implement）" Same as "粇 huō（hoeing implement）"

嚄 ㊀ huō ㄏㄨㄛ 叹词，表示惊讶 *interj.* showing surprise:～，好大的水库 Huō, hǎo dà de shuǐkù! *Oh! What a big reservoir!*

　　㊁ ǒ 见 487 页 See p. 487

豁 ㊀ huō ㄏㄨㄛ ❶残缺，裂开 break/crack:～口 huōkǒu *opening*;

break/ ～了一个口子 huōle yī ge kǒuzi There was a breach. ～唇 huōchún harelip; a harelipped person [豁子－zi] 残缺的口子 opening; break: 碗上有个～～Wǎn shang yǒu ge huōzi. There is an opening in the bowl. 城墙拆了一个～～ Chéngqiáng chāile yī ge huōzi. Open the city wall to make a temporary gate for traffic needs ❷舍弃,狠心付出高代价 give up; sacrifice, harden one's heart and offer a higher price: ～出性命 huōchu xìngmìng risk one's life; go all out regardless of danger to one's life/ ～出几天时间 huōchu jǐ tiān shíjiān spend several days regardless of anything

㊀ huò 见 277 页 See p. 277

攉 ㊀ huō ㄏㄨㄛ 把堆在一起的东西铲起掀到另一处去 shovel (sth. piled up) from one place to another: ～土 huō tǔ shovel the soil/ ～煤机 huōméijī coal shoveller

和 ㊄ huó ㄏㄨㄛˊ 在粉状物中加水搅拌或揉弄使粘在一起 mix (powder) with water in a paste: ～面 huómiàn knead dough/ ～泥 huóní knead wet clay

㊀ hé 见 244 页 See p. 244
㊁ hè 见 247 页 See p. 247
㊃ huò 见 276 页 See p. 276
㊅ hú 见 255 页 See p. 255

活 huó ㄏㄨㄛˊ ❶生存,能生长,跟"死"相反 live; grow, antonym of "sǐ": 鱼在水里才能～Yú zài shuǐ li cái néng huó. Fish can only live in water. 新栽的这棵树～了 Xīn zāi de zhè kē shù huó le. The newly planted tree is alive. ⑯fig. 逼真地 lifelike; true to life: ～像一只老虎 huóxiàng yī zhī lǎohǔ be like a tiger very much/ 神气～现 shénqì-huóxiàn very cocky; high and mighty ❷不固定,可移动的 movable; moving: ～期存款 huóqī cúnkuǎn current deposit/ ～页本 huóyèběn loose-leaf book; a note

book of loose-leaf/ ～塞 huósāi piston/ ～扣 huókòur slipknot; a knot that can be undone by a pull [活泼－po] 活跃自然,不呆板 lively and natural; vivacious: 孩子们很～～ Háizimen hěn huópo. The children are very lively. ❸(一儿－r)工作或生产品 work, or product: 做～zuòhuór do some work/ 这～儿做得真好 Zhè huór zuò de zhēn hǎo. This product is well made.

[活该－gāi]表示就应该这样,一点也不委屈 it serves sb. right: ～如此 huógāi rúcǐ get what one deserves

火 huǒ ㄏㄨㄛˇ ❶东西燃烧时所发的光和焰 fire, light and flame; condition of burning ⑯fig. 紧急 urgent; pressing: ～速 huǒsù at top speed; posthaste/ ～急 huǒjí urgent ❷指枪炮弹药 firearms; ammunition: 军～jūnhuǒ munitions/ ～器 huǒqì firearm/ 开～kāihuǒ open fire [火药－yào]炸药的一类,主要用作燃药或发射药。是我国古代四大发明之一 gunpowder, explosive powder used chiefly in guns and fireworks, which is one of the four great inventions of ancient China [火线－xiàn] 1. 两军交战枪炮子弹交接的地带 battle (or firing, front) line: 轻伤不下～～qīngshāng bù xià huǒxiàn refuse to leave the front though having minor wounds 2. 从电源输送电的导线 live wire ❸红色的 red: ～狐 huǒhú red fox/ ～鸡 huǒjī turkey ❹古代军队的组织,十个人为一"火" union in ancient army (1 huo equals 10 men) [火伴－bàn]同"伙伴",见"伙"字条 Same as 伙伴。See entry huǒ. ❺中医指引起发炎、红肿、烦躁等症状的病因 (in Chinese medicine) internal heat, a diseased cause that leads to inflammation, red and swollenness, fidgets, etc. 上～shànghuǒ suffer from excessive internal heat/ 败～bàihuǒ relieve inflammation or internal heat ❻(一儿一r)怒气 anger；temper：好大的～儿 Hǎo dà de huǒr！*What a temper！* ❼(一儿一r)发怒 be angry：他～儿了 Tā huǒ le. *He flared up.* ❽兴隆，旺盛 prosperous；brisk：生意很～Shēngyi hěn huǒ. *Business is very brisk.*

伙(❶—❺△夥) huǒ ㄏㄨㄛˇ ❶ (一儿一r)伙

计，同伴，一同做事的人 partner；mate：同～儿 tónghuǒr *partner；companion；pal* [伙伴一bàn][火伴一bàn]同伴，伴侣 partner；companion ❷旧指店员（early use）shop assistant：店一diànhuǒ *shop assistant* ❸合伙，结伙，联合起来 combine；join：～办 huòbàn *combine to do sth.* /～同 huǒtóng *in league with；in collusion with* ❹由同伴组成的集体 partnership；company：合～héhuǒ *form a partnership/* 入～rùhuǒ *join in a partnership* ❺量词，用于人群 meas. (for people) group；crowd：一～歹徒 yī huǒ dǎitú *a band of scoundrels/* 十人一～shí rén yī huǒ *pals of ten* ❻伙食 mess；food：～补 huǒbǔ *food allowance/* 起～qǐhuǒ *cook meals*

钬 huǒ ㄏㄨㄛˇ 一种金属元素，符号 Ho holmium，a metal element；symbol：Ho.

潲 huǒ ㄏㄨㄛˇ [潲县一xiàn]地名，在北京市通州 a place in Tongzhou, Beijing

夥 huǒ ㄏㄨㄛˇ ❶多 much；many：获益甚～huò yì shèn huǒ *have derived much benefit* ❷同"伙❶—❺" Same as "伙❶—❺"

或 huò ㄏㄨㄛˋ ❶连词，表示选择 conj. or；either… or…：同意～反对 tóng-yì huò fǎnduì *for or against* ❷也许 maybe；perhaps：明晨～可抵达 míngchén huòkě dǐdá (We) *may arrive tomorrow morning.* ❸某人，有人 somebody；someone：～告之曰 huò gào zhī yuē *Somebody told him that…*

惑 huò ㄏㄨㄛˋ ❶疑惑，不明白对与不对 be puzzled；can not tell right or wrong：大～不解 dàhuò-bùjiě *be extremely puzzled/* 我很疑～Wǒ hěn yíhuò. *I feel very puzzled.* or *I have doubts.* ❷使迷乱 delude；mislead（叠 comb. 迷一mí一 *puzzle；confuse*）：～乱人心 huòluàn rénxīn *confuse and poison people's minds/* 谣言一众 yáoyán-huòzhòng *spread rumors to mislead people*

和 ㈣ huò ㄏㄨㄛˋ ❶粉状或粒状物搀和在一起，或加水搅拌 mix or blend powder or grain-like substances，or mix with water：～药 huò yào *mix the medicine* (with some water) ❷量词，洗衣物换水的次数 meas. time of rinsing：衣裳已经洗了两～Yīshang yǐjīng xǐle liǎng huò. *The clothes have been rinsed twice.* ❸量词，煎药加水的次数 meas. times of adding water when decocting medical herbs：头一药 tóu huò yào *first decoction/* 二～药 èr huò yào *second decoction*

㈠ hé 见 244 页 See p. 244

㈡ hè 见 247 页 hè See p. 247

㈢ huó 见 275 页 See p. 275

㈤ hú 见 255 页 See p. 255

货 huò ㄏㄨㄛˋ ❶货物，商品 goods；commodity：进～jìnhuò *stock* (a shop) *with goods/* 订～dìnghuò *order goods* [货郎一láng]旧时卖零星商品的流动小贩，现借用指农村流动的售货员 *itinerant pedlar or street vendor, person who goes from house to house peddling small articles in early times, now used for salesclerk who peddles in the countryside* ❷钱币 money：通～tōnghuò *currency；current money* [货币一bì]即钱币，是充当一切商品的一般等价物的特殊商品，可以购买任何别的商品 *money, or currency, a special commodity generally accepted as a medium of exchange, a measure of value, or a*

means of payment ❸卖 sell ❹骂人时指人（used in cursing）referring to the one being cursed：他不是个好～ Tā bù shì ge hǎohuò. *He is far from being a good fellow.* / 笨～ bènhuò *fool；idiot*/ 蠢～ chǔnhuò *blockhead；dunce*

获（獲、❷穫）

huò ㄏㄨㄛˊ ❶得到，取得 obtain；catch：俘～ fúhuò *capture；take prisoner*/ 不～全胜，决不收兵 bù huò quánshèng，juébù shōubīng *our army will not withdraw before we have a complete success* 囝 ext. 能得到机会或空闲 can find opportunity or spare time：不～面辞 bù huò miàn cí *unable to say good-bye to sb.* ❷收割庄稼 reap；harvest［收获 shōu—］割取成熟的农作物 gather in ripe crops 囝 ext. 所得到的成果 results；gains：这次学习有很大的～～ Zhè cì xuéxí yǒu hěn dà de shōuhuò. *The study this time is very rewarding.*

祸（禍）

huò ㄏㄨㄛˋ ❶灾殃，苦难（nàn），跟"福"相反 misfortune；disaster，antonym of "fú"：大～临头 dàhuò-líntóu *disaster is imminent*/ 闯～ chuǎnghuò *get into trouble；bring disaster* ❷损害，使受灾殃 ruin；bring disaster upon：～国殃民 huòguó-yāngmín *bring calamity to the country and the people*

㦬

huò ㄏㄨㄛˋ 迅速分裂的声音 fast tearing sound：动刀甚微，～然已解 Dòng dāo shèn wēi，huòrán yǐ jiě. *The knife moved slightly, and it tore quickly.*

霍

huò ㄏㄨㄛˋ 迅速，快 fast；quickly：～然病愈 huòrán bìng yù *The illness was cured quickly.*［霍乱 —luàn］一种急性传染病，病原体是霍乱弧菌，多由不洁的食物传染，患者上吐下泻，手脚冰凉，重的几小时就死 cholera, an acute contagious disease caused by cholera vibris, usu. infect-ing through way of unclean food. The patient vomits and continuously empties the bowls, with cold hands and feet, and the serious ones die within several hours
［霍霍——］拟声词 onom.：磨刀～～ módāo-huòhuò *sharpening one's sword；sabre-rattling*

藿

huò ㄏㄨㄛˋ 藿香，多年生草本植物，茎叶香气很浓，可入药 wrinkled giant hyssop, a perinnial herb with fragrant stems and leaves that can be used in medicine

嚯

huò ㄏㄨㄛˋ ❶叹词，表示惊讶或赞叹 interj. expressing surprise or admiration：～，几年不见，孩子长这么高了 Huò，jǐ nián bùjiàn，háizi zhǎng zhème gāo le! *Wow! I haven't seen the child for several years, but how tall he has grown!* ❷拟声词 onom.：他一地站了起来 Tā huò de zhànle qǐlái. *He stood up abruptly.*

豁

㊀ huò ㄏㄨㄛˋ ❶开通，敞亮 open；open-minded：～达 huòdá *sanguine；optimistic*/ ～然开朗 huòrán-kāilǎng *suddenly see the light；be enlightened suddenly* ❷免除 exempt；remit（逾 comb. 一免 — miǎn *exempt；remit*）

㊁ huō 见 274 页 See p. 274

镬

huò ㄏㄨㄛˋ ❶〈方 dial.〉（一子 —zǐ）锅 pot：～盖 huògài *lid of a cooking pot* ❷古代的大锅 cauldron（caldron）used in ancient times：鼎～（常用为残酷的刑具）dǐnghuò *cauldron（often used as a cruel implement of punishment in ancient times）*

蠖

huò ㄏㄨㄛˋ 尺蠖，尺蠖蛾的幼虫，生长在树上，颜色像树皮，行动时身体一屈一伸地前进，是害虫 measuring worm；looper, a destructive insect, the larva of the moth, usu. living in trees, coloured like bark, and progressing with a looping movement

J ㄐ

JI ㄐㄧ

几（❷❸幾） ⊖jī ㄐㄧ ❶（一儿一r）小或矮的桌子 small low table：茶～儿 chájīr tea table；side table／条～ tiáojī a long narrow table ❷几乎，差一点 almost；nearly：～为所害 jī wéi suǒ hài be nearly hurt by sb.／我～乎忘了 Wǒ jīhū wàng le. I almost forgot it. ❸苗头 symptom of a trend：知～其神乎 zhī jī qí shén hū How magical it is to know the trend!

⊜jǐ 见 285 页 See p. 285

讥（譏） jī ㄐㄧ 讥笑，讽刺，挖苦 ridicule；mock（⊕comb. 一讽—fěng ridicule；satirize）：冷～热嘲 lěngjī-rècháo with freezing satire and burning irony；with biting sarcasm／～笑 jīxiào ridicule；sneer at

叽（嘰） jī ㄐㄧ 拟声词（叠 redup.）onom.：小鸟～～地叫 Xiǎo niǎor jījī de jiào. Young birds were chirping.［叽咕—gu］小声说话 talk in a low voice；whisper

饥（❷饑） jī ㄐㄧ ❶饿 hungry；starved（⊕comb. 一饿—è starved）：～不择食 jībùzéshí be too hungry to be picky and choosy／～寒交迫 jīhán-jiāopò live in hunger and cold；be poverty-stricken ❷旧指庄稼收成不好或没有收成 formerly referring to famine；crop failure：～馑 jījǐn famine

玑（璣） jī ㄐㄧ ❶不圆的珍珠 a pearl that is not quite round ❷古代测天文的仪器 an ancient astronomical instrument

机（機） jī ㄐㄧ ❶事物发生、变化的枢纽（of the beginning or changing of things）crucial point：生～ shēngjī lease of life／危～ wēijī crisis／转～ zhuǎnjī a favorable turn；a turn for the better ⑨ ext. 1. 对事情成败有重要关系的中心环节，有保密性质的事件 key link or central link for a success or failure；sth. secret：军～ jūnjī military plan；military secret／～密 jīmì sth secret；secret／～要 jīyào confidential 2. 机会，合宜的时候 chance；occasion：随～应变 suíjī-yìngbiàn doing as the changing circumstances demand／勿失良～ wù shī liángjī do not miss the opportunity／好时～hǎo shíjī a favourable opportunity［机体—tǐ］［有机体 yǒu—tǐ］具有生活机能的物体，如动物和植物 organism，living being with parts which work together，as the animal and the plant［机能—néng］生物体器官的作用（of organs）function：～～障碍 jīnéng zhàng'ài a functional obstruction［机动 dòng—］引起行动的意识，行动前定下的愿望 motive，intention that causes sb. to act：～～好，方法也对头，才会有好效果 Dòngjī hǎo，fāngfǎ yě duìtóu，cái huì yǒu hǎo xiàoguǒ. One has to combine a good motive and the right method to achieve good results. ❷灵巧，能迅速适应事物的变化的 flexible；quick-witted：～巧 jīqiǎo adroit；ingenious／～智 jīzhì quick witted；resourceful／～警 jījǐng alert；sharp-witted［机动—dòng］1. 依照客观情况随时灵活行动 flexible according to the actual condition：～～处理 jīdòng chǔlǐ deal with sth. flexibly／～～作战 jīdòng zuòzhàn fight with some flexibility 2. 利用机器开动的 power-driven；motorized：～～车 jīdòngchē motor（driven）vehicle［机灵—ling］聪明，头脑灵活 clever；smart ❸机器，由许多零件组成可以做功或有特殊作用的装置或设

备 machine, or engine, appliance or mechanical device with parts working together to apply power or perform some special function：织布～zhībùjī loom/发电～fādiànjī generator / 收音～shōuyīnjī radio/拖拉～tuōlājī tractor[机关—guān]1.控制整个机器的关键部分 gear that serve as the essential part in a machine 酌 ext.办理事务的组织 office or organ, means of getting things done：行政～～xíngzhèng jīguān administrative organization/军事～～jūnshì jīguān military organization/～～工作 jīguān gōngzuò office work 2.计谋 stratagem；intrigue：～～算尽 jīguānsuànjìn used up all one's tricks；for all one's calculations and scheming 识破～～shípò jīguān see through a trick [机械—xiè]1.利用力学原理组成的各种装置。各种机器、杠杆、滑轮以及枪炮等都是机械 machinery；devices（machines, lever, pulley, guns, etc, collectively, that are designed according to mechanics principle）：～～化 jīxièhuà mechanize/～～工业 jīxiè gōngyè machine building industry 2.呆板，不灵活，按照一定的方式工作而没变化，不是辩证的 mechanical, or rigid, following a set pattern without change：～～地工作 jīxiè de gōngzuò work rigidly/～～唯物论 jīxiè wéiwùlùn mechanical materialism[飞机 fēi—]利用机器发动能在空中飞行的工具 aeroplane, aircraft driven by a propeller and supported by the dynamic reaction of the air against its wings

肌 jī ㄐㄧ 肌肉,人或动物体的组织之一,由许多肌肉纤维组成,具有收缩特性 muscle；flesh, (band or bundle of) elastic substance in a human or animal body that can be tightened or loosened to produce movement：心～xīnjī cardiac muscle；myocardium 平滑～pínghuájī smooth muscle；in-

voluntary muscle

矶（磯） jī ㄐㄧ 水边突出的小石山 a rock projecting over the water：采石～ Cǎishíjī Caishiji, a scenic spot on the east bank of Yangtze River near Ma'ansan City, Anhui Province. / 燕子～Yànzǐjī Yanziji Rock, a swallow-shaped rock erecting by Yangtze River near Nanjing.

击（擊） jī ㄐㄧ ❶打,敲打 beat；hit：～鼓 jī gǔ beat the drum/～柝(tuò)（敲梆子）jī tuò beat a clapper ❷攻打 attack；assault：迎头痛～yíngtóu-tòngjī deal a head-on blow 游～yóujī guerrilla warfare ❸碰 bump into；撞～zhuàngjī ram；dash against/肩摩毂（gǔ）～（喻来往人多拥挤）jiānmó-gǔjī shoulder to shoulder and hub to hub (fig. crowded with people and vehicles) 酌 ext. 接触 come in contact with：目～(亲眼看见)mùjī see with ones own eyes；witness

圾 jī ㄐㄧ 见 373 页"垃"字条"垃圾 lā—" See lājī under entry of lā, p. 373

芨 jī ㄐㄧ [白芨 bái—]多年生草本植物,叶长形。块茎可入药 the tuber of hyacinth bletilla, a perennial herb with long leaves, used in Chinese medicine

乩 jī ㄐㄧ [扶乩 fú—]旧时迷信的人占卜问疑 a form of planchette writing, a practice of divination by superstitious people in early times

鸡（鷄, *雞） jī ㄐㄧ 一种家禽,公鸡能报晓,母鸡能生蛋 chicken, a homebred bird. The cock or rooster heralds the break of the day, while the hen lays eggs

奇 ㊁ jī ㄐㄧ 数目不成双的,跟"偶"相反 (of number) odd, antonym of ǒu (even)：一、三、五、七、九是～数 Yī, sān, wǔ, qī, jiǔ shì jīshù. One, *three, five, seven, and nine are odd numbers*

㊀ qí 见 518 页 See p. 518

剞 jī ㄐㄧ [剞劂—jué]1. 雕刻用的弯刀 a carving chisel 2. 雕版,刻书 carving; engraving

犄 jī ㄐㄧ [犄角—jiǎo]1. (—儿—r)物体的两个边沿相接处,棱角 edge and corner, cutting line where 2. sides meet:桌子～～儿 zhuōzi jījiǎor *the corner of a table* 3. (—儿—r)角落 corner:墙～～儿 qiángjījiǎor *the corner of a wall* 4. (—jiāo)兽角 horn:牛～～niújījiǎo *ox horns*

畸 jī ㄐㄧ ❶不规则的,不正常的 irregular; abnormal:～形 jīxíng *deformity*; *lopsided* ❷零余的数目 a fractional amount (over that mentioned in a round number):～零 jīlíng *a fractional amount*; *odd lots* ❸偏 lopsided; unbalanced:～轻～重 jīqīng-jīzhòng *attach weight to lightness*; *lopsided*

唧 jī ㄐㄧ 同"叽" Same as 叽

唧 jī ㄐㄧ ❶用水射击 spurt; squirt:～筒 jītǒng *pump*/～他一身水 jī tā yīshēn shuǐ *Water spurted all over him.* ❷拟声词,虫叫声(叠 redup.)onom immitating the sound of insects'chirping [唧咕—gu]小声说话 whisper; talk in a low voice

积(積) jī ㄐㄧ ❶聚集 amass; store up:～少成多 jīshǎo-chéngduō *Many a little makes a mickle.*/～年累月 jīnián-lěiyuè *for years on end*; *year after year*/～习 jīxí *old habit*; *long-standing practice*/～劳 jīláo *be overworked for a very long period*[积极—jí]向上的,进取的,跟"消极"相反 positive; active, contrary to xiāojí:工作～～ gōngzuò jījí *hard working*/～～分子 jījí fènzǐ *activist*; *enthusiast* ❷乘积,乘法的得数 product by multiplication

笄 jī ㄐㄧ 古代盘头发用的簪子 hairpin (used in a bun in ancient

times)

屐 jī ㄐㄧ 木头鞋。泛指鞋 clogs; wood slippers, used in several provinces in South China, especialy in Guangdong Province; shoes in general

姬 jī ㄐㄧ ❶古代对妇女的美称 in ancient China a complimentary term for women ❷旧时称妾 (in ancient times) concubine ❸旧时称以歌舞为业的女子 in ancient times, referred to a professional female singer:歌～gējī *singing girl*; *female entertainer*

基 jī ㄐㄧ ❶建筑物的根脚 (of a building) base; foundation:地～dìjī *foundation*/墙～qiángjī *the base of a wall* ⑲ fig. 根本的 basic; primary:～数 jīshù *cardinal number*; *base*/～层组织 jīcéng zǔzhī *basic organization*; *grass-root organization* [基金—jīn]1. 国民经济中有特定用途的资金 fund, a sum of money available for a special purpose in the national economy:消费～～ xiāofèi jījīn *consumption fund*/生产～～shēngchǎn jījīn *production fund* 2. 为兴办或发展某一事业而集聚、储备的资金或专门拨款 fund collected and reserved or money appropriated for establishing or developing a certain course:教育～～ jiàoyù jījīn *educational funds*/福利～～fúlì jījīn *welfare funds*[基础—chǔ]建筑物的根脚和柱石 foundation or base of a building ⑲ fig. 事物的根基 basis;钢铁是工业的～～Gāngtiě shì gōngyè de jīchǔ. *Steel is the basis of industry.* ❷化学上,化合物的分子中所含的一部分原子被看做是一个单位时,叫做基 (of chemistry) radical; base, a unit of atoms in a molecule of a chemical compound:氢～qīngjī *hydrogen radical*/氨～ānjī *amina*; *amina-group* ❸根据 basis; grounds:～于上述理由 jīyú shàngshù lǐyóu *for* the above-mentioned reasons

[基诺族—nuòzú] 我国少数民族，参看附表 the Jino nationality, national minority in China; see Appendix.

[基督—dū]（外 foreign）基督教徒称耶稣，意为"救世主" Christ, title given to Jesus, meaning the Saviour.

[基督教—dūjiào] 宗教名。犹太人耶稣所创。11 世纪分为罗马教会（天主教）和希腊教会（东正教）两派；16 世纪罗马教会又分为新教和旧教。现在一般称新教为基督教 Christianity, the religion derived from Jesus, divided into the RomanCatholic Church and Eastern Orthodox Church in the 11th century, and the Roman Catholic Church again divided into the Protestant Church and the Catholic Church in the 16th century. Now the Protestant Church is commonly referred to as Christianity.

期（*朞） ○ jī ㄐㄧ〔古 arch.〕一周年，一整月 an exact year, or a complete month：～年 jīnián anniversary/～月 jīyuè a month

○ qī 见 515 页 See p.515

箕 jī ㄐㄧ ❶簸箕(bòji)，用竹篾、柳条或铁皮等制成的扬去糠麸或清除垃圾的器具 dustpan or winnowing pan made of bamboo strips, willow twigs, or iron sheets ❷不成圆形的指纹(of a fingerprint) crescent loop ❸星宿名，二十八宿之一 a star constellation, one of the twenty-eight constellations

赍（*齎、*賫） ❶怀抱着，带着(in mind); harbour：～志而殁(mò)（志未遂而死去）jīzhì'érmò diewithout fulfilling one's ambitions/～恨 jīhèn harbour hatred ❷把东西送给别人 give; present

稘 jī ㄐㄧ 姓 a surname

稽 ○ jī ㄐㄧ ❶停留 stay; delay：～留 jīliú delay; detain/～迟 jīchí

delay/不得～延时日 bùdé～jīyán shírì There must not be any delay of time. ❷考核 check; examine(叠 comb. -核—hé check; examine)：～查 jīchá check/无～之谈 wújīzhītán sheer non-sense ❸计较，争论 recriminate; argue：反唇相～（反过来责问对方）fǎnchún-xiāngjī answer back sarcastically ❹姓 a surname

○ qǐ 见 521 页 See p.521

缉 ○ jī ㄐㄧ 搜捕，捉拿 seize; arrest：～私 jīsī seize smugglers or smuggled goods; supress smuggling/通～tōngjī order the arrest of a criminal at large; list (sb) as wanted

○ qī 见 516 页 See p.516

跻（躋） jī ㄐㄧ 登，上升 ascend; mount

齑（齏） jī ㄐㄧ ❶捣碎的姜、蒜、韭菜等 finely chopped ginger, garlic, Chinese chives, etc. ❷细，碎 fine; powdery：化为～粉 huàwéi jīfěn change into powder

畿 jī ㄐㄧ 我国古代称靠近国都的地方 (in ancient China) place on the outskirts of a capital：京～jīngjī the capital city and its environs

墼 jī ㄐㄧ 土坯 adobe; sun-dried mud brick[土墼 tǔ—]未烧的砖坯 sun-dried mud brick; adobe[炭墼 tàn—]用炭末做成的块状物 brick made of charcoal powder

激 jī ㄐㄧ ❶水冲击或急速浇淋(of water) swash; surge：～起浪花 jīqǐ lànghuā break up into a spray/他被雨～病了 Tā bèi yǔ jī bìng le. He got a chill from getting wet in the rain. 〔引 ext. 使动，使人的感情冲动 arouse; excite：刺～cìjī provoke; stimulate/用话～他 yòng huà jī tā stimulate him with words [激昂—áng]（情绪、语调等）激动昂扬（of motion, tone, etc.）excited and indignant：慷慨～～kāngkǎi-jī'áng impassioned; vehement ❷急剧的，强烈的 sharp; violent(叠 comb. 一烈—liè *intense; sharp*）：～变 jībiàn *change violently*/～战 jīzhàn *fierce fighting*

羁（*羈） jī ㄐㄧ ❶马笼头 bridle; headstall ❷束缚 control; restrain：～绊 jībàn *trammels, fetters*/～押 jīyā *detain, take into custody* ❸停留 stay; delay：～留 jīliú *stay; stop over* [羁旅－lǚ]寄居作客 *stay long as a guest in a strange place*

及 jí ㄐㄧ ❶到 reach 1.从后头跟上 come up from behind：来得～ láidejí *be able to make it; there's still time*/赶不～ gǎnbují *there's not enough time (to do sth.); it's too late (to do sth.)* ⑨ ext. 比得上 *be as good as; can compare with*：我不～他 Wǒ bújí tā. *I cannot compare with him.* 2.达到 reach; up to：由表－里 yóubiǎo-jílǐ *from the outside to the inside; from the surface to the centre*/将～十载 jiāng jí shí zǎi *(it) will be ten years*/～格 jígé *pass a test, examination, etc.; pass* ❷趁着,乘 in time for：～时 jíshí *timely; in time*/～早 jízǎo *at an early date; as soon as possible* ❸连词,和,跟(通常主要成分在前)conj. and; as well as (usu. after the main part)：烟、酒～其他有刺激性的东西对于儿童的身体都是有害的 Yān, jiǔ jí qítā yǒu cìjīxìng de dōngxi duìyú értóng de shēntǐ dōushì yǒuhài de. *Cigarettes, alcohol and other stimulants are all harmful to children.* [以及 yǐ－]连词,连接并列的词、词组,意义和"及❸"相同 conj. as well as; along with, a conjunction for coordinating words or phrases, having the same meaning with：花园里种着状元红、矢车菊、夹竹桃～～各色的花木 Huāyuán li zhòngzhe zhuàngyuánhóng, shǐchējú, jiāzhútáo yǐjí gèsè de huāmù. *There are various kinds of flowers and plants such as hyacinths, cornflowers, inclusions, and so on.*

伋 jí ㄐㄧ 用于人名 *used in people's names*

岌 jí ㄐㄧ ❶山高 (of a mountain) lofty; towering ❷危险 dangerous; precarious[岌岌－－]1.形容山高 (of a mountain) lofty; towering 2.形容危险 dangerous; precarious：～～可危 jíjí-kěwēi *in imminent danger*

汲 jí ㄐㄧ 从井里打水 draw water from a well：～水 jíshuǐ *draw water*[汲引－yǐn]旧时喻提拔人才 in old days, referred to promote

级 jí ㄐㄧ ❶层,层次 step; tier：那台阶有十多～ Nà táijiē yǒu shí duō jí. *That flight has more than ten steps.*/七～浮屠(七层的塔)qī jí fútú *a seven-tier pagoda* ❷等次 level; rank：高～gāojí *high level*/低～dījí *low level*/初～chūjí *elementary; primary*/上～shàngjí *higher level*/下～xiàjí *lower level; subordinate* ❸年级,学校编制的名称,学年的分段 grade; class name of the school establishment; division of the school year：同～不同班 tóngjí bù tóngbān *be in different classes of the same grade* / 三年～ sān niánjí *grade three*/高年～ gāoniánjí *senior grade*

极（極） jí ㄐㄧ ❶顶端,最高点,尽头处 the utmost point; extremity：登峰造～dēngfēngzàojí *reach the peak of perfection; reach great heights* ❷指地球的南北两端,磁体的两端或电路的正负两端 (of the earth, magnet, or electric circuit) pole：南～nánjí *the Antarctic Pole; the South Pole*/北～běijí *the Arctic Pole; the North Pole* / 阳～ yángjí *positive pole; anode*/阴～yīnjí *negative pole; cathode* [南极洲 Nán—zhōu]世界七大洲之一 the Antarctic Continent, one of the seven continents of the world ❸副词,最,到顶点 adv. of the highest degree;

extremely：大～了 dà jí le *extremely big*／～好 jí hǎo *extremely good*／穷凶～恶 qióngxiōng-jí'è *utterly evil* ❹ 竭尽 to the utmost：～力 jílì *do one's utmost*；*spare no effort* ／ ～目 jímù *look as far as one can see*

笈 jí ㄐㄧˊ ❶书箱 book case ❷书籍，典籍 books；books and records

吉 jí ㄐㄧˊ 幸福的,吉利的 lucky；auspicious (⊕comb. 一祥 yī xiáng *lucky* 一庆 yī qìng *happy occasion*)：～日 jírì *auspicious day*；*lucky day*／～期 jíqī *wedding day*

佶 jí ㄐㄧˊ 健壮 robust and sturdy

[佶屈—qū]曲折 full of difficulty：～～聱(áo)牙(文句拗口) jíqū-áoyá (of words) *hard to pronounce*

诘 ⊖jí ㄐㄧˊ [诘屈—qū]同"佶屈"，见本页"佶"jí Same as 佶屈, see the same page.
　⊜ jié 见 315 页 See p. 315

姞 jí ㄐㄧˊ 姓 a surname

即 jí ㄐㄧˊ ❶就是 be；mean：蕃茄～西红柿 Fānqié jí xīhóngshì. *Fanqie means tomato* ❷当时或当地 at present；prompted by the occasion：～日 jírì *this or that very day*；*within the next few days*／～刻 jíkè *at once*；*instantly*／～席发表谈话 jíxí fābiǎo tánhuà *make an impromptu speech*／～景生情 jíjǐng-shēngqíng *be inspired by what one sees；the scene touches a right chord in one's heart* ❸便，就，promptly；at once：胜利～在眼前 shènglì jí zài yǎnqián *victory is in the immediate future*／用毕一行奉还 yòngbì jí xíng fènghuán *return sth. with thanks immediately after its use* [即使一shǐ]连词,常和"也"字连用表示假设性让步 conj. even, or even if,

often used in collocation with "也"：～～我们的工作取得了很大的成绩，也不能骄傲自满 Jíshǐ wǒmen de gōngzuò qǔdé le hěn dà de chéngjì, yě bù néng jiāo'ào-zìmǎn. *Even if we have made great progress in our work，we should not feel conceited and self-satisfied.* ❹靠近 be near；approach：不～不离 bùjí-bùlí *be neither familiar nor distant；keep sb at arm's length* [即位—wèi]指封建统治者登基做君主或诸侯 (of feudal rulers) ascend the throne or take office

呕 ⊖jí ㄐㄧˊ 急切 urgently；anxiously：～待解决 jí dài jiějué *demanding prompt solution* 缺点～应纠正 quēdiǎn jí yīng jiūzhèng *The shortcomings must be speedily put right.*
　⊜ qì 见 522 页 See p. 522

殛 jí ㄐㄧˊ 杀死 kill：雷～léijí *be struck dead by lightening*

革 ⊖jí ㄐㄧˊ〈古 arch.〉指病危 critically ill；terminally ill
　⊜ gé 见 202 页 See p. 202

急 jí ㄐㄧˊ ❶焦躁 impatient；worried (⊕comb. 焦一jiāo— *anxious；worried*)：真～死人了 Zhēn jísǐ rén le. *be worried to death*／不要着急 bùyào zháojí *Don't worry.* 句ext. 气恼，发怒 irritated；annoyed：没想到他～了 Méi xiǎngdào tā jí le. *We didn't expect him to get angry.* ❷匆促 hurried；hasty：～～忙忙 jíjí-mángmáng *in a hurry；in a haste*／就～jíjiù *hurriedly finished；finished in a haste*／～于完成任务 jíyú wánchéng rènwu *eager to fulfil a task* 句ext. 迅速，又快又猛 fast；rapid and violent：水流得～Shuǐ liú de jí. *The current is swift.* ～病 jíbìng *acute disease* ❸迫切，要紧 pressing；urgent：～事 jíshì *pressing matter*／不～之务 bù jí zhī wù *business that can wait*／～件 jíjiàn *an urgent document or dispatch*

引ext. 严重 emergent, critical；情况紧～ qíngkuàng jǐnjí *The situation is critical.* / 告～ gàojí *be in a state of emergency*；*report an emergency.* / 病～乱投医（喻临事慌乱）bìng jí luàn tóuyī *A person attacked by fatal disease may seek doctors without any regard of their qualifications.* (fig. be panic-stricken in case of a plight) ❹ 对大家的事或别人的困难赶快帮助 be eager to extend help to public affairs or other people's difficulty：～公好义 jígōng-hàoyì *zealous for the common weal*；*public spirit* / ～难jínàn *be anxious to help* (those in grave danger)

疾 jí ㄐㄧ ❶病，身体不舒适 disease；sickness（⾦comb. 一病 —bìng *disease*；*illness*）：目 — mùjí *eye disease*/积劳成～ jīláo-chéngjí *fall ill from constant overwork* 引ext. 一般的痛苦 common suffering；difficulty：关心群众的～苦 guānxīn qúnzhòng de jíkǔ *be concerned about the weal and woe of the people* ❷恨 hate；abhor：～恶如仇 jí'è-rúchóu *hate evil like an enemy* ❸快，迅速 fast；quick：～走 jízǒu *walk quickly*；*walk at a fast pace*/～风知劲草 jífēng zhī jìngcǎo *Sturdy grass outstands strong winds.* /～言厉色（指发怒的样子）jíyán-lìsè *harsh words and sturdy looks* (features of sb who is angry) ❹疼痛 pain：痛心～首 tòngxīn-jíshǒu *with bitter hatred*

蒺 jí ㄐㄧ ［蒺藜—lí］1.一年生草本植物，茎横生在地面上，开小黄花。果实也叫蒺藜，有刺，可入药 puncture vine, an annual herb with creepers on the ground, small yellow flowers, and thorny fruit (also called jíli) that can be used in medicine 2.像蒺藜的东西 things that are like puncture vine (or its fruit)：铁～～ tiějíli *caltrop*/～～骨朵（旧时一种兵器）jíli gǔduǒ *puncture vine bud* (a weapon in ancient times)

嫉 jí ㄐㄧ 因别人比自己好而憎恨 be jealous；be envious（⾦comb. 一妒 —dù，妒 — dù— *be jealous, or envious, of*)：才 jícái *be envious of other people's ability* 他很羡慕你，但并不～妒你 Tā hěn xiànmù nǐ, dàn bìngbù jídù nǐ. *He admires you a great deal, but is not jealous.*

棘 jí ㄐㄧ ❶酸枣树，落叶灌木，开黄绿色小花，茎上多刺。果实味酸 sour jujube tree, a deciduous shrub with small yellowish green flowers and thorny branches, bearing small and sour fruit ❷针形的刺 needle-like thorn：～皮动物 jípí dòngwù *echinoderm* ［棘手—shǒu］刺手，扎手 thorny 喻fig. 事情难办 troublesome；knotty ❸指有刺的草木 thorny bushes；brambles：披荆斩～ pījīng-zhǎnjí *break through brambles and thorns*

集 jí ㄐㄧ ❶聚，会合，总合 gather；collect（⾦comb. 聚 — jù— *assemble*；*gather*)：～思广益 jísī-guǎngyì *draw on collective wisdom and absorb all useful ideas*；*pool the wisdom of the masses*/～会 jíhuì *assembly*；*meeting* / ～中 jízhōng *concentrate*；*centralize*［集体—tǐ］许多人合起来的有组织的总体 (of an organization, group or society of people as a whole) collective：～～利益 jítǐ lìyì *collective benefit* / ～～所有制 jítǐ suǒ-yǒuzhì *collective ownership* ❷会合许多著作编成的书 collection；anthology：诗～shījí *a collection of poems*/文～wénjí *collected works*/选 ～ xuǎnjí *selected works*；*selections* ❸某些篇幅较长的著作或作品中相对独立的部分 (comparatively complete part in some long works) volume；part：影片分上下～yǐngpiàn fēn shàng-xiàjí *The film is in two parts.* /十一电视纪录片 shí yī diànshì jìlùpiàn *a ten-part TV documentary* ❹定期交易的市场 country

fair；market；赶～gǎnjí *go to a fair*；
go to market ❺完成 accomplish；ful-
fil：大业未～dàyè wèi jí *The great
cause has not been accomplished*.

楫(＊檝) jí ㄐㄧ 划船用的桨 oar

辑 jí ㄐㄧ ❶聚集。特指聚集材料编
书 collect；compile（esp. infor-
mation and material to be arranged in
a book，report，etc.）：～录jílù com-
pile／纂～zuǎnjí compile；edit ❷整套
书籍、资料等按内容或发表次序分成
的各个部分 part(s)（divided accord-
ing to the contents or order of publi-
cation of a collection of books or ma-
terials）：丛书第一～cóngshū dì-yī jí
the first part of the set of books ❸和
睦 harmony；concord：～睦 jímù har-
mony

戢 jí ㄐㄧ 收敛，收藏 hide；conceal：
～翼 jí yì（of a bird）fold its
wings／戢～干戈（把兵器收藏起来）
zàijí-gāngē store up the weapons ⑤
ext. 止，停止 restrain：～怒 jí nù re-
strain one's anger

蕺 jí ㄐㄧ 蕺菜，也叫"鱼腥草"
。多年生草本植物，茎上有节，花
小而密。茎和叶有腥味，全草可入药
cordate hottuynia（houttuynia cor-
data），also called yúxīngcǎo，a per-
ennial herb with knots along the
stems，small and dense flowers，
stems and leaves having a fishy
smell. All parts of the plant can be
used in medicine.

嶯 jí ㄐㄧ 山脊 ridge of a mountain
or hill

瘠 jí ㄐㄧ ❶瘦弱 lean；thin and
weak ❷土地不肥沃（of soil）
barren；poor：～土 jítǔ poor soil／把
贫～的土地变成良田 bǎ pínjí de tǔdì
biànchéng liángtián turn a barren
land into a fertile farmland

鹡 jí ㄐㄧ ［鹡鸰—líng］鸟名。头黑
额白，背部黑色，腹部白色，尾巴

较长，生活在水边，捕食小虫 wagtail
matacilla chinensis，a bird with a
black head and a white forehead，a
black back and a white belly，and a
long tail. It lives by the waterside
and feeds on insects.

踖 jí ㄐㄧ 小步 small footstep

踧 jí ㄐㄧ ［踧踖 cù—］恭敬而不安
的样子 courteous but uneasy

藉 ㊀ jí ㄐㄧ ❶践踏，凌辱 tread
on；insult.［狼藉 láng—］乱七八
糟，也作"狼籍" in disorder；scattered
about in a mess，also written as 狼
籍：杯盘～～bēipán-lángjí wine cups
and dishes strewn in disorder（after a
feast）声 名 ～ ～ shēngmíng-lángjí
have a bad name；be notorious ❷姓
a surname

㊁ jiè 见 319 页 See p. 319

籍 jí ㄐㄧ ❶书，书册 book；record
（⊕comb. 书—shū— books）：六
～（六经）liùjí the Six Scriptures／古
～gǔjí classics；ancient books ❷登记隶
属关系的簿册，隶属关系 registry；
roll：户～hùjí census register；regis-
tered permanent residence／国～guójí
nationality；citizenship／党～dǎngjí
party membership／学 ～ xuéjí one's
status as a student；studentship［籍贯
—guàn］自身出生或祖居的地方 the
place of one's birth or origin；native
place

几(幾) ㊀ jǐ ㄐㄧ ❶询问数量
多少 how many：～个人
Jǐge rén? How many people? ／来～
天了 Lái jǐ tiān le? How many days
have you been here? ［几何—hé］1. 多
少 how much；how many 2. 几何学，
研究点、线、面、体的性质、关系和计算
方法的学科 geometry，science of the
properties，relations，and calculation
of dots，lines，surfaces，and solids
❷表示不定的数目 a few；some：他～
十～岁 Tā cái shíjǐ suì. He is only a
teenager. ／所剩无～suǒ shèng wújǐ

Only very few were left.
㊁ jì 见 278 页 See p. 278

虮（蟣） jǐ ㄐㄧˇ （一子—zi）虱子
的卵 the egg of a louse;
nit

麂 jǐ ㄐㄧˇ （一子—zi）兽名。像鹿，比
鹿小，毛黄黑色，雄的有很短的
角。皮可做鞋面、手套等，肉可以吃
muntjac, a deer-like animal, but
smaller, with yellowish-black fur,
the male having very short horns. Its
fur can be made into instep, gloves,
etc; and meat is edible.

己 jǐ ㄐㄧˇ ❶自己，对人称本身 one-
self; one's own; 舍～为人 shěji-
wèirén *make personal sacrifices for
others*/反求诸～fǎnqiúzhūjǐ *seek the
cause in oneself* (instead of in sb.
else) ❷天干的第六位，用作顺序的第
六 the sixth of the ten Heavenly
Stems; the sixth

纪 ㊀ jǐ ㄐㄧˇ 姓 a surname
㊁ jì 见 287 页 See p. 287

鲯 jǐ ㄐㄧˇ 鱼名。身体侧扁，略呈椭圆
形，头小，口小，生活在海底岩石
间 Greenfish (Girella punctata), a
fish with a slightly oval and lateral-
flat body, a small head and a small
mouth, living among rocks at the
bottom of sea

挤（擠） jǐ ㄐㄧˇ ❶用压力使排出
squeeze; press; ～牛奶
jǐ niúnǎi *milk a cow*/～牙膏 jǐ yágāo
squeeze the toothpaste out of a tube ❷
互相推、拥 jostle; push against; 人多
～不过去 rén duō jǐ bu guòqù *We
couldn't push our way through be-
cause it was too crowded.*/～进会场
jǐ jìn huìchǎng *push one's way into the
meeting hall* ㊽ ext. 排斥 push a-
side; exclude （㊍comb. 排一 pái一
push aside）：互相排～hùxiāng páijǐ
each trying to squeeze the other out ❸
许多人、物很紧地挨着，不容易动转
crowd; pack；一间屋子住十来个人，

太～了 Yī jiān wūzi zhù shí lái ge rén
tài jǐ le. *It is too crowded for more
than ten people to live in one room.*

济（濟） ㊀ jǐ ㄐㄧˇ 济水，古水
名，发源于今河南省，流
经山东省入渤海 Jǐ Shuǐ, an ancient
river starting from today's Henan
Province, flowing through Shandong
Province and pouring into the Bohai
Sea [济南—nán][济宁—níng]地名，
都在山东省 places in Shangdong
Province
[济济——]众多（of people）many;
numerous：人才～～réncái-jǐjǐ *an a-
bundance of capable people; a galaxy
of talents*
㊁ jì 见 289 页 See p. 289

给 ㊀ jǐ ㄐㄧˇ ❶供应 supply; pro-
vide：自～自足 zìjǐ-zìzú *self-suf-
ficient; autarky* / 补～bǔjǐ *supply*；
养（军队中主副食、燃料，以及牲畜饲
料等物资供应的统称）jǐyǎng *provi-
sions; victuals* (a collective term for
supplies such as food, fuel, and for-
age in an army) ❷富裕，充足 ample;
well-provided for；家～人足 jiājǐ-
rénzú *Every family is provided for
and every person is well-fed and
well-clothed.* or *All live in plenty.*
㊁ gěi 见 205 页 See p. 205

脊 jǐ ㄐㄧˇ ❶人或动物背中间的骨头
（of man or animal）spine; back-
bone；～椎骨 jǐzhuīgǔ *spine; verte-
bra*/～髓 jǐsuǐ *spinal cord* / ～梁
jǐliang *back* (of the human body) ❷
物体中间高起、形状像脊柱的部分
ridge, raised and spine-like part
where two sloping surfaces at oppo-
site sides meet；屋～wūjǐ *ridge* (of a
roof) / 山～shānjǐ *ridge of a moun-
tain or hill*

掎 jǐ ㄐㄧˇ 拖住，牵制 pin down; tie
up

戟（戟）jǐ ㄐㄧˇ 古兵器的一
种，长杆头上附有月

牙状的利刃 halberd，an ancient weapon，a combined spear and battle-axe at the top of a long handle

计 jì ㄐㄧˋ ❶核算 count；calculate（④ comb.－算—suàn count）：不～其数 bùjì-qíshù countless；innumerable ❷测量或计度数、时间等的仪器 metre；gauge：时～shíjì chronometre／体温～tǐwēnjì（clinical）thermometre ❸主意，策略 idea；stratagem（④ comb.－策—cè stratagem）：妙～miàojì an excellent idea；a brilliant scheme／百年大～bǎinián-dàjì a matter of fundamental importance for generations to come ❹计划，打算 plan；intension：为工作方便～wèi gōngzuò fāngbiàn jì for the purpose of convenience in work [计较—jiào]1.打算，商量 count，think over：来，咱们～～一下 Lái，zánmen jìjiào yīxiàr. Come on，let's think it over. 2.争论，较量 argue；dispute：大家都没有和他～～Dàjiā dōu méiyǒu hé tā jìjiào. None of us argued with him.

疨 jì ㄐㄧˋ 皮肤上生来就有的深色斑。现多写作"记" deep-coloured speckle or mark from birth；now usu. written as "记"

记 jì ㄐㄧˋ ❶记忆，把印象保持在脑子里 remember；bear in mind：～住这件事 jìzhù zhè jiàn shì Remember this／～性 jìxing memory ❷把事物写下来 write down；record：～录 jìlù take notes；record／～账 jìzhàng keep accounts／把这些事情都～在笔记本上 Bǎ zhèxiē shìqing dōu jì zài bǐjìběn shang. Write down all these in the notebook.[记者—zhě]报刊、电台、电视台、通讯社里做采访报道工作的人员 reporter；journalist（person who reports for a newspaper，magazine，broadcasting station，TV station，or news agency）❸记载事物的书册或文字 notes；record（written account）：游～yóujì travel notes；

travels／日～rìjì diary／大事～dàshìjì chronicle of events ❹记号，标识（zhì）mark；sign：以红色为～yǐ hóngsè wéi jì marked in red／戳～chuōjì stamp；seal ❺同"疨" Same as "疨".

纪 ㊀ jì ㄐㄧˋ ❶记载 put down in writing；record：～事 jìshì account of events [纪念—niàn]用事物或行动对人或事表示怀念 commemorate；anniversary（keep or honour the memory of a person or an event）[纪元—yuán]纪年的开始，如公历以传说的耶稣出生那一年为元年 epoch；the beginning of an era，as in the Gregorian calendar the year in which Jesus was said to be born is set as the first year ❷古时把十二年算做一纪 epoch（1 epoch equals twelve years in old days）[世纪 shì—]一百年叫一世纪 century（a hundred years is one century）❸制度，法度 discipline：军～jūnjì military discipline／违法乱～wéifǎ-luànjì violate law and discipline [纪律—lǜ]集体生活里必须共同遵守的规则 discipline，set rules for conduct in the collective：遵守劳动～zūnshǒu láodòng jìlǜ observe labor discipline

㊁ jǐ 见 286 页 See p.286

忌 jì ㄐㄧˋ ❶嫉妒，憎恨 be jealous of；envy：猜～cāijì be suspicious and jealous／～才 jìcái be jealous of other people's talent；envy some people more able than oneself ❷怕，畏惧 fear；dread：肆无～惮 sìwújìdàn unbridled；impertinent [顾忌 gù—]有所顾虑，不敢大胆说话或行动 scruple，hesitation caused by uneasiness of conscience：有话尽管说，不要有什么～～Yǒu huà jǐnguǎn shuō，bùyào yǒu shénme gùjì. Don't hesitate to tell us whatever you want to. ❸禁戒 abstain from；give up：～酒 jìjiǔ give up alcohol／～口 jìkǒu avoid certain food（as when one is ill）／～食生冷

jìshí shēnglěng *avoid cold and un-cooked food* [忌讳—huì] 1. 由于风俗、习惯的顾忌，言谈或动作有所隐避，日久成为禁戒 taboo, a particular activity or subject which habits and customs regard as forbidden, not to be touched, spoken, etc. 2. 对某些能产生不利后果的事力求避免 avoid; shun (sth. that may produce some offensive effects)

跽 jì ㄐㄧˋ 长跪，挺着上身两腿跪着 kneel on the ground with the upper part of the body straight

伎 jì ㄐㄧˋ ❶技巧，才能 skill; ability [伎俩—liǎng] 手段，花招 trick; intrigue ❷古代称以歌舞为业的女子 a professional female singer or dancer in ancient China

技 jì ㄐㄧˋ 才能，手艺 ability; skill (⑩comb. 一艺—yì *skill; artistry*, 一能—néng *technical ability*): ～巧 jìqiǎo *skill; craftsmanship*/口～ kǒujì *vocal mimicry; vocal imitation*/～师 jìshī *technician*/一～之长 yījìzhīcháng *proficiency in a particular line; professional skill* [技术—shù] 1.进行物质资料生产所凭借的方法、能力或设备等 technology; technique, high technical equipment (means or ability applied in material goods production): ～～革新 jìshù géxīn *technological or technical innovation* 2.专门的技能 specialty; skill: 他打球的～～很高明 Tā dǎqiú de jìshù hěn gāomíng. *He is very skillful in playing various balls, including football, basketball, volleyball and pingpong ball, etc.*

芰 jì ㄐㄧˋ 古书上指菱 (in ancient texts) water caltrop

妓 jì ㄐㄧˋ 妓女，以卖淫为生的女人 prostitute, a woman who earns a living by having sex with anyone who pays for it

系(繫) ㊀ jì ㄐㄧˋ 结，扣 tie; fasten: 把鞋带—上 bǎ xiédàir jìshang *tie the shoe laces*
㊁ xì 见 694 页 See p.694

际(際) jì ㄐㄧˋ ❶交界或靠边的地方 border; edge: 林～línjì *the edge of woods*/水～ shuǐjì *the edge of a body of water; waterside* / 天～tiānjì *horizon* /春夏之～ chūn xià zhījì *between spring and summer* ❷彼此之间 between; among: 国～guójì *international*/厂竞赛 chǎngjì jìngsài *interfactory contests* ❸时候 occasion; time: 当祖国进行社会主义建设之～ dāng zǔguó jìnxíng shèhuì zhǔyì jiànshè zhījì *at the time of the motherland carrying out the socialist construction* ❹当，适逢其时 on the occasion of; when: 此盛会 jì cǐ shènghuì *on the occasion of this grand gathering*

季 jì ㄐㄧˋ ❶兄弟排行，有时用伯、仲、叔、季做次序，季是最小的 the fourth or youngest among brothers (the other three being bǎi, zhòng, shū, from elder to younger): ～弟 jìdì *the fourth or youngest brother* / ～父(小叔叔) jìfù *the youngest uncle* ⑩ ext. 末了 last: ～世 jìshì *the declining years of a dynasty*/～春(春季末一月)jìchūn *last month of spring* ❷三个月为一季 season (consisting of three months): 一年分春、夏、秋、冬四～ Yī nián fēn chūn, xià, qiū, dōng sìjì. *A year is divided into four seasons: spring, summer, autumn and winter.* ⑩ext. (一子—zi，一儿—r)一段时间 a period of time: 瓜～儿 guājìr *a time when melons are ripe*/这一～子很忙 zhè yījìzi hěn máng *I'm very busy recently.*

悸 jì ㄐㄧˋ 因害怕而心跳 (of the heart) throb with terror; palpitate: ～栗(心惊肉跳)jìlì *tremble with fear*/惊～jīngjì *palpitate with fear*/犹有余～yóu yǒu yújì *still have a lingering fear*

剂(劑) jì ㄐㄧˋ ❶配合而成的药 a pharmaceutical or other chemical preparation：药～yào-jì medicament；drug／清凉～qīng-liáng jì cooling preparation [调剂tiáo—]1.配制药物 make up (or fill) a prescription 2.适当调整 adjust；regulate ❷量词 meas.：一～药 yī jì yào a dose of medicine (or drug)

荠(薺) (一)jì ㄐㄧˋ 荠菜，二年生草本植物，花白色。茎叶嫩时可以吃 shepherd's purse, a biennial herb with white flowers. Its tender stems and leaves are edible.

(二)qi 见 523 页 See p. 523

济(濟) (一)jì ㄐㄧˋ ❶对困苦的人加以帮助 aid；help (the poor)：救～金 jiùjìjīn relief fund／～困扶危 jìkùn-fúwēi help those in distress and aid those in peril ❷补益 be of help；benefit：无～于事 wújìyúshì not helpful of no help ❸渡，过河 cross a river：同舟共～tóngzhōu-gòngjì cross a river in the same boat；pull together in times of trouble

(二)jǐ 见 286 页 See p. 286

霁(霽) jì ㄐㄧˋ ❶雨、雪停止，天放晴 cease raining or snowing；clear up after rain or snow：雪初～xuě chūjì It has just stopped snowing and is clearing up. ❷怒气消除 cool down：色～sèjì calm down after a fit of anger

鲚(鱭) jì ㄐㄧˋ 鱼名。身体侧扁，长约 10—12 厘米，无侧线，头小而尖，尾尖而细。生活在海洋中。俗称"凤尾鱼" long-tailed anchovy, a small marine fish with a lateral-flat body of about 10—12cm long, a small and pointed head, and a thin and pointed tail, without lateral lines；popularly called fèngwěiyú.

垍 jì ㄐㄧˋ 坚土 hard (or solid) earth

洎 jì ㄐㄧˋ 到，及 up to：自古～今 zì gǔ jì jīn from ancient times up to now

迹(*跡、蹟) jì ㄐㄧˋ 脚印 footprint (連 comb. 踪—zōng—trace)：足～zú-jì footmark；footprint／兽蹄鸟～shòutí niǎojì animals' footprints and birds' traces ⑰ ext. 1.物体遗留下的印痕 mark；trace (連 comb. 痕—hén—trace)：～象 jìxiàng sign；indication 2.前人遗留下的事物(多指建筑、器物等) (usu. of buildings or articles) remains；vestige：古～gǔjì historic sight (vestiges)；place of historic interest／陈～chénjì a vestige of the past

既 jì ㄐㄧˋ ❶动作已经完了(of action) finished；done with：霜露～降 shuānglù jì jiàng Frost and dew already descended.／～往不咎jìwǎng-bùjiù forgive sb's past misdeeds；not censure sb for his past misdeeds／保持～有的荣誉 bǎochí jì yǒude róngyù preserve the honour one has won／食～shíjì the second contact of a total eclipse[既而—ér]后来，经过一段时间以后 afterwards；later：起初以为困难很多，～～看出这些困难都是可以克服的 Qǐchū yǐwéi kùnnan hěn duō, jì'ér kànchu zhèxiē kùnnan dōushì kěyǐ kèfú de. At first I thought there were many difficulties, but later on I got to know that these difficulties can all be surmounted. [食既 shí—]指日食、月食的食尽 the second contact of a total eclipse ❷连词 conj. 1.既然，后面常与"就"、"则"相应 since；now that (often used in collocation with jiù, zé)：～来之则安之 jì lái zhī zé ān zhī Since you are here, you may as well stay and make the best of it.／问题～然提到眼前，就需要解决 Wèntí jìrán tídào yǎnqián, jiù xūyào jiějué. Now that the problem is presented here, it should be solved. 2.常跟"且"、"又"连用，表示两者并列 (often used correlatively

J

with qiě, yòu) both ... and; as well as：～高且大 jì gāo qiě dà *tall and massive* / ～快又好 jì kuài yòu hǎo *both quick and well done*

墍 jì ㄐㄧˋ ❶用泥涂屋顶 cover a roof with mud ❷休息 rest ❸取 take; fetch

暨 jì ㄐㄧˋ 与，及，和 and

觊（覬） jì ㄐㄧˋ 希望，希图 hope; covet ［觊觎—yú］非分的希望或企图 covet; cast greedy eyes on

继（繼） jì ㄐㄧˋ 连续，接着 continue; follow（遯comb. 一续—xù continue）：～任 jìrèn *succeed sb in a post*/～往开来 jìwǎngkāilái *carry forward the cause and forge ahead into the future*/前仆后～ qiánpū-hòujì *advancing wave upon wave* ［继承—chéng］1. 接受遗产 inherit 2. 继续前人的事业 carry on (the cause of one's predecessor)

偈 ㊀ jì ㄐㄧˋ 和尚唱的词句 a Buddhist hymn
㊁ jié 见 317 页 See p. 317

徛 jì ㄐㄧˋ〈方 dial.〉站立 stand

寄 jì ㄐㄧˋ ❶托付，寄托 entrust; place：～放 jìfàng *leave with; leave in the care of* / ～希望于未来 jì xīwàng yú wèilái *place hopes on the future generations* ❷依靠，依附 depend on; attach oneself to：～居 jìjū *live away from home*/～生 jìshēng *parasitic*/～宿 jìsù *lodge; board* ❸托人传送。特指由邮局传递 send; post：～信 jì xìn *post (or mail) a letter*/～钱 jì qián *remit money*/～包裹 jì bāoguǒ *send a parcel by post*

祭 jì ㄐㄧˋ ❶对死者表示追悼、敬意 hold a memorial ceremony for (the dead)（遯 comb. 一奠 — diàn *hold a memorial ceremony for*)：公～烈士 gōngjì lièshì *hold a public memorial ceremony for the martyrs* ❷供奉鬼神等 offer a sacrifice for gosts

and gods, etc：～神 jì shén *offer a sacrifice to one's gods*/～天 jì tiān *offer a sacrifice to Heaven; worship Heaven*

穄 jì ㄐㄧˋ（一子—zi）又叫"糜(méi)子"。一种谷物，跟黍子相似，但不粘 jìzi, also called méizi, a cereal like broom corn millet, but not sticky

寂 jì ㄐㄧˋ 静，没有声音 silent; quiet（遯comb. 一静 — jìng *quiet; still*)：～然无声 jìrán wúshēng *quiet and still* ［寂寞 — mò］清静，孤独 quiet; lonely

绩（❷＊勣） jì ㄐㄧˋ ❶把麻搓（cuō）捻成线或绳 make hemp fibres into thread or rope ❷功业，成果 achievement; gain：成～ chéngjì *result (of work or study); achievement*/战～zhànjì *military successes*/伟大的功～ wěidà de gōngjì *great merits and achievements; great contribution*

惎 jì ㄐㄧˋ ❶毒害 poison ❷忌恨 envy and hate

蓟 jì ㄐㄧˋ 多年生草本植物，茎叶多刺，春天出芽，花紫色，可入药 setose thistle, a perennial herb with prickly stems and leaves, purple flowers, which sprout in spring and can be used in medicine

稷 jì ㄐㄧˋ ❶古代一种粮食作物，有的书说是黍属，有的书说是粟(谷子) an ancient cereal crop, mentioned in some books as belonging to broom-corn millet and in others as belonging to boxtail millet ❷古代以稷为百谷之长，因此帝王奉祀为谷神 the god of grains as worshipped by ancient emperors as the number one cereal crop ［社稷 shè—］㊧ trans. 古代指国家 (in ancient times) country：执干戈以卫～～zhí gāngē yǐ wèi shèjì *take up weapons to protect one's country*

鲫 jì ㄐㄧˋ 鲫鱼，鱼名。形似鲤鱼，无触须，背脊隆起，生活在淡水中，肉可吃 crucian carp, an edible fresh-water fish with a bulging spine and shaped like the carp, but without barbels

髻 jì ㄐㄧˋ 梳在头顶或脑后的发结 hair worn in a bun or coil above or behind the head：高～ gāojì *a bun piled high*

冀 jì ㄐㄧˋ ❶希望 hope；long for ❷河北省的别称 another name for Hebei Province

骥 jì ㄐㄧˋ 好马 a thoroughbred horse：按图索～ àntú-suǒjì *look for a noble steed with the aid of its picture* (*fig.* try to locate sth by following up a clue)

廲 jì ㄐㄧˋ 用毛做成的毡子一类的东西 felt rug；felt

檵 jì ㄐㄧˋ 檵木，常绿灌木或小乔木，叶子椭圆形或卵圆形，花淡黄色，结蒴果，褐色。枝条和叶子可以提制栲胶，种子可以榨油。叶子入药 Chinese Loropetalum, an evergreen bush or small tree with ellipse leaves, yellowish flowers, which yield brown capsules. Its twigs and leaves can be refined into tannin extract, seeds pressed for oil, and leaves used in medicine.

JIA ㄐㄧㄚ

加 jiā ㄐㄧㄚ ❶增多，几种事物合起来 add；plus（⨀ comb.）增～ zēng— *increase*；*add*）：～价 jiājià *raise the price*/三个数相～ sān ge shù xiāngjiā *add up three numerals*/增～工资 zēngjiā gōngzī *increase sb's salary* (*or* wages)[加法—fǎ]把几个数目合并起来的算法 addition, process of adding (two or more numbers)[加工—gōng]把原料制成成品或使粗制物品精良 process；polish，treat raw material or non-finished product so that it is polished[加油儿

—yóur]⑱ ext. 努力，加劲儿 make an extra effort ❷施以某种动作 carry out a certain action：希～注意 xī jiā zhùyì *please pay attention*/不～思索 bùjiā-sīsuǒ *without thinking*；*without hesitation*/～以保护 jiāyǐ bǎohù *protect*；*safeguard* ❸把本来没有的添上去 put in；append：～引号（“ ”或‘ ’）jiā yǐnhào *put in the quotation marks* (“ ” or ‘ ’)

伽 ㊀ jiā ㄐㄧㄚ [伽倻—yē]伽倻琴，朝鲜乐器名 a plucked string instrument, used by the Koreans[伽利略 —lìlüè]意大利天文学、物理学家 Galilean, Italian astronomer and physicist.

　㊁ qié 见 533 页 See p. 533

　㊂ gā 见 191 页 See p. 191

茄 ㊀ jiā ㄐㄧㄚ〈古 arch.〉荷茎 lotus stem

[雪茄 xuě—]（外 foreign）一种较粗较长用烟叶卷成的卷烟 cigar, tight roll of tabacco leaves with pointed ends for smoking

　㊁ qié 见 533 页 See p. 533

迦 jiā ㄐㄧㄚ 译音用字 a character used in transliteration

珈 jiā ㄐㄧㄚ 古代妇女的一种首饰 a headgear used by women in ancient times

枷 jiā ㄐㄧㄚ 旧时一种套在脖子上的刑具 cangue, an implement of punishment that is tied around the neck in old times[枷锁—suǒ]⑱ *fig.* 束缚 yoke；shackles：砸碎封建～～ zásuì fēngjiàn jiāsuǒ *smash the feudal shackles*

痂 jiā ㄐㄧㄚ 嘎渣（gāzha），伤口或疮口血液、淋巴液等凝结成的东西 scab, dry crust of hardened blood and serum over a wound

耞 jiā ㄐㄧㄚ 见 396 页"连"字条"连枷 lián—" See liánjiā under entry oflián, p396.

笳 jiā ㄐㄧㄚ 胡笳，我国古代北方民族的一种乐器，类似笛子 hújiā,

Tartar reed flute, a reed instrument like the flute, used by the nothern tribes in ancient China.

袈 jiā ㄐㄧㄚ [袈裟 —shā]和尚披在外面的一种法衣 a patchwork outer vestment worn by a Buddhist monk

跏 jiā ㄐㄧㄚ [跏趺 —fū]佛教徒的一种坐姿 a sitting posture of the Buddhists

嘉 jiā ㄐㄧㄚ ❶美好 good；fine；～宾 jiābīn *honoured guest*；*welcome guest* ❷赞美 praise；commend；～许 jiāxǔ *praise*；*approve*/精神可～ jīngshén kějiā *The spirit is worthy of praise*.

夹(夾) ⊖ jiā ㄐㄧㄚ ❶从东西的两旁钳住 press from both sides；place in between；书里～着一张纸 Shū li jiāzhe yī zhāng zhǐ. *The book has a piece of paper inserted in between its leaves.* /手指间～着雪茄烟 shǒuzhǐ jiān jiāzhe xuějiāyān *hold a cigar in between two fingers* 〔引〕ext. 1. 两旁有东西限制住 confined by sth. on both sides；～道 jiādào *a narrow lane*；*passageway* /两山～一水 liǎng shān jiā yī shuǐ *a river flows in between two mountains* 2. 从两面来的 coming from both sides；～攻 jiāgōng *attack from both sides*；*converging attack* ❷胳膊向肋部用力，使腋下放着的东西不掉下 carry sth. under one's arm (pressing it against the ribs with the arm)；～着书包 jiāzhe shūbāo *carry a schoolbag under one's arm* ❸搀杂 mix；mingle (鱼 comb. 一杂 —zá *be mixed up with*)；～七杂八 jiāqī-zábā *incoherent*；*confused*/～生 jiāshēng *(of food) half-cooked* ❹(—子 —zi，—儿 —r)夹东西的器具 clip；folder；文件～ wénjiànjiā *folder*；*binder*/皮～儿 píjiār *wallet*；*pocketbook*

⊜ jiá 见 293 页 See p. 293
⊜ gā 见 191 页 See p. 191

浃(浹) jiā ㄐㄧㄚ ❶湿透 soaked；drenched；汗流～背 hànliú-jiābèi *sweat streaming down and drencing one's back*；*soaked with sweat* ❷周遍 all around；all over；～辰 jiāchén *one round from zǐ（子）to hài（亥），altogether twelve days，according to the Heavenly Stems and Earthly Branches*

佳 jiā ㄐㄧㄚ 美，好的 good；beautiful；～音（好消息）jiāyīn *welcome news*；*good tidings*/～句 jiājù *beautiful line*；*well-turned phrase* /～作 jiāzuò *a fine piece of writing*；*an excellent work*

家 ⊖ jiā ㄐㄧㄚ ❶家庭，人家 family；household；勤俭持～ qínjiǎn-chíjiā *be industrious and thrifty in running a household*/张～有五口人 Zhāng jiā yǒu wǔ kǒu rén. *The Zhangs are five.* 谦辞，用于对别人称自己亲属中比自己年纪大或辈分高的（a humble term used in speaking of relatives older than oneself when talking with others）my；～兄 jiāxiōng *my elder brother*/～父 jiāfù *my father* [家常 —cháng]家庭日常生活 the daily life of a family；domestic trivial；～～便饭 jiācháng-biànfàn *homely food*；*simple meal*/叙～～ xù jiācháng *chitchat* [家畜 —chù]由人喂养的禽兽，如马、牛、羊、鸡、猪等 domestic animal；livestock (such as horse，ox，sheep，chicken，hog，etc.) [家伙—huo] 1. 一般的用具、工具 tool；utensil 2. 指武器 weapon 3. 指牲畜或人（轻视或玩笑）guy；fellow (as a term of contempt or joke，to refer to domestic animals or men) [家具 —jù]家庭用具，主要指床、柜、桌、椅等 furniture，chiefly referring to beds，cabinets，tables，chairs，etc. [家什—shi]用具，器物 utensils，furniture，etc；厨房里的～～擦洗得干干净净 chúfáng li de ～～ cāxǐ de gānggān-jìngjìng *The* kitchen furnishings have been washed and wiped clean. ❷家庭的住所 home：回～huíjiā go home/这就是我的～Zhèr jiùshì wǒ de jiā. This is my home. ❸指经营某种行业或有某种身分的人家 a person or family engaged in a certain trade or having a certain status：农～nóngjiā peasant family/酒～jiǔjiā wineshop；tavern ❹掌握某种专门学识或有丰富实践经验以及从事某种专门活动的人 a specialist in a certain field：科学～kēxuéjiā scientist/水稻专～shuǐdào zhuānjiā rice expert/政治～zhèngzhìjiā politician ❺学术流派 schools of thought：儒～Rújiā Confucian school/道～Dàojiā Taoist school/百～争鸣bǎijiā-zhēngmíng（Let）a hundred schools of thought contend. ❻指相对各方中的一方（in card games, etc.）player or contestant：上～shàngjiār the player whose turn comes just before/下～xiàjiār the player whose turn comes next ❼（jia）词尾，指一类的人（多按年龄或性别分）used as a suffix to indicate a specified kind of people（usu according to age group or sex）：姑娘～gūniangjia the girls/孩子～háizijia the kids ❽量词 meas.：一～人家 yī jiā rénjiār a family/两～饭馆 liǎng jiā fànguǎnr two resturants ❾姓 a surname

　　㊀jie 见 320 页 See p. 320

傢 jiā ㄐㄧㄚ "家"字的繁体字。用于下面三个词 the original complex form of 家，as used in the following three terms：家伙—huo）同"家伙" Same as 家伙 ［家伙—jù］同"家伙" Same as 家具 ［家什—shi］同"家什" Same as 家什

镓 jiā ㄐㄧㄚ 一种金属元素，符号 Ga，银白色晶体。质地柔软，可制合金 gallium, a silver-white and soft crystal metallic element that can be used in making alloy；symbol：Ga

葭 jiā ㄐㄧㄚ 初生的芦苇 the young shoot of a reed ［葭莩—fú］苇子

里的薄膜 the membrane of a reed stem 〈喻〉fig. 关系疏远的亲戚 a tenuous relationship

猳 jiā ㄐㄧㄚ 公猪 boar

夹（夾、＊裌、△袷）㊁ jiá ㄐㄧㄚˊ 两层的衣物 double-layered（clothes）；lined：～裤 jiákù lined trousers / ～被 jiábèi lined quilt

　　㊀jiā 见 292 页 See p. 292
　　㊂gā 见 191 页 See p. 191
　　"袷"又 qiā 见 523 页 also qiā, see p. 523

郏（郟）jiá ㄐㄧㄚˊ 郏县，在河南省 Jiá Xiàn, a place in Henan Province

荚（莢）jiá ㄐㄧㄚˊ 豆科植物的长形的果实 pod, long seed vessel of peas and beans：豆～（豆角）dòujiá pod/皂～zàojiá Chinese honey locust/槐树～huáishùjiá the pod of Chinese scholar tree

铗（鋏）jiá ㄐㄧㄚˊ ❶冶铸用的钳 pincers；tongs ❷剑 sword ❸剑柄 the hilt of a sword

颊（頰）jiá ㄐㄧㄚˊ 脸的两侧 cheek：两～绯红 liǎngjiá fēihóng with rosy cheeks（图见 653 页"头"See picture under entry of tóu, p653.）

蛱（蛺）jiá ㄐㄧㄚˊ ［蛱蝶—dié］蝴蝶的一类，翅有各种鲜艳的色斑。前足退化或短小，触角锤状 a kind of butterfly with wings of various bright-coloured speckles, short or degenerated forefeets, and hammer-like antennas

恝 jiá ㄐㄧㄚˊ 无忧愁，淡然 indifferent；unconcerned ［恝置—zhì］不在意，置之不理 disregard；neglect

戛（＊戞）jiá ㄐㄧㄚˊ ❶打击 knock gently；tap ❷拟声词 onom.：～然而止 jiárán'érzhǐ（of a sound, etc.）cease abruptly；

J

come to an abrupt end

[戛戛一一] 形容困难 difficult；hard going；～～乎难哉 jiájiáhū nán zāi *How difficult it is!*

甲 jiǎ ㄐㄧㄚˇ ❶天干的第一位，用作顺序的第一 the first of the ten Heavenly Stems；first ⑪ ext. 居首位，超过所有其他的 ranking first；surpassing all the others：桂林山水～天下 Guìlín shānshuǐ jiǎ tiānxià. *The mountains and rivers in Guilin are the finest under the sun.* [甲子 —zǐ] 我国纪日、纪年或计算岁数的一种方法，以十干和十二支顺序配合，六十组干支轮一周叫一个甲子 a cycle of sixty years（a system of marking days, years or age in China, which combines the ten Heavenly Stems and the twelve Earthly Branches in a certain order, so that sixty groups of Stems and Branches in one cycle, which is called one jiǎzǐ）❷古代军人打仗穿的护身衣服，是用皮革或金属做成的 armour, defensive covering, usu. made of leather or metal, worn in fighting by soldiers in ancient times：盔～ kuījiǎ *a suit of armour* ❸动物身上有保护功能的硬壳 shell or carapace, hard protective outer covering of some animals：龟～ guījiǎ *tortoise shell* / ～虫 jiǎchóng *beetle* [甲鱼—yú] 鳖 soft-shelled turtle [甲骨文—gǔwén] 我国商代刻在龟甲兽骨上的文字 inscriptions on tortoise shells or animal bones of the Shang Dynasty ❹手指或脚趾上的角质硬壳 nail, layer of hard substance under the outer tip of the finger or toe：指～ zhǐjiǎ *nail* ❺现代用金属做成有保护功用的装备 armour, protective metal covering in modern times：装～汽车 zhuāngjiǎ qìchē *armoured car*；*armoured vehicle* [甲板—bǎn] 轮船上分隔上下各层的板（多指最上面即船面的一层）deck, any of the floors of a ship（usu one that is above the hull）❻旧时户口的一种编制 formerly a unit of civil administration（详见 22 页"保❸"For a detailed explanation, see bǎo❸, p. 22）

岬 jiǎ ㄐㄧㄚˇ ❶岬角（突入海中的尖形陆地，多用于地名）cape（high point of land going out into the sea, usu used in place names）：成山～（也叫"成山角"，在山东省）Chéngshān Jiǎ（also Chéngshān Jiǎo, *in Shandong province*）❷两山之间 a narrow passage between two mountains

胛 jiǎ ㄐㄧㄚˇ 肩胛，肩膀后方的部位 either of the parts behind the shoulders [肩胛骨 jiān—gǔ] 肩胛上部左右两块三角形的扁平骨头 shoulder blade, either of the flat triangular bones of the upper back, behind and below the neck（图见 217 页"骨"See picture under entry of gǔ, p. 217）

钾 jiǎ ㄐㄧㄚˇ 一种金属元素，符号 K，银白色，蜡状。钾的化合物用途很广，其化合物是重要的肥料 potassium, a soft shining white metallic element that is widely used in its chemical compounds, which are also important fertilizers；symbol：K

蚱 jiǎ ㄐㄧㄚˇ 蚱虫，即甲虫，体壁比较坚硬的昆虫的通称，如金龟虫、菜叶蚱虫等 beetle, a general term for insects with hard wing-covers, such as scarab, cabbage leaf beetle, etc.

贾 ㊀ jiǎ ㄐㄧㄚˇ ❶姓 a surname ❷古多用于人名 usu. used in people's names in ancient times
〈古 arch.〉又同"价（價）"jià Also same as "价（價）".
㊁ gǔ 见 218 页 See p. 218

槚 jiǎ ㄐㄧㄚˇ ❶楸树的别名 another name for Chinese catalpa ❷茶树的古名 archaic name for tea tree

假（*叚） ㊀ jiǎ ㄐㄧㄚˇ ❶不真实的，不是本来的，跟"真"相反 false；fake, antonym of zhēn：～头发 jiǎ tóufa *wig* / ～话 jiǎ-huà lie；falsehood［假如—rú］［假使—shǐ］连词，如果 conj. if；supposing ❷借用、利用 borrow；avail oneself of（❀comb. 一借—jiè make use of）：～手于人 jiǎshǒuyúrén（achieve one's end）through the instrumentality of sb. else／～公济私 jiǎgōng-jìsī use public office for private gain；jobbery ❸据理推断，有待验证的 suppose；presume：～设 jiǎshè suppose；assume／～说 jiǎshuō hypothesis

㊁ jià 见 296 页 See p. 296

瘕 jiǎ ㄐㄧㄚˇ（又 also）见 216 页（gǔ）See gǔ, p. 216

瘕 jiǎ ㄐㄧㄚˇ 肚子里结块的病 a lump in the abdomen

斝 jiǎ ㄐㄧㄚˇ 古代一种盛（chéng）酒的器皿 an ancient wine vessel

价（價）㊀ jià ㄐㄧㄚˋ 价钱，商品所值的钱数 price，sum of money for which sth. is（to be）sold or bought：～目 jiàmù marked price；price／物～稳定 wùjià wěndìng Prices remain stable／减～ jiǎnjià reduce（or lower）the prices；mark down［价格—gé］用货币表现出来的商品的价值 price，value of goods shown in a currency［价值—zhí］1. 政治经济学上指凝结在商品中的生产者的社会必要劳动（in political economy）value，the producer's social necessary labour congealed in the products 2. 通常指用途或重要性 worth；value：有～～ yǒu jiàzhí be worth；be of（great）value［原子价 yuánzǐ—］化学上指能跟某元素一个原子相化合的氢原子数为这个元素的原子价，也省称"价" valence，the number of atomic weights of hydrogen with which the atomic weight of an element will combine；also simplified as "价"

㊁ jiè 见 318 页 See p. 318

㊂ jie 见 319 页 See p. 319

驾 jià ㄐㄧㄚˋ ❶把车套在牲口身上 harness；draw（a cart，etc）：～辕 jiàyuán pull a cart or carriage from between the shafts；be hitched up／～轻就熟（喻担任熟悉的事）jià-qīng-jiùshú fig. do a familiar job with ease；handle a job with ease because of previous experience ❷古代车乘的总称 a general term for vehicles in ancient times／敬辞（a term of respect）you：劳～ láojià would you please . . . ；excuse me／大～光临 dàjià guānglín You honour us with your presence. ❸特指帝王的车，借指帝王 the emperor's cart，referring to the emperor：～崩（帝王死去）jiàbēng（of an emperor）pass away；die ❹操纵，使开动 drive；operate：～飞机 jià fēijī pilot a plane／～驶员 jiàshǐyuán driver（of a vehicle）；pilot（of a plane）［驾驭—yù］驱使车马行进或停止 drive，move or stop a cart or a horse ㊉ext. 1. 旧指对于人员的管理和使用（early use）control or use personnel 2. 控制，支配 control；master

架 jià ㄐㄧㄚˋ ❶（—子—zi、—儿—r）用做支承的东西 frame、shelf，etc.（framework for holding things）：书～ shūjià bookshelf 葡萄～ pútaojià grape trellis／笔～儿 bǐjiàr pen rack；pen holder／房～子 fángjiàzi the frame of a house／车～子 chējiàzi frame of a car，bicycle，etc.［担架 dān—］医院或军队中抬送病人、伤员的用具 stretcher，framework of poles，canvas，etc.，for carrying a sick，injured，or wounded person ❷支承 support 1. 支，搭起 put up；erect：把枪～住 bǎ qiāng jiàzhù mount a gun／～桥 jià qiáo put up（or build）a bridge 2. 搀扶 support；help：他受伤了，～着他走 Tā shòushāng le，jiàzhe tā zǒu. He is wounded. Help him to walk.［架不住—buzhù］禁（jīn）不住 cannot sustain（the weight）；cannot stand（the pressure）❸互相殴打或争吵的事 fight；quarrel：打了一～ dǎle yī jià have a fight；come to blows／劝～

quànjià *try to reconcile parties to a quarrel or to stop people from fighting; mediate* ❹量词，多用于有机械或有支柱的东西 *meas. usu. for things with machinery or on a tripod or a stand*：五～飞机 wǔ jià fēijī *five planes*/一～机器 yī jià jīqì *one machine*/一～葡萄 yī jià pútao *a trellis of grapes* [架次—cì] 量词，一架飞机出动或出现一次叫一架次。如飞机出现三次，第一次五架，第二次十架，第三次十五架，共三十架次 *meas. sortie, flight made by one airdraft. Eg. suppose the planes appeared three times. During the first time, there were five planes, the second time, ten, and the third time, fifteen. Then there were altogether thirty sorties.*

假 ⊖ jià ㄐㄧㄚˋ 照规定或经过批准暂时离开工作、学习场所的时间 *holiday, or leave of absence, temporarily leaving work or study according to regulations or granted by request*：放～ fàngjià *have a holiday or vacation*/寒～ hánjià *winter holiday; winter vacation*/～期 jiàqī *vacation; holiday*/请～ qǐngjià *ask for leave*

　　⊖ jiǎ 见 294 页 See p. 294

嫁 jià ㄐㄧㄚˋ ❶女子结婚 (of a woman) *marry*：出～ chūjià (of a woman) *get married; marry*/～娶 jiàqǔ *marriage* [嫁接—jiē] 把不同品种的两种植物用芽或用枝接在一起，以达到提早结果、增强抗性、提高品种质量等目的。所用的枝或芽叫接穗，被接的干叫砧(zhēn)木 *grafting, fixing the shoots or twigs of two different species of plant together, so that the new plant can bear fruits earlier, have stronger resistence, and produce improved strains. The shoot or twig is called jiēsuì (graft), and the other part is called zhēnmù (stock)* ❷把祸害、怨恨推到别人身

上 *shift; transfer (disaster or hatred)*：～怨 jiàyuàn *shift the hatred to sb. else*/～祸于人 jiàhuòyúrén *shift the misfortune onto sb. else; put the blame on sb. else*

稼 jià ㄐㄧㄚˋ 种田 sow [稼穑—sè] 种谷和收谷，农事的总称 *sowing and reaping, a general term for farm work* [庄稼 zhuāng—] 五谷，农作物 *crops*：种～～ zhòng zhuāngjia *plant (or grow) crops*

JIAN ㄐㄧㄢ

戋(戔) jiān ㄐㄧㄢ 小，少（叠 redup.）*small; tiny*：所得～～ suǒ dé jiānjiān *have got a little bit*

浅(淺) ⊖ jiān ㄐㄧㄢ [浅浅—] 拟声词，形容流水声 *onom. imitatimg the sound of flowing water*

　　⊖ qiǎn 见 526 页 See p. 526

笺(箋、❷*牋、❷*椾) jiān ㄐㄧㄢ ❶注释 *annotation; commentary* ❷小幅的纸 *writing paper; small piece of paper*：便～ biànjiān *notepaper; note pad*/信～ xìnjiān *letter paper; note paper* 敬 trans. 书信 *letter*：华～ huájiān *your esteemed letter*

溅(濺) ⊖ jiān ㄐㄧㄢ [溅溅—] 同"浅浅 jiān—". Same as 浅浅.

　　⊖ jiàn 见 302 页 See p. 302

尖 jiān ㄐㄧㄢ ❶（—儿—r）物体锐利的末端或细小的部分 *point; tip (small or sharp end)*：笔～儿 bǐjiānr *nib; penpoint*/刀～儿 dāojiānr *the sharp tip of a knife*/针～儿 zhēnjiānr *the point of a needle; pinpoint*/塔～儿 tǎjiānr *the pinnacle of a pagoda* [尖锐—ruì] 1. 刺耳的 shrill; piercing：～～的声音 jiānruì de shēngyīn *a shrill sound (or voice)* 2. 锋利的，深

刻的 sharp；incisive；～～的批评 jiānruì de pīpíng incisive (or sharp) criticism／激烈 intense；acute：～～的思想斗争 jiānruì de sīxiǎng dòuzhēng sharp mental conflicts；sharp ideological struggle／矛盾～～化 máodùn jiānruìhuà intensify the contradictions [打尖 dǎ—]1. 掐去棉花等植物的尖 top；pinch (remove the weak shoots on a plant like cotton, etc) 2. 旅途中休息饮食 stop for refreshment when travelling；have a snack (at a rest stop) ❷末端极细小 very sharp and pointed at the end：把铅笔削～了 bǎ qiānbǐ xiāojiān le Have the pencil sharpened. or Sharpen the pencil. ❸感觉锐敏 (of senses) keen；sharp：眼～ yǎn jiān have sharp eyes；have a keen sight／耳朵～ ěrduo jiān have sharp ears ❹声音高而细 (of voice) shrill；piercing：～声～气 jiānshēng-jiānqì in a shrill voice ❺出类拔萃的人或物品 (of people or things) the best of its kind；the cream：～儿货 jiānrhuò goods of the best quality／～子生 jiānzishēng top student

奸 (❸* 姦)
jiān ㄐㄧㄢ ❶虚伪，狡诈 wicked；evil：～雄 jiānxióng a person who achieves high position by unscrupulous scheming；arch-careerist／～笑 jiānxiào sinister (or villainous) smile／不藏～，不耍滑 bù cángjiān, bù shuǎhuá neither harbour evil intentions nor act in a slick way ❷叛国的人 traitor：汉～ hànjiān traitor (to China)／锄～ chújiān eliminate traitors；ferret out spies [奸细—xi] 替敌人刺探消息的人 spy；enemy agent ❸男女发生不正当的性行为 illicit sexual relations：通～ tōngjiān commit adultery／～污 jiānwū rape or seduce

歼 (殲)
jiān ㄐㄧㄢ 消灭 annihilate；wipe out：(⊕ comb. 一灭 —miè annihilate)：围～

wéijiān surround and annihilate／全～入侵之敌 quánjiān rùqīn zhī dí destroy all the intruding enemy

坚 (堅)
jiān ㄐㄧㄢ ❶结实，硬不容易破坏 hard；solid (not easily damaged) (⊕ comb. 一固 —gù firm；sturdy)：～不可破 jiānbùkěpò indestructible；indomitable／～壁清野 jiānbì-qīngyě strengthen defences and clear the fields 引 ext. 不动摇 firm；resolute：～强 jiānqiáng strong；firm／～决 jiānjué firm；determined／～持 jiānchí stick to／～守 jiānshǒu hold fast to [中坚 zhōng—] 骨干 nucleus；backbone：～～分子 zhōngjiān fènzǐ backbone elements ❷坚固的东西或阵地 a heavily fortified point；strong-hold：攻～战 gōngjiānzhàn storming of heavily fortified positions／无～不摧 wújiān-bùcuī overrun all fortifications

鲣 (鰹)
jiān ㄐㄧㄢ 鲣鱼，鱼名。身体呈纺锤形，大部分无鳞，腹白，背蓝黑 bonito, skipjack, tuna, a spindle—shaped fish with a white belly, a black back, and usu. without scales

间 (**間)
㊀ jiān ㄐㄧㄢ ❶中间，两段时间或两种事物相接的地方 between；among：彼此～有差别 bǐcǐ jiān yǒu chābié Differences exist between each other. ❷在一定的地方、时间或人群的范围之内 within a definite place, time, or crowd of people：田～ tiánjiān field；farm／人～ rénjiān the human world；the world／晚～ wǎnjiān (in the) evening；(at) night ❸房间，屋子 room：车～ chējiān workshop；shop／衣帽～ yīmàojiān cloakroom／卫生～ wèishēngjiān toilet (room) ❹量词，用于房屋 meas. for room：一～房 yī jiān fáng a room／广厦千～ guǎnshà qiān jiān a great mansion with a thousand rooms

㊁ jiàn 见 301 页 See p. 301

"闲"又 xián 见 699 页"闲"also xián,See xián,见 p. 699

肩 jiān ㄐㄧㄢ ❶肩膀，脖子旁边胳膊上边的部分 shoulder, the part of the body beside the neck and including the upper part of the arm（图见 640 页"体"See picture under entry of "体", p. 640）❷ 担负 take on; shoulder：身—重任 shēnjiān zhòngrèn *shoulder great responsibilities*

艰（艱） jiān ㄐㄧㄢ 困难 difficult；hard（⊕ comb. —难 —nán *difficult*）：～ 辛 jiānxīn *hardships*/～苦 jiānkǔ *arduous*；*difficult*/文 字 ～ 深 wénzì jiānshēn *words (or writing) that is difficult to understand*

监（監） ㊀ jiān ㄐㄧㄢ ❶督察 supervise；inspect：～察 jiānchá *supervise*；*control* ❷ 牢，狱 prison；jail（⊕ comb. —牢 —láo，—狱 —yù *prison*；*jail*）：收 ～ shōujiān *take into custody*；*put in prison*/坐～ zuòjiān *be in prison*；*be in jail*［监禁 —jìn］把犯罪的人收监，限制他的自由 take sb. into custody；imprison

㊁ jiàn 见 303 页 See p. 303

兼 jiān ㄐㄧㄢ ❶加倍，把两份并在一起 double；twice：～旬（二十天）jiānxún *twenty days*/～程（用加倍的速度赶路）jiānchéng *travel at double speed*［兼并 —bìng］并吞 annex ❷ 所涉及的或所具有的不只一方面 simultaneously；concurrently (involving or having more than one)：～任 jiānrèn *hold a concurrent post*；*part-time work*/德才 ～ 备 décái-jiānbèi *have both morality and ability*

搛 jiān ㄐㄧㄢ 用筷子夹 take sth or foods up from both sides with chopsticks：～菜 jiān cài *pick up food with chopsticks*

蒹 jiān ㄐㄧㄢ 没长穗的芦苇 reed (without spike)

缣 jiān ㄐㄧㄢ 细绢 fine silk

鹣 jiān ㄐㄧㄢ 鹣鹣，比翼鸟，古代传说中的一种鸟（in ancient fables）a fabulous bird that flies in pairs

鳒 jiān ㄐㄧㄢ 鳒鱼，鱼名。一般两只眼都在身体的左侧或右侧，有眼的一面黄褐色，无眼的一面白色。主要产在我国南海地区，肉供食用 flounder；flatfish, with both eyes on the left or the right side that is yellowish-brown (the other side white), abound in the South Sea area in China, and its flesh taken as food

菅 jiān ㄐㄧㄢ 多年生草本植物，叶子细长，根很坚韧，可做炊帚、刷子等 villous themeda, a perennial herb with thin and long leaves, a tough and tensile root, and used as brush［草菅 cǎo—］⑩ *fig.* 轻视 belittle；look down upon：～～人命 cǎojiānrénmìng *treat human life as if it were not worth a straw*；*act with utter disregard for human life*

渐 ㊀ jiān ㄐㄧㄢ ❶浸 soak；be saturated with：～染 jiānrǎn *be imperceptually influenced* ❷流入 flow into：东—于海 dōng jiān yú hǎi *flow east and empty into the sea*

㊁ jiàn 见 304 页 See p. 304

犍 ㊀ jiān ㄐㄧㄢ 阉割过的公牛 bullock

㊁ qián 见 526 页 See p. 526

韃 jiān ㄐㄧㄢ 马上盛弓箭的器具 utensil on a horse for holding bow and arrows

湔 jiān ㄐㄧㄢ 洗 wash

煎 jiān ㄐㄧㄢ ❶熬（áo）simmer in water；decoct：～药 jiān yào *decoct medical herbs* ❷把食物放在少量的热油里弄熟 fry in shallow oil：～鱼 jiān yú *fried fish*/～豆腐 jiān dòufu *fried bean curd* ❸量词，熬中药的次数 meas. (for herb medicine) decoction：头—药 tóu jiān yào *first decoction*/二 ～ èr jiān *second decoction*

缄 jiān ㄐㄧㄢ 封,闭 seal; close; ~
口 jiānkǒu keep one's mouth shut;
hold one's tongue [缄默—mò]闭口不
言 keep silent; be reticent

瑊 jiān ㄐㄧㄢ [瑊石—shí]一种像玉
的美石 a beautiful jade-like
stone

鞯(韉) jiān ㄐㄧㄢ 垫马鞍的东
西 saddle blanket; 鞍~
ānjiān saddle and saddle blanket

樲 jiān ㄐㄧㄢ 木楔子(xiēzi) wooden
wedge

囝 ⊖ jiān ㄐㄧㄢ 〈方 dial.〉儿子 son
⊜ nān 见 472 页"囡" See nān,
p.472

拣(揀) jiǎn ㄐㄧㄢ ❶ 挑选
choose; select(靊 comb.
挑—tiāo〕~ pick and choose); ~出
交纳公粮 jiǎn hǎo de jiāonà
gōngliáng choose the best grain to pay
agricultural tax/ 挑肥—瘦 tiāoféi-
jiǎnshòu pick the fat or choose the lean
(fig. choose whatever is to one's
personal advantage)❷ 同"捡" Same
as "捡".

梘 jiǎn ㄐㄧㄢ 〈方 dial.〉肥皂 soap;
香~ xiāngjiǎn perfumed (or
scented) soap

筧 jiǎn ㄐㄧㄢ 横安在屋檐或田间引
水的长竹管 bamboo water pipe
along the eaves or in the field

茧(繭、❶ ＊＊緐) jiǎn ㄐㄧㄢ
❶(—子
zi、—儿—r)某些昆虫的幼虫在变成
蛹之前吐丝做成的壳。家蚕的茧是抽
丝的原料 cocoon, silky covering
made by a caterpillar to protect itself
while it is a chrysalis. The silkworm
cocoon is the raw material of reeling
silk. ❷同"趼" Same as "趼".

柬 jiǎn ㄐㄧㄢ 信件、名片、帖子等的
泛称 general term for letter, vis-
iting card, invitation, etc. ; 请~(请
客的帖子)qǐngjiǎn invitation card

俭(儉) jiǎn ㄐㄧㄢ 节省,不浪费
thrifty; frugal; ~朴
jiǎnpǔ thrifty and simple; economi-
cal / 省吃~用　shěngchī-jiǎnyòng
skimp and save; live frugally/勤~办
学 qínjiǎn bànxué be industrious and
thrifty in running a school

捡(撿) jiǎn ㄐㄧㄢ 拾取 pick
up; collect; ~ 柴
chái gather firewood/把笔一起来 bǎ
bǐ jiǎn qilai pick up the pen/~了一
张画片 jiǎnle yī zhāng huàpiàn pick
up a picture by chance

检(檢) jiǎn ㄐㄧㄢ 查 check up;
examine(靊 comb. —查
—chá chesk up); ~字 jiǎnzì locate a
word/~验 jiǎnyàn test; examine / ~
阅 jiǎnyuè review (troops, etc.); in-
spect [检点—diǎn] 1. 仔细检查 ex-
amine, check closely 2. 注意约束(言
行) be cautious (about what one says
or does); 失于~~shī yú jiǎndiǎn be
careless about one's words and acts; be
indiscreet in one's speech and conduct
[检讨—tǎo]对自己的思想、工作、生
活等方面的缺点、错误进行检查 re-
flection; examine the shortcomings
and errors in one's thoughts, work,
living, etc. [检举—jǔ]告发坏人、坏
事 report (an offence) to the authori-
ties; accuse[检察—chá]审查检举犯
罪事实 procuratorial work; examine
and report an offence

硷(鹼、＊鹻) jiǎn ㄐㄧㄢ 同
"碱" Same as
"碱".

睑(瞼) jiǎn ㄐㄧㄢ 眼睑,眼皮
eyelid (图见 746 页"眼"
See picture under entry of yǎn,
p.746)

趼 jiǎn ㄐㄧㄢ 手、脚上因摩擦而生
的硬皮,也作"茧" callus, area of
thick, hardened skin of the hand or
foot, also written as 茧;老~lǎojiǎn
callus; callosity

减(＊減) jiǎn ㄐㄧㄢ ❶由全体
中去掉一部分 sub-

tract，take（a number，quantity） away from another（number，quantity）：三～二是一 Sān sān èr shì yī. *Three minus two is one.* /～价 jiǎnjià *reduce（or lower）the prices；mark down*［减法—fǎ］从一数去掉另一数 的算法 subtraction, the process of taking away a number from another❷ 降低程度，衰退 reduce；decrease：～ 色 jiǎnsè *loose lustre；impair the excellence of*

碱（*硷）

jiǎn ㄐㄧㄢˇ ❶含有10 个分子结晶水的碳酸 钠，性滑，味涩，可洗衣物 alkali, sodium carbonate that consists of 10-molecule crystal water, is smooth-natured, tastes astringent, and can be used in washing clothes ❷化学上称 能在水溶液中电离而生氢氧离子 （OH⁻）的物质 any substance that can be ionized into（OH⁻）in aqueous solution ❸被碱质侵蚀 be corroded by alkali：好好的罐子，怎么～了 Hǎohāor de guànzi, zěnme jiǎn le? *Why is the pot corroded by alkali? It was alright before.* /那堵墙全～了 Nà dǔ qiáng quán jiǎn le. *That wall is corroded by alkali all over.*

剪

jiǎn ㄐㄧㄢˇ ❶（一子—zi）剪刀，一 种铰东西的用具 scissors；shears ❷像剪子的 anything that resembles scissors：火 ～ huǒjiǎn *firetongs；tongs*/夹 ～ jiājiǎn *tweezers；tongs* ❸用剪子铰 cut（with scissors）：～断 jiǎnduàn *cut apart（with scissors）*/～开 jiǎnkāi *cut open（with scissors）*［剪影—yǐng］按人影或物体 的轮廓剪成的图形 paper-cut silhouette, sketch cut according to the outline of sb or sth. seen against a light background ⑩ *fig.* 事物的一部分或 概况 sketch or outline of sth. ❹除掉 wipe out；exterminate：～灭 jiǎnmiè *exterminate*/～除 jiǎnchú *wipe out；annihilate*

谫（**謭）

jiǎn ㄐㄧㄢˇ 浅 薄 shallow：学识～陋 xuéshí jiǎnlòu *be possessed of meagre knowledge*

簡

jiǎn ㄐㄧㄢˇ ❶同"剪" Same as 剪 ❷姓 a surname

锏

㊀ jiǎn ㄐㄧㄢˇ 古代的一种兵器， 像鞭，四棱 mace, a whip-like iron weapon with four edges in ancient times

㊁ jiàn 见 302 页 See p. 302

裥

jiǎn ㄐㄧㄢˇ 衣服上打的褶子 pleat，folds made by doubling cloth on itself

简

jiǎn ㄐㄧㄢˇ ❶古时用来写字的竹 板 bamboo slips used for writing on in ancient times ㊋ *trans.* 书信 letter ❷简单，简化，跟"繁"相反 simple；simplified（antonym of fán）：～写 jiǎnxiě（write）*a Chinese character in its simplified form；simplify a book for beginners*/删繁就 ～ shānfán-jiùjiǎn *simplify sth by cutting out the superfluous* / 精兵 ～ 政 jīngbīng-jiǎnzhèng *better troops and simplify administration；reduce the staff and streamline the administrative structure*［简直—zhí］副词，实在是，完全是 *adv.* simply；at all：你若不提这件 事，我～～想不起来了 Nǐ ruò bù tí zhè jiàn shì, wǒ jiǎnzhí xiǎng bu qǐlái le. *If you didn't mention this，I could hardly recall it at all.* ❸简选， 选择人材 select；choose（qualified personnel）：～拔 jiǎnbá *select and promote*

戩

jiǎn ㄐㄧㄢˇ ❶剪除，剪灭 wipe out；annihilate ❷尽 to the utmost；to the limit：～谷（尽善）jiǎngǔ *perfect* ❸福 bliss；blessedness

蹇

jiǎn ㄐㄧㄢˇ ❶跛，行走困难 crippled；difficult in walking ❷迟 钝，不顺利 slow；unlucky：～涩 jiǎnsè *slow；unlucky*/～滞 jiǎnzhì *poor and unlucky*/命运多 ～ mìng-yùn duō jiǎn *suffer many a setback during one's life* ❸指驽马，也指驴 inferior horse, or donkey

謇 jiǎn ㄐㄧㄢˇ ❶口吃，言辞不顺利 stuttering; having difficulty in speaking ❷正直 upright; honest

灡 jiǎn ㄐㄧㄢˇ 泼(水)，倾倒(液体) splash (water); spill (liquids)

劗 jiǎn ㄐㄧㄢˇ 劙断 sever; cut off

见(見) ㊀ jiàn ㄐㄧㄢˋ ❶看到 see; catch sight of：眼 ～是实 yǎnjiàn shì shí *Seeing is believing*. ㊋ext. 接触，遇到 meet with; be exposed to：这种病怕～风 Zhè zhǒng bìng pà jiàn fēng. *This kind of illness is not to be exposed to wind.*/胶卷不能～光 jiāojuǎn bù néng jiàn guāng *Films are not to be exposed to light.* [见习—xí]学得专业知识的人初到工作岗位在现场中实习；learn on the job; be on probation：sb finished studying his majors then went to a work place for practising his learned skills for getting a work post：～～ 技术员 jiànxí jìshùyuán *technician on probation* ❷看得出，显现出 show evidence of; appear to be：病已～好 bìng yǐ jiànhǎo *appear (seem) to be recovering from an illness*/～分晓 jiàn fēnxiǎo *know the outcome*/～效 jiànxiào *become effective; produce the desired result* ❸(文字等)出现在某处，可参看 (of literature) refer to; see：～上 jiàn shàng *See above*/～下 jiàn xià *See below*/～《史记·陈涉世家》jiàn《Shǐjì·Chén Shè Shìjiā》*Refer to The Life of Duke Chenshe in Record of History* ❹会见，会面 meet; call on：接～ jiējiàn *receive sb.; grant an interview to*/看望多年未～的老战友 kànwàng duōnián wèi jiàn de lǎozhànyǒu *call on an old comrade-in-arms that one has not met for years* ❺见解，对于事物的看法 view; opinion (㊟comb. 一识 —shi

knowledge)：～ 地 jiàndì *insight; judgment*/远 ～ yuǎnjiàn *foresight; vision*/不固执己～bù néng gùzhí-jǐjiàn *One shouldn't stubbornly stick to one's opinions* ❻助词 aux. 1. 用在动词前面表示被动 used before a verb to indicate the passive：～笑 jiànxiào *laugh at*（me or us）/～怪 jiànguài *mind; take offence* 2. 用在动词前面表示对说话人怎么样 used before a verb in polite requests：～谅 jiànliàng *excuse me; beg pardon*/～告 jiàngào *inform me*/～教 jiànjiào *Please favour me with your advice; Please give me guid* ❼用在动词"听""看""闻"等字后，表示结果 used after verbs tīng, kàn, wén, etc., to indicate the result：看～kànjian *see*/听不～tīng bu jiàn *cannot hear* ❽姓 a surname
㊁ xiàn 见 702 页 See p. 702

舰(艦) jiàn ㄐㄧㄢˋ 军舰，战船 warship; naval vessel：～队 jiànduì *fleet*; naval force/巡洋～xúnyángjiàn *cruiser*

件 jiàn ㄐㄧㄢˋ ❶量词 meas.：一～事 yī jiàn shì *a matter; a thing*/两～衣服 liǎng jiàn yīfu *two articles of clothing* ❷(一儿-r)指可以——计算的事物 things that can be counted：零～儿 língjiànr *part* (of a machine); spare part ❸指文书等 paper; document：文～wénjiàn *documents*; papers/来～láijiàn *letter*; correspondence

犍 jiàn ㄐㄧㄢˋ ❶斜着支撑 prop up：打～拨正(房屋倾斜，用柱子支起弄正)dǎjiàn bōzhèng *prop up a tilting house with posts* ❷用土石挡水 fend off water with clay and stone

间(＊＊閒) ㊀ jiàn ㄐㄧㄢˋ ❶(一儿-r)空隙 space in between; opening：当一～儿 dāngjiànr *in the middle* ㊋ext. 嫌隙，隔阂 estrangement; grudge：亲密无～qīnmì-wújiàn *be on intimate terms* ❷不连接，隔开 separate; disconnect：～断

jiànduàn be disconnected; be interrupted/~隔 jiàngé interval; intermission/黑白相~ hēibái xiāngjiàn black alternating with white; in black and white check/晴 ~ 多 云 qíng jiàn duōyún fine, occasionally cloudy ❷间接 —jiē通过第三者发生关系的(跟"直接"相对) indirect; second hand (antonym of zhíjiē):~~经验 jiànjiē jīngyàn indirect experience ❸挑拨使人不和 sow discord; 离~l íjiàn sow discord; set one party against another/反 ~ 计 fǎnjiànjì a stratagem of sowing distrust or dissension among enemies

　　⊖ jiān 见 297 页 See p. 297
"間"又 xián 见 699 页"闲"Also xián, See 闲, p. 699

涧 jiàn ㄐㄧㄢˋ 夹在两山间的水沟 ravine; gully

铜 ⊖ jiàn ㄐㄧㄢˋ 嵌在车轴上的铁,可以保护车轴并减少摩擦力 piece of iron fixed on the axle and lessens friction

　　⊜ jiǎn 见 300 页 See p. 300

饯(餞) jiàn ㄐㄧㄢˋ 饯行,饯别,设酒食送行 give a farewell dinner

贱(賤) jiàn ㄐㄧㄢˋ ❶价钱低 low-priced; cheap:这布真~Zhè bù zhēn jiàn. This cloth is really cheap. ❷指地位卑下 lowly; humble(⊛comb. 卑— bēi— lowly; humble):贫 ~ pínjiàn poor and lowly 谦辞(humble word) my:~姓 jiàn-xìng my surname/~恙 jiànyàng my ailment; my illness ❸卑鄙 low-down; base:下~ xiàjiàn low; mean

践(踐) jiàn ㄐㄧㄢˋ ❶踩,踏 trample; tread (⊛comb. 一踏—tà tread on)[作践 zuòjian]糟蹋毁坏,浪费 waste; spoil:~东西 zuòjian dōngxi spoil and ruin things ❷履行,实行 keep one's promise:~约 jiànyuē keep a promise; keep an appointment/~言 jiànyán keep

one's promise (or word)/实~shíjiàn put into practice; practise

溅(濺) ⊖ jiàn ㄐㄧㄢˋ 液体受冲激向四外飞射 (of liquids) splash; spatter:~了一脸水 jiànle yīliǎn shuǐ be spattered with water all over the face / 水花四~ shuǐhuā sìjiàn drops of water splashing in all directions

　　⊜ jiān 见 296 页 See p. 296

建 jiàn ㄐㄧㄢˋ 立,设立,成立 build; construct; establish (⊛comb. 一立 —lì build; establish):八一~节 Bā-Yī Jiànjūnjié Army Day (August First, anniversary of the founding of the Chinese People's Liberation Army)/~都 jiàndū found a capital; make (a place) the capital/~筑铁路 jiànzhù tiělù build a railway [建设—shè]创立新事业或增加新的设施 build; construct:经 济 ~ ~ jīngjì jiànshè economic construction (development)/文化~~ wénhuà jiànshè cultural construction [建议—yì]向有关方面提出建设性的意见 propose; suggest (offer constructive suggestion to the parties concerned)

健 jiàn ㄐㄧㄢˋ ❶强 壮,身体好 strong; healthy(⊛ comb. 一康—kāng healthy, 强一 qiáng— strong and healthy):~ 儿 jiàn'ér villant fighter; good athlete/保 ~ bǎojiàn health protection; health care/身体康 shēntǐ jiànkāng be in sound health [健全 —quán]1. 既无疾病又不残废 sound; perfect (neither ill nor deformed 2. 完备无缺欠或使完备 amplify; perfect:制度很~~ zhìdù hěn jiànquán have perfect rules and regulations/ ~ ~组织 jiànquán zǔzhī strengthen the organization ❷善于,对于某种事情精力旺盛 be good at; be strong in:~步 jiànbù walk with vigorous strides/~ 谈 jiàntán be a good talker/~饭 jiànfàn have a good appetite [健忘—wàng]容易忘,记忆

力不强 forgetful; having a bad memory

榫 jiàn ㄐㄧㄢˋ 竖插在门闩上使门拨不开的木棍 a wooden stick inserted in a door bolt vertically to prevent its movement

键 jiàn ㄐㄧㄢˋ （一子—zi、一儿—r）一种用脚踢的玩具 shuttlecock, a Chinese toy kicked in a game

腱 jiàn ㄐㄧㄢˋ 肌腱，连接肌肉和骨骼的一种组织，白色，质地坚韧 tendon, tough, thick and white cord that joins muscle to bone [腱子—zi] 人身上或牛、羊等小腿上特别发达的肌肉 very strong muscle of man or the shank of beef or mutton

键 jiàn ㄐㄧㄢˋ ❶安在车轴头上管住车轮不脱离轴的铁棍。也叫"辖" linchpin, a piece of iron passed through an axle, which keeps the wheel on; also called "xiá". [关键 guān—] 喻 fig. 事物的紧要部分，对于情势有决定作用的部分 key; hinge, sth that is very important and decisive to the situation ❷插在门上关锁门户的金属棍子 bolt (of a door) ❸某些乐器或机器上使用时按动的部分 key (of some musical instruments, typewriter, etc.); ～盘 jiànpán keyboard; fingerboard

踺 jiàn ㄐㄧㄢˋ 踺子（—zi）体操运动等的一种翻身动作 (in gymnastics) round-off

荐（薦） jiàn ㄐㄧㄢˋ ❶推举，介绍 recommend; introduce（遥 comb. 举 —jǔ—，推 —tuī— recommend）：～人 jiànrén recommend a person ❷草。又指草席 grass; straw; also straw mat

剑（劍、＊劍） jiàn ㄐㄧㄢˋ 古代的一种兵器，长条形，两面有刃，安有短柄 sword; sabre, a long and narrow weapon used in former times, with blades on both sides and a short handle

监（監） ㊀ jiàn ㄐㄧㄢˋ ❶帝王时代的官名或官府名 an imperial office or officer：太～tàijiàn (court) eunuch／国子～ Guózǐjiàn the Imperial College (the highest educational administration in feudal China)／钦天～ Qīntiānjiàn Board of Astronomy ❷姓 a surname
㊁ jiān 见 298 页 See p. 298

槛（檻） ㊀ jiàn ㄐㄧㄢˋ ❶栏杆，栏板 banisters; balustrade ❷圈（juān）兽类的栅栏 cage; railings for penning in animals [槛车—chē] 1. 运兽用的有栏杆的车 carriage with railings for transporting animals 2. 古代押送囚犯的车 prisoners' van (used in ancient times)
㊁ kǎn 见 350 页 See p. 350

鉴（鑒、＊鑑） jiàn ㄐㄧㄢˋ ❶镜子 mirror 引 ext. 可以做为警戒或引为教训的事 sth that can serve as warning or lesson：前车之覆，后车之～ qián chē zhī fù, hòu chē zhī jiàn The overturned cart ahead is a warning to the ones behind／引以为～ yǐnyǐwéijiàn draw a lesson (from a mistake, etc.); take warning [鉴戒—jiè] 可以使人警惕的事情 warning; object lesson ❷照 reflect; mirror：光可～人 guāngkějiànrén the surface is so finished that it can reflect a man's image ❸观看，审察 inspect; examine：～定 jiàndìng appraisal; appraise／～赏 jiànshǎng appreciate／～别真伪 jiànbié zhēnwěi discriminate the true from the false 某某先生台～（书信用语） mǒumǒu xiānsheng táijiàn (used in letters) Dear Mr. so-and-so, may I draw your attention to the following [鉴于—yú] 看到，觉察到 in view of; seeing that：～～旧的工作方法不能适应需要，于是创造了新的工作方法 Jiànyú jiù de gōngzuò fāngfǎ bù néng shìyìng xūyào, yúshì chuàngzàole xīn de gōngzuò fāngfǎ. *Seeing that the old way of working was not suited to the situation, they created a new working method*

渐 ○ jiàn ㄐㄧㄢˋ 慢慢地,一点一点地(叠 redup.) gradually; by degrees:循序～进 xúnxù-jiànjìn *follow in order and advance gradually; progress in an orderly way step by step*/入佳境 jiànrù-jiājìng (of a situation) *be improving; be getting better*/他的病～～好了 Tā de bìng jiànjiàn hǎo le. *He is gradually recovering from his illness.*

○ jiān 见 298 页 See p. 298

谏 jiàn ㄐㄧㄢˋ 旧时称规劝君主、尊长,使改正错误(in former times) *persuade one's sovereign or superior to correct his mistakes*

僭 jiàn ㄐㄧㄢˋ 超越本分,古时指地位在下的冒用在上的名义或器物等等 *overstep one's authority; assume or usurp (formerly, a man of inferior position assumes the title, powers, etc, of his superior)*:～越 jiànyuè *overstep one's authority*

箭 jiàn ㄐㄧㄢˋ 用弓发射到远处的兵器,用金属做头 *arrow, weapon with a metal point at one end and shot to the distance with a bow*

JIANG ㄐㄧㄤ

江 jiāng ㄐㄧㄤ ❶大河的通称 a general name for big rivers:黑龙～ Hēilóng Jiāng *the Heilongjiang River*/ 松花～ Sōnghuā Jiāng *the Songhuajiang River* ❷专指长江,我国最大的河流,发源青海省,东流入海 esp. the Changjiang River, the biggest river in China, which flows from Qinghai Province to the East China Sea

茳 jiāng ㄐㄧㄤ [茳芏—dù]多年生草本植物,茎三棱形,开绿褐色小花。茎可编席 cyperus malaccensis var. brevifolius, a perennial herb with triangular stems and small greenish brown flower. Its stems can be used for weaving mat

豇 jiāng ㄐㄧㄤ [豇豆—dòu]一年生草本植物,花淡青或紫色,果实为长荚,嫩荚和种子都可吃 compea, an annual herb with light green or purple flowers, bearing longish pods. Both the young pods and the seeds are edible.

将(將) ○ jiāng ㄐㄧㄤ ❶将要,快要 be going to; will:天～明 tiān jiāng míng *Day is breaking.* [将来—lái]未来 future:我们的劳动是为了更美好的～～Wǒmen de láodòng shì wèile gèng měihǎo de jiānglái. *What we are doing now is for a more glorious future.* or *We work for a brighter future.* ❷介词,把 prep. (used to shift the object to before the verb, which must be reduplicated or accompanied by some other words or expressions):～革命进行到底 Jiāng gémìng jìnxíng dàodǐ. *Carry the revolution through to the end.* ❸下象棋时攻击对方的"将"或"帅"(in Chinese chess) check, move one's pieces so as to treat or attack the opponent's jiàng or shuài under direct attack:～军(也比喻使人为难)jiāngjūn *check*; (fig. embarrass sb.) ❹用言语刺激 incite sb. to action; challenge:别把他～急了 Bié bǎ tā jiāngjí le. *Don't corner him too much. Otherwise he will be annoyed.* ❺带领,扶助 support; take:～雏 jiāngchú *support the young*/扶～fújiāng *support* [将军—jūn]对高级军官的称呼 general ❻保养 take care of (one's health):～养 jiāngyǎng *rest*; *recuperate*/～息 jiāngxī *rest; recuperate* ❼〈方 dial.〉兽类生子(of animals) drop:～驹 jiāngjū *drop a colt*/小猪～ xiǎo zhū *drop a pigling* ❽助词,用在动词和"出来"、"起来"、"上"

去"等的中间 *aux.* used between a verb and its complement of direction such as chūlái, qǐlái, shàngqù, etc.：走～出来 zǒu jiāng chūlái *walk out*/叫～起来 jiào jiāng qǐlai *start to shout*/赶～上去 gǎn jiāng shàngqu *hurry to catch up* ❾姓 a surname
[将就—jiu] 勉强适应,凑合 make do passable；not too bad：～～着用 jiāngjiuzhe yòng *make do with* (*it*)
㊂ jiàng 见 306 页 See p. 306

浆(漿) ㊀ jiāng ㄐㄧㄤ ❶比较浓的液体 thick liquid：纸～ zhǐjiāng *paper pulp*；*pulp*/豆～ dòujiāng *soya bean milk*/泥～ níjiāng *slurry*；*mud* ❷用米汤或粉浆等浸润纱、布、衣服等物 starch (stiffen cloth or clothes with starch or millet gruel)：～衣裳 jiāng yīshang *starch clothes*
㊂ jiàng 见 306 页 See p. 306

鳉(鱂) jiāng ㄐㄧㄤ 鱼名。头扁平,腹部突出,口小。生活在淡水中 killifish, a fish with a flat head, a protruding belly and a small mouth, living in fresh water

姜(薑) jiāng ㄐㄧㄤ 多年生草本植物,地下茎黄色,味辣,可供调味用,也可入药 ginger, a perennial herb with a yellow hot-tasting underground root that can be used in cooking and also in medicine

僵(❶*殭) jiāng ㄐㄧㄤ ❶直挺挺,不灵活 stiff；numb：～尸 jiāngshī *corpse*/蚕 jiāngcán *inactive silkworm* (*before it sheds its skin*)/手 冻～了 Shǒu dòngjiāng le. *The hands became numb with cold.* ❷双方相持不下,两种意见不能调和 deadlock (disagreement which cannot be settled)：闹了 nàojiāng le *bring things to a deadlock*/～局 jiāngjú *deadlock*；*stalement*/～持不下 jiāngchí bùxià (*of both parties*) *refuse to give in*

缰(*韁) jiāng ㄐㄧㄤ 缰绳,拴牲口的绳子 reins；

halter：信马由～ xìnmǎ-yóujiāng *ride a horse without holding the reins* (stroll without aimlessly)

礓 jiāng ㄐㄧㄤ ❶砂礓,一种不透水的矿石,块状或颗粒状,可以做建筑材料 conglomerate, rock consisting of many small round stones (pebbles) held together by hardened clay that can be used in building ❷[礓礤—cār] 台阶 a flight of steps

疆 jiāng ㄐㄧㄤ 边界,境界 boundary；border：～土 jiāngtǔ *territory*/～域 jiāngyù *territory*；*domain*/边～ biānjiāng *border area*；*frontier* ⓔ ext. 界限 boundary：万寿无～ wànshòu-wújiāng (may you enjoy) *boundless longevity* [疆场—chǎng] 战场 battlefield [疆场—yì] 边界 boundary；border

讲(講) jiǎng ㄐㄧㄤˇ ❶说,谈 speak；say：～话 jiǎnghuà *speak*；*talk*/他对你～了没有 Tā duì nǐ jiǎngle méiyǒu? *Has he talked to you* (about it)？ ❷解释 explain；make clear (⽐ comb. 一解 — jiě *explain*)：～书 jiǎngshū *make clear the contents of a book*/这个字有三个～法 Zhège zì yǒu sān ge jiǎngfǎ. *The word has three meanings.* [讲义—yì] 教师为讲课编写的教材 teaching materials to be used in lectures [讲演—yǎn][演讲 yǎn—] 把观点或主张对听众说明 (give a) speech or lecture；(explain) one's viewpoint or position to the audience ❸谋求,顾到 pay attention to；stress：～卫生 jiǎng wèishēng *pay attention to hygiene* [讲究—jiu] 1. 讲求,注重 be particular about；stress：～～质量 jiǎngjiu zhìliàng *stress quality* 2. 精美 exquisite；tasteful：这房子盖得真～～ Zhè fángzi gài de zhēn jiǎngjiu. *The house is built in an exquisite style.* 3. (一儿—r)一定的方法或道理,惯例 certain method or way；convention (usual practice)：写春联有写春联的

~~儿 Xiě chūnlián yǒu xiē chūnlián de jiǎngjiur. *There are certain conventions in writing Spring Festival Couplets.* ❹商量 consult；talk over：~价儿 jiǎngjiàr *bargain；haggle over the price*

奖（獎） jiǎng ㄐㄧㄤˇ ❶劝勉，勉励 encourage；reward：~励 jiǎnglì *encourage and reward；award* ❷称赞，表扬 praise；commend（⯍comb. 夸— kuā— *praise*，褒—bāo— *praise and honor*）：~状 jiǎngzhuàng *certificate of merit* ❸为了鼓励或表扬而给予的荣誉或财物等 award；prize：得～ déjiǎng *win a prize* / 发～ fājiǎng *award prizes* ❹指彩金 prize won in a lottery：~券 jiǎngquàn *lottery ticket* / 中～ zhòngjiǎng *win a prize in a lottery*

桨（槳） jiǎng ㄐㄧㄤˇ 划船的用具。常装置在船的两旁 oar，equipment for propelling a boat，often fixed on the side(s) of the boat

蒋（蔣） jiǎng ㄐㄧㄤˇ 姓 a surname

耩 jiǎng ㄐㄧㄤˇ 用耧播种 sow with a drill：~地 jiǎngdì *sow a plot of land with a drill* / ~棉花 jiǎng miánhua *drill cotton seeds*

膙 jiǎng ㄐㄧㄤˇ（一子－zi）手、脚上因摩擦而生的硬皮，即趼(jiǎn) callosity；callus，also called jiǎn

匠 jiàng ㄐㄧㄤˋ ❶有专门手艺的人 craftsman；artisan：木～ mùjiang *carpenter* / 瓦～ wǎjiang *bricklayer；tiler* / 能工巧～ nénggōng-qiǎojiàng *skilful craftsman；skilled artisan* ❷灵巧，巧妙 skilful；ingenuous：~心 jiàngxīn *ingenuity；craftsmanship* ❸指在某方面有很深造诣的人 a man of great attainments in a certain field：文学巨～ wénxué jùjiàng *a great man of letters*

降 ㊀jiàng ㄐㄧㄤˋ ❶下落，落下 fall；drop（⯍comb. 一落一luò descend）：~雨 jiàngyǔ *rainfall；a fall of rain* / 温度下～ wēndù xiàjiàng *The temperature drops.* / ～落伞 jiàngluòsǎn *parachute* ❷使下落 lower；reduce：~级 jiàngjí *reduce to a lower rank；send (a student) to a lower grade* / ～格 jiànggé *lower one's level or standard* / ～低物价 jiàngdī wùjià *lower the price* ❸姓 a surname
㊁xiáng 见 705 页 See p. 705

洚 jiàng ㄐㄧㄤˋ 大水泛滥 be in flood；overflow：～水（洪水）jiàngshuǐ *flood；floodwater*

绛 jiàng ㄐㄧㄤˋ 赤色，大红 deep red；crimson

虹 ㊀jiàng ㄐㄧㄤˋ 义同"虹hóng"，限于单用 same in meaning as 虹，but used singly
㊁hóng 见 251 页 See p. 251

将（將） ㊀jiàng ㄐㄧㄤˋ ❶军衔名，在校级之上 general，rank of an army officer，above the field officer [将领—lǐng] 较高级的军官 high-ranking military officer；general ❷统率指挥 command；lead：~兵 jiàngbīng *command troops*
㊁jiāng 见 305 页 See p. 305

浆（漿） ㊀jiàng ㄐㄧㄤˋ [浆糊—hu][浆子—zi] 同"糨糊""糨子" Same as 糨糊，糨子。
㊁jiāng 见 305 页 See p. 305

酱（醬） jiàng ㄐㄧㄤˋ ❶用发酵后的豆、麦等做成的一种调味品，有黄酱、甜面酱、豆瓣酱等 a thick sauce made from fermented beans，wheat，etc. There are various kinds such as salted and fermented soya paste，sweet sauce made of fermented flour，thick broad-bean sauce，etc. ❷用酱或酱油腌制 pickle in soya sauce：把萝卜～一～ bǎ luóbo jiàng yī jiàng *pickle the radish in soya sauce* ❸像酱的糊状食品 paste；jam：芝麻～ zhīmajiàng *sesame paste* / 果子～ guǒzijiàng *jam* / 虾～ xiājiàng *salt-*

ed shrimp paste

弶 jiàng ㄐㄧㄤ ❶捕捉老鼠、鸟雀等的工具 trap；snare ❷用弶捕捉 catch in a trap；trap

强(*強、*彊) ⊜jiàng ㄐㄧㄤ ❶强(qiáng)硬不屈 stubborn；unyielding；偏~ juéjiàng stubborn；unbending ❷固执己见，不服劝导 stubbornly persist in one's opinions；refuse to accept other's persuasion；你别~嘴 Nǐ bié jiàngzuǐ. Don't talk back.
⊖ qiáng 见 529 页 See p. 529
⊜ qiǎng 见 530 页 See p. 530

犟(**勥**) jiàng ㄐㄧㄤ 同"强⊜" Same as "强⊜".

糨(**糡**) jiàng ㄐㄧㄤ 稠，浓厚：粥太~了 Zhōu tài jiàng le. The gruel (porridge) is too thick. [糨糊—hu][糨子—zi]用面等做成的可以粘贴东西的物品 paste, mixture of flour, water, etc, used for sticking things together

JIAO ㄐㄧㄠ

艽 jiāo ㄐㄧㄠ [秦艽 qín—]草本植物，叶阔而长，花紫色，根可入药 large-leaved gentian, a herb with purple flowers. Its root can be used in medicine.

交 jiāo ㄐㄧㄠ ❶付托，付给 hand over；deliver：这事~给我办 Zhè shì jiāogěi wǒ bàn. Leave this to me. / 货已经~齐了 Huò yǐjīng jiāoqí le. The goods have been delivered. [交代—dài] 1. 把经手的事务移交给接替的人 hand over (between the predecessor and the successor：~~工作 jiāodài gōngzuò hand over one's work to a successor 2. 把事情或意见向有关的人说明 account for；make clear：把事情~~清楚 bǎ shìqing jiāodài qīngchu account for sth. ❷相

连，接合 cross；join：~界 jiāojiè (of two or more places) have a common boundary/目不~睫 (jié) mùbùjiāojié not sleep a wink/~叉 jiāochā intersect；cross ㊂ ext. 相交处 meeting or joining part：春夏之~ chūn xià zhījiāo when spring is changing into summer ❸互相来往联系 exchange；associate with：~流经验 jiāoliú jīngyàn exchange experiences；draw on each other's experiences/~换意见 jiāohuàn yìjiàn exchange views；compare notes/公平~易 gōngpíng jiāoyì a fair deal/打一道 dǎ jiāodào come into contact with；have dealings with [交通—tōng] 1. 各种运输和邮电事业的总称 traffic；communication：~~方便 jiāotōng fāngbiàn have traffic facilities. 2. 交通员 liaison；liaison person[交通员—tōngyuán]抗日战争和解放战争时期指通信员 (in the War of Resistance against Japan and China's War of Liberation) messenger；orderly[交际—jì]人事往来接触 social intercourse；communication[交涉—shè]互相商量解决彼此间相关的问题 negotiate；make representations：我去跟他~~一下儿 Wǒ qù gēn tā jiāoshè yīxiàr. Let me consult with him. / 那件事还没有~~好 nà jiàn shì hái méiyǒu jiāoshè hǎo That matter has not been settled through consultation. ❹一齐，同时 together；simultaneously：风雨~加 fēngyǔ-jiāojiā there was a torrential rain whipped by a strong wind；wet and windy/饥寒~迫 jīhán-jiāopò suffer from hunger and cold；be poverty-stricken ❺同"跤 jiāo" Same as 跤 ❻结交 associate with：~朋友 jiāo péngyou make friends ❼交情，交谊 acquaintance；friendship：我和他没有深~ Wǒ hé tā méiyǒu shēnjiāo. I do not have deep friendship with him. or We are not close friends. / 一面之交 yīmiànzhījiāo have met only *once; be casually acquainted*

郊 jiāo ㄐㄧㄠ 城外 suburbs; outskirts: 西～ xījiāo *the western suburbs*/～游 jiāoyóu *outing; excursion*

茭 jiāo ㄐㄧㄠ [茭白—bái]经黑穗菌寄生后膨大的菰的嫩茎，可做蔬菜 tender wild rice stem, expanded when affected by smut and edible as vegetable

峤 jiāo ㄐㄧㄠ 地名用字 used in place names

姣 jiāo ㄐㄧㄠ 形容相貌美 handsome; beautiful-looking

胶（膠） jiāo ㄐㄧㄠ ❶黏性物质，用有动物的皮、角等熬制成的，也有植物分泌的或人工合成的 glue; gum (sticky substance either made from animal skin, horn, etc., or secreted from plants, or synthetized): 鹿角～ lùjiǎojiāo *deerhorn glue*/鳔～ biàojiāo *isinglass; fish glue*/桃～ táojiāo *peach gum*/万能～ wànnéngjiāo *all-purpose adhesive* ❷ 指橡胶 rubber: ～鞋 jiāoxié *rubber overshoes*; *rubber-soled shoes (or sneakers)*/～皮 jiāopí (*vulcan-ised*) *rubber*; *rickshaw* ❸有黏性像胶的 gluey; sticky: ～泥 jiāoní *clay*; *daub* ❹ 黏着，黏合 glue; stick (with glue): ～着状态 jiāozhuó zhuàngtài *deadlock*; *stalemate*/～柱鼓瑟〔喻拘泥不知变通〕jiāozhù-gǔsè *play the sè with the pegs* (an ancient string instrument) *glued* (*fig.* stubbornly stick to old ways in the face of changed circumstances)

鹪 jiāo ㄐㄧㄠ [鹪鹩—jīng]古书中说的一种水鸟，腿长，头上有红毛冠 (in ancient texts) a water bird with long legs and a red feather comb

蛟 jiāo ㄐㄧㄠ 蛟龙，古代传说中能发洪水的一种龙 jiāolóng, flood dragon, a mythical creature capable of invoking storms and floods

跤 jiāo ㄐㄧㄠ 跟头 (tou) fall, also written as jiāo: 跌了一～ diēle

yī jiāo *trip* (*or stumble*) *and fall*/摔～shuāijiāo *tumble; trip and fall*

鲛 jiāo ㄐㄧㄠ 鲨鱼。见 569 页"鲨 shā" shark. See shā, p. 569

浇（澆） jiāo ㄐㄧㄠ ❶灌溉 irrigate; water: ～地 jiāodì *irrigate the fields* ❷淋 pour liquid on; sprinkle water on: ～了一身水 jiāole yīshēn shuǐ *be drenched* ❸把液汁倒入模型 cast, pour liquid into a mould: ～版 jiāobǎn *casting*/～铅字 jiāo qiānzì *cast lead into type; make type* ❹刻薄 cold, excessive demand (⑱comb. —薄 —bó *excessively demanding*)

娇（嬌） jiāo ㄐㄧㄠ ❶美好可爱 charming; lovely: ～娆 jiāoráo *enchantingly beautiful* ❷爱怜过甚 pamper; spoil: ～生惯养 jiāoshēng-guànyǎng *have been delicately brought up* / 小孩子别太～了 Xiǎoháizi bié tài jiāo le. *Don't pamper the child.* ❸娇气 squeamish; finicky

骄（驕） jiāo ㄐㄧㄠ ❶自满，自高自大 proud; arrogant: 戒～戒躁 jièjiāo-jièzào *guard against arrogance and rashness; be on one's guard against conceit and impetuosity*/～兵必败 jiāobīng-bìbài *an army puffed up with pride is bound to lose*[骄傲—ào] 1. 自高自大，看不起别人 arrogant; conceited: ～～自满 jiāo'ào-zìmǎn *be a mean and conceited person*; 一定要失败的 Jiāo'ào-zìmǎn shì yīdìng yào shībài de. *Arrogance and complacency will surely lead to failure.* 2. 自豪 be proud; take pride in: 这些伟大的成就就是我们中国人民的光荣和～～ Zhèxiē wěidà de chéngjiù shì wǒmen Zhōngguó rénmín de guāngróng hé jiāo'ào. *These great achievements are we Chinese people's glory and pride.*/光荣的历史传统是值得我们～～的 Guāngróng de lìshǐ chuántǒng shì zhíde wǒmen jiāo'ào de. *The glorious historical traditions* *deserve our pride.* ❷猛烈 fierce；intense：～阳似火 jiāoyáng sì huǒ *a scorching* (blazing) *sun*

教 jiāo ㄐㄧㄠ 传授 teach；instruct：～书 jiāoshū *teach school*；teach／我～历史 Wǒ jiāo lìshǐ. *I teach history.* ／我～给你做 Wǒ jiāogěi nǐ zuò. *I will show you how to do it.*

㈠ jiào 见 312 页 See p. 312

椒 jiāo ㄐㄧㄠ 植物名 any of several hot spice plants 1. 花椒，落叶灌木，果实红色，种子黑色，可供药用或调味 Chinese prickly ash, a deciduous shrub with red fruit and black seeds that can be used as medicine or spice. 2. 胡椒，常绿灌木，茎蔓生。种子味辛香，可供药用或调味 pepper, an evergreen shrub with trailing stems, seeds which are hot and fragrant, and can be used as medicine or spice 3. 番椒，辣椒，秦椒，一年生草本植物，开白花。果实味辣，可做菜吃或供调味用 hot pepper, an annual herb with white flowers, hot-tasting fruit which can be used as vegetable or spice

焦 jiāo ㄐㄧㄠ ❶火候过大或火力过猛，使东西烧成炭样 burnt；charred：饭烧～了 Fàn shāojiāo le. *The food is burnt.* ／衣服烧～了 Yīfu shāojiāo le. *The clothes are burnt.* ／～头烂额(喻十分狼狈) jiāotóu-làn'é *in a sorry plight；in a terrible fix* ❷焦炭 coke：煤～ méijiāo *coke*／炼～ liànjiāo *make coke* ❸酥，脆 crisp；麻花炸得真～ Máhuār zhá de zhēn jiāo. *The fried dough twist is very crisp.* ❹着急，烦躁 worried；anxious：心～ xīnjiāo *anxious；worried*／～急 jiāojí *anxious；worried*／万分～灼 wànfēn jiāozhuó *extremely worried* (or anxious) ❺能量、功、热等单位名称焦耳的简称，符号 J simplified for 焦耳, joule, a measure of energy or work；symbol：J

僬 jiāo ㄐㄧㄠ [僬侥—yáo]古代传说中的矮人 fabulous dwarf in ancient legends

蕉 jiāo ㄐㄧㄠ 植物名 any of several broadleaf plants 1. 香蕉，又叫"甘蕉"。形状像芭蕉，稍弯，果肉软而甜 banana, also called gānjiāo, similar to bājiāo, a long and slightly curved fruit with soft and sweet flesh 2. 见 10 页"芭"字条"芭蕉 bā—"See bājiāo under entry of bā, p. 10

礁 jiāo ㄐㄧㄠ 在海里或江里的岩石 reef, rock, etc., just below or above the surface of sea or river：暗～ ànjiāo *submerged reef* (or rock)

鹪 jiāo ㄐㄧㄠ [鹪鹩—liáo]鸟名。身体很小，头部浅棕色，有黄色眉纹，尾短，捕食小虫。也叫"巧妇鸟" wren, a very small bird with a light brown head, yellow brow lines, and a short tail, which preys on small insects；also called "qiǎofùniǎo"

娇(嬌) ㈠jiáo ㄐㄧㄠ [娇情—qing]〈方 dial.〉指强词夺理 argumentative；unreasonable：瞎～～ xiā jiáoqing *argue unreasonably*

㈠ jiǎo 见 310 页 See p. 310

嚼 ㈠ jiáo ㄐㄧㄠ 用牙齿磨碎食物 chew；masticate[嚼舌—shé]信口胡说，搬弄是非 wag one's tongue；gossip

㈡ jué 见 344 页 See p. 344

㈢ jiào 见 313 页 See p. 313

角 ㈠ jiǎo ㄐㄧㄠ ❶牛、羊、鹿等头上长出的坚硬的东西 horn, one of the hard outgrowths on the head of cattle, sheep, deer, etc. [画角 huà—]古代军中吹的乐器 musical wind-instrument used in the army in ancient times ❷形状像角的 sth. in the form of a horn：菱～ língjiǎo；waternut／皂～ zàojiǎo *Chinese honey locust* ❸几何学上称自一点引两条射线所成的形状 (in geometry) angle, a form created by drawing two lines from one point：直～ zhíjiǎo right angle/锐～ruìjiǎo acute angle ❹(—儿—r)物体边沿相接的地方 corner, the point at which two lines, surfaces, or edges meet：桌子～儿 zhuōzijiǎor the corner of a table / 墙～儿 qiángjiǎor a corner formed by two walls ❺突入海中的尖形的陆地，多用于地名 cape, high point of land going out into the sea, usu. used in place names：成山～(在山东)Chéngshān Jiǎo (in Shandong Province) ❻星宿名，二十八宿之一 a star constellation, one of the twenty-eight constellations ❼货币单位，一圆钱的十分之一 a fractional unit of money in China, which equals 1/10 of a yuan ❽量词 meas. 1. 从整块划分成角形的 quarter；an angled part of a whole：一～饼 yī jiǎo bǐng a piece of a pancake. 2. 旧时指公文的件数（used in the early days）number of official documents：一～公文 yī jiǎo gōngwén an official document

⊜ jué 见 342 页 See p. 342

侥(僥、*傲) ⊝jiǎo ㄐㄧㄠˇ
[侥幸—xìng] 由于偶然的原因获得利益或免去不幸 by luck；accidentally obtaining profit or avoiding sth. unfortunate：怀着～～心理 huáizhe jiǎoxìng xīnlǐ with the idea of leaving things to chance；trusting to luck 100%.

⊜ yáo 见 752 页 See p. 752

佼 jiǎo ㄐㄧㄠˇ 美好 handsome；beautiful

狡 jiǎo ㄐㄧㄠˇ 狡猾，诡诈 crafty；foxy；cunning

饺 jiǎo ㄐㄧㄠˇ (—子—zi，—儿—r) 包成半圆形的有馅的面食 dumpling, wheaten food that is made by stuffing finely chopped meat and vegetable in a wrapper, in a semicircle shape

绞 jiǎo ㄐㄧㄠˇ ❶拧，扭紧 twist；wring ❷用绳子把人勒死的一种

酷刑 kill sb. by hanging from a rope around the neck, esp. as capital punishment ❸量词，用于纱、毛线等 meas. skein；hank：一～毛线 yī jiǎo máoxiàn a skein of wollen yarn

铰 jiǎo ㄐㄧㄠˇ ❶用剪刀剪 cut with scissors：把绳子一开 bǎ shéngzi jiǎokai cut the rop (in half) ❷机械工业上的一种切削法（in machine building）a way of cutting：～孔 jiǎokǒng cut along the edge of a hole in order to polish it/～刀 jiǎodāo a metal cutting tool with many edges for polishing a hole

皎 jiǎo ㄐㄧㄠˇ 洁白明亮（叠 redup.）clear and bright：～～白驹 jiǎojiǎo bái jū a glistening-white colt / 洁的月亮 jiǎojié de yuèliang a bright and clear moon

筊 jiǎo ㄐㄧㄠˇ 竹索 bamboo rope

挢(撟) jiǎo ㄐㄧㄠˇ ❶举，翘 hold up；stick up：舌～不下（形容惊讶说不出话来）shé jiǎo bùxià have one's tongue stuck up；be too surprised to utter a word ❷纠正 correct；put right：～邪防非 jiǎoxié-fángfēi correct the irregularities and guard against the wrong doings

矫(矯) ⊝jiǎo ㄐㄧㄠˇ ❶纠正，把弯曲的弄直 rectify；straighten out：～正 jiǎozhèng correct；put right/～枉过正 jiǎowǎng-guòzhèng exceed the proper limits in righting a wrong；overcorrect/～揉造作（喻故意做作）jiǎoróu-zàozuò affected；artificial [矫情—qíng] 故意违反常情，表示与众不同 be affectedly unconventional ❷假托 pretend；feign：～命 jiǎomìng counterfeit an order；issue false orders ❸强，勇武 strong；brave（❸comb. 一健—jiàn strong and vigorous）：～捷 jiǎojié vigorous and nimble；brisk

⊜ jiáo 见 309 页 See p. 309

脚(***腳**) ⊖ jiǎo ㄐㄧㄠˇ ❶人和动物身体最下部接触地面的肢体 foot, the lowest part of the body on which a man or an animal stands(图见 640 页"体"See picture under entry of "体", p. 640)❷最下部 base; foot: 山～shānjiǎo the foot of a hill; 墙～ qiángjiǎo the foot of a wall; foundation [脚本—běn]剧本,表演戏剧或拍电影所根据的底本 script; scenario (written version of a play, film, etc.)

⊜ jué 见 344 页 See p. 344

搅(**攪**) jiǎo ㄐㄧㄠˇ ❶扰乱 disturb; annoy (®comb. 一扰 —rǎo disturb): ～乱 jiǎoluàn confuse; throw into disorder/不要胡～bùyào hújiǎo Don't be annoying. ❷拌 mix; stir: 把锅一一～ bǎ guō jiǎo yī jiǎo give the pot a stir/～匀了 jiǎoyúnle stir it (thoroughly)

湫 ⊖ jiǎo ㄐㄧㄠˇ 低洼 low-lying [湫隘 —ài]低湿狭小 narrow, wet and lowlying

⊜ qiū 见 541 页 See p. 541

敫 jiǎo ㄐㄧㄠˇ 姓 a surname

徼 ⊖ jiǎo ㄐㄧㄠˇ ❶求 pray for ❷[徼幸—xìng]同"侥幸"Same as "侥幸".

⊜ jiào 见 313 页 See p. 313

缴 ⊖ jiǎo ㄐㄧㄠˇ ❶交纳,交付 pay; hand over: ～公粮 jiǎo gōngliáng deliver tax grain to the state/～款 jiǎokuǎn pay a sum of money ❷迫使交出 capture; force sb else to hand over: ～了敌人的械 jiǎole dírén de xiè have disarmed the enemy

⊜ zhuó 见 868 页 See p. 868

剿(***勦**) ⊖ jiǎo ㄐㄧㄠˇ 讨伐,消灭 send armed forces to supress; put down: ～匪 jiǎofěi supress bandits/围～ wéijiǎo encircle and supress

⊜ chāo 见 70 页 See p. 70

叫(***呌**) jiào ㄐㄧㄠˋ ❶呼喊 cry; shout: 大～一声 dà-jiào yī shēng give a loud cry; shout ❷动物发出声音 sound made by animals: 鸡～jī jiào crowing (of a cock) ❸称呼,称为 name; call: 他～什么名字 Tā jiào shénme míngzi? What's his name? /这一机关枪 Zhè jiào jīguānqiāng. This is called the machine gun. ❹招唤 call: ～他明天来 Jiào tā míngtiān lái. Tell him to come over tomorrow. /请你把他～来 Qǐng nǐ bǎ tā jiàolai. Please call him over. ❺使,令 let; order: 这件事应该～他知道 Zhè jiàn shì yīnggāi jiào tā zhīdào. We should let him know about this/～人不容易懂 jiào rén bù róngyì dǒng make (sth.) difficult for one to understand ❻介词,被(后面必须说出主动者)prep. by (to introduce the doer of an action): 敌人～我们打得落花流水 Dírén jiào wǒmen dǎ de luòhuā-liúshuǐ. The enemy was utterly routed by us.

峤(**嶠**) ⊖ jiào ㄐㄧㄠˋ 山道 mountain path

⊜ qiáo 见 531 页 See p. 531

轿(**轎**) jiào ㄐㄧㄠˋ (一子—zi)旧式交通工具,由人抬着走 sedan (chair) a means of transportation in former times, which is carried on poles by men in front and behind

觉(**覺**) ⊖ jiào ㄐㄧㄠˋ 睡眠 sleep

⊜ jué 见 343 页 See p. 343

校 ⊖ jiào ㄐㄧㄠˋ ❶比较 compare; contrast: ～场(旧日演习武术的地方)jiàochǎng drill ground (place where people practise martial arts in former times) ❷订正 check; proofread: ～订 jiàodìng check against the authoritative text/～稿子 jiào gǎozi proofread the draft

⊜ xiào 见 711 页 See p. 711

较 jiào ㄐㄧㄠˋ ❶比 compare；contrast（⑱comb. 比—bǐ—compare；contrast）：～量 jiàoliàng measure one's strength with；have a contest/两者相～，截然不同 Liǎngzhě xiāngjiào, jiérán bùtóng. By comparison the two are completely different/斤斤计～ jīnjīn-jìjiào haggle over every ounce；be calculating ⑨ ext. 对比着显得更进一层的 having a degree further when compared；comparatively：中国应当对于人类有～大的贡献 Zhōngguó yīngdāng duìyú rénlèi yǒu jiàodà de gòngxiàn. China should contribute more to mankind. /成绩～佳 chéngjì jiàojiā a comparatively good result ❷明显 obvious；clear：彰明～著 zhāngmíng-jiàozhù very obvious；conspicuous／两者～然不同 Liǎngzhě jiàorán bùtóng. There is a marked difference between the two.

教 ⊖ jiào ㄐㄧㄠˋ ❶指导，教诲 teach；instruct（⑱comb. 一导—dǎo instruct）：施～ shījiào teach；educate/受～ shòujiào receive instruction；learn from sb. /指～ zhǐjiào give advice or comments[教育—yù]1.教导和培养 teach；educate：～～干部 jiàoyù gànbù educate the cadres 2.教育事业。按一定要求培养人的事业，主要指各级学校的工作 education，career of（knowledge dealing with）teaching people according to certain requirements，mainly education in school ❷使，令 make；order：风能～船走 Fēng néng jiào chuán zǒu. Wind can move the boat. ❸宗教 religion：佛～ Fójiào Buddhism/道～ Dàojiào the Taoist religion；Taoism/～会 jiàohuì（the Christian）church[宗教 zōng—]一种社会意识形态，是对客观世界的虚幻的、歪曲的反映，它要求人们迷信超自然的神灵 religion, a social ideology which is an unreal or distorted reflection of the objective world, and which demands people to be superstitious about the supernatural Gods[教条主义 —tiáo zhǔyì]主观主义的一种，不分析事物的变化、发展，不研究事物矛盾的特殊性，只是生搬硬套现成的原则、概念来处理问题 dogmatism；doctrinarism, a kind of subjectivism, mechanical application of existing principles or concepts in dealing with problems without analyzing the changing, developing state of things or the particularity of contradiction ❹姓 a surname

⊜ jiāo 见 309 页 See p. 309

漖 jiào ㄐㄧㄠˋ 同"滘"，东漖，在广州 Same as 滘. Dōngjiào, a place in Guangzhou

酵 jiào ㄐㄧㄠˋ 发酵，有机物由于某些真菌或酶而分解。能使有机物发酵的真菌叫酵母菌。有的地区把含酵母菌的面团叫"酵子" ferment；leaven，(of organic compounds) decompose (or resolve) caused by some fungus or ferment, called saccharomycete. In some places the dough containing saccharomycete is called jiàozi (leavening dough)

窖 jiào ㄐㄧㄠˋ ❶收藏东西的地洞 cellar or pit for storing things：地～ dìjiào cellar/白菜～ báicàijiào cellar for storing Chinese cabbage ❷把东西藏在窖里 store sth. in a cellar or pit：～萝卜 jiào luóbo store raddishes in a pit

滘 jiào ㄐㄧㄠˋ〈方 dial.〉分支的河道。多用于地名，如双滘，沙滘，都在广东省 a branching river coarse, usu. used in place names, eg. Shuāngjiào, Shājiào (places in Guangdong Province)

斠 jiào ㄐㄧㄠˋ ❶古时平斗斛的器具 (in former times) an appliance for leveling the surface of grain in a dǒu or hú ❷校订 check against the authoritative text

曼 jiào ㄐㄧㄠˋ〈方 dial.〉只要 if only；as long as

噍 jiào ㄐㄧㄠˋ 嚼,吃东西 chew; eat [噍类—lèi] 尚生存的人 living human beings [倒噍 dǎo—] 同 "倒嚼" Same as "倒嚼".

醮 jiào ㄐㄧㄠˋ ❶古代婚娶时用酒祭神的礼 libation at an ancient wedding ceremony：再～（再嫁）zàijiào (of a widow) remarry ❷道士设坛祭神（迷信）(in superstition) Taoist sacrificial ceremony：打～dǎjiào perform a Taoist ritual

徼 ㊀ jiào ㄐㄧㄠˋ ❶边界 frontier; border ❷巡察 inspect
㊁ jiǎo 见 311 页 See p. 311

藠 jiào ㄐㄧㄠˋ（－子－zi,－头－tou）就是薤(xiè) Chinese onion

噣 ㊀ jiào ㄐㄧㄠˋ [倒嚼 dǎo—]反刍 ruminate; chew the cud
㊁ jiáo 见 309 页 See p. 309
㊂ jué 见 344 页 See p. 344

爝 jiào ㄐㄧㄠˋ（又 also）见 344 页 jué See jué, p. 344

JIE ㄐㄧㄝ

节（節） ㊀ jié ㄐㄧㄝˊ [节骨眼（儿）—guyǎnr]〈方 dial.〉㊧fig. 紧要的、能起决定作用的环节或时机 critical juncture; vital link
㊁ jié 见 314 页 See p. 314

疖（癤） jiē ㄐㄧㄝ（－子—zi）小疮 furuncle; boil

阶（階、*堦） jiē ㄐㄧㄝ 台阶,建筑物中为了便于上下,用砖、石砌成的、分层的东西 steps; stairs (a flat edge of brick and stone in a set of surfaces each higher than the other for climbing up and down in buildings)（图见 168 页 See picture on p. 168）[阶梯—tī]台阶和梯子 a flight of stairs; ladder ㊧fig. 提高的凭借或途径 the way or means of improving [阶段—duàn]事物发展的段落 stage; phase：球赛已经进入最后～～Qiúsài yǐjing jìnrù zuìhòu jiēduàn. The (football, etc.) match has reached the finals (stage). [阶级—jí]指人们在一定的社会生产体系中,由于所处的地位不同和对生产资料关系的不同而分成的集团 (social) class, group of people classified according to different social status and different relations with means of production in a certain social production system [阶层—céng]指在同一个阶级中因社会经济地位不同而分成的层次 (social) stratum, level of people classified according to the difference in social economic status in the same social class

皆 jiē ㄐㄧㄝ 全,都 all; each and every：大欢喜 jiēdàhuānxǐ everybody is happy; to the satisfaction of all/人人～知 rénrén-jiēzhī Everybody knows.

喈 jiē ㄐㄧㄝ（叠 redup.）❶声音和谐 (of sounds) harmonious：鼓钟～～gǔzhōng jiējiē Bells and drums resounded ❷鸟声 the sounds of birds：鸡鸣～～jī míng jiējiē A cock is crowing.

湝 jiē ㄐㄧㄝ [湝湝——]形容水流动的样子 like the flowing of water：淮水～～Huáishuǐ jiējiē The water in the Huaihe River keeps flowing.

楷 ㊀ jiē ㄐㄧㄝ 楷树,落叶乔木,果实长圆形,红色。木材可制器具。也叫"黄连木" Chinese pistache, also called "huángliánmù", a tree with oval fruit. Its wood can be used in making appliances.
㊁ kǎi 见 349 页 See p. 349

结 ㊀ jiē ㄐㄧㄝ 植物长果实（of plants）bear（fruit）; form（seed）：树上～了许多苹果 Shù shang jiēle xǔduō píngguǒ. The apple tree bears a lot of fruits. [结实—shí] 1. 植物长(zhǎng)果实（of plants）bear fruit; form seed：开花～～kāihuā-jiēshí. *blossom and bear fruit* 2. (—shi)坚固耐用 solid；这双鞋很～～ Zhè shuāng xié hěn jiēshi. *The pair of shoes is durable.* 3. (—shi)健壮 strong；sturdy；他的身体很～～Tā de shēntǐ hěn jiēshi. *He is strong. or He is a man of sturdy build.*

[结巴—ba]1. 口吃 stammer；stutter 2. 口吃的人 stammerer；stutterer

㈠ jié 见 316 页 See p. 316

秸(*稭) jiē ㄐㄧㄝ 某些农作物收割以后的茎 (of some crops) stalks left after threshing；straw；麦～ màijiē *wheat straw*/秫～ shújiē *stalk；sorghum stalk*/豆～ dòujiē *beanstalk*

接 jiē ㄐㄧㄝ ❶连接 connect；join（⑧comb. 一连 —lián *on end；in succession*，连 —lián— *join*)：～电线 jiē diànxiàn *connect wires*/纱头 jiē shātóur *tie broken threads；join two threads together* ❷继续，连续 continue；go on：～着往下讲 jiēzhe wǎng xià jiǎng *Continue or Go on* ❸接替 take over；replace：～好革命班 jiēhǎo gémìngbān *be worthy successors to the revolution* ❹接触，挨近 come into contact with；come close to：～洽 jiēqià *take up a matter with；consult with*/交头～耳 jiāotóu-jiē'ěr *speak in each other's ears；whisper to each other* ❺收，取 receive：～到一封信 jiēdào yī fēng xìn *receive a letter*/～受群众的意见 jiēshòu qúnzhòng de yìjiàn *accept the advice of the masses* ❻迎 meet；welcome：～待宾客 jiēdài bīnkè *receive guests*/～家眷 jiē jiājuàn *receive one's family*/到车站～朋友 dào chēzhàn jiē péngyou *go to the station to meet one's friend* ❼托住，承受 catch；take hold of：～球 jiēqiú *catch a ball*/把包～住 bǎ bāor jiēzhù *catch the bag*

痎 jiē ㄐㄧㄝ 古书上说的一种疟疾 a kind of malaria mentioned in ancient texts

揭(❹**楬) jiē ㄐㄧㄝ ❶把盖在上面的东西拿起或把粘合着的东西分开 tear off (sth. stuck)；lift (a lid, etc.)：～锅盖 jiē guōgàir *lift the lid* (of a cooking pot)/把这张膏药～下来 bǎ zhè zhāng gāoyao jiē xialai *Tear off the* (medicated) *plaster.* ❷使隐瞒的事物显露 expose；show up：～短 jiēduǎnr *rake up sb's faults, shortcomings or weaknesses*/～发 jiēfā *expose；unmask*/～露 jiēlù *expose；unmask*/～穿敌人的阴谋 jiēchuān dírén de yīnmóu *lay bare the enemy's evil plot* ❸高举 raise；hoist：～竿而起 (指人民起义)jiēgān'érqǐ (of the people) *raise the standard of revolt；rise in rebellion* ❹[揭橥—zhū]标明，揭示 mark；indicate

嗟 jiē ㄐㄧㄝ　juē ㄐㄩㄝ 文言叹词 interj. (in classical Chinese)：～乎 jiē hū (sigh or lament) *Oh!*

街 jiē ㄐㄧㄝ 两边有房屋的、比较宽阔的道路。通常指开设商店的地方 street, a comparatively broad road with houses or buildings, usu. shops, on both sides [街坊—fang]邻居 neighbour

孑 jié ㄐㄧㄝ 单独,孤单 alone；lonely：～立 jiélì *stand alone*/～然一身 jiérán yī shēn *all alone in the world*

节(節) ㈠ jié ㄐㄧㄝ ❶(一儿r)植物学上称茎上长叶的部位 node, a place where branches meet or leaves grow along the stem ❷(一儿—r)物体的分段或两段之间连接的地方 length；joint：骨～ gǔjié *joint*/两～火车 liǎng jié huǒchē *two railway coaches* ❸段落 section；period：季～ jìjié *season*/时～shíjié *season*/章～ zhāngjié *chapters and sections* [节气—qì]我国历法把一年分为二十四段，每段的开始时做一个节气,如立春、雨水等，共有二十四个

节气。也省称"节" solar term or period, one of the 24 periods into which the year is divided; the day marking the beginning of a solar term, eg. the beginning of Spring, Rain Water; also simplified as "节". ❹节日,纪念日或庆祝的日子 festival; anniversary or red-letter day:五一国际劳动~Wǔyī Guójì Láodòngjié May 1, International Labour Day; May Day/春~Chūnjié The Spring Festival ❺礼度 courtesy:礼—lǐjié courtesy; protocol ❻音调高低缓急的限度 (of sound or tone) a certain pitch or rate: ~奏 jiézòu rhythm; tempo/~拍 jiépāi metre ❼省减,限制 economize; save(圈comb. 一省—shěng economize, 一约—yuē practise thrift; save): ~制 jiézhì control; check/精简~约 jīngjiǎn jiéyuē simplify administration and practise economy/衣缩食 jiéyīsuōshí economize on food and clothing; live frugally ❽ ext. 扼要摘取 abridge:~录 jiélù extract; excerpt/~译 jiéyì abridged translation ❾操守 moral integrity; chastity(圈comb. 操—cāo high moral principle; moral integrity):保持晚~bǎochí wǎnjié maintain one's integrity in one's later years/守~(封建礼教称夫死不再嫁人)shǒujié (in feudal ethical code, of a woman) remain unmarried after the death of her husband or after her engagement ❾事项 item:情~qíngjié plot; circumstances/细~xìjié details; particulars ❿古代出使外国所持的凭证 certificate for an envoy abroad [使节 shǐ—]派到外国的外交官员 diplomatic envoy; envoy ⓫航海速度单位名,每小时航行1海里的速度为1节。符号 Kn knot, a measure of the speed of a ship (1 knot equals 1 nautical mile per hour); symbol: Kn

㊁ jiē 见313页 See p. 313

评 jié ㄐㄧㄝ 揭发别人的阴私 expose sb's past misdeeds; 攻~

gōngjié rake up sb's past and attack him

劫(*刦、*刼) jié ㄐㄧㄝ ❶强取,掠夺 rob; plunder(圈comb. 抢—qiǎng—rob; loot):趁火打~chènhuǒ-dǎjié loot a burning house; fish in troubled waters ❷威逼,胁迫 coerce; compel:~持 jiéchí kidnap; hold under duress ❸灾难 disaster; misfortune:遭~zāojié meet with catastrophe/浩~hàojié great calamity; catastrophe

杰(*傑) jié ㄐㄧㄝ ❶才能出众的人 outstanding person; hero(圈comb. 豪—háo—person of exceptional ability; hero):英雄豪~yīngxióng-háojié heroes and outstanding figures; heroes ❷特异的,超过一般的 outstanding; extraordinary:~作 jiézuò masterpiece/~出的人材 jiéchū de réncái a person of extraordinary ability; an outstanding person

桀 jié ㄐㄧㄝ ❶凶暴 tyranical ❷〈古 arch.〉也同"杰(傑)" also same as "杰(傑)" ❸古人名,夏朝末代的君主,相传是暴君 the name of the last ruler Xia Jie in the Xia Dynasty, traditionally considered as a tyrant

劫 jié ㄐㄧㄝ ❶坚固 hard; solid ❷谨慎 careful; cautious ❸勤勉 diligent; assiduous

诘 ㊀ jié ㄐㄧㄝ 追问 closely question; interrogate:反~fǎnjié ask in retort; counter with a question/盘~pánjié cross-examine; interrogate

㊁ jí 见283页 See p. 283

拮 jié ㄐㄧㄝ [拮据—jū]经济境况不好,困窘 in straitened circumstances; short of money

洁(潔) jié ㄐㄧㄝ 干净 clean (圈comb. 一净—jìng clean; spotless):街道清~Jiēdào qīngjié The streets are clean./~白 jiébái spotlessly white; pure white. ⓫ *fig.* 不贪污 not embezzling；incorruptible：廉～ liánjié *honest and clean；incorruptible*

结 ⊖ jié ㄐㄧㄝˊ ❶系(jì)，绾(wǎn) tie；weave：～网 jiéwǎng *weave a net*/～绳 jiéshéng *tie knots*/张灯～彩 zhāngdēng-jiécǎi *be decorated with latterns and coloured streamers；be gay with latterns and decorations* [结舌—shé]因害怕或理屈说不出话来 be tongue-tied；be at a loss for words (because of fear or grievance)：问得他张口～～Wèn de tā zhāngkǒu-jiéshé *He was tonguetied when interrogated.* [结构—gòu]1. 各组成部分的搭配和排列 structure；composition：文章 的 ～ ～ wénzhāng de jiégòu *the organization of the article* 2. 建筑上指承重的部分 (of a building) structure；construction：钢筋混凝土 ～ ～ gāngjīn hùnníngtǔ jiégòu *steel and concrete structure* ❷(一子—zi)用绳、线或布条等绾成的扣 knot，lumplike fastening formed by tying together the ends of a piece of string，rope，wire，etc.：打 ～ dǎjié *tie a knot*/活～huójié *a knot that can be undone by a pull；slipknot* ❸聚，合 assemble；congeal 1. 凝聚 congeal；form：～冰 jiébīng *freeze；ice up*/晶 jiéjīng *crystallize* 2. 联合，发生关系 join；assemble：～婚 jiéhūn *marry；get married*/～交 jiéjiāo *make friends with；associate with*/集会 ～ 社 jíhuì jiéshè *assembly and association* ❹收束，完了(liǎo) settle；conclude：～账 jiézhàng *settle (or square) accounts；balance the books*/～局 jiéjú *final result；outcome* [结论—lùn]对人或事物所下的总结性的论断 conclusion，conclusive judgment or decision about people or things ❺一种保证负责的字据 written guarantee；affidavit：具～jùjié *sign an undertaking*

⊜ jiē 见 313 页 See p. 313

桔(❷**橰) ⊖jié ㄐㄧㄝˊ ❶[桔梗—gěng]多年生草本植物，花紫色，根可以入药 balloon flower (platycodon grandflorum)，a perennial herb with purplish flowers，and its root can be used as medicine ❷[桔槔—gāo]一种汲水的设备 well sweep；sweep

⊜ jú 见 337 页 See p. 337

祜 jié ㄐㄧㄝˊ 用衣襟兜东西 hold sth. in one's laps

颉 ⊖ jié ㄐㄧㄝˊ [仓颉 Cāng—]上古人名 a man's name in remote ages

⊜ xié 见 714 页 See p. 714

鲒 jié ㄐㄧㄝˊ 古书上说的一种蚌 a kind of freshwater mussel mentioned in ancient texts [鲒埼亭—qítíng]古代地名，在今浙江鄞(yín)县 a place in ancient times，in today's Yinxian，Zhejiang Province

挈 jié ㄐㄧㄝˊ 同"洁"。多用于人名 Same as "洁"，usu. used in people's names

捷(*捷) jié ㄐㄧㄝˊ ❶战胜 victory；triumph：我军大 ～ wǒjūn dàjié *Our troops won a complete victory.* /～报 jiébào *news of a victory* ❷快，速 prompt；quick (⑯comb. 敏—mǐnquick)：动作敏～dòngzuò mǐnjié *quick in movement*/～径(近路)jiéjìng *shortcut*/～足先登(比喻行动敏捷，先达到目的)jiézú-xiāndēng *The swiftfooted arrive first.* or *The early bird catches the worm.* (*fig.* Those who are quick in action will achieve the goals first.)

婕 jié ㄐㄧㄝˊ [婕好—yú]汉代宫中女官名 female official in the palace of the Han Dynasty

睫 jié ㄐㄧㄝˊ 睫毛，眼睑边缘上生的细毛。它的功用是防止尘埃等东西侵入眼内，又能遮蔽强烈的光线 eyelash；lash；small hair growing from the edge of each eyelid, protect dust, etc., from entering the eye, and also to shield strong lights：目不交～mù bù jiāo jié *not sleep a wink*（图见 746 页"眼" See picture under entry of"yǎn", p.746)

偈 ㊀ jié ㄐㄧㄝˊ ❶勇武 brave；martial ❷跑得快 (of running) fast
㊁ jì 见 290 页 See p.290

碣 jié ㄐㄧㄝˊ 圆顶的石碑 stone tablet with a round top：残碑断～cán bēi duàn jié *remains and broken parts of tablets*

竭 jié ㄐㄧㄝˊ 尽，用尽 exhaust；use up：～力 jiélì *do one's utmost；use every ounce of one's energy* / ～诚 jiéchéng *whole heartedly；with all one's heart*／声嘶力～shēngsī-lìjié *be hoarse and exhausted；shout oneself hoarse*／取之不尽，用之不～ qǔ zhī bù jìn, yòng zhī bù jié *inexhaustible*

羯 jié ㄐㄧㄝˊ ❶公羊，特指骟过的wether, a male sheep that has been castrated ❷我国古代北方的民族 an ancient nationality in the north of China

截 jié ㄐㄧㄝˊ ❶割断，弄断 cut；sever：～开这根木料 jiékai zhè gēn mùliào *cut the log in two*／～长补短 jiécháng-bǔduǎn *take from the long to add to the short；draw on the strength of each to offset the weakness of the other*［截然一rán］分明地，显然地 sharply；completely：～～不同 jiérán bùtóng *completely different；different as black and white* ❷（一子—zi、一儿—r）段 section；chunk：上半～儿 shàngbànjié *the upper section*／一～儿木头 yī jié mùtou *a log*／一～路 yī jié lù *a section of a road* ❸阻拦 stop；check：～住他 jiézhù tā *Stop him*［截止—zhǐ］到期停止 end；close (by a due date or time)：～～报名 jiézhǐ bàomíng *deadline for enlisting；the close of registration*／到月底

～～到月底 jiézhǐ *to be closed by the end of this month*

姐 jiě ㄐㄧㄝˇ ❶称同父母比自己年纪大的女子（叠 redup.）elder sister, an elder female relative with the same parents ❷对比自己年纪大的同辈女性的称呼 elder sister, an elder female relative of the same generation in the clan：表～ biǎojiě *older female cousin；cousin*

驰 jiě ㄐㄧㄝˇ 见 3 页"娭"字条"娭驰 āi—" See "āijiě" under entry of "āi", p.3

解(**觧) ㊀ jiě ㄐㄧㄝˇ ❶剖开，分开 separate；divide (⊛comb. 分— fēn— *decompose；resolve*)：尸体一剖 shītǐ jiěpōu *the dissection of a corpse*/难一难分 nánjiě-nánfēn *be inextricably involved；be sentimentally attached to each other*/瓦一 wǎjiě *disintegrate；collapse* ❷把束缚着、系(jì)着的东西打开 untie；undo：～扣 jiě kòu *unbutton*/～衣服 jiě yīfu *undress*［解放—fàng］1.推翻反动政权，使广大人民群众脱离压迫，获得自由 overthrow a reactionary regime and liberate the masses from its oppression 2.解除束缚，得到自由或发展 liberate；emancipate：～～生产力 jiěfàng shēngcǎnlì *liberate the productive forces* ❸除去 get rid of 1. 消除 allay；dispel：～恨 jiěhèn *vent one's hatred；have one's hatred slaked*/渴～kě quench one's thirst 2. 废除，停止 dismiss；terminate：～职 jiězhí *dismiss from office；discharge*/～约 jiěyuē *terminate an agreement；cancel a contract* ❹讲明白，分析说明 explain；interpret (⊛comb. 一释 一shì *explain*, 注一 zhù — *annotate*)：～答 jiědá *answer；explain*/～劝 jiěquàn *soothe；comfort* ❺懂，明白 understand；comprehend：令人不～lìng rén bù jiě *puzzling；incomprehensible*/通俗易～tōngsú yì jiě *easy to understand* ❻代数方程中未知

数的值 solution, the value of an unknown number in an algebraic equation ❼演算 solve; calculate;～方程 jiě fāngchéng *solve an equation* ❽解手儿,大小便 relieve oneself;大～ dàjiě *make stools* (to defecate)/小～ xiǎojiě *urinate*; *pass* (or *make*) *water*

㊁ jiè 见 319 页 See p. 319

㊂ xiè 见 716 页 See p. 716

檞 jiě ㄐㄧㄝˇ 檞树,一种木质像松的树 Daimyo Oak, a tree with pine-like wood

介 jiè ㄐㄧㄝˋ ❶在两者中间 interpose; put or come between;～乎两者之间 jièhū liǎngzhě zhījiān *be between the two*[介绍 —shào]使两方发生关系 introduce, make the two come into contact with each other;～人 jièshàorén *one who introduces or recommends sb*; *sponsor*/～～工作 jièshào gōngzuò *recommend sb for a job* [介词—cí]表示地点、时间、方向、方式等等关系的词,如"从、向、在、以、对于"等 preposition, any of the words used to indicate place, time direction, mode, etc, such as 'from', towards', in, at, by, to, etc. [介音—yīn]字音中在主要元音前的元音,普通话有"i""u"和"ü"三个介音 the medial or semivowel of a final, eg. "i""u" and "ü" in the standard Chinese pronunciation ❷放在心里 mind;不必一意 bùbì jièyì *Don't take it seriously.* or *Don't take offence.* ❸正直 upright;耿～ gěngjiè *upright*; *honest and frank* ❹甲 armour; shell. 1. 古代军人穿的护身衣服 strong protective covering worn by fighting men in former times;～胄在身 jièzhòu zài shēn *be armoured* 2. 动物身上的甲壳 hard covering of an animal;～虫 jièchóng *beetle* ❺量词,个(用于人)*meas. for people* (used with personal nouns or pronouns);一～书生 yī jiè shūshēng *a mere scholar* ❻旧戏曲脚本里表示情态动作的词 (in old drama scripts)

a word indicating motion or action;打～ dǎjiè *the action of fight*/饮酒～ yǐnjiǔjiè *the motion of drinking*

价 ㊀ jiè ㄐㄧㄝˋ 旧时称派遣传送东西或传达事情的人 (in early times) a dispatched person on an errand; messenger

㊁ jià 见 295 页 See p. 295

㊂ jie 见 319 页 See p. 319

芥 ㊀ jiè ㄐㄧㄝˋ 芥菜,一年生或二年生草本植物,开黄花,茎叶及块根可吃。种子味辛辣,研成细末,可调味 mustard, an annual or biannual herb with yellow flowers, edible stems, leaves and root, pungent-tasting seeds that can be ground into fine powder as a kind of seasoning

㊁ gài 见 192 页 See p. 192

玠 jiè 古代的一种礼器,即大圭 an elongated pointed tablet of jade held in the hands by ancient rulers on ceremonial occasions; same as dàguī

界 jiè ㄐㄧㄝˋ ❶相交的地方 boundary;边～ biānjiè *boundary*; *border*/～碑 jièbēi *boundary tablet*; *boundary marker*/国～ guójiè *national boundaries*/省～ shěngjiè *provincial boundaries* ❷范围 scope; extent;眼～ yǎnjiè *field of vision*; *outlook*/管～ guǎnjiè *area within one's jurisdiction* 特指按职业或性别等所划的范围 circles, esp. groups of people connected in an informal way because of common interests;教育～ jiàoyùjiè *educational circles*/科学～ kēxuéjiè *scientific circles*/妇女～ fùnǚjiè *women's circles*

疥 jiè ㄐㄧㄝˋ 疥疮,因疥虫寄生而引起的一种皮肤病,非常刺痒 scabies, a skin disease marked by scabs and an unpleasant pricking sensation

蚧 jiè ㄐㄧㄝˋ 见 202 页"蛤"字条"蛤蚧 gé—" See géjiè under entry of gé, p. 202

戒 jiè ㄐㄧㄝˋ ❶防备 take precautions;～心 jièxīn *vigilance*;

wariness / ～备森严 jièbèi-sēnyán *Tight security is in force*.［戒严—yán］非常时期在全国或一地所采取的增设警戒、限制交通等措施 enforce martial law; impose a curfew (enforce security forces, control traffic, etc, during a special period in a country or in a certain area) ❷警惕着不要做或不要犯 guard against;～骄～躁 jièjiāo-jièzào *guard against arrogance and rashness; be on one's guard against conceit and impetuosity* ❸革除嗜好 give up; drop;～酒 jièjiǔ *give up drinking; swear off drinking* /～烟 jièyān *give up smoking; swear off smoking* ❹佛教约束教徒的条规 Buddhist monastic discipline;五～ wǔjiè *the five commandments* /清规一律 qīngguī-jièlù *regulations, taboos and commandments for Buddhists or Taoists*

诫 jiè ㄐㄧㄝˋ 警告,劝人警惕 warn; admonish;告～ gàojiè *warn; admonish*

届（*屆） jiè ㄐㄧㄝˋ ❶到 fall due;～时 jièshí *when the time comes; at the appointed time* /～期 jièqī *when the day comes; at the appointed day* ❷量词 meas. 次 time; 期,session;第一～ dì-yī jiè *the first* (meeting, graduating class, etc.) /上～ shàngjiè *the preceeding or last* (meeting, graduating class, etc.)［应届 yīng—］指本期的,用于毕业生 graduating students or pupils; this year's graduates

借（❸❹藉） jiè ㄐㄧㄝˋ ❶暂时使用别人的财物等 borrow, take or receive (sth.) for a certain period of time and intend to return;～钱 jiè qián *borrow money* /～车 jiè chē *borrow a bicycle* (car, etc.) /～用 jièyòng *borrow; have the loan of*［借光 —guāng］请人让路或问事的客气话 excuse me (polite expression used when one wants to get

past a person or make an inquiry) ❷暂时把财物等给别人使用 lend, give (someone) the use of (sth.) for a limited time;～给他几块钱 jiègěi tā jǐ kuài qián *lend him several yuan (or dollars)* ❸假托 use as a pretext;～端 jièduān *use as a pretext* /～故 jiègù *find an excuse* /～口 jièkǒu *use as an excuse* (or pretext) /～题发挥 jiètífāhuī *make use of the subject under discussion to put over one's own ideas; seize on an incident to exaggerate matters* ❹凭借,依靠 make use of; take advantage of;～助 jièzhù *have the aid of; draw support from*

喈 jiè ㄐㄧㄝˋ 赞叹 an exclamation showing admiration

藉 ㊀ jiè ㄐㄧㄝˋ ❶垫在下面的东西 mat; mattress ❷垫衬 place sth. underneath;枕～ zhěnjiè *lying about; lying close together* ❸同"借❸❹" Same as "借❸❹".［慰藉 wèi—］安慰,抚慰 comfort; console

㊁ jí 见 285 页 See p. 285

解（**觧） ㊀ jiè ㄐㄧㄝˋ 指押送财物或犯人 send (money or criminals) under guard;～款 jiè kuǎn *send a sum of money under guard* /起～ qǐjiè (of a prisoner) *be sent to a place under guard*［解元—yuán］明、清两代称乡试考取第一名的人 the first of successful candidates who passed the provincial imperial examination in the Ming and Qing dynasties

㊁ jiě 见 317 页 See p. 317
㊂ xiè 见 716 页 See p. 716

犗 jiè ㄐㄧㄝˋ 阉割过的牛 (cascated) ox

褯 jiè ㄐㄧㄝˋ (—子—zi)婴儿的尿布 diaper

价（價） ㊂ jie ·ㄐㄧㄝ 词尾 suffix (added to certain adverbs);震天～响 zhèntiānjie xiǎng *make a thunderous noise* /成天～闹 chéngtiānjie nào *be fooling around*

all day long

㊁ jià 见 295 页 See p. 295

㊂ jiè 见 318 页 See p. 318

家 ㊁ jie·ㄐㄧㄝ 词尾 suffix：整天～ zhěngtiānjie *all day long*/成年～chéngniánjie *all year round*

㊂ jiā 见 292 页 See p. 292

JIN ㄐㄧㄣ

巾 jīn ㄐㄧㄣ 擦东西或包裹、覆盖东西用的纺织品 a piece of cloth used for wiping or wrapping, covering things：手～ shǒujīn *handkerchief* 头～ tóujīn *scarf；kerchief*

斤(❶*觔) jīn ㄐㄧㄣ ❶市制重量单位，1 斤为 10 两(旧制 16 两)，合公制 0.5 公斤 jīn, a traditional unit of weight, where 1 jīn equals 10 liǎng (*or* 16 old liǎng), and also 0.5 kilograms ❷古代砍伐树木的工具 a tool used for felling trees in ancient times

[斤斤－－]过分看重微小的利害 be particular (about trivial matters)：～～计较 jīnjīn-jìjiào *haggle over every ounce；be calculating*

今 jīn ㄐㄧㄣ 现在，跟"古"相反 now；the present, contrary of "gǔ"：～天 jīntiān *today；this day*/～年 jīnnián *this year*/～昔 jīnxī *the present and the past；today and yesterday*/从～以后 cóngjīn yǐhòu *from now on；henceforth*

衿 jīn ㄐㄧㄣ ❶襟 front of a garment：青～(旧时念书人穿的衣服)qīngjīn (in early times) *young scholar's dress* ❷系(jì)衣裳的带子 girdle

矜 ㊀ jīn ㄐㄧㄣ ❶怜悯，怜惜 pity；sympathize with ❷自尊自大，自夸 self-important；conceited：自～其功 zì jīn qí gōng *sing (one's own) praise about one's own achievements* ❸慎重，拘谨 restrained；reserved：～持 jīnchí *restrained；reserved*

㊁ guān 见 224 页 See p. 224

㊂ qín 见 535 页 See p. 535

金 jīn ㄐㄧㄣ ❶一种金属元素，符号 Au，通称"金子"。黄赤色，质软，是一种贵重的金属 aurum；gold, a valuable soft yellow metal, commonly called jīnzi；symbol：Au. ❷金属，指金、银、铜、铁等，具有光泽、延展性，容易传热和导电 metals such as gold, silver, copper, iron, etc, which are shiny, can be shaped by pressure, and can pass an electric current or heat：五～ wǔjīn *the five metals* (gold, silver, copper, iron, and tin)/合～ héjīn *alloy* ❸钱 money：现～ xiànjīn *ready money；cash*/奖～ jiǎngjīn *money award；bonus*/基～ jījīn *fund*

津 jīn ㄐㄧㄣ ❶渡口，过江河的地方 ferry crossing；ford：问～(打听渡口，比喻探问)wènjīn *make inquiries about a ferry crossing* (*fig.* make inquiries) [津梁－liáng] 桥 bridge ⑩ *fig.* 作引导用的事物 aid；help ❷口液，唾液 saliva：～液 jīnyè *saliva* [津津－－]形容有滋味，有趣味 with relish；with delight：～～有味 jīnjīn-yǒuwèi *with relish；with keen pleasure*/～～乐道 jīnjīn-lèdào *take delight in talking about；dwell upon with great relish* ❸滋润 moist；damp [津贴－tiē] 1. 用财物补助 give financial aid；subsidize 2. 正式工资以外的补助费，也指供给制人员的生活零用钱 allowance (apart from one's salary)；also referred to the living pocket money for the working personnel under the supply system during the years of revolutionary war

筋(*觔) jīn ㄐㄧㄣ ❶肌肉的旧称 early name for muscle ❷俗称皮下可以看见的静脉管(popular use) veins that stand out under the skin ❸俗称肌腱或骨头上的韧带(popular use) tendon；sinew；

~骨 jīngǔ bones and muscles/牛蹄~ niútíjīn tendons of beef ❹像筋的东西 anything resembling a tendon:钢~ gāngjīn reinforcing bar; steel bar/铁~tiějīn reinforcing bar; iron bar [筋斗—dǒu]身体上下翻转的一种动作。也叫"跟头" somersault, a jump or rolling backward or forward movement of the body; also called "gēntou"

禁 ㊀ jīn ㄐㄧㄣ ❶禁受,受得住,耐(用)bear; endure:~得起考验 jīndeqǐ kǎoyàn be able to stand tests 这种布~穿 Zhè zhǒng bù jīnchuān. This kind of cloth is durable. ❷忍耐 contain (or restrain) oneself:他不~(忍不住)笑起来 Tā bùjīn xiào qilai. He couldn't help laughing.

㊁ jìn 见 324 页 See p. 324

襟 jīn ㄐㄧㄣ 衣服胸前的部分 front of a garment:大~dàjīn the front of a Chinese garment which buttons on the right/小～xiǎojīn a small inner piece on the right side of a Chinese garment which buttons on the left/底~díjīn the inner piece of the front of a Chinese garment/ 对~duìjīn a kind of Chinese style jacket with buttons down the front. (图见 759 页"衣"See picture under entry of "衣", p. 759) [连襟 lián—]姐妹的丈夫间的关系; 也省作"襟" husbands of sisters; also simplified as "襟":~兄 jīnxiōng husband of one's wife's elder sister; brother in law/~弟 jīndì husband of one's wife's younger sister; brother in law [襟怀—huái] 胸怀 ambitions

仅(僅、**厪) ㊀ jǐn ㄐㄧㄣ 只(叠 redup.) only; merely:~~三个月就建成了 jǐnjǐn sān ge yuè jiù jiànchéng le The building was finished in only three months. /他不~识字, 还能写文章了 Tā bùjīn shízì, hái néng xiě wénzhāng le. Not only he can read, but also write. /这些意见~供参考

Zhèxiē yìjiàn jǐn gōng cānkǎo. These pieces of advice are for refenrece only.

㊁ jìn 见 322 页 See p. 322

尽(儘) ㊀ jǐn ㄐㄧㄣ ❶极,最 furthest; extreme:~底下 jǐn dǐxia at the very bottom; the lowest part/~里头 jǐn lǐtou at the extreme inside; the innnermost part/先录用 jǐnxiān lùyòng give sb priority in enrolment or employment ❷有多少用多少 to the greatest extent:~量 jǐnliàng to the best of one's ability; as far as possible/~着力气做 jǐnzhe lìqi zuò do (sth.) to the best of one's ability; do one's best[仅管—guǎn]1. 连词,纵然,即使 conj. though; in spite of:~~他不接受这个意见,我还是要向他提 Jǐnguǎn tā bù jiēshòu zhège yìjiàn, wǒ háishi yào xiàng tā tí. Although he is unlikely to accept this suggestion, I will still put it forward (or let him know). 2. 只管,不必顾虑 feel free to; not hesitate to:有话~~说吧 Yǒu huà jǐnguǎn shuō ba. Don't hesitate to speak up what you want to say. ❸放在最先 give priority to:座位先~着请来的客人坐 Zuòwei xiān jǐnzhe qǐnglái de kèren zuò. Let the guests we've invited take their seats first. /先~着旧衣服穿 xiān jǐnzhe jiù yīfu chuān wear the old clothes first

㊁ jìn 见 322 页 See p. 322

卺 jǐn ㄐㄧㄣ 瓢,古代结婚时用做酒器 (in ancient times) nuptial wine cup[合卺 hé—]旧时夫妇成婚的一种仪式 a marriage ceremony in early ly times

紧(緊) jǐn ㄐㄧㄣ ❶密切合拢,跟"松"相反 tight; taut, antonym of "sōng":捆~kǔnjǐn bundle up (tie up) tightly ㉆ ext. 靠得极近 close; very near:~邻 jǐnlín close neighbour; next door neighbour/~靠着 jǐnkàozhe lie close to ❷物体

受到几方面的拉力以后所呈现的紧张状态 stretched or tightened state of sth when pulled from several directions：鼓面绷得非常～ Gǔmiàn bēng de fēicháng jǐn. *The drum face is greatly stretched*. [紧张—zhāng] 不松弛，不缓和 keyed up；tense：精神～ ～jīngshén jǐnzhāng *be nervous*/工作～～ gōngzuò jǐnzhāng *be strained in working* ❸使紧 tighten：把弦～一～ bǎ xián jǐn yī jǐn *tighten the strings*/～一～腰带 jǐn yī jǐn yāodài *tighten the belt* ❹事情密切接连着，时间急促没有空隙 urgent；pressing：功课很～ gōngkè hěn jǐn *The schoolwork is pressing*./抓～时间 zhuājǐn shíjiān *make the best use of one's time* 引 ext. 因时间短促而加快 quicken；speed up（when pressed by time）：～走 jǐnzǒu *quicken one's steps*/手一点就能多出活 shǒu jǐndiǎnr jiù néng duō chūhuór *If we work quicker we'll get a lot more done*. ❺形势严重或关系重要 critical；vital：～要关头 jǐnyào guāntóu *critical moment（or juncture）*；*crucial moment* / 事情～急 shìqing jǐnjí *The matter is urgent*. ❻生活不宽裕 hard up；short of money：以前他家日子很～ Yǐqián tā jiā rìzi hěn jǐn *His family lived a hard life before*.

菫 jǐn ㄐㄧㄣ ❶菫菜，今多指紫花地丁，犁头草。多年生草本植物，春夏开紫花，果实椭圆形，全草可入药 violet，a perennial herb with purplish flowers in spring and summer and bearing oval fruit. Every part of the herb can be used in medicine. ❷紫菫，草本植物，夏天开淡紫红色花。全草味苦，可入药 corydalis, a herb with light purplish red flowers in summer. Every part of the herb tastes bitter and can be used in medicine.

蓳 jǐn ㄐㄧㄣ ❶慎重，小心 careful；cautious（连 comb. 一慎 —shèn *prudent；cautious*)：～守规程 jǐn shǒu

guīchéng *strictly adhere to the rules（or regulations)* ❷郑重，恭敬 solemnly；sincerely：～启 jǐnqǐ（used after the signature in a formal letter）*yours respectfully*/～向您表示祝贺 jǐn xiàng nín biǎoshì zhùhè *I wish to extend to you my sincere congratulations*.

僅 jǐn ㄐㄧㄣ 荒年 year of famine（连 comb. 饥—jī— *famine；crop failure*)

瑾 jǐn ㄐㄧㄣ 美玉 a beautiful jade

槿 jǐn ㄐㄧㄣ 木槿，落叶灌木，花有红、白、紫等颜色，茎的纤维可造纸，树皮和花可入药 rose of Sharon, a deciduous shrub with flowers of various colours such as red, white, purple. Its stem can be made into paper, and its bark and flower can be used in medicine.

錦 jǐn ㄐㄧㄣ ❶有彩色花纹的丝织品 brocade：缎 jǐnduàn *brocade*/蜀 shǔjǐn *Sichuan brocade*/～上添花 jǐnshàng-tiānhuā *add flowers to the brocade*（fig. *make what is good still better*) ❷鲜明美丽 bright and beautiful：～霞 jǐnxiá *rose tinted clouds*/鸡 jǐnjī *golden pheasant*

仅（僅） ㊀jìn ㄐㄧㄣ 将近，几乎（多见于唐人诗文）nearly；approximately（mostly used by poets in the Tang Dynasty)：山城～百层 shānchéng jìn bǎi céng *The mountain city consists of nearly a hundred storeys.*/士卒～万人 shìzú jìn wàn rén *The soldiers numbered nearly 10,000*.

㊁jǐn 见 321 页 See p. 321

尽（盡） ㊀jìn ㄐㄧㄣ ❶完毕 exhausted；finished：用力气 yòngjìn lìqì *exhaust one's strenghth*/说不～的好处 shuō bu jìn de hǎochu *The benefits are countless. or There are numerous advantages.* 引

ext. 达到极端 to the utmost; to the limit: ～善－美 jìnshàn-jìnměi *the acme of perfection; perfect*/～头 jìntóu end [自尽 zì—]自杀 commit suicide; take one's own life ❷全部用出 use up; exhaust: ～心 jìnxīn *with all one's heart*/～力 jìnlì *do all one can; try one's best*/仁至义～rénzhìyìjìn *do everything called for by humanity and duty; be magnanimous* ⑨ ext. 竭力做到 try one's best; put to the best use: ～职 jìnzhí *fulfil one's duty* ❸都，全 all; exhaustive:到会的～是战斗英雄 Dàohuì de jìnshì zhàndòu yīngxióng. *Those who attended the meeting were all combat heroes.*

㊀ jǐn 见 321 页 See p. 321

荩（藎） jìn ㄐㄧㄣˋ ❶荩草，一年生草本植物，茎很细，花灰绿色或带紫色，茎和叶可做黄色染料，纤维可做造纸原料 hispid arthraxon, an annual herb that has very thin stems and bears greyish green or purplish flowers. It stems and leaves can be used as yellow dyestuff, and its fibre can be used as raw material in papermaking ❷忠诚 loyal; faithful: ～臣 jìnchén *a loyal minister* (subject)

浕（濜） jìn ㄐㄧㄣˋ 浕水，水名，在湖北省 Jìn Shuǐ, a river in Hubei Province

赆（贐） jìn ㄐㄧㄣˋ 临离别时赠的礼物 a parting gift: ～仪 jìnyí *farewell presents*

烬（燼） jìn ㄐㄧㄣˋ 物体燃烧后剩下的东西 cinder, sth. that remains after burning (㪍 comb. 灰－huī－ ashes): 化为灰～huàwéi huījìn *be burned up to ashes*/烛～zhújìn *candle ashes*

进（進） jìn ㄐㄧㄣˋ ❶向前、向上移动，跟"退"相反 advance; move forward (*or* upward), antonym of "tuì": 前～qiánjìn *move forward*/～军 jìnjūn *march*; *advance*/更－一层 gèng jìn yī céng *go one step further; climb one storey higher*/一步提高产品质量 yīnyībù tígāo chǎnpǐn zhìliàng *further improve the quality of products* [进步－bù] 1. 向前发展，比原来好 advance; improve 2. 适合时代要求，对社会发展起促进作用的（politically）progressive: ～～思想 jìnbù sīxiǎng *progressive ideas* [进化－huà]事物由简单到复杂、由低级到高级的发展过程 evolution, the process of development from the simple to the complex, or from the lower to the higher ❷入，往里面去 enter; get into: ～工厂 jìn gōngchǎng *go into the factory*/～学校 jìn xuéxiào *go into a school; enter school* ❸收入或买入 receive; buy: ～款 jìnkuǎn *income; receipts*/～项 jìnxiàng *income; receipts*/～货 jìnhuò *stock* (a shop) *with goods; replenish one's stocks* ❹旧式建筑房院前后的层次 any of the several rows of houses within an old-style residential compound: 这房子是两～院子 Zhè fángzi shì liǎng jìn yuànzi. *This house has two courtyards.* ❺奉呈 submit; present: ～献 jìnxiàn *offer or present* (to one's superior)

琎（璡） jìn ㄐㄧㄣˋ 一种像玉的石头 a jade-like stone

近 jìn ㄐㄧㄣˋ ❶跟"远"相反 antonym of "yuǎn". 1. 距离短 (of distance) near; close: 路很～ lù hěn jìn *It's very near.* or *It's a very short way.*/天津离北京很～Tiānjīn lí Běijīng hěn jìn. *Tianjin is very near to Beijing.* 2. 现在以前不久的时间 (of time) a short time before: ～几天 jìnjǐtiān *the last few days*/～来 jìnlái *recently*; *of late* ❷亲密，关系密切 intimate; closely related: 亲～qīnjìn *be close to*; *be on intimate terms with*/他们是～亲 Tāmen shì jìnqīn. *They are close relatives.* ❸接近，差别小，差不

多 approximately; close to: 相～ xiāngjìn *close; similar* / ～ 似 jìnsì *approximate; similar*/年～五十 nián jìn wǔshí *approaching fifty; getting on for fifty* ❹浅近 easy to understand: 言～旨远 yánjìn-zhǐyuǎn *simple words but deep meaning; simple in language but deep in meaning*

靳 jìn ㄐㄧㄣ〈古 arch.〉吝惜,不肯给与 be grudge

妗 jìn ㄐㄧㄣ ❶舅母 wife of one's mother's brother; aunt ❷(一子一zi)妻兄、妻弟的妻子 wife of one's wife's brother: 大～子 dàjìnzi *wife of one's wife's elder brother*/小～子 xiǎojìnzi *wife of one's wife's younger brother*

劲(勁) jìn ㄐㄧㄣ (一儿一r)力气,力量 strength; energy: 有多大～使多大～ yǒu duō dà jìnr shǐ duō dà jìnr. *exert all one's strength* ㊉ext. 1. 精神、情绪、兴趣等 spirit; vigour; interest: 干活儿起～儿 gànhuór qǐjìnr *be vigorous in working*/一股子～头儿 yīgǔzi jìntóur *be full of drive; be energetic*/一个～儿地做 yīgejìnr de zuò *do sth. without a break*/老玩儿这个真没劲 Lǎo wánr zhège zhēn méijìn. *It's no fun playing this all the time.* 2. 指属性的程度 used to indicate the degree of property: 你瞧这块布这个白～儿 Nǐ qiáo zhè kuài bù zhège báijìnr. *See how white this piece of cloth is!* / 咸～儿 xiánjìnr *how salty*/香～儿 xiāngjìnr *how sweet; how delicious*

㊁ jìng 见 329 页 See p. 329

晋(*晉) jìn ㄐㄧㄣ ❶进,向前 enter; promote: ～见 jìnjiàn *call on* (sb. holding high office); *have an audience with*/～级 jìnjí *rise in rank; be promoted* ❷周代诸侯国名,在今山西省和河北省南部,河南省北部,陕西省东部 a state in the Zhou Dynasty, occupying parts in today's Southern Shanxi and Hebei Provinces, Northern Henan Province, and Eastern Shaanxi Province ❸山西省的别称 another name for Shanxi Province ❹朝代名 dynasty name 1. 司马炎所建立(公元 265－420 年) founded by Simayan (A. D. 265－420)2.五代之一,石敬瑭所建立(公元 936－946 年) one of the Five Dynasties, founded by Shijingtang (A. D. 936－946)

搢(**搢) jìn ㄐㄧㄣ 插 insert; stick in [搢绅 shēn]同"缙绅" Same as "缙绅"

缙(**縉) jìn ㄐㄧㄣ 赤色的帛 red silk [缙绅 shēn]古代称官僚或做过官的人,也作"搢绅"(in former times) government official, or government official in retirement; also written as "搢绅"

浸 jìn ㄐㄧㄣ ❶泡,使渗透 soak; steep: ～透 jìntòu *soak; saturated*/～入 jìnrù *sink in*/把种子放在水里～～～ Bǎ zhǒngzi fàng zài shuǐ li jìn yī jìn. *have the seeds soaked in water* ❷逐渐 gradually; increasingly: ～渐 jìnjiàn *gradually; increasingly*/交往～密 jiāowǎng jìnmì *gradually get into closer contact*

祲 jìn ㄐㄧㄣ 迷信的人称不祥之气 (believed by men of superstition) ominous and pernicious sign

禁 ㊀ jìn ㄐㄧㄣ ❶不许,制止 forbid; ban: ～止 jìnzhǐ 攀折花木 pānzhé huāmù. *Picking flowers is forbidden.* ❷法律或习惯上制止的事 what is forbidden by law and custom: 入国问～rùguó-wènjìn *on entering a country, inquire about its prohibitions* (or taboos)/犯～fànjìn *violate a prohibition* ❸拘押 imprison; detain: ～闭 jìnbì *confinement* (as a punishment) / 监～jiānjìn *take into custody; imprison* ❹旧时称皇帝居住的地方 (in former times) a place where the emperor lives: ～中 jìnzhōng *imperial* palace/紫~城Zǐjìnchéng the Forbidden City ⑪ ext. 不能随便通行的地方 forbidden area：~地 jìndì forbidden area；restricted area ❺ 避忌 taboo：~忌 jìnjì taboo

㈡ jīn 见 321 页 See p. 321

噤 jìn ㄐㄧㄣ 闭口，不作声 keep silent：~若寒蝉 jìnruòhánchán as silent as a cicada in cold weather

觐 jìn ㄐㄧㄣ 朝见君主或朝拜圣地 present oneself before a monarch，or go on a pilgrimage：~见 jìnjiàn present oneself before（a monarch）；go to court

殣 jìn ㄐㄧㄣ ❶掩埋 bury；cover up ❷饿死 die of hunger

JING ㄐㄧㄥ

茎（莖） jīng ㄐㄧㄥ ❶常指植物的主干。它起支撑作用，又是养料和水分运输的通道。有些植物有地下茎，并且发生各种变态，作用是储藏养料和进行无性繁殖 stem，usu. the central part of the plant above the ground，which supports the other parts，and through which nutrients and water are conveyed. Some plants have underground stems of various metamorphosis，which function in storing nutrients and asexual reproduction. ❷量词 meas. 用于长条形的东西 for long，slim things：数~小草 shù jīng xiǎo cǎo a few small blades of grass / 数~白发 shù jīng báifà a few white hairs

泾（涇） jīng ㄐㄧㄥ 泾水，发源于宁夏，流入陕西省，跟渭水会合 Jīng Shuǐ，a river beginning in Ningxia and flowing into Shaanxi Province，where it meets Wèi Shuǐ/［泾渭分明—Wèi-fēnmíng］泾水清，渭水浊，两水会流处清浊不混 The Jing river is clear，while the Wei river is turbid，but the two streams of water are clearly distinguished where they meet. ⑩ fig. 两件事显然不同（of two things）entirely different；as different as the Jing and the Wei

经（經） jīng ㄐㄧㄥ ❶经线，织布时拴在机上的竖纱，编织物的纵线 warp，threads running along the length of cloth ❷地理学上假定通过南北极与赤道成直角的线，以英国格林尼治天文台为起点，以东称"东经"，以西称"西经" longitude，imaginary line from the North Pole to the South Pole over the surface of the earth，crossing the equator in a vertical angle，measured，in degrees，from Greenwich. The lines on the east of Greenwich are called Dōngjīng（East Longitudes），and those on the west are called Xījīng（West Longitudes）❸作为思想行动标准的书 classics，books that serve as a standard or guide in people's thoughts and action：~典著作 jīngdiǎn zhùzuò classics；scriptures ❹宗教中所讲教义的书 classic；sutra，book that deals with religious doctrines：佛~ fójīng Buddhist scripture；Buddhist sutra/圣~ Shèngjīng the Holy Bible；the Scriptures/古兰~ Gǔlánjīng the Koran ❺治理，管理 administer；manage：~商 jīngshāng engage in trade；be in business［经理—lǐ］1. 经营 handle；manage：他很会~~事业 Tā hěn huì jīnglǐ shìyè. He knows how to manage his business. 2. 企业的主管人 manager；director［经济—jì］1. 通常指一个国家的国民经济或国民经济的某一部门，例如工业、农业、商业、财政、金融等 economy，usu. the national economy of a country，or a branch of the national economy，eg. industry，agriculture，trade，finance，banking，etc 2. 指经济基础，即一定历史时期的社会生产关系。它是政治和意识形态等上层建筑的基础 economic basis，the social production relations during a certain period in history, which is the basis of the superstructures such as politics and ideology 3. 指国家或个人的收支状况 financial condition; income: ～～富裕 jīngjì fùyù well-off; well-to-do 4. 节约 economical; thrifty; 这样做不～ zhèyàng zuò bù jīngjì It is uneconomical to do this. [经纪—jì] 1. 经营管理 manage (a business): 善于～～ shànyú jīngjì be good at managing a business (dealing with a transaction) 2. 经纪人, 为买卖双方撮 (cuō) 合并从中取得佣金的人 manager; broker [经营—yíng] 计划, 调度, 管理 manage; operate or run ❻经受, 禁 (jīn) 受 experience; undergo: ～风雨, 见世面 jīng fēngyǔ, jiàn shìmiàn face the world and brave the storm; see life and stand its tests ❼经过, 通过 pass through; through: ～他一说我才明白 Jīng tā yī shuō wǒ cái míngbai. I got to know it through him. or I got to know it after his explanation. /久～考验 jiǔjīng-kǎoyàn tried; having stood a long test/途～上海 tújīng Shànghǎi pass through Shanghai [经验—yàn] 由实践得来的知识或技能 experience, knowledge or skill which comes from practice ❽在动词前, 跟"曾"、"已"连用, 表示动作的时间过去而且完成了 used in combination with "céng", "yǐ", before a verb, indicating the fulfilment of the action: 曾～说过 céngjīng shuōguo once said/他已～是个很得力的干部 Tā yǐjing shì ge hěn délì de gànbù. He is already a competent cadre. ❾中医称人体内的脉络 (of Chinese medicine) arteries and veins inside the human body; 络 jīngluò main and collateral channels, regarded as a network of passages, through which vital energy circulates ❿月经, 妇女每月由阴部排出血液 menses; period, the material mixed with blood that is lost from a woman's womb about once a month: ～期 jīngqī (menstrual) period/停经 tíngjīng amenorrhoea ⓫缢死 die or be put to death by hanging: 自～ zìjīng hang oneself

京 jīng ㄐㄧㄥ ❶京城, 国家的首都。特指我国首都北京 capital city; the capital of a country (esp. short for Beijing, capital of China): ～广铁路 Jīng-Guǎng tiělù the Beijing-Guangzhou railway/～剧 jīngjù Beijing opera ❷数目, 古代指一千万 (a national numeral) ten million [京族—zú] 1. 我国少数民族, 参看附表 the Jing nationality, an ethnic minority in China. See Appendix 2. 越南的主要民族 the chief ethnic group of Vietnam

猄 jīng ㄐㄧㄥ [黄猄 huáng—] 鹿的一种 muntjac, a kind of deer

惊 (驚) jīng ㄐㄧㄥ ❶骡、马等因为害怕狂奔起来不受控制 (of horses, mules, etc.) shy; stampede: 马～了 Mǎ jīng le. The horse shied. /～了车 jīngle chē The horse (or mule, etc.) pulling the cart was stampeded. ❷害怕, 精神受了刺激突然不安 startle; be frightened: 受～ shòujīng be frightened; be startled/吃～ chījīng be startled; be shocked/～心动魄 jīngxīn-dòngpò soul-stirring; profoundly affecting/十分～慌 shífēn jīnghuāng greatly alarmed; panic-stricken ❸出人意料的感觉 surprise: ～喜 jīngxǐ pleasantly surprised ❹惊动 shock; alarm: 打草～蛇 dǎcǎo-jīngshé beat the grass and startle the snake; act rashly and alert the enemy [惊风—fēng] 有痉挛症状的小儿病, 通常分急性、慢性两种。也省称"惊" infantile convulsion, an illness, either chronic or acute, which causes the infant to move suddenly and unnaturally; also simplified as "惊" [惊动—dòng] 扰乱影响 (他人) alarm; disturb (others)

鲸 jīng ㄐㄥ 生长(zhǎng)在海里的哺乳类动物，形状像鱼，胎生，用肺呼吸，身体很大。肉可吃，脂肪可以做油。俗称"鲸鱼" whale, a very large fish-like sea mammal, which is viviparous and breathes with the lungs. Its meat is edible and fat can be made into oil; popularly called "jīngyú"[鲸吞—tūn]吞并，常指强国对弱国的侵略行为 swallow like a whale; annex (often the invasion by strong countries into weak ones)

荆 jīng ㄐㄥ ❶落叶灌木，叶子有长柄，掌状分裂，花小，蓝紫色，枝条可用来编筐、篮等。古时用荆条做刑具 chaste tree, a deciduous tree with long-stemmed, palm-shaped leaves, and small bluish-purple flowers. Its twigs can be used in making baskets, and is a tool of punishment in former times；负～请罪(向人认错) fùjīng-qǐngzuì proffer a birch and ask for a flogging (fig. offer a humble apology)[荆棘—jí]泛指丛生多刺的灌木 a general name for thorny undergrowth 喻 fig. 障碍和困难 obstacles and difficulties ❷春秋时楚国也称荆 another name for the Chu state during the Warring States period

菁 jīng ㄐㄥ (叠 redup.)草木茂盛 (of plants) lush; luxuriant [菁华—huá]最精美的部分 essence; cream

睛 jīng ㄐㄥ 眼球，眼珠 eyeball；目不转～mùbùzhuǎnjīng look with fixed gaze; regard with rapt attention/画龙点～huàlóng-diǎnjīng bring a picture of a dragon to life by putting in the pupils of its eyes (fig. add the finishing touch)

腈 jīng ㄐㄥ 有机化合物的一类，通式 R—CN，无色的液体或固体，有特殊的气味，遇酸或碱就分解 nitrile, a colorless liquid or solid organic cyanide which has a special smell and which on hydrolysis yields an acid with an elimination of amonia; general formula: R-CN

鹪 jīng ㄐㄥ 见 308 页"鹪"字条"鹪鹩"(jiāo—) See "jiāojīng" under entry of "jiāo" p. 308

精 jīng ㄐㄥ ❶细密的 fine; meticulous；～制 jīngzhì make with extra care; refine/～选 jīngxuǎn choose carefully; choice/～打细算 jīngdǎ-xìsuàn careful calculation and strict budgeting ❷聪明，思想周密 smart; clever：这孩子真～ Zhè háizi zhēn jīng. That's really a smart child. /他是个～明强干的人 Tā shì ge jīngmíng-qiánggàn de rén. He is an intelligent and capable fellow. ❸精华，物质中最纯粹的部分，提炼出来的东西 essence; extract：麦～ màijīng malt extract/酒～ jiǔjīng ethyl alcohol; alcohol/炭～ tànjīng charcoal products [精神—shén] 1. 即主观世界，包括思想、作风等，是客观世界的反映 the subjective world, including the mind, ways of doing things, etc., which is also the reflection of the objective world：物质可以变成～～，～～可以变成物质 Wùzhì kěyǐ biànchéng jīngshén, jīngshén kěyǐ biànchéng wùzhì. Matter can be transformed into spirit, and spirit can be transformed into matter. 2. 内容实质 essence; gist：文件～～ wénjiàn jīngshén the gist of a document 3. (—shen)指人表现出来的活力 vigour; vitality：他的～～很好 Tā de jīngshén hěn hǎo. He is full of vigour. /做事有～～ zuòshì yǒu jīngshen do things energetically [精彩—cǎi]最出色的 brilliant; splendid ❹精液，男子和雄性动物体内的生殖物质 sperm; semen ❺专一，深入 proficient; skilled：博而不～ bó'érbùjīng have wide but not expert knowledge; know sth about everything/～通 jīngtōng be proficient in; have a good command of/他～于针灸 Tā jīngyú zhēnjiǔ. He is skilled in acupuncture *and moxibustion.* ❻很，极 extremely；very；～湿 jīngshī *soaking wet*/～瘦 jīngshòu *very lean*/～光 jīngguāng *with nothing left* ❼迷信的人以为多年老物变成的妖怪 goblin；spirit (believed by superstitious people to be transformed from very ancient objects)：妖～ yāojīng *evil spirit*；*demon*/狐狸～húlijīng *fox spirit* (*fig. a seductive woman*)

鼱 jīng ㄐㄧㄥ 小鼠 small mouse

旌 jīng ㄐㄧㄥ ❶古代用羽毛装饰的旗子。又指普通的旗子 an ancient type of banner hoisted on a feather-decked mast；also banner in general ❷表扬 praise；commend［旌表—biǎo］指封建统治阶级对遵守封建礼教的人的表扬 (of feudal rulers) confer honours on the virtuous and the worthy, or those who conform to the feudal ethical code

晶 jīng ㄐㄧㄥ 形容光亮 (叠 redup.) brilliant；glittering：～莹 jīngyíng *sparkling and crystal clear*；*glittering and translucent*/亮～～的 liàngjīngjīng de *glittering*；*sparkling*［晶体管—tǐguǎn］用半导体材料制成的电子元件，可用来代替部分电子管 transistor, a semiconductor electrical appliance, which can be used in place of some electron tubes［结晶 jié—］1. 由液体或气体变成许多有一定形状的小颗粒的现象 crystallization；formation of small grains from liquid or gas 2. 由结晶现象生成的小颗粒 crystals, pieces formed by crystallization ⊛ *fig.* 成果 crystallization；achievement：这本著作是他多年研究的～～ Zhè běn zhùzuò shì tā duōnián yánjiū de jiéjīng. *This book is the fruit of his many years' research.*［水晶 shuǐ—］矿物名。坚硬透明，种类很多，可制光学仪器等 crystal, hard transparent mineral of various kinds, which can be used in making optical instruments, etc.

粳(*秔，*稉) jīng ㄐㄧㄥ 粳稻，稻的一种，米有黏的和不黏的两种 jīngdào, a round-grained rice that is either glutinous or non-glutinous

兢 jīng ㄐㄧㄥ ［兢兢——］小心，谨慎 careful；cautious：战战～～ zhànzhàn-jīngjīng *trembling with fear*；*with fear and anxiety*/～～业业 jīngjīng-yèyè *cautious and conscientious*

井 jǐng ㄐㄧㄥ ❶从地面向下挖成的能取出水的深洞，洞壁多砌上砖石 well, a deep hole dug out in the ground, usu with brick walls, where water can be drawn ❷形状跟井相像的 a well-shaped space：天～tiānjǐng *small yard*；*courtyard*/盐～ yánjǐng *salt well*；*brine pit*/矿～ kuàngjǐng *mine shaft or pit* ❸整齐，有秩序 (叠 redup.) neat；orderly：～～有条 jǐngjǐng-yǒutiáo *in perfect order*；*methodical*/秩序～然 zhìxù jǐngrán *in good order* ❹星宿名，二十八宿之一 a star constellation, one of the twenty-eight constellations into which the celestial sphere was divided in ancient Chinese astronomy

阱(*穽) jǐng ㄐㄧㄥ 陷阱，捕野兽用的陷坑 trap (pitfall), an apparatus for catching and holding animals

肼 jǐng ㄐㄧㄥ 有机化合物的一类，通式 R－NH－NH₂，是 NH₂－NH₂ 烃基衍生物的统称 hydrazine, an organic compound, a general name for NH₂－NH₂ hydrocarbon derivatives；general formula：R－NH－NH₂

刭(剄) jǐng ㄐㄧㄥ 用刀割脖子 cut the throat：自～ zìjǐng *commit suicide by cutting one's throat*；*cut one's own throat*

颈(頸) ㊀ jǐng ㄐㄧㄥ 脖子，头和躯干相连接的部分

neck，the part of the body between the head and the shoulders（图见 640 页"体" See picture under entry of "tǐ"，p. 640）

〇 gěng 见 207 页 See p. 207

景 jǐng ㄐㄧㄥˇ ❶风景，风光 view；scenery：良辰美～ liángchén-měijǐng *a fine moment and a beautiful scene*／～致美好 jǐngzhì zhēn hǎo *The scenery is beautiful*. ／~色秀丽 jǐngsè xiùlì *The scenery is picturesque*. ❷景象，情况 situation；condition：盛～ shèngjǐng *a grand occasion* ／晚～ wǎnjǐng *one's circumstances in old age*／幸福生活的远～xìngfú shēnghuó de yuǎnjǐng *the prospects of a happy life* ❸景仰，佩服，敬慕 admire；respect：～慕 jǐngmù *esteem*；*admire* [景颇族—pōzú]我国少数民族，参看附表 the Jingpo（Chingpaw）nationality，a national minority in China. See Appendix

〈古 arch.〉又同"影 yǐng" Also same as "影".

憬 jǐng ㄐㄧㄥˇ 觉悟 awake；come to understand

璟 jǐng ㄐㄧㄥˇ 玉的光彩 the splendor of jade

儆 jǐng ㄐㄧㄥˇ 使人警醒，不犯过错 warn；admonish：～戒 jǐngjiè *warn*；*admonish*／惩（chéng）一～百 chéngyī-jǐngbǎi *punish one to warn a hundred*；*make an example of sb.*

警 jǐng ㄐㄧㄥˇ ❶注意可能发生的危险 warn；alarm：～戒 jǐngjiè *warn*；*alarm*／～备 jǐngbèi *guard*；*garrison*／～告（提醒人注意）jǐnggào *warn*；*caution* [警察—chá] 国家维持社会治安和秩序的武装力量。也指参加这种武装力量的成员。也省称"警" police，an official body of men（and women）whose duty is to protect people and property，to make everyone obey the law，to catch criminals，etc；also policeman，a member of a police force. Also simplified as "警"；人民～～ rénmín jǐngchá *the people's police*／民～mínjǐng *the people's police*；*people's policeman* ❷需要戒备的危险事件或消息 alarm：火～ huǒjǐng *fire alarm*／告～ gàojǐng *report an emergency*；*give*（or *sound*）*an alarm*～报 jǐngbào *alarm*；*warning* ❸感觉敏锐 alert；vigilant：～觉 jǐngjué *vigilance*；*alertness*／～醒 jǐngxǐng *watchful*；*alert*

劲（勁） 〇 jìng ㄐㄧㄥˋ 坚强有力 strong；powerful：～旅 jìnglǚ *strong contigent*；*crack force*／～敌 jìngdí *formidable adversary*；*strong opponent*／刚～ gāngjìng *sturdy*；*vigorous*／疾风知～草 jífēng zhī jìngcǎo *Sturdy grass understands high winds*.（fig. Strength of character is tested in a crisis.）

〇 jìn 见 324 页 See p. 324

径（徑、❶❸*逕） jìng ㄐㄧㄥˋ ❶小路 foot-path；track：山～shānjìng *mountain path* 喻 fig. 达到目的的方法 way；means：捷～jiéjìng *shortcut*／门～ménjìng *access*；*way* [径庭—tíng] 喻 fig. 相差太远 very unlike：大相～～dàxiāng jìngtíng *entirely different*；*widely divergent* [径赛—sài] 各种长短距离的赛跑和竞走项目比赛的总称 track，course specially prepared for all kinds of long or short length racing（including jog race） ❷直径，两端以圆周为界，通过圆心的直线或指直径的长度 diameter，（the length of）a straight line going from one side to another through the centre of a circle：半～（圆心至圆周的线段）bànjìng *radius*，（the line marking）*the distance from the centre of a circle to its edge*／口～kǒujìng *bore*；*calibre* ❸直截了当 straight；directly：～启者 jìngqǐzhě *one who opens directly*／～向有关单位联系 jìng xiàng yǒuguān dānwèi liánxì *directly contact with* the unit concerned

胫（脛、*踁）jìng ㄐㄧㄥˋ 小腿，从膝盖到脚跟的一段 shin，the bony front part of the leg between the knee and the ankle[胫骨—gǔ]小腿内侧的骨头 shin bone，the front bone in the leg below the knee（图见 217 页"骨" See picture under entry of"gǔ"，p.217）

痉（痙）jìng ㄐㄧㄥˋ 痉挛(luán)，俗叫"抽筋"。肌肉收缩，手脚抽搐(chù)的现象，小孩子发高烧时常有这种症状 convulsion；spasm，a sudden uncontrolled tightening of muscles，an occasional symptom accompanying a child's high fever；popularly called "chōujīn"

净（*凈）jìng ㄐㄧㄥˋ ❶干净，清洁 clean：～水 jìngshuǐ clean water/脸要洗～liǎn yào xǐjìng Wipe your face clean. ❷洗，使干净 wash；make clean：～面 jìngmiàn wash one's face/～手 jìngshǒu wash one's hands ❸什么也没有，空，光 with nothing left；empty：钱用～了 Qián yòngjìng le. The money is used up. ❹单纯 pure；mere 1.纯粹的 net；pure：～利 jìnglì net profit/～重 jìngzhòng net weight 2.单只，仅只 only；merely：～剩下棉花了 Jìng shèngxia miánhua le. Only cotton is left. 3.全（没有别的）all（without anything else）：满地～是树叶 Mǎndì jìngshì shùyè. There were nothing but leaves all over the ground. ❺传统戏曲里称花脸 (in the traditional opera) painted-face role

倞 ㊀ jìng ㄐㄧㄥˋ 强，强劲 powerful；forceful
㊁ liàng 见 401 页 See p.401

竞（競）jìng ㄐㄧㄥˋ 比赛，互相争胜 compete；contend：～走 jìngzǒu jog race/～渡 jìngdù boat race；swimming race [竞争—zhēng]为了自己或本集团的利益而跟人争胜 compete，try to win sth for oneself or one's group in competition with sb. else [竞赛—sài]互相比赛，争取优胜 contest；emulate：劳动～～láodòng jìngsài labour emulation (drive)

竟 jìng ㄐㄧㄥˋ ❶终了(liǎo)，完毕 finish；complete：读 ～ dújìng finish one's reading (or study)/继承先烈未～的事业 jìchéng xiānliè wèijìng de shìyè carry forward the unfulfilled cause of the martyrs ㊣ ext. 1.到底，终于 in the end；eventually：有志者事～成 Yǒuzhìzhě shì jìng chéng. Where there is a will there is a way. /他的话毕～不错 Tā de huà bìjìng bùcuò. What he said proved to be true after all. 2.整，从头到尾 whole；throughout：～日 jìngrì the whole day；all day long ❷居然，表示出乎意料 unexpectedly；to one's surprise：这样巨大的工程，～在短短半年中就完成了 Zhèyàng jùdà de gōngchéng，jìng zài duǎnduǎn bànnián zhōng jiù wánchéng le. To think that such a great project was completed in only half a year!

境 jìng ㄐㄧㄥˋ ❶疆界 border；boundary（㊨ comb. 边— biān — border；frontier）：国～guójìng national territory/入～rùjìng enter a country ❷地方，处所 place；area：如入无人之～rú rù wú rén zhī jìng like entering an unpeopled land (fig. smashing all resistence) ㊣ ext. 1.品行学业的程度 condition or degree (of one's moral conduct or studies)：学有进～xué yǒu jìnjìng make progress in one's studies 2.环境，遭遇到的情况 situation；circumstances：处～不同 chǔjìng bùtóng in different plights (unfavorable situations)/事过～迁 shìguò-jìngqiān When the matter is over，the circumstances are different. or The events have passed and the times have changed.

猃 jìng ㄐㄧㄥˋ 古书上说的一种像虎豹的兽,生下来就吃生它的母兽 aleopard-like or tiger-like animal mentioned in ancient texts, which eats its mother as soon as it is born

镜 jìng ㄐㄧㄥˋ ❶(-子-zi)用来反映形象的器具,古代用铜磨制,现代用玻璃制成 looking glass; mirror, an instrument that throws back (reflects) images that fall on it, which is made by polishing the surface of brass in ancient times, and now made of a piece of glass ❷利用光学原理特制的各种器具 lens; glass, kinds of instruments made according to optical principles:显微～ xiǎnwēijìng microscope/望远～wàngyuǎnjìng telescope/眼～yǎnjìngr glasses; spectacles/凸透～ tūtòujìng convex lens/三棱镜 sānléngjìng (triangular) prism ❸喻取鉴的事物 warning; object lesson:以人为～ yǐ rén wéi jìng take the warning (or lessons) from others

婧 jìng ㄐㄧㄥˋ 女子有才能 (of a woman) be capable; have ability

靓 ⊖ jìng ㄐㄧㄥˋ 妆饰,打扮 dress up; make up.
⊜ liàng 见 402 页 See p. 402

靖 jìng ㄐㄧㄥˋ ❶安静,平安 quiet; peaceful. ❷旧指平定,使秩序安定。参看 619 页"绥❶" (old use) make tranquil; pacify. See entry of of "suí❶", p. 619

静 jìng ㄐㄧㄥˋ ❶停止的,跟"动"相反 still; tranquil, antoym of "dòng":～止 jìngzhǐ static; motionless/风平浪～ fēngpíng-làngjìng The wind has dropped and the waves have subsided (fig. calm and tranquil). ❷没有声音 quiet:这个地方很清～ Zhège dìfang hěn qīngjìng. This place is very quiet./更深夜～ gēngshēn-yèjìng Deep and quiet is the night./～悄悄的 jìngqiāoqiāo de be very quiet

敬 jìng ㄐㄧㄥˋ ❶尊重,有礼貌地对待 respect; treat with respect (连comb. 尊— zūn— respect; esteem):～客 jìngkè treat one's guest with respect/～之以礼 jìng zhī yǐ lǐ pay one's respect to sb./～赠 jìngzèng (used when sending a gift) with complements/～献 jìngxiàn present (sth.) with respect ❷表示敬意的礼物 a gift of respect:喜～ xǐjìng a gift of respect on a happy occasion ❸有礼貌地送上去 offer politely:～酒 jìngjiǔ propose a toast; toast/～茶 jìngchá serve tea (to a guest)

JIONG ㄐㄩㄥ

垧 jiōng ㄐㄩㄥ 离城市很远的郊野 outermost suburbs field

扃 jiōng ㄐㄩㄥ 从外面关门的闩 (shuān)、钩等 a bolt or hook for fastening a door from outside (转 trans. 1.门 door 2.上闩,关门 bolt or shut a door

冏 jiǒng ㄐㄩㄥˇ ❶光 light ❷明亮 bright

迥 jiǒng ㄐㄩㄥˇ 远 far apart:～异(相差很远)jiǒngyì totally different [迥然—rán]显然,清清楚楚地 obviously:～～不同 jiǒngrán-bùtóng utterly different; not in the least alike

泂 jiǒng ㄐㄩㄥˇ 远 far

绹(**褧) jiǒng ㄐㄩㄥˇ 古代称罩在外面的单衣 (in former times) outer garment; cloak

炯 jiǒng ㄐㄩㄥˇ 光明,明亮 (叠 redup.) bright; shining:目光～～mùguāng-jiǒngjiǒng flashing eyes

炅 ⊖ jiǒng ㄐㄩㄥˇ 火光 flame; blaze
⊜ guì 见 230 页 See p. 230

煚 jiǒng ㄐㄩㄥˇ ❶火 fire ❷日光 sunlight

窘 jiǒng ㄐㄩㄥˇ ❶穷困 in straightened circumstances; hard-up:生

活 很 ～ shēnghuó hěn jiǒng live a hard life ❷为难 awkward；embarrassed；这种场面让人觉得很～ Zhè zhǒng chǎngmiàn ràng rén juéde hěn jiǒng. This kind of scenes are embarrassing. ❸难住，使为难 embarrass：你一言，我一语，～得他满脸通红 Nǐ yī yán, wǒ yī yǔ, jiǒng de tā mǎnliǎn tōnghóng. Our chit-chat embarrassed him so much that he blushed.

JIU ㄐㄧㄡ

纠 jiū ㄐㄧㄡ ❶缠绕 entangle（⬀ comb.）—缠 —chán get entangled）：～缠不清 jiūchán-bùqīng be in a tangled dispute；issue ❷矫正 correct；rectify：～偏救弊 jiūpiān-jiùbì rectify a deviation and remedy an abuse [纠正—zhèng]把有偏向的事情改正 correct；put right（a deviation）：～～工作中的偏向 jiūzhèng gōngzuò zhōng de piānxiàng correct a deviation in one's work [纠察—chá]在群众活动中维持秩序 maintain order at a public gathering ❸集合 gather together：～合众人（含贬义）jiūhé zhòngrén（derog.）call（or round up）a group of people

赳 jiū ㄐㄧㄡ [赳赳——]健壮威武的样子 valiant；gallant：雄～～xióngjiūjiū valiant；gallant

鸠 jiū ㄐㄧㄡ ❶鸽子一类的鸟，常见的有斑鸠、山鸠等 turtledove, a type of dove, the common ones are bānjiū, shānjiū, etc. ❷聚集 gather together：～合（纠合）jiūhé gather together

究 jiū ㄐㄧㄡ（旧读 early pronounced jiù）求实，追查 study carefully；investigate：～办 jiūbàn investigate and deal with／追～ zhuījiū look into；find out／推～ tuījiū examine；study／

必须深～ bìxū shēnjiū must go into（a matter）seriously [究竟—jìng] 1. 副词，到底 adv. after all；anyway：～～是怎么回事 Jiūjìng shì zěnme huí shì? Whatever does this mean? or What happened anyway? 2. 结果 outcome；what actually happened：大家都想知道个～～ Dàjiā dōu xiǎng zhīdào ge jiūjìng. Everybody wants to know what actually happened. [终究 zhōng—]副词，到底 adv. eventually；in the end：问题～～会弄清楚的 Wèntí zhōngjiū huì nòng qīngchu de. The matter will be clarified in the end.

阄（鬮）jiū ㄐㄧㄡ（一儿—r）抓阄时用的纸团 lot, a folded piece of paper used in drawing lots [抓阄儿 zhuā—r]为了赌胜负或决定事情而各自抓取做好记号的纸团 draw lots, pick a folded marked piece of paper out of several for making a choice or decision

揪 jiū ㄐㄧㄡ 用手抓住或拉住 hold tight；seize（with the hand）：赶快～住他 Gǎnkuài jiūzhù tā. Get hold of him quickly. ／～断了绳子 jiūduàn-le shéngzi snap a rope with a pull／～下一块面 jiūxia yī kuài miàn pluck off a piece of dough [揪心—xīn]心里紧张，担忧 anxious；worried

啾 jiū ㄐㄧㄡ [啾啾——]拟声词，指动物的细小的叫声 onom. imitating the chirping of birds or insects

鬏 jiū ㄐㄧㄡ 头发盘成的结 hair bun；hair knot

九 jiǔ ㄐㄧㄡˇ ❶数目字 nine（number）[数九 shǔ—]从冬至日起始的八十一天，每九天作一单位，从"一九"数到"九九" the eighty-one days beginning from the Winter Solstic, with every nine days as a unit, counting from the first nine days to the ninth nine days ❷表示多次或多数 many；numerous：～死一生 jiǔsǐ-yīshēng a narrow escape from death；

survival after many hazards/～霄 jiǔxiāo *the highest heavens*

久 jiǔ ㄐㄧㄡˇ ❶时间长 for a long time；long：年深日～ niánshēn-rìjiǔ *with the passage of time；as the years go by*/很～没有见面了 hěnjiǔ méiyǒu jiànmiàn le *have not seen each other for a long time* ❷时间的长短 of a specified duration：你来了多～了 Nǐ láile duōjiǔ le? *How long have you been here?*

玖 jiǔ ㄐㄧㄡˇ ❶一种象玉的浅黑色石头 a jade-like light-black stone ❷"九"字的大写 nine (used for the numeral "jiǔ" on cheques, etc., to avoid mistakes or alterations)

灸 jiǔ ㄐㄧㄡˇ 烧，多指用艾叶等烧灼或熏烤身体某一部分的治疗方法 moxibustion, a medical treatment that involves searing or smoking part of the body with moxa：针～zhēnjiǔ *acupuncture and moxibustion*

韭(*韮) jiǔ ㄐㄧㄡˇ 韭菜，多年生草本植物，丛生，叶细长而扁，开小白花。叶和花嫩时可以吃 fragrant-flowered garlic；(Chinese) chive, a perennial herb that grows thickly, bears small white flowers and has flat long and thin leaves. Both flowers and leaves are edible when tender.

酒 jiǔ ㄐㄧㄡˇ 用高粱、米、麦或葡萄等发酵制成的含乙醇的饮料，有刺激性，多喝对身体害处很大 wine；liquor, an alcoholic drink made from fermented rice, wheat, grapes, etc., which is stimulating and yet very harmful to one's health if one drinks too much of it [酒精-jīng] 用酒蒸馏制成的无色液体，化学上叫乙醇，工业和医药上用途很大 ethyl alcohol；alcohol, a colorless liquid obtained through distillation of alcoholic drink, widely used in industry and medicine

旧(舊) jiù ㄐㄧㄡˋ ❶跟"新"相反 antonym of "xīn." 1. 过去的，过时的 past；old：～脑筋 jiùnǎojīn *a person who clings to old-fashioned ideas；an old fogy*/～社会 jiùshèhuì *the old society* 2. 因经过长时间而变了样子 used；worn：衣服～了 yīfu jiù le *The clothes are old (or used).* ❷指交情，有交情的人 old friendship；old friend：有～ yǒujiù *have been friends in the past*/故～ gùjiù *old friends and acquaintances*

臼 jiù ㄐㄧㄡˋ ❶舂米的器具，一般用石头制成，样子像盆 mortar, a bowl made from a hard material, usu. stone which are used for making rice whi or crushed substances into very small pieces or powder ❷像臼的 mortar-shaped：～齿 jiùchǐ *molar*

柏 jiù ㄐㄧㄡˋ 乌桕树，落叶乔木，夏日开花，黄色。种子外面包着一层白色脂肪叫桕脂，可以制造蜡烛和肥皂。种子可以榨油。是我国特产植物的一种 Chinese tallow tree, a typical Chinese plant, a deciduous tree with yellow flowers in summer, bearing seeds that can produce oil and are wrapped by a layer of white grease which can be used in making candle or soap

舅 jiù ㄐㄧㄡˋ ❶母亲的弟兄 (叠 redup.) mother's brother；uncle ❷(一子-zi) 妻子的弟兄 wife's brother；brother-in-law：妻～ qījiù *wife's brother；brother-in-law*/小～子 xiǎojiùzi *wife's younger brother；brother-in-law* ❸古代称丈夫的父亲 (ancient use) husband's father：～姑 (公婆)jiùgū *husband's parents；parents-in-law*

咎 jiù ㄐㄧㄡˋ ❶过失，罪 fault；blame：～由自取 jiùyóuzìqǔ *have only oneself to blame* ❷怪罪，处分 punish；blame：既往不～ jìwǎngbùjiù *forgive sb's past misdeeds；not censure sb. for his past misdeeds* ❸凶

bad fortune：休～(吉凶)xiūjiù *good and bad fortune*；*weal and woe*

疚 jiù ㄐㄧㄡˋ 长期生病 have a lasting illness ㊉ trans. 忧苦，心内痛苦 remorse：负～ fùjiù *feel apologetic*；*have a guilty conscience*／内～ nèijiù *compunction*；*guilty conscience*

枢 jiù ㄐㄧㄡˋ 装着尸体的棺材 a coffin with a corpse in it：灵～ língjiù *a coffin containing a corpse*；*bier*

救(＊捄) jiù ㄐㄧㄡˋ 帮助，使脱离困难或危险 rescue；save：～济 jiùjì *extend relief to*；*relieve the distress of*／～援 jiùyuán *rescue*；*come to one's help*／～命 jiùmìng *save one's life*／～火(帮助灭火)jiùhuǒ *fight the fire*；*try to put out a fire*／～生圈 jiùshēngquān *life buoy*／求～ qiújiù *ask sb. to come to the rescue*；*cry for help*〔救星—xīng〕指帮助人脱离苦难的集体或个人 liberator；saviour，person or collective who saves people from distress

厩(＊廏) jiù ㄐㄧㄡˋ 马棚，泛指牲口棚 stable；(generally) cattle-shed：～肥 jiùféi *barnyard manure*

就 jiù ㄐㄧㄡˋ ❶凑近，靠近 come near；move towards：～着灯光看书 jiùzhe dēngguāng kàn shū *read a book by the light of a lamp* ❷从事，开始进入 engage in；enter upon：～学 jiùxué *go to school*；*attend school*／～业 jiùyè *get a job*；*obtain employment* ❸依照现有情况，趁着 with regard to；taking advantage of：～近上学 jiùjìn shàngxué *go to a nearby school*；*go to school in the neighbourhood*／～地解决 jiùdì jiějué *settle sth. on the spot* ❹随同着吃下去 be eaten with；go with：炒鸡子～饭 chǎo jīzǐ jiù fàn *have some scrambled eggs to go with the rice* ❺完成 accomplish；make：造～人才 zàojiù réncái *bring up (or train) qualified personnels* ❻

副词，表示肯定语气 adv. expressing an affirmative 1. 加强 indicating stress：这么一来～好办了 Zhème yīlái jiù hǎobàn le. *In that case, will be easier.* 2. 在选择句中跟否定词相应 (used in combination with a negative in the alternative sentence) in that case：不是你去，～是我去 Bù shì nǐ qù, jiùshì wǒ qù. *Either you go, or I go.* or *If you don't go there, I will.* ❼副词，立刻，不用经过很多时间 adv. at once；right away：他一来，我～走 Tā yīlái, wǒ jiù zǒu. *I'll go as soon as he comes.*／他～要参军了 Tā jiùyào cānjūn le. *He is going to join up very soon.* ❽连词，就是，即使，即便，表示假定 conj. even if：天～冷，我们也不怕 Tiān jiù zài lěng, wǒmen yě bù pà. *We shall not be afraid even if it gets colder.*／你～送来，我也不要 Nǐ jiù sònglai, wǒ bù yào. *I will not take it even if you send it here.* ❾副词，单，只，偏偏 adv. only；merely：他～爱看书 Tā jiù ài kàn shū. *He only likes reading books.*／怎么～我不能去？ Zěnme jiù wǒ bù néng qù? *Why is it I that cannot go there?*

僦 jiù ㄐㄧㄡˋ 租赁 rent：～屋 jiùwū *rent a room (or house)*

鹫 jiù ㄐㄧㄡˋ 一种猛禽。见 132 页"雕" vulture, a fierce bird. See "diāo", p. 132

JU ㄐㄩ

车(車) ⊜ jū ㄐㄩ 象棋棋子的一种 chariot, one of the pieces in Chinese chess
⊝ chē 见 71 页 See p. 71

且 ⊜ jū ㄐㄩ 〈古 arch.〉❶文言助词，相当于"啊" aux. (in classical Chinese) equal to ā：狂童之狂也～ Kuángtóng zhī kuáng yě jū. *How arrogant the child is!* ❷用于人名

used in peoples' names

〇 qiè 见 533 页 See p. 533

苴 jū ㄐㄩ 大麻的雌株，开花后能结果实 the female plant of marijuana, which grows fruit after blooming

岨 jū ㄐㄩ 带土的石山 a stone hill with clay on it

狙 jū ㄐㄩ 古书里指一种猴子 (in ancient texts) a kind of monkey

[狙击—jī]乘人不备，突然出击 snipe, attack unprepared people from a hidden position

疽 jū ㄐㄩ 中医指一种毒疮 (in Chinese medicine) subcutaneous ulcer; deep-rooted ulcer

趄 〇 jū ㄐㄩ 见 870 页"趑"字条"趑趄 zī—" See "zījū" under entry of "zī", p. 870

〇 qiè 见 534 页 See p. 534

雎 jū ㄐㄩ 雎鸠，古书上说的一种鸟。也叫"王雎"(mentioned in ancient texts) a waterfowl; also called "wángjū"

拘 jū ㄐㄩ ❶逮捕或扣押 arrest; detain：～票 jūpiào arrest warrant; warrant/～留 jūliú detain; hold in custody/～禁 jūjìn detain; take into custody ❷限，限制 restrain; limit：～管 jūguǎn keep in custody/不～多少 bùjū duōshǎo not limiting the quantity of (sth.) ❸拘束，不变通 constrained; inflexible：～谨 jūjǐn overcautious; reserved/ ～泥成法 jūní chéngfǎ rigidly adhere to established laws (or tried methods)

[拘挛—luán]1. 痉挛 cramps; spasms 2.(——儿，——luanr)蜷曲 frozen stiff; numb with cold：手冻～～了 Shǒu dòng jūluanr le. The hands are frozen stiff.

泃 jū ㄐㄩ 泃河，水名，在河北省 Jū Hé, a river in Hebei Province

驹 jū ㄐㄩ ❶少壮的马 colt：千里～ qiānlǐjū a thousand-li colt (fig. a son who is showing great promise) ❷(一子—zi)小马 foal：马～子

mǎjūzi foal; colt or filly/又指小驴、骡等 also young donkey or young mule：驴～子 lǘjūzi foal

居 jū ㄐㄩ ❶住 reside; dwell：分～ fēnjū (of husband and wife) live separately; separate/久～乡间 jiǔjū xiāngjiān live in the countryside for a long time ❷住处 residence; house：新～xīnjū new home; new residence/鲁迅故～Lǔ Xùn gùjū the former residence of Lu Xun ❸站在，处于 be (in a certain position); occupy (a certain place)：～中 jūzhōng be placed in the middle; (mediate) between two parties/～间 jūjiān (mediate) between two parties ❹当，任 assert; hold (a position)：以前辈自～ yǐ qiánbèi zìjū pose as a senior; pride oneself on one's seniority ❺安放 harbour：是何～心 Shì hé jūxīn? What are their (evil) intentions? ❻积蓄，储存 store up; lay by：奇货可～ qíhuò-kějū A rare commodity is worth hoarding. /囤积～奇 túnjī-jūqí hoarding for a higher price; hoarding and profiteering ❼停留 stay put; be at a standstill：岁月不～suìyuè bù jū Time and tide wait for no man.

[居然—rán]副词，竟，出乎意外地 adv. unexpectedly; actually：他～～来了 Tā jūrán lái le. He has actually come. or To everyone's surprise, he has come.

据 〇 jū ㄐㄩ 见 315 页"拮"字条"拮据 jié—" See "jiéjū" under entry of jié, p. 315

〇 jù 见 339 页 See p. 339

崌 jū ㄐㄩ 见 392 页"岖"字条"岖崌山 Lì—Shān" See "Lìjūshān" under entry of "lì", p. 392

琚 jū ㄐㄩ 古人佩带的一种玉 a jade pendent used by ancient people

椐 jū ㄐㄩ 古书上说的一种树，枝节肿大，可以做拐杖 (in ancient texts) a kind of tree with swelling joints; used as stick

腒 jū ㄐㄩ 干腌的鸟类肉 salted dry bird meat

锯 ㊁ jū ㄐㄩ 同"锔 jū" Same as "锔".

㊀ jù 见 340 页 See p. 340

裾 jū ㄐㄩ 衣服的大襟 the full front of a Chinese garment ⑪ ext. 衣服的前后部分 the full front and back of a gown

掬 jū ㄐㄩ 用两手捧 hold with both hands：以手～水 yǐ shǒu jū shuǐ *scoop up some water with one's hands*/笑容可～(形容笑得明显) xiàoróng-kějū *fig. radiating with smiles*

鞠 jū ㄐㄩ ❶养育，抚养 rear；bring up ❷古代的一种皮球 a ball used in play in ancient times：蹴(cù)～(踢球) cùjū *kick a ball* [鞠躬—gōng]弯腰表示恭谨慎。现指弯身行礼 bow (to show respect and caution)；bow in courtesy

娵 jū ㄐㄩ [娵隅—yú]古代南方少数民族称鱼为娵隅 (used by ancient southern national minorities) fish

锔 ㊀ jū ㄐㄩ 用锔子连合破裂的器物 mend (crockery) with cramps：～盆 jū pén *mend a basin with cramps*/～缸 jū gāng *mend a jar with cramps*/～锅 jū guō *mend a pot (or pan) with cramps*/～碗儿 jūwǎnr *de crockery mender* [锔子—zi]用铜、铁等制成的扁平有钩的两脚钉，用来连合陶瓷等器物的裂缝 a cramp (made of iron, copper, etc, and bent at both ends) used in mending cracks in crockery

㊁ jú 见 337 页 See p. 337

鞫 jū ㄐㄩ ❶审问 interrogate：～讯 jūxùn *inter.* ～审 jūshěn *interrogate*；*try* (a prisoner) ❷穷困 poverty-stricken

局(❼❽*跼、❽*侷) jú ㄐㄩ ❶部分 part；portion：～部麻醉 júbù mázuì *local anaesthesia* ❷机关及团体组织分工办事的单位 bureau；office：教育～jiàoyùjú *bureau of education* / 公安～gōng'ānjú *public security bureau* ❸某些商店或办理某些业务的机构的名称 (used in certain shop names or names of organizations dealing with certain business)：书～shūjú *publishing house*；*book company*/邮电～yóudiànjú *post and telecommunications office* ❹棋盘 chessboard ❺着棋的形势 the development of a game of chess ⑭ *fig.* 事情的形势、情况 situation；state of affairs：结～jiéjú *final result*；*outcome*/大～dàjú *overall (or general) situation*/时～shíjú *the current political situation* [局面—miàn] 1. 一个时期内事情的状态 situation；aspect (during a certain period)：稳定的～～wěndìng de júmiàn *a stable prospect* 2.〈方 dial.〉规模 scope；scale ❻量词，下棋或其他比赛一次叫一局 *meas.* a game of chess or of other contests ❼弯曲 winding；crooked ❽拘束，拘谨 restrained；reserved [局蹐—jí]拘束不敢放纵 constrained；awkward ❾[局促—cù]1. 狭小 narrow；cramped 2. 拘谨不自然 feel or show constraint：他初到这里，感到有些～～Tā chūdào zhèlǐ，gǎndào yǒuxiē júcù. *Somewhat he feels constraint (or ill at ease) having come here recently.*

焗 jú ㄐㄩ 〈方 dial.〉一种烹饪方法，利用蒸气使密封容器中的食物变熟 (in cookery) steam food in a sealed container：盐～鸡 yánjújī *steamed chicken in dense-salty water* [焗油—yóu]一种染发、养发、护发方法。在头发上抹油后，用特制机具蒸气加热，待冷却后用清水冲洗干净 treatment of the hair to make it dyed, shiny and soft, applying cream to the hair and heating it with steam produced from a special utensil, and then washing it with clean water after it cools down

锔 ⊖ jú ㄐㄩ 一种人造的放射性元素，符号 Cm curium, a man-made radioactive element；symbol：Cm

⊖ jū 见 336 页 See p. 336

桔 ⊖ jú ㄐㄩ "橘"俗作"桔" a popular form for "橘"

⊖ jié 见 316 页 See p. 316

菊 jú ㄐㄩ 菊花，多年生草本植物，秋天开花，种类很多。有的花可入药，也可以作饮料 chrysanthemum, a perennial herb of many species, which blooms in autumn. Some flowers can be used in medicine or in drink.

溴 jú ㄐㄩ 溴水，水名，在河南省 Jú Shuǐ, a river in Henan Province

鶪 jú ㄐㄩ 古书上说的一种鸟，就是伯劳，背灰褐色，尾长，上嘴钩曲，捕食鱼、虫、小鸟等，是一种益鸟 (mentioned in ancient texts) shrinke, a bird that has a greyish-brown back, a long tail and hooked beaks, feeds on fish, insects, small birds, etc. , and is a beneficial bird

橘 jú ㄐㄩ 橘树，常绿乔木，初夏开花，白色。果实叫橘子，味甜酸，可以吃，果皮可入药 tangerine tree, an evergreen tree that bears white flowers in early summer. Its fruit, júzi (tangerine), tastes sweet and sour and is edible, with peels that can be used in medicine.

柜 ⊖ jǔ ㄐㄩ 柜柳，落叶乔木，羽状复叶，小叶长椭圆形，性耐湿、耐碱，可固沙，枝韧，可以编筐 Chinese Wingnut；Chinese Ash, a deciduous tree that has featherlike compound leaves and small oval leaves, is water-and alkaline-tolerant, and has tenacious twigs that can be used in making buskets.

⊖ guì 见 230 页 See p. 230

矩(*榘) jǔ ㄐㄩ ❶ 画方形的工具 carpenter's square；square；～尺（曲尺）jǔchǐ carpenter's square/不以规～不能成方圆 bù yǐ guījǔ bù néng chéng fāngyuán Without compasses and carpenter's square, one can not draw a square or circle (fig. One cannot be a well-disciplined person without following the customary rules of good behavior.) ❷法则，规则 rules；regulations：循规蹈～ xúnguī-dǎojǔ observe rules, obey orders, etc.

咀 ⊖ jǔ ㄐㄩ 含在嘴里细细玩味 chew：含英～华（喻读书吸取精华）hányīng-jǔhuá fig. relish the joys of literature [咀嚼－jué] 嚼（jiáo）chew；mesticate 喻 fig. 体味 mull over；ruminate

⊖ zuǐ 见 879 页 See p. 879

沮 ⊖ jǔ ㄐㄩ ❶阻止 stop；prevent ❷坏，败坏 turn bad；corrupt [沮丧－sàng] 失意，懊丧 dejected；depressed

⊖ jù 见 339 页 See p. 339

龃 jǔ ㄐㄩ [龃龉－yǔ] 牙齿上下对不上 the lower and upper teeth not meeting properly 喻 fig. 意见不和 (of opinions) disagreement；discord

莒 jǔ ㄐㄩ 周代诸侯国名，在今山东省莒南一带 a state in the Zhou Dynasty, in today's Junan, Shangdong Province

筥(**簴) jǔ ㄐㄩ 圆形的竹筐 a round bamboo basket

枸 ⊖ jǔ ㄐㄩ [枸橼－yuán] 也叫"香橼"，常绿乔木，初夏开花，白色。果实有香气，味很酸 also xiāngyuán, citron, an evergreen arbor that bears white flowers in early summer, and yields sweet and sour fruits

⊖ gōu 见 213 页 See p. 213

⊖ gǒu 见 213 页 See p. 213

蒟 jǔ ㄐㄩ 植物名 plant name 1. 蒟蒻（ruò），多年生草本植物，开淡黄色花，外有紫色苞片。地下茎像球有毒，可入药 jǔruò，Rivier Gi-antarum，a perennial herb with light yellow flowers encased in a purplish wrapper，and a ball-shaped，poi-sonous underground root that can be used in medicine. 2. 蒟酱，蔓生木本植物，夏天开花，绿色。果实像桑葚，可以吃 jǔjiàng，betel pepper, a creep-ing woody plant（xylophyta）that bears green flowers in summer, and yields edible mulberry-like fruit

举(舉、*擧) jǔ ㄐㄩ ❶向上抬，向上托 lift; raise；～手 jǔshǒu raise (or put up) one's hand(s)/高～红旗 gāojǔ hóng-qí hold high the red flag (or banner) 囫 ext. 1. 动作行为 act; deed；～止 jǔzhǐ bearing; manner/一～一动 yīyī-yīdòng every act and every move; ev-ery action 2. 发起，兴起 start；～义 jǔyì start a revolt; rise in revolt/～事 jǔshì stage an uprising; rise in resur-rection/～办工农业余学校 jǔbàn gōng-nóng yèyú xuéxiào conduct a sparetime school for the workers and peasants ❷提出 cite; enumerate；～例说明 jǔlì shuōmíng illustrate with examples/～出一件事实来 jǔchu yī jiàn shìshí lái cite an instance (to il-lustrate) ❸推选，推荐 elect; recom-mend；大家～他做代表 Dàjiā jǔ tā zuò dàibiǎo. We all elected him as the representative. ❹全 whole; en-tire；～国 jǔguó the whole nation/～世闻名 jǔshì-wénmíng world-famous; of world renown ❺举人的简称 sim-plified for 举人（jǔrén），a successful candidate in the imperial examinations at the provincial level in the Ming and Qing dynasties；中(zhòng)～zhòngjǔ pass the imperial examinations at the provincial level/武～wǔjǔ a successful candidate in the imperial martial con-tests at the provincial level

榉(櫸) jǔ ㄐㄩ ❶榉，落叶乔木，和榆相近，木材耐水，可

造船 Schneider Zelkova, a deciduous arbor, similar with elm, with water-proof wood that can be used in build-ing ships ❷山毛榉，落叶乔木，春天开花，淡黄绿色。树皮有粗纹，像鳞片，木材很坚硬，可做枕木、家具等 beech, a deciduous arbor that bears light yellowish-green flowers in spring, has coarse lines on the bark shaped like scales, and very hard wood that can be used in making rail-way sleepers, furniture, etc.

踽 jǔ ㄐㄩ [踽踽一一]形容独自走路孤零零的样子（walk）alone；～～独行 jǔjǔ-dúxíng walk alone, walk in solitude

巨(*鉅) jù ㄐㄩ 大 huge; tremendous；～浪 jùlàng great waves/～型飞机 jùxíng fēijī giant plane/～款 jùkuǎn a huge sum of money

讵 jù ㄐㄩ 岂，怎 (used in rhetorical questions)；～料 jù liào Who could have expected that …?/～知 jù zhī Who could have known that …?

拒 jù ㄐㄩ 抵挡，抵抗 resist; repel （⊜ comb. 抗—kàng—resist; defy)；～敌 jùdí resist the enemy; keep the enemy at bay/～捕 jùbǔ resist ar-rest/～腐蚀，永不沾 jù fǔshí, yǒng bù zhān resist and never be contaminated by corruption [拒绝—jué]不接受 refuse; reject

苣 ⊖ jù ㄐㄩ 见 681 页"莴"字条"莴苣 wōju" See "wōju" under entry of "wō", p. 681
⊜ qǔ 见 545 页 See p. 545

炬 jù ㄐㄩ 火把 torch；火～huǒjù torch

距 jù ㄐㄩ ❶离开，距离 be apart (or away) from；相～数里 xiāngjù shù lǐ be several 里 apart (from each other)/～今已数年 jù jīn yǐ shù nián It was several years ago. ❷雄鸡爪后面突出像脚趾的部分 spur, a sharp

growth on the back of cock's shin

句 ㊀ jù ㄐㄩˋ (一子—zi)由词和词组组成的能表示一个完全意思的话 sentence, a statement, command, question, etc., that is formed by words and and phrases and can express one complete meaning

㊁ gōu 见212页 See p. 212

具 jù ㄐㄩˋ ❶器具，器物 utensil; tool：工～ gōngjù *tool*; *instrument* /家～jiājù *furniture* /文～wénjù *writing materials*; *stationery* / 农～nóngjù *farm implement*; *farm tools* ❷备，备有 possess; have：略～规模 lüè jù guīmó *take a brief shape*[具体—tǐ] 1.明确，不抽象，不笼统 specific (neither abstract nor general)：这个计划订得很～～ Zhège jìhuà dìng de hěn jùtǐ. *The plan is made very specific.* 2.特定的 concrete; particular：～～的人 jùtǐ de rén *a particular person*/ ～～的工作 jùtǐ de gōngzuò *concrete work*

俱 jù ㄐㄩˋ (旧读 early pronounced jū)❶全，都 all; complete：父母～存 fùmǔ jù cún *The parents are both living.* /面面～到 miànmiàn-jùdào *attend to each and every aspect of a matter* ❷偕同 in the company of; accompanied by [俱乐部—lèbù]进行社会、政治、文艺、娱乐等活动的团体或场所 club, a group of people who join together for social, political, literature and art, or entertainment, activities; a place where such societies meet

惧（懼） jù ㄐㄩˋ 害怕 fear; dread (⊕ comb. 恐一 kǒng—fear; dread)：临危不～ línwēi-bùjù *face danger fearlessly*; *betray no fear in face of danger*

犋 jù ㄐㄩˋ 畜力单位名，能拉动一辆车、一张犁、一张耙等的一头或几头牲口叫一犋，多指两头用 *meas.* for animal power (One jù equals one or several, usu. two, domestic animals that can pull a cart, a plough, a rake, etc.)

飓 jù ㄐㄩˋ 飓风，发生在大西洋西部和西印度群岛一带热带海洋上的风暴，风力常达10级以上，同时有暴雨 hurricane, a storm with a stong fast wind (usu. over force 10) and accompanied by torrential rains, as happens in the west of the Atlantic and the West Indies

沮 ㊀ jù ㄐㄩˋ [沮洳—rù]低湿的地带 low and wet area

㊁ jǔ 见337页 See p. 337

倨 jù ㄐㄩˋ 傲慢 haughty; arrogant：前～后恭 qiánjù-hòugōng *first supercillious and then deferential*; *change from arrogance to humility*/～傲 jù'ào *haughty*; *arrogant*

剧（劇） jù ㄐㄩˋ ❶厉害，很，极 acute; severe：～痛 jùtòng *a severe pain*/病～bìng jù *be critically ill*; *be terminally ill*/争论得很～烈 zhēnglùn de hěn jùliè *have a hot argument (or debate)* ❷戏剧，文艺的一种形式，作家把剧本编写出来，利用舞台由演员化装演出 drama; opera, a work of literature in which the writer drafts a script and actors with make-up perform accordingly on the stage

据（據） ㊀ jù ㄐㄩˋ ❶凭依，倚仗 rely on; depend on：～理力争 jùlǐ-lìzhēng *argue strongly on just ground*/～说是这样 jùshuō shì zhèyàng *It is allegedly to be like this.* ❷占 occupy; seize (⊕ comb. 占—zhàn—*occupy*)：盘～ pánjù *illegally or forcibly occupy*; *be entrenched*/～为己有 jùwéi-jǐyǒu *take forcible possession of*; *appropriate*[据点—diǎn]军队据以作战的地点 strong point; stronghold, a place where a unit of army at war is based ❸可以用做证明的事物，凭证 evidence; certificate (⊕

comb. 凭－píng－ *evidence*，证－zhèng－ *evidence*；*proof*）：收～shōujù *receipt* / 字～zìjù *written pledge*/票～piàojù *bill*；*note*/真凭实～zhēnpíng-shíjù *genuine evidence*；*hard evidence*/无凭无～wúpíng-wújù *having no evidence*；*without any proof*

㊀ jū 见 335 页 See p. 335

锯 ㊀ jù ㄐㄩˋ ❶用薄钢片制成有尖齿可以拉(lá)开木、石等的器具 *saw*, *a tool made of thin flat steel for cutting wood*, *stone*, *etc.*，*with a row of V-shaped teeth on the edge*：拉～lājù *two-handled saw*/手～shǒujù *handsaw*/电～diànjù *electric saw* ❷用锯拉(lá) *cut with a saw*；*saw*：～木头 jù mùtou *saw wood*/～树 jù shù *cut a tree with a saw*

㊁ jū 见 336 页 See p. 336

踞 jù ㄐㄩˋ ❶蹲或坐 *crouch or sit*；龙蟠虎～(形容地势险要) lóng-pánhǔjù *a coiling dragon and a crouching tiger*（*fig.* *a forbidding strategic point*）/ 箕～(古人席地坐着把两腿像八字形分开) jījù (of ancient people) *sit* (on the floor) *with one's legs stretched out in the form of 八* ❷盘踞 occupy；*illegally or forcibly occupy*

聚 jù ㄐㄩˋ 会合，集合 assemble；get together（㊧comb. 一集 jí gather；assemble）：大家～在一起谈话 Dàjiā jù zài yīqǐ tánhuà. *All of us gathered together and had a talk.* /～少成多 jùshǎo-chéngduō *many a little makes a mickle*/欢～ huānjù *happy get-together*；*happy reunion*

䋺(寠) jù ㄐㄩˋ 贫穷 poverty

屦(屨) jù ㄐㄩˋ 古代的一种鞋用麻、葛等制成 straw sandals，*a kind of shoes in ancient times*，*made of hemp*，*kudzu*，*etc.*

遽 jù ㄐㄩˋ ❶急，仓猝 hurriedly；hastily：不敢～下断语 bù gǎn jù

xià duànyǔ *not dare to make hasty judgements*；*not dare to jump to conclusions* ❷遂，就 then；thereupon

濾 jù ㄐㄩˋ 濾水，水名，在陕西省 Jù Shuǐ，*a river in Shaanxi Province*

醵 jù ㄐㄩˋ ❶凑钱喝酒 contribute money for a drink together ❷聚集，凑(指钱) collect；gather（money）：～资 jùzī *collect money*

JUAN ㄐㄩㄢ

捐 juān ㄐㄩㄢ ❶捐助或献出 contribute；donate：～钱 juān qián *contribute money*/～棉衣 juān mián yī *offer a cotton-padded coat* (as material assistance)/ 献 juānxiàn *contribute* (to an organization)；*donate* ❷赋税的一种 a kind of tax：房～fángjuān *a tax on housing*/车～chējuān *a tax on a vehicle* ❸舍弃 relinquish；abandon：为国～躯 wèiguó-juānqū *sacrifice* (or lay down) *one's life for one's country*

涓 juān ㄐㄩㄢ 细小的流水 a tiny stream. [涓滴-dī]极小量的水 a tiny drop；*a very small amount of water.* ㊧*fig.* 极少的，极微的 a tiny amount；～～归公 juāndī guīgōng *every bit goes to the public treasury*；*turn in every cent of public money*

娟 juān ㄐㄩㄢ 秀丽，美好 beautiful；graceful：～秀 juānxiù *beautiful*；*graceful*

鹃 juān ㄐㄩㄢ 见 144 页"杜"字条"杜鹃" See "dùjuān" under entry of "dù"，p. 144

圈 ㊀ juān ㄐㄩㄢ 关闭起来，用栅栏等围起来 shut in a pen；pen in：把小鸡～起来 bǎ xiǎo jī juān qilai *pen in the chickens*

㊁ quān 见 546 页 See p. 546

㊂ juàn 见 341 页 See p. 341

朘 juān ㄐㄩㄢ 缩，减 diminish；decrease

镌(**鐫) juān ㄐㄩㄢ 雕刻 engrave：～ 刻图章 juānkè túzhāng engrave a seal／～ 碑 juān bēi engrave a tablet

蠲 juān ㄐㄩㄢ 免除 exempt from：～ 免 juānmiǎn exempt from (an obligation)

卷(捲) ⊖ juǎn ㄐㄩㄢ ❶ 把东西弯转裹成圆筒形 roll up：～行李 juǎn xíngli roll up one's bedding (into a pack)／帘子 juǎn liánzi roll up the screen (or curtain) ❷ 一种大的力量把东西撮(cuō)起或裹住 (of a big force) sweep off；carry along：风～着雨点劈面打来 Fēng juǎnzhe yǔdiǎn pīmiàn dǎlai. The wind blowing along with rain drops whipped in his face.／入旋涡(喻被牵连到不利的事件中) juǎnrù xuánwō be drawn into a whirlpool (fig. be involved in some predicament) ❸ (一儿—r) 弯转裹成的筒形的东西 roll；reel：烟～儿 yānjuǎnr cigarette／行李～儿 xíngli juǎnr bedroll；bedding pack／纸～儿 zhǐjuǎnr a roll of paper

⊖juàn 见本页 See the same page.

锩 juǎn ㄐㄩㄢ 刀剑卷刃 (of the edge of a knife, sword, etc.) be rolled up

卷 ⊖ juàn ㄐㄩㄢ ❶ (一儿—r) 可以舒卷(juǎn)的书画 book or drawing in scroll form (that can be rolled and unrolled)：手～ shǒujuàn hand scroll／长～ chángjuàn a long volumn ❷ 书籍的册本或篇章 (of a book) fascicle；section：第一～ dì-yī juàn the first fascicle／上～ shàngjuàn volumn I.／～二 juàn èr section two ❸ (一子—zi、一儿—r) 考试写答案的纸 examination paper：试～ shìjuàn examination paper；test paper／交～ jiāojuàn hand in an examination paper／历史～子 lìshǐ juànzi examination paper for history ❹ 案卷，机关里分类汇存的档案、文件 file；dossier：～宗 juànzōng folder；

file／查一查底 chá yī chá dǐjuàn look through the (original) files

⊖ juǎn 见本页 See the same page.

倦 juàn ㄐㄩㄢ 疲乏，懈怠 weary；tired (圉 comb. 疲— pí— tired and sleepy)；诲人不～ huìrén-bùjuàn be tireless in teaching；teach with tireless zeal／厌～ yànjuàn be weary of；be tired of

圈 ⊖ juàn ㄐㄩㄢ 养家畜等的栅栏 pen；fold：猪～ zhūjuàn pigsty；pig pen／羊～ yángjuàn sheepfold；sheep pen

⊖ quān 见 546 页 See p. 546

⊜ juān 见 340 页 See p. 340

桊 juàn ㄐㄩㄢ 穿在牛鼻上的小铁环或小木棍儿 a small iron hoop or a small stick fixed through the nose of an ox：牛鼻～儿 niúbíjuànr an ox nose hoop (or stick)

眷(❶*睠) juàn ㄐㄩㄢ ❶ 顾念，爱恋 have tender feeling for：～恋过去 juànliàn guòqù feel nostalgic about one's past ❷ 亲属 family dependant：～属 juànshǔ family dependants／家～ jiājuàn wife and children；one's family／亲～ qīnjuàn one's relatives；family dependants

隽(雋) ⊖ juàn ㄐㄩㄢ 肥肉 fat meat
[隽永—yǒng](言论、文章) 意味深长 (of speech or article) meaningful

⊖ jùn 见 346 页 See p. 346

狷(*獧) juàn ㄐㄩㄢ ❶ 胸襟狭窄，急躁 impetuous；rash：～急 juànjí impetuous；rash ❷ 耿直 upright；incorruptible

绢 juàn ㄐㄩㄢ 一种薄的丝织物 thin, tough silk [手绢 shǒu—r] 手帕 handkerchief

罥 juàn ㄐㄩㄢ 挂 hang up

鄄 juàn ㄐㄩㄢ 鄄城，地名，在山东省 Juànchéng, a place in Shandong

Province

JUE ㄐㄩㄝ

屩（屩、*蹻）juē ㄐㄩㄝ 草鞋 straw sandles

"蹻"又"qiāo"见530页"蹺"also "qiāo", see "qiāo", p. 530

撅（❶*噘）juē ㄐㄩㄝ ❶翘起 stick up：～嘴 juē zuǐ pout（one's lips）/～着尾巴 juēzhe wěiba with the tail stuck up/小辫～着 xiǎobiànr juēzhe with one's pigtails stuck up ❷折 break；snap：把竿子～断了 bǎ gānzi juēduàn le have the stick snapped

注 note："噘"只用于"噘嘴"。"juē" is only used in juēzuǐ.

孑 jué ㄐㄩㄝ [孑孓 jié—]蚊子的幼虫 wiggler；wriggler

夬 ㊀ jué ㄐㄩㄝ ❶弹琵琶等弦乐器时，钩弦用的扳指 thumb ring used in playing stringed instruments such as pipa ❷决定（胜负）decide；determine（victory or defeat）
㊁ guài 见222页 See p. 222

决（*決）jué ㄐㄩㄝ ❶原意为疏导水流，后转为堤岸被水冲开口子（former meaning）dredge；（now trans.）be breached；burst：堵塞～口 dǔsè juékǒu stop up a breach[决裂—liè]破裂（指感情、关系、商谈等）（of feelings, relations, conferences, etc.）break with；rupture：谈判～～ tánpàn juéliè The talks are ruptured（or broke down）. ❷决定，拿定主意 decide；determine：～心 juéxīn determination；resolution/迟疑不～ chíyí-bùjué hesitate to make a decision；be irresolute ⑨ ext. 一定，肯定的 definitely；certainly：他～不会失败 Tā jué bùhuì shībài He'll never fail.[决议—yì]经过会议讨论决定的事项 resolution, a formal decision made by a group vote ❸决定最后胜负 decide the outcome：～赛 juésài finals/～战 juézhàn decisive battle；decisive engagement ❹执行死刑 execute a person：枪～ qiāngjué execute by shooting

诀 jué ㄐㄩㄝ ❶诀窍，高明的方法 secret of success；tricks of the trade：秘～ mìjué secret（of success）/妙～ miàojué a clever way；an ingenious method ❷用事物的主要内容编成的顺口的便于记忆的词句 rhymed formula, a rhymed verse containing the main points of sth to facilitate memory：口～ kǒujué mnemonic rhyme；a pithy mnemonic formula/歌～ gējué formula or directions put into rhyme ❸辞别，多指不再相见的分别 bid farewell；part（usu. forever）：永～ yǒngjué part never to meet again；part forever

抉 jué ㄐㄩㄝ 剔出 pick out；single out[抉择—zé]挑选 choose

駃 jué ㄐㄩㄝ [駃騠—tí]1.驴骡，由公马和母驴交配所生 donkey born mule（produced by a female donkey mated with a male horse）2.古书上说的一种骏马 a steed mentioned in ancient texts

玦 jué ㄐㄩㄝ 环形有缺口的佩玉 penannular jade ring（worn as an ornament）

鴃 jué ㄐㄩㄝ 鸟名。即伯劳 shrike

觖 jué ㄐㄩㄝ 不满 dissatisfied[觖望—wàng]因不满而怨恨 dissatisfied and resentful

角 ㊀ jué ㄐㄩㄝ ❶竞争，争胜 contend；wrestle：～斗 juédòu wrestle/～逐 juézhú contend；tussle/口～（吵嘴）kǒujué quarrel；bicker ❷（一儿—r）演员，角色，也作"脚"role；actor or actress, also written as "脚"：主～ zhǔjué leading role；lead/他去什么～儿？Tā qù shénme juér? What role does he play? [角色—sè]1. 戏曲演员按所扮演人物的性别和性格等分的类型；旧戏中分"生、旦、净、丑"等，也叫"行当" type of role as is classified in traditional Chinese drama according to a character's sex, nature, etc；eg. "shēng (male role)，dàn (female role)，jìng (painted-face role)，chǒu (comic role)"，etc in old drama；also called "hángdang" 2. 戏剧或电影里演员所扮演的剧中人物 role；part (in a drama or film) ❸古代五音"宫、商、角、徵(zhǐ)、羽"之一 a note of the ancient Chinese five-tone scale，"gōng，shāng，jué，zhǐ，yǔ"❹古代形状像爵的酒器 an ancient wine vessel shaped like jué ❺姓 a surname

⊖ jiǎo 见309页 See p. 309

桷 jué ㄐㄩㄝˊ 方形的椽(chuán)子 square rafter

珏 jué ㄐㄩㄝˊ 合在一起的两块玉 two pieces of jade stuck together

觉(覺) ⊖ jué ㄐㄩㄝˊ ❶(人或动物的器官)对刺激的感受和辨别 (of human or animal organs) sense；feel：视～ shìjué visual sense；sense of vision／听～ tīngjué sense of hearing／他～得这本书很好 Tā juéde zhè běn shū hěn hǎo. He thinks that this book is very good.／不知不～bùzhī-bùjué unconsciously；unwittingly ❷醒悟 become aware；become awakened：提高～悟 tígāo juéwù deepen one's understanding；enhance one's consciousness／如梦初～ rúmèngchūjué as if waking from a dream

⊜ jiào 见311页 See p. 311

绝 jué ㄐㄩㄝˊ ❶断 cut off；sever：～望 juéwàng give up all hope；despair／络绎不～ luòyì-bùjué in an endless stream[绝句—jù]我国旧体诗的一种，每首四句，每句五字或七字，有一定的平仄和押韵的限制 a type of old poem in China，consisting of four lines，five or seven characters each，with a strict tonal pattern and rhyme sheme；quatrain ❷尽，穷尽 exhausted；used up：气～ qìjué stop breathing (fig. die)／法子都想～了 Fǎzi dōu xiǎngjué le. All possible ways have been though over and over. [绝境—jìng]没有希望、没有出路的情况 hopeless situation；impasse ❸极，极端的 extremely；most：～妙 juémiào extremely clever；excellent／～密 juémì top-secret；strictly confidential 衍 ext. 精湛的，少有的 unique；superb：～技 juéjì unique skill／这幅画真叫～了 Zhè fú huàr zhēn jiào jué le. This picture is really superb. [绝顶—dǐng]1. 山的最高峰 peak；summit：泰山～～ Tài Shān juédǐng The summit of Mountain Tai. 2. 极端，非常 extremely；utterly：～～巧妙 juédǐng qiǎomiào extremely clever (or ingenious)[绝对—duì]1. 一定，肯定 absolutely；definitely：～～可以胜利 juéduì kěyǐ shènglì Victory can be definitely achieved.／～～可以办到 juéduì kěyǐ bàndào It can absolutely be accomplished. 2. 无条件，无限制，不依存于任何事物的，跟"相对"相对 absolute，without any condition，or not depending on or measured by comparison with other things，antonym of xiāngduì：物质世界的存在是～～的 Wùzhì shìjiè de cúnzài shì juéduì de. The existence of the material world is absolute. ❹一定，无论如何 absolutely；by any means：～不允许这样的事再次发生 Juébù yǔnxǔ zhèyàng de shì zàicì fāshēng. This kind of things must by no means be permitted to happen again.

倔 ⊖ jué ㄐㄩㄝˊ 义同"倔⊜"，只用于"倔强" same in meaning with "倔⊜"，used only in "juéjiàng"[倔强—jiàng](性情)刚510不屈，固执 (of temperament) stubborn；unbending：

性格～～xìnggé juéjiàng have a stubborn temperament

㊁ juè 见 345 页 See p.345

掘 jué ㄐㄩㄝ 挖、刨 dig：～地 jué dì dig the ground (or field)/ 临渴～井 línkě-juéjǐng not dig a well until one is thirsty (fig. start acting too late；make an eleventh-hour attempt)

崛 jué ㄐㄩㄝ 高起，突起 rise abruptly：～起 juéqǐ (of a mountain) rise abruptly (fig. rise to prominence)

脚(*腳) ㊀ jué ㄐㄩㄝ (－儿－r) 今多用"角"。同"角❷" now usu. used "jué", Same as "角❷".

㊀ jiǎo 见 311 页 See p.311

厥 jué ㄐㄩㄝ ❶气闭，昏倒 faint；lose consiousness：晕～ yūnjué dizzy；faint/ 痰～ tánjué coma due to blocking of the respiratory system ❷其，他的，那个的 his or her；its；their：～父 jué fù his or her father/～后 jué hòu thereafter

劂 jué ㄐㄩㄝ 见 280 页"剞"字条"剞劂 jī－" See "jījué" under entry of jī, p.280

蕨 jué ㄐㄩㄝ 多年生草本植物，野生，用孢(bāo)子繁殖。嫩叶可吃，地下茎可制淀粉 brake (fern), a wild perennial sporogony herb, with edible tender leaves and underground roots that can be made into starch

獗 jué ㄐㄩㄝ [猖獗 chāng—]闹得很凶 rampant；raging：～～一时 chāngjué yīshí be rampant for a while；run wild for a time

潏 jué ㄐㄩㄝ 潏水，水名，在湖北省 Jué Shuǐ, a river in Hubei Province

橛 jué ㄐㄩㄝ (－子－zi、－儿－r)小木桩 a short wooden stake；wooden pin

镢 jué ㄐㄩㄝ 〈方 dial.〉(～头－tou) 刨地用的农具 pick；pickaxe

蹶(**蹷) ㊀ jué ㄐㄩㄝ 跌倒 stumple；fall （喻 fig. 挫折，失败 suffer from a setback：一～不振 yījué-bùzhèn collapse after a single setback；be unable to recover after a setback

㊁ jué 见本页 See the same page.

傕 jué ㄐㄩㄝ 用于人名 used in people's names

谲 jué ㄐㄩㄝ 欺诈，玩弄手段 cheat；swindle：诡～ guǐjué crafty；cunning

镢 jué ㄐㄩㄝ 箱子上安锁的环状物 a ring on a case for fixing a lock

噱 ㊀ jué ㄐㄩㄝ 大笑 loud laughter

㊁ xué 见 734 页 See p.734

爵 jué ㄐㄩㄝ ❶古代的酒器 an ancient wine vessel ❷爵位，君主国家贵族封号的等级 the rank of nobility；peerage：侯～ hóujué marquis/ 封～ fēngjué confer a title (of nobility) upon

嚼 ㊁ jué ㄐㄩㄝ 义同"嚼㊀"，用于书面语复合词 same in meaning as "嚼㊀", limited to use in written compounds：咀(jǔ)～ jǔjué chew

㊀ jiáo 见 309 页 See p.309

㊂ jiào 见 313 页 See p.313

爝 jué ㄐㄩㄝ jiào ㄐㄧㄠ (又 also)火把 torch

矍 jué ㄐㄩㄝ [矍铄－shuò]形容老年人精神好 (of old people) hale and hearty

攫 jué ㄐㄩㄝ 用爪抓取 grab (with the claw) （引 ext. 夺取 capture；seize (合 comb. －夺－duó seize；rake)

镢 jué ㄐㄩㄝ ❶(－头－tou)刨土的工具 pick；pickaxe ❷用锄掘地 dig the ground with a pick

蹶 ㊁ juě ㄐㄩㄝ [尥蹶子 liào－zi]骡马等跳起来用后腿向后踢 (of mules, horses, etc) give a backward kick

⊝ jué 见 344 页 See p. 344

倔 ⊜ juè ㄐㄩㄝˋ 言语直，态度生硬 gruff；surly：那老头子真～Nà lǎotóuzi zhēn juè. *That old man is rather surely.*

⊝ jué 见 343 页 See p. 343

JUN ㄐㄩㄣ

军 jūn ㄐㄩㄣ ❶武装部队 armed forces；army：～队 jūnduì *the armed forces*；*the army*/解放～Jiě-fàngjūn *the People's Liberation Army*/海～hǎijūn *the navy* ❷军队的编制单位，是师的上一级 army, a unit of the armed forces consisting of two or more divisions ❸泛指有组织的集体 any large group that is united for some purpose：劳动大～láodòng dàjūn *an army of workers*

皲 jūn ㄐㄩㄣ 皮肤因寒冷或干燥而破裂。也作"龟"（jūn）(of skin) chap；also written as "龟"

均 jūn ㄐㄩㄣ ❶平，匀（yún）equal；even（㊟ comb. 一匀—yún even，平—píng—*average*)：～分 jūnfēn *divide equally*；*share out equally*/ 平—数 píngjūnshù *average*；*mean*/ 势～力敌 shìjūn-lìdí *match each other in strength* ❷都（dōu），皆 all；without exception：老小～安 lǎoxiǎo jūn ān *The old and the young are all safe.* / ～已布置就绪 jūn yǐ bùzhì jiùxù *Everything has been arranged* 〈古 arch.〉又同"韵 yùn" Also same as "韵".

钧 jūn ㄐㄩㄣ ❶古代的重量单位，合三十斤 an ancient unit of weight (equal to 30 jīn)：千～一发（喻极其危险）qiānjūn-yīfà *a hundred weight hanging by a hair* (fig. in imminent peril) ❷制陶器所用的转轮 a kind of wheel used in making pottery：陶～（喻造就人材）táojūn *potter's wheel* (fig. train talents) ❸敬辞（对尊长或上级）(term of respect for one's seniors or superiors) you；your：～命 jūnmìng *your instructions*/ ～安 jūn'ān May you enjoy repose (a complimentary close)/ ～鉴 jūnjiàn *I beg to inform you* (a salutation).

筠 ⊝ jūn ㄐㄩㄣ [筠连—lián]地名，在四川省 a place in Sichuan Province

⊜ yún 见 802 页 See p. 802

龟（鼀） ⊝ jūn ㄐㄩㄣ 同"皲" Same as "皲"

⊜ guī 见 228 页 See p. 228

⊝ qiū 见 541 页 See p. 541

君 jūn ㄐㄩㄣ 封建时代指帝王、诸侯等 (in feudal times) monarch；sovereign 敬辞 (term of respect) Mr；Ms：张～ Zhāng jūn *Mr* (*or Ms*) *Zhang*[君子—zǐ]古指有地位的人，后又指品行好的人 (formerly a term meaning a man with high status or a noble man) a man of noble character；a man of virtue

莙 jūn ㄐㄩㄣ [莙荙菜—dácài]恭（tián）菜的变种，也叫"厚皮菜"、"牛皮菜"。叶大，是常见的蔬菜 a common vegetable and a variant of beet, with big leaves, also called hòupícài (thick-leave vegetable), niúpícài (oxhide vegetable)

鲪 jūn ㄐㄩㄣ 鱼名。体长，侧扁，口大而斜，尾鳍圆形。生活在海里 se-bastodes fuscescens, a sea fish that has a long and lateral flat body, a big and lopsided mouth, and a round tail fin

菌 ⊝ jūn ㄐㄩㄣ 低等植物的一大类，不开花，没有茎和叶子，不含叶绿素，不能自己制造养料，营寄生生活，种类很多，如细菌、真菌等。特指能使人生病的病原细菌 fungus, any of several simple fast-spreading plants that has neither flowers, nor leaves, stems, or green colouring matter, cannot produce nourishment for itself, and lives a parasitic life, eg.

bacterium or fungus, esp. pathogenic bacteria or germ that can cause diseases

㊀ jùn 见 346 页 See p. 346

麇 ㊀ jūn ㄐㄩㄣ 古书里指獐子 (mentioned in ancient texts) river deer

㊁ qún 见 550 页 See p. 550

俊 jùn ㄐㄩㄣ ❶才智过人的 of outstanding talent：～杰 jùnjié *a person of outstanding talent；hero*／士 jùnshì *a person of outstanding talent* ❷容貌美丽 pretty；handsome：那个小姑娘真～ Nàge xiǎo gūniang zhēn jùn. *The little girl is very pretty.*

峻 jùn ㄐㄩㄣ 山高而陡 (of mountains) high and steep：高山～岭 gāoshān-jùnlǐng *high mountains and lofty ranges* 喻 *fig.* 严厉苛刻 harsh；stern：严刑～法 yánxíng-jùnfǎ *harsh laws and severe punishments；draconian laws*

馂 jùn ㄐㄩㄣ 吃剩下的食物 remains of a meal

浚(*濬) ㊀ jùn ㄐㄩㄣ 疏通，挖深 dredge；dig deeper：～井 jùn jǐng *dredge a well*／～河 jùn hé *dredge a river*

㊁ xùn 见 737 页 See p. 737

骏 jùn ㄐㄩㄣ 好马 fine horse；steed

焌 ㊀ jùn ㄐㄩㄣ 用火烧 burn (with fire)

㊁ qū 见 544 页 See p. 544

畯 jùn ㄐㄩㄣ 指西周管奴隶耕种的官 an official in the Western Zhou Dynasty who supervised slaves' tilling

竣 jùn ㄐㄩㄣ 事情完毕 complete；finish：～事 jùnshì (of a task) be completed／大工告～ dàgōng-gàojùn *The project has been completed.*

郡 jùn ㄐㄩㄣ 古代行政区域，秦以前比县小，从秦朝起比县大 prefecture, an ancient area of administration that was smaller than a county before the Qin Dynasty and bigger than a county since the Qin Dynasty

捃 jùn ㄐㄩㄣ 拾取 pick up：～摭(搜集) jùnzhí *collect；gather*

珺 jùn ㄐㄩㄣ 一种美玉 a beautiful jade

隽(*雋) ㊀ jùn ㄐㄩㄣ 同"俊❶" Same as "俊❶".

㊁ juàn 见 341 页 See p. 341

菌 ㊀ jùn ㄐㄩㄣ 就是蕈(xùn) Equal to xùn.

㊁ jūn 见 345 页 See p. 345

K ㄎ

KA ㄎㄚ

咖 ⊖ kā ㄎㄚ [咖啡－fēi](外 foreign) 常绿灌木或小乔木,产在热带,花白色,果实红色,种子可制饮料。也指这种饮料 coffee tree, an evergreen tropical bush or tree that bears white flowers and yields red fruit. Its beans can be used to make drink. Also this kind of drink.

⊖ gā 见 191 页 See p. 191

喀 kā ㄎㄚ 拟声词 onom. [喀嚓－chā]拟声词,树枝等折断的声音 onom. a cracking sound of twigs being snapped

[喀斯特－sītè]可溶性岩石(石灰石、石膏等)受水侵蚀而形成的地貌,形状奇特,有洞穴,也有峭壁 karst, landforms shaped through the erosion of soluble rocks (limestone, gypsum, etc.) by water, in peculiar forms such as caves and cliffs, etc.

揢 kā ㄎㄚ 用刀子刮 scrape with a knife

卡 ⊖ kǎ ㄎㄚ (外 foreign) ❶卡车,载重的大汽车 truck, fairly large heavy-loading vehicle:十轮～shílúnkǎ a ten-wheel truck ❷卡片,小的纸片(一般是比较硬的纸) card, a small piece of stiffened paper:资料～zīliàokǎ data card/贺年～hèniánkǎ a New Year card ❸卡路里,热量单位,就是使 1 克纯水的温度升高 1 摄氏度所需的热量 calorie (a measure of heat), the amount of heat needed to raise the temperature of 1 gram of water by 1 degree Centigrade

[卡通 －tōng](外 foreign) 1. 动画片 car-

toon; animated cartoon 2. 漫画 caricature; cartoon

⊜ qiǎ 见 523 页 See p. 523

佧 kǎ ㄎㄚ [佧佤族－wǎzú]佤族的旧称 old name for Wǎzú

咔 kǎ ㄎㄚ [咔叽－jī](外 foreign)一种很厚的斜纹布 khaki, a very thick twill

胩 kǎ ㄎㄚ 有机化合物的一类,通式 R-NC,无色液体,有恶臭,溶于酒精和乙醚,容易被酸分解 carbylamine, an organic compound that is a colourless liquid, has a stinking smell, dissolves in alcohol and ether, and can be easily resolved by acid; general formula: R-NC

咯 ⊖ kǎ ㄎㄚ 用力使东西从食道或气管里出来 cough up:把鱼刺～出来 bǎ yúcì kǎ chulai cough up a fishbone/～血 kǎxiě spit blood/～痰 kǎtán cough up phlegm

⊜ lo 见 416 页 See p. 416

⊜ gē 见 201 页 See p. 201

KAI ㄎㄞ

开(開) kāi ㄎㄞ ❶把关闭的东西打开 open:～门 kāimén open the door/～抽屉 kāi chōuti open a drawer/～口说话 kāikǒu shuōhuà open one's mouth; start to talk ⑨ ext. 1. 收拢的东西放散 open out; come loose:～花 kāihuā (of flowers) be open; come into bloom/～颜 kāiyán smile; beam 2. 把整体的东西划分成部分 (of standard size of printing paper) division of a whole:三十二～本 sānshí'èr kāi běn 32 mo. 3. 凝合的东西融化 (of sth frozen) thaw out:～冻 kāidòng thaw; unfreeze/～河(河水化冻) kāihé (of a frozen river) thaw out [开刀－dāo]用刀割治 perform or have an operation; operate or be operated on:这病得～～ zhè bìng děi kāidāo This kind of dis-

ease needs an operation. [开关—guān]有控制作用的机关。通常指电门、电键 switch, an apparatus for stopping an electric current from flowing, esp. one which is moved up or down with the hand [开交—jiāo]分解,脱离 quit; be released: 忙得不可~~máng de bùkě kāijiāo *be up to one's eyes in work*; *be awfully busy*;闹得不可~~nào de bùkě-kāijiāo *be engaged in a heated quarrel* [开口呼—kǒuhū]不用 i、u、ü 开头的韵母 a class of syllables with sounds other than i, u, and ü as the final yùnmǔ (vowel), or as the beginning of the final ❷ 通,使通 open; liberate: 想不~xiǎngbukāi *cannot straighten out one's thought*; *cannot come round*/~路先锋 kāilù xiānfēng *pathbreaker*; *pioneer* [开通—tong]思想不守旧,容易接受新事物 open-minded; liberal ❸ 使显露出来 exploit; open up: ~矿 kāikuàng *open up a mine*; *exploit a mine*/采石油 kāicǎi shíyóu *recover petroleum* [开发—fā]使埋藏着的显露出来 open up; exploit (sth covered or hidden) ❹扩大,发展 expand; develop: ~拓 kāituò *developing*; *opening*/~源节流 kāiyuán-jiéliú *increase income and reduce expenditure*; *tap new sources of supply and reduce consumption*/~展工作 kāizhǎn gōngzuò *develop one's work* ❺发动,操纵 start; operate:~车 kāi chē *drive a car*, *etc.* /~炮 kāi pào *open fire with artillery*; *fire*/~船 kāi chuán *set sail*; *sail*/~动脑筋 kāidòng nǎojīn *use one's brains*; *beging to think out seriously* [开火—huǒ]指发生军事冲突 (of military conflicts) open fire *fig.* 两方面冲突 (between two parties) clash; conflict ❻起始 start; begin: ~端 kāiduān *beginning*; *start*/~春 kāichūn *beginning of spring*/~学 kāixué *School opens* or *Term begins*/

~工 kāigōng (of a factory, etc.) *go into operation*; (of work) *start*/戏一演了 Xì kāiyǎn le. *The performance (or play) has begun.* ❼设置,建立 start or run (a factory, school, etc.); set up: ~医院 kāi yīyuàn *set up a hospital* [开国—guó]建立新的国家 *found a new state* ❽支付 pay (wages, fares, etc.): ~支 kāizhī *pay expenses*; *pay wages or salaries*/~销 kāixiāo *pay expenses* ❾沸,滚 boil: ~水 kāishuǐ *boiled water*/水~了 Shuǐ kāi le. *The water is boiling.* ❿举行 hold (a meeting, etc.): ~会 kāihuì *hold a meeting* ⓫写 write out: ~发票 kāi fāpiào *make an invoice*/~药方 kāi yàofāngr *write out a prescription* ⓬放在动词后面,表示效果 (used after a verb, indicating the effect) open; widely: 这话传~了 Zhè huà chuán kai le. *The word has got about.*/屋子小,坐不~ Wūzi xiǎo, zuòbukāi. *The room is too small for everybody to be seated.*/睁~眼 zhēngkai yǎn *open one's eyes*/打~窗子 dǎkai chuāngzi *open the window*/张~嘴 zhāngkai zuǐ *open one's mouth* ⓭(外 foreign)黄金的纯度单位(以二十四开为纯金)carat, a division on the scale of measurement for expressing the amount of gold in golden objects: 十四~金 shísìkāi jīn *14 carat gold* ⓮热力学温度单位名开尔文的简称,符号 K an abbreviation for 开尔文, Kelvin, a degree on a modern international scale of temperature; symbol: K

锎 kāi ㄎㄞ 一种人造的放射性元素,符号 Cf californium, a man-made radioactive element; symbol: Cf.

揩 kāi ㄎㄞ 擦,抹 wipe: ~鼻涕 kāi bítì *wipe one's nose*/~背 kāi bèi *wipe one's back*/~油(占便宜 zhàn piányi) kāiyóu *get petty advantages at the expense of other people or the* state

剀(剴) kǎi 丂ㄞ [剀切—qiè]1. 符合事理 true; reasonable：～～中理 kǎiqiè zhònglǐ *true and reasonable* 2. 切实 earnest：～～教导 kǎiqiè jiàodǎo *teach earnestly*

凯(凱) kǎi 丂ㄞ 军队得胜回来奏的乐曲 (of the army) triumphant music; triumphant march：～歌 kǎigē *a song of triumph*/奏～ zòukǎi *win victory; be victorious*/～旋 (得胜回还) kǎixuán *triumphant return; return in triumph*

垲(塏) kǎi 丂ㄞ 地势高而干燥 (of a place) high and arid

闿(閶) kǎi 丂ㄞ 开 open

恺(愷) kǎi 丂ㄞ 快乐，和乐 happy and harmonious; joyful

铠(鎧) kǎi 丂ㄞ 铠甲，古代的战衣，上面缀有金属薄片，可以保护身体 (a suit of) armour, a strong protective metal covering worn by soldiers at war in ancient times

萱 kǎi 丂ㄞ 有机化合物，分子式 $C_{10}H_{18}$，天然的萱尚未发现。萱的重要衍生物萱酮，气味像樟脑 an organic compound (its natural equivalent still unknown); molecular formula, $C_{10}H_{18}$. Its important derivative is carone, which smells like camphor.

楷 ㊀ kǎi 丂ㄞ ❶法式，模范 pattern; model (㊢ comb.—一模一样 mó model (example)) ❷楷书，现在通行的一种汉字字体，是由隶书演变而来的 regular script, a type of popular Chinese calligraphy, developed from the official script, an ancient style of calligraphy：小～ xiǎokǎi *the regular script in small characters*/正～ zhèngkǎi *regular script*

㊁ jiē 见 313 页 See p. 313

错 kǎi 丂ㄞ 好铁。多用于人名 iron of high quality (mostly used in people's names)

慨(❷*嘅) kǎi 丂ㄞ ❶愤激 indignant：愤～ fènkǎi (righteous) indignation ❷感慨 sigh with emotion：～叹 kǎitàn *sigh with emotion* ❸慷慨，不吝啬 generosity; generous：～允 kǎiyǔn *readily consent; kindly promise*/～然相赠 kǎirán xiāng zèng *give (as a present) generously*

忾(愾) kài 丂ㄞ 愤怒，恨 hatred：同仇敌～(大家一致痛恨敌人) tóngchóu-díkài *share a bitter hatred for the enemy; be bound by a common hatred for the enemy*

欬 kài 丂ㄞ 咳嗽 cough

K

KAN 丂ㄢ

刊 kān 丂ㄢ ❶刻 engrave：～石 kānshí *engrave on a stone*/～印 kānyìn *cut blocks and print* ㊧ trans. 排版印刷 print; publish：～行 kānxíng *print and publish*/停～ tíngkān (of a newspaper, magazine, etc.) *stop publication* [刊物—wù]报纸、杂志等出版物，也省称"刊" publication, such as newspapers, magazines, etc; also simplified as "刊"：周～ zhōukān *a weekly publication; weekly*/月～ yuèkān *a monthly publication; monthly* ❷削除，修改 delete or correct：不～之论(喻至理名言) bùkānzhīlùn *perfectly sound proposition; undeniable truth*/～误表 kānwùbiǎo *errata; corrigenda*

看 ㊀ kān 丂ㄢ 守护 guard; look after：～门 kānmén *guard the entrance; act as a doorkeeper*/～家 kānjiā *look after the house; mind the house*/～守 kānshǒu *watch; guard; jailer* ㊧ trans. 监视 keep under surveillance；把他～起来 Bǎ tā kān qilai. *detain him* [看护—hù]1. 护理 nurse 2.旧时称护士(old use) hospital nurse

㈠ kàn 见 350 页 See p. 350

勘 kān ㄎㄢ ❶校对，复看核定 read and correct the text of；collate (㊀comb. 校—jiào—*collate*)：～误 kānwù *correct errors in printing*/～正 kānzhèng *correct errors in printing* ❷细查，审查 investigate；survey：～探 kāntàn *exploration*；*prospecting*/～验 kānyàn *(of judicial workers) examine on the spot*；*hold an inquest*/～测 kāncè *survey*/实地～查 shídì kānchá *reconnoitre an area (for engineering or other purposes)*

堪 kān ㄎㄢ ❶可以，能，足以 may；can：～以告慰 kān yǐ gàowèi *can take as consolation* (or *comfort*)/不～设想 bùkān-shèxiǎng *too ghastly* (or *dreadful*) *to contemplate* ❷忍受，能支持 bear；endure：难～nánkān *intolerable*；*embarrassed*/狼狈不～ lángbèi bùkān *in an extremely awkward position*；*in a sorry plight*

戡 kān ㄎㄢ 平定(叛乱) surpress (a rebellion)

龛(龕) kān ㄎㄢ 迷信的人供奉佛像、神位等的小阁子 niche；shrine

坎 kǎn ㄎㄢ ❶低陷不平的地方，坑穴 pit；hole ❷八卦之一，符号是"☵"，代表水 one of the Eight Diagrams；symbol：☵，representing water ❸同"槛㈠" Same as "槛㈠" ❹发光强度单位坎德拉的简称，符号 cd，an abbreviation for 坎德拉 candela, a unit of luminous intensity；symbol：cd

[坎坷—kě]1. 道路不平的样子 (of road) bumpy；rough 2. 比喻不得志 *fig.* full of frustrations

砍 kǎn ㄎㄢ 用刀、斧等猛剁，用力劈 chop；cut (with quick and hard blows of a knife, axe, etc.)：～柴 kǎnchái *cut firewood*/把树枝～下来 bǎ shùzhī kǎn xialai *cut off a branch*

莰 kǎn ㄎㄢ 有机化合物，分子式 C₁₀H₁₈，白色晶体，有樟脑的香味 camphene；an organic compound that is a white crystal and smells like camphor；molecular formula：$C_{10}H_{18}$

侃 kǎn ㄎㄢ [侃侃——]理直气壮，从容不迫的样子 with assurance and composure：～～而谈 kǎnkǎn'értán *speak with assurance and eloquently*

槛(檻) ㈠kǎn ㄎㄢ 门槛，门限。也作"坎" threshold, also written as "坎"。(图见 168 页 See picture on p. 168)

㈠ jiàn 见 303 页 See p. 303

颟 kǎn ㄎㄢ [颟颔—hàn]面黄肌瘦 sallow and emaciated；lean and haggard

看 ㈠ kàn ㄎㄢ ❶瞧，瞅 see；look at：～书 kàn shū *read* (a book)/～电影 kàn diànyǐng *watch a film*；*go to the movies* ❷观察 observe (㊀comb. 察—chá—*inspect*)：～脉 kàn mài *feel the pulse* (of a patient)/～透 kàntòu *understand thoroughly*；*see through* ⑤ext. 诊治 treat (a patient or an illness)：～病 kànbìng (of a doctor) *see a patient*；(of a patient) *see or consult a doctor*/大夫把我的病～好了 Dàifu bǎ wǒ de bìng kànhǎo le. *The doctor has cured me of my disease.* ❸访问，拜望 visit；call on (㊀comb. 一望—wàng *call on*；*visit*)：到医院里去～病人 dào yīyuàn li qù kàn bìngrén *go to the hospital to visit* (or *see*) *a patient* ❹看待，照应，对待 look upon；regard；treat：另眼相～ lìngyǎn xiāngkàn *regard sb. with special respect*；*see sb. in a new light*/～重 kànzhòng *regard as important*；*value*/照～ zhàokàn *look after* ❺想，以为 think；consider：我～应该这么办 Wǒ kàn yīnggāi zhème

bàn. *I think we should do it this way.*
❻先试试以观察它的结果 try and
see；问一声～ wèn yī shēng kàn
Make an inquiry first. /做做～zuòzuò
kàn *have a try* ❼提防，小心 mind；
watch out；别跑，～摔着 Bié pǎo, kàn
shuāizhe. *Don't run. Mind you don't
fall (or stumble).*

　　㊀ kān 见 349 页 See p. 349

衎 kàn ㄎㄢ ❶快乐 happy；joyous
❷刚直 upright and outspoken

埝 kàn ㄎㄢ [赤埝 Chì－]地名，在台
湾省 a place in Taiwan Province

塪 kàn ㄎㄢ〈方 dial.〉高的堤岸，多
用于地名。如：塪上，在江西省 a
high embarkment. usu. used in place
names, eg. Kànshàng, a place in
Jiangxi Province

砊 kàn ㄎㄢ 山崖 cliff

閌 　　㊀ kàn ㄎㄢ 姓 a surname
　　㊁ hǎn 见 239 页 See p. 239

瞰（*矙） kàn ㄎㄢ 望，俯视，向
下看 look down from
a height；overlook [鸟瞰 niǎo－]1.
从高处向下看 get a bird's eye view
2.事物的概括描写 a general survey
of sth；bird's eye view：世界大势～～
shìjiè dàshì niǎokàn *an overall sur-
vey of the general trend of the world*

KANG ㄎㄤ

阌 　　㊀kāng ㄎㄤ [阌阆－láng]〈方
dial.〉建筑物中空旷的部分。也
叫"阌阆子" open space in a building,
also called "kānglángzi"
　　㊁kàng 见 352 页 See p. 352

康 kāng ㄎㄤ ❶安宁 well-being；
health：身体健－shēntǐ jiànkāng
be in good health/～乐 kānglè *happy
and peaceful* ❷富裕，丰盛 rich；
sumptuous：～年 kāngnián *a bumper
harvest year；a good year*/小～
xiǎokāng *a well-to-do life* ❸同"糠

❷" Same as "糠❷"
[康庄－zhuāng]平坦通达的 broad
and smooth：～～大道 kāngzhuāng-
dàdào *broad road；main road*

慷（**忼） kāng ㄎㄤ [慷慨－
kǎi]1.情绪激昂 ve-
hement；fervent：～慨陈词 kāngkǎi-
chéncí *present one's views vehemently*
2.待人热诚，肯用财物帮助人 gener-
ous；liberal：他待人很～～Tā dàirén
hěn kāngkǎi. *He is very generous.*

槺 kāng ㄎㄤ 见 380 页"榔"字条"榔
槺 lángkang" See "lángkang"
under entry of "láng", p. 380

糠（*穅） kāng ㄎㄤ ❶从稻、麦
等实上脱下来的皮
或壳 chaff；husk ❷空，空虚 spongy：
萝卜～了 luóbo kāng le *The radish is
spongy.*

鱇 kāng ㄎㄤ 见 5 页"鮟"字条"鮟鱇
ān－" See "ānkāng" under entry
of "ān", p. 5

扛 　　㊀ káng ㄎㄤ 用肩膀承担 carry
on the shoulder；shoulder：～粮
食 káng liángshi *carry (a bag of)
grain on one's shoulder*/～着一杆枪
kángzhe yī gǎn qiāng *shoulder a
gun*/～活（旧时称做长工）kánghuó
work as a farm labourer
　　㊁ gāng 见 198 页 See p. 198

亢 kàng ㄎㄤ ❶高 high ㊐ext. 高傲
haughty：不卑不～bùbēi-bùkàng
*neither humble nor haughty；neither
servile nor overbearing* ❷过甚，极 ex-
cessive；extreme：～奋 kàngfèn *ex-
tremely excited；stimulated*/～旱
kànghàn *severe drought* ❸星宿名，二
十八宿之一 a star constellation, one
of the twenty-eight constellations

伉 kàng ㄎㄤ ❶对等；相称（of a
married couple）fit for each oth-
er；equal [伉俪－lì]配偶，夫妇 mar-
ried couple；husband and wife ❷正直
honest；upright

抗 kàng ㄎㄤ ❶抵御 resist；combat
（遍 comb. 抵－dǐ－ *resist*）：～战

kàngzhàn *war of resistance against aggression*/~旱 kàng/hàn *fight*（or *combat*）a drought/~涝 kànglào *fight*（or *combat*）*waterlogging* 引 ext. 1.不妥协 come to no terms；do not compromise：~辩 kàngbiàn *contradict；counterplea* 2.拒绝，不接受 refuse；defy（氯 comb. 一拒—jù *resist；defy*）：~命 kàngmìng *defy orders；disobey*/~粮 kàngliáng *resist the grain levy*/~税 kàngshuì *refuse to pay taxes* [抗菌素—jūnsù]动物、植物及微生物（细菌、霉菌等）所产生的对细菌等微生物具有抑制生长或杀灭作用的化学物质，如青霉素、链霉素等。旧称抗生素 antibiotic, a medical substance, such as penicillin, streptomycin, etc. produced by living things and able to stop the growth of, or destroy, harmful bacteria that have entered the body；formerly called kàngshēngsù [抗议—yì]声明不同意，同时谴责对方的行动 protest ❷匹敌，相当 contend with；be match for：~衡（不相上下，抵得过）kànghéng *contend with；match*/分庭~礼（行平等的礼节，比喻势均力敌，也比喻相互对立）fēntíng-kànglǐ *meet as equals*（*fig.* stand up to sb as an equal；act independently and defiantly）

阀 ㊀ kàng 丂尢 高大 tall and big；lofty
　　㊀ kāng 见 351 页 See p. 351

炕 kàng 丂尢 ❶北方用砖、坯等砌成的睡觉的台，下面有洞，连通烟囱，可以烧火取暖 kàng, a heatable bed made of brick, clay, etc. with a hole underneath attached to a chimney ❷〈方 dial.〉烤 bake or dry by the fire：把湿衣服放在火边~一~Bǎ shī yīfu fàng zài huǒ biān kàng yī kàng. *dry the wet clothes by the fire*

钪 kàng 丂尢 一种金属元素，符号 Sc，灰色，常跟钆、铒等混合存在，产量很少 scandium, a greyish metallic element that usu exists in a mixture with gadolinium and erbium, etc, and yields a very small amount；symbol：Sc

KAO 丂幺

尻 kāo 丂幺 屁股 hip

考（❶-❸ *攷）kǎo 丂幺 ❶试验，测验 take（or give）*an examination, test, or quiz*（氯 comb. 一试—shì *examination*）：期~ qīkǎo *term examination*/~语文 kǎo yǔwén *take*（or *give*）*an examination on Chinese course* ❷检查 check；inspect（氯 comb. 一察—chá *inspect,* 查—chá—*investigate*）：~勤 kǎoqín *check on work attendance*/~绩 kǎojì *access the work of an employee* [考验—yàn]通过具体行动、困难环境等来检验（是否坚定、正确）test；trial（to see whether one is firm or correct through concrete actions, difficult circumstances, etc.）[考语—yǔ]旧指考察成绩的评语（early use）written comments on the work, etc. of public officials ❸推求，研究 study；investigate：~古 kǎogǔ *engage in archaeological studies；archaeology*/~证 kǎozhèng *make textual criticism；do textual research* [考虑—lǜ]斟酌，思索 think over；consider：~~一下再决定 kǎolǜ yīxià juédìng *think it over before making a decision*/~~问题 kǎolǜ *think over a problem* [考究—jiu]1.考查，研究 observe and study；investigate：~问题 kǎojiu wèntí *study a problem* 2.讲究 be particular about；pay attention to：衣着~~ yīzhuó kǎojiu *be on an exquisite suit of dress* ❹老，年纪大 old；of an old age（氯 comb. 寿—shòu—*long life；longevity*）❺原指父亲，后称已死的父亲（former meaning）one's father；one's deceased father：如丧～妣 rúsàngkǎobǐ (look) as if one has lost one's parents；(look) utterly wretched/先～xiānkǎo my late father

拷 kǎo ㄎㄠ 打 beat；torture（④comb. 一打一dǎ beat；flog）：～问 kǎowèn torture sb. during interrogation；interrogate with torture

[拷贝—bèi]（外 foreign）用拍摄成的电影底片洗印出来的胶片 copy，developed film that contains cinema pictures

栲 kǎo ㄎㄠ 栲树,常绿乔木,木材坚硬,可做船槽、轮轴等。树皮含鞣酸,可制栲胶,又可制染料 castanopsis；evergreen chinquapin, a tree with hard wood that can be used in making oar, wheel and axle, etc. Its bark contains tannic acid and can be used in making tannic extract and dye.

[栲栳—lǎo]一种用竹子或柳条编的盛东西的器具。也叫笆斗 round-bottomed wicker basket, made from bamboo or willow twigs；also called bādǒu

烤 kǎo ㄎㄠ ❶把东西放在火的周围使干或使熟 bake or dry by the fire：～烟叶子 kǎo yānyèzi flue-cure tabacco leaves/～白薯 kǎo báishǔ baked sweet potatoes ❷向着火取暖 warm by the fire；toast：～手 kǎo shǒu warm one's hands by a fire/围炉～火 wéi lú kǎohuǒ sit around a fire

铐 kào ㄎㄠ ❶（一子—zi）手铐子,束缚犯人手的刑具 handcuffs；metal rings joined together, for fastening the wrists of a criminal ❷用手铐束缚 handcuff：把犯人一起来 Bǎ fànrén kào qilai. Handcuff the criminal.

犒 kào ㄎㄠ 指用酒食或财物慰劳 reward with food and drink：～劳 kàoláo reward with food and drink/～赏 kàoshǎng reward a victorious army, etc. with bounties

靠 kào ㄎㄠ ❶倚着,挨近 lean against；lean on(④comb. 倚一yǐ — lean on or against)：～墙站着 kào qiáng zhànzhe lean against a wall/船～岸了 Chuán kào'àn le. The ship has pulled in to shore. ❷依靠,依赖 depend on；rely on：要创造人类的幸福,全～我们自己 Yào chuàngzào rénlèi de xìngfú, quán kào wǒmen zìjǐ. It all depends on ourselves to bring about the well-being of the human race./～劳动致富 kào láodòng zhìfù become rich through sweat and toil [靠山—shān]⑱ fig. 所依赖的人或集体 backer；backing (a man or collective which one relies on) ❸信赖 trust：可～kěkào reliable；trustworthy/～得住 kàodezhù reliable；dependable [牢靠—kao]1. 稳固 firm；strong 2. 稳妥可信赖 dependable；reliable：这人做事最～～Zhè rén zuòshì zuì láokao. This man is most dependable (or reliable) in whatever he does.

KE ㄎㄜ

坷 ㊀ kē ㄎㄜ [坷垃—la]土块 a clod of earth

㊁ kě 见 356 页 See p. 356

苛 kē ㄎㄜ ❶苛刻,过分 exacting；severe：～求 kēqiú make excessive demands/～责 kēzé criticize severely；excoriate ❷苛细,繁重,使人难于忍受 harsh；exorbitant：～政 kēzhèng harsh (or oppressive) government；tyranny/～捐杂税 kējuān-záshuì exorbitant taxes and levies

珂 kē ㄎㄜ ❶玉名 jade name ❷马笼头上的装饰 an ornament on a bridle：玉～yùkē a jade ornament

[珂罗版—luóbǎn]（外 foreign）印刷上用的一种照相版,把要复制的字、画的底片晒制在涂过感光胶层的玻璃片上而成 collotype, a photo-mechanical process for making prints directly from a

K

hardened film of gelatin or other colloid that has ink-receptive and ink-repellent parts

柯 kē ㄎㄜ ❶斧子的柄 axe-handle; helve ❷草木的枝茎 stalk or branch

[柯尔克孜族—ěrkèzīzú]我国少数民族,参看附表 the Kirgiz (Kalkha) nationality, a national minority in China. See Appendix

轲 kē ㄎㄜ 用于人名 used in people's names

𨱏 kē ㄎㄜ [牉𨱏 Zāngkē]1. 古水名 an ancient river 2. 古地名 an ancient place

砢 kē ㄎㄜ 〈方 dial.〉[砢碜—chen] 寒碜,难看 ugly; shabby or disgraceful

铈 kē ㄎㄜ 化学元素,铌(ní)的旧称 columbium, a chemical element (old name for ní)

病 kē ㄎㄜ (旧读 early pronounced ē)病 illness:沉～(重病)chénkē a severe and lingering disease/染～rǎnkē catch an illness; be infected with a disease

匼 kē ㄎㄜ 古代的一种头巾 a scarf in ancient times

[一河 Kehé]地名,在山西省芮城 a place in Ruicheng, Shanxi Province

科 kē ㄎㄜ ❶分门别类用的名称 a term of division. 1. 动植物的分类单位之一(of animals or plants) family:狮子属于食肉类的猫～Shīzi shǔyú shíròulèi de māokē. *The lion belongs to the carnivorous cat family.*/槐树是豆一植物 Huáishù shì dòukē zhíwù. *The pagoda tree* (sophora japonica) *is a leguminous plant.* 2. 机关内部组织划分的部门 section, a division or subdivision of an administrative unit:财务～cáiwùkē *finance section*/总务～zǒngwùkē *general affairs section* 3. 学术或业务的类别 a branch of academic or vocational study:文～wénkē

liberal arts/理～lǐkē *science* (as a branch of study)/内～nèikē *internal medicine*/外～wàikē *surgery* [科举—jǔ]从隋唐到清代国家设立的分科考选文武官吏后备人员的制度 imperial examinations, a system of selecting reserve civil and military officials by way of examination in different branches during the period from the Sui and Tang dynasties to the Qing Dynasty [科学—xué]1.反映自然、社会、思维的客观规律的分科的知识体系 science; scientific knowledge, (the study of) knowledge which can be made into a system and which is a reflection of the objective law or principle of nature, society, and thinking 2. 合乎科学的 scientific:这种做法不～～Zhè zhǒng zuòfǎ bù kēxué. *This method is not scientific.* ❷法律条文 legal articles or clauses:～文 kēwén *legal articles*/犯～fànkē *violate the law*/金～玉律 jīnkē-yùlù *golden rule and precious precept*; *laws and regulations* ❸判定 impose a punishment; pass a sentence:～以徒刑 kē yǐ túxíng *sentence sb to imprisonment*/～以罚金 kē yǐ fájīn *impose a fine on sb*; *fine* ❹古典戏剧里称演员的动作表情 actor's or actress' actions and expressions in classical Chinese drama:～白 kēbái *actions and spoken parts in classical Chinese drama*

蝌 kē ㄎㄜ [蝌蚪—dǒu]蛙或蟾蜍的幼体,生活在水中,黑色,身体椭圆,有长尾。逐渐发育生出后脚、前脚,尾巴消失,最后变成蛙或蟾蜍 tadpole, a small black water creature with a long tail and an oval body that slowly develops limbs and loses its tail to become a fully-grown frog or toad

棵 kē ㄎㄜ 量词,用于植物 meas. (for plants):一～树 yī kē shù *a tree* [棵儿—r]植物的大小 (of plants) size:这棵树～～很大 Zhè kē shù kēr hěn dà. *This tree is very big.* [青稞子 qīng—zi]绿色庄稼、野草等 green crops，weeds，etc.

稞 kē ㄎㄜ 青稞，麦的一种，产在西藏、青海等地，是藏族人民的主要食品糌粑(zānba)的原料 highland barley（grown in Tibet，Qinghai，etc.），raw material of zānba，the chief food of the Tibetans

窠 kē ㄎㄜ 鸟兽的巢穴 nest；burrow [窠臼—jiù]⑩ *fig.* 文章或其他艺术品所依据的老套子 set pattern (usu. of writing or artistic creation)

颗 kē ㄎㄜ 量词，用于圆形或粒状的东西 meas. (for round articles or granules)：一～珠子 yī kē zhūzi *a pearl*/一～心 yī kē xīn *a heart*

髁 kē ㄎㄜ 骨头上的突起，多长在骨头的两端 condyle，an articular prominence of a bone，mostly on either end of the bone

颏 kē ㄎㄜ 下巴颏儿，脸的最下部分，在两腮和嘴的下面 chin，the lowest part of the face，below the cheeks and the mouth

搕 kē ㄎㄜ 敲，碰 knock：～烟袋锅子 kē yāndàiguōzi *knock the ashes out of a pipe*

榼 kē ㄎㄜ 古时盛酒的器皿 an ancient wine vessel

磕 kē ㄎㄜ 碰撞在硬东西上 knock (against sth hard)：～破了头 kē pòle tóu *bump and break one's head*/碗～掉一块 Wǎn kēdiào yī kuài. *The edge of the bowl was chipped.* /～头 (旧时的跪拜礼)kētóu *kowtow，a former Chinese ceremony of touching the ground with the head as a sign of respect，yielding，etc.*

瞌 kē ㄎㄜ [瞌睡—shuì]困倦，想睡或进入半睡眠状态 sleepy；drowsy：打～～dǎ kēshuì *have a nap*

壳(殼) ㊁ ké ㄎㄜ (一儿)坚硬的外皮 shell，a hard outer covering：核桃～儿 hétao-kér

walnut shell/鸡蛋～儿 jīdàn kér *egg shell*/贝～儿 bèikér *shell* (of a shellfish)

㊀ qiào 见 532 页 See p. 532

咳 ㊁ ké ㄎㄜ 咳嗽，呼吸器官受刺激而起一种反射作用，把吸入的气急急呼出，声带振动发声 (a reflex of the respiratory apparatus when stimulated) cough，push air out of the throat suddenly，with a rough，explosive noise produced by the vibration of the vocal cords

㊀ hāi 见 235 页 See p. 235

搚 ké ㄎㄜ 〈方 dial.〉❶卡(qiǎ)住 get stuck；wedge：抽屉～住了，拉不开 Chōuti kézhù le，lā bu kāi. *The drawer's stuck，it won't open.* /鞋小了～脚 Xié xiǎo le ké jiǎo. *The shoes will cramp the feet if they are too small.* ❷刁难 create difficulties；make things difficult：～人 kérén *make things difficult for sb.* /你别拿这事来～我 Nǐ bié ná zhè shì lái ké wǒ. *Don't baffle me with this.*

可 ㊀ kě ㄎㄜ ❶是，对，表示准许 approve；许～ xǔkě *permit*；allow/认～ rènkě *approve*/不加～否 bù jiā kě fǒu *neither approve nor deny* [可以—yǐ]1. 表示允许 may (indicating approval)：～～，你去吧 Kěyǐ，nǐ qù ba. *Ok，you may go there.* 2. 适宜，能 can；may：现在～～穿棉衣了 Xiànzài kěyǐ chuān miányī le. *You may put on your cotton-padded clothes now.* /马铃薯～～当饭吃 Mǎlíngshǔ kěyǐ dāng fàn chī. *Potatoes can serve as food.* 3. 过甚，程度深 terrible；awful：这几天冷得真～～ Zhè jǐ tiān lěng de zhēn kěyǐ. *It is so cold these days.* 4. 还好，差不多 pretty good；passable：这篇文章还～～ zhè piān wénzhāng hái kěyǐ *This article is pretty good.* [小可 xiǎo—]1. 寻常 ordinary；common：非同～～ fēitóngxiǎokě *no small (or ordinary) matter* 2. 旧时谦称自己为小可 (early use，as a humble term）I；me ❷能够 can；may：牢不～破的友谊 láobùkěpò de yǒuyì *unbreakable friendship*／～大～小 kě dà kě xiǎo *can be large or small* [可能—néng]能够，有实现的条件 probable：这个计划～～提前实现 Zhège jìhuà kěnéng tíqián shíxiàn. *This plan can possibly be realized ahead of time.* ❸ 值得，够得上(用在动词前)（used before a verb）be worth（doing）；need（doing）：～怜 kělián *pitiful*；*pitiable*／～爱 kě'ài *lovable*；*likable*／～恶 kěwù *hateful*；*detestable* ❹适合 fit；suit：～心 kěxīn *satisfying*；*to the satisfaction of* ／ 饭菜～口 fàncài kěkǒu *The food tastes nice.* ❺ ext. 尽（jǐn），就某种范围不加增减 to the greatest extent；to the best：～着钱花 kězhe qián huā *spend all the money*／～着脑袋做帽子 kězhe nǎodai zuò màozi *make a hat according to the size of one's head* ❺可是，但，却 but；yet：大家很累，～都很愉快 Dàjiā hěn lèi，kě dōu hěn yúkuài. *Everybody was very tired and yet very happy.* ❻ 副词，加强语气的说法 adv. for emphasis：这工具使着～得劲了 Zhè gōngjù shǐzhe kě déjìnr le. *This tool is just fit for use.* /他写字～快了 Tā xiě zì kě kuài le. *He writes very fast.* /这篇文章～写完了 Zhè piān wénzhāng kě xiěwánr le. *This article is finished at last.* ❼ 表示疑问 expressing doubt：你～知道 Nǐ kě zhīdào？*Do you know it？* /这话～是真的 Zhè huà kě shì zhēn de？*Is that true？* ❽和"岂"字义近（meaning similar to "qǐ" when used to ask a rhetoric question）：不是吗 Kě bù shì ma？*Isn't it so？* /～不就糟了吗 Kě bù jiù zāo le ma？*Wouldn't it be a mess？* ❾大约 about：年～三十许 nián kě sānshí xǔ *at the age of about thirty*／长～六米 cháng kě liù mǐ *about six metres long* ❿义同"可以 2" same in

meaning as "可以 2"：根～食 gēn kě shí *The root is edible.* ⓫义同"可以 4" same in meaning as "可以 4"：尚～ shàngkě *fine*；*passable*

㊀ kè 见本页 See the same page.

坷
㊁ kě ㄎㄜˇ 见 350 页"坎"字条"坎坷" kǎn — " See "kǎnkě" under entry of "kǎn", p. 350

岢
㊀ kě 见 353 页 See p. 353

kě ㄎㄜˇ [岢岚—lán]地名，在山西省 a place in Shanxi Province

渴
kě ㄎㄜˇ 口干想喝水 thirsty：我～了 Wǒ kě le. *I'm thirsty.* ⓰ fig. 迫切地 yearningly：～望 kěwàng *thirsty for*；*long for*

可
㊀ kè ㄎㄜˋ [可汗—hán]古代鲜卑、突厥、回纥、蒙古等族君主的称号 Khan, a title of rulers of ancient nationalities such as Xianbei, Tujue, Huihe, Mongolia, etc.

㊀ kě 见 355 页 See p. 355

克（❹△剋、❺＊尅）
kè ㄎㄜˋ
❶能 can；be able to：～不分身 bù kè fēn shēn *unable to attend to anything else*（apart from one's work）；*too occupied*／～勤～俭 kèqín-kèjiǎn *be industrious and frugal* ❷胜 win victory：我军～敌 wǒjūn kè dí *Our army has conquered the enemy.* ⓣ trans. 战胜而取得据点 conquer and capture a stronghold：攻无不～gōngwúbùkè *all conquering*；*ever-victorious*／连～数城 lián kè shù chéng *capture several cities one after another* [克复—fù]战胜而收回失地 recover；recapture（a lost place）❸克服，制伏 overcome；subdue：己奉公 kèjǐ-fènggōng *be wholeheartedly devoted to public duty*／以柔～刚 yǐróu-kègāng *subdue toughness with softness* ❹严格限定 set a strict limit：～期 kèqī *set date*；set a time limit／～日完成 kè rì wánchéng *set a time limit for the fulfilment of sth.* [克扣—kòu]私行

减,暗中剥削 embezzle part of what should be issued; deprive secretly:~~工资 kèkòu gōngzī *pocket part of the other persons' wages* ❺消化 digest:~食 kèshí *help digestion* ❻(藏)容量单位,1克青稞约 25 市斤。也是地积单位,播种 1 克种子的土地称为 1 克地,1 克约合 1 市亩 (Tibetan) a unit of volume (1 kè of barley equals about 25 jīn); also a unit of land area equal to about 1 mǔ (an area in which 1 kè of seeds can be sown) ❼(外 foreign)法定公制重量单位,一克等于一千克(公斤)的千分之一,旧称公分 gram, a unit of weight (1 gram = 1/1000 kilogram)

"剋(尅)"又 kēi 见 358 also pronounce kēi, See p. 358

氪 kè 丂ㄜ 一种化学元素,在通常条件下为气体,符号 Kr,无色、无味、无臭,不易跟其他元素化合 krypton, a chemical element that is colourless, odourless, tasteless, difficult to combine with other elements, and is a gas type in normal conditions; symbol: Kr

刻 kè 丂ㄜ ❶雕,用刀子挖 carve; engrave (●comb. 雕—diāo—*carve and paint*):~图章 kè túzhāng *engrave a seal* [深刻 shēn—]深入,对事理能进一层分析 deep; profound (with an insightful analysis of things):~~地领会 shēnkè de lǐnghuì *have a deep comprehension*/描写得很~~miáoxiě de hěn shēnkè *depict profoundly* ❷十五分钟为一刻 quarter (of an hour) ❸时间 moment:即~jíkè *at once; right now*/顷~(时间极短)qǐngkè *in a moment* ❹不厚道,harsh (●comb. 薄 — bó harsh; mean):苛~kēikè harsh; severe [刻苦—kǔ]不怕难,肯吃苦 hardworking; painstaking:~~用功 kèkǔ yònggōng *be hardworking*/生活很~~shēnghuó hěn kèkǔ *lead a simple and frugal life* ❺同"克❹" Same as

"克❹"

恪 kè 丂ㄜ 恭敬,谨慎 respectful and scrupulous:~遵 kèzūn *obey orders*/~守 kèshǒu *scrupulously abide by* (a treaty, promise, etc.)

客 kè 丂ㄜ ❶客人,跟"主"相对 visitor; guest, antonym of "zhǔ (host)" (●comb. 宾—bīn—guests):来~了 Lái kè le. *We have a guest* (or visitor)./招待~人 zhāodài kèrén *entertain guests* [客观—guān]1. 离开意识独立存在的,跟"主观(subjective)"相反 objective, existing outside the mind, antonym of "zhǔguān (subjective)":人类意识属于主观,物质世界属于~~Rénlèi yìshi shǔyú zhǔguān, wùzhì shìjiè shǔyú kèguān. *Human consciousness belongs to the subjective, while the material world belongs to the objective.* 2. 依据外界事物而作观察的,没有成见 objective, not influenced by personal feelings:他看问题很~~Tā kàn wèntí hěn kèguān. *He looks at problems quite objectively.* [客家—jiā]古代移住闽、粤等地的中原人的后裔 the Hakkas, descendants of people who migrated from the Central Plains to Fujian, Guangdong and other south provinces in ancient times [客气—qi](●) trans. 谦让,有礼貌 polite; courteous ❷出门在外的 travelling (away from home):~居 kèjū *living in a place other than one's hometown*/~籍 kèjí *a settler from another province*/~商 kèshāng *travelling trader* ❸指奔走他方,从事某种活动的人 a traveller engaged in a particular pursuit:说~shuìkè *persuader*/侠~xiákè *a person adept in martial arts and given to chivalrous conduct* ❹旅客 passenger:顾客 customer:~车 kèchē *passenger train; bus*/~满 kèmǎn *house full; no vacancy*/乘~chéngkè *passenger* [客岁—suì]去年 last year

课 kè ㄎㄜ ❶功课,有计划的分段教学 class (a period of time during which pupils or students are taught): 上～shàngkè have class; attend class/今天没～jīntiān méi kè We don't have class today. [课题—tí]研究、讨论或急需解决的主要问题 a major question for study, discussion, or to be settled urgently ❷旧指教书 (old use) teach:～徒 kètú teach one's student/～读 kèdú teach (how to study) ❸古赋税的一种 a kind of tax in former times ❹使交纳捐税 levy; collect:～以重税 kè yǐ zhòngshuì impose a heavy tax on sb ❺机关学校等行政上的单位 section, a division or subdivision of certain administrative units: 会计～kuàijìkè accounting section/教务～jiàowùkè educational administration section ❻占卜的一种 a session at divination: 起～qǐkè start session in divination by tossing coins, etc.

骒 kè ㄎㄜ 雌,专指骒、马 (of horse or mule) mare

锞 kè ㄎㄜ (一子—zi)小块的金锭或银锭 a small ingot of gold or silver

缂 kè ㄎㄜ 缂丝,我国特有的一种丝织的手工艺品。织纬线时,留下要补织图画的地方,然后用各种颜色的丝线补上,织出后好像是刻出的图画。也叫"刻丝""kèsī", a type of weaving done in fine silks and gold thread by the tapestry method, leaving patches of space when weaving the weft, to be filled in by colourful silks, so that the finished picture seems to be engraved on the weft; also called "刻丝"(the engraving silk)

嗑 kè ㄎㄜ 上下门牙对咬有壳的或硬的东西 crack sth. (shelled or hard) between the teeth:～瓜子 kè guāzǐ crack melon seeds

溘 kè ㄎㄜ 忽然 suddenly:～逝(称人死亡)kèshì pass away suddenly; die surprisingly

KEI ㄎㄟ

剋(*尅) ㊀ kēi ㄎㄟ〈方 dial.〉❶打(人) beat (sb.) [剋架—jià]打架 fight; come to blows ❷申斥 scold
㊁ kè 见 356 页"克" See "kè", p. 356

KEN ㄎㄣ

肯 kěn ㄎㄣ ❶许可,愿意 agree; consent:他不～来 Tā bù kěn lái. He wouldn't come over. /只要你～做就能成功 Zhǐyào nǐ kěn zuò jiù néng chénggōng. If you are willing to have a try, you can make a success. /首～(点头答应)shǒukěn nod one's agreement [肯定—dìng]1. 正面承认 affirm; confirm:～～成绩,指出缺点 kěndìng chéngjì, zhǐ chū quēdiǎn affirm the achievements and point out the shortcomings 2. 确定不移 definite; sure:我们的计划～～能超额完成 Wǒmen de jìhuà kěndìng néng chāo'é wánchéng. We can surely overfulfil our target plan. ❷骨头上附着的肉 flesh attached to the bone[肯綮—qìng]筋骨结合的地方 bone joints[中肯zhòng—]⛳fig. 抓住重点,切中要害 pertinent; to the point:说话～shuōhuà zhòngkěn speak to the point

啃 kěn ㄎㄣ 用力从较硬的东西上一点一点地咬下来 gnaw; nibble (keep biting sth hard bit by bit):～老玉米 kěn lǎoyùmǐ nibble at an ear of maize/老鼠把抽屉～坏了 lǎoshǔ bǎ chōuti kěnhuài le The rats have damaged the drawer by gnawing it.

垦(墾) kěn ㄎㄣ ❶用力翻土 dig out earth:～地 kěndì dig the ground ❷开垦,开辟荒

地 cultivate (land); reclaim (waste-land);～荒 kěnhuāng *reclaim waste-land*/～殖 kěnzhí *reclaim and culti-vate wasteland*

恳（懇） kěn ㄎㄣˇ 诚恳，真诚 earnestly; sincerely;～求 kěnqiú *implore*; *entreat*/～托 kěntuō *make a sincere request*; *earn-estly ask*

龈 ㊀ kěn ㄎㄣˇ 咬啮。后作"啃"bite (with the teeth) later written as "啃"

㊁ yín 见 771 页 See p. 771

掯 kèn ㄎㄣˋ 压迫，强迫，刁难 op-press; force; make things diffi-cult for sb.; 勒～lēikèn *force sb. to do sth*; *make things difficult for sb.*

根（**褃） kèn ㄎㄣˋ 衣服腋下前后相连的部分 kèn, the part of the suit (or shirt, etc.) under the armpit, connecting the front and the back;杀～(把根缝上)shākèn *stitch together the* kèn/抬～(称衣服从肩到腋下的宽度)táikèn *the length from the shoulder to the armpit part of the clothes* (图见 759 页"衣" See picture in "衣", p. 759)

KENG ㄎㄥ

坑（*阬） kēng ㄎㄥ ❶(一子一zi、一儿一r)洼下去的地方 hole; pit (an empty space below the surface of the ground);水～shuǐkēng *puddle*; *pool*/泥～níkēng *mud pit*; *mire* ❷把人活埋 bury alive;～杀 kēngshā *execute sb. by burying him alive* ❸坑害，设计使人受到损失 entrap; cheat;～人 kēngrén *entrap*; *cheat* ❹地洞，地道 gallery; tunnel;～道 kēngdào *tunnel*; *gallery*/矿～kuàngkēng *(mining) pit*

吭 ㊀ kēng ㄎㄥ 出声，发言 utter a sound or a word; 不～声 bù kēngshēng *do not say anything*/一声

也不～yī shēng yě bù kēng *do not ut-ter a sound*

㊁ háng 见 240 页 See p. 240

硁（硜、**硻） kēng ㄎㄥ 拟声词，敲打石头的声音 onom. the sound of strik-ing stones

铿（鏗） kēng ㄎㄥ 拟声词 onom. [铿锵—qiāng]声音响亮而有节奏 (of sound) sonorous and rhythmic;～～悦耳 kēngqiāng yuè'ěr *sonorous and pleasant*

KONG ㄎㄨㄥ

空 ㊀ kōng ㄎㄨㄥ ❶里面没有东西或没有内容，不合实际的 empty; hollow (not practical);～房子 kōng fángzi *an empty house*/～碗 kōngwǎn *an empty bowl*/～话 kōnghuà *empty talk*; *hollow words*/～想 kōngxiǎng *unrealistic thought*; *fantasy*/～谈 kōngtán *empty talk* [空洞—dòng]没有内容的 hollow; devoid of content: 他说的话很～～Tā shuō de huà hěn kōngdòng. *His words are devoid of content.* [空头—tóu]不发生作用的，有名无实的 nominal; phony;～～支票 kōngtóuzhīpiào *dud cheque*; *bad cheque* [凭空 píng—]无根据 out of the void; without foundation;～～捏造 píngkōng-niēzào *make sth out of nothing*; *fabricate* [真空 zhēn—]没有空气的空间 vacuum, a space that is devoid of all gas;～～管 zhēnkōngguǎn *electron tube*; *valve*/～地带(战争时双方没有军队的地带) zhēnkōng dìdài *no-man's-land* ❷白白地，没有结果地 for nothing; in vain;～跑了一趟 kōngpǎole yī tàng *have made a journey for nothing*; *have come in vain*/～忙一阵 kōng máng yīzhèn *make fruitless efforts* ❸天空 sky; air;～军 kōngjūn *the air force*/航～hángkōng *aviation* [空间

—jiān]一切物质存在和运动所占的地方 space, that which surrounds all objects and continues outward in all directions [空气—qì]包围在地球表面，充满空间的气体。是氮、氧和一些惰性气体的混合物 air, the mixture of gases such as nitrogen, oxygen and some inert gases, which surround the earth and which we breathe ⑩ *fig.* 情势 atmosphere：～～紧张 kōngqì jǐnzhāng *The atmosphere was tense.* ❹无着落，无成效 fail：落～luòkōng *come to nothing；fail through*/扑了个～pū le ge kōng *fail to get what one wants；come away empty-handed*

（二）kòng 见本页 See the same page.

崆 kōng ㄎㄨㄥ [崆峒 kōngtóng]1. 山名，在甘肃省 a mountain in Gansu Province 2. 岛名，在山东省烟台 an island in Yantai, Shandong Province

箜 kōng ㄎㄨㄥ [箜篌—hóu]古代弦乐器，像瑟而比较小 an ancient string instrument that resembles "sè", but smaller

孔 kǒng ㄎㄨㄥ ❶小洞，窟窿 a small hole or opening：鼻～bíkǒng *nostril*/针～zhēnkǒng *the eye of a needle；pinprick* ❷很 very：需款～急 xū kuǎn kǒng jí *be in urgent demand of money* ❸通达 convenient（for traffic）：交通—道 jiāotōng kǒngdào *pass；passageway*（an important communication centre）

恐 kǒng ㄎㄨㄥ ❶害怕，心里慌张不安 fear；dread（⑮comb. —惧—jù *fear；dread*，—怖—bù *terror；horror*）：惟～完成不了任务 wéikǒng wánchéng bùliǎo rènwu *for fear that the task may not be finished* [恐吓—hè]吓唬，威吓(hè) threaten；intimidate[恐慌—huāng]1. 慌张害怕 panic 2. 危机，使人感觉不安的现象 crisis（a phenomenon that arouses panic）：经济～～jīngjì kǒnghuāng *economic*

crisis ❷恐怕，表示疑虑不定，有"或者"、"大概"的意思 fear；be afraid（having the meaning of 'maybe', or 'probably'）：～不可信 kǒng bù kěxìn *probably not trustworthy*（or *unreliable*）

倥 kǒng ㄎㄨㄥ [倥偬—zǒng]1. 事情迫促 pressing；urgent 2. 穷困 poverty-stricken

空 ㊀ kòng ㄎㄨㄥ ❶使空，腾出来 leave empty or blank：～一个格 kòng yī ge gér *leave a blank space*/出一间房子 kòngchu yī jiān fángzi *leave a room empty*/想法～出一些时间来 xiǎngfǎ kòngchu yīxiē shíjiān lái *try to leave some time unoccupied* ❷闲着，没被利用的 unoccupied；vacant：～房 kòngfáng *a vacant house*（or *room*）/～地 kòngdì *vacant lot；open ground* ❸（一儿—r）没被占用的时间或地方 free time；spare time or vacant space：有～儿再来 Yǒukòngr zài lái. *Come over next time when you're free.*/屋子里满得连一点儿儿都没有 Wūzi li mǎn de lián yīdiǎnr kòngr dōu méiyǒu. *The room was so crowded that there was no vacant space.* [空子—zi]1. 同"空㊀❸" Same as "空㊀❸" 2. 可乘的机会 chance or opportunity（for doing sth.）：钻～～zuān kòngzi *avail oneself of loopholes；exploit an advantage* ❹亏空，亏欠 have a deficit；be in debt

㊁ kōng 见 359 页 See p. 359

控 kòng ㄎㄨㄥ ❶告状，告发罪恶 accuse；charge（⑮comb. —告—gào *charge；accuse*）[控诉—sù]1. 向法院起诉 accuse；denounce（in court）2. 当众诉说(坏人罪恶) accuse or denounce（in public）❷节制，驾驭 control；dominate [控制—zhì]支配，掌握，节制，调节 control；❸倒悬瓶、罐等，使其中的液体流净 turn a bottle or jar, etc., upside down to let the liquid inside trickle out

鞚 kòng ㄎㄨㄥˋ 带嚼子的马笼头 horse headstall with a bit

KOU ㄎㄡ

抠（摳） kōu ㄎㄡ ❶用手指或细小的东西挖 dig with a finger or sth. pointed：～了个小洞 kōule ge xiǎo dòng have dug a small hole/把掉在砖缝里的豆粒～出来 Bǎ diào zài zhuānfèng li de dòulìr kōu chulai. dig out a bean from the crevice between the bricks ⑤ ext. 向狭窄的方面深求 delve into；study meticulously：～字眼 kōu zìyǎnr find fault with the choice of words/死～书本 sǐkōu shūběn pay so much attention to book knowledge；be inflexible in studying ❷雕刻（花纹）carve；cut (decorative patterns) ❸〈方 dial.〉吝啬，小气 mean；stingy：～门儿 kōuménr stingy；miserly

眍（瞘） kōu ㄎㄡ [眍䁖—lou]眼睛深陷（of the eye）sink in；become sunken：～～眼 kōulouyǎn sunken-eyed/他病了一场，眼睛都～～了 Tā bìngle yī chǎng, yǎnjing dōu kōulou le. He became sunken-eyed after the illness.

芤 kōu ㄎㄡ ❶古时葱的别名 another name for scallion in early times ❷芤脉，中医称按起来中空无力的脉象，好像按葱管的感觉 kōumài, (in Chinese medicine) a hollow pulse that feels weak and like a hollow scallion leaf when pressed, so it is called

口 kǒu ㄎㄡˇ ❶嘴，人和动物吃东西的器官。有的也是发声器官的一部分 mouth, the organ through which a human being or an animal takes food into the body, and by which sounds are made（图见 653 页"头" See picture under entry of "tóu (head)", p. 653）[口舌—shé]1.因说话引起的误会或纠纷 misunderstanding or dispute caused by gossip 2.劝说、交涉或搬弄是非时说的话 words spoken in talks, negotiations, or gossip：费尽～～ fèijìn kǒushé have a great deal of talking [口吻—wěn]从语气间表现出来的意思 tone；note ❷容器通外面的部分 opening；mouth：缸～ gāngkǒu the mouth of a jar/碗～ wǎnkǒu the rim of a bowl/瓶～ píngkǒu the mouth of a bottle ❸（一儿）出入通过的地方 entrance；gateway：门～ménkǒu gateway/胡同～儿 hútòngkǒur the entrance of an alley/河～ hékǒu river mouth；stream outlet/海～ hǎikǒu seaport/关～ guānkǒu gateway；strategic pass/特指长城的某些关口 esp. some gateways in the Great Wall：～北 Kǒuběi area north of Zhangjiakou, Héběi province/～蘑 kǒumó a kind of dried mushroom (from Zhangjiakou)/～马 kǒumǎ a type of horse (produced in Zhangjiakou) ❹（一子—zi，一儿—r）破裂的地方 cut；hole：衣服撕了个～儿 Yīfu sīle ge kǒur. a hole was torn in the jacket/伤～ shāngkǒu wound/决～ juékǒu (of a dyke) be breached；burst ❺锋刃 edge of a knife, etc.：刀还没有开～ dāo hái méiyǒu kāi kǒu The knife hasn't the first edge yet. ❻骡马等的年龄（骡马等的年龄可以由牙齿的多少和磨损的程度看出来）the age of a mule, horse, etc.（which can be inferred from the number of teeth and the degree they are worn）：这匹马～还轻 Zhè pǐ mǎ kǒu hái qīng. This horse is still young./六岁～ liù suì kǒu six years of age ❼量词 meas. 1.用于人 for family members：一家五～ yī jiā wǔ kǒu a family of five 2.用于牲畜 for domestic animals：一～猪 yī kǒu zhū a pig 3.用于器物 for utensils：一～锅 yī kǒu guō a pot/一～钟 yī kǒu zhōng a clock

叩 kòu ㄎㄡˋ ❶敲打 knock：～门 kòu mén knock at a door ❷叩头

（首），磕头，一种旧时代的礼节 kowtow，a form of courtesy in the old days ❸询问，打听 inquire；ask：～问 kòuwèn make inquiries

扣（❷*釦） kòu ㄎㄡ ❶用圈、环等东西套住或拢住 button up；buckle：把门～上 bǎ mén kòushang latch the door/把钮子～好 bǎ niǔzi kòuhǎo do up the buttons ❷（一子—zi、一儿—r）衣钮 button：衣～yīkòur button ❸（一子—zi、一儿—r)绳结 knot：活～儿 huókòur a slip knot ❹把器物口朝下放或覆盖东西 place a cup, bowl, etc. upside down；cover with an inverted cup, bowl etc.：把碗～在桌上 bǎ wǎn kòu zài zhuō shang put the bowl upside down on the table/用盆把鱼～上 yòng pén bǎ yú kòushang Cover the fish with a basin. ⑤ext. 使相合 accord with；be in keeping with：这句话～在题上了 Zhè jù huà kòu zài tí shang le. The words are in keeping with the theme. ❺扣留，关押 detain；take into custody：驾驶证被～了 Jiàshǐzhèng bèi kòu le. The driver's licence has been taken away (or the police). /他被～了起来 Tā bèi kòule qǐlái. He has been detained (or arrested). ❻从中减除 give a discount：九～（减到原数的百分之九十）jiǔ kòu give a 10 percent discount/七折八～（喻一再减除）qīzhé-bākòu fig. various deductions

筘（**簆） kòu ㄎㄡ 织布机上的一种机件，旧式织布机上的是用竹子做成的，新式织布机上的是用钢做成的，经线从筘齿间通过，它的作用是把纬线推到织口 reed，a device on a loom, formerly made of bamboo and now made of steel, which spaces warp yarns evenly and pushes weft yarns to the knitting end

寇 kòu ㄎㄡ ❶盗匪，侵略者 bandit；invader：敌～ díkòu the (invading) enemy ❷敌人来侵略 in-

vade：～边 kòubiān invade the frontier

蔻 kòu ㄎㄡ [豆蔻 dòu—]多年生草本植物，形似姜。种子暗棕色，有香味，可入药 round cardamom, a ginger-like perennial herb with sweet-smelling and dark-brown beans that can be used in medicine

觳 kòu ㄎㄡ 初生的小鸟 newly born bird

KU ㄎㄨ

矻 kū ㄎㄨ [矻矻——]努力、勤劳的样子 diligent；industrious

刳 kū ㄎㄨ 从中间破开再挖空 cut open in the middle and hollow out：～木为舟 kū mù wéi zhōu hollow out a tree trunk and make a canoe out of it

枯 kū ㄎㄨ 水分全没有了，干 dried up；withered (龟comb. 一干—gān，干—gān—dried up；withered)：～树 kūshù a withered tree/～草 kūcǎo withered grass/～井 kūjǐng a dry well ⑯ fig. 肌肉干瘪 emaciated；skinny：～瘦的手 kūshòu de shǒu a skinny hand [枯燥—zào] 没趣味 dry and dull；uninteresting：～～乏味 kūzào-fáwèi dry as dust；dry and dull/这种游戏太～～ Zhè zhǒng yóuxì tài kūzào. This kind of game is too dull.

骷 kū ㄎㄨ [骷髅—lóu]没有皮肉毛发的尸首或头骨 skeleton or skull

哭 kū ㄎㄨ 因痛苦悲哀而流泪发声 cry；weep (out of pain or sorrow)：痛～流涕 tòngkū-liútì weep bitter tears；cry one's heart out/～～啼啼 kūkū-títí weep and wail

圐 kū ㄎㄨ [薛圐圙 Xuē—lún]地名，在山西省山阴 a place in Shanyin, Shanxi Province

窟 kū ㄎㄨ ❶洞穴 cave；hole；burrow：石～ shíkū cave；grotto/狡

兔三～jiǎotù-sānkū *a wily hare has three burrows；a crafty person has more than one hideout* [窟窿—long] 孔，洞 hole；cavity ❷ fig. 亏空，债务 deficit；debt：拉～～（借债）lā kūlong *get into debt* ❸ 某种人聚集的地方 den；slum，*a place where certain people gather*：贫民～pínmínkū *slum*／魔～mókū *den of monsters，den of evil*

苦 kǔ ㄎㄨˇ ❶ 像胆汁或黄连的滋味，跟"甜"、"甘"相反 bitter，*a taste like bile or the rhizome of the Chinese goldthread，antonym of "tián (sweet)"，"gān (sweet)"*：～胆 kǔdǎn *gallbladder*／良药～口利于病 liángyào kǔkǒu lìyú bìng *Good medicine tastes bitter but cures sickness.* [苦水—shuǐ] 味道不好的水，含硫酸钠、硫酸镁的水 bitter water，*water that contains sodium sulphate and magnesium sulphate*：～～井 kǔshuǐjǐng *a bitter-water well* fig. 藏在心里的苦楚 grievance；bitterness：吐～～tǔ kǔshuǐ *pour out one's grievances (or bitterness)* ❷ 感觉难受的，困苦的 suffering；pain：～境 kǔjìng *hard and difficult circumstances*／～日子过去了 kǔ rìzi guòqu le *Gone are the hard times.*／吃～耐劳 chīkǔ-nàiláo *bear hardships and stand hard work；work hard and endure hardships* [苦主—zhǔ] 被害人的家属 the family of the victim in a murder case ❸ 为某种事物所苦 suffer from；be troubled by：～雨 kǔyǔ *too much rain*／～旱 kǔhàn *suffer from drought*／～夏 kǔxià *loss of appetite and weight in hot summer*／从前他～于不识字 Cóngqián tā kǔyú bù shízì. *He suffered from illiteracy in the past.* ❹ 有耐心地，尽力地 with patience；doing one's best：～劝 kǔquàn *earnestly persuade*／～学 kǔxué *study sth painstakingly*／～战 kǔzhàn *struggle (or fight) hard*／～求 kǔqiú *implore；beg* ❺ 使受苦 cause sb. suffering；give sb. a hard time：这件事～了他 Zhè jiàn shì kǔle tā. *This matter gave him a hard time.*

库 kù ㄎㄨˋ ❶ 贮存东西的房屋或地方 warehouse；storehouse（德 comb. 仓—cāng— *warehouse*）：入～ rùkù *be put in storage*／水～ shuǐkù *reservoir* ❷ 电물量单位名库伦的简称，符号 C A simplified term for kùlún，coulomb，a unit of electric charge；symbol：C

裤(*袴) kù ㄎㄨˋ 裤子 trousers；pants（图见759页"衣" See picture under entry of "yī (clothes)"，p. 759）

绔 kù ㄎㄨˋ ❶ 同"裤"。古指套裤 Same as "裤" (old use) trouser legs worn over one's trousers；leggings ❷ 见666页"纨"字条"纨绔 wán—" See "wánkù" under entry of "wán"，p. 666

喾(嚳) kù ㄎㄨˋ 传说中上古帝王名 a legendary emperor of remote antiquity

酷 kù ㄎㄨˋ ❶ 残酷，暴虐，残忍到极点的 cruel；extremely ruthless：～刑 kùxíng *cruel (or savage) torture* ❷ 极，程度深 extremely；very：～暑 kùshǔ *the intense heat of summer；high summer*／～似 kùsì *be the very image of；be exactly like*／～爱 kù'ài *ardently love*

KUA ㄎㄨㄚ

夸(誇) kuā ㄎㄨㄚ ❶ 说大话 boast；exaggerate：～口 kuākǒu *boast；brag*／不要～大成就 bùyào kuādà chéngjiù *Don't exaggerate the achievements.*／其谈 kuākuā-qítán *indulge in exaggeration；indulge in verbiage* [夸张—zhāng] 1. 说得不切实际，说得过火 exaggerate；overstate 2. 一种修辞手法，用夸大的词句来形容事物 hyperbole; exaggeration, a figure of speech that uses overstatement for emphasis ❷夸奖，用话奖励，赞扬 praise：人人都～他进步快 Rénrén dōu kuā tā jìnbù kuài. *Everyone praised him for his rapid progress.*

侉(**咵) kuǎ ㄎㄨㄚˇ 口音与本地语音不同 speak with an accent (esp. a provincial accent)：他说话有点～ Tā shuōhuà yǒudiǎnr kuǎ. *He speaks with some accent.*

垮 kuǎ ㄎㄨㄚˇ 倒塌，坍塌 collapse; fall：房子被大水冲～了 Fángzi bèi dàshuǐ chōngkuǎ le. *The flood collapsed the house.* 喻 fig. 完全破坏 collapse; break down：这件事让他搞～了 Zhè jiàn shì ràng tā gǎokuǎ le. *He has made the matter fall through.*

挎 kuà ㄎㄨㄚˋ ❶胳膊弯起来挂着东西 carry sth on the arm：他胳膊上～着篮子 Tā gēbo shang kuàzhe lánzi. *He carries a basket on the arm.* ❷把东西挂在肩头上或挂在腰里 carry over the shoulder or at one's side：肩上～着文件包 jiān shang kuàzhe wénjiànbāo *carry a briefcase over the shoulder*

胯 kuà ㄎㄨㄚˋ 腰和大腿之间的部分 hip, the part between the waist and the thigh of a human body

跨 kuà ㄎㄨㄚˋ ❶抬起一条腿向前或旁边移动 stride (forward or sideways)：一步～过 yī bù kuàguo *go over with one stride*／～着大步 kuàzhe dà bù *walk with great strides* ❷骑，两脚分在器物的两边坐着或立着 bestride; straddle：～在马上 kuà zài mǎ shang *straddle a horse*／小孩～着门槛 Xiǎoháir kuàzhe ménkǎnr. *The child is straddling the threshold.* ❸超越时间或地区之间的界限 (of time or space) cut across; go beyond：～年度 kuà niándù *go beyond the year*／～两省 kuà liǎng shěng *cut across the*

boundary between two provinces ❹附在旁边 attached on the side：～院 kuàyuànr *side courtyard*／旁边～着一行小字 pángbiān kuàzhe yī háng xiǎo zì *A line of small characters is attached along the margin.*

KUAI ㄎㄨㄞ

扮(撾) kuǎi ㄎㄨㄞˇ ❶搔，轻抓 scratch：～痒痒 kuǎi yǎngyang *scratch an itch* ❷用胳膊挎着 carry on the arm：～着篮子 kuǎizhe lánzi *with a basket on one's arm*

劌 kuǎi ㄎㄨㄞˇ 劌草，多年生草本植物，丛生在水边，可织席 wool grass, a perennial herb that grows thickly on water sides and can be used to weave mats

会(會) ㊀ kuài ㄎㄨㄞˋ 总计 general accounting [会计 jì]1.管理和计算财务的工作 accounting 2.管理和计算财务的人 bookkeeper; accountant

㊁ huì 见 271 页 See p. 271

佮(儈) kuài ㄎㄨㄞˋ 旧指以拉拢买卖、从中取利为职业的人 middleman, a person who buys goods from a producer and sells (at a profit) to a shopkeeper or a user [市佮 shì—]惟利是图、庸俗可厌的人 sordid merchant

郐(鄶) kuài ㄎㄨㄞˋ 周代诸侯国名，在今河南省密县东北 a state in the Zhou Dynasty, in today's northeast Mixian, Henan Province：～风 Kuàifēng *wind from Kuài*／自～以下（喻其余比较差的部分）zìKuài-yǐxià fig. *and the rest is not worth mentioning*

哙(噲) kuài ㄎㄨㄞˋ 咽下去 swallow

狯(獪) kuài ㄎㄨㄞˋ 狡猾 deceitful; crafty：狡～

jiǎokuài *crafty*

浍(澮) kuài ㄎㄨㄞˋ 田间水沟 ditch in the fields

脍(膾) kuài ㄎㄨㄞˋ 细切的肉 meat chopped into small pieces; minced meat;～炙人口(喻诗文等被人传诵)kuàizhì-rénkǒu *fig.* (of a piece of writing, etc.) win universal praise; enjoy great popularity

鲙(鱠) kuài ㄎㄨㄞˋ 鲙鱼,就是鲥(lè)鱼 ilisha elongata; Chinese herring

块(塊) kuài ㄎㄨㄞˋ ❶(一儿r) 成疙瘩或成团的东西 piece; lump; 糖～儿 tángkuàir *hard candy* (or *fruit drops*); *lumps of sugar*/土～ tǔkuàir *a lump of earth*; *clod*/～根 kuàigēn *root tuber*/～茎 kuàijīng *stem tuber* [一块儿 yī－r]一起 together: 我们天天～～～工作 Wǒmen tiāntiān yīkuàir gōngzuò. *We work together every day.* ❷量词 *meas.* : 一～地 yī kuài dì *a piece of land*/一～钱 yī kuài qián *one yuan*/一～布 yī kuài bù *a piece of cloth*/一～肥皂 yī kuài féizào *a cake of soap*

快 kuài ㄎㄨㄞˋ ❶速度大,跟"慢"相反 fast; rapid, antonym of "màn (slow)": ～车 kuàichē *express train* (or *bus*)/进步很～ jìnbù hěn kuài *make rapid progress* ❷赶紧,从速 hurry up; make haste:～上学吧 Kuài shàngxué ba! *Hurry to school*! /～回去吧 Kuài huí qu ba! *Hurry back*! ❸将,就要,接近 soon; before long: 天～亮了 Tiān kuài liàng le. *Dawn is coming.* /他～五十岁了 Tā kuài wǔshí suì le *He is going on fifty.* /我～毕业了 Wǒ kuài bìyè le. *I'm about to graduate.* ❹ 敏捷 quick-witted; clever: 脑子～ nǎozi kuài *quick-witted*; *quick-minded*/手疾眼～ shǒují-yǎnkuài *be quick of eye and deft with hand* (*fig.* quick and sharp) ❺锐利 sharp: 刀不～了,该磨一磨 Dāo bù kuài le, gāi mó yī mó. *The knife is*

dull. *It needs sharpening.* /～刀斩乱麻(喻办事爽利有决断)kuàidāo zhǎn luànmá *cut entangled hemp with a sharp knife* (*fig.* make lightening decisions) ❻爽快,直截了当 straight-forward; forthright: ～人～语 kuàirén-kuàiyǔ *straightforward talk from a straightforward person*/心直口～ xīnzhí-kǒukuài *quick in speech and straightforward in thought*; *open-hearted and outspoken* ❼高兴,舒服 pleased; gratified: ～乐 kuàilè *happy*; *joyful*/～活 kuàihuo *happy*; *merry*/～事 kuàishì *a happening that gives great satisfaction or pleasure*; *delight*/大～人心 dàkuài-rénxīn *cheer the people greatly*; *to the great joy of the people*/身子不～ shēnzi bù kuài *do not feel well*

筷 kuài ㄎㄨㄞˋ (一子一zi)用竹、木、金属等制的夹饭菜或其他东西用的细棍儿 chopsticks, thin sticks made of bamboo, timber, metal, etc. held between the thumb and fingers for lifting food to the mouth or for picking up things

K

KUAN ㄎㄨㄢ

宽(寬) kuān ㄎㄨㄢ ❶阔大,跟"窄"相反 wide; broad, antonym of "zhǎi (narrow)" (逾comb. 一广一guǎng *broad*; *extensive*,一阔一kuò *broad*): 马路很～ mǎlù hěn kuān *The road is very wide.* [宽绰一chuo]1. 宽阔 broad; spacious ❷富裕 well-off ❷放宽,使松缓 relax; relieve: ～心 kuānxīn *feel relieved* 🖼 ext. 1. 解除,脱下 take off (clothes): 请～了大衣吧 Qǐng kuān le dàyī ba! *Please take off your overcoat.* 2. 延展 extend: ～限几天 kuānxiàn jǐ tiān *extend the deadline a few days* 3. 宽大,不严 generous; lenient: ～容 kuānróng *tolerant*; *le-*

nient/从～处理 cóngkuān chǔlǐ *handle leniently*; *treat with leniency* ❸物体横的方面的距离,长方形多指短的一边 width; breadth (usu. the shorter side of a rectangular): 长方形的面积是长乘以～ Chángfāngxíng de miànji shì cháng chéngyǐ kuān. *The area of a rectangle equals its length multiplied by its width.* ❹宽裕,富裕 well-off; comfortably off: 手头不～ shǒutóu bù kuān *not well-off*; *in straitened circumstance*

髋(髋) kuān ㄎㄨㄢ 髋骨,组成骨盆的大骨,左右各一,是由髂骨、坐骨、耻骨合成的。通称"胯骨" hipbone; innominate bone, the large flaring bone that makes a lateral half of the pelvis and is composed of the ilium, ischium, and pubis; commonly referred to as "kuàgǔ"

款(＊欵) kuǎn ㄎㄨㄢ ❶法令、规定、条文里下分的项目 section of an article in a legal document or stipulations: 第几条第几～dì jǐ tiáo dì jǐ kuǎn *a certain section in a certain article* ❷(一子—zi)经费,钱财 a sum of money; fund (圕 comb. 一项—xiàng *a sum of money*): 存～cúnkuǎn *deposit money* (in a bank); *deposit*/拨～bōkuǎn *appropriate money*; *money appropriated* ❸器物上刻的字 characters inscribed on certain articles: 钟鼎～识 zhōng dǐng kuǎnzhì *inscriptions on ancient bronze objects* 圕 ext. (一儿—r)书画、信件头尾上的名字 names at the beginning or end of a painting, piece of calligraphy, or letter: 上～shàngkuǎn *the name of the recipient*; *addressee*/下～xiàkuǎn *the name of the donor*; *signature*/落～(题写名字)luòkuǎn *write the name of the sender and the recipient on a painting, gift or letter*; *inscribe* (a gift, etc.) [款式—shì]格式,样子 pattern; style, or design ❹诚恳 sincere: ～待 kuǎndài *treat cor-*

dially; *entertain*/～留 kuǎnliú *cordially urge* (a guest) *to stay* ❺敲打、叩 knock: ～门 kuǎn mén *knock at a door*/～关而入 kuǎnguān ér rù *knock at a door and enter* (fig. *invade a frontier*) ❻缓,慢 slowly; leisurely: ～步 kuǎnbù *walk with deliberate steps*/点水蜻蜓～～飞 Diǎnshuǐ qīngtíng kuǎnkuǎn fēi. *The dragonfly takes its sip of water and flits away.* or *The dragonfly skims and encircles over the surface of water.*

窾 kuǎn ㄎㄨㄢ 空 hollow; empty

KUANG ㄎㄨㄤ

匡 kuāng ㄎㄨㄤ ❶纠正 rectify; correct: ～谬 kuāngmiù *correct mistakes*/～正 kuāngzhèng *rectify*; *correct* ❷救,帮助 assist; save: ～救 kuāngjiù *deliver* (sb.) *from evil*; *rescue*/～助 kuāngzhù *help*; *assist* ❸〈方 dial.〉粗略计算,估算 roughly estimate: ～算～算 kuāngsuàn kuāngsuàn *roughly estimate*

劻 kuāng ㄎㄨㄤ [劻勷—ráng]急促不安 anxious; hurried and restless

诓 kuāng ㄎㄨㄤ 欺骗 deceive; hoax (圕comb. 一骗—piàn *deceive*; *hoax*)

哐 kuāng ㄎㄨㄤ 拟声词,撞击声 onom. sound of a crash or bang: ～啷 kuānglāng *crash*/～的一声脸盆掉在地上了 Kuāng de yī shēng liǎnpén diào zài dì shang le. *The washbasin fell to the ground with a crash.*

洭 kuāng ㄎㄨㄤ 洭水,水名,在广东省 Kuāng Shuǐ, a river in Guangdong Province

筐 kuāng ㄎㄨㄤ (一子—zi、一儿—r)竹子或柳条等编的盛东西的器具 basket, a container made of bamboo, willow twigs, etc.

狂 kuáng ㄎㄨㄤ ❶疯癫，精神失常 mad; crazy (働comb. 疯—fēng — insane, 癫—diān — mad; insane)：～人 kuángrén *madman*/发～fākuáng *go mad; go crazy* ❷任情地做，不用理智约束感情 wild; unrestrained：～放不拘 kuángfàng bùjū *unruly; unrestrained*/～喜 kuángxǐ *wild with joy*/～欢 kuánghuān *revelry; carnival* [狂妄—wàng]极端自高自大 wildly arrogant; presumptuous ❸猛烈的，声势大的 violent：～风暴雨 kuángfēngbàoyǔ *violent storms*/～澜（大浪头）kuánglán *raving waves*/～飙（急骤的大风）kuángbiāo *hurricane*

诳 kuáng ㄎㄨㄤ 欺骗，瞒哄 deceive; hoax：～语 kuángyǔ *lies; falsehood*

夼 kuǎng ㄎㄨㄤ〈方 dial.〉两山间的大沟。多用于地名。大夼，刘家夼，马草夼，都在山东省 gully between two mountains, usu. used in place names such as Dàkuǎng, Liújiākuǎng, Mǎcǎokuǎng, in Shandong Province

邝（鄺）kuàng ㄎㄨㄤ 姓 a surname

圹（壙）kuàng ㄎㄨㄤ ❶墓穴 open grave; coffin pit ❷圹野 open country [圹埌—làng]形容原野一望无际的样子 (of an open country) boundless

纩（纊）kuàng ㄎㄨㄤ 丝绵絮 silk floss; silk wadding

旷（曠）kuàng ㄎㄨㄤ ❶空阔 spacious and vast (働comb. 空—kōng— open; spacious)：～野 kuàngyě *wilderness*/地～人稀 dìkuàng-rénxī *a vast territory with a sparse population; much land and few people* [旷世—shì]当代没有能够相比的 unequalled in one's generation; unrivalled：～～功勋 kuàngshì gōngxūn *remarkable exploits in one's*

time ❷心境阔大 free from worries and petty ideas：心～神怡 xīnkuàng-shényí *completely relaxed and happy*; *carefree and happy*/～达 kuàngdá *broad-minded*; *bighearted* ❸荒废，耽搁 neglect or waste：～工 kuànggōng *stay away from* (or *miss*) *work without leave* or *good reason*/～课 kuàngkè *be absent from school without leave*; *play truant*/～日持久 kuàngrìchíjiǔ *extend over days*; *be time-consuming*

矿（礦、＊鑛）kuàng ㄎㄨㄤ（旧读 early pronounced gǒng）❶矿物，蕴藏在地层中的自然物质 ore; mineral：铁～ tiěkuàng *iron ore*/煤～méikuàng *coal ore*/油～yóukuàng *oil deposit* ❷开采矿物的场所 mine：～井 kuàngjǐng *mine shaft or pit*/～坑 kuàngkēng (mining) *pit*/下～ xiàkuàng *go to work at the mine*

况（＊況）kuàng ㄎㄨㄤ ❶情形 condition; situation：近～ jìnkuàng *recent condition or situation* ❷比，譬 compare：以古～今 yǐgǔ-kuàngjīn *draw parallels from history* ❸文言连词，表示更进一层 (in classical Chinese) conj. moreover; besides：～仓卒吐言，安能皆是 Kuàng cāngcù tǔyán, ān néng jiē shì. *Moreover, how can the words said in a hurry be always proper?* / 此事成人尚不能为，～幼雯乎 Cǐ shì chéngrén shàng bù néng wéi, kuàng yòutóng hū? *Even an adult cannot do this, let alone a child.* [况且—qiě]连词，表示更进一层 conj. moreover; besides：这本书内容很好，～～也很便宜，买一本吧 Zhè běn shū nèiróng hěn hǎo, kuàngqiě yě hěn piányi, mǎi yī běn ba. *The book has very good contents. Besides, it is very cheap. Buy one.* [何况 hé—]连词，表示反问 conj. indicating a rhetorical question：小孩都能办到，～～我呢

Xiǎoháir dōu néng bàndào, hékuàng wǒ ne? *Even a child can do it, why not me?*

贶 kuàng ㄎㄨㄤ 赐, 赠 present as a gift; grant

框 kuàng ㄎㄨㄤ ❶门框, 安门的架子 doorframe (图见 168 页 See picture on p. 168) ❷(一子—zi, 一儿—r)镶在器物外围有撑架作用或保护作用的东西 frame; framework; 镜~儿 jìngkuàngr *picture frame*/眼镜~子 yǎnjìng kuàngzi *rims (of spectacles)* ❸周围的圈儿 circle ⑳原有的范围, 固有的格式 fig. convention; set pattern: 不要有~~儿 bùyào yǒu kuàngkuangr *Don't be restricted by a set pattern.* ❹加框 draw a frame round: 把这几个字~起来 Bǎ zhè jǐ ge zì kuàng qilai. *draw a frame round these words* ❺限制, 约束 restrict; restrain: 不要~得太严, 要有灵活性 Bùyào kuàng de tài yán, yào yǒu línghuóxìng. *Have some flexibility and don't make rigid restrictions.*

眶 kuàng ㄎㄨㄤ (一子—zi, 一儿—r)眼的四周 eye socket: 眼~子发青 yǎnkuàngzi fāqīng *have blue circles around the eyes*/眼泪夺~而出 Yǎnlèi duó kuàng ér chū. *Tears started from the eyes.*

KUI ㄎㄨㄟ

亏（虧） kuī ㄎㄨㄟ ❶缺损, 折(shé)耗 lose; have deficit: 月有盈~(圆和缺) Yuè yǒu yíngkuī. *The moon has its moments of becoming full and waning.*/气衰血~ qìshuāi xuèkuī *have both a lack of vital energy of life and anaemia*/营业~本 yíngyè kuīběn *lose money in business* ⑳ ext. 1. 缺少, 缺, 欠 short; deficient: 功~一篑 gōngkuī-yíkuì *fail to build a mound for want of one final basket of earth (fig. fall short of success for lack of a final effort)*/~秤 kuīchèng *give short weight*/理~ lǐkuī *be in the wrong* 2. 损失 loss; 吃~(受损失)chīkuī *suffer losses* [亏空—kong] 所欠的钱物 debt; deficit: 弥补~~ míbǔ kuīkong *meet a deficit*; *make up for a loss* ❷亏负, 对不起 fail; treat unfairly: ~心 kuīxīn *have a guilty conscience*/人不~地, 地不~人 Rén bù kuī dì, dì bù kuī rén. *The land won't fail people as long as people don't fail the land.* ❸多亏, 幸而 fortunately; luckily: ~了你提醒我, 我才想起来 Kuīle nǐ tíxǐng wǒ, wǒ cái xiǎng qilai. *Thanks to your reminding, I now remember it.* ❹表示讥讽 (used to show sarcasm): ~你还学过算术, 连这么简单的账都不会算 Kuī nǐ hái xuéguo suànshù, lián zhème jiǎndān de zhàng dōu bù huì suàn. *And you have learned arithmatics, how come you can't even work out simple accounts like this?*

刲 kuī ㄎㄨㄟ 割 cut

岿（巋） kuī ㄎㄨㄟ 高大 towering; lofty: ~然不动 kuīrán-bùdòng *steadfastly stand the ground*

悝 kuī ㄎㄨㄟ 人名用字。李悝, 战国时政治家 used in people's names such as Lǐ Kuī, a statesman in the Warring States Period

盔 kuī ㄎㄨㄟ ❶作战时用来保护头的帽子, 多用金属制成 helmet: ~甲 kuījiǎ *a suit of armour*/钢~ gāngkuī *steel helmet* ❷盆子一类的器皿 basin- or pot-like receptacles: 瓦~ wǎkuī *earthen pot*

窥（*闚） kuī ㄎㄨㄟ 从小孔、隙或隐蔽处偷看 peep; spy: ~探 kuītàn *spy upon*; *pry about*/~伺 kuīsì *lie in wait for; be on watch for*/~见真相 kuījiàn zhēnxiàng *detect the truth*/管~蠡测(喻识浅陋, 看不清高深的道理)guǎnkuīlícè *look at the sky through a bamboo tube and measure the sea with a calabash* (*fig.* take a narrow view of things)

奎 kuí ㄎㄨㄟˊ 星宿名，二十八宿之一 a star constellation, one of the twenty-eight constellations

喹 kuí ㄎㄨㄟˊ [喹啉—lín] 有机化合物，分子式 $C_6H_4(CH)_3N$，无色液体，有特殊臭味。医药上做防腐剂，工业上供制染料 quinoline, a colourless liquid of organic compound that has a special stink, can be used as a preservative in medicine and in making dye in industry; molecular formula: $C_6H_4(CH)_3N$.

蝰 kuí ㄎㄨㄟˊ 蝰蛇，一种毒蛇，生活在森林或草地里 viper, any of several types of small poisonous snake that lives in forests or grass

逵 kuí ㄎㄨㄟˊ 通各方的道路 thoroughfare

馗 kuí ㄎㄨㄟˊ 同"逵" Same as "逵"

隗 ⊖ kuí ㄎㄨㄟˊ 姓 a surname
⊜ wěi 见 674 页 See p. 674

魁 kuí ㄎㄨㄟˊ ❶为首的 chief; head (⟨连⟩ comb. 一首 —shǒu *the brightest and best*)：罪～祸首 zuìkuí-huòshǒu *arch-criminal; chief-criminal* ❷大 big and tall; of stalwart build：身～力壮 shēn kuí lì zhuàng *tall and strong* [魁梧 —wú] [魁伟 —wěi] 高大（指身体）big and tall; stalwart ❸魁星，北斗七星中第一星。又第一星至第四星的总称 Kuíxīng, the one star at the tip of the bowl of the Big Dipper; also the four stars in the bowl in general

揆 kuí ㄎㄨㄟˊ ❶揣度(duó)，揣测 guess; estimate：～情度理 kuíqíng-duólǐ *consider and judge by common sense; make an intelligent appraisal of the situation* (question) ❷道理，准则 principle; standard ❸掌

管 in charge of；以～百事 yǐ kuí bǎi shì *be in charge of a number of affairs* ⟨引⟩ ext. 旧称总揽政务的人，如宰相、内阁总理等 formerly used to refer to a man in charge of government affairs, such as the prime minister, the chancellor, etc.：阁～ gékuí *prime minister*

葵 kuí ㄎㄨㄟˊ 植物名 plant name 1. 向日葵，一年生草本植物，花序盘状，花常向日。种子可吃，又可榨油 sunflower, an annual herb with a large dishlike flower that usu. turns toward the sun; its seeds are edible and can be used in extracting oil 2. 蒲葵，常绿乔木。叶可做蒲扇 Chinese fan palm, an evergreen arbor with leaves that can be made into fans

骙 kuí ㄎㄨㄟˊ [骙骙— —] 形容马强壮 (of a horse) sturdy; strong

暌 kuí ㄎㄨㄟˊ 隔离 separate (⟨连⟩ comb. 一违 —wéi *separate*; *part* 一离 —lí *part*)

瞡 kuí ㄎㄨㄟˊ ❶违背；不合 go against; run counter to ❷目不相视 avoid meeting each other's stare [瞡瞡— —] 张大眼睛注视 stare; gaze：众目～～ zhòngmù-kuíkuí *all eyes gazing* (being centered on); *everybody staring* ❸同"暌" Same as "暌"

夔 kuí ㄎㄨㄟˊ ❶古代传说中一种奇异的动物，似龙，一足 a rare dragon-like, one-footed animal in ancient legends ❷夔州，古地名，今重庆市奉节 Kuízhōu, an ancient place (today's Fengjie in Chongqing, Sichuan province)

傀 kuǐ ㄎㄨㄟˇ [傀儡—lěi] 木偶戏里的木头人 (in puppet shows) puppet ⟨喻⟩ *fig.* 徒有虚名，甘心受人操纵的人或组织 puppet, a person or group that is willingly controlled and directed by the will of sb else：～～政府 kuǐlěi zhèngfǔ *puppet government*

K

跬 kuǐ ㄎㄨㄟˇ 〈古 arch.〉半步 half a step：～步不离 kuǐbù-bùlí *not move even a half step from；keep close to*

匮 kuì ㄎㄨㄟˋ 缺乏 deficient (⑱comb. —乏—fá *short；deficient*) 〈古 arch.〉又同"柜·guì" Also same as "柜"

蒉 kuì ㄎㄨㄟˋ 古时用草编的筐子 *basket made of straw in former times*

馈(*餽) kuì ㄎㄨㄟˋ 馈赠，赠送 *give as a gift；present*

溃 ㊀kuì ㄎㄨㄟˋ ❶溃决，大水冲开堤岸 (of a dyke or dam) burst ❷散乱，垮台 disperse；be defeated：～散 kuìsàn (of troops) *be defeated and dispersed*/敌军～败 díjūn kuìbài *The enemy troops have been defeated.*/～不成军 kuìbùchéngjūn (of troops) *be utterly defeated* (routed)；*flee in great disorder*/经济崩～ jīngjì bēngkuì *collapse economically* [溃围—wéi]突破包围 break through an encirclement ❸肌肉组织腐烂 fester；ulcerate：～烂 kuìlàn *fester；ulcerate* [溃疡—yáng]黏膜或表皮坏死而形成的缺损 ulcer, a break in skin or mucous membrane with loss of surface tissue, disintegration, and necrosis of epithelial tissue
㊁huì 见 273 页 See p. 273

愦 kuì ㄎㄨㄟˋ 昏乱，糊涂 muddled；dazed and confused (⑱comb. 昏—hūn— *decrepit and muddle-headed*)

褪 kuì ㄎㄨㄟˋ 〈方 dial.〉❶(—儿—r)用绳子、带子等拴成的结 knot (tied out of ropes, bands, etc.)：活～儿 huókuìr *slip knot*/死～儿 sǐkuìr *fast knot* ❷拴，系(jì) tie；fasten：～个褪儿 kuìge kuìr *tie a knot*/把牲口～上 Bǎ shēngkou kuìshang. *tie a draught animal* (horse, etc.) *to a pole* (or tree, etc.)

聩 kuì ㄎㄨㄟˋ 耳聋 deaf；hard of hearing：昏～(比喻不明事理) hūnkuì *decrepit and muddle-headed*

箦 kuì ㄎㄨㄟˋ 古时盛土的筐子 basket for holding earth in ancient times：功亏一～ gōngkuī-yīkuì *fail to build a mound for want of one final basket of earth* (fig. fall short of success for lack of a final effort)

喟 kuì ㄎㄨㄟˋ 叹气 sigh：感～gǎnkuì *sigh with emotion*/～然长叹 kuìrán-chángtàn *draw a long breath and sigh；heave a deep sigh*

愧(*媿) kuì ㄎㄨㄟˋ 羞惭 ashamed；consience-stricken (⑱comb. 惭—cán— *ashamed*)：问心无～ wènxīn-wúkuì *have a good* (clean, clear) *conscience；feel nothing to be ashamed of*/他真不～是劳动模范 Tā zhēn bùkuì shì láodòng mófàn. *He deserves the honour of being a model worker.*

KUN ㄎㄨㄣ

坤(*堃) kūn ㄎㄨㄣ ❶八卦之一，符号是"☷"，代表地 one of the Eight Diagrams；symbol：☷, representing the earth ❷称女性的 female；faminine：～鞋 kūnxié *women's shoes*/～车 kūnchē *women's bicycle；lady's bicycle*
注：note："堃 kūn"多用于人名 usu. used in people's names

昆(❹*崑) kūn ㄎㄨㄣ ❶众多 numerous；multitudinous [昆虫—chóng]节肢动物的一类，身体分头、胸、腹三部，有三对足。蜂、蝶、蚤、蝗等都属昆虫类 insect, an arthropod with 3 pairs of legs and a body divided into the head, the bossom, and the belly；bee, butterfly, flea, locust, etc. are insects ❷子孙，后嗣 offspring：后～hòukūn *descendants；children* ❸哥哥 elder brother：～弟 kūndì *brothers*/～仲 kūnzhòng *elder and younger brothers*; *brothers* ❷[昆仑—lún]山脉名，西从帕米尔高原起，分三支向东分布 the Kunlun Mountains, a mountain range starting in the west from the Pamirs and extending to the east in three branches

琨 kūn ㄎㄨㄣ 一种玉 a kind of jade

焜 kūn ㄎㄨㄣ 明亮 bright

鹍(鶤) kūn ㄎㄨㄣ [鹍鸡—jī]古书上说的一种像鹤的鸟 a crane-like bird mentioned in ancient texts

锟 kūn ㄎㄨㄣ 人名用字 used in people's names

[锟铻—wú]宝刀和宝剑名 name for precious sword or double-edged sword

醌 kūn ㄎㄨㄣ 一类含有两个双键的六元环状二酮(含两个羰基)结构的有机化合物。如对苯醌的结构式为

$$O=C \begin{matrix} H & H \\ C-C \\ C=C \\ H & H \end{matrix} C=O$$

quinone, either of two isomeric cyclic crystalline compounds $C_6H_4O_2$ that are di-keto derivatives of dihydro-benzene. Eg. the structural formula of $C_6H_4O_2$ is shown above

鲲 kūn ㄎㄨㄣ 传说中的一种大鱼 a legendary enormous fish

裈 kūn ㄎㄨㄣ 古代称裤子为裈 used in ancient times to refer to trousers

髡(**髨) kūn ㄎㄨㄣ 古代剃去头发的刑罚 shave a man's head (as a punishment in ancient times)

捆(*綑) kǔn ㄎㄨㄣ ❶用绳等缠紧，打结 tie; bind (with ropes, etc.)：把行李～上 Bǎ xíngli kǔnshang. *tie up one's baggage* ❷(一子—zi，一儿—r)量词，用于捆在一起的东西 meas. bundle：一～儿柴火 yī kǔnr cháihuo *a bundle of fire-wood*/一～儿竹竿 yī kǔnr zhúgān *a bundle of bamboo poles*/一～报纸 yī kǔnr bàozhǐ *a bundle of newspaper*

阃 kǔn ㄎㄨㄣ ❶门槛，门限 threshold ❷妇女居住的内室 women's chambers

悃 kǔn ㄎㄨㄣ 诚实，诚心 sincere

壸(壼) kǔn ㄎㄨㄣ 宫里面的路 an alley inside the imperial palace

困(❸❹睏) kùn ㄎㄨㄣ ❶陷在艰难痛苦里面 be stranded; be hard pressed：为病所～ wéi bìng suǒ kùn *be afflicted with illness* ⑨ ext. 包围住 surround; pin down：把敌人～在城里 Bǎ dírénkùn zài chéng li. *bottle up the enemy inside the city* ❷穷苦，艰难 poor; difficult：～难 kùnnan *difficulty*/～境 kùnjìng *predicament; difficult position* ❸疲乏，困倦 tired; sleepy：孩子～了，该睡觉了 Háizi kùn le, gāi shuìjiào le. *The child is sleepy. He should go to bed.* ❹〈方 dial.〉睡 sleep：～觉 kùnjiào *sleep; have a sleep*

KUO ㄎㄨㄛ

扩(擴) kuò ㄎㄨㄛ 放大，张大 expand; enlarge：～音器 kuòyīnqì *megaphone; audio amplifier*/～充机构 kuòchōng jīgòu *expand the organization*/～大范围 kuòdà fànwéi *expand the scope*

括 ㊀ kuò ㄎㄨㄛ ❶扎，束 draw together; contract：～发 kuòfà *draw together the hair*/～约肌(在肛门、尿道等靠近开口的地方，能收缩、扩张的肌肉)kuòyuējī *sphincter* (a muscle which surrounds and can expand or tighten to open or close a passage in the body, eg. the anus, the urethra, etc.)❷包容 include (遷comb. 包—bāo—include)：总～zǒngkuò sum up

⊜ guā 见 221 页 See p. 221

适 ⊖ kuò ㄎㄨㄛˋ 古同"遒"〈古 arch.〉Same as "遒"

⊖ shì 见 597 页 See p. 597

蛞 kuò ㄎㄨㄛˋ [蛞蝼—lóu]蝼蛄 mole cricket [蛞蝓—yú]一种软体动物，身体像蜗牛，但没有壳，吃蔬菜或瓜果的叶子，对农作物有害 slug, any of several types of small limbless plant-eating creatures, related to the snail but without shell, which often does damage to gardens

遒 kuò ㄎㄨㄛˋ 疾速。多用于人名 (of speed) fast；usu. used in people's names

阔(濶) kuò ㄎㄨㄛˋ ❶面积或范围宽广 (of area or scope) wide；broad (遷comb. 广—guǎng—vast)：广～天地 guǎngkuò tiāndì a vast world/高谈～论 gāotán-kuòlùn talk bombastically；indulge in loud and big (empty) talk 引ext. 时间或距离长远(of time or distance) long；far：～别 kuòbié long separated；long parted ❷富裕的，称财产多生活奢侈的 wealthy；rich and luxurious：～气 kuòqi luxurious；extravagant/～人 kuòrén a rich man

廓 kuò ㄎㄨㄛˋ ❶物体的外缘 outline：轮～ lúnkuò outline；rough sketch/耳～ ěrkuò auricle；pinna ❷空阔 wide；extensive：寥～ liáokuò boundless；vast ❸扩大 expand；enlarge

[廓清—qīng]肃清，清除 sweep away；clean up：～～道路上的障碍 Kuòqīng dàolù shang de zhàng'ài. sweep away obstacles along the road/残匪已经～～Cánfěi yǐjing kuòqīng. The remaining (or last) bandits have all been wiped out.

L 为

LA 为丫

垃 lā 为丫 [垃圾－jī]脏土或扔掉的破烂东西 trash；rubbish

拉 ⊖ lā 为丫 ❶牵，扯，拽 pull；drag：～车 lā chē *pull a cart* / 把鱼网～上来 bǎ yúwǎng lā shanglai *drag up a fishnet* ⑨ext. 1. 使延长 drag out；draw out：～长声儿 lācháng shēngr *drawl* 2. 拉拢，联络 draw in；win over：～关系 lā guānxi *try to establish a relationship with each other；cotton up to* [拉倒－dǎo]算了，作罢 forget about it；leave it at that；let all be ended：他不来～～Tā bù lái lādǎo. *Let's forget about it if he doesn't come.* [拉杂－zá]杂乱，没条理 rambling；jumbled ❷排泄粪便 empty the bowels：～屎 lāshǐ *have a bowel movement；shit；go to restroom* ❸用车运 haul；transport by vehicle：～货 lāhuò *transport goods by vehicle* / ～肥料 lā féiliào *haul back the fertilizer* ❹帮助 help；give (or lend) a helping hand：他有困难，应该～他一把 Tā yǒu kùnnan, yīnggāi lā tā yī bǎ. *We should help him when he is in difficulty.* ❺牵累，牵扯 drag in；implicate：一人做事一人当，不要～上别人 Yī rén zuòshì yī rén dāng, bùyào lāshang biéren. *A man must take the consequences of his own conducts and not drag in others.* ❻使某些乐器发出声音 play (certain musical instruments)：～小提琴 lā xiǎotíqín *play the violin* / ～二胡 lā èrhú *play the erhu* ❼闲谈 chat：～话 lāhuà *make conversation；chat* / ～

家常 lā jiācháng *talk about every-day matters；chitchat* ❽(la)放在某些动词后，构成复合词。suffix placed after some verbs to form compounds 如：e. g.：扒拉 bālā *push lightly*，趿拉 tālā *wear cloth shoes with the backs turned in*，拨拉，等 bōlā *move or adjust with the hand, the foot, a stick, etc.*

[拉祜族－hùzú]我国少数民族，参看附表 the Lahu nationality, or the Lahus, a national minority in China. See Appendix.

[拉美－měi]指拉丁美洲，美国以南所有美洲地区 short for Lādīngměizhōu, Latin America, districts of South and Central America (south of the USA)

⊜ lá 见本页 See the same page.

啦 ⊖ lā 为丫 拟声词 onom.：呼～～ hūlālā *the sound of flapping*/哇～乱叫 wālā luànjiào *hullabaloo；uproar*/叽哩呱～jīliguālā *the sound of loud talk or chatter*

⊜ la 见 374 页 See p. 374

邋 lā 为丫 [邋遢－ta]不利落，不整洁 slovenly；sloppy：他收拾得很整齐，不像过去那样～～了 Tā shōushi de hěn zhěngqí, bù xiàng guòqù nàyàng lāta le. *He's got everything tidy and is not so sloven as before.*

晃 lá 为丫 见 191 页"旮"字条"旮晃 gā－" See "gālá" under entry of gā, p. 191

拉 ⊖ lá 为丫 割，用刀把东西切开一道缝或切断 cut；slit：～下一块肉 láxià yī kuài ròu *cut off a piece of meat* / ～了一个口子 lále yī ge kǒuzi *get a cut*

⊜ lā 见本页 See the same page.

砬(**磖) lá 为丫〈方 dial.〉砬子，大石块，多用于地名 big stone or rock, usu. used in place names

剌 ㊀lá ㄌㄚˊ 划破，割开。同"拉lá" cut；slit，Same as "拉".

㊁là 见本页 See the same page.

喇 lǎ ㄌㄚˇ [喇叭－ba]1. 一种管乐器 a brass-wind instrument；bugle 2. 像喇叭的东西 anything that resembles such an instrument：汽车～～qìchē lǎba horn (in a car, etc.)/扩音～～ kuòyīn lǎba loudspeaker [喇嘛－ma]〈藏 Tibetan〉蒙、藏佛教的僧侣，原义为"上人" Lama, a Lamaist monk of the Mahayana Buddhism of Tibet and Mongolia, originally meaning "the superior"

剌 ㊀là ㄌㄚˋ〈古 arch.〉违背常情、事理，乖张 perverse；disagreeable；乖～guāilà perverse；contrary to reason；～谬làmiù perverse and erroneous

㊁lá 见本页 See the same page.

瘌(**鬎) là ㄌㄚˋ [瘌痢－lì]〈方 dial.〉秃疮，生在人头上的皮肤病 favus of the scalp

辣 là ㄌㄚˋ ❶姜、蒜、辣椒等的味道 (of the taste of ginger, garlic, peppers, etc.) peppery；hot ㊗fig. 凶狠，刻毒 vicious；ruthless；～毒dúlà sinister；diabolic/ 心狠手～xīnhěnshǒulà cruel and ruthless ❷辣味刺激 (of a stingy smell) burn；bite：～眼睛là yǎnjīng make the eye sting

落 ㊁là ㄌㄚˋ 丢下，遗漏 leave out；leave behind；丢三～四 diūsān-làsì be always losing this and forgetting that/～了一个字 làle yī ge zì One word is missing. / 大家走得快，把他～下了 Dàjiā zǒu de kuài, bǎ tā làxia le. We left in a hurry and left him behind.

㊀luò 见 431 页 See p. 431
㊂lào 见 383 页 See p. 383

腊(臘) ㊀là ㄌㄚˋ ❶古代在夏历十二月举行的一种祭祀 an ancient sacrifice in the twelfth lunar month of the year ㊗trans. 夏历十二月 the twelfth lunar month：～八 (夏历十二月初八) Làbā the eighth day of the twelfth lunar month / ～肉(腊月或冬天腌制后风干或熏干的肉) làròu cured meat；bacon (meat that is cured and dried in the air or smoke, usu in the twelfth lunar month or winter) ❷姓 a surname

㊁xī 见 690 页 See p. 690

蜡(蠟) ㊀là ㄌㄚˋ ❶动物、植物或矿物所产生的某些油质，具有可塑性，易熔化，不溶于水，如蜂蜡、白蜡、石蜡等 wax，certain oily substances that are produced by animals, plants, or minerals, such as bees wax, white wax, paraffin wax, etc., have plasticity, can melt easily, and do not dissolve in water ❷蜡烛，用蜡或其他油脂制成的照明的东西，多为圆柱形，中心有捻，可以燃点 candle, a usu. cylindrical stick of wax containing a length of string which gives light when it burns

㊁zhà 见 818 页 See p. 818

镴 là ㄌㄚˋ 锡和铅的合金，可以焊接金属器物。也叫"白镴"或"锡镴" solder, a soft metal, usu. a mixture of lead and tin, used in melted form for joining other metal surfaces；also called báilà or xīlà

啦 ㊀la ·ㄌㄚ 助词，"了 le""啊"合音，作用大致和"了 le ❷"接近，但感情较为强烈 aux. a fusion of "le" and "a", similar to "le❷" in usage, but showing more stress：他已经来～Tā yǐjing lái la. He's already here. /他早就走～Tā zǎo jiù zǒu la. He left a long time ago.

㊁lā 见 373 页 See p. 373

鞡 la ·ㄌㄚ 见 685 页"靰"字条"靰鞡wù－"See "wùla"under entry of "wù", p. 685

LAI ㄌㄞ

来(來) lái ㄌㄞˊ ❶ 由另一方面到这一方面，跟"去""往"相反 come；move toward the

speaker or a particular place, antonym of "去", "往": 我～北京三年了 Wǒ lái Běijīng sān nián le. *I have been in Beijing for three years.* / ～信 láixìn *letter received; incoming letter* / ～源 láiyuán *source; origin* [来往－wǎng] 交际 dealings; intercourse ❷ 表示时间的经过 indicating a period of time 1. 某一个时间以后 ever since: 自古以～zìgǔ yǐlái *ever since the ancient times* / 从～cónglái *from the past to the present; always* / 向～xiànglái *always; all along* / 这一年～他的进步很大 Zhè yī nián lái tā de jìnbù hěn dà. *He has made great progress in the past year.* 2. 现在以后 future; from now on: 未～wèilái *future; coming* / ～年(明年)láinián *the coming year; next year* ❸ 表示约略估计的数目,将近或略超过某一数目 (used to indicate an estimated number) approximately; about: 十～个 shí lái gè *about ten* / 三米～长 sān mǐ lái cháng *about 3 metres long* / 五十～岁 wǔshí lái suì *in his fifties* ❹ 做某一动作(代替前面的动词) (used as a substitute for a preceeding verb): 再～一个! Zài lái yī ge! *Encore!* / 这样可～不得! Zhè yàng kě láibude! *It won't do this way.* / 我办不了,你来吧 Wǒ bànbuliǎo, nǐ lái ba! *I cannot make it. You do it.* / 我们打球,你来不～? Wǒmen dǎqiú, nǐ lái bù lái? *We're playing basketball (or volley-ball, etc.). Will you join us?* ❺ 在动词前,表示要做某事 (used in front of a verb, indicating an intended action): 我～问你 Wǒ lái wèn nǐ. *Let me ask you (a question).* / 大家～想想办法。Dàjiā lái xiǎngxiang bànfǎ. *Let's think of a way (to solve a problem).* / 我～念一遍吧 Wǒ lái niàn yī biàn ba! *Let me read it over.* ❻ 在动词后,表示曾经做过 (used after a verb, indicating a past action): 昨天

开会你跟谁辩论～? Zuótiān kāihuì nǐ gēn shéi biànlùn lái? *Whom did you argue with at yesterday's meeting?* 这话我哪儿说～? Zhè huà wǒ nǎr shuō lái? *Where did I say this?* [来着－zhe] 助词,用于句尾,表示曾经发生过什么事情 aux. (used at the end of a sentence, indicating a past action or state): 刚才我们在这儿开会～～ Gāngcái wǒmen zài zhèr kāihuì láizhe. *We were holding a meeting here just now.* / 我昨天上天津去～～ Wǒ zuótiān shàng Tiānjīn qù láizhe. *I went to Tianjin yesterday.* ❼ 在动词后,表示动作的趋向 (used after a verb, indicating motion towards the speaker) hither; here: 一只燕子飞过～Yī zhī yànzi fēi guolai. *A swallow is flying hither.* / 大哥托人捎～了一封信。Dàgē tuōrén shāolai le yī fēng xìn. *My eldest brother has asked someone to bring a letter here.* / 拿～nálai *bring it here* / 进～jìnlai *come in* / 上～shànglai *come up* ❽ 表示发生,来到 happen; appear: 房屋失修,夏天一下暴雨,麻烦就～了 Fángwū shīxiū, xiàtiān yī xià bàoyǔ, máfan jiù lái le. *The house is in bad repair. It will be troublesome when torrential rain comes in summer.* / 问题～了 wèntí lái le *Problems have arisen.* / 困难～了 kùnnan lái le *Difficulty has appeared.* ❾ 助词,在数词"一"、"二"、"三"后,表示列举 aux. (used after the numerals "yī", "èr", "sān", to indicate enumeration): 一～领导正确,二～自己努力,所以能胜利地完成任务 Yī lái lǐngdǎo zhèngquè, èr lái zìjǐ nǔlì, suǒyǐ néng shènglì de wánchéng rènwu. *In the first place, we had a correct leadership. In the second place, we worked hard ourselves. So we could fulfill the task successfully.* ❿ 助词,诗歌中间用做衬字,或为了声音规律配合的音节 aux. (used as a syllable filler in folk ballads）：正月里～是新春 Zhēngyuè lǐ lái shì xīnchūn. *The first (lunar) month is the beginning of spring.*

莱（萊） lái ㄌㄞ 蔾 referred to waste land in ancient time［莱菔－fú］萝卜 radish

崃（崍） lái ㄌㄞ 见 540 页"邛"字条"邛崃 qióng －" See Qiónglái under entry of "qióng", p. 540

徕（徕） lái ㄌㄞ ［招徕 zhāo－］把人招来 solicit (customers or business)；canvass：～～顾客 zhāolái gùkè *solicit the customers*

涞（淶） lái ㄌㄞ ［涞水 L－shuǐ］［涞源－yuán］地名，都在河北省 places in Hebei Province

梾（棶） lái ㄌㄞ ［梾木－mù］落叶乔木，花黄白色，核果椭圆形，紫色。种子榨的油可制肥皂和润滑油。树皮和叶子可制栲胶或紫色染料。也叫"灯台树" large-leaved dogwood, a deciduous arbor that bears yellowish-white flowers and yields purplish oval nuts. The oil extracted from its seeds can be used to make soap and lubricant, and its bark and leaves can be used to make tannin extract and purple dye stuff, also called "dēngtáishù".

铼（錸） lái ㄌㄞ 一种金属元素，符号 Re，可用来制电灯灯丝，化学上用做催化剂 rhenium, a metallic element that is used in catalysts and thermocouples；symbol：Re

赉（賚） lài ㄌㄞ 赐，给 grant；bestow

睐（睞） lài ㄌㄞ ❶瞳人不正 squint ❷看，向旁边看 look at (sideways)：青～（指对人的喜欢或重视）qīnglài *favour; good graces*

赖 lài ㄌㄞ ❶依赖，仗恃，倚靠 rely；depend；倚～yīlài *rely on; be dependent on*/ 任务的提前完成有～于大家的共同努力 Rènwu de tíqián wánchéng yǒulàiyú dàjiā de gòngtóng nǔlì. *The fulfilment of the task ahead of time depends on our joint efforts.* ❷抵赖，不承认以前的事 go back on one's words；deny one's error or responsibility：事实俱在，～是～不掉的 Shìshí jùzài, lài shì lài bu diào de. *The facts are all there and cannot be denied.* ❸诬赖，硬说别人有过错 blame sb. wrongly；put the blame on sb. else：自己做错了，不能～别人 Zìjǐ zuòcuò le, bù néng lài biérén. *You shouldn't blame your own mistakes on others.* ❹怪罪，责备 blame：学习不进步只能～自己不努力 Xuéxí bù jìnbù zhǐnéng lài zìjǐ bù nǔlì. *You simply have yourself to blame for not making any progress in study because you have not tried hard.* ❺不好，劣，坏 no good；poor：今年庄稼长得真不～Jīnnián zhuāngjia zhǎng de zhēn bùlài. *The crops are doing fairly good this year.* ❻留在某处不肯离开 hang on in a place；drag out one's stay in a place：～着不走 làizhe bù zǒu *hang on and refuse to clear up*/ 每天～在家里，什么也不干 měitiān lài zài jiāli, shénme yě bù gàn *stay at home every day without doing anything*

濑 lài ㄌㄞ 流得很急的水 rapids

癞 lài ㄌㄞ ❶癞病，即"麻风" leprosy ❷像生了癞的 affected by favus of the scalp 1. 因生癣疥等皮肤病而毛发脱落 loss of hair because of favus of the scalp：～狗 làigǒu *mangy dog* 2. 表皮凹凸不平或有斑点的 (of the outer skin) uneven or with freckles：～蛤蟆 làiháma *toad* / ～瓜 làiguā *balsam apple*

籁 lài ㄌㄞˋ 古代的一种箫 an ancient musical pipe 颤 ext. 孔穴里发出的声音,泛指声音 sound from holes, or sound in general: 万~俱寂 wànlài-jùjì *All is quiet and still.*

LAN ㄌㄢ

兰(蘭) lán ㄌㄢˊ 植物名 plant name 1.兰花,常绿多年生草本植物,丛生,叶子细长,花味清香。有草兰、建兰等多种 cymbidium; orchid, an evergreen perennial herb that grows thickly, has thin and long leaves, and bears light-fragrant flowers. Eg orchid, sword-leaved cymbidium, and many other species 2.兰草,多年生草本植物,叶子卵形,边缘有锯齿。有香气,秋末开花,可供观赏 fragrant thoroughwort, a fragrant perennial herb that has egg-shaped leaves with a tooth-like edge, bears flowers by the end of autumn, and can be used as ornament

拦(攔) lán ㄌㄢˊ 遮拦,阻挡,阻止 bar; block (鳄 comb. 一挡 —dǎng *block*,阻— zǔ — *stop; obstruct*):~住他,不要让他进来 Lán zhù tā, bùyào ràng tā jìnlai. *Stop him. Don't let him in.*

栏(欄) lán ㄌㄢˊ ❶ 遮拦的东西 fence; railing:木~ mùlán *a wooden fence* / 花~huālán *a railing decorated with flowers*[栏杆—gān]用竹、木、金属或石头等制成的遮拦物,也作"阑干" railing; banisters (usu. made of bamboo, wood, metal or stone, also written as "阑干"):桥~~ qiáolángān *the railings of a bridge* ❷ 养家畜的圈(juàn) pen; shed:牛~ niúlán *cattle pen* ❸ 书刊报章在每版或每页上用线条或空白分成的各个部分 column, one or more divisions of a page in a newspaper, etc., lying side by side and separated from each other by a narrow space, in which lines of print are arranged:新闻~ 广告~ xīnwénlán *news column* / 广告~ guǎnggàolán *advertising column* / 每页分两~ Měi yè fēn liǎng lán. *Each page has two columns.*

岚 lán ㄌㄢˊ 山中的雾气 haze; vapour (in mountains)

婪 lán ㄌㄢˊ 贪爱财物 avaricious; greedy (鳄 comb. 贪一 tān— *greedy*):贪~成性 tānlán-chéng xìng *Avarice becomes a second nature.*

阑 lán ㄌㄢˊ ❶同"栏❶" Same as "栏❶"[阑干—gān]1.纵横交错,参差错落 across; crisscross:星斗~~ xīngdǒu-lángān *Stars stud the sky crisscross.* 2.同"栏"字条"栏杆" Same as 栏杆 under entry of 栏 ❷同"拦" Same as 拦 ❸尽,晚 (of time) late:夜~人静 yèlán-rénjìng *in the still of the mid night; in the dead hours of the mid night*[阑珊 —shān]衰落,衰残 coming to an end; waning[阑入—rù]进入不应进去的地方,混进 enter a place that is forbidden to one

谰 lán ㄌㄢˊ 抵赖,诬陷 calumniate; slander;驳斥侵略者的无耻~言 bóchì qīnlüèzhě de wúchǐ lányán *refute the shameless slander of the invaders*

澜 lán ㄌㄢˊ 大波浪 billows; waves (鳄 comb. 波一 bō— *billows*):力挽狂~lìwǎn-kuánglán *do one's utmost to stem a raging tide* (fig. do one's utmost to save a desperate situation)/ 推波助~tuībō-zhùlán *make a stormy sea stormier* (fig. intensify troubles)

斓 lán ㄌㄢˊ [斑斓 bān—]灿烂多彩 gorgeous; bright-coloured:五色~~ wǔcǎi bānlán *a riot of colours*

镧 lán ㄌㄢˊ 一种金属元素,符号 La,灰白色,有延展性,在空气中燃烧发光。可制合金，又可做催化剂 lanthanum, a greyish-white soft malleable metallic element that gives off light when burning in the air, and can be used in alloys and as a catalyst；symbol：La

襕（襴） lán ㄌㄢˊ 古代一种上下衣相连的服装 an ancient costume that fixes the upper and lower garments together

蓝（藍） lán ㄌㄢˊ ❶蓼(liǎo)蓝，一年生草本植物，秋季开花，花落后结三棱形小果。从叶子提制的靛青可做染料，叶可入药 indigo plant, an annual herb that comes into bloom in autumn and yields small triangular fruit. The indigo blue extracts from its leaves can be used as dye, and its leaves can be used in medicine ❷用靛青染成的颜色，像晴天天空那样的颜色 colour produced by indigo, or the colour like that of the sky on clear days[蓝本—běn]著作所根据的原本 writing upon which later work is based；original version (of a literary work)

褴（襤） lán ㄌㄢˊ [褴褛—lǘ]衣服破烂。也作"蓝缕" ragged；shabby, also written as "蓝缕"

篮（籃） lán ㄌㄢˊ （一子、一儿）用藤、竹、柳条等编的盛(chéng)东西的器具，上面有提梁 basket, a usu. light container made of rattan, bamboo or willow twigs, etc. with a handle above：菜～子 càilánzi shopping basket (for food)／网～wǎnglán a basket with netting on top

览（覽） lǎn ㄌㄢˇ 看，阅 look at；read（叠 comb. 阅—yuè— read)；游～yóulǎn go sightseeing；tour ／ 书报阅～室 shūbào yuèlǎnshì a reading room of books, new-spapers, and periodicals／——

表 yīlǎnbiǎo table；schedule

揽（攬、**擥） lǎn ㄌㄢˇ ❶把持 grasp；monopolize：大权独～dàquán-dúlán arrogate all powers to oneself ❷拉到自己这方面或自己身上来 take on；take upon oneself：包～bāolán undertake the whole thing；take on everything ／ 推功～过 tuīgōng lǎnguò owe one's achievements to others and take the blames on oneself ❸搂，捆 take into one's arms；fasten with a rope, etc.：母亲把孩子～在怀里 Mǔqīn bǎ háizi lǎn zài huáili. The mother clasped the child to her bosom. or The mother embraced the child.／ 用绳子把柴火～上点儿 Yòng shéngzi bǎ cháihuo lǎnshang diǎnr. tie a rope around the firewood

缆（纜） lǎn ㄌㄢˇ ❶系船用的粗绳子或铁索 mooring rope, or cable for fastening a boat：解～(开船) jiělán set sail 旬 ext. 许多股绞成的粗绳 thick rope or cable made by twisting several strands together：钢～ gānglǎn steel cable [电缆 diàn—]用于电讯或电力输送的导线，通常由一束相互绝缘的金属导线构成 electric cable；cable, a set of covered wires which convey telegraph or telephone messages or electricity ❷用绳子拴(船) fasten (a boat) with a rope or cable：～舟 lǎnzhōu moor a boat

榄（欖） lǎn ㄌㄢˇ 见 196 页"橄"字条"橄榄 gǎn—" See gǎnlǎn under entry of "gǎn", p. 196

罱 lǎn ㄌㄢˇ ❶捕鱼或捞水草、河泥的工具 a kind of net used for fishing, or for dredging up water plants or river sludge ❷用罱捞 dredge up with such a tool：～河泥肥田 lǎn héní féitián dredge up sludge from a river for fertilizing the field

漤（**灠） lǎn ㄌㄢˇ ❶把柿子放在热水或石灰水

里泡几天，去掉涩味 soak persimmoms in hot water or lime-water for several days to take away its harsh taste ❷用盐腌(菜)，除去生味 mix vegetables with salt to take away its raw taste

壕 lǎn ㄌㄢˇ [坎壕—lǎn]困顿，不得志 meeting hardships；full of frustrations

懒(*嬾) lǎn ㄌㄢˇ ❶息惰，不喜欢工作 lazy；indolent (⑧comb. —惰—duò lazy)：～汉 lǎnhàn sluggard；lazybone/好吃～做要不得 hàochī-lǎnzuò yàobùde One should not be gluttonous and lazy. [懒得—de]不愿意，厌烦 not feel like (doing sth.)；be disinclined to：我都～～说了 Wǒ dōu lǎnde shuō le. I almost feel like mentioning it no more. ❷疲惫，困乏 sluggish；languid：浑身发～ húnshēn fālǎn feel lazy (or sluggish) all over

烂(爛) làn ㄌㄢˋ ❶因过熟而变得松软 soft (because of too much cooking)：稀粥～饭 xīzhōu lànfàn the thin gruel and the pulpy rice/蚕豆煮得真～Cándòu zhǔ de zhēn làn. The boiledbroad beans are quite soft. ⑨ext. 程度极深的 thoroughly；to a great extent：台词背得～熟 táicí bèi de lànshú learn one's lines thoroughly ❷东西腐坏 rot；fester (⑧comb. 腐—fǔ—become rotten)：桃儿和葡萄容易～Táor hé pútao róngyì làn. Peaches and grapes become rotten easily. ⑩ fig. 崩溃，败坏 corrupt；rotten：敌人一天天～下去，我们一天天好起来 Dírén yītiāntiān làn xiaqu，wǒmen yītiāntiān hǎo qilai. The enemy is being corrupted day by day, while we are getting better and better. ❸破碎 worn-out (⑧comb. 破—pò—ragged)：破铜～铁 pòtóng làntiě odds and ends of copper and iron/～纸 làn zhǐ scraps of paper/ 衣服穿～

了 Yīfu chuān làn le. The clothes are worn-out. ❹ 头绪乱 messy；disorderly：～摊子 làntānzi an awful mess

[烂漫—màn][烂熳—màn][烂缦—màn] 1. 色彩鲜明美丽 bright coloured；brilliant：山花～～ shānhuā-lànmàn bright mountain flowers in full bloom 2. 坦率自然，毫无做作 natural；unaffected：天真～～ tiānzhēn-lànmàn (of a child) innocent and artless；simple and unaffected

滥(濫) làn ㄌㄢˋ ❶流水漫溢 overflow；flood：解放前黄河时常泛～Jiěfàngqián Huáng Hé shícháng fànlàn. Before China's liberation the Yellow River often overflowed. [滥觞—shāng]⑰ trans. 事物的起源 origin；beginning ❷不加选择，不加节制 indiscriminate；excessive：～交朋友 lànjiāo péngyou choose friends indiscriminately / 用 lànyòng abuse；misuse / 宁缺毋～ nìngquē-wúlàn rather go without than make do with anything not up to the standards；put quality before quantity ⑨ ext. 浮泛不合实际 hackneyed；non-practical：陈词～调 chéncí-làndiào hackneyed tunes and phrases；cliches

LANG ㄌㄤ

啷 lāng ㄌㄤ 见 114 页"当"字条"当啷 dāng—" See "dānglāng" under entry of "dāng", p. 114

郎 ㊀láng ㄌㄤˊ ❶ 对年轻男子的称呼 an address for a young man ❷ 女子称情人或丈夫 (used by a woman in addressing her lover or husband) my darling ❸ 古代官名 an official title in the old days：侍～ shìláng Vice-President of one of the Six Boards in Ming and Qing dynasties. [郎中－zhōng] 1.〈方 dial.〉医生 doctor; physician 2. 古官名 an ancient official title ❹ 姓 a surname

㈡làng 见 381 页 See p. 381

廊 láng 圽 ❶（－子 －zi）走廊,有顶的过道 porch; corridor: 游～ yóuláng covered corridor (linking two or more buildings); veranda / 长～ chángláng covered corridor or walk; gallery ❷（－子 －zi）廊檐,房屋前檐伸出的部分,可避风雨,遮太阳 the eaves of a veranda (which can shield wind, rain, or sunlight)

嫏 láng 圽 [嫏嬛－huán] 神话中天帝藏书处的地方 (of myth) a place where the Lord of Heaven stored his books

榔 láng 圽 [榔头－tou] 锤子 hammer

[榔轨－kang] 器物长 (cháng)、大、笨重,用起来不方便 bulky; cumbersome

鎯 láng 圽 [鎯头－tou] 同"榔头" Same as "榔头".

螂（*蜋）láng 圽 见 633 页"螗"字条"螗螂 táng 一"、528 页"蜣"字条"蜣螂 qiāng 一"、823 页"螳"字条"螳螂 zhāng 一"、435 页"蚂"字条"蚂螂 mālang" See "tángláng" under entry of táng, p. 633, qiāngláng under entry of qiāng, p. 528, zhāngláng under entry of zhāng, p. 823, mālang under entry of mā, p. 435

狼 láng 圽 一种野兽,形状很像狗,耳直立,尾下垂,毛黄灰色,颊有白斑。性狡猾凶狠,昼伏夜出,能伤害人畜 wolf, a type of wild animal of the dog family with straight, upward ears, a low-hanging tail, yellowish-grey hair, and white freckles on the cheeks, which sleeps in the day and goes out at night, is cunning and fierce, and can harm man or other animals [狼狈－bèi] 1. 倒霉或受窘的样子 in a difficult position; in a tight corner: ～～不堪 lángbèi-bùkān in an extremely awkward position; in a sorry plight 2. 勾结起来共同做坏事 collude in doing sth. bad: ～～为奸 lángbèi-wéijiān collude as partners in crime; collude in doing evil [狼烟－yān] 古代报警的烽火,据说用狼粪燃烧 smoke (allegedly burnt with wolf's dung) to alert troops against invaders in ancient China ❿ fig. 战火 war: ～～四起 lángyān-sìqǐ wolf-dung beacons burning everywhere (fig. war alarm raised at all border posts)

阆 ㈠láng 圽 见 351 页"阆"字条"阆阆 kāng 一" See "kāngláng" under entry of kāng, p. 351

㈡ làng 见 381 页 See p. 381

琅（*瑯）láng 圽 ❶一种玉 a jade [琅玕－gān] 像珠子的美石 a beautiful pearl-like stone [琅琅－－] 拟声词,金石相击的声音或响亮的读书声 onom. the tinkling or jingling of metal or stone clashing, or the sound of reading aloud: 书声～～ shūshēng lángláng the sound of reading aloud; the clear hum of reading ❷洁白 pure white

锒 láng 圽 [锒铛－dāng] 1. 铁锁链 iron chains 2. 形容金属撞击的声音 a clanking or clanging sound of metals

粮 láng 圽 古书上指狼尾草（in ancient texts）Chinese penni-setum

朗 lǎng 圽 ❶明朗,明亮,光线充足 light; bright: 晴～ qínglǎng fine; sunny / 豁然开～ huòrán kāilǎng suddenly see the light (fig. suddenly understand the whole thing thoroughly) / 天～气清 tiānlǎng qì-qīng The sky is clear and bright; clear atmosphere under a blue sky. ❷声音清楚、响亮 (of sound) loud and clear；～诵 lǎngsòng *read aloud with expression*；*recite* / ～读 lǎngdú *read aloud*；*read loudly and clearly*

塱(**塱) lǎng　ㄌㄤˇ ［元塱 Yuán—］地名，在香港。今作"元朗" *a place in Hongkong, now written as "元朗"*

㮾 lǎng　ㄌㄤˇ ［㮾梨—lí］ *a place in Changsha County, Hunan Province*

烺 lǎng　ㄌㄤˇ 明朗 *bright and clear*

郎 ㊀làng　ㄌㄤˋ ［屎壳郎 shǐke—］见528页"蜣"字条"蜣螂 qiāng—" *See "qiāngláng" under entry of "qiāng", p.528*
　㊁láng 见379页 *See p.379*

埌 làng　ㄌㄤˋ 见367页"圹"字条"圹埌 kuàng—" *See kuànglàng under entry of "kuàng" p.367*

莨 làng　ㄌㄤˋ ［莨菪—dàng］多年生草本植物，开黄褐色微紫的花，全株有黏性腺毛，并有特殊臭味。有毒。根、茎、叶可入药 *henbane, a poisonous perennial herb that bears yellowish brown and light purplish flowers, has glutinous hairy glands all over, and smells of a special odour. Its root, stem and leaves can be used in medicine.*

崀 làng　ㄌㄤˋ ［崀山—Shān］地名，在湖南省新宁 *a place in Xinning, Hunan Province*

阆 ㊀làng　ㄌㄤˋ ［阆中—zhōng］ *a place in Sichuan Province*
　㊁láng 见380页 *See p.380*

浪 làng　ㄌㄤˋ ❶大波 *wave*；*billow* （⊛comb. 波—bō—*wave*）；海～打在岩石上 hǎilàng dǎ zài yánshí shang *Sea waves dash against the rocks.* ❷像波浪的起伏的东西 *things with a wave-like quality*；声～ shēnglàng *sound wave*；*acoustic wave*；麦～màilàng *rippling wheat*；*billowing wheat fields* ❸放纵 *unre-*

strained；～游 làngyóu *travel about without any definite purpose*/ ～费 làngfèi *waste*；*squander*

蒗 làng　ㄌㄤˋ ［宁蒗 Níng—］彝族自治县，在云南省 *an autonomous county of the Yi Nationality, Yunnan Province*

LAO　ㄌㄠ

捞(撈) lāo　ㄌㄠ ❶从液体里面取东西 *scoop up from a liquid*；*fish for*：打～ dǎlāo *get out of the water*；*salvage* ❷用不正当的手段取得 *get by improper means*：～一把 lāo yī bǎ *reap some profit*；*gain some advantage*

劳(勞) láo　ㄌㄠˊ ❶ 劳动，人类创造物质或精神财富的活动 *work*；*labour, human activity that can create material or mental wealth*：按～分配 ànláo-fēnpèi *distribution according to work（labour）* / 不～而获 bùláo'érhuò *reap without sowing*；*profit by or reap the fruits of other people's toil* ❷ 疲劳，辛苦 *fatigue*；*toil*：任～任怨 rènláo rènyuàn *work hard without complaint*；*work hard and not be upset by criticism* ❸ 烦劳 *put sb. to the trouble of* ［劳驾—jià］请人帮助的客气话（*used in asking a favour of sb.*）*excuse me*；*would you please…*：～～开门 Láojià kāimén. *Would you please open the door?* ❹ 慰劳，用言语或实物慰问 *reward（with words or things）*：～军 láojūn *take greetings and gifts to army units* ❺ 功勋 *meritorious deed*；*service*：汗马之～ hànmǎzhīláo *achievements（distinguished）in war*；*service in battle*

唠(嘮) ㊀láo　ㄌㄠˊ ［唠叨—dao］没完没了地说，絮叨 *be garrulous*；*chatter*：人老了就爱

～～Rén lǎole jiù ài láodao. *Old people tend to be garrulous.*

㊀lào 见 383 页 See p. 383

崂（嶗） láo ㄌㄠˊ 崂山，山名，在山东省。也作"劳山"Láo Shān, a mountain range in Shandong Province; also written as "劳山"

铹（鐒） láo ㄌㄠˊ 一种人造的放射性元素，符号 Lr lawrencium, a man-made radioactive element; symbol: Lr

痨（癆） láo ㄌㄠˊ 痨病，中医指结核病，通常多指肺结核 (in Chinese medicine) consumptive disease, usu. tuberculosis

牢 láo ㄌㄠˊ ❶ 养牲畜的圈（juàn）(an enclosure for domestic animals) pen; fold: 亡羊补～（喻事后补救）wángyáng-bǔláo *Lock (shut) the stable door after the sheep is stolen* (*fig.* It is never too late to mend). ㊧ trans. 古代称作祭品的牲畜 sacrificial animal: 太～（牛）tàiláo *sacrificial ox /* 少～（羊）shàoláo *sacrificial sheep* ❷ 监禁犯人的地方 prison; jail（㊥comb. 监－jiān－ *prison; jail*）：坐～zuòláo *be in prison; be in jail* ❸ 结实，坚固，固定 firm; fast: ～不可破 láobùkěpò *unbreakable; indestructible /* ～记党的教导 láojì Dǎng de jiàodǎo *keep firmly in mind the Party's in-structions*

[牢骚－sao]烦闷不满的情绪 complaint; grumble: 发～～ fā láo-sao *complain; grumble*

醪 láo ㄌㄠˊ ❶ 浊酒 wine with dregs; undecanted wine ❷ 醇（chún）酒 mellow wine [醪糟－zāo]江米酒 fermented glutinous rice wine

老 lǎo ㄌㄠˇ ❶ 年岁大，时间长（of age）old;（of time）long 1. 跟"少"、"幼"相反 antonym of shào, yòu: ～人 lǎorén *old man or woman; the old* 敬辞 term of respect: 吴～Wú Lǎo *our revered Wu /* 范～Fàn Lǎo *our revered Fan* 2. 陈旧的 old (not new): ～房子 lǎo fángzi *an old house* 3. 经历长，有经验 experienced; veteran: ～手 lǎoshǒu *old hand; old stager /* ～干部 lǎogànbù *veteran cadre* 4. 跟"嫩"相反 antonym of "nèn": ～笋 lǎosǔn *overgrown bamboo shoots /* 菠菜～了 Bōcài lǎo le. *The spinach is overgrown. /* ～绿 lǎolǜ *dark green* 5. 长久 for a long time: ～没见面了 lǎo méi jiànmiàn le *haven't seen sb. for ages* 6. 经常，总是 often; always: 人家怎么～能提前完成任务呢? Rénjia zěnme lǎo néng tíqián wánchéng rènwu ne? *Why can they always fulfil their tasks ahead of time* 7. 原来的 original; old: ～家 lǎojiā *native place; old home /* ～脾气 lǎo píqi *nature; old temperament /* ～地方 lǎo dìfang *the same old place* ❷ 极，很 very: ～早 lǎozǎo *very early /* ～远 lǎoyuǎn *far away* ❸ 排行（háng）在末了的 youngest; last born: ～儿子 lǎo'érzi *the youngest son /* ～妹子 lǎomèizi *the youngest sister* ❹ 词头 prefix 1. 加在称呼上（used before an address to indicate intimacy or informality）: ～弟 lǎodì *young man; young fellow /* ～师 lǎoshī *teacher /* ～张 Lǎo Zhāng *Lao Zhang* 2. 加在兄弟姊妹次序上（in kinship terms to show seniority）: 大～大 lǎodà *number one; the eldest /* 二～二 lǎo'èr *number two; the second eldest* 3. 加在某些动植物名词上（in certain terms of animals or plants）: ～虎 lǎohǔ *tiger /* ～鼠 lǎoshǔ *mouse; rat /* ～玉米 lǎoyùmǐ *maize; ear of maize*

佬 lǎo ㄌㄠˇ 成年男子（含轻视意）(*derog.*) a grown-up man; fellow: 阔～ kuòlǎo *a rich person*

荖 lǎo ㄌㄠˇ [荖浓溪－nóng Xī]水名，在台湾省 a river in Taiwan Province

姥 ㊀ lǎo ㄌㄠˇ [姥姥—lao] [老老—lao] 1. 外祖母 (maternal) grandmother 2. 旧时接生的女人 (in early times) midwife

㊁ mǔ 见 466 页 See p. 466

栳 lǎo ㄌㄠˇ 见 353 页 "栲" 字条 "栲栳 kǎo—" See "kǎolǎo" under entry of "kǎo", p. 353

铑 lǎo ㄌㄠˇ 一种金属元素,符号 Rh,银白色,质地很坚硬,不受酸的侵蚀,用于制催化剂。铂铑合金可制热电偶 rhodium, a silver-white hard metallic element that is acid-resistant and can be used in making catalyst. Its alloy with platinum can be used in thermocouple; symbol: Rh

潦 ㊀ lǎo ㄌㄠˇ ❶雨水大 heavy rains ❷路上的流水,积水 puddles on road

㊁ liáo 见 403 页 See p. 403

络 ㊀ lào ㄌㄠˋ 同 "络㊀❶",用于一些口语词 Same as "络㊀❶", used in some colloquial expressions [络子—zi] 1. 用线绳结成的网状袋子 net bag (made by wearing together some threads) 2. 绕线等的器具 an instrument for winding thread

㊁ luò 见 431 页 See p. 431

烙 ㊀ lào ㄌㄠˋ ❶用器物烫、熨 iron; brand: ～铁 làotie flatiron; iron/ ～衣服 lào yīfu iron clothes [烙印—yìn]在器物上烧成的做标记的印文 brand (burnt on objects as a mark) 喻 fig. 不易磨灭的痕迹 brand, a lasting mark; 时代－～ shídài làoyìn a brand of the times ❷放在器物上烤熟 bake in a pan, etc.: ～饼 lào bǐng bake a cake

㊁ luò 见 431 页 See p. 431

落 ㊀ lào ㄌㄠˋ 同 "落㊀",用于一些口语词,如 "落炕"、"落枕" 等 Same as "落㊀", used in some colloquial expressions such as "làokàng" (stay in bed with illness), "làozhěn" (Chinese medical term) stiff neck causing by getting cold or by awkward sleeping posture

㊁ luò 见 431 页 See p. 431

㊂ là 见 374 页 See p. 374

酪 lào ㄌㄠˋ ❶用动物的乳汁做成的半凝固食品 junket, milk thickened and made solid by adding acid, sweetened and often given a particular taste: 奶～ nǎilào cheese ❷用果实做的糊状食品 thick fruit juice or sweet nut paste: 杏仁～xìngrénlào almond cream / 核桃～hétaolào walnut cream

唠 (嘮) ㊀ lào ㄌㄠˋ 〈方 dial.〉说话,闲谈 talk; chat; 来,咱们～一～ Lái, zánmen lào yī lào. Now, let's have a chat.

㊁ láo 见 381 页 See p. 381

涝 (澇) lào ㄌㄠˋ 雨水过多,水淹,跟 "旱" 相反 waterlogging, antonym of "hàn": 防旱防～ fánghàn fánglào take precautions against drought and waterlogging

耢 (耮) lào ㄌㄠˋ ❶用荆条等编成的一种农具,功用和耙 (bà) 相似,也叫 "耱 mò"、"盖" 或 "盖擦" a farm tool made from twigs of the chaste tree, similar to bà in use; also called "mò", "gài", or "gàicā" ❷用耢平整土地 level land with this tool

嫽 lào ㄌㄠˋ 姓 a surname

LE ㄌㄜ

肋 ㊀ lē ㄌㄜ [肋脦—de, —te](又 also)衣裳肥大,不整洁 (of clothes) loose and untidy: 瞧你穿得这个～～ Qiáo nǐ chuān de zhège lēde. Look, how untidy you are!

㊁ lèi 见 386 页 See p. 386

仂 lè ㄌㄜˋ〈古 arch.〉余数 remainder

叻 lè ㄌㄜˋ[叻石 Shí—]我国侨民称新加坡。也叫"叻埠" Singapore (referred to by the overseas Chinese); also called Lèbù

泐 lè ㄌㄜˋ❶石头被水冲激而成的纹理 lines formed on the stone by lashing waves (or water) ❷同"勒⊖❹" Same as "勒⊖❹";手~(亲手写,旧时书信用语) shǒulè written in one's own hand (a term used in letters in the old days)

竻 lè ㄌㄜˋ❶竹根儿 bamboo root ❷一种竹子 a kind of bamboo

勒 ⊖ lè ㄌㄜˋ❶套在牲畜头上带嚼子的笼头 headstall or halter (with a bit) ❷收住缰绳不使前进 rein in;悬崖~马 xuányá-lèmǎ rein in at the brink of the precipice (fig. wake up and escape disaster at the last moment) ❸强制 force; coerce;~令 lèlìng compel (by legal authority); order / ~索 lèsuǒ extort; blackmail ❹刻 carve; engrave;~石 lè shí carve on a stone / ~碑 lè bēi carve on a stone tablet

⊜ lēi 见 385 页 See p. 385

簕 lè ㄌㄜˋ[簕竹—zhú]一种竹子 a kind of bamboo

鰳 lè ㄌㄜˋ鰳鱼,又叫"鲙鱼"或"曹白鱼"。背青灰色,腹银白色 Chinese herring, a fish with a dark blue back and a silver-white belly; also called "kuàiyú" or "cáobáiyú"

乐(樂) ⊖ lè ㄌㄜˋ❶快乐,欢喜,快活 happy; cheerful; ~趣 lèqù delight; pleasure / ~事 lèshì pleasure; delight / ~而忘返 lè'érwàngfǎn be so happy that one forgets returning; abandon oneself to pleasure ❷乐于 be glad to; find pleasure in;~此不疲 lècǐ-bùpí never be bored with sth.; delight in sth. and never get tired of it [乐得—dé] 正好,正合心愿 readily take the opportunity to; be only too glad to;~这样做 lèdé zhèyàng zuò be only too glad to do it ❸(一子—zi,一儿—r)使人快乐的事情 fun; pleasure;取~qǔlè find pleasure; amuse oneself / 逗~儿 dòulèr try to make people laugh; clown around ❹笑 laugh; be amused;可~kělè laughable; funny/ 把一屋子人都逗~了 bǎ yī wūzi rén dōu dòulè le have everyone in the room amused / 你~什么? Nǐ lè shénme? What are you laughing at? or What's so funny? ❺姓 a surname

⊜ yuè 见 800 页 See p. 800

了 ⊖ le ·ㄌㄜ 助词 aux.❶放在动词或形容词后,表示动作或变化已经完成 used after a verb or an adjective to indicate the completion of an action or a change;买~一本书 mǎile yī běn shū have bought a book / 水位低~两尺 Shuǐwèi dīle liǎng chǐ. The waterlevel is two "chǐ" lower.❷用在句子末尾或句中停顿的地方,表示变化或出现新的情况 a new situation (used at the end of a sentence, or in the middle where there is a pause, to indicate a change, or sth. that has newly appeared) 1. 指明已经出现或将要出现某种情况 to indicate that sth. has happened or will happen;下雨~Xiàyǔ le. It's raining. / 明天就是星期日了~Míngtiān jiù shì xīngqīrì le. It will be Sunday tomorrow. 2. 认识、想法、主张、行动等有变化 to indicate change in knowledge, thoughts, stand, action, etc;我现在明白他的意思~Wǒ xiànzài míngbai tā de yìsi le. I now understand (or know) what he meant. / 他今年暑假不回家~Tā jīnnián shǔjià bù huíjiā le. He is not going home this summer vacation. / 我本来没打算去,后来还是去~Wǒ běnlái méi dǎsuan qù, hòulái hái shì qù le. I didn't intend to go there at first, but later I went there anyway. 3.随假设的条件转移 to indicate change according to condition:你早来一天就见着他~Nǐ zǎo lái yī tiān jiù jiànzhe tā le. *You could have seen him if you had come here a day earlier.* 4. 催促或劝止 used in commands or requests in response to a changed situation:走~,走~,不能再等~Zǒu le, zǒu le, bù néng zài děng le. *Let's go. We can't wait any longer.* / 算~,不要老说这些事~! Suàn le, bùyào lǎo shuō zhèxiē shì le. *That's enough! Let it go at that.* (or Forget it!)

〇 liǎo 见 404 页 See p. 404

骆 le·ㄌㄜ 见 245 页"饸"字条"饸骆hé－" See "héle" under entry of "hé", p. 245

LEI ㄌㄟ

勒 〇 lēi ㄌㄟ 用绳子等捆住或套住,再用力拉紧 tie or strap sth. tight (with rope, etc.):~紧点,免得散了 Lēijǐn diǎnr, miǎnde sǎn le. *Tighten it up, so that it will not come loose.*

〇 lè 见 384 页 See p. 384

累(纍) 〇 léi ㄌㄟ ❶连缀或捆住 join together, or bind together[累累－－]连续成串 clusters of; heaps of:果实~~guǒshí léiléi *fruits hanging heavy on the trees*[累赘－zhui]多余的负担,麻烦 burdensome; troublesome:这事多~~. Zhè shì duō léizhui. *What a burdensome (troublesome) matter!* ❷绳索 rope ❸缠绕 tie; bind

〇 lèi 见 386 页 See p. 386
〇 lěi 见 387 页 See p. 387

嫘 léi ㄌㄟ [嫘祖－zǔ]人名,传说是黄帝的妃,发明养蚕 the Queen of the legendary Yellow Emperor and discoverer of silkworm breeding

缧 léi ㄌㄟ [缧绁－xiè]捆绑犯人的绳索 bonds used to strap a criminal

雷 léi ㄌㄟ ❶云层放电时发出的强大声音 thunder, the loud explosive noise that follows a flash of lightning:打 ~ dǎléi *It thunders.* / 春~chūnléi *spring thunder*[雷霆－tíng]震耳的雷声 thunderclap; thunderbolt:~~万钧之势 léitíngwànjūn zhī shì *a momentum as powerful as a thunderbolt* fig. 怒气或威力 rage or power:大发~~dàfā-léitíng *get into a fearful rage; bawl at sb. angrily* / ~~万钧 léitíngwànjūn *as powerful as a thunderbolt* [雷同－tóng]打雷时,许多东西同时响应。喻随声附和,不该相同而相同 echoing many objects when it thunders; (fig. echoing anothers utterances without ideas of one's own) ❷军事上用的爆炸武器 mine, a metal case containing explosive for military use:地~dìléi *mine* / 鱼~yúléi *torpedo*

擂 〇 léi ㄌㄟ ❶研磨 pestle; pound:~钵(研东西的钵)léibō *mortar* (a vessel) ❷打 beat:~鼓 léigǔ *beat a drum* 自吹自~(喻自我吹嘘) zìchuī-zìléi *blow one's own trumpet* (fig. crack oneself up)

〇 lèi 见 387 页 See p. 387

檑 léi ㄌㄟ 滚木,古代守城用的圆柱形的大木头,从城上推下打击攻城的人 rolling log, a heavy cylindrical log used to defend a city, which was pushed down from a city wall to hit attackers in ancient times

礌 léi ㄌㄟ 礌石,古代守城用的石头,从城上推下打击攻城的人 rolling stone, a stone used to defend a city, which was pushed down from a city wall to hit attackers in ancient times

镭 léi ㄌㄟˊ 一种放射性元素，符号 Ra，银白色，有光泽，质软，能慢慢地蜕变成氦和氡，最后变成铅。医学上用镭来治癌症和皮肤病 radium, a shiny silver-white soft radioactive element that is used in the treatment of certain diseases such as cancer and skin disease and can slowly decay to helium and radon, and finally to lead; symbol: Ra.

蠃 léi ㄌㄟˊ 瘦 thin; skinny; 身体～弱 shēntǐ léiruò be thin and weak; be fragile

罍 léi ㄌㄟˊ 古代一种形状象壶的盛（chéng）酒的器具 (in ancient times) a kettle-shaped wine vessel

耒 lěi ㄌㄟˇ 古代称犁上的木把（bà）the wooden handle of a plough used in ancient times[耒耜—sì]古代指耕地用的农具 plough-like farm tools used in ancient times

诔 lěi ㄌㄟˇ ❶古时叙述死者生平，表示哀悼的文章 (in ancient times) funeral eulogy; dirge ❷做诔 pronounce a eulogy over the dead

垒（壘）lěi ㄌㄟˇ ❶古代军中作防守用的墙壁 rampart, a wide bank of earth built to protect an army unit in war in ancient times; 两军对～liǎng jūn duìlěi two armies pitted against each other / 深沟高～shēngōu-gāolěi deep trenches and high ramparts; strong defence ❷把砖、石等重叠砌起来 build by piling up bricks, stones, earth, etc.; 一～墙 lěi qiáng build a wall / 把井口一些 bǎ jǐngkǒu lěigāo yīxiē Make the mouth of the well a bit higher.

累（❶纍）⊖ lěi ㄌㄟˇ ❶重叠，堆积 pile up; accumulate; 危如～卵 wēirúlěiluǎn hazardous as eggs piled up; as dangerous as a pile of eggs / 积年～月 jīnián-lěiyuè month after month and year after year; for years on end

[累累一一]1. 屡屡 again and again; many times 2. 形容累积得多 innumerable; countless; 罪行～～zuìxíng léilěi have a long criminal record; have committed countless crimes [累进—jìn]照原数目多少而递增，如2、4、8、16等，原数越大，增加的数也越大 progression, the way in which each number varies from the one before it, where the bigger the original number, the bigger the number added, eg 2, 4, 8, 16, and so on;～～率 lěijìnlǜ graduated rates/～～税 lěijìnshuì progressive tax; progressive taxation ❷连累 involve;～及 lěijí involve; drag in/ 受～shòulěi get involved on account of sb. else / 牵～qiānlěi involve (in trouble) / ～你操心 lěi nǐ cāoxīn get you involved in the worry

⊜ léi 见387页 See p. 387

⊜ lèi 见385页 See p. 385

磊 lěi ㄌㄟˇ 石头多 stony

[磊落—luò]心地光明坦白 open and upright

蕾 lěi ㄌㄟˇ 花骨朵,含苞未放的花 bud; flower bud; 蓓～bèilěi bud/ 花～huālěi (flower) bud

儡 lěi ㄌㄟˇ 见369页"傀"字条"傀儡kuǐ—" See "kuǐlěi"under entry of "kuǐ", p. 369

肋 ⊖ lèi ㄌㄟˋ 胸部的两旁 costal region; either side of the chest;两～liǎnglèi both sides of the chest/ ～骨 lèigǔ rib

⊜ lē 见383页 See p. 383

泪（*淚）lèi ㄌㄟˋ 眼泪 tear; teardrop

类（類）lèi ㄌㄟˋ ❶种,好多相似事物的综合 kind; type (the members of which all share certain qualities)（⨀ comb. 种zhǒng— kind; type);分～fēnlèi classify/ ～型 lèixíng type; category/ 以

此～推 yǐcǐ-lèituī *on the analogy of this*❷类似，好像 resemble；be similar to：画虎～犬 huàhǔ-lèiquǎn *draw a tiger and end up with the likeness of a dog (fig. make a poor imitation)* ❸大率 approximately；more or less：～多如此 lèi duō rúcǐ *roughly so；more or less like that*

颣 lèi ㄌㄟˋ 缺点，毛病 shortcoming；defect

累 ㊀ lèi ㄌㄟˋ ❶疲乏，过劳 tired；weary：我今天～了 Wǒ jīntiān lèi le. *I'm tired today.* ❷使疲劳 tire；wear out：别～着他 Bié lèizhe tā. *Don't let him worn out.*

㊁ léi 见 386 页 See p. 386

㊂ lěi 见 385 页 See p. 385

酹 lèi ㄌㄟˋ 把酒洒在地上表示祭奠 pour a libation

擂 ㊀ lèi ㄌㄟˋ 擂台，古时候比武的台子 arena，a platform for martial contests in ancient times：摆～ bǎilèi *prepare a platform for martial contests* / 打～ dǎlèi *join in an open competition or contest*

㊁ léi 见 385 页 See p. 385

嘞 lei ·ㄌㄟ 助词，跟"喽 lou"相似 aux. similar to lou：雨不下了，走～! Yǔ bù xià le, zǒu lei! *It's stopped raining. Let's go.*

LENG ㄌㄥ

塄 léng ㄌㄥ 田地边上的坡子。也叫"地塄" slope by the edge of a field；also called "dìléng"

楞 léng ㄌㄥ 同"棱" Same as "棱".

崚 léng ㄌㄥ líng ㄌㄧㄥ (又 also)［崚嶒－céng］形容山高 (of mountain) high

棱(*稜) ㊀ léng ㄌㄥ (－子－zi，－儿－r)❶物体上不同方向的两个平面接连的部分 edge (the part of an object where two planes meet)：见－见角 jiànléng jiànjiǎo *angular* ❷物体表面上的条状突起 ridge，a long narrow raised part of any surface：瓦～ wǎléng *rows of tiles on a roof* / 搓板的～儿 cuōbǎnr de léngr *ridges of a washboard*

㊁ líng 见 412 页 See p. 412

冷 lěng ㄌㄥˇ ❶温度低，跟"热"相反 cold，of low temperature，antonym of "rè" (叠comb. 寒－hán － cold)：昨天下了雪，今天真～ Zuótiān xiàxuě le, jīntiān zhēn lěng. *It snowed yesterday, and it's really cold today.* ❷寂静，不热闹 unfrequented；deserted：～清清 lěngqīngqīng *desolate；deserted* / ～落 lěngluò *unfrequented；lonely* ❸生僻，少见的 strange；rare (叠comb. 一僻－pì rare)：～字 lěngpìzì *a rarely used word；an unfamiliar word* / ～货(不流行或不畅销的货物) lěnghuò *goods not much in demand；dull goods* ❹不热情，不温和 cold in manner；frosty：～脸子 lěngliǎnzi *cold face；severe expression* / ～言～语 lěngyán-lěngyǔ *mocking (cold) words；sarcastic comments* / ～酷无情 lěngkù-wú-qíng *as hard as nails；cold-blooded*［冷静 － jìng］不感情用事 sober；calm：头脑应该～～tóunǎo yīnggāi lěngjìng *One should be sober-minded (or have a cool head).*［冷笑－xiào］含有轻蔑、讥讽的笑 sneer；laugh with scorn or irony ❺突然，意料以外的 suddenly；unexpectedly：～不防 lěng bufáng *unexpectedly；without warning* / ～枪 lěngqiāng *sniper's shot；shot from hiding*

塄 lèng ㄌㄥˋ［长塄 Cháng－］地名，在江西省新建 a place in Xinjian, Jiangxi Province

睖 lèng ㄌㄥˋ［睖睁－zheng］眼睛发直，发愣 stare blankly；be in a daze

愣 lèng ㄌㄥˋ ❶ 呆，失神 dumbfounded; dazed; 两眼发～ liǎngyǎnfālèng *stare blankly* / 吓得他一～ xià de tā yī lèng *He was struck dumb by the fear.* ❷ 卤莽，说话做事不考虑对不对 rash; blunt; 一头～脑 lèngtóu-lèng-nǎo *rash; reckless* / 他说话做事太～ Tā shuōhuà zuòshì tài lèng. *He speaks and acts too bluntly.* ㉚ ext. 蛮，硬，不管行得通行不通 forcefully insist on sth. without proof or basis; ～干 lènggàn *do things recklessly* (*or rashly*) / 明知不对，他～那么说 Míngzhī bù duì, tā lèng nàme shuō. *He knew it was wrong, but he still went ahead and said it.*

ㄌㄧ ㄌㄧˊ

哩 ㊀ lī ㄌㄧ [哩哩啦啦—— lālā] 形容零零散散或断断续续的样子 scattered; sporadic: 瓶子漏了，～～～～地洒了一地 Píngzi lòu le, lī lī lālā de sǎle yī dì. *The bottle leaked all over the floor.* / 雨～～～～下了一天 Yǔ lī lī lālā xiàle yī tiān. *It rained on and off all day.*

㊁ lī 见 396 页 See p. 396
㊂ lǐ 见 390 页 See p. 390

丽（麗） ㊀ lí ㄌㄧˊ [高丽 Gāo—] 朝鲜历史上的王朝，旧时习惯上沿用指称朝鲜 Korea (a dynasty of Korea in history), usu. used to refer to Korea in the old days. [丽水—shuǐ] 地名，在浙江 a place in Zhejiang Province

㊁ lì 见 394 页 See p. 394

骊（驪） lí ㄌㄧˊ 纯黑色的马 pure black horse

鹂（鸝） lí ㄌㄧˊ [黄鹂 huáng—] 鸟名。羽毛黄色，从眼边到头后部有黑色斑纹。叫的声音很好听。也叫"黄莺" Oriole, a golden-feathered bird that has black stripes from the corner of the eyes to the back of the head and gives pleasant chirps; also called "huángyīng"

鲡（鱺） lí ㄌㄧˊ 见 437 页"鳗"字条"鳗鲡 mán—" See "mánlí" under entry of "mán", p.437

厘（*釐） lí ㄌㄧˊ ❶ 单位名 a unit of measure 1. 市制一尺的千分之一 1/1000 chǐ (of the traditional unit of length) 2. 市制一两的千分之一 1/1000 liǎng (of the traditional unit of weight) 3. 市制一亩的百分之一 centi-mǔ (a traditional unit of area) ❷ 小数名 decimal 1. 一的百分之一 centi- 2. 年利率(lǜ)一厘按百分之一计，月利率一厘按千分之一计 a unit of interest rate, equal to 1% annual interest, or 0.1% monthly interest ❸ 治理，整理 regulate; rectify; ～正 lízhèng *correct; revise* / ～定 lídìng *collate and stipulate* (rules and regulations, etc.)

喱 lí ㄌㄧˊ 见 191 页"咖"字条"咖喱 gā—" See "gālí" under entry of "gā", p.191

狸 lí ㄌㄧˊ ❶ 貉(hé) racoon dog ❷ (一子—zi) 哺乳动物，又叫"山猫"，毛棕黄色，有黑色斑纹。毛皮可制衣物 leopard cat, a mammal that has brownish-yellow fur with black spots and stripes. Its fur can be used in making clothes, also called "shānmāo".

离（離） lí ㄌㄧˊ ❶ 相距，隔开 (of distance) from (⊕ comb. 距一 jù— *be apart from*): 北京～天津一百多公里 Běijīng lí Tiānjīn yībǎi duō gōnglǐ. *Beijing is more than a hundred kilometres away from Tianjin.* / ～国庆节很近了 Lí Guóqìngjié hěn jìn le. *The National Day is very near.* ❷ 离开，分开，分别 leave; part from; ～家 lí jiā *be away* *from home* / ～婚 líhūn *divorce* / ～散 lísàn (of relatives) *be dispersed; be separated from one another* [离间—jiàn] 从中挑拨，使人不团结 *sow discord; set one party against another* [离子—zǐ] 原子或原子团失去或得到电子后叫做离子。失去电子的带正电，叫做正离子或阳离子；得到电子的带负电，叫做负离子或阴离子 Ion, an atom which has lost or obtained an electron, where the former one (cation) is charged with the positive force and the latter one (anion) is charged with the negative force ❸ 缺少 *without; independent of*: 发展工业～不了钢铁 Fāzhǎn gōngyè líbuliǎo gāngtiě. *Industry cannot develop without steel.* ❹ 八卦之一，符号是"☲"，代表火 *one of the Eight Diagrams; symbol; ☲, representing fire*

[离奇—qí] 奇怪的，出乎意料的 *strange; odd (out of expectation)*

蔾(蘺) lí ㄌㄧˊ [江蓠 jiāng—] 红藻的一种，暗红色，分枝不规则。生在浅海湾中。可用来制造琼脂 Gracilaria confervoides, a kind of dark red alga with irregular branches, living in shallow gulf, and used to make agar.

漓(❷灕) lí ㄌㄧˊ ❶见 407 页"淋"字条"淋漓 lín—" See "línlí" under entry of "lín", p.407 ❷漓江，水名，在广西壮族自治区 Lí Jiāng, a river in the Zhuang Autonomous Region of Guangxi

缡(**褵) lí ㄌㄧˊ 古时妇女的佩巾 woman's veil in ancient China: 结～(古时指女子出嫁)jiélí (of a woman in ancient times) marry

篱(籬) lí ㄌㄧˊ 篱笆，用竹、苇、树枝等编成的障蔽物 bamboo or twig fence: 竹～茅舍 zhúlí-máoshè *Thatched cottage with a bamboo fence.*

酅 lí ㄌㄧˊ 味淡的酒 light-tasting wine

梨(*棃) lí ㄌㄧˊ 梨树，落叶乔木，花五瓣，白色。果实叫梨 pear tree, a deciduous arbor with five-petaled white flowers. Its fruit is pear.

犂(*犁) lí ㄌㄧˊ ❶耕地的农具 plough, a farm tool used to plough the field ❷用犂耕 plough; work with a plough: 用新式犂～地 yòng xīnshì lí lídì *plough the fields with a new type of plough*

嫠 lí ㄌㄧˊ 寡妇 widow: ～妇 lífù widow

嫠 lí ㄌㄧˊ (又 also) 见 80 页 chí See chí, p. 80

黎 lí ㄌㄧˊ 众 multitude; host: ～民 límín *the common people; the multitude* / ～庶 líshù *the common people; the multitude*

[黎族—zú] 我国少数民族，参看附表 the Li Nationality, a national minority in China. See Appendix.

[黎明—míng]天刚亮的时候 dawn; daybreak

藜(❷*蔾) lí ㄌㄧˊ ❶一年生草本植物，开黄绿色花，嫩叶可吃茎长(zhǎng)老了可以做拐杖 lambs-quarters, an annual herb that bears yellowish green flowers and has leaves that are edible when tender. Its stem can be used as a stick when fully grown. ❷见 284 页"蒺"字条"蒺藜 jílí" See "jílí" under entry of "jí", p.284

黧 lí ㄌㄧˊ 黑里带黄的颜色 a yellowish black colour

罹 lí ㄌㄧˊ ❶遭受灾难或不幸 suffer from; meet with: ～难 línàn *die in a disaster or an accident; be murdered* ❷忧患，苦难 suffering; hardship

蠡 ⊖ lǐ ㄌㄧˇ 贝壳做的瓢 calabash shell serving as a dipper：以～测海(喻见识浅薄) yǐ lǐ-cèhǎi *measure the sea with an oyster shell (fig. be of limited experience)*

⊜ lí 见 391 页 See p. 391

劙 lí ㄌㄧˊ 割开 cut open

礼(禮) lǐ ㄌㄧˇ ❶ 由一定社会的道德观念和风俗习惯形成的为大家共同遵行的仪节 ceremony；rite (a special action or set of actions well-established through the moral concepts, customs and habits of a certain society, and observed by the multitude)：典～ diǎnlǐ *ceremony; celebration* / 婚～hūnlǐ *wedding ceremony* ❷ 表示尊敬的态度或动作 courtesy；manners；敬～ jìnglǐ *salute* / 有～貌 yǒu lǐmào *be courteous; be polite* ❾ ext. 以礼相待 treat with courtesy：～贤下士 lǐxián-xiàshì (of a ruler or a high minister) treat worthy man with courtesy ❸ 礼物，用来表示庆贺或敬意 gift；present (for celebration or respect)：五一献～ Wǔ-Yī xiànlǐ *a May Day gift (present)* / 一份～ yī fènr lǐ *a gift (or present)*

李 lǐ ㄌㄧˇ 李(子)树，落叶乔木，春天开花，花白色。果实叫李子，熟时黄色或紫红色，可吃 plum, a deciduous arbor that bears white blooms in spring and yields edible fruit, or plums that are yellow or purplish red when ripe

里 (❹❺ 裏、❹❺* 裡) lǐ ㄌㄧˇ ❶ 市制长度单位，1 里为 150 丈，合 500 米，即 1/2 公里 a traditional unit of length (1 lǐ equals 150 zhàng, or 500 metres (0.5 km))。 ❷ 居住的地方 native place：故～ gùlǐ *native place; hometown*/ 返～ fǎnlǐ *return to one's native place; return home* / 同～(现在指同乡)

tónglǐ *fellow villager, townsman, etc.* ❸ 街坊(古代五家为邻，五邻为里) neighbourhood (In ancient China, five families form a lín, and five lín form a lǐ)：邻～ línlǐ *neighbourhood* / ～弄 lǐlòng *lanes and alleys; neighbourhood* ❹ (一子－zi、－儿－r)衣物的内层，跟"表"、"面"相反 lining；inside (of clothing), antonym of "biǎo", "miàn"：衣裳～儿 yīshanglǐr *the lining of a garment* / 被～ bèilǐr *the underneath side of a quilt* / 鞋～子 xiélǐzi *shoe lining* / 箱子～儿 xiāngzilǐr *the lining of a box (or case, etc.)* ❺ 里面，内部，跟"外"相反 inside；in, antonym of "wài"：屋子～ wūzi li *inside the house* / 手～ shǒuli *in one's palm* / 碗～ wǎn li *in the bowl* / 箱子～面 xiāngzi lǐmiàn *in (or inside) the case* ❾ ext. 一定范围以内 within a certain limit (or place)：夜～ yèlǐ *during the night* / 这～ zhèlǐ *here* / 哪～ nǎlǐ *where* [里手－shǒu] 1. (一儿－r)靠里的一边，靠左边 the inside, or the left-hand side 2. 方 dial.〉内行 expert；old hand

俚 lǐ ㄌㄧˇ 民间的，通俗的 vulgar；popular：～歌 lǐgē *a rustic song*/ ～语 lǐyǔ *slang*

哩 ⊖ lǐ ㄌㄧˇ 也读作 yīnglǐ。英美长度单位名，1 哩等于 5280 呎，合 1609 米。现写作"英里" mile, also pronounced as "yīnglǐ", a unit of length used in England and America where 1 mile equals 5280 feet, or 1609 metres；now written as 英里

⊖ li 见 396 页 See p. 396

⊜ lī 见 388 页 See p. 388

浬 lǐ ㄌㄧˇ 也读作 hǎilǐ。计量海上距离的长度单位，1 浬等于 1 852 米。现写作"海里"。英语缩写 NM 只用于航程 also pronounced as hǎilǐ, nautical mile (NM) or sea mile (＝1,85? metres), a measure of distance a sea, used only in voyages；now writ ten as "海里"

娌 lǐ ㄌㄧˇ 见 853 页"妯"字条"妯娌 zhóuli" See "zhóuli" under entry of "zhóu", p. 853

理 lǐ ㄌㄧˇ ❶物质组织的条纹 texture; grain (in wood, skin, etc.):肌～jīlǐ *skin texture*/ 木～mùlǐ *the grain of wood* ❷道理,事物的规律 reason; logic:讲～jiǎnglǐ *reason with sb*; *argue* / 合～hélǐ *rational*; *reasonable*/特指自然科学 natural science in particular:～科 lǐkē *science* (*as a field of study*) / ～学院 lǐxuéyuàn *college of science*[理论—lùn]1.人们从实践中概括出来又在实践中证明了的关于自然界和人类社会的规律性的系统的认识 theory; principle, a statement or group of statements established by reasoned argument based on known facts, intended to explain a particular fact or event:基础～～jīchǔ lǐlùn *basic theory* 2.据理争论 argue; debate[理性—xìng]把握了事物内在联系的认识阶段,也指判断和推理的能力 the rational faculty; reason ❸管理,办 manage; run:～家 lǐjiā *keep house*; *manage family affairs* / 管～工厂 guǎnlǐ gōngchǎng *run a factory* ⑨ ext. 整理,使整齐 put in order; tidy up:～发 lǐfà *get a haircut*; *go to the hairdresser's or barber's* / 把书一～bǎ shū yī lǐ *put the books in order* ❹对别人的言语行动表示态度 pay attention to; make known one's position:答～dāli *pay attention to*/ 睬 lǐcǎi *pay attention to*; *show interest in* / 置之不～zhìzhī-bùlǐ *ignore*; *pay no attention to* [理会—huì]注意 take notice of; pay attention to:这两天只顾开会,也没～～这件事 Zhè liǎng tiān zhǐgù kāihuì, yě méi lǐhuì zhè jiàn shì. *I have been busy attending conferences for the last two days and didn't pay attention to that.*

锂 lǐ ㄌㄧˇ 一种金属元素,符号 Li,银白色,质软,是金属中比重最轻的,可制合金 lithium, a soft silver-white element that is the lightest known metal and can be used in making alloy; symbol: Li

鲤 lǐ ㄌㄧˇ 鲤鱼,生活在淡水中,体侧扁,嘴边有长短触须各一对,肉可吃 carp, a type of edible freshwater fish that is laterally flat and has both a long and a short pair of barbels by the corners of the mouth

逦(邐) lǐ ㄌㄧˇ 见 764 页"迤"字条"迤逦 yǐ—" See "yǐlǐ" under entry of "yǐ", p. 764

澧 lǐ ㄌㄧˇ 澧水,水名,在湖南省北部,流入洞庭湖 Lǐ Shuǐ, a river in the north of Hunan Province, which flows into the Dongting Lake

醴 lǐ ㄌㄧˇ 甜酒 sweet wine

鳢 lǐ ㄌㄧˇ 鱼名,又叫"黑鱼"。身体圆筒形,头扁,背鳍和臀鳍很长,生活在淡水底层,可以养殖,但性凶猛,对其它鱼类有危害 murrel; snakehead, a type of flat-headed, cylindershaped fish that has very long dorsal and anal fins, lives at the bottom of fresh waters, can be bred, but is ferocious and harmful to other types of fish; also called "hēiyú"

蠡 ㊀ lǐ ㄌㄧˇ 蠡县,地名,在河北省 Lǐ Xiàn, a place in Hebei Province

㊁ lí 见 390 页 See p. 390

力 lì ㄌㄧˋ ❶力量,力气,动物筋肉的效能 (physical) strength:身强～壮 shēnqiáng-lìzhuàng *healthy and strong*; *powerfully built* ⑨ ext. 1. 身体器官的效能(organic) power; ability:目～mùlì *vision*; *sight* / 脑～nǎolì *mental power*; *intelligence* 2. 一切事物的效能 power; efficacy:电～diànlì *electric power*; *power* / 药～yàolì *efficacy of a drug* (*or* medicine)/浮～fúlì *buoyancy*/ 说服～shuōfúlì *convincing power* / 生产～shēngchǎnlì *productive force* ❷用极大的力量,尽力 do all one can；make every effort：～战 lìzhàn *fight with all one's might* / 据理～争 jùlǐ-lìzhēng *argue strongly on just grounds；fight for one's point of view* ❸改变物体运动状态的作用叫做力。力有三个要素,即力的大小、方向和作用点 force, a power that changes or may produce the change of movement in a body on which it acts or presses, and has three key elements：its magnitude, direction, and point of application

荔(*荔) lì ㄌㄧˋ [荔枝—zhī]常绿乔木,果实外壳有疙瘩,果肉色白多汁,味甜美 litchi; lychee, an evergreen arbor that bears fruits with a hard rough nutlike shell and sweet white flesh

历(歷,❹曆,❹*厤) lì ㄌㄧˋ ❶经历,经过 go through；experience：～尽甘苦 lìjìn gānkǔ *have gone through hardships and difficulties* / ～时十年 lìshí shí nián *have lasted ten years* ❷ 经过了的 all previous（occasions, sessions, etc.）：～年 lìnián *over the years* / ～代 lìdài *past dynasties* / ～史 lìshǐ *history* [历来—lái]从来,一向 always；constantly：中国人民～～就是勤劳勇敢的 Zhōngguó rénmín lìlái jiùshì qínláo yǒnggǎn de. *The Chinese people have always been industrious and courageous.* [历历——]一个一个很清楚的（of things, one by one）distinctly；clearly：～～在目 lìlì-zàimù *come clearly into view；leap vividly before the eyes* ❸ 遍,完全 covering all；completely：～览 lìlǎn *have visited the spots one by one；have read all the books* ❹ 历法,推算年、月、日和节气的方法 calendar, a system which calculates year, months, days and solar terms：阴～yīnlì *lunar calendar* / 阳～yánglì *solar calendar；the Gregorian calendar* ❺ ext. 记录年、月、日、节气的书、表、册页 calendar book, lables of sheets recording year, months, days and solar terms：日～rìlì *calendar* / ～书 lìshū *almanac*

坜(壢) lì ㄌㄧˋ 坑 hole；pit

苈(藶) lì ㄌㄧˋ 见 649 页"葶"字条"葶苈 tíng—" See "tínglì" under entry of "tíng", p. 649

呖(嚦) lì ㄌㄧˋ [呖呖——]拟声词 onom. the warble of birds：～～莺声 lìlì yīngshēng *The orioles are warbling.*

枥(櫪) lì ㄌㄧˋ [枥崱山 L—jū—]山名,在江西省乐平 a mountain in Leping, Jiangxi Province

沥(瀝) lì ㄌㄧˋ ❶液体一滴一滴地落下（of liquids）drip；trickle [沥青 —qīng]蒸馏煤焦油剩下的黑色物质,可用来铺路 pitch；asphalt, a black substance that is left when the coal tar has been distilled and can be used for paving roads [呕心沥血 ǒuxīn—xuè]形容费尽心思 make painstaking efforts；spare no pains：为培养下一代～～～～wèi péiyǎng xiàyīdài ǒuxīn-lìxuè *spare no pains in training the next generation* ❷滤 strain

枥(櫪) lì ㄌㄧˋ 马槽 trough (for horse)

疬(癧) lì ㄌㄧˋ 见 430 页"瘰"字条"瘰疬 luǒ —" See "luǒlì" under entry of "luǒ", p. 430

雳(靂) lì ㄌㄧˋ 见 500 页"霹"字条"霹雳 pī —" See pī under entry of pī, p. 500

厉(厲) lì ㄌㄧˋ ❶严格,切实strict；rigorous：～行节

约 lìxíng jiéyuē *practise strict econo-my*／～禁 lìjìn *strictly forbid* ❷严厉，严肃 stern；serious：正言～色 zhèngyán-lìsè *speak with stern coun-tenance* ❸凶猛 fierce［厉害－hai］［利害－hai］1. 凶猛 fierce，fero-cious：老虎很～ Lǎohǔ hěn lìhai. *Tigers are very fierce.* 2. 过甚，很 in-tense：severe：疼得～～ téng de lìhai *have a severe pain*／闹得～～ nào de lìhai *make a great fuss* ❹古通"砺"〈古 arch.〉Same as 砺：秣马～兵 mòmǎ-lìbīng *sharpen the weapons and feed the horses*（fig. *make active preparations for war*）

励（勵） lì ㄌㄧˋ 劝勉，奋勉 en-courage：～志 lìzhì *be determined to fulfil one's deter-mina-tion*／奖～ jiǎnglì *award*；*enc-ourage and reward*

砺（礪） lì ㄌㄧˋ ❶粗磨刀石 coarse whetstone ❷磨（mó）whet；sharpen：砥～ dǐlì *sharpen；temper*

蛎（蠣） lì ㄌㄧˋ 牡（mǔ）蛎，一种软体动物，身体长卵圆形，有两面壳，生活在浅海泥沙中，肉味鲜美。壳烧成灰，可入药。也叫"蚝（háo）" oyster, a type of flat oval-shaped mollusc shellfish that lives in the sands of shallowsea and has deli-cious flesh. Its shells burned to cin-der can be used in medicine, also called "háo"

粝（糲） lì ㄌㄧˋ 粗糙的米 unpol-ished rice；brown rice

疬（癧） lì ㄌㄧˋ ❶瘟疫 plague；pestilence ❷恶疮 sore；ulcer〈古 arch.〉又同"癞"lài Also same as "癞".

立 lì ㄌㄧˋ ❶ 站 stand：～正 lìzhèng *stand at attention* 引 ext. 竖着，竖起来 set or stand sth. up；erect：～柜 lìguì *clothes closet；wardrobe*／

把伞～在门后头 Bǎ sǎn lì zài mén hòutou. *Stand the umbrella behind the door*［立方－fāng］1. 六面都是方形的形体 cube, a solid object with 6 equal sides 2. 数学上称一数自乘三次 cube, the number produced by multiplying a number by itself twice［立体－tǐ］几何学上称有长、宽、厚的形体（in geometry）solid, an ob-ject with length, width, and height［立场－chǎng］1. 认识和处理问题时所处的地位和所抱的态度 position and attitude one holds in understand-ing and dealing with a problem 2. 特指阶级立场（esp. of class）stand；stand-point：～～坚定 lìchǎng jiāndìng *be steadfast in one's stand*；*take a firm stand* ❷ 做出，定出 set up；establish 1. 建立，设立 found；build：～碑 lìbēi *set up*（or *erect*）*a monument*／建～工厂 jiànlì gōng-chǎng *set up a factory* 2. 建树 make a contribution；～功 lìgōng *make con-tributions；render meritorious service* 3. 制定 draw up；conclude：～合同 lì hétong *conclude*（or *sign*）*a contract* 4. 决定 make decisions：～志 lìzhì re-*solve；be determined* ❸ 存在，生存 exist；live：自～ zìlì *earn one's own living；support oneself*／独～ dúlì *independent；on one's own* ❹ 立刻，立时，马上，即刻 immediately；in-stantaneously：～行停止 lì xíng tíngzhǐ *stop*（or *call off sth.*）*imme-diately*／～即去做 lìjí qù zuò *do sth. at once*

茘（*蒞、*涖） lì ㄌㄧˋ 到 ar-rive；be pres-ent ⊕ comb. 一临 —lín *arrive*：～会 lìhuì *be present at a meeting*

粒 lì ㄌㄧˋ ❶（一儿－r）成颗的东西，细小的固体 grain；granule：米～儿 mǐlìr *grains of rice*／豆～儿 dòulìr *beans*／盐～儿 yánlìr *grains of salt* ❷ 量词，多用于小的东西 meas. usu. for small, grain-like things：一～米 yī lì mǐ *a grain of rice* / 两～丸药 liǎng lì wányào *two pills of Chinese medicine* / 三～子弹 sān lì zǐdàn *three bullets*

笠 lì ㄌㄧˋ 斗笠，用竹篾等编制的遮阳挡雨的帽子 dǒulì，a large of bamboo's thin slices or straw for shielding sunlight and rain

吏 lì ㄌㄧˋ 旧时代的官员 (in old days) official：贪官污～tānguānwūlì *corrupt officials*；*covetous and mean officials*

丽（麗） ㊀ lì ㄌㄧˋ ❶好看，漂亮 beautiful：美～měilì *beautiful* / 秀～xiùlì *beautiful*；*pretty* / 壮～zhuànglì *majestic*；*glorious* / 富～fùlì *magnificent*；*in majestic splendour* / 风和日～ fēnghérìlì *The wind is gentle and the sun is radiant.* or *The weather is glorious.* ❷附着 depend on；attach oneself to（⑱ comb. 附－fù－*depend on*）
㊁ lí 见 388 页 See p. 388

郦（酈） lì ㄌㄧˋ 姓 a surname

俪（儷） lì ㄌㄧˋ 相并的，对偶的 paired；parallel：～词 lìcí *a form of literary writing marked by antithesis* / ～句（对偶的文词）lìjù *parallel sentences* ⑨ext. 指属于夫妇的 of husband and wife

利 lì ㄌㄧˋ ❶好处，跟"害"、"弊"相反 advantage；benefit，antonym of "hài"，"bì"（⑱ comb. 一益－yì *benefit*；*interest*）：这件事对人民有～Zhè jiàn shì duì rénmín yǒulì. *This matter benefits the people.* / 个人～益服从集体～益 Gèrén lìyì fúcóng jítǐ lìyì. *One's personal interests should be subordinate to the interests of the collective.* ❷使得到好处 do good to；benefit：毫不～己专门～人 háobù lìjǐ zhuānmén lì rén *utter devotion to others without any thought of oneself*；*naught for oneself, all for others* [利用—yòng]发挥或事物的作用，使

其对自己方面有利 utilize；make use of：废物～～fèiwu lìyòng *turn scrap material to good account* / ～～他的长处 lìyòng tā de chángchu *utilize his good qualities* / ～用这个机会 lìyòng zhège jīhuì *make use of (or seize) the opportunity* ❸顺利，与主观的愿望相合 smooth；favourable：敌军屡战不~díjūn lǚzhàn bùlì *The enemy troops met with repeated setbacks.* ❹利息，贷款或储蓄所得的子金 interest；profit：本～两清 běn-lì liǎng qīng *settle (or clear up) both capital and profit* / 放高～贷是违法的行为 Fàng gāolìdài shì wéifǎ de xíngwéi. *It is an illegal act to practise usury.* ❺利润 profit：暴～bàolì *sudden huge profits*；薄～多销 bólì-duōxiāo *larger sales at a small profit* ❻刀口快，针尖锐（of knife, pin, etc.）sharp：～刃 lìrèn *a sharp sword (or knife)* / ～剑 lìjiàn fig. *a sharp sword* / ～口（喻善辩）lìkǒu *a glib tongue* [利落—luo][利索—suo] 1. 爽快，敏捷 agile；nimble：他做事很～～Tā zuò shì hěn lìluo. *He is very agile in doing things.* 2. 整齐 neat；orderly：东西收拾～～了 Dōngxi shōushi lìluo le. *Everything is put in order.* [利害]1.（一hài）利益和损害 gains and losses；不计～～bùjì lìhài *regardless of gains or losses* 2.（一hai）同"厉害" Same as "厉害".

俐 lì ㄌㄧˋ 见 409 页"伶"字条"伶俐 líng—" See "línglì" under entry of "líng" p. 409

莉 lì ㄌㄧˋ 见 463 页"茉"字条"茉莉 mòli" See "mòli" under entry of "mò"，p. 463

猁 lì ㄌㄧˋ 见 579 页"猞"字条"猞猁 shē—" See "shēlì" under entry of "shē" p. 579

痢（❷＊＊_鬁） lì ㄌㄧˋ ❶痢疾，传染病名，按病原虫的不同，主要分成杆菌痢疾和变形虫痢疾。症状是发烧、腹痛、粪便中有血

液、脓或黏液。通常把粪便带血的叫
赤痢,带脓或黏液的叫白痢 dysen-
tery, an infectious disease that is
mainly divided into bacillary dysen-
tery and amoebic dysentery according
to different pathogens, and charac-
terized by symptoms of fever, ab-
dominal pain, passage of mucus and
blood. Dysentery with blood is called
chìlì (red dysentery), and that with
mucus or pus is called báilì (white
dysentery) ❷ 见 374 页"瘌"字条"瘌
痢 là—" See "làlì" under entry of
"là" p. 374

例 lì ㄌㄧˋ ❶(-子-zi)可以做依据
的事物 example; instance;举一
个一子 jǔ yī ge lìzì give an example/
史无前~ shǐwúqiánlì unprecedented
(unparalleled) in history ❷ 规定,体
例 rule; regulation;条~tiáolì reg-
ulations; rules / 发凡起 ~fāfán-qǐlì
recount the general idea, the stylistic
rules, and the layout of a book [例外
一wài]不按规定的,和一般情况不同
的 exception;全体参加,没有一个~
~ Quántǐ cānjiā, méiyǒu yī ge
lìwài. Everyone must attend, and no
exception is allowed. / 遇到~~的事
就得灵活处理 Yùdào lìwài de shì jiù
děi línghuó chǔlǐ. We should deal
with an exception flexibly. ❸合于某
种条件的事例 case; instance;病
bìnglì case (of illness)/ 案 ~ ànlì
case ❹按条规定的,照成规进行的
regular; routine;~ 会 lìhuì regular
meeting/ 一 行公事 lìxíng-gōngshì
routine (business); mere formality

戾 lì ㄌㄧˋ ❶罪过 sin; crime ❷凶
残,乖张 perverse; unreason-
able;暴~bàolì ruthless and tyranni-
cal; cruel and fierce

唳 lì ㄌㄧˋ 鸟鸣 the cry of a bird;鹤
~hèlì the cry of a crane

隶(隶、*隸) lì ㄌㄧˋ ❶附属,
属于 be sub-or-
dinate to; be under (通comb. 一属

一shǔ be subordinate to):直~中央
zhílì zhōngyāng under the direct con-
trol of the Central Government ❷封
建时代的衙役(in feudal China) gov-
ernment office (or yamen) errand
man;~ 卒 lìzú yamen errand man;
servant ❸隶书,汉字的一种字体,相
传是秦朝程邈所创 lìshū, official
script, an ancient style of calligraphy
allegedly created by Chengmiao in
the Qin Dynasty ❹旧时地位低下而
被奴役的人 (in the old days) a per-
son in servitude;奴~núlì slave / 仆
~ púlì servant

栎(櫟) ⊖ lì ㄌㄧˋ 俗叫"柞(zuò)
树"或"麻栎"。落叶乔
木,花黄褐色,果实叫橡子或橡斗。木
材坚硬,可制家具,供建筑用。树皮可
鞣皮或做染料。叶子可喂柞蚕。另有
一种栓皮栎,树皮质地轻软,富有弹
性,是制造软木器物的主要原料 oak,
popularly called "zuòshù" or "málì",
a deciduous arbor with yellowish-
brown flowers, fruits called xiàngzi
or xiàngdǒu, and leaves that can feed
tussahs. Its wood is hard and can be
used to make furniture, and its bark
can be used as tanning material or as
dye. Another kind, called oriental
oak, has soft and spongy bark that is
the chief material for making cork.
⊜ yuè 见 800 页 See p. 800

轹(轢) lì ㄌㄧˋ 车轮碾轧 (of a
cart) run over ⑩ fig.
欺压 bully; oppress

砾(礫) lì ㄌㄧˋ 小石,碎石 grav-
el; shingle;砂~ shālì
grit; gravel;瓦~ wǎlì rubble; debris

跞(躒) ⊖ lì ㄌㄧˋ 走动 move;骐
骥一~,不能千里 qíjì
yī lì, bù néng qiān lǐ Even a leg-
endary horse cannot cover a thousand
li in one day. (fig. Even the most
capable man cannot make great
achievements in one try.)
⊜ luò 见 431 页 See p. 431

鬲(**䰜)
㊀lì ㄌㄧˋ 鼎一类的东西 an ancient cooking tripod

㊁gé 见 203 页 See p. 203

栗(❷*慄)
lì ㄌㄧˋ ❶栗(子)树，落叶乔木，果实叫栗子，果仁味甜，可以吃。木材坚实，供建筑和制器具用；树皮可供鞣皮及染色用；叶子可喂柞蚕 chestnut (tree)，a deciduous arbor that bears edible sweet nuts (chestnuts)，has a hard wood used in building and in making utensils，its bark used as tanning material or as dye，and leaves for feeding tussahs ❷发抖，因害怕或寒冷而肢体颤动 tremble；shudder：不寒而～bùhán'érlì shiver though not cold；tremble with fear

僳
lì ㄌㄧˋ [僳僳族—sùzú]我国少数民族，参看附表 the Lisu Nationality，a national minority in China. See Appendix.

溧
lì ㄌㄧˋ [溧水—shuǐ][溧阳—yáng]地名，都在江苏省 places in Jiangsu Province

篥
lì ㄌㄧˋ 见 37 页"觱"字条"觱篥(bì—"See "bìlì" under entry of "bì" p. 37

詈
lì ㄌㄧˋ 骂 scold；curse：～骂 lìmà scold；curse

哩
㊀li ·ㄌㄧ 助词，同"呢㊀"aux. Same as "呢㊀".

㊁lǐ 见 390 页 See p. 390

㊂lī 见 388 页 See p. 388

蜊
li ·ㄌㄧ 蛤蜊，参看 202 页"蛤 gé" géli，clam，see "gé"，p. 202

璃(*瓈)
li ·ㄌㄧ 见 47 页"玻"字条"玻璃 bō—"、415 页"琉"字条"琉璃 liú—"See "bōli" under entry of "bō"，p. 47，"liúli" under entry of "liú"，p. 415.

LIA ㄌㄧㄚ

俩(倆)
㊀liǎ ㄌㄧㄚˇ 两个(本字后面不能再用"个"字或其他量词) two (The word liǎ is not to be followed by gè or other measure words.)：夫妇～fūfù liǎ both the husband and wife/ 买～馒头 mǎi liǎ mántou buy two steamed buns

㊁liǎng 见 401 页 See p. 401

LIAN ㄌㄧㄢ

奁(奩、*匲、*匳)
lián ㄌㄧㄢˊ 女子梳妆用的镜匣 a toilet case used by women[妆奁 zhuāng—]嫁妆 dowry；trousseau

连
lián ㄌㄧㄢˊ ❶相接，相接 link；join (徻comb. —接 —jiē join)：天～水，水～天 Tiān lián shuǐ，shuǐ lián tiān. Sky and waters are joined in one / 骨肉相～gǔròu-xiānglián as closely linked as flesh and blood/ 成一片 liánchéng yīpiàn join pieces into a vast sheet/ 接～不断 jiēlián-búduàn in succession；on end / ～年 liánnián in successive years；for years on end [连词—cí]连接词、词组或句子的词，如"和"、"或者"、"但是"等 conj. words such as "hé" (and)，"huòzhě" (or)，"dànshì" (but)，which connect parts of sentences，phrases，or words[连枷—jiā][连耞—jiā]打谷用的农具 flail，a wooden tool for beating grain to separate the seeds from the waste parts[连忙—máng]急忙 hastily；hurriedly：～～让坐 liánmáng ràngzuò hurriedly offer (or give up) one's seat to sb.，invite guests to take seats[连夜—yè]当天夜里赶着(做某事) (do sth.) all through the night；the same night：～～赶造 liányè gǎnzào rush through the manufacture (of sth.) all through the night ❷带，加上 including；simultaneous (徻comb. —带 related；simultaneous)：～说带笑 liánshuō-dàixiào talking and laughing/ ～根拔 lián gēn bá tear up by

the root; uproot/ ～我一共三人 Lián wǒyīgòng sān rén. *There are altogether three people including me.* ❸ 就是,即使(后边常用"都"、"也"跟它相应) (used correlatively with "dōu"," yě")even:他从前一字都不认得,现在会写信了 Tā cóngqián lián zì dōu bù rènde, xiànzài huì xiěxìn le. *He couldn't even read in the old days, but he can write a letter now.* / 精耕细作,～荒地也能变成良田 Jīnggēng-xìzuò, lián huāngdì yěnéng biànchéng liángtián. *Intensive and meticulous farming can change even wasteland into good farmland.* ❹军队的编制单位,是排的上一级 (a military unit, just above pái) company

莲 lián ㄌㄧㄢˊ 多年生草本植物,生浅水中。叶子大而圆,叫荷叶。花有粉红、白色两种。种子叫莲子,包在倒圆锥形的花托内,合称莲蓬。地下茎叫藕。种子和地下茎都可以吃。也叫"荷"、"芙蕖 fúqú"或"菡萏 hàndàn"

莲 lotus
① 莲蓬 liánpeng seedpod of the lotus
② 藕 ǒu lotus root

lotus, also called "hé", "fúqú", or "hàndàn", a perennial herb that grows in shallow water and has large and round leaves (héyè), pink or white flowers, edible seeds (liánzǐ) encased in a conical receptacle (liánpeng), and edible underground roots (ǒu).

涟 lián ㄌㄧㄢˊ ❶水面被风吹起的波纹 ripples:～漪 liányī *ripples*; wimpled waves ❷泪流不止 continuous flow of tears:泪～～lèiliánlián (of tears) *flowing continuously* [涟洏—ér]形容涕泪交流 weeping copiously

鲢 lián ㄌㄧㄢˊ 鲢鱼,头小鳞细,腹部色白,体侧扁,肉可以吃 silver carp, Lateral flat edible fish that has a small head, fine scales, a white belly

怜(憐) lián ㄌㄧㄢˊ ❶可怜 sympathize with; pity:同病相～ tóngbìng-xiānglián *Those who have the same illness* (complaint) *sympathize with each other.* / 我们决不一惜坏人 Wǒmen juébù liánxī huàirén. *We should never take pity on evil people.* ❷爱 love:爱～ àilián *love; be in love with*

帘(❷簾) lián ㄌㄧㄢˊ ❶旧时店铺做标志的旗帜 flag as a shop sign in old days ❷用布、竹、苇等做的遮蔽门窗的东西 curtain; screen (usu. made of cloth, bamboo, reed, etc.)

联(聯) lián ㄌㄧㄢˊ ❶联结,结合 ally oneself with; unite:工农～盟 gōngnóng liánméng *alliance of the workers and peasants; worker-peasant alliance* / 一席会议 liánxí huìyì *joint conference; joint meeting* [联绵—mián] continuous; uninterrupted[联络—luò]接洽,彼此交接 start or keep up personal relations; contact[联合国—héguó]1945年10月24日成立的国际组织。中国是创始国之一。总部设在美国纽约。联合国宪章规定,其主要宗旨为维护国际和平与安全,发展国际友好关系,促进经济文化等方面的国际合作 the United Nations, an international organi-zation founded on October 24, 1945, of which China is one founding member, and which established its general headquarters in New York, USA. According to the United Nations Charter, its chief purpose is to maintain international peace and security, develop friendly international relationships, and promote international cooperations in economy, culture, etc. ❷(一儿—r)对联,对子 antithetical couplet；上～ shàngliánr *the first line of a couplet*/ 下～ xiàliánr *the second line of a couplet*/ 挽～ wǎnlián *elegiac couplet*/ 春～ chūnlián *Spring festival couplets*

廉 lián ㄌㄧㄢˊ ❶不贪污 honest and clean；～洁 liánjié *honest and clean*；incorruptible / 清～ qīnglián *honest and upright*；*free from corruption* ❷便宜,价钱低 cheap；low-priced（⟨圈⟩ comb. 低— dī—*cheap*）：～价 liánjià *low-priced*；*cheap* ❸察考,访查 investigate；look into：～得其情 lián dé qí qíng *obtain the facts through investigation*

濂 lián ㄌㄧㄢˊ 濂江,水名,在江西省南部 Lián Jiāng, a river in the south of Jiangxi Province

臁 lián ㄌㄧㄢˊ 小腿的两侧 shank：～骨 liángǔ *shank* / 疮 lián-chuāng *ulcer on the shank*

镰（*鎌） lián ㄌㄧㄢˊ 镰刀,收割谷物和割草的农具 sickle, a farm tool used for cutting grain or long grass

蠊 lián ㄌㄧㄢˊ 见 172 页"蜚"字条"蜚蠊fěi—" See "fěilián" under entry of "fěi" p. 172

琏 liǎn ㄌㄧㄢˇ 古代宗庙盛黍稷的器皿 a vessel used to hold grain at the imperial sacrifice in ancient times

敛（斂） liǎn ㄌㄧㄢˇ ❶收拢,聚集 collect（⟨圈⟩ comb. 收— shōu— *collect*；*hold back*）：～足（收住脚步,不往前进）liǎnzú *check one's steps*；*hold back from going* / ～钱 liǎnqián *collect money*；*raise money* ❷约束,检束 restrain；hold back：～迹 liǎnjì *temporarily desist from one's evil ways*；*lie low*

脸（臉） liǎn ㄌㄧㄢˇ（一儿—r）面孔,头的前部,从额到下巴 face, the front part of the head from the forehead to the chin ⑨ ext. 1.物体的前部 the front part of sth.：鞋～儿 xiéliǎnr *the front part of the shoe*/ 门～儿 ménliǎnr *the façade of a shop*；*shop front* 2.体面,面子,颜面 face（a position of respect）（⟨圈⟩ comb. —面—miàn *face*）：有错就承认,别怕丢～Yǒu cuòr jiù chéngrèn, bié pà diūliǎn. *It is alright to admit your mistakes. Don't feel ashamed.*

裣（襝） liǎn ㄌㄧㄢˇ ［裣衽—rèn］旧时指妇女行礼（of women in early times）salute；show courtesy

蔹（蘞） liǎn ㄌㄧㄢˇ 多年生蔓生草本植物,叶子多而细,有白蔹、赤蔹等 perennial herbaceous creeper with thickly-grown and thin leaves, which is divided into báiliǎn, chìliǎn, etc.

练（練） liàn ㄌㄧㄢˋ ❶白绢 white silk；江平如～jiāngpíng rú liàn *The river lies as smooth as silk.* ❷把生丝煮熟,使柔软洁白 boil and scour raw silk, so that it becomes soft and white ❸练习,反复学习,多次地操作 practise；train：～兵 liànbīng *drill*；train troops / ～本领 liàn běnlǐng *practise one's skill* ❹经验多,精熟 experienced；skilled：～达 liàndá *experienced and worldly-wise* / 老～lǎoliàn *experienced and assured*/ 熟～shúliàn *skilled*；*proficient*

炼（煉、*鍊） liàn ㄌㄧㄢˋ ❶用火烧制 temper（a metal）with fire；smelt：～钢 liàngāng *make steel*；*smelt steel* / ～

焦 liànjiāo make coke; coke ❷用心琢磨使精练 weigh one's words; seek the right phrase; ～字 liànzì try to find the exact word / ～句 liànjù try to find the best turn of phrase; polish and repolish a sentence ❸烹熬炮制 refine; ～乳 liànrǔ condensed milk

恋(戀) liàn ㄌㄧㄢ 想念不忘,不忍舍弃,不想分开 long for; feel attached to; 留～ liúliàn be reluctant to leave (a place); can't bear to part from (sb. or sth.)/ ～～不舍 liànliàn-bùshě be reluctant to part from; hate to see sb. go[恋栈—zhàn]马舍不得离开马棚,喻贪恋禄位 (of a horse) be loath to leave its stable; fig. (of an official) be loath to give up his post [恋爱—ài]男女相爱 love (between a man and a woman)

殓(殮) liàn ㄌㄧㄢ 装殓,把死人装入棺材里 put a body into a coffin; encoffin; 入～ rùliàn encoffin; put a corpse in a coffin / 大～ dàliàn encoffining ceremony

潋(瀲) liàn ㄌㄧㄢ [潋滟—yàn]水波相连的样子 spreading with ripples

链(*鍊) liàn ㄌㄧㄢ ❶(—子—zi、—儿—r)多指用金属环连套而成的索子 chain (a length of metal rings, connected or fitted into one another); 表～ biǎoliànr watch chain/ 铁～ tiěliàn iron chain; shackles ❷计量海洋上距离的长度单位,1链等于1海里的1/10,合185.2米 cable length (1/10 of a nautical mile, or 185.2m)

楝 liàn ㄌㄧㄢ 落叶乔木,花淡紫色,果实椭圆形,种子、树皮都可入药 Chinaberry, a deciduous arbor that bears light purplish flowers and oval fruit. Its seeds and bark can both be used in medicine.

裢 lian ㄌㄧㄢ 见 104 页"褡"字条"褡裢 dā—"See "dālian" under

entry of "dā", p. 104

LIANG ㄌㄧㄤ

良 liáng ㄌㄧㄤ ❶好 good; fine(龙comb. 一好 —hǎo good; well, 优— yōu—fine; good,善— shàn—good and honest; kind-hearted); ～药 liángyào good medicine/～田 liángtián good farmland; fertile farmland/ 品质优～ pǐnzhì yōuliáng of the best quality / 消化不～ xiāohuà bù liáng indigestion ❷很 very; very much; ～久 liángjiǔ a good while; a long time / 获益～多 huòyì liángduō benefit a great deal

粮(糧) liáng ㄌㄧㄤ ❶可吃的谷类、豆类等 food; grain, beans, etc.; 食～ shíliáng grain; food / 杂～ záliáng food grains other than wheat and rice ❷作为农业税的粮食 grain tax payed in kind; 交公～ jiāo gōngliáng deliver tax grain to the state

踉 ㊀liáng ㄌㄧㄤ [跳踉 tiào—]跳跃 jump; leap
㊁liàng 见 402 页 See p. 402

凉(*涼) ㊀liáng ㄌㄧㄤ 温度低(若指天气,比"冷"的程度浅) cool; cold, of low temperature (but not so severe as "lěng" when concerning the weather); 饭了 Fàn liáng le. The food's got cold. / 立秋之后天气～了 Lìqiū zhīhòu tiānqì liáng le. The weather becomes cold after the Beginning of Autumn. ㊋fig. 灰心或失望 discouraged; disappointed; 听到这消息,我心里就～了 Tīngdào zhè xiāoxi, wǒ xīnli jiù liáng le. My heart sank at the news. [凉快—kuai]1. 清凉爽快 pleasantly cool; nice and cool 2. 乘凉 cool oneself; cool off; 到外头～～～～去 dào wàitou liángkuai liángkuai qù (let's) go out and cool off

㊂ liàng 见 401 页 See p. 401

椋 liáng ㄌㄧㄤ 椋子木，乔木，叶似柿叶，果实细圆形，生时青色，熟时黑色。木质坚硬 liángzǐmù, an arbor that has leaves like persimon leaves, a hard wood, and thin, round fruits that are green when unripe and become black when ripe

辌 liáng ㄌㄧㄤ 见 677 页"辒"字条"辒辌 wēn—" See "wēnliáng" under entry of "wēn" p. 677

梁(❶—❹ *樑) liáng ㄌㄧㄤ ❶房梁，架在墙上或柱子上支撑房顶的横木 roof beam：上～shàngliáng *put the beams in place* (when building a house) (图见 168 页 See picture on p. 168) ❷桥 bridge (⊛ comb. 桥～ qiáo—bridge)：石～ shíliáng *a stone bridge* /开山挑土架桥～kāishān tiāotǔ jià qiáoliáng *open up a mountain, move the soil, and build a bridge* ❸(一子—zi、一儿—r)器物上面便于提携的弓形物 curved handle (usu. of containers)：茶壶～儿 cháhúliángr *handle of a teapot*/ 篮子的提～儿坏了 Lánzi de tíliángr huài le. *The handle of the basket is broken.* ❹(一子—zi、一儿—r)中间高起的部分 ridge：山～shānliáng *ridge* (of a mountain or hill)/ 鼻～ bíliángr *bridge of the nose* ❺朝代名 dynasty name 1. 南朝之一，萧衍所建立(公元 502—557 年) the Liang Dynasty (502—557), one of the Southern Dynasties, founded by Xiāoyǎn 2. 五代之一，朱温所建立(公元 907—923 年) the Later Liang Dynasty (907—923), one of the Five Dynasties, founded by Zhū Wēn

粱 liáng ㄌㄧㄤ 粟的优良品种的统称 a fine strain of millet [高粱 gāo—]一年生草本植物，茎高，子实可供食用，又可以酿酒 Chinese sorghum, an annual herb that has a high stem and produces seeds used as food and in making wine.

量 ㊀ liáng ㄌㄧㄤ ❶用器物计算东西的多少或长短 meas. (length or amount) with certain instruments：用斗～米 yòng dǒu liáng mǐ *mete out rice with a dou measure*/用尺～布 yòng chǐ liáng bù *measure a piece of cloth with a ruler* ❷估量 evaluate；estimate：思～ sīliang *consider*/打～ dǎliang *measure with the eye*；*think*

㊁ liàng 见 402 页 See p. 402

两(两) liǎng ㄌㄧㄤ ❶数目，一般用于量词和"半、千、万、亿"前 used before measure words or "bàn", "qiān", "wàn", "yì"：本书 liǎng běn shū *two books* / ～匹马 liǎng pǐ mǎ *two horses* / ～个月 liǎng ge yuè *two months* / ～半 liǎng bàn *two halves* / ～万 liǎng wàn *twenty thousand* ["两"和"二"用法不全同 The use of "liǎng" and that of "èr" are not completely the same. 读数目字只用"二"不用"两"，如一、二、三、四；二、四、六、八 When counting numerals, only èr is used, not liǎng, eg. "yī, èr, sān, sì; èr, sì, liù, bā. "小数和分数只用"二"不用"两"，如"零点二(0.2)，三分之二，二分之一" Decimal fractional use "èr", not "liǎng", eg. "líng diǎn èr" (0.2)，sān fēn zhī èr (2/3)，èr fēn zhī yī (1/2). 序数也只用"二"，如"第二，二哥" Ordinal numbers also use "èr" only, eg. "dì-èr" (second)，"èrgē" (one's 2nd elder brother) 在一般量词前，用"两"字不用"二"Use "liǎng", not "èr", before an ordinary measure word. 如 eg.："两个人用两种方法""liǎng ge rén yòng liǎng zhǒng fāngfǎ" *Two men use two methods.* / "两条路通两个地方""liǎng tiáo lù tōng liǎng gè dìfang" *Two roads lead to two places.* 在传统的度量衡单位前，"两"和"二"一般都可用，用"二"为多 Before a traditional word of weights and measures, usu. both "liǎng" and "èr" can be used，"èr" is used more often（"二两"不能说"两两""èr liǎng" but not "liǎng liǎng"）。新的度量衡单位前一般用"两"，如"两吨、两公里"Before a word of new weights or measures，generally "liǎng" is used，eg. "liǎng dūn，liǎng gōnglǐ". 在多位数中，百、十、个位用"二"不用"两"，如"二百二十二"In a number that has several figures，the hundred's place，ten's and unit's use "èr"，not "liǎng"，eg. "èrbǎi èrshíèr"（222）。"千、万、亿"的前面，"两"和"二"一般都可用，但如"三万二千"、"两亿二千万"、"千"在"万、亿"后，以用"二"为常 Before "qiān"（1,000），"wàn"（10,000），and "yì"（100,000,000），usu. both "liǎng" and "èr" can be used. But in cases such as " sānwàn liǎngqiān （32,000），liǎngyì èrqiān wàn （220,000,000），where "qiān" follows "wàn" or "yì"，"èr" is often used］❷双方 both sides；either side；～便 liǎngbiàn be convenient to both；make things easy for both / ～可 liǎngkě Both will do. or Either will do. / ～全 liǎngquán be satisfactory to both parties；have regard for both sides／～相情愿 liǎngxiāng-qíngyuàn by mutual consent；both parties being willing ❸表示不定的数目（十以内的）a few；some（less than ten）：过～天再说吧 Guò liǎng tiān zài shuō ba. Let's leave it for a couple of days. /他真有～下子 Tā zhēn yǒu liǎngxiàzi. He is really smart. ❹市制重量单位，1斤是10两（旧制1斤是16两）liǎng，a traditional unit of weight，equaling 1/10 jīn（In former times，1 jīn equals 16 liǎng）

俩（倆）㊀ liǎng ㄌㄧㄤˇ［伎俩 jì－］手段，花招 trick；intrigue
㊁ liǎ 见396页 See p. 396

唡（啢）liǎng ㄌㄧㄤˇ 也读作 Yīngliǎng 英美制重量单位，常衡1唡是1磅的1/16。也作"英两"、"盎司"。现只用"盎司"also pronounced as Yīngliǎng，ounce，the English unit of weight，where 1 ounce equals 1/16 pound；also written as "yīngliǎng"，àngsī"。Now only "àngsī" is used

啢（緉）liǎng ㄌㄧㄤˇ 一双，古时计算鞋、袜的单位（a unit for counting shoes or socks in ancient times）a pair

魉（魎）liǎng ㄌㄧㄤˇ 见669页"魍"字条"魍魉 wǎng—"See "wǎngliǎng" under entry of "wǎng"，p. 669

亮 liàng ㄌㄧㄤˋ ❶明，有光 bright；luminant；light：天～了 Tiān liàng le. It's light already. /敞～ chǎngliàng light and spacious／刀磨得真～ Dāo mó de zhēn liàng. The knife became very bright after it had been sharpened. ❷（一儿－r）光线 light：屋里一点～儿也没有 Wū li yī diǎnr liàngr yě méiyǒu. There is no light at all in the room. ㊉ext. 灯烛等照明物：拿个～儿来 light or candle（sth. that gives off light）：ná ge liàngr lái Bring over a light. ❸明摆出来；reveal：～相 strike a pose on the stage（fig. state one's views）❹明朗，清楚 enlightened；clarified：你这一说，我心里头就～了 Nǐ zhè yī shuō，wǒ xīn lǐtou jiù liàng le. I find what you've said is most enlightening. /打开窗子说～话 dǎ kāi chuāngzi shuō liànghuà frankly speaking；let's not mince matters ❺声音响（of voice）loud and clear：洪～ hóngliàng loud and clear

嘹 liàng ㄌㄧㄤˋ［嘹嘹 liáo—］同"嘹亮"。见403页"嘹liáo"Same as "嘹亮"；see "liáo" p. 403

悢 ㊀ liàng ㄌㄧㄤˋ 求索 search；seek
㊁ jìng 见330页 See p. 330

凉（*涼）㊀ liàng ㄌㄧㄤˋ 放一会儿，使温度降低 put it down a little while，it will be cool

○ liáng 见 399 页 See p. 399

谅 liàng ㄌㄧㄤ ❶原谅 forgive；understand；体～（体察其情而加以原谅）tǐliàng show understanding and sympathy for；make allowances for/敬希见～ jìng xī jiànliàng I beg to be forgiven.［谅解—jiě］由了解而消除意见 understand and make allowance for ❷信实 trustworthy；reliable：～哉斯言 liàng zāi sī yán How trustworthy (or honest) the words are! ❸推想 I suppose；I think：～他不能来 Liàng tā bù néng lái. I don't think he'll come.

晾 liàng ㄌㄧㄤ ❶把衣物放在太阳下面晒或放在通风透气的地方使干 dry (clothes) in the sun or in the air；sun：衣服 liàng yīfu hung the wash out to dry ❷同"凉○" Same as "凉○".

悢 liàng ㄌㄧㄤ 悲伤，惆怅 sad：～然 liàngrán sad

踉 ○ liàng ㄌㄧㄤ［踉跄—qiàng］走路不稳 stagger
○ liáng 见 399 页 See p. 399

辆（輛） liàng ㄌㄧㄤ 量词，用于车 meas. for vehicles：一～汽车 yī liàng qìchē a bus (car, etc.)

靓 ○ liàng ㄌㄧㄤ〈方 dial.〉漂亮，好看 beautiful；pretty or handsome：～女 liàngnǚ a pretty girl
○ jìng 见 331 页 See p. 331

量 ○ liàng ㄌㄧㄤ ❶计算东西体积多少的器具的总称 general word for appliances used to measure amount, size, etc.［量词—cí］表示事物或行动单位的词，如张、条、个、只、遍等 measure word, a word that shows the counting of things or acts, eg zhāng, tiáo, gè, zhī, biàn, etc. ❷限度 capacity (for tolerance or for taking food or drink)：酒～ jiǔliàng capacity for liquor/气～ qìliàng tolerance；forbearance / 饭～ fànliàng appetite / 胆～ dǎnliàng courage；

guts ❸数量，数的多少 quantity；amount：质～并重 zhì-liàng bìngzhòng attach importance to both quality and quantity/大～生产新式农具 dàliàng shēngchǎn xīnshì nóngjù mass-produce new farm tools［分量 fènliang］重量 weight：不够～ bùgòu fènliang be short of measure/称称～chēngcheng fènliang weigh sth. ❹估计，审度（duó）estimate；measure：～力而行 liànglì'érxíng do what one is capable of；act according to one's capability/ ～入为出 liàngrù-wéichū live within one's means；measure expenditure by income
○ liáng 见 400 页 See p. 400

LIAO ㄌㄧㄠ

撩 ○ liāo ㄌㄧㄠ ❶ 提，掀起 raise；lift up：～起长衫 liāoqi cháng shān lift (or hold up) the hem of a long garment / 把帘子～起来 bǎ liánzi liāoqilai raise the curtains ❷用手洒水 sprinkle (with one's hand)：先～上点水再扫 Xiān liāoshang diǎnr shuǐ zài sǎo. Sprinkle some water on the floor before sweeping it.
○ liáo 见 403 页 See p. 403

蹽 liāo ㄌㄧㄠ〈方 dial.〉跑，走 run or walk：他一气～了二里地 Tā yīqì liāole èr lǐ dì. He made two li in one breath.

辽（遼） liáo ㄌㄧㄠ 远 distant；faraway（⊕ comb. 远—yuǎn distant）：～阔 liáokuò vast；extensive

疗（療） liáo ㄌㄧㄠ 医治 treat；cure（⊕ comb. 医—yī medical treatment，治—zhì treat；cure）：～病 liáobìng cure (or treat) sb. for an illness / 诊～ zhěnliáo make a diagnosis and give treatment ⑩ fig. 解除痛苦或困难 relieve；get rid of (misery or difficulty）：～饥 liáojī *stay (or appease) one's hunger*／～贫 liáopín *relieve sb. from poverty*

疗 liáo ㄌㄧㄠ　针灸穴位名 an acupuncture point; an acupoint

聊 liáo ㄌㄧㄠ　❶姑且，略 just; a little：～以自慰 liáoyǐzìwèi *just to console oneself*; *find relief in*／～胜一筹 liáoshèng-yīchóu *slightly better*／～胜于无 liáoshèngyúwú *better than nothing* ❷依赖 rely on：百无～赖 bǎiwúliáolài *be very much bored*; *idle away time aimlessly*／民不～生（无法生活）mínbùliáoshēng *The people had no means of livelihood*.［无聊 wú—］1. 没有兴趣 bored; uninterested 2. 没有意义 senseless; stupid ❸〈方 dial.〉聊天，闲谈 chat; gab；别～啦，赶快干了吧 Bié liáo la, gǎnkuài gàn ba. *Stop gabbing and do your work quickly.*

僚 liáo ㄌㄧㄠ　❶官 official［官僚 guān—］指旧时各级政府里的官吏。现在把脱离人民群众、不深入实际工作的领导作风和工作作风叫官僚主义 bureaucrat, (in the old days) an official in a government branch; currently used in guānliáozhǔyì (bureaucracy; bureaucratism), referring to the kind of leadership or working style that centers the power in the officer(s) rather than depending on the masses ❷旧时指在一块做官的人 (in the old days) an associate in office：同～tóngliáo *colleague*; *fellow*［僚机—jī］空军编队中受长（zhǎng）机指挥作战的飞机 wing plane

撩 ㊀ liáo ㄌㄧㄠ　挑弄，引逗 tease; tantalize：～拨 liáobō *tease*; *provoke*／景色～人 jǐngsè liáorén *The scenery is exciting.*

㊁ liāo 见 402 页 See p. 402

嘹 liáo ㄌㄧㄠ　［嘹亮—liàng］声音响亮 resonant; loud and clear

獠 liáo ㄌㄧㄠ　面貌凶恶 (of appearance) fierce; fiendish：～面 liáomiàn *a fierce appearance*［獠牙—yá］露在嘴外面的长牙 long, sharp, protruding tooth

潦 ㊀ liáo ㄌㄧㄠ　［潦倒—dǎo］颓丧，不得意 be frustrated; be down on one's luck：穷困～～qióngkùn-liáodǎo *in a state of utter poverty*; *be down and out*［潦草—cǎo］草率，不精细 hasty and careless; sloppy：工作不能～～gōngzuò bù néng liáocǎo *One shouldn't work in a slipshod way.*／字写得太～～zì xiě de tài liáocǎo *The writing is too illegible.*

㊁ lǎo 见 383 页 See p. 383

寮 liáo ㄌㄧㄠ　小屋 small house; hut

缭 liáo ㄌㄧㄠ　❶缠绕 entangled：～乱 liáoluàn *confused*; *in a turmoil*／炊烟～绕 chuīyān liáorào *smoke curling up from kitchen chimneys* ❷用针线缝缀 sew with slanting stitches：～缝 liáofèng *sew a seam*／～贴边 liáo tiēbiānr *stitch a hem*; *hem*

燎 ㊀ liáo ㄌㄧㄠ　延烧 burn (on)：星星之火，可以～原 Xīngxīng zhī huǒ, kěyǐ liáoyuán. *A single spark can start a prairie fire.*

㊁ liǎo 见 404 页 See p. 404

鹨 liáo ㄌㄧㄠ　见 309 页"鹪"字条"鹪鹩 jiāo—" See "jiāoliáo" under entry of "jiāo". p. 309

寥 liáo ㄌㄧㄠ　❶稀疏（叠 redup.）few; scanty：～若晨星 liáo ruòchénxīng *as sparse as stars in the morning*／～～无几 liáoliáo-wújǐ *very few* ❷空旷 deserted：～廓 liáokuò *boundless*; *vast*／寂～jìliáo *still*; *desolate*

飂 ㊀ liáo ㄌㄧㄠ　［飂庚—lì］1. 风声 the sound of wind 2. 很快的样子 very fast; rapidly

㊁ liù 见 416 页 See p. 416

瘳 liáo ㄌㄧㄠ　同"疗 liáo" Same as "liáo".

L

了(❶△瞭)

㊀ liǎo ㄌㄧㄠˇ ❶明白 know clearly; understand：明 ～ mínɡliǎo understand；be clear about / 一目了然 yīmù-liǎorán be clear at a glance；discern easily / 不甚～～ bùshèn-liǎoliǎo not be too clear about sth.；not know much about sth.［了解—jiě］弄明白，懂得很清楚 find out；understand：～～情况 liǎojiě qínɡkuànɡ find out a situation；understand a situation ❷完了，结束 finish；conclude：事情已经～了(le) Shìqinɡ yǐjinɡ liǎo le. The matter has already been settled. / 话犹未～ huà yóu wèiliǎo as if he had not finished what he wished to say/ 不～～之 bùliǎozhī conclude sth. at its present (unfinished) state/ 说起话来没完没～ shuōqǐ huà lái méiwán-méiliǎo talk endlessly；talkative /不能敷衍了事 bù nénɡ fūyǎn-liǎoshì One shouldn't do sth in a perfunctory manner.［了当—dànɡ］爽快 frank；straightforward：直截了～zhíjié liǎo-dànɡ straightforward；directly and candidly ❸在动词后，跟"不"、"得"连用，表示不可能或可能 (used after a verb, with "bù" or "de", to show impossibility or possibility)：这本书我看不～ Zhè běn shū wǒ kàn bu liǎo. I cannot read this book. /这事你办得～ Zhè shì nǐ bàndeliǎo. You can do this.［了不得—bude］表示不平常，严重 extremely；wonderful：他的本事真～～～ Tā de běnshi zhēn liǎobude. He's got really terrific capability. /～～～了，着了火了 Liǎobude le, zháohuǒ le! Good Heavens! It's on fire! / 疼得～～～ ténɡ de liǎobude It's awfully painful. or It hurts awfully.［了得—de］1. 有"能办、可以"的意思，多用于反诘语句中，表示不平常，严重 (used in a retort, expressing seriousness) can：这还～～ Zhè hái liǎode! How outrageous (or terrible)! 2. 能干，厉害 capable；smart：真～～zhēn liǎode Really smart!

㊁ le 见 384 页 See p. 384

"瞭"又 liào 见 405 页 Also "liào", See p. 405

钉 ㊀ liǎo ㄌㄧㄠˇ 一种金属元素，符号 Ru，银灰色，质坚而脆。纯钌可以做装饰品，三氯化钌可以做防腐剂、催化剂 ruthenium, a silver-grey, hard and crisp metal element；symbol：Ru. Pure ruthenium can be made into ornaments, and ruthenium trichloride can be used as antiseptic or catalyst.

㊁ liào 见 本 页 See the same page.

蓼 liǎo ㄌㄧㄠˇ 一年生或多年生草本植物，花小，白色或浅红色，生长在水边 knotweed (polygonum hydropiper), an annual or perennial herb that has small white or light red flowers, and grows along watersides

燎 ㊀ liǎo ㄌㄧㄠˇ 挨近了火而烧焦 singe：把头发～了 bǎ tóufa liǎo le have one's hair singed

㊁ liáo 见 403 页 See p. 403

尥 liào ㄌㄧㄠˇ［尥蹶子—juězi］骡马等跳起来用后腿向后踢 (of mules, horses, etc.) give a backward kick with the hinder legs

钌 ㊀ liǎo ㄌㄧㄠˇ［钌铞儿—diàor］在门窗上可以把门窗扣住的东西 hasp and staple：门～～～ mén liǎodiàor hasp and staple on a door

㊁ liào 见 本 页 See the same page.

料 liào ㄌㄧㄠˇ ❶料想，估计，猜想 suppose；expect：预～ yùliào anticipate；expect / 不出所～ bùchū-suǒliào within expectation；as expected/他～一事～得很准 Tā liàoshì liào de hěn zhǔn. He can foretell things with great accuracy. ❷(一子—zi、一儿—r)材料，可供制造其他东西的物质 material；stuff：原～yuánliào raw material/木～mùliào timber；lumber/衣裳～子 yīshanɡ liàozi dress material /肥～ féiliào fertilizer; ma-nure/燃～ ránliào fuel / 这种丸药是加～的 Zhè zhǒng wányào shì jiā liào de. This kind of pill (of Chinese medicine) is reinforced. ❸喂牲口用的谷物 (grain) feed;～豆儿 liào dòur bean feed / 草～cǎoliào for-age; fodder/牲口得喂～才能肥 Shēngkou děi wèi liào cái néng féi. Draught animals become fat through feeding. ❹烧料,一种熔点较低的玻璃,用来制造器皿或手工艺品 imitation frosted glass, a kind of glass that has a low melting point and that can make utensils or crafts ❺量词,中药配方全份叫一料(多用于配制丸药)meas. prescription (usu. for pills of Chinese medicine)

[料理—lǐ]办理,处理 arrange; man-age;～～家务 liàolǐ jiāwù manage household affairs / ～～丧事 liàolǐ sāngshì make arrangements for fu-neral

[照料 zhào—]照顾 take care of; at-tend to;病人需要～～bìngrén xūyào zhàoliào The patient needs attention.

撂 liào ㄌㄧㄠ 放下,搁置 put down; leave behind;把碗～在桌子上 bǎ wǎn liào zài zhuōzi shang put down the bowl on the table/ ～下工作不管 liàoxia gōngzuò bùguǎn leave one's work behind and pay no more attention to it

廖 liào ㄌㄧㄠ 姓 a surname

瞭 ⊖ liào ㄌㄧㄠ 瞭望,远远地望 watch from a height or distance;你在远处～着点儿 Nǐ zài yuǎnchù liào zhe diǎnr. Keep a look out there. / ～望台 liàowàngtái observa-tion tower; lookout tower
　　⊜ liǎo 见 404 页"了" See "liǎo", p. 404

镣 liào ㄌㄧㄠ 脚镣,套在脚腕上使不能快跑的刑具 fetters, a chain for the foot of a prisoner (to stop him from moving fast)

LIE ㄌㄧㄝ

咧 ⊖ liē ㄌㄧㄝ [咧咧—lie]〈方 di-al.〉1. 乱说,乱讲 talk nonsense; blab; 瞎～～xiālièlie be blabbing 2. 小孩儿哭 (of a child) cry;这孩子一～～起来就没完 Zhè háizi yī lièlie qilai jiù méi wán. The child never stops crying once he starts it.
　　⊜ liě 见本页 See the same page.
　　⊜ lie 见 406 页 See p. 406

咧 ⊖ liě ㄌㄧㄝ 嘴向旁边斜着张开 draw back the corners of the mouth;～嘴 liězuǐ draw back the corners of the mouth/ ～着嘴笑 liě zhe zuǐ xiào grin
　　⊜ liē 见本页 See the same page.
　　⊜ lie 见 406 页 See p. 406

裂 ⊖ liè ㄌㄧㄝ〈方 dial.〉东西的两部分向两旁分开 (of two joint parts) come apart; open up;衣服没扣好,～着怀 Yīfu méi kòu hǎo, liě zhe huái. with one's shirt (or coat) unbuttoned
　　⊜ liè 见 406 页 See p. 406

列 liè ㄌㄧㄝ ❶行(háng)列,排成的行 row; file;站在前～zhàn zài qiánliè stand in the front row ❷陈列,排列,摆出 arrange; list;姓名～后 xìngmíng liè hòu list the names be-hind/ ～队 lièduì line up/ 开～账目 kāiliè zhàngmù draw up a list of the account 働ext. 1. 归类 sort out; clas-sify;～入甲等 lièrù jiǎděng classify (sth.) as first-rate; rate (sth.) as class A. 2. 类 kind; sort;不在讨论之～bùzài tǎolùn zhī liè not among the subjects to be discussed[列席—xí]参加会议,而没有表决权 attend (a meeting) as an observer or a non-vot-ing delegate ❸众多,各 various; each and every;～国 lièguó the various countries, states, or king-doms. / ～位 lièwèi all of you; (ladies and) *gentlemen* ❹ 量词,用于成行列的事物 *meas.* for things that appear in a series or rows: 一～火车 yī liè huǒchē *a train*

冽 liè ㄌㄧㄝ 寒冷 cold(⟨叠 comb. 凛—lǐn—*piercingly cold*):北风凛～běifēng lǐnliè *The north wind was blowing cold.*

洌 liè ㄌㄧㄝ ❶水清 (of water) clear ❷酒清 (of wine or spirit) clear

烈 liè ㄌㄧㄝ ❶猛烈,厉害 strong; violent:～火 lièhuǒ *raging fire* (or flames)/ ～日 lièrì *burning sun*; *scorching sun* ❷气势盛大 (叠 redup.) (of momentum) vigorous; grand:轰轰～～hōnghōng-lièliè *on a grand and spectacular scale*; *dynamic* ❸刚直,有高贵品格的,为正义、人民、国家而死难的 upright; possessing noble quality or sacrificing oneself for a just cause, for one's country or people:向刘胡兰～士学习 Xiàng Liú Húlán lièshì xuéxí. *follow the example of the martyr Liuhulan*/先～ xiānliè *martyr*

䴕 liè ㄌㄧㄝ 就是啄木鸟,嘴坚硬,舌细长,能啄食树中的虫,是一种益鸟 woodpecker, a beneficial bird with a long and hard beak, which can make holes in the wood of trees and pull out insects

裂 ⊖ liè ㄌㄧㄝ 破开,开了缝(fèng) split; crack:～痕 lièhén *rift*; *crack* / ～缝 lièfèng *crack* / 手冻～了 Shǒudònglie le. *The hands are chapped by the cold.* /感情破～gǎnqíng pòliè (of marriage, relation, etc.) *break up* / 四分五～ sìfēnwǔliè *fall apart*; *be all split up*
⊜ liě 见 405 页 See p. 405

趔 liè ㄌㄧㄝ [趔趄—qie] 身体歪斜,脚步不稳要摔倒的样子 stagger; reel

劣 liè ㄌㄧㄝ ❶恶,不好,跟"优"相反 bad; inferior, antonym of "yōu"

(⟨叠 comb. 恶—è—*odious*):不分优～bù fēn yōuliè *make no distinction between the good and the bad*/土豪～绅 tǔháo-lièshēn *local tyrants* (or bullies) *and evile gentry*/品质恶～pǐnzhì èliè *base* ❷仅仅 merely; only

埒 liè ㄌㄧㄝ ❶矮墙 a low wall ❷同等 equal; alike:财力相～cáilì xiānglie *be equal in financial resources*

捩 liè ㄌㄧㄝ 扭转 twist; turn:转～点(转折点) zhuǎnlièdiǎn *turning point*

猎(獵) liè ㄌㄧㄝ ❶打猎,捕捉禽兽 hunt:～虎 liè hǔ *tiger hunting* / 渔～ yúliè *fishing and hunting* ❷打猎的 a man or an animal that hunts: ～人 lièrén *hunter*; *huntsman* / ～狗 liègǒu *hunting dog*; *hound*

躐 liè ㄌㄧㄝ ❶超越 overstep; skip over:～等(越级) lièděng *skip over the normal steps*; *not follow the proper order* / ～进(不依照次序前进)lièjìn *advance by skipping necessary steps* ❷踩,践踏 trample

鬣 liè ㄌㄧㄝ 兽类颈上的长毛 mane:马～ mǎliè *horse mane*

咧 ⊜ lie ·ㄌㄧㄝ 〈方 dial.〉助词,意思相当于"了"、"啦" *aux.* similar in meaning with le and la:好～ Hǎo lie. *OK! or All right!* /他来～ Tā lái lie. *He's coming.*
⊖ liē 见 405 页 See p. 405
⊜ liě 见 405 页 See p. 405

LIN ㄌㄧㄣ

拎 līn ㄌㄧㄣ 〈方 dial.〉提 carry; lift:～着一篮子菜 līnzhe yī lán zi cài *carrying a basket of vegetables*

邻(鄰、*隣) lín ㄌㄧㄣ ❶住处接近的人家 neighbour:东～dōnglín *a neighbour on the east* / 四～ sìlín *one's near*

neighbours ❷邻近,接近,附近 neigh-bouring;near;～国 línguó *neighbouring country* / ～居 línjū *neighbour*/ ～舍 línshè *neighbour* ❸古代五家为邻 (in ancient times) lín, a neigh-bourhood of five families

林 lín ㄌㄧㄣ ❶长在土地上的许多树木或竹子 forest;woods;树～ shùlín *woods*; *grove* / 竹～ zhúlín *bamboo forest*; *groves of bamboo* / 防护～fánghùlín *shelter forest*/ ～立 (像树林一样密集排列)línlì (of a great number of poles, buildings, etc.) *stand like a forest* ⑳ fig. 聚集在一起的同类的人或事物 a group of persons or things;民族之～mínzú zhī lín *a family of nationalities* / 著作之～zhùzuò zhī lín *a great deal of books standing on shelves* ❷ 林业 forestry;农～牧副渔 nóng-lín-mù-fù-yú *farm-ing, forestry, animal hus-bandry, sideline production and fish-ery*

[林檎—qín]落叶小乔木,花粉红色,果实像苹果而小,可以吃。也叫"花红" Chinese pear-leaved crabapple, a small deciduous tree that bears pink flowers and has edible apple-like small fruit; also called huāhóng

啉 lín ㄌㄧㄣ 见 369 页"喹"字条"喹啉 kuí—" See "kuílín" under en-try of "kuí", p. 369

淋 ㊀ lín ㄌㄧㄣ 浇 pour; water;花蔫了,～上点水吧 Huār niān le, lín shang diǎnr shuǐ ba. *The flowers are droopy. Sprinkle it with some wa-ter.*

[淋巴—bā](外 foreign)人身体里的一种无色透明液体,起血液和细胞之间的物质交换作用 lymph, a colourless plasma-like fluid in the human body with the function of substance inter-flowing between blood and cells

[淋漓—lí]湿淋淋往下滴落 dripping wet;墨迹～～mòjì línlí (of a piece of writing) *dripping with ink*/大汗～～ dàhàn-línlí *dripping with sweat* ⑳

trans. 畅达 (of a piece of writing, speech, etc.) fluent;smooth;～～尽致 línlí-jìnzhì *vividly and inc-isively*; *in great detail* / 痛快～～tòngkuài-línlí *impassioned and forceful*

㊁ lìn 见 409 页 See p.409

琳 lín ㄌㄧㄣ 美玉 beautiful jade [琳琅—láng]1. 珠玉一类的东西 pearls and jade;～～满目(喻优美的东西很多)línláng-mǎnmù *a superb collection of beautiful things; a feast for the eyes* 2. 玉撞击的声音 sound of jade clicking

霖 lín ㄌㄧㄣ 久下不停的雨 continu-ous heavy rain[甘霖 gān—]对农作物有益的雨 a rain that is good for crops ⑳ trans. 恩泽 ēn zé boun

临(臨) lín ㄌㄧㄣ ❶到,来 ar-rive;光临 be present;喜事门 xǐshìlín mén *good news* (or a hap-py event) *coming to the house*/ 身～其境 shēnlín-qíjìng *be personally on the scene; be present on the spot* ⑪ ext. 遭遇,碰到 meet; confront;～渴掘井 línkě-juéjǐng *dig a well when feeling thirsty; start acting too late* [临时—shí]1. 到时候,当时 at the time when sth. is needed or is ex-pected to happen;事先有准备,～～就不会忙乱 Shìxiān yǒu zhǔnbèi, línshí jiù bùhuì mángluàn. *If you arrange everything in advance, you will not be in a rush at the last mo-ment.* 2. 暂时,非经常的 temporarily; for the time being;你先～～代理一下 Nǐ xiān línshí dàilǐ yīxià. *You can act for him for the time being.* /～～会议 línshí huìyì *a temporary meeting* ❷挨着,靠近 near; close to 1. 指地点,多指较高的靠近较低的(of place) overlook (the street, etc.)/～河 lín hé *look out on a river*/～街 línjiē *overlook the street* 2. 指时间。将要,快要 (of time) on the point of; just before;～走 línzǒu *just before leaving*/ ～别 línbié *at parting; just before parting*[临盆—pén]孕妇快要

生小孩儿 be giving birth to a child; bein labour[临床－chuáng]医学上称医生给人诊治疾病 clinical exa-mination ❸封建时代帝王上朝 in feudal times emperors attended to the court meetings in early morning to hear his courtiers' briefings or to see their memorials:～朝 líncháo *sit in the throne and govern the state affairs*／～政 línzhèng *administer the court; tend to state affairs* ❹照着字、画摹仿 copy (a model of calligraphy or painting):～帖 líntiè *practise calligraphy after a model*／～画 línhuà *copy* (a model of painting)

粼 lín ㄌㄧㄣ [粼粼－lín]形容水清澈 (of water) clear:～～碧波 línlín bìbō *clear, blue ripples*

嶙 lín ㄌㄧㄣ [嶙峋－xún]山石一层层的重叠不平 (of mountain rocks, cliffs, etc.) jagged; rugged

遴 lín ㄌㄧㄣ 谨慎选择 choose or select (a person) carefully (逾 comb. —选—xuǎn *select*):～选人材 línxuǎn réncái *select qualified personnel*

〈古 arch.〉又同"吝 lìn" Also Same as "吝".

璘 lín ㄌㄧㄣ 玉的光彩 the lustre of jade

辚 lín ㄌㄧㄣ [辚辚——]形容车行走时的声音 the sound made by a running cart, chariot, etc.:车～～，马萧萧 Chē línlín, mǎ xiāoxiāo. *chariots rumble and horses grumble*

磷(*燐、*粦) lín ㄌㄧㄣ 一种非金属元素,符号P,常见的有两种:黄磷(也叫"白磷")和红磷。黄磷有毒,燃烧时浓烟,可做军事上用的烟幕弹和燃烧弹。红磷无毒,可制安全火柴。磷是植物营养的重要成分之一 phosphorus, a nonmetallic element (symbol: P) that usu. takes two forms: yellow phosphorus also "white phosphorus" and red phosphorus. Yellow phosphorus is poisonous, produces heavy smoke when burning, and is used in smoke bomb and incendiary bomb in military, while red phosphorus is non-poisonous and can be made into safety matches. Phosphorus is one of the important nutrients in plants. [磷火－huǒ]夜间在野地里常见的青色火光,是磷化氢遇到空气燃烧而发的光,俗叫"鬼火" phosphorescent light, a bluish light that can often be seen in the fields at night, produced by the burning of phosphine in the air; popularly called "guǐhuǒ"

瞵 lín ㄌㄧㄣ 注视,瞪着眼睛看 gaze at; look attentively at

鳞 lín ㄌㄧㄣ ❶鱼类、爬行动物等身体表面长的角质或骨质的小薄片。scale, one of the small nearly flat stiff pieces forming (part of) the outer body covering of some animals such as fish, reptiles, etc. [鳞爪—zhǎo]逾 fig. 1.琐碎细小的事 small bits; fragments 2.事情的一小部分 a small part of a matter ❷像鱼鳞的 (fish) scale-like:～茎 línjīng *bulb*／芽～yálín *bud*／遍体～伤 (伤痕密得像鱼鳞似的) biàntǐ línshāng *covered all over with cuts and bruises* (spread like fish scales); *beaten black and blue*

麟(*麐) lín ㄌㄧㄣ 麒麟,古代传说中的一种动物,像鹿,比鹿大,有角:(Chinese) unicorn, a legendary animal (in ancient times) that is like the deer, but larger, and has a horn;凤毛～角(喻罕见而珍贵的东西)fèngmáo línjiǎo *phoenix feathers and unicorn's horn* (*fig.* rare and precious things)

凛(**凜) lǐn ㄌㄧㄣ ❶寒冷 cold (逾 comb. 一冽—liè *piercingly cold*):北风～冽 běifēng lǐnliè *The north wind was blowing cold.* ❷严肃,严厉 strict; stern (叠 redup.):威风～～wēifēng-lǐnlǐn *in a grand and awesome state; with an imposing air*／大义～然 dàyì-lǐnrán stand firm for the cause of justice; inspire awe by upholding justice ❸ 同"懍" Same as "懍".

廪(**廩) lǐn ㄌㄧㄣˇ ❶粮仓 granary(⊛ comb. 仓—cāng— granary) ❷指粮食 grain; cereals; food

懍(**懔) lǐn ㄌㄧㄣˇ 畏惧 fear; dread

檁(**檩) lǐn ㄌㄧㄣˇ 屋上托住椽子的横木 purlin (图见 168 页 See picture on p.168)

吝(*恡) lìn ㄌㄧㄣˋ 当用的财物舍不得用,过分爱惜 stingy; mean(⊛ comb. 一啬—sè stingy; miserly); 惜 lìnxī grudge; stint/ 他一点也不~啬 Tā yīdiǎnr yě bù lìnsè. He isn't stingy at all.

赁 lìn ㄌㄧㄣˋ 租 rent; hire(⊛ comb. 租—zū— rent; lease); ~房 lìnfáng rent a house/ ~车 lìnchē hire a car/ 出~ chūlìn lease; let (out)

淋 ⊖ lìn ㄌㄧㄣˋ ❶过滤 stain; filter; ~盐 lìnyán filter the salt/ ~硝 lìnxiāo filter the nitre ❷淋病,一种性病,病原体是淋病球菌,病人尿道红肿溃烂,重的尿里夹带脓血。也叫"白浊" gonorrhoea, a disease of the sex organs, a contagious inflammation of the genital mucous membrane caused by the gonococcus; also called "báizhuó".

⊖ lín 见 407 页 See p.407

藺 lìn ㄌㄧㄣˋ [马藺 mǎ—]多年生草本植物,根茎粗,叶线形,花蓝紫色。叶坚韧,可系物,又可造纸。根可制刷子。有的地区叫"马兰" Chinese small iris, a perennial herb with bluish purple flowers, a thick root that can be used in making brush, and tough linear leaves that can tie things and can be made into paper; called "mǎlán" in some places

躙 lìn ㄌㄧㄣˋ 见 558 页"蹂"字条"蹂躙 róu—" See róulìn under entry

of "róu," p.558

膦 lìn ㄌㄧㄣˋ 磷化氢(PH_3)分子中的氢原子,部分或全部被烃基取代而形成的有机化合物的总称 phosphine, a general term for the derivatives of phosphine analogous to amines, but weaker as bases

LING ㄌㄧㄥ

〇 líng ㄌㄧㄥˊ 数的空位,用于数字中 (used in numbers) zero: 三~六号 sān líng liù hào No. 306 (number three-or-six) / 一九七~年 yī jiǔ qī líng nián 1970 (nineteen seventy) / 一百~八人 yībǎi líng bā rén 108 (a hundred and eight) persons (members)

伶 líng ㄌㄧㄥˊ 伶人,旧社会称以唱戏为职业的人 (in the old society) actor (⊛ comb. 优—yōu—actor or actress): 坤(女的)~ kūnlíng actress

[伶仃—dīng]孤独 lonely: 孤苦~~ gūkǔ-língdīng be lonely and desolate; alone and helpless

[伶俐—lì]聪明,灵活 clever; bright: 很~~的孩子 hěn línglì de háizi a very clever child / ~牙~齿(能说会道) língyá-lìchǐ have a ready (sharp, glib) tongue

[伶俜—pīng]形容孤独 lonely

苓 líng ㄌㄧㄥˊ ❶指茯(fú)苓 fú líng, an edible fungus ❷古书上说的一种植物 a plant mentioned in ancient texts

囹 líng ㄌㄧㄥˊ [囹圄—yǔ][囹圉—yǔ]古代称监狱 (in ancient times) jail; prison: 身陷~~ shēnxiàn-língyǔ be imprisoned; be in prison

泠 líng ㄌㄧㄥˊ 清凉 cool: ~风 língfēng a cool breeze [泠泠——]1.形容清凉 cool 2.声音清越 (of sound) clear and far-reaching

玲 líng ㄌㄧㄥ 形容玉碰击的声音 the tinkling of pieces of jade (叠 redup.);～～盈耳 líng líng yíng ěr (of the ear) *be filled with the tinkling of jade*[玲珑—lóng]1. 金玉声 the tinkling of pieces of gold or jade 2. 器物细致精巧 (of things) ingeniously and delicately wrought; exquisite 3. 灵活敏捷 clever and nimble;～～活泼 línglóng huópo *clever and lively*

柃 líng ㄌㄧㄥ [柃木—mù]常绿灌木或小乔木,花小,白色,叶椭圆形或披针形,浆果球形 Japanese Eurya, an ever-green small arbor or bush that bears small white flowers and has oval or flattish leaves and ball-shaped berries

瓴 líng ㄌㄧㄥ 古代一种盛(chéng)水的瓶子: a kind of water jar in ancient times;高屋建～(从房顶上往下泻水,喻居高临下的形势) gāowūjiànlíng *pour water off a steep roof* (*fig.* stand on a vantage point and have a commanding view)

铃 líng ㄌㄧㄥ ❶(一儿-r)铃铛,用金属做成的响器,振动小锤发声: bell, a round hollow metal vessel, which makes a ringing sound when struck:摇～上班 yáolíng shàngbān *ring the bell for work* / 车～儿 chēlíng *the bell of a vehicle* / 电～儿 diànlíng *electric bell; door bell* ❷ 形状像铃的东西 bell-like thing:杠～ gànglíng *barbell* / 哑～ yǎlíng *dumbbell*

鸰 líng ㄌㄧㄥ 见 285 页"鹡"字条"鹡鸰"(jí一) See "jílíng" under entry of "jí", p. 285

聆 líng ㄌㄧㄥ 听 listen; hear:～教 língjiào (used in letters) *hear your words of wisdom*

蛉 líng ㄌㄧㄥ [白蛉子 bá—zi]昆虫,比蚊子小,吸人、畜的血,能传染黑热病 sand fly, an insect that is smaller than the mosquito, drinks human and animal blood, and can

spread kalaazar

笭 líng ㄌㄧㄥ [笭箵—xīng]打鱼时盛(chéng)鱼的竹器 a bamboo container used for holding fish when fishing

翎 líng ㄌㄧㄥ 鸟翅和尾上的长羽毛; plume; tail or wing feather:雁～ yànlíng *goose plumes* / 野鸡～ yějīlíng *pheasant plumes*

羚 líng ㄌㄧㄥ 羚羊,种类繁多,体形一般轻捷,四肢细长,蹄小而尖。有的羚羊角可入药 antelope; gazelle, any of various kinds of graceful grass-eating animals having long and slender limbs, small and pointed hoofs, and horns. The horns of some antelopes can be used in medicine.

零 líng ㄌㄧㄥ ❶落 withered; drop. 1. 植物凋谢(⨁ comb. 一落—luò *withered*,凋—diāo— *wither*)2. 液体滴落 (of liquid) drop; fall:感激涕～ gǎnjī-tìlíng *moved to tears of gratitude; shed grateful tears* ❷零头,放在整数后表示附有零数:(used after a round figure to introduce a fraction) fragment; fraction:一千挂～儿 yìqiān guàlíngr *a thousand odd*/ 一年～三天 yī nián líng sān tiān *one year and three days* ❸部分的,细碎的,跟"整"相反 fragmentary; fractional, antonym of "zhěng" (⨁ comb. 一碎—suì *fragmentary*):～件 língjiàn *part* (of a machine); *spare parts* / 一钱 língqián *small change*; *pocket money* / ～用 língyòng *money spent on minor purchases*; *pocket money* / ～活(零碎工作) línghuór *odd jobs* [零丁—dīng]同"伶仃" Same as"伶仃" ❹数学上把数字符号"0"读作零 In mathematics the number 0 is pronounced as líng. ⑨ ext. 没有,无 nought; zero; ：一减一得～ Yī jiǎn yī dé líng. *One minus one equals zero.* / 他的计划等于～ Tā de jìhuà děngyú líng. *His plan is nil.* ❺温度表上的零度 the lowest point on a thermometer; zero; ～下五度 língxià wǔ dù 5 degrees below zero; minus 5 degrees

龄 líng ㄌㄧㄥˊ ❶ 岁数 age; years （叠 comb. 年—nián—age）: 高～ gāolíng advanced age ❷ 年数 length of time; duration: 工～gōnglíng length of service; standing / 党～dǎnglíng party standing ❸ 某些生物体发育过程中的不同阶段。如昆虫的幼虫第一次蜕皮前叫一龄虫 (of the development of some living thing's growth) phase; stage; e. g. the larva before the insect's first moult is called the firstphase insect

灵(靈) líng ㄌㄧㄥˊ ❶有效验 efficacious; effective （叠 comb. 一验—yàn efficacious）: 这种药吃下去很～Zhèzhǒng yào chī xia qu hěn líng. This kind of medicine is very effective. ❷ 聪明，机敏 clever; sharp （叠 comb. 一敏—mǐn keen; sensitive）: 这个孩子心很～Zhège háizi xīn hěn líng. This is a very smart child. / 心一手巧 xīnlíng-shǒuqiǎo clever in mind and skilful in hand; clever and deft / 耳朵很～ěrduo hěn líng have sharp ears ❸ 活动迅速，灵巧 (of motion) quick: 这架机器最～Zhè jià jīqì zuì líng. This machine works most sensitively. ❹ 旧时称神或关于神仙的 (old use) sprite; fairy: 神～ shénlíng gods; deities ❺ 属于死人的 of the deceased: ～柩 língjiù a coffin containing a corpse; bier ～床 língchuáng bier 〈转 trans. 装着死人的棺材 coffin; bier: 移～ yílíng remove a bier

棂(欞、**櫺**) líng ㄌㄧㄥˊ 窗棂（一子—zi 一），窗子上构成窗格子的木条或铁条 (window) lattice; lattice work

凌 líng ㄌㄧㄥˊ ❶冰 ice: 河里的～都化了 Hé li de líng dōu huà le. The ice in the river has all melted. /

滴水成～dīshuǐ chéng líng (so cold that) dripping water freezes at once ❷欺凌，侵犯，欺压 insult; bully and humiliate: ～辱 língrǔ insult; humiliate / 盛气～人 shèngqì-líng rén be domineering; be haughty towards others ❸ 升，高出 rise high; tower aloft: ～云 língyún reach the clouds; soar into the skies / ～空而过 língkōng ér guò soar across the sky ❹迫近 approach; be near: ～晨 língchén in the small hours; before dawn

陵 líng ㄌㄧㄥˊ ❶ 大土山 hill; mound （叠 comb. 丘一 qiū—hills）[陵谷—gǔ] 高低地势的变动 hills and valleys 〈喻 fig. 世事变迁 ups and downs; vicissitudes ❷ 高大的坟墓 tomb; mausoleum: 黄帝～Huángdìlíng the Emperor Huangdi Mausoleum; mausoleum / 中山～Zhōngshānlíng the Sun Yat-sen Mausoleum

菱 líng ㄌㄧㄥˊ 一年生草本植物，生在池沼中，叶略呈三角形，叶柄有气囊，夏天开花，白色。果实有硬壳，有角，叫菱或菱角，可吃 líng; waternut, an annual herb that lives in a large pond, has slightly triang-ular leaves, with an air sac in the leaf-stalk, bears white flowers in summer, and has edible hard-shelled nuts（called líng or língjiao）with two horn-shaped ends each [菱形—xíng] 邻边相等的平行四边形。 diamond; rhombus, a figure with four equal straight sides and unequal angles

崚 líng ㄌㄧㄥˊ （又 also）见 387 页 léng See léng, p. 387

凌 líng ㄌㄧㄥˊ 同"凌❷❸" Same as "凌❷❸".

绫 líng ㄌㄧㄥˊ （一子—zi）一种很薄的丝织品，一面光，像缎子 a silk fabric resembling satin but thinner; twill-weave silk: ～罗绸缎 líng-luó-chóu-duàn silks and satins

L

棱(*稜)㈠líng ㄌㄧㄥˊ [穆棱 Mù—]地名，在黑龙江省 a place in Heilongjiang Province

㈡léng 见 387 页 See p. 387

褛 líng ㄌㄧㄥˊ〈古 arch.〉福 blessing；bliss

鲮 líng ㄌㄧㄥˊ [鲮鱼—yú]又叫"土鲮鱼"，属鲤科鱼类，是我国华南淡水主要养殖对象之一，性怕冷 dace, a small fresh water fish that belongs to the carp family, cannot live in cold water, and is one of the main fishes raised in South China；also called "tǔlíngyú"[鲮鲤—lǐ]哺乳动物的一种，就是穿山甲，全身有角质的鳞片，吃蚂蚁。鳞片可入药 pangolin, a mammal that feeds on ants and is covered all over with large imbricated horny scales, which can be used in medicine

酃 líng ㄌㄧㄥˊ 旧县名，在今湖南省衡阳东。现叫炎陵县 name of an old county, in the east of today's Hengyang, Hunan Province；now called Yánlíngxiàn

䣜 líng ㄌㄧㄥˊ [䣜醁—lù]古代的一种美酒 a kind of good wine in ancient times

令 ㈠lǐng ㄌㄧㄥˇ〈外 foreign〉量词，原张的纸 500 张为 1 令 meas. ream of paper (500 sheets)

㈡lìng 见本页 See the same page.

岭(嶺)lǐng ㄌㄧㄥˇ 山脉 mountain；ridge：五～Wǔlǐng the Five Ridges (across the borders between Hunan and Jiangxi on the one hand and Guangdong and Guangxi on the other)/秦～Qínlǐng the Qin Ridge／翻山越～fānshān yuèlǐng cross over mountain and mountain；travel over hill and dale

领 lǐng ㄌㄧㄥˇ ❶颈，脖子 neck；引～而望 yǐnlǐng ér wàng crane one's neck to look into the distance (fig. look forward to sth. eagerly) ❷(一子—zi、一儿—r)衣服围绕脖子的部分 collar；neckband (图见 759 页"衣" See picture under entry of "yī", p. 759) 引ext. 事物的纲要 outline；main point：不得要～bùdé yàolǐng unable to grasp the key points [领袖—xiù]㊧ trans. 国家、政治团体、群众组织等的高级领导人 high-ranking leader (of a country, a political organization, an organization of the masses, etc.) ❸带，引，率 lead；usher；(㊥comb. 带—dài—lead, 率—shuài—lead；head)：～队 lǐngduì lead a group；the leader of a group, sports team, etc.／～头 lǐngtóu take the lead；be the first to do sth. ❹领有的，管辖的 have jurisdiction over；be in possession of：～海 lǐnghǎi territorial waters；territorial sea／～空 lǐngkōng territorial sky；territorial air (space)[领土—tǔ]一个国家所有的陆地、领水(包括领海、河流湖泊等)和领空 territory：land, waters (including territorial sea, river, lakes, etc.) and air space ruled by one government ❺接受，取得 receive；get：～教 lǐngjiào receive instructions／～款 lǐngkuǎn receive funds；draw money ❻了解，明白 understand；comprehend：～会(对别人的意思有所理解)lǐnghuì understand；comprehend／～悟 lǐngwù comprehend；grasp ❼量词 meas. 1. 用于衣服 for clothes：一～青衫 yī lǐng qīngshān a black shirt 2. 用于席、箔等 for mats, foil, etc.：一～席 yī lǐng xí a mat／一～箔 yī lǐng bó a piece of foil

另 lìng ㄌㄧㄥˋ 另外，别的，此外 beside；other：～买一个 lìng mǎi yī ge buy another one／那是～一件事 Nà shì lìng yī jiàn shì. That's another matter.

令 ㈠lìng ㄌㄧㄥˋ ❶命令，上级对下级的指示 order；decree (given by one's superior)：明～规定 míng lìng guīdìng explicit order and regulation／遵守法～zūnshǒu fǎlìng abide by laws and decrees/ ❷上级指示下级 order；command：～全体官兵遵照执行 lìng quántǐ guānbīng zūnzhào zhíxíng. order all the officers and soldiers to act in accordance ❸古代官名 an ancient official title：县～ xiànlìng county magistrate ❹使，使得 cause sb. to：～人起敬 lìng rén qǐ jìng awe-inspiring/ ～人兴奋 lìng rén xīngfèn exciting ❺时令，时节 season：月～ yuèlìng a lunar month as characterized by climactic and agricultural conditions / 夏～ xiàlìng summer-time；summer weather ❻美好，善 good；excellent：～名 lìngmíng good name；good reputation/ 敬称（a term of respect）your：～兄 lìngxiōng your elder brother/ ～尊（称人的父亲）lìngzūn your father ❼词之短小者叫令 a short metre for cí，poems that contain relatively few syllables：调笑～ tiáoxiàolìng a teasing song/ 十六字～ shíliù zì lìng a sixteen-words poem

⊖ lìng 见 412 页 See p.412

吟 lìng ㄌㄧㄥˋ 见 506 页"嘌"字条"嘌吟 piào—" See "piàolìng"under entry of "piào"，p.506

LIU ㄌㄧㄡ

溜 ⊖ liū ㄌㄧㄡ ❶滑行 slide；glide：～冰 liūbīng skate；roller-skate/从滑梯上～下来 cóng huátī shang liū xialai slide down a slide ㊀ ext. 滑溜，平滑，无阻碍 smooth：这块石头很滑～ Zhè kuài shítou hěn huáliu. This stone is very smooth. ❷溜走，趁人不见走开 sneak off；slip away：一眼不见他就～了 Yī yǎn bù jiàn tā jiù liū le. He sneaked off when I looked away (shifted attention). ❸沿着，顺着 along：～边儿 liūbiānr keep to the edge (of a road, etc.) / ～着墙根儿走 liūzhe qiánggēnr zǒu walk along (the foot of) a wall；walk by the wall ❹同"熘"Same as "熘".

⊖ liù 见 416 页 See p.416

熘 liū ㄌㄧㄡ 一种烹调法，跟炒相似，作料里搀淀粉 quick-fry, a way of cooking, similar to chǎo, but with starch as an ingredient：～肉片 liū ròupiàn meat slices sauté. 也作"溜" also written as "溜"

蹓 ⊖ liū ㄌㄧㄡ ❶滑行 slide；glide：～冰 liūbīng skate；roller-skate ❷悄悄走开 sneak off；slip away[蹓跶—da]散步，随便走走 go for a walk；stroll

⊖ liù 见 416 页 See p.416

刘（劉） liú ㄌㄧㄡ ❶古代斧钺一类的兵器（in ancient times）battle-axe-like weapon ❷杀，戮 kill；slaughter ❸ Liu 姓 a surname

浏（瀏） liú ㄌㄧㄡ 清亮 clear；limpid

[浏览—lǎn]泛泛地看 skim through；browse

留 liú ㄌㄧㄡ ❶停止在某一个地方 stay；remain（⑧ comb. 停—tíng— stop；stay）：他～在天津了 Tā liú zài Tiānjīn le. He stayed on in Tianjin. / ～学（留居外国求学）liúxué live and study abroad ㊀ ext. 注意力放在上面 pay attention to：～心 liúxīn be careful；take care/ ～神 liúshén be careful；take care[留连—lián][流连—lián]留恋不想离去 be reluctant to leave；linger on ❷不让别人离开 ask sb. to stay；keep sb. where he is：挽～ wǎnliú urge sb. to stay on/ 他一定要走，我～不住他 Tā yīdìng yào zǒu, wǒ liúbuzhù tā. Since he was determined to leave, I couldn't keep him here. / ～难（故意和人为难）liúnàn make things difficult for sb.；put obstacles in sb.'s way ❸接受，收容 accept；take（⑧ comb. 收— shōu— take sb in）：把礼物～下 bǎ lǐwù shōuxia accept the gift ❹保留 reserve；keep：～余地 liú yúdì allow for unforeseen circumstances；leave some leeway / ～胡子

liú húzi *grow a beard* (of moustache) / 今天请给我～饭 Jīntiān qǐng gěi wǒ liúfàn. *Please save some food for me today.* ❺ 遗留 leave behind: 祖先给我们～下了丰富的文化遗产 Zǔxiān gěi wǒmen liúxià le fēngfù de wénhuà yíchǎn. *Our forefathers have left us arich cultural heritage.*

馏 ⊖ liú ㄌㄧㄡˊ 蒸馏，加热使液体变成蒸气后再凝成纯净的液体 distil, make a liquid into gas and then make the gas into a pure liquid
⊖ liù 见 416 页 See p. 416

骝 liú ㄌㄧㄡˊ 古书上指黑鬣黑尾巴的红马 (in ancient texts) a red horse with a black mane and a black-tail

榴 liú ㄌㄧㄡˊ 石榴，又叫安石榴，落叶灌木，一般开红花，果实球状，内有很多种子，种子上的肉可吃。根、皮可入药 pomegranate, a deciduous tree that usu. bears red flowers and has thick-skinned berries with many seeds in an edible crimson pulp. Its root and bark can be used in medicine.

飗 liú ㄌㄧㄡˊ [飗飗——]微风吹动的样子 (of a breeze) soughing; rustling

镏 ⊖ liú ㄌㄧㄡˊ 我国特有的镀金法，把溶解在水银里的金子用刷子涂在器物表面作装饰，所镏的金层经久不退 a typical Chinese way of gold-plating, applying the gold dissolved in mercury with a brush to the surfaces of articles as ornamentation, which creates a gilding that lasts long
⊖ liù 见 416 页 See p. 416

鹠 liú ㄌㄧㄡˊ [鸺鹠 xiū–]鸟名。羽毛棕褐色，尾巴黑褐色，有横斑，外形跟猫头鹰相似。捕食鼠、兔等，对农业有益。也叫"枭"(xiāo) owlet, a bird that is like the strigidae in appearance, has brown feathers crossed with stripes and a dark brown tail, hunts mice, rabbits, etc., and is

beneficial to agriculture; also called "xiāo"

瘤 liú ㄌㄧㄡˊ (–子–zi)生物体的组织增殖生成的疙瘩，多由刺激或微生物寄生而引起 tumour, a mass of diseased cells in the body which have divided and increased too quickly, causing swelling and illness

流 liú ㄌㄧㄡˊ ❶液体移动 (of liquid) flow：水往低处～Shuǐ wǎng dī chù liú. *Water flows downwards.* / ～水不腐 liú shuǐ bù fǔ *Running water does not go stale.* / ～汗 liúhàn *perspire; sweat* / ～血 liúxiě *loose blood; shed blood*[一浪一làng]生活无着，漂泊不定 roam about; lead a vagrant life[流利–lì]说话、书写等灵活顺畅 (of speaking, writing, etc.) fluent; smooth：他的钢笔字写得很～Tā de gāngbǐzì xiě de hěn liúlì. *He writes very smoothly with a pen.* / 他说一口～～的普通话 Tā shuō yīkǒu liúlì de pǔtōnghuà. *He speaks a very fluent standard Chinese.*[流线型–xiànxíng]前端圆，后端尖，略似水滴的形状。因空气或水等对流线型的物体阻力小，所以常用作汽车、汽艇等交通工具的外形 streamlined, smooth and regular (in the shape of a waterdrop, with a round head and pointed end). A streamlined object can reduce resistance to motion through a fluid such as air or water, so it is often applied as the contour of vehicles, motor-boats, and other means of transportation. ❷像水那样流动 moving from place to place (like water)；flow：货币～通 huòbì liútōng *the circulation of money*/ 空气的对～现象 kōngqì de duìliú xiànxiàng *the phenomenon of the convection of air* ❸ ext. 1. 移动 moving：～星 liúxīng *meteor; shooting star* 2. 运转不停 ever-moving (or rotating)：～光 liúguāng *time*/ ～年 liúnián *fleeting time* 3. 不知来路，意外地射来的

wandering；unexpected：～矢 liúshǐ *stray arrow*/ ～弹 liúdàn *stray bullet* 4. 传播或相沿下来 spread；circulate：～行 liúxíng *popular*；*fashionable*/ ～传 liúchuán *spread*；*circulate* ［流产－chǎn］孕妇怀孕未满 28 周就产出胎儿 (of a woman) have a miscarriage；miscarry，give birth too early (earlier than 28 weeks) for life to be possible ❸流动的东西 sth. resembling a stream of water；current：河～héliú *river*/ 电～diànliú *electric current*/ 寒～hánliú *cold current*/ 气～qìliú *air current* ❹趋向坏的方面 change for the worse；degenerate：开会不要～于形式 Kāihuì bùyào liúyú xíngshì. *Don't change the meetings into a mere formality.* or *Meetings should not become a mere formality.* / 放任自～fàngrèn-zìliú *let things slide* ❺品类 class；grade 1. 派别 class；school：九～jiǔliú *the nine schools of thought* 2. 等级 rate；grade：第一～产品 dìyīliú chǎnpǐn *a first-rate product* ❻旧时刑法的一种，把人送到荒远的地方去，充军 (of ancient punishments) banish；send into exile：放～liúfàng *banish*；*send into exile*

琉 liú ㄌㄧㄡ ［琉璃－li］一种用铝和钠的硅酸化合物烧制成的釉料 coloured glaze (made by refining the solicate chemical compound of aluminum and sodium)：～～瓦 liúliwǎ *glazed tile*

硫 liú ㄌㄧㄡ 一种非金属元素，符号 S，通常叫"硫磺"。淡黄色，质硬而脆，不易传热和电。可用来制造火柴、火药、硫化橡胶等。也可用来治皮肤病 sulphur，commonly called "liúhuáng"，a nonmetallic element that is light yellow，hard but brittle，nonactive in conducting heat and electricity，and can be used to make match，gunpowder，vulcanizate，etc. and also to cure skin diseases；symbol：S

旒 liú ㄌㄧㄡ ❶旗子上面的飘带 streamer；pendant ❷古代皇帝礼帽前后的玉串 jade pendants on a crown in ancient times

鎏 liú ㄌㄧㄡ ❶成色好的金子 fine gold ❷同"镠 liú" Same as "镠 liú".

镠 liú ㄌㄧㄡ 成色好的黄金 fine gold

柳 liǔ ㄌㄧㄡ ❶柳树，落叶乔木，枝细长下垂，叶狭长，春天开花，黄绿色。种子上有白色毛状物，成熟后随风飞散，叫柳絮。另有一种河柳，枝不下垂 willow，a deciduous arbor that has long，thin and drooping twigs，thin and long leaves，bears greenish yellow flowers in spring，and produces seeds with white hairy substances，called liǔxù (willow catkins)，that go with the wind when fully grown. Another kind is héliǔ，with non-drooping twigs. ❷星宿名，二十八宿之一 a star constellation，one of the twenty-eight constellations

绺 liǔ ㄌㄧㄡ (－儿－r)量词，用于成束的理顺了的丝、线、须、发等 meas. (for thread，hair，etc.) tuft；lock；skein：两～儿线 liǎng liǔr xiàn *two skeins of thread*/ 五～儿须 wǔ liǔr xū *five wisps of beard*/ 一～儿头发 yī liǔr tóufa *a lock of hair*

镠 liú ㄌㄧㄡ 有色金属冶炼过程中产出的各种金属硫化物的互熔体 sulfonium (compound)，various kinds of metallic sulfide compounds produced in the process of nonferrous metal smelting

六 ㊀ liù ㄌㄧㄡ ❶数目字 six ❷旧时乐谱记音符号的一个，相当于简谱的"5" a note of the musical scale in early times，corresponding to 5 in numbered musical notation

㊁ lù 见 422 页 See p. 422

陆(陸) ㊁ liù ㄌㄧㄡ "六"的大写 another form for the numeral liù (used on cheques，etc.)

碌(*磟)　㊀ lù 见 422 页 See p. 422

㊁ liù ㄌㄧㄡˋ [碌碡－zhou]农具名。圆柱形，用石头做成，用来轧脱谷粒或轧平场院 stone roller, a farm tool used for threshing grain, levelling a threshing floor, etc.

遛　㊀ lù 见 423 页 See p. 423

㊁ liù ㄌㄧㄡˋ ❶散步，慢慢走，随便走 stroll；have a walk ❷牵着牲畜或带着鸟慢慢走 walk a draught animal or take a caged bird out for a walk：～马 liùmǎ walk a horse/ ～鸟 liùniǎo take caged birds out into the open (so as to let it repose)

馏　㊀ liù ㄌㄧㄡˋ 把凉了的熟食品再蒸热 heat up (cold cooked food) in a steamer：把馒头 ～ 一 ～ bǎ mántou liù yī liù heat up the (cold) steamed bread

㊁ liú 见 414 页 See p. 414

溜(❷❸**雷)　㊀ liù ㄌㄧㄡˋ❶急流 swift current：大～ dàliù strong crrent / 今天河水～很大 Jīntiān héshuǐ liù hěn dà. The river has a strong current today. ❷顺房檐滴下来的水 rainwater from the roof：檐～ yánliù rainwater dropped from the eaves ❸屋檐上安的接雨水用的长水槽 eaves gutter ❹(一儿－r)量词，用于成行(háng)列的事物 meas. line；row：一～三间房 yī liùr sān jiān fáng a row of three rooms

㊁ liū 见 413 页 See p. 413

镏　㊀ liù ㄌㄧㄡˋ [镏子－zi]〈方 dial.〉戒指 (finger) ring：金～～ jīn liùzi a golden fingerring

㊁ liú 见 414 页 See p. 414

蹓　㊀ liù ㄌㄧㄡˋ 同"遛" Same as 遛
㊁ liū 见 413 页 See p. 413

飂　㊀ liù ㄌㄧㄡˋ 西风 west wind
㊁ liáo 见 403 页 See p. 403

鹨　liù ㄌㄧㄡˋ 鸟名。身体小，嘴细长，吃害虫，是益鸟 pipit, any of several types of small beneficial birds that have long and thin beaks and feed on pests

LO ㄌㄛ

咯　㊀ lo ·ㄌㄛ 助词 aux. (used at the end of a sentence to indicate obviousness)：那倒好～Nà dào hǎo lo! That'll be very good!
㊁ kǎ 见 347 页 See p. 347
㊂ gē 见 201 页 See p. 201

LONG ㄌㄨㄥ

龙(龍)　lóng ㄌㄨㄥˊ ❶我国古代传说中的一种身体长的有鳞、有角的动物。能走，能飞，能游泳。近代古生物学上指一些巨大的有脚有尾的爬虫 dragon, a legendary animal in ancient China that is long, has scales and horns, and can walk, fly, and swim；(in today's paleontology) a huge extinct reptile：恐～ kǒnglóng dinosaur / 翼手～ yìshǒulóng chiropter [龙头－tóu]自来水管放水的出口 tap；faucet ❷封建时代称关于皇帝的东西 in feudal times things belonging to the emperor：～袍 lóngpáo imperial robe/～床 lóngchuáng the emperor's bed ❸形状像龙的或有龙的图案的：dragon-shaped or having a dragon pattern：～灯 lóngdēng dragon lattern/～舟 lóngzhōu dragon boat (a dragon shaped racing boat)

[龙钟－zhōng]年老衰弱行动不灵便的样子 decrepit；senile

〈古 arch.〉又同"垄 lǒng" Also same as "垄"(lǒng)

茏(蘢)　lóng ㄌㄨㄥˊ [茏葱－cōng][葱茏 cōng－]草木茂盛的样子 (of grass and woods) verdant；luxuriantly green

咙(嚨)　lóng ㄌㄨㄥˊ 喉咙，咽喉，参看 252 页"喉 hóu" throat；See "hóu", p. 252

泷(瀧)　㊀ lóng ㄌㄨㄥˊ 急流的水 rapids [七里泷 Qīlǐ

一]地名，在浙江省 a place in Zhejiang Province

㈡ shuāng 见 607 页 See p. 607

珑（瓏） lóng ㄌㄨㄥˊ 见 410 页 "玲"字条"玲珑 líng—" See "línglóng" under entry of "líng", p. 410

栊（櫳） lóng ㄌㄨㄥˊ ❶窗户 window ❷养兽的栅栏 a cage for animals

昽（曨） lóng ㄌㄨㄥˊ [曚昽 méng—]日光不明 (of sunlight) dim; dusky

胧（朧） lóng ㄌㄨㄥˊ 见 448 页 "朦"字条"朦胧 méng—" See ménglóng under entry of "méng", p. 448

砻（礱） lóng ㄌㄨㄥˊ ❶去掉稻壳 的器具 rice huller ❷用 砻去掉稻壳 hull (rice) with such a tool：～谷舂米 lónggǔ chōngmǐ hull grain and husk rice with mortar and pestle

眬（矓） lóng ㄌㄨㄥˊ [蒙眬 méng —]见 448 页"蒙"字条 "蒙眬"See "ménglóng" under entry of "méng", p. 448

聋（聾） lóng ㄌㄨㄥˊ 耳朵听不见 声音，通常把听觉迟钝 也叫聋 deaf; hard of hearing：他耳朵 ～了 Tā ěrduo lóng le. He is deaf.

笼（籠） ㈠ lóng ㄌㄨㄥˊ ❶（一子 —zi、—儿—r）养鸟、虫 的器具，用竹、木条或金属丝等编插 而成 cage; coop (made of bamboo, wood, strips, wire, etc., used for keeping birds or insects)：鸟～子 niǎolóngzi birdcage / 鸡～ jīlóng chicken coop / 蝈蝈～ guōguolóng katydid cage ⑨ ext. 旧时囚禁犯人的 东西 cage for holding criminals in ancient times：囚～ qiúlóng prisoner's cage/牢～ láolóng prisoner's cage; prison ❷用竹、木等材料制成的有盖 的蒸东西的器具 steamer (made of

bamboo, wood, etc, with a lid)：蒸 ～ zhēnglóng food steamer / ～ 屉 lóngtì food steamer; bamboo or wooden utensil for steaming food

㈡ lǒng 见 418 页 See p. 418

隆 lóng ㄌㄨㄥˊ ❶盛大，厚，程度深 grand; deep：～冬 lóngdōng midwinter; the depth of winter/～寒 lónghán intense cold/～重的典礼 lóngzhòng de diǎnlǐ a grand ceremony ❷兴盛 prosperous; thriving (④ comb. —盛 —shèng flourishing, 兴 — xīng — prosperous) ❸高 swell; bulge：～起 lóngqǐ swell; bulge

癃 lóng ㄌㄨㄥˊ ❶古书上指年老衰弱 多病 in ancient texts, infirmity because of old age ❷癃闭，中医指小 便不通的病 (of Chinese medicine) retention of urine; difficulty in urination

窿 lóng ㄌㄨㄥˊ 〈方 dial.〉煤矿坑道 gallery in a mine

优（縆） lǒng ㄌㄨㄥˇ ［优侗 — tǒng］同"笼统" Same as 笼统.

陇（隴） lǒng ㄌㄨㄥˇ ❶陇山，山 名，位于陕西、甘肃两省 交界的地方 Lǒng Shān, a mountain on the borderland between Shaanxi and Gansu ❷甘肃省的别称 another name for Gansu Province：～海铁路 Lǒng-Hǎi tiělù the Long-Hai railway (or line)

垅（壠） lǒng ㄌㄨㄥˇ 同"垄" Same as 垄.

拢（攏） lǒng ㄌㄨㄥˇ ❶凑起，总 合 add up; sum up：一 共 lǒnggòng all together; in all / ～ 总 lǒngzǒng all together ❷靠近，船 只靠岸 approach; (of ships) pull into shore (④ comb. 靠—kào— draw close)：靠～kàolǒng keep close to/ ～ 岸 lǒng'àn (of a ship) come alongside the shore/拉～lālǒng draw sb over to one's side; win over/ 他们俩总谈不

～Tāmen liǎ zǒng tán bu lǒng. *They two talked but never agreed with each other.* ❸收束使不松散 hold (or gather) together：～紧 lǒngjǐn *hold* (sth.) *tight* / 用绳子把柴火～住 Yòng shéngzi bǎ cháihuo lǒngzhù. *Tie the firewood in a bundle.* ❹梳，用梳子整理头发 comb.：～一～头发 lǒng yī lǒng tóufa *comb the hair* ❺合上，聚拢 bring together；close：笑得嘴都合不～了 xiào de zuǐ dōu hé bu lǒng le *grin from ear to ear*

垄（壠） ㊀ lǒng ㄌㄨㄥˇ ❶田地分界的埂子 ridge (in a field) ❷农作物的行(háng)或行与行间的空地 row (of crops), or the space between rows (of crops)：宽～密植 kuānlǒng mìzhí *wide rows and close planting* ❸像田埂的东西 a thing like a ridge between plots of farmland：瓦～ wǎlǒng *rows of tiles on a roof* [垄断—duàn] 操纵市场，把持权柄，独占利益 monopolize, have or get complete unshared control of (a market)

笼（籠、❸儱） ㊁ lǒng ㄌㄨㄥˇ ❶遮盖，罩住 envelope；cover：黑云～罩着天空 Hēiyún lǒngzhào zhe tiānkōng. *Black clouds shields the sky* [笼络—luò] 用手段拉拢人 draw sb. over by any means；win over：～～人心 lǒngluò rénxīn *cultivate people's good will* (by dispensing charity, favours, etc.) ❷比较大的箱子或柜 a large box or chest；trunk：箱～ xiānglǒng *boxes and baskets；luggage*

[笼统—tǒng]概括而不分明，不具体 general；sweeping：话太～～了，不能表明确切的意思 Huà tài lǒngtǒng le, bù néng biǎomíng quèqiè de yìsi. *The words are too general to convey the exact meaning.*

㊀ lóng 见 417 页 See p. 417

弄（*衖） ㊁ lòng ㄌㄨㄥˋ〈方 dial.〉弄堂，小巷，小胡同 lane；alley

㊀ nòng 见 484 页 See p. 484

崀 lòng ㄌㄨㄥˋ（壮）（of the Zhuang nationality)石山间平地 the level ground between two stone hills

LOU ㄌㄨ

搂（摟） ㊀ lōu ㄌㄨ ❶用手或工具把东西聚集起来 gather up；rake together：～柴火 lōu cháihuo *rake up twigs, dead leaves, etc.* ㊋ fig. 搜刮 squeeze；extort：～钱 lōuqián *extort money* ❷向着自己的方向拨 pull：～枪机 lōu qiāngjī *pull a trigger*

㊁ lǒu 见 419 页 See p. 419

瞜（瞜） lōu ㄌㄨ〈方 dial.〉look：让我～一～ Ràng wǒ lōu yī lōu. *let me have a look*

刦（**𠛆） lóu ㄌㄨ〈方 dial.〉堤坝下面的水口，水道 water course (below a dam)；waterway：～口 lóukǒu *entrance of a waterway*／～嘴 lóuzuǐ *entrance* (or mouth) *of a waterway*

娄（婁） lóu ㄌㄨ ❶星宿名，二十八宿之一 a star constellation, one of the twenty-eight constellations ❷〈方 dial.〉(某些瓜类)过熟而变质 (of certain melons) overripe and unfit to eat：瓜～了 Guā lóu le. *The melon is overripe.* ❸姓 a surname

偻（僂） ㊀ lóu ㄌㄨ ❶[偻㑩—luo]同"喽啰" Same as "喽啰" ❷见 213 页"佝"字条"佝偻 gōu—" See "gōulóu" under entry of "gōu", p. 213

㊁ lǚ 见 425 页 See p. 425

蒌（蔞） lóu ㄌㄨ ❶[蒌蒿—hāo]多年生草本植物，花淡黄色，茎可以吃 a perennial herb that bears light yellow flowers and has edible stems ❷见 221 页"梧"字

条"栝楼 guā—" See "guālóu" under entry of "guā" p. 221

喽（嘍） ㊀ lóu ㄌㄡˊ［喽啰—luo］旧时称盗贼的部下，现在多比喻追随恶人的人（in early times）subordinate of a band of outlaws；*fig.* now referring to underlings of an evil person

㊁ lou 见 420 页 See p. 420

漊（漊） lóu ㄌㄡˊ 漊水，水名，在湖南省 lóushuǐ, a river in Hunan Province

楼（樓） lóu ㄌㄡˊ ❶两层以上的房屋 a storied building, tower：~房 lóufáng *a building of two or more storeys*／大~ dàlóu *multi-storied building* ❷楼房的一层 storey；floor：一~ yī lóu (British) *ground floor*；(Ame.) *first floor*／三~ sān lóu (British) *second floor*；(Ame.) *third floor* ❸见 221 页"栝"字条"栝楼 guā—" See "guālóu" under entry of "guā" p. 221

耧（耬） lóu ㄌㄡˊ 播种用的农具 a seed plough；drill

蝼（螻） lóu ㄌㄡˊ 指蝼蛄 mole cricket［蝼蛄—gū］也叫"蝲蝲蛄"、"土狗子"。一种对农作物有害的昆虫，褐色，有翅，前脚很强，能掘地，咬农作物的根 mole cricket, a brown, winged insect that has strong front feet (which can dig into the ground), bites the roots of crops and is harmful to crops；also called "làlàgǔ"，" tǔgǒuzi"

髅（髏） lóu ㄌㄡˊ 见 362 页"骷"字条"骷髅 kū—"，144 页"髑"字条"髑髅 dú—" See "kūlóu" under entry of "kū", p. 362, "dúlóu" under entry of "dú", p. 144

搂（摟） ㊀ lǒu ㄌㄡˇ ❶两臂合抱，用手臂拢着 hold in one's arms；hug (龕 comb. －抱—bào *hug；embrace*)：把孩子~在怀里 bǎ háizi lǒu zài huáili *hold a child in one's arms* ❷ 量词 *meas.*：一~粗的大树 yī lǒu cū de dà shù *a tree one armspan around*

㊁ lōu 见 418 页 See p. 418

嵝（嶁） lǒu ㄌㄡˇ 见 213 页"岣"字条"岣嵝 gǒu—" See "gǒulǒu" under entry of "gǒu" p. 213

篓（簍） lǒu ㄌㄡˇ （—子—zi，—儿—r）盛（chéng）东西的器具，用竹、荆条等编成 basket, a container made by weaving bamboo, twigs, etc.：字纸~儿 zìzhǐlǒur *wastepaper basket* ／ 油~ yóulǒu *oil basket*

陋 lòu ㄌㄡˋ ❶丑的，坏的，不文明的 vulgar；corrupt：~规 lòuguī *objectional practices*／~习 lòuxí *corrupt customs*；*bad habits* ❷狭小（of space）humble；mean：~室 lòushì *a humble room*／~巷 lòuxiàng *a mean alley* ❸少，简略（of knowledge）limited；shallow：学识浅~ xuéshí qiǎnlòu *have meagre knowledge*／因~就简 yīnlòu-jiùjiǎn *make the best use of existing (simple) facilities*；*economize because of lack of funds*／孤~寡闻（见闻少）gūlòu-guǎwén *poorly read and ignorant*；*ignorant and ill-informed*

镂（鏤） lòu ㄌㄡˋ 雕刻 engrave；carve：~花 lòuhuā *ornamental engraving* ／ ~骨铭心（喻永远不忘）lòugǔ-míngxīn *be engraved on one's memory（fig. remember some events to the end of one's life）*

瘘（瘻、**瘺） lòu ㄌㄡˋ 瘘管，身体里面因发生病变而向外溃破所形成的管道，病灶里的分泌物可以由瘘管里流出来 fistula, a long pipe-like ulcer that leads out from inside the body and sends out the secretion of the focus of disease

漏 lòu ㄌㄡˋ ❶物体由孔缝透过或滴下 leak：水壶~了 Shuǐhú lòu le.

The kettle is leaking. / 油箱～了Yóu xiānglòu le. *The petrol tank is leaking.*[漏斗—dǒu]灌注液体等到小口的器具里的用具 funnel，a tube-like vessel that is large and round at the top and small at the bottom, used in pouring liquids through a small hole [漏洞—dòng]做事的破绽，不周密的地方 flaw；loophole：堵塞～～dǔsè lòudòng *stop up all loopholes* ❷泄漏，泄露 divulge；leak：～了风声 fēngshēng *divulge a secret；leak out information*／走～消息 zǒulòu xiāoxi *leak out the news* ❸遗落 be missing；leak out by mistake：这一项可千万不能～掉 Zhè yī xiàng kě qiānwàn bù néng lòudiào. *Be sure not to leave out this item.* ❹漏壶，古代计时的器具，用铜制成。壶上下分好几层，上层底有小孔，可以滴水，层层下注，以底层蓄水多少计算时间 water clock；hourglass, a means of timing in ancient times, divided into several layers inside, each having small holes that can leak water in a procession to the bottom, and thus showing the time by the amount of water

露 ⊜ lòu ㄌㄡˋ 义同"露⊖❸"，用于一些口语词语，如"露怯"、"露马脚"等 same in meaning with "露⊖❸", used in some colloquial expressions, eg. "lòuqiè" (display one's ignorance), lòu mǎjiǎo give oneself away, etc.

⊖ lù 见 424 页 See p. 424

喽（嘍） ⊖ lou ·ㄌㄡ 助词，意思相当于"啦" *aux.* equal to "la" in meaning；less but for emphasis 够～，别说～Gòu lou, bié shuō lou! *That's enough. Stop that!*

⊜ lóu 见 419 页 See p. 419

LU ㄌㄨ

撸 lū ㄌㄨ〈方 dial.〉❶捋(luō) rub one's palm along (sth. long)：～

袖子 lū xiùzi *push up one's sleeves*／树叶 lū shùyè *strip a twig of its leaves* ❷撤职 dismiss sb. from his post：他的职务被～了 Tā de zhíwù bèi lū le. *He has been dismissed from his post.* ❸责备，训斥 scold；reproach：他被～了一顿 Tā bèi lūle yī dùn. *He was given a good scold.*

噜 lū ㄌㄨ [噜苏—su]义同"啰唆 luōsuo"，见 429 页"啰⊜" Same in meaning as "luōsuo" See "luō⊜", p. 429

卢（盧） lú ㄌㄨ 姓 a surname [卢比—bǐ]（外 foreign）印度、巴基斯坦、尼泊尔、斯里兰卡等国的货币名 rupee, a measure of money in India, Parkistan, Sri Lanka, etc. [卢布—bù]（外 foreign）俄罗斯等国的货币名 rouble, a measure of money in Russia and some other countries

垆（壚、❷罏）** lú ㄌㄨ ❶黑色坚硬的土 black hard earth ❷旧时酒店里安放酒瓮的土台子。也指酒店 an earthen stand for wine jars in early times；also wine-shop

泸（瀘） lú ㄌㄨ [泸州—zhōu]地名，在四川省 a place in Sichuan Province

栌（櫨） lú ㄌㄨ [黄栌 huáng—]落叶灌木，花黄绿色，叶子秋天变成红色。木材黄色，可制器具，也可做染料 smoke tree (cotinus coggygria), a deciduous shrub that bears yellowish green flowers, has leaves that turn red in autumn and wood that is yellow and can be made into utensils or used as dye

胪（臚） lú ㄌㄨ 陈列 set out；display：～列 lúliè *enumerate；list*／～情（陈述心情）lúqíng *express one's feelings；expose one's inner world*

鸬（鸕） lú ㄌㄨ [鸬鹚—cí]水鸟名，俗叫"鱼鹰"。羽毛黑色,闪绿光,能游泳,善于捕食鱼类,用树叶、海藻等筑巢。渔人常用来捕鱼 cormorant, popularly called "yúyīng", a type of black fisheating seabird that can swim, build its nest with leaves, sea plants, and is often used by fishermen to catch fish

铲(鐪) lú ㄌㄨ 一种人造的放射性元素,符号 Rf rutherfordium, a man-made radio-active element; symbol: Rf

颅(顱) lú ㄌㄨ 头的上部,包括头骨和脑,也指头 cranium; skull; (also) head: ～骨 lúgǔ cranial bones

舻(艫) lú ㄌㄨ 见 857 页"舳"字条"舳舻 zhú—"See "zhúlú" under entry of "zhú", p. 857

鲈(鱸) lú ㄌㄨ 鲈鱼,鱼名。体侧扁,嘴大,鳞细,银灰色,背部和背鳍上有小黑斑。肉味鲜美 perch, a type of silver-grey, fine scaled fish that is laterally flat, and has a big mouth and black freckles on the back. Its meat tastes delicious.

芦(蘆) lú ㄌㄨ 芦苇,苇子,多年生草本植物,生在浅水里。茎中空,可造纸,编席等。根茎可入药 reed, a perennial herb that grows in shallow water. Its stem is hollow inside and can be used in making paper, mats, etc., and its root and stem can be used in medicine.

庐(廬) lú ㄌㄨ 房舍 hut; cottage: 茅～ máolú thatched cottage

炉(爐,＊鑪) lú ㄌㄨ (一子一 zi)取暖、做饭或冶炼用的设备 stove; furnace, an equipment that can radiate heat, cook meals, or smelt: 电～ diànlú electric stove / 煤气～méiqìlú gas stove; gas furnace / 煤球～子 méiqiúr lúzi briquet stove/炼钢～ liàngānglú steelmaking furnace; steelsmelting furnace

卤(鹵、滷) lǔ ㄌㄨ ❶制盐时剩下的黑色汁液,是氯化镁、硫酸镁、溴化镁及氯化钠的混合物,味苦有毒,供制豆腐用。也叫"苦汁"或"盐卤" bittern, the bitter water solution of salts, a bitter-tasting and poisonous mixture of magnesium chloride, magnesium sulphate, magnesium bromide, and sodium chloride, which remains after sodium chloride has crystallized out of a brine; also called "kǔzhī" or "yánlǔ" [卤素—sù] 化学中统称氟、氯、溴、碘、砹等五种元素 halogen, general terms for the following the five elements, eg. fluorine, chlorine, bromine, iodine, and astatine ❷浓汁 a thick concentrate: 茶～chálǔ strong tea/打～面 dǎ-lǔmiàn noodles served with the thick soup mixed with gravy, meat, meat balls, vegetables, any other delicious foods, etc. ❸用盐水、酱油等浓汁制作食品 stew in salt water, soy sauce, etc.: ～鸡 lǔjī pot-stewed chicken/～煮豆腐 lǔzhǔ dòufu pot-stewed bean curd

硇(磠) lǔ ㄌㄨ [硇砂—shā] 矿物名。化学成分为 NH₄Cl。常为皮壳状或粉块状结晶,无色或白色,间带红褐色,有玻璃光泽。在工业、农业和医药上都有广泛的用途 a mineral (chemical composition: NH₄Cl) that is usually a white or colourless, shiny, husky or powdery crystal, interspersed with reddish brown, and is widely used in industry, agriculture, and medicine

虏(虜) lǔ ㄌㄨ ❶俘获 take prisoner (⻐comb. 俘一 fúlǔ capture; take prisoner): ～获众 lǔhuò shèn zhòng capture a large number of people and arms/俘～敌军数万人 fúlǔ díjūn shù wàn rén capture tens of thousands of enemy soldiers ❷打仗时捉住的敌人 captive; prisoner of war (⻐comb. 俘一fú- prisoner of war): 优待俘～ yōudài fúlǔ give lenient (or special) treatment to the prisoners of war

掳(擄) lǔ ㄌㄨ 抢取 carry off; capture(⑤ comb. — 掠 — lüè) pillage; loot；烧杀～掠 shāoshā lǔlüè set fire, kill, and pillage

鲁 lǔ ㄌㄨ ❶愚钝，莽撞 stupid; rash：粗～cūlǔ rude; rough/ 愚～yúlǔ slow-witted; stupid[鲁莽—mǎng]不仔细考虑诸理，冒失 也作"卤莽" crude and rash; rash. also written as "卤莽" ❷周代诸侯国名，在今山东省南部一带 one of dukes during the Zhou dynasty, located in the southern portion of today's Shandong Province ❸山东省的别称 Lǔ, another name for Shan-dong Province

橹(*樐、*艪、*艣) lǔ ㄌㄨ 拨水使船前进的器具 scull; sweep：摇～yáolǔ scull (a boat)

镥 lǔ ㄌㄨ 一种金属元素，符号 Lu lutetium；lutetium, a metallic element；symbol：Lu

六 ㊀lù ㄌㄨ [六安—ān]地名，在安徽省 a place in Anhui Province [六合—hé] 地名，在江苏省 a place in Jiangsu Province
㊁liù 见 415 页 See p.415

角(**甪) lù ㄌㄨ [角直—zhí]地名，在江苏省苏州 a place in Suzhou, Jiangsu Province[角里堰—lǐyàn]地名，在浙江省海盐 a place in Haiyan, Zhejiang Province

陆(陸) ㊀lù ㄌㄨ ❶陆地，高出水面的土地 land, solid dry part of the earth's surface (above water)：登～dēnglù land；disembark/～路 lùlù land route/～军 lùjūn ground force；army ❷姓 a surname [陆离—lí]形容色彩繁杂 varicoloured：光怪～～guāngguài-lùlí grotesque in shape and gaudy in colour (fig. strange and unusual)

[陆续—xù]接连不断 one after another; in succession：开会的人～～地到了 Kāihuì de rén lùxù de dào le. People attending the meeting arrived one after another.
㊁liù 见 415 页 See p.415

录(録) lù ㄌㄨ ❶录制，记录，抄写，记载 record；copy；write down：～像 lùxiàng videotape；video/～音 lùyīn record；tape-record (sound)/ 把这份公文～下来 Bǎ zhè fèn gōngwén lù xialai. copy down this (official) document ❷记载言行或事物的书刊 record；collection：语～yǔlù recorded utterance；quotation/备忘～bèiwànglù memorandum (book)/回忆～huíyìlù reminiscences；memoirs；recollections ❸采取，任用 choose；employ：收～shōulù employ；include/～用 lùyòng employ；take sb. on the staff/～取 lùqǔ enroll；recruit

嵊 lù ㄌㄨ (壮) (of the Zhuang Nationality) 土山间平地 level ground among earthen hills

渌 lù ㄌㄨ 渌水，水名，在湖南省 Lù Shuǐ, a river in Hunan Province

逯 lù ㄌㄨ 姓 a surname

绿(緑) ㊀lù ㄌㄨ 义同"绿㊁" Same in meaning as "lǜ ㊁"[绿林—lín]1.原指西汉末年聚集湖北绿林山的农民起义军。后来泛指聚集山林、反抗封建统治者的人们 (originally) the peasant brigands in the Lulin Hills in Hubei by the end of the Western Han Dynasty；(later) Greenwood Brigands or Outlaws who rise against the feudal rulers 2.旧指上山为匪、抢劫财物的集团(old use) a group of outlaws or looters in the mountains [鸭绿江 Yā—Jiāng]水名。是中国和朝鲜两国的界河。源出吉林东南中朝边境的白头山，西南流到辽宁丹东以下，入黄海 a boundary river between China and Korea, beginning in Báitóu Shān, a mountain along the borderline between China

and Korea, in the northeast of Jilin, and flows southwestward to the Yellow Sea below Dandong, Liaoning

㊁ lù 见 426 页 See p. 426

禄 lù ㄌㄨˋ 古代官吏的俸给 official's salary in feudal China：高官厚～ gāoguān-hòulù *high office and peerage*

碌 ㊀ lù ㄌㄨˋ ❶平凡 commonplace；mediocre：庸～ yōnglù *mediocre and unambitious*[碌碌一一]平庸，无所作为 mediocre；busy with miscellaneous work：庸庸～～ yōngyōng-lùlù *mediocre and incompetent* ❷繁忙 busy：忙～ mánglù *be busy*；*bustle about*

㊁ lù 见 416 页 See p. 416

盝 lù ㄌㄨˋ ❶古代的一种盒子 a kind of box in ancient times ❷过滤 strain；filter

箓(錄) lù ㄌㄨˋ ❶簿子，册子 booklet ❷符箓，道士画的驱使鬼神的符号，是一种迷信骗人的东西 Taoist magic figures of incantations, which is a kind of superstition

醁 lù ㄌㄨˋ 见 412 页 "醽" 字条 "醽醁" líng—" See "línglù" under entry of "líng", p. 412

辂 lù ㄌㄨˋ ❶古代车前面的横木 a horizontal wooden bar in the front of an ancient cart ❷古代的大车 an ancient cart

赂 lù ㄌㄨˋ ❶贿赂，用财物买通别人 bribe；give costly presents ❷财物，特指赠送的财物 property (esp. as presents)

鹿 lù ㄌㄨˋ 哺乳动物，反刍类，尾短，腿细长，毛黄褐色，有的有花斑，性情温驯，雄的有树枝状的角，可入药 deer, a tender ruminant mammal that has a short tail, long and slender legs, and yellowish brown fur (some with specks). The male (stag；buck) has tree-like horns that can be used in medicine.

漉 lù ㄌㄨˋ 水慢慢地渗下 (of water) seep through；filter

辘 lù ㄌㄨˋ [辘轳—lu]1.安在井上绞起汲水斗的器具 well-pulley；windlass 2.机械上的绞盘 winch (in machinery)

篗 lù ㄌㄨˋ 竹箱 bamboo trunk

麓 lù ㄌㄨˋ 山脚下 foot of a hill or mountain：泰山之～ Tàishān zhī lù *the foot of Mountain Tai*

路 lù ㄌㄨˋ ❶道，往来通行的地方 road；path (叠comb. 一途一tú road；way，一径一jìng route，道一dào — road；path)：公～ gōnglù highway；road／水～ shuǐlù waterway；water route ㊂ ext. 思想或行动的方向、途径 (of thinking or action) way；means：走社会主义道～ zǒu shèhuì zhǔyì dàolù *take the socialist road* ／思～ sīlù *train of thought*；*thinking* ／ 生～ shēnglù *means of livelihood*；*way out* ❷方面，地区 region；district：南 ～ 货 nán-lùhuò *southern products*／外 ～ 货 wàilùhuò *nonlocal goods* ❸种类 sort；class：两～货 liǎnglù huò *two different sorts of goods* ／ 他俩是一一人 Tā liǎ shìyīlù rén. *They two are the same sort.*

蕗 lù ㄌㄨˋ 甘草的别名 another name for licorice root

潞 lù ㄌㄨˋ ❶潞水，水名，即今山西省的浊漳河 Lù Shuǐ, a river, ie. Zhuózhāng Hé river in Shaanxi Province ❷潞江，水名，即云南省的怒江 Lù Jiāng, a river, ie. Nù Jiāng in Yunnan Province[潞西—xī]地名，在云南省 a place in Yunnan Province

璐 lù ㄌㄨˋ 美玉 a beautiful jade

鹭 lù ㄌㄨˋ 水鸟名。翼大尾短，颈和腿很长，常见的有白鹭、苍鹭、绿鹭等 egret；heron, a waterbird that has large wings, a short tail, a very long neck and long legs, and diversifies in several types such as báilù, cānglù, lǜlù etc. [鹭鸶－sī] 就是白鹭,羽毛纯白色,顶有细长的白羽,捕食小鱼 Same as báilù, a white heron that has pure white feathers, thin and long white feathers on the head, and lives on small fish

露 ㊀ lù ㄌㄨˋ ❶露水,靠近地面的水蒸气因夜间遇冷凝结成的小水珠 dew, the small drops of water which form on cold surfaces during the night ㊂ ext. 露天,没有遮蔽,在屋外的 in the open; outdoors: 风餐～宿 fēngcān-lùsù eat in the wind and sleep in the dew (fig. rough it on traveling by feet for a long way)/～营 lùyíng camp (out); encamp ❷用药料、果汁等制成的饮料 beverage distilled from medicine, fruit, etc.; syrup: 枇杷～ pípalù loquat syrup/果子～ guǒzilù fruit syrup/玫瑰～ méiguilù rose syrup ❸显出来,露出来 show; reveal (㊉ comb. 显－ xiǎn－ become visible; appear): ～骨 lùgǔ barefaced; undisguised / 暴～思想 bàolù sīxiǎng lay bare one's thoughts/ 揭～敌人丑恶的面貌 jiēlù dírén chǒu'è de miànmào expose the ugly features of the enemy/ 不～面 bù lùmiàn do not show oneself

㊁ lòu 见 420 页 See p. 420

僇 lù ㄌㄨˋ ❶侮辱 insult; humiliate ❷同"戮" Same as "戮".

戮 (❶*剹、❷*勠) lù ㄌㄨˋ ❶杀 kill; slay (㊉ comb. 杀－ shā－ slaughter) ❷并,合 unite; join [戮力－lì] 合力,并力 join forces; join hands: ～～同心 lùlì-tóngxīn unite in a concerted effort; make concerted efforts

舻 (轳) lu·ㄌㄨ 见 423 页"轱"字条"轱辘 lù－"See "lùlu" under entry of lù p. 423

氇 lu·ㄌㄨ 见 514 页"氆"字条"氆氇 pǔ－"See pǔlu under entry of pǔ, p. 514

LÜ ㄌㄩ

驴 (驢) lǘ ㄌㄩˊ 一种家畜,像马,比马小,耳朵和脸都较长,能驮东西、拉车、供人骑乘 donkey; ass, a type of animal of the horse family, but smaller and with longer ears and face, used by man to carry goods, draw cart, ride, etc.

闾 lǘ ㄌㄩˊ ❶里门,巷口的门 the gate of an alley ❷古代二十五家为一闾 (in ancient China) a neighbourhood of 25 families

榈 lǘ ㄌㄩˊ 见 45 页"栟"字条"栟榈 bīng－"、874 页"棕"字条"棕榈 zōng－"See "bīnglú" under entry of "bīng", p. 45, "zōnglú" under entry of "zōng", p. 874

吕 lǚ ㄌㄩˇ 我国音乐十二律中的阴律,有六种,总称六吕 the even-numbered ones in a series of 12 bamboo pitch-pipes used in ancient music, altogether six kinds, called liùlǚ

侣 lǚ ㄌㄩˇ 同伴 companion; associate (㊉ comb. 伴－ bàn－ companion; mate): 情～ qínglǚ sweetheart; lover

铝 lǚ ㄌㄩˇ 一种金属元素,符号 Al,银白色,有光泽,质地坚韧而轻,有延展性。做日用器皿的铝通常叫钢精或钢种 aluminium, a silver-white shiny metal that is hard but light in weight, easily moulded, and can be used in making untensils (usu. called gāngjīng, or "gāngzhǒng"); symbol: Al

稆 (**穭) lǚ ㄌㄩˇ 谷物等不种自生的 (of grains) self-sown: ～生 lǚshēng self-sown 也作"旅" Also written as "旅".

捋 ㊀ lǚ ㄌㄩˇ 用手指顺着抹过去,整理 smooth out with the fingers; stroke: ～胡子 lǚ húzi stroke one's beard/ ～头发 lǚ tóufa *stroke one's hair*

㊀ luō 见 429 页 See p. 429

旅 lǚ ㄌㄩˇ ❶出行的，在外作客的 travel; stay away from home; ～ 行 lǚxíng *travel*; *journey* / ～馆 lǚguǎn *inn*; *hotel* / ～途 lǚtú *journey*; *trip* / ～居 lǚjū *live away from one's native place*; *sojourn* / ～客 lǚkè *hotel guest*; *passenger* ❷军队的一种编制单位（a military unit） brigade ❸军队 troops; force; 军～ jūnlǚ *armies*; *troops* / 强兵劲～ qiángbīng-jìnglǚ *strong soldiers and powerful forces* ❹共同 together; ～ 进～退 lǚjìn-lǚtuì *advance together and retreat together* (*fig.* always follow the steps of others, forward or backward) ❺同"稆"Same as 稆; ～ 生 lǚshēng *self-sown*/ ～葵 lǚkuí *self-sown sunflower*

膂 lǚ ㄌㄩˇ 脊梁骨 backbone [膂力 —lì]体力 muscular strength; physical strength; ～～过人 lǚlǚ guòrén *possessing extraordinary muscular (or physical) strength*

偻（僂）lǚ ㄌㄩˇ ❶脊背弯曲 hunchbacked; bent; 伛（yǔ）～ yǔlǚ *hunchbacked*; *bow* ❷迅速 instantly; at once; 不能一指（不能迅速指出来）bù néng lǚzhǐ *unable to point out straight away*

㊀ lóu 见 418 页 See p. 418

屡（屢）lǚ ㄌㄩˇ 屡次，接连着，不止一次 time and again; repeatedly; ～见不鲜 lǚjiàn-bùxiān *common occurrence*; *nothing new*/ ～ 战～胜 lǚzhàn-lǚshèng *have fought many battles and won every one of them*; *score one victory after another*

缕（縷）lǚ ㄌㄩˇ ❶线 thread; 一丝 一～ yī sī yī lǚ *a tiny bit*; *a trace* ❷一条一条地 detailed; in detail; ～述 lǚshù *state in detail*; *give all the details*/ ～析 lǚxī *make a*

detailed analysis ❸量词，股 meas. wisp; strand; 一～炊烟 yī lǚ chuīyān *a wisp of smoke from the chimney*/ 两 ～线 liǎng lǚ xiàn *two strands of thread*

楼（樓）lǚ ㄌㄩˇ 见 378 页"褴"字条"褴褛 lán—"See lánlǚ under entry of "lán", p. 378

履 lǚ ㄌㄩˇ ❶鞋 shoe; 革～ gélǚ *leather shoes*/ 削足适～（喻不合理地迁就现有条件）xiāozú-shìlǚ *cut one's foot to fit in the shoe* (*fig.* accommodate oneself to existing conditions without any logic) ❷践，踩在上面，走过 tread on; walk on; 如～薄冰 rúlǚbáobīng *as though treading on thin ice* (*fig.* acting with extreme caution) ㊀ ext. 履行，实行 carry out; fulfil; ～约 lǚyuē *keep a promise*, *agreement*, *etc.* / ～行合同 lǚxíng hétong *fulfil a contract* [履历 —lì]1. 个人的经历 one's personal record 2. 记载履历的文件 (British) curriculum vitae; (Ame.) resume ❸脚步; 步～轻盈 footstep; bùlǚ qīngyíng *walk with easy step*

律 lǜ ㄌㄩˋ ❶法则，规章 law; rule [律诗—shī]一种诗体，有一定的格律和字数，分五言、七言两种 regulated verse, a poem of eight lines of five or seven characters or syllables each [规律 guī—]事物之间的内在的必然的联系，也叫"法则"。它具有十分明显的重复性。它决定事物发展的必然趋向，是不以人的主观意志为转移的 law; regular pattern, the logical connection between subjects showing an obvious repetition that decides the way in which sth. happens or develops, usu. independent of man's will; also called "fǎzé"[一律 yī—]同样，没有例外 same; without exception ❷约束 restrain; keep under control; 严于～己 yán yú lǜ jǐ *be strict with oneself*; *exercise strict self-discipline* ❸我国古代审定乐音

高低的标准，把声音分为六律（阳律）和六吕（阴律），合称十二律 a series of 12 pitch-pipes used in ancient music, classifying sounds into six lǜ and six lǚ, collectively called the twelve lǜ

葎 lǜ ㄌㄩˋ 葎草，一年生草本植物，茎能缠绕他物，开黄绿色小花，果实可入药 scandent hop, an annual herb that has stems that can creep onto sth else, and bears small yellowish-green flowers. Its fruit can be used in medicine.

虑（慮） lǜ ㄌㄩˋ ❶思考，寻思 consider; ponder: 深思远～ shēnsī-yuǎnlǜ *deep and careful consideration* ❷担忧 be anxious; worry [顾虑 gù—]有所顾忌，担心，不肯或不敢行动 misgiving; worry

滤（濾） lǜ ㄌㄩˋ 使液体、气体经过纱布、木炭、沙子等物，除去其中所含的杂质、毒气而变纯净 strain; filter, pass liquids, gas through gauze, charcoal, sand, etc., so as to clear away dirty or poisonous substances to make them pure

率 ㊀ lǜ ㄌㄩˋ 指两个相关的数在一定条件下的比值 rate; ratio (a fig-ure showing the number of times one quantity contains another): 速～ sùlǜ *speed; rate*/ 增长～ zēngzhǎng-lǜ *rate of increase; growth rate*/ 出勤～ chūqínlǜ *attendance rate; attendance*
㊁ shuài 见 606 页 See p. 606

绿 ㊀ lǜ ㄌㄩˋ 一般草和树叶的颜色，蓝和黄混合成的颜色 green (the colour of grass and leaves, or a mixture of blue and yellow): 红花～叶 hónghuā-lǜyè *red flowers and green leaves*
㊁ lù 见 422 页 See p. 422

氯 lǜ ㄌㄩˋ 一种化学元素，在通常条件下为气体，符号 Cl，黄绿色，味臭，有毒，能损伤呼吸器官。可用来漂白、消毒 chlorine, a gas that is a simple greenish-yellow, strong-smelling and poisonous substance, which hurts the respiration organs, and is used for making cloth white and water pure; symbol: Cl

LUAN ㄌㄨㄢ

峦（巒） luán ㄌㄨㄢˊ ❶小而尖的山 low but steep and pointed hill ❷连着的山 mountains in a range: 山～起伏 shānluán qǐfú *undulating hills; rolling hills*

孪（孿） luán ㄌㄨㄢˊ 双生，一胎两个 twin: ～生子 luánshēngzǐ *twin children*

娈（孌） luán ㄌㄨㄢˊ 美好 pretty; handsome

栾（欒） luán ㄌㄨㄢˊ 栾树，落叶乔木，夏天开花，黄色。叶可作青色染料。花可入药，又可作黄色染料。木材可制器具，种子可榨油 goldenrain tree, a deciduous arbor bears yellow flowers in summer that can be used in medicine or yellow dye; its leaves can be used as black dye and trunk can make utensils, and seeds can distil oil

挛（攣） luán ㄌㄨㄢˊ 手脚蜷曲不能伸开 (of the hand and foot) contraction: 痉～ jìngluán *convulsion; spasm*

鸾（鸞） luán ㄌㄨㄢˊ 旧时传说凤凰一类的鸟 (in early times) a fabulous bird related to the phoenix

脔（臠） luán ㄌㄨㄢˊ 切成小块的肉 a small slice of meat: ～割(分割) luángē *slice up; carve up*

滦（灤） luán ㄌㄨㄢˊ 滦河，水名，在河北省 Luán Hé, a river in Hebei Province

銮（鑾） luán ㄌㄨㄢˊ 一种铃铛 a kind of bell

卵 luǎn ㄌㄨㄢˇ 动植物的雌性生殖细胞,特指动物的蛋 ovum;egg:鸟~niǎoluǎn bird egg / 鸡~jīluǎn (hen's) egg /~生 luǎn shēng oviparity

乱(亂) luàn ㄌㄨㄢˋ ❶没有秩序 in disorder;in a mess (叠 comb. 纷—fēn—numerous and disorderly;chaotic / 杂~záluàn messy;disorderly/ 这篇稿子写得太~ Zhè piān gǎozi xiě de tài luàn. This manuscript is too messy. ❷战争,武装骚扰 upheaval;riot:叛~pànluàn armed rebellion / 兵~bīngluàn turmoil caused by war/ 避~bìluàn flee from social upheaval;seek refuge from war ❸混淆(xiáo) confuse;mix up:以假~真 yǐjiǎ-luàn-zhēn mix the false (spurious) with the true (genuine) ❹任意:随便 indiscriminate;random:~吃 luànchī feed oneself with all kinds of food (indiscriminately) / ~跑 luànpǎo run all over the place;dash about ❺男女关系不正当 illicit sexual relationships:淫~ yínluàn (sexually) promiscuous;licentious

LÜE ㄌㄩㄝ

掠 lüè ㄌㄩㄝ ❶ 夺取 plunder;pillage(叠 comb. 一夺—duó plunder;rob):~取 lüèqǔ seize;grab / ~人之美(把别人的好处说成是自己的) lüèrénzhīměi claim credit due to others ❷ 轻轻擦过 sweep past;skim over:燕子~檐而过 Yànzi lüè yán ér guò. the swallow swept past the eaves

略(*畧) lüè ㄌㄩㄝ ❶大致,简单,不详细 brief;sketchy:~图 lüètú sketch map;sketch / ~表 lüèbiǎo a brief table (or list) / ~知一二 lüèzhī-yī'èr have only a smattering of;know only

a little / ~述大意 lüèshù dàyì give a brief account / 叙述这~ xùshù guòlüè The narration is too sketchy. / 粗~地计算一下 cūlüè de jìsuàn yīxiàr make a rough calculation ❷省去,简化 omit;delete:~去 lüèqù leave out / 从~ cónglüè be omitted ❸简要的叙述 brief account;summary:史~ shǐlüè outline history;a brief history/ 要~ yàolüè outline;summary ❹计谋 strategy;plan:方~ fānglüè general plan / 策~ cèlüè tactics/ 战~ zhànlüè strategy/ 雄才大~ xióngcái-dàlüè great talent and bold vision;rare gifts and bold strategy ❺抢掠夺 capture;seize:攻城地 gōngchéng-lüèdì attack cities and seize territories

锊 lüè ㄌㄩㄝ 古代重量单位,约合六两 an ancient unit of measure, about 6 liang

LUN ㄌㄨㄣ

抡(掄) ㈠ lūn ㄌㄨㄣ 手臂用力挥动 brandish;swing:~刀 lūn dāo brandish a sword / ~拳 lūn quán swing one's fist
㈡ lún 见 428 页 See p. 428

仑(侖、❷*崙) lún ㄌㄨㄣ ❶条理,伦次 logical sequence;coherence ❷见 370页"昆"字条"昆仑" See "Kūnlún" under entry of kūn, p. 370

伦(倫) lún ㄌㄨㄣ ❶ 辈,类 peer;match:无与~比 wúyǔ-lúnbǐ beyond comparison;unparalleled ❷条理,次序 logic;order:语无~次 yǔwúlúncì speak (talk) incoherently;sputteringly ❸人伦,封建礼教所规定的人与人之间的关系,特指长幼尊卑之间的关系 human relations (as conceived by feudal ethics, esp. relationships between the older and the younger, or between the respected and the humble）：～常 lúncháng *feudal order of importance or seniority in human relationships*

论（論）

㊀ lún ㄌㄨㄣˊ 论语，古书名，主要记载孔子及其门人的言行 *Lúnyǔ*, The Analects of Confucius （*or* The Analects），a book that records the statements and actions of Confucius and his followers（students）.

㊁ lùn 见本页 *See the same page.*

抡（掄）

㊀ lún ㄌㄨㄣˊ 选择，选拔 choose；select：～材 lúncái *select men of ability*

㊀ lūn 见 427 页 *See p. 427*

囵（圇）

lún ㄌㄨㄣˊ 见 255 页"囫"字条"囫囵 hú－" See "húlún" under entry of "hú", p. 255

沦（淪）

lún ㄌㄨㄣˊ ❶水上的波纹 *ripple （on the surface of water）* ❷沉没（mò），陷落 *sink；fall*（⊕ comb. 一陷 一 xiàn *submerge；fall into enemy hand*，沉 — chén — *sink into vice*）：～亡 lúnwáng *（of a country）be annexed （subjugated）*

纶（綸）

㊀ lún ㄌㄨㄣˊ ❶钓鱼用的线 *fishing line*：垂～ chuílún *fish with a hook and line；go angling* ❷现用作某些合成纤维的名称（now used in the names of certain synthetic fibres）：锦～ jǐnlún *polyamide fibre* ／ 涤～ dílún *polyester fibre*

㊁ guān 见 223 页 *See p. 223*

轮（輪）

lún ㄌㄨㄣˊ ❶（一子－zi、－儿－r）车轮，车轱辘 *wheel（of a vehicle）*：三 ～ 车 sānlúnchē *tricycle* ㊉ ext. 安在机器上能旋转并促使机器动作的东西 *wheel（used for turning machinery）*：齿～儿 chǐlúnr *gear wheel；gear* ／ 飞 ～ 儿 fēilúnr *flywheel；free wheel（of a bicycle）* ／ 偏 心 ～ 儿 piānxīnlúnr *eccentric wheel；eccentric* ❷ 像车轮的 sth. resembling a wheel；disc：日～ rì-lún *the sun* ／ 年 ～ niánlún *annual ring；growth ring* [轮廓－kuò] 1. 物体的外围 outline；contour 2. 事情的大概情形 outline；rough sketch ❸ 轮船 steamer；steamship：海 ～ hǎilún *seagoing vessel* ／ 油～ yóulún *oil tanker；tanker* ❹ 轮流，依照次第转 take turns：～班 lúnbān *in shifts；in relays* ／ ～值 lúnzhí *on duty by turns* ／ 这回～到我了 Zhè huí lúndào wǒ le. *It's my turn now.* ❺ 量词，用于圆形物或循环的事物、动作 meas. for round objects or round of actions：一～红日 yī lún hóngrì *a red sun* ／ 他比我大两～ Tā bǐ wǒ dà liǎng lún. *He is two years older than me.*

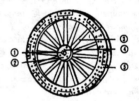

旧式车轮 an old-style wheel

① 轴 zhóu axle
② 毂 gǔ hub
③ 辐 fú spoke
④ 辖 xiá linchpin
⑤ 辋 wǎng rim

论（論）

㊀ lùn ㄌㄨㄣˋ ❶ 分析、判断事物的道理 discuss；talk about（the principle or reason）（⊕ comb. 评 — píng— *comment on；discuss*，议 — yì — *talk；comment*）：不能一概而～ bù néng yīgài'érlùn *Don't treat（different matters）as the same.* or *Don't take （things）in the lump* ／ 大家讨～一下吧 Dàjiā tǎolùn yīxiàr ba. *Let's talk it over!* ❷ 分析、阐明事物道理

的文章、理论和言论 dissertation, theory, or statement that analyses or expounds the principles of things：实践～ Shíjiànlùn *On Practice*. / 唯物～ wéiwùlùn *the materialist theory*/ 社～ shèlùn *editorial；leading article* / 舆～ yúlùn *public opinion* ❸按照某种单位或类别说 by (a certain unit of measure)；according to (a certain type)：～件 lùn jiàn *by the pieces* / ～天 lùn tiān *by the day*/ 买西瓜～斤还是～个儿 Mǎi xīgua lùn jīn háishi lùn gèr *Are we to buy the watermelon by the jin or by its size?* ❹ 衡量，评定 decide on；determine：按质～价 ànzhì-lùnjià *determine the price according to the quality* / ～功行赏 lùngōng-xíngshǎng *award people according to their contributions*

㊁ lún 见 428 页 See p. 428

LUO ㄌㄨㄛ

捋 ㊀ luō ㄌㄨㄛ 用手握着东西，顺着东西移动 rub one's palm along (sth. long)：～榆钱儿 luō yúqiánr *strip an elm twig of its seeds*/ ～虎须 (喻冒险) luō hǔxū *stroke the tiger's whiskers* (*fig.* run great risks)

㊁ lǚ 见 424 页 See p. 424

啰（囉）㊀ luō ㄌㄨㄛ ［啰唆—suo］［啰嗦—suo］1. 说话絮絮叨叨 (of talking) long-winded；wordy 2. 办事使人感觉麻烦 fussy；troublesome

㊁ luó 见 430 页 See p. 430

㊂ luo 见 432 页 See p. 432

罗（羅）luó ㄌㄨㄛ ❶捕鸟的网 a net for catching birds (㊉comb. 一网 —wǎng *net；trap*)：天～地网 tiānluó-dìwǎng *net above and snares below* (*fig.* tight encirclement) ❷张网捕捉 catch with a net：门可～雀 ménkěluóquè *It is possible to catch sparrows on the doorstep*

(*fig.* having few visitors). ［罗致—zhì］招请(人才) enlist the services of (able people) ❸散布，陈列 display；spread about：星～棋布 xīngluó-qíbù *spread out and scattered about like stars in the sky and chessmen on the chessboard* (*fig.* scattered everywhere)/ ～列事实 luóliè shìshí *enumerate the facts* ❹过滤流质或筛细粉末用的器具，用木或铁片做成圆框，蒙上粗绢或马尾网、铁丝网制成 sieve；sifter, a tool of wire or plastic net on a frame, used for separating large and small solid bits, or solid thing from liquid ❺用罗筛东西 sieve；sift：～面 luó miàn *sift flour* ❻轻软有稀孔的丝织品 a kind of light and soft silk gauze：～衣 luóyī *a garment of thin silk* / ～扇 luóshàn *silk gauze fan* ❼(外 foreign)量词，十二打叫一罗 *meas.* twelve dozen；a gross ❽同"脶 luó" Same as "脶".

［罗汉—hàn］梵语"阿罗汉"的省称，佛教对某种"得道者"的称呼 Buddhist arhat, a perfect person who has achieved nirvana and freed himself from the bonds of desire

［罗盘—pán］测定方向的仪器。把磁针装置在圆盘中央，盘上刻着度数和方位。是我国古代四大发明之一。也叫"罗盘针" compass, (one of the four great inventions of ancient China), an instrument for showing direction, usu. consisting of a free-moving magnetic needle which always points to the north；also called luópánzhēn

萝（蘿）luó ㄌㄨㄛ ❶莪蒿。通常指某些能爬蔓的植物 é'hāo, trailing plants：茑～ niǎoluó *cypressvine；starglory*/ 女～ nǚluó *cypressvine* ❷［萝卜—bo］二年生草本植物，种类很多，块根也叫萝卜，可吃，种子可入药 raddish, a small vegetable whose red or white hot-tasting root is eaten raw. Its seeds can be used in medicine.

short mane, a slightly flat tail, strong viability, is usu. sterile, and can be used to carry goods or draw a cart

啰（囉）⊖ luó ㄌㄨㄛˊ ［啰唣—zào］吵闹 quarrelsome; argumentative

⊜ luo 见 432 页 See p. 432

⊜ luō 见 429 页 See p. 429

逻（邏）luó ㄌㄨㄛˊ 巡逻,巡察 patrol

［逻辑—ji］(外 foreign) logic 1. 思维的规律 way of thinking (or reasoning);这几句话不合～～ Zhè jǐ jù huà bùhé luójí. *These words are illogical.* 2. 研究思维的形式和规律的科学。也叫"论理学" the science of reasoning by formal methods; also called "lùnlǐxué". 3. 有时也用作"规律"的同义语 sometimes used asa synonym for guīlù (law; regular pattern)

猡（玀）luó ㄌㄨㄛˊ 〈方 dial.〉猪猡,猪 pig; swine

椤（欏）luó ㄌㄨㄛˊ 见 621 页"桫"字条"桫椤 suō—" See suōluó under entry of suō, p. 621

锣（鑼）luó ㄌㄨㄛˊ 一种乐器,形状像铜盘,用槌子敲打,发出声音 gong, a round piece of metal hanging from a frame, which when struck with a stick gives a deep ringing sound;～鼓喧天 luógǔ xuāntiān *a deafening sound of gongs and drums*

箩（籮）luó ㄌㄨㄛˊ 用竹子编的底方上圆的器具 a square-bottomed bamboo basket

觇（覶、＊＊覶）luó ㄌㄨㄛˊ ［觇缕—lǚ］逐条详尽地陈述 narrate in detail

胹（臝）luó ㄌㄨㄛˊ 手指纹 fingerprint

骡（＊臝）luó ㄌㄨㄛˊ （—子—zi）一种家畜,是由驴、马交配而生的。鬃短,尾巴略长,生命力强,一般没有生育能力。可以驮(tuó)东西或拉车 mule, the young of a donkey and a horse, which has a

螺 luó ㄌㄨㄛˊ ❶一种软体动物,有硬壳,壳上有旋纹 spiral shell; snail, a small animal with a soft body and a hard spiral-shaped shell on its back:田～ tiánluó *river snail*/ 海～ hǎiluó *conch*［螺蛳—sī］"螺"的通称 a general term for 螺［螺旋—xuán］1. 一种简单机械,圆柱体表面或物体孔眼里有像螺蛳壳纹理的螺纹 screw, a simple machine made according to the principle of inclined plane 2. 螺旋形的 spiral; helix;～～桨 luóxuánjiǎng *propeller*; *screw*［螺丝—sī］应用螺旋原理做成的使物体固定或把两个物体连结起来的东西,有螺丝钉和螺丝母 screw, (screw and screw nut), sth. that is made according to the spiral principle and used to fix an object or two objects together ❷ 同"胹 luó" Same as "胹".

倮 luó ㄌㄨㄛˊ 同"裸"Same as "裸".

裸（＊臝）luǒ ㄌㄨㄛˊ 光着身子 bare; naked;～体 luǒtǐ *naked*; *nude* / 赤～～ chìluǒluǒ *without a stitch of clothing*; *stark naked* 倒 ext. 没有东西包着的 bare; exposed:～线（没有外皮的电线）luǒxiàn *bare wire*/ ～子植物 luǒzǐ zhíwù *gymnosperm*

蓏 luǒ ㄌㄨㄛˊ 古书上指瓜类植物的果实 (in ancient texts) melon; gourd

瘰 luǒ ㄌㄨㄛˊ ［瘰疬—lì］结核菌侵入淋巴结,发生核块的病,多在颈部。有些地区也叫"老鼠疮" scrofula, tuberculous lymph nodes of the neck; also called "lǎoshǔchuāng" in some places

蠃 luǒ ㄌㄨㄛˊ 见 233 页"蜾"字条"蜾蠃 guǒ—" See "guǒluǒ" under

entry of guǒ, p. 233

泺(濼) ㊀ luò ㄌㄨㄛˋ 泺水，水名，在山东省"Luò Shuǐ"，a river in Shandong Province

㊁ pō 见 510 页 See p. 510

跞(躒) ㊀ luò ㄌㄨㄛˋ ［卓跞 zhuó —］［卓荦 zhuó —］卓绝 unique；superb：才华～～ cáihuá zhuóluò of uncommon brilliance

㊁ lì 见 395 页 See p. 395

莪(犖) luò ㄌㄨㄛˋ ［莪莪——］明显，分明 conspicuous；apparent：～～大端 luòluò-dàduān major items；salient points

洛 luò ㄌㄨㄛˋ ❶洛河，水名，在陕西省 Luò Hé，a river in Shaanxi Province ❷洛水，发源于陕西省洛南，东流经河南省入黄河。古作"雒" Luò Shuǐ，a river that begins in Luonan, Shaanxi Province，flows eastward through Henan Province and pours into the Yellow River；written as "雒" in ancient times

骆 luò ㄌㄨㄛˋ ❶古书上指黑鬃的白马（in ancient texts）a white horse with a black mane ❷姓 a surname

［骆驼—tuo］哺乳动物，反刍类，身体高大，背上有肉峰。能耐饥渴，适于负重物在沙漠中远行。也叫"橐驼"(tuótuó)，省称"驼" camel, a high ruminate mammal that has lump(s) on its back, and can endure hunger or thirst, and is used to carry heavy goods through the desert；also called tuótuó, or simply "tuó"

络 ㊀ luò ㄌㄨㄛˋ ❶像网子那样的东西 sth. resembling a net：脉～ màiluò arteries and veins / 橘～ júluò tangerine pith / 丝瓜～ sīguāluò loofah；vegetable sponge ❷用网状物兜住，笼罩 hold sth. in place with a net：用络(lào)子～住 yòng làozi luòzhù hold sth. in place with a net ❸缠绕 twine；wind：～纱 luò shā

winding yarn；spooling / ～线 luò xiàn winding thread

［络绎—yì］连续不断 in an endless stream：参观的人～～不绝 Cānguān de rén luòyì-bùjué. A continuous flow of visitors came to the exhibition.

㊁ lào 见 383 页 See p. 383

珞 luò ㄌㄨㄛˋ 见 774 页"璎"字条"璎珞 yīng —" See "yīngluò" under entry of "yīng", p. 774

［珞巴族—bāzú］我国少数民族，参看附表 the Lhoba (Lopa) nationality, a minority nationality in China；see Appendix

烙 ㊀ luò ㄌㄨㄛˋ 见 495 页"炮"字条"炮烙 páo —" See "páoluò" under entry of "páo", p. 495

㊁ lào 见 383 页 See p. 383

硌 ㊀ luò ㄌㄨㄛˋ 山上的大石 big rock in the mountain

㊁ gè 见 204 页 See p. 204

落 ㊀ luò ㄌㄨㄛˋ ❶掉下来，往下降 fall；drop；～泪 luòlèi shed tears；weep / 飞机降～ fēijī jiàngluò The plane is landing / 太阳～山了 tàiyáng luò shān le The sun is set. ❷衰败 decline；come down；没(mò)～ mòluò decline；wane / 破～户 pòluòhù a family that has gone down in the world ❸遗留在后面 lag behind；fall behind：～后 luòhòu fall behind / ～伍 luòwǔ fall behind the ranks；drop out / ～选 luòxuǎn fail to be chosen；lose an election ❹停留 stay；settle：安家～户 ānjiā-luòhù take up residence in a new place；settle / ～脚 luòjiǎo stay (for a time)；stop over / 小鸟在树上～着 Xiǎoniǎo zài shù shang luòzhe. The small bird is resting on a twig. ㊀ ext. 留下 leave behind：不～痕迹 bù luò hénjì leave no trace ❺停留或聚居的地方 settlement；whereabouts：村～ cūnluò village；hamlet / 下～ xiàluò whereabouts / 着～ zhuóluò where abouts[部落 bù—]1. 由若干血缘相近的氏族结合成的集体 tribe, a social group made up of people of the same race, beliefs, etc. 2. 我国史书上多指少数民族 usu. an ethnic minority in the historical records in China ❻归属 fall onto; rest with; 今天政权～在人民手里了 Jīntiān zhèngquán luò zài rénmín shǒuli le. The political power has passed into the hands of the people nowadays. ㉕ ext. 得到 get; receive; ～不是 luò bùshi get blamed in the end / ～埋怨 luò mányuàn get blamed; take the blame / ～了个好名誉 luò le ge hǎo míngyù have got a good reputation ❼ 古代指庆祝建筑物完工 (in ancient times) celebrate the completion of a building; 新屋～成 xīn wū luòchéng The new house has been completed. ❽ 写下 put pen to paper; write down; ～款 luòkuǎn write the names of the sender and the recipient on a painting, gift or letter; inscribe (a gift, etc.)/ ～账 luòzhàng make an entry in an account book; enter sth in an account ❾[落泊—bó]穷困、不得意 be in dire straits; be down and out ❿ [落拓—tuò]自由散漫 casual; unconventional

　　㊁ lào 见 383 页 See p. 383
　　㊂ là 见 374 页 See p. 374

摞 luò ㄌㄨㄛˋ ❶把东西重叠地往上放 pile up; stack up; 把书～起来 bǎ shū luò qilai pile up the books ❷量词,用于重叠着放起来的东西 meas. for sth. that is piled up; 一～砖 yī luò zhuān a pile of bricks / 一～碗 yī luò wǎn a pile of bowls

漯 ㊀ luò ㄌㄨㄛˋ [漯河—Hé] 地名,在河南省 a place in Henan Province
　　㊁ tà 见 626 页 See p. 626

雒 luò ㄌㄨㄛˋ 伊洛(伊水和洛水,水名,都在河南省)的"洛"字古作"雒"the character 洛 used in Yī-Luò (Yī Shuǐ and Luò Shuǐ, rivers in Henan Province), and written as 雒 in ancient times[雒南—nán]地名,在陕西省。今作"洛南"a place in Shaanxi Province, now written as "洛南"

偻(僂) luo ㄌㄨㄛ 见 418 页"偻"字条"偻偻 lóu—"See lóuluo under entry of lóu, p. 418

啰(囉) ㊀ luo ·ㄌㄨㄛ ❶助词,作用大致和"了(le)❷"一样 aux. used in about the same way with "了❷"; 你去就成～ Nǐ qù jiù chéng luo. It is all right for you to go there. or Ok, you go there. ❷见 419 页"喽"字条"喽啰 lóu—"See lóuluo under entry of lóu, p. 419
　　㊁ luó 见 430 页 See p. 430
　　㊂ luō 见 429 页 See p. 429

M ㄇ

M ㄇ

呒(嘸) ḿ ㄇ〈方 dial.〉没有 not have; be without; nothing

呣 ㊀ ḿ ㄇ〔单纯的双唇鼻音〕叹词，表示疑问 (a pure bilabial nasal sound) *int.* showing doubt：～，你说什么 Ḿ，nǐ shuō shénme? *Eh? What did you say?*

姆 ㊁ m̀ ㄇ 叹词，表示答应 *interj.* showing a response：～，我知道了 M̀，wǒ zhīdào le *Um-hum (or Uh-huh) I see.*

MA ㄇㄚ

孖 ㊀ mā ㄇㄚ〈方 dial.〉相连成对 paired; linked to form pairs
㊁ zī 见 869 页 See p. 869

妈 mā ㄇㄚ ❶称呼母亲（叠 redup.）mother; mum ❷对女性长辈的称呼 a form of address for a woman of same generation of one's senior：大～ dàmā *aunt; father's elder brother's wife* (sometime it used as a respectful address to any strange lod woman) 姑～ gūmā *aunt; father's sister*

蚂 ㊀ mā ㄇㄚ [蚂螂 — lang]〈方 dial.〉蜻蜓 dragonfly
㊁ mǎ 见 435 页 See p. 435
㊂ mà 见 435 页 See p. 435

抹 ㊂ mā ㄇㄚ ❶擦 wipe：～桌子 mā zhuōzi *wipe a table clean* ❷用手按着并向下移动 rub sth down; slip sth. off：把帽子～下来 bǎ màozi

mā xialai *slip one's cap off* / ～不下脸来（碍于脸面或情面）mā bu xià liǎn lái *find it difficult to be straightforward with sb.* (for fear of hurting his feelings)
㊀ mǒ 见 462 页 See p. 462
㊁ mò 见 463 页 See p. 463

摩 ㊁ mā ㄇㄚ [摩挲 — sa] 用手轻轻按着一下一下地移动 gently stroke; smooth sth. out with one's hands
㊀ mó 见 461 页 See p. 461

吗 ㊁ má ㄇㄚ〈方 dial.〉什么 what
㊀ ma 见 435 页 See p. 435
㊂ mǎ 见 434 页 See p. 434

麻(❶*蔴) má ㄇㄚ ❶草本植物，种类很多，有大麻、苎麻、苘(qǐng)麻、亚麻等等。茎皮纤维通常也叫麻，可以制绳索、织布 general name for herbacuous plants such as hemp, ramie, abutilon flax, etc.; (also) fibre of hemp, flax, etc. for textile materials or for making ropes [麻烦 —fan] 由于事物杂乱，感到费手续、难办 troublesome; inconvenient：这事真～～ Zhè shì zhēn máfan. *This matter is really troublesome.* [芝麻 zhīma] [脂麻 zhīma] 一种草本植物，茎秆略成方形。种子有白的和黑的两种，所榨的油就是平常吃的香油 sesame, a herbecuous plant that has a slightly square stem and seeds (either white or black) that can make edible oil (sesame oil) ❷像腿、臂被压后的那种不舒服的感觉 numb; feeling pins and needles：腿～了 tuǐ má le *feel pins and needles in the legs*/手发～ shǒu fāmá *have one's hand numbed* ❸感觉不灵或全部丧失 apathetic; numb（僾 comb. —木 —mù numb）[麻痹 —bì] 1. 身体的一部因为神经系统的病变而发生知觉或运动的障碍 paralysis, a loss of feeling in and control of all or some of the body muscles because of pathological changes in some part of the nervous system 2. 失去警惕性 lose one's guard; lose one's vigilance: ～～大意 mábì dàyi be off one's guard; *lack of vigilance* [麻风—fēng] 俗叫"癞病",是一种慢性传染病。病原体是麻风杆菌。患者皮肤发生斑纹或结节,知觉丧失,毛发脱落,指节烂掉 leprosy, a disease in which the skin becomes rough and thick with small round hard whitish pieces, the flesh and nerves are slowly destroyed, and fingers, toes, etc. drop off; popularly called làibìng [麻醉—zuì] 1. 用药物或针刺使全身或局部暂时失去知觉 anaesthetize, make unable feel pain by using some narcotic or applying acupuncture anaesthesia and producing unconsciousness temporary 2. 使人思想认识模糊,不能明辨是非 make sb. confuse his thought and knowledge so as not to distinguish right from wrong ❹ 表面粗糙 rough; coarse: 这张纸一面光一面～ Zhè zhāng zhǐ yī miàn guāng yī miàn má. *This sheet of paper is smooth on one side and rough on the other.* [麻子—zi] 1. 出天花留下的瘢痕 pockmarks 2. 脸上有麻子的人 a person with a pockmarked face [麻疹—zhěn] 一种急性传染病,由滤过性病毒引起,儿童容易感染 measles, an infectious disease caused by filterable virus, infecting children easily

麻 má ㄇㄚˊ 同"麻❸❹"。"麻痹"也作"痳痹"。"麻风"也作"痳风"。"麻疹"也作"痳疹" Same as 麻❸❹. máfēng also written as "痳风". mázhěn also written as "痳疹"

马(馬) mǎ ㄇㄚˇ 一种家畜,颈上有鬃,尾有长毛。供人骑或拉东西等 horse, a type of large strong animal with a mane and a long-haired tail, ridden by people or used for pulling and carrying heavy things [马力—lì] 功率(lǜ)单位,1 马力等于每秒钟把 75 公斤重的物体提高到 1 米所做的功 horsepower, a measure of the power of an engine, representing the force needed to pull 75 kg for 1 metre a second [马脚—jiǎo] 破绽(zhàn),漏洞 sth that gives the game away: 露出～～来了 lòuchu mǎjiǎo lái le *give oneself away*; *let the cat out of the bag* [马上—shàng] 立刻 at once; immediately: 我～～就到 Wǒ mǎshàng jiù dào. *I'll be there in a minute.*

[马达—dá] (外 foreign) 用电力或汽油发动的机器,特指电动机 motor, a machine that changes power into movement; esp. electric motor

[马虎—hu] 不认真 careless; casual: 这事可不能～～ Zhè shì kě bù néng mǎ hu. *Never do this in a careless way.*

吗 ㊂ mǎ ㄇㄚˇ [吗啡—fēi] (外 foreign) 用鸦片制成的有机化合物,白色粉末,味很苦。医药上用做镇痛剂 morphine, a bitter-tasting white powder made from opium and used for stopping pain

㊀ ma 见 435 页 See p. 435

㊁ má 见 433 页 See p. 433

犸 mǎ ㄇㄚˇ [猛犸 měng—] 一种古脊椎动物,像现代的象,全身有长毛,已绝种。也叫"毛象" mammoth, a kind of elephant that lived on earth during the early stages of human development, was larger than the modern one and covered with hair; also called "máoxiàng"

玛 mǎ ㄇㄚˇ [玛瑙—nǎo] 矿石名,主要成分是氧化硅,颜色美丽,质硬耐磨,可做轴承、研钵、装饰品等 agate, a hard stone that has beautiful colours, mainly consists of silicon oxide, and is used for making bearing, mortar, ornaments, etc.

码 mǎ ㄇㄚˇ ❶ (—子—zi,—儿—r) 代表数目的符号 a sign indicating a number: 苏州～子(〡、〢、〣、〤、〥 等) Sūzhōu mǎzi *Suzhou numerals*

(or signs of number)（丨、刂、川、乂、丈, etc.）. 明～儿售货（在商品上标明价码出售）míngmǎr shòuhuò *put goods on scale with the prices clearly marked*; *sell at marked prices* ❷（一子—zi）计算数目的用具,如砝码、筹码等 an instrument used to indicate number, eg. weight (on a balance), chip, counter, etc. ❸量词,用于一件事或一类的事 *meas.* (used to indicate the same thing or the same kind)：这是两～事 Zhè shì liǎng mǎ shì. *They are two different matters.* ❹（外 foreign）英美长度单位,1码等于3英尺,合 0.9144 米 yard, a unit of length (1 yard equals 3 feet, or 0.9144 metres) ❺〈方 dial.〉摞(luò)起,垒起 pile up; stack：～砖头 mǎ zhuāntou *stack bricks*/小孩儿～积木 Xiǎoháir mǎ jīmù. *(of children) pile up children's building blocks*

[码头—tou]水边专供停船的地方 wharf; dock. 喻 ext. 临海、临河的城市 port city

蚂 ⊖ mǎ ㄇㄚˇ [蚂蟥—huáng]环节动物,我国常见的为宽体蚂蟥,体呈纺锤形,扁平,背面暗绿色,有五条黑色间杂淡黄的纵行(háng)条纹。虽能刺伤皮肤,但不吸血 leech, an annelid worm that has typically a flattened lanceolate vertical segmented body and a dark-green back with five black lines interspersed by light yellow, can prick the skin but is not blood-sucking [蚂蚁—yǐ]蚁。参看 764 页"蚁"(ant)。See entry of "yǐ", p. 764

　　⊜ mā 见 433 页 See p. 433
　　⊜ mà 见本页 See the same page.

祃 mà ㄇㄚˋ 古代行军时,在军队驻扎的地方举行的祭礼 (of an army on the march in ancient times) sacrificial rites held in a camping site

蚂 ⊜ mà ㄇㄚˋ [蚂蚱—zha]蝗虫的俗名 a popular name for locust
　　⊖ mǎ 见本页 See the same page.

⊜ mā 见 433 页 See p.433

骂(＊駡)mà ㄇㄚˋ ❶用粗野的话侮辱人 verbally abuse; curse：不要～人 bùyào màrén *Don't swear at people.* ❷〈方 dial.〉斥责 condemn; scold

么 ⊖ ma ㄇㄚ 同"吗⊖"Same as "吗⊖"
　　⊜ me 见 443 页 See p443.
　　⊜ yāo 见 751 页 See p. 751

吗 ⊖ ma ·ㄇㄚ 助词 aux. 1. 表疑问,用在一般直陈句子末了 used at the end of a sentence to indicate doubt：你听明白了～? Nǐ tīng míngbai le ma? *Do you see what I said now?* or *Are you clear now* (about what I said)? 2.表有含蓄的语气,用在前半句末了 used to form a pause in a sentence before introducing the theme of what one is going to say：天要下雨～,我就坐车去。Tiān yào xiàyǔ ma, wǒ jiù zuò chē qù. *If it rains, I'll go by bus.*
　　⊜ má 见 433 页 See p. 433
　　⊜ mǎ 见 434 页 See p. 434

嘛 ma ·ㄇㄚ 助词,表示很明显,事理就是如此（有时有提示意）aux. indicating that sth is obvious：有意见就提～。Yǒu yìjiàn jiù tí ma. *Why not make your suggestions if you have any?* /不会不要紧,边干边学～。Bù huì bùyàojǐn, biān gàn biān xué ma. *It doesn't matter if you don't know it. You can well learn it while doing the job.*

蟆 ma ·ㄇㄚ 见 235 页"蛤"字条"蛤蟆 há—" See "háma" under entry of "há", p. 235

MAI ㄇㄞ

埋 ⊖ mái ㄇㄞˊ 把东西放在坑里用土盖上 cover up (with earth); bury：掩～ yǎnmái *bury*/ ～地雷 mái dìléi *lay a mine* 喻 ext. 隐藏,使不显

露 hide；conceal：隐姓～名 yǐnxìng-máimíng conceal one's name and surname；conceal one's identity [埋没－mò]使人才、功绩、作用等显露不出来 neglect；stifle：不要～～人才 bùyào máimò réncái Don't stifle real talents.[埋伏－fú]在敌人将要经过的地方布置下军队,准备袭击 lie in ambush；ambush [埋头－tóu]⑩fig. 专心,下功夫 immerse oneself in；be engrossed in：～～苦干 máitóu kǔgàn quietly immerse oneself in hard work；quietly put one's shoulder to the wheel

㊂ mán 见 437 页 See p.437

霾 mái ㄇㄞˊ 阴霾,空气中因悬浮着大量的烟、尘等微粒而形成的混浊现象 haze, a sort of light mist or smoke

买（買）mǎi ㄇㄞˇ 拿钱换东西,跟"卖"相反 buy；purchase, antonym of mài（⑱ comb. 购－gòu－buy）：～戏票 mǎi xìpiào buy a (theatre) ticket／～了一头牛 mǎile yī tóu niú have bought an ox (or cattle, cow) ⑨ ext. 贿赂 bribe：～通 mǎitōng bribe；buy over [买办－bàn] 1.采购货物的人 purchasing agent 2.殖民地、半殖民地国家里替外国资本家在本国市场上经管商业、银行业、工矿业、运输业等等的中间人和经纪人 broker, an agent in a colonial country engaged by a foreign establishment in the country to have charge of its local employees and to act as an intermediary in business affairs such as commerce, bank, industry, transportation, etc. [买卖－mai]生意,商业 buying and selling；business：做～～ zuò mǎimai do some business；make a deal ⑨ ext. 铺子 (private) shop

劢（勱）mài ㄇㄞˋ 努力 make great efforts；try hard

迈（邁）mài ㄇㄞˋ ❶抬起腿来跨步 step；stride：～过去 màiguòqu step over／～了一大步 màile yī

dà bù take a stride／向前～进 xiàng qián màijìn stride forward ❷老 old；advanced in years（⑱ comb. 老－lǎo－aged；senile）：年－ niánmài old；aged ❸（外 foreign）英里,用于机动车行驶速度 mile (used in the speed of vehicles)：一小时走六十～ yī xiǎoshí zǒu liùshí mài go 60 miles per hour

麦（麥）mài ㄇㄞˋ（－子－zi）一年生或二年生草本植物,分大麦小麦等多种,子实磨面供食用。通常专指小麦 a general name for wheat, barley, etc., usu. wheat, an annual or biannual herbaceous plant, with seeds that can make flour and be taken as food

唛（嘜）mài ㄇㄞˋ 译音字。商标,进出口货物的包装上所做的标记 (transliteration) mark or brand, a sign marked on the packings of import and export goods

卖（賣）mài ㄇㄞˋ ❶拿东西换钱,跟"买"相反 sell, antonym of "mǎi" ⑨ ext. 出卖 betray：～国贼 màiguózéi traitor (to one's country) ❷尽量使出（力气）exert to the utmost；not spare：～力 màilì exert all one's strength；spare no effort／～劲儿 màijìnr exert all one's strength；spare no effort ❸卖弄,显示自己,表现自己 show off：～功 màigōng brag；boast of one's contribution／～乖 màiguāi show off one's cleverness／～弄才能 màinong cáinéng show off one's ability

脉（*脈、脈） ㊀ mài ㄇㄞˋ ❶分布在人和动物周身内的血管 arteries and veins：动～ dòngmài artery／静～ jìng-mài vein ❷脉搏,动脉的跳动 pulse：诊～ zhěnmài feel the pulse ❸像血管那样分布的东西 sth linking up to form a vein-like network：山～ shānmài mountain range；mountain chain／矿～ kuàngmài mineral vein／叶～ yèmài leaf vein

㈡ mò 见 463 页 See p. 463

霢 mài ㄇㄞ [霢霂—mù]小雨 drizzle；small rain

荬（**蕒**） mai ·ㄇㄞ 见 545 页"苣"字条"苣荬菜 qǔ—cài" See "qǔ maicài" entry of "qǔ", p. 545

MAN ㄇㄢ

颟（**顢**） mān ㄇㄢ [颟顸—han]1.不明事理 muddleheaded：糊涂～～ hútu mānhan muddleheaded 2.漫不经心 careless：那人太～～，作什么事都靠不住 Nà rén tài mānhan, zuò shénme shì dōu kàobuzhù. *That person is too muddleheaded and careless to be trusted anything.*

埋 ㈠ mán ㄇㄢ [埋怨—yuan]因为事情不如意而对人或事物表示不满，责怪 blame；complain：他自己不小心，还～～别人 Tā zìjǐ bù xiǎoxīn, hái mányuan biéren. *He was not cautious himself, but he put the blame on others.*

㈠ mái 见 435 页 See p. 435

蛮（**蠻**） mán ㄇㄢ ❶粗野，不通情理 rough；unreasoning（⊛comb. 野—yě—*rude and unreasonable*）：～横（hèng）mánhèng *unreasonably rude*／～不讲理 mán bù jiǎnglǐ *be impervious to reason； wilful*／胡搅～缠 hújiǎo-mánchán *harass sb. with unreasonable demands；pester unreasonable* 㞎 ext. 愣，强悍 fierce；reckless：～劲不小 mánjìnr bùxiǎo *possessing sheer animal strength*／只是～干 zhǐshì mángàn *merely acting rashly；merely being foolhardy* ❷我国古代称南方的民族 an ancient name for the southern people ❸〈方 dial.〉很 quite；pretty：～好 mán hǎo *quite good*／～快 mán kuài *pretty fast*

谩 ㈠ mán ㄇㄢ 欺骗，蒙蔽 deceive；hoodwink

㈠ màn 见 438 页 See p. 438

蔓 ㈠ mán ㄇㄢ [蔓菁—jing]芜菁，二年生草本植物，春天开花，黄色。叶大，块根扁圆形。块根也叫蔓菁，可以吃 turnip, a biannual herbaceous plant that bears yellow flowers in spring, and has large leaves and an edible oblate root, which also called "mánjing"

㈠ wàn 见 668 页 See p. 668

㈢ màn 见 438 页 See p. 438

馒 mán ㄇㄢ [馒头—tou]一种用发面蒸成的食品，无馅 steamed bun；steamed bread（a kind of food made with leavened dough, without fillings）

鳗 mán ㄇㄢ [鳗鲡—li]鱼名。身体前圆后扁，背部灰黑色，腹部白色带淡黄色。生活在淡水中，到海洋中产卵。也省称"鳗"eel, a fish that is round in the front and flat in the back, has a white and slightly yellow belly and a greyish black back, lives in freshwater, and spawns in the sea；also simplified as "mán"（鳗）

鬘 mán ㄇㄢ 形容头发美（of hair）beautiful

瞒（**瞞**） mán ㄇㄢ 隐瞒；隐藏实情，不让别人知道 hide the truth from：这事不必～他 Zhè shì bùbì mán tā. *There is no need to keep him in the dark about this.*

满（**滿**） mǎn ㄇㄢ ❶全部充实，没有余地 full；filled：会场里人都～了 Huìchǎng li rén dōu mǎn le. *The assembly hall is packed with people.*／～地都是绿油油的庄稼 Mǎn dì dōushì lǜyóuyóu de zhuāngjia. *The fields are full of green crops.* [满足—zú]1.觉得够了 satisfied；contented：他并不～～于现有的成绩 Tā bìng bù mǎnzú yú xiànyǒude chéngjì. *He does not rest con-*

M

tent with his present achievements. 2. 使人觉得不缺什么了 satisfy；meet (needs，demands，etc.)：～～人民的 需要 mǎnzú rénmín de xūyào *satisfy (or meet) the needs of the people* [满意—yì] 愿望满足或符合自己的意 见 satisfied；pleased：这样办，他很～ ～ Zhèyàng bàn，tā hěn mǎnyì. *He is quite pleased with the arrangement.* [自满 zì—] 不虚心，骄傲 complacent；self-satisfied ❷ 到了一定的 限度 expire；reach the limit；假期已 ～ jiàqī yǐ mǎn *The holidays are over.* / ～了一年 mǎnle yī nián *reach the one-year limit* ❸(斟酒)使满 fill (with wine)；～上一杯 mǎnshang yī bēi *fill a glass* (with wine，tea，etc.) ❹ 十分，全 completely；entirely：～不在乎 mǎn bù zàihu *do not mind it at all* / ～口答应 mǎnkǒu dāying *readily promise*

[满族—zú] 我国少数民族，参看附表 the Manchu nationality，a national minority in China；see Appendix

螨(蟎) mǎn ㄇㄢˊ 蛛形动物的一 种，体形微小，多数为圆 形或卵形，头胸腹无明显分界，有足 四对，下唇隐藏，无齿。有的危害人 畜，传染疾病，并危害农作物 mite，a very small insect-like arachnid that is usu. round or egg-shaped and has no distinct divisions between the head，the chest，and the belly，with its lower lip hidden and without tooth. Some are harmful to crops，men，and animals，and spread diseases

曼 màn ㄇㄢˊ ❶ 延长 prolong；draw out：～声而歌 mànshēng ér gē *drawl out a song* ❷ 柔美 graceful：轻 歌～舞 qīnggē-mànwǔ *soft music and graceful dances；sweet singing and graceful dancing*

谩 ㊀ màn ㄇㄢˊ 轻慢，没有礼貌 rude；disrespectful：～骂 mànmà *hurl invectives；fling out abuse*

㊁ mán 见 437 页 See p. 437

墁 màn ㄇㄢˊ 用砖或石块铺地面 pave the floor with bricks， stones，etc.：花砖～地 huāzhuān màndì *pave the floor with ornamental bricks*

蔓 ㊀ màn ㄇㄢˊ 同"蔓㊁"，多用于合 成词，如蔓草、蔓延等 Same as wàn ㊁，usu. used in compounds such as màncǎo，mànyán，etc. [蔓 延—yán] 形容像蔓草一样地不断扩 展滋生 spread；extend (like trailing weeds)

㊁ wàn 见 668 页 See p. 668

㊂ mán 见 437 页 See the p. 437

幔 màn ㄇㄢˊ (一子—zi) 挂在屋内的 帐幕 curtain；screen (inside the room)

漫 màn ㄇㄢˊ ❶ 水过满，漾出来 overflow；brim over：河水～出来了 Héshuǐ màn chulai le. *The river overflowed its banks.* ㊋ trans. 淹没 flood；inundate：水不深，只～到脚面 Shuǐ bù shēn，zhǐ màndào jiǎomiàn. *The water wasn't deep. It only came up to my instep.* / 大水～过房子了 Dàshuǐ mànguo fángzi le. *The flood has inundated the house.* ❷ 满，遍 all over the place；be everywhere：～ 山遍野 mànshān-biànyě *all over the mountains and plains；over hill and dale* / 大雾～天 dàwù màntiān *The mist fills the sky.* ❸ 没有限制，没有约 束 free；unrestrained：～谈 màntán (have an) *informal discussion* / ～不 经心 màn bù jīngxīn *absent-minded；casual and careless* / ～无边际 màn wú biānjì *boundless；rambling* [漫画 —huà] 简单而夸大事物特征的绘画，多含有讽刺的意义 caricature；cartoon，a simple and humorous drawing，often dealing in an amusing (satirical) way with sth interesting through exaggeration [漫长— cháng] 时间长或路程远 (of time or distance) very long；endless：～～的 岁月 màncháng de suìyuè *the long* years/ ～～的道路 mànchánglù de dàolù *a long way (or course)*

慢 màn ㄇㄢˋ ❶迟缓，速度低，跟"快"相反 slow, antonym of "kuài"：～车 mànchē *a slow train*/ ～～地走 mànmàn de zǒu *walk slowly*/ 我的表～五分钟 Wǒ de biǎo màn wǔ fēnzhōng. *My watch is 5 minutes slow.* [慢条斯理-tiáo-sīlǐ]迟缓，不慌忙 very slow and unperturbed (in speaking); slow in motion ❷态度冷淡，不热情 cold; unenthusiastic：怠～ dàimàn *coldshoulder*; slight/ 傲～ àomàn *arrogant*; *haughty*

嫚 màn ㄇㄢˋ 侮辱，怠慢 scorn; humiliate

缦 màn ㄇㄢˋ 没有彩色花纹的丝织品 plain silk fabrics

熳 màn ㄇㄢˋ [烂熳 làn－]同"烂漫" Same as "烂漫".

镘 màn ㄇㄢˋ 抹(mò)墙用的工具 trowel, a tool with a flat blade for spreading cement, plaster, etc.

MANG ㄇㄤ

牤(**𤚲) māng ㄇㄤ 〈方 dial.〉牤牛，公牛 bull

邙 máng ㄇㄤˊ [北邙 Běi－]山名，在河南省洛阳北 a mountain in the north of Louyang, Henan Province

芒 máng ㄇㄤˊ ❶禾本科植物子实壳上的细刺(of the husks of seeds of the grass family) awn; beard ❷像芒的东西 sth. that radiates like a beard；光～ guāngmáng *rays of light*; *radiance* ❸多年生草本植物，秋天开花，黄褐色。叶细长有尖，可以造纸、编鞋 Chinese silvergrass, a perennial herbaceous plant that bears yellowish brown flowers in autumn, has long, thin and pointed leaves, and can make paper or shoes

忙 máng ㄇㄤˊ ❶事情多，没空闲 busy; fully occupied：工作～ gōngzuò máng *be busy at work*; *be fully occupied* / ～～碌碌 mángmáng lùlù *be busy*; *bustle about* ❷急速地做 hurry; hasten：大家都～生产 Dàjiā dōu máng shēngchǎn. *Everyone is hurrying with the production.*

杧 máng ㄇㄤˊ [杧果－guǒ]常绿乔木，果实也叫"芒果"，形状像腰子，果肉及种子可吃 mango, an evergreen tree that bears kidney-like fruits (also called "芒果"mángguǒ) with sweet yellow-coloured flesh and a long hard seed, both edible

盲 máng ㄇㄤˊ 瞎，看不见东西 blind; unable to see 〈喻fig.〉对某种事物不能辨认的 blind; of poor judgement or understanding：文～ wénmáng *an illiterate person*; *illiterate* / 色～ sèmáng *achromatopsia*; *colour blindness* / 扫～ sǎománg *eliminate illiteracy*[盲目－mù]〈喻 fig.〉对事情认识不清楚 blind (in judgement or understanding)：～～的行动是不会有好结果的 Mángmù de xíngdòng shì bùhuì yǒu hǎo jiéguǒ de. *Action without any purpose won't bring about anything good.* [盲从－cóng]〈喻fig.〉自己没有原则，没有见地，随着别人 follow blindly

氓 ㊀máng ㄇㄤˊ [流氓 liú－]原指无业游民，后来指品质恶劣，不务正业，为非作歹的坏人 (originally) one who has no occupation and wonders about; (now) hooligan; gangster

㊁méng 见 447 页 See p. 447

茫 máng ㄇㄤˊ ❶对事理全无所知，找不到头绪 ignorant; in the dark：～然无知 mángrán-wúzhī *be utterly ignorant of the affair* / 一～无头绪 mángwútóuxù *be confused without a clue*; *at a loss* ❷形容水势浩渺 (of water) boundless and indistinct

M

[茫茫——]面积大，看不清边沿 boundless and indistinct; vast: 大海 ～～ dàhǎi mángmáng *a vast sea* / 雾气～～ wùqì mángmáng *a vast expanse of fog*

硭 máng ㄇㄤ [硭硝—xiāo][芒硝—xiāo]无机化合物，成分是硫酸钠，白色晶体。医药上用作泻剂，工业上供制玻璃、造纸等 mirabilite; Glauber's sault, a colourless crystalline inorganic compound, consisting of Na_2SO_4, used in medicine as laxative, and in industry for making paper, glass, etc.

铓 máng ㄇㄤ 锋铓，刃的尖锐部分。也作"芒" cutting edge (of a knife); also written as "芒"

骉 máng ㄇㄤ 毛色黑白相间的马 a horse with white and black straps of hair

牻 máng ㄇㄤ 毛色黑白相间的牛 an ox with white and black straps of hair

莽 mǎng ㄇㄤ ❶密生的草 rank grass: 草～ cǎomǎng *a rank growth of grass* ❷粗鲁，冒失 rash: ～汉 mǎnghàn *a boorish fellow*; boor / 这人太鲁 Zhè rén tài lǔmǎng. *This fellow is too rash.*

漭 mǎng ㄇㄤ [漭漭——]形容水广阔无边 (of waters) vast; boundless

蟒 mǎng ㄇㄤ 一种无毒的大蛇，背有黄褐色斑纹，腹白色，常生活在近水的森林里，捕食小禽兽 boa; Python, a large non-poisonous snake that has yellowish-brown stripes on the back and a white belly, lives in forests near the water, and kills small animals for food.

MAO ㄇㄠ

猫（*貓） ㊀ māo ㄇㄠ 一种家畜，面呈圆形，脚有利爪，善跳跃，会捉老鼠 cat, a small home-bred animal that has a round face and sharp teeth and claws, is good at jumping and can catch mice and rats

㊁ máo 见 441 页 See p. 441

毛 máo ㄇㄠ ❶动植物的皮上所生的丝状物 hair; feather, a fine thread-like growth from the skin of a person or an animal ❷像毛的东西 hair-like substance. 1. 指谷物等 cereal crops: 不～（未开垦不长庄稼）之地 bùmáozhīdì *barren land; desert* 2. 衣物等上长的霉菌 mildew; mould (on clothes, etc.): 老没见太阳都长～了 lǎo méi jiàn tàiyáng dōu zhǎng máo le *It hasn't been sunned for a long time and is mildewed.* ❸粗糙，没有加工的 semifinished: ～坯 máopī *semifinished product; blank* ❹不是纯净的 gross: ～重 10 吨 máozhòng shí dūn *gross weight 10 ton* / ～利 máolì *gross profit* ❺小 little; small: ～孩子 máoháizi *a small child; a mere child* / ～～雨 máomaoyǔ *drizzle* ❻行动慌忙 careless; rash: ～～腾腾 máomao-tēngtēng *flurried and excited; flustered* / ～手～脚 máoshǒu-máojiǎo *careless (in handling things)* ❼惊慌失措 panicky; scared: 把他吓～了 Bǎ tā xià máo le. *It made him scared.* ❽货币贬值 (of currency) be no longer worth its face value; devalue; depreciate: 钱～了 Qián máo le. *Money has gone down in value.* ❾角，一圆钱的十分之一 máo, a fractional unit of money in China (= 1/10 yuan)

[毛南族—nánzú]我国少数民族，参看附表 the Maonan Nationality, an national minority in China; see Appendix

牦（*氂、*犛） máo ㄇㄠ [牦牛—niú]一种牛，身体两旁和四肢外侧有长毛，尾毛很长。我国西藏出产，当地人民用来拉犁和驮运货物。肉和乳都可供食用 yak, a type of ox that is produced in Tibet of China, has long hair on both sides of the body and the outside of the limbs, and very long tail hair, and is used for farming or carrying goods. Its meat and milk can both be taken as food.

旄 máo ㄇㄠ 古代用牦(máo)牛尾装饰的旗子 ancient flag with yak's tail

〈古 arch.〉又同"耄 mào" Also same as "耄".

酕 máo ㄇㄠ [酕醄—táo]大醉的样子 heavily drunk

髦 máo ㄇㄠ 古代称幼儿垂在前额的短头发 (in ancient times) bangs (of a child) [时髦 shí—]时兴的 fashionable; in vogue

矛 máo ㄇㄠ 古代兵器,在长柄的一端装有金属枪头 lance; pike; spear (an ancient weapon with a sharp metallic point at one end of a long pole)[矛盾—dùn] fig. 1. 言语或行为前后抵触,对立的事物互相排斥 (of words or action, or of opposites) conflict; contradiction 2. 指事物内部各个对立面之间的互相依赖又互相排斥的关系 contradiction, (of the inherent opposites of a thing) the state of depending on and repelling each other

茅 máo ㄇㄠ 茅草,多年生草本植物,有白茅、青茅等。可以覆盖屋顶或作绳 cogon grass, a perennial herbaceous plant that can thatch the roof or make ropes and has various species such as báimáo, qīngmáo, etc.

蝥 máo ㄇㄠ [斑蝥 bān—]一种昆虫,腿细长,鞘翅上有黄黑色斑纹。可入药 Chinese blister beetle; cantharis, a type of insect that has long and slender legs and yellowish black freckles on the elytron, and can be used in medicine

蟊 máo ㄇㄠ 吃苗根的害虫 an insect destructive to the roots of seedlings [蟊贼—zéi] fig. 对人民有害的人 a person harmful to the country and people

茆 máo ㄇㄠ 同"茅" Same as "茅".

猫(*貓) ㊀ máo ㄇㄠ [猫腰—yāo]弯腰 bending back
㊀ māo 见 440 页 See p. 440

锚 máo ㄇㄠ 铁制的停船器具,用铁链连在船上,抛到水底,可以使船停稳 anchor, a piece of heavy metal at the end of a chain or rope, for lowering into the water to keep a ship from moving

冇 mǎo ㄇㄠˇ 〈方 dial.〉没有 not have; there is not

卯 mǎo ㄇㄠˇ ❶地支的第四位 the fourth of the twelve Earthly Branches ❷卯时,指早晨五点到七点 the period of the day from 5 a.m. to 7 a.m. ❸(—子—zi,—儿—r)器物接榫(sǔn)的地方凹入的部分 mortise, a hole cut in a piece of wood or stone to receive the specially shaped end (tenon) of another piece, and thus forming a joint:对一眼 duì mǎoyǎn fix a tenon in a mortise / 凿个~儿 záo ge mǎor cut a mortise

峁 mǎo ㄇㄠˇ 〈方 dial.〉小山包 a small hill:下了一道坡,又上一道~: xiàle yī dào pō, yòu shàng yī dào mǎo go up a small hill after going down a slope

泖 mǎo ㄇㄠˇ 水面平静的小湖 a small calm lake[泖湖—Hú]古湖名,在今上海市松江西部 an ancient lake, in the west of today's Songjiang, Shanghai [泖桥—qiáo]地名,在上海市 a place in Shanghai

昴 mǎo ㄇㄠˇ 星宿名,二十八宿之一 a star constellation, one of the

twenty-eight constellations

铆 mǎo ㄇㄠˇ 用钉子把金属物连在一起 fasten with a rivet; rivet；～钉 mǎodīng rivet／～眼 mǎoyǎn rivet hole／～接 mǎojiē riveting；～工 mǎogōng riveting; riveter

芼 mào ㄇㄠˋ 拔取(菜、草)pull up (vegetables, grass, etc.)

眊 mào ㄇㄠˋ 眼睛看不清楚 (of the eyes) unable to see clearly

耄 mào ㄇㄠˋ 年老,八九十岁的年纪 advanced in years; of the age of eighty to ninety

茂 mào ㄇㄠˋ 茂盛(shèng),草木旺盛 (of grass and woods) luxuriant; exuberant；根深叶～ gēnshēn yè-mào with deep roots and luxuriant leaves

冒 ⊖ mào ㄇㄠˋ ❶向外透,往上升 emit; send out (or up, forth)；～泡 màopào send up bubbles; be bubbling／～烟 màoyān (of smoke) rise／～火 màohuǒ burn with anger; flare up ❷不顾(恶劣的环境或危险等)risk; brave；～雨 màoyǔ braving the rain; in spite of the rain／～险 màoxiǎn take a risk; take chances ❸不加小心,鲁莽,冲撞 boldly; rashly；～昧 màomèi make bold; venture／～犯 màofàn offend; affront [冒进—jìn]不顾具体条件,急于进行 prematurely advance; advance rashly [冒失—shi]鲁莽,轻率 rash; abrupt ❹用假的充当真的,假托 falsely (claim, etc.); fraudulently；～牌 màopái falsely use a well-known trademark; be an imitation／～名 màomíng go under sb. else's name; assume another's name ❺〈古 arch.〉贪婪 greedy ❻姓 a surname

⊜ mò 见 463 页 See p. 463

帽 mào ㄇㄠˋ ❶帽子 hat; cap ❷(一儿—r)作用或形状像帽子的东西 cap-like cover for sth；螺丝～儿 luósīmàor (screw) nut／～钉 màodīng cap-headed nail／笔～儿 bǐmàor the cap of a pen, pencil, or writing brush

瑁 mào ㄇㄠˋ 见 108 页"玳"字条"玳瑁 dài—"See "dàimào" under entry of "dài", p. 108

贸 mào ㄇㄠˋ ❶交换财物 trade；抱布～丝 bàobù-màosī carry cloth to trade silk [贸易—yì]商业活动 trade；国际～～ guójì màoyì international trade ❷冒冒失失或轻率的样子 rashly; without careful consideration (叠 redup.)；～然参加 màorán cānjiā join (a group, organization, etc.) rashly; take part in (an activity) without careful consideration／～～然来 màomàorán lái come here hastily

袤 mào ㄇㄠˋ 南北距离的长度 length of land from south to north；广～数千里 guǎngmào shùqiān lǐ a vast expanse of land several thousand li.

瞀 mào ㄇㄠˋ ❶看不清楚 dizzy; dazzled ❷精神昏乱 confused (逾 comb. 一乱—luàn confused)

懋 mào ㄇㄠˋ ❶努力,勉励 diligent. ❷盛大 grand; magnificent

郙 mào ㄇㄠˋ (旧读 early pronounce mò)[郙州—zhōu]地名,在河北省任丘 a place in Renqiu, Hebei Province

貌(＊＊皃) mào ㄇㄠˋ ❶相貌,长(zhǎng)相 looks；(逾comb. 容—róng—facial features; looks)；不能以～取人 bù néng yǐmào-qǔrén Don't judge people soly by their appearances. ❷外表的样子 outward appearance; exterior；～合神离 màohé-shénlí (of persons or parties) apparently in harmony but actually at variance; be at one in appearance but each goes his own way／他对人有礼～ Tā duì rén yǒu lǐmào. *He is polite (or courteous) to people.* ❸样子 appearance; shape:工厂的全～ gōngchǎng de quánmào *a full view of the factory* ❹古书注解里表示状态用的字,如"飘飘,飞貌"等 (of notes in ancient texts) state; condition, eg. piāopiāo, fēimào (flying), etc.

ME ㄇㄜ

么(△麽) ⊖ me ·ㄇㄜ ❶词尾 suffix: 怎～ zěnme *how; why* / 那～ nàme *in that way; so* / 多～ duōme *to what an extent* / 这～ zhème *so; this way* / 什～ shénme *what; whatever* ❷助词,表有含蓄的语气,用在前半句末了 *aux.* used at the end of the first part of a sentence to express a contained note:不让你去～,你又要去 Bù ràng nǐ qù me, nǐ yòu yào qù. *If we don't permit you to go there, you'll insist on going there.*

⊜ ma 见 435 页 See p. 435

⊜ yāo 见 751 页"幺" See yāo, p. 751

"麼"又 mó 见 461 页 Also "mó", see p. 461

嘿 me ·ㄇㄜ 助词,跟"嘛"的用法相同 *aux.* Same in use as "嘛"

MEI ㄇㄟ

没 ⊖ méi ㄇㄟ ❶1. 没有,无 not have; there is not:他～哥哥 Tā méi gēge. *He doesn't have any elder brother.* / 我～那本书 Wǒ méi nà běn shū. *I don't have that book.* 2. 表示估量或比较,不够,不如 (guessing or comparing) be not so … as; be less than:他～(不够)一米八高 Tā méi yī mǐ bā gāo. *He is less than 1.8 metres tall.* / 汽车～(不如)飞机快 Qìchē méi fēijī kuài. *The automobile runs* not so fast as the plane.* ❷没有,不曾,未(在句尾时用"没有")have not or did not (written as méiyǒu at the end of a sentence):他们～做完 Tāmen méi zuòwán. *They haven't finished it yet.* / 你去过上海～有 Nǐ qùguo Shànghǎi méiyǒu? *Have you ever been to Shanghai?*

⊜ mò 见 463 页 See p. 463

玫 méi ㄇㄟ [玫瑰—gui]落叶灌木,枝上有刺。花有紫红色、白色等多种,香味很浓,可以做香料,花和根可入药 rose; rugosa rose, any of various bushes with strong prickly stems, sweet-smelling flowers of various colours that can be used as spice. Both flower and root can be used in medicine.

枚 méi ㄇㄟ ❶树干 tree trunk:伐其条～ fá qí tiáoméi *cut its branches and fell its trunk* ❷古代士兵衔于口中以禁喧声的用具 (in ancient times) a wooden gag in the soldiers' mouths to ensure silence:衔～疾走 xián méi jízǒu *run swiftly with the gag between the teeth* ❸量词,相当于"个" *meas.* equal to 个:三～勋章 sān méi xūnzhāng *three medals*. 旧时特指铜子儿 (in former times) copper coin:一大～ yī dà méi *a big (copper) coin* [枚举—jǔ]一件一件地举出来 cite (or enumerate) one by one:不胜～～ bùshèng-méijǔ *too many to enumerate one by one; defy enumeration*

眉 méi ㄇㄟ ❶眉毛,眼上额下的毛 eyebrow; brow:～飞色舞 méifēi sèwǔ *with dancing eyebrows and radiant face; beaming with joy* / ～开眼笑 méikāi-yǎnxiào *be all smiles; beam with joy* (图见 654 页"头" See picture under entry of "tóu", p. 654) [眉目—mù]⑩ *fig.* 事情的头绪或事物的条理 sign of a positive outcome; sequence of ideas:有点～～了 yǒudiǎnr méimù le *It is beginning to* *take shape.* or *I'm beginning to get somewhere with it.* / ～ ～ 不 清 楚 méimù bù qīngchu *not well organized* ❷ 书眉，书页上端的空白 the top margin of a page：～ 批 méipī *notes and commentary at the top of a page*

郿 méi ㄇㄟˊ 郿县，在陕西省。今作"眉县"Méixiàn，a place in Shaanxi Province；now written as "眉县"

嵋 méi ㄇㄟˊ 见 154 页"峨"字条"峨嵋"(é—) See Éméi under entry of "é", p. 154

猸 méi ㄇㄟˊ (一子—zi)又叫"蟹獴"。哺乳动物，毛灰黄色，生活在水边，毛皮珍贵 crab-eating mongoose，also called "xièměng"，a greyish-yellow haired mammal that lives by the water and has precious fur

湄 méi ㄇㄟˊ 河岸，水滨 river bank

楣 méi ㄇㄟˊ 门框上边的横木 lintel (of a door)(图见 168 页 See picture on p. 168)

镅 méi ㄇㄟˊ 一种人造的放射性元素，符号 Am americium，a man-made radioactive element；symbol：Am

鹛 méi ㄇㄟˊ 鸟名。通常指画眉，羽毛多为棕褐色，翅短，嘴尖，尾巴长，叫的声音好听 babbler，a bird that has usu. brown feathers，short wings，a pointed hook and a long tail，and sings pleasantly

莓 méi ㄇㄟˊ 植物名。种类很多，常见的是草莓，开白花，结红色的果实，味酸甜 various kinds of berries，usu. straw-berry，which has white flowers and bears a sweet-and-sour tasting red fruit

梅(＊楳、＊槑) méi ㄇㄟˊ ❶落叶乔木，初春开花，有白、红等颜色，分五瓣，香味很浓。果实味酸 plum (tree)，a deciduous tree that bears very fragrant five-petaled red or white flowers in early spring and has a sour-tasting fruit ❷梅花 plum blossom ❸梅的果实 plum (the fruit)

脢 méi ㄇㄟˊ (一子)〈方 dial.〉猪、牛等脊椎两旁的条状瘦肉，即里脊 tenderloin，tender meat taken from each side of the backbone of cows or pigs

酶 méi ㄇㄟˊ 一种有机化合物，对于生物化学变化起催化作用，发酵就是靠酶的作用。也叫"酵素"enzyme；ferment，a chemical substance (catalyst) that is produced by certain living cells and can cause or hasten chemical change in plants or animals without itself being changed；also called jiàosù

霉(❷黴) méi ㄇㄟˊ ❶衣物、食品等受了潮热长霉菌 (of clothes，food，etc.) become mildewed；go mouldy：～烂 méilàn *mildew and rot* / 发～ fāméi *become mildewed*；*go mouldy* ❷霉菌，低等植物，常寄生或腐生在食品或衣物的表面，呈细丝状，有分枝，没有叶绿素；有白霉、青霉等多种 mould，a lower plant that is a soft woolly branching growth on the surface of clothes or food，does not contain chlorophyll，and is in various forms such as white mould，black mould，etc.

媒 méi ㄇㄟˊ 撮合男女婚事的人 matchmaker；go-between (叠 comb. 一妁 —shuò *matchmaker*)[媒介—jiè]使双方发生关系的人或物 intermediary；medium：蚊子是传染疟疾的～～ Wénzi shì chuánrǎn nüèji de méijiè. *The mosquito is the vehicle of malaria.*

煤 méi ㄇㄟˊ ❶古代的植物压埋在地底下，在缺氧高压的条件下，年久变化成的黑色或黑褐色矿物,成分以碳为主,是很重要的燃料和化工原料。也叫"煤炭"或"石炭" coal, a black or dark brown mineral formed by the partial decomposition of vegetable matter buried underground in ancient times without free access of air and often with increased pressure over the years. Its main composition is carbon, and it is an important fuel and industrial chemical. also called méitàn or shítàn [煤油—yóu]从石油中分馏出来的一种产品 kerosene; paraffin, a product distilled from petroleum ❷〈方 dial.〉(一子—zi)烟气凝结的黑灰 soot:锅～子 guō méizi sot on the bottom of a pan

糜(**䴢) ⊝ méi ㄇㄟˊ (一子—zi)和黍同类的谷物,就是穄 broom corn millet, same as jì

⊜ mí 见 450 页 See p. 450

每 měi ㄇㄟˇ ❶指全体中的任何一个或一组 every; each:～人 měi rén everyone; each person/～回 měi huí every time/～次 měi cì every time; each time/～三天 měi sān tiān every three days/～一分钱 měi yī fēn qián every penny (fen) ❷指反复的动作中的任何一次或一组 on each occasion; each time:～战必胜 měi zhàn bìshèng win every battle/～逢十五日出版 měiféng shíwǔrì chūbǎn publish (or come off the press) every fifteenth[每每——]常常 often

美 měi ㄇㄟˇ ❶好,善 beautiful; kind:～德 měidé virtue; moral excellence/～意 měiyì good intension; kindness/～貌 měimào good looks/～景 měijǐng beautiful scenery (or landscape)/尽善尽～ jìnshàn jìnměi (to reach) the acme of perfection; most beautiful and most virtuous/物～价廉 wùměi-jiàlián of high grade and inexpensive; good and cheap ❷赞美,称赞,以为好 praise; eulogize ❸使美、好看 beautify; prettify:～容 měiróng improve one's looks/～发 měifà treat the hair in a way to make it soft and shiny ❹〈方 dial.〉得意,高兴 be pleased with oneself:～滋滋的 měizīzī de very pleased with oneself ❺(外 foreign)指美洲,包括北美洲和南美洲,世界七大洲中的两个洲 short for měizhōu, America, including North America and South America, two of the seven great continents of the world❻指美国 the United States of America

镁 měi ㄇㄟˇ 一种金属元素,符号 Mg,银白色,略有延展性,在湿空气中表面易生碱式碳酸镁薄膜而渐失金属光泽,燃烧时能发强光。镁与铝的合金可制飞机、飞船。硫酸镁可做泻药,俗称泻盐 magnesium (symbol: Mg), a slightly flexible silver-white metallic element that has on its surface a thin layer of basic magnesium carbonate when exposed to the air and thus loses its metallic lustre, and can produce a strong light when burning. The alloy of aluminium and magnesium can make plane and spacecraft. Magnesium sulphate can be used as laxative, popularly called Epsom salts.

浼 měi ㄇㄟˇ ❶污染 contaminate ❷恳托 entrust (earnestly sb.) to do sth.

妹 mèi ㄇㄟˋ ❶(一子—zi)称同父母比自己年纪小的女子(叠 redup.) younger sister (of the same parents) ❷对比自己年纪小的同辈女性的称呼 younger female cousin:表～ biǎomèi the daughter of one's father's sister or of one's mother's brother or sister, who is younger than oneself

昧 mèi ㄇㄟˋ ❶昏,糊涂,不明白 have hazy notions about; be ignorant of:愚～ yúmèi ignorant; benighted/蒙～ méngmèi ignorant; unlighted/

冒～màomèi *make bold*；*venture* ❷隐藏，隐瞒 hide；conceal：拾金不～shí jīn-bùmèi *not pocket the money* (or valuables) *one picks up*

寐 mèi ㄇㄟ` 睡，睡着(zháo)sleep；be asleep：假 ～ jiǎmèi *cat nap*；*doze*/夜不能～ yè bù néng mèi *cannot go to sleep during the night*；*have a sleepless night*/根治黄河是我国人民多年来梦～以求的事情 Gēnzhì Huáng Hé shì wǒguó rénmín duōnián lái mèngmèiyǐqiú de shìqing. *To bring the Yellow River under permanent control is sth. long-cherished in the Chinese people's mind.*

魅(****彪**) mèi ㄇㄟ` 传说中的鬼怪 legendary evil spirit；demon：鬼～ guǐmèi *ghosts and goblins*；*evil forces*[魅力－lì]很能吸引人的力量 glamour；charm (enchantment)

袂 mèi ㄇㄟ` 衣袖 sleeve：联～(结伴)赴津 liánmèi fù Jīn *go to Tianjin together*[分袂 fēn—]离别 leave each other；part company

媚 mèi ㄇㄟ` ❶巴结，逢迎 flatter；curry favour with：献～ xiànmèi *make up to*；*try to ingratiate oneself with* ❷美好，可爱 charming；fascinating：妩～ wǔmèi (of a woman) *lovely*；*charming*/ 春光明～ chūnguāngmíngmèi *a sunlit and enchanting scene of spring*

MEN　ㄇㄣ

闷 ㊀ mēn ㄇㄣ ❶因空气不流通而引起的不舒服的感觉 stuffy；close：天气～热 Tiānqì mēnrè. *It's sultry.*/这屋子矮，又没有窗子，太～了 Zhè wūzi ǎi, yòu méiyǒu chuāngzi, tài mēn le. *The house is low and doesn't have a window, so that it's too stuffy here.* ❷呆在家里不出门 shut oneself indoors：一个人

总～在家里，心胸就不开阔了 Yī ge rén zǒng mēn zài jiāli, xīnxiōng jiù bù kāikuò le. *If one always shuts himself indoors, he will be narrow-minded.* ❸密闭 cover tightly：茶刚泡上，～一会儿再喝 Chá gāng pào shang, mēn yī huìr zài hē. *The tea has just been made, let it draw for a while before drinking.* ❹〈方 dial.〉声音不响亮 (of sound) muffled：这人说话～声～气 Zhè rén shuōhuà mēnshēng-mēnqì. *This man speaks in a muffled voice.*

㊁ mèn 见 447 页 See p.447

门(門) mén ㄇㄣˊ ❶(－儿－r)建筑物、车船等的出入口。又指安在出入口上能开关的装置 entrance to a building, vehicle, etc.；also door, gate. ⑩ *fig.* 门径，诀窍 way to do sth.；knack；hang：摸不着～儿 mō bu zháo ménr *can't get the hang of sth.*/找窍～儿 zhǎo qiàoménr *try to find the key to a problem*；*try to get the knack of doing sth.* ❷(－儿－r)形状或作用像门的东西 switch；sth that resembles or functions like a door：电～ diànmén *electric switch* / 水～ shuǐmén *water valve*/球～ qiúmén *goal* ❸封建的家族或家族的一支 family, or one branch of a family：一～老小 yī mén lǎoxiǎo *the whole family*/长(zhǎng)～长子 zhǎngmén zhǎngzǐ *the eldest son of the first branch of a family* ❹一般事物的分类 class；category：分～别类 fēnmén biélèi *sort out into categories*；*divide into different classes* ❺学术思想或宗教的派别 (religious) sect；school (of thought)：佛～fómén *Buddhism*/儒～ rúmén *Confucianism* ❻量词 meas.：一～炮 yī mén pào *a piece of artillery*；*a cannon* / 一～功课 yī mén gōngkè *a subject*；*a course*

[门巴族－bāzú]我国少数民族，参看附表 the Moinba (Monba) nationality, an ethnic minority in China; see Appendix

扪 mén ㄇㄣ 按，摸 touch; stroke：～心自问（反省）ménxīn-zìwèn examine one's conscience; examine oneself

钔 mén ㄇㄣ 一种人造的放射性元素，符号 Md mendelevium, a man-made radioactive element; symbol: Md

亹 mén ㄇㄣ ［亹源—yuán］回族自治县，在青海省。今作"门源" an autonomous county of the Hui nationality, in Qinghai Province; now written as "门源"

闷 ㊀ mèn ㄇㄣ ❶心烦，不痛快 depressed; in low spirits：～得慌 mèndehuāng feel bored／～～不乐 mènmèn-bùlè depressed; in low spirits ❷密闭，不透气 tightly closed; sealed：～子车 mènzichē boxcar

㊁ mēn 见 446 页 See p. 446

焖 mèn ㄇㄣ 盖紧锅盖，用微火把饭菜煮熟 boil in a covered pot over a slow fire：～饭 mènfàn cook rice over a slow fire

懑（懑） mèn ㄇㄣ ❶烦闷 be unhappy; be depressed ❷愤慨，生气 indignant; angry：愤～fènmèn depressed and discontented; resentful

们 men ㄇㄣ 词尾，表人的复数suffix (used after a personal pronoun or a noun referring to a person or living things and others to form a plural)：你～nǐmen you／咱～zánmen we; us／他～tāmen they; them／学生～xuéshengmen the students／ 师徒～shītúmen master and apprentice

MENG ㄇㄥ

蒙（❶❷矇） ㊀ mēng ㄇㄥ ❶欺骗 cheat; deceive：别～人 Bié mēngrén. Don't kid us.／谁也~不住他 Shéi yě mēngbuzhù tā. No one can deceive him. ❷胡乱猜测 make a wild guess：这回叫你～对了 Zhè huí jiào nǐ mēngduì le. You've made a lucky guess this time. ❸昏迷 unconscious; senseless：他被球打了 Tā bèi qiú dǎmēng le. He was knocked senseless by the ball.

㊁ méng 见 448 页 See p. 448

㊂ měng 见 449 页 See p. 449

氓（**甿） ㊀ méng ㄇㄥ 〈古 arch.〉民（特指外来的）。也作"萌" the common people (esp the non-local ones); also written as "萌"

㊁ máng 见 439 页 See p. 439

虻（*蝱） méng ㄇㄥ 昆虫名。种类很多，身体灰黑色，翅透明。生活在野草丛里，雄的吸植物的汁液，雌的吸人、畜的血 horsefly; gadfly, any of various greyish-black flies that have transparent wings and live in the wilderness; The male suck the juice of plants, while the female suck the blood of man or animals.

萌 méng ㄇㄥ ❶植物的芽 sprout; bud ❷萌芽，植物生芽 sprout; shoot forth ㊑ext. 开始发生 come into being; arise：知者（有见识的人）见于未～ Zhīzhě jiànyú wèi méng. The experienced knows the outcome of sth. before it takes shape.／故态复～（多用于贬义）gùtà-fùméng (derog.) slip back into one's old ways

〈古 arch.〉又同"氓 méng" Also same as "氓".

盟 méng ㄇㄥ ❶旧时指宣誓缔约，现多指团体和团体、阶级和阶级或国和国的联合：(formerly) swear an oath in signing a treaty, (now) alliance (between two groups, classes or countries)：工农联～ gōng-nóng liánméng alliance of workers and peasants; worker-peasant alliance 缔结友好同～互助条约 dìjié yǒuhǎo tóngméng hùzhù tiáoyuē conclude (or sign) a treaty of friendship, alliance, and mutual aid ❷发（誓）swear (an oath)；～个誓 méng ge shì take an oath ❸内蒙古自治区的行政区划单位。包括若干旗、县、市 league, an administrative division of the Nei Monggol Autonomous Region, including a number of banners, counties and cities

蒙（❹濛、❺矇、❻懞）㊀

méng ㄇㄥ ❶没有知识，愚昧 ignorant；illiterate；启～ qǐméng initiate；enlighten/发～ fāméng teach a child to read and write；teach a child his ABC/～昧 méngmèi barbaric；ignorant ❷覆盖 cover；～头盖脑 méng tóu gài nǎo tuck oneself in/～上一张纸 méngshang yī zhāng zhǐ cover (or shield) with a piece of paper ［蒙蔽－bì］隐瞒事实，欺骗 hoodwink；deceive ❸受 receive；meet with；～难（nàn）méngnàn (of a revolutionary) be confronted by danger；fall into the clutches of the enemy/承～招待，感谢之至 Chéngméng zhāodài, gǎnxiè zhī zhì. I am extremely grateful to you for the warm reception you accorded me. ❹形容雨点细小（叠redup.）(of raindrops) very tiny；fine；～～细雨 méngméng xìyǔ a fine drizzle ［空蒙 kōng－］形容景色迷茫 hazy；misty；山色～～shānsè kōngméng The hills are shrouded in mists. ❺眼睛失明 (of the eye) blind ［蒙眬－lóng］目不明 drowsy；half asleep；睡眼～～shuìyǎn ménglóng drowsy；eyes heavy with sleep ❻朴实敦厚 simple and honest ❼姓 a surname

㊁ měng 见 447 页 See p. 447

㊂ měng 见 449 页 See p. 449

幪 méng ㄇㄥ 见 509 页"帲"字条"帲幪 píng－" See píngméng under entry of píng, p. 509

獴 méng ㄇㄥ（又 also）见 449 页 měng See měng, p. 449

檬 méng ㄇㄥ 见 482 页"柠"字条"柠檬 níng－" See níngméng under entry of níng, p. 482

曚 méng ㄇㄥ ［曚昽－lóng］日光不明 (of sunlight) dim

朦 méng ㄇㄥ ［朦胧－lóng］1.月光不明 (of moonlight) dim；hazy 2.不清楚，模糊 obscure；dim

鹲 méng ㄇㄥ 鸟名。体大，嘴大而直，灰色或白色，尾部有长羽毛，生活在热带海洋上，以鱼类为食 a grey or white bird that has a big body, a big and straight beak and long feathers on the tail, lives on tropical seas, and feeds on fish

礞 méng ㄇㄥ ［礞石－shí］岩石名，有青、白两种。煅后为金礞石。入药 a black or white rock that turns into jīnméngshí when forged, and can be used in medicine

艨 méng ㄇㄥ ［艨艟－chōng］古代的一种战船 war vessel, a battle ship in ancient times

甍 méng ㄇㄥ 屋脊 ridge (of a roof)

瞢 méng ㄇㄥ ❶日月昏暗无光 (of sunlight or moonlight) dim ❷目不明 (of the eye) drowsy；sleepy

勐 měng ㄇㄥ ❶勇敢 brave ❷云南省西双版纳傣族地区称小块的平地，多用做地名 (used by the Dai nationality in the Dai districts in Xishuangbanna, Yunnan Province) a small piece of flat ground. usu used in place names

猛 měng ㄇㄥ ❶气势壮，力量大 fierce；vigorous；～虎 měnghǔ a fierce tiger/勇～ yǒngměng bold and powerful/用力过～ yònglì guò měng use too much strength；overexert oneself/药力～ yàolì měng (of a drug or medicine) have a strong effect (efficacy)/火力～huǒlì měng a heavy gunfire ❷忽然，突然 suddenly; abruptly：～然惊醒 měngrán jīngxǐng be startled awake/～地跑了进来 měng de pǎolejìnlái run into (a room) suddenly; break into

锰 měng ㄇㄥˇ 一种金属元素，符号 Mn，灰赤色，有光泽，质硬而脆，在湿空气中氧化。锰与铁的合金叫锰钢，可做火车的车轮。二氧化锰可供瓷器和玻璃着色用。高锰酸钾可做杀菌剂 manganese, a shiny greyish red metal that is hard but brittle, and gets oxidized in damp air; symbol: Mn. Maganese steel, the alloy of maganese and iron, can be used in making the wheels of trains. Maganese dioxide can be used in the colouring of chinaware and glass, and potassium permanganate can be used as germicide.

蜢 měng ㄇㄥˇ 见 817 页"蚱"字条"蚱蜢 zhà—" See zhàměng under headword zhà, p. 817

艋 měng ㄇㄥˇ [舴艋 zé—] 小船 small boat

蒙 ⊜ měng ㄇㄥˇ [蒙古族—gǔzú] 1. 我国少数民族，参看附表 the Mongolian nationality, an ethnic minority in China; see Appendix. 2. 蒙古国的主要民族 a chief nationality in Mongolia [内蒙古 Nèi—gǔ] 我国少数民族自治区，1947 年 5 月建立 Inner Mongolia, an autonomous ethnic minority region in China, founded in May, 1947.

　　⊖ méng 见 448 页 See p. 448
　　⊖ mēng 见 447 页 See p. 447

獴 měng ㄇㄥˇ méng ㄇㄥˊ (又 also) 哺乳动物的一类，身体长，脚短，嘴尖，耳朵小。捕食蛇、蟹等，如蟹獴 mongoose, a mammal that has a long body, short feet, a pointed mouth, and small ears, and kills snakes, crabs, etc, for food; eg. the crab-eating mongoose

蠓 měng ㄇㄥˇ 蠓虫，昆虫名。比蚊子小，褐色或黑色，雌的吸人、畜血，能传染疾病 midge; biting midge, a brown or black insect smaller than the mosquito. The female sucks the blood of men or animals and can spread diseases.

懵(**懜) měng ㄇㄥˇ [懵懂—dǒng] 糊涂，不明白事理 muddled; ignorant

孟 mèng ㄇㄥˋ ❶旧时兄弟姊妹排行 (háng) 有时用孟、仲、叔、季做次序，孟是老大 the eldest among brothers and sisters (used in showing the seniority in early times, the others being mèng, zhòng, shū, jì)：～兄 mèngxiōng the eldest brother/～孙 mèngsūn the eldest grandson ❷指夏历一季中月份在开头的 the first month of a lunar season：～春(春季第一月)mèngchūn the first month of spring/～冬(冬季第一月)mèngdōng the first month of winter

[孟浪—làng] 鲁莽，考虑不周到 rash; impetuous：此事不可～～ Cǐ shì bù-kě mènglàng. This is not to be done rashly.

梦(夢) mèng ㄇㄥˋ ❶睡眠时体内体外各种刺激或残留在大脑里的外界刺激引起的影象活动 dream, a group of thoughts, images, or feelings experienced during sleep, which is a reflection of various stimuli ❷做梦 dream; have a dream：～游 mèngyóu sleepwalk /～见 mèngjiàn see in a dream; dream about ❸比喻虚幻 fancy; illusion：～想 mèngxiǎng vain hope; dream of

MI ㄇㄧ

咪 mī ㄇㄧ ❶拟声词，猫叫声 onom. mew; miao (the sound made by a cat) ❷微笑的样子(叠 redup.)

smiling：笑～～ xiàomīmī smiling

眯(*瞇) ㊀mī ㄇㄧ ❶眼皮微
微合拢 slightly shut
one's eyes：在床上～(合眼养神)一会
儿 zài chuáng shang mī yīhuìr take a
short nap in bed ❷ 眯缝 narrow
(one's eyes)：～着眼笑 mīzhe yǎn
xiào narrow one's eyes into a smile /
他～起眼睛看了半天 Tā mīqi yǎn-
jing kànle bàntiān. He squinted at it
for quite a long time.

㊁mí 见本页 See the same page.

弥(彌、⁴瀰) mí ㄇㄧ ❶满，
遍 full； all
over：～月(小孩儿满月) míyuè a
baby's completion of its first month of
life / ～天大罪 mítiān-dàzuì mon-
strous crime；heinous crime ❷补，合
cover；fill (逾 comb. —补 — bǔ make
up；remedy) ❸ 更 加 more；still
more：～坚 míjiān even more firm；
stronger / 欲 盖 ～ 彰 yùgài-mízhāng
The more one tries to hide it，the more
one exposes oneself. or The more con-
cealed，the more conspicuous. ❹[弥漫
—màn]1. 水满 (of water) overflow
2. 到处都是，充满 spread all over the
place；fill the air：硝烟～～xiāoyān-
mímàn Gun smoke filled the air.

祢(禰) mí ㄇㄧ (旧读 old pro-
nouncing nǐ) 姓 a sur-
name

猕(獼) mí ㄇㄧ [猕猴—hóu]哺
乳动物，面部红色无毛，
有颊囊，尾短，臀疣显著。产于亚洲南
部和我国西南等地 macaque；rhesus
monkey，a type of small shortc-tailed
monkey that has a red and hairless
face，cheek pouches，a short tail and
obvious seat pads，and lives in South
Asia and the south-west of China

迷 mí ㄇㄧ ❶分辨不清，失去了辨
别、判断的能力 be confused；be
lost：～了路 míle lù have lost one's
way；get lost [迷彩—cǎi]使人迷惑
不易分辨的色彩 (color) camou-

flage：～～服 mícǎifú fatigues；fa-
tigue uniform [迷信—xìn]盲目地信
仰和崇拜。特指信仰神仙鬼怪等 su-
perstition；blind worship（esp. for
Ghosts，Gods or monsters）❷醉心
于某种事物，发生特殊的爱好(hào)
be fascinated by；be crazy about：入
～rùmí be fascinated；be enchanted /
～恋 míliàn be infatuated with；mad-
ly cling to ❸沉醉于某种事物的人
fan；enthusiast：棋～ qímí chess fan；
chess enthusiast / 球 ～ qiúmí（ball
game）fan / 戏 ～ xìmí theatre fan ❹
使人陶醉 fascinate；enchant：景色～
人 jǐngsè mírén The scenery is of en-
chanting beauty.

眯(*瞇) ㊀mí ㄇㄧ 尘土入
眼，不能睁开看东西
(of dust，etc.) get into one's eye
㊁mī 见本页 See the same page.

谜(**謎) mí ㄇㄧ 谜语，影射
事物或文字的隐语
riddle；conundrum：灯 ～ dēngmí
riddles written on latterns；lattern
riddles / ～ 底 mídǐ answer（or solu-
tion）to a riddle 逾 fig. 还没有弄明
白的或难以理解的事物 enigma；
mystery（or puzzle）

醚 mí ㄇㄧ 有机化合物的一类，通
式是 R—O—R'。乙醚是医药上
常用的麻醉剂 ether，a kind of or-
ganic compound，used as an anaes-
thetic in medicine；general formula：
R—O—R'

糜 ㊀mí ㄇㄧ ❶粥 gruel；porridge
❷糜烂，烂到难于收拾 rotten；
dissipated：～烂不堪 mílàn bù kān
utterly rotten；extremely dissipated
❸浪费 spend extravagantly；waste：
～费钱财 mífèi qiáncái waste money
㊁méi 见 445 页 See p. 445

縻 mí ㄇㄧ ❶牛缰绳 reins of an ox
❷系(jì)，捆，拴 tie；bind [羁縻
jī—]逾 fig. 牵制，笼络 keep（vassal
states，etc.）under control；rope in

靡 ㊀ mí ㄇㄧˊ 浪费 waste; spend extravagantly（龙 comb. 奢—shē —extravagant and wasteful）:不要～费公共财物 Bùyào mífèi gōnggòng cáiwù. *Don't waste public property.*
㊁ mǐ 见本页 See the same page.

蘼 mí ㄇㄧˊ ［蘼芜—wú］古书上指芎䓖（xiōngqióng）的苗（in ancient text）the seedling of Wallich Ligusticum

醾 mí ㄇㄧˊ ［酴醾 tú—］重（chóng）酿的酒，即酴酒 a double-fermented wine

麋 mí ㄇㄧˊ 野兽名。就是麋鹿，又叫"四不像"。头似马，身似驴，蹄似牛，角似鹿，全身灰褐色。是一种珍贵动物 elk, or mílù (David's deer), a type of precious greyish-brown deer with horse's head, donkey's body, ox's feet, and deer's horns; also called sìbùxiàng

米 mǐ ㄇㄧˇ ❶谷类或其他植物子实去了壳的名称 shelled seed:小～ xiǎoshēngmǐ *shelled millet* / 花生～ huāshēngmǐ *shelled peanut; peanut kernel* 特指去了壳的稻实 esp. rice:买一袋～ mǎi yī dài mǐ *buy a bag of rice* ［虾米 xiāmi］去了壳的干虾肉，也指虾 shelled shrimps; also small shrimps ❷（外 foreign）国际单位制长度的主单位（旧名公尺），1 米合市制 3 尺，符号 m metre, the main international system of unit of length (1 metre = 3 chǐ); symbol: m

洣 mǐ ㄇㄧˇ 洣水，水名，在湖南省 Mǐ Shuǐ, a river in Hunan Province

脒 mǐ ㄇㄧˇ 有机化合物的一类，是含有:

$$HC \overset{NH}{\underset{NH_2}{\diagup}}$$

的化合物 amidine, an organic chemical compound that contains :

$$HC \overset{NH}{\underset{NH_2}{\diagup}}$$

抚 mǐ ㄇㄧˇ 安抚，安定 soothe; pacify

芈 mǐ ㄇㄧˇ ❶羊叫（of sheep or goat）baa; bleat ❷姓 a surname

弭 mǐ ㄇㄧˇ 止，息 put an end to; stop:水患消～shuǐhuàn xiāomǐ *The menace of floods is eliminated. or The floods have been prevented.*

靡 ㊀ mǐ ㄇㄧˇ ❶无，没有 not have; there is not:一～日不思 mǐ rì bù sī *Not a day passes without one's thinking of sth. or sb.* ❷倒下 fall:望风披～wàngfēng-pīmǐ *scatter at the mere sight of the oncoming force*
㊁ mí 见本页 See the same page.

汨 mì ㄇㄧˋ ［汨罗江—luó Jiāng］水名，在湖南省 a river in Hunan Province

觅（*覔） mì ㄇㄧˋ 找，寻求 look for; hunt for（龙 comb. 寻—xún—seek）:～食 mìshí (of birds) *look for food*/～路 mìlù *seek one's way*

泌 ㊀ mì ㄇㄧˋ 分泌，从生物体里产生出某种物质 secrete, (of an animal or plant organ) produce (a liquid substance):～尿 mìniào *urine*
㊁ bì 见 34 页 See p. 34

宓 mì ㄇㄧˋ 安，静 tranquil; quiet

秘（*祕） ㊀ mì ㄇㄧˋ （旧读 old pronunciation bì）不公开的，不让大家知道的 secret; mysterious（龙comb. —密—mì secret）:～方 mìfāng *secret recipe*/～诀 mìjué *secret (of success)* ［秘书—shū］掌管文书并协助负责人处理日常工作的人员 secretary, a person with the job of preparing letters, keeping records, arranging meetings, etc, for his (her) superior ［便秘 biàn—］大便干燥、困难、次数少的症状 constipation, a symptom of a dry, difficult, and decreased defecation
㊁ bì 见 34 页 See p. 34

密 mì ㄇㄧˋ ❶事物和事物之间距离短，空隙小，跟"稀""疏"相反 close;dense， contrary to xī， shū (叠 comb. 稠一 chóu— dense)：小株一植 xiǎozhū mìzhí close planting of small plants/我国沿海人口稠～ Wǒguó yánhǎi rénkǒu chóumì. The population in the coastal areas of our country is dense. /枪声越来越～qiāngshēng yuèláiyuè mì The gunshots are becoming more and more intensive. (转 trans. 精致，细致 fine; meticulous：精～ jīngmì precise; accurate/细 ～ xìmì meticulous; detailed ❷关系近，感情好 intimate; close (叠comb. 亲一 qīn — close; intimate)：～友 mìyǒu close friend; bossom friend/他们两个人很亲～Tāmen liǎng ge rén hěn qīnmì. The two of them are on very intimate terms. [密切－qiè]紧密，亲切 close; intimate：关系～～guānxi mìqiè be close; be on intimate terms/～～地配合 mìqiè de pèihé act in close coordination ❸不公开 secret：～谋 mìmóu conspire; plot/～谈 mìtán have a secret talk/～码电报 mìmǎ diànbào cipher telegram (引 ext. 秘密的事物 sth. secret：保～bǎomì maintain secrecy; keep sth secret

谧 mì ㄇㄧˋ 安静 quiet; tranquil (叠 comb. 安一 ān— tranquil)

嘧 mì ㄇㄧˋ [嘧啶－dìng]有机化合物，分子式 $C_4H_4N_2$，无色结晶，有刺激性气味，溶于水、乙醇和乙醚，供制化学药品 pyrimidine, a colourless crystalline organic chemical compound that has a stinging odor, is soluble in water, ethyl alcohol and ether, and is used in making chemical medicine; molecular formula: $C_4H_4N_2$

蜜 mì ㄇㄧˋ ❶蜂蜜，蜜蜂采取花的甜汁酿成的东西 honey, the sweet sticky soft material produced by bees ❷甜美 honeyed; sweet：甜言～语 tiányán-mìyǔ sweet words and honeyed phrases; sweet talk [蜜饯－jiàn]用蜜、糖浸渍果品。又用蜜、糖浸渍的果品 preservefruit with honey or sugar. (also) candied fruit or preserved fruit

幂(＊冪) mì ㄇㄧˋ ❶覆盖东西的巾 cloth cover ❷覆盖，遮盖 cover; shield ❸表示一个数自乘若干次的形式叫幂。如 t 自乘 n 次的幂为 t^n power, the number of times that an amount is to be multiplied by itself, eg. the power of t multiplied for n times by itself is t^n [乘幂 chéng－]一个数自乘若干次的积数。也叫"乘方"。如 5 的 4 乘方又叫 5 的 4 乘幂或 5 的 4 次幂 power, the result of this multiplying; also called chéngfāng. eg. 4 chéngfāng of 5 is called 4 chéngmì of 5, or 4 cìmì of 5

冪 ㊀ mì ㄇㄧˋ 见 690 页"薪"字条"薪冪 xī—" see xīmì under entry of xī, p. 690
㊁ míng 见 459 页 See p. 459

MIAN ㄇㄧㄢ

眠 mián ㄇㄧㄢˊ ❶睡觉 sleep (叠 comb. 睡一 shuì— sleep)：安～ānmián sleep peacefully / 失～ shīmián (suffer from) insomnia/长～（人死）chángmián eternal sleep; death ❷蚕在蜕皮时像睡眠那样不食不动 dormancy; the inactive state of the silkworm before it sheds its skin：初～chūmián the first stage of dormancy/ 蚕～三一了 Cán mián sān mián le. The silkworm has completed its third stage of dormancy. [冬眠 dōng－]蜗牛、蛇、蛙、蝙蝠等动物到冬季不食不动。也叫"入蛰"(zhé) winter sleep; hibernation, (of snails, snakes, frogs, bats, etc.) neither eat nor move in winter. Also called rùzhé.

绵(*緜) mián ㄇㄧㄢˊ ❶(一子
—zi)蚕丝结成的片或
团,供絮衣被、装墨盒等用。也叫"丝
绵" silk floss, used for filling clothes
or quilts, or stuffing an ink box. also
called sīmián ❷性质像丝绵的 hav-
ing the quality of silk floss 1. 软弱
单薄 soft; thin; ~薄 miánbó meagre
strength; humble (effort) 2. 延续不
断 continuous; ~延 miányán be con-
tinuous; stretch long and unbroken

棉 mián ㄇㄧㄢˊ ❶草棉,一年生草本
植物,叶掌状分裂,果实棉桃。种
子外有白色的絮,就是供纺织及絮衣
被用的棉花。种子可以榨油 cotton,
an annual herbacuous plant that has
split palm-like leaves and a peach-
like fruit with soft white hair (or cot-
ton) that surrounds its seeds. The
cotton is used for making textile or
padding clothes or quilts, and the
seeds can be pressed for oil. [木棉mù
一]落叶乔木,生在热带、亚热带,叶
是掌状复叶。种子上有白色软毛,可
以装枕褥等。木材可造船 silk cotton;
kapok, a deciduous tree that grows
in tropical and subtropical zones, has
palm-like compound leaves, and soft
white hair that surrounds its seeds,
and is used for filling things such as
bed-mattress, pillows, etc. Its wood
can be used in making ship. ❷棉花、
草棉的棉絮 cotton, the soft white
hair of the plant cotton; ~衣 miányī
cotton-padded clothes/~线 miánxiàn
cotton thread; cotton

丏 miǎn ㄇㄧㄢˇ 遮蔽,看不见 hide;
prevent from vision

沔 miǎn ㄇㄧㄢˇ 沔水,水名,汉水的
上流,在陕西省 Miǎn Shuǐ, a riv-
er in Shaanxi Province, which is the
upper reach of Hanshui

免 miǎn ㄇㄧㄢˇ ❶去掉,除掉 remove
(from office); dismiss; ~冠
miǎnguān without a hat on; bare-

headed / ~职 miǎnzhí remove sb.
from office; relieve sb. of his post/~
费 miǎnfèi free of charge; free ❷避
免 avoid; ~疫 miǎnyì immunity
(from diseases)/做好准备,以~临时
抓瞎 Zuòhǎo zhǔnbèi, yǐ miǎn línshí
zhuāxiā. Arrange everything in ad-
vance, so that you won't be in a rush
at the last moment. ❸勿,不可 be not
allowed;闲人~进 Xiánrén miǎn jìn.
No admittance except on business.

勉 miǎn ㄇㄧㄢˇ ❶勉力,力量不够还
尽力做 exert oneself; strive (to
do what is beyond one's power); ~
为其难(nán) miǎnwéiqínán take up
onerous work; undertake to do a dif-
ficult job as best as one can [勉强—
qiǎng]1. 尽力 manage with an ef-
fort;~~支持下去 miǎnqiǎng zhīchí
xiaqu hold out with difficulty 2. 刚刚
地够,不充足 barely enough; inade-
quate;这种说法很~~(理由不充足)
Zhè zhǒng shuōfǎ hěn miǎnqiǎng.
This explanation is rather unconvinc-
ing. / 勉勉强强及格 miǎnmiǎn
qiǎngqiǎng jígé barely passing the
examinations 3. 不是心甘情愿的
reluctant; grudging;~~答应 miǎn-
qiǎng dāying reluctantly agree 4. 让
人去做不愿做的事 force sb. to do
sth that he unwilling to do;不要~~
他 Bùyào miǎnqiǎng tā. Don't force
him (to do sth). ❷勉励,使人努力
encourage; urge; 互~ hùmiǎn en-
courage one another/有则改之,无则
加~ Yǒu zé gǎi zhī, wú zé jiā miǎn.
correct mistakes if one has committed
any and avoid them if one has not

娩 miǎn ㄇㄧㄢˇ 分娩,妇女生孩子
childbirth; delivery

冕 miǎn ㄇㄧㄢˇ 古代地位在大夫以
上的官戴的礼帽。后代专指帝王
的礼帽 crown (worn by officials
higher than dàfū in feudal China; and
then, esp. worn by emperors); 加~
jiāmiǎn coronation

M

鮸 miǎn ㄇㄧㄢˇ 鮸鱼,鱼名,又叫"鳘(mǐn)鱼"。身体长形而侧扁,棕褐色,生鳘在海中,肉可以吃 slate cod croaker, an edible brownish long fish that is laterally flat, and lives in the ocean; also called mǐnyú

勔 miǎn ㄇㄧㄢˇ 勉力,勤勉 exert oneself; try hard

湎 miǎn ㄇㄧㄢˇ 沉迷(多指喝酒) indulge in; be given to (usu. drinking)

缅 miǎn ㄇㄧㄢˇ 遥远 remote; far back: ～怀 miǎnhuái cherish the memory of; recall / ～想 miǎnxiǎng think of (past events); recall

靦 ⊖miǎn ㄇㄧㄢˇ [靦觍—tiǎn] 同"腼腆" Same as "腼腆".
⊜ tiǎn 见 644 页 See p. 644

腼 miǎn ㄇㄧㄢˇ [腼腆—tiǎn] 害羞,不敢见生人 shy; bashful: 这孩子太～～ Zhè háizi tài miǎntiǎn. This child is too shy.

沔(湎) ⊖miǎn ㄇㄧㄢˇ [沔池—chí] 地名,在河南省 a place in Henan Province
⊜ shéng 见 586 页 See p. 586

面(❽-⓫ 麵、❽-⓫* 麪、❶-❼** 靣) miàn ㄇㄧㄢˇ ❶面孔,脸,头的前部 face, the front part of the head from the chin to the hair (⊕comb. 脸—liǎn— face, 颜—yán— face): ～前 miànqián in (the) face of; in front of / ～带笑容 miàn dài xiàoróng have a smile on one's face [面子—zi] 1. 体面 reputation; face: 爱～～ ài miànzi be concerned about face-saving; be sensitive about one's reputation / 丢～ diū miànzi lose face 2. 情面 feelings; sensibilities: 大公无私,不讲～～ dàgōngwúsī, bù jiǎng miànzi be just and selfless, without any personal considerations ❷用脸对着,向着 face (a certain direction): 背山～水 bèi shān

miàn shuǐ with hills behind and the river in front ❸当面,直接接头的 personally; directly: ～谈 miàntán speak to sb. face to face / ～议 miànyì negotiate face to face; take up a matter with sb. personally ❹(一子—zi, 一儿—r)事物的外表,跟"里"相反 surface; face, antonym of "里": 地～ dìmiàn the earth's surface; ground / 水～ shuǐmiàn the surface of the water / 被～儿 bèimiànr the facing of a quilt ❺几何学上称线移动所生成的图形,有长有宽没有厚 (of geometry) surface, a geometric figure that has length and width, but no height: 平～ píngmiàn plane / ～积 miànji area ❻方面,边,部 side: 正～ zhèngmiàn front; the right side / 反～ fǎnmiàn the reverse side; wrong side / 上～ shàngmiàn above; over / 下～ xiàmiàn below; under / ～～俱到 miànmiàn jùdào be well consdered in every respect; attend to each and every aspect of a matter ❼量词 meas.: 一～旗 yī miàn qí a flag / 一～镜子 yī miàn jìngzi a mirror / 一～锣 yī miàn luó a gong ❽粮食磨成的粉 flour: 麦子～ màizimiàn wheat flour / 小米～ xiǎomǐmiàn millet flour / 玉米～ yùmǐmiàn maize flour; cornmeal 特指小麦磨成的粉 esp. wheat flour ❾(一子—zi,一儿—r)粉末 powder: 药～儿 yàomiànr medicinal powder / 粉笔～儿 fěnbǐmiànr chalk powder (or dust) ❿面条 noodles: 挂～ guàmiàn fine dried noodles; vermicelli / 炸酱～ zhájiàngmiàn noodles served with fried bean source / 一碗～ yī wǎn miàn a bowl of noodles ⓫食物含纤维少而柔软 soft and floury (containing a small amount of fibre): 这种瓜很～ Zhè zhǒng guā hěn miàn. This kind of melon is soft and floury.

眄 miàn ㄇㄧㄢˇ 斜着眼睛看 give a sidelong glance: 顾～ gùmiàn cast sidelong looks around

MIAO ㄇㄧㄠ

喵 miāo ㄇㄧㄠ 拟声词，形容猫叫声 onom. (of cat) mew；miaow

苗 miáo ㄇㄧㄠ ❶(一儿—r)一般指幼小的植株 young plant；seedling：麦～ màimiáo wheat seedling/树～shùmiáo sapling[苗条—tiao]人的身材细长、好看 (of a woman) slender；slim (and nice) ❷(一儿—r)形状像苗的 sth resembling a young seedling：笤帚～儿 tiáozhoumiáor whisk broom；small broom/火～儿 huǒmiáor a tongue of flame；flame [矿苗 kuàng—]矿藏露出地面的部分。也叫"露(lù)头" outcropping；outcrop；also called lùtóu ❸某些初生的饲养的动物 the young of some fed animals：鱼～ yúmiáo (fish) fry ❹子孙后代 descendants；offspring (逾comb. —裔—yì descendants)❺疫苗，能使机体产生免疫力的微生物制剂 vaccine, any of various types of poisonous substances used for protecting people against diseases：牛痘～ niúdòumiáo smallpox；(bovine) vaccine [苗族—zú]我国少数民族，参看附表 the Miao Nationality, an ethnic minority in China；see Appendix

描 miáo ㄇㄧㄠ 依照原样摹画或重复地画 trace；copy (逾comb. —摹—mó depict)：～花 miáohuā portray a flower[描写—xiě]依照事物的情状，用语言或线条、颜色表现出来 describe；depict：他很会～～景物 Tā hěn huì miáoxiě jǐngwù. He is very good at describing the scenery.

鹋 miáo ㄇㄧㄠ 见158页"鹋"字条"鸸鹋 ér—" See érmiáo under entry ér, p. 158

瞄 miáo ㄇㄧㄠ 把视力集中在一点上，注意看 concentrate one's gaze on；take aim：枪～得准 qiāngmiáo de zhǔn take good aim with the gun[瞄准—zhǔn]对准目标，使射出或扔出的东西能够命中 take aim；aim

杪 miǎo ㄇㄧㄠ 树枝的细梢 the tip of a twig 引ext. 末尾 end (of a year, month, etc.)：岁～ suìmiǎo the end of the year；year-end /月～ yuèmiǎo the end of the month；month-end

眇 miǎo ㄇㄧㄠ ❶瞎了一只眼睛。后也泛指瞎了眼睛 blind in one eye；(later also prefer to) blindness ❷细小 tiny；very small

秒 miǎo ㄇㄧㄠ ❶谷物种子壳上的芒 (of cereals) awn；beard ❷单位 unit of measure：1. 圆周的一分的六十分之一 1/60 minute of an arc 2. 经纬度的一分的六十分之一 1/60 minute of latitude and longitude 3. 时间的一分钟的六十分之一 second, 1/60 minute (of time)

渺(❷*淼) miǎo ㄇㄧㄠ ❶微小 tiny；insignificant：～小 miǎoxiǎo tiny；negligible ❷水势辽远 (of an expanse of water) vast：浩～ hàomiǎo extending into the distance；vast [渺茫—máng]离得太远看不清楚 distant and indistinct；vague 喻fig. 看不见前途的或没有把握的 uncertain：这件事～～得很 Zhè jiàn shì miǎománg de hěn. We're very uncertain about this matter.

缈 miǎo ㄇㄧㄠ 见505页"缥"字条"缥缈 piāo—" See piāomiǎo under entry piāo, p. 505

藐 miǎo ㄇㄧㄠ 小 small；petty (逾comb. —小 —xiǎo tiny)：～视 miǎoshì despise；look down upon

邈 miǎo ㄇㄧㄠ 远 far-away；remote

妙(*玅) miào ㄇㄧㄠ ❶美，好 wonderful；fine：～品 miàopǐn fine quality goods；fine work of art/～不可言 miàobùkěyán too wonderful for words；indescrib-

ably wonderful ❷奇巧，神奇 ingenious；subtle（֍ comb. 巧－qiǎo－clever）：～计 miàojì *an excellent plan*；*a brilliant scheme* / ～诀 miàojué *a clever way*；*an ingenious method*/～用 miàoyòng *magical effect*

庙（廟）miào ㄇㄧㄠ ❶旧时供祖宗神位的地方 temple；shrine：家～ jiāmiào *ancestral temple or shrine* ❷供神佛或历史上有名人物的地方 temple or shrine where people worship their gods or a famous person in history：龙王～ lóngwángmiào *the Dragon-king Temple* / 孔～ Kǒngmiào *the Confucian Temple* ❸庙会，设在寺庙里或附近的集市 temple fair：赶～ gǎnmiào *go to the fair*

缪 ⊖ miào ㄇㄧㄠ 姓 a surname
　　⊜ móu 见 465 页 See p. 465
　　⊜ miù 见 460 页 See p. 460

MIE ㄇㄧㄝ

乜 ⊖ miē ㄇㄧㄝ [乜斜－xie]1. 眼睛因困倦而眯成一条缝（of the eyes）half-closed（out of sleepiness）：～～的睡眼 miēxie de shuìyǎn *half-closed eyes heavy with sleep* 2. 眼睛略眯而斜着看，多指不满意或看不起的神情 squint（usu. out of dissatisfaction or sneer）
　　⊜ niè 见 481 页 See p. 481

咩（*哶）miē ㄇㄧㄝ 拟声词，羊叫的声音 onom. （of sheep）baa；bleat

灭（滅）miè ㄇㄧㄝ ❶火熄 extinguish；put out（֍ comb. 熄－xī miè *go out*；*die out*）：～火器 mièhuǒqì *fire extinguisher* / ～灯 mièdēng *turn off the light*/火～了 Huǒ miè le. *The fire had died out.* ❷完，尽，使不存在 extinguish；wipe out（֍ comb. 消－xiāo－*eliminate*）：消～敌人 xiāomiè dírén *wipe out the*

enemy/功绩不会磨～ gōngjì búhuì mómiè *The contributions will not wear out.* / 长自己的志气，～敌人的威风 Zhǎng zìjǐ de zhìqi，miè dírén de wēifēng. *boost our morale and dampen the enemy's spirit* ❸被水漫过 submerge；drown：～顶 mièdǐng *be drowned*

蔑（❸衊）miè ㄇㄧㄝ ❶无，没有 nothing；none：～以复加 mièyǐfùjiā *in the extreme* ❷小 slight；belittle：～视（看不起，轻视）mièshì *despise*；*show contempt for* ❸涂染 paint；apply colour to [诬蔑 wū一][污蔑 wū一]造谣毁坏别人的名誉 slander；vilify

篾 miè ㄇㄧㄝ（－子－zi、－儿－r）劈成条的竹片 thin bamboo strip：竹～子 zhúmièzi *thin bamboo strip* (used for weaving)泛指劈成条的芦苇、高粱等茎皮（generally）the rind of reed or sorghum：苇～儿 wěimièr *the rind of reed*

蠓 miè ㄇㄧㄝ [蠓蠓－měng]古书上指蠓。见 449 页"蠓"（in ancient texts）midge；biting midge See "měng"，p. 449

MIN ㄇㄧㄣ

民 mín ㄇㄧㄣ ❶人民 the people：为国为～ wèi guó wèi mín *for the country，for the people*[民主－zhǔ]1. 指人民有管理国家和自由发表意见的权利 democracy；democratic rights，the rights of the people in governing their country and freely offering their opinions 2. 根据大多数群众意见处理问题的工作方式 democratic way of working：作风～～ zuòfēng mínzhǔ *a democratic working style*/既要有～～，又要有集中 jì yào yǒu mínzhǔ，yòu yào yǒu jízhōng *providing democracy as well as centralism* [公民 gōng一]在一国内

有国籍，享受法律上规定的公民权利并履行公民的义务的人 citizen, a person who belongs to and gives his loyalty to a particular country and who expects protection from it [国民 guó—] 指具有某国国籍的人 a member of a nation ❷指人或人群 a person, or a group of people [民族—zú] 历史上形成的人的稳定的共同体。有共同语言、共同地域、共同经济生活和表现于共同文化上的共同心理素质 nation; ethnic group, a stable group of people formed through history, living in one area, and having the same language, same economic life, and same psychological characters based on the same culture [居民 jū—] 在一个地区内较长时期固定居住，并且取得正式户籍的人或人群 resident(s); inhabitant(s), a person or a group of people living for quite a long time in a certain area, and having registered permanent residence ❸民间的 of the people; folk: ～俗 mínsú *folk custom; folkways*/～歌 míngē *folk song* ❹指从事不同职业的人 a person of a certain occupation: 农～ nóngmín *peasant*/牧～ mùmín *herdsman*/渔～ yúmín *fisherman* ❺非军事的 civilian: ～用 mínyòng *for civil use*; *civil*/～航 mínháng *civil aviation* ❻同"苠" Same as "mín".

苠 mín ㄇㄧㄣˊ 庄稼生长期较长，成熟期较晚，也作"民"(of crops) having a long growth period, and a late maturity; also written as 民: ～穄子 míncǎnzi *billion-dollar grass with along growth period*/～高粱 míngāoliang *Chinese sorghum with a long growth period*/黄谷子比白谷子～ Huánggǔzi bǐ báigǔzi mín. */The yellow millet has a longer growth period than the white millet.*

岷 mín ㄇㄧㄣˊ 岷山，山名，在四川省北部，绵延于川、甘两省边境 Mínshān, a mountain in the north of Sichuan Province, which stretches along the borderline between Sichuan and Gansu provinces

珉 mín ㄇㄧㄣˊ 像玉的石头 jade-like stone

缗 mín ㄇㄧㄣˊ ❶古代穿铜钱用的绳 string for stringing up copper coins in ancient times ❷钓鱼用的绳 fish line

旻 mín ㄇㄧㄣˊ ❶天，天空 the sky: ～天 míntiān *the sky*/苍～ cāngmín *the blue sky* ❷秋天 autumn

皿 mǐn ㄇㄧㄣˇ 器皿，盘、盂一类的东西 household utensils; containers such as tray, jar, etc.

闵 mǐn ㄇㄧㄣˇ 忧患(多指疾病死丧) sorrow; worry (usu. about diseases, or death)

悯 mǐn ㄇㄧㄣˇ ❶哀怜 commiserate; pity (圈comb. 怜—lián— *pity*): 其情可～ qí qíng kě mǐn *His case deserves sympathy.* ❷忧愁。也作"愍" sorrow; also written as "愍".

闽 mǐn ㄇㄧㄣˇ 福建省的别称 another name for Fujian Province

抿 mǐn ㄇㄧㄣˇ ❶刷，抹 smooth: ～了～头发 mǐnle mǐn tóufa *smooth one's hair* ❷收敛 close tightly; furl: ～着嘴笑 mǐnzhe zuǐ xiào *smile with closed lips; compress one's lips to smile*/水鸟一—翅，往水里一扎 Shuǐniǎo yī mǐn chì, wǎng shuǐ li yī zhā. *The water bird tucked its wings and dived into the water.* ⑪ext. 收敛嘴唇，少量沾取 sip: 他真不喝酒，连～都不～ Tā zhēn bù hē jiǔ, lián mǐn dōu bù mǐn. *He really doesn't drink wine, not even a sip.*

泯 mǐn ㄇㄧㄣˇ 消灭 vanish; die out (圈comb. —灭 —miè *die out*; *disappear*)

湣 mǐn ㄇㄧㄣˇ 古谥号用字 (in ancient times) a word used in some posthumous titles

憋(**憫) mǐn ㄇㄧㄣ 同"悯"
Same as "悯".

黾(黽) mǐn ㄇㄧㄣ [黾勉-miǎn]
努力,勉力 exert one-
self; try hard

敏 mǐn ㄇㄧㄣ ❶有智慧,反应迅速,
灵活 quick; nimble(通 comb. 一
捷 —jié quick; nimble, 灵—líng-
agile; keen):感~mǐngǎn sensitive;
susceptible/~锐 mǐnruì sharp; acute/
机~ jīmǐn alert and resourceful/敬
谢不~(婉转表示不愿意做)jìngxiè-
bùmǐn I beg to be excused. or I'm
sorry but I can't do it. ❷努力 try
hard; exert oneself: ~ 行 不 息
mǐnxíng-bùdài try one's best in doing
sth.

鳘 mǐn ㄇㄧㄣ 鳘鱼,就是鮸鱼 slate
cod croaker

MING ㄇㄧㄥ

名 míng ㄇㄧㄥ ❶(一儿-r)名字,
人或事物的称谓 name;您给他起
个~儿吧 Nín gěi tā qǐ ge míngr ba.
Would you please give him a name?
[名词一cí]表示人、地、事、物的名称
的词,如学生、北京、戏剧、桌子等
noun, a word that is the name of a
person, place, thing, quality, etc.,
eg. student, Beijing, drama, table,
etc. ❷叫出,说出 express; describe:
无以~之 wú yǐ míng zhī have no
way to describe it; cannot express it/
莫~其妙 mòmíng-qímiào be unable
to understand; unintelligable ❸名誉,
声誉 fame; reputation: 有 ~ yǒu-
míng well-known; famous/出~ chū-
míng be famous; be well-known/不为
~,不为利 bù wèi míng, bù wèi lì
seek neither fame nor gain ❹ ext. 有
声誉的,大家都知道的 famous; well-
known: ~医 míngyī a well-known
doctor/~将 míngjiàng a famous gen-

eral; a great soldier/~胜 míngshèng
a place famous for its scenery or his-
toric relics; scenic spot/~言 míngyán
well-known saying; maxim; apho-
rismc/~产 míngchǎn famous prod-
uct ❹量词,用于人 meas. (for
people):学生四~ xuésheng sì míng
four students

茗 míng ㄇㄧㄥ ❶茶树的嫩芽 ten-
der tea leaves ❷茶 tea:香~
xiāngmíng sweet scented tea/品~pǐn
míng sip tea (to judge its quality);
sample tea

洺 míng ㄇㄧㄥ 洺河,水名,在河北
省 Míng Hé, a river in Hebei
Province

铭 míng ㄇㄧㄥ ❶刻在器物上记述
生平、事业或警惕自己的文字
inscription; epigraph, sth inscribed,
such as a person's life, career, or
motto:墓志~mùzhìmíng inscription
of the memorial tomb lablet; epitaph/
座右~zuòyòumíng motto; maxim ❷
在器物上刻字 inscribe; engrave:~
诸肺腑(喻永记)míng zhū fèifǔ en-
grave on one's mind or memory (fig.
be deeply impressed)

明 míng ㄇㄧㄥ ❶亮,跟"暗"相反
bright, light; antonym of "àn
(dark)": ~ 亮 míngliàng bright;
shining/天 ~ 了 Tiān míng le. The
day is breaking. /~ 晃晃 的 刺刀
mínghuǎnghuǎng de cìdāo gleaming
boyonets ❷明白,清楚 clear; distinct:
说~ shuōmíng explain; illustrate/表
~biǎomíng make clear; state clear-
ly / 黑白分~ hēibái fēnmíng with
black and white sharply contrasted
(fig. in sharp contrast)/情况不~
qíngkuàng bùmíng The situation is
not clear. /~~是他搞的 míngmíng
shì tā gǎo de. This is obviously his
doings. or There is no doubt that it is
he who did it. ❸ trans. 懂得了解 un-
derstand; know: 深~大义 shēn-
míng dàyì know where one's loyalty

belongs；have a firm grasp of what is right and what is wrong ❸ 公开，不秘密，不隐蔽，跟"暗"相反 open；overt，antonym of"àn(secret，hidden)"：～讲 míngjiǎng explain (or say sth.) explicitly/有话～说 yǒu huà míngshuō air one's idea openly/～码售货 míngmǎ shòuhuò put goods on scale with the prices clearly stated；sell at marked prices/～枪易躲，暗箭难防 Míngqiāng yì duǒ，ànjiàn nán fáng. It is easy to dodge a spear in the open but hard to guard against an arrow shot from hiding. ❹视觉，眼力 eyesight：失～ shīmíng lose one's sight；go blind ❺能够看清事物 sharp-eyed；clear-sighted：英～yīngmíng wise；brilliant/精～jīngmíng astute；shrewd/眼～手快 yǎnmíng-shǒukuài quick of eye and deft of hand；sharp and quick ❻神明，迷信称神灵 gods；deities[明器—qì][冥器—qì]殉葬用的器物 funerary objects；burial objects ❼次(指日或年)(for dates and years) next；immediately following in time：～日 míngrì tomorrow/～年 míngnián next year ❽朝代名，朱元璋所建立(公元 1368—1644 年) the Ming Dynasty (1368—1644)，founded by emperor Zhu Yuanzhang

鸣 míng ㄇㄧㄥˊ ❶鸟兽或昆虫叫(of birds，animals or insects) cry：鸟～niǎo míng the cry (or singing) of birds/驴～lú míng the braying of an ass/蝉～chán míng the singing of cicada ❷发出声音，使发出声音 make a sound；ring：自～钟 zìmíng-zhōng striking clock；chime clock/孤掌难～gūzhǎng-nánmíng It is impossible to clap with one hand. or It is hard to succeed without support. /～炮 míng-pào fire a gun ❸表达，发表(情感、意见、主张) express；voice (feelings，opinion，suggestion)：～谢 míngxiè express one's thanks formal-

ly/～不平 míng bùpíng complain of unfairness；cry out against injustice

冥 míng ㄇㄧㄥˊ ❶昏暗 dark；obscure ⑰ ext. 愚昧 dull；stupid：～顽不灵 míngwán-bùlíng dull and stupid；thick-headed ❷深奥，深沉 deep；profound：～思苦想 míngsī-kǔxiǎng think long and hard；contemplate deeply ❸迷信的人称人死以后进入的世界 underworld；the nether world ❹[冥蒙—méng][溟濛—méng]形容烟雾弥漫 filled with mist and smoke；misty

蓂 ㊀míng ㄇㄧㄥˊ [蓂荚—jiá]传说中尧时的一种瑞草 a kind of lucky grass in the middle part of the legendary Yao dynasty of Tang Yao，a sage Emperor in ancient China
㊁ mì 见 452 页 See p. 452

溟 míng ㄇㄧㄥˊ 海 sea：北～有鱼 Běimíng yǒu yú. There is fish in the North sea.

暝 míng ㄇㄧㄥˊ ❶日落，天黑 sunset；(of the sky) grow dark ❷黄昏 dusk；evening twilight

瞑 míng ㄇㄧㄥˊ 闭眼 close one's eyes：～目(多指人死时心中无牵挂)míngmù close one's eyes in death (fig. die content)

螟 míng ㄇㄧㄥˊ 螟虫，螟蛾的幼虫，有许多种，如三化螟、二化螟、大螟、玉米螟等。危害农作物 any of various kinds of snout moth's larva，such as yellow rice borer，striped rice borer，corn borer，etc.，which are harmful to crops
[螟蛉—líng]一种绿色小虫 corn earworm ⑰ trans. 义子，抱养的孩子。adopted son 也叫"螟蛉子"。参看"蜾蠃"(guǒluǒ)。also called "mínglíngzi". See "guǒluǒ".

酩 míng ㄇㄧㄥˊ [酩酊—dǐng]醉得迷迷糊糊的 be dead drunk：～～大醉 míngdǐng-dàzuì be dead drunk

命 mìng ㄇㄧㄥˋ ❶生命,动物、植物的生活能力,也就是跟矿物、水等所以有区别的地方:life, the active force that makes those forms of matter (animals and plants) that grow through feeding and produce young forms like themselves, different from all other matter (minerals, water, etc.):性～ xìngmìng *life* / 救～ jiùmìng *save sb's life*;*Helf! Help!* / 拼～pīnmìng *risk one's life*; *exert the utmost strength* ❷迷信的人认为生来就注定的贫富、寿数等:lot; fate, the imaginary cause beyond human control that is believed to decide events:算～打卦瞎胡说 suànmìng dǎguà xiāhúshuō *tell fortunes, and talk nonsense* ❸上级对下级的指示:order; commandation(⑧ comb. 一令一command⑧ *order*; *command*):奉～ fèngmìng *receive orders*; *act under orders*/遵～ zūnmìng *comply with your wish*; *obey your command*/～令大军前进 mìnglìng dàjūn qiánjìn *order the army to march on* ❹给与(名称等) assign (a name, etc.):～名 mìngmíng *name* (sb. or sth.)/～题 mìngtí *assign a topic*; *set a question* [命中—zhòng]射中或击中目标 hit the target; score a hit ❺指派;使用 order; command:～驾 mìngjià *order to start for somewhere*;*going to some destination by car*/ ～笔 mìngbǐ *take up one's pen*; *set pen to paper*

MIU ㄇㄧㄡ

谬 miù ㄇㄧㄡˋ ❶错误的,不合情理的 wrong; false:～论 miùlùn *fallacy*; *false* (or *absurd*) *theory*/荒～ huāngmiù *absurd*; *presposterous* ❷差错 error; mistake:失之毫厘,～以千里 Shī zhī háolí, miù yǐ qiān lǐ. *The discrepance of a single hair will lead to an error of a thousand li.* (*fig.* A

small discrepance leads to a great error.)

缪 ㊂ miù ㄇㄧㄡˋ 见 500 页 "纰" 字条 [纰缪 pī—] See [pīmiù] under entry of "pī", p.500

㊀ miào 见 456 页 See p.456

㊁ móu 见 465 页 See p.465

MO ㄇㄛ

摸 mō ㄇㄛ ❶用手接触或轻轻抚摩 feel; stroke:～小孩儿的头 mō xiǎoháir de tóu *stroke the child's head*/～～多光滑 mōmō duōguānghuá *feel how smooth* (it is) ❷用手探取 feel for; grope for:～鱼 mō yú *grope for fish* (in water)/从口袋里～出一张钞票来 cóng kǒudai li mō chū yī zhāng chāopiào lái *feel in one's pocket and produce a bill* ㊂ ext. 1. 揣测,试探 try to find out; feel out:～底 mōdǐ *try to find out the real intention or situation*; *sound sb out* / 我～准了他的脾气了 Wǒ mōzhǔnle tā de píqi le. *I've got to know his person* (his temper). /～不清他是什么意思 Mō bu qīng tā shì shénme yìsi. *We can't find out what he wants* (or his intention). 2. 在黑暗中行动,在认不清的道路上行走 grope (one's way in the dark):～营 mōyíng *steal up to an enemy's camp in the dark*/～黑 mōhēi *grope one's way on a dark night*/～了半夜才到家 mōle bànyè cái dào jiā *arrive at home after groping one's way for a long time in the night* [摸索—suǒ]多方面探求、寻找 grope; try to find out:工作经验靠大家～～Gōngzuò jīngyàn kào dàjiā mōsuǒ. *It depends on all the members to find out their working experiences.*

谟 mó ㄇㄛˊ 计谋,计划 plan:宏～ hóngmó *a grand plan*; *a great project*

馍(＊饃) mó ㄇㄛˊ〈方 dial.〉面制食品，通常指馒头(叠 redup.) food made of flour, usu. steamed bun or steamed bread

嫫 mó ㄇㄛˊ[嫫母—mǔ]传说中的丑妇 (in legends) an ugly woman

摹 mó ㄇㄛˊ仿效，照着样子做 copy; trace：临～ línmó copy (a model of calligraphy or painting)/把这个字～下来 bǎ zhège zì mó xialai copy down this character

模 ㊀ mó ㄇㄛˊ ❶法式，规范 pattern; standard：楷～ kǎimó model; example [模型—xíng]依照原物或计划中的事物(如建筑)的形式做成的物品 model; mould, a small representation or copy of sth or of sth projected (such as buildings) [模特儿—tèr](外 foreign)写生、雕塑时的描摹对象或参考对象，有时也指某些示范表演者(loanword) model, a person or thing who serves as an artist's object of painting or drawing, etc., or a person employed to wear articles of clothing to show them to possible buyers：时装～～shízhuāng mótèr fashion model ❷仿效 imitate (逮 comb. —仿 —fǎng imitate)：儿童常～仿成人的举止动作 Értóng cháng mófǎng chéngrén de jǔzhǐ dòngzuò. The child often imitates the manners and movements of the grown up. ❸模范 model; an exemplary person or thing：劳～láomó model worker/英～yīngmó heroes and exemplary persons [模糊—hu]不分明，不清楚 blurred; indistinct [模棱—léng]意见或语言含糊，不肯定 (of opinions or words) ambiguous; uncertain：～～两可 móléng-liǎngkě equivocal; ambiguous

㊁ mú 见 465 页 See p. 465

膜 mó ㄇㄛˊ ❶(—儿—r)动植物体内像薄皮的组织 membrane, soft thin skin in the body：肋～lèimó pleura/耳 ～ ěrmó tympanic membrane; eardrum/横膈 ～ hénggémó diaphragm/苇 ～ wěimó reed membrane ❷(—儿—r)像膜的薄皮 film; thin coating：橡皮～儿 xiàngpímór a film of rubber

麽 ㊀ mó ㄇㄛˊ[幺麽 yāo—]微小 tiny; insignificant：～～小丑 yāomó xiǎochǒu a depicable wretch; a petty low blackguard

㊁ me 见 443 页"么" See "me", p.443

嬷 mó ㄇㄛˊ[嬷嬷—mo]1.旧时称奶妈为嬷嬷(old use) wet nurse 2.〈方 dial.〉称呼老年妇女 old woman

摩 ㊀ mó ㄇㄛˊ ❶摩擦，蹭(cèng) rub; scrape：～拳擦掌 móquán-cāzhǎng rub one's fist and palms; roll up one's sleeves for action [摩挲—suō]用手抚摩 stroke; caress ❷抚摩，摸 stroke; touch：～弄 mónòng stroke/按～ànmó massage ❸研究切磋 mull over; study [观摩 guān—]观察之后，加以研究，吸收别人的优点 inspect and learn from each other's work; view and emulate：～～教学 guānmó jiàoxué learn how to teach by observing other teachers' classes and emulating their teaching methods [摩托—tuō](外 foreign)用汽油、柴油等发动的机器(loanword) motor, machine driven by petrol or diesel oil power：～～车 mótuōchē motorcycle; motorbicycle/～～船 mótuōchuán motorboat/～～化部队 mótuōhuà bùduì motorized troops

㊁ mā 见 433 页 See p. 433

磨 ㊀ mó ㄇㄛˊ ❶摩擦 rub; grind：～刀 módāo grind a knife; sharpen a knife/～墨 mómò rub an inkstick against an inkstone; make ink for writing with a brush [磨合—hé]新组装的机器经过一定时期的使用，把摩擦面上的加工痕迹磨光而变得更加密合 breaking-in; wear-in, (of

M

the friction surfaces of newly made machinery) become smooth and attach to each other more closely after a period's running[磨炼—liàn][磨练—liàn]锻炼，下工夫 temper oneself; steel oneself ❷阻碍，困难 trouble; hardship (龜 comb. —难—nàn *tribulation*; *hardship*, 折—zhé—*cause suffering*; *torment*):好(hǎo)事多~ hǎoshì-duōmó *The realization of good things is usually preceded by rough goings.* or *The road to happiness is strewn with setbacks.* 囤 ext. 纠缠 nag; worry:小孩子~人 xiǎoháizi mórén *Children are troublesome.* ❸拖延，耗时间 dawdle; waste time:~工夫 mó gōngfu *consume time* ❹逐渐消失，消灭 obliterate; die out:百世不~ bǎishì-bùmó *will endure for centuries*/这是永不~灭的真理 Zhè shì yǒng bù mómiè de zhēnlǐ. *This is an indelible truth.* [消磨 xiāo—]1. 使精力等逐渐消失 1. wear out; fritter away (one's energy, etc.):~~志气 xiāomó zhìqì *sap one's will* 2. 消耗 while away; idle away:大好光阴不能白白~~掉 Dàhǎo guāngyīn bù néng báibái xiāomó diào. *The golden time shouldn't be whiled away* (without accomplishing anything).

㈡ mò 见 464 页 See p. 464

蘑 mó ㄇㄛˊ 蘑菇，食用蕈(xùn)类，如口蘑、松蘑 mushroom, an edible fungus, such as kǒumó (a kind of dried mushroom in Zhangjiakou) and sōngmó (pine mushroom)

魔 mó ㄇㄛˊ ❶迷信传说指害人性命、迷惑人的恶鬼 (in superstition and legends) evil spirit; demon:妖~鬼怪 yāomó-guǐguài *evil spirits of all kinds*; *demons and ghosts*/恶~ èmó *demon*; *devil* [入魔 rù—]嗜好成癖，入迷 be infatuated; be spellbound:他搞无线电搞得~~了 Tā gǎo wúxiàndiàn gǎo de rùmó le.

He's got a mania for radios. ❷不常，奇异的 magic; mystic;~力 mólì *magical power*; *magic*/~术 móshù *magic*; *conjuring*

劘 mó ㄇㄛˊ 切削 cut

抹 ㈠ mǒ ㄇㄛˇ ❶涂 put on; smear (龜 comb. 涂—tú—*smear*; *paint*):伤口上~上点药 Shāngkǒu shang mǒshang diǎn yào. *apply some ointment* (medicine) *onto the wound*/~上石灰 mǒshang shíhuī *smear* (the wall, etc.) *with lime* ❷揩，擦 wipe:~眼泪 mǒ yǎnlèi *wipe one's tears*; *be weeping*/一~一手黑 yī mǒ yī shǒu hēi *get one's hand dark with one wiping* ❸除去 cross (strike, blot) out; erase:~零儿(不计算尾数) mǒ língr *not count the small change* (in a payment); *not count the odd amount in addition to the round number*/~掉几个字 mǒdiào jǐge zì *cross out a few words* [抹杀—shā][抹煞—shā]一概不计，勾销 blot out; obliterate:一笔~~ yībǐ-mǒshā *be written off at one stroke*; *completely deny*

㈡ mò 见 463 页 See p. 463

㈢ mā 见 433 页 See p. 433

万 ㈠ mò ㄇㄛˋ [万俟—qí]复姓 a compound surname

㈠ wàn 见 668 页 See p. 668

末 mò ㄇㄛˋ ❶梢，梢，尖端，跟"本"相反 tip; end, antonym of "běn":~梢 mòshāo *tip*; *end* / 本~倒置 běnmò-dàozhì *take the branch for the root* (*fig.* confuse the cause and effect)/ 秋毫之~ qiūháozhīmò *the tip of an animal's autumn hair* (*fig.* the minutest detail in everything)/细枝~节(比喻事情不重要的部分)xìzhī-mòjié *fig. trivial matter of no importance*; *triffles* ❷最后，终了(liǎo)，跟"始"相反 end; last stage, antonym of "shǐ"(龜 comb. 一尾—wěi *end*):十二月三十一日是一年的最~一天

Shí'èryuè sānshíyīrì shì yī nián de zuìmò yī tiān. *December thirty-first is the last day of a year.* ❸(一子一zi、一儿一r)碎屑 powder；dust（連comb. 粉一fěn— *powder*)：粉笔~儿 fěnbǐmòr *chalk dust* / 茶叶~儿 cháyèmòr *broken tea leaves*；*tea dust* / 把药材研成~儿 bǎ yàocái yán-chéng mòr *grind medical herbs into powder* ❹传统戏曲里扮演中年男子的角色 the role of a middle-aged man in traditional operas

抹 ⊖ mò ㄇㄛˋ 涂抹，泥（nì）daub；plaster：他正在往墙上~石灰 Tā zhèngzài wǎng qiáng shang mò shíhuī. *He is daubing some lime on the wall.*

⊖ mǒ 见 462 页 See p.462
⊜ mā 见 433 页 See p.433

茉 mò ㄇㄛˋ [茉莉—lì]1. 常绿灌木，花白色，很香，常用来熏制茶叶 jasmine, an evergreen bush with very fragrant white flowers that can be used in curing the tea 2. 紫茉莉，又叫"草茉莉"。一年生或多年生草本植物，花有红、白、黄、紫各色。胚乳粉质，可作化妆粉用 four-o'-clock, an annual or perennial herbecuous plant that has red, white, yellow, or purple flowers. Its endosperm is powdery and can be used as cosmetics powder

沫 mò ㄇㄛˋ（一子一zi、一儿一r）液体形成的许多细泡 foam；froth（連comb. 泡一pào— *foam*；*froth*)：肥皂~儿 féizàomòr *soapsuds*；*lather* / 唾~（tuòmo）tuòmo *saliva*；*spittle*

妺 mò ㄇㄛˋ 古人名用字 a character used in a person's name in ancient times

秣 mò ㄇㄛˋ ❶牲口的饲料 fodder；粮~ liángmò *grain and fodder*；*army provisions* ❷喂牲口 feed animals：~马厉兵（喂马、磨兵器）mòmǎ-lìbīng *sharpen the weapons and feed the horses*；*prepare troops for service in the fields*

鞨 mò ㄇㄛˋ [鞨鞨一hé]我国古代东北方的民族 a north-eastern nationality in ancient China

没 ⊖ mò ㄇㄛˋ ❶隐在水中 sink；submerge：~入水中 mòrù shuǐ zhōng *submerge*（into the water）；dive ㊫ ext. 隐藏 hide；disappear：深山有猛虎出~ Shēnshān yǒu měnghǔ chūmò. *Fierce tigers haunt in remote mountains.* [没落—luò]衰落，趋向灭亡 decline；wane：~~阶级 mòluò jiējí *a declining class* ❷漫过，高过 overflow；rise beyond：水~了头顶 Shuǐ mòle tóudǐng *The water has risen above a man's head.* / 庄稼都长得~人了 Zhuāngjia dōu zhǎng de mò rén le. *The crops have grown above*（a man's head）*people.* ❸把财物扣下 confiscate；take possession of：~收赃款 mòshōu zāngkuǎn *confiscate illicit money* ❹终，尽 till the end：~世（指终生，一辈子）mòshì *all one's life*；*life long* ❺同"殁" Same as "殁（die)".

⊖ méi 见 443 页 See p.443

殁 mò ㄇㄛˋ 死。也作"没" die. also written as 没

陌 mò ㄇㄛˋ 田间的小路 a path between fields（連comb. 阡一qiān— *criss-cross footpaths between fields*)：~头杨柳 mòtóu yángliǔ *roadside willows* [陌生—shēng]生疏，不熟悉 strange；unfamiliar

貊 mò ㄇㄛˋ 我国古代称东北方的民族 north-eastern nationalities in ancient China

冒 ⊖ mò ㄇㄛˋ [冒顿—dú]汉初匈奴族的一个君主名 a monarch of Xiongnu in the early Han Dynasty

⊖ mào 见 442 页 See p.442

脉（*脉、**眽）⊖ mò ㄇㄛˋ [脉脉——]形容用眼神表达爱慕的情意（of the eyes）affectionate；loving：~~含情

mòmò-hánqíng *amorous*; *languishing*

㈠ mài 见 436 页 See p.436

莫 mò ㄇㄛˋ ❶不要 do not:闲人～入 Xiánrén mò rù. *No admittance to outsiders.* or *Admittance to staff only.* ❷没有,无 no one; none:～不欣喜 mòbù xīnxǐ *Everyone was happy.* / ～大的光荣 mòdà de guāngróng *greatly honoured*[莫非—fēi]难道 can it be that; is it possible that:～～是他回来了吗 Mòfēi shì tā huílai le ma? *Is it possible that he's come back?* [莫逆—nì]朋友之间感情非常好 very friendly; intimate:～～之交 mònì zhījiāo *bosom friends*; *friends with complete mutual understanding* [莫须有—xūyǒu]也许有吧. 后用来表示凭空捏造 there may be; maybe (later use.) *fabulous*; *groundless* ❸不 no; not:变化—测 biànhuà-mòcè *so full of rapid changes as to be unpredictable*; *changing unpredictably* ❹[莫邪—yé]古宝剑名 the very sharp sword in ancient China 〈古 arch.〉又同"暮" also Same as "暮(evening)".

蓦 mò ㄇㄛˋ 突然,忽然 suddenly:他～地站起来 Tā mò de zhàn qilai. *He stood up suddenly.*

漠 mò ㄇㄛˋ ❶地面为沙石覆盖,缺乏流水,气候干燥,植物稀少的地区 desert, a large sandy piece of land where there is very little rain and less plant life than elsewhere [广漠 guǎng—]广大看不到边际 vast and bare ❷冷淡地,不经心地 indifferent; unconcerned:～视 mòshì *treat with indifference*; *ignore*/～不关心 mòbùguānxīn *be indifferent to*; *care nothing about*

寞 mò ㄇㄛˋ 寂静,清静 lonely; deserted(叠 comb. 寂—jì—*lonely*; *quiet*):～～mòmò *quiet*; *deserted*/—然 mòrán *lonely*

镆 mò ㄇㄛˋ [镆铘—yé]同"莫邪" Same as "莫邪(Mòyé)".

瘼 mò ㄇㄛˋ 病 illness:民～(人民的痛苦)mínmò *hardships of the people*

獏 mò ㄇㄛˋ 哺乳类动物. 像猪而略大,鼻子圆而长,能伸缩. 产于热带,善游泳 tapir, a tropical mammal that is like the pig but a bit larger, has a round long nose that can stretch out and draw back, and is good at swimming

嘿 ㈠ mò ㄇㄛˋ 闭口不说话. 同"默" with one's mouth shut; silent Same as "默(silent)".
㈠ hēi 见 248 页 See p.248

墨 mò ㄇㄛˋ ❶写字绘画用的黑色颜料 China (*or* Chinese) ink; ink stick:一锭～ yī dìng mò *a piece of ink stick*/～汁 mòzhī *prepared Chinese ink* ❷写字、绘画或印刷用的各色颜料 pigment; ink:红～hóngmò *red ink*/ 蓝～lánmò *blue ink* ❸名家写的字或画的画 handwriting or painting by famous people:～宝 mòbǎo *treasured scrolls of calligraphy or painting* ❹黑色或近于黑色的 black or near-black:～晶(黑色的水晶)mòjīng *smoky quartz*/～菊 mòjú *black chrysanthemum* ❺贪墨,贪污 corruption; graft:～吏 mòlì *corrupt officials* ❻古代的一种刑罚,在脸上刺刻涂墨 tabooing the face (a kind of punishment in ancient China)

默 mò ㄇㄛˋ 不说话,不出声(叠 redup.) silent; tacit:沉～chénmò *silent*; *reticent*/～～不语 mòmò bù yǔ *without saying a word*; *silent*/～读 mòdú *read silently*/～写(凭记忆写出)mòxiě *write from memory*/～认(心里承认)mòrèn *give tacit consent to*; *acquiesce to*

磨 ㈠ mò ㄇㄛˋ ❶把粮食弄碎的工具 mill; millstone:石～shímò *millstones*/电～diànmò *electric mill* ❷用磨把粮食弄碎 grind; mill:～豆腐 mò dòufu *grind soya beans to make*

bean curd/～面 mòmiàn *mill flour* ❸
掉转 turn round：小胡同不能～车
Xiǎo hútòng bù néng mòchē. *You
can't turn the car round inside the
lane.*

　㊀ mó 见 461 页 See p. 461

礳 mò ㄇㄛˋ [磻石渠－shíqú]地名，
在山西省 a place in Shanxi
Province

礳 mò ㄇㄛˋ 耢(lào) a farm tool used
to level land；or level land with
this tool

MOU ㄇㄡ

哞 mōu ㄇㄡ 拟声词，牛叫的声音
onom. (the sound made by an
ox) moo；bellow

牟 ㊀ móu ㄇㄡˊ 贪取 try to gain；
obtain：投机商哄抬物价，借机～
利 Tóujīshāng hōngtái wùjià，jièjī
móulì. *Speculators seek private inter-
ests by way of driving up prices.*

　㊁ mù 见 467 页 See p. 467

侔 móu ㄇㄡˊ 相等，齐 equal；match

眸 móu ㄇㄡˊ （－子－zi）眼中瞳人，
泛指眼睛 pupil（of the eye）；
eye：凝～远望 níng móu yuǎn wàng
gaze into the distance

蛑 móu ㄇㄡˊ 见 784 页"蝤"字条"蝤
蛑 yóu－" See "yóumóu" under
entry of "yóu"，p. 784

谋 móu ㄇㄡˊ ❶计划，计策，主意
plan；scheme（⊕comb. 一略－
lüè *strategy*，计 － jì － *scheme*；
stratagem）：有勇无 ～ yǒuyǒngwú-
móu *more brave than wise*；*bold but
not crafty* ❷设法寻求 work for；
seek：～职 móuzhí *look for a job*；*ap-
ply for a post*/为人民～幸福 Wèi
rénmín móu xìngfú. *work for the
happiness of the people* ❸商议 con-
sult：不～而合 bùmóu'érhé *be per-
fectly in harmony without previous*

consultation；*happen to hold the same
view*

缪 ㊀ móu ㄇㄡˊ [绸缪 chóu－]1. 修
缮 repair：未雨～（喻事先做好
准备）wèiyǔ-chóumóu *repair the
house before it rains*（*fig.* take pre-
ventive measures）2. 缠绵 be senti-
mentally attached：情谊～～qíngyì
chóumóu *be head over heels in love*

　㊁ miào 见 456 页 See p. 456
　㊂ miù 见 460 页 See p. 460

鍪 móu ㄇㄡˊ 古代的一种锅 a kind
of pot in ancient times[兜鍪 dōu
－]古代打仗时戴的盔 helmet（worn
by soldiers in battlefields in ancient
times）

某 mǒu ㄇㄡˇ 代替不明确指出的人、
地、事、物等用的词：（of people，
place，thing，etc.）certain；some：～
人 mǒu rén *a certain person*；some-
one/～国 mǒu guó *a certain country*/
～天 mǒu tiān *on a certain day*；some-
day/张～ Zhāng mǒu *a certain person
called Zhang*；*a certain Zhang*/～～
学校 mǒumǒu xuéxiào *a certain
school*

MU ㄇㄨ

毪 mú ㄇㄨˊ 毪子，西藏产的一种毪
氆（pǔlu）a woolen fabric pro-
duced in Tibet for making blankets，
garments，etc.

模 ㊀ mú ㄇㄨˊ （－儿－r）模子
mould；matrix：字 ～ 儿 zìmúr
（type）*matrix*/铜～儿 tóngmúr *ma-
trix*；*copper mould*[模子－zi]用压
制或浇灌的方法制造物品的工具
mould；matrix，a hollow vessel of
metal，stone，etc.，having a particu-
lar shape，into which melted metal or
some soft substance is poured，so
that when the substance becomes
cool or hard，it takes this shape[模
样－yàng]形状，容貌 appearance；

M

look

㈠ mó 见 461 页 See p. 461

母 mǔ ㄇㄨ ❶母亲，妈妈，娘 mum；mother：～系 mǔxì *maternal*；*matrilineal*/～性 mǔxìng *maternal instinct* ❷对女性长辈的称呼 one's female elders：姑～ gūmǔ *father's*（married）*sister*；舅～ jiùmǔ *wife of mother's brother*；*aunt*/姨～ yímǔ（married）*maternal aunt*；*aunt* ❸雌性的 female：鸡 mǔjī *hen*/这口猪是～的 Zhè kǒu zhū shì mǔ de. *This is a female pig*（*or sow*）. ❹事物所从产生出来的 origin；parent：～校 mǔxiào *one's old school*；*Alma Mater* /～株 mǔzhū *maternal plant*；*mother plant* /工作～机 gōngzuò mǔjī *machine tool*/失败为成功之～ Shībài wéi chénggōng zhī mǔ. *Failure is the mother of success*.㈤ ext. 一套东西中间可以包含其他部分的：nut；a part of a set of articles that can hold the other part：子～环 zǐmǔhuán *composite hoop*；*snap ring*/子～扣 zǐmǔkòu *snap fastener*；*popper*/螺丝～luósīmǔ（screw）*nut*［母音—yīn］见 795 页"元"字条"元音" See yuányīn under entry of "yuán", p. 795

拇 mǔ ㄇㄨ 拇指，手脚的大指 thumb, or big toe

姆 mǔ ㄇㄨ 保姆，负责照管儿童或料理家务的女工 housemaid, or（children's）nurse

牳 mǔ ㄇㄨ 牛名 name used for ox

牡 mǔ ㄇㄨ 雄性的鸟、兽，跟"牝"相对。又指植物的雄株（opposite to "pìn"）male of some birds or animals；also male plant：～麻 mǔmá *male hemp*

亩（畝） mǔ ㄇㄨ 土地面积单位，一般以 60 平方丈为 1 亩 mǔ, a unit of area（1 mǔ = 60 square zhàng）

姥 ㈠ mǔ ㄇㄨ 年老的妇人 old woman

㈡ lǎo 见 383 页 See p. 383

木 mù ㄇㄨ ❶树木，树类植物的通称 tree；arbor［木本植物—běn zhíwù］具有木质茎的植物，如松柏等 woody plant, plants having woody stems, such as pine tree, cypress, etc ❷（一头—tou）供制造器物或建筑用的木料 wood；timber（for making utensils or for building）：～材 mùcái *wood*；*timber*/枣～zǎomù *jujube wood*/杉～ shānmù *fir wood*（lumber）❸用木料制成的 made of wood；wooden：～器 mùqì *wooden furniture*；*wooden articles*/～犁 mùlí *wooden plough* ❹棺材 coffin：棺～ guānmù *coffin*/行将就～ xíngjiāngjiùmù *be near one's end*；*be getting nearer the coffin* ❺感觉不灵敏，失去知觉 numb；wooden（⑯ comb. 麻～má — numb）：手脚麻～ shǒujiǎo mámù *have numb hands and feet*/舌头发～shétou fāmù *The tongue has lost its sense of taste*.

沐 mù ㄇㄨ 洗头 wash one's hair：栉（zhì）风～雨（喻奔波辛苦）zhìfēngmùyǔ *be combed by the wind and washed by the rains*（*fig.* travel or work despite wind and rain）［沐浴—yù］洗澡 have（*or* take）a bath

霂 mù ㄇㄨ 见 437 页"霢"字条"霢mài—" See "màimù" under entry of "mài", p. 437

目 mù ㄇㄨ ❶眼睛 eye：～瞪口呆 mùdèng-kǒudāi *be stunned*（speechless）；*dumbstruck*/～空一切（自高自大）mùkōng-yīqiè *look down upon everything*；*snuffy*［目标—biāo］1. 射击、攻击或寻求的对象 aim；target：对准～～射击 duìzhǔn mùbiāo shèjī *aim at the target and open fire*/不要暴露～～bùyào bàolù mùbiāo *Don't give away your position.* 2. 想达到的境地 objective；aim：实现四个现代化是我们奋斗的～～Shíxiàn sì ge xiàndàihuà shì wǒmen fèndòu de mùbiāo. *The realization of the Four Modernizations is the objective of our struggle.*[目前—qián][目下—xià]眼前，现在 at present; at the moment ❷ 看 look；一～了然 yīmù-liǎorán *be clear at a glance; understand at a glance* ❸ 大项中再分的小项 item（within a larger category）：大纲细～dàgāng xìmù *the outline and the specific items* ❹ 目录 catalogue; a table of contents；剧～jùmù *a list of plays or operas*/书～shūmù *booklist; title catalogue* ❺ 计算围棋比赛输赢的单位（in wéiqí）mù is a unit used in counting the winnings or losses of the game

苜 mù ㄇㄨ [苜蓿—xu]多年生草本植物，叶子长圆形，花紫色，果实为荚果。可以喂牲口、做肥料 lucerne, alfalfa; a perennial herbecuous plant that has oval leaves, purplish flowers and pods, and can feed animals or be used as fertilizer

钼 mù ㄇㄨ 一种金属元素，符号 Mo，银白色，在空气中不易变化。可与铝、铜、铁等制成合金。为电子工业重要材料 molybdenum, a silver-white metallic element that does not change easily in the air, can form an alloy with aluminum or copper, and is an important material in electronics industry; symbol: Mo

仫 mù ㄇㄨ [仫佬族—lǎozú]我国少数民族，参看附表 the Mulam（Mulao）nationality, a minority nationality in China; see Appendix

牟 ㊀ mù ㄇㄨ [牟平—píng]地名，在山东省 a place in Shandong Province
㊁ móu 见 465 页 See p.465

牧 mù ㄇㄨ 放养牲口 tend（sheep, cattle, etc.）; herb：～羊 mùyáng *tend sheep*/～童 mùtóng *shepherd boy; buffalo boy*/～场 mùchǎng *greasing land; pastureland* / 畜～业 xùmùyè *animal husbandry; livestock farming* / 游～yóumù *move about in search of pasture*; nomad [牧师—shī]基督教的教士，管理教堂及礼拜等事务 pastor; minister, a Christian religious group leader in charge of a church and its members

募 mù ㄇㄨ 广泛征求 raise; collect：～捐 mùjuān *solicit contributions; collect donations*/～了一笔款 mùle yī bǐ kuǎn *have raised a sum of money（or fund）*

墓 mù ㄇㄨ ❶ 埋死人的地方 grave; tomb（⊕ comb. 坟—fén—grave; tomb）：公～gōngmù *cemetery*/烈士～lièshìmù *the tomb of a revolutionary martyr* ❷ 与墓相关的 of the grave（or tomb）：～碑 mùbēi *tombstone; gravestone* / ～地 mùdì *graveyard; burial ground* / ～道 mùdào *path leading to a grave; tomb passage*

幕 mù ㄇㄨ ❶ 帐 curtain; canopy 1.覆盖在上面的 tent（⊕ comb. 帐—zhàng—tent）2. 垂挂着的 curtain; screen：银～yínmù（motion-picture）*screen; projection screen*/开～kāimù *the curtain rises*[内幕 nèi—]内部的实际情形（多指隐秘的事）what goes on behind the scenes; inside story [黑幕 hēi—]暗中作弊捣鬼的事情 inside story of a plot, shady deal, etc. ❷ 古代将帅办公的地方 office of a commanding general in ancient times：～府 mùfǔ *office of a commanding general in ancient China* ❸ 话剧或歌剧的较完整的段落 act（of a play or an opera）：独～剧 dúmùjù *one-act-play*
〈古 arch.〉又同沙漠的"漠 mò" also same as "漠" in "shāmò（desert）"

暮 mù ㄇㄨ ❶ 傍晚，太阳落的时候 dusk; sunset：朝～zhāomù *morning and evening; from dawn to dusk* [暮气—qì]⊕ *fig.* 精神衰颓，

不振作 lethargy; apathy ❷晚,将尽 towards the end; late: ～春 mùchūn *late spring* / ～年 mùnián *declining years; old age* / 天寒岁～ tiānhán suìmù *The weather is cold and the year is drawing towards the end.* or *Cold weather sets in as the year draws to its close.*

慕 mù ㄇㄨ ❶羡慕,仰慕 admire: ～名 mùmíng *out of admiration for a famous person* ❷思念 yearn for: 思～ sīmù *think of sb.*

睦 mù ㄇㄨ 和好,亲近 peaceful; harmonious(遥 comb. 和— hé— harmony; concord): ～邻(同邻家或邻国和好相处) mùlín *good neighbourliness* (with one's neighbour or a neighbouring country)

穆 mù ㄇㄨ ❶温和 gentle; mild ❷恭敬 solemn; reverent(遥 comb. 肃— sù— *solemn and quiet; solemn and respectful*)(叠 redup.)

M

tā hěn náshǒu. *He is very good at it.* or *He is an expert at it.* ❸拿捏，挟(xié)制 put sb. in a difficult position；这样的事～不住人 Zhèyàng de shì nábuzhù rén. *Don't think that you can make things difficult by doing the job.* ❹侵蚀，侵害 erode；(of chemical agent, etc.) turn sth bad；这块木头让药水～白了 Zhè kuài mùtou ràng yàoshuǐ ná bái le. *The chemical agent has bleached the wooden block.* ❺逮捕，捉(逮 comb. 捉—seize；capture zhuōná *capture*)：～获 náhuò *apprehend* (a criminal) / 猫～老鼠 Māo ná lǎoshǔ. *The cat seizes a rat.* ❻把 take；treat：我～你当朋友看待 Wǒ ná nǐ dāng péngyou kàndài. *I take you as a friend.* ❼用 use；with：～这笔钱做身制服 ná zhè bǐ qián zuò shēnr zhìfú *make a uniform with the money*

N 3

N 3

唔 ⊖ ń 3 (又also)同"嗯⊖"Same as "嗯⊖"
　⊖ wú 见 683 页 See p. 683
　⊜ ńg见 476 页 See p. 476

嗯 ⊖ ń 3 (又also) 见 476 页 ńg See p. 476

嗯(**唔)⊖ ň 3 (又also) 见 476 页 ňg See p. 476

嗯(**呒)⊜ ǹ 3 (又also)见 477 页 ǹg See p. 477

NA 3Y

那 ⊖ Nā 3Y 姓 a surname
　⊜ nà 见 470 页 See p. 470
　⊜ nèi 见 475 页 See p. 475

拿(*拏) ná 3Y ❶用手取，握在手里 take；hold：～笔 nábǐ *hold a pen*/～枪 ná qiāng *hold a gun*/～张纸来 ná zhāng zhǐ lái *Bring a piece of paper over here.* or *Fetch me a piece of paper.* /～着镰刀割麦子 názhe liándāo gē màizi *cut wheat with a sickle* ❷掌握，把握 have a firm grasp of；be sure of：～主意 ná zhǔyi *make a decision*/做好做不好，我可～不稳 Zuòhǎo zuò bu hǎo, wǒ kě ná bu wěn. *I'm not sure if I can do it well.* [拿手—shǒu]擅长，特长 be good at；expert：～～好戏 náshǒu hǎoxì *the play that an actor does best；a game or trick one is good at*/做这样的事，他很～～ Zuò zhèyàng de shì

镎 ná 3Y 一种放射性元素，符号 Np neptunium, a radioactive element；symbol：Np

哪 ⊖ nǎ 3Y 代词 pron. 1. 表示疑问，后面跟量词或数量词，表示要求在所问范围中有所确定 used before a measure word or a numeral, indicating a demand for affirmation in a question：你喜欢读一种书？Nǐ xǐhuan dú nǎzhǒng shū？*What kind of books do you prefer?* [哪儿—r][哪里—li] where；wherever 什么地方：你在～～住？Nǐ zài nǎr zhù？*Where do you live?* /～～有困难，就到～～去 Nǎli yǒu kùnnan, jiù dào nǎli qù. *go wherever there is difficulty* 转 trans. 用于反问句 used in rhetorical questions：我～～知道？Wǒ nǎli zhīdào？*How can I know it?* (我不知道 Wǒ bù zhīdào. *I don't know it.*)/他～～笨啊？Tā nǎr bèn a？*Who says he is stupid?* (他不笨 Tā bù bèn. *He is not stupid.*)/这项工作一个人～～能做好？Zhè xiàng gōngzuò yī ge rén nǎr néng zuòhǎo？*How can one person do the job well?* (一个人做不好 yī gè rén zuò bu hǎo *One person cannot do it well.*)2. 表示反问 used in rhetorical questions to express negation：没有耕耘，～有收获 Méiyǒu gēngyún, nǎryǒu shōuhuò. *How can you reap without sowing?* or *No pains, no gains.*

㊂ něi 见 475 页 See p. 475

㊁ na 见本页 See the same page.

㊃ né 见 475 页 See p. 475

那 ㊀ nà ㄋㄚˋ 代词 *pron.* 指较远的时间、地方或事物，跟"这"相反 that, referring to a relatively distant time, place or object, antonym of zhè：～时 nàshí *then*; *at that time*/～里 nàli *that place*/～个 nàge *that*; *that one*/～样 nàyàng *like that*; *so*/～些 nàxiē *those* [那么一me][那末一me](—me)in that way; like that 1. 那样 like that; so；就～～办吧 Jiù nàme bàn ba. *Just do it in that way.* /要不了～～多 yàobuliǎo nàme duō *We don't need that much.* /～～个人 nàme ge rén *a person of that kind*/～～个脾气 nàme ge píqi *a character of that kind*; *bad-tempered* 2. 承接连词，跟前面"如果""若是"等相应 conj. used in concert with rúguǒ or ruòshì：如果敌人不投降，～～就消灭他 Rúguǒ dírén bù tóuxiáng, nàme jiù xiāomiè tā. *If the enemy do not surrender, we'll wipe them out.*

㊁ nèi 见 475 页 See p. 475

㊂ nā 见 469 页 See p. 469

娜 ㊀ Nà ㄋㄚˋ 用于人名 used in people's names

㊁ nuó 见 486 页 See p. 486

呐 nà ㄋㄚˋ [呐喊—hǎn]大声叫喊 shout loudly; cry out：摇旗～～ yáoqí-nàhǎn *wave flags and shout slogans* (battle cries); *beat the drums for sb.*

纳 nà ㄋㄚˋ ❶收入，放进 receive; put into：出～ chūnà *receive and pay money*/吐故～新 tǔgù-nàxīn *get rid of the stale and take in the fresh* ㊉

ext. 1. 接受 accept；采～建议 cǎinà jiànyì *accept suggestions* 2. 享受 enjoy：～凉 nàliáng *enjoy the cool in the open air* ❷缴付 pay：～税 nàshuì *pay taxes*/缴～公粮 jiǎonà gōngliáng *deliver tax-grain to the state* ❸补缀，缝补，现在多指密密缝（now usu.）sew with close stitches (over a patch, etc.)：～鞋底 nà xiédǐ *stitch soles (of cloth shoes)*

[纳西族—xīzú]纳西族，我国少数民族名 the Naxi Nationality, national minority in China. 参看附表 See Appendix.

肭 nà ㄋㄚˋ 见 664 页"腽"字条"腽肭"（wà—）See "wànà" under entry of "wà", p. 664

钠 nà ㄋㄚˋ 一种金属元素，符号 Na，质地软，能使水分解放出氢，平时把它贮藏在煤油里。钠的化合物很多，如食盐（氯化钠）、智利硝石（硝酸钠）、纯碱（碳酸钠）等 sodium, a metallic element; a soft metal producing hydrogen by resolving water, usu. stored in kerosene and often found in compounds such as salt (NaCl), sodium nitrate (nitrate of soda), soda ash (bicarbonate of soda), etc.; symbol: Na

衲 nà ㄋㄚˋ ❶僧衣 patchwork vestment worn by a Buddhist ㊉trans. 僧人 monk：老～ lǎonà *an old monk* ❷同"纳❸" Same as"纳❸"：百～衣 bǎinàyī *kasaya, a patchwork outer vestment worn by a Buddhist monk*; *patched clothes*

捺 nà ㄋㄚˋ ❶用手按 press down with the hand ❷（一儿—r）汉字从上向右斜下的笔画（丶）a right-falling stroke in Chinese characters："人"字是一撇一～"人 rén"zì shì yī piě yī nà. *The character* rén *is composed of a left-falling stroke and a right-falling stroke.*

哪 ㊂ na ·ㄋㄚ 助词，"啊"受到前一字韵母 n 收音的影响而发生的变

音 *aux.* a variant of "a", influenced by an acoustic final "n" before it：同志们，加油干—! Tóngzhìmen jiāyóu gàn na! *Comrades, work with greater efforts!*

㊀ nǎ 见 469 页 See p. 469

㊁ něi 见 475 页 See p. 475

㊃ né 见 475 页 See p. 475

NAI ㄋㄞ

乃（＊迺、廼）nǎi ㄋㄞ ❶你，你的 you；your：～父 nǎifù *your father*/～兄 nǎixiōng *your elder brother* ❷ 才 just；only then：吾求之久矣，今～得之 Wú qiú zhī jiǔ yǐ, jīn nǎi dé zhī. *I have been looking for it for a long time and I have just got it.* ❸竟 even：～至如此 nǎizhì rúcǐ *even go so far as to this* ❹是，为 be：失败～成功之母 Shībài nǎi chénggōng zhī mǔ. *Failure is the mother of success.* ❺就，于是 right after；therefore：老师走进教室，同学起立致敬后～就坐 Lǎoshī zǒujìn jiàoshì tóngxué qǐlì zhìjìng hòu nǎi jiùzuò. *When the teacher entered the classroom, the students stood up to greet him before sitting down.*

芴 nǎi ㄋㄞ [芋芴 yù—]，就是芋头，也作"芋奶" taro, also written as "芋奶"

奶（＊嬭）nǎi ㄋㄞ ❶乳房，哺乳的器官 breasts of a female mammal ❷乳汁 milk：牛～ niúnǎi *milk*/～油 nǎiyóu *cream*/～粉 nǎifěn *milk powder* ❸用自己的乳汁喂孩子 suckle；breast-feed a baby：～孩子 nǎi háizi *suckle a baby；breast-feed a baby*
[奶奶—nai] 1. 祖母 grandmother. 2. 对老年妇人的尊称 a respectful form of address for old women：老～～ lǎonǎinai *granny*

氖 nǎi ㄋㄞ 一种化学元素，在通常条件下为气体，符号 Ne，无色无臭，不易与其他元素化合。真空管中放入少量的氖气，通过电流，能发出红色的光，可做霓虹灯 neon, a chemical element, normally in the form of gas, colourless, odourless and hard to form compounds；emitting a red light when passed through by electric current in a vacuum tube, called neon lamp；symbol：Ne

奈 nài ㄋㄞ 奈何，怎样，如何 what；how；but：无～ wúnài *be helpless* /怎～ zěnnài *but* / 无～何 wúnàihé（无可如何，没有办法可想 wú kě rúhé, méiyǒu bànfǎ kě xiǎng. *be utterly helpless；be utterly at a loss；have no idea what to do*）

柰 nài ㄋㄞ（一子—zi）落叶小乔木，花白色，果小。可做苹果砧木 a kind of apple, a small deciduous tree with white flowers and small fruits, used as apple stock

萘 nài ㄋㄞ 一种有机化合物，分子式 $C_{10}H_8$，无色晶体，有特殊气味，容易挥发。过去用的卫生球就是萘制成的 naphthalene, an organic chemical compound, a colourless volatile crystal with a special odour, formerly used in making mothballs；molecular formula：$C_{10}H_8$

佴 ㊀ nài ㄋㄞ 姓 a surname
㊁ èr 见 159 页 See p. 159

耐 nài ㄋㄞ 受得住，禁(jīn)得起 be able to endure or bear：～劳 nàiláo *be able to stand hard work*/用 nàiyòng *durable*/～火砖 nàihuǒzhuān *firebrick* [耐心—xīn]不急躁，不厌烦 patient；patience：～～说服 nàixīn shuōfú *persuade patiently*

鼐 nài ㄋㄞ 大鼎 a big tripod

褦 nài ㄋㄞ [褦襶—dài]不晓事，不懂事 (of a person) not sensible；lacking good sense

N

NAN 3ㄢ

囝 ㊀ nān 3ㄢ〈方 dial.〉同"囡" Same as "囡".
㊁jiǎn 见 299 页 See p.299

囡 nān 3ㄢ〈方 dial.〉小孩儿 kid; child

男 nán 3ㄢ ❶男子,男人 man; male:～女平等 nán-nǚ píngděng *equality of men and women*/～学生 nánxuésheng *man student; boy student* ❷儿子 son; boy:长(zhǎng)～ zhǎngnán *one's eldest son* ❸我国古代五等爵位的第五等 baron; the fifth in the five ranks of nobility in ancient China

南 nán 3ㄢ 方向,早晨面对太阳右手的一边,跟"北"相对 south, the direction on the right of a person facing the rising sun, opposite to "běi":～方 nánfāng *south*/指～针 zhǐnánzhēn *compass*

喃 nán 3ㄢ [喃喃——]小声叨唠 mutter; murmur:～～自语 nánnán-zìyǔ *mutter to oneself*

楠(*柟、枏) nán 3ㄢ 楠木,常绿乔木,木材坚固,是贵重的建筑材料。又可做船只、器物等 nanmu, an evergreen tree, with hard wood that is a valuable construction material, also used in the making of boats and articles.

难(難) ㊀ nán 3ㄢ ❶不容易 difficult; hard (龜comb. 艰—jiān— *hardship*):～事 nánshì *a difficult matter; difficulty*/～题 nántí *a difficult problem; a hard nut to crack*/～写 nán xiě *hard to write*/～产 nánchǎn *difficult labour; (of a plan, etc.) difficult of fulfilment*/～得 nándé *hard to come by; rare* ❷不大可能 hardly possible:～免 nánmiǎn *hard to avoid*/～保 nánbǎo *there is no guarantee; one cannot say for sure* [难

道—dào]副词 adv. 加强反问语气 used to give force to a rhetorical question:河水～～会倒流吗? Héshuǐ nándào huì dàoliú ma? *Can a river flow backwards?* /他们能完成任务,～～我们就不能吗? Tāmen néng wánchéng rènwu, nándào wǒmen jiù bù néng ma? *If they can finish the task, why cannot we?* ❸使人不好办 put sb. in a difficult position; make things difficult for sb.:这可真～住他了 Zhè kě zhēn nánzhù tā le. *It really puts him in a spot.* [难为—wei]1.令人为难 be a tough job to sb.:他不会跳舞,就别～～他了 Tā bù huì tiàowǔ, jiù bié nánwei tā le. *He simply cannot dance; so don't press him to.* 2.亏得,表示感谢 used to thank sb for doing a favour:这么冷天～～你还来看我 Zhème lěngtiān nánwei nǐ hái lái kàn wǒ. *It is really very kind of you to come to see me in such cold weather.* /～～你把机器修好了 Nánwei nǐ bǎ jīqì xiūhǎo le. *Thank you very much for having repaired the machine.* ❹不好 bad; unpleasant:～听 nántīng *unpleasant to the ear*/～看 nánkàn *ugly; unsightly* 〈古 arch.〉又同"傩"(nuó) Also same as "傩"
㊁ nàn 见本页 See the same page.

赧 nǎn 3ㄢ 因羞惭而脸红 blushing for shame:～然 nǎnrán *blushing; shamefaced*/～颜 nǎnyán *blush; be shamefaced*

腩 nǎn 3ㄢ〈方 dial.〉牛肚子上的肥肉 sirloin; tenderloin

蝻 nǎn 3ㄢ (一子—zi、一儿—r)仅有翅芽还没生成翅膀的蝗虫 nymph of a locust, without fully grown wings

难(難) ㊀ nàn 3ㄢ ❶灾患,困苦 calamity; disaster (龜comb. 灾—zāi—,患—huàn— *disaster; trouble*):～民 nànmín *refugee*/遭～ zāonàn *suffer; be in misery*/逃～ táonàn *flee from a calamity* ❷诘责

blame：非～fēinàn *blame*/责～zénàn *reproach*

㊁ nán 见 472 页 See p. 472

NANG 3尢

囔 ㊀ nāng 3尢 [囔膪－chuài]见 89 页"膪"字条 See nāngchuài under entry of "chuài", p. 89

㊁ náng 见本页 See the same page.

囔 nāng 3尢 [囔囔－nang]小声说话 speak in a low voice；murmur

囊 ㊀ náng 3尢 口袋 bag；pocket：探～取物 tànnáng-qǔwù *taking sth out of one's pocket*（喻极容易 fig. meaning as easy as winking）[囊括－kuò]全部包罗 include；embrace all：～～四海 nángkuò sìhǎi *bring the whole country under imperial rule*/～～本次比赛全部金牌 nángkuò běncì bǐsài quánbù jīnpái *pocket all the gold medals of the match*

㊁ nǎng 见本页 See the same page.

馕 ㊀ náng 3尢（维 Uighurian）一种烤成的面饼 a kind of crusty pancake

㊁ nǎng 见本页 See the same page.

曩 nǎng 3尢 从前的，过去的 former；past：～日 nǎngrì *former times；olden days*/～者（从前）nǎngzhě *former times*

攮 nǎng 3尢 用刀刺 stab with a knife：用刺刀～死了敌人 yòng cìdāo nǎngsǐle dírén *kill an enemy by stabbing him with a bayonet*[攮子－zi]短而尖的刀 dagger，a short and pointed knife

馕 ㊀ nǎng 3尢 拼命地往嘴里塞食物 cram food into one's mouth

㊁ náng 见本页 See the same page.

齉（**儾）nàng 3尢 鼻子堵住，发音不清 snuffle：～鼻子 nàngbízi *snuffle；speak through the nose*

NAO 3幺

孬 nāo 3幺〈方 dial.〉❶不好，坏 not good；bad：人品～rénpǐn nāo *be a person of bad character* ❷怯懦 没有 勇气 cowardly；lack of courage：这人太～Zhè rén tài nāo. *He is a coward indeed.*/～种 nāozhǒng *coward*

呶 náo 3幺 喧哗 talk noisily（叠 redup.）：～～不休 náonáo-bùxiū *talk on and on tediously*

挠（撓）náo 3幺 ❶扰乱，搅 disturb；hinder：阻～zǔnáo *obstruct；stand in the way* ❷弯屈 bend；yield：不屈不～（喻不屈服）bùqū-bùnáo（fig. unyielding）*indomitable；unyielding*/百折不～（喻有毅力）bǎizhé-bùnáo（fig. willpower）*keep on fighting inspite of all setbacks；courageous* ❸搔，抓 scratch：～痒痒 náo yǎngyang *scratch an itch*

铙（鐃）náo 3幺 ❶铜质圆形的打击乐器，比铰大 big cymbals，a kind of round brass percussion instrument ❷古代军中乐器，像铃铛，但没有中间的锤 an ancient percussion instrument resembling an inverted tongueless bell

蛲（蟯）náo 3幺 蛲虫，大肠里的一种寄生虫，长约一厘米，白色线状，雌虫在夜里爬到肛门处产卵，多由手、水或食物传染 pinworm，a white spindle-shaped parasite about one c. m. long，living in the large intestine，with the female pinworm ovipositing at the anus at night；mostly infected through touch，food or water

恼（惱）náo 3幺 懊恼，痛悔 regret

猫（**峱）náo 3幺 古山名，在今山东省临淄附

N

近 former name of a mountain in the neighbourhood of Linzi, Shandong Province

硇(＊＊硇、＊＊硇) náo ㄋㄠ [硇砂—shā] 一种矿物，黄白色粉末或块状，味辛咸，是氯化铵的天然产物。工业上用来制干电池，焊接金属。医药上可做祛痰剂 salammoniac, ammonium chloride, a kind of yellowish-white mineral in the form of powder or lump with a hot and salty taste, being a natural ammonium chloride, used in making dry battery and welding in industry and as expectorant in medicine [硇洲—zhōu] 岛名，在广东省湛江附近海中 an island off the coast of Zhanjiang, Guangdong Province

猱 náo ㄋㄠ 古书上说的一种猴 a kind of monkey mentioned in ancient texts

巎 náo ㄋㄠ 同"猱"。用于人名 Same as "猱" used in people's names

垴 nǎo ㄋㄠ 〈方 dial.〉山岗、丘陵较平的顶部，多用于地名 the comparatively even top of a hillock or a hill, often used in place names

恼(惱) nǎo ㄋㄠ ❶ 发怒，怨恨 angry; annoyed：～羞成怒 nǎoxiū-chéngnù *fly into a rage from shame*; *be shamed into anger*/你别～我 Nǐ bié nǎo wǒ. *Don't be angry with me.* ❷ 烦闷，苦闷 vexed; worried(®comb. 烦—fán、苦—kǔ *depression*; *vexation*)

脑(腦) nǎo ㄋㄠ ❶(—子—zi)人和高等动物神经系统的主要部分，在颅腔里，分大脑、小脑、中脑、间脑、延髓等部分，主管感觉和运动。人的脑子又是主管思想、记忆等心理活动的器官 brain, the main part of the nervous system in the cranial cavity of man and vertebrate animals, consisting of cerebrum, cerebelm and midbrain, etc., in charge of receiving sensory impulses and transmitting motor impulses, and being the organ responsible for thought, memory and other mental activities [脑筋—jīn brains][脑子—zi brain]® trans. 指思考、记忆等能力 power of thought and remembrance：开动～～kāidòng nǎojīn *use one's brains* ❷(—儿—r)形状或颜色像脑子的东西(of food) sth like animal brains in shape or colour：豆腐～儿 dòufunǎor *jellied bean curd*

瑙 nǎo ㄋㄠ 见 434 页"玛"字条"玛瑙"(mǎ—)See "mǎnǎo" under entry of "mǎ", p. 434

闹(鬧) nào ㄋㄠ ❶不安静 noisy：1. 人多声音杂 noisy because of too many people：～市 nàoshì *busy streets*; *downtown area* 2. 喧哗，搅扰 make a noise; stir up trouble：不要～了! Bùyào nào le! *Stop making a noise.* ® ext. 戏耍，耍笑 do sth for fun; be joking：～着玩儿 nàozhe wánr *joke*; *be joking* ❷发生(疾病或灾害)be troubled by; suffer from：～病 nàobìng *be ill*/～嗓子 nào sǎngzi *have a sore throat*/～水灾 nào shuǐzāi *be hit by a flood*/～蝗虫 nào huángchóng *be troubled by locusts* ❸发泄，发作 give vent (to one's anger, resentment, etc.)：～情绪 nào qíngxù *be disgruntled*; *be in low spirits*/～脾气 nào píqi *vent one's spleen*; *lose one's temper* ❹搞，弄 go in for; make：～生产 nào shēngchǎn *go in for production*/～革命 nào gémìng *carry out revolution*/把问题～清楚 bǎ wèntí nào qīngchu *get the thing clear in one's mind*

淖 nào ㄋㄠ 烂泥 mire

[淖尔—ěr](® Mongolian)湖泊 lake：达里～～(就是达里泊，在内蒙古自治区)Dálǐ Nào'ěr *Dali Lake (a lake in the Mongolian Autonomous Region)*/库库～～(就是青海)Kùkù Nào'ěr *Qinghai*/罗布～～(就是罗布泊，在新

疆维吾尔自治区）Luóbù Nào'ěr Lop Lake（a lake in Xinjiang Uygur Autonomous Region）

臑 nào ㄋㄠˋ 牲畜前肢的下半截 lower part of the front legs of a domestic animal

NE ㄋㄜ

哪 ㈣ né ㄋㄜˊ ［哪吒—zha］神话里的神名 Nata, a divine warrior in Chinese mythology

㈠ nǎ 见 469 页 See p. 469

㈡ něi 见本页 See the same page.

㈢ na 见 470 页 See p. 470

讷 nè ㄋㄜˋ 语言迟钝,不善讲话 slow of speech

呢 ㈠ ne・ㄋㄜ 助词 aux. 1. 表示疑问(句中含有疑问词) used at the end of a special, alternative, or rhetorical question to denote interrogation: 你到哪儿去～? Nǐ dào nǎr qù ne? Where are you going? /怎么办～? Zěnme bàn ne? How is it to be done? 2. 表示确定的语气 used to reinforce an assertion: 早着～zǎozhe ne It is still early. /还没有来～ hái méiyǒu lái ne (He) hasn't come yet 3. 表示动作正在进行 used to indicate an action in progress: 他睡觉～ Tā shuìjiào ne. He is still sleeping. 4. 用在句中表示略停一下 used to mark a pause in a sentence: 喜欢～,就买下;不喜欢～,就不买 Xǐhuan ne, jiù mǎixia; bù xǐhuan ne, jiù bù mǎi. If you like it, buy it; if you don't, keep your money.

㈠ ní 见 477 页 See p. 477

NEI ㄋㄟ

哪 ㈠ něi ㄋㄟˇ "哪"(nǎ)和"一"的合音,但指数量时不限于一 combined pronunciation of nǎ and yī, used to express one or more than one in number: ～个 něige which; which one/～些 něixiē which; which ones/～年 něi nián which year/～几年 něi jǐ nián which years

㈠ nǎ 见 469 页 See p. 469

㈡ na 见 470 页 See p. 470

㈣ né 见本页 See the same page.

馁 něi ㄋㄟˇ ❶饥饿 hungry; famished; 冻～ dòngněi suffer from cold and hanger ⑲ fig. 没有勇气了 disheartened; dispirited; 气～ qìněi lose heart; be disheartened/胜不骄,败不～ Shèng bù jiāo, bài bù něi. not become dizzy with success, nor discouraged by failure ❷古称鱼腐烂为馁 (of fish) get decayed (used in ancient times)

内 nèi ㄋㄟˋ ❶里面,跟"外"相反 inside, antonym of "wài": ～室 nèishì inner room; bedroom/～衣 nèiyī underwear/～科 nèikē department of internal medicine/～情 nèiqíng inside information; inside story/国～ guónèi internal; home; domestic/党～ dǎngnèi inside the party ［内行—háng]对于某种事情有经验 be expert at; be experienced in ［内务—wù]1. 集体生活中室内的日常事务 daily routine tasks in a dormitory: 整理～～ zhěnglǐ nèiwù do the daily routine tasks of making the barracks, etc. clean and tidy 2. 指国内事务(多指民政)internal affairs (usu. civil administration): ～～部 nèiwùbù Ministry of Internal Affairs ❷指妻子或妻子的亲属 referring to one's wife or wife's relatives: ～兄 nèixiōng wife's elder brother/～侄 nèizhí son of wife's brother

〈古 arch.〉又同"纳"(nà) Also same as "纳".

那 ㈠ nèi ㄋㄟˋ "那"(nà)和"一"的合音,但指数量时不限于一 combined pronunciation of nà and yī, used to express one or more than one in number：～个 nèige *that*；*that one*/～些 nèixiē *those*/～年 nèi nián *that year*/三年 nèi sān nián *those three years*

㊀ nà 见 470 页 See p.470

㊂ nā 见 469 页 See p.469

NEN ㄋㄣ

恁 nèn ㄋㄣ〈方 dial.〉❶那么 such；so：～大 nèn dà *so big*/～高 nèn gāo *so tall*；*so high*/要不了～些 yàobuliǎo nènxiē *I don't need that much.* ❷那 that：～时 nènshí *then*；*at that time*/～时节 nèn shíjié *at that time*

嫩 nèn ㄋㄣ ❶初生而柔弱，娇嫩，跟"老"相反 tender；delicate，antonym of "lǎo"：～芽 nènyá *shoots*/肉皮～ròupír *nèn delicate skin* ㊐ ext. 经火力烧制的时间短 1.(of food) soft-cooked：鸡蛋煮得～ Jīdàn zhǔ de nèn. *The egg is softly boiled.* 2.阅历浅，不老练 inexperienced；young and inexperienced：他担任主编还～了点儿 Tā dānrèn zhǔbiān hái nèn le diǎnr. *He is too young and inexperienced to be the chief editor.* ❷淡，浅 light：～黄 nènhuáng *light yellow*/～绿 nènlǜ *light green*

NENG ㄋㄥ

能 néng ㄋㄥ ❶能力，才干，本事 ability；capability：各尽其～ gèjìn-qínéng *from each according to his ability*/他很有～力 Tā hěn yǒu nénglì. *He is a man of great ability.* [能耐—nai] 技能，能力 skill；ability ❷有才干的 able；capable：～人 néngrén *an able person*/～者多劳 néngzhě-duōláo *Able people should do more work.*/～手 néngshǒu *dab*；*expert* ❸能够，胜任 can；be able to；

be capable of：他～耕地 Tā néng gēngdì. *He can plough the fields.*/～完成任务 néng wánchéng rènwu *able to finish the task* [能动—dòng] 自觉努力，积极活动的 active；dynamic：主观～性 zhǔguān néngdòngxìng *subjective dynamic role*；*conscious activity*；*subjective initiative*/～～地争取胜利 néngdòng de zhēngqǔ shènglì *play a dynamic role in striving for victory* ❹会(表示可能性)can possibly：他还～不去吗？Tā hái néng bù qù ma? *Can he possibly refuse to go?* ❺应，该 can；may；should (usu. used negatively or interrogatively)：你不～这样不负责任 Nǐ bù néng zhèyàng bù fù zérèn. *You should not be so irresponsible.* ❻能量，度量物质运动的一种物理量 energy，a physical power which drives the motion of objectives：电～diànnéng *electrical energy*/原子～ yuánzǐnéng *atomic energy*/核～hénéng *nuclear energy*

NG ㄫ

唔 ㊀ňg ㄫ ń ㄣ (又 also)同"嗯㊀" Same as "嗯㊀"

㊀ wú 见 683 页 See p.683

㊂ ń 见 469 页 See p.469

嗯(唔)㊀ńg ㄫ ń ㄣ (又 also)叹词 *interj.* 表示疑问 expressing query：～！你说什么？Ńg! Nǐ shuō shénme? *Eh? What did you say?*

嗯(**吥**)㊀ňg ㄫ ň ㄣ(又 also) 叹词 *interj.* 表示不以为然或出乎意外 expressing disapproval or surprise：～！我看不一定是那么回事 Ňg! Wǒ kàn bù yīdìng shì nàme huí shì. *Well, I don't think so.* ～！你怎么还没去？Ňg! Nǐ zěnme hái méi qù? *What! Haven't you started (to go) yet?*

嗯(**呣) ⊜ńg ⊀ ńɡ ˇ (又 also)叹词 interj. 表示答应 expressing agreement or assent：～! 就这么办吧 Ńg! Jiù zhè me bàn ba! Now, just do it as you say.

NI ㄋ丨

妮 nī ㄋ丨 (一子 —zi、一儿 —r)女孩子 girl；lass

尼 ní ㄋ丨 梵语"比丘尼"的省称,佛教指出家修行的女子,通常叫"尼姑" shortened form from Sanskrit "Bhiksuni", Buddhism refers to a woman under religious vows living in a convent, commonly called "nígū"("尼姑")

坭 ní ㄋ丨 ❶同"泥"Same as "泥" [红毛坭 hóngmáo—]〈方 dial.〉水泥 cement ❷地名用字,如白坭,在广东省 used in place names, such as Báiní, a place in Guangdong Province

呢 ⊖ ní ㄋ丨 (一子 —zi)一种毛织物 heavy woollen cloth [呢喃—nán]象声词 onom. 常指燕子的叫声 twitter；crying of a swallow

⊜ ne 见 475 页 See p. 475

泥 ⊖ ní ㄋ丨 ❶土和水合成的东西 mud；mire ❷像泥的东西 sth resembling paste or pulp：印～(印色) yìnní(yìnsè) red ink paste for seals/枣～zǎoní jujube paste/山药～/shānyaoní mashed sweet potato

⊜ nì 见 478 页 See p. 478

怩 ní ㄋ丨 见 483 页"忸"字条"忸怩"(niǔ—)See "niǔní" under entry of "niǔ", p. 483

铌 ní ㄋ丨 一种金属元素,符号 Nb,有光泽,主要用于制造耐高温的合金钢和电子管。旧名"钶"(kē)niobium, a glittering metallic element, used in the manufacturing of heat-resisting alloy and electron tube；early

name kē；symbol：Nb

倪 ní ㄋ丨 端,边际 end；beginning；origin [端倪 duān—]头绪 clue；inkling：已略有～～yǐ lüè yǒu duānní have an inkling of the matter

猊 ní ㄋ丨 见 617 页"狻"字条"狻猊"(suān—)See "suānní" under entry of "suān", p. 617

霓 ní ㄋ丨 副虹(参看 251 页"虹")secondary rainbow (See "hóng" p. 251)[霓虹灯—hóngdēng]在长形真空管里装氖、水银蒸汽等气体,通电时产生各种颜色的光,这种灯叫霓虹灯。多用做广告或信号 neon；neon lamp；neonlight, colourful light produced by the gases of neon and mercury in a vaccum tube when electric current passes through, usu. used in advertising boards or as signals

鲵 ní ㄋ丨 两栖动物名,有大鲵和小鲵两种,大鲵俗称娃娃鱼,眼小,口大,四肢短,尾巴扁。生活在淡水中,肉可以吃 salamander, an amphibious animal with two varieties, the giant ní and the small ní, of which the giant one, popularly called wáwayú, has small eyes, a big mouth and a flat tail, lives in fresh water, and is edible

麑 ní ㄋ丨 小鹿 fawn；young deer

拟(擬) ní ㄋ丨 ❶打算 intend；plan：～往上海 nǐ wǎng Shànghǎi plan to go to Shanghai ❷初步设计编制,起草 draw up；～稿 nǐgǎo make a draft/～议 nǐyì proposal；draw up/～定计划 nǐdìng jìhuà draw up a plan；devise a plan ❸仿照 imitate：～作 nǐzuò a work done in the manner of a certain author [拟声词—shēngcí]摹拟事物声音的词,如"咚、砰、丁当、哐啷"等 onomatopoeia, words in imitation of the sounds of objects, such as dōng, pīng, dīngdāng and kuānglāng, etc.

你 nǐ ㄋ丨 代词,指称对方 pron. you (second person singular)

旎 nǐ ㄋㄧˇ [旖旎 yǐ—] 柔和美丽 tender and beautiful; enchanting: 风光～～ fēngguāng yǐnǐ an enchanting scene

泥 ⊖ nì ㄋㄧˋ ❶涂抹 cover or daub with plaster, putty, etc.; plaster: 墙 nìqiáng cover the crevices in a wall with mud or plaster/～炉子 nì lúzi plaster a stove ❷固执，死板 stubborn; bigoted (圈 comb. 拘—jū— rigidly adhere to)
⊖ ní 见 477 页 See p. 477

昵 (*暱) nì ㄋㄧˋ 亲近 lose; intimate (圈 comb. 亲—qīn— intimate)

逆 nì ㄋㄧˋ ❶方向相反，跟"顺"相反 contrary; counter, antonym of "shùn": ～水行舟 nìshuǐ-xíngzhōu (of a boat) sailing against the current/风 nìfēng go against the wind/～境 nìjìng adverse circumstances/倒行～施 dàoxíng-nìshī go against the historical trend ❷抵触，不顺从 go against; disobey: 忠言～耳 zhōngyán-nì'ěr Good advice often jars on the ear. ❸背叛者或背叛的 traitor or traitorous: ～产 nìchǎn traitor's property ❹迎接 receive; meet: ～战 nìzhàn accept a challenge 働 trans. 预先 beforehand; in advance: ～料 nìliào foresee; anticipate

匿 nì ㄋㄧˋ 隐藏，躲避 hide; conceal (圈 comb. 隐—yǐn—、藏—cáng— conceal; hide): ～名信 nìmíngxìn anonymous letter

睨 nì ㄋㄧˋ 见 503 页 "睥"字条 "睥睨"(pìnì) See "pìnì" under entry of "pì", p. 503

腻 nì ㄋㄧˋ ❶食物油脂过多 greasy; oily: 油～ yóunì oily/肥～ féinì greasy [细腻 xì—] 1. 光滑 smooth 2. 细致 fine and smooth; minute ❷腻烦，因过多而厌烦 be bored with; be tired of: 玩～了 wánnì le be tired of playing/听～了 tīngnì le be bored

with listening to it ❸积污，污垢 dirt; grime: 尘～chénnì dust and dirt

溺 ⊖ nì ㄋㄧˋ ❶淹没 drown: ～死 nìsǐ be drowned ❷沉迷不悟，过分 be addicted to; over: ～信 nìxìn over-trust/～爱 nì'ài spoil (a child)
⊖ niào 见 481 页 See p. 481

NIA ㄋㄧㄚ

嗫 niā ㄋㄧㄚ 〈方 dial.〉助词，表示希望 aux. used at the end of a sentence, expressing anticipation: 来～lái niā I hope that you will drop in some time.

NIAN ㄋㄧㄢ

拈 niān ㄋㄧㄢ 用手指搓捏或拿东西 pick up with the thumb and one or two fingers: ～须 niān xū play with one's mustache/～花 niān huār toy with flowers/～阄(抓阄儿) niānjiū (zhuājiūr) draw lots

蔫 niān ㄋㄧㄢ 植物因失去水分而萎缩 fade; wither: 花～了 Huār niān le. The flowers withered. /菜～了 Cài niān le. The vegetables are shrivelled up. 働 ext. 精神不振，不活泼 listless; spiritless

年 (*秊) nián ㄋㄧㄢ ❶地球绕太阳一周的时间。现行历法规定平年 365 日，闰年 366 日 the amount of time the earth takes to travel once round the sun, equal to 365 days in a common year and 366 days in a leap year 働 ext. 1. 年节，一年的开始 the New Year; the Spring Festival; beginning of a year: 过～ guònián spend the New Year or the Spring Festival/～画 niánhuàr Spring Festival Pictures 2. 时期 a period in history: 光绪～间 Guāngxù niánjiān during the reign of Emperor Guang-

xu/民国初～Mínguó chūnián *in the early years of the Republic of China* [年头儿－tóur]1. 一个全年的时间 year：看看已是三个～～～kànkan yǐ shì sān ge niántóur *Three years has passed.* 2. 时代 age；time：那～～～穷人可真苦哇 Nà niántóur qióngrén kě zhēn kǔ wa. *At that time, the poor people lived a miserable life.* 3. 庄稼的收成 harvest：今年～～～真好，比去年多收一倍 Jīnnián niántóur zhēn hǎo, bǐ qùnián duō shōu yī bèi. *This year's harvest is really good; the amount has doubled compared with last year's.* ❷每年的 yearly；annual：～会 niánhuì *annual meeting*/～产量 niánchǎnliàng *annual output* ❸年纪，岁数 age（遗comb. 一龄－líng、一岁－suì）age：～老 niánlǎo *old；at an old age*/～轻 niánqīng *young* 刨ext. 人一生所经年岁的分期 a period in one's life：青～ qīngnián *youth*/壮～ zhuàngnián *prime of life* ❹年景，年成，收成 harvest：丰～fēngnián *good harvest*

粘 ㊀nián ㄋㄧㄢˊ ❶同"黏"Same as "黏" ❷ Nián 姓 a surname ㊁ zhān 见 819 页 See p.819

鲇（鲶） nián ㄋㄧㄢˊ 鲇鱼，头大，口宽，尾侧扁，皮有粘质，无鳞，可吃 catfish, a type of edible scaleless fish with a large head, a wide mouth, a flat-sided tail and mucus on its skin

鲶 nián ㄋㄧㄢˊ 鲶鱼，即鲇鱼 catfish

黏 nián ㄋㄧㄢˊ 像胶水或糨糊所具有的能使物体粘(zhān)合的性质 sticky；glutinous：～液 niányè *mucus*/这江米很～ Zhè jiāngmǐ hěn nián. *The glutinous rice is very sticky.*

捻（*撚） niǎn ㄋㄧㄢˇ ❶用手指搓转(zhuàn) twist with the fingers：～线 niǎn xiàn *twist thread*/～麻绳 niǎn máshéng *twist hemp into a rope* ❷(一子－zi、一儿－r)用纸、布条等搓成的像线绳样的东西 sth. made by twisting：纸～儿 zhǐniǎnr *a paper spill* / 药～儿 yàoniǎnr *a slender roll of medicated paper or gauze* (to be inserted into wounds, boils, etc.)灯～儿 dēngniǎnr *lamp-wick*

辇 niǎn ㄋㄧㄢˇ（旧读 early pronounce liǎn）古时用人拉着走的车子，后来多指皇帝，皇后坐的车子 a man-drawn carriage used in ancient times；later referring to imperial carriage

撵 niǎn ㄋㄧㄢˇ ❶驱逐，赶走 drive out；oust：～走 niǎnzǒu *drive sb. away*/～出去 niǎn chuqu *drive sb out* ❷追赶 catch up：他～不上我 Tā niǎn bu shàng wǒ. *He can't catch up with me.*

碾 niǎn ㄋㄧㄢˇ ❶(一子－zi)把东西轧碎或压平的器具 roller and millstone, used for crushing and pressing, etc.：石～ shíniǎn *stone roller*/汽～ qìniǎn *steamroller* ❷轧(yà)，滚压 grind or husk with a roller：～米 niǎn mǐ *husk rice*/～药 niǎn yào *grind herb medicine*

蹍 niǎn ㄋㄧㄢˇ〈方 dial.〉踩 stamp；tread

廿 niàn ㄋㄧㄢˋ 二十 twenty：～四史 niànsì shǐ *History of the Twenty-four Dynasties*

念（❷*唸） niàn ㄋㄧㄢˋ ❶惦记，常常地想 think of；miss（遗comb. 惦－diàn－ *miss*）：不～旧恶 bùniàn-jiù'è *to forget past grudes；forgive and forget；bear no resentment*/深切怀～已故的老一辈无产阶级革命家 Shēnqiè huáiniàn yǐgù de lǎoyībèi wúchǎn jiējí gémìngjiā. *deeply cherish the memory of the late generation of revolutionaries* [念头－tou]思想，想法 thought；idea；intention：不该有这种～～bùgāi yǒu zhè zhǒng niàntou *You should not have* such an idea. ❷诵读 read aloud：～书 niànshū read；study／～诗 niàn shī read a poem ❸"廿"的大写 another written form for twenty

埝 niàn ㄋㄧㄢˋ 用土筑成的小堤或副堤 low bank between fields

NIANG ㄋㄧㄤ

娘(*孃) niáng ㄋㄧㄤ ❶对年轻女子的称呼 a form of address for young women：渔～ yúniáng young fisherwoman／新～ xīnniáng bride [姑娘 gū—]未婚女子的通称 a general term for young unmarried women [娘子—zǐ]1. 尊称青年或中年妇女(多见于早期白话)1. a respectful term for young and middle-aged women (often used in early vernacular) 2. 旧称妻 an early term for one's wife ❷母亲 mother ❸称长(zhǎng)一辈或年长的已婚妇女 a form of address for women a generation older than oneself or elderly married women：大～dàniáng granny／婶～ shěnniáng aunt

酿(釀) niàng ㄋㄧㄤ ❶利用发酵作用制造 make；brew：～酒 niàngjiǔ make wine／～造 niàngzào make (wine, vinegar, etc.)；brew, beer, etc. ⑪ ext. 1. 蜜蜂做蜜 (of bees) make honey：～蜜 niàngmì make honey 2. 逐渐形成 lead to；result in：～成水灾 niàngchéng shuǐzāi lead to flood ❷指酒 wine：佳～ jiāniàng good wine

NIAO ㄋㄧㄠ

鸟(鳥) niǎo ㄋㄧㄠ 脊椎动物的一类，温血卵生，用肺呼吸，全身有羽毛，后肢能行走，一般前肢变为翅能飞 a class of warm-blooded and egg-laying vertebrate animal with feathers all over, which breathes with the lungs, walks with its two hinder limbs, and flies with its front limbs the wings

茑 niǎo ㄋㄧㄠ 古书上说的一种小灌木,茎能攀缘其他树木 a kind of small bush mentioned in ancient texts [茑萝—luó]一年生蔓草，开红色小花 cypress vine, an annual trailing plant with small red flowers

袅(*嫋、*裊) niǎo ㄋㄧㄠ [袅袅——]1. 烟气缭绕上腾的样子 the scenes of smoking and vapour curling upwards：炊烟～～chuīyān niǎoniǎo Smoke is curling upward from kitchen chimneys. 2. 细长柔软的东西随风摆动的样子：垂杨～～(of long, thin, and tender things) wave in the wind：chuíyáng niǎoniǎo Drooping willow's branches and twigs are dancing in the wind. 3. 声音绵延不绝 3. linger：余音～～yúyīn niǎoniǎo The music lingered in the air long after the performance ended. [袅娜—nuó]1. 形容草木柔软细长 (of grass and trees) soft and slender；willowy 2. 形容女子姿态美(of a lady) slender and graceful

嬲 niǎo ㄋㄧㄠ 戏弄，纠缠 play with；get entangled with

尿 ㊀ niào ㄋㄧㄠ ❶小便，从肾脏滤出由尿道排泄出来的液体 urine, a liquid containing waste material, filtered in the kidney and passing from the urethra ❷排泄小便 urinate；make water；pass water

㊁ suī 见 618 页 See p. 618

脲 niào ㄋㄧㄠ 尿素，有机化合物,分子式$CO(NH_2)_2$，无色晶体。广泛用在塑料、药剂和农业等生产中 urea, an organic chemical compound, a colourless crystal, widely used in agricultural production and in the making of plastics and medicine；

molecular formula：CO(NH₂)₂

溺 ㊀ niào ㄋㄧㄠˋ 同"尿"Same as "尿"(urine).
㊁ nì 见 478 页 See p. 478

NIE ㄋㄧㄝ

捏(＊揑) niē ㄋㄧㄝ ❶用拇指和其他手指夹住 hold between the fingers and the thumb：～着一粒豆 niēzhe yī lì dòur hold a podbearing seed between the fingers and thumb ❷用手指把软的东西做成一定的形状 knead with the fingers；mould：～饺子 niē jiǎozi make dumplings／～泥人儿 niē nírénr mould clay figurines ❸假造，虚构 fabricate；fake；make up：～造 niēzào make up a story／～报 niēbào fake a report

茶 nié ㄋㄧㄝˊ 〈方 dial.〉疲倦，精神不振 tired；listless：发～fānié look listless／～呆呆的 niédāidāi de be in a state of lethargy

乜 ㊀ niè ㄋㄧㄝˋ 姓 a surname
㊁ miē 见 456 页 See p. 456

陧 niè ㄋㄧㄝˋ 见 685 页"杌"字条"杌陧"(wù－)See "wùniè" under entry of "wù", p. 685

涅 niè ㄋㄧㄝˋ ❶可做黑色染料的矾石 alunite, usu. used to make black dye ❷染黑 dye sth. black：～齿 nièchǐ dye the teeth black [涅白－bái]不透明的白色 opaque white

聂(聶) niè ㄋㄧㄝˋ 姓 a surname

嗫(囁) niè ㄋㄧㄝˋ [嗫嚅－rú]口动，吞吞吐吐，想说又停止 speak haltingly

镊(鑷) niè ㄋㄧㄝˋ 镊子，夹取毛发、细刺及其他细小东西的器具 tweezers, a small tool madeup of 2 narrow pieces of metal joined at one end, used for picking up, pulling out, and handling small objects such as hairs and thorns

颞(顳) niè ㄋㄧㄝˋ [颞颥－rú]头颅两侧靠近耳朵上方的部分,也省称"颞" temple, one of the flattish places on each side of the forehead near the ear, also shortened as "niè"

蹑(躡) niè ㄋㄧㄝˋ ❶踩 tread；step on：～足其间(指参加到里面去)nièzú qíjiān join a profession；follow a trade [蹑手蹑脚－shǒu－jiǎo]行动很轻的样子 walk on tiptoe ❷追随 follow：～踪 nièzōng follow along behind sb.；follow the trail of

臬 niè ㄋㄧㄝˋ ❶箭靶子 target ❷古代测日影的标杆 gnomon；style of a sundial in ancient times ❸标准，法式 standard；criterion：圭～guīniè standard

嵲 niè ㄋㄧㄝˋ 见 134 页"嵽"字条"嵽嵲"(dié－)See "diéniè" under entry of "dié"(嵽), p. 134

镍(鎳) niè ㄋㄧㄝˋ 一种金属元素,符号 Ni,银白色,有光泽,有展延性。可用来制造器具、货币等,镀在其他金属上可以防止生锈,是制造不锈钢的重要原料 nickel；a metallic element；a hard silver-white elongating metal, used in the manufacturing of utensils, coins, etc., and as a rust-resisting material, esp. in making stainless steel；symbol：Ni

啮(＊齧、＊囓) niè ㄋㄧㄝˋ 咬：(of rodents) gnaw；nibble 虫咬鼠～chóng yǎo shǔ niè The moths bite and the rats gnaw.

孽(＊孼) niè ㄋㄧㄝˋ 恶因,恶事 evil；sin：造～zàoniè do evil；commit a sin／罪～zuìniè sin

蘖(＊＊櫱) niè ㄋㄧㄝˋ 树木砍去后又长出来的芽子 sprout growing out from a tree or a plant after being cut：萌～méngniè sprout [分蘖 fēn－]稻、麦等农作物的种子生出幼苗后在接近地面主茎的地

方分枝 tiller, a shoot growing from the base of the stem of crops, such as rice and wheat

蘖(**櫱) niè ㄋㄧㄝˋ 酒曲 distiller's yeast

NIN ㄋㄧㄣ

您 nín ㄋㄧㄣˊ *pron.* "你"的敬称 a respectful form of address for "nǐ(你)"

NING ㄋㄧㄥ

宁(寧、*甯) 〇 níng ㄋㄧㄥˊ ❶ 安宁 peace; tranquility [归宁 guī—]旧时女子出嫁后回娘家看望父母 (in early times, of a married woman) to her parents' home for a visit ❷ 南京的别称。another name for Nanjing

〇 nìng 见本页 See the same page.

拧(擰) 〇 níng ㄋㄧㄥˊ 握住物体的两端向相反的方向用力 twist; wring;～手巾 níng shǒujīn *wring a towel*/～绳子 níng shéngzi *twist a rope*

〇 nǐng 见本页 See the same page.

〇 nìng 见 483 页 See p. 483

苧(薴) 〇 níng ㄋㄧㄥˊ 有机化合物,分子式 $C_{10}H_{16}$,是一种有香味的液体。存在柑橘类的果皮中,供制香料 limonene, an organic chemical compound, a sweet liquid substance found in the rind of citrus fruits, used in making perfume; molecular formula: $C_{10}H_{16}$

〇 zhù 见 859 页"苎" See p. 859

咛(嚀) níng ㄋㄧㄥˊ 见 135 页"叮"字条"叮咛" See "dīngníng" under entry of "dīng(叮)", p. 135

狞(獰) níng ㄋㄧㄥˊ 见 836 页"狰"字条"狰狞"(zhēng—) See "zhēngníng" under entry of "zhēng(狰)", p. 836

柠(檸) níng ㄋㄧㄥˊ [柠檬—méng]常绿小乔木,产在热带、亚热带。果实也叫柠檬,椭圆形,两端尖,淡黄色,味酸,可制饮料 lemon, a small evergreen tree living in the tropics and semitropics, bearing an egg-shaped citrus fruit with a pale-yellow rind and a juicy sour pulp, used in making drinks

聍(聹) níng ㄋㄧㄥˊ [耵聍 dīng—]耳垢,耳屎 ear wax; cerumen

凝 níng ㄋㄧㄥˊ ❶凝结,液体遇冷变成固体,气体因温度降低或压力增加变成液体 congeal; condense, (of a liquid) becoming thick or solid and (of a gas) becoming thick or liquid;油还没有～住 Yóu hái méiyǒu níngzhù. *The oil has not yet become solid.* ❷聚集,集中 fix one's attention; concentrate;～神 níngshén *with fixed attention*/～视 níngshì *stare; gaze fixedly* 独坐～思 dúzuò níngsī *sit alone and meditate*

拧(擰) 〇 nǐng ㄋㄧㄥˇ ❶扭转,控制住东西的一部分而绞转(zhuàn) twist; screw;～螺丝钉 nǐng luósīdīng *tighten up a screw*/～墨水瓶盖 nǐng mòshuǐpínggài *twist the cap off an ink-bottle* ❷〈方dial.〉相反,不顺 the wrong way round; mistaken;我弄～了 Wǒ nòngnǐng le. *I get it the wrong way round.*/别让他俩闹～了 Bié ràng tā liǎ nàonǐng le. *Don't let them disagree with each other.*

〇 níng 见本页 See the same page.

〇 nìng 见 483 页 See p. 483

宁(寧、*甯) 〇 nìng ㄋㄧㄥˋ ❶连词 conj. 宁可,表示比较后做出的选择,情愿 rather;

would rather：～死不屈 nìngsǐ-bùqū *rather die than submit* / ～缺毋滥 nìngquē-wùlàn *rather go without than have something shoddy* ❷ 姓 a surname

㊀ níng 见 482 页 See p. 482

拧（擰） ㊂nìng ㄋㄧㄥˋ 倔强，别扭，不驯服 pigheaded；stubborn：～脾气 nìng píqi *bullheaded character*

㊀ níng 见 482 页 See p. 482
㊁ níng 见 482 页 See p. 482

泞（濘） nìng ㄋㄧㄥˋ 烂泥 mud ［泥泞 ní−］1. 有烂泥难走 muddy；miry：道路～～dàolù nínìng *The road is muddy.* 2. 淤积的烂泥 mud：陷入～～xiànrù nínìng *fall into mud*

佞 nìng ㄋㄧㄥˋ ❶有才智 able；wise：不～(旧日谦称)bùnìng *I, a modest way of calling oneself* ❷善辩，巧言谄媚 witty；given to flattery：～口 nìngkǒu *a silver tongue*/～人(有口才而不正派的人)nìngrén *sycophant；a witty but dishonest person*

NIU ㄋㄧㄡ

妞 niū ㄋㄧㄡ （一儿一r）女孩子 girl；lass

牛 niú ㄋㄧㄡˊ ❶家畜名，我国产的以黄牛、水牛为主。力量很大，能耕田、拉车。肉和奶可吃。角、皮、骨可作器物 a species of powerful domestic animals, such as ox, cattle and water buffalo, used in ploughing fields, pulling carts, etc.；flesh and milk edible；horns, oxhide and bones used in making utensils ❷星名，二十八宿之一 the ninth of the twenty-eight constellations into which the celestial sphere was divided in ancient Chinese astronomy

扭 niǔ ㄋㄧㄡˇ 转动一部分 turn round：～过脸来 niǔguo liǎn lái

turn one's head round / ～转身子 niǔzhuǎn shēnzi *turn round* 〈引〉ext. 1. 走路时身体摇摆转动 walk with a rolling gait；swing：～秧歌 niǔ yāngge *do the yangko dance*/一～一～地走 yī niǔ yī niǔ de zǒu *walk with a rolling gait* 2. 扭伤筋骨 sprain；wrench：～了筋 niǔle jīn *wrench sinews*/～了腰 niǔle yāo *sprain one's waist* 3. 扳转，转变情势 turn back；reverse：～转局面 niǔzhuǎn júmiàn *turn the tide；reverse the trend*

狃 niǔ ㄋㄧㄡˇ 因袭，拘泥 be bound by；be constrained by：～于习俗 niǔ yú xísú *be bound by custom* / ～于成见 niǔ yú chéngjiàn *be bound be prejudice*

忸 niǔ ㄋㄧㄡˇ ［忸怩−ní］不好意思，不大方的样子 blushing；bashful

纽 niǔ ㄋㄧㄡˇ ❶器物上可以提起或系挂的部分 handle of an article；knob：秤～ chèngniǔ *the lifting cord of a steelyard*/印～ yìnniǔ *the knob of a seal* ❷(一子一zi)纽扣，可以扣合衣物的球状物或片状物 button, a round or flat thing fixed to a garment and passed through hole ❸枢纽 bond；tie：～带 niǔdài *tie；bond*

杻 ㊀niǔ ㄋㄧㄡˇ 古书上说的一种树 a kind of tree mentioned in ancient texts

㊁ chǒu 见 85 页 See p. 85

钮 niǔ ㄋㄧㄡˇ 同"纽❷" Same as "纽❷"

拗（*抝） ㊂niù ㄋㄧㄡˋ 固执，不驯顺 stubborn；difficult：执～ zhíniù *obstinate*/脾气很～ píqi hěn niù *(of a person) very stubborn*

㊀ ǎo 见 8 页 See p. 8
㊁ ào 见 9 页 See p. 9

NONG ㄋㄨㄥ

农（農、*辳） nóng ㄋㄨㄥˊ ❶种庄稼，属于种

庄稼的 farming; agricultural;送子务
～sòng zǐ wùnóng send one's son to go
in for agriculture/～业 nóngyè agri-
culture ❷农民 peasant; farmer;菜～
càinóng vegetable grower/老 ～ lǎo-
nóng old farmer/工 ～ 联盟 gōng-
nóng liánméng alliance of workers
and peasants

侬（儂）nóng ㄋㄨㄥˊ ❶〈方 dial.〉
你 you ❷我（多见于旧诗
文）I (often used in early writings)

哝（噥）nóng ㄋㄨㄥˊ ［哝哝—
nong］小声说话 talk in
undertones; murmur

浓（濃）nóng ㄋㄨㄥˊ ❶含某种成
分多,跟"淡"相反 dense,
thick, antonym of "dàn";～茶 nóng
chá strong tea/～烟 nóng yān dense
smoke ❷深厚,不淡薄 (of degree or
extent) great; strong; 兴趣正～
xìngqù zhèng nóng having a strong
interest in sth./感情 ～ 厚 gǎnqíng
nónghòu strong and deep feelings

脓（膿）nóng ㄋㄨㄥˊ 化脓性炎症
病变所形成的黄白色汁
液,是死亡的白细胞、细菌及脂肪等的
混合物 pus, a thick yellowish-white
liquid produced by the combination of
dead white blood cells, germs and fat
in an infected wound or poisoned part
of the body

秾（穠）nóng ㄋㄨㄥˊ 花木繁盛
gorgeously blooming;
luxuriant

弄 ⊖ nòng ㄋㄨㄥˋ （旧读 early pro-
nounce lòng）❶拿着玩,戏耍
play with; fool with (⊛comb. 玩 —
wán—、戏 — xì — play with);不要～
火 bùyào nòng huǒ Don't play with
fire. ❷搞,做 do; make; ～ 好
nònghǎo do sth. well/～点水喝 nòng
diǎnr shuǐ hē get some water to drink/
～饭 nòng fàn prepare a meal; cook
❸搅扰 disturb; upset:这消息～得人
心不安 Zhè xiāoxi nòng de rénxīn

bù'ān. The news made people(or me)
feel upset. ❹要,炫耀 play; show off;
～手段 nòng shǒuduàn play tricks/舞
文～墨 wǔwén—nòngmò play with the
pen; show off literary skill

⊜ lòng 见 418 页 See p. 418

NOU ㄋㄨ

耨（＊＊鎒）nòu ㄋㄨˋ ❶古代锄草的
器具 a weeding hoe,
used in ancient times ❷锄草 weeding;
深耕易～shēngēng yì nòu The deeper
you plough, the easier it is to weed.

NU ㄋㄨ

奴 nú ㄋㄨˊ 旧社会中受剥削阶级压
迫、剥削、役使的没有自由的人 in
old society, under the rule of the ex-
ploiting classes, the oppressed, ex-
ploited, slavery and unfree people;农
～nóngnú serf/家 ～ jiānú servant［奴
隶—lì］受奴隶主奴役而没有人身自由
的人 slave, a person controlled by
slave-owner and without personal
freedom［奴役—yì］把人当做奴隶使
用 enslave［奴才—cai］1.旧时婢仆对
主人的自称(of a slave) a way of call-
ing oneself 2.指甘心供人驱使,帮助
作恶的坏人 lackey; flunkey

孥 nú ㄋㄨˊ 儿子,或指妻和子 sons;
wife and children;妻 ～ qīnú
wife and children

驽 nú ㄋㄨˊ 驽马,劣马,走不快的马
an inferior horse; jade. ⊛愚钝无
能 fig. (of a person) dull; incompe-
tent;～钝 núdùn dull; stupid

努（❷＊＊拗）nǔ ㄋㄨˇ ❶尽量地
使出（力量）put
forth (one's strength); exert (one's
efforts);～力 nǔlì make great efforts;
try hard ❷突出 protrude; bulge;～
嘴 nǔzuǐ pout one's lips as a signal ❸

〈方 dial.〉因用力太过，身体内部受伤 injure oneself through overexertion：箱子太重，你别扛，看～着 Xiāngzi tài zhòng, nǐ bié káng, kàn nǔzhe. *Don't carry that heavy trunk, or you'll strain yourself.*

弩 nǔ ㄋㄨˇ 一种利用机械力量射箭的弓 crossbow

砮 nǔ ㄋㄨˇ ❶可做箭镞的石头 a kind of stone used in making arrow-heads ❷石制箭头 stone arrowhead

胬 nǔ ㄋㄨˇ [胬肉—ròu]一种眼病，即翼状胬肉 a triangular mass of mucous membrane growing from the inner corner of the eye

怒 nù ㄋㄨˋ ❶生气，气愤 anger；fury：发～fānù *fly into a rage*／发（fà）冲冠（形容盛怒）nùfà-chōngguān *bristle with anger；be in a towering rage*／～容满面 nùróng mǎnmiàn *a face contorted with anger；look very angry* ❷气势盛 forceful；vigorous：～涛 nùtāo *furious billows*／～潮 nùcháo *raging tide*／草木～生 cǎomù nù shēng *grasses grow wildly* [怒族—zú]我国少数民族名，参看附表 an national minority in China. See Appendix.

NÜ ㄋㄩ

女 nǚ ㄋㄩ ❶女子，女人，妇女 woman；female：～士 nǚshì *lady*／～工 nǚgōng *woman worker*／男—平等 nán-nǚ píngděng *the equality between men and women* ❷女儿 daughter：一儿一～yī ér yī nǚ *a son and a daughter* ❸星名，二十八宿之一 the tenth of the twenty-eight constellations into which the celestial sphere was divided in ancient Chinese astronomy

〈古 arch.〉又同"汝"(rǔ) Also same as "汝(rǔ)"

钕 nǚ ㄋㄩ 一种金属元素，符号 Nd，色微黄 neodymium, a light-yel-low metallic element；symbol：Nd

恧 nǜ ㄋㄩˋ 惭愧 be ashamed

衄 (*衂、*鼽) nǜ ㄋㄩˋ 鼻衄，鼻子流血 nose-bleed

朒 nǜ ㄋㄩˋ 亏缺，不足 lacking；insufficient

NUAN ㄋㄨㄢ

暖 (*煖) nuǎn ㄋㄨㄢˇ 暖和 (huo)，不冷 warm；genial (叠 comb. 温—wēn— *warmth*)：风和日～ fēnghé-rìnuǎn *gentle wind and warm sun* 引 ext. 使温和 warm up：～一～手 nuǎn yī nuǎn shǒu *warm one's hands*

NÜE ㄋㄩㄝ

疟 (瘧) ㊀ nüè ㄋㄩㄝˋ 疟疾，又叫"疟子"(yàozi)，是一种周期性发冷发烧的传染病。病原体是疟原虫，由疟蚊传染到人体血液中。发疟子，有的地区叫"打摆子" malaria, also called "yàozi", a fever beginning with coldness and an uncontrollable shaking of the body, caused by malarial parasite and spread by malarial mosquito through blood；also called "dǎ bǎizi" in some areas

㊁ yào 见 754 页 See p. 754

虐 nüè ㄋㄩㄝˋ 残暴 cruel；tyrannical (叠 comb. 暴—bào— *tyranny*)：～待 nüèdài *maltreat；ill-treat；tyrannize*

NUO ㄋㄨㄛ

挪 nuó ㄋㄨㄛˊ 移动 move；shift：把桌子～一～ bǎ zhuōzi nuó yī nuó

move the table/～用款项 nuóyòng kuǎnxiàng*misappropriate funds*

娜 ㊀ nuó ㄋㄨㄛˊ 见 480 页"袅"字条 "袅娜(niǎo一)" See "niǎonuó" under entry of "niǎo", p. 480

㊁ nà 见 470 页 See p. 470

傩(儺) nuó ㄋㄨㄛˊ 旧指驱逐瘟疫迎神赛会 a competition gathering to drive out pestilence and welcome gods in early times

诺 nuò ㄋㄨㄛˋ ❶答应的声音，表示同意 (a sound of agreement) yes (叠 redup.)：唯唯～～wěiwěi-nuònuò *keep on saying "yes"* ❷应允 promise：～言 nuòyán *promise*/慨～ kǎinuò *generously promise*

喏 ㊀ nuò ㄋㄨㄛˋ ❶叹词 interj. 表示让人注意自己所指示的事物 used to call attention to sth：～，这不就是你的那把伞? Nuò, zhè bù jiùshì

nǐ de nà bǎ sǎn? *There, isn't that your umbrella?* ❷同"诺" Same as "诺".

㊁ rě 见 553 页 See p. 553

锘 nuò ㄋㄨㄛˋ 一种人造的放射性元素，符号 Nonobelium, a man-made radioactive element; symbol: No.

搦 nuò ㄋㄨㄛˋ 握,持,拿着 hold in the hand：～管(执笔)nuòguǎn *hold a writing brush; take up the pen*

懦 nuò ㄋㄨㄛˋ 怯懦,软弱无能 cowardly; weak(逾 comb. 一弱一ruò cowardly)：～夫 nuòfū *coward;weakling*

糯(*穤、*稬) nuò ㄋㄨㄛˋ 糯稻,稻的一种,米富于粘性 glutinous cereal, a species of rice：～米 nuòmǐ

543

ㄛ ㄛ

ㄛ ㄛ

噢 ō ㄛ 叹词 interj. 表示了解 expressing realization：～，就是他！ Ō, jiùshì tā! Oh, it's him!/～，我懂了 Ō, wǒ dǒng le. Oh, I see. [噢唷—yō][噢哟—yō]叹词 interj. 表示惊异、痛苦 expressing surprise or pain：～～，这么大的西瓜！ Ō yō, zhème dà de xīguā! Oh, what a big watermelon! /～～，好痛 Ō yōu, hǎo tòng! Ouch, it hurts!

哦 ㊀ ó ㄛ 叹词 interj. 表示疑问、惊奇等 expressing doubt or surprise：～，是这样的吗？ Ó, shì zhèyàng de ma? What! Is it really so? /～，是那么一回事 Ó, shì nàme yī huí shì. Oh, it is just like that.
㊁ ò 见本页 See the same page.
㊂ é 见 154 页 See p. 154

嚄 ǒ ㄛ 叹词 interj. 表示惊讶 expressing surprise：～，这是怎么搞的？ Ǒ, zhè shì zěnme gǎo de? Why, is anything the matter?

哦 ㊀ ò ㄛ 叹词 interj. 表示领会、醒悟 expressing realization, understanding, etc.：～，我明白了 Ò, wǒ míngbai le. Oh, I see.
㊁ ó 见本页 See the same page.
㊂ é 见 154 页 See p. 154

ㄡ OU

区(區) ㊀ ōu ㄡ 姓 a surname
㊁ qū 见 543 页 See p.

讴(謳) ōu ㄡ 歌唱 sing [讴歌—gē] 歌颂，赞美 sing the praises of; celebrate in song

沤(漚) ㊀ ōu ㄡ 水泡 bubble; froth：浮～ fú'ōu bubbles on water
㊁ òu 见 488 页 See p. 488

瓯(甌) ōu ㄡ ❶小盆 bowl ❷杯 cup：茶～ chá'ōu tea cup ❸瓯江，水名，在浙江省 Ou Jiang River, in Zhejiang Province ❹浙江省温州的别称 another name for Wenzhou, Zhejiang Province

欧(歐) ōu ㄡ ❶姓 a surname ❷(外 foreign)指欧洲，世界七大洲之一 Europe, one of the seven continents in the world

殴(毆) ōu ㄡ 打人 beat up; hit (㊧ comb. 一打 — dǎ beat up)：～伤 ōushāng beat and injure

鸥(鷗) ōu ㄡ 水鸟名，羽毛多为白色，生活在湖海上，捕食鱼、螺等 gull, a kind of waterbird, usu. with white feathers, living on the sea or lakes, feeding on fish and snails

呕(嘔) ǒu ㄡ 吐(tù) vomit; throw up(㊧comb. 一吐 —tù vomit)：～血 ǒuxuè haematemesis; spitting blood [作呕 zuò一]恶心，比喻非常厌恶(wù) feel like vomiting; fig. be overcome by nausea

偶 ǒu ㄡ ❶偶像，用木头或泥土等制成的人形 image; idol ❷双，对，成双或成对，跟"奇"(jī)相反 even (number); in pairs, antonym of "jī"：～数 ǒushù even number/无独有～ wúdú-yǒu'ǒu It's not a unique instance, but has its counterpart. [对偶 duì—]文字作品中音调谐和，意义相对，字数相等的语句，骈体文的基本形式 antithesis, the putting together in speech or writing of two opposite ideas, equal in number of characters and harmonious in sound ❸偶然 by chance；by accident；occasionally：～发事件 ǒu fā shìjiàn *an accident；an accidental event* [偶然—rán]不经常，不是必然的 occasionally；accidentally：～～去一次 ǒurán qù yī cì *go there once in a while/* 这些成就的取得绝不是～～的 Zhèxiē chéngjiù de qǔdé jué bùshì ǒurán de. *It is not accidental that we have made these achievements.*

耦 ǒu 又 ❶两个人在一起耕地（of two persons）plough side by side ❷同"偶❷"Same as "偶(ǒu)❷".

藕 ǒu 又 莲的地下茎，肥大有节，中间有许多管状小孔，可以吃 lotus root，the fat edible stock of lotus with joints and holes in it（图见 397 页"莲" See picture in "lián" p. 397). [藕荷—hé][藕合—hé]淡紫色 pale purple

沤（漚） ㊀òu 又 长时间地浸泡 soak；steep：～麻 òumá *ret flax or hemp*

㊁ ōu 见 487 页 See p. 487

怄（慪） òu 又 故意惹人恼怒，或使人发笑，逗弄 irritate；annoy：你别～人了 Nǐ bié òurén le. *Don't annoy me.* /～得他直冒火 òu de tā zhí màohuǒ *It irritated him so much that he flew into anger.* [怄气—qì]闹别扭，生闷气 be difficult and sulky：不要～～ bùyào òuqì *Don't sulk.*

P ㄆ

PA ㄆㄚ

趴 pā ㄆㄚ ❶肚子向下卧倒 lie on one's stomach；lie prone：～下放枪 pāxia fàngqiāng *lie on one's stomach and shoot* ❷身体向前靠在东西上 bend over；lean on：～在桌子上写字 pā zài zhuōzi shang xiě zì *bend over the desk writing*

啪 pā ㄆㄚ 拟声词 onom. 放枪、拍掌或东西撞击等的声音 the sound of a gunshot, clapping or slapping, etc.

葩 pā ㄆㄚ 花 flower：奇～ qípā *very beautiful flowers*

扒 ⊖ pá ㄆㄚ ❶用耙(pá)搂(lōu)聚拢 rake up；gather together：～草 pá cǎo *rake up the grass*／～土 pá tǔ *gather the soil together* ❷扒窃 steal：～手(小偷) páshǒu *pocketpicker* (thief) ❸炖烂，煨烂 stew；braise：～猪头 pá zhūtóu *braised pig-head*

⊜ bā 见 10 页 See p. 10

杷 pá ㄆㄚ 见 501 页"枇"字条"枇杷"(pípá) See "pípá" under entry of "pí", p. 501

爬 pá ㄆㄚ ❶手和脚一齐着地前行，虫类向前移动 crawl；creep：～行 páxíng *crawl*／小孩子会～了 Xiǎoháizi huì pá le. *The baby can crawl now.*／不要吃苍蝇～过的东西 Bùyào chī cāngying páguo de dōngxi. *Don't eat the food crept over by flies.* [爬虫 chóng]爬行动物的旧称，行走时多用腹面贴地，如龟、鳖、蛇等 early term for creeping animals, such as tortoise, soft-shelled turtle, snake, etc. ❷攀登 climb；scramble：

～山 pá shān *climb a mountain*／～树 pá shù *climb a tree*／猴子～竿 hóuzi pá gānr *The monkey is climbing a pole.*

钯 ⊖ pá ㄆㄚ 同"耙(pá)" Same as "耙(pá)"

⊜ bǎ 见 12 页 See p. 12

耙 ⊖ pá ㄆㄚ ❶(一子－zi)聚拢谷物或平土地的用具 rake, a kind of farming tool used to gather grains or level soil ❷用耙子聚拢谷物或平土地 to gather grains or level the soil with a rake：～地 pádì *rake the soil level*

⊜ bà 见 13 页 See p. 13

筢 pá ㄆㄚ (一子－zi)搂(lōu)柴草的竹制器具 rake, usu. made of bamboo

琶 pá ㄆㄚ 见 501 页"琵"字条"琵琶"(pípá) See "pípá" under entry of,"pí", p. 501

湓 pá ㄆㄚ [湓江口－jiāngkǒu]地名，在广东省清远 a place in Qingyuan, Guangdong Province

掱 pá ㄆㄚ [掱手－shǒu]从别人身上窃取财物的小偷儿。现通常作"扒手" pocketpicker, now often written as "扒手"(páshǒu)

帕 pà ㄆㄚ ❶(一子－zi)包头或擦手脸用的布或绸 a piece of cloth or silk worn as a covering for the head or used for cleaning face and hands：首～ shǒupà *kerchief*／手～ shǒupà *handkerchief* ❷压强单位名，符号 Pa measure. word, for intensity of pressure；symbol：Pa.

怕 pà ㄆㄚ ❶害怕 fear；dread：老鼠～猫 Lǎoshǔ pà māo. *A mouse is afraid of a cat.* ❷恐怕，或许，表示疑虑或猜想 I'm afraid (that)；perhaps, expressing doubt or supposition：他～不来了 Tā pà bù lái le. *I'm afraid that he won't come.*／恐～他别有用意 Kǒngpà tā biéyǒu-yòngyì. *I'm afraid that he has an axe to*

grind.

PAI ㄆㄞ

拍 pāi ㄆㄞ ❶用手掌轻轻地打 clap；pat：~球 pāi qiú *bounce a ball*/~手 pāishǒu *clap one's hands* 〔引 ext.〕(一子—zi)乐曲的节奏 rhythm in a tune (逾 comb. 节—jié—*beat*)：这首歌每节有四~ Zhè shǒu gēr měi jié yǒu sì pāi. *The song has four beats in a bar.* ❷(一子—zi，—儿—r)拍打东西的用具 an article used to beat sth.：蝇~儿 yíngpāir *flyswatter*/球~子 qiúpāizi *racket*；*bat* ❸摄影 take a photograph；shoot a film：~照片 pāi zhàopiàn *take a picture* ❹发 send；~电报 pāi diànbào *send a telegram*

俳 pái ㄆㄞ 古代指杂戏、滑稽戏，也指演这种戏的人 acrobatics，farce or actors who played acrobatics or farce in ancient times 〔转 trans.〕诙谐，玩笑 humour；jest

排 ⊖ pái ㄆㄞ ❶摆成行(háng)列 arrange；put in order (逾 comb. 一列—liè *arrange*)：~队 páiduì *line up* [排行—háng]兄弟姊妹的长幼次序 seniority among brothers and sisters [排场—chang]铺张的场面 ostentation and extravagance ❷排成的行列 row；line：我坐在前~ Wǒ zuò zài qiánpái. *I sit in the front row.* ❸同"簰" Same as "簰" ❹军队的编制单位，是班的上一级 platoon, a military unit higher than squad in rank ❺量词 meas. 用于成行列的 row：一~椅子 yī pái yǐzi *a row of chairs* ❻除去，推开 exclude；push：~水 páishuǐ *drain the water away*/~山倒海(喻力量大) páishān-dǎohǎi *topple the mountains and overturn the seas* (*fig.* forceful；mighty)/~难(nàn)páinàn *mediate a dispute* [排泄—xiè]生物把体内的废物如汗、尿、屎等排出体外 (of living beings) excrete sweat,

urine or faeces, etc. out of the body ❼排演，练习演戏 rehearse；practise a play：~戏 páixì *rehearse*/彩~ cǎipái *dress rehearsal*

⊜ pǎi 见 491 页 See p. 491

徘 pái ㄆㄞ [徘徊—huái]来回地走 pace up and down；walk to and fro：他在那里~~了很久 Tā zài nàli páihuái le hěnjiǔ. *He has been pacing up and down there for a long time.* 〔喻 fig.〕犹疑不决 hesitate；waver：左右~zuǒyòu páihuái *hesitate between two alternatives*

排 pái ㄆㄞ 同"簰" Same as "簰"

牌 pái ㄆㄞ ❶(一子—zi，—儿—r)用木板或其他材料做的标志或凭信物 plate or board, made of wood：招~ zhāopai *sign board*/指路~ zhǐlùpái *sign post*/存车~子 cúnchē páizi *tally for parking a car or a bicycle* 〔引 ext.〕商标 brand：解放~汽车 jiěfàngpái qìchē *a Liberation Brand truck* [牌楼—lou]装点或庆贺用的建筑物 decorated archway [牌价—jià]市场上用牌告方式公布的标准价格 list price；posted price in a market ❷古代兵士战争时用来遮护身体的东西 armour used by soldiers in ancient times：挡箭~ dǎngjiànpái *arrow-proof armour*/藤~ téngpái *cane shield* ❸娱乐或赌博用的东西 cards, dominoes, etc. used for playing or in gambling：扑克~ pūkèpái (*a pack of*) *playing cards* ❹词或曲的曲调的名称 names of the tunes to which cí poems or qǔ are composed：词~ cípái *names of the tunes to which cí poems are composed* / 曲~ qǔpái *names of the tunes to which qǔ are composed*

簰(＊＊簿) pái ㄆㄞ 筏子，竹子或木材平摆着编扎成的交通工具，多用于江河上游水浅处。也指捆扎的在水上漂浮、运送的木材或竹材。也作"排"、"簰" *a bam-*

boo or wooden raft used as a means of transportation in shallow waters of a river; also the bound timber or bamboo floating on waters; also written as "排" or "棑".

迫(*廹) ⊖ pǎi ㄆㄞ [迫击炮 —jīpào]从炮口装弹，
以曲射为主的火炮 mortar, a type of heavy gun with a short barrel, firing an explosive that falls from a great height

⊖ pò 见 511 页 See p. 511

排 ⊖ pǎi ㄆㄞ [排子车—zichē]〈方 dial.〉用人拉的搬运东西的一种车 a large handcart; a wheelbarrow

⊖ pái 见 490 页 See p. 490

哌 pài ㄆㄞ [哌嗪—qín]有机化合物，分子式：

$$NHCH_2CH_2NHCH_2CH_2$$

白色结晶，易溶于水。有溶解尿盐酸、驱除蛔虫等等药理作用 piperazine, a crystalline organic compound, easy to melt in water, used in treating worm infestations, in insecticides, etc.; molecular formula:

$$NHCH_2CH_2NHCH_2CH_2$$

派 pài ㄆㄞ ❶水的支流 river branch ❷一个系统的分支 branch or sect of a system(⑯ comb. —系—xì group):流~ liúpài school; sect/~生 pàishēng derive ❸派别。政党和学术、宗教团体等内部因主张不同而形成的分支 group; sect; factions within a political party, learned society or religious group, formed according to different stands ❹作风，风度 style; manner and air：正~ zhèngpài upright/气~qìpài imposing manner ❺分配，指定 send; assign：分~ fēnpài assign (to different persons or groups)/~人去办 pài rén qù bàn send sb to do sth.

蒎 pài ㄆㄞ 有机化合物，分子式 $C_{10}H_{18}$，化学性质稳定，不易被无

机酸和氧化剂分解 pinane, an organic chemical compound with steady chemical property, hard to be decomposed by inorganic acid and oxidizer; molecular formula: $C_{10}H_{18}$

湃 pài ㄆㄞ [澎湃 péng—]大浪相激 big waves colliding with each other

PAN ㄆㄢ

番 ⊖ pān ㄆㄢ [番禺—yú]地名，在广东省 a place in Guangdong Province

⊖ fān 见 162 页 See p. 162

潘 pān ㄆㄢ ❶淘米汁 water used in washing rice ❷姓 a surname

攀 pān ㄆㄢ ❶抓住别的东西向上爬 climb; clamber；～登 pāndēng climb; scale/~树 pān shù climb up a tree ❷拉拢，拉扯 involve; implicate (⑯ comb. —扯—chě implicate sb. in a crime)；～谈 pāntán engage in small talk; have a chat/~亲道故 pānqīn-dàogù claim ties of blood or friendship

爿 pán ㄆㄢ ❶劈开的成片的木柴 chopped wood ❷〈方 dial.〉量词 meas.，指商店等 for shops, etc.：一～水果店 yī pán shuǐguǒdiàn a fruit shop

胖 ⊖ pán ㄆㄢ 安泰舒适 easy and comfortable：心广体~xīnguǎng-tǐpán carefree and contented; fit and happy

⊖ pàng 见 494 页 See p. 494

盘(盤) pán ㄆㄢ ❶(—子—zi, —儿—r)盛放物品的扁而浅的用具，多为圆形 a rather flat, usu. round-shaped receptacle, as a tray, plate, dish, etc.：托~ tuōpánr serving tray/茶～儿 chápánr tea tray/和～托出(喻全部说出)hépán-tuōchū reveal everything; hold nothing back [通盘 tōng—]全面 overall;

～～打算 tōngpán dǎsuan *comprehensive planning* ❷(一儿—r)形状像盘或有盘的功用的物品 sth. shaped like or used as a tray, plate, etc.：脸～儿 liǎnpánr *cast of one's face*/磨(mo)～ mòpán *millstone*/棋～ qípán *chessboard*/算～suànpan *abacus*/字～ zìpán *case* ❸回旋地绕 coil (up); twist：～香 pánxiāng *incense coil*/～杠子(在杠子上旋转运动)pán gàngzi *exercise on a horizontal bar*/把绳子～起来 bǎ shéngzi pán qilai *coil up the rope*/山公路 pánshān gōnglù *a winding mountain road*/～根错节 pángēn-cuòjié *with twisted roots and gnarled branches* (fig. complicated and difficult to deal with) [盘剥—bō]利上加利地剥削 exploiting by getting interest out of farmer interest; practise usury [盘旋—xuán]绕着圈地走或飞 spiral; circle; wheel ❹垒，砌(炕、灶)build by laying bricks, stones, etc.：～炕 pánkàng *build a kang*/灶 pánzào *build a brick cooking range* ❺盘查，仔细查究 check; examine：～账 pánzhàng *check accounts*/～货 pánhuò *make an inventory of stock on hand; take stock*/～问 pánwèn *cross-examine; interrogate*/～算(细心打算)pánsuan *calculate; figure* (a plan carefully) ❻(一儿—r)指市场上成交的价格 market quotation; current price；开～儿 kāipánr *opening quotation* / 收～儿 shōupánr *closing quotation* / 平～儿 píngpánr *par; parity* ❼量词 meas. 一～机器 yī pán jīqì *a machine*/一～磨(mò)yī pán mò *a pair of millstones*/一～棋 yī pán qí *a game of chess* [盘费—fei][盘缠—chan]旅途上的费用 travelling expenses; money for the journey

[盘桓—huán]留恋在一个地方，逗留stay; linger

槃 pán ㄆㄢ 同"盘❶❸"Same as "盘❶❸".

磐 pán ㄆㄢ 大石头 huge rock；安如～石 ānrúpánshí *secure as a huge rock; as solid as a great rock*

碏 pán ㄆㄢ [碏溪—Xī]古水名，在今陕西省宝鸡东南 an ancient river, in the southeast of today's Bao-ji, Shaanxi Province

蟠 pán ㄆㄢ 屈曲，环绕 coil; curl：虎踞龙～ hǔjù-lóngpán *like a coilingdragon and a crouching tiger* (fig. a forbidding strategic point)

蹒(蹣) pán ㄆㄢ [蹒跚—shān]1. 走路一瘸(qué)一拐 walk lamely; limp 2. 走路缓慢、摇摆 也作"盘跚"walk haltingly; hobble, also written as"盘跚"

判 pàn ㄆㄢ ❶分辨，断定 distinguish; judge (龏comb. 一断—duàn *judge*)：～别是非 pànbié shìfēi *distinguish the right from the wrong* [批判 pī—]分析、批驳错误的思想、观点和行为 criticize; analyze and refute erroneous ideas, opinions or deeds：～～腐朽的剥削阶级思想 pīpàn fǔxiǔ de bōxuējiējí sīxiǎng *criticize the decadent ideas of the exploiting class* ❷分开 separate 龏 trans. 截然不同 obviously different：～若两人 pànruò liǎngrén *be quite a different persons; be no longer one's old self* ❸判决，司法机关对案件的决定 sentence; court decision：～案 pàn'àn *decide a case* / ～处徒刑 pànchǔ túxíng *sentence sb to; condemn sb. to*

泮 pàn ㄆㄢ ❶融解，分散 dissolve; melt ❷泮池，旧时学宫前的水池 pond in front of a Confucian school in ancient times

叛 pàn ㄆㄢ 背叛，违背本阶级或集团的利益投到敌对方面去 betray; turn traitor and go over to the enemy：～国分子 pànguó fènzǐ *traitor of one's country*

畔 pàn ㄆㄢ 田地的界限 border of a field 龏 ext. 边 side；河～hé pàn

river bank／篱～ lí pàn hedge side
〈古 arch.〉又同"叛"Also same as
"叛".

祥 pàn ㄆㄢ 同"襻" Same as "襻".

拚 ㊀ pàn ㄆㄢ 舍弃，豁出去 reject；
disregard：～命 pànmìng risk
one's life
㊁ pīn 见 506 页 See p.506

盼 pàn ㄆㄢ ❶盼望，想望 hope for；
expect ❷看 look（⤢ comb. 顾—
gù— look round）：左顾右～ zuǒgù-
yòupàn glance right and left；look
round

錾 pàn ㄆㄢ 〈古 arch.〉器物上的
提梁 handle of a utensil

襻 pàn ㄆㄢ ❶（—儿—r）扣襻，扣住
纽扣的套 a loop for fastening a
button ❷（—儿—r）功用或形状像襻
的东西 sth shaped like a button loop
or used for similiar purposes：鞋～儿
xiépànr shoe strap ❸扣住，使分开的
东西连在一起 fasten with a rope,
string, etc.；tie：～上几针（缝住）
pànshang jǐ zhēn put in a few stitches

PANG ㄆㄤ

乓 pāng ㄆㄤ 拟声词 onom.～的一
声 pāng de yī shēng a pop；a
bang

霶 pāng ㄆㄤ 雪下得很大 heavy
snowfall

滂 pāng ㄆㄤ 水涌出的样子（of wa-
ter）rushing；pouring［滂湃—
pài］水势盛大（of water）roaring and
rushing［滂沱—tuó］雨下得很大 tor-
rential：大雨～～dàyǔ pāngtuó It's
raining torrents.⤢ fig. 泪流得很多
（of eyes）filled with tears：涕泗～～
tìsì-pāngtuó a flood of tears flowing
down

膀（＊＊胮）㊀ pāng ㄆㄤ 浮肿
swelling：他肾脏有
病，脸有点～Tā shènzàng yǒu bìng,

liǎn yǒudiǎn pāng. There is some-
thing wrong with his kidney and his
face looks somewhat swollen.
㊁ bǎng 见 19 页 See p.19
㊂ páng 见本页 See the same page.

彷（＊＊徬）㊀ páng ㄆㄤ［彷徨
—huáng］游移不
定，不知道往哪里走好。也作"旁皇"
walk back and forth，not knowing
which way to go；hesitate. Also writ-
ten as "旁皇"
㊁ fǎng 见 169 页 See p.169

庞（龐、＊＊厐）páng ㄆㄤ ❶
大（指形体或
数量）huge in size or number：数字～
大 shùzì pángdà innumerable／～然大
物 pángrán-dàwù huge monster；
giant ❷杂乱 disordered（⤢ comb. —
杂—zá numerous and jumbled）❸面
庞，脸盘 cast of one's face

逄 páng ㄆㄤ 姓 a surname

旁 páng ㄆㄤ ❶旁边，左右两侧
side：～观 pángguān look on；be
an onlooker；～若无人 pángruòwúrén
act as if there is no one else present／两
～都是大楼 liǎngpáng dōushì dà lóu
Tall buildings line on both sides.❷其
他，另外 other；else：～人 pángrén
other people／～的话 páng de huà
other words
〈古 arch.〉又同"傍"（bàng）Also
same as "傍".

膀 ㊂ páng ㄆㄤ［膀胱—guāng］俗
叫"尿脬"（suīpāo），是暂存尿液
的囊状体，在骨盆腔的前方 urinary
bladder，popularly called "suīpāo"，
an organ in the front of pelvis，used
for storing urine（图见 809 页"脏"
See picture in "脏"，p.809）
㊀ bǎng 见 19 页 See p.19
㊁ pāng 见本页 See the same
page.

磅 ㊁ páng ㄆㄤ［磅礴—bó］1.广
大无边际 boundless：大气～～

dàqì-pángbó *powerful；of great momentum* 2.扩展，充满 permeate；fill：正义之气，～～宇内 Zhèngyì zhī qì，pángbó yǔ nèi. *Justice is sweeping the world with tremendous momentum.*

㊁ bàng 见 20 页 See p.20

螃 páng ㄆㄤ [螃蟹—xiè]见 716 页 "蟹" See xiè，p.716

鳑 páng ㄆㄤ [鳑鲏—pí]鱼名，形状像鲫鱼，体长二三寸，生活在淡水中，卵产在蚌壳里 bitterling, a kind of fresh water fish two-or three-*cun* long, laying roe in shells of freshwater mussels

嗙 pǎng ㄆㄤ 〈方 dial.〉夸大，吹牛，信口开河 brag；boast：你别听他瞎～ Nǐ bié tīng tā xiāpǎng. *Don't believe him；he is boasting.* /他一向是好(hào)胡吹乱～的 Tā yīxiàng shì hào húchuī luànpǎng de. *He always brags.*

耪 pǎng ㄆㄤ 用锄翻松地，锄 loosen soil with a hoe：～地 pǎngdì *hoe the field*

胖(**肨) ㊀ pàng ㄆㄤ 人体内含脂肪多，跟"瘦"相反 fat；stout, antonym of thin：他长得很～ Tā zhǎng de hěn pàng. *He is very fat.*

㊁ pán 见 491 页 See p.491

PAO ㄆㄠ

抛(**拋) pāo ㄆㄠ ❶扔，投 throw；toss：～球 pāo qiú *throw a ball* [抛锚—máo]把锚投入水底，使船停稳 drop anchor；cast anchor ㊧ trans. 1.汽车等因发生毛病，中途停止 (of vehicles) break down 2.进行中的事情因故停止 (of work in process) stop by causation [抛售—shòu]为争夺市场牟取利润，压价出卖大批商品 sell goods in big quantities, usu. in lower price in or-

der to screamble markets ❷舍弃 abandon；forsake (㊧ comb. 一弃—qì *cast aside*)

泡 ㊀ pāo ㄆㄠ ❶(一儿—r)鼓起而松软的东西 sth. puffy and soft：豆腐～儿 dòufupāor *beancurd puff* ❷虚而松软，不坚硬 spongy：这块木料发～ Zhè kuài mùliào fāpāo. *This piece of wood is spongy.* ❸量词 *meas.* 同"脬" Same as "脬".

㊁ pào 见 495 页 See p.495

脬 pāo ㄆㄠ ❶尿(suī)脬，膀胱(pángguāng)urinary bladder ❷量词 *meas.* 用于屎尿 used for the number of excretions：一～屎 yì pāo shǐ *a shit*

刨 ㊀ páo ㄆㄠ ❶挖掘 dig；excavate：～花生 páo huāshēng *dig up peanuts*/～坑 páo kēng *dig a hole* ❷减，除去 exclude；subtract：～去还有俩人 Páoqu tā háiyǒu liǎ rén. *There are two people excluding him.* /十五天～去五天，只剩下十天了 Shíwǔ tiān páoqu wǔ tiān zhǐ shèngxia shí tiān le. *Fifteen days minus five days there are only ten days to go now.*

㊁ bào 见 24 页 See p.24

咆 páo ㄆㄠ [咆哮—xiào]猛兽怒吼 (of beasts of prey) roar；howl ㊧ fig. 江河奔腾轰鸣或人暴怒叫喊 (of a man) roar with rage or (of rivers or swift current) roar on；thunder away：黄河在～～ Huáng Hé zài páoxiào. *The Yellow River is roaring on.* /～～如雷 páoxiào rú léi *be in a thundering rage*

狍(**麅) páo ㄆㄠ (一子—zi)鹿一类的动物，毛夏季栗红色，冬季棕褐色，雄的有分枝状的角。肉可吃。毛皮可做褥、垫或制革 roe deer, a kind of deer, the colour of its hair changes from brownish red in summer to brown in winter, the male having fork-shaped horns；flesh edible；skin used for making mattress or hide

庖 páo ㄆㄠ 庖厨，厨房 kitchen：～人（古代称厨师）páorén（a term for cook in ancient times）[庖代—dài][代庖 dài—]⑯ trans. 替人处理事情或代做别人的工作 do what is sb else's job；act in sb's place

炮 ㊀páo ㄆㄠ 烧 roast [炮烙—luò]（旧读—gé early pronounce gé）[炮格—gé]古代的一种酷刑 hot pillar, an ancient instrument of torture [炮制—zhì]用烘、炒等方法把原料加工制成中药 the process of preparing Chinese medicine, as by parching, roasting, baking, etc.：如法～～（喻照样做）rúfǎ-páozhì act after the same fashion；follow suit

㊁bāo 见 21 页 See p. 21

㊂pào 见本页 See the same page.

袍 páo ㄆㄠ （一子—zi，—儿—r）长衣 robe；gown：棉～儿 miánpáo cotton robe/～笏登场（登台演戏，比喻上台做官）páohù-dēngchǎng dress up and go on stage（fig. contemptuously an official or political puppet taking office）

匏 páo ㄆㄠ 匏瓜，俗叫"瓢葫芦"，葫芦的一种，果实比葫芦大，对半剖开可以做水瓢 a kind of gourd, but smaller, with dry hard shell used as a laddle when cut into halves, popularly called "piáohúlu"

跑 ㊁páo ㄆㄠ 走兽用脚刨地（of animals）paw the ground：～槽（牲口刨槽根）páocáo（of beasts of burden）scratch the ground/虎～泉（在杭州）Hǔpáo Quán a place in Hangzhou

㊀pǎo 见本页 See the same page.

跑 ㊀pǎo ㄆㄠ ❶奔，两只脚或四条腿交互向前跃进 run：赛～sàipǎo race/～步 pǎobù run；march at the double ㊉ext. 很快地移动 move quickly：汽车在公路上飞～Qìchē zài gōnglù shang fēipǎo. The car is rac-

ing along the highway. ❷逃跑，逃走 run away；escape：鸟儿关在笼里～不了 Niǎor guān zài lóng li pǎobuliǎo. The cageling cannot run away. ⑯ fig. 漏出（of a liquid or gas）leak or evaporate：～电 pǎodiàn leakage of electricity/～油 pǎoyóu leakage of gasoline ❸为某种事务而奔走 run about doing sth.；run errands：～外的 pǎowài de a person who runs errands for business/～买卖 pǎo mǎimai be a commercial traveller/～材料 pǎo cáiliào run about buying materials

㊁páo 见本页 See the same page.

奅 pào ㄆㄠ 虚大 puffily；huge；enormous

泡 ㊀pào ㄆㄠ ❶（一儿—r）气体在液体内使液体鼓起来的球状或半球状体 bubble（⑬ comb. 一沫—mò foam)：冒～儿 mào pàor send up bubbles；rise in bubbles ❷（一儿—r）像泡一样的东西 sth. shaped like a bubble：脚上起了一个～Jiǎo shang qǐle yī ge pàor. get blisters on one's foot/电灯～儿 diàndēngpàor electric bulb ❸用液体浸物品 steep；soak：～茶 pào chá make tea/～饭 pào fàn soak cooked rice in soup or water

㊁pāo 见 494 页 See p. 494

炮（*砲、*礮）㊀pào ㄆㄠ ❶重型武器的一类，有迫击炮、高射炮、火箭炮等 artillery piece, a kind of heavy weapons, such as mortar, antiaircraft gun, and rocket gun, etc. ❷爆竹 firecraker：鞭～biānpào a string of small firecrackers/～仗（zhang）pàozhang firecracker

㊀páo 见本页 See the same page.

㊁bāo 见 21 页 See p. 21

疱（*皰）pào ㄆㄠ 皮肤上长的像水泡的小疙瘩。也作"泡"blister, a watery swelling on the skin. Also written as 泡.

PEI 夕ㄟ

呸 pēi 夕ㄟ 叹词 interj. 表示斥责或唾弃 expressing disdain, annoyance or stern disapproval：～！胡说八道 Pēi! Húshuōbādào. *Pah! That's nonsense.*

胚 pēi 夕ㄟ 初期发育的生物体 the young of any creature in its first stage before birth ⑩ fig. 事情的开始 beginning of a thing [胚胎－tāi]初期发育的动物体 embryo

衃 pēi 夕ㄟ 凝聚的血 coagulated blood

醅 pēi 夕ㄟ 没过滤的酒 unstrained liquor

陪 péi 夕ㄟ 随同，在旁边做伴 accompany；keep sb. company（⑭ comb. 一伴－bàn accompany)：～同 péitóng *accompany*/我～你去 Wǒ péi nǐ qù. *I'll accompany you there.* /～客人 péi kèrén *attend a guest* [陪衬－chèn] 从旁衬托 serve as a contrast or foil；set off

培 péi 夕ㄟ 为保护植物或墙根等，在根基部分加土 bank up a plant, a wall or a bank, etc. with earth [培养－yǎng] 1.训练教育 foster, train, or develop a certain spirit, ability, etc. in sb.：～～干部 péiyǎng gànbù *train cadres* 2. 使繁殖 cultivate；culture：～真菌 péiyǎng zhēnjūn *culture fungus* [培育－yù] 培养幼小的生物，使它发育成长 help young plants or creatures grow by labour and care：～～树苗 péiyù shùmiáo *grow saplings*

赔 péi 夕ㄟ ❶补还损失 make good a loss；compensate（⑭comb. 一偿 － cháng *compensate*)：～款 péikuǎn *pay an indemnity；pay reparations*/照价～偿 zhàojià péicháng *compensate according to the cost*/～礼（道歉）péilǐ *make a formal apology*；*apologize* ❷亏损 lose money in business；stand a loss：～钱 péiqián *lose money in business*/～本 péiběn *sustain loses in business*；*run a business at a loss*

锫 péi 夕ㄟ 一种人造的放射性元素，符号 Bk berkelium，a man-made radioactive element symbol：Bk

裴 péi 夕ㄟ 姓 a surname

沛 pèi 夕ㄟ 盛（shèng），大 copious；abundant：精力充～jīnglì chōngpèi *very energetic*；*full of vigour*

旆 pèi 夕ㄟ 旗子上镶的边。泛指旌旗 fringe of a flag；banners and flags in general

霈 pèi 夕ㄟ ❶大雨 heavy rainfall ❷雨多的样子 rainy

帔 pèi 夕ㄟ 古代披在肩背上的服饰 short embroidered cape worn by people in ancient times

佩（❸ ＊＊珮) pèi 夕ㄟ ❶佩带，挂 wear：～带勋章 pèidài xūnzhāng *wear a medal*/腰间～着一支手枪 yāojiān pèizhe yī zhī shǒuqiāng *carry a pistol in one's belt* ❷佩服，心悦诚服 esteem；admire：可敬可～/ kějìng kěpèi *worthy of respect*/劳动模范人人～服 Láodòng mófàn rénrén pèifu. *Everyone is filled with admiration for model workers.* ❸古代衣带上佩带的玉饰 a jade ornament worn as a pendant at the waist in ancient times：环～huánpèi *round pendant*

配 pèi 夕ㄟ ❶两性结合 join in marriage：1. 男女结婚（of man and woman) join in marriage；婚～hūnpèi *marriage* 2. 使牲畜交合 mate animals：～种 pèizhǒng *breeding*/～猪 pèi zhū. *breed pigs* [配偶－ǒ]指夫或妻 spouse ❷用适当的标准加以调和mix according to a fixed ratio；compound：～颜色 pèi yánsè *mix colours* (on a palette)/～药 pèiyào *make up a* *prescription* ❸ 有计划地分派,安排 distribute according to a plan; apportion; 分～ fēnpèi *distribution*/～备人力 pèibèi rénlì *provide manpower* ❹ 流放 exile; bannish; 发～ fāpèi *exile* ❺ 把缺少的补足 find sth. to fit or replace sth. else; ～零件 pèi língjiàn *replace parts*/～把钥匙 pèi bǎ yàoshi *have a key made to fit a lock*/一块玻璃 pèi yī kuài bōli *replace a piece of glass* [配套—tào] 把若干相关的事物组合成一整套 form a complete set or system by putting related things together ❻ 衬托,陪衬 subordinate; supporting; 红花～绿叶 hóng huā pèi lǜ yè *A red flower and green leaves go well together.* /～角(jué) pèijué *supporting role* ❼ 够得上 deserve; be qualified; 他～称为先进工作者 Tā pèi chēngwéi xiānjìn gōngzuòzhě. *He deserves the title of an advanced worker.*

辔(轡) pèi ㄆㄟ 驾驭牲口的嚼子和缰绳 bridle, bands fastened on a draught animal, used for controlling its movement; 鞍～ ānpèi *saddle and bridle* [辔头—tóu] 辔 bridle

PEN ㄆㄣ

喷 ㊀ pēn ㄆㄣ 散着射出 spurt; spray; ～壶 pēnhú *watering can*; *sprinkling can*/～泉 pēnquán *fountain*/～气式飞机 pēnqìshì fēijī *jet plane*; *jet aircraft*/火山～火 huǒshān pēn huǒ *The volcano throws up fire.* [喷嚏—tì] 嚏喷(tìpen) sneeze

㊁ pèn 见本页 See the same page.

盆 pén ㄆㄣ (一子—zi,一儿—r) 盛放东西或洗涤的用具,通常是圆形,口大,底小,不太深 basin; pot, a kind of round vessel used for containing liquids or solid things; 花～ huāpén *flower pot* / 脸～ liǎnpén

washbasin [盆地—dì] 被山或高地围绕着的平地 basin; 四川～～ Sìchuān Péndì *the Sichuan Basin*/塔里木～～ Tǎlǐmù Péndì *the Tarim Basin*

溢 pén ㄆㄣ 溢水,水名,在江西省 Penshui River, in Jiangxi Province

喷 ㊀ pèn ㄆㄣ ❶ 香气扑鼻 fragrant; delicious; ～鼻儿香 pèn bír xiāng *It smells sweet.* /香～～ xiāngpènpèn *fragrant*; *delicious* ❷ (一儿—r) 蔬菜、鱼虾、瓜果等上市正盛的时期(of vegetables, fish, shrimps and fruits, etc.) in season; 西瓜～儿 xīguāpènr *watermelons in season*/对虾正在～儿上 Duìxiā zhèngzài pènr shang. *Prawns are in season now.* ❸ (一儿—r) 开花结实的次数或成熟收割的次数 crop; turn, the number of times for a plant in bloom, bearing fruits or ripening; 头～棉花 tóupèn miánhua *the first crop of cotton*/二～棉花 èrpèn miánhua *the second crop of cotton*/麦子开头～花儿了 Màizi kāi tóupènr huār le. *The wheat is having the first turn of flowers.* /绿豆结二～角了 Lǜdòu jiē èrpèn jiǎo le. *The green grams are having the second crop of beans.*

㊁ pēn 见本页 See the same page.

PENG ㄆㄥ

抨 pēng ㄆㄥ 抨击,攻击对方的短处 impeach; attack an opponent in speech or writing

怦 pēng ㄆㄥ 形容心跳(叠 redup.) (of heart) thumping

砰 pēng ㄆㄥ 拟声词 onom. ～的一声,枪响了 Pēng de yī shēng, qiāng xiǎng le. *There is a crack of a gun.*

烹 pēng ㄆㄥ ❶ 煮 boil; cook in water; ～调(tiáo) pēngtiáo *cook dishes* ❷ 一种做菜的方法,用热油略

P

炒之后，再加入液体调味品，迅速搅拌 a method of cooking dishes by frying quickly in hot oil and stiring in sauce: ～对虾 pēng duìxiā *quick-fried prawns in brown sauce*

嘭 pēng ㄆㄥ 拟声词 *onom.* ～～的敲门声 pēng pēngde qiāoménshēng *knocks at the door*

澎 〇 pēng ㄆㄥ〈方 dial.〉溅 splash；spatter：～了一身水 Pēngle yīshēn shuǐ. *be splashed all over with water*

〇 见本页 péng *See the same page.*

芃 péng ㄆㄥ［芃芃——］形容草木茂盛(of plants) luxuriant；flourishing

朋 péng ㄆㄥ 彼此友好的人 friend (逾 comb. 一友 — you *friend*)：亲～好友 qīnpéng-hǎoyǒu *relatives and friends*/宾～满座 bīnpéng mǎnzuò *Visitors filled all the seats.*

堋 péng ㄆㄥ 我国战国时代科学家李冰在修建都江堰时所创造的一种分水堤 a kind of dyke for distributing water, developed by an engineer named Li Bing of the period of Warring States in ancient China, when he building the Dujiang Weir

棚 péng ㄆㄥ (一子-zi，一儿-r) 把席、布等搭架支张起来遮蔽风雨或日光的东西 canopy；awning of reed mats, etc. used for keeping out wind, rain or sunshine：天～tiānpéng *canopy*/凉～liángpéng *cool shed*/牲口～ shēngkoupéng *livestock shed*/窝～wōpeng *shack*；*shed* / 帐～zhàngpeng *tent*

硼 péng ㄆㄥ 一种非金属元素，符号 B，有结晶与非结晶两种形态。结晶硼是有光泽的灰色晶体，很坚硬；非结晶硼是暗棕色的粉末。用于制合金钢，也可用作原子反应堆的材料。硼酸可以做消毒防腐剂；硼砂是制造珐琅、玻璃等的原料 boron, a non-metallic element, in the form either of a brown amorphous powder or very hard brilliant crystals；its alloys being used as a material of atomic pile and its compounds used in the making of sterilizing antiseptic or in the preparation of boric acid, soaps, enamels, glass, etc.；symbol：B.

鹏 péng ㄆㄥ 传说中最大的鸟 roc, a fabulous bird of enormous size ［鹏程—chéng］逾 fig. 远大的前途 bright future；promising future

髼 péng ㄆㄥ 头发松散 (of hair) fluffy

彭 péng ㄆㄥ 姓 a surname

澎 〇 péng ㄆㄥ［澎湃—pài］大浪相激 surge

〇 pēng 见本页 *See the same page.* ［澎湖—hú］我国岛屿，在台湾省和福建省之间，与其附近岛屿共有 64 个，总称"澎湖列岛" the Penghu Islands, consisting of sixty-four islands, between Taiwan Province and Fujian Province in China, also called PénghúLièdǎo as a whole

膨 péng ㄆㄥ 胀大 bulky；unwieldy ［膨脝—hēng］肚子胀的样子 potbellied ［膨胀—zhàng］物体的体积或长度增大 expand；inflate；空气遇热～～Kōngqì yù rè péngzhàng. *Air will expand when it is heated.* 逾 ext. 数量增加 increase in quantity：通货～tōnghuò péngzhàng *inflation*

蟛 péng ㄆㄥ［蟛蜞—qí］螃蟹的一种，身体小，生长在水边，对农作物有害 amphibious crab；brackishwater crab, a kind of small crab living at waterside, harmful to crops

搒 〇 péng ㄆㄥ 用棍子或竹板子打 beat with a stick or a bamboo clapper

〇 bàng 见 20 页 *See p. 20*

蓬 péng ㄆㄥ ❶飞蓬，多年生草本植物，开白花，叶子像柳叶，子实有毛 fleabane, a perennial herb with white flowers and willow-like leaves, bearing hairy seeds and fruits ❷散乱 (叠 redup.) fluffy; dishevelled: ～头散发 pēngtóu sànfà *with dishevelled hair*/乱～～的茅草 luànpēngpēng de máocǎo *fluffy and disorderly grasses* [蓬松—sōng]松散(指毛发或茅草) (of hair and grasses) fluffy; puffy [蓬勃—bó]旺盛 vigorous; flourishing: ～～发展 péngbó fāzhǎn *flourish*/朝气～～ zhāoqì-péngbó *full of vitality*

篷 péng ㄆㄥ ❶张盖在上面,遮蔽日光、风、雨的东西,用竹篾、苇席、布等做成 covering or awning on sth, usu. made of bamboo, reed and cloth, etc.: 船～ chuánpéng *the mat of a boat* ❷船帆, sail of boat: 扯起～来 chěqi péng lái *hoist the sails*

捧 pěng ㄆㄥ ❶两手托着 hold or carry in both hands: ～着一个坛子 pěngzhe yī ge tánzi *hold a jar in both hands* [捧腹—fù]指大笑 laugh loudly: 令人～～ lìngrén-pěngfù *make sb. burst his sides with laughter* ❷奉承或代人吹嘘 boost; flatter: 用好话～他 yòng hǎohuà pěng tā *flatter him*/～场(chǎng) pěngchǎng *sing the praises of; boost* ❸量词 meas. (用于两手能捧起的东西 a double handful): 一～花生 yī pěng huāshēng *a double handful of peanuts*

碰(*掽) pèng ㄆㄥ ❶撞击 touch; bump: ～杯 (表示祝贺)pèngbēi *clink glasses; to drink a toast* (expressing congratulations)/～破了皮 pèngpòle pí *break the skin by bumping*/～钉子 pèng dīngzi *meet with a rebuff; hit a snag*/～壁 (喻事情做不通)pèngbì *run up a stone wall* (*fig.* unable to accomplish sth.) ❷相遇 meet; run into: 我在半路上～见他 Wǒ zài bànlù shang pèngjian tā. *I met him on my way.* ❸没有把握地试探 take one's chance: ～一～机会 pèng yī pèng

jīhuì *take a chance*

PI ㄆㄧ

丕 pī ㄆㄧ 大 big; great: ～业 pīyè *big business*/～变 pībiàn *great change*

伾 pī ㄆㄧ [伾伾 ——]有力的样子 be forceful; seem strong

邳 pī ㄆㄧ [邳州—zhōu]地名,在江苏省 a place in Jiangsu Province

坯(△坏) pī ㄆㄧ ❶没有烧过的砖瓦、陶器等。特指砌墙用的土坯 unburnt bricks and tiles, earthenware, etc., esp. adobe: 打～ dǎpī *make earthen bricks* / 土～墙 tǔpīqiáng *adobe wall* ❷(一子—zi,一儿—r)半成品 semifinished product: 酱～子 jiàngpīzi *cooked plain in soy sauce*/面～儿 miànpīr *cooked plain noodles; cooked but unseasoned noodles*

豕 pī ㄆㄧ 野兽蠢动的样子(叠 redup.) (of hordes of animals) roam from place to place: 鹿豕～～ lù shǐ pīpī *Deers and pigs roam from place to place.*

批 pī ㄆㄧ ❶用手掌打 slap ❷写上字句,判定是非、优劣、可否 write instructions or comments on (a report from a subordinate, etc.): ～示 pīshì *write instructions or comments on a report, memorandum, etc. submitted by a subordinate*/～准 pīzhǔn *permit; approve*/～驳 pībó *refute, criticize*/～改作文 pīgǎi zuòwén *correct compositions* ❸(一儿—r)附注的意见或注意之点 notes and commentary attached: 眉～(写在书头上的批)méipī *notes and commentary at the top of a page*/在文后加了一条小～儿 zài wén hòu jiāle yī tiáo xiǎopīr *put a brief note at the end of the article* ❹批评,批判 criticize; refute: 挨了一通～ áile yītòng pī *be criticized severely* ❺量词 meas. 一～货 yī pī huò *a batch of* *goods*/一～人 yī pī rén *a group of people* [批发－fā]大宗发售货物 wholesale

纰 pī ㄆl 布帛、丝缕等破坏散开(of cloth, thread, etc.) become unwoven or untwisted; be spoilt [纰缪－miù]错误 error; mistake [纰漏－lòu]因疏忽而引起的错误 a careless mistake; a small accident

砒 pī ㄆl ❶"砷"(shēn)的旧名 early name for shēn ❷指砒霜 arsenic [砒霜－shuāng]是砷的氧化物，性极毒，可做杀虫剂 white arsenic, a silver-white, brittle and very poisonous chemical element, its compounds being used in making insecticides

铍 pī ㄆl 铍箭，古代箭的一种 a kind of arrow in ancient times

披 pī ㄆl ❶覆盖在肩背上 drape over one's shoulders; wrap around;～红 pīhóng *drape a band of red silk over sb's shoulders* (on festival occasions, etc.)/～着大衣 pīzhe dàyī *have an overcoat draped over one's shoulders*/～星戴月 pīxīng-dàiyuè *under the canopy of the moon and the stars* (*fig.* travel by night; work from before dawn till after dark) ❷打开 open; unroll;～襟 pījīn *open the front of a garment*/～卷 pījuàn *open a book*/～肝沥胆(喻竭诚效忠)pīgān-lìdǎn *open one's heart; be open and sincere* (*fig.* meaning be loyal and faithful) [披靡－mǐ]草木随风散倒 (of grass, etc.) be swept by the wind ⑩ *fig.* 敌军溃散(of enemies) flee; be routed. 所向～～ suǒxiàng-pīmǐ *(of troops) carry all before one; send the enemy fleeing helter-skelter; sweep away all obstacles* [披露－lù]发表 publish ❸裂开 split open; crack;竹竿～了 Zhúgān pī le. *The bamboo pole has split.*/指甲～了 Zhǐjia pī le. *The finger-nail has split.* ❹劈开，劈

去 chop; cleave;～荆斩棘(喻开创事业的艰难)pījīng-zhǎnjí *break through brambles and thorns* (*fig.* hack one's way through difficulties)

劈 ㊀pī ㄆl ❶用刀斧等破开 chop; cleave;～木头 pī mùtou *chop wood* ❷冲着，正对着 right against one's face;～脸 pīliǎn *right against one's face*/大雨～头浇下来 Dàyǔ pītóu jiāo xialai. *The heavy rain came crashing on top of us.* ❸雷电毁坏或击毙(of lightning) strike;大树让雷～了 Dà shù ràng léi pī le. *The tall tree was struck by lightning.* ❹尖劈，物理学上两斜面合成的助力器械，刀、斧等都属于这一类(in physics) a V-shaped tool, such as knife and axe, etc. ❺[劈啪－pā]拟声词 *onom.*

㊁pǐ 见 502 页 See p. 502

噼 pī ㄆl [噼啪－pā]同"劈啪" Same as "劈啪".

霹 pī ㄆl [霹雳－lì]响声很大的雷，是云和地面之间强烈的雷电现象 thunderbolt, the phenomenon of lightning in the air

皮 pí ㄆl ❶人和动植物体表面的一层组织 skin; peel;牛～ niúpí *cattlehide*/树～ shùpí *bark*/荞麦qiáomàipí *buckwheat husk*/碰破了点儿～ pèngpòle diǎnr pí *break the skin by bumping* ❷皮革 leather;～包 píbāo *leather bag* /～箱 píxiāng *leather suitcase* /～鞋 píxié *leather shoes* ❸表面 surface;地～ dìpí *ground*/水～儿 shuǐpír *the surface of the water* ❹包在外面的东西 cover; wrapper;书～ shūpí *cover of a book*/封～ fēngpí *paper wrapping* ❺薄片状的东西 sheet, a broad, flat piece of thin material;铅～ qiānpí *lead sheet*/粉～ fěnpí *sheet jelly made from bean or sweet potato starch*/海蜇～ hǎizhépí *jellyfish sheet* ❻韧性大，不松脆 soft and soggy;～糖 pítáng *sticky candy*/饼～了 Bǐng pí le. *The cake isn't crisp any more.* ❼顽皮，不老

实，淘气 naughty：这孩子真～Zhè háizi zhēn pí. *The child is really naughty.* ❸ 指橡胶 rubber：橡～xiàngpí *rubber* / ～筋 píjīn *rubber band*

陂 ㊀ pí ㄆㄧˊ [黄陂 Huáng—]地名，在湖北省 a place in Hubei Province

㊁ bēi 见 25 页 See p. 25

㊂ pō 见 510 页 See p. 510

铍 pí ㄆㄧˊ 一种金属元素，符号 Be，银白色，六角形的晶体。合金质坚而轻，可用来制飞机机件。在原子能研究及制造 X 光管中，都有重要用途 beryllium, a metallic chemical element, in the form of a silver-white hexagon-shaped crystal, its alloys being strong and light, used in the manufacturing of plane parts, X-ray tubes and in the research of atomic energy; symbol: Be

疲 pí ㄆㄧˊ 身体感觉劳累 tired; weary; exhausted(⊕comb. —乏 —fá, —倦 —juàn *fatigued; tired and sleepy*)：精—力尽 jīng pí-lìjìn *completely exhausted; tired out*/～于奔命 píyú-bēnmìng *be tired out by making too much work and running around; be weighed down with work* [疲塌—ta][疲沓—ta]懈怠，不起劲 slack; negligent：消除工作中的～～现象 xiāochú gōngzuò zhōng de píta xiànxiàng *eliminate the phenomenon of being slack in work* [疲癃—lóng]衰老多病 old and infirm

皱 pí ㄆㄧˊ 见 494 页"鲆"字条"鲆皱"(páng—)See pángpí under entry of, "páng", p. 494

枇 pí ㄆㄧˊ [枇杷—pa]常绿乔木，叶大，长椭圆形，有锯齿，开白花。果实也叫枇杷，圆球形，黄色，味甜。叶可入药 loquat, a small evergreen tree with big sawtooth-edged leaves, white flowers and bearing small, yellow, edible, sweet fruits (also called loquat); leaves being used as medicine

毗(*毘) pí ㄆㄧˊ ❶辅佐 assist ❷接连 adjoin; be adjacent to：～连 pílián *adjoin*/～邻 pílín *adjoin; border on*

蚍 pí ㄆㄧˊ [蚍蜉—fú]大蚂蚁 big ant

琵 pí ㄆㄧˊ [琵琶—pa]弦乐器，用木做成，下部长圆形，上有长柄，有四根弦。是民间流行的乐器 pipa, a popular folk music instrument made of wood with a long handle, somewhat round finger board and four strings

貔 pí ㄆㄧˊ 传说中的一种野兽，似熊 a mythical bearlike wild animal [貔貅—xiū]传说中的一种猛兽 a mythical wild animal ⑩fig. 勇猛的军队 brave troops [貔子—zi]〈方 dial.〉黄鼠狼 yellow weasel [貔子窝—ziwō]渔港名，在辽宁省新金县，今名"皮口"a fishing port in Xinjin County, Liaoning Province, now called Píkǒu

郫 pí ㄆㄧˊ 郫县，地名，在四川省 Pi County, a place in Sichuan Province

陴 pí ㄆㄧˊ 城垛子 battlements

埤 pí ㄆㄧˊ 增加 increase：～益 píyì *increase*

啤 pí ㄆㄧˊ [啤酒—jiǔ]用大麦作主要原料制成的酒 beer, a type of bitter alcoholic drink made from grain

脾 pí ㄆㄧˊ 脾脏，人和动物内脏之一，在胃的左下侧，椭圆形，赤褐色，是个淋巴器官，也是血库 spleen, one of the internal organs of human beings and animals near the upper end of the stomach, a reddish-brown ellipse-shaped lymph controlling the quality of blood supply (图见 809 页"脏" See picture in "脏", p. 809) [脾气—qi] 1. 性情 temperament; disposition：～～好 píqi hǎo *good-*

tempered 2. 容易激动的感情 bad-tempered：有～～ yǒu píqi be bad-tempered/发～～ fā píqi lose one's temper；flare up [脾胃—wèi]⑱fig. 对事物的喜好 taste；a liking for something：不合他的～～ bùhé tā de píwèi not suit his taste；not be to his liking/两人～～相投 Liǎng rén píwèi xiāngtóu. The two have similiar tastes. or The two have similiar likes and dislikes.

裨 ⊖ pí ㄆㄧˊ 副佐的 secondary；minor（⑱ comb. 偏—piān — secondary）：～将 píjiàng subordinate or lower-ranking general in ancient China
　⊜ bì 见 35 页 See p.35

蜱 pí ㄆㄧˊ 蜘蛛一类的动物，体形扁平，种类很多，对人、畜及农作物有害 tick, any of various types of small flat-bodied insect-like animals, harmful to man, livestock and crops

鼙 pí ㄆㄧˊ 古代军中用的一种鼓 a kind of drum used in the army in ancient China：～鼓（古代军队中用的小鼓）pígǔ a small drum used in the army

罴（羆） pí ㄆㄧˊ 熊的一种，毛棕褐色，能爬树、游水。胆入药。也叫"马熊"或"人熊" brown bear, able to swim and climb trees, its gallbladder is used as medicine；also called "mǎxióng" or "rénxióng"

匹（❶*疋） pǐ ㄆㄧˇ ❶量词 meas. 1. 用于骡、马等 for mules and horses：三～马 sān pǐ mǎ three horses 2. 用于成卷的布或绸缎等 for rolls of cloth or silk：一～红布 yī pǐ hóng bù a bolt of red cloth ❷相当，相敌，比得上 be equal to；be a match for [匹配—pèi] 1. 婚配 match；marry 2. （元器件等）配合（of components and parts）match [匹敌—dí] 彼此相等 The two sides are well matched.

芘 pí ㄆㄧˊ 存在于煤焦油中的一种有机化合物 an organic chemical compound found in coal tar

庀 pǐ ㄆㄧˇ ❶具备 be qualified for ❷治理 administer

圮 pǐ ㄆㄧˇ 坍塌，倒塌 collapse；fall apart；be destroyed

仳 pǐ ㄆㄧˇ [仳离—lí] 夫妻离散（of husband and wife）be separated

否 ⊖ pǐ ㄆㄧˇ 恶，坏 bad；wicked：极泰来（坏的到了尽头，好的就来了。否和泰都是《周易》六十四卦中的卦名，分别代表坏和好的事情）pǐjítàilái the extreme of adversity is the beginning of prosperity（pǐ and tài are used to refer to the bad and good respectively in）（The Book of Changes.）
　⊜ fǒu 见 179 页 See p.179

痞 pǐ ㄆㄧˇ ❶痞块，痞积，肚子里可以摸得到的硬块，这是因为脾脏肿大的缘故。伤寒病、败血病、慢性疟疾、黑热病等都会发生这种症状 a lump in the abdomen, the swelling of the spleen, a symptom of typhoid fever, septicaemia, chronic malaria and kala-azar, etc. ❷流氓 rogue；hooligan：地～ dìpǐ local ruffian/～棍 pǐgùn riffraff

嚭（嚭）** pǐ ㄆㄧˇ 大 great；big

劈 ⊖ pī ㄆㄧˊ 分开 divide；split：～柴 pǐchái kindling；firewood/～成两份儿 pǐchéng liǎng fènr divide in halves/～一半给你 pǐ yībàn gěi nǐ I'll share it out with you.
　⊜ pī 见 500 页 See p.500

擗 pǐ ㄆㄧˇ 分裂，使从原物体上分开 break off：～棒子（玉米）pǐ bàngzi pick corn

癖 pǐ ㄆㄧˇ 对事物的偏爱成为习惯 addiction：烟～ yānpǐ smoking addiction/酒～ jiǔpǐ drinking addiction/洁～ jiépǐ mysophobia

屁 pì ㄆㄧˋ 从肛门排出的臭气 wind from bowels

媲 pì ㄆㄧˋ 并,比 be equal to; be a match for; ～美 pìměi compare favourably with; rival

淠 pì ㄆㄧˋ 淠河,水名,在安徽省 Pihe River, in Anhui Province

睥 pì ㄆㄧˋ bì ㄅㄧˋ (又) [睥睨—nì]眼睛斜着看 (also) look at sb. out of the corner of one's eye 引 ext. 看不起 disdain; look down upon;～～一切 pì-nì yīqiè look down upon everything

辟 (❶❷❸闢) ⊖ pì ㄆㄧˋ ❶开辟,从无到有地开发建设 open up (territory, land, etc.); break (ground): 开天～地 kāitiān-pìdì when heaven was separated from earth (fig. the creation of the world)/在那里开一片新园地 Zài nàli kāipì yīpiàn xīn yuándì. lay out a new garden plot there ❷驳斥,排除 refute; repudiate;～谣 pìyáo refute a rumour/～邪说 pì xiéshuō refute heresy ❸透彻 penetrating; incisive;精～ jīngpì incisive; penetrating ❹法,法律 law [大辟 dà—]古代指死刑 death penalty in ancient times
⊖ bì 见 36 页 See p. 36

僻 pì ㄆㄧˋ ❶偏僻,距离中心地区远的 out-of-the-way; secluded;～静 pìjìng secluded; lonely/穷乡～壤 qióngxiāng-pìrǎng a remote and backward place ❷不常见的 rare;冷～ lěngpì rare; unfamiliar/生～字 shēngpìzì rare word ❸性情古怪,不合群 eccentric (簠 comb. 乖—guāi—eccentric):孤～ gūpì unsociable and eccentric/怪～ guàipì eccentric

澼 pì ㄆㄧˋ 见 509 页"洴"字条"洴澼"(píng—) See "píngpì" under entry of, "píng", p. 509

甓 pì ㄆㄧˋ 砖 brick

鷿 pì ㄆㄧˋ [鷿鷈—tī](—tī)水鸟名,形状略像鸭而小,羽毛黄褐色 grebe, a duck-like waterbird, but smaller, with yellowish-brown feathers

譬 pì ㄆㄧˋ 打比方 example; analogy (簠 comb. —喻—yù analogy):～如游泳,不是光看看讲游泳术的书就会的 Pìrú yóuyǒng, bù shì guāng kànkan jiǎng yóuyǒngshù de shū jiù huì de. Take swimming for example. One cannot learn how to swim only by reading books on swimming.

PIAN ㄆㄧㄢ

片 ⊖ piān ㄆㄧㄢ (—子—zi,—儿—r)同"片⊖❶",用于相片儿、画片儿、唱片儿、电影片儿等 Same as 片⊖❶, used in such collocations as xiàngpiānr (photo), huàpiānr (picture), chàngpiānr (gramophone record), diànyǐngpiānr (film), etc.
⊖ piàn 见 504 页 See p. 504

扁 ⊖ piān ㄆㄧㄢ 扁舟,小船 small boat; skiff: 一叶～舟 yī yè piānzhōu a small boat
⊖ biǎn 见 38 页 See p. 38

偏 piān ㄆㄧㄢ ❶歪,不在中间 inclined to one side; slanting;镜子挂～了 Jìngzi guàpiān le. The mirror is inclined to one side./太阳～西了 Tàiyáng piānxī le. The sun is to the west. 引 ext. 不全面,不正确 partial; prejudiced;～于一端 piān yú yīduān favour one side/～听～信 piāntīng-piānxìn heed and trust only one side; be biased [偏向—xiàng] 1. 不公正,祖护 be partial to 2. 执行政策不正确,不全面 erroneous tendency in implementing policies; deviation;纠正～～jiūzhèng piānxiàng correct a deviation [偏差—chā]工作上产生的过分或不及的差错 deviation; error:掌握政策不出～～zhǎngwò zhèngcè bù chū piānchā prevent any deviations from the implementing of a policy ❷表示跟愿望、预料或一般情况不相同

的（叠 redup.）contrary to expectations or anticipations：～～不凑巧 piānpiān bù còuqiǎo *unexpectedly*；*accidentally*

犏 piān ㄆㄧㄢ 犏牛，牦牛和黄牛杂交生的牛 offspring of a bull and a female yak

篇 piān ㄆㄧㄢ ❶首尾完整的文章，一部书可以分开的大段落 a piece of writing；section or chapter：孙子十三～ sūnzǐ shísān piān *The Art of War* (of thirteen chapters). ❷（－儿－r）量词 meas. 1. 指文章 a piece of writing；an article：一～论文 yī piān lùnwén *a thesis* 2. 指纸张、书页（一篇是两页）a sheet of paper；a leaf of a book ［篇幅－fú］文章的长短，书籍报刊篇页的数量 length of an article, a book, newspaper or magazine

翩 piān ㄆㄧㄢ 很快地飞 fly swiftly ［翩翩－－］轻快地飞舞的样子 dance or flutter lightly 圈 fig. 风流潇洒 elegant and natural：风度～～ fēngdù piānpiān *have an elegant and smart carriage* ［翩跹－xiān]形容轻快地跳舞 dance lightly

便 ㊀ pián ㄆㄧㄢ ［便便－－]肚子肥大的样子 bulging；swelling：大腹～～ dàfù piánpián *pot-bellied*；*big-bellied* ［便宜－yi]物价较低 cheap：这些花布都很～～ Zhèxiē huābù dōu hěn piányi. *These cotton prints are very cheap.* 圈 ext. 小利，私利 unmerited advantages；unearned gains：不要占～～bùyàozhàn piányi *Don't be on the fiddle.*（另 biànyí，见"便" biàn。Also biànyí, See "biàn".）

㊁ biàn 见 39 页 See p. 39

骈 pián ㄆㄧㄢ 两物并列成双的，对偶的 parallel；antithetical（㊍ comb.－俪－lì *art of parallelism*）：～句 piánjù *parallel sentences* ［骈文－wén]旧时的一种文体，文中用对偶的句子，跟散文不同 an early writing style, referring to rhythmical prose charac-

terized by parallelism and ornateness

胼 pián ㄆㄧㄢ ［胼胝－zhī]俗叫"膙（jiǎng）子"，手上脚上因为劳动或运动被摩擦变硬了的皮肤 callosity；callus，popularly caled "jiǎngzi"，an area of thick hard skin in hands or feet formed from labour or exercises

蹁 pián ㄆㄧㄢ ［蹁跹－xiān]形容旋转舞动 whirling about (in dancing)

谝 piǎn ㄆㄧㄢ 显示，夸耀 show off：～能 piǎnnéng *show off* (one's abilities, skills, etc.)

片 ㊀ piàn ㄆㄧㄢ ❶（－子－zi，－儿－r)平面薄的物体 a flat, thin piece；slice：明信～ míngxìnpiàn *postcard*/铁～子 tiěpiànzi *iron sheet* ❷切削成薄片 cut into slices：～肉片 piàn ròupiàn *slice meat* / 把豆腐干～一～bǎ dòufugānr piàn yi piàn *slice dried bean curd* ❸少，零星 brief；fragmentary：～言(几句话)piànyán *a few words*/～纸只字 piànzhǐ-zhīzì *fragments of writing*/～刻（短时间）piànkè *a moment* ［片面－miàn]不全面，偏于一面 unilateral；one-sided：观点～～ guāndiǎn piànmiàn *one-sided viewpoint*/不要～～看问题 bùyào piànmiàn kàn wèntí *Don't take a one-sided approach to problems.* ❹指较大地区内划分的较小地区 part of a place：分～儿开会 fēn piànr kāihuì *have neighbourhood meetings* ❺量词 meas. 用于地面、水面、景色或成片的东西 used for area, water-surface, scenery or piece-like things：一大～绿油油的庄稼 yī dà piàn lǜyóuyōu de zhuāngjia *a large stretch of green crops*/一～草地 yī piàn cǎodì *a tract of meadow*/两～儿药 liǎng piànr yào *two tablets of medicine*

㊁ piān 见 503 页 See p. 503

骗 piàn ㄆㄧㄢ ❶欺蒙 deceive；fool（㊍ comb. 欺－qī－ *deceive*)：～人 piàn rén *deceive people* ❷用欺蒙

的手段谋得 cheat；swindle（㊥ comb. 诓—kuāng— *deceive*）：～钱 piànqián *cheat sb out of his money*/～取信任 piànqǔ xìnrèn *worm one's way into sb's confidence* [骗子—zi]骗取财物的人 swindler；impostor ❸侧身抬腿跨上 swing or leap into the saddle；mount：一～腿上了车 yī piàn tuǐ shàngle chē *mount the bicycle*

PIAO ㄆㄧㄠ

剽（❷慓）piāo ㄆㄧㄠ ❶抢劫，掠夺 rob（㊥ comb. —掠—lüè *plunder*）[剽窃—qiè]㊤ fig. 抄袭他人著作 plagiarize ❷轻捷而勇猛 nimble；swift：性情～悍 xìngqíng piāohàn *have an agile and brave temperament*

漂 ㊀ piāo ㄆㄧㄠ 浮在液体上面不沉下去 float：树叶在水上～着 Shùyè zài shuǐ shàng piāo zhe. *Leaves are floating on the water.* [漂泊—bó]㊤ fig. 为了生活，职业而流浪奔走 lead a wandering life：～～在外 piāobó zài wài *wandering away from home for living*

㊁ piǎo 见本页 See the same page.

㊂ piào 见 506 页 See p. 506

缥 ㊁ piāo ㄆㄧㄠ [缥缈—miǎo][飘渺—miǎo]形容隐隐约约，若有若无 dimly discernible；misty：山在虚无～～间 Shān zài xūwú-piāomiǎo jiān. *The mountain hides among the mists.*

㊀ piǎo 见本页 See the same page.

飘（飃、飄）piāo ㄆㄧㄠ 随风飞动 wave to and fro；float in the air：～雪花 piāo xuěhuā *snow slightly*/～起了炊烟 piāoqile chuīyān *Smoke from the kitchen chimneys is drifting away.*/五星红旗迎风～扬 Wǔxīng hóngqí yíngfēng piāoyáng. *The Five-star Red Flag is fluttering in the wind.* [飘零—líng]树叶零落（of leaves）fading and falling ㊤ fig. 无依无靠 homeless；wandering [飘摇—yáo][飘飖—yáo]随风摆动 sway in the wind：烟云～～上升 yānyún piāoyáo shàngshēng *mists and clouds rise in the wind*

薸 piāo ㄆㄧㄠ （又）见本页 piáo (also) piáo See the same page.

螵 piāo ㄆㄧㄠ [螵蛸—xiāo]螳螂的卵块 egg capsule of a mantis

朴 ㊃ piáo ㄆㄧㄠˊ 姓 a surname

㊀ pò 见 510 页 See p. 510

㊁ pǔ 见 513 页 See p. 513

㊂ pō 见 509 页 See p. 509

嫖（**闝）piáo ㄆㄧㄠˊ 指玩弄妓女的堕落行为 visit prostitutes；go whoring

瓢 piáo ㄆㄧㄠˊ （—儿—r）舀(yǎo)水或取东西的用具，多用瓢葫芦或木头制成 wooden dipper；gourd ladle，a utensil usu. made of wood or gourd

薸 piáo ㄆㄧㄠˊ piāo ㄆㄧㄠ （又 also）[大薸 dà—]多年生水草，叶子可以做猪饲料。也叫“水浮莲” duckweed，a perennial water plant，leaves used as pig feed；also called shuǐfúlián

莩 ㊁ piǎo ㄆㄧㄠˇ 同“殍”Same as “殍”.

㊀ fú 见 183 页 See p. 183

殍 piǎo ㄆㄧㄠˇ 饿死的人。也作“莩” bodies of the starved；alsowritten as “莩”

漂 ㊁ piǎo ㄆㄧㄠˇ ❶用水加药品使东西退去颜色或变白 bleach：～白 piǎobái *bleach* ❷用水淘去杂质 wash away impurities：用水～一～ yòng shuǐ piǎo yī piǎo *wash away impurities*/～硃砂 piǎo zhūshā *rinse cinnabar*

㊀ piāo 见本页 See the same page

㊂ piào 见 506 页 See p. 506

缥 ㊀ piǎo ㄆㄧㄠˇ ❶青白色 pale green ❷青白色丝织品 pale-

P

greenish silk fabrics

㊀ piāo 见 505 页 See p. 505

瞟 piǎo ㄆㄧㄠˇ 斜着眼看一下 look sidelong at；glance sideways at：～了他一眼 piǎole tā yī yǎn *cast a sidelong glance at him*

票 piào ㄆㄧㄠˋ ❶(一子—zi，—儿—r)钞票，纸币 bank note；bill ❷ 印的或写的凭证 a piece of printed or written certificate：车～ chēpiào *train or bus ticket* / 股～ gǔpiào *stock；share*/选举～ xuǎnjǔpiào *ballot* ❸ 称非职业的演戏 amateur performance (of Beijing Opera, etc.)：～友 piàoyǒu *amateur performer* (of Beijing Opera, etc.)/玩儿～ wánrpiào *amateur performance of Beijing Opera* ❹强盗抢来作抵押的人 a person held for ransom by kidnappers；hostage：绑～儿 bǎngpiàor *hostage*

嘌 piào ㄆㄧㄠˋ [嘌呤—lìng]有机化合物，分子式 $C_5H_4N_4$，无色结晶，易溶于水，在人体内嘌呤氧化而变成尿酸 purine, a colourless crystalline organic compound, easily dissolved in water；its compound with oxygen being the uric acid in human body；molecular formula：$C_5H_4N_4$

漂 ㊁ piào ㄆㄧㄠˋ [漂亮—liang]1. 美，好看 beautiful；handsome 2. 出色 remarkable；brilliant

㊀ piāo 见 505 页 See p. 505
㊁ piǎo 见 505 页 See p. 505

骠 ㊀ piào ㄆㄧㄠˋ ❶勇猛 brave；valiant：～勇 piàoyǒng *brave* ❷ 马快跑的样子(of horses) galloping [骠骑—qí]古代将军的名号 name of ancient generals in China

㊁ biāo 见 41 页 See p. 41

PIE ㄆㄧㄝ

气 piē ㄆㄧㄝ 氢的同位素之一，符号¹H，质量数 1，是氢的主要成分 protium, the most common isotope of

hydrogen，having a mass number of 1；symbol：H

撇 ㊀ piē ㄆㄧㄝ ❶丢开，抛弃 cast aside；neglect：～开 piēkāi *leave aside；bypass*/弃～ qìpiē *cast away；abandon* [撇脱—tuō]〈方 dial.〉1. 简便 simple and convenient 2. 爽快，洒脱 frank；free and easy ❷由液体表面舀取 skim：～油 piēyóu *skim off the grease*

㊁ piě 见本页 See the same page.

瞥 piē ㄆㄧㄝ 很快地大略看一下 shoot a glance at；dart a look at：只是一～了一眼 zhǐshì piēle yī yǎn *just dart a look at it*

苤 piě ㄆㄧㄝˇ [苤蓝—la](—蓝)二年生草本植物，叶有长柄。茎扁球形，可吃 a biannual herb with long-handled leaves and edible bulb-shaped stem

撇 ㊁ piě ㄆㄧㄝˇ ❶平着向前扔 throw；cast：～砖头 piě zhuāntóu *throw a brick*/～球 piě qiú *throw a ball* ❷(—儿—r)汉字向左写的一种笔形(丿)the left-falling stroke in Chinese calligraphy：八字先写一～儿 Bā(八) zì xiān xiě yī piěr. *Write a left-falling stroke first when writing the character bā.* ❸(—儿—r)像汉字的丿形的 of things resembling the left-falling stroke：两～儿胡子 liǎng piěr húzi *moustache shaped like the character pā*

㊀ piē 见本页 See the same page.

𰻝 piě ㄆㄧㄝˇ 地名用字。曹𰻝，在江苏省东台 Caopie, a place in Dongtai, Jiangsu Province

PIN ㄆㄧㄣ

拚 ㊀ pīn ㄆㄧㄣ 同"拼"Same as "拼".

㊁ pàn 见 493 页 See p. 493

拼 pīn ㄆㄧㄣ ❶连合，凑合 piece together；join together(⊕ comb. —

湊 —còu *piece together*);~音 pīnyīn *combine sounds into syllables*/东~西凑 dōngpīn-xīcòu *knock together*/把两块板子~起来 bǎ liǎng kuài bǎnzi pīn qilai *join the two boards together* ❷不顾一切地干,豁(huō)出去 be ready to risk one's life (in fighting, work, etc.); go all out in work:~命 pīnmìng *risk one's life; defy death*/~到底 pīn dào dǐ *fight to the bitter end*

姘 pīn ㄆㄧㄣ 非夫妻而同居的不正当的男女关系 have illicit relations with:~居 pīnjū *live illicitly as husband and wife; cohabit*

批 pīn ㄆㄧㄣ 珍珠 pearl

贫 pín ㄆㄧㄣ ❶穷,收入少,生活困难,跟"富"相反 poor; impoverished, antonym of "fù"(㊀ comb. 穷—qióng *poverty*):~困 pínkùn *poor; live a poor life*/清~ qīngpín *poor; badly off* ❷缺乏,不足 inadequate; deficient:~血 pínxuè *anaemia* [贫乏—fá]不丰富 impoverished; needy:经验~ jīngyàn pínfá *lack experience* ❸絮烦可厌 garrulous; loquacious:耍~嘴 shuǎ pínzuǐ. *be garrulous*/他的嘴太~ Tā de zuǐ tài pín. *He is really too garrulous.*

频 pín ㄆㄧㄣ 屡次,连次 frequently; repeatedly(㊀ comb. 一繁—fán, 一数—shuò *frequent*)(叠 redup.):~~招手 pínpín zhāoshǒu *wave one's hand again and again*/捷报~传 jiébào pínchuán *News of victory keeps pouring in.* [频率—lǜ]在一定的时间或范围内事物重复出现的次数 frequency, the number of times that sth happens in a given period

蘋（蘋） ㊀ pín ㄆㄧㄣ 多年生水生蕨类植物,茎横卧在浅水的泥中,四片小叶,像"田"字。也叫"田字草" clover fern, a similar leguminous plant with its stem living in the mud of shallow water, leaves shaped like "tián", a character in Chinese; hence also called "tiánzìcǎo"("田字草")

㊁ píng 见508页"苹" See píng p.508

颦 pín ㄆㄧㄣ 皱眉头 knit the brows [效颦 xiào—]㊧ trans. 模仿他人而不得当 awkwardly imitate others

嫔（嬪） pín ㄆㄧㄣ 封建时代皇宫里的女官 a concubine of an emperor in feudal age

品 pǐn ㄆㄧㄣ ❶物品,物件 article; product:~名 pǐnmíng *name of an article*/商~ shāngpǐn *commodity*/赠~ zèngpǐn *gift; present*/非卖~ fēimàipǐn *articles not for sale* ❷等级,种类 grade; class:上~ shàngpǐn *top grade*/下~ xiàpǐn *low grade*/精~ jīngpǐn *quality goods; articles of fine quality* ❸性质 character; quality:人~ rénpǐn *moral quality; character*/~质 pǐnzhì *character; intrinsic quality* ❹体察出来好坏、优劣等 taste sth. with discrimination; sample; savour:~茶 pǐnchá *sample tea*/我~出他的为人来了 Wǒ pǐnchu tā de wéirén lái le. *I can figure out what sort of person he actually is.*

榀 pǐn ㄆㄧㄣ 量词 meas. 房架一个叫一榀 a unit denoting the number of building structure or roof structure

牝 pìn ㄆㄧㄣ 雌性的鸟兽,跟"牡"相对 female of some birds and animals, antonym of "mǔ":~马 pìnmǎ *mare* / ~鸡 pìnjī *hen*

聘 pìn ㄆㄧㄣ ❶请人担任工作 engage sb. as:~书 pìnshū *letter of appointment*/~请 pìnqǐng *engage; invite* ❷指女子出嫁 (of a girl) get married; be married off:行~ xíngpìn *get married*/出~ chūpìn *marry off*

PING ㄆㄧㄥ

乒 pīng ㄆㄧㄥ ❶拟声词 onom. ❷指乒乓球 table tennis:~队 pīngduì

table tennis team/~坛 pīngtán table tennis circles [乒乒—pāng]1. 象声词 onom. 2. 指乒乓球 table tennis

偹 píng ㄆㄧㄥ [伶偹 líng一]形容孤独 lonely

娉 píng ㄆㄧㄥ [娉婷一tíng]形容姿态美好的样子(of a woman)having a graceful manner

平 píng ㄆㄧㄥ ❶不倾斜，无凹凸，像静止的水面那样 flat; even; ~地 píngdì smooth ground/像水面一样~ xiàng shuǐmiàn yīyàng píng be even like water surface/把纸铺一了 bǎ zhǐ pūpíng le smooth out the paper ⑪ ext. 均等 equal; fair; ~分 píngfēn divide equally; give or take equal shares/公一合理 gōngpíng hélǐ fair and reasonable [平行一xíng]1. 两个平面或在一个平面内的两条直线永远不相交 parallel; ~~线 píngxíngxiàn parallel lines/~~面 píngxíngmiàn parallel scales 2. 地位相等，互不隶属 of equal rank; on an equal footing; ~~机关 píngxíng jīguān units of equal rank; parallel organizations [天平 tiān一]一种精确度高的称重量的器具。横杆两头各悬一小盘，称物时，一头放物品，一头放砝码 balance, an instrument for weighing things by seeing whether the amounts in two hanging pans are equal ❷使平 make level or even; put down; 把地一一一 bǎ dì píng yī píng level the ground ❸安定，安静 calm; peaceful; ~心静气 píngxīn-jìngqì calmly; dispassionately / 风~浪静 fēngpíng-làngjìng The wind has subsided and the waves have calmed down. ❹经常的，一般的 common; average; ~日 píngrì an ordinary day/~淡无奇 píngdàn-wúqí commonplace; prosaic ❺平声，汉语四声之一。普通话的平声分阴平和阳平两类:阴平调子高而平，符号作"一"; 阳平调子向高扬起，符号作"╱"level tone, the first of the four tones in classical Chinese pronunciation, e-

volved into the high and level tone (symbol: "一") and the rising tone (symbol: "╱")in modern standard pronunciation

评 píng ㄆㄧㄥ 议论或评判 comment; review (圖 comb. 一论 lùn, 一议一yì comment; judge):书~ shūpíng book review/~语 píngyǔ comment; remark/~理 pínglǐ judge between right and wrong/~比 píngbǐ appraise through comparison; compare and assess [评价一jià]对事物估定价值 appraise; evaluate: 客观~~ kèguān píngjià make an objective evaluation/予以新的~~yǔ yǐ xīn de píngjià appraise sth. from a new viewpoint [批评 pī一]1. 指出工作、思想、作风上的错误或缺点 critize; ~~与自我~~pípíng yǔ zìwǒ pīpíng criticism and self-criticism/~~了保守思想 pīpíngle bǎoshǒu sīxiǎng have criticized conservative thinking 2. 评论 comment on; discuss:文学~~ wénxué pínglùn literary criticism [评介一jiè]评论介绍 review a new book, etc. [评判一pàn]判定胜负或优劣 pass judgement on; judge [评阅一yuè]阅览并评定(试卷、作品)read or appraise sb's writings or exam papers

[评剧 Píngjù]戏曲的一种，流行于华北、东北等地区。也叫"评戏" a local opera of north and northeast China, also called Píngxì

坪 píng ㄆㄧㄥ 平坦的场地 level ground:草~ cǎopíng lawn/~坝 píngbà flatland

苹(蘋) píng ㄆㄧㄥ [苹果一guǒ]落叶乔木，叶椭圆形，有锯齿，开白花。果实也叫苹果，球形，红色或黄色，味甜 apple tree, a deciduous tree with elliptic sawtooth-edged leaves, and red or yellow round fruits, also called "píngguǒ"

"蘋"又 pín 见 507 页 Also pín, See p. 507

枰 píng ㄆㄧㄥˊ 棋盘 chessboard

萍 píng ㄆㄧㄥˊ 浮萍,在水面浮生的草,茎扁平像叶子,根垂在水里,有青萍、紫萍等 duckweed, a kind of plant with flat, leaf-like stem, living on the surface of water, with varieties of green duckweed and purple duckweed: ～踪(喻行踪不定)píng-zōng *tracks or whereabouts of a wanderer* / ～水相逢(喻偶然遇见)píng-shuǐ-xiāngféng *meet by chance*

鲆 píng ㄆㄧㄥˊ 鱼名,体形侧扁,两眼都在身体的左侧,有眼的一侧灰褐色或深褐色,无眼的一侧白色,常见的有牙鲆、斑鲆等 left-eyed flounder, a kind of small flat fish with both eyes on the left side, being greyish brown or dark brown on this side and white on the other; with yápíng and bānpíng as the common species

凭(憑、*凴) píng ㄆㄧㄥˊ ❶靠着 lean on: ～栏 píng lán *lean on a railing* / ～几(jī) píng jī *lean on a small table* ❷依靠,仗恃 depend on; rely on: 劳动人民～着双手创造世界 Láodòng rénmín píngzhe shuāngshǒu chuàngzào shìjiè. *The working people build the world with their hands.* / 光～武器不能打胜仗 Guāng píng wǔqì bù néng dǎ shèngzhàng. *The army cannot win a battle with weapons only.* ❸证据 evidence; proof (⊕comb. 一证 — zhèng, 一据 — jù *evidence; proof*): 真～实据 zhēnpíng-shíjù *ironclad evidence* ❹根据 go by; base on: ～票入场 píngpiào rùchǎng *Admission by ticket only.* / ～大家的意见作出决定 Píng dàjiā de yìjiàn zuòchu juédìng. *base the decision on everyone's opinion* ❺连词 conj. 任凭,无论 no matter (how, what, etc.): ～你怎么说,我也不信 Píng nǐ zěnme shuō wǒ yě bù xìn. *I won't believe it no matter what you say.*

帡 píng ㄆㄧㄥˊ [帡幪—méng]古代称覆盖用的东西,指帐幕等 screen or covering such as a tent, awning, etc. used in ancient times

泙 píng ㄆㄧㄥˊ [泙湃—pì]漂洗(丝绵)bleach; rinse (silk floss)

屏 ⊖ píng ㄆㄧㄥˊ ❶遮挡,遮挡物 screen; shield: ～藩 píngfān *surrounding territories*; *shield* / ～蔽 píngbì *screen*; *shield* / ～风(挡风用的家具)píngfēng *screen* / 围～ wéipíng *folding screen* [屏障—zhàng]像屏风那样遮挡着的东西(多指山岭、岛屿) sth like a protective screen (usu. referring to mountains or islands) ❷字画的条幅,通常以四幅或八幅为一组 a set of vertically hung scrolls, usu. consisting of four or eight scrolls: 四扇～ sìshànpíng *a set of four scrolls*

⊜ bǐng 见 46 页 See p. 46

瓶(*缾) píng ㄆㄧㄥˊ (一子—zi, 一儿—r)口小腹大的器皿,多为瓷或玻璃做成,通常用来盛液体 bottle; vase: 酒～子 jiǔpíngzi *wine bottle* / 花～儿 huāpíngr *flower vase* / 一～油 yī píngzi yóu *a bottle of oil*

嵃 píng ㄆㄧㄥˊ 同"屏(píng)" Same as "屏(píng)".

PO　ㄆㄛ

朴 ⊜ pō ㄆㄛ [朴刀—dāo]旧式武器,一种窄长有短把的刀 a sword with a long blade and a short hilt wielded with both hands

⊖ pò 见 510 页 See p. 510

⊜ pǔ 见 513 页 See p. 513

㊃ piáo 见 505 页 See p. 505

钋 pō ㄆㄛ 一种放射性元素,符号 Po polonium, a radioactive element; symbol: Po

陂 ⊖ pō ㄆㄛ [陂陀—tuó]不平坦 uneven
⊖ bēi 见 25 页 See p. 25
⊜ pí 见 501 页 See p. 501

坡 pō ㄆㄛ (一子—zi，一儿—r)倾斜的地方 the sloping part of a mountain slope；hillside/高～ gāopō a steep slope/上～ shàngpō an upward slope/下～ xiàpō a downward slope [坡度—dù]斜面与地平面所成的角度 slope，the degree of an incline

颇 pō ㄆㄛ ❶偏，不正 inclined to one side；oblique：偏～ piānpō biased；partial ❷很，相当地 quite；rather：～久 pō jiǔ quite a long time/～不易 pō bùyì rather difficult

泊 ⊖ pō ㄆㄛ 湖 lake：湖～húpō lake/血～（一大滩血）xuèpō a flood of blood [泊儿—ér]地名，在山东省 a place in Shandong Province [梁山泊 Liángshān—]在今山东省 Liangshan Lake，in today's Shandong Province
⊖ bó 见 48 页 See p. 48

洑（濼） ⊖ pō ㄆㄛ 湖泊。同"泊（pō）" lake. Same as "泊（pō）".
⊖ luò 见 431 页 See p. 431

泼（潑） pō ㄆㄛ ❶猛力倒水使散开 sprinkle；splash：～水 pō shuǐ splash water/～街 pō jiē sprinkle the street ❷野蛮，不讲理 rude and unreasonable；shrewish：撒（sā）～ sāpō become rude and unreasonable [泼辣—là]凶悍 fierce and tough 〈转〉trans. 有魄力，不怕困难 bold and vigorous；daring and resolute：他做事很～～ Tā zuòshì hěn pōlà. He is bold and vigorous in doing everything.

铍（鏺） pō ㄆㄛ ❶〈方 dial.〉用镰刀、钐(shàn)刀等抢开来割（草、谷物等）cut grass or crops，etc. with a sickle ❷一种镰刀 a kind of sickle

酦（醱） pō ㄆㄛ 酿（酒）brew (beer)；make (wine)

婆 pó ㄆㄛ 年老的妇人（叠 redup.）old woman：老太～ lǎotàipó an old woman/苦口～心 kǔkǒu-póxīn urge sb time and again with good intentions 〔引〕ext. 1. 丈夫的母亲（叠 redup.）：husband's mother 2. 祖母（叠 redup.）grandmother [老婆 lǎo—] 1.（一子—zi，一儿—r)老的人 old woman 2.（—po）妻 wife [婆娑—suō]盘旋舞蹈的样子 whirling；dancing：～～起舞 pósuō qǐwǔ start dancing

鄱 pó ㄆㄛ [鄱阳—yáng]湖名，又地名，在江西省。今作"波阳" Poyang Lake；also a place in Jiangxi Province；now written as "波阳"

皤 pó ㄆㄛ 形容白色 white：白发～然 báifà pórán white-haired

繁 ⊖ pó ㄆㄛ 姓 a surname
⊖ fán 见 164 页 See p. 164

叵 pǒ ㄆㄛ 不可 impossible：～信 pǒxìn unbelievable／居心～测 jūxīn-pǒcè be hard to fathom sb's evil intentions

钷 pǒ ㄆㄛ 一种人造的放射性元素，符号 Pm promethium，a man-made radioactive element；symbol：Pm

笸 pǒ ㄆㄛ [笸箩—luo]盛(chéng)谷物的一种器具，用柳条或篾条编成 a shallow basket used for containing grains，made of wicker or thin bamboo

朴 ⊖ pò ㄆㄛ 朴树，落叶乔木，花淡黄色，果实黑色。木材供制家具 Chinese hackberry，a deciduous tree with light yellow flowers and dark fruits，and wood used in the making of furniture. [厚朴 hòu—]落叶乔木，花大，白色，树皮可入药 magnolia，a deciduous tree with big white flowers and its bark used as medicine
⊖ pǔ 见 513 页 See p. 513
⊜ pō 见 509 页 See p. 509
⊛ piáo 见 505 页 See p. 505

迫（*廹）

⊖pò ㄆㄛˋ ❶用强力压制，硬逼 compel；force（④ comb. 逼—bī— press）；～害 pòhài persecute／饥寒交～jīhán jiāopò be driven by cold and hunger／～使对方同意 pòshǐ duìfāng tóngyì force one's opponent into an agreement ❷急促 urgent；pressing（④ comb. 急—jí— urgent）；～切需要 pòqiè xūyào urgent need／～不及待 pòbu-jídài unable to hold oneself back；too impatient to wait ❸接近；approach；go towards or near：～近 pòjìn approach；get close to

⊜ pǎi 见 491 页 See p. 491

珀

pò ㄆㄛˋ 见 257 页"琥"字条"琥珀（hǔ—）"See "hǔpò" under entry of，"hǔ"，p. 257

粕

pò ㄆㄛˋ 米渣滓。参看 810 页"糟（zāo）❶[糟粕 zāo—]" dregs of rice. See（zāo）[zāopò]，p. 810

魄

⊖ pò ㄆㄛˋ ❶迷信指依附形体而存在的精神 soul（④ comb. 魂—hún—soul）[落魄 luò—] 1. 潦倒失意 down and out；in dire straits：～～江湖 luòpò jiānghú live a vagabond life 2. 豪迈，不拘束 casual；unconventional ❷精神，精力 vigour；spirit：气～qìpò breadth of spirit；boldness of vision／体—健全 tǐpò jiànquán sound physique／做工作要有—力 zuògōngzuò yào yǒu pòlì One should be bold and resolute in his work.

⊜ tuò 见 663 页 See p. 663

⊝ bó 见 49 页 See p. 49

破

pò ㄆㄛˋ ❶碎，不完整 broken；torn：碗打～了 Wǎn dǎpò le. The bowl is broken. ／衣服～了 Yīfu pò le. The clothes are worn out. ／手～了 Shǒu pò le. My hand is damaged. ／牢不可～láobùkěpò unbreakable；indestructible [破绽—zhàn]衣服裂开 burst seam ⑩ fig. 事情或说话的漏洞，矛盾 flaw；weak point：他话里有～～Tā huà li yǒu pòzhàn. There are flaws in what he said. ❷分裂 break；

split（④ comb. 一裂—liè split）；势如～竹 shìrúpòzhú irresistible force／一～两半 yī pò liǎng bàn break into two ⑨ ext. 化整为零 break up the whole into parts：一元的票子～成两张五角的 yī yuán de piàozi pòchéng liǎng zhāng wǔ jiǎo de break a one-yuan note into two five-jiao notes ❸使损坏 get rid of；destroy（④ comb. 一坏—huài destroy）：～釜沉舟 pòfǔchénzhōu break the cauldrons and sink the boats after crossing（fig. cut off all means of retreating）⑩ fig. 破除，批判 do away with；criticize：～旧立新 pòjiù-lìxīn destroy the old and establish the new／不～不立 bùpò-bùlì Without destruction, there can be no construction. ❹ 超出 surpass：～例 pòlì break a rule／～格 pògé break a rule；make an exception／打～纪录 dǎpò jìlù break a record／突～定额 tūpò dìng'é over-fulfil a quota ❺冲开，打败 defeat：～阵 pòzhèn destroy the enemy battle formation／大～敌军 dàpò díjūn inflict a crushing defeat on the enemy ❻揭穿；lay bare：～案 pò'àn solve a case；crack a criminal case／说～shuōpò tell what sth really is；reveal／～除迷信 pòchú míxìn do away with superstition ❼花费，耗费 cost；consume：～费 pòfèi spend money；go to some expense／～工夫 pò gōngfu take time [破产—chǎn]债务人不能偿还债务时，经法院裁定，把他的全部财产变价偿还债主 bankruptcy，when a person cannot pay his debts, his property is appraised to pay the debtors with judicial decision ⑨ ext. 丧失全部财产 lose all property ⑩ fig. 失败，破灭 be completely shattered；fall through：敌人的阴谋～～了 Dírén de yīnmóu pòchǎn le. The enemy's plot was shattered. ❽表鄙视的形容词 paltry；lousy；这样的～差事谁也不愿意干 Zhèyàng de pò chāishi shéi yě bú yuànyì gàn. *Nobody likes to do such lousy work.*

桲 po ·ㄆㄛ 见 677 页"榅"字条"榅桲"(wēn—)See "wēn—" under entry of, "wēn" p. 677

POU ㄆㄡ

剖 pōu ㄆㄡ ❶破开 cut open; rip open (㊟ comb. 解— jiě — *dissect*):把瓜~开 bǎ guā pōukai *cut open the melon* [剖面—miàn]东西切开后现出的平面 section:横~~ héngpōumiàn *cross section*/纵~~ zòngpōumiàn *longitudinal section* ❷分析,分辨 analyse; examine:~析 pōuxī *analyse; dissect* /~明事理 pōumíng shìlǐ *analyse the whys and wherefores*

抔 póu ㄆㄡˊ ❶用手捧东西 hold sth with cupped hands:~饮(两手捧起而饮)póuyǐn *scoop up some water with both hands and drink* ❷量词 *meas.* 一~土(即一捧土)yī póu tǔ *a handful of earth*

裒 póu ㄆㄡˊ ❶聚 gather; collect ❷减少 draw out; take out:~多益寡(减有余补不足) póuduō-yìguǎ *take from what is in excess to make good what is deficient*

掊 pǒu ㄆㄡˇ 掊击,抨击 attack in speech or writing; lash out at

PU ㄆㄨ

仆 ㊀ pū ㄆㄨ 向前跌倒 fall forward; fall prostrate:前~后继 qiánpū-hòujì *advance wave upon wave*

㊁ pú 见本页 See the same page.

扑(撲) pū ㄆㄨ ❶轻打,拍 dab; flap:~粉 pūfěn *dab powder*/~打~打衣服上的土 pūdǎ pūdǎ yīfu shang de tǔ *flap the dirt off the clothes* ❷冲 rush; attack:向敌人猛~xiàng dírén měngpū *attack the enemy abruptly*/香气~鼻 xiāngqì pūbí *A sweet smell greeted us.*

铺 ㊀ pū ㄆㄨ 把东西散开放置,平摆 spread; unfold:~轨 pūguǐ *lay a railway track*/平~直叙(说话作文没有精彩处) píngpū-zhíxù *tell in a simple, straightforward way; speak or write in a dull, flat style*/为实现共产主义社会~平道路 Wèi shíxiàn gòngchǎn zhǔyì shèhuì pūpíng dàolù. *pave the way for the realization of communism* [铺张—zhāng]为了形式上好看而多用人力物力 extravagant:反对~~浪费 fǎnduì pūzhāng làngfèi *oppose extravagance and waste*

㊁ pù 见 514 页 See p. 514

噗 pū ㄆㄨ 拟声词 *onom.* [噗哧—chī]形容笑声或水、气挤出来的声音也作"扑嗤" sound of laughing or sudden short rush or sending out of air, water, etc.;puff, also witten as "扑嗤"

潽 pū ㄆㄨ 液体沸腾溢出(of liquid) boil over:牛奶~了 Niúnǎi pū le. *The milk boiled over.*

仆(僕) ㊁ pú ㄆㄨˊ ❶被雇到家里做杂事,供役使的人 servant, a person who is employed to perform household duties for another:~人 púrén (domestic) *servant*/女~nǚpú *maid servant* [仆从—cóng]旧时指跟随在身边的仆人 footman; henchman ㊄ fig. 受人控制并追随别人的 be controlled by or follow sb.:~~国 púcóngguó *vassal country* ❷旧时谦称自己 a humble term for calling oneself in early times

㊀ pū 见本页 See the same page.

匍 pú ㄆㄨˊ [匍匐—fú]爬,手足并行,也作"匍伏":crawl; creep; also written as "匍伏" ~~前进 púfú qiánjìn *crawl forward*

P

葡 pú ㄆㄨ [葡萄—tao]藤木植物，茎有卷须能缠绕他物，叶子像手掌。花小，黄绿色。果实也叫葡萄，圆形或椭圆形，可以吃，也可以酿酒 grape (the plant), a climbing plant with palm-shaped leaves, small yellowish-green flowers, and round or elliptic edible fruits, also called grape and used in making wine

莆 pú ㄆㄨ [莆田—tián]地名，在福建省 a place in Fujian Province

脯 ⊖ pú ㄆㄨ (—子—zi，—儿—r)胸脯，胸部 chest; breast; 挺着胸～子 tǐngzhe xiōngpúzi *throw out one's chest*; *square one's shoulders*
　　⊖ fǔ 见 186 页 See p. 186

蒲 pú ㄆㄨ 香蒲，多年生草本植物，生于浅水或池沼中，叶长而尖，可以编席、蒲包和扇子。根茎可以吃 cattail, a kind of perennial herb with long and pointed leaves, living in shallow water or pools, roots and stems edible and leaves used in making matting, bags and fans

醋 pú ㄆㄨ 〈古 arch.〉聚会饮酒 get together and drink wine

菩 pú ㄆㄨ [菩萨—sà](—薩)梵语"菩提萨埵(duǒ)"的省称，佛教中指地位仅次于佛的人。泛指佛和某些神 short for Bodhisattva in Sanskrit, referring to Bodhisattva in Buddhism, or to Buddha, deity and god in general

璞 pú ㄆㄨ 含玉的石头或没有雕琢过的玉石 jade; uncut-jade; 浑金～玉 pú yù húnjīn *uncut jade and unrefined gold* (*fig.* unadorned beauty or good quality)

镤 pú ㄆㄨ 一种放射性元素，符号 Paprotactinium, a radioactive element; symbol: Pa

濮 pú ㄆㄨ [濮阳—yáng]地名，在河南省 a place in Henan Province

朴(樸) ⊖ pǔ ㄆㄨ 没有加细工的木料 not finely-pro-

cessed timber ⑩ *fig.* 朴实，朴素 simple; plain
　　⊜ pò 见 510 页 See p. 510
　　⊜ pō 见 509 页 See p. 509
　　㉔ piáo 见 505 页 See p. 505

埔 ⊖ pǔ ㄆㄨ [黄埔 Huáng —]地名，在广东省广州 a place in Guangzhou, Guangdong Province
　　⊜ bù 见 53 页 See p. 53

圃 pǔ ㄆㄨ 种植菜蔬、花草、瓜果的园子 garden or plot for planting flowers, vegetables, etc.; 花～ huāpǔ *flower garden*

浦 pǔ ㄆㄨ 水边或河流入海的地区 riverside; river mouth

溥 pǔ ㄆㄨ ❶广大 broad ❷普遍 common; universal

普 pǔ ㄆㄨ 普遍，全，全面 general; universal; ～天同庆 pǔtiāntóngqìng *The whole world joins in the jubilation.* /～查 pǔchá *general investigation or survey* [普通—tōng]通常，一般 ordinary; average; ～～人 pǔtōngrén *common people*/～～读物 pǔtōng dúwù *common reading material* [普及—jí]传布和推广到各方面 be universalized in; be made popular among; ～～教育 pǔjí jiàoyù *universal education*
[普米族—mǐzú]我国少数民族 the Pumi nationality, an national minority in China 参看附表 See Appendix.

谱 pǔ ㄆㄨ ❶依照事物的类别、系统编制的表册 a register or record for easy reference in the form of charts, tables, lists, etc.; 年～ niánpǔ *chronicle of sb's life*; *chronological life*/家～(封建家族记载本族世系的表册)jiāpǔ *family tree*; *genealogical tree*/食～ shípǔ *recipes*; *cookbook* ❷记录音乐、棋局等的符号或图形 manual; guidebook; 歌～ gēpǔ *music of a song*/乐(yuè)～ yuèpǔ *music score*/棋～ qípǔ *chess manual* ❸编写歌谱 set to music;

P

compose music：～曲 pǔqǔ *compose music* ❹（—儿—r）大致的准则，把握 sth. to count on；a fair amount of confidence：他做事有～儿 Tā zuòshì yǒupǔr. *He has a fair amount of confidence in doing everything.*

氇 pǔ ㄆㄨ [氆氇—lu]（藏 Tibetan）藏族地区出产的一种毛织品 a woollen fabric produced in Tibet for making blankets，garments，etc.

镨 pǔ ㄆㄨ 一种金属元素，符号 Pr，黄绿色。它的化合物多呈绿色，可作陶器的颜料 praseodymium，a yellowish-green metallic element；compounds being green，used as dyestuff of pottery；symbol：Pr

蹼 pǔ ㄆㄨ 青蛙、乌龟、鸭子、水獭等动物脚趾中间的膜 web connecting the digits of frogs，tortoises，ducks and otters，etc.

铺（*舖）㊀ pù ㄆㄨ ❶（—子—zi，—儿—r）商店 shop；store：饭～fànpù *restaurant*/杂货～ záhuòpù *grocery* ❷床 bed；plank（⊕ comb. 床—chuáng— *bed*）：上下～ shàngxiàpù *storied bed*/临时搭～línshí dā pù *make a makeshift bed* ❸旧时的驿站，现在用于地名 courier station in old times，now often used in place names：三十里～ Sānshílǐpù *Sanshilipu*

　㊁ pū 见 512 页 See p. 512

堡 ㊀ pù ㄆㄨ 地名用字 used in place names：十里～ Shílǐpù *Shilipu*

　㊁ bǎo 见 23 页 See p. 23

　㊂ bǔ 见 52 页 See p. 52

暴 ㊀ pù ㄆㄨ 晒，晒干。后作"曝"（pù）bask；dry in the sun；later written as"曝"

　㊁ bào 见 24 页 See p. 24

瀑 ㊀ pù ㄆㄨ 瀑布，水从高山陡直地流下来，远看好像垂挂着的白布 waterfall，water falling straight down over rocks，sometimes from a great height，like a piece of white cloth seen from a distance

　㊁ bào 见 24 页 See p. 24

曝 ㊀ pù ㄆㄨ 晒 expose to the sun：一～十寒（喻没有恒心）yīpù-shíhán *work hard for one day and do nothing for ten；work by fits and starts*

　㊁ bào 见 24 页 See p. 24

Q ㄑ

QI ㄑㄧ

七 qī ㄑㄧ 数目字(numeral) seven

柒 qī ㄑㄧ "七"字的大写 seven, used for the numeral qī on cheques, etc. to avoid mistakes or alterations

沏 qī ㄑㄧ 用开水冲茶叶或其他东西 infuse, make substance such as tea to stay in hot water so as to make a liquid of a certain taste：～茶 qīchá make tea

妻 ⊖ qī ㄑㄧ（—子—zi）男子的配偶，跟"夫"相对 wife, spouse of a man, opposite of "husband"
⊜ qì 见 522 页 See p. 522

凄（❶❸ ＊淒、❷ ＊悽） qī ㄑㄧ ❶寒凉 chilly; cold：～风苦雨 qīfēng-kǔyǔ wailing wind and weeping rain (fig. wretched circumstances) ❷悲伤 sad; miserable(㊧ comb. —惨—cǎn miserable) ❸冷落寂静 bleak and desolate：～清 qīqīng lonely and sad/～凉 qīliáng dreary; miserable

郪 qī ㄑㄧ 郪江，水名，在四川省 Qijiang River, in Sichuan Province

萋 qī ㄑㄧ ［萋萋——]形容草生长得茂盛(of grass) luxuriant

栖（＊棲） ⊖ qī ㄑㄧ 鸟停留在树上(of birds) perch ㊤ ext. 居住、停留 dwell; stay：两～liǎngqī amphibious/～身之处 qīshēn zhī chù a place to stay [栖霞—xiá]地名，在山东省 a place in Shandong Province
⊜ xī 见 688 页 See p. 688

桤（橙） qī ㄑㄧ 桤木，落叶乔木。木材质较软。嫩叶可作茶的代用品 alder, a deciduous tree with soft xylem and tender leaves used as a substitue for tea leaf

戚（❷ ＊慼） qī ㄑㄧ ❶亲戚，因婚姻联成的关系 relative by marriage ❷忧愁，悲哀 sorrow; woe：休～相关 xiūqī-xiāng guān share joys and sorrows; share weal and woe

嘁 qī ㄑㄧ ［嘁嘁——]拟声词 onom.：～～喳喳(chāchā)地说话 qīqī-chāchā de shuōhuà chatter; jabber away

期 ⊖ qī ㄑㄧ ❶规定的时间或一段时间 scheduled time：定～举行 dìngqī jǔxíng hold (a meeting) as scheduled/分～付款 fēnqī fùkuǎn payment by instalments/过～作废 guòqī zuòfèi become invalid after the specified date/如～完成任务 rúqī wánchéng rènwu accomplish the task according to schedule ㊣ ext. 刊物出版的号数 issue number of publication ❷约定时日 make an appointment：失～shīqī miss an appointment/不～而遇 bùqī'éryù meet unexpectedly ❸盼望，希望 expect (㊧ comb. —望—wàng expect)：决不辜负大家的～望 juébù gūfù dàjiā de qīwàng never disappoint anyone in his expectations; never let anyone down/～待 qīdài expectation/～盼 qīpàn expect; look forward to/以～得到良好的效果 yǐ qī dédào liánghǎo de xiàoguǒ expect to get good results
⊜ jī 见 281 页 See p. 281

欺 qī ㄑㄧ ❶欺骗，蒙混 deceive：自～～人 zìqī-qīrén using some words that even the user himself be unbelievable for deceiving others; deceive oneself as well as others ❷欺负，压迫，侮辱 bully; take advantage of sb. (㊧ comb. —侮—wǔ bully and humiliate)：仗势～人 zhàngshì-qīrén take advantage of one's or sb. else's power to bully people; bully others on the strength of one's powerful connections or position [欺世盗名－shì-dàomíng]欺骗世人,窃取名誉 gain fame by deceiving the public

颞 qī ㄑㄧ [颞头－tou]古时打鬼驱疫时用的假面具 an ugly mask worn by the impersonator of a god in ceremonies to drive away ghosts pestilences in ancient times

敧 qī ㄑㄧ 倾斜,歪向一边 lean to one side; incline;～侧 qīcè lean to one side; slant;～倾 qīqīng slant; incline

缉 ⊖ qī ㄑㄧ 一种缝法,一针对一针地缝 sew in close and joint stitches;～鞋口 qī xiékǒu sew the upper of a cloth shoe with close stitches
⊖ jī 见 281 页 See p. 281

蹊 ⊖ qī ㄑㄧ [蹊跷－qiāo]〈方 dial.〉奇怪,蹊跷 odd; strange
⊖ xī 见 691 页 See p. 691

漆 qī ㄑㄧ ❶各种粘液状涂料的统称。可分为天然漆和人造漆两大类 a general term for various kinds of sticky paints, mainly divided into natural paint or man-made paint [漆树－shù]落叶乔木,用树皮里的粘汁制成的涂料就是漆 lacquer tree, a deciduous tree, having sticky juice under the bark with it lacquer made ❷用漆涂 coat with lacquer; paint

曬 qī ㄑㄧ〈方 dial.〉❶东西湿了之后要干未干(of wet things)be drying:雨过了,太阳出来一晒,路上就渐渐～了 Yǔ guòle, tàiyáng chūlai yī shài, lùshang jiù jiànjiàn qī le. When the sun comes out after the rain, the road begins to dry. ❷用沙土等吸收水分 absorb water with sand, etc.:地上有水,铺上点儿沙子～一～ Dì shang yǒu shuǐ, pūshang diǎnr shāzi qī yī qī. There are puddles on the ground; let's spread some sand over them.

亓 qí ㄑㄧ 姓 a surname

齐(齊) qí ㄑㄧ ❶整齐,东西一头平或排成一条直线 neat; uniform: 庄稼长得很～ Zhuāngjia zhǎng de hěn qí. The crops are of even height. / 队形整～ duìxíng zhěngqí orderly queue/纸叠得很～zhǐ dié de hěn qí The piece of paper is evenly folded. [齐截－jie] 1. 整齐 neat; even:字写得～～ zì xiě de qíjie The handwriting is very neat. 2. 全备 complete; all in readiness:东西都预备～～了 Dōngxi dōu yùbèi qíjie le. Everything is ready. [齐齿呼－chǐhū]i 韵母和拿 i 开头的韵母 a class of syllables with i as the final or a final beginning with i. [看齐 kàn－]站队的时候,以排头作准把队形排齐 dress ⑯ fig. 争取与模范人物一样 keep up with; emulate:大家向劳动模范～～Dàjiā xiàng láodòng mófàn kànqí. Everyone is emulating the model worker. ❷达到,跟什么一般平 on a level with; be level with;河水～腰深 Héshuǐ qí yāo shēn. The river is waist-deep. ❸同时,同样,一起 simultaneously; together;～心 qíxīn be of one mind/～声高唱 qíshēng gāochàng sing in chorus/百花～放,推陈出新 bǎihuā qífàng, tuīchén chū xīn Let a hundred flowers blossom, weed through the old to bring forth the new/一～用力 yīqí yònglì put forth their strength simultaneously ❹全,完全 complete (⑯ comb. 一全－quán complete):材料都预备～了 Cáiliào dōu yùbèi qí le. All the materials have been prepared. /代表都到～了 Dàibiǎo dōu dào qí le. All the representatives have arrived. ❺周代诸侯国名,在今山东省北部、东部和河北省东南角 Qí, name of a state in the Zhou Dynasty, covering the north and east of today's Shandong Province and the southeast corner of Hebei Province ❻朝代名 name of dynasties：1. Qí，南朝之一， 萧道成所建立(公元 479—502 年) one of the Southern Dynasties (A.D. 479 － 502) established by Xiao Daocheng 2. 北朝之一，高洋所建立 (公元 550—577 年)one of the Northern Dynasties (A. D. 550－577)，established by Gao Yang

〈古 arch.〉又同斋戒的"斋(zhāi)" Also same as "斋(zhāi)" in "zhāijiè"

脐(臍) qí ㄑㄧˊ ❶肚脐，胎儿肚子中间有一条管子，跟母体的胎盘连着，这个管子叫脐带，出生以后，脐带脱落的地方叫"脐" navel, a small mark or sunken place in the middle of the stomach, left when the connection to the mother (the umbilical cord) was cut at birth ❷螃蟹腹部下面的甲壳 abdomen of a crab：尖～ jiānqí the narrow triangular abdomen of a male crab/团～ tuánqí the broad and rounded abdomen of a female crab

蛴(蠐) qí ㄑㄧˊ [蛴螬－cáo]金龟子的幼虫，一寸多长，圆筒形，白色，身上有褐色毛，生活在土里，吃农作物的根和茎 grub, a one-cun long, tin-shaped white scarab in the wormlike form, with brown hair on the body, living in soil, harmful to crops

祁 qí ㄑㄧˊ 盛大 great；grand：～寒 (严寒，极冷)qí hán severe cold

坼 qí ㄑㄧˊ 地的边界 boundary 〈古 arch.〉又同"垠(yín)"Also same as "垠".

祈 qí ㄑㄧˊ 迷信的人向神求福 pray (⊛ comb. －祷－dǎo pray) 引 ext. 请求 ask；request：敬～照准 jìng qí zhàozhǔn We respectfully request your permission.

颀 qí ㄑㄧˊ 身子高(叠 redup.)tall in build

蕲(蘄) qí ㄑㄧˊ ❶求 beg；seek ❷地名用字 place name

[蕲春－chūn]地名，在湖北省 a place in Hubei Province

芪 qí ㄑㄧˊ 黄芪，多年生草本植物，茎横卧在地面上，开淡黄色的花，根入药 membranous milk vetch astragalus membranaceus, a perennial herb with stems lying on the ground, bearing light yellow flowers；roots used as medicine

衹 ⊖ qí ㄑㄧˊ 古代称地神 god of the earth (in ancient times)
⊜ zhǐ 见 843 页"只" See "zhǐ", p. 843

岐 qí ㄑㄧˊ ❶岐山，山名，在陕西省 Qishan Mountain, in Shaanxi Province ❷同"歧" Same as "歧".

歧 qí ㄑㄧˊ ❶岔道，大路分出的小路 fork；branch：～路亡羊 qílù- wángyáng a lamb going astray at crossroads（fig. go astray in a complex situation）[歧途－tú]错误的道路 wrong road；误入～～wùrù qítú be led astray ❷不相同，不一致 different；divergent：～视 qíshì discriminate against/～义 qíyì be of various interpretations；ambiguity

跂 ⊖ qí ㄑㄧˊ 多生出的脚趾 superfluous toe of a foot
⊜ qì 见 522 页 See p. 522

其 qí ㄑㄧˊ ❶代词 pron：1. 他，他们 he；she；it；they：不能任～自流 bù néng rèn qí zìliú cannot let them have their own course；cannot leave sth take its own course/劝～努力学习 quàn qí nǔlì xuéxí advise him to study hard 2. 他的，他们的 his；her；their；its：各得～所 gèdé-qísuǒ Each is in his proper place. or Each is properly provided for. /人尽～才，物尽～用 rén jìn qí cái, wù jìn qí yòng Make the best possible use of men and that of everything. or Let everybody fully display his talents and all things serve their proper purposes. ❷那，那个，那些 that；the；those：～他 qítā other；

Q

else/～次 qícì *next；secondly；then*/本无～事 běn wú qí shì *Nothing of this sort has happened.*/～中有个原因 qízhōng yǒu ge yuányīn *There is a reasons in it.* [其实－shí]实在的，事实上 in fact：他故意说不懂，～～他懂得 Tā gùyì shuō bù dǒng，qíshí tā dǒng. *He purposely says that he doesn't understand it，but as a matter of fact he does.* ❸文言助词 *aux.* in classical Chinese：1. 表示揣测、反诘 expressing a guess or a retort：岂～然乎？Qǐ qírán hū？*Is that really so？*/～奈我何？Qí nài wǒ hé？*What can they do to me？* 2. 表示命令、劝勉 expressing an order or advice：子～勉之！Zǐ qí miǎn zhī！*Exert yourself to the utmost！* ❹词尾，在副词后 suffix，used after an adverb：极～快乐 jíqí kuàilè *extremely happy*/尤～伟大 yóuqí wěidà *especially great*

其 qí ㄑㄧ〈方 dial.〉豆茎 bean stalk

淇 qí ㄑㄧ 淇水，源出河南省林州，流入卫河 Qi River，originated in Linzhou，Henan Province，flowing into Wei River

骐 qí ㄑㄧ 有青黑色纹理的马 a black horse

琪 qí ㄑㄧ ❶一种玉 a kind of jade ❷珍异 rare：～花瑶草 qíhuāyáocǎo *very strange flowers and jasper plants of the fairyland；jade flowers of the fairyland*

棋（棊、碁） qí ㄑㄧ 文娱用品名，有象棋、围棋等 chess or any board game，such as（Chinese）chess and Weiqi（a game played with black and white pieces on a board of 361 crosses），etc.

祺 qí ㄑㄧ 旧指吉祥，福气 auspicious；lucky

綦 qí ㄑㄧ ❶青黑色 greenish black：～巾 qíjīn *a greenish black kerchief* ❷极 very；extremely：～难

qí nán *very difficult*

鲯 qí ㄑㄧ 见 498 页"蟛"字条"蟛蜞（péngqí）"See "péngqí" under entry of "péng"，p. 498

旗（❶△＊旂） qí ㄑㄧ ❶（一子、－zi－儿、－r）用布、纸、绸子或其他材料做成的标识（zhì），多半是长方形或方形 flag，usu. made of cloth，paper，silk or other materials，often rectangular or square in shape：国～ guóqí *national flag*/校～ xiàoqí *school flag* ❷清代满族的军队编制和户口编制，共分八旗。后又建立蒙古八旗、汉军八旗 a division of the military system in the Qing Dynasty for Manchu troops and also the census，later for Mongolians and the Han troops，called the Eight Banners 引 ext. 属于八旗的，特指属于满族的 of the Eight Banners，esp. of Manchu：～人 Qírén *Manchu*/～袍 qípáor *mandarin gown*/～装 qízhuāng *Manchu attire* ❸内蒙古自治区的行政区划，相当于县 an administrative division of county level in the Inner Mongolia Autonomous Region

鲯 qí ㄑㄧ [鳍鳅－qiū]鱼名。黑褐色，体长而侧扁，头大眼小，生活在海洋中 dorado，a kind of dark-brown flat-sided fish with a long body，a big head and small eyes，living in the sea

麒 qí ㄑㄧ [麒麟－lín]见 408 页"麟"See "lín"，p. 408

奇 ㊀qí ㄑㄧ ❶特殊的，稀罕，不常见的 special；rare：～事 qíshì *a strange affair*/～闻 qíwén *sth unheard of；a thrilling and fantastic story* 引 ext. 出人意料的，令人不测的 out of expectation；surprising：～兵 qíbīng *an army suddenly appearing from nowhere；an ingenious military move*/～计 qíjì *a very clever strategy；an ingenious plan*/～袭 qíxí *surprise attack；raid* / 出～制胜 chūqízhìshèng *defeat one's opponent by a surprise move* ❷惊异,引以为奇 *be surprised; be astonished*;世人～之 shìrén qízhī *The people throughout the world are astonished at it.* ❸姓 *a surname*

㊁ jī 见 279 页 *See p. 279*

埼(**碕) qí ⟨ㄑㄧˊ⟩ 弯曲的岸 *winding bank (or shore)*

菁 qí ⟨ㄑㄧˊ⟩ [菁莱主山—láizhǔ shān]山名,在台湾省 *a mountain in Taiwan Province*

崎 qí ⟨ㄑㄧˊ⟩ [崎岖—qū]形容山路不平 *(of mountain-path) rugged*

骑 qí ⟨ㄑㄧˊ⟩ ❶跨坐在牲畜或其他东西上 *ride (an animal; sit on the back of)*;～马 qí mǎ *ride a horse*/自行车 qí zìxíngchē *ride a bike* ⑨ ext. 兼跨两边 *covering two edges*;～缝盖章 qífèng gàizhāng *the edges of two separate sheets of a documents on which a seal is to be stamped with part of the impression on each of the two sheets* ❷(旧读 jì early pronounce jì)骑兵,也泛指骑马的人 *cavalry; cavalry person*;车～ chēqí *vehicle cavalry*/轻～ qīngqí *light cavalry*/铁～ tiěqí *cavalry* ❸骑的马 horse;坐～ zuòqí *saddle horse*

琦 qí ⟨ㄑㄧˊ⟩ 美玉 *fine jade* ⑩ fig. 珍奇 rare

锜 qí ⟨ㄑㄧˊ⟩ ❶古代一种带三足的锅 *a kind of pot with three feet used in ancient times* ❷古代的一种凿子 *a kind of chisel used in ancient times*

俟 ㊀ qí ⟨ㄑㄧˊ⟩ [万俟 Mò—]复姓 *a surname consisting of two Chinese characters*

㊁ sì 见 612 页 *See p. 612*

耆 qí ⟨ㄑㄧˊ⟩ 年老,六十岁以上的人 *old-aged people, usu. above sixty years old*;～年 qínián *old age*

鳍 qí ⟨ㄑㄧˊ⟩ 鱼类和其他水生脊椎动物的运动器官,由薄膜、柔软分节的鳍条和坚硬不分节的鳍棘组成 fin, any of the wing like parts of the body of a fish, used in swimming

鬐 qí ⟨ㄑㄧˊ⟩ 马脖子上部的长毛,也叫"马鬃"、"马鬣" mane of a horse; bristle, also called "mǎzōng" or "mǎliè"

旂 qí ⟨ㄑㄧˊ⟩ ❶古代指有铃铛的旗子 flag with bells in ancient times ❷同"旗❶" Same as "旗❶".

畦 qí ⟨ㄑㄧˊ⟩ 田园中分成的小区 rectangular pieces of land in a field, separated by ridges, usu. for growing vegetable, calling vegetable bed;种一～菜 zhòng yī qí cài *plant a bed of vegetables*

乞 qǐ ⟨ㄑㄧˇ⟩ 乞求,向人讨、要、求 beg (for alms, etc.); supplicate;～怜 qǐlián *beg for pity*/～恕 qǐshù *beg for forgiveness*/～食 qǐshí *beg for food*/行～ xíngqǐ *beg one's bread; beg*

芑 qǐ ⟨ㄑㄧˇ⟩ 古书上说的一种植物 a kind of plant mentioned in ancient texts

屺 qǐ ⟨ㄑㄧˇ⟩ 没有草木的山 bare mountain

岂(豈) qǐ ⟨ㄑㄧˇ⟩ 副词 adv. 表示反诘 expressing oneself to ask in retort;1. 哪里,怎么;where; how;～敢 Qǐgǎn *You! flatter me!* /～有此理 Qǐyǒucǐlǐ? *This is really outrageous*! 2. 难道 used for emphasis in a rhetorical question;～非怪事 Qǐ fēi guài shì? *Isn't it strange?*

〈古 arch.〉又同"恺"、"凯 (kǎi)" Also same as 恺 and 凯(kǎi)

玘 qǐ ⟨ㄑㄧˇ⟩ 古代佩带的玉 jade pendant in ancient times

杞 qǐ ⟨ㄑㄧˇ⟩ ❶植物名 plant name;1. 就是"枸(gǒu)杞"Chinese wolfberry (Lycium Chinese) 2. 杞柳,落叶灌木,生在水边,枝条可以编箱、笼、筐、篮等物 purple willow, a deciduous shrub growing by waterside, branches used for making baskets, trunks, etc. ❷周代诸侯国名,在今河南杞县 Qǐ, name of a state in the Zhou Dynasty, in today's Qi County, Henan Province: ~人忧天(喻不必要的忧虑)qǐrén-yōutiān *like the man in the state of Qi worrying in case the sky should fall* (*fig.* groundless worries)

起 qǐ ㄑㄧˇ ❶由躺而坐或由坐而立等 rise; stand up: ~床 qǐchuáng *get up*/~立致敬 qǐlì zhìjìng *show reverence by standing up* 〔引〕ext. 离开原来的位置 remove; pull: 1. 移开,搬开 remove: ~身 qǐshēn *start; set out*/~运 qǐyùn *start shipment; begin to transport* 2. 拔出,取出 pull; take out: ~钉子 qǐ dīngzi *draw out a nail*/~货 qǐ huò *take goods* (from a warehouse) 〔起居—jū〕日常生活 daily life: ~~有恒 qǐjū yǒu héng *lead a regular life* ❷由下向上升,由小往大里涨 rise; grow: 一~一落 yī qǐ yī luò *ups and downs; rise and fall*/~劲 qǐjìn *vigorous; energetic*/面~了 miàn qǐle *The dough is leavened*. 〔起色—sè〕好转的形势,转机 improvement; pickup: 病有～～ bìng yǒu qǐsè *One's health has picked up*. ❸长出 appear; raise: ~燎泡 qǐ liáopào *get blisters*/~痱子 qǐ fèizi *get prickly heat* ❹开始 start; begin: ~笔 qǐbǐ *start writing*/~点 qǐdiǎn *starting point* 〔起码—mǎ〕最低限度,最低的 at least; minimum: ～～要十天才能完工 Qǐmǎ yào shí tiān cái néng wángōng. *The project can be completed in at least ten days.* ❺发生 happen; rise: ~疑 qǐyí *become suspicious*/~意 qǐyì *conceive a design*/~火 qǐhuǒ *catch fire; be on fire*/~风 qǐfēng *The wind is rising.* 〔起义—yì〕发动武装革命,也指脱离反革命集团投入革命阵营 revolt; act violently against the reactionaries so as to join the revolutionaries ❻拟定 draft; work out: ~草 qǐcǎo *make a draft* ❼建造,建立 build; set up: ~

房子 qǐ fángzi *build a house*/白手～家 báishǒu-qǐjiā *make one's fortune from scratch* ❽(从哪里)开始 from: 1. 在名词后 used after a noun: 今天～ jīntiān qǐ *from today*/从这里 zhèli qǐ *from here* 2. 在名词前 used before a noun: ~南到北 qǐ nán dào běi *from the south to the north*/~这里剪开 qǐ zhèli jiǎnkai *cut out from here* ❾量词 meas. 1. 批,群 batch; group: 一～人走了,又来一～ Yī qǐ rén zǒu le, yòu lái yī qǐ. *After a group of people left, another group came.* 2. 件,宗 case; instance: 三～案件 sān qǐ ànjiàn *three cases*/两～事故 liǎng qǐ shìgù *two accidents* ❿在动词后,表示动作的趋向 used after a verb, expressing tendency of action: 抱～ bàoqi *hold sb or sth up*/拿~ náqi *take up*/扛一大旗 kángqi dà qí *shoulder up a big flag*/~精神 tíqí jīngshen *raise one's spirits; brace oneself up*/引~大家注意 yǐnqi dàjiā zhùyì *bring to everyone's attention*/想不~什么地方见过他 Xiǎng bu qǐ shénme dìfang jiànguo tā. *I cannot remember where I met him.* ⓫在动词后,跟"来"连用,表示动作开始 used after a verb, together with the word lái, expressing the start of an action: 大声念~来 dà shēng niàn qilai *start to read aloud*/唱~歌来 chàngqi gēr lai *begin to sing a song* ⓬在动词后,常跟"不""得"连用 used after a verb, usu. with bù and "de": 1. 表示胜任,能担得住 stand; afford: 买不～mǎibuqǐ *cannot afford to buy it*/经得~考验 jīngdeqǐ kǎoyàn *can stand a test* 2. 表示够格,达到某一种标准 up to a certain standard: 看不～ kànbuqǐ *have a low opinion of*; look down/瞧得～ qiáodeqǐ *think highly of sb.*

企 qǐ ㄑㄧˇ 踮着脚看,希望,盼望 stand on tiptoe; anxiously expect sth: ~望 qǐwàng *hope for; look forward to*/~待 qǐdài *expect; await*/~

盼 qǐpàn *hope for*; *long for* [企图一tú] 图谋 *attempt*; *seek* [企业一yè] 从事生产、运输、贸易等经济活动的部门，如工厂、矿山、铁路、贸易公司等 *enterprise*; *business*, *such as factories*, *mines*, *railways*, *and companies*, *etc.*

启(啟、*啟) qǐ ㄑㄧˇ ❶ 打开 *open*; ~ 封 qǐfēng *unseal*; *open an envelope or wrapper*/~ 门 qǐmén *open a door* 囫 ext. 开导 *enlighten*; *awaken*; ~ 蒙 (méng) qǐméng *initiate*; *enlighten* [启发一fā] 阐明事例，使对方因联想而领悟 *arouse*; *inspire*; ~ ~ 教育 qǐfā jiàoyù *inspire and educate sb.* / ~ ~ 他的政治觉悟 qǐfā tā de zhèngzhì juéwù *arouse his political consciousness* [启示一shì] 启发指点，使有所认识 *enlightenment*; *inspiration* ❷ 开始 *start*; *initiate*; ~ 用 qǐyòng *start using* (*an official seal*, *etc.*) ❸ 陈述事情; *inform*; 敬 ~ 者 jìngqǐzhě *respected the receiver*/某某 ~ (书信用语)mǒumǒu qǐ *to so-and-so* (*written on an envelope of a personal letter*) [启事一shì] 向群众说明事件的文字，现在多登在报纸上 *notice*; *announcement*, *now usu. in a newspaper* ❹ 书信 letter; *note*; 书 ~ shūqǐ *letter*/小 ~ xiǎoqǐ *note*

棨 qǐ ㄑㄧˇ 古时用木头做的一种通行证，略如戟形 *crescent-shaped pass made of wood in ancient times* [棨戟一jǐ] 古时官吏出行的一种仪仗，用木头做成，状如戟 *crescent-shaped weapons made of wood carried by a guard of honour in ancient times*

腒 qǐ ㄑㄧˇ 〈古 arch.〉腓肠肌(小腿肚子) *calf*

绮 qǐ ㄑㄧˇ ❶ 有文彩的丝织品 *figured woven silk material*; ~ 罗 qǐluó *silk gauze* ❷ 美丽 *beautiful*; *gorgeous*; ~ 丽 qǐlì *beautiful*; *gorgeous* / ~ 思 qǐsī *beautiful thoughts* (*in literature*)

稽 ㊀ qǐ ㄑㄧˇ 稽首，古时跪下叩头的礼节 *kotow*, *an ancient etiquette showing reverence*

㊁ jī 见 281 页 See p. 281

气(氣) qì ㄑㄧˋ ❶ 没有一定的形状、体积，能自由流动的物体 *gas*, *an aeriform elastic fluid*; 煤 ~ méiqì *gas*/蒸 ~ zhēngqì *steam*/特指空气 *referring to air in particular*; ~ 压 qìyā *atmospheric pressure*/给自行车打 ~ gěi zìxíngchē dǎqì *pump up the tyres of a bike* ❷ (一儿一r)气息，呼吸 *breath*; 没 ~ 了 méi qì le *stop breathing* / 上 ~ 不接下 ~ shàngqì bù jiē xiàqì *breathless* ❸ 自然界寒、暖、阴、晴等等现象 *weather*; *climate*; 天 ~ tiānqì *weather*/节 ~ jiéqì *solar period* ❹ (一儿一r)鼻子闻到的味 *smell*; *odour*; 香 ~ xiāngqì *sweet smell*/臭 ~ chòuqì *bad smell*/烟 ~ yānqì *tobacco smell* ❺ 人的精神状态 *spirit*; *morale*; 勇 ~ yǒngqì *courage*; 朝 ~ zhāoqì *vigour*; *vitality* [气势一shì] 力量和形势 *momentum*; *imposing manner* ❻ 作风习气 *airs*; *manner*; 官 ~ guānqì *bureaucratic airs*/俗 ~ súqì *vulgar*; *in poor taste*/骄娇二 ~ jiāo-jiāo èr qì *self-conceited and yet fearful of hardship* ❼ 怒或使人发怒 *get angry*; *be annoyed*; 他生 ~ 了 Tā shēngqì le. *He is angry.* /别 ~ 我了 Bié qì wǒ le. *Don't annoy me.* ❽ 欺压 *bully*; 受 ~ shòuqì *be bullied* ❾ 中医指能使人体器官正常发挥机能的原动力 *referring to vital energy or energy of life in Chinese medicine*; ~ 血 qìxuè *the function of the vital energy and the state of the blood*/~ 虚 qìxū *deficiency of vital energy* / 元 ~ yuánqì *vitality*; *vigour* ❿ 中医指某种症象 *referring to certain symptoms of diseases in Chinese medicine*; 湿 ~ shīqì *eczema*; *fungus infection of hand or foot*/脚 ~ jiǎoqì *beriberi*/痰 ~ tánqì *apoplexy*; *mental disorder*

Q

汽 qì ㄑㄧˋ 蒸气，液体或固体变成的气体。特指水蒸气 vapour, a gas like form of liquid or solid; steam in particular：～船 qìchuán steam-ship; steamer

讫 qì ㄑㄧˋ ❶完结，终了 settled; completed：收～ shōuqì payment received；(on a bill of lading, an invoice, etc.) all the above goods received/付～ fùqì (of a bill) paid/验～ yànqì check completed ❷截止 end：起～ qǐqì the beginning and the end

迄 qì ㄑㄧˋ ❶到 up to; till：～今未至 qì jīn wèi zhì have not arrived up to now ❷始终 so far; all along：～未成功 qì wèi chénggōng We have not succeeded so far.

汔 qì ㄑㄧˋ 庶几，差不多 almost; approximately

弃(*棄) qì ㄑㄧˋ 舍(shě)去，扔掉 throw away; abandon；抛～ pāoqì abandon; desert/遗～ yíqì abandon; cast off/～权 qìquán abstain from voting; waive the right to enter competition/～置不顾 qìzhì bùgù discard; throw aside

妻 ㊀ qì ㄑㄧˋ 〈古 arch.〉以女嫁人 marry a girl to a man
㊁ qī 见 515 页 See p. 515

炁 qì ㄑㄧˋ 同"气" Same as "气".

泣 qì ㄑㄧˋ ❶小声哭 weep; sob：～不成声 qìbùchéng shēng choke with sobs ❷眼泪 tears：～下如雨 qìxià-rúyǔ shed tears like rain

呕 ㊀ qì ㄑㄧˋ 屡次 repeatedly; again and again：～来问讯 qì lái wènxùn come repeatedly to ask for information
㊁ jí 见 283 页 See p. 283

契(**栔) ㊀ qì ㄑㄧˋ ❶用刀雕刻 engrave; crave ❷刻的文字 carved characters：书～ shūqì carved book ❸契约，证明买卖、抵押、租赁等关系的合同、文书、字据 contract, a formal agreement, having the force of law between two or more people or groups：地～ dìqì title deed for land/房～ fángqì title deed for a house/卖身～ màishēnqì an indenture by which one sells oneself or a member of one's family ❹相合，情意相投 agree; get along well：默～ mòqì tacit agreement; tacit understanding/相～ xiāngqì mutual understanding/～友 qìyǒu close friend; bosom friend
[契丹—dān]我国古代东北地区的一个民族，曾建立辽国 an ethnic group in northeast China in ancient times; having established the Liao Dynasty
㊁ xiè 见 715 页 See p. 715

碶 qì ㄑㄧˋ 用石头砌的水闸。sluice builded with stone

砌 qì ㄑㄧˋ 建筑时垒(lěi)砖石，用泥灰粘合 build by laying bricks or stones：～墙 qì qiáng build a wall (with bricks, stones, etc.)/～炕 qì kàng build a heatable brick bed (kang)

跂 ㊀ qì ㄑㄧˋ 踮着脚站着 stand on tiptoe：～望 qìwàng stand on tiptoe to look forward to sb. or sth.
㊁ qí 见 517 页 See p. 517

葺 qì ㄑㄧˋ 用茅草覆盖房子 cover a roof with straw; thatch：修～(修补)房屋 xiūqì fángwū repair a house

碛 qì ㄑㄧˋ 水中沙堆 shallows full of pieces of stone mixed with sand
[沙碛 shā—]沙漠 desert

槭 qì ㄑㄧˋ 落叶小乔木，花黄绿色，叶子掌状分裂，秋季变成红色或黄色 small deciduous arbor, with yellowish-green flowers and split-palm shaped leaves turning red or yellow in autumn

器(**噐) qì ㄑㄧˋ ❶用具的总称 implement; utensil：武～ wǔqì weapons/容～ róngqì container [器官—guān]生物体中具有某种独立生理机能的部分，

如耳、眼、花、叶等。也省称"器"organ, a part of an animal or plant, having a special function, such as ear, eye, flower and leaf, etc., also shortened as qì：消化～ xiāohuàqì *digestive organs*/生殖～ shēngzhíqì *reproductive organs* ❷人的度量、才干 capacity；talent：～量 qìliàng *tolerance*/成～ chéngqì *grow up to be a useful person* ❸器重，看重，看得起 think highly of

憩(*憇) qì ㄑㄧˋ 休息 have a rest；rest：小～ xiǎoqì *have a short time rest*

荠(薺) ㊀qi ·ㄑㄧ 见31页"荸"字条"荸荠(bíqi)" See "bíqi" under entry of "bí", p. 31
㊁jì 见289页 See p. 289

QIA ㄑㄧㄚ

掐 qiā ㄑㄧㄚ ❶用手指用力夹，用指甲按或截断 pinch；nip ㊟ ext. 割断，截去 cut off：～电线 qiā diànxiàn *disconnect the wire* ❷用手的虎口及手指紧紧握住 clutch：一把～住 yī bǎ qiāzhù *make a clutch at；clutch* ❸(-子-zi,-儿-r)量词，拇指和食指或中指相对握着的数量 meas. a handful of；a bunch of：一小～韭菜 yī xiǎo qiār jiǔcài *a small handful of leek*/一大～子青菜 yī dà qiāzi qīngcài *a big handful of green vegetables*

袷 qiā ㄑㄧㄚ ［袷袢-pàn］(维)(Uygur) 上衣 robe buttoning down the front
㊁jiá 见293页"夹" See jiá p. 293

蒺 qiā ㄑㄧㄚ 见11页"菝"字条"菝蒺"(báqiā) See "báqiā" under entry of "bá", p. 11

拤 qiá ㄑㄧㄚˊ 用两手掐住 clutch with both hands

卡 ㊀qiǎ ㄑㄧㄚˇ ❶(-子-zi)在交通要道设置的检查或收税的地方 checkpost，tollgate a place for examination or collecting tax：关～ guānqiǎ *an outpost of a tax office；checkpoint* ❷(-子-zi)夹东西的器具 clip；fastener：头发～子 tóufa qiǎzi *hairpin* ❸夹在中间，堵塞 wedge；get stuck：鱼刺～在嗓子里 yúcì qiǎ zài sǎngzi li *A fish bone sticks in my throat.*/在里边拿不出来了 qiǎ zài lǐbian ná bu chūlái le *Something has got wedged inside and I cannot pull it out.*
㊁kǎ 见347页 See p. 347

洽 qià ㄑㄧㄚˋ ❶跟人联系，商量(事情) arrange with sb；consult：接～事情 jiēqià shìqing *take up a matter；arrange business*/和他商～ hé tā shāngqià *arrange with him；take up a matter with him* ❷谐和 be in harmony；agree：感情融～ gǎnqíng róngqià *have harmonious feelings*

恰 qià ㄑㄧㄚˋ ❶正巧，刚刚 just；exactly：～巧 qiàqiǎo *by chance*/～到好处 qiàdào-hǎochù *just right (for the purpose or occasion)*/～如其分(fèn) qiàrú-qífèn *well-measured；appropriate*/～好他来了 qiàhǎo tā láile *It just so happened that he came.* ❷合适，适当 appropriate；proper：这里有几个字不～当 Zhèli yǒu jǐge zì bù qiàdàng. *There are a few inappropriate words here.*

髂 qià ㄑㄧㄚˋ 髂骨，腰部下面腹部两侧的骨，下缘与耻骨、坐骨联成髋(kuān)骨。(图见217页"骨")ilium, the flat, uppermost portion of the three sections of the innominate bone (See picture in "骨", p. 217)

QIAN ㄑㄧㄢ

千(❸韆) qiān ㄑㄧㄢ ❶数目，十个一百 number；thousand ❷表示极多，常跟"万"、"百"连用 a great number of；a great amount of, often used with "wàn" or "bǎi"：～言万语 qiānyán-wànyǔ *thousands and thousands of words*/～

Q

军万马 qiānjūn-wànmǎ *thousands upon thousands of men and horses* (fig. a powerful army)/~锤百炼 qiānchuíbǎiliàn *thoroughly tempered; finely honed* [千万一wàn]务必 be sure to; must;~~不要铺张浪费 Qiānwàn bùyào pūzhāng làngfèi. *Be sure not to be extravagant and wasteful.* ❸见541页"秋"字条"秋千"See "qiūqiān" under entry of "qiū", p.541

仟 qiān くl ㄢ "千"字的大写 thousand, used for the numeral "qiān" on cheques, etc. to avoid mistakes or alterations

阡 qiān くl ㄢ ❶田间的小路 footpath in crop fields (圉 comb. —陌 — mò *crisscross footpaths between fields*) ❷通往坟墓的道路 path leading to a grave

扦 qiān くl ㄢ ❶(—子—zi，—儿—r)用金属或竹、木制成的像针的东西 a needle-like piece of metal, bamboo or wood, etc. ❷〈方 dial.〉插，插进去 stick in; insert;~花 qiān huār *put flowers in a vase*/用针~住 yòng zhēn qiānzhu *sew*

芊 qiān くl ㄢ 草木茂盛 (叠 redup.) (of grasses and trees) luxuriant; flourishing;郁郁~~ yùyù-qiānqiān *green and luxuriant* [芊绵—mián] [芊眠—mián]草木茂密繁盛 (of plants) dense; thick

迁(遷) qiān くl ㄢ ❶机关、住所等另换地点 move (圉 comb. —移 qiānyí *move*);~都(dū) qiāndū *move the capital to another place* / ~居 qiānjū *change one's dwelling place; move house* [迁就—jiù]不坚持自己的意见，凑合别人 accommodate oneself to; yield to;不能~~ bù néng qiānjiù *One mustn't yield to it.*/~~应该是有原则的 qiānjiù yīnggāi shì yǒu yuánzé de *One should accommodate oneself to it according to the principle.* [迁延—yán]拖延 defer; delay;已经~~了一

个多月了 Yǐjing qiānyánle yī ge duō yuè le. *It has been delayed for more than a month.* ❷变动，改变 change(圉 comb. 变—biànqiān *changes*);事境~ shìguò-jìngqiān *The affair is over and the situation is different.* or *There are no birds of this year in last year's nest.*

甀 qiānwǎ くlㄢㄨㄚˇ 电的功率单位，1甀等于 1000 瓦特。现写作'千瓦' kilowatt, a unit of electrical power, equal to 1,000 watts; now written as "千瓦"

钎 qiān くl ㄢ (—子—zi)一头尖的长钢棍，多用来在矿石上打洞 hammer drill, usu. used for making holes in rock

岍 qiān くl ㄢ 岍山，山名，在陕西省 Qianshan Mountain, in Shaanxi Province

汧 qiān くl ㄢ [汧阳—yáng]地名，在陕西省。今作"千阳" a place in Shaanxi Province; now written as "千阳"

佥(僉) qiān くl ㄢ 〈古 arch.〉全，都 unanimous; all (together)

签(簽、❸-❻籤) qiān くl ㄢ ❶亲自写姓名或画上符号 sign; autograph;~名 qiānmíng *sign one's name; autograph*/请你~个字 Qǐng nǐ qiān ge zì. *Please sign your name here.* ❷简要地写出(意见)make brief comments on a some matter such as document, etc.;~注 qiānzhù *write some notes on a document* (for a superior to consider); *attach a slip of paper to a document with comments on it* ❸(—子—zi、—儿—r)用竹木等物做成的细棍或片状物 a slender pointed piece of bamboo or wood; 牙~儿 yáqiānr *toothpick*/竹~儿 zhúqiānr *bamboo slips* ❹(—儿—r)书册里作标志的纸片或其他物件上作标志的东西 label; sticker;书~shūqiānr *bookmark*/标~

biāoqiānr *label*；*tag*/浮～ fúqiānr *a note pasted on the margin of a page* ❺粗粗地缝合起来 (of sewing) tack ❻旧时用于占卜或赌博的细长竹片或细棍 bamboo slips used for drawing lots or divination

牵(牽) qiān ㄑㄧㄢ ❶拉，引领向前 pull；lead along：～着一条牛 qiānzhe yī tiáo niú *be leading an ox*/～牲口 qiān shēngkou *lead a beast of burden*/手～着手 shǒu qiānzhe shǒu *hand in hand* ❷连带，带累 involve：不要～扯别的问题 bùyào qiānchě biéde wèntí *Don't get involved in other matters.* /受～累 shòu qiānlèi *be tied down*/互相～制 hùxiāng qiānzhì *be tied up with each other* [牵强－qiǎng]硬拉硬扯，勉强，理由不足 forced (interpretation, etc.)；farfetched：这话太～～ Zhè huà tài qiānqiǎng. *These words are too farfetched.* /～～附会 qiānqiǎng-fùhuì *draw a forced analogy* ❸缠连 tie up：惹情 yìrěqíngqiān *be entangled in passion*

铅 ㊀ qiān ㄑㄧㄢ ❶一种金属元素，符号 Pb，青灰色，质地软，熔点低。可用来制煤气管等 lead, a soft bluish-gray metallic chemical element used for making gas pipes, having very low melting point；symbol：Pb.[铅铁－tiě]指镀锌铁 zincplate [铅字－zì]印刷用的铅、锑、锡等合金铸成的活字 type；letter, used in printing ❷石墨 black lead：～笔 qiānbǐ *pencil*
㊁ yán 见 744 页 See p. 744

悭(慳) qiān ㄑㄧㄢ 吝啬 stingy；miserly（⊛ comb. —吝 qiānlìn *stingy*）

谦 qiān ㄑㄧㄢ 虚心，不自高自大 modest：～虚 qiānxū *modest*/self-effacing/～让 qiānràng *modestly decline*/满招损，～受益 mǎn zhāo sǔn, qiān shòu yì *haughtiness invites disaster, humility receives benefit*

愆 qiān ㄑㄧㄢ ❶罪过，过失 transgression；fault ❷错过，耽误过去 pass；delay：～期 qiānqī *pass the appointed time*；delay (payment, etc.)

鸧 qiān ㄑㄧㄢ 尖嘴的家禽或鸟啄东西 (of birds with sharp beaks) peck at sth；乌鸦把瓜～了 Wūyā bǎ guā qiān le. *The crow pecked at the melon.*

骞 qiān ㄑㄧㄢ 高举。多用于人名，如西汉有张骞 hold high up. often used in people's names, such as Zhang Qian in the Western Han Dynasty

搴 qiān ㄑㄧㄢ ❶拔取 pull out：斩将～旗 zhǎnjiàng-qiānqí *behead enemy generals and capture their flags* ❷同"褰" Same as "褰".

褰 qiān ㄑㄧㄢ 把衣服提起来 lift up skirt, bed-curtain, etc.：～裳 qiānshàng *lift up the skirt*

蕁(蕁、蘎) ㊀ qiān ㄑㄧㄢ [蕁麻－má]多年生草本植物，茎叶生细毛，皮肤接触时会引起刺痛。茎皮纤维可以做纺织原料 nettle, a perennial herb with stinging hairs on stems and leaves, fiber used as a material in spinning
㊁ xún 见 735 页 See p. 735

钤 qián ㄑㄧㄢ ❶印章 seal；stamp ❷盖印章 affix one's seal；stamp：～印 qiányìn *affix a seal*/～章 qiánzhāng *stamp* [钤记－jì]旧时印的一种 a kind of seal used in early times

黔 qián ㄑㄧㄢ ❶黑色 black：～首(古称老百姓)qiánshǒu *common people* (used in ancient China) ❷贵州省的别称 another name for Guizhou Province

前 qián ㄑㄧㄢ ❶跟"后"相反 front, antonym of "hòu" (back)：1.指空间，人脸所向的一面，房屋等正门所向的一面，家具等靠外的一面 position directly before sb. or sth.：天安门～ Tiān'ānmén qián *in front of Tiananmen* / 大楼一面 dàlóu qiánmian *in front of the tall building*/床

～chuángqiánn *bedside*/在一面 zài qiánmian *in front*/向一走 xiàng qián zǒu *go ahead* 2. 指时间，往日的，过去的 *ago*；*before*：～天 qiántiān *the day before yesterday* / 史无～例 shǐwú qiánlì *without precedence in history*；*unprecedented* 3. 指次序 *first*：～五名 qián wǔ míng *the first five places* ❷向前行进 *go forward*：勇往直～yǒng wǎng-zhíqián *march forward courageously*；*advance bravely*/畏缩不～wèisuō-bùqián *recoil in fear*；*hesitate to press forward* ❸未来的（用于展望）*future* (*expressing a kind of expectation*)：～景 qiánjǐng *prospect*；*vista*/向一看 xiàngqián kàn *look ahead*；*look into the future*

虔 qián ㄑㄧㄢˊ 恭敬 *pious*；*sincere*：～诚 qiánchéng *pious*；*devout*/～心 qiánxīn *sincere*

钱（錢） qián ㄑㄧㄢˊ ❶货币 *money*：铜～tóngqián *copper coin* 匋 ext. 费用 *expense*：车～chēqián *fares*/饭～fànqián *food expenses* ❷圆形像钱的东西 *anything resembling a coin*：榆～yúqiánr *elm seeds* ❸财物 *property*：有～有势 yǒuqián-yǒushì *be wealthy and powerful* ❹旧制或市制重量单位，一两的十分之一 *a traditional unit of weight, equal to one-tenth* liǎng

钳（**箝、**拑） qián ㄑㄧㄢˊ ❶用东西夹住 *grip*；*clamp* [钳制—zhì]用强力限制 *clamp down on*；*suppress* ❷（一子—zi）夹东西的用具 *pliers*；*pincers*：老虎～lǎohǔqián *pliers*

掮 qián ㄑㄧㄢˊ 用肩扛（káng）东西 *carry on the shoulder* [掮客—kè]〈方 dial.〉指替买卖货物的双方介绍交易，从中取得佣钱的人 *broker, a person doing business for another in buying and selling, and being paid*

乾 ㊀ qián ㄑㄧㄢˊ ❶八卦之一，符号是三，代表天 *one of the Eight Diagrams, representing the sky,*

symbol：三 ❷乾县，在陕西省 Qian County, in Shaanxi Province

㊁ gān 见 193 页"干" See "gān", p. 193

犍 ㊀ qián ㄑㄧㄢˊ [犍为—wéi]地名，在四川省 *a place in Sichuan Province*

㊁ jiān 见 298 页 See p. 298

潜（*潛） qián ㄑㄧㄢˊ ❶隐在水面下活动 *go under water*：～水艇 qiánshuǐtǐng *submarine*/鱼～鸟飞 yúqián-niǎofēi *The fish swim under the deep water and the birds fly in the sky.* ❷隐藏的 *latent*；*hidden*：～伏 qiánfú *hide*/挖掘～在力量 wājué qiánzài lìliang *exploit potentialities*；*tap potentials* [潜心—xīn]心静而专 *with great concentration*：～～研究 qiánxīn yánjiū *study with great concentration* ❸秘密地，不声张 *secretly*：～行 qiánxíng *move secretly*/～逃 qiántáo *abscond*

肷（**膁） qiǎn ㄑㄧㄢˇ 身体两旁肋骨和胯骨之间的部分（多指兽类的）(usu. of beasts) *the part between rib and thigh*：～窝 qiǎnwō *hip*

浅（淺） ㊀ qiǎn ㄑㄧㄢˇ ❶从表面到底或从外面到里面距离小的，跟"深"相反 *shallow, antonym of "shēn (depth)"*：这条河很～Zhè tiáo hé hěn qiǎn. *The river is very shallow.*/这个院子太～Zhège yuànzi tài qiǎn. *The yard is not deep at all.* ❷不久，时间短 *not long in time*：年代～niándài qiǎn *for not many years*/相处的日子还～xiāngchǔ de rìzi hái qiǎn *have not been together long* ❸程度不深的 *simple*；*easy*：～见 qiǎnjiàn *superficial view*/阅历～yuèlì qiǎn *lack of experience*/交情～jiāoqing qiǎn *not on familiar terms*/这篇文章很～zhèpiān wénzhāng hěn qiǎn *This article is very easy.*/～近的理论 qiǎnjìn de lǐlùn *simple theories* ❹颜色淡薄(of colour) light; pale;～红 qiǎnhóng *light red*/～绿 qiǎnlǜ *pale green*

㊁ jiān 见 296 页 See p. 296

遣 qiǎn ㄑㄧㄢ ❶派,差(chāi),打发 send; dispatch (㊨ comb. 派—pàiqiǎn *send*);特～ tèqiǎn *send for a special purpose*; *specially dispatched*/～送 qiǎnsòng *send back*; *repatriate* ❷排解,发泄 dispel; expel;～闷 qiǎnmèn *divert oneself from boredom*/消～ xiāoqiǎn *divert oneself*; *while away the time*

遣 qiǎn ㄑㄧㄢ 责备 condemn; denounce (㊨ comb. 谴责－zé *condemn*)

缱 qiǎn ㄑㄧㄢ [缱绻－quǎn]情意缠绵,感情好得离不开 deep attachment; tender affection

嗛 qiǎn ㄑㄧㄢ 就是颊囊。猴嘴里两腮上暂时贮存食物的地方 cheek pouch, a baglike fold of skin inside each cheek in which monkeys carry and store food

〈古 arch.〉又同"谦(qiān)"、"歉(qiàn)" Also same as "谦(qiān)"and "歉(qiàn)".

欠 qiàn ㄑㄧㄢ ❶借别人的财物还(hái)没归还(huán) owe;我～他十块钱 Wǒ qiàn tā shí kuài qián. *I owe him ten yuan.* ❷短少,不够 lacking; not enough;文章～通 wénzhāng qiàntōng *The writing is somewhat awkward.* /身体～安 shēntǐ qiàn'ān (of an aged person or a VIP) *feel unwell; under the weather* ❸身体稍稍向上移动 raise slightly a part of the body;～身 qiàn shēn *raise oneself slightly*/～脚 qiànjiǎo *slightly raise one's heels* ❹呵欠(－qian),疲倦时张口出气 yawn;～伸 qiànshēn *stretch oneself and yawn*/打呵～ dǎ hēqian *yawn*

芡 qiàn ㄑㄧㄢ ❶一年生水草,茎叶都有刺,开紫色花。果实叫芡实,外

皮有刺。种子的仁可以吃,可以制淀粉。也叫"鸡头"euryale ferox, also called jītóu, an annual water plant with thorns on leaves and stems, bearing purple flowers; with fruits (called qiànshí) having thorns on the skin, seeds edible and used in making starch ❷烹饪时用淀粉调成的浓汁 thick fluid of starch used in cooking:勾～ gōuqiàn *starch*/汤里加点～ tāng li jiā diǎn qiàn *put some starch in the soup*

嵌 qiàn ㄑㄧㄢ 把东西卡在空隙里 inlay; embed;镶～xiāngqiàn *inlay*/～入 qiànrù *embed*/匣子上～着象牙雕的花 Xiázi shang qiànzhe xiàngyá diāo de huār. *The box is inlaid with an ivory flower-pattern.*

纤(縴) ㊀ qiàn ㄑㄧㄢ 拉船的绳 a rope for towing a boat [纤手－shǒu]给人介绍买卖产业的人 estate agent; real estate broker [拉纤 lā－]1. 拉着纤绳使船前进 tow a boat 2. 给人介绍买卖产业从中取利 act as a go-between

㊁ xiān 见 698 页 See p. 698

茜(**蒨) ㊀ qiàn ㄑㄧㄢ ❶茜草,多年生蔓草,茎有刺毛,初秋开花,黄色。根红色,可做染料,也可入药 madder, a perennial climbing plant with thorns on stalks, bearing yellow flowers in autumn, having red roots that can be used as a paint or medicine ❷红色 red

㊁ xī 见 688 页 See p. 688

倩 qiàn ㄑㄧㄢ ❶美好 pretty; handsome ❷请人代做 ask sb. to do sth.;～人代笔 qiàn rén dàibǐ *ask sb. to write on one's behalf*

堑 qiàn ㄑㄧㄢ 做防御用的壕沟 moat; chasm;长江天～(喻险要) Cháng Jiāng tiānqiàn *the natural moat of the Yangtze River*(fig. strategically located and difficult of access)㊨ fig. 挫折 adversity; setback；吃一～，长一智 chī yī qiàn，zhǎngyī zhì *A fall into the pit, a gain in your wit.* or *Experience bought by suffering teaches wisdom.*

椠 qiàn ㄑㄧㄢ ❶古代记事用的木板 board for taking notes in ancient times ❷书的版本 edition：古～ gǔqiàn *ancient edition*/宋～Sòngqiàn *block-printed edition of the Song Dynasty*

慊 ㊀ qiàn ㄑㄧㄢ 不满，怨恨 discontented；resentful
㊁ qiè 见 534 页 See p. 534

歉 qiàn ㄑㄧㄢ ❶觉得对不住人 apologetic：抱～ bàoqiàn *be sorry；feel apologetic* / 道～ dàoqiàn *apologize；make an apology*/深致～意 shēn zhì qiànyì *express one's deep regret* ❷收成不好 crop failure：～收 qiànshōu *crop failure；poor harvest*/～年 qiànnián *lean year*

QIANG ㄑㄧㄤ

抢（搶） ㊀ qiāng ㄑㄧㄤ 同"戗(qiāng)❶"Same as "戗(qiāng)❶".
㊁ qiǎng 见 529 页 See p. 529

呛（嗆） ㊀ qiāng ㄑㄧㄤ ❶水或食物进入气管而引起不适或咳嗽 choke：喝水～着了 hē shuǐ qiāngzhe le *choke over drinking*/吃饭吃～了 chīfàn chī qiāngle *choke over one's food* ❷〈方 dial.〉咳嗽 cough
㊁ qiàng 见 530 页 See p. 530

玱（瑲） qiāng ㄑㄧㄤ 玉相击声 tinkling of jade pieces

枪（槍、*鎗） qiāng ㄑㄧㄤ ❶刺击用的长矛 spear：长～ chángqiāng *weapon with a long shaft* / 红缨～ hóngyīngqiāng *red-tasselled spear* ❷发射子弹的武器 rifle；gun：手～ shǒuqiāng *pistol*/机关～ jīguānqiāng *machine gun* ❸形状或性能像枪的器具 a

thing which is shaped like or functions as a gun：焊～hànqiāng *welding torch*/水～ shuǐqiāng *giant*

戗（戧） ㊀ qiāng ㄑㄧㄤ ❶逆，反方向 in an opposite direction：～风 qiāngfēng *against the wind*/～水 qiāngshuǐ *go up the river* ❷(言语)冲突 clash；be at loggerheads with：说～了 shuō qiāngle *Their views clashed.*
㊁ qiàng 见 530 页 See p. 530

羌 qiāng ㄑㄧㄤ 我国古代西部的民族 an ancient nationality in western China
[羌族−zú]我国少数民族名，参看附表 name of an ethnic minority in China. See appendix.

蜣 qiāng ㄑㄧㄤ [蜣螂−láng]俗叫"屎壳郎"(shǐkelàng)。昆虫，全身黑色，有光泽，会飞，吃粪、尿或动物的尸体 dung beetle，popularly called "shǐkelàng", a kind of insect, sheen and black all over the body, with wings, living in dunghill and feeding on the wastes of people or the bodies of dead animals

戕 qiāng ㄑㄧㄤ 杀害 kill：自～ zìqiāng *commit suicide* [戕贼−zéi] 伤害，损害 injure；undermine

斨 qiāng ㄑㄧㄤ 古代一种斧子 a kind of axe used in ancient times

腔 qiāng ㄑㄧㄤ ❶(−子−zi)动物身体中空的部分 cavity in human or animal bodies：胸～ xiōngqiāng *thoracic cavity* / 口～ kǒuqiāng *oral cavity* ㊲ ext. 器物中空的部分 hallow part in something：炉～lúqiāngr *bosom of a stove* / 锅台～子 guōtáiqiāngzi *bosom of a kitchen range* ❷(−儿−r)腔调，乐曲里的调子 tone of voice；tune：离～走板 líqiāng zǒubǎn *out of tune* / 梆子～ bāngziqiāng *tunes of Bangzi* ㊲ ext. 说话的声音 accent；intonation：开～(说话) kāiqiāng *speak* / 南～北调 nánqiāngběidiào (speak with) *a mixed* accent [京腔 Jīng—]北京语音：一口～～ yī kǒu Jīngqiāngr *pure Beijing dialect*

锖 qiāng ㄑㄧㄤ [锖色—sè]某些矿物表面因氧化作用而形成的薄膜所呈现的色彩，常常不同于矿物固有的颜色 colour of the membrane on the surface of some mineral caused by oxidation，often different from the intrinsic colour of the mineral

锵(鏘) qiāng ㄑㄧㄤ 拟声词(叠 redup.) *onom.* 锣声～～ luóshēngqiāngqiāng *Gongs clanked.*

锶 ㊀ qiāng ㄑㄧㄤ [锶水—shuǐ]就是强酸 strong acid：硝～～ xiāoqiāngshuǐ *nitric acid*
　　㊁ qiǎng 见 530 页 See p. 530

强(＊強、＊彊) ㊀ qiáng ㄑㄧㄤ ❶健壮，有力，跟"弱"相反 strong；powerful，antonym of "ruò"(㊉ comb. 一壮—zhuàng，一健—jiàn *strong*)：～大 qiángdà *big and powerful* / 身～力壮 shēnqiáng-lìzhuàng *strong and healthy* ㊑ ext. 有余 slightly more than；plus：四分之一～sì fēn zhī yī qiáng *slightly more than one fourth* [强调—diào]㊙ fig. 特别着重某种事或某项任务，用坚决的口气提出 stress；emphasize [强梁—liáng]强横不讲理 brutal；tyrannical ❷程度高 great in degree：责任心很～zérènxīn hěn qiáng *have a strong sense of responsibility* ❸好 well；better：要～yàoqiáng *be eager to do well in everything*/庄稼很～zhuāngjia hěn qiáng *The crops are growing well.*/他写的字比你的～Tā xiě de zì bǐ nǐ de qiáng. *His handwriting is better than yours.* ❹使用强力 by force：～制 qiángzhì *force*；compel / ～占 qiángzhàn *forcibly occupy* / ～索财物 qiángsuǒ cáiwù *claim property by force* ❺使强大或强壮 make strong or powerful：～身之道 qiángshēn zhī dào *method of improving one's health*

/富国～兵 fùguó-qiángbīng *enrich the country and strengthen the army* ❻姓，a surname
　　㊁ qiǎng 见 530 页 See p. 530
　　㊂ jiàng 见 307 页 See p. 307

墙(墙、＊牆) qiáng ㄑㄧㄤ 用砖石等砌成承架房顶或隔开内外的建筑物 wall，an upright dividing surface made of stone or brick intended for supporting a roof or for enclosing sth(㊉ comb. 一壁—bì *wall*)：砖～zhuānqiáng *brick wall* / 城～chéngqiáng *city wall*/院～yuànqiáng *walls surrounding a house*

蔷(薔) qiáng ㄑㄧㄤ [蔷薇—wēi]落叶灌木，茎上多刺，夏初开花，有红、黄、白等色，可制香料，也可入药 rose，a shrub with strong prickly stems，blooming in early summer with flowers of various colours，being used in the making of perfume and medicine

嫱(嬙) qiáng ㄑㄧㄤ 古时宫廷里的女官名 woman court official in ancient China：妃～fēiqiáng *woman official in charge of the imperial concubines*

樯(檣、＊艢) qiáng ㄑㄧㄤ 帆船上挂风帆的桅杆 mast，a long upright pole used for carrying sails on a ship

抢(搶) ㊀ qiǎng ㄑㄧㄤ ❶夺，硬拿 snatch；loot(㊉ comb. 一夺—duó *snatch*)：～球 qiú *scramble for the ball* / ～劫 qiǎngjié *rob*；*loot*/他把我的信～去了 Tā bǎ wǒ de xìn qiǎngqu le. *He snatched away my letter.* ❷赶快，赶紧，争先 hurry；rush；vie for：～着把活做了 qiǎngzhe bǎ huór zuòle *vie with each other in getting the work done*/～修河堤 qiǎngxiū hédī *rush to repair the river bank* ❸刮，擦(去掉表面的一层)scrape；scratch：磨剪子～

Q

刀子 mǒ jiǎnzi qiāng dāozi *sharpen scissors and knives* / 跌了一跤，把肉皮～去一大块 diē yī jiāo bǎ ròupír qiǎngqu yī dà kuài *have a fall and get a scrape*

⊜ qiāng 见 528 页 See p. 528

羟（羥） qiǎng ㄑㄧㄤˇ 羟基，就是氢氧基（—OH）hydroxyl（—OH）

强（*強、彊） ⊖ qiǎng ㄑㄧㄤˇ 硬要，迫使 force；compel：～词夺理 qiǎngcí duólǐ *resort to sophistry；reason fallaciously*/不能～人所难 bù néng qiǎng rén suǒ nán *Don't try to make sb. do what he is unwilling or unable to.*

⊜ qiáng 见 529 页 See p. 529
⊜ jiàng 见 307 页 See p. 307

镪（鏹） ⊖ qiǎng ㄑㄧㄤˇ〈古 arch.〉指成串的钱 strings of cash [白镪 bái —]银子 silver

⊜ qiāng 见 529 页 See p. 529

襁（*繈） qiǎng ㄑㄧㄤˇ [襁褓—bǎo]包婴儿的被、毯等 swaddling clothes：在～～中 zài qiǎngbǎo zhōng *be in one's infancy*

呛（嗆） ⊖ qiàng ㄑㄧㄤˋ 有刺激性的气体使鼻子、嗓子等器官感到不舒服 irritate the respiratory organs by strong-smelling gas：烟～嗓子 yān qiàng sǎngzi *The smoke choked me.*/辣椒味～得难受 làjiāowèir qiàng de nánshòu *The smell of pepper badly irritates the nose.*

⊜ qiāng 见 528 页 See p. 528

戗（戧） ⊖ qiàng ㄑㄧㄤˋ 支持，支撑 brace；shore up：墙要倒，拿杠子～住 Qiáng yào dǎo, ná gàngzi qiàngzhu. *The wall is falling down；please brace it with a log.* [够戗 gòu—]形容很重，很难支持 unbearable；terrible：他忙得真～～ Tā máng de zhēn gòuqiàng. *He is*

terribly busy.* / 他病得～～ Tā bìng de gòuqiàng. *He is terribly ill.*

⊜ qiāng 见 528 页 See p. 528

炝（熗） qiàng ㄑㄧㄤˋ 烹饪法的一种，将菜肴放在沸水或热油中略煮后取出加作料拌 a cooking method of boiling meat or vegetables in water for a while, or frying sth quickly in hot oil and then dressing with soy, vinegar, etc.

跄（蹌、蹡） qiàng ㄑㄧㄤˋ [踉跄 liàng—]走路不稳 stagger

QIAO ㄑㄧㄠ

悄 ⊖ qiāo ㄑㄧㄠ 没有声音或声音很低（叠 redup.）quietly：静～～ jìngqiāoqiāo *quiet*/部队～～地出动 Bùduì qiāoqiāo de chūdòng. *The troops quietly set out.*

⊜ qiǎo 见 532 页 See p. 532

硗（磽） qiāo ㄑㄧㄠ 地坚硬不肥沃（of land）hard and infertile（⊜ comb. —薄 —bó、—瘠 —jí、—确 —què *barren*）：肥～ féiqiāo（of land）*fertile and barren*

跷（蹺、*蹻） qiāo ㄑㄧㄠ ❶ 脚向上抬 lift up a leg：～脚 qiāo jiǎo *lift up a foot*/～腿 qiāo tuǐ *lift up a leg* [高跷 gāo—]踩着有踏脚装置的木棍表演的一种游艺 stilts, a kind of performance by riding on a pair of poles with supporting pieces for the feet, used for walking raised above the ground ❷竖起大拇指 hold up the thumb：～起大拇指称赞 qiāoqǐ dàmuzhǐ chēngzàn *make a thumb-up sign to express approval*

[跷蹊—qi]奇怪，违反常理，让人怀疑 odd；queer：这事有点～～. 也说"蹊跷（qī—）"Zhè shì yǒu diǎnr qiāoqi. *This matter is somewhat odd.*

　"蹻"又 jué 见 342 页"屩"Also

"juē", See p. 342

雀 ㊀ qiāo ㄑ丨ㄠ 雀子,雀(què)斑 freckle

㊁ què 见 549 页 See p. 549

㊂ qiǎo 见 532 页 See p. 532

锹(*鍫) qiāo ㄑ丨ㄠ 挖土或铲其他东西的器具 spade; shovel

劁 qiāo ㄑ丨ㄠ 骟(shàn),割去牲畜的睾丸或卵巢 geld; castrate:~猪 qiāozhū *castrate a pig*/~羊 yáng *castrate a sheep*

敲 qiāo ㄑ丨ㄠ ❶打,击 knock; beat:~锣 qiāoluó *beat gongs*/~边鼓(比喻从旁帮人说话)qiāo biāngǔ *speak or act to assist sb. from the sidelines*; *back sb. up* ❷敲竹杠,讹诈财物或抬高价格 fleece sb.; blackmail

橇 qiāo ㄑ丨ㄠ ❶古代在泥路上行走所乘的东西 a kind of sledge used on muddy road in ancient times ❷在冰雪上滑行的工具 sled; sleigh

缲(**𥾿) ㊀qiāo ㄑ丨ㄠ 做衣服边儿或带子时藏着针脚的缝法 hem with invisible stitches:~一根带子 qiāo yī gēn dàizi *hem a ribbon*/~边 qiāobiānr *hem*

㊁ sāo 见 567 页"缲" See "sāo", p. 567

乔(喬) qiáo ㄑ丨ㄠ ❶高 tall[乔木—mù]树干和树枝有明显区别的大树,如松、柏、杨、柳等 arbor; tree, a kind of plant having one main stem, such as pine, cypress, poplar and willow, etc. [乔迁—qiān]旧日称人迁居的客气话 a polite way of saying sb's moving to a new house in early times ❷做假,装扮 disguise [乔妆—zhuāng][乔装—zhuāng]改变服装面貌,掩蔽身分 disguise, change clothes or usual appearance to hide identity

侨(僑) qiáo ㄑ丨ㄠ ❶寄居在国外(从前也指寄居在外乡)live abroad (early also referring to being away from one's hometown):~居 qiáojū *live abroad* ❷寄居在祖国以外的人 a person living abroad; 华~ huáqiáo *overseas Chinese*

荞(蕎、*荍) qiáo ㄑ丨ㄠ 荞麦,一年生草本植物,茎紫红色,叶子三角形,开小白花。子实黑色,磨成面粉供食用 buckwheat, an annual herb with purplish-red stem, triangular-shaped leaves and small white flowers, bearing black edible seeds used in making flour

峤(嶠) ㊀ qiáo ㄑ丨ㄠ 山尖而高 high peak

㊁ jiào 见 311 页 See p. 311

桥(橋) qiáo ㄑ丨ㄠ 架在水上(或空中)便于通行的建筑物 bridge, sth carrying a road over water or in the air: 拱~ gǒngqiáo *arch bridge*/天~ tiānqiáo *overline bridge; platform bridge* / 独木~ dúmùqiáo *single-log bridge* / 立交~lìjiāoqiáo *overpass; motorway interchange* / 长江大~Cháng Jiāng Dàqiáo *Changjiang Bridge*

硚(礄) qiáo ㄑ丨ㄠ [硚头—tóu]地名,在四川省 a place in Sichuan Province

鞒(鞽) qiáo ㄑ丨ㄠ 马鞍拱起的地方 elevated part of a saddle

苃 qiáo ㄑ丨ㄠ ❶古书上指"锦葵",二年或多年生草本植物,夏季开花,花紫色或白色,可供观赏 high mallow mentioned in ancient texts, a perennial herb with purple or white flowers blooming in summer, used for ornaments ❷同"荞"。Same as "荞".

翘(翹) ㊀ qiáo ㄑ丨ㄠ ❶举起,抬起,向上 raise:~首 qiáoshǒu *raise one's head (and look)*/~望 qiáowàng *raise one's head and*

look ❷翘棱(leng)，板状物体因由湿变干而弯曲不平 become warped：桌面～棱了 Zhuōmiàn qiáoleng le. *The desk board has become warped.*

㈡ qiào 见本页 See the same page.

谯 qiáo ㄑㄧㄠ 谯楼，古代城门上建筑的楼，可以瞭(liào)望 watchtower；drum tower in ancient times

憔(*顦) qiáo ㄑㄧㄠ [憔悴—cuì]黄瘦，脸色不好 wan and sallow；thin and pallid：面容～～ miànróng qiáocuì *Her face looks wan and sallow.*

樵 qiáo ㄑㄧㄠ ❶〈方 dial.〉柴 firewood ❷打柴 gather firewood：～夫 qiáofū *woodcutter; woodman*

瞧 qiáo ㄑㄧㄠ 看 look；see：～书 qiáo shū *read a book*/～得起 qiáodeqǐ *have a good opinion of; think highly of*/～不起 qiáobuqǐ *look down upon; despise*

巧 qiáo ㄑㄧㄠ ❶技巧，技术 skill ❷灵巧，灵敏，手的技能好 skilful；clever：心灵手～ xīnlíng-shǒuqiǎo *clever and deft*/他很～ Tā hěn qiǎo. *He is very skilful.* ❸虚浮不实(指话) (of words) deceitful；cunning：花言～语 huāyán-qiǎoyǔ *sweet words; flattery* ❹恰好，正遇在某种机会上 coincidental；凑～ còuqiǎo *luckily; fortunately*/碰～ pèngqiǎo *by chance; by coincidence*/赶～ gǎnqiǎo *happen to*

悄 ㈠ qiāo ㄑㄧㄠ ❶忧愁 worry and sorrow ❷寂静无声 silent：低声～语 dī shēng qiāo yǔ *speak in a low voice*/～然无声 qiāorán wú shēng *All is quiet.*

㈡ qiǎo 见530页 See p. 530

雀 ㈠ qiǎo ㄑㄧㄠ 义同"雀㈠"，用于"家雀儿"等口语词 same in meaning as què, used in colloquial speech such as "jiāqiǎor"

㈡ què 见549页 See p. 549

㈢ qiāo 见531页 See p. 531

愀 qiǎo ㄑㄧㄠ 脸色改变 change expressions on the face：～然作色 qiǎorán zuò sè *become stern; become grave-looking*

壳(殼) ㈠ qiào ㄑㄧㄠ 坚硬的外皮 shell，hard surface：甲～ jiǎqiào *crust*/地～ dìqiào *the earth's crust*

㈡ ké 见355页 See p. 355

俏 qiào ㄑㄧㄠ ❶漂亮，相貌美好 pretty；smart-looking：俊～ jùnqiào *pretty and charming* ❷货物的销路好 sell well；be in great demand：～货 qiàohuò *goods in great demand* ❸〈方 dial.〉烹调时为增加滋味、色泽，加上少量的青蒜、香菜、木耳之类 (in cooking) flavour；season with some garlic leaves, coriander and edible fungus, etc.

诮 qiào ㄑㄧㄠ 责备 censure；blame：讥～ jīqiào *sneer at; deride*

峭(*陗) qiào ㄑㄧㄠ 山又高又陡 (of a mountain) high and steep：～壁 qiàobì *cliff; precipice* ⟨喻 fig.⟩ 严峻 severe；stern：～直 qiàozhí *upright and stern*

鞘 ㈠ qiào ㄑㄧㄠ 装刀、剑的套子 sheath；scabbard：刀～ dāoqiào *sheath; scabbard*

㈡ shāo 见577页 See p. 577

窍(竅) qiào ㄑㄧㄠ ❶窟窿，孔洞 hole；aperture：七～ qīqiào *the seven apertures in the human head, i. e. eyes, ears, nostrils and mouth*/一～不通(喻一点也不懂)yīqiào-bùtōng *fig. know nothing about; be utterly ignorant of* ❷(一儿—r)事情的关键 a key to sth：诀～儿 juéqiào *secret of success; tricks of the trade*/～门儿 qiàoménr *knack; key to a problem*

翘(翹、**蹺) ㈠ qiào ㄑㄧㄠ 一头向上仰起 stick up；bend upwards：板凳儿～起来了 Bǎndèngr qiào qǐlai le. *The*

bench is bending upwards. [翘尾巴－wěibā *raise the tail*]比喻傲慢或自鸣得意 be cocky; get stuck-up

qiáo 见 531 页 See p. 531

撬 qiào ㄑㄧㄠ 用棍、棒等拨、挑东西 prize; pry：把门～开 bǎ mén qiàokai *pry open the door*

QIE ㄑㄧㄝ

切 ⊖ qiē ㄑㄧㄝ ❶用刀从上往下割 cut; slice：～成片 qiēchéng piàn *cut into slices*/把瓜～开 bǎ guā qiēkai *cut open a melon* [切磋－cuō]喻 fig. 在业务、思想各方面互相研究讨论,取长补短 learn from each other by exchanging views on work, on thought and on other aspects ❷几何学上直线与弧线或两个弧线相接于一点 tangency, a straight line touching the edge of a curve but not cutting across it：～线 qiēxiàn *tangent line*/～点 qiēdiǎn *point of tangency; point of contact*/两圆相～liǎng yuán xiāngqiē *tangent circles*

　　⊜ qiè 见本页 See the same page.

伽 ⊖ qié ㄑㄧㄝ [伽南香－nánxiāng]沉香,一种常绿乔木,木材重而坚硬,有香味,可入药 agalloch, eaglewood, a kind of evergreen tree with heavy, hard and fragrant timber which can be used in making medicine [伽蓝－lán]梵语“僧伽蓝摩”的省称,指僧众所住的园林,后指佛寺 short for “sēngqiélánmó” in Sanskrit, referring to the garden where the monks live; later referring to a Buddhist temple

　　⊜ jiā 见 291 页 See p. 291
　　⊜ gā 见 191 页 See p. 191

茄 ⊖ qié ㄑㄧㄝ (一子－zi)一年生草本植物,花紫色。果实也叫茄子,紫色,也有白色或绿色的,可以吃 eggplant, an annual herb with purple flowers, bearing purple, white or

green edible fruit, also called eggplant [番茄 fān－]一年生草本植物,花黄色。果实也叫番茄,圆形,熟时红色或黄色,可以吃。也叫“西红柿” tomato, an annual herb with yellow flowers, bearing round edible fruit (also called tomato) that turn red when ripe; also called “xīhóngshì”

　　⊜ jiā 见 291 页 See p. 291

且 ⊖ qiě ㄑㄧㄝ ❶连词 *conj.* 表示进一层 also; both... and...：既高～大 jì gāo qiě dà *both tall and heavy; not only high but also huge* ❷连词 *conj.* 尚,还 yet; still：然～不可 rán qiě bùkě *It is not ready yet.* ❸副词 *adv.* 表示暂时 just; for the time being：～慢 qiě màn *wait a moment; not so soon*/～住 qiě zhù *live here for the time being* ❹副词 *adv.* 将要 near; approach：年～九十 nián qiě jiǔshí *be nearly ninety years old* ❺且…,表示一面这样,一面那样 while; as：～走～说 qiě zǒu qiě shuō *talk while walking*/～行～想 qiě xíng qiě xiǎng *act while thinking; think while walking* ❻且…呢,表示经久 last：这双鞋～穿呢 Zhè shuāng xié qiě chuān ne. *The pair of shoes can last a long time.* ❼姓, a surname

　　⊜ jū 见 334 页 See p. 334

切 ⊜ qiè ㄑㄧㄝ ❶密合,贴近 be close to：～身利害 qièshēn lìhài *one's immediate interests*/不～实际 bù qiè-shíjì *unrealistic* [切齿－chǐ]咬牙表示痛恨 gnash one's teeth in hatred ❷紧急 urgent：急～ jíqiè *eager*; *impatient*/迫～需要 pòqiè xūyào *urgent need*/回国心～ huíguó xīn qiè *be eager to go back to one's motherland* ❸切实,实在,着实 feasible; practical：～记 qièjì *be sure to keep in mind*/～忌 qièjì *must guard against; avoid by all means* / 言辞恳～ yáncí kěnqiè *speak in an earnest tone* ❹旧时汉语标音的一种方法,取上一字的声母与下一字的韵母,拼成一个音,也叫“反

Q

切"。如"同"字是徒红切 a traditional method of indicating the pronunciation of a Chinese character by referring to two other Chinese characters, using the consonant of the first character and the vowel of the second; for instance, the pronunciation of "tóng" is a combination of the consonant from tú and the vowel plus nasal óng from hóng

[一切 yī—]所有的,全部 all; overall

○ qiè 见 533 页 See p. 533

窃(竊) qiè ㄑㄧㄝ ❶偷盗 steal; pilfer;～案 qiè'àn larceny; burglary ⑯ fig. 用不合法不合理的手段取得 get sth. in illegal and unreasonable ways and means;～位 qièwèi usurp a post /～国 qièguó usurp state power ❷私自,暗中 secretly; furtively;～笑 qièxiào laugh secretly; laugh up one's sleeve. 旧谦辞 a humble term of calling oneself in early times;～谓 qiè wèi I believe. /～以为 qiè yǐwéi I presume; in my humble opinion.

郄 qiè ㄑㄧㄝ 姓 a surname 〈古 arch.〉又同郤(xì) Also same as 郤(xì).

妾 qiè ㄑㄧㄝ ❶旧社会男子在妻子以外娶的女子 concubine ❷谦辞,旧日女人自称 (of a woman) a humble term of calling herself in early times

怯 qiè ㄑㄧㄝ ❶胆小,没勇气 timid; cowardly; nervous (⑯ comb. 懦—nuò timid and overcautious):胆～ dǎnqiè timid; cowardly/ 场～ qièchǎng have stage fright ❷俗气,见识不广,不合时宜 vulgar; in poor taste:露～ lòuqiè display one's ignorance; make a fool of oneself/衣服的颜色有点～ Yīfu de yánsè yǒudiǎnr qiè. The colour of the dress looks somewhat tawdry.

朅 qiè ㄑㄧㄝ ❶离去 depart ❷勇武 valiant

挈 qiè ㄑㄧㄝ ❶用手提着 lift; take up:提纲～领(喻简明扼要地把问题提示出来)tígāng-qièlǐng take a net by the headrope or a coat by the collar (meaning concentrate on the main points) ❷带,领 carry; take along:～眷 qiè juàn take one's family along

锲 qiè ㄑㄧㄝ 用刀子刻 carve; engrave:～金玉 qiè jīnyù carve gold and jad/～而不舍(喻有恒心,有毅力)qiè'érbùshě keep on carving unceasingly (fig. work with perseverance)

惬(愜、*慊) qiè ㄑㄧㄝ 满足,畅快 be satisfied:～意 qièyì be pleased/～心 qièxīn be pleased; be satisfied [惬当—dàng]恰当 proper; appropriate

箧(篋) qiè ㄑㄧㄝ 箱子一类的东西 small suitcase or containers like that

趄 ○ qiè ㄑㄧㄝ 倾斜 slanting; inclined;～坡儿 qièpōr slope/～着身子 qièzhe shēnzi (of a person) leaning sideways

○ jū 见 335 页 See p. 335

慊 ○ qiè ㄑㄧㄝ 满足,满意 be satisfied; be pleased:不～(不满)bu qiè be displeased; be unsatisfied

○ qiàn 见 528 页 See p. 528

QIN ㄑㄧㄣ

钦 qīn ㄑㄧㄣ ❶恭敬 respect:～佩 qīnpèi admire; esteem/～仰 qīnyǎng revere; esteem ❷封建时代指有关皇帝的 imperial:～定 qīndìng made by imperial order/～赐 qīncì imperial grant/～差(chāi)大臣 Qīnchāi dàchén imperial roving commissioner; imperial roving envoy

嵚 qīn ㄑㄧㄣ [嵚崟](嵚崯)(—yín)山高的样子 (of a mountain) high

侵 qīn ㄑㄧㄣ ❶侵犯，夺取别人的权利 invade; intrude into; ～害 qīnhài encroach on; make inroads on/～吞 qīntūn embezzle; annex [侵略－lüè]侵犯别国领土、主权,掠夺别国财富,奴役别国人民,以及干涉别国内政等行动 aggression; invasion; 我们热爱和平,反对～～ Wǒmen rè'ài hépíng, fǎnduì qīnlüè. We love peace and oppose aggression. ❷渐近 approach;～晨 qīn chén approaching daybreak

骎 qīn ㄑㄧㄣ [骎骎－－]马跑得很快的样子 like a galloping horse ⑩fig. 进行得快 go on swiftly;～～日上 qīnqīn rì shàng forge ahead; becoming more prosperous every day

亲(親) ⊖ qīn ㄑㄧㄣ ❶亲属,有血统或夫妻关系的 kinsfolk; relatives by blood or by marriage;～人 qīnrén one's parents, spouse or children, etc; one's family members/～兄弟 qīnxiōngdì blood brother/特指父母 referring to one's parents in particular;双～ shuāngqīn parents/养～ yǎngqīn foster parents ❷婚姻 marriage;定～ dìngqīn engagement（arranged by parents)/～事 qīnshì marriage ❸特指新妇bride;娶～qǔqīn (of a man)get married ❹亲戚,因婚姻联成的亲属关系 relative by marriage;姑表～gūbiǎoqīn cousinship ❺本身,自己的 in person; oneself;～笔信 qīnbǐxìn a personal handwritten letter;an autograph letter/～眼见的 qīnyǎn jiàn de see with one's own eyes/～手做的 qīnshǒu zuò de do sth. with one's own hands. ❻感情好,关系密切 close; intimate;他们很～密 Tāmen hěn qīnmì. They are on very intimate terms./兄弟相～ xiōngdì xiāngqīn Brothers are always on close terms. ❼用嘴唇接触,表示喜爱 kiss;他～了～孩子的小脸蛋 Tā qīnle qīn háizi de xiǎo liǎndànr. He kissed the kid's cheeks.

⊜ qìng 见 540 页 See p. 540

衾 qīn ㄑㄧㄣ 被子 quilt;～枕 qīn zhěn quilt and pillow

芹 qīn ㄑㄧㄣ 芹菜,一年或二年生草本植物,夏天开花,白色,茎、叶可以吃 celery, an annual or biannual herb with white flowers blooming in summer; stems and leaves edible

芩 qín ㄑㄧㄣ 植物名 plant name:1. 古书上指芦苇一类的植物 a kind of reed-like plant mentioned in ancient texts 2. 黄芩,多年生草本植物,开淡紫色花,根可入药 scutellaria baicalensis, a perennial herb with light purple flowers; roots used as medicine

矜(**墐) ⊖ qín ㄑㄧㄣ 〈古arch.〉矛柄 shaft of spear

⊜ jīn 见 320 页 See p. 320

⊜ guān 见 224 页 See p. 224

琴 qín ㄑㄧㄣ ❶古琴,一种弦乐器,用梧桐等木料做成,有五根弦,后来增加为七根 a seven-stringed (early five-stringed) plucked musical instrument made of Chinese parasol wood, etc. ❷某些乐器的统称,如风琴、钢琴、胡琴等 a general term for certain musical instruments, such as organ, piano, huqin, etc.

秦 qín ㄑㄧㄣ ❶周代诸侯国名,在今陕西省和甘肃省一带 one of the Warring States during the Eastern Zhou period, comprising parts of modern Shaanxi and Ganxu ❷朝代名。秦始皇嬴政所建立(公元前 221－公元前 206 年),建都咸阳(在今陕西省咸阳东)。秦是我国历史上第一个统一的中央集权的封建王朝 the Qin Dynasty (221－206 B.C.), established by Ying Zheng, with Xianyang as its capital (now to the east of Xianyang in Shaanxi Province); the first centralized feudal empire in Chinese history ❸陕西省的别称 another

Q

name for Shaanxi Province

嗪 qín ㄑㄧㄣ 见 491 页"哌"字条"哌嗪(pàiqín)"See "pàiqín" under entry of pài, p. 491

溱 qín ㄑㄧㄣ [溱潼—tóng]地名,在江苏省泰州 a place in Taizhou, Jiangsu Province

㊀ zhēn 见 833 页 See p. 833

螓 qín ㄑㄧㄣ 古书上说的一种昆虫,像蝉比蝉小 a kind of cicada-like insect, but smaller, mentioned in ancient texts

覃 ㊁ qín ㄑㄧㄣ 姓 a surname

㊀ tán 见 630 页 See p. 630

禽 qín ㄑㄧㄣ ❶鸟类的总称 a term for birds in genreal;家～ jiāqín domestic fowl;poultry/飞～ fēiqín birds ❷〈古 arch.〉鸟兽的总称 a term for birds and beasts in general

擒 qín ㄑㄧㄣ 捕捉 capture;catch:～贼先～王 qín zéi xiān qín wáng To catch brigands, first catch their king.

噙 qín ㄑㄧㄣ 含在里面 hold in the mouth or the eyes:嘴里～了一口水 zuǐ li qínle yī kǒu shuǐ have a mouthful of water/眼里～着眼泪 yǎn li qínzhe yǎnlèi eyes brimming with tears

檎 qín ㄑㄧㄣ 见 407 页"林"字条"林檎"See "línqín" under entry of lín, p. 407

勤(❶**廑、❹*懃) qín ㄑㄧㄣ

❶做事尽力,不偷懒 industrious;hardworking:～快 qínkuai diligent;hardworking/～劳 qínláo diligent;industrious/～学苦练 qínxué-kǔliàn study diligently and train hard 〔同〕ext. 经常,次数多 frequent;regular:～洗澡 qín xǐzǎo take a bath regularly/夏天雨～ xiàtiān yǔ qín Rain is frequent in summer. /房子要～打扫 fángzi yào qín dǎsǎo The house needs regular cleaning. ❷按规定时间上班的工作(office, school, etc.) attendance:出～ chūqín turn out for work;be out on duty/缺～ quēqín absence from duty;absence from work/考～ kǎoqín check on work attendance [后勤 hòu—]1.军事组织在后方担任兵工、军需供给、医疗、运输等的任务 rear service;logistics 2.泛指总务工作 a general term for general affairs ❸勤务(public) duties;service:内～ nèiqín internal work;office work/外～ wàiqín work done outside the office or in the field ❹见 770 页"殷"字条"殷勤"See yīnqín under entry of "yīn", p. 770

"廑"又 jǐn 见 321 页"仅"Also "jǐn", see "jǐn", p. 321

槿 qín ㄑㄧㄣ 古书上指肉桂,参看 230 页"桂" Chinese cassia (bark) mentioned in ancient texts;see "guì", p. 230

锓 qín ㄑㄧㄣ 雕刻 carve;engrave:～版 qínbǎn plate making

寝(寢) qín ㄑㄧㄣ ❶睡觉 sleep;废～忘食 fèiqǐn-wàngshí (be so absorbed as to) forget about eating and sleeping ❷睡觉的地方 bedroom:就～ jiùqǐn go to bed/寿终正～ shòuzhōng-zhèngqǐn die in bed at an old age;die a natural death ❸停止进行 stop;cease:事～ shì qǐn The matter is over. ❹面貌难看 ugly-looking:貌～ mào qǐn ugly-looking;an ugly face

吢(**唫、**嗪) qìn ㄑㄧㄣ 猫狗呕吐 (of a cat or dog) vomit

沁 qìn ㄑㄧㄣ ❶渗入,浸润 soak into;permeate through:香气～人心脾 Xiāngqì qìnrén-xīnpí. The sweet smell gladdens the heart and refreshes the mind. ❷〈方 dial.〉纳入水中 put sth. into water ❸〈方 dial.〉头向下垂 let one's head droop downward;hang:～着头 qìnzhe tóu droop one's head ❹沁水,源出山西省沁源,东南流至河南省注入黄河 Qin River, originating in Qinyuan, Shanxi Province, flowing southeast into the Yellow River in Henan Province

撤(*捵) qìn ㄑㄧㄣ 〈方 dial.〉用手按 press; push down: ～电铃 qìn diànlíng press a doorbell

QING ㄑㄧㄥ

青 qīng ㄑㄧㄥ ❶颜色 colour: 1. 绿色 green: ～草 qīngcǎo green grass 2. 蓝色 blue: ～天 qīngtiān blue sky 3. 黑色 black: ～布 qīngbù black cloth/～线 qīngxiàn black thread ❷绿色的东西(多指绿苗、叶的庄稼、花草等) green things (mostly young crops, grasses and flowers, etc.): 看(kān)～ kānqīng visit the country in spring when grass has just turned green/～黄不接(陈粮已经吃完,新庄稼还没有成熟) qīnghuáng-bùjiē When the crop is still in the blade and the old stock is all consumed (fig. temporary shortage). ❸青年 young: 共～团 Gòngqīngtuán the Communist Youth League/老中～相结合 lǎo-zhōng-qīng xiāng jiéhé combination of the old, the middle-aged and the young

圊 qīng ㄑㄧㄥ 厕所 latrine: ～土 qīngtǔ manure / ～肥 qīngféi barnyard manure

清 qīng ㄑㄧㄥ ❶纯净透明,没有混杂的东西,跟"浊"相反 pure and clear; unmixed, antonym of "zhuó (muddy, dirty)": ～水 qīngshuǐ clear water/天朗气～ tiānlǎng-qìqīng clear sky and pure air (a fine day)⑨ ext. 1. 单纯地 imple: ～唱 qīngchàng sing opera arias without makup 2. 安静 quiet(⑱ comb. 一静—jìng quiet): 夜～ qīngyè stillness of night ❷明白,不

混乱 distinct; clear: 分～ fēnqīng distinguish/～楚 qīngchu clear; distinct/说不～ shuō bu qīng hard to explain ❸一点不留,净尽 clean away; eliminate: ～除 qīngchú eliminate; get rid of ❹清除不纯成分以纯洁组织 clean up; purge: ～党 qīngdǎng purge a political party; carry out a purge ❺查点(清楚)check up: ～仓 qīngcāng check up warehouses; make an inventory of warehouses ❻公正廉明 just and honest: ～官 qīngguān honest and upright official ❼朝代名(公元 1644—1911 年)。公元 1616 年,满族爱新觉罗·努尔哈赤建立后金。1636 年国号改为清。1644 年建都北京 the Qing Dynasty (A. D. 1644 — 1911), first named Houjin, established by Aixinjueluo Nuerhachi of the Man nationality, and later renamed Qing in 1636, the capital founded in Beijing in 1644.

蜻 qīng ㄑㄧㄥ [蜻蜓—tíng]昆虫名,俗叫"蚂螂"(mālang),胸部有翅两对,腹部细长,常在水边捕食蚊子等小飞虫,是益虫 dragonfly, a harmless insect, popularly called "mālang" with 2 pairs of large thin wings and a long thin body, living near rivers or pools, a kind of beneficial insect, feeding on mosquitoes and small winged insects

鲭 qīng ㄑㄧㄥ 鱼类的一科,身体呈梭形,头尖口大。如鲐(tái)鱼就属于鲭科 mackerel, a type of sea fish with rhombus-shaped body, pointed head and big mouth, such as chub mackerel (tái) of the mackerel family

轻(輕) qīng ㄑㄧㄥ ❶分量小,跟"重"相反 light; of little weight, antonym of "zhòng (heavy)": 这块木头很～ Zhè kuài mùtou hěn qīng. This piece of wood is of little weight. [轻工业—gōngyè]制造生活资料的工业,如纺织工业、食品工业等 light industry, such as textile industry and food industry ❷程度浅 slight；light：口～(味淡) kǒuqīng *light flavoured*；*not too salty*/～伤不下火线 qīngshāng bù xià huǒxiàn *not leave the frontline on account of minor wounds* ❸数量少 small in amount, number, degree, etc：年纪～ niánjì qīng *be very young*/他的工作很～Tā de gōngzuò hěn qīng. *He has a very light workload.* ❹用力小 gentle：注意～放 zhùyì qīngfàng *Be careful and handle gently.* /手～ 一点儿 shǒu qīng yīdiǎnr *handle with care* ❺认为没价值,不以为重要 belittle；make light of：～视 qīngshì *belittle*；*look down upon*/～敌 qīngdí *take the enemy lightly*；*underestimate the enemy*/人皆～之 rén jiē qīng zhī *Everybody looks down upon him.* ❻随便,不庄重 not serious：～薄 qīngbó (*usu. of a man towards a woman*) *given to philandering*；*frivolous*/～率 qīngshuài *rash*；*hasty*/～举妄动 qīngjǔ-wàngdòng *act rashly*；*take reckless action* [轻易－yì]随便 easily；rashly：他不～～下结论 Tā bù qīngyi xià jiélùn. *He does not make rash conclusions.*

氢(氫) qīng ㄑㄧㄥ 一种化学元素,在通常条件下为气体,符号 H,是现在所知道的元素中最轻的,无色、无味、无臭,跟氧化合成水。工业上用途很广 hydrogen, a chemical element, gaseous, colourless, odourless, the lightest of all known elements, and widely used in industry；symbol：H

倾 qīng ㄑㄧㄥ ❶歪,斜 incline；bend(龠 comb. －斜－xié *tilt*)：身体稍向前～shēntǐ shāo xiàngqián qīng *bend a little forward*；*lean a little forward* ❷倾向,趋向 deviation；tendency：～心 (一心向往,爱慕) qīngxīn *admire*；*adore* [左倾"zuǒ"－]思想较激进的或倾向革命的 progressive；inclined towards the revolu-

tion ["左"倾"zuǒ"－]超越革命发展的阶段,离开了当前大多数人的实践,离开了当前的现实性,在斗争中表现为冒险和盲动的 "left" deviation, a tendency to surpass the present phase of the revolutionary development, away from most people's practice and the reality, shown as adventurism and blind action in combats[右倾 yòu－]思想保守的或向反动势力妥协的 conservative；inclined to compromise with the reactionary forces ❸倒塌 collapse：～颓 qīngtuí *ruined* [倾轧－yà] 互相排挤 engage in internal strife；jostle against each other ❹使器物反转或歪斜,倒(dào)出里面的东西 over-turn and pour out；empty：～盆大雨 qīngpén-dàyǔ *heavy downpour*；*torrential rain*/～箱倒箧 qīngxiāng-dàoqiè *turn out all one's boxes and suitcases* (*fig.* give away all one has)⑨ ext. 尽数拿出,毫无保留 take out all one has；use up all one's resources：～吐 qīngtǔ *say what is in one's mind without reservation* [倾销－xiāo]指把商品减价大量出售 sell goods at a very low price；dump

卿 qīng ㄑㄧㄥ ❶古时高级官名 minister or a high official in ancient times：上 ～ shàngqīng *prime minister*/三公九 ～ sāngōng jiǔqīng *three dukes and nine ministers* (*fig.* imperial officials) ❷古代用做称呼,君称臣,夫称妻或夫妻对称 a form of address for a minister used by an emperor；a term of endearment used between husband and wife in ancient times

勍 qīng ㄑㄧㄥ 强 powerful；strong：～敌 qíngdí *powerful enemy*

黥(＊＊**剠)** qīng ㄑㄧㄥ 古代在犯人脸上刺刻涂墨的刑罚。也叫"墨刑" tattoo the face with blacking colour as a kind of punishment in ancient times；also called "mòxíng"

情 qíng ㄑㄧㄥˊ ❶感情,情绪,外界事物所引起的爱、憎、愉快、不愉快、惧怕等的心理状态 feeling, a consciousness of something in the outside world felt in the mind such as love, hatred, happiness, displeasure and fear, etc. ❷爱情 love; passion; 谈说爱 tánqíng-shuō'ài talk love ❸情面,情分 favour; kindness; 说～ shuōqíng plead for mercy for sb.; intercede for sb. /求～qiúqíng plead; beg for leniency ❹状况 situation; circumstances; 实～shíqíng actual situation; truth /真～ zhēnqíng real situation; truth /军～ jūnqíng military situation; war situation [情报－bào]关于各种情况的报告 intelligence; information [情况 －kuàng]事在进行中的状况 circumstances; situation; state of affairs; 报告大会～～bàogào dàhuì qíngkuàng report the state of affairs of the conference [情形－xíng]事物的情况和形势 circumstances; condition; 根据实际～～逐步解决 gēnjù shíjì qíngxíng zhúbù jiějué solve the problem step by step according to the actual situation

晴 qíng ㄑㄧㄥˊ 天空中没有云或云量很少,跟"阴"相反 fine; clear, antonym of "yīn (dark, gloomy)"; 天～天 qíngtiān fine day; sunny day /天～了 Tiān qíng le. It's clearing up.

睛 qíng ㄑㄧㄥˊ 承受财产等 get; receive (property, etc.)(逾comb. －受 －shòu receive)

氰 qíng ㄑㄧㄥˊ 一种碳与氮的化合物,分子式(CN)₂,无色的气体,有杏仁味。性很毒,燃烧时发红紫色火焰 cyanogen, a chemical compound of nitrogen and carbon, in the form of a colourless and poisonous gas with an almond smell, giving off reddish-purple flames when burned; molecular formula: $(CN)_2$

檠(****橄**) qíng ㄑㄧㄥˊ ❶灯架。也指灯 lamp stand; lamp ❷矫正弓弩的器具 device for holding cross bow in position

擎 qíng ㄑㄧㄥˊ 向上托,举 prop up; hold up; ～天柱 qíngtiānzhù a man in a responsible position; mainstay; 众～易举 zhòngqíng-yìjǔ Many hands make light work.

苘(****檾**、****蕷**) qǐng ㄑㄧㄥˇ 苘麻,一年生草本植物,茎直立,开黄花,茎皮的纤维可以做绳子 piemarker (Abutilon avicennae), an annual herb with straight stem, yellow flowers, fiber used to make ropes

顷 qǐng ㄑㄧㄥˇ ❶土地面积单位,1顷等于100亩 a traditional unit for measuring land area, equal to 100 mu ❷短时间 a little while; 有～ yǒuqǐng for a little while /俄～即去 éqíng jí qù I'll go there in a moment. /～刻之间大雨倾盆 qǐngkè zhī jiān dàyǔ qīngpén It poured down in no time. 圆 ext. 刚才,不久以前 just; just now; ～闻 qǐng wén I have just heard of it. /～接来信 qǐng jiē láixìn I have just received your letter.

〈古 arch.〉又同"倾(qīng)" Also same as "倾(qīng)".

颀(****膏**) qǐng ㄑㄧㄥˇ 小厅堂 small hall

请 qǐng ㄑㄧㄥˇ ❶求 request; ask(逾 comb. －求 －qiú ask); ～假 qǐngjià ask for leave/～示 qǐngshì ask for instructions 敬辞(放在动词前面)(used before a verb) please; ～坐 qǐngzuò please be seated/～教 qǐngjiào ask for advice; consult/～问 qǐngwèn excuse me; please/～进来 qǐng jìnlai please come in ❷延聘,邀约人来 invite; engage; ～医生 qǐng yīshēng send for a doctor/～专家作报告 qǐng zhuānjiā zuò bàogào invite an expert to deliver a speech

謦 qǐng ㄑㄧㄥˇ 咳嗽 cough [謦欬－kài]指谈笑 make light conversation; 亲聆～～ qīn líng qǐngkài go in person to listen to sb's chat

庆(慶) qìng ㄑㄧㄥˋ ❶祝贺 congratulate; celebrate (④comb. －贺－hè *celebrate*)：～功大会 qìnggōng dàhuì *victory meeting*/～祝五一劳动节 qìngzhù Wǔ-yī Láodòngjié *celebrate the Labour Day* ❷可祝贺的事 occasion for celebration：国～ Guóqìng *National Day*/大～ dàqìng *great occasion; grand celebration of an important event*

亲(親) ⊖ qìng ㄑㄧㄥˋ [亲家－jia]夫妻双方的父母彼此的关系或称呼 relationship between or a form of address used by the parents of both the husband and wife
⊖ qīn 见 535 页 See p. 535

箐 qìng ㄑㄧㄥˋ〈方 dial.〉山间的大竹林,泛指树木丛生的山谷 bamboo forest in the mountains, also referring to valleys of thickset wood in general

綮 qìng ㄑㄧㄥˋ 相结合的地方。(参看 358 页"肯❷[肯綮]")(bone) joints (See kěn [kěnqìng], p. 358)

磬 qìng ㄑㄧㄥˋ ❶古代打击乐器,用玉或石做成,悬在架上,形略如曲尺 an ancient percussion instrument, made of stone or jade, hung on a shelf, shaped like carpenter's square ❷和尚敲的铜铁铸的钵状物 a bowl-shaped instrument made of copper or iron, used by monks

罄 qìng ㄑㄧㄥˋ 器皿已空,尽,用尽 use up; exhaust；告～ gàoqìng *run out; be exhausted*/售～ shòuqìng *be sold out*/～竹难书(诉说不完,多指罪恶)qìngzhú-nánshū *(of crimes)too numerous to record*

QIONG ㄑㄩㄥ

邛 qióng ㄑㄩㄥˊ [邛崃－lái]山名,在四川省。也叫"崃山"a mountain, also called Laishan Mountain, in Sichuan Province

筇 qióng ㄑㄩㄥˊ 古书上说的一种竹子,可以做手杖 a kind of bamboo mentioned in ancient texts, used as walking sticks

穷(窮) qióng ㄑㄩㄥˊ ❶缺乏财物 poor; poverty-stricken(④comb. 贫 － pín － *poor*)：～人 qióngrén *the poor people*/他过去很～ Tā guòqù hěn qióng. *He used to be very poor.* ❷环境恶劣,没有出路 in a bad situation without any way out：～愁 qióngchóu *poverty-stricken and woeful*/～困 qióngkùn *in straitened circumstances* ❸达到极点 extreme：～凶极恶 qióngxiōng-jí'è *extremely vicious; utterly evil* ❹尽,完 end; finished：理屈辞～ lǐqū-cíqióng *fall silent on finding oneself be bested in argument; be unable to advance any further arguments to justify oneself*/无～无尽 wúqióng-wújìn *endless; boundless*/日暮途～rìmù-túqióng *The day is waning and the road is ending (fig. One is approaching the end of his days.)* ❺推究到极点 study thoroughly：～物之理 qióng wù zhī lǐ *study the cause of sth thoroughly*

劳(藭) qióng ㄑㄩㄥˊ 见 723 页"芎"字条"芎劳(xiōngqióng)" See "xiōngqióng" under entry of "xiōng", p. 723

茕(煢、＊＊惸) qióng ㄑㄩㄥˊ ❶没有弟兄,孤独 without brothers; alone ❷忧愁 sorrow

穹 qióng ㄑㄩㄥˊ 高起成拱形的,隆起 vault; dome：～苍(苍天)qióngcāng *the vault of heaven; the sky*

琼(瓊) qióng ㄑㄩㄥˊ 美玉 fine jade ⑩ fig. 美好,精美 beautiful; fine：～浆（美酒）qióngjiāng *good wine; jade-like wine*

蛩 qióng ㄑㄩㄥˊ〈古 arch.〉❶蟋蟀 cricket ❷蝗虫 locust

踅 qióng ㄑㄩㄥˊ 脚踏地的声音(of footsteps) pattering：足音～然 zúyīn-qióngrán *pattering footsteps*

銎 qióng ㄑㄩㄥˊ 斧子上安柄的孔 the hole in the head of an axe where the handle is fixed

QIU ㄑㄧㄡ

丘(③*坵) qiū ㄑㄧㄡ ❶土山 mound; hillock；土～ tǔqiū *mound*/～陵地带 qiūlíng dìdài *hilly country; hilly land* ❷坟墓 grave(⨭comb. —墓—mù *grave*) ❸〈方 dial.〉量词，用于水田分隔开的块 *meas.* for plot (of paddy field)：一～五亩大的稻田 yī qiū wǔ mǔ dà de dàotián *a plot of five-mu paddy field* ❹用砖石封闭有尸体的棺材，浮厝(cuò)place a coffin in a temporary shelter pending burial

邱 qiū ㄑㄧㄡ ❶同"丘❶"same as "丘❶". ❷姓。古也作"丘"a surname; Also written as "丘" in ancient times

蚯 qiū ㄑㄧㄡ [蚯蚓—yǐn]一种生长在土里的虫子，身体由许多环节构成。它能翻松土壤，对农作物有益。也省称"蚓"earthworm, a kind of a segmented long thin worm, living in the soil and making it loose, and so good to crops; also shortened as yǐn

龟(龜) ㊀qiū ㄑㄧㄡ [龟兹—cí]汉代西域国名，在今新疆维吾尔自治区库车一带 in the Han Dynasty, name of a state in Xiyu (the Western Regions), in cluding today's Kuju, Xinjiang Uygur Autonomous Region
　㊁guī 见 228 页 See p. 228
　㊂jūn 见 345 页 See p. 345

秋(❺鞦、❶-❹*秌) qiū ㄑㄧㄡ ❶四季中的第三季 autumn; fall[三秋 sān—]1.指秋收、秋耕、秋播 autumn harvesting, autumn ploughing and autumn sowing 2.指三年 a period of three years ❷庄稼成熟的时期 harvest time：麦～ màiqiū *wheat harvest season* ❸年 year：千～万岁 qiānqiū-wànsuì *live for centuries* ❹指某个时期(多指不好的)a period of (usu. troubled) time：多事之～ duōshì-zhīqiū *troubled times; an eventful year (or period)* ❺[秋千—qiān](鞦韆运动和游戏用具，架子上系(jì)两根长绳，绳端拴一块板，人在板上前后摆动 swing, a kind of sports and entertainment equipment, having a seat hung on ropes from a supporting frame, on which one can sit and swing backwards and forwards

萩 qiū ㄑㄧㄡ 古书上说的一种蒿类植物 a wormwood-type plant mentioned in ancient texts

湫 ㊀qiū ㄑㄧㄡ 水池 pond; pool [大龙湫 Dàlóng—]瀑布名，在浙江省北雁荡山 name of a waterfall in the Northern Yandang Mountain, Zhejiang Province
　㊁jiǎo 见 311 页 See p. 311

楸 qiū ㄑㄧㄡ 落叶乔木，干高叶大，夏天开花，木材质地致密，耐湿，可造船，也可做器具 Chinese catalpa, a kind of tall tree with big leaves, blooming in summer, having compact and damp-resisting xylem, used in making boats or utensils

鹙 qiū ㄑㄧㄡ 秃鹙，古书上说的一种水鸟，头颈上没有毛，性贪暴，好吃蛇 a kind of cruel and bald-headed water bird mentioned in ancient texts, feeding on snakes

鳅 qiū ㄑㄧㄡ 泥鳅，一种鱼，口小，有须，体圆，尾侧扁，背青黑色，皮上有粘液，常钻在泥里，肉可吃 loach, a fresh-water fish with small barbeled mouth, round body and flat tail, greenish black on the back and glutinous on the skin, living in mud; edible

Q

鳅 qiū ㄑㄧㄡ 同"鳅" Same as "鳅".

鞧(＊＊鞦) qiū ㄑㄧㄡ ❶后鞧,套车时拴在驾辕牲口屁股上的皮带子 crupper, a leather belt passing under a horse's tail and fastened to the saddle ❷〈方 dial.〉收缩 contract; draw back: 大辕马～着屁股向后退 Dà yuánmǎ qiūzhe pìgu xiànghòu tuì. The big shaft-horse drew back its bottom and moved back.

仇 ㊀Qiú ㄑㄧㄡ 姓 a surname
㊁chóu 见 84 页 See p. 84

犰 qiú ㄑㄧㄡ [犰狳－yú] 一种哺乳动物,头尾及胸部都有鳞片,腹部有毛,穴居土中,吃杂食,产于南美洲等地,肉可吃,鳞甲可制提篮等 armadillo, a kind of omnivorous burrowing mammals native to the warm parts of South Americas, covered in hard bands of bone-like shell in the head and chest, hairy on the stomach, meat edible and shells used in making baskets, etc.

巯 qiú ㄑㄧㄡ 逼迫 force; compel

囚 qiú ㄑㄧㄡ ❶拘禁 imprison ❷被拘禁的人 prisoner; convict

泅 qiú ㄑㄧㄡ 游泳 swim

求 qiú ㄑㄧㄡ ❶设法得到 try to get; seek: 不～名 bù qiú míng not seek fame/ 不～利 bù qiú lì not seek gain/ 供～相应 gōngqiú xiāngyìng balance between supply and demand / ～学 qiúxué go to school; attend school/ 出百分比 qiúchu bǎifēnbǐ work out the percentage ❷恳请,乞助 beg; request: ～教 qiújiào ask for advice/～人 qiúrén ask sb. for help

俅 qiú ㄑㄧㄡ ❶恭顺的样子(叠 redup.) courteous and obedient ❷俅人,我国少数民族"独龙族"的旧称 an early name for the Dulong Nationality, an ethnic minority in China

逑 qiú ㄑㄧㄡ 匹配,配偶 match; spouse

球(❷＊毬) qiú ㄑㄧㄡ (一儿一r)❶圆形的立体物 sphere; globe: ～体 qiútǐ spheroid ❷指某些球形的体育用品 balls used in sports or games: 足～zúqiú football/ 乒乓～儿 pīngpāngqiúr table-tennis ball ❸指地球,也泛指星体本体或天体 earth or heavenly bodies in general: 全～quánqiú throughout the world/ 北半～ běibànqiú the Northern Hemisphere / 星～ xīngqiú star /月～ yuèqiú the moon

赇 qiú ㄑㄧㄡ 贿赂 bribe

裘 qiú ㄑㄧㄡ 皮衣 fur coat: 集腋成～(比喻积少成多) jíyè-chéngqiú The finest fragments of fox fur, sewn together, will make a robe (meaning Many a little makes a mickle).

虬(＊虯) qiú ㄑㄧㄡ 虬龙,传说中的一种龙 a legendary small dragon with horns

酋 qiú ㄑㄧㄡ ❶酋长,部落的首领 chief of a tribe ❷(盗匪、侵略者的)头子 chieftain (of bandits, invaders, etc.): 匪～ fěiqiú chieftain of bandits/ 敌～ díqiú chieftain of the enemy

遒 qiú ㄑㄧㄡ 健,有力 powerful; forceful(⑲ comb. 一劲 一jìn、一健 一jiàn powerful)

蝤 ㊀qiú ㄑㄧㄡ [蝤蛴－qí](一蛴)金龟子的幼虫,身长足短,白色 larva of scarab, white, with long body and short feet
㊁yóu 见 784 页 See p. 784

巯(巰) qiú ㄑㄧㄡ 有机化合物中含硫和氢的基,通式为 一SH mercapto, containing the monovalent radical SH in any organic chemical compound, general formular: 一SH

璆 qiú ㄑㄧㄡˊ 美玉 fine jade

糗 qiǔ ㄑㄧㄡˇ ❶干粮,炒米粉或炒面 solid food, such as parched rice flour or parched flour ❷饭或面食粘(zhān)连成块状或糊状 rice or flour noodle become lump or paste

QU ㄑㄩ

区(區) ⊖ qū ㄑㄩ ❶分别 distinguish; classify (叠 comb. —别—bié, —分—fēn distinguish) ❷地域 area; region; district: 工业～ gōngyèqū industrial region/ 开发～ kāifāqū development zone/自然保护～ zìrán bǎohùqū natural preservation zone ❸行政区划单位,有跟省平行的自治区和比市低一级的市辖区等 administrative division, such as autonomous region (parallel to province) and district within a city, etc.

[区区——]小,细微 trivial; trifling
⊜ ōu 见 487 页 See p. 487

岖(嶇) qū ㄑㄩ [崎岖 qí—]山路不平 (of mountain path) rugged

驱(驅、敺) qū ㄑㄩ ❶赶牲口 drive beasts of burden: ～马前进 qū mǎ qiánjìn drive a horse and go forward 引 ext. 赶走 drive out (叠 comb. —逐—zhú expel): ～逐出境 qūzhú chūjìng deport; expel [驱使—shǐ]差遣,支使别人为自己奔走 order about ❷快跑 run quickly (叠 comb. 驰—chí—gallop): 前～ qiánqū forerunner/并驾齐～ bìngjià-qíqū run neck and neck; keep abreast of one another

躯(軀) qū ㄑㄩ 身体 human body (叠 comb. 身—shēn—body): 七尺之～ qī chǐ zhī qū the human adult body/为国捐～ wèi guó juānqū lay down one's life for one's country

曲(❹麯、❹△*麴) ⊖ qū ㄑㄩ ❶弯,跟"直"相反 bent; curved, antonym of zhi (straight) (叠 comb. 弯—wān—winding): ～线 qūxiàn curve / ～径通幽 qūjìng-tōngyōu A winding path leads to a quiet seclusion./山间小路～弯弯 Shānjiān xiǎolù qūqu-wānwān. There are winding footpaths among the mountain. 喻 fig. 不公正,不合理 unjustifiable; unreasonable: ～解 qūjiě misinterpret/ 是非—直 shìfēi-qūzhí rights and wrongs; truth and falsehood ❷弯曲的地方 bend: 河～ héqū bend of a river ❸偏的地方 out-of-the-way place: 乡～ xiāngqū remote countryside ❹酿酒或制酱时引起发酵的块状物,用某种霉菌和大麦、大豆、麸皮等制成 leaven, a substance, esp. yeast, added to flour and water to make it swell in making wine and jam: 酒～ jiǔqū distiller's yeast /中发酵饲料 zhōngqū fājiào sìliào fermented feed by Chinese leaven ❺姓 a surname
⊜ qǔ 见 545 页 See p. 545 "麴"又见 544 页"麴" Also see qū, p. 544

蛐 qū ㄑㄩ ❶[蛐蛐儿—qur] 蟋蟀 cricket ❷[蛐蟮—shàn] 蚯蚓 earthworm

诎 qū ㄑㄩ ❶短缩 shorten ❷嘴笨 clumsy of speech ❸屈服,折服 subdue; yield

屈 qū ㄑㄩ ❶使弯曲,跟"伸"相反 bend; bow, antonym of shēn (stretch): ～指可数 qūzhǐ-kěshǔ can be counted on one's fingers (fig. very few) [屈戌—xū][屈戌儿—qur] 门窗箱柜等上面两个脚的小环儿,多用来挂锁、钉锦等 small metal ring on a door, window, chest, box, etc., used for hanging lock and hasp, etc. ❷低头,屈服 subdue; submit: 威武不能～ wēiwǔ bù néng qū not to be subduced by force / 宁死不~ nìngsǐ-búqū rather die than surrender ❸委屈 wrong；injustice：受~ shòuqū be wronged ⑤ ext. 冤枉 wrong；treat unjustly（⑮ comb. 冤— yuān—wrong）：叫~ jiàoqū complain of being wronged；protest against an injustice

胠 qū ㄑㄩ ❶从旁边撬开 pry open：~箧（偷东西）qūqiè pry open a suitcase（steal）❷腋下 side from waist to arm pit

祛 qū ㄑㄩ 除去，驱逐 dispel；drive away：~疑 qūyí remove suspicion or doubts /~暑 qūshǔ drive away summer heat /~痰剂 qūtánjì expectorant

袪 qū ㄑㄩ ❶袖口 sleeves ❷同"祛"Same as"祛".

蛆 qū ㄑㄩ 苍蝇的幼虫，白色，身体柔软，有环节，多生在不洁净的地方 maggot，larva of fly，white and soft-body with segments，living in dirty places

焌 ㊀ qū ㄑㄩ ❶把燃烧着的东西弄灭 extinguish a burning object ❷用不带火苗的火烧烫 bake ❸烹饪法，在热锅里加油，油热后先放作料，然后放菜 a cooking method of heating oil in a pot first，then putting in seasoning and vegetables：~锅儿 qūguōr heat oil in a pot

㊁ jùn 见 346 页 See p. 346

駿 qū ㄑㄩ 形容黑 black；dark：~黑的头发 qūhēi de tóufa black hair / 屋子里黑~~的什么也看不见 Wūzi li hēiqūqū de shénme yě kàn bu jiàn. It is pitch-dark in the room；you cannot see anything.

趋（趨） qū ㄑㄩ ❶快走 hasten；hurry along：~而迎之 qū ér yíng zhī hasten forward to meet him ❷情势向着某方面发展、进行 tend towards；tend to become：~势 qūshì trend；tendency / 大势所~ dàshìsuǒqū trend of the times；general

trend / 意见~于一致 yìjian qū yú yīzhì Their views tend to be identical. or They are reaching unanimity. ❸鹅或蛇伸头咬人（of a goose or snake）pop the head and bite people

〈古 arch.〉又同"促（cù）"Also same as"促（cù）".

麹（麴） qū ㄑㄩ ❶同"曲㊀❹"Same as"曲㊀❹" ❷姓 a surname

劬 qú ㄑㄩ 劳累 fatigued（⑮ comb. —劳 —láo fatigued；overworked）

朐 qú ㄑㄩ [临朐 Lín—]地名，在山东省 a place in Shandong Province

鸲 qú ㄑㄩ 鸟名，身体小，尾巴长，嘴短而尖，羽毛美丽 Aethiopsar cristatellus，a kind of small bird with long tail，short and pointed mouth，and beautiful feather [鸲鹆—yù]鸟名，又叫"八哥儿"，全身黑色，头及背部微呈绿色光泽，能模仿人说话 myna，also called "bāger"，a bird with somewhat green head and back，able to learn to talk

麝 qú ㄑㄩ [麝麝 shè—]又叫"麝香鼠"。食虫动物，通常误认为鼠类。雄的有分泌芳香物质的腺体，生活在近水的地方。皮毛珍贵 muskrat，also called "shèxiāngshǔ，often mistaken for rat-family member，living by waterside and having valuable fur；the male having musk gland

渠（❸＊＊佢） qú ㄑㄩ ❶水道。特指人工开的河道，水沟 canal；channel. esp. man-made canal or ditch：红旗~ Hóngqí Qú The Red Flag Canal. / 沟~ gōuqú irrigation canals and ditches / 水到~成 shuǐdào-qúchéng Where water flows，a channel is formed. or When conditions are ripe，success will come. ❷大 big；great：~帅 qúshuài leader（esp. a rebel leader）/ ~魁 qúkuí rebel leader ❸他 he；不知~为何人 Bùzhī qú wéi hé rén. *I don't know who he is.*

蕖 qú ⟨ㄩˊ 见 181 页"芙"字条"芙蕖" See "fúqú" under entry of "fú", p.181

磲 qú ⟨ㄩˊ 见 72 页"砗"字条"砗磲" (chēqú)See "chēqú" under entry of "chē", p.72

璖 qú ⟨ㄩˊ 〈古 arch.〉耳环 earrings

蘧 qú ⟨ㄩˊ ❶[蘧麦—mài]多年生草本植物，叶子对生，狭披针形，夏季开淡红或白花，可供观赏。全草入药 a perennial herb with paired and needle-edged leaves，light-red or white flowers in summer，for ornaments；used in making medicine ❷[蘧然— rán]惊喜的样子 pleasantly surprised ❸姓 a surname

蕖 qú ⟨ㄩˊ [蕖篨—chú]古代指用竹子或苇子编的粗席 coarse mat made of bamboo or weed，used in ancient times

瞿 qú ⟨ㄩˊ 姓 a surname

氍 qú ⟨ㄩˊ [氍毹—shū]毛织的地毯。古代演剧多在地毯上，因此以氍毹代表舞台 woollen carpet；stage，which is carpeted and where play is performed in ancient times

臞 qú ⟨ㄩˊ 同"癯"Same as "癯(thin)".

癯 qú ⟨ㄩˊ 瘦 thin；清~ qīngqú thin；lean

衢 qú ⟨ㄩˊ 大路，四通八达的道路 broad road；thoroughfare：通~ tōngqú thoroughfare

蠷(**蠷) qú ⟨ㄩˊ [蠷螋—sōu]昆虫名。黑褐色，体扁平狭长，腹端有铗状尾须一对，生活在潮湿地方，危害家蚕等 ear-wig, a type of insect with dark long flat body and two curved toothlike parts on its tail，living in damp places，harmful to silkworms

曲 ㊀ qǔ ⟨ㄩˇ （—子—zi、—儿—r）❶歌，能唱的文词 song；verse for singing (㊀comb. 歌—gē— song)：戏～ xìqǔ *traditional opera*/ 小～儿 xiǎoqǔr *ditty*；*popular tune*/唱～儿 chàngqǔr *sing a song* ❷歌的乐调 (yuèdiào)music of a song：这支歌是他作的～ Zhè zhī gēr shì tā zuò de qǔ. *The music of this song is composed by him.*
㊁ qū 见 543 页 See p.543

苣 ㊀ qǔ ⟨ㄩˇ [苣荬菜—maicài]多年生草本植物，花黄色。茎叶嫩时可以吃 endive, a perennial herb with yellow flowers，leaves and stems edible when young
㊁ jù 见 338 页 See p.338

取 qǔ ⟨ㄩˇ ❶拿 take；get；fetch：～书 qǔ shū *take a book*/ 到银行～ 款 dào yínháng qǔ kuǎn *go and draw some money from a bank* [取消—xiāo]废除，撤消 cancel；call off；abolish ❷从中拿出合乎需要的 take out what is needed from among a group of things 1.挑选 choose；select：录～ lùqǔ *enroll*；*recruit*/一个小名儿 qǔ ge xiǎomíngr *choose a childhood name for*/～道天津 qǔdào Tiānjīn *go by way of Tianjin* 2.寻求 seek：～暖 qǔnuǎn *warm oneself* (by a fire，etc.)/ ～笑(开玩笑)qǔxiào (kāi wánxiào) *ridicule*；*make fun of* (play a joke on sb.) 3.接受，采用 accept；adopt：听～群众的意见 tīngqǔ qúnzhòng de yìjiàn *heed the opinions of the masses*/ 吸～经验 xīqǔ jīngyàn *draw experience* ❸依照一定的根据或条件做 do sth on certain condition or according to certain principle：～决 qǔjué *be decided by*；*depend on*/ ～齐 qǔqí *make even*；*even up*

娶 qǔ ⟨ㄩˇ 把女子接过来成亲 marry a woman：～妻 qǔqī *take a wife*

龋 qǔ ㄑㄩˇ [龋齿—chǐ]因口腔不清洁,食物渣滓发酵,产生酸类,侵蚀牙齿的釉质而形成空洞。这样的牙齿叫做龋齿。俗叫"虫牙"或"虫吃牙" dental caries, decay of the teeth through the erosion of tooth-enamel caused by the acid in fermented fragments of food in the mouth; popularly called "chóngyá" or "chóngchīyá (carious tooth)"

去 qù ㄑㄩˋ ❶离开所在的地方到别处,由自己一方到另一方,跟'来'相反 go, antonym of "lái(come)": 我要～工厂 Wǒ yào qù gōngchǎng. *I'm going to the factory.* /马上就～ mǎshàng jiù qù *go at once*/ 给他一封信给他去封信 gěi tā qù fēng xìn *send him a letter*/ 已经～了一个电报 yǐjing qùle yī ge diànbào *A telegram has already been sent to him.* ❷距离,差别 be apart from in space or time: 相～不远 xiāngqù bù yuǎn *The two places are not far apart.* ❸已过的。特指刚过去的一年 past. esp. the year that has just elapsed: ～年 qùnián *last year* ❹除掉,减掉 remove; get rid of: ～皮 qùpí *peel (it)*/ ～病 qùbìng *cure a disease*/太长了,～一段 tài cháng le, qù yī duàn *It's too long; shorten it by a paragraph (part).* ❺扮演(戏曲里角色) play (a part or character in a play). ❻在动词后,表示趋向 used after a verb of motion, indicating the tendency of motion away from the speaker: 上～ shàngqu *go up*/进～ jìnqu *go into* ❼在动词后,表示持续 used after a verb indicating continuation: 信步走～ xìnbù zǒuqu *walk on and on aimlessly*/让他说～ Ràng tā shuōqu. *Let him talk as he likes.* ❽去声,汉语四声之一。普通话去声的调子是下降的,符号作"ˋ" the falling tone, one of the four tones in modern Chinese pronunciation; symbol: "ˋ"

阒 qù ㄑㄩˋ 形容寂静 quiet; still: ～无一人 qù wú yī rén *All is quiet and not a soul is to be seen.*

趣 qù ㄑㄩˋ ❶意向 bent; inclination: 旨～ zhǐqù *purport; main objective*/志～ zhìqù *inclination; aspiration and interest* ❷兴味,使人感到愉快 interest; delight; interesting: 有～ yǒuqù *interesting*/ ～味 qùwèi *interest*/ ～事 qùshì *an interesting episode; an amusing incident*/ 讨没～(自寻不愉快、没意思)tǎo méiqù *court a rebuff; ask for a snub*

〈古 arch.〉又同"促(cù)" Also same as "促(cù)".

觑(**覷、**覰)qù ㄑㄩˋ 看,窥探 look; gaze: 偷～tōuqù *steal a look at*/ 面面相～ miànmiàn-xiāngqù *look at each other in blank dismay; gaze at each other in speechless despair* [小觑 xiǎo—]小看,轻视 look down upon; contempt

QUAN ㄑㄩㄢ

悛 quān ㄑㄩㄢ 悔改 repent; make amends: 怙(hù)恶不～(坚持作恶,不肯悔改)hù'è-bùquān *be steeped in evil and refuse to repent*

圈 ㊀ quān ㄑㄩㄢ ❶(一子—zi、一儿—r)环形,环形的东西 circle; ring: 画一个～儿 huà yī ge quānr *draw a circle*/铁～ tiěquān *iron ring* ㊂ext. 1. 周,周遭 circumference; circuit: 跑了一～儿 pǎole yī quānr *run in a circular course; go for a short run*/ 兜了个大～子 dōule ge dà quānzi *go around in a big circle (fig. beat around the bush)* 2. 范围 scope; range: 这话说得出～儿了 Zhè huà shuō de chū quānr le. *These words are out of the range of the topic.* ❷画环形 mark with a circle: ～个红圈作记号 quān ge hóngquānr zuò jìhao *Mark it with a red circle.* ❸包围 enclose; encircle: 打一道墙把这块地

起来 Dǎ yī dào qiáng bǎ zhè kuài dì quān qilai. *build a wall and enclose this place*

㊁ juàn 见 341 页 See p. 341

㊂ juān 见 340 页 See p. 340

棬 quān ㄑㄩㄢ 曲木制成的饮器 drinking utensil made of bending wood

权（權） quán ㄑㄩㄢ ❶权力，权柄，职责范围内支配和指挥的力量 power；authority：政～ zhèngquán *political power*；*state power*；*regime*/有～处理这件事 yǒu quán chǔlǐ zhè jiàn shì *be entitled to deal with this matter* ❷权利 right：选举～ xuǎnjǔquán *right to vote* ❸势力，有利形势 an advantageous position：主动～ zhǔdòngquán *initiative*/制海～ zhìhǎiquán *mastery of the sea；command of the sea* ❹变通，不依常规 flexibly；adapting to circumstances：～且如此 quánqiě rúcǐ *It is like that for the time being.* ❺衡量，估计 weigh；estimate：～其轻重 quán qí qīngzhòng *weigh the relative importance of two or more things* ❻〈古 arch.〉秤锤 sliding weight of a steelyard

全 quán ㄑㄩㄢ ❶完备，齐备，完整，不缺少 complete（㊧comb. 齐～ qí— *complete*）：百货公司的货很～ Bǎihuò gōngsī de huò hěn quán. *The department store has a wide assortment of goods.*/这部书不～了 Zhè bù shū bù quán le. *This book is not complete.* ❷整个，遍 whole；entire：～国 quánguó *the whole country*/～校 quánxiào *the whole school*/～力以赴 quānlì yǐ fù *spare not effort*［全面—miàn］顾到各方面的，不片面 comprehensive：～～规划 quánmiàn guīhuà *overall planning*/看问题要～～ kàn wèntí yào quánmiàn *One should look at problems all-sidedly.* ❸保全，成全，使不受损伤 make complete；keep intact：两～其美 liǎng-

quánqíměi *satisfy both sides；satisfy rival claims* ❹都 all：代表们～来了 Dàibiǎomen quán lái le. *All the representatives are here.*

佺 quán ㄑㄩㄢ 用于人名 used in people's names

诠 quán ㄑㄩㄢ ❶解释 annotate（㊧comb. ～释 — shì *give explanatory notes*）❷事物的理 truth：真～ zhēnquán *truth*

荃 quán ㄑㄩㄢ 古书上说的一种香草 a fragrant herb mentioned in ancient texts

轻 quán ㄑㄩㄢ ❶没有辐的车轮 spokeless wheel ❷浅薄 shallow；superficial：～才 quáncái *Jack of all trades.*

牷 quán ㄑㄩㄢ 古指供祭祀用的纯色毛的或体壮的牛 a cattle of pure colour or a strong cattle used as a sacrifice in sacrificial rites in ancient times

铨 quán ㄑㄩㄢ ❶衡量轻重 weigh；measure ❷旧日称量才授官，选拔官吏 select officials by the standard of talent in early times：～选 quánxuǎn *select official*［铨叙—xù］旧日称议定官吏的等级 examine the records and qualifications of officials and decide their grades in early times

痊 quán ㄑㄩㄢ 病好了，恢复健康 fully recover from an illness（㊧comb. ～愈 — yù *be fully recovered*）

筌 quán ㄑㄩㄢ 捕鱼的竹器 a bamboo fish trap：得鱼忘～（喻达到目的后就忘了原来的凭借）déyúwàngquán *forget the trap as soon as the fish is caught*（fig. forget the things or conditions which bring one success）

醛 quán ㄑㄩㄢ 有机化合物的一类，通式 R—CHO。醛类中的乙醛（CH_3—CHO），省称"醛"，医药上用来做催眠、镇痛剂 aldehydes, a class of organic chemical compounds with the

Q

formula R—CHO. Acetaldehyde (CH₃—CHO),a member of the class, is used as hypnotic or analgesia in medicine

泉 quán ㄑㄩㄢˊ ❶泉水 spring：清～ qīngquán *clear spring*/ 甘～ gānquán *sweet spring water* ❷水源 mouth of a spring（龜 comb. －源 yuán *springhead*）[黄泉 huáng－]﹝九泉 jiǔ－﹞称人死后所在的地方 the nether world ❸钱币的古称 a term for coin in ancient times

鳈 quán ㄑㄩㄢˊ 鱼名。体长半尺左右，深棕色，有斑纹，口小，生活在淡水中，肉可吃 a kind of striped dark-brown fish about half-*chi* long with a small mouth, living in fresh water, edible

拳 quán ㄑㄩㄢˊ ❶（拳头－tou）屈指卷握起来的手 fist：双手握～ shuāng shǒu wò quán *clench one's fists* ❷拳术，一种徒手的武术 Chinese boxing：打～ dǎquán *practise boxing*/ 太极～ Tàijíquán *Taijiquan*; *shadow boxing* ❸肢体弯曲 curl; bend：～起腿来 quánqi tuǐ lai *curl up one's legs* [拳拳－－]形容恳切 sincere：情意～ qíngyì quánquán *sincere affection*

惓 quán ㄑㄩㄢˊ [惓惓－－]恳挚，也作"拳拳 quánquán" sincere：～之忱 quánquán zhī chén *sincere intention*; sincerity

蜷（****踡**） quán ㄑㄩㄢˊ 身体弯曲（of human body）curl up; huddle up [蜷局－jú] 拳曲不伸展 curl; coil

鬈 quán ㄑㄩㄢˊ ❶头发美好（of hair）beautiful ❷头发卷曲（of hair）curly; wavy

颧 quán ㄑㄩㄢˊ 颧骨，眼睛下面、两腮上面突出的部分。（图见653页"头"）cheekbone, the bone above the cheek, just below the eyes (See picture under entry of "头", p.653)

犬 quǎn ㄑㄩㄢˇ 狗 dog[犬齿－chǐ]指人的门齿两旁的牙，上下各有两枚 canine tooth, a sharp-pointed tooth on either side of the upper jaw and lower jaw, between the incisors and the bicuspids

甽 quǎn ㄑㄩㄢˇ 田地中间的沟 field ditch [甽亩－mǔ]田间 field; farm

缱 quǎn ㄑㄩㄢˇ 见527页"缱"字条"缱绻"(qiǎn-quǎn)See "quǎn-quǎn" under entry of qiǎn, p.527

劝（**勸**） quàn ㄑㄩㄢˋ ❶劝说，讲明事理使人听从 advise; try to persuade：规～ guīquàn *advise*/ 他不要喝酒 quàn tā bùyào hē jiǔ *advise him not to drink alcohol* ❷勉励 encourage（龜 comb. －勉－miǎn *advise and encourage*）：～勉一番 quànmiǎn yī fān *advise and encourage sb. for a long time*

券 ㊀quàn ㄑㄩㄢˋ ❶票据或作凭证的纸片 certificate; ticket：公债～ gōngzhàiquàn *state bond*/ 入场～rù chǎngquàn *admission ticket* ❷"拱券"的"券"(xuàn)的又音 another pronunciation of xuàn in the collocation of gǒngquàn
㊁xuàn 见731页 See p.731

QUE ㄑㄩㄝ

炔 quē ㄑㄩㄝ 有机化学中分子式可以用 C_nH_{2n-2} 表示的一系列化合物。乙炔是烧焊及制作有机玻璃、聚氯乙烯、合成橡胶、合成纤维的重要原料 alkyne, a series of chemical compounds represented by the molecular formula C_nH_{2n-2}; ethyne, one of such compounds, is used as the main material in welding and the making of plexiglass, polyvinyl chloride, synthetic rubber and synthetic fibre

缺 quē ㄑㄩㄝ ❶短少，不够 be short of; lack（龜 comb. －乏 －fá *be*

short of）：东西准备齐全，什么也不～了 Dōngxi zhǔnbèi qíquán, shénme yě bù quē le. *We've got everything ready and need nothing more.* ❷ 残破 incomplete；imperfect（遍 comb. 残－cán－*incomplete*）：～口 quēkǒu *breach*；*gap* / 残～不全 cánquē bù quán *incomplete* [缺点－diǎn] 工作或行为中不完美、不完备的地方 shortcoming；weakness in one's work or actions [缺陷－xiàn] 残损或不圆满的地方 defect；flaw ❸ 该到未到 be absent：～席 quēxí *be absent* ❹ 空额（指职位）vacancy；补～bǔquē *fill the vacancy*/～勤 quēqín *absent from work*

阙 quē ㄑㄩㄝ ❶ 古代用作"缺"字 Same as 缺 in ancient times [阙疑－yí] 有怀疑的事情暂时不下断语，留待查考 leave the question open [阙如－rú] 空缺 deficient：尚付～～ shàng fù quērú *be lacking* ❷ 过错 fault：～失 quēshī *fault；error* ❸ 姓 a surname

　㊀ què 见 550 页 See p. 550

瘸 qué ㄑㄩㄝ 腿脚有毛病，走路时身体不平衡 lame；limp：一～一拐 yī qué yī guǎi *walk with a limp*/ 他是瘸～的 Tā shì shuāiqué de. *He had a fall and became lame.*

却（*卻）què ㄑㄩㄝ ❶ 退 step back（遍 comb. 退－tuì－*retreat*）：望而～步 wàng'ér quèbù *shrink back at the sight of* (sth. dangerous or difficult)/ 打得敌人连夜退～Dǎ de dírén liányè tuìquè. *We inflicted such heavy casualties on the enemy that they retreated before the night was out.* ❷ 退还，不受 decline；refuse：盛情难～shèngqíng nánquè *It would be ungracious not to accept your invitation.* ❸ 和"去"、"掉"用法相近 remove；get rid of：了～一件心事 liǎoquè yī jiàn xīnshì *It has settled a matter weighing on my mind.* / 失～力量 shīquè lìliang *lose*

strength ❹ 副词，表示转折 adv. but；yet：这个道理大家都明白，他～不知道 Zhè ge dàolǐ dàjiā dōu míngbai, tā què bù zhīdào. *When everybody understands it, he does not.*

堁 què ㄑㄩㄝ 土地不肥沃 (of land) infertile

确（❶❷確、❶❷**塙、❶❷**碻）què ㄑㄩㄝ ❶ 真实，实在 true；real（遍 comb. 一实－shí *true*）：千真万～qiānzhēn-wànquè *absolutely true* / 正～zhèngquè *right*/ 他～是进步很快 Tā quèshì jìnbù hěn kuài. *He has really made rapid progress.* [确切－qiè] 1. 准确，恰当 accurate；appropriate 2. 真实可靠 true and reliable ❷ 坚固，固定 firm；firmly：～定不移 quèdìng-bùyí *incontestable；definite* / ～保丰收 quèbǎo fēngshōu *ensure a good harvest* ❸ 同"堁 (infertile)" Same as "堁 (infertile)".

悫（愨、**慤）què ㄑㄩㄝ 诚实，谨慎 honest；prudent

雀 ㊀ què ㄑㄩㄝ 鸟的一类，身体小，翅膀长，雌雄羽毛颜色多不相同，吃粮食粒和昆虫。特指麻雀，泛指小鸟 sparrow, a kind of small birds with long wings, feathers of the male usu. different from those of the female, feeding on grain and insects；also referring to small birds in general [雀斑－bān] 脸上密集的褐色斑点 freckle, brown spot on the face [雀盲－máng] 夜盲。也说雀盲眼 (qiāomángyǎn) night blindness；also qiǎomángyǎn. [雀跃－yuè] 喻 fig. 高兴得像麻雀那样跳跃 jump for joy

　㊁ qiāo 见 531 页 See p. 531

　㊂ qiǎo 见 532 页 See p. 532

阕 què ㄑㄩㄝ ❶ 停止，终了 end：乐～（奏乐终了）yuè què *The music ended.* ❷ 量词 meas. 指词或歌曲

denoting a song or a *ci* poem

阙 ⊖ què ㄑㄩㄝ〈古 arch.〉❶皇宫门前面两边的楼 watchtower on either side of a palace gate：宫～ gōngquè *imperial palace* ❷墓道外所立的石牌坊 monument outside a tomb passage

⊜ quē 见 549 页 See p. 549

摧 què ㄑㄩㄝ ❶ 敲击 beat；strike ❷ 同"榷❷"。商讨 Same as "榷❷" discuss：商～ shāngquè *discuss*

榷(❷△*摧**) què ㄑㄩㄝ ❶ 专利，专卖 monopoly；exclusive possession of the trade in some commodity ❷ 商讨 discuss (圈 comb. 商—shāng— *discuss*)

鹊 què ㄑㄩㄝ 喜鹊，鸟名，背黑褐色，肩、颈、腹等部白色，翅有大白斑，尾较长。常栖息于园林树木间 magpie, a type of noisy bird with black and white feathers and a long tail, living in trees of gardens

QUN ㄑㄩㄣ

囷 qūn ㄑㄩㄣ 古代一种圆形的谷仓 a round granary in ancient times

逡 qūn ㄑㄩㄣ 退 shrink from〔逡巡—xún〕有所顾虑而徘徊或退却 hesitate to move forward；hang back

裙(*帬*) qún ㄑㄩㄣ（一子—zi，一儿—r)一种围在下身的服装 skirt, a garment hanging down from the waist：连衣～ lián-yīqún *dress；a woman's dress*

群(*羣*) qún ㄑㄩㄣ ❶ 相聚成伙的，聚集在一起的 crowd；group：～岛 qúndǎo *archipelago*/ 人～ rénqún *crowd*/羊～ yángqún *a flock of sheep* ❷ 众人 everybody：～策～力 qúncè-qúnlì *pool the wisdom and efforts of everyone*/～起而攻之 qún qǐ ér gōng zhī *All rose against him.* ❸量词，用于成群的人或东西 meas. used for a crowd of people or a pile of things：一～娃娃 yī qún wáwa *a crowd of kids*/一～牛 yī qún niú *a herd of cattle*

麇(**麕**) ⊖ qún ㄑㄩㄣ 成群 flock together 〔麇集—jí〕许多人或物聚集在一起 swarm；flock together

⊜ jūn 见 346 页 See p. 346

R 囗

RAN 囗ㄢ

蚺 rán 囗ㄢ [蚺蛇—shé] 就是蟒蛇 boa；python

髯 rán 囗ㄢ 两颊上的胡子。泛指胡子 whiskers；beard

然 rán 囗ㄢ ❶是，对 right；correct：不以为～bùyǐwéirán object to；take exception to ❷这样，如此 so；like that；当～dāngrán of course／所以～suǒyǐrán the reason why；the whys and wherefores／快走吧，不～就迟到了 Kuài zǒu ba, bùrán jiù chídào le. Hurry up； otherwise you'll be late. [然后—hòu] 连词 conj. 如此以后，这样以后（表示承接）then；after that；afterwards：先通知他，～～再去请他 Xiān tōngzhī tā, ránhòu zài qù qǐng tā. Inform him of it first；then send someone to meet him. [然则—zé] 连词 conj. 既然这样，那么… in that case；then：～～如之何而后可？Ránzé rú zhī hé ér hòu kě? Then, what is to be done? [然而—ér] 连词 conj. 但是，可是（表示转折）but；yet：他虽然失败了多次，～～并不灰心 Tā suīrán shībàile duōcì, rán'ér bìng bù huīxīn. He failed time after time, but he did not lose heart. ❸ 词尾，表示状态 adverb or adjective suffix, indicating state：突～tūrán suddenly／忽～hūrán all of a sudden／显～xiǎnrán obviously／欣～xīnrán joyfully；with pleasure 〈古 arch.〉又同"燃" Also same as "燃(burn)".

燃 rán 囗ㄢ ❶烧起火焰 burn；ignite（逳 comb. 一烧一shāo burn）：～料 ránliào fuel／自～zìrán spontaneous ignition ❷引火点着（Zháo）set fire to；light；～灯 rán dēng light a lamp／～放花炮 ránfàng huāpào set off firecrackers

冉（*冄） rǎn 囗ㄢ 姓 a surname [冉冉——]慢慢地 slowly：红旗～～上升 Hóngqí rǎnrǎn shàngshēng. The red flag was slowly raised.

苒 rǎn 囗ㄢ [荏苒 rěn—]时间不知不觉地过去（of time）elapse quickly or imperceptibly；slip by：光阴～～guāngyīn-rǎnrǎn Time slips by.

染 rǎn 囗ㄢ ❶把东西放在颜料里使着色 dye；take on colour in dyeing；～布 rǎnbù dye cloth ❷感受疾病或沾上坏习惯 catch a disease；acquire a bad habit：传～chuánrǎn infect；be contagious／～病 rǎnbìng catch an illness；be infected with a disease／一尘不～ yìchén-bùrǎn not be spoiled by a speck of dust；not be contaminated [染指—zhǐ] 喻fig. 从中分取非分的利益 take a share of sth one is not entitled to；encroach on

RANG 囗尤

嚷 ㊀ rāng 囗尤 [嚷嚷—rang] 1. 吵闹 make a noise；make an uproar：大家别乱～～Dàjiā bié luàn rāngrang. Don't make a noise. 2. 声张 make widely known：这事先别～～出去 Zhè shì xiān bié rāngrang chūqu. Don't let this out.

㊁ rǎng 见 552 页 See p. 552

勷 ráng 囗尤 见 366 页"劻"字条"劻勷"（kuāng—）See kuāngráng under entry of "kuāng", p. 366

襄 ráng ㄖㄤ [襄荷—hé]多年生草本植物，花白色或淡黄色，结蒴果。根可入药 a perennial herb with white or yellow flowers, bearing red capsules, root used as medicine

禳 ráng ㄖㄤ 迷信的人祈祷消除灾祲 some superstitionists pray to god for averting misfortunes or disasters

穰 ráng ㄖㄤ ❶ 禾茎，庄稼秆 stalks of rice, wheat, etc. ❷ 丰盛 plentiful; abundant (叠 redup.)：五谷蕃熟，～～满家 Wǔgǔ fánshú, rángráng mǎn jiā. *The crops are ripe in abundance and every house is full of grains.* ❸ 同"瓤" Same as "瓤".

瓤 ráng ㄖㄤ ❶（一子—zi，一儿—r）瓜、橘等内部包着种子的肉、瓣 pulp; flesh：西瓜～儿 xīguāróngr *flesh of a watermelon*/橘子～儿 júzirángr *pulp of a tangerine* 引 ext. 东西的内部 the interior part of sth：秫秸～儿 shújiērángr *pith of sorghum stalk*/信～儿 xìnrángr *letter; paper enclosed in an envelope* ❷〈方 dial.〉身体软弱；技术差（of health）weak; (of skills) not good：病了一场，身子骨～了 Bìngle yī chǎng, shēnzigǔr ráng le. *be weak after an illness*/你锄地的技术真不～ Nǐ chúdì de jìshù zhēn bù ráng. *You are not bad at hoeing fields.*

禳 ráng ㄖㄤ 衣服脏（of clothes）dirty

壤 rǎng ㄖㄤ ❶ 松软的土 loose surface material of the earth [土壤 tǔ—] 农学上或地质学上指泥土 soil ❷ 地 earth：天～之别 tiānrǎngzhībié *as far apart as heaven and earth; a world of difference*

攘 rǎng ㄖㄤ ❶ 侵夺 seize; grab（逾 comb. 一夺 —duó grab）❷ 排斥 reject; resist：～除 rǎngchú *get rid of; weed out* ❸ 窃取 steal [攘攘——] 纷乱 confusing; disorderly

嚷 ㊀ rǎng ㄖㄤ 大声喊叫 shout; yell：大～大叫 dàrǎng-dàjiào *shout and cry*/你别～了，大家都睡觉了 Nǐ bié rǎng le, dàjiā dōu shuìjiào le. *Stop yelling; people are sleeping.*
㊁ rāng 见 551 页 See p. 551

让（讓） ràng ㄖㄤ ❶ 不争，尽（jǐn）着旁人 give way; give ground：～步 ràngbù *make a concession; give in*/谦～ qiānràng *modestly decline* 引 ext. 1. 请 invite：把他～进屋里来 bǎ tā ràngjin wū li lái *invite him into the room* 2. 避开 avoid：～开 ràngkāi *get out of the way*/～路 ànglù *give way; make way for* ❷ 索取一定代价，把东西给人 let sb. have sth. at a fair price：出～ chūràng *sell sb. sth. at a fair price*/转～ zhuǎnràng *transfer the possession of; make over* ❸ 许，使 let; allow：不～他来 Bù ràng tā lái. *Don't let him come.*/～他去取 Ràng tā qù qǔ. *let him fetch it* 引 ext. 任凭 at one's convenience：～他闹去 Ràng tā nào qu. *Let him fool around as he likes.* ❹ 介词 prep. 被 used in a passive sentence to introduce the doer of the action：那个碗～他摔了 Nàge wǎn ràng tā shuāi le. *The bowl was broken by him.* / 笔～他给弄坏了 Bǐ ràng tā gěi nònghuài le. *The pen was broken by him.*

RAO ㄖㄠ

荛（蕘） ráo ㄖㄠ 柴草 firewood

饶（饒） ráo ㄖㄠ ❶ 富足，多 rich; plentiful：物产丰～ wùchǎn fēngráo *plentiful products*/～舌（多话）ráoshé *too talkative; garrulous* ❷ 添 give sth extra：～上一个 ráoshang yī ge *give sb one more* ❸ 宽恕，免除处罚 let sb off; have mercy on（逾 comb. 一恕 —shù forgive）：～了他吧 ráole tā ba *forgive him；let him off*／不能轻～ bù néng qīngráo *cannot be forgiven；cannot be excused* ❹〈方 dial.〉尽管 although；inspite of：～这么检查还有漏洞呢 Ráo zhème jiǎnchá háiyǒu lòudòng ne. *There are some loopholes although they have made such a careful examination of it.*

娆（嬈） ㊀ ráo ㄖㄠˊ ［妖娆 yāo一］［娇娆 jiāo一］娇艳，美好 enchanting；fancinating

㊁ rǎo 见本页 See the same page.

桡（橈） ráo ㄖㄠˊ〈方 dial.〉桨 oar ［桡骨一gǔ］前臂大指一侧的骨头 radius, the long bone in the arm from the elbow to the thumb joint（图见 217 页"骨"See picture in "骨", p.217）

扰（擾） rǎo ㄖㄠˇ 扰乱，打搅 harass；trouble（㊉comb. 搅一 jiǎo一 *trouble*）

娆（嬈） ㊁ rǎo ㄖㄠˇ 烦扰，扰乱 disturb；harass

㊀ ráo 见本页 See the same page.

绕（繞、❷❸*遶） rào ㄖㄠˋ ❶ 缠 wind；coil：～线 rào xiàn *wind thread* ㊉ ext. 纠缠，弄迷糊 get entangled；get confused：这句话一下子把他～住了 Zhè jù huà yīxiàzi bǎ tā ràozhù le. *These words made him utterly confused.* ❷ 走弯曲、迂回的路 bypass；go round：～远 ràoyuǎn *go the long way round*／过暗礁 ràoguo ànjiāo *steer clear of the submerged rock*／～了一个大圈子 ràole yī ge dà quānzi *make a big detour* ❸ 围着转 move round；circle：鸟～着树飞 Niǎo ràozhe shù fēi. *The bird circles around the tree.*／运动员～场一周 Yùndòngyuán ràochǎng yī zhōu. *The athletes marched around the arena.*

RE ㄖㄜ

嘈 ㊀ rě ㄖㄜˇ 古代表示敬意的呼喊（used in ancient times）shout with reverence；唱～（旧小说中常用，对人作揖，同时出声致敬）chàngrě（in early literature）make a bow with hands clapsed in front and express the reverence aloud at the same time

㊁ nuò 见 486 页 See p.486

惹 rě ㄖㄜˇ 招引，挑逗 provoke；attract：～事 rěshì *make trouble*／～人注意 rě rén zhùyì *attract attention*

热（熱） rè ㄖㄜˋ ❶ 物理学上称凡能使物体的温度升高的那种'能'叫'热' heat, an energy in physics that can cause a rise in temperature of an object ❷ 温度高。跟"冷"相反 hot, antonym of lěng（cold）：炎～ yánrè *burning hot*；（of weather）*scorching*／天～ tiān rè *It is hot.*／～水 rèshuǐ *hot water* ❸ 使热，使温度升高 heat up；warm up：把菜～一～ bǎ cài rè yī rè *heat up the dish* ❹ 情意深 ardent；warmhearted：亲～ qīnrè *affectionate*；*intimate*／～情 rèqíng *enthusiasm*；*zeal*／～心 rèxīn *warmhearted*；*enthusiastic* ❺ 衷心羡慕 envious；eager：眼～ yǎnrè *covet*；*be envious* ❻ 受人欢迎 popular；in great demand：～门儿 rèménr *popular*；*arousing popular interest*／～货 rèhuò *goods in great demand*；*goods which sell well* ❼ 指某种事物风行，形成热潮 craze；fad：旅游～ lǚyóurè *travel craze*／集邮～ jíyóurè *stamp-collecting craze*

REN ㄖㄣ

人 rén ㄖㄣˊ ❶ 能制造工具并能使用工具进行劳动的动物。人是由古类人猿进化而成的 human being, an animal able to make and use tools to work, evolved from anthropoid ape [人口—kǒu] 1. 人的数目 population：～～普查 rénkǒu pǔchá *population census* 2. 泛指人 people in general：拐卖～～guǎimài rénkǒu *abduct and sell people*[人类—lèi]人的总称 mankind；human beings：造福～～zàofú rénlèi *bring benefit to mankind* [人事—shì] 1. 事理人情 worldly wisdom：不懂～～bù dǒng rénshì *know nothing about the ways of the world* 2. 关于工作人员的录用、培养、调配、奖惩等工作 personnel matters, such as the employment, training, redistribution, rewards and penalties of employees：～～变动 rénshì biàndòng *change of personnel* [人手—shǒu]指参加某项工作的人 manpower；hand：缺～～quē rénshǒu *short of hands*/～～齐全 rénshǒu qíquán *have enough hands* [人次—cì] 若干次人数的总和 person-time ❷ 指某种人 a kind of people：工～gōngrén *worker*/客～kèrén *guest*/商～shāngrén *merchant*；*businessman* ❸ 别人 other people；other(s)；助人为乐 zhùrén-wéilè *find it a pleasure to help others* ❹ 指人的品质、性情 the physical, psychological, or moral quality or condition of a given individual：这位同志～不错 Zhè wèi tóngzhì rén bùcuò. *This comrade is very nice.* ㊶ext. 人格或面子 personality；dignity：丢～diūrén *lose face* ❺ 指人的身体 health：我今天～不大舒服 Wǒ jīntiān rén bùdà shūfu. *I'm not feeling very well today.*

壬 rén ㄖㄣˊ 天干的第九位，用作顺序的第九 the ninth of the ten Heavenly Stems；the ninth

任 ㊀ rén ㄖㄣˊ ❶姓 a surname ❷ [任县—Xiàn][任丘—qiū]地名，都在河北省 two places in Hebei Province

㊁ rèn 见 555 页 See p. 555

仁 rén ㄖㄣˊ ❶同情、友爱 benevolence；kindheartedness：～心 rénxīn *kindheartedness*/～至义尽 rénzhì-yìjìn *do everything called for by humanity and duty；exercise great restraint and do one's very best* ❷敬辞，用于对对方的尊称 a term of respect used in addressing the person other than oneself：～兄 rénxiōng (to a male friend older than oneself) *my dear friend*/～弟 réndì (to a male friend younger than oneself) *my dear friend* ❸ 果核的最内部分 kernel：杏～儿 xìngrénr *apricot kernel；almond* [不仁 bù—] 1. 不仁慈，无仁德 not benevolent；heartless：～～不义 bùrén-bùyì *heartless and evil* 2. 手足痿痹，不能运动 (of hands and feet) insensitive：麻木～～mámù-bùrén *apathetic；insensitive*/四体～～sìtǐ bùrén *One's hands and feet are unfeeling.*

忍 rěn ㄖㄣˇ ❶耐，把感觉或感情压住不表现出来 bear；endure (㊦comb. 忍耐 —nài *endure*)：～痛 rěntòng *bear the agony；very reluctantly*/～受 rěnshòu *bear；endure*/实在不能容～shízài bù néng róngrěn *cannot stand it indeed* [忍俊不禁—jùn-bùjīn] 忍不住笑 cannot help laughing ❷ 狠心，残酷 be hardhearted enough to；have the heart to (㊦comb. 残忍 cán— *cruel*)：～心 rěnxīn *have the heart to；be hardhearted enough to*

荏 rěn ㄖㄣˇ ❶就是"白苏"，一年生草本植物，叶有锯齿，开白色小花。种子可以榨油 another name for "báisū", i. e. common perilla, an annual herb with small white flowers and saw-tooth leaves；seeds used in making oil ❷ 软弱 weak；weak-kneed：色厉内～(外貌刚强，内心懦弱) sèlì-nèirěn *fierce of appearance but faint of heart；an ass in a lion's skin*

稔 rěn ㄖㄣˇ ❶庄稼成熟 harvest 转 trans. 年 year：凡五～ fán wǔ rěn five years altogether ❷ 熟悉 familiar：～知 rěnzhī know sb. quite well/素～ sùrěn have long been familiar with sb.

刃 rèn ㄖㄣˋ ❶(一儿一r)刀剑等锋利的部分 edge of a knife, sword, etc.；blade：这刀～儿有缺口了 Zhè dāorènr yǒu quēkǒu le. The knife has lost its edge. ❷刀 knife；sword：手持利～ shǒu chí lìrèn hold a sharp sword in one's hand / 白～战 báirènzhàn bayonet charge；hand-to-hand combat ❸用刀杀 kill with a knife or sword：若遇此贼，必手～之 Ruò yù cǐ zéi, bì shǒurèn zhī. If I come across the thief, I'll kill him with a sword myself.

仞 rèn ㄖㄣˋ 古时以八尺或七尺为一仞 an ancient measure of length, equal to seven or eight chi

纫 rèn ㄖㄣˋ ❶引线穿针 thread a needle：～针 rènzhēn thread a needle ❷缝缀 sew；stitch：缝～ féngrèn sewing；tailoring

韧（靭、*靱） rèn ㄖㄣˋ 又柔软又结实，不易折断 pliable but strong；tenacious：～性 rènxìng toughness；tenacity /坚～ jiānrèn tough and tensile；firm and tenacious

轫 rèn ㄖㄣˋ 支住车轮不让它旋转的木头 a piece of wood used to stop a wheel [发轫 fā一] 喻 fig. 事业开始 set sth. afoot；commence an undertaking：根治黄河的伟大事业已经～～ Gēnzhì Huáng Hé de wěidà shìyè yǐjing fārèn. The great task of bringing the Yellow River under permanent control has already been set afoot.

牣 rèn ㄖㄣˋ 充满 be full of（遰 comb. 充一 chōng一 fill up）

认（認） rèn ㄖㄣˋ ❶分辨，识别 recognize；make out（遰 comb. 一识 一shi know）：～字 rèn zì know or learn how to read / ～明 rènmíng recognize；see clearly / ～不出 rèn bu chū cannot recognize；cannot identify[认真一zhēn]仔细，不马虎 careful；serious ❷承认，表示同意 admit；recognize：～可 rènkě approve/～错 rèncuò admit a fault；offer an apology/ 公～gōngrèn generally acknowledged；universally accepted/否～ fǒurèn deny；repudiate ❸ 和没有关系的人建立某种关系 enter into a certain relationship；adopt：～老师 rèn lǎoshī apprentice oneself to sb. /～干亲 rèn gānqīn establish a nominal kinship with sb.

任 ㊀rèn ㄖㄣˋ ❶相信，依赖 believe；rely on（遰 comb. 信一 xìn一 trust）❷任命，使用，给予职务 appoint；assign sb. to a post：～用 rènyòng assign sb. to a post ❸负担或担当 assume a post；take up a job（遰 comb. 担一dān一 assume the office of）：～课 rènkè teach at school/连选连～ liánxuǎn liánrèn be re-elected and re-appointed consecutively/～劳～怨 rènláo-rènyuàn work hard regardless of criticism；willingly bear the burden of office ❹职务 office；official post：到～dàorèn take up the post/接受～务 jiēshòu rènwu accept an assignment/一身而二～ yī shēn ér èr rèn a person who assumes two posts ❺由着，听凭 let；give free reign to：～意 rènyì wanton；wilful/～性 rènxìng wilful；self-willed / 放～ fàngrèn not interfere；let alone/不能～其自然发展 bù néng rèn qí zìrán fāzhǎn cannot let it develop without control ❻ 随便，不论 no matter；in spite of：～谁说也不听 rèn shéi shuō yě bù tīng No matter who tries to persuade him, he won't listen. / ～什么都不懂 rèn shénme dōu bù dǒng be ignorant of everything 转 trans. 任何，无论什么 any；whatever：～人皆

知～ rén jiē zhī *Everyone knows it.*

㊁ rén 见 554 页 See p.554

饪(*餁) rèn ㄖㄣˋ 烹饪,做饭做菜 cook; make a meal

妊(*姙) rèn ㄖㄣˋ 妊娠(shēn),怀孕 be pregnant:～妇 rènfù *a pregnant woman*

纴(**紝) rèn ㄖㄣˋ〈古 arch.〉❶织布帛的丝缕 silk ❷纺织 spinning and weaving

衽(*袵) rèn ㄖㄣˋ〈古 arch.〉❶衣襟 front of a garment ❷衽席,睡觉时用的席子 sleeping mat

葚 ㊀ rèn ㄖㄣˋ [葚儿–r] 桑葚儿,桑树结的果实,用于口语(used in colloquial speech) mulberry, fruits of mulberry tree

㊁ shèn 见 584 页 See p.584

RENG　ㄖㄥ

扔 rēng ㄖㄥ ❶抛,投掷 throw; toss:～球 rēng qiú *throw a ball*/～砖 rēng zhuān *throw a brick* ❷丢弃,舍(shě)弃 throw away; cast aside:把这些破烂东西～了吧 Bǎ zhèxiē pòlàn dōngxi rēngle ba. *Throw the rubbish away.*

仍 réng ㄖㄥˊ 仍然,依然,还,照旧 yet; still:～须努力 réng xū nǔlì *should continue to make efforts*/他虽然有病,～不肯放下工作 Tā suīrán yǒu bìng, réng bùkěn fàngxia gōngzuò. *Although he is ill, he won't put aside his work.*

礽 réng ㄖㄥˊ 福 happiness

RI　ㄖ

日 rì ㄖˋ ❶太阳 sun [日食–shí] 月亮运行到太阳和地球中间成直线的时候,遮住射到地球上的太阳光,

这种现象叫做日食。也作"日蚀"solar eclipse, the disappearance, complete or in part, of the sun's light when the moon passes between it and the earth; also written as "日蚀" ❷白天,跟"夜"相反 daytime; day, antonym of yè(night):～班 rìbān *day shift* /～场 rìchǎng *day show*; *daytime performance* ❸天,一昼夜 day; twenty-four hours:阳历平年一年三百六十五～ Yánglì píngnián yī nián sānbǎi liùshíwǔ rì *There are 365 days in a common year according to the solar calendar.* ㊉ ext. 某一天 a certain day:纪念～ jìniànrì *memorable day*; *commemoration day*/生～ shēngrì *birthday* [日子–zi] 1. 天 day:这些～～工作很忙 zhèxiē rìzi gōngzuò hěn máng *I have been busy with my work these days.* 2. 指某一天 a certain day:今天是过节的～～ Jīntiān shì guòjié de rìzi. *It's a festival day today.* 3. 生活 life:美好的～～万年长 Měihǎo de rìzi wànnián cháng. *The happy life will last forever.* [工作日 gōngzuò–] 计算工作时间的单位。通常以八小时为一个工作日 workday, a unit of calculating working time, usu. equal to eight hours ❹时候 time:春～chūnrì *spring time*/往～wǎngrì *old days*/来～方长 láirì–fāngcháng *There will be ample time.* or *There will be a time for that.* ❺指日本国 Japan

RONG　ㄖㄨㄥˊ

戎 róng ㄖㄨㄥˊ ❶武器 weapons ❷军队,军事 army; military affairs:从～ cóngróng *join the army*/～装 róngzhuāng *martial attire* ❸我国古代称西部的民族 Róng, a name for the ancient tribes in Western China

狨 róng ㄖㄨㄥˊ 古书上指金丝猴 golden monkey mentioned in ancient texts

绒(*羢、*毧) róng ㄖㄨㄥˊ ❶柔软细小的毛 fine hair；down；～毛 róngmáo fine hair；villus／驼～tuóróng camel's hair；camel hair cloth／鸭～被 yāróngbèi eiderdown quilt ❷带绒毛的纺织品 cloth with a soft nap or pile on one or either side

茸 róng ㄖㄨㄥˊ 草初生的样子(of grass) young，fine and soft；downy；绿～～(rōngrōng)的草地 lǜrōngrōng de cǎodì a carpet of green grass [鹿茸 lù—] 带细毛的才生出来的鹿角，可以入药 pilose antler of a young stag，used as medicine

荣(榮) róng ㄖㄨㄥˊ ❶草木茂盛 grow luxuriantly；flourish；欣欣向～xīnxīn xīn-xiàngróng thriving；flourishing ⑪ ext. 兴盛 prosperous；flourishing ❷光荣 honour；glory；～誉 róngyù honour；glory／～军 róngjūn disabled soldier

嵘(嶸) róng ㄖㄨㄥˊ 见 836 页"峥"字条"峥嵘(zhēng—)" See "zhēngróng" under entry of "zhēng". See p.836

蝾(蠑) róng ㄖㄨㄥˊ [蝾螈—yuán]一种两栖动物，形状像蜥蜴 salamander，a kind of amphibious animal，resembling a lizard

容 róng ㄖㄨㄥˊ ❶容纳，包含，盛(chéng)hold；contain；～器 róngqì container；vessel／～量 liàng capacity／屋子小，～不下 wūzi xiǎo，róngbuxià The room is too small to hold so many people. ❷对人度量大 tolerate；tolerant；～忍 róngrěn tolerate／不能宽～bù néng kuānróng cannot be tolerated；cannot be forgiven ❸让，允许 let；permit；不～人说话 bùróng rén shuōhuà not allow others to speak／决不能～他这样做 jué bù néng róng tā zhèyàng zuò mustn't permit him to do things like that ❹相貌，仪表 appearance；looks(⑭comb. 一貌 —mào appearance)：笑～满面 xiàoróng mǎnmiàn be all smiles；have a broad smile on one's face ⑪ext. 样子 facial expression；军～jūnróng soldier's discipline，appearance and bearing／市～shìróng the appearance of a city ❺或许，也许 perhaps；probably(⑭comb. 一或 —huò perhaps)：～或有之 rónghuò yǒu zhī Perhaps there is a capacity for such an affair. or It is within the bounds of possibility.

蓉 róng ㄖㄨㄥˊ ❶见 181 页"芙"字条"芙蓉(fú—)"、96 页"苁"字条"苁蓉(cōng—)" See fúróng under entry of "fú"，p.181；cōngróng under entry of "cōng"，p.96 ❷四川省成都的别称 another name for Chengdu，Sichuan Province

溶 róng ㄖㄨㄥˊ 在水或其他液体中化开 dissolve，cause a solid to become liquid by putting into liquid (⑭comb. 一化—huà dissolve)：樟脑～于酒精而不～于水 Zhāngnǎo róng yú jiǔjīng ér bù róng yú shuǐ. Camphor dissolves in alcohol but not in water.

瑢 róng ㄖㄨㄥˊ 见 96 页[玜瑢 cōng—] see [玜瑢(cōng—)"p.96

榕 róng ㄖㄨㄥˊ ❶榕树，常绿乔木，树枝有气根，生长在热带和亚热带，木材可制器具 banyan，an evergreen tree，living in the tropics and subtropics；branches growing aerial roots；wood used in making utensils ❷福建省福州的别称 another name for Fuzhou，Fujian Province

熔 róng ㄖㄨㄥˊ 固体受热到一定温度时变成液体 melt，(of a solid) become liquid when heated(⑭comb. 一化 —huà melt)：～炼 róngliàn smelting

R

镕 róng ㄖㄨㄥˊ ❶铸造用的模型 mould for casting 喻 *fig.* 陶冶（思想品质）mould one's thought and temperament；exert a favourable influence on one's idea and character ❷ 同"熔" Same as "熔(melt)".

融 róng ㄖㄨㄥˊ ❶固体受热变软或变为流体 thaw；melt，(of a solid) become soft or liquid when heated（连 comb. —化—huà *thaw*）：太阳一晒，雪就～了 Tàiyáng yī shài, xuě jiù róng le. *The snow will thaw as soon as the sun shines.* / 蜡烛遇热就要～化 Làzhú yù rè jiùyào rónghuà. *The candle will melt when heated.* ❷融合，调和 mix together；fuse：～洽 róngqià *harmonious*；*on friendly terms*/水乳交～ shuǐrǔ-jiāoróng *as well blended as milk and water*（in complete harmony） [融会贯通—huì-guàntōng]参合多方面的道理而得到全面透彻的领悟 achieve mastery through a comprehensive study of the subject；gain a thorough understanding of the subject through mastery of all relevant material ❸流通 circulation (of money, etc.) [金融 jīn—]货币的流通，即汇兑、借贷、储蓄等经济活动的总称 finance，a general term for certain economic activities，such as remittance，loan and deposit

冗(＊宂) rǒng ㄖㄨㄥˇ ❶闲散的，多余无用的 superfluous；redundant：～员 rǒngyuán *redundant personnel*/文词～长 wéncí rǒngcháng *The diction of the essay is superfluous.* ❷繁忙，繁忙的事 busy；business：～务缠身 rǒngwù chánshēn *be occupied with work*/拨～bōrǒng *find time in the midst of pressing affairs* ❸繁琐 full of trivial details：～杂 rǒngzá (of writing) *lengthy and jumbled*；(of affairs) *miscellaneous*

酕(＊＊酕) rǒng ㄖㄨㄥˇ 鸟兽细软的毛 fine and soft feathers or hair of birds or animals

ROU ㄖㄡ

柔 róu ㄖㄡˊ ❶软，不硬 soft；supple；flexible（连 comb. —软—ruǎn *soft*）：～枝 róuzhī *supple branch*/～嫩 róunèn *tender*；*delicate* ❷柔和，跟"刚"相反 mild；gentle，antonym of "gāng (severity)"：性情温～ xìngqíng wēnróu *have a gentle disposition*/刚～相济 gāngróu-xiāngjì *temper severity with mercy*；*couple toughness with gentleness*

揉 róu ㄖㄡˊ ❶回旋地按、抚摩 rub：～一～腿 róu yī róu tuǐ *rub one's legs*/砂子到眼里可别～Shāzi dào yǎn li kě bié róu. *Please don't rub your eye if you have got sand in it.* ❷团弄 knead；roll：～面 róumiàn *knead dough*/～馒头 róu mántou *roll the dough into buns* ❸使东西弯曲 bend；twist：～以为轮 róu yǐ wéi lún *bend a piece of wood and make it a wheel*

輮 róu ㄖㄡˊ ❶车轮的外周 the exterior circumference of a wheel ❷ 使弯曲 bend；twist

煣 róu ㄖㄡˊ 用火烤木材使弯曲 bend wood by heating it over a fire

糅 róu ㄖㄡˊ 混杂 mix；mingle：～合 róuhé *form a mixture*；*mix*/真伪杂～ zhēn wěi záróu *mix the true and the false*

蹂 róu ㄖㄡˊ [蹂躏—lìn]践踏，踩 trample on；ravage 喻 *fig.* 用暴力欺压、侮辱、侵害 oppress，insult and violate by force：惨遭～～ cǎnzāo róulìn *suffer devastation，oppression and outrages*，etc.

鞣 róu ㄖㄡˊ 制造皮革时，用栲胶、鱼油等使兽皮柔软 tan，change animal skin into leather by treating with tannin：～皮子 róu pízi *tan the*

hide/这皮子～得不够熟 Zhè pízi róu de bùgòu shú. *The hide is not properly tanned.*

肉 ròu 回ㄡ ❶人或动物体内红色、柔软的物质。某些动物的肉可以吃 flesh, the red soft substance of the body of a person or animal; flesh of some animals, called meat, is edible ［肉搏—bó］徒手或用短兵器搏斗 fight hand-to-hand; 跟敌人～～gēn dírén ròubó *fight hand-to-hand with the enemy* ❷果肉，果实中可以吃的部分 pulp; flesh of a fruit; 桂圆～ guìyuánròu *dried longan pulp* ❸〈方 dial.〉果实不脆，不酥 not crisp; squashy; ～瓤西瓜 ròurángr xīguā *a squashy watermelon* ❹〈方 dial.〉行动迟缓，性子慢 slow in movement; sluggish; 做事真～ zuòshì zhēn ròu *do everything in a lethargic way*/ ～脾气 ròu píqi *a phlegmatic temperament*

RU 回ㄨ

如 rú 回ㄨ ❶依照 according to; in compliance with; ～法炮(páo)制 rúfǎ-páozhì *prepare herbal medicine by the prescribed method*; (fig. follow a set pattern)/～期完成 rúqī wánchéng *complete by the scheduled time* ❷像，相似，同什么一样 like; as if; ～此 rúcǐ *so; in this way*/坚强～钢 jiānqiáng-rúgāng *as strong as steel*/整旧～新 zhěngjiù-rúxīn *renovate it into a new one* ［如今—jīn］现在，现代 now; nowadays ❸比，比得上 can compare with; be as good as (used in negative); 我不～他 Wǒ bùrú tā. *I'm not as good as he is.* /自以为不～ Zì yǐwéi bùrú. *I don't think I'm so good.* /与其这样，不～那样 yǔqí zhèyàng, bùrú nàyàng *It is better to do it in this way than in that way.* ❹到，往 go; 纵(听任)舟之所～

zòng zhōu zhī suǒ rú *allow the boat to drift without control* ❺连词 conj. 如果，假使 if; in case; ～不同意，可提意见 rú bù tóngyì, kě tí yìjiàn *If you don't agree with us, you can make suggestions.* ❻词尾，表示状态 (adjective) suffix; 空空～也 kōngkōngrúyě *absolutely empty*/ 突～其来 tūrúqílái *come out of a clear blue sky* ❼表示举例 for instance; such as; 在生产斗争中涌现了许多模范人物，～焦裕禄、王进喜等 Zài shēngchǎn dòuzhēng zhōng yǒng xiànle xǔduō mófàn rénwù, rú JiāoYùlù, Wáng Jìnxǐ děng. *In the struggle for production, there emerged a lot of model figures, such as Jiao Yulu and Wang Jinxi.*

茹 rú 回ㄨ 吃 eat; ～素 rúsù *be a vegetarian* / ～毛饮血 rúmáo-yǐnxuè (of primitive man) *eat the raw flesh of birds and beasts* ⑩ fig. 忍 endure; ～痛 rútòng *stand a pain*/含辛～苦 hánxīn-rúkǔ *endure all kinds of hardships; put up with hardships*

铷 rú 回ㄨ 一种金属元素，符号 Rb，银白色，质软而轻。是制造光电管的材料，铷的碘化物可供药用 rubidium, a light, soft, silver-white metallic element, used in making photo-electric cell (phototube); its compound with iodine can be used as medicine; symbol: Rb

儒 rú 回ㄨ ❶旧时指读书的人 scholar or learned man (in early times); ～生 rúshēng *scholar*; *intellectual*/腐～ fǔrú *pedant*; *pedantic scholar* ❷儒家，春秋战国时代以孔子、孟子为代表的一个学派。提倡以仁为中心的道德观念，主张德治 Confucianism, a school of thought represented by Confucius and Mencius in the time of the Warring States, advocating benevolence-centered moral concepts and the rule of virtue

薷 rú ㄖㄨ [香薷 xiāng—]一年生草本植物，茎呈方形，紫色，叶子卵形，花粉红色，果实棕色。茎和叶可以提取芳香油 Chinese mosla (Mosla chinensis), an annual herb with purple square stalks, oval leaves and pink flowers, bearing brownish fruits; leaves and stalks used in extracting aromatic

嚅 rú ㄖㄨ 见 481 页"嗫"字条"嗫嚅(niè—)" See "nièrú" under entry of "niè", p. 481

濡 rú ㄖㄨ ❶沾湿，润泽；immerse; moister;～笔 rúbǐ dip a writing brush in ink/耳～目染(喻听得多看得多，无形中受到影响) ěrrú-mùrǎn be imperceptibly influenced by what one constantly sees and hears ❷停留，迟滞 linger ❸含忍 endure;～忍 rúrěn endure

孺 rú ㄖㄨ 小孩子，幼儿 child;～子 rúzǐ child/妇～ fùrú women and children

襦 rú ㄖㄨ 短衣，短袄 a short jacket

颥 rú ㄖㄨ 见 481 页"颞"字条"颞颥(nièrú)" See "nièrú" under entry of "niè", p. 481

蠕(*蝡) rú ㄖㄨ (旧读 ruǎn)像蚯蚓那样慢慢地行动 (early pronounce ruǎn) squirm; wriggle; ～ 动 rúdòng wriggle; squirm [蠕形动物 —xíng dòngwù] 旧时动物分类中的一大类。体长而柔软，如蛔虫、绦虫等 vermes, a class of animals, defined in early times, with long and soft bodies as roundworm and tapeworm, etc.

汝 rǔ ㄖㄨˇ 你 you;～等 rǔ děng you people; you/～将何往? Rǔ jiāng hé wǎng? Where are you going?

乳 rǔ ㄖㄨˇ ❶乳房，分泌奶汁的器官 breast; mamma, a gland for secreting milk ❷乳房中分泌出来的白色奶汁 milk, a white liquid secreted

by the mammary glands ❸像乳的东西 milk-like:1. 像乳汁的 milk-like liquid:豆～ dòurǔ a fermented drink made from ground beans; soya-bean milk 2. 像乳头的 nipple-like;钟～(钟上可敲打的突出物)zhōngrǔ the projecting objects on a bell to be struck ❹生，生殖 birth; give birth to;孳(zī)～zīrǔ multiply; breed ❺初生的，幼小的 newborn;～ 燕 rǔyàn young swallow/～ 鸭 rǔyā young duck; duckling

辱 rǔ ㄖㄨˇ ❶羞耻 disgrace; dishonour:奇耻大～ qíchǐ-dàrǔ unprecedented shame and humiliation; deep disgrace ❷使受到羞耻 insult; bring disgrace to;中国人民不可～ Zhōngguó rénmín bùkě rǔ. The Chinese people cannot be insulted. ❸玷辱 bring disgrace on; be a disgrace to:～命 rǔmìng disgrace a commission; fail to accomplish a mission ❹谦辞 self-depreciatory expression:～ 承 rǔchéng be very grateful for/～蒙 rǔméng be indebted to; be grateful for

擩 rǔ ㄖㄨˇ 〈方 dial.〉插，塞 insert; stuff:把棍子～在草堆里 bǎ gùnzi rǔ zài cǎoduī li drive a stick into the haystack

入 rù ㄖㄨˋ ❶跟"出"相反 antonym of chū (come out):1. 从外面进到里面 go into; enter:～场 rùchǎng entrance; admission/～夜 rùyè at nightfall/～会 rùhuì join a society, association, etc./纳～轨道 nàrù guǐdào put sth. on the right course 2. 收进，进款 income:量～为出 liàngrù-wéichū keep expenditures within the limits of income; live within one's means/～ 不 敷 出 rùbùfūchū income falling short of expenditure; unable to make ends meet ❷参加 join; become a member of:～学 rùxué start school; enter school/～会 rùhuì join a society ❸合乎，合于 conform to; agree with：～时 rùshí *fashionable*；*modish*/～情～理 rùqíng-rùlǐ *fair and reasonable* ❹入声，古汉语四声之一。普通话没有入声。有的方言有入声，发音一般比较短促 entering tone, the fourth of the four tones in classical Chinese pronunciation, but in standard Chinese pronunciation short of it, and in certain dialects still retained

洳 rù ㄖㄨˋ [沮洳 jù—]低湿的地带 damp land; swamp

蓐 rù ㄖㄨˋ 草席，草垫子 straw mat or mattress [坐蓐 zuò—] 临产 confinement in childbirth; lying-in

溽 rù ㄖㄨˋ 湿 humid；damp：～暑 rùshǔ *sweltering summer weather*

缛 rù ㄖㄨˋ 繁多，繁重 elaborate；cumbersome：～礼 rùlǐ *elaborate formalities* / 繁文～节 fánwén-rùjié *unnecessary and overelaborate formalities*

褥 rù ㄖㄨˋ (一子一zi)装着棉絮铺在床上的东西 cotton-padded mattress

RUAN ㄖㄨㄢ

阮 ruǎn ㄖㄨㄢˇ ❶一种弦乐器，四根弦。西晋阮咸善弹此乐器，故名阮咸，简称阮 a plucked four-stringed musical instrument, named after a well-known person Ruanxian who was very good at playing it in the Western Jin Dynasty; then simplified as ruǎn ❷ 姓 a surname

朊 ruǎn ㄖㄨㄢˇ 蛋白质 protein

软(*輭) ruǎn ㄖㄨㄢˇ ❶柔，跟"硬"相反 soft, antonym of "yìng(stiff)"(⻾ comb. 柔— róu— *soft*)：绸子比布~Chóuzi bǐ bù ruǎn. *Silk is softer than cloth.* ❷柔和 soft；gentle：～风 ruǎnfēng

light air/～语 ruǎnyǔ *soft words* ❸懦弱 weak (⻾ comb. 一弱一 ruò weak)：～弱无能 ruǎnruò wúnéng *weak and incompetent*；*ineffectual*/不要欺～怕硬 bùyào qīruǎn-pàyìng *Don't bully the weak and fear the strong.* 㘝 ext. 1. 容易被感动或动摇 easily moved or influenced：心～xīn ruǎn *tender-hearted* / 耳朵～ěrduo ruǎn *soft ear*；*credulous person* 2. 不用强硬的手段进行 in soft words；gently：～磨(mó) ruǎnmó *use soft tactics*/～求 ruǎnqiú *ask sb. in soft words*；beg ❹没有气力 weak；feeble：两腿发～Liǎng tuǐ fāruǎn. *His legs feel like jelly.* ❺质量差的，不高明的 poor in quality, ability, etc.：工夫～ gōngfū ruǎn *inadequate skill*

RUI ㄖㄨㄟ

蕤 ruí ㄖㄨㄟˊ 见 671 页"葳"字条"葳蕤(wēi—)" See "wēiruí" under entry of "wēi", p. 671

蕊(*蕋、*蘂) ruǐ ㄖㄨㄟˇ 花蕊，种子植物有性生殖器官的一部分。分雄蕊和雌蕊两种 stamen or pistil, the productive organ of a plant

芮 ruì ㄖㄨㄟˋ 周代诸侯国名，在今陕西省大荔东南 name of a feudal state of the Zhou Dynasty in ancient China, in the southeast of Dali, Shaanxi Province

汭 ruì ㄖㄨㄟˋ 河流会合的地方，河流弯曲的地方 joint of rivers or winding of a stream or a river

枘 ruì ㄖㄨㄟˋ 〈古 arch.〉榫 tenon [枘凿—záo]方枘圆凿，比喻意见不合 square tenon and round chisel, meaning disagreement；different opinions

蚋 ruì ㄖㄨㄟˋ 蚊子一类的昆虫，头小，色黑，胸背隆起，吸人畜的血液，能传播疾病 blackfly, a species of mosquitoes with projecting back and chest and a small head, black in colour, feeding on the blood of man and animals, through which germs are spread

锐 ruì ㄖㄨㄟˋ ❶快或尖(指刀枪的锋刃),跟"钝"相反(of a knife or sword) sharp; acute, antonym of "dùn (blunt)"(僵 comb. 一利一lì,尖一jiān—sharp):其锋甚~ qí fēng shèn ruì Its edge is very sharp. ❷感觉灵敏 keen; sensitive:感觉敏~ gǎnjué mǐnruì keen insight; keen senses/ 眼光~利 yǎnguāng ruìlì sharp-eyed; sharp-sighted ❸锐气,勇往直前的气势 vigour; fighting spirit:养精蓄~ yǎngjīng-xùruì conserve strength and store up energy ❹骤,急剧 rapid; sudden:~减 ruìjiǎn sudden drop; sharp fall / ~增 ruìzēng rapid increase; sudden rise

瑞 ruì ㄖㄨㄟˋ 吉祥,好预兆 auspicious; lucky:~雪兆丰年 ruìxuě zhào fēngnián A timely snow promises a good harvest. or A snow year, a rich year.

睿 (*叡) ruì ㄖㄨㄟˋ 通达,看得深远 farsighted; having foresight:聪明~智 cōngmíng ruìzhì wise and farsighted

RUN ㄖㄨㄣ

闰 rùn ㄖㄨㄣˋ 地球公转一周的时间为 365 天 5 时 48 分 46 秒。阳历把一年定为 365 天,所余的时间约每四年积累成一天,加在二月里。夏历把一年定为 354 天或 355 天,所余的时间约每三年积累成一个月,加在某一年里。这样的办法在历法上叫做闰 a leap year; it takes 365 days, 5 hours, 48 minutes and 46 seconds for the earth to make a revolution round the sun in its own orbit. A common year of the solar calendar consists of 365 days and the remaining time is compensated by adding a day to February every four years; hence every fourth year is a leap year. The lunar calendar takes 354 or 355 days for a year, the remaining time is compensated by adding a month to the third year, so it is also a leap year.

润 rùn ㄖㄨㄣˋ ❶不干枯,湿燥适中 sleek; smooth; moist:湿~ shīrùn moist /~泽 rùnzé moist; smooth ❷加油或水,使不干枯 moisten; lubricate:~肠 rùncháng lubricate the intestines/~~嗓子 rùnrun sǎngzi moisten the throat ❸细腻光滑 smooth:珠圆玉~ zhūyuán-yùrùn round as pearls and smooth as jade (fig. excellent singing or polished writing)/ 他脸上很光~ Tā liǎn shang hěn guāngrùn. His face looks smooth. ❹使有光彩,修饰 embellish; touch up(僵 comb. 一饰 —shì polish writing):~色 rùnsè polish (a piece of writing)❺利益 profit; benefit:分~ fēn rùn distribute profits / 利~ lìrùn profit; benefit

RUO ㄖㄨㄛ

挼 ruó ㄖㄨㄛˊ ❶揉搓 crumple; rub:把纸条~成团 bǎ zhǐtiáo ruóchéng tuánr crumple a slip of paper into a ball ❷皱缩 crease:那张纸~了 Nà zhāng zhǐ ruó le. The piece of paper is creased.

若 ruò ㄖㄨㄛˋ ❶连词 conj. 若是,如果,假如 if:~不努力学习,就要落后 Ruò bù nǔlì xuéxí, jiùyào luòhòu. You will lag behind if you don't work hard. ❷如,像 like; as if:年相~ nián xiāngruò be about the same age/ ~有~无 ruòyǒu-ruòwú not much; if any; faintly discernible ❸你,汝 you; ~辈 ruò bèi you; you *people*

[若干－gān]多少(问数量或指不定量)how many; how much

偌 ruò ㄖㄨㄛˋ 这么,那么 such; so;～大年纪 ruò dà niánjì *so old; so advanced in years*

婼 Ruò ㄖㄨㄛˋ [婼羌－qiāng]地名,在新疆维吾尔自治区。今作"若羌" a place in Xinjiang Uygur Autonomous Region, now written as "ruòqiāng 若羌"

箬(＊篛) ruò ㄖㄨㄛˋ ❶箬竹,竹子的一种,叶大而宽,可编竹笠,又可用来包粽子 indocalamus, a kind of bamboo with big and broad leaves, used in making hat or wrapping pyramid-shaped dumplings of glutinous rice ❷箬竹的叶子 leaves of indocalamus

弱 ruò ㄖㄨㄛˋ ❶力气小,势力差,跟"强"相反 weak; feeble, antonym of "qiáng (strong)":身体～ shēntǐ ruò *weak in health* / ～小 ruòxiǎo *small and weak* ⑨ ext. 不够,差一点 a little less than:三分之二～ sān fēn zhī èr ruò *a little less than two-thirds* ❷〈古 arch.〉年纪小 young:老～病残 lǎoruòbìngcán *the young, the old, the sick and the disabled* ❸丧失(指人死)lose (life):又～一个 yòu ruò yī ge *Another one has passed away.*

蒻 ruò ㄖㄨㄛˋ 古书上指嫩的香蒲 tender cattail mentioned in ancient texts

爇 ruò ㄖㄨㄛˋ 点燃,焚烧 light; burn

R

S ㄙ

SA ㄙㄚ

仨 sā ㄙㄚ 三个(本字后面不能再用"个"字或其他的量词)three (not used with measure words)：他们哥儿~ tāmen gēr sā *they three brothers; the three of them*

撒 ⊖ sā ㄙㄚ ❶放，放开 cast；let go：~网 sāwǎng *cast a net*；*pay out a net* ~ 手 sāshǒu *let go one's hold*；*let go*/~腿跑 sātuǐ pǎo *make off at once* ❷尽量施展或表现出来 throw off all restraint；let oneself go：~娇 sājiāo *act like a spoiled child*；*act spoiled*

[撒拉族—lāzú]我国少数民族 a national minority in China　参看附表 See Appendix.

⊜ sǎ 见本页 See the same page.

洒(灑) sǎ ㄙㄚ ❶把水散布在地上 sprinkle；spray：扫地先~些水 sǎodì xiān sǎ xiē shuǐ *sprinkle the floor before you sweep it* ❷东西散落 (of things) be scattered；spill：~了一地粮食 sǎle yīdì liángshi *The grains spilled on the ground.*

[洒家—jiā]指说话者自己(宋元时方言，用于男性)I (dialect used by the male in the Song and Yuan Dynasties)

[洒脱—tuo]举止自然，不拘束 (of one's speech, behavior, etc.)free and easy；unrestrained：这个人很～～ Zhège rén hěn sǎtuo. *This is a very much unrestrained man.*

靸 sǎ ㄙㄚ 〈方 dial.〉把布鞋后帮踩在脚后跟下，穿(拖鞋) slip on cloth shoes without pulling up the heels；slip on slippers[靸鞋—xié] 1.一种草制的拖鞋 slippers made of straw 2.一种鞋帮纳得很密，前面有皮脸的布鞋 slipshoes，a kind of shoes with closely stitched upper and leather instep，easily slipped on and off

撒 ⊖ sǎ ㄙㄚ ❶散播，散布 scatter；spread：~ 种 sǎzhǒng *sow seeds* ❷散落，洒 spill；drop：小心点，别把汤~了 Xiǎoxīn diǎnr，bié bǎ tāng sǎ le. *Be careful，don't spill the soup.*

⊜ sā 见本页 See the same page.

澵 sǎ ㄙㄚ 澵河，水名，在河北省迁西境内 Sahe River in Qianxi，Hebei Province

卅 sà ㄙㄚ 三十 thirty

挱(挲) sà ㄙㄚ 侧手击 a flank attack；flank with the hand

脎 sà ㄙㄚ 有机化合物的一类，通式是：

$$R—C\!\!=\!\!N—NHC_6H_5$$
$$R—C\!\!=\!\!N—NHC_6H_5$$

由同一个分子内的两个羰基和两个分子的苯肼缩合而成 osazone，any one of a series of organic chemical compounds obtained by heating sugar with phenyl hydrazine and acetic acid；general formula：

$$R—C\!\!=\!\!N—NHC_6H_5$$
$$R—C\!\!=\!\!N—NHC_6H_5$$

飒 sà ㄙㄚ 风声 soughing；whistling (叠 redup.)：秋风～～ qiūfēng sàsà *The autumn wind is soughing through the trees.* [飒爽—shuǎng]豪迈而矫健 of martial bearing；valiant：～～ 英姿 sàshuǎng-yīngzī *valiant and heroic in bearing*；*bright and brave*

萨(薩) sà ㄙㄚ 姓 a surname

挲(*抄)　○ sa ·ム丫 见 433 页 "摩"字条"摩挲"(mā 一)See māsa under entry of "mā", p. 433

　○ suō 见 621 页 See p. 621

　⊜ sha 见 570 页 See p. 570

SAI ムあ

摁(**撋)　sāi ムあ 同"塞○ ❶" Same as "塞○ ❶".

腮(*顋)　sāi ムあ 面颊的下半部。也叫"腮帮子" cheek, also called sāibāngzi

鳃　sāi ムあ 鱼的呼吸器官，在头部两边 gills, organs on both sides of the head of a fish, used for breathing

塞　○ sāi ムあ ❶堵，填入 fill in; squeeze in:把窟窿 ～ 住 bǎ kūlong sāizhù Stop that hole. /堵～漏洞 dǔsāi lòudòng stop a leakage ❷(一子—zi，一儿—r)堵住器物口的东西 stopper:瓶子～儿 píngzisāir bottle stopper/软木～儿 ruǎnmùsāir cord

　○ sè 见 568 页 See p. 568

　⊜ sài 见本页 See the same page.

噻　sāi ムあ [噻唑—zuò]一种有机化合物，无色液体，容易挥发。供制药物和染料用 thiazole, an organic chemical compound of colourless volatile liquid, used as medicine and dyestuff

塞　○ sài ムあ 边界上的险要地方 a place of strategic importance:要～ yàosài fortress; fort/～外 Sàiwài north of the Great Wall; beyond the Great Wall

　○ sāi 见本页 See the same page.

　⊜ sè 见 568 页 See p. 568

僿　sài ムあ 不诚恳 not sincere

赛　sài ムあ ❶ 比较好坏、强弱 match; contest:～ 跑 sàipǎo race/～歌会 sàigēhuì singing competition/田径 ～ tiánjìngsài track and field meet ❷胜似 surpass; be better than:一个～一个 yī ge sài yī ge One is better than the other. ⑮ trans. 比得上 be comparable to:～真的 sài zhēn de be as good as the real one ❸旧时为酬报神灵而举行的祭典 memorial ceremony for rewarding gods in early times:～ 神 sàishén worship god /～会 sàihuì prayers' gathering

[赛璐玢—lùfēn](外 foreign)玻璃纸的一种，可染成各种颜色，多用于包装 cellophane, a kind of thin transparent material of various colours, often used in wrappings of goods

[赛璐珞—lùluò](外 foreign)一种化学工业制品，无色透明的固体，质轻，易燃，可制胶卷、玩具、日用品等 celluloid, a light, colourless and inflammable transparent substance in chemical industry, used to make films, toys and daily articles, etc.

SAN ムろ

三　sān ムろ ❶数目字 three ❷再三，多次 again and again; repeatedly; many times:～令五申 sānlìng-wǔshēn repeatedly give orders and injunctions / ～番五次 sānfān-wǔcì again and again; time and again

叁(**弎)　sān ムろ "三"字的大写 three, used on cheques, etc. to avoid mistakes or alterlations

毵(毿)　sān ムろ [毵毵——]形容毛发纤细长 (of hair, twigs, etc.) thin and long

伞(傘、❶繖)　sǎn ムろ ❶挡雨或遮太阳的用具，可张可收 umbrella, a screen or shade stretched over a folding radial frame, carried for protection against rain or sun：雨～yǔsǎn *umbrella* ❷像伞的东西 sth. shaped like an umbrella；降落～jiàngluòsǎn *parachute*

散 ㊀ sǎn ㄙㄢˇ ❶没有约束，松开 come loose；fall apart 披～着头发 pīsānzhe tóufa (of one's hair) *be hanging down loosely* / 绳子～了 Shéngzi sǎn le. *The ropes cannot hold together.* 引 ext. 分散（sàn）scattered：～居 sǎnjū *live in scatter*/把队伍～开 bǎ duìwu sǎnkai *disperse the troops* [散漫—màn]随便便便，不守纪律 undisciplined；lax in discipline：自由～～ zìyóu sǎnmàn *slack*；*lax in discipline*/生活～～ shēnghuó sǎnmàn *live a careless and sloppy life* [散文—wén]文体的名称，对"韵文"而言，不用韵，字句不求整齐 prose, a form of writing without rhyme or meter ❷零碎的 scattered：～装 sǎnzhuāng *unpacked*；loose packed/零零～～ línglíng-sǎnsǎn *scattered* ❸药末（多用于中药名）medicine in powder form；medical powder (usu. used in the names of Chinese medicine)：丸～膏丹 wán-sǎn-gāo-dān *pills, medical powder, extract and pellet*/健胃～jiànwèisǎn *medical powder for invigorating stomach*

㊁ sàn 见本页 See the same page.

橬 sǎn ㄙㄢˇ 橬子，一种油炸（zhá）的食品 deep-fried dough twist

糁（糝） ㊀ sǎn ㄙㄢˇ 〈方 dial.〉米粒（指煮熟的）rice (usu. cooked)

㊁ shēn 见 582 页 See p. 582

散 ㊀ sàn ㄙㄢˋ ❶分开，由聚集而分离 break up；disperse：～会 sànhuì *The meeting is over.*/云彩～了 Yúncai sàn le. *The clouds dispersed.* ❷分布，分给 distribute；give out：～传单 sàn chuándān *distribute leaflets*；*give out handbills* / 撒种（zhǒng）～粪 sǎzhǒng sànfèn *broadcast seeds and distribute dung in the*

field ❸排遣 dispel；let out：～心 sànxīn *drive away one's cares*；*relieve boredom*/～闷 sànmèn *divert oneself from boredom* ❹解雇 sack：过去资本家随便～工人 Guòqù zīběnjiā suíbiàn sàn gōngren. *In the old days the capitalists sacked workers at will.*

㊁ sǎn 见本页 See the same page.

SANG ㄙㄤ

丧（喪、**丧） ㊀ sāng ㄙㄤ 跟死了人有关的事 funeral；mourning：～事 sāngshì *funeral arrangements*/治～委员会 zhìsāng wěiyuánhuì *funeral committee*

㊁ sàng 见本页 See the same page.

桑 sāng ㄙㄤ 落叶乔木，开黄绿色小花，叶子可以喂蚕。果实叫桑甚，味甜可吃。木材可以制器具，皮可以造纸 mulberry, a tree blooming in yellowish green flowers and bearing sweet and edible fruits called sāngrèn；leaves used to feed silkworms, wood to make utensils and bark to make paper

搡 sǎng ㄙㄤˇ 猛推 push violently：用力一～，把他一～一个跟头 yònglì yī sǎng, bǎ tā sǎng yī ge gēntou *violently push him over*

嗓 sǎng ㄙㄤˇ ❶（一子—zi）喉咙 throat ❷（一儿—r）发音器官的声带及发出的声音 larynx；voice：哑～儿 yǎsǎngr *hoarseness*

磉 sǎng ㄙㄤˇ 柱子底下的石礅 base of a pillar；pedestal

颡 sǎng ㄙㄤˇ 额，脑门子 forehead

丧（喪、**丧） ㊁ sàng ㄙㄤˋ 丢掉，失去 lose（⊕ comb. —失—shī *lose*）：～命 sàngmìng *meet one's death*；*get killed*/～失立场 sàngshī lìchǎng *depart from the correct stand* [丧气—

qì] 1. 情绪低落 be in low spirits：灰心～ huīxīn-sàngqì get discouraged; lose heart　2. (—qi) 不吉利 (迷信)，倒霉 be unlucky; have bad luck

　⊖ sāng 见 566 页 See p. 566

SAO ㄙㄠ

搔 sāo ㄙㄠ 挠，用手指甲轻刮 scratch：～痒 sāoyǎng scratch oneself to relieve itching; scratch where it itches

骚 sāo ㄙㄠ ❶扰乱，不安定 disturb; upset (龜 comb. —扰 —rǎo disturb)：～动 sāodòng disturbance; commotion　❷同"臊⊖"Same as "臊⊖".　❸指屈原著的《离骚》Encountering Sorrow, a long poem by Qu Yuan. [骚人 —rén] 诗人 [骚体 —tǐ] 文体名，因模仿《离骚》的形式得名 the Sao style, a style of writing, named after the style of Encountering Sorrow. [风骚 fēng—] 1. 泛指文学literature in general 2. 妇女举止轻佻 (of a women) loose; flirting

缫 sāo ㄙㄠ 把蚕茧浸在滚水里抽丝 reel; reel silk from cocoons in boiling water：～丝 sāosī silk reeling; filature / ～车 (缫丝用的器具) sāochē reeling machine; filature

缲 ⊖ sāo ㄙㄠ 同"缫"Same as "缫".　⊜ qiāo 见 531 页 See p. 531

臊 ⊖ sāo ㄙㄠ 像尿那样难闻的气味 smell of urine or bad smell：尿～气 niàosāoqì the smell of urine/ 狐～húsāo the smell of fox

　⊜ sào 见本页 See this page.

扫(掃) ⊖ sǎo ㄙㄠ ❶拿笤帚等去尘土 sweep; clear away dust with broom：～地 sǎodì sweep the floor　❷像扫一样的动作或作用 action or effect of sweeping: 1. 消除 eliminate; clear away：～兴 (xìng) sǎoxìng spoil the

fun/～除文盲 sǎochú wénmáng eliminate illiteracy　2. 动作达到各方面 pass quickly along or over; sweep：～射 sǎoshè strafe/眼睛四下里一～yǎnjing sìxiàli yī sǎo sweep one's glance around　3. 全，所有的 all; all together：数归还 sǎoshù guīhuán all paid off

　⊜ sào 见本页 See the same page.

嫂 sǎo ㄙㄠ (—子—zi) 哥哥的妻子 elder brother's wife; sister-in-law (叠 redup.)

扫(掃) ⊜ sào ㄙㄠ 扫帚 (zhou)，一种用竹枝等做的扫地用具 broom, a sweeping brush made of bamboo branches, etc.

　⊖ sǎo 见本页 See the same page.

埽 sào ㄙㄠ ❶河工上用的材料，竹木为框架，用树枝、石子、土填实其中。做成柱形，用以堵水 pillar-shaped objects made of such materials as bamboo, wood, branches, cobble-stone and earth, used for embankment　❷用埽修成的堤坝或护堤 embankment; bank

瘙 sào ㄙㄠ 皮肤发痒的病 scabies

臊 ⊜ sào ㄙㄠ 害羞 shy; bashful：～得脸通红 sào de liǎn tōnghóng blush scarlet / 不知羞～bù zhī xiūsào shameless

　⊖ sāo 见本页 See the same page.

SE ㄙㄜ

色 ⊖ sè ㄙㄜ ❶颜色，由物体发射、反射的光通过视觉而产生的印象colour, the impression got through the visual nerve from the light emitted or reflected：日光有七～ rìguāng yǒu qī sè There are seven colours in the sunlight/红～hóngsè red　❷脸色，脸上表现出的神气、样子 look; expression：和颜悦～héyán-yuèsè with a kind and pleasant countenance;

have a genial expression/喜形于～xǐ xíng yú sè be visibly pleased；light up with pleasure ❸情景，景象 scenery；行～匆匆 xíngsè-cōngcōng be in a hurry to leave；be in a rush getting ready for a journey ❹种类 kind：各～用品 gèsè yòngpǐn all kinds of articles for use/货～齐全 huòsè qíquán various goods ❺成色，品质，质量 quality（of precious metals，goods，etc.）：足～纹银 zúsè wényín silver of good quality，pure silver/这货成～很好 Zhè huò chéngsè hěn hǎo. There is a high percentage of gold（or silver）in this article. ❻妇女容貌 feminine charms：姿～zīsè（of a woman）good-looking ❼情欲 lust；sexual passion

　　⊜ shǎi 见 571 页 See p. 571

铯 sè ㄙㄜ 一种金属元素，符号 Cs，色白质软，在空气中很容易氧化。铯可做真空管中的去氧剂，化学上可做催化剂 cesium, a soft silver-white metallic element，easily oxidized in the air and used as a de-oxidizer in a vacuum tube and catalyst in chemistry；symbol：Cs.

涩（澀、*濇） sè ㄙㄜ ❶不光滑，不滑溜 un-smooth；hard-going：轮轴发～，该上点油了 Lúnzhóu fāsè, gāi shàng diǎnr yóu le. The bearing doesn't work smoothly, it needs oiling. ❷一种使舌头感到不滑润不好受的滋味 puckery，（of the tongue）feeling un-smooth and unwell：这柿子很～ Zhè shìzi hěn sè. The persimmon is very puckery. ❸文章难读难懂（of writings）hard to understand；ob-scure：文字艰～ wénzì jiānsè involved and obscure writing

啬（嗇） sè ㄙㄜ 小气，当用的财物舍不得用 stingy；miserly（⊕ comb. 吝—lìn— stin-gy）：不浪费也不吝～ bù làngfèi yě bù lìnsè be neither extravagant nor

miserly

穑（穡） sè ㄙㄜ 收割庄稼 reap；reaping

瑟 sè ㄙㄜ 一种弦乐器 a stringed plucked instrument [瑟瑟－－] 1.形容轻微的声音（of sound）soft：秋风～～qiūfēng sèsè rustling of the autumn wind 2. 形容颤抖 trem-bling：～～发抖 sèsè fādǒu（of a per-son）trembling

塞 ⊖ sè ㄙㄜ 同“塞⊖❶”，用于若干书面语词，如“闭塞、堵塞、阻塞、塞责”等 Same as “塞⊖❶”，used in written language，such as “bìsè”（out-of-the-way），dǔsè（block），zǔsè（block），and sèzé（not do one's job conscientiously）”

　　⊖ sāi 见 565 页 See p. 565

　　⊜ sài 见 565 页 See p. 565

SEN ㄙㄣ

森 sēn ㄙㄣ 树木众多 full of trees：～林（大片生长的树木）sēnlín forest [森森－－]众多，深密（of trees）dense；thick：林木～～línmù sēnsēn luxuriant trees ⑯ fig. 气氛寂静可怕 dark；gloomy；阴～～的 yīn-sēnsēn de gruesome；ghastly [森严－yán] 整齐严肃，防备严密 stern；strict：戒备～～jièbèi sēnyán heavily guarded

SENG ㄙㄥ

僧 sēng ㄙㄥ 梵语“僧伽”的省称，佛教指出家修行的男人 short for sēngjiā, referring to Buddist monk

SHA ㄕㄚ

杀（殺） shā ㄕㄚ ❶使人或动物失去生命 kill；slaugh-ter：～敌立功 shādí lìgōng fight the enemy and render meritorious service/ ～虫药 shāchóngyào insecticide; pesticide/ 鸡焉用牛刀 shā jī yān yòng niúdāo Why use an ox-cleaver to kill a chicken? or Why break a butterfly on the wheel? ❷战斗 fight; go into battle: ～出重（chóng）围 shāchū chóngwéi fight one's way out of a heavy encirclement ❸消减 weaken; reduce: ～价 shājià beat a seller down/～暑气 shā shǔqì The summer heat has abated; abate the summer heat/拿别人～气 ná biéren shāqì take it out on others ❹〈方 dial.〉药物等刺激身体感觉疼痛 smart: 这药上在疮口上～得慌 Zhè yào shàng zài chuāngkǒu shang shādehuang The medicine smarts when it is put on the open part of a sore. ❺收束 bring to a close; collect: ～尾 shāwěi wind up ending (of an article, etc.)/～账 shāzhàng square accounts ❻勒紧，扣紧 tie or strap sth tight; tighten: ～车（把车上装载的东西用绳勒紧）shāchē tie the goods in a truck tight with ropes/ ～一～腰带 shā yī shā yāodài tighten one's belt ❼在动词后，表示程度深 exceedingly; extremely, used after a verb: 气～人 qì shā rén be exceedingly angry; hopping mad/ 笑～人 xiào shā rén absolutely ridiculous

刹 ㊀ shā ㄕㄚ 止住（车、机器等）stop (a car, machine, etc.): ～车 shāchē brake a car

㊁ chà 见 64 页 See p. 64

铩（鎩） shā ㄕㄚ ❶古代一种长矛 a long spear in ancient times ❷摧残，伤害 destroy; wound: ～羽之鸟（伤了翅膀的鸟，喻失意的人）shāyǔzhīniǎo bird with wings clipped (fig. a frustrated person)

杉 ㊀ shā ㄕㄚ 义同"杉 shān㊀"，用于杉木、杉篙等 Same in meaning as "shā shān㊀", used in the collocations of shāmù（fir wood）and

shāgāo (fir pole).

㊁ shān 见 571 页 See p. 571

沙 ㊀ shā ㄕㄚ ❶（一子 -zi）非常细碎的石粒 sand; grit; ～土 shātǔ sandy soil; sand/～滩 shātān sand beach ❷像沙子的 sth. resembling sand; sth. granular or powdery: ～糖 shātáng granulated sugar / 豆～ dòushā sweetened bean paste /～瓤西瓜 shāráng xīguā mushy pulp watermelon ❸声音不清脆不响亮（of voice）hoarse; husky: ～哑 shāyǎ hoarse; husky ❹姓 a surname

㊁ shà 见 570 页 see p. 570

莎 shā ㄕㄚ 多用于人名、地名 used in people's names and place names ［莎车 -chē］地名，在新疆维吾尔自治区 a place in Xinjiang Uygur Autonomous Region

㊁ suō 见 621 页 See p. 621

痧 shā ㄕㄚ 中医病名，指霍乱、中暑、肠炎等急性病 a term in Chinese medicine, referring to acute diseases such as cholera, sunstroke and enteritis, etc.

裟 shā ㄕㄚ 见 292 页"袈"字条"袈裟"（jiāshā）See jiāshā under entry of "jiā", p. 292

鲨 shā ㄕㄚ 鲨鱼，又叫"鲛"。生活在海洋中，种类很多，性凶猛，捕食其他鱼类。鳍即鱼翅，是珍贵的食品。肝可制鱼肝油。皮可以制革 shark, also called "jiāo", a kind of various large, usu. grey fish living esp. in warm seas, feeding on other fish and dangerous to people; fins used as delicious food, liver used in making codliver oil and skin used in making leather

纱 shā ㄕㄚ ❶用棉花、麻等纺成的细缕，用它可以捻成线或织成布 yarn, a long continuous thread of wool or cotton, used in making cloth, mats, etc. ❷经纬线稀疏或有小孔的织品 gauze, a net-like material made in a fine piece: 羽～ yǔshā camlet/窗

~chuāngshā *window gauze* ③ ext. 像纱布的 sth. resembling gauze；铁~ tiěshā *wire gauze*；*wire cloth*/ 塑料窗~ sùliào chuāngshā *plastic window gauze*

砂 shā ㄕㄚ 同"沙㊀❶❷"Same as "沙㊀❶❷".

煞 ㊀ shā ㄕㄚ ❶同"杀❸❺❻❼" Same as "杀❸❺❻❼". ❷同"刹 (shā)㊀"Same as "刹(shā)㊀".
　㊁ shà 见本页 See the same page.

啥 shá ㄕㄚ〈方 dial.〉什么 what：你姓~ Nǐ xìng shá? *What's your surname?* /他是~地方人? Tā shì shá dìfang rén? *Where is he from?*

傻(＊＊傻) shǎ ㄕㄚ ❶愚蠢，糊涂 stupid；mud-dle headed：说~话 shuō shǎhuà *speak stupidly*；*have a stupid talk*/吓~了 xiàshǎle *be dumbfounded*；*be stunned* ❷死心眼 think or act mechanically：这样好的事你都不干，真有点犯~ Zhèyàng hǎo de shì nǐ dōu bù gàn, zhēn yǒudiǎnr fànshǎ. *You are stupid indeed to have refused such a good of-fer.*

沙 ㊁ shà ㄕㄚ 经过摇动把东西里的杂物集中，以便清除 sieve；sift，shake so as to separate the coarse from the fine particles：把小米里的沙子~一~ bǎ xiǎomǐ li de shāzi shà yī shà *Sift the millet and sort out the sand.*
　㊀ shā 见 569 页 See p. 569

嗄 shà ㄕㄚ [嗄喋－zhá]形容鱼、鸟等吃东西的声音 sound of a shoal of fish or a flock of birds feeding

厦(＊厦) ㊀ shà ㄕㄚ ❶大屋子 a great building；mansion：广~千万间 guǎngshà qiānwàn jiān *thousands of tall build-ings*/ 高楼大~ gāolóu-dàshà *tall buildings* ❷房子后面突出的部分 projecting part on the back of a house：前廊后~ qiánláng-hòushà *front lobby and back room*
　㊁ xià 见 698 页 See p. 698

嗄 ㊀ shà ㄕㄚ 嗓音嘶哑(of voice) hoarse
　㊁ á 见 1 页"啊" See "á", p. 1

猷 shà ㄕㄚ 用嘴吸取 suck [猷血－xuè]古人盟会时，嘴唇涂上牲畜的血，表示诚意。smear the blood of a sacrifice on the mouth, an an-cient form of swearing an oath

煞 ㊀ shà ㄕㄚ ❶极，很 very；ex-treme：~费苦心 shàfèi-kǔxīn *cudgel one's brains*；*take great pains*/ 脸色~白 liǎnsè shàbái *look deathly pale*. ❷迷信的人指凶神 evil spirit；goblin：~气 shàqì (of anything with air inside) leak/凶~ xiōngshà *evils*；*fiends*
　㊁ shā 见本页 See the same page.

箑 shà ㄕㄚ 扇子 fan

霎 shà ㄕㄚ 小雨 slight rain

[霎时－shí]极短时间，一会儿 very short time；instant

挲(＊抄) ㊀ sha ·ㄕㄚ 见 815 页"挓"字条"挓挲" (zhā－) See zhāsha under entry of "zhā", p. 815
　㊁ suō 见 621 页 See p. 621
　㊂ sa 见 565 页 See p. 565

SHAI ㄕㄞ

筛(篩) shāi ㄕㄞ ❶(－子－zi) 用竹子等做成的一种有孔的器具，可以把细东西漏下去，粗的留下 sieve, a net-like utensil made of bamboo used to separate fineparti-cles from the coarse ones ❷用筛子过东西 sift；screen：~米 shāi mǐ *sift rice*/~煤 shāi méi *riddle coal* ❸敲(锣)beat (the gong)：~了三下锣

shāile sān xià luó *beat the gong three times.*

[筛酒—jiǔ] 1. 斟酒 *pour a glass of wine (for a guest)* 2. 把酒弄热 *warm up wine*

醯（釃） shāi ㄕㄞ （又）见 589 页
shī Also see shī, p. 589

色 ⊖ shǎi ㄕㄞ （一儿一r）同"色⊖"，用于一些口语词 Same as "色⊖", used in colloquial speech：落（lào）～儿 làoshǎir *fade* / 掉～ diàoshǎir *fade*; *lose colour* / 不变～儿 bù biànshǎir *do not change colour*

⊜ sè 见 567 页 See p. 567

晒（曬） shài ㄕㄞ 把东西放在太阳光下使它干燥；人或物在阳光下吸收光和热(of an object) *dry in the sun*; (of a person) *bask in the sun*：～衣服 shài yīfu *dry the clothes in the sun*/～太阳 shài tàiyáng *sunbathe; bask in the sun*

SHAN ㄕㄢ

山 shān ㄕㄢ ❶地面上由土石构成高起的部分 hill; mountain：深～ shēnshān *remote mountains*/～高水深 shāngāo-shuǐshēn *Mountains are high and rivers are deep (fig. a difficult journey)*/人～人海（喻人多）rénshān-rénhǎi *a great lot of people* ❷蚕蔟 a bunch of straw in which silk worms spin cocoons：蚕上～了 Cán shàngshān le. *The silkworms have gone into the straw bundles to spin their cocoons.* ❸ 山墙，房屋两头的墙 gable, the three-cornered upper end of a wall, meeting the sloping roofs：房～ fángshān *gable of a house.*

舢 shān ㄕㄢ [舢板—bǎn]一种小船。也叫"三板" sampan; small boat, also called "sānbǎn"

芟 shān ㄕㄢ 割草 mow grass ⑨ ext. 除去 weed out; eliminate

杉 ⊖ shān ㄕㄢ 常绿乔木，树干高而直，叶子细小，呈针状，果实球形。木材供建筑和制器具用 fir, an evergreen tree of the pine family with needle-like leaves and round fruits; wood used in building and in making utensils [水杉 shuǐ一]落叶乔木，叶披针形。我国特产，是世界现存的稀有植物之一。木材轻软，供建筑、制器具等用 metasequoia, a deciduous tree, one of the rare plants in the world, a speciality of China; wood light and soft, used in building and in making utensils, etc.

⊜ shā 见 569 页 See p. 569

钐 ⊖ shān ㄕㄢ 一种金属元素，符号 Sm，灰白色，有放射性。钐的氧化物是原子反应堆на陶瓷保护层的重要成分 samarium, a greyish—white radio-active metallic element; symbol: Sm. Samarium oxide is an important ingredient used in china the protection of atomic pile

⊜ shàn 见 573 页 See p. 573

衫 shān ㄕㄢ 上衣，单褂 upper garment; unlined upper garment：长～ chángshān *unlined long gown*/ 衬～ chènshān *shirt*

删（刪） shān ㄕㄢ 除去，去掉文字中不妥当的部分 delete; leave out：～改 shāngǎi *delete and change; revise* / ～除 shānchú *delete; cross out* / 这个字应～去 Zhège zì yīng shānqu. *This word should be left out.*

姗 shān ㄕㄢ 形容走路缓慢从容 walk slowly(叠 redup.)：～～来迟 shānshān láichí *be slow in coming; be late*

珊 shān ㄕㄢ [珊瑚—hú]一种腔肠动物所分泌的石灰质的东西，形状像树枝，有红、白各色，可以做装饰品。这种腔肠动物叫"珊瑚虫" coral, a calcareous substance of the marine coelenterate (the coral polyp), resembling branches, red or white in colour, used for ornament

栅 ⊖ shān ㄕㄢ [栅极—jí]电子管靠阴极的一个电极 grid of an

S

electron tube used as a controller

⊝ 见 817 页 zhà See p. 817

珊　shān ㄕㄢ 见 492 页"蹒"字条"蹒珊" See pánshān under entry of "pán", p. 492

苫　⊝ shān ㄕㄢ 草帘子,草垫子 straw screen; straw mat：草～子 cǎoshānzi *straw mat*

　　⊜ shàn 见本页 See the same page.

痁　shān ㄕㄢ 〈古 arch.〉疟疾 malaria; ague

埏　⊝shān ㄕㄢ 用水和(huó)泥 mix mud with water

　　⊜ yán 见 742 页 See p. 742

扇(❶❷＊＊**搧)**　⊝ shān ㄕㄢ ❶摇动扇子或其他东西,使空气加速流动生风 cause air, esp. cool air, to blow on sth. with or as if with a fan：用扇子～ yòng shànzi shān *fan*　❷用手掌打 slap：～了他一耳光 shānle tā yī ge ěrguāng *slap him on the face*　❸同"煽❷" Same as "煽❷".

　　⊜ shàn 见 573 页 See p. 573

煽　shān ㄕㄢ ❶同"扇⊝❷"Same as "扇⊝❷".　❷鼓动(别人做不应该做的事)incite; instigate：～动 shāndòng *instigate*/ ～惑 shānhuò *incite*; *instigate*

潸(＊＊**潜)**　shān ㄕㄢ 流泪的样子 tearful; in tears：不禁(jīn)～～bùjīn shānshān *cannot keep back one's tears*/～然泪下 shānrán-lèixià *tears trickling down one's cheeks*

膻(＊**羶)**　shān ㄕㄢ 像羊肉的气味 resembling the smell of mutton：～气 shānqì *the smell of mutton*/～味儿 shānwèir *mutton flavour*

闪　shǎn ㄕㄢ ❶天空的电光 lightning：打～dǎshǎn *lightning* ❷光亮突然显现或忽明忽暗 flash; twinkle：灯光一～～dēngguāng yī shǎn *the light flashes*/～得眼发花 shǎn de yǎn fāhuā *The flash of the light*

blurred my vision. ❸光辉闪耀 shine; sparkle：～金光 shǎn jīnguāng *emit golden rays*/电～雷鸣 diànshǎn-léimíng *lightning and thundering* ❹侧转身体躲避 dodge; get out of the way：～开 shǎnkai *get out of the way*; *jump aside* ❺因动作过猛,筋肉疼痛 twist; sprain：～了腰 shǎnle yāo *sprain one's waist*

陕(陝)　shǎn ㄕㄢ 陕西省,我国的一省 Shaanxi Province, in northwest of China.

映(＊＊**睒)**　shǎn ㄕㄢ 眨巴眼,眼睛很快地开闭 blink; twinkle：那飞机飞得很快,一～眼就不见了 Nà fēijī fēi de hěn kuài, yī shǎnyǎn jiù bùjiàn le. *The plane was flying very fast and vanished in the twinkling of an eye.*

讪(❷＊＊**赸)**　shàn ㄕㄢ ❶讥笑 mock; ridicule：～笑 shànxiào *ridicule*; *mock* ❷难为情的样子 embarrassed; shamefaced：脸上发～liǎnshang fāshàn *look embarrassed*; *embarrassing*/他～～～地走了 Tā shànshàn de zǒu le. *He walked away embarrassingly.* ❸[搭讪 dā—]为了想跟人接近或把尴尬的局面敷衍过去而找话说 say sth. to smooth over an embarassing situation

汕　shàn ㄕㄢ [汕头—tóu]地名,在广东省 a place in Guangdong Province

疝　shàn ㄕㄢ 疝气,病名,种类很多,通常指阴囊胀大的病。也叫"小肠串气"a term for a disease, hernia, consisting of many varieties, usu. referring to the swelling of the scrotum; also called "xiǎocháng chuànqì"

苫　⊝ shàn ㄕㄢ 用席、布等遮盖 cover with a straw mat, a piece of cloth, etc.：拿席～上点 Ná xí shànshang diǎnr. *Cover it with a straw mat.*

⊖ shān 见 572 页 See p. 572

钐 ⊜ shàn ㄕㄢ 抢开镰刀或钐镰 割 cut with a sickle：～草 shàn cǎo cut fast grass/～麦 shàn mài cut wheat with a sickle [钐镰－lián][钐刀－dāo]一种把儿很长的大镰刀 a large sickle with a long handle

⊖ shān 见 571 页 See p. 571

单(單) ⊜ shàn ㄕㄢ ❶姓 a surname ❷单县，在山东省 Shan County, in Shandong Province

⊖ dān 见 110 页 See p. 110

⊜ chán 见 65 页 See p. 65

埠(墠) shàn ㄕㄢ 古代祭祀用的平地 level ground for offering sacrifice to gods or ancesters in ancient times

挿(撣) shàn ㄕㄢ ❶我国史上对傣族的一种称呼 a name for theDai Nationality used in Chinese historical works ❷挿族，缅甸民族之一，大部分居住在挿邦 the Shan Nationality of Myanmar, most of the Shans living in Shan State [挿邦－bāng]缅甸自治邦之一 one of the autonomous states in Myanmar

⊖ dǎn 见 112 页 See p. 112

禅(禪) ⊜ shàn ㄕㄢ 禅让，指古代帝王让位给旁人，如尧让位给舜，舜让位给禹 abdicate，the act of abdicating and handing over the crown to another person by an emperor in ancient times, such as the Emperor Rao giving the throne to Shun, and Shun to Yu

⊖ chán 见 65 页 See p. 65

剡 ⊜ shàn ㄕㄢ 剡溪，水名，在浙江省 Shan Xi, a river in Zhejiang Province

⊖ yǎn 见 745 页 See p. 745

掞 shàn ㄕㄢ 发挥，铺张 express；extravagant

扇 ⊖ shàn ㄕㄢ ❶（－子－zi）摇动生风取凉的用具 fan：折～ zhéshàn folding fan/蒲～ púshàn cattail leaf fan ❷量词 meas.：一～门 yī shàn mén a door/两～窗子 liǎng shàn chuāngzi two windows/一～磨 yī shàn mò a millstone

⊜ shān 见 572 页 See p. 572

骟 shàn ㄕㄢ 割掉牲畜的睾丸或卵巢 castrate an animal：～马 shàn mǎ castrate a horse / ～猪 shàn zhū castrate a pig

镨 shàn ㄕㄢ 同"钐 ⊜" Same as "钐 ⊜".

善 shàn ㄕㄢ ❶善良，品质或言行好 good；virtuous：心～ xīnshàn kind-hearted/～举 shànjǔ philanthropic act or project/～事 shànshì charitable deeds；good deeds ❷好的行为、品质，跟"恶"相反 good behaviour or quality, antonym of "malicious, evil or friendish"：行～ xíngshàn do good；practise philanthropy/劝～规过 quànshàn-guīguò exhort sb. to do good and correct his mistakes ❸交好，和好 make friends with；become reconciled：友～ yǒushàn friendly/相～ xiāngshàn be kind and helpful to each other ㊄ ext. 熟习 familiar：面～miànshàn look familiar ❹高明的，良好的 wise；good：～策 shàncè good plan [善后－hòu]妥善地料理和解决某些事故、事件发生以后的问题 properly deal with problems arising from an accident, etc. ❺长于，能做好 be good at；be expert in：勇敢～战 yǒnggǎn shànzhàn be brave and good at fighting/～辞令（长于讲话）shàn cí lìng eloquent and witty ㊄ ext. 好好地 well：～为说辞 shànwéi shuōcí put in a good word for sb. ❻爱，容易 easy：～变 shànbiàn be apt to change；be changeable/～疑 shànyí be apt to doubt；be doubtful

S

鄯 shàn ㄕㄢˋ [鄯善—shàn] 1. 古代西域国名 a feudal state in the Western Regions in ancient China 2. 地名，在新疆维吾尔自治区 a place in Xinjiang Uygur Autonomous Region

墡 shàn ㄕㄢˋ 白色黏土 white clay

缮 shàn ㄕㄢˋ ❶修缮，修补，整治 repair；mend ❷抄写 copy：～写 shànxiě copy

膳(*饍) shàn ㄕㄢˋ 饭食 meals；board；晚～ wǎnshàn supper／～费 shànfèi board expenses

鐥 shàn ㄕㄢˋ 同"钐〇" Same as "钐〇"

鳝(鱓) shàn ㄕㄢˋ 鳝鱼，鱼名。通常指黄鳝，形状像蛇，身体黄色有黑斑，肉可以吃 eel，usu. finless eel，shaped like a snake with dark spots on its yellow body；meat edible

擅 shàn ㄕㄢˋ ❶超越职权，独断独行 arrogate to oneself and do sth beyond one's own authority：～权 zhuānshàn usurp authority／～自处理 shànzì chǔlǐ deal with sth. without authorization ❷专于某种学术或技能 be good at；be expert in：～长数学 shàncháng shùxué be good at mathematics

嬗 shàn ㄕㄢˋ 更替，变迁 transmute；transform：～变 shànbiàn evolution

赡 shàn ㄕㄢˋ ❶供给人财物 support；provide for：～养亲属 shànyǎng qīnshǔ support one's family ❷富足，足够 sufficient；abundant

蟮 shan ·ㄕㄢ [蛐蟮 qū—] 蚯蚓 earthworm

SHANG ㄕㄤ

伤(傷) shāng ㄕㄤ ❶身体受损坏的地方 wound；injury：腿上有一块枪～ tuǐ shang yǒu yī kuài qiāngshāng have a bullet wound in the leg／轻～不下火线 qīngshāng bù xià huǒxiàn not leave the frontline on account of minor wounds ❷损害 injure；hurt：～了筋骨 shāngle jīngǔ be injured in the tendons and bones／脑筋（费思索）shāng nǎojīn knotty；bothersome ❸因某种致病因素而得病 catch a disease：～风 shāngfēng catch cold；have a cold／寒 shānghán typhoid fever；typhoid ❹因过度而感到厌烦 get sick of sth；develop an aversion to sth.：吃糖吃了 chī táng chīshāng le get sick of eating sweets ❺妨碍 hinder：无～大雅 wúshāng-dàyǎ not matter much；not affect things as a whole ❻悲哀 sorrow（❇comb. 悲—bēi— sad）：～感 shānggǎn fell with sorrows；sentimental／～心 shāngxīn broken-hearted ❼得罪 offend；displease：～众 shāngzhòng displease the public／开口～人 kāikǒu shāngrén say sth that will hurt others' feelings；speak bitingly

汤(湯) ㊀shāng ㄕㄤ [汤汤—]水流大而急 (of water) vast and torrential：浩浩～～，横无际涯 hàohào shāngshāng, héng wú jìyá (of water) torrential and boundless

㊁ tāng 见 631 页 See p. 631

殇(殤) shāng ㄕㄤ 还没到成年就死了 die younger

觞(觴) shāng ㄕㄤ 古代喝酒用的器物 wine cup；drinking vessel，used in ancient times：举～称贺 jǔshāng-chēnghè raise one's wine cup (glass) to present compliments to sb.

商 shāng ㄕㄤ ❶商量，两个以上的人在一起计划，讨论 discuss；talk and plan between or among people：面～ miànshāng discuss with sb face to face；consult personally／有要

事相～yǒu yàoshì xiāngshāng *have matters of importance to discuss* ❷生意，买卖 trade；business：～业 shāngyè *business*；*trade*/通～ tōngshāng *have trade relations*/经～jīngshāng *be engaged in trade*；*be in business* [商品－ pǐn]为出卖而生产的产品 commodity；goods，products for sale ❸商人，做买卖的人 merchant；trader：布～bùshāng *cloth trader*/富～fùshāng *rich businessman* ❹除法中的得数 quotient：8 被 2 除～数是 4 Bā bèi èr chú shāngshù shì sì. *The quotient is four if eight is divided by two.* ❺用某数做商 a number used as a quotient：二除八～四 Èr chú bā shāng sì. *Two into eight goes four times* ❻商朝，成汤所建立（约公元前 16 世纪—约公元前 1066 年），从盘庚起，又称殷朝（约公元前 1324—约公元前 1066 年）the Shang Dynasty (16th－11th century B. C.) established by Cheng Tang；also called the Yin Dynasty (1324－1066 B. C.) from the time of Pang Geng ❼古代五音"宫、商、角（jué）、徵（zhǐ）、羽"之一 a note of the ancient Chinese five-tone scale, corresponding to 2 in numbered musical notation ❽星宿名，二十八宿之一，就是心宿 heart constellations, one of the twenty-eight constellations, in ancient Chinese astronomy

墒(＊＊暘) shāng ㄕㄤ 田地里土壤的湿度 moisture in the soil；够～gòushāng (of soil) *quite moist*/验～yànshāng *examine the moisture in the soil*/抢～qiǎngshāng *lose no time in sowing while there is sufficient moisture in the soil*/保～bǎoshāng *preserve the moisture in the soil*/墒情 shāngqíng *soil moisture content*

熵 shāng ㄕㄤ 为了衡量热力体系中不能利用的热能，用温度除热能所得的商 entropy, a measure of the difference between the temperatures of sth. heating and sth. heated

上 shǎng ㄕㄤ "上声"（shàng—）的"上"的又音。见 576 页"上（shàng）❶" a varient pronunciation for "shàng" in the collocation of "shàngshēng"；see "shàng" p. 576

坰 shǎng ㄕㄤ 量词 meas. 计算地亩的单位，各地不同。在东北一般合十五亩 a land measure，differing from place to place, equal to fifteen *mu* in northeast China

晌 shǎng ㄕㄤ ❶一天内的一段时间，一会儿 part of the day；a while：工作了半～gōngzuòle bàn shǎng *have worked a while*/停了一一 tíngle yī shǎng *stop for a while* ❷晌午（wu），正午 noon：睡～觉 shuì shǎngjiào *take a nap at noon time*/歇～xiēshǎng *take a midday rest*

赏 shǎng ㄕㄤ ❶指地位高的人或长辈给地位低的人或晚辈财物 grant or bestow a reward；award，usu. by the senior or the elder to the junior or the younger（⑤comb. 一赐 －cì *grant a reward*）：～给他一匹马 shǎnggěi tā yī pǐ mǎ *award him a horse* ❷敬辞 polite expression：～光（请对方接受自己的邀请）shǎngguāng *please* (used when requesting sb to accept an invitation) ❸奖励 reward；award：～罚分明 shǎngfá fēnmíng *be fair in issuing rewards punishments*；*be discriminating in rewards or punishments* ❹奖赏的东西 reward；award：领～lǐngshǎng *receive an award*/悬～xuánshǎng *offer a reward for sth. or sb.* ❺玩赏，因爱好（hào）某种东西而观看 view and admire；delight in viewing：欣～xīnshǎng *appreciate*；*admire*/鉴～jiànshǎng *appreciate*[赏识－shí]认识到人的才能或作品的价值而予以重视或赞扬 recognize the worth of sb's talent or works；appreciate

S

上 shàng ㄕㄤ ❶位置在高处的,跟"下"相反 in an upper position; above;opposite to "xià":山～shān shang up in the mountain; hill-top/～面 shàngmian above; over; on top of ⑤ ext. 1. 次序在前的 first:～篇 shàngpiān first sections; first chapters/～卷 shàngjuàn first volume/～星期 shàng xīngqī last week 2. 等级高的 higher; superior; ～等 shàngděng first-class; first-rate ～级 shàngjí higher level; higher authorities 3. 质量高的,好的 superior in quality; good:～策 shàngcè first choise; the best way out/～等货 shàngděnghuò first-class goods ❷由低处到高处 go up; ascend:～山 shàng shān climb up a mountain/～楼 shàng lóu go upstairs ⑤ ext. 1. 去,到 go to; leave for:你～哪儿? Nǐ shàng nǎr? Where are you going? ～北京 shàng Běijīng I'm leaving for Beijing./～街去 shàngjiē qu go downtown 2. 向前进 march forward; go ahead:同志们快～啊! Tóngzhìmen kuài shàng a! March forward quickly, comrades! 3. 进呈 submit some opinions to …:～书 shàngshū submit a written statement to a higher authority; send in a memorial/谨～ jǐn shàng sincerely yours(用在信函的最后,署名之前) ❸增加 increase; add:1. 添补 add:～水 shàngshuǐ feed water to a steam engine, etc.; fill sth. with water/～货 shànghuò get in stocks; replenish stocks 2. 安装 install; insert:～刺刀 shàng cìdāo fix bayonet/～螺丝 shàng luósī drive in a screw 3. 涂上 spread on; apply:～颜色 shàng yánsè colour/～药 shàng yào apply ointment; apply medical liquid 4. 登载,记上 register:～报 shàngbào appear in the newspapers; report to a higher body/～光荣榜 shàng guāngróngbǎng enter the honour roll/～账 shàngzhàng make an entry in an account book; enter sth. in an account ❹按规定时间进行某种活动 be engaged in an activity at a fixed time:～课 shàngkè attend class; go to class/～班 shàngbān go to work ❺拧紧发条 tighten a spring:～弦 shàngxián tighten the spring of; wind (up)/表该～了 Biǎo gāi shàng le. The watch needs winding. ❻放在名词后 used after a noun:1.表示在中间 within:半路～bànlù shang on the way/心～xīnshang in one's mind 2.表示方面 in (some aspect):领导～lǐngdǎo shang by the authorities/理论～lǐlùn shang in theory 3.表示在某一物体的表面 on the surface of an object:车～chē shang in the car/墙～qiáng shang on the wall/桌子～zhuōzi shang on the table 4.表示在某一事物的范围内 within (a certain area):会～huì shang at the meeting/书～shū shang in the book ❼在动词后,表示完成 used after a verb, indicating completion of an action:选～代表 xuǎnshang dàibiǎo be elected as a representative/排～队 páishang duì line up; join in a queue ❽在动词后 used after a verb:1.跟"来"、"去"连用,表示趋向 used along with "lái and qù", indicating tendency:骑～去 qí shangqu mount (up)/爬～来 pá shanglai climb up 2.表示要求达到的目标或已达到目标 indicating a goal reached or to be reached:锁～锁 suǒshang suǒ lock a door/沏～茶 qīshang chá make tea/考～大学 kǎoshang dàxué be admitted to a university ❾达到一定程度或数量 up to; as many as:成千～万 chéngqiān-shàngwàn thousands of ❿旧时乐谱记音符号的一个,相当于简谱的"1"a note of the scale in early times, corresponding to "1" in numbered musical notation ⓫(又 shǎng)上声,汉语四声之一。普通话上声的调子是拐弯的,先降低再升高,符号作"∨"(also shǎng) rising tone, the second of the four tones in classical Chinese pronunciation, equal to the falling-rising tone in modern Chinese pronunciation; symbol: "v"

尚 shàng ㄕㄤ ❶还(hái) still; yet: 年纪～小 niánjì shàng xiǎo be still young/～不可知 shàng bù kě zhī It is still unknown. [尚且—qiě]连词 conj. 表示进一层的意思,跟"何况"连用 even, used along with "hékuàng"(let alone, to say nothing of)": 你～～不行,何况是我 Nǐ shàngqiě bù xíng, hékuàng shì wǒ. Even you cannot do it, to say nothing of me. /细心～～难免出错,何况粗枝大叶 Xìxīn shàngqiě nánmiǎn chūcuò, hékuàng cūzhīdàyè. Even carefulness cannot prevent you from making mistakes, to say nothing of carelessness. ❷尊崇,注重 respect; esteem: 崇～chóngshàng uphold [高尚 gāo—]崇高 noble

绱(＊＊鞝) shàng ㄕㄤ 把鞋帮、鞋底缝合成鞋 stitch the sole to the upper (of a shoe): ～鞋 shàngxié sole a shoe

裳 ⊖ shang ·ㄕㄤ [衣裳 yī—]衣服 clothes
　⊜ cháng 见 69 页 See p. 69

SHAO　ㄕㄠ

捎 shāo ㄕㄠ 捎带,顺便给别人带东西 take along sth. to (or for) sb.; bring to sb.: ～封信去 shāo fēng xìn qu take a letter to …

梢 shāo ㄕㄠ (一儿一r)树枝的末端 thin end of a twig: 树～shùshāo the tip of a tree ⑤ext. 末尾 tip: 眉～méishāo the tip of the eye-brows

稍 ⊖ shāo ㄕㄠ 略微 slightly (叠 comb. 一微—wēi a little): ～有不同 shāo yǒu bùtóng be slightly different/～等一下 shāo děng yīxiàr wait a second

　⊜ shào 见 578 页 See p. 578

蛸 ⊖ shāo ㄕㄠ [蟏蛸 xiāo—]就是蟢子 a small flat spider with long legs
　⊜ xiāo 见 709 页 See p. 709

筲 shāo ㄕㄠ ❶一种竹器 a kind of utensil made of bamboo[筲箕—jī]淘米用的竹器 bamboo utensil used for washing rice ❷桶 pail; bucket: 水～shuǐshāo water bucket/一一水 yī shāo shuǐ a bucket of water

艄 shāo ㄕㄠ 船尾 stern [艄公—gōng]掌舵的人 helmsman ⑤ext. 管船的人 boatman

鞘 ⊖ shāo ㄕㄠ 鞭鞘,拴在鞭子头上的细皮条 whiplash [乌鞘岭 Wū—Lǐng]岭名,在甘肃省 a mountain in Gansu Province
　⊜ qiào 见 532 页 See p. 532

烧(燒) shāo ㄕㄠ ❶使东西着火 burn (叠 comb. 燃一rán—burn) ❷用火或发热的东西使物品受热起变化 make sth. change by heating or baking: ～水 shāo shuǐ heat up water/～砖 shāo zhuān bake bricks/～炭 shāo tàn make charcoal ❸烹饪法的一种 a method of cooking: ～茄子 shāo qiézi stewed eggplant ❹发烧,体温增高 run a fever; have a temperature: 不～了 bù shāo le high fever faded away ❺比正常体温高的体温 fever, a temperature higher than normal: ～退了 Shāo tuì le. The fever is down. ❻施肥过多,使植物枯萎,死亡 damage a plant by excessive use of fertilizer

勺 sháo ㄕㄠ ❶(一子—zi, 一儿—r)一种有 可以舀(yǎo)取东西的器具 spoon; ladle, a utensil with a handle used for dipping out things: 饭～fànsháor rice ladle/铁～tiěsháor iron ladle ❷容量单位,一升的百分之一 a unit of capacity, equal to 1/100 liter

芍 sháo ㄕㄠ [芍药—yao]多年生草本植物,根可入药,花像牡丹,供观赏 Chinese herbaceous peony,

S

perennial herbaceous plant, its roots used in Chinese medicine, its flowers like tree peony's, beautiful to see

芍 ㊀sháo ㄕㄠ 同"勺❶" Same as "勺❶".

㊁ biāo 见 40 页 See p. 40

苕 ㊀ sháo ㄕㄠ 〈方 dial.〉红苕，就是甘薯。通称红薯或白薯 sweet potato, generally called hóngshǔ or báishǔ

㊁ tiáo 见 645 页 See p. 645

韶 sháo ㄕㄠ ❶古代的乐曲名 name of a kind of ancient music ❷美 beautiful：～光 sháoguāng *beautiful springtime*／～华（指青年时代）sháohuá *youth*

少 ㊀ shǎo ㄕㄠ ❶跟"多"相反 few；little, antonym of "duō(many)"：1. 数量小的 small in number：～数服从多数 shǎoshù fúcóng duōshù *The minority is subordinate to the majority.* 2. 缺 lack（⊛ comb. 缺－quēshǎo lack）：文娱活动～不了他 Wényú huódòng shǎobuliǎo tā. *There won't be any recreational activities without him.* 3. 不经常的 not often：～有 shǎoyǒu *rare*；*few and far between*／～见多怪 shǎojiàn-duōguài *The less a man sees, the more he has to wonder at.* or *Ignorant people are easily surprised.* ❷短时间 a little while；a moment：～等 shǎo děng *wait a moment*／～待 shǎodāi *wait a little while* ❸丢，遗失 lose；be missing：屋里～了东西 Wū li shǎole dōngxi. *There is something missing in the room.*

㊁ shào 见本页 See the same page.

少 ㊁ shào ㄕㄠ 年纪轻，跟"老"相反 young, antonym of lǎo(old)：～年人 shàoniánrén *boys and girls in early teens*／～女 shàonǚ *young girl*／男女老～ nán-nǚ-lǎo-shào *men and women, old and young*

㊀ shǎo 见本页 See the same page.

召 ㊁ shào ㄕㄠ ❶周朝国名，在陕西省凤翔一带 a state of the

Zhou Dynasty, in Fengxiang, Shaanxi Province ❷姓 a surname

㊀ zhào 见 827 页 See p. 827

邵 shào ㄕㄠ 姓 a surname.

劭(❷＊＊邵) shào ㄕㄠ ❶劝勉 urge；exhort ❷美好 excellent

绍 shào ㄕㄠ 接续，继续 carry on；continue

哨 shào ㄕㄠ ❶巡逻，侦察 patrol；scout：～探 shàotàn *scout* ❷警戒防守的岗位 sentry post；post：放～ fàngshào *stand sentry*／～兵 shàobīng *sentry*；*guard*／前～ qiánshào *forward post*；*outpost* ❸（－子－zi，－儿－r）一种小笛 whistle：吹～集合 chuī shàor jíhé *blow a whistle to call together* ［呼哨 hū－］［嘟哨 hú－］用手指放在嘴里吹出的高尖音 whistle made by putting the fingers in the mouth：打～儿——dǎ hūshào *give a whistle* ❹鸟叫(of birds) warble；chirp

稍 ㊀ shào ㄕㄠ ［稍息－xī］军事或体操的口令，命令队伍从立正姿势变为休息的姿势 stand at ease；at ease, a word of command for a resting stance used in military drills or doing gymnastics

㊁ shāo 见 577 页 See p. 577

潲 shào ㄕㄠ ❶雨点被风吹得斜洒 (of rain) slant in：雨往南～ Yǔ wǎng nán shào. *The rain is driving in toward the south.* ㊗ ext. 洒水 sprinkle：马路上～些水 mǎlù shang shào xiē shuǐ *sprinkle some water on the street* ❷〈方 dial.〉泔水 swill；slops：～水 shàoshuǐ *swill*；*slops*／猪～ zhūshào *hogwash*；*swill for swine*

SHE ㄕㄜ

輋 shē ㄕㄜ 同"畲"，多用于地名 Same as "畲", often used in place names

奢 shē ㄕㄜ ❶挥霍财物,过分享受 spend money and enjoy oneself without restraint (逾 comb. —侈 chǐ wasteful; luxurious):～华 shēhuá luxurious; sumptuous / ～侈品 shēchǐpǐn luxury goods; luxuries ❷过分的 excessive; extravagant:～望 shēwàng extravagant hopes; wild wishes

赊 shē ㄕㄜ ❶买卖货物时延期付款 或收款 buy or sell on credit:～账 shēzhàng a system of buying or selling on credit; have outstanding bills or accounts /～购 shēgòu buy on credit ❷远 far:江山蜀道～Jiāngshān shǔdào shē. The journey to Sichuan is very long. ❸古同"奢❶" Same as "奢❶" in ancient times

畲 shē ㄕㄜ [畲族－zú]我国少数民族名,参看附表 the She nationality, a national minority in China, See Appendix

畬 ㊀ shē ㄕㄜ 焚烧田地里的草木,用草木灰做肥料耕种 slash-and-burn cultivation, using plant ash as manure
㊁ yú 见 788 页 See p.788

猞 shē ㄕㄜ [猞猁－lì]哺乳动物,像狸猫,毛多淡黄色,有黑斑,四肢粗长,皮毛珍贵 lynx, a cat-like mammal with thick light-yellow hair (with black spots), long strong limbs, and very precious fur

舌 shé ㄕㄜ ❶(一头—tou)人和动物嘴里辨别滋味、帮助咀嚼和发音的器官 tongue, an organ of a human being or an animal, used for tasting, helping chewing and pronunciation [舌锋－fēng]㊋trans. 尖锐流利的话 sharp and smart words ❷铃或铎中的锤 tongue of a bell; clapper

折 ㊀ shé ㄕㄜ ❶断 break; snap:绳子～了 Shéngzi shé le. The rope snapped. /棍子～了 Gùnzi shé le. The stick broke. ❷亏损 lose money in business:～本 shéběn lose mon-

ey in business [折耗－hào]亏耗,损失 damage and loss:青菜～～太大 Qīngcài shéhào tài dà. There is too much damage and loss to green vegetables. ❸姓 a surname
㊁ zhé 见 828 页 See p.828
㊂ zhē 见 828 页 See p.828

佘 shé ㄕㄜ 姓 a surname

蛇(*虵) ㊀ shé ㄕㄜ 爬行动物,俗叫"长虫",身体细长,有鳞,没有四肢,种类很多,有的有毒,捕食蛙等小动物 snake, popularly called "chángchóng", a limbless slender reptile with different varieties, having scales, feeding on very small animals such as frogs, etc.; some are poisonous
㊁ yí 见 762 页 See p.762

阇 ㊀ shé ㄕㄜ [阇梨－lí]高僧,泛指僧 Buddhist monk; monks in general
㊁ dū 见 142 页 See p.142

舍(捨) ㊀ shě ㄕㄜ ❶放弃,不要了 give up; abandon:～己为人 shějǐ-wèirén sacrifice one's own interests, even life, for others/～近求远 shějìn-qiúyuǎn seek from far and wide for what lies close at hand/四一五入 sìshě-wǔrù to the nearest whole number; rounding (off) ❷施舍 give alms; dispense charity
㊁ shè 见 580 页 See p.580

厍 shè ㄕㄜ 〈方 dial.〉村庄(多用于村庄名)village (often used in village names)

设 shè ㄕㄜ ❶布置,安排 arrange; set up:～立学校 shèlì xuéxiào set up a school [设备－bèi]为某一目的而配置的建筑与器物 facilities; equipment;这个工厂～～很完善 Zhège gōngchǎng shèbèi hěn wánshàn. The factory is well equipped. [设计－jì]根据订出来的计划制出具体进行实现计划的方法、程序、图样等

design, specific methods and proce-
dure of carrying out a plan ❷假设
given; suppose; ～x＝a Shè x děngyú
a. *Suppose x equals a* ❸假使 if（連
comb. —若—ruò *if*）

社 shè ㄕㄜˋ ❶古代指祭祀土地神
的地方 altars for offering sacri-
fices to the village God [社火—huǒ]
民间在节日扮演的各种杂戏 varieties
of acts performed in traditional festi-
vals among the folk ❷指某些团体或
机构 some societies or organizations；
合作～hézuòshè *co-operative*；*co-op*/
通讯～tōngxùnshè *news agency*/集会
结～jíhuì jiéshè *assembly and associa-
tion* [社会—huì]1. 指由一定的经济
基础和上层建筑构成的整体；refer to
a total social system consisting a spe-
cific economic basis and a specific
superstructure; 封 建 ～ ～ fēngjiàn
shèhuì *feudal society*/社会主义～
～shèhuì zhǔyì shèhuì *socialist society*
2. 指由于共同的物质条件和生活方式
而联系起来的人群；refer to a group
of people in connection among them-
selves with the same material condi-
tions as well as with the same ways of
life; 上层～～shàngcéng shèhuì *up-
per-class society* [社交—jiāo]指社会
上人与人的交际往来 refer to social
intercourse; social life

舍 ⊖ shè ㄕㄜˋ ❶居住的房子
house; shed; 旅 ～lǚshè *hotel* 宿
～sùshè *dormitory* ❷养家畜的圈
pen; fold; sty, a place for raising do-
mestic animals; 猪 ～zhūshè *pigsty*/牛
～niúshè *cowshed* ❸古代行军三十里
叫一舍 a unit of distance equal to 30
li used in ancient times; 退避三～（喻
对人让步）tuì bì-sānshè *retreat ninety
li* (meaning to give way to sb. to
avoid a conflict) ❹谦辞。用于对别人
称自己的亲戚或年纪小辈分低的亲属
a modest expression, used to tell
one's friends about the relatives
younger than or junior to oneself; ～

亲 shèqīn *my relative*；*a relative of
mine*/～弟 shèdì *my younger brother*/
～侄 shèzhí *my nephew* ❺姓 a sur-
name

　　⊜ shě 见 579 页 See p.579

射 shè ㄕㄜˋ ❶放箭，用推力或弹
（tán）力送出子弹等 shoot；fire；
～箭 shèjiàn *shoot an arrow*/扫～
sǎoshè *strafe*/高～炮 gāoshèpào *an-
tiaircraft gun* ❷液体受到压力迅速流
出 liquid being pressed and discharged
in a jet; jet; 喷～pēnshè *spray*；*jet*/
注 ～ zhùshè *inject* ❸放出光、热等
send out light, heat, etc.；反 ～
fǎnshè *reflect*/光芒四 ～guāngmáng
sìshè *shed rays of light in all direc-
tions* ❹有所指 allude to sth. or sb.；
暗 ～ ànshè *insinuate*；*hint obliquely
at*/影 ～ yǐngshè *allude to*；*hint
obliquely at*

麝 shè ㄕㄜˋ 野兽名，也叫"香獐
子"，有獠牙，没有角，雄的脐部有
香腺，能分泌麝香。麝香可做香料或
药 材 musk deer, also called
xiāngzhāngzi, a type of small Asian
deer with sharp protruding teeth but
no horns; the male being able to pro-
duce a strong smelling material used
in making perfumes or as medicine

涉 shè ㄕㄜˋ ❶趟（tāng）着水走
wade; ford; 跋山～水 báshān-
shèshuǐ *scale mountains and ford
streams* ❷经历 experience; go
through; ～ 险 shèxiǎn *go through
dangers*/～世 shèshì *gain life experi-
ence* ❸牵连，关连 involve; 这件事牵
～到很多方面。Zhè jiàn shì qiānshè
dào hěn duō fāngmiàn. *The matter
involves many aspects.* /不要～及其他
问题 Bùyào shèjí qítā wèntí. *Don't
touch upon other questions.*

赦 shè ㄕㄜˋ 免除刑罚 remit a pun-
ishment; pardon; 大 ～ dàshè
amnesty；*general pardon*/～罪 shèzuì
absolve sb. from guilt；*pardon sb.*

摄(攝)

shè ㄕㄜˋ ❶拿，取 take; absorb：～影（照相）shèyǐng take a photograph/～取养分 shèqǔ yǎngfèn absorb nourishment ❷保养 conserve：珍～ zhēnshè conserve one's health; take good care of oneself ❸旧指代理（多指统治权）(in early times) act for (usu. a ruler)：～政 shèzhèng act as regent/～位 shèwèi govern in place of

溮(灄)

shè ㄕㄜˋ 溮水，水名，在湖北省 Sheshui River, a river in Hubei Province

慑(懾、*慴)

shè ㄕㄜˋ 恐惧，害怕 fear; be awed：～服 shèfú submit in fear; succumb. [威慑 wēi—]用武力或威势使对方感到恐惧 terrorize with military force; deterrent

歙

⊖ shè ㄕㄜˋ 歙县，在安徽省 She County, in Anhui Province
⊖ xī 见 691 页 See p. 691

SHEI ㄕㄟ

谁

shéi ㄕㄟˊ shuí ㄕㄨㄟˊ（又 also）代词 pron. ❶表示疑问 asking a question：～来啦？Shéi lái la? Who has come? ❷任指，表示任何人，无论什么人 anyone; whoever：～都可以做 Shéi dōu kěyǐ zuò. Anyone can do it.

SHEN ㄕㄣ

申

shēn ㄕㄣ ❶地支的第九位 the ninth of the twelve Earthly Branches. ❷申时，指下午三点到五点 the period from 3 to 5 o'clock in the afternoon. ❸陈述，说明 state; explain：～请 shēnqǐng apply for; file an application/～明理由 shēnmíng lǐyóu give one's reason for doing sth. /～辩 shēnbiàn defend oneself; explain oneself [申斥—chì]斥责 re-

buke; reprimand ❹上海的别称 Shēn, another name for Shanghai

伸

shēn ㄕㄣ ❶舒展开 stretch; extend：～手 shēnshǒu stretch out one's hand/～缩 shēnsuō stretch out and draw back; expand and contract ❷表白 express：～冤 shēnyuān redress an injustice; appeal for redress of a wrong

呻

shēn ㄕㄣ 吟诵 chant [呻吟—yín]哼哼，病痛时发出声音 groan; moan；无病～～wú bìng-shēnyín moan and groan without being ill; make a fuss about an imaginary illness

绅

shēn ㄕㄣ ❶古代士大夫束在腰间的大带子 girdle worn by ancient officials and literary men ❷绅士，旧称地方上有势力、有地位的人，一般是地主或退职官僚 (in early times) a man of power and status such as a landlord or a retired official; gentry：乡～ xiāngshēn country gentleman; squire/土豪劣～ tǔháolièshēn local tyrants and evil gentry 开明士～ kāimíng shìshēn enlightened persons

珅

shēn ㄕㄣ 一种玉 a kind of jade

砷

shēn ㄕㄣ 一种非金属元素，符号 As，旧称"砒"(pī)。灰白色，有金属光泽的结晶块，质脆有毒。化合物可做杀菌剂和杀虫剂 arsenic, a nonmetallic element with metallic crystal lustre, greyish-white in colour, brittle and poisonous; its chemical compound used as an insecticide or a germicide; symbol: As

身

shēn ㄕㄣ ❶人、动物的躯体 body of a man or an animal (⨁comb.-体－tǐ、－躯－qū body)：全～ quánshēn the whole body/上～ shàngshēn the upper part of the body/～体健康 shēntǐ jiànkāng be in good healh/人～自由 rénshēn zìyóu freedom of person; personal freedom

S

[身子—zi] 1. 身体 body：～～不舒服 shēnzi bù shūfu *not feel well*；*under the weather* 2. 身孕 pregnancy：有了～～ yǒule shēnzi *impregnat* ⑤ ext. 物体的主要部分 the main part of an object；body：船～chuánshēn *body of a ship*/河～héshēn *riverbed*/ 树～shùshēn *trunk* ❷指生命 life：以～殉职 yǐshēn-xùnzhí *die at one's post*/舍～炸碉堡 shěshēn zhà diāobǎo *give one's life to blow up the enemy blockhouse* ❸亲身，亲自，本人 oneself；personally：～临其境 shēnlínqíjìng *be personally on the scene* ～体力行（亲身努力去做）shēntǐ-lìxíng *earnestly practise what one advocates*；*practise what one preaches* 以～作则 yǐshēn-zuòzé *set an example* ❹指人的地位 status：～败名裂 shēnbàimíngliè *lose all standing and reputation*；*bring shame and ruin upon oneself* [身份—fen][身分—fen]在社会上及法律上的地位 status；identity ❺（—儿—r）量词 meas. 衣服 suit：我做了一～儿新衣服 Wǒ zuòle yī shēnr xīn yīfu. *I have made a new suit.*

诜 shēn ㄕㄣ [诜诜——]形容众多的样子 numerous

参（参、*葠、蓡） ⊖ shēn ㄕㄣ ❶二十八宿之一 one of the twenty-eight constellations [参商—shāng]参和商都是二十八宿之一，两者不同时在天空出现 shēnshāng *shen and shang are two stars that never appear in the same time in sky* ⑩ *fig.* 1. 分离不得相见 be separated and can never meet again 2. 不和睦 be estranged and irreconcilable；be out of harmony ❷人参，多年生草本植物。根肥大，略像人形，可入药 ginseng, a perennial herb with big fat root, somewhat resembling the shape of a man, used as medicine

⊖ cān 见 57 页 See p. 57

⊜ cēn 见 61 页 See p. 61

糁（糁、**籸） ⊖ shēn ㄕㄣ（—儿—r）谷类制成的小渣 crushed grain：玉米～儿 yùmǐshēnr *ground corn*

⊜ sǎn 见 566 页 See p. 566

鳓（鳓） shēn ㄕㄣ 鱼名。身体侧扁，侧面呈卵圆形，鳞细，生活在海中 carangid, a kind of flat-sided fish with egg-shaped sides and tiny scales；living in the sea

莘 ⊖ shēn ㄕㄣ ❶莘县，在山东省 Shen County, in Shandong Province ❷姓 a surname

[莘莘——]众多 numerous

⊜ xīn 见 717 页 See p. 717

娠 shēn ㄕㄣ 胎儿在母体中微动。泛指怀孕 (of foetus) slightly move in its mother's womb；referring to pregnancy in general

深 shēn ㄕㄣ ❶从表面到底或从外面到里面距离大的，跟"浅"相反 deep, antonym of "qiǎn"：～水 shēnshuǐ *deep water*/～山 shēnshān *remote mountains*/这条河很～ Zhè tiáo hé hěn shēn. *This river is very deep.*/这个院子很～ Zhège yuànzi hěn shēn. *This yard is very deep.* [深浅—qiǎn] 1. 深度 depth 2. 说话的分寸 proper limits（of speech or action）；sense of propriety：他说话不知道～～ Tā shuōhuà bù zhīdào shēnqiǎn. *He speaks without thought and often inappropriately.* ❷从表面到底的距离 depth；length from the top of sth. to its bottom：这口井两丈～ Zhè kǒu jǐng liǎng zhàng shēn. *This well is two-zhang deep.* ❸久，时间长 long（in time）：～夜 shēnyè *late at night*；*in the small hours of the morning*/～更半夜 shēngēng-bànyè *at dead of night*/年～日久 niánshēn-rìjiǔ *with the passage of time*；*as the years go by* ❹程度高的（of level）high：～信 shēnxìn *be deeply convinced*；*firmly believe*/～知 shēnzhī *have a thorough* understanding of／～谋远虑 shēnmóu-yuǎnlǜ *think deeply and plan carefully；be circumspect and far-sighted*／情谊很～qíngyì hěn shēn *deep friendly feelings*／这本书内容太～ Zhè běn shū nèiróng tàishēn. *This book is too difficult.*／讲理论应该～入浅出 Jiǎng lǐlùn yīnggāi shēnrù-qiǎnchū. *One should explain the profound theories in simple words when giving lecture.* ❺颜色重(of colour)dark；deep；rich；～红 shēnhóng *dark red*／颜色太～yánsè tài shēn *be too rich in colour；The colour is too dark.*

槮 shēn ㄕㄣ 旺盛 vigorous；exuberant

什 ㈠ shén ㄕㄣ〔什么—me〕代词 pron. 1. 表示疑问 expressing interrogation：想～～? Xiǎng shénme? *What are you thinking about?*／～～人? Shénme rén? *Who is it?* 2. 指不确定的或任何事物 some；any：我想吃点儿～～Wǒ xiǎng chī diǎnr shénme. *I'd like something to eat.*／～～事都难不住他 Shénme shì dōu nánbuzhù tā. *Nothing can put him in a difficult position.* 3. 表示惊讶或不满 expressing surprise or displeasure：～～! 明天就走? Shénme! Míngtiān jiù zǒu. *What! Are you leaving tommorrow?*／这是～～破东西! Zhè shì shénme pò dōngxi! *What a damned thing it is!*

㈡ shí 见 590 页 See p. 590

甚 ㈠ shén ㄕㄣ 同"什(shén)"Same as "什(shén)".

㈡ shèn 见 584 页 See p. 584

神 shén ㄕㄣ ❶迷信的人称天地万物的"创造者"和被他们崇拜的人死后的所谓精灵 god；deity，superstionists called it the "creator" of the world，they also called somebody they respected the divine-soul when he passed away：无～论 wúshénlùn *atheism*／不信鬼～bù xìn

guǐshén *disbelieve in the existence of gods and ghosts* 引 ext. 1. 不平凡的，特别高超的 extraordinary；supernatural；～力 shénlì *superhuman strength*；extraordinary power／～医 shényī *highly skilled doctor；miracle-working doctor* 2. 不可思议的，特别希奇的 unthinkable；mysterious(遝 comb. 一秘—mì *mysterious*)：这事真是越说越～了 Zhè shì zhēnshì yuè shuō yuè shén le. *The story is becoming mysterious by spread.* 〔神话—huà〕远古人们集体创作的神异故事 mythology；fairy tale 喻 fig. 荒诞，夸张，不能实现的话 words that are absurd，exaggerated and can never be realized 〔神通—tōng〕特殊的手段或本领 magic power；remarkable ability：大显～～dàxiǎn-shéntōng *give full play to one's remarkable abilities*／～～广大 shéntōng-guǎngdà *have vast magic powers；be infinitely resourceful* ❷心力，心思，注意力 spirit；attention：劳～láoshén *be a tax on one's mind；bother*／留～liúshén *be careful；take care*／看得出了～kàn de chūle shén *be gazing at sth. and completely lost to the world*／聚精会～jùjīng-huìshén *concentrate one's attention；be all attention* 〔神经—jīng〕人和动物体内传达知觉和运动的组织 nerve，a system of the threadlike parts of the body of human beings and animals carrying feelings and messages of movement to and from the brain ❸(一儿—r)神气，表情 expression；apperance：你瞧他这个～儿 Nǐ qiáo tā zhège shénr. *Just look at the expression on his face!*／～色 shénsè *expression；air*

沈(❷❸瀋) ㈠ shěn ㄕㄣ ❶姓 a surname ❷汁 juice：墨～未干 mòshěn wèi gān *before the ink is dry；The prepared Chinese ink is wet.* ❸〔沈阳—yáng〕地名，在辽宁省 a place in Liaoning Province

S

㊀ chén 见73页"沉"See chén p. 73

审(審)

shěn ㄕㄣˇ ❶详细，周密 detailed；careful：～慎 shěnshèn *cautious*；*careful*/精～ jīngshěn *carefully examine*/ ㊂ ext. 仔细思考，反复分析、推究 think carefully，analyze and examine repeatedly：～查 shěnchá *examine*；*investigate*/ ～核 shěnhé *verify*；*check*/ 这份稿子～完了 Zhè fèn gǎozi shěnwán le. *The first manuscript has been examined.* ［审定－dìng］对文字著作、艺术创造、学术发明等详细考究、评定 examine and approve；examine and finalize (literary works，inventions，etc.) ❷审问，讯问案件 interrogate；try：～案 shěn'àn *try a case*/ ～判 shěnpàn *bring to trial*；*try*/公～ gōngshěn *public trial*；*open trial* ❸知道，也作"谉"、"谂"know；be aware of；also written as "谉" and "谂"：不～近况如何？Bù shěn jìnkuàng hérú？*do not know how everything is going on with you* ❹一定地，果然 indeed；really：～如其言 shěn rú qí yán *What he says is indeed true.*

谉(讅)

shěn ㄕㄣˇ 同"审❸" Same as "审❸".

婶(嬸)

shěn ㄕㄣˇ ❶(－子－ zi、－儿－r) 叔叔的妻子(叠 redup.) wife of father's younger brother ❷称呼与母亲辈分相同而年轻的已婚妇女 a form of address for a woman younger than one's mother but of the same generation；aunt：张大～儿 Zhāng dàshěnr *Aunt Zhang*

哂

shěn ㄕㄣˇ 微笑 smile：～存 shěncún *kindly keep*/～纳 shěnnà *kindly accept*/聊博一～ liáo bó yī shěn *just for your amusement in a moment*

矤

shěn ㄕㄣˇ 况，况且 besides；moreover

谂(諗)

shěn ㄕㄣˇ ❶同"审❸" Same as "审❸". ❷劝告 advise；persuade

肾(腎)

shèn ㄕㄣˋ 肾脏，俗叫"腰子"，人和动物的内脏之一，是滤出尿液的主要器官 kidney，popularly called "yāozi"，one of the human or animal important organs separating urine from the blood

甚

㊀ shèn ㄕㄣˋ ❶很，极 very；extremely：进步～快 jìnbù shèn kuài *make very rapid progress*/他说得未免过～ Tā shuō de wèimiǎn guòshèn. *What he says is rather drastic.* ［甚－zhì］［甚至于－zhìyú］连词 conj. 表示更进一层 furthermore；even to the extent that：不学习就会落后，～～会犯错误 Bù xuéxí jiù huì luòhòu，shènzhì huì fàn cuòwù. *One who does not study will fall behind or even make mistakes.* /旧社会劳动人民生活极端困难，～～～连糠菜都吃不上 Jiùshèhuì láodòng rénmín shēnghuó jíduān kùnnan，shènzhìyù lián kāngcài dōu chībushàng. *In the old society，the life of the labouring people was so hard that they even couldn't afford to eat chaff and wild herbs.* ❷超过，胜过 surpass：更有～者 gèng yǒu shèn zhě *That is more.* /日～一日 rì shèn yī rì *become better and better (or worse and worse)* ❸同"什么" Same as "什么"：要它作～? Yào tā zuò shèn? *What is the use of it?* 姓～名谁?Xìng shèn míng shéi? *What's his full name?*

㊁ shén 见583页"什" See shén，p. 583

葚

㊀ shèn ㄕㄣˋ 桑树结的果实 fruit of a mulberry tree

㊁ rèn 见556页 See p. 556

椹

㊀ shèn ㄕㄣˋ 同"葚" Same as "葚".

㊁ zhēn 见833页 See p. 833

胂

shèn ㄕㄣˋ 有机化合物的一类，通式 $RAsH_2$，是砷化氢分子中的氢被羟基替换后生成的化合物。胂类化合物大多有剧毒 arsine，a kind of chemical compounds formed by the substitution of hydroxyl for hydrogen in hydrogen arsenide, often poisonous; general formula: RAsH2

渗(滲) shèn ㄕㄣ 液体慢慢地透入或漏出 ooze; seep: 水~到土里去了 Shuǐ shèndào tǔ lǐ qù le. *The water has seeped into the earth.* /天很热，汗~透了衣服 Tiān hěn rè, hàn shèntòule yīfu. *It is so hot that sweat has oozed out of his clothes.*

瘆(瘮) shèn ㄕㄣ 使人害怕 horrify: ~人 shènrén *horrifying; making one's be afraid.* ~得慌 shèndehuang *be horrified*

蜃 shèn ㄕㄣ 蛤蜊 clam [蜃景—jǐng] 由于不同密度的大气层对于光线的折射作用，把远处景物反映在天空或地面而形成的幻景，在沿海或沙漠地带有时能看到。古人误认为是大蜃吐气而成。也叫"海市蜃楼" mirage, a strange effect of hot air conditions in a desert or along the coast, in which distant objects seem near, or objects appear which are not really there; believed by ancient people to be formed from the air produced by a very big clam; also called "hǎishì-shènlóu"

慎 shèn ㄕㄣ 小心，加小心 careful; cautious (⊕ comb. 谨—jǐn—prudent): 不~ bùshèn *careless* 办事要~重 bànshì yào shènzhòng *One should do everything with great care.* /谦虚谨~ qiānxū-jǐnshèn *modest and prudent*

SHENG　ㄕㄥ

升(❸❹*昇、*陞) shēng ㄕㄥ ❶容量单位，市制跟公制相同，1 升等于 1000 毫升 litre, a unit of capacity equal to 1,000 millimetres ❷量粮食的器具，容量为斗的十分之一 a sheng measure, equal to 1/10 dou ❸向上，高起 rise; go up: ~旗 shēngqí *hoist a flag* /东方红，太阳~ Dōngfāng hóng, tàiyáng shēng. *The east is red; the sun is rising.* ❹提高 promote: ~级 shēngjí *go up one grades; promote one's status; escalate*

生 shēng ㄕㄥ ❶出生，诞生 be born, birth; come into being: ~辰 shēngchén *birthday* /孙中山~于公元 1866 年 Sūn Zhōngshān shēng yú gōngyuán 1866 nián. *Sun Zhongshan was born in the year of 1866.* ❷可以发育的物体在一定的条件下发展长大 grow, (of living things) increase in size by natural development: 种子~芽 zhǒngzi shēngyá (of seeds) sprout/~根 shēnggēn *take root; strike root* 引 ext. 发生，产生 happen; engender: ~病 shēngbìng *fall ill*/~疮 shēngchuāng *get blains*/~事 shēngshì *make trouble; create a disturbance* [生产—chǎn] 1. 人们使用工具来创造各种生产资料和生活资料 produce; manufacture 2. 生小孩儿 give birth to a baby ❸活着 alive; living: ~擒 shēngqín *capture alive*/~龙活虎 shēnglóng-huóhǔ *brave as a dragon and lively as a tiger* (fig. brimming with energy) 引 ext. 1. 生计 means of livelihood: 谋~ móushēng *seek a livelihood; make a living*/ 营~yíngsheng *earn a living; make a living* 2. 生命 life: 杀~ shāshēng *kill*/丧~ sàngshēng *lose one's life* 3. 生物，有生命的东西 living things; living beings: 众~ zhòngshēng *all living creatures.* 4. 整个生活阶段 the whole stage of living: 平~píngshēng *throughout one's life*/一~yīshēng *lifetime* ❹ 使柴、煤等燃烧起来 light (a fire): ~火 shēnghuǒ *make a fire*/~炉子 shēng lúzi *light a stove* ❺没有经过烧煮的或烧煮没有熟的 raw; uncooked: 夹~饭 jiāshēngfàn *half-cooked rice*/~肉

S

shēngròu *raw meat*/不可以喝～水 Bù kěyǐ hē shēngshuǐ. *Don't drink unboiled water.* ❻植物果实没有成长到熟的程度 unripe; green: ～瓜 shēngguā *unripe melon* ❼不常见的，不熟悉的 unfamiliar; unacquainted (֍ comb. 一疏一shū *not familiar*): 陌—mòshēng *strange*/～人 shēngrén *stranger*/～字 shēngzì *new words or characters* ❽不熟练 unskilful: ～手 shēngshǒu *green hand* ❾没有经过炼制的 unprocessed; crude; irrefined: 皮子 shēngpízi *raw hide*; *untanned hide*/～药 shēngyào *crude drug*; *dried medicinal herbs* ❿生硬，硬，强 (qiǎng) stiff; mechanical: ～拉硬拽 shēnglā-yìngzhuài *drag sb. along against his will*; stretch the meaning/～不承认 shēng bù chéngrèn *obstinately refuse to admit* ⓫表示程度深 indicating degree or extent: ～疼 shēngténg *very painful* ～ 怕 shēngpà *be extremely afraid* ⓬指正在学习的人 a person who is studying: 学～xuésheng *pupil; student*/师～shīshēng *teachers and students*/练习～liànxíshēng *trainee* 旧时又指读书的人 early also scholar or intellectual: 书 ～ shūshēng *intellectual; scholar* ⓭传统戏曲里扮演男子的一种角色 male role, one of the four main roles in traditional opera: 老～lǎoshēng *laosheng, a male role in traditional opera, bearded and representing a man of maturity and integrity*/小～ xiǎoshēng *xiaosheng, a male role in traditional opera representing young students, scholars, or warriors* ⓮词尾 suffix: 好～hǎoshēng *well* 怎～是好? Zěnshēng shì hǎo? *What should I do?*

牲 shēng ㄕㄥ 牲口，普通指牛、马、驴、骡等家畜。古代特指供宴飨祭祀用的牛、羊、猪 refer to livstock; and in ancient times, specially referred to sacrifices, such as cattle, sheep and pig used for feasts or offered to gods or ancestors in memorial ceremony

胜 ㊀ shēng ㄕㄥ 一种有机化合物，由氨基酸脱水而成，含有羧基和氨基，是一种两性化合物。也叫"肽" a kind of organic chemical compound made from dehydrated amino acid; also called tài

㊁ shèng 见 587 页 See p. 587

笙 shēng ㄕㄥ 管乐器名，用若干根长短不同的簧管制成，用口吹奏 a wind musical instrument made from several reed pipes of variety length

甥 shēng ㄕㄥ ❶外甥，姊妹的儿子 nephew, one's sister's son ❷称女儿的儿子 grandson, one's daughter's son

声(聲) shēng ㄕㄥ ❶声音，物体振动时所产生的能引起听觉的波 sound; voice: ～如洪钟 shēng rú hóngzhōng *have a stentorian voice; with a voice like a great bell* 大～说话 dà shēng shuōhuà *speak in a loud voice* [声气—qì] 消息 information: 不通～～bù tōng shēngqì *do not exchange information; not be in contact with each other* ❷声母，字音开头的辅音，如"报(bào)告(gào)"、"丰(fēng)收(shōu)"里的 b、g、f、sh 都是声母。initial of a Chinese syllable, such as b, g, f, sh in bàogào, and fēngshōu. ❸声调(diào)，字音的高低升降。看看"调㊁❹"tone; See "diào ㊁❹". ❹说出来使人知道，扬言 make known; state: ～明 shēngmíng *state; announce*/～讨 shēngtǎo *denounce; condemn*/～张 shēngzhāng *make public; disclose*/～东击西 shēngdōng-jīxī *make a feint in the east but attack in the west* ❺名誉 fame; reputation: ～望 shēngwàng *prestige; popularity*

渑(澠) ㊀ shéng ㄕㄥ 古水名，在今山东省临淄附近

name of an ancient river near today's Linzi, Shandong Province

⊖ miǎn 见 454 页 See p. 454

绳（繩） shéng ㄕㄥˊ ❶（一子一zi）用两股以上的棉、麻纤维或棕、草等拧成的条状物 rope, strong thick cord made of cotton, hemp, palm fibre or straw, etc. by twisting [绳墨—mò]木工取直用的器具 carpenter's line marker 〈喻 fig.〉规矩，法度 rules and regulations ❷约束，制裁 restrict；restrain：～之以法 shéngzhīyǐfǎ prosecute and punish sb. according to the law; bring sb. to justice

省 ⊖ shěng ㄕㄥˇ ❶中国第一级地方行政区划单位 province, the highest local executive division unit in China ❷节约，不费 save；economize：～钱 shěngqián save money; be economical／～时间 shěng shíjiān save time／～事 shěngshì save trouble; simplify matters ❸简略 brief（逾 comb. 一略 —lüè leave out）：～称 shěngchēng abbreviated form of a name; abbreviation／～写 shěngxiě abbreviation of words.

⊜ xǐng 见 721 页 See p. 721

眚 shěng ㄕㄥˇ ❶眼睛生翳 eyes afflicted with calaract ❷灾祸 disaster; calamity ❸过错 fault; error

圣（聖） shèng ㄕㄥˋ ❶最崇高的 holy; sacred：革命～地 gémìng shèngdì sacred place of the revolution ［圣人—rén]旧时称具有最高智慧和道德的人 a title for a wisest and highest moral person in early times; sage ❷称学问、技术有特殊成就的 a title for sb. with special achievement in learning or in skill and arts：～手 shèngshǒu master of a certain skill ❸封建时代尊称帝王 a respectful term for an emperor in the feudal age：～上 shèngshàng Your Majesty. ／～旨 shèngzhǐ imperial edict

胜（勝） ⊖ shèng ㄕㄥˋ ❶赢，胜利，跟"败"相反 win, triumph, antonym of "bài"：打～仗 dǎ shèngzhàng win a battle／得～dé shèng win a victory ❷打败(对方)defeat：以少～多 yǐshǎo-shèngduō with the few to defeat the many; defeat the enemy with an inferior force ❸超过 surpass：今～于昔 jīnshèngyúxī The present is superior to the past. ／ or The present is better than the past. 一个～似一个 yī ge shèngsì yī ge One is superior to the other. ❹优美的 beautiful：～地 shèngdì famous scenic spot ／ ～景 shèngjǐng wonderful scenery ❺（旧读 shēng early pronounced shēng）能担任，能承受 be competent to; can stand：～任 shèngrèn be competent to; be qualified／不～其烦 bùshèng-qífán get bored and cannot stand it ❻（旧读 shēng early pronounced shēng）尽 extremely 不～感激 bùshèng gǎnjī be extremely grateful; be very much obliged／不～枚举 bùshèng-méijǔ too many to enumerate one by one; defy enumeration

⊜ shēng 见 586 页 See p. 586

晟 shèng ㄕㄥˋ ❶光明 bright ❷旺盛，兴盛 flourishing

盛 ⊖ shèng ㄕㄥˋ ❶兴旺 flourishing; prosperous 旺～ wàngshèng vigorous; exuberant／茂～ màoshèng luxuriant; flourishing／繁荣昌～ fánróng-chāngshèng thriving and prospering; flourishing and invigorating ／ 梅花～开 Méihuā shèngkāi. The plum flowers are blooming. ❷炽烈 vigorous：年轻气～ niánqīng qìshèng young and aggressive 火势很～huǒshì hěn shèng The fire is very raging. ❸丰富，华美 abundant; magnificent：～宴 shèngyàn grand banquet; sumptuous dinner／～装 shèngzhuāng splendid attire; *rich dress* ④热烈，大规模的 lively; *on a large scale*：～会 shènghuì *distinguished gathering*; *grand meeting*/～况 shèngkuàng *grand occasion*; *spectacular event* ⑤深厚 deep：～意 shèngyì *great kindness*; *generosity*/～情 shèngqíng *great kindness*; *boundless hospitality* ⑥姓 a surname

乘 ㊁ chéng 见 76 页 See p. 76

乘 ㊀ shèng ㄕㄥˋ ①春秋时晋国的史书叫乘，后因称一般的史书为乘 refered to historical records in the Jin Kingdom of the Spring and Autumn Period, then it became the name of historical records in general：史～ shǐshèng *history*; *annals* ②量词(指古代四匹马拉的兵车)*meas.* (refer to a war chariot drawn by four horses in ancient times)：千～之国 qiān shèng zhī guó *a state of a thousand chariots*

㊀ chéng 见 77 页 See p. 77

剩(賸) shèng ㄕㄥˋ 多余，余留下来 surplus; remnant (㊎ comb. —余 —yú *surplus*)：～饭 shèngfàn *leftovers* ～货 shènghuò *surplus goods*

嵊 shèng ㄕㄥˋ [嵊州—zhōu]地名，在浙江省 a place in Zhejiang Province

SHI ㄕ

尸(①*屍) shī ㄕ ①尸首，死人的身体 corpse; dead body ②古代祭祀时代表死者受祭的人 a person sitting behind the altar of memorial ceremony, acting as the deceased during the performance of sacrificial rites in ancient times ③不做事情，空占职位 occupy a position without doing anything：～位 shīwèi *hold an office without doing any work*

鸤 shī ㄕ [鸤鸠—jiū]古书上指布谷鸟 cuckoo mentioned in ancient texts

失 shī ㄕ ①丢 lose(㊎comb. 遗—yí— *lose*)：～物招领 shīwù zhāolǐng *lost and found* 机不可失 jībùkěshī *Don't let slip an opportunity*. or *Opportunity knocks but once*. ㊋ ext. 1. 违背 betray：～信 shīxìn *break one's promise*; *go back on one's words*. —约 shīyuē *fail to keep an appointment* 2. 找不着 missing：～群之雁 shī qún zhī yàn *a wild goose having strayed from its flock*/迷～míshī *lose one's way* ②没有掌握住 lose control of：～足 shīzú *lose one's footing*; *take a wrong step in life*/～言 shīyán *make an indiscreet remark*; *make a slip of the tongue*/～火 shīhuǒ *catch fire*; *be on fire* ③没有达到目的 fail to achieve a goal：～意 shīyì *be frustrated*; *be disappointed*/～望 shīwàng *lose hope*; *lose heart*/～策 shīcè *do sth. unwise*; *an error in tactics, etc.* [失败—bài]计划或希望没能达到 be defeated; fail ④错误，疏忽 mistake; slip：千虑一～ qiānlǜ-yīshī *Even a wise man sometimes makes a mistake*. ⑤改变常态 change the normal behaviour or conditions：～色 shīsè *lose colour*; *turn pale*/～声痛哭 shīshēng tòngkū *be choked with tears*; *cry oneself hoarse*

师(師) shī ㄕ ①老师，传授知识技能的人 teacher, a person who gives knowledge or skill to sb. ㊋ ext. 榜样 example; model：前事不忘，后事之～ Qián shì bù wàng, hòu shì zhī shī. *The remembrance of the deeds of past ages is the best guide in the future*. or *By not forgetting past events, one can draw lessons from them*. [师傅—fu]传授技艺的老师和对有实践经验的工人的尊称 master; a term of respect for a person to teach skills, an experienced worker ②由师徒关系而产生的 of the relations between teachers and students：～兄 shīxiōng *senior male fel-*

low apprentice or student; the son of one's master older than oneself ❸对擅长某种技术的人的称呼 a form of address for a person skilled in certain profession：工程～gōngchéngshī engineer/医～yīshī qualified doctor/理发～lǐfàshī barber; hairdresser ❹仿效 follow the example of; learn from：～法 shīfǎ imitate ❺军队 army; troops；誓～shìshī take a mass pledge; a rally to pledge resolution before going to war/百万雄～bǎiwàn-xióngshī a million bold warriors ❻军队的编制单位，是团的上一级 division, a unit of division in the troops, bigger than a regiment

狮（獅） shī ㄕ 狮子，古书中也作"师子"。一种凶猛的野兽，毛黄褐色，雄的脖子上有长鬣，生活在山林里，捕食其他动物。多产于非洲及印度西北部 lion, also written as shīzi in ancient texts; a fierce animal with yellowish-brown fur, the male having long hair on the neck, living in the mountains of Africa and northeast India, feeding on other animals

狮（獅） shī ㄕ 狮河，在河南省，入淮河 Shi River in Henan Province, flowing into Huaihe River

鸤 shī ㄕ 鸟名，背青灰色，腹淡褐色，嘴长而尖，脚短爪强，捕食树林中的害虫 nuthatch, a kind of bird with dark-grey back, light-brown belly, sharp beak, short legs and strong talons, feeding on harmful insects in woods

诗 shī ㄕ 一种文体，形式很多，多用韵，可以歌咏朗诵 verse; poem, a kind of writing style with rhythms, often used in singing or recitation

虱（*蝨） shī ㄕ (一子-zi)寄生在人、畜身上的一种昆虫，吸食血液，能传染疾病 louse, a type of small insect living on the skin and in the hair of people and animals, feeding on blood, spreading germs of infectious disease

鲺 shī ㄕ 节肢动物，身体扁圆形，跟臭虫相似，头上有一对吸盘。寄生在鱼类身体的表面 fish louse, a kind of bedbug-like arthropod with round and flat body, and a pair of suckers on the head; living on the skin of fish

绝 shī ㄕ 古时一种粗绸子 a kind of coarse silk in ancient times

施 shī ㄕ ❶实行 carry out; bring into effect; execute：～工 shīgōng carry out construction; carry out large repairs/无计可～ wújì-kěshī be at the end of one's resources; at one's wits' end/倒行逆～ dàoxíng-nìshī act against the trend of the times; perverse acts [施展-zhǎn]发挥能力 put to good use; give free play to ❷用上，加上 use; apply：～肥 shīféi spread manure; apply fertilizer ～粉 shīfěn apply powder ❸给予 give：～礼 shīlǐ make a bow; salute/～恩 shī'ēn bestow favours on ❹施舍，把财物送给穷人或出家人 give alms to the poor or to monks; give in charity

湿（濕、*溼） shī ㄕ 沾了水或是含的水分多，跟"干"相反 wet; damp, antonym of "gān"：地很～Dì hěn shī. The ground is very wet. /手～了 Shǒu shī le. My hands are wet.

蓍 shī ㄕ 蓍草，俗称"蚰蜒草"或"锯齿草"，多年生草本植物，茎直立，花白色。可以入药，又供制香料 alpine yarrow, popularly called "yóuyáncǎo" or "jùchǐcǎo", a perennial herb with erect stem and white flowers, used as medicine or in making perfumes

酾（釃） shī ㄕ shāi ㄕㄞ (又 also) ❶滤酒 strain liquor

❷斟酒 pour wine (for a guest) ❸疏导河渠 dredge rivers and irrigation ditches

嘘 ㊀ shī ㄕ 叹词 interj. 表示反对、制止、驱逐等 hush; sh., expressing opposition or prevention of, or dispersion of sth. or sb.

㊁ xū 见 727 页 See p. 727

十 shí ㄕ ❶数目 number ❷表示达到顶点 topmost: ～足 shízú pure; downright/～分 shífēn very; extremely ～全～美 shíquán-shíměi be perfect in every way; be the acme of perfection

什 ㊀ shí ㄕ ❶同"十❶"(多用于分数或倍数) Same as "十❶" (often used in fraction and multiple): ～一(十分之一) shíyī one-tenth/～百(十倍或百倍) shíbǎi tenfold or hundredfold ❷各种的, 杂样的 varied; assorted: ～物 shíwù articles for daily use; odds and ends/家～(家用杂物) jiāshí utensils, furniture, etc. [什锦—jǐn]各种各样东西凑成的(多指食品) assorted or mixed dish (usu. food): ～～糖 shíjǐntáng assorted candies/素～～sùshíjǐn assorted vegetable dish

㊁ shén 见 583 页 shén See p. 583

石 ㊀ shí ㄕ ❶(一头一tóu)构成地壳的坚硬物质, 是由矿物集合而成的 stone, hard, solid, nonmetallic mineral materials of which the earths crust is composed. ❷用石制成的 made of stone: ～砚 shíyàn inkstone/～磨 shímò millstones ❸指石刻 refer to stone inscription: 金～ jīnshí inscriptions on ancient bronzes and stone tablets ❹古代容量单位, 一石合十斗 a unit of capacity used in ancient times, equal to ten dou ❺古代重量单位, 一石合一百二十斤 a unit of weight equal to 120 jin

㊁ dàn 见 112 页 See p. 112

炻 shí ㄕ [炻器—qì]介于陶器和瓷器之间的陶瓷制品, 如水缸、沙锅 stoneware, utensils made from a special hard clay that contains a type of hard stone, such as water vat and earthenware pot

祏 shí ㄕ 古时宗庙中藏神主的石室 a stone room for gods in ancient ancestral temple of a ruling house

鼫 shí ㄕ 古书上指鼫(wú)鼠一类的动物 animals of the marmot family mentioned in ancient texts

时(時、*旹) shí ㄕ ❶时间, 一切物质不断变化或发展所经历的过程 time, the course undergone by all materials of the world in their continuously changing or developing ❷时间的一段 a period of time: 1. 比较长期的 a longer period of time: (④comb. 一时—dài): 古～gǔshí ancient times/唐～ Táng shí the Tang Era/盛极一～ shèngjí-yīshí be in fashion for a time; be all the rage 2. 一年中的一季 one season in a year: 四～ sìshí the four seasons 3. 时辰, 一昼夜的十二分之一 one of the 12 two-hour periods into which the day is divided: 子～ zǐshí the period of the day from 11 p.m. to 1 a.m. 4. 小时, 一昼夜的二十四分之一 hour, one of the twenty-four hours of a day 5. 时候 time: 平～ píngshí at ordinary times; in normal times/到～叫我一声 Diào shí jiào wǒ yī shēng. call me when time is up. 6. 钟点 o'clock: 八～上班 bā shí shàngbān go to work at eight o'clock [不时 bù—]1. 非定时, 不定时(of time) not fixed: ～～之需 bùshí zhī xiū need of any time 2. 常常 often; frequently: ～～照顾 bùshí zhàogù often take care of ❸时机 opportunity; chance: 待～而动 dàishí 'érdòng bide one's time; wait for one's opportunity ❹规定的时间 scheduled time: 准～起飞 zhǔnshí qǐfēi take off at the scheduled time ❺现在的, 当时的 present；current：～髦 shímáo *fashion/* ～事 shíshì *current affairs*［时装 — zhuāng］式样最新的服装，当代流行的服装 fashionable dress ❻时常，常常 frequently（叠 redup.）：学而时之 xué ér shí zhī *learn and review constantly /* ～～～发生困难 shíshí fāshēng kùnnan *Difficulties occur frequently.* ❼有时候 sometimes：天气～阴～晴 Tiānqì shí yīn shí qíng. *It is cloudy sometimes and sunny at other times. /* 身体～好～坏 Shēntǐ shí hǎo shí huài. *sometimes in good health and at other times in bad health*

坶（塒）

shí ㄕ 古代称在墙壁上挖洞做成的鸡窝 henhouse, a hole made in the wall in ancient time

鲥（鰣）

shí ㄕ 鲥鱼，背黑绿色，腹部白色，鳞下多脂肪。肉味鲜美 shad, a kind of fish with dark-green back and silver-white belly，having much fat under its scales；meat delicious

识（識）

㊀shí ㄕ ❶知道，认得，能辨别 know；recognize：～货 shíhuò *know all about the goods；be able to tell good from bad* ～字 shízì *learn to read；become literate* ～别真假 shíbié zhēnjiǎ *distinguish true from false* ❷知识，所知道的道理 knowledge：常～ chángshi *common knowledge. /* 知～（shi）丰富 zhīshi fēngfù *a wide range of knowledge* ❸见识，辨别是非的能力 experience；judgement：卓～ zhuóshí *judicious judgement；sagacity*

㊁zhì 见 847 页 See p. 847

实（實，△*寔）

shí ㄕ ❶充满 full：虚～ xūshí *hollow and solid；false or true* ～心的铁球 shíxīn de tiěqiú *solid iron ball/* ～足年龄 shízú niánlíng *exact age* ❷真，真诚，跟"虚"相反 true；sincere，antonym of xū：～心～意 shíxīn-shíyì *honest and sincere/* ～

话～说 shíhuà shíshuō *speak frankly；talk straight/* ～事求是 shíshì-qiúshì *seek truth from facts；be practical and realistic*［实际 — jì］真实情况，也指实践 reality；practice：联系～～ liánxì shíjì *apply to reality/* ～～调查 shíjì diàochá *practical investigation*［实践 — jiàn］1.实行（自己的主张），履行（自己的诺言）put（one's ideas）into practice；keep one's promise 2.人们改造自然和改造社会的有意识的活动 practice, a conscious activity by people to improve nature and to reform society ［实在 — zài］1.真，的确 really；indeed：～～好 shízài hǎo *be really good* 2.（-zai）不虚 not hollow：他的学问很～～ Tā de xuéwen hěn shízai. *He has real knowledge. /* 话说得挺～～ huà shuō de tǐng shízai *What is said is dependable.* ［实词 — cí］能够单独用来回答问题，有比较实在意义的词，如名词、动词等 notional word, able to be used alone to answer a question and meaningful, such as noun, verb, etc. ［老实 lǎo —］诚实，不狡猾 honest；not tricky：～～人说～～话 Lǎoshírén shuō lǎoshihuà. *An honest person is honest in words.* ❸种子，果子 seed；fruit：开花结～ kāihuā-jiēshí *blossom and bear fruit*

拾

shí ㄕ ❶捡，从地下拿起来 collect；pick up from the ground：～麦子 shí màizi *glean wheat/* ～了一枝笔 shíle yī zhī bǐ *picked up a pen* ❷"十"字的大写 ten, used for the numeral shí on cheques, banknotes, etc. to avoid mistakes or alterations ［拾掇 — duo］1.整理 tidy up；put in order：把屋子～～一下 bǎ wūzi shíduo yīxiàr *tidy up the room/* 把书架～～～～好 shūjià shíduo *put the books in the shelf in order* 2.修理 repair；fix：～～钟表 shíduo zhōngbiǎo *fix a clock/* ～～机器 shíduo jīqi *repair a machine/* ～～房子 shíduo

S

fángzi *repair a house*

食 ⊖ shí ㄕ ❶吃 *eat*；～肉 shí ròu *eat meat*；*carnivorous* [食言—yán]指失信 *go back on one's word*；*break one's promise*：决不～～júebù shíyán *never break one's promise*[食指—zhǐ]手的第二指 *forefinger, the second finger of a hand* 働 *fig.* 家庭人口 *family members*：～～众多 shízhòngduō *a lot of family members*；*a large family* ❷吃的东西 *food*；素～sùshí *vegetarian diet*；*be a vegetarian*/零～língshí *between-meal nibbles*；*snacks*/面～miànshí *cooked wheaten food*/丰衣足～fēngyī-zúshí *have ample food and clothing*；*be well-fed and well-clothed* ❸日月亏缺或完全不见的现象 *eclipse*：日～rìshí *solar eclipse*/月～yuèshí *lunar eclipse*/全～quánshí *total eclipse*

⊜ sì 见 612 页 See p. 612

蚀 shí ㄕ ❶损伤，亏缺 *damage*；*lose*；*erode*：侵～qīnshí *corrode*；*erode* 腐～fǔshí *corrode*；*corrupt* ❸同"食❸" Same as "食❸".

湜 shí ㄕ 形容水清见底 (of water) *limpid*；*clear* (叠 redup.)

寔 shí ㄕ ❶放置 *place*；*put into place* ❷同"实 shí"Same as "实 shí".

史 shǐ ㄕ ❶历史，自然或社会以往发展的过程。也指记载历史的文字和研究历史的学科 *history, the process of developments of nature or society; also refer to historical writings or the study of history as a subject* ❷古代掌管记载史事的官 *an official in charge of recording the historical events in ancient times*

驶 shǐ ㄕ ❶车马快跑 (of a vehicle, horse, etc.) *speed* ❷驾驶，开动交通工具 (多指有发动机的)，使行动 *drive, usu. a motored vehicle for transportation*：驾～拖拉机 jiàshǐ tuōlājī *drive a tractor*/轮船～入港口 Lúnchuán shǐrù gǎngkǒu. *The ship sailed into the harbour.*

矢 shǐ ㄕ ❶箭 *arrow*；有的(dì)放～yǒudì-fàngshǐ *shoot the arrow at the target*；*have a definite object in view* ❷发誓 *swear*：～口抵赖 shǐkǒu-dǐlài *flat deny*；*refusing to admit one's guilt* ❸古代用做"屎"in ancient times referred to "faeces"；遗～yǐshǐ *empty one's bowels*；*defecate*

豕 shǐ ㄕ 猪 *swine*；*pig*

使 shǐ ㄕ ❶用 *use*：～劲 shǐjìn *exert one's strength* ～拖拉机耕种 shǐ tuōlājī gēngzhòng *use a tractor to plough and cultivate the fields*/这支笔很好～Zhè zhī bǐ hěn hǎo shǐ. *This pen writes well.* ❷派，差(chāi)遣 *send*；*tell sb. to do sth.*；支～zhīshǐ *order about*；*send away* ～人前往 shǐ rén qiánwǎng *send sb. there* ❸让，令，叫 *let*；*make*：～人高兴 shǐ rén gāoxìng *make one happy*/迫～敌人放下武器 pòshǐ dírén fàngxia wǔqì *force the enemy to lay down their arms* ❹假若，假使 *if* ❺驻外国的外交长官 *envoy*；*messenger*：大～dàshǐ *ambassador*/公～gōngshǐ *envoy*；*minister* [使命—mìng]奉命去完成的某种任务。泛指重大的任务 *mission*；*refer to important task in general*：历史～～lìshǐ shǐmìng *historical mission*/肩负着建设祖国的～～jiānfùzhe jiànshè zǔguó de shǐmìng *be shouldering the mission of building one's motherland*

始 shǐ ㄕ ❶开始，起头，最初，跟"末"相反 *begin*；*beginning*；*antonym of "mo"* ～祖 shǐzǔ *first ancestor*；*earliest ancestor*/开～报告 kāishǐ bàogào *begin to deliver a speech*/自～至终 zìshǐ-zhìzhōng *from the beginning to the end*/原～社会 yuánshǐ shèhuì *primitive society* [未始 wèi—]未尝，本来没有 *have not*；*did not*：～～不可 wèishǐ bùkě *be* *all right* ❷才only then；not...until...；参观至下午五时~毕 cānguān zhì xiàwǔ wǔ shí shǐ bì *The visit was not over until 5 o'clock in the afternoon.*

屎 shǐ ㄕ 大便，粪 faeces；droppings；dung ㄐ ext. 眼、耳所分泌的东西 secretion of eyes and ears：眼~yǎnshǐ *gum of eyes*/耳~ěrshǐ *earwax*

士 shì ㄕ ❶古代介于卿大夫和庶民之间的一个阶层 a social stratum in ancient China between senior officials and the common people ❷未婚的男子，泛指男子 unmarried man；men in general：~女 shìnǚ *young men and women* ❸指读书人 scholar：学~xuéshì *bachelor*/~农工商 shì-nóng-gōng-shāng *scholars, peasants, workers and businessmen* ❹对人的美称 commendable person：志~zhìshì *person of ideals and integrity*/壮~zhuàngshì *heroic man*；*warrior*/烈~lièshì *martyr* ❺军人的一级，在尉以下，也泛指军人 noncommissioned officer；also armymen in general：上~shàngshì *sergeant first class*/中~zhōngshì *sergeant*/~气 shìqì *morale* ❻称某些专业人员 person trained in a certain field：护~hùshì *nurse*/助产~zhùchǎnshì *midwife*

仕 shì ㄕ 旧称做官(in early times) being an official；filling an office：出~chūshì *start filling an office*/~途 shìtú *official career*

氏 ㊀ shì ㄕ 姓。古代姓和氏有区别，氏从姓分出，后来姓和氏不分了，姓、氏可以混用 surname；clan name. In amcient times, surname differed from clan name；the later separated from the former, then there was no diffenence between them and always used as the same meaning. [氏族—zú]原始社会中由血统关系联系起来的人的集体，集体占有生产资料，集体生产，集体消费 clan, a group of families, all originally descended from one family in primitive society, applying collective ownership, collective productive labour and collective consumption ❷旧习惯对已婚的妇女，通常在夫姓后再加父姓，父姓后加"氏"，作为称呼 an early form of address for a married woman, usu. used after her husband's surname and her own surname：张王~(夫姓张，父姓王) Zhāng-Wángshì *Mrs Zhang*,（the woman's husband's surname is Zhang and her father's surname is Wang) ❸后世对有影响的人的称呼 In later ages, it became a title used after the name of an influential person：神农~Shénnóngshì *Master Shen Nong*/太史~tàishǐshì *Master Tai Shi*/摄~表 Shèshìbiǎo *Celsius thermometer*

㊁ zhī 见 840 页 See p. 840

舐 shì ㄕ 舔 lick：老牛~犊(比喻人爱惜儿女)lǎoniú-shìdú *The cow fondly licks her calf*（meaning parental love).

示 shì ㄕ 表明，把事物拿出来或指出来使别人知道 show；notify：~众 shìzhòng *publicly expose*；*put before the public*/~威 shìwēi *demonstrate*；*hold a demonstration*/表~意见 biǎoshì yìjiàn *express one's opinions*/~范作用 shìfàn zuòyòng *set an example*/以目~意 yǐ mù shìyì *give sb. a hint by a wink* [暗示 àn—]不正面说出自己的意见，用神气、手势等提示，或用不直接相关的语言表示 drop a hint；hint；express one's opinions in a roundabout way, usu. by the use of facial expressions, gestures, etc.

胨 shì ㄕ 有机化合物，溶于水，遇热不凝固，是食物蛋白和蛋白胨的中间产物 an organic chemical compound, the intermediate between protein and peptone, easily dissolved in water but not becoming solid when heated

世(**丗) shì ㄕ ❶一个时代 age；era：近～jìnshì modern times ❷一辈一辈相传的 from generation to generation；through generations：～袭 shìxí hereditary/医 shìyī a family of doctors of traditional Chinese medicine who have practised for generations；a long line of doctors ❸人的一生 lifetime；lifelong；life：一～为人 yīshì wéirén one's lifelong conduct ❹指从先辈起就有交往、友谊的 friendship or relationship established by old family members：～伯 shìbó uncle (friend of one's father)/～兄 shìxiōng a form of address for a student of one's father；the son of one's teacher or one's friend ❺世界,宇宙,全球 the world：～上 shìshàng in the world；on earth/～人 shìrén common people

贳 shì ㄕ ❶出赁,出借 hire out；let ❷赊欠 buy on credit ❸宽纵,赦免 pardon

市 shì ㄕ ❶做买卖或做买卖的地方 trade；conduct business；market：开～kāishì conduct the first business of a day；(of a shop) reopen after a cessation of business/菜～càishì food market/牲口～shēngkoushì livestock market ❷买 buy：～恩 shì'ēn try to win favour；ingratiate oneself with/沽酒一脯(fǔ)gū jiǔ shì fǔ buy wine and dried meat ❸卖 sell：转以～人 zhuǎn yǐ shì rén resell to sb. ❹人口密集的行政中心或工商业、文化发达的地方 city, an administrative centre of a large population or a place of business, industry and culture：城～chéngshì city/都～dūshì a big city；metropolis ❺一种行政区划,有直辖市和省(或自治区)辖市等 an administrative division, such as a municipality directly under the central government or a city directly under the provincial government：北京～ Běijīng Shì the City of Beijing；Beijing Municipality/唐山～Tángshān Shì the City of Tangshan；Tangshan City ❻属于我国度量衡市用制的 pertaining to the Chinese system of weights and measures：～尺 shìchǐ a traditional unit of length, equal to 0.333 metre or 1.094 feet 升 shìshēng a traditional unit of capacity, equal to 1 litre or 1.76 pints or 0.22 gallon/～斤 shìjīn a traditional unit of weight, equal to 0.5 kilogram or 1.102 pounds

柿 shì ㄕ 柿树,落叶乔木,开黄白色花。果实叫柿子,可以吃。木材可以制器具 persimmon, a deciduous tree with yellowish-white flowers and edible fruits called shìzi；wood used in making utensils

铈 shì ㄕ 一种金属元素,符号Ce,灰色结晶,质地软,有延展性,能导热,不易导电,可用来制造合金 cerium, a gray, soft, metallic chemical element；ductile, easy to transfer heat by conduction but not easy to transfer electricity, used in making alloys；symbol：Ce.

式 shì ㄕ ❶物体外形的样子 type；style：新～xīnshì new style [形式 xíng—]事物的外表 form；shape ❷特定的规格 pattern；form：格～géshì form；pattern/程～chéngshì form；formula ❸仪式,典礼 ceremony；ritual：开幕～kāimùshì opening ceremony/阅兵～yuèbīngshì military review ❹自然科学中表明某些规律的一组符号 formula, a group of symbols indicating certain laws in science：方程～fāngchéngshì equation；chemical equation/分子～fēnzǐshì molecular formula [公式 gōng—]依照科学上已经发现的法则定出来的可以通用于同类的基本格式 formula：代数～～dàishù gōngshì algebraic expression/经济学上的～～jīngjìxué shang de gōngshì *formula in economics*

试 shì ㄕ ❶按照预定的想法非正式地做 try；~用 shìyòng *try out*/~一~看 shì yī shì kàn *have a try* ❷考，测验 test；examination (⑱comb. 考－kǎo－ *examination*)：~题 shìtí *test questions*；*examination questions*/口~kǒushì *oral examination*

拭 shì ㄕ 擦 wipe；wipe away；~泪 shì lèi *wipe away tears*/~目以待(形容殷切期待)shìmùyǐdài *wait and see*；*wait expectantly for* (sth. to happen)

轼 shì ㄕ 古代车厢前面用做扶手的横木 a horizontal bar in the front of a carriage used as handrail in ancient times

弑 shì ㄕ 古时候称臣杀君、子杀父母等行为 act of murdering one's sovereign or parent in ancient times：~君 shì jūn *regicide*/~父 shì fù *patricide*

似 ⊖ shì ㄕ [似的—de][是的—de]助词 aux. 跟某种事物或情况相似 used after a noun, pronoun or verb, indicating similarity：雪~~那么白 xuě shìde nàme bái *as white as snow*/瓢泼~~大雨 piáopō shìde dàyǔ *torrential rain*；*downpour*
⊖ sì 见 612 页 See p. 612

势(勢) shì ㄕ ❶势力，权力，威力 power；influence；倚~欺人 yǐshì-qīrén *take advantage of one's own or sb. else's power to bully people*；*bully people on the strength of one's powerful connections or position* ❷表现出来的情况，样子 situation or appearance：1. 属于自然界的 of nature：地~dìshì *physical features of a place*；*terrain*/山~险峻 shānshì xiǎnjùn *very dangerously steep mountain* 2. 属于动作的 of action：姿~zīshì *posture*；*gesture*/手~shǒushì *gesture* 3. 属于政治、军事或其他方

面的 of politics, military affairs or other fields；时~shíshì *the current situation；the way things are going on*/大~所趋 dàshì-suǒqū *the trend of the times；the general trend*/乘~追击 chéngshì zhuījī *take the advantage of the favourable situation to pursue and attack the enemy* ❸雄性生殖器 male genitals；去~qùshì *castrate；emasculate*

事 shì ㄕ ❶(一儿—r)事情，自然界和社会中的一切现象和活动 matter, every phenomenon and activity of nature and society [事变—biàn]突然发生的重大政治、军事性事件 incident；event，political or military happening of great importance：七七~~Qī-Qī Shìbiàn *the July Incident of 1937* [事态—tài]形势或局面 state of affairs；situation；~~严重 shìtài yánzhòng *The situation is serious.* ❷职业 job；work；谋~móshì *look for a job*/他现在做什么~？Tā xiànzài zuò shénme shì? *What's his job now?* ❸关系或责任 relations or responsibilities：你回去吧，没有你的~了 Nǐ huíqu ba, méiyǒu nǐ de shì le. *You can go back, it is not your business.* /这件案子里还有他的~呢 Zhè jiàn ànzi li háiyǒu tā de shì ne. *He is involved in this case.* ❹变故，事故 change；出~chūshì *meet with a mishap；have an accident*/平安无~píng'ān-wúshì *All is well.* [事故—gù]出于某种原因而发生的不幸事情，如工作中的死伤等 accident, mishap, usu. in work ❺做，治 do；be engaged in：大~宣扬 dàshì xuānyáng *enormously propagate*/不~生产 bù shì shēngchǎn *lead an idle life* ❻旧指侍奉 (referred to) wait upon；serve (in early times)

侍 shì ㄕ 服侍，伺候，在旁边陪着 wait upon；serve；~立 shìlì *be in attendance*/服~病人 fúshì bìngrén *look after a patient*

峙 ⊖ shì ㄕ [繁峙 Fán—]地名,在山西省 a place in Shanxi Province

⊖ zhì 见 848 页 See p. 848

恃 shì ㄕ 依赖,仗着 rely on;depend on;有 ~ 无恐 yǒushì-wúkǒng When one has something to fall back upon, he has nothing to fear. or One feels secure in the knowledge that one has strong backing.

饰 shì ㄕ ❶修饰,装饰,装点得好看 decorate;ornament:油~门窗 yóushì ménchuāng paint and decorate doors and windows ⑩fig. 假托,遮掩 adorn;dress up;~辞 shìcí excuse;pretext/文过~非 wénguò-shìfēi conceal faults and gloss over wrongs;cover up one's errors ❷装饰用的东西 things used as ornaments:首~ shǒushi head ornaments;jewels ❸装扮,扮演角色 play the role of;act the part of

视(*眎) shì ㄕ ❶看 look:近~眼 jìnshìyǎn near-sighted/~而不见 shì'ér bùjiàn look but see not;turn a blind eye to ❷视察,观察 inspect;watch:巡~一周 xúnshì yī zhōu make an inspection tour/监~ jiānshì keep watch on;keep a lookout over ❸看待 regard;look upon:重~ zhòngshì attach importance to;take something seriously/死如归 shìsǐ-rúguī look upon death as going home;face death unflinchingly/一~同仁 yīshì-tóngrén treat equally without discrimination ❹活,生存 live:莫不欲长生久~ mò bù yù cháng shēng jiǔ shì There is no one who does not want to live a long life. or Everyone wants to live a long life.

是 shì ㄕ ❶表示解释和分类 indicating explanation or classification:他~工人 Tā shì gōngrén. He is a worker./这朵花~红的 Zhè duǒ huār shì hóng de. This flower is red. ❷表示存在 indicating existence:满身~汗 mǎnshēn shì hàn be sweating all over/山上全一树 Shān shang quán shì shù. The mountain is all covered with trees. ❸表示承认所说的,再转入正意 indicating concession of what has been said and a turn in meaning:东西旧~旧,可是还能用 Dōngxi jiù shì jiù, kěshì hái néng yòng. It is old indeed, but it is still useful./话~说得很对,可是得(děi)认真去做 Huà shì shuō de hěn duì kěshì děi rènzhēn qù zuò. What you have said is right, but you've got to do it seriously. ❹表示适合 indicating appropriateness:来的~时候 lái de shì shíhou have come at an appropriate time/放的~地方 fàng de shì dìfang have put it in the right place ❺表示凡是,任何 any:~重活儿他都抢着干 Shì zhònghuór tā dōu qiǎngzhe gàn. He will vie with others in doing any difficult work. ❻用于问句 used in interrogative sentences:你~坐轮船~坐火车 Nǐ shì zuò lúnchuán shì zuò huǒchē? Are you going by ship or by train? ❼加重语气 used for emphasis:~谁告诉你的 Shì shéi gàosu nǐ de? Who on earth told you so? /天气~冷 tiānqì shì lěng It is cold indeed. ❽对,合理,跟"非"相反 correct;antonym of "fēi":懂得~非 dǒngde shìfēi know what is right and what is wrong/他说的~ tā shuō de shì. What he said is right. ⑨ext. 认为对 think sth. or sb. right:~其所是 shì qí suǒ shì think it right [是非—fēi] 口舌,争执 quarrel;dispute:挑拨~~ tiǎobó shìfēi provoke a dispute/惹~ rě shìfēi stir up trouble;provoke a dispute ❾这,此 this:如~ rú shì like this/~日天气晴朗 Shì rì tiānqì qínglǎng. It is fine that day. [国是 guó—]国家大计 state affairs;共商~ gòngshāng guóshì discuss state affairs

适(適) ⊖ shì ㄕ ❶切合，相合 fit；suitable（墅comb. —合—hé suit）：～宜 shìyí suitable；favourable/～意 shìyì agreeable；comfortable/～用 shìyòng be suitable；be applicable ❷舒服 comfortable；稍觉不～shāo jué bù shì feel a little uncomfortable ❸刚巧 by chance：～逢其会 shìféng-qíhuì happen to be present at the right moment ❹刚才，方才 just；just now：～从何处来 Shì cóng héchù lái？Where have you been just now？❺往，到 go；follow：无所～从 wúsuǒshìcóng not know what to do；not know what course to take ⑨ext. 旧指女子出嫁 in old times，referred to a girl getting married；marry

⊜ kuò 见 372 页 See p. 372

室 shì ㄕ ❶屋子 room：～内 shìnèi in the room/教～jiàoshì classroom. ⑨ext. 1. 妻子 wife：妻～qīshì wife/继～jìshì second wife 2. 家，家族 house；family；clan：皇～huángshì the royal family/十～九空 shíshì-jiǔkōng nine houses out of ten are stripped bare（refer to the aftermath of war，natural calamities，etc.）❷机关团体内的工作单位 room as an administrative or working unit：会计～kuàijìshì accounting office ❸星名，二十八宿之一 the thirteenth of the twenty-eight constellations into which the celestial sphere was divided in ancient Chinese astronomy

逝 shì ㄕ ❶过去 pass：光阴易～guāngyīn yì shì Time passes quickly. ❷死，多用于表示对死者的敬意 pass away；die：～世 shìshì pass away/不幸病～bùxìng bìngshì unfortunately die of illness

誓 shì ㄕ ❶当众或共同表示决心，依照说的话实行 swear；vow：～为共产主义奋斗终身 Shì wèi gòngchǎn zhǔyì fèndòu zhōngshēng. vow to devote one's whole life to com-munism ❷表示决心的话 oath；vow：宣～xuānshì take an oath；make a vow

莳(蒔) shì ㄕ 移栽植物 transplant：～秧 shìyāng transplant rice seedlings

释(釋) shì ㄕ ❶说明，解说 explain；elucidate（墅comb. 解—jiě—，注—zhù— explain；annotate；notes）：解～字句 jiěshì zìjù explain words and sentences/古诗浅～gǔshī qiǎnshì ancient poems with simple explanations ❷消散 clear up；dispel：冰～（喻怀疑、误会等完全消除）bīngshì The ice is melting（fig. of misgivings，misunderstandings，etc. disappear）. /～疑 shìyí clear up doubts；dispel suspicion ❸放开，放下 let go；be relieved of：～放 shìfàng release；set free/手不～卷 shǒubùshìjuàn always have a book in one's hand；be very studious；be a diligent reader/如～重负 rúshìzhòngfù feel as if relieved of a heavy load ❹对坐监服刑的人释放 release a prisoner；set free a prisoner：保～bǎoshì release on bail；bail/开～kāishì release（a prisoner）❺佛教创始人"释迦牟尼"的省称。泛指关于佛教的 short for Sakyamuni，the founder of Buddhism；referring to Buddhist in general：～氏（佛家）shìshì Buddhists/～子（和尚）shìzǐ monk/～教 Shìjiào Buddhism

谥(謚) shì ㄕ 我国古代，在最高统治者或其他有地位的人死后，给他另起一个称号，如"武"帝、"哀"公等。也叫"谥号"a posthumous title，formerly bestowed on a ruler，a nobleman，or an eminent official when deceased，such as the Wu，Mighty of Han Wu Di，the Ai，Mighty of Duke Ai；also called "shìhào（a posthumous title）"

嗜 shì ㄕ 喜爱，爱好 have a liking for：～学 shìxué have a liking

for study/～睡 shì shuì *sleepy*　[嗜好—hào]对于某种东西特别爱好，爱好成瘾 hobby; addiction; habit

筮 shì ㄕ　古代用蓍草占卦（迷信）(of superstition in ancient times), divination by means of the milfoil

噬 shì ㄕ　咬 bite: 吞～ tūnshì *swallow; gobble up*/～脐莫及（喻后悔无及）shìqí-mòjí *one can never bite one's own navel* (*fig.* be too late to regret)

奭 shì ㄕ　盛大 grand; magnificent

襫 shì ㄕ　见 49 页"袯"字条"袯襫"(bó—)See bóshì under headword bó, p. 49

螫 ⊖ shì ㄕ　同蜇(zhē)。有毒腺的虫子刺人或牲畜 Same as 蜇 (zhē). (of bees, wasps, etc.) sting
⊜ zhē 见 828 页 See p. 828

匙 ⊖ shi · ㄕ　[钥匙 yào—]开锁的东西 key to a lock
⊜ chí 见 80 页 See p. 80

殖 ⊖ shi · ㄕ　[骨殖 gǔ—]bones of the dead
⊜ zhí 见 842 页 See p. 842

SHOU ㄕㄡ

收(**収) shōu ㄕㄡ ❶接到，接受 receive: ～发 shōufā *receive and dispatch; dispatcher*/～信 shōu xìn *receive a letter*/～到 shōudào *have received*/～条 shōutiáor *receipt*/接～物资 jiēshōu wùzī *receive goods and materials*/招～新生 zhāoshōu xīnshēng *enroll new students*/～账（受款记账）shōuzhàng *charge to an account* ❷藏或放置妥当 put away; put in place: 这是重要东西，要～好了 Zhè shì zhòngyào dōngxi, yào shōuhǎo le. *This is an important thing; put it in place.* ❸割取成熟的农作物 harvest; gather in:

秋～qiūshōu *autumn harvest*/～麦子 shōu màizi *gather in the wheat* ❹获得（经济利益）gain; profit: ～益 shōuyì *profit; income*/～支相抵 shōuzhī xiāngdǐ *receipts counterbalance expenditure* ❺招回 call back: ～兵 shōubīng *recall troops; call off a battle* ❻聚，合拢 close: 疮～口了 chuāng shōukǒu le. *The open part of the sore has healed.* ❼结束 bring to an end: ～尾 shōuwěi *bring to a conclusion; wind up*/～工 shōugōng *stop work for the day; knock off*/～场 shōuchǎng *wind up; end* ❽收心，收敛 restrain; control: 心似平原野马易放难～Xīn sì píngyuán yěmǎ yì fàng nán shōu. *The mind is like a wild horse on the plain that is easy to let free but difficult to control* (*fig.* Once one becomes idle, it is difficult for him to concentrate on more serious things.) ❾逮捕拘禁 arrest: ～监 shōujiān *put in prison; take into custody*

熟 ⊖ shóu ㄕㄡˊ　义同"熟"(shú)，用于口语 a synonym of "shú", used in colloquial speech
⊖ "shú" 见 602 页 See p. 602

手 shǒu ㄕㄡˇ　❶人体上肢前端拿东西的部分 hand, the movable part at the end of the arm, including fingers（图见 640 页"体" See picture under entry of "tǐ", p. 640）[手足 zú]*fig.* 兄弟 brothers ❷拿着 hold; have in one's hand: 人～一册 rén shǒu yī cè *Everyone has a copy.* ❸(一儿一r)技能，本领 skills: 有两～儿 yǒu liǎngshǒur *have real skills; have the stuff to do sth.* ❹亲手 with one's own hands; personally: ～书 shǒushū *write in one's own hand*/～植 shǒuzhí *personally plant* (a tree, etc.) ❺做某种事情或擅长某种技能的人 a person doing or good at a certain job: 选～xuǎnshǒu *an athlete selected for a sports meet; player* / 生 产 能 ～

shēngchǎn néngshǒu *a dab at production*/水 ~ shuǐshǒu *sailor* 神枪~ shénqiāngshǒu *sharpshooter* ❻ 小巧易拿的 small and convenient ~ 册 shǒucè *handbook*; *mannual*
[手段—duàn] 处理事情所用的方法 means; medium

守 shǒu ㄕㄡˇ ❶ 保持，卫护 guard; defend;~城 shǒuchéng *defend a city*/坚~ 阵地 jiānshǒu zhèndì *hold firm a position* [墨守 mò—]⑱ trans. 依照老法子不肯改进 stick to convention; stay in a rut;~~成规 mòshǒuchéngguī *stick to established practice*; *adhere to conventions* ❷ 看守，看护 keep watch;~门 shǒumén *be on duty at the door or gate*; *keep goal*/ ~着病人 shǒuzhe bìngrén *watch over the patient*; *look after the patient* ❸ 遵守，依照 observe; abide by;反对因循~旧 fǎnduì yīnxún-shǒujiù *oppose the idea of sticking to old ways*; *be against following the beaten track*/~时间 shǒu shíjiān *be on time*; *be punctual*/~纪律 shǒu jìlǜ *observe discipline*/爱国 ~ 法 àiguó shǒufǎ *love one's motherland and abide by law* ❹ 靠近，依傍 close to; near;~着水的地方，要多种稻子 Shǒuzhe shuǐ de dìfang, yào duō zhòng dàozi. *Where there is water nearby, a special effort should be made to plant rice.*

首 shǒu ㄕㄡˇ ❶ 头，脑袋 head;昂~ángshǒu *hold one's head high*/ ~ 饰 shǒushì *articles for personal adornment, such as earring, ring, necklace, bracelet, jewels, etc.* [首领—lǐng]⑱fig. 某些团体的领导人 chieftain; head of an organization ❷ 领导人，带头的 leader;~长 shǒuzhǎng *leading cadre*; *senior officer* ❸ 第一，最高的 first; primary;~要任务 shǒuyào rènwu *the most important task*/~席代表 shǒuxí dàibiǎo *chief representative*. ❹ 最先，最早 first; earliest;~次 shǒucì *for the first time*;

first/~创 shǒuchuàng *originate*; *initiate* ❺ 出头告发 bring charges against sb.；自~zìshǒu（of criminal）*voluntarily surrender oneself*; *go straight to the authority to give oneself up* 出~chūshǒu *denounce sb. as a criminal*（to the authorities）; *confess one's crime* ❻ 量词 meas. 用于诗歌 used for pieces of poetry;一~诗 yī shǒu shī *a poem*

寿（壽） shòu ㄕㄡˋ ❶ 活的岁数大 long life; old age;人~年丰 rénshòu-niánfēng *The people enjoy good health and the good harvests.* ❷ 年岁，生命 life; age; ~ 命 shòumìng *life span*; *life* ❸ 寿辰，生日 birthday ❹ 装殓死人的 things for treating the dead;~材 shòucái *a coffin prepared for the dead*/~ 衣 shòuyī *graveclothes*

受 shòu ㄕㄡˋ ❶ 接纳别人给的东西 accept; ~ 赂 shòuhuì *accept bribes*/接~别人的意见 jiēshòu biéren de yìjiàn *accept other people's suggestions* ❷ 忍耐某种遭遇 suffer; be subjected to（⑱comb. 忍 — rěn — bear）;~不了 shòubuliǎo *cannot bear* (it)/~罪 shòuzuì *endure hardships, tortures, rough conditions, etc.*; *have a hard time*/ 忍 ~ 痛 苦 rěnshòu tòngkǔ *endure a pain*; *stand sufferings* ❸ 遭到 suffer; meet with;~批评 shòu pīpíng *be criticized*/~害 shòuhài *suffer injury*; *fall victim*/~风 shòufēng *catch a cold*/ ~ 暑 shòushǔ *suffer heatstroke* ❹ 中，适合 appropriate;他这话倒是很 ~ 听 Tā zhè huà dàoshì hěn shòutīng. *His words sounds pleasant.*

授 shòu ㄕㄡˋ ❶ 给，与 give; award; ~ 旗 shòuqí *present sb. with a flag*/~奖 shòujiǎng *award a prize*/~意（把自己的意思告诉别人让别人照着办）shòuyì *incite sb. to do sth.*; *inspire* ❷ 传授 teach; in-

S

struct：~课 shòukè *give lessons；give instructions*

绶 shòu ㄕㄡ　一种丝质带子,古代常用来拴在印纽上 a silk ribbon attached to an official seal in ancient times：~带 shòudài *a silk ribbon attached to a seal*/印~ yìnshòu *a silk ribbon attached to a seal*

狩 shòu ㄕㄡ　打猎。古代指冬天打猎 hunting；(in ancient times) hunting in winter

售 shòu ㄕㄡ　卖 sell：~票 shòupiào *sell tickets*/零~ língshòu *sell retail；sell by the piece or in small quantities*/销~ xiāoshòu *sell；market* ⑤ ext. 施展 make one's plan, trick, etc. work；carry out intrigues：以~其奸 yǐshòuqíjiān *in order to carry out one's evil plot；to achieve one's treacherous purpose*

兽(獸) shòu ㄕㄡ　❶有四条腿、全体生毛的哺乳动物 beast；animal, a mammal with four legs and hair all over the body. ❷比喻野蛮,下流 beastly；bestial：~欲 shòuyù *bestial desire*/~行 shòuxíng *brutal act；brutality*

瘦 shòu ㄕㄡ　❶含脂肪少,跟"胖"、"肥"相反 thin；emaciated, antonym of "pàng" and "féi"：~肉 shòuròu *lean meat*/身体很~ shēntǐ hěn shòu *have a very thin figure* ❷衣服鞋袜等窄小 (of clothes and shoes) tight：这件衣裳穿着~了 Zhè jiàn yīshang chuānzhe shòu le. *This dress is tight.* ❸土地瘠薄 (of soil) poor；not fertile：~田 shòutián *barren field* ❹笔划细 slim stroke of a Chinese character：~硬 shòuyìng *slim and strong stroke of a Chinese character*/钟书体~ Zhōngshūtǐ shòu *The character strokes of the handwritings by the calligrapher Zhong You (钟繇, 151—230 A.D.) are in slim style.*

SHU　ㄕㄨ

殳 shū ㄕㄨ　古代的一种兵器,用竹子做成,有棱无刃 an ancient weapon made of bamboo, with blunt edge

书(書) shū ㄕㄨ　❶成本的著作 book ❷信 letter (⑤ comb. —信—x ìn *letter*)：家~ jiāshū *a letter home；a letter from home*/~札 shūzhá *letters*/来~已悉 láishū yǐ xī *I have received your letter.* ❸文件 document：证明~ zhèngmíngshū *certificate；testimonial*/申请~ shēnqǐngshū *written application；petition* ❹写字 write (⑤ comb. —写—xiě *write*)：~法 shūfǎ *penmanship；calligraphy* ⑯ trans. 字体 style of calligraphy；script：楷~ kǎishū *regular script in Chinese calligraphy*/隶~ lìshū *official script in Chinese calligraphy*

抒 shū ㄕㄨ　抒发,尽量表达 express；convey：~情诗 shūqíngshī *lyric poetry；lyrics*/各~己见 gèshū-jǐjiàn *Each airs his own views.*

纾 shū ㄕㄨ　缓和,解除 relax；remove：~难(nàn) shūnàn *give relief in time of public distress*

舒 shū ㄕㄨ　❶展开,伸展 stretch；smooth out：~眉展眼 shūméi zhǎnyǎn *smiling eyes；a beaming face* [舒服—fu] [舒坦—tan] 身心愉快 comfortable；at ease ❷从容,缓慢 easy；leisurely

枢(樞) shū ㄕㄨ　门上的转轴 pivot or hinge of a door：户~不蠹 hùshū-bùdù *A door-hinge never becomes worm-eaten* (it means constant activity staving off decay) [枢纽—niǔ] 重要的部分,事物相互联系的中心环节 key position；hub：运输的~~ yùnshū de shūniǔ *hub*

of transportations [中枢 zhōng—]中心,中央 centre；神经～～shénjīng zhōngshū nerve centre

叔 shū ㄕㄨ ❶兄弟排行,常用伯、仲、叔、季为次序,叔是老三 the third among brothers ❷叔父,父亲的弟弟。又称跟父亲同辈而年纪较小的男子 uncle, father's younger brother；a form of address for a man of one's father's generation but younger (叠 redup.):大～dàshū uncle ❸(一子—zi)丈夫的弟弟 husband's younger brother；小～子 xiǎoshūzi husband's younger brother；brother-in-law

菽(**尗) shū ㄕㄨ 豆的总称 a general term for beans

淑 shū ㄕㄨ 善,美,过去多指女人的品德好(of a woman)kind, beautiful, virtuous and pure

姝 shū ㄕㄨ 美丽,美好 pretty；lovely

殊 shū ㄕㄨ ❶不同 different；特～情况 tèshū qíngkuàng an exceptional case/～途同归 shūtú-tóngguī reach the same goal by different routes ❷特殊 special：～荣 shūróng special honours/～勋 shūxūn distinguished meritorious service ❸极,很 extremely；very much：～佳 shūjiā very good/～可钦佩 shū kě qīnpèi be very admirable ❹断,绝 cut off；sever [殊死—sǐ]1. 古代指斩首的死刑 the death penalty of decapitation in ancient times 2. 拼着性命 life-and-death；desperately：～～战斗 shūsǐ zhàndòu fight to the death；put up a desperate fight

倏(*倐、儵) shū ㄕㄨ 极快地,忽然 quickly；suddenly：～忽 shūhū suddenly；quickly/～尔而逝 shū'ěr ér shì suddenly disppear

梳 shū ㄕㄨ ❶(一子—zi)整理头发的用具。也叫"拢子"comb, also called "lǒngzi" ❷用梳子整理头发 comb one's hair：～头 shūtóu comb one's hair

疏(❶-❹*疎) shū ㄕㄨ ❶去掉阻塞使畅通 remove obstructions (遲comb.—通—tōng dredge；mediate between two parties)：～导 shūdǎo dredge；remove obstructions ❷分散 scatter：～散 shūsàn scatter in order；disperse ❸事物间距离大,空隙大,跟"密"相反 few and far between, antonym of "mì"(遲comb. 稀—xī— sparse)：～林 shū lín sparse woods　～密不均 shūmì bùjūn of uneven density/稀～的枪声 xīshū de qiāngshēng scattered shots；sporadic firing　引ext. 1.不亲密,关系远的 not intimate；(of relations) distant：亲～远近 qīnshū-yuǎnjìn (of relatives or connections) close or distant/他们一向很～远 Tāmen yīxiàng hěn shūyuǎn. They are always estranged. 2. 不细密,粗心 careless：～神 shūshén relax one's attention；let one's attention wander/这人太～忽了 Zhè rén tài shūhu le. This man is too careless. ❹空虚 void：志大才～zhìdà-cáishū have great ambition but devoid of talent；have high aspirations but little ability ❺粗 coarse：～食 shūshí coarse food ❻不熟悉 not familiar：生～shēngshū not familiar/人生地～rén shēng dì shū be a stranger in a strange place；be unfamiliar with the place and the people ❼分条说明的文字 subcommentary；注～zhùshū commentary and subcommentary/奏～(封建时代臣下向皇帝陈述事情的文章)zòushū a memorial to the emperor

蔬 shū ㄕㄨ 蔬菜,可以做菜的植物(多属草本)vegetables；edible plants：～食 shūshí vegetables；greens

摅(攄) shū ㄕㄨ 发表或表示出来 express；set forth：各～己见 gèshū-jǐjiàn Each airs his own views.

输 shū ㄕㄨ ❶从一个地方运送到另一个地方 transport; convey(叠comb. 运—yùn—transport): ~出 shūchū send out/~血 shūxuè blood transfusion ❷送给,献给 give; donate:捐~ juānshū contribute (to an organization); donate ❸败,负 lose; be beaten: ~了两个球 shūle liǎng ge qiú lose two scores in a match

觎 shū ㄕㄨ 见545页"氍"字条"氍觎"(qú—)See qúshū under entry of qú See p. 545

秫 shú ㄕㄨ 黏高粱,可以做烧酒。有的地区就指高粱 glutinous kaoliang; (in some place refer to) sorghum, used to make wine: ~米 shúmǐ husked sorghum/~秸(高粱秆) shújiē kaoliang stalk; sorghum stalk

孰 shú ㄕㄨ ❶谁 who: ~谓不可 Shú wèi bùkě? Who says it is impossible? ❷什么 what:是(这个)可忍,~不可忍 Shì kě rěn, shú bù kě rěn? If this can be tolerated, what else cannot? ❸哪个 which: ~胜~负 shú shèng shú fù. Who wins and who loses?

塾 shú ㄕㄨ 旧时私人设立的教学的地方 old-type private school:私~ sīshú old-style private school/村~ cūnshú old-style village school

熟 ㊀shú ㄕㄨ shóu ㄕㄡ ❶食物烧煮到可吃的程度 cooked; done:饭~了 Fàn shú le. The rice is done. /~菜 shúcài cooked dish; prepared food ❷成熟,植物的果实或种子长成 (of fruits or seeds of plants) ripe:麦子~了 Màizi shú le. The wheat is ripe. ❸程度深 deeply; thoroughly:深思~虑 shēnsī-shúlǜ careful consideration. ~睡 shúshuì sleep soundly; be fast asleep ❹习惯,常见,知道清楚 familiar; well acquainted: ~悉 shúxī know sb. or sth. well; be familiar with/~人 shúrén acquaintance 这条路我~ Zhè tiáo lù wǒ shú. I know

this route. ❺熟练,做某种工作时间久了,精通而有经验 skilled; experienced: ~手 shúshǒu expert hand; practised hand/~能生巧 shúnéng-shēngqiǎo Skill comes from practice. or Practice makes perfect. ❻经过加工炼制的 processed:~铁 shútiě processed iron/~皮子 shúpízi processed leather

㊁shóu 见598页 See p. 598

赎(贖) shú ㄕㄨ ❶用财物换回抵押品 redeem; ransom: ~当(dàng) shúdàng redeem sth. pawned; take sth. out of a pledge/把东西~回来 bǎ dōngxi shú huílai redeem a pledge ❷用行动抵消、弥补罪过(旧时特指用财物减免刑罚)atone for a crime (in early times referred to atonement for a crime with money and goods):立功~罪 lìgōng-shúzuì perform meritorious service to atone for one's crimes

暑 shǔ ㄕㄨ 热 heat:中(zhòng)~ zhòngshǔ suffer heatstroke; be affected by the heat/~天 shǔtiān hot summer days; dogdays

署 shǔ ㄕㄨ ❶办公的处所:office; government office 海关总~ hǎiguān zǒngshǔ customs head office ❷布置 arrange; make arrangement for:部~ bùshǔ dispose; deploy ❸签名,题字 put one's signature to; sign:签~ qiānshǔ sign/~名 shǔmíng sign; put one's signature to ❹暂代 handle by proxy; act as deputy:~理 shǔlǐ handle by proxy; act as deputy

薯(＊藷) shǔ ㄕㄨ 植物名 plant name: 1. 甘薯,又叫"白薯"、"红薯"或"番薯"。草本植物,茎细长,块根可以吃 yam; sweet potato, also called "báishǔ", "hóngshǔ" or "fānshǔ", a kind of herb with thin and long stems and edible root tuber 2. 马铃薯,又叫"土豆"或"山药蛋"。草本植物,块茎可以

potato, also called "tǔdòu" or "shānyáodàn", a kind of herb with edible root tuber [薯蓣—yù]又叫"山药"。草本植物,开白花,块根可以吃,也可入药 Chinese yam, also called "shānyào", a kind of herb with white flowers and edible root tuber, and if necessary, being used as medicine

曙 shǔ ㄕㄨ 天刚亮 daybreak; dawn: ～色 shǔsè *the light of early dawn; twilight*/～光 shǔguāng *the first light of morning; dawn*

黍 shǔ ㄕㄨ 一年生草本植物,子实叫黍子,碾成米叫黄米,性黏,可酿酒 broomcorn millet, an annual grain known as the glutinous rice, used in making wine [蜀黍 shǔ—]高粱 sorghum [玉蜀黍 yùshǔ—]一年生草本植物,也叫"玉米"、"棒子"或"包谷"。叶长而大,子实可做食粮 corn, also called "yùmǐ", "bàngzi" or "bāogǔ", an annual grain with big leaves and edible seeds

属(屬) ⊖ shǔ ㄕㄨ ❶同一家族的 of the same family: 家～ jiāshǔ *family members; dependants* ❷类别 category: 金～ jīnshǔ *metal* ❸有管辖关系的 be under; be subordinate to(⑭ comb. 隶—lì— *be subordinate to*): 直～ zhíshǔ *directly under; directly subordinate to*/～局 shǔjú *subordinate bureau*/～员 shǔyuán *staff member of a government office* ❹归类 classify: ～于自然科学 shǔyú zìrán kēxué *be classified into natural science* ❺为某人或某方所有 belong to; be possessed by: 这本书～你 Zhè běn shū shǔ nǐ. *This book belongs to you.* or *This book is yours.* ❻是 be: 查明～实 chámíng shǔshí *prove to be true after investigation* ❼用于干支纪年,十二支配合十二种动物,人生在哪年,就属哪种动物叫"属相" be born in the year of one of the twelve symbolic animals associated with a 12-year cycle: 甲子、丙子等

子年生的都～鼠 Jiǎzǐ bǐngzǐ děng zǐnián shēng de dōu shǔ shǔ. *Those who were born in such zi years as jiazi and bingzi, all belong to the year of the mouse.*

⊜ zhǔ 见 858 页 See p. 858

蜀 shǔ ㄕㄨ ❶国名,三国之一,刘备所建立(公元 221—263 年),在今四川省,后来扩展到贵州省、云南省和陕西省汉中一带 Shǔ, a state name, one of the Three Kingdoms (221—263 A. D.) established by Liu Bei, covering today's Sichuan Province, later extending to certain parts of Guizhou Province, Yunnan Province and the Hanzhong area of Shaanxi Province. ❷四川省的别称 another name for Sichuan Province

鼠 shǔ ㄕㄨ 老鼠,俗叫"耗子",体小尾长,门齿发达,常咬衣物,又能传染疾病 mouse, popularly called "hàozi" a type of small furry animal with a long tail and sharp teeth, which often bites articles and can spread diseases [鼠疫—yì]一种急性传染病,又叫"黑死病",病原体是鼠疫杆菌。消灭老鼠和预防注射是主要的预防方法 plague, also called "hēisǐbìng" a quick-spreading infectious disease caused by plague bacilli; wiping out mice and preventive injection are the main preventive measures against plague

数(數) ⊖ shǔ ㄕㄨ ❶一个一个地计算 count: ～一～ shǔ yī shǔ *count* ⑤ ext. 比较起来最突出 be reckoned as exceptionally good or bad, etc.: 就～他有本领 Jiù shǔ tā yǒu běnlǐng. *He is the most capable one among them.* ❷责备,列举过错 blame; enumerate faults committed by sb.: ～落(luo) shǔluo *scold sb. by enumerating his wrongdoings; reprove*/～说 shǔshuō *enumerate; scold*

⊜ shù 见 605 页 See p. 605

S

㈢ shuò 见 609 页 See p. 609

术(術) ㈠ shù ㄕㄨˋ ❶技艺 art；skill：武～wǔshù physical arts/技～jìshù technique/美～měishù the fine arts；art ［术语—yǔ]学术和各种工艺上的专门用语 technical terms；terminology ❷方法 method；ways and means：战～zhànshù tactics/防御之～fángyù zhī shù defensive tactics

㈡ zhú 见 856 页 See p. 856

述 shù ㄕㄨˋ 讲说，陈说 narrate；state（⤮ comb. 叙—xù—narrate；陈—chén— state）：口～kǒushù give an oral account

沭 shù ㄕㄨˋ 沭河，发源于山东省，流经江苏省入新沂河 Shu River，originating in Shandong Province，running through Jiangsu Province into Xinyi River

铈 shù ㄕㄨˋ ❶长针 long needle ❷刺 prick；pierce ❸引导 guide；lead

戍 shù ㄕㄨˋ 军队防守 defend；garrison：卫～wèishù garrison/～边 shùbiān garrison the frontiers

束 shù ㄕㄨˋ ❶捆住 bind；tie：～发 shùfà tie the hair／～手～脚 shùshǒu-shùjiǎo bind sb. hand and foot；hamper the initiative of ［束缚—fù]捆绑 tie；bind up ⤙ fig. 使受到限制 hamper the initiative of；restricted：不要～～群众的创造性 Bùyào shùfù qúnzhòng de chuàngzàoxìng. Don't hamper the initiative of creation of the masses. ❷捆儿 bundle；bunch：一～鲜花 yī shù xiānhuā a bunch of flowers ❸控制 control（⤮comb. 约—yuē— restrain）：拘～jūshù restrain/～身自爱 shùshēn-zì'ài sb. be strict with himself for regarding himself

树(樹) shù ㄕㄨˋ ❶木本植物的总称 a general term for trees ❷种植，栽培 plant；culti-

vate ❸立，建立 set up；establish（⤮ comb. —立—lì set up)：～雄心，立壮志 shù xióngxīn，lì zhuàngzhì foster lofty ideals and set high goals

竖(豎，*豎) shù ㄕㄨˋ ❶直立 set upright；erect：把棍子～起来 bǎ gùnzi shù qilai erect the stick to stand up ❷上下的或前后的方向 vertical；upright：～着写 shùzhe xiě write vertically／～着挖道沟 shùzhe wā dào gōu dig a lengthwise ditch ❸直，汉字自上往下写的笔形（丨）vertical stroke in Chinese characters （丨）：十字是一横一～Shí（十）zì shì yī héng yī shù. The character shi is composed of one horizontal stroke and one vertical stroke. ❹竖子，古时指年轻什人，也用于对人的一种蔑称 boy；fellow，a young servant（in ancient times），also a disdainful term for sb.

俞 ㈠ shù ㄕㄨˋ 同"腧"Same as 腧.

㈡ yú 见 789 页 See p. 789

腧 shù ㄕㄨˋ 腧穴，人体上的穴道（of Chinese traditional medical arts）acupuncture points on the human body：肺～fèishù acupuncture points of the lung/胃～wèishù acupuncture points of the stomach

恕 shù ㄕㄨˋ 宽恕，原谅 forgive；pardon：饶～ráoshù forgive；excuse

庶 shù ㄕㄨˋ ❶众多 numerous：～民(旧指老百姓)shùmín the common people；the multitude/富～fùshù rich and populous ❷庶几(jī)，将近，差不多 nearly；almost：～乎可行 shùhū kěxíng Probably it can be done. ❸宗法制度下指家庭的旁支 under the patriarchal system，refered to the descendants from concubines in a family：～出 shùchū be born of a concubine

裋 shù ㄕㄨˋ 古代仆役穿的一种衣服 a kind of clothes worn by servants in ancient times

数（數） ㊀ shù ㄕㄨ ❶数目，划分或计算出来的量 number；quantity：基～jīshù *cardinal number*/序～xùshù *ordinal number*/岁～suìshù *age*/次～cìshù *number of times；frequency*/人～太多，坐不下 Rénshù tài duō, zuòbuxià. *There are not enough seats for so many people.* ［数词一词］表示数目的词，如一、九、千、万等 numeral, such as one, nine, thousand, ten thousands, etc. ❷几，几个 several; a few：～次 shù cì *several times*/～日 shù rì *a few days*/～人 shù rén *a few people* ❸（迷信）劫数（of superstition）doom；unavoidable destruction：在～难逃 zàishù-nántáo *If you're doomed, you're doomed. There is no escape for sb.*

㊁ shǔ 见 603 页 See p. 603

㊂ shuò 见 609 页 See p. 609

墅 shù ㄕㄨ　别墅，住宅以外供游玩休养的园林房屋 villa, a house with its own garden for holidays and recuperation

漱 shù ㄕㄨ　含水荡洗口腔 rinse (the mouth)：～口 shùkǒu *rinse the mouth*; gargle

澍 shù ㄕㄨ　及时的雨 timely rain

SHUA ㄕㄨㄚ

刷 ㊀ shuā ㄕㄨㄚ ❶（～子—zi，～儿—r）用成束的毛、棕等制成的清除东西或涂抹东西的用具 brush, an instrument for cleaning, smoothing, or painting, made of sticks, stiff hair, etc. ❷用刷子或类似刷子的用具来清除或涂抹 clean or paint with a brush; scrub：～牙 shuā yá *brush one's teeth*/～鞋 shuā xié *brush shoes*/～锅 shuā guō *clean a pot*/用石灰墙 yòng shíhuī shuā qiáng *whitewash a wall* ㊈ ext. 淘汰 eliminate; re-

move：第一轮比赛就被～掉了 dì-yī lún bǐsài jiù bèi shuādiào le *be eliminated in the first turn of the match* ❸ 同"唰" Same as 唰

㊁ shuà 见本页 See the same page.

唰 shuā ㄕㄨㄚ 拟声词 *onom.* 形容迅速擦过去的声音 denoting the rubbing noise of sth. passing over; rustle：小雨～～地下起来了 Xiǎoyǔ shuāshuā de xià qilai le. *The swishing rain began.*

耍 shuǎ ㄕㄨㄚ ❶〈方 dial.〉玩 play （㊧comb. 玩—wán—*play*）：孩子们在院子里～Háizimen zài yuànzi li shuǎ. *The children are playing in the yard.* ❷玩弄，表演 play with; play：～猴 shuǎhóur *put on a monkey show*/～大刀 shuǎ dàodāo *flourish a large sword* ❸戏弄 play tricks：别～人 bié shuǎrén *Don't play tricks on others.* or *Don't make fun of others.* ❹弄，施展 give free play to：～手艺 shuǎ shǒuyì *make a living as a craftsman*/～威风 shuǎ wēifēng *make a show of authority*; be overbearing/～手腕（喻使用不正当的方法）shuǎ shǒuwànr *fig. use artifices*; *play tricks*

刷 ㊀ shuà ㄕㄨㄚ ［刷白—bái］色白而略微发青 slightly greenish white; pale

㊁ shuā 见本页 See the same page.

SHUAI ㄕㄨㄞ

衰 ㊀ shuāi ㄕㄨㄞ 事物发展转向微弱 decline; wane（㊧comb. —微—wēi *wane*）：～败 shuāibài *decline*; *be at a low ebb*/～老 shuāilǎo *old and feeble*; *decrepit*; *senile*/神经～弱 shénjīng shuāiruò *neurasthenia* ［衰变—biàn］化学上指放射性元素放射出粒子后变成另一种元素 decay, chemically refer to a kind of radioelement turning to be other kind of element after radiating its particles.

㊁ cuī 见 100 页 See p. 100

摔(❹＊＊**踤**) shuāi ㄕㄨㄞ ❶用力往下扔 cast；throw：把帽子往床上一～bǎ màozi wǎng chuáng shang yī shuāi *throw one's cap onto the bed* ❷很快地掉下 fall off quickly：上树要小心，别一～下来 Shàng shù yào xiǎoxīn, bié yī shuāi xialai. *Be careful when climbing up a tree lest fall off.* ❸因掉下而破坏 cause to fall and break；break：把碗～了 bǎ wǎn shuāile *break the bowl* ❹跌跤 fall；tumble：他～倒了 Tā shuāidǎo le. *He had a fall.* /～了一跤 shuāile yī jiāo *have a tumble*

甩 shuǎi ㄕㄨㄞ ❶抡，扔 swing；throw：～袖子 shuǎi xiùzi *fling out one's hands in impatience*/～手榴弹 shuǎi shǒuliúdàn *throw hand grenades* ❷抛开，抛弃 throw off；a-bandon：～车 shuǎichē *uncouple railway coaches from the locomotive*；un-couple/被～在后面 bèi shuǎi zài hòumian *be left behind*

帅(帥) shuài ㄕㄨㄞ ❶军队中最高级的指挥官 commander in chief：元～yuánshuài *marshal*/统～tǒngshuài *commander；commander in chief* ❷英俊，潇洒，漂亮 hand-some；smart：这个小伙儿很～Zhège xiǎohuǒr hěn shuài. *This young man is very handsome.* /他的动作～极了 Tā de dòngzuò shuàijíle. *His move-ments were graceful.* / 字写得～ zì xiě de shuài *write in a beautiful hand*

率 ㊀ shuài ㄕㄨㄞ ❶带领，统领 lead；command（⊕comb. 一领－lǐng *lead*）：～队 shuàiduì *lead a team.* ～师 shuàishī *command an army；lead troops* ❷轻易地，不细想，不慎重 rash；hasty（⊕comb. 轻－qīng－*rash*，草－cǎo－*sloppy*）：不要轻～地处理问题 Bùyào qīngshuài de chǔlǐ wèntí. *Don't be indiscreet in*

solving problems. ❸爽直坦白 frank；straightforward（⊕comb. 直－zhí－*frank*）❹大率，大概，大略 generally；usually：～皆如此 Shuài jiē rúcǐ. *This is usually the case.* ❺遵循 follow；obey：～由旧章 shuàiyóujiùzhāng *act in accordance with set rules；follow the beaten track* ❻模范 model：一方表～yīfāng biǎoshuài *model in one as-pect* ❼同"帅❷" Same as "帅❷".

㊁ lǜ 见 426 页 See p. 426

蟀 shuài ㄕㄨㄞ 见 691 页"蟋"字条"蟋蟀" See "xīshuài" under en-try of xī, p. 691

SHUAN ㄕㄨㄢ

闩(＊＊**檊**) shuān ㄕㄨㄢ ❶门闩，横插在门后使门推不开的棍子 door bolt；latch, a simple fastening for a door worked by a hori-zontal bar behind it ❷用闩插上门 fasten with a bolt or latch：把门～上 bǎ mén shuānshang *bolt the door*

拴 shuān ㄕㄨㄢ 用绳子系(jì)上 tie or fasten with a rope：～马 shuān mǎ *tether a horse* (to a pole, etc.)/～车 shuān chē *park the car firm* ⑯fig. 被事物缠住而不能自由行动 be tied up；be bound up：被琐事～住了 bèi suǒshì shuānzhù le *be bound up with trifles*/一项紧急任务又把几个老搭档～在一起了 Yī xiàng jǐnjí rènwu yòu bǎ jǐge lǎo dādàng shuān zài yīqǐ le. *The old partners were bound up again by an urgent task.*

栓 shuān ㄕㄨㄢ ❶器物上可以开关的机件 bolt；plug on an object：枪～qiāngshuān *rifle bolt*/消火～xiāohuǒshuān *fire hydrant* ❷塞子或作用跟塞子相仿的东西 stopper；cork, or sth. like it：～塞 shuānsè *embolism*/～剂 shuānjì *suppository*/血～xuèshuān *blood embolism*

涮 shuàn ㄕㄨㄢ ❶摇动着冲刷，略微洗洗 wash by shaking；rinse：

~~手 shuànshuan shǒu *wash hands*/把衣服~一~把 bǎ yī fu shuàn yī shuàn *rinse the clothes* ❷ 把水放在器物中摇动，冲洗 fill a container with water and wash by shaking it：~瓶子 shuàn píngzi *give the bottle a rinse* ❸ 把肉片等在滚水里放一下就取出来（蘸作料吃）scald thin slices of meat in boiling water；instant boil：~锅子 shuàn guōzi *slices of meat and vegetables into a boiling pot；have a hot pot*/~羊肉 shuàn yángròu *instant-boil slices of mutton in a chafing pot*

SHUANG ㄕㄨㄤ

双（雙、**隻） shuāng ㄕㄨㄤ ❶ 两个，一对 two；twin：一~鞋 yī shuāng xié *a pair of shoes*/~管齐下 shuāngguǎnqíxià *paint a picture with two brushes at the same time；work along both lines*/取得~方同意 qǔdé shuāngfāng tóngyì *obtain mutual consent*. [双簧-huáng]曲艺的一种，一人蹲在后面说话，另一人在前面配着做手势和表情 a two-man act, with one acting in pantomime and another hiding behind him doing all the speaking or singing [双生儿-shēngr]孪生子，一胎生的两个小孩 twin ❷ 偶数的 even：~数（二、四、六、八等，跟单数相对）shuāngshù *even numbers*（such as two, four, six and eight, etc., antonym of odd numbers）❸ 加倍的 double；twofold：~份 shuāngfèn *double the amount*/~料 shuāngliào *reinforced material；extra quality*

泷（瀧） ㊀ shuāng ㄕㄨㄤ 泷水，水名，在广东省 Shuang River, in Guangdong Province

㊁ lóng 见 416 页 See p. 416

霜 shuāng ㄕㄨㄤ ❶ 附着在地面或靠近地面的物体上的微细冰粒，是接近地面的水蒸气冷至摄氏零度以下凝结而成的 frost, a white powdery substance formed on outside surfaces from very small drops of water when the temperature of the air is below freezing point ⑯ *fig.* 白色 white；hoar：~鬓 shuāngbìn *hoary temples；grey temples* ❷ 像霜的东西 frostlike powder：柿~ shìshuāng *powder on the surface of a dried persimmon*/盐~yánshuāng *salt efflorescene*

孀 shuāng ㄕㄨㄤ 孀妇，死了丈夫的妇人 widow, a woman whose husband has died：遗~yíshuāng *widow*/~居 shuāngjū *be a widow*

骦 shuāng ㄕㄨㄤ 见 616 页"骕"字条"骕骦"（sù-）See "sùshuāng" under entry of sù, p. 616

礵 shuāng ㄕㄨㄤ ［北礵 Běi-］岛名，在福建省霞浦 an island in Xiapu, Fujian Province

鸘 shuāng ㄕㄨㄤ 见 616 页"鹔"字条"鹔鸘"（sù-）See "sùshuāng" under entry of sù, p. 616

爽 shuǎng ㄕㄨㄤˇ ❶ 明朗，清亮 bright；clear：秋高气~ qiūgāo qìshuǎng *The autumn sky is clear and the air is bracing.*/~目 shuǎngmù *pleasing to the eye* ❷ 清凉，清洁 fresh；clean：清~ qīngshuǎng *fresh and cool；clean and tidy*/凉~liángshuǎng *nice and cool；pleasantly cool* ❸ 痛快，率真 frank；straightforward：豪~háoshuǎng *bold and uninhibited*/直~zhíshuǎng *frank；straightforward*/这人很~快 Zhè rén hěn shuǎngkuai. *This man is very frank and straightforward.* [爽性-xìng]索性，干脆 may just as well：既然晚了，~~不去吧 Jìrán wǎn le, shuǎngxìng bù qù ba. *It is late；we may just as well not go there.* ❹ 不合，违背 not in accordance with；go against：~约 shuǎngyuē *fail to keep an appointment；break an appointment*/毫厘不~ háolí-bùshuǎng *just right；without the slightest error*

S

SHUI　ㄕㄨㄟ

谁 shuí ㄕㄨㄟˊ （又 (also)）见 581 页 shéi, See p.581

水 shuǐ ㄕㄨㄟˇ ❶一种无色无臭透明的液体，一个水分子的化学成分是氢二氧一 water，a transparent liquid without colour，taste or smell；chemical composition：H_2O ❷河流 river：湘～Xiāng Shuǐ *Xianshui River*/汉～Hàn Shuǐ *Hanshui River* ❸江、河、湖、海的通称 a general term for rivers，lakes and seas：～陆交通 shuǐ-lù jiāotōng *land and water transportation*/～旱码头 shuǐ-hàn mǎtou *a dock for land and water transport service* [水平—píng] 1. 静水的平面 surface of still water 2. 达到的程度 standard；level：文化～～ wénhuà shuǐpíng *cultural level*；*standard of education* ❹汁液 juice；liquid：药～yàoshuǐ *liquid medicine*/橘子～júzishuǐ *orange juice* ❺额外附加的费用 extra charges or incomes：贴～tiēshuǐ *agio*；*pay an agio* ❻衣服洗的次数 (of clothes) number of times of washing：这衣服不禁(jīn)穿，洗了两～就破了 Zhè yīfu bù jīnchuān，xǐle liǎng shuǐ jiù pò le. *This shirt does not last；it has become worn-out after two times of washing.* [水族—zú] 我国少数民族名，参看附表 the Shui Nationality，a national minority in China. See Appendix.

说 ⊖ shuì ㄕㄨㄟˋ 用话劝说别人，使他听从自己的意见 try to persuade；游～yóushuì *go about selling an idea；go about drumming up support for an idea*

⊖ shuō 见 609 页 See p.609
⊜ yuè 见 800 页 See p.800

帨 shuì ㄕㄨㄟˋ 古代的佩巾，像现在的毛巾 a kind of kerchief worn by people in ancient times，resembling today's towel

税 shuì ㄕㄨㄟˋ 国家向企业、集体或个人征收的货币或实物 money paid in accordance with the tax law to the government by individuals，collectives or businesses：纳～nàshuì *pay tax*/营业～yíngyèshuì *business tax*；*transactions tax*

睡 shuì ㄕㄨㄟˋ 闭目安息，大脑皮质处于休息状态 sleep，a natural resting state of unconsciousness of the brain (⊛ comb. 一眠一 mián sleep)：～着(zháo)了 shuìzháo le *be asleep*/～午觉 shuì wǔjiào *take a nap after lunch*

SHUN　ㄕㄨㄣ

吮 shǔn ㄕㄨㄣˇ 聚拢嘴唇来吸 suck，draw liquid into the mouth with the lips tightened into a small hole：～乳 shǔn rǔ *suck milk*

楯 ⊖ shǔn ㄕㄨㄣˇ 阑干 crisscross；railing

⊖ dùn 见 150 页 See p.150

顺 shùn ㄕㄨㄣˋ ❶趋向同一个方向，跟"逆"相反 in the same direction，antonym of "nì"：～风 shùnfēng *have a favourable wind；have a tail wind*/～水 shùnshuǐ *downstream；with the stream*/通～tōngshùn *(of writing) clear and coherent；smooth* ❷沿，循 along：～河边走 shùn hébiān zǒu *walk along the river* ⑤ ext. 依次往上往下或依次往后 go up or down，backward or forward successively：～着楼梯 shùnzhe lóutī *(go) up (or down) the stairs*/～着台阶 shùnzhe táijiē *(go) up (or down) the flight of steps*/～着坡 shùnzhe pō *down the slope*/遇雨～延 yù yǔ shùnyán *postpone in case of rain* ❸随，趁便 at one's convenience；conveniently：～手关门 shùnshǒu guān mén *close the door on going into or going out*/～口

说出来 shùnkǒu shuō chulai *say sth. without thinking* ❹ 整理，理顺 arrange; put in order：~一~头发 shùn yī shùn tóufa *comb one's hair* / 文章太乱，得~一~ Wénzhāng tài luàn，děi shùn yī shùn. *This article is too messy; it needs polishing.* ❺ 服从，不违背 obey; act in submission to：~从 shùncóng *be obedient to; submit to* / 归~guīshùn *come over and pledge allegiance* ❻ 适合，不别扭 suit; agree with：~心 shùnxīn *be satisfactory* / ~眼 shùnyǎn *pleasing to the eye*

瞤 shùn ㄕㄨㄣ 眼跳 twitching of the eye lid

舜 shùn ㄕㄨㄣ 传说中上古帝王名 Shun, a legendary sage emperor in ancient times

瞬 shùn ㄕㄨㄣ 一眨(zhǎ)眼，转眼 wink; twinkling：~息万变(喻极短时间内变化极多) shùnxī-wànbiàn *fig. undergoing a myriad of changes in the twinkling of an eye; fast changing* / 转~即逝 zhuǎnshùn-jíshì *disappear in a flash; disappear in the twinkling of an eye*

SHUO ㄕㄨㄛ

说 ⊖ shuō ㄕㄨㄛ ❶用话来表达自己的意思 speak; say ❷说合，介绍 discuss; explain ❸言论，主张 theory; teachings：学~xuéshuō *theory; doctrine* / 著书立~zhùshū-lìshuō *write books to expound a theory; write scholarly works* ❹责备 scold; blame：他挨~了 Tā áishuō le. *He has got a scolding.* / ~了他一顿 shuōle tā yī dùn *give him a talking-to*
⊜ shuì 见 608 页 See p. 608
⊜ yuè 见 800 页 See p. 800

妁 shuò ㄕㄨㄛ 旧指媒人 referred to the matchmaker in early times

烁（爍） shuò ㄕㄨㄛ 光亮的样子 bright; shining：闪~

shǎnshuò *twinkle; glisten*

铄（鑠） shuò ㄕㄨㄛ ❶熔化金属 melting metal, etc.：~金 shuòjīn *make metals melt* / ~石流金(喻天气极热) shuòshí-liújīn *make rocks and metals melt (fig. It is sweltering hot weather).* ❷销毁，消损 waste away; weaken. ❸同"烁" Same as "烁"

朔 shuò ㄕㄨㄛ ❶夏历每月初一日 the first day of the lunar month ❷北 north：~风 shuòfēng *north wind* / ~方 shuòfāng *the north*

搠 shuò ㄕㄨㄛ 扎，刺 thrust; stab

蒴 shuò ㄕㄨㄛ 蒴果，干果的一种，由两个以上的心皮构成，成熟后自己裂开，内含许多种子，如芝麻、棉花、百合等的果实 capsule, a kind of fruits of some plants with more than two seeds and two containers, such as the fruits of sesame, cotton and lily

槊 shuò ㄕㄨㄛ 长矛，古代的一种兵器 a spear-like weapon in ancient times

硕 shuò ㄕㄨㄛ 大 large：~果 shuòguǒ *big fruits; great achievements* / ~大无朋 shuòdà-wúpéng *of enormous size (喻无比的大 fig. extremely huge; gigantic)* [硕士—shì] 学位名 Master; Master's Degree

数（數） ⊜ shuò ㄕㄨㄛ 屡次 frequently(❀ comb. 频~pín— *repeatedly*)：~见不鲜(xiān) shuòjiàn-bùxiān *be a common occurrence; be nothing new*
⊖ shù 见 605 页 See p. 605
⊜ shǔ 见 603 页 See p. 603

SI ㄙ

厶 sī ㄙ "私"的古字 Same as "私", ancient writing

S

私 sī ㄙ ❶个人的，跟"公"相反 personal；private，antonym of "公"：～事 sīshì *private affairs*；*personal affairs*/～信 sīxìn *personal letter* 㘚ext. 为自己的 selfish：～心 sīxīn *selfishness*；*selfish motives*/自～ zìsī *selfish* / 假公济～ jiǎgōng-jìsī *use public office for private gain*；*jobbery* / 大公无～ dàgōng-wúsī *unselfish*；*perfectly impartial* ❷秘密不公开，不合法 keep secret；illegal：～货 sīhuò *smuggled goods*；*contraband goods*/～自拿走了 sīzì názǒule *take it away secretly* ❸暗地里，偷偷地 privately；secretly：～语 sīyǔ *whisper*；*confidence*

司 sī ㄙ ❶主管 take charge of；attend to：～账 sīzhàng *accountant*/～令 sīlìng *commander*；*commanding officer*/～法 sīfǎ *judicature*；*administration of justice* ❷中央各部中所设立的分工办事的单位 department under a ministry of the central government：外交部礼宾～ Wàijiāobù Lǐbīnsī *the Protocol Department of the Ministry of Foreign Affairs*/～长 sīzhǎng *director of the department under a ministry*

丝(絲) sī ㄙ ❶蚕吐出的像线的东西，是织绸缎等的原料 silk，a fine thread produced by silkworm，used as raw material in making silk cloth。㘚fig. 细微，极少 a tiny bit：纹～不动 wénsī-bùdòng *absolutely still*/脸上没有一～笑容 liǎnshang méiyǒu yīsī xiàoróng *without a trace of smile on one's face* (一儿一r)像丝的东西 a threadlike thing：铁～ tiěsī *iron wire*. 萝卜～儿 luóbosī *fine shreds of radish* ❸长度单位，10 忽等于1丝，10丝等于1毫 a unit of length，equal to 10 *hu* or 0.1 *hao* [丝毫—háo]㘚fig. 极少，极小，一点(多和否定词连用)the slightest amount or degree；a bit (usu. used in negative sentences)：～～不错 sīháo bùcuò *not err by a hair's breath*；*be just right*

咝(噝) sī ㄙ 拟声词 onom. 形容枪弹等很快地在空中飞过的声音 whistle，the sound of flying shells and bullets (叠 redup.)：子弹～～地从身旁飞过 Zǐdàn sīsī de cóng shēnpáng fēiguo. *Bullets are whistling by one's body.*

鸶(鷥) sī ㄙ 见423页"鹭"字条"鹭鸶"(lù —) See "lùsī" under entry of "lù"，p.423

思 sī ㄙ ❶想，考虑，动脑筋 think；consider：事要三～ shì yào sānsī *Think carefully again and again before you do anything.* or *Look before you leap.* / 不加～索 bùjiā-sīsuǒ *without consideration* / ～前想后 sīqián-xiǎnghòu *think of the past and then the future*；*ponder over* [思想—xiǎng] 1.即理性认识。正确的思想来自社会实践，是经过由实践到认识，由认识到实践多次的反复而形成的 thought，serious consideration formed by repeated practices in society 2.某一阶级或某一政党所持的一定的观点、概念、观念的体系 ideology，held by a certain class，party，or popular in a certain period of times：工人阶级的～～ gōngrén jiējí de sīxiǎng *ideology of the working class* 3.思考 thinking 4.想法，念头 idea [思维—wéi]在表象、概念的基础上进行分析、综合、判断、推理等认识活动的过程 thinking，a process of such activities as analyzing，summerizing，judging and reasoning ❷想念，挂念 think of；miss：～念战友 sīniàn zhànyǒu *long for one's comrades-in-arms* ❸思路，想法 thinking；idea：文～ wénsī *thread of ideas in writing*；*train of thought in writing*/ 构～ gòusī *work out the plot of a literary work or the composition of a painting*

偲 ㊀ sī ㄙ [偲偲——]互相督促 urge and encourage each other

(一) cāi 见 55 页 See p. 55

缌 sī ㄙ 细的麻布 fine linen

飓 sī ㄙ 凉风 cold wind.

罳 sī ㄙ 见 182 页"罘"字条"罘罳"(fú—) See "fúsī" under entry of fú, p. 182

锶 sī ㄙ 一种金属元素,符号 Sr,银白色晶体。硝酸锶可制红色烟火。溴化锶是健胃剂。乳酸锶可治抽风 strontium, a silver-white crystalline metallic element; some of its compounds used in making fireworks and some others in making medicine; symbol: Sr

虒 sī ㄙ [虒亭—tíng]地名,在山西省襄垣 a place in Xiangyuan, Shanxi province

斯 sī ㄙ ❶这,这个,这里 this; here: ～人 sī rén this person/～时 sī shí at this moment. 生于～,长于～ shēng yú sī, zhǎng yú sī be born here and brought up here ❷乃,就 thus; then: 有备～可以无患矣 Yǒu bèi sī kěyǐ wú huàn yǐ. If you get things ready, then you won't have any trouble.

厮(＊廝) sī ㄙ ❶旧时对服杂役的男子的蔑称 a disdainful term for male servants in early times: 小～ xiǎosī boy servant 〈转〉trans. 对人轻慢的称呼(宋以来的小说中常用)a disdainful term for a person (usu. used in literature since the Song Dynasty): 这～ zhè sī this fellow/那～ nà sī that person ❷互相 with each other; together: ～守 sīshǒu stay together ～打 sīdǎ wrestle; grapple/～混 sīhùn fool about with sb.

凘 sī ㄙ 随水流动的冰 floating ice

撕 sī ㄙ 扯开,用手分裂 tear; rip: 把布～成两块 bǎ bù sīchéng liǎng kuài tear the piece of cloth into halves

嘶 sī ㄙ ❶马叫(of horses) neigh: 人喊马～ rénhǎn-mǎsī men shouting and horses neighing. ❷声音哑(of voice) hoarse: 声～力竭 shēng-sī-lìjié be hoarse and exhausted; shout oneself hoarse

澌 sī ㄙ 尽 drain dry; drain completely: ～灭 sīmiè totally disappear.

蛳(蠳) sī ㄙ [螺蛳 luó—]螺的通称 a general term for snails and spiral shells

死 sǐ ㄙˇ ❶生物失去生命,跟"活"相反 die, antonym of huó (逆comb. —亡—wáng death) 〈引〉ext. 1. 不顾性命,拼死 adamantly; unyieldingly: ～守 sǐshǒu defend to the death; defend to the last./～战 sǐzhàn a life-and-death struggle (or battle); fight to the death 2. 至死,表示坚决(used before verbs in the negatives) to the death; unyieldingly: ～不认账 sǐ bù rènzhàng stubbornly refuse to admit what one has said or done 3. 表示达到极点 extremely: 乐～了 lèsǐle be extremely happy 笑～人 xiàosǐrén be terribly funny ❷不可调和的 implacable; deadly: ～敌 sǐdí deadly enemy; mortal enemy ❸不活动,不灵活 inflexible: ～水 sǐshuǐ stagnant water/～心眼 sǐxīnyǎnr stubborn; as obstinate as a mule/把门钉～了 Bǎ mén dīngsǐ le. The door has been nailed fast. 〈转〉trans. 不通的 impassable; closed: ～胡同 sǐhútòng blind alley; dead end/把洞堵～了 Bǎ dòng dǔsǐ le. plug the holes; stop up loopholes

巳(＊＊㠯) sì ㄙˋ ❶地支的第六位 the sixth of the twelve Earthly Branches ❷巳时,指上午九点到十一点 the period of the day from 9 a.m. to 11 a.m.

汜 sì ㄙˋ 汜水,水名,在河南省 Si River, in Henan Province

祀(禩) sì ❶祭祀 offer sacrifices to gods or ancestors ❷〈古 arch.〉殷代人指年 referring to year in the Yin Dynasty：十有三～shí yǒu sān sì thirteen years old

四 sì ❶数目字 four ❷旧时乐谱记音符号的一个，相当于简谱的低音的"6" a note of the scale in musical notation of early times，corresponding to bass "6" in numbered musical notation

泗 sì ❶鼻涕 nasal mucus：涕～（眼泪和鼻涕）tìsì tears and nasal mucus ❷ 泗河，水名，在山东省 Si River，in Shandong Province.

驷 sì 古代同驾一辆车的四匹马，或者套着四匹马的车 a team of four horses pulling the same cart in ancient times；a cart with four horses：一言既出，～马难追（喻话说出来之后无法再收回）Yī yán jì chū，sìmǎ nán zhuī. When a word has once been spoken，a team of four horses cannot recall it（fig. What has been said cannot be denied.）

寺 sì ❶古代官署名 name for government office in ancient times：太常～ Tàichángsì Taichang Office（a high rank office or officer in change of rites when emperors offering sacrifices to their ancestors）❷寺院，佛教出家人居住的地方 temple；monastery [清真寺 qīngzhēn—]伊斯兰教徒礼拜的地方 mosque，a building in which Muslims worship

似 ⊖ sì ❶像，相类 similar；like（⊛ comb. 类—lèi— similar）：相～xiāngsì resemble；be similar/～是而非 sìshìérfēi apparently right but actually wrong；specious ❷似乎，好像，表示不确定 seem；appear：～应再行研究 Sì yīng zài xíng yánjiū. It seems that it needs discussion once again. /这个建议～欠妥当 Zhège jiànyì sì qiàn tuǒdang. This sugges-

tion seems inappropriate. ❸表示比较，有超过的意思 than（used in a comparative）：一个高～一个 Yī ge gāo sì yī ge. One is taller than the other. /人民生活一天好～一天 Rénmín shēnghuó yī tiān hǎo sì yī tiān. The life of the people is getting better and better.

⊜ shì 见 595 页 See p. 595

姒 sì 古代称丈夫的嫂子 a term for wife of one's husband's elder brother in ancient times；娣～（妯娌）dìsì wives of brothers；sisters-in-law

兕 sì 古书上指雌的犀牛 female rhinoceros mentioned in ancient books

伺 ⊖ sì 守候，观察 await；watch：～敌 sìdí watch the enemy/～隙进击敌人 sì xì jìnjī dírén watch for a chance to attack the enemy

⊜ cì 见 95 页 See p. 95

饲 sì 喂养 raise；feed：～鸡 sì jī raise chickens/～蚕 sì cán rear silkworms [饲料—lào]喂家畜或家禽的食物 forage；feed

觇 sì 窥视 peep at；spy on

笥 sì 盛饭或盛衣物的方形竹器 a square container made of bamboo for keeping clothes or food.

嗣 sì ❶接续，继承 succeed；inherit ❷子孙 heir；descendant：后～ hòusì descendants

俟(*竢) ⊖ sì 等待 wait：～机 sìjī wait for an opportunity/～该书出版后即寄去 Sì gāi shū chūbǎn hòu jí jìqù. The book will be sent out as soon as it comes off the press.

⊜ qí 见 519 页 See p. 519

涘 sì 水边 waterside

食 ⊖ sì 拿东西给人吃 give food to；feed

⊜ shí 见 592 页 See p. 592

S

耜(梠)

sì ㄙˋ ❶古代的一种农具 a kind of farm tool in ancient times ❷古代跟犁上的铧相似的东西 sth. resembling a ploughshare used in ancient times

肆

sì ㄙˋ ❶不顾一切，任意去做 wanton; unbridled：～无忌惮 sìwú-jìdàn unbridled; brazen/～意妄为 sìyì-wàngwéi act wantonly; do sth. recklessly ❷旧时指铺子，商店 shop or store in early times：茶坊酒～ cháfang jiǔsì teahouses and wineshops ❸"四"字的大写 four, used for the numeral sì on cheques, etc. to avoid mistakes or alterations

SONG ㄙㄨㄥ

松

㊀ sōng ㄙㄨㄥ 见 719 页"惺"字条"惺松"（xīng—）See "xīng-song" under entry of "xīng", p.719
㊁ zhōng 见 850 页 See p.850

松(❷-❺鬆)

sōng ㄙㄨㄥ ❶常绿乔木，种类很多，叶子针形，木材用途很广 pine, any of the various evergreen trees with needle-shaped leaves; wood widely used ❷松散，不紧密，不靠拢，跟"紧"相反 loose, antonym of "jǐn"：捆得太～ kǔn de tài sōng be loosely tied up/土质～tǔzhì sōng The soil is loose.❸宽，不紧张，不严格 not rigid; lax：规矩太～guīju tài sōng lax regulations/决不～懈 juébù sōngxiè never be slack ❹放开，使松散 untie; loosen：～手 sōngshǒu loosen one's grip; let go/绑 sōngbǎng untie a criminal suspecter/一一马肚带 sōng yī ma mǎdùdài loosen the girth of the horse ❺用瘦肉做成的茸毛或碎末形的食品 dried meat floss; dried minced meat：肉～ròusōng dried meat floss

凇

sōng ㄙㄨㄥ ［雾凇 wù—］寒冷天水气在树枝上结成的冰花。通称树挂 soft rime, white frost on the branches of trees; generally called shùguà（rime）

菘

sōng ㄙㄨㄥ〈方 dial.〉菘菜，白菜，二年生草本植物，开黄花，叶可以吃 Chinese cabbage, a biennial herb with yellow flowers and edible leaves

淞

sōng ㄙㄨㄥ 吴淞江，发源于太湖，到上海市跟黄浦江合流入长江 Wusong River, originating in the Tai Lake, flowing into the Huangpu River in Shanghai and emptying into the Yangtze River

嵩(✱✱崧)

sōng ㄙㄨㄥ ❶嵩山，又叫"嵩高"，五岳中的中岳，在河南省登封北 Mount Song, also called "Sōnggāo", the middle mount of the Five Mounts, in the north of Dengfeng, Henan Province ❷高高 high

扨(攗)

sǒng ㄙㄨㄥˇ ❶挺立 stand upright; stand firm ❷〈方 dial.〉推 push

怂(慫)

sǒng ㄙㄨㄥˇ 惊惧 alarmed and panicky; terrified
［怂恿—yǒng］（慫慂）鼓动别人去做 instigate; egg sb. on

耸(聳)

sǒng ㄙㄨㄥˇ ❶高起，直立 towering; lofty：高～ gāosǒng towering/～立 sǒnglì tower aloft ❷耸动，惊动 stir up; shock：～人听闻（故意说夸大或吓人的话使人震惊）sǒngréntīngwén deliberately exaggerate so as to create a sensation

悚

sǒng ㄙㄨㄥˇ 害怕，恐惧 terrified; horrified：毛骨～然 máogǔsǒngrán with one's hair standing on end（absolutely terrified）

竦

sǒng ㄙㄨㄥˇ ❶恭敬，肃敬 respectful ❷同"悚" Same as "悚"

讼

sòng ㄙㄨㄥˋ ❶在法庭争辩是非曲直，打官司 bring a case to a court：诉～ sùsòng lawsuit／～事

S

sòngshì *lawsuit; litigation* ❷争辩是非 argue; dispute; 聚～纷纭 jùsòng fēnyún *gather together and argue dividedly*

颂 sòng ㄙㄨㄥˋ ❶颂扬, 赞扬别人的好处 praise; eulogize; 歌～ gēsòng *sing the praises of; extol* ❷祝颂, 祝愿 express good wishes (in letters); 敬～时绥 jìngsòng shísuí *wishing you peace and quiet* ❸古代祭祀时用的舞曲 dance music played on sacrificial occasions in ancient times; 周～ Zhōusòng *Ode to the Zhou Dynasty*/鲁～ Lǔsòng *Ode to the Lu Dukedom* ❹以颂扬为内容的文章或诗歌 an article or poem of praise

宋 sòng ㄙㄨㄥˋ ❶周代诸侯国名, 在今河南省商丘一带 a feudal state in the Zhou Dynasty, covering the present-day Shangqiu area, Henan Province ❷朝代名 name of dynasties: 1. 南朝之一, 刘裕所建立(公元420—479年)the Song Dynasty (A. D. 420－479), one of the Southern Dynasties established by Liu Yu 2. 赵匡胤所建立(公元960—1279年)the Song Dynasty (This dynasty is an important one in Chinese history)(A. D. 960－1279), established by Zhao Kuangyin ❸指宋刊本或宋体字 books of the Song Dynasty or Song typeface; 影～ yǐngsòng *photomechanical printed copies of the Song Dynasty*/老～ lǎosòng *Song typeface*/仿～ fǎngsòng *imitation of Song-Dynasty-style typeface*

送 sòng ㄙㄨㄥˋ ❶把东西从甲地运到乙地 deliver (from one place to another); carry; ～信 sòng xìn *deliver a letter*/公粮 sòng gōngliáng *deliver agricultural tax paid in grain* ❷赠给当作礼物 give as a present; give; 他～了我一支钢笔 Tā sòngle wǒ yī zhī gāngbǐ. *He gave me a pen.* ❸送行, 陪伴人到某一地点 see sb. off or out; accompany; ～孩子上学去 Sòng háizi

shàngxué qu. *take a child to school*/把客人～到门口 bǎ kèrén sòngdào ménkǒu *see a guest to the door*/开欢会 kāi huānsònghuì *have a farewell meeting; hold a see-off meeting*

诵 sòng ㄙㄨㄥˋ ❶用有高低抑扬的腔调念 read aloud and rhymically; chant; 朗～ lǎngsòng *read aloud with expression*/～诗 sòngshī *read aloud a poem; recite a poem* ❷称述, 述说 state; narrate

SOU ㄙㄨ

郹 sōu ㄙㄨ [郹瞒—mán]春秋时小国, 也称"长狄", 在今山东省济南北。一说在今山东省高青 name of a state in the Spring and Autumn Period, also called "Chángdí" in the north of present-day Jinan City, Shandong Province; but sb. believed to be located in Gaoqing, Shandong Province

搜(❶*蒐) sōu ㄙㄨ ❶寻求, 寻找 look for: ～集 sōují *hunt high and low for; collect*/～罗 sōuluó *hunt high and low for; collect* ❷搜索检查 search; ～身 sōushēn *search the person; make a body search*

嗖 sōu ㄙㄨ 拟声词 onom. 形容迅速通过的声音 whiz; 汽车～的一声过去了 Qìchē sōu de yī shēng guòqu le. *The car whizzed by.*/子弹～～地飞过 Zǐdàn sōusōu de fēiguo. *Bullets whizzed by.*

馊 sōu ㄙㄨ 食物等因受潮热引起质变而发出酸臭味(of food) turn sour when getting damp and hot; become spoiled; 饭～了 Fàn sōu le. *The food has spoiled.* or *The food smells a bit off.*

廋 sōu ㄙㄨ 隐藏, 藏匿 hide; conceal

溲 sōu ㄙㄨ ❶排泄大小便。特指排泄小便 relieve the bowels; refer

to urinate in particular ❷浸，泡 soak；immerse

颼 sōu ㄙㄡ ❶风吹（使变干或变冷）(of wind) make sth. dry or cool；洗的衣服被风～干了 Xǐ de yīfu bèi fēng sōugān le. *The washing has dried in the wind.* ❷同"嗖" Same as "嗖"

锼 sōu ㄙㄡ 用钢丝锯挖刻木头 engrave on wood with a fret saw；椅背的花是～出来的 Yǐbèi de huār shì sōu chūlai de. *The flowers on the back of the chair are engraved with a fretsaw.*

螋 sōu ㄙㄡ 见545页"蠼"字条"蠼螋"（qú—）See qúsōu under entry of "qú", p. 545

艘 sōu ㄙㄡ 量词 *meas.* 用于船只 used for boat, ship, etc.：大船五～dà chuán wǔ sōu *five large ships*／军舰十～jūnjiàn shí sōu *ten warships*

叟 sǒu ㄙㄡ 老头儿 old man

瞍 sǒu ㄙㄡ ❶眼睛没有瞳人 have eyes without pupils；be blind ❷瞎子 a blind person

嗾 sǒu ㄙㄡ ❶指使狗时发出的声音 a whistling sound made as a signal to drive a dog to go forwards ❷嗾使，教唆指使 instigate；abet

擞（擻）㊀sǒu ㄙㄡ［抖擞 dǒu—］振作，振奋 enliven；rouse：～～精神 dǒusǒu jīngshén *brace oneself up*；*pull oneself together*／精神～～jīngshén-dǒusǒu *full of energy*；*full of beans*
　㊁sòu 见本页 See the same page.

薮（藪）sǒu ㄙㄡ ❶生长着很多草的湖泽 a lake overgrown with plants ❷人或物聚集的地方 a gathering place of people or objects：渊～yuānsǒu *a gathering place of fish or beasts*；*den*

嗽 sòu ㄙㄡ 咳嗽 cough. 参看355页"咳（ké）㊀"See "㊀ké", p.

擞（擻）㊀sòu ㄙㄡ 用通条插到火炉里，把灰抖掉 poke the ashes off a stove fire；rake：把炉子～一～bǎ lúzi sòu yī sòu *give the stove fire a poking*
　㊁sǒu 见本页 See the same page.

SU ㄙㄨ

苏（蘇、⑤甦、❷*甡*）sū ㄙㄨ ❶植物名 plant name：1. 紫苏，一年生草本植物，叶紫黑色，花紫色，叶和种子可入药 purple perilla, an annual herb with dark-purple leaves and purple flowers；leaves and seeds used as medicine 2. 白苏，一年生草本植物，茎方形，花白色，种子可以榨油 common perilla, an annual herb with square stems and white flowers；seeds used in making oil ❷假死后再活过来 revive；come to：～醒 sūxǐng *come to consciousness*／死而复～sǐ'érfùsū *come back to life* ❸指江苏或江苏苏州 Jiangsu Province or Suzhou in Jiangsu Province：～剧 sūjù *Jiangsu Opera*／～绣 sūxiù *Suzhou Embroidery* ❹（外 foreign）苏维埃，前苏联国家权力机关。我国第二次国内革命战争时期曾把工农民主政权也叫苏维埃 Soviet, the former government of the Soviet Union；the democratic authorities of the workers and peasants during the Second Revolutionary Civil War Period in China：～区 sūqū *Chinese Soviet Areas* ❺见420页"噜"字条"噜苏"（lū—）See lūsu under entry of lū, p. 420

酥 sū ㄙㄨ ❶酪，用牛羊奶凝成的薄皮制成的食物 junket，milk-coagulated food ❷松脆，多指食物（usu. of food）crisp；short：～糖 sūtáng *crunchy candy* ❸含油多而松脆的点心 shortbread：桃～táosū *shortcake* ❹软弱无力 limp；weak：～软 sūruǎn (of the body) *limp*；*lan-*

S

guid

稣 sū ㄙㄨ 同"苏❷" Same as "苏❷".

窣 sū ㄙㄨ [窸窣 xī—]细小的声音 rustling sound; rustle

俗 sú ㄙㄨˊ ❶风俗 custom; convention:移风易～ yífēng-yìsú change prevailing habits and customs; transform social traditions ❷大众化的,最通行的,习见的 popular; common:～语 súyǔ common saying; folk adage/通～读物 tōngsú dúwù popular readings ❸趣味不高的,令人讨厌的 vulgar; of poor taste:这张画画得太～Zhè zhāng huàr huà de tài sú. This piece of drawing is in poor taste. [庸俗 yōng—]肤浅的,鄙俗的 vulgar; low ❹指没出家的人,区别于出家的佛教徒等 layman, as distinguished from Buddhist;僧～ sēngsú monks and laymen;clerics and laymen

夙 sù ㄙㄨ ❶早 early in the morning:～兴夜寐(早起晚睡) sùxīng-yèmèi rise early and retire late (fig. work hard) ❷一向有的,旧有的 long-standing; old:～愿 sùyuàn a long cherished wish/～志 sùzhì long-cherished will

诉(*愬) sù ㄙㄨˋ ❶叙说 tell; relate:告～ gàosu tell/～苦 sùkǔ complaint; pour out one's woes; vent one's grievances ❷控告 accuse:～讼 sùsòng lawsuit/起～ qǐsù bring a suit against sb.; sue/上～shàngsù appeal to a higher court/控～kòngsù accuse; denounce

肃(肅) sù ㄙㄨˋ ❶恭敬 respectful:～立 sùlì stand as a mark of respect/～然起敬 sùrán-qǐjìng be filled with reverence ❷严正,认真 solemn; serious:严～ yánsù serious/～穆 sùmù solemn and respectful

[肃清—qīng]清除 eliminate; clean up:～～流毒 sùqīng liúdú liquidate a

pernicious influence/～～土匪 sùqīng tǔfěi mop up the bandits

骕(驌) sù ㄙㄨˋ [骕骦—shuāng]古书上说的一种良马 a fine breed of horse mentioned in ancient texts

鹔(鷫) sù ㄙㄨˋ [鹔鹴—shuāng]古书上说的一种水鸟 a kind of water bird mentioned in ancient texts

素 sù ㄙㄨˋ ❶本色,白色 unbleached or undyed; white:～服 sùfú plain white clothes/～丝 sùsī white silk 圆 ext.颜色单纯,不艳丽 (of colour)plain; not rich:这块布很～净 Zhè kuài bù hěn sùjìng. This piece of cloth is plain and neat. ❷本来的 native:～质 sùzhì character; quality/～性 sùxìng one's natural instincts; one's true disposition or temperament 圆 ext.事物的基本成分 basic element of things; element:色～ sèsù pigment/毒～ dúsù toxin; poison/因～ yīnsù factor; element ❸蔬菜类的食品(对荤菜说)vegetable dishes:～食 sùshí vegetarian food; vegetarian diet/吃～ chīsù be vegetarian ❹平素,向来 usually; always:日～ sùrì usually; generally/～不相识 sùbùxiāngshí have never met; not be acquainted with each other ❺古代指洁白的生绢 referred to white silk fabric in ancient times:尺～(用绸子写的信)chǐsù a letter written on white silk fabric

嗉(❶**膆) sù ㄙㄨˋ ❶(一子—zi)嗉囊,鸟类喉咙下装食物的地方 crop, a baglike part of a bird's throat where food is stored:鸡～子 jīsùzi chicken crop ❷(一子—zi)装酒的小壶 small wine flask

愫 sù ㄙㄨˋ 情愫,真实的心情 sincerity; sincere feeling

速 sù ㄙㄨ ❶快 quick (働 comb. 迅—xùn—quick; fast)：～成 sùchéng attain a goal in a much shorter time than usual; gain a quick mastery of a course of subject/火～huǒsù at top speed; posthaste [速度—dù]运动的物体在单位时间内所通过的距离 speed, the distance divided by time of travel [速记—jì]用便于速写的符号记录口语 shorthand, rapid writing in a system using signs or shorter forms for letters, words, phrases, etc. in recording colloquial speech; stenography ❷邀请 invite：不～之客 bùsùzhīkè uninvited guest; unexpected guest

涑 sù ㄙㄨ 涑水，水名，在山西省 Su River, in Shanxi Province

觫 sù ㄙㄨ 见257页"觳"字条"觳觫"(hú—)See "húsù" under entry of "hú", p. 257

宿 ⊖ sù ㄙㄨ ❶住，过夜，夜里睡觉 lodge for the night; stay overnight：住～zhùsù stay; get accommodation/～舍 sùshè dormitory ❷年老的，长久从事某种工作的 old; long-standing：～将(经历多，老练的指挥官) sùjiàng a veteran general (fig. experienced and skillful commander) ❸平素，素有的 usual; long-standing：～愿得偿 sùyuàn dé cháng long-cherished wish coming true ❹姓 a surname

⊜ xiǔ 见725页 See p. 725

⊜ xiù 见726页 See p. 726

缩 ⊖ sù ㄙㄨ [缩砂密—shāmì]多年生草本植物，种子可入药，叫砂仁 a perennial herb, seads used as medicine; called shārén

⊖ suō 见621页 See p. 621

蹜 sù ㄙㄨ [蹜蹜——]小步快走 walk quickly with small steps

粟 sù ㄙㄨ 谷子，一年生草本植物，花小而密集，子实去皮后就是小米。旧时泛称谷类 millet, an annual herb with thick small flowers; its seeds after being hulled are called "xiǎomǐ"; early referring to grains in general

傈 sù ㄙㄨ 见396页"傈"字条"傈傈"(lì—)See "Lìsù" under entry of "lì", p. 396

谡 sù ㄙㄨ 起，起来 rise; stand up

塑 sù ㄙㄨ 用泥土等做成人物的形象 model; mould with mud：～像 sùxiàng statue/泥～木雕 nísù-mùdiāo like an idol carved in wood or moulded in clay (fig. sb. as wooden as a dummy) [塑料—liào]具有可塑性的高分子化合物的统称，种类很多，用途很广 plastics, a general term for various macromolecular compounds in wide use

溯(*泝、*遡) sù ㄙㄨ 逆着水流的方向走 go against the stream：～河而上 sù hé ér shàng go up the river 働 ext. 追求根源或回想 trace back; recall：推本～源 tuīběn-sùyuán trace the origin; ascertain the cause/回～huísù recall/追～zhuīsù trace back to

蔌 sù ㄙㄨ 菜肴，野菜 vegetables; wild vegetables：山肴野～shānyáo-yěsù mountain food and wild vegetables; game and vegetables

簌 sù ㄙㄨ [簌簌——] 1. 拟声词 onom. 忽然听见芦苇里～～地响 hūrán tīngjian lúwěi li sùsù de xiǎng Suddenly there comes a rustling sound in the reed marshes. 2. 纷纷落下的样子 streaming down：泪珠～～地往下落 lèizhū sùsù de wǎng xià luò tears shed down one's face drop by drop

SUAN ㄙㄨㄢ

狻 suān ㄙㄨㄢ [狻猊—ní]传说中的一种猛兽 a legendary beast of

S

prey (according to Chinese records it was another name of lion)

痠 suān ㄙㄨㄢ 同"酸❸"Same as "suān❸".

酸 suān ㄙㄨㄢ ❶化学上称能在水溶液中产生氢离子(H^+)的物质,分无机酸、有机酸两大类 acid, a chemical substance containing a particular gas (Hydrogen), easy to melt in water, and divided into inorganic acid and organic acid: 盐～ yánsuān *hydrochloric acid*/硝～ xiāosuān *nitric acid*/苹果～ píngguǒsuān *apple acid* ❷像醋的气味或味道 sour; tart: ～菜 suāncài *pickled Chinese cabbage*; *Chinese sauerkraut*/这个梨真～ Zhège lí zhēn suān. *The pear is sour indeed.* ❸微痛无力 tingle; ache: 腰～腿痛 yāo suān tuǐ tòng *aching back and legs*/ 腰有点发～ yāo yǒudiǎnr fāsuān *have a pain in the waist* ❹悲痛,伤心 grieved; distressed: 心～ xīnsuān *have a twinge in one's heart*; *feel sad*/十分悲～ shífēn bēisuān *extremely distressed* ❺旧时讥讽人的迂腐 pedantic; impractical: ～秀才 suānxiùcai *an impractical scholar*; *a priggish pedant* [寒酸 hán—]指文人的贫苦或不大方的样子(of a poor scholar) miserable and shabby

蒜 suàn ㄙㄨㄢ 大蒜,多年生草本植物,开白花。地下茎通常分瓣,味辣,可供调味用 garlic, a perennial herb with white flowers and bulb root stalks, hot and edible, used as flavouring

筭 suàn ㄙㄨㄢ ❶计算时所用的筹码 counters in measuring time. ❷同"算" Same as "suàn"

算(**祘) suàn ㄙㄨㄢ ❶核计,计数 calculate; reckon: ～～多少钱 suànsuan duōshao qián *reckon up the amount of money*/～账 suànzhàng *do accounts*; *make out bills* ❷打算,计划 plan: 失～

shīsuàn *miscalculate*; *misjudge* 〈方〉ext. 推测 guess; suppose: 我～着他今天该来 Wǒ suànzhe tā jīntiān gāi lái. *I suppose he is coming today.* ❸作为,当作 regard as; count as: 这个～我的 Zhège suàn wǒ de. *This is mine.* 〈方〉ext. 算数,承认 carry weight; admit: 不能说了不～ Bù néng shuōle bù suàn. *You cannot go back on your promise.* ❹作罢,不再提起 let it be; let it pass: ～了,不要再啰嗦了 Suàn le, bùyào zài luōsuo le. *That's enough*; *let it go at that.* or *Forget it.* ❺总算 at long last; in the end: 今天～把问题弄清楚了 Jīntiān suàn bǎ wèntí nòng qīngchu le. *At long last we have got things clear today.*

SUI ㄙㄨㄟ

尿 ㊀ suī ㄙㄨㄟ 小便,从尿道排泄出来的液体 urine[尿脬—pāo]膀胱 bladder

㊁ niào 见 480 页 See p. 480

虽(雖) suī ㄙㄨㄟ 连词 conj. 虽然,用在上半句,表示"即使"、"纵然"的意思,下半句多有"可是"、"但是"相应 though; even if: 为人民而死,～死犹生 Wèi rénmín ér sǐ, suī sǐ yóu shēng. *Those who died for the people will live on in spirit.* / 工作～忙,可是学习决不能放松 Gōngzuò suī máng, kěshì xuéxí jué bù néng fàngsōng. *Although engaged in work, one should not slacken one's efforts to learn.*

荽 suī ㄙㄨㄟ [胡荽 húsui]芫荽,俗称"香菜"coriander, popularly called "xiāngcài"

眭 suī ㄙㄨㄟ ❶〈古 arch.〉目光深注 stare; stare into ❷姓 a surname

睢 suī ㄙㄨㄟ 睢县,在河南省 Sui County, in Henan Province

濉 suī ㄙㄨㄟ 濉河,水名,在安徽省 Sui River, in Anhui Province

绥 suí ㄙㄨㄟˊ ❶安抚 pacify：~靖 suíjìng *appease* ❷平安 peaceful：顺颂台~（书信用语）Shùnsòng táisuí. *Wish you health and tranquility (used in letters).*

隋 suí ㄙㄨㄟˊ 朝代名，杨坚所建立 the Sui Dynasty（581－618 AD.），established by Yang Jian

随（隨） suí ㄙㄨㄟˊ ❶跟着 follow；come along with：~说~记 suí shuō suí jì *take notes while talking*/我~着大家一起走 Wǒ suízhe dàjiā yīqǐ zǒu. *I will go along with all of you.*［随即－jí］立刻 immediately；at once ❷顺从，任凭，由 let sb. do as he likes；as one likes：~意 suíyì *at will*；as one pleases/~他的便 suí tā de biàn *Let him do whatever he wishes.*［随和－he］和气而不固执 amiable and not adhering to self-opinion；obliging ❸顺便，就着 along with some other action：~手关门 suíshǒu guān mén *shut the door after you* ❹〈方 dial.〉像 resemble：他长（zhǎng）得~他父亲 Tā zhǎng de suí tā fùqīn. *He looks like his father.* or *He takes after his father.*

遂 ⊖ suí ㄙㄨㄟˊ 义同"遂（suì）❶"，用于"半身不遂"（身体一侧发生瘫痪）Same as "suì❶" in meaning, used in "bànshēn bùsuí（hemiplegia）"
⊜ suì 见本页 See the same page.

髓 suí ㄙㄨㄟˊ ❶骨髓，骨头里的像脂肪样的东西 marrow, the soft fatty-like substance in the hollow centre of bones：敲骨吸~（喻残酷地剥削）qiāogǔ-xīsuí *break the bones and suck the marrow* (refer to the ruling class' cruel and blood-sucking exploitation).［精髓 jīng－］事物精要的部分 marrow；pith；quintessence. ❷像髓的东西 sth. resembling marrow

岁（歲、＊崴、＊＊歳） suì ㄙㄨㄟˋ

❶计算年龄的单位，一年为一岁 a unit of caculating age；year（of age）：三~的孩子 sān suì de háizi *a three-year-old child* ❷年 year：去~qùsuì *last year*/~月 suìyuè *years* ❸年成 the year's harvest：歉~ qiànsuì *lean year*/富~fùsuì *good year*

谇 suì ㄙㄨㄟˋ ❶责骂 scold；blame ❷问 ask ❸直言规劝 persuade bluntly

碎 suì ㄙㄨㄟˋ ❶完整的东西破坏成零片零块 break to pieces；smash；ground：粉~fěnsuì *smash*/碗打~了 Wǎn dǎsuì le. *The bowl is broken to pieces* ❷零星，不完整 broken；fragmentary：~布 suìbù *oddments of cloth*/事情琐~ shìqing suǒsuì *trivial matters*；trifles ❸说话唠叨 garrulous；gabby：嘴~ zuǐsuì *talk too much*；garrulous

祟 suì ㄙㄨㄟˋ 迷信说法指鬼神带给人的灾祸 according to superstition, a disaster brought to people by the ghost or god.［鬼祟 guǐ－］行动不光明，常说"鬼鬼祟祟"sneaky；stealthy；furtive "guǐguǐ-suìsuì"：行动~~xíngdòng guǐsuì *act furtively*；sneak ［作祟 zuò－］暗中捣鬼 make trouble secretly：从中~~cóngzhōng zuòsuì *cause trouble in it*

遂 ⊖ suì ㄙㄨㄟˋ ❶顺，如意 satisfy；fulfil：~心 suìxīn *after one's own heart*；to one's liking/~愿 have one's wish fulfilled ❷于是，就，然；thereupon：服药后腹痛~止 Fúyào hòu fùtòng suì zhǐ. *The stomach relieved after he took the medicine.* ❸成功，实现 succeed；未~wèisuì *not accomplished*；abortive
⊜ suí 见本页 See the same page.

隧 suì ㄙㄨㄟˋ 隧道，凿通山石或在地下挖沟所成的通路 tunnel, an underground or underwater passage

燧 suì ㄙㄨㄟˋ ❶上古取火的器具 flint, used in remote ages ❷古

代告警的烽火 beacon fire in ancient times

邃 suì ㄙㄨㄟˋ 深远 deep；profound：1.指空间 of space（邃 comb. 深—shēn— distant）2.指时间 of time：～古 suìgǔ remote antiquity 3.指程度 of degree：精～ jīngsuì minute (in standard)；profound

襚 suì ㄙㄨㄟˋ 古代指赠死者的衣被，也指赠生者的衣物 clothes and quilt given to the dead or clothes to the alive in ancient times

繀 suì ㄙㄨㄟˋ 收丝，即缲丝 silk reeling；filature

穗（❷＊＊繐） suì ㄙㄨㄟˋ ❶（—儿—r）谷类植物聚生在一起的花或果实 ears of grain；spike：高粱～儿 gāo-liangsuìr ears of Chinese sorghum/麦～儿 màisuìr ears of wheat；wheat head ❷（—子—zi，—儿—r）用丝线、布条或纸条等结扎成的装饰品 tassel；fringe：大红旗上满挂着金黄的～子 Dà hóngqí shang mǎn guàzhe jīnhuáng de suìzi. The large red flags are fringed with golden tassels. ❸广州市的别称 another name for Guangzhou City

SUN ㄙㄨㄣ

孙（孫） sūn ㄙㄨㄣ ❶（—子—zi）儿子的儿子 son's son；grandson [子孙 zǐ—]后代 children and grandchildren；descendants ❷孙子以后的各代 generations after one's grandson：玄～ xuánsūn great grandson ❸跟孙子同辈的亲属 relatives belonging to grandson's generation：外～ wàisūn daughter's son；grandson／侄～ zhísūn brother's grandson；grandnephew ❹植物再生的 second growth of plants：稻～ dàosūn second growth of rice/～竹 sūnzhú bamboo shoots；bamboo sprouts

〈古 arch.〉又同"逊"（xùn）Also same as "xùn"

荪（蓀） sūn ㄙㄨㄣ 古书上说的一种香草 a fragrant grass mentioned in ancient texts

狲（猻） sūn ㄙㄨㄣ 见 256 页"猢"字条"猢狲"（hú—）See "húsūn" under entry of "hú", p. 256

飧（＊飱） sūn ㄙㄨㄣ 晚饭 supper

损（損） sǔn ㄙㄨㄣˇ ❶减少 decrease；lose：～益 sǔnyì increase and decrease/增～ zēngsǔn gain and loss [损失—shī]丧失财物、名誉等 loss；damage：避免意外～～ bìmiǎn yìwài sǔnshī avoid unexpected losses ❷使蒙受害处 harm；damage：～人利己是剥削阶级思想 Sǔnrén-lìjǐ shì bōxuē jiējí sīxiǎng. It is the ideology of the exploiting class to benefit oneself at the expenses of others. [损坏—huài]使失去原来的形状或使用效能 damage ❸用刻薄话挖苦人 sarcastic；cutting：别～人啦 Bié sǔnrén la! Don't be so sarcastic. ❹刻薄，毒辣 mean；shabby：说话不要太～ Shuōhuà bùyào tài sǔn. Don't be so mean in words/这法子真～ Zhè fǎzi zhēn sǔn. That's a mean trick.

笋（＊筍） sǔn ㄙㄨㄣˇ 竹子初土里长出的嫩芽，可以做菜吃 bamboo shoot，edible as a dish

隼 sǔn ㄙㄨㄣˇ 一种凶猛的鸟，又叫"鹘"（hú），上嘴钩曲，背青黑色，尾尖白色，腹部黄色。饲养驯熟后，可以帮助打猎 falcon，also called hu, a ferocious bird with hooked upper bill and sharp white tail, greenish-dark in the back and yellow in the belly, helpful in hunting if trained

榫 sǔn ㄙㄨㄣˇ（—子—zi，—儿—r，—头—tou）器物两部分利用凹凸相接的凸出的部分 tenon, a specially-cut end of a piece of wood made to fit exactly into a shaped opening in another piece of wood and thus forming a joint

SUO ㄙㄨㄛ

莎 ㊀ suō ㄙㄨㄛ 莎草,多年生草本植物,茎三棱形,开黄褐色小花。地下的块茎叫香附子,可入药 nutgrass, a perennial herb with three sided stems and yellowish-brown flowers; root stock named "xiāngfùzi (cyperus rolundus)" and used as medicine

㊁ shā 见 569 页 See p. 569

娑 suō ㄙㄨㄛ 见 510 页"婆"字条"婆娑"(pó—)See "pósuō" under entry of "pó", p. 510

桫 suō ㄙㄨㄛ [桫椤—luó]蕨类植物,木本,茎高而直,叶片大,羽状分裂。茎含淀粉,可供食用 spinulose tree fern, a woody plant with big feather-shaped leaves and edible tall, straight stalks containing starch

挲(*抄) ㊀ suō ㄙㄨㄛ 见 461 页"摩"字条"摩挲"(mó—)See "mósuō" under entry of mó, p. 461

㊁ sa 见 565 页 See p. 565

㊂ sha 见 570 页 See p. 570

唆 suō ㄙㄨㄛ 调唆,挑动别人去做坏事 instigate; abet;～使 suōshǐ instigate; abet/～讼 suōsòng stir up litigation/受人调～shòu rén tiǎosuō be instigated

梭 suō ㄙㄨㄛ (一子—zi)织布时牵引纬线(横线)的工具,两头尖,中间粗,像枣核形 shuttle, a pointed instrument shaped like a jujube-stone, used in weaving to pass the thread across

睃 suō ㄙㄨㄛ 斜着眼睛看 look askance at

羧 suō ㄙㄨㄛ 有机化合物中含碳、氧、氢(—COOH)的基叫羧基 carboxyl, an organic chemical compound containing carbon, oxygen and hydrogen

蓑(*簑) suō ㄙㄨㄛ 蓑衣,用草或棕毛制成的雨衣 alpine rush or palm-bark rain cape

嗍 suō ㄙㄨㄛ 用唇舌裹食,吮吸 suck

趖 suō ㄙㄨㄛ 走得很快 walk very quick

缩 ㊀ suō ㄙㄨㄛ ❶向后退 contract; shrink;不要畏～bùyào wèisuō don't shrink/遇到困难决不退～yùdào kùnnan juébù tuìsuō never flinch from difficulty ❷由大变小,由长变短 become smaller or shorter;热胀冷～rèzhàng-lěngsuō expand with heat and contract with cold/～了半尺 suōle bàn chǐ shrink by half a chi/～短战线 suōduǎn zhànxiàn contract the front; narrow the scope of activity [缩影—yǐng]比喻可以代表同一类型的具体而微的人或事物 epitome; miniature

㊁ sù 见 617 页 See p. 617

所(**听) suǒ ㄙㄨㄛ ❶处所,地方 place;住～zhùsuǒ living place/各得其～gèdé-qísuǒ Each is in his proper place. or Each is properly provided for. ❷机关或其他办事的地方 office; institute;研究～yánjiūsuǒ research institute/派出～pàichūsuǒ local police station/诊疗～zhěnliáosuǒ clinic ❸明代驻兵防边的地点,因大小不同有千户所、百户所。现在多用于地名 frontier post for the station of troops in the Ming Dynasty, varying in size; now often used in place names;海阳～(在山东省)Hǎiyángsuǒ Haiyang Station (in Shandong Province) ❹量词 meas. 用于房屋 for houses;两～房子 liǎng suǒ fángzi two houses ❺助词 aux. 放在动词前,代表接受动作的事物 used before a verb denoting the object of an action;1. 动词后不再用表事物的词 when the verb is not fol-

S

lowed by any word：耳～闻，目～见 ěr suǒ wén, mù suǒ jiàn *what one has seen and heard*/我们对人民要有～贡献 Wǒmen duì rénmín yào yǒusuǒ gòngxiàn. *We should make some contributions to the people.*/各尽～能，按劳分配 Gè jìn suǒ néng, àn láo fēnpèi. *from each according to his ability, to each according to his work* 2.动词后再用"者"或"的"字代表事物 when the verb is followed by "zhě" or "de", denoting an object：吾家～寡有者 Wújiā suǒ guǎyǒuzhě. *That is what we do not have.*/这是我们～反对的 Zhè shì wǒmen suǒ fǎnduì de. *This is what we are against.* 3.动词后再用表事物的词 when the verb is followed by a noun：他～提的意见 tā suǒ tí de yìjiàn *This is what he has proposed.* ❻助词 *aux.* 放在动词前，跟前面"为"字相应，表示被动的意思 used after a verb, along with the previous "wéi", indicating a passive meaning：为人～笑 wéi rén suǒ xiào *be laughed at by other people* [所以—yǐ]1.连词 *conj.* 表因果关系，常跟"因为"相应 so; as a result, indicating the relation between cause and effect, used along with "yīnwèi"：他有要紧的事，～～不能等你了 Tā yǒu yàojǐn de shì, suǒyǐ bù néng děng nǐ le. *He cannot wait for you any more because he has something urgent to do.*/他～～进步得这样快，是因为他能刻苦努力学习 Tā suǒyǐ jìnbù de zhèyàng kuài, shì yīnwèi tā néng kèkǔ nǔlì xuéxí. *The reason why he has made such rapid progress is that he studies very hard.* 2.用来 for; with：～～自责者严，～～责人者宽 Suǒyǐ zìzézhě yán, suǒyǐ zérénzhě kuān. *be strict with oneself and broad-minded towards others*

索 suǒ ㄙㄨㄛˇ ❶（－子－zi）大绳子 large rope；麻～másuǒ *hempen rope*/船～ chuánsuǒ *ship's rigging*/铁～桥 tiěsuǒqiáo *chain bridge* ❷搜寻，寻求 search；look for（⑧comb.搜－sōu － *search*)：按图～骥 àntú-suǒjì *look for a steed with the aid of its picture*（deal with sth. in a mechanical way)/遍～不得 biàn suǒ bù dé *cannot find it after an overall search*[索引—yǐn]把书籍或报刊里边的要项摘出来，分类或按字形、字音依次排列，标明页数，以便查检的资料 index, an alphabetical list at the back of a book, of names, subjects, etc. mentioned in it and the pages where they can be found ❸讨取，要 demand；ask：～钱 suǒ qián *demand money* / ～价 suǒjià *ask a price; charge* / ～赔 suǒpéi *claim damages* ❹尽，空 dull；insipid：～然无味 suǒrán-wúwèi *flat and insipid* ❺单独 all alone；all by oneself：离群～居 líqún-suǒjū *live in solitude*

[索性—xìng] 径直，干脆 simply; might as well：～～走了 suǒxìng zǒule *might as well go; simply go away*

唢 suǒ ㄙㄨㄛˇ [唢呐—nà]管乐器，形状像喇叭 horn, a woodwind instrument

琐 suǒ ㄙㄨㄛˇ ❶形容玉声 tinkling of jade articles ❷细小，零碎 trivial; petty（⑧comb.－碎－suì *trivial*)：～事 suǒshì *trivial matters; trifles*/繁～ fánsuǒ *loaded down with trivial details; tedious*/这些事很～碎 Zhèxiē shì hěn suǒsuì. *These matters are trivial.* ❸卑微 petty and low：猥～ wěisuǒ *of wretched appearance* ❹镂玉为连环形 engraved jade chain

锁 suǒ ㄙㄨㄛˇ ❶加在门、箱等上面使人不能随便开的器具 lock, an apparatus for fastening doors, boxes, etc.：门上上～mén shang shàngsuǒ *fix a lock on the door* ❷用锁关住 lock：把门～上 bǎ mén suǒshang *lock the door*/拿锁～上箱子 ná suǒ suǒshang xiāngzi *lock the case* ❸链子

chains；枷～jiāsuǒ *yoke；chains*／~镣
suǒliào *chains* ❹一种缝纫法，多用在
衣物边沿上，针脚很密，线斜交或钩连
lockstitch，a way of sewing：～扣眼
suǒ kòuyǎnr *do a lockstitch on a buttonhole*／~边 suǒbiānr *lockstitch a border*

嗍 suo ·ㄙㄨㄛ 见 151 页"哆"字条
"哆嗦"(duō—)、429 页"啰"字条
"啰唆"(luō—) See "duōsuo" under
entry of "duō"，p. 151；"luōsuo" under entry of "luō" p. 429

S

T ㄊ

TA ㄊY

他 tā ㄊY 代词 *pron.* ❶称你、我以外的第三人，一般指男性，有时泛指，不分性别 he or him, the third person singular, usually referring to the masculine gender, but sometimes to any gender ❷别的 other；another：～人 tārén *other people；another person*／乡 tāxiāng *a place far away from home；an alien land* [其他 qí—][其它 qí—]别的 other；another ❸虚指 used as a meaningless mock object：睡～一觉 shuì tā yī jiào *have a sleep*／干～一场 gàn tā yī chǎng *have a good doing* ❹指另外的地方 another place：久已～往 jiǔ yǐ tā wǎng *have long since left*

她 tā ㄊY 代词 *pron.* 称你、我以外的女性第三人。出于敬慕，也用以代称祖国、国旗、党旗等事物 she or her, the third person singular, of feminine gender；also used to refer to one's motherland, national flag or party banner, etc. out of respect and admiration

它(*牠) tā ㄊY 代词 *pron.* 他，专指事物 it, exclusively referring to a thing or a matter [其它 qí—]同"其他"Same as 其他

铊 ⊖ tā ㄊY 一种金属元素，符号 Tl，白色，质柔软。铊的化合物有毒 thallium, a bluish-white, soft metallic element；its compound is poisonous；symbol：Ti

⊜ tuó 见 662 页 See p. 662

趿 tā ㄊY 趿拉(la)，穿鞋只套上脚的前半部 wear shoes as in slippers：～拉着一双旧布鞋 tālazhe yī shuāng jiù bùxié *shuffle about with the backs of one's old cloth shoes turned in*／～拉着木板鞋 tālazhe mùbǎnxié *wearing a pair of wooden slippers* [趿拉儿—lar]拖鞋，只能套着脚的前半部没有后帮的鞋 slippers, carpet (house) slippers

塌 tā ㄊY ❶倒(dǎo)，下陷 fall；sink；房顶子～了 Fángdǐngzi tā le. *The house collapsed.*／墙～了 Qiáng tā le. *The wall collapsed.*／人瘦得两腮都～下去了 Rén shòu de liǎngsāi dōu tā xiaqu le. *He is very thin and his checks are sunken.* ❷下垂 sink；droop：这棵花晒得～秧了 Zhè kē huār shài de tāyāngle. *This flower drooped in the hot sun.* ❸安定，镇定 be at ease；calm down：～下心来 tāxia xīn lái *set one's mind at ease；settle down*

溻 tā ㄊY 出汗把衣服、被褥等弄湿(of clothes and quilts) become soaked with sweat；天太热，我的衣服都～了 Tiān tài rè, wǒ de yīfu dōu tā le. *It's too hot and my clothes are soaked with sweat.*

褟 tā ㄊY 〈方 dial.〉在衣物上缝缀花边 trim a dress with a lace：～一道绦(tāo)子 tā yī dào tāozi *trim something with a lace* [汗褟儿 hàn —r]贴身衬衣 undershirt (without sleeves)

踏 ⊖ tā ㄊY [踏实—shi] 1.切实，不浮躁 steady and sure；dependable：他工作很～～ Tā gōngzuò hěn tāshi. *He is steadfast in his work.* 2.(情绪)安定，安稳 free from anxiety；having peace of mind：事情办完就～～了 shìqing bànwán jiù tāshi le *put one's mind at rest when the matter is settled*

⊜ tà 见 625 页 See p. 625

塔 tǎ ㄊY ❶佛教特有的建筑物 Buddhist pagoda ❷像塔形的建筑物 tower；building resembling a pogada；水～shuǐtǎ *water tower*/ 灯～dēngtǎ *lighthouse*/ 纪念～jìniàntǎ *memorial tower*；*monument*

[塔塔尔族——ěrzú] 塔塔尔族，我国少数民族 the Tatar nationality, an ethnic minority in China. 参看附表 See Appendix

[塔吉克族—jíkèzú]1. 我国少数民族 the Tajik nationality, an ethnic minority in China 参看附表 See Appendix 2. 塔吉克斯坦的主要民族 the main nationality in Tadzhikistan

溚 tǎ ㄊㄚˇ (外 foreign)用煤或木材制得的一种黏稠液体，颜色黑褐，是化学工业上的重要原料，通常用做涂料，有煤溚和木溚两种。通称"焦油" tar, a black substance made from wood or coal, thick and sticky when hot and hard when cold, used as an important material in chemical industry, esp. as a paint; generally called jiāoyóu

獭 tǎ ㄊㄚˇ 水獭，一种生活在水边的兽，能游泳，捕鱼为食。皮毛棕色，很珍贵。另有一种旱獭，生活在陆地上 otter, a fish-eating animal that can swim and lives by water; with precious brown fur. The marmot belongs to the same species as the otter, but lives on land.

鳎 tǎ ㄊㄚˇ 鱼名，又叫"鳎目鱼"。种类很多，体形似舌头，两眼都在身体的一侧，有眼的一侧褐色。侧卧在海底泥沙中 sole, a kind of tongue-shaped fish with both eyes on the brown side of its body, living in the silt of the sea bottom

拓(搨) ㊀ tà ㄊㄚˋ 在刻铸文字、图像的器物上，蒙一层纸，捶打后使凹凸分明，涂上墨，显出文字、图像来 make rubbings from inscriptions, pictures, etc. on stone tablets or bronze vessels by putting a piece of paper over them, beating them to get impressions and then applying ink to them

㊁ tuò 见 662 页 See p. 662

沓 ㊀ tà ㄊㄚˋ 多；重复 numerous; repeated：杂～zátà *numerous and disorderly*/ 纷至～来 fēnzhì-tàlái *come in a continuous stream*; *come thick and fast*; *keep pouring in*

㊁ dá 见 105 页 See p. 105

踏 ㊀tà ㄊㄚˋ 用脚踩 step on; tread：大～步地前进 dàtàbù de qiánjìn *stride forward*; *advance in giant strides* ㊕ ext. 亲自到现场去 go to the spot：～看 tàkàn *go to the spot to make an investigation*/ ～勘 tàkān *make an on-the-spot survey*

㊁ tā 见 624 页 See p. 624

傝(傝) tà ㄊㄚˋ 见 644 页"挑"字条"挑傝"(tiāo—)。See tiāotà under entry of tiāo, p. 644

挞(撻) tà ㄊㄚˋ 打，用鞭、棍等打人 beat; whip：鞭～biāntà *lash*; *castigate*

闼(闥) tà ㄊㄚˋ 门，小门 door; small door：排～直入(推开门就进去)pái tà zhí rù *push the door open and enter the room*

潵(潷) tà ㄊㄚˋ 滑 slippery; smooth

嗒 ㊀ tà ㄊㄚˋ 失意的样子 dejected; despondent-looking：～丧 tàsàng *in low spirits*; *dejected*/ ～然若失 tàrán ruò shī *deeply despondent*; *mournful and dejected*

㊁ dā 见 104 页 See p. 104

遝 tà ㄊㄚˋ 相及 close to one another [杂遝 zá—] 行人很多，拥挤纷乱 (of pedestrians) numerous and disorderly

阘 tà ㄊㄚˋ [阘茸—róng]无能，卑贱 incompetent; lowly

榻 tà ㄊㄚˋ 狭长而低的床 long, narrow and low bed [下榻 xià—]寄居，住宿 stay (at a place during a trip)

蹋 tà ㄊㄚˋ ❶踏，踩 stamp ❷踢 kick

T

漯 ㊀ tà ㄊㄚ 漯河,古水名,在山东省 Tahe River,name of an ancient river,in Shangdong Province

㊁ luò 见 432 页 See p.432

遢 ta ·ㄊㄚ 见 373 页"邋"字条"邋遢"(lā—)See "lāta" under entry of "lā",p.373

TAI　ㄊㄞ

台 ㊀ tāi ㄊㄞ [天台 Tiān—]山名,在浙江省 a mountain in Zhejiang Province

㊁ tái 见本页 See the same page.

苔 ㊀ tāi ㄊㄞ [舌苔 shé—]舌头上面的垢腻,是由死亡的上皮细胞和黏液等形成的,观察它的颜色可以帮助诊断病症 coating on the tongue or fur,a covering on the tongue formed by dead epithelial cells and mucus,etc.,the colour of which can help diagnose illness

㊁ tái 见 627 页 See p.627

胎 tāi ㄊㄞ ❶人或其他哺乳动物母体内的幼体 foetus;embryo of human beings and other mammals;怀～ huáitāi become pregnant/ ～儿 tāi'ér (human)foetus/ ～生 tāishēng viviparity ㊄ ext. 事的开始,根源 beginning of an event;origin;祸～ huòtāi root of a trouble;cause of a disaster ❷(一儿r)器物的粗坯或衬在内部的东西 roughcast;padding;这个帽子是软～儿的 Zhège màozi shì ruǎn tāir de. This cap is soft-padded. / 泥～ nítāi unpainted clay idol;unfired pottery/ 铜～(塑像、做漆器等用)tóngtāi copper die used in moulding a statue or making lacquerware,etc ❸轮胎 tyre;内～ nèitāi the inner tube of a tyre/ 外～ wàitāi tyre (cover)

台(❶❸❻臺、❹檯、❺颱) ㊀ tái ㄊㄞ ❶高平的建筑物 plat-form;stage;戏～ xìtái stage/讲～ jiǎngtái platform;rostrum/主席～ zhǔxítái rostrum;platform/楼阁亭～ lóugé-tíngtái tower and pavilion ㊄ ext. 1. (一儿r)像台的东西 something resembling a platform;井～ jǐngtái well-platform / 窗～儿 chuāngtáir windowsill 2. 器物的座子 stand or support of an article;灯～ dēngtái lampstand/ 蜡～ làtái candlestick ❷ 敬辞 your,a respectful expression;～鉴 táijiàn for your inspection (used after the name in the salutation of a business letter)/～启 táiqǐ for your information (used after the name of the addressee on an envelope)/兄～ xiōngtái elder brother (a respectful term used in addressing a male friend) ❸量词 meas. word;唱一～戏 chàng yī tái xì put on a performance /一～机器 yī tái jīqì a machine ❹桌子,案子 desk;table;写字～ xiězìtái writing desk/ 柜～ guìtái counter;bar ❺[台风－fēng]发生在太平洋西部热带海洋上的一种极猛烈的风暴,中心附近风力常达 12 级以上,同时有暴雨 typhoon,a very violent tropical storm in the western Pacific,sometimes accompanied by rainstorm,often with wind above force-12 near the centre ❻台湾省的简称 short for Taiwan Province

㊁ tāi 见本页 See the same page.

邰 tái ㄊㄞ 姓 a surname

抬(＊＊擡)tái ㄊㄞ ❶举,提,lift;raise;～手 tái shǒu raise one's hand;(figuratively) not be too hard on sb;～脚 tái jiǎo lift one's foot/ ～起头来 táiqi tóu lai raise one's head ㊄ ext. force up 使上升;～价 táijià force up commodity price [抬头－tóu]1. (一儿r)函牍上另起一行或空格书写,表示尊敬 begin a new line,as a mark of respect in letters 2. 发票、收据上写的户头 name of the buyer or payee or receipts, bills, etc ❷共同用手或肩搬运东西 (of two or more persons) carry：一个人搬不动两个人～Yí ge rén bān bu dòng liǎng ge rén tái. *Let two carry it if one person cannot.* / 把桌子～过来 bǎ zhuōzi tái guolai *Carry the desk over here.* [抬杠 — gàng] ⑯ fig. 争辩 argue；dispute

苔 ⊝ tái ㄊㄞ 隐花植物的一类，根、茎、叶的区别不明显，常贴在阴湿的地方生长 liverwort, any of a class of bryophytes, without obvious roots, stems and leaves, often living in moist places

⊜ tāi 见 626 页 See p. 626

骀 tái ㄊㄞ 劣马 inferior horse [驽骀 nú—]）劣马 inferior horse ⑯ fig. 庸才 mediocre person

炱 tái ㄊㄞ 烟气凝积而成的黑灰，俗叫"烟子"或"煤子"soot, black powder produced by burning, and carried into the air and left on surfaces by smoke, popularly called "yānzi" or "méizi"：煤～méitái *coal soot* / 松～(松烟)sōngtái *pine soot*

跆 tái ㄊㄞ 用脚踩踏 stamp [跆拳道 —quándào]一种拳脚并用的搏击运动 a kind of boxing involving the use of both fists and feet

鲐 tái ㄊㄞ 鲐鱼，鱼名，俗叫"鲐巴鱼"。生活在海水中，身体呈纺锤形，背青蓝色，腹淡黄色，肉可以吃 chub mackerel, popularly called táibāyú, a spindle-shaped sea fish with greenish-blue back and yellow belly, edible

薹 tái ㄊㄞ ❶多年生草本植物，生在水田里，茎扁三棱形，叶扁平而长，可制蓑衣 sedge, a perennial herb with 3-sided stems and long flat leaves, growing in paddy fields, leaves used in making rain cape ❷韭菜、油菜、蒜等蔬菜长出的花莛 bolt of fragrant-flowered garlic, garlic and rape, etc

太 tài ㄊㄞ ❶副词 adv. 过于 too：～长 tài cháng *too long* / ～热 tài rè *too hot* ❷副词 adv. 极端，最 extreme；most：～好 tài hǎo *extremely good* / 人民的事业～伟大了 Rénmín de shìyè tài wěidà le. *The cause of the people is really great.* [太古—gǔ]最古的时代 remote antiquity [太平—píng]平安无事 peaceful and tranquil ❸对大两辈的尊长的称呼所加的字 a respectful term for the seniors two generations older：～老伯 tàilǎobó granduncle；great-uncle ❹高，大 high；great：～空 tàikōng *outer space* / ～学 tàixué *the Imperial College* (in feudal China) [太阳—yáng] 1. 银河系的恒星之一，是太阳系的中心天体 the sun, one of the stars in the Milky Way system, and also the centre of the solar system 2. 人头上眉梢后低凹的部分。也叫"太阳穴" the temples, also called tàiyángxué

汰 tài ㄊㄞ 淘汰，除去没有用的成分 discard；take off the useless part：优胜劣～yōushèng-liètài *survival of the fittest*

态(態) tài ㄊㄞ 形状，样子 form；appearance [⑯] comb. 形—xíng—*form*，状—zhuàng—*state*，姿—zī—*posture*）：丑～chǒutài *ugly performance* / 变～biàntài *abnormal* ⑰ ext. 情况 condition；state of affairs：事～扩大 shìtài kuòdà *The situation became more serious.* [态度—du] 1. 指人的举止动作 manner；bearing：～～大方 tàidu dàfang *have an easy manner* 2. 对于事理采取的立场或看法 attitude；approach：～～鲜明 tàidu xiānmíng *with firm attitude* / 表明～～biǎomíng tàidu *state one's position*

肽 tài ㄊㄞ 就是胜(shēng) peptide, same as 胜(shēng)

T

钛 tài ㄊㄞˋ 一种金属元素,符号 Ti,熔点高。纯钛和以钛为主的合金是新型的结构材料,主要用于飞机工业和航海工业 titanium, a metallic element with a high melting point; pure titanium and its compounds with other metals are new-type materials widely used in aeroplane manufacture and nautical industry; symbol: Ti

酞 tài ㄊㄞˋ 有机化合物的一类,是由一个分子的邻苯二酸酐与两个分子的酚经缩合作用而生成的产物。酚酞就属于酞类 phthalein, a kind of organic chemical compound, formed from phenols and phthalic anhydride; phenolphthalein belongs to the phthalein class

泰 tài ㄊㄞˋ ❶平安,安定 safe; peaceful; 国～民丰 guótài mínfēng The country is prosperous and the people live in peace. / 处之～然 tàirán-chǔzhī take sth calmly; bear sth with equanimity ❷极 extreme; most: ～西(旧指欧洲) Tàixī extreme west (in early times referring to the West; the Occident) [泰山–Shān] 1. 五岳中的东岳,在山东省 Mount Tai, the Eastern Mountain of the Five Sacred Mountains, in Shandong Province 2. (转 trans.) 旧时称岳父 one's wife's father, used in early times

TAN ㄊㄢ

坍 tān ㄊㄢ 崖岸、建筑物或堆起的东西倒塌,从基部崩坏 collapse; fall falling down of cliffs, buildings or things piled up, usually from the base (逄 comb. 一塌–tā collapse): 墙～了 qiáng tānle The wall collapsed.

贪 tān ㄊㄢ ❶贪图,求多,不知足 have an insatiable desire for: 玩 tānwánr be too fond of play / ～便

(pián)宜 tān piányi eager to get things on the cheap; keen on gaining petty advantages/ ～得无厌 tāndéwúyàn be insatiably avaricious ❷爱财 embezzle; practise graft; ～财 tāncái be greedy for money/ ～墨 tānmò embezzle; be corrupt [贪污–wū]利用职权非法地取得财物 embezzle; be corrupt

怹 tān ㄊㄢ (方 dial.)"他"的敬称 a respectful form for "he"

啴(嘽) ⊖tān ㄊㄢ [啴啴——]形容牲畜喘息 Sounds like the breathing of domestic animals.
⊜ chǎn 见 67 页 See p. 67

摊(攤) tān ㄊㄢ ❶摆开,展开 spread out: ～场(cháng)(把庄稼暴晾在场上)tāncháng spread harvested grain on a threshing floor/ 把问题～到桌上来 Bǎ wèntí tāndào zhuō shang lái. put the problems on the table (and thrash them out) 引 ext. 烹饪法,把糊状物放在锅上使成薄片(a method of cooking)fry batter in a thin layer: ～鸡蛋 tān jīdàn make omelette/ ～煎饼 tān jiānbing make pancakes ❷(一子、一儿–zi,–r)摆在地上或用席、板摆设的售货处 vendor's stand; booth: 水果～儿 shuǐguǒtānr fruit stand; fruit stall ❸量词 meas. 用于摊开的糊状物 for paste or thick liquid: 一～泥 yī tān ní a mud puddle ❹分担财物 make a share in: ～派 tānpài apportion (expenses, work, etc) / 每人～五元 Měi rén tān wǔ yuán. Each person is required to contribute 5 yuan. ❺遇到,碰上 happen to; befall: 他一向爱释清静,这件事偏偏让他～上了 Tā yīxiàng ài duǒ qīngjìng, zhè jiàn shì piānpiān ràng tā tānshang le. He is fond of quietness, but unfortunately this has happened to him.

滩(灘) tān ㄊㄢ ❶河海边淤积成的平地或水中的沙洲

stretch of silted mud or sand along the edge of the sea, a lake or a river; beach：～地 tāndì *beach* ❷水浅多石而水流很急的地方 shoal；险～xiǎntān *dangerous shoal*；*rapids* [滩簧—huáng]流行于江苏南部、浙江北部的一种唱腔 a kind of vocal music in a Chinese opera, popular in the south of Jiangsu Province and the north of Zhejiang Province

瘫（癱） tān ㄊㄢ 瘫痪（huàn），神经机能发生障碍，肢体不能活动 unable to move because of malfunctions of the nerve system; paralysis

坛（❶❷壇、❸罎、❸*壜、❸*罈） tán ㄊㄢ ❶古代举行祭祀、誓师等大典用的土、石等筑的高台 altar, a raised level surface on which sacrifices are offered to god or on an oath-taking rally is held in ancient times：天～Tiān Tán *the Temple of Heaven*／先农～Xiānnóng Tán *the Xiannong Temple* ㉇ ext. 指文艺界、体育界或舆论阵地 circles；world of literature and art, and of sports, or the media：文～wéntán *the literary world*／乒～pīngtán *the table-tennis circle*／论～lùntán *forum* ❷用土堆成的平台，多在上面种花 a raised plot of land for planting flowers：花～huātán *flower bed*；*flower terrace* ❸（—子—zi）一种口小肚大的陶器 jar；jug, a pottery pot with a narrow opening at the top

昙（曇） tán ㄊㄢ 云彩密布，多云 cloudy；overcast [昙花—huā]常绿灌木，叶退化呈针状，花大，白色，开的时间很短。后常用"昙花一现"比喻事物一出现很快就消失 broad-leaved epiphyllum, a perennial evergreen shrub with needle-shaped leaves and big white flowers which bloom only for a short time；later tánhuā-yīxiàn *blossom*

briefly as the broad-leaved epiphyllum is (often used figuratively to mean something that lasts briefly or is a flash in the pan)

倓 tán ㄊㄢ 安静。多用于人名 quiet；peace；often used in people's names

郯 tán ㄊㄢ [郯城—chéng] 地名，在山东省 a place in Shandong Province

谈 tán ㄊㄢ ❶说，对话 talk；chat：面～miàntán *speak to sb face to face*；*take up a matter with sb personally*／请你来～一～Qǐng nǐ lái tán yī tán. *please come and have a talk*／～天（闲谈）tántiān *chat*；*make a conversation* ❷言论 remarks；speech：无稽之～wújīzhītán *unfounded remarks*；*absurd view*

锬 tán ㄊㄢ 长矛 a long spear

痰 tán ㄊㄢ 气管或支气管黏膜分泌的黏液 phlegm；sputum, the thick jelly-like substance produced in the trachea or the bronchus

弹（彈） ㊁tán ㄊㄢ ❶被其他手指压住的手指用力伸开的动作 flick, strike with a light quick blow from the finger：用手指～他一下 yòng shǒuzhǐ tán tā yīxiàr *give him a flick*／把帽子上的土～下去 bǎ màozi shang de tǔ tán xiaqu *flick the dust off a hat* ❷使弦振动 pluck；play a three-stringed musical instrument：～弦子 tán xiánzi *play a stringed plucked instrument*／～琵琶 tán pípa *play the pipa*／～棉花 tán miánhua *fluff cotton* [弹词—cí]曲艺的一种，流行于南方各省，有说有唱，用三弦伴奏 folk art, storytelling to the accompaniment of stringed instruments popular in the southern provinces of China ❸利用一个物体的弹性把另一个物体放射出去 shoot, let sth fly with the force of

T

sth else：～ 射 tánshè *launch*；*shoot off*[弹性－xìng] 物体因受外力暂变形状，外力一去即恢复原状的性质 elasticity，（of material）springing back into the original or natural shape after being stretched ⑨ ext. 事物的伸缩性 flexibility of sth ❹指检举违法失职的官吏 impeach，charge a public official with committing a serious crime or neglecting his duty（⬡ comb. 一劾一hé *impeach a public official*）

　　㊀ dàn 见 113 页 See p.113

覃 ㊀ tán ㄊㄢˊ ❶深 deep：～ 思 tánsī *deep in thought* ❷延伸 extend：葛之～兮 gé zhī tán xī *the kudzu vine is very long* ❸姓 a surname

　　㊁ qín 见 536 页 See p.536

谭 tán ㄊㄢˊ ❶同"谈"same as 谈 ❷姓a surname

潭 tán ㄊㄢˊ 深水池，深水坑 deep pool；pond：清～ qīngtán *clear pool* / 泥～ nítán *mire* ⑨ ext. 深 deep：～ 渊 tányuān *abyss*

替 tán ㄊㄢˊ〈方 dial.〉坑，水塘。多用作地名 pool；pond，often used in place names

澹 ㊀ tán ㄊㄢˊ [澹台－tái]（－tái）复姓 a two-character surname

　　㊁ dàn 见 114 页 See p.114

檀 tán ㄊㄢˊ 植物名 plant name：1. 檀树，落叶乔木，果实有翅，木质坚硬 wingceltis，a hard-wood tree with winged seeds 2.檀香，常绿乔木，产在热带及亚热带。木材坚硬，有香气，可制器物及香料，又可入药 sandalwood，an evergreen tree growing in tropical and sub-tropical zones；its hard and fragrant wood used in making utensils，spice and medicine 3. 紫檀，豆科常绿乔木，产在热带及亚热带。木质坚硬，可做器具 red sandalwood，an evergreen tree growing in tropical and sub-tropical

zones；hard wood used in making utensils

忐 tǎn ㄊㄢˇ [忐忑－tè]心神不定 perturbed；mentally disturbed：～～不安 tǎntè-bù'ān *uneasy*；*fidgety*

坦 tǎn ㄊㄢˇ ❶平坦，宽而平 level；wide and smooth：～途 tǎntú *level road*；*highway* ❷心地平静 calm；composed：～然 tǎnrán *calm*；*having no misgivings* [坦白－bái] 1. 直爽，没有私隐 honest；frank：襟怀～～jīnhuái-tǎnbái *open-hearted and above board*；*unselfish and magnanimous* 2. 如实地说出（自己的错误或罪行）confess；make a confession（of one's mistakes or crimes）

钽 tǎn ㄊㄢˇ 一种金属元素，符号 Ta，银白色，可做电子管的电极还可以做电解电容。碳化钽熔点高，极坚硬，可制切削刀具和钻头等 tantalum，a silver-white metallic element used in making electrodes；its alloys，hard and with a high melting point，used in making cutting tools，drilling tools，etc.；symbol Ta

袒 tǎn ㄊㄢˇ ❶脱去上衣，露出身体的一部分 leave the upper part of the body uncovered：～胸露臂 tǎnxiōng-lòubì *exposing one's neck and shoulders* ❷袒护，不公正地维护一方面 give unprincipled protection to；be partial to：左～ zuǒtǎn *take sides with*；*be partial to*/ 偏～ piāntǎn *be partial to and side with*

菼 tǎn ㄊㄢˇ 古书上指荻 referring to rush，a kind of reed

毯 tǎn ㄊㄢˇ（－子－zi）厚实有毛绒的织品 blanket；carpet：地～ dìtǎn *carpet*/ 毛～ máotǎn *woollen blanket*

黮 tǎn ㄊㄢˇ 深黑色 deep black

叹（嘆、*歎） tàn ㄊㄢ ❶ 吟咏 chant：一唱三～ yīchàng-sāntàn（of poems and verses）*mild and pregnant with meaning* ❷ 因忧闷悲痛而呼出长气 sigh：～了一口气 tànle yī kǒu qì *heave a sigh* / 仰天长～ yǎngtiān-chángtàn *look up to heaven and heave a deep sigh* ❸ 因高兴而发出长声 acclaim；exclaim in admiration：欢喜赞～ huānxǐ zàntàn *be delighted and gasp in admiration* ［叹词—cí］表示喜、怒、哀、乐各种情感的词以及应答、招呼的词，如："嗯、喂、哎呀"等 interjection，exclamation，words expressing various emotions such as happiness，anger，sorrow，and joy and words denoting response and greetings，such as oh，ah，etc

炭 tàn ㄊㄢ ❶ 木炭，把木材和空气隔绝，加高热烧成的一种黑色燃料。大部分是碳素 charcoal，a black substance made by burning wood in a closed container with little air，mainly composed of carbon ❷ 像炭的东西 sth resembling charcoal：山楂～ shānzhātàn *burned haw* ❸ 煤炭，石炭，煤 coal：阳泉大～ Yángquán dàtàn *Yangquan coal*

碳 tàn ㄊㄢ 一种非金属元素，符号 C，无臭无味的固体。无定形碳有焦炭、木炭等，晶体碳有金刚石和石墨。碳是构成有机物的主要成分。炼铁需要焦炭。在工业上和医药上，碳和它的化合物用途极广 carbon，a nonmetallic chemical element，tasteless，odourless and solid，found in many organic compounds；symbol：C. Diamond and graphite are pure carbon；carbon is also present in coal，coke，charcoal，soot，etc. Carbon，with its compounds，is in wide use in industry and medicine ［碳水化合物—shuǐ huàhéwù］有机化学中，分子式可以用 $C_m(H_2O)_n$ 表示的一类化合物，像糖类和淀粉等都是，旧叫"醣" carbohydrates，a group of chemical compounds，such as sugar，starch，its formula is $C_m(H_2O)_n$ composed of carbon，hydrogen and oxygen formerly called "Táng"（醣）

探 tàn ㄊㄢ ❶ 寻求，探索 try to find out；explore：～源 tànyuán *try to find out the source* ❷ 探测 survey；sound：～矿 tànkuàng *go prospecting*；prospect ❸ 侦察，暗中考察 scout；spy：～案子 tàn ànzi *detect a case* / ～听消息 tàntīng xiāoxi *fish for information* ❹ 试探 sound out；probe：先～一～口气 xiān tàn yī tàn kǒuqì *sound sb out first*；*find out one's opinions and feelings first* ❺ 做侦察工作的人 detective；密～ mìtàn *secret agent*；spy ❻ 探望，访问 visit；pay a call on：～亲 tànqīn *go home to visit one's family or relatives* / ～视病人 tànshì bìngrén *visit a patient* ❼ 头或上体伸出（of head or the upper part of the body）stretch forward：～出头来 tànchu tóu lai *crane one's neck* / 车行时不要～身车外 Chē xíng shí bùyào tànshēn chē wài. *Don't lean out of the window while the bus is in motion.*

TANG ㄊㄤ

汤（湯） ㊀tāng ㄊㄤ ❶ 热水 hot water：赴～蹈火 fùtāng-dǎohuǒ *go through fire and boiling water* ❷ 煮东西的汁液 liquid or juice in which sth has been boiled：米～ mǐtāng *rice water* / ～药 tāngyào *a decoction of medicinal ingredients* ❸ 烹调后汁特别多的副食 liquid or gravy coming from foods after cooked；soup；broth：白菜～ báicàitāng *Chinese cabbage soup*
㊁ shāng 见 574 页 See p.574

铴（鐋） tāng ㄊㄤ 铴锣，小铜锣 a small brass gong

耥 tāng 去ㄤ (又 also) 见 634 页
tǎng See tǎng p. 634

趟 (*蹚, *踼) ⊖ tāng 去ㄤ
❶从有水、草
的地方走过去 wade, walk through
water or grasses: 他~着水过去了 Tā
tāngzhe shuǐ guòqu le. *He waded
across the stream.* ❷用犁、锄等把土
翻开, 把草锄去 turn the soil and dig
up weeds with a hoe or plough, etc.:
~地 tāngdì *plough the fields*
⊜ tàng 见 634 页 See p. 634

嘡 tāng 去ㄤ 拟声词 onom.: ~ 的
一声, 锣响了 Tāng de yī shēng
luó xiǎng le. *The gong clanged,
making a loud ringing sound.*

鐋 ⊖ tāng 去ㄤ 拟声词 onom. 钟鼓
或敲锣的声音 (of a bell, drum
and gong) clang
⊜ táng 见 633 页 See p. 633

羰 tāng 去ㄤ 羰基, 有机化合物中含
碳和氧的基 (= CO), 也叫 "碳氧
基" carbonyl, the bivalent radical
CO; also called tànyǎngjī

唐 táng 去ㄤ ❶夸大, 虚夸 exagger-
ative; boastful: 荒~之言 huāng-
táng zhī yán *absurd remarks*; *fan-
tastic remarks* /~大无验 táng dà wú
yàn *boastful and unfounded* ❷空, 徒
然 for nothing; in vain: ~捐(白费)
tángjuān *in vain* ❸朝代名 the Tang
Dynasty: 1. 李渊所建立(公元 618—
907 年) established by Li Yuan (A.
D. 618—907) 2. 五代之一, 李存勖所
建立(公元 923—936 年) one of the
Five Dynasties, i. e. the Later Tang
Dynasty (A. D. 923 — 936), estab-
lished by Li Cunxu
[唐突—tū] 冲撞, 冒犯 rudely offend
sb; blaspheme

鄌 táng 去ㄤ [鄌郚—wú] 地名, 在
山东省昌乐 a place in Changle,
Shandong Province

塘 táng 去ㄤ ❶堤岸, 堤防 dyke;
embankment: 河 ~ hétáng *river
dyke*/ 海 ~ hǎitáng *sea embankment*
❷水 池 pool (逾comb. 池 — chí
pond): 荷~ hétáng *lotus pond*/ 苇~
wěitáng *reed pond* ❸浴池 hot-water
bathing pool: 洗 澡 ~ xǐzǎotáng
public bathing pool (in a bathhouse)

搪 táng 去ㄤ ❶挡, 抵拒 ward off;
keep out: ~饥 tángjī *allay one's
hunger* ❷支吾 evade; do sth per-
functorily: ~差事(敷衍了事) táng
chāishi *perform a duty perfunctorily*
[搪塞—sè] 敷衍塞(sè)责 do sth
perfunctorily: 做事情要认真, 不要
~ Zuò shìqing yào rènzhēn bùyào
tángsè. *Be serious in doing things;
don't be perfunctory.* ❸用泥土或涂
料抹上或涂上 spread clay or paint
over; daub: ~炉子 táng lúzi *line a
stove with clay* [搪瓷—cí]是用石英、
长石等制成的一种像釉子的物质涂
在金属器物上, 经过烧制而形成的薄
层, 既可防锈又可作装饰 enamel, a
thin layer of substance on a metal
utensil, formed by melting a glassy
substance at a high temperature, and
used for coating metal utensils as
protection or decoration ❹加工切削
机器零件的钻孔 boring hole for
processing and cutting spare parts of
machines: ~ 床 tángchuáng *boring
lathe*

溏 táng 去ㄤ 泥浆 mud 氟ext. 不凝
结半流动的 half-congealed;
viscous: ~ 心鸡蛋 tángxīn jīdàn
soft-boiled or soft-fried egg

瑭 táng 去ㄤ 古书上指一种玉
referring to a kind of jade in
ancient texts

螗 táng 去ㄤ 古书上指蝉 referring
to a small kind of cicada in
ancient texts

糖 (❷ ** 醣) táng 去ㄤ ❶从甘
蔗、甜菜、米、麦等
提制出来的甜的东西 sugar, a sweet
substance obtained from sugarcane,
vegetable, rice and wheat, etc ❷碳

水化合物 carbohydrate

糖 táng ㄊㄤ 赤色(指人的脸)(of face) red：紫～脸 zǐtángliǎn *dark brown face*

堂 táng ㄊㄤ ❶正房,高大的屋子 the main room of a house；tall and big house：～屋 tángwū *central room* (of a one-storey Chinese house consisting of several rooms in a row)/ 礼 ～ lǐtáng *auditorium*；*assembly hall* [令堂 lìng—]对对方母亲的尊称 a respectful term of address for other's mother ❷专供某种用途的房屋 a hall or a room for special purpose：课 ～ kètáng *classroom*；*schoolroom* ❸过去官吏审案办事的地方 court of law or a principal hall in a government organization in early times：大～ dàtáng *court of law* / 过～guòtáng *appear in a court to be tried* ❹表示同祖父的亲属关系 relationship between cousins, etc. of the same paternal grandfather or great-grandfather：～兄弟 tángxiōng-dì *male cousins on the paternal side*/ ～姐妹 tángjiěmèi *female cousins on the paternal side*

[堂皇－huáng] 盛大,大方 grand；magnificent：冠冕 ～ ～ guānmiǎn-tánghuáng *looking respectable and dignified*；*high-sounding*/ 富丽～huáng fùlì-tánghuáng *beautiful and imposing*；*in majestic splendour*

[堂堂——]仪容端正,有威严 dignified；impressive：相貌 ～ ～ xiàngmào-tángtáng *dignified in appearance*；*impressive-looking*

棠 táng ㄊㄤ 植物名 plant name：1. 棠梨树,就是"杜树"birchleaf pear, also called dùshù 2. 海棠树,落叶小乔木,春天开花。果实叫海棠,可以吃 Chinese flowering crabapple, a small decidous tree, blooming in spring, with edible fruits called crabapples

樘 táng ㄊㄤ ❶门框或窗框 door or window frame：门 ～ méntáng *door frame*/ 窗 ～ chuāngtáng *window frame* ❷量词 *meas.* 指一套门(窗)框和门(窗)扇 for a set of door (window) frames or a pair of door(window) leaves：一～玻璃门 yī táng bōlímén *a pair of glass door leaves*

膛 táng ㄊㄤ ❶体腔 thorax of a body；chest：胸 ～ xiōngtáng *chest*/ 开 ～ kāitáng *open up the thorax* ❷(一儿—r)器物中空的部分 an enclosed space inside sth；chamber：炉～lútáng *the chamber of a stove* /枪～qiāngtáng *bore of a gun*

镗 ⊖ táng ㄊㄤ 同"搪❹"Same as 搪❹
⊜ tāng 见 632 页 See p. 632

螳 táng ㄊㄤ 螳螂 mantis：～臂当(dāng)车(喻做事不自量力必然失败) tángbì-dāngchē *a mantis trying to obstruct a chariot with its arms* (*fig.* overrate oneself and try to hold back an overwhelmingly superior force)

[螳螂—láng]俗叫"刀螂",是一种食虫性昆虫。前脚很发达,好像镰刀,头为三角形,触角呈丝状 popularly called dāoláng, a type of insect with sickle-shaped powerful front legs, triangle-shaped head and silk-like antenna, feeding on other insects

帑 tǎng ㄊㄤ 古时指收藏钱财的府库和府库里的钱财 state treasury or the funds in the state treasury in ancient times
〈古 arch.〉又同"孥"(nú) Also same as 孥

倘 (**＊＊儻**) ⊖ tǎng ㄊㄤ 假使,如果 if；supposing；in case：～若努力,定能成功 Tǎngruò nǔlì dìng néng chénggōng. *If you work hard, you are bound to succeed.*
⊜ cháng 见 69 页 See p. 69

T

淌 tǎng ㄊㄤ 流 drip；shed：～眼泪 tǎng yǎnlèi shed tears/ 汗珠直往下～ Hànzhū zhí wǎng xià tǎng. *Sweat is dripping down one's face.*

惝 tǎng ㄊㄤ chǎng ㄔㄤ（又 also）失意 be frustrated；be disappointed

耥 tǎng ㄊㄤ tāng ㄊㄤ （又 also）用耥耙弄平田地、清除杂草 level and weed a field with a rake [耥耙—bà] 清除杂草弄平田地的农具 rake, a kind of farming tool used to level and weed a field

躺 tǎng ㄊㄤ 身体横倒，也指车辆、器具等倒在地上 lie, in a flat resting position：～在床上 tǎng zài chuáng shang *lie in bed*/一棵大树～在路上 Yī kē dà shù tǎng zài lùshang. *A tall tree is lying on the road.*

傥（儻） tǎng ㄊㄤ ❶ "倜○" Same as 倜○ ❷ 见 641 页"倜"字条"倜傥"（tì－）See "tìtǎng" under entry of "tì", p. 641

镗（鏜） tǎng ㄊㄤ 古代一种兵器，跟叉相似 a kind of ancient weapon, resembling a fork

烫（燙） tàng ㄊㄤ ❶温度高，皮肤接触温度高的物体感觉疼痛 scalding；(of skin) burning from hot liquid：开水很～ Kāishuǐ hěn tàng. *The boiling water is extremely hot.* / ～手 tàng shǒu *scald the hand*/ 小心～着！Xiǎoxīn tàngzhe! *Be careful not to be scalded.* ❷用热的物体使另外的物体起变化 heat up in water, etc.；warm：～酒（使热）tàngjiǔ *heat wine (by putting the container in hotwater)*/ ～衣服（使平）tàng yīfu *iron clothes；press clothes* ❸烫头发 perm；have one's hair permed；电～ diàntàng *perm with electricity*

趟 ○ tàng ㄊㄤ 量词 meas. 1. 来往的次数 number of times of a round trip：他来了一～ Tā láile yī

tàng. *He has been here once.* / 这～火车去上海 Zhè tàng huǒchē qù Shànghǎi. *This train is leaving for Shanghai.* 2.（一儿－r）用于成行的东西 row；line：屋里摆着两～桌子 Wū li bǎizhe liǎng tāng zhuōzi. *There are two rows of tables in the room.* / 用线把衣服缝上一～Yòng xiàn bǎ yīfu féngshang yī tàng. *stitch a line in the dress*

○ tāng 见 632 页 See p. 632

TAO ㄊㄠ

叨 ○ tāo ㄊㄠ 承受 receive；get the benefit of：～光 tāoguāng *be much obliged to you* / ～教（jiào）tāojiào *thank you for your advice* [叨扰—rǎo]谢人款待的话 thank you for your hospitality

○ dāo 见 116 页 See p. 116

涛（濤） tāo ㄊㄠ 大波浪 great waves；billows （ 逶 comb. 波—bō— *great waves*)

焘（燾） tāo ㄊㄠ （又 also）见 118 页（dào），多用于人名 See p. 118, often used in people's names

绦（縧、條、絛） tāo ㄊㄠ （一子—zi）用丝线编织成的花边或扁平的带子，可以装饰衣物 silk ribbon；silk braid, used as ornaments of clothes [绦虫—chóng] 寄生在人或家畜肠子里的一种虫子，身体长而扁，像绦子 tapeworm, a type of long flat worm resembling a braid, living in the bowels of man and domestic animals

掏（*搯） tāo ㄊㄠ ❶挖 dig：在墙上～一个洞 Zài qiáng shang tāo yī ge dòng. *make a hole in the wall* ❷伸进去取 draw out；pull out：把口袋里的钱～出来 bǎ kǒudài li de qián tāo chulai *take the money*

out of one's pocket / ～麻雀 tāo máquè *take the young sparrow out of its nest*

滔 tāo ㄊㄠ 漫，充满 boundless；full of：波浪～天 bōlàng tāotiān *Great waves dash to the skies.* / 罪恶～天 zuì'è-tāotiān *monstrous crimes；towering crimes* [滔滔——] 1. 大水漫流 torrential；surging：海水～～ hǎishuǐ tāotāo *sea water surging* 2. 连续不断 constant；continuous：～～不绝 tāotāo-bùjué *pouring out words in a steady flow* / 议论～～ yìlùn tāotāo *comments pouring in constantly*

韬（韜、**弢） tāo ㄊㄠ ❶ 弓或剑的套子 sheath or bow case [韬略—lüè] 指六韬、三略，古代的兵书 ancient books on the art of war, such as Liutao and Sanlue 函 trans. 战斗用兵的计谋 military strategy ❷ 隐藏，隐蔽（多指才能）hide；conceal (usu. talent)；～晦 tāohuì *conceal one's true features or intentions；lie low*

饕 tāo ㄊㄠ [饕餮—tiè] 古代传说中的一种凶恶的兽，古代铜器上多刻它的头部形状作装饰 a mythical ferocious animal, the image of its head often engraved on brass utensils as ornaments in ancient times 函 fig. 1. 凶恶的人 a fierce and cruel person 2. 贪吃的人 voracious eater；glutton

逃（**迯） táo ㄊㄠ ❶ 逃跑，逃走 run away；escape；追歼～敌 zhuījiān táodí *pursue and wipe out the enemy* ❷ 逃避，避开 evade；shirk；～荒 táohuāng *flee from famine；get away from a famine-stricken area* / ～难 táonàn *flee from a calamity (esp. a war)；be a refugee*

洮 táo ㄊㄠ 洮河，水名，在甘肃省 Tao River, in Gansu Province

桃 táo ㄊㄠ ❶ 桃树，落叶乔木，春天开花，白色或红色。果实叫桃子或桃儿，可以吃 peach, a deciduous tree with white or red flowers in spring, bearing edible fruit called peach ❷（－儿－r）形状像桃子的 something resembling the peach：棉花～儿 miánhuātáor *cotton bud* ❸ 核桃 walnut：～仁 táorén *peach kernel* / ～酥 táosū *peach shortbread*

秫 táo ㄊㄠ [秫黍—shǔ]〈方 dial.〉高粱 sorghum

陶 ㊀ táo ㄊㄠ ❶ 用粘土烧制的器物 pottery；earthenware [陶土—tǔ] 烧制陶器的粘土 potter's clay；pottery clay ❷ 制造陶器 make pottery：～铸 táozhù *mould* / ～冶（制陶器和炼金属，比喻给人的品格有益的影响）táoyě *make pottery and smelt metal*（函 fig. *exert a favourable influence on a person's character, etc*）❸ 陶然，快乐的样子 happy and carefree：～醉 táozuì *be intoxicated；revel in*

㊁ yáo 见 753 页 See p. 753

萄 táo ㄊㄠ 指葡萄 grapes：～糖 táotáng *glucose；grape sugar*

嗥（**咷） táo ㄊㄠ 见 242 页"号"字条"号嗥"（háo—）See "háotáo" under entry of "háo", p. 242

淘 táo ㄊㄠ ❶ 洗去杂质 wash in a pan or basket：～米 táomǐ *wash rice* / ～金 táojīn *wash for gold；pan* [淘汰—tài] 去坏的留好的，去不合适的留合适的 weed out the inferior or the unfit and leave the superior or the fit；eliminate through selection or competition：自然～～ zìrán táotài *die out naturally* ❷ 消除泥沙、渣滓等，挖浚 clean out；dredge：～井 táojǐng *dredge a well* / ～缸 táogāng *clean out a vat* ❸ 淘气，顽皮 naughty；mischievous：这孩子真～ Zhè háizi zhēn táo. *What a naughty child!*

绹 táo ㄊㄠ ❶ 绳索 rope；a thick cord ❷〈方 dial.〉用绳索捆 bind

with a rope

醄 táo ㄊㄠ [酕醄 máo—]大醉的样子 drunken

梼(檮) táo ㄊㄠ [梼杌—wù] 1. 古代传说中的恶兽，恶人 a legendary beast of prey; a legendary fierce person 2. 春秋时楚史名 name of a Chu history book in the Spring and Autumn Period

鼗 táo ㄊㄠ 长柄的摇鼓，俗称"拨浪鼓" a long-handled rocking drum, popularly called bōlànggǔ

讨 tǎo ㄊㄠ ❶查究，处治 survey; punish 鱼trans. 征伐，发动攻击 send armed forces to suppress; send a punitive expedition against:南征北～nánzhēng-běitǎo fight north and south on many fronts [声讨 shēng—] 宣布罪行而加以抨击 announce one's criminal deeds and attack them; denounce; condemn ❷ 研究，推求 discuss; study:仔细研～zǐxì yántǎo discuss in detail; deliberate carefully [讨论—lùn]就某一问题交换意见或进行辩论 exchange opinions or debate about a certain problem; discuss ❸ 索取 demand; ask for:～债 tǎozhài demand the payment of a debt ❹求，请求 ask for; beg for:～饶 tǎoráo beg for mercy; ask for forgiveness / 一教(jiào)tǎojiào ask for advice ❺招惹 incur; invite:～厌 tǎoyàn disagreeable; disgusting/ ～人喜欢 tǎo rén xǐhuan make sb or sth likable

稻 tǎo ㄊㄠ [稻黍—shǔ]〈方 dial.〉高粱 sorghum

套 tào ㄊㄠ ❶(—子、—儿—zi、—r) 罩在外面的东西 sheath; cover; case:褥～rùtào bedding sack; mattress cover / 外—儿 wàitào overcoat/ 手—儿 shǒutào gloves / 书—shūtào slipcase [河套 Hé—]地域名，被黄河三面环绕，在内蒙古自治区和宁夏回族自治区境内 region name, the Hetao Area, at the top of the Great Bend of the Yellow River in Inner Mongolia and Ningxia Autonomous Region ❷加罩 cover with; encase in:～鞋 tàoxié overshoes; rubbers / ～上一件毛背心 tàoshang yī jiàn máobèixīn slip on a woollen vest ❸(—子—zi，—儿—r)装在衣物里的棉絮 cotton padding (or wadding); battings:被～bèitào cotton padding of a quilt / 袄～àotào the padded lining of a Chinese jacket/ 棉花～子 miánhua tàozi cotton padding ❹量词 meas. 同类事物合成的一组 set; suit:一～制服 yī tào zhìfú a suit/ 一～茶具 yī tào chájù a tea set; a set of tea-things / 他说了一大～Tā shuōle yīdàtào. He talked a lot. ❺模拟，仿做 model after; copy:这是从那篇文章上—下来的 Zhè shì cóng nà piān wénzhāng shang tào xialai de. This is modelled on that piece of writing. [套语—yǔ]1. 客套话，如"劳驾、借光、慢走、留步"等 polite expressions, such as "excuse me", "please", etc 2. 行文、说话中的一些不解决实际问题的俗套子 conven-tional phrases or idas, accepted but useless, in writing or speech; cliché ❻(—儿—r)用绳子等做成的环 knot; loop:双～结 shuāngtàojié double knot; 用绳子打个活～儿 yòng shéngzi dǎ ge huótàor make a slipknot (running knot) with a rope/牲口～ shēngkoutào harness for a draught animal / 大车～dàchētào harness used to tie a draught animal to a big cart [圈套 quān—]陷害人的诡计 snare; trap:他不小心，上了～～Tā bù xiǎoxīn shàngle quāntào. He was so careless that he fell into a trap. / 那是敌人的～～Nà shì dírén de quāntào. That is the enemy's trap. ❼用套拴系 harness; tie:～车(把车上的套拴在牲口身上)tàochē harness a draught animal to a cart ⑨ ext. 用计骗取 coax a secret out of sb. ; pump sb. about sth. : 用话～他 yòng huà tào tā coax the secret out of him / ～出他的话来 tàochu tā de huà lai trick him into telling the truth ❽互相衔接或重叠 join and overlap : ～耕 tàogēng till the land with two ploughs simultaneously, the second one along the line of the first so as to plough deeper / ～种 tàozhòng interplant ❾拉拢，亲近 try to win sb's friendship : ～交情 tào jiāoqing try to get on well with sb. / ～近乎 tào jìnhu try to be friendly with sb. ; try to chum up with sb.

TE ㄊㄜ

忑 tè ㄊㄜ [忐忑 tǎn—] 心神不定 perturbed ; mentally disturbed : ～～不安 tǎntè-bù'ān uneasy ; fidgety

忒 ⊖ tè ㄊㄜ 差错 error ; mistake : 差～chàtè error

⊜ tui 见 659 页 See p. 659

铽 tè ㄊㄜ 一种金属元素，符号 Tb，无色结晶的粉末。铽的化合物可做杀虫剂 terbium, a metallic chemical element, in the form of colourless crystal powder ; its compounds used in making insecticide ; symbol : Tb

特 tè ㄊㄜ ❶特殊，不平常的，超出一般的 special ; unusual ; ～色 tèsè characteristic ; distinguishing feature / ～效 tèxiào specially good effect ; special efficacy / ～产 tèchǎn special local product, speciality [特别—bié] 1. 特殊 special 2. 尤其(多用于"是"字前) especially ; particularly (often used before the character shì) [特务] 1. (—wù) 军队中指担任警卫、通讯、运输等特殊任务的 special task in an army, such as security guard, communication and transportation : ～

～连 tèwùlián special task company 2. (—wu) 参加国内或国外的反动组织，经过特殊训练，从事刺探情报、颠覆、破坏等活动的人，省称"特"special agent ; spy, shortened as tè ❷专，单一 for a special purpose ; specially : ～为 tèwèi for a special purpose ; specially / ～设 tèshè ad hoc / 我～意来看你 Wǒ tèyì lái kàn nǐ. I have come specially to see you. ❸只，但only ; just : 不～此也 bù tè cǐ yě not only that ; moreover

慝 tè ㄊㄜ 奸邪，罪恶 evil ; wickedness : 隐～(别人不知道的罪恶) yǐntè concealed wickedness

胨 te・ㄊㄜ (又 also) 见 383 页"肋"字条"肋胨"(lēde) See "lēde" under entry of "lē", p. 383

TENG ㄊㄥ

熥 tēng ㄊㄥ 把熟的食物蒸热 heat up by steaming : ～馒头 tēng mántou heat up steamed buns

鼟 tēng ㄊㄥ 拟声词 onom. 敲鼓声 the sound of a drumbeat

疼 téng ㄊㄥ ❶人、动物因病、刺激或创伤而起的难受的感觉 ache (of a man or an animals) suffering from a great discomfort because of illness, hurt, etc (⊕comb. 一痛 —tòng pain) : 肚子～ dùzi téng stomachache / 腿摔～了 tuǐ shuāiténg le fall and have a pain in the leg ❷喜爱，爱惜 love dearly ; be fond of : 他奶奶最～他 Tā nǎinai zuì téng tā. Granny dotes on him most.

腾 téng ㄊㄥ ❶奔跑，跳跃 gallop ; jump (⊕comb. 奔一 bēn— gallop) : 万马奔～ wànmǎ-bēnténg ten thousand horses galloping ahead (fig. going full steam ahead) / 万众欢～ wànzhòng-huānténg Millions of people rejoiced at it. ❷上升 rise ; soar : ～空 téngkōng soar ; rise high

T

into the air; ～云驾雾 téngyún-jiàwù (of mythical beings) ride the clouds and mount the mist; feel giddy [腾腾——]气势旺盛 steaming; seething: 雾气～～wùqì téngténg hazy with mist /热气～～rèqì téngténg hazy with steam ❸ 空出来，挪移 vacate; clear out：～出两间房来 téngchu liǎng jiān fáng lai vacate two rooms/ ～不出空来 téng bu chū kòng lai can not find time for; can not afford the time ❹ (teng) 词尾（在动词后，表示动作的反复连续）suffix, used after a verb, expressing the repetition or continuity of an action：倒～ dǎoteng turn sth over and over/翻～ fānteng turn sth over and over; turn from side to side/ 折(zhē)～zhēteng turn from side to side; toss about/ 闹～nàoteng make a noise; fool around

誊(謄) téng ㄊㄥ 照原稿抄写 transcribe; copy out；誊清 téngqīng make a clean copy of/ 这稿子太乱，要～一遍 Zhè gǎozi tài luàn, yào téng yī biàn. This draft is too messy; it must be recopied.

滕 téng ㄊㄥ 周代诸侯国名，在今山东省滕州 name of a federal state in the Zhou Dynasty, in today's Tengzhou, Shandong Province

縢 téng ㄊㄥ 螣蛇，古书上说的一种能飞的蛇 a kind of flying snake mentioned in ancient texts

縢 téng ㄊㄥ ❶封闭，约束 close; restrain ❷绳子 rope

藤(籐) téng ㄊㄥ ❶植物名 plant name：1. 紫藤，藤本植物，花紫色。俗叫"藤萝"Chinese wistaria, a climbing plant with purple flowers; popularly called téngluó 2. 白藤，常绿木本植物。茎细长，柔软而坚韧，可以编篮、椅、箱等用具。俗叫"藤子"cane, an evergreen shrub with soft and tough, long and slender stems used in making baskets,

chairs and cases, etc; popularly called téngzi 3. 藤黄，常绿乔木，果实圆形。树脂可做黄色颜料，但有毒，不能染食品 gamboge, an evergreen tree with round fruits, gum, poisonous, used in making pigment ❷蔓 vine；葡萄～pútaoténg grapevine/顺～摸瓜 shùnténg-mōguā follow the vine to get the melon; track down sb or sth by following clues

螣 téng ㄊㄥ 螣鱼，鱼名。身体青灰色，有褐色网状斑纹，头大眼小，下颌突出，有一或二个背鳍。常栖息在海底。可食 stargazer, a kind of bluish-grey marine fish, with small eyes on top of its big head, a projecting chin, one or two fins and brown net-like lines on its body, living on the bottom of the sea; edible

TI ㄊㄧ

体(體) ㊀ tǐ ㄊㄧ [体己—ji] [梯己—ji]1. 家庭成员个人积蓄的财物 personal property or private savings of a family member 2. 亲近的 intimate; confidential：～～话 tǐjihuà words spoken in confidence; things one says only to one's intimates
㊁ tǐ 见 640 页 See p. 640

剔 tī ㄊㄧ ❶把肉从骨头上刮下来 cut meat off the bone：～骨肉 tīgǔròu meat cut off the bone / 把肉～得干干净净 bǎ ròu tī de gāngānjìngjìng cut meat clean off the bone ❸ext. 从缝隙或孔洞里往外挑(tiāo)东西 pick sth out of a hole or a chink：～牙 tī yá pick one's teeth / 指甲 tī zhǐjia clean the fingernails ❷把不好的挑(tiāo)出来 pick out the bad ones (鐕comb. 一除—chú pick out and throw away)：把有伤的果子～出去 bǎ yǒu shāng de guǒzi tī chu qu pick out the rotten fruits/ 一庄(旧指挑出有缺点的货品廉价出卖)

tīzhuāng (early use) *picking out the defective goods and articles to sell at a reduced price*

踢 tī ㄊㄧ 用脚触击 kick：～球 tī qiú *kick a ball；play football*/ ～毽子 tī jiànzi *kick the shuttlecock (as a game)*/ 一脚～开 yī jiǎo tī kai *kick it away*

梯 tī ㄊㄧ ❶(一子-zi)登高用的器具或设备 ladder, an implement used for climbing up：楼 ～ lóutī *stairs*/ 软～ruǎntī *rope ladder* ❷像梯子的 shaped like a staircase；terraced：～形 tīxíng *trapezoid*；*ladder-shaped* [梯田-tián]在山坡上开辟的一层一层的田地。terraced fields；terrace ❸作用跟梯子相似的 having the function of a ladder：电～diàntī *elevator*；*lift*

睇 tī ㄊㄧ 有机化合物，锑氢的特称 an organic chemical compound, a special name for stibium hydrogen

锑 tī ㄊㄧ 一种金属元素，符号 Sb，银白色，有光泽，质硬而脆。锑、铅和锡的合金可制印刷用的铅字。锑化铟是一种重要的半导体材料 stibium, a silver-white glittering metallic chemical element, hard and brittle；its alloys with lead and tin used in making lead types；its compound with indium is an important semiconductor material；symbol Sb

鹏 tī ㄊㄧ 见 503 页"鹏"字条"鹏鹏"(pì-)See "pìtī" under entry of "pì", p. 503

萬 ㊀ tí ㄊㄧ ❶草木初生的叶芽 sprout of a plant；shoot ❷稗子一类的草 barnyard grass
㊁ yí 见 760 页 See p. 760

绨 ㊀ tí ㄊㄧ 光滑厚实的丝织品 smooth and thick silk articles
㊁ tì 见 641 页 See p. 641

鵜 tí ㄊㄧ [鵜鹕-hú]水鸟名，俗叫"淘河"或"塘鹅"，体大嘴长，嘴下有皮囊可以伸缩，捕食鱼类 pelican, a type of water bird which catches fish for food and stores them in a long baglike part under its beak；popularly called táohé or tángé

提 ㊀ tí ㄊㄧ ❶垂手拿着有环、柄或绳套的东西 carry (in one's hand with the arm down) sth with a handle, a ring, etc：～着一壶水 tízhe yī hú shuǐ *carry a bottle of water*/ ～着一个篮子 tízhe yī ge lánzi *carry a basket* /～心吊胆(喻害怕) tíxīn-diàodǎn *have one's heart in one's mouth (fig. be afraid)*/ ～纲挈(qiè)领(喻扼要) tígāng-qièlǐng *take a net by the headrope or a coat by the collar (fig. concentrate on the main points)* ❷使事物由低往高，由后往前移动 lift；promote：～升 tíshēng *promote；hoist* / ～高 tígāo *raise；improve* /～前 tíqián *do sth in advance* ❸时间移前 shift to an earlier time；move up a date：～早 tízǎo *shift to an earlier time；be earlier than planned or expected* ❹舀取油、酒等液体的工具 dipper：油～yóutí *oil dipper*/ 醋～cùtí *vinegar dipper* ❺说起，举出 mention；bring up：经他一～，大家都想起来了 Jīng tā yī tí, dàjiā dōu xiǎng qilai le. *Everyone remembered it as soon as he mentioned the matter.* /～意见 tí yìjiàn *make a suggestion；make a criticism* / ～供材料 tígòng cáiliào *supply with materials* [提醒-xǐng]从旁促使别人注意或指点别人 remind；warn：幸亏你～～，不然我就忘了 Xìngkuī nǐ tíxǐng, bùrán wǒ jiù wàng le. *Fortunately you reminded me of it. or I would have forgotten.* [提倡-chàng]说明某种事物的优点，鼓励大家使用或实行 advocate；promote：要 ～ ～ 顾全大局 yào tíchàng gùquán dàjú *spread the idea of taking the interests of the whole into account* [提议-yì]说出意见，供人讨论或采纳 propose；suggest ❻取出 draw out；extract (⊛comb. 一取

一qǔ draw)；把款～出来bǎ kuǎn tí chulai draw money/ 一单(提取货物的凭单)tídān bill of lading (receipt for picking up goods) ❼汉字的一种笔形(丿)，即"挑"(tiāo)rising stroke in Chinese characters (丿), i. e. tiāo ❽姓 a surname

㊀dī 见 123 页 See p.123

騠 tí ㄊㄧˊ 见 342 页"駃"字条"駃騠"(jué—)See juétí under entry of jué, p.342

缇 tí ㄊㄧˊ 橘红色 orange red

题 tí ㄊㄧˊ ❶古指额头（early）forehead：雕～ diāotí carve on the forehead ❷题目，写作或讲演内容的总名目 title；topic：命～ mìngtí assign a topic；proposition /出～ chūtí make up test questions；set a testpaper /难～(喻不容易做的事情) nántí a difficult problem；a hard nut to crack /离～太远 lítí tài yuǎn stray far away from the point ㊁ext. 练习或考试时要求解答的问题 questions in exercises or exams：试～shìtí exam questions / 算～suàntí math questions / 几何～ jǐhétí geometry questions/问答～ wèndátí question-and-answer type of questions [题材—cái] 写作内容的主要材料 subject matter；materials ❸写上，签署 inscribe；sign：～名 tímíng inscribe one's name；autograph / ～字 tízì write a few words of commemoration；inscription/ ～词 tící write a few words of encouragement，appreciation or commemoration；inscription

醍 tí ㄊㄧˊ [醍醐—hú]精制的奶酪 clarified butter

鰖 tí ㄊㄧˊ 鱼名。体长3—4寸，银灰色，侧扁，腹部呈圆柱形，眼和口都大。生活在海中 anchovy, a kind of small silver-grey sea fish of about 3—4 cun, flat-sided and cylinder-shaped in the belly with big eyes and mouth

啼(＊嗁) tí ㄊㄧˊ ❶哭，出声地哭 cry；weep aloud ㊊comb. 一哭—kū wail)：悲～bēití weep with grief/ 用不着哭哭～～ yòngbuzháo kūkū-títí It's not necessary to weep and wail endlessly. ❷某些鸟兽叫（of certain birds or animals）crow；caw：鸡～jī tí Cocks crow. / 猿～yuán tí Apes scream.

蹄(＊蹏) tí ㄊㄧˊ （一子—zi，一儿—r）马、牛、羊等生在趾端的角质保护物。又指有角质保护物的脚 the hard foot-cover of horses, cattles and sheep；also hoof：马不停～mǎbùtíngtí without a stop

体(體) ㊀ tǐ ㄊㄧˇ ❶人、动物的全身 body of a man or an animal (㊊comb. 身—shēn body)：～重 tǐzhòng (body) weight/ ～温(身体的温度)tǐwēn temperature；temperature of the body ㊁ext. 身体的一部分 part of the body：四～ sìtǐ four limbs；arms and legs/ 上～ shàngtǐ upper part of the body / 肢～zhītǐ limbs；limbs and trunk [体面—mian] 1. 身分 dignity 2. 光彩，光荣 honourable；creditable 3. 好看 good-looking [体育—yù]指锻炼身体增强体质的教育 physical culture；physical training：～～课 tǐyùkè physical education /发展～～运动，增强人民体质 Fāzhǎn tǐyù yùndòng, zēngqiáng rénmín tǐzhì. expand sports and build up health of the people ❷事物的本身或全部 the thing itself or the whole thing：物～wùtǐ object / 全～ quántǐ all；whole /个～ gètǐ individual /一积 tǐjī volume；bulk ❸形式，规格 form；style：文～ wéntǐ type of writing；literary form/ 字～ zìtǐ form of a written or printed character；typeface / 得～（合宜）détǐ befitting one's position or suited to the occasion (appropriate) ❹文章的体载 types or forms of literature：

骚～sāotǐ *poetry in the style of Li Sao*/ 骈～piántǐ *rhythmical prose style，marked by parallelism and ornateness*/ 古～gǔtǐ also gǔtǐshī，*a form of pre-Tang poetry, usu. having five or seven characters to each line, without stricttonal patterns or rhyme schemes* ❺亲身的，设身处地的 *personally do or experience sth; put oneself in another's position*：～谅 tǐliàng *show understanding or sympathy for；make allowance for*/ ～验 tǐyàn *learn through one's personal experience；learn through practice*/ ～味 tǐwèi *appreciate；savour* [体贴—tiē]揣度别人的处境和心情，给予关心、照顾 *show consid-eration for；give every care to*：～～入微 tǐtiē-rùwēi *look after with good care；show every possible consideration* [体会—huì]领会，个人的理解 *under-standing；know from experience*：我～～到你的意思 Wǒ tǐhuì dào nǐde yìsi．*I understand what you mean．*/ 对这个文件，我的～～还很肤浅 Duì zhège wénjiàn，wǒ de tǐhuì hái hěn fūqiǎn．*I have only a superficial understanding of this document*

　　㊁tī 见 638 页 See p.638

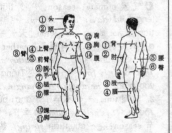

　　人体 human body

① 头　tóu　head
② 颈　jǐng　neck
③ 臂　bì　arm
④ 上臂　shàngbì　the upper arm
⑤ 前臂　qiánbì　forearm
⑥ 腕　wàn　wrist
⑦ 手　shǒu　hand
⑧ 腿　tuǐ　leg
⑨ 膝　xī　knee
⑩ 踝　huái　ankle
⑪ 脚　jiǎo　foot
⑫ 肩　jiān　shoulder
⑬ 胸　xiōng　chest
⑭ 腹　fù　belly
① 背　bèi　back
② 肘　zhǒu　elbow
③ 股　gǔ　thigh
④ 腘　guó　the back of the knee
⑤ 腰　yāo　waist
⑥ 臀　tún　buttock

屉(**屜)　tì ㄊㄧˋ 器物中可以随意拿出的盛放东西的部分，常常是匣形或是分层的格架 *drawer；a sliding boxlike container with an open top or with several trays*：抽～chōuti *drawer* /笼～lóng-ti *steamer tray*

剃(*鬀、△*薙)　tì ㄊㄧˋ 用刀刮去毛发 *shave；cut off hair or beard*：～头 tìtóu *have one's head shaved；have one's hair cut* / ～光 tìguāng *have one's head shaved*

涕　tì ㄊㄧˋ ❶眼泪 *tears* ❷鼻涕，鼻子里分泌的液体 *mucus of the nose；snivel*

悌　tì ㄊㄧˋ 指弟弟敬爱哥哥 *love and respect one's elder brother*：孝～xiàotì *show filial piety to one's parents and love and respect to one's elder brothers*

绨　㊀tì ㄊㄧˋ 比绸子厚实、粗糙的纺织品，用丝做经，棉线做纬 *a type of fabric made of silk and cotton，thicker and a bit coarser than silk*

　　㊁tí 见 639 页 See p.639

倜　㊀tì ㄊㄧˋ [倜傥(—tǎng)](—tǎng) 同"偶傥" Same as "tìtǎng"

　　㊁chù 见 87 页 See p.87

偶　tì ㄊㄧˋ [偶傥—tǎng](倜傥) 洒脱，不拘束 *elegant；free and easy*

逖(**逷) tì ㄊㄧˋ 远 far; distant

惕 tì ㄊㄧˋ 小心谨慎 be cautious; be watchful [警惕 jǐng—]对可能发生的危险情况或错误倾向保持警觉 be on guard against; watch out for: 提高～,保卫祖国 Tígāo jǐngtì, bǎowèi zǔguó. sharpen our vigilance and defend our country/ ～～贪图享乐思想的侵蚀 jǐngtì tāntú xiǎnglè sīxiǎng de qīnshí be on guard against the corrosive influence of the idea of seeking pleasure

裼 ㊀ tì ㄊㄧˋ 婴儿的包被 bundle used to wrapa baby
㊁ xī 见 691 页 See p. 691

替 tì ㄊㄧˋ ❶代,代理 take the place of; replace(働comb. 一代一dài, replace, 代一dài一replace):～班 tìbān take sb else's place in a work shift/ 我～你洗衣服 Wǒ tì nǐ xǐ yīfu. I'll wash the clothes for you. ❷介词 prep. 为(wèi),给 for:大家都～他高兴 Dàjiā dōu tì tā gāoxìng. We all feel happy for his sake. ❸衰废 decline; wane:兴～xīngtì prosper and decline/ 隆～lóngtì prosperous and degenerate

殢(殢) tì ㄊㄧˋ ❶困倦 tired and sleepy ❷ 滞留 linger; stay ❸ 困扰,纠缠 puzzle; worry

薙 tì ㄊㄧˋ 除去野草 weed

嚏 tì ㄊㄧˋ [嚏喷—pen]鼻黏膜受到刺激而起的一种猛烈带声的喷气现象。也叫"喷嚏"(pēn一)sneeze, a sudden uncontrolled burst of air out of the nose and mouth, usu. caused by discomfort in the nose; also called pēntì

趯 tì ㄊㄧˋ ❶跳跃 leap ❷汉字一种笔形(亅),今称"钩"one of the strokes in Chinese characters, now called gōu

TIAN ㄊㄧㄢ

天 tiān ㄊㄧㄢ ❶在地面以上的高空 the sky; the heavens ⑯ fig. 1. 在上的 over:～头(书页上部空白部分)tiāntóu the top (upper) margin of a page /～桥(架在空中的高桥,桥下可以通行)tiānqiáo platform bridge; overhead walkway 2. 最,极 most; extreme:～好,也只能这样 Tiānhǎo, yě zhǐ néng zhèyàng. It is just like this at most. [天文—wén]日月星辰等天体在宇宙间分布、运行等现象 astronomy, the study of the sun, moon, stars and other heavenly bodies ❷ 自然的,天生的 natural; inborn:～生 tiānshēng born; inborn /～险 tiānxiǎn natural barrier /～然 tiānrán natural ❸日,一昼夜,或专指昼间 day; twenty-four hours; or daytime:今～jīntiān today/ 一整～yī zhěngtiān a whole day long/ 白～黑夜工作忙 báitiān hēiyè gōngzuò máng be busy with one's work day and night ⑰ ext. 一日之内的某一段时间 a period of time in a day:～不早了 Tiān bù zǎo le. It's getting late. ❹气候 climate; season:～ 冷 tiān lěng cold days; cold season/ ～热 tiān rè hot days; hot season [天气—qì]1. 冷、热、阴、晴等现象 weather:～～好 Tiānqì hǎo. The weather is fine. or It is fine. /～～要变 Tiānqì yào biàn. The weather is changing. 2. 时间 time:～～不早了 Tiānqì bù zǎo le. It is getting late. ❺季节,时节 season:春～chūntiān spring/ 热～rètiān hot season; summer ❻迷信的人指神佛仙人或他们所住的地方 place where gods live:～堂 tiāntáng heaven; paradise /老～爷 lǎotiānyé God; Heavens [天子—zǐ]封建时代指皇帝 the son of Heaven; (in the feudal times) the emperor

添 tiān ㄊㄧㄢ 增加 add；increase（⊕comb. 增—zēng—increase）：再～几台机器 zài tiān jǐ tái jīqì add a few pieces of machinery / 锦上～花 jǐnshang-tiānhuā add flowers to the brocade；make perfection still more perfect

黇 tiān ㄊㄧㄢ [黇鹿—lù]鹿的一种，角的上部扁平或呈掌状，尾略长，性温顺 fallow deer, a deer with the upper part of its antler flat or palm-shaped, a tail somewhat long and with a meek temper

田 tiān ㄊㄧㄢ ❶种植农作物的土地 field；farmland：水～shuǐtián paddy field / 稻～dàotián rice field；paddy field / 种～zhòngtián till the land；farm 㞃ext. 和农业有关的 farming；agriculture：～家 tiánjiā farming family [田地—dì] 1.同"田" Same as "田" 2.地步，境遇（多指坏的）plight：怎么弄到这步～～了 Zěnme nòngdào zhè bù tiándì le? How did you get into such a plight! [田赛—sài]田径运动中各种跳跃、投掷项目比赛的总称 field meet, such items as jumping and throwing in track and field events ❷同"畋" Same as "畋"

佃 ㊀ tiān ㄊㄧㄢ 佃作，耕种田地 cultivate farmland
㊁ diàn 见 130 页 See p. 130

畋 tiān ㄊㄧㄢ 打猎 go hunting

畑 tiān ㄊㄧㄢ （外 foreign）日本人姓名用字 a word used in Japanese names

鈿 ㊀ tiān ㄊㄧㄢ 〈方 dial.〉钱，硬币 money；coin：铜～tóngtián copper cash / 洋～yángtián silver coin
㊁ diàn 见 130 页 See p. 130

恬 tiān ㄊㄧㄢ 安静 quiet；tranquil（⊕comb. 一静—jìng peaceful）㞃ext. 安然，坦然 not care at all；remain unperturbed：～不知耻 tiánbùzhīchǐ not feel ashamed；have no sense of shame；be shameless/～不为怪 tiánbùwéiguài be not surprised at all；remain unruffled

甜 tiān ㄊㄧㄢ 像糖或蜜的滋味，跟"苦"相反 sweet；honeyed，opposite to kǔ 㞃fig. 使人感觉舒服的 pleasing；comfortable：～言蜜语 tiányán-mìyǔ sweet words and honeyed phrases；fine-sounding words / 睡得真～shuì de zhēn tián have a sweet sleep；sleep soundly

湉 tiān ㄊㄧㄢ [湉湉——]形容水面平静 calm water

菾 tiān ㄊㄧㄢ [菾菜—cài]也作"甜菜"，二年生草本植物，开黄绿色花。叶可吃，根可制糖 beet；beetroot, a biennial herb with small yellowish-green flowers, edible leaves and roots used in making sugar；also written as "甜菜"

填 tiān ㄊㄧㄢ ❶把空缺的地方塞满或补满 fill；stuff：～平洼地 tiánpíng wādì fill and level up the depression ❷填写，在空白表格上按照项目写 fill in；write：～志愿书 tián zhìyuànshū fill out an application form / ～表 tiánbiǎo fill in a form

闐 tiān ㄊㄧㄢ 充满 be full of：喧～xuāntián be terribly noisy
[和闐 Hé—]地名，在新疆维吾尔自治区今作"和田" a place in Xinjiang Uygur Autonomous Region；now written as "和田"

忝 tiǎn ㄊㄧㄢ 辱没。谦辞 be unworthy of the honour, a self-depreciatory humble expression：～属知己 tiǎn shǔ zhījǐ having the honour to be counted among your acquaintances though I'm unworthy of it/～列门墙 tiǎn liè ménqiáng be unworthy of the honour as a student of yours

舔 tiǎn ㄊㄧㄢ 用舌头接触东西或取东西 lick；lap

殄 tiǎn ㄊㄧㄢˇ 尽，绝 extirpate；exterminate；暴～天物(任意糟蹋东西) bàotiǎn-tiānwù ruin and exterminate natural products；waste and misuse things at will

悿 tiǎn ㄊㄧㄢˇ 惭愧 be ashamed

覥 tiǎn ㄊㄧㄢˇ ❶表现惭愧 be ashamed：～颜 tiǎnyán shamefaced ❷厚着脸皮 brazen：～着脸(不知羞)tiǎnzhe liǎn brazen it out ❸见454页"靦"字条"靦覥"(miǎntiǎn)See "miǎntiǎn" under entry of "miǎn", p.454

腆 tiǎn ㄊㄧㄢˇ ❶丰厚 sumptuous；rich ❷胸部或腹部挺起 protrude；thrust out：～胸脯 tiǎn xiōngpú stick out one's chest／着个大肚子 tiǎnzhe ge dà dùzi stick out one's big belly ❸见454页"腼"字条"腼腆"(miǎntiǎn)See "miǎntiǎn" under entry of "miǎn", p.454

靦 ㊀ tiǎn ㄊㄧㄢˇ ❶同"覥"Same as 覥 ❷〈古 arch.〉形容人脸的样子 look；looking：～然人面 tiǎnrán rénmiàn take on a shamefaced look；be shamefaced

㊁ miǎn 见454页 See p.454

掭 tiàn ㄊㄧㄢˋ 用毛笔蘸墨汁在砚台上弄均匀 dip a writing brush in ink and bring it to a fine point by twisting the tip gently on the inkstone，round in a circular movement：～笔 tiànbǐ dip a writing brush in ink

TIAO ㄊㄧㄠ

佻 tiāo ㄊㄧㄠ 轻薄，不庄重 frivolous [佻㑡—tà]轻佻 frivolous

挑 ㊀ tiāo ㄊㄧㄠ ❶用肩担着 shoulder；carry on the shoulder：～水 tiāoshuǐ carry two buckets of water on a shoulder pole／别人一担，他～两担 Biéren tiāo yī dàn, tā tiāo liǎng dàn. Other people carry two buckets on a shoulder pole, but he carries twice as many on two shoulder poles. ❷(一子一zi，一儿一r)挑、担的东西 load carried on a shoulder pole；挑着空～子 tiāozhe kōng tiāozi carry empty baskets on a shoulder pole ❸选，拣 choose；select(⑱ comb. 一选一拣 xuǎn choose，一拣一 jiǎn select)：～好的送给他 tiāo hǎo de sòng gěi ta select the good ones for him／～错 tiāo cuò find fault／～毛病 tiāo máobìng find fault deliberately；pick holes [挑剔一ti]严格地拣选，把不合规格的除去 select and eliminate the ones that are not up to standard ⑳ trans. 故意找错 nitpick；be fastidious

㊁ tiǎo 见646页 See p.646

祧 tiāo ㄊㄧㄠ 古代称远祖的庙。在封建宗法制度中指承继先代 the memorial temple for the remote ancestors in ancient times；(in the feudal patriarchal clan system) being or becoming heir to：承～chéngtiāo be heir to

条(條) tiáo ㄊㄧㄠˊ ❶(一子一zi，一儿一r)植物的细长枝 twig, a long thin stem of a plant：柳～儿 liǔtiáo willow twig；wicker／荆～jīngtiáo twigs of chaste tree ❷(一子一zi，一儿一r)狭长的东西 a long narrow piece；strip：面～儿 miàntiáor noodles／布～儿 bùtiáor cloth strip／纸～儿 zhǐtiáor a brief information note ❸细长的形状 stripe；streak：纹 tiáowén stripe；streak／花～儿布 huātiáorbù striped print／～绒 tiáoróng corduroy ❹项目，分项目的 item；article：宪法第一～xiànfǎ dì-yī tiáo article number one of the constitution／～例 tiáolì regulations；ordinances [条件一jiàn] 1.双方规定应遵守的事项 term；requirement；qualification 2.事物产

生或存在的因素 condition；factor：自然 ～ ～ zìrán tiáojiàn *natural conditions* / 有利 ～ ～ yǒulì tiáojiàn *favourable factors* / 一切事物都依着 ～ ～、地点和时间起变化 Yīqiè shìwù dōu yīzhe tiáojiàn、dìdiǎn hé shíjiān qǐ biànhuà. *Everything changes along with different circumstances, time and places.* [约约－yuē]国与国间关于权利义务等约定的条文 treaty，an agreement made between countries and formally signed by their representatives ❺条理，秩序，层次 order：井井有 ～ jǐngjǐng-yǒutiáo *in perfect order；methodical* / 有 ～ 不紊 yǒutiáo-bùwěn *in an orderly way；systematically* ❻量词 meas. 1. 用于长形的东西 for sth long：一～河 yī tiáo hé *a river* / 两大街 liǎng tiáo dàjiē *two avenues* / 三～绳 sān tiáo shéng *three ropes* / 四～鱼 sì tiáo yú *four fish* / 两～腿 liǎng tiáo tuǐ *both legs* 2. 用于分项目的事物 item；piece：这一版上有五～新闻 Zhè yī bǎn shang yǒu wǔ tiáo xīnwén. *There are five pieces of news on this page.*

鲦(鰷) tiáo ㄊㄧㄠ 鱼名。身体小，侧线紧贴腹部，银白色，生活在淡水中 name for a kind of small silver-white fish living in fresh water

苕 ㊀ tiáo ㄊㄧㄠ ❶古书上指凌霄花，也叫"紫葳"，落叶藤本植物，开红花 Chinese trumpet creeper mentioned in ancient texts, also called zǐwēi, a climbing plant with red flowers ❷苕子，一年生草本植物，花紫色。可以做绿肥 an annual herb with purple flowers, used as green manure ❸苇子的花 flowers of reed

㊁ sháo 见 578 页 See p. 578

岧 tiáo ㄊㄧㄠ [岧峣－yáo]（－嶢）山高 (of a mountain) high

迢 tiáo ㄊㄧㄠ 远 far away（叠 redup.）：千 里 ～ qiānlǐ-tiáotiáo *thousands of Li away；from afar*

笤 tiáo ㄊㄧㄠ [笤帚－zhou]扫除尘土的用具，用脱去子粒的高粱穗、黍子穗或棕等做成 whisk broom, made of the shelled ears of Chinese sorghum, millet or palm fibre, etc

龆 tiáo ㄊㄧㄠ 儿童换牙(of a child) shed milk teeth：～年（童年）tiáonián *childhood*

髫 tiáo ㄊㄧㄠ 古时小孩子头上扎起来的下垂的短发 a child's hanging hair (in ancient times)：垂～ chuítiáo *a child's hanging hair* / ～年(指幼年)tiáonián *childhood*

调 ㊀ tiáo ㄊㄧㄠ ❶ 配合均匀 mix；suit well：～色 tiáosè *mix colours* / ～味 tiáowèi *flavour；season* / 风 ～ 雨顺 fēngtiáo-yǔshùn *good weather for the crops；favourable weather* ㊄ ext. 使和谐 mediate：～解 tiáojiě *mediate；make peace* / ～整 tiáozhěng *adjust；regulate* [调停－tíng]使争端平息 mediate；act as an intermediary [调剂－jì] 1. 配药 make up a prescription；fill a prescription 2. (－ji)，调(diào)配，使均匀 adjust；regulate：组与组之间人力可以互相～～ zǔ yǔ zǔ zhī jiān rénlì kěyǐ hùxiāng tiáojì *It is allowed to redistribute manpower among groups.* ❷挑拨：[调逗 instigate；provoke(叠 comb.)：一咦－suō *incite*：～嘴弄舌 tiáozuǐ nòngshé *gossip about a person behind his back* / ～笑 tiáoxiào *make fun of；tease* / ～戏 tiáoxì *take liberties with (a woman)；assail (a woman) with obscenities* [调皮－pí]好开玩笑，顽皮 naughty；mischievous

㊁ diào 见 132 页 See p. 132

蜩 tiáo ㄊㄧㄠ 古书上指蝉 referring to cicada in ancient texts

蓨 tiáo ㄊㄧㄠˊ 即羊蹄草。多年生草本植物，叶子椭圆形，初夏开花。根茎叶浸出的汁液，可防治棉蚜、红蜘蛛、菜青虫等 a perennial herb with oval leaves, blooming in early summer, juice of its roots used in the prevention and elimination of certain pests, also called Yángtícǎo

挑 ㊀ tiǎo ㄊㄧㄠˇ ❶用竿子把东西举起或支起 push sth up with a pole or a stick; raise; ～起帘子来 tiǎoqi liánzi lai raise the curtain / 把旗子～起来 bǎ qízi tiǎo qilai hoist the flag ❷用条状物或有尖的东西拨开或弄出来 poke; pick; 把火～开 bǎ huǒ tiǎokai poke a fire / ～了一灯心 tiǎo le yī dēngxīn raise the wick of an oil lamp / ～刺 tiǎocì pick out a splinter ❸一种刺绣方法 a method of embroidery; ～花 tiǎohuā cross-stitch; cross-stitch work ❹拨弄，引动 stir up; instigate(⤸comb. 一拨—bō instigate); ～衅 tiǎoxìn provoke / ～拨是非 tiǎobō shìfēi foment discord [挑战—zhàn] 1. 激怒敌人出来打仗 throw down the gauntlet; challenge to battle 2. 刺激对方和自己较量 challenge to a contest 3. 鼓动对方和自己竞赛 encourage to have a contest; 两个作业队互相～～Liǎng ge zuòyèduì hùxiāng tiǎozhàn. The two work teams challenged each other to a contest. ❺汉字由下斜着向上的笔形（ㄧ）rising stroke in Chinese characters

　　㊁ tiāo 见 644 页 See p. 644

朓 tiǎo ㄊㄧㄠˇ 古代称夏历月底月亮在西方出现。多用于人名(of the moon) appear in the west at the end of a lunar month in ancient times; often used in people's names

宨 tiǎo ㄊㄧㄠˇ 见 754 页"窈"字条"窈宨"(yǎo—)See "yǎotiǎo" under entry of "yǎo", p. 754

眺 tiào ㄊㄧㄠˋ 眺望，往远处看 look into the distance from a high place; 登高远～ dēnggāo yuǎntiào ascend a height to enjoy a distant view

跳 tiào ㄊㄧㄠˋ ❶蹦，跃，两脚离地身向上或向前 jump; leap (⤸ comb. 一跃—yuè jump); ～高 tiàogāo high jump / ～远 tiàoyuǎn long jump; broad jump / ～绳 tiàoshéng rope skipping; jump rope ⑰ext. 越过 skip over;这一课书～过去不学 Zhè yī kè shū tiào guoqu bù xué. skip over this text to the next [跳板—bǎn] 1. 一头搭在车、船上的长板，便于上下 gangplank, a board of wood used to make a bridge to get into or out of a ship or to pass from one ship to another ⑰ext. 通路 passageway; route 2. 供游泳跳水的长板 springboard; diving board ❷一起一伏地动 beat; move up and down; 心～ xīntiào heart throbbing; palpitation / 眼～ yǎntiào twitching of the eyelids

粜(糶) tiào ㄊㄧㄠˋ 卖粮食 sell grains

TIE ㄊㄧㄝ

帖 ㊂ tiē ㄊㄧㄝ ❶妥适 well-settled; well-placed; 妥～ tuǒtiē appropriate; fitting / 安～ āntiē peacefully settled ❷顺从，驯服 submissive; obedient; ～伏 tiēfú docile; obedient / 俯首～耳(含贬义) fǔshǒu-tiē'ěr docilely obey; be docile and obedient (derogatory)

　　㊀ tiè 见 647 页 See p. 647
　　㊁ tiě 见 647 页 See p. 647

怗 tiē ㄊㄧㄝ 平定;安宁 calmness; tranquility

贴 tiē ㄊㄧㄝ ❶粘(zhān)，把一种薄片状的东西粘在另一种东西上 paste; stick (⤸comb. 粘—zhān—paste);～布告 tiē bùgào paste up a notice / ～邮票 tiē yóupiào stick on a stamp ❷靠近，紧挨 keep close to;

nestle closely to：～身衣服 tiēshēn yīfu *underwear* / ～着墙走 tiēzhe qiáng zǒu *walk along close to the wall* [贴切—qiè]密合，恰当，确切 apt；appropriate ❸ 添补，补助 subsidize；subsidies（叠 comb. 一补一 bǔ *subsidize*）：煤 ～ méitiē *coal allowance*/ 每月～给他一些钱 měi yuè tiēgěi tā yīxiē qián *help him out by giving him some money each month* ❹适合，妥当，同 "帖㊀❶" *suitable*；appropriate，same as "帖㊀❶"

萜 tiē ㄊㄧㄝ 有机化合物的一类，多为有香味的液体 a class of organic chemical compounds，often fragrant and in the form of liquid

帖 ㊀ tiē ㄊㄧㄝ ❶(一儿一r)便条 note：字～儿 zìtiěr *copybook for calligraphy* ❷(一子一zi)邀请客人的纸片 invitation card：请～ qǐngtiě *invitation card* /喜～ xǐtiě *invitation card to a wedding* ❸旧时写着生辰八字等内容的纸片 (in early times) a card with personal details，such as the hour，day，month and year of birth，etc，written on it：庚～gēngtiě *a card with the horoscope of a boy or girl sent as a proposal for betrothal*/ 换～ huàntiě *exchange cards with personal and family details when becoming sworn brothers*

　　㊁ tiè 见本页 See the same page.
　　㊂ tiè 见 646 页 See p. 646

铁(鐵、**鍊)tiě ㄊㄧㄝ 一种金属元素，符号 Fe，纯铁灰白色，质坚硬，有光泽，富延展性，在潮湿空气中易生锈。工业上的用途极大，可以炼钢，也可以制造各种器械、用具 iron，a hard，glittering and ductile metallic element，easily rusted in air；widely used in industry，esp. in making steel，also used to make various equipment and utensils；symbol Fe ㊥fig. 1. 坚硬 hard：～蚕豆 tiěcándòu *hard broad bean*/ ～拳 tiěquán *iron*

fist；powerful striking force 2. 意志坚定 be determined；strong-willed：～人 tiěrén *iron man* (a person of exceptional physical and moral strength) / ～姑娘队 tiěgū-niangduì *iron-girl team* (a team of girls who can do heavy physical labour) 3. 确定不移 indisputable；unalterable：～的纪律 tiě de jìlǜ *iron discipline* / ～案如山 tiě'àn-rúshān *a case borne out by ironclad evidence；ironclad evidence* 4. 残暴或精锐 cruel；crack：～蹄 tiětí *iron heel* (meaning cruel oppression of the people) / ～骑 tiěqí *armoured horses* (meaning strong cavalry) 5. 借指兵器 arms or weapon：手无寸～ shǒuwúcùntiě *bare-handed；unarmed*

帖 ㊀ tiè ㄊㄧㄝ 学习写字时摹仿的样本 a book containing models of handwriting or painting for learners to copy：碑～bēitiè *a rubbing from a stone inscription* / 字～zìtiè *copybook for calligraphy*

　　㊁ tiè 见本页 See the same page.
　　㊂ tiě 见 646 页 See p. 646

餮 tiè ㄊㄧㄝ 见 635 页"饕"字条"饕餮"(tāo一) See "tāotiè" under entry of "tāo"，p. 635

TING ㄊㄧㄥ

厅(廳) tīng ㄊㄧㄥ ❶聚会或招待客人用的大房间 hall，a big room for holding meetings and receiving guests：客～ kètīng *drawing room；parlour* / 餐～ cāntīng *dining hall* ❷政府机关的办事单位 a department in a government organization：办公～ bàngōngtīng *general office*

汀 tīng ㄊㄧㄥ 水边平地，小洲 low，level land along a river；spit of land [汀线—xiàn]海岸被海水侵蚀而成的线状的痕迹 line mark along coastline eroded by sea water

听(聽) tīng ㄊㄧㄥ ❶用耳朵接受声音 listen；hear：～广播 tīng guǎngbō *listen to the radio*/ 你～～外面有什么响声 Nǐ tīng ting wàimian yǒu shénme xiǎngshēng. *Listen, there is a sound outside.* ❷顺从，接受意见 heed；obey：行动～指挥 xíngdòng tīng zhǐhuī *act at the commands*/ 我告诉他了，他不～Wǒ gàosu tā le, tā bù tīng. *I told him but he wouldn't listen.* ❸(旧读 tìng)任凭，随(early pron.：tìng) allow；let：～其自然 tīngqízìrán *let things take their own course；let matters slide* /～便 tīngbiàn *do as one pleases* /～凭你怎么办 tīngpíng nǐ zěnme bàn *It's up to you what to do.* ❹治理，判断 administer；judge：～政(指封建帝王临朝处理政事)tīngzhèng（of a monarch or regent）*hold court；administer affairs of state* ❺(外 foreign)马口铁筒 tin；can：一～烟 yī tīng yān *a case of cigarettes* / 一～煤油 yī tīng méiyóu *a tin of kerosene*/ 一～饼干 yī tīng bǐnggān *a can of biscuits*

烃(烴) tīng ㄊㄧㄥ 碳氢化合物的总称 a general term for hydrocarbon

桯 tīng ㄊㄧㄥ 锥子等中间的杆子 shaft of an awl：锥～子 zhuī tīngzi *awl shaft*

鞓 tīng ㄊㄧㄥ 皮革制的腰带 leather belt

廷 tíng ㄊㄧㄥ 朝廷，封建时代君主受朝问政的地方 the court of a feudal ruler [宫廷 gōng—]1.帝王的住所 palace 2.由帝王及其大臣构成的统治集团 royal or imperial court

莛 tíng ㄊㄧㄥ (一儿—r)草本植物的茎 stem of a herb：麦～儿 màitíngr *stalks of wheat* / 油菜～儿 yóucàitíngr *stems of rape*

庭 tíng ㄊㄧㄥ ❶院子 yard：前～ qiántíng *front yard* [家庭 jiā—]以婚姻和血统关系为基础的社会单位，包括父母、子女和其他共同生活的亲属 family, a group of people related by marriage, esp. a group of two grown-ups and their children ❷厅堂 hall：大～广众 dàtíng-guǎngzhòng *before a big crowd；on a public occasion* ❸法庭，审判案件的处所或机构 law court, a place where law cases can be heard and judged：开～kāi tíng *open a court session；call the court to order* /～长 tíngzhǎng *the president of a law court；presiding judge*

蜓 tíng ㄊㄧㄥ 见 537 页"蜻"字条"蜻蜓"(qīng—)、745 页"蝘"字条"蝘蜓"(yǎn—)See "qīngtíng" under entry of "qīng", p. 537 "yǎntíng" under entry of "yǎn" p. 745

霆 tíng ㄊㄧㄥ 劈雷，霹雳 thunderbolt

亭 tíng ㄊㄧㄥ ❶(一子—zi)有顶无墙，供休息用的建筑物，多建筑路旁或花园里 pavilion in a park or beside a road for people to rest 圀 ext. 建筑得比较简单的小房子 stall；kiosk：书～ shūtíng *bookstall* / 邮～ yóutíng *postal kiosk* ❷适中，均匀正 in the middle；well-balanced：调配得很～匀 tiáopèi de hěn tíngyún *well-proportioned；well-balanced*

[亭亭——] 1. 形容高耸 high and upright 2. 美好 graceful：～～玉立 tíngtíng-yùlì (of a woman) *fair, slim and graceful.* 也作"婷婷" Also written as 婷婷

[亭午—wǔ] 正午，中午 midday；noon

停 tíng ㄊㄧㄥ ❶止住，中止不动 stop；halt(⊕comb.一顿—dùn stop，一止—zhǐ stop)：一辆汽车～在门口 Yī liàng qìchē tíng zài ménkǒu. *A car is parked in front of the gate.* / 钟～了 Zhōng tíng le. *The clock stopped.* ❷停留 stop：我去天津，在北京～了两天 Wǒ qù Tiānjīn, zài Běijīng tíngle liǎng tiān. *I*

stayed in Beijing for two days on my way to Tianjin. ❸ 妥当 settled; ready；～ 妥 tíngtuǒ *be well-arranged; be in order* [停当—dang] 齐备，完毕 ready; settled ❹（一儿r）总数分成几份，其中一份叫一停儿 part of a total; portion；三～儿的两～儿 sān tíngr de liǎng tíngr *two out of three* / 十～儿有九～儿是好的 Shí tíngr yǒu jiǔ tíngr shì hǎo de. *Nine out of ten are good.*

葶 tíng ㄊㄧㄥˊ [葶苈—lì] 一年生草本植物，开黄色小花，种子黑褐色，可入药 draba nemorosa, an annual herb with small yellow flowers, bearing dark brown seeds used as medicine

淳 tíng ㄊㄧㄥˊ 水停止不动 stagnant water：渊～ yuāntíng *deep stagnant water*

婷 tíng ㄊㄧㄥˊ（叠 redup.）美好 graceful

町 ⊖ tǐng ㄊㄧㄥˇ〈古 arch.〉❶田界 boundary of a field；raised path along a field ❷田地 field
⊜ dīng 见 135 页 See p. 135

侹 tǐng ㄊㄧㄥˇ 平直 level and straight

挺 tǐng ㄊㄧㄥˇ ❶笔直 straight; upright；笔～ bǐtǐng *very straight; bolt upright* / ～进（勇往直前）tíngjìn *press onward* / 直～～地躺着不动 zhítǐngtǐng de tǎngzhe bù dòng *be lying stiff without a motion* [挺拔—bá] 1. 直立而高耸 tall and straight 2. 坚强有力 forceful：笔力～～ bǐlì tǐngbá *forceful strokes in handwriting* ❷撑直或凸出 straighten up; stick out：～起腰来 tǐngqǐ yāo lai *straighten up; straighten one's back* / ～胸抬头 tǐngxiōng táitóu *throw out one's chest and raise up one's head* / ～身而出 tǐngshēng'érchū *step forward bravely; come out boldly* ㊧trans. 勉强支撑 endure; stand：他虽然受了伤，硬～着不下火线 Tā suīrán shòule shāng,

yìng tǐngzhe bù xià huǒxiàn *Though he was wounded, he held out and refused to leave the front.* ❸很 very：～好 tǐng hǎo *very good* / ～和气 tǐng héqi *very kind; very amiable* / ～爱学习 tǐng ài xuéxí *be rather fond of learning* / 这花～香 Zhè huār tǐng xiāng. *This flower has a very sweet smell.* ❹量词 meas. 用于机枪 for machine guns：一～机关枪 yī tǐng jīguānqiāng *a machine gun*

莛 tǐng ㄊㄧㄥˇ 玉笏（hù）jade scepter, used to keep a record of events, carried by the emperor and ministers when meeting at the imperial court

梃 ⊖ tǐng ㄊㄧㄥˇ 棍棒 club; cudgel
⊜ tìng 见本页 See the same page.

铤 tǐng ㄊㄧㄥˇ 快走的样子 run quickly：～而走险（指走投无路而采取冒险行动）tǐng'érzǒuxiǎn *take a risk in desperation; make a reckless move*

颋 tǐng ㄊㄧㄥˇ 正直；直 honest; straight

艇 tǐng ㄊㄧㄥˇ 轻便的小船 light boat：游～ yóutǐng *yacht; pleasure-boat* / 汽～ qìtǐng *motorboat* [潜水艇 qiánshuǐ—]可以在水下潜行的战船 submarine

梃 ⊖ tìng ㄊㄧㄥˋ ❶梃猪，杀猪后，在猪腿上割一个口子，用铁棍贴着腿皮往里捅 cut a hole in one of the legs of a pig after killing it and press an iron stick into the hole along the skin ❷梃猪时用的铁棍 iron stick used in doing so
⊜ tǐng 见本页 See the same page.

TONG　ㄊㄨㄥ

通 ⊖ tōng ㄊㄨㄥ ❶没有阻碍，可以穿过，能够达到 open; through：

〜行 tōngxíng *pass through*/ 条条大路〜北京 Tiáotiáo dàlù tōng Běijīng. *Every road leads to Beijing.* / 四〜八达 sìtōng-bādá *extend in all directions* / 〜车 tōngchē *be open to traffic; have transport service*/ 〜风 tōngfēng *ventilate* 㪰 ext. 1. 顺,指文章合语法,合事理(of writing) clear and coherent; smooth 2. 彻底明了(liǎo),懂得 understand; know:精〜业务 jīngtōng yèwù *be proficient in professional work*/ 他〜三国文字 Tā tōng sān guó wénzì. *He knows three languages.* 3. 四通八达的,不闭塞的 extending in all directions; accessible:〜都大邑 tōngdū-dàyì *a large city; metropolis* [通过—guò] 1. 穿过去,走过去 pass through; get past:火车〜〜南京长江大桥 Huǒchē tōngguò Nánjīng Chángjiāng Dàqiáo. *The train was crossing the Nanjing Changjiang Bridge.* 2. 经过 through:〜〜学习提高了认识 tōngguò xuéxí tígāole rènshi *enhance one's understanding through study* 3. 提案经过讨论大家同意 adopt; pass:〜〜一项议案 tōngguò yī xiàng yì'àn *carry a motion* [通融—róng] 破例迁就 stretch rules; get around regulations, etc. to accommodate sb; make an exception in sb's favour 㪰 ext. 适当互助,以有易无 accommodate sb with a short-term loan:新式农具不够,大家〜〜着用 Xīnshì nóngjù bùgòu, dàjiā tōng-róngzhe yòng. *You have to share the new-type farm tools because there are not enough.* ❷ 传达 pass on; communicate:〜报 tōngbào *circulate a notice* / 〜告 tōnggào *give public notice; announce*/〜信 tōngxìn *communicate by letter; correspond* [通知—zhī] 1. 传达使知道 notify; inform:〜〜他一声 tōngzhī tā yī shēng *give notice to him; notify him* 2. 传达事项的文件 notice; circular:发〜〜 fā tōngzhī

send out a notice/ 开会〜〜 kāihuì tōngzhī *a meeting notice* ❸ 往来交通 connect; exchange:〜商 tōngshāng *have trade relations* / 互〜情报 hùtōng qíngbào *exchange information* ❹ 普遍,全 general; common:〜病 tōngbìng *common failing; common fault*/〜共 tōnggòng *in all; altogether*/〜盘计划 tōngpán jìhuà *overall planning*/〜力合作 tōnglì hézuò *make a concerted effort* [通俗—sú]浅显的,适合于一般文化程度的 popular; common:〜〜读物 tōngsú dúwù *popular literature* ❺ 姓 a surname

㊁ tòng 见 653 页 See p. 653

嗵 tōng ㄊㄨㄥ 拟声词 onom. 心〜〜地跳 xīn tōngtōng de tiào *My heart is throbbing.*

樋 tōng ㄊㄨㄥ 树名 name of a tree

痌 tōng ㄊㄨㄥ 病痛 pain; painful:〜瘝(guān) 在抱(把人民的疾苦放在心里) tōngguān-zàibào *be sympathetic with the sufferings of other people*

仝 tóng ㄊㄨㄥ ❶同"同" Same as "同"❷姓 a surname

砼 tóng ㄊㄨㄥ 混凝土 concrete

同(△*仝) ㊀ tóng ㄊㄨㄥ ❶一样,没有差异 same; without difference:〜等 tóngděng *of the same class, rank or status; on an equal basis*/ 〜岁 tóngsuì *of the same age*/ 〜感 tónggǎn *the same feeling or impression* / 大〜小异 dàtóng-xiǎoyì *largely identical but with minor differences* [同化—huà] 1. 生物体将从食物中摄取的养料转化成自身细胞的成分并储存能量 assimilation 2. 使与本身不同的事物变成跟本身相同的事物 assimilate to; identify with [同情—qíng]对于别人的遭遇在感情上发生共鸣 share the feelings of others who are suffering；sympathize with；show sympathy for：我们～～并支持一切反殖民主义的斗争 Wǒmen tóngqíng bìng zhīchí yīqiè fǎn zhímín zhǔyì de dòuzhēng. *We are in sympathy with and support all the anti-colonialism struggles.* [同时－shí] 1. 在同一个时候 at the same time 2. 表示进一层，并且 moreover；furthermore：修好淮河可以防止水灾，～～还可以防止旱灾 Xiūhǎo Huái Hé kěyǐ fángzhǐ shuǐzāi，tóngshí hái kěyǐ fángzhǐ hànzāi. *Harnessing the Huaihe River can avoid flood；it can also avoid drought.* [同志－zhì] 一般指志同道合的人，为共同的理想、事业而奋斗的人。特指同一个政党的成员 comrade，esp. member of the same political party ❷如同 alike：他的相貌～他哥哥一样 Tā de xiàngmào tóng tā gēge yīyàng. *He looks exactly like his elder brother.* ❸相同 same：～上 tóngshàng *ditto；idem*/ ～前 tóngqián *ditto；idem*/ "仝"～"同"，"同（仝）" tóng "tóng（同）"，tóng *is the same as* tóng ❹共，在一起 in common；together：～学 tóngxué *classmate；schoolmate*/ ～事 tóngshì *colleague；fellow worker* ❺连词 conj. 和，跟 and；together with：我～你一路去 Wǒ tóng nǐ yīlù qù. *I will go with you.*

　㊁ tòng 见 653 页 See p. 653

侗 ㊀ tóng ㄊㄨㄥˊ 旧指童蒙无知（early use）the ignorance of small children

　㊁ dòng 见 139 页 See p. 139
　㊂ tǒng 见 652 页 See p. 652

垌 ㊀ tóng ㄊㄨㄥˊ [垌塚－zhǒng]地名，在湖北省汉川 a place in Hanchuan, Hubei Province

　㊁ dòng 见 139 页 See p. 139

茼 tóng ㄊㄨㄥˊ [茼蒿－hāo]一年生或二年生草本植物，花黄色或白色，茎叶嫩时可吃 crowndaisy chrysanthemum, an annual or biennial herb with white or yellow flowers；its tender leaves and stems edible

峒 ㊀ tóng ㄊㄨㄥˊ 见 360 页"崆"字条"崆峒"（Kōng-tóng）See Kōngtóng under entry of kōng," p. 360

　㊁ dòng 见 139 页 See p. 139

桐 tóng ㄊㄨㄥˊ 植物名 plant name：1. 泡（pāo）桐，落叶乔木，开白色或紫色花，生长快，是较好的固沙防风树木。木材可做琴、船、箱等物 paulownia, a deciduous tree blooming with white or purple flowers；growing fast and useful in sand-fixation and windbreak；its timber used in making certain musical instruments, boats and boxes, etc. 2. 油桐，也叫"桐油树"，落叶乔木，花白色，有红色斑点，果实近球形，顶端尖。种子榨的油叫桐油，可做涂料 tung tree, also called tóngyóushù, a deciduous tree with red-dotted white flowers, and top-pointing round fruits, seeds used to make woodoil as a paint 3. 梧桐 Chinese parasol tree

烔 tóng ㄊㄨㄥˊ [烔炀镇－yángzhèn]地名，在安徽省巢湖 a place in Chaohu, Anhui Province

铜 tóng ㄊㄨㄥˊ 一种金属元素，符号 Cu，赤色有光泽，富延展性，是热和电的良导体。在湿空气中易生铜绿，遇醋起化学作用生乙酸铜，有毒。铜可制各种合金、电业器材、器皿、机械等 copper, a reddish glittering and ductile metallic element, a good conductor of heat and electricity, easy to get verdigris in damp air；its combination with vinegar poisonous；widely used in the manufacture of various alloys, electric equipment, machinery and utensils, etc；symbol：Cu

酮 tóng ㄊㄨㄥˊ 有机化合物的一类，通式 R－CO－R′ 酮类中的丙酮是工业上常用的溶剂 a group of organic compounds, general formula R—CO—R′；acetone, one of the compounds, usually used in industry as a solvent

鲖 tóng ㄊㄨㄥˊ ［鲖城—chéng］地名，在安徽省临泉 a place in Linquan, Anhui Province

佟 tóng ㄊㄨㄥˊ 姓 a surname

岭 tóng ㄊㄨㄥˊ ［岭峪—yù］地名，在北京市海淀 a place in Haidian district, Beijing City

彤 tóng ㄊㄨㄥˊ 红色 red

童 tóng ㄊㄨㄥˊ ❶儿童，小孩子 child；kid；~谣 tóngyáo children's folk rhymes ㊕ ext. 1. 未长成的，幼 young：~牛(没有生角的小牛)tóngniú calf 2. 未结婚的 virgin：~男 tóngnán virgin boy／~女 tóngnǚ virgin 3. 秃的 bare；bald：~山(没有草木的山)tóngshān bare hills ［童话—huà］专给儿童编写的故事 children's stories；fairy tales ❷旧时指未成年的男仆 in early times referring to teenage male servant：家~jiātóng boy servant

僮 ㊀ tóng ㄊㄨㄥˊ 封建时代受役使的未成年的人 boy servant in feudal times：书~ shūtóng page boy 〈古 arch.〉又同"童❶" Also the same as "童❶"

㊁ zhuàng 见 864 页 See p. 864

潼 tóng ㄊㄨㄥˊ ［潼关—guān］地名，在陕西省 a place in Shaanxi Province

橦 tóng ㄊㄨㄥˊ 古书上指木棉树 referring to kapok tree in ancient texts

曈 tóng ㄊㄨㄥˊ ［曈昽—lóng］天将亮的样子 dawn

瞳 tóng ㄊㄨㄥˊ 瞳孔，眼球中央的小孔，可以随着光线的强弱缩小或扩大。俗叫"瞳人"pupil of the eye, the small black round opening in the middle of the coloured part of the eye, through which light passes and which can grow larger or smaller；popularly called tóngrén (图见 746 页 " 眼 " See picture in yǎn, p. 746)

侗 ㊀ tǒng ㄊㄨㄥˇ 同"统❸"Same as "统❸"［侗侗 lǒng—］同"笼统"Same as 笼统

㊀ dòng 见 139 页 See p. 139

㊁ tóng 见 651 页 See p. 651

统 tǒng ㄊㄨㄥˇ ❶总括，总起来 all；to-gether：~率 tǒngshuài commander in chief；command／~一 tǒngyī unify；integrate／~筹 tǒngchóu plan as a whole ❷事物的连续关系 intercon-nected system (连 comb. 系—xì—system)：血~xuètǒng blood relation-ship；blood lineage／传~chuántǒng tradition ❸见 418 页"笼"字条"笼统"(lǒngtǒng) See "lǒngtǒng" under entry of "笼", p. 418

捅(挏) tǒng ㄊㄨㄥˇ 戳、刺、碰 poke；stab：把窗户~破了 bǎ chuānghu tǒngpò le poke a hole in the window／~马蜂窝(喻惹祸) tǒng mǎfēngwō stir up a hornet's nest (fig. make trouble) ㊕fig. 揭露 disclose；let out：把问题全~出来了 bǎ wèntí quán tǒng chulai le disclose all the problems

桶 tǒng ㄊㄨㄥˇ 盛水或其他东西的器具，深度较大 bucket, deep container used to hold water or sth else：水~shuǐtǒng pail；bucket／煤油~méiyóutǒng kerosene drum ［皮桶子 pí—zi］做皮衣用的成件的毛皮 fur lining for a jacket or an overcoat

筒(筩) tǒng ㄊㄨㄥˇ 粗大的竹管 a section of thick bamboo ㊕ext. 1. 较粗的中空而高的器物 a thick tube-shaped object：烟~yāntong chimney；stovepipe／

邮～yóutǒng *pillar-box；mailbox/* 笔～bǐtǒng *pen-container；brush pot* 2.（一儿一r）衣服等的筒状部分 any tube-shaped part of an article of clothing：袖～xiùtǒngr *sleeve/* 袜～wàtǒng *the leg of a stocking/* 靴～xuētǒngr *the leg of a boot*

同（*衕）⊖ tòng ㄊㄨㄥˋ［胡同 hú—一］巷，较窄的街道 lane；alley

⊖ tóng 见 650 页 See p. 650

恸（慟）tòng ㄊㄨㄥˋ ❶极悲哀 sorrow；grief ❷指痛哭 wail

通⊖ tòng ㄊㄨㄥˋ 量词 meas. 打了三～鼓 dǎle sān tòng gǔ *beat the drum three times/* 说了一～ shuōle yītòng *give（sb.）a talking-to；give sb. a scolding*

⊖ tōng 见 649 页 See p. 649

痛 tòng ㄊㄨㄥˋ ❶疼 ache；pain（遥 comb. 疼—téng—*ache*)：头～tóutòng *headache/* 不～不痒 bùtòng-bùyǎng *cause no pain, nor itch；superficial /* ～定思～ tòngdìngsītòng *recall a painfull experience；draw a lesson from bitter experience* ［痛苦—kǔ］身体或精神感到非常难受 pain；suffering ❷悲伤 sadness；sorrow（遥 comb. 悲—bēi—*sorrow* 哀—āi—*sadness*)：～心 tòngxīn *pained；grieved* ❸极，尽情地，深切地，彻底地 extremely；deeply：～恨 tònghèn *hate bitterly；utterly detest/* ～饮 tòngyǐn *drink one's fill；drink to one's heart's content /* ～惜 tòngxī *deeply regret；deplore /* ～改前非 tònggǎi-qiánfēi *sincerely mend one's ways；thoroughly rectify one's errors* ［痛快—kuài］1. 爽快，爽利 simple and direct；forthright：他是个～～人 Tā shì ge tòngkuai rén. *He is a frank and straightforward man.* 2. 尽情，舒畅，高兴 to one's heart's content；to one's great satisfaction：这活干得真～～ Zhè huór gàn de

zhēn tòngkuai. *do the work to one's great satisfaction /* 看他的样子好像有点不～～ Kàn tā de yàngzi hǎoxiàng yǒudiǎn bù tòngkuai. *He looks somewhat unhappy.*

TOU ㄊㄡ

偷（❸*媮）tōu ㄊㄡ ❶窃取，趁人不知道拿人东西据为己有 steal；make off with ［小偷（儿）xiǎo—(r)］偷东西的人 thief ❷行动瞒着人 stealthily；secretly（叠 redup.）：～看 tōukàn *steal a glance；peep /* ～～地走了 tōutōu de zǒule *sneak away /* ～懒（趁人不知道少做事）tōulǎn *loaf on the job；be lazy* ❸苟且 be resigned to circumstances；perfunctorily：～安 tōu'ān *seek temporary ease /* ～生 tōushēng *drag out an ignoble existence* ❹抽出时间 find time for：～空（kòng）tōukòng *take time off（from work to do sth else）；snatch a moment /* ～闲 tōuxián *snatch a moment of leisure；be idle*

输 tōu ㄊㄡ 黄铜 brass

头（頭）tóu ㄊㄡ ❶脑袋，人身体的最上部分或动物身体的最前的部分 head, the top part of a human body or the front part of an animal body（遥comb. 一颅一lú *head*）釋 trans. 头发 hair：他不想留～了 Tā bù xiǎng liú tóu le. *He wants to have his hair cut.* ［头脑一nǎo］1. 脑筋，思想 brain；thought：他～～清楚 Tā tóunǎo qīngchu. *He is clear-headed./* 不要被胜利冲昏～～ Bùyào bèi shènglì chōnghūn tóunǎo. *Don't be overwhelmed with victory.* 2. 要领，门路 main threads；clue：这事我摸不着～～ Zhè shì wǒ mōbuzháo tóunǎo. *I cannot make head or tail of it.* ❷（一儿一r）事情

的起点或终点 beginning or end of sth；top：山～shāntóur *mountain top*/从～儿说起 cóngtóur shuōqǐ *tell from the very beginning*/ 什么时候才是个～儿呀！Shénme shíhou cái shì ge tóur ya! *When ever will it be over?* ❸物体的顶端 top；tip：山～shāntóu *mountain top*/ 笔～bǐtóur *writing skill* 粤 trans. (一儿一r)物品的残余部分 end；remnant：烟卷～儿 yānjuǎntóur *cigarette butt*/蜡～儿 làtóur *candle end*/布～儿 bùtóur *bits of cloth*；leftover of a boltof cloth[头绪—xù]条理，处理事物的门径 main threads (of a complicated affair)：我找不出～～来 Wǒ zhǎo bu chū tóuxù lai. *I cannot get the things into shape.* ❹以前，在前面的 before；previous：～两年 tóu liǎng nián *the first two years* / 我在～里走 Wǒ zài tóuli zǒu. *I'd like to walk in the front.* ❺次序在前，第一 first：～等 tóuděng *first-class* /～号 tóuhào *number one*／班 tóubān *the first shift* ❻接近，临近 near；approaching：～睡觉最好洗洗脚 Tóu shuìjiào zuìhǎo xǐxi jiǎo. *You'd better wash your feet before going to bed.* ❼(一子一zi，一儿一r)首领（多指坏的）chief；head（usu. derogatory）：特务～子 tèwu tóuzi *chief of the special agents*/流氓～子 liúmáng tóuzi *head of the hooligans* ❽(一儿一r)方面 side：他们两个是一～儿的 Tāmen liǎng ge shì yītóur de. *They are on the same side.* ❾量词 meas. 1. 指牛驴等牲畜 for certain domestic animals：一～牛 yī tóu niú *a cattle*/ 两～驴 liǎng tóu lü *two donkeys* 2. 指像头的物体 for head-shaped object：两～蒜 liǎng tóu suàn *two bulbs of garlic* ❿表示约计、不定数量的词 expressing unfixed quantity：三～五百 sān tóu wǔbǎi *about three or five hundred*/ 十～八块 shí tóu bā kuài *about eight or ten*

yuan ⓫(tou)名词词尾 noun suffix. used after a noun：木～mùtou *wood*/ 石～shítou *stone*/ 拳～quántou *fist* 2. 放在形容词词根后 before an adjective：甜～儿 tiántour *sweet taste*；benefit/ 苦～儿 kǔtour *suffering* 3. 放在动词词根后 after a verb：有听～儿 yǒu tīngtour *be worth listening*/ 没个看～儿 méi ge kàntour *be not worth seeing or reading* ⓬(tou)方位词词尾 suffix of prepositions of direction：前～qiántou *front* / 上～shàngtou *above*/ 外～wàitou *outside*

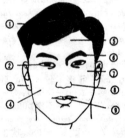

头 head

① 发 fà hair
② 耳 ěr ear
③ 额 é forehead
④ 眼 yǎn eye
⑤ 颊 jiá cheek
⑥ 眉 méi eyebrow
⑦ 颧 quán cheekbone
⑧ 鼻 bí nose
⑨ 口 kǒu mouth

投 tóu ㄊㄨ ❶抛，掷，扔（多指有目标的）throw；hurl（usu toward a target）：～石 tóu shí *throw a stone*/ 入江中 tóurù jiāng zhōng *throw sth into a river* 粤 ext. 跳进去 throw oneself into：～河 tóuhé *drown oneself in a river*/～井 tóujǐng *drown oneself in a well*/～火 tóuhuǒ *throw oneself into a fire* [投票—piào]选举或表决的一种方法。把自己的意见写在票上，投进票箱 vote；cast a vote，a method of election，the act of writing down one's choice or decision in a vote and putting it into the ballot box [投资—zī]把资金应用在生产等事业上 invest, use money to develop production, etc. in order to earn profit ❷投射 cast；project a ray of light；影子～在窗户上 yǐngzi tóu zài chuānghu shang cast a shadow on the window ❸走向，进入 go to；join：～宿 tóusù put up for the night；seek temporary lodging／弃暗～明 qì'àn-tóumíng leave darkness for light；leave the reactionary side and cross over to the side of progress／～入新战斗 tóurù xīn zhàndòu throw oneself into a new battle [投奔—bèn]归向，前去依靠 go to a friend or place for shelter：～～亲友 tóubèn qīnyǒu go to one's relatives and friends for help／～祖国 tóubèn zǔguó go back to one's motherland for shelter ❹寄，递送 send；deliver(⑬comb. 一递一dì deliver)：～书寄信 tóu shū jì xìn send a letter／～稿 tóugǎo submit a piece of writing for publication；contribute to a newspaper or magazine ❺合 agree with：1. 相合 fit in with；agree with：情～意合 qíngtóu-yìhé agree in opinion；in love with each other 2. 迎合 cater to：～其所好(hào) tóuqí-suǒhào cater to sb's tastes or likes [投机—jī] 1. 意见相合 congenial；agreeable：他俩一见就很～～Tā liǎ yī jiàn jiù hěn tóujī. They felt congenial to each other at the first sight. 2. 利用时机，谋取私利 seize a chance to seek private gain；be opportunistic：～取巧 tóujī-qǔqiǎo be opportunistic；seize every chance to gain advantage by trickery／～～分子 tóujī fènzǐ opportunist；political speculator ❻临近，在…以前 approaching；before：～明 tóumíng before daybreak／～暮 tóumù towards dusk

骰 tóu 去ㄡˊ 骰子，一般叫"色(shǎi)子"，一种赌具 dice, generally

called shǎizi, a gambling device

斜 tǒu 去ㄡˇ (又 also)姓 a surname

敨 tǒu 去ㄡˇ 〈方 dial.〉❶把包着或卷着的东西打开 open sth folded ❷抖搂(尘土等)shake off (dust, etc.)

透 tòu 去ㄡˋ ❶穿通，通过 pass through；seep through：钉～了 dīngtòule nail through sth／这块厚纸扎不～ Zhè kuài hòuzhǐ zhā bu tòu. You cannot prick through the thick paper.／～光 tòuguāng transparent／～气 tòuqì ventilate／～过现象看本质 tòuguo xiànxiàng kàn běnzhì see through the appearance to get at the essence 引 ext. 1. 很通达，极明白 thorough；clear：话说得十分～彻 huà shuō de shífēn tòuchè The remarks really drove the point home.／理讲～了 lǐ jiǎngtòule make a penetrating reasoning with somebody 2. 泄漏 let out；reveal：～露(lù)风声 tòulù fēngshēng leak information 3. 暗地里告诉 tell secretly：～个信儿 tòu ge xìnr tip sb off about sth. [透支—zhī]支款超过存款的数目 make an overdraft ❷极度 extremely：恨～了 hèntòule bitterly hate；be full of hatred for ❸显露 show；appear：他～着很老实 Tā tòuzhe hěn lǎoshi. He appears to be very honest.／这朵花白里～红 Zhè duǒ huār bái li tòu hóng. The flower is white touched with red. ❹达到饱满的、充分的程度 thoroughly；completely：雨下～了 Yǔ xiàtòu le. It is a real good soaker.

TU 去ㄨ

凸 tū 去ㄨ 高出，跟"凹"(āo)相反 protruding；raised, opposite to wā：～出 tūchū raised；protruding／～透镜 tūtòujìng convex lens

秃 tū 去ㄨ ❶没有头发 bald；bare：～顶 tūdǐng bald；bald head ❷

（树木）没有枝叶，（山）没有树木 bare；(of trees) without leaves or (of hills) without trees：～树 tūshù *a bare tree*/ 山是～的 Shān shì tū de. *The hills are barren or the hills are bare.* ❸羽毛等脱落，物体失去尖端 bare；without a feather or a point：～尾巴鸡 tūwěiba jī *a cock with a bare tail*/ 一针 tūzhēn *blunt needle* ❹表示不圆满，不周全 unsatisfactory；incomplete：这篇文章写得有点～Zhè piān wénzhāng xiě de yǒudiǎn tū. *This article seems incomplete.*

突 tū ㄊㄨ ❶忽然 sudden：～变 tūbiàn *sudden change*/ ～然停止 tūrán tíngzhǐ *abruptly stop* ［突击—jī]战斗中出其不意地攻击敌人的要害 assault；make a sudden and violent attack. ⑯fig. 集中力量在较短的时间内完成某种紧急的任务 make a concentrated effort to finish a job quickly：～队 tūjīduì *shock brigade*/ ～～工作 tūjī gōngzuò *do a crash job* ❷超出，冲破 surpass；break out：这是个～出的例子 Zhè shì ge tūchū de lìzi. *This is a glaring example.*/ ～破过去的纪录 tūpò guòqù de jìlù *break the early record*/ ～围 tūwéi *break out of an encirclement* ❸烟突，烟囱，灶囱 chimney：曲～徙薪（喻防患未然）qūtū-xǐxīn *curve the blocked chimney and remove the firewood*（*fig.* take precautions against danger before it is too late）

葵 tū ㄊㄨ 见 216 页"菁"字条"菁葵（gū-）"See "gūtū" under entry of "gū", p. 216

图（圖） tú ㄊㄨ ❶用绘画表现出来的形象 picture；drawing：～画 túhuà *drawing*；*picture* / 地～dìtú *map* / 蓝～lántú *blueprint* / 插～chātú *illustration* ［图解—jiě]画图或列表解释事物 diagram；explain by a drawing or a chart ❷画 picture；drawing：画影～

形 huàyǐng-túxíng *pictures of a criminal* ❸计谋，计划 scheme；plan：良～liángtú *a good plan*/ 鸿～hóngtú *great plans* ❹谋取，希望得到 seek；pursue（⑯comb.）～谋 -móu *plot*）：唯利是～wéilì-shìtú *be bent solely on profit*；*be intent on nothing but profit*

［图腾—téng]（外 foreign）原始社会的人用动物、植物或其它自然物作为氏族血统的标志，并把它当做祖先来崇拜，这种被崇拜的对象或符号叫图腾 totem, an animal, plant or object thought by certain tribes in primitive society to have a close relationship with the family group and worshiped as their ancestors

荼 tú ㄊㄨ ❶古书上说的一种苦菜 a kind of bitter vegetable in ancient texts ［荼毒—dú]⑯fig. 毒害 afflict with great suffering；torment ❷古书上指茅草的白花 referring to the white flowers of reeds in ancient texts：如火如～rúhuǒ-rútú *flaring like fire set to dry tinder*；*raging like a prairie fire*

途 tú ㄊㄨ 道路 road；route；way（⑯comb. 一径 -jìng *means*；way，道 -dào *road*；way，路 -lù *way*；*route*，一程 -chéng *road*；route）：坦～tǎntú *smooth road*/ 道听～说 dàotīng-túshuō *hearsay*；*rumour*/ 半～而废 bàntú-'érfèi *give up halfway*；*leave sth unfinished* ［前途 qián—]⑯fig. 未来的境地，发展的前景 future；prospect ［用途 yòng—]用处 use

涂（塗、⑤涂）** tú ㄊㄨ ❶使颜色、油漆等附着在物体上 spread（colour，paint，etc.）on；smear：～上一层油 túshang yī céng yóu *apply a coat of oil* ❷乱写 scribble；scrawl：～鸦 túyā *poor handwriting*；*gnaffiti tracks* ❸抹去 blot out；cross out：写错了可以～掉 xiěcuòle kěyǐ túdiào

You can cross out the wrongly-spelt words. / ～改 túgǎi *alter* ❹泥泞 mud [涂炭－tàn] 喻 fig. 1.困苦 misery and suffering; great affliction 2.污浊 dirty; muddy; ❺姓 a surname ❻同 "途" Same as "途"

醂 tú ㄊㄨ ❶酒曲 distiller's yeast ❷ 醂酒，重（chóng）酿的酒 double-fermented wine

徒 tú ㄊㄨ ❶步行（不用车、马）on foot:～行 túxíng *go on foot* ❷空 empty:～手 túshǒu *bare-handed; unarmed* 引 ext. 徒然，白白地 in vain; for nothing; to no avail:～劳往返 túláo-wǎngfǎn *make a futile journey; hurry back and forth for nothing* / ～劳无益 túláo-wúyì *make a futile effort; work to no avail* ❸只，仅仅 only; merely:～托空言 tútuō-kōngyán *make empty promises; pay lip service to*/不～无益，反而有害 bù tú wúyì, fǎn'ér yǒuhài *not merely useless, but harmful* ❹徒弟 apprentice; pupil: 学 ～ xuétú *apprentice; trainee* ❺同一派系或信仰同一宗教的人 follower; believer: 教～ jiàotú *believer of a religion* ❻人（多指坏人）people（often bad people）:匪～ fěitú *gangster; bandit;* 不法之～ bùfǎzhītú *a lawless person* ❼徒刑，剥夺犯人自由的刑罚，分有期徒刑和无期徒刑两种 imprisonment, which can be divided into set term of imprisonment and life imprisonment

菟 ㊁ tú ㄊㄨ［於菟 wū－］〈古 arch.〉老虎的别称 another name for tiger

㊀ tù 见 658 页 See p. 658

屠 tú ㄊㄨ ❶宰杀牲畜 slaughter domestic animals for food（旧 comb. －宰－zǎi *butcher*）:～狗 tú gǒu *butcher a dog* / ～户 túhù *butcher; butcher's* ❷残杀人 massacre; slaughter: ～杀 túshā *massacre; slaughter* / ～城 túchéng *massacre the*

inhabitants of a captured city

腯 tú ㄊㄨ 肥（指猪）(of a pig) fat

土 tǔ ㄊㄨ ❶地面上的沙、泥等混合物 soil; earth（旧 comb. －壤－rǎng *soil*）:沙～shātǔ *sandy soil* / 黏～niántǔ *clay* / 山 tǔshān *earth hill* ❷土地 land; ground:国～ guótǔ *territory; land* / 领～ lǐngtǔ *territory* ❸本地的 native; local:～产 tǔchǎn *local product; produced in a locality* / ～话 tǔhuà *local dialect* ❹指民间生产的，出自民间的 homemade; indigenous:～专家 tǔzhuānjiā *local expert trained in an indigenous way* / ～布 tǔbù *homespun cloth; hand-woven cloth* ❺不开通，不时兴 unenlightened; unrefined:～里～气 tǔlǐtǔqì *rustic; countrified* / ～头～脑 tǔtóu-tǔnǎo *rustic; uncouth*

[土家族－jiāzú] 我国少数民族，参看附表 the Tujia Nationality, an ethnic minority in China. See Appendix.

[土族－zú] 我国少数民族，参看附表 the Tu Nationality, an ethnic minority in China. See Appendix.

吐 ㊀ tǔ ㄊㄨ 使东西从嘴里出来 spit:不要随地～痰/ Bùyào suídì tǔtán. *No spitting.* 引 ext. 1.说出 say; pour out:～露（lù）实情 tǔlù shíqíng *come out with the truth* / 坚不～实 jiān bù tǔ shí *too firm to tell the truth* 2.露出，放出 show; give out:高粱～穗了 Gāoliang tǔsuì le. *The sorghum is earing up.* / 蚕～丝 Cán tǔsī. *Silkworms spin silk.*

㊁ tù 见本页 See the same page.

钍 tǔ ㄊㄨ 一种放射性元素，符号 Th，银灰色，质地柔软，可作为原子能工业的核燃料 thorium, a grey and soft radioactive metallic element, used as nuclear fuel in the industry of atomic energy; symbol: Th

吐 ㊁ tù ㄊㄨ 消化道或呼吸道里的东西从嘴里涌出 vomit; throw up

(叠 comb. 呕－ǒu－ vomit)：上～下泻 shàngtù-xiàxiè suffer from vomiting and diarrhoea / ～血 tùxiě spitting blood；haematemesis

㊀ tǔ 见 657 页 See p. 657

兔（*兎）tù 去ㄨ（一子－zi，一儿－r）哺乳动物，耳长，尾短，上唇中间裂开，后腿较长，跑得快 hare；rabbit，a mammal with split upper lip，big ears，short tail and long hinder legs，good at running

塊 tù 去ㄨ 桥两头靠近平地的地方 ramp of a bridge：桥～ qiáotù bridge ramp

菟 ㊀ tù 去ㄨ 植物名 plant name：1. 菟丝子，寄生的蔓草，茎细长，常缠绕在别的植物上，对农作物有害。秋初开小花，子实可入药 Chinese dodder，a parasitic climbing plant with long and slender stems bearing small flowers in early autumn，harmful to crops，seeds used as medicine 2. 菟葵，多年生草本植物，花淡紫红色，多生在山地树丛里 eranthis pinnatifida maxim，a perennial herb with light purple flowers，growing in the thicket of hilly country

㊁ tú 见 657 页 See p. 657

TUAN 去ㄨㄢ

湍 tuān 去ㄨㄢ 急流的水 rapids；rushing waters

团（團、②糰）tuán 去ㄨㄢ ❶ 圆形 round；circular（叠 redup.）：～扇 tuánshàn a round fan/雌蟹是～脐的 Cíxiè shì tuánqí de. A female crab has a broad and round abdomen. ❷（一子－zi，一儿－r）结成球形的东西 roll；sth shaped like a ball：饭～儿 fàntuánr rice ball/菜～子 càituánzi cornmeal dumpling with vegetable stuffing 〖引 ext. 堆（专指抽象的事物）stack (for sth abstract)：一～和气 yītuán-héqi

keep on good terms with everyone at the expense of principle；keep on the right side of everyone / 一～糟 yītuánzāo a complete mess；chaos ❸ 会合在一起 unite；cong-lomerate：～聚 tuánjù reunite / ～圆 tuányuán reunion（of family members）〖团结－jié〗为了集中力量实现共同理想或完成共同任务而联合或结合 unite；rally，come or bring together for the realization of the same ideal and purpose：～～起来，争取胜利 tuánjié qǐlai，zhēngqǔ shènglì unite to achieve victory ❹ 工作或活动的集体组织 society；organization（for work or activity）：文工～ wéngōngtuán song and dance ensemble；art troupe/代表～ dài-biǎotuán delegation；mission 〖团体－tǐ〗有共同目的、志趣的人结合在一起的集体 organization；group：工会、妇女联合会都是人民～ Gōnghuì，fùnǚ liánhéhuì dōushì rénmín tuántǐ. Both labour union and the women's federation are organizations of the people. ❺ 在我国特指共产主义青年团（esp.）the Communist Youth League of China ❻ 军队的编制单位，是营的上一级 regiment，a unit of army establishment，a level higher than battalion

抟（搏）tuán 去ㄨㄢ 把东西揉弄成球形 spiral；wheel：～饭团子 tuán fàntuánzi spiral rice into a ball/～泥球 tuán níqiúr spiral clay into a ball/～纸团 tuán zhǐtuán roll paper into a ball

疃 tuǎn 去ㄨㄢ ❶ 禽兽践踏的地方 place trodden by birds or animals ❷ 村庄，屯，多用于地名 village，often used in place names

彖 tuàn 去ㄨㄢ 论断，推断 conclude；deduce：～凶吉 tuàn xiōngjí form judgement on good or ill luck 〖彖辞－cí〗《易经》中总括一卦含义的言辞 remarks used to sum up the meaning of a group of divinatory symbols in *"The Book of Changes"*

TUI ㄊㄨㄟ

弍 ⊖ tuī ㄊㄨㄟ〈方 dial.〉太 very; too；风～大 fēng tuī dà *The wind is very strong.* / 路～滑 lù tuī huá *The road is very slippery.*

⊜ tè 见 637 页 See p. 637

推 tuī ㄊㄨㄟ ❶用力使物体顺着用力的方向移动 push；shove；～车 tuī chē *push a cart*/～了他一把 tuī le tā yī bǎ *give him a push*/～磨 tuī mò *turn a millstone* ㊐ ext. 使工具向前移动进行工作 cut；pare：～草 tuī cǎo *cut grass*/用刨子～光 yòng bàozi tuīguāng *make smooth with a plane*；*plane*/～头（理发）tuī tóu *cut hair* ［推敲—qiāo］㊫ trans. 斟酌的文章字句 weigh；deliberate：仔细～～ zǐxì tuī qiāo *weigh（one's words，plan，etc.）carefully*/一字费～～ yī zì fèi tuī qiāo *A word in writing needs careful deliberation.* ❷使事情开展 extend：～广 tuīguǎng *popularize*；*spread*/～销 tuī xiāo *promote sales*；*market*/～动 tuī dòng *push forward*；*promote* ❸进一步想，由已知推断其余 deduce；infer：～求 tuī qiú *inquire into*；*ascertain*/～测 tuī cè *infer*；*guess*/～理 tuī lǐ *inference*；*reasoning*/～算 tuī suàn *calculate*；*reckon*/～类 lèi tuī *analogize*；*reason by analogy* ❹辞让，脱卸 push away；shirk：1. 辞退，让给 decline：～辞 tuī cí *decline（an appointment，invitation，etc.）*/～让 tuī ràng *decline（a position，favour，etc. out of modesty）* 2. 脱卸责任，托辞 shift responsibility：～委 tuī wěi *shift responsibility onto others*/～三阻四 tuī sān-zǔsì *decline with all sorts of excuses*；*give the runaround*/～病不来 tuī bìng bù lái *be absent with an excuse of being ill* ❺往后挪动（时间）put off；postpone：再往后～几天 zài wǎnghòu tuī jǐ tiān *postpone for a few days more* ❻举荐，选举 select；choose：公～一个人做代表 gōng tuī yī ge rén zuò dàibiǎo *recommend by general acclaim a person as representative* ❼指出某人某物的优点 hold in esteem；praise highly：～许（称赞）tuī xǔ *praise；approve* / ～重（重视、钦佩）tuī zhòng *have a high regard for；hold in esteem* / ～崇 tuī chóng *hold in esteem；praise highly*

颓（＊穨）tuī ㄊㄨㄟ ❶崩坏，倒塌 ruined；dilapidated：～垣断壁 tuī yuán-duàn bì *(a desolate scene of) broken walls；debris* ［颓废—fèi］1. 建筑物倒坏 *(of buildings) ruined* 2. 精神委靡不振 dispirited；decadent ❷败坏 dejected；corrupt：～风败俗 tuī fēng-bài sú *corrupt morals and depraved customs* ［颓唐—táng］精神不振，情绪低落 dispirited；dejected

魋 tuī ㄊㄨㄟ 古书上说的一种兽，像小熊 a kind of beast，resembling a young-bear，mentioned in ancient texts

腿 tuǐ ㄊㄨㄟ ❶人和动物用来支持身体和行走的部分 leg：大～ dà tuǐ *thigh*/前～ qián tuǐ *front leg*/后～ hòu tuǐ *hinderleg*（图见 641 页"体" See picture of tǐ，p. 641）［火腿 huǒ—］用盐腌制的猪腿 ham，preserved meat of a pig's leg ❷（一儿—r）器物上像腿的部分 the leg-like part of an object：桌子～儿 zhuōzi tuǐr *legs of a table*/凳子～儿 dèngzi tuǐr *legs of a stool*

退 tuì ㄊㄨㄟ ❶向后移动或使之向后移动，跟"进"相反 move back；retreat，opposite to jìn：～兵 tuì bīng *repulse the enemy*/败～ bài tuì *be defeated；retreave*/敌人已经～了 Dírén yǐjing tuì le. *The enemy has*

retreated. [退步－bù] 1. 逐渐向下，落后 lag behind；retrogress：工作积极，学习努力，才能不～～Gōngzuò jījí, xuéxí nǔlì, cái néng bù tuìbù. *One will not fall behind if he works actively and studies diligently.* 2. 后退的地步 room for manoeuvre；leeway；话没有说死，留了～～Huà méiyǒu shuōsǐ, liúle tuìbù. *say sth flexible, leaving some leeway* [退化－huà]生物体的某一或某些器官在进化过程中，全然消失或部分残留而成为痕迹器官的现象。例如人的阑尾是退化器官 degeneration, the phenomenon of one or some organs of living beings disappearing or passing from a higher to a lower condition in the course of evolution. The appendix of man is such an organ. ❷ 离开，辞去 quit；leave：～席 tuìxí *leave a banquet or a meeting*／～职 tuìzhí *resign or be discharged from office*；quit working ❸送还，不接受，撤销 return；cancel：～货 tuìhuò *return goods*／～票 tuìpiào *return a ticket*；*get a refund for a ticket*／～钱 tuìqián *refund* ❹减退，下降 reduce；fall：～色 tuìsè *fade*／～烧 tuìshāo *bring down a fever*

熼（**熰、**撨）tuì ㄊㄨㄟˋ 已宰杀的猪、鸡等用滚水烫后去掉毛 scald a pig or chicken, etc. in order to remove hairs or feathers

褪 ㊀ tuì ㄊㄨㄟˋ [褪色－sè]退色，颜色变淡或消失 fade
㊁ tùn 见 661 页 See p. 661

蜕 tuì ㄊㄨㄟˋ ❶蛇、蝉等脱下来的皮 exuviae ❷蛇、蝉等动物脱皮 exuviate；slough off [蜕化－huà]㊀ trans. 变质，腐化堕落 degenerate

TUN ㄊㄨㄣ

吞 tūn ㄊㄨㄣ 不经咀嚼，整个咽到肚子里 swallow；gulp down：囫囵～枣 húlún-tūnzǎo *swallow dates whole*；*lap up information without digesting it*／狼～虎咽 lángtūn-hǔyàn *gobble up*；*wolf down* ㊀ ext. 1. 忍受不发作出来 bear：忍气～声(不敢作声）rěnqì-tūnshēng *swallow an insult*；*submit to humiliation* 2. 兼并，侵占 take possession of；annex：～没 tūnmò *embezzle*；*swallow up*／～并 tūnbìng *annex*；*gobble up*

暾 tūn ㄊㄨㄣ 刚出来的太阳 newly-risen sun：朝～zhāotūn *the early morning sun*

醇 tūn ㄊㄨㄣ 黄色 yellow

屯 ㊀ tún ㄊㄨㄣˊ ❶聚集，储存 collect；store up：～粮 túnliáng *store up grain* ㊀ext. (军队)驻扎 station troops：～兵 túnbīng *station troops*；*quarter troops* ❷(一子－zi，一儿－r)村庄 village：皇姑～Huánggūtún *Huanggu Village*
㊁ zhūn 见 866 页 See p. 866

囤 ㊀ tún ㄊㄨㄣˊ 囤积，积存，存储物、粮食 store up；hoard (goods or grain)：～货 túnhuò *store goods*
㊁ dùn 见 150 页 See p. 150

饨 tún ㄊㄨㄣˊ 见 273 页"馄"字条"馄饨"(húntun) See "húntun" under entry of "hún", p. 273

鲀 tún ㄊㄨㄣˊ 河豚，鱼名。种类多，头圆形，口小，一般血液和内脏有剧毒 globefish；balloonfish；puffer, a kind of fish with a round head and a small mouth, carrying severe poison in its blood and internal organs

豚 tún ㄊㄨㄣˊ 小猪，也泛指猪 suckling pig or pig in general

臀 tún ㄊㄨㄣˊ 屁股 buttocks：～部 túnbù *buttocks* (图见 641 页"体" See picture in tǐ, p. 641)

氽 tǔn ㄊㄨㄣˇ 〈方 dial.〉❶漂浮 float；drift：木头在水上～Mùtou zài shuǐ shang tǔn. *The wood is*

floating on the water. ❷用油炸 deep-fry：油～花生米 yóutǔn huāshēngmǐ *fried peanuts*

褪 ㊀ tùn ㄊㄨㄣˋ 使穿着、套着的东西脱离 slip out of sth：把袖子一下来 bǎ xiùzi tùn xialai *slip one's arm out of one's sleeve*／狗～了套跑了 Gǒu tùnle tào pǎo le. *The dog broke loose and ran away.* ㊈ext. 向内移动而藏起来 hide sth in one's sleeve：把手～在袖子里 bǎ shǒu tùn zài xiùzi li *hide one's hands in sleeves*／袖子里～着一封信 xiùzi li tùnzhe yī fēng xìn *hide a letter in one's sleeve*

㊁ tuì 见 660 页 See p. 660

TUO ㄊㄨㄛ

托(❹⁻❻**託**) tuō ㄊㄨㄛ ❶用手掌向上承受着东西 hold in the palm；support with the palm or hand：～着枪 tuōzhe qiāng *hold a gun in one's hands* ❷衬，垫 set off；serve as a foil：烘云～月 hōngyún-tuōyuè *paint clouds to set off the moon；provide a foil to set off a character or incident in a literary work* ❸(一儿－r)承托器物的东西 sth serving as a support：茶～儿 chátuōr *saucer*／花～儿 huātuōr *receptacle* ❹寄，暂放 deposit；leave with：～儿所 tuō'érsuǒ *nursery* ❺请别人代办 entrust；ask（⑱ comb. 委－wěi－ *entrust*）：～你买本书 Tuō nǐ mǎi běn shū. *Please buy a book for me.* ❻推托，借故推委或躲闪 plead；give as a pretext：～病 tuōbìng *plead illness*／～故 tuōgù *give a pretext；make an excuse* ❼旧压强单位，今改用"帕" an early unit of measure for pressure；now pà is used in place of tuō

饦 tuō ㄊㄨㄛ [馎饦 bó－]古代食品名 name for a kind of ancient food

拖(*拕) tuō ㄊㄨㄛ ❶牵引，拉，拽 pull；drag：～车 tuōchē *trailer*／～泥带水(喻做事不爽利) tuōní-dàishuǐ *messy；sloppy（fig. work in a slow or dilatory way）*／～拉机 tuōlājī *tractor* ❷拖延，拉长时间 delay；drag on：这件事应赶快结束，不能再～/ Zhè jiàn shì yīng gǎnkuài jiéshù, bù néng zài tuō. *The problem should be solved quickly；it cannot be delayed any more.*

脱(❸**挩) tuō ㄊㄨㄛ ❶离开，落掉 come off：～皮 tuōpí *peel*／～节 tuōjié *come apart；be out of line with*／～逃 tuōtáo *run away；escape*／～走 zǒutuō *go away；get away with* ㊧ trans. 遗漏(文字)miss out (words)：～误 tuōwù *omissions and errors in a book, etc*／这中间～了几个字 Zhè zhōngjiān tuōqule jǐge zì. *There are a few omissions in the middle.* [脱离一lí]断绝了关系，离开 separate oneself from；break away from：一刻也不～～群众 yīkè yě bù tuōlí qúnzhòng *never cut oneself off from the masses* ❷取下，去掉 take off；cast off：～衣裳 tuō yīshang *take off one's clothes*／～帽 tuō mào *take off one's hat* ❸[通脱 tōng－]放达，不拘小节 not punctilious；unrestrained；unconventional

驮 ㊀ tuó ㄊㄨㄛ 用背(多指牲口)负载人或物(of beasts of burden) carry on the back：那匹马～着两袋粮食 Nà pǐ mǎ tuózhe liǎng dài liángshi. *The horse is carrying two sacks of grain.*

㊁ duò 见 152 页 See p. 152

佗 tuó ㄊㄨㄛ 负荷 load [华佗 Huà－]三国时名医 a famous doctor in the period of the Three Kingdoms

陀 tuó ㄊㄨㄛ 山冈 hillock [陀螺－luó]一种儿童玩具，呈圆锥形，用绳绕上然后拉动或用鞭抽打，可以在地上旋转 top, a type of children's toy that is made to spin and balance on its point by twisting it sharply with a string

坨 tuó ㄊㄨㄛˊ ❶（－子 －zi，－儿 －r）成块或成堆 lump；heap；泥～子 nítuózi *clod；a lump of mud* ❷露天盐堆 salt mound

沱 tuó ㄊㄨㄛˊ ❶（方 dial.）可以停放船的水湾，多用于地名 a small bay, often used in place names ❷沱江，长江的支流，在四川省 Tuo River，a branch of the Changjiang River，in Sichuan Province

驼 tuó ㄊㄨㄛˊ ❶骆驼 camel ❷身体向前曲，背脊突起 hunchbacked；humpbacked；～背 tuóbèi *hunchback；humpback*/背都～了 bèi dōu tuó le *One's back has become bent.*

柁 ⊖ tuó ㄊㄨㄛˊ 房柁，房架前后两个柱子之间的大横梁 girder of a house
⊜ duò 见 153 页 See p. 153

砣 tuó ㄊㄨㄛˊ ❶秤锤 the sliding weight of a steelyard ❷碾砣，碾子上的碌碡(liùzhou)stone roller

铊 ⊖ tuó ㄊㄨㄛˊ 同"砣❶"Same as "砣❶"
⊜ tā 见 624 页 See p. 624

鸵 tuó ㄊㄨㄛˊ 鸵鸟，现在鸟类中最大的鸟，颈长，翅膀小，不能飞，走得很快，生活在沙漠中。毛可做装饰品 ostrich, a type of very large bird with long legs, a long neck and small wings, which runs very fast but cannot fly, living in desert；feathers used as ornament

酡 tuó ㄊㄨㄛˊ 喝了酒，脸上发红 (of one's face) flushed with drink；～颜 tuóyán *flushed face* (from drinking)

跎 tuó ㄊㄨㄛˊ 见 102 页"蹉"字条"蹉跎"(cuōtuó) See "cuō －" under entry of "cuō", p. 102

鼧 tuó ㄊㄨㄛˊ [鼧鼥 －bá]就是旱獭，俗名"土拨鼠"。毛灰黄色，耳短，爪能掘地，毛皮可以做皮衣 marmot, popularly called tǔbáshǔ, a kind of mammal with short ears, greyish yellow fur and paws good at digging holes；fur used in making coat

橐(****槖**) tuó ㄊㄨㄛˊ 一种口袋 a kind of bag [橐驼 －－]骆驼 camel

鼍(**鼍**) tuó ㄊㄨㄛˊ 鼍龙，俗叫"猪婆龙"。爬行动物，是鳄鱼的一种，皮可以蒙鼓 Chinese alligator, popularly called zhūpólóng, a kind of crocodile, skin used to make drum

妥 tuǒ ㄊㄨㄛˇ ❶适当，合适 proper；appropriate（锄 comb. －当 dang *appropriate*）：已经商量～了 yǐjing shāngliang tuǒ le *have come to an agreement*/～为保存 tuǒwéi bǎocún *look after it carefully*/ 这样做不～当 zhèyàng zuò bù tuǒdang *It is not appropriate to do so.* [妥协 －xié]在发生争执或斗争时，一方让步或双方让步以求得解决 compromise：在原则性问题上决不能～～ zài yuánzéxìng wèntí shang jué bù néng tuǒxié *never compromise on matters of principle* ❷齐备，完毕 ready；settled：事已办～ Shì yǐ bàntuǒ. *The matter has been settled.*

庹 tuǒ ㄊㄨㄛˇ 成人两臂左右伸直的长度（约五尺）arm spread of a grown-up person, about five chi

椭(**橢**) tuǒ ㄊㄨㄛˇ 椭圆，长圆形。把一个圆柱体或正圆锥体斜着用一个平面截开，所成的截口就是椭圆形 ellipse, a conic section formed by the intersection of a right circular cone by a plane which cuts the cone obliquely

拓 ⊖ tuò ㄊㄨㄛˋ ❶开辟，扩充 open up；develop ❷姓 a surname ❸

见 432 页"落"字条"落拓"(luò—)See "luòtuò" under entry of "luò", p.432

㈡ tà 见 625 页 See p.625

柝(**榛) tuò ㄊㄨㄛˋ〈古 arch.〉打更用的梆子 watchman's clapper

跅 tuò ㄊㄨㄛˋ [跅弛 — chí] 放荡 dissolute; unconventional

萚(蘀) tuò ㄊㄨㄛˋ 草木脱落的皮或叶 fallen bark or leaves

箨(籜) tuò ㄊㄨㄛˋ 竹笋上一片一片的皮 sheaths of bamboo shoots

唾 tuò ㄊㄨㄛˋ ❶唾沫,唾液,口腔里的消化液,无色、无臭 saliva; spittle, the natural odourless and colourless watery liquid produced in the mouth ❷啐,从嘴里吐(tǔ)出来 spit; ～手可得(喻容易得到)tuòshǒukědé *extremely easy to obtain*/～弃(轻视、鄙弃)tuòqì *cast aside; spurn*

魄 ㈠ tuò ㄊㄨㄛˋ "落魄(luòpò)的"魄"的又音。

㈡ pò 见 511 页 See p.511

㈢ bó 见 49 页 See p.49

W ㄨ

WA ㄨㄚ

挖(＊＊穵) wā ㄨㄚ 掘,掏 dig; excavate：～个坑 wā ge kēng *dig a hole*/ ～战壕 wā zhànháo *dig a trench* [挖苦－ku]用尖刻的话讥笑人 speak sarcastically or ironically：你别～～人 Nǐ bié wāku rén. *Don't be sarcastic.*

哇 ⊖ wā ㄨㄚ 拟声词 *onom.* 哭得～～的 kū de wāwā de *be crying loudly* / ～地一声吐了一地 wā de yī shēng tùle yīdì *burst out vomiting*

⊜ wa 见 665 页 See p. 665

洼(窪) wā ㄨㄚ ❶(－儿－r)凹陷的地方 depression; low-lying area：水 ～ 儿 shuǐwār *raterlogged depression*/ 这里有个～儿 Zhèli yǒu ge wār. *There is a depression here.* ❷低凹,深陷 low-lying; hollow：～地 wādì *depression*; *low-lying land*/ 这地太～Zhè dì tài wā. *The land is very low-lying.* /眼眶～进去 Yǎnkuàng wā jìnqu. *The eyes are sunken.*

蛙 wā ㄨㄚ 两栖动物,种类很多,卵孵化后为蝌蚪,逐渐变化成蛙。青蛙是常见的一种,捕食害虫,对农作物有益 various kinds of tailless amphibians, evolved from the hatched eggs of tadpole; frog being the common kind, feeding on destructive insects and good to crops

娲(媧) wā ㄨㄚ [女娲 nǚ－]神话中的女帝王,传说她曾经炼五色石补天 Nuwa, a mythical Empress its, said that she had mended the fallen-down corner of the sky with five-colour stones smelted and refined by herself.

娃 wá ㄨㄚˊ ❶(－子－zi,－儿－r)小孩子 baby; child；女 ～ 儿 nǚwár *a baby girl, a little girl*/ 胖～pàngwáwa *a chubby child* ❷旧称美女 beauty (in early times)：女娇～nǚjiāowá *a beauty* ❸〈方 dial.〉某些幼小的动物 new-born animal：猪～zhūwá *piglet*/ 鸡～jīwá *chick*

瓦 ⊖ wǎ ㄨㄚˇ ❶用陶土烧成的 made of baked clay：～盆 wǎpén *an earthen basin*/ ～器 wǎqì *earthen utensils* ❷用陶土烧成的覆盖房顶的东西 tile：～ 房 wǎfáng *tile-roofed house* [瓦解－jiě] ⑩ fig. 溃散 disintegrate; collapse：土 崩 ～ ～ tǔbēng-wǎjiě *fall apart to pieces*; *collapse* ❸(外 foreign)电的功率单位名瓦特的简称,符号 W watt, a measure of electrical power; symbol W

⊜ wà 见本页 See the same page.

佤 wǎ ㄨㄚˇ [佤族－zú]我国少数民族,参看附表 the Wa nationality, minority nationality in China. See Appendix.

瓦 ⊖ wà ㄨㄚˋ 盖瓦 cover a roof with tiles; tile：～瓦(wǎ)wàwǎ *cover a roof with tiles* [瓦刀－dāo]瓦工用来砍断砖瓦并涂抹泥灰的工具 bricklayer's cleaver used to chopping bricks and plastering

⊜ wǎ 见本页 See the same page.

袜(襪、＊韤) wà ㄨㄚˋ(－子－zi)穿在脚上不直接着地的东西,一般用布、纱线等制成 socks; stockings

膃 wà ㄨㄚˋ [膃肭－nà]就是海熊,俗称"海狗"。海里的一种哺乳动物,毛皮很美。阴茎和睾丸叫膃肭脐,可 入 药 ursine seal, callorhirus curilensis; generally called hǎixióng, or hǎigǒu, a sea mammal with very beautiful fur, its penis and testes called wànàqí, and used as medicine

哇 (一) wa ·ㄨㄚ 助词(前面紧挨着的音一定是 u, ao, ou 等韵尾的) aux. (used closely after the sounds u, ao and ou, etc.):你别哭～Nǐ bié kū wa. Well, don't cry. / 多好～Duō hǎo wa. Oh, how wonderful it is! / 快走～Kuài zǒu wa. Now, hurry up.

(一) wā 见 664 页 See p. 664

WAI ㄨㄞ

歪 wāi ㄨㄞ ❶不正,偏斜 inclined; slanting:～着头 wāizhe tóu with one's head tilted to one side/ 这张画挂～了 Zhè zhāng huàr guàwāi le. The picture hung on the wall is slanting to one side. [歪曲一qū]有意颠倒是非 distort; twist:～～事实 wāiqū shìshí distort the facts ❷不正当的,不正派的 devious; crooked:～门邪道 wāimén-xiédào. crooked means; dishonest practices/ ～风 wāifēng evil tendency; unhealthy trend

喎(喎) wāi ㄨㄞ 嘴歪 (of the mouth) awry:口眼～斜 kǒuyǎn-wāixié awry mouth and cross eyes;facial paralysis

崴(❷**踓**) (一) wǎi ㄨㄞ ❶〈方 dial.〉(一子一zi) 山、水弯曲处。多用于地名,如吉林有三道崴子 river bend and mountain recess, usu. used in place names, such as Sandao Waizi in Jilin Province ❷(脚)扭伤(of foot)sprain; twist:山路不平(of mountain path)rugged

(一) wēi 见 671 页 See p. 671

外 wài ㄨㄞ ❶跟"内"、"里"相反 out, antonym of "nèi (in)"and "lǐ(inside)":国～guówài abroad/ ～伤 wàishāng an injury; a wound; trauma [外行一háng]对某种业务不通晓,缺乏经验 layman; dabbler; nonprofessional ❷不是自己这方面的

other:～国 wàiguó foreign country/ ～乡 wàixiāng some other place; another part of the country / ～人 wàirén outsider; stranger ❸指外国 foreign:对～贸易 duìwài màoyì foreign trade / 古今中～gǔjīn-zhōngwài ancient and modern, Chinese and foreign; at all times and in all countries/ ～宾 wàibīn foreign guest ❹关系疏远的 not closely related:这里没～人 Zhèli méi wàirén. You are among friends. / 不要见～búyào jiànwài make oneself at home ❺称母亲、姐妹或女儿方面的亲戚 relatives on the side of one's mother, sisters and daughters:～祖母 wàizǔmǔ maternal grandmother/ ～甥 wàisheng nephew; sister's son/ ～孙 wàisūn grandson; daughter's son ❻(除此)另外,以外 besides; except:～加 wàijiā in addition to/ 此～cǐwài apart from this; besides this ❼非正式的 informal:～号 wàihào nickname / ～史 wàishǐ unofficial (informal) history ❽旧时戏曲脚色名,多演老年男子 (in early times) a role for old men in traditional opera

WAN ㄨㄢ

弯(彎) wān ㄨㄢ ❶屈曲不直,使屈曲 crooked; winding(叠 comb. 一曲一qū curved):～路 wānlù winding road / ～腰 wānyāo bend down ❷(一子一zi,一儿一r)曲折的部分 bend; turn:转～抹角 zhuǎnwān-mòjiǎo beat about the bush; speak in a roundabout way/ 这根竹竿有个～儿 Zhè gēn zhúgān yǒu ge wānr. There is a bend in the bamboo pole. ❸拉(弓)draw (a bow):～弓 wāngōng bend a bow

埫(壪) wān ㄨㄢ 山沟里的小块平地,多用于地名 a small piece of flat land in a mountain valley, often used in place names

湾(灣) wān ㄨㄢ ❶水流弯曲的地方 bend of a stream: 汾河～ Fén Hé wān *the bend of the Fen River* ❷海湾，海洋伸入陆地的部分 gulf; bay: 胶州～Jiāozhōu Wān *the Jiaozhou Bay*/ 港～ gǎng wān *harbour* ❸使船停住 lay anchor; moor: 把船～在那边 Bǎ chuán wān zài nàbian. *Moor the boat over there.*

剜 wān ㄨㄢ 用刀挖，挖去 cut out; gouge out: ～肉补疮（喻只顾眼前，不惜用有害的方法来救急）wānròu-bǔchuāng *cut out a piece of flesh to cure a boil（fig. meaning resort to a remedy worse than the ailment; resort to a stopgap measure harmful to long-term interests）*

帵 wān ㄨㄢ （－子－zi）裁衣服剩下的大片材料 a big piece of cloth left over after a garment is cut out

蜿 wān ㄨㄢ ［蜿蜒－yán］蛇爬行的样子（of snakes）wriggle ⑤ext. 弯弯曲曲 wind; zigzag: 一条～～的小路 yī tiáo wānyán de xiǎolù *a winding path*

豌 wān ㄨㄢ ［豌豆－dòu］一年或二年生草本植物，开白花，种子和嫩茎、叶都可吃 pea, an annual or biennial herb with white flowers; seeds, tender leaves and stems edible

丸 wán ㄨㄢ ❶（－子－zi，－儿－r）小而圆的东西 ball; pellet: 弹～ dànwán *pellet; bullet*/ 药～儿 yàowánr *pill*/ 肉～子 ròuwánzi *meatball* ❷专指丸药 pill of Chinese medicine in particular: 散膏丹 wán-sǎn-gāo-dān *pills, medical powder, extract and pellet（all kinds of medicine）*

芄 wán ㄨㄢ 芄兰，多年生蔓(màn)草。叶对生，心脏形。花白色，有紫红色斑点。茎、叶和种子可入药 metaplexis japonica, a perennial trailing plant, with heart-shaped pair-leaves, purple-dotted white flowers;

leaves and stems used as medicine

汍 wán ㄨㄢ ［汍澜－lán］流泪的样子 tearful; weeping

纨 wán ㄨㄢ 细绢，很细的丝织品 fine silk fabric ［纨袴－kù］古代贵族子弟的华美衣着 silk clothes worn by the children of noble families: ～～子弟（指专讲吃喝玩乐的子弟）wánkù-zǐdì *fop; playboy（esp. profligate son of rich parents）*

完 wán ㄨㄢ ❶齐全 complete; whole（⑯ comb. 一整－zhěng *whole*）：～美无缺 wánměi-wúquē *perfect; flawless*/ 准备得很～善 zhǔnbèi de hěn wánshàn *be perfectly prepared* ❷尽，没有了 be over; be through: 用～了 yòng wán le *be used up; run out*/ 卖～了 màiwánle *sold out*/ 事情做～了 Shìqing zuòwán le. *have finished the job* ❸做完，了结 complete; finish: ～成任务 wánchéng rènwu *complete a task*/ ～工 wángōng *complete a project; get through*/ ～婚 wánhūn （of a man）*get married; marry* ❹交纳 pay: ～粮 wánliáng *pay the grain tax*/ ～税 wánshuì *pay taxes*

玩(❸－❺*翫) wán ㄨㄢ ❶（－儿－r）游戏，做某种游戏 play; have fun（⑯ comb. 一耍－shuǎ *play*）：出去～ chūqu wánr *play outside*/ ～皮球 wán píqiú *play with a ball* ［玩弄－nòng］1. 摆弄着玩 play with: 不要～火柴 Bùyào wánnòng huǒchái. *Don't play with matches.* 2. 耍 resort to; employ: ～～手段 wánnòng shǒuduàn *employ tricks* ［玩笑－xiào］玩耍嬉笑，也指这样的行动或言语 joke; jest: 开～～ kāi wánxiào *crack a joke* ［玩意儿－yìr］1. 玩具 toy; plaything 2.〈方 dial.〉旧指杂技、曲艺，如魔术、大鼓等（in early times）acrobatics, cross talks, ballad singing, magic, etc. 3. 指东西、事物 thing ❷（－儿－r）耍弄，使用 play;

use：～手腕 wánr shǒuwànr *play tricks*／～花招儿 wánr huāzhāor *play tricks* ❸观赏；appreciate；游～ yóuwán *go sight-seeing*；*stroll about*／～物丧志 wánwù-sàngzhì *Riding a hobby saps one's will to make progress.* or *Pursuit of petty pleasures thwarts high aims.* ❹可供观赏、把玩的东西 object for appreciation；古～ gǔwán *curio*；*antique* ❺轻视，拿着不严肃的态度来对待 trifle with；treat lightly(⊕ comb.一忽 —hū *neglect*)：～世不恭 wánshì-bùgōng *thumb one's nose at the world*；*be cynical*／～视 wánshì *disdain*；*look down upon* [❸—❺旧读 early pronounce wàn]

顽 wán ㄨㄢˊ ❶愚蠢无知 stupid；ignorant：～石 wánshí *hard rock*；insensate stone／愚～ yúwán *ignorant and stubborn* ❷固执，不容易变化或动摇 stubborn；obstinate：～梗 wángěng *obstinate*；*perverse*／～癣 wánxuǎn *stubborn dermatitis* [顽固—gù] 1.思想保守，不愿意接受新鲜事物 conservative；bitterly opposed to change 2.坚持自己的错误观点或做法，不加改变 obstinate；cling to one's wrong views or position [顽强—qiáng]坚强，不屈服 indomitable；staunch：～～地工作着 wánqiáng de gōngzuòzhe *be tenacious at one's work*／他很～～，并没被困难吓倒 Tā hěn wánqiáng，bìng méi bèi kùnnan xiàdǎo. *He is too indomitable to be overwhelmed by difficulties.* ❸顽皮，小孩淘气 naughty；mischievous：～童 wántóng *naughty boy*；*urchin* ❹同"玩❶❷" Same as "玩❶❷"

烷 wán ㄨㄢˊ 有机化学中，分子式可以用 C_nH_{2n+2} 表示的一类化合物。烷系化合物是构成石油的主要成分 alkane，a group of organic chemical compounds with the molecular formula C_nH_{2n+2}，the main ingredient of gasoline

宛 wǎn ㄨㄢˇ ❶曲折 winding；tortuous [宛转—zhuǎn] 1.辗转 pass through many lands or places；toss about (in bed) 2.同"婉转"Same as "婉转(tactful)" ❷宛然，仿佛 as if；just like：音容～在 yīnróng wǎn zài *as if the person were in flesh*

菀 wǎn ㄨㄢˇ ❶紫菀，多年生草本植物，叶子椭圆状披针形，花蓝紫色。根和根茎可入药 aster，a perennial herb with oval needle-edged leaves and bluish-purple flowers；roots and stems used as medicine ❷茂盛的样子 exuberant；luxuriant

惋 wǎn ㄨㄢˇ 惊叹 sigh：～惜 wǎnxī *feel sorry for sb or about sth*；*regret*

婉 wǎn ㄨㄢˇ ❶和顺，温和 gentle；mild and indirect：～言 wǎnyán *gentle words*；*tactful expressions*／委～ wěiwǎn *mild and roundabout*；*tactful* [婉转—zhuǎn] [宛转—zhuǎn]说话温和而曲折，但不失本意 (of speech) mild and indirect；tactful：措词～～ cuòcí wǎnzhuǎn *tactful expressions* ❷美好 beautiful；graceful

琬 wǎn ㄨㄢˇ 美玉 fine jade [琬圭—guī]没有棱角的圭 an elongated round-topped tablet of jade held in the hands by ancient rulers on ceremonial occasions

碗(盌、椀) wǎn ㄨㄢˇ ❶盛(chéng)饮食的器皿 bowl，concave vessel for holding food ❷像碗的东西(一子—zi，一儿—r)sth resembling a bowl：橡～子 xiàngwǎnzi *acorn*／轴～儿 zhóuwǎnr *axle holder*

畹 wǎn ㄨㄢˇ 古代称三十亩为一畹 measure of field used in ancient times，equal to thirty *mu* [畹町—dīng]地名，在云南省 a place in Yunan Province

莞 ㈠ wǎn ㄨㄢˇ [莞尔—ěr]微笑的样子 smiling
㈡ guǎn 见 224 页 See p.224

脘 wǎn ㄨㄢˇ 胃脘，中医指胃的内部 gastral cavity，the inner of the stomach in Chinese medicine

皖 wǎn ㄨㄢˇ 安徽省的别称 another name for Anhui Province

挽(㋆輓) wǎn ㄨㄢˇ ❶拉 draw；pull：～弓 wǎn gōng draw a bow／手—着手 shǒu wǎnzhe shǒu arm in arm ❷设法使局势好转或恢复原状 try to improve or restore：～救 wǎnjiù save；rescue／力～狂澜 lìwǎn-kuánglán make vigorous efforts to turn the tide ❸追悼死人 lament sb's death：～歌 wǎngē dirge；elegy／～联 wǎnlián elegiac couplet ❹同"绾" Same as "绾"

晚 wǎn ㄨㄢˇ ❶太阳落了的时候 evening：从早到～cóng zǎo dào wǎn from morning till night／吃～饭 chī wǎnfàn have supper／开一会 kāi wǎnhuì have an evening party. 图 ext. 夜间 night：昨天～上没睡好 Zuótiān wǎnshang méi shuìhǎo. I didn't sleep well last night. ❷一个时期的后段，在一定时间以后 being far in time；late：来～了 láiwǎn le be late／时间～了 shíjiān wǎn le It is late.／赶快努力还不～gǎnkuài nǔlì hái bù wǎn It's not too late to make immediate efforts. ／年（老年）wǎnnián old age；one's later years／～秋 wǎnqiū late autumn；late in the autumn ❸后来的 younger；junior：～辈 wǎnbèi the younger generation；one's juniors ❹晚辈对长辈的自称 a term of calling oneself by the younger generation before the older generation

绾 wǎn ㄨㄢˇ ❶把长条形的东西盘绕起来打成结 coil up：～结 wǎnjié coil a knot／一个扣 wǎnge kòu tie a knot／把头发一起来 bǎ tóufa

wǎn qilai coil one's hair ❷卷 roll：～起袖子 wǎnqi xiùzi roll up one's sleeves

万(萬) ㈠ wàn ㄨㄢˋ ❶数目，十个一千 numeral，ten thousand 圇 fig. 多 a very great number；myriad：～物 wànwù myriads of objects／气象～千 qìxiàng-wànqiān spectacular；majestic／～能铣床 wànnéng xǐchuáng multipurpose miller [万岁—suì]千秋万代永远存在（祝颂语）long live，used to express good wishes：人民～～rénmín wànsuì Long live the people.／祖国～～zǔguó wànsuì Long live our motherland [万一—yī]圇trans. 意外，意外地 unexpectedness；unexpectedly：以防～～yǐfáng-wànyī be ready for all eventualities；be prepared for the worst！～～失败 wànyī shībài in case of failure ❷极，很，绝对 extremely；very：～难 wànnán extremely difficult；utterly impossible／～全 wànquán perfectly sound；sure-fire／～不得已 wàn budéyǐ out of absolute necessity
㈡ mò 见 462 页 See p.462

腕 wàn ㄨㄢˋ 胳膊下端跟手掌相连的部分 wrist（图见 641 页"体"See picture in "tǐ(body)"，641）

蔓 ㈠ wàn ㄨㄢˋ（一儿一r）细长能缠绕的茎 tendrilled vine：瓜～儿 guāwànr melon tendril／扁豆爬～儿了 Biǎndòu páwànr le. The hyacinth bean begins to climb.
㈡ màn 见 438 页 See p.438
㈢ mán 见 437 页 See p.437

WANG ㄨㄤ

尪(**尫) wāng ㄨㄤ ❶胫、脊或胸部弯曲的病 deformity in the shin，back and chest ❷瘦弱 weak and thin

汪 wāng ㄨㄤ ❶深广 deep and vast：～洋大海 wāngyáng-dàhǎi

a vast ocean; a boundless ocean ❷液体聚集在一个地方(of liquid) collect; accumulate：地上～着水 Dì shang wāngzhe shuǐ. There is a puddle of water on the ground. [汪汪——] 1. 眼里充满眼泪的样子 tearful; tears welling up：泪～～lèiwāngwāng (of eyes) brimming with tears / 水～～shuǐwāngwāng (of children's or young women's eyes) bright and intelligent; field full of water 2. 拟声词 onom. 狗叫声 bark; bowwow ❸量词 meas. 一～水 yī wāng shuǐ a puddle of water

亡 ⊖ wáng ㄨㄤ ❶逃 flee; run away (⤵ comb. 逃－táo－ escape)：～命 wángmìng flee; go into exile / 流～liúwáng go into exile; be forced to leave one's native land ⤴ ext. 失去 lose：～羊补牢(喻事后补救) wángyáng-bǔláo mend the fold after the sheep have been lost (fig. it is never too late to mend) / 唇～齿寒(喻利害相关) chúnwáng-chǐhán If the lips are gone, the teeth will be cold (fig. sharing a common lot) ❷死 die (⤵ comb. 死－sǐ－ death)：伤～很少 shāngwáng hěn shǎo small casualties ⤴ ext. 死去的 deceased：～弟 wángdì deceased younger brother ❸灭 perish (⤵ comb. 灭－miè－ perish)：～国 wángguó subjugate a nation; let a state perish

⊜ wú 见 683 页 See p. 683

王 ⊖ wáng ㄨㄤ ❶古代指帝王或最高的爵位 king or monarch in ancient times ❷一族或一类中的首领 chieftain of a group：兽～shòuwáng the king of beasts; the lion / 蜂～fēngwáng queen bee; queen wasp / 花中之～huā zhōng zhī wáng queen of flowers ❸大 great; grand：～父(祖父)wángfù grandfather / ～母(祖母)wángmǔ grandmother ❹姓 a surname

⊜ wàng 见 670 页 See p. 670

网(網) wǎng ㄨㄤ ❶用绳线等结成的捕鱼捉鸟的器具 net, a utensil made of strings, wires, threads, etc., tied or woven together, for catching birds or fish：鱼～yúwǎng fishnet; fishing net [网罗－luó]搜求，设法招致 enlist the services of：～～人才 wǎngluó réncái enlist able men ❷用网捕捉 catch with a net：～鱼 wǎng yú net a fish / ～鸟 wǎng niǎo net a bird ❸像网的东西 sth. resembling a net：～兜儿 wǎngdōur string bag / 铁丝～tiěsīwǎng wire netting; wire meshes ❹像网样的组织或系统 network：通信～tōngxìnwǎng communication network / 宣传～xuānchuánwǎng mass media network

罔 wǎng ㄨㄤ ❶蒙蔽，诬 cheat, deceive；欺～qīwǎng deceive ❷无，没有 no; not：置若～闻(放在一边不管，好像没听见一样)zhìruò-wǎngwén turn a deaf ear to; pay no heed to

惘 wǎng ㄨㄤ 不得意 feel frustrated; feel disappointed (⤵ comb. 怅－chàng－ distracted; listless)：～然 wǎngrán frustrated; disappointed

辋 wǎng ㄨㄤ 车轮周围的框子 rim of a wheel (图见 428 页"轮" See picture in "lún" p. 428)

魍 wǎng ㄨㄤ [魍魉－liǎng]传说山林中的一种怪物 a legendary monster living in the mountain forest

枉 wǎng ㄨㄤ ❶曲，不直 crooked：矫～过正 jiǎowǎng-guòzhèng exceed the proper limits in righting a wrong ❷使歪曲 twist; pervert：～法 wǎngfǎ pervert the law; bend the law ❸受屈，冤屈 wrong; treat unjustly (⤵ comb. 冤－yuāng－，屈－qū－ wrong) ❹徒然，白白地 in vain; to no avail：～然 wǎngrán futile; in vain / ～费心机 wǎng fèixīnjī waste one's

W

breath

往 wǎng ㄨㄤˇ ❶去，到 go：～返 wǎngfǎn go there and back；journey to and fro／此车开～上海 Cǐ chē kāiwǎng Shànghǎi. This train is leaving for Shanghai. ❷过去 past (逾comb. 一昔 一xī in the past)：～年 wǎngnián former years／～事 wǎngshì past events；the past ❸介词 prep. 朝，向 towards or in the direction of：～东走 wǎng dōng zǒu go eastwards／～前看 wǎng qián kàn look forward；look ahead

[往往——]副词 adv. 常常 often：这些小事情～～被人忽略 Zhèxiē xiǎo shìqing wǎngwǎng bèi rén hūlüè. These trifles are often neglected.

王 ㊀ wàng ㄨㄤˋ ❶统一天下 unify a country：以德行仁者～ yǐ dé xíng rén zhě wàng Those who advocate moral integrity and benevolence will unify the country. ❷统治，君临 govern；rule：～此大邦 wàng cǐ dà bāng rule the big state

㊁ wáng 见 669 页 See p. 669

旺 wàng ㄨㄤˋ 盛，兴盛 prosperous；flourishing (逾comb. 一盛 一shèng，兴 一xīng 一 vigorous；flourishing)：火很～ huǒ hěn wàng The fire is blazing.／～季 wàngjì peak period；busy season

望 wàng ㄨㄤˋ ❶看，往远处看 look over；gaze into the distance：登高远～ dēnggāo yuǎnwàng ascend a height and gaze far a field／～尘莫及 wàngchén-mòjí It is so far behind that one can only see the dust of the rider ahead；too far behind to catch up. ❷拜访 visit (逾comb. 看 一 kàn 一 call on) ❸希图，盼 hope；expect (逾comb. 盼 一 pàn 一 expect，希 一xī 一 hope)：喜出～外 xǐchūwàngwài be overjoyed at sth. unexpected；be pleasantly surprised／丰收有～ fēngshōu yǒuwàng There is a hope of a bumper harvest. ❹怨恨，责怪

resentment；blame ❺名望，声誉 reputation；prestige：德高～重 dé-gāo-wàngzhòng be of noble character and high prestige；enjoy high prestige and command universal respect／威～ wēiwàng prestige ❻夏历每月十五日 the fifteenth day of a lunar month ❼介词 prep. 向 to；towards：～东走 wàng dōng zǒu go eastward／～上瞧 wàng shàng qiáo look up

妄 wàng ㄨㄤˋ 乱，荒诞不合理 rash；absurd：～动 wàngdòng rash action／～想 wàngxiǎng vainly hope to do sth；delusion／勿～言 wù wàng yán Don't talk tactlessly. or Don't make irresponsible remarks.

忘 wàng ㄨㄤˋ 忘记，不记得，遗漏 forget；neglect：别～了拿书 Bié wàngle ná shū. Don't forget to take the book with you.／喝水不～掘井人 Hē shuǐ bù wàng juéjǐngrén. Don't forget those who dug the well while drinking water. or Never forget where one's happiness comes from.

WEI ㄨㄟ

危 wēi ㄨㄟ ❶不安全，跟"安"相反 not safe；dangerous，antonym of "ān (safe)" (逾comb. 一险 一xiǎn danger)：转～为安 zhuǎnwēiwéi'ān take a turn for the better and be out of danger；pull through [危言一yán]使人惊奇的话 surprising remarks：～～耸听 wēiyán-sǒngtīng say frightening things just to cause alarm；exaggerate just to scare people [临危 lín一]将死，面临生命危险 be dying；facing death ❷损害 endanger；imperil (逾comb. 一害 一hài endanger)：～及国家 wēijí guójiā endanger the country ❸高的，陡的 high；precipitous：楼 wēilóu high building；high tower ❹端正 proper：正襟～坐 zhèngjīn-wēizuò straighten one's clothes and sit properly; be all seriousness ❺星名，二十八宿之一 the twelfth of the twenty-eight constellations into which the celestial sphere was divided in ancient Chinese astronomy

委 ㊀ wēi ㄨㄟ [委蛇—yí]1.敷衍，应付 be perfunctory; deal with; 虚与～～xūyǔ-wēiyí pretend to have interest and sympathy; deal with sb courteously but without sincerity 2.同"逶迤" Same as "逶迤(long and winding)"

㊁ wěi 见 674 页 See p. 674

逶 wēi ㄨㄟ [逶迤—yí]道路、河道等弯曲而长 (of river, path, etc.)long and winding; meandering; 山路～～ shānlù wēiyí winding mountain path

巍 wēi ㄨㄟ 高大 lofty(叠 redup.):～峨 wēi'é towering; lofty/～高山 wēiwēi gāoshān lofty mountain

威 wēi ㄨㄟ ❶使人敬畏的气魄 impressive strength; might:示～游行 shìwēi yóuxíng demonstration; parade/～力 wēilì power; might/～望 wēiwàng prestige/权～ quánwēi authority; a person of authority ❷凭借力量或势力 by force:～胁 wēixié threaten; menace/～逼 wēibī threaten by force; intimidate

葳 wēi ㄨㄟ [葳蕤—ruí]草木茂盛的样子(of plants)luxuriant

崴 ㊀ wēi ㄨㄟ [崴嵬—wéi]山高的样子(of a mountain) lofty

㊁ wǎi 见 665 页 See p. 665

偎 wēi ㄨㄟ 紧挨着，亲密地靠着 snuggle up to; lean close to:小孩儿～在母亲的怀里 Xiǎoháir wēi zài mǔqīn de huáili. The child is snuggling up in its mother's arms.

限 wēi ㄨㄟ 山、水等弯曲的地方 bend or curve of a mountain or a river

煨 wēi ㄨㄟ ❶在带火的灰里把东西烧熟 roast in fresh cinders:～白薯 wēi báishǔ roast sweet potatoes in fresh cinders ❷用微火慢慢地煮 cook over a slow fire:～鸡 wēi jī stew a chicken/～肉 wēi ròu stewed meat

鳂 wēi ㄨㄟ 鱼名。身体多为红色，眼大，口大而斜。生活在热带海洋 Holocentrus ruber; fish name; a kind of red fish with big eyes and big-twisted mouth; living in tropical seas

微 wēi ㄨㄟ ❶小，细小 minute; tiny (⊛comb. 细—xì—tiny); 防～杜渐 fángwēi-dùjiàn nip an evil in the bud; check erroneous ideas at the outset ❷轻微，稍 a little; slight(⊛comb. 稍—shāo—slightly)(叠 redup.):～感不适 wēi gǎn bùshì feel a bit unwell/～一笑 wēiwēi yī xiào smile faintly ❸衰落，低下 decline; 衰～ shuāiwēi decline; wane ❹精深，精妙 profound; delicate:～妙 wēimiào subtle; delicate ❺主单位的百万分之一 one millionth part of; micro-;～米 wēimǐ micron

溦 wēi ㄨㄟ 小雨 light rain; drizzle

薇 wēi ㄨㄟ 一年生或二年生草本植物，又叫"巢菜"或"野豌豆"。花紫红色，种子可吃 common vetch, also called "cháocài" or "yěwāndòu", an annual or biennial herb with purplish-red flowers; seeds edible

韦(韋) wéi ㄨㄟ 熟皮子，去毛加工鞣制的兽皮 leather, tanned animal skin

违(違) wéi ㄨㄟ ❶背，反，不遵守 disobey; violate (⊛comb. —背—bèi，—反—fǎn disobey; violate):～法 wéifǎ break the law; be illegal / 阳奉阴～ yángfèng-yīnwéi overtly agree but covertly oppose; comply in public but oppose in private ❷不见面，离别 be separated:久～jiǔwéi How long it is since we last met! or I haven't seen you for ages.

围（圍）wéi ㄨㄟˊ

❶ 环绕，四周拦挡起来 enclose; surround：～巾 wéijīn scarf; muffler／～墙 wéiqiáng enclosing wall; enclosure／包～敌人 bāowéi dírén encircle the enemy ❷ 四周 around; all round：四～都是山 sìwéi dōushì shān There are mountains around. / 这块地方周～有多大? Zhè kuài dìfang zhōuwéi yǒu duō dà? How big is this piece of land around? ❸（一子－zi）圈起来作拦阻或遮挡的东西 sth used as a surround：土 ～ 子 tǔwéizi fortified village ／ 床 ～ 子 chuángwéizi bed curtain ❹ 量词 meas. 两只手的拇指和食指合拢起来的长度 length of the thumbs and the index fingers joint：腰大十～ yāo dà shí wéi the waist ten wei around／又指两只胳膊合拢起来的长度 also arm span：树大十～ shù dà shí wéi a tree ten arm spans around

帏（幃）wéi ㄨㄟˊ

❶ 帐子，幔幕 bed-curtain; heavy curtain ❷ 古代佩带的香囊 sachet worn by people in ancient times

闱（闈）wéi ㄨㄟˊ

❶ 古代宫室的旁门 a side gate of an imperial palace：宫 ～（宫殿里边）gōngwéi palace chambers ❷ 科举时代称考场 the imperial examination hall in feudal China：秋 ～ qiūwéi imperial examinations held in autumn

涠（潿）wéi ㄨㄟˊ

[涠洲－zhōu] 岛名，在广西壮族自治区北海市以南 name of an island in the south to Beihai City, Guangxi Zhuang Autonomous Region

为（爲、＊＊為）

㈠ wéi ㄨㄟˊ ❶ 做，行 do; act：事在人～ shìzàirénwéi It all depends on human effort. / 所作所 ～ suǒzuò suǒwéi What one has done; behaviors. 囷 ext. 作为，作事的能力 deed; capability：年轻有～ niánqīng yǒuwéi young and having done good deed ❷ 做，当 act as; serve as：他被选～人民代表大会的代表 Tā bèi xuǎnwéi rénmín dàibiǎo dàhuì de dàibiǎo He was elected as a deputy of the People's Congress. / 拜他～师 bài tā wéi shī take him as one's teacher ❸ 成为，变成 become：一分 ～ 二 yīfēnwéi'èr divide one into two／高岸～谷，深谷～陵 gāo àn wéi gǔ, shēn gǔ wéi líng High banks become valleys and deep valleys become hills. or The world is changing all the time. ❹ 是 be：十二个～一打 shí'èr gè wéi yī dá A dozen is equivalent to twelve ❺ 介词 prep. 被 used along with suǒ in a passive sentence：～人所笑 wéi rén suǒ xiào be laughed at by others ❻ 助词 aux. 常跟"何"相应，表疑问 used with Hé in a rhetorical question：何以家～? Hé yǐ jiā wéi? What need have I of a home? ❼ 附于单音形容词后，表程度、范围 used after a single-character adjective to indicate degree or scope：大～增色 dàwéi zēngsè add much beauty to／广～传播 guǎngwéi chuánbō widely spead ❽ 附于表程度的单音副词后，加强语气 used after a single-character adverb for emphasis：极～重要 jíwéi zhòngyào extremely important／尤～出色 yóuwéi chūsè especially distinguished

㈡ wèi 见 675 页 See p. 675

沩（潙、＊＊溈）wéi ㄨㄟˊ

沩水，水名，在湖南省 Weishui River, in Hunan Province

圩

㈠ wéi ㄨㄟˊ ❶ 江淮低洼地区周围防水的堤 dyke; embankment ❷ 有圩围住的地区 an area surrounded with dykes：～田 wéitián polder; low-lying paddy fields surrounded with dykes／盐～ yánwéi salt pond surrounded with dykes ❸（一子－zi）围绕村落四周的障碍物，也作"围子" a stockage surrounding a village, also written as "wéizi"：土～

子 tǔwéizi an earth-fortified village / 树～子 shùwéizi a tree-surrounded village

xū 见 726 页 See p. 726

桅 wéi ㄨㄟˊ 桅杆，船上挂帆的杆子 mast, a long upright pole for carrying flags or sails on a ship

砈(礄) ㊀wéi ㄨㄟˊ [砈礄－－] 形容很高的样子 very high

㊁ wèi 见 676 页 See p. 676

唯 wéi ㄨㄟˊ ❶同"惟❶" Same as "惟❶". ❷答应的声音 sound of response（叠 redup.）：～～ 诺诺 wéiwéi nuònuò be absolutely obedient; be a yes-man / ～～～ 否否 wéiwéi-fǒufǒu be extremely hesitant

帷 wéi ㄨㄟˊ （－子－zi）围在四周的帐幕 curtain surrounding sth.：车～子 chēwéizi rim of a wheel / 运筹～幄 yùnchóu-wéiwò devise plans in the tent; map out plans

惟 wéi ㄨㄟˊ ❶单单，只 alone; only：～有他因病不能去 Wéiyǒu tā yīn bìng bù néng qù. He alone cannot go there because of an illness. / ～恐落后 wéikǒng luòhòu for fear that one should lag behind ❷但是 but：雨虽止，～路途仍甚泥泞 Yǔ suī zhǐ, wéi lùtú réng shèn nínìng. It stopped raining, but the road was muddy yet. ❸文言助词，用在年、月、日之前 aux. in classical Chinese, used before a year, month or day：～二月既望 wéi èryuè jì wàng on the 16th of the second lunar month ❹思惟，想。"思惟"通常写作"思维" thinking; thought; also written as "思维"

维 wéi ㄨㄟˊ ❶连结 tie up; hold together（㊈comb. － 系 － xì hold together）[维护－hù]保全，保护 uphold; safeguard [维持－chí]设法使继续存在 keep; maintain ❷文言助词 aux. in classical Chinese：～妙～

肖 wéimiào-wéixiào remarkably true to life; absolutely lifelike

[维吾尔族－wú'ěrzú]我国少数民族名 the Uygur nationality, national minority in China. 参看附表 See Appendix.

潍 wéi ㄨㄟˊ 潍河，水名，在山东省 Wei He River, in Shandong Province

嵬 wéi ㄨㄟˊ 高大 lofty; towering

伟(偉) wěi ㄨㄟˇ 大 great（㊈comb. － 大 － dà great）：身体魁～ shēntǐ kuíwěi big and tall / ～大的祖国 wěidà de zǔguó great country; great motherland / ～人(对人民有大功绩的人) wěirén a great man; a great personage

苇(葦) wěi ㄨㄟˇ （－子－zi）芦苇，见 421 页 "芦" See "芦", p. 421

纬(緯) wěi ㄨㄟˇ ❶纬线，织布时用梭穿织的横纱，编织物的横线 weft, the threads of a material woven across the downward sets of threads ❷地理学上假定跟赤道平行的线，以赤道为中点，向北称"北纬"，向南称"南纬"，到南北极各 90° latitude, the imaginary line from east to west around the earth, parallel to the equator; the lines north of the equator being north latitudes, and the ones south of it south latitudes; both divided into 90 degrees respectively ❸指纬书(东汉神学迷信附会儒家经义的一类书)the Wei Book (a group books on misinterpreted Confucian doctrines by theology and superstition in the Eastern Han Dynasty)

玮(瑋) wěi ㄨㄟˇ 玉名 jade

炜(煒) wěi ㄨㄟˇ 光明 bright

W

铧(韡) wěi ㄨㄟˇ (叠 redup.) 盛，光明 flourishing; bright

䴔(䵟) wěi ㄨㄟˇ 是，对 right (常和否定词连用 often used with a negative)：冒大不～mào dà bù wěi *defy world opinion; risk universal condemnation*

伪(偽，**僞) wěi ㄨㄟˇ ❶假，不真实 false; fake：去～存真 qùwěi-cúnzhēn *eliminate the false and retain the true*/ ～造 wěizào *forge; fabricate*/ ～装 wěizhuāng *pretend; feign* ❷不合法的 illegal：～政府 wěizhèngfǔ *puppet government*

尾 ⊖ wěi ㄨㄟˇ ❶(－巴 －ba)鸟、兽、虫、鱼等身体末端突出的部分 tail, the movable growth at the back of a creature's body：猪～巴 zhūwěiba *pig's tail* [交尾 jiāo－]鸟兽等交配 (of birds or animals) mating; paring ❷末端 end：排～páiwěi *the person at the end of a row; the last person in a row* ❸尾随，在后面跟 tail behind; tag along after：～其后 wěi qí hòu *follow at his heels* ❹量词 meas. 用于鱼 for fish ❺星名，二十八宿之一 the sixth of the twenty-eight constellations into which the celestial sphere was divided in ancient Chinese astronomy
　⊜ yǐ 见 763 页 See p. 763

娓 wěi ㄨㄟˇ [娓娓——]形容谈论不倦或说话动听 talk tirelessly：～～动听 wěiwěi-dòngtīng *speak most interestingly*

委 ⊖ wěi ㄨㄟˇ ❶任，派，把事交给人办 entrust; appoint (⑮comb. 一任 一rèn *appoint*)：～以重任 wěi yǐ zhòngrèn *entrust an important task to sb.* ❷抛弃，舍弃 throw away; abandon (⑮ comb. 一弃 一 qì *abandon*)：～之于地 wěi zhī yú dì *cast away immediately* ❸推托，卸 shift：

过于人 wěi guò yú rén *put the blame on sb. else; shift the blame onto sb. else*/ 推～tuīwěi *shift responsibilities onto others* ❹曲折，婉转 indirect; roundabout：话说得很～婉 huà shuōde hěn wěiwǎn *speak in a roundabout way* [委屈－qu]含冤受屈或心里苦闷 feel wronged：心里有～，又不肯说 xīnlǐ yǒu wěiqu, yòu bù kěn shuō *nurse a grievance but will not pour out* ❺末，尾 end：原～yuánwěi *the whole story; all the details* ❻确实 certainly; actually：～系实情 wěi xì shíqíng *This is the true story.*/ ～实不错 wěishí bùcuò *be really good*
[委靡－mǐ][萎靡－mǐ]颓丧，不振作 listless; dispirited：精神～～jīngshén wěimǐ *listless; dispirited and inert*
　⊜ wēi 见 671 页 See p. 671

诿 wěi ㄨㄟˇ 同"委❸"Same as "委❸"：互相推～hùxiāng tuīwěi *shift responsibility onto each other*

萎 wěi ㄨㄟˇ 干枯衰落 wither; fade：枯～kūwěi *wither*/ ～谢 wěixiè *wither; fade*/气～qì wěi *breathless* [萎缩－suō] 1. 体积缩小，表面变皱 wither; shrivel 2. 衰退 shrink; sag：经济～～jīngjì wěisuō *economy shrinking*

瘘 wěi ㄨㄟˇ 身体某部分萎缩或丧失机能的病 flaccid paralysis

洧 wěi ㄨㄟˇ [洧川－chuān]地名，在河南省尉氏 a place in Weishi, Henan Province

痏 wěi ㄨㄟˇ ❶瘢痕 scar ❷伤口 wound

鲔 wěi ㄨㄟˇ 古书上指鲟(xún)鱼 referring to sturgeon in ancient texts

隗 ⊖ wěi ㄨㄟˇ 姓 a surname
　⊜ kuí 见 369 页 See p. 369

颎 wěi ㄨㄟˇ 安静 quiet

猥 wěi ㄨㄟˇ ❶鄙陋，下流 base; obscene [猥亵－xiè]指关于淫秽的言词～～yáncí ｜ ～～行为 wěixiè xíngwéi indecent act ❷杂，多 miscellaneous; numerous

卫(衛、＊＊衞) wèi ㄨㄟˋ ❶保护，防护 guard; protect(粵 comb. 保－bǎo－defend):保家～国 bǎojiā-wèiguó protect our homes and defend our country/ 自～zìwèi defend oneself; self-defence [卫生－shēng]保护身体的健康，预防疾病 hygiene; sanitation:个人～～gèrén wèishēng personal hygiene/ 环境～～huánjìng wèishēng environmental sanitation; general sanitation ❷防护人员 guard:警～jǐngwèi (security) guard/ 后～hòuwèi rear guard; full back ❸文言指驴 donkey in classical Chinese:策双～来迎 cè shuāng wèi lái yíng drive two donkeys to meet sb ❹明代驻兵的地点 a place to station troops in the Ming Dynasty:～所 wèisuǒ sentry post ❺周代诸侯国名，在今河南省北部和河北省南部一带 name for a federal state of the Zhou Dynasty, covering the north of Henan Province and the south of Hebei Province

为(爲、＊＊為) ㊀ wèi ㄨㄟˋ ❶介词 prep. 替，给 for:～人民服务 Wèi rénmín fúwù. serve the people; work for the people ❷介词 prep. 表目的(可以和"了"连用)(used with "了""le"):～早日实现四化而斗争 Wèi zǎorì shíxiàn sìhuà ér dòu-zhēng. struggle for the early realization of the four modernizations/ ～了美好的明天而努力 Wèile měihǎo de míngtiān ér nǔlì. work hard for a fine future ❸介词 prep. 对，向 to; towards:且～诸君言之 qiě wèi zhū jūn yán zhī tell the story to everybody ❹帮助，卫护 help;

stand for
㊁ wéi 见 672 页 See p. 672

未 wèi ㄨㄟˋ ❶地支的第八位 the eighth of the twelve Earthly Branches ❷未时，指午后一点到三点 the period of the day from 1 p. m. to 3 p. m. ❸表示否定 expressing negation:1. 不 not:～知可否 wèi zhī kěfǒu not know whether it can be done 2. 没有，不曾 have not; did not:～成年 wèi chéngnián under age; not yet of age/ 此人～来 cǐ rén wèi lái The man didn't come. ❹放在句末，表示疑问 used at the end of a sentence, expressing doubt:君知其意～? Jūn zhī qí yì wèi? Do you know what he means? or Do you know his intention?

味 wèi ㄨㄟˋ ❶(－儿－r)味道，滋味 舌头尝东西所得到的感觉 taste; flavour sensation obtained from the tongue by putting things on it:五～wǔwèi the five flavours; all sorts of flavours /带甜～儿 dài tiánwèir mixed with sweet taste [口味 kǒu－] ⑩fig. 对事物的喜好 liking for:这件事正合他的～～Zhè jiàn shì zhèng hé tā de kǒuwèi. This matter suits his taste well. or This matter is just to his liking. ❷(－儿－r)气味，鼻子闻东西所得到的感觉 smell; sensation obtained through the nose:香～儿 xiāngwèir a sweet smell; fragrance/ 臭～儿 chòuwèir a foul smell; stench ❸(－儿－r)意味，情趣 interest; delight:趣～qùwèi interest; delight/ 意～深长 yìwèi-shēncháng be significant ❹体会，研究 savour; study:细～其言 xì wèi qí yán savour the meaning of his words/ 必须细细体～，才能懂得其中的道理 Bìxū xìxì tǐwèi, cái néng dǒng de qízhōngde dàolǐ. It is only by a careful study of it that you can understand the hows and whys. ❺量词 meas. 指药的种类 for medicine:这个方子一共七～药 Zhège fāngzi yígòng qī wèi yào.

W

This prescription consists of seven varieties of medicine.

位 wèi ㄨㄟˋ ❶位置,所在的地方 place; location: 座～zuòwèi *seat* ❷职位,地位 position; status ❸特指皇位 esp. referring to the throne: 即～jíwèi *ascend the throne*/ 在～zàiwèi *be on the throne*; reign / 篡～cuànwèi *usurp the throne* ❹一个数中,每个数码所占的位置(in mathematics)place; figure; digit: 个～gèwèi *unit's place*/ 十～shíwèi *ten's place* ❺量词 meas. 用于人 for persons: 诸～同志 zhūwèi tóngzhì *all the comrades*/ 三～客人 sān wèi kèren *three guests*

畏 wèi ㄨㄟˋ ❶怕 fear (⊛comb. 一惧 —jù *dread*): 大无～的精神 dàwúwèi de jīngshén *dauntless spirit*. ～首～尾 wèishǒu-wèiwěi *be full of misgivings; be overcautious* ❷敬佩 respect: 后生可～hòushēng-kěwèi *A youth is to be regarded with respect*. or *The younger generation will surpass the older.*

喂(❷❸*餵、❷❸*餧) wèi ㄨㄟˋ ❶叹词 interj. 打招呼用时 used in greetings: ～,是谁? Wèi, shì shéi? *Hey, who is it?*／快来呀 Wèi, kuài lái ya! *Hey, quickly come over here.* ❷把食物送进人嘴里 feed: ～小孩儿 wèi xiǎoháir *feed a baby* ❸给动物东西吃 feed (an animal): ～牲口 wèi shēngkou *feed draught animals* ⊛trans. 畜(xù)养 raise; keep: ～鸡 wèi jī *keep chickens* /～猪 wèi zhū *raise pigs*

碨 wèi ㄨㄟˋ〈方 dial.〉石磨(mò) stone grind

砲(礆) ㊀wèi ㄨㄟˋ 同"碨" Same as "碨"
㊁wéi 见 673 页 See p.673

胃 wèi ㄨㄟˋ ❶胃脏,人和某些动物消化器官的一部分,能分泌胃液、消化食物 stomach, part of the digestive tract of man and some animals, where gastric juice is produced and food is digested. (图见 809 页"脏") See picture in "zàng" internal organs of body, p. 809 ❷星宿名,二十八宿之一 the seventeenth of the twenty-eight constellations into which the celestial sphere was divided in ancient Chinese astronomy

谓 wèi ㄨㄟˋ ❶告诉 say; tell: 人～予曰 rén wèi yú yuē *Someone told me.* ❷称,叫做 call; name: 称～chēngwèi *appellation*; *title*/ 何～人工呼吸法? Héwèi réngōng hūxīfǎ? *What is artificial reaspiration?*［所谓 suǒ—］所说的 what is called; so-called: ～～分析 Suǒwèi fēnxī, jiùshì fēnxī shìwù de máodùn. *The so-called analysis is to examine carefully and find out the contradictions in things.*［无谓 wú—］没意义,说不出道理 meaningless; senseless: 这种争论太～～了 Zhè zhǒng zhēnglùn tài wúwèi le. *This dispute is really meaningless.*

猬(*蝟) wèi ㄨㄟˋ 刺猬,哺乳动物,身上长着硬刺,嘴很尖,昼伏夜出,捕食昆虫和小动物等 hedgehog, an insect-eating mammal with sharp prickles and a pointed mouth, coming out only at night

渭 wèi ㄨㄟˋ 渭河,发源于甘肃省,流入陕西省,会泾水入黄河 Weihe River, originating in Gansu Province, flowing into Shaanxi Province and joining in Jin River, a tributary of the Yellow River

尉 ㊀wèi ㄨㄟˋ ❶古官名 name for an office in ancient times: 太～tàiwèi *senior official of an emperor in ancient times* ❷军衔名 military rank; a junor officer: 上尉 shàngwèi *captain*; *lieutenant* ❸[尉氏 —shì]地名,在河南省 a place in Henan Province
㊁yù 见 794 页 See p.794

蔚 ㊀ wèi ㄨㄟˋ ❶草木茂盛 luxuriant ext. 盛大 grand：～为大观 wèiwéi-dàguān *a splendid sight*；*afford a magnificent view* ［蔚蓝－lán］晴天天空的颜色 azure；sky blue：～～的天空 wèilán de tiānkōng *a bright blue sky* ❷文采华美 colourful：云蒸霞～yúnzhēng-xiáwèi *bathed in clouds and morning glow*；*gorgeous, rich and colourful*

㊁ yù 见 794 页 See p.794

慰 wèi ㄨㄟˋ ❶使人心里安适 comfort；console：安～ ānwèn *comfort*／～问伤员 wèiwèn shāngyuán *express sympathy and solicitude for the wounded*／～劳前方战士 wèiláo qiánfāng zhànshì *bring gifts to the soldiers at the front* ❷心安 be relieved：欣～ xīnwèi *be gratified*／甚～ shèn wèi *be much relieved*

鳚 wèi ㄨㄟˋ 鱼名。体小，侧扁，无鳞，身体前端有侧线。生活在近海。blenny (blennius yatabei), a kind of small scaleless sea fish with flat side, and at the front part of its body an obvious lateral line；it lives in offshore

遗 ㊀ wèi ㄨㄟˋ 赠与 give as a present；present as a gift：～之千金 wèi zhī qiānjīn *present sb. with a generous gift of money*

㊁ yí 见 762 页 See p.762

魏 wèi ㄨㄟˋ ❶古国名 name for an ancient state：1.战国国名，在今河南省北部，山西省西南部一带 Northern Wèi named in history, one of the Warring States, occupying what is now northern Henan Province and southwestern Shanxi Province 2.三国之一，曹丕所建立(公元 220—265 年)，在今黄河流域甘肃省以下各省和湖北、安徽、江苏三省北部和辽宁省南部 one of the Three Kingdoms, established by Cao Pi (A. D. 220—265), occupying the present-day provinces in the Yellow River Valley and northern Hubei, Anhui, Jiangsu and southern Liaoning ❷北魏，北朝之一，拓跋珪所建立(公元 386—534 年) Northern Wei named in history one of the Northern Dynasties, established by Tuo Bagui (A. D. 386—534)

WEN ㄨㄣ

温 wēn ㄨㄣ ❶不冷不热 warm；lukewarm (龥 comb. 一暖－nuǎn *warmth*)：～水 wēnshuǐ *lukewarm water* ［温饱－bǎo］衣食充足 dress warmly and eat one's fill；have adequate food and clothing ❷温度，冷热的程度 temperature：气～qìwēn *air temperature*；*atmospheric temperature*／低～ dīwēn *low temperature*／体～ tǐwēn *body temperature* ❸性情柔和 gentle；soft (龥comb. 一柔－róu, 一和－hé *gentleand soft*；*soft*) ❹使东西热 warm up：～酒 wēn jiǔ *warm up wine* ❺复习 review：时常～习学过的知识 shícháng wēnxí xuéguo de zhīshi *often review the knowledge one has learned* ❻中医指温热病 in Chinese medicine referring to fever：春～chūnwēn *spring fever*／冬～dōngwēn *winter fever* ❼同"瘟" Same as "瘟 (pestilence)"

榅 wēn ㄨㄣ ［榅桲－po］落叶灌木或小乔木，叶椭圆形，背面密生绒毛，花淡红色或白色。果实也叫榅桲，有香气，味酸，可制蜜饯 quince, a deciduous tree with elongated leaves full of down on the back, blooming in light redish or white flowers, and bearing edible fragrant sour fruits with the same name, used in making preserved fruit

辒 wēn ㄨㄣ ［辒辌－liáng］古代可以卧的车，也用做丧车（in

ancient times）a kind of carriage in which the passenger can lie down；also used as funeral carriage

瘟 wēn ㄨㄣ 瘟疫,流行性急性传染病 pestilence, an acute infectious disease；～疫 wēnyì *pestilence*/ ～病 wēnbìng *seasonal febrile diseases*/ 猪～ zhūwēn *swine fever；hog cholera*

蕰 wēn ㄨㄣ [蕰草—cǎo]〈方dial.〉指水中生长的杂草,可作肥料 weeds living in water；also used as fertilizer

鰛 wēn ㄨㄣ [鰛鲸—jīng]哺乳动物,外形像鱼,生活在海洋中,体长6—9米,背黑色,腹部白色,头上有喷水孔,无牙齿,有鲸须,背鳍小。脂肪可以炼油 sea whale, a fish-shaped sea mammal about 6-9 metres long, white in the belly and black in the back, having baleen, small fins, and a fountain hole on the head but no teeth；fat used in making oil

文 wén ㄨㄣˊ ❶事物错综所成的纹理或形象 veins and images come out of contradiction in certain natural phenomena：天～ tiānwén *astronomy*/ 地～ dìwén *geography* ❷刺画花纹 tattoo：断发～身 duànfà-wénshēn *have one's hair cut and body tatooed；make up one's mind to do sth* ❸文字,记录语言的符号 character；writing：甲骨～ jiǎgǔwén *inscriptions on bones or tortoise shells of the Shang Dynasty* / 外～ wàiwén *foreign language* / 扫除～盲 sǎochú wénmáng *eliminate illiteracy* [文献—xiàn]有历史价值或参考价值的图书资料 document, books of historical value or for reference [文学—xué]用语言、文字表现出来的艺术作品,如诗歌、小说、散文、戏曲等 literature, written works of art value, such as poetry, fiction, prose or drama, etc. [文言—yán]旧时写文章常用的话,跟"白话"相对,也省称"文"also shortened as wén, classical Chinese,

opposite to vernacular [文章—zhāng]把有组织的话用文字写成的篇章,也省称"文" essay；article：作～ zuòwén *composition* / 古～ gǔwén *prose written in classical literary style；ancient Chinese prose* ❹旧时指礼节仪式（in early times）formal ritual：虚～xūwén *empty forms*/ 繁～缛节 fánwén-rùjié *complicated rules and ceremonies；unnecessary and overelaborate formalities* [文化—huà]1.人类在社会历史发展过程中所创造的物质财富和精神财富的总和,特指精神财富,如哲学、科学、教育、文学、艺术等 culture, the material or spiritual wealth created by human beings in the course of social development；spiritual wealth in particular, such as philosophy, science, education, literature, art, etc 2.考古学用语,指同一个历史时期的不依分布地点为转移的遗迹、遗物的综合体。同样的工具、用具,同样的制作技术等,是同一种文化的特征,如仰韶文化等 a term used in archaeology to refer to all the remains of an ancient culture with the same characteristics in a certain period in history. The same tools, same techniques, etc are the characteristics of the same culture, such as the Yangshao Culture. 3.语文、科学等知识 knowledge of language literature and science：～～水平高 wénhuà shuǐpíng gāo *high educational level* / 学～～ xué wénhuà *learn to read and write；acquire an elementary education* [文明—míng]社会发展到较高阶段表现出来状态 civilization：中国是世界～～发达最早的国家之一 Zhōngguó shì shìjiè wénmíng fādá zuì zǎo de guójiā zhīyī. *China is one of the earliest civilized countries in the world.* [文物—wù]过去遗留下来的在文化发展史上有价值的东西 cultural relic；historical relic ❺外表,

容态 appearance；looks and manners：
～质彬彬 wénzhì-bīnbīn gentle；
urbane ❻指关于知识分子的，非军事
的 civilian；intellectual；nonmilitary：
～人 wénrén man of letters；scholar/
～臣武将 wénchén wǔjiàng civil
ministers and military generals ❤️
trans. 柔和 soft；gentle：～雅 wén
yǎ elegant；refined／～绉绉 wén-
zhōuzhōu genteel［文火—huǒ]不猛烈
的火 slow fire；gentle heat ❼量词
meas. 用于旧时的铜钱 for copper
cash：一～钱 yī wén qián a cash／一
～不值 yīwén-bùzhí not worth a
farthing ❽（旧读 wèn）文饰，掩饰
paint over：～过饰非 wénguò-shìfēi
conceal faults and gloss over wrongs；
cover up one's errors

纹 ㊀ wén ㄨㄣˊ 条纹 lines（遚
comb. －理－lǐ veins)：水～
shuǐwén water lines／指～ zhǐwén
loops and whorls on a finger；finger-
print／这木头～理很好看 Zhè mùtou
wélǐ hěn hǎokàn. This wood has a
beautiful grain.

㊁ wèn 见 680 页 See p. 680

炆 wén ㄨㄣˊ〈方 dial.〉用微火焖食
物 cook food on a slow fire；
simmer

蚊 wén ㄨㄣˊ（－子－zi）昆虫名。种
类很多，幼虫叫孑孓，生活在水
里。雌的吸人畜的血液，有的传染疟
疾、流行性脑炎等。雄的吸植物汁液
mosquito, any of several types of
small flying insects；the larvae living
in water；the female mosquitoes
pricking the skin of people or animals
to drink blood, spreading diseases
such as malaria, epidemic encepha-
litis, etc.；the male mosquitoes
feeding on plant juice

雯 wén ㄨㄣˊ 成花纹的云彩 cloud
tints

闻 wén ㄨㄣˊ ❶听见 hear：耳～不如
目见 ěrwén bùrú mùjiàn What

you hear about may be false；what
you see is true. or Seeing is believing.
❷听见的事情，消息 news；story：新
～ xīnwén news／奇～ qíwén sth.
unheard-of；a thrilling，fantastic
story ❸（旧读 wèn）出名，有名望
(early pronounce wèn) well-known；
famous：～人 wénrén well-known
figure；famous man ❹名声 re-
putation：令～ lìngwén good name；
good reputation／丑～ chǒuwén
scandal ❺用鼻子嗅气味 smell：你～
～这是什么味？Nǐ wénwen zhè shì
shénme wèir? Smell this and see what
it is.／我～见香味了 Wǒ wénjian
xiāngwèir le. I can smell sth. sweet.

阌 wén ㄨㄣˊ［阌乡－xiāng]地名，
在河南省灵宝 a place in
Lingbao, Henan Province

刎 wěn ㄨㄣˇ 割脖子 cut one's
throat：自～zìwěn commit suicide
by cutting one's throat；cut one's
throat

吻（＊脗）wěn ㄨㄣˇ ❶嘴唇 lips：
接～jiēwěn kiss［吻合
—hé]相合 be identical；coincide ❷用
嘴唇接触表示喜爱 kiss，touch the
lips as a sign of love or liking

抆 wěn ㄨㄣˇ 擦 wipe；clean：～泪
wěn lèi wipe away tears

紊 wěn ㄨㄣˊ（旧读 wèn）乱（early
pronounce wèn) disorderly；
confused（遚 comb. －乱－luàn
disorder)：有条不～ yǒutiáo-bùwěn
in an orderly way；methodically

稳（穩）wěn ㄨㄣˇ ❶稳当，安定，
固定 firm；steady：站～
zhànwěn stand firm；take a firm
stand／～步前进 wěnbù qiánjìn
advance steadily；make steady
progress ⓕ fig. 沉着，不轻浮 steady；
calm：～重 wěnzhòng steady；staid ❷
使稳定 stabilize：～住局势 wěnzhù
júshì stabilize the situation；maintain
the situation ❸准确，可靠 sure；

W

certain：十拿九～ shí ná-jiǔ wěn *nine chances out of ten；be pretty sure*

问 wèn ㄨㄣˋ ❶有不知道或不明白的请人解答 ask；inquire：到一事处去——一 Dào wènshìchù qù wèn yī wèn. *ask at the information desk；ask at the inquiry office* [问题—tí] 1. 要求回答或解释的题目 question 2. 尚待解决或弄不明白的事 problem ❷慰问 convey greetings to：～候 wènhòu *send one's regards to；extend greetings to* ❸审讯，追究 interrogate；examine：～口供 wèn kǒugòng *interrogate (the accused)* ㈣ext. 问罪，惩办 denounce；condemn：胁从不～xié-cóng bùwèn *The intimidated followers are not to be condemned.* or *Those who are forced to commit a crime will not be charged.* ❹管，干预 be responsible for；intervene：概不过～gài bù guòwèn *concern oneself with nothing*

汶 wèn ㄨㄣˋ 汶河，水名，在山东省 Wenhe River，in Shandong Province

纹 ㊀ wèn ㄨㄣˋ 同"璺" Same as "璺 (crack on glassware，etc.)"

㊁ wén 见 679 页 See p.679

揾 wèn ㄨㄣˋ ❶用手指按住 press with fingers ❷擦 wipe

璺 wèn ㄨㄣˋ 器物上的裂痕 crack on glassware or earthenware：这个碗有一道～Zhège wǎn yǒu yīdào wèn. *The bowl has a crack.* / 打破砂锅～(谐"问")到底 dǎpò shāguō wèn dào dǐ *insist on getting to the bottom of the matter；keep asking questions till one goes to the bottom of the matter*

WENG ㄨㄥ

翁 wēng ㄨㄥ ❶老头儿 old man：渔～yúwēng *old fisherman* / 老～lǎowēng *old man* ❷父亲 father ❸丈夫的父亲或妻子的父亲 father-in-law：～姑(公婆) wēnggū *a woman's*

parents-in-law / ～婿 wēngxù *father-in-law and son-in-law*

嗡 wēng ㄨㄥ 拟声词 onom. (叠 redup.)：飞机～～响 Fēijī wēng-wēng xiǎng. *The plane is droning.* / 蜜蜂～～地飞 Mìfēng wēngwēng de fēi. *The bees are buzzing all around.*

滃 ㊀ wēng ㄨㄥ 滃江，水名，在广东省 Weng Jiang River，a river in Guangdong Province

㊁ wěng 见本页 See the same page.

鶲 wēng ㄨㄥ 鸟名。身体小，嘴稍扁平，吃害虫，是益鸟 flycatcher，a small beneficial bird with slightly flat beak，feeding on destructive insects

鞃 wēng ㄨㄥ (方 dial.)靴靿(yào) the upper part of a boot

蓊 wēng ㄨㄥ 形容草木茂盛(of plants) luxuriant；lush：～郁 wěngyù *exuberant；luxuriant* / ～茸 wěngróng *luxuriant and downy*

滃 ㊀ wěng ㄨㄥˇ ❶形容水盛 an abundance of water ❷形容云起 rising clouds

㊁ wēng 见本页 See the same page.

瓮（*甕）wèng ㄨㄥˋ 一种盛水、酒等的陶器 urn；earthen jar [瓮城—chéng]围绕在城门外的小城 a barbican entrance to a city

蕹 wèng ㄨㄥˋ 蕹菜，俗称"空心菜"。一年生草本植物，茎中空，叶心脏形，叶柄长，花白色，漏斗状。嫩茎叶可做菜吃 water spinach，popularly called kóngxīncài，an annual herb with hollow stalks，heart-shaped leaves，funnel-shaped white flowers；tender leaves and stems edible as a dish

齆 wèng ㄨㄥˋ 鼻子堵塞不通气 a stuffy nose

WO ㄨㄛ

挝（撾）㊀ wō ㄨㄛ [老挝 Lǎo—]国名，在印度支那半

岛 Laos, a country in the peninsula of Indo-China

㊀ zhuā 见 861 页 See p. 861

莴（萵） wō ㄨㄛ [莴苣—ju]一年或二年生草本植物，叶多长形，花黄色，分叶用和茎用两种。叶用的叫莴苣菜或生菜，茎用的叫莴笋 lettuce, an annual or biennial herb with long leaves and yellow flowers; divided according to the use of its leaves and stem: the one with edible leaves being cos lettuce, and the one with edible stem, asparagus lettuce

涡（渦） ㊀ wō ㄨㄛ 旋涡，水流旋转形成中间低洼的地方 whirlpool；卷入旋～（喻被牵入纠纷里）juǎnrù xuánwō be entangled in a whirlpool（fig. be involved in a dispute）

㊁ guō 见 231 页 See p. 231

窝（窩） wō ㄨㄛ ❶（—儿—r）禽兽或其他动物的巢穴 nest：鸡～ jīwō chicken coop；henhouse/ 马蜂～ mǎfēngwō hornet's nest/ 狼～lángwō wolf lair ❷藏匿犯法的人或东西 harbour a criminal or sth illegal；shelter：～贼 wōzéi shelter a thief/ ～赃 wōzāng harbour stolen goods；conceal booty/ ～藏 wōcáng harbour；shelter ❸坏人聚集之处 lair；den：贼～zéiwō thieves' lair ❹（—儿—r）洼陷的地方 a hollow part of a human body；pit：酒～ jiǔwōr dimple ❺弄弯 bend：把铁丝～个圆圈 bǎ tiěsī wō ge yuánquānr bend the wire into a circle ❻郁积不得发作或发挥 hold in：～火 wōhuǒ be filled with anger / ～心 wōxīn feel frustrated；feel distressed [窝工—gōng]因调配不好，工作人员没有充分发挥作用 enforced idleness due to poor organization of work；holdup in the work through poor organization ❼量词 meas.：一—小猪 yī wō xiǎo zhū a litter of piglets

蜗（蝸） wō ㄨㄛ 蜗牛，一种软体动物，有螺旋形扁圆的硬壳，头部有两对触角。吃嫩叶，对农作物有害 snail, a species of mollusc with a soft body, no limbs, a hard spiral-shaped shell on the back and a pair of antenna on the head, feeding on tender leaves and harmful to crops [蜗居—jū] ㊧fig. 窄小的住所 humble abode；very small dwelling place

倭 wō ㄨㄛ 古代称日本 name for Japan, used in ancient China

踒 wō ㄨㄛ（手、脚等）猛折而筋骨受伤 (of hands or feet) get sprained：手～了 shǒu wōle sprain one's hand

喔 wō ㄨㄛ 拟声词 onom. 形容鸡叫声 crow of a cock

我 wǒ ㄨㄛ 代词 pron. 自称，自己 I；me；we；our：～国 wǒguó our country/ 自～批评 zìwǒ pīpíng self-criticism / 忘～精神 wàngwǒ jīngshén spirit of selflessness

肟 wò ㄨㄛ 有机化合物的一类，通式是 RC—NOH。是羟氨（NH_2OH）与醛或酮缩合而成的化合物 oxime, a class of organic chemical compound, a compound of NH_2OH and aldehyde or ketone, general formula：RC—NOH

沃 wò ㄨㄛ ❶土地肥 fertile；rich（㊦comb. 肥—féi—fertile）：～土 wòtǔ rich soil；fertile soil/ ～野 wòyě fertile land；fertile fields ❷灌溉，浇 irrigate

卧（**臥） wò ㄨㄛ ❶睡倒，躺或趴 lie：仰～ yǎngwò lie on one's back；lie supine/ ～倒 wòdǎo drop to the ground；take a prone position / ～病 wòbìng be confined to bed；be laid up ❷有关睡觉的 of sleeping：～室 wòshì bedroom/ ～铺 wòpù sleeping berth；sleeper ❸趴伏（指动物）(of animals) crouch；sit：鸡～在窝里 Jī wò zài wō li. *The hen is crouching in the roost.* / 猫～在炉子旁边 Māo wò zài lúzi pángbiān *The cat is sitting at the side of the stove.*

偓 wò ㄨㄛˋ 用于人名 used in people's names

握 wò ㄨㄛˋ 攥(zuàn)，手指弯曲合拢来拿 hold；grasp：～手 wòshǒu *shake hands*

幄 wò ㄨㄛˋ 帐幕 tent

渥 wò ㄨㄛˋ 沾湿，沾润 wet；moisten [优渥 yōu—] 优厚 liberal；favourable

龌 wò ㄨㄛˋ [龌龊—chuò]肮脏，不干净 dirty；filthy 喻 fig. 人的品质恶劣 (of a person) base

潃 wò ㄨㄛˋ〈方 dial.〉弄脏，泥、油等沾在衣服、器物上 dirty；muddy

硪 wò ㄨㄛˋ（—子—zi）一种砸地基的工具 a kind of tool used to pound the earth

斡 wò ㄨㄛˋ 转，旋 revolve；spin [斡旋—xuán] 喻 fig. 居中调停，把弄僵了的局面扭转过来 mediate：从中～～ cóngzhōng wòxuán *mediate between the two parties*

WU ㄨ

乌（烏） ㊀ wū ㄨ ❶乌鸦，鸟名，俗叫"老鸹"(guā)或"老鸦" crow, popularly called "lǎoguā" or "lǎoyā". [乌合—hé] 喻 fig. 无组织地聚集 disorderly：～～之众 wūhézhīzhòng *a disorderly band；a motley crowd；rabble* ❷黑色 black；dark：～云 wūyún *dark clouds；black clouds* /　～木 wūmù *ebony* ❸〈古 arch.〉表示疑问，哪，何 where；what：～足道哉？Wū zú dào zāi？*What's there worth mentioning about it?* ❹[乌呼—hū]同"呜呼" Same as "呜呼"

[乌孜别克族—zībiékèzú]我国少数民族 the Ozbek nationality, an minority nationality in China. 参看附表 See Appendix.

㊁ wù 见 686 页 See p. 686

邬（鄔） wū ㄨ 姓 a surname

呜（嗚） wū ㄨ ❶拟声词 onom. （叠 redup.）：工厂汽笛～～地叫 / Gōngchǎng qìdí wūwū de jiào. *The whistles in the factory keeps hooting.* ❷[呜呼—hū]1. 文言叹词 interj. in classical Chinese 2.旧时祭文常用"呜呼"表示叹息，后借指死亡 early used to express sigh, later indicating death：一命～～ yīmìng-wūhū *die；kick the bucket*

钨（鎢） wū ㄨ 一种金属元素，符号 W，灰黑色的晶体，质硬而脆，熔点很高，可以拉成很细的丝。钨丝可以做电灯泡中的细丝。钢里面加入少量的钨合成钨钢，可以制造机器、钢甲等 tungsten, a greyish-black crystalline metallic element, hard but brittle with a high melting point, used to make the filament of a bulb；tungsten steel used in the manufacture of machines and armour plates；symbol：W

圬（✳✳**杇）** wū ㄨ ❶泥瓦工人用的抹（mǒ）子 trowel used for plastering ❷抹（mò）墙 plaster

污（✳污、✳汙）** wū ㄨ 肮脏 dirty（逮 comb. 一秽 —huì *filthy；foul*）：～泥 wūní *mud；mire* 喻 fig. 不廉洁 corrupt：贪～tānwū *corruption；graft* [污辱—rǔ]用无理的言行给人以难堪 humiliate；insult

巫 wū ㄨ 专以祈祷求神骗取财物的人 shaman；witch

诬 wū ㄨ 硬说别人做了某种坏事 accuse falsely（逮 comb. 一赖 —lài *falsely incriminate*）：～告 wūgào *bring a false charge against；trump up a charge against* /　～蔑 wūmiè slander；vilify/～陷 wūxiàn frame a case against

於 wū ㄨ〈古 arch.〉叹词 interj.
[於乎—hū][於戏 —hū]同"呜呼" Same as "呜呼"
[於菟—tú]〈古 arch.〉老虎的别称 another name for tiger
　　⊖ yú 见 788 页 See p. 788
　　⊜ yū 见 787 页 See p. 787

屋 wū ㄨ ❶房 house（⊛ comb. 房—fáng—house）⑪ ext.〈方 dial.〉家 home ❷房间 room；他住在东房的北～Tā zhù zài dōngfáng de běiwū. He lives in the northern room of the east wing of the house.

恶（惡） ㉓wū ㄨ〈古 arch.〉❶同"乌❸" Same as "乌❸" ❷叹词 interj.～，是何言也 Wū, shì hé yán yě! Oh, what a thing to say!
　　⊖ è 见 155 页 See p. 155
　　⊜ wù 见 686 页 See p. 686
　　⊜ ě 见 155 页 See p. 155

亡 ⊖ wú ㄨ〈古 arch.〉同"无" Same as "无"
　　⊖ wáng 见 669 页 See p. 669

无（無） wú ㄨ ❶没有，跟"有"相反 nothing；nil，antonym of yǒu：～产阶级 wúchǎn jiējí the proletariat / 从～到有 cóng wú dào yǒu start from scratch；grow out of nothing ❷不 not：～须乎这样 wúxūhū zhèyàng be unnecessarily so/ ～妨试试 wúfáng shìshì There is no harm in having a try.[无非—fēi]不过是，不外如此 nothing but；no more than：他批评你，～～是想帮助你进步 Tā pīpíng nǐ, wúfēi shì xiǎng bāngzhù nǐ jìnbù. He criticized you simply because he wanted to help you make progress.[无论—lùn]连词 conj. 不拘，不管，常跟"都"连用(usu. used along with dōu) no matter what，how，etc.；regardless of：～～是谁都要遵守纪律 Wúlùn shì shéi dōu yào zūnshǒu jìlù. Everyone is

supposed to obey the rules, no matter who he is.

芜（蕪） wú ㄨ 长满乱草 overgrown with weeds（⊛ comb. 荒—huāng—lie waste）：～城 wúchéng deserted town ⑩ fig. 杂乱 mixed and disorderly：～杂 wúzá mixed and disorderly / ～词 wúcí superfluous words

毋 wú ㄨ 不要，不可以 no；not；rather（than）：宁缺～滥 nìngquē-wúlàn would rather go without sth than be contented with anything less satisfactory；put quality before quantity

吾 wú ㄨ 我，我的 I；me；my；we；our

郚 wú ㄨ 见 632 页"鄌"字条"鄌郚"（táng —）See tángwú under entry of táng, p. 632

唔 ⊖ wú ㄨ 见 759 页"咿"字条"咿唔"(yī—)See yīwú under entry of yī, p. 759
　　⊜ ńg 见 476 页 See p. 476
　　⊜ ń 见 469 页 See p. 469

浯 wú ㄨ 浯水，水名，在山东省 Wu River, a river in Shandong Province

梧 wú ㄨ 梧桐，落叶乔木，树干很直，木质坚韧 Chinese parasol, a deciduous tree with straight trunk and hard wood

锘 wú ㄨ 见 371 页"锟"字条"锟锘"（kūn —）See "kūnwú", under entry of "kūn", p. 371

鼯 wú ㄨ 鼯鼠，哺乳动物，尾巴很长，前后肢之间有薄膜，能从树上滑翔下来，住在树洞中，昼伏夜出 a kind of mammal, a flying squirrel with a long tail and a membrane between the front and the hinder legs, good at climbing trees and coming out only at night

吴 wú ㄨ 古国名 name of an ancient state：1. 周代诸侯国名，在今江

苏省南部和浙江省北部,后来扩展到淮河下游一带 a state in the Zhou Dynasty, covering what is now southern Jiangsu, northern Zhejiang and the lower reaches of the Huaihe River 2. 三国之一,孙权所建立(公元222—280 年),在今长江中下游和东南沿海一带 one of the Three Kingdoms, established by Sunquan (A. D. 222—280), covering the lower reaches of middle and the Yangtze River and southeastern coastal areas in China

蜈 wú ㄨˊ [蜈蚣—gong]节肢动物,由许多环节构成,每节有脚一对,头部的脚像钩子,能分泌毒液,捕食小虫,可入药 centipede, a small insect-like creature with a long thin multi-joint body, having a pair of legs at each joint, feeding on small insects, producing venom; used as medicine

鹀 wú ㄨˊ 鸟名。大小和形状似麻雀。雄鸟羽毛颜色较鲜艳。吃种子和昆虫 bunting, a kind of sparrowlike bird both in size and shape, the male has bright color feather; eating seeds, fruits and insects.

五 wǔ ㄨˇ ❶数目字 number ❷旧时乐谱记音符号的一个,相当于简谱的"6" a note of the scale in *gongchepu*, corresponding to 6 in numbered musical notation

伍 wǔ ㄨˇ ❶古代军队的编制,五个人为一伍 the basic five-man unit of the army in ancient China ⑤ext. 军队 army:入~rùwǔ *join the army* ❷一伙 company:相与为~xiāng yǔ wéi wǔ *be sb's companion; be in the same rank with sb* ❸"五"字的大写 five, used for the numeral "wǔ" on cheques, banknotes, etc. to avoid mistakes or alterations

午 wǔ ㄨˇ ❶地支的第七位 the seventh of the twelve Earthly Branches ❷午时,称白天十一点到一点 noon; midday, the period from 11 a.m. to 1 p.m.:~饭 wǔfàn *lunch* / 特指白天十二点 12 o'clock at noon in particular:~前 wǔqián *before noon* / 下~一点开会 Xiàwǔ yī diǎn kāihuì. *The meeting begins at one o'clock in the afternoon.* [午夜—yè]半夜 midnight

仵 wǔ ㄨˇ 姓 a surname

[仵作—zuò]旧时官署检验死伤的人员 (in early times) coroner

迕 wǔ ㄨˇ ❶相遇 meet ❷逆,违背 go against; violate:违~wéiwǔ *go against*

忤 wǔ ㄨˇ 逆,不顺从 disobedient

庑(廡) wǔ ㄨˇ 古代堂下周围的屋子 the rooms of a one-storey Chinese traditional house except the central room

浯(潕、**潕) wǔ ㄨˇ 浯水,水名,在湖南省 Wu River, a river in Hunan Province

怃(憮) wǔ ㄨˇ ❶惊愕 stunned; stupefied ❷怃然,失意的样子 disappointed; frustrated

妩(嫵、**娬) wǔ ㄨˇ [妩媚—mèi](女子)姿态美好 (of a woman) graceful; charming

武 wǔ ㄨˇ ❶关于军事或技击的 military or connected with boxing skill, sword play, etc.:~装 wǔzhuāng *arms; military equipment* / ~器 wǔqì *weapon; arms* / ~术 wǔshù *martial arts* ❷勇猛 valiant; fierce:英~ yīngwǔ *of soldierly bearing; of martial bearing* [武断—duàn]只凭主观判断 arbitrary; subjective assertion:你这种看法太~~Nǐ zhè zhǒng kànfǎ tài wǔduàn. *Your views are very arbitrary.* ❸半步 half a step:行不数~xíng bù shù wǔ *within* a few steps; not far away

鹉 wǔ メ 见775页"鹦"字条"鹦鹉"（yīng—）See "yīngwǔ" under entry of "yīng", p.775

侮 wǔ メ 欺负，轻慢 bully; insult（③ comb. —辱 —rǔ insult，欺 — qī— bully）：中国人民是不可～的 Zhōngguó rénmín shì bùkě wǔ de. The Chinese people cannot be bullied. / 抵御外～ dǐyù wàiwǔ resist foreign oppression

捂(**搗) wǔ メ 严密地遮盖住或封闭起来 seal; cover：用手～着嘴 yòng shǒu wǔzhe zuǐ cover one's mouth with one's hand / 放在罐子里～起来免得走了味 fàng zài guànzi li wǔ qǐlai miǎnde zǒule wèir put it in the jar and seal it so that it will not lose flavour

悟 wǔ メ 抵触，冲突，不顺从 conflict; contradict：抵～ dǐwǔ contradiction

舞 wǔ メ ❶按一定的节奏转动身体表演各种姿势 dance, move to a certain rhythm：手～足蹈 shǒuwǔ-zúdǎo dance and stamp; dance with joy / ～剑 wǔjiàn perform a sword-dance / 秧歌～ yānggewǔ yangko dance [鼓舞 gǔ—]激励，使人奋发振作 inspire; hearten：～～群众的热情 gǔwǔ qúnzhòng de rèqíng enhance the enthusiasm of the masses ❷要弄 play with：～弊 wǔbì malpractices; fraudulent practices / ～文弄墨 wǔwén-nòngmò engage in phrase-mongering

兀 wù メ ❶高而上平 high but flat ❷高耸特出 towering：突～tūwù lofty; towering ❸元曲中用为发语词 aux. used at the beginning of a sentence in the type of verse popular in the Yuan Dynasty

阢 wù メ [阢陧—niè]同"杌陧" Same as "杌陧"

杌(❷阢) wù メ ❶杌凳，较矮的凳子 a low square stool ❷[杌陧—niè]（局势、心情等）不安 unstable; restless

靰 wù メ [靰鞡—la]东北地区冬天穿的一种用皮革做的鞋，里面垫着靰鞡草。也作"乌拉" leather boots lined with "wula" sedge, worn in winter and popular in northeastern China; also written as "乌拉"

勿 wù メ 别，不要 do not; never：请～动手 Qǐng wù dòngshǒu! No touching! / 闻声～惊 wén shēng wù jīng Don't be surprised on hearing it.

芴 wù メ ❶一年生草本植物，产于我国北部和中部，可供观赏，也可当做蔬菜食用 an annual herb, growing in the north and the middle of China; used as ornaments or edible as dish ❷有机化合物，化学式 $C_{13}H_{10}$。白色片状晶体，存在于煤焦油中。用来制染料、杀虫剂和药物等 an organic chemical compound, a white flake-shaped crystal, existing in coal tar; used as dye, insecticide and medicine, etc.; chemical formula: $C_{13}H_{10}$

物 wù メ ❶东西 thing; matter：～价 wùjià commodity prices / 万～ wànwù all things on earth / 新事～xīn shìwù new thing ⑤ext. 具体内容 content; substance：言之有～yánzhī-yǒuwù make a substantial remark; a substantial speech [物质—zhì] 1. 独立存在于人们意识之外，能为人们的意识所反映的客观世界 matter, the objective material making up the world, and everything in space reflected by and independent of man's thought or mind：～～不灭 wùzhì bùmiè conservation of matter/ ～～是可以被认识的 Wùzhì shì kěyǐ bèi rènshi de. Matter can be known. 2. 指金钱，供吃、穿、用的东西等 materials such as money, clothing, food and articles for use ❷"我"以外的人或环境，多指众人 the outside world as distinct from oneself; other people：

W

~望所归 wùwàng-suǒguī *sb or sth of popular confidence* / 待人接~ dàirénjiēwù *the way one gets along with people; the way one conducts oneself in relation to others*

乌(烏) ㊁ wù ㄨ [乌拉—la] 见 685 页"靰" See p. 685
㊀ wū 见 682 页 See p. 682

坞(塢、隖) wù ㄨ ❶小障蔽物,防卫用的小堡 fortified building; castle ❷四面高中间凹下的地方 a depressed place: 山~ shānwù *col; valley* / 花~ huāwù *flower bed* [船坞 chuán—]在水边建筑的停船或修造船只的地方 dock; shipyard

戊 wù ㄨ 天干的第五位,用做顺序的第五 the fifth of the ten Heavenly Stems; the fifth

务(務) wù ㄨ ❶事情 affair; business (㊂comb. 事—shì— *general affairs*):任~rènwu *task* / 公~ gōngwù *public affairs; official business* / 医~工作者 yīwù gōngzuòzhě *medical worker* ❷从事,致力 be engaged in; devote one's efforts to:~农 wùnóng *be engaged in agriculture; be a farmer* ❸追求seek; pursue:不要好(hào)高~远 bùyào hàogāo-wùyuǎn *Don't reach for what is beyond your grasp.* or *Don't crave after something high and out of reach.* ❹务必,必须,一定must; be sure to:~请准时出席 Wù qǐng zhǔnshí chūxí. *Be sure to be present on time.* / 你~必去一趟 Nǐ wùbì qù yī tàng. *You must go there.*

雾(霧) wù ㄨ ❶接近地面的水蒸气,遇冷凝结后飘浮在空气中的小水点 fog, a large mass of water vapour condensed to fine particles when meeting with coldness just above the earth's surface ❷像雾的东西 fog-like thing: 喷~器 pēnwùqì *sprayer; atomizer*

误(**悮) wù ㄨ ❶错 mistake; error (㊂comb. 错—cuò— *error*):~解 wùjiě *misunderstand; misread* / 笔~ bǐwù *slip of pen* ❷耽误,耽搁 delay; miss:~事 wùshì *hold things up; bungle matters* / 火车~点 huǒchē wùdiǎn *The train is late.* or *The train is behind schedule.* / 生产学习两不~ Shēngchǎn xuéxí liǎng bù wù. *Neither production nor study is to suffer.* ❸因自己做错而使人受害 harm other people because of one's own fault:~人子弟 wùrénzǐdì *(of a teacher)harm the younger generation; lead young people astray* ❹不是故意而有害于人 by mistake; by accident:~伤 wùshāng *accidentally injure; accidental injury*

恶(惡) ㊀ wù ㄨ 讨厌,憎恨 loathe; hate:可~kěwù *hateful; abominable* / 深~痛绝 shēnwù-tòngjué *cherish an undying hatred for; hate bitterly*
㊁ è 见 155 页 See p. 155
㊂ě 见 155 页 See p. 155
㊃ wū 见 683 页 See p. 683

悟 wù ㄨ 理解,明白,觉醒 understand; realize (㊂ comb. 醒—xǐng— *realize*):~出这个道理来 wùchu zhège dàoli lái *realize the whys and hows* / 恍然大~huǎngrán dàwù *suddenly see the light; suddenly realize what has happened* [觉悟 jué—] 1. 由迷惑而明白 come to understand; become aware of 2. 指政治认识 become politically awakened:提高~~ tígāo juéwù *heighten one's political consciousness*

晤 wù ㄨ 遇,见面 meet; interview:~面 wùmiàn *meet; see* / ~谈 wùtán *interview; meet and talk* / 会~ huìwù *meet*

焐 wù ㄨ 用热的东西接触凉的东西,使它变暖 warm up:用热水袋~一~手 Yòng rèshuǐdài wù yī shǒu

shǒu. *warm one's hands with a hot-water bottle*

痦(**疻) wù ㄨˋ[痦子—zi] 突起的痣 naevus; mole

痞 wù ㄨˋ 睡醒 awake

婺 wù ㄨˋ 婺水,水名,在江西省 Wu River, a river in Jiangxi Province

骛 wù ㄨˋ ❶乱跑 run around aimlessly; move about freely and quickly ❷同"务❸" Same as "务❸"

鹜 wù ㄨˋ 鸭子 duck;趋之若~(像鸭子一样成群地跑过去,比喻很多人争着去,含贬义)qūzhī-ruòwù *rush to it like ducks to water* (fig. and derog. meaning go after in a swarm to scramble for sth.)

鋈 wù ㄨˋ ❶白色金属 white metal ❷镀 plating

XI

XĪ TĪ

夕 xī Tl ❶日落的时候 sunset：朝～ zhāoxī *morning and night*；*a short time* / ～照 xīzhào *evening glow* ❷夜 evening；night：前～ qiánxī *eve* / 风雨之～ fēngyǔ zhī xī *a stormy night*

汐 xī Tl 夜间的海潮 tide during the night；nighttide

矽 xī Tl 硅（guī）的旧称 old name for silicon

窆 xī Tl [窀窆 zhūn—]墓穴 coffin pit；open grave

兮 xī Tl 古汉语助词，相当于现代的"啊"或"呀" auxiliary of ancient Chinese，equal to "a" or "ya" in modern Chinese：大风起～云飞扬 Dàfēng qǐ xī yún fēiyáng. *O! It's blowing a gale with clouds flying swiftly and high in the sky.*

西 xī Tl ❶方向，太阳落的一边，跟"东"相对 direction，opposite to dōng（east)"，in which the sun sets：由～往东 yóu xī wǎng dōng *from west to east* / ～房 xīfáng *western room* / ～南角上 xīnánjiǎo shang *at the southwest corner* ❷事物的样式或方法属于西方（多指欧、美两洲的）(of fashion or style or method) Western (esp. European and American)：～餐 xīcān *Western-style food* / ～服 xīfú *Western-style clothes*；suit

茜 ⊖ xī Tl 多用于人名（人名中也有读 qiàn 的）usually used in a person's name（also pronounced qiàn in a person's name）

⊜ qiàn 见 527 页 See p. 527

栖 xī Tl [栖惶 —huáng]惊慌烦恼的样子 in vexed or troubled manner

栖 ⊖ xī Tl [栖栖 ——]心不安定的样子 in restless or distracted manner

⊜ qī 见 515 页 See p. 515

氙 xī Tl "氚"（xiān)的旧称 old name of xenon (X, Xe)

牺（犧） xī Tl 古代称做祭品用的毛色纯一的牲畜 an ancient offering to God or gods, esp. of a pure-coloured beast killed in a ceremony：～牛 xīniú *sacrificial ox* [牺牲 —shēng]古代为祭祀宰杀的牲畜 a beast slaughtered for sacrifice in ancient times ⑱ fig. 1. 为人民、为正义事业而献出自己的生命 give one's life to the people's or a just cause 2. 泛指为某种目的的舍弃权利或利益等 generally refer to giving up one's rights and benefits for a certain purpose

硒 xī Tl 一种非金属元素，符号 Se，导电能力随光的照射强度的增减而改变。硒可用来制半导体晶体管和光电管等，又供玻璃等着色用 selenium, a non-metallic element, whose electic conductivity changes with the intensity of light, used esp. in semi-conductor and light-sensitive electrical instruments and as a colouring material for glass；symbol Se

舾 xī Tl 船舶装备品 shipping equipment [舾装 —zhuāng] 1. 船舶装置和舱室设备如锚、舵、缆、桅樯、救生设备、航行仪器、管路、电路等的总称 a general term for shipping devices in cabin and equipments such as, anchors, rudder, hawers, mast, life saving appliances, navigating system, pipelines, and circuits 2. 船体下水后，装备上述设备和刷油漆等项工作的总称 a general term for installing the above-mentioned devices and equipment and painting after the ship is launched

栖 xī ㄒㄧ 碎米 crashed (husked) rice：糠～ kāngxī chaff and crashed (husked) rice

吸 xī ㄒㄧ ❶从口或鼻把气体引入体内，跟"呼"相反 inhale or breath in air from nose or mouth, antonym of "hū (exhale)"：～气 xīqì inhale air；breathe in ／ ～烟 xīyān smoke ❷引取 absorb；suck up：药棉花能～水 Yàomiánhua néng xī shuǐ. Absorbent cotton can absorb water. ／ ～墨纸 xīmòzhǐ blotting paper／ ～铁石 xītiěshí magnet；lodestone [吸收 —shōu] 摄取，采纳 absorb；assimilate；adopt：植物由根～～养分 Zhíwù yóu gēn xīshōu yǎngfèn. Plants assimilate nutrients through their roots. ／ ～～先进经验 xīshōu xiānjìn jīngyàn adopt advanced experience

希 xī ㄒㄧ ❶少 rare (⊕comb. —罕 —han rare；scarce)：物以～为贵 Wù yǐ xī wéi guì. Rare things are valuable. ❷盼望 hope (⊕comb. —望 —wàng hope；wish)：～望准时出席 xīwàng zhǔnshí chūxí expect sb. to arrive in time ／ ～望你快点回来 Xīwàng nǐ kuài diǎnr huílai. Hope you return earlier.

郗 xī ㄒㄧ (旧读 old pronounce chī) 姓 a surname

唏 xī ㄒㄧ 叹息 sigh [唏嘘 —xū] 同"欷歔(sob；sigh)" Same as "欷歔"

浠 xī ㄒㄧ 浠水，水名，在湖北省 Xī Shuǐ, a river in Hubei Province

晞 xī ㄒㄧ ❶干，干燥 dry；arid：晨露未～ Chénlù wèi xī. The morning dew has not yet dried. ❷破晓，天亮 daybreak；dawn：东方未～ Dōngfāng wèi xī. The east is not red yet.

欷 xī ㄒㄧ [欷歔 —xū] 抽搭，哭泣后不自主地急促呼吸 sob, invol-untarily breathe heavily while weeping

烯 xī ㄒㄧ 有机化学中，分子式用 C_nH_{2n} 表示的一类化合物，如乙烯 (of organic chemistry) one of the chemical compounds with the formula C_nH_{2n}, such as ethylene

稀 xī ㄒㄧ ❶事物中间距离远、空隙大，跟"密"相反 (of things) with large space or big intervals, antonym of "mì (dense)" (⊕comb. —疏 —shū sparse)：棉花种得太～了不好 Miánhua zhòng de tài xī le bù hǎo. It is improper to grow cotton sparsely. ／ ～客 xīkè a rare visitor [稀松 —sōng] 1. 懒散，松懈 lazy；slack 2. 差劲 not good；disappointing 3. 平常，不关紧要 common；unimportant ❷浓度不大，含水分多的 thin；watery (⊕comb. —薄 —bó thin)：～饭 xīfàn rice or millet gruel；porridge／ ～硫酸 xīliúsuān deluted sulphuric acid ／ ～泥 xīní mud；mire／ ～释 xīshì dilute ❸少 few；rare (⊕comb. —少 —shǎo、—罕 —han rare)：～有金属 xīyǒu jīnshǔ rare metal

豨 xī ㄒㄧ 古书上指猪 pig；hog in ancient Chinese texts [豨莶 —xiān] 豨莶草，一年生草本植物，茎上有灰白毛，花黄色。全草入药 siegesbeckia orientalis, an annual herb with greyish-downy stems and yellow flowers；used as medicine

昔 xī ㄒㄧ 从前 former times；the past：～日 xīrì (in) former days (or times)／ 今～ jīnxī the present and the past

惜 xī ㄒㄧ ❶爱惜，重视，不随便丢弃 cherish；value highly；treasure；not likely to abandon：～阴(爱惜时间) xī yīn value one's time highly (make best use of one's time)／ 爱～公物 àixī gōngwù cherish and use public property prudently [怜惜 lián —] 爱惜，同情 have pity for; show tender affection and sympathy for ❷舍不得 spare; grudge (❀comb. 吝—lìn—*grudge*):～别 xībié *be reluctant to part*/ 不—牺牲 bùxī xīshēng *not hesitate to sacrifice one's life*/ ～指失掌(喻因小失大) xīzhǐ-shīzhǎng *stint a finger and lose a hand* (*fig.* save a little only to lose a lot) ❸可惜,感到遗憾 show pity for; feel sorry for:～未成功 xī wèi chénggōng *It's a pity not to succeed.*

腊 ㊀ xī ㄒㄧ 干肉 dried meat
　　㊁ là 见 374 页 See p. 374

析 xī ㄒㄧ 分开 divide; separate; 条分缕—tiáofēn-lǚxī *being in a detailed systematic conditions* /分崩离～ fēnbēng-líxī *fall to pieces*; *disintegrate* ㊂ ext. 解释 explain:～疑 xī yí *clear up a doubt*/ 分～ fēnxī *analyse*; *dissect*; *resolve*

薪 xī ㄒㄧ [薪蓂 —míng]又名"遏蓝菜",二年生草本植物,叶匙形,花白色,果实扁圆形。叶可作蔬菜,种子可榨油。全草可入药 Thlaspi arvense, also called "èláncài", a biennial herb with spoon-shaped leaves, white flowers and oblate seeds, which can be used as medicine with its leaves as vegetable and seeds for oil

淅 xī ㄒㄧ 淘米 wash rice

[淅沥 —lì]象声词,雨雪声或落叶声 onom. an imitation of sounds of raining, snowing or falling leaves, etc.

晰(皙) xī ㄒㄧ 明白,清楚 clear; distinct:看得清～ kàn de qīngxī *see clearly* / 十分明～ shífēn míngxī *quite distinct*

皙 xī ㄒㄧ 人的皮肤白（of a person's skin） white; fair-skinned:白～ báixī (of skin) *fair and clear*

蜥 xī ㄒㄧ [蜥蜴 —yì]一种爬行动物,俗叫"四脚蛇"。身上有细鳞,尾巴很长,脚上有钩爪,生活在草丛里 lizard, popularly called "four-legged snake", a kind of several types of (usu.) small reptiles, with scaled skin, four legs, hooked paws and a long tail, living in thick grass

胏 xī ㄒㄧ 多用于人名 commonly used in a person's name

饻 xī ㄒㄧ 老解放区一种计算工资的单位,一饻等于几种实物价格的总和 a measure of wage in the old liberated areas, one xī equals the sum of prices of several goods added up

息 xī ㄒㄧ ❶呼吸时进出的气 breathe in and out: 鼻～ bíxī *breath*/ 喘～ chuǎnxī *pant; gasp for breath* ❷停止,歇:停;stop:～怒 xīnù *cease to be angry*/ 经久不～ jīngjiǔ-bùxī *prolonged; sustained*/ 按时作～ ànshí zuòxī *work and rest according to the time table* ❸ 消息 news:信～ xìnxī *information; message* ❹利钱 interest:年～ niánxī *annual interest* ❺儿女 sons and daughters; one's children:子～ zǐxī *son; male offspring* ❻繁殖,滋生 reproduce, multiply:生～ shēngxī *live; exist*/ 灾～祸生 zāixī-huòshēng *disasters with misfortunes*

熄 xī ㄒㄧ 火灭,灭火 extinguish; put out:～灯 xīdēng *put out the light*/ 炉火已～ Lúhuǒ yǐ xī. *The stove has gone out.*

蠑 xī ㄒㄧ [水螅 shuǐ—]一种腔肠动物,身体圆筒形,上端有小触手,附着在池沼、水沟中的水草上 hydra, a species of coelenterate which clings to the water weeds in ponds or streams and has long round body with tentacles near its mouth

奚 xī ㄒㄧ ❶古代指被役使的人 servant of ancient times ❷〈古 arch.〉表示疑问 interrogative 1. 为什么 why:～不去也 Xī bù qù yě? *Why don't you go?* 2. 什么 what:子将～先 Zǐ jiāng xī xiān? *What do*

you want to do first? 3. 何处 where；水～自至？ Shuǐ xī zì zhì？ *Where does the water come?*

[奚落 —luò]讥诮，嘲笑 scoff at；taunt；gibe at

傒 xī ㄒㄧ [傒倖 —xìng]烦恼，焦躁 be vexed；be worried；be troubled

徯 xī ㄒㄧ ❶等待 wait ❷同"蹊" Same as "蹊"

溪(*谿) xī ㄒㄧ 山里的小河沟 a small stream or brook in the mountain

[溪卡 —kǎ]西藏民主改革以前官府、寺院和贵族的庄园 (Tibetan) manor of officials，monks and nobles before the democratic reform

蹊 ⊖ xī ㄒㄧ 小路 footpath (⊕comb. —径 —jìng *path*)
⊜ qī 见 516 页 See p. 516

鸂 xī ㄒㄧ [鸂鶒 —chì]古书上指像鸳鸯的一种水鸟 an aquatic bird like mandarin duck in ancient Chinese texts

巂 xī ㄒㄧ [巂鼠 —shǔ]小家鼠 mouse

悉 xī ㄒㄧ ❶知道 know；learn；be informed of：获～ huòxī *get to know*／熟～此事 shúxī cǐ shì *be in the know of sth.* ❷尽，全 all；entire：～心 xīxīn *devote all one's attention*／～数捐献 xīshù juānxiàn *contribute all that one has*

窸 xī ㄒㄧ [窸窣 —sū]拟声词，形容细小的声音 onom. a succession of slight soft sound；rustle

蟋 xī ㄒㄧ [蟋蟀 —shuài]北方俗叫"蛐蛐儿"，是一种有害的昆虫，身体黑褐色，雄的好斗，两翅摩擦能发声 cricket，popularly called "qūqur" in northern China，a type of small harmful brown insect，the male of which is very aggressive and makes loud short noises by rubbing its lethery wings together

翕 xī ㄒㄧ ❶合 furl；fold；shut：～动 xīdòng *open and close*／～

张 xīzhāng *furl and unfurl* ❷和顺 unified，harmonious；amiable and compliant

噏 xī ㄒㄧ 同"吸(inhale)"Same as "吸(inhale)"

歙 ⊖ xī ㄒㄧ 吸气 inhale
⊜ shè 见 581 页 See p. 581

犀 xī ㄒㄧ ❶犀牛，哺乳动物，形状略似牛，全身几乎没有毛，皮粗厚多皱纹。角生在鼻子上，印度一带产的只有一只角，非洲产的有两只角，前后排列。角坚硬，可做器物，又可以入药 rhinoceros，one of several kinds of hairless；thick-skinned mammal，just like buffalo，but with one (Indian type) or two (African ones) hard horns on its nose，which can both be used to make utensil or as medicine ❷坚固 solid；firm；strong：～利(锐利) xīlì *sharp* (incisive)

[木犀 mù—]桂花 sweet-scented osmanthus

樨 xī ㄒㄧ [木樨 mù—]同"木犀"，即"桂花"Same as "木犀"，namely，sweet-scented osmanthus

锡 xī ㄒㄧ ❶一种金属元素，符号 Sn，银白色，有光泽，质软，富延展性，在空气中不易起变化 tin，stannum：a soft silver-whitish shiny metal，with easily extending and non-reactive nature in the air；symbole，Sn ❷赏赐 grant (or bestow) a reward；award

[锡伯族 —bózú]我国少数民族名，参看附表 one of minority nationality of China，see appendix

裼 ⊖ xī ㄒㄧ 敞开或脱去上衣，露出身体的一部分 unbutton or divest one's upper garment to expose one part of the body (⊕comb. 袒—tǎn— *expose*)
⊜ tì 见 642 页 See p. 642

熙 xī ㄒㄧ ❶光明 bright；sunny ❷和乐(叠 redup.) gay，merry：众人～～ zhòngrén xīxī *All the people are happy and gay.*

[熙攘 —rǎng]形容人来人往，非常热闹 busy with people coming and going；very lively：熙熙攘攘 xīxī-rǎngrǎng with people bustling about

僖 xī Tl　快乐 happy

嘻 xī Tl　喜笑的样子或声音（叠redup.）manner or sound of laughing or giggling：笑～～xiàoxīxī grinning；smiling / ～皮笑脸 xīpí-xiàoliǎn broadly grinning cheekily and shamelessly

嬉 xī Tl　游戏，玩耍 play；game；sport

熹 xī Tl　光明 dawn；brightness [熹微 —wēi]日光微明 dim or dusky daylight

巂 xī Tl　[越巂 Yuè—]地名，在四川省。今作"越西" a place in Sichuan Province，now known as "Yuèxī(越西)"

膝 xī Tl　大腿和小腿相连的关节的前部 knee，the middle joint of the leg（图见 640 页"体"）（see picture under entry of "ti"，p. 640

羲 xī Tl　姓 a surname

曦 xī Tl　阳光 sunshine；sunlight：晨～ chénxī morning sunshine

爔 xī Tl　同"曦" Same as "曦(sunlight)"

醯 xī Tl　❶醋 vinegar ❷酰(xiān)的旧称 old name for acyl

巇 xī Tl　险巇，形容山险（of mountains）dangerous and difficult ⑤ext. 道路艰难 The path ahead is full of danger and difficulties.

习（習） xí Tl　❶学过后再温熟，反复地学使熟练 review after learning，practice over and over again to become familiar：自～ zìxí self-study / 复～ fùxí review / ～字 xízì practice penmanship / ～作 xízuò an exercise in composition，drawing，etc. ❷对某事熟悉 get accustomed to；become familiar with：

～兵（熟于军事）xíbīng undergo military training（be versed in military affairs）⑤ ext. 常常地 often；frequently：～见 xíjiàn commonly seen/ ～闻 xíwén frequently heard ❸习惯，长期重复地做，逐渐养成的不自觉的行为 habit，unconscious behavior gradually cultivated through years of repeated practice：积～ jīxí old habit，deep-rooted habits/ 铲除不良～气 chǎnchú bùliáng xíqì get rid of bad habits / 恶～ èxí pernicious habits；evil ways

嶍 xí Tl　[嶍峨 —é]山名，在云南省 a mountain in Yunnan Province

鳛 xí Tl　❶古书上指泥鳅 loach in ancient Chinese texts ❷[鳛水 —shuǐ]地名，在贵州省。今作"习水" a place of Guizhou Province，now known as "Xíshuǐ(习水)"

席（❶＊蓆） xí Tl　❶（一子 —zi、一儿 —r）草或苇子等编成的东西，通常用来编（pū）床或炕 mat，a piece of material woven with hays or reeds，usu. used for covering bed or "kàng(the heatable brick bed)" ❷座位 seat，place：出～(到场) chūxí attend（be present at a meeting，social gathering，etc）/ 缺～(不到场) quēxí be absent（from a meeting，etc.）/ 入 ～ rùxí take one's seat at a banquet，ceremony，etc. ❸ 特指议会中的席位，表示当选的人数 seat（in a legislative assembly），expressing the number of persons that are elected ❹酒席，成桌的饭菜 feast；banquet；dinner：摆了两桌～ bǎile liǎng zhuō xí arrange two banquets

觋 xí Tl　男巫 a wizard；a sorcerer

袭（襲） xí Tl　❶袭击，趁敌人不备，给以攻击 make a surprise attack；attack the enemy by surprise：夜～ yèxí night attack（or raid）/ 空～ kōngxí *air attack*（or raid）❷ 照样做，照样继续下去 follow the pattern of, carry on as before：因～ yīnxí *observe; follow*（old customs）/ 沿～ yánxí *follow*（conventions）/ 世～ shìxí *hereditary* ❸ 量词，用于成套的衣服 *meas.* expressing a suit of clothes：衣一～ yī yīxí *a suit of clothes*

媳 xí Tí 儿媳，儿子的妻子 daughter-in-law, wife of one's son [媳妇 —fu] 儿子的妻子 son's wife [媳妇儿 —fur] 1. 妻子 wife：兄弟～～ xiōngdì xífur *brother's wife* 2. 已婚的年轻妇女 a young married woman

隰 xí Tí ❶ 低湿的地方 low marshy land；swamp ❷ 新开垦的田地 newly-opened farmland

檄 xí Tí 檄文，古代用于征召或声讨等的文书 an official proclamation for mobilization to launch a punitive expedition war to the enemy in ancient times

洗 ⊖ xǐ Tǐ ❶用水去掉污垢 wash away dirt with water（圈comb.—涤 —dí *wash*）：～衣服 xǐ yīfu *wash clothes* / ～脸 xǐ liǎn *wash one's face* [洗礼 —lǐ] 1. 基督教接受人入教时所举行的一种仪式 baptism, a Christian ceremony in which a person is accepted as a member of the church 2. 指经受锻炼和考验 go through a severe test or trial：战斗的～～ zhàndòu de xǐlǐ *a baptism of fire*（or battle）[洗手 —shǒu] 比喻盗贼等不再偷抢（of a thief, robber, etc.）stop stealing or robbing ❷清除干净 make sth clean；清～ qīngxǐ *cleanse, rinse* ❸冲洗，照相的影影定影 develop or process（a photograph）：～相片 xǐ xiàngpiàn *process a photo* ❹洗雪 redress；right：～冤 xǐyuān *redress a grievance* ❺如水洗一样抢光，杀光 loot and kill completely, just as washed clean with

water：～城 xǐchéng *massacre the dwellers in a captured city* / ～劫一空 xǐjié-yīkōng *make off everything*

⊖ xiàn 见 701 页 See p. 701

铣 ⊖ xǐ Tǐ 用一种能旋转的多刃刀具切削金属工件 mill metal workpieces with a turning multi-edge cutting tool：～床 xǐchuáng *milling machine；miller* / ～刀 xǐdāo *milling cutter* / ～汽缸 xǐ qìgāng *mill cylinder*

⊖ xiǎn 见 701 页 See p. 701

枲 xǐ Tǐ 大麻的雄株，只开花，不结果实 staminate（or male）hemp, blossoming, but bearing no seeds

玺（璽）xǐ Tǐ 印，自秦朝以后专指皇帝的印 seal, especially indicating imperial or royal seal of the emperor from the Qín Dynasty

徙 xǐ Tǐ 迁移 migrate；move from one place to another（圈comb. 迁— qiān— *migrate*）

蓰 xǐ Tǐ 五倍 five times, fivefold：倍～（数倍）bèixǐ *many times*（several times）

屣 xǐ Tǐ 鞋 shoe

喜 xǐ Tǐ ❶高兴，快乐 happy, delighted；pleased（圈comb. —欢 —huan、欢— huān— *like*）：～出望外 xǐchūwàngwài *be overjoyed*（at an unexpected gain, good news, etc.）；*be pleasantly surprised* ❷可庆贺的，特指关于结婚的 a happy event（esp. wedding）；an occasion for celebration：要节约办～事 yào jiéyuē bàn xǐshì *practice thrift in a happy event*（or practice thrift to celebrate an occasion）❸妇女怀孕叫"有喜（yǒuxǐ）" a woman becoming pregnant ❹爱好 like；love；be fond of：～闻乐见 xǐwén-lèjiàn *love to see and hear* ❺适于 suitable for；fit for：海带～荤 hǎidài xǐ hūn *The kelp is suitably*

cooked with meat. / 植物一般都～光 Zhíwù yìbān dōu xǐ guāng. *Plants generally have an inclination for light.*

禧 xǐ Tǐ ❶(旧读 Xī)福,吉祥 (old pronounce xī) auspiciousness；happiness ❷喜庆 a happy event or occassion：新～ xīnxǐ *a happy new year*

蟢 xǐ Tǐ (—子 —zi)又叫"喜蛛"或"蟏蛸"。一种长腿的小蜘蛛。也作"喜子"also called "xǐzhū" or "xiāoshāo". a small long-legged spider. Also "xǐzi".

蒠 xǐ Tǐ 害怕,畏惧 fear；dread；be afraid of：畏～不前 wèixǐ-bùqián *be afraid to go ahead*

戏(戲、*戲) ㊀ xì Tǐ ❶玩耍 game：集体游～ jítǐ yóuxì *a collective game* / 不要当做儿～ bùyào dāngzuò érxì *Don't treat it as a mere trifle.* ❷嘲弄,开玩笑 make fun of；joke：～言 xìyán *joking remarks* ❸戏剧,也指杂技 play, drama；show, also indicating acrobatic：看～ kàn xì *go to threater* / 唱～ chàngxì *sing and act in a traditional opera* / 听～tīng xì *go to enjoy opera* (esp. refer to Beijing Opera) / 马～ mǎxì *circus*；皮影～ píyǐngxì *leather-silhouette show*；*shadow play*

㊁ hū 见 255 页 See p. 255

饩(餼) xì Tǐ ❶古代祭祀或馈赠用的牲畜 livestock offered as a gift or sacrifice to gods or ancestors in ancient times ❷赠送(谷物、饲料、牲畜等) give (grain, feed, livestock) as a present or gift

系(❸❺係、❸❹❻❼繫) xì Tǐ ❶有联属关系的 with interrelated relationship：～统 xìtǒng *system* / 一一列的事实 yīyīliè de shìshí *a series of facts*；水～ shuǐxì *river system*；*hydrographic net* / 世～ shìxì *pedigree*；*genealogy* ❷高等学校中按学科分的教学单位 any of teaching divisions or branches of colleges and universities：中文～Zhōngwénxì *the Chinese department* / 化学～ huàxuéxì *the department of chemistry* ❸关联 be related, be connected：干～ gānxì *responsibility*；*implication* ❹联结,拴 tie；fasten；bind：～马 xì mǎ *tether a horse to a post* ⑨ext. 牵挂 be concerned with；worry about：～念 xìniàn *be anxious about* [联系 lián —] 联络, 接头 make contact with sb.；get in touch with sb.：时常和他～～ shícháng hé tā liánxì *keep up personal relations with him* ❺是 be；确～实情 què xì shíqíng *nothing but the truth* ❻把人或东西捆住往上提或向下送 tie (or bind) sb. or sth. up to send him or it up or down：从房上把东西～下来 cóng fáng shang bǎ dōngxi xì xialai *hoist down things from the roof* ❼拴 tie：～马 xì mǎ *tie the horse to the post* ❽地层系统分类的第二级,小于界,相当于地质年代的纪 the second stratum of stratigraphic division, smaller than jiè, same as jì *in geologic age*

㊁ jì 见 288 页 See p. 288

屃(**屭) xì Tǐ 见 35 页"赑"字条"赑屃"(bìxì) See p. 35 "bìxì" under entry of "bì".

细 xì Tǐ ❶跟"粗"相反 antonym of "cū (coarse)"：1. 颗粒小的 in small particles；fine：～沙 xìshā *fine sand* / ～末 xìmòr *powder* 2. 长条东西直径小的 (of long objects) thin, slender：～竹竿 xì zhúgānr *a thin bamboo pole* / ～铅丝 xì qiānsīr *thin wire* 3. 工料精致的 (of workmanship) fine；exquisite；delicate：江西～瓷 Jiāngxī xìcí *the Jiangxi fine porcelain* (or china) / 这块布真～ Zhè kuài bù zhēn xì. *This piece of* cloth is very smooth. 4. 声音小 (of sound) thin and soft；嗓音～sǎngyīn xì a thin voice 5. 周密 careful；meticulous；detailed：胆大心～ dǎndà-xīnxì bold but cautious／精打～算 jīngdǎ-xìsuàn careful calculation and strict budgeting／深耕～作 shēngēng-xìzuò deep ploughing and careful cultivation ❷俭朴 thrifty and plain：他过日子很～ Tā guò rìzi hěn xì. He is leading a thrifty and plain life. ❸细小的，不重要的 small；tinny；unimportant：～节 xìjié details

盻 xì ㄒㄧˋ 怒视 glare at；look at sb. angrily：瞋目～之 chēnmù xì zhī stare sb. with angry eyes

咥 ⊖ xì ㄒㄧˋ 大笑 hearted laughing
⊜ dié 见 133 页 See p.133

郤 xì ㄒㄧˋ ❶同"隙" Same as "xì" ❷ 姓 a surname

绤 xì ㄒㄧˋ 粗葛布 rough ko-hemp cloth

阋（鬩） xì ㄒㄧˋ 争吵 quarral ［阋墙 －qiáng］弟兄们在家里互相争吵 brothers on bad terms with each other 鄭 fig. 内部不和 inside disunited，discord

舄 xì ㄒㄧˋ ❶鞋 shoe ❷同"潟" Same as "潟"

潟 xì ㄒㄧˋ 咸水浸渍的土地 alkali soil (land)；salinized soil：～卤 (盐碱地) xìlǔ saline-alkali soil (land)

隙 xì ㄒㄧˋ ❶裂缝 crack；chink；crevice：墙～ qiángxì a crack in the wall／门～ ménxì a crack between 鄭 fig. 1. 感情上的裂痕 (of feeling) a rift：嫌～ xiánxì ill will；enmity 2. 空 (kòng) 子，机会 loophole；opportunity：乘～ chéngxì take the advantage of a loophole ❷空 (kòng)，没有东西的 empty；with nothing：～地 xìdì empty farmland

禊 xì ㄒㄧˋ 古代春秋两季在水边举行的除去所谓不祥的祭祀 a sacrificial ceremony held in spring or autumn by the river to get rid of bad or evil omen in ancient times

潝 xì ㄒㄧˋ 水急流的声音 noise of surging torrents

XIA ㄒㄧㄚ

呷 xiā ㄒㄧㄚ 小口儿地喝 sip：～茶 xiā chá sip tea ／～一口酒 xiā yī kǒu jiǔ take a sip of liquor

虾（蝦） ⊖ xiā ㄒㄧㄚ 节肢动物，身上有壳，腹部有很多环节。生活在水里，种类很多，可以吃 shrimp，any of many types of natant decapods，a small edible，chiefly marine crustaceans having long legs，fanlike tail and a long slender body
⊜ há 见 235 页 See p.235

瞎 xiā ㄒㄧㄚ ❶眼睛看不见东西 blind，unable to see anything ❷胡，乱，没来由 groundless；foolish；full of nonsense：～忙 xiāmáng make a fuss about nothing／～说八道 xiāshuōbādào talk nonsense ❸〈方 dial.〉乱 become tangled：把线弄了 bǎ xiàn nòngxiā le make threads tangled ❹〈方 dial.〉农作物子粒不饱满 (of seeds) not plump，shrunken：～穗 xiāsuì the shrunken ear of grain／～高粱 xiāgāoliang blight Chinese sorghum

匣 xiá ㄒㄧㄚˊ （－子 －zi，－儿 －r）收藏东西的器具，通常指小型的，有盖可以开合 box，a container，usu. small one for solid things with a lid ［话匣子 huà－zi］1. 留声机的俗称 popular name for gramophone 2. 指话多的人（含讽刺义）a chatter box，a talkative person (with ironical meaning)

狎 xiá ㄒㄧㄚˊ 亲近而态度不庄重 be intimate but frivolous：～昵 xiánì be improperly familiar with／～侮 xiárǔ behave frivolously to act

an affront

柙 xiá ㄒㄧㄚˊ 关猛兽的木笼。也指押解犯人的囚笼或囚车 wooden cage used to lock up beasts of prey, also indicating prisoner's cage or prisoner's van

侠（俠） xiá ㄒㄧㄚˊ 旧称依仗个人力量帮助被欺侮者的人或行为（old use）ready to help the weak with one's own strength：武～ wǔxiá a person adept in martial arts and given to chivalrous conduct (in former times)/ ～客 xiákè a person with strong sense of justice to help the poor/ ～义 xiáyì chivalrous/ ～骨 xiágǔ chivalry/ 肝义胆 xiágān-yìdǎn full of chivalry and loyalty

峡（峽） xiá ㄒㄧㄚˊ 两山夹着的水道 gorge, the narrow ravine between two hills：三～ Sān Xiá the Three Gorges on the Yangtze River. [地峡 dì—] 联结两部分陆地的狭长地带 isthmus, narrow area of land with a large land mass at each end：马来半岛有克拉～～ Mǎlái Bàndǎo yǒu Kèlā Dìxiá. The Isthmus of Kra lies in the Malay Peninsula. [海峡 hǎi—] 两旁有陆地夹着的形状狭长的海 strait；channel, a narrow passage of water between lands：台湾～～ Táiwān Hǎixiá the Taiwan Strait

狭（狹、*陜） xiá ㄒㄧㄚˊ 窄，不宽阔 narrow, not broad (逮comb. 一窄 —zhǎi narrow, 一隘 —ài narrow-minded)：地方太～dìfang tài xiá a narrow place/ ～隘的地方保护主义 xiá'ài de dìfang bǎohù zhǔyì narrow local protectionism/ ～路相逢（指仇敌相遇）xiálù-xiāngféng meet face to face on a narrow path (enemies coming into confrontation)

硤（硤） xiá ㄒㄧㄚˊ [硤石 —shí] 地名，在浙江省海宁 a place in Haining, Zhejiang Province

遐 xiá ㄒㄧㄚˊ ❶远 far；distant：～迩（远近）xiá'ěr far and near (or distant and near)/ ～方 xiáfāng a far away place ❷长久 lasting；long：～龄（高龄）xiálíng advanced age (venerable age)

瑕 xiá ㄒㄧㄚˊ 玉上面的斑点 flaw in a piece of jade 喻 fig. 缺点 shortcoming；defect (逮comb. 一疵 —cī blenish)：～瑜互见 xiáyú-hùjiàn have defects and merits/ 纯洁无～ chúnjié-wúxiá (as) pure as lily

暇 xiá ㄒㄧㄚˊ 空(kòng)闲，没有事的时候 free time；leisure：得～ dé xiá have free time/ 无～ wú xiá be fully occupied/ 自顾不～（连自己也顾不过来）zìgù-bùxiá have no time to take care of oneself (be too busy to look after oneself)

霞 xiá ㄒㄧㄚˊ 因受日光斜照而呈现红、橙、黄等颜色的云 morning or evening colourful glow, the appearance of red, orange, yellow clouds because of the refraction of morning (or evening) sunlight：朝～ zhāoxiá morning glow/ 晚～ wǎnxiá rays of evening sunshine

辖（❶鎋、**輨）** xiá ㄒㄧㄚˊ ❶大车轴头上穿着的小铁棍，可使轮不脱落 linchpin, a piece of iron passed through a cart axle to fix a wheel (图见 428 页"轮"See picture under entry of "lún(wheel)", p. 428) ❷管理 administer；govern (逮comb. 管 — guǎn — manage)：直～ zhíxiá have direct jurisdiction over/ 统～ tǒngxiá exercise jurisdiction over

黠 xiá ㄒㄧㄚˊ 聪明而狡猾 crafty；cunning：狡～ jiǎoxiá sly；cunning/ 慧～ huìxiá clever and artful；shrewd

下 xià ㄒㄧㄚˋ ❶位置在低处的，跟"上"相反 below, antonym of

X

"shàng（up，upper）"：～面 xiàmian *down*/楼～lóu xià *downstairs*/ 山～ shān xià *at the foot of mountain* 引 ext. 1.次序靠后的（of order）next： ～篇 xiàpiān *next chapter（section）*/ ～卷 xiàjuàn *Volume Two*/ ～月 xiàyuè *next month* 2.级别低的 low-er（in position，rank）：～级服从上 级 xiàjí fúcóng shàngjí *The lower level is subordinate to the higher lev-el.* 谦辞 self-effacing expression：正 中～怀 zhèngzhòng-xiàhuái *fit in ex-actly with one's wishes* 3. 质量低的 poor（in quality）：～品 xiàpǐn *of the poorest quality or grade*/ ～策 xiàcè *a bad suggestion* ❷由高处到低处 come or go down from；descend：～ 山 xià shān *come down a mountain*/ ～楼 xià lóu *descend the stairs* 引 ext. 1.进去 go into；enter：～狱 xiàyù *be thrown into prison；imprison*/ ～水 xiàshuǐ *jump into the water* 2.离开 be away from；leave：班～ xià *get off work*/ ～课 xiàkè *out of class* 3. 往…去 go to（a place）：～乡 xiàxiāng *go to the countryside*/ ～江 南 xià Jiāngnán *go down to the south* 4.投送，颁布 issue；deliver：～书 xiàshū *send out（deliver）a letter*/ ～ 令 xiàlìng *give order* 5.向下面 to lower level：～达 xiàdá *make known the subordinates*/ 权力～放 quánlì xiàfàng *transfer the power to lower levels* 6.降落 come down；fall：～雨 xiàyǔ *rain*/ ～雪 xiàxuě *snow* ❸方 面；方位 aspect；direction）两～里都 同意 liǎngxiàlǐ dōu tóngyì *Both sides agreed.*/ 向四～一看 xiàng sìxià yī kàn *look all around* ❹减少 remove： 1. 卸掉 take down or off：～货 xiàhuò *unload* 2.除去 get rid of：～ 火 xiàhuǒ *ease one's anger*/ ～泥 xiàní *clean dirt* ❺用 spend：～工夫 xià gōngfu *put in time and energy；make efforts* ❻攻克，攻陷 capture；take：连～数城 liá xià shù chéng *take several cities in succession*/ 攻～ gōngxià *capture（a city）* ❼退让 give in；各不相～ gè bù xiāngxià *Neither is willing to give ground.* ❽用在名 词后 used after a noun 1. 表示在里面 in；言～ yánxià *with the implication*/ 意～ yìxià *in the mind（heart）*/ 都～ （京城之内）dūxià *within the capital （in the capital of a country）* 2. 表示 当某个时节 expressing a certain peri-od of time：年～ niánxià *the lunar New Year*/ 节～ jiéxià *the coming festival* ❾用在动词后 used after a verb：1. 表示关系 indicating scope，state，condition，etc.：培养（之）～ péiyǎng（zhī）xia *be trained（nur-tured）by* / 指导（之）～zhídǎo（zhī） xia *under the instruction of*/ 鼓舞～ gǔwǔ xia *be inspired by* 2.表示完成 或结果 indicating accomplishment or result：打～基础 dǎxià jīchǔ *have laid foundation*/ 准备～材料 zhǔnbèi xia cáiliào *get the material ready* 3. 跟"来"、"去"连用表示趋向或继续 used with "lái" or "qù"，indicating tendency or continuation：滑～去 huá xiaqu *slip down*/ 慢慢停～来 mànmàn tíng xialai *slowly come to a stop*/ 念～去 niàn xiaqu *keep on reading* ❿（一子－zi，一儿－r）量 词，指动作的次数 meas. stroke，time，indicating the repitition of an action：打十～ dǎ shí xiàr *give sb. ten slaps*/ 把轮子转两～子 bǎ lúnzi zhuàn liǎngxiàzi *turn the wheel a few times* ⓫（动物）生产（of animals） give birth to；lay eggs：猫～小猫了 Māo xià xiǎo māo le. *The cat gave birth to a litter of kittens.*/ 鸡～蛋 Jī xià dàn. *The hen lays eggs.* ⓬少于 某数（used in negative）be less than：不～三百人 bùxià sānbǎi rén *no less than 300 people*

吓（嚇） ㊀ xià ㄒㄧㄚ 使害怕 frighten；scare：困难～ 不倒英雄汉 kùnnan xià bu dǎo yīngxióng hàn *Difficulties can not scare heros.* [吓唬—hu] 使人害怕，威胁 make sb fear（afraid of）；threaten：你别~~人 Nǐ bié xiàhu rén. *You needn't frighten the others.*

㊀ hè 见 247 页 See p. 247

夏 xià ㄒㄧㄚˋ ❶四季中的第二季，气候最热 summer, the second and also the hotest season of the four seasons ❷华夏，中国的古名 Huaxia, ancient China ❸夏朝，传说是禹（一说启）建立的（约公元前 21 世纪—约公元前 16 世纪）the Xia Dynasty, which is said to be founded by Yǔ（or his son Qǐ）(c. 21st B. C. — c. 16th B.C.)[夏历 —lì] 阴历，农历，旧历，这种历法的基本部分是夏朝创始的 the traditional Chinese calendar; the lunar calendar, the basic elements of which were set up in the Xia Dynasty

厦（廈）㊁ xià ㄒㄧㄚˋ [厦门—mén] 地名，在福建省 a city in Fujian Province

㊀ shà 见 570 页 See p. 570

唬 ㊁ xià ㄒㄧㄚˋ 同"吓" Same as "吓"

㊀ hǔ 见 257 页 See p. 257

罅 xià ㄒㄧㄚˋ 裂缝 crack; rift

XIAN ㄒㄧㄢ

仙（＊僊）xiān ㄒㄧㄢ 神话中称有特殊能力，可以长生不死的人 celestial beings in fairy tales, who are immortal and with special powers

氙 xiān ㄒㄧㄢ 一种化学元素，在通常条件下为气体，符号 Xe，无色无臭无味，不易跟其他元素化合。空气中只含有极少量的氙。把氙装入真空管中通电，能发蓝色的光 xenon, a colourless and odourless inert gaseous element, used to fill vaccum pipe and electrified to give off blue light, Symbol：Xe

籼（＊秈）xiān ㄒㄧㄢ 籼稻，水稻的一种，米粒细而长 indica rice; long-grained nonglutinous rice

先 xiān ㄒㄧㄢ ❶时间在前的，次序在前的（of time and order）earlier；before；first；in advance：占~ zhànxiān *take the lead* / 首~ shǒuxiān *first of all* / 抢~一步 qiǎngxiān yī bù *one step ahead of* / 争~恐后 zhēngxiān-kǒnghòu *push ahead for fear of lagging behind* [先天 —tiān] 人或某些动物的胚胎时期 congenital；inborn；(of people or animal) existing at or from one's birth：~~不足 xiāntiān bùzú *congenital deficiency*; *inborn weakness* [先进 —jìn] 水平高，成绩好，走在前头，值得推广和学习的 advanced; progressive; with high standard and excellent result; worthy of popularizing and learning [先生 —sheng] 1. 老师 teacher 2. 对一般人的敬称 a respectful address of ordinary people 3. 称医生 addressing the doctor ❷祖先，上代 ancestors; forefathers：~人 xiānrén *ancestors* / ~辈 xiānbèi *forefathers* ❸对死去的人的尊称 a respectful address of the deceased：革命~烈 gémìng xiānliè *revolutionary martyr*

酰 xiān ㄒㄧㄢ 酰基，通式可以用 R·CO—表示的原子团 acyl, an atomic group, expressed in the general formula：R·CO—

纤（纖）xiān ㄒㄧㄢ 细小 fine, minute [纤维 —wéi] 细长像丝的物质。一般分成两大类：天然纤维，如棉、麻、羊毛、石棉等；合成纤维是用高分子化合物制成的，如锦纶、维尼纶等 one of the thin thread-like materials, which are generally divided into two groups：natural fibres, such as cotton, hemp, wool, asbestos, and synthetic fibres made from macromolecular compounds, such as polyamide fibre, vinylon [纤尘—chén] 细小的灰尘 micro dust;～不染 xiānchénbùrǎn *without a speck of dust*

㊀ qiàn 见 527 页 See p. 527

跹（躚） xiān ㄒㄧㄢ 见 504 页 "蹁"字条"蹁跹" See p. 504 "piánxiān (whirling about in dancing)" under entry of "pián"

忺 xiān ㄒㄧㄢ 高兴，适意 glad, happy, light-hearted

掀 xiān ㄒㄧㄢ 揭起，打开 lift (a cover); open;～锅盖 xiān guōgàir *lift the pot's lid*/～帘子 xiān liánzi *lift the door curtain* ㊀ ext. 发动，兴起 launch; start;～起生产热潮 xiānqǐ shēngchǎn rècháo *start a new upsurge of production*

锨（＊＊杴，＊＊掀） xiān ㄒㄧㄢ 铲东西用的一种工具，用钢铁或木头制成板状的头，后面安把儿 shovel, a longhandle tool made from iron, steel or wood, with a broad, usu. square or round blade for removing loose materials;木～ mùxiān *a wooden shovel* / 铁～ tiěxiān *a steel shovel*

祆 xiān ㄒㄧㄢ [祆教—jiào] 拜火教，波斯人琐罗亚斯特所创立，崇拜火，南北朝时传入我国 Zoroastrianism; Mazdaism, a religion founded by Zoroaster, worshipping fire and introduced into China during the Northern and Southern Dynasties

荙（蒵） xiān ㄒㄧㄢ 见 689 页 "豨"字条"豨荙" See p. 689 "xīxiān" under entry of "xī"

铦 xiān ㄒㄧㄢ ❶古代一种兵器 an ancient weapon; a piece of ancient arms ❷锋利 sharp; keen

鲜 ㊀ xiān ㄒㄧㄢ ❶新的，不陈的，不干枯的 fresh, new, not wither （㊨ comb. 新—xīn—fresh）;～果 xiānguǒ *fresh fruit*/～花 xiānhuā

fresh flowers/～肉 xiānròu *fresh meat*/～血 xiānxuě（red）*blood* ❷滋味美好 delicious; tasty：这汤真～Zhè tāng zhēn xiān. *The soup tastes delicious.* ❸有光彩的，明亮的 brightly-coloured; bright：～红的旗帜 xiānhóng de qízhì *bright-red flag*/颜色十分～艳 yánsè shífēn xiānyàn *The colour is very bright.* ❹新鲜的食物 delicacy：尝～ chángxiān *have a taste of delicacy of the season* ❺姓 a surname

[鲜卑—bēi] 我国古代北方民族 an ancient nationality in northern China

㊁ xiǎn 见 702 页 See p. 702

暹 xiān ㄒㄧㄢ [暹罗—luó] 泰国的旧称 Siam, an old name for Thailand

闲（❶❷閒） xián ㄒㄧㄢ ❶没有事情做 without anything to do（㊨ comb. 一暇—xiá leisure）：没有～工夫 méiyǒu xiángōngfu *have no spare time* (leisure) ㊀ ext. 放着，不使用 lie idle; not in use：～房 xiánfáng *an unoccupied room*/机器别～着 jīqì bié xiánzhe *Don't let the machine stand idle.* ❷没有事情做的时候 at the time having nothing to do/农～ nóngxián *slack season* (in forming) 忙里偷～mánglǐ-tōuxián *snatch a little leisure from the rush of business* ❸与正事无关的 have nothing to do with business：～谈 xiántán *chat*/～人免进 xiánrén miǎn jìn *No admittance except on business.* [闲话—huà] 与正事无关的话，背后不负责的议论 chat that has nothing to do with business; irresponsible talks (or comments) behind sb：讲别人的～ jiǎng biéren de xiánhuà *Don't make malicious remarks about the others.* ❹栅栏 railings; fence ❺防御 defence：防～ fángxián *guard and hinder*

"閒"又 jiān 见 301 页"间"also "jiàn"; See "jiàn" p. 301

X

娴（*嫻）

xián Tl弓 ❶熟练 adept; skilled （⑧ comb.－熟－shú adept）：～于辞令 xián yú cí lìng be skilled in the use of words; eloquence/ 技术～熟 jìshù xiánshú consummate skill ❷文雅 refined, gentle

痫（癇）

xián Tl弓 癫痫,俗叫 "羊痫风"或"羊角风", 一种时犯时愈的暂时性大脑机能紊乱的病症。病发时突然昏倒,口吐泡沫,手足痉挛 epilepsy, popular name "yángxiánfēng" or "yángjiǎofēng", a sporadic disease of mental disorder which causes foams, sudden attacks of uncontrolled violent movement and loss of consciousness

鹇（鷳）

xián Tl弓 白鹇,鸟名, 尾巴长,雄的背为白色, 有黑纹,腹部黑蓝色,雌的全身棕绿色 silver pheasant, any of various large long-tailed birds, the male of which is usu. white with black strips on back and dark-blue belly, and the female of which is brownish-green all over the body

贤（賢）

xián Tl弓 ❶有道德的,有才能的或有道德的有才能的人 virtuous and able, or an able and virtuous person：～明 xiánmíng wise and able; sagacious/ 选～与能 xuǎn xián yǔ néng select virtuous and able person ❷旧时敬辞,用于平辈或晚辈 a former respectful address for the young or the younger generation：～弟 xiándì a term of respect for one's younger brother/ ～侄 xiánzhí a term of respect for one's nephew or for a son of one's friend

弦（*絃）

xián Tl弓 ❶弓上发箭的绳状物 bowsting; string on a bow used for shooting an arrow ❷月亮半圆 crescent, or half moon：上～ shàngxián the first quarter (of the moon)/ 下～ xiàxián the last quarter (of the moon) ❸数学名词 a math. term：1. 连接圆周上任意两点的线段 chord, a straight line joining two points on a curve 2.直角三角形中对着直角的边 hypotenuse, the longest side of a right-angled triangle (three-sided figure), which is opposite to the right angle ❹（－儿 －r）乐器上发声的线 the string of a musical instrument ［弦子 －zi］［三弦 sān－r］乐器名 a three-stringed plucked instrument ❺钟表等的发条 spring of a watch or a clock：表～断了 Biǎoxiánr duàn le. The spring of the watch is broken.

舷

xián Tl弓 船、飞机等的左右两侧 both sides of a ship or an airplane

挦（撏）

xián Tl弓 扯,拔（毛发）pull out (hair); pluck (feather)：～鸡毛 xián jīmáo pluck a chicken

咸（❷鹹）

xián Tl弓 ❶全,都 all; whole：少长～集 shào-zhǎng xián jí The young and the old all get together. / ～知其不可 xián zhī qí bùkě All the people know that it should not be done. ❷像盐的味道,含盐分多的,跟"淡"相反 salted; salty, antonym of "dàn".

涎

xián Tl弓 唾沫,口水 saliva; spittle：流～ liú xián slaver; fovert/ 垂～三尺（喻羡慕,想得到）chuíxián-sānchǐ spittle three feet long (fig. admire or crave for sth)

衔（❷*啣）

xián Tl弓 ❶马嚼子 bridle ❷用嘴含,用嘴叼 hold in the mouth; with sth. in one's mouth：燕子～泥 Yànzi xián ní. Swallows carry bit of soil in their bills. ㉠ ext. 1. 心里怀着 harbour; bear in mind：～恨 xiánhèn harbour resentment 2. 奉,接受 get, receive (order)：～命 xiánmìng carry out an order [衔接 —jiē] 互相连接 join，link up ❸(—儿 —r) 职务和级别的名号 a name or word given to a person as a sign of rank, profession, etc.：职～ zhíxián *post and rank* / 军～ jūnxián *military rank*

嫌 xián ㄒㄧㄢˊ ❶ 嫌疑，可疑之点 suspicion, a thing or a person that causes suspect：避～ bìxián *avoid suspicion* ❷厌恶(wù)，不满意 dislike；dissatisfied：讨人～ tǎo rén xián *be a nuisance* / 这种布很结实，就是～太厚 Zhè zhǒng bù hěn jiēshi, jiùshi xián tài hòu. *This kind of cloth is very durable，only it is a bit thick.* ❸ 怨恨 resentment；grudge：前～ qiánxián *previous ill will* / 夙无仇～ sù wú chóuxián *have no long-time (or standing) enmity*

狝（獮） xián ㄒㄧㄢˊ 古代指天打猎 autumn hunting in ancient times

冼 xián ㄒㄧㄢˊ 姓 a surname

洗 ㊀ xián ㄒㄧㄢˊ 同"冼" Same as "冼"
㊁ xǐ 见 693 页 See p. 693

铣 ㊀ xián ㄒㄧㄢˊ 有光泽的金属 a silver-white metal [铣铁 —tiě] 铸铁，生铁，质脆，适于铸造器物 cast-iron, a type of iron, hard but easily broken, suitable for casting
㊁ xǐ 见 693 页 See p. 693

筅（＊＊筊） xiǎn ㄒㄧㄢˊ〈方 dial.〉筅帚，炊帚，用竹子等做成的刷锅、碗的用具 a brush，also pot scouring brush，(usu. made of bamboo) for cleaning pots and pans

跣 xiǎn ㄒㄧㄢˊ 光着脚 barefoot；with barefeet：～足 xiǎnzú *barefooted*

显（顯） xiǎn ㄒㄧㄢˊ ❶ 露在外面容易看出来 be exposed and easily seen：～而易见 xiǎn'éryìjiàn *obviously；evidently* / 这个道理是很～然的 Zhège dàoli shì hěn xiǎnrán de. *The lesson in it is quite obvious.* ❷ 表现，露出 show；reveal；display：～示 xiǎnshì *demonstrate；manifest* / ～微镜 xiǎnwēijìng *microscope* / 没有高山，不～平地 Méiyǒu gāoshān, bù xiǎn píngdì. *The land needs high mountain to demonstrate its plainness.* ❸ 旧称有名声、地位、权势的 indicating the distinguished, the influencial and the authoritative in former times：～贵 xiǎnguì *distinguish people* / ～宦 xiǎnhuàn *high-ranking* (or senior) officials ❹ 敬辞(称先人) a respectful address (of the deceased)：～考 xiǎnkǎo *my late father* / ～妣 xiǎnbǐ *my late mother*

险（險） xiǎn ㄒㄧㄢˊ ❶ 可能遭受的灾难 harm or loss that one may suffer (⊕comb. 危 — wēi — *danger*)：冒～ màoxiǎn *risk；take chance* / 保～ bǎoxiǎn *insurance* / 脱～ tuōxiǎn *escape from danger* ❷ 可能发生灾难的 harm or loss that may fall upon：～症 xiǎnzhèng *dangerous illness* / ～境 xiǎnjìng *dangerous situation* / 好～ hǎo xiǎn *How dangerous.* ❸要隘，不易通过的地方 a place difficult to go through，a narrow passage：天～ tiānxiǎn *natural barrier* ❹存心狠毒 sinister；vicious：阴～ yīnxiǎn *venomous* / ～诈 xiǎnzhà *sinister and crafty* ❺几乎，差一点 almost；nearly：～遭不幸 xiǎn zāo bùxìng *come within an ace of death* / 一些掉在河里 xiǎnxiē diào zài hé li *nearly fall into the river*

猃（獫、＊＊玁） xiǎn ㄒㄧㄢˊ 古指长嘴的狗 a type of dog with long nose in ancient Chinese texts [猃狁 —yǔn] 我国古代北方的民族，战国后称"匈奴" an ancient nationality in northern China，also called "Xiōngnú" after the Warring States period

X

蚬 xiǎn ㄒㄧㄢˇ 一种软体动物,介壳形状像心脏,有环状纹。生在淡水软泥里。肉可吃,壳可入药 corbicula, any of various types of soft bodied freshwater animals, with heart-shaped shell and rings on its shell, whose meat is edible and shell can be used as medicine

鲜(*尠、*尟) ㊀xiǎn ㄒㄧㄢˇ 少 little;rare:～见 xiǎn jiàn be rarely seen/ 有～ xiǎn yǒu be seldom met with

㊁ xiān 见 699 页 See p. 699

藓 xiǎn ㄒㄧㄢˇ 隐花植物的一类,茎叶很小,没有真根,生在阴湿的地方 moss, any of several types of small flowerless plants with tinny stems and leaves that actually have no roots and grow in a thick furry mass on damp places

燹 xiǎn ㄒㄧㄢˇ 火,野火 fire; wild fires:兵～ bīngxiǎn ravages of war

櫶 xiǎn ㄒㄧㄢˇ 常绿乔木,叶呈椭圆卵形,花白色,果实椭圆形,木材坚实细致,可用于建筑、造船等。是我国珍贵的树种。又称"蚬木" one of rare ever-green tree of China, with oblate egg-shaped leaves, white flowers, oblate fruits, and hard and dense-grained timber, which can be used as constructive and shipping material, also called "xiǎnmù"

见(見) ㊀ xiàn ㄒㄧㄢˇ 同"现❶❷" Same as "现❶❷"

㊁ jiàn 见 301 页 See p. 301

苋 xiàn ㄒㄧㄢˇ 苋菜,一年生草本植物,开绿白色小花,茎叶都可以吃 amaranth, an annual herbaceous plant with small greenish-white flowers, its leaves and stems edible

岘 xiàn ㄒㄧㄢˇ 岘山,山名,在湖北省 Xian Shan, a mountain in Hubei Province

现 xiàn ㄒㄧㄢˇ ❶显露 show; reveal: 出～ chūxiàn appear/ ～原形 xiànle yuánxíng show one's true colour [现象 —xiàng]事物的表面状态 phenomenon, the appearance of a thing, event or fact [实现 shí—]成为事实或使成为事实 realize, come ture or make sth come true:又一个五年计划～～了 Yòu yī ge wǔ nián jìhuà shíxiàn le. Another five-year plan has been carried out. / ～～理想 shíxiàn lǐxiǎng realize one's ideal ❷ 现在,目前 now; present: ～况 xiànkuàng present situation/ ～代化工业 xiàndàihuà gōngyè modernized industry 〔引〕ext. 当时 in time of need; extempore:～宴～卖 xiàn dùn xiàn mài sell sth right at the time and place when and where one buys it/ ～成的 xiànchéng de ready-made ❸实有的,当时就有的 on hand; existing: ～金 xiànjīn cash; ready money/ 钱买～货 xiànqián mǎi xiànhuò buy merchandise with cash on hand

县(縣) xiàn ㄒㄧㄢˇ 一种行政区划单位,由直辖市、地区、自治州领导 county, a territorial division under municipality, prefecture and autonomous prefecture

〈古 arch.〉又同"悬" Same as "悬"

限 xiàn ㄒㄧㄢˇ ❶指定的范围 time limit; bound:给你三天～ gěi nǐ sān tiān xiàn give you three days ❷限制(范围) set a limit; restrict:～三天完工 xiàn sān tiān wángōng allow sb. three days to finish the job/ 作文不～字数 zuòwén bù xiàn zìshù The words of the composition are not limited. [限制 —zhì]规定范围,不许超过 restriction; confinement, the assigned confinement that is not allowed to break ❸〈古 arch.〉门槛 threshold:门～ ménxiàn threshold/ 户～ hùxiàn a piece of wood or stone fixed beneath the door into a house or

building

线（綫、△＊線）

xiàn ㄒㄧㄢˋ ❶用丝、金属、棉或麻等制成的细长的东西 thread or string, (a length of)very fine cord made of silk, metal, cotton or kemp：棉 ～ miánxiàn *cotton thread*/ 电～diànxiàn *electric wire*/ 毛～ máoxiàn *knitting wool* ⑩ *fig.* 细小的 *very little*：一一希望 yīxiàn xīwàng *a ray* (or gleam) *of hope* [线索 —suǒ] ⑩*fig.* 事物发展的脉络或据以解决问题的头绪 a line of development of sth, or sth that helps to find an answer to a question or a solution to the problem：那件事情有了 ～～ Nà jiàn shìqing yǒule xiànsuǒ. *Clues have been found for that matter.* ❷几何学上指只有长度而无宽度和厚度的图形 line, (of geometry) a thin mark with length but no width and thickness：直 ～ zhíxiàn *a straight-line*/ 曲～qūxiàn *curve* ❸像线的东西 a line or thread-shaped thing：光～ guāngxiàn *sunlight*/ 紫外～ zǐwàixiàn *ultraviolet ray*/ 航～ hángxiàn *air or sea route* (or course)/ 京广～ Jīng-Guǎngxiàn *the Beijing-Guangzhou Railway* (line)/ 战 ～ zhànxiàn *battle line*; *battle front*/ 生命～ shēngmìngxiàn *lifeline*; *lifeblood* ❹边缘交界处 demarcation line; boundary：防～ fángxiàn *defence line*/ 国境～ guójìngxiàn *the boundary* (line) *of a country*

宪（憲）

xiàn ㄒㄧㄢˋ ❶法令 decrees：～ 章 xiànzhāng *charter* ❷指宪法 constitution：立—lìxiàn *constitutionalism* [宪法 —fǎ] 国家的根本法。具有最高的法律效力，是其他立法工作的根据。通常规定一个国家的社会制度、国家制度、国家机构和公民的基本权利和义务等 constitution, the basic laws and principles of a country, which are the basis with highest legal authority for the other legislations. It usu. defines a country's social and national system, organizations of administration and the basic rights and obligations of ordinary people, etc.

陷

xiàn ㄒㄧㄢˋ ❶掉进，坠入，沉下 drop in; sink：～到泥里去了 xiàn dào ní li qùle *get stuck in the mud*/ 地～下去了 Dì xiàn xiaqu le. *The ground has subsided.* [陷阱 —jǐng] 为捉野兽或敌人而挖的坑 pitfall dug for catching beasts or enemy ⑩ *fig.* 害人的阴谋 *plot* (or an evil scheme) *designed to do harm to others* ❷凹进 cave in：两眼深 — liǎng yǎn shēn xiàn *Two eyes become deeply sunken.* ❸设计害人 frame (up)：～ 害 xiànhài *make a false charge against*/ 诬 — wūxiàn *falsely incriminate* ❹被攻破，被占领 (of a town)be captured; fall：失— shīxiàn *fall into enemy hands*/ ～落 xiànluò *be occupied by the enemy* ❺缺点 defect; deficiency：缺～ quēxiàn *drawback*; *flaw*

馅

xiàn ㄒㄧㄢˋ（一子—zi、一儿—r）包在面食、点心等食品里面的肉、菜、糖等东西 filling; stuffing, a food mixture, such as meat, vegetable, sugar, etc. folded inside wheaten food or pastry：饺子～儿 jiǎozixiànr *the stuffing of dumpling*

羡

xiàn ㄒㄧㄢˋ ❶羡慕，因喜爱而希望得到 admire, a feeling one has toward sb when one wishes that one had his qualities or possession ❷多余的 surplus：～余 xiànyú *have enough to spare*

线（線）

xiàn ㄒㄧㄢˋ ❶姓 a surname ❷同"线" Same as "线"

腺

xiàn ㄒㄧㄢˋ 生物体内由腺细胞组成的能分泌某些化学物质的组织 gland, a single structure of cells, which produces a liquid substance that the body can use or eliminate：汗 ～ hànxiàn *sweat gland*/ 泪 ～

lèixiàn *lachrymal glands*

镍 xiàn ㄒㄧㄢˋ 金属线 *metal wire*

献（獻） xiàn ㄒㄧㄢˋ 恭敬庄严地送给（或present，dedicate；denote）：～花 xiànhuā *present flowers*/ ～礼 xiànlǐ *dedicate a gift*/ 把青春～给祖国 bǎ qīngchūn xiàngěi zǔguó *dedicate one's youth to one's motherland* ⑨ ext. 表现出来 show，display：～技 xiànjì *show one's skill* (in a performance)/ ～殷勤 xiàn yīnqín *do everything to please sb.*

霰 xiàn ㄒㄧㄢˋ 水蒸气在高空中遇到冷空气凝结成的小冰粒，在下雪花以前往往先下霰 *graupel，tiny grains usu. falling down before snowing，formed from water vapours in high altitude*

XIANG ㄒㄧㄤ

乡（鄉） xiāng ㄒㄧㄤ ❶城市外的区域 countryside，rural area，land outside a city or town：他下～了 Tā xiàxiāng le. *He has gone to the countryside.* / 城～交流 chéng-xiāng jiāoliú *exchange (of goods) between the city and the countryside* ❷自己生长的地方或祖籍 native place；home village or town：故～ gùxiāng *home town* / 还～ huánxiāng *return to one's home town*/ 同～ tóngxiāng *a fellow villager* / 背井离～ bèijǐng-líxiāng *be away from home*［老乡 lǎo－］生长在同一地方的人（fellow-townsman or villager）persons from the same village，town or province ❸行政区划的基层单位，属县或区领导 a basic-level rural administrative unit under the county or district

芗（薌） xiāng ㄒㄧㄤ ❶古书上指用以调味的香草 *a*

fragrant herb in ancient Chinese texts ❷同"香" *Same as "香(fragrant)"*

相 ㊀xiāng ㄒㄧㄤ ❶交互，动作由双方来 each other，the action anticipated by both sides（⊛ comb. 互－ hù－ *mutual*)：～助 xiāngzhù *help each other*/ ～亲～爱 xiāngqīn-xiāng'ài *be kind to and love each other*/ 言行～符 yánxíng xiāngfú *fit one's deeds to one's words* ⑩ fig. 动作由一方来而有一定对象的，常加在动词前面：indicating an action performed by one person toward another，usu. used before a verb：～信 xiāngxìn *believe*/ ～劝 xiāngquàn *try to persuade sb.*［相当 －dāng］1. 对等，等于 balance；correspond to；be about equal to：年纪～～ niánjì xiāngdāng *be well-matched in age* 2. 副词，有一定程度的 adv. rather；to some degree：这首诗写得～～好 Zhè shǒu shī xiě de xiāngdāng hǎo. *The poem is quite well-written.*［相对 －duì］依靠一定条件而存在，随着一定条件而变化的，跟"绝对"相对 exist and change under certain condition，antonym of "juéduì(absolute)" ❷看 see：～中 xiāngzhòng *be satisfied with sth.* / 左～右看 zuǒxiāng yòukàn *take a very critical look at sth.*

㊁xiàng 见 707 页 See p. 707

厢（＊廂） xiāng ㄒㄧㄤ ❶厢房，在正房前面两旁的房屋 wing；wing-room，rooms on both sides of a central room：东～房 xiāngfáng *the east wing-room*/ 西～ xīxiāng *the west wing-room* ⑨ ext. 边，方面 side；aspect：这～ zhè xiāng *this side*/ 两～ liǎngxiāng *both sides* ❷靠近城的地区 the vicinity outside a city：城～ chéngxiāng *the city proper and areas just outside its gate*/ 关～ guānxiāng *neighbourhood outside a city gate* ❸包厢，戏院里设的单间座位 box at the theatre；a small separate compartment in a theatre ❹车厢，车里容纳人或东西的地方 railway carriage or compartment, a wheeled vehicle for transporting people and goods，etc.

湘 xiāng ㄒㄧㄤ ❶湘江，源出广西壮族自治区，经过湖南省，流入洞庭湖 the Xiang River, a river originated in the Guangxi Zhuang Autonomous Region, passing through Hunan Province and at last pouring into the Dongting Lake ❷湖南省的别称 another name for Hunan Province

缃 xiāng ㄒㄧㄤ 浅黄色 light-yellow

箱 xiāng ㄒㄧㄤ ❶(一子一zi)收藏衣物的方形器具，通常是上面有盖扣住 case; trunk; box; a square container for storing clothes or belongings，usu. with a lid on its top ❷像箱子的东西 a box-like container：信～ xìnxiāng mailbox/ 风～ fēngxiāng bellows ❸同"厢❹" Same as "厢❹"

香 xiāng ㄒㄧㄤ ❶气味好闻，跟"臭"相反 fragrant; a sweet smell, antonym of "chòu(stink)"：～花 xiānghuā fragrant flowers ⑩ fig. 1. 舒服 comfortable：睡得～ shuì de xiāng have a sound sleep/ 吃得真～ chī de zhēn xiāng with good appetite 2. 受欢迎 welcome; popular：这种货物在农村一得很 Zhè zhǒng huòwù zài nóngcūn xiāng de hěn. These goods are very well-sold in the countryside. ❷味道好 tasty; appetizing：饭～ fàn xiāng The food is appetizing. ❸称一些天然有香味的东西 perfume or spice，(any of the many kinds of) sweet-smelling natural materials：檀～ tánxiāng sandal wood. 特指用香料做成的细条 esp. indicating a slender bar made from sandal wood：线～ xiànxiāng a slender stick of incense/ 蚊～ wénxiāng mosquito coil incense

襄 xiāng ㄒㄧㄤ 帮助 assist; help：～办 xiāngbàn assist to deal

with/ ～理 xiānglǐ assistant manager

骧 xiāng ㄒㄧㄤ 马抬着头快跑 (of horses) rear its head and gallop

瓖 xiāng ㄒㄧㄤ 同"镶" Same as "镶(inlay)"

镶 xiāng ㄒㄧㄤ 把东西嵌进去或在外围加边 inlay; set, mount or edge，border; rim：～牙 xiāngyá put in a false tooth/ 在衣服上～一道红边 zài yīfu shang xiāng yī dào hóngbiānr edge this dress with red/ 金～玉嵌 jīnxiāng-yùqiàn inlaid with gold and jade

详 xiáng ㄒㄧㄤ ❶细密，完备 detailed; minute (⑱ comb. 细 xiángxì detailed)：～谈 xiángtán detailed discussion/ ～解 xiángjiě full explanation 不知一情 bùzhī xiángqíng know nothing about the details of the matter ❷清楚地知道 know clearly：内容不～ nèiróng bùxiáng The contents (of the letter, etc.) are unknown. ❸说明，细说 illustrate, describe in detail：余容再～ yú róng zài xiáng The detailed explanation would come up later. / 内～ nèixiáng addressing and name of the sender enclosed inside

庠 xiáng ㄒㄧㄤ 庠序，古代乡学的名称 a government-run local school in ancient China

祥 xiáng ㄒㄧㄤ ❶吉利的 auspicious; lucky (⑱ comb. 吉—jí—auspicious)：～瑞 xiángruì propitious omen/ 不～ bùxiáng ominous ❷指吉凶的预兆(迷信) (of superstition) refer to good or bad omen

降 ⊜ xiáng ㄒㄧㄤ ❶投降，归顺，指军队放下武器投向对方 surrender; capitulate, indicating the army putting down their arms and surrendering to the enemy：宁死不～ nìng sǐ bù xiáng rather die than surrender ❷降服，使驯服 subdue; vanquish; tame：～龙伏虎 xiánglóng-fúhǔ subdue dragons and tigers

○ jiàng 见 306 页 See p. 306

翔 xiáng ㄒㄧㄤ 盘旋地飞而不扇动翅膀 (of birds) circle in the air without flapping wings: 滑～ huáxiáng glide

[翔实—shí][详实—shí]详细而确实 full and accurate

享 xiáng ㄒㄧㄤ 享受，享用 enjoy; profit by; benefit from: ～福 xiǎngfú enjoy a happy life / 每个公民都～有选举权 Měige gōngmín dōu xiǎngyǒu xuǎnjǔquán. Every citizen enjoys the right to vote.

响(響) xiǎng ㄒㄧㄤ ❶(—儿—r)声音 sound; noise: 听不见～儿了 tīngbujiàn xiǎngr le unable to hear any sound ❷发出声音 make a sound: 大炮～了 Dàpào xiǎng le. The canon roared. / 钟～了 Zhōng xiǎng le. The clock was striking. / 一声不～ yī shēng bù xiǎng without a word ❸响亮，声音高，声音大 noisy; loud; high-sounding: 这个铃真～ Zhège líng zhēn xiǎng. The bell is so noisy. / 声音～亮 shēngyīn xiǎngliàng The sound is loud and clear. ❹回声 echo; reverberate: 如～斯应 (喻反应的迅速) rú xiǎng sī yìng as if it were the echo of the sound (fig. being prompt in response) [响应—yìng]回声相应 respond; answer (fig. show approval by words or action 用言语行动表示赞同: ～祖国的号召 xiǎngyìng zǔguó de hàozhào answer the call of (one's) motherland

饷(*餉) xiǎng ㄒㄧㄤ ❶过去指军警的薪给 (jǐ) pay or salary of the armymen and policemen in old times: 领～ lǐng xiǎng get one's pay / 关～ guānxiǎng issue pay (esp. to soldiers) ❷同"飨❶" Same as "飨❶(entertain)"

螽(蟓) xiǎng ㄒㄧㄤ 知声虫，也叫"地蛹"cicada, also called "subterranean pupa"

飨(饗) xiǎng ㄒㄧㄤ ❶用酒食款待 provide dinner for; entertain: 以～读者 (喻满足读者的需要) yǐ xiǎng dúzhě offer sth. to the readers (fig. satisfy the readers' need) ❷同"享" Same as "享(enjoy)"

想 xiǎng ㄒㄧㄤ ❶动脑筋，思索 think; ponder: 我～出一个办法来了 Wǒ xiǎngchu yī ge bànfǎ lai le. I've thought out a method. ㊀ ext. 1. 推测，认为 guess; consider: 我～他不来了 Wǒ xiǎng tā bù lái le. I don't think he will come. / 我～这么做才好 Wǒ xiǎng zhème zuò cái hǎo. I think this is the best way to do it. 2. 希望，打算 hope; want: 他～去学习 Tā xiǎng qù xuéxí. He wants to go to study. / 要～学习好，就得努力 yào xiǎng xuéxí hǎo, jiù děi nǔlì You have to make your efforts if you want to learn well. ❷怀念，惦记 miss; recall: ～家 xiǎng jiā homesick/ 时常～着前方的战士 shícháng xiǎngzhe qiánfāng de zhànshì usually miss the fighters on the front

鲞(＊＊鯗) xiǎng ㄒㄧㄤ 剖开晾干的鱼 dried fish with all insides taken out

向(❶❹❻嚮、＊曏) xiàng ㄒㄧㄤ ❶对着，朝着 in the direction of; toward: 这间房子～东 Zhè jiān fángzi xiàng dōng. The house faces east. [向导—dǎo]引路的人 guide, a person who shows the way ❷介词，表示动作的方向 prep. indicating the direction of an action: ～前看 xiàngqián kàn Look ahead. / ～雷锋同志学习 Xiàng Léi Fēng tóngzhì xuéxí. Learn from Comrade Leifeng. ❸方向 direction: 我转～(认错了方向)了 Wǒ zhuànxiàng le. I've missed the direction (or taken the wrong direction). ㊀ ext. 意志所趋

one's determination to act in a certain way：志～ zhìxiàng *ideal*, *expectation*/ 意～ yìxiàng *intention*; *purpose* ❹ 近，临 near; toward：～ 晚 xiàngwǎn *toward dusk*/ ～ 晓雨停 xiàngxiǎo yǔ tíng *The rain stopped shortly before daybreak*. ❺ 偏祖，祖护 side with; take one's part：偏～ piānxiàng *stand at one's side* ❻ 从前 before：～日 xiàngrì *in former days*/ ～ 者 xiàngzhě *ancestor*; *forefather* ⑨ ext. 从开始到现在 all along; always：本处～无此人 Běn chù xiàng wú cǐ rén. *Here has never been such person*. [向来—lái][一向 yī—]副词，从来，从很早到现在 *adv.* all the time, from the early time up to now：他～～不喝酒 Tā xiànglái bù hē jiǔ. *He never drinks*.

项 xiàng ㄒ丨ㄤ ❶ 颈的后部 nape, back of the neck ❷ 事物的种类或条目 points or items：三大纪律八～注意 sān dà jìlù bā xiàng zhùyì *the Three Main Rules of Discipline and the Eight Points for Attention of the Chinese People's Liberation Army*/ 事～ shìxiàng *matter*/ ～目 xiàngmù *item* ⑧ trans. 钱，经费 money, funds (⑤ comb. 款— kuǎn—*funds*)：用～ yòngxiàng *items of expenditure*/ 进～ jìnxiàng *income*/ 欠～ qiànxiàng *liabilities* ❸ 代数中不用加号、减号连接的单式，如 4a²b，ax³ (of algebra) single entry that is not joined by plus sign or minus sign, eg. 4a²b，ax³

巷 ⊖ xiàng ㄒ丨ㄤ 较窄的街道 narrow street; lane; alley：大街小～ dàjiē-xiǎoxiàng *streets and lanes*
⊜ hàng 见 240 页 See p. 240

相 ⊖ xiàng ㄒ丨ㄤ ❶（一儿 —r）样子，容貌 looks, appearance (⑤ comb. —貌 —mào *appearance*)：长得很喜～ zhǎng de hěn xǐxiàng *have a happy-go-lucky look* / 狼狈～ lángbèixiàng *a sorry figure*/ 照～ zhàoxiàng *take photos* (or *pictures*)

❷ 察看 watch, observe, look at carefully：～马 xiàng mǎ *Look at a horse and judge its worth*. / ～ 机行事 xiàngjī-xíngshì *act when the time is opportune*/ 人不可以貌～ rén bù kěyǐ màoxiàng *A person can not be known* (or *judged*) *by his looks*. ❸ 辅助，也指辅佐的人，古代特指最高级的官：assist, also indicating assistant, chief minister, official with the highest rank in ancient times：宰～ zǎixiàng *prime minister* (in feudal China); *chancellor* ❹ Xiàng 姓 a surname
[相声 —sheng]曲艺的一种，盛行于华北地区 crosstalk, comic dialogue, a type of folk art form, popular in Northern China
⊜ xiāng 见 704 页 See p. 704

象 xiàng ㄒ丨ㄤ ❶ 哺乳动物，多产在印度、非洲等热带地方。鼻子圆简形，可以伸卷。多有一对特长的门牙，突出唇外，可用来雕刻成器皿或艺术品 elephant, the largest four-footed mammal, now mostly living in India and Africa, with two long curved ivory tusks extending out of mouth, which can be used for carving utensil and art pieces, and a long nose called a trunk which can stretch and roll up ❷ 形状，样子 shape; form; image (⑤ comb. 形— xíng—*image*)：景～ jǐngxiàng *scene*; *sight*/ 万～更新 wànxiàng-gēngxīn *Everything takes a new look*. [象征 —zhēng]用具体的东西表现事物的某种意义，例如鸽子象征和平 use an actual thing to signify another thing, person, image, value, etc. such as pigeon represents for peace

像 xiàng ㄒ丨ㄤ ❶ 相似 be like; resemble：他很～他母亲 Tā hěn xiàng tā mǔqīn. *He looks quite like his mother*. [好像 hǎo—]似乎，仿佛 seem; as though：我～～见过他 Wǒ hǎoxiàng jiànguo tā. *It seems I've*

X

seen him before. ❷比照人物做成的图形 portrait；picture of a person or a thing：画～ huàxiàng *paintings/* 塑～ sùxiàng *statue* ❸比如，比方 like；such as：～这样的事是值得注意的 Xiàng zhèyàng de shì shì zhíde zhùyì de. *Things just like this should be worth our attention.*

橡 xiàng 丁|ㄤ ❶橡树，就是栎树 oak，also called lìshù［橡子—zi］橡树的果实 acorn，nut or seed of oak tree ❷橡胶树，原产巴西，我国南方也有，树的乳状汁液可制橡胶 rubber tree，originated in Brazil，also grown in southern China，the juice of which can be used to make rubber［橡皮—pí］1. 经过硫化的橡胶 vulcanized rubber 2. 擦去铅笔等痕迹的橡胶制品 eraser；rubber，used to remove pencil marks［橡胶—jiāo］用橡胶树一类的植物的乳汁制成的胶质。用途很广。也叫"树胶"a substance，made from the juice of trees just like rubber tree. It is of wide use and also called "shùjiāo（gum of a tree）."

蟓 xiàng 丁|ㄤ "蚕"的古名 an ancient name for "cán (silkworm)"

XIAO 丁|ㄠ

肖 ㊀ xiāo 丁|ㄠ "萧"（姓）俗作"肖" popular written form of "Xiāo" (a surname)
㊁ xiào 见 711 页 See p.711

削 ㊀ xiāo 丁|ㄠ 用刀平着或斜着去掉外面的一层 pare (or peel)，cut away the thin covering or skin of sth with a knife：～铅笔 xiāo qiānbǐ *sharpen a pencil/* 把梨皮～掉 bǎ lípí xiāodiào *pare (or peel) a pear*
㊁ xuē 见 732 页 See p.732

逍 xiāo 丁|ㄠ［逍遥—yáo］自由自在，无拘无束 free and easy，without any restraint：～～自在

xiāoyáo-zìzài *leisurely and carefree*

消 xiāo 丁|ㄠ ❶溶化，散失 disappear；vanish：冰～ bīng xiāo *The ice melt. /* 烟～火灭 yānxiāo-huǒmiè *The fire has gone and the smoke has cleared.*［消化—huà］胃肠等器官把食物变成可以吸收的养料 digest；convert food digestive system into a form that can be assimilated by body 喻 fig. 理解、吸收所学的知识 think over and absorb or comprehend learning ❷灭掉，除去 cause to disappear；eliminate；remove（連 comb. —灭—miè *abolish*）：～毒 xiāodú *disinfect，sterilize /* ～炎 xiāoyán *dephlogisticate；diminish inflammation /* ～灭敌人 xiāomiè dírén *wipe out the enemy*［消费—fèi］为了满足生产、生活的需要而消耗物质财富 consume，eat or drink or use in order to satisfy the needs of production and living［消极—jí］起反面作用的，不求进取的，跟"积极"相反 negative；passive，play the negative role，unwilling to make progress，antonym of "jījí (active)"：～～因素 xiāojí yīnsù *negative factors/* ～～态度 xiāojí tàidu *be passive*［消息—xi］音信，新闻 information；news ❸消遣，把时间度过去 diversion；pastime：～夜 xiāoyè *midnight snack/* ～夏 xiāoxià *spend a summer holiday* ❹〈方 dial.〉需要 need：不～说 bùxiāo shuō *need not to say*

宵 xiāo 丁|ㄠ 夜 night：通～ tōngxiāo *the whole night*［元宵 yuán—］1. 元宵节，夏历正月十五日晚上 the Lantern Festival，the night of the 15th of the Ist lunar month 2. 一种江米（糯米）面做成的球形有馅食品，多在元宵节吃 sweet dumplings made of glutinous rice flour (usu. for the Lantern Festival)

绡 xiāo 丁|ㄠ 生丝。又指用生丝织的东西 raw silk. Also indicating materials woven from raw silk.

硝 xiāo ㄒㄧㄠ ❶矿物名 a mineral：1.硝石，一种无色晶体，成分是硝酸钾，可制火药 nitre, a colourless crystal chemical composition, potassium nitrate, used to make gunpowder 2.芒硝(别名朴硝、皮硝)，一种无色透明的晶体，成分是硫酸钠，并含有食盐、硝酸钾等杂质，可以鞣皮子. mirabilite (also called pǔ—, pí—)，a colourless transparent crystal chemical composition, sodium sulphate with impurities of salt, potassium nitrate, etc., used for tanning hides ❷用朴硝或硭硝加黄米面等处理毛皮，使皮板儿柔软 tan an animal hide into leather with mirabilite and glutinous millet flour：～一块皮子 xiāo yī kuài pízi tan a hide

销 xiāo ㄒㄧㄠ ❶熔化金属 melt (metal)［销毁 —huǐ]毁灭，常指烧掉 destroy by melting, usu. burning ❷去掉 cancel; rid of：～假 xiāojiǎ report back used for absence/ 报 — bàoxiāo ask for reimbursement/ 撤 ～ chèxiāo dismiss; cancel ❸出卖(货物) sell (goods)：一天～了不少的货 yī tiān xiāole bùshǎo de huò sell quite a lot of goods a day/ 供～合作社 gōngxiāo hézuòshè supply and marketing cooperative/ 脱 ～ tuōxiāo out of stock ❹开支，花费 cost; spending：花～ huāxiāo cost, expense/ 开～ kāixiāo spending ❺(—子 —zi) 机器上像钉子的零件 fittings just like bolt or pin in a machine [插销 chā—] 1.联通电路的一种装置 plug, object used for connecting a circuit：电灯～～diàndēng chāxiāo electric light plug 2.关锁门窗的一种装置 a window or a door ❻把机器上的销子或门窗上的插销推上 fasten a door or a window with a bolt; fit a bolt into a machine; plug in

蛸 ㊀ xiāo ㄒㄧㄠ ［螵蛸 piāo —]螳螂的卵块 the egg capsule of a mantis

㊁ shāo 见 577 页 See p.577

霄 xiāo ㄒㄧㄠ ❶云 clouds (遥 comb. 云— yún— clouds) ❷天空 sky：重～ chóngxiāo heaven/ 九～ jiǔxiāo the empyrean beyond the highest heaven/ ～壤(喻相去很远) xiāorǎng heaven and earth (fig. quite far away)

魈 xiāo ㄒㄧㄠ ［山魈 shān—] 1.猴的一种，尾巴很短，脸蓝色，鼻子红色，嘴上有白须，全身毛黑褐色，腹部白色。多群居，吃小鸟、野鼠等 mandrill, a kind of large monkey with short tail, blue face, red nose and white beard. Its whole body is brown and belly white, feeding on small birds, mice, etc. and living in groups 2.传说中山里的鬼怪 mountain elf in legend

枭(梟) xiāo ㄒㄧㄠ ❶一种凶猛的鸟，羽毛棕褐色，有横纹，常在夜间飞出，捕食小动物 owl, any of several types of fierce night bird with brow and cross-stripped feather, living on small animals ❷勇健(常有不驯顺的意思) brave; valiant (usu. untamed)：～将 xiāojiàng a brave general/ ～雄 xiāoxióng a fierce and ambitious person; a formidable man ❸魁首，首领 chief; head：毒～ dúxiāo drugpusher ❹〈古 arch.〉悬挂(砍下的人头) hang (the chopped-off head)：～首 xiāoshǒu hang the cut-off head/ ～示 xiāoshì hang the beheaded head as a warning to the public

枵 xiāo ㄒㄧㄠ ❶空虚 empty; hollow：～腹从公 xiāofù-cónggōng attend to one's duties on an empty stomach ❷布的丝缕稀而薄(of cloth) thin and loosely woven：～薄 xiāobáo thin

鸮 xiāo ㄒㄧㄠ 见 78 页"鸱"字条"鸱鸮" See p.78 "chīxiāo" under entry of "chī"

哓(嘵) xiāo ㄒㄧㄠ [哓哓一一]因为害怕而乱嚷乱叫的声音 shouting and crying noisily because of fear

骁(驍) xiāo ㄒㄧㄠ ❶好马 a well-trained cavalry ❷勇健 valiant；brave.（叠 comb. 一勇一 yǒng *valiant*）：～将 xiāojiàng a valiant general

虓 xiāo ㄒㄧㄠ 猛虎怒吼 the roar of a tiger

猇 xiāo ㄒㄧㄠ 虎要吃人或其他动物时所发出的声音 the roar of a tiger when it preys on people or other animals

萧(蕭) xiāo ㄒㄧㄠ 冷落、没有生气的样子 desolate；lifeless：～然 xiāorán *bleak; dreary*/～瑟 xiāosè *rustling of autumn wind in trees; soughing*/～索 xiāosuǒ *lonly; solitary* [萧条一tiáo]寂寞冷落 lonely and cold（喻 *fig.* 不兴旺 slump；depression
[萧萧一一]拟声词，马叫声或风声 *onom.* (of a horse) neighing or whinnying or (of wind) rustling

潇(瀟) xiāo ㄒㄧㄠ 水清而深 (of water) deep and clear [潇洒一sǎ]行动举止自然大方，不呆板，不拘束 (of a person's manner or appearance) graceful and elegant，natural and unrestrained

蟏(蠨) xiāo ㄒㄧㄠ [蟏蛸一shāo]见 694 页"蟏"字条。See entry of "xǐ", p.694

箫(簫) xiāo ㄒㄧㄠ 管乐器名。古代的"排箫"是许多管子排在一起的，后用一根管子做成，竖着吹的叫"洞箫" a musical instrument, the ancient "páixiāo" made from several bamboo pipes and the present day vertical bamboo flute also called "dòngxiāo"

翛 xiāo ㄒㄧㄠ 〈古 arch.〉无拘无束，自由自在 without any restraint，free and easy：～然 xiāorán *unconstrained* [翛翛一一]羽毛败坏的样子 (of plumes) ruined or spoiled

嚣 xiāo ㄒㄧㄠ 喧哗 confused noise；uproar：叫～ jiàoxiāo *clamour*；shout [嚣张一zhāng]放肆，邪恶势力上升 rampant；with evil force prevailing：气焰～～ qìyàn xiāozhāng be swollen with arrogance

浇 xiáo ㄒㄧㄠ 浇河，水名，在河北省 the Xiao River, a river in Hebei Province

崤 xiáo ㄒㄧㄠ 崤山，山名，在河南省。也叫"崤陵"the Xiao Mountain, a mountain in Henan Province, also called Xiáolíng

淆(*殽) xiáo ㄒㄧㄠ 混淆，错杂，混乱 confuse；mix；disorder：混～不清 hùnxiáo bùqīng obscure and unclear

小 xiǎo ㄒㄧㄠ ❶跟"大"相反 small；little；petty；minor，antonym of "dà(big, large)"：1.面积少的，体积占空间少的，容量少的 a small area, narrow space；a small amount of：～山 xiǎo shān a small hill/ 地方～ dìfang xiǎo The place is small. 2.数量少的 (of sum) small；数目～ shùmù xiǎo a small sum of/一～半 yīxiǎobàn a small part of 3.程度浅的 low in degree：学问～ xuéwen xiǎo little learning/ ～学 xiǎoxué primary school 4.声音低的 low in voice：～声说话 xiǎoshēng shuōhuà speak in a low voice 5.年幼，排行最末的 young, last in order of seniority：他比你～ Tā bǐ nǐ xiǎo. He is younger than you. / 他是我的～弟弟 Tā shì wǒ de xiǎodìdi. He is my younger brother. 6.年幼的人 young：一家老～ yī jiā lǎo-xiǎo the whole family, old and young 7.谦辞 humble address of oneself：～弟 xiǎodì your younger brother/ ～店 xiǎodiànr a little shop [小姐一jiě]对未婚女子的尊称 a respectful addressing of the young unmarried gir

[小看—kàn]轻视，看不起 belittle; look down upon：别～～人 bié xiǎokàn rén *Don't look down upon the others.* [小说—shuō]描写人物故事的一种文学作品 novel; fiction, a long written story dealing with people and events ❷时间短 short time or duration：～坐 xiǎozuò *sit for a while*/～住 xiǎozhù *stay for a few days* ❸稍微 a little; a bit; slight：牛刀～试 niúdāo-xiǎoshì *a master hand's first small display* ❹略微少于，将近 a little less; nearly; almost：这里离石家庄有～三百里 Zhèlǐ lí Shíjiāzhuāng yǒu xiǎo sānbǎi lǐ. *Shijiazhuang is nearly 300 li from here.*

晓（曉） xiǎo ㄒㄧㄠ ❶天刚亮的时候 dawn, at the moment when the day breaks：～行夜宿 xiǎoxíng-yèsù (*start of a person on a journey*) *start at dawn and stop at dusk*/鸡鸣报～ jī míng bàoxiǎo *The crowing of the cock is the harbinger of dawn.* ❷晓得，知道，懂 know; understand; perceive：家喻户～ jiāyù-hùxiǎo *be known to every household* ❸使人知道清楚 let sb know; tell：～以利害 xiǎoyǐ-lìhài *warn sb of the possible consequences*

筱（＊＊篠） xiǎo ㄒㄧㄠ ❶小竹子 little slender bamboo ❷同"小"，多用于人名 Same as "小", usu. used in a person's name

孝 xiǎo ㄒㄧㄠ ❶旧指对父母无条件地顺从，现指尊敬、奉养父母 filial, be unconditionally obedient to one's parents in former times, now with the meanings of respecting, supporting and waiting upon one's parents ❷指居丧的礼俗 the conventional mourning rites for a deceased elder member of one's family：守～ shǒuxiào *observe a period of mourning for one's deceased parent* ❸丧服 mourning apparel：戴～ dàixiào *wear mourning for a parent, relative, etc.*

哮 xiào ㄒㄧㄠ 吼叫 shout; yell; bawl; wail; 咆～ páoxiào *roar; howl* [哮喘—chuǎn]呼吸急促困难的症状 asthma, a diseased condition which makes breathing very rapid and difficult (at times)

肖 ㊀ xiào ㄒㄧㄠ 像，相似 resemble; be like：子～其父 zǐ xiào qí fù *The son is the very image of his father.* [肖像—xiàng]画像，相片 portrait; picture

㊁ xiāo 见 708 页 See p. 708

笑（咲） xiào ㄒㄧㄠ ❶露出愉快的表情，发出欢喜的声音 smile; laugh, a facial expression that expresses amusement, happiness, approval, usu. with sounds from mouth：逗～ dòuxiào *amuse*/眉开眼～ méikāi-yǎnxiào *beam with joy*/啼～皆非 tíxiào-jiēfēi *not know whether to laugh or cry, refer to sth that makes sb unpleasant on the one hand but also make him laugh on the other* [笑话—huar]1. 能使人发笑的话或事 anything said or done to cause people amused or to laugh 2. (—huar)轻视，讥讽 despise; laugh at; sneer at; mock：别～～人 bié xiàohua rén *Don't jeer at the others.* ❷讥笑，嘲笑 despise; laugh at：见～ jiànxiào (modest expression) *being laughed at for sth*/耻～ chǐxiào *sneer at; mock*/别嘲～人 bié cháoxiào rén *Don't poke fun at the others.*

校 ㊀ xiào ㄒㄧㄠ ❶学校 school ❷军衔名，在尉和将之间 army officer with the ranks of colonel, lieutenant colonel or major, these military ranks are between the ranks of brigadier general and captain

㊁ jiào 见 311 页 See p. 311

效（❶＊傚、❸＊効） xiào ㄒㄧㄠ ❶摹仿

imitate; follow the example of (連 comb. —法—fǎ, 仿—fǎng—*imitate, follow*)：上行下～ shàngxíngxiàxiào *The inferiors follow the example of their superiors.* ❷效验，功用，成果 effective, produce the desired result：这药吃了很见～ Zhè yào chīle hěn jiànxiào. *The medicine produces a very good effect.* /果良好 xiàoguǒ liánghǎo *make a good effect*/ 无～ wúxiào *invalid* [效率—lǜ] 1. 物理学上指作出来有用的功跟所加上的功相比 (of a machine) according to physics, the ratio of the work done to the work needed to operate the machine 2. 单位时间内所完成的工作量 the degree of effectiveness with which sth is done within given time：生产～～ shēngchǎn xiàolǜ *productivity*/ 工作～ gōngzuò xiàolǜ *working effeciency* ❸尽，献力 devote to; make one's effort：～力 xiàolì *serve*/ 劳 xiàoláo *work for*

啸（嘯） xiào ㄒㄧㄠ ❶撮口作声，打口哨 make a whistling sound：长～一声，山鸣谷应 Cháng xiào yī shēng, shān míng gǔ yìng. *Utter a long and loud cry in the mountains and the sound echos in the valley.* ❷动物拉长声音叫 (of certain animals) give a long, loud cry：虎～hǔ xiào *the tiger growling*/ 猿～ yuán xiào *the ape howling* ❸自然界发出的或飞机、子弹飞掠而过的声音 (of nature, airplane or bullets) whistle; whizz：海～ hǎixiào *tsunami; seismic sea wave*/ 子弹尖～着掠过头上 Zǐdàn jiānxiàozhe lüèguo tóu shang. *Bullets are whistling overhead.* / 飞机尖～着飞向高空 Fēijī jiānxiàozhe fēi xiàng gāokōng. *The plane whizzed into the sky.*

敩（斆） xiào ㄒㄧㄠ 教导，使觉悟 teach; instruct; enlighten

XIE ㄒㄧㄝ

些 xiē ㄒㄧㄝ ❶量词，表示不定的数量 meas. indicating a certain amount, some, a few：有～工人 yǒuxiē gōngrén *some workers*/ 炉子里要添～煤 lúzi li yào tiān xiē méi *put some more coal into the stove*/ 看～书 kàn xiē shū *get some reading*/ 长（zhǎng）～见识 zhǎng xiē jiànshi *widen one's knowlege* ❷跟"好"、"这么"连用表示很多 (used with "hǎo", "zhème") a lot of; many：好～人 hǎoxiē rén *a lot of people*/ 这么～天 zhèmexiē tiān *these few days*/ 制造出这么～个机器 zhìzào chū zhèmexiē ge jīqì *turn out so many machines* ❸用在形容词后表示比较的程度 (used after adjectives) a little; a little more：病轻～了 bìng qīng xiē le *feel a little better*/ 学习认真～，了解就深刻～ Xuéxí rènzhēn xiē, liǎojiě jiù shēnkè xiē. *The more attentively you study, the deeper you will understand.* [些微—wēi] 略微 slight; a little, a bit

揳 xiē ㄒㄧㄝ 捶、打。特指把钉、楔等捶打到其他东西里面去 knock; punch; hit, esp. drive a nail or wedge into sth：在墙上～钉子 zài qiáng shang xiē dīngzi *drive nails into the wall*/ 把桌子～一～ bǎ zhuōzi xiē yī xiē *knock the wedge into the table and make it stable*

楔 xiē ㄒㄧㄝ (—儿—r) 填充器物的空隙使其牢固的木橛、木片等 wedge, a piece of wood used to filling a crack to keep sth in place：这个板凳腿活动了，加个～儿吧 Zhège bǎndèngtuǐ huódòng le, jiā ge xiēr ba. *The stool is rickety, drive a wedge in it.* [楔子—zi] 1. 义同"楔". Same as "楔". 2. 杂剧里加在第一折前头或插在两折之间的小段，小说的

引子 prologue or interlude of the drama of the Yuan Dynasty, or prologue in some novels

歇 xiē ㄒㄧㄝ ❶休息 have a rest：坐下一会儿 zuòxia xiē yīhuìr Let's sit down and rest for a while. ❷停止 stop（work）：～工 xiēgōng stop work；knock off/ ～ 业 xiēyè close a business ［歇枝 —zhī］果树在一定年限内停止结果或结果很少 (of fruit trees) bear less or no fruit after a certain period of time ❸〈方 dial.〉很短的一段时间，一会儿 a short time, a little while：过了一～ guòle yīxiē a moment later

［歇斯底里 —sīdǐlǐ］（外 foreign）即癔(yì)病 hysteria, also called yìbìng. 喻 fig. 情绪激动，举止失常 unnaturally excited or emotional

蝎（＊蠍） xiē ㄒㄧㄝ（—子 zi）一种节肢动物，卵胎生。下腭长成钳子的样子，胸部四对，后腹狭长，末端有毒钩，用来防敌和捕虫，干制后可入药 scorpion, any of several types of arthropod, laying eggs, having a long body with four legs under the belly and two pincers at the cheek, and a curving tail with a poisonous sting at the end for protection, can be used as medicine after being dried

叶 ㊀xié ㄒㄧㄝ 和洽，合 be in harmony；be in accord：～韵 xiéyùn rhyme

㊁ yè 见 757 页 See p. 757

协（協） xié ㄒㄧㄝ ❶共同合作，辅助 coperate；joint, on friendly terms：～商问题 xiéshāng wèntí consult to solve the problem/ ～办 xiébàn work together ［协会 —huì］为促进某种共同事业的发展而组成的群众团体 a society of people joined together to promote the development of their common cause：对外友好～～ Duìwài Yǒuhǎo Xiéhuì Association for Friendship with For-

eign Countries. ❷调和，和谐 harmonious：～调 xiétiáo coordinate/ ～和 xiéhé harmonize

胁（脅、＊脇） xié ㄒㄧㄝ ❶从腋下到腰的部分 the side of the human body from the armpit to the waiste：～下 xiéxià under the armpit ❷逼迫恐吓 force and threaten；威 ～ wēixié threaten；menace/ ～制 xiézhì force sb to do one's bidding ［胁从 —cóng］被胁迫而随从别人做坏事 be coered to follow the others to do bad things ❸收敛 restrain oneself：～肩谄笑（谄媚人的丑态）xiéjiān-chǎnxiào bow and scrap (used to describe a person's disgusting flattering manner)

邪 ㊀ xié ㄒㄧㄝ ❶不正当 evil；heretical；weird：歪风～气 wāifēng-xiéqì evil tendency and noxious influences/ 改～归正 gǎixié-guīzhèng give up vice and return to virtue 引 fig. 奇怪，不正常 strange；unusual；irregular：～门 xiéménr strange/ 一股～劲 yī gǔ xiéjìnr with a unusual force ❷中医指引起疾病的环境因素 (of Chinese medicine) the environmental elements that cause desease：风 ～ fēngxié unhealthy wind/ 寒～hánxié disease caused by catching cold 转 trans. 迷信的人指鬼神给与的灾祸 the superstitious people refer to disasters given by supernatural beings：驱～ qūxié drive out evil spirits

㊁ yé 见 755 页 See p. 755

挟（挾） xié ㄒㄧㄝ ❶夹在胳膊底下 hold sth under the arm：～山跨海逞英雄 xié shān kuà hǎi chěng yīngxióng posing as a hero by carrying the mountain under one's arm and jumping across the sea ❷倚仗势力或抓住人的弱点强迫人服从 rely on one's power or take the advantage of the other's weakness to

force him to submit to one's will: 要
～yāoxié *put pressure on*/ ～ 制
xiézhì *force sb. to do one's bidding*
❸心里怀着(怨恨等)bear; harbour
(resentment): ～嫌 xiéxián *bear resentment*/ ～ 恨 xiéhèn *carry intense hatred for*

斜 xié ㄒㄧㄝˊ 不正,跟平面或直线
既不平行也不垂直的 oblique,
slanting, inclined, a neither imbalanced nor vertical surface or line: ～
坡 xiépō *slope*/ 纸裁斜 Zhǐ cái xié
le. *The paper has been slantingly
cut.* / ～对过 xiéduìguòr *almost opposite, opposite to the right or left*

偕 xié ㄒㄧㄝˊ (旧读 old pronounce
jiē)共同,在一块 together with,
in the company of: ～老 xiélǎo (used
in blessing newly-weds) *live together
to a ripe old age*/ ～行 xiéxíng *travel
together*/ ～ 同贵宾参观 xiétóng
guìbīn cānguān *visit in the company
of distinguished guests*

谐 xié ㄒㄧㄝˊ ❶和,配合得适当 together with, well-matched (⊕
comb. 和－hé－):音调和～ yīndiào
héxié *The tone is harmonious.* ❷诙
谐,滑稽 humorous; funny; comical:
～谈 xiétán *humorous talk*/ 亦庄亦～
yìzhuāng-yìxié *serious and facetious
at the same time*

絜 xié ㄒㄧㄝˊ 量度物体周围的长度
measure the length around an
object

〈古 arch.〉又同"洁"Same as
"洁"

颉 ⊖ xié ㄒㄧㄝˊ ❶鸟往上飞(of
birds)fly upward[颉颃一
háng]1.鸟向上向下飞 (of birds) fly
up and down　2.不相上下 be equally
matched:他的书法与名家相～～ Tā
de shūfǎ yǔ míngjiā xiāng xiéháng.
*His penmanship is equally matched
with these of noted calligraphers.* 〔转
trans. 对抗 confront; antagonism:

～～作用 xiéháng zuòyòng *an antagonistic effect* ❷ 姓 a surname

⊖ jié 见 316 页 See p. 316

撷 xié ㄒㄧㄝˊ ❶摘下,取下 pick;
take down ❷用衣襟兜东西 carry things with the fronts of one's clothes

缬 xié ㄒㄧㄝˊ 有花纹的丝织品 silk
knit goods with decorative patterns

携(*攜、*携) xié ㄒㄧㄝˊ
带 bring (⊕
comb. 一带 —dài *bring*):～眷
juàn *bring one's family members along*/ 一带武器 xiédài wǔqì *carry
weapons*[携手—shǒu]手拉着手 join
hands, hand in hand 〔喻 fig. 合作
corporate; work together

鞋(*鞵) xié ㄒㄧㄝˊ 穿在脚上
走路时着地的东西
shoes, an outer covering for the human foot walking on the ground: 皮
～ píxié *leather shoes*/ 拖 ～ tuōxié
slippers

韰 xié ㄒㄧㄝˊ 同"协",多用于人名
Same as "协", usu. used in a
person's name

写(寫) xié ㄒㄧㄝˊ ❶用笔在纸
或其他东西上做字
write, make marks or letters with a
pen or pencil on the paper: ～字 xiě
zì *write letters*/ ～ 对联 xiě duìlián
write a couplet ❷写作 write literature; make literary creation: ～ 诗
xiě shī *write a poem*/ ～ 文章 xiě
wénzhāng *write an article* ❸描写 depict; describ: ～景 xiějǐng *describe
the scenery*/ ～情 xiěqíng *write one's
feeling* ❹绘画 paint: ～生 xiěshēng
paint or sketch from nature

血 ⊖ xiě ㄒㄧㄝˊ 义同"血⊖",用于
口语。多单用,如"流了点儿血"。
也用于口语常用词,如"鸡血"、"血块
子"Same as "血⊖", usu. used as
colloquial expression in singular

form, e. g. "bleed a little blood". Also usu. used in everyday verbal expression, e. g. "chicken blood", "lumps of blood".

㊀ xuè 见 734 页 See p. 734

炧(＊＊炲) xiè ㄒㄧㄝˋ 蜡烛烧剩下的部分 the remaining part of a burnt candle

泄(＊洩) xiè ㄒㄧㄝˋ ❶液体、气体排出 discharge liquids or gases：～洪道 xièhóngdào flood-relief channel；floodway ㊡ fig. 丧失希望、勇气 lose hope or courage：～气 xièqì be disheartened/ ～劲 xièjìnr feel discouraged ❷透露 let out, leak：～漏秘密 xièlòu mìmì let out a secret/～底（泄露内幕）xièdǐ reveal the inside story of sth. (expose what goes on behind the scenes)

继(＊線) xiè ㄒㄧㄝˋ ❶绳索 ropes；veins ❷系，拴 fasten；tie；bind

渫 xiè ㄒㄧㄝˋ ❶除去 get rid of ❷泄，疏通 let out；dredge

泻(瀉) xiè ㄒㄧㄝˋ ❶液体很快地流下 (of liquids) flow swiftly；rush down：一～千里 yīxiè-qiānlǐ flow down in a rushing torrent to a far distance ❷拉稀屎 have loose bowels：～肚 xièdù have diarrhoea

契(＊＊偰) ㊀ xiè ㄒㄧㄝˋ 商朝的祖先，传说是舜的臣 ancester of the Shang Dynasty, supposedly one of the subordinates of Shùn

㊁ qì 见 522 页 See p. 522

虝(崫、＊＊离) xiè ㄒㄧㄝˋ 用于人名 used in a person's name

卸 xiè ㄒㄧㄝˋ ❶把东西去掉或拿下来 unload or take down things：～货 xièhuò unload cargoes/ ～车 xièchē unload the truck/ 大拆大～ dàchāi-dàxiè totally disassemble (a machine) ❷解除 dismiss：～责 xièzé

lay down one's responsibility/ ～任 xièrèn be relieved of one's office/ 推～tuīxiè shift one's responsibility to others

屑 xiè ㄒㄧㄝˋ 碎末 bits；scraps；crumbs：煤～ méixiè (coal) slack/竹头木～ zhútóu-mùxiè bamboo ends and wood shavings [琐屑 suǒ—]细小的事情 trifling；trivial [不屑 bù—]认为事物轻微而不肯做或不接受 think sth. not worth doing or accepting：他～于做这件事 Tā bùxiè yú zuò zhè jiàn shì. He disdained to do such a thing.

楒 xiè ㄒㄧㄝˋ [楒石 —shí]一种矿物，多呈褐色或绿色，有光泽，是提炼钛的原料 a lustrous brown or green ore, from which titanium is extracted

械 xiè ㄒㄧㄝˋ ❶器物，家伙 tools；instrument：机～ jīxiè machine/ 器～ qìxiè apparatus ❷武器 weapon：缴～ jiǎoxiè disarm/ ～斗 xièdòu armed conflict between two group of people ❸刑具 fetters；shackles

亵(褻) xiè ㄒㄧㄝˋ ❶轻慢，亲近而不庄重 show disrespect；be impolitly intimate to sb：～渎 xièdú blaspheme；profane ❷旧指贴身的衣服 indicating underwears in former times：～衣 xièyī underclothes ❸淫秽 obscene；indecent：猥～ wěixiè act indecently towards sb (may be a woman)

谢 xiè ㄒㄧㄝˋ ❶表示感激（叠 redup.) expressing thanks：～～你！Xièxie nǐ！Thank you！❷道歉或认错 apologize；excuse oneself：～罪 xièzuì apologize for an offence ❸辞去，拒绝 resign；refuse；decline：绝参观 xièjué cānguān not open to visitors ❹凋落，衰退 fade；wither：花～了 Huār xiè le. Flowers withered and fell. / 新陈代～ xīnchén-dàixiè The new replaces the old.

塮 xiè ㄒㄧㄝ〈方 dial.〉猪羊等家畜圈里积下的粪便 excrement and urine of pigs or sheep gathered in the fold

榭 xiè ㄒㄧㄝ 台上的屋子 a pavilion or house on a terrace：水～ shuǐxiè *the water-side pavilion*

解 ⊜ xiè ㄒㄧㄝ ❶明白，懂得 understand；see：～不开这个理 jiěbùkāi zhège lǐ *be unable to understand the truth in it* ❷ 姓 a surname ❸ 解县，旧县名，在山西省 the Xie County, old name for a county in Shanxi Province
　　㊀ jiě 见 317 页 See p. 317
　　㊁ jiè 见 319 页 See p. 319

薢 xiè ㄒㄧㄝ [薢茩 —hòu] 菱 water caltrop

獬 xiè ㄒㄧㄝ [獬豸 —zhì] 传说中的异兽名 Xiezhi, a fabulous strange animal

邂 xiè ㄒㄧㄝ [邂逅 —hòu] 没约会而遇到 meet by chance；run into sb.：～～相遇 xièhòu xiāngyù *meet sb unexpectedly*

廨 xiè ㄒㄧㄝ 古代通称官署 general term for ancient government office

澥 xiè ㄒㄧㄝ ❶糊状物或胶状物由稠变稀 (of paste, glue, etc.) become thin from thick：糨糊～了 Jiànghu xiè le. *The paste becomes thin.* ❷加水使糊状物或胶状物变稀 make paste or glue thin, or thin down paste or glue with water：粥太稠，加点儿水～一～ Zhōu tài chóu, jiā diǎnr shuǐ xiè yī xiè. *The porridge is so thick that it needs water to thin down.* ❸ [渤澥 bó—]〈古 arch.〉海的别称。也指渤海 another name for sea. Also indicating the Bohai Sea

懈 xiè ㄒㄧㄝ 松懈，不紧张 slack；lax（㊧ comb. 一息 —dài *relax*）：始终不～ shǐzhōng bùxiè *not relax*

one's efforts from beginning to end

蟹（＊蠏）xiè ㄒㄧㄝ 螃蟹，节肢动物，种类很多，水陆两栖，全身有甲壳。前面的一对脚长 (zhǎng) 成钳状，叫螯。横着走。腹部分节，俗叫脐，雄的尖脐，雌的团脐 crab, any of the many types of amphibious crustaceans with a broad roundish flattened shell-covered body and five pairs of legs, of which the front two are large powerful pincers, crawling in a crosswise manner, the male or female of which distinguished by its abdomen, the male's abdomen is in the shap of narrow triangular, and the female's broad and rounded

薤 xiè ㄒㄧㄝ 多年生草本植物，叶细长，开紫色小花。鳞茎和嫩叶可以吃。也叫【藠(jiào)头】shallot, a kind of perennial onion-like herb with slender leaves and small purple flowers, its scaled stem and young leaves edible. Also called "jiàotou."

瀣 xiè ㄒㄧㄝ 见 240 页"沆"字条"沆瀣(hàng—)" See p. 240 "hàngxiè" under entry of "hàng".

燮 xiè ㄒㄧㄝ 谐和，调和 mediate；harmonize

蹀 xiè ㄒㄧㄝ 见 134 页"蹀"字条"蹀蹀" See p. 134 "diéxiè" under entry of "dié".

XIN ㄒㄧㄣ

心 xīn ㄒㄧㄣ ❶心脏，人和高等动物体内推动血液循环的器官 heart, the organ inside the chest which controls the flow of blood by pumping it through the blood vessels. (图见 809 页"脏" See picture under entry of "zàng") [心腹 —fù] ㊼ *fig.* 1. 最要紧的 secret；confidential：～～之患 xīnfùzhīhuàn *troubles in the depth of one's heart* 2. 亲信的人 a trusted subordinate [心胸 —

xiōng]⑱ *fig.* 气量 broads of mind：～～ 宽大 xīnxiōng kuāndà *broad-minded*；*unprejudiced* ❷习惯上也指思想器官和思想感情等 habitually indicating a person's mind or feeling；intention or sensation：～ 思 xīnsi *thought*/ 得 xīndé *idea, what one has learnt from his work and study*/ 用 ～ yòngxīn *attentively*；*absorbed*/ ～ 情 xīnqíng *mood, state of mind*/ 开 ～（快乐）kāixīn *rejoice（be happy）*/ 伤 ～ shāngxīn *sad, grieved*/ 谈 ～ tánxīn *heart-to-heart talk*/ 全 ～ 全 意 quánxīn-quányì（with one's）*heart and soul* [心理 一 lǐ] 1. 思想、感情、感觉等活动过程的总称 general term for people's mental activity, such as thought, feeling, sensation, etc. 2. 想法,思想情况 mentality；psychology：这是一般人的～～ Zhè shì yībānrén de xīnlǐ. *This is the way ordinary people feel about it.* [小心 xiǎo一]留神,谨慎 cautious；careful：～～火烛（谨慎防火）xiǎoxīn huǒzhú *be careful of the fire*（take cautious action against the fire）/ 一路多加～～ yīlù duōjiā xiǎoxīn *take care on the road* ❸中央,在中间的地位或部分 core, at the center of sth：掌～ zhǎngxīn *the center of the palm*/ 江～ jiāngxīn *center of the river*/ 圆～ yuánxīn *the center of a circle* [中心 zhōng一] 1. 同"心 ❸" Same as "xīn ❸（core, at the center of sth.）". 2. 主要部分 mainstream：政治～～ zhèngzhì zhōngxīn *political center*/ 文化～～ wénhuà zhōngxīn *cultural center*/ ～任务 zhōngxīn rènwu *the main task*/ ～环节 zhōngxīn huánjié *the key link* ❹星宿名,二十八宿之一。也叫"商"the fifth of the twenty-eight constellations into which the celestial sphere was divided in ancient Chinese astronomy. Also called "shāng"

芯 ㊀ xīn ㄒㄧㄣ 去皮的灯心草 rushpith：灯 ～ dēngxīn *lamp-*

wick

㊁ xìn 见 718 页 See p. 718

辛 xīn ㄒㄧㄣ ❶辣 hot（in taste）, pungent ❷劳苦, 艰难 hard；laborious：～勤 xīnqín *industrious, hardworking* ❸悲伤 suffering：～酸 xīnsuān *miserable*；*sad*；*bitter* ❹天干的第八位,用做顺序的第八 the eighth of the ten Heavenly stems, also indicating eighth in an order

莘 ㊀ xīn ㄒㄧㄣ 古指细辛。一种草本植物,花暗紫色,根细,有辣味,可入药 the root of Chinese wild ginger（Asarumsieboldi）. a pungent-flavored herb with dark purple flower and thin roots, used as medicine [莘庄 一zhuāng]地名,在上海市 a place of Shanghai Metropolitian

㊁ shēn 见 582 页 See p. 582

锌 xīn ㄒㄧㄣ 一种金属元素,符号 Zn,旧称"亚铅",蓝白色,质脆。可制锌版,涂在铁上可防生锈。氧化锌（俗称"锌白"）是一种重要的白色颜料 zinc, a bluish-white metal, old name "yàqiān", used to make zincograph, and to cover（plate）metal objects preventing from rusting. Zinc oxide（popular name "xīnbái"）is an important white pigment, symbol：Zn

新 xīn ㄒㄧㄣ ❶跟"旧"相反 new, antonym of "jiù"：1. 刚有的或刚经验到的 have had or have experienced only a short time ago：～办法 xīn bànfǎ *a new method*/ 万象更～ wànxiàng-gēngxīn *Everything takes on a new look.* / 事物 xīn shìwù *new things* 2. 没有用过的 unused before：～笔 xīn bǐ *a new pen*/ ～房子 xīn fángzi *newly built house* 3. 性质上改变得更好的,使变成新的 change better in nature；make sth new：～社会 xīnshèhuì *new society*/ ～文艺 wényì *new literature and art*/ 粉刷一 ～ fěnshuā yīxīn *paint sth anew* [自新 zì一]改掉以往的过错,使思想行

为向好的方面发展 turn over a new leaf, reform oneself; rid of one's shortcomings, and change into a virtuous person ❷新近,刚才 new; recently：这枝钢笔是我～买的 Zhè zhī gāngbǐ shì wǒ xīn mǎi de. *This is the pen I've just bought.* / 他是～来的 Tā shì xīn lái de. *He is a new comer.* ❸称结婚时的人或物 recently married or just being married：～郎 xīnláng *a bridegroom*/ ～房 xīnfáng *a bridal chamber*

薪 xīn ㄒㄧㄣ 柴火 firewood；faggot；fuel：杯水车～ bēishuǐchēxīn *try to put out a load of burning firewood with a cup of water* [薪水 —shuǐ][薪金 —jīn]工资 salary；pay；wages

忻 xīn ㄒㄧㄣ ❶同"欣" Same as "欣"❷[忻州 —zhōu]地名,在山西省 a place in Shanxi Province

昕 xīn ㄒㄧㄣ 太阳将要出来的时候 at dawn

欣 xīn ㄒㄧㄣ 快乐,喜欢 happy；glad；joyful：欢～鼓舞 huānxīn-gǔwǔ *be filled with exultation*/ ～然前往 xīnrán qiánwǎng *be happy to start*[欣赏 —shǎng]用喜爱的心情来领会其中的意味 appreciate, lightheartedly percieve (or enjoy) the good quality of sth. [欣欣——]1. 高兴的样子 joyful, in a happy state：～然有喜色 xīnxīnrán yǒu xǐsè *be pleased, wear a joyful expression* 2. 草木生机旺盛的样子 (of grass and woods) thriving, flourishing：～～向荣 xīnxīn-xiàngróng *full of life and vigor*

诉 xīn ㄒㄧㄣ 同"欣" Same as (the above entry)"欣"

焮 xīn ㄒㄧㄣ xìn ㄒㄧㄣ（又）烧、灼 (also) burn；scorch

歆 xīn ㄒㄧㄣ 喜爱,羡慕 like；admire：～羡 sīnsiàn like；admire

馨 xīn ㄒㄧㄣ 散布很远的香气 strong and pervasive fragrance

鑫 xīn ㄒㄧㄣ 财富兴盛。商店字号、人名常用的字 prosperous, mak-

ing good profits. usu. used in people's name or names of shops

镡 xīn ㄒㄧㄣ ❶古代剑柄的顶端部分 top of the handle of an ancient sword ❷古代兵器,似剑而小 an ancient weapon similar to a sword but smaller

囟（**顖）xìn ㄒㄧㄣ 囟门,囟脑门,又叫"顶门",婴儿头顶骨未合缝的地方 fontanel (of a baby's head), also called "dǐngmén", the front top of the head

芯 ㊀ xìn ㄒㄧㄣ ❶（—子 —zi）装在器物中心的捻子或消息儿,如蜡烛的捻子、爆竹的引线等 core, the most inner part of things, such as spill in a candle or fuse in firecrackers ❷（—子 —zi）蛇的舌头 the forked tongue of a snake

㊁ xīn 见 717 页 See p. 717

信 xìn ㄒㄧㄣ ❶诚实,不欺骗 honesty；trust：～用 xìnyòng *trustworthiness；credit*/ 失～ shīxìn *break one's promise* ❷信任,不怀疑,认为可靠 trust；not suspect；be reliable：～赖 xìnlài *have faith in*/ 这话我不～ Zhè huà wǒ bù xìn. *I don't believe this word.* ㊧ trans. 信仰,崇奉 faith；belief：～徒 xìntú *believer；disciple* ❸（—儿 —r）消息 information；news：报～ bàoxìnr *notify；inform*/ 喜～儿 xǐxìnr *good (or happy) news* [信号 —hào]传达消息、命令、报告等的记号 signal, a sound or an action inte-nded to warn, command, or give a message：放～～枪 fàng xìnhàoqiāng *shoot a flare pistol (or signal pistol)* ❹函件 letter；mail（㊧ comb. 书—shū—letter）：给他写封～ gěi tā xiě fēng xìn *write him a letter* ❺随便 at will；random：～步 xìnbù *take a leisurely walk*/ ～口开河(随便乱说) xìnkǒu-kāihé *talk irresponsibly* ❻信石,砒霜 arsenic in natural state ❼同"芯㊀"

Same as "芯㈢"

〈古 arch.〉又同"伸"(shēn) Also same as "伸"

衅(釁) xìn ㄒㄧㄣ ❶古代用牲畜的血涂器物的缝隙 brush the blood of animals on the cracks of an object，e. g. bell，drum，etc. in ancient times：~钟 xìn zhōng *brush blood on a bell*/ ~鼓 xìn gǔ *paste a drum* ❷缝隙，争端 quarrel；dispute：挑~ tiǎoxìn *provok an incident*/ 寻~ xúnxìn *pick a quarrel*

焮 xìn ㄒㄧㄣ（又 also）见 718 页"xīn" See p. 718 "xīn"

XING ㄒㄧㄥ

兴(興) ㈠ xīng ㄒㄧㄥ ❶举办，发动 start；begin：~工 xīnggōng *start construction*/ ~利除弊 xīnglì-chúbì *promote what is beneficial and abolish what is harmful*/ ~修水利 xīngxiū shuǐlì *undertake water conservancy projects；build irrigation works* ❷起来 get up；rise：夙~夜寐（早起晚睡）sùxīng-yèmèi *work hard day and night*（get up early and sleep late）/ 闻风~起 wénfēng-xīngqǐ *get starting as soon as one gets the news of sth.* ❸旺盛 prosperous（遭 comb. —盛 —shèng、—旺 —wàng *prosperous*）[兴奋 —fèn]精神振作或激动的（of a person）be stimulated（or excited）❹流行，盛行 popular；prevailing：时~ shíxīng *in vigor，fashionable* ❺准许 permit；allow：不~胡闹 bùxīng húnào *None of your rude behavior.* ❻〈方 dial.〉或许 maybe，perhaps：他~来，~不来 Tā xīng lái，xīng bù lái *He may or may not come.* ❼姓 a surname

㈡ xìng 见 722 页 See p. 722

星 xīng ㄒㄧㄥ ❶天空中发光的或反射光的天体，如太阳、地球、北斗星等。通常指夜间天空中闪烁发光的天体 star，a brightly-burning or light-reflecting heavenly body of great size，such as the sun，the earth，the Plough（the Big Dipper），etc.，usu. indicating the twinkling heavenly body at night；人造地球卫~ rénzào dìqiú wèixīng *man-made satellites*/ ~罗棋布 xīngluó-qíbù *spread out and scatter about like stars in the sky*/ 月明~稀 yuèmíng-xīngxī *the clear sky with a pale moon and a few stars* ㊍fig. 称有名的演员、运动员等 indicating famous actors or actress，athletes，etc.：明~ míngxīng *star*/ 球~ qiúxīng *a ball-game star*/ 歌~ gēxīng *a singing star* ❷（—子 —zi，—儿 —r)）细碎或细小的东西 bit；particle：~火燎原 xīnghuǒliáoyuán *A single spark can start a prairie fire.*/ 火~儿 huǒxīngr *spark*/ 唾沫~子 tuòmò xīngzi *a spray of saliva* ❸星宿名，二十八宿之一 the twenty-fifth of the twenty-eight constellations into which the celestial sphere was divided in ancient Chinese astronomy

猩 xīng ㄒㄧㄥ 猩猩，猿类，形状略似人，毛赤褐色，前肢长，无尾。吃野果。产于苏门答腊等地 orangutan，a type of large manlike monkey with brown hair，long arms and no tail，from places such as Sumatra and living on wild fruits [猩红热 —hóngrè]一种急性传染病，病原体是一种溶血性链球菌，症状是头痛、寒热、发红疹，口部周围苍白，舌如草莓。小儿容易感染 scarlet fever；scarlatine，an acute contagious disease esp. of children，caused by haemolytic streptococcus marked by a headache，fever，red-spotted skin and strawberry-colour tongue，etc.

惺 xīng ㄒㄧㄥ 醒悟 awake；conscious [惺惺 — —]1.聪明，机警 wise；intelligent 2.聪明的人 a wise（or intelligent）person [假惺惺 jiǎ—

一] 1. 假充聪明 pretend to be clever 2. 假装和善 pretend to be kind and gentle (or amiable)

[惺松 －sōng][惺忪 －sōng] 1. 清醒 clearheaded 2. 刚睡醒尚未清醒 not yet fully wake up

腥 xīng ㄒㄧㄥ ❶腥气，像鱼的气味 a foul smell, just like fishy smell：血～ xuèxīng *the smell of blood*/ ～膻 xīngshān *the smell of mutton* ❷鱼、肉一类的食品 raw meat or fish：他不吃～ Tā bù chī xīng. *He doesn't eat meat or fish.*

骍 xīng ㄒㄧㄥ 赤色的马或牛 a reddish horse or cattle

箵 xīng ㄒㄧㄥ 见 410 页"箐"字条"箐箵"（língxīng）See p. 410 "língxīng" under entry of "líng"

刑 xíng ㄒㄧㄥˊ ❶刑罚，对犯人各种处罚的总称 punishment；penalty, a general term for causing the offenders to suffer for（a misdeed, fault, or crime）：死～ sǐxíng *death penalty*/ 徒～ túxíng *imprisonment*/ 缓～ huǎnxíng *suspended sentence* ❷特指对犯人的体罚，如拷打、折磨等 corporal（or physical）punishment, such as torture, torment etc.：受～ shòuxíng *be put to torture*/ 动～ dòngxíng *subject sb. to torture*

邢 xíng ㄒㄧㄥˊ 姓 a surname

形 xíng ㄒㄧㄥˊ ❶样子 shape；form：三角～ sānjiǎoxíng *triangle*/ 地～ dìxíng *topography*/ ～式 xíngshì *form*/ ～象 xíngxiàng *image* [形成 －chéng] 逐渐发展成为某种事物 formulate, gradually take the shape of sth：爱护公物已～～一种风气 Àihù gōngwù yǐ xíngchéng yī zhǒng fēngqì. *Taking good care of the public property has become a common practice.* [形势 －shì] 1. 地理上指地势的高低，山、水的样子 indicating topographical features, such as mountains, plateau, plain, and wa-

ters 2. 事物发展的状况 situation；circumstance：国际～～ guójì xíngshì *international situations* ❷体，实体 body；entity：～体 xíngtǐ *shape* (of a thing)/ 无～ wúxíng *invisible*；*intangible*/ ～影不离 xíngyǐng-bùlí *inseparable as body and shadow* ❸表现 show；appear：喜怒不～于色 xǐnù bù xíng yú sè *not show joy and anger on one's face* [形容 －róng] 1. 面容 appearance；look：～～枯槁 xíngróng kūgǎo *look haggard*；*thin and emaciated* 2. 对事物的样子、性质加以描述 describe the nature and shape of a thing [形容词 －róngcí] 表示事物的特征、性质、状态的词，如大、小、好、坏、快、慢等 adjective (adj.), a word which describes the character, nature, and shape of a thing, such as big, small, good, bad, fast or slow ❹对照，比较 compare；contrast：相～之下 xiāngxíng zhīxià *by contrast*；*by comparision*/ ～见绌 xiāngxíng-jiànchù *be inferior by comparision*

型 xíng ㄒㄧㄥˊ ❶铸造器物用的模子 mould used for casting ❷样式 modal；type：新～ xīnxíng *new model*/ 小～汽车 xiǎoxíng qìchē *minicar*

铏 xíng ㄒㄧㄥˊ 古代盛酒器。又用于人名 an ancient wine vessel. Also used in a person's name.

硎 xíng ㄒㄧㄥˊ ❶磨刀石 whetstone ❷磨制 polish；grind

铏 xíng ㄒㄧㄥˊ 古代盛羹的器具 an ancient container for thick soup

行 ㊀ xíng ㄒㄧㄥˊ ❶走 walk；travel：日～千里 rì xíng qiān lǐ *cover a thousand li a day*/ 步～ bùxíng *on foot* ㊑ext. 出外时用的(of things) for traveling：～装 xíngzhuāng *outfit for a journey*/ ～箧 xíngqiè *traveling box* [一行 yī－] 一组(指同行的人) a group（or party）travelling together[行李 —li]出外时所带的包裹箱子 等 luggage; baggage; cases, bags, boxes, etc. of a traveller[行头—tou]演戏时穿戴的衣物 actors' costumes and paraphernalia ❷流通, 传递 be current; circulate: ～ 销 xíngxiāo be on sale/ 通 ～ 全国 tōngxíng quánguó circulate within the whole country/ 发～报刊、书籍 fāxíng bàokān shūjí issue newspapers, magazines and books ❸流动性的, 临时性的 transient; temporary: ～灶 xíngzào a shiftable cooking stove/ ～ 商 xíngshāng travelling merchant/ ～营 xíngyíng field headquaters ❹进行 indicating the perfor mance of some action: 另～通知 lìngxíng tōngzhī issue a separate notice/ 即～查处 jíxíng cháchù investigate and prosecute at once ❺实做, 办 do; perform: ～礼 xínglǐ salute/ 举～ jǔxíng hold (a meeting, ceremony, etc.)/ 实～ shíxíng carry out, put into action ❻(旧读 formerly pronounce xìng)足以表明品质的举止行动 a behavior or conduct that shows a persons breeding: 言～ yánxíng wor-ds and deeds/ 品～ pǐnxíng behavior/ 德～ déxíng moral conduct/ 操 ～ cāoxíng behaviour or conduct/ 罪 ～ zuìxíng crime ❼可以 be all right, will do: 不学习不～ bù xuéxí bùxíng It's unacceptable to stop learning. ❽能干 capable; competent: 你真～ Nǐ zhēn xíng. How capable you are! ❾将要 soon: ～将毕业 xíngjiāng bìyè be soon graduated; graduate in near future ❿乐府和古诗的一种体裁 a form of ancient poem, or a type of literature of Music Bureau of ancient times ⓫姓 a surname

㈡ háng 见 240 页 See p. 240

饧(餳) xíng ㄒㄧㄥ ❶糖稀 treacle; molasses ❷糖块、面剂子等变软 (of sweets, dough, etc.) get soft; become sticky: 糖～了 Táng xíng le. These sweets have got soft and sticky. ❸精神不振, 眼睛半睁半闭 drowsy; sleepy: 眼睛发～ yǎnjing fāxíng (of eyes) half shut and half open

陉(陘) xíng ㄒㄧㄥ 山脉中断的地方 breaking strata of a mountain chain

荥(滎) ㈠ xíng ㄒㄧㄥ [荥阳—yáng]地名, 在河南省 a county of Henan Province

㈡ yíng 见 775 页 See p. 775

省 ㈠ xǐng ㄒㄧㄥ ❶检查自己 self-criticise, examine oneself critically: 反 ～ fǎnxǐng introspection; self-examination ❷知觉 become conscious: 不 ～ 人事 bùxǐng-rénshì be unconscious; lose one's consciousness ❸省悟, 觉悟 realize; be aware of: 反 ～ fǎnxǐng engage in introspection/ 猛 ～ 前非 měngxǐng qián fēi suddenly realize one's former faults ❹看望, 问候(父母、尊长) visit one's parents or respectful elders: ～ 亲 xǐngqīn pay visit to one's parents or elders (living at another place)

㈡ shěng 见 587 页 See p. 587

醒 xǐng ㄒㄧㄥ ❶睡完或还没睡着 regain consciousness or have not fallen asleep ❷头脑由迷糊而清楚 become sober (⊜comb. 一悟 —wù wake): 清～ qīngxǐng wake up to reality; be clear-minded; 惊～ jīngxǐng wake up with a start [醒目—mù][醒眼—yǎn]鲜明, 清楚, 引人注意的 brightly clear; be striking to the eye: 这一行字印得很～～ Zhè yī háng zì yìn de hěn xǐngmù. The characters are strikingly printed. ❸酒醉之后恢复常态 come to one's consciousness or sober up after being drunk: 水果可以～酒 Shuǐguǒ kěyǐ xǐngjiǔ. Fruits help to sober up.

擤(搮) xǐng ㄒㄧㄥ 捏住鼻子, 用气排出鼻涕 hold

one's nose and let the air puff out nasal mucus：～鼻涕 xǐng bítì *blow one's nose*

兴（興） ⊜ xìng ㄒㄧㄥˋ 兴趣，对事物喜爱的情绪 interest，a feeling of likeness toward things：～高采烈 xìnggāo-cǎiliè *in high spirit；excited* [高兴 gāo—] 愉快，喜欢 pleased；glad

⊖ xīng 见 719 页 See p. 719

杏 xìng ㄒㄧㄥˋ 杏树，落叶乔木，春天开花，白色或淡红色。果实叫杏儿或杏子，酸甜，可吃。核中的仁叫杏仁，甜的可吃，苦的供药用 apricot, a deciduous fruit tree blooming in spring with white or light-reddish flowers, the fruits of which are called "xìngr" or "xìngzi", a soft pleasant-tasting but slightly sour fruit, the sweet almond, edible, and bitter one used as medicine

幸（❺*倖） xìng ㄒㄧㄥˋ ❶意外地得到成功或免去灾害 fortunate；lucky，succeed or avoid the disaster by chance：～免于难 xìngmiǎn yú nàn *escape the disaster by chance* [幸亏 —kuī] [幸而 —ér] 副词，多亏 *adv.* thanks to；luckily：～～你来了 xìngkuī nǐ lái le *thanks to your coming* ❷幸福 happiness；well-being ❸高兴 pleased；glad：庆～ qìngxìng *rejoice*/欣～ xīnxìng *joyful；happy* ❹希望 hope：～勿推却 xìng wù tuīquè *Hope you will not refuse.* ❺旧指宠爱和信任在former times：宠～ chǒngxìng *in one's good graces*/得～ déxìng *win one's favour* ❻〈古 arch.〉指封建帝王到达某地 (of a monarch) tour one's dominions：巡～ xúnxìng *go on an inspection tour*

悻 xìng ㄒㄧㄥˋ 怨恨，怒（叠 redup.）resent；be angry：～～而去 xìngxìng'érqù *go away angrily*

婞 xìng ㄒㄧㄥˋ 倔强、固执 gruff；surly；stubborn；obstinate

性 xìng ㄒㄧㄥˋ ❶性质，人或事物的本身所具有的能力、作用等 nature，the quality，ability and function that a person or a thing has：碱～ jiǎnxìng *basicity*/弹～ tánxìng *elasticity*/向日～ xiàngrìxìng *heliotropism*/药～ yàoxìng *the property of a medicine*/斗争～ dòuzhēngxìng *militancy* [性命 —mìng] 生命 life (of a man or an animal) [个性 gè—] [性格 —gé] 个人的思想、行动上的特点 personality or character of one's thought and behavior [性子 —zi] 脾气 temper：他的～～很急 Tā de xìngzi hěn jí. *He is a man with a short fuse.* ❷男女或雌雄的特质 (of men and women, of male or female animal) sex：～别 xìngbié *sex or sexual distinction*/男～ nánxìng *male*/女～ nǚxìng *female*/～器官 xìngqìguān *sexual organs* ❸在思想、感情等方面的表现 tendency as reflected in thought or feeling：党～ dǎngxìng *Party character*/组织纪律～ zǔzhī jìlùxìng *spirit of organizational discipline*

姓 xìng ㄒㄧㄥˋ 表明家族系统的字 surname；family（or clan）name，a name that indicating one's belonging to a family or a clan：～名 xìngmíng *name and surname, full name*

荇（****莕）** xìng ㄒㄧㄥˋ 荇菜，水生植物，叶浮在水面上，夏天开花，黄色，根茎可吃 floating heart（Nymphoides peltatum），an aquatic plant on the surface of water having yellow flowers in summer, its stem and roots edible

XIONG　ㄒㄩㄥ

凶（❸—❺*兇） xiōng ㄒㄩㄥ ❶不幸的，与"吉"相对 ominous, antonym of "jí (auspiciou)"：～事（丧事）xiōngshì unlucky incidents（death, burials, etc.）/吉～ jíxiōng good or ill luck ❷ 庄稼收成不好 bad for crops; unproductive; ～年 xiōngnián a year of crops failure or famine ❸ 恶, 暴 fierce; ferocious（⑮ comb. —恶 — è fierce, — 暴 — bào brutal）; ～ 狠 xiōnghěn fierce and malicious/ 穷～ 极恶 qióngxiōng-jí'è extremely violent and wicked ❹关于杀伤的 concerning the act of violence; murder; ～手 xiōngshǒu murderer; assassin; ～行 ～ xíngxiōng commit physical assult or murder ❺厉害, 过甚 terrible; fearful; too much; 你闹得太～了 Nǐ nào de tài xiōng le. You've made so great a fuss. / 雨来得很～ Yǔ lái de hěn xiōng. The rain came down with a vengeance.

匈 xiōng ㄒㄩㄥ〈古 arch.〉同"胸" Same as "胸"
[匈奴 —nú] 我国古代北方的民族 the Huns, an ancient nationality in Northern China

讻（＊＊詾）xiōng ㄒㄩㄥ 争辩 argue; quarrel [讻讻 — —] 喧扰, 纷扰 furious; tumultuous

汹（＊洶）xiōng ㄒㄩㄥ 水向上翻腾（of water）swirling and twisting [汹汹 — —] 1. 形容水声或争吵声 sound of waves and quarreling 2. 形容声势很大 violent; truculent; 来势～～ láishì-xiōngxiōng break in violently [汹涌 —yǒng] 水势很大, 向上涌 fierce torrents; surging waves; 波涛～～ bōtāo xiōngyǒng turbulent waves

胸（＊膋）xiōng ㄒㄩㄥ 胸膛, 身体前面颈下腹上的部分 chest; breast, the upper front part of the body（图见 640 页"体" See picture under entry of "体" p. 640）[胸襟 —jīn] ⑯ fig. 气量, 抱负 broad-minded; aspiration; expectation

兄 xiōng ㄒㄩㄥ 哥哥 elder brother; ～嫂 xiōngsǎo one's elder brother and his wife/ 敬辞 respectful address; 老～ lǎoxiōng old chap/ 仁～ rénxiōng my dear friend/ 某某～ mǒumǒuxiōng a courteous form of address between male friends [兄弟 —dì] 1. 兄和弟的统称 a general term for younger and elder brothers; ～～三人 xiōngdì sān rén three brothers ⑨ fig. 有亲密关系的 with close relationship; ～～国家 xiōngdì guójiā fraternal countries 2.（—di）弟弟 younger brother

芎 xiōng ㄒㄩㄥ [芎藭 —qióng] 多年生草本植物, 叶子像芹菜, 秋天开花, 白色, 全草有香气, 地下茎可入药。也叫"川芎" Ligusticum Wallichi-i, a perennial fragrant medicine herb with leaves resemble celery, having white flowers in autumn, and roots used as medicine. Also called "chuānxiōng".

雄 xióng ㄒㄩㄥ ❶公的, 阳性的, 跟"雌"相对 male; antonym of "cí (female)"; ～鸡 xióngjī cock, rooster/ ～蕊 xióngruǐ stamen ❷强有力的 powerful, mighty; ～师 xióngshī a powerful army/ ～辩 xióngbiàn convincing argument ❸宏伟, 有气魄的 grand; imposing; magnificent; ～心 xióngxīn ambition; ～伟 xióngwěi grand, magnificant ❹强有力的人或国家（of people or country）powerful; strong; influencial; 英～ yīngxióng hero/ 两～不并立 Liǎng xióng bù bìnglì. Two great powers cannot exist at the same time. / 战国七～ Zhànguó Qī Xióng the Seven Powerful States of the Warring States period.

熊 xióng ㄒㄩㄥ 哺乳动物, 种类很多, 体大, 尾短, 能直立行走, 也能攀登树木 bear, any of various kinds of large and short-tailed mammals, that can stand up and climb trees [熊猫 —māo] 也叫"大熊猫"、"猫熊"。哺乳动物, 体肥胖, 形状像熊而略小, 尾

短，眼周、耳、前后肢和肩部黑色，其余均为白色。毛密而有光泽，耐寒。喜食竹叶、竹笋。生活在我国西南地区，是我国特有的珍贵动物 panda, also called "dàxióngmāo (giant panda)", "māoxióng", a black and white bear-like rare animal with a fat body and a short tail, living only in the southwestern part of China, liking to eat bamboo leaves and shoots ❷〈方dial.〉斥责 scold; rebuke; upbraid; ～了他一顿 xióngle tā yī dùn give him a scolding ❸〈方dial.〉怯懦，没有能力 cowardly; incompetent: 这人真～, 一上场就败了下来 Zhè rén zhēn xióng, yī shàngchǎng jiù bàile xiàlái. The guy was really a good-for-nothing, no sooner had he joined in the contest than he was defeated.

[熊熊－－]形容火光旺盛 used to describe the flaming fire

诇 xiòng ㄒㄩㄥˋ 刺探 make secret inquiries of sth; detect

敻 xiòng ㄒㄩㄥˋ 远，辽阔 far; vast; remote: ～古 xiònggǔ remote antiquity

XIU ㄒㄧㄡ

休 xiū ㄒㄧㄡ ❶歇息 rest: ～假 xiūjià have a holiday, be on leave/ ～养 xiūyǎng recuperate ❷停止 stop; cease: ～业 xiūyè suspend business, be closed down/ ～学 xiūxué suspend one's schooling without losing one's status as a student/ ～会 xiūhuì adjourn/ 争论不～ zhēnglùn bùxiū argue endlessly ⑨ ext. 完结（多指失败或死亡）be finished (usu. indicating failure or death) ❸旧社会丈夫把妻子赶回娘家，断绝夫妻关系 (in former times) cast off one's wife and send her to her parents' home; divorce one's wife: ～书 xiūshū a bill of divorcement/ ～妻 xiūqī one divorces his wife ❹副词，不要，别 adv. don't; not; never: ～想 xiūxiǎng Don't imagine that it's possible. / 要这样性急 xiūyào zhèyàng xìngjí Don't be in such a great hurry. ❺吉庆，美善 good fortune, good luck: ～咎（吉凶）xiūjiù good and bad fortune/ ～戚（喜和忧）相关 xiūqīxiāngguān share weal and woe (joys and sorrows) mutually

咻 xiū ㄒㄧㄡ 吵，乱说话 make a very loud noice; chat noisely

[咻咻－－]1. 形容喘气的声音 sound of breathing 2. 形容某些动物的叫声 the sound made by some birds or animals: 小鸭～～地叫着 Xiǎo yā xiūxiū de jiàozhe. The ducklings are cheeping.

庥 xiū ㄒㄧㄡ 庇荫，保护 (of a tree) give shade; protect

鸺 xiū ㄒㄧㄡ 见78页"鸱"字条"鸱鸺"(chī-) See p. 78 "chīxiū" under entry of "chī".

貅 xiū ㄒㄧㄡ 见501页"貔"字条"貔貅"(píxiū) See p. 501 "píxiū" under entry of "pí".

髹(＊＊髤) xiū ㄒㄧㄡ 把漆涂在器物上 coat sth. with lacquer

修(△＊脩) xiū ㄒㄧㄡ ❶使完美或恢复完美 make sth. perfect or beautiful again: ～饰 xiūshì embellish; decorate/ ～理 xiūlǐ repair; mend/ ～辞 xiūcí rhetoric/ ～车 xiū chē repair one's car (or bike) ❷建造 build; construct: ～铁道 xiū tiědào construct a railway/ ～桥 xiū qiáo build a bridge ❸著作，撰写 write; compile: ～书 xiūshū write a letter/ ～史 xiūshǐ compile a history book ❹钻研学习，研究 study; work on; research: ～业 xiūyè study at school/ 自～ zìxiū self-study ❺长(cháng) long; slender: 茂林～竹 mào lín xiū zhú thick forest and tall bamboo ❻修正主义的

简称 short for revisionism

脩 xiū ㄒ丨ㄡ ❶干肉 dried meat as a gift to one's tutor [束脩 shù—] 一束干肉 a private tutor's remuneration ⑲ trans. 旧时指送给老师的薪金 indicating tuition fees in former times ❷同"修" Same as "修(xiū)"

羞 xiū ㄒ丨ㄡ ❶感到耻辱 feel ashamed or embarrassed (働 comb. —耻 xiūchǐ sense of shame)：～与为伍 xiūyǔwéiwǔ feel ashamed of being one's companion ❷难为情,害臊 shy; bashful：害～ hàixiū be shy/ 得脸红 xiū de liǎn tōnghóng blush with shame ⑲ ext. 使难为情 make sb. feel ashamed or embarrassed：你别～我 Nǐ bié xiū wǒ. You needn't make me feel embarrassed. ❸珍羞,美味的食物 delicious food; dainty

馐 xiū ㄒ丨ㄡ 美味的食品,也作"羞" delicacies; dainties, also "羞"：珍～ zhēnxiū delicacies

朽 xiǔ ㄒ丨ㄡˇ ❶腐烂,多指木头 rotten; decayed, esp. indicating wood (働 comb. 腐— fǔ—rotten)：～木 xiǔmù decayed wood [不朽 bù—] (精神、功业等)不磨灭 (of spirit, feat, etc.) immortal：永垂～～ yǒngchuí-bùxiǔ eternal glory ❷衰老 senile：老～ lǎoxiǔ decrepit and behind the times

宿 ⊜ xiǔ ㄒ丨ㄡˇ 夜 night：住了一～ zhùle yī xiǔ stay for one night/ 谈了半～ tánle bàn xiǔ chat till midnight

⊖ sù 见 617 页 See p. 617
⊜ xiù 见 726 页 See p. 726

潃 xiǔ ㄒ丨ㄡˇ 泔水 swill; slops; hogwash

秀 xiù ㄒ丨ㄡ ❶植物吐穗开花,多指庄稼 (of plants) give forth ears and flowers, usu. indicating grain crops：高粱～穗了 Gāoliang xiùsuì le. The sorghum has been putting forth ears. / 六月六看谷～ liùyuè liù kàn gǔ xiù The crops begin to give forth ears on June 6 th. ❷特别优异的 excellent; especially outstanding (働 comb. 优— yōu— excellent)：～异 xiùyì outstanding/ ～挺 xiùtǐng straight and graceful [秀才 —cái]封建时代科举初考合格的人。泛指书生 one who passed the imperial examination at the county level; a general term for intellectuals ❸聪明,灵巧 clever; ingenious; skillful; nimble：内～ nèixiù be intelligent without seeming so/ 心～ xīnxiù be intelligent without looking so ❹美丽 beautiful; elegant (働 comb. —丽 —lì beautiful)：山明水～ shānmíng-shuǐxiù green hills and clear waters/ 祖国的河山分外～丽 Zǔguó de shānhé fènwài xiùlì. The scenery of our mother land is extremely beautiful. [秀气 —qi] 1. 清秀 delicately pretty 2. (器物)灵巧轻便 (of utencil) easy, convenient and portable：这个东西做得很～～ Zhège dōngxi zuò de hěn xiùqi. This thing is very exquisite.

绣(*繡) xiù ㄒ丨ㄡ ❶用丝线等在绸、布上缀成花纹或文字 embroider, do ornamental needlework of patterns and characters with silk thread on silk or cloth：～花 xiù huā do embroidery/ ～字 xiù zì embroider characters ❷绣成的物品 embroidery：湘～ xiāngxiù Hunan embroidery/ 苏～ sūxiù Suzhou embroidery

琇 xiù ㄒ丨ㄡ 像玉的石头 rocks resembling jades

锈(*鏥) xiù ㄒ丨ㄡ ❶金属表面所生的氧化物 rust, a hydrated oxide formed on the surface of a metal：铁～ tiěxiù rust / 铜～ tóngxiù copper rust/ 这把刀子长～了 Zhè bǎ dāozi zhǎng xiù le. The knife is rusty. ❷生锈 become rusty：门上的锁～住了 Mén shang de suǒ xiùzhù le. The lock on the door is rusty and won't open.

岫 xiù ㄒㄧㄡˋ ❶山洞 a cave; a cavern ❷山 mountain

袖 xiù ㄒㄧㄡˋ ❶(一子 —zi、一儿 —r)衣服套在胳膊上的部分。(图见 759 页"衣") sleeve, a part of a garment for covering arms/ (See picture under entry of "衣" p.759)[袖珍—zhēn]小型的 pocket-size; small；～～字典 xiùzhēn zìdiǎn a pocket dictionary/ ～～收录机 xiùzhēn shōulùjī a pocket radio-tape recorder ❷藏在袖子里 tuck inside the sleeves：～着手 xiùzhe shǒu with one's hands tucked inside the sleeves/ ～手旁观 xiùshǒu-pángguān look on with one's hand in one's sleeves

臭 ⊖ xiù ㄒㄧㄡˋ ❶气味 smell；odour ❷同"嗅" Same as "嗅".
⊖ chòu 见 85 页 See p.85

嗅 xiù ㄒㄧㄡˋ 闻，用鼻子辨别气味 smell；sniff，distinguish odours with one's nose

溴 xiù ㄒㄧㄡˋ 一种非金属元素，符号 Br，赤褐色的液体，性质很毒，能侵蚀皮肤和黏膜。可制染料、照相底版、镇静剂等 bromine, a non-metallic element, in the form of a reddish-brown poisonous liquid, able to eat into skin and mucosa, used in photography, paint or medicine, etc. symbol：Br

宿 ⊜ xiù ㄒㄧㄡˋ 我国古代的天文学家把天上某些星的集合体叫做宿 an ancient term for constellation, a group of fixed stars：星～ xīngxiù constellation/ 二十八～ èrshíbāxiù twenty-eight constellations
⊖ sù 见 617 页 See p.617
⊜ xiǔ 见 725 页 See p.725

XU ㄒㄩ

圩 ⊖ xū ㄒㄩ 闽粤等地区称集市。古书里作"虚" market town in the dialect of Fujian and Kuangdong Provinces. In ancient Chinese texts, written as "虚 xū".
⊖ wéi 见 672 页 See p.672

吁 ⊖ xū ㄒㄩ ❶叹息 sigh：长～短叹 chángxū-duǎntàn sighs and groans ❷文言叹词，表示惊疑 interjection in classical Chinese, expressing surprise or doubt：～，是何言欤 Xū, shì hé yán yú! Hi, what does these words mean?
⊖ yù 见 792 页 See p.792

盱 xū ㄒㄩ 睁开眼向上看 open one's eyes and look upward [盱眙—yí]县名，在江苏省 a county of Jiangsu Province

戌 xū ㄒㄩ ❶地支的第十一位 the eleventh of the twelve Earthly Branches ❷戌时，指晚上七点到九点 the period of the day from 7 p.m. to 9 p.m.

疌 ⊖ xū ㄒㄩ 皮骨相离声 the ripping sound of the flesh split off the bone
⊖ huā 见 259 页 See p.259

须(❸❹鬚) xū ㄒㄩ ❶必须，必得，应当 must；have to；should：这事～亲自动手 Zhè shì xū qīnzì dòngshǒu. You must do it yourself./ 务～注意 wùxū zhùyì You must take care./ 必～努力 bìxū nǔlì You should make efforts. ❷等待 wait；await ❸胡子 beard；mustache (⊛ comb. 胡—hú—beard) ❹像胡须的东西 beardlike things：触～ chùxū palpus or feeler/ 花～ huāxū stamen or pistil/ ～根 gēnxū fibrous root
[须臾—yú]片刻，一会儿 moment；instant

娿 xū ㄒㄩ 古代楚国人对姐姐的称呼 an address of elder sister in Chu State in ancient Warring States Period

胥 xū ㄒㄩ ❶古代的小官 a junior official of ancient times：～吏 xūlì petty official[钞胥 chāo—]管

誊写的小吏 hows and whys of a petty official responsible for transcription 〈转〉 trans. 代人抄写书的人 a person writing letters for the others 全，都 all；every：民～然矣 mín xū rán yǐ *All the people are all right.* / 万事～备 wànshì-xūbèi *Everything is ready.*

谞 xū ㄒㄩ ❶才智 talent；ability ❷谋划 plot；scheme

顼 xū ㄒㄩ 见 862 页"颛"字条"颛顼"（Zhuān —）See p. 862 "zhuānxū" under entry of "zhuān"

虚 xū ㄒㄩ ❶空 empty（迭 comb. 空— kōng — empty）：弹不～发 dàn bù xūfā *shoot the target with unfailing accuracy* / 座无～席 zuò-wúxūxí *All the seats have been occupied.* [虚心 —xīn]不自满，不骄傲 not self-satisfied，not conceited：～～使人进步，骄傲使人落后 Xūxīn shǐ rén jìnbù，jiāo'ào shǐ rén luòhòu. *Modest helps one to go forward，whereas conceit makes one lag behind.* ❷不真实的，跟"实(solid)"相反 false；nominal，antonym of shí：～名 xūmíng *false reputation* / ～荣 xūróng *vanity* / ～张声势 xūzhāngshēngshì make a pompous but empty show of power and influence [虚词—cí(function word)]意义比较抽象，有帮助造句作用的词(跟"实词"相对)，如介词、连词等 words that have no actual meaning but help to make sentences，antonym of，"shící(notional word)"，e. g. prepositions，conjunctions，etc. ❸心里怯懦 timid；milk-livered：做贼心～ zuòzéi-xīnxū *have a guilty conscience after doing sth bad* ❹衰弱 weak：身体～弱 shēntǐ xūruò *in poor health* / 他身子太～了 Tā shēnzi tài xū le. *He is very weak physically.* ❺徒然，白白地 in vain；for nothing；to no avail：～度年华 xūdù niánhuá *idle away one's time* / 不～此行 bùxū-cǐxíng *the journey has not been made*

in vain ❻指政治思想、方针、政策等方面的道理 indicating hows and whys of political ideals，theories，or guiding principles：务～ wùxū *work on abstract ideas* / 以～带实 yǐ xū dài shí *Let theory guide practical work.* ❼星名，二十八宿之一 name for constellation，the eleventh of the twenty-eight constellations（in ancient Chinese astronomy）

墟 xū ㄒㄩ ❶有人住过而现在已经荒废的地方 ruins，a deserted or destroyed living place：废～ fèixū *ruins* / 殷～ Yīnxū *the Yin Ruins* [墟里 —lǐ][墟落 —luò]村落 village；hamlet ❷〈方 dial.〉集市，同"圩⊖" a market town，Same as "圩⊖".

嘘 ⊖ xū ㄒㄩ ❶从嘴里慢慢地吐气，呵气 breath out slowly，exhale slowly ❷叹气 utter a sigh：仰天而～ yǎngtiān ér xū *stare up at the sky and sigh deeply* [嘘唏 —xī] "歔欷"Same as "歔欷"—xī(sob) ❸火或汽的热力熏炙（use cooking fire，steam etc.）heat；scald；burn：小心别～着手 Xiǎoxīn bié xūzhe shǒu. *Take care not to scald your hands.* / 把馒头放在锅里～一～ Bǎ mántou fàng zài guō li xū yī xū. *Heat the steamed bread in the cooker.*

⊖ shī 见 590 页 See p. 590

歔 xū ㄒㄩ [歔欷 —xī]哭泣时抽噎 sob

欻 ⊖ xū ㄒㄩ 忽然 suddenly，all of a sudden：风雨～至 fēngyǔ xū zhì *The storm comes up suddenly.*

⊖ chuā 见 88 页 See p. 88

需 xū ㄒㄩ ❶需要，必得用 need，want，require：～款 xū kuǎn *required money* / 按～分配 ànxū-fēnpèi *distribute according to demand* ❷必用的财物 necessaries；needs；军～ jūnxū *military supply*

繻 xū ㄒㄩ ❶有彩色的缯 an ancient term for colourful silk fabrics ❷古代一种用帛制的通行证 an ancient term for passport made of silks

魖 xū ㄒㄩ 暗 dark; dim: 黑～～ hēixūxū *pitch-dark*

徐 xú ㄒㄩˊ 缓, 慢慢地 (叠 redup.) slowly; gently: ～步 xúbù *walk slowly* (leisurely)/ 清风～来 qīngfēng xú lái *A fresh breeze was blowing gently.* / 火车～～开动了 Huǒchē xúxú kāidòng le. *The train starts to move slowly.*

许 xǔ ㄒㄩˇ ❶应允, 认可 agree; allow; permit (叠 comb. 允—yǔn—、准—zhǔn— *permit, allow*): 特～ tèxǔ *give special permission*/ 不～ bùxǔ *not allow* 阄 ext. 承认其优点 agree one's merit: 赞～ zànxǔ *approval*/ 推～ tuīxǔ *recommand sth agreeably*/ ～为佳作 xǔ wéi jiāzuò *recognize one's works as a piece of excellent writing* ❷预先答应给与 promise to give: 我～给他一本书 Wǒ xǔgěi tā yī běn shū. *I promise to give him a book.* / 以身～国 yǐshēnxǔguó *dedicate one's life for his motherland* ❸或者, 可能 or; maybe: 也～ yěxǔ *perhaps*/ 或～ huòxǔ *or*/ 他下午也～来 Tā xiàwǔ yěxǔ lái. *He may come this afternoon.* ❹处, 地方 place: 先生不知何～人也。Xiānsheng bùzhī héxǔ rén yě. *I wonder where you are from, sir.* ❺表示约略估计的词 indicating a rough estimate: 少～(少量) shǎoxǔ *a little* (a small amount) 年三十～(三十岁左右) nián sānshí xǔ *about thirty years old* (roughly thirty years old) ❻这样 such: 如～ rúxǔ *such as* [许多 —duō] 1. 这样多, 这么多 such great amount; such a great number 2. 很多 a lot of; many[许久 —jiǔ] 1. 时间这么长 so long 2. 时间很长 a long time

浒 〇 xǔ ㄒㄩˇ [浒墅关 —shùguān] [浒浦 —pǔ] 地名, 都在江苏省 places in Jiangsu Province
〇 hǔ 见 257 页 See p. 257

诩 xǔ ㄒㄩˇ 说大话, 夸张 boast; brag; exaggerate: 自～ zìxǔ *praise oneself; brag*

栩 xǔ ㄒㄩˇ [栩栩 ——] 形容生动的样子 lively; lifelike: ～～如生 xǔxǔ-rúshēng *to the life; as vivid as living*

姁 xǔ ㄒㄩˇ (叠 redup.) 安乐, 和悦 peaceful and satisfactory, amiable

湑 〇 xǔ ㄒㄩˇ ❶滤过的酒 filtered alcoholic drink 阄 ext. 清 pure; clear ❷茂盛 prosperous; thriving
〇xù 见 729 页 See p. 729

糈 xǔ ㄒㄩˇ ❶粮食 grain ❷古代祭神用的精米 husked rice offered as sacrifice to gods or ancestors

醑 xǔ ㄒㄩˇ ❶美酒 fine wine ❷醑剂(挥发性药物的醇溶液)的简称 short for spirit, essence (alcoholic solution of a volatile ingredient): 樟脑～ zhāngnǎoxǔ *camphor spirit*/ 氯仿～ lǜfǎngxǔ *chloroform essence*

旭 xù ㄒㄩˋ 光明, 早晨太阳才出来的样子 brilliance of the rising sun [旭日 —rì]才出来的太阳 the rising sun

序 xù ㄒㄩˋ ❶次第 order; sequence (叠 comb. 次—cì— *order*): 顺～ shùnxù *sequence*/ 工～ gōngxù *working procedure*/ 前后有～ qiánhòu yǒuxù *in good sequences* ❷排列次第 arrange sth. in order: ～齿(按年龄排次序) xùchǐ *arranging in order of seniority* (arrange the order according to age) ❸在正式内容之前的 preface, an introduction to a book, speech, etc.: ～文 xùwén *preface; forward*/ ～曲 xùqǔ *prelude*/ ～幕 xùmù *pologue* 特指序文: especially indicating a preface: 写一篇～ xiě yī piān xù *write a preface* ❹庠序, 古代的学校 xiángxù, an ancient school

叙（*敘、*敍） xù ㄒㄩˋ ❶述说 talk; chat（● comb. 一述 —shù *narrate*）：~旧 xùjiù *talk about the old past*/ 家常 xù jiācháng *chitchat* ❷记述 narrate; recount; relate：~事 xùshì *narrate (in writing)* 记一 jìxù *recount* ❸同"序❶❷❸" Same as "序❶❷❸".

溆 xù ㄒㄩˋ 水边 waterside [溆浦 —pǔ] 地名，在湖南省 a place in Hunan Province

洫 xù ㄒㄩˋ 田间的水道、沟渠 ditches running through farmlands

恤（衈、賉） xù ㄒㄩˋ ❶对别人表同情，怜悯 pity; sympathize：体~ tǐxù *show solicitude for* ❷救济 give relief; compensate：~金 xùjīn *pension*/ 抚~ fǔxù *comfort and compensate the family of a person who was hurt or dead at work or on duty* ❸忧虑 worry; anxiety

畜 ㊀ xù ㄒㄩˋ 饲养 raise domestic animals：~产 xùchǎn *livestock (or animal products)*/ ~牧事业 xùmù shìyè *animal husbandry*
㊁ chù 见 87 页 See p. 87

蓄 xù ㄒㄩˋ 积聚，储藏 gather; accumulate; store（● comb. 储—chǔ — *store*）：~财 xùcái *build up fortune* ㊁ ext. 1. 保存 preserve：~电池 xùdiànchí *storage battery*/ 洪~ hóngxù *store floodwater*/ 养精~锐 yǎngjīng-xùruì *conserve one's strength and store up energy* 2. 心里存着 have ideas in mind：~意已久 xùyì yǐ jiǔ *long premeditated*

酗 xù ㄒㄩˋ 撒酒疯 be drunk and act crazy：~酒（没有节制地喝酒）xùjiǔ *indulge in excessive drinking (drink too much wine)*

勖（*勗） xù ㄒㄩˋ 勉励 encourage（● comb. 一勉 —miǎn *encourage*）

绪 xù ㄒㄩˋ ❶丝的头 thread end ㊟ fig. 开端 beginning of sth.：千头万~ qiāntóu-wànxù *a multitude of things* [绪论 —lùn]著书或讲学开头叙述内容要点的部分 a written or spoken explanation at the beginning of a book or speech ❷事业 task; cause; undertaking：续未竟之~ xù wèijìng zhī xù *carry on an unfinished task* ❸指心情，思想等 mental or emotional state：思~ sīxù *thoughts; thinking*/ 情~ qíngxù *mood* ❹残余 remnants：~余 xùyú *surplus; remnants*

续（續） xù ㄒㄩˋ ❶连接，接下去 continuous; successive（● comb. 继—jì— *continue*）：~假 xùjià *extend one's leave*/ 华盖集~编 Huágài Jí xùbiān *the Continuous Volume of Huágài Jí* ❷在原有的上面再加 add; supply more：把茶~上 bǎ chá xùshang *Put some more water into the teacup.*/ 炉子该~煤了 lúzi gāi xù méi le *The fire needs more coal.* [手续 shǒu—]办事的程序 formalities or procedures in dealing with matters

絮 xù ㄒㄩˋ ❶棉絮，棉花的纤维 a cotton wadding, cotton fabrics：被~ bèixù *wadding for a quilt*/ 吐~ tǔxù *opening the bolls* ❷像棉絮的东西 things resembling cotton：柳~ liǔxù *willow catkin*/ 芦~ lúxù *reed catkin* ❸在衣物里铺棉花 wad a clothes or other things with cotton：~被子 xù bèizi *wad a quilt with cotton*/ ~棉袄 xù mián'ǎo *line one's clothes with cotton* ❹连续重复，惹人厌烦 repeat a lot of times and cause people to feel boring：~烦 xùfan *be tired of, bored* [絮叨 —dao]说话啰唆 be wordy or nagging

湑 ㊀ xù ㄒㄩˋ 湑水河，水名，在陕西省 Xùshuǐ Hé, a river in Shaanxi Province
㊁ xǔ 见 728 页 See p. 728

X

婿（* 壻）　xù ㄒㄩ ❶夫婿,丈夫 husband ❷女婿,女儿的丈夫 son-in-law, daughter's husband

煦（* * 昫）　xù ㄒㄩ　温暖 warm：春风和～ chūnfēng héxù *The spring breeze is warm and gentle.*

蓿　xu ·ㄒㄩ　见 467 页"苜"字条"苜蓿" See p. 467 "mùxu(lucerne)" under entry of "mù"

XUAN ㄒㄩㄢ

轩　xuān ㄒㄩㄢ　❶古代的一种有围棚的车 a high-fronted, curtained carriage used in ancient times [轩昂 —áng] 1.高扬,高举 hold high, hold a loft 2.气度不凡 with an unusually dignified manner：态度～ tàidu xuān'áng *take a haughty attitude* [轩轾 —zhì] 车子前高后低叫轩,前低后高叫轾 the high-fronted carriage called "xuān" and the low-fronted one called "zhì" 喻 *fig.* 高低优劣 high or low; good or bad：不分～～ bùfēn-xuānzhì *equally matched* ❷有窗的长廊或小室 a small room or veranda with windows

宣　xuān ㄒㄩㄢ　❶发表,公开说出 publish; declare：～誓 xuānshì *take an oath*/ 心照不～ xīnzhào-bùxuān *have a wordless understanding* [宣传 —chuán]说明讲解,使大家行动起来 give publicity of sth to make the others take action：热情～ 好人好事 rèqíng xuānchuán hǎorén-hǎoshì *propaganda good people and good deeds with enthusiasm* ❷疏通 dredge; lead off; drain：～泄 xuānxiè *get sth off one's chest* ❸指宣纸,安徽省宣城等地产的一种高级纸张,吸墨均匀,能长期存放 Xuān paper, a high quality paper made in Xuancheng in Anhui Province, esp. good for absorbing ink and long-time storage：生～ shēngxuān *rigid Xuan paper*/ 虎皮～ hǔpíxuān *a kind of Xuan paper spotted with light colours of red, yellow and green*

揎　xuān ㄒㄩㄢ　将(luō)起袖子露出胳膊 tuck up one's sleeves and bare the arms：～拳揎袖 xuānquán-luōxiù *raise the fists and roll up the sleeves*

萱（* 蕿）　xuān ㄒㄩㄢ　萱草,多年生草本植物,叶细长,花红黄色 day lily, a perennial plant with slender leaves and orange flowers

喧（* 誼）　xuān ㄒㄩㄢ　大声说话,声音杂乱 noisy; speak loudly (叠 comb. —huá *noisy*)

瑄　xuān ㄒㄩㄢ　古代祭天用的璧 a round flat piece of jade with a hole in its center, used as a sacrifice to the heaven in ancient times

暄　xuān ㄒㄩㄢ　❶太阳的温暖 the warmth of the sun [寒暄 hán —] 转 *trans.* 普通的客套,谈家常 common polite greetings or chitchats ❷松软,松散 fluffy; soft：～土 xuāntǔ *soft soil*/ 馒头又大又～ Mántou yòu dà yòu xuān. *The steamed bread is big and fluffy.*

煊　xuān ㄒㄩㄢ　同"暄❶"Same as "暄❶"

谖　xuān ㄒㄩㄢ　❶欺诈,欺骗 cheat; fool ❷忘记 forget

儇　xuān ㄒㄩㄢ　轻薄而有点小聪明 frivolous and cunning

翾　xuān ㄒㄩ ㄢ　飞翔 fly

襦　xuān ㄒㄩㄢ　姓 a surname

玄　xuán ㄒㄩㄢ　❶深奥不容易理解的 profound and abstruse：～理 xuánlǐ *abstruse theory*/ ～妙 xuánmiào *mysterious* ❷虚伪,不真

实,不可靠 hypocritical; unreliable; untrue:那话太～了,不能信 Nà huà tài xuán le, bù néng xìn. *His words is too fantastic to believe.* [玄虚 一xū] 1. 不真实 untrue 2. 狡猾的手段 deceitful; tricky: 故弄～～ gùnòng-xuánxū *make things look unnecessarily mysterious* ❸黑色 black; dark: ～狐 xuánhú (another name for) *silver fox*/ ～青(深黑色) xuánqīng *dark blue* (deep dark)

痃 xuán ㄒㄩㄢˊ [横痃 héng一]由下疳引起的腹股沟淋巴结肿胀、发炎的症状 bubo, an inflamed swelling of lymph gland, esp. in the groin or armpit

悬(懸) xuán ㄒㄩㄢˊ ❶挂,吊在空中 hang, dangle in the air: ～灯结彩 xuándēng-jiécǎi *hang up lanterns and festoons* 喻 fig. 没有着落,没有结果 *with no result, unresolved*: ～案 xuán'àn *a suspended law case*/ 那件事还～着呢 Nà jiàn shì hái xuánzhe ne. *The problem is still unresolved.* [悬念 一niàn] 1. 挂念 be concerned about sth, be anxious 2. 欣赏戏剧、电影或其他文艺作品时,对故事发展和人物命运的关切心情 the state of an uncertain expectation as for the development of the story and the fate of the characters when one enjoys plays, dramas, films or reading literary works ❷凭空设想 imagin: ～拟 xuánnǐ *fabricate; make up*/ ～揣 xuánchuǎi *speculate; conjecture* ❸距离远 in long distance: ～隔 xuángé *be separated by a great distance; be far apart*/ ～殊 xuánshū *a great disparity* ❹〈方 dial.〉危险 dangerous: 真～! 差点儿掉下去 Zhēn xuán! Chàdiǎnr diào xiaqu. *How dangerous! I almost fall down.*

旋 ㊀ xuán ㄒㄩㄢˊ ❶旋转,转动 rotate; spin; revolve: 螺～ luóxuán *spiral*/ 回～ huíxuán *circle*

round ❷回,归 return; come back: ～里 xuán lǐ *return home*/ 凯～ kǎixuán *a triumphant return* ❸不久 soon: ～即离去 xuánjí líqù *leave soon* ❹ 姓 a surname

㊁ xuàn 见 732 页 See p.732

漩 xuán ㄒㄩㄢˊ (一儿 一r)水流旋转的圆窝 whirlpool, eddy, a circular movement of water

璇(*璿) xuán ㄒㄩㄢˊ 美玉 fine jade [璇玑 一jī] 古代天文仪器 ancient astronomical equipment

选(選) xuǎn ㄒㄩㄢˇ ❶挑拣,择 select; choose (逾 comb. 挑一 tiāo *select*, 一择 一zé *choose*): ～种 xuǎnzhǒng *seed selection* [选举 一jǔ]多数人推举认为合适的人担任代表或负责人 the choosing of representatives or persons in charge by a large number of voters: ～～代表 xuǎnjǔ dàibiǎo *elect representatives* ❷被选中了的人或物 the person or thing selected: 人 ～ rénxuǎn *candidate* ❸被选出来编在一起的作品 selections; anthology: 文～ wénxuǎn *selected works*/ 诗～ shīxuǎn *poetry anthology*

旵 xuán ㄒㄩㄢˊ ❶日光 daylight ❷光明 bright ❸晒干 dry up in the sun

烜 xuán ㄒㄩㄢˊ ❶火盛 a blaze ❷光明 bright [烜赫 一hè]声威昭著 of great renown and influence ❸晒干 dry up in the sun

癣 xuǎn ㄒㄩㄢˇ 感染霉菌而引起的皮肤病,有白癣、黄癣等多种,患处常发痒 tinea, any of several fungus skin infection, such as ringworm, favus, that cause skin itchy

券 ㊀ xuàn ㄒㄩㄢˋ quàn ㄑㄩㄢˋ (又)拱券,门窗、桥梁等建筑成弧形的部分 (also) arch, the arched part of a door, window, bridge, etc.

㊁ quàn 见 548 页 See p.548

X

泫 xuàn ㄒㄩㄢˋ 水珠下滴 drip; trickle;～然流涕 xuànrán liú tì *tears rolling down one's cheeks; tears trickling from one's eyes*

炫(❷**＊＊衒**) xuàn ㄒㄩㄢˋ ❶光明照耀 brightly lighted; dazzle;～目 xuànmù *blindly bright* ❷夸耀 show off [炫耀—yào] 1. 照耀 shine; illuminate 2. 夸耀 make a display of one's ability; show off; brag off

眩 xuàn ㄒㄩㄢˋ ❶眼睛昏花看不清楚 dizzy, experiencing a feeling of great unsteadiness, as one's head is spinning round, often with the sensation of sickness and faintness;头晕目～ tóuyūn-mùxuàn *giddy and dazzled* ❷迷惑，迷乱 confused; bewildered;～于名利 xuàn yú mínglì *dazzled by the prospect of fame and wealth*

铉 xuàn ㄒㄩㄢˋ 横贯鼎耳以扛鼎的器具 a bar that passes through the loop handles on each side of a tripod (or quadripod) for carrying it

绚 xuàn ㄒㄩㄢˋ 有文彩的，色彩华丽 colourful; splendid; gorgeous;～烂 xuànlàn *gorgeous*/～丽 xuànlì *splendid; magnificent*

旋(❸❹**鏇**) ㊀ xuàn ㄒㄩㄢˋ ❶旋转的 spinning; turning;～风 xuànfēng *a whirlwind* ❷临时(做) at the moment; temporary;～吃～做 xuàn chī xuàn zuò *cook sth for immediate serve* ❸(一子—zi)温酒的器具 hot water container for warming wine (or liquor) ❹用车床或刀子转(zhuàn)着圈地削 cut or shape sth on a lathe or knife; 用车床～零件 yòng chēchuáng xuàn língjiàn *shape a piece of steel into a fitting on a lathe* [旋床—chuáng] 把金属或木料切削成圆形或球形的机器。也叫"车床" turning lathe, a machine that turns a piece of wood or metal into a round or ball-shaped article. Also called "chēchuáng".

㊁ xuán 见 731 页 See p. 731

碹 xuàn ㄒㄩㄢˋ 同"碹"Same as "碹"

渲 xuàn ㄒㄩㄢˋ 中国画的一种画法，把水墨淋在纸上再擦得浓淡适宜 a technique of Chinese painting, spraying the wash of ink or colour on a piece of paper and then brush the colour suitably thick or thin [渲染—rǎn]用水墨或淡的色彩涂抹画面 (in Chinese painting) add washes of ink or light colour to a drawing 喻 *fig.* 夸大地形容 describe exaggeratedly

楦(**＊楥**) xuàn ㄒㄩㄢˋ ❶(一子—zi，一头—tou)做鞋用的模型 shoe last, a piece of wood or metal shaped like a human foot, used in shoe making ❷拿东西把物体中空的部分填满使物体鼓起来 fill an empty object with padding to make it bulging; 用鞋楦～鞋 yòng xiéxuàn xuàn xié *last a shoe*; 把这个猫皮～起来 bǎ zhège māopí xuàn qilai *block a catskin*

碹 xuàn ㄒㄩㄢˋ ❶桥梁、涵洞等工程建筑的弧形部分。也作"券(xuàn)" the arched part of a bridge, culvert and other constructions. Also called "xuàn (券)" ❷用砖、石等筑成弧形 build into arched shape with bricks or blocks of stones

XUE ㄒㄩㄝ

削 ㊀ xuē ㄒㄩㄝ 义同"削㊀"，用于一些复合词 Same as "削㊀", used in compound words;～除 xuēchú *pare; cut off*/减～ xuējiǎn *reduce*/～弱 xuēruò *weaken*/剥～bōxuē *exploit*

㊁ xiāo 见 708 页 See p. 708

靴(**＊鞾**) xuē ㄒㄩㄝ (一子—zi)有长筒的鞋

boots, shoes coming to the ankle or higher: 马～ mǎxuē *riding boots*/ 皮～ píxuē *leather boots*/ 雨～ yǔxuē *rain boots*

薛 xuē ㄒㄩㄝ 周代诸侯国名,在今山东省滕州 one of Duke states in Zhou Dynasty, in modern Tengzhou of Shangdong Province

穴 xué ㄒㄩㄝ ❶窟窿,洞 cave; den; hole: 不入虎～,焉得虎子 Bù rù hǔxué, yān dé hǔzǐ? *How can you catch tiger cubs without entering the tiger's lair?* / 居野处 xuéjū-yěchǔ *dwell in caves in the wilds* ❷墓穴 coffin pit: 坟地里有五个～ Féndì lǐ yǒu wǔ ge xué. *There are five coffin pits in the graveyard.* ❸穴位,人体或某些动物体可以进行针灸的部位,多为神经末梢密集或较粗的神经纤维经过的地方,也叫"穴道" acupuncture point, acupoint, some points on the human or animal skin that can receive acupuncture, they are mostly the place where nerve ends meet or trunk (main) nerves pass, also called "xuédào": 太阳～ tàiyángxué *the temples*

芌 xué ㄒㄩㄝ （一子 —zi）做囤用的狭而长的席,通常是用秫秸篾或芦苇编成的。也作"踅" a long and narrow mat used to make a silo, usu. made of rinds of sorghum or reed, Also called "xué"

峃(𡵹) xué ㄒㄩㄝ [峃口 —kǒu]地名,在浙江省文成 a place in Wencheng of Zhejiang Province

学(學、学)** xué ㄒㄩㄝ ❶学习 learn; study: 活到老,～到老 Huó dào lǎo, xué dào lǎo. *One is never too old to learn.* [学生 —sheng]1. 在校学习的人 a person learning in school (or university) pupil, student 2. 向前辈学习的人 a person learning from the older generation 3. 对前辈谦称自己 a self-effacing address before one's older generation [学徒 —tú]在工厂或商店里学习技能的人 a person skilled in a factory or shop in order to learn ❷模仿 imitate; mimic: 他～赵体字,～得很像 Tā xué Zhàotǐzì, xué de hěn xiàng. *He is very good at mimicing the Zhao style of calligraphy.* ❸学问,学到的知识 knowledge; learning: 饱～ bǎoxué *learned; erudite*/ 博～多能 bóxué-duōnéng *of extensive learning and great talent* [学术 —shù]比较专门而有系统的学问 the special and systematic knowledge or learning [一士 —shi] 1. 学位名 bachelor, a first university degree in any subject. 2. 古代官名 an ancient official position ❹分门别类的有系统的知识 subjects or branches of systematic study or learning: 哲～ zhéxué *philosophy*/ 物理～ wùlǐxué *physics*/ 语言～ yǔyánxué *linguistics* ❺学校 school; college: 中～ zhōngxué *middle school*/ 大～ dàxué *university* / 上～ shàngxué *go to school*

鸴(鷽) xué ㄒㄩㄝ 鸟名,小形鸣禽。体形似雀,头部黑色,背青灰色,胸腹赤色。吃昆虫、果实等 a kind of small songbird like sparrow, with black head, greyish back and reddish belly, breeding on worms and seeds of plants

踅 xué ㄒㄩㄝ ❶折回,旋转 walk to and fro; turn back halfway: 来～去 xuélai xuéqu *hang about*/ 这群鸟飞向东去又～回来落在树上了 Zhè qún niǎo fēi xiàng dōng qù yòu xué huílai luò zài shù shang le. *The flock of birds fly eastward and then turn back halfway resting on the trees.* [踅摸 —mo]〈方 dial.〉寻找 look around for: 到处～～旧书 dàochù xuémo jiùshū *look around everywhere for old books* ❷同"芌" Same as "芌(xué)"

噱 ㊀ xué ㄒㄩㄝˊ 笑 laugh：发～ fā-xué *make one laugh* ［噱头 —tóu］〈方 dial.〉逗笑的话或举动 *words or act meant to amuse or to excite the audience*

㊁ jué 见 344 页 See p.344

雪 xuě ㄒㄩㄝˇ ❶冷天天空落下的白色结晶体，是空气中的水蒸气冷至零摄氏度以下凝结而成的 snow，*water vapours in the air frozen into small white flakes in the temperature below zero degree, falling like rain in cold weather*：～花 xuěhuā *snow-flakes*/ 冰天～地 bīngtiān-xuědì *a world of ice and snow* ❷洗去，除去 *rid of; wipe out*：～耻 xuěchǐ *avenge an insult* / ～恨 xuěhèn *wreak vengeance*

鳕 xuě ㄒㄩㄝˇ 鳕鱼，鱼名。又叫“大头鱼”，下颌有一条大须。鳕鱼的肝脏含有大量的维生素甲、丁，是制鱼肝油的重要原料 cod，*also called "dàtóuyú", a type of cold water fish of northern hemisphere with a long palpus under its lower jaw. Its liver contains rich vitamin A and D, that is the key ingredient for making cod-liver oil*

血 ㊀ xuè ㄒㄩㄝˋ ❶血液，动物体内的一种红色液体（由红细胞、白细胞、血小板和血浆组成），周身循环，分配养分给各组织，同时把废物带到排泄器官内 blood，*red liquid formed by red and white blood cell, platelet and plasma, circuling through human or animal body, carrying nutrients and oxygen to the tissues and removing wastes and carbon dioxide*：～压 xuèyā *blood pressure*/ ～泊 xuèpō *a pool of blood*/ 出～ chūxuè *bleed* ❷同一祖先的 *related by blood*：～统 xuètǒng *blood relationship*/ ～族 xuèzú *blood group* ❸比喻刚强热烈 *courageous and high-spirited*：～性 xuèxìng *courage and uprightness*（读 xuè 时用于复音词及成

语。如"贫血"、"呕心沥血"、"狗血喷头"等 *when used in polysyllabic words or idioms, it should be pronounced* xuè, e.g. pínxuè（anaemia），ǒxīn-lìxuè（make painstaking efforts），gǒuxuè-pēntóu（pour out a torrent of abuse），etc.

㊁ xiě 见 714 页 See p.714

谑 xuè ㄒㄩㄝˋ 戏谑，开玩笑 tease，make fun of，joke

XUN ㄒㄩㄣ

勋(＊勳) xūn ㄒㄩㄣ ❶特殊功劳 meritorious service；special contribution（⟨⟩ comb. 功—gōng— *exploit*）～章 xūnzhāng *medal；decoration*/ 屡建奇～ lǚjiànqíxūn *repeatedly make great achievements* ❷勋章 medal；decoration：授～ shòuxūn *award a decoration*

埙(＊壎) xūn ㄒㄩㄣ 古代用陶土烧制的一种吹奏乐器 an ancient wind musical instrument made of clay

熏(❶燻) ㊀ xūn ㄒㄩㄣ ❶气味或烟气接触物品 expose to smoke or fumes：～豆腐 xūn dòufu *smoked bean curd*/ ～肉 xūn ròu *smoked meat*/ 把墙～黑了 bǎ qiáng xūn hēi le *The wall has been blackened by fumes.* / 用茉莉花～茶叶 yòng mòlihuā xūn cháyè *scent tea with jasmine* ❷气味刺激人 stink，bad（or offensive）smell（or odour）：臭气～人 chòuqì xūn rén *give off terrible smell* ❸暖和 warm and mild：～风 xūnfēng *a warm breeze*

㊁ xùn 见 737 页 See p.737

薰 xūn ㄒㄩㄣ ❶薰草，古书上说的一种香草 a kind of sweet grass in ancient Chinese texts ⟨⟩ext. 花草的香气 fragrance（of flowers）❷同"熏㊀❶"Same as "熏㊀❶".

獯 xūn ㄒㄩㄣ ［獯鬻—yù］我国古代北方民族，战国后称匈奴 one of

the nationalities of Northern Ancient China, also called Xiōngnú (Hun) after the Warring States period

曛 xūn ㄒㄩㄣ 日没(mò)时的余光 the dim glow of the setting sun: ～黄(黄昏) xūnhuáng *dusk (nightfall)*

醺 xūn ㄒㄩㄣ 醉 drunk [醺醺－－] 醉的样子 under the influence of alcohol: 喝得醉～～的 hē de zuìxūnxūn de *get heavily drunk*

窨 ㊀ xūn ㄒㄩㄣ 同"熏",用于窨茶叶。把茉莉花等放在茶叶中,使茶叶染上花的香味 Same as "xūn", used in the phrase xūn cháyè, meaning putting jasmine in tea to make the tea fragrant

㊁ yìn 见 774 页 See p. 774

旬 xún ㄒㄩㄣ ❶十天叫一旬,一个月有三旬,分称上旬、中旬、下旬 a period of ten days, there are three xún in a month, respectively called shàngxún (1st ten days)), zhōngxún (2nd ten days) and xiàxún (3rd ten days) ❷指十岁 a period of ten years in a person's age: 三～上下年纪 sānxún shàngxià niánjì *about 30 years old*/ 年过六～ nián guò liùxún *over sixty years old*

郇 ㊀ xún ㄒㄩㄣ ❶周代诸侯国名,在今山西省临猗西南 one of duke states in Zhou Dynasty, in modern southwestern part of Linqi of Shanxi Province ❷姓 a surname

㊁ huán 见 263 页 See p. 263

询 xún ㄒㄩㄣ 问,征求意见 ask, inquire (㊤ comb. 一问 一 wèn *ask*): 探～tànxún *make cautious inquires about*/ 查 ～ cháxún *inquire about*

荀 xún ㄒㄩㄣ 姓 a surname

峋 xún ㄒㄩㄣ 见 408 页"嶙"字条"嶙峋"(lín －) See p. 408 "lín xún" under entry of "lín"

洵 xún ㄒㄩㄣ 诚然,实在 truly; indeed: ～属可敬 xún shǔ kějìng *truly respectable*

恂 xún ㄒㄩㄣ ❶信心,信实 confidence, faith ❷恐惧 fear; dread

珣 xún ㄒㄩㄣ 一种玉 a kind of jade

栒 xún ㄒㄩㄣ [栒邑 －yì] 地名,在陕西省。今作"旬邑" a place in Shaanxi Province. Also called "Xúnyì (旬邑)" nowadays

寻(尋) xún ㄒㄩㄣ ❶找,搜求 seek for; search (㊤ comb. 一找 一 zhǎo 一 觅 一 mì *search, seek*): ～人 xúnrén *look for sb missing*/ ～求真理 xúnqiú zhēnlǐ *seek for truth* [寻思 －si]想,考虑 think, ponder [寻死 －sǐ]自杀或企图自杀 (attempt to) commit suicide ❷古代的长度单位,八尺为寻 an ancient measure of length, equal to eight chǐ [寻常 －cháng]㊧ trans. 平常,素常 common; ordinary: 这不是～～的事情 Zhè bù shì xúncháng de shìqíng. *This is not a common thing.*

荨(蕁) ㊀ xún ㄒㄩㄣ [荨麻疹 －mázhěn]一种过敏性皮疹,俗叫"风疹疙瘩" nettle rash; urticaria, a kind of allergic red patches on the skin, popularly called "fēngzhěn gēda".

㊁ qián 见 525 页 See p. 525

哗(噚) xún ㄒㄩㄣ 也读作 yīngxún。英美制计量水深的单位,1 哗是 6 英尺,合 1.828 米。现写作"英寻" also pronounced yīngxún. a measure of water depth of British and U. S. measuring system, equal to six feet, about 1.828 meter. Now written as "yīngxún (英寻 fathom)".

浔(潯) xún ㄒㄩㄣ ❶水边 water side: 江～ jiāngxún *river side* ❷江西省九江市的别称 another name for Jiujiang City of

Jiangxi Province

鲟（鱘、**鱏） xún ㄒㄩㄣˊ 鲟鱼，鱼名。身体呈纺锤形，背部和腹部有大片硬鳞，其余各部无鳞，肉可以吃 sturgeon, a kind of spindle-shaped large fish with hard scales on its back and belly, but no scales on the other part of its body, edible

纠 xún ㄒㄩㄣˊ 圆绦子 circular silk ribbon; round silk braid

巡（*巡） xún ㄒㄩㄣˊ ❶往来查看 patrol; make one's rounds for inspecting：～夜 xúnyè go on night patrol / ～哨 xúnshào go on patrol ［巡回 —huí］按一定路线到各处 a journey during which several places of interest are visited：～～医疗队 xúnhuí yīliáoduì mobile medical team / ～～演出 xúnhuí yǎnchū circuit performance ❷量词，遍（用于给全座斟酒） meas. a round of (drinks)：酒过三～ jiǔ guò sān xún The wine has gone round three times.

循 xún ㄒㄩㄣˊ 遵守，依照 obey; follow：～规蹈矩 xúnguī-dǎojǔ follow the conventional rules and regulations / 序渐进 xúnxù-jiànjìn follow in order and advance step by step / 有所遵～ yǒusuǒ zūnxún abide by; adhere to ［循环 —huán］周而复始地运动 move in cycles：血液～～ xuèyè xúnhuán blood circulation / ～～演出 xúnhuán yǎnchū make a performing cycles

训 xùn ㄒㄩㄣˋ ❶教导，教诲 instruct, give sb. a lecture：接受教～ jiēshòu jiàoxun learn (or draw) a lesson / ～练 xùnliàn train, drill ❷可以作为法则的话 instructions, techings：遗～ yíxùn techings of the deceased / 不足为～ bùzú-wéixùn not sufficient to be taken as a lesson ❸解释词的意义 definition and interpretation of a text：～诂 xùngǔ exegetical studies; exegesis

驯 xùn ㄒㄩㄣˋ 驯服，顺从，服从人的指使 tame and docile, domesticated：～顺 xùnshùn tame and docile / ～良 xùnliáng tractable / ～马 xùn mǎ tame a horse / ～养野兽 xùnyǎng yěshòu domesticate wild animals

讯 xùn ㄒㄩㄣˋ ❶问。特指法庭中的审问 ask, esp. indicating inquisition in a court：审～ shěnxùn interrogate, question ❷消息，音信 information; news; message：通～ tōngxùn communicate / 新华社～ Xīnhuáshè xùn news from Xinhua News Agency

汛 xùn ㄒㄩㄣˋ 江河定期的涨水 seasonal flood of rivers or streams：防～ fángxùn flood prevention or control / 秋～ qiūxùn autumn flood / 桃花～ táohuāxùn spring flood

迅 xùn ㄒㄩㄣˋ 快 fast; swift（鐕 comb. —速 —sù swift)：～跑 xùnpǎo run swiftly / ～猛 xùnměng swift and violent / ～雷不及掩耳 xùnléi bùjí yǎn ěr as swift as a sudden thunder which leaves no time for covering one's ears

徇（*狥） xùn ㄒㄩㄣˋ ❶依从，曲从 submit to; give in to：绝不～私舞弊 juébù xùnsī-wǔbì Never do wrong for the benefit of friends or relatives. ❷同"殉❶" Same as "殉❶"

殉 xùn ㄒㄩㄣˋ ❶为达到某种目的牺牲性命 sacrifice one's life for：～国（为国捐躯) xùnguó die for one's country (sacrifice for motherland) / ～难 xùnnàn die (for a just cause) ❷古代逼迫活人陪着死人埋葬，也指用偶人或器物随葬 pressing the living people to be buried with the dead in ancient time, also referring to the carved figures or things that were buried with the dead：～葬 xùnzàng *be buried alive with the dead*

逊(遜)

xùn ㄒㄩㄣ ❶退避，退让 abdicate; yield; give in：～位(让出帝王的位子) xùnwèi *abdicate (force the monarch to give up throne)* ❷谦让，恭顺：modest, respectful and submissive：出言不～ chūyán-bùxùn *uttering insulting remarks* ❸不及，差 inferior; poor：稍～一等 shāoxùn-yīděng *be slightly inferior to*

浚(*濬)

㊀ xùn ㄒㄩㄣ 浚县，在河南省 a county of Henan Province

㊁ jùn 见 346 页 See p. 346

巽

xùn ㄒㄩㄣ 八卦之一，符号是☴。代表风 the sign ☴, symbolizing the wind in the Eight Diagrams

噀(＊＊潠)

xùn ㄒㄩㄣ 喷水 spurt out (water)

熏

㊀ xùn ㄒㄩㄣ 〈方 dial.〉(煤气)使人窒息中毒 be suffocated by coal gas：炉子安上烟筒，就不至于～着了 Lúzi ānshang yāntong, jiù bùzhìyú xùnzhe le. *When the stove is fixed with a chimney, you will not feel suffocated by coal gas.*

㊁ xūn 见 734 页 See p. 734

蕈

xùn ㄒㄩㄣ 生长在树林里或草地上的某些高等菌类植物，形状略像伞，种类很多，有许多是可以吃的 fungus, any of several types of umbrall-shaped higher hypha plants growing in forests or on grasslands, most part of which can be edible：松～ sōngxùn *pine mushroom* / 香～ xiāngxùn *Xiangxun mushroom*

X

Y ㄧ

YA ㄧㄚ

丫(❶*桠、❶*枒)　yā ㄧㄚ ❶上端分权的东西 bifurcation；fork：～权 yāchà *crotch*/ 树～巴 shùyāba *fork of a tree* [丫头－tou] 🈲 trans. 1. 女孩子 girl 2. 旧社会供人役使的女孩子 slave girl in the old society

压(壓)　㊀ yā ㄧㄚ ❶从上面加重力 press；push down；weigh down：～住 yāzhù *hold back*；*keep under control*/ ～碎 yāsuì *crush into powder (or small pieces)* 🈲 ext. 搁置不动 hold up；keep under control：积～资金 jīyā zījīn *let the funds lie idle* ❷用威力制服，镇服 subdue with force；suppress：镇～ zhènyā *suppress*；*put down*/～制 yāzhì *suppress*；*stifle* [压倒－dǎo] 🈲 trans. 绝对超过 prevail over；overwhelm：～一切 yādǎo yīqiè *overriding* ❸制止，控制 stop；control：～咳嗽 yā késou *stop coughing*/ ～住气 yāzhù qì *hold one's breath*/ ～不住火 yābuzhù huǒ *unable to control one's anger* ❹逼近 approach：～境 yājìng *(of enemy troops) press on to the border*/ 太阳～树梢 Tàiyáng yā shùshāor. *The setting sun was touching tree tops.* ❺赌博时在某一门上下注 *(of gambling) risk (money)*；stake

　㊁ yà 见 740 页 See p. 740

呀　㊀ yā ㄧㄚ ❶叹词，表示惊疑 *interj.*. expressing surprise and bewilderment：～，这怎么办 Yā, zhè zěnme bàn！*Oh, what shall we do!*

❷拟声词 *onom.* creak：门～的一声开了 Mén yā de yī shēng kāi le. *The door creaked open.*

　㊁ ya 见 741 页 See p. 741

鸦(*鵶)　yā ㄧㄚ 乌鸦，鸟名，种类很多，身体黑色，嘴大，翼长 crow, a large black bird with a large bill and long wings. There are many varieties of crows：～雀无声(喻寂静) yāquè-wúshēng *Not even a crow or sparrow can be heard (fig. dead silent).*

[鸦片－piàn]俗叫"大烟"。由罂粟的果实提制出来的一种毒品，内含吗啡等，能镇痛安眠，医药上可作麻醉药，久用成瘾为害很大 popularly called "dàyān", a narcotic drug extracted from the seeds of the opium poppy. It contains morphine and can reduce pain and make a person sleep better. It can be used as an anaesthetic in medicine. The prolonged use of it tends to make people addicted and does great harm to health.

押　yā ㄧㄚ ❶在文书契约上所签的名字或所画的符号 signs or signature drawn or written on a document or contract：画～ huàyā *make one's mark*；*sign*/ 签～ qiānyā *put one's signature or seal on an official document* ❷把财物交给人作担保 give one's fortune to sb. as security；mortgage：～金 yājīn *cash pledge*；*deposit* ❸拘留 detain：看～ kānyā *take into custody*/ ～起来 yā qilai *put into jail*；*throw sb. into prison* ❹跟随看管 escort：～车 yāchē *escort goods on a train, truck, etc.* / ～运货物 yāyùn huòwù *escort goods or cargo*

鸭　yā ㄧㄚ (－子－zi)水鸟名。通常指家鸭，嘴扁腿短，趾间有蹼，善游泳，不能高飞 duck, a water bird, with a flat beak, short legs and webbed feet, good at swimming, but unable to fly high；usu. refer to domestic duck

垭(埡) yā 丨丫 yà 丨丫（又 also）〈方 dial.〉两山之间的狭窄地方 narrow strip of land between hills：黄桷（jué）～（地名，在重庆市）Huángjuéyā (a place in Chongqing Municipality)

哑(啞) ⊖ yā 丨丫 同"呀"(yā) Same as yā. [哑哑一一]拟声词，乌鸦叫声或小儿学语声 onom. the cries of a crow or the sound of a baby learning to speak; babble

⊜ yǎ 见本页 See the same page.

牙 yá 丨丫 ❶牙齿 tooth ❷（一子 —zi）像牙齿形状的东西 tooth-like thing：抽屉～子 chōuti yázi serrated edge of a drawer ❸旧社会介绍买卖从中取利的人 middleman, broker in the past（徨 comb. 一侩 —kuài）：～行（háng）yáháng broker house; brokerage

伢 yá 丨丫〈方.dial.〉（一儿 —r、—子 —zi）小孩子 small child, kid

芽 yá 丨丫 ❶（一儿 —r）植物的幼体，可以发育成茎、叶或花的那一部分 bud; sprout; shoot, a new growth on a plant that can develop into stem, leaf, or flower：豆～儿 dòuyár bean sprouts／麦子发～儿了 Màizi fāyár le. The wheat has sprouted.／～茶 yáchá young tea leaves [萌芽 méng—] 徨 fig. 事情的开端 the very beginning of a thing ❷像芽的东西 sprout-like things：肉～ ròuyár granulation／银～（银矿苗）yínyá silver outcrop (the outcrop of a silver mine)

岈 yá 丨丫 见 63 页"嵖"字条"嵖岈山"（Chá — shān）See "Cháyá Shān" under entry of chá, p. 63

玡(玡) yá 丨丫 [琅玡 Láng —]山名，在山东省 a mountain in Shandong Province

铔 yá 丨丫 化学元素，铳的旧称 a chemical element, old name for einsteinium

蚜 yá 丨丫 蚜虫，俗叫"腻虫"，能分泌一种甜液，所以又叫"蜜虫"。绿色，也有棕色带紫红色的。生在豆类、棉花、菜类、稻、麦等的幼苗上，吸食嫩芽的汁液，害处很大 aphid or aphis, popularly called nìchóng, any of various small harmful insects, green or brownish purple in colour, that live on juices from the sprouts of plants such as beans, cotton, vegetables, rice, wheat, etc. As they can secrete a kind of sweet liquid, they are also called nìchóng

崖(**嵑、**厓) yá 丨丫（旧读 yái）高地或山石竖立的侧面 (old pron. yái) precipice; cliff, the steep edge of highlands or rocky mountain：山～ shānyá cliff／悬～勒马（喻到了危险的地步赶紧回头）xuányá-lèmǎ rein in at the brink of the precipice（fig. wake up to danger at the last moment）

涯 yá 丨丫 水边 water margin 徨 ext. 边际，极限 margin; limit：天～海角 tiānyá-hǎijiǎo the remotest corners of the earth／一望无～ yī-wàng-wúyá stretch as far as the eye can see

睚 yá 丨丫 眼角 the corner of the eye [睚眦 —zì]发怒瞪眼 an angry stare 徨 ext. 怨恨 grievance

衙 yá 丨丫 衙门，旧时指官署 ya-men, government office in feudal China：官～ guānyá government office

哑(啞) ⊖ yǎ 丨丫 ❶由于生理缺陷或疾病而不能说话 mute; dumb, unable to speak because of physical defect or disease：聋～ lóngyǎ deaf and dumb／～口无言（喻无话可说）yǎkǒu-wúyán dumbfound; be rendered speechless（fig. be left without an argument）[哑巴 —ba] 1.同"哑❶" Same as "yǎ"

2.不能说话的人 a dumb person ❷嗓子干涩发音困难或不清楚 hoarse; husky,（of a person）difficult to speak clearly, because of a sore or dry throat：嗓子喊～了 sǎngzi hǎnyǎ le shout oneself hoarse ❸无声的 silent, soundless：～剧 yǎjù pantomime/ ～铃（一种运动器械）yǎ líng dumbbell（an apparatus for physical exercises）❹（旧读 è）笑声（old pron. è）the sound of laughing：～然失笑(不由自主地笑出声来) yǎránshīxiào be unable to stifle a laugh（can not help laughing）

㊁ yā 见 739 页 See p. 739

痖(瘂) yǎ l丫 同"哑"Same as "yǎ"

雅 yǎ l丫 ❶正规的,标准的 formal; standard：～声(指诗歌) yǎshēng standard（poetic）style/ ～言 yǎyán your excellent advice ❷文雅,美好大方 refined; elegant：～致 yǎzhì tasteful/ ～观 yǎguān refined in manner, etc. ❸敬辞 polite expression：～鉴 yǎjiàn for your perusal/ ～教 yǎjiào your esteemed opinion ❹平素,素来 usually; often：～善鼓琴 yǎshàn-gǔqín usually good at playing the zither ❺极,甚 extreme; very much：～以为美 yǎ yǐ wéi měi really consider it beautiful/ ～不欲为 yǎ bù yù wéi really have no intention to do it ❻交往 acquaintance：无一日之～ wú yī rì zhī yǎ not have the pleasure of knowing sb.

轧 ㊀ yà l丫 ❶圆轴或轮子等压在东西上面转（of a shaft or wheel）roll over sth.：把马路～平了 bǎ mǎlù yàpíng le roll a road surface/ ～棉花 yà miánhua gin cotton/ ～花机 yàhuājī cotton gin ❷排挤 squeeze out; push out：倾～ qīngyà engage in internal strife ❸姓 a surname

㊁ zhá 见 816 页 See p. 816

㊂ gá 见 191 页 See p. 191

亚(亞) yà l丫 ❶次,次一等的 second; inferior：～军 yàjūn second place（in a sports contest）/ ～热带 yàrèdài subtropical zone; subtropics ❷（外 foreign）指亚洲,世界七大洲之一 Asia, one of the seven continents of the world.

垭(埡) yà l丫（又 also）见 yā 739 页 See yā p.739

挜(掗) yà l丫〈方 dial.〉硬把东西送给或卖给别人 force sb. to take or buy sth.

娅(婭) yà l丫 连襟 husbands of sisters

氩(氬) yà l丫 一种化学元素,在通常条件下为气体,符号 Ar 或 A,无色无臭,不易跟其他元素化合。可用来放入电灯泡或真空管中 argon, an odourless, colourless chemically inert gaseous element; used for filling electric bulbs or electron tubes. Symbol: Ar. or A.

压(壓) ㊀ yà l丫〔压根儿 gēnr〕根本,从来（多用于否定句）in the first place; from the start（usu. used in the negative）：我～～～没去过那个地方 Wǒ yàgēnr méi qùguo nàge dìfang. I have never been there before.

㊁ yā 见 738 页 See p. 738

讶 yà l丫 惊奇,奇怪 surprised; wonder：十分惊～ shífēn jīngyà be totally surprised

迓 yà l丫 迎接 welcome; meet（叠 comb. 迎－ yíng－)：～之于门 yà zhī yú mén meet sb at the door/ 未曾迎～ wèicéng yíngyà Sorry not to meet you.

研 yà l丫 用卵形或弧形的石块碾压或摩擦皮革、布帛等使紧实而光亮 press or smooth a piece of leather or cloth or silk with an egg-shaped or round stone to make it tight and shiny

握 yà l丫 拔 pull up; tug upward：
～苗助长（喻欲求速成反而做坏）yàmiáo-zhùzhǎng *help the shoots grow by pulling them upward.* (*fig.* spoil things by excessive enthusiasm)

猰(＊＊猰) yà l丫 [猰貐－yǔ]
古代传说中的一种凶兽名 an ancient legendary fierce beast

呀 ⊖ ya·l丫 助词，"啊"受前一字韵母 a, e, i, o, ü 收音的影响而发生的变音 *aux.* used in place of ā when the preceding word ends in sound a, e, i, o, or ü：大家快来～ Dàjiā kuài lái ya! *Come here, all of you, quick!*／你怎么不学一学～? Nǐ zěnme bù xué yī xué ya? *Why don't you learn it?*／这个瓜～, 甜得很 Zhège guā ya, tián de hěn. *The melon is quite sweet!*

⊖ yā 见 738 页 See p. 738

YAN l弓

咽 ⊖ yān l弓 咽头，食物和气体的共同通道，位于鼻腔、口腔和喉腔的后方，通常混称咽喉 pharynx, the tube at the back of the mouth that leads from the back of the nose to the point where the air-passage and food-passage divide, usu. undistinguishedly called yānhóu

⊜ yàn 见 746 页 See p. 746

⊝ yè 见 758 页 See p. 758

胭(＊臙) yān l弓 [胭脂－zhi] 一种红色颜料，化妆用品 vouge, a red substance used as a cosmetic

烟(＊煙、❺❻＊菸) yān l弓
❶ (一儿一r) 物质燃烧时所生的混有残余颗粒的气体 smoke, gas mixed up with fine granular particles resulting from burning：冒～ màoyān (of smoke) rise/ 简 yāntong *chimney* [烟幕弹 －mùdàn] 能放出大量烟雾的炸弹，供军事上做掩护用 smoke shell; a bomb which gives off a large amount of smoke when exploding, militarily used as a screen ⑯ fig. 用来掩盖真相或本意的言论或行为 words or deeds that cover or obscure the truth or one's intention [烟火 －huǒ] 1. 道教指熟食 cooked food in Taoism：不食人间～～（现喻脱离现实）bù shí rénjiān yānhuǒ *refuse to eat cooked food* (*fig.* separate oneself from reality) 2. 在火药中搀上锶、钡等金属盐类制成的一种燃放的东西，燃烧时发出灿烂的火花或成为种种景物，供人观赏 fireworks, a device filled with explosive chemical powder and other metallic powders such as strontium, barium that burn to produce a show of various colourful lights for entertainment ❷ (一子 －zi) 烟气中间杂有碳素的微细颗料，这些颗粒附着在其他物体上凝结成的黑灰 soot, fine black particles of carbon formed by burning, and left on the surfaces by smoke：松～ sōngyān *pine soot*/ 锅～子 guōyānzi *soot on the bottom of a pan* ❸ 像烟的东西 smoke-like things; mist：过眼云～ guòyǎn-yúnyān *just like the smoke and clouds passing before one's eyes*/ ～霞 yānxiá *mists and clouds* ❹烟气刺激（眼睛）(of eyes) be irritated by smoke：一屋子烟，～眼睛 Yī wūzi yān, yān yǎnjing. *The whole room is filled with smoke, and it's difficult to open eyes.* ❺烟草，一年生草本植物，叶大有茸毛，可以制香烟和农业上的杀虫剂等 tobacco, an annual plant grown for its large puffy leaves, used for making cigarettes and cigars or as insecticide in agriculture ❻烟草制成品 cigarette or pipe tobacco：香 ～ xiāngyān *cigarette*/ 旱 ～ hànyān *tobacco* (smoked in a long-stemmed Chinese

Y

pipe)/请勿吸 — Qǐng wù xīyān. *No Smoking.* ❼指鸦片 opium：～土 yāntǔ *crude opium*

恹（憪、**愿） yān 丨ㄢ [恹恹——]有病的样子 weak and weary because of illness；sick-looking

殷 ㊁ yān 丨ㄢ 黑红色 blackish red；dark red：～红 yānhóng *bright red*/朱～ zhūyān *dark red*

㊀ yīn 见 770 页 See p. 770

焉 yān 丨ㄢ〈古 arch.〉❶跟介词"于"加代词"是"相当 Same as preposition yú plus pronoun shì：心不在～ xīnbùzàiyān *absent-minded*/罪莫大～ zuìmòdàyān *the most deadly crime* ❷乃，才 then；unless：必知疾之所自起，～能攻之 Bì zhī jí zhī suǒ zì qǐ, yān néng gōng zhī. *You have to know how the trouble arises before you can deal with it.* ❸表示疑问，怎么，哪儿 interj. how；where：～能如此 Yān néng rúcǐ? *How can it be like that?* / 其子～往 Qí zǐ yān wǎng? *Where has his son gone?* ❹助词 aux.：因以为号～ Yīn yǐwéi hào yān *Hence, it serves as a signal*? / 有厚望～ Yǒu hòuwàng yān? *There should be a great expectation.*

鄢 yān 丨ㄢ [鄢陵 —líng]地名，在河南省 a place in Henan Province

嫣 yān 丨ㄢ 笑得好看 sweet smile；smile in an attractive way

阏 yān 丨ㄢ [阏氏 —zhī]汉代匈奴称君主的正妻 the consort of a Xiongnu chief in the Han Dynasty

崦 yān 丨ㄢ [崦嵫 —zī]1. 山名，在甘肃省 a mount in Gansu Province 2. 古代指太阳落山的地方 referring to the place where the sun set in ancient times：日薄～～ rì bó yānzī *decline like the setting sun*

阉 yān 丨ㄢ ❶阉割，割去生殖腺 castrate，remove the gonad of a

male animal or a man：～鸡 yān jī *capon*/～猪 yān zhū *barrow*；*hog* ❷封建时代的宦官，太监 eunuch in a feudal court

淹（❶**洊、❶△**湋） yān 丨ㄢ ❶浸没（mò）flood；submerge：被水～了 bèi shuǐ yānle *be flooded* ❷皮肤被汗液浸渍（of sweat）irritate the skin ❸广extensive；vast：～博 yānbó *wide*；*broad* "湋"又 yǎn 见 745 页 also yǎn, See p. 745

腌（*醃） ㊀ yān 丨ㄢ 用盐等浸渍食品（of food）be preserved in salt，sugar，etc.：～肉 yān ròu *salted meat*/～咸菜 xiáncài *make pickles*

㊁ ā 见 1 页 See p. 1

湮 ㊀ yān 丨ㄢ 埋没 bury（ 逋 comb. 一没—mò）：有的古迹已经～没了 Yǒude gǔjì yǐjing yānmò le. *Some of the historic sites are buried in oblivion.*

㊁ yīn 见 771 页 See p. 771

燕 ㊀ yān 丨ㄢ ❶周代诸侯国名，在今河北省北部和辽宁省南部 one of the states during the Zhou Dynasty，comprising the Northern part of modern Hebei Province and the southern part of modern Liaoning Province ❷姓 a surname

㊁ yàn 见 748 页 See p. 748

延 yán 丨ㄢ ❶引长 prolong：～长 yáncháng *extend*；*protract* / 年 yánnián *prolong life* / 蔓（màn）～ mànyán *spread*；*extend* ❷展缓，推迟 postpone；delay：～期 yánqī *postpone*；*put off*/ 遇雨顺～ yù shùnyán *subject to postponement in case of rain*/ 迟～ chíyán *delay*；*retard* ❸引进，请 engage（a teacher，adviser，etc.）；send for：～师 yánshī *invite a teacher*/～聘 yánpìn *engage sb as* / ～医 yányī *send for a doctor*

埏 ㊀ yán 丨ㄢ ❶大地的边沿 the edge of the earth ❷墓道 tomb

passage; path leading to a grave

㊀ shān 见 572 页 See p. 572

蜒 yán ㅣㄢˊ 见 783 页"蚰"字条"蚰蜒"(yóuyan)、666 页"蜿"字条"蜿蜒"(wān一) See yóuyán under entry of yóu, p. 783 ; see wānyán under entry of wān, p. 666

筵 yán ㅣㄢˊ ❶竹席 bamboo mat ❷酒席 banquet; feast：喜～xǐyán wedding banquet (or feast)

闫 yán ㅣㄢˊ 姓 a surname

芫 ㊀ yán ㅣㄢˊ [芫荽 一sui] 俗叫"香菜"，又叫"胡荽"(一suī)。一年生或二年生草本植物，花白色。果实球形，有香气，可以制药和香料。茎、叶可以吃 coriander, popularly called xiāngcài, also called húsuī, an annual or a biennial herb with white flowers and round aromatic seeds, used for making medicine and perfume. Its stems and leaves are edible.

㊀ yuán 见 796 页 See p. 796

严(嚴) yán ㅣㄢˊ ❶紧密，没有空隙 tight; with no cracks：把罐子盖～了 bǎ guànzi gàiyán le cover the pot tight/ 房上的草都长(zhǎng)～了。Fáng shang de cǎo dōu zhǎngyán le. The grass has thickly grown on the roof. ❷认真，不放松 strict; rigorous：规矩～guīju yán strictly follow the customs/ ～厉 yánlì stern; severe/ ～格 yángé strict; rigid/ ～办 yánbàn deal with severely; punish with severity ㊧ trans. 指父亲 father：家～ jiāyán my father [严肃 一sù]郑重，庄重 serious; solemn：态度很～～ tàidu hěn yánsù a serious attitude ❸厉害的，高度的 severe; highly：～冬 yándōng a severe winter/ ～寒 yánhán bitter cold [严重 一zhòng]紧急，重大 serious; grave; critical：事态～～ shìtài yánzhòng The situation is very criti-

cal./ ～～的错误 yánzhòng de cuòwù a serious mistake

言 yán ㅣㄢˊ ❶话 speech; word (㊬ comb. 语一yǔ一 language)：发～fāyán make a speech/ 格～géyán motto; maxim/ 名～míngyán famous remarks/谣～yáoyán rumour/ 有～在先 yǒuyán-zàixiān make clear beforehand/ 一～为定 yīyán-wéidìng get settled (or make clear) at the beginning/ 一～以蔽之 yī yán yǐ bì zhī sum up in a word ❷说 speak; say (㊬ comb. 一语一yǔ speak)：知无不～ zhīwúbùyán say all one knows ❸汉语的字 (of Chinese) character, word：五～诗 wǔyánshī a poem with five characters to a line/ 七～绝句 qīyán juéjù a heptasyllabic quatrain/ 洋洋万～ yángyáng-wànyán run to ten thousand words-be very lengthy

阽 yán ㅣㄢˊ (又 also) 见 130 页 (diàn) See p. 130 (diàn)

妍 yán ㅣㄢˊ 美丽 beautiful：百花争～ bǎihuā zhēngyán A hundred flowers contend in splendor (or beauty).

研 yán ㅣㄢˊ ❶细磨 grind; powder：～药 yán yào powder medicine/ ～墨 yán mò rub an ink stick on an inkslab (to prepare ink for brush writing) ❷研究，深入地探求 study, make a thorough research：钻～zuānyán make a careful study/ ～求 yánqiú find out through study

〈古 arch.〉又同"砚"(yàn) Same as "砚"

岩(*巖、*嵒) yán ㅣㄢˊ ❶高峻的山崖 cliff; crag ❷岩石，构成地壳的石头 rock, stone forming the earth's crust：水成～ shuǐchéngyán sedimentary rock/ 火成～ huǒchéngyán igneous rock

炎 yán ㅣㄢˊ ❶热 burning hot; scorching (㊬ comb. 一热一rè

scorching）：～夏 yánxià *scorching summer*/～暑 yánshǔ *hot summer*/～凉 yánliáng *hot and cold*/ ❷炎症，身体的某部位发生红、肿、热、痛、痒的现象 inflamation，(of the part of a body) becoming red, swollen, hot and sore：发～ fāyán *inflamed*/ 脑～ nǎoyán *cerebritis; encephalitis*/ 皮～ píyán *dermatitis* ❸指炎帝，传说中的我国上古帝王 Yan Di, a legendary ruler of ancient China：～黄子孙 Yán-Huáng zǐsūn *descendants of Yan Di and Huang Di（or the Chinese people）*

沿 yán ㄧㄢ ❶顺着(道路、江河的边) along (the road or the river bank)：～路 yánlù *along the road*/ ～江 yánjiāng *along the river bank*/ 铁路～线 tiělù yánxiàn *along the railway* ❷按照以往的规矩、式样等 follow a convention or pattern：～袭 yánxí *carry on as before; follow*/ 积习相～ jīxí xiāngyán *be handed down from deep-rooted habits* [沿革—gé]事物发展和变化的历程 evolution, the course of change and development ❸(一儿—r)边 edge; border(⊛comb. 边—biān—*edge*)：炕～儿 kàngyánr *the edge of a kang*/ 缸～儿 gāngyánr *the brim of a vat*/ 盆～儿 pényánr *the brim of a basin*/ 河～儿 héyánr *the bank of a river*/ 井～儿 jǐngyánr *the brim of a well* ❹在衣服等物的边上再加一条边 trim clothes, shoes, etc.：～鞋口 yán xiékǒur *trim the top of a shoe*/ 个边 yán ge biānr *trim an edge*

铅 ㊀ yán ㄧㄢ [铅山 —shān]地名，在江西省 a place in Jiangxi Province
　㊁ qiān 见 525 页 See p. 525

盐（鹽） yán ㄧㄢ ❶食盐，又叫"咸盐"。化学成分是氯化钠，有海盐、池盐、井盐、岩盐等 salt, also called xiányán, with such varieties as sea salt, lake salt, well

salt, rock salt, etc. Symbol：NaCl ❷盐类，化学上指酸类中的氢根被金属元素置换而成的化合物 salt, a chemical compound derived from an acid by replacing hydrogen with a metallic element

阎 yán ㄧㄢ ❶里巷的门 entrance of a lane ❷姓 a surname

颜 yán ㄧㄢ ❶颜面，脸面 face; countenance：无～见人 wú yán jiàn rén *have no face or face to appear in public*/ 喜笑～开 xǐxiào-yánkāi *show one's pleasure on the face* ❷颜色，色彩 colour：～料 yánliào *pigment*/ 五～六色 wǔyán-liùsè *full of various colours*

檐(*簷) yán ㄧㄢ ❶(一儿—r)房顶伸出的边沿 eaves, the edges of a usu sloping roof which comes out beyond the walls：房～儿 fángyánr *eaves of a house*/ 前～ qiányánr *the front eave* ❷(一儿—r)覆盖物的边沿或伸出部分 ledge, brim, the projecting rim or edge of a cover：帽～儿 màoyánr *brim of a cap*

奄 yǎn ㄧㄢ ❶覆盖 cover ❷忽然，突然 all of a sudden：～忽 yǎnhū *suddenly*
[奄奄 ——]气息微弱 breathing feebly：～～一息(快断气) yǎnyǎn-yīxī *scarcely a breath left*(at one's last gasp)
〈古 arch.〉又同"阉"(yān) Same as "阉"

掩(**揜) yǎn ㄧㄢ ❶遮蔽，遮盖 cover; hide (⊛comb. 一盖—gài、遮—zhē—)：～鼻 yǎn bí *hold one's nose*/ 不～饰自己的错误 bù yǎnshì zìjǐ de cuòwù *not cover one's mistakes* [掩护—hù] 1. 用炮火等压住敌方火力，或利用条件的掩蔽，以便进行军事上的活动 neutralize enemy fire by massive bombardment or take the advantage of natural conditions for covering in a military action 2. 采取某种方式暗中保护 take measures for secret protection ❷关, 合 shut; close: 把门～上 bǎ mén yǎnshang *close the door* / ～卷 yǎn juàn *close a book* ❸门窗箱柜等关闭时夹住东西 get squeezed (or pinched) while shutting a door, a window or a case: 关门～住手了 guān mén yǎnzhù shǒu le *get one's fingers caught in the door* ❹乘其不备(进行袭击) catch sb. unprepared (attack by surprise): ～杀 yǎnshā *make a surprise attack* / ～取 yǎnqǔ *capture by surprise*

罨 yǎn ㅣㄢ ❶覆盖, 掩盖 cover; hide: 冷～法 lěngyǎnfǎ (of therapy) *cold compress* / 热～法(医疗的方法) rèyǎnfǎ *hot compress* / ❷捕鱼或捕鸟的网 net for catching birds or fish

兖 yǎn ㅣㄢ [兖州 —zhōu]地名, 在山东省 a place in Shandong Province

龚(龔) yǎn ㅣㄢ 用于人名 used in a person's name

俨(儼) yǎn ㅣㄢ 恭敬, 庄严 respectful; solemn; dignified ⑮ trans. 很像真的, 活像 much like; just like: ～如白昼 yǎnrú báizhòu *as bright as day* [俨然 — rán] 1. 庄严 solemn; dignified: 望之～～ wàng zhī yǎnrán *look dignified* 2. 整齐 neatly arranged: 屋舍～～ wūshè yǎnrán *houses set out in neat order* 3. 很像真的 very much alike: 这孩子说起话来～～是个大人 Zhè háizi shuō huà lai yǎnrán shì ge dàren. *The child speaks just like an adult (or a grown-up).*

衍 yǎn ㅣㄢ ❶延长, 开展 extend; develop: 推～ tuīyǎn *promote; develop* ❷多余的(指文字) redundant: ～文(书籍中因缮写、刻版、排

版错误而多出来的字句) yǎnwén *redundant words* (due to misprinting or miscopying)

弇 yǎn ㅣㄢ 覆盖, 遮蔽 cover; screen

渰 ⊖ yǎn ㅣㄢ 云兴起的样子 (of clouds) rise up

⊜ yān 见 742 页"淹" See p. 742

剡 ⊖ yǎn ㅣㄢ 〈古 arch.〉❶尖, 锐利 pointed; sharp ❷削, 刮 peel with a knife; scrape

⊜ shàn 见 573 页 See p. 573

琰 yǎn ㅣㄢ 美玉 fine gem; jade

厣 yǎn ㅣㄢ [厣廙 —yí]门闩 door bolt; door bar

厴(靥) yǎn ㅣㄢ 螺类介壳口圆片状的盖。蟹腹下面的薄壳也称"厴" round flat cover on the opening of spiral shells or snails, the under belly flakes of crabs also called "yǎn"

魇(魘) yǎn ㅣㄢ 梦中觉得有什么东西压住不能动弹 (tan) a sensation of oppression felt in one's dream

黡(黶) yǎn ㅣㄢ 黑色的痣 black mole

郾 yǎn ㅣㄢ [郾城 —chéng]地名, 在河南省 a place in Henan Province

偃 yǎn ㅣㄢ ❶仰面倒下, 放倒 fall on one's back, put down: ～卧 yǎnwò *lie on one's back* / ～旗息鼓 yǎnqí-xīgǔ *lower the banners and muffle the drums-cease all activities* ❷停止 stop; cease: ～武修文 yǎnwǔ-xiūwén *abandon military pursuits and promote cultural activities*

蝘 yǎn ㅣㄢ 古书上指蝉一类的昆虫 insects like cicada mentioned in ancient Chinese texts
[蝘蜓 —tíng]古书上指壁虎 house lizard mentioned in ancient Chinese

Y

texts

眼 yǎn 丨ㄢ ❶眼睛，视觉器官 eye, the organ of sight［眼光 — guāng］见识，对事物的看法 foresight; vision; insight：把～～放远点 bǎ yǎnguāng fàng yuǎn diǎnr be far-sighted ❷（一儿一r）孔洞，窟窿 hole; aperture：炮～pàoyǎn porthole; blast-hole/耳朵～儿 ěrduoyǎnr the external opening of the ear / 针～儿 zhēnyǎnr the eye of a needle ❸（一儿一r）关节，要点 key point; main point：节骨～儿 jiēguyǎnr the critical moment/字～ zìyǎnr right(appropriate) word ❹戏曲中的节拍 an unaccented beat in traditional Chinese operas：一板三～ yībǎn-sānyǎn one accented and three unaccented beats in a bar

眼 睛　eye

① 眉　méi eyebrow
② 睫毛　jiémáo eyelash
③ 眼珠　yǎnzhū eyeball
④ 眼睑　yǎnjiǎn eyelid
⑤ 瞳孔　tóngkǒng pupil

演 yǎn 丨ㄢ ❶把技艺当众表现出来 give a performance (or show of one's skill) before the audience：～剧 yǎnjù act in a play/ ～奏 yǎnzòu play a musical instrument/ ～唱 yǎnchàng sing (in a performance) ❷根据一件事理推广、发挥 popularize or elaborate on the basis of sth.：～说 yǎnshuō deliver a speech/ ～义 yǎnyì historical novel (romance)［演绎 — yì］由一般原理推断特殊事实 deduce, to determine or decide sth. from general principles in relation to a particular thing, fact, or event ❸演习，依照一定程式练习 drill; practice; do the exercises according to a certain procedure：～武 yǎnwǔ practise tra-

ditional martial arts/ ～算习题 yǎn-suàn xítí do mathematical exercises ❹不断变化 develop; evolve：～变 yǎnbiàn evolve/～进 yǎnjìn gradual progress/ ～化 yǎnhuà evolution

缤 yǎn 丨ㄢ 延长 prolong; extend

甗 yǎn 丨ㄢ 古代蒸煮用的炊具，陶制或青铜制 ancient earthen or bronze utensils for steaming or boiling food

鼹（＊鼴） yǎn 丨ㄢ 鼹鼠，俗叫"地排(pǎi)子"。一种哺乳动物，毛黑褐色，眼小，趾有钩爪，善掘土，生活在土中 mole, popularly called dìpǎizi, a small burrowing insect-eating mammal with very small eyes, dark brown fur and hooked paws, living in tunnels underground

厌（厭） yàn 丨ㄢ ❶嫌恶，憎恶 be disgusted with; detest（⊕comb. 一恶 —wù detest)：讨～ tǎoyàn dislike/ ～弃 yànqì detest and reject ❷满足 be satisfied：贪得无 ～ tāndé-wúyàn be insatiably avaricious

餍（饜） yàn 丨ㄢ 吃饱 have enough (food), be satiated ⑨ext. 满足 satisfy

玣 yàn 丨ㄢ［玣口 —kǒu]地名，在浙江省富阳 a place in Fuyang, Zhejiang Province

砚 yàn 丨ㄢ 砚台，写毛笔字研墨用的文具 inkstone, inkslab, stationery used for rubbing an ink stick for brush writing

咽（＊嚥） ⊝ yàn 丨ㄢ 使嘴里的食物等通过咽喉到食道里去 swallow, cause (food, drink, etc.) to pass down the throat from the mouth into the stomach：细嚼慢～ xìjiáo-mànyàn chew carefully and swallow slowly/ 狼吞虎～ lángtūn-hǔyàn wolf (sth) down［咽

气－qì]人死时断气 breathe one's last;stop breathing when one dies
　㊀ yān 见 741 页 See p. 741
　㊁ yè 见 758 页 See p. 758

唁 yàn ㄧㄢ 吊丧,对遭遇丧事的人表示慰问 express condolences, visit the bereaved to offer one's condolences（圈 comb. 吊－ diào－）:～电(吊丧的电报) yàndiàn *message of condolence*（telegram of condolence）

彦 yàn ㄧㄢ 古指有才学、德行的人 referring to a man of talent, learning and viture in ancient China

谚 yàn ㄧㄢ 谚语,社会上流传的固定语句,用简单通俗的话反映出某种经验和道理 proverb, a brief fixed popular saying of folk wisdom, usu. expressing an experience or a truth in simple words:农～ nóngyàn *farmer's proverb*/ 古～ gǔyàn *old proverb*

艳（艷、**豔、豓**） yàn ㄧㄢ
❶鲜艳,色彩鲜明 gorgeous; colourful:～丽 yànlì *brightly-coloured and beautiful*/ ～阳天 yànyángtiān *brightly sunny skies* ❷旧时指关于爱情方面的 (in early times) of love, erotic affairs:～情 yànqíng *erotic*/ ～史 yànshǐ *erotic adventures*
[艳羡－xiàn]非常羡慕 admire intensely

滟（**灔、灧**） yàn ㄧㄢ [滟滪堆－yùduī]长江瞿唐峡口的巨石,为便利长江航运,1958 年将它炸除 an immense rock lying at the entrance of Qutang Gorge of the Yangtze River, which was blown up in 1958 to make navigation in the Yangtze River easy and safe

晏 yàn ㄧㄢ ❶迟 late:～起 yàn qǐ *get up late* ❷同"宴❸" Same as "宴❸".

鷃（****鸚**） yàn ㄧㄢ 鷃雀(què),古书中说的小鸟 small birds mentioned in ancient Chinese texts

宴（*醼） yàn ㄧㄢ ❶用酒饭招待 entertain at a banquet;fête:～客 yànkè *give a banquet to a guest* ❷聚会在一起吃酒饭 feast, gathering for eating and drinking:～会 yànhuì *banquet* ❸酒席 feast; banquet:设～ shèyàn *give a banquet* ❹安乐 ease and comfort:～安鸩(zhèn)毒(贪图享受等于喝毒酒自杀) yàn'ān-zhèndú *indulge in pleasure to ruin oneself*（seeking pleasure is like drinking poisoned wine）

堰 yàn ㄧㄢ 挡水的堤坝 weir, an embankment stopping or controlling the flow of water

验（驗、*騐） yàn ㄧㄢ ❶检查,察看 examine; check:～血 yànxiě *blood test*/ ～收 yànshōu *check and accept* ❷有效果 prove effective:屡试屡～ lǚshì-lǚyàn *prove successful in every test*

雁（*鴈） yàn ㄧㄢ 大雁,鸟名。多指鸿雁,羽毛褐色,腹部白色,嘴扁平,腿短,群居在水边,飞时排列成行。是候鸟 wild goose; goose, usu. hóngyàn, any of various brown and white-bellied aquatic birds with a flat bill and short legs, living by waterside in groups, and flying in one-line flocks. It is migratory bird.

赝（*贋） yàn ㄧㄢ 假的,伪造的 counterfeit; fake:～品 yànpǐn *art forgery*

焰（*燄） yàn ㄧㄢ 火苗 flame;火～ huǒyàn *blaze*
[气焰 qì一]气势 arrogance; bluster:～～万丈 qìyàn-wànzhàng *be swollen with arrogance*

焱 yàn ㄧㄢˋ 火焰 flame

酽（釅） yàn ㄧㄢˋ 浓，味厚 thick；strong：这碗茶太～ Zhè wǎn chá tài yàn. The tea is too strong.

谳（讞） yàn ㄧㄢˋ 审判定罪 judgement in court：定～ dìngyàn decide a law case

燕（① *𪃑） ㊀ yàn ㄧㄢˋ ❶（—子 —zi）鸟名。翅膀很长，尾巴像张开的剪刀，背部黑色，肚皮白色，常在人家屋内或屋檐下用泥做巢居住，捕食昆虫。是候鸟 swallow, a type of migratory bird with long pointed wings and a tail that comes to two points, like a pair of scissors；having a black back and a white belly, usu. nesting under the eaves or in a house, living on insects ❷古书里有时用作"宴" Same as yàn in some ancient Chinese texts：～居 yànjū lead a happy and easy life／～好 yànhǎo be happily married／～乐 yànlè enjoy an easy life

㊁ yān 见 742 页 See p. 742

讌 yàn ㄧㄢˋ 同"宴❶❷" Same as "宴❶❷".

YANG ㄧㄤ

央 yāng ㄧㄤ ❶中心 center：大厅中～ dàtīng zhōngyāng in the center of the hall ❷恳求 beg；plead（⍟comb. —求 —qiú plead）：只好人去找 zhǐhǎo yāng rén qù zhǎo have to entreat other people to search for it／～告了半天，他还是不去 Yānggào le bàntiān, tā háishì bù qù. He refused to go even after I begged piteously for a long time. ❸尽，完了 end，finish：夜未～ yè wèi yāng The night is not yet over.

泱 yāng ㄧㄤ 深广，弘大（叠 redup.）vast；expansive：河水～

～ héshuǐ yāngyāng vast water；extensive river／～～大国 yāngyāng-dàguó a large and powerful country

殃 yāng ㄧㄤ ❶祸害 disaster；calamity（⍟comb. 灾 — zāi — disaster）：遭～ zāoyāng suffer disaster／城门失火，～及池鱼（喻牵连受害）Chéngmén shīhuǒ, yāngjí chíyú. When the city gate catches fire, the fish in the moat suffers ruin from it（fig. be a scape goat）❷损害 bring disaster to：祸国～民 huòguó-yāngmín wreck the country and ruin the people

鸯 yāng ㄧㄤ 见 795 页"鸳"字条"鸳鸯（yuān —）"See yuānyāng under entry of yuān, p. 795

秧 yāng ㄧㄤ ❶（—儿 —r）植物的幼苗（of plant）seedling；sprout：树～儿 shùyāngr young trees／茄子～ qiéziyāngr aubergine sprout／特指稻苗 esp rice seedlings：插～ chāyāng transplant rice seedlings［秧歌 —ge]我国民间歌舞的一种 a popular folk dance of China ❷某些植物的茎 vine：瓜～ guāyāng melon vine／豆～ dòuyāng bean vine ❸（—子 —zi）某些初生的小动物（of animal）young；fry：鱼～子 yúyāngzi young fish；fry／猪～子 zhūyāngzi piglet ❹〈方 dial.〉栽植，畜养 plant；raise：～几棵树 yāng jǐ kē shù plant some trees／他～了一池鱼 Tā yāngle yī chí yú. He breeds a pond of fish.

鞅 ㊀ yāng ㄧㄤ 古代用马拉车时套在马颈上的皮子 a piece of leather put on the horse neck for pulling a cart

㊁ yàng 见 751 页 See p. 751

扬（扬、❷ *颺、❶—❸ *敭） yáng ㄧㄤ ❶高举，向上 raise；hold up：～帆 yángfān hoist the sails／～手 yángshǒu put up one's hand／趾高气～（骄傲的样子）zhǐgāo-qìyáng give oneself airs and swagger about (be swollen with arrogance) [扬汤止沸－tāng-zhǐfèi] 比喻办法不彻底 try to stop water from boiling by scooping it up and pouring it back (*fig.* an ineffective remedy) [扬弃－qì] 事物在发展过程中，一面把积极因素提升到更高阶段，一面把消极因素抛弃 develop what is useful or healthy and discard what is not during the development of a thing [扬扬－－] 得意的样子 triumphantly; complacently ❷在空中飘动 fly in the air：飘～ piāoyáng *flutter*/飞～ fēiyáng *fly upward* ❸向上播撒 throw up and scatter：扬场 yángchǎng *winnow* ext. 1. 传布 1. spread; make known (⟨综⟩ comb. 宣－xuān－*publicise*)：～名 yángmíng *make a name for oneself* 2. 宣说 *praise*; commend；赞～ zànyáng *speak high of* / 颂～ sòngyáng *sing praise of* ❹姓 a surname

[扬长而去 －cháng'érqù] 大模大样地离去 stalk off；swagger off, walk with a swinging and proud manner

玚（瑒） yáng 丨尢 古时祭祀用的一种圭 an elongated pointed tablet of jade used a sacrificial ceremony in ancient times

杨（楊） yáng 丨尢 杨树，落叶乔木，有白杨、大叶杨、小叶杨等多种，有的木材可做器物 poplar, any of several types of deciduous tree, including white poplar, large or small-leaf poplar; some of its wood can be used to make articles

旸（暘） yáng 丨尢 ❶太阳出来 sunrise ❷晴天 a fine day

炀（煬） yáng 丨尢 ❶熔化金属 smelt (metals) ❷火旺 in flames；blazing

钖（鍚） yáng 丨尢 古代马额上的一种装饰 an ornament on the forehead of a horse in ancient times

疡（瘍） yáng 丨尢 ❶疮 sore ❷溃烂 fester；ulcer：胃溃～ wèikuìyáng *gastric ulcer*

羊 yáng 丨尢 家畜名，有山羊、绵羊等。毛、皮、骨、角都可作工业上的原料，肉和乳供食用 name for a kind of domesticated animal, including goat and sheep; its wool, skin, bone and horn used as industrial raw materials, and meat and milk for food

〈古 arch.〉又同"祥(cháng)" Also same as "xiáng"

佯 yáng 丨尢 ❶假装 pretend；feign：～攻 yánggōng *feign attack*/～作不知 yáng zuò bù zhī *pretend not to know*/ 古也作"阳" Also used as yáng in ancient Chinese texts ❷[倘佯 cháng－] 同"徜徉(cháng－)"Same as "chángyáng".

垟 yáng 丨尢 〈方 dial.〉田地，多用于地名 farmland, usu. used in place names：翁～ Wēngyáng/ 上家～（都在浙江省）Shàngjiāyáng (places in Zhejiang Province)

徉 yáng 丨尢 见 69 页"徜"字条"徜徉" See chángyáng under entry of cháng, p.69

洋 yáng 丨尢 ❶比海更大的水域 ocean, water areas larger than a sea：海～ hǎiyáng *seas and oceans*/太平～ Tàipíng Yáng *the Pacific Ocean* ❷广大，多（叠 redup.）；multitudinous：～溢 yángyì *be permeated with*/～～大观 yángyáng-dàguān *a spectacular sight* ❸外国，foreign：～为中用 yángwéizhōng-yòng *make foreign things serve China* ❹现代化的 modern：土～结合 tǔyáng-jiéhé *combine indigenous and foreign methods* ❺洋钱，银元 silver dollar or coin

烊 ⊖ yáng 丨尢 熔化金属 melt metal ㊑ ext. 〈方 dial.〉溶化 become soft：糖～了 Táng yáng le. *The sweets have gone soft.*

㊁ yàng 见 751 页 See p. 751

蛘 yáng ㄧㄤˊ 〈方 dial.〉生在米里的一种小黑甲虫 a type of small black beetle living in rice

阳(陽) yáng ㄧㄤˊ ❶明亮 bright ❷跟"阴"相对 antonym of yīn：1. 阳性，男性的 masculine；male 2. 太阳 the sun：～历 yánglì *solar calendar*/ ～光 yángguāng *sunlight, sunshine* 3. 带正电的 positive：～电 yángdiàn *positive electricity*/ ～极 yángjí *positive pole* 4. 山的南面，水的北面(多用于地名) south of a hill or north of a river(usu. used in place names)：衡～(地名，在湖南省衡山之南) Héngyáng *Hengyang* (a place situated on the south of Mount Heng, Hunan Province)：洛～(地名，在河南省洛河之北) Luòyáng *Luoyang City* (a city in Henan Province, situated on the north of the Luo River) 5. 外露的，明显的 open；obvious：～沟 yánggōu *open drain；ditch*/ ～奉阴违 yángfèng-yīnwéi *comply in public but oppose in private* 6. 凸出的 in relief：～文图章 yángwén túzhāng *seals, stamps cut in relief* 7. 关于活人的(迷信) belonging to this world(of superstition)：～间 yángjiān *this world* ❸男性生殖器 male genitals；male sex organ ❹〈古 arch.〉同"佯" Same as "佯"

仰 yǎng ㄧㄤˇ ❶脸向上，跟"俯"相反 face upward, antonym of fǔ：～起头来 yǎngqi tóu lai *raise one's head*/ ～天大笑 yǎngtiān-dàxiào *laugh sardonically*/ 人～马翻 rényǎng-mǎfān *men and horses all overturned* ❷敬慕 admire, respect：久～jiǔyǎng *I've long been looking forward to meeting you.* / 信～ xìnyǎng *belief*/ 敬～ jìngyǎng *revere, venerate* ❸依赖 rely on (㊣comb. 一赖一 lài *rely on*)：～人鼻息(喻依赖人，看人的脸色行事 yǎngrénbíxī *depend upon others' whims* (*fig.* depend on others；at the mercy of others) ❹旧日公文用语，用于上行文中与"恳、祈、请"等连用，表示尊敬；下行文中，表命令，如"仰即遵照"(指示下属机关遵照公文内容办事) an old expression, used with kěn, qí, qǐng in official documents to show respect to the higher authorities and in transmitting orders to the subordinates, such as yǎng jí zūnzhào (commanding the subordinate office to act according to the instructions in the official document)

养(養) yǎng ㄧㄤˇ ❶抚育，供给生活品 support；provide basic daily necessities (㊣comb. 一育一 yù *bring up*)：～家 yǎngjiā *support one's family*/ 抚～子女 fǔyǎng zǐnǚ *bring up children*/ ❷饲养(动物)，培植(花草) raise；keep (animals)，grow or cultivate (flowers)：～鸡 yǎng jī *raise chicken*/ ～鱼 yǎng yú *breed fish*/ ～花 yǎng huār *cultivate flowers* ❸生育 give birth to：～了个儿子 yǎngle ge érzi *give birth to a son* ❹(非血亲)抚养的 (with no blood relationship) foster；adoptive：～女 yǎngnǚ *adopted daughter*/ ～父 yǎngfù *foster father* ❺使身心得到滋补和休息 recuperate one's health；rest：～精神 yǎng jīngshen *recuperate*/～精蓄锐 yǎngjīng-xùruì *conserve strength and store up energy*/ ～病 yǎngbìng *take rest and regain one's health*/ 休～ xiūyǎng *recuperate* ㊀ext. 保护修补 maintain；keep in good condition：～路 yǎnglù *maintain a road or railway* ❻培养 form；acquire：他～成了劳动习惯 Tā yǎngchéngle láodòng xíguàn. *He has acquired the habit of working.* ❼扶持，帮助 support；help：以农～牧，以牧促农 Yǐ nóng

Y

yǎng mù, yǐ mù cù nóng. *have agriculture help animal husbandry, and have animal husbandry promote agriculture*

氧 yǎng ㅣㅊ 一种化学元素，在通常条件下为气体，符号 O，无色、无味、无臭，比空气重。能帮助燃烧，是动植物呼吸所必需的气体 oxygen, a colourless, tasteless, smellless, and normally gaseous chemical element. Symbol：O. It is heavier than air, combustion-supporting and indispensable for the respiration of animals and plants.

痒（癢） yǎng ㅣㅊ 皮肤或粘膜受刺激需要抓挠的一种感觉（叠 redup.）itch；tickle, a sore feeling which makes one want to rub or scratch the skin：蚊子咬得身上直～～ Wénzi yǎo de shēn shang zhí yǎngyang. *Mosquito bites made me itch terribly.* / 痛～相关 tòngyǎng xiāngguān *sympathize with each other's trials (or troubles)；share a common lot* [技痒 jì—] 极想把自己的技能显出来 be itching to exercise one's skill (eager to show one's skill and ability)

瀁 yǎng ㅣㅊ 见 268 页"滉"字条"滉瀁"See huàngyǎng under entry of huàng, p. 268

怏 yàng ㅣㅊ 不服气，不满意 unconvinced；dissatisfied：～～不乐 yàngyàng-bùlè *be in the blues*/～然不悦 yàngrán-bùyuè *unhappy about sth.*

鞅 ㊀ yàng ㅣㅊ 牛鞅，牛拉东西时架在脖子上的器具 an appliance on the neck of an ox for pulling things
㊁ yāng 见 748 页 See p. 748

样（樣） yàng ㅣㅊ ❶（—子—zi、—儿—r）形状 shape：模～múyàng *look；appearance*/ 这～ zhèyàng *so；such*/ 不像儿 bù xiàngyàngr *unpresentable* ❷（一儿 —r）量词，种类 meas. kind；type：两～儿菜 liǎng yàngr cài *two kinds of dishes*/ 四～儿果品 sì yàng guǒpǐn *four kinds of fruit*/ ～～都行 yàngyàngr dōu xíng *be good at everything* ❸（—子 —zi、—儿 —r）做标准的东西 model；pattern：～品 yàngpǐn *sample, specimen*/货～huòyàng *sample goods*/ ～本 yàngběn *sample book*

恙 yàng ㅣㅊ 病 ailment；illness：偶染微～ ǒu rǎn wēiyàng *be occasionally inflicted with light illness*/ 安然无～（没受损伤或没发生意外）ānrán-wúyàng *safe and sound（no injury or accident）*

烊 ㊀ yàng ㅣㅊ [打烊 dǎ—]〈方 dial.〉商店晚上关门停止营业（of shop）put up the shutters and close for the night
㊁ yáng 见 749 页 See p. 749

羕 yàng ㅣㅊ 形容水长（cháng）（of river）far reaching；long

漾 yàng ㅣㅊ ❶水面微微动荡 ripple ❷液体溢出来（of liquid）brim over：～奶 yàng nǎi *throw up milk*/ ～酸水 yàng suānshuǐ *throw up hypochlorhy dria*/汤太满都～出来了 Tāng tài mǎn dōu yàng chulai le. *The soup is brimming over.*

YAO ㅣㄠ

幺 ㊀ yāo ㅣㄠ 同"幺" Same as "幺"
㊁ me 见 443 页 See p. 443
㊂ ma 见 435 页 See p. 435

幺 yāo ㅣㄠ ❶〈方 dial.〉小，排行最末的 youngest（among brothers and sisters）：～叔 yāoshū *youngest uncle*/ ～妹 yāomèi *youngest sister*/ ～儿 yāo'ér *smallest son* ❷数目"一"的另一个说法（用于电话号码等）another term for the numeral yī,（used in reading telephone numbers, etc.）

吆(**吅) yāo 丨ㄠ [吆喝 一 he]喊叫,指叫卖东西、赶牲口、大声斥责人 shout；call for peddling, driving draught animals or denouncing sb.

夭(❷*妖) yāo 丨ㄠ ❶茂盛(叠 redup.) prosperous：桃之～～ táozhīyāoyāo The peach trees are in full blossom. ❷未成年的人死去 die young：～亡 yāowáng die young／～折 yāozhé die at early years；come to a premature end

妖 yāo 丨ㄠ ❶神话、传说中称有妖术而害人的东西 demon；goblin；evil and harmful spirit in legend or fable：～魔鬼怪 yāomó-guǐguài demons and ghosts ❷装束、神态不正派(of dress, manner) not decent；seductive：～里～气 yāoliyāoqì sexy；seductive ❸媚,艳丽 charming；enchanting：～娆 yāoráo enchanting；bewitching

约 ⊖ yāo 丨ㄠ 用秤称 weigh in a balance (or on a scale)：你～～有多重 Nǐ yāoyao yǒu duō zhòng? See how much you weigh.

⊜ yuē 见799页 See p.799

要 ⊖ yāo 丨ㄠ ❶求 demand；ask [要求 一qiú]提出具体事项,希望实现 demand；require, make specific requirements and hope to be satisfied：～～大家认真学习 yāoqiú dàjiā rènzhēn xuéxí call upon everyone to study with an effort／～～入党 yāoqiú rùdǎng apply for admission to the party ❷强求,有所仗恃而强硬要求 coerce；rely on an advantage to make a person do sth by force：～挟 yāoxié coerce；threaten ❸〈古 arch.〉同"邀"、"腰" Same as yāo, yāo ❹姓 a surname

⊜ yào 见754页 See p.754

腰 yāo 丨ㄠ ❶胯上胁下的部分,在身体的中部。(图见640页"体") waist, the middle part of the human body just above the hip and below the armpit. (See picture under entry of tǐ, p.640)[腰子 一zi]肾脏 kidney ❷裤、裙等围在腰上的部分 waist of a garment, the part of trousers or skirts that goes round this part of the body：裤～ kùyāo waist of trousers ❸事物的中段,中间 the middle part of a thing：山～ shānyāo halfway up the mountain ❹中间狭小像腰部的地势 a waist-like terrain that is narrow in the middle：土～ tǔyāo waist-like land／海～ hǎiyāo waist-like sea

邀 yāo 丨ㄠ ❶约请 invite：～他来谈谈 yāo tā lái tántan invite him over for a chat／特～代表 tèyāo dàibiǎo a specially invited representative ❷取得,求得 solicit；seek：～赏 yāoshǎng ask to be rewarded for the service rendered／～准 yāozhǔn seek approval ❸阻留；截 intercept：中途～截 zhōngtú yāojié intercept midway

爻 yáo 丨ㄠ (旧读 old pron. xiáo)组成八卦中每一个卦的长短横道,如"—""--" any of long or short lines, such as "—", "--", that form each of the Eight Trigrams

肴(*餚) yáo 丨ㄠ (旧读 old pron. xiáo) 做熟的鱼肉等 meat or fish dishes：佳～ jiāyáo delicacies／酒～ jiǔyáo wine and dainties

尧(堯) yáo 丨ㄠ 传说中上古帝王名 a legendary king in ancient China

侥(僥) ⊖ yáo 丨ㄠ 见309页"僬"字条"僬侥(jiāo 一)" See jiāoyáo under entry of jiāo, p.309

⊜ jiǎo 见310页 See p.310

峣(嶢) yáo 丨ㄠ [岧峣 tiáo一] 山高 (of a mountain) high

垚 yáo 丨ㄠ 高,多用于人名 high；lofty. usu. used in a person's name

Y

辂 yáo ㄧㄠ 辂车,古代的一种小马车 a small ancient horse-carriage

姚 yáo ㄧㄠ 姓 a surname

珧 yáo ㄧㄠ 江珧,又叫"玉珧"。一种生活在海里的软体动物,壳三角形,肉柱叫江珧柱,干制后又称干贝,是珍贵的海味品 also called yùyáo, pen shell, a sea mollusc with triangular shell. Its adductor is a valuable choice seafood, called gānbèi when dried up.

铫 ㊀ yáo ㄧㄠ ❶古代一种大锄 a big ancient hoe ❷姓 a surname
㊁ diào 见 133 页 See p. 133

陶 ㊀ yáo ㄧㄠ [皋陶 Gāo—]传说中上古人名 name of a legendary person in ancient times
㊁ táo 见 635 页 See p. 635

窑(*窰、*窯) yáo ㄧㄠ ❶烧砖、瓦、陶器等物的建筑物 kiln, a construction or heating apparatus for baking bricks, tiles or potteries ❷为采煤而凿的洞 pit dug for fetching coal: 煤~ méiyáo coal pit ❸窑洞,在土坡上特为住人挖成的洞 cave dwelling, cave dug in a slope for living in ❹旧指妓院 brothel of former times

谣 yáo ㄧㄠ ❶歌谣,随口唱出,没有伴奏的韵语 ballad, rhythmical song sung without accompaniment of musical instrument: 民~ mínyáo folk rhyme / 童~ tóngyáo children's folk rhyme ❷谣言,凭空捏造的不可信的话 rumour, sheer fabricated talk that is unbelievable: 造~ zàoyáo start a rumour/ 辟~ pìyáo refute (deny) a rumour

摇 yáo ㄧㄠ 摆动 wave; shake (㊀comb. 一摆一bǎi,一晃一huàng shake, wave): ~头 yáotóu shake one's head/ ~船 yáochuán row a boat [摇曳 —yè]摇摆动荡 flicker; sway [动摇 dòng—]变动,不坚定 shake; vacillate: 思想~~ sīxiǎng dòngyáo be unsteadfast; vacillate

徭(**傜) yáo ㄧㄠ 徭役,古时统治者强制人民承担的无偿劳动 corvée, unpaid labour forced on the people by the rulers in former times

遥 yáo ㄧㄠ 远(叠 redup.) distant; remote; far (㊀comb. 一远一yuǎn faraway): ~望 yáowàng view from a great distance / 路~知马力 lù yáo zhī mǎlì Distance tests a horse's strength. / ~~相对 yáoyáoxiāngduì stand far apart facing each other

瑶 yáo ㄧㄠ 美玉 fine jade (喻fig. 美好 fine; beautiful: ~函 yáohán you fine letter
[瑶族 —zú]我国少数民族名,参看附表 the Yao nationality, an ethnic minority in China, see Appendix

飘 yáo ㄧㄠ [飘飘 piāo—]见 505 页"飘"字条"飘摇(piāo)" See piāoyáo under entry of piāo, p. 505

繇 ㊀ yáo ㄧㄠ 同"徭" Same as 徭
㊁ yóu 见 784 页 See p.784.
㊂ zhòu 见 854 页 See p. 854

鳐 yáo ㄧㄠ 鱼名,身体扁平,略呈圆形或菱形,有的种类有一对能发电的器官,生活在海中 skate, any of a large family of a flat, slightly round or lozenge-shaped sea fish, some types having a pair of organs that can generate electricity

杳 yǎo ㄧㄠ 无影无声 disappear completely (without a trace): ~无音信 yǎowúyīnxìn have never been heard of since/ 音容已~ yīnróng yǐ yǎo The voice and face of the one I love are no longer there.

咬(**齩、*齩) yǎo ㄧㄠ ❶上下牙对住,压碎或夹住东西 bite, crush or seize sth. with one's upper and lower teeth: ~了一口馒头 yǎole yī kǒu

Y

mántou *take a bite of the steamed bread* ❷钳子等夹住或螺丝齿轮等卡住 grip or seize sth. with pliers or nut：螺丝勦(yì)了，～不住扣 Luósī yì le, yǎobuzhù kòu. *The screw is worn out so it won't bite (or grip).* ❸ 受责问或审讯时拉扯上不相关的人 incriminate another person when one is blamed or questioned：不许乱～好人 Bùxǔ luànyǎo hǎorén. *Don't implicate the innocent.* ❹狗叫 (of dog) bark：鸡叫狗～ Jī jiào gǒu yǎo. *Cocks crow and dogs bark.* ❺读字音 pronounce；articulate：这个字我～不准 Zhège zì wǒ yǎo bu zhǔn. *I can't pronounce this word correctly.*

舀 yǎo ㄧㄠˇ 用瓢、勺等取东西(多指流质) fetch sth. (usu. liquid) up with a ladle or spoon：～水 shuǐ *ladle out water*/ ～汤 yǎo tāng *spoon out soup* [舀子 —zi]舀取液体的器具 dipper；ladle；scoop

窅 yǎo ㄧㄠˇ 眼睛眍进去 (of eyes) sink in；become sunken 喻 fig. 深远 far and deep；remote and obscure

窈 yǎo ㄧㄠˇ ❶深远 far and deep ❷昏暗 dim；dark ❸美好 beautiful；fine [窈窕 —tiǎo]1. 形容女子文静而美好 (of a woman) gentle and graceful 2. (宫室、山水)深远曲折 (of a palace, landscape, etc.) secluded

疟(瘧) ㊀ yào ㄧㄠˋ 疟子，疟 (nüè)疾 malaria, ague ㊁ nüè 见485页 See p.485

药(藥) yào ㄧㄠˋ ❶可以治病的东西 medicine；drug；remedy, substance used for treating disease ❷有一定作用的化学物品 chemicals with a certain function：火～ huǒyào *gunpowder*/ 焊～ hànyào *soldering paste*/ 杀虫～ shāchóngyào *insecticide*；*pesticide* ❸用药物医治 cure with medicine：不可救～ bùkě-jiùyào *incurable* ❹毒死 kill

with poison：～老鼠 yào lǎoshǔ *kill rats with (rat) poison*

要 ㊀ yào ㄧㄠˋ ❶索取，希望得到 want；hope to have：我～这一本书 Wǒ yào zhè yī běn shū. *I want this book.* 引 ext. 作为已有，保留 keep sth as one's own；retain；reserve：这东西他还～呢 Zhè dōngxi tā hái yào ne. *He still wants to keep this thing.* [要强 —qiáng]好胜心强，不愿落后 be eager to excel；be anxious to outdo others ❷重大，值得重视的 important，worthy of noticing：～事 yàoshì *an important matter (or affair)*/ ～点 yàodiǎn *a key point* [要紧 —jǐn][紧要 jǐn—]急切重要 urgent；crucial ❸重大，值得重视的东西 matter (or affair) important and worthy of attention：纲～ gāngyào *essentials*；*outline*/ 提～ tíyào *precis*；*summary* ❹应该，必须 should；must：～努力学习 yào nǔlì xuéxí *must study hard* ❺将要，将 shall；will；be going to：我们～去学习了 Wǒmen yào qù xuéxí le. *We are going to study.* ❻要是，若，如果 if；suppose；in case：明天～下雨，我就不去了. Míngtiān yào xiàyǔ, wǒ jiù bù qù le. *If it rains tomorrow, I shall not go.* / 他～来了，你就交给他 Tā yào lái le, nǐ jiù jiāogěi tā. *Please give it to him if he comes.* ❼请求，叫 ask (or want) sb. to do sth.：他～我给他买本书. Tā yào wǒ gěi tā mǎi běn shū. *He wants me to buy him a book.*

㊁ yāo 见752页 See p.752

钥(鑰) ㊀ yào ㄧㄠˋ 同"钥㊀" Same as "钥㊀" [钥匙 —shi]开锁的东西 key, an instrument for locking or unlocking (a door)

㊁ yuè 见800页 See p.800

勒 yào ㄧㄠˋ 靴筒，袜筒 the leg of a boot or stocking：高～靴子 gāoyào xuēzi *boots*；*wellington boots*

鹞 yào ㄧㄠˋ（一子 —zi）鹞鹰，一种凶猛的鸟，样子像鹰，比鹰小，背灰褐色，腹白色带赤褐色，捕食小鸟 sparrow hawk, a fierce bird like a hawk, but a bit smaller in size, with a greyish brown back and a white a belly with a tint of reddish brown, preying on small birds［纸鹞 zhǐ—]风筝 kite

曜 yào ㄧㄠˋ ❶照耀 shine, illuminate ❷日、月、星都称"曜"，一个星期的七天用日、月、火、水、木、金、土七个星名排列，因此星期几也叫什么"曜日"，如"日曜日"是星期日，"土曜日"是星期六 luminary, a general term for the sun, the moon, or stars. The seven days in a week are respectively named in the order of Sun, Moon, Mars, Mercury, Jupiter, Venus and Saturn (the seven heavenly bodies), so the day in a week is called yàorì, (luminary day), e. g. rìyàorì for Sunday, and tǔyàorì for Saturday.

耀（*燿） yào ㄧㄠˋ ❶光线强烈地照射 shine; illuminate with strong lights（働 comb. 照—zhào— shine）：眼 ~ yǎn dazzling ❷显扬，显示出来 boast of; laud：~ 武扬威：yàowǔ-yángwēi make a big show of one's strength ❸光荣 honour; credit：荣 ~ róngyào glory; honour

YE ㄧㄝ

耶 ㊀ yē ㄧㄝ 用于译音，如耶路撒冷 used in transliteration, e. g. Yēlùsālěng for Jerusalem
　　㊁ yé 见 756 页 See p. 756

倻 yē ㄧㄝ ［伽倻琴 jiā—qín]朝鲜族乐器 a plucked stringed Korean instrument, used by the Chaoxian Nationality

椰 yē ㄧㄝ 椰子树，常绿乔木，产在热带，树干(gàn)很高。果实叫椰子，中有汁，可做饮料。果肉可以吃，也可榨油，果皮纤维可结网。树干可做建筑材料 coconut palm (or tree), an ever-green tall tropical tree, bearing a large fruit called coconut, containing drinkable milky liquid and edible meat, from which oil can be extracted. The tough fibre of the coconut's outer husk can be used for making nets. The stem can be used as construction material.

［枣椰 zǎo—]也叫"海枣"，常绿乔木，果实叫"椰枣"，味甜。产于伊拉克等地 also called hǎizǎo, date palm, a type of ever-green tree, with sweet fruits called yēzǎo, grown in Iraq and other places

掖 ㊀ yē ㄧㄝ 把东西塞在衣缝或夹缝里 tuck sth in the pocket or crack：把钱～在兜里 bǎ qián yē zài dōu li tuck the money into the pocket／把书～在书包里 bǎ shū yē zài shūbāo li squeeze books into the satchels
　　㊁ yè 见 758 页 See p. 758

暍 yē ㄧㄝ 中暑，伤暑 heatstroke; sunstroke

噎 yē ㄧㄝ 食物堵住食道 choke, block the esophagus with food：吃得太快，～住了 chī de tài kuài, yēzhù le be choked from eating too fast／因～废食（喻因为偶然出毛病而停止正常的活动）yīnyē-fèishí give up eating after being choked (fig. give up a normal activity or an undertaking on account of an occasional accident)

邪 ㊀ yé ㄧㄝ ❶见 464 页"莫"字条"莫邪"See mòyé under entry of mò, p. 464 ❷〈古 arch.〉同疑问词"耶"Same as yē as an interrogative word
　　㊁ xié 见 713 页 See p. 713

铘 ㊀ yé ㄧㄝ 见 464 页"镆"字条"镆铘"See mòyé under entry of mò, p. 464

Y

爷(爺) yé l世 ❶父亲 father：
~娘 yé-niáng *father and mother (or parents)* ❷祖父(叠 redup.)(paternal) grandfather：~~奶奶 yéye nǎinai *grandfather and grandmother* ❸对长辈或年长男子的敬称 a respectful address for any old man：张大~ Zhāng dàye *Grandpa Zhang*／李~ Lǐ yé *Uncle Li* ❹旧时对官僚、财主等的称呼 an address for an official or a rich man in former times：老~ lǎoye *Master；Lord*／少~ shàoye *young master* ❺迷信的人对神的称呼 a worshipper's address for a god：土地~ tǔdìyé *the god of the land*／财神~ cáishényé *the god of wealth*

耶 ⊖ yé l世〈古 arch.〉❶助词，表示疑问 aux. indicating interrogation：是~非~ Shì yé fēi yé? *Is it or isn't it?* ❷同"爷" Same as 爷
⊜ yē 见 755 页 See p.755

揶 yé l世 [揶揄 —yú]耍笑，嘲弄 ridicule；mock；poke fun at

也 yě l世 ❶副词 adv. 1. 表示同样、并行等意义 also；too；as well：你去，我~去 Nǐ qù, wǒ yě qù. *If you go, I'll go too.*／好，~不好 yě hǎo, yě bù hǎo *It may be good or bad as well.* 2. 跟"再""一点""连"等连用表示语气的加强(多用在否定句里) used for emphasis (usu. used in negative sentences)，with zài, yīdiǎn, lián, etc.：再~不敢闹了 zài yě bù gǎn nào le *dare not to make any trouble any longer*／这话一点~不错 Zhè huà yīdiǎn yě bùcuò. *There is nothing wrong with the remark.*／连一个人影~没找到 lián yī ge rényǐng yě méi zhǎodào *Not a single person was found there.* 3.(跟前文的"虽然、即使"连用)表示转折或让步 used correlatively with suīrán, jíshǐ, expressing transition or concession：我虽然没仔细读过这本书，~略知内容梗概 Wǒ suīrán méi zǐxì dúguo zhè

běn shū, yě lüèzhī nèiróng gěnggài. *I've a sketchy idea about the outline of his book, though I haven't read it carefully.*／即使天下雨，我~要出门 Jíshǐ tiān xiàyǔ, wǒ yě yào chūmén. *I shall go out, even if it rains.* ❷文言助词 auxiliary word in ancient Chinese texts 1. 用在句末，表示判断的语气 used at the end of a sentence, indicating a judgement：环滁皆山~ Huán Chú jiē shān yě. *The Chu Town is surrounded by mountains.* 2. 表示疑问或感叹 indicating doubt or interjection：何~ Hé yě? *What?*／何为不去~ Hé wèi bù qù yě? *Why don't you go?*／是何言~ Shì hé yán yě? *What do you mean?* 3. 用在句中，表示停顿 used in the middle of a sentence, indicating pause：向~不怒而今~怒，何也 Xiàng yě bù nù ér jīn yě nù, hé yě? *He has never been angry before, but today, why?*

冶 yě l世 ❶熔炼(金属) smelt metal：~炼 yěliàn *smelt*／~金 yějīn *metallurgy* ❷装饰，打扮得过分艳丽(含贬义)(derogatory) seductively dressed or loudly made up：~容 yěróng *seductive looks*／妖~ yāoyě *bewitching*

野(*埜) yě l世 ❶郊外，村外 open country, areas out of village：~营 yěyíng *camp*／~地 yědì *wild country* [野战军 —zhànjūn]适应广大区域机动作战的正规军 field army, a regular army that adapts to mobile operations in vast areas [分野 fēn—]划分的范围，界限 divided limit, boundary ❷指不当政的地位 not in power：朝~ cháoyě *the government and the public*／下~ xiàyě *be compelled to resign*／在~ zàiyě *be out of office* ❸不讲情理；没有礼貌，蛮横 irrational；impolite；rude；rough：撒~ sāyě *behave rudely*／粗~ cūyě *boorish* ❹不驯顺，野蛮

untamed; wild: 狼子～心(狂妄狠毒的用心) lángzǐ-yèxīn *A wolf cub has a wild disposition* (wild, vicious intention). ❺不受约束或难于约束 unrestrained or unruly: ～性 yěxìng *wild nature*/ 这孩子心都玩～了 Zhè háizi xīn dōu wánr yě le. *The child had such a wonderful time that he became wild and couldn't concentrate on his school work.* ❻不是人所驯养或培植的(动物或植物) (of plants or animals) not cultivated or domesticated: ～兽 yěshòu *beast*; *wild animals*/ ～草 yěcǎo *weeds*

业(業) yè l世 ❶事业,事情,所从事的工作 course; thing; work: 1. 国民经济中的部门 sector in national economy: 农～ nóngyè *agriculture*/ 工～ gōngyè *industry*/ 渔～ yúyè *fishery*/ 交通事～ jiāotōng shìyè *transport*; *communication* 2. 职业,工作岗位 post; occupation: 就～ jiùyè *employment* 3. 学业,学习的功课 course of study; subjects to learn: 毕～ bìyè *graduate* ❷从事某种工作 engage in (certain occupation): ～农 yènóng *engage in farming*/ ～商 yèshāng *engage in business* ❸产业,财产 estate; property: ～主 yèzhǔ *owner* (of an enterprise); proprietor ❹已经 already (遇 comb. 一已 — yǐ *already*): ～经公布 yèjīng gōngbù *have already been announced* ❺梵语"羯磨"的义译,有造作之义。佛教称人的行为、言语、思念为业,分别叫做身业、口业、意业,合称三业,有善恶之分,一般均指恶业 a translation of karma in Sanskrit, meaning doings. In Buddhism, people's behaviour, language, and thought are named yè, respectively referred to as shēnyè, kǒuyè, yìyè, which are generally called sānyè and classified into evil and good ones, usu. referring to evil ones

郫(鄴) yè l世 古地名,在今河南省安阳北 name of an ancient place in the northern part of Anyang City of Henan Province

叶(葉) ㊀ yè l世 ❶(一子 — zi、一儿 — r)植物的营养器官之一,多呈片状、绿色,长在茎上 leaf; foliage, one of the nourishing organs of a plant, usu. flat and green, growing from a stem or branch: 树～ shùyè *tree leaves*/ 菜～ càiyè *vegetable leaves* ❷像叶子的 leaf-like things: 铜～ tóngyè *copper leaf sheet*/ 铁～ tiěyè *iron leaf sheet* ❸同"页" Same as "页" ❹时期 part of a historical period: 20 世纪中～ èrshí shìjì zhōngyè (in) the middle of the 20 th century ❺姓 a surname
㊁ xié 见 713 页 See p. 713

页(頁、篥)** yè l世 ❶篇,张(指书、画、纸等) (of book, painting, paper, etc.) page or leaf: 活～ huóyè *loose-leaf* ❷量词,我国旧指书本中的一张纸,现多指书本一张纸的一面 measure word, referring to a leaf of a book in former times, but now a page of a book

曳(抴)** yè l世 拉,牵引 drag; haul; tug: 光弹 yèguāngdàn *tracer bullet or shell*/ 弃甲～兵 qìjiǎ-yèbīng *run away by throwing off the armour and trailing the weapons behind*
"拽"又 zhuāi 见 861 页;又 zhuài 见 861 页 Also zhuāi, see p. 861; also zhuài, See p. 861

拽 ㊀ yè l世 拖,拉。同"曳"(drag; haul). Same as yè.
㊁ zhuài 见 861 页 See p. 861
㊂ zhuāi 见 861 页 See p. 861

夜(宿)** yè l世 从天黑到天亮的一段时间,跟"日""昼"相对 night, time between sunset and sunrise, antonym of zhòu: 日日～～ rìrì-yèyè *day and night*/ 白天黑～ báitiān hēiyè *daytime and night*/ 昼～不停 zhòuyè bù tíng *keep*

Y

working round the clock

掖 ㊀ yè 丨ㄝ ❶用手扶着别人的胳膊 support sb by the arm［奖掖 jiǎng—］奖励，提拔 encourage；promote ❷掖县，旧县名，今莱州，在山东省 Ye County, an old county name for modern Laizhou in Shandong Province

㊁ yē 见 755 页 See p. 755

液 yè 丨ㄝ 液体，能流动、有一定体积而没有一定形状的物质 liquid, a substance that flows and has volume but no fixed shape；血～ xuèyè blood／溶～ róngyè solution

腋 yè 丨ㄝ ❶夹(gā)肢窝，上肢同肩膀相连处靠里凹入的部分 armpit；axilla, the hollow place under the arm at the shoulder ❷其他生物体上跟腋类似的部分 axilla, the armpit-like part of another living things：～芽 yèyá axillary bud

咽 ㊀ yè 丨ㄝ 呜咽，哽咽，悲哀得说不出话来 sob；choke with sobs；be too sorrowful to speak

㊀ yān 见 741 页 See p. 741

㊁ yàn 见 746 页 See p. 746

晔(曄) yè 丨ㄝ 同"烨" Same as "烨"

烨(燁、*爗) yè 丨ㄝ 火光很盛的样子 (of flames) raging

谒 yè 丨ㄝ 拜见 pay visit to；call on (a superior or a senior in the clan hierarchy)：～见 yèjiàn pay a formal visit／拜～ bàiyè call to pay respect

馌 yè 丨ㄝ 往田里送饭 send meal to the field

靥(靨) yè 丨ㄝ 酒窝儿，嘴两旁的小圆窝儿 dimple, a little hollow place on the skin, esp. one formed in the cheek when a person smiles：脸上露出笑～ liǎn shang lùchu xiàoyè Dimples appear on one's cheeks as one smiles.

YI 丨

一 yī 丨 ❶数目字，最小的正整数 one, the smallest of positive integers ❷纯，专 concentrated；whole-hearted：～心～意 yīxīn-yīyì heart and soul ［一定 —dìng］1. 特定 given；particular：～～的政治路线 yīdìng de zhèngzhì lùxiàn a given political line 2. 相当的 a certain amount：取得～～的成绩 qǔdé yīdìng de chéngjì make some progress 3. 确定不变 fixed；specified：～～按期完成 yīdìng ànqī wánchéng be sure to finish in time ❸满，全 whole；all；throughout：～屋子人 yī wūzi rén a whole room of people／～冬 yīdōng throughout the winter／～生 yīshēng all one's life ❹相同 same：～样 yīyàng the same／大小不一 dàxiǎo bùyī not of the same size ❺另外的 also；otherwise：番茄～名西红柿 Fānqié yīmíng xīhóngshì. Tomato is also known as xīhóngshì. ❻放在重叠的动词中间，表示稍微，轻微 a little, slight, used in the middle of a reduplicated verb, indicating a short occurence or duration：看～看 kàn yī kàn take a look／听～听 tīng yī tīng listen for a moment ❼与"就"呼应 used with jiù, as soon as... than...；the moment...：1. 表示两事时间紧接 indicating one action directly after another：天～亮他就起来 Tiān yī liàng tā jiù qǐlai. He gets up as soon as the day breaks. 2. 表示每逢 whenever；every time；the moment：～想起祖国建设的突飞猛进，就觉着自己的努力太不够了 Yī xiǎngqi zǔguó jiànshè de tūfēiměngjìn, jiù juézhe zìjǐ de nǔlì tài bùgòu le. Whenever I think of the giant progress of our motherland, I feel that I've done too little. ❽乃，竟

go so far as：～至于此 yīzhìyúcǐ *come to such a degree* ❾〈古 arch.〉放在"何"字前，表示程度深 used before hé to emphasize degree：～何怒 yī hé nù *How angry it was.* / ～何悲 yī hé bēi *How sad it is.* ❿旧时乐谱记音符号的一个，相当于简谱的低音"7"a note of the former music scale, corresponding to "7" in numbered musical notation

伊 yī ㄧ ❶彼，他，她 that; he; she ❷文言助词 auxiliary word in ancient Chinese texts：下车～始 xiàchē-yīshǐ the moment one alights from the official carriage (the moment one takes up a post)

咿（*呀）yī ㄧ ［咿呀 —yā］拟声词，小孩子学话的声音，摇桨的声音 onom. imitating the sound of a baby learning to speak, or the squeak of oars in oarlocks ［咿唔 —wū］拟声词，读书的声音 onom. imitating the sound of reading aloud

洢 yī ㄧ ❶洢水，水名，在湖南省 a river in Hunan Province ❷古水名，即今伊河，在河南省 an ancient name for modern Yi River in Henan Province

衣 ㊀ yī ㄧ ❶衣服（fu）clothes; garment ［衣裳 —shang］衣服

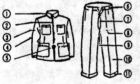

上衣、裤子
upper outer garment & trousers

① 领　lǐng　collar
② 襟　jīn　front of a garment
③ 袖　xiù　sleeve
④ 裉　kèn　sleeve
⑤ 扣　kòu　button
⑥ 裤腰　kùyāo　waist of trousers
⑦ 直裆　zhídāng　straight crotch
⑧ 横裆　héngdāng　horizontal crotch
⑨ 裤裆　kùdāng　crotch

⑩ 裤腿　kùtuǐ　trouser legs
⑪ 裤脚　kùjiǎo　bottom of a trouser leg

clothing; clothes ❷披在或包在物体外面的东西 coating; covering of things：炮～ pàoyī *gun cover*/ 糖炮弹 tángyī-pàodàn *sugar-coated poison* (bullet, cannon, ball) ❸姓 a surname

㊁ yì 见 766 页 See p.766

依 yī ㄧ ❶靠，仗赖 depend on; rely on （叠 comb. 一靠一靠 *depend on*）：相～为命 xiāngyī-wéimìng *rely upon each other for a living* (or existence)/ ～靠群众 yīkào qúnzhòng *rely on the masses* ❷按照 according to （叠 comb. 一照一照 *according to*）：～次前进 yīcì qiánjìn *advance in order*/ ～样画葫芦 yī yàng huà húlu *draw a gourd according to the model-copy mechanically* ❸顺从，答应 comply with; yield to：不～不饶 bùyībùráo *be unyielding*
［依依 ——］1. 留恋，不忍分离 have a sentimental attachment for; be reluctant to part：～～不舍 yīyī-bùshě *cannot bear to leave* 2. 形容柔软的东西摇动的样子 (of soft or light things) sway：杨柳～～ yángliǔ yīyī *The willows are swaying gently.*

铱 yī ㄧ 一种金属元素，符号 Ir，白色，熔点高，质硬而脆。合金可做坩埚、自来水笔尖等 iridium, a white, hard and brittle metallic element with a high melting point, which can be used in alloys for making crucible, tipping nibs, etc; symbol: Ir

医（醫、**毉**）yī ㄧ ❶医生，治病的人 doctor, a person whose profession is to attend to the sick：中～ zhōngyī *a doctor of traditional Chinese medicine*/ 西～ xīyī *a doctor trained in western medicine*/ 军～ jūnyī *medical officer* ❷医学，增进健康、预防和治

Y

疗疾病的科学 medical science, the science of health preservation and of the prevention and cure of diseases；中～ zhōngyī traditional Chinese medicine/西～xīyī Western medicine/学～ xuéyī learn medicine ❸治病 cure；treat (⑱ comb. 一疗、一治 一liáo、一zhì medical treatment)；有病早～ yǒu bìng zǎo zhì get an early treatment of the illness/ ～疗器械 yīliáo qìxiè medical apparatus and instruments

鹥 yī ㄧ 古书上指鸥 gull mentioned in ancient Chinese texts

繄 yī ㄧ 文言助词，惟 aux. only；alone；～我独无 yī wǒ dú wú It's only I that have nothing.

祎（禕） yī ㄧ 美好，多用于人名 excellent；good usu. used in a person's name

猗 yī ㄧ 〈古 arch.〉助词，用如"兮" aux. used like xī；河水清且涟～ Héshuǐ qīng qiě liányī. The clear river ripples on.

椅 ㊀ yī ㄧ 又叫"山桐子"。落叶乔木，夏天开花，黄色，结小红果，木材可以制器物 idesia, also called shāntóngzǐ, a deciduous tree blooming yellow flowers in summer, bearing small red fruits, its timber used in making furniture

㊁ yǐ 见 764 页 See p. 764

漪 yī ㄧ 水波纹 ripples；清～ qīngyī clear ripples/ ～澜 yīlán ripples and waves

揖 yī ㄧ 拱手礼 make a bow with clasped hands

壹（✻✻**弌）** yī ㄧ "一"字的大写 one；another form of the Chinese numeral yī, used in cheques, etc, to avoid mistakes or alterations

噎 yī ㄧ 文言叹词 interj. of ancient Chinese [噎嘻 一xī]文言叹词，表示悲痛或叹息 interj. of ancient Chinese, indicating sorrow or sighing

黟 yī ㄧ 黟县，在安徽省 Yixian, a county in Anhui Province

匜 yí ㄧ 〈古 arch.〉❶一种洗手用的器具 a utensil for washing one's hands ❷一种盛(chéng)酒的器具 a vessel for holding wine

仪（儀） yí ㄧ ❶人的容貌、举止 (of a person) appearance and behaviour；～表 yíbiǎo appearance；bearing/ ～容 yíróng looks/威～ wēiyí impressive and dignified manner ❷仪式，按程序进行的礼节 ceremony；rite that follows certain procedures：司～ sīyí master of ceremonies ❸礼物 present；gift：贺～ hèyí congratulatory gift/ 谢～ xièyí a return present ❹仪器，供测量、绘图、实验等用的有一定准则的器具 apparatus；standard instrument for measuring, drawing and experiment：浑天～ húntiānyí armillary sphere/地动～ dìdòngyí seismograph

圯 yí ㄧ 桥 bridge

夷 yí ㄧ ❶我国古代称东部的民族 name for ancient tribes in the east of China ❷旧指外国或外国的 (in former times) foreign countries；foreign ❸平 smooth 1.平安 safe：化险为～ huàxiǎnwéiyí turn danger into safety 2.平坦 (of land) level ❹弄平 raze：～为平地 yíwéi píngdì level to the ground ㊄ ext. 消灭 wipe out：～灭 yímiè exterminate

荑 ㊀ yí ㄧ 割去田地里的野草 cut weeds in the fields

㊁ tí 见 639 页 See p. 639

咦 yí ㄧ 叹词，表示惊讶 interj. expressing surprise：～！这是怎么回事 Yí! Zhè shì zěnme huí shì? Hey, what's all this about?

姨 yí ㄧ ❶姨母，母亲的姊妹 aunt；mother's sister ❷(一子 一zǐ)妻的姊妹 wife's sister；sister-in-law：大～子 dàyízi *wife's elder sister*/小～子 xiǎoyízi *wife's younger sister*

胰 yí ㄧˊ 胰腺，人和动物的腺体之一，能分泌胰液，帮助消化，还分泌一种激素（胰岛素），起调节糖类代谢作用。旧称"膵（cuì）脏"*pancreas, formerly called* cuìzàng, *one of the glands of man or animal that can secret digestive juice and insulin that helps in changing food chemically for use by the body* [胰子 －zi]肥皂 *soap*；香～～ xiāngyízi *toilet soap*/ 药～～ yàoyízi *medicated soap*

痍 yí ㄧˊ 伤，创伤 *wound*；*trauma*：疮～满目的旧中国一去不复返了（"疮痍满目"喻到处是灾祸景象）Chuāngyí-mǎnmù de jiù Zhōngguó yī qù bù fùfǎn le. *The old devastated China has passed forever*（chuāngyí-mǎnmù *means in a state of devastation everywhere*）.

沂 yí ㄧˊ 沂河，源出山东省，至江苏省入海 *the Yi River, originating in Shandong Province, running through Jiangsu Province and then pouring into the sea*

诒 yí ㄧˊ 传给 *leave behind*；*hand down*：～训 yíxùn *teachings of the deceased*

饴 yí ㄧˊ ❶糖浆，糖稀 *maltose*；*malt sugar*：甘之如～ gānzhī-rúyí *enjoy sth. bitter as if it were malt sugar*（or gladly endure hardships）❷某种糖果 *a kind of sweets*：高粱～ gāoliangyí *sorghum candy*（sweets made of sorghum syrup）

怡 yí ㄧˊ 和悦，愉快 *happy*；*joyful*：心旷神～ xīnkuàng-shényí *completely relaxed and happy*（or pleased）/ ～然自得 yírán-zìdé *happy and gratified with oneself*

贻 yí ㄧˊ ❶赠给 *give as a present*（or gift）❷遗留 *hand down*：～害 yíhài *leave a legacy of trouble*/ 笑大方 yíxiào-dàfāng *make a laughing-stock of oneself before experts*

眙 yí ㄧˊ 见 726 页"盱"字条"盱眙" *See* xūyí *under entry of* xū, p. 726

迆（**＊迤**） ㊀ yí ㄧˊ 见 671 页"逶"字条"逶迆"（wēi －）*See* wēiyí *under entry of* wēi, p. 671
　㊁ yǐ 见 764 页 *See* p. 764

桋（**＊箷**） yí ㄧˊ 衣架 *coat hanger*；*clothes stand*

宜 yí ㄧˊ ❶适合，适当 *suitable*；*appropriate*（働 comb. 适－shì－ *suitable*）：你做这样的工作很相～. Nǐ zuò zhèyàng de gōngzuò hěn xiāngyí. *It's very suitable for you to do such work.* ❷应该，应当 *should*；*ought to*：不～如此 bùyí rúcǐ *It shouldn't be like this.* / 不～操之过急 bùyí cāozhī-guòjí *You should not do it in a hurry.* ❸当然，无怪 *of course*；*no wonder*：～其无往而不利也 Yí qí wú wǎng ér bù lì yě! *It is no wonder that they are always successful.*

廙 yí ㄧˊ 见 745 页"厣"字条"厣廙（yǎn－）" *See* yǎnyí *under entry of* yǎn, p. 745

移（**＊迻**） yí ㄧˊ ❶挪动 *move*；*remove*（働 comb. 迁－qiān－ *move*）：～植 yízhí *transplant*/ 愚公～山 yúgōng-yíshān *The Foolish Old Man removed the mountains.* / 转～阵地 zhuǎnyí zhèndì *shift position* [移录 －lù]抄录，过录 *copy*；*transcribe* [移译 －yì]翻译 *translate* ❷改变，变动 *change*；*alter*：～风易俗 yífēng-yìsú *change customs and habits*/ 坚定不～ jiāndìng-bùyí *firm and unshakable*

簃 yí ㄧˊ 楼阁旁边的小屋 *a small room beside the attic*

宦 yí ㄧˊ 古代称屋子里的东北角 *the northeastern corner of an ancient house*

Y

颐 yí ㄧˊ ❶面颊,腮 cheek; chin ❷休养,保养 nourish; recuperate:～神 yíshén take good care of one's health

蛇 ㊀ yí ㄧˊ 见 671 页"委"字条"委蛇" See wēiyí under entry of wēi, p. 671

㊁ shé 见 579 页 See p. 579

遗 ㊀ yí ㄧˊ ❶丢失 lose (逾 comb. 一失一shī lose):～失钢笔一枝 yíshī gāngbǐ yī zhī lose a pen ❷漏掉 omit; leave out (逾 comb. 一漏一lòu leave out):～忘 yíwàng forget ❸丢失的东西,漏掉的部分 sth. lost; missing part:路不拾～ lùbùshíyí No one picks up and pockets lost articles found by the roadside. / 补～ bǔyí addendum ❹余,留 keep back; spare:不～余力 bùyí-yúlì spare no efforts; do one's utmost; regret:～憾 yíhàn pity; regret/ 特指死人留下的 especially referring to sth. left behind at one's death:～嘱 yízhǔ will/ 像 yíxiàng a portrait of the deceased [遗传 一chuán]生物体的构造和生理机能由上一代传给下一代 heredity; inheritance, (of living things) passing on their own physical structure and organism from one generation to the next ❺不自觉地排泄粪便或精液 involuntary discharge of urine or semen:～尿 yíniào enuresis/ ～精 yíjīng (seminal) emission

㊁ wèi 见 677 页 See p. 677

疑 yí ㄧˊ ❶不信,因不信而猜度 (duó) doubt; suspect because of disbelieving (逾 comb. 一惑一huò feel uncertain):可～ kěyí suspicious/ 半信半～ bànxìn-bànyí half-believing and half disbelieving / 不能决~ yí bù néng jué hesitate to decide/ 你不必～心 Nǐ bùbì yíxīn. You need not be suspicious. ❷不能解决的,不能断定的 doubtful; uncertain:～问 yíwèn question/ ～案 yí'àn a doubtful case/ ～义 yíyì doubt; doubtful

point; 存～(对怀疑的问题暂不做决定) cúnyí leave a question open (leave a doubtful matter in suspension)

嶷 yí ㄧˊ [九嶷 Jiǔ—]山名,在湖南省 a mountain in Hunan Province

彝(**彞) yí ㄧˊ ❶古代盛酒的器具。又古代宗庙常用的祭器的总称 a wine vessel used in ancient times. Also a general term for sacrificial vessels, usu. used in an ancient ancestral temple:～器 yíqì sacrificial wares/ 鼎～ dǐngyí ancient sacrificial vessels ❷常,常规,法度 regularity; regular practice; law:～训 yíxùn regular doctrine/ 宪～ yíxiàn constant constitution

[彝族 —zú]我国少数民族名,参看附表 the Yi Nationality, an ethnic minority in China; see Appendix

乙 yǐ ㄧˇ ❶天干的第二位,用作顺序的第二 the second of the ten Heavenly-Stems; second ❷旧时乐谱记音符号的一个,相当于简谱的"7" a note of the scale in the former musical scale, corresponding to 7 in numbered musical notation ❸画乙字形的符号,作用有二 draw a mark like 乙, with two functions:1. 古时没有标点符号,遇有大的段落用墨笔勾一个 ∠ 符号,形似乙字 In ancient times, there were no punctuation marks. To separate long paragraphs, people drew a ∠ sign, resembling the character 乙, with a writing brush 2. 遇有颠倒、遗漏的文字用 ∠ 符号改正过来或把遗漏的字勾进去 People use a ∠ sign, like the character 乙, to correct the inverted word order or to show where sth. is to be inserted in the sentence.

钇 yǐ ㄧˇ 一种金属元素,符号 Y,灰黑色粉末,有金属光泽。可制种玻璃和合金 yttrium, a glittering black-powdered metallic element, used for making special glass or alloy; symbol: Y

已 yǐ ㄧˇ ❶止，罢了 stop；cease；end：学不可以～ xué bù kěyǐ yǐ *There is no end in study.* / 如此而～ rúcǐ éryǐ *That is all.* ❷已经，自然，表过去 already，already so (indicating past time)：时间～过 shíjiān yǐ guò *Time has already passed.* ❸后来，过了一会儿，不多时 later；some time later；before long：～忽不见 yǐhū bùjiàn *Before long it disappeared.* ❹太，过 too；excessively：其细～甚 qí xì yǐ shèn *in too great details* ❺〈古 arch.〉同"以❼" Same as "以❼"：～上 yǐshàng *more than*；*above*/ ～下 yǐxià *less than*；*below*／自汉～后 zì Hàn yǐhòu *since the Han Dynasty*

以 yǐ ㄧˇ ❶用，拿，把，将 with；by means of：～少胜多 yǐshǎoshèngduō *defeat the many with the few*/ 晓之～利害 xiǎo zhī yǐ lìhài *warn sb of the possible consequences*；*make sb. aware of the pros and cons involved*/ ～身作则 yǐshēn-zuòzé *set an example with one's own conduct*/ ～理论为行动的指南 yǐ lìlùn wéi xíngdòng de zhǐnán *guide one's action with the theory*/ ～劳动为光荣 yǐ láodòng wéi guāngróng *take labour as sth. glorious* [以为 —wéi] 心里想，认为 think；consider；believe：意～～未足 yì yǐwéi wèi zú *It's not enough in my opinion.* / 我～～应该这样做 Wǒ yǐwéi yīnggāi zhèyàng zuò. *I think it should be done this way.* ❷依，顺，按照 according to：众人～次就坐 Zhòngrén yǐcì jiùzuò. *All the people sat down in order.* / ～时启闭 yǐshí qǐbì *open and close according to schedule* ❸因，因为 because of：不～失败自馁，不～成功自满 Bù yǐ shībài zìněi, bù yǐ chénggōng zìmǎn. *not lose heart because of failure nor feel conceited because of success* ❹在，于(指时日) at (a certain time)；on (a fixed date)：

中华人民共和国～1949 年 10 月 1 日宣告成立 Zhōnghuá Rénmín Gònghéguó yǐ yījiǔsìjiǔ nián shíyuè yī rì xuāngào chénglì. *The people's Republic of China was declared to be founded on October first, 1949.* ❺目的在于 in order to；so as to：遵守安全制度，～免发生危险 Zūnshǒu ānquán zhìdù, yǐmiǎn fāshēng wēixiǎn. *obey the safety rules to avoid dangers* ❻文言连词，跟"而"用法相同 and；as well as，conjunction in ancient Chinese texts, used in the same way as 而：其责己也重～周，其待人也轻～约 Qí zé jǐ yě zhòng yǐ zhōu, qí dài rén yě qīng yǐ yuē. *He set strict demands on himself, and was lenient and broad-minded towards others.* ❼放在位置词前表明时间、地位、方向或数量的界限 used before certain position words, indicating the limit of time, position, direction or quantity：水平～上 shuǐpíng yǐshàng *above the standard*/ 五岭～南，古称百粵 Wǔ Lǐng yǐnán, gǔ chēng Bǎiyuè. *The area to the south of Wuling (or Five Mountain) Ridges was called Bǎiyuè in ancient times.* / 十天～后交货 shí tiān yǐhòu jiāohuò *deliver the goods in ten days*/ 三日～内完成任务 sān rì yǐnèi wánchéng rènwu *finish the task in three days*

苢 yǐ ㄧˇ 见 768 页"薏"字条"薏苢"(yì—) See yìyǐ under entry of yì, p. 768

尾 ⊖ yǐ ㄧˇ (—儿 —r) ❶马尾(wěi)上的毛 hairs on the tail of a horse：马～罗 mǎyǐluó *horse hair sieve* ❷蟋蟀等尾部的针状物 spikelets on the tails of crickets, etc：三～儿(雌蟋蟀) sānyǐr *a three-spikelet cricket (female cricket)*

⊖ wěi 见 674 页 See p.674

矣 yǐ ㄧˇ 文言助词 auxiliary word in ancient Chinese texts 1. 直陈语

气，与"了⊖❷"相当 used in a statement with the same function as le；艰难险阻，备尝之～ Jiānnán-xiǎnzǔ, bèi cháng zhī yǐ. We have experienced all the hardships and dangers. 2.感叹语气 used in exclamatory sentences：大～哉 dà yǐ zāi How big it is! 3.命令语气 used in imperative sentences：往～，毋多言 Wǎng yǐ, wù duō yán. Go and don't say anything more!

苢 yǐ ǐ 见 182 页"芣"字条"芣苢"（fú —）See fúyǐ under entry of fú, p.182

迤（****迆**）⊖ yǐ ǐ ❶地势斜着延长（of relief）extend slopingly ❷延伸，向（专指方向地位）extend towards（especially of direction and position）：天安门～东（向东一带）Tiān'ān Mén yǐdōng places to the east of Tian'an Men ［逶迤 —ǐ］曲折连绵 winding；meandering：沿着蜿蜒的山势～～而行 yánzhe wānyán de shānshì yǐǐ ér xíng march along the winding mountain path

⊜ yí 见 761 页 See p.761

酏 yǐ ǐ 酏剂，含有糖和挥发油或另含有主要药物的酒精溶液的制剂 elixir, a liquid mixture containing sugar and volatile oil or ethyl alcohol with other main ingredients

蚁（**蟻、**螘**）yǐ ǐ 蚂蚁，昆虫名。多在地下做窝成群住着，种类很多 ant, one of the many types of insects living in groups under the ground

舣（**艤、**檥**）yǐ ǐ 停船靠岸 pull in a ship to shore

倚 yǐ ǐ ❶靠着 lean on or against：～门 yǐ mén lean on a door ❷仗恃 rely on；count on：～势欺人 yǐshì-qīrén count on one's powerful connections to bully other people ❸

偏，歪 biased；partial：不偏不～ bùpiān-bùyǐ lean to neither side

椅 ⊖ yǐ ǐ（一子 —zi）有靠背的坐具 chair, a piece of furniture on which a person may sit, which has typically a back and sometimes arms

⊜ yī 见 760 页 See p.760

旖 yǐ ǐ ［旖旎 —nǐ］柔和美丽 charming；enchanting：风光～～ fēngguāng-yǐnǐ The scenery is beautiful.

踦 yǐ ǐ 抵住 withstand；resist

宸 yǐ ǐ 古代一种屏风 a kind of screen in ancient times

乂 yì ì 治理，安定 bring under control；put in order

刈 yì ì 割（草或谷类）cut down；mow（weeds or crops）：～除杂草 yìchú zácǎo weeding；root out grass

艾 ⊖ yì ì 治理 bring under control ［自怨自艾 zìyuàn-zì—］本义是悔恨自己的错误，自己改正。现在只指悔恨（original meaning）be remorseful of one's mistakes and make self-correction；（present meaning）repent

⊜ ài 见 3 页 See p.3

弋 yì ì 用带着绳子的箭来射鸟 shoot（a bird）with a retrievable arrow：～凫与雁 yì fú yǔ yàn shoot wild ducks and wild geese with a retrievable arrow

杙 yì ì 小木桩 a small wood stake

亿（**億**）yì ì 数目，一万万。旧时也指十万 numeral, a hundred million. Also a hundred thousand in former times.

忆（**憶**）yì ì ❶回想，想念 recall；recollect：回～ huíyì recollect／苦思甜 yì kǔsī-tián recall the sorrows of the past and savour the joys of the present/ ～故人 yì gùrén think of an old friends ❷记得 remember:记～力 jìyìlì (the faculty of) memory

义(義) yì l ❶公正合宜的道理或举动 justice; righteousness; principles or actions that are right or fair (⊛ comb. 正－ zhèng－ justice):见～勇为 jiànyì-yǒngwéi ready to take up the cudgels for a just cause/～不容辞 yìbùróngcí be duty-bound ⑨ ext. 指合乎正义或公益的 righteous; just:～举 yìjǔ an undertaking in public interests [义务 －wù] 1. 应尽的责任 obligation, work sb is expected to do because of his vocation 2. 不受报酬的 voluntary:～～劳动 yìwù láodòng voluntary labour ❷感情的联系 friendship ties; relationship:朋友的情～ péngyou de qíngyì friendship; comradeship ❸意义,意思,人对事物认识到的内容 meaning; significance, the idea that one perceives from sth:定～ dìngyì definition/ 字～ zìyì the meaning of a word/ 歧～ qíyì ambiguity; different interpretations ❹指认作亲属的 adopted or adoptive:～父 yìfù adoptive father/～子 yìzǐ adopted son ⑨ ext. 人工制造的(人体的部分) man-made:～齿(镶上的牙) yìchǐ false tooth (tooth that is artificial)/ ～肢(配上的上肢或下肢) yìzhī artificial limb (made to replace a natural upper or lower limb)

议(議) yì l ❶表明意见的言论 opion; view; expression of one's idea (⊛ comb. 一论一 lùn comment):提～ tíyì propose/ 建～ jiànyì suggest/ 无异～ wú yì yì No objection ❷商议,讨论 discuss; exchange views:会～ huìyì meeting; conference/ ～定 yìdìng decide through consultation

艺(藝) yì l ❶才能,技能 ability; skill (⊛ comb. 技－jì－ skill;手－ shǒuyì craftsmanship/ ～高人胆大 yì gāo rén dǎndà boldness of execution stems from superb skill [艺术 －shù] 1. 用形象来反映现实但比现实更有典型性的社会意识形态,包括音乐、舞蹈、美术、雕塑、文学、曲艺、戏剧、电影等 art, the social ideology that reflects reality through imagination but is more typical, including music, dance, fine arts, sculpture, literature, folk arts, drama, film, etc. 2. 指富有创造性的方式、方法 skill; art, a creative (or skillful) method, way of doing sth:领导～～ lǐngdǎo yìshù art of leadership ❷ 限度 limit:贪 贿 无 ～ tānhuì-wúyì be insatiably avaricious (greedy)

呓(囈、讛)** yì l 梦话 talk in one's sleep:梦 ～ mèngyì talk in one's dream / ～语 yìyǔ talk in one's sleep; crazy talk; ravings

仡 ㊀ yì l [仡仡 －－]❶强壮勇敢 strong and brave ❷高大 tall
㊁ gē 见 201 页 See p. 201

屹 yì l 山势高耸 towering like a mountain peak ⑩ fig. 坚定不可动摇 firm and unshakable:～立 yìlì stand erect/ ～然不动 yìrán-bùdòng stand firm and erect

亦 yì l 也(表示同样),也是 too (expressing the same); also:反之～然 fǎn zhī yìrán and vice vers / ～步～趋(喻自己没有主张,跟着别人走) yìbù-yìqū ape sb. at every step (fig. imitate another's every move without one's own ideas)

弈 yì l ❶古代称围棋 an ancient name for wéiqí, a chess game played with black and white pieces on a board of 361 crosses ❷下棋 play chess:对 ～ duìyì (of two people)

Y

play chess

奕 yì ㄧˋ ❶大 grand；great ❷美丽 beautiful [奕奕 ——]精神焕发的样子 radiate power and vitality：神采~~ shéncǎi-yìyì *brim with energy and vitality*

衣 ㊀ yì ㄧˋ 穿 wear；clothe：~布衣 yì bùyī *wear cotton clothes*/解衣~我 jiě yī yì wǒ *do off his own garment to clothe me*
㊁ yī 见 759 页 See p. 759

裔 yì ㄧˋ ❶后裔，后代子孙 descendants；posterity ❷边，边远的地方 a distant place；a remote region：四~ sìyì *the border lands；the frontiers*

异(*異) yì ㄧˋ ❶不同的 different：没有~议 méiyǒu yìyì *without objection*/ ~口同声 yìkǒu-tóngshēng *with one voice；unanimously* ❷分开 separate；depart：离~ líyì *divorce*/ 分居~爨 fēnjū yìcuàn （of members of a family）*live apart and have separate kitchens* ❸另外的，别的 other；another：~日 yìrì *some other day*/ ~地 yìdì *a strange land* ❹ 特别的 strange；unusual：~味 yìwèi *a peculiar smell*/ 奇才~能 qícái-yìnéng *extraordinary talents and abilities* ❺奇怪 surprise：惊~ jīngyì *amazed*/深以为~ shēn yǐ wéi yì *be greatly surprised*

抑 yì ㄧˋ ❶压，压制 press down；restrain：~制 yìzhì *control；check*/ ~扬 yìyáng （of sound）*rise and fall*/ ~强扶弱 yìqiáng-fúruò *curb the strong and help the weak* [抑郁 —yù]忧闷 gloomy；depressed ❷文言连词 conj. in ancient Chinese texts 1.表选择，还是（expressing an alternative）or：求之欤，~与之欤？Qiú zhī yú, yì yǔ zhī yú? *Get it or give it?* 2.表转折，只是（expressing transition）but 3.表递进，而且（expressing progress）moreover：非惟天

时，~亦人谋也 Fēi wéi tiānshí, yìyì rén móu yě. *not only because of opportunity but also because of human efforts*

邑 yì ㄧˋ ❶都城，城市 town；city：通都大~ tōngdū-dàyì *large city；metropolis* ❷县 county

挹 yì ㄧˋ ❶舀，把液体盛出来 scoop up；ladle the liquid out [挹注 —zhù] 働 fig. 从有余的地方取出来，以补不足 draw from one to make good the deficits of another ❷拉 pull

浥 yì ㄧˋ 沾湿 damp；moist

悒 yì ㄧˋ 愁闷，不安（叠 redup.） sad；worried：~~不乐 yìyì-bùlè *feel depressed；mope*

佚 yì ㄧˋ 同"逸❷❸" Same as "逸❷❸"

泆 yì ㄧˋ ❶放纵 dissipated；dissolute ❷同"溢" Same as "溢"

轶 yì ㄧˋ ❶超过 excel：~群（比一般的强）yìqún *excel all others* （be better than the ordinary people）/ ~材（突出的才干）yìcái *talents above the average* （unusually talented）❷散失 be lost：~事（史书没有记载的事）yìshì *anecdote* （an interesting story not recorded in a history book）

眣 ㊀ yì ㄧˋ [眣眣 —lì]美丽 bright and beautiful；形貌~~ xíngmào yìlì *pretty and charming*
㊁ dié 见 133 页 See p. 133

役 yì ㄧˋ ❶战事 battle；campaign：淮海战~ Huái-Hǎi Zhànyì *the Huai-Hai Campaign* ❷指需要出劳力的事 labour；service：劳~ láoyì *penal servitude；forced labour* ❸服兵役 military service：现~ xiànyì *active service*/ 预备~ yùbèiyì *reserve duty* ❹使唤 use sb. as a servant （⑮ comb. 一使—shǐ *use*)：奴~ núyì *enslave；keep in bondage* ❺旧日称被役

使的人 servant of former times；杂～ záyì *odd-job man*

疫 yì ㄧˋ 瘟疫，流行性急性传染病的总称 pestilence, a general term for epidemic diseases：～情 yìqíng *epidemic situation*/ 防～ fángyì *epidemic prevention*/ 鼠～ shǔyì *the plague*

毅 yì ㄧˋ 果决，志向坚定而不动摇 resolute；firm and determined：刚～ gāngyì *resolute and steadfast*/ ～力 yìlì *willpower*/ 毅然决然 yìrán-juérán *determinedly；resolutely*

译（譯） yì ㄧˋ 把一种语言文字依照原义改变成另一种语言文字 translate；interpret, convert（speech or writing）from one language into another：翻～ fānyì *translation*/ ～文 yìwén *translated texts*

峄（嶧） yì ㄧˋ 峄县，旧县名，在山东省。1960 年撤销，划归枣庄市 Yi Xian, a former county in Shandong Province, which was abolished in 1960 and incorporated into Zaozhuang City

怿（懌） yì ㄧˋ 欢喜 pleased；happy

驿（驛） yì ㄧˋ 旧日传递政府文书的人中途休息的地方 (in former times) post station, a station for the person who delivered official documents to rest during his trip：～站 yìzhàn *courier station*

绎（繹） yì ㄧˋ 寻究，理出头绪 draw out；sort out：寻～ xúnyì *seek out*/ 演～ yǎnyì *deduce*

易 yì ㄧˋ ❶容易，不费力 easy；not difficult：通俗～懂 tōngsú yìdǒng *easy to understand*/ 轻而～举 qīng'éryìjǔ *without the slightest difficulty* ❷平和 amiable：平～近人 píngyì-jìnrén *amiable and easy of approach* ❸改变 change：移风～俗 yìfēng-yìsú *change customs and* habits ❹交易，交换 exchange：以物～物 yǐ wù yì wù *barter* ❺轻视 despise ❻芟治草木 clear away woods and weeds：～其田畴 yì qí tiánchóu *hoe up weeds in the farmlands*

埸 yì ㄧˋ ❶田界 boundary of the field ❷边境 boundary：疆埸 jiāngyì *frontiers*

蜴 yì ㄧˋ 见 690 页"蜥"字条"蜥蜴" See xīyì under entry of xī, p. 690

佾 yì ㄧˋ 古时乐舞的行列 dancing ranks in ancient times

诣 yì ㄧˋ 到。特指到尊长那里去 go to；call on, especially pay visit to a respectable elder person：～前请教 Yì qián qǐngjiào *go and see a respectable elder for advice* ［造诣 zàoyì］学问或技术所达到的程度 academic attainments,（of a skill or learning）the degree successfully reached：他对于医学～～很深 Tā duìyú yīxué zàoyì hěn shēn. *He has great attainments in medicine.*

独 yì ㄧˋ ［林独 lín—］就是猞猁 another name for shēlì (lynx)

羿 yì ㄧˋ 后羿，传说是夏代有穷国的君主，善于射箭 a legendary king of Youqiong, a feudal state of the Xia Dynasty, who was noted for arrow shooting

翊 yì ㄧˋ 辅佐，帮助 assist (a ruler)：～戴(辅佐拥戴) yìdài *assist and support* (a ruler)

翌 yì ㄧˋ 明天，明年 immediately following in time；next：～日 yìrì *next day*/ ～年 yìnián *next year*/ ～晨 yìchén *next morning*

翳 yì ㄧˋ ❶遮盖 cover；conceal：树林荫～ shùlín yīnyì *the shades of forests* ❷(—子 —zi)眼角膜上所生障蔽视线的白斑 slight corneal opacity；nebula

翼 yì ㄧˋ ❶翅膀或像翅膀的东西 wing or wing-like things：鸟～

Y

niǎoyì *bird's wings*/ 蝉～ chányì *cicada's wings*/ 机～ jīyì *wings of an airplane* ❷左右两侧中的一侧（left or right）flank;侧～ cèyì *flank*/ 左～ zuǒyì *left flank*/ 右～ yòuyì *right flank* ❸帮助,辅佐 support; assist ❹星宿名,二十八宿之一 a star name, one of the twenty-eight constellations

益 yì ㄧˋ ❶增加 increase;进～ jìnyì *progress* (in study)/ 延年～寿 yánnián-yìshòu *lengthen* (prolong) *one's life* ❷利,有好处 benefit; profit (逾 comb. 利－lì－ *benefit*):～处 yìchu *benefit*; *profit*/ ～虫 yìchóng *beneficial insect*/ 良师～友 liángshī-yìyǒu *good teachers and helpful friends* ❸更 all the more:日～壮大 rìyì zhuàngdà *be stronger with every passing day*/ 多多～善 duōduō-yìshàn *the more the better*

嗌 ⊖ yì ㄧˋ 咽喉 throat
     ⊖ ài 见 4 页 See p. 4

溢 yì ㄧˋ 充满而流出来 overflow; spill:河水四～ héshuǐ sìyì *The river overflows.* / ～美(喻过分夸奖) yìměi *fulsome praise* (fig. *excessive praise*)引 ext. 超出 exceed:～出数 yìchu cǐ shù *exceed the number*
     〈古 arch.〉又同"镒" Also same as "镒"

缢 yì ㄧˋ 用绳子勒死 die or be put to death by hanging:～杀 yìshā *be hanged*/ 自～ zìyì *hang oneself*

镒 yì ㄧˋ 古代重量单位,合古代的二十两,一说是二十四两。也作"溢" an ancient unit of weight equal to 20 or 24 traditional liǎng. Also written as yì.

鹢 yì ㄧˋ 同"鹝" Same as "鹝".

螠 yì ㄧˋ 无脊椎动物,雌雄异体,身体呈圆筒状,不分节,有少数刚毛,生活在海底泥沙中 a dioecious invertebrate with non-sectioned round body with few bristles, living in the sand at the bottom of sea

谊 yì ㄧˋ 交情 friendship:友～ yǒuyì *friendship*/ 深情厚～ shēnqíng-hòuyì *deep-rooted friendship*; *profound sentiments of friendship*

勚 yì ㄧˋ ❶劳苦 toil; hard work ❷器物逐渐磨损,失去棱角、锋芒等(of edge, point, etc.) become worn; become dull or blunt:螺丝扣～了 Luósīkòu yì le. *The threads of the screw are worn.*

逸 yì ㄧˋ ❶跑,逃跑 run away; escape ❷散失 be lost (逾 comb. 亡－wáng－ *be lost*):～书(已经散失的古书) yìshū *ancient works no long extant* ❸安闲,安乐 ease; leisure (逾 comb. 安－ān－ *ease*):不能一劳永～ bù néng yīláo-yǒngyì *can not be efficacious forever*/ 劳～结合 láoyì-jiéhé *combine exertion and rest* ❹超过一般 excel:～群绝伦 yìqún-juélún *excel all others*

意 yì ㄧˋ ❶意思,心思 meaning; idea; thought:来～ láiyì *one's purpose in coming*/ 词不达～ cíbùdáyì *The words fail to express the meaning.* [意见 －jiàn]见解,对事物的看法 view, personal opinion about sth ❷心愿,愿望 wish; desire;hope:中～ zhòngyì *be to one's liking*/ 任～ rènyì *wilfully*; *wantonly*/ 好～ hǎoyì *kindness*; *good intention* ❸料想 expect; anticipate:～外 yìwài *unexpectedly* 出其不～ /chūqíbùyì *take sb by surprise*

薏 yì ㄧˋ [薏苡 －yǐ]多年生草本植物,茎叶略似高粱,果实椭圆形,坚硬而光滑,种仁白色,叫薏仁米,可以吃,又可入药 Job's tears, a type of perennial plant with leaves and stemslike those of sorghum, bearing elliptical, hard and glossy fruits with white and edible seeds, called yìrénmǐ (the seeds of Job's tears), also used as medicine

臆(**肊) yì 丨 ❶胸 chest；胸 ～（心里的话或想法）xiōngyì what is deep in one's thought (thoughts or feelings deep in one's heart) ❷主观的想法，缺乏客观证据的（of ideas）subjective；without objective evidence：～造 yìzào fabricate；concoct/ ～测 yìcè guess；surmise/ ～断 yìduàn form a subjective judgement；assume

镱 yì 丨 金属元素，符号 Yb，是一种稀土金属，质软，白色。用来制特种合金，也用作激光材料等 ytterbium, a white soft rare-earth metal, used in special alloy or as laser material, symbol：Yb

癔 yì 丨 [癔病 —bìng]一种神经官能症，患者发病时喜怒无常，感觉过敏，严重时手足或全身痉挛，说胡话，可出现似昏迷状态。此病多由心理上剧烈的矛盾所引起。也叫"歇斯底里" hysteria, a psychoneurosis, in which the sufferer laughs and cries uncontrollably and is allergic；severe symptoms being marked by spasms of hands and feet or the whole body, deliria, or anaesthesia；mostly caused by excessive psychic excitability and anxiety, also called xiēsīdǐlǐ

肄 yì 丨 学习 study：～业（指没有毕业或尚未毕业）yìyè study in school or at college (indicating not finish one's education or not graduate)

蓺 yì 丨 种植 cultivate；grow：树～五谷 shùyì wǔgǔ cultivate food crops/ ～菊 yì jú grow chrysanthemums

廙 yì 丨 恭敬 respectful

瘗(瘞) yì 丨 掩埋，埋葬 bury

鹥 yì 丨 古书中说的一种水鸟 an aquatic bird mentioned in ancient Chinese texts

熠 yì 丨 光耀，鲜明（叠 redup.）bright；brilliant：光彩～～ guāngcǎi yìyì sparkling；glittering

殪 yì 丨 ❶死 die；perish ❷杀死 kill

懿 yì 丨 美，好（多指德、行）（of virtue）nice；exemplary：～行 yìxíng exemplary conduct/ ～德 yìdé moral excellence

劓 yì 丨 古代的一种割掉鼻子的酷刑（a savage punishment in ancient China) cutting off the nose

燚 yì 丨 人名用字 used in a person's name

YIN 丨ㄣ

因 yīn 丨ㄣ ❶原因，缘故，事物发生前已具备的条件 cause；reason, prerequisite conditions for the happening of sth.；事出有～ shìchū-yǒuyīn There is a good reason (cause) for it./ 内～ nèiyīn intrinsic cause/ 外～ wàiyīn external cause ❷因为，由于 because；because of：会议～故改期 Huìyì yīngù gǎiqī. The meeting has been put off for some reason./ 生活～而改善 shēnghuó yīn'ér gǎishàn Life thus has been improved. [因为 —wèi]连词，表示理由或缘故 conj. because of；as a result of：～～今天下雨，我没有出门 Yīnwèi jīntiān xiàyǔ, wǒ méiyǒu chūmén. Because it rained today, I stayed indoors. ❸依，顺着，沿袭 follow；carry on（ comb. 一袭一 xí follow）：～势利导 yīnshì-lìdǎo guide in the light of general trend/ ～袭成规 yīnxí-chéngguī follow established practice/ ～陋就简 yīnlòu-jiùjiǎn make do with available conditions [因循 —xún] 1. 守旧，不改变 follow old customs；remain 2. 拖沓（tà），不振作，得过且过 procrastinate；be inactive；let things drift

(muddle along)

茵 yīn ㄧㄣ 古代车子上的席、垫 mattress or carpet of ancient carriages 引 ext. 铺(pū)的东西 mattress：～褥 yīnrù mattress／绿草如～ lùcǎo rú yīn a carpet of green grass

洇 yīn ㄧㄣ 液体接触纸张等向周围散开 (of liquid) spread and sink in (on paper)：这种纸写起来有些～ Zhè zhǒng zhǐ xiě qilai yǒuxiē yīn. Ink blots on this paper.

"湮"又 yān 见 742 页 Also yān see p. 742

姻(*婣) yīn ㄧㄣ 姻亲，由婚姻关系而结成的亲戚。古代专指婿家 relations formed through marriage, esp. family of son-in-law in ancient times

骃 yīn ㄧㄣ 浅黑带白色的杂毛马 light-black horse with white hairs

氤 yīn ㄧㄣ ［氤氲 —yūn］烟云弥漫 (of smoke or mist) dense; enshrouding

铟 yīn ㄧㄣ 一种金属元素，符号 In，银白色晶体，能拉成细丝。可做低熔点的合金 indium, a silver crystalline metallic element, which can be drawn into wire and used to make alloy with a low melting point, symbol: In

裀 yīn ㄧㄣ ❶夹衣服 lined clothes ❷垫子，褥子 mattress; cotton-padded mattress

阴(陰、隂) yīn ㄧㄣ ❶黑暗 dark ❷云彩遮住太阳或月、星 overcast; clouds completely blotting out the sun, the moon, or stars：天～了 Tiān yīn le. It is becoming cloudy. ❸跟"阳"相对 antonym of yáng 1. 阴性，女性的 negative; feminine 2. 太阴，月亮 the moon：～历 yīnlì lunar calendar 3. 带负电的 negative：～电 yīndiàn negative electricity／～极 yīnjí negative pole 4. 水的南面，山的北面（多用于地名）south of a river or north of a hill (usu. used in place names)：蒙～（地名，在山东省蒙山之北）Méngyīn Mengyin (a place situated on the north of the Mount Meng in Shandong Province)／江～（地名，在江苏省长江之南）Jiāngyīn Jiangyin (a place in Jiangsu Province, lying on the south of the Yangtse River) 5. 暗，不露出来的 hidden; secret：～沟 yīngōu sewer; covered drain 6. 凹下的 in intaglio：～文图章 yīnwén túzhāng a seal with characters (or designs) cut in intaglio 7. 关于人死后的或鬼魂的(迷信)(of superstition) of the nether world or ghosts：～宅 yīnzhái grave; tomb／～间 yīnjiān the nether world; the Hades ❹(—儿 —r)光线被东西遮住所成的影 shade, slight darkness from direct light made by sth blocking in：树～儿 shùyīnr shade of a tree／背～ bèiyīnr (a spot) entirely shaded from the sun ❺背面 the back side：碑～ bēiyīn the back of a stone tablet ❻诡诈，不光明 crafty; cunning：～谋诡计 yīnmóu-guǐjì intrigues and plots ［阴险 — xiǎn］险诈，狡诈 sinister; treacherous ❼生殖器 private parts (esp. of the female)

音 yīn ㄧㄣ ❶声 sound (璺 comb. 声 — shēng — sound)：口～ kǒuyīn accent／扩～器 kuòyīnqì loudspeaker ❷消息 news：佳～ jiāyīn good news／～信 yīnxìn mail; message

喑(*瘖) yīn ㄧㄣ 哑，不能说话 mute; dumb／缄默，不说话 keep silent; not speak

愔 yīn ㄧㄣ ［愔愔 ——］1. 形容安静和悦 tranquil and harmonious 2. 形容沉默寡言 reticent; reserved

殷(❷*慇) ㊀ yīn ㄧㄣ ❶深厚，丰盛 abundant; rich：情意甚～ qíngyì shèn yīn show great affection／～切的期望 yīnqiè

de qīwàng *ardent expectations* [殷实
—shí]富足，富裕 *well-off*；substan-
tially rich：家道～～jiādào yīnshí *a
well-off family* ❷[殷勤—qín]周
到，尽心 solicitous；eagerly atten-
tive：做事很～～zuòshì hěn yīnqín
be very attentive in one's job/～～招
待 yīnqín zhāodài *accord solicitously*
❸殷朝，商朝的后期，由盘庚起称殷
（约公元前 1324—约公元前 1066 年）
the Yin Dynasty, the later part of the
Shang Dynasty, starting from Pan-
gen（about c. 1324—1066 B.C.）❹
姓 a surname

　〇 yān 见 742 页 See p. 742

潋 yīn ㄧㄣ [潋溜—liù]地名，在天
津市蓟县 a place in Ji County,
Tianjin City

埋（*陻） yīn ㄧㄣ ❶堵塞
block up ❷土山
mound

闉 yīn ㄧㄣ ❶古代城门外的曲城
satellite city out of the gate of an
ancient city ❷堵塞 block up

湮 〇 yīn ㄧㄣ 液体接触纸、布等向
四外散开。后作"洇"（of ink）
spread or blot on paper or cloth. lat-
er written as yīn

　〇 yān 见 742 页 See p. 742

禋 yīn ㄧㄣ ❶古祭祀名，指祭天 an
ancient sacrifice, a sacrifice to
Heaven；worship Heaven ❷泛指祭
祀 a general term for offering sacri-
fices to gods or ancestors

吟（*唫） yīn ㄧㄣ ❶唱，声调
抑扬地念 chant；re-
cite or read rhythmically：～诗 yínshī
recite or compose poetry ❷诗歌的一
种 song（as a type of classical
poetry）：梁甫～ liángfǔyín *song of
Liangfu* ❸呻吟，叹息 groan；moan

垠 yīn ㄧㄣ 边，岸，界限 border；
boundary：一望无～的麦田
yīwàng-wúyín de màitián *a bound-
less wheat field*

银 yín ㄧㄣ ❶一种金属元素，符号
Ag，白色有光泽。质柔软，富延展
性，是热和电的良导体，在空气中不
易氧化。可以制货币、器皿、电器设
备、感光材料等 silver, a soft,
whitish glittering metal that is duc-
tile and difficult to be oxidized in the
air, carries heat and electricity very
well, and can be used in coins, uten-
sils, electrical appliances, light sen-
sitive materials, etc.；symbol：Ag ❷
（—子—zi）旧时用银铸成块的一种
货币 silver, silver ingot used as mon-
ey in former times [银行—háng]办
理存款、放款、汇兑等业务的机构
bank, a place where money is kept
and paid out, lent or borrowed, is-
sued or exchanged ❸像银的颜色 sil-
ver-coloured：～白色 yínbáisè *sil-
very white*/～燕（喻白色的飞机）
yínyàn *silver swallow*（*fig.* white-
painted aeroplane）/～河（天河）
Yínhé *the Milky Way*

龈 〇 yín ㄧㄣ 牙龈，牙床子，牙根
上的肉 gum, either of the two
areas of firm pink flesh at the top and
bottom of the mouth, in which the
teeth are fixed

　〇 kěn 见 359 页 See p. 359

狺 yín ㄧㄣ [狺狺——]狗叫的声
音 yap；bark

訚 yín ㄧㄣ（叠 redup.）和颜悦色
地进行辩论 argue in a genial
way

崟（**嶔） yín ㄧㄣ 见 534 页
"嵚"字条"嵚崟"
See qīnyín under entry of qīn, p. 534

淫（❷*婬） yín ㄧㄣ ❶过多，
过甚 excessive；
too much：～威 yínwēi *abuse of
power*/～雨 yínyǔ *excessive rain* ❷
在男女关系上态度或行为不正当的
（of behaviour or attitude between
men and women）improper ❸放纵 li-
centious；lewd：骄奢～逸 jiāoshē-

yínyì *lordly*; *luxury-loving*; *loose-living and idle* ❹迷惑，使昏乱 puzzle; confuse: 富贵不能～ fùguì bù néng yín *not to be corrupted by riches or honours*

霪 yín lㄧㄣˊ 霪雨，连绵不断下得过量的雨 excessive and continuous rains

寅 yín lㄧㄣˊ ❶地支的第三位 the third of the twelve Earthly Branches ❷寅时，指夜里三点到五点 the period of the night from 3 o'clock to 5

夤 yín lㄧㄣˊ ❶深 deep：～夜 yínyè *in the depth of night* ❷恭敬 show respect to sb. ［夤缘 －yuán］攀缘上升 climb up ⑯ fig. 拉拢关系，向上巴结 try to advance one's career by carrying favour with important people

断 yín lㄧㄣˊ ❶同"龈(yín)" Same as "龈" ❷(叠 redup.)争辩的样子 in an arguing manner

鄞 yín lㄧㄣˊ 鄞县，在浙江省 Yín Xiàn, a place in Zhejiang Province

蟫 yín lㄧㄣˊ 古书上指衣鱼，一种咬衣服、书籍的小虫，也叫"蠹鱼" book worm mentioned in ancient Chinese texts, also called dùyú, a type of small worm that bites books or clothes

嚚 yín lㄧㄣˊ ❶愚蠢而顽固 stupid and stubborn ❷奸诈 cunning; treacherous

尹 yǐn lㄧㄣˇ 旧时官名 an ancient official title：令～ lìngyǐn *county magistrate*/ 府～ fǔyǐn *the governor of a prefecture*/ 道～ dàoyǐn *a Taoist priest*

引 yǐn lㄧㄣˇ ❶领，招来 lead; guide (⑱ comb. －导－dǎo *guide*)：～路 yǐnlù *lead the way*/ ～火 yǐnhuǒ *light a fire*/ 抛砖～玉 pāozhuān-yǐnyù *cast a brick to attract jade* ⑯

ext. 古时文体名，跟"序"差不多 an ancient literary style, same as xù [引子 －zi]1. 乐曲、戏剧开始的一段 introductory part of music or drama 2. 中医称主药以外的副药 (in traditional Chinese medicine) an added ingredient (to enhance the efficacy of medicines)：这剂药用姜做～～ Zhè jì yào yòng jiāng zuò yǐnzi. *Ginger is added as ingredient to the medicine.* ❷拉，伸 draw; stretch out：～弓 yǐngōng *draw a bow*/ ～领(伸脖子) yǐnlǐng *crane one's neck* (to look) [引申 －shēn]字、词由原义产生他义 extend the meaning of a word ❸用来做证据、凭借或理由 quote or cite sth. as evidence, proof or reason：～书 yǐnshū *quote from a book*/ 以～为证 yǐnzhèng *cite as proof*/ 以～为荣 yǐnyǐwéiróng *regard sth. as an honour* ❹诱发，惹 cause; make：一句俏皮话，～得大家哄堂大笑 yī jù qiàopíhuà, yǐn de dàjiā hōngtáng dàxiào *A witty remark set everybody in an uproar of laughters.* ❺退却 move back; retreat：～退 yǐntuì *retire from office*; *resign*/ ～避 yǐnbì *make way for* ❻旧长度单位，一引等于十丈 a traditional unit of length, equal to 10 zhàng ❼古代柩车的绳索 ropes or cords on an ancient hearse：发～(出殡) fāyǐn *start the hearse* (hold a funeral procession)

吲 yǐn lㄧㄣˇ [吲哚 －duǒ]有机化合物，分子式 C_8H_7N，无色或淡黄色，片状结晶，溶于热水、醇、醚。供制香料和化学试剂 a colourless or light yellow organic chemical compound in the shape of crystalline flakes, easily dissolved in hot water, alcohol or ether to make perfume and chemical reagent; molecule formula: C_8H_7N

蚓 yǐn lㄧㄣˇ 指蚯(qiū)蚓 earthworm 见 541 页"蚯"字条"蚯蚓" See qiūyǐn under entry of qiū, p. 541

饮 ⊖ yǐn ㄧㄣˇ ❶喝 drink：～水思源 yǐnshuǐ-sīyuán *When drinking the water, think of the source.* ❷可喝的东西 drinks：冷～ lěngyǐn *cold drinks* ❸含忍 keep in mind；nurse：～恨 yǐnhèn *nurse a grievance*
⊜ yìn 见本页 See the same page.

隐(隱) yǐn ㄧㄣˇ ❶藏匿，不显露 hide；conceal（ 连comb. 一藏—cáng）：～痛 yǐntòng *secret anguish*/ ～患 yǐnhuàn *hidden trouble*（danger）❷指隐秘的事 a secret which could not be told：难言之～ nányánzhīyǐn *sth. which it would be awkward to disclose*

瘾(癮) yǐn ㄧㄣˇ 特别深的嗜好 addiction；habitual craving：烟～ yānyǐn *smoke addiction*/看书看上～啦 kàn shū kànshang yǐn le *be particularly fond of reading*

缏 yǐn ㄧㄣˇ〈方 dial.〉绗 sew with long stitches：～棉袄 yǐn mián'ǎo *sew the cotton-padded clothes with long stitches*/ 中间～一行 zhōngjiān yǐn yī háng *sew with long stitches in the middle*

印 yìn ㄧㄣˋ ❶图章，戳记 seal；stamp：盖～ gài yìn *affix one's seal*/ 钢～ gāngyìn *steel seal*/ 信～xìn *official seal*/ ～把子(也比喻政权)yìnbàzi *the handle of an official seal（also fig. authority）*❷(一子—zi、一儿—r)痕迹 trace；mark：脚～儿 jiǎoyìnr *foot print*；烙～ làoyìn *brand*；stamp ❸留下痕迹。特指把文字或图画等留在纸上或器物上 print；press a mark onto，especially leave characters or pictures on a piece of paper or on the surface of sth：～书 yìn shū *print books*/ 翻～ fānyìn *reprint*/ 排～ páiyìn *type-setting and printing* [印刷 —shuā]把文字图画等制成版，加油墨印在纸上，可以连续印出很多的复制品。印刷术是我国古代四大发明之一 printing，pressing letters or pictures by using shapes covered with ink. Many copies can be duplicated this way. Printing is one of the four great inventions of ancient China. [印象 —xiàng]外界事物反映在头脑中所留下的形象 impression，the image a thing of the external world gives to a person's mind ❹合 tally；conform：～证 yìnzhèng *conform*/ 心心相～ xīnxīn-xiāngyìn *share the same feeling* [印证 —zhèng]互相证明 corroborate；prove each other

茚 yìn ㄧㄣˋ 有机化合物，分子式 $C_6H_4CH_2CH:CH$，无色液体，容易产生聚合反应。是制造合成树脂的原料 indene，a colourless liquid organic chemical compound that is easy to produce polyreaction，and is raw material for making synthetic resin；molecule formula：$C_6H_4CH_2CH:CH$

䱟 yìn ㄧㄣˋ 䱟鱼，鱼名。身体细长，圆柱形，头小，前半身扁平，背上有吸盘，可以吸在大鱼或船底上。生活在海洋中，肉可以吃 remora，shark sucker，any of several edible slender and round-bodied marine fishes which attach themselves with a sucking disc to sharks and other large fishes and ships

饮 ⊖ yìn ㄧㄣˋ 给牲畜水喝 give (animals) water to drink：～马 yìn mǎ *water a horse*/ ～牛 yìn niú *water a cow*
⊜ yǐn 见本页 See the same page.

荫(蔭、❷❸*廕) yìn ㄧㄣˋ ❶不见日光，又凉又潮 sunless；damp and chilly：这屋子很～ Zhè wūzi hěn yìn. *The room is too damp and chilly.* ❷封建时代帝王给功臣的子孙读书或做官的特权 a hereditary rank or privilege of education granted sb as a recognition of the services of his ancestors ❸保佑，庇护 shelter; protect

胤 yìn ㄧㄣˋ 后代 offspring; posterity

窨 ㊀ yìn ㄧㄣˋ 地窨子，地下室 basement

㊁ xūn 见 735 页 See p. 735

愁(愁) yìn ㄧㄣˋ〈古 arch.〉❶宁愿 would rather ❷损伤 wound; hurt ❸[愁愁 ——]谨慎的样子 in a cautious manner

YING ㄧㄥ

应(應) ㊀ yīng ㄧㄥ ❶该，当 should; ought to（⊛ comb. 一当、一该—dāng, —gāi should）：～有尽有 yīngyǒu-jìnyǒu have everything that one could wish for ❷答应，应承 answer; promise（⊛ comb. 一许、一允—xǔ, —yǔn promise; consent）：我喊他喊不～Wǒ hǎn tā hǎn bu yīng. I called him, but he didn't answer. /～他十天之内完工 yīng tā shí tiān zhī nèi wángōng promise him to finish the construction in ten days ❸姓 a surname

㊁ yìng 见 777 页 See p. 777

英 yīng ㄧㄥ ❶花 flower：落～luòyīng fallen or falling flower ❷才能出众 outstanding：～俊 yīngjùn handsome/ 又指才能出众的人 also outstanding person：群～大会 qúnyīng dàhuì a conference of outstanding workers or heroes [英明—míng]有远见卓识 with penetrating insight [英雄—xióng] 1. 为人民利益英勇斗争而有功绩的人 hero 1. a person remembered for his bravery in fighting for people's welfare 2. 英武过人的人 a person who excels others in valour ❸指英国 Britain

瑛 yīng ㄧㄥ ❶似玉的美石 beautiful jade-like stones ❷玉的光彩

lustre of gem

莺(鶯、鸎) yīng ㄧㄥ 鸟名，身体小，褐色，嘴短而尖，叫的声音清脆。吃昆虫，是益鸟 warbler; oriole, any of various small brown beneficial song birds with short and pointed bill, feeding on worms [黄莺 huáng—]即黄鹂(lí) also called huánglì.

婴 yīng ㄧㄥ ❶婴儿，才生下来的小孩儿 infant, new-born baby ❷触，缠绕 touch; bind; wind：～疾(得病) yīngjí fall ill

撄 yīng ㄧㄥ ❶接触，触犯 touch; offend：～其锋 yīng qí fēng blunt the thrust (of an attacking force)/～怒 yīng nù incur sb's displeasure ❷扰乱，纠缠 disturb; worry

嘤 yīng ㄧㄥ 拟声词，鸟叫的声音（叠 redup.）onom. (of birds) trill; chirp

缨 yīng ㄧㄥ ❶（一子 -zi、一儿 -r）用线、绳等做的装饰品 tassel, a bunch of threads tied together as an ornament：帽～子 màoyīngzi the tassels of a hat/ 红～枪 hóngyīngqiāng red-tasseled spear ❷（一子 -zi、一儿 -r）像缨的东西 sth shaped like a tassel：萝卜～子 luóbo yīngzi radish leaves/ 芥菜～儿 jiècàiyīngr mustard leaves ❸带子，绳子 ribbon; rope：长～ cháng yīng long ribbon

璎 yīng ㄧㄥ 似玉的美石 jade-like fine stones [璎珞 —luò]古代一种用珠玉穿成的戴在颈项上的装饰品 an ancient pearl and jade necklace

樱 yīng ㄧㄥ ❶樱花，落叶乔木，开鲜艳的淡红花。木材坚硬致密，可做器具 oriental cherry, a deciduous tree having bright pink flowers, its hard and fine wood used in making furniture [樱桃 —tao]樱桃树，樱的变种，开淡红或白色的小花。果实也叫樱桃，成熟时为红色，可以吃 cherry tree, a variety of oriental cherry, blooming small pink or white

flowers and bearing small edible dru-
pes，red when ripe, and also known
as cherry

鹦 yīng ㄧㄥ [鹦鹉 —wǔ]鸟名，也
叫"鹦哥"。羽毛颜色美丽，嘴弯
似鹰，舌圆而柔软，能模仿人说话的
声音。产在热带、亚热带 parrot, any
of a large group of birds, usu. native
to tropical countries, having brightly
coloured feathers, a curved beak,
and a soft round tongue that can imi-
tate human voices

罂(甖) yīng ㄧㄥ 大腹小口的
瓶子 a small-mouthed
jar [罂粟 —sù]二年生草本植物，花
有红、紫、白等色。果实球形，未成熟
时有白浆，是制鸦片的原料 opium
poppy, a biennial herb with red, pur-
ple or white flowers, bearing spheri-
cal fruits with milky juice when the
fruits are green, which is the raw
material of opium

膺 yīng ㄧㄥ ❶胸 breast；义愤填
～ yìfèn-tiányīng be filled with
anger ❷承受，当 bear；endure；re-
ceive；～选 yīngxuǎn be elected／荣
～劳动英雄称号 róngyīng láodòng
yīngxióng chēnghào be honoured
with the title of working hero ❸伐，
打击 punish；strike；～惩 yīngchéng
send armed forces to suppress

鹰 yīng ㄧㄥ 鸟名。嘴弯曲而锐，四
趾有钩爪。性猛，食肉。种类很
多，常见的有苍鹰、鸢鹰等 eagle；
hawk, any of various types of large
fierce meat-eating birds with hooked
beaks and claws. The common types
are goshawk, kite, etc.

迎 yíng ㄧㄥ ❶迎接，接 go to
meet；greet；欢～ huānyíng
welcome [迎合 —hé]为了讨好，使自
己的言行符合别人的心意 cater to,
adjust one's words or deeds so as to
curry others' favour ❷向着 move to-
ward；～面 yíngmiàn in one's face；
head-on／～头赶上 yíngtóugǎnshang

try hard to catch up

莹(塋) yíng ㄧㄥ 坟墓，坟地
tomb；grave；～地
yíngdì graveyard；cemetery

荥(濴) ⊖ yíng ㄧㄥ [荥经 —
jīng]地名，在四川省 a
place in Sichuan Province
⊖ xíng 见 721 页 See p.721

荧(熒) yíng ㄧㄥ ❶微弱的光
亮 glimmering；shim-
mering [荧光 —guāng]物理学上称
某些物质受光或其他射线照射时所
发出的可见光 fluorescent light，(in
physics) visible light radiated from
some substances when electric or
other waves are passed through ❷眼
光迷乱 dazzled
[荧惑 —huò]迷惑 bewilder；con-
fused

莹(瑩) yíng ㄧㄥ ❶光洁像玉
的石头 jade-like bright
and clean stone ❷光洁，透明 lus-
trous；transparent；晶～ jīngyíng
sparkling and transparent

萤(螢) yíng ㄧㄥ 萤火虫，一种
能发光的昆虫，黄褐色，
尾部有发光器 firefly；glowworm, a
type of brown insect with a tail that
shines in the dark

营(營) yíng ㄧㄥ ❶军队驻扎
的地方 camp；bar-
racks, a place where soldiers live；军
～ jūnyíng military camp／安～扎寨
ānyíng-zhāzhài encamp；make a
stockade／ 露 ～ lùyíng camp out；
bivouac ❷军队的编制单位，是连的上
一级 battalion, a unit of infantry
above the company ❸筹划管理 oper-
ate；run (⊕comb. 经—jīng— man-
age)；～业 yíngyè do business／ ～造
防风林 yíngzào fángfēnglín plant
wind-break forests ❹谋求 seek；～
生 yíngshēng make a living／ ～救
yíngjiù rescue [营养 —yǎng]1.生物
由食物内吸取养料或通过光合作用

Y

制造养料供养身体 nutrition 1. (of livingcreatures）absorb nourishment from food, or（of plants）produce their food from inorganic substance through photosynthesis 2. 养分，养料 nutrient；nourishment：番茄、豆腐富于～～ Fānqié, dòufu fùyú yíngyǎng. *Tomatoes and bean curd are nourishing.*

萦（縈） yíng ㄧㄥ 缠绕 entangle：～怀（挂心）yínghuái *occupy one's mind* / 琐事～身 suǒshì yíngshēn *be preoccupied with trivialities*

潆（瀠） yíng ㄧㄥ ［潆湾 —wān］地名，在湖南省长沙 a place in Changsha, Hunan Province

蓥（鎣） yíng ㄧㄥ ［华蓥 Huá—］山名，在四川省东南和重庆市交界处 a mountain between the southeast part of Sichuan Province and Chongqing City

滢（瀅） yíng ㄧㄥ 清澈 crystal-clear

璎（瓔） yíng ㄧㄥ 人名用字 used in people's names

潆（濚） yíng ㄧㄥ ［潆洄—huí］水流回旋（of water）swirl；move with twisting turns

盈 yíng ㄧㄥ ❶充满 be filled with：恶贯满～ èguàn-mǎnyíng *have committed countless crimes and deserve damnation* / 热泪～眶 rèlèi-yíngkuàng *tears of happiness brimming one's eyes* ❷多余 have a surplus of（®comb. —余 —yú *surplus*）：～利 yínglì *profit*

楹 yíng ㄧㄥ ❶堂屋前部的柱子 principal pillars of a hall：～联 yínglián *couplet written on scrolls and hung on the pillars of a hall* ❷量词，旧时房屋一间叫一楹 *meas.* a room was formerly called one yíng

蝇（蠅） yíng ㄧㄥ （—子—zi）苍蝇，产卵在肮脏腐臭的东西上，幼虫叫蛆。能传染痢疾等疾病，害处很大 fly；housefly, a very harmful insect that lays eggs in decaying organic material and spreads germs like dysentery, the larvae of which are called maggots

蠃 yíng ㄧㄥ 姓 a surname

瀛 yíng ㄧㄥ 大海 sea；ocean：～寰（五洲四海）yínghuán *the world* (all the parts of the world)

籯（籝**）** yíng ㄧㄥ ❶箱笼之类的器具 containers like boxes and baskets ❷筷笼子 chopstick container

贏 yíng ㄧㄥ ❶余利，赚钱 make profit；make money（®comb. —余 —yú *profit*）❷胜 win；beat：那个篮球队～了 Nàge lánqiúduì yíng le. *The basketball team won the game.* / ～了三个球 yíngle sān ge qiú *win by three scores* ® ext. 因成功获得 gain because of success：～得全场欢呼喝彩 yíngdé quánchǎng huānhū hècǎi *win the applause of the whole audience*

郢 yǐng ㄧㄥ 郢都，楚国的都城，在湖北省江陵北 Yǐngdū, capital of the ancient state of Chu, in the north of Jianglin, Hubei Province

颍 yǐng ㄧㄥ 颍河，发源于河南省登封，流至安徽省注入淮河 Ying River, starting from Dengfeng, Henan Province and pouring into the Huaihe River in Anhui Province

颖 yǐng ㄧㄥ ❶禾的末端。植物学上指某些禾本科植物小穗基部的苞片 glume；grain husk, a bract at the base of a grass inflorescence or spikelet ❷东西末端的尖锐部分（pointed）end；tip：短～羊毫笔 duǎnyǐng yángháobǐ *the short-tipped writing brush made of goat's hair* / 锥处囊中，～脱而出 Zhuī chǔ náng zhōng, yǐng tuō ér chū. *The point of*

an awl in a bag will stick out through it. ⑯fig. 才能出众 outstanding：聪 ～ cōngyǐng *clever*/ ～ 悟 yǐngwù *bright* [新颖 xīn—]新奇，与一般的不同 novel；extraordinary：花样～～ huāyàng xīnyǐng *novel pattern or design*

影 yǐng ㄧㄥˇ ❶（－子－zi、－儿 －r）物体挡住光线时所形成的四周有光中间无光的形象 shadow, a dark image on a surface that is made when sth stands between a light and the surface，preventing the light from the thing ⑯fig. 不真切的形象或印象 indistinct image or vague impression：这件事在我脑子里没有一点～了 Zhè jiàn shì zài wǒ nǎozi li méiyǒu yīdiǎnr yǐngzi le. *I have forgotten everything about it.* [影壁－bì]门内或门外作为遮挡视线或装饰用的短墙 screen wall，a short wall facing the gate inside or outside a traditional Chinese courtyard for blocking the sight or for decoration [影响－xiǎng]一件事物对其他事物所发生的作用 influence, the effect of one thing on another ❷描摹 copy；trace：～宋本 yǐngsòngběn *a facsimile edition of a Song book* ❸形象 image；impression：摄～ shèyǐng *take a photograph*/ 留～ liúyǐng *take a picture as a memento*/ 剪～ jiǎnyǐng *papercut silhouette* [影印－yìn]用照相方法制版印刷 make printing plate through photomechanical process ❹指电影 movie；film：～评 yǐngpíng *film review*

臖 yǐng ㄧㄥˇ ❶生在脖子上的一种囊状的瘤子。多指甲状腺肿 goitre, a tumour growing on the neck，usu. an enlargement of the thyroid gland ❷虫臖的简称，受害虫侵害组织发生变化而形成的瘤状物 gall, simplified form of chóngyǐng, a growth on the tissues of a tree or plant caused by parasites

应（應）㊀ yìng ㄧㄥˋ ❶回答或随声相和 answer；respond；echo：～声 yìngshēng-chóng *yesman*/ 山鸣谷～ shānmíng-gǔyìng *The valleys echo the sounds of the mountains.*/ 呼～ hūyìng echo [反应 fǎn—] 1. 化学上指物质发生化学变化，产生性质和成分与原来不同的新物质。也叫"化学反应" reaction，(in chemistry) a chemical change in a substance that produces a new substance with different properties and composition. Also called "chemical reaction". 2. 人及动植物有机体受到刺激而发生的活动和变化（of human organism and other living things）a response and change caused by a stimulus 3. 回响，反响 react；respond ❷应付，对待 deal with；cope with：～战 yìngzhàn *meet an enemy attack*；*meet a challenge*/ 随机～变 suíjī-yìngbiàn *adapt oneself to changing conditions*/ ～接不暇 yìng-jiē-bùxiá *have more* (visitors or business) *than one can attend to* [供应 gōng—]供给 supply；provide；furnish ❸适合，配合 suit；respond to (⑯ comb. 适－shì—*suit*)：～时：yìngshí *reasonable*；*in season*/ 得心～手 déxīn-yìngshǒu *use or work with great proficiency* ❹接受，答应 accept；agree：～承 yìngchéng *promise*/ ～征 yìngzhēng *be recruited*/ ～邀 yìngyāo *at sb's invitation*/ 有求必～ yǒuqiú-bìyìng *respond to every plea*

㊁ yīng 见 774 页 See p.774

映 yìng ㄧㄥˋ 照射而显出 reflect；mirror：影子倒～在水里 Yǐngzi dàoyìng zài shuǐ li. *The shadow is mirrored on the water.*/ 放～电影 fàngyìng diànyǐng *show a film*/ 夕阳把湖水～得通红 Xīyáng bǎ húshuǐ yìng de tōnghóng. *The lake shone red with evening glow.* [反映 fǎn—]反照 reflect ㊂ext. 1. 把客观事物的

实质表现出来 reflect the essence of objective things：文艺作品要～～现实生活 Wényì zuòpǐn yào fǎnyìng xiànshí shēnghuó. *Fine arts should reflect actual life.* 2. 向上级转达 report or make known to the leaders：及时～～群众的意见 jíshí fǎnyìng qúnzhòng de yìjiàn *transmit people's voices without delay*

硬 yìng 丨ㄥ ❶物体组织紧密，性质坚固，跟"软"相反 hard；stiff，(of solid things) tight and firm，antonym of ruǎn：～煤 yìngméi *hard coal*；*anthracite*；～木 yìngmù *hard wood* ❷刚强有力 strong；欺软怕～ qīruǎn-pàyìng *bully the weak and fear the strong* 囹 ext. 1. 坚强，不屈服 firm and unyielding（倕 comb. 强－qiáng－*firm*）：～汉子 yìnghànzi *a man of iron*/ 态度强～ tàidu qiángyìng *take an unyielding attitude* 2. 蛮强 act rashly：～抢 yìngqiǎng *rob rudely*/ 生拉～拽 shēnglā-yìngzhuài *obtain reluctant obedience*；*farfetched* ❸固执（多指不顾实际的）stubborn（usu without considering reality）：～不承认 yìng bù chéngrèn *obstinately deny*/ 他干不了一干 Tā gànbuliǎo yìnggàn. *He kept on doing it inspite of his inability.* ❹能力强，质量好 able（person）；good（quality）：～手 yìngshǒu *a skilled (good) hand*/ 货～ huò yìng *goods of high quality* ❺勉强 manage to do sth with difficulty：这苦日子，他～熬过去了 Zhè kǔrìzi, tā yìng áo guoqu le. *He barely managed to survive the hard times.*

媵 yìng 丨ㄥ 〈古 arch.〉❶陪送出嫁 accompany a bride to her new home ❷随嫁的人 a maid accompanying a bride to her new home ❸妾 concubine

YO 丨ㄛ

哟 ⊖ yō 丨ㄛ 同"唷" Same as "唷"
⊜ yo 见本页 See the same page.

唷 yō 丨ㄛ 叹词，表示惊讶或疑问：*interj.* expressing surprise or doubt：～，这是怎么了 Yō, zhè shì zěnme le? *Gee, what happened?*

哟 ⊖ yo・丨ㄛ 助词 *aux.* 1. 用在句末或句中停顿处 used at the end or in the middle of a sentence where a break appears：大家齐用力～ Dàjiā qí yònglì yo! *Let's exert our strength together!* / 话剧～，京戏～，他都喜欢 Huàjù yo, jīngxì yo, tā dōu hěn xǐhuan. *Well, stage play and Beijing Opera, he likes both of them!* 2. 歌词中作衬字 used as a syllable filler in a song：呼儿嗨～ hūerhāiyo *Hu—er—hei—yo!*
⊜ yō 见本页 See the same page.

YONG 凵ㄥ

佣（傭） ⊖ yōng 凵ㄥ ❶被人雇用 employed；hired；～工 yōnggōng *hired labour* ❷受雇用的人 servant：女～ nǚyōng *a woman servant*；*maid*
⊜ yòng 见 781 页 See p. 781

拥（擁） yōng 凵ㄥ ❶抱 hold in one's arms；hug（倕 comb. 一抱一bào *hug*）❷围着 gather around；wrap around：～被而眠 yōng bèi ér mián *sleep wrapped in a quilt*/ 前呼后～ qiánhū-hòuyōng *with many escorts in front and behind* ❸拥护 support：一致～戴 yīzhì yōngdài *enjoy the support of all the people*/～军优属 yōngjūn-yōushǔ *support the army and give preferential treatment to families of revolutionary armymen and martyrs* [拥护－hù]忠诚爱戴，竭力支持 support；endorse：～改革开放 yōnghù gǎigé kāifàng *uphold the reform and opening policy* ❹聚到一块儿 gather together；crowd：～挤 yōngjǐ *be crowded*；*be packed*/ 一～而入

yīyōng'érrù *swarm in* ❺持有 possess：～有 yōngyǒu *have*; *own*/ ～兵百万 yōng bīng bǎiwàn *have an army of 1,000,000*

痈(癰) yōng ㄩㄥ 一种毒疮，多生在脖子上或背部，常表现为大片块状化脓性炎症，表面疮口很多，疼痛异常 carbuncle, an extremely painful lumpy and fester ring infection of the skin, usu. on the neck or back, with a lot of openings

邕 yōng ㄩㄥ ❶邕江，水名，在广西 Yōng Jiāng, a river in the Guangxi Zhuang Autonomous Region ❷广西南宁的别称 another name for Nanning, the capital of the Guangxi Zhuang Autonomous Region

滽 yōng ㄩㄥ 滽水，水名，在江西省 Yōng Shuǐ, a river in Jiangxi Province

庸 yōng ㄩㄥ ❶平常，不高明的 commonplace; mediocre (㊄ comb. 平— píng— *mediocre*)：～言 yōngyán *commonplace words*/ ～俗 yōngsú *vulgar*; *philistine* ❷用 need：无～细述 wúyōng xì shù *There is no need to go into details.* / 毋～讳言 wúyōng huìyán *no need for reticence* ❸岂，怎么 how; in what way：～可弃乎 Yōng kě qì hū? *How could this possibly be given up?*

鄘 yōng ㄩㄥ 周代诸侯国名，在今河南省卫辉一带 a feudal state in the Zhou Dynasty, in modern Weihui, Henan Province

墉(**牅) yōng ㄩㄥ ❶城墙 city wall ❷高墙 high wall

慵 yōng ㄩㄥ 困倦，懒 weary; lazy

镛 yōng ㄩㄥ 大钟，古时的一种乐器 big bell, an ancient musical instrument

鳙 yōng ㄩㄥ 鳙鱼，鱼名。生活在淡水中，头很大。也叫"胖头鱼" variegated carp, a big-head fish living in fresh water; also called pàngtóuyú

雍(*雝) yōng ㄩㄥ 和谐 harmony

[雍容 —róng]文雅大方，从容不迫的样子 natural; graceful and poised

壅 yōng ㄩㄥ ❶堵塞(sè) block; obstruct (㊄ comb. —塞 —sè *be jammed*)：水道～塞 shuǐdào yōngsè *The water way is blocked up.* ❷把土或肥料培在植物根上 heap soil or fertilizer over and around the roots of plants

臃 yōng ㄩㄥ [臃肿 —zhǒng]过于肥胖，以致动作不灵便 too fat to move ㊥ fig. 1. 衣服穿得太多 be cumbersomely dressed 2. 机构太庞大，妨碍工作 (of organizations) overstaffed

饔 yōng ㄩㄥ ❶熟食 cooked food ❷早饭 breakfast

喁 yóng ㄩㄥˊ 鱼口向上，露出水面 (of fish) breath with its mouth out of water [喁喁 ——] 1. 众人景仰归向 everyone looking up to sb 2. 形容低声 whisper：～～私语 yóngyóng sīyǔ *talk in whisper*

颙 yóng ㄩㄥˊ ❶大头 big head ㊀ ext. 大 big; large ❷仰慕 admire：～望 yóngwàng *look up to*

永 yǒng ㄩㄥˇ ❶长 long：江之～矣 Jiāng zhī yǒng yǐ. *the length of the Yangtze River* ❷长久，久远 forever; always (㊄ comb. —久 —jiǔ、—远 —yuǎn *forever*)：～不掉队 yǒng bù diàoduì *never fall behind*/ ～远牢记历史的教训 yǒngyuǎn láojì lìshǐ de jiàoxun *firmly keep the historical lessons in mind forever*

咏(*詠) yǒng ㄩㄥˇ ❶声调抑扬地念，唱 chant; intone, sing or read with a rhythmical tone (㊄ comb. 歌—gē—、吟— yín—*chant*) ❷用诗词等来叙述 express or narrate in poetic form：～梅 yǒng méi *Ode to the Plum Blossom.* / ～雪

Y

yǒng xuě *Ode to the Snow.*

泳 yǒng ㄩㄥˇ 在水里游动 swim (④ comb. 游—yóu—)：仰～ yǎngyǒng *back stroke*/ 蛙～ wāyǒng *breast stroke*

甬 yǒng ㄩㄥˇ 宁波市的别称 another name for Ningbo City [甬道—dào] 1.院落中用砖石砌成的路。也叫"甬路" a paved path in a courtyard；also called yǒnglù 2. 走廊，过道 corridor；hallway

俑 yǒng ㄩㄥˇ 古时殉葬用的木制的或陶制的偶人 wooden or earthen human figure buried with the dead in ancient times

勇 yǒng ㄩㄥˇ ❶有胆量，敢干(gàn) bold；brave；valiant：～敢 yǒnggǎn *brave*/ 英～ yīngyǒng *valiant*/ 很有～气 hěn yǒu yǒngqì *be full of courage*/ 奋～前进 fènyǒng qiánjìn *advance courageously* ㊁ ext. 不畏避，不推委 have the courage，be bold：～于承认错误 yǒngyú chéngrèn cuòwù *have the courage to admit one's mistakes* ❷清朝称战争时期临时招募，不在平时编制之内的兵 reserved soldiers temporarily recruited during the war in the Qing Dynasty：散兵游～ sǎnbīng-yóuyǒng *stragglers and disbanded soldiers*

涌(*湧) yǒng ㄩㄥˇ ❶水或云气冒出 gush；pour；surge：～泉 yǒngquán *surging spring*/泪如泉～ lèirúquányǒng *Tears well up like a fountain.*/风起云～ fēngqǐ-yúnyǒng *surge forward like rolling clouds driven by the wind* ❷像水涌出一样 gush or surge out like water；许多人从里面～出来 Xǔduō rén cóng lǐmiàn yǒng chulai. *Many people were pouring out from inside.*

愿(*懑) yǒng ㄩㄥˇ 见 613 页"怂"字条"怂愿"See sǒngyǒng under entry of sǒng,

p. 613

蛹 yǒng ㄩㄥˇ 昆虫从幼虫过渡到成虫时的一种形态，在这个期间，不食不动，外皮变厚，身体缩短 pupa, the stage in the metamorphosis of an insect between the larva and the imago, in which the insect neither moves nor eats, but becomes shortened and enclosed in a hardened covering：蚕～ cányǒng *silkworm chrysalis*

踊(踴) yǒng ㄩㄥˇ 跳，跳跃 jump up；leap up [踊跃—yuè] 争先恐后 enthusiastically；striving to be the first and fearing to lag behind：～～参军 yǒngyuè cānjūn *vie with one another to join the army*/ ～～发言 yǒngyuè fāyán *take the floor one after another*

鲬 yǒng ㄩㄥˇ 鱼名。身体长形，扁而平，黄褐色，有黑色斑点，无鳔。生活在海洋中 flathead；sand gurnard, a light brown dark-spotted marine fish with no swimbladder, but with along and flat body

用 yòng ㄩㄥˋ ❶使用，使人、物发挥其功能 use；employ；apply：～电 yòngdiàn *use electricity*/ ～拖拉机耕田 yòng tuōlājī gēngtián *plough the field with a tractor*/ 不同的矛盾要～不同的方法来解决 Bùtóng de máodùn yào yòng bùtóng de fāngfǎ lái jiějué. *solve different problems with different methods*/ 公～电话 gōngyòng diànhuà *public telephone*/ ～笔写字 yòng bǐ xiě zì *write with a pen* ❷进饭食 eat or drink：～茶 yòngchá *have tea*/ ～饭 yòngfàn *have a meal* ❸费用，花费的钱财 expenses；spendings：家～ jiāyòng *housekeeping money*/ 零～ língyòng *pocket money* ❹物质使用的效果 usefulness；use (④ comb. 功—gōng—、效—xiào—*function、usefulness*)：有～之材 yǒuyòng zhī cái *useful material* ❺需要（多为否定）need；be necessary (usu. used in the negative)：不～说 bùyòng shuō *needless to say*/ 还～你操心吗 Hái yòng nǐ cāoxīn ma? *Is it necessary to trouble you?* ❻ 因 hence；therefore：～此 yòng cǐ *hence；therefore*/ ～特函达 yòng tè hán dá *Hence this letter.*

佣 ㊁ yòng ㄩㄥˋ 佣金，佣钱，买卖东西时给介绍人的钱 commission；brokerage，fee paid to the middleman in a transaction

　　㊀ yōng 见 778 页 See p. 778

YOU　丨ㄡ

优（優） yōu 丨ㄡ ❶美好的，跟"劣"相反 excellent，antonym of liè：～等 yōuděng *high-class；first-rate*/ 品质～良 pǐnzhì yōuliáng *with excellent quality* ❷充足，宽裕 ample；well-to-do：生活裕 shēnghuó yōuyù *lead a rich life* ❸优待 give preferential treatment：拥军～属 yōngjūn-yōushǔ *give favoured treatment to servicemen's families* ❹古代指演剧的人 actor or actress in ancient times（㊪ comb. 俳－pái－、－伶 －líng *actor in a farce；actor or actress*）

[优柔 －róu] 1. 从容 leisurely；unhurriedly 2. 犹豫不决 hesitant：～～寡断 yōuróu-guǎduàn *indecisive；irresolute and hesitant*

忧（憂） yōu 丨ㄡ ❶发愁 worry about（㊪ comb. 一愁 － chóu *worried*）：杞人～天（喻过虑）qǐrén-yōutiān *entertain groundless worries*（fig. be overanxious）❷使人忧愁的事 sorrow；anxiety；concern：高枕无～ gāozhěn-wúyōu *shake up the pillow and sleep in peace*

攸 yōu 丨ㄡ 所（used like the particle 所）what；which：责有～归 zéyǒu-yōuguī *The responsibility rests where it belongs.*/ 性命～关 xìngmìngyōuguān （a matter）*of life and death*

悠 yōu 丨ㄡ ❶长久 long-drawn-out；remote in time or space（㊪ comb. 一久－jiǔ *long*）：历史～久 lìshǐ yōujiǔ *have a long history* [悠悠 －－] 1. 闲适，自由自在 leisurely；carefree and content：白云～～ báiyún yōuyōu *floating white clouds* 2. 忧郁 melancholy：～～我思 yōuyōu wǒ sī *Heavy is my heart.* 3. 长久，遥远 long；remote：～～岁月 yōuyōu-suìyuè *long-drawn-out years* ❷闲适，闲散 leisurely：～闲 yōuxián *leisurely and carefree*/ ～然 yōurán *carefree and leisurely* ❸在空中摆动 swing（in the air）：站在秋千上来回～ zhàn zài qiūqiān shang láihuí yōu *sway back and forth on the swing* ❹稳住，控制 steady；control：～着点劲 yōuzhe diǎnr jìnr *take it easy*

呦 yōu 丨ㄡ 叹词，表示惊异 interj. expressing surprise：～，你怎么也来了 Yōu, nǐ zěnme yě lái le? *Hey! Fancy seeing you here.*/ ～，碗怎么破了 Yōu, wǎn zěnme pò le? *Why the bowl is broken!* [呦呦 －－]鹿叫声 deer's cry：～～鹿鸣 yōuyōu lù míng *the cry of a deer*

幽 yōu 丨ㄡ ❶形容地方很僻静、光线暗（of a place）secluded and dim：～谷 yōugǔ *a deep and secluded valley*/ ～林 yōulín *a secluded wood*/ ～室 yōushì *a dim room* ㊫ ext. 隐藏，不公开的 secret；hidden：～居 yōujū *live in seclusion*/ ～会 yōuhuì *a secret meeting of lovers* ❷使人感觉沉静、安闲的 quiet；tranquil；serene：～香 yōuxiāng *a delicate fragrance*/ ～美 yōuměi *secluded and beautiful*/ ～雅 yōuyǎ *quiet and graceful* ❸幽禁，把人关起来不让跟外人接触 put under house arrest ❹迷信的人指阴间（of superstition）the nether world：九～ jiǔyōu *in the nether regions* ❺古

地区名,相当于今河北省北部和辽宁省南部 an ancient administrative district, comprising the northern part of modern Hebei and the southern part of Liaoning:～燕 Yōuyān an ancient region in present-day Hebei and Liaoning

[幽默 —mò]（外 foreign）有趣或可笑而意味深长 humour, the quality of being funny or ridiculous, but profound:～～画 yōumòhuàr a humorous painting

麀 yōu ㄧㄡ 古书上指母鹿 female deer mentioned in ancient Chinese texts

耰 yōu ㄧㄡ ❶古代弄碎土块使田地平坦的农具 rake, a farm tool used for breaking clod and leveling the soil in ancient times ❷用耰使土覆盖种子 use a rake to cover the seeds with soil

尤(****尢**) yóu ㄧㄡ ❶特异的,突出的 outstanding; excellent: 拔其～ bá qí yóu select and promote those of outstanding ability ❷尤其,更,格外 particularly; especially:～其精良 yóuqí jīngliáng particularly good ❸过失fault; mistake: 勿效～（不要学着做坏事）wù xiào yóu not knowingly follow the example of a wrong doer (Don't learn to do wrong things.) ❹怨恨,归咎 blame; complain: 怨天～人 yuàntiān-yóurén blame everyone and everything but oneself

犹(猶) yóu ㄧㄡ ❶如同 just as; like: 虽死～生 suī-sǐ-yóushēng live on in spirit/ 战士的意志～如钢铁 Zhànshì de yìzhì yóurú gāngtiě. The fighters' will is as strong as iron and steel. ❷还(hái) still: 记忆～新 jìyì-yóuxīn be still fresh in one's mind/ 话～未了 huàyóu wèiliǎo as if he has sth more to say [犹豫 —yù]迟疑不决 hesitate; be irresolute

疣(****肬**) yóu ㄧㄡ 一种皮肤病,俗叫"瘊子",病原体是一种病毒,症状是皮肤上出现黄褐色的小疙瘩,不痛也不痒 wart, a kind of skin disease, popularly called hóuzi, the pathogen of which is a kind of virus, and the symptom is a small, hard, brown swelling on the skin that causes neither pain nor itch [赘疣 zhuì—]喻多余而无用的东西 anything superfluous and useless

莸(蕕) yóu ㄧㄡ ❶古书上说的一种有臭味的草 a stinking grass mentioned in ancient Chinese texts: 薰～不同器（喻好人和坏人搞不到一起）xūn yóu bù tóng qì fragrant herbs and stinking weeds can not be kept in one vessel (fig. good and bad people cannot stay together) ❷落叶小灌木,花蓝色,供观赏 a deciduous shrub with blue flowers, used for ornamentation

鱿 yóu ㄧㄡ 鱿鱼,又叫"柔鱼",生活在海洋中的一种软体动物,头像乌贼,尾端呈菱形,体白色,有淡褐色斑点。肉可吃 squid, also called róuyú, a member of various general of marine molluscs with rhombus-shaped tail, white body with light brownish spots, head resembling cuttlefish, and meat edible

由 yóu ㄧㄡ ❶介词,自,从 prep. from:～哪儿来 Yóu nǎr lái? Where are you from? /～上到下 yóu shàng dào xià from top to bottom ⑪ext. 经过 by; through; via: 必～之路 bìyóuzhīlù the only road/ 观其所～ guān qí suǒ yóu see where he came ❷原因 reason; cause (⑯comb. 原—yuán— cause):情～ qíngyóu the hows and whys/ 理～ lǐyóu reason; ground [由于 —yú]介词,表示原因,后面要说出结果来 prep. denoting reason, to be followed by the result:～～全厂工人的努力,生产任务很快

就完成了 Yóuyú quánchǎng gōngrén de nǔlì, shēngchǎn rènwu hěn kuài jiù wánchéng le. *Thanks to the efforts of all the factory workers, the production task was quickly finished.* ❸顺随，听从 be up to sb.; rest with sb.: ～着性子 yóuzhe xìngzi *do as one pleases*/ ～不得自己 yóubude zìjǐ *beyond one's own control* 剧 ext. 归属（done）by sb.: 此事应～你处办理 Cǐ shì yīng yóu nǐchù bànlǐ. *This matter should be dealt with by you.* ❹介词，凭借 prep. on the basis of; according to: ～此可知 yóu cǐ kě zhī *know from this*

邮（郵） yóu ㄧㄡ ❶邮递，由国家专设的机构传递信件 post; mail, the official system for collecting and delivering letters, parcels, etc.: ～信 yóu xìn *post a letter* ❷有关邮务的 postal; of mail: ～票 yóupiào *postage stamp; stamp*/ ～费 yóufèi *postal fee*/ ～局 yóujú *post office*

油 yóu ㄧㄡ ❶动植物体内所含的脂肪物质 oil; fat; grease; any of several types of fatty substance from animals or plants: 猪～ zhūyóu *lard*/ 花生～ huāshēngyóu *peanut oil* ❷各种碳氢化合物的混合物，一般不溶于水，容易燃烧 petroleum, a mixture of various hydrocarbon compounds, usu indissoluble in water and inflammable: 煤～ méiyóu *kerosene*/ 汽～ qìyóu *gasoline; petrol* ❸用油涂抹 apply oil, paint, etc: 用桐油一～就好了 yòng tóngyóu yī yóu jiù hǎo le *Paint it with tung oil, and it will be OK.* ❹被油弄脏 oily; greasy; stained or smeared with oil or grease: 衣服～一大片 Yīfu yóule yī dà piàn. *The coat has got a large oil stain.* ❺狡猾 tricky; slippery (叠 comb. —滑 —huá *slippery*): ～腔滑调 yóuqiāng-huádiào *speak glibly; have a glib tongue*/ 这个人太～

Zhège rén tài yóu. *That chap is too slippery.*

[油然 —rán] 1.充盛地 gathering; full: 天～～作云，沛然下雨 Tiān yóurán zuò yún, pèirán xiàyǔ. *Clouds were beginning to gather, and a copious rain began to fall.* 2.(思想感情) 自然而然地产生 (of thought and feeling) come up spontaneously or involuntarily: 敬慕之情～～而生 jìngmù zhī qíng yóurán ér shēng *A feeling of respect involuntarily comes up.*

柚 ㊀ yóu ㄧㄡ [柚木 —mù]落叶乔木，叶大，对生，花白色或蓝色。木材坚硬耐久，用来造船、车等 teak; teakwood, a deciduous tree with large opposite broadleaves and white or blue flowers. Its hard, close-grained timber can be used in shipbuilding and automobile production.

㊁ yòu 见 786 页 See p. 786

铀 yóu ㄧㄡ 一种放射性元素，符号 U，银白色，质地坚硬，能蜕变。把铀熔合在钢中做成铀钢，非常坚硬，可以制造机器。铀是产生原子能的重要元素 uranium, a hard silver-white radioactive element, melted into steel to make extremely hard uranium steel for machine production; also an important element in the production of atomic power; symbol: U

蚰 yóu ㄧㄡ [蚰蜒 —yan]像蜈蚣，比蜈蚣略小，体短而稍扁，足细长，触角长，多栖息阴湿处 common house centipede, similar to but smaller than centipede, with a short and flattish body with slender legs and long antennae, each with a pair of legs, usu. living in dark and damp places

鲉 yóu ㄧㄡ 鱼名。体侧扁，头部有许多棘状突起，生活在海洋中 scorpionfish, a marine fish with a flat-sided body and pimpled head

Y

莜 yóu ㄧㄡ [莜麦 —mài]也作"油麦"。一年生草本植物，花绿色，叶细长。茎叶可做牧草，种子可以吃 naked oats，also called yóumài，an annual herb with greenish flowers and slender leaves，stems and leaves used as herbage，and seeds edible

游(❷❹❺＊遊) yóu ㄧㄡ ❶人或动物在水里行动 swim，(of creatures) move through water (⊕ comb. 一泳 —yǒng swim)：～水 yóushuǐ swim/ ～鱼可数 yóuyú kě shǔ Swimming fish are countable. ❷不固定 rove；float；move about：～资 yóuzī idle fund/ ～牧 yóumù move about in search of pasture；rove a round as a nomad/ 击战 yóujīzhàn guerrilla war [游移 —yí]主意不定 (of attitude，idea) waver；vacillate ❸河流的一段 a section of a river；reach：上～ shàngyóu the upper reaches/ 下～ xiàyóu the lower reaches ❹闲逛，从容地行走 rove around；stroll；travel：～历 yóulì travel (for pleasure)/ ～玩 yóuwán go sight-seeing ❺交游，交往 associate with；make aquaintance ❻同"圝(yóu)" Same as "圝"

蝣 yóu ㄧㄡ 见 183 页"蜉"字条"蜉蝣(fú—)" See fúyóu under entry of fú，p. 183

輶 yóu ㄧㄡ ❶古代一种轻便的车 a light carriage in ancient times ❷轻 light

猷 yóu ㄧㄡ 计谋，打算 plan；scheme：鸿～(宏伟的计划) hóngyóu a great plan (a grand plan)

蝤 ⊖ yóu ㄧㄡ [蝤蛑 —móu]又叫"梭子蟹"。生活在海里的一种螃蟹，甲壳略呈梭形，肉味鲜美 also called suōzǐxiè，a type of crab living in sea water，with a shuttle-shaped shell and delicious meat

⊜ qiú 见 542 页 See p. 542

繇 ⊖ yóu ㄧㄡ 古书里同"由❶❹" Same as 由❶❹ in ancient Chinese texts.

⊜ yáo 见 753 页"徭" See 徭，p. 753

⊜ zhòu 见 854 页 See p. 854

圝 yóu ㄧㄡ (一子 —zi)捕鸟时用来引诱同类鸟的鸟，也作"游" decoy，a bird used to lure other birds into a trap，also called yóu：鸟～子 niǎoyóuzi a bird decoy

友 yǒu ㄧㄡ ❶朋友 friend：好～ hǎoyǒu good (or close) friends/ 战～ zhànyǒu comrade-in-arms/分清敌我 ～ fēnqīng dí wǒ yǒu distinguish between a friend and a foe 圙 ext. 有友好关系的 friendly：～军 yǒujūn friendly forces/ ～邦 yǒubāng friendly nations (or countries) ❷相好，互相亲爱 with good relationship；loving each other：～爱 yǒu'ài fraternal love/～好往来 yǒuhǎo wǎnglái friendly contacts (or exchanges)

有 ⊖ yǒu ㄧㄡ ❶跟"无"相反 antonym of wú：1. 表所属 have；possess：他～一本书 Tā yǒu yī běn shū. He has a book. / 我没～时间 Wǒ méiyǒu shíjiān. I have no time. 2. 表存在 denoting existence：那里～十来个人 Nàli yǒu shí lái ge rén. There are about ten people over there. / ～困难，办法 yǒu kùnnan，yǒu bànfǎ Where there is a problem，there is a solution. / ～意见 yǒu yìjiàn have a differing opinion 3. 表示发生或出现 indicating sth appearing or occurring：～病了 yǒu bìng le be ill/ 形势～了新的发展 Xíngshì yǒule xīn de fāzhǎn. The situation is changing. 4. 表示估量或比较 used in making an estimate or a comparison：水～一丈多深 Shuǐ yǒu yī zhàng duō shēn. The water is more than one zhang deep. / 他～他哥哥那么高了 Tā yǒu tā gēge nàme gāo le. He is as tall as his elder brother. 5. 表示大，多 used to express the idea of having plenty of：～学问 yǒu

Y

xuéwen *be quite a scholar*/ 〜经验 yǒu jīngyàn *be experienced* [有的是 —deshì]有很多,多得很 *have plenty of*; *there is no lack of* ❷用在某些动词前面表示客气 *used before certain verbs in polite formulas*：〜劳 yǒuláo *May I trouble you.*/ 请 yǒuqǐng（asking the visitor in）*This way, please.* ❸跟"某"相近 *certain*（similar to mǒu）：〜一天晚上 yǒu yī tiān wǎnshang *one evening*/ 〜人不赞成 Yǒu rén bù zànchéng. *Some people do not agree.* ❹用在"人,时候,地方"前面,表示一部分（used before rén, shíhou, dìfang）*some*; *part of*：〜人性子急,〜人性子慢 Yǒu rén xìngzi jí, yǒu rén xìngzi màn. *Some people are impetuous, other are mild.* ❺古汉语词头 *used as head word in ancient Chinese texts*：〜夏 yǒu-Xià *the Xia Dynasty*/ 〜周 yǒu-Zhōu *the Zhou Dynasty*

（二）yòu 见 786 页 See p. 786

销 yǒu 丨ㄡ 一种金属元素,符号 Eu *europium, a metallic element*; *symbol*：Eu

酉 yǒu 丨ㄡ ❶地支的第十位 *the tenth of the twelve Earthly Branches* ❷酉时,称下午五点到七点 *the period of a day from 5 p. m. to 7 p.m.*

卣 yǒu 丨ㄡ 古代一种盛酒的器皿 *an ancient small-mouthed wine vessel*

羑 yǒu 丨ㄡ [羑里 —丨ㄌ]古地名,在今河南省汤阴 *an ancient place in modern Tangyin, Henan Province*

莠 yǒu 丨ㄡ（一子—zi）狗尾草,一年生草本植物,样子 很像谷子 *green bristlegrass, an annual millet-like herb* fig. 品质坏的,不好的人 *bad*; *vicious*; *undesirable*：良〜不齐 liángyǒu-bùqí *the good and the bad are mixed up*

牖 yǒu 丨ㄡ 窗户 window

黝 yǒu 丨ㄡ 黑色 dark; swarthy：一张〜黑的脸 yī zhāng yǒuhēi de liǎn *a dark face*

又 yòu 丨ㄡ 副词 adv. ❶重复,连续,指相同的 repeated; in succession; again：他〜立功了 Tā yòu lìgōng le. *He rendered meritorious services again.*/ 今天〜下雨了 Jīntiān yòu xiàyǔ le. *It rained again today.* ❷表示加重语气、更进一层 used for emphasis：他〜不傻 Tā yòu bù shǎ. *He isn't stupid at all.*/ 你〜不是不会 Nǐ yòu bù shì bù huì. *It isn't that you don't know how to do it.* ❸表示平列关系 show parallelism in sentence structure：〜高〜大 yòu gāo yòu dà *be both tall and big*/ 〜多〜快 yòu duō yòu kuài *not only greater but also faster*/ 〜好〜省 yòu hǎo yòu shěng *not only better but also more economical*/ 我〜高兴,〜着急 Wǒ yòu gāoxìng, yòu zháojí. *I was both happy and excited.* ❹再加上,还有（used between a whole number and a fraction）and：十〜五年 shí yòu wǔ nián *ten and five years*/ 一〜二分之一 yī yòu èr fēn zhī yī *one and a half* ❺表示某种范围之外另有补充 in addition：穿上了棉袄〜加了一件皮背心 chuānshangle mián'ǎo yòu jiāle yī jiàn píbèixīn *put on a leather waistcoat in addition to a cotton-padded coat* ❻表示转折 used, sometimes in pairs, to indicate contrary actions or ideas：刚还想说什么,可〜把它忘了 Gāng hái xiǎng shuō shénme, kě yòu bǎ tā wàng le. *I wanted to add sth just now but I forgot what it was.*

右 yòu 丨ㄡ ❶跟"左"相对,面向南时靠西的一边 right, antonym of zuǒ, the side to the west when facing south：〜手 yòushǒu *the right hand*/ 〜边 yòubian *the right side* 转 trans. 西方(以面向南为准) west（when facing south）：江〜 jiāng yòu *west*

Y

of a river/ 山～ shān yòu *west of a mountain* ❷政治思想上属于保守的或反动的 the Right，belonging to the conservative or reactionary in political thinking：～倾 yòuqīng *Right deviation* ❸古以右为上，品质等级高的称右 regarded as higher or superior in quality or grade in ancient China：无出其～ wú chū qí yòu *second to none*；*matchless*；*unequalled* ❹崇尚，重视 favour；give emphasis to：～文 yòuwén *give emphasis to civil affairs* ❺古通"佑" Same as "佑" in ancient Chinese texts.

佑 yòu ㄧㄡˋ 帮助 assist；help

祐 yòu ㄧㄡˋ 保佑，迷信的人指神帮助 bless；protect（by god）

幼 yòu ㄧㄡˋ ❶年纪小，初出生的，跟"老"相反 young；underage，antonym of lǎo：～儿 yòu'ér *infant*；*child*/ ～虫 yòuchóng *larva*/ ～苗 yòumiáo *seedling* [幼稚 —zhì]年纪小的 young；naive ⑲fig. 知识见解浅薄、缺乏经验的 having or showing no (little) education or experience：思想～ sīxiǎng yòuzhì *naive in thought* ❷小孩儿 small child：扶老携～ fúlǎo-xiéyòu *hold the old by the arm and the young by the hand*/ ～有所养 yòu yǒu suǒ yǎng *The young are taken good care of*.

蚴 yòu ㄧㄡˋ 绦虫、血吸虫等的幼体 the larva of a tapeworm or the cercaria of a schistosome：毛～ máoyòu *miracidium*/ 尾～ wěiyòu *cercaria*

有 ⊖ yòu ㄧㄡˋ 〈古 arch.〉同"又❹" Same as "又❹"
⊜ yǒu 见 784 页 See p. 784

侑 yòu ㄧㄡˋ 在筵席旁助兴，劝人吃喝 press（sb to eat or drink）；urge：～食 yòushí *press sb to eat*

囿 yòu ㄧㄡˋ ❶养动物的园子 animal farm；enclosure；park；鹿～

lùyòu *deer farm*；*deer park* ❷局限，被限制 limited；hampered：～于成见 yòuyú chéngjiàn *be handicapped by prejudice*

宥 yòu ㄧㄡˋ ❶宽容，饶恕，原谅 excuse；pardon；forgive：～我 yòu wǒ *Excuse me*./ 请原～ Qǐng yuányòu. *Pardon*. ❷帮助 help

狖 yòu ㄧㄡˋ 古书上说的一种猴 a type of monkey mentioned in ancient Chinese texts

柚 ⊖ yòu ㄧㄡˋ 常绿乔木，种类很多。果实叫柚子，也叫文旦，比橘子大，多汁，味酸甜 shaddock；pomelo，an ever-green citrus tree bearing fruits，larger than orange，juicy and with a sweet and sour flavour. Its fruit is called yòuzi or wéndàn.
⊖ yóu 见 783 页 See p. 783

釉 yòu ㄧㄡˋ（—子 —zi）以石英、长石、硼砂、黏土等为原料制成的东西，涂在瓷器、陶器外面，烧制后发出玻璃光泽，可增加陶瓷的机械强度和绝缘性能 glaze，the glassy compound made from quartz，feldspar，borax，clay，etc.，coating on porcelain or pottery to make it lustrous，harder and better in insulation

鼬 yòu ㄧㄡˋ [黄鼬 huáng—]哺乳动物，俗叫"黄鼠狼"。毛黄褐色，遇见敌人能由肛门附近分泌臭气自卫，常捕食田鼠，毛可制狼毫笔 weasel，a mammal popularly called huángshǔláng，a small carnivorous mammal with yellowish brown fur，giving off a terrible smell from its hip for self-defence when it meets enemy，usu. preying on mice or small creatures；its hair can be used to make writing brush.

诱 yòu ㄧㄡˋ（旧读 old pron. yǒu）❶劝导、教导 guide；lead；induce：循循善～ xúnxún-shànyòu *be good at giving systematic guidance* ❷引诱，使用手段引人 lure；seduce；entice：

～敌 yòudí *lure the enemy*/ 利～ lìyòu *lure by promise of gain*

YU ㄩ

迂 yū ㄩ ❶曲折，绕远 round-about；winding：～回前进 yūhuí qiánjìn *advance by a roundabout route* ❷言行、见解陈旧不合时宜 cling to outworn words and deeds or ideas；pedantic (⪫comb. 一腐一忭 pedantic)：～论 yūlùn *impractical views*/ ～见 yūjiàn *pedantic ideas*

纡 yū ㄩ ❶弯曲，绕弯 winding；tortuous ❷〈古 arch.〉系，结 tie；fasten：～金佩紫（指地位显贵）yūjīn-pèizǐ *trailing in golden and purple* (meaning occupying a distinguished position)

於 ㊀ yū ㄩ 姓 a surname
　㊁ yú 见 788 页 See p. 788
　㊂ wū 见 683 页 See p. 683

淤 yū ㄩ ❶水里泥沙沉积 become silted up：～了好些泥 yūle hǎoxiē ní *be choked with silt* ❷河沟中沉积的泥沙 silt：河～ héyū *sludge from a riverbed*/ 沟～ gōuyū *silt from the bottom of a ditch* ❸同"瘀" Same as "瘀"

瘀 yū ㄩ 血液凝滞 the stoppage or slowing of the normal flow of blood：～血 yūxuè *stasis of blood*

于 yú ㄩˊ ❶介词 prep. 1. 在；in；at (indicating time or place)：写～北京 xiě yú Běijīng *written in Beijing*/ 生 ～ 1949 年 shēng yú yījiǔsìjiǔ nián *be born in 1949* 2. 对于，对：to：～人民有益 yú rénmín yǒuyì *be beneficial to the people*/ 忠～祖国 zhōngyú zǔguó *be faithful to one's country*/ 勇～负责 yǒngyú fùzé *be brave enough in shouldering the responsibility* 3. 给（giving or yielding）to：勿委过～人 wù wěiguò yú rén *Don't attribute faults to others.*/ 光荣归～党 guāngróng guīyú dǎng *Glory belongs to the Party.*/ 取之～民，用之～民 Qǔ zhī yú mín, yòng zhī yú mín. *What is taken from the people is used for the people.* 4. 自，由 from；out of；for：出～自愿 chūyú zìyuàn *on a volunteer basis* 5. 向（indicating direction）：问道～盲 wèndào-yúmáng *ask the blind the way; seek advice from one who can offer none* 6. 在形容词后，表示比较，跟"过"的意思相同 used after an adjective, indicating comparison, similiar to guò：霜叶红～二月花 Shuāngyè hóng yú èryuè huā. *The autumn leaves are redder than spring flowers.*/ 人民的利益高～一切 Rénmín de lìyì gāo yú yīqiè. *The people's interest is more important than everything else.* 7. 在动词后，表示被动 used after a verb, indicating a passive voice：见笑～大方 jiànxiào yú dàfāng *be laughed at by experts* (or scholars) [于是 —shì] 连词，表示两件事前后紧接 conj. (indicating one thing closely followed by another) hence；then；so：他听完报告，～～就回去了 Tā tīngwán bàogào, yúshì jiù huíqu le. *Now he had listened to the report he went home.* ❷姓 a surname

盂 yú ㄩˊ 一种盛液体的器皿 a broad-mouthed receptacle for holding liquid；jar：痰～ tányú *spittoon；cuspidor*/ 漱口～ shùkǒuyú *a jar for holding tooth-cleaning water*

竽 yú ㄩˊ 乐器名，像现在的笙 an ancient wind instrument, like modern reed pipe wind instrument [滥竽充数 làn—chōngshù]一个不会吹竽的人混在乐队里充数 pass oneself off as one of the players in an ensemble；be there just to make up the number ㊑fig. 没有真本领，占着工作岗位 fill a post without real qualifications

Y

与(與)

㊂ yú ㄩ 同"欤"Same as "欤".

㊀ yǔ 见 790 页 See p.790

㊁ yù 见 791 页 See p.791

玙(璵)

yú ㄩ 玙璠，美玉。也作"璠玙"yúfán，fine jade，also called fányú

欤(歟)

yú ㄩ 文言助词 auxiliary word of ancient Chinese ❶ 表示疑问 expressing doubt：在齐～? 在鲁～? Zài Qí yú? Zài Lǔ yú? *In the Qi State or in the Lu State?* ❷表示感叹 expressing exclamation：论者之言，一似管窥虎～ Lùnzhě zhī yán，yī sì guǎnkuī hǔ yú! *The speech made by the speaker is just like looking at a tiger through a bamboo tube, his view is limited.*

予

㊀ yú ㄩ 我 I；me

㊁ yǔ 见 790 页 See p.790

好

yú ㄩ 见 316 页"婕"字条"婕妤(jié—)" See jiéyú under entry of "jié"，p.316

余(❶-❸餘)

yú ㄩ ❶剩下来的，多出来的 surplus；spare (僾comb. 剩－shèng － *surplus*)：～粮 yúliáng *surplus grain*/ ～兴 yúxìng *lingering interest*/ 业～ yèyú *amateur*/ 不遗～力 bùyí-yúlì *spare no efforts* (or do one's utmost) ❷十、百、千等整数或度量单位后面的零头 (the remaining amount beyond a round figure of ten，hundred，thousand，etc. or a measure) odd；more than：十～人 shí yú rén *more than ten people*/ 三百～斤 sān bǎi yú jīn *over 300 jin*/ 两丈 liǎng zhàng yú *two odd Zhangs* ❸后；beyond；after：兴奋之～，高歌一曲 xīngfèn zhī yú，gāogē yī qǔ *At the moment of one's excitement, one sings heartily.* ❹我 I；me

馀(餘)

yú ㄩ 同"余❶❷❸"("餘"简化为"余"，用"余"意义可能混淆时，用"餘"。如文言句"馀年无多"。) Same as "yú❶❷❸" (used when the simplified form yú is confusing. e. g. yú nián wú duō in ancient Chinese texts).

狳

yú ㄩ 见 542 页"犰"字条"犰狳" See qiúyú under entry of qiú，p.542

畬

㊀ yú ㄩ 开垦过两年的地 farmland cultivated for two years

㊁ shē 见 579 页 See p.579

艅

yú ㄩ [艅艎 —huáng]古代一种大船 a type of big ship in ancient times

臾

yú ㄩ [须臾 xū—]片刻，一会儿 moment；instant

谀

yú ㄩ 谄媚，奉承 fawn on；toady to；flatter：～辞 yúcí *flattering words*；*flattery*

萸

yú ㄩ 见 855 页"茱"字条"茱萸" See zhūyú under entry of zhú，p.855

腴

yú ㄩ ❶肥 fat ❷胖 plump：丰～ fēngyú *full and round*；*buxom and fair* ❸肥沃 fertile：土地膏～ tǔdì gāoyú *fertile land*

鱼(魚)

yú ㄩ 脊椎动物的一类，生活在水中，通常身体侧扁，有鳞和鳍，用鳃呼吸，体温随外界温度而变化，种类很多。大部分可供食用或制造鱼胶 fish，any of many types of backboned aquatic creature，usu. with flat body，placoid scale and fins，breathing with gills，the blood temperature of which changes according to the temperature around it；mostly with edible flesh or used for making fish glue

渔

yú ㄩ ❶捕鱼 fishing；fishery：～船 yúchuán *fishing boat*/ ～业 yúyè *fishery* ❷谋取不应得的东西 take sth one is not entitled to：～利 yúlì *reap unfair gains*

於

㊀ yú ㄩ 同"于❶" Same as "于❶"

（二）yū 见 787 页 See p. 787

（三）wū 见 683 页 See p. 683

禺 yú ㄩˊ ❶古书上说的一种猴 a type of monkey mentioned in ancient Chinese texts ❷见 491 页"番"字条"番禺", p. 491 See Pānyú under entry of pān, p. 491

隅 yú ㄩˊ ❶角落 corner；nook：城～ chéngyú the corner of a city wall [隅反 —fǎn] 喻 fig. 因此知彼，能够类推 so to know the others；that can be reasoned by analogy [向隅 xiàng—]对着屋子的一个角落，喻得不到机会而失望 stand facing the corner of a room. fig. be disappointed for lack of opportunity ❷靠边的地方 an outlying place；border：海～ hǎiyú coastal areas；coastland

嵎 yú ㄩˊ ❶山弯曲的地方 the bending section of a mountain ❷同"隅" Same as "隅".

愚 yú ㄩˊ ❶傻，笨 stupid；foolish（叠 comb. —蠢—chǔn foolish）：～人 yúrén fool；simpleton/ ～昧无知 yúmèi-wúzhī ignorant 引 ext. 使愚蠢 make a fool of sb；fool [愚民政策 —mín zhèngcè]反动统治者为了便于统治人民而实行的使人民处于无知和闭塞状态的政策 obscurantist policy, a policy taken by the reactionary rulers to keep the people in ignorance or obscurantism for the purpose of controlling them ❷谦辞（a humble term）I：～见 yújiàn my humble opinion ❸愚弄，欺骗 deceive；make a fool of；dupe：为人所～ wéi rén suǒ yú be deceived

髃 yú ㄩˊ 肩髃，针灸穴位名 jiānyú, name of an acupuncture point

异 yú ㄩˊ〈古 arch.〉共同抬东西 lift up sth. with joint efforts

俞 （一）yú ㄩˊ ❶文言叹词，表示允许 interj. in ancient Chinese, expressing consent ❷姓 a surname

（二）shù 见 604 页 See p. 604

揄 yú ㄩˊ 拉，引 draw [揄扬 —yáng]称赞 praise

崳 yú ㄩˊ [崑崳 Kūn—]山名，在山东省东部 a mountain in the eastern part of Shangdong Province

逾（❶*踰） yú ㄩˊ ❶越过，超过 exceed；go beyond：～期 yúqī exceed the time limit ❷更，越发 more；even more：～甚 yúshèn even more

渝 yú ㄩˊ ❶变（多指感情或态度）（usu. of feeling or attitude）change；alter：始终不～ shǐzhōng-bùyú remain unchanged from beginning to end；steadfast ❷重庆市的别称 another name for Chongqing Municipality：成～铁路 Chéng-Yú tiělù a railway from Chengdu to Chongqing

愉 yú ㄩˊ 喜欢，快乐 pleased；happy；joyful（叠 comb. —快—kuài happy）：轻松～快 qīngsōng yúkuài happy and relaxed/ ～悦 yúyuè joyful；cheerful

瑜 yú ㄩˊ ❶美玉 fine jade ❷玉石的光彩 lustre of gems 喻 fig. 优点 virtues；good points：瑕不掩～ xiábùyǎnyú One flaw cannot obscure the splendour of the jade.

榆 yú ㄩˊ 榆树，落叶乔木，三四月开小花。果实外面有膜质的翅，叫榆荚，也叫榆钱。木材坚固可以制器物等。a deciduous tree, blooming in March or April, with small flowers and bearing winged fruit-samara, called yújiá or yúqiánr. Its wood is hard and used in making furniture.

觎 yú ㄩˊ 见 290 页"觊"字条"觊觎" See jìyú under entry of jì, p. 290

窬（❷*踰） yú ㄩˊ ❶门边小洞 small hole beside the door ❷从墙上爬过去 climb over a wall：穿～之盗（穿墙和爬墙的贼）chuānyúzhīdào a petty burglar (a

Y

thief or burglar who cuts through or climbs over a wall)

蝓 yú ㄩ 见 372 页 "蛞" 字条 "蛞蝓" See kuòyú under entry of kuò, p. 372

娱 yú ㄩ 快乐或使人快乐 give pleasure to; amuse (⨉ comb. 一乐—lè amusement): 文~活动 wényú huódòng recreational activities/ 自~ zìyú amuse oneself

虞 yú ㄩ ❶预料 predict: 以备不~ yǐ bèi bùyú be prepared for any contingency ❷忧虑 anxiety; worry: 无~ wúyú no worries ❸欺骗 cheat; deceive; fool: 尔~我诈 (互相欺骗) ěryú-wǒzhà each trying to cheat the other (or deception and fraud) ❹周代诸侯国名,在今山西省平陆东北 a state in the Zhou Dynasty, situated in the north-eastern part of modern Pinglu, Shanxi Province

雩 yú ㄩ 古代求雨的一种祭祀 a type of ceremony, offering sacrifices to gods pray for rain

舆 yú ㄩ ❶车中装载东西的部分 the part of a carriage for passengers or goods ❷车 carriage; chariot: 舍~登舟 shě yú dēng zhōu change from a carriage to a boat [肩舆一] 轿子 sedan chair ❸众人 public: ~论 yúlùn public opinion [舆情—qíng] 群众的意见和态度 public sentiment; popular feelings: 洞察~~ dòngchá yúqíng have a keen insight into public sentiment ❹疆域 area; territory: ~图 yútú map

敟 yú ㄩ 同 "渔❶" Same as "渔❶"

与(與) ㊀ yǔ ㄩ ❶介词,跟 prep. with: ~疾病作斗争 yǔ jíbìng zuò dòuzhēng fight with disease/ ~虎谋皮 yǔhǔ-móupí ask a tiger for its skin (or expect sb. to act against his own interests) ❷连词,和 conj. and: 批评~自我批评 pīpíng yǔ zìwǒ pīpíng criticism and self-criticism/ 父亲~母亲都来 Fùqīn yǔ mǔqīn dōu lái. Father and mother will come together. ❸ 给 give; offer: 赠~ zèngyǔ grant/ 交~本人 jiāoyǔ běnrén give sth. to the person concerned/ 与人方便 yǔ rén fāngbiàn give help to others; make things easy for others ❹交往 get along with; be on good terms with: 此人易~ Cǐ rén yì yǔ. It is easy to get along with him. / 相~ xiāngyǔ deal with sb. / 国 (相交好的国家) yǔguó allied states (friendly countries) ❺赞助 help; support: ~人为善 yǔrén-wéishàn help others with good intention

[与其 —qí] 连词,常跟 "宁"、"宁可"、"不如"、"不若" 等连用,表示比较 conj., (used correlatively with nìng, nìngkě, bùrú, bùruò, etc.) rather than; better than: ~~坐车,不如坐船 Yǔqí zuò chē, bùrú zuò chuán. It's better for you to go by ship than by bus.

㊁ yù 见 791 页 See p. 791

㊂ yú 见 788 页 See p. 788

屿(嶼) yǔ ㄩ (旧读 old pron. xù) 小岛 small island; islet (⨉ comb. 岛—dǎo— islands)

予 ㊀ yǔ ㄩ 给与 give; grant; bestow: 授~奖状 shòuyǔ jiǎngzhuàng award a certificate of merit/ ~以协助 yǔyǐ xiézhù give help (or support) to/ ~以处分 yǔyǐ chǔfèn give sb. punishment

㊁ yú 见 788 页 See p. 788

伛(傴) yǔ ㄩ 驼背 hunchback: ~人 yǔrén a hunchbacked person/ ~偻 (lǚ) yǔlǚ humpbacked

宇 yǔ ㄩ ❶屋檐 eaves ㊉ fig. 房屋 house; 庙~ miàoyǔ temple [眉宇 méi—] ㊉ trans. 仪表,风度 appearance; demeanour; bearing ❷上下四方,所有的空间 space; universe as exiting in space：～内 yǔnèi *all the world*［宇宙－zhòu］1. 同"宇❷" Same as "宇❷"。2. 指所有的空间和时间 universe；cosmos（as exiting in both time and space）

羽 yǔ ㄩ ❶羽毛，鸟的毛 feather；plume：～翼 yǔyì *wing* 〔⃝ ext. 翅膀 wing：振～高飞 zhènyǔ gāofēi *flutter and soar high* ❷古代五音"宫、商、角、徵（zhǐ）、羽"之一 a note of the ancient Chinese five-note scale "gōng, shāng, jué, zhǐ, yǔ", corresponding to 6 in numbered musical notation

雨 ㊀ yǔ ㄩ 空气中的水蒸气上升到天空中遇冷凝成云，再遇冷聚集成大水点落下来就是雨 rain, water drops falling from clouds formed by the condensation of water vapour when it rises up and meets cold air

㊁ yù 见 792 页 See p.792

俣 yǔ ㄩ 大 big；large

禹 yǔ ㄩ 传说是夏朝的第一个王，曾治平洪水 the reputed first founder of the Xia Dynasty, who harnessed floods

瑀 yǔ ㄩ 像玉的石头 jade-like stones

语 ㊀ yǔ ㄩ ❶话 language；tongue；words（⃝ comb. 一言 — yán language）：成～ chéngyǔ *idioms*/ ～文 yǔwén *Chinese*/ 外国～ wàiguóyǔ *foreign languages* ❷谚语或古语 proverb；set phrase；old saying：～云 yǔ yún *as the saying goes* ❸代替语言的动作或方式 nonlinguistic means of communication：手～ shǒuyǔ *gesture*/ 旗～ qíyǔ *flag signal*；*semaphore* ❹说 speak；say：不言不～ bùyán-bùyǔ *not say（or utter）a single word* / 默默不～ mòmò-bùyǔ *keep in silence*

㊁ yù 见 793 页 See p.793

圄 yǔ ㄩ 见 409 页"图"字条〔图圄（líng）〕See língyǔ under entry of líng, p.409

敔 yǔ ㄩ 古代一种打击乐器，击毙使演奏停止 an ancient percussion instrument for stopping the performance

龉 yǔ ㄩ 见 337 页"龃"字条"龃龉" See jǔyǔ under entry of jǔ, p.337

圉 yǔ ㄩ ❶养马的地方，也指养马的人 horse stable, also the person who raises the horse ❷〔图圉 líng—〕同"图圄" Same as língyǔ.

庾 yǔ ㄩ ❶露天的谷仓 an open-air enclosure for storing grain〔大庾岭 Dà—Lǐng〕山名，在江西、广东两省交界的地方 a mountain at the juncture of Jiangxi and Guangdong provinces ❷姓 a surname

瘐 yǔ ㄩ 瘐死，旧时称囚犯因受刑、冻饿、生病而死在监狱里（of a prisoner）die of disease, cold or hunger in the prison in former times

猶(**獝) yǔ ㄩ 见 741 页"猰"字字条"猰貐" See yàyǔ under entry of yà, p.741

瘉 yǔ ㄩ 恶劣，坏 corrupt；bad：～劣 yǔliè *of inferior quality*/ ～败（败坏）yǔbài *corrupt*；*rot*（degenerate）

与(與) ㊀ yù ㄩˋ 参与，参加 take part in；participate in：～会 yùhuì *participate in a conference*/ ～闻此事（参与并且得知此事的内情）yùwén cǐ shì *have a participant's knowledge of the matter*；*be in the know*

㊁ yǔ 见 790 页 See p.790

㊂ yú 见 788 页 See p.788

玉 yù ㄩˋ ❶矿物的一种，质细而坚硬，有光泽，略透明，可雕琢成簪环等装饰品 jade, a semi-transparent hard stone with fine grains and lustre, from which ornaments and jewellery are made ❷喻洁白或美丽 *fig.* pure；fair；beautiful：～颜 yùyán *fair complexion*/ 亭亭～立 tíngtíng-yùlì (of a woman) *fair, slim and graceful* (or stand gracefully) ❸敬辞 (a respectful expression) *your;* ～言 yùyán *your words*/ ～体 yùtǐ *your person; your health*/ 敬候～音 jìnghòu yùyīn *We are waiting to hear from you.*

钰 yù ㄩˋ 宝物 treasure

驭 yù ㄩˋ ❶驾驭（车马）ride (a horse carriage)：～车 yùchē *drive a carriage*/ ～马 yùmǎ *ride a horse* / ～手 yùshǒu *soldier in charge of pack animals* ❷统率，控制 lead; control：～下无方 yù xià wúfāng *have no method to control the subordinates*

芋 yù ㄩˋ 芋头，多年生草本植物，叶子略呈戟形，地下茎可以吃 taro, a perennial plant with edible thick roots and leaves somewhat like halberds

吁（籲） yù ㄩˋ 为某种要求而呼喊 appeal; plead; make a request for sth：～请 yùqǐng *implore; petition*/大声呼～ dàshēng hūyù *utter fervent speeches of appeal*
　　⊖ xū 见 726 页 See p. 726

聿 yù ㄩˋ 〈古 arch.〉助词，用在一句话的开头 aux. (used at the beginning of a sentence) then; and then

谷 ⊖ yù ㄩˋ [吐谷浑 Tǔ-hún]我国古代西部民族名 an ancient nationality in West China
　　⊖ gǔ 见 216 页 See p. 216

峪 yù ㄩˋ 山谷 valley; ravine

浴 yù ㄩˋ 洗澡 bath; bathe：～室 yùshì *bathroom* / 沐～ mùyù *have a bath; bathe*

欲（❶*慾） yù ㄩˋ ❶欲望，想得到某种东西或想达到某种目的的要求 desire, a yearning to get sth or achieve some goal;

食～ shíyù *appetite*/ 求知～ qiúzhīyù *desire for knowledge* ❷想要，希望 want; wish；～盖弥彰（想要掩饰反而弄得更明了）yùgài-mízhāng *the more concealed, the more conspicuous* (the more one tries to hide, the more one is exposed) ❸需要 need；胆～大而心～细 Dǎn yù dà ér xīn yù xì. *need to be bold but careful* ❹将要，在动词前，表示动作就要开始 (before a verb) be about to; be just going to：摇摇～坠 yáoyáo-yùzhuì *tottering; on the verge of collapse*/ 山雨～来风满楼 Shānyǔ yù lái fēng mǎng lóu. *The wind sweeping through the tower heralds a rising storm in the mountains.*

鹆 yù ㄩˋ 见 544 页"鸲"字条"鸲鹆" See qúyù under entry of qú, p. 544

裕 yù ㄩˋ ❶丰富，宽绰 abundant; plentiful：生活富～ shēnghuó fùyù *lead a rich life*/家里很宽～ Jiā li hěn kuānyù. *The family is well-off.* / 时间不充～ shíjiān bù chōngyù *not have ample* (or plenty of) *time* ❷使富足 make sb rich：富国～民 fùguó yùmín *make one's country and people rich*
[裕固族 —gùzú]我国少数民族，参看附表 one of the minorities in China; see Appendix

饫 yù ㄩˋ 饱 have eaten one's fill; full

妪（嫗） yù ㄩˋ 年老的女人 old lady; old woman

雨 ⊖ yù ㄩˋ 下（雨雪）(of rain or snow) fall：～雪 yùxuě *be snowing*
　　⊖ yǔ 见 791 页 See p. 791

郁（❶❷鬱） yù ㄩˋ ❶草木茂盛 lush; luxuriant ❷忧愁，愁闷 gloomy; depressed (叠 comb. 忧—yōu— *melancholy*) (叠 redup.)：～～不乐 yùyù-bùlè *melan-*

choly；gloomy ❸有文彩 elegant；refined(叠 redup.)：文采～～ wéncǎiyùyù displaying literary elegance ❹形容香气 strongly fragrant；馥～fùyù sweet-scented；sweet-smelling

育 yù ㄩˋ ❶生养 give birth to (逮 comb. 生－shēng－ bear)：生儿～女 shēng'ér-yùnǚ give birth to a child；have children/ 积极提倡计划生～ Jījí tíchàng jìhuà shēngyù. actively promote birth control ❷养活 rear；raise；bring up：～婴 yùyīng feed and take care of a baby/ ～蚕 yùcán raise silkworms/ ～林 yùlín grow trees ❸教育 educate：德～déyù moral education/ 智～ zhìyù intellectual development / 体～ tǐyù physical training

埇 yù ㄩˋ〈古 arch.〉肥沃的土地 fertile farmland

淯 yù ㄩˋ 淯河，水名，在河南省。也叫"白河" Yù Hé, a river in Henan Province；also called Bái Hé

昱 yù ㄩˋ ❶日光 sunlight；sunshine ❷光明 brightness

煜 yù ㄩˋ 照耀 shine；illuminate

狱(獄) yù ㄩˋ ❶监禁罪犯的地方 jail；prison, a building or place where criminals are kept (or locked up) as a punishment (逮 comb. 监－jiān－ prison) ❷官司，罪案 lawsuit；case：冤～ yuānyù an injust charge or verdict/ 文字～ wénzìyù imprisonment or execution of an author for writing sth considered offensive by the imperial court；literary inquisition

语 ㊁ yù ㄩˋ 告诉 tell；inform：不以～人 bù yǐ yù rén not to be divulged
㊀ yǔ 见 791 页 See p.791

彧 yù ㄩˋ 有文彩 have literary talent；literarily talented

域 yù ㄩˋ ❶在一定疆界内的地方 land within certain boundaries；

～外 yùwài outside the country ❷泛指某种范围 scope；limit：音～ yīnyù range；compass；register

阈 yù ㄩˋ ❶门坎 threshhold；door-sill ❷界限 limit；boundary：视～ shìyù scope of vision；field of vision

棫 yù ㄩˋ 古书上说的一种树 a tree mentioned in ancient Chinese texts

蜮(**魊) yù ㄩˋ 传说中一种害人的动物 a fabulous harmful animal：鬼～(喻阴险的人) guǐyù evil spirit；demon (fig. a treacherous person)

预 yù ㄩˋ ❶预先,事前 in advance；beforehand：～备 yùbèi prepare；get ready/ ～见 yùjiàn foresee；predict/ ～防 yùfáng prevent；guard against/ ～约 yùyuē make an appointment ❷加入到里面去 take part in (逮 comb. 参－cān－ participate)：我没有参～这件事 Wǒ méiyǒu cānyù zhè jiàn shì. I didn't take part in this./ 不必干～ bùbì gānyù There is no need to interfere.

蓣 yù ㄩˋ 见 602 页"薯"字条"薯蓣" See shǔyù under entry of shǔ, p.602

滪 yù ㄩˋ 见 747 页"滟"字条"滟滪堆"See yànyùduī under entry of yàn, p.747

豫 yù ㄩˋ ❶欢喜,快乐 pleased；delighted：面有不～之色 miàn yǒu bù yù zhī sè He shows a displeased expression. ❷同"预❶" Same as "预❶". ❸安闲,舒适 comfort；ease：忧劳兴国,逸～亡身 Yōuláo xīngguó, yìyù wángshēn. Care and diligence make a country prosperous, while idleness and pleasure lead to ruin. ❹河南省的别称 another name for Henan Province

谕 yù ㄩˋ ❶告诉,使人知道(旧指上级对下级或长辈对晚辈)(of superiors or elders) instruct; let others know: 面～ miànyù *instruct or tell sb in person*/ 手～ shǒuyù *personally written orders or instructions*/ 上～ shàngyù *imperial edict* ❷〈古 arch.〉同"谕" Same as "谕".

喻 yù ㄩˋ ❶比方 metaphor; analogy（⑯ comb. 比－bǐ－ *analogy*）:我给你打个比～ Wǒ gěi nǐ dǎ ge bǐyù. *Let me show you an anology.* ❷明白，了解 understand; know: 不言而～ bùyán'éryù *be self-evident*/ 家～户晓 jiāyù-hùxiǎo *known to every household* ❸说明，使人了解 explain; make clear: ～之以理 yù zhī yǐ lǐ *try to make sb see reason*

愈（❸*癒、❸*瘉） yù ㄩˋ ❶更，越 more: ～来～好 yùláiyù hǎo *better and better*/ ～甚 yùshèn *even more* ❷贤，好 be good; excel: 孰～（哪个好）Shú yù? *Which one is better?* ❸病好了 heal; recover（⑯ comb. 痊－quán－ *recover*）:病～ bìngyù *recover (from an illness)*

尉 ㊀ yù ㄩˋ ❶［尉迟 －chí］复姓 a two-character surname ❷［尉犁 －lí］地名，在新疆维吾尔自治区 a place in the Xinjiang Uygur (Uighur) Autonomous Region
　　㊁ wèi 见 676 页 See p. 676

蔚 ㊁ yù ㄩˋ 蔚县，在河北省 Yù Xiàn, a county in Hebei Province
　　㊀ wèi 见 677 页 See p. 677

熨 ㊀ yù ㄩˋ［熨帖 －tiē］［熨贴 －tiē］1. 妥帖舒服 suitable; appropriate 2.〈方 dial.〉(事情)完全办妥 (of a matter) be settled
　　㊁ yùn 见 804 页 See p. 804

遇 yù ㄩˋ ❶相逢，会面，碰到 meet; encounter : ～雨 yùyǔ *be caught in a rain* / 百年不～ bǎi nián bùyù *not occur even in a hundred years* / 不期而～ bùqī'éryù *meet without an appointment; meet by chance* ❷机会

chance; opportunity: 际～ jìyù *favourable turns in life*/ 佳～ jiāyù *spells of good fortune* ❸对待，款待 treat; receive: 可善～之 kě shàn yù zhī *You can give him a good treatment.* / 待～颇丰 dàiyù pō fēng *high salaries*

寓（*庽）yù ㄩˋ ❶居住 reside; live: ～所 yùsuǒ *residence*/ 暂～友人家 zàn yù yǒurén jiā *temporily live in a friend's home; be staying with a friend* ❷住的地方 residence; dwelling: 张～ Zhāng yù *Zhang's Residence*/ 公～ gōngyù *apartment house* ❸寄托，含蓄在内 imply; contain: ～言 yùyán *fable; allegory*/ ～意深刻 yùyì shēnkè *with a deep implied meaning* [寓目 －mù] 过眼，看 look over; have a look

御（❹禦）yù ㄩˋ ❶驾驶（车马）ride a horse carriage: ～车 yù chē *drive a carriage*/ ～者（赶车的人）yùzhě *a carriage driver* ❷称与皇帝有关的 of an emperor imperial: ～用 yùyòng *for the use of an emperor* ❸封建社会指上级对下级的管理，使用（of a superior in a feudal system）manage; control: ～下 yùxià *rule or control the masses* ❹抵挡 resist; kept out; ward off: 防～ fángyù *defense*/ ～敌 yùdí *resist the enemy*/ ～寒 yùhán *keep out the cold*

喬 yù ㄩˋ 喬云，象征祥瑞的彩云 colourful auspicious lucky clouds

潏 yù ㄩˋ 水涌出 (of water) flow out; gush out; surge

遹 yù ㄩˋ 遵循。多用于人名 follow; observe, usu. used in a person's name

燏 yù ㄩˋ 火光。多用于人名 firelight, usu. used in a person's name

鷸 yù ㄩˋ 鸟名。羽毛茶褐色，嘴、脚都很长，趾间无蹼，常在水边或田野

中捕吃小鱼、小虫和贝类 sandpiper; snipe,a type of long-billed brown marsh bird with long legs and webless toes, usu. preying on small fish, insects and shellfish on shores or in the fields [鹬蚌相争，渔翁得利 — bàng xiāngzhēng, yúwēng dé lì]喻两败俱伤，便宜了第三者 When the snipe and the clam grapple, it's the fisherman who stands to benefit (*fig*. Both sides suffer, but it's the third party that benefits from the tussle).

誉(譽) yù ㄩˋ ❶名誉，名声 reputation; fame: 荣～ róngyù *honour*/ 特指好的名声 especially good reputation:～满中外 yùmǎnzhōngwài *of world renown; famed in both China and foreign countries* ❷称赞 praise; eulogize (⟨连⟩ comb. 称—chēng—):～不绝口 yù bù juékǒu *praise profusely*

毓 yù ㄩˋ 同"育"，多用于人名 Same as 育, usu. used in a person's name

煜 yù ㄩˋ 暖，热 warm; hot:～热（闷热）yùrè *extremely hot* (sultry)/ 寒～失时 hányù shīshí *unseasonably cold and hot*

鬻 yù ㄩˋ 卖 sell; vend:～文为生 yù wén wéi shēng *make a living with one's pen*/ 卖官～爵 màiguānyùjué *sell official posts and titles*

YUAN ㄩㄢ

鸢 yuān ㄩㄢ 鸟名，即老鹰。身体褐色，常捕食蛇、鼠、蜥蜴等 kite, a type of large brown bird that usu. kills and eats snakes, rats, lizzards, etc. [纸鸢 zhǐ—]风筝 kite

智 yuān ㄩㄢ 眼睛枯陷 (of eyes) dried and sunken ⟨引⟩ ext. 干枯 dried-up:～井 yuānjǐng *a dried-up well*

鸳 yuān ㄩㄢ [鸳鸯 —yāng]水鸟名。羽毛颜色美丽，形状像凫(fú)，但比凫小，雌雄常在一起。文学上用来比喻夫妻 mandarin duck, a type of owls with beautiful plumage resembling wild duck but smaller, the male and female always staying together. Hence in Chinese literature it is used to refer to an affectionate couple.

鹓 yuān ㄩㄢ [鹓鸰 —chú]古代传说中的一种像凤凰的鸟 a fabulous bird, like phoenix, mentioned in ancient Chinese texts

箢 yuān ㄩㄢ 箢箕，用竹篾等编成的盛东西的器具 yuānjī, a container woven from thin bamboo strips

冤(*寃) yuān ㄩㄢ ❶冤枉，屈枉 treat unjustly; wrong: 鸣～ míngyuān *voice grievances*/ 伸～ shēnyuān *redress an injustice* ❷仇恨 hatred; enmity (⟨连⟩ comb. —仇—chóu *hatred*):～家 yuānjia *enemy; foe*/ ～孽 yuānniè *evil; misfortune* ❸欺骗 kid; fool: 不许～人 bùxǔ yuān rén *No kidding.* ❹上当，不合算 bad luck; loss; disadvantage: 白跑一趟，真～ Báipǎo yī tàng, zhēn yuān. *What a bad luck, nothing came of my trip.*

渊(淵) yuān ㄩㄢ 深水，潭 abyss; deep pool: 鱼跃于～ Yú yuè yú yuān. *Fish dive into the deep pool.* ⟨喻⟩ fig. 深 deep:～博（学识深而广）yuānbó (of knowledge) *broad and profound; erudite*

蜎 yuān ㄩㄢ 古书上指孑孓 wiggler or wriggler mentioned in ancient Chinese texts

元 yuán ㄩㄢ ❶开始，第一 first; primary (⟨连⟩comb. —始—shǐ *beginning*):～旦 Yuándàn *New Year's Day*/ ～月 yuányuè *January*/ ～年 yuánnián *the first year of an era or of the reign of an emperor* [元素 —

sù]在化学上,具有相同核电荷数的同一类原子的总称。现在已知的元素有 109 种 element,(of chemistry)any of the 109 or more substances that consist of atoms of the same kind[元音 —yīn]发音的时候,从肺里出来的气使声带颤动,在口腔的通路上不受阻碍而发出的声音,也叫"母音"。拼音字母 a, o, u 等都是元音 vowel, any one of the human speech sounds in which the breath is let out without any stop or any closing of the air passage in the mouth or throat that can be heard, also called mǔyīn. Phonetic letters a, o, u, etc. are all vowels. ❷为首的 chief; principal;～首 yuánshǒu *head of state*/ ～帅 yuánshuài *marshal*/ ～勋 yuánxūn *man of great merit*; *founding father* ❸构成一个整体的 unit; component;单～ dānyuán *unit*/ ～件 yuánjiàn *part*; *component* ❹朝代名(公元 1279—1368 年)。公元 1206 年,蒙古学儿斤斤·铁木真称成吉思汗。1271 年,国号改为元。1279 年灭南宋 the Yuan Dynasty (1279 — 1368). In 1206, the Mongolian chieftain proclaimed himself to be the emperor Chéngjísīhàn, and in 1271 changed the title of his reigning dynasty into Yuan, and later in 1279, he destroyed the Southern Song Dynasty. ❺同"圆❹" Same as "圆❹"

芫 ㊀ yuán ㄩㄢ 芫花,落叶灌木,开紫色小花,有毒,花蕾可入药 lilac daphne, a deciduous poisonous shrub with small purple flowers; buds used as medicine

㊁ yán 见 743 页 See p. 743

园(園) yuán ㄩㄢ ❶(一子 —zi、一儿 —r)种植菜蔬花果的地方 orchard or garden, a piece of land for growing vegetables, flowers or fruit trees [园地 —dì] 1. 菜园、花园、果园等的统称 a general term for vegetable plots, gardens and orchards 2. 比喻活动的范围 field or scope of certain activity:艺术～～ yìshù yuándì *the realm of art and literature* ❷(一儿 —r)供人游玩或娱乐的地方 a place for public recreation:公～ gōngyuán *park*/ 动物～ dòngwùyuán *zoo*

沅 yuán ㄩㄢ 沅江,发源于贵州省,东北流经湖南省注入洞庭湖 the Yuan Jiang River, originating in Guizhou Province, flowing northeastwards through Hunan Province and pouring into the Dongting Lake

鼋(黿) yuán ㄩㄢ 即鳖 soft-shelled turtle

员 ㊀ yuán ㄩㄢ ❶指工作或学习的人 a person engaged in work or study:学～ xuéyuán *student* (usu. in college)/ 演～ yǎnyuán *actor or actress*/ ❷指团体组织中的成员 member:党～ dǎngyuán *Party members*/ 团～ tuányuán *League members*/ 会～ huìyuán *member of an organization* ❸量词,用于武将 meas. for generals:一～大将 yī yuán dàjiàng *an able general* ❹周围 surroundings:幅～(指疆域) fúyuán *the area of a country's territory; the size of a country*

㊁ yún 见 802 页 See p. 802

㊂ yùn 见 803 页 See p. 803

圆 yuán ㄩㄢ ❶圆形,从它的中心点到周边任何一点的距离都相等 circle, a plane figure with a bounding edge, all points on which are equidistant from the point at the centre ❷像球的形状 ball-shaped:滚～ gǔnyuán *round as a ball*/ 滴溜儿～ dīliūryuán *perfectly round* ❸完备,周全 tactful; satisfactory:结果很～满 jiéguǒ hěn yuánmǎn *a satisfactory result* 㽅 ext. 使之周全(多指掩饰矛盾) make plausible; justify (usu. indicating covering up contradictions):自～其说 zìyuán-qíshuō *make one's statement valid*/ ～谎 yuánhuǎng *justify* oneself；*patch up a lie* ❹我国的本位货币单位。也作"元"yuán，the monetary unit of China；also yuán

垣 yuán ㄩㄢ ❶墙，矮墙 wall；low wall：断瓦颓～ duànwǎ-tuíyuán *broken tiles and dilapidated walls* ❷城 city：省～（省城）shěngyuán *provincial capital*

爰 yuán ㄩㄢ ❶于是 therefore；hence：～书其事以告 yuán shū qí shì yǐ gào *Therefore I have written ten an account of what happened for your information.* ❷何处，哪里 where：～其适归 Yuán qí shì guī？*Where do you want to return？*

援 yuán ㄩㄢ ❶引，牵 pull by hand；hold（⑱comb. 一引－yǐn *pull*）❷帮助，救助 help；aid；rescue（⑱comb. 一助－zhù *help*）：孤立无～ gūlì-wúyuán *isolated and cut off from help*/ 支～前线 zhīyuán qiánxiàn *send supplies to the front* ❸引用 quote；cite：～例 yuánlì *quote (or cite) a precedent*

湲 yuán ㄩㄢ ［潺湲 chán－］水流的样子 (of water) flowing slowly

媛 ㊀ yuán ㄩㄢ ［婵媛 chán－］1.（姿态）美好 (of a woman) lovely；beautiful 2. 牵连，相连 be joined；be related
㊁ yuàn 见 799 页 See p.799

袁 yuán ㄩㄢ 姓 a surname

猿（*猨）yuán ㄩㄢ 猴一类的动物，颊下没有囊，没有尾巴，猩猩、大猩猩、长臂猿等都是 ape，a large monkey without a tail or cheek pouch，such as gorilla，gibbon，etc.

辕 yuán ㄩㄢ ❶车辕子，车前驾牲畜的部分 shafts of a cart or carriage，the pair of poles between which a domestic animal is fastened. ❷辕门，旧时称军营的门 the outer gate of barracks in ancient times ⑲

ext. 旧时军政大官的衙门 the gate of any government or military official building in ancient times

原 yuán ㄩㄢ ❶最初的，开始的 primary；original；former（⑱comb. 一始－shǐ *original*；*primitive*）：～稿 yuángǎo *original manuscript* ⑲ ext. 没有经过加工的 unprocessed；raw：～油 yuányóu *crude oil* / ～煤 yuánméi *raw coal* ［原子－zǐ］构成元素的最小粒子 atom，any of the smallest particles of a chemical element ❷原来，本来 original；former：这话～不错 Zhè huà yuán bùcuò. *Originally，what he had said was not wrong.* / 打算去请他 Yuán dǎsuan qù qǐng tā. *We intended to invite him at first.* / 放还～处 fànghuán yuánchù *Return it to where you took it.* ❸谅解，宽容 excuse；pardon（⑱comb. 一谅－liàng *pardon*）：情有可～ qíngyǒukěyuán *excusable*；*pardonable* / 不可～谅的错误 bùkě yuánliàng de cuòwu *an unpardonable error* ❹宽广平坦的地方 vast open country plain：～野 yuányě *open country* / 平～ píngyuán *plain* / 高～ gāoyuán *highland* / 大草～ dà cǎoyuán *grasslands*；*prairie* ❺同"塬" Same as "塬".

塬 yuán ㄩㄢ 我国西北部黄土高原地区因流水冲刷而形成的高地，四边陡，顶上平 the highlands of the loessial plateau in the northwestern part of China with a level top and steep edges，formed by the erosion of water

源 yuán ㄩㄢ ❶水流所从出的地方 source of a river；fountainhead：泉～ quányuán *well-spring*；*fountainhead* / 河～ héyuán *riverhead* ［源源－－］继续不断 in a steady stream；continuously：～～而来 yuányuán'érlái *come in a steady (or continuous) stream* ❷事物的根由，来路 source；cause(of a thing)：来～

láiyuán *source*；*origin*/货～ huò-yuán *source of goods*；*supply of goods*/肥～ féiyuán *source of manure*

嫄 yuán ㄩㄢˊ 用于人名 used in a person's name

螈 yuán ㄩㄢˊ 见 557 页"蝾"字条"蝾螈"See róngyuán under entry of róng, p. 557

羱 yuán ㄩㄢˊ 羱羊，似羊而大，生活在高山地带，吃草本植物 ibex, any of several wild mountain goats in Europe and Asia, breeding on herbs

缘 yuán ㄩㄢˊ ❶因由，原因 reason；cause（愈 comb. 一故 —gù、一由 —yóu *reason*）：无～无故 wúyuán-wúgù *with no reason or cause*/没有～由 méiyǒu yuányóu *without any reason* ❷过去宿命论者指人与人的遇合或结成关系的原因（of fatalist）a cause that will predestine the relationship：姻～ yīnyuán *the happy fate which brings lovers together*/有～相见 yǒu yuán xiāngjiàn *have the lot to meet each other* ❸沿，顺着 a-long：～流而上 yuán liú ér shàng *go upward along the river*/～木求鱼（喻必然得不到）yuánmù-qiúyú *climb a tree to catch fish*（*fig.* a fruitless approach）❹边 edge；fringe（愈 comb. 边—biān— *edge*）❺因为 because（of）：～何至此 Yuánhé zhì cǐ? *Why have you come here?*

橼 yuán ㄩㄢˊ 见 337 页"枸"字条"枸橼"See jǔyuán under entry of jǔ p. 337

圜 ㊀ yuán ㄩㄢˊ 同"圆"Same as 圆
㊁ huán 见 264 页 See p. 264

远（遠） yuǎn ㄩㄢˇ ❶跟"近"相反 far, antonym of jìn 1. 距离长 distant；far away（in space）：路～ lù yuǎn *a long way to go*/住得～ zhù de yuǎn *live in a distant place* 2. 时间长 remote；faraway（in time）（愈 comb. 永—yǒng—、长—cháng— *long-term*）：作长～打算

zuò chángyuǎn dǎsuàn *make a long-term plan* ❷不亲密，不接近 distant（in relationship）：～亲 yuǎn-qīn *a distant relative*/敬而～之 jìng éryuǎnzhī *keep at a respectful distance from sb.* ❸(差别)大 great；big（of difference）：差得～ chà de yuǎn *with a great difference in between* ❹深远 profound；deep：言近旨～ yánjìn-zhǐyuǎn *The words are simple but carry a profound meaning.*

苑 yuàn ㄩㄢˋ ❶养禽兽植林木的地方，旧时多指帝王的花园 gardens；enclosed ground for growing trees，keeping animals，etc.；usu. gardens of a monarch in ancient times ❷（学术、文艺）荟萃之处 centre；gathering place（of academic research or art and literature）：文～ wényuàn *the literary world*/艺～奇葩 yìyuàn qípā *exotic flowers in the garden of literature；unusual literary works*

怨 yuàn ㄩㄢˋ ❶仇恨 resentment；enmity（愈 comb. 一恨—hèn *resentment*）❷不满意，责备 blame；complain：毫无～言 háowú yuànyán *without any complaint*/任劳任～ rènláo-rènyuàn *work hard*（bear hardship）*without complaint*/这事不能～他 Zhè shì bù néng yuàn tā. *He is not to blame for that.*［怨不得—bude］怪不得 no wonder

院 yuàn ㄩㄢˋ ❶(一子—zi、一儿—r)围墙里房屋四周的空地 courtyard；open area within the walls ❷某些机关和公共场所的名称 a designation for certain government offices and public places：法～ fǎyuàn *court of justice*/医～ yīyuàn *hospital*/戏～ xìyuàn *theatre* ❸专指学院 college；university；institute：高等～校 gāoděngyuànxiào *institutions of higher learning；universities and colleges*

垸 yuàn ㄩㄢˋ 〈方 dial.〉(-子 -zi) 湖南省、湖北省在江湖地带挡水用的堤圩 protective embankments built around houses or fields in riverside and lakeside areas in Hunan and Hubei Provinces

掾 yuàn ㄩㄢˋ 古代官署属员的通称 a general term for minor officials or subordinates in ancient times

媛 ⊖ yuàn ㄩㄢˋ 美女 a beautiful woman

⊜ yuán 见 797 页 See p. 797

瑗 yuàn ㄩㄢˋ 大孔的璧 a fine jade with a big hole

愿(❶-❸願) yuàn ㄩㄢˋ ❶乐意 be willing; be ready：甘心情～ gānxīn-qíngyuàn be of one's free will/自觉自～ zìjué-zìyuàn willingly; voluntarily ❷希望 hope; wish (叠 comb. 一望 一 wàng wish)：生平之～ shēngpíng zhī yuàn one's lifelong wish/如～以偿 rúyuàn-yǐcháng have one's wish fulfilled ❸迷信的人对神佛许下的酬谢 vow (made before Buddha or a god)：许～ xǔyuàn make a vow to a god/还～ huányuàn redeem a vow to a god ❹恭谨 respectful and cautious

YUE ㄩㄝ

曰 yuē ㄩㄝ ❶说 say：荀子～ Xúnzǐ yuē Xunzi says. / 其谁不然 Qí shéi yuē bùrán? Who said it was wrong? ❷叫做 call；name：名之～农民学校 míng zhī yuē nóngmín xuéxiào It was named "Peasant School."

约 ⊖ yuē ㄩㄝ ❶拘束，限制 restrict; restrain (叠 comb. 一束 — shù restrain) ❷共同议定的要遵守的条款 pact：条～ tiáoyuē agreement/立～ lìyuē draw up an agreement / 爱国公～ àiguó gōngyuē a patriotic treaty ❸预先说定 make an appointment；arrange：预～ yùyuē make an appointment/ 和他～好了 Hé tā yuēhǎo le. I have made an appointment with him. ❹请 ask or invite in advance：～他来 yuē tā lái Please invite him to come here. / 特记者 tèyuē jìzhě special correspondent ❺算术上指用公因数去除分子和分母使分数简化：(of maths) reduction of a fraction：5/10 可以～成 1/2 Shí fēn zhī wǔ kěyǐ yuēchéng èr fēn zhī yī. Five over ten can be reduced to one over two. ❻俭省 economical；frugal；save ❼节—jiéyuē practise economy; save ❼简单 simple；brief：由博返～ yóubó-fǎnyuē from complexity to simplicity ❽大约，大概，不十分确定的 about；around；approximately：～计 yuējì count roughly/ ～数 yuēshù approximate number; divisor/ 大～有五十人 dàyuē yǒu wǔshí rén There are about fifty people.

⊜ yāo 见 752 页 See p. 752

矱 yuē ㄩㄝ 尺度，标准 measure; scale

彟(彠) yuē ㄩㄝ 量度 measurement

哕(噦) yuě ㄩㄝ 呕吐 vomit; throw up：刚吃完药，都～出来了 gāng chīwán yào, dōu yuě chulai le throw up all the medicine that has just been taken [干哕 gān一] 要吐而吐不出东西来 feel sick; retch

月 yuè ㄩㄝ ❶月亮，地球的卫星，本身不发光，它的光是反射太阳的光 the moon, the only natural satellite of the earth, that does not shine but reflects sunlight [月食 一 shí][月蚀 一shí]地球在日、月中间成一条直线，遮住太阳照到月亮上的光 lunar eclipse, the obscuring, complete or partial, of the sun when the earth passes between it and the moon ❷计时单位，一年分十二个月 month, a time measure, one of the

12 named divisions of the year [月子 —zi]指妇人生产后一个月以内的时间 month of confinement after giving birth to a child：坐～～ zuò yuèzi be in confinement ❸形状像月亮的，圆的 full-moon-shaped；round；～饼 yuèbing moon cake／～琴 yuèqín a four-stringed plucked instrument with a full-moon-shaped sound box ❹按月出现或完成 monthly；(appear or finish) once a month；～经 yuèjīng menses；period／～刊 yuèkān monthly magazine／～票 yuèpiào monthly ticket／～报表 yuèbàobiǎo monthly reporting forms (or tables)

[月氏 —zhī]我国古代西部民族名 a nationality in the western part of ancient China

刖(**跀)　yuè ㄩㄝˋ 古代的一种酷刑，把脚砍掉 cutting off the feet (a form of punishment in ancient China)

玥　yuè ㄩㄝˋ 古代传说中的一种神珠 a fabulous magic pearl in ancient times

钥(鑰)　㊀ yuè ㄩㄝˋ 锁 lock [锁钥 suǒ—]㊋ fig. 1. 重要关键 key to a problem 2. 边防要地 strategic gateway (to an important centre or a major city)：北门～～ běimén-suǒyuè key to the North Gate (the north gate of an old fort at the Badaling section of the Great Wall northwest of Beijing.)

　㊁ yào 见 754 页 See p. 754

乐(樂)　㊀ yuè ㄩㄝˋ ❶音乐 music；奏～ zòuyuè play music [乐清 —qīng]地名，在浙江省 a place of Zhejiang Province ❷姓 a surname

　㊁ lè 见 384 页 See p. 384

栎(櫟)　㊀ yuè ㄩㄝˋ [栎阳 —yáng]地名，在陕西省临潼 a place in Lintong, Shaanxi Province

　㊁ lì 见 395 页 See p. 395

岳(❶*嶽)　yuè ㄩㄝˋ ❶高大的山 high mountain [五岳 Wǔ—]我国五座名山，即东岳泰山，西岳华山，南岳衡山，北岳恒山，中岳嵩山 the Five Sacred Mountains：the Eastern Mountain (Mount Tai) in Shandong Province, the Western Mountain (Mount Hua) in Shaanxi Province, the Southern Mountain (Mout Heng) in Hunan Province, the Northern Mountain (Mount Heng) in Shanxi Province, and the Central Mountain (Mount Song) in Henan Province. ❷称妻的父母或妻的叔伯 wife's parents or uncles：～父 yuèfù wife's father；father-in-law／叔～ shūyuè wife's uncle；uncle-in-law

说　㊂ yuè ㄩㄝˋ 古代同"悦"字 Same as "悦" in ancient Chinese texts

　㊀ shuō 见 609 页 See p. 609

　㊁ shuì 见 608 页 See p. 608

阅　yuè ㄩㄝˋ ❶看，察看 read；go over (㊋comb. 一览—lǎn read)：～报 yuèbào read newspapers／传～ chuányuè circulate for perusal／检～军队 jiǎnyuè jūnduì review troops ❷经历，经过 experience；pass through：～历 yuèlì experience／～世 yuèshì see the world

悦　yuè ㄩㄝˋ ❶高兴，愉快 happy；pleased (㊋comb. 喜—xǐ happy)：和颜—色 héyán-yuèsè delighted；have a kind face (or a genial expression)／心～诚服 xīnyuè-chéngfú feel a heartfelt admiration ❷使愉快 please；delight：～耳 yuè'ěr pleasing to the ear／赏心～目 shǎngxīn-yuèmù pleasing to both the eye and the mind

钺(**戉)　yuè ㄩㄝˋ 古代兵器名，像斧，比斧大些 a battle-axe used in ancient China

越　yuè ㄩㄝˋ ❶度过，超出 get over；jump over：1. 度过阻碍 get

over; surmount: 爬山～岭 páshān-yuèlǐng cross over hills and mountains 2. 不按照一般的次序,超出范围 exceed; overstep: ～级 yuèjí bypass the immediate leadership/ ～权 yuèquán overstep one's authority; ultra vires/ ～俎(zǔ)代庖(páo)(喻越职做别人应做的事) yuèzǔ-dàipáo exceed one's functions and meddle in other people's affairs (fig. take the other's job into one's own hands) ❷ 扬起,昂扬 (of one's voice or emotion) be at a high pitch: 声音清～ shēngyīn qīngyuè (of sound) clear and melodious ❸副词,越…越…,表示程度加深 adv. the more…the more…; more and more (indicating increasing degree): ～快～好 yuè kuài yuè hǎo the faster the better/ ～跑～有劲儿 yuè pǎo yuè jìnr The farther he ran the more energetic he became./ 我们的队伍～战～强 Wǒmen de duìwu yuè zhàn yuè qiáng. Our army grew stronger with the fighting./ 天气～来～暖和 Tiānqì yuèláiyuè nuǎnhuo It is getting warmer and warmer. [越发—fā]副词,更加 adv. all the more; even more: 今年的收成～～好了 Jīnnián de shōucheng yuèfā hǎo le. We are reaping an even better harvest. ❹抢夺 snatch; seize: 杀人～货 shārén-yuèhuò kill and plunder ❺周代诸侯国名,在今浙江省东部,后扩展到浙江省北部、江苏全省、安徽省南部及山东省南部。后来用做浙江省东部的别称 one of the Warring States into which China was divided during the Eastern Zhou period (770-256 B. C.), including the eastern part of modern Zhejiang Province and later the northern part of Zhejiang Province, the Whole of Jiangsu Province, the southern part of Anhui Province and the southern part of Shandong Province. Now used as another name for eastern Zhejiang; ～剧 yuèjù Shaoxing opera

樾 yuè ㄩㄝ 树荫凉儿 shade of a tree

跃(躍) yuè ㄩㄝ 跳 jump; leap (⊕ comb. 跳—tiào—jump): 飞～ fēiyuè fly over/ 龙腾虎～(喻生气勃勃、威武雄壮的姿态) lóngténg-hǔyuè dragons rising and tigers leaping (fig. with vigour and enthusiasm) / ～～欲试 yuèyuèyùshì eager to have a try [跃进—jìn] 1.跳着前进 leap forward 2. 极快地前进 advance rapidly: 向前～～ xiàng qián yuèjìn develop by leaps and bounds

粤 yuè ㄩㄝ 广东省的别称 another name for Guangdong Province [两粤 Liǎng—]指广东省和广西壮族自治区 Guangdong Province and the Guangxi Zhuang Autonomous Region

鸑(鸑) yuè ㄩㄝ [鸑鷟—zhuó]古书上指一种水鸟 a type of aquatic bird mentioned in ancient Chinese texts

龠 yuè ㄩㄝ ❶古代管乐器名 an ancient wind musical instrument ❷古代容量单位,两龠是一合 a unit of measure used in ancient China (two yuè equals one gě)

瀹 yuè ㄩㄝ ❶煮 boil: ～茗(烹茶) yuèmíng boil tea (cook tea) ❷疏导(河道) dredge (a river): ～济漯 Yuè Jǐ Tà dredge the Ji Ta River

籥 yuè ㄩㄝ 同"龠❶" Same as "龠❶"

籰(籰**)** yuè ㄩㄝ 〈方 dial.〉(—子—zi)绕丝、纱等的工具 tools used for winding silk or yarn

YUN ㄩㄣ

晕 ⊖ yūn ㄩㄣ 昏迷 dizzy; faint: 头～ tóuyūn have a dizzy spell ⊜见

ext. 头脑不清 muddleheaded

○ yùn 见 803 页 See p. 803

氲 yūn ㄩㄣ 见 770 页"氤"字条"氤氲" See yīnyūn under entry of yīn, p. 770

贇 yūn ㄩㄣ 美好。多用于人名 handsome; beautiful. usu. used in a person's name

云（③雲） yún ㄩㄣ ❶说 say：诗～ Shī yún The poem says/ 人～亦～ rényún-yìyún say what everybody says ❷文言助词，句首句中句末都用 aux. in ancient Chinese, used at the beginning, in the middle, or at the end of a sentence：～谁之思 Yún shéi zhī sī? Whom do you think of? / 岁～暮矣 Suì yún mù yǐ. The year is drawing to its end. / 盖记时也～ Gài jìshí yě yún. for the purpose of recording time ❸水蒸气上升遇冷凝聚成微小的水点成团地在空中飘浮叫"云" cloud, a mass of very small drops of water floating high in the air, formed from the condensation of rising vapour when meeting coldness：～集 (喻许多人或事物聚集在一起) yúnjí converge (fig. people or things coming together in crowds)

芸（②蕓） yún ㄩㄣ ❶芸香，多年生草本植物，花黄色，花、叶、茎有特殊气味，可入药 rue, a perennial herb with yellow flowers. Its flowers, leaves and stalks have a special fragrance, and can be used as medicine ❷［芸薹－tái］也叫"油菜"。二年生草本植物，花黄色，种子可榨油 rape, also called yóucài, a biennial herb with yellow flowers, grown for oil produced from its seeds

沄（②澐） yún ㄩㄣ ❶［沄沄－－］形容水流动 (of water) floating ❷大波浪 big wave; billow

纭 yún ㄩㄣ 数多而乱 numerous and disorderly ［纷纭 fēn－］(言论、事情等) 多而杂乱 (of opinions and matters) diverse and confused：众说～～ zhòngshuō-fēnyún Opinions are widely divided.

耘 yún ㄩㄣ 除草 weed：～田 yúntián weed the fields/ 春耕夏～ chūngēng xiàyún spring ploughing and summer weeding

匀 yún ㄩㄣ ❶平均，使平均 even; even up; divide evenly (逶 comb. 均－jūn－ even)：颜色涂得不～ yánsè tú de bù yún The colour is not evenly spread. / 这两份儿多少不均，～一～吧 Zhè liǎng fèn duōshǎo bùjūn, yún yī yún ba. These two shares are not equal. Please even them up. ❷从中抽出一部分给别人或做他用 spare a certain amount for the others or for other uses：把你买的纸～给我一些 Bǎ nǐ mǎi de zhǐ yúngěi wǒ yīxiē. Would you spare me some of the paper you bought? / 先～出两间房来给新来的同志 Xiān yúnchu liǎng jiān fáng lai gěi xīn lái de tóngzhì. Let's first spare two rooms for the new-comers.

昀 yún ㄩㄣ 日光。多用于人名 daylight; sunlight usu. used in a person's name

畇 yún ㄩㄣ 田地平坦整齐的样子 (叠 redup.) (of fields) level and well-cultivated

筼 ○ yún ㄩㄣ ❶竹皮 skin of bamboo ❷竹子 bamboo
○ jūn 见 345 页 See p. 345

鋆 yún ㄩㄣ (在人名中也读 jūn) 金子 (also pronounced as jūn in a person's name) gold

员 ○ yún ㄩㄣ 古人名用字 used in people's names in ancient times
○ yuán 见 796 页 See p. 796
○ yùn 见 803 页 See p. 803

郧 yún ㄩㄣ 郧县,地名,在湖北省 Yún Xiàn, a county in Hubei Province

涢 yún ㄩㄣ 涢水,水名,在湖北省 Yún Shuǐ, a river in Hubei Province

箳 yún ㄩㄣ [箳筜 —dāng]生长在水边的大竹子 big bamboo growing by the waterside

允 yǔn ㄩㄣ ❶答应,认可 allow; consent (⑤comb. 一许 —xǔ allow):没得到～许 méi dédào yǔnxǔ have not got permission/ 不～ bùyǔn refuse to consent ❷公平得当 fair; just:公～ gōngyǔn just and sound

狁 yǔn ㄩㄣ 见 701 页"猃"字条"猃狁" See xiǎnyǔn under entry of xiǎn, p. 701

陨 yǔn ㄩㄣ 坠落 fall from the sky or outer space:～石 yǔnshí aerolite

殒 yǔn ㄩㄣ 死亡 perish; die:～命 yǔnmìng meet one's death

孕 yùn ㄩㄣ 胎,怀胎 pregnant; pregnancy:有～ yǒuyùn get pregnant/ ～妇 yùnfù a pregnant woman

运(運) yùn ㄩㄣ ❶旋转,循序移动 motion; movement:日月～行 rìyuè yùnxíng The sun and the moon move. [运动 —dòng] 1.物理学上指物体的位置连续不断地变化的现象 motion; movement, (in physics) the continuous changing of positions of objects 2.哲学上指物质的存在形式和根本属性 motion (in philosophy), the nature or existing form of matters 3.各种锻炼身体的活动,如体操、游泳等 sports; exercises, various types of physical training, such as gymnastics, swimming, etc. 4.政治、文化、生产等方面开展的有组织的群众性活动 movement; campaign, organized political, cultural, or production mass activity:五四～～ Wǔ-Sì Yùndòng the May Fourth Movement of 1919/ 增产节约～～ zēngchǎn jiéyuē yùndòng the movement of increasing production and practising economy 5.为求达到某种目的而钻营奔走 curry favour with sb in authority for personal gains ❷搬送 carry; transport; ship (⑤ comb. 一输 —shū transport):～货 yùnhuò transport cargo (or goods)/ 客～ kèyùn passenger traffic/ 陆～ lùyùn land transportation ❸运用,灵活使用 use; wield; utilize:～思 yùnsī exercise one's mind (in writing)/ ～筹 yùnchóu draw up plans ❹指人的遭遇。特指迷信的人所说的命中注定的遭遇 fortune; luck; fate, a power that predetermines events:幸～ xìngyùn fortunate; lucky/ 走好～ zǒu hǎoyùn have good luck

酝(醞) yùn ㄩㄣ 酿酒,也指酒 ferment (wine), also wine:佳～ (好酒) jiāyùn good wine [酝酿 —niàng]造酒材料加工后的发酵过程 ferment; brew, the process of a chemical change produced by enzymes in the production of alcoholic beverages ⑩fig. 事前考虑或磋商使条件成熟 have a preliminary informal discussion:大会前要进行～～ dàhuì qián yào jìnxíng yùnniàng We should have some deliberations before the meeting.

员 ㊂ yùn ㄩㄣ 姓 a surname
㊀ yuán 见 796 页 See p. 796
㊁ yún 见 802 页 See p. 802

郓 yùn ㄩㄣ [郓城 —chéng]地名,在山东省 a place in Shandong Province

恽 yùn ㄩㄣ 姓 a surname

晕 ㊀ yùn ㄩㄣ ❶日光或月光通过云层时因折射作用而在太阳或月亮周围形成的光圈 halo, a bright circle of light surrounding the sun or moon caused by the refraction of light in mists：日～ rì yùn *solar halo*/ 月～而风 yuèyùn' érfēng *There will be a wind when a lunar halo appears.* ❷头发昏 dizzy；faint：一坐船就～ yī zuò chuán jiù yùn *feel dizzy whenever one gets on a ship*

(三) yūn 见 801 页 See p. 801

愠 yùn ㄩㄣ 怒，怨恨 angry；irritated：面有～色 miàn yǒu yùnsè *with an angry look*

缊 yùn ㄩㄣ 新旧混合的丝绵 old silk floss：～袍 yùnpáo *a gown padded with old silk floss*

韫（韞） yùn ㄩㄣ 藏，收藏 conceal；collect；store up：～椟而藏诸（收在柜子里藏起来吗） Yùn dú ér cáng zhū? *Should we store it up in the cabinet?* / 石～玉而山辉 Shí yùn yù ér shān huī. *The stone that contain jade make the whole mountain glorious.*

蕴 yùn ㄩㄣ 包含，储藏 hold in store；contain（⏠ comb. 一藏 yùncáng *hold in store*）：我国石油～藏量很大 Wǒguó shíyóu yùncángliàng hěn dà. *Our country is rich in petroleum reserves.*

韵（* 韻） yùn ㄩㄣ ❶语音名词 a noun of phonetics 1. 韵母，字音中声母、声调以外部分，包括介音在内，如"堂(táng)"的韵母是 ang，"皇(huáng)"的韵母是 uang 1. the final of a syllable, the syllable minus the initial, including a medial, e.g. ang of táng, and uang of huáng. 2. 字音中声母、介音、声调以外的部分，如"堂(táng)皇(huáng)"都是 ang 韵。又如 an、ian、uan、üan 是四个韵母，同是 an 韵：the syllable minus the initial and the medial, e.g. ang in táng and huáng or an in an, ian, uan, and üan：～文 yùnwén *literary composition in rhyme；verse*/ 押（xié)～ yāyùn *rhyme*/ 叶（xié)～ xiéyùn *rhyme* ❷有节奏的声音 rhythmical (or musical) sound：琴～悠扬 qínyùn yōuyáng *Sweet music was being played on the lute.* ❸风致，情趣 charm；grace：风～ fēngyùn (of a woman) *graceful bearing*

熨 (一) yùn ㄩㄣ 用烙铁、熨斗把衣布等烫平 iron；press clothes smooth by using an iron ［熨斗 — dǒu]烧热后用来烫平衣服的金属器具 flatiron；iron, a heavy metallic object heated and used for making clothing and cloth smooth

(二) yù 见 794 页 See p. 794

ZA　ㄗㄚ

扎(*紥、紮) ⊜ zā ㄗㄚ **❶** 捆，缠束 tie up; bind；～辫子 zā biànzi tie up one's plaits/ ～腿 zā tuǐ bind up one's leg **❷** 把儿，捆儿 handful of; a bundle of；一～线 yī zā xiàn a bundle of thread

⊖ zhā 见 815 页 See p. 815

⊜ zhá 见 816 页 See p. 816

匝(*帀) zā ㄗㄚ **❶** 周 circle; circumference；绕树三～ rào shù sān zā circle a tree three times **❷** 满，环绕 surround; encircle；柳阴～地 liǔyīn zādì The willow trees cast their shadows all around.

咂 zā ㄗㄚ **❶** 舌头与腭接触发声 make a sound by pressing the tongue against the roof of the mouth；～嘴 zāzuǐ make clicks **❷** 吸，呷 sip；～一口酒 zā yī kǒu jiǔ take a sip of wine **❸** 仔细辨别 taste carefully；～滋味 zā zīwèi savour

拶 ⊖ zā ㄗㄚ 逼迫 force; compel

⊜ zǎn 见 808 页 See p. 808

杂(雜、*襍) zá ㄗㄚ **❶** 多种多样的，不单纯的 miscellaneous; sundry; mixed；～色 zásè variegated; particoloured/ ～事 záshì miscellaneous affairs/ ～技表演 zájì biǎoyǎn acrobatic performance/ 人多手～ rénduōshǒuzá The more people, the more confused hands. [杂志 －zhì]把许多文章集在一起印行的期刊 magazine, a periodical publication of writings by different authors **❷** 掺杂，混合 mix；

mingle：夹～ jiāzá be mixed up **❸** 正项或正式以外的 miscellaneous；～费 záfèi incidental expenses/ ～牌儿军 zápáirjūn inferior brand army unit

砸 zá ㄗㄚ **❶** 打，捣 pound; tamp；～钉子 zá dīngzi pound (or drive) a nail/ ～地基 zá dìjī tamp the foundations solid **❷** 打坏，打破 break; smash；碗～了 Wǎn zá le. The bowl is broken./ ～碎铁锁链 zásuì tiěsuǒliàn smash the shackles **❸** 失败 fail：这件事搞～了 Zhè jiàn shì gǎozá le. The job was bungled.

咋(**啈) ⊖ zǎ ㄗㄚ〈方dial.〉怎，怎么 how; why：～好 Zǎ hǎo? What should we do? / ～办？Zǎ bàn? What's to be done?

⊜ zé 见 813 页 See p. 813

⊜ zhā 见 815 页 See p. 815

臜 za ·ㄗㄚ[腌臜 ā－]不干净 dirty; filthy

ZAI　ㄗㄞ

灾(*災、*烖) zāi ㄗㄞ **❶** 水、火、荒旱等所造成的祸害 calamity, disaster caused by floods, fire, droughts, etc.：战胜～害 zhànshèng zāihài overcome the disasters/ 旱～ hànzāi drought **❷** 个人的不幸遭遇 personal misfortune; adversity：飞～ fēizāi unexpected disaster/ 招～惹祸 zhāozāi-rěhuò invite trouble; court disaster

甾 zāi ㄗㄞ 有机化合物的一类，广泛存在于动植物体内。胆固醇和许多种激素都属于甾类化合物。在医药上应用很广 steroid, a type of organic compound in the body of living things, including sterols and numerous hormones; widely used in medicine

哉 zāi ㄗㄞ 文言助词 auxiliary word in ancient Chinese texts 1. 表疑问或反问 asking a question or making a retort：有何难～? Yǒu hé nán zāi? *What's so difficult about it?* /岂有他～? Qǐ yǒu tā zāi? *What else? or How could there be other way?* 2. 表感叹 used in exclamations：呜呼哀～! Wūhū-āizāi! (formerly used in funeral orations) *Alas!* / 诚～斯言! Chéng zāi sī yán! *What sincere remarks you've made!*

栽 zāi ㄗㄞ ❶ 种植 transplant; plant; grow：～菜 zāi cài *grow vegetables*/ ～树 zāi shù *plant trees* 㧖 ext. 安上，插上 stick in; insert：～牙刷 zāi yáshuā *put in a toothbrush*/ ～绒 zāi róng *synthetic tuft*/ ～赃 zāizāng *plant stolen or banned goods on sb.; fabricate a charge against sb.* ❷(-子 -zi)秧子，可以移植的植物幼苗 young plant; seedling：桃 ～ táozāi *peach seedlings*/ 树 ～ 子 shùzāizi *young trees* ❸跌倒 tumble; fall：～跟头 zāi gēntou *fall* / ～了一跤 zāile yī jiāo *trip and fall*

仔 ㊀ zǎi ㄗㄞ 〈方 dial.〉同"崽" Same as "崽".
　㊁ zǐ 见 871 页 See p. 871
　㊂ zī 见 869 页 See p. 869

载 ㊀ zǎi ㄗㄞ ❶年 year：一年半～ yīnián-bànzài *in a year or so* ❷记在书报上 record; put down in writing (㊌comb. 记-jì- *record*)：历史记～lìshǐ jìzǎi *historical record*/ 登～ dēngzǎi *publish* (in newspapers or magazines)/ 刊～ kānzǎi *carry in newspapers*/ 转 ～ zhuǎnzǎi *reprint sth. that has been published elsewhere*
　㊁ zài 见 807 页 See p. 807

宰 zǎi ㄗㄞ ❶杀牲畜 slaughter; butcher (㊌comb. 一杀、屠一一shā *slaughter*, tú- *butcher*)：猪 ～ zhū *butcher pigs*/ ～鸡 zǎi jī *kill chickens* ㊋ fig. 向买东西或接受服务的人索取高价 overcharge; soak; fleece：挨～ āizǎi *be overcharged*/ ～人 zǎirén *soak sb.* ❷主管，主持 govern; rule：主 ～ zhǔzǎi *dominate; dictate*/ ～制 zǎizhì *rule; dominate* ❸古代官名 warden; prefect in ancient times：太～ tàizǎi (court) *warden* [宰相 一xiàng]古代掌管国家大事的最高的官 prime minister in feudal China); chancellor; the chief minister of the state in ancient times

崽 zǎi ㄗㄞ ❶〈方 dial.〉小孩子 small children ❷(-子 -zi、-儿 -r) 幼小的动物 young animal

再 zài ㄗㄞ 副词 adv. ❶表示又一次(有时专指第二次) again; once more (esp. the second time)：一而～，～而三 yī ér zài, zài ér sān *time and again*/ 一 ～ 表 示 yīzài biǎoshì *declare it over and over again*/ ～版 zàibǎn *second edition* [再三 一sān]副词,不止一次地,一次又一次地 adv. repeatedly; time and time again：～～考虑 zàisān kǎolù *consider sth. over and over again* ❷表示事情或行为重复、继续,多指未然(与"又"不同) used to indicate the repetition or continuity of an action yet to take place (different from "又")：明天～来 míngtiān zài lái *Come here again tomorrow.* / 雨不会～下了 Yǔ bùhuì zài xià le. *It will not rain any longer.* ❸连接两个动词,表示先后的关系 (used to connect two verbs, indicating one action preceding the other) then; only then：吃完饭～去学习 chīwán fàn zài qù xuéxí *Have your meal and then go to study.* / 把材料整理好了～动笔写 bǎ cáiliào zhěnglǐ hǎo le zài dòngbǐ xiě *Get the materials settled before you begin to write.* ❹更,更加 (used before adjectives) more; even more：～好没有了 zài hǎo méiyǒu le *It couldn't be any better.* / ～大一点儿就好了 zài dà yīdiǎnr jiù hǎo le *It will* be better if it is a bit bigger. ❺表示另外有所补充 in addition; on top of that：～则 zàizé moreover; furthermore; besides/ 盘里放着葡萄、鸭梨，～就是苹果 Pánr li fàngzhe pútao, yālí, zài jiùshì píngguǒ. There are grapes, pears, as well as apples in the plate.

在 zài ㄗㄞ ❶存在 exist; be alive：革命者青春常～ gémìngzhě qīngchūn chángzài The revolutionaries are always young. / 人～阵地在 rén zài zhèndì zài fight to death in defence of one's position ❷存在于某地点 be at, in or on (a place)：书～桌子上呢 Shū zài zhuōzi shang ne. The book is on the table. / 我今天晚上～家 Wǒ jīntiān wǎnshang zài jiā. I'll be at home this evening. ㉫ext. 留在，处在 be on the job or at the post：～职 zàizhí be at one's post ❸在于，关系于某方面，指出着重点 lie in; consist in (the key point)：事在人为 shìzàirénwéi Human effort is the decisive factor. or Success lies in one's effort. / 学习进步，主要～自己努力 Xuéxí jìnbù, zhǔyào zài zìjǐ nǔlì. Making progress in one's study depends mainly on one's own efforts. [在乎－hu] 1. 同"在❸" Same as "在❸" 2. (－hu)关心注意 (－hu) care about; mind; take to heart：满不～～ mǎn bu zàihu not care in the least ❹副词，正在，表示动作的进行 adv. used to indicate action in progress：会议～进行 huìyì zài jìnxíng The meeting is going on. / 我～看报 Wǒ zài kàn bào. I am reading a newspaper. ❺介词，表示事情的时间、地点、情形、范围等 prep. at, in or on (a place, time, situation or scope, etc)：～晚上读书 zài wǎnshang dúshū study in the evening/ ～礼堂开会 zài lǐtáng kāihuì have a meeting in the auditorium/ ～这种条件之下 zài zhè zhǒng

tiáojiàn zhīxià under this condition ❻"在"和"所"连用，表示强调 used with suǒ, for emphasis：～所不辞 zàisuǒbùcí will not refuse under any circumstances/ ～所不计 zàisuǒbùjì be irrespective of/ ～所难免 zàisuǒnánmiǎn can hardly be avoided

载 ㊀ zài ㄗㄞ ❶用交通工具装 load (a vehicle)：装～ zhuāngzài load/ ～货 zàihuò carry cargo (or freight)/ ～重汽车 zàizhòng qìchē lorry; truck/ 满－而归 mǎnzài'érguī return (home) with full load ❷充满 all over (the road); everywhere (along the way)：怨声－道 yuànshēng-zàidào Complaints were heard everywhere. / 风雨－途 fēngyǔ-zàitú Storm swept over in the midway. ❸乃，于是(古文里常用来表示同时做两个动作) and; as well as (indicating two actions happening at the same time in ancient Chinese texts)：～歌～舞 zàigē-zàiwǔ festively singing and dancing ❹姓 a surname

㊁ zǎi 见 806 页 See p. 806

ZAN ㄗㄢ

糌 zān ㄗㄢ [糌粑 －ba]青稞麦炒熟后磨成的面，是藏族的主食 roasted highland barley flour, a staple food of the Zang Nationality (Tibetan)

簪 zān ㄗㄢ ❶(－子 －zi、－儿 －r)用来绾(wǎn)住头发的一种首饰，古时也用它来帽子别在头发上 hairpin, also used to fasten hat and hair in ancient times ❷插，戴 wear in one's hair：～花 zān huār wear flowers in one's hair

咱 (*喒、*偺) zán ㄗㄢ 代词 pron. ❶我 I, me：～不懂他的话 Zán bù dǒng tā de huà. I don't understand what he

says. ❷咱们 we；us：～穷人都翻身
了 Zán qióngrén dōu fānshēn le. *We,
the poor people, have now stood up.*
[咱们 —men]"我"的多数，跟"我们"
不同，包括听话的人在内 we or us，
(including both the speaker and the
person or persons spoken to)：同志，
你别客气，～～军民是一家嘛
Tóngzhì, nǐ bié kèqi, zánmen jūn-
mín shì yìjiā ma. *Comrades, please
don't stand on the ceremony. We, the
army and the people, are all one
family.*

捚 ⊖ zǎn ㄗㄢ 压紧 press or
squeeze hard [捚指 —zi]旧时夹
手指的刑具 sticks for squeezing a
person's fingers (as a torture in old
China) [捚指 —zhǐ]旧时用捚子夹
手指的酷刑 squeeze a person's fin-
gers between sticks (a torture in old
China)

⊖ zā 见 805 页 See p.805

旵 zǎn ㄗㄢ 姓 a surname

嗺 zǎn ㄗㄢ ❶叼，衔 hold in the
mouth ❷咬 bite

攒(**儧) ⊖ zǎn ㄗㄢ 积聚，
积蓄 accumulate；
collect；hoard (匎comb. 积 — jī—
accumulate)：～粪 zǎn fèn *gather
manure*／～钱 zǎn qián *save money*

⊖ cuán 见 99 页 See p.99

趱 zǎn ㄗㄢ ❶赶，快走 hurry (or
rush) through：～路 zǎnlù *hurry
on one's journey*／紧～了一程
jǐn zǎnle yìchéng *hurry through a
part of the journey* ❷催促，催逼
urge；hasten：～马向前 zǎn mǎ
xiàng qián *urge on a horse*

暂(*蹔) zàn ㄗㄢ 暂时，短时
间 temporarily；for
the time being；for the moment：～
行条例 zànxíng tiáolì *provisional
regulations*／～停 zàntíng *suspend*／
此事～不处理 cǐ shì zàn bù chǔlǐ

The matter is laid aside for the time
being.

鏨 zàn ㄗㄢ ❶(—子—zi)凿石头的
小凿子 engraving tool；chisel ❷
在金石上雕刻 engrave on gold or
stone：～花 zàn huār *carve patterns
or flowers*／～字 zàn zì *carve charac-
ters*

赞(*贊、❷❸*讚) zàn ㄗㄢ ❶
帮助 sup-
port；assist：～助 zànzhù *aid*；*assis-
tance* [赞成 —chéng] 1. 表示同意 a-
gree；approve：大家都～～他的意见
Dàjiā dōu zànchéng tā de yìjiàn.
Everyone agreed to his idea. 2. 助人
成功 help sb. accomplish sth. ❷夸
奖，称扬 praise；commend (匎
comb. —许—xǔ、—扬—yáng、称
—chēng — praise)：～不绝口 zàn-
bùjuékǒu *be profuse in praise* ❸旧时
文体的一种 eulogy, an old writing
style：像～ xiàngzàn *an inscription
eulogizing the subject of a portrait*／
小～ xiǎozàn *a small appraisal*

瓚 zàn ㄗㄢ 古代祭祀时用的一种像
勺的玉器 a jade cup used in liba-
tion in ancient times

ZANG　ㄗㄤ

赃(贜、**賍) zāng ㄗㄤ 赃
物，贪污受贿
或偷盗所得的财物 booty，goods
stolen by thieves or embezzled or re-
ceived in bribes：追～ zhuīzāng *or-
der the return of stolen goods*／退～
tuìzāng *give up ill-gotten gains*

脏(髒) ⊖ zāng ㄗㄤ 不干净
filthy；dirty：衣服～了
yīfu zāng le *The clothes are dirty.*／
把～东西清除出去 bǎ zāng dōngxi
qīngchú chuqu *get rid of these dirty
things*

⊖ zàng 见 809 页 See p.809

牂 zāng ㄗㄤ 母羊 ewe；she-goat

臧 zāng ㄗㄤ 善,好 good; right [臧否 —pǐ]褒贬,评论,说好说坏 pass judgement; appraise, talk about: ～～人物 zāngpǐ-rénwù *pass judgement on people*

驵 zǎng ㄗㄤˇ 好马,壮马 fine horse; steed [驵侩 —kuài]马侩,进行牲畜交易的中间人,也泛指牙商 horse broker, a person who did business for another, esp. in buying or selling domestic animals; also broker in general

脏(臟) 〇 zàng ㄗㄤˋ 身体内部器官的总称 a general term for the internal organs of the body: 内～ nèizàng *internal organs*/五～六腑 wǔzàng-liùfǔ *the internal organs of the human body*

〇 zāng 见 808 页 See p. 808

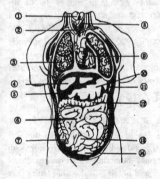

人体内脏
internal organs of human body

① 喉头 hóutóu throat
② 气管 qìguǎn trachea
③ 肺 fèi lungs
④ 肝脏 gānzàng liver
⑤ 胆囊 dǎnnáng gallbladder
⑥ 空肠 kōngcháng jejunum
⑦ 盲肠 mángcháng caecum
⑧ 甲状腺 jiǎzhuàngxiàn thyroid gland
⑨ 心脏 xīnzàng the heart
⑩ 胃 wèi stomach
⑪ 脾脏 pízàng spleen
⑫ 结肠 jiécháng solon
⑬ 回肠 huícháng ileum
⑭ 膀胱 pángguāng bladder

奘 〇 zàng ㄗㄤˋ ❶壮大,多用于人名。玄奘,唐代一个和尚的名字 strong; usu. used in a person's name, such as xuánzàng, a famous monk of the Tang Dynasty ❷〈方 dial.〉说话粗鲁,态度生硬 rude in words; stiff in manner

〇 zhuàng 见 864 页 See p. 864

葬 zàng ㄗㄤˋ 掩埋死人,泛指处理死者遗体 bury; inter, indicating ridding of dead body in a general sense: 埋～ máizàng *entomb*, *bury*/火～ huǒzàng *cremation* [葬送 —sòng] ⑩ fig. 断送,毁灭 ruin, spell an end to: ～～前程 zàngsòng qiánchéng *ruin one's career*/～～幸福 zàngsòng xìngfú *put an end to one's happy life*

藏 〇 zàng ㄗㄤˋ ❶储放东西的地方 storing place: 宝～ bǎozàng *treasure*; *precious deposits* ❷佛教,道教经典的总称 a general term for Buddhist or Taoist scriptures: 大～经 Dàzàngjīng *Buddhist scriptures*/道～ dàozàng *the Taoist Canon* [三藏 sān—]佛教经典"经"、"律"、"论"三部分。唐玄奘(zàng)号三藏法师 Buddhism Tripitaka (or Threefold Canon) (consisting of doctrinal records, writings on discipline, and writings on metaphysics). The famous Tang Monk Xuanzang was named Master of Threefold Canon. ❸西藏自治区的简称 the shortened form for the Tibet Autonomous Region

[藏族 —zú]我国少数民族,参看附表 the Zang (Tibetan) nationality, an ethnic minority nationality in China; see Appendix

〇 cáng 见 58 页 See p. 58

ZAO ㄗㄠ

遭 zāo ㄗㄠ ❶遇见,碰到 meet with; encounter (逾 comb. 一遇

Z

zāoyù meet with)：～灾 zāozāi be hit by a natural calamity/ ～难 zāonàn suffer disaster/ ～殃 zāoyāng meet with misfortune（or difficulties）❷（一儿 一r）量词 meas. 1. 圈儿，周round：用绳子多绕两～ yòng shéngzi duō rào liǎng zāor wind the string around several times more/ 我去转了一～. Wǒ qù zhuànle yī zāor. I've been out for a walk. 2. 回，次time；turn：一～生，两～熟 yī zāor shēng, liǎng zāor shú Strangers at first meeting become familiar at the next.

糟 zāo ㄗㄠ ❶做酒剩下的渣子 distillers' grains；grains［糟粕 一pò］㊝ fig. 无价值的东西 waste matter；worthless things：取其精华，去其～ qǔ qí jīnghuá, qù qí zāopò absorb the quintessence and discard the waste matter ❷用酒或酒糟腌制食品 pickle with grains or in wine：～鱼 zāo yú fish pickled with grains or in wine/ ～豆腐 zāo dòufu pickled bean curd ❸腐烂，朽烂 rotten；poor：木头～了 Mùtou zāo le. The board is rotten. / 布～了 Bù zāo le. The cloth is decomposed. ❹坏 in a wretched state；事情～了 Shìqing zāo le. make a mess of sth. ［糟蹋 一ta］［糟踏 一ta］作践，不爱惜 waste；ruin；spoil：不许～～粮食 bùxǔ zāota liángshi Don't waste grain.

凿（鑿） záo ㄗㄠ ❶（一子 一zi）挖槽或穿孔用的工具 chisel, a metal tool used for cutting into or shaping a solid material ❷穿孔，挖掘 cut a hole；chisel or dig：一个眼 záo ge yǎnr bore a hole/ ～井 záo jǐng sink a well ［穿凿 chuān一］对于讲不通的道理，牵强附会，以求其通 give a farfetched interpretation ❸〈古 arch.〉器物上的孔，是容纳枘（ruì）的 mortise, a hole cut in a piece of wood or stone to receive the spe-

cially shaped end（tenon）and thus forming a joint ❹明确，真实（叠redup.）certain；authentic（㊝comb. 确一 一què irrefutable）：证据确～ zhèngjù quèzáo The evidence is conclusive. / 言之～～ yán zhī quèzáo say sth. with certainty

早 zǎo ㄗㄠ ❶太阳出来的时候 morning, the first part of the day, the time when the sun rises（㊝comb. 一晨 一chen morning）：一大～就开会去了 yīdàzǎo jiù kāihuì qù le (He) went to the meeting early in the morning. / ～饭 zǎofàn break-fast/ ～操 zǎocāo morning exercises ❷时间靠前，在一定时间以前 early；in advance：～起～睡身体好 Zǎo qǐ zǎo shuì shēngtǐ hǎo. Early to rise and early to bed makes a man healthy. / 那是很～的事了 Nà shì hěn zǎo de shì le. It happened a long time ago. / 我～就预备好了 Wǒ zǎojiù yùbèi hǎo le. I've got it ready for a long time. / 开车还～着呢 Kāichē hái zǎo zhe ne. There is still plenty of time before the train starts.

枣（棗） zǎo ㄗㄠ 枣树，落叶亚乔木，枝有刺，开小黄花，果实叫枣子或枣儿，椭圆形，熟时红色，可以吃 jujube；（Chinese）date, a deciduous tree with thorns on stems, blooming small yellow flowers and bearing oval edible fruits that become red when ripe［黑枣（儿）hēi一r］黑枣树，落叶乔木，跟柿树同属一科，果实叫黑枣儿，可以吃 date-plum persimmon, a deciduous tree of the persimmon family with black edible fruits called hēizǎor

蚤 zǎo ㄗㄠ ❶屹蚤（gèzao），跳蚤，昆虫名，赤褐色，善跳跃，寄生在人畜的身体上，吸血液，能传染鼠疫等疾病 flea, any of a group of small brown jumping insects, parasitizing human beings or domestic animals by sucking blood；able to infect diseases such as the plague ❷〈古 arch.〉同 "早" Same as "早"

澡 zǎo ㄗㄠˇ 洗澡，沐浴，洗全身 bath：～盆 zǎopén *bathtub*/ 堂 zǎotáng *public baths*；*bathhouse*

璪 zǎo ㄗㄠˇ ❶古代刻在玉上或画在衣裳上的水藻花纹 algae-shaped pattern carved in a piece of jade or drawn on clothes in ancient times ❷古代垂在冕上穿玉的五彩丝绦 colourful ribbons hanging from a crown for threading pieces of jade in ancient times

藻 zǎo ㄗㄠˇ ❶隐花植物的一大类，没有真正的根、茎、叶的分化，有叶绿素，可以自己制造养料。种类很多，海水和淡水里都有 algae, a member of a large group of cryptogamic plants, without differentiation of roots, stems or leaves, but nourishing itself with chlorophyll, living either in seawater or in fresh water ❷华丽的文辞 literary embellishment：～饰 zǎoshì *embellishments in writing*/ 辞～ cízǎo *flowery language* [藻井 —jǐng]我国民族形式的建筑物天花板上一方一方的彩画 sunk panel；caisson ceiling (ceiling decorated with blocks of drawing of Chinese characteristics)

皂（*皁） zào ㄗㄠˋ ❶黑色 black：～鞋 zào xié *black shoes*/ 不分～白(喻不问是非) bùfēn-zàobái *make no distinction between black and white (fig. make no distinction between right and wrong)* ❷差役 yamen runner：～隶 zàolì *yamen runner* ❸[皂角 —jiǎo][皂荚 —jiá]落叶乔木，枝上有刺，结的长荚叫"皂角"或"皂荚"，可供洗衣去污用 Chinese honey locust, a deciduous tree with thorns on branches, bearing long pods used for washing clothes [肥皂 féi—]胰子，用碱和油脂等制成的洗濯用品 soap, a cleaning agent made from alkali, fats,

etc.

唣（*唕） zào ㄗㄠˋ[罗唣 luó—]吵闹 quarrelsome；argumentative

灶（竈） zào ㄗㄠˋ用砖土等垒成的生火做饭的设备 kitchen range；cooking stove constructed with bricks, etc.

造 zào ㄗㄠˋ ❶制作，做 make；build；create (⑯comb. 制—zhì—make)：～船 zàochuán *shipbuilding*/ ～林 zàolín *afforestation*/ ～句 zàojù *make sentences* ⑨ext. 瞎编 cook up；invent；concoct：～谣 zàoyáo *cook up a story and spread it around*/ 捏～ niēzào *fabricate* ❷成就 achievements：～诣 zàoyì *academic or artistic attainments* ❸培养 train；educate：深～ shēnzào *take an advanced course of study or training* ❹到，去 go to；arrive at：～访 zàofǎng *pay a visit*；*call on*/ 登峰极～ dēngfēng-zàojí *reach the peak of perfection* ❺相对两方面的人，法院里指诉讼的两方 one of the two parties in a legal agreement or a lawsuit：两～ liǎngzào *both parties (in a lawsuit)*/ 甲～ jiǎzào *Side A*/ 乙～ yǐzào *Side B* ❻稻子等作物从播种到收割一次叫一造 crop, the period between sowing and harvesting rice：一年两～ yī nián liǎng zào *two crops a year*

[造次 —cì]仓卒，匆促 hurried；hasty：～之间 zàocì zhījiān *in one's hurry；in a moment of haste* ⑨ext. 鲁莽，草率 rash；impetuous：不敢～ bùgǎn zàocì *dare not act rashly*

慥 zào ㄗㄠˋ(叠 redup.)忠厚诚实的样子 honest and sincere in manner

簉 zào ㄗㄠˋ 副，附属的 vice；secondary

噪（❷*譟） zào ㄗㄠˋ ❶许多鸟或虫子乱叫 (of

birds, insects, etc.) chirp: 鹊~ què zào the cry of the magpie/蝉~ chán zào the chirping of cicadas ⑤ ext. 声音杂乱 a confusion of voices：~音 zàoyīn noise ❷许多人大声吵嚷（of crowds of people) uproar; shout and cry：聒~ guōzào noisy; clamorous/鼓~而进 gǔzào ér jìn advance with an uproar ❸（名声）广为传扬（of fame) widely known; famous：名~一时 míngzào yīshí gain some fame for a time; be a celebrity for a time

燥 zào ㄗㄠˋ 干dry（ᴀcomb. 干—gān－ dry)：~热 zàorè dry and hot/天气干~ tiānqì gānzào The climate is very dry.

躁 zào ㄗㄠˋ 急躁，性急，不冷静 rash; impetuous; restless：性情暴~ xìngqíng bàozào quick tempered/戒骄戒~ jièjiāo-jièzào guard against conceit and rashness

ZE ㄗㄜ

则 zé ㄗㄜˊ ❶模范 model; example：以身作~ yǐshēn-zuòzé set an example with one's own conduct ❷规则，制度，规程 standard; norm; criterion：办事细~ bànshì xìzé detailed rules and regulations in working [法则 fǎ－]事物之间内在的必然的联系。也叫"规律" rule, relationship between cause and effect. Also called guīlu。[四则 sì－]算术里指加、减、乘、除四种方法 the four fundamental operations of arithmetics (i. e. addition, subtraction, multiplication and division) ❸效法 imitate; follow：~先烈之言行 zé xiānliè zhī yánxíng follow the example of the martyrs in words and deeds ❹连词 conj. 1.表示因果关系，就，便（used to indicate cause, condition, etc)：兼听~明，偏信~暗 jiāntīng zé míng, piānxìn zé àn Listen to both sides and you will be enlighted; heed only one side and you will be benighted. 2.表示转折，却（used to indicate concession, contrast, etc.）：今~不然 jīn zé bùrán But it is different today. 3.表示两件事在时间上前后相承（used to indicate one action after another)：预备铃一响，~学生陆续走进教室 Yùbèilíng yī xiǎng, zé xuésheng lùxù zǒujìn jiàoshì. When the preparatory bell tolls, students go into the classroom one after another. ❺表示肯定判断的词，乃是（used to indicate affirmative judgement) be：此~余之罪也 cǐ zé yú zhī zuì yě This is my fault. ❻用在一、二、三…等数字后，列举原因或理由 used to list reasons, numbered by one, two, three, etc.：一~房子太小，二~参加的人太多，以致室内拥挤不堪 Yī zé fángzi tài xiǎo, èr zé cānjiā de rén tài duō, yǐzhì shìnèi yōngjǐ bùkān. The room was overcrowded; For one thing the room was too small, for another there were too many attendants. ❼跟"做"义相近，宋、元、明小说戏剧里常用 same as 做（do), usu used in novels or plays in the Song, Yuan, and Ming Dynasties：~甚（做什么）zé shèn What for? / 不~声 zéshēng Keep silent. ❽量词，指说文的条数 meas. (in writing) piece; item：试题三~ shìtí sān zé three examination questions/新闻两~ xīnwén liǎng zé two items of news/随笔一~ suíbǐ yī zé an informal essay

责 zé ㄗㄜˊ ❶责任，分（fèn）内应做的事 duty; responsibility：我们要对人民负~ Wǒmen yào duì rénmín fùzé. We should hold ourselves responsible to the people. / 尽~jìnzé do one's duty/ 爱护公物，人人有~ Àihù gōngwù, rénrén yǒu zé. It is everybody's duty to take good care of public property. ❷要求 demand;

require：求全～备 qiúquán-zébèi *demand perfection*/～己严于～人 zé jǐ yán yú zé rén *demand oneself more strictly than do the others* [责成－chéng]要求某人负责办好 charge sb with a task：这个问题已～～专人研究解决 Zhège wèntí yǐ zéchéng zhuānrén yánjiū jiějué. *Someone has already been specially assigned for the research and solution of this problem.* ❸指摘过失，责备 reproach；blame；reprove：～罚 zéfá *punish*/斥～chìzé *rebuke*；denounce ❹责问，质问，诘（jié）问 call sb to account；question ❺旧指为惩罚而打 beat as a punishment in former times：鞭～biānzé *flog*；*lash*/杖～zhàngzé *beat with a stick*，*cane*，*etc.*

〈古 arch.〉又同"债(zhài)" Same as "债(debt)"

啧 zé ㄗㄜˊ 争辩 argue；debate：～有烦言(很多人说不满意的话) zéyǒufányán *There are a lot of complaints.* [啧啧 ——] 1. 形容咂嘴或说话声 clicking the tongue；chattering：～～称羡 zézé-chēngxiàn *click the tongue in admiration*/ 人言～～rényán-zézé *There are a good deal of unfavourable comment.* 2. 鸟鸣声(of birds) chirping

帻 zé ㄗㄜˊ 古代的一种头巾 man's headdress in ancient times

箦 zé ㄗㄜˊ 床席 bed mat made of strips of bamboo

赜 zé ㄗㄜˊ 深奥 subtle；abstruse：探～索隐 tànsé-suǒyǐn *investigate and trace the hidden mysteries* (of things)

咋 ㊀ zé ㄗㄜˊ ❶大声呼叫 cry out loudly ❷咬，啃 bite；snap at [咋舌 —shé]形容因惊讶、害怕而说不出话来 too surprised or afraid to speak
㊁ zǎ 见 805 页 See p. 805
㊂ zhā 见 815 页 See p. 815

迮 zé ㄗㄜˊ ❶〈古 arch.〉狭窄 narrow：～狭 zéxiá *narrow* ❷姓 a surname

笮 ㊀ zé ㄗㄜˊ 姓 a surname
㊁ zuó 见 880 页 See p. 880

舴 zé ㄗㄜˊ [舴艋 —měng]小船 a small boat

择(擇) ㊀ zé ㄗㄜˊ 挑拣，挑选 select；choose（⊕ comb. 选 — xuǎn — *choose*)：不～手段 bùzé-shǒuduàn *resort to any and all means*/ ～善而从 zéshàn'ércóng *choose and follow what is good*/ ～友 zéyǒu *choose friends*
㊁ zhái 见 818 页 See p. 818

泽(澤) zé ㄗㄜˊ ❶水积聚的地方 pool；pond，an area of water：大～dàzé *a large area of water*/ 水乡～国 shuǐxiāng-zéguó *lands that bounds in rivers and lakes* ❷光泽，金属或其他物体发出的光亮 lustre（of metals or other things）：色～鲜明 sèzé xiānmíng *with both good colour and lustre* ❸湿damp；moist：润～rùnzé *moist*；*sleek* ❹恩惠 favour；beneficence：恩～ēnzé *bounties bestowed by a monarch or an official*

仄 zè ㄗㄜˋ ❶倾斜 slope；slant [仄声 —shēng]古汉语中上声、去声、入声的总称 oblique tones，i. e. the falling-rising tone，the falling-tone and the entering tone in classical Chinese pronunciation ❷狭窄 narrow ❸心里不安 feel sorry：歉～qiànzè *feel apologetic*

昃 zè ㄗㄜˋ 太阳偏西 the sun past the meridian；afternoon

侧 ㊀ zè ㄗㄜˋ 同"仄" Same as "仄". [侧声 —shēng]同"仄声" Same as 仄声
㊁ cè 见 60 页 See p. 60
㊂ zhāi 见 818 页 See p. 818

ZEI ㄗㄟ

贼 zéi ㄗㄟˊ ❶偷东西的人，盗匪 thief；burglar ⑩ ext. 严重危害

人民和国家的坏人 traitor；enemy；evildoer who is seriously harmful to the people and the country：工 ～ gōngzéi scab；*blackleg* 卖国 ～ màiguózéi *traitor* (to one's country) ❷伤害 harm；injure ❸邪的，不正派的 wicked，evil；furtive：～ 眼 zéiyǎn *shifty eyes*；*furtive glance*/头 ～ 脑 zéitóu-zéinǎo *behaving stealthily like a thief* ❹〈方 dial.〉狡猾 cunning；deceitful：老鼠真 ～ Lǎoshǔ zhēn zéi. *Rats are really cunning.* ❺〈方 dial.〉很，非常 very；rather：～冷 zéi lěng *very cold*/～亮 zéi liàng *rather bright*

鲗 zéi ㄗㄟˊ 乌鲗，乌贼，又叫"墨鱼"或"墨斗鱼"，软体动物，有墨囊，遇危险放出墨汁逃走，生活在海中。肉可吃。墨汁叫鲗墨，可制颜料 cuttlefish；inkfish，also called mòyú or mòdǒuyú，an edible marine cephalopod mollusc possessing a bony internal shell and the ability to eject a black fluid from a sac when being attacked，the black ink of which can be used as dyestaff

ZEN ㄗㄣ

怎 zěn ㄗㄣˇ 如何 why；how：～样 Zěnyàng？*How is it?* / 办 Zěnbàn？*What to do?* ［怎么 —me］代词，询问性质、状态、方式、原因等 (*pron.* inquiring nature，state，manner，reason，etc.)what；why；how：你 ～ ～ 也知道了 Nǐ zěnme yě zhīdao le. *How did you know it?* / 这是 ～ ～ 回事 Zhè shì zěnme huí shì？*What's all this about?* /"难"字 ～ ～ 写 "难 (nán)" zì zěnme xiě？*How do you write the character "难 (nán)"?*

谮 zèn ㄗㄣˋ 说坏话诬陷别人 falsely charge the others；slander

ZENG ㄗㄥ

曾 ㊀ zēng ㄗㄥ ❶重 (chóng)，用来指与自己中间隔着两代的亲属 relationship between great-grandchildren and great-grandparents：～ 祖 zēngzǔ (paternal) *great-grandfather*/ ～ 孙 zēngsūn *great-grandson* ❷〈古 arch.〉同"增" Same as 增 ❸姓 a surname

㊁ céng 见 61 页 See p. 61

增 zēng ㄗㄥ 加多，添 increase；gain；add (❀ comb. 一 加 zēngjiā *increase*)：为国～光 wèi guó zēngguāng *do credit to one's country*/ ～产节约 zēngchǎn jiéyuē *increase production and practise economy* ［增殖 —zhí］繁殖 breed；reproduce：～ ～耕牛 zēngzhí gēngniú *breed farm cattles* 劐 ext. 大量地增添 proliferation；multiplication：～ ～ 财 富 zēngzhí cáifù *multiply* (or increase) *one's wealth*

憎 zēng ㄗㄥ 厌恶 (wù)，嫌，跟"爱"相反 hate；detest，antonym of ài (❀comb. 一恶 一wù *abhor*)：爱～分明 àizēng-fēnmíng *have a clear demarcation between whom to love and whom to hate*

缯 ㊀ zēng ㄗㄥ 古代丝织品的总称 an ancient term for silk fabrics in general

㊁ zèng 见 815 页 See p. 815

罾 zēng ㄗㄥ 一种用竹竿或木棍做支架的方形鱼网 a square fishing net with bamboo poles or sticks as supports

矰 zēng ㄗㄥ 古代射鸟用的一种拴着丝绳的箭 a string-attached (retrievable) arrow used for shooting birds in ancient times

综 ㊀ zèng ㄗㄥ 织布机上使经线交错着上下分开以便梭子通过的装置 heddle；heald，any of the series of parallel cords or wires in the harness of a loom, used for separating and guiding the warp threads

㈠ zōng 见 874 页 See p. 874

锃 zèng ㄗㄥˋ 器物等经过擦磨或整理后闪光耀眼 (of utensils) shiny; polished：～亮 zèngliàng *shiny*/～光 zèngguāng *polished*

缯 ㈠ zèng ㄗㄥˋ〈方 dial.〉捆，扎 bind; fasten：把那根裂了的棍子～起来 bǎ nà gēn lièle de gùnzi zèng qilai *bind up the split stick*

㈡ zēng 见 814 页 See p. 814

赠 zèng ㄗㄥˋ 把东西无代价地送给别人 give as a present (or gift)：～品 zèngpǐn (complimentary) *gift*/～阅 zèngyuè (of a book, periodical, etc) *given free by the publisher*

甑 zèng ㄗㄥˋ(旧读 early pronounce jìng)❶古代蒸饭的一种瓦器。现在称蒸饭用的木制桶状物 an ancient earthen utensil for steaming rice; now indicating modern wooden barrel used for steaming rice ❷蒸馏或使物体分解用的器皿 a utensil for distilling water, etc.：曲颈～ qūjǐngzèng *retort*

ZHA ㄓㄚ

扎(❶❷*劄、❷*紥、❷*紮)㈠ zhā ㄓㄚ ❶刺 prick：～针 zhā zhēn *give or have an acupuncture treatment*/～花(刺绣) zhāhuār *embroider* ❷驻扎 be stationed; be quartered：～营 zhāyíng *pitch a camp* ❸钻 plunge into：～猛子(游泳时头朝下钻入水中) zhā měngzi *dive (swim with one's head kept submerged in water)*

[扎煞 —sha]同"挓挲"Same as "挓挲"

㈡ zhá 见 816 页 See p. 816

㈢ zā 见 805 页 See p. 805

"劄"又 zhá 见 816 页"札"zhā, also zhá 见 816 页 See p. 816

吒 ㈠ zhā ㄓㄚ 用于神话中的人名，如金吒，木吒 used in names of mythical beings，e. g. Jīnzhā, Mùzhā

㈡ zhà 见 818 页"咤"See zhà, p. 818

挓 zhā ㄓㄚ [挓挲 —sha]张开 spread; stretch out：～～着手 zhāshazhe shǒu *spread out one's hand*

咋 ㈢ zhā ㄓㄚ [咋呼 —hu]〈方 dial.〉1.吆喝 shout blusteringly 2.炫耀 show off

㈠ zé 见 813 页 See p. 813

㈡ zǎ 见 805 页 See p. 805

唶 zhā ㄓㄚ [啁唶 zhāo—][嘲唶 zhāo—]形容声音杂乱细碎 twitter, a number of short rapid sounds, esp. made by birds

查(*查) ㈠ zhā ㄓㄚ ❶姓 a surname ❷同"楂"Same as "楂(zhā)"

㈡ chá 见 62 页 See p. 62

揸(**搽、**叝) zhā ㄓㄚ ❶用手指撮东西 pick up sth with one's fingers ❷把手指伸张开 spread one's fingers

喳 ㈠ zhā ㄓㄚ [喳喳 ——]拟声词 onom. chirp; chatter：唧唧～～ jījī-zhāzhā *twittering*; *jabbering* 喜鹊～～叫 Xǐquè zhāzhā jiào. *Magpies were chattering.*

㈡ chā 见 62 页 See p. 62

渣 zhā ㄓㄚ (—子—zi、—儿—r)提出精华或汁液后剩下的东西 dregs; sediment; that which remains after sth has been taken away (叠 comb. —滓—zi *dregs*)：豆腐～dòufuzhā *bean curd dregs* 倒 ext. 碎屑 broken bits：点心～儿 diǎnxinzhār *pastry crumbs*

楂(**樝) ㈠ zhā ㄓㄚ [山楂 shān—]落叶乔木，开白花。果实也叫山楂，红色有白点，味酸，可以吃，也可入药。也作"山查"

Z

hawthorn, a deciduous tree with white flowers; also the fruit, haw, red with white freckles, sour, edible, and used as medicine; also written as shānzhā

chá 见 63 页"苴"See chá, p. 63

奓 ㊀ zhā ㄓㄚ 奓山，地名，在湖北省汉阳 Zhā Shān, a place in Hanyang, Hubei Province

㊁ zhà 见 817 页 See p. 817

齇(＊＊齄) zhā ㄓㄚ 鼻子上长的红色小疮，就是酒糟鼻上的红癍 small red blotches on the nose, i. e. red flecks on a brandy nose

扎 ㊀ zhá ㄓㄚ [扎挣 —zheng]〈方 dial.〉勉强支持 move with difficulty (because of physical weakness)

㊀ zhā 见 815 页 See p. 815
㊁ zā 见 805 页 See p. 805

札(❶❸＊剳) zhá ㄓㄚ ❶古代写字用的木片 thin pieces of wood for writing on in ancient China [札记 —jì]读书时摘记的要点和心得 reading notes ❷信件 letter (⏹comb. 信 —xìn—、书 — shū — letter)：手 — shǒuzhá personal letter/ 来 — láizhá incoming letter ❸(—子 —zi)旧时的一种公文 a type of official document in former times
　　"剳"又 zhā 见 815 页"扎" also zhā, see p. 815 "扎".

轧 ㊀ zhá ㄓㄚ 义同"轧㊀"，用于轧辊、轧钢、轧钢机等 same as yà —, used in zhágǔn, zhágāng, zhágāngjī, etc. [轧钢 —gāng]把钢坯压成一定形状的钢材 steel rolling, rolling billet into steel of a certain shape [轧辊 —gǔn]轧钢机中最主要的、直接完成轧制工作的部件 roller, the chief part in a rolling mill, which directly accomplishes steel rolling

㊀ yà 见 740 页 See p. 740
㊁ gá 见 191 页 See p. 191

闸(△＊牐) zhá ㄓㄚ ❶拦住水流的建筑物，可以随

时开关；floodgate, a gate used for controlling the flow of water, which can be closed or opened at any time：～口 zhákǒu sluice gate/ 河里有一道 ～ Hé li yǒu yī dào zhá. There is a floodgate in the river. ❷把水截住 dam up a stream, river, etc ❸使机械减速或停止运行的设备 brake, an apparatus for slowing movement and bringing to a stop (as of a machine)：电～ diànzhá electric brake/ 自行车～ zìxíngchēzhá bicycle brakes

炸(＊＊煠) ㊀ zhá ㄓㄚ 把食物放在煮沸的油或水里弄熟 fry, scald or cook in hot oil or water：～糕 zhá gāo fried cake/ ～鱼 zhá yú fried fish/ 把菠菜～一～ bǎ bōcài zhá yī zhá scald spinach in hot water

㊁ zhà 见 817 页 See p. 817

铡 zhá ㄓㄚ ❶铡刀，一种切草或切其他东西的器具 hand hay cutter; fodder chopper ❷用铡刀切 cut up with a hay cutter：～草 zhá cǎo cut hay; chop fodder

喋 ㊀zhá ㄓㄚ 见 570 页"唼"字条"唼喋(shà —)"See "shàzhá" under entry of "shà", p. 570

㊁ dié 见 134 页 See p. 134

牐 zhá ㄓㄚ ❶古时防守城门的用具 equipment used for town defence in ancient times ❷同"闸 zhá"Same as "闸 zhá".

拃 zhǎ ㄓㄚ ❶张开大拇指和中指量东西 measure by handspans ❷张开大拇指和中指两端的距离 span, the distance from the end of the thumb to the end of the middle finger in a spread hand：两～宽 liǎng zhǎ kuān two spans wide

苲 zhǎ ㄓㄚ 苲草，指金鱼藻等水生植物 aquatic algae, such as hornwort

砟 zhǎ ㄓㄚ (—子 —zi)某些坚硬成块的东西 tiny hard fragments

of sth.：煤～子 méizhǎzi *small fragments of coal*/ 炉灰～子 lúhuī zhǎzi *cinder*

鲊 zhǎ ㄓㄚˇ 一种用盐和红曲(调制食品的材料)腌(yān)的鱼 *fish preserved in salt and red colouring agent for food*

眨 zhǎ ㄓㄚˇ (一巴 —ba)眼睛很快地一闭一开 blink；wink，shut and open the eyes quickly：眼睛直～巴 yǎnjing zhí zhǎba *be blinking one's eyes*/ 一～眼(时间极短)就看不见了 yī zhǎyǎn jiù kàn bu jiàn le *In the twinkling of an eye, it disappeared.*

鲝 zhǎ ㄓㄚˇ ❶同"鲊" Same as "鲊(zhǎ)" ❷[鲝草滩 —cǎotān]地名，在四川省 a place in Sichuan Province

乍 zhà ㄓㄚˋ ❶忽然 suddenly；abruptly：～冷～热 zhàlěng-zhàrè *suddenly cold and suddenly warm* (The temperature changes abruptly.) ❷刚刚 first；for the first time：新来～到 xīnlái-zhàdào *newly arrived* ❸张开 spread；stretch：～翅 zhà chì *spread the wings*

诈 zhà ㄓㄚˋ ❶假装 pretend；feign：～死 zhàsǐ *feign (or fake) death；play dead* ❷使手段诓(kuāng)骗 cheat；swindle (⊛comb. 欺— qī— *cheat*)：～财 zhàcái *get money by fraud*/ 你不必拿话～我 Nǐ bùbì ná huà zhà wǒ. *You needn't try to draw me out.* [诈语 —yǔ]骗人的话 lie；falsehood；fabrication

柞 ㊀ zhà ㄓㄚˋ [柞水 —shuǐ]地名，在陕西省 a place in Shaanxi Province
㊁ zuò 见 882 页 See p. 882

炸 ㊀ zhà ㄓㄚˋ ❶突然破裂 explode；burst (⊛comb. 爆—bào— *explode*)：～弹 zhàdàn *bomb*/ 玻璃杯～了 Bōlibēi zhà le. *The glass cup has burst.* ❷用炸药、炸弹爆破

blow up；blast；bomb：～碉堡 zhà diāobǎo *blast away a pillbox* ❸发怒 flare up：他一听就～了 Tā yī tīng jiù zhà le. *He flared up at the words.* ❹因受惊而四处逃散 scamper；flee in terror：～市 zhàshì *stir up the market*/ ～窝 zhàwō *flee in terror*
㊁ zhá 见 816 页 See p. 816

痄 zhà ㄓㄚˋ [痄腮 —sai]一种传染病，又叫"流行性腮腺炎"。耳朵下面肿胀疼痛，病原体是一种滤过性病毒 common name for mumps, an acute, contagious, virus disease, marked by fever and swelling of the salivary glands under the ear

蚱 zhà ㄓㄚˋ [蚱蜢—měng]一种有害的昆虫，身体绿色或褐色，触角短，吃稻叶等，不能远飞 grasshopper, a harmful insect with green or brown body and short feelers, eating leaves of plants, such as rice leaves, and unable to fly far

榨(❷*搾) zhà ㄓㄚˋ ❶压出物体里液汁的器具 a press for extracting juice, oil, etc.：油～ yóuzhà *oil press*/ 酒～ jiǔzhà *wine press* ❷用力压出 press；extract：～油 zhàyóu *extract oil*/ 压～ yāzhà *press；squeeze*

栅(*柵) ㊀ zhà ㄓㄚˋ 栅栏，用竹、木、铁条等做成的阻拦物 railings；paling, a fence made of bamboo, wooden or iron bars：篱笆～ líbazhà *bamboo or twig fence*/ 铁～栏 tiězhàlan *iron railings*
㊁ shān 见 571 页 See p. 571

奓 ㊀ zhà ㄓㄚˋ 张开 open out：头发～着 tóufa zhàzhe *with hair dishevelled*/ 这件衣服下面太～了 Zhè jiàn yīfu xiàmian tài zhà le. *The lower parts of the clothes are stretching out.*
㊁ zhā 见 816 页 See p. 816

磪 zhà ㄓㄚˋ [大水磪 Dàshuǐ—]地名，在甘肃省 a place in Gansu

咤([△]*吒) zhà ㄓㄚˋ 生气时对人大声嚷 shout or baw langrily at "吒"又 zhā 见 815 页 zhà, also zhā, See p. 815

蛇 zhà ㄓㄚˋ〈方 dial.〉海蛇 jellyfish

溠 zhà ㄓㄚˋ 溠水,水名,在湖北省 Zhà Shuǐ, a river in Hubei Province

蜡(**䄍) 〇 zhà ㄓㄚˋ 古代年终的一种祭祀名 a sacrificial ceremony held at the end of a year in ancient China
〇 là 见 374 页 See p. 374

霅 zhà ㄓㄚˋ 霅溪,水名,在浙江省 Zhà Xī, a river in Zhejiang Province

ZHAI ㄓㄞ

侧 〇 zhāi ㄓㄞ [侧棱 —leng] 向一边倾斜 incline; slant; ～～着身子睡觉 zhāilengzhe shēnzi shuìjiào sleep on one's side[侧歪 —wai]倾斜 tilt; slant; 车在山坡上～～着走 Chē zài shānpō shang zhāiwaizhe zǒu. The car tilted to one side while moving on the mountain slope.
〇 cè 见 60 页 See p. 60
〇 zè 见 813 页 See p. 813

斋(齋) zhāi ㄓㄞ ❶书房或校舍 study or school building: 书～ shūzhāi a study/ 第一～ dì-yī zhāi (of students) Hostel No. one ❷迷信的人祭祀前整洁身心 (of superstition) purify oneself both in body and mind before offering sacrifice to gods or ancestors; ～戒 zhāijiè fast 〔引ext. 佛教、道教等教徒吃的素食 vegetarian diet adopted by Buddhists or Taoists: 吃～ chīzhāi practise abstinence from meat (as a religious exercise) ❸舍饭给僧人 give alms to a monk: ～僧 zhāisēng give food to Buddhist monks as alms

摘 zhāi ㄓㄞ ❶采下,拿下 pick; pluck; take off: ～瓜 zhāi guā pluck melons/ ～ 梨 zhāi lí pick pears/ ～帽子 zhāi màozi take off one's cap ❷选取 select, make extracts; ～要 zhāiyào abstract; précis/ ～记 zhāijì take notes[指摘 zhǐ —]指出缺点 point out one's shortcomings ❸借 borrow: 东～西借 dōngzhāi-xījiè borrow all around

宅 zhái ㄓㄞˊ 住所 residence; house

择(擇) 〇 zhái ㄓㄞˊ 同"择〇",用于口语 Same as zé, used in colloquial expressions: ～菜 zháicài trim vegetables for cooking/ ～席(换个地方就睡不安稳) zháixí be unable to sleep well in a new place (have trouble sleeping in a strange place)
〇 zé 见 813 页 See p. 813

翟 〇 zhái ㄓㄞˊ 姓 a surname
〇 dí 见 124 页 See p. 124

窄 zhǎi ㄓㄞˇ ❶狭,不宽,宽度小,跟"宽"相反 narrow, antonym of "kuān (wide)" (䢔 comb. —狭 —xiá、狭 — xiá—narrow): 路太～ lù tài zhǎi The path is too narrow. / 地方太狭～ dìfang tài xiázhǎi The place is too narrow. 〔引 ext. 气量小,心胸不开阔 narrow-minded; petty: 他的心眼儿太～ Tā de xīnyǎnr tài zhǎi. He is oversensitive. ❷生活不宽裕 hard up; badly off: 以前的日子很～,现在可好了 Yǐqián de rìzi hěn zhǎi, xiànzài kě hǎo le. We were very hard up in the past, but are now well-off.

钡 zhǎi ㄓㄞˇ (—儿 —r)器物残缺坏的痕迹,水果伤损的痕迹 blemish; scar, a mark of damage on a utensil or on an apple: 碗上有块～儿 Wǎn shang yǒu kuàir zhǎir. There is a blemish on the bowl. / 苹果没～

儿 Píngguǒ méi zhǎir. *The apple has no scar.*

债 zhài ㄓㄞˋ 欠别人的钱财 debt；money or sth. owed to sb. else：还～ huánzhài *pay debts* / 公～ gōngzhài *government bonds*

寨（*砦） zhài ㄓㄞˋ ❶防守用的栅栏 stockade, a fence built for defence [鹿寨 lù一]军事上常用的一种障碍物，古代多用削尖的竹木，现多用铁蒺藜等做成 a-batis, a barrier made of pointed bamboos in ancient times, but now of barbed wire entanglements, usu. used for military purposes ❷旧时军营 camp of former times：安营扎～ ānyíng-zhāzhài *make a camp*; *encamp* ❸村子 stockaded village；村村～～ cūncūn-zhàizhài *hamlets and stockaded villages*

撍 zhài ㄓㄞˋ〈方 dial.〉缝纫方法，把衣服上附加的物件缝上 sew sth on clothes：～纽扣儿 zhài niǔkòur *sew on a button* / ～花边 zhài huābiānr *trim (a dress) with lace*

瘵 zhài ㄓㄞˋ 病，多指痨病 a disease, usu. tuberculosis

ZHAN ㄓㄢ

占 ㊀ zhān ㄓㄢ 迷信的人用铜钱或牙牌等判断吉凶 practise divination, (of superstitious people) discover or guess the unknown, esp. the future, by tossing coins or ivory dominoes：～卦 zhānguà *divine*; *practise divination* / ～课 zhānkè *divine by tossing coins*
㊁ zhàn 见 820 页 See p. 820

沾（❶*霑） zhān ㄓㄢ ❶浸湿 moisten；wet：泪流～襟 lèi liú zhān jīn *wet one's clothes with tears* / 汗出～背 hàn chū zhān bèi *moisten one's back with sweat* ❷因接触而附着（zhuó）上 be stained with：～水 zhān shuǐ *get wet* ㊂ ext. 1. 染上 be infected with；be contaminated by：～染了坏习气 zhānrǎnle huài xíqì *be contaminated by bad habits* 2. 凭借某种关系而得到好处 benefit from association with sb or sth：～光 zhānguāng *get sth out of association with sb or sth* ❸稍微碰上或接触上 touch：～边儿 zhānbiānr *touch on only lightly* / 脚不～地 jiǎo bù zhān dì *with feet hardly touching the ground*
[沾沾自喜 ——zìxǐ] 形容自己觉得很好而得意的样子 feel complacent；be pleased with oneself

毡（氊、*氈） zhān ㄓㄢ（一子-zi）用兽毛砑成的片状物，可做防寒用品和工业上的垫衬材料 felt, thick firm cloth made of wool, hair, or fur, pressed flat; used to keep out cold or for making industrial gaskets：炕～ kàngzhān *bed felt* / ～靴 zhānxuē *felt boots* / 油毛～ yóumáozhān *asphalt felt*

粘 ㊀ zhān ㄓㄢ ❶黏的东西互相连结或附着在别的东西上 stick, (cause to) be fixed with a sticky substance：几块糖都～在一起了 Jǐ kuàir táng dōu zhān zài yīqǐ le. *These candies have stuck together.* / 这种糖～牙 Zhè zhǒng táng zhān yá. *This kind of candy sticks to the teeth.* ❷用胶或糨糊等把一种东西胶合在另一种东西上 paste；glue (things together)：～贴标语 zhāntiē biāoyǔ *plaste slogans*
㊁ nián 见 479 页 See p. 479

旃 zhān ㄓㄢ〈古 arch.〉❶助词，等于"之焉"两字连用的意义 aux. (a fusion of zhī and yān)：勉～ miǎn zhān *Do it as best as you can.* ❷同"毡" Same as 毡

詹 zhān ㄓㄢ 姓 a surname

谵 zhān ㄓㄢ 多说话。特指病中说胡话 rave；be delirious, esp. dur-

Z

ing one's illness

瞻 zhān ㄓㄢ 往上或往前看 look up or forward：～仰 zhānyǎng look at sth with reverence/ 高～远瞩 gāozhān-yuǎnzhǔ stand high and see far

邅 zhān ㄓㄢ ❶ 难走 difficult to walk ❷ 转变方向 change direction：～彼南道兮 zhān bǐ nán dào xī turn to the road southward

鹯 zhān ㄓㄢ 古书中说的一种猛禽，似鹞(yào)鹰 a fierce bird similar to a sparrow hawk mentioned in ancient Chinese texts

鳣 zhān ㄓㄢ 古书上指鳇(huáng)鱼 huso sturgeon mentioned in ancient Chinese texts

〈古 arch.〉又同"鳝"(shàn) Also same as "鳝(eel)"

斩 zhǎn ㄓㄢ 砍断 slay；chop；cut：～首 zhǎnshǒu behead；decapitate/ ～草除根 zhǎncǎo-chúgēn cut the weeds and dig up the roots (stamp out the source of trouble)/ ～钉截铁 zhǎndīng-jiétiě resolute and decisive

崭 zhǎn ㄓㄢ ❶ 高峻，高出 tower；excel the average：～露头角 zhǎnlù-tóujiǎo begin to show one's brilliant talents ❷ 非常，极 very；extreme：～新(崭新) zhǎnxīn brand-new

晳 zhǎn ㄓㄢ 〈方 dial.〉眼皮开合，眨眼 close and open one's eye or eyes；wink

飐 zhǎn ㄓㄢ 风吹物体使颤动 (of an object) vibrate because of wind

盏(盞) zhǎn ㄓㄢ ❶ 小杯子 a small cup：酒～ jiǔzhǎn a small wine cup/茶～ cházhǎn a small handleless teacup ❷ 量词，用于灯 meas. for lamps：一灯 yī zhǎn dēng a lamp

展 zhǎn ㄓㄢ ❶ 张开，舒张开 open up；spread out；unfold：～翅 zhǎnchì spread the wings/ 一望未来 zhǎnwàng wèilái look forward to the future/ 开激烈斗争 zhǎnkāi jīliè dòuzhēng wage a fierce struggle [展览 —lǎn]把物品陈列起来让人参观 put sth on display；exhibit；show ❷ 施展 put to good use；give free play to：一筹莫～ yīchóu-mòzhǎn be at a loss what to do ❸ 放宽 postpone；extend：～期 zhǎnqī extend a time limit/ ～限 zhǎnxiàn postpone；extend a time limit

揎 zhǎn ㄓㄢ 轻轻地擦抹 wipe gently with a soft dry object to sop up liquid：～布 zhǎnbù dishcloth/ 用药棉花～一～ yòng yàomiánhua zhǎn yī zhǎn wipe it lightly with absorbent cotton

辗 zhǎn ㄓㄢ [辗转 —zhuǎn]翻来覆去来来回回转动 toss about (in bed)：～～反侧 zhǎnzhuǎn-fǎncè toss and turn 喻 fig. 经过曲折，间接 pass through many hands or places：～～传说 zhǎnzhuǎn-chuánshuō spread from place to place/ 也作"展转" also "zhǎnzhuǎn"

黵 zhǎn ㄓㄢ 弄脏，染上污点 stain；make dirty：墨水把纸～了 Mòshuǐ bǎ zhǐ zhǎn le. The paper was stained by ink. / 这种布颜色暗，禁(jīn)～(脏了不容易看出来). Zhè zhǒng bù yánsè àn，jīnzhǎn. This kind of cloth is dark, so it doesn't show the dirt.

占(*佔) ⊖ zhàn ㄓㄢ ❶ 据有，用强力取得 occupy；seize；take by force (逾comb. 一据 —jù occupy)：～领 zhànlǐng capture/ 攻～敌军据点 gōngzhàn díjūn jùdiǎn attack and occupy the enemy stronghold ❷ 处于某种地位或情势 be in a certain position of situation：～上风 zhàn shàngfēng get the upper hand/ ～优势 zhàn yōushì win an advantage/ 优等生～多数 yōuděngshēng zhàn duōshù Top stu-

dents constitute the majority.

㊀ zhān 见 819 页 See p. 819

战(戰)

zhàn ㄓㄢˋ ❶战争，通常指打仗 war；battle；fight（㊜comb. 一斗 — dòu *fight；battle*）：宣～ xuānzhàn *declare war*/ ～时 zhànshí *wartime*/ 百～百胜 bǎizhàn-bǎishèng *fight a hundred battles，win a hundred victories；be ever-victorious* [战争 — zhēng]就是打仗，它是政治的继续，是民族和民族、国家和国家、阶级和阶级、政治集团和政治集团之间互相斗争的最高形式 *war, the armed fight, the continuation of politics, the highest form of conflict between nationalities，nations，classes，and political groups* [战略 — luè] 1.指导战争全局的计划和策略 *strategy, the science and art of conducting a military campaign in its large-scale and long-term aspects* 2.比喻决定全局的策略 *fig. skilful planning that decides the whole situation* [战术 — shù]进行战斗的原则和方法 *tactics, the principles and methods for conducting a battle* ㊛ *fig.* 解决局部问题的方法 *method used to solve partial problems* [战役 — yì]战争的一个段落。为实现一定的战略目的，在一定的方向上和一定的时间内进行的一系列战斗的总和 *campaign, a part of a large scale warfare, a series of military actions in a given period, with given strategic objectives*：淮海～～ Huái Hǎi Zhànyì *the Huai-Hai Campaign* ❷发抖 shiver：～栗（害怕发抖）zhànlì *shudder*（tremble with fear）/ 打冷～ dǎ lěngzhan *tremble；shiver with cold*/ 寒～ hánzhàn *shiver with cold*

站

zhàn ㄓㄢˋ ❶立 stand；be on one's feet：～岗 zhàngǎng *stand guard；stand sentry*/ 中国人民～起来了 Zhōngguó rénmín zhàn qǐlai le. *The Chinese people have risen to their feet.* ❷停 stop；halt：不怕慢，就怕～ bù pà màn, jiù pà zhàn *We don't worry about being slow, but about halting.* ❸为乘客上下或货物装卸而设的停留的地方 station；stop, a place where public vehicles stop for passengers or goods：车～ chēzhàn *railway station*/ 起点～ qǐdiǎnzhàn *starting station* ❹分支办事处 station or centre for rendering certain services：工作～ gōngzuòzhàn *working station*/ 保健～ bǎojiànzhàn *health centre*

栈(棧)

zhàn ㄓㄢˋ ❶储存货物或供旅客住宿的房屋 inn or warehouse, a building or a room where goods are stored or passengers accommodated：货～ huòzhàn *warehouse*/ 客～ kèzhàn *inn* ❷养牲畜的竹木棚或栅栏 shed；pen, a bamboo hut or an enclosure for farm animals：马～ mǎzhàn *horse shed* [栈道 — dào]古代在悬崖峭壁上用木材架起来修成的道路 a plank roadway built along perpendicular rockfaces by means of wooden brackets fixed into the cliff

绽

zhàn ㄓㄢˋ 裂开 split；burst：破～ pòzhàn *a burst seam；flaw；weak point*/ 鞋开～了 Xié kāizhàn le. *The shoe has split.*

湛

zhàn ㄓㄢˋ ❶深 profound；deep：精～的演技 jīngzhàn de yǎnjì *excellent stage performance* ❷清澈 limpid；crystal clear：清～ qīngzhàn *pure clear*

颤

㊀ zhàn ㄓㄢˋ 同"战❷" Same as "战❷"

㊁ chàn 见 67 页 See p. 67

蘸

zhàn ㄓㄢˋ 在汁液或粉末里沾一下就拿出来 dip in (sauce, powder, etc.)：～墨水 zhàn mòshuǐ *dip in ink*/ ～酱 zhàn jiàng *dip in thick sauce*

Z

ZHANG　ㄓㄤ

张（張） zhāng ㄓㄤ ❶展开,打开 open；spread：～嘴 zhāngzuǐ *open one's mouth*/ ～弓搭箭 zhānggōng-dājiàn *with bows drawn and arrows set*/ 纲举目～ gāngjǔ-mùzhāng *Once the headrope of a fishing net is pulled up, all its meshes open.*/ ～牙舞爪 zhāngyá-wǔzhǎo *bare the teeth and show the claws* 㪷 ext. 1.扩大,夸大 magnify；exaggerate：虚～声势 xūzhāng-shēngshì *make an empty show of one's strength*/ ～大其词 zhāngdàqící *exaggerate；overstate* 2.放纵,无拘束 self-indulgent；undisciplined：乖～ guāizhāng *perverse*/ 嚣～ xiāozhāng *rampant；arrogant* [张皇—huáng] 1.扩大 enlarge；expand 2.慌忙失措 be in a flurry of alarm；alarmed；flurried [张罗—luo]各方面照料,四处想办法 take care of, get busy about：～～事 zhāngluo shì *take care of things* [开张 kāi—]开始营业 open a business ❷铺排陈设 set out；display：～灯结彩 zhāngdēng-jiécǎi *hang up lanterns and silk festoons；be decorated with lanterns and coloured streamers* ❸看,望 look；see：东～西望 dōngzhāng-xīwàng *look in every direction* ❹量词 meas.：一～弓 yī zhāng gōng *a bow*／两～纸 liǎng zhāng zhǐ *two pieces of paper* ❺星宿名,二十八宿之一 the twenty-sixth of the twenty-eight constellations into which the celestial sphere was divided in ancient Chinese astronomy

章 zhāng ㄓㄤ ❶诗歌文词的段落 chapter or section（of poems, prose, novels, etc.）：乐（yuè）～ yuèzhāng *movement*／篇～结构 piānzhāng jiégòu *structure of an article*／第一～ dì-yī zhāng *chapter one* ❷奏章 a memorial to the emperor ❸章程,法规 rules；regulations：简～ jiǎnzhāng *general regulations*／党～ dǎngzhāng *party constitution*／规制度 guīzhāng zhìdù *rules and regulations* 㪷 ext. 1.条理 order：杂乱无～ záluàn-wúzhāng *disorderly and unsystematic* 2.条目 item；clause：约法三～ yuēfǎ-sānzhāng *agree on a three-point law；make a few simple rules to be observed by all concerned* ❹戳记 seal：图～ túzhāng *stamp*／盖～ gàizhāng *affix one's seal* ❺佩带在身上的标志 badge；medal：徽～ huīzhāng *insignia*／袖～ xiùzhāng *sleeve-badge；armband*

郭 zhāng ㄓㄤ 周朝国名,在今山东省东平东 Zhāng, an ancient state in the Zhou Dynasty, in the eastern part of modern Dongping, Shandong Province

獐（*麞） zhāng ㄓㄤ（一子—zi）又叫"牙獐"。是一种小型的鹿,头上无角,雄的犬齿发达,形成獠牙,露出嘴外。皮可制革 river deer, also called "yázhāng", a hornless small deer, the male of which has protruding teeth out of the mouth, and its skin good for making leather

彰 zhāng ㄓㄤ ❶明显,显著 clear；evident；conspicuous：欲盖弥～ yùgài-mízhāng *The more one tries to hide, the more one exposes oneself.*／相得益～ xiāngdé-yìzhāng *Each shines more brilliantly in other's company.* ❷表彰 make known；display：～善瘅恶 zhāngshàn-dàn'è *praise good and denounce evil；uphold virtue and condemn vice*

漳 zhāng ㄓㄤ 漳河,发源于山西省,流至河北省入卫河 the Zhang River, originating from Shanxi Province, flowing into Hebei Province and joining the Wei River

嫜 zhāng ㄓㄤ [姑嫜 gū—]古时女子称丈夫的母亲和父亲 an ancient term for husband's father and mother, parents-in-law

璋 zhāng ㄓㄤ 一种玉器,形状像半个圭 a jade article resembling half of a tablet

樟 zhāng ㄓㄤ 樟树,常绿乔木。木质坚固细致,有香气,做成箱柜,可以防蠹虫 camphor tree, an evergreen fine-grained tree with a fragrant smell that can keep insects away, the wood of which is hard and used for making trunks[樟脑 —nǎo]把樟树的根、茎、枝、叶蒸馏制成的白色结晶体,可做防腐驱虫剂,又可用来制造炸药等 camphor, a white crystalline substance obtained from roots, stems, branches and leaves of the camphor tree through distillation, used as an insect repellent, also for making explosives, etc.

蟑 zhāng ㄓㄤ [蟑螂 —láng]一种有害的昆虫,黑褐色,有光泽,常在夜里偷吃食物,能发臭气。也叫"蜚蠊"(fěilián) cockroach; roach, any of several types of lustrous blackish brown household pests, usu. coming out at night for food, giving off a terrible smell, also called "fěilián"

长(長) ㊀ zhǎng ㄓㄤˇ ❶生,发育 grow; develop：疮～ chuāng have a boil/庄稼～得很旺 Zhuāngjia zhǎng de hěn wàng. The crops are growing very well. ❷增加 increase; enhance：～见识 zhǎng jiànshi increase one's knowledge; gain experience/在实践中增～才干 zài shíjiàn zhōng zēngzhǎng cáigàn acquire ability in practice ❸排行中第一的 eldest; oldest：～兄 zhǎngxiōng eldest brother/～孙 zhǎngsūn eldest grandson [长子 —zǐ] 1.排行第一的儿子 eldest son 2.地名,在山西省 Zhǎng, name of a place in Shanxi Province ❹辈分高或

年纪大的 older; elder; senior：师～ shīzhǎng teacher/～者 zhǎngzhě venerable elder/～辈 zhǎngbèi elder member of a family 敬辞 a term of respect：学～ xuézhǎng one's schoolmate ❺主持人,机关、团体等单位的负责人 chief or head of an administration, organization, unit, etc.：部～ bùzhǎng minister/校～ xiàozhǎng headmaster; principal (or president of a college)

㊁ cháng 见 68 页 See p. 68

涨(漲) ㊀ zhǎng ㄓㄤˇ ❶水量增加,水面高起来 (of water) rise; go up：水～船高 shuǐzhǎng-chuángāo When the river rises the boat goes up. /河里～水了 Hé li zhǎngshuǐ le. The river is rising. ❷价格提高 (of price) increase; climb up：～钱 zhǎngqián The fares are rising. /～价 zhǎngjià rise in price

㊁ zhàng 见 825 页 See p. 825

仉 zhǎng ㄓㄤˇ 姓 a surname

掌 zhǎng ㄓㄤˇ ❶巴掌,手心,握拳时指尖触着的一面 palm, the side of the hand the fingertips touch when the haud is closed：鼓～ gǔzhǎng clap one's hands 劒ext. 脚的底面 the bottom of the foot; pad; sole；脚～子 jiǎozhǎngzi sole of the foot/熊～ xióngzhǎng bear's paw ❷用巴掌打 strike with the palm of the hand; slap：～嘴 zhǎngzuǐ slap one's face ❸把握,主持,主管 hold in one's hand; be in charge of; control：～印 zhǎngyìn keep the seal (be in power)/～舵 zhǎngduò be at the helm; steer a boat/～管档案 zhǎngguǎn dàng'àn be in charge of files/～权 zhǎngquán be in power [掌故 —gù]关于古代人物、典章、制度等的故事 anecdotes, stories about ancient people, institutions, or systems [掌握 —wò]把握,拿稳 grasp；

master；have in hand：～～政策 zhǎngwò zhèngcè *have a grasp of the policy*／～～原则 zhǎngwò yuánzé *know the principle well* ❹（一儿一r）鞋底前后打的补钉 shoe sole or heel：钉两块～儿 dìng liǎng kuài zhǎngr *have a shoe soled and heeled* ❺马蹄铁，钉在马、驴、骡子等蹄子底下的铁 horseshoe, a curved piece of iron nailed on under the foot of a horse, a donkey or a mule：马～ mǎzhǎng *horseshoe* ❻同"礃" Same as "礃"

礃 zhǎng ㄓㄤ [礃子—zi]煤矿里掘进和采煤的工作面。也作"掌子" face；work area of a coal mine, where coal is dug and fetched. Also called "zhǎngzi"

丈 zhàng ㄓㄤ ❶长度单位，10尺为一unit of length，equal to ten *chi* ❷测量长度面积 measure the length or area：～量 zhàngliáng *measure*／～地 zhàngdì *measure land* ❸对成年或老年男子的尊称（term of respect for grown-up or old males）senior；elder：老～ lǎozhàng *an old gentleman* [丈夫—fu]1.成年男子的通称 man, a general term for grown-up men 2.（一fu）妇女的配偶，跟"妻子"相对（一fu）husband, the man to whom a woman is married, opposite of "qīzi" [丈人—ren]1.旧称老年男子（old use）old gentleman 2.（一ren）称妻子的父亲（一ren）wife's father；father-in-law

仗 zhàng ㄓㄤ ❶兵器 arms；weaponry；weapons：仪～ yízhàng *flags, weapons, etc carried by a guard of honour* 働 trans. 战争 a war；battle：胜～ shèngzhàng *victorious battle*／败～ bàizhàng *lost battle*；*defeat* [打仗 dǎ—]交战，发生战事 fight a battle；make war ❷凭借，依靠 rely on；depend on（働 comb. 倚一yǐ—、—恃—shì *rely on*)：～着大家的力量 zhàngzhe dàjiā de lìliàng

rely on everyone's efforts／～势欺人 zhàngshì-qīrén *abuse one's power and bully the people* ❸拿着（兵器）hold（a weapon）：～剑 zhàng jiàn *hold a sword*

杖 zhàng ㄓㄤ ❶拐杖，扶着走路的棍子 cane；walking stick：手～ shǒuzhàng *walking stick*；*stick* ❷泛指棍棒 a general term for rod or stick：擀面～ gǎnmiànzhàng *rolling pin*

帐（帳） zhàng ㄓㄤ ❶（一子—zi）用布或其他材料做成的帷幕（多指张在床上的）curtain；canopy, a cover of cloth or other material（usu. fixed above a bed）：蚊～ wénzhàng *mosquito net*／圆顶～ yuándǐng zhàngzi *a round-top bed-curtain* ❷同"账" Same as "账"

账（賬） zhàng ㄓㄤ ❶关于银钱财物出入的记载 account, a record of money received and paid out：记～ jìzhàng *keep an account*／流水～ liúshuǐzhàng *a day-to-day account* ❷指记载银钱财物出入的本子或单子 account book, a book or sheet that records the money received and paid out：一本～ yī běn zhàng *an account book*／一篇～ yī piān zhàng *a sheet of account* ❸债务 debt；bill：欠～ qiànzhàng *owe a debt*／不认～（喻不承认自己做的事）bù rènzhàng *not acknowledge a debt* （fig. deny what one has done wrong）

胀（脹） zhàng ㄓㄤ ❶膨胀，体积变大 expand；distend：热～冷缩 rèzhàng-lěngsuō *expand with heat and contract with cold* ❷身体内壁受到压迫而产生不舒服的感觉 swell；be bloated, an unpleasant feeling caused by the high pressure within the body：肚子～ dùzi zhàng *feel bloated*／肿～ zhǒngzhàng *swelling*

涨(漲) ⊜ zhàng 业尢 ❶体积增大 swell after absorbing water：豆子泡～了 Dòuzi pàozhàng le. *The beans swelled up after being soaked.* ❷弥漫 fill the air：烟尘～天 yānchén zhàng tiān *Smoke and dust filled the air.* ❸多出来 be more, larger, etc. than expected：～出十块钱 zhàngchu shí kuài qián *have ten yuan more than expected* ❹头部充血（of head）be swelled by a rush of blood：头昏脑～ tóuhūn-nǎozhàng *have a swell head*/他气得～红了脸 Tā qì de zhànghóng le liǎn. *He flused with anger.*

⊜ zhǎng 见 823 页 See p. 823

障 zhàng 业尢 ❶阻隔 hinder；obstruct [障碍 —ài]阻挡进行的事物 obstacle；barrier，sth placed in the way in order to prevent progression：扫除～～ sǎochú zhàng'ài *get rid of the barriers* ❷用做遮蔽、防卫的东西 barrier；block，sth placed in the way for protection or defence：风～ fēngzhàng *windbreak*/屏～ píngzhàng *protective screen*

嶂 zhàng 业尢 形势高险像屏障的山峰 a screen-like mountain peak：层峦叠～ céngluán-diézhàng *multiple ranges of hills*

幛 zhàng 业尢 （一子 —zi）上面题有词句的整幅绸布，用做庆贺或吊唁的礼物 a large, oblong sheet of silk with an appropriate message attached, presented at a wedding, birthday party or funeral

瘴 zhàng 业尢 瘴气，热带山林中的湿热空气 miasma, hot damp air in tropical forests

ZHAO 业幺

钊 zhāo 业幺 勉励。多用于人名 encourage；exhort. usu. used in a person's name

招 zhāo 业幺 ❶打手势叫人来 beckon，make a silent sign, as with the finger，to call sb：用手一～他就来了 Yòng shǒu yī zhāo tā jiù lái le. *He followed when beckoned.* [招待 —dài]应接宾客 receive；entertain guests [招呼 —hu]1. 召唤 call：有人～～你 Yǒu rén zhāohu nǐ. *Someone is calling you.* 2. 照料，扶助 take care of：～～老人 zhāohu lǎorén *take care of the old man* ❷用公开的方式使人来 recruit；enlist；enrol：～集 zhāojí *call together*；convene/～生 zhāoshēng *enrol new students*/～兵买马 zhāobīng-mǎimǎ *recruit men and buy horses* 〈引〉ext. 1. 惹起 provoke；tease：～事 zhāoshì *bring trouble on oneself*/～笑 zhāoxiào *laughable*；*funny*；别～他 bié zhāo tā *Don't tease him.* 2. 引来 invite；attract：～蚂蚁 zhāo mǎyǐ *attract ants* ❸承认自己的罪状 confess；own up，admit one's guilt：不打自～ bùdǎ-zìzhāo *make a confession without being put to torture* ❹同"着⊜❶" Same as "着⊜❶"：花～儿 huāzhāor *trick*；*game*

昭 zhāo 业幺 ❶明显，显著 clear；obvious：罪恶～彰 zuì'è-zhāozhāng *have committed flagrant crimes*/～然若揭 zhāorán-ruòjiē *abundantly clear*；*all too clear* ❷表明，显示 show；manifest：以～信守 yǐzhāo-xìnshǒu *show one's faithfulness* [昭昭 ——]1. 光明，明亮 bright；clear 2. 明辨事理 be clear (about sth)：使人～～ shǐ rén zhāozhāo *make known to the public*

啁 ⊜zhāo 业幺 [啁哳 —zhā]（一zhā）形容声音杂乱细碎 twitter，short high rapid sounds made by birds

⊜ zhōu 见 853 页 See p. 853

着 ⊜ zhāo 业幺 ❶（一儿 —r）下棋时下一子或走一步叫一着 a

move in chess 喻 fig. 计策，办法 trick；device：你出个高～儿 Nǐ chū ge gāozhāor. *You've made a clever move.* /我没～儿了 Wǒ méi zhāor le. *I am at the end of my tether.* ❷〈方 dial.〉放，搁进去 put in；add：～点儿盐 zhāo diǎnr yán *put in some salt* ❸〈方 dial.〉用于应答，表示同意（used to express agreement）all right：～，你说得真对 Zhāo, nǐ shuō de zhēn duì. *Ok, what you said is quite right.*

㊀ zhuó 见 868 页 See p. 868
㊁ zháo 见本页 See the same page.
㊃ zhe 见 831 页 See p. 831

朝 ㊀ zhāo ㄓㄠ 早晨 morning：只争～夕 zhǐzhēng-zhāoxī *Seize the day, seize the hour!* /～思暮想 zhāosī-mùxiǎng *yearn day and night* 引 ext. 日，天 day：今～ jīnzhāo *today；the present* [朝气 —qì] 喻 fig. 向上发展的气概 youthful spirit；vigour；vitality：～～蓬勃 zhāoqì-péngbó *full of vigour and vitality*

㊁ cháo 见 71 页 See p. 71

嘲 ㊀ zhāo ㄓㄠ [嘲哳 —zhā]（—zhā）同"啁哳" Same as "啁哳 zhāozhā"

㊁ cháo 见 71 页 See p. 71

着 ㊁ zháo ㄓㄠ ❶接触，挨上 touch；come in contact with：上不～天，下不～地 shàng bù zháo tiān, xià bù zháo dì *touch neither the sky nor the ground* ❷感受，受到 be affected by；be troubled with；suffer：～慌 zháohuāng *get nervous*/凉 zháoliáng *catch cold*/急 zháojí *get worried* ❸燃烧，也指灯发光 (also) give off light；～火 zháohuǒ *catch fire*/火～了 Huǒ zháo le. *The fire is lit.*/天黑了，路灯都～了 Tiān hēi le, lùdēng dōu zháo le. *It was getting dark, and the street lights were all on.* ❹入睡，睡着 sleep；fall into sleep：躺下就～了 tǎngxia jiù zháole *He fell asleep the*

moment he got into bed. ❺用在动词后表示达到目的或有结果（used after a verb to indicate the achievement of a purpose or result）hit the mark；succeed in：猜～了 cāizháole （You've）*guessed it.*/打～了 dǎzháole *You've hit it.*

㊀ zhuó 见 868 页 See p. 868
㊂ zhāo 见 825 页 See p. 825
㊃ zhe 见 831 页 See p. 831

爪 ㊀ zhǎo ㄓㄠ ❶指甲或趾甲 nail or toenail：手～ shǒuzhǎo *fingernail* ❷鸟兽的脚趾 claw；talon：鹰～ yīngzhǎo *hawk-claw* [爪牙 —yá] 喻 fig. 党羽，狗腿子 lackeys；underlings

㊁ zhuǎ 见 861 页 See p. 861

找 zhǎo ㄓㄠ ❶寻求，想要得到或见到 look for；try to find：～东西 zhǎo dōngxi *look for sth*/～事做 zhǎo shì zuò *try to find something to do*/丢了不好～ diūle bù hǎo zhǎo *difficult to find sth once it gets lost*/～麻烦 zhǎo máfan *ask for trouble*/～人 zhǎo rén *look for sb*/～经理 zhǎo jīnglǐ *go to the manager* ❷退回，补还 give back：～钱 zhǎoqián *give change*/～零 zhǎolíng *give back the odd money*

沼 zhǎo ㄓㄠ 池子 pond（逮 comb. 池—chí—*a large pond*）[沼气 —qì] 植物在地下或水底受霉菌分解而产生的气体，可以燃烧。多产生于池沼，也产生于煤矿井、石油井中。主要成分是甲烷 marsh gas；methane, a natural gas which is formed from decaying organic matters under the ground or at the bottom of waters, burns easily, and is mostly seen in natural ponds, coal mines or oil wells. Its main element is methane. [沼泽 —zé] 因湖泊淤浅等而形成的水草茂密的泥泞地带 marsh；swamp, a tract of low-lying miry land, usu. wet or periodically wet with plants or lush grass, formed as the result of silting of lakes

召 ⊖ zhào ㄓㄠ ❶呼唤，招呼 call together; convene; summon: 号 ~ hàozhào *call; appeal* / ~ 见 zhàojiàn *summon sb to an interview* / ~唤 zhàohuàn *call* / ~集 zhàojí *call together* / ~开会议 zhàokāi huìyì *convene a conference* ❷傣族姓 a surname of the Dai Nationality

⊜ shào 见 578 页 See p.578

诏 zhào ㄓㄠ ❶告诉 tell; instruct ❷皇帝所发的命令 imperial edict

照(❶*炤) zhào ㄓㄠ ❶光线射在物体上 shine; illuminate; light up: 拿灯~一~ ná dēng zhào yī zhào *light it with a lamp* / 阳光普~ yángguāng-pǔzhào *The sunlight floods the earth.* ❷对着镜子或其他反光的东西看自己或其他人物的影像 reflect; mirror; look at one's image or other things in the mirror or other reflecting objects: ~镜子 zhào jìngzi *look in the mirror* ❸照相，摄影 take a picture (or photograph), photograph; film; shoot: 天安门前一张相 Tiān'ān Mén qián zhào zhāng xiàng. *take a picture before the Tian An Men* ❹画像或相片 photograph; picture: 小~ xiǎozhào *a small-sized photograph of oneself.* ❺照管，看顾 look after; keep an eye on: 请你~应一下 Qǐng nǐ zhàoying yīxiàr. *Will you please keep an eye on it?* [照料 —liào]关心，料理 take care of; attend to: 病人需要~ Bìngrén xūyào zhàoliào. *The patient needs to to be taken care of.* ❻按着，依着 according to; in accordance with （通 comb. 依—yī—、按—àn— *according to*)：~例 zhàolì *as usual; as a rule* / ~样 zhàoyàng *in the same old way* / 依~他的意思 yīzhào tā de yìsi *according to him* ❼凭证 license: 护~ hùzhào *passport* / 牌~ páizhào *license tag* ❽知晓 understand （通 comb. 知—zhī— *inform; notify*)：

心~不宣 xīnzhào-bùxuān *have tacit understanding* ❾通告，通知 inform; notify: 知~ zhīzhào *notify; tell* / 关~ guānzhào *notify by word of mouth; tell* [照会 —huì]外交上用以表明立场、达成协议或通知事项的公文 note, a formal diplomatic letter, indicating attitude or opinion, agreement or notification ❿对着，向着 in the direction of; towards: ~敌人开枪 zhào dírén kāiqiāng *fire at the enemy* / ~着这个方向走 zhàozhe zhège fāngxiàng zǒu *go or walk in this direction* ⓫比照，对照 contrast; check and verify: 对~ duìzhào contrast; compare

兆 zhào ㄓㄠ ❶古代占验吉凶时灼龟甲所成的裂纹(迷信) (of superstition) cracks formed on the tortoise shell when it was burned for divination in ancient times ❷预兆 sign; omen; portent 征~ zhēngzhào *sign; omen* / 佳~ jiāzhào *good omen* ❸预示 foretell; portend: 瑞雪~丰年 ruìxuě zhào fēngnián *A seasonable snow is the sign of a rich crop.* ❹数目 numeral: 1.百万 million; mega 2.古代指万亿 (in ancient times) a million millions; billion

赵(趙) zhào ㄓㄠ 战国国名，在今河北省南部和山西省中部、北部一带 one of the Warring States, consisting of modern southern Hebei and central and northern Shanxi

笊 zhào ㄓㄠ [笊篱 —li]用竹篾、柳条、铅丝等编成的一种用具，可以在汤水里捞东西 strainer, a utensil made of bamboo, wicker or wire for separating solids from liquids

棹(*櫂) zhào ㄓㄠ 划船的一种工具，形状和桨差不多 an oar-shaped instrument used for rowing a boat ㊷ ext. 1.船 boat; ship 2.〈方 dial.〉划(船) row (a boat)

Z

罩 zhào ㄓㄠˋ ❶(一子 一zi、一儿 一r)覆盖物体的东西 shade；cover：口～ kǒuzhàor *mouth mask*/ 灯～子 dēngzhàozi *lamp shade* ❷扣盖，覆盖 cover；overspread；wrap：把菜～起来 bǎ cài zhào qilai *cover the dishes* ❸穿在其他衣服外面的单衣 overcoat；loose coat：外～ wàizhàor *overcoat*/ ～衣 zhàoyī *dustcoat*/ 袍～儿 páozhàor *outer garment* ❹养鸡用的竹笼子 a bamboo chicken coop ❺捕鱼用的竹器，圆筒形，无顶无底，下略大，上略小 a round bamboo fish trap without top cover or bottom, the top smaller than the bottom

肇(＊＊肇) zhào ㄓㄠˋ ❶开始 start；commence：～端 zhàoduān *beginning* ❷发生 cause：～祸(闯祸) zhàohuò *cause trouble*/ ～事 zhàoshì *create a disturbance*

曌 zhào ㄓㄠˋ 同"照"。唐朝女皇帝武则天为自己名字造的字 same as "照(shine)". a word coined by empress Wu Zetian of the Tang Dynasty for her own name

ZHE ㄓㄜ

折 ㊀ zhē ㄓㄜ 翻转，倒腾 roll over；turn over：～跟头 zhē gēntou *turn a somersault*/ 用两个碗把开水～一～就凉了 yòng liǎng ge wǎn bǎ kāishuǐ zhē yī zhē jiù liáng le *pour the boiled water from one bowl to another to cool it*
㊁ zhé 见本页 See the same page.
㊂ shé 见 579 页 See p. 579

蜇 ㊀ zhē ㄓㄜ ❶有毒腺的虫子刺人或牲畜 sting，(of insects with poison glands) cause sharp pain to people or animals：被蝎子～了 bèi xiēzi zhēle *be stung by a scorpion* ❷某些东西刺激皮肤或器官使感觉不适 smart；sting, cause or feel a painful stinging sensation, usu. on the skin or in an organ：切洋葱～眼睛 qiē yángcōng zhē yǎnjing *When you slice an onion it makes your eyes sting.*
㊁ zhé 见 829 页 See p. 829

遮 zhē ㄓㄜ 掩盖，掩蔽，挡 hide from view；conceal；screen：～丑 zhēchǒu *gloss over one's blemishes*/ ～人耳目 zhērén'ěrmù *cover up the eyes and ears of the others；conceal from others*/ 乌云～不住太阳的光辉 Wūyún zhē bu zhù tàiyang de guānghuī. *The black clouds can never shut out the sunlight.*/ ～挡不住 zhēdǎng bu zhù *be unable to shelter from or keep out*

蜇 ㊀ zhē ㄓㄜ 同"蜇㊀❶"，用于口语 Same as "蜇㊀❶" in colloquial expression
㊁ shì 见 598 页 See p. 598

折(❹-❻△摺) ㊀ zhé ㄓㄜ ❶断，弄断 break；snap：禁止攀～花木 Jìnzhǐ pānzhé huāmù. *Picking flowers is forbidden.* ⑩ fig. 幼年死亡 die in one's early days：夭～ yāozhé *die young* [折磨 一mo]使在肉体或精神上受痛苦 cause physical or mental suffering；torment：解放前劳动人民受尽了～～ Jiěfàngqián láodòng rénmín shòujìnle zhémo. *The labouring people were subjected to various torments before Liberation.* ❷损失 suffer the loss of；lose：损兵～将 sǔnbīng-zhéjiàng *lose one's generals and soldiers* ❸弯转，屈曲 bend；twist：～腰 zhéyāo *bend one's back*/ 转～点 zhuǎnzhédiǎn *turning point* ⑨ ext. 返转，回转 turn back；change direction：走到半路又～回来了 zǒudào bànlù yòu zhé huilai le *He turned back halfway.* [折中 一zhōng][折衷 一 zhōng]对不同意见采取调和态度 compromise；take a reconciling attitude toward different opinions ❹叠 fold（⯗comb. 一叠 dié fold）／～衣服 zhé yīfu fold up clothes／～尺 zhéchǐ folding rule ❺（－子 －zi、－儿 －r）用纸折叠起来的本子 booklet in accordion form（with sheets of paper folded）：存～cúnzhér deposit book; bankbook ❻杂剧一本分四折，一折相当于现代戏曲的一场 one of the four acts in a poetic drama in the Yuan Dynasty, equal to one scene in modern drama ❼心服 be convinced：～服 zhéfú convince; bring into submission／心～ xīnzhé be deeply convinced; filled with admiration ❽折扣，按成数减少 discount; rebate：打～扣 dǎ zhékòu sell at a discount／九～ jiǔ zhé give 10% discount ❾抵作，对换，以此代彼 convert into; amount to：～账 zhézhàng pay a debt in kind／～变（变卖）zhébiàn sell off（one's property）

　　㈡ shé 见 579 页 See p. 579
　　㈢ zhē 见 828 页 See p. 828

哲（*喆）zhé ㄓㄜˊ ❶有智慧 wise; sagacious：～人 zhérén sage; philosopher ［哲学 －xué］社会意识形态之一，它研究自然界、社会和思维的普遍规律，是关于自然知识和社会知识的概括和总结，是关于世界观的理论 philosophy, a social ideology, the study of general laws of nature, society and thought, the generalization and summary of natural knowledge and social knowledge, and a theory about people's world outlook ❷聪明智慧的人 wise man; sage：先～ xiānzhé sage; a great thinker of the past

　　注：“喆”多用于人名 note：zhé usu. used in a person's name

晢（**晣）zhé ㄓㄜˊ 明亮 bright

蜇 ㈠ zhé ㄓㄜˊ 海蜇，在海里生活的一种腔肠动物，形状像张开的伞，可供食用 jellyfish, a kind of

edible umbrella-shaped marine coelenterates
　　㈡ zhē 见 828 页 See p. 828

蓆 zhé ㄓㄜˊ〈方 dial.〉（－子 －zi）一种粗的竹席 a coarse bamboo mat

辄（*輙）zhé ㄓㄜˊ 总是 always; often：每至此，～觉心旷神怡 Měi zhì cǐ, zhé jué xīnkuàng-shényí. Whenever I come here, I always feel completely relaxed and happy.／所言－听 suǒ yán zhé tīng always heed one's advice

蛰（蟄）zhé ㄓㄜˊ 动物冬眠，藏起来不食不动 hibernate,（of animals）be or go into a state like a long sleep during the winter, neither eating nor moving：～伏 zhéfú dormancy／入～ rùzhé go into hibernation／～虫 zhéchóng hibernant insects

謪（讋）zhé ㄓㄜˊ〈古 arch.〉恐惧 fear; fright

谪（*謫）zhé ㄓㄜˊ ❶谴责，责罚 censure; blame ❷封建时代特指贬官 banish; excile, relegate a high official to a minor post in an outlying district（as a form of punishment）in feudal China

摺 zhé ㄓㄜˊ 同“折 ㈠❹－❻” Same as “折㈠❹－❻”

磔 zhé ㄓㄜˊ ❶分裂肢体，古代的一种酷刑 dismemberment of the body as a form of punishment in ancient China ❷汉字的笔画，即捺(nà) right-falling stroke in Chinese characters

辙 zhé ㄓㄜˊ 车辙，车轮轧的痕迹 the track of a wheel; rut 囫 ext. 1.（－儿 －r）车行的一定路线 direction of traffic：抢～儿 qiāngzhér drive in the wrong direction／顺～儿 shùnzhér drive in the right direction 2. 歌词、戏曲、杂曲所押的韵 rhyme of a song, traditional opera, poetic drama, etc:

合～ hézhé in rhymes/ 十三～ shísān zhé rhyme thirteen 3.〈方 dial.〉办法 method；way；idea：没～了 méizhé le can find no way out

者 zhě ㄓㄜˇ ❶代词，多指人 pron. usu. indicating people：有好 (hào)事～船载以入 Yǒu hàoshìzhě chuán zài yǐ rù. Someone busybody shipped it in. ❷相当于"的〔㊂❶3"，使形容词、动词成为指人或事物的名词 Same as "的〔㊂❶3"，(used after a verb or an adjective to indicate a class of persons or things) one or those who；the thing or things which；-er：学～ xuézhě scholar/ 读～ dúzhě reader/ 作～ zuòzhě author ❸助词，表示语气停顿 aux. marking a pause：陈胜～，阳城人也 Chén Shèng zhě, Yángchéng rén yě. Chensheng, a man from Yangcheng/ 云～，水气蒸腾而成 Yún zhě, shuǐqì zhēngténg ér chéng. Clouds are formed from rising water vapours. ❹这，此(多用在古诗词中) this (usu. used in ancient poems)：～回 zhě huí this time/ ～番 zhě fān on this occasion；this time/ ～边走 zhě biān zǒu This way, please! ❺用在"二、三、数"等数词后，指上文所说的几件事 (used with the numbers 二、三、etc) indicating the things mentioned above：二～必居其一 èr zhě bì jū qí yī It must be one or the other. / 三～缺一不可 sān zhě quē yī bùkě Of these three things, no one is dispensable.

锗 zhě ㄓㄜˇ 一种金属元素，符号 Ge，灰白色结晶，质脆，有光泽。是重要的半导体材料，主要用来制造半导体晶体管 germanium, a lustrous greyish crystalline metallic element；symbol：Ge. It is an important semi-conducting material mainly used in making transistors

赭 zhě ㄓㄜˇ 红褐色 reddish brown；burnt ochre：～石(矿物名，可做颜料) zhěshí ochre (a mineral used as pigment)

褶(**褶**) zhě ㄓㄜˇ (一子 -zi，一儿 -r) ❶衣服折叠而形成的印痕 pleat，mark left on a garment as a result of folding：百～裙 bǎizhěqún pleated skirt ❷泛指皱褶重复的部分 crease；fold；wrinkle：衣服上净是～子 Yīfu shang jìngshi zhězi. There are creases on the clothes. / 这张纸有好多～子 Zhè zhāng zhǐ yǒu hǎoduō zhězi. The paper has many wrinkles.

这(**這**) ㊀ zhè ㄓㄜˋ ❶代词，此，指较近的时间、地方或事物，跟"那"相反 pron. this, the time, place or thing that is nearer, opposite of nà：～里 zhèli here/ ～些 zhèxiē these/ ～个 zhège this one/ ～是英汉词典 Zhèshì Yīng Hàn cídiǎn. This is an English-Chinese dictionary. [这么 -me]代词，如此 pron. so；such：～～办就好了 Zhème bàn jiù hǎo le. It would have been better this way. ❷这时候，指说话的同时 now；at the moment one speaks：我～就走 Wǒ zhè jiù zǒu. I'm leaving right now.
㊁ zhèi 见 831 页 See p. 831

柘 zhè ㄓㄜˋ 柘树，落叶灌木或小乔木，叶子卵形或椭圆形，前端有浅裂，可以喂蚕。木可以提取黄色染料，为柘黄 three-bristle cudrania (cudrania tricuspidata), a deciduous shrub or small tree, with egg-shaped or oval leaves, used for feeding silkworms；wood used to extract yellow pigment, called zhèhuáng

浙(**淛**) zhè ㄓㄜˋ ❶浙江，古水名，又叫"浙江"、"之江"、"曲江"，即今钱塘江，是浙江省第一大河流 Zhèjiāng, an ancient name for the biggest river in Zhejiang Province, also called Jiànjiāng, Zhǐjiāng, Qūjiāng, which is the modern Qiantang River ❷指浙江省

Zhejiang Province

蔗 zhè ㄓㄜˋ 甘蔗,多年生草本植物。茎有节,含甜汁很多,可以吃,也可制糖 sugarcane, a perennial herb with jointed stems, full of edible sweet juice, from which sugar is obtained

嗻 zhè ㄓㄜˋ 答应的声音,表示"是"的意思 aye (a voice in reply, expressing attentiveness)

鹧 zhè ㄓㄜˋ [鹧鸪 —gū]鸟名,背部和腹部黑白两色相杂,头顶棕色,脚黄色。吃谷粒、昆虫、蚯蚓等 Chinese francolin; partridge, a bird with black and white feathers on back and abdomen but brown on head, with yellow feet, feeding on grains, insects, earthworms, etc.

蟅 zhè ㄓㄜˋ 蟅虫,即土鳖。体扁,棕黑色,雄的有翅,雌的无翅。雌的制干后可入药 ground beetle, dark brown flat-bodied insect, the male of which has wings but the female is wingless. The female can be used as medicine after being dried up.

着 ㈣ zhe ·ㄓㄜ ❶助词,在动词后 aux. used after a verb 1.表示动作正进行 indicating a continued action or state:走～ zǒuzhe be walking/ 等～ děngzhe be waiting/ 开～会呢 kāizhe huì ne (They are) having a meeting 2.表示存在的方式 indicating a resultant state:桌上放～一本书 Zhuō shang fàngzhe yī běn shū. There is a book lying on the table./ 墙上挂～一幅画 Qiáng shang guàzhe yī fú huàr. On the wall hangs a picture. ❷表示程度深,常跟"呢"(ne)连用 (aux. as an intensive with "ne") very, quite:好～呢 hǎo zhe ne awfully good/ 这小孩儿精～呢 Zhè xiǎoháir jīng zhe ne. The child is smart enough. ❸助词,用在动词或表示程度的形容词后表示祈使 aux. used after verbs or adjectives of degree to ex-

press imperative mood:你听～ Nǐ tīngzhe. You just listen./ 步子大～点儿 bùzi dàzhe diǎnr Take larger steps! ❹助词,加在某些动词后,使变成介词 aux. used after certain verbs as prep:顺～ shùnzhe along/ 照～ zhàozhe according to/ 沿～ yánzhe along/ 朝～ cháozhe in the direction of

㈠ zhuó 见 868 页 See p. 868
㈡ zháo 见 826 页 See p. 826
㈢ zhāo 见 825 页 See p. 825

ZHEI　ㄓㄟ

这(這) ㈠ zhèi ㄓㄟˋ "这(zhè)一"的合音,但指数量时不限于一 the combined pronunciation of zhè and yī, but not limited to one when referring to number:～个 zhèige this one/ ～些 zhèixiē these/ ～年 zhèi nián this year/ ～三年 zhèi sān nián these three years

㈡ zhè 见 830 页 See p. 830

ZHEN　ㄓㄣ

贞 zhēn ㄓㄣ (旧读 old pronounce zhēng) ❶坚定,有节操 loyal; faithful:忠～ zhōngzhēn loyal and steadfast/ 坚～不屈 jiānzhēn-bùqū stand firm and unyielding ❷旧礼教中束缚、残害女子的一种道德观念,指女子不改嫁等 chastity or virginity, a concept in the feudal moral code restraining and persecuting women, which maintains that a woman can not get remarried after the death of her husband:～女 zhēnnǚ a chaste girl; virgin ❸占、卜,问卦 divination:～卜(迷信) zhēnbǔ tell fortune (superstitious)

侦 zhēn ㄓㄣ (旧读 old pronounce zhēng) 探听,暗中察看 detect; scout; investigate:～探 zhēntàn do detective work/ ～查案件 zhēnchá ànjiàn investigate a case / ～察机 zhēnchájī reconnaissance plane; scout

帧 zhēn ㄓㄣ（旧读 old pron zhèng）量词，幅（用于字画、照片等）meas. (of picture) one; a：一～彩画 yī zhēn cǎihuàr a colour picture ［装帧 zhuāng—］书画等物的装潢设计 binding and layout(of a book, magazine, etc.)

浈 zhēn ㄓㄣ（旧读 old pronounce zhēng）浈水，水名，在广东省 ZhēnShuǐ, a river in Guangdong Province

桢 zhēn ㄓㄣ（旧读 old pronounce zhēng）❶坚硬的木头 hardwood ❷古代打土墙时所立的木柱 terminal posts used in building a wall in ancient times ［桢干 —gàn］㊣ fig. 能胜重任的人才 core member; capable man

祯 zhēn ㄓㄣ（旧读 old pronounce zhēng）吉祥 auspicious; propitious

针（*鍼） zhēn ㄓㄣ ❶缝织衣物引线用的一种细长的工具 needle, a thin long metal pin used in sewing for pulling thread ［针对 —duì]对准 counter, be directed against：～～着工作中的缺点，提出改进的办法 Zhēnduìzhe gōngzuò zhōng de quēdiǎn, tíchū gǎijìn de bànfǎ. To counter the weak points in our work, we put forward methods for improvement. ❷细长像针形的东西 anything like a needle：大头～ dàtóuzhēn paperpin/ 松～ sōngzhēn pine needle/ 指南～ zhǐnánzhēn compass/ 钟表上有时～、分～和秒～ Zhōngbiǎo shang yǒu shízhēn, fēnzhēn hé miǎozhēn. The watch (or clock) has an hour hand, a minute hand and a second hand. ［指南针 zhǐnán—]我国古代发明的一种利用磁石制成的指示方向的仪器 compass, one of the four great inventions

in ancient China, an apparatus made with magnet for indicating directions ❸用针扎治病 acupuncture：～灸 zhēnjiǔ acupuncture and moxibustion ［针刺麻醉 —cì mázuì]用针刺入人体的某些穴位，使人的某些部位暂时失去知觉，用以代替麻醉剂 acupuncture anaesthesia, the method of stopping pain temporarily by pricking certain parts of the body with needles, which can replace anaesthetic ❹西医注射用的器具 hypodermic syringe：～头 zhēntóu syringe needle ❺针剂 injection; shot：打～ dǎzhēn give or have an injection/ 防疫～ fángyìzhēn (prophylactic) inoculation

珍（*珎） zhēn ㄓㄣ ❶宝贝，宝贵的东西 treasure：奇～异宝 qízhēn-yìbǎo rare treasures and precious objects ❷贵重的，宝贵的 precious; valuable; rare：～禽异兽 zhēnqín-yìshòu rare birds and beasts ❸重视，看重 value highly：世人～之 shìrén zhēn zhī The world people value it highly. / ～惜 zhēnxī treasure; cherish/ ～视 zhēnshì value; prize

胗 zhēn ㄓㄣ 鸟类的胃 gizzard：鸡～肝儿 jīzhēngānr chicken's gizzard and liver

真 zhēn ㄓㄣ ❶真实，跟客观事物相符合，跟"假"相反 true; real, in accordance with objective reality, antonym of "jiǎ(false)"：～相大白 zhēnxiàng-dàbái The truth has been brought into daylight. / 千～万确 qiānzhēn-wànquè absolutely true/ 传～ chuánzhēn facsimile ［真理 —lǐ]正确反映客观世界发展规律的思想 truth, thoughts correctly reflecting the laws of development of the objective world ［天真 tiān—] 1. 心地单纯，性格很直率 naive; innocently direct 2. 头脑简单，容易被假象迷惑 naive; simple; be easily deceived by false things：这种想法太～～ Zhè zhǒng xiǎngfǎ tài tiānzhēn. *The idea is too naive.* ❷确实，的确 really; truly; indeed：～好 zhēn hǎo *really good*/ ～高兴 zhēn gāoxìng *really happy* ❸清楚，显明 clear; obvious; unmistakable：字太小，看不～ Zì tài xiǎo, kàn bu zhēn. *The characters are too small to see clearly.* / 听得很～ tīng de hěn zhēn *hear it unmistakably* ❹真书（楷书）(in Chinese calligraphy) regular script：～草隶篆 zhēn-cǎo-lì-zhuàn (of Chinese calligraphy) *the regular, cursive, official and seal style* ❺本性，本原 nature; inherent quality：返朴归～ fǎnpǔ-guīzhēn *return to original nature*

砧（*碪）zhēn ㄓㄣ 捶、砸或切东西的时候，垫在底下的器具 hammering block, block on which sth is hammered or chopped：铁～ tiězhēn *hammering block*; anvil/ ～板 zhēnbǎn *chopping block* [砧木－mù]嫁接植物时把接穗接在另一个植物体上，这个植物体叫砧木 stock, the stem of a plant into which a graft is inserted

蓁 zhēn ㄓㄣ ❶（叠 redup.）草木茂盛 luxuriant：其叶～～ qí yè zhēnzhēn *luxuriant leaves* ❷同“榛❷”zhēn”；深～（荆棘丛）shēnzhēn *overgrown with brambles*

榛 zhēn ㄓㄣ 同“榛❸zhēn”Same as “榛❸”：～狉（pī）(指草木丛杂，野兽出没) zhēnpī *overgrown with vegetation and haunted by wild beasts*

溱 ⊖ zhēn ㄓㄣ 溱头河，水名，在河南省 Zhēntóu Hé, a river in Henan Province
⊜ qín 见 536 页 See p. 536

榛 zhēn ㄓㄣ ❶落叶灌木或小乔木，花黄褐色。果实叫榛子，果皮很坚硬，果仁可以吃 hazel, a deciduous shrub or small tree with yellowish brown flowers. Its fruit, the hazelnut, has a hard shell and edible kernel. ❷泛指丛生的荆棘 a general term for overgrown brambles：～莽 zhēnmǎng *luxuriant vegetation* ❸草木丛杂（叠 redup.）(of plants) grow thickly：草木～～ cǎomù zhēnzhēn *dense vegetation*

臻 zhēn ㄓㄣ 到，达到 reach; arrive：日～完善 rìzhēn wánshàn *become better and approach perfection day by day*

斟 zhēn ㄓㄣ 往杯子里倒（酒或茶）pour (tea or wine) into a cup：～酒 zhēn jiǔ *pour (a glass of) wine*/ ～茶 zhēn chá *serve sb with tea*/ 给我～上碗水 Gěi wǒ zhēnshang wǎn shuǐ. *Pour me a bowl of water.* [斟酌－zhuó]翰 trans. 度(duó)量，考虑 consider; deliberate：请你～～办理 Qǐng nǐ zhēnzhuó bànlǐ. *Please act at your discretion.*

椹 ⊖ zhēn ㄓㄣ 同“砧zhēn”Same as “砧zhēn”
⊜ shèn 见 584 页 See p. 584

甄 zhēn ㄓㄣ 审查 discriminate; distinguish：～别 zhēnbié *examine and distinguish*/ ～拔人才 zhēnbá réncái *select people of talent*

箴 zhēn ㄓㄣ ❶同“针❶”Same as “针❶”❷劝告，劝戒 admonish; exhort：～言 zhēnyán *admonition*; maxim ❸一种文体，以告诫规劝为主 a type of didactic literary composition

诊 zhěn ㄓㄣ 医生为断定病症而察看病人身体内部外部的情况 diagnose, (of a doctor) examine a patient's health condition：～断 zhěnduàn *diagnose*/ ～脉 zhěnmài *feel the pulse*/ 门～ ménzhěn *clinic*/ 出～ chūzhěn (of a doctor) *make a house call*

轸 zhěn ㄓㄣ ❶古代车后的横木 the cross board at the rear of an ancient carriage ❷悲痛 sorrowful; distressed：～悼 zhěndào *mourn with*

Z

deep grief/ ～怀(痛念) zhěnhuái *sorrowfully cherish the memory of sb.* (or think anxiously about)/ ～恤(怜悯) zhěnxù *show great sympathy* (or *pity*) *for sb* ❸星宿名,二十八宿之一 *one of the twenty-eight constellations into which the celestial sphere was divided in ancient Chinese astronomy*

畛 zhěn ㄓㄣˇ 田地间的小路 *raised path between fields.* ㊗ ext. 界限 *boundary*:不分～域 bùfēnzhěnyù *make no distinctions*

疹 zhěn ㄓㄣˇ 病人皮肤上起的小疙瘩,通常是红色,小的像针尖,大的像豆粒,多由皮肤表层发炎浸润而起 *rash, usu red spots on the skin caused by epidermal inflammation*:湿～ shīzhěn *eczema* [疹子 —zi] 麻疹 *measles*

袗 zhěn ㄓㄣˇ ❶单衣 *unlined garment* ❷(衣服)华美 *(of clothes) beautiful; gorgeous*

枕 zhěn ㄓㄣˇ ❶枕头,躺着时垫在头下的东西 *pillow, a thing for supporting the head when lying* [枕木 —mù]铁路路基上承受铁轨的横木 *railway sleeper; tie, any of the row of heavy pieces of wood supporting a railway track* ❷躺着的时候把头放在枕头或器物上 *rest the head on a pillow or other things when lying*:～着枕头 zhěnzhe zhěntou *sleep with one's head resting on a pillow*/ ～戈待旦 zhěngē-dàidàn *lie with one's head pillowed on a spear waiting for day to break*

缜 zhěn ㄓㄣˇ 周密,细致 *careful; meticulous; deliberate*:(㊟ comb. 一密—mì *careful*)～密的思考 zhěnmì de sīkǎo *a careful thought*

稹 zhěn ㄓㄣˇ 同"缜" *Same as "缜"*

鬒 (＊＊顜) zhěn ㄓㄣˇ 头发浓密而黑 *(of hair) thick and black*:～发 zhěnfà *thick black hair*

圳 (＊＊甽) zhèn ㄓㄣˋ〈方 dial.〉田边水沟。多用于地名,如深圳、圳口,都在广东省 *a ditch between fields, usu used in place names such as Shenzhen, Zhenkou in Guangdong Province*

阵 zhèn ㄓㄣˋ ❶军队作战时布置的局势 *battle array* (or *formation*):～线 zhènxiàn *front; ranks*/ 严以待 yánzhèn yǐdài *be prepared in full battle array*/ 一字长蛇～ yī zì chángshézhèn *an array stretching out in a long line* ㊗ ext. 战场 *battlefield*:～亡 zhènwáng *be killed in military action* [阵营—yíng]两军交战对立的阵势 *a disposition of combat forces of the two opposing armies* ㊐ fig. 利益和斗争目标相同的集团 *a group of people who pursue a common interest*:革命～～ géming zhènyíng *revolutionary camp* ❷量词,表示事情或动作经过的段落 *meas. indicating a short period of time; a spell*:刮了一～风 guāle yīzhèn fēng *A gust of wind blowed.* ㊧ trans. (一子 —zi) 一段时间 *a period of time*:这一～子工作正忙 Zhè yīzhènzi gōngzuò zhèng máng. *I have been quite busy with my work recently.*

绁 zhèn ㄓㄣˋ〈方 dial.〉拴牛、马等的绳索 *a piece of rope used to tie a horse or cattle*

鸩 (❷❸△＊酖) zhèn ㄓㄣˋ ❶传说中的一种毒鸟,把它的羽毛泡在酒里,喝了可以毒死人 *a legendary bird with poisonous feathers. It is said that wine steeped with its feather is lethal.* ❷用鸩的羽毛泡成的毒酒 *poinsoned wine* (or *wine steeped with this bird's poisonous feather*):饮～止渴(喻满足一时需要,不顾后果) yǐnzhènzhǐkě *drink poison* (*poisoned wine*) *to quench thirst* (*fig. seek temporary*

relief which results in disaster) ❸用
毒酒害人 kill sb. with poisoned wine
"酖"又 dān 见 111 页 zhèn also
dān, See p.111

振 zhèn ㄓㄣˋ ❶摇动,挥动 shake;
flap: ～笔直书 zhènbǐ-zhíshū
wield the pen furiously/ ～ 铃
zhènlíng ring the bell/ ～ 臂高呼
zhènbì-gāohū raise one's arm and
shout (slogans, etc.) ❷奋起,兴起
rise with force and spirit; brace up:
～兴 zhènxīng develop vigorously;
promote/ ～作 zhènzuò bestir one-
self; display vigour/ 精神一～
jīngshén yī zhèn feel one's spirits
buoyed up ❸救 save; rescue: ～乏绝
zhèn fájué save the rare and endan-
gered species ❹振动 vibrate; shake:
共～ gòngzhèn resonance/ 谐～
xiézhèn resonance

赈 zhèn ㄓㄣˋ 赈济,救济 relieve;
aid: ～灾 zhènzāi relieve the peo-
ple in stricken areas/ 以工代～ yǐ
gōng dài zhèn give sb a job as a form
of relief/ 也作"振" Also written as
zhèn

震 zhèn ㄓㄣˋ ❶迅速或剧烈地颤动
shake; vibrate; quake: 地～
dìzhèn earthquake/ ～耳 zhèn'ěr
deafening ❷惊恐或情绪过分激动
greatly excited; deeply astonished:
～惊 zhènjīng shock; amaze/ ～怒
zhènnù be enraged; be furious ❸八卦
之一,符号是☳,代表雷 one of the
Eight Trigrams, symbol: ☳, repre-
senting thunder

朕 zhèn ㄓㄣˋ ❶我,我的,由秦始皇
时起专用作皇帝自称 I, my, the
sovereign (used by an emperor to re-
fer to himself, starting from the first
emperor of the Qin Dynasty) ❷预兆
sign; omen

瑱 zhèn ㄓㄣˋ 古时戴在耳垂上的玉
an ancient jade eardrop

镇 zhèn ㄓㄣˋ ❶压 press down;
keep down: ～尺 zhènchǐ paper-

weight (in the shape of a ruler) ❷镇
压 suppress; repress; put down: ～
反(镇压反革命) zhènfǎn suppress
counter-revolutionaries ❸安定 calm;
tranquil; at ease: ～静 zhènjìng
cool/ ～定 zhèndìng composed ❹把
饮料等同冰或冷水放在一起使凉
cool with cold water or ice: 冰～汽水
bīngzhèn qìshuǐ iced soda water ❺
行政区划单位,一般由县一级领导
town, an administrative area general-
ly under the leadership of the coun-
ty: 城～居民 chéngzhèn jūmín resi-
dents of cities and towns/ 乡～企业
xiāngzhèn qǐyè village and township
enterprises ❻较大的集市 a compara-
tively large trading centre ❼时常 of-
ten; frequently: 十年～相随 shí nián
zhèn xiāngsuí For ten years we were
often together.

ZHENG　ㄓㄥ

丁 ㊀ zhēng ㄓㄥ [丁丁－－]形容
伐木、弹琴等声音 the sound of
chopping wood or plucking the
strings of a musical instrument
㊁ dīng 见 134 页 See p.134

正 ㊀ zhēng ㄓㄥ 正月,夏历一年的
第一个月 the first month of the
lunar year: 新～ xīnzhēng the first
month
㊁ zhèng 见 837 页 See p.837

征 (❸－❻△徵) zhēng ㄓㄥ
远行 go on a
journey: ～帆(远行的船) zhēngfān
a ship on a long voyage/ 踏上～途
tàshang zhēngtú start on a journey
❷用武力制裁 go on an expedition
(or a campaign): 出～ chūzhēng set
out on an expedition/ ～讨 zhēngtǎo
go on a punitive expedition [征服
fú]用力制服 conquer; subjugate: ～
自然 zhēngfú zìrán conquer nature
❸由国家召集或收用 levy; call up;

draft：应～入伍 yìngzhēng rùwǔ be recruited/～税 zhēngshuì levy taxes ❹寻求，希望得到 ask for；solicit（遝 comb.）求 — qiú solicit）：～稿 zhēnggǎo solicit contributions/ ～求群众意见 zhēngqiú qúnzhòng yìjiàn consult the masses ❺证明，证验 evidence；proof：有实物可～ yǒu shíwù kě zhēng There is solid evidence. ❻现象，迹象 sign；portent：特～ tèzhēng characteristic/ ～ 兆 zhēngzhào sign；omen

"徵"又 zhǐ 见 845 页 Also zhǐ, See p. 845

怔 zhēng 业ㄥ [怔忡 —chōng]中医所称的一种虚弱病，患者感到心脏跳动得很利害 palpitation，（in traditional Chinese medicine）rapid beating of the heart caused by illness or poor health [怔忪 —zhōng]惊惧 terrified；panic-stricken

钲 ㊀ zhēng 业ㄥ 古代的一种打击乐器，用铜做成，在行军时敲打 a bell-shaped percussion instrument made of copper，used in ancient times by troops on march

㊁ zhèng 见 838 页 See p. 838

症（癥）㊀ zhēng 业ㄥ [症结 —jié]腹内结块的病 a lump in the abdomen ⑯ fig. 事情难解决的关键所在 crux，the essential point in solving the problems

㊁ zhèng 见 838 页 See p. 838

争 zhēng 业ㄥ ❶力求获得，互不相让 contend；vie；strive：～夺 zhēngduó fight for/ ～ 先恐后 zhēngxiān-kǒnghòu strive to be the first and fear to lag behind ❷争执 dispute；disagree：意气之～ yìqì zhī zhēng disputes caused by personal feelings/ ～论 zhēnglùn argue ❸〈方dial.〉差，欠 short of；wanting ❹怎么，如何(多用在古诗词曲中) how；why (usu. used in ancient poems)：～ 不 zhēng bù Why not?/ ～ 知 zhēng zhī How does one know?/

奈 zhēng nài nevertheless；unfortunately

挣 ㊀ zhēng 业ㄥ [挣扎 —zhá]尽力支撑或摆脱 struggle，make strenuous efforts to support or free oneself：垂死～～ chuísǐ-zhēngzhá put up a desperate struggle

㊁ zhèng 见 839 页 See p. 839

峥 zhēng 业ㄥ [峥嵘 —róng]1. 高峻，突出 lofty and steep：山势～～ shānshì zhēngróng mountains towering high 2. 不平常 extraordinary；outstanding：～ ～ 岁月 zhēngróng-suìyuè memorable years (of one's life)

狰 zhēng 业ㄥ [狰狞 —níng]样子凶恶 ferocious；savage；hideous：面目～～ miànmù zhēngníng a fierce, cruel and violent look；a vile visage

睁 zhēng 业ㄥ 张开眼睛 open (the eyes)

铮 zhēng 业ㄥ 拟声词，多指金属相击的声音 onom. clank；clang，imitating the sound of metals striking together (叠 redup.)

筝 zhēng 业ㄥ 古代弦乐器 an ancient stringed musical instrument [风筝 fēngzheng]玩具的一种，用竹篾做架，糊上纸，牵线放在空中，可以飞得很高。装上弓弦或哨子，迎着风能发声 kite，often as a plaything，consisting of a light frame of bamboo covered with paper，flown high in the wind at the end of a long string；if fixed with bowstring or whistle，it can give off sound when flying against the wind

烝 zhēng 业ㄥ ❶众多 multitude；plenty ❷美 beauty ❸同"蒸"Same as "蒸"

蒸 zhēng 业ㄥ ❶热气上升 evaporate；（of water）change into steam：～发 zhēngfā evaporate/ ～气 zhēngqì steam [蒸蒸 ——]像气一样向上升 rising like steam：～～日上

zhēngzhēng-rìshàng *become increasingly prosperous every day* ❷利用水蒸气的热力使食物变熟、变热 heat (food) with steam; steam: ～馒头 zhēng mántou *steam some steamed buns*

拯 zhěng ㄓㄥˇ 援救,救助 save; rescue (④ comb. —救—jiù *save*): ～救被压迫的人民 zhěngjiù bèi yāpò de rénmín *liberate the people from oppression*

整 zhěng ㄓㄥˇ ❶整齐,有秩序,不乱 in good order; neat; tidy: ～洁 zhěngjié *clean and tidy*/仪容不～ yíróng bù zhěng *with a nasty appearance* ❷不残缺,完的,跟"零"相反 whole; complete; full, antonym of "líng(zero)" (④ comb. 完—wán—*whole; complete*): 完～无缺 wánzhěng wúquē *intact and perfect*/～套的书 zhěngtào de shū *a whole set of books*/忙了一～天 mángle yī zhěngtiān *be busy the whole day* [整数—shù] 算术上指不带分数、小的数或不是分数、小数的数。一般指没有零头的数目 integer; whole number, (of arithmetic) numbers without fraction or decimal, or numbers other than fraction or decimal; generally referring to round figure ❸整理,整顿 put in order; rectify; consolidate: ～装待发 zhěngzhuāngdàifā *ready and waiting* (for orders of departure)/～风 zhěngfēng *rectification of incorrect styles of working and thinking* ④ ext. 修理,搞,弄 repair; mend; renovate: 桌子坏了一～～ zhuōzi huàile zhěng yī zhěng *repair the damaged desk*/～旧如新 zhěngjiù rúxīn *repair sth old and make it as good as new* ❹使吃苦头 make sb. suffer; punish: 不要随便～人 bùyào suíbiàn zhěngrén *Don't make others suffer as you please.*

正 ㊀ zhèng ㄓㄥˋ ❶不偏,不斜 straight; upright: ～午 zhèngwǔ *high noon*/～中 zhèngzhōng *right in the middle*/～南～北 zhèngnán zhèngběi *due south and north* ④ ext. 1. 合于法则、规矩的 honest; upright: ～派 zhèngpài *honest; decent*/～当 zhèngdāng *proper; appropriate*/～楷 zhèngkǎi (in Chinese calligraphy) *regular script* 2. 图形的各个边和各个角都相等的 (of geometry) with the same sides and angles: ～方形 zhèngfāngxíng *square* [正经—jing]1. 端庄,正派 decent; respectable; honest: ～～人 zhèngjingrén *a decent person*/～～话 zhèngjinghuà *honest words* 2. 正当 serious: ～～事 zhèngjingshì *serious affairs* ❷副词,恰 adv. just; right; exactly: 你来得～好 Nǐ lái de zhènghǎo. *You've come just in time.* /时钟～打十二下 Shízhōng zhèng dǎ shí'èr xià. *The clock just struck twelve.* ❸副词,表示动作在进行中 adv. just (doing sth.), just now: 现在～开着会 xiànzài zhèng kāizhe huì *We are just having a meeting now.* / 我～出门,他来了 Wǒ zhèng chūmén, tā lái le. *I was just going out when he arrived.* ❹改去偏差或错误 make right; correct (④ comb. 改—gǎi—*correct*):～误 zhèngwù *correct errors*/ 给他～音 gěi tā zhèngyīn *help him to correct his pronunciation* ❺纯,不杂(指色、味)(of colour, flavour, etc.) pure; right: ～黄 zhènghuáng *pure yellow*/～色 zhèngsè *pure colours*/～味 zhèngwèir *right flavour* ❻表示相对的两面的积极的一面 obverse; right, (of two opposing sides) the positive: 1. 跟"反"相对 antonym of "fǎn (reverse)": ～面 zhèngmiàn *front*; *facade*/～比 zhèngbǐ *direct ratio* 2. 跟"负"相对 antonym of "fù (negative)": ～电 zhèngdiàn *posi-*

tive electricity/ ～角 zhèngjué *leading hero/* ～极 zhèngjí *positive electrode/* ～项 zhèngxiàng *positive term/* ～数 zhèngshù *positive number* 3. 跟"副"相对 antonym of "fù (deputy; vice-)"：～本 zhèngběn *original version/* ～册 zhèngcè *regular register* ❼姓 a surname

㈡ zhēng 见 835 页 See p. 835

证(證)

zhèng ㄓㄥˋ ❶用人物、事实来表明或断定 prove; demonstrate (by people or facts)：～明 zhèngmíng *testify/* 几何题 zhèng jǐhétí *demonstrate a geometric problem* ❷凭据，帮助断定事理或情况的东西 evidence, sth. which helps to judge or conclude：～据 zhèngjù *evidence; proof; testimony/* 工作～ gōngzuòzhèng *employee's card*

政

zhèng ㄓㄥˋ ❶政治 politics; political affairs：～党 zhèngdǎng *political party/* ～纲 zhènggāng *political programme; platform/* 参～ cānzhèng *participate in government and political affairs*[政治 —zhì]阶级、政党、社会集团、个人在国家生活和国际关系方面的活动。是经济的集中表现 politics, the concentrated expression of economic interests, which take the form of activities of classes, political parties, social groups and individuals in the national life or international relationships [政府 —fǔ]国家权力机关的执行机关，即国家行政机关 government, the executive body of the state power, namely the state administrative organs [政体 —tǐ]国家政权的构成形式。我国的政体是人民代表大会制 system (or form) of government. The form of Chinese government is the People's Congress. [政权 —quán] 1. 指国家权力，即统治阶级实行阶级统治的权力 state political power, namely, the power that the ruling class uses to

perform its ruling 2. 指政权机关，即国家机关。是行使国家权力，管理国家事务的机关。包括国家权力机关、国家行政机关、审判机关、检察机关和军队等 regime, the organs of political or state power, which exercise state authority and administer state affairs, including organs of state power, state administration, judicial and procuratorial organs, army, etc. [政策 —cè]国家、政党为了达到一定的目的，根据自己的政治路线，结合当前情况和历史条件制定的一切实际行动的准则 policy, guiding principle or course of action in directing affairs, as adopted by a country, or a political party, according to its political line and the present and historical conditions to attain certain goals ❷国家某一部门主管的业务 administrative affairs of government：财～ cáizhèng *finance/* 民～ mínzhèng *civil administration/* 邮～ yóuzhèng *postal service* ❸指集体的事务 affairs of an organization：家～ jiāzhèng *household management/* 校～ xiàozhèng *administrative affairs of a school or college*

铊

㈠ zhèng ㄓㄥˋ 化学元素，镄(fèi)的旧称 fermium, a chemical element, old name for fèi

㈡ zhēng 见 836 页 See p. 836

症(**證)

㈠ zhèng ㄓㄥˋ 病 disease; illness：～候 zhènghòu *symptom; disease/* 霍乱～ huòluànzhèng *cholera/* 急～ jízhèng *sudden attack* (of illness); *acute disease; emergency case/* 不治之～ bùzhìzhīzhèng *incurable disease/* 对～下药 duìzhèng-xiàyào *prescribe the right remedy for an illness*

㈡ zhēng 见 836 页 See p. 836

郑(鄭)

zhèng ㄓㄥˋ 周代诸侯国名，在今河南省新郑一带 one of the Warring States during

the Eastern Zhou dynasty, occupying parts of modern Xinzheng in Henan Province

[郑重－zhòng] 审慎，严肃 serious; solemn; earnest：～～其事 zhèngzhòng-qíshì *seriously; in earnest*

净 zhèng ㄓㄥˋ 谏，照直说出人的过错，叫人改正 criticize one's faults frankly：谏～ jiànzhèng *frank criticism*／～言 zhèngyán *forthright admonition* [净友－yǒu] 能直言规劝的朋友 a friend who gives forthright admonition

挣 ㊀ zhèng ㄓㄥˋ ❶用力支撑或摆脱 struggle to hold on or get free：～脱 zhèngtuō *throw off*／～开 zhèngkai *wrench oneself free from sth*. [挣揣－chuài] 挣扎 struggle; strive hard [挣命－mìng] 为保全性命而挣扎 struggle to save one's life ❷出力量而取得报酬 earn, get money by working：～钱 zhèngqián *make money*

㊁ zhēng 见 836 页 See p. 836

阐 zhèng ㄓㄥˋ [阐阄－chuái] 同"挣揣"（多见于元曲）Same as 挣揣 (usu. used in Yuan drama)

ZHI ㄓ

之 zhī ㄓ ❶用法跟"的"(de) 相当（例子中加括号的表示有时候可省略不用）having the same function as de (the bracketed zhī in the examples sometimes can be omitted)：1. 表示形容性，在形容词、数量词或名词后 used after an adjective, a numeral or a noun with the descriptive function：百万～师 bǎiwàn zhī shī *a million warriors*／三分～一 sān fēn zhī yī *one third*／光荣～家 guāngróng zhī jiā *an honourable family*／百万年（～）前 bǎiwàn nián (zhī) qián *millions of years ago*／三

天（～）后 sān tiān (zhī) hòu *three days later*／淮水～南 Huáishuǐ zhī nán (places) *south of the Huai River* 2. 表示领有、连属等关系，在名词或代词后 used after a noun or pronoun to express possession, connection, etc.：人民～勤劳 rénmín zhī qínláo *people's diligence*／余～生活 yú zhī shēnghuó *my life* ❷代词，代替人或事物，限于作宾语 pron. used as an object：爱～重～ ài zhī zhòng zhī *cherish it and attach importance to it*／取～不尽 qǔzhī-bùjìn *inexhaustible*／偶一为～ ǒuyīwéizhī *do sth occasionally* ❸代词，虚指 pron. used without definite reference：久而久～ jiǔ'érjiǔzhī *with the lapse of time* ❹助词，置于主谓结构之间，使其变成偏正结构 aux. used between the subject and the predicate in a subject-predicate structure so as to turn it into a structure containing a modifier and the word it modifies：大道～行也，天下为公 Dàdào zhī xíng yě, tiānxià wéi gōng. *By all noble principles the empire is no private possession, but a public trust.* ❺古时当作"这个"用 (used as zhège in ancient Chinese texts) this：～子于归 zhī zǐ yú guī *The maiden goes to her future home.* ❻往，到 go; leave for：由京～沪 yóu Jīng zhī Hù *leave Beijing for Shanghai*／尔将何～ Ěr jiāng hé zhī? *Where are you going?*

芝 zhī ㄓ ❶灵芝，长在枯树上的一种蕈，菌盖呈褐色，有光泽，可入药。古代以为瑞草 magic fungus, a fungus with glittering reddish brown top growing on withered trees and considered an auspicious plant in ancient times; used as medicine ❷古书上指白芷 the root of Dahurian angelica as mentioned in ancient Chinese texts：～兰 zhīlán *irises and orchids* (symbolic of noble character, true friendship, or beautiful surroundings)

支 zhī ㄓ ❶撑持,支持 prop up; put up; 把帐篷～起来 bǎ zhàngpeng zhī qilai *put up a tent* ⑨ ext. 受得住 bear; sustain: 乐不可～ lèbùkězhī *overwhelmed with joy* [支援 —yuán]支持,援助 support; assist; help: ～～灾区 zhīyuán zāiqū *give aid to disaster-stricken areas*/ 互相～～ hùxiāng zhīyuán *help each other* ❷领款或付款 draw or pay money: 他已经～了工资 Tā yǐjing zhīle gōngzī. *He has drawn his wages.* / 把工资～给他 Bǎ gōngzī zhīgěi tā. *Pay him his wages.* ❸用话敷衍,使人离开 Send away; put sb off: 把他们都～出去 Bǎ tāmen dōu zhī chuqu. *Send all of them away upon some pretext.* [支配 —pèi]指挥,调度 arrange; allocate; budget: 人员由你～～ Rényuán yóu nǐ zhīpèi. *The personnel is at your disposal.* ❹分支的,附属于总体的 branch; offshoot: ～流 zhīliú *tributary; affluent*/ ～店 zhīdiàn *branch store* [支离 —lí] 1. 残缺不完整 fragmented; broken: ～～破碎 zhīlí-pòsuì *torn to pieces; broken up* 2. 散乱不集中 trivial and jumbled; incoherent: 言语～～ yányǔ zhīlí *broken language* ❺量词 meas.: 1. 用于队伍、歌曲或杆形的东西等 for troops, songs or long, and thin objects: 一～军队 yī zhī jūnduì *one contingent of troops*/ 一～曲子 yī zhī qǔzi *a song*/ 一～笔 yī zhī bǐ *a pen* 2. 各种纤维纺成的纱(如棉纱)粗细程度的计算单位,纱愈细,支数愈多,质量愈好 unit of thickness of yarn, e. g. cotton yarn count. The thinner the yarn, the more counts, and the higher the quality ❻地支,历法中用的"子、丑、寅、卯、辰、巳、午、未、申、酉、戌、亥"十二个字 the twelve Earthly Branches used in combination with the ten Heavenly stems to designate years, months, days and hours [支吾 —wu]用话搪塞、应付,说话含混躲闪 prevaricate; equivocate; hum and haw: ～～其词 zhīwu-qící *speak evasively*/ 一味～～ yīwèi zhīwu *hum and haw*

吱 ⊖ zhī ㄓ 拟声词(叠 redup.) onom. imitating a creaking sound: 车轮～～地响 chēlún zhīzhī de xiǎng *The wheels of the cart creaked.*

⊜ zī 见 870 页"嗞"See 嗞, p. 870

枝 zhī ㄓ ❶(—子 —zi、—儿 —r) 由植物的主干上分出来的茎条 branch; twig, a small thin woody stem branching off from a tree or bush: 树～ shùzhī *branches of a tree*/ 柳～ liǔzhī *willow branches*/ 节外生～(喻多生事端) jiéwài-shēngzhī *create side issues* (fig. New problems crop up unexpectedly) [枝节 —jié] ⑯ fig. 1. 由一事件引起的其他问题 minor problems brought about by an event: 这事又有了～～了 Zhè shì yòu yǒule zhījié le. *Unexpected difficulties resulted from the problem.* 2. 细碎的,不重要的 trivial; unimportant: ～～问题 zhījié wèntí *minor issues* ❷量词,用于带枝子的花朵 meas. for flowers with stems intact: 一～杏花 yī zhī xìnghuā *a spray of apricot blossoms* ❸量词(多用于杆形的) meas. for long, thin and inflexible objects: 一～铅笔 yī zhī qiānbǐ *a pencil*

肢 zhī ㄓ 手、脚、胳膊、腿的统称 limb, a general term for hands, feet, arms, and legs: 四～ sìzhī *the four limbs*/ 断～再植 duànzhī zàizhí *replantation of a severed limb*

氏 ⊖ zhī ㄓ 见 742 页"阏"字条"阏氏"(yān—),又见 799 页"月"字条"月氏"(Yuè—) See yānzhī under entry of yān, p. 742, also see Yuèzhī under entry of yuè, p. 799

⊖ shì 见 593 页 See p. 593

泜 zhī ㄓ 泜河，水名，在河北省。Zhī Hé, a river in Hebei Province

胝 zhī ㄓ 见 504 页"胼"字条"胼胝"(pián—) See piánzhī under entry of "pián", p. 504

祇 zhī ㄓ 恭敬 venerate；respect：～仰 zhīyǎng revere/ ～候光临 zhīhòu guānglín wait respectfully for one's coming

只(隻) ⊖ zhī ㄓ ❶量词 meas：一～鸡 yī zhī jī a chicken/ 两～手 liǎng zhī shǒu two hands ❷单独的，极少的 single；very few：～身(一个人) zhīshēn alone；by oneself/ 片纸～字 piànzhǐ-zhīzì a word or two；fragmentary phrases [只眼 —yǎn]㊧ trans. 特别见解 extraordinary view (or opinion)：独具～～ dújù-zhīyǎn have exceptional insight

⊖ zhǐ 见 843 页 See p. 843

织(織) zhī ㄓ 用丝、麻、棉纱、毛线等编成布或衣物等 weave；form silk, flax, cotton or wool threads into cloth or garments by interlacing：～布 zhī bù weave cotton cloth/ ～毛衣 zhī máoyī knit a sweater/ ～席 zhī xí weave (or make) a mat

卮(＊巵) zhī ㄓ 古代盛(chéng)酒的器皿 ancient wine vessel

栀(＊梔) zhī ㄓ 栀子树，常绿灌木，夏季开花，白色，很香。果实叫栀子，可入药，又可作黄色染料 cape jasmine, an evergreen shrub bearing fragrant white flowers in summer；fruits used as medicine or yellow dyestuff

汁 zhī ㄓ 含有某种物质的液体 juice，liquids that are mixed with certain substances：墨～ mòzhī ink/ 橘～ júzhī orange juice

知 zhī ㄓ ❶知道，晓得，明了 know；realize；be aware of：～无不言 zhī wú bù yán say all you know/ 人贵有自～之明 Rén guì yǒu zìzhīzhīmíng It is important to know one's own limitations. or Self-knowledge is a virtue. [知觉 —jué]随着感觉而产生的反映客观物体或现象的心理过程 consciousness, the mental process of reflecting the objective existence or phenomena through sense perception ❷使知道 inform；notify；tell；通～ tōngzhī notify/ ～照 zhīzhào tell；inform ❸知识，学识，学问 knowledge：求～ qiúzhī seek knowledge/ 无～ wúzhī ignorant ❹主管 administer；be in charge of：～县(主管县里的事务，旧时指县长) zhīxiàn administer the affairs of a county (county magistrate in former times)/ ～府 zhīfǔ (in former times) prefect ❺彼此相互了解而情谊深厚的人 bosom (or intimate) friend：新～ xīnzhī new friend ❻古义同"智"(zhì) Also same as "智" in ancient Chinese texts

椥 zhī ㄓ [槟椥 bīn—]越南地名 a place in Vietnam

蜘 zhī ㄓ [蜘蛛 —zhū]见 856 页"蛛" See zhū, p. 856

脂 zhī ㄓ ❶动物体内或油料植物种子内的油质 fat；grease；tallow, a thick, oily substance under the skins of animals or in the seeds of oil-bearing crops (㊧comb. —肪 —fáng, —膏 —gāo fat；grease) ❷胭脂 rouge：～粉 zhīfěn rouge and powder；cosmetics

稙 zhī ㄓ 庄稼种得较早或熟得较早 (of crops) be sown early or ripen early：～谷子 zhīgǔzi early millet/ 白玉米～(熟得早) báiyùmǐ zhī The white maize ripens early.

执(執) zhí ㄓ ❶拿着，掌握 hold；grasp：～笔 zhíbǐ write；do the actual writing/ ～政 zhízhèng be in power ㊐ext. 固执，坚持(意见) be stubborn；stick to (one's ideas)：～意要去 zhíyì yào qù *insist on going*/ ～迷不悟 zhímí-bùwù *refuse to admit one's errors; be perverse* [争执 zhēng—]争论中各执己见,不肯相让 *disagree; dispute; stick to one's position and do not yield in argument* ❷行,施行 *carry out; observe* ～法 zhífǎ *enforce the law*/ ～礼甚恭 zhílǐ shèn gōng *be punctilious in observing the rules of etiquette* [执行 —xíng]依据规定的原则、办法办事 *carry out; execute, do according to the stipulated principles or methods* ❸凭单 *written acknowledgement*: 回～ huízhí *a short note acknowledging the receipt of sth; receipt*/ 收～ shōuzhí *receipt* [执照 —zhào]由机关发给的正式凭证 *license, an official paper, card, etc. showing that permission has been give to do sth* ❹捕捉,逮捕 *catch; capture*

縶(縶) zhí ㄓ ❶拴,捆 *tie up; fasten* ❷拘捕,拘禁 *take into custody* ❸马缰绳 *horse reins*

直 zhí ㄓ ❶不弯曲 *straight*: ～线 zhíxiàn *straight line*/ ～立 zhílì *stand erect* 喻 fig. 1. 公正合理 *just; upright*: 是非曲～ shìfēi-qūzhí *rights and wrongs; proper and improper*/ 理～气壮 lǐzhí-qìzhuàng *With justice on one's side, one is bold and assured.* 2. 径直,一直 *directly; straight*: ～通北京 zhítōng Běijīng *through (train or bus) to Beijing*/ ～达客车 zhídá kèchē *through bus* [直接 —jiē]事物的关系不必要经过第三者而发生,跟"间接"相反 *direct; immediate; straight, going from one point to another without turning aside, antonym of "jiànjiē(indirect)"* ❷使直,把弯曲的伸开 *straighten*: ～起腰来 zhíqi yāo lai *straighten one's back; stand up straight* ❸爽快,坦率 *frank; straightforward* (働 comb. 一爽 —shuǎng *frank*): ～言

zhíyán *speak bluntly; state one's views outright*/ 心～口快 xīnzhí-kǒukuài *open-hearted (straightforward, frank) and outspoken* ❹一个劲儿地,连续不断 *continuously*: ～哭 zhí kū *keep crying*/ 逗得大家～笑 dòu de dàjiā zhí xiào *The joke kept everyone laughing.* ❺竖,跟"横"相反 *vertical; perpendicular, antonym of "héng(horizontal)"* ❻汉字自上往下写的笔形(丨) *vertical stroke in Chinese characters*

值 zhí ㄓ ❶价格,价钱 *value, price*: 两物之～相等 liǎng wù zhī zhí xiāngděng *The two are of the same value.* ❷物和价相当 *be worth*: ～一百元 zhí yībǎi yuán *be worth one hundred yuan* 引 ext. 值得,有意义或有价值 *be worth; be meaningful or valuable*: 不～一提 bùzhí-yìtí *not worth mentioning* ❸数学上指依照数式演算所得结果 *(of mathematics) value* ❹遇到 *meet*: 相～ xiāngzhí *run across* 引 ext. 当,轮到 *be on duty; take one's turn at sth*: ～日 zhírì *be on duty for the day*/ ～班 zhíbān *be on duty*

填 zhí ㄓ 粘土 *clay*

植 zhí ㄓ ❶栽种 *plant; grow* (働 comb. 种一 zhòng — *plant*): 树 zhíshù *plant trees*/ 种～五谷 zhòngzhí wǔgǔ *cultivate the five cereals* [植物 —wù]谷类、花草、树木等的统称 *plant; flora, a general term for grains, flowers and grasses, woods, trees, etc.* ❷戳住,立住 *set up; establish*: ～其杖于门侧 zhí qí zhàng yú méncè *set one's stick by the door*

殖 ㊀ zhí ㄓ 生息,孳生 *breed; multiply* (働 comb. 生一 shēng — *breed*): 繁～ fánzhí *reproduce* [殖民地 —míndì]被帝国主义国家剥夺了政治、经济的独立权力,并受它控制和掠夺的国家或地区 *colony, a* country or area controlled, plundered and deprived of its political and economic independence by an imperialist country

(一) shi 见 598 页 See p. 598

侄(*姪) zhí ㄓ 弟兄的儿子，同辈亲友的儿子 brother's son; nephew; son of a relative or friend of the same generation

职(職) zhí ㄓ ❶职务，分(fèn)内应做的事 post; duty; job: 尽～ jìnzhí do one's duty ❷职位，执行事务所处的一定的地位 position, post, the place occupied by a person in fulfilling one's duty: 调～ diàozhí be transferred to another post/ 兼～ jiānzhí hold two or more posts concurrently [职员－yuán]机关、企业、学校、团体里担任行政或业务工作的人员，也省称"职" staff member; office worker of administrations, enterprises, schools, or organizaitons. Also shortened as zhí: ～工 zhígōng staff and workers ❸旧日公文用语，下属对上司的自称 old use, in official reports to superiors: ～奉命前往 zhí fèngmìng qiánwǎng I went there as ordered. ❹由于 because of: ～是之故 zhí shì zhī gù for this particular reason/ 此 zhícǐ so; since ❺掌管 manage; direct

跖(*蹠) zhí ㄓ ❶脚面上接近脚趾的部分 metatarsus, the part of foot between the ankle and toes: ～骨 zhígǔ metatarsal bones ❷脚掌 sole of the foot

摭 zhí ㄓ 摘取，拾取 pick up; collect; gather: ～拾 zhíshí pick

踯(躑) zhí ㄓ [踯躅－zhú]徘徊不进 walk to and fro; loiter around: ～～街头 zhízhú jiētóu tramp the streets

蹢 (一) zhí ㄓ [蹢躅－zhú]同"踯躅" Same as "zhízhú"

(二) dí 见 124 页 See p. 124

止 zhǐ ㄓ ❶停住不动 stop (逾 comb. 停－tíng－ stop): ～步 zhǐbù halt; go no further/ 血流不～ xiě liú bùzhǐ bleeding ceaselessly/ 学无～境 xuéwúzhǐjìng There is no end in study. ❷拦阻，使停住 hold back; stop: 制～ zhìzhǐ check; curb/ 血止血 zhǐxiě stop bleeding/ 痛 zhǐtòng relieve pain ❸截止 to; till: 报名期自 6 月 20 日起至 7 月 1 日～ Bàomíng rìqī zì liùyuè èrshí rì qǐ zhì qīyuè yī rì zhǐ. The signing period is from 20th June to 1st July. ❹仅，只 only: 不～一回 bùzhǐ yī huí not just once; more than once

址(*阯) zhǐ ㄓ 地址，地基，地点 location; site; spot: 旧～ jiùzhǐ site of a former organization, building, etc./ 住～ zhùzhǐ address

芷 zhǐ ㄓ 白芷，多年生草本植物，夏天开花，白色。根可入药 Dahurian angelia, a perennial plant blooming white flowers in summer; root used as medicine

沚 zhǐ ㄓ 水中的小块陆地 a small island; isle

祉 zhǐ ㄓ 福 happiness; blessedness

趾 zhǐ ㄓ ❶脚 foot: ～高气扬(得意忘形的样子) zhǐgāo-qìyáng give oneself airs and swagger about ❷脚指头 toe: ～骨 zhǐgǔ metatarsal bones/ 鸭的脚～中间有蹼 Yā de jiǎozhǐ zhōngjiān yǒu pǔ. There are webs between the toes of ducks. (Ducks are web-footed.)

只(衹、*祇) (一) zhǐ ㄓ ❶副词，表示限于某个范围 adv. within the limit: ～知其一，不知其二 zhǐ zhī qí yī, bù zhī qí èr know only one reason, but not the other/ ～有依靠群众才能把事情办好 Zhǐyǒu yīkào qúnzhòng cái néng bǎ shìqíng bànhǎo. Only by re-

lying on the masses can you do your work well. ❷ 惟一，仅有 only；merely；家里～我一个人 Jiāli zhǐ wǒ yī ge rén. *I am the only one at home.* [只是 —shì] 1. 但是 but；only；我很想看戏，～～没时间 Wǒ hěn xiǎng kàn xì, zhǐshì méi shíjiān. *I really want to go to the theatre, only I have no time.* 2. 就是 simply；人家问他，他～～不开口 Rénjia wèn tā, tā zhǐshì bù kāikǒu. *When people asked him, he simply did not reply.* 3. 仅仅是 only；merely；对抗～～矛盾斗争的一种形式 Duìkàng zhǐshì máodùn dòuzhēng de yī zhǒng xíngshì. *Antagonism is merely a form of contradiction.*

㊁ zhī 见 841 页 See p. 841

"衹"又 qí 见 517 页 zhǐ also qí, see p. 517

枳 zhǐ ㄓˇ 落叶灌木或小乔木，通称"枸橘"。小枝多硬刺，叶为三小叶的复叶，果实球形，果实及叶可入药 trifoliate orange, a deciduous shrub or small tree with thorned twigs, trifoliate leaves and round fruits that can be used as medicine [枳壳 —qiào] 中药上指枳、香橼等成熟的果实 dried ripe fruits of citron or trifoliate orange [枳实 —shí] 中药上指枳、香橼等幼小的果实 dried immature fruit of citron or trifoliate orange

轵 zhǐ ㄓˇ 古代指车轴的末端 the end of an ancient carriage axle

咫 zhǐ ㄓˇ 周代指八寸 a measure of length in the Zhou Dynasty, equal to eight *cun* [咫尺 —chǐ] ⓕ fig. 距离很近 very close；远在天边，近在～～ Yuǎn zài tiānbiān, jìn zài zhǐchǐ. *far away on the horizon and yet close at hand*

痏 zhǐ ㄓˇ 殴伤 beat and injure

旨(❶＊＊恉) zhǐ ㄓˇ ❶意义，目的 purport；

purpose；aim（⊕comb. 意 — yì — purport）：要 — yàozhǐ main idea/ ～趣（目的和意义）zhǐqù purport；objective/ 主 ～ 明确 zhǔzhǐ míngquè *The gist is very clear.* / 执行党和人民的意 ～ zhíxíng Dǎng hé rénmín de yìzhǐ in fulfilment of the Party's and people's wishes ❷封建时代称帝王的命令 decree, an official command or decision by an emperor in feudal China ❸美味 tasty；delicious；～酒 zhǐjiǔ *excellent wine*

指 zhǐ ㄓˇ ❶手指头。又"脚趾"也写作"脚指" finger, also toe, written as jiǎozhǐ：食～ shízhǐ *index finger*/ 首屈一 ～ shǒuqū-yīzhǐ *come first on the list*/ 屈 ～ 可数 qūzhǐ-kěshǔ *can be counted on one's fingers；very few* ❷一个手指头的宽度叫一指 fingerbreadth；digit：下了四～雨 xiàle sì zhǐ yǔ *We had about four digits of rain.* ❸用尖端对着 point at；point to：用手一～ yòng shǒu yī zhǐ *point at sth. with one's hand*/ 时针～着十二点 Shízhēn zhǐzhe shí'èr diǎn. *The hour hands point to twelve.* ❹点明，告知 indicate；point out；refer to：～导 zhǐdǎo *guide；direct*/ ～出他的错误 zhǐchū tā de cuòwù *point out his mistakes* [指示 —shì] 上级对下级做有关原则和方法的说明 instruct, (of the superior) explain to the subordinates about the principle and method of doing things ❺仰仗，倚靠 depend on；count on：不应～着别人生活 bù yīng zhǐzhe biéren shēnghuó *You should not depend on others for a living.*/ 单～着一个人是不能把事情做好的 Dān zhǐzhe yī ge rén shì bù néng bǎ shìqing zuòhǎo de. *You can not depend on a single person to do a job well.* ❻直立起来 stand；erect：令人发～ lìngrén-fàzhǐ *make one's hair stand on end* ❼向，意思上针对 face；direct at；mean：直～武夷山下

zhízhǐ Wǔyí Shān xià *went down to the Wuyi Mountain*/ 他是～你说的 Tā shì zhǐ nǐ shuō de. *His remarks were directed at you.*

酯 zhǐ ㄓ 有机化合物的一类,通式 R—COO—R′. 脂肪的主要成分就是几种高级的酯 ester, a type of organic chemical compound, general formula: R—COO—R′. The main constituents of fat are several types of high esters.

抵 zhǐ ㄓ 侧手击 knock one's fist against the palm [抵掌 —zhǎng] 击掌(表示高兴) strike one's fist against the palm (to show happiness):～～而谈("抵"与"抵" (dǐ)形音义都不同 zhǐzhǎng ér tán have a happy and intimate chat (zhǐ is different from dǐ in formation, pronunciation and meaning.)

纸(*帋) zhǐ ㄓ ❶纸张,多用植物纤维制成。造纸是我国四大发明之一,起源很早,东汉时蔡伦曾加以改进 paper, material made in the form of sheets, usu from fibres of plants, which is one of the four great inventions of China, originating in very early times and improved by Cailun in the Eastern Han Dynasty ❷量词 meas. (for letters, documents, etc.):一～公文 yī zhǐ gōngwén *a document*

黹 zhǐ ㄓ 缝纫、刺绣等针线活 needle-work such as sewing, embroidery, etc.:针～ zhēnzhǐ *needle-work*

徵 ⊖ zhǐ ㄓ 古代五音"宫、商、角、徵、羽"之一 a note of the ancient Chinese five-tone scale, corresponding to 5 in numbered musical notation
⊜ zhēng 见 835 页"征"See "zhēng", p. 835

至 zhǐ ㄓ ❶到 to; until: 由南～北 yóu nán zhì běi *from south to north*/ ～今未忘 zhìjīn wèi wàng *do* not forget up to now [至于 —yú] 1. 表示可能达到某种程度 indicating the extent which can be reached: go so far as: 他还不～～不知道 Tā hái bùzhìyú bù zhīdào *It would be unlikely for him to know nothing about it.* 2. 介词,表示另提一事 prep. as for; as to: ～个人得失,他根本不考虑 Zhìyú gèrén déshī, tā gēngběn bù kǎolǜ. *As for personal gain and loss, he didn't take them in mind at all.* [以至 yǐ—]一直到 until: 自城市～～农村,爱国卫生运动普遍展开 Zì chéngshì yǐzhì nóngcūn, àiguó wèishēng yùndòng pǔbiàn kāizhǎn. *From cities down to the countryside, the patriotic health campaign has widespreadly developed.* ❷极,最 extremely; most: ～诚 zhìchéng *sincere; straightforward*/ ～少 zhìshǎo *at least*

屋 zhǐ ㄓ 见 853 页"盩"字条"盩屋"(Zhōu—) See "Zhōuzhǐ" under entry of "zhóu", p. 853

郅 zhǐ ㄓ 最,极 most; extreme

桎 zhǐ ㄓ 古代拘束犯人两脚的刑具 fetters, a chain for the feet of a prisoner in ancient times [桎梏 —gù]脚镣和手铐,喻束缚人或事物的东西 fetters and handcuffs; shackles, *fig.* sth that prevents freedom of a person or thing

轾 zhǐ ㄓ 见 730 页"轩"字条"轩轾"See "xuānzhì" under entry of "xuān", p. 730

致(❹緻) zhǐ ㄓ ❶给与,送给 send; extend; deliver: ～函 zhìhán *write* (a letter) *to*/ ～敬 zhìjìng *salute; pay one's respects to* 囫ext. (力量、意志等)集中于某个方面 devote to: ～力于学业 zhìlì yú xuéyè *devote oneself to one's studies*/ 专心一志 zhuānxīn-zhìzhì *give all one's mind to* [致命 —mìng] 可使丧失生命 causing death; fatal:

Z

~ ~ 伤 zhìmìngshāng *a mortal wound* [致意—yì]向人表示问候的意思 send one's greetings; give one's regards ❷招引,使达到 cause; result in：～病 zhìbìng *cause a disease*/ ～富 zhìfù *become rich*/ 学以～用 xuéyǐzhìyòng *study for the purpose of application* [以致 yǐ—]连词,因而 *conj.* so that; with the result that：由于没注意克服小缺点,～～犯了严重错误 Yóuyú méi zhùyì kèfú xiǎo quēdiǎn, yǐzhì fànle yánzhòng cuòwù. *He was ignorant of his small shortcomings so that he made serious mistakes in the end.* ❸意态,情况 demeanor; state; scene：兴～ xìngzhì *interest; mood to enjoy*/ 景～ jǐngzhì *view; scene*/ 别～ biézhì *unique; unconventional*/ 风～ fēngzhì *grace; charm* [大致 dà—]大概,大体情形 roughly; approximately：～～已结束 dàzhì yǐ jiéshù *almost finished*/ ～不差 dàzhì bùchà *roughly the same* [一致 yī—]一样,没有分歧 unanimous; identical; showing no difference：行动～～ xíngdòng yīzhì *concerted action*/ 全体～～通过 quántǐ yīzhì tōngguò *reach unanimity; reach a consensus* ❹细密,精细 fine; delicate (⊛ comb. 细—xì—*careful, meticulous*)：他做事很细～ Tā zuòshì hěn xìzhì. *He was very careful in doing things.* / 这东西做得真精～ Zhè dōngxi zuò de zhēn jīngzhì. *This is really an exquisite piece of work.*

铚 zhì ㄓ ❶古代一种短的镰刀 an ancient short sickle ❷割禾穗 cut ears of grain ❸古地名,在今安徽省宿州西南 Zhì, an ancient place, consisting of the southwestern part of the modern Su City in Anhui Province

窒 zhì ㄓ 阻塞不通 block; stop up：～息(呼吸被阻塞停止) zhìxī *stifle; suffocate*

蛭 zhì ㄓ ❶水蛭,环节动物,能吸人畜的血,古时医学上用来吸血治病。 leech, an annelid that pricks the skin of men or animals while sucking blood, formerly used to bleed patients as a form of treatment ❷肝蛭,肝脏里的一种寄生虫,通常由螺蛳和鱼等传到人体内 liver fluke, any of various parasitic flat worms in the liver of men or animals, usu. brought into human body by snail or fish

膣 zhì ㄓ 阴道,女性生殖器的一部分 vagina, one part of the female sex organ

志(❷❸❹ *誌) zhì ㄓ ❶意向,要有所作为的决心 will; aspiration; ideal：立～ lìzhì *resolve; be determined*/ ～同道合 zhìtóng-dàohé *have a common goal*/ 有～者事竟成 Yǒuzhìzhě shì jìng chéng. *The man who has a settled purpose will surely succeed; Where there's a will there's a way.* [意志 yì—]为了达到既定目的而自觉地努力的心理过程 will, the power in the mind to make conscious efforts to attain one's settled goal ❷记在心里 keep in mind：永～不忘 yǒngzhì-bùwàng *will bear in mind forever* 𡥧 ext. 表示不忘 show that one cherishes the memory of：～喜 zhìxǐ *offer congratulations*/ ～哀 zhì'āi *indicating mourning* ❸记载的文字 records; annals：杂～ zázhì *magazine*/ 地理～ dìlǐzhì *geographical annals* ❹记号 mark; sign：标～ biāozhì *mark* ❺〈方 dial.〉称轻重,量长短多少 weigh; measure：用秤～～ yòng chèng zhìzhì *weigh sth. with a scale*/ 拿碗～～ ná wǎn zhìzhì *measure sth with a bowl*

梽 zhì ㄓ [梽木山 —mùshān]地名,在湖南省邵阳 a place in Shaoyang, Hunan Province

痣 zhì ㄓ　皮肤上生的斑痕,有青、红、褐等色,也有突起的 nevus; mole, a dark, red, or brown and sometimes slightly raised mark on the skin

豸 zhì ㄓ　古书上指没有脚的虫子 insect without feet or legs mentioned in ancient Chinese books [虫豸 chóng—]旧时对虫子的通称 a general term for insects in former times

忮 zhì ㄓ　害,嫉妒 jealousy, envy

识(識) ㊀ zhì ㄓ ❶记住 remember; commit to memory:博闻强～ bówén-qiángzhì (of a man) of wide learning and a retentive memory ❷标志,记号 mark; sign:款～ kuǎnzhì inscriptions (on bronzes, etc.)

㊁ shí 见 591 页 See p. 591

帜(幟) zhì ㄓ　旗子 banner; flag (㊅ comb. 旗—qí—banner; flag):独树一～ dúshù-yīzhì fly one's own colours-develop a school of one's own/ 胜利的旗～ shènglì de qízhì a victorious banner

帙(*袠) zhì ㄓ ❶包书的布套子 cloth slip-case for a book ❷量词,用于装套的线装书 meas. (for thread-bound books with a cloth slip-case)

秩 zhì ㄓ ❶秩序,有条理,不混乱的情况 order; proper arrangement:社会～序良好 shèhuì zhìxù liánghǎo good public order ❷十年 decade:七～寿辰 qī zhì shòuchén the seventieth birthday ❸旧时指俸禄,也指官的品级 official salary or ranks of former times:厚～ hòuzhì handsome salary

制(❹製) zhì ㄓ ❶规定,订立 work out; formulate:～定计划 zhìdìng jìhuà work out a plan ❷限定,约束,管束 re-strict; control:～止 zhìzhǐ check; stop/ ～裁 zhìcái sanction; punish/ 限～ xiànzhì limit; restrict ❸制度,法度,法则 system; institution:民主集中～ mínzhǔ-jízhōngzhì democratic centralism/ 全日～学校 quánrìzhì xuéxiào a full-time school [制服—fú]依照规定样式做的衣服 uniform, a certain type of clothing for all members of a group ❹造,作 make; manufacture (㊅ comb. 一造—zào make):猪皮～革 zhūpí zhìgé process hogskin/ ～版 zhìbǎn plate making/ ～图表 zhì túbiǎo chart-making

质(質) zhì ㄓ ❶本体,本性 nature; character:物～ wùzhì material/ 流～ liúzhì liquid/ 铁～ tiězhì iron/ 问题的实～ wèntí de shízhì the enssence of the problem [质量—liàng] 1.产品或工作的优劣程度 quality, degree of goodness of product or service:提高～～ tígāo zhìliàng improve the quality 2.物理学上指物体所含物质的量 mass, (of physics) the quantity or amount of matter in a body [质子—zǐ]原子核内带有正电的粒子,如氢原子核 proton, positively charged particle in an atomic nucleus, such as atomic nuclei of hydrogen [本质běn—]与"现象"相对,指事物的内在联系,是这一事物和其他事物相区别的根本属性。它是由事物内部矛盾所规定的 essence, intrinsic quality, antonym of "xiànxiàng(phenomenon)", the intrinsic relations of things and the essential quality that distinguishes one thing from others; decided by the inherent contradictions of things ❷朴实 simple; plain (㊅ comb. 一朴—pǔ plain) ❸依据事实来问询或辨别是非 question, find out or make clear the truth according to facts:～问 zhìwèn interrogate/ ～疑 zhìyí call in question/ ～之高明 zhì zhī gāomíng call his cleverness in

Z

Question ❹ 抵押，抵押品 pawn; pledge

锧（鑕） zhì ㄓ ❶〈古 arch.〉砧板 chopping block ❷铡刀座（ancient）executioner's block ［斧 fǔ—］斩人的刑具 executioner's block and cleaver

踬（躓） zhì ㄓ 被东西绊倒 trip; stumble: 颠 ～ diānzhì dodder along; stagger along ㊀ ext. 事情不顺利 suffer a setback

炙 zhì ㄓ ❶烤 broil, roast ［亲炙 qīn—］直接得到某人的教诲或传授 be personally taught or influenced by sb. ❷烤熟的肉 roast meat: 脍～人口（喻诗文等受人欢迎）kuàizhì-rénkǒu on everybody's lips; (of prose and poem) enjoy wide popularity

治 zhì ㄓ ❶管理，处理 administer; manage (㊀comb. 一理 —lǐ administer): ～国 zhìguó manage state affairs/ ～丧 zhìsāng make funeral arrangements/ 自 ～ zìzhì autonomy ［统治 tǒng—］1. 凭借政权来控制、管理国家或地区 control or govern a state or an area with state power 2. 占绝对优势，支配别的事物 dominate ❷整理，治理 control; harness (a river): ～山 zhìshān transform mountains/ ～水 zhìshuǐ regulate rivers and watercourses/ ～淮工程 zhì Huái gōngchéng the project of harnessing the Huai River ❸惩办 punish (㊀comb. 惩— chěng— punish): ～罪 zhìzuì punish sb (for a crime)/ 处～ chǔzhì penalize ❹医疗 treat (a disease); cure: ～病 zhìbìng cure a disease/ 不～之症 bùzhìzhīzhèng an incurable disease ㊀ ext. 消灭农作物的病虫害 get rid of injurious farm insects: ～蝗 zhìhuáng eliminate locusts/ ～蚜虫 zhì yáchóng get rid of aphids ❺从事研究 study; research: ～学 zhìxué pursue one's studies ❻社会治理有序，与"乱"相对 (of society) in good order, antonym of "luàn (disorder, confusion)": ～世 zhìshì times of peace and prosperity/ 天下大 ～ tiānxià-dàzhì a well-ordered world ［治安 —ān］社会的秩序 public order; public security ❼旧称地方政府所在地 seat of a local government in former times: 省～ shěngzhì the seat of a provincial government; provincial capital/ 县 ～ xiànzhì county seat

栉（櫛） zhì ㄓ ❶梳子和篦子的总称 a general term for combs: ～比（像梳子齿那样挨着）zhìbǐ placed closely side by side (like the teeth of a comb) ❷梳头 comb (one's hair): ～风沐雨（喻辛苦勤劳）zhìfēng-mùyǔ be combed by the winds and washed by the rains (fig. be hardworking and diligent)

崼 ㊀ zhì ㄓ 直立，耸立 stand erect; tower: 两峰相 ～ liǎng fēng xiāngzhì The two mountain peaks stand towering against each other.
㊁ shì 见 596 页 See p. 596

庤 zhì ㄓ 储备 store

畤 zhì ㄓ 古时祭天、地、五帝的固定处所 a fixed site for worshipping Heaven, Earth and Five Emperors

痔 zhì ㄓ 痔疮，一种肛管疾病。因直肠静脉曲张、瘀血而形成。haemorrhoids; piles, an anal disease caused by the varicosity of the rectum and stasis of blood

陟 zhì ㄓ 登高，上升 climb; ascend: ～山 zhì shān climb a mountain

骘 zhì ㄓ 排定 evaluate; assess: 评～高低 píngzhì gāodī evaluate and decide which is better

赘（贄） zhì ㄓ 古时初次拜见人时所送的礼物 gift presented to a senior at one's first visit as a mark of esteem in ancient times：～见 zhìjiàn *bring gifts along and present oneself to a senior*/ ～敬 zhìjìng *ceremonial gifts presented to one's teacher at the first meeting*

挚（摯） zhì ㄓ 亲密，诚恳 sincere；earnest（遑 comb. 真－zhēn－*sincere*）：～友 zhìyǒu *intimate (or bosom) friend*

鸷（鷙） zhì ㄓ 鸷鸟，凶猛的鸟，如鹰、雕等 birds of prey，such as eagle，vulture，etc. 喻 fig. 凶猛 ferocious；勇～ yǒngzhì *valiant；violent*

掷（擲） zhì ㄓ 扔，投，抛 throw；cast：～铁饼 zhì tiěbǐng *throw a discuss*/ ～手榴弹 zhì shǒuliúdàn *throw a grenade*

智 zhì ㄓ 聪明，智慧，见识 wisdom；resourcefulness；wit：不经一事，不长一～ Bù jīng yī shì, bù zhǎng yī zhì. *No knowledge can be gained without practice.* or *Wisdom comes from experience.* [智慧－huì] 对事物能迅速、灵活、正确地理解和解决的能力 wisdom；intelligence，the ability to understand and solve problems quickly，flexibly and correctly

滞（滯） zhì ㄓ 凝积，积留，不流通 stagnant；sluggish：停－tíngzhì *be at a standstill*/ ～销（销路不畅）zhìxiāo *unsalable (slow-selling)* 沾～（拘泥）zhānzhì *be a sticker to sth. (or rigidly adhere to sth.)*

彘 zhì ㄓ 〈古 arch.〉猪 hog；pig；swine

置（*寘） zhì ㄓ ❶放，搁，摆 place；put；set：～于桌上 zhì yú zhuō shang *place sth. on the table*/ ～之不理 zhìzhī-bùlǐ *ignore；brush aside*/ ～若罔闻 zhìruòwǎngwén *turn a deaf ear to* ❷设立，设备 set up；establish；install：装～电话 zhuāngzhì diànhuà *install a telephone* ❸购买 buy：～了一些家具 zhìle yīxiē jiājù *have bought some furniture*/ ～了一身衣裳 zhìle yī shēnr yīshang *have bought a suit*

雉 zhì ㄓ ❶鸟名，通称"野鸡"。雄的羽毛很美，尾长。雌的淡黄褐色，尾较短。善走，不能久飞。肉可以吃，羽毛可做装饰品 pheasant，popularly called "yějī"，the male of which is brightly coloured and has a long tail but the female is light brown with a shorter tail. It is good at walking but cannot fly for long. Its meat is edible and plumage used for decoration. ❷古代城墙长三丈高一丈叫一雉 a parapet section of a city wall，three *zhang*（＝ten *chi*）long and one zhàng high

稚（*穉） zhì ㄓ 幼小 young；childish：～子 zhìzǐ（innocent）*child*/ ～气 zhìqì *childishness*

滍 zhì ㄓ [滍阳－yáng] 地名，在河南省宝丰南 a place in the southern part of Baofeng，Henan Province

疐（**躓） zhì ㄓ ❶遇到障碍 meet with obstacles ❷跌倒 fall down：跋前～后（比喻进退两难）báqián-zhìhòu *encounter obstacles ahead and behind；caught in a dilemma；difficult to advance and to retreat*

瘈 ㊀ zhì ㄓ 疯狂（特指狗）(esp. of a dog) crazy；mad
㊁ chì 见 81 页 See p. 81

觯（觶） zhì ㄓ 古时饮酒用的器皿 an ancient drinking vessel

ZHONG ㄓㄨㄥ

中 ㊀ zhōng ㄓㄨㄥ ❶和四方、上下或两端距离同等的地位 center；middle，a point equally distant from all sides：～央 zhōngyāng *center；middle*/ ～心 zhōngxīn *center；core*；

Z

heart/ 路～ lù zhōng *in the middle of a road* [中央 —yāng]1. 中心的地方 center; central place 2. 政党、国家等的最高领导机构 central authorities (of a state, party, etc): 党～～ dǎngzhōngyāng *the Central Committee of the Party* [中人 —rén]为双方介绍买卖、调解纠纷等并做见证的人 middleman; go-between; mediator, a person who introduces business for two sides or acts as a peace maker between opposing sides [人中 rén—]人的上唇正中凹下的地方 philtrum, the vertical groove on the median line of the upper lip ❷在一定的范围内，里面儿 in, among, amidst: 空～ kōngzhōng *in the air*, *in the sky*/ 房～ fáng zhōng *in the room*/ 水～ shuǐ zhōng *in the water* ❸性质、等级在两端之间的 medium; moderate: ～等 zhōngděng *medium-sized*; *secondary*/ ～学 zhōngxué *middle school* ⓣ trans. 不偏不倚 be impartial: ～庸 zhōngyōng *the golden mean*/ 适～ shìzhōng *moderate* [中子 —zǐ]构成原子核的一种不带电荷的微粒 neutron, a very small piece of matter that is one of the constituents of an atom and carries no electricity ❹表示动作正在进行 in the process of: 在研究～ zài yánjiū zhōng *be under research*; *be under study*/ 在印刷～ zài yìnshuā zhōng *in printing* ❺指中国 China: 古今～外 gǔjīnzhōngwài *ancient and modern*, *Chinese and foreign*/ ～文 Zhōngwén *(the) Chinese (language)* ❻适于，合于 suitable; fit for: ～看 zhōngkàn *be pleasant to the eye*/ ～听 zhōngtīng *be agreeable to the ear* [中用 —yòng]有用，有能力 of use; useful ❼〈方 dial.〉成，行，好 all right; Ok: ～不～? ～ Zhōng bù Zhōng? zhōng. *Is it all right? All right.* or *OK.*

㊀ zhòng 见 851 页 See p. 851

忠 zhōng ㄓㄨㄥ 赤诚无私，诚心尽力 loyal; devoted: ～于人民 zhōngyú rénmín *be loyal to the people*/ ～于祖国 zhōngyú zǔguó *loyal to one's country*

盅 zhōng ㄓㄨㄥ 没有把儿的小杯子 handleless small cup: 酒～ jiǔzhōngr *a small handleless wine cup*/ 茶～ cházhōngr *tea cup*

钟 (❶-❸ 鐘、❹❺ 鍾) zhōng ㄓㄨㄥ ❶金属制成的响器，中空，敲时发声 bell, a hollow metallic instrument which makes a ringing sound when struck: 警～ jǐngzhōng *alarm bell* ❷计时的器具 clock, a device for measuring and showing time: 座～ zuòzhōng *desk clock*/ 闹～ nàozhōng *alarm clock* ❸指钟点，时间 o'clock, time as measured in hours: 两点～ liǎng diǎnzhōng *two o'clock*/ 三个～头 sān ge zhōngtóu *three hours* ❹杯子 cup ❺集中，专一 concentrate; be faithful to: ～情 zhōngqíng *be deeply in love*

衷 zhōng ㄓㄨㄥ 内心 inner feelings; heart: 由～之言 yóuzhōng zhī yán *words spoken from the bottom of one's heart*/ 苦～ kǔzhōng *difficulties that one is reluctant to discuss or mention*/ ～心拥护 zhōngxīn yōnghù *give whole-hearted support*

忪 ㊀ zhōng ㄓㄨㄥ [怔忪 zhēng—]惊慌 terrified; panic-stricken
㊁ sōng 见 613 页 See p. 613

终 zhōng ㄓㄨㄥ ❶末了(liǎo)，完了 end; finish: ～点 zhōngdiǎn *terminal point*/ 年～ niánzhōng *the end of the year* ⓣ trans. 人死 die: 临～ línzhōng *immediately before one's death* ❷到底，总归 eventually; in the end: ～将成功 zhōng jiāng chénggōng *will succeed in the end*/ ～必奏效 zhōng bì zòuxiào *It will sure prove effective eventually.* ❸从开始到末了 whole; entire; from beginning to end：～日 zhōngrì *whole day*/～年 zhōngnián *all the year round*/～生 zhōngshēng *all one's life*/～身 zhōngshēn *life long*

螽 zhōng ㄓㄨㄥ 螽斯，一种害虫，身体绿色或褐色，善跳跃，吃农作物。雄的前翅有发声器，颤动翅膀能发声 katydid, a type of green or brown injurious insect, good at jumping, feeding on crops, the males of which make a strident sound with their fore wings

肿（腫） zhǒng ㄓㄨㄥ 皮肉浮胀 swelling; swollen：他的手冻～了 Tā de shǒu dòngzhǒng le. *His hands were frostbitten and swollen.*

种（種） ㊀ zhǒng ㄓㄨㄥ ❶（一子 -zi、一儿 -r）植物果实中能长（zhǎng）成植物的部分 seed, the part of some plants that may grow into a new plant of the same kind, esp. as used for planting：选～ xuǎnzhǒng *seed selection*/撒～ sǎzhǒng *seeding (or sowing)* 泛指生物传代的东西 a general term for things from which growth or development of living things begins：配～ pèizhǒng *breed*/优良品～ yōuliáng pǐnzhǒng *improved strains* (breed, variety)［有种 yǒu—］有胆量或有骨气 have guts (grit) ❷指人种 race：黄～ huángzhǒng *the yellow race*/白～ báizhǒng *the white race*/～族 zhǒngzú *race* ❸量词，表示种类，用于人和任何事物 meas. kind; sort; type：两～面料 liǎng zhǒng miànliào *two kinds of material for making the outside of a garment*/各～东西 gèzhǒng dōngxi *all kinds of things*

㊁ zhòng 见本页 See the same page.

㊂ chóng 见 83 页 See p. 83

冢（*塚） zhǒng ㄓㄨㄥ 坟墓 tomb; grave：衣冠～ yīguānzhǒng *a tomb containing per-*

sonal effects of the deceased, whose remains are either missing or buried elsewhere

踵 zhǒng ㄓㄨㄥ ❶脚后跟 heel：继～而至 jìzhǒng'érzhì *follow hard at heel*/摩肩接～ mójiānjiēzhǒng *jostle each other in a crowd* ❷走到 go to; call in person：～门相告 zhǒng mén xiānggào *call in person to inform*/～谢 zhǒngxiè *pay visit to express one's thanks* ❸追随，继续 follow close behind：～至 zhǒngzhì *arrive upon the heels of another*

中 ㊀ zhòng ㄓㄨㄥ ❶正对上，恰好合上 hit; fit exactly：～的 zhòngdì *hit the target*/～肯 zhòngkěn *apropos; to the point*/～要害 zhòng yàohài *hit home* ❷感受，受到 be affected by; suffer：～毒 zhòngdú *be poisoned*/～暑 zhòngshǔ *suffer heatstroke*/中弹 zhòngdàn *be hit by a bullet* (or *get shot*)

㊁ zhōng 见 849 页 See p. 849

仲 zhòng ㄓㄨㄥ ❶兄弟排行常用伯、仲、叔、季为次序，仲是老二 the second among brothers (in the order of bó, zhòng, shū, jì according to seniority)：～兄 zhòngxiōng *the second eldest brother* ❷在当中的 mid-; intermediate：～冬（冬季第二月）zhòngdōng *midwinter* (second month in winter)/～裁（居间调停，裁判）zhòngcái *arbitrate* (act as a judge in an argument)

种（種） ㊀ zhòng ㄓㄨㄥ 种植，把种子或幼苗等埋在泥土里使生长 grow; plant; cultivate; bury seeds or seedlings in the soil to let it grow：～庄稼 zhòng zhuāngjia *grow crops*/～瓜得瓜，～豆得豆 Zhòng guā dé guā, zhòng dòu dé dòu. *plant melons and you get melons, sow beans and you get beans* (or *as you sow, so you will reap*)

㊁ zhǒng 见本页 See the same page.

Z

㊂ chóng 见 83 页 See p. 83

众（衆）

zhòng ㄓㄨㄥˋ ❶许多
many；numerous：～人
zhòngrén everybody/ ～志成城（喻团
结力量大）zhòngzhì-chéngchéng
unity of will is an impregnable
stronghold（fig. Unity is strength）/
寡不敌～ guǎbùdízhòng A few are
no match for a multitude. ❷许多人
mass；crowd；从群～中来，到群～中
去 Cóng qúnzhòng zhōng lái, dào
qúnzhòng zhōng qù. from the mass-
es, and to the masses/ 大～ dàzhòng
the public, the masses/ 观～
guānzhòng the audience

重

㊀ zhòng ㄓㄨㄥˋ ❶分量较大，跟
"轻"相反 heavy；weighty；
antonym of "qīng（light）"：铁很～
Tiě hěn zhòng. Iron is very heavy. /
举～ jǔzhòng weight lifting/ ～于泰
山 zhòngyú-tàishān be weightier than
Mount Tai [重工业 —gōngyè] 主要
制造生产资料的工业，如冶金、电力、
机械制造等工业 heavy industry, the
section of an economy concerned with
manufacturing means of production,
such as metallurgy, power, machin-
ery, etc. [重力 —lì] 物理学上称地球
对物体的吸引力。也叫"地心吸引力"
gravity,（of physics）gravitational
force exerted by the earth on objects.
Also called "terrestrial gravity". [重
心 —xīn] 1. 物体重量的集中作用
点，不论物体的位置如何改变，物体
的各部都围绕着这一点保持平衡
center of gravity, the point in any
object on which it will balance, no
matter how the object changes its po-
sition 2. 事物的主要部分 the heart
（core, center）of a matter ❷程度深
deep；heavy；serious：色～ sèzhòng
deep coloured/ ～病 zhòngbìng seri-
ous illness/ ～伤 zhòngshāng a severe
injury ❸价格高（of price）high：
价收买 zhòngjià shōumǎi pay a high
price for ❹数量多 considerable in

amount：眉毛～ méimao zhòng have
thick eyebrows/ 工作很～ gōngzuò
hěn zhòng have a heavy work load ❺
主要，要紧 important：～镇
zhòngzhèn a place of strategic impor-
tance / 军事～地 jūnshì zhòngdì a
place of military importance/ ～任
zhòngrèn an important task ❻认为重
要 lay stress on；attach importance
to：～视 zhòngshì think highly of；
take sth. seriously/ ～男轻女是错误
的 Zhòngnán-qīngnǚ shì cuòwù de.
It is wrong to regard men as superior
to women. ㉑ ext. 敬重，尊重，尊敬
deeply respect；revere；honour：人皆
～之 rén jiē zhòng zhī All the people
show respect to him. ❼言行不轻率
discreet；慎～ shènzhòng cautious；
careful

㊁ chóng 见 83 页 See p. 83

ZHOU ㄓㄨ

舟

zhōu ㄓㄨ 船 boat：轻～
qīngzhōu a light boat/ 一叶扁～
yī yè piānzhōu a small boat

侜（**燽）

zhōu ㄓㄨ 欺诳 de-
ceive；hoax [侜张 —
zhāng] 作伪，欺骗 falsify；cheat；～
～为幻 zhōuzhāng-wéihuàn delude；
deceive

辀

zhōu ㄓㄨ 车辕 shafts of a car-
riage

鸼

zhōu ㄓㄨ [鹁鸼 gǔ—] 古书上说
的一种鸟，羽毛青黑色，尾巴短 a
type of bird mentioned in ancient
Chinese texts, with a short tail and
dark green plumage

州

zhōu ㄓㄨ ❶旧时的一种行政区
划。多用于地名，如杭州，柳州
an administrative division in former
times, usu. used in place names,
e.g. Hangzhou, Liuzhou ❷一种民
族自治行政单位 an autonomous pre-
fecture

洲 zhōu ㄓㄡ ❶水中的陆地 islet in a river：沙～ shāzhōu *sand-bar* ❷大陆 continent：亚～ Yàzhōu *Asia*/ 地球上有七大～ Dìqiú shang yǒu qī dà zhōu. *There are seven continents on the earth.*

诌(謅) zhōu ㄓㄡ 随口编 fabricate（tales）；胡～ húzhōu *make up stories*/ 瞎～ xiāzhōu *tell cock-and-bull stories*

周(❶-❺*週) zhōu ㄓㄡ ❶周围，圈子 circumference；periphery：圆～ yuánzhōu *circumference*/ 环绕地球一～ huánrào dìqiú yī zhōu *make a circuit of the earth*/ 学校四～都种着树 Xuéxiào sìzhōu dōu zhòngzhe shù. *The school is surrounded with trees.* ❷环绕，绕一圈 make a circuit；move in a circular course：～而复始 zhōu'érfùshǐ *go round and begin again* [周旋 －xuán] 1. 打交道 deal with；contend with 2. 交际，应酬 mix with other people；socialize：与客人～～ yǔ kèren zhōuxuán *treat the guesses with courtesy* ❸时期的一轮 特指一个星期 (of time) round，esp a week ❹普遍，全面 all；whole；all over；all around：众所～知 zhòngsuǒzhōuzhī *as is well known to all*/ ～身 zhōushēn *all over the body* ❺完备 thoughtful；attentive：～到 zhōudào *considerate* 计划很～密 jìhuà hěn zhōumì *a well-conceived plan* ❻给，接济 help out；relieve：～济 zhōujì *help out the needy*/ ～急 zhōují *relieve the badly needy* ❼朝代名 name of dynasty：1. 姬发(武王)所建立(约公元前 1066—公元前 256 年) the Zhou Dynasty，set up by Jifa (Emperor Wu) (c. 1066－256 B. C.) 2. 北周，字文觉代西魏称帝，国号周，建都长安(公元 557—581 年) the Northern Zhou Dynasty，Yu Wenjue replaced the Western Wei emperor，naming his dynasty Zhou and making Changan its capital (557 －581) 3. 五代之一，郭威所建立(公元 951—960 年) one of the Five Dynasties (951－960) set up by Guowei

啁 ㊀ zhōu ㄓㄡ [啁啾 －jiū]拟声词，鸟叫的声音 *onom.* (of birds) twitter；chirp；warble

㊁ zhāo 见 825 页 See p.825

啁 zhōu ㄓㄡ 同"周❻" Same as "周❻"：～济 zhōujì *help out*；*relieve*

粥 zhōu ㄓㄡ 用米、面等煮成的比较稠的半流质食品 gruel；porridge；congee，a thick semi-liquid food made by boiling crushed grain

〈古 arch.〉又同"鬻" Also same as "鬻"

盩 zhōu ㄓㄡ [盩厔 －zhì]县名，在陕西省。今作"周至" a county in Shaanxi Province，written as Zhōuzhì today

妯 zhóu ㄓㄡ [妯娌 －li]兄和弟的妻子的合称 wives of brothers：她们俩是～～ Tāmen liǎ shì zhóuli. *They are sisters-in-law.*

轴 ㊀ zhóu ㄓㄡ ❶穿在轮子中间的圆柱形物件。(图见 428 页"轮") axle，shaft，a bar with a wheel on either end，around which the wheels turn or which turns with the wheels. (See picture under entry of lún，p. 428) ❷(－儿 －r)像车轴的 sth. like an axle：～儿线 zhóurxiàn *axis* ❸把平面或立体分成对称部分的直线 axis，a line that divides a regular shape into two equal parts with the same shape

㊁ zhòu 见 854 页 See p.854

肘 zhǒu ㄓㄡ 上臂与前臂相接处向外凸起的部分。(图见 641 页"体")elbow，the joint where the arm bends，esp. the outer point of this part. (See picture under entry of tǐ (body") p.641) [肘子 －zi]指作食品的猪腿上半部 upper part of a leg of pork

Z

帚(*箒) zhǒu ㄓㄡˇ 扫除尘土、垃圾的用具 broom, a brush used for sweeping away dust or rubbish

纣 zhòu ㄓㄡˋ ❶牲口的后鞧(qiū) crupper of a saddle;～棍（系在驴马等尾下的横木）zhòugùn a cross bar (fastened behind a donkey or a horse) ❷古人名，殷朝末代君主 name of the last ruler of the Yin Dynasty

荮 zhòu ㄓㄡˋ ❶用草包裹 wrap with straw ❷量词，碗碟等用草绳束为一捆叫一荮 meas. a bundle of bowls, plates, etc. wrapped together with a straw rope

酎 zhòu ㄓㄡˋ 醇酒 double-fermented wine

俏(僽) zhòu ㄓㄡˋ 乖巧，伶俐，漂亮（元曲中常用）clever; ingenious; beautiful (usu. used in the Yuan poetic plays)

㤘(㤘) zhòu ㄓㄡˋ 〈方 dial.〉性情固执，不易劝说 obstinate; stubborn

绉(縐) zhòu ㄓㄡˋ 一种有皱纹的丝织品 crape; crepe, a thin fabric, usu. of silk, with a folded surface

皱(皺) zhòu ㄓㄡˋ ❶脸上起的褶纹 wrinkle (on the face) 引 ext. 物体上的褶纹 crease; crumple;～纹 zhòuwén wrinkles; lines ❷使生褶纹 cause to have lines;～眉头 zhòu méitóu frown

咒(*呪) zhòu ㄓㄡˋ ❶某些宗教或巫术中的密语 incantation, a series of words or syllables chanted or uttered in religious service or sorcery in order to cast a magic spell;～语 zhòuyǔ incantation ❷说希望人不顺利的话 curse; damn;～骂 zhòumà swear; abuse; revile

宙 zhòu ㄓㄡˋ 古往今来，指所有的时间 time conceived (as past, present and future)

轴 ㊀ zhòu ㄓㄡˋ ［(大)轴子 dà—zi］一次戏曲演出的节目中排在最末的一出戏 the last (usu. the major) item on a theatrical programme; 压～～（倒数第二出戏）yāzhòuzi the last item but one on a theatrical programme

㊁ zhóu 见 853 页 See p. 853

胄 zhòu ㄓㄡˋ ❶盔，古代作战时戴的帽子 helmet, a covering to protect the head, as formerly used by warriors ❷古代指帝王或贵族的后代 descendants of emperors or noblemen in ancient times

咮 zhòu ㄓㄡˋ 鸟嘴 bill; beak

昼(晝) zhòu ㄓㄡˋ 白天 daytime; daylight;～夜不停 zhòuyè bù tíng round the clock

甃 zhòu ㄓㄡˋ ❶井壁 the wall of a well ❷用砖砌 lay bricks

繇 ㊀ zhòu ㄓㄡˋ 古时占卜的文辞 language used in ancient divination

㊁ yóu 见 784 页 See p. 784

㊂ yáo 见 753 页 See p. 753

骤 zhòu ㄓㄡˋ ❶快跑 trot（叠 comb. 驰—chí—gallop）❷急，疾速，突然 rapid; sudden; abrupt; 暴风～雨 bàofēng-zhòuyǔ thunderstorm; tempest/ 天气～然冷起来了 Tiānqì zhòurán lěng qǐlai le. The weather suddenly turned cold.

籀 zhòu ㄓㄡˋ ❶籀文，古代的一种字体，即大篆，相传是周宣王时太史籀所造 an ancient style of calligraphy, i. e. dàzhuàn, allegedly created by the official historian Zhou in the reign of emperor Xuan of the Zhou Dynasty ❷阅读 read;～绎 zhòuyì recite/～读 zhòudú read aloud

碡 zhou ㄓㄡ 见 416 页"碌"字条"碌碡" See liùzhou under entry

of liù, p. 416

ZHU ㄓㄨ

朱(❷铢) zhū ㄓㄨ ❶大红色 bright red；vermilion ❷朱砂，矿石名。化学成分是硫化汞，颜色鲜红，是提炼水银的重要原料，又可做颜料或药材。也叫"丹砂"或"辰砂" cinnabar, also called "dānshā" or "chénshā", the bright red mineral mercuric sulphide, an essential raw material for extracting mercury, and used both as pigment and medicine

邾 zhū ㄓㄨ 周代诸侯国名，后改称"邹" name of a feudal state in the Zhou Dynasty, later changed into "Zou"

侏 zhū ㄓㄨ 矮小 short and small [侏儒 —rú]身量特别矮小的人 dwarf；midget；pygmy

诛 zhū ㄓㄨ ❶把罪人杀死 put a criminal to death：～ 戮 zhūlù kill／伏～ fúzhū be put to death；be executed／罪不容～ zuìbùróngzhū be so guilty of crimes that even death is no sufficient punishment ❷责罚 punish；condemn：口～笔伐 kǒuzhū-bǐfá condemn both in speech and in writing

茱 zhū ㄓㄨ [茱萸 —yú]植物名 name of plants 1. 山茱萸，落叶小乔木，开小黄花。果实椭圆形，红色，味酸，可入药 cornel, a deciduous shrub or small tree with small yellowish flowers, bearing red sour fruit, which can be used as medicine 2. 吴茱萸，落叶乔木，开黄绿色小花。果实红色，可入药 evodia rutaecapa hook, a deciduous shrub with small yellowish green flowers, bearing red fruit used as medicine 3. 食茱萸，落叶乔木，开淡绿色花。果实味苦，可入药 ailanthus prickly ash, a deciduous tree with light greenish flowers and bitter fruits that can be used as medicine

洙 zhū ㄓㄨ 洙水，泗水的支流，在山东省 the Zhushui river, a branch of the Sishui River in Shandong Province

珠 zhū ㄓㄨ ❶(一子 —zi)珍珠，就是真珠，淡水里的三角帆蚌和海水里的马氏珍珠贝等因沙粒窜入壳内，受到刺激而分泌真珠质，逐层包起来形成的圆粒，有光泽，可入药，又可做装饰品 pearl, a small, hard lustrous, almost spherical deposit of secretion of calcium carbonate around a small solid irritant (e. g. a grain of sand) which finds its way into the shells of freshwater triangular molluscs or seawater Mashi pearl oyster. It can be used as medicine or ornament：～宝 zhūbǎo pearls and jewels／ 夜明 ～ yèmíngzhū night-luminescent pearl ❷(一儿 —r)像珠子的东西 bead, pearl-like things：眼～儿 yǎnzhūr eyeball／ 水 ～ 儿 shuǐzhūr water drops [珠算 —suàn]用算盘计算的方法 calculation with an abacus

株 zhū ㄓㄨ ❶露出地面的树根 trunk of a tree；stem of a plant：守～待兔（比喻妄想不劳而得，也比喻拘泥不知变通）shǒuzhū-dàitù stand by a tree stump hoping to catch more hares just because he once saw a hare bumping against the stump and breaking its neck there. (fig. wait for gains without pains, also fig. lack of flexibility) [株连 —lián]指一人犯罪牵连到许多人 involve others in a criminal case ❷棵儿，植物体 individual plant：植 ～zhízhū plant／ 病 ～ bìngzhū diseased or infected plant [株距 —jù]种树或种庄稼时，同一行中相邻的两棵植株之间的距离 (of tree or crop planting) space between two neighbouring plants in the same line ❸量词，用于植物 meas. for a plant：一 ～ 桃树 yī zhū táoshù a

Z

peach tree

铢 zhū ㄓㄨ 古代重量单位,二十四铢等于旧制一两 an ancient unit of weight, equal to 1/24 *liang*; 锱~z īzhū trivials, *a very small amount of money*/ ~积寸累(喻一点一滴地积累)zhūjī-cùnlěi accumulate little by little (*fig.* build up bit by bit)

蛛 zhū ㄓㄨ 蜘蛛,节肢动物,俗称"蛛蛛"。有足四对,腹部下方有丝腺开口,能分泌粘液,织网粘捕昆虫作食料,种类很多 spider, any of many kinds of small arthropods popularly called "zhūzhū". It has four pairs of legs and a silk gland in the belly which can secrete mucus to form nets for catching insects to eat: ~网 zhūwǎng spider web/ ~丝马迹(喻线索)zhūsī-mǎjì the thread of a spider and the trail of a horse (*fig.* clues, trace)

诸 zhū ㄓㄨ ❶众,许多 all; various: ~位 zhūwèi ladies and gentlemen/ ~子百家 zhūzǐ-bǎijiā the various schools of thought and their exponents during the Chinese historical period from pre-Qin times to the early years of the Han Dynasty ❷"之于"或"之乎"二字的合音 a fusing of "zhīyú" or of "zhīhū": 付~实施 fùzhū-shíshī put it into effect/ 藏~名山 cángzhū-míngshān hide it in the famous mountain/ 公~社会 gōng zhū shèhuì let it be publicized/ 有~yǒu zhū Is this true?

猪(豬) zhū ㄓㄨ 一种家畜,体肥多肉,肉可吃,皮和鬃是工业原料,粪是很好的肥料 pig; hog; swine, any of various fat domestic animals kept for food, their skin and bristles used as industrial raw material, and their wastes as manure

槠 zhū ㄓㄨ 常绿乔木,初夏开花,黄绿色。木材坚硬,可做器具 quereus glauea thunb, an ever-green tree bearing yellowing green flowers in early summer; its fine-grained timber good for manufacturing articles

潴(＊＊瀦) zhū ㄓㄨ ❶积聚 collect; accumulate; store ❷水停聚的地方 puddle; pool

橥(＊＊櫫) zhū ㄓㄨ 拴牲口的小木桩 a small piece of wood stake for fastening domestic animals

术 ㊀ zhú ㄓㄨ 植物名 plant name 1.白术,多年生草本植物,秋天开紫花。根状茎有香气,可入药 the rhizome of large-headed atractylodes, a perennial medicinal herb, bearing purple flowers in autumn, its fragrant rhizome used as a medicine 2.苍术,多年生草本植物,秋天开白花,根状茎有香气,可入药 Chinese atractylodes, a perennial herb bearing white flowers in autumn, its fragrant rhizome used as medicine
㊁ shù 见 604 页 See p. 604

竹 zhú ㄓㄨ (一子 —zi)常绿多年生植物,茎节明显,节间多空,质地坚硬,可做器物,又可做建筑材料 bamboo, an evergreen perennial plant of the grass family, with hard, hollow, jointed stems that can be used as both utensils and construction material: 茂林修~ màolín-xiūzhú thick forests and tall bamboos/ ~苞松茂 zhúbāo-sōngmào luxuriant bamboos and pine trees (symbolizing prosperity of family)

竺 zhú ㄓㄨ 姓 a surname
[天竺 Tiān—]印度的古称 an ancient name for India

逐 zhú ㄓㄨ ❶追赶 pursue; chase: ~鹿 zhúlù chase the deer (*fig.* fight for the throne)/ ~臭之夫 zhúchòuzhīfū an eccentric person; a person of depraved tastes—striving after fame and gain ❷赶走,强迫离

开 drive out；expel (圈 comb. 驱—qū— *drive out*)：～客令 zhúkèlìng *order for guests to leave*/ 追亡～北 zhuīwáng-zhúběi *chase the escaped and pursue the defeated*/ 追～残敌 zhuīzhú cándí *banish the remaining defeated enemy* ❸依照先后次序，一一挨着 according to the order, one by one：～日 zhúrì *day by day*/ ～步进行 zhúbù jìnxíng *progress step by step*/ ～字讲解 zhúzì jiǎngjiě *explain word by word*/ ～渐提高 zhújiàn tígāo *improve gradually*

瘃 zhú ㄓㄨˊ古书上指冻疮 chilblain mentioned in ancient Chinese texts

烛(燭) zhú ㄓㄨˊ❶蜡烛，用线绳或苇子做中心，周围包上蜡油，点着取亮的东西 candle, a usu round stick of wax containing a length of string (the wick) which gives light when it burns [烛光—guāng] 物理学上指发光强度单位。也省称"烛"。通常说电灯泡的烛数，实际上是指瓦特数，如 60 烛的灯泡就是 60 瓦特的灯泡 candlepower, the illuminating power of a source of light, simplified as candle. One candle equals one watt, e. g. a 60-candle lamp is actually a 60-watt lamp ❷照亮，照见 illuminate；light up：火光一天 huǒguāng zhú tiān *Leaping flames lit up the sky.* ㊀ext. 明察 have a keen eye on sth.：洞～其奸 dòngzhú-qíjiān *see through one's treachery* (or tricks)

蠋 zhú ㄓㄨˊ 蝴蝶、蛾子等的幼虫 larva of a butterfly or moth

躅 zhú ㄓㄨˊ❶足迹 footprint ❷见 843 页"蹢"字条"蹢躅"(zhí—) See "zhízhú" under entry of "zhí", p.843

舳 zhú ㄓㄨˊ [舳舻 —lú]船尾和船头，也指首尾相接的船只 stern and stem (of a ship), also a fleet of ships with stem and stern touching each other：～～千里 zhúlú-qiānlǐ (of ships) *stem touching stern, covering a thousand li*

主 zhǔ ㄓㄨˇ ❶主人 master；host 1. 权力或财物的所有者 owner of power or property：人民是国家的～人 Rénmín shì guójiā de zhǔrén. *The people are the masters of the country.*/ 物～ wùzhǔ *the owner* 2. 接待客人的人，跟"宾、客"相对 host, a man who receives guests, antonym of "bīn", kè：宾～ bīnzhǔ *guests and host*/ 东道～ dōngdàozhǔ *host* 3. 事件中的当事人 person concerned in a matter：事～ shìzhǔ *the victim of a crime*/ 失～ shīzhǔ *the owner of the lost property* [主观 —guān] 1. 属于自我意识方面的，跟"客观"相反 subjective, existing only in the mind, antonym of "objective"：人类意识属于～～，物质世界属于客观 Rénlèi yìshí shǔyú zhǔguān, wùzhì shìjiè shǔyú kèguān. *Man's consciousness belongs to the subjective, while the material world belongs to the objective.* 2. 不依据客观事物，单凭自己的偏见 not based on the objective existence but on one's prejudice：他的意见太～～了 Tā de yìjiàn tài zhǔguān le. *His ideas are too subjective.* 3. 属于自身方面的 concerning (or belonging to) oneself：努力 zhǔguān nǔlì *subjective efforts* [主权 —quán]一个国家的独立自主的权力 sovereign rights (or sovereignty), a country's right to maintain independence and keep the initiative ❷旧社会占有奴隶或雇佣仆役的人 master (of slave (s) or servants of the old society)：奴隶～ núlìzhǔ *slave owner*；*slave holder*/ ～仆 zhǔpú *master and servant* ❸主张，决定 advocate；decide：～见 zhǔjiàn *one's own judgement*/ 婚姻自～ hūnyīn zìzhǔ *marriage of one's own choice* [主席 —xí] 1. 开会时主持会议的人 chairman (of a meeting) 2. 某些国家、国家机关、党派、团体等的领导人 chairman or president of a state, state administration, party, organization, etc [主义 —yì] 1. 人们对于自然界、社会以及学术、文艺等问题所持的有系统的理论与主张 doctrine, -ism; systematic theory and propositions about problems of nature, society, science, arts, etc：马克思～～ Mǎkèsī zhǔyì *Maxism*/ 达尔文～～ Dá'ěrwén zhǔyì *Darwinism*/ 现实～～ xiànshí zhǔyì *realism* 2. 思想作风 style of thought：革命乐观～～ gémìng lèguān zhǔyì *revolutionary optimism* [主张 —zhāng]对事物的意见或认为应当如何处理；view; position; proposition：我们～～组织专门小组来研究这个问题 Wǒmen zhǔzhāng zǔzhī zhuānmén xiǎozǔ lái yánjiū zhège wèntí. *We propose that we form a special team to study the problem.*/ 心里有～～ xīnli yǒu zhǔzhāng *know one's stand* ❹最重要的，最基本的 main；primary：～力 zhǔlì *main force*/ 以预防为～，治疗为辅 Yǐ yùfáng wéi zhǔ, zhìliáo wéi fǔ. *put prevention first, and treatment second* [主顾 —gù]商店称买货的人 customer；client ❺主持，负主要责任 manage；be in charge of；direct：～办 zhǔbàn *direct*；sponsor/ 讲 zhǔjiǎng *be the speaker* ❻预示 indicate；signify：早霞～雨，晚霞～晴 Zǎoxiá zhǔ yǔ, wǎnxiá zhǔ qíng. *Rosy morning clouds indicate rain, and a rosy sunset means fine weather.* ❼对事情的定见 a definite view about sth.：六神无～ liùshén-wúzhǔ *all six vital organs failing to function*/ 心里没～ xīnli méizhǔ *do not know what to do*

拄 zhǔ ㄓㄨˇ 用手扶着杖或棍支持身体的平衡 lean on a stick (to keep the body balanced)：～拐棍 zhǔ guǎigùnr *walk with a stick*

渚 zhǔ ㄓㄨˇ 水中间的小块陆地 a small piece of land surrounded by water；islet

煮(*煑) zhǔ ㄓㄨˇ 把东西放在水里，用火把水烧开 boil；cook food in boiling water：～面 zhǔmiàn *cook noodles*/ ～饭 zhǔfàn *cook rice*/ 病人的碗筷餐后要～一下 Bìngrén de wǎn-kuài cānhòu yào zhǔ yīxiàr. *Boil the bowl and chopsticks used by the patient after meal.*

褚 ⊖ zhǔ ㄓㄨˇ ❶在衣服里铺丝绵 wad clothes with silk floss ❷囊，口袋 bag；pocket
　⊜ chǔ 见 87 页 See p. 87

属(屬) ⊖ zhǔ ㄓㄨˇ ❶连缀 join；combine：～文 zhǔwén *compose a piece of prose writing*/ 前后相～ qián hòu xiāngzhǔ (of two parts) *join together* ❷(意念)集中在一点 (of mind or attention) fix on；centre upon：～意 zhǔyì *fix one's mind on sb.*/ ～望 zhǔwàng *centre one's hope on*
　⊜ shǔ 见 603 页 See p. 603

嘱(囑) zhǔ ㄓㄨˇ 托付 entrust；以事相～ yǐ shì xiāngzhǔ *entrust sb. with sth.*/ 遗～ yízhǔ *will*；testament [嘱咐 —fu]告诫 tell；exhort：母亲～他好好学习 Mǔqīn zhǔfu tā hǎohāor xuéxí. *His mother told him to study hard.*

瞩(矚) zhǔ ㄓㄨˇ 注视 gaze；look steadily：～目 zhǔmù *fix one's eyes upon*/ ～望 zhǔwàng *look forward to*/ 高瞻远～ gāozhān-yuǎnzhǔ *stand high and see far*

麈 zhǔ ㄓㄨˇ 古书上指鹿一类的动物，尾巴可以当做拂尘 a kind of deer-like animal mentioned in ancient Chinese texts, with a tail that can be used as whisk

伫(*佇、*竚) zhù ㄓㄨˋ 长时间站着 stand

for a long time：～候 zhùhòu *stand waiting*

苎（△苧）zhù ㄓㄨˋ 苎麻，多年生草本植物，茎皮含纤维质很多，劈成细丝，可以做绳子，又可织夏布 ramie, a perennial herb with plenty of tough fibres which can be split into thin threads for making ropes and weaving cloth

"苧" 又 níng 见 482 页 Also "níng" see p.482

纻（紵）zhù ㄓㄨˋ ❶同"苎" Same as 苎 ❷苎麻织成的布 cloth made from ramie

贮（貯）zhù ㄓㄨˋ 储存 store；save；lay aside（圉 comb.—存—cún，—藏—cáng store）

助 zhù ㄓㄨˋ 帮 help（圉 comb. 帮—bāng—help）协助：assist：互～ hùzhù *help each other*／～理 zhùlǐ *assistant*／请你多帮～我 Qǐng nǐ duō bāngzhù wǒ. *Please give me more help.* ［助词—cí］不能独立使用，只能依附在别的词、词组或句子上表示一定语法意义的词，如"的"、"了"、"吗"等 aux. an unstressed form word which can not be used independently, but performs grammatical functions in collaboration with other words, phrases or sentences, e.g. "de", "le", "ma", etc.

住 zhù ㄓㄨˋ ❶长期居留或暂时歇息 live；reside or stay in a place for a long time or temporarily：～了一夜 zhùle yī yè *have spent a night*／他家在这里～了好几代 Tā jiā zài zhèlǐ zhùle hǎo jǐ dài. *His family has been living here for several generations.*／我家～在城外 Wǒ jiā zhù zài chéng wài. *My family lives in the suburbs.* ❷停，止，歇下 stop；cease；halt：～手 zhùshǒu *stop；stay one's hand*／雨～了 Yǔ zhù le. *The rain has stopped.* ❸用做动词的补语（used after a verb）1. 表示稳当或牢

固 firmly：站～ zhànzhù *halt*／把～方向盘 bǎzhù fāngxiàngpán *hold the wheel firmly* 2. 表示停顿或静止 to a stop：把他问～了 bǎ tā wènzhù le *get him here* 3. 表示力量够得上（跟"得"或"不"连用）withstand（used with "dé" or "bu"）：禁得～ jīndezhù *can help*／支持不～ zhīchí bùzhù *cannot hold out*

注（❸-❺*註）zhù ㄓㄨˋ ❶灌进去 pour；fill：～入 zhùrù *pour into*／～射 zhùshè *inject*／大雨如～ dàyǔ-rúzhù *The rain is pouring down.* ❷集中在一点 concentrate，fix：～视 zhùshì *gaze；stare*／～意 zhùyì *notice；pay attention to*／引人～目 yǐnrén-zhùmù *noticeable；conspicuous*／精神贯注 jīngshén-guànzhù *concentrate one's attention* ❸用文字来解释词句 annotate，explain with notes：下边～了两行小注 Xiàbian zhùle liǎng háng xiǎozhù. *There are two lines of footnotes in small type.*／～解一篇文章 zhùjiě yī piān wénzhāng *annotate a text* ❹解释词、句所用的文字 notes，words used to explain words or sentences：加～ jiāzhù *add notes to*／附～ fùzhù *notes appended to a book, etc.* ❺记载，登记 record；register：～册 zhùcè *register*／～销 zhùxiāo *cancel；write off* ❻赌博时所押的财物 stakes（in gambling）：下～ xiàzhù *lay down a stake*（in gambling）／孤～一掷（喻拿出所有的力量希望最后侥幸成功）gūzhù-yīzhì *risk everything*（or stake）*on a single venture*（fig. make a last desperate effort in the hope of fortunate success）

驻 zhù ㄓㄨˋ ❶（车马等）停止 stop；halt：～足 zhùzú *go no further* ❷停留在一个地方 be stationed：～军 zhùjūn *station troops*／～外使节 zhùwài shǐjié *minister resident*

Z

柱 zhù ㄓㄨˋ ❶(一子 —zi)支撑屋顶的构件,多用木、石等制成 pillar；column, a tall, upright, usu. round post made of timber stone, used as a support for a roof ❷像柱子的东西 sth. shaped like a column：水~ shuǐzhù water column/ 花~ huāzhù style/ 水银~ shuǐyínzhù mercury column

炷 zhù ㄓㄨˋ ❶灯心 wick (of an oil lamp) ❷烧 burn ❸量词,用于线香 meas. for a joss stick：一~香 yī zhù xiāng a burning joss stick

砫 zhù ㄓㄨˋ [石砫 Shí—]地名,在重庆市。今作"石柱" a place in Chongqing Municipality. Also written as Shízhù today

疰 zhù ㄓㄨˋ [疰夏 —xià]1.中医指夏季长期发烧的病,患者多为小儿,多由排汗机能发生障碍引起(of traditional Chinese medicine) a summer disease, usu. contracted by children with symptoms of prolonged fever, usu. caused by the functional obstruction of perspiration 2.〈方 dial.〉苦夏 unendurably hot summer causing people losing appetite and weight

蛀 zhù ㄓㄨˋ ❶蛀虫,咬木器或衣物的小虫 moth or any other insect that eats books, clothes, wood, etc. ❷虫子咬坏 (of moths) eat; bore through：这块木头被虫~了 Zhè kuài mùtou bèi chóng zhù le. This piece of wood is moth-eaten.

杼 zhù ㄓㄨˋ 织布机上的筘(kòu)。古代也指梭 reed, on a loom. Also shuttle in ancient times.

祝 zhù ㄓㄨˋ ❶削,断绝 cut off; sever; break off：~发为僧 zhù fà wéi sēng shave one's head and become a monk ❷衷心地表示对人对事的美好愿望 express good wishes (for sb or sth)：~身体健康 zhù shēntǐ jiànkāng Wish you the best of health.

著 ㊀ zhù ㄓㄨˋ ❶显明,显出 marked; outstanding (⚖comb. 显—xiǎn—、昭—zhāo— marked; notable)：卓~ zhuózhù distinguished; outstanding ❷名 zhùmíng famous；颇~成效 pǒ zhù chéngxiào prove rather effective ❷写文章,写书 write articles or books：~书立说 zhùshū-lìshuō write books to expound a theory ❸著作,写出来的文章或书 works; book：名~ míngzhù classics; masterpieces/ 大~ dàzhù your writing/ 鲁迅先生的~作 Lǔ Xùn xiānsheng de zhùzuò Mr. Lu Xun's works [土著 tǔ—]1.世代居住在一定的地方 inhabit in a place for generations 2.世居本地的人 original inhabitants

㊁ zhuó 见 868 页 See p. 868

翥 zhù ㄓㄨˋ 鸟向上飞 (of birds) fly; soar：龙翔凤~ lóngxiáng-fèngzhù like dragons flying and phoenixes soaring

箸(*筯) zhù ㄓㄨˋ 筷子 chopstick

铸(鑄) zhù ㄓㄨˋ 把金属熔化后倒在模子里制成器物 casting; founding, pour melted metal into a specially shaped container (mould) to make a cast：~一口铁锅 zhù yī kǒu tiěguō cast an iron pan/ ~成大错(喻造成大错误) zhùchéng dàcuò make a gross error [铸铁 —tiě] 生铁,又叫"铣(xiǎn)铁",是由铁矿砂最初炼出来的铁。含碳在 1.7% 以上,质脆,易熔化,多用来铸造器物 cast iron, also called xiǎntiě, an iron-carbon alloy produced in a blast furnace, containing more than 1.7% carbon; very brittle, but easily fused, usu used for casting objects

筑(❶築) zhù ㄓㄨˋ ❶建造,修盖 build; construct (⚖comb. 建—jiàn— build)：~路 zhùlù construct a road/ ~堤 zhùdī construct a dyke/ 建~楼房 jiànzhù lóufáng build a multi-storeyed build-

ing ❷古代弦乐器，像琴，有十三根弦 an ancient thirteen-stringed plucked instrument, somewhat like the west zither ❸（旧读 zhú）贵州省贵阳的别称（old pronunciation zhú）another name for the City of Guiyang, Guizhou Province

ZHUA 虫ㄨㄚ

抓 zhuā 虫ㄨㄚ ❶用指或爪挠(náo) scratch (with fingers or claw)：～耳挠腮 zhuā'ěr-náosāi *scratch one's ears and cheeks* ❷用手或爪拿取 grab; seize; clutch：老鹰～小鸡 lǎoyīng zhuā xiǎo jī *The hawk seized a chicken.* ／～一把米 zhuā yī bǎ mǐ *take a handful of rice* 引 ext. 1. 捉捕 catch; arrest：～贼 zhuāzéi *stop (catch) a thief* 2. 把握住，不放过 take hold of; seize：～工夫 zhuā gōngfu *make good use of one's time; find time* (to do sth.)／～紧时间 zhuājǐn shíjiān *make the best use of one's time* ❸加强领导，特别重视 stress; pay special attention to：～农业 zhuā nóngyè *pay great attention to agriculture*／～工作 zhuā gōngzuò *give special attention to work*／～重点 zhuā zhòngdiǎn *stress the essentials* ❹惹人或引人注意 draw one's attention; attract：这个演员一出场就～住了观众 Zhège yǎnyuán yī chūchǎng jiù zhuāzhùle guānzhòng. *The actress immediately caught the audience's attention as soon as she went on the stage.*

挝(撾) ⊖ zhuā 虫ㄨㄚ 打,敲打 knock at; beat
⊜ wō 见 680 页 See p. 680

鬈 zhuā 虫ㄨㄚ ［鬈髻 —ji］［鬈鬏 —jiu］女孩子梳在头两旁的发结 a girl's hair worn in two buns

爪 ⊖ zhuǎ 虫ㄨㄚ ❶（—子 —zi、—儿 —r）禽兽的脚（多指有尖甲的）paw; claw; talon (usu. with

nails)：鸡～子 jīzhuǎzi *chicken's claw*／狗～儿 gǒuzhuǎr *dog's paws* ❷（—儿 —r）像爪的东西 paw-like things：这个锅有三个～儿 Zhège guō yǒu sān ge zhuǎr. *a pot standing on three feet*
⊖ zhǎo 见 826 页 See p. 826

ZHUAI 虫ㄨㄞ

拽 ⊖ zhuāi 虫ㄨㄞ ❶用力扔 fling; throw; hurl：～了吧，没用了 Zhuāile ba, méiyòng le. *Fling it out. It's useless.* ／把球～过来 bǎ qiú zhuāi guolai *Throw the ball to me.* ❷〈方 dial.〉胳膊有毛病,动转不灵 due to sth. wrong with it, the arm does not move flexibly
⊜ zhuài 见本页 See the same page.
⊜ yè 见 757 页 See p. 757

跩 zhuǎi 虫ㄨㄞ 走路像鸭子似的摇摆 waddle, walk in an awkward way like that of a duck：走路一～一～的 zǒulù yī zhuǎi de *walk like a duck's waddle*

拽(**＊擓) ⊖ zhuài 虫ㄨㄞ 拉, 拖, 牵引 pull; drag; haul：～不动 zhuài bu dòng *unmovable*／把门～上 bǎ mén zhuàishang *shut the door behind you*／生拉硬～ shēnglā-yìngzhuài *drag sb along against his will*
⊜ zhuāi 见本页 See the same page.
⊜ yè 见 757 页 See p. 757

ZHUAN 虫ㄨㄢ

专(專、＊耑) zhuān 虫ㄨㄢ ❶单纯，独一，集中在一件事上（for a particular person, occasion, etc.）focused on one thing; special：～心 zhuānxīn *concentrated; absorbed*／～卖 zhuānmài

Z

monopoly/ ～修科 zhuānxiūkē *special* (training) *course* [专家 －jiā]学术技能有专长的人 *a expert, a person with special knowledge or training* ❷独自掌握或享有 *monopolize*：～权 zhuānquán *arrogate all powers to oneself*/ ～政 zhuānzhèng *dictatorship* ❸姓 *a surname*

"耑"又 duān 见 145 页"端" zhuān Also "duān", see "duān" p. 145

肫（膞） zhuān 业ㄨㄢ〈方 dial.〉鸟类的胃,肫 *gizzard (of a fowl)*：鸡～ jīzhuān *chicken gizzard*

砖（磚、＊甎） zhuān 业ㄨㄢ ❶用土坯烧成的建筑材料 *brick, baked clay used for construction* ❷像砖的东西 *sth. shaped like a brick*：茶～ cházhuān *brick tea*/ 冰～（一种冷食）bīngzhuān *ice brick* (a kind of cold food)/ 煤～ méizhuān (brick-shaped) *briquet*

颛 zhuān 业ㄨㄢ ❶愚昧 *ignorant; benighted* ❷同"专" *Same as* "专"

[颛顼 －xū]传说中上古帝王名 *a legendary emperor in ancient times*

转（轉） ⊖ zhuān 业ㄨㄢ ❶旋动,改换方向或情势 *turn; shift; change direction or trend of events*：～身 zhuǎnshēn (of a person) *turn round*/ 运～ yùnzhuǎn *work; operate*/ 向左～ xiàng zuǒ zhuǎn *turn left*/ ～眼之间 zhuǎnyǎnzhījiān *in the twinkling of an eye*/ 情况好～ qíngkuàng hǎozhuǎn *The situation took a favourable turn.* ❷不直接地,中间再经过别人或别的地方 (indirect) *pass on; transfer*：～送 zhuǎnsòng *transmit on*/ ～达 zhuǎndá *convey; communicate*

⊜ zhuàn 见本页 See the same page.

传（傳） ⊖ zhuàn 业ㄨㄢ ❶旧时一般指解说儒家经书的文字 (in ancient times) *commentaries on Confucian classics* ❷记载,

特指记载某人一生事迹的文字 *biography, a written account of a person's life*：小～ xiǎozhuàn *a brief biography*/ 别～ biézhuàn *separate biography*/ 外～ wàizhuàn *unauthorized biography* ❸叙述历史故事的作品 *historical story or novel*：《儿女英雄～》《Érnǚ Yīngxióng Zhuàn》*The Story of Young Heroes and Heroines.* 《水浒～》《Shuǐhǔ Zhuàn》*Water Margin.*

⊜ chuán 见 89 页 See p. 89

转（轉） ⊖ zhuàn 业ㄨㄢ ❶旋转,绕着圈儿动,围绕着中心运动 *rotate; revolve; turn round; move around the centre*：轮子～得很快 Lúnzi zhuàn de hěn kuài. *The wheel turns very quickly.* ❷绕着某物移动,打转 *move around sth; turn*：～圈子 zhuàn quānzi *move around*/ ～来～去 zhuànlái zhuànqù *move from side to side; hang around* ❸量词,绕几圈儿叫绕几转 *meas. revolution*

⊜ zhuǎn 见本页 See the same page.

啭（囀） zhuàn 业ㄨㄢ 鸟婉转地叫 (of birds) *twitter*：莺啼鸟～ yīngtí-niǎozhuàn *Orioles sing and birds twitter.*

赚 ⊖ zhuàn 业ㄨㄢ ❶做买卖得利 *make a profit (from business)*：～钱 zhuànqián *make money* ❷做买卖得的利 *profit; money (earned in business)*：～儿 zhuànr *profit*/ ～头 zhuàntou *profit* ❸占便宜 *gain extra advantage; profit at other people's expense*：这回去香山真～,又得吃又得玩 Zhè huí qù Xiāng Shān zhēn zhuàn, yòu dé chī yòu dé wánr. *We profited a lot from this Xiangshan tour, having both good food and fun.*

⊜ zuàn 见 879 页 See p. 879

撰（＊譔） zhuàn 业ㄨㄢ 写文章,著书 *write; compose*：～文 zhuànwén *write an arti-*

cle/ ～稿 zhuàngǎo *make a contribution* (to a newspaper, etc.)

馔 zhuàn ㄓㄨㄢ 饮食，吃喝 food, things for eating and drinking：盛～ shèngzhuàn *sumptuous dinner*/ 设～招待 shè zhuàn zhāodài *treat sb. to food*

篆 zhuàn ㄓㄨㄢ ❶篆字，古代的一种字体，有大篆，小篆 seal character, a style of ancient Chinese calligraphy, including dàzhuàn and xiǎozhuàn ❷书写篆字 inscribe in such style：～额 zhuàn'é *inscribe seal characters at the top of a tablet* ❸印章 seal：摄～(暂代某官) shèzhuàn *act as regent* (hold a position in place of someone else temporarily)

ZHUANG ㄓㄨㄤ

妆(妝、*粧) zhuāng ㄓㄨㄤ ❶修饰，打扮，特指妇女的装饰 apply makeup; women's makeup and ornaments ❷演员的衣装服饰 theatrical or stage costume and makeup：卸～ xièzhuāng *remove stage makeup and costume* ❸出嫁女子的陪送衣物 trousseau; dowry：送～ sòngzhuāng *present dowry to*/ 嫁～ jiàzhuāng *trousseau; dowry*

庄(莊) zhuāng ㄓㄨㄤ ❶村落，田舍 village; farm (⊕comb. 村—cūn—*village*) ❷商店的一种名称 a place of business：布～ bùzhuāng *cloth store*/ 饭～ fànzhuāng *restaurant*/ 茶～ cházhuāng *teahouse* ❸封建社会里君主、贵族等所占有的成片土地 manor, the land belonging to a monarch or noble man under the feudal system：皇～ huángzhuāng *the imperial manor* / ～园 zhuāngyuán *manor* ❹庄家，打牌时每一局的主持人 banker, a person who keeps bank in a card game ❺严肃，端重 serious; grave (⊕comb. —严—yán *solemn*, —重—zhòng *serious*)：～严的五星红旗 zhuāngyán de wǔxīng hóngqí *the stately Five-starred Red Flag*

桩(樁) zhuāng ㄓㄨㄤ ❶(一子—zi)一头插入地里的木棍或石柱 stake; pile, a pointed piece of wood or stone column, for driving into the ground：打～ dǎzhuāng *drive the stake into the ground*/ 牲口～子 shēngkou zhuāngzi *stake for fastening domestic animals*/ 桥～ qiáozhuāng *bridge stake* ❷量词，指事件 meas. for events：一～事 yī zhuāng shì *an incident*

装(裝) zhuāng ㄓㄨㄤ ❶穿着的衣物 outfit; clothing (⊕comb. 服—fú—*clothes*)：军～ jūnzhuāng *military uniform*/ 春～ chūnzhuāng *spring clothing*/ 特指演员演出时的打扮 especially makeup of actors or actresses：上～ shàngzhuāng *make up for a theatrical performance*/ 卸～ xièzhuāng *remove makeup and costume* [行装 xíng—]出行时带的衣物 outfit for a journey; luggage ❷打扮，用服饰使人改变原来的外貌 dress up (⊕comb. —扮—bàn *dress up*) [装饰—shì] 1. 同"装❷" Same as "装❷" 2. 事物的修饰点缀 decorate; adorn [化装 huà—]改变装束 make up; change one's appearance and dressing ❸故意做作，假作 pretend; feign：～听不见 zhuāng tīng bù jiàn *pretend not to hear*/ ～模作样 zhuāngmú-zuòyàng *behave in an affected way* ❹安置，安放，通常指安到器物里面去 install; fit; load：～电灯 zhuāng diàndēng *install an electric lamp*/ ～车 zhuāngchē *load a truck*/ ～箱 zhuāngxiāng *pack a box* 勋ext. 把零件或部件安在一起构成整体 assemble; put the parts together to form a

Z

whole：～配 zhuāngpèi *assemble*/了一架机器 zhuāngle yī jià jīqì *have assembled a machine*［装备 —bèi］生产上或军事上必需的东西 *equipment*；*outfit, sth necessary in production or for military purpose*：工业～～ gōngyè zhuāngbèi *industrial equipment*/军事～～ jūnshì zhuāngbèi *military equipment* ❺对书籍、字画加以修整或修整成的式样 *binding a book*；*mounting a picture (or a bound book, mounted picture)*：～订 zhuāngdìng *book binding*/精～ jīngzhuāng（*of books*）*hardcover*/线～书 xiànzhuāngshū *thread-bound (Chinese) book*

奘 ㊀ zhuǎng ㄓㄨㄤˇ 粗大 big and thick；stout；robust：这棵树很～ Zhè kē shù hěn zhuǎng. *The tree is very big and thick.*

㊁ zàng 见 809 页 See p. 809

壮（壯） zhuàng ㄓㄨㄤˋ ❶健壮，有力 strong；robust（逾comb. 强—qiáng— *strong*）：～士 zhuàngshì *brave man*；*heroic person*/年轻力～ niánqīng-lìzhuàng *young and vigorous*/庄稼长得很～ Zhuāngjia zhǎng de hěn zhuàng. *The crops are growing very well.*［壮年 —nián］习惯指人三四十岁的时期 prime of life（usu. in one's thirties or forties）❷雄伟，有气魄 magnificent；grand：～观 zhuàngguān *grand sight*/～志凌云 zhuàngzhì-língyún *with soaring aspirations* ❸增加勇气或力量 build up（strength or courage）：～一～胆子 zhuàng yī zhuàng dǎnzi *boost one's courage*

［壮族 —zú］我国少数民族，参看附表 the Zhuang nationality, a national minority in China；see Appendix

状（狀） zhuàng ㄓㄨㄤˋ ❶形态 form；shape（逾comb. 形—xíng—、—态—tài）：狼的形～像狗 Láng de xíngzhuàng xiàng gǒu. *A wolf is much like a dog in ap-*

pearance. ❷事情表现出来的情形 state；condition（逾comb. —况 —kuàng *condition*）：病～ bìngzhuàng *symptom*（of a disease）/生活～况 shēnghuó zhuàngkuàng *living condition* ❸陈述或描摹 write；describe：写情～物 xiěqíng zhuàngwù *describe one's feelings and surroundings*/风景奇丽，殆不可～ fēngjǐng qílì, dài bù kě zhuàng *The scenery is too beautiful to describe in words.* ❹叙述事件的文字 account or record：行～（指死者传略）xíngzhuàng *a brief biography of a deceased person*/诉～ sùzhuàng *plaint*；*indictment* ❺褒奖、委任等的凭证 certificate：奖～ jiǎngzhuàng *certificate of merit*

僮 ㊀ zhuàng ㄓㄨㄤˋ 我国少数民族壮族的"壮"字旧作"僮" old form for zhuàng in Zhuàngzú, or the Zhuang Nationality

㊁ tóng 见 652 页 See p. 652

撞 zhuàng ㄓㄨㄤˋ ❶击打 strike：～钟 zhuàngzhōng *toll a bell* ❷碰 run into；bump into：别让汽车～了 Bié ràng qìchē zhuàng le. *Be careful not to bump into the car.*（引ext. 无意中遇到 meet by chance：让我～见了 Ràng wǒ zhuàngjian le. *I ran into him.* ❸莽撞地行动，闯 rush；dash；barge：横冲直～ héngchōng-zhízhuàng *rush about madly*

幢 ㊀ zhuàng ㄓㄨㄤˋ〈方 dial.〉量词，用于房子 meas. for house：一～楼 yī zhuàng lóu *a building*

㊁ chuáng 见 90 页 See p. 90

戆 ㊀ zhuàng ㄓㄨㄤˋ 刚直 blunt；simple：性情～直 xìngqíng zhuàngzhí *of simple and honest nature*

㊁ gàng 见 199 页 See p. 199

ZHUI ㄓㄨㄟ

佳 zhuī ㄓㄨㄟ 短尾巴的鸟 birds with short tails

骓 zhuī ㄓㄨㄟ 青白杂色的马 a piebald horse

椎 ㊀ zhuī ㄓㄨㄟ 椎骨，脊椎骨，构成高等动物背部中央骨柱的短骨 vertebra, one of the small hollow bones down the center of the back which form the backbone of higher animals：颈～ jǐngzhuī *cervial vertebra*/ 胸～ xiōngzhuī *thoracic vertebra*

㊁ chuí 见 92 页 See p. 92

锥 zhuī ㄓㄨㄟ ❶(一子 –zi)一头尖锐，可以扎窟窿的工具 awl, a short pointed tool for making holes：针～ zhēnzhuī *awl*/ 无立～之地(喻赤贫) wú lì zhuī zhī dì *not even have enough ground to stick an awl (fig. very poor)* ❷像锥子的东西 anything shaped like an awl：改～ gǎizhuī *screw driver* ❸用锥子形的工具钻 bore；drill：用锥子一个眼儿 Yòng zhuīzi zhuī ge yǎnr. *drill a hole with an awl*

追 zhuī ㄓㄨㄟ ❶赶，紧跟着 chase；run after；pursue (⊕comb. 一逐 –zhú pursue)：～随 zhuīsuí *follow*/ ～击敌人 zhuījī dírén *pursue and attack the enemy*/ 急起直～ jíqǐ-zhízhuī *forge ahead and catch up with full strength*/ 他走得太快，我～不上他 Tā zǒu de tài kuài, wǒ zhuī bu shàng tā. *He walked so quickly that I could hardly catch up with him.* ❷追溯过去，补做过去的事 trace back to the past；make up：～念 zhuīniàn *recall；reminisce*/ ～悼 zhuīdào *mourn over a person's death*/ ～认 zhuīrèn *subsequently confirm；admit or confer posthumously*/ ～加预算 zhuījiā yùsuàn *supplement a budget*/ ～肥 zhuīféi *top application；topdressing* ❸竭力探求，寻求 earnestly seek for sth.；go after：～问 zhuīwèn *question closely*/ ～根 zhuīgēn *get to the root of sth.*/ 这件事不必再～了 Zhè jiàn shì bùbì zài zhuī le. *It is unnecessary to get to the bottom of the matter.*/ ～求真理 zhuīqiú zhēnlǐ *seek truth*

坠(墜) zhuì ㄓㄨㄟ ❶落，掉下 fall；drop：～马 zhuìmǎ *fall off a horse*/ 摇摇欲～ yáoyáo-yùzhuì *tottering；on the verge of collapse* ❷往下沉 sink：船锚往下～ Chuánmáo wǎng xià zhuì. *The anchor sank into the water.* ❸(一儿 –r)系在器物上垂着的东西 weight；a hanging object：扇～ shànzhuì *fan pendants*/ 表～ biǎozhuì *watch pendants* [坠子 –zi] 1. 耳朵上的一种装饰品。也叫"耳坠子"、"耳坠儿" ear pendant, a hanging ornament for the ear. Also called ěrzhuìzi, ěrzhuìr 2. 流行于河南、山东的一种曲艺 ballad singing to the accompaniment of the zhuìqín, popular in Henan and Shandong Provinces

缀 zhuì ㄓㄨㄟ ❶缝 sew；stitch：把这个扣子～上 bǎ zhège kòuzi zhuìshang *sew the button on*/ 补～ bǔzhuì *mend (clothes)；patch* ❷连结 put words together correctly；compose：～字成文 zhuìzì chéngwén *put words together in a composition* ❸装饰 embellish；decorate：点～ diǎnzhuì *ornament；adorn*

醊 zhuì ㄓㄨㄟ 祭奠 offer sacrifices to gods or ancestors

惴 zhuì ㄓㄨㄟ 又忧愁，又恐惧 anxious and fearful：～～不安 zhuìzhuì-bù'ān *be anxious and fearful；be on tenterhooks*

缒 zhuì ㄓㄨㄟ 用绳子拴住人、物从上往下送 send down sth or sb with a rope：工人们从楼顶上把空桶～下来 Gōngrénmen cóng lóudǐng shang bǎ kōngtǒng zhuì xialai. *The workers let down the empty barrel from the roof.*

腏 zhuì ㄓㄨㄟ 脚肿 (of one's feet) swell

赘 zhuì ㄓㄨㄟ ❶多余的,多而无用的 superfluous; redundant;～述 zhuìshù give unnecessary details/～疣 zhuìyóu anything superfluous or useless ❷入赘,招赘 (of a man) go to live in the household of one's inlaws on getting married; (of the bride's parents) gain a son-in-law in such a manner;～婿 zhuìxù a son-in-law who lives in the home of his wife's parents

ZHUN ㄓㄨㄣ

屯 ㊀ zhūn ㄓㄨㄣ 困难 difficulty [屯邅 —zhān]同"迍邅" Same as "迍邅"

　　㊀ tún 见 660 页 See p. 660

迍 zhūn ㄓㄨㄣ [迍邅 —zhān]❶迟迟不前 hesitate to go forward ❷处在困难中,十分不得志 be in difficulty; be quite unsuccessful in one's work

肫 zhūn ㄓㄨㄣ ❶〈方 dial.〉鸟类的胃 gizzard (of a fowl);鸡～ jīzhūn chicken gizzard/ 鸭～ yāzhūn duck gizzard ❷恳切,真挚(叠 redup.); sincere; genuine ～～ zhūnzhūn be sincere/～笃 zhūndǔ be genuine

窀 zhūn ㄓㄨㄣ [窀穸 —xī]墓穴 coffin pit

谆 zhūn ㄓㄨㄣ 恳切 earnest; sincere [谆谆 ——]恳切,不厌倦地 earnest and tireless;～～告诫 zhūnzhūn-gàojiè repeatedly admonish/～～教导 zhūnzhūn-jiàodǎo earnestly and tirelessly instruct

衠 zhūn ㄓㄨㄣ 〈方 dial.〉纯粹,纯 pure; unadulterated

准(❷-❿準) zhǔn ㄓㄨㄣ ❶允许,许可 allow; permit; grant;批～ pīzhǔn approve/不～他来 bùzhǔn tā lái not allow him to come ❷依照,依据 in accordance with; follow;～此办理 zhǔn cǐ bànlǐ do according to this ❸定平直的东西 sth. that determines levelness and straightness;水～ shuǐzhǔn level; standard/ ～绳 zhǔnshéng criterion; yardstick ❹标准,法则,可以作为依据的 norm; rule; sth. that forms a basis for action;～则 zhǔnzé norm; standard/ 以此为～ yǐ cǐ wéi zhǔn take this as the standard ❺同"埻",箭靶上的中心 same as zhǔn, center of the target in archery ❻正确 accurate, exact (逶comb. —确 —què accurate):瞄～ miáozhǔn take aim; aim at ❼一定,确实 definitely; certainly:我～来 Wǒ zhǔn lái. I will surely come./ ～能完成任务 zhǔn néng wánchéng rènwu can certainly finish the work ❽鼻子 nose;隆～(高鼻子) lóngzhǔn a prominent nose ❾(-儿 —r)把握 certain; sure;心里没～儿 xīnli méi zhǔnr be unsure about sth ❿和某类事物差不多的 quasi-; para-;～平原 zhǔnpíngyuán paraplain

埻 zhǔn ㄓㄨㄣ 箭靶上的中心 the center of the target in archery

ZHUO ㄓㄨㄛ

拙 zhuō ㄓㄨㄛ 笨,不灵巧 dull; awkward; clumsy (逶comb. —笨 —bèn clumsy):～嘴笨舌 zhuōzuǐ-bènshé clumsy-tongued; inarticulate/ 手～ shǒuzhuō be all thumbs/ 弄巧成～ nòngqiǎochéngzhuō try to be clever but turn out to be a fool/ 勤能补～ qínnéngbǔzhuō make up for lack of natural talent by hard work/ 谦词(a humble term) I; my;～作 zhuōzuò my (poor) writing/ ～见 zhuōjiàn my (humble) opinion

捉 zhuō ㄓㄨㄛ ❶抓,逮 catch; capture:～老鼠 zhuō lǎoshǔ catch a

rat/ ～蝗虫 zhuō huángchóng *catch locusts*/捕 ～ 影 bǔfēng-zhuōyǐng *catch the wind and shadow*; *make groundless accusations* [捉弄 —nòng] 玩弄，戏弄 *tease*; *make fun of* ❷ 握 *clutch*; *hold*; *grasp*: ～ 刀 zhuōdāo *write* (an article) *for sb else*; *ghost-write*/ ～笔 zhuōbǐ *hold a pen*

桌(***槕**) zhuō ㄓㄨㄛ ❶(—子—zi、—儿—r)一种日用家具，上面可以放东西 *table*; *desk*; *a piece of ordinary furniture, with a flat top on which sth can be placed*: 书 ～ shūzhuōr *desk*/ 饭 ～ fànzhuōr *dinner table*/ 八仙 ～ bāxiānzhuōr *eight persons' table* (an old-fashioned square table for eight people) ❷量词 *meas.*: 一 ～ 酒席 yī zhuō jiǔxí *a table of dishes for feast*/ 这些人可以坐三 ～ Zhèxiē rén kěyǐ zuò sān zhuō. *These people can be seated at three tables for dinner.*

偩 zhuō ㄓㄨㄛ ❶显著 *notable*; *striking* ❷大 *big*; *large*

焯 ㊀ zhuō ㄓㄨㄛ 显明，明白 *obvious*; *clear*; *outstanding*
㊁ chāo 见 70 页 *See p. 70*

梲 zhuō ㄓㄨㄛ 梁上的短柱 *short pillars on a roof beam*

涿 zhuō ㄓㄨㄛ 涿州，在河北省 Zhuōzhōu, *a place in Hebei Province*

镯 zhuō ㄓㄨㄛ 〈方 dial.〉❶镯钩，刨地的镐 gǎo *pick* (for digging soil) ❷用小镐刨 *dig with a pick*: ～ 高粱 zhuō gāoliang *dig Chinese sorghum*/ ～ 玉米 zhuō yùmǐ *dig maize*

灼 zhuó ㄓㄨㄛ ❶烧，炙 *burn*; *scorch*: ～ 伤 zhuóshāng *get burnt*/ 心如火 ～ xīnrúhuǒzhuó (of one's heart) *as burning fire* (extremely anxious) ❷明白，透彻 *understand*; *be aware of*: 真知 ～ 见 zhēnzhī-zhuójiàn *profound knowledge and deep insight*

酌 zhuó ㄓㄨㄛ ❶斟酒 *pour out* (wine): 自 ～ 自饮 zìzhuó-zìyǐn *enjoy a cup of wine all by oneself* 引 ext. 酒饭 *a meal with wine*: 便 ～ biànzhuó *informal dinner* ❷度量，考虑 *consider*; *think over* (逮 comb. ～ 量 —liàng *consider*): ～ 办 zhuóbàn *act according to one's judgement*/ ～ 情处理 zhuóqíngchǔlǐ *settle the matter as one sees fit*

茁 zhuó ㄓㄨㄛ 植物才生长出来的样子 *thriving*; (of plants) *put forth new life* [茁壮 —zhuàng] 1.壮盛 *healthy and strong*: 庄稼长得～ ～ Zhuāngjia zhǎng de zhuózhuàng. *The crops are growing strong.* 2.壮健 *sturdy*: 牛羊 ～ ～ niúyáng zhuózhuàng *cattles and sheep are very sturdy*

卓 zhuó ㄓㄨㄛ ❶高而直 *tall and erect*: ～立 zhuólì *stand upright* ❷高明，高超，杰出，不平凡 *eminent*; *outstanding*; *excellent*; *extraordinary*: ～ 见 zhuójiàn *brilliant idea*/ ～ 越的成绩 zhuóyuè de chéngjì *remarkable achievements* [卓绝 —jué] 超过寻常，没有能比的 *unsurpassed*; *of the highest degree*: 坚苦 ～ ～ jiānkǔ-zhuójué *be extremely difficult*

斫(****斮**) zhuó ㄓㄨㄛ 砍削 *chop*; *hack* (with an axe or sword): ～ 伐树木 zhuófá shùmù *hack trees*/ ～ 轮老手(喻经验多的人) zhuólún-lǎoshǒu *expert wheelwright*; *old hands* (fig. experienced person) [斫丧 —sàng] 摧残，伤害，特指因沉溺酒色以致伤害身体 *wreck*; *damage, esp. referring to ruining one's health by being indulged in sensual pleasures*

浊(**濁**) zhuó ㄓㄨㄛ ❶水不清，不干净，跟"清"相反 *turbid*; *muddy, antonym of* "qīng" (逮 comb. 浑 — hún — *turbid*) ❷混

乱 confused；chaotic：～世（旧时用以形容混乱的时代）zhuóshì *the corrupted world*；*chaotic times* (in former times) ❸（声音）低沉粗重（of voice）deep and thick：～音 zhuóyīn *voiced sound*/ 一声～气 zhuóshēngzhuóqì *in a deep, raucous voice* ❹浊音，发音时声带颤动的音 voiced sound, sound produced with a movement of the vocal cords

镯（**鈪）zhuó ㄓㄨㄛˊ（一子 —zi）套在腕子上的环形装饰品 bracelet, an ornamental band or chain worn on the wrist

浞 zhuó ㄓㄨㄛˊ 淋，使湿 pour；drench：让雨～了 ràng yǔ zhuóle *be drenched by rain*

诼 zhuó ㄓㄨㄛˊ 造谣毁谤 calumny；slander

啄 zhuó ㄓㄨㄛˊ 鸟类用嘴叩击并夹住东西 peck，(of birds) strike at and pick up sth with the beak：鸡～米 Jī zhuó mǐ. *The chicken are pecking at the rice.*/ 一木鸟 zhuómùniǎo *woodpecker*

琢 ㊀zhuó ㄓㄨㄛˊ 雕刻玉石，使成器物 chisel；carve (a piece of jade stone)：精雕细～ jīngdiāo-xìzhuó *work at sth. with great care* ［琢磨 —mó］1. 雕刻和打磨（玉石）carve and polish (jade) 2. 加工使精美（指文章等）improve (literary works)；polish；refine
㊁zuó 见 881 页 See p. 881

椓 zhuó ㄓㄨㄛˊ ❶击 strike；hit ❷古代宫刑，割去男性的生殖器 castrate, cut off the male sex organ in ancient times

著 ㊀zhuó ㄓㄨㄛˊ 附着，穿着。后作“着”come into contact with；touch；wear. used as zhuó later
㊁zhù 见 860 页 See p. 860

着 ㊀zhuó ㄓㄨㄛˊ ❶穿衣 wear (clothes)：～衣 zhuóyī *put on (or wear) clothes* ❷接触，挨上 touch；be next to；be close to：附～ fùzhuó *attach to*；*adhere to*/ 一陆 zhuólù *land*；*touch down*/ 不～边际 bùzhuó-biānjì *not touching the edge*；*not to the point* ❸使接触别的事物，使附着在别的物体上 cause to come into contact with；attach to：～眼 zhuóyǎn *have sth. in mind*；*see (or view) from the angle of*/ 一手 zhuóshǒu *set about*/ ～色 zhuósè *put colour on*；*colour*/ 不～痕迹 bùzhuóhénjì *leave no trace* ❹着落 whereabouts：寻找无～ xúnzhǎo wúzhuó *nowhere to be found*［着落 —luò］下落，来源 whereabouts；assured source：遗失的东西有了～～了 Yíshī de dōngxi yǒule zhuóluò le. *The lost thing has been found.*/ 这笔费用还没有～～ Zhè bǐ fèiyong hái méiyǒu zhuóluò. *We still don't know where to get the expenses.* ❺派遣 send：～人前来办理 zhuó rén qiánlái bànlǐ *Please send someone here to handle the matter.* ❻公文用语，表示命令的语气 (used in official documents, expressing peremptory tone)：～即施行 zhuó jí shīxíng *be enforced immediately*
㊁zháo 见 826 页 See p. 826
㊂zhāo 见 825 页 See p. 825
㊃zhe 见 831 页 See p. 831

糕 zhuó ㄓㄨㄛˊ 姓 a surname

鸑 zhuó ㄓㄨㄛˊ ［鸑鸑 yuè—］古书上指一种水鸟 a type of aquatic bird mentioned in ancient Chinese texts

缴 ㊀zhuó ㄓㄨㄛˊ 系在箭上的绳 string attached to an arrow
㊁jiǎo 见 311 页 See p. 311

擢 zhuó ㄓㄨㄛˊ ❶拔 pull out；extract：～发难数（喻罪恶多得像头发那样数不清）zhuófà-nánshǔ *fig. (of crimes) as countless as the hairs on the head；too numerous to count* ❷提拔 promote；raise (in rank）：～用 zhuóyòng *promote to a post*

濯 zhuó ㄓㄨㄛˊ 洗 wash：～足 zhuó zú *wash one's feet*

ZI ㄗ

仔 ㊀ zī ㄗ [仔肩 —jiān]所担负的职务,责任 *official burdens or responsibilities*
　㊁ zǐ 见 871 页 See p. 871
　㊂ zǎi 见 806 页"崽"See p. 806 zǎi

孖 ㊀ zī ㄗ 双生子 twins, two children born of the same mother at the same time
　㊁ mā 见 433 页 See p. 433

孜 zī ㄗ [孜孜 ——]勤勉,不懈怠 diligent; hardworking：～～不倦 zīzī-bùjuàn *work industriously*

吱 ㊀ zī ㄗ 同"嗞" Same as 嗞
　㊁ zhī 见 840 页。zhī, See p. 840

呰 zī ㄗ 同"訾" Same as "訾"

觜(觜) zī ㄗ ❶计量(多用于否定) count; calculate; weigh (usu. used in negatives)：所费不～ suǒfèi-bùzī *incalculable expenses*/ 不可～计 bùkě-zījì *can not count clearly* ❷同"资❶" Same as "资❶"

觜 ㊀ zī ㄗ 觜宿,二十八宿之一 zīxiǔ, one of the twenty-eight constellations into which the celestial sphere was divided in ancient Chinese astronomy
　㊁ zuǐ 见 879 页 See p. 879

訾 ㊀ zī ㄗ 姓 a surname
　㊁ zǐ 见 872 页 See p. 872

觜 zī ㄗ 张开嘴露出牙 bare or show one's teeth：～牙咧嘴 zīyá-liězuǐ *show the teeth; look fierce*

髭 zī ㄗ 嘴上边的胡子 moustache：～须皆白 zīxū jiē bái *The beard has become white.*

咨 zī ㄗ ❶跟别人商议,询问 consult with the others; take coun-sel (⊕ comb. 一询 一xún *consult*)：有所～询 yǒu suǒ zīxún *seek advice to some extent* ❷咨文,旧时用于同级机关的一种公文 (in former times) official communication or report between government offices of equal rank

姿 zī ㄗ ❶容貌 appearance; looks：～容 zīróng *looks; appearance*；丰～ fēngzī *graceful bearing; charm* ❷形态,样子 gesture; posture; carriage (⊕ comb. 一态—tài、一势 —shì *posture*)：雄～xióngzī *heroic posture*/ 跳舞的～势 tiàowǔ de zīshì *a dancer's posture and movements*

资(❶△＊ 貲) zī ㄗ ❶财物,钱财 treasure; wealth：～源 zīyuán *resources*/ 投～ tóuzī *investment* 𡿨 ext. 钱,费用 money; expenses：工～ gōngzī *wages* /车～ chēzī (passenger's) *fare* [资金 —jīn] 1. 国民经济中物资的货币表现 fund, goods and material in national economy in the form of money 2. 经营工商业的本钱 funds, capital needed in industry, commerce, etc. [资料 —liào] 1. 生产、生活中必需的东西 means necessary for production and living 2. 用做依据的材料 data or material used as the basis for sth.：统计～～ tǒngjì zīliào *statistical data* [工资 gōng—]作为劳动报酬按期付给劳动者的货币或实物 wages; pay, a regular payment of money or goods for labour or services ❷供给 supply：～助 zīzhù *give financial aid*/ 以～参考 yǐ zī cānkǎo *as a reference* ❸智慧能力 endowment; natural ability：～质(指智慧的高低) zīzhì *intelligence*/ 天～ 聪明 tiānzī cōngming *gifted; talented* ❹资历,指出身、经历 qualifications; record of one's experiences and services：论～排辈 lùnzī-páibèi *decide according to qualifications and seniority* [资格 —gé]从事某种活动应有的条件 qualifications for a certain task

Z

谘 zī ㄗ 同"咨❶"Same as "咨❶"

粢 zī ㄗ 古代供祭祀用的谷类 cereals sacrificed to gods or one's ancestors

赵 zī ㄗ [赵趄 —jū]❶行走困难 walk with difficulty；plough one's way ❷犹豫不前 hang back (about，around)；hold back：～～不前 zījū-bùqián hesitate to advance

兹(兹**)** ㊀ zī ㄗ ❶这，这个 this；this one：～日 zī rì today/ ～理易明 zī lǐ yì míng The truth of the matter is easy to understand. ❷现在 now；at present：～订于明日开全体职工大会 Zī dìng yú míngrì kāi quántǐ zhígōng dàhuì. Now we have decided to hold a conference of all the staff members tomorrow. ❸〈古 arch.〉年 year：今～ jīnzī this year/ 来～ láizī the coming year

㊁ cí 见 94 页 See p. 94

嗞 zī ㄗ （—儿 —r）拟声词(叠redup.）onom.：老鼠～的一声跑了 Lǎoshǔ zī de yī shēng pǎo le. The rat escaped with a squeak. / 小鸟～～地叫 Xiǎoniǎo zīzī de jiào. The birds were chirping.

嵫 zī ㄗ 见 742 页"崦"字条"崦嵫" See "yānzī" under entry of "yān", p. 742

孳 zī ㄗ 滋生，繁殖 multiply；breed；propagate：～生得很快 zīshēng de hěn kuài breed rapidly [孳孳 ——]同"孜孜" Same as "zīzī"

滋 zī ㄗ ❶生出，长 grow：～芽 zīyá sprout；germinate/ ～事 zīshì stir up trouble/ ～蔓 zīmàn grow and spread ❷益，增益，加多 multiply，add；～甚 zīshèn increase even more [滋润 —rùn]润泽，湿润，不干枯 moist；wet；damp [滋味 —wèi]味道 flavour；taste [滋养 —yǎng]补益身体 nourish ❸喷射 spurt；burst：水管往外～水 Shuǐguǎn wǎng wài zī shuǐ. Water is spurting from the pipe.

镃 zī ㄗ 镃基，古代的锄头 a kind of hoe used in ancient times

葘 zī ㄗ ❶已经开垦了一年的田地 farmland cultivated for a year ❷除草 weed ❸茂盛的草 luxuriant grass：～榛秽聚 zīzhēn huìjù overgrown with grass and hazel
〈古 arch.〉又同"灾"(zāi) Also same as "灾"

淄 zī ㄗ 淄水，水名，在山东省 Zī Shuǐ, a river in Shandong Province

缁 zī ㄗ 黑色 black：～衣 zīyī black clothes

辎 zī ㄗ 辎车，有帷子的车 an ancient covered wagon [辎重 —zhòng]行军时携带的器械、粮草、材料等 impedimenta，supplies and gear of an army

锱 zī ㄗ 古代重量单位，六铢等于一锱，四锱等于一两 an ancient unit of weight，equal to six zhū or one fourth of a liǎng [锱铢 —zhū]喻 fig. 琐碎的事或极少的钱 trivial things or very small amount of money：～～必较 zīzhū-bìjiào haggle over every penny；argue over every detail

鲻 zī ㄗ 鲻鱼，鱼名。背部黑绿色，腹部白色，嘴宽而短。有的生活在海水和河水交界处，肉味美 mullet，a type of edible fish with dark green back，white belly，short and wide mouth，living where seawater and river meet

薃 zī ㄗ 上端收敛而口小的鼎 a small-mouthed tripod

子 zǐ ㄗ ❶古代指儿女，现在专指儿子 sons and daughters in ancient times，but now only sons [子弟 —dì]后辈人，年轻人 children；juniors ❷对人的称呼 person 1. 一般的人 ordinary person：男～ nánzǐ man/女～ nǚzǐ woman 2. 旧称某种行

(háng)业的人 people in certain profession in former times：士～ shìzǐ *soldier*；*armyman*/ 舟～ zhōuzǐ *boatman* 3. 古代指著书立说，代表一个流派的人 ancient title of respect for a learned man who wrote books and established theory, representing a school of thought：荀～ Xúnzǐ *Master Xun*/ 诸～百家 zhūzǐ-bǎijiā *the various schools of thought and their exponents during the period from pre-Qin times to the early years of the Han Dynasty* 4. 古代图书四部(经、史、子、集)分类法中的第三类 the third of the four traditional categories of a Chinese writings (jīng[Confucian classics], shǐ[history], zǐ[philosophy], jí[belles-letters]), the philosophical works：～部 zǐbù *works of philosophers*/ ～书 zǐshū *philosophical works* 5. 古代对对方的敬称，和现代汉语中代词"你"用法一样 (a term of respect) you, same as the pronoun nǐ in modern Chinese：～试为之 zǐ shì wéi zhī *You can have a try.* / 以～之矛，攻～之盾 Yǐ zǐ zhī máo, gōng zǐ zhī dùn. *Set your own spear against your own shield* (or refute sb with his own argument). 6. 古代称老师 an ancient address for teacher：～墨子 zǐ Mòzǐ *My teacher is Mozi.* [子虚 —xū] ㊗ trans. 虚无的，不实在的 fictious; unreal：事属～～ shì shǔ zǐxū *It is sheer fiction.* ❸(—儿 —r)植物的种子 seeds of plants：菜～càizǐ *vegetable seeds*/ 莲～ liánzǐ *lotus seeds*/ 桐～ tóngzǐ *tung tree seed*/ 瓜～儿 guāzǐr *melon seeds*/ 结～ jiēzǐ *bear seed* ❹(—儿 —r) 动物的卵 egg：鱼～yúzǐ *roe*/ 鸡～儿 jīzǐr (hen's) *egg*/ 蚕～ cánzǐ *silkworm egg*/ 下～儿 xiàzǐr *give birth to young*; *lay eggs* ❺幼小的 young：～鸡 zǐjī *chick*/ ～姜 zǐjiāng *tender ginger* ❻派生的，附属的 derived; subsidiary; attached：～金 zǐjīn *interest* (paid for the use of money) / ～公司 zǐgōngsī *subsidiary company*; *subsidiary* [子音 —yīn]见185页"辅"字条"辅音" See fǔyīn under entry of fǔ, p. 185 ❼地支的第一位 the first of the twelve Earthly Branches ❽子时，指夜里十一点到一点 the period of the day from 11 p. m. to 1 a. m. [子夜 —yè] 深夜 midnight ❾我国古代五等爵位的第四等 viscount, the fourth in the rank of nobility in ancient China ❿(zi) 名词后缀 a noun suffix：1. 加在名词性词素后 used after a noun：孩～ háizi *children*/ 珠～ zhūzi *pearl*; *bead*/ 桌～zhuōzi *table*/ 椅～ yǐzi *chair* 2. 加在形容词或动词性词素后 used after an adjective or verb：胖～ pàngzi *a fat person*/ 拐～guǎizi *cripple*/ 瞎～ xiāzi *blind man*/ 乱～ luànzi *disturbance*; *trouble*/ 垫～ diànzi *mat*; *cushion* ⓫(zi) 个别量词后缀 suffix of some measure word：一档～事 yī dàngzi shì *a thing*/ 打了两下～门 dǎle liǎng xiàzi mén *knock at the door twice*

仔 ㊀ zǐ ㄗˇ 幼小的(多指家畜、家禽) young; small (usu. of domestic animals)：～鸡 zǐjī *chick*/ ～猪 zǐzhū *piglet*; *pigling* [仔密 —mì]衣物等质地紧密 (of knitwear) close-knitted; (of textiles) close-woven：袜子织得十分～～ Wàzi zhī de shífēn zǐmì. *The socks are closely knitted.* [仔细 —xì] 1. 周密，细致 careful; attentive：～～研究 zǐxì yánjiū *study carefully*/ ～～考虑 zǐxì kǎolǜ *ponder over sth.* 2. 俭省 frugal; economical：日子过得～～ rìzi guò de zǐxì *be frugal of one's expenses* 3. 当心，注意 *be careful*, *look out*：路很滑，～～点儿 Lù hěn huá, zǐxì diǎnr. *The road is very slippery. Watch your step.*

㊁ zǎi 见806页 See p. 806

㊂ zī 见869页 See p. 869

Z

籽 zǐ ㄗˇ 培土 hill up；earth up

籽 zǐ ㄗˇ 同"子❸" Same as "子❸"

姊 zǐ ㄗˇ 姐姐 elder sister；sister［姊妹 —mèi］1. 姐姐和妹妹 elder and younger sisters；sisters：她们一共～～三个 Tāmen yīgòng zǐmèi sān ge. *Their family has three daughters altogether.* 2. 同辈女朋友间亲热的称呼 an intimate address between female friends of the same generation

秭 zǐ ㄗˇ ❶古时数目名，等于一万亿 numeral, equal to a thousand billion ❷［秭归 —guī］地名，在湖北省 a place in Hubei Province

第 zǐ ㄗˇ 竹子编的床席 mat woven of fine bamboo strips：床～ chuángzǐ *a bamboo bed mat*

茈 ㊀ zǐ ㄗˇ 茈草，即紫草，多年生草本植物。叶椭圆形或长卵形，开白色小花，根皮紫色。根可入药，又可作紫色染料 Asian puccoon, Chinese gromwell, a perennial herb with oval leaves, bearing small white flowers, with purple roots and bark. The roots can be used as medicine and pigment.
㊁ cí 见 94 页 See p. 94

紫 zǐ ㄗˇ 蓝、红合成的颜色 purple, a mixture of blue and red

訾 ㊀ zǐ ㄗˇ 说别人的坏话，诋毁 slander：不苟～议 bù gǒu zǐyì *make no casual slanderous remarks about others*
㊁ zī 见 869 页 See p. 869

梓 zǐ ㄗˇ ❶梓树，落叶乔木，开浅黄色花，木材可供建筑及制造器物用 Chinese catalpa, a deciduous tree with light yellow flowers, wood used in building or making articles. ［梓里 —lǐ］［桑梓 sāng—］故乡 hometown；native place ❷雕版，把木头刻成印书的版 cut blocks for printing：付～

fùzǐ *send to the press；put into print*／～行 zǐxíng cut blocks into lines for printing

滓 zǐ ㄗˇ 渣子，沉淀物 dregs；lees；sediment

自 zì ㄗˋ ❶自己，己身，本人 self；oneself；one's own：～给～足 zìjǐ-zìzú *self-supporting and self-sufficient*／独立～主 dúlì-zìzhǔ *one's own master*／～力更生 zìlì-gēngshēng *rely on one's own efforts*／～动 zìdòng *automatic*［自个儿 —gěr］［自各儿 —gěr］〈方 dial.〉自己 oneself；by oneself［自然 —rán］一切天然存在的东西 natural world：大～～ dàzìrán *nature*／～～景物 zìrán jǐngwù *natural scenery* 2. 不勉强 natural：～～而然 zìrán-érrán *spontaneously；naturally*／功到～～成 gōng dào zìrán chéng *constant effort yields sure success*／他笑得很～ Tā xiào de hěn zìrán. *He put on a natural smile.* 3. 当然，没有疑问 of course；naturally：学习不认真，～就要落后 Xuéxí bù rènzhēn, zìrán jiùyào luòhòu. *If you do not study hard, you're bound to lag behind.*［自在 —zai］满意，舒服 at ease；comfortable：要勇挑重担，不图个人～～ Yào yǒng tiāo zhòngdàn, bùtú gèrén zìzai. *be brave enough to shoulder great responsibilities and seek no personal comforts*／逍遥～～ xiāoyáo-zìzai *carefree*［自由 —yóu］1. 人们在法律规定的范围内，随意安排自己活动的权利 freedom, the right to behave freely within the bound of the law 2. 哲学上指人们在实践中认识了客观规律，并能有意识地运用它来改造世界（of philosophy）freedom, the understanding and mastery of the objective laws in practice, and the conscious efforts to remold the world with them 3. 不受拘束和限制 carefree；unrestrained：～～活动 zìyóu huódòng *act on one's own*/ ～～发言 zìyóu fāyán *talk freely* ❷ 从、由 *from*; *since* (圐 comb. 一从—*cóng since*)：～古到今 zìgǔ-dàojīn *from ancient times to the present*/ ～天津到北京 zì Tiānjīn dào Běijīng *from Tianjin to Beijing* ❸ 自然，当然 *certainly*; *of course*; *naturally*：～当努力 zì dāng nǔlì *will certainly do one's best*/ ～不待言 zìbùdàiyán *self-evident*/ ～属无碍 zì shǔ wú'ài *It certainly does not matter.* / 公道～在人心 gōngdào zì zài rénxīn *Justice is surely in people's mind.* / 久别重逢，～有许多话要讲 jiǔbié-chóngféng, zì yǒu xǔduō huà yào jiǎng *It was quite natural that they should have a lot to say to each other after such a long separation.*

字 zì ㄗ ❶文字，用来记录语言的符号 *word*; *character*, *signs for recording speech in writing*：汉～ hànzì *Chinese characters*/ ～眼儿 zìyǎnr *wording*; *diction*/ ～体 zìtǐ *form of a written or printed character*/ 常用～ chángyòngzì *frequently used words*; *everyday words* [字母—mǔ]表语音的符号 *letters of an alphabet*; *letter*：拼音～～ pīnyīn zìmǔ *phonetic alphabet*/ 拉丁～～ lādīng zìmǔ *Latin letters* [字典—diǎn]注明文字的音义，列举词语说明用法的工具书 *dictionary, a reference book that gives a list of words, with their pronunciations, meanings, and usages* ❷字音 *pronunciation of a word*：咬～清楚 yǎozì qīngchǔ *pronounce words clearly*/ ～正腔圆 zìzhèng-qiāngyuán *(of singing) with clear articulation and a mellow and full tune* ❸字体 *style of calligraphy*：篆～ zhuànzì *seal character*/ 柳～ Liǔzì *the Liu style* (a calligraphic style created by Liu Gongquan of the Tang Dynasty) ❹ 书法作品 *scripts*; *writings*：～画 zìhuà *calligraphy and*

painting ❺根据人名中的字义另取的别名叫"字"，也叫"表字"，现在多称"号" *another name taken according to the meanings of the characters used in a person's name, also called "biǎozì", but now usu. called "hào"*：岳飞～鹏举 Yuèfēi zì Péngjǔ *Yuefei's another name was Pengju.* ❻字据，合同，契约 *written pledge*, *contract*, *deed*：立字为凭 lìzì-wéipíng *write a contract as a proof* ❼旧时称女子许嫁 *(of a girl) be betrothed in former times*

牸 zì ㄗ 雌性的牲畜 *female domestic animals*：～牛 zìniú *cow*

恣 zì ㄗ ❶放纵，无拘束 *do as one pleases*; *throw off restraint*：～意 zìyì *unscrupulous*; *reckless*/ ～情 zìqíng *as much as one likes* ❷〈方 dial.〉舒服 *comfortable*：你看，你睡得多～ Nǐ kàn, nǐ shuì de duō zì. *See how comfortably you slept.*

眦(*眥) zì ㄗ 上下眼睑的接合处，靠近鼻子的叫内眦，靠近两鬓的叫外眦 *canthus, corner of the eye. The one next to the nose is called nèizì, and the one near the temples is called wàizì.*

胔 zì ㄗ ❶带腐肉的尸骨 *bones of the dead with rotten flesh* ❷腐烂的肉 *rotten meat*

渍 zì ㄗ ❶浸，沤 *steep*; *soak*：～麻 zìmá *ret flax, jute, etc.* ❷地面的积水 *floodwater on low-lying land*：～水 zìshuǐ *accumulated water*/ 防洪排～ fánghóng páizì *prevention of floods and drainage of floodwater* ❸油、泥等积在上面难以除去 *be soiled with grease*：烟袋里～了很多油子 Yāndài li zìle hěn duō yóuzi. *The pipe is caked with tar.* / 手表的轮子～住了 Shǒubiǎo de lúnzi zìzhù le. *The wheel of the watch has been soiled.*

䏶 zì ㄗ 切成的大块肉 *large pieces of chopped meat*

ZONG　ㄗㄨㄥ

枞(樅) ⊜ zōng ㄗㄨㄥ ［枞阳 —yáng］地名，在安徽省 a place in Anhui Province

⊖ cōng 见 96 页 See p. 96

宗 zōng ㄗㄨㄥ ❶旧指宗庙，祖庙 ancestral temple or hall in early times ［祖宗 zǔ—］先人 ancestor ❷家族，同一家族的 clan, a social group of one common ancestor：同 ～ tóngzōng have the same ancestor/ ～ 兄 zōngxiōng elder brothers of the same clan ［宗法 —fǎ］封建社会以家族为中心，按血统远近区别亲疏的制度 patriarchal clan system, system established according to the blood relationship within a clan in the feudal society：破除～～观念 pòchú zōngfǎ guānniàn do away with the concept of the patriarchal clan system ❸宗旨 aim；purpose：开 ～ 明义第一章 kāizōng-míngyì dì-yī zhāng in the first place；first of all/ 万变不离其 ～ wànbiàn bù lí qí zōng change ten thousand times without deviating from the original aim ❹宗派，派别 faction；sect：禅 ～ Chánzōng the Chan sect；Zen/ 北～山水画 běizōng shānshuǐhuà the landscape paintings of the Northern Sect ［宗旨 —zhǐ］主要的意旨，目的 aim；purpose ❺尊奉，向往 yearn for，worship：～仰 zōngyǎng revere；hold in esteem ❻量词，件，批 meas. one；a batch of：～事 yī zōng shì a matter/ 大～货物 dàzōng huòwù a large batch of goods ❼西藏地区旧行政区划单位，大致相当于县 an old administrative district in Tibet，roughly corresponding to the county

综 ⊖ zōng ㄗㄨㄥ 总合 put together；sum up：错～（纵横交错）cuòzōng crisscross；intricate ［综合 —hé］synthesize 1.把各个独立而互相关联的事物或现象进行分析归纳整理 sum up related individual things or phenomena for analyzing and reasoning 2.不同种类，不同性质的事物组合在一起 put together things of different nature and category：～～利用 zōnghé lìyòng comprehensive utilization；a synthetical use of sth. / ～～大学 zōnghé dàxué university

⊜ zèng 见 814 页 See p. 814

棕(*椶) zōng ㄗㄨㄥ 指棕榈（lú）树或棕毛 palm or palm fibre；coir ［棕榈 —lú］常绿乔木，叶鞘上的毛叫棕毛，可以打绳、制刷子等。叶子可以做扇子。木材可以制器物 palm, an evergreen tree with fibres that can be used for making ropes and brushes，leaves for fans，and timber for furniture

腙 zōng ㄗㄨㄥ 有机化合物的一类，通式

$$\begin{matrix}R\\R'\end{matrix}C{=}N{-}NH_2$$

，是羰基与肼缩合而成的化合物 one of the organic chemical compounds, synthetized from carbonyl and hydrazine；general formula：

$$\begin{matrix}R\\R'\end{matrix}C{=}N{-}NH_2$$

踪(*蹤) zōng ㄗㄨㄥ 人或动物走过留下的脚印 footprint, a footshaped mark pressed onto a surface by a man or an animal （⊕comb. —迹 —jì trace)：～影 zōngyǐng trace；sign/ 追～ zhuīzōng track/ 失～ shīzōng be missing；disappear

鬃(*騌、*騣) zōng ㄗㄨㄥ 马、猪等兽类颈上的长毛，可制刷、帚等 bristle；hair on the neck of a pig, horse, etc.，used in making brushes，brooms，etc.

总(總、緫)** zòng ㄗㄨㄥ ❶聚合，聚集在

一起 put together；sum up；～在一起算 zǒng zài yīqǐ suàn settle the accounts together／～共三万 zǒnggòng sānwàn thirty thousand in all／～起来说 zǒng qǐlai shuō to sum up［总结 －jié］把一段工作过程中的经验教训分析、研究，归纳出结论 sum up；summarize，analyse one's experiences and lessons in a certain period of work and get a conclusion：要认真～～经验 yào rènzhēn zǒngjié jīngyàn You must seriously summarize your experiences. ❷概括全部的，主要的，为首的 general；chief；head：～纲 zǒnggāng general programme／～司令 zǒngsīlìng commander in chief ❸副词，经常，一直 adv. always；invariably：为什么～是来晚 Wèishénme zǒngshì láiwǎn? Why are you always late? ／～不肯听 zǒng bù kěn tīng always refuse to listen to sb. ❹副词，一定，无论如何 adv. ～是要办的 surely；cerainly；probably：zǒngshì yào bàn de It will surely be done. ／明天他～该回来了 Míngtiān tā zǒng gāi huílai le. He certainly ought to be back tomorrow.

偬（＊傯）　zǒng ㄗㄨㄥˇ 见 360 页"倥"字条"倥偬"See "kǒngzǒng" under entry of "kǒng"，p. 360

纵（縱）　zòng ㄗㄨㄥˋ ❶放 release；set free：～虎归山 zònghǔ-guīshān let the tiger return to the mountain；cause calamity for the future ❷放任，不加拘束 indulge；let loose：～目四望 zòngmù sìwàng look into the distance in all directions／～情歌唱 zòngqíng gēchàng sing to one's heart's content ❸身体猛然向前或向上 jump forward or into the air：～身一跳 zòngshēn yī tiào jump up；leap over 一～身就过去了 yī zòngshēn jiù guòqu le leap across ❹连词，即使

conj. even if；even though：～有千山万水，也拦不住不畏艰险的勘探队员 Zòng yǒu qiānshān-wànshuǐ，yě lánbuzhù bùwèi jiānxiǎn de kāntàn duìyuán. Even if there are myriad hardships and hazards，they can't stop the dauntless prospectors. ❺（旧读 zōng）竖，直，南北的方向，跟"横"相反（early pronounce zōng）vertical；longitudinal；lengthwise，antonym of "héng（horizontal）"：～线 zòngxiàn vertical line／排成～队 páichéng zòngduì stand in column formation／～横各十里 zònghéng gè shí lǐ an area ten lǐ in length and breadth／～剖面 zòngpōumiàn vertical section ❻〈方 dial.〉起皱纹 creased；crumpled：这张纸都～了，怎么用来写字 Zhè zhāng zhǐ dōu zòng le，zěnme yònglai xiězì. The paper is creased. ／How can you write on it? ／衣服压～了 Yīfu yā zòng le. The dress is crumpled.

疭（瘲）　zòng ㄗㄨㄥˋ 见 81 页"瘛"字条"瘛疭（chì－）"See "chìzòng" under entry of "chì"，p. 81

粽（＊糉）　zòng ㄗㄨㄥˋ 粽子，用箬叶或苇叶裹糯米做成的多角形的食品。又叫"角黍" a pyramid-shaped dumpling made of glutinous rice wrapped in bamboo or reed leaves. Also called jiǎoshǔ.

猔　zòng ㄗㄨㄥˋ 〈方 dial.〉公猪 boar

ZOU ㄗㄡ

邹（鄒）　zōu ㄗㄡ 周代诸侯国名，在今山东省邹县东南 a feudal state in the Zhou dynasty，consisting of the southeastern part of the modern Zou County in Shandong Province

驺（騶）　zōu ㄗㄡ 驺从，封建时代贵族官僚出门

时所带的骑马的侍从 servant(s) or follower(s) riding out with high officers or noble lords in the feudal society

诹 zōu ㄗㄡ 在一起商量事情 consult; seek advice from：～吉（商订好日子）zōují agree on an auspicious day (for marriage) / 咨～（询问政事）zīzōu inquire about government affairs

陬 zōu ㄗㄡ 隅，角落 corner

緅 zōu ㄗㄡ 青赤色 dark red

鲰 zōu ㄗㄡ 小鱼 minnow, small fish [鲰生 —shēng] 古代称小子，小人 boy; small man, used in ancient Chinese texts

鄹(**郰) zōu ㄗㄡ ❶古地名，在今山东省曲阜东南 an ancient name of a place in the southeastern part of the present Qufu, Shandong Province ❷古国名，即"邹" name of a feudal state in ancient China, namely "Zōu"

走 zǒu ㄗㄡ ❶走路，步行 walk; go：～得快 zǒu de kuài walk quickly / 小孩子会～路了 Xiǎoháizi huì zǒu lù le. The baby is able to walk. ❺ ext. 1. 往来 visit; call on：～亲戚 zǒu qīnqi call on relatives 2. 移动，挪动 move; run：～棋 zǒuqí (of chess) move (a step) / 钟不～了 Zhōng bù zǒu le. The clock has stopped. 3. 往来运送 send (to and fro); deliver：～信 zǒuxìn deliver letters / ～货 zǒuhuò deliver goods ❷离去 leave; go away：他刚～ Tā gāng zǒu. He's just left. / 我明天要～了 Wǒ míngtiān yào zǒu le. I'll leave tomorrow. ❸通过，由 through; from：咱们～这个门出去吧 Zánmen zǒu zhège mén chūqu ba. Let's go out through this door. ❹经过 be noted in the account：这笔钱不～账了 Zhè bǐ qián bù zǒuzhàng le. This sum of money need not be shown in the ac-

count. ❺透漏出，越过范围 leak; let out; escape：～漏消息 zǒulòu xiāoxi leak information / ～气 zǒuqì The gas is leaking. / 说话～了嘴 shuōhuà zǒu le zuǐ make a slip of the tongue ❻失去原样 lose the original shape, flavour, etc.：衣服～样子了 Yīfu zǒu yàngzi le. The suit is out of shape. / 茶叶～味了 Cháyè zǒuwèir le. The tea has lost its flavour. ❼古代指跑 same as pǎo in ancient Chinese texts (④comb. 奔－bēn—run)：～马看花 zǒumǎ-kànhuā ride on horseback to look at flowers [走狗—gǒu] 善跑的猎狗 hunting dog ❿ fig. 受人豢养而帮助作恶的人 running dog; servile follower; flunkey

奏 zòu ㄗㄡ ❶作乐，依照曲调弹乐器 play (music); perform (on a musical instrument)：～乐 zòuyuè strike up a tune/ 提琴独～ tíqín dúzòu violin solo/ 伴～ bànzòu accompany (with musical instrument) ❷封建时代臣子对皇帝进言或上书 present a memorial to an emperor：上～ shàngzòu report to the throne ❸呈现，做出 achieve; produce：～效 zòuxiào prove effective/ ～功 zòugōng yield result

揍 zòu ㄗㄡ ❶打人 beat; hit; strike ❷〈方 dial.〉打碎 smash; break：小心别把玻璃～了 Xiǎoxīn bié bǎ bōli zòu le. Be careful not to break the glass.

ZU ㄗㄨ

租 zū ㄗㄨ ❶出代价暂用别人的东西 rent; hire, pay rent for the use of others' things：～房 zūfáng rent a room / ～家具 zū jiāgjù hire furniture [租界 —jiè] 帝国主义者强迫被侵略国家在通商都市以"租借"名义划给他们直接统治的地区 concession (in former times, a tract of land in the aggressed country's port or city supposedly on lease to, but actually seized by imperialist powers and put under their colonial rule）[租借地 —jièdì]一国以租借名义在他国暂时取得使用、管理权的地区。租借地的所有权仍属于原来国家,租借期满交还 leased territory; leasehold, land held on a lease by a foreign country, which only obtains the right of use and administration of the place, but has no right of possession and has to return the land when the term of lease is due ❷出租 lend out; let out; lease：～给人 zūgěi rén *be leased out*/ ～出去 zū chuqu *let out* [出租 chū—]收取一定的代价,让别人暂时使用房地器物等 hire out; rent; let, allow another to use a building, piece of land or property in return for rent ❸出租所收取的钱或实物 rent, money or material paid for the use of sth.：房 ～ fángzū *rent* (for a house, flat, etc.)/ 收 ～ shōuzū *collect rent* ❹田赋 land tax：～ 税 zūshuì (in former times) *land tax and other levies*

菹(**葅) zū ㄗㄨ ❶酸菜 pickled vegetable; Chinese sauerkraut ❷多水草的沼泽地带 marshland rich in waterweeds [菹草 —cǎo]多年生水草,可做饲料 any of various types of perennial waterplants that can be used as forage ❸切碎(菜、肉) cut (vegetable or meat) into small pieces

足 zú ㄗㄨ ❶脚 foot：～ 迹 zújì *footmark*/ 画蛇添 ～ huàshétiānzú *draw a snake and add feet to it; do sth superfluous* 引 ext. 器物下部的支撑部分 leg of certain utensils：鼎 ～ dǐngzú *legs of a tripod* ❷满,充分,够量 enough; ample; sufficient (運 comb. 充— chōng— *sufficient*)：～数 zúshù *full amount* (number)/ 心满意 ～ xīnmǎn-yìzú *be fully satis-*

fied/ 丰衣 ～ 食 fēngyī-zúshí (have) *ample food and clothing* 引 ext. 1. 尽情地,尽量地 fully; as much as：～玩了一天 zú wánle yī tiān *have spent a whole day enjoying oneself* 2. 完全 enough; sufficiently：他～可以担任翻译工作 Tā zú kěyǐ dānrèn fānyì gōngzuò. *He is fully qualified as an interpreter.*/ 两天～能完成任务 liǎng tiān zú néng wánchéng rènwu *Two days are quite enough for finishing the work.* ❸值得 worthy：微不～道 wēibùzúdào (trivial matters) *hardly worthy of mention*

卒 ㊀ zú ㄗㄨ ❶古时指兵 (in ancient times) soldiers：小 ～ xiǎozú *rank-and-file soldiers* 士 ～ shìzú *soldiers; privates* ❷旧称差役servants of former times：走 ～ zǒuzú *lackey; pawn*/ 狱 ～ yùzú *prison guard; turnkey* ❸死亡 die：生～年月 shēng-zú niányuè *date of one's birth and death* ❹完毕,终了 end; finish：～业 zúyè *graduate; finish a course of study* 引 ext. 究竟,终于 finally; at last：～胜敌军 zú shèng díjūn *finally defeated the enemy*

㊁ cù 见 98 页 See p. 98

崒(**崪) zú ㄗㄨ 险峻 dangerously steep; precipitous

族 zú ㄗㄨ ❶民族 nationality; race：汉 ～ Hànzú *the Han nationality*/ 回 ～ Huízú *the Hui nationality*/ 各～人民 gè zú rénmín *people of all nationalities* ❷聚居而有血统关系的人群的统称 clan, a general term for groups of families having blood relationship：宗 ～ zōngzú *patriarchal clan*/ 家 ～ jiāzú *clan; family* ❸事物有共同属性的一大类 a class or group of things with common features：水 ～ shuǐzú *aquatic animals*/ 芳香 ～ fāngxiāngzú *fragrant flower* (or plant) *family* ❹灭族,封建时代的一种残酷刑法,一人

有罪把全家或包括母家、妻家的人都杀死 a death penalty in ancient China, imposed on an offender and his whole family, or even the families of his mother and wife

镞 zú ㄗㄨˊ 同"镞"，箭头，特指石制的箭头 Same as 镞, arrowhead, esp. stone ones

镞 zú ㄗㄨˊ 箭镞，箭头 arrowhead

诅 zú ㄗㄨˊ ❶迷信的人求神加祸于别人 pray god to inflict evil onto others [诅咒—zhòu]咒骂，说希望人不顺利的话 curse；swear；curse sb with evil words ❷盟誓 an oath of alliance

阻 zú ㄗㄨˊ 拦挡 hinder；block；obstruct（龜 comb. 一挡—dǎng block）：～止 zǔzhǐ hold back；prevent/通行无～tōngxíngwúzǔ go through without hindrance/ 山川险～shānchuān xiǎnzǔ dangerous and difficult mountains and rivers

组 zǔ ㄗㄨˊ ❶结合，构成 organize；form：～成一队 zǔchéng yī duì form a team/ 改～gǎizǔ reorganize [组织—zhī] 1. 有目的、有系统、有秩序地结合起来 organize, arrange parts so as to form a purposeful, systematic, and orderly whole：～～群众 zǔzhī qúnzhòng organize the masses 2. 按照一定的政治目的、任务和系统建立起来的集体 organization；organized system, established according to certain political aim, task and principle：党团～～dǎng-tuán zǔzhī Party and Youth League organizations 3. 有机体中由形状、性质和作用相同的若干细胞结合而成的单位 tissue, a unit in on organism made up of cells that are like in form and nature：神经～～shénjīng zǔzhī nerve tissue/ ～～疗法 zǔzhī liáofǎ tissue therapy；histotherapy ❷由若干人员结合成的单位 group formed by several members：学习小～xuéxí xiǎozǔ a study group ❸合成一体的

（文学艺术作品）（of literary and art works）set；series：～诗 zǔshī a set of poems/ ～画 zǔhuà a series of paintings

俎 zǔ ㄗㄨˊ ❶古代祭祀时放祭品的器物 an ancient sacrificial utensil ❷切肉或菜时垫在下面的砧（zhēn）板 a kind of chopping block for cutting meat and vegetables：刀～dāozǔ butcher's knife and chopping block

祖 zǔ ㄗㄨˊ ❶父亲的上一辈 grandfather：～父 zǔfù（paternal）grandfather ᔝ ext. 先代 ancestor：～宗 zǔzong forefathers；forbears /始～shǐzǔ first（earliest）ancestor [祖国—guó]对自己国家的亲н切称呼（an address of love and respect for one's country）motherland；homeland；native land ❷对跟祖父同辈的人的称呼 an address for people of the same generation with one's grandfather：外～父 wàizǔfù maternal grandfather/ 外～母 wàizǔmǔ maternal grandmother/ 伯～bózǔ（paternal）grandfather's elder brother；grand uncle ❸某种事业或流派的开创者 founder of a craft, school, sect, etc：鼻～bízǔ the earliest ancestor；originator 不桃之～bùtiāozhīzǔ revered earliest ancestor/ 开山～师 kāishān-zǔshī the founder of a school of learning（or a craft, a sect of Buddhism or Taoism）

ZUAN ㄗㄨㄢ

钻（鑽） ㊀ zuān ㄗㄨㄢ ❶用锥状的物体在另一物体上转动穿孔 drill；bore；turn a pointed tool to make a hole in sth.：～一个眼儿 zuān yī ge yǎnr drill a hole/ 地质～探 dìzhì zuāntàn geological drilling ᔝ ext. 进入 enter；come into：～山洞 zuān shāndòng go into a（mountain）cave/ ～到水里 zuāndào

shuǐ li *dive into the water*/ ～空子 zuān kòngzi *avail oneself of loopholes* (in a law, contract, etc.) [钻营 —yíng] 指攀附权势取得个人好处 *curry favour with sb in authority for personal gain* ❷ 钻研,仔细深入研究 *study intensively*; *dig into*: ～书本 zuān shūběn *dig into books*/ 他肯～,学得快 Tā kěn zuān, xué de kuài. *He studies hard, so he learns quickly.*
　(二) zuàn 见本页 See the same page.

蹲 zuān ㄗㄨㄢ 向上或向前冲 *jump up or dash forward*

缵 zuǎn ㄗㄨㄢ 继承 *inherit*

纂 zuǎn ㄗㄨㄢ ❶编纂,搜集材料编书 *compile*; *collect material for editing a book* ❷(一儿 —r)妇女梳在头后边的发髻 *a woman's hair worn in a knot at the nape*; *bun*

钻(鑽) (一) zuàn ㄗㄨㄢ ❶穿孔洞的用具 *drill*; *auger*, *a tool for making holes*: ～床 zuànchuáng *drilling machine*; *driller*/ 电～ diànzuàn *electric drill*/ 风～ fēngzuàn *pneumatic drill* ❷[钻石 —shí]金刚石,硬度很高。也省称"钻" *diamond*, *a very hard*, *valuable*, *and precious stone. Also shortened as "zuàn"*: 十七～的手表 shíqī zuàn de shǒubiǎo *a 17-jewel watch* ❸同"钻(一)❶" *Same as "钻(一)❶"*
　(二) zuān 见 878 页 See p. 878

赚 (一) zuàn ㄗㄨㄢ 诓骗 kid: ～人 zuànrén *deceive*; *hoax*
　(二) zhuàn 见 862 页 See p. 862

攥 zuàn ㄗㄨㄢ 用手握住 *hold*; *grip*; *grasp*: 手里～着一把斧子 shǒu li zuàn zhe yī bǎ fǔzi *hold an axe in one's hand*

ZUI　ㄗㄨㄟ

咀 (一) zuǐ ㄗㄨㄟ "嘴"俗作"咀" *a popular form for "zuǐ"*
　(二) jǔ 见 337 页 See p. 337

觜 (一) zuǐ ㄗㄨㄟ 同"嘴" Same as "嘴"
　(二) zī 见 869 页 See p. 869

嘴 zuǐ ㄗㄨㄟ ❶口,人和动物吃东西、发声音的器官 *mouth*, *an organ on the face through which an animal or human being may take food into the body, and by which sounds are articulated* ❷(一子 —zi,一儿 —r)形状或作用像嘴的东西 *anything shaped or functioning like a mouth*: 山～ shānzuǐ *spur*/ 壶～儿 húzuǐr *the spout of a pot* ❸指说话 *talk*; *speak*: 别多～ bié duōzuǐ *Keep your mouth shut.*/ 贫～薄舌 pínzuǐ-bóshé *be garrulous and sharp-tongued*

最 zuì ㄗㄨㄟ ❶副词,极,无比的 *adv.* *most*; *-est*: ～大 zuì dà *the biggest*/ ～好 zuì hǎo *the best*/ ～要紧 zuì yàojǐn *the most important* ❷上(大)功 *first rate or superior achievements*: 殿～(指小功绩和大功绩) diànzuì (*of political or military achievements in ancient China*) *the inferior ones and the superior ones* ❸居首位的,没有比得上的 *in the first place*; *at the very top*: 中华之～ Zhōnghuá zhī zuì *the greatest one in China*/ 世界之～ shìjiè zhī zuì *the best one in the world*/ 以此为～ yǐ cǐ wéi zuì *take this as the top*

蕞 zuì ㄗㄨㄟ 小的样子 *small*; *insignificant*: ～尔小国 zuì'ěr xiǎo guó *a very small country*

晬 zuì ㄗㄨㄟ 婴儿周岁 (*of a baby*) *first birthday*; *one full year of life*

醉 zuì ㄗㄨㄟ ❶喝酒过多,神志不清 *drunk*; *intoxicated*; *tipsy*: 他喝～了 Tā hēzuì le. *He's tipsy.* ❷沉迷,过分地爱好 *indulge in*; *be lost in*: ～心文艺 zuìxīn wényì *be deeply engrossed in literature and art* ❸用酒泡制(食品) (*of some kinds of food*)

liquor-saturated; steeped in liquor:
~蟹 zuìxiè liquor-saturated crab/ ~
虾 zuìxiā wine-soaked shrimp/ ~枣
zuìzǎor wine-soaked red dates

罪(*辠) zuì ㄗㄨㄟˋ ❶犯法的
行为 crime; guilt: 犯
~ fànzuì commit a crime ⑨ ext. 过
失 fault; blame: 不应该归一于人 bù
yīnggāi guīzuì yú rén should not
blame others for that ❷刑罚 penalty:
判~ pànzuì be sentenced/ 死~ sǐzuì
capital offence ❸苦难,痛苦 suffer-
ing; pain; hardship: 受 ~ shòuzuì
endure hardships ❹把罪过归到某人
身上 put the blame on sb; blame: ~
己 zuìjǐ bear the blame oneself

榫(**樶) zuì ㄗㄨㄟˋ [榫李一
lǐ] 1. 一种李子,果
皮鲜红,浆多味甜 a type of red sweet
plum with a lot of juice in it 2. 古地
名,在今浙江省嘉兴一带 an ancient
place consisting of areas in Jiaxing,
Zhejiang Province

ZUN ㄗㄨㄣ

尊 zūn ㄗㄨㄣ ❶地位或辈分高 se-
nior; of a senior generation: ~卑
zūnbēi senior and junior/ ~ 亲
zūnqīn one's senior relatives/ ~长
zūnzhǎng elders and betters/ 旧时敬
辞 a term of respect in former times:
~ 府 zūnfǔ your residence/ ~ 驾
zūnjià you [令尊 lìng—]对对方父亲
的尊称 (an address of respect) your
father ❷ 敬重 respect; venerate;
honour: ~师爱徒 zūnshī àitú respect
the master and love the apprentices ❸
量词 meas: 一~佛像 yī zūn fóxiàng
a statue of a Buddha/ 一~大炮 yī
zūn dàpào a cannon ❹同"樽"Same
as "樽"

遵 zūn ㄗㄨㄣ 依照,按照 abide by;
obey; follow: ~守纪律 zūnshǒu
jìlǜ observe discipline and abide by the

law/ ~循着有中国特色的社会主义
道路前进 Zūnxúnzhe yǒu Zhōngguó
tèsè de shèhuì zhǔyì dàolù qiánjìn.
*follow the cause of socialism with
Chinese characteristics*

樽(*罇) zūn ㄗㄨㄣ 古代的盛
酒器具 a kind of wine
vessel used in ancient times

鳟 zūn ㄗㄨㄣ 鳟鱼,体银白色,背略
带黑色,肉可以吃 trout, any of
various types of edible river fish with
darkish spots on their silver-white
skins

撙 zǔn ㄗㄨㄣˇ 撙节,从全部财物里节
省下一部分 save part of one's
property; cut down expenses

ZUO ㄗㄨㄛ

作 ㊀ zuō ㄗㄨㄛ 作坊(fang),旧时
手工业制造或加工的地方 work-
shop, a room or building in which
small-scale handicraft production or
processing is carried out: 油漆 ~
yóuqīzuō painters' workshop/ 洗衣~
xǐyīzuō laundry
㊁ zuò 见 881 页 See p. 881

嘬 ㊀ zuō ㄗㄨㄛ 聚缩嘴唇 吸取
suck; draw (liquid) into the
mouth by contracting the muscles of
the lips, tongue and cheeks: 小孩
奶 Xiǎoháir zuōnǎi. *The baby is suck-
ing its mother's breast.*
㊁ chuài 见 88 页 See p. 88

昨 zuó ㄗㄨㄛˊ ❶昨天,今天的前一
天 yesterday, the day which pre-
ceded today: ~夜 zuóyè last night
❷泛指过去 the past: 觉今是而~非
jué jīn shì ér zuó fēi realize how one
has been wrong in the past

筰(**笮) ㊀ zuó ㄗㄨㄛˊ [筰
桥 一qiáo]用竹索
编成的桥 a bridge made of bamboo
rope
㊁ zé 见 813 页 See p. 813

捽 zuó ㄗㄨㄛˊ 〈方 dial.〉揪 seize; grasp：～他的头发 zuó tā de tóufa *seize his hair*

琢 ㊀ zuó ㄗㄨㄛˊ [琢磨 —mo] 反复思索、考虑 think over；turn over in one's mind；ponder：这个问题我～了很久 Zhège wèntí wǒ zuómole hěnjiǔ. *I have thought about the problem for a long time.* / 你～～一下，是不是这个理儿 Nǐ zuómo yīxiàr, shì bù shì zhège lǐr. *You'd better think it over and see if it is reasonable.*

㊁ zhuó 见 868 页 See p. 868

左 zuǒ ㄗㄨㄛˇ ❶面向南时靠东的一边，跟"右"相对 the left side；the left, the eastern side when facing the south, antonym of "yòu (right)"：～手 zuǒshǒu *left hand* ㊋ trans. 东方（以面向南为准）east (when facing south)：山～ shānzuǒ *areas east of a mountain* / 江～ jiāngzuǒ *east of a river* [左右 —yòu] 1. 上下 about；or so：三十岁～～ sānshí suì zuǒyòu *about thirty years old* 2. 横竖，反正 anyway；anyhow；in any case：～是要去的，你还是早点去吧 Zuǒyòu shì yào qù de, nǐ háishi zǎo diǎnr qù ba. *You'd better leave earlier. You have to go there anyway.* 3. 身边跟从的人 those in close attendance；retinue. 4. 支配，操纵 master；control：～～局势 zuǒyòu júshì *be master of the situation* ❷政治思想上属于较激进的或进步的 the Left, political parties or groups that are radical or progressive：～派 zuǒpài *the Left* / ～翼 zuǒyì *the left wing* ❸斜，偏，差错 wrong；incorrect：～脾气 zuǒ píqi *have a queer temperament* / 越说越～ yuè shuō yuè zuǒ *The more you say, the greater mistakes you make.* / 你想～了 Nǐ xiǎng zuǒ le. *You've got a wrong idea.* / ～道旁门 zuǒdào-pángmén *heretical branch*；*heresy* ❹相反 opposite；contrary：彼此意见相～ bǐcǐ yìjiàn xiāngzuǒ

hold different views；be at odds with each other

佐 zuǒ ㄗㄨㄛˇ（旧读 early pronounce zuò）❶辅佐，帮助 assist；help：～理 zuǒlǐ *assist sb. with a task* ❷辅助别人的人 assistant：僚～ liáozuǒ *assistants in a government office* [佐证 —zhèng]证据。也作"左证" evidence；proof. Also written as "zuǒzhèng"

撮 ㊀ zuǒ ㄗㄨㄛˇ（一子 —zi、一儿 —r）量词，用于成丛的毛发 meas. (for hair) tuft, a bunch of hair growing or held closely together：剪下一～子头发 jiǎnxia yī zuǒzi tóufa *cut off a tuft of hair*

㊀ cuō 见 102 页 See p. 102

作 ㊀ zuò ㄗㄨㄛˇ ❶起，兴起 rise；grow：振～精神 zhènzuò jīngshén *bestir oneself* / 锣鼓大～ luógǔ dàzuò *a deafening sound of gongs and drums* / 日出而～ rìchū ér zuò *get up to work at sunrise* / 一鼓气 yīgǔ-zuòqì *get sth. done in one sustained effort* [作用 —yòng]功能，使事物发生变化的力量 effect，power that causes changes in sth.：起～～ qǐ zuòyòng *be effective* / 带头～～ dàitóu zuòyòng *play a leading role* ❷劳作，制造 labour；work；make：深耕细～ shēngēng-xìzuò *intensive and meticulous farming* / 操～ cāozuò *operate* ❸写作 write；compose：～文 zuòwén *write an article* / ～画 zuòhuà *draw a painting* / ～曲 zuòqǔ *compose (or write) music* / 吟诗～赋 yínshī zuòfù *compose poetry and verses* ❹作品，指文学、艺术方面的创作 writings；works：佳～ jiāzuò *a fine piece of writing* / 杰～ jiézuò *an excellent work* ❺进行某种活动 engage in an activity：～乱 zuòluàn *stage an armed rebellion* / ～报告 zuò bàogào *make a report* / 向不良倾向～斗争 xiàng bùliáng qīngxiàng zuò dòuzhēng *fight against harmful*

Z

trends [作风 —fēng]人们在工作或行动中表现出来的态度和风格 style or attitude reflected in one's work or activity

㊀ zuō 见 880 页 See p. 880

阼 zuò ㄗㄨㄛˋ 大堂前东面的台阶 the eastern flight of steps in front of a hall

岞 zuò ㄗㄨㄛˋ [岞山 —shān]地名,在山东省昌邑 a place in Changyi, Shandong Province

怍 zuò ㄗㄨㄛˋ 惭愧 ashamed (④ comb. 愧— kuì— feel ashamed)

柞 ㊀ zuò ㄗㄨㄛˋ 柞树,见 395 页"栎"(lì),see "lì", p. 395:～蚕 zuòcán tussah /～丝(柞蚕吐的丝) zuòsī tussah silk

㊁ zhà 见 817 页 See p. 817

胙 zuò ㄗㄨㄛˋ 古代祭祀时供的肉 sacrificial meat in ancient times

祚 zuò ㄗㄨㄛˋ ❶福 blessing ❷皇帝的地位 throne:卒践帝～ zújiàn dìzuò finally came to the throne

酢 ㊀ zuò ㄗㄨㄛˋ 客人用酒回敬主人 (of a guest) propose a toast to the host

㊁ cù 见 98 页 See p. 98

坐 zuò ㄗㄨㄛˋ ❶臀部放在椅子等物体上以支持身体 sit:席地而～ xídì'érzuò sit on the ground /～在凳子上 zuò zài dèngzi shang sit on a stool ⑨ext. 1. 乘,搭 travel by or on:～车 zuòchē ride on a bus /～船 zuòchuán go by ship 2. 坐落 be situated:(of a building) have its back towards:房屋～北朝南 Fángwū zuòběi-cháonán, The house faces south. ❷物体向后施压力 sink;subside:房子往后～了 Fángzi wǎng hòu zuò le. This house is beginning to slope backwards. /这枪～力很小 Zhè qiāng zuòlì hěn xiǎo. The gun has little recoil. ❸把锅、壶等放在炉火上 put a pan, pot, kettle, etc. on a fire:～锅 zuòguō put a pot on the

stove /～水 zuòshuǐ heat the water ❹因 because;for the reason that:～此解职 zuò cǐ jiězhí be dismissed on this account ❺旧指定罪 be punished in former times:连～ liánzuò be punished for being related to or friendly with sb. who has committed an offence/ 反～ fǎnzuò sentence the accuser to the punishment facing the person he falsely accused ❻植物结实 (of plants) bear fruit:～果 zuòguǒ fructify /～瓜 zuòguā bear melon ⑨ext. 形成(疾病) become ill:打那以后就～下了病 dǎ nà yǐhòu jiù zuòxiàle bìng have been ill since then ❼自然而然 naturally; spontaneously:孤蓬自振,惊沙～飞 Gūpéng zìzhèn, jīngshā zuò fēi. The lonely fleabane swayed itself, and the stirred sand flew at its own will. (fig. One wanders alone everywhere without destination.) ❽同"座❶" Same as "座❶"

唑 zuò ㄗㄨㄛˋ 见 565 页"噻"字条"噻唑" See "sāizuò" under entry of "sāi", p. 565

座 zuò ㄗㄨㄛˋ ❶(—儿 —r)坐位 seat:入～ rùzuò take one's seat/～无虚席 zuòwúxūxí All the seats are occupied. [座右铭 —yòumíng]写出来放在坐位旁边的格言。泛指警戒、激励自己的话。敬辞,旧时称高级长官 motto;maxim, generally referring to words for warning or encouraging oneself a respectful term for senior officers in former times:军～ jūnzuò your honor army commander/ 处～ chùzuò your honor section chief ❷(—子 —zi,—儿 —r)托着器物的东西 stand;pedestal;base:钟～儿 zhōngzuòr the clock stand ❸星座 constellation:天琴～ tiānqínzuò Lyra ❹量词 meas. for mountains, buildings, etc.:一～山 yī zuò shān a mountain/三～楼 sān zuò lóu three buildings

做(△作)zuò ㄗㄨㄛˋ ❶干,进行工作或活动 do;work;act:～活 zuòhuór *do manual labour*/～工 zuògōng *work*/～买卖 zuò mǎimai *do business* ❷写作 write:～诗 zuòshī *write a poem*/～文章 zuò wénzhāng *write an article* ❸制造 make;produce:～制服 zuò zhìfú *make a uniform*/甘蔗能～糖 Gānzhe néng zuò táng. *The sugarcane can produce sugar.* ❹当,为(wéi) be;become:～父母的 zuò fùmǔ de *as parents;being one's parents*/～革命事业接班人 zuò gémìng shìyè jiēbānrén *become successors to the revolutionary cause* ❺装,扮 play the part;disguise oneself as:～样子 zuò yàngzi *make a show*/～好～歹 zuòhǎo-zuòdǎi *try every possible way to persuade sb. or to mediate* [做作 －zuo]故意装出某种表情或神态(of expression or behaviour)affected;artificial;unnatural ❻举行 hold(a family or home celebration):～生日 zuò shēngrì *celebrate one's birthday* ❼用为 be used as:芦苇可以～造纸的原料 Lúwěi kěyǐ zuò zàozhǐ yuánliào. *Reeds can be used as raw material for paper.*

附录　Appendixes

汉语拼音方案
The Chinese Phonetic System

一　字母表
I　The Chinese Phonetic Alphabet

字母	A a	B b	C c	D d	E e	F f	G g
名称	ㄚ	ㄅㄝ	ㄘㄝ	ㄉㄝ	ㄜ	ㄝㄈ	ㄍㄝ
	H h	I i	J j	K k	L l	M m	N n
	ㄏㄚ	ㄧ	ㄐㄧㄝ	ㄎㄝ	ㄝㄌ	ㄝㄇ	ㄋㄝ
	O o	P p	Q q	R r	S s	T t	
	ㄛ	ㄆㄝ	ㄑㄧㄡ	ㄚㄦ	ㄝㄙ	ㄊㄝ	
	U u	V v	W w	X x	Y y	Z z	
	ㄨ	ㄪㄝ	ㄨㄚ	ㄒㄧ	ㄧㄚ	ㄗㄝ	

v 只用来拼写外来语、少数民族语言和方言。
字母的手写体依照拉丁字母的一般书写习惯。

V only used for the spelling of foreign language，minority language，and dialect．The handwritten form of the Chinese alphabet adopts the common written habit of Latin alphabet.

二　声母表
II Initials of the Chinese Phonetic System

b	p	m	f	d	t	n	l
ㄅ玻	ㄆ坡	ㄇ摸	ㄈ佛	ㄉ得	ㄊ特	ㄋ讷	ㄌ勒

g	k	h		j	q	x
ㄍ哥	ㄎ科	ㄏ喝		ㄐ基	ㄑ欺	ㄒ希

zh	ch	sh	r	z	c	s
ㄓ知	ㄔ蚩	ㄕ诗	ㄖ日	ㄗ资	ㄘ雌	ㄙ思

在给汉字注音的时候，为了使拼式简短，zh ch sh可以省作 ẑ ĉ ŝ 。

When spelling the Chinese characters，zh ch and sh can be written in the shortened form of ẑ ĉ ŝ.

三 韵母表

III Finals of the Chinese Phonetic System

		i ㄧ 衣	u ㄨ 乌	ü ㄩ 迂
a ㄚ 啊		ia ㄧㄚ 呀	ua ㄨㄚ 蛙	
o ㄛ 喔			uo ㄨㄛ 窝	
e ㄜ 鹅		ie ㄧㄝ 耶		üe ㄩㄝ 约
ai ㄞ 哀			uai ㄨㄞ 歪	
ei ㄟ 欸			uei ㄨㄟ 威	
ao ㄠ 熬		iao ㄧㄠ 腰		
ou ㄡ 欧		iou ㄧㄡ 忧		
an ㄢ 安		ian ㄧㄢ 烟	uan ㄨㄢ 弯	üan ㄩㄢ 冤
en ㄣ 恩		in ㄧㄣ 因	uen ㄨㄣ 温	ün ㄩㄣ 晕
ang ㄤ 昂		iang ㄧㄤ 央	uang ㄨㄤ 汪	
eng ㄥ 亨的韵母		ing ㄧㄥ 英	ueng ㄨㄥ 翁	
ong (ㄨㄥ) 轰的韵母		iong ㄩㄥ 雍		

(1) "知、蚩、诗、日、资、雌、思"等字的韵母用 i。

The finals of such words as 知、蚩、诗、日、资、雌、思 are i.

(2) 韵母儿写成 er，用做韵尾的时候写成 r。

The final 儿 is written as er, and if it is used as finals, it is written as r.

(3) 韵母 ㄝ 单用的时候写成 ê。

The final ㄝ if used alone is written as ê.

(4) i 行的韵母，前面没有声母的时候，写成 yi(衣)，ya(呀)，ye(耶)，yao (腰)，you(忧)，yan(烟)，yin(因)，yang(央)，ying(英)，yong(雍)。

The final i is written as yi(衣)，ya(呀)，ye(耶)，yao(腰)，you(忧)，yan(烟)，yin(因)，yang(央)，ying(英)，yong(雍) if there are no initials before it.

u 行的韵母，前面没有声母的时候，写成 wu(乌)，wa(蛙)，wo(窝)，wai(歪)，wei(威)，wan(弯)，wen(温)，wang(汪)，weng(翁)。

The final u is written as wu(乌)，wa(蛙)，wo(窝)，wai(歪)，wei (威)，wan(弯)，wen(温)，wang(汪)，weng(翁) if there is no initial before it.

ü 行的韵母，前面没有声母的时候，写成 yu(迂)，yue(约)，yuan(冤)，
yun(晕)。ü 上两点省略。

The final ü can be written as 成 yu(迂)，yue(约)，yuan(冤)，yun
(晕)。If there is no initial before it，and the two dots on
ü can be omitted.

ü 行的韵母跟声母 j，q，x 拼的时候，写成 ju(居)，qu(区)，xu(虚)，ü
上两点也省略；但是跟声母 l，n 拼的时候，仍然写成 lü(吕)，nü
(女)。

The final ü if spelled with such initials of J，q，x can be written as ju
(居)，qu(区)，xu(虚)。The two dots on ü are alos omit-
ted。But if it is spelled with such initials as l and n，it is
still written as lü(吕)，nü(女)。

(5) iou，uei，uen 前面加声母的时候，写成 iu，ui，un。例如 niu(牛)，gui
(归)，lun(论)。

If initials are added before iou，uei，and uen，they are written as iu，ui，
and un，for example，niu(牛)，gui(归)，lun(论)。

(6) 在给汉字注音的时候，为了使拼式简短，ng 可以省作 ŋ。

When spelling Chinese characters，ng can be omitted to make the
spelling shorter as ŋ。

四 声调符号
Signs for the Four Tones

阴平 High and Level Tone   阳平 Rising Tone
    sign ˉ   sign ´

上声 Falling-rising Tone   去声 Falling Tone
    sign ˇ   sign ˋ

声调符号标在音节的主要母音上，轻声不标。例如：
妈 mā 　麻 má 　马 mǎ 　骂 mà 　吗 ma

The tone is marked on the main letter of the syllable，and if it is a soft，
there is no mark as in 妈 mā 　麻 má 　马 mǎ 　骂 mà 　吗 ma。

五 隔音符号
Syllable-dividing Mark

a，o，e 开头的音节连接在其他音节后面的时候，如果音节的界限发生混
淆，用隔音符号(’)隔开，例如：pi’ao(皮袄)。

The syllable beginning with a，o，e，if they are put after other syllables，
and if they cause confusion over the division of syllables，they are divided with
syllable-dividing mark’，for example，pi’ao(皮袄)。

常用标点符号用法简表*
A Brief Table of Usage of Common Signs and Punctuations*

一 基本定义 Basic Definitions

句子:前后都有停顿,并带有一定的句调,表示相对完整意义的语言单位。

Sentence (*juzi*): a linguistic unit that expresses a relatively complete meaning, with a pause before and after it and with a certain tone.

陈述句:用来说明事实的句子。

Declarative sentence(*chenshuju*): a sentence that is used to state a fact.

祈使句:用来要求听话人做某件事情的句子。

Imperative sentence (*qishiju*): a sentence that is used to get the listener to do something.

疑问句:用来提出问题的句子。

Interrogative sentence(*yiwenju*): a sentence that is used to raise a question.

感叹句:用来抒发某种强烈感情的句子。

Exclamatory sentence(*gantanju*): a sentence that is used to express a strong emotion.

复句、分句:意思上有密切联系的小句子组织在一起构成一个大句子。这样的大句子叫复句,复句中的每个小句子叫分句。

Composite sentence (*fuju*), clause (*fenju*): a big sentence formed out of small sentences which are closely related in meaning is a composite sentence and each of the small sentences is a clause.

词语:词和短语(词组)。词,即最小的能独立运用的语言单位。短语,即由两个或两个以上的词按一定的语法规则组成的表达一定意义的语言单位,也叫词组。

Word and word group: a word is the smallest linguistic unit that can be used independently, and a word group (also called *cizu*) is a linguistic unit that expresses a certain meaning and that consists of two or more words combined according to grammatical rules.

二 用法简表 A Table of Usage

名　称 Name	符号 Mark	用法说明 Usage	举　例 Example
句号① Full stop (jùhào)	。	1. 用于陈述句的末尾。 Used at the end of a declarative sentence.	北京是中华人民共和国的首都。 Beijing is the capital of the People's Republic of China.

---

* 本表参考了中华人民共和国国家标准《标点符号用法》。
This Table Is Referred to *the Usage of Signs and Punctuations* of National Standard of the People's Republic of China.

名　称 Name	符号 Mark	用法说明 Usage	举　例 Example
句号① Full stop (jùhào)	。	2. 用于语气舒缓的祈使句末尾。 Used at the end of an imperative sentence in a mild tone.	请您稍等一下。 Wait a moment, please.
问号 Question mark (wènhào)	?	1. 用于疑问句的末尾。 Used at the end of an interrogative sentence.	他叫什么名字? What's his name?
		2. 用于反问句的末尾。 Used at the end of a rhetorical question.	难道你还不了解我吗? Why don't you understand me?
叹号 Exclamation mark (tànhào)	!	1. 用于感叹句的末尾。 Used at the end of an exclamatory sentence.	为祖国的繁荣昌盛而奋斗! Struggle for the thriving and prosperous of our motherland!
		2. 用于语气强烈的祈使句末尾。 Used at the end of an imperative sentence in a strong tone.	停止射击! Stop shooting!
		3. 用于语气强烈的反问句末尾。 Used at the end of a rhetorical sentence in a strong tone.	我哪里比得上他呀! Never could I match him!
逗号 Comma (dòuhào)	,	1. 句子内部主语与谓语之间如需停顿,用逗号。 Used when a pause is needed between the subject and predicate within a sentence.	我们看得见的星星,绝大多数是恒星。 Stars we can see in the sky are almost fixed stars.
		2. 句子内部动词与宾语之间如需停顿,用逗号。 Used when a pause is needed between the verb and object within a sentence.	应该看到,科学需要一个人贡献出毕生的精力。 We should understand that scientific rearch needs a person to devote lifelong energies.

名　称 Name	符号 Mark	用 法 说 明 Usage	举　例 Example
逗号 Comma (dòuhào)	，	3. 句子内部状语后边如需停顿，用逗号。 Used when a pause is needed after an adverbial within a sentence. 4. 复句内各分句之间的停顿，除了有时要用分号外，都要用逗号。 Used to indicate pauses between the clauses of a composite sentence, except where the semicolon is required.	对于这个城市，他并不陌生。 As to the city, he isn't unfamiliar. 据说苏州园林有一百多处，我到过的不过十多处。 People say gardens in Suzhou are over 100, but I only visit about ten of them.
顿号 Slight-pause mark (dùnhào)	、	用于句子内部并列词语之间的停顿。 Used to indicate pauses between parallel words and word groups within a sentence.	正方形是四边相等、四角均为直角的四边形。 A square consists of four equal side lines and four right angles.
分号② Semicolon (fēnhào)	；	1. 用于复句内部并列分句之间的停顿。 Used to indicate pauses between parallel clauses within a composite sentence.	语言，人们用来抒情达意；文字，人们用来记言记事。 Language as a means of communication is used to convey emotions and express opinions while writing to record words and things.

890

名　称 Name	符号 Mark	用法说明 Usage	举　例 Example
分号② Semicolon (fēnhào)	；	2. 用于分行列举的各项之间。 Used between items listed in separate lines.	中华人民共和国的行政区域划分如下： （一）全国分为省、自治区、直辖市； （二）省、自治区分为自治州、县、自治县、市； （三）县、自治县分为乡、民族乡、镇。 The divisions of administrative area of the Peopel's Republic of China are as follows： I. province，autonomous area of and municipality directly under the Central Government； II. autonomous *Zhou*，county， autonomous county， municipality under province and autonomous area； III. township，nationality township and villagetown under county and autonomous county.
冒号 Colon (màohào)	：	1. 用于称呼语后边，表示提起下文。 Used after a term of address to introduce what follows.	同志们，朋友们：现在开会了…… Comrades and friends； meeting begins now .....
		2. 用于"说、想、是、证明、宣布、指出、透露、例如、如下"等词语后边，表示提起下文。 Used after words or word groups such as " say， think， be， prove， declare， point out， disclose， for example， as follows " to introduce what follows.	他十分惊讶地说："啊，原来是你！" He says very surprisedly："Oh，it's you！"

名 称 Name	符号 Mark	用法说明 Usage	举 例 Example
冒号 Colon(màohào)	：	3. 用于总说性话语的后边，表示引起下文的分说。 Used after a summary remark to introduce a listing of separate items.	北京紫禁城有四座城门：午门、神武门、东华门和西华门。 There are four Gates in the Forbidden City of Beijing, they are as follows: the Gate of *Wumen*, the Gate of *Shenwumen*, the Gate of *Donghuamen* and the Gate of *Xihuamen*.
		4. 用于需要解释的词语后边，表示引出解释或说明。 Used after words or word groups that need explanation or illustration.	外文图书展销会 日期：10 月 20 日至 11 月 10 日 时间：上午 8 时至下午 4 时 地点：北京朝阳区工体东路 16 号 主办单位：中国图书进出口总公司 A Fair of Foreign Books Dates: Oct. 10-Nov. 10 Time: 8: 00 a. m. -4: 00 p. m. Place: 16 East Workers' Gymnasium Road, Chaoyang District, Beijing The Sponsor: China Books Import and Export General Co. Ltd.
		5. 用于总括性话语的前边，以总结上文。 Used before a summary remark to sum up what is discussed in the foregoing text.	张华考上了北京大学；李萍进了中等技术学校；我在百货公司当售货员：我们都有光明的前途。 Zhang Hua past the entrance exam and was admitted to Beijing University, Li Ping was admitted to a middle technology school, and I became a salesman in a department store: Of course, all of us would have a bright future.

名　称 Name	符号 Mark	用法说明 Usage	举　例 Example
引号③ Quotation marks (yǐnhào)	" " ' '	1. 用于行文中直接引用的部分。 Used for quotations within a text.	"满招损,谦受益"这句格言,流传到今天至少有两千年了。 The proverb "One loses by pride and gain by modesty" has been prevailing to present time for 2000 years at least.
		2. 用于需要着重论述的对象。 Used for what needs to be emphasized in discussion.	古人对于写文章有个基本要求,叫做"有物有序"。"有物"就是要有内容,"有序"就是要有条理。 The ancients had a basic demand on writing articles; that is "articles must have substance and be arranging in good order;"the former means content and the later means well-organization.
		3. 用于具有特殊含义的词语。 Used for words or word groups with special meanings.	这样的"聪明人"还是少一点好。 It is better to be short of such a "wise person."
		4. 引号里面还要用引号时,外面一层用双引号,里面一层用单引号。 When a quotation is embedded within another, single quotation marks are used for the embedded one and double quotation marks for the embedding one.	他站起来问:"老师,'有条不紊'的'紊'是什么意思?" He stands up and says:" Teacher, what's meaning of 'orderly'. in the idiom 'in an orderly way'?"

名 称 Name	符号 Mark	用 法 说 明 Usage	举 例 Example
括号④ Brackets(kuòhào)	( )	用于行文中注释性的部分。注释句子中某些词语的，括注紧贴在被注释词语之后；注释整个句子的，括注放在句末标点之后。 Used for explanatory notes in a text. If the bracketed notes are to words or word groups within a sentence, they are placed immediately after such words or word groups, but if they are to a whole sentence, they are placed after the sentential punctuation mark.	(1)中国猿人（全名为"中国猿人北京种"，或简称"北京人"）在我国的发现，是对古人类学的一个重大贡献。 (1) China ape-men (the full name is "China ape-man of Beijing species" or short for "Beijing man" [Sinanthropus pekinensis])discovered in our country is a great contribution to the research of Ancient Anthropology. (2)写研究性文章跟文学创作不同，不能摊开稿纸搞"即兴"。（其实文学创作也要有素养才能有"即兴"。） (2) To write a researching article is quite different from literary creation, can not do "improvisation" of writing on paper. (In fact, literary creation depends upon arts attainments for leading "improvisation" coming up.)
破折号 Dash(pòzhéhào)	——	1. 用于行文中解释说明的部分。 Used to introduce explanatory remarks in a text.	迈进金黄色的大门，穿过宽阔的风门厅和衣帽厅，就到了大会堂建筑的枢纽部分——中央大厅。 Step inside the yellow-gold great gate, pass through the lobby and clockroom, we attain to the key-part building of the great hall—the central hall.

名　称 Name	符号 Mark	用　法　说　明 Usage	举　例 Example
破折号 Dash（pōzhéhào）	——	2. 用于话题突然转变。 Used to introduce an abrupt change in topic.	"今天好热啊！—— 你什么时候去上海？"张强对刚刚进门的小王说。 "Oh，it's so hot today! — When will you go to Shanghai?" Zhang Qiang said to Xiao Wang who just came in.
		3. 用于声音延长的拟声词后面。 Used after a prolonged onomatopoeic word.	"呜——"火车开动了。 "Hoot—"，the train starts.
		4. 用于事项列举分承的各项之前。 Used before each of a list of items.	根据研究对象的不同，环境物理学分为以下五个分支学科： ——环境声学； ——环境光学； ——环境热学； ——环境电磁学； ——环境空气动力学。 According to the varieties of studying objects，the environmental physics is divided into five branches of studying subjects： — Environmental Acoustics； — Environmental Optics； —Environmental Heat； —Environmental Electromagnetics； —Environmental Aerodynamics.

名　称 Name	符号 Mark	用法说明 Usage	举　例 Example
省略号⑤ Ellipsis dots (shěnglüèhào)	……	1. 用于引文的省略。 Used to indicate omission in a quotation.	她轻轻地哼起了《摇篮曲》:"月儿明,风儿静,树叶儿遮窗棂啊……" "So bright is the moonlight, so gentle the wind, and the window cases are under tree leaves ...." She hummed 《The Cradle Song》.
		2. 用于列举的省略。 Used to indicate omission in a list of items.	在广州的花市上,牡丹、吊钟、水仙、梅花、菊花、山茶、墨兰……春秋冬三季的鲜花都挤在一起啦! In Guangzhou Flower Plaza, peonies, bellflowers, narcissus, plums, chry santhemums, camellias and darkgreen orchids ...., the fresh flowers in seasons of spring, autumn and winter are displaying on the shelves side by side.
		3. 用于话语中间,表示说话断断续续。Used within a remark to indicate intermittence.	"我……对不起……大家,我……没有……完成……任务。" "I'm .... very sorry .... to all of us .... I .... did'nt .... carry out .... the task."
着重号 Mark of emphasis (zhuózhònghào)		用于要求读者特别注意的字、词、句的下面。 Used under the character, word or sentence to which special attention is required of the reader.	事业是干出来的,不是吹出来的。 Attainment of a cause depends on *working hard* but never on *bragging*.

名 称 Name	符号 Mark	用 法 说 明 Usage	举 例 Example
连接号⑥ Hyphen (liánjiēhào)	—	1. 两个相关的名词构成一个意义单位,中间用连接号。 Used between two related nouns which constitute a unit of meaning.	我国秦岭—淮河以北地区属于温带季风气候区,夏季高温多雨,冬季寒冷干燥。 The north area to Mount Qinling-Huaihe River is of mansoon temperate zone, there full of raining with high temperature in summer but dry and cold in winter.
		2. 相关的时间、地点或数目之间用连接号,表示起止。 Used between related times, places or numbers to indicate the starting point and ending point.	鲁迅(1881—1936)原名周树人,字豫才,浙江绍兴人。 Lu Xun(1881-1936), original name is Zhou Shuren, another name is Yucai, from Shaoxing county, Zhejiang Province
		3. 相关的字母、阿拉伯数字等之间,用连接号,表示产品型号。Used between related letters, Arabic numerals, etc. to indicate the model of a product.	在太平洋地区,除了已建成投入使用的 HAW—4和 TPC—3 海底光缆之外,又有 TPC—4 海底光缆投入运营。 In Pacific Area, a new light cable TPC-4 begins to operate in addition to HAW-4 and TPC-3.
		4. 几个相关的项目表示递进式发展,中间用连接号。 Used between related items to indicate progressive development.	人类的发展可以分为古猿—猿人—古人—新人这四个阶段。 There are four stages in the evolution of mankind, e. g. Aegyptopithecus—Pithecanthropus—Paleoanthropus—Neoanthropus.

名 称 Name	符号 Mark	用法说明 Usage	举 例 Example
间隔号 Separation dot (jiāngéhào)	·	1. 用于外国人和某些少数民族人名内各部分的分界。 Used to separate the different parts of the names of foreigners and people from certain minority nationalities.	烈奥纳多·达·芬奇 Leonardo da Vinci 爱新觉罗·努尔哈赤 Aifin-gioro Nurhachi
		2. 用于书名与篇(章、卷)名之间的分界。 Used to separate the title of a book and that of a section (chapter or volume).	《中国大百科全书·物理学》 *Encyclopedia of China, Vol. Physics* 《三国志·蜀志·诸葛亮传》 *History of Three Kingdoms, Part of Shu-Han, A Life of Zhuge Liang*
书名号 book-name marks (shūmínghào)	《 》 〈 〉	用于书名、篇名、报纸名、刊物名等。 Used to enclose the title of a book, article, newspaper, journal, and so on.	(1)《红楼梦》的作者是曹雪芹。 (1) The author of *A Dream of Red Mansions* is Cao Xueqin. (2)课文里有一篇鲁迅的《从百草园到三味书屋》。 (2) There is an article named *From the Garden of a Hundred Kinds of Grasses to Sanwei Bookstore* by Lu Xun. (3)他的文章在《人民日报》上发表了。 (3) His article published in *People's Daily*. (4)桌上放着一本《中国语文》。 (4) A copy of *Chinese Language and Literature* is on the desk. (5)《《中国工人》发刊词》发表于1940年2月7日。 (5) *Introduction of Chinese Workers* was published in Feb. 7th, 1940.

名 称 Name	符号 Mark	用 法 说 明 Usage	举 例 Example
专名号⑦ Proper-noun mark (zhuānmínghào)	——	用于人名、地名、朝代名等专名下面。Used under proper nouns such as the name of a person, place, dynasty, etc.	司马相如者，汉蜀郡成都人也，字长卿。 The man Sima Xiangru was from Chengdu under the prefecture of Shu in Han dynasty. His another name was Changqing.

附注：Notes： ① 句号还有一种形式，即一个小圆点"．"，一般在科技文献中使用。

The period has a variant, i. e., a small dot "．", which is usually used in scientific and technological writings.

② 非并列关系（如转折关系、因果关系等）的多重复句，第一层的前后两部分之间，也用分号。

The semicolon is also used between the two parts at the first level of a multi-level composite sentence which expresses a non-parallel relationship (e. g., transition, cause-and-effect, etc.).

③ 直行文稿引号改用双引号"﹃﹄"和单引号"﹁﹂"。

The double quotation marks "﹃﹄" and single quotation marks "﹁﹂" are used in a vertically printed text.

④ 此外还有方括号"[ ]"、六角括号"〔〕"和方头括号"【】"。

In addition, there are square brackets "[ ]", hexagon brackets "〔〕" and square-head brackets "【】".

⑤ 如果是整段文章或诗行的省略，可以使用十二个小圆点来表示。

Twelve small dots can be used to indicate omission of whole passages of text.

⑥ 连接号另外还有三种形式，即长横"——"（占两个字的位置）、半字线"-"（占半个字的位置）和浪纹"～"（占一个字的位置）。

The hyphen has three variants, i. e., a long horizontal line "——" (occupying the space of two characters), a half-character line "-" (occupying the space of half a character) and a wavy line "～" (occupying the space of one character).

⑦ 专名号只用在古籍或某些文史著作里面。为了跟专名号配合，这类著作里的书名号可以用浪线"﹏﹏"。

The proper-noun mark is only used in ancient books and certain literary and historical works. In such works, the wavy line "﹏﹏" can be used as the book-name mark to go with the proper-noun mark.

我国历史朝代公元对照简表
A Brief Chronology of the Dynasties
in the History of China

夏 Xia Dynasty		约前 21 世纪—约前 16 世纪 about 2100 B.C.—1600 B.C.
商 Shang Dynasty		约前 16 世纪—约前 1066 about 1600 B.C.—1066 B.C.
周 Zhou Dynasty	西周 Western Zhou Dynasty	约前 1066—前 771 about 1066 B.C.—771 B.C.
	东周 Eastern Zhou Dynasty 　春秋时代 　Spring and Autumn 　Period 　战国时代 　Warring States①	前 770—前 256 770 B.C.—256 B.C. 前 770—前 476 770 B.C.—476 B.C. 前 475—前 221 475 B.C.—221 B.C.
秦 Qin Dynasty		前 221—前 206 221 B.C.—206 B.C.
汉 Han Dynasty	西汉 Western Han②	前 206—公元 23 206 B.C.—23 A.D.
	东汉 Eastern Han	25—220 25—220 A.D.
三　国 Three King- doms	魏　Wei	220—265　　220—265 A.D.
	蜀　Shu	221—263　　221—263 A.D.
	吴　Wu	222—280　　222—280 A.D.
西晋 Western Jin Dynasty		265—316　　265—316 A.D.
东　晋 Eastern Jin Dynasty	东晋 Eastern Jin Dynasty	317—420　　317—420 A.D.
十六国 Sixteen Kingdoms	十六国 Sixteen Kingdoms③	304—439　　304—439 A.D.

		宋 Song Dynasty	420—479	420—479 A.D.
南北朝 Northern and Southern Dynasties	南朝 Southern Dynasties	齐 Qi Dynasty	479—502	479—502 A.D.
		梁 Liang Dynasty	502—557	502—557 A.D.
		陈 Chen Dynasty	557—589	557—589 A.D.
	北朝 Northern Dynasties	北魏 Northern Wei Dynasty	386—534	386—534 A.D.
		东魏 Eastern Wei Dynasty	534—550	534—550 A.D.
		北齐 Northern Qi Dynasty	550—577	550—557 A.D.
		西魏 Western Wei	535—557	535—557 A.D.
		北周 Northern Zhou	557—581	557—581 A.D.
隋 Sui Dynasty			581—618	581—618 A.D.
唐 Tang Dynasty			618—907	618—907 A.D.
五代十国 Five Dynasties and Ten Kingdoms	后梁 Later Liang		907—923	907—923 A.D.
	后唐 Later Tang		923—936	923—936 A.D.
	后晋 Later Jin		936—946	936—946 A.D.
	后汉 Later Han		947—950	947—950 A.D.
	后周 Later Zhou		951—960	951—960 A.D.
	十国 Ten Kingdoms④		902—979	902—979 A.D.
宋 Song Dysnaty	北宋 Northern Song Dynasty		960—1127	960—1127 A.D.
	南宋 Southern Song Dynasty		1127—1279	1127—1279 A.D.
辽 Liao Dynasty			907—1125	907—1125 A.D.

西夏 Western Xia Dynasty	1038—1227	1038—1127 A.D.
金 Jin Dynasty	1115—1234	1115—1234 A.D.
元 Yuan Dynasty	1279—1368	1279—1368 A.D.
明 Ming Dynasty	1368—1644	1368—1644 A.D.
清 Qing Dynasty	1644—1911	1644—1911 A.D.
中华民国 Republic of China	1912—1949	1912—1949 A.D.

附注 Note：① 这时期，主要有秦、魏、韩、赵、楚、燕、齐等国。During this period, there were mainly such dynasties as Qin, Wei, Han, Zhao, Chu, Yan, and Qi.

② 包括王莽建立的"新"王朝（公元 8 年—23 年）。王莽时期，爆发大规模的农民起义，建立了农民政权。公元 23 年，新莽王朝灭亡。公元 25 年，东汉王朝建立。Including the "New" Dynasty set up by Wang Mang（8—23 A.D.）A large scale peasant rebellion broke out during the Wang Mang period, and peasant regime was set up. New Mang Dynaty collapsed in 23 A.D. East Han Dynasty founded in 25 A.D.

③ 这时期，在我国北方，先后存在过一些封建政权，其中有：汉（前赵）、成（成汉）、前凉、后赵（魏）、前燕、前秦、后燕、后秦、西秦、后凉、南凉、北凉、南燕、西凉、北燕、夏等国，历史上叫做"十六国"。During this period, some feudal regimes had existed in the northern part of China, including such kingdoms as Han（Former Zhao）, Cheng（Chenghan）, Former Liang, Later Zhao（Wei）, Former Yan, Former Qin, Later Yan, Later Qin, Western Qin, Later Liang, Southern Liang, Northern Liang, Southern Yan, Western Liang, Northern Yan, and Xia.

④ 这时期，除后梁、后唐、后晋、后汉、后周外，还先后存在过一些封建政权，其中有：吴、前蜀、吴越、楚、闽、南汉、荆南（南平）、后蜀、南唐、北汉等国，历史上叫做"十国"。During this period, besides Later Liang, Later Tang, Later Jin, Later Han, and Later Zhou, some feudal regimes had existed, including such kingdoms as Wu, Former Shu, Wuyue, Chu, Mian, Southern Han, Jinnan（Nanping）, Later Shu, Southern Tang, and Northern Han, referred to in history as "ten kingdoms".

我国少数民族简表
A Brief Table of Chinese Minority Nationalities

我国是统一的多民族的社会主义国家,除汉族外,有五十多个少数民族,约占全国总人口的百分之八左右。

China is a unitive multi-ethical socialist country. Besides the Han nationality, there are more than 50 minority nationalities, which account for about 8 percent of the total population of China.

民族名称 Names of Minority Nationalities	主 要 分 布 地 区 Main distributed areas
蒙 古 族 Mongol	内蒙古、辽宁、新疆、黑龙江、吉林、青海、河北、河南 等地 Inner Mongolia, Liaoning, Xinjiang, Heilongjiang, Jilin, Qinghai, Hebei, Henan, etc.
回 族 Hui	宁夏、甘肃、河南、新疆、青海、云南、河北、山东、安徽、辽宁、北京、内蒙古、天津、黑龙江、陕西、吉林、江苏、贵州 等地 Ningxia, Gansu, Henan, Xinjiang, Qinghai, Yunnan, Hebei, Shandong, Anhui, Liaoning, Beijing, Inner Mongolia, Tianjin, Heilongjiang, Shaanxi, Jilin, Jiangxu, Guizhou, etc.
藏 族 Tibetan	西藏及四川、青海、甘肃、云南 等地 Xizang, Sichuan, Qinghai, Gansu, Yunnan, etc.
维吾尔族 Uygur	新疆 Xinjiang
苗 族 Miao	贵州、云南、湖南、重庆、广西、湖北等地 Guizhou, Yunnan, Hunan, Chongqing, Guangxi, Hubei, etc.
彝〔yí〕族 Yi	云南、四川、贵州 等地 Yunnan, Sichuan, Guizhou, etc.
壮 族 Zhuang	广西及云南、广东、贵州、湖南等地 Guangxi, Yunnan, Guangdong, Guizhou, and Hunan, etc.

民族名称 Names of Minority Nationalities	主 要 分 布 地 区 Main distributed areas
布依族 Bouyei	贵州 Guizhou
朝鲜族 Korean	吉林、黑龙江、辽宁等地 Jilin, Heilongjiang, Liaoning, etc.
满 族 Manchu	辽宁及黑龙江、吉林、河北、内蒙古、北京等地 Liaoning, Heilongjiang, Hebei, Inner Mongolia, Beijing, etc.
侗〔dòng〕族 Dong	贵州、湖南、广西等地 Guizhou, Hunan, Guangxi, etc.
瑶 族 Yao	广西、湖南、云南、广东、贵州等地 Guangxi, Hunan, Yunnan, Guizhou, etc.
白族 Bai	云南 Yunnan
土家族 Tujia	湖北、湖南、重庆等地 Hubei, Hunan, Chongqing, etc.
哈尼族 Hani	云南 Yunnan
哈萨克族 Hasake	新疆 Xinjiang
傣〔dǎi〕族 Dai	云南 Yunnan
黎族 Li	海南 Hainan
傈僳〔lìsù〕族 Lisu	云南 Yunnan
佤〔wǎ〕族 Va	云南 Yunnan
畲〔shē〕族 She	福建、浙江等地 Fujian, Zhejiang, etc.
高山族 Gaoshan	台湾及福建 Taiwan and Fujian
拉祜〔hù〕族 Lahu	云南 Yunnan
水族 Sui	贵州 Guizhou
东乡族 Dongxiang	甘肃 Gansu
纳西族 Naxi	云南 Yunnan
景颇族 Jingpo	云南 Yunnan
柯尔克孜族 Kirgiz	新疆 Xinjiang

民族名称 Names of Minority Nationalities	主 要 分 布 地 区 Main distributed areas
土族 Tu	青海 Qinghai
达斡〔wò〕尔族 Daur	内蒙古、黑龙江等地 Inner Mongolia, Heilongjiang, etc.
仫佬〔mùlǎo〕族 Mulam	广西 Guangxi
羌〔qiāng〕族 Qiang	四川 Sichuan
布朗族 Blang	云南 Yunnan
撒拉族 Salar	青海、甘肃等地 Qinghai, Gansu, etc.
毛难族 Maonan	广西 Guangxi
仡佬〔gēlǎo〕族 Gelao	贵州 Guizhou
锡伯族 Xibe	辽宁、新疆、黑龙江等地 Liaoning, Xinjiang, Heilongjiang, etc.
阿昌族 Achang	云南 Yunnan
塔吉克族 Tajik	新疆 Xinjiang
普米族 Primi	云南 Yunnan
怒族 Nu	云南 Yunnan
乌孜别克族 Uzbek	新疆 Xinjiang
俄罗斯族 Russian	新疆 Xinjiang
鄂温克族 Ewenki	内蒙古和黑龙江 Inner Mongolia and Heilongjiang
德昂族 De'ang	云南 Yunnan
保安族 Bonan	甘肃 Gansu
裕固族 Yugur	甘肃 Gansu
京族 Gin	广西 Guangxi
塔塔尔族 Tatar	新疆 Xinjiang
独龙族 Derung	云南 Yunnan
鄂伦春族 Oroqen	内蒙古和黑龙江 Inner Mongolia and Heilongjiang
赫哲族 Hhzhen	黑龙江 Heilongjiang

民族名称 Names of Minority Nationalities	主 要 分 布 地 区 Main distributed areas
门巴族 Monba	西藏 Xizang
珞巴族 Lhoba	西藏 Xizang
基诺族 Jino	云南 Yunnan

我国各省、直辖市、自治区及省会
（或首府）名称表
A Table of Provinces and Autonomous
Regions with their Capitals,
and Municipalities of China
（按汉语拼音字母顺序排列）
(arranged in the Chinese phonetic alphabetical order)

省、市、自治区名 Names of Provinces, Municipalities and Autonomous Regions	简 称 the Abbreviated Names	省会（或首府）名 Names of Provincial Capitals (or Capitals of Autonomous Regions)
安徽 Anhui	皖 Wan	合肥 Hefei
北京 Beijing	京 Jing	
重庆 Chongqing	渝 Yu	
福建 Fujian	闽 Min	福州 Fuzhou
甘肃 Gansu	甘 Gan	兰州 Lanzhou
广东 Guangdong	粤 Yue	广州 Guangzhou
广西 Guangxi	桂 Gui	南宁 Nanning
贵州 Guizhou	黔 Qian	贵阳 Guiyang
海南 Hainan	琼 Qiong	海口 Haikou
河北 Hebei	冀 Ji	石家庄 Shijiazhuang
河南 Henan	豫 Yu	郑州 Zhengzhou
黑龙江 Heilongjiang	黑 Hei	哈尔滨 Harbin
湖北 Hubei	鄂 E	武汉 Wuhan
湖南 Hunan	湘 Xiang	长沙 Changsha
吉林 Jilin	吉 Ji	长春 Changchun
江苏 Jiangsu	苏 Su	南京 Nanjing
江西 Jiangxi	赣 Gan	南昌 Nanchang
辽宁 Liaoning	辽 Liao	沈阳 Shenyang
内蒙古 Inner Mongolia	蒙 Mong	呼和浩特 Huhehot
宁夏 Ningxia	宁 Ning	银川 Yinchuan
青海 Qinghai	青 Qing	西宁 Xining
山东 Shandong	鲁 Lu	济南 Jinan
山西 Shanxi	晋 Jin	太原 Taiyuan
陕西 Shaanxi	陕 Shan	西安 Xi'an
上海 Shanghai	沪 Hu	

省、市、自治区名 Names of Provinces, Municipalities and Autonomous Regions	简 称 the Abbreviated Names	省会(或首府)名 Names of Provincial Capitals (or Capitals of Autonomous Regions)
四川 Sichuan	川 Chuan	成都 Chengdu
台湾 Taiwan	台 Tai	台北 Taibei
天津 Tianjin	津 Jin	
西藏 Tibet	藏 Zang	拉萨 Lasa
新疆 Xinjiang	新 Xin	乌鲁木齐 Urumqi
云南 Yunnan	滇 Dian	昆明 Kunming
浙江 Zhejiang	浙 Zhe	杭州 Hangzhou
香港 Hong Kong	港 Kong	
(特别行政区 Special Administrative Area)		
澳门 Aomen (Macao)	澳 Ao	
(特别行政区 Special Administrative Area)		

世界各国和地区面积、人口、首都(或首府)一览表

A Table of Area, Population and Capitals of Countries and Regions[*]

国家或地区 Country or Region	面积 Area (平方公里 sq. km)	人口 Population (单位:千人 1,000 per unit)	首都或首府 Capital
亚 洲 Asia			
中华人民共和国 the People's Republic of China	约 approx. 9600000	1239292	北京 Beijing
蒙古国 Mongolia	1566500	2310	乌兰巴托 Ulan Bator
朝鲜民主主义人民共和国 the Democratic People's Republic of Korea	122762	20960	平壤 Pyongyang
大韩民国 the Republic of Korea	99237	44850	汉城 Seoul
日本国 Japan	377800	125270	东京 Tokyo
老挝人民民主共和国 the Lao People's Democratic Republic	236800	4605	万象 Vientiane
越南社会主义共和国 the Socialist Republic of Vietnam	329556	72600	河内 Hanoi
柬埔寨王国 Cambodia	181035	10400	金边 Phnom Penh
缅甸联邦 the Union of Myanmar	676581	43920	仰光 Yangon
泰王国 the Kingdom of Thailand	513115	60400	曼谷 Bangkok

* 本资料据 1996/97《世界知识年鉴》(世界知识出版社 1997 年 9 月第二次印刷)整理

The table is based on World Knowledge Yearbook 1996/97 (reprinted in 1997.9 by World Knowledge Publishing House).

马来西亚 Malaysia	329758	20103	吉隆坡 Kuala Lumpur
新加坡共和国 the Republic of Singapore	641	3100	新加坡 Singapore City
文莱达鲁萨兰国 Negava Brunei Darussalam	5765	285	斯里巴加湾市 Bandar Seri Begawan
菲律宾共和国 the Republic of the Philippines	299700	70267	马尼拉 Manila
印度尼西亚共和国 the Republic of Indonesia	1904443	196000	雅加达 Jakarta
东帝汶 East Timor	14874	748	帝力 Dili
尼泊尔王国 the Kingdom of Nepal	147181	18491	加德满都 Kathmandu
锡金 Sikkim	7100	406	甘托克 Gangtok
不丹王国 the Kingdom of Bhutan	46000	700	廷布 Thimphu
孟加拉人民共和国 the People's Republic of Bangladesh	143998	120000	达卡 Dhaka
印度共和国 the Republic of India	2974700	938000	新德里 New Delhi
斯里兰卡民主社会主义共和国 the Democratic Socialist Republic of Sri Lanka	65610	17890	科伦坡 Colombo
马尔代夫共和国 the Republic of Maldives	298	238	马累 Male
巴基斯坦伊斯兰共和国 the Islamic Republic of Pakistan	796095	128010	伊斯兰堡 Islamabad
阿富汗伊斯兰国 the Islamic Afghanistan	652300	17690	喀布尔 Kabul
伊朗伊斯兰共和国 the Islamic Republic of Iran	1645000	66727	德黑兰 Teheran
科威特国 the State of Kuwait	17818	1580	科威特城 Kuwait City

沙特阿拉伯王国 the Kingdom of Saudi Arabia	2240000	17400	利雅得 Riyadh
巴林国 Bahrain	706.5	568	麦纳麦 Manama
卡塔尔国 the State of Qatar	11437	593	多哈 Doha
阿拉伯联合酋长国 the United Arab Emirates	83600	2230	阿布扎比 Abu Dhabi
阿曼苏丹国 the Sultanate of Oman	312000	2018	马斯喀特 Muscat
也门共和国 the Republic of Yemen	531869	15800	萨那 San'na
伊拉克共和国 the Republic of Iraq	438217	19000	巴格达 Baghdad
阿拉伯叙利亚共和国 the Syrian Arab Republic	185180	13844	大马士革 Damascus
黎巴嫩共和国 the Republic of Lebanon	10452	3500	贝鲁特 Beirut
约旦哈希姆王国 the Hashemite Kingdom of Jordan	91390	4139	安曼 Amman
巴勒斯坦国 the State of Palestine	11500	5750①	耶路撒冷 Jerusalem
以色列国 the State of Israel	14900	5460	特拉维夫 Tel Aviv
塞浦路斯共和国 the Republic of Cyprus	9251	735	尼科西亚 Nicosia
土耳其共和国 the Republic of Turkey	780000	61100	安卡拉 Ankara
乌兹别克斯坦共和国 the Republic of Uzbekistan	447400	23000	塔什干 Tashkent
哈萨克斯坦共和国 the Republic of Kazakhstan	2717300	17000	阿拉木图 Alma-Ata（新都阿斯塔纳 new capital: Astana）
吉尔吉斯共和国 the Republic of Kirghizstan	198500	4547	比什凯克 Bishkek
塔吉克斯坦共和国 the Republic of Tadzhikistan	143100	5880	杜尚别 Dushanbe

亚美尼亚共和国 the Republic of Armenia	29800	3763	埃里温 Yerevan
土库曼斯坦 the Republic of Turkmenistan	488100	4560	阿什哈巴德 Ashkhabad
阿塞拜疆共和国 the Azerbaijani Republic	86600	7500	巴库 Baku
格鲁吉亚 the Republic of Georgia	69700	5407	第比利斯 Tbilisi

欧 洲 Europe

冰岛共和国 the Republic of Iceland	103000	267	雷克雅未克 Reykjavik
法罗群岛（丹） the Faeroe Islands	1399	48	曹斯哈恩 Torshavn
丹麦王国 the Kingdom of Denmark	43094	5200	哥本哈根 Copenhagen
挪威王国② the Kingdom of Norway	386958	4348	奥斯陆 Oslo
瑞典王国 the Kingdom of Sweden	449964	8800	斯德哥尔摩 Stockholm
芬兰共和国 the Republic of Finland	338145	5098	赫尔辛基 Helsinki
俄罗斯联邦 the Russian Federation	17075400	148200	莫斯科 Moscow
乌克兰 Ukraine	603700	51300	基辅 Kiev
白俄罗斯共和国 the Republic of Belarus	207600	10313	明斯克 Minsk
摩尔多瓦共和国 the Republic of Moldova	33700	4354	基希讷乌 Kishinev
立陶宛共和国 the Republic of Lithuania	65200	3713	维尔纽斯 Vilniu
爱沙尼亚共和国 the Republic of Estonia	45200	1492	塔林 Tallinn
拉脱维亚共和国 the Republic of Latvia	64600	2504	里加 Riga
波兰共和国 the Republic of Poland	312683	38620	华沙 Warsaw

捷克共和国 the Czech Republic	78864	10336	布拉格 Prague
匈牙利共和国 the Republic of Hungary	93031	10245	布达佩斯 Budapest
德意志联邦共和国 the Federal Republic of Germany	357000	81340	柏林③ Berlin
奥地利共和国 the Republic of Austria	83858	8039	维也纳 Vienna
列支敦士登公国 the Principality of Liechtenstein	160	31	瓦杜兹 Vaduz
瑞士联邦 the Swiss confederation	41284	7038	伯尔尼 Bern
荷兰王国 the Kingdom of the netherlands	41526	15423	阿姆斯特丹 Amsterdam
比利时王国 the Kingdom of Belgium	30528	10162	布鲁塞尔 Brussels
卢森堡大公国 the Grand Duchy of Luxembourg	2586	407	卢森堡 Luxembourg Ville
大不列颠及北爱尔兰联合王国 the United Kingdom of Britain and Northern Ireland	242000	58395	伦敦 London
直布罗陀(英) Gibraltar (British)	5.8	30	
爱尔兰 the Republic of Ireland	70282	3570	都柏林 Dublin
法兰西共和国 the Republic of France	551602	58000	巴黎 Paris
摩纳哥公国 the Principality of Monaco	1.95	30	摩纳哥城 Monaco Ville
安道尔公国 the Principality of Andorra	468	59	安道尔城 Andorra la Vella
西班牙 the Kingdom of Spain	505925	39140	马德里 Madrid
葡萄牙共和国 the Republic of Portugal	92072	9900	里斯本 Lisbon
意大利共和国 the Italian Republic	301277	58138	罗马 Rome
梵蒂冈城国 the Vatican City State	0.44约 approx. 1		梵蒂冈城 the Vatican City

913

圣马力诺共和国 the Republic of San Marino	60.6	24	圣马力诺 San Marino
马耳他共和国 the republic of Malta	316	370	瓦莱塔 Valletta
克罗地亚共和国 the Republic of Croatia	56538	4780	萨格勒布 Zagreb
斯洛伐克共和国 the Republic of Slovakia	49000	5358	布拉迪斯拉发 Bratislava
斯洛文尼亚共和国 the Republic of Slovenia	20256	1990	卢布尔雅那 Ljubljana
波斯尼亚和黑塞哥维那共和国，简称波黑 the Republic of Bosnia-Herzegovena	51129	4365	萨拉热窝 Sarajevo
马其顿共和国 the Republic of Macedonia	25713	2079	斯科普里 Skoplje
南斯拉夫联盟共和国 the Federal Republic of Yugoslavia	102173	10482	贝尔格莱德 Belgrade
罗马尼亚 Romania	237500	22650	布加勒斯特 Bucharest
保加利亚共和国 the Republic of Bulgaria	110994	8430	索非亚 Sofia
阿尔巴尼亚共和国 the Republic of Albania	28748	3300	地拉那 Tirana
希腊共和国 the Hellenic Republic	131957	10350	雅典 Athens

非　洲　Africa

阿拉伯埃及共和国 the Arab Republic of Egypt	1002000	60283	开罗 Cairo
大阿拉伯利比亚人民社会主义民众国 the Great Socialist People's Libyan Arab Jamahiriya	1759540	4405	的黎波里 Tripoli
突尼斯共和国 the Republic of Tunisia	164150	8785	突尼斯 Tunis
阿尔及利亚民主人民共和国 the Democratic People's Republic of Algeria	2381741	27800	阿尔及尔 Algiers

摩洛哥王国 the Kingdom of Morocco	459000	26070	拉巴特 Rabat
西撒哈拉 Western Sahara	266000	160	阿尤恩 La Youne
毛里塔尼亚伊斯兰共和国 the Islamic Republic of Maurita- nia	1030000	2400	努瓦克肖特 Nouakchott
塞内加尔共和国 the Republic of Senegal	196722	7900	达喀尔 Dakar
冈比亚共和国 the Republic of the Gambia	10380	1020	班珠尔 Banjul
马里共和国 the Republic of Mali	1241238	10440	巴马科 Bamako
布基纳法索 Burkina Faso	274200	10046	瓦加杜古 Ouagadougou
佛得角共和国 the Republic of Cape Verde	4033	390	普拉亚 Praia
几内亚比绍共和国 the Republic of Guinea-Bissau	36125	1140	比绍 Bissau
几内亚共和国 the Republic of Guinea	245857	7400	科纳克里 Conakry
塞拉利昂共和国 the Republic of Sierra Leone	72326	4500	弗里敦 Freetown
利比里亚共和国 the Republic of Lberia	111370	2580④	蒙罗维亚 Monrovia
科特迪瓦共和国 the Republic of Cote d'Ivoire	322463	14200	亚穆苏克罗⑤ Yamoussoukro
加纳共和国 the Republic of Ghana	239460	16940	阿克拉 Accra
多哥共和国 the Republic of Togo	56600	4010	洛美 Lome
贝宁共和国 the Republic of Benin	112622	5400	波多诺伏 Porto Novo
尼日尔共和国 the Republic of Niger	1267627	8700	尼亚美 Niamey
尼日利亚联邦共和国 the Federal Republic of Nigeria	923768	100000	阿布贾 Abuja
喀麦隆共和国 the Republic of Cameroon	475422	13000	雅温得 Yaounde

赤道几内亚共和国 the Republic of Equatorial Guinea	28051	436	马拉博 Malabo
乍得共和国 the Republic of Chad	1284000	6288	恩贾梅纳 N'Djamena
中非共和国 the Central African Republic	622984	3300	班吉 Bangui
苏丹共和国 the Republic of the Sudan	2505813	29130	喀土穆 Khartoum
埃塞俄比亚联邦民主共和国 the Federal Democratic Republic of Ethiopia	1103600	54900	亚的斯亚贝巴 Addis Ababa
吉布提共和国 the Republic of Djibouti	23200	520	吉布提市 Djibouti
索马里共和国 the Somali Republic	637657	9000	摩加迪沙 Mogadishu
肯尼亚共和国 the Republic of Kenya	582646	25400	内罗毕 Nairobi
乌干达共和国 the Republic of Uganda	241038	19300	坎帕拉 Kampala
坦桑尼亚联合共和国 the United Republic of Tanzania	945087	28100	达累斯萨拉姆 Dar es Salaam
卢旺达共和国 the Republic of Rwanda	26338	7550	基加利 Kigali
布隆迪共和国 the Republic of Burundi	27834	5800	布琼布拉 Bujumbura
扎伊尔共和国 the Republic of Zaire	2344885	45570	金沙萨 Kinshasa
刚果共和国 the Republic of the Congo	342000	2679	布拉柴维尔 Brazzaville
加蓬共和国 the Gabonese Republic	267667	1015	利伯维尔 Libreville
圣多美和普林西比民主共和国 the Democratic Republic of Sao Tome and Principe	996	125	圣多美 Sao Tome
安哥拉共和国 the Republic of Angola	1246700	11500	罗安达 Luanda

赞比亚共和国 the Republic of Zambia	752614	9370	卢萨卡 Lusaka
马拉维共和国 the Republic of Malawi	118484	9800	利隆圭 Lilongwe
莫桑比克共和国 the Republic of Mozambique	799380	17400	马普托 Maputo
科摩罗伊斯兰联邦共和国 the Federal Islamic Republic of the Comoros	2235	500	莫罗尼 Moroni
马达加斯加共和国 the Republic of Madagascar	627000	13126	塔那那利佛 Antananarivo
塞舌尔共和国 the Republic of Seychelles	455	75	维多利亚 Victoria
毛里求斯共和国 the Republic of Mauritius	2040	1118	路易港 Port Louis
留尼汪岛(法) Reunion	2512	632	圣但尼 St. Denis
津巴布韦共和国 the Republic of Zimbabwe	390759	11270	哈拉雷 Harare
博茨瓦纳共和国 the Republic of Botswana	581730	1420	哈博罗内 Gaborone
纳米比亚共和国 the Republic of Namibia	824269	1660	温得和克 Windhoek
南非共和国 the Republic of South Africa	1221037	43595	比勒陀利亚⑥ Pretoria
斯威士兰王国 the Kingdom of Swaziland	17363	890	姆巴巴纳 Mbabne
莱索托王国 the Kingdom of Lesotho	30344	2030	马塞卢 Maseru
圣赫勒拿岛和阿森松岛等(英) St. Helena, Ascension Island, etc.	412	6	詹姆斯敦、乔治敦等 Jamestown, Georgetown, etc.
厄立特里亚国 Eritrea	125000	3500	阿斯马拉 Asmara

大 洋 洲 Oceania

澳大利亚联邦 the Commonwealth of Australia	7682300	18050	堪培拉 Canberra

新西兰 New Zealand	270534	3643	惠灵顿 Wellington
巴布亚新几内亚独立国 the Independent State of Papua New Guinea	461893	4100	莫尔斯比港 Port Moresby
所罗门群岛 Solomon Islands	29785	367	霍尼亚拉 Honiara
瓦努阿图共和国 the Republic of Vanuatu	12190	168	维拉港 Port Vila
新喀里多尼亚(法) New Caledonia	19103	179	努美阿 Noumea
斐济共和国 the Republic of Fiji	18333	784	苏瓦 Suva
基里巴斯共和国 the Republic of Kiribati	810.5	78	塔拉瓦 Tarawa
瑙鲁共和国 the Republic of Nauru	24	11	亚伦区⑦ Yaren District
密克罗尼西亚联邦 the Federated States of Micronesia	700.8	110	帕利基尔 Palikir
马绍尔群岛共和国 the Republic of the Marshall Islands	180	54	马朱罗 Majuro
北马里亚纳群岛自由联邦(美) the Commonwealth of the Northern Mariana Islands	457	53	塞班岛 Saipan
关岛(美) Guam	549	140	阿加尼亚 Agania
图瓦卢 Tuvalu	26	10	富纳富提 Funafuti
瓦利斯群岛和富图纳群岛(法) Wallis and Futuna	274	14	马塔乌图 Mata-Utu
西萨摩亚独立国 the Independent State of Western Samoa	2934	164	阿皮亚 Apia
美属萨摩亚 Samoa of the United States	197	51	帕果帕果 Pago-Pago
纽埃(新) Niue	258	2	阿洛菲 Alofi

诺福克岛 Norfolk Island	34.6	2	金斯敦 Kingston
帕劳共和国 the Republic of Palau	458	16	科罗尔 Koror
托克劳(新) Tokelau	12.2	1.6	法考福 Fakaofo
库克群岛(新) the Cook Islands	240	20	阿瓦鲁阿 Avarua
汤加王国 the Kingdom of Tonga	699	98	努库阿洛法 Nukuoalofa
法属波利尼西亚 French Polynesia	4167	213	帕皮提 Papeete
皮特开恩群岛(英) the Pitcairn Islands	4.5	约0.1	亚当斯敦 Adamstown

北 美 洲 North America

格陵兰(丹) Greenland	2175600	55	戈特霍布,又称努克 Godthaab(also called Nuuk)
加拿大 Canada	9970610	29730	渥太华 Ottawa
圣皮埃尔和密克隆群岛(法) St. Pierre and Miquelon Islands	242	6	圣皮埃尔市 St. Pierre
美利坚合众国 the United States of America	9372614	263000	华盛顿哥伦比亚特区 Washington D. C.
百慕大群岛(英) The Bermuda Islands	53.3	60	哈密尔顿 Hamilton
墨西哥合众国 the United Mexican States	1967183	91120	墨西哥城 Mexico City
危地马拉共和国 the Republic of Venezuela	108889	10320	危地马拉城 Venezuela City
伯利兹 Belize	22963	211	贝尔莫潘 Belmopan
萨尔瓦多共和国 the Republic of Salvador	21393	5670	圣萨尔瓦多 St. Salvador
洪都拉斯共和国 the Republic of Honduras	112492	5340	特古西加尔巴 Tegucigalpa
尼加拉瓜共和国 the Republic of Nicaragua	121428	4310	马那瓜 Managua

哥斯达黎加共和国 the Republic of Costa Rica	51100	3191	圣何塞 San Jose
巴拿马共和国 the Republic of Panama	75517	2514	巴拿马城 Panama City
巴哈马国 the State of the Bahamas	13939	265	拿骚 Nassau
特克斯和凯科斯群岛(英) Turks and Caicos Islands	430	19	科伯恩城 Cockburn Town
古巴共和国 the Republic of Cuba	110860	10963	哈瓦那 La Havana
开曼群岛(英) Cayman Islands	259	31	乔治敦 Georgetown
牙买加 Jamaica	10991	2510	金斯敦 Kingston
海地共和国 the Republic of Haiti	27750	6900	太子港 Portau-Prince
多米尼加共和国 the Dominican Republic	48464	7500	圣多明各 Santo Domingo
波多黎各自由邦(美) the Commonwealth of Puerto Rico	8959	3690	圣胡安 San Juan
美属维尔京群岛 the Virgin Islands of the United States	354	102	夏洛特·阿马里 Charlotte Amalie
英属维尔京群岛 the British Virgin Islands	153	18	罗德城 Road Town
圣基茨和尼维斯联邦 the Federation of St. Kitts and Nevis	267	40	巴斯特尔 Basseterre
安圭拉(英) Anguilla	96	10	瓦利 Valley
安提瓜和巴布达 Antigua and Barbuda	441.6	72	圣约翰 St. John's
蒙特塞拉特(英) Montserrat	102	12	普利茅斯 Plymouth
瓜德罗普(法) Guadeloupe	1780	387	巴斯特尔 Basse-Terre
多米尼加国 the Dominican State	751	74	罗索 Roseau

马提尼克(法) Martinique	1100	360	法兰西堡 Fort-de-France
圣卢西亚 St. Lucia	616	141	卡斯特里 Castries
圣文森特和格林纳丁斯 St. Vincent and the Grenadines	389	140	金斯敦 Kingstown
巴巴多斯 Barbados	431	265	布里奇顿 Bridgetown
格林纳达 Grenada	344	100	圣乔治 St. George's
特立尼达和多巴哥共和国 the Republic of Trinidad and To- bago	5128	1300	西班牙港 Port of Spain
荷属安的列斯 Netherlands Antilles	800	189	威廉斯塔德 Willemstad
阿鲁巴(荷) Aruba	193	78	奥拉涅斯塔德 Oranjestad

南 美 洲 South America

哥伦比亚共和国 The Republic of Colombia	1141748	37100	圣菲波哥大 Santa Fe Bogota
委内瑞拉共和国 the Republic of Venezuela	916700	21844	加拉加斯 Caracas
圭亚那合作共和国 the Cooperative Republic of Guyana	214969	760	乔治敦 Georgetown
苏里南共和国 the Republic of Surinam	163265⑧	386	帕拉马里博 Paramaribo
法属圭亚那 French Guyana	91000	115	卡宴 Cayenne
厄瓜多尔共和国 the Republic of Ecuador	281341	11500	基多 Quito
秘鲁共和国 the Republic of Peru	1285216	23550	利马 Lima
巴西联邦共和国 the Federative Republic of Brazil	8547403	151520	巴西利亚 Brasilia
玻利维亚共和国 the Republic of Bolivia	1098581	7410	苏克雷 Sucre

智利共和国 the Republic of Chile	756626	14030	圣地亚哥 Santiago
阿根廷共和国 the Republic of Argentina	2776889	34180	布宜诺斯艾利斯 Buenos Aires
巴拉圭共和国 the Republic of Paraguay	406752	4830	亚松森 Asuncion
乌拉圭东岸共和国 the Oriental Republic of Uruguay	176215	3200	蒙得维的亚 Montvideo
马尔维纳斯群岛 (英)⑨Islas Malvinas	约 approx.12173	2	斯坦利港 Stanley

附注 Notes：① 依 1993 年数据，包括流落在其他阿拉伯国家的巴勒斯坦人。
　　　　　　　According to data obtained in 1993, this includes Pakistanis stranded in other countries.
　　　　　② 包括斯瓦巴德群岛、扬马延岛等属地。
　　　　　　　This includes dependency areas such as Svalbard Islands and Jan Mayen.
　　　　　③ 现联邦政府所在地是波恩市。
　　　　　　　The present federal government is located in Bonn City.
　　　　　④ 据该国 1995/96 年度经济季评，约 15 万人在内战中丧生，80 余万人逃亡邻国。
　　　　　　　The country's 1995/1996 Yearly Economic Season Commentary says about 150000 died in the civil war, and more than 800000 fled to neighboring countries.
　　　　　⑤ 政治首都亚穆苏克罗，经济首都阿比让。
　　　　　　　The political capital is Yamoussoukro, and the economic is Abidjan.
　　　　　⑥ 比勒陀利亚为行政首都，开普敦为立法首都，布隆方丹为司法首都。
　　　　　　　Pretoria is the administrative capital, Cape Town the legislative, and Bloemfontein the judicial.
　　　　　⑦ 不设首都，行政管理中心在亚伦区。
　　　　　　　There is no capital. The administrative center is in Yaren District.
　　　　　⑧ 包括同圭亚那有争议的 17000 平方公里。
　　　　　　　This includes the disputed 17000 km² of Guiana.
　　　　　⑨ 英国称福克兰群岛。
　　　　　　　It is referred to as the Falkland Islands by Britain.

计量单位简表
Brief Tables of Units of Weights and Measures
一 法定计量单位表
Tables of Units of Weights and Measures

长 度 Length

名 称 Name	微米 micron	毫米 millimetre	厘米 centimetre	分米 decimetre
等 数 Equivalents		1000 微米 microns	10 毫米 millimetres	10 厘米 centimetres
名 称 Name	米 metre	十米 decametre	百米 hectometre	千米(公里) kilometre
等 数 Equivalents	10 分米 decimetres	10 米 metres	100 米 metres	1000 米 metre

面 积 Area

名 称 Name	平方毫米 square millimetre	平方厘米 square centimetre	平方米 square metre	平方千米 （平方公里） square kilometre
等 数 Equivalents		100 平方毫米 square millimetres	10000 平方厘米 square centimetres	1000000 平方米 square metres

体 积 Volume

名 称 Name	立方毫米 cubic millimetre	立方厘米 cubic centimetre	立方分米 cubic decimetre	立方米 cubic metre
等 数 Equivalents		1000 立方毫米 cubic millimetres	1000 立方厘米 cubic centimetres	1000 立方分米 cubic decimetres

容 积(容量) Capacity

名 称 Name	毫升 milli- litre	厘升 centi- litre	分升 deci- litre	升 litre	十升 deca- litre	百升 hecto- litre	千升 kilo- litre
等 数 Equivalents		10 毫升 milli- litres	10 厘升 centi- litres	10 分升 deci- litres	10 升 litres	100 升 litres	1000 升 litres

质 量(重量) Mass (Weight)

名 称 Name	毫克 milligram	厘克 centigram	分克 decigram	克 gram
等 数 Equivalents		10 毫克 milligrams	10 厘克 centigrams	10 分克 decigrams
名 称 Name	十克 decagram	百克 hectogram	千克(公斤) kilogram	吨 ton
等 数 Equivalents	10 克 grams	100 克 grams	1000 克 grams	1000 千克(公斤) kilograms

二 市制计量单位表
The Shi System of Units of Weights and Measures

长 度 Length

名 称 Name	毫 hao	厘 li	分 fen	寸 cun	尺 chi (市尺 chi)	丈 zhang	里 li (市里 li)
等 数 Equivalents		10 毫 hao	10 厘 li	10 分 fen	10 寸 cun	10 尺 chi	150 丈 zhang

面 积 Area

名 称 Name	平方毫 square hao	平方厘 square li	平方分 square fen	平方寸 square cun	平方尺 square chi	平方丈 square zhang	平方里 square li
等 数 Equivalents		100 平方毫 suqare hao	100 平方厘 square li	100 平方分 square fen	100 平方寸 square cun	100 平方尺 square chi	22500 平方丈 square zhang

地　积　Area

名　称 Name	毫 hao	厘 li	分 fen	亩 mu	顷 qing
等　数 Equivalents		10毫 hao	10厘 li	10分 fen	100亩 mu

质　量(重量)　Mass (Weight)

名　称 Name	丝 si	毫 hao	厘 li	分 fen	钱 qian	两 liang	斤 jin	担 dan
等　数 Equivalent		10丝 si	10毫 hao	10厘 li	10分 fen	10钱 qian	10两 liang	100斤 jin

容　积(容量)　Capacity

名　称 Name	撮 cuo	勺 shao	合 he	升 sheng	斗 dou	石 dan
等　数 Equivalent		10撮 cuo	10勺 shao	10合 he	10升 sheng	10斗 dou

三　计量单位比较表

Conversion Tables of Units of Weights and Measures

长度比较表

Conversion Table of Units of Length

1千米(公里) kilometre ＝2市里 li ＝0.621英里 mile 　　　　　　　　　　　　＝0.540海里 nautical mile 1米 metre　　　　　　　　＝3市尺 chi＝3.281英尺 feet 1海里 nautical mile ＝1.852千米(公里) kilometres＝3.704市里 li 　　　　　　　　　　　　＝1.150英里 miles
1市里 li ＝0.5千米(公里) kilometre ＝0.311英里 mile 　　　　　　＝0.270海里 nautical mile 1市尺 chi＝0.333米 metre＝1.094英尺 feet
1英里 mile ＝1.609千米(公里) kilometres＝3.219市里 li 　　　　　　＝0.869海里 nautical mile 1英尺 foot＝12英寸 inches＝0.305米 metre＝0.914市尺 chi

面积比较表 Conversion Tables of Units of Area

1 平方千米(平方公里) square kilometre＝100 公顷 hectares
＝4 平方市里 square li＝0.386 平方英里 square mile
1 平方米 square metre＝1 平米 square metre＝9 平方市尺 square chi
＝10.764 平方英尺 square feet

1 市顷 qing＝100 市亩 mu＝6.6667 公顷 hectares
1 市亩 mu＝60 平方丈 square zhang＝6.6667 公亩 ares

1 公顷 hectares＝10000 平方米 square metres＝100 公亩 ares
＝15 市亩 mu
1 公亩 are＝100 平方米 square metres＝0.15 市亩 mu

质量(重量)比较表 Conversion Tables of Units of Weights

1 千克(公斤) kilogram＝2 市斤 jin＝2.205 英磅 pounds

1 市斤 jin＝0.5 千克(公斤) kilogram＝1.102 英磅 pounds

1 英磅 pounds＝16 盎司 ounces＝0.454 千克(公斤) kilogram
＝0.907 市斤 jin

容积(容量)比较表 Conversion Tables of Units of Capacity

1 升(公制) litre＝1 公升 litre＝1 立升 litre＝1 市升 sheng
＝0.220 加仑(英制) gallon
1 毫升 millilitre＝1 西西 c.c.＝0.001 升(公制) litre

1 加仑(英制) gallon＝4.546 升 litres＝4.546 市升 sheng

节 气 表
A Table of Solar Terms

（按公元月日计算）

(Calculated according to the months
and dates of the Christian Era)

春 季 Spring	**立 春** the Beginning of Spring 2 月 3—5 日交节 Beginning on Feb. 3, 4, or 5	**雨 水** Rain Water 2 月 18—20 日交节 Beginning on Feb. 18, 19, or 20	**惊 蛰** the Waking of Insects 3 月 5—7 日交节 Beginning on Mar. 5, 6, or 7
	春 分 the Spring Equinox 3 月 20—22 日交节 Beginning on Mar. 20, 21, or 22	**清 明** Pure Brightness 4 月 4—6 日交节 Beginning on Apr. 4, 5, or 6	**谷 雨** Grain Rain 4 月 19—21 日交节 Beginning on Apr. 19, 20, or 21
夏 季 Summer	**立 夏** the Beginning of Summer 5 月 5—7 日交节 Beginning on May 5, 6, or 7	**小 满** Lesser Fullness of Grain 5 月 20—22 日交节 Beginning on May 20, 21, or 22	**芒 种** Grain in Beard 6 月 5—7 日交节 Beginning on June 5, 6, or 7
	夏 至 the Summer Solstice 6 月 21—22 日交节 Beginning on June 21 or 22	**小 暑** Lesser Heat 7 月 6—8 日交节 Beginning on July 6, 7, or 8	**大 暑** Greater Heat 7 月 22—24 日交节 Beginning on July 22, 23, or 24

秋 **季** Autumn	**立 秋** the Beginning of Autumn 8月7—9日交节 Beginning on Aug. 7, 8, or 9	**处 暑** the End of Heat 8月22—24日交节 Beginning on Aug. 22, 23, 24	**白 露** White Dew 9月7—9日交节 Beginning on Sep. 7, 8, or 9
	秋 分 the Autumn Equinox 9月22—24日交节 Beginning on Sep. 22, 23, or 24	**寒 露** Cold Dew 10月8—9日交节 Beginning on Oct. 8 or 9	**霜 降** Frost's Descent 10月23—24日交节 Beginning on Oct. 23 or 24
冬 **季** Winter	**立 冬** the Beginning of Winter 11月7—8日交节 Beginning on Nov. 7 or 8	**小 雪** Lesser Snow 11月22—23日交节 Beginning on Nov. 22 or 23	**大 雪** Greater Snow 12月6—8日交节 Beginning on Dec. 6, 7, or 8
	冬 至 the Winter Solstice 12月21—23日交节 Beginning on Dec. 21, 22, or 23	**小 寒** Lesser Cold 1月5—7日交节 Beginning on Jan. 5, 6, or 7	**大 寒** Greater Cold 1月20—21日交节 Beginning on Jan. 20 or 21

二十四节气歌
A Rhyme of the Twenty-four Solar Terms

春雨惊春清谷天，　夏满芒夏暑相连，
秋处露秋寒霜降，　冬雪雪冬小大寒。
每月两节不变更，　最多相差一两天，
上半年来六、廿一，　下半年是八、廿三。

A Rhyme of the Twenty-four Solar Terms
The Beginning of Spring, Rain Water, and the Waking of Insects,
By the Spring Equinox, Pure Brightness and Grain Rain followed,
The Beginning of Summer, Lesser Fullness of Grain, and Grain in Beard,
The Summer Solstice, Lesser Heat and Greater Heat,
The Beginning of Autumn, the End of Heat, and White Dew,
The Autumn Equinox, Cold Dew, and Frost's Descent,
The Beginning of Winter, Lesser Snow, and Greater Snow,
The Winter Solstice, Lesser Cold, and Greater Cold,
Two solar terms a month regularly come,
With a variation of one or two days at most—
The 6th and 21st in the first half of the year,
And the 8th and 23rd day in the second.

图书在版编目(CIP)数据

汉英双解新华字典/姚乃强等编译. 北京:商务印书馆国际有限公司,2000.5
ISBN 7 - 80103 - 198 - 9

Ⅰ.汉… Ⅱ.姚… Ⅲ.①汉语－字典 ②双解词典－英汉 Ⅳ.H316

中国版本图书馆 CIP 数据核字(2000)第 07996 号

HANYING SHUANGJIE XINHUA ZIDIAN
汉英双解新华字典

编　译	姚乃强　等
责任编辑	高英东
封面设计	傅强
出　版	商务印书馆国际有限公司
	(北京东城区史家胡同甲 24 号　邮编:100010)
电子信箱	cpinter@public3.bta.net.cn
印　刷	北京新华印刷厂
发　行	新华书店
字　数	1260 千
开　本	787×960mm. 1/32
印　张	31 3/4(插 1 页)
版　次	2000 年 6 月北京第 1 版
	2000 年 6 月北京第 3 次印刷
书　号	ISBN 7 - 80103 - 198 - 9/H·58
定　价	26.00 元

元 素 周

A Table of Chemic

族 family / 周期 period	I_A								
1	1 H 氢 hydrogen 1.00794(7)								

原子序数 Atomic Number ← 19 → 元素符号 Name
K
钾 → 元素名称 Name
potassium 注 * 的是人造元素
原子量 ← 39.0983 Appended Notes Are Arti
Atomic Weight

	I_A	II_A	III_B	IV_B	V_B	VI_B	VII_B		VIII	
2	3 Li 锂 lithium 6.941(2)	4 Be 铍 beryllium 9.0121823(3)								
3	11 Na 钠 na 22.989768(6)	12 Mg 镁 magnesium 24.3050(6)								
4	19 K 钾 potassium 39.0983·	20 Ca 钙 calcium 40.078(4)	21 Sc 钪 scandium 44.955910(9)	22 Ti 钛 titanium 47.88(3)	23 V 钒 vanadium 50.9415	24 Cr 铬 chromium 51.9961(6)	25 Mn 锰 manganese 54.93805(1)	26 Fe 铁 iron 55.847(3)	27 Co 钴 cobalt 58.93320(1)	
5	37 Rb 铷 85.4678(3)	38 Sr 锶 strontium 87.62	39 Y 钇 yttrium 88.90585(2)	40 Zr 锆 zirconium 91.224(2)	41 Nb 铌 niobium 92.90638(2)	42 Mo 钼 molybdenum 95.94	43 Tc 锝 technetium (97.99)	44 Ru 钌 ruthenium 101.07(2)	45 Rh 铑 rhodium 102.90550(3)	
6	55 Cs 铯 cesium 132.90543(5)	56 Ba 钡 barium 137.327(7)	57—71 La-Lu 镧系 lanthanum	72 Hf 铪 hafnium 178.49(2)	73 Ta 钽 tantalum 180.9479	74 W 钨 tungsten 183.85(3)	75 Re 铼 rhenium 186.207	76 Os 锇 osmium 190.2	77 Ir 铱 iridium 192.22(3)	
7	87 Fr 钫 francium (223)	88 Ra 镭 radium 226.0254	89—103 Ac-Lr 锕系 actinium	104 Rf 𬬻 * (261)	105 Db 𬭊 * (262)	106 Sg 𬭳 * (263)	107 Bh 𬭛 * (262)	108 Hs 𬭶 * (265)	109 Mt 鿏 * (266)	

镧系 lanthanum	57 La 镧 lanthanum 138.9055(2)	58 Ce 铈 cerium 140.15(4)	59 Pr 镨 praseodymi- um 140.90765(3)	60 Nd 钕 neodymium 144.24(3)	61 Pm 钷 * promethium (147)	62 Sm 钐 samarium 150.36(3)	63 Eu 铕 europium 151.965(9)

锕系 actinium	89 Ac 锕 actinium 227.0278	90 Th 钍 thorium 232.0381	91 Pa 镤 protactinium 231.0359	92 U 铀 uranium 238.0289	93 Np 镎 neptunium 237.0482	94 Pu 钚 plutonium (239.244)	95 Am 镅 americium (243)

注 Notes：1. 原子量录自 1985 年国际原子量表，以$^{12}C=12$为基准。原子量的末位
"International Atomic Weight Table" published in 1985. The accuracy
2. 括弧内数据是天然放射性元素较重要的同位素的质量数或人造元素
the natural radio elements or the mass numbers of the longest isotopes
3. 105～109 号元素中文名称分别读作 dù(𬬻)、xī(𬭊)、bō(𬭳)、hēi(𬭛
mài(鿏) in Chinese.